NIDAL **AHMAD**
LUANA **PORTO**
TAÍS **FLORES**

PREPARAÇÃO TURBO TSE

3ª edição

revista, atualizada e ampliada

2024

EDITORA JusPODIVM
www.editorajuspodivm.com.br

EDITORA *Jus*PODIVM
www.editorajuspodivm.com.br

Rua Canuto Saraiva, 131 – Mooca – CEP: 03113-010 – São Paulo – São Paulo
Tel: (11) 3582.5757
• Contato: https://www.editorajuspodivm.com.br/central-de-relacionamento

Diagramação: Ana Paula Lopes Corrêa *(aninha_lopescorrea@hotmail.com)*

Capa: Ana Caquetti

A286p Ahmad, Nidal
Preparação Turbo - TSE / coordenado por Nidal Ahmad, Luana Porto e Taís Flores – 3.ed., rev., atual. e ampl. - São Paulo: Editora JusPodivm, 2024.

960 p.

Inclui Bibliografia
Vários autores.
ISBN: 978-85-442-5317-5

1. Concurso Público. 2. Tribunal Superior Eleitoral. I. Ahmad, Nidal. II. Porto, Luana. III. Flores, Taís. IV. Título.

CDD 341. 33312

Bibliotecária responsável:
Ana Carolina Ribeiro Mois – CRB7 – RJ 007348/0

3.ª ed., *2.ª tir.:* ago./2024; *3.ª tir.:* ago./2024.

AGRADECIMENTOS

Esta obra está em sua terceira edição, e é um livro de conteúdos e resolução de questões direcionado à preparação para concurso a cargos do TRE e TSE Unificado. Contém exposição de assuntos que foram explicitados por professores do Ceisc, os quais são especialistas em concursos. Saberes, dicas e práticas de nossos professores estão materializados em cada escrita de cada capítulo, e a eles agradecemos o empenho, a dedicação e o comprometimento com uma formação adequada aos examinandos que contam com esquemas didáticos de facilitação do aprendizado neste material de apoio aos estudos.

Por ser justo o reconhecimento da autoria de cada parte de conteúdo em cada disciplina, registramos aqui os nomes de todos os professores que são autores dos capítulos que compõem este livro:

Alejandro Rayo

Ana Paula Teixeira Porto

Ariel Zvoziak

Arnaldo Quaresma

Caroline Fockink Ritt

Cristiane Pauli

Dineia Anziliero Dal Pizzol

Franciele Kühl

Luana Teixeira Porto

Luciana Aranalde

Mateus Silveira

Nidal Ahmad

Patrícia Strauss

Rafael Ravazolo

Taís Flores

Tatiane Kipper

Nosso agradecimento especial é direcionado à equipe de colaboradores do Ceisc, que contribuiu de forma direta na confecção desta obra, seja na seleção de questões para o material impresso e configuração do banco de questões digital, seja na construção de cronograma ou editoração:

Alice Pinto Gregory

Cindy Klein

Eduarda Freitas da Rosa

Eduardo Bechert da Rosa

Mônica Schlosser dos Santos

Willian Oliveira Taschetto

A todos, o nosso reconhecimento pelo trabalho dedicado e comprometido com a entrega de conteúdo de qualidade, e que este possa ser uma ponte para o estudo direcionado e assertivo de todos que buscam classificação e nomeação nos concursos dos TREs e TSE Unificado.

APRESENTAÇÃO

O concurso para cargos dos TREs e TSE Unificado é um dos mais aguardados dos últimos anos e, por isso, muitos candidatos estão se preparando e buscando materiais de apoio que possam subsidiar estudos para alcançar alta performance na prova. Nesse processo árduo de busca por uma excelente classificação e pela nomeação dos sonhos, a qual pode mudar a vida inteira de uma pessoa e de sua família, temos ciência de que a tarefa não é simples nem curta. Ao contrário, exige tempo de preparação, muito foco, dedicação, disciplina, método de estudo seguro, o que implica aulas, conteúdo teórico e, é claro, resolução de questões.

Além disso, sabemos que o raciocínio jurídico, na aplicação das leis a casuísticas apresentadas nas questões, precisa ser apurado e treinado para que o teste não se torne um obstáculo à conquista da vaga. Sabemos também que o conjunto de disciplinas que devem compor a prova não ficará restrito ao âmbito do Direito, o que exige também necessidade de mais esforço para se aproximar de áreas que nem sempre estão na base da graduação exigida para ocupar o cargo.

Considerando isso, o Ceisc, comprometido com a oferta de conteúdo de qualidade e metodologia de ensino exitosa, assim como são os cursos preparatórios para o Exame da OAB, e com a expertise de mais de oito anos contribuindo para a realização do sonho de bacharéis em Direito em exercer a profissão, obtendo a famosa e desejada "carteira vermelha da OAB", elaborou este livro. Esta obra tem como objetivo oferecer, a graduados em Direito e aos formados na área, subsídio teórico e prático para a resolução da prova.

O livro está composto por apresentação sucinta de temas recorrentes em provas anteriores para a área do concurso, elaboradas pela banca Cebraspe, e busca contemplar os tópicos mais relevantes de cada disciplina de forma a atender o edital para o concurso lançado. E também insere, por meio de material digital, resolução de questões das disciplinas e tema do concurso para os cargos de técnico judiciário e analista judiciário – área judiciária.

Os conteúdos deste livro foram elaborados por especialistas em concursos e por professores com ampla trajetória no exercício profissional em suas respectivas áreas de atuação, como está evidenciado na apresentação os autores. Além disso, grande parte dos autores é servidor público e conhece como ocorre o processo de preparação para provas de concursos.

Nessa perspectiva, este livro, além do conteúdo teórico de cada disciplina, contempla ainda questões com gabarito comentado em vídeo e acessível na plataforma JUSCLASS. Foram selecionadas questões de forma criteriosa, tendo-se em vista os temas do edital dos dois cargos (técnico judiciário e analista judiciário – área judiciária), considerando o perfil da banca Cebraspe, que é a organizadora das provas na área do certame.

Desejamos a todos um excelente estudo, uma produtiva resolução de questões e, sobretudo, sucesso na prova do concurso.

Os Organizadores

OBRE OS AUTORES

ALEJANDRO RAYO

Juiz de Direito no Estado do Rio Grande do Sul, tendo atuado por vários anos na função de Juiz Eleitoral. Professor de graduação, de pós-graduação e de cursos preparatórios para carreiras jurídicas. Doutorando pela Universidade de Salamanca, Espanha. Mestre em Direito. Graduado em Direito pela PUCRS. Foi Juiz-Auxiliar da Presidência do STJ, Defensor Público e Advogado.

ANA PAULA TEIXEIRA PORTO

Possui graduação em Letras – Língua Portuguesa e Espanhol (UFSM), Especialização em Educação a Distância (PUCRS), Mestrado, Doutorado e Pós-doutorado em Letras (UFRGS). Atua no ensino de língua portuguesa e de literaturas em cursos de graduação desde 2005 e em programas de mestrado e doutorado nas áreas de Letras e Educação desde 2012, nos quais desenvolve atividades de pesquisa e extensão. É docente de cursos preparatórios desde 2007. É autora e organizadora de artigos, capítulos e livros sobre língua, leitura, literatura, educação e tecnologias, assim como é produtora de materiais didáticos para EAD. É servidora pública na função docente.

ARIEL ZVOZIAK

Advogado, pós-graduado em Direito e Processo do Trabalho e Direito Administrativo. Professor especialista em concursos públicos e de pós-graduação.

ARNALDO QUARESMA

Defensor Público do Estado do Rio Grande do Sul; Mestrando em Direito Penal pela Universidade de Salamanca; Especialista em Direito Público; e Ex- Delegado de Polícia da PC-ES.

CAROLINE FOCKINK RITT

Advogada. Doutora em Direito. Pós-doutora em Direitos Fundamentais pela PUC do Rio Grande do Sul. Especialista em Direito Penal e Processual Penal pela Universidade de Santa Cruz – UNISC. Coordenadora do Projeto de extensão Direitos da Mulher Agredida na UNISC. Professora de Direito Penal, Criminologia e Estatuto da Pessoa Idosa no Curso de graduação em Direito da UNISC e no CEISC. Faz parte do grupo de avaliadores do Conpedi e de várias revistas jurídicas.

CRISTIANE PENNING PAULI DE MENEZES

Doutora; Mestra em Direito; Especialista em Direito Empresarial; Graduada no Programa Especial de Graduação de Formação de Professores para a Educação Profissional e em Direito; Administradora Judicial; Advogada; Conselheira da OAB; Professora de Graduação, Pós-graduação e Cursos Preparatórios na área de Empresarial e Processo Civil; Autora de Livros.

DINEIA ANZILIERO DAL PIZZOL

Advogada. Doutoranda em Direito pela Universidade Federal do Rio Grande do Sul (UFRGS), com Mestrado em Ciências Criminais pela PUCRS. Atua como professora de graduação, pós-graduação e cursos preparatórios para carreiras jurídicas desde 2006. Julgadora no Tribunal de Ética e Disciplina da OABRS entre 2020 e 2022. Ex-servidora da segurança pública do Rio Grande do Sul e autora de diversos artigos e capítulos de livros na área jurídica. Membro da Comissão de Segurança Pública e da Comissão Especial de proteção de dados da OABRS. Possui capacitação em Negociação, *Theory and Tools of The Harvard Negotiation Project*, na Harvard University em Cambridge, Massachusetts.

FRANCIELE KÜHL

Professora na graduação, pós-graduação e em cursos preparatórios para concurso público e exame de ordem; pesquisadora e palestrante. Mestra em Direito pelo Programa de Pós-Graduação em Direito – Mestrado e Doutorado da Universidade de Santa Cruz do Sul, na área de Políticas Públicas. Pós-graduada em Direito Processual Civil. Graduada em Direito pela Faculdade Dom Alberto. Professora de Direito Administrativo no Centro de Ensino Superior Dom Alberto e nos cursos preparatórios para OAB e concursos públicos no CEISC Cursos Preparatórios Ltda. Autora em diversos livros.

LUANA TEIXEIRA PORTO

Possui graduação em Letras – Língua Portuguesa (UFSM), Especialização em Educação a Distância (PUCRS), Mestrado e Doutorado em Letras (UFRGS) e Pós-doutorado em Letras (UFSM). É servidora pública e professora do Ceisc em cursos preparatórios para concursos. Atua como docente-pesquisadora em programas de mestrado e doutorado nas áreas de Letras e Educação da URI. É autora e organizadora de artigos e livros sobre ensino e língua e coordenadora pedagógica do Ceisc.

LUCIANA ARANALDE

Advogada, Professora e Autora. Mestra em Direito Processual Civil pela PUC/RS. Possui Especialização em Curso de Postgrado Resolución de Conflictos, Universidad de Castilla La Mancha, UCLM, Toledo, Espanha; Pós-graduação em Direito do Trabalho, Previdenciário e Processo do Trabalho pela Universidade de Santa Cruz - UNISC; Especialização em Direito Processual Civil *Lato Sensu* pela Universidade Luterana do Brasil - ULBRA. Pós-Graduanda em Gestão de Riscos e Compliance pela PUC-PR. Graduada em Direito pela Universidade Federal de Pelotas - UFPEL. Mediadora e Instrutora Judicial, capacitada pelo TJRS/CNJ. Negociadora, com diversos cursos de atualização e formação internacionais, incluindo ICFML - Instituto de Certificação de Mediadores Lusófonos e CMI INTERSER - Theory and Tools of the Harvard Negotiation Project. Membro da Comissão Especial de Proteção de Dados e Privacidade da OAB/RS.

MATEUS SILVEIRA

Advogado e consultor jurídico de Direito Constitucional e Direitos Humanos. Mestre em Direitos Humanos. Especialista em Processo Constitucional e Direito Público. Professor Universitário de Direito Constitucional e Direitos Humanos. Professor do Ceisc para exame da OAB e concursos. Palestrante nacional na área dos Direitos Fundamentais, Direitos Humanos e da Responsabilidade Socioambiental.

NIDAL AHMAD

Mestre e Especialista em Direito. Professor de Direito Penal e Processo Penal da Graduação e Pós-Graduação na Universidade de Santa Cruz do Sul (UNISC) e do Curso Preparatório CEISC, de Santa Cruz do Sul/RS. Ex-Assessor Jurídico do Ministério Público do Estado do Rio Grande do Sul, escritor e palestrante.

PATRÍCIA STRAUSS

Doutoranda em Direito - UFRGS. Mestre em Direito - UCS. Especialista em "Droit Comparé et Européen des Contrats et de la Consommation" - Université de Savoie Mont Blanc - França. Bacharel em Direito - UFSM. Presidente do Instituto Brasileiro de Direito e Maternidade - IBDMater. Embaixadora do Parent in Science. Professora de Direito Civil e Consumidor do Curso CEISC para OAB, carreiras públicas e Pós-graduação. Advogada. Pesquisadora. Autora. Membro da International Association of Consumer Law e membro da United Nations - UNCTAD Institute.

RAFAEL RAVAZOLO

Mestre em Administração Estratégica pela PUCRS, com ênfase em Gestão da Informação. Especializado em Gestão Pública e graduado em Administração pela UFRGS. Possui experiência como professor de pós-graduação e de cursos preparatórios desde 2011, com ênfase nas disciplinas de Administração Geral e Pública. É professor do Ceisc e, desde 2005, servidor público do Tribunal Regional Eleitoral do Rio Grande do Sul, atuando nas áreas de Gestão de Pessoas, Gestão Estratégica e Inovação.

TAÍS FLORES

Especialista em Gestão Pública, Professora de Direito Administrativo, Constitucional e Legislações Especiais há mais de 15 anos, tem sólida atuação no mercado de concursos. Atua como Diretora Comercial no Ceisc.

TATIANE KIPPER

Mestra em Direito pela Universidade de Santa Cruz do Sul - UNISC. Possui Pós-Graduação em Direito Penal e Processual Penal pela Faculdade IDC. Professora do Curso de Direito da Universidade de Santa Cruz do Sul - UNISC. Coordenadora da Especialização em Direito Civil e Processual Civil Prático Contemporâneo da UNISC/CEISC. Professora de Processo Civil nos cursos preparatórios para Primeira e Segunda fases da OAB no CEISC. Professora de Processo Civil no curso de Especialização em Direito Civil e Processual Civil Prático Contemporâneo da UNISC/CEISC.

SUMÁRIO

LÍNGUA PORTUGUESA 15

Ana Paula Teixeira Porto

Luana Teixeira Porto

DIREITO ELEITORAL 71

Alejandro Rayo

Dineia Anziliero Dal Pizzol

DIREITO CONSTITUCIONAL 219

Taís Flores

Mateus Silveira

LÍNGUA PORTUGUESA

Ana Paula Teixeira Porto

Luana Teixeira Porto

Sumário:

1. COMPREENSÃO E INTERPRETAÇÃO DE TEXTOS DE GÊNEROS VARIADOS

Na prova de língua portuguesa, a leitura é cobrada praticamente por todas as bancas. Para isso, é preciso desenvolver:

a) Habilidade de ler: exige compreensão do tema, das ideias principal e secundárias do texto;
b) Conhecer os traços dos textos: implica identificar como o texto é construído e que estratégias discursivas adota;
c) Conhecer os gêneros: requer identificação dos traços de intencionalidade e composição de cada estrutura participar de escrita (carta, ofício, meme, cartum etc.);
d) Identificar a tipologia textual: associa-se à identificação da fora geral de estruturação do texto (narração, descrição, dissertação, argumentação, injunção, etc.);
e) Identificar a estrutura dos textos: requer a compreensão da forma como se dá a progressão temática do texto e das partes que o constituem;
f) Apreender a intencionalidade do texto: implica identificar o objetivo de comunicação do autor do texto bem como a sua intenção ao produzir o texto;
g) Analisar aspectos linguísticos e semânticos do texto: associa-se à análise de termos que estabelecem coesão e coerência ao texto, assim como ao emprego de palavras, seu sentido no texto e possibilidade de inserção, retirada ou mudança de expressões em um dado enunciado.

Conotação	Denotação
sentido contextual, figurado	sentido verdadeiro, real, referencial, literal
Exemplo: Ele fez do casamento arranjado uma escadinha para ascender socialmente.	Exemplo: A escadinha que dá acesso ao sótão precisa de reparos.

LER e interpretar

COMO LER BEM

Identificar:
- Tema e ideias
- Finalidade do texto
- Gênero e tipologia
- Conclusões do texto
- Progressão temática
- Estratégias de desenvovlimento

DICAS IMPORTANTES
- Leitura dos enunciados antes da leitura do texto
- Observação a palavras e e expressões do mesmo campo semântico
- Releitura atenta dos trechos selecionados nos enunciados e nas alternativas

Ter o hábito de leitura de gêneros e temas diversos e treinar questões da banca são fundamentais para a preparação para a prova

BANCA CEBRASPE

Foco em:
- Gênero e tipologia
- Intencionalidade
- Tema
- Análise de trechos

LEMBRAR DISTO
- Análise de linguagem e de estrutura se soma à interpretação de texto
- Sempre observar o contexto em que palavras e expressões são usadas e o sentido que apresentam

2. RECONHECIMENTO DE TIPOS E GÊNEROS TEXTUAIS

No processo de análise global do texto, é importante reconhecer sua **organização discursiva** para interpretá-lo de forma mais adequada, o que permite classificar um texto de acordo com sua tipologia e seu gênero.

Tipo textual	Gênero textual
Sequências linguísticas determinadas pela linguagem.	Sequências linguísticas e formais determinadas pela intenção comunicativa.

Tipo textual	Gênero textual
Conjunto limitado de categorias teóricas marcadas por traços lexicais, sintáticos, relações lógicas, tempo verbal.	Conjuntoabertoepraticamente ilimitado de expressões concretas determinadas pelo canal, estilo, conteúdo, composição e função comunicativa.
Designações teóricas dos tipos: narração, argumentação, descrição, injunção e exposição/dissertação.	Exemplos: telefonema, sermão, carta comercial, carta pessoal, ofício, memorando, aviso, romance, bilhete, aula expositiva,

Tipo textual	Gênero textual
	reunião de condomínio, horóscopo, receita culinária, bula de remédio, lista de compras, cardápio, instruções de uso, outdoor, inquérito policial, resenha, edital de concurso, piada, conversação espontânea, conferência, mensagem eletrônica, bate-papo virtual

Em relação à tipologia textual, um texto pode ser classificado como:

Texto narrativo	É "aquele que relata mudanças progressivas de estado que vão ocorrendo com as pessoas e as coisas através do tempo." (FIORIN; SAVIOLI, 2007, p. 289). Relata diversos acontecimentos reais ou fictícios que formam a história que é contada. O texto narrativo tem os episódios e relatos organizados de forma que fique estabelecida uma relação de anterioridade ou posterioridade entre os episódios/acontecimentos.
Texto descritivo	É aquele texto que apresenta "as características de uma pessoa, de um objeto ou de uma situação qualquer, inscritos em um certo momento estático do tempo" (FIORIN; SAVIOLI, 2007, p. 297). Não apresenta, como o texto narrativo, uma mudança de estado de pessoas ou coisas
Texto dissertativo	É "o tipo de texto que analisa e interpreta dados da realidade por meio de conceitos abstratos" (FIORIN; SAVIOLI, 2007, p. 298). Ao explorar conceitos abstratos, o texto dissertativo referencia o mundo real através de "conceitos amplos, de modelos genéricos, muitas vezes abstraídos do tempo e do espaço" (FIORIN; SAVIOLI, 2007, p. 299). O texto dissertativo é bastante frequente em discursos da ciência e da filosofia.
Texto argumentativo	É o tipo de texto que tem como propósito central, com base em uma discussão com apresentação de argumentos, formar opinião, objetivando que o outro acredite na tese defendida. É focado na persuasão do leitor sobre o ponto de vista do autor a respeito do assunto tratado e embasado na defesa de uma tese fundamentada em argumentos.
Texto injuntivo	É o tipo de texto que está focado na explicação para realização de uma ação, como a de fazer um bolo, administrar um remédio ou instalar um equipamento doméstico. É o texto que apresenta o método para realizar algo, é, portanto, um texto para instruir.
Texto preditivo	Texto que tem a função de indicar uma previsão, dar uma informação sobre o futuro, de forma a antecipar os eventos que, segundo o enunciador, deverão ocorrer

Embora as classificações de tipologia sejam claras, é preciso reconhecer que em um texto possa haver mais de uma tipologia, com predomínio de uma sobre outra.

▷ **Atenção!** Na análise de texto, é importante observar o SIGNIFICADO DAS PALAVRAS.

Ao se realizar a prova de língua portuguesa, o texto precisa ser observado com leitura atenta, distinguindo-se dois processos: análise e interpretação.

TIPOLOGIA textual

Refere-se à classificação do texto quanto a seu objetivo macro e a seus elementos básicos de forma geral

QUAIS SÃO

Identificar:
- Descrição
- Narração
- Dissertação
- Argumentação
- Prescrição
- Injunção
- Texto preditivo

DICAS IMPORTANTES

- Um mesmo texto pode ter mais de uma tipologia, porém uma predomina
- Cada tipologia apresenta suas marcas linguísticas, mas nem todas elas estão em um texto
- Tipologia não é gênero textual

BANCA CEBRASPE

Foco em:
- Identificação de tipologia
- Elementos ou justificativa da tipologia
- Associação de tipologia e gênero

LEMBRAR DISTO

- A tipologia expositiva - também associada à dissertativa - está pautada em apresentar um conceito, uma ideia ou informar sobre algo sem expressão uma opinião, um julgamento.

3. DOMÍNIO DA ORTOGRAFIA OFICIAL

Ortografia vem do grego *orthós:* correta, e *grafia*: escrita. É a parte da gramática que trata da escrita correta das palavras, e a ortografia é construída com base em critérios fonéticos e etimológicos além de ser resultado de convenções e acordos ortográficos celebrados entre países em que a língua portuguesa é idioma oficial. Relaciona-se a:

Emprego de algumas letras
Emprego do hífen
Parônimos e homônimos
Dificuldades ortográficas
Emprego dos porquês

Acentuação gráfica

Segundo o Acordo Ortográfico, o acento gráfico é facultativo nas seguintes palavras: fôrma (substantivo) / forma (substantivo/verbo)

Algumas palavras recebem acento gráfico simplesmente para estabelecer distinção gráfica: *pôr* (verbo) / *por (*preposição); *quê* (substantivo ou em final de frase) / *que* (pronome ou conjunção); *porquê* (substantivo ou em final de frase) / *porque* (pronome ou conjunção); *pôde* (pretérito perfeito do indicativo) / pode (presente do indicativo).

Hífen depois do Acordo Ortográfico

Quando a segunda palavra começar com "r" ou "s", depois de prefixo terminado em vogal, retira-se o hífen e essas consoantes são duplicadas. Exemplos: antissocial, autorretrato, ultrassom

O hífen é usado quando o prefixo termina em vogal e a segunda palavra começa com a mesma vogal. Exemplos: micro-ondas, anti-inflamatório

Não se usa mais o hífen:

- em determinadas palavras que perderam a noção de composição. Exemplos: paraquedas, mandachuva, vaivém
- quando a unidade expressiva é uma locução. Exemplos: dia a dia, à toa, café com leite, pé de atleta, pé de boi, pé de cabra, pé de chinelo, pé de galinha, pé de pato, pé de vento, pé de moleque. Exceção: pé-de-gato (VOLP)

Emprego de letra minúscula inicial: alguns casos

1. Ordinariamente, em todos os vocábulos da língua nos usos correntes.
2. Nos nomes dos dias, meses, estações do ano: segunda-feira; outubro; primavera.
3. Nos nomes que designam domínios do saber, cursos e disciplinas (opcionalmente, também com maiúscula): português (ou Português), matemática (ou Matemática); línguas e literaturas modernas (ou Línguas e Literaturas Modernas).
4. Nos usos de fulano, sicrano, beltrano.
5. Nos pontos cardeais (mas não nas suas abreviaturas); norte, sul (mas: SW sudoeste).

Emprego da letra maiúscula inicial

O emprego da letra maiúscula deve ocorrer nas seguintes situações:

a) No começo de um período, verso ou citação direta.

A comunidade angolana está, a partir de agosto, com novo presidente depois de 38 anos de governo do antecessor.

b) Nomes próprios reais ou fictícios.

Machado de Assis criou Capitu, personagem famosa de nossa literatura.

c) Nomes de lugar reais ou fictícios.

A cidade de Porto Alegre é encantadora.

O Passo da Guanxuma é a cidade de histórias de um autor gaúcho.

d) Nos nomes mitológicos.

A deusa Afrodite é a deusa do amor.

e) Nos nomes de festas e festividades.

O Natal é uma das datas mais festivas no Brasil.

f) Em siglas, símbolos ou abreviaturas internacionais.

O IBGE divulga a cada quatro anos resultados do Censo.

g) Nas expressões de tratamento.

V. S. gostaria de tomar um café antes da reunião?

A Senhora Coordenadora iniciou a reunião às 14h.

h) Em nomes de escolas em geral.

A Escola Politécnica da UFSM é considerada a melhor escola pública do Rio Grande do Sul.

i) Nos nomes que designam altos conceitos religiosos, políticos ou nacionalistas.

A Igreja Católica tem realizado ações beneficentes.

O Estado do Rio Grande do Sul está buscando renegociar suas dívidas com a União.

j) Nos pontos cardeais ou equivalentes, quando empregados absolutamente.

Nordeste, por nordeste do Brasil, Norte, por norte de Portugal, Meio-Dia, pelo sul da França ou de outros países, Ocidente, por ocidente europeu, Oriente, por oriente asiático.

▷ **Atenção!** Opcionalmente, em palavras usadas reverencialmente, aulicamente ou hierarquicamente, em início de versos, em categorizações de

logradouros públicos:	**de templos:**	**de edifícios:**
rua ou Rua da Cantareira largo ou Largo dos Leões	igreja ou Igreja do Bonfim	palácio ou Palácio da Cultura, edifício ou Edifício Azevedo Cunha.

Emprego de algumas letras

A ortografia em língua portuguesa requer a observação ao emprego de algumas letras, que, dependendo da origem da palavra ou do próprio uso do termo, podem gerar dúvidas. Isso porque um mesmo grafema pode representar diferentes fonemas e vice-versa.

a) Empregam-se as letras K, W e Y:

- Em antropônimos originários de outras línguas e seus derivados.

Exemplos: Kant, kantismo; Darwin, darwinismo; Taylor, taylorista.

- Em topônimos originários de outras línguas e seus derivados.

Exemplos: Kuwait, kuwaitiano, Disneylândia.

- Em siglas, símbolos, e mesmo em palavras adotadas como unidades de medida de curso internacional.

Exemplos: K (Potássio), W (West), kg (quilograma), km (quilômetro), Watt.

b) Emprega-se a letra Z:

- em palavras derivadas de outras grafadas com z.

Exemplos: *feliz – felizardo / zelo - zelador*

- em substantivos abstratos femininos terminados em *-ez* e *-eza*, derivados de adjetivos.

Exemplos: *grávida - gravidez / esperto - esperteza*

- em palavras terminadas em *-izar (verbos)* e -ização (substantivos), derivadas de certos substantivos.

Exemplo: *colono - colonizar - colonização*

c) Emprega-se a letra S:

- nos sufixos *-ês, -esa, -isa, -osa, -oso* e *-ense*.

Exemplos: *freguês, consulesa, poetisa, gasosa, oleoso, cearense*

- em palavras derivadas de outras que têm s no fim do radical.

Exemplos: *dose – dosagem, liso – alisar, análise – analisar*

- em todas as formas dos verbos *querer* e *pôr*, que têm s, e seus compostos.

Exemplos: *quis – quiseram, pus - puseram, repusesse*

- em substantivos derivados de verbos terminados em *–nder ou -ndir ou –**verter e –pelir.***

Exemplos: *pretender – pretensão, expandir – expansão; converter – conversão, repelir – repulsão*

▷ **Atenção!**

a) –ISAR ou –IZAR?

Escrevem-se com "s" (=ISAR) os verbos derivados de palavras que já têm "s":

análise > analisar	paralisia > paralisar
aviso > avisar	pesquisa > pesquisar

Escrevem-se com "z" (=IZAR) os verbos derivados de palavras que não têm a letra "s":

ameno > amenizar	normal > normalizar
civil > civilizar	real > realizar
fértil > fertilizar	
legal > legalizar	suave > suavizar

b) –SINHO ou –ZINHO?

Escrevem-se com "s" (=SINHO) os diminutivos derivados de palavras que já têm a letra "s":

casa > casinha	país > paisinho
lápis > lapisinho	pires > piresinho
mesa > mesinha	tênis > tenisinho

Escrevem-se com "z" (=ZINHO) os diminutivos derivados de palavras que não têm a letra "s":

animal > animalzinho	chapéu > chapeuzinho
balão > balãozinho	flor > florzinha
café > cafezinho	pai > paizinho

d) Emprega-se a letra X:

- depois de ditongo. Exemplos: *feixe, caixa*
- depois da sílaba inicial *en-*. Exemplos: enxada, enxurrada

▷ **Atenção!**

- Palavras derivadas de outras que tenham *ch* mantêm o *ch.*
  Exemplos: *encharcar* (de *charco), enchente* (de *cheio), enchiqueirar* (de *chiqueiro).*
- *Mecha* e seus derivados são escritos com *ch.*

e) Emprego de CH:

Emprega-se CH em algumas palavras de origem estrangeira (exemplos: salsicha, capricho, sanduíche) e em palavras derivadas de palavras latinas escritas com pl, cl e fl (exemplos: como chave, chuva, chumbo).

f) Emprego das letras C, Ç, SS:

- Em todos os substantivos derivados de verbos terminados em GREDIR, MITIR e CEDER, devemos usar "SS":

agredir > agressão
regredir > regressão
progredir > progressão
transgredir > transgressão
omitir > omissão
demitir > demissão
admitir > admissão
permitir > permissão
transmitir > transmissão
ceder > cessão
suceder > sucessão
conceder > concessão

- Em todos os substantivos derivados de verbos terminados em **-nder, -ndir, -verter e -pelir,** devemos usar "S":

tender > tensão
compreender > compreensão
apreender > apreensão
pretender > pretensão
ascender > ascensão
verter > versão
reverter > reversão
converter > conversão
subverter > subversão
expelir > expulsão
repelir > repulsão

- Em todos os substantivos derivados dos verbos TER e TORCER e seus derivados, devemos usar "Ç":

reter > retenção
deter > detenção
ater > atenção
abster > abstenção
obter > obtenção
torcer > torção
distorcer > distorção
contorcer > contorção

- O **c** só tem o valor de /s/ com as vogais *e* e *i*. Para as restantes usa-se ç.

Exemplos: acém, ácido; açafrão, açorda, açúcar

- O **ç** e os dois **ss** não existem em início de palavras.
- O **s** entre vogais tem sempre o som /z/, por isso, nas palavras derivadas e compostas formadas a partir de uma palavra com s em posição inicial, tem de se dobrar o **s**, escrevendo-se **ss**. Exemplos:

Sala – ante**ss**ala
Seguir – pro**ss**eguir
Sol – gira**ss**ol
Soma – cromo**ss**oma

- Os dois **ss** só aparecem entre vogais.

Exemplos: minissaia, pessoa, assoalho

- O sufixo de naturalidade **–ense** escreve-se com **s**.

Exemplos: candelariense; cearense

- O superlativo absoluto sintético terminado em **–íssimo** escreve-se com dois **ss.**

Exemplos: notabil**íssimo**, amabil**íssimo**

g) Emprega-se a letra J:

- em palavras derivadas de outras que já tenham *j.*

Exemplos: *cerejeira* (de *cereja), lojista* (de *loja)*

- nas formas dos verbos terminados em *-jar* e *-jear.*

Exemplos: *velejei (velejar), almeje (almejar), lisonjeie (lisonjear)*

- em vocábulos de origem ameríndia (sobretudo tupi) ou africana.

Exemplos: *maracujá, pajé, jiboia, jiló, jirau*

h) Emprega-se a letra G:

- em vocábulos formados pelo sufixo *-gem.* Exemplos: *paisagem, coragem, mensagem*

> ▷ **Atenção!** *Pajem, laje* e *lambujem* com *j.*

- em vocábulos terminados em *-ágio, -égio, -ígio, -ógio, -úgio.* Exemplos: *pedágio, colégio, prestígio, relógio, refúgio*
- em vocábulos derivados de outros já grafados com g. Exemplos: *mugir – mugido, fingir – fingimento, agitar - agitação*

i) Emprega-se a letra H:

Esta letra faz parte do alfabeto da língua portuguesa em função da etimologia e é usada início de várias palavras e no final de algumas interjeições.

Exemplos: *haver, hélice, hidrogênio, hóstia, humildade; hã!, hem?, puh!, ah!, ih!, oh!,* etc.

A letra H é empregada:

- quando faz parte do *nh, ch* e *lh*. Exemplos: ninho, chuva, ilha.
- nas palavras compostas quando o segundo segmento iniciado com H se isola do primeiro por meio de hífen. Exemplos: sobre-humano, pré-histórico.

j) **Emprego das letras E, I, O, U:**

a) **Emprega-se E:**

a) na sílaba final de formas dos verbos terminados em **–uar**: efetue, efetues, atenue, atenues, continue, continues...

b) a sílaba final de formas dos verbos terminados em **–oar**: entoe, entoes, perdoe, perdoes...

c) as palavras formadas com o prefixo **ante-** (antes, anterior): antebraço, antecâmara, antecipar...

b) **Emprega-se I:**

a) na sílaba final de formas dos verbos terminados em **–uir**: possui, possuis, constrói, constróis, diminui, diminuis...

b) em forma verbal com infinitivo terminado em **-iar**:

variar – vario, varias, varia, variamos, variais, variam

copiar – copio, copias, copia, copiamos, copiais, copiam

Exceções: mediar, ansiar, remediar, incendiar, odiar

c) em forma verbal com infinitivo terminado em **-air** e **-oer**: atrair- atrai; corroer – corrói

d) em palavra derivada com a terminação -iano(a): açoriano, alasquiano, bachiano, machadiano, wagneriano.

e) em palavras formadas com o prefixo **anti-** (contra): anti-inflamatório, anticristo.

c) **Emprega-se O:**

Grafam-se com "o": boteco, botequim, mochila, nódoa, cortiço, moela, mosquito, mágoa, moleque, tossir, goela, engolir, polenta, toalete, zoar, etc.

d) **Emprega-se U:**

Grafam-se com "u": amuleto, bueiro, camundongo, cinquenta, cutia, curtume, jabuti, jabuticaba, entupir, embutir, mandíbula, supetão, tábua, tabuleiro, urtiga, urticária, entre outras.

Principais regras de acentuação gráfica

Proparoxítonas

Todas as palavras proparoxítonas (que têm o acento tônico na antepenúltima sílaba) são acentuadas. Exemplos: **cômodo, sólido, árvore, lâmpada, déficit, esplêndido, exército, amássemos, cortávamos.**

Paroxítonas

Acentuam-se as palavras paroxítonas (que têm o acento tônico na penúltima sílaba) terminadas em:

a) ditongo oral	**jóquei, sério, ânsia, mágoa, espontâneo**
b) ão, ãos, ã, ãs	**órfão, órfãos, órfã, órfãs**
c) i, u, seguidas ou não se S	**júri, júris, lápis, bônus**
d) um, uns	**álbum, álbuns**
e) l, n, r, x, os	**amável, próton, revólver, Félix, bíceps**

▷ **Observação: Não se acentuam os prefixos paroxítonos terminados em:**

"i": semi-internato

"r": super-homem

1. Não se acentuam, segundo o Acordo Ortográfico, as paroxítonas terminadas pelo hiato OO, acompanhado ou não de S.	**enjoo, voos**
2. Não se acentuam as paroxítonas terminadas em ENS.	**jovens, hifens**

Oxítonas

As palavras oxítonas (que têm o acento tônico na última sílaba) são acentuadas quando terminam em:

a) a(s), e(s), o(s) **vatapá, café, cipó, avô, dominós, você, vocês**	b) em em, ens **armazém, armazéns, alguém, também, parabéns, vinténs**

▷ **Atenção! Devido à regra da acentuação das oxítonas, acentuam-se as formas verbais terminadas em R, S ou Z quando forem acompanhadas dos pronomes LO, LA, LOS, LAS (nesse caso, as formas verbais perdem a consoante final R, S ou Z)**

transpôs o rio → transpôs + lo = transpô-lo

satisfez desejo → satisfez + lo = satisfê-lo

satisfaremos João → satisfazê-lo-emos

- **Monossílabos tônicos**

  Acentuam-se monossílabos tônicos terminados em A, E, O, seguido ou não de S, como nestes exemplos: **pá, pé, pós, pás, pés, pós**

- **Ditongos abertos**

  Os ditongos ÉI, ÉU e ÓI são acentuados nos monossílabos tônicos e nas palavras oxítonas, como estas: **anéis, chapéu, dói, constrói, herói**

▷ **Atenção! Não se acentuam, segundo o Acordo Ortográfico, os ditongos abertos EI e OI nas paroxítonas.**

Exemplos: ideia, heroico

- **Hiato**

Acentuam-se os hiatos I e U, acompanhados ou não de S. Apresentam hiato: **saí, baú, saíste, baús, balaústre, viúva, doído**

▷ **Atenção!**

1. **Não se acentuam as vogais tônicas I e U se forem seguidas de NH, ND, MB. Exemplos:** rainha, ainda, Coimbra
2. **Não se acentuam, segundo o Acordo Ortográfico, as vogais tônicas I e U das palavras paroxítonas quando estas forem precedidas por ditongo decrescente. Exemplos:** feiura, baiuca

▷ **Observação:**
Piauí = oxítona **Tuiuiús = oxítona**

- **Outras regras de acentuação gráfica**

1. **Emprega-se trema, segundo o Acordo Ortográfico, apenas em palavras derivadas de nomes estrangeiros. Exemplos:** Mülleriano (de Müller)
2. **Segundo o Acordo Ortográfico, não se usa acento gráfico no U tônico dos grupos QU e GU seguido de E e I. Exemplos:** Eu argui, tu arguis

▷ **Atenção! Os verbos do tipo AGUAR, APAZIGUAR, AVERIGUAR, DELINQUIR, ENXAGUAR e afins possuem duas formas de conjugação:**

A) formas rizotônicas, com U do radical tônico, sem marca gráfica:

eu averiguo, que tu enxagues

B) formas rizotônicas: com o A ou I do radical com acento:

eu averíguo, que tu enxágues

- **Regras especiais de acentuação gráfica**

1. Os verbos **vir** e **ter** na 3ª pessoa do plural do presente do indicativo recebem o acento circunflexo para diferenciar-se da 3ª pessoa do singular:

Exemplo: Ele vem – eles vêm;
ele tem – eles têm

2. Os verbos derivados de **ter** e **vir**, como **deter, manter, reter, intervir, convir,** por não serem monossílabos, obedecem à regra das oxítonas. Em 3ª pessoa do plural, usa-se o acento circunflexo para a diferenciação da 3ª pessoa do singular.

Exemplo: Ele intervém – eles intervêm
Ele mantém – eles mantêm

▷ **Atenção! Os verbos crer, ler, ver e dar e seus derivados são escritos com EE na 3ª pessoa do plural e não recebem no primeiro E acento circunflexo segundo o Acordo Ortográfico.**

Exemplos:
Ele crê - eles creem
Ele lê - eles leem
Ele vê - eles veem
Que ele dê - que eles deem

▷ **Observações:**

1. Segundo o Acordo Ortográfico, o acento gráfico é facultativo nas seguintes palavras: Fôrma (substantivo) / forma (substantivo/verbo)
2. Algumas palavras recebem acento gráfico simplesmente para estabelecer distinção gráfica:
   - *pôr* (verbo) / *por* (preposição).
   - *Quê* (substantivo ou em final de frase) / *que* (pronome ou conjunção)
   - *Porquê* (substantivo ou em final de frase) / *porque* (pronome ou conjunção)
   - *Pôde* (pretérito perfeito do indicativo) / pode (presente do indicativo)

1. Não levam acento os prefixos paroxítonos terminados em *-r* e *-i*: *inter-helênico, super-homem, semi-histórico*.(BECHARA, 2009, p. 88)
2. Não se usa acento gráfico para distinguir as palavras oxítonas homógrafas (que possuem a mesma grafia), mas heterofônicas (pronunciadas de formas diferentes), do tipo de *cor* (ô) (substantivo) e *cor* (ó) (elemento da locução *de cor*); *colher* (ê) (verbo) e *colher* (é) (substantivo). (BECHARA, 2009, p. 88)

ACENTUAÇÃO gráfica

Refere-se à presença de acento agudo, grave ou circunflexo em algumas palavras conforme regras específicas

ELA IMPLICA

Saber o que são
- Monossílabos: palavras com uma sílaba, como pé
- Oxítonas: palavras com a última sílaba tônica, como *vatapá*
- Paroxítonas: palavras com a penúltima sílaba tônica, como *espécie*
- Proparoxítonas: palavras com a antepenúltima sílaba tônica, como *lâmpada*

BANCA CEBRASPE

Foco em:
- Identificação de palavras acentuadas de forma correta
- Grupo de palavras acentuadas pela mesma regra ou regras diferentes
- Justificativa de acentuação (aplicação de regra)

DICAS IMPORTANTES
- Memorizar as regras de acentuação gráfica
- Decorar as palavras que podem ter acento ou não
- Ter atenção quanto a verbos derivados de TER e VIR
- Verbos + pronomes átonos: rever regras específicas

LEMBRAR DISTO
- O acento gráfico muda a classe gramatical em pares: secreataria/secretária
- Til e cedilha não são acentos gráficos
- Monossílabos átonos não são acentuados

4. DOMÍNIO DOS MECANISMOS DE COESÃO TEXTUAL

O texto precisa estar interligado por expressões que referenciam e relacionam palavras, orações, frases e períodos. Essa conexão é a coesão textual, que "é o resultado da conexão existente entre as palavras, as frases e as orações que formam o texto jurídico como um todo significativo." (VIANA, 2007, p. 163-164). As palavras que estabelecem essa ligação são chamadas de elementos de coesão ou nexos, que constituem processos de referenciação textual.

4.1 Emprego de elementos de referenciação, substituição e repetição, de conectores e de outros elementos de sequenciação textual

A coesão textual manifesta-se através dos **mecanismos de coesão**. Entre eles, destacam-se os elementos anafóricos, os elementos catafóricos, a elipse, os sinônimos e outros elementos de coesão.

Veja:

Coesão textual					
Por repetição	Por sinônimo	Por hiperônimo	Por pronome	Por preposição	Por conjunção
A *casa* de João foi eleita a mais charmosa do condomínio, mas ele ainda não está satisfeito com a **casa** que projetou. Quer ampliá-la.	A *casa* de João foi eleita a mais charmosa do condomínio, mas ele ainda não está satisfeito com a **moradia** que projetou. Quer ampliá-la.	A *casa* de João foi eleita a mais charmosa do condomínio, mas ele ainda não está satisfeito com o **espaço** que projetou. Quer ampliá-lo.	A *casa* de **João** foi eleita a mais charmosa do condomínio, mas **ele** ainda não está satisfeito com a moradia que projetou. Quer ampliá-**la**.	A casa **de** João foi eleita a mais charmosa **do** condomínio, mas ele ainda não está satisfeito com a moradia que projetou. Quer ampliá-la.	A casa de João foi eleita a mais charmosa do condomínio, **mas** ele ainda não está satisfeito com a moradia que projetou. Quer ampliá-la.

Recursos coesivos do texto

Para estabelecer coesão, vários outros recursos podem ser empregados, como **elipse, sinônimos** e **conjunções.**

A **elipse** configura-se como um apagamento de um termo que está subentendido no contexto. É um recurso de coesão que contribui para evitar a repetição de palavras no texto.

O professor solicitou o Projeto Pedagógico da escola. Mas não recebeu.

O professor solicitou o Projeto Pedagógico da escola. Mas **(o professor)** não recebeu **(o Projeto Pedagógico).**

Joelma prestou vestibular para Medicina e **(Joelma)** considerou difícil **(o vestibular).**

A elipse pode marcar apagamento de nomes, como demonstrado nos exemplos acima, e de verbos, como demonstrado no exemplo a seguir.

Observação:

A **elipse verbal** deve ser marcada por vírgula.

Mariana foi ao supermercado. João, ao cinema. (João foi ao cinema)

Os **sinônimos são as palavras ou expressões sinônimas podem se referir a uma palavra usada no texto, retomando a linha de pensamento e mantendo o significado da frase.**

Um menino de 13 anos está sendo acusado pela polícia de ter furtado uma bicicleta no Bairro Vila Velha. Em depoimento, o **garoto** negou as acusações.

▷ Atenção!

Em vez de usar sinônimo, pode-se usar um antônimo acompanhado de "não"

"A lei de responsabilidade fiscal **impede** que governadores gatem mais do que o previsto no orçamento anual."

"A lei de responsabilidade fiscal **não consente** que governadores gatem mais do que o previsto no orçamento anual."

"As mulheres vítimas de violência doméstica precisam ser tratadas de forma **respeitosa**."

"As mulheres vítimas de violência doméstica **não** podem ser tratadas de forma **desrespeitosa**."

Os **elementos de coesão** que ligam orações e palavras entre si normalmente são conjunções, que carregam sentidos específicos dependendo do contexto em que aparecem. Observe conjunções que estabelecem valores semânticos ao relacionarem orações e períodos.

Conjunção	Valor semântico	Exemplo
E, nem, não só ... mas também	Adição	O réu não ofereceu dificuldades para ser preso **nem** ameaçou o oficial de justiça.
Mas, contudo, no entanto, entretanto, porém, todavia	Adversidade	As testemunhas depuseram favoravelmente ao réu, **todavia** os depoimentos são contraditórios.
Ou (repetido ou não), ora, nem, quer, seja, etc.	Alternância	A ordem de prisão será cumprida **ou** o criminoso continuará livre.
Assim, logo, portanto, por isso, etc.	Conclusão	As provas do crime foram elencadas. **Logo**, pode ser julgado o processo.
Porque, que, pois,	Explicação	Em suas razões recursais, sustenta o insurgente que a determinação judicial extrapolou os limites, invadindo sua privacidade, **pois** não está obrigado a exibir a declaração de seus bens.

Conjunção	Valor semântico	Exemplo
Que, do que (quando iniciadas ou antecedidas por noções comparativas como menos, mais, maior, menor, melhor, pior), qual (quando iniciada ou antecedida por tal), como (também apresentada nas formas assim como, bem como)	Comparação	O depoimento do autor da ação foi mais brando **do que** o do réu.
Embora, mesmo que, ainda que, posto que, por mais que, conquanto que, apesar de, mesmo quando, etc.	Concessão	**Apesar de** haver provas contundentes sobre o crime, o réu foi absolvido.
Se, caso, contanto que, a não ser que, desde que, salvo se, etc.	Condição	**Se** houver prova da inocência do réu, que seja apresentada.
Conforme, segundo, consoante, como (utilizada no mesmo sentido da conjunção conforme)	Conformidade	**Segundo** informou o promotor, o réu responderá por dois crimes: invasão de privacidade e abuso de poder.
A fim de que, para que, que	Finalidade	Esta Câmara converteu o julgamento em diligência **para que** fosse instaurado, no juízo de origem, o incidente de insanidade mental do acusado
À proporção que, à medida que, quanto mais... (tanto) mais, quanto mais... (tanto) menos, quanto menos... (tanto) menos, quanto menos... (tanto) mais etc.	Proporção	À medida que outros recursos forem julgados, sairá a sentença.
Quando, enquanto, logo que, agora que, tão logo, apenas (com mesmo sentido da conjunção tão logo), toda vez que, mal (equivalente a tão logo), sempre que, etc.	Tempo	E ela refere a quatro fatos criminosos. O último, **quando** tinha quinze anos, não foi objeto da denúncia.

A coesão por meio de pronomes

Existem seis tipos de pronomes (pessoais, possessivos, demonstrativos, relativos, indefinidos e interrogativos) e, para coesão, os mais relevantes são os pessoais, os demonstrativos e os relativos.

Os pronomes pessoais, demonstrativos, relativos e possessivos podem ser usados para substituir termos.

"As mulheres negras são mais propensas à violência doméstica do que as brancas. **Estas** apresentam menor número de denúncias de agressão do que **aquelas**."

▷ **Atenção!**

Uso de O, A: para completar VTD

Estudante criou **aplicativo** para informar em tempo real sobre avanço de doenças, como a Covid-19.

Estudante criou-**o** para informar em tempo real sobre avanço de doenças, como a Covid-19.

Uso de LHE: para completar VTI ou VTDI

Professor apresentou aplicativo **a empresários.**

Professor apresentou-**lhes** aplicativo.

Os pronomes O(S) e A(S) são usados para exercer a função de objeto direto.

Vi João na rua e convidei-**o** para jantar na minha casa.

Os pronomes LHE e LHES são usados para exercer a função de objeto indireto.

Conheci João e Pedro e dei-**lhes** um cartão de minha empresa.

Os pronomes demonstrativos podem substituir expressões ou frases

Esse, essa, isso: retomam frases inteiras	O Brasil poderia ter investido mais educação para oferecer quantidade maior de vagas a estudantes da rede pública em universidades públicas. **Essa** deve ser uma política efetiva de todos os próximos presidentes
***Este, esta, isto* e *Aquele, aquela, aquilo*: retomam expressões** **Este, esta, isto:** retomam expressões próximas **Aquele, aquela, aquilo:** retomam expressões mais distantes	"Casas geriátricas e hospitais carecem de profissionais especializados em atender à população idosa. Enquanto **este** centro de saúde busca médicos por meio de concurso, **aquele** pede indicações dada a urgência de contratação."

Pronomes relativos "são aqueles que retomam um substantivo (ou um pronome) anterior a eles, substituindo-o no início da oração seguinte" (FERREIRA, 2007, p. 223).

Variáveis	Invariáveis
O qual, a qual Os quais, as quais Cujo, cuja Cujos, cujas Quanto, quanta Quantos, quantas	Que (quando equivale a o qual e flexões) Quem (quando equivale a o qual e flexões) Onde (quando equivale a no qual e flexões)

Analise os exemplos: "As casas de saúde têm sido boa opção para acolhida de idosos. Os idosos precisam de atendimento especializado quando não podem contar com a ajuda dos filhos." "As casas de saúde têm sido boa opção para acolhida de idosos **que** precisam de atendimento especializado e **que** não podem contar com a ajuda dos filhos."

"João é pai de Pedro. E Pedro é um menino com autismo e estuda em escola especial." "Pedro, **cujo** pai é João, é autista e estuda em escola especial."

▷ **Atenção! Em certos casos o pronome relativo deve ser acompanhado da preposição.**

Exemplos:

A canção de Marisa Monte era a **de que** eu mais gostava.

A empresa **em que** trabalho fica no centro.

Editou-se uma lei **com a qual** concordamos, **de que** precisamos e **por que** lutamos.

Não conheço o professor **de quem** você falou.

Não conheço o professor **a quem** você se referiu.

Tipos de coesão textual

No texto, os elementos coesivos podem ser agrupados em três categorias:

a) **coesão referencial: permite a retomada de termos e ideias no texto**

b) coesão sequencial: possibilita a progressão semântica do texto

Coesão referencial	Coesão sequencial
Cria um sistema de relações entre as palavras e expressões de um texto, permitindo ao leitor identificar os termos a que se referem.	É responsável por criar as condições para a progressão textual.

O **sistema penitenciário** brasileiro está com menos vagas do que a demanda para encarceramento, e isso faz **dele** um espaço inadequado para prisão.	O **sistema penitenciário** brasileiro está com menos vagas do que a demanda para encarceramento, **pois** aumentou o número de condenados **e** houve ampliação da infraestrutura carcerária.
A infraestrutura das escolas públicas brasileiras não dispõe de recursos básicos para a educação de surdos, uma vez que **os educandários** ainda carecem de tecnologias assistivas para a formação **daquele que não ouve**.	A infraestrutura das escolas públicas brasileiras não dispõe de recursos básicos para a educação de surdos. **Contudo**, isso não pode ser motivo para esse estudante abandonar os estudos.

Coesão sequencial

- **Adição/inclusão** - Além disso; também; vale lembrar; pois; outrossim; agora; de modo geral; por iguais razões; inclusive; até; é certo que; é inegável; em outras palavras; além desse fator...
- **Oposição** - Embora; não obstante; entretanto; mas; no entanto; porém; ao contrário; diferentemente; por outro lado...
- **Afirmação/igualdade** - Felizmente; infelizmente; obviamente; na verdade; realmente; de igual forma; do mesmo modo que; nesse sentido; semelhantemente...
- **Exclusão** - Somente; só; sequer; senão; exceto; excluindo; tão somente; apenas...
- **Enumeração** - Em primeiro lugar; a princípio...
- **Explicação** - Como se nota; com efeito; como vimos; portanto; pois; é óbvio que; isto é; por exemplo; a saber; de fato; aliás...
- **Conclusão** - Em suma; por conseguinte; em última análise; por fim; concluindo; finalmente; por tudo isso; em síntese, posto isso; assim; consequentemente...
- **Continuação - Em seguida; depois; no geral; em termos gerais; por sua vez; outrossim...**

Na língua portuguesa, na parte de ortografia, também se deve considerar a acentuação gráfica. Parte-se do conceito básico de que quase todas as palavras têm **acento tônico**, mas somente algumas têm **acento gráfico, e para tanto há regras específicas que serão apresentadas na sequência.**

4.2 Emprego de tempos e modos verbais

O verbo é uma palavra variável que indica um processo/ação/estado localizado no tempo. Exprime o que ocorre, um acontecimento representado no tempo. Exemplos:

João **saiu** de casa ontem por volta das 20h.

Ana **foi educada** para a maternidade.

Como Pedro e João **parecem** bons amigos.

Haverá dias melhores.

O verbo se flexiona em: número, pessoa, modo, tempo e voz.

Flexão verbal de número

O verbo se flexiona em número: singular e plural.

Exemplo:

Singular	amo	amas	ama
Plural	amamos	amais	amam

O verbo se flexiona em pessoa:

Aquela que fala - **1ª pessoa.**	Aquela com quem se fala - **2ª pessoa.**	Aquela de que se fala - **3ª pessoa.**
Eu amo minha família. **Nós** amamos nossa família.	**Tu** amas a tua família. **Vós** amais a vossa família.	**Ele** ama a família. **Eles** amam a família.

O verbo se flexiona em três modos:

Indicativo: expressa uma realidade, algo dado como certo.	Polícia **divulga** nome dos assaltantes que **roubaram** a agência do banco no centro da cidade.
Subjuntivo: expressa algo duvidoso, hipotético.	Se inflação **aumentar**, os preços da gasolina subirão também.
Imperativo: expressa uma ordem, pedido ou conselho.	Não **faça** novo financiamento, pois juros estão altos.

Modo indicativo

Integram o modo indicativo os seguintes tempos verbais simples:

Presente	Usado para expressar fatos que ocorrem no momento em que o faltante os observa ou se refere a eles	Eu **adoro** sorvete. Eu **vendo** picolé na praia
Pretérito perfeito	Usado para expressar fatos concluídos antes da produção da fala.	Nós **compramos** uma casa nova. Ele **partiu** para Lisboa.
Pretérito imperfeito	Usado para expressar um fato que não havia sido concluído até o momento da fala ou fatos habituais do passado	Ele **amava** muito a esposa. Nós **esperávamos** os avós com ansiedade.
Pretérito mais-que-perfeito	Usado para expressar um fato totalmente concluído ocorrido antes de outro fato já acabado	Ele **vendera** todos os bens antes de sair de casa.
Futuro do presente	Usado para expressar fatos que se realizarão depois do ato de fala.	Eu **viajarei** amanhã.
Futuro do pretérito	Usado para expressar um fato futuro que se relaciona a outro fato, no passado.	Eliane **compraria** todos os vestidos daquela loja.

O **modo indicativo** também apresenta **tempos verbais compostos**:

Pretérito perfeito composto	Eu tenho amado
Pretérito mais-que-perfeito composto	Eu tinha amado
Futuro do presente composto	Eu terei amado
Futuro do pretérito composto	Eu teria amado

Modo subjuntivo

Integram o modo indicativo os seguintes tempos verbais:

Presente	Usado para expressar dúvida, hipótese e em orações subordinadas	Que eu **cante** todos os meus amores! Que eles **partam** felizes para a nova jornada.
Pretérito imperfeito	Geralmente é empregado em orações subordinadas substantivas e adjetivas e em orações subordinadas adverbiais	Seria importante que ele **voltasse** para casa.
Futuro	Geralmente é empregado em orações subordinadas adjetivas e em orações adverbiais condicionais, proporcionais, temporais.	Assim que ele **disser** a verdade em depoimento, receberá apoio da família

Modo imperativo

O modo imperativo é empregado para expressar ordem, pedido, conselho, convite, ameaça conforme destaca Ferreira (2007). O modo imperativo apresenta dois tempos verbais: **imperativo afirmativo e imperativo negativo.**

Exemplos:

Saia de casa com bom agasalho. Está frio!

Não saia de casa sem bom agasalho. Está frio!

Imperativo afirmativo

No imperativo afirmativo, a 2ª pessoa do singular (tu e vós) é derivada do presente do indicativo, havendo a supressão da letra final "s" do verbo. As demais pessoas gramaticais são derivadas do presente do subjuntivo sem haver nenhuma alteração na forma do verbo. Veja:

Presente do Indicativo		IMPERATIVO AFIRMATIVO		Presente do Subjuntivo
eu amo		–		Que eu ame
tu amas	→ -S	**Ama (tu)**		Que tu ames
ele ama		**Ame (você)**	*	**Que ele ame**
nós amamos		**Amemos (nós)**	*	**Que nós amemos**

vós amais	→ -S	Amai (vós)		Que vós ameis
eles amam		Amem (vocês)	*	Que eles amem

Imperativo negativo

O imperativo negativo é derivado do presente do subjuntivo sem haver alteração na forma do verbo. Veja:

Presente do Subjuntivo	Imperativo Negativo
Que eu ame	–
Que tu ames	não ames (tu)
Que ele ame	não ame (você)
Que nós amemos	não amemos (nós)
Que vós ameis	não ameis (vós)
Que eles amem	não amem (vocês)

5. DOMÍNIO DA ESTRUTURA MORFOSSINTÁTICA DO PERÍODO

Existem várias formas de se estabelecer uma análise linguísticas dos termos em uma frase, oração ou período. A análise sintática contempla as relações que se estabelecem entre os termos da oração; a análise morfológica enfatiza a estrutura, a formação e os mecanismos de flexão das palavras.

Frase: É todo e qualquer enunciado que apresenta sentido completo. A frase pode ser:

Nominal	Verbal
A que não possui verbo Socorro! Sofrimento por causa de prejuízos decorrentes do temporal	**A que possui verbo** Concurso de pessoas é um agravante de pena. Acidente envolveu dois casos, e ninguém ficou ferido.

Oração: é o enunciado organizado em torno de um verbo.

A principal característica da oração não é o sentido completo (ainda que possa ter), mas sim o verbo.

Exemplos:

Mário marcou gol em jogo de futebol. (Uma oração)

João saiu cedo, trabalhou na empresa e depois voltou para casa. (Três orações)

Mário marcou gol em jogo de futebol quando a partida estava no final. (Duas orações)

Para sair em férias, cumpriu todas as tarefas. (Duas orações)

Terminada a greve, os professores retomaram os trabalhos. (Duas orações)

Período: é todo e qualquer enunciado de sentido completo, terminado por pausa gráfica forte e possuindo pelo menos uma oração. O período pode ser:

Simples:	Composto
O que só possui uma oração Sentíamos muito frio na região serrana. Saiu cedo de casa. A festa movimentou a avenida.	**O que possui mais de uma oração** Alguns cantavam e outros dançavam. Quando ela chegou até a sala, não nos disse se tivera êxito no exame. Considerando o tipo de crime, ele deve ficar preso por dois anos. Manifestada a renúncia do jogador, clube procura outro atleta para jogar na temporada atual.

▷ **Atenção!**

Oração, em período composto, não precisa ter sentido completo.

Termos da oração (período simples)

Termos		Funções sintáticas	Exemplos
Essenciais	Aqueles necessários para a existência e formação da oração	**Sujeito**: termo da oração no qual se enuncia alguma coisa.	**O time de futebol gaúcho** venceu a Copa.
		Predicado: termo da oração que se refere ao sujeito.	O time de futebol gaúcho **venceu a Copa.**
Integrantes	Termos que integram (completam) o significado dos termos essenciais (sujeito e predicado)	**Agente da passiva**: indica quem praticou a ação de um verbo na voz passiva.	A modelo foi traída **pelo namorado.**
		Complemento nominal: completa o sentido do adjetivo, do advérbio ou do substantivo.	O acesso **à rua** está bloqueado.
		Complemento verbal: completa o sentido dos verbos transitivos.	O juiz informou **a sentença ao réu.**

Acessórios	Termos que, mesmo sendo dispensáveis na estrutura básica da oração, são importantes para a compreensão do enunciado; indicam característica do ser, determinam o sentido do substantivo e expressam circunstância.	**Adjunto Adnominal**: termo que caracteriza, modifica, determina ou qualifica um substantivo.	O rio **Amazonas** está cheio.
		Adjunto Adverbial: termo que altera o sentido do verbo, do adjetivo ou do advérbio.	**Suavemente,** a porta fechou.
		Aposto: explica, resume, enumera ou especifica um outro termo.	A casa da Joana, **amiga de minha infância**, foi vendida.
		Vocativo: utilizado para referir-se ao interlocutor.	**João**, você poderia me dar uma carona?

Funções sintáticas

- **SUJEITO:** "é o termo (palavra ou conjunto de palavras) da oração que designa o ser a respeito do qual se declara alguma coisa; é também o elemento com o qual o verbo estabelece concordância" (FERREIRA, 2007, p. 331)

  Exemplos:

  Maria saiu daqui há três minutos.

  Pedro e Bia vão casar em novembro.

  Chegaram **as encomendas.**

> ▷ **Atenção! O sujeito pode estar antes ou depois do verbo.**
>
> À meia-noite, serão desligados os aparelhos de ar condicionado.
>
> Os aparelhos de ar condicionado serão desligados à meia-noite.

Tipos de sujeito:

A) **simples:** tem um único núcleo.

Exemplo: O velho **homem** apaixonou-se pela jovem atriz.

B) **composto:** tem dois ou mais núcleos

Exemplo: As **ruas** e as **praças** serão monitoradas por câmeras de segurança.

C) **Oculto, elíptico ou desinencial:** o sujeito pode ser identificado pela desinência do verbo ou pelo contexto em que aparece.

Exemplo: Ficarás em casa (sujeito: **tu**)

D) **Indeterminado:** Quando não é possível determinar o sujeito. Esse tipo de sujeito ocorre em duas situações:

1) com verbos na 3ª pessoa do plural sem referência a elemento anterior.

Exemplo: Hoje comentaram sobre a falta de chuva.

2) com verbo na 3ª pessoa do singular + **se** (em orações que não admitem a voz passiva analítica)

Exemplos:

Trata-se de um tema polêmico.

Precisa-se de doadores de sangue.

E) **oração sem sujeito/sujeito inexistente:** ocorre com verbos impessoais, aqueles que não admitem sujeito.

Os verbos impessoais mais comuns são:

1) **Verbo *haver* significando existir, acontecer e indicando tempo passado.**

Exemplos:

Aqui já houve grandes encontros de motociclistas.

Há dez anos ele foi morar no Paraná.

2) **Verbo *ser* indicando tempo.**

Exemplo:

Agora são cinco e meia da tarde.

3) **Verbos indicativos de fenômenos da natureza.**

Exemplo: Ontem à tarde, ventou muito aqui.

4) **Verbo *fazer* quando indicar tempo.**

Exemplo: Faz dois dias que ele saiu.

- **PREDICADO: é o comentário acerca do sujeito.**

  Exemplo: João saiu furioso da sala.

  O predicado pode ser classificado em:

1. **Nominal:** apresenta um verbo de ligação e predicativo do sujeito e tem como núcleo um nome.
   Exemplo: A garota **tornou-se** muito **arrogante**.
2. **Verbal:** apresenta um verbo transitivo ou intransitivo e tem como núcleo um verbo.
   Exemplo: O colégio **realizará** apresentação de Natal.
3. **Verbo-nominal:** apresenta um verbo transitivo ou intransitivo e também um predicativo. É resultante da fusão de um predicado verbal e de um nominal.
   Exemplo: Ele saiu furioso ontem. (Ele saiu ontem + Ele estava furioso)

- **OBJETO: é um termo relacionado ao verbo. Tem a função de completar o sentido do verbo. Pode ser:**

1. **Direto:** termo da oração que completa o sentido de um verbo transitivo direto. Não é precedido de preposição.

   Exemplo: O rapaz comprou **uma casa**.

2. **Indireto:** termo da oração que completa o sentido de um verbo transitivo indireto por intermédio de preposição.

   Exemplo: A moça precisou **de ajuda**.

> ▷ **Atenção!**
>
> **1. Há verbos que admitem a troca de um objeto indireto por pronome lhe(s).**
>
> O professor informou a nota **aos alunos**.
> OI
>
> O professor informou-**lhes** a nota.
> OI
>
> **2. É possível também que o objeto direto seja um pronome pessoal (o, a, lo, la, no, na)**
>
> O professor informou **a nota** aos alunos.
> OD
>
> O professor informou-**a** aos alunos.
> OD

- **ADJUNTO ADVERBIAL:** é o termo que "exprime uma circunstância (de tempo, lugar, modo, etc.) ou, em outras palavras, que modifica o sentido de um verbo, adjetivo ou advérbio." (CEGALLA, 2008, p. 364). Pode ser formado por um advérbio ou locução adverbial.

  Exemplos: **Amanhã** o sol brilhará **mais**.

  O sol **às vezes** fica escondido **entre as nuvens**.

- **AGENTE DA PASSIVA: é o agente da ação verbal em oração que está na voz passiva (apresenta sujeito paciente). Normalmente, esse termo é introduzido pela preposição "por" e, em alguns casos, pela preposição "de".**

  Exemplo: O ladrão foi capturado **pela polícia**.

- **ADJUNTO ADNOMINAL: é o termo que se associa a um nome para especificar o sentido do nome, introduzindo uma característica, qualidade ou modo de ser.**

  Exemplo: **A grande** capital **brasileira** é Brasília.

- **PREDICATIVO: é o "termo que, por meio de um verbo, relaciona-se ao sujeito ou ao objeto, atribuindo-lhes uma qualidade, uma característica ou um estado" (FERREIRA, 2007, p. 388). Pode ser:**

1. **Predicativo do sujeito:** relaciona-se ao sujeito através de um verbo de ligação claramente expresso ou subentendido.

   Exemplo: O rapaz permaneceu **calado** na reunião.

2. **Predicativo do objeto:** relaciona-se ao objeto, exprimindo uma característica nova, circunstancial.

   Exemplo: A juíza tornou a sentença **justa**.

- **Complemento nominal: é o termo que completa o sentido de um nome.**

  Exemplo: A obra de arte é semelhante **a um anjo triste**.

> ▷ Atenção! Na análise sintática, é comum haver dificuldades para diferenciar Adjunto adnominal e Complemento nominal.

Adjunto adnominal	Complemento nominal
Ideia ativa amor **de mãe** – a mãe pratica a ação de amar.	Ideia passiva amor **à mãe** – a mãe recebe o amor
Termo dispensável Cara de anjo A palestra sobre drogas foi muito bem conduzida por ele!" "Você viu as casas de pedras?"	Termo necessário Homenagem de despedida A palestra alusiva ao carnaval foi muito bem conduzida por ele! Você viu as planilhas de notas?

APOSTO: é "uma palavra ou expressão que explica ou esclarece, desenvolve ou resume outro termo da oração" (CEGALLA, 2008, p. 365).

Exemplo: Brasília, **capital do Brasil**, é a cidade que mais possui radares para controle de velocidade no trânsito.

VOCATIVO: é "o termo (nome, título, apelido) usado para chamar ou interpelar a pessoa, o animal ou a coisa personificada a que nos dirigimos". (CEGALLA, 2008, p. 366).

Exemplo: **Ana**, venha até aqui.

Colocação dos termos na oração

- **Ordem direta**

  Sujeito + verbo + complemento verbal + adjunto adverbial

  Várias pessoas visitaram o museu na Espanha.

  Sujeito + verbo + predicativo

  A festa está maravilhosa!

- **Ordem indireta/ordem inversa**

  O museu na Espanha várias pessoas visitaram.

  Está maravilhosa a festa!

Tipos de período

O período pode ser:

a) simples: apenas uma oração

Exemplo:

Sofia escolheu um romance para leitura.

b) composto: duas ou mais orações

Exemplos:

Sofia escolheu um romance para leitura, mas não gostou da história.

Sofia escolheu um romance para leitura a fim de se entreter, mas não gostou da história.

Agora, veja o esquema:

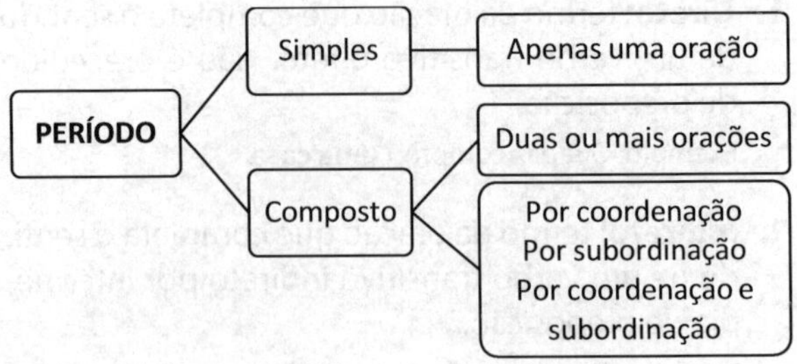

Período composto

a) **Composto por Coordenação:** é constituído apenas de orações independentes, coordenadas entre si, mas sem nenhuma dependência sintática.

O **período composto por coordenação** é formado por **orações gramaticalmente independentes.**

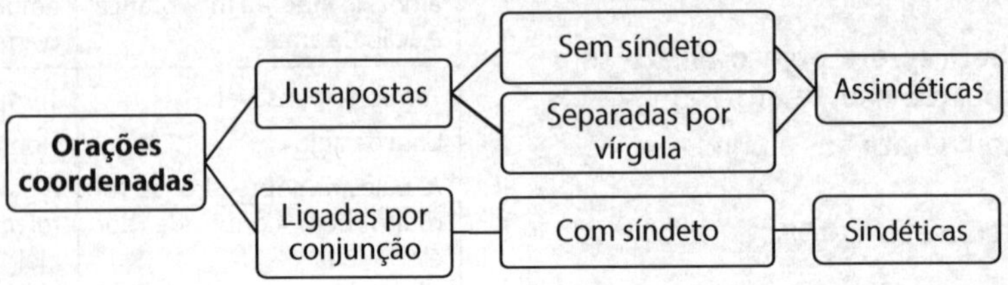

Exemplos:

Cheguei à casa, saí, ninguém me viu.

A festa terminou, mas ninguém saiu do recinto.

Estudo bastante, logo terei bom desempenho no exame.

b) **Composto por Subordinação:** é constituído de um conjunto por pelo menos duas orações, em que uma delas (Subordinada) depende sintaticamente da outra (Principal).

O **período composto por subordinação** é formado por uma **oração gramaticalmente dependente de outra(s) oração(ões).**

Exemplos:

A festa ao ar livre foi cancelada a fim de evitar transtornos por causa da chuva.

Ao chegar o verão, todos querem a praia.

Manifestada a crise, o comércio vende menos.

É certo que o jogo será transferido devido ao mau tempo.

A moça, que é moradora da cidade, ganhou milhões na loteria.

Classificação quanto à função

As orações subordinadas desempenham funções de:

a) Substantivo: orações substantivas

Exemplos:

É certo **que choverá amanhã.**

Ele disse **que viajará a Porto Alegre.**

b) Adjetivo: orações adjetivas

Exemplos:

O livro **que está no topo de vendas** é de Moacyr Scliar.

A casa **onde ele mora** está à venda.

c) Advérbio: orações adverbiais

Exemplos:

Assim que iniciaram as aulas, ele começou os estudos.

Ele perde peso fácil **à medida que pratica exercícios**.

Classificação quanto à forma

As orações subordinadas quanto à forma e ao modo podem ser:

a) **Desenvolvidas:** verbo conjugado e presença de conetivo

Exemplos:

Ele foi cedo para o trabalho **embora o expediente comece apenas às 9h**.

Se chover amanhã, a partida será cancelada.

b) **Reduzidas:** verbo em forma nominal (infinitivo, gerúndio ou particípio)

Exemplos:

Andando na chuva, ele chegou molhado à sua casa.

Não me interessa **lembrar o passado.**

c) **Misto:** quando é constituído de orações coordenadas e subordinadas.

Exemplos:

O presidente do clube cancelou a contratação do jogador e demitiu o técnico de futebol quando observou a perda de receitas da entidade.

A juíza, para atender à legislação vigente, determinou a suspensão das propagandas eleitorais, mas o partido descumpriu a ordem.

Talvez a professora corrija hoje as provas ou deixará essa tarefa para sua substituta, que assumirá as atividades docentes amanhã na universidade.

5.1 Emprego das classes de palavras

Estudar as classes de palavras implica observar a função e cada termo em um enunciado. Veja:

"Tudo vale **a pena** se a alma não é pequena". (Fernando Pessoa)

O juiz aplicou a **pena** capital.

Ele fez todo o TCC, mas não o defendeu na data. Perdeu o título. **Que pena**!

Ele **pena** para aprender matemática.

- **Classes de palavras**

Palavras variáveis	Palavras invariáveis
substantivo, artigo, adjetivo, numeral, pronome, verbo	advérbio, preposição, conjunção e interjeição

Substantivo

Classe de palavra que nomeia os seres, ações, conceitos físicos, sensações, etc.

Exemplos:

As **casas** precisam de **reformas**.

Ventos quentes deixam as **pessoas** mais cansadas.

Maria saiu cedo hoje.

Classificação do substantivo

- **COMUNS: aplicam-se a todos os seres de uma espécie.**

Exemplo: cidade, homem, animal.

- **PRÓPRIOS: aplicam-se a um único ser de toda uma espécie.**

Exemplo: José, Brasil.

Substantivo comum	Substantivo próprio
"é o que se aplica a um ou mais objetos particulares que reúnem características inerentes a dada classe" (BECHARA, 2009, p. 94) Exemplos: casa, papel, homem, raça, professor	**"é o que se aplica a um objeto ou a um conjunto de objetos, mas sempre individualmente" (BECHARA, 2009, p. 93)** Exemplos: Maria, Pedro, João, Ilha dos Açores, Bahia

- **CONCRETOS: nomeiam seres de existência real ou que a imaginação dá como tal.**

Exemplos: menino, Cebolinha, cachorro, livro, rosa, Brasil, água

Substantivo concreto

A) pessoas: João, Maria, Pedro;

B) animais: cão, pássaro, ovelha, formiga;

C) vegetais: planta, árvore, rosa;

D) objetos: livro, mesa, cadeira, lápis;

E) lugares: Santa Cruz do Sul, Brasil, Lua, Marte;

F) entidades: saci, santo, fada;

G) minerais: outro, prata, chumbo;

H) fenômenos: chuva, vento, neve;

I) instituições: parlamento, tribunal;

J) concepções: símbolo, círculo.

Fonte: Rocha Lima (2011)

- **ABSTRATOS: nomeiam estados, qualidades, ações, sentimentos.**

Exemplo: felicidade, raiva.

Substantivo concreto	Substantivo abstrato
"é o que designa ser de existência independente: casa, mar, sol, automóvel, filho, mãe." (BECHARA, 2009, p. 93) "Os substantivos concretos nomeiam pessoas, lugares, animais, vegetais, minerais e coisas." (BECHARA, 2009, p. 93)	"é o que designa ser de existência dependente: prazer, beijo, trabalho, saída, beleza, cansaço." (BECHARA, 2009, p. 93) "Os substantivos abstratos designam ações (beijo, trabalho, saída, cansaço), estado e qualidade (prazer, beleza), considerados fora dos seres, como se tivessem existência individual." (BECHARA, 2009, p. 93)

Substantivo abstrato

A) qualidade: gostosura, alegria, ódio, frio;

B) ações: vingança, casamento, separação, resolução;

C) estados: morte, vida, cegueira, sonho;

Fonte: Rocha Lima (2011)

- **PRIMITIVOS: não têm origem em outra palavra portuguesa.**

Exemplos: pedra, livro

- **DERIVADOS: têm origem em outra palavra portuguesa.**

Exemplos: pedrinha, pedregulho, livreiro.

- **SIMPLES: são formados de um só radical.**

Exemplo: casa, sol.

- **COMPOSTOS: são formados de mais de um radical.**

Exemplo: girassol, pé-de-mesa.

- **COLETIVOS: nomeiam agrupamentos de seres da mesma espécie (coletivos de pessoas, de animais, de coisas).**

Exemplo: enxame, boiada

Adjetivo

É a classe de palavra que expressa qualidade, característica, modo de ser, aspecto. Ainda: "palavra que restringe a significação ampla e geral do substantivo" (ROCHA LIMA, 2011, p. 141)

Exemplo:

A criança **talentosa** está participando de programa de calouros na TV.

O homem ficou **feliz** por ter finalizado a prova.

Ela tornou-se **nova** mulher.

Classificação dos adjetivos:

Adjetivos uniformes	Adjetivos biformes	Adjetivos compostos
Exemplos: Carioca, feliz, comum, regular, forte, só, geral, simples	Exemplos: querido, cru, belo	Exemplos: russo-americano, luso-brasileiro

Outra especificidade do adjetivo é o "adjetivo de relação", que é aquele que:

a) tem valor semântico objetivo, ou seja, não expressa subjetividade ou ponto de vista;

b) é derivado por sufixação de um substantivo;

c) vem colocado após o substantivo;

d) não varia em grau superlativo, ou seja, não pode ser intensificado.

Exemplos:

Valor **mensal**

Energia **nuclear**

Vinho **chileno**

▷ **ATENÇÃO!**

1. Há também as **locuções adjetivas** (expressão formada de preposição + substantivo ou equivalente com função de adjetivo):

*áureas estátuas - estátuas **de ouro***

*nuvens **plúmbeas** - nuvens **de chumbo***

*colunas **marmóreas** - colunas **de mármore***

homem ***corajoso*** -Homem ***de coragem***

livro ***desencapado*** - Livro ***sem capa***

2. Um mesmo termo pode assumir classes gramaticais distintas de acordo com o contexto.

A **capital** do Brasil é Brasília. (capital = substantivo)

O juiz aplicou uma pena **capital**. (capital = adjetivo)

Um **pobre** homem anda a pé e descalço pelas ruas. (pobre = adjetivo)

O **pobre** paga impostos como todo cidadão. (pobre = substantivo)

3. A troca da posição de adjetivo e substantivo em uma expressão nominal pode acarretar, em alguns contextos, mudança de sentido.

Uma **grande mulher** foi eleita presidente da empresa.

Adj. Subst.

Uma **mulher grande** foi eleita presidente da empresa.

Subst. Adj.

Numeral

É a classe de palavra que "exprime uma quantidade definida, exata de seres (pessoas, coisas etc.), ou a posição que um ser ocupa em determinada sequência". (FERREIRA, 2007, p. 187).

Exemplo: **Duas** mulheres foram atropeladas na Avenida Paulista.

Classificação do numeral

1. Cardinal	2. Ordinal
indica quantidade. Exemplo: Li **três** livros nas férias.	indica o lugar ou a posição que alguma pessoa ou alguma coisa ocupa numa dada sequência. Exemplo: Ele ficou em **segundo** lugar no concurso.
3. Multiplicativo	**4. Fracionário**
exprime a multiplicação de uma dada quantidade. Exemplo: o salário dele é o **triplo** do meu.	indica uma divisão, uma fração de uma dada quantidade. Exemplo: Ele acertou **um terço** da prova.

Artigo

É a classe de palavra que "se coloca antes do substantivo para determiná-lo de modo particular (definido) ou geral (indefinido)." (FERREIRA, 2007, p. 156)

Exemplo: **Uma** mulher jovem foi atropelada na Avenida Paulista.

Classificação do artigo

Artigo definido: o, a, os, as	Artigo indefinido: um, uma, uns, umas
O professor recebeu prêmio por projeto sobre leitura.	**Um** professor recebeu prêmio por projeto sobre leitura

▷ **Atenção!** Toda palavra ou expressão que for acompanhada de artigo fica "substantivada"

O cantar dos pássaros de manhã me alegra.

O *não* *posso* dos colegas para me substituir nas aulas acarretou a busca de um novo profissional.

Pronome

É a classe de palavra que substitui ou que acompanha os substantivos para evitar a repetição de palavras e remeter a quem fala ou ouve e ao assunto.

Exemplo: Maria quebrou o vaso → **Ela** quebrou-**o**.

▷ **ATENÇÃO!**

1) Pronomes eu e mim

Os pronomes EU e TU não pode vir em uma frase acompanhados de preposição, devendo ser substituídos por MIM e TI.

a) Ela trouxe o presente para eu comemorar meu aniversário.

b) Ela trouxe o presente para mim.

c) As decisões sobre o contrato foram tomadas por mim.

d) O prêmio será dividido entre mim e ti.

2) Entre os pronomes pessoais, estão os pronomes de tratamento. Estes são usados no trato com pessoas e a forma de tratamento depende do cargo, título, idade da pessoa a quem se dirige.

Exemplo: **Vossa Excelência** emitirá sentença hoje sobre o caso?

Classificação dos pronomes

Pronomes pessoais	Representam as pessoas gramaticais (quem fala, com quem se fala, de quem se fala).	1ª pessoa do singular: eu, me, mim, comigo 2ª pessoa do singular: tu, te, ti, contigo 3ª pessoa do singular: ele/ela, o/a, se, si, lhe, consigo 1ª pessoa do plural: nós, nos, conosco 2ª pessoa do plural: vós, vos, convosco 3ª pessoa do plural: eles/elas, os/as, se, si, lhes, consigo Pronomes de tratamento
Pronomes possessivos	Têm a função de relacionar um objeto possuído à pessoa que o possui.	1ª pessoa do singular: meu(s), minha(s) 2ª pessoa do singular: teu(s), tua(s) 3ª pessoa do singular: seu(s), sua(s) 1ª pessoa do plural: nosso(s), nossa(s) 2ª pessoa do plural: vosso(s), vossa(s) 3ª pessoa do plural: seu(s), sua(s)
Pronomes demonstrativos	"são palavras cuja função principal é indicar o posicionamento, o lugar de um ser, relativamente à posição ocupada por uma das três pessoas gramaticais" (FERREIRA, 2007, p. 218)	este(s), esta(s), isto esse(s), essa(s), isso aquele(a), aqueles(as), aquilo
Pronomes relativos	"são aqueles que retomam um substantivo (ou um pronome) anterior a eles, substituindo-o no início da oração seguinte" (FERREIRA, 2007, p. 223).	**Variáveis:** O qual, a qual Os quais, as quais Cujo, cuja Cujos, cujas Quanto, quanta Quantos, quantas **Invariáveis:** Que (quando equivale a **o qual** e flexões) Quem (quando equivale a **o qual** e flexões) Onde (quando equivale a **no qual** e flexões)
Pronomes indefinidos	"são aqueles que se referem de modo vago, indeterminado, à 3ª pessoa gramatical" (FERREIRA, 2007, p. 220).	Referem-se a pessoas: quem, alguém, ninguém, outrem; Referem-se a lugares: onde, algures, alhures, nenhures; Referem-se a pessoas, lugares, coisas: que, qual, quais, algo, tudo, nada, todo (a/s), algum (a/s), vários (a), nenhum (a/s), certo (a/s), outro (a/s), muito (a/s), pouco (a/s), quanto (a/s), um (a/s), qualquer (s), cada.

Pronomes interrogativos	São usados para fazer perguntas diretas e indiretas.	**Variáveis:** Qual, quanto **Invariáveis:** Quem, que

Pronome	Abreviatura - singular	Abreviatura - plural	Emprego
Senhor(es)	sr	sres.	Trato respeitoso
Senhora(s)	Sra.	sras.	Trato respeitoso
Você	v.	v.	Tratamento informal
Vossa(s) Alteza(s)	V.A.	VV. AA.	Príncipes e princesas, duques e duquesas.
Vossa(s) Eminência(s)	V. Ema., V. Em.a ou V. Em.a	V. Emas., V. Em.as ou V. Em.as	Cardeais.
Vossa(s) Excelência(s)	V. Ex.a ou V. Ex.a	V. Ex.as ou V. Ex.as	Altas autoridades: Presidente da República, ministros, deputados, embaixadores.
Vossa Reverência	V. Rev.a	V. Rev.as	Sacerdotes e outras autoridades religiosas do mesmo nível.
Vossa(s)Majestade(s)	V. M.	VV. MM.	Reis e rainhas, imperadores e imperatrizes.
Vossa(s) Magnificência(s)	V. Maga. ou V. Maga	V. Magas ou V. Magas	Reitores de universidades.
Vossa(s) Reverendíssima(s)	V. Revma.	V. Revmas.	Sacerdotes e outras autoridades religiosas do mesmo nível.
Vossa Santidade	V. S.	-	Papa.
Vossa Senhoria	V.Sa.	V.Sas.	Pessoas que exercem cargos importantes (cônsules, oficiais, chefes de seção, comerciantes etc.)
Vossa Paternidade	V.P.	VV.PP.	Superiores de ordem religiosa

3) Emprego dos pronomes possessivos

- Os pronomes possessivos devem concordar em gênero e número com o elemento possuído e em pessoa com o possuidor.

Exemplo: Tu compraste **tuas** roupas em que loja?

- Os pronomes de tratamento exigem uso de pronomes possessivos de 3ª pessoa.

Exemplo: Vossa Santidade já fez **sua** oração?

- Os pronomes possessivos, em alguns contextos, podem ser substituídos por pronomes pessoais.

Exemplo: O barulho atrapalhava **meu** sono → O barulho atrapalhava-**me** o sono

4) Emprego dos pronomes demonstrativos

- Empregam-se os pronomes demonstrativos **este(s), esta(s), isto** para indicar o que está próximo daquele que fala, para se referir a algo a ser dito (futuro) e para indicar o tempo atual/presente em relação ao momento em que se dá a fala.

Exemplos: **Este** anel que uso foi um presente de minha mãe.

Tenho que te dizer **isto:** tua festa está linda.

Este é uma no muitas mudanças.

- Empregam-se os pronomes demonstrativos **esse(s), essa(s), isso** para indicar o que está próximo daquele com quem se fala, para se referir a algo que já foi dito e para indicar um tempo anterior recente ou posterior próximo.

Exemplos: **Esse** anel que você está usando foi um presente de sua mãe.

Aumento de assaltos e miséria. **Isso** é o resultado da desigualdade social.

Os economistas alertam que **esse** fim de semana terá anúncio de renúncia de governantes europeus.

- Empregam-se os pronomes demonstrativos **aquele(s), aquela(s), aquilo** para indicar o que está longe daquele que fala, para se referir a algo que já foi apontado anteriormente a outro elemento e para indicar um tempo bem anterior ou posterior ao momento em que se fala.

Exemplos: Olhando aqui de cima do prédio, no 20º andar, **aquela** casa parece inclinada.

João e Pedro são amigos de longa data. Este tem 20 anos, **aquele** (João) tem 22.

Minha mãe veio para o sul quanto tinha 5 cinco anos. **Naquela** época, ainda fazia bastante frio no estado.

5) Devido à função do pronome na oração, o pronome pode ser classificado em:

A) pronome substantivo: representa o núcleo o sujeito ou do complemento.

João visitou Pedro. João visitou-**o.**

Isso me incomodou muito.

B) pronome adjetivo: refere-se a um substantivo ao qual se subordina na qualidade de adjunto adnominal.

O **seu** filho foi embora.

Cada aluno da sala fez um pedido diferente à escola.

Pronome substantivo	Pronome adjetivo
Pessoais Demonstrativos Indefinido (quem, alguém, ninguém, outrem, tudo, nada, algo) Relativos (exceto cujo) Interrogativo QUEM	Possessivos Relativo CUJO Indefinidos CADA e CERTO

Verbo

O verbo "é a palavra que, por si só, exprime um fato (em geral, ação, estado ou fenômeno) e localiza-o no tempo" (FERREIRA, 2007, p. 239).

Exemplos: **Comprei** uma casa nova no Rio de Janeiro.

Pedro **está** cansado.

Choveu ontem.

Os verbos são classificados em três conjugações:

1. Primeira conjugação: verbos terminados em **–AR:** amar
2. Segunda conjugação: verbos terminados em **–ER:** vender
3. Terceira conjugação: verbos terminados em **–IR:** partir

Observação: O verbo *pôr* e outros terminados em -OR são considerados verbo de segunda conjugação.

O verbo sobre flexão em: pessoa; número; tempo; modo; voz.

- **Verbos defectivos: verbos que não têm conjugação completa.**

a) Verbos impessoais: presentes em orações sem sujeito. (Emprego apenas na terceira pessoa do singular)

Exemplo: chover, haver (sentido de *existir, ocorrer, tempo passado*), trovejar, nevar.

b) Verbos unipessoais: indicam vozes ou ruídos peculiares a determinados animais. (Emprego apenas na terceira pessoa do singular ou plural)

Exemplo: cacarejar, miar, coaxar.

c) Verbos que carecem de algumas formas por motivos diversos, como eufonia ou confusão.

Exemplo: abolir, extorquir, colorir, falir.

- **Verbos abundantes: verbos que possuem duas formas de particípio (uma regular – terminada em -ADO ou -IDO – e outra irregular).**

Exemplos:

Aceitar: Aceitado – aceito

Expressar: Expressado – expresso

Eleger: Elegido – eleito

Prender: Prendido – preso

Extinguir: Extinguido – extinto

Tingir: Tingido – tinto

- **Verbos abundantes: regra geral**

Particípio regular	Particípio irregular
Verbo auxiliar TER e HAVER	Verbo auxiliar SER e ESTAR
Ele tinha/havia imprimido o material.	O matéria foi/estava impresso.
Ele tinha prendido o assaltante.	O assaltante foi preso.

- **Verbos abundantes apenas com particípio irregular:**

Abrir – aberto

Cobrir – coberto

Dizer – dito

Escrever – escrito

Fazer – feito

Pôr – posto

Ver – visto

Vir - vindo

Advérbio

O advérbio "é uma palavra invariável que se relaciona ao verbo para indicar as circunstâncias (de tempo, de lugar, de modo etc.) em que ocorre o fato verbal" (FERREIRA, 2007, p. 293).

Exemplos: Choveu **ontem.**

Talvez eu viaje **muito.**

Classificação dos advérbios

Lugar: aqui, antes, dentro, ali, adiante, fora, acolá, atrás, além, lá, detrás, aquém, cá, acima, onde, perto, aí, abaixo, aonde, longe, debaixo, algures, defronte etc.

Tempo: hoje, logo, primeiro, ontem, tarde, outrora, amanhã, cedo, dantes, depois, ainda, antigamente, antes, doravante etc.

Modo: bem, mal, assim, melhor, pior, depressa, às cegas, à toa, à vontade, às escondidas, aos poucos, e a maior parte dos que terminam em "-mente": calmamente, tristemente, propositadamente, pacientemente, amorosamente, docemente, escandalosamente, bondosamente, generosamente etc.

Afirmação: sim, certamente, efetivamente, certo, decididamente, indubitavelmente etc.

Negação: não, nem, nunca, jamais, de modo algum, de jeito nenhum etc.

Dúvida: acaso, porventura, possivelmente, provavelmente, quiçá, talvez, casualmente, por certo etc.

Intensidade: muito, demais, pouco, tão, menos, em excesso, bastante, mais, menos, demasiado, quanto, quão, tanto etc.

Preposição

A preposição "é a palavra invariável que liga duas outras palavras, estabelecendo entre elas determinadas relações de sentido e de dependência" (FERREIRA, 2007, p. 306).

Exemplo: O papel **de** parede está sujo.

- **Tipos de preposição**

PREPOSIÇÃO ESSENCIAL	PREPOSIÇÃO ACIDENTAL
a, ante, após, até, com, contra, de, desde, em, entre, para, per, perante, por, sem, sob, sobre, trás	afora, como, conforme, consoante, durante, exceto, salvo, segundo, visto

- **Sentido das preposições**

COM	*A*	*DE*
Companhia Dancei com João **Modo** Viajei sozinha com alegria **Instrumento** Cortei dedo com a faca **Causa** Saiu de casa com medo do temporal **Oposição** Lutou com o ladrão	**Lugar** Vou à casa de meu primo. **Destino** Foi à Fortaleza. **Distância** Moro a dez km daqui.	**Posse** Carro de João foi roubado. **Matéria** Brinco de ouro. **Causa** João morreu de desgosto. **Tempo** Os jogadores partiram de dia para o treino.

SOBRE	*PARA*
Assunto Ela escreveu texto sobre romance de Machado de Assis.	**Lugar** Vou para casa de meu primo. **Finalidade** Saí de casa para estudar.

- **Preposição acidental**

afora, como, conforme, consoante, durante, exceto, salvo, segundo, visto

Ele escreveu **conforme** regras estabelecidas no Manual de Redação.

Fez a apresentação **consoante** o combinado com o professor.

Durante o dia estou na universidade.

Segundo as instruções, não poderíamos partir com farol desligado.

A encomenda apenas será entregue **mediante** conferência do dono.

- **Casos de combinação**

Ao (**a**+o)

Aos (**a**+os)

Aonde (**a**+onde)

- **Casos de contração**

Do (**de**+o)

No (**em**+o)

Dum (**de**+um)

Num (**em**+um)

Desta (**de**+esta)

Neste (**em**+este)

Pelo (**per**+o)

Pelas (**per**+as)

Dalguma (**de**+alguma)

Doutro (**de**+outro)

Conjunção

A conjunção "é a palavra invariável que liga: duas orações; duas palavras de mesma função em uma oração" (FERREIRA, 2007, p. 311).

Exemplo: Não fui à aula, **pois** estava doente.

As conjunções dividem-se em coordenadas e subordinadas.

CONJUNÇÕES COORDENADAS	CONJUNÇÕES SUBORDINADAS
"dizem-se *independentes* umas das outras e, por isso mesmo, podem aparecer em enunciados separados." (BECHARA, 2009, p. 268)	"é um *transpositor* de um enunciado que passa a uma função de palavra, portanto de nível inferior dentro das camadas de estruturação gramatical" (BECHARA, 2009, p. 268)
Ana foi ao jantar**, mas** esqueceu de levar dinheiro.	Ana foi ao jantar sozinha **embora** tenha muitos amigos.

- **Conjunções coordenadas**

Sentido	Conjunções	Exemplo
Adição	e, mas ainda, mas também, nem	Ele saiu de casa **e** foi até o trabalho.
Alternância	já..., já..., ou, ou..., ou..., ora..., ora..., quer..., quer...	**Ou** trabalha **ou** estuda.
Adversidade	contudo, entretanto, mas, não obstante, no entanto, porém, todavia	Junto dinheiro todos os meses, **mas** não conseguiu o suficiente para comprar o carro que queria.
Conclusão	assim, então, logo, pois (depois do verbo), por conseguinte, por isso, portanto	Estudou todos os dias da semana durante três meses; está, **portanto**, apto para a prova.
Explicação	porque, pois, que	Não saiu de casa **porque** estava doente.

> ▷ **Atenção! As conjunções coordenativas podem ligar expressões/termos de mesma natureza gramatical.**
>
> João **e** Pedro saíram sozinhos.
>
> Falou pouco, **mas** certo.
>
> Com sol **ou** chuva, vou viajar.

- **Conjunções subordinadas**

Sentido	Conjunções	Exemplo
Causa	Porque, pois, porquanto, como (no sentido de porque), pois que, por isso que, á que, uma vez que, visto que, visto como, que	Saiu de casa cedo, **visto que** precisava estudar fora.
Concessão	Embora, conquanto, ainda que, mesmo que, posto que, bem que, se bem que , apesar de que, nem que, que	**Embora** tenha gostado da cidade, não se adaptou ao trabalho aqui.
Condição	se, caso, contanto que, salvo se, a não ser que, desde que, a menos que, sem que	**Caso** chova durante o dia, será cancelada a festa da noite.
Consequência	de sorte que, de modo que, sem que (= que não), de forma que, de jeito que, que (tendo como antecedente na oração principal uma palavra como tal, tão, cada, tanto, tamanho)	Ele está **tão** agitado **que** pode infartar...
Conformidade	conforme, como (= conforme), segundo, consoante	Juros diminuíram ao longo do ano **conforme** informou o jornal.
Finalidade	para que, a fim de que, que, porque (= para que), que	Estude sempre **para que** tenha bom desempenho nas provas.
Proporção	à medida que, à proporção que, ao passo que e as combinações quanto mais... (mais), quanto menos... (menos), quanto menos... (mais), quanto menos... (menos)	Ele engorda **à medida que** come mais.
Tempo	quando, enquanto, antes que, depois que, logo que, todas as vezes que, desde que, sempre que, assim que, agora que, mal (= assim que)	**Assim que** anoiteceu, começou a chover.
Comparação	como, assim como, tal como, como se, (tão)... como, tanto como, tanto quanto, do que, quanto, tal, qual, tal qual, que nem, que (combinado com menos ou mais)	O juiz é tão esperto **quanto** o promotor.

Há ainda as **conjunções integrantes,** que introduzem as orações subordinadas substantivas. São as conjunções QUE e SE.

Exemplos:

Ele disse **que** está bem.

Ele não sabe **se** seu pai vai resistir ao enfarto.

Interjeição

A interjeição "é a palavra (ou conjunto de palavras) que, de forma intensa e instantânea, exprime sentimentos, emoções e reações psicológicas" (FERREIRA, 2007, p. 317).

Exemplo: **Oba!** Passei no exame!

QUE	SE
Para afirmação certa	Para afirmação incerta
Ele disse que virá aqui hoje.	Não vi se ele veio hoje aqui.

Classificação das interjeições

A) alegria: Ah! Oh! Olá!

B) desejo: Oxalá! Tomara!

C) dor: Ai! Ui!

D) chamamento: O! Psiu! Ei!

E) Silêncio: Psiu! Caluda!

F) advertência: Cuidado!

G) incredulidade: Ora! Qual!

CLASSES de palavras

Refere-se à classificação morfológica de um termo na oração de acordo com a função que elas exercem no enunciado.

QUAIS SÃO

Uma palavra pode ser classificada como
- **Artigo:** acompanhar substantivos
- **Numeral:** indicar quantidade
- **Substantivo:** nomear seres
- **Adjetivo:** qualificar ou caracterizar substantivos
- **Advérbio:** indicar circunstância
- **Conjunção:** unir termos de uma oração
- **Verbo:** indicar ação, estado ou fenômeno da natureza
- **Pronome:** substituir ou acompanhar o substantivo
- **Preposição:** formar relação entre vocábulos
- **Interjeição:** expressar emoções

BANCA CEBRASPE

Foco em:
- Classificação de palavras em trechos específicos
- Sentido veiculado por um adjetivo ou substantivo, por exemplo
- Emprego de sentido conotativo (figurado) de adjetivos

DICAS IMPORTANTES
- Verbos, adjetivos, pronomes e substantivos são os enfoques mais recorrentes em concursos
- Regras de flexão e sentido que expressam as palavras são pontos associados à análise morfológica de palavras

LEMBRAR DISTO
- Dependendo do contexto de uso, uma palavra pode ter uma ou outra classificação. Ex: *A* loja está a começar as atividades agora. (*A = artigo/* A = preposição)
- Cada uma dessas classes tem subclassificações ou grupos

5.2. Flexão nominal e verbal

FLEXÃO NOMINAL

O estudo da flexão nominal envolve a flexão, neste material, das seguintes classes gramaticais: substantivo, adjetivo e numeral.

Flexão dos substantivos

Segundo Cegalla (2008), os substantivos sofrem flexão para apontar o gênero, o número e o grau. A **flexão de número** dos substantivos obedece às orientações:

1. Os substantivos terminados em vogal ou em ditongo oral são flexionados acrescentando-se S ao singular.

Exemplo: casa – casas, pai – pais

2. Os substantivos terminados em R ou Z são flexionados acrescentando-se ES ao singular.

Exemplo: amor – amores; noz – nozes

3. Os substantivos terminados em AL, EL, OL ou UL são flexionados acrescentado-se ao final da palavra IS e retirando-se o L.

Exemplo: quadril – quadris; túnel – túneis

Exceção: mal – males; cônsul - cônsules

4. Os substantivos terminados em IL são flexionados de duas formas:

a) as palavras oxítonas mudam o IL para IS.

Exemplo: funil – funis

b) as palavras paroxítonas mudam o IL para EIS.

Exemplo: fóssil – fósseis

5. Os substantivos terminados em M são flexionados trocando-se M por NS.

Exemplo: garagem – garagens

6. Os substantivos terminados em S são flexionados com o acréscimo de ES quando foram monossílabos ou oxítonos.

Exemplo: rês – reses; lilás – lilases

Exceção: Cais e xis são invariáveis (os cais, os xis)

Cós se flexiona em cós ou coses

> ▷ **Atenção!** As palavras paroxítonas e proparoxítonas terminadas em S são invariáveis.
>
> Exemplo: pires – pires; ônibus – ônibus

7. Os substantivos terminados em X são flexionados de duas formas:

a) alguns são invariáveis

Exemplo: o fax – os fax; uma Xerox – duas xerox

b) outros substantivos que são pouco usados atualmente têm o mesmo plural que suas variantes terminadas em ICE.

Exemplo: apêndix (apêndice, na língua usada atualmente) – apêndices

8. Os substantivos terminados em ÃO são flexionados das seguintes formas:

a) alguns formam o plural através do acréscimo de S

Exemplo: mão – mãos; irmão - irmãos

b) outros substantivos, que existem em quantidade maior, trocam a forma final ÃO por ÕES

Exemplo: limão – limões; cirurgião – cirurgiões

c) outros substantivos trocam a forma final ÃO por ÃES

Exemplo: pão – pães; tabelião - tabeliães

▷ **Atenção!**

Substantivos de um só número

A) alguns substantivos que só são empregados no plural

Anais	Olheiras
Arredores	Pêsames
Belas-artes	Víveres
condolências	Copas (naipe)
Férias	Espadas (naipe)
Fezes	Ouros (naipe)
Núpcias	Paus (naipe)
Óculos	

B) alguns substantivos que só são empregados no singular: nomes de metais e nomes abstratos

Ferro (metal)	Fé
Outro (metal)	Esperança
Cobre (metal)	caridade

- **Plural com alteração de timbre de vogal tônica**

A) alguns substantivos no singular com vocal tônica fechada têm no plural a vogal tônica aberta

Caroço

Olho

Esforço

Osso

Corpo

B) alguns substantivos no singular com vocal tônica fechada mantêm o timbre fechado no plural

Acordo

Moço

Rosto

Logo

Consolo

Suborno

- **Plural dos substantivos compostos**

Os substantivos compostos flexionam-se das seguintes formas:

1. As duas palavras vão para o plural quando houver:

a) **substantivo + substantivo** Exemplo: abelha-mestra – abelhas-mestras	b) **substantivo + adjetivo** Exemplo: amor-perfeito – amores-perfeitos
c) **adjetivo + substantivo** Exemplo: curta-metragem – curtas-metragens	d) **numeral + substantivo** Exemplo: segunda-feira – segundas-feiras

2. Varia apenas a segunda ou a última palavra quando:

a) as palavras forem unidas sem o hífen Exemplo: pontapé - pontapés	b) a palavra for composta por um verbo e um substantivo Exemplo: beija-flor – beija-flores
c) a palavra for composta por uma palavra invariável e uma palavra variável Exemplo: sempre-viva – sempre-vivas	d) a palavra for composta por duas palavras repetidas Exemplo: quero-quero – quero-queros

3. Varia apenas a primeira palavra quando:

a) as palavras forem formadas por substantivo + preposição + substantivo Exemplo: pé-de-moleque - pés-de-moleque	b) a segunda palavra limita ou determina a primeira, indicação uma noção de finalidade, tipo ou semelhança. Exemplo: caneta-tinteiro – canetas-tinteiro

4. Não varia nenhuma palavra quando:

a) as palavras forem formadas por verbo + advérbio Exemplo: o bota-fora – os bota-fora	b) as palavras forem formadas por verbo + substantivo no plural Exemplo: o troca-tintas – os troca-tintas

Atenção para alguns casos especiais: o louva-a-deus – os louva-a-deus; o João-ninguém – os Joões-ninguém; o bem-te-vi – os bem-te-vis.

A **flexão de gênero** dos substantivos obedece às orientações:

1. Muitos substantivos masculinos formam o substantivo feminino a partir da palavra masculina, alterando-se a desinência. Observe o quadro apresentado conforme Ferreira (2007):

Terminação do masculino	Alteração para formação do feminino	Exemplo
o e consoante **ão**	o → a e → a + a ao + oa ao + ã ao + ona	garoto – garota mestre – mestra professor – professora leão – leoa afegão – afegã valentão – valentona

2. Muitos substantivos não sofrem flexão de gênero por existir apenas uma única forma para indicar o masculino e o feminino. São os substantivos uniformes. Nesses casos, acrescenta-se antes do substantivo o artigo que indica o gênero ou a distinção de gênero se dá pelo adjetivo ou outra expressão que acompanha o substantivo.

Exemplos:

O estudante – a estudante

Artista famoso – artista famosa

- **Flexão de Grau do Substantivo**

Grau é a propriedade que as palavras têm de exprimir as variações de tamanho dos seres. Classifica-se em:

Grau Normal	Indica um ser de tamanho considerado normal. Exemplo: livro
Grau Aumentativo	Indica o aumento do tamanho do ser. Classifica-se em: Analítico: o substantivo é acompanhado de um adjetivo que indica grandeza. Exemplo: livro grande. Sintético: é acrescido ao substantivo um sufixo indicador de aumento. Exemplo: livrão.
Grau Diminutivo	Indica a diminuição do tamanho do ser. Pode ser: Analítico: substantivo acompanhado de um adjetivo que indica pequenez. Exemplo: livro pequeno. Sintético: é acrescido ao substantivo um sufixo indicador de diminuição. Exemplo: livrinho

Observação: Muitas formas aumentativas e diminutivas de substantivo, com o uso da língua no tempo, adquirem significados especiais, muitas vezes distantes do sentido da palavra primitiva.

Cartão

Portão

Ferrão

Cartilha

Corpete

Cavalete

Flexão do adjetivo

- **Flexão de número: o adjetivo segue a forma do substantivo que ele acompanha.**

Casa **grande.** Casas **grandes**

Aluno **esperto.** Aluna **esperta**

Plural dos adjetivos simples: mesma regra dos substantivos

Casa **grande.** Casas **grandes**

Prova **fácil.** Provas **fáceis**

Plural dos adjetivos compostos: apenas o último elemento vai para o plural

Relatórios **médico-cirúrgicos**

Funcionários **técnico-administrativos**

Institutos **afro-brasileiros**

- **Exceções:**

A) Surdo-mudo - surdos-mudos

B) adjetivos referentes a cores:

1) são invariáveis quando o segundo elemento é um substantivo

Uniformes verde-oliva

Saias amarelo-ouro

Camisa vermelho-sangue

2) quando o segundo elemento é adjetivo, flexiona-se apenas o segundo elemento

Olhos verde-claros. Blusas azul-escuras

Exceção: Calças azul-marinho. Olhos azul-celeste.

- **Flexão de gênero do adjetivo**

Flexão de gênero: o adjetivo não tem gênero como tem o substantivo; concorda em gênero como substantivo que ele acompanha

Casa **boa.** Casarão **bom**

- **Flexão de Grau do Adjetivo**

O grau do adjetivo indica uma comparação ou intensificação de características atribuídas a um ser. Existem duas modalidades de variação de grau do adjetivo: o grau comparativo e o superlativo.

Grau comparativo: estabelece comparação entre dois seres ou objetos.

a) Comparativo de igualdade: Pedro é tão inteligente quanto seu irmão.

b) Comparativo de inferioridade: Pedro é menos inteligente (do) que seu irmão.

c) Comparativo de superioridade: Pedro é mais inteligente (do) que seu irmão.

Grau superlativo: a característica que se atribui ao adjetivo é intensificada de forma relativa ou absoluta.

O grau superlativo relativo relaciona um ser à coletividade:

a) Superlativo relativo de superioridade: **Pedro é o mais inteligente de todos.**

b) Superlativo relativo de inferioridade: **Pedro é o menos inteligente de todos.**

O grau superlativo absoluto indica excesso, alta intensidade:

a) Superlativo absoluto analítico: **Pedro é muito inteligente.**

b) Superlativo absoluto sintético: **Pedro é inteligentíssimo.**

Flexão do numeral

- **Numerais cardinais**

1) Numerais cardinais *um, dois* e as centenas a partir de *duzentos* variam em gênero

Um carro

Uma casa

Dois carros

Duas casas

Duzentos carros

Duzentas casas

2) Milhão, bilhão, trilhão, etc. variam em número

Um milhão

Dois milhões

Dois trilhões

Quatro bilhões

3) *Ambos,* que significa *dois,* varia em gênero.

Ambos os carros.

Ambas as casas

4) Os demais cardinais são invariáveis.

Cinco

Sete

Doze

- **Numerais ordinais**

Variam em gênero e número

Primeiro – primeira

Vigésimo – vigésima

- **Numerais multiplicativos**

1) Variam em gênero e número quando têm valor de adjetivo.

Tomou remédio em **doses duplas.**

2) São invariáveis quando equivalem a substantivos.

João tem o **dobro** da minha idade.

Ele recebe o **triplo** do meu salário.

3) As formas "dúplice", "tríplice" etc. variam em número apenas.

Deram aumentos **tríplices** de juros.

- **Numerais fracionários**

1) Concordam com os cardinais que indicam o número das partes.

Recebi **um terço** do salário e Joana **dois terços** de forma adiantada.

2) "Meio" concorda em gênero com o designativo da quantidade que é fração.

Precisou de **dois quilos e meio** de farinha para fazer a pizza gigante.

Trilhou **duas léguas e meia** até encontrar a fazenda do amigo.

- **Numerais coletivos variam em número.**

Uma **década.** Duas **décadas**

Uma **dúzia.** Cinco **dúzias.**

FLEXÃO VERBAL

O verbo é uma palavra variável que indica um processo/ação/estado localizado no tempo.

Exprime o que ocorre, um acontecimento representado no tempo.

João **saiu** de casa ontem por volta das 20h.
Ana **foi educada** para a maternidade.
Como Pedro e João **parecem** bons amigos.
Haverá dias melhores.

O verbo se flexiona em: número, pessoa, modo, tempo e voz

Número	Singular	Carlos está bem.
	Plural	Carlos e Maria estão bem.
Pessoa	1ª (eu, nós)	Eu adoro lasanha./ Nós adoramos lasanha.
	2ª (tu, vós)	Tu adoras lasanha./ Vós adorais lasanha.
	3ª (ele, eles)	Ele adora lasanha. / Eles adoram lasanha.
Modo	Indicativo	Eu **vendi** meu carro.
	Subjuntivo	Quando eu **vender** meu carro, terei dinheiro.
	Imperativo	**Venda** seu carro o mais breve possível.

Tempo	Presente	Eu visito meus pais com frequência.
	Pretérito (perfeito, imperfeito, mais-que-perfeito)	Eu coloquei água no vaso de flores.
		Eu comprava flores para decoração de casa.
		Eu fizera a prova antes de ingressar na loja.
	Futuro (do presente, do pretérito)	Eu farei a prova amanhã.
		Eu faria a prova com atenção.
Voz	Ativa	João comprou um carro. (fato praticado pelo sujeito)
	Passiva	Carro foi comprado por João. (fato sofrido pelo sujeito)
	Reflexiva	João feriu-se. (fato praticado e sofrido pelo sujeito)

- **Formas nominais do verbo**

Infinitivo Pessoal: ter estudado, teres estudado, ter estudado, termos estudado, terdes estudado, terem estudado.

Infinitivo Impessoal: ter estudado.

Gerúndio: tendo estudado.

FLEXÃO
DOS VERBOS

Pode correr a flexão de
- Pessoa (1ª, 2ª, 3ª)
- Número (singular, plural)
- Tempo (presente, Pretérito, Futuro)
- Modo (indicativo, subjuntivo, imperativo)
- Voz (passiva, ativa, reflexiva)

BANCA
CEBRASPE

Foco em:
- Predomínio de quais flexões verbais
- Sentido expresso por um determinado tempo verbal
- Justificativa de concordância verbal
- Identificação da flexão (pessoa, tempo, modo)
- Substituição de uma forma verbal por outra sem acarretar sem prejuízo das informações veiculadas no texto
- Identificação de sujeito de uma forma verbal

FLEXÃO
de verbos

A flexão de verbos segue normas de flexão de verbos, de acordo com sua conjugação (1ª, 2ª, 3ª), no contexto do registro culto da língua
Os verbos podem ser regulares ou irregulares. Estes exigem maior atenção.
No nível coloquial, as flexões assumem formas distintas.

DICAS
IMPORTANTES

- Memorizar as terminações dos verbos de 1ª, 2ª e 3ª conjugação em cada tempo verbal
- Reconhecer os sentidos de cada tempo verbal, ou seja, para que servem
- Ter em mente a formação do modo imperativo

LEMBRAR
DISTO

- A flexão de verbos regulares é semelhante. então decore um verbo de 1ª, 2ª e 3ª conjugação para aplicar a todos que são da mesma conjugação. Ex.: amar/cantar/falar.
- Verbos SER e FAZER têm imperativo abundante, ou seja, duas formas aceitas. Ex.: Faze tu/Faz tu

5.3 Relações de coordenação entre orações e entre termos da oração.

Orações coordenadas

As orações coordenadas são orações que apresentam sentido completo e, na definição de Cegalla (2008), são as orações que se ligam umas às outras de mesma natureza sintática.

Exemplos:

O governo anunciou aumento de gastos, e a população protestou.

A escola lançou novo currículo, os alunos gostaram da proposta, os professores consideraram-na adequada.

- **Tipos de orações coordenadas**

Assim as orações coordenadas podem ser:

1. **assindéticas:** são as orações coordenadas justapostas e sem conetivo (conjunção).

Exemplo:

Campeonato de futebol inicia, times estão preparados e torcida está pronta para os jogos.

2. **sindéticas:** são as orações coordenadas que se ligam à oração anterior por meio de conetivo (conjunção).

Exemplo:

Campeonato de futebol inicia, times estão preparados **e torcida está pronta para os jogos.**

As orações coordenadas sindéticas são classificadas de acordo com o sentido que imprimem à oração.

Classificação das orações coordenadas sindéticas

Classificação	Sentido	Conjunções	Exemplos
Aditiva	**Adição, soma, acréscimo**	e, nem, não só ... mas também, como, não apenas ... mas ainda	Ele foi a festa **e depois voltou para casa.** Ele não só comprou um carro, **mas também financiou uma moto.**
Alternativa	**Alternância ou escolha; exclusão**	ou, ou... ou; ora...ora; quer...quer; seja...seja.	Ele estuda **ou trabalha.** Iremos a pé ao trabalho **ou sairemos de carro?** Ele virá pessoalmente ao banco **ou enviará procurador.** Ora estuda, **ora trabalha.**
Adversativa	**Oposição, contraste**	e, mas, contudo, todavia, entretanto, porém, no entanto	As pistas do crime estão evidentes**, e a polícia não identifica o assassino.** Ele comprou um carro**, mas não o pagou.**
Conclusiva	**Conclusão**	logo, portanto, por fim, por conseguinte, pois, então, consequentemente	João concluiu sua graduação, **portanto pode trabalhar.** Ele comprou um carro novo, **por isso está feliz da vida.** Penso, **logo existo.**
Explicativa	**Explicação**	porque, que, pois	Corra, **que está vindo a chuva.** Ele comprou um carro novo, **porque o seu estava muito velho.**

▷ **Atenção!**

1) **Um mesmo período pode apresentar mais de uma oração sindética.**

Exemplos:

João passou no concurso, **mas** não assumiu a vaga **porque** foi aprovado em uma seleção mais interessante para ele.

O policial aplicou a multa, **e** o motorista não a aceitou **ou** não a compreendeu... Resmungou o tempo inteiro.

2) **As orações coordenadas são separadas por vírgula, exceto as iniciadas por E (regra especial)**

Exemplos:

João viajou para a Itália, **mas** não visitou Roma.

O policial aplicou a multa, **porque** houve infração de trânsito.

Ora ele quer um emprego novo**, ora** prefere o trabalho atual.

A conjunção E

Ele foi para casa cedo **e** não voltou ao trabalho.

Ele foi para casa cedo, **e** sua esposa chegou tarde.

5.4 Relações de subordinação entre orações e entre termos da oração.

Orações subordinadas

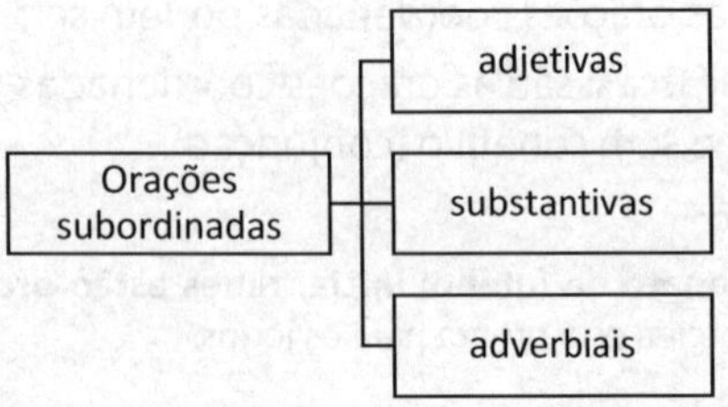

São orações dependentes, sintática e semanticamente, de outra oração, a qual é chamada de função principal.

Exemplos:

O concurso será lançado **assim que for definida a banca responsável pela seleção.**

A fim de se preparar para o exame físico, ela está praticando exercícios na academia.

Joana, **que casou com Pedro na última semana**, está grávida.

Oração subordinada + oração principal

O concurso será lançado **assim que for definida a banca responsável pela seleção**.

A fim de se preparar para o exame físico, ela está praticando exercícios na academia.

Joana, **que casou com Pedro na última semana**, está grávida.

A **oração subordinada** é "classificada conforme a categoria a que corresponde e pela qual pode ser substituída no desempenho da mesma função. Daí ser a oração transposta classificada como *substantiva*, *adjetiva* ou *adverbial*, segundo a tradição gramatical, pois desempenha função sintática normalmente constituída por substantivo, adjetivo ou advérbio." (BECHARA, 2009, p. 383)

- **Classificação das orações subordinadas**

oração subordinada substantiva – função sintática constituída por um substantivo	Ele disse **que a festa acabou.** Não sei **se ele comprou o apartamento na rua do centro.** É óbvio **que ele não tem dinheiro para a quitação do imóvel.**
oração subordinada adjetiva – função sintática constituída por um adjetivo	A namorada, **cujo pai de dono da livraria central,** é uma jovem simpática e simples. O jovem jogador, **que foi recentemente contratado pelo time,** já dá sinais de descontentamento.
oração subordinada adverbial – função sintática constituída por um advérbio	**Assim que começou a dança na festa**, os convidados ficaram mais animados. A festa será mantida **mesmo que tenha alto custo e possibilidade real de prejuízo.**

- **Orações subordinadas adjetivas**

Exercem a função de adjetivo;

Subordinam-se a um termo anterior (substantivo ou equivalente);

São introduzidas por pronomes relativos (a qual, quem, que, cujo, onde, aonde, quanto).

Exemplos:

Ele aprecia a **noite** *que lhe acalma*.

Ele estuda **tudo** *quanto lhe interessa.*

Ele leu um **livro** *cujo tema é a imigração no Brasil.*

- **Classificação das orações subordinadas adjetivas**

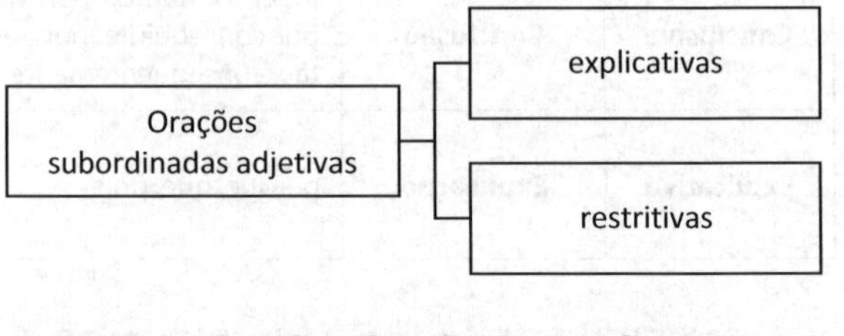

- **Oração subordinada adjetiva explicativa**

É a oração que serve para esclarecer melhor ou explicar o sentido do termo a que se refere, ou seja, o termo antecedente, atribuindo a ele uma qualidade ou acrescentando a ela uma informação.

Não é indispensável.

É isolada por vírgula ou travessões.

Exemplos:

O conflito, **que era de fácil resolução**, deixou os mediadores apreensivos.

Carnaval, **o qual se consolidou como uma das festas mais populares do Brasil**, promove troca de papéis sociais.

Jogo da seleção – **cujo treinador é muito bem preparado** – foi um fracasso.

- **Oração subordinada adjetiva restritiva**

É a oração adjetiva que restringe ou limita o sentido do termo antecedente.

É indispensável no período.

Não é isolada por vírgula.

Exemplos:

Os carros **que foram roubados ontem** já foram recuperados.

A filha **cujo pai está em viagem** foi pega com drogas pela polícia.

As cidades **onde há menos poluição** são mais adequadas para viver.

▷ **Atenção! Oração subordinada adjetiva**

1) **Pode aparecer em forma desenvolvida ou reduzida**

A festa **que foi promovida pela empresa** custou R$ 50 mil reais.

Chegaram à minha casa parentes **chegados do interior.**

É comum encontrar comida **apodrecendo na minha geladeira.**

Ele ganhou muito dinheiro com o livro **a despertar milhos de leitores.**

2) **Sempre se relaciona a um nome e exerce a função de adjunto adnominal**

Ele, **que é um garoto esperto**, está estudando e trabalhando ao mesmo tempo.

O livro Memórias póstumas, **cujo autor é Machado de Assis,** trata da história de um defunto escritor.

3) **Pode exigir a presença de uma preposição antes do pronome relativo**

Ele é o homem **a quem fiz referência no trabalho.**

Machado de Assis é um autor **com cujas ideias nem sempre concordo.**

Machado de Assis é um autor **de que gosto muito.**

- **Orações subordinadas substantivas**

São introduzidas por conjunção integrante (*que* ou *se*).

Exercem as funções sintáticas dos substantivos (sujeito, objeto direto, objeto indireto, predicativo, complemento nominal, aposto).

Exemplos:

Solicito **a sua vinda à minha casa.** (termo em destaque: objeto direto)

Solicito **que venha à minha casa.** (oração em destaque: oração subordinada substantiva objetiva direta)

- **Classificação das orações subordinadas substantivas**

Orações subordinadas substantivas
- subjetiva
- objetiva direta
- objetiva indireta
- predicativa
- completiva nominal
- apositiva

Classificação	Função	Exemplo
Subjetiva	exerce a função sintática de **sujeito** do verbo da oração principal	É certo **que ele vem hoje aqui.** Convém **que João busca tratamento médico.** Foi decidido **que ele sairá do país.** Parece **que a festa durou até a madrugada.**

▷ **DICA**

As orações subordinadas substantivas subjetivas aparecem em "esquemas de construção" com verbo mais QUE ou SE.

"São os seguintes, quando em terceira pessoa e seguidos de *que* e *se*:

a) De conveniência: convém, cumpre, importa, releva, urge, etc.

b) De dúvida: consta, corre, parece, etc.

c) De ocorrência: acontece, ocorre, sucede, etc.

d) De efeito moral: agrada, apraz, admira, dói, espanta, punge, satisfaz, etc.

e) Na passiva: conta-se, sabe-se, dir-se-ia, é sabido, foi anunciado, ficou provado, etc.

f) Nas expressões dos verbos *ser, estar, ficar*, com substantivo, ou adjetivo: é bom, é verdade, está patente, ficou claro, etc."

(ROCHA LIMA, 2011, p. 328)

Classificação	Função	Exemplo
Objetiva direta	exerce a função sintática de **objeto direto** do verbo da oração principal	Ela disse **que ele vem hoje aqui**. Pedro comentou **que João está doente**. Não sei **se ele sairá do país.** Perguntaram **quem iria ao jogo.**
Objetiva indireta	exerce a função sintática de **objeto indireto** do verbo da oração principal	Não me esqueço **do que ele me falou** quando saiu de casa. Pedro confia **em que João ficará curado da doença.** **Ela concorda com que João disse.**
Completiva nominal	exerce a função sintática de **complemento nominal** do nome que pertence à oração principal	Sinto orgulho **do que faço no trabalho.** Ele tem receio **de que João saia do país.** Tive vontade **de que ele saísse do país.**
Predicativa	exerce papel de **predicativo do sujeito** do verbo da oração principal e vem sempre depois do verbo **ser**.	A verdade é **que faço muitas tarefas todos os dias**, por isso esqueço algumas. Meu desejo **era que João saísse do país.** A impressão é **que ele está feliz da vida com o trabalho novo.**
Apositiva	exerce função de **aposto** de algum termo da oração principal.	É preciso que ele reconheça isto: **que agiu de forma errada.** Marina só me pediu uma coisa: **que pudesse ter o telefone de volta.**

Os gramáticos Cunha e Cintra (2016) acrescentam uma sétima classificação das orações subordinadas substantivas:

Classificação	Função	Exemplo
Agente da passiva	exerce função de **agente da passiva** da oração principal.	As ordens são executadas **por quem é subordinado ao chefe.** O livro foi lido **por quem se interessou pelo tema.**

As orações desse tipo são iniciadas por pronomes indefinidos (quem, quantos, qualquer etc.) precedidos de POR ou DE. (CUNHA; CINTRA, 2016, p. 615)

- **Orações subordinadas substantivas reduzidas**

As orações subordinadas substantivas podem aparecer com verbos na forma nominal – apenas na forma de reduzidas de infinitivo.

Exemplos:

Oração subordinada substantiva	
Subjetiva	Não me agrada **sair de casa sozinha.**
Objetiva direta	Vejo **ter chance de restabelecimento do contrato de trabalho.**
Objetiva indireta	Meu pai insiste **em eu estudar.**
Completiva nominal	Tive medo **de sair sozinha à noite.**
Apositiva	Ela pediu isto: **comer hambúrguer.**
Predicativa	A melhor estratégia **é sempre conversar.**

- **Orações subordinadas adverbiais**

Exercem a função sintática de adjunto adverbial da oração principal e por isso imprimem à oração sentido de causa, consequência, hipótese, tempo, modo etc. São iniciadas pelas conjunções subordinativas (exceto as conjunções integrantes) e são classificadas de acordo com o valor semântico da conjunção.

Exemplo:

O médico chegou **à noitinha**. (termo destacado: Adjunto adverbial de tempo)

O médico chegou **quando anoitecia**. (oração destacada: Oração Subordinada Adverbial Temporal)

– **Classificação das orações subordinadas adverbiais**

1. **Causais:** exprimem causa, motivo, razão.

   Conjunções: porque, como (início da oração), uma vez que, já que, visto que etc.

   Exemplo: Ele gritou **porque viu um vampiro.**

2. **Comparativas**: indicam o segundo termo de uma comparação.

   Muitas vezes, as orações comparativas vêm com o verbo elíptico (subentendido).

   Conjunções: (mais) ... (do) que, (menos) ... (do) que, tão ... quanto, como

   Exemplo: Nadei **como um peixe** (nada).

3. **Concessivas:** exprimem um fato que se concede ou que se admite em oposição ao fato expresso na oração principal.

   Conjunções: embora, mesmo que, ainda que, se bem que, conquanto

   Exemplo: O exercício era fácil **embora exigisse atenção.**

4. **Condicional:** exprimem uma condição ou hipótese para que o fato expresso na oração principal ocorra.

   Conjunções: se, desde que, contanto que, a menos que, exceto se

Exemplo: **Se estudar pouco**, não conseguirá a vaga para a universidade.

5. **Conformativas:** exprimem acordo, um critério, uma forma ou conformidade, um modelo de acordo com o qual o fato expresso na oração principal se desenvolve.

   Conjunções: conforme, como, segundo

Exemplo: **Como diz o povo**, Deus é pai.

6. **Consecutivas:** exprimem uma consequência, um efeito ou resultado do fato que ocorre na oração principal.

   Conjunções: (tal) ... que, (tão) ... que, (tanto) ... que

Exemplo: Estava tão distraído **que não percebeu a chegada da visita na casa**.

7. **Finais:** exprimem finalidade, objetivo.

   Conjunções: a fim de que, para que, que

Exemplo: Marcelo escreveu um texto **para que fosse publicado no jornal**.

8. **Proporcionais:** exprimem proporcionalidade.

   Conjunções: à proporção que, à medida que, ao passo que, quanto mais ... (tanto mais), quanto mais ... (tanto menos)

Exemplo: **À medida que engorda**, suas roupas ficam pequenas.

9. **Temporais:** exprimem circunstância de tempo.

   Conjunções: quanto, enquanto, sempre que, assim que, logo que, desde que

Exemplo: Saiu de casa **assim que a visita foi embora.**

▷ Atenção!

Ao substituir um conetivo por outro em uma oração subordinada adverbial, pode ser necessário mudar a flexão do verbo da oração subordinada.

Se o jogo **for** cancelado, o clube perderá receitas.

Caso o jogo **seja** cancelado, o clube perderá receitas.

Observação: A conjunção causal é uma conjunção de subordinação, e a conjunção explicativa é uma conjunção de coordenação.

Conjunção causal	Conjunção explicativa
Como, já que, uma vez que, porque	**Pois, porque, porquanto, que**

1. **Exemplos de orações subordinadas causais:**

   a) Não como carne vermelha, porque sou vegetariano. = Como sou vegetariano, não como carne vermelha.

   b) O João domina a escrita de redação, porque lê muito. = Como o João lê muito, domina a escrita de redação.

   c) Aplaudiram o professor, porque a aula foi brilhante. = Como a aula foi brilhante, aplaudiram o professor.

2. **Exemplos de orações coordenadas explicativas:**

   a) Suba, que lhe quero mostrar a reforma da casa. = Suba, pois quero mostrar lhe a reforma da casa.

   b) Tome a sopa toda, que está gostosa. = Tome a sopa toda, pois está boa.

   c) Não tenha medo da morte, porque todos morreremos um dia. = Não tenha medo da morte, pois todos morreremos um dia.

– As orações subordinadas adverbiais podem ser desenvolvidas ou reduzidas:

Orações desenvolvidas	Orações reduzidas
Introduzida por conjunção subordinativa; **Verbo flexionado** Exemplo: **Quando cheguei ao trabalho,** vi dois assaltantes no prédio.	**Sem conjunção subordinativa;** **Verbo no infinitivo, particípio ou gerúndio** Exemplo: **Chegando ao trabalho,** vi dois assaltantes no prédio.

– Orações subordinadas adverbiais reduzidas de infinitivo

Classificação	Exemplo
causal	**Por estar em estágio,** não pôde aceitar o emprego.
Concessiva	Optou pela demissão do emprego **mesmo sem ter outro trabalho.**
Condicional	**Eu preferiria estar na neve canadense a estar enfrentando esse calor intenso.**
Consecutiva	Ele chorou tanto **ao ponto de ficar sem voz.**
Final	**Para ficar em casa no feriado,** fez horas extras na semana anterior.
Temporal	Saiu de casa **ao amanhecer.**

– Orações subordinadas adverbiais reduzidas de gerúndio

Classificação	Exemplo
causal	Pressentindo a perda de emprego, começou a buscar novo trabalho.
Concessiva	Mesmo tendo sorte na conquista de vagas, dedicou-se sempre ao desenvolvimento profissional.
Condicional	Precisando de ajuda, venha falar comigo.
Temporal	Ele foi assaltado, chegando ao local de trabalho à noite.

– Orações subordinadas adverbiais reduzidas de particípio

Classificação	Exemplo
causal	**Desesperado com a morte da mãe,** ele começou a gritar.
Concessiva	Ele foi para casa mais cedo **ainda admitidas tarefas não concluídas.**
Condicional	**Feito o cálculo do financiamento,** avaliará a pertinência de compra do imóvel.
Temporal	**Acabado o jogo,** ele foi para casa.

SINTAXE da oração e do período

COMO SÃO AS ORAÇÕES

Uma oração pode ser classificada como

- **Absoluta:** a que constitui um período simples. Deve ter um verbo ou locução vebral. Ex.: Saímos cedo de casa.
- **Coordenada:** oração sintaticamente independente e semanticamente dependente, no contexto de um período. , Ex.: Saímos cedo de casa e fomos à feira.
- **Subordinada:** oração sintaticamente e semanticamente dependente, no contexto de um período. Ex.: Saímos cedo de casa *assim que Carlos chegou.*

BANCA CEBRASPE

Foco em:

- Classificação de orações
- Sentido expresso por uma oração
- Função de termos da oração
- Análise de elementos que constituem sujeito, adjuntos de oração

Oração: unidade sintática que se caracteriza pela presença de um ou mais verbos. Ex.: Levantei cedo hoje.

Período: enunciado formado por uma ou mais orações. Ex.: Levantei cedo hoje, porém estava com preguiça.

COMO SÃO OS PERÍODOS

- SIMPLES: formado por uma oração.
- COMPOSTO: formado por duas ou mais orações. Pode ser composto

_por coordenação
_por subordinação
_misto

LEMBRAR DISTO

- ORAÇÕES COORDENADAS: são independentes sintaticamente e podem ser

_sindéticas (ligas por conjunção)
_ ou assindéticas (sem elemento coesivo)

- ORAÇÕES SUBORDINADAS: são dependentes semanticamente e sintaticamente e podem se

- adjetivas
- substantivas
- adverbiais

- Nos períodos compostos por subordinação, uma oração exerce a função de principal e a(s) outra(s) subordina(m)-se a ela.

5.5 Emprego dos sinais de pontuação

A **pontuação** marca, na escrita, as diferenças de entonação, contribuindo para tornar mais preciso o sentido que se quer dar ao texto.

Emprego de sinais de pontuação

Ponto final

a) Emprega-se no final de frases declarativas:

Os alunos concluíram a leitura do conto.

b) Emprega-se ponto final, sem ter relação com a pausa de encerramento de período, para acompanhar palavras abreviadas.

At.te. *p.* 2.a

> ▷ **Atenção!**
>
> "Quando o período, oração ou frase termina por abreviatura, não se coloca o ponto final adiante do ponto abreviativo, pois este, quando coincide com aquele, tem dupla serventia." (BECHARA, 2008, p. 516)
>
> Senhor Marco Aurélio, o deputado federal João da Silva saiu da reunião muito feliz com a proposta de cargo no Ministério aventada por V. Exa.

Dois-pontos

É usado para:

A) introduzir uma fala em um diálogo escrito:

O diretor reuniu todos e declarou:

– É com alegria que iniciamos a Semana de arte Literária em nossa escola.

B) introduzir uma citação:

Segundo João da Silva: a educação deve receber investimentos mais sólidos. (2000, p. 20)

C) introduzir palavras ou orações que servem para enumerar ou esclarecer o que se afirmou anteriormente:

Recordo-me de duas coisas: estive em uma livraria e comprei muitos livros.

Parênteses

Empregam-se os parênteses:

A) para intercalar uma ideia acessória ou explicativa na frase:

Depois do jantar (mal servido) ele saiu daquele hotel e não voltou mais.

B) nas indicações bibliográficas:

"Mas quando olhar a mancha viva na minha camisa, talvez faça uma careta e me deixe passar." (Chico Buarque)

Travessão

Emprega-se o travessão para:

A) indicar a fala ou a mudança de interlocutor nos diálogos escritos:

– Olá, como vai?

– Tudo bem, e você?

B) enfatizar expressões ou orações nas frases:

Foi poeta – e sonhou – e amou na vida.

Ponto de interrogação

Emprega-se no final de frases interrogativas diretas:

Os homens precisam andar armados para se proteger da violência?

Afinal, onde estão presos os ladrões que furtaram o banco no último final de semana?

▷ **Atenção!** No diálogo, pode aparecer sozinho ou acompanhado do de exclamação para indicar o estado de dúvida do personagem diante do fato:

– "Esteve cá o homem da casa e disse que do próximo mês em diante são mais cinquenta...

– ? !..." [ML.1, 226].

(BECHARA, 2008, p. 516-517)

Ponto de exclamação

É usado após uma interjeição ou frase exclamativa para expressar chamamento, emoções, ordem ou pedido:

Epa! Alguma coisa está errada no trabalho.

Saia do meu quarto!

Aspas

Empregam-se as aspas para:

- **indicar o início e o final de uma citação:**

Machado de Assis disse: "Deve ser um vinho enérgico a política."

- **destacar uma palavra ou expressão (como palavra estrangeira, gíria, neologismo):**

Os "anjinhos" já estão prontos? O ônibus escolar chegou.

Você sabe fazer "downloads" de arquivos?

Ponto e vírgula

Emprega-se o ponto e vírgula para:

A) separar, em um período de certa extensão, as partes que tenham orações já separadas por vírgulas:

Já realizei muitos trabalhos escolares e provas durante o Ensino Médio, em alguns exames, obtive bons resultados, em outros, nem tanto; de tudo isso, o que mais me agradou foram as notas dez que consegui.

B) separar os itens em uma enumeração:

A prova constará de: a) um estudo de texto; b) cinco questões gramaticais contextualizadas; c) uma redação sobre o tema abordado no texto.

É proibido:

• fumar neste local;

• apresentar-se de forma não civilizada;

• tratar funcionários sem polidez.

Reticências

Servem para marcar **interrupção ou incompletude do pensamento ou hesitação em enunciá-lo.**

Exemplos:

Ele saiu de casa cedo e foi morar em ... em São Paulo.

Saiu de cassa e não quis mais saber de ninguém ...

▷ **Atenção!**

- Se aparecerem no fim do enunciado, as reticências dispensam o ponto final.
- Se as reticências servem para indicar uma enumeração inconclusa, podem ser substituídas por *etc*.
- Na transcrição de um diálogo, as reticências indicam a não resposta do interlocutor.
- Numa citação, as reticências podem ser colocadas no início, no meio o no fim, para indicar supressão no texto transcrito, em cada uma dessas partes.

Vírgula

Emprega-se a vírgula para:

1. SEPARAR ENUMERAÇÃO

Os pais, os professores, os orientadores pedagógicos e os alunos precisam compartilhar o projeto pedagógico da escola.

Sua observação foi ***agressiva, irônica, antipática***.

O juiz que avaliou o processo mostrou-se bastante **sensível, sensato** e cauteloso embora eu tenha considerado a pena muito branda.

2. SEPARAR APOSTO EXPLICATIVO

Suposta amante de Bentinho, Capitu é uma das personagens mais famosas de nossa literatura.

Antônio Pitanga, ***ator veterano da televisão brasileira***, foi homenageado em evento de cinema em Gramado.

3. SEPARAR ORAÇÕES ADJETIVAS EXPLICATIVAS

Seus olhos, **que eram negros,** brilhavam muito.

O antigo Coliseu, **onde eram apresentadas peças da tragédia grega**, desmoronou-se por causa de um tremor de terra na Itália.

4. SEPARAR O VOCATIVO

Você ouviu, **Maria,** que notícia estranha?

Prezado diretor, comunico que a sua empresa será notificada por infringir leis trabalhistas.

5. ISOLAR ADJUNTO ADVERBIAL DESLOCADO OU EXTENSO

O Juizado de Infância e Juventude, **com muita cautela,** tem atuado para impedir danos psicológicos a vítimas juvenis de violência doméstica.

A reunião realizada ontem, **no Tribunal Regional Federal**, alcançou excelente público.

À noite, faço um curso de inglês intensivo.

6. ISOLAR EXPRESSÕES EXPLICATIVAS, COMO *ISTO É, OU SEJA, A SABER, POR EXEMPLO, OU MELHOR, ETC.*, OU EXPRESSÕES DE CORREÇÃO, CONTINUAÇÃO, CONCESSÃO, CONCLUSÃO, COMO *ALIÁS, DIGO, OU ANTES, OUTROSSIM, NÃO OBSTANTE, ENTÃO, COM EFEITO*.

O diretor titubeou, **isto é,** não concordou de pronto com a decisão.

Ele foi para Brasília, **aliás**, para Porto Seguro.

Maria sempre foi gentil, dedicada e séria, **com efeito,** mereceu o prêmio.

7. SEPARAR NOMES DE LUGAR, EM DATAS E ENDEREÇOS

Porto Alegre, 25 de março de 2023.

Terceira Alameda, 228.

8. INDICAR ELIPSE DO VERBO

Hoje nós preferimos café e ontem, chá.

9. SEPARAR ORAÇÕES COORDENADAS QUE NÃO SÃO LIGADAS PELO CONECTOR "E"

Estudou muito para a prova, conseguiu boa nota.

Talvez seja engano meu, mas acho que ela está mais serena agora.

OBSERVAÇÃO: separar as orações coordenadas pelo conector "e" quando o sujeito das orações não for o mesmo:

A criatura desviou-se, e as linhas se moveram.

10. SEPARAR ORAÇÕES SUBORDINADAS ADVERBIAIS ANTEPOSTAS À ORAÇÃO PRINCIPAL

Apesar de ser um aluno dedicado, não era reconhecido por isso pela maioria dos professores.

Quando eu era menino, ouvia muitas histórias macabras.

11. SEPARAR ORAÇÃO REDUZIDA DE GERÚNDIO OU PARTICÍPIO OU INFINITIVO

Considerando o caso já julgado sobre crime de honra, o juiz negou nova contestação de sua decisão.

Jamais conseguirá o apoio de seus pais, ***agindo impensadamente.***

Terminada a festa, eles tiveram de reorganizar a casa.

Para sair de casa na chuva, precisava de guarda-chuva e não o tinha.

12. SEPARAR ORAÇÕES OU TERMOS INTERCALADOS

Os estudantes, ***mesmo que recebam incentivo para se prepararem para o vestibular,*** nem sempre sonham em cursar uma faculdade.

As notícias, ***ao omitirem a fonte das informações***, são menos confiáveis.

Esses fatos, ***conforme informou o jornal,*** são falsos.

A reunião, ***disse ele***, foi cancelada ontem.

Ele, ***para mim***, sempre foi um bom aluno.

13. SEPARAR PLEONASMOS E REPETIÇÕES

Ele jamais, jamais, jamais se revoltaria contra os pais.

A nova casa de meus pais é linda, linda, linda.

14. SEPARAR PARTÍCULAS E EXPRESSÕES DE EXPLICAÇÃO, CORREÇÃO, CONTINUAÇÃO, CONCLUSÃO, CONCESSÃO

Ele foi sempre muito delicado com os colegas, **não obstante**, agiu de forma hostil diante de uma brincadeira boba.

O evento será realizado amanhã, **aliás**, depois de amanhã.

15. SEPARAR AS CONJUNÇÕES E ADVÉRBIOS ADVERSATIVOS (*PORÉM, TODAVIA, CONTUDO, ENTRETANTO*), PRINCIPALMENTE QUANDO POSPOSTOS:

Todos os colegas da turma abraçaram o professor na despedida da escola e Pedro, **porém**, não esboçou nenhum gesto de empatia.

▷ **Atenção!** Em um período em que todos os termos estão na ordem direta, não se emprega vírgula.

A vida dos refugiados da Síria tem sido cruel nos países europeus.

Tanto o Brasil rural quanto o Brasil urbano das últimas décadas enfrentam sérios problemas econômicos.

5.6 Concordância verbal e nominal

A **concordância** é o processo sintático segundo o qual certas **palavras se acomodam, na sua forma, às palavras de que dependem.**

Essa acomodação formal se chama *"flexão"* e se dá quanto a gênero e número (nos adjetivos – nomes ou pronomes), números e pessoa (nos verbos). Daí a divisão: concordância nominal e concordância verbal

Concordância nominal

REGRA GERAL: adjetivos, pronomes, artigos e numerais concordam em gênero e número com os substantivos a que se referem.

Os **homens** guerreiros tiveram poucas **dificuldades** nas últimas **batalhas**.

CASOS ESPECIAIS

Alguns casos que suscitam dúvida:

1) ***Anexo, incluso, leso, quite, próprio, mesmo, obrigado*****:** como adjetivos, concordam, em gênero e número, com o substantivo a que se referem:

Leia a carta e veja as fotografias **anexas.**

Vão **anexos** os pareceres da Consultoria Jurídica.

Remeto **inclusa** fotocópia do Decreto.

2) As expressões é proibido, é preciso, é bom, é necessário variam quando o substantivo (sujeito) vem regido por um artigo ou qualquer determinativo. Permanecem invariáveis se o sujeito não estiver determinado por artigo.

É proibida *a* queimada.

É proibido **queimada.**

A caminhada pela manhã é boa.

Caminhada pela manhã é bom.

3) Bastante/Meio: As palavras bastante e meio podem ter valor de adjetivo ou de advérbio, a depender da palavra que modificam.

- Quando modificam substantivos, elas têm função adjetiva, devendo, portanto, concordar em gênero ("meio"), ou em número ("bastante"), com o substantivo.
- Quando modificam adjetivos, sua função é de advérbio e, nesse sentido, são invariáveis.

Eduardo comeu **meia** bacia de pipocas. (Eduardo comeu metade da bacia de pipocas)

Mariana é **meio** desconfiada. (Mariana é um pouco desconfiada)

Aproveitamos e compramos **bastantes** disquetes na liquidação da loja de artigos e Informática. (Aproveitamos e compramos vários/muitos disquetes na liquidação da loja de artigos e Informática)

Achei **bastante** complicados os problemas da prova de Economia. (Achei muito complicados os problemas da prova de Economia).

4) **Caro/barato/só:** são invariáveis quando atuam como **advérbio** e variáveis quando funcionam como **adjetivo.**

Os hóspedes pagam **caro** para ficar no hotel. (Neste caso, "caro" modifica o verbo "pagar", atuando como advérbio)

Elas gostam de roupas **caras**. (Neste caso, "caras" refere-se a "roupas", atuando como adjetivo, pois caracteriza o termo "roupas")

5) Quando houver a construção "Substantivo + substantivo... + adjetivo", há duas possibilidades para concordância nominal.

Quando o adjetivo posposto se refere a dois ou mais substantivos, concorda com o último ou vai facultativamente:

- para o plural, no masculino, se um dos substantivos foi masculino;
- para o plural, no feminino, se todos os substantivos estiverem no feminino.

Iremos a uma casa e a um hotel **maravilhosos.** (Neste caso, tanto a casa quanto o hotel são maravilhosos)

Iremos a uma casa e a um hotel **maravilhoso.** (Neste caso, apenas o hotel é maravilhoso)

6) Quando houver a construção "adjetivo + substantivo", o adjetivo concorda com o substantivo mais próximo.

Vi **bravos** homens e mulheres lutando no filme.

Vi **bravas** mulheres e homens lutando no filme.

7) O adjetivo "possível" deve ser empregado no singular em expressões ***o mais..., o maior..., o menor ..., o melhor..., o pior ...***

Com as expressões ***os mais..., os maiores ..., os melhores ...***, deve ser empregado no plural.

Ele foi o candidato mais atencioso **possível.**

Eles foram candidatos os mais atenciosos **possíveis.**

Os dois livros apresentam as melhores orientações **possíveis.**

Concordância verbal

A Concordância Verbal "é o mecanismo gramatical que determina como o verbo deve alterar sua forma para se ajustar ao sujeito da oração". (FERREIRA, 2007, p. 513)

REGRA GERAL: o verbo concorda com seu sujeito em pessoa e número

Os alunos do terceiro ano **mostraram** muita energia nas atividades físicas.

Eu e meu colega **viajamos** juntos para a Bahia.

Foi o João meu melhor amigo.

Vossa Senhoria **pode** ir à reunião hoje?

▷ **Atenção!**

Em língua portuguesa, o sujeito pode vir ANTES ou DEPOIS do verbo.

Hoje, os professores **iniciaram**, juntos com a comunidade, o projeto "Leitura em Casa".

Hoje, **iniciaram** os professores, juntos com a comunidade, o projeto "Leitura em Casa".

1. Se o **sujeito for *simples***, isto é, se tiver apenas *um núcleo*, **com ele concorda o verbo em pessoa e número.**

O **chefe** da Seção **pediu** maior assiduidade dos funcionários.

A **gurizada saiu** da festa cedo.

2. Quando o **sujeito for *composto***, ou seja, possuir mais de um núcleo, **o verbo vai para o plural e para a pessoa que tiver primazia.**

Eu e Maria **queremos** férias.

O Presidente e os Ministros **saíram** logo.

Não só João, mas também Maria **foram** à festa.

▷ **Atenção!**

a) Sujeito composto depois do verbo:

- Verbo pode concordar com o núcleo mais próximo

Ana, **incomodava**-me muito o calor, o cansaço, o sol fervente.

- Verbo pode concordar com a totalidade dos núcleos

Ana, **incomodavam**-me muito o calor, o cansaço, o sol fervente.

b) Sujeito composto constituído de palavras sinônimas ou quase sinônimas:

- Verbo pode concordar com o núcleo mais próximo

A raiva e a indignação dele me **chamava** muito a atenção nas reuniões.

- Verbo pode concordar com a totalidade dos núcleos

A raiva e a indignação dele me *chamavam* muito a atenção nas reuniões.

c) **Sujeito composto constituído de núcleos que indicam gradação**

- Verbo pode concordar com o núcleo mais próximo
  A saúde, a força, a vitalidade **indicava** o potencial dele para a atividade física no Exército.
- Verbo pode concordar com a totalidade dos núcleos
  A saúde, a força, a vitalidade **indicavam** o potencial dele para a atividade física no Exército.
  Rocha Lima (2011)

3. **Sujeito resumitivo (*tudo, nada, algo, alguém, ninguém* etc.) – verbo no singular**

As professoras, os alunos, a escola, os funcionários, *tudo* **aborrecia** o diretor, que não queria mais a função.

Os ônibus, os carros, as ruas lotadas, *nada* **ajudava** a cidade.

4. **Sujeito oracional – verbo no singular**

Escrever textos diariamente **é** fundamental para provas de redação.

Que todos são excelentes alunos **foi** sabido.

Humilhar colegas e debochar de suas atitudes **constituía** prática comum do chefe da repartição.

▷ **Atenção! Se os sujeitos oracionais exprimirem ideias de contraste, verbo deve ser empregado no plural.**

Ser emotivo e usar a razão **são** duas características que definem João.

5. **Nomes próprios de lugar ou títulos de obras**:

a) **verbo no plural se precedido de artigo;**

b) **verbo no singular se não houver artigo precedendo-o ou se o artigo estiver no singular.**

Os Estados Unidos concederam ajuda financeira àquele país.

Estados Unidos concedeu ajuda financeira àquele país.

***Contos Novos* inquieta** os leitores.

OBSERVAÇÃO: Em títulos de obras, com o verbo "ser" e predicativo do singular, admite-se também o verbo no singular:

Os Maias **é** um livro interessante.

Suj. V. Lig. Predicativo do Suj.

6. **Pronome de tratamento**: usa-se o **verbo na 3ª pessoa.**

Vossa Senhoria está melhor agora?

Você foi bem na prova?

Vossas excelências estão de acordo com o projeto a ser apreciado?

7. **Pronome relativo *que*:** verbo concorda com o **antecedente do pronome.**

Hoje somos **nós** que **cuidaremos** do almoço.
Hoje é **ele** que **cuida** do almoço.

8. **Pronome relativo *quem*:** concorda com o antecedente do pronome **ou** fica na 3ª pessoa do singular.

Somos **nós quem resolvemos** os problemas.

Somos nós **quem resolve** os problemas.

OUTRAS REGRAS DE CONCORDÂNCIA VERBAL

1. Um dos + palavra no plural + que: verbo no plural ou no singular.

Exemplo 1:

Uma das pessoas **que desconfiava** de nós era João.

Uma das pessoas **que desconfiavam** de nós era João.

Exemplo 2:

O Brasil é **um dos** países **que compõe** o Mercosul.

O Brasil é **um dos** países **que compõem** o Mercosul.

2. **Expressão partitiva + palavra no plural:** o verbo pode ser no singular ou no plural.

Expressões partitivas: parte de, grande parte de, a maior parte de, a maioria de, uma porção de, grande número de.

Uma parte dos funcionários preferiu férias coletivas.

Uma parte dos funcionários preferiram férias coletivas.

3. **Expressões numéricas aproximativas:** verbo concorda com o numeral que o acompanha. São expressões numéricas aproximativas: mais de, menos de, perto de, cerca de.

Cerca de dez pessoas **assistiram** ao campeonato de futebol.

Cerca de uma pessoa **assistiu** ao campeonato de futebol.

Menos de vinte vigias **foram contratados** para a segurança do local.

Perto de mil clientes **compraram** o celular da promoção.

▷ **Atenção!** O verbo concorda no plural quando a expressão "mais de um" exprime reciprocidade.

Mais de um político **se agrediram** fisicamente na sessão parlamentar.

4. Em frases com **sujeito inexistente, o verbo fica na terceira pessoa do singular.**

É o caso de verbos que indicam fenômenos da natureza: sempre na 3ª pessoa do singular.

Choveu ontem e hoje de manhã **ventou** muito.

5. Verbo haver: sempre na **3ª pessoa do singular** quando é empregado no **sentido de *existir, ocorrer* ou de *tempo transcorrido.***

Haverá descrentes com a nova política governamental.

Deve haver muitos feridos no acidente.

▷ **Atenção!** O verbo *fazer*, quando indica tempo, é impessoal. Nesse caso, deve ser usado apenas no singular.

Exemplos:

Fez três meses que ele viajou.

Amanhã **faz** dois anos que ele concluiu o curso.

Na próxima semana, **deve fazer** dois meses que não o vejo.

6. Expressões que indicam porcentagem: a concordância verbal depende da presença ou da ausência de uma expressão depois do termo indicativo da porcentagem.

No desconto do salário, 10% **significam** muito.

No desconto do salário, 1% **significa** pouco.

REGRA: o verbo concorda com o número da porcentagem quando a porcentagem não for seguida de outra palavra.

Na pesquisa, 10% da população **aprovou** o produto.

Ontem, 30% dos funcionários **faltaram**.

Segundo o Censo, 80% do público eleitor não **lembra** em quem votou na última eleição.

Dez por cento dos sócios **concordaram** com a demissão do diretor da empresa.

REGRA: o verbo concorda com a palavra que acompanha a porcentagem.

7. Verbo + pronome *se*

REGRA 1: Os verbos **transitivos diretos** ou **transitivos diretos e indiretos,** quando apassivados, **concordam com o sujeito.**

Vende-se casa na praia. **Vendem-se** casas na praia.

Durante o jornal da TV, **confirmaram-se,** de forma repentina, as notícias sobre a morte do ditador.

Aluga-se apartamento. **Alugam-se** apartamentos.

REGRA 2: Verbo transitivo indireto fica na terceira pessoa do singular.

Exemplos:

Precisa-se de cozinheiros.

Assiste-se a mudanças no País.

Trata-se de questões preliminares ao debate.

8. O substantivo que se segue à expressão "um e outro" fica no singular, mas o verbo pode empregar-se no singular ou no plural.

Exemplos:

Um e outro texto **trata** do mesmo tema.

Um e outro texto **tratam** do mesmo tema.

9. As locuções "um ou outro" ou "nem um, nem outro", seguidas ou não de substantivo, exigem o verbo no singular.

Exemplos:

Uma ou outra opção **acabará** por prevalecer.

Nem uma, nem outra medida **resolverá** o problema.

10. Tanto ...como, não só... mas também: verbo no plural.

Exemplos:

Não só professores do Estado, mas também policiais **realizaram** greve este ano.

Tanto Bia como Salete **entraram** apressadamente na loja.

Outros cuidados

- **Concordância com o verbo *parecer***

O verbo *parecer* admite duas concordâncias: pode-se flexioná-lo ou flexionar o infinitivo

Os jogadores pareciam gostar dos treinos.

Os jogadores parece gostarem dos treinos

- Concordância com os verbos *bater, soar e dar*

a) Na indicação de horas, concordam com o numeral

Bateu uma hora da manhã

Bateram três horas da tarde

Soavam cinco horas

Deu uma hora agora.

b) Quando o sujeito for determinado, os verbos concordaram com o sujeito

O relógio bateu uma hora da manhã

O relógio bateu três horas da tarde

Os sinos soaram cinco horas

Os sinos deram uma hora agora.

▷ **Atenção!**

Concordância ideológica: concordância com o "sentido" do termo que compõe o sujeito

O casal **saíram** cedo da festa.

Nós, professoras do curso, somos bastante dedicadas. A gente **estudamos** sempre os temas dos projetos antes de apresentá-los.

CONCORDÂNCIA nominal e verbal

ELA IMPLICA

- CONCOR. NOMINAL: flexão em gênero (masculino e feminino) e número (singular e plural)
- CONCOR. VERBAL: flexão em pessoa, número, tempo e modo
- Possibilidades diferentes em alguns casos específicos
- Mudança de flexão de acordo com substituição de verbo (como em EXISTIR por hAVER)

BANCA CEBRASPE

Foco em:

- Substituição de palavras e expressões em trechos e sua correção gramatical
- Aplicação de regras de concordância

Concordância nominal relaciona-se à concordância de adjetivo, numeral, pronome, artigo com o substantivo a que se referem; já a verbal refere-se à relação do verbo com o sujeito da oração

DICAS IMPORTANTES

Memorizar os casos especiais, como:

- verbos HAVER, FAZER,
- verbo + SE
- pronomes QUE e QUEM
- expressões partitivas
- sujeito composto formado por palavras sinônimas
- locuções verbais
- sujeito posposto ao verbo
- posição dos determinantes dos numerais

LEMBRAR DISTO

- Algumas regras de concordância têm flexibilidade
- Norma culta e coloquial apresntm diferentes usos de concordância

5.7 Regência verbal e nominal

Regência é o "processo sintático e, que uma palavra determinante subordina uma palavra determinada." (BECHARA, 2010, p. 451).

A marca da subordinação é a presença de preposição.

Exemplos:

Ele é <u>avesso</u> **a** determinadas regras de comportamento.

Maria <u>precisa</u> **de** novas atitudes para educação de seus filhos.

Segundo Cegalla, "A sintaxe da regência ocupa-se das relações de dependência que as palavras mantêm na frase." (CEGALLA, 2008, p. 483).

A regência é determinada pela presença de um termo principal, que é o termo regente, e de um termo que o completa, que é o termo regido.

Exemplo:

Ele é **adepto** a novidades.

Termo regente — *Termo regido*

▷ **Regra para análise de regência**

A) Observar se o termo (nome ou verbo) exige complemento;

B) Identificar que preposição insere corretamente o complemento.

Este é o sorvete **de** que mais <u>gosto</u>.

A professora de Comunicação Social fez uma <u>referência</u> **a** um artigo da Constituição Federal.

Os professores são as pessoas **com** quem sempre <u>converso</u>.

Os projetos sociais **em** que <u>confio</u> são os da minha universidade.

Regência nominal

A relação entre nomes e seus complementos caracteriza a regência nominal. A relação entre um nome regente e seu termo regido se dó por meio de **preposição.**

Ela é **adepta** <u>de</u> comida vegetariana.

A loja fica na rua **paralela** <u>à</u> empresa Martins.

Ele está **feliz** <u>por</u> seu filho ter passado no teste.

A realização do tratamento será **benéfica** <u>para</u> a saúde do doente.

- **Preposição A**

Acessível, adequado, alheio, análogo, apto, avesso, benéfico, cego, conforme, desatento, desfavorável, desleal, equivalente, fiel, grato, guerra, hostil, idêntico, inacessível, inerente, indiferente, infiel, insensível, nocivo, obediente, odioso, oposto, peculiar, perniciosos, próximo (de), superior, visível. Exemplo: A prova estava acessível <u>a</u> todos.

- **Preposição DE**

Amante, amigo, ansioso, ávido, capaz, cobiçoso, comum, contemporâneo, curioso, devoto, diferente, digno, dessemelhante, dotado, duro, estreito, fértil, fraco, incerto, indigno, inocente, menor, natural, nobre, orgulhoso, pálido, passível, pobre, temeroso, vazio, vizinho. Exemplo: Ela é amante <u>de</u> um vizinho.

- **Preposição COM**

Afável, amoroso, aparentado, compatível, conforme, cruel, cuidadoso, descontente, furioso (de), inconsequente, ingrato, intolerante, liberal, misericordioso, orgulhoso, parecido(a), rente (a, de). Exemplo: Ele é afável <u>com</u> os filhos.

- **Preposição CONTRA**
  Desrespeito, manifestação, queixa. Exemplo: Estudantes realizaram manifestação contra eleição de reitor.

- **Preposição EM**
  Constante, cúmplice, diligente, entendido, erudito, exato, fecundo, fértil, fraco, forte, hábil, incansável, incerto, inconstante, indeciso, lento, morador, parco (de), perito, prático, sábio, sito, último (de, a), único. Exemplo: Um garoto de apenas 13 anos é cúmplice em assassinato na serra.

- **Preposição ENTRE**
  Convênio, união. Exemplo: A união entre dois jovens que são primos está sendo contrariada pela família.

- **Preposição PARA**
  Apto, bom, diligente, disposição, essencial, idôneo, incapaz, inútil, odioso, pronto (em), próprio (de), útil. Exemplo: Ele está apto para dirigir.

- **Preposição PARA COM**
  Afável, amoroso, capaz, cruel, intolerante, orgulhoso. Exemplo: O agressor foi muito cruel para com a vítima.

- **Preposição POR**
  Ansioso, querido (de), responsável, respeito (a, de). Exemplo: A cantora é muito querida por seus fãs.

- **Preposição SOBRE**
  Dúvida, influência, triunfo. Exemplo: O candidato ficou com dúvidas sobre a data das provas.

▷ **Atenção!**

1. As preposições, assim como outras classes gramaticais da língua portuguesa, podem variar sua forma de escrita e fala de acordo com o nível de linguagem adotado e o contexto comunicativo.

Para

Deve ser usada para indicar direção, finalidade, combate, intenção, avaliação, quantidade equivalente, propriedade e utilidade.

Indica um uso culto da língua.

Nós fomos para a cidade ontem.

Este livro é para mim ou para você?

Ela é muito esperta para quem estudou apenas até a terceira série.

Pra

Pode ser usara para indicar as mesmas funções de PARA.

Indica um uso coloquial da língua e é comum em texto poético.

*Nós fomos **pra*** a cidade ontem.

*Este livro é **pra*** mim ou para você?

*Ela é muito esperta **pra** quem estudou apenas até a terceira série.*

*Ela correu **pra*** conseguir os documentos.

2. **Não se deve contrair a preposição de com artigo que inicia o sujeito de um *verbo*, nem com os pronomes *ele(s), ela(s)* quando estes funcionarem como sujeito.**

A revisão de nota depende **de o** professor aceitar a realização de uma nova prova.

A finalização do processo depende **de ele** concluir a oitiva das testemunhas.

3. **Não confundir *entre* com *dentre*.**

Deve-se empregar "dentre" com verbos que exijam as duas preposições ao mesmo tempo, como *"retirar"*, *"sair"*, *"surgir"* e outros semelhantes.

Retirar, dentre as cópias, aquelas que estão ilegíveis.

Havia, entre os candidatos, aqueles que concorriam ao cargo pelo sistema de cotas.

Regência verbal

Para saber a regência de um verbo, é indispensável analisar a **transitividade verbal e o significado do verbo**. Geralmente a diversidade de regência corresponde a uma diversidade de significados do verbo.

Ele **gosta** de vinho e ela **prefere** cerveja à bebida dos deuses.

Enquanto ele **olha** filme no cinema, ela **assiste** a um documentário na TV.

Regência de alguns verbos

- **Verbo ABRAÇAR**

Envolver com os braços; (VTD)	Os pais abraçam seus filhos. Os pais abraçam-nos.
Envolver, circundar; passar a adotar. (VTD)	Os professores abraçam os projetos da escola.

- **Verbo ACUDIR**

Prestar socorro, ajudar- com preposição A (VTI)	Os professores acudiram ao aluno em exame. O médico lhe acudiu no momento exato.

- **Verbo AGRADAR**

Acariciar, fazer carinho – sem preposição (VTD)	O pai acariciou o filho. O pai acariciou-o.
Ser agradável – com preposição A (VTI)	A sentença do juiz não agradou ao réu. A sentença do juiz não lhe agradou.

- **Verbo ASPIRAR**

Sorver, respirar – sem preposição (VTD)	Os atletas aspiravam o ar das montanhas.
Pretender, desejar (aspirar a) (VTI)	O vereador recém-eleito aspirava a um alto cargo público.

- **Verbo ASSISTIR**

Presenciar; favorecer; caber - com preposição A (VTI)	Ontem assisti a um filme francês. Assiste à juíza o direito de julgar o crime.
Ajudar, prestar socorro – sem preposição ou com preposição A	O médico assiste o doente. O médico assiste ao doente.
Morar, residir – com preposição EM	João assiste no bairro Jardim Europa.

- **Verbo ATENDER**

Empregado com preposição A ou sem preposição	Ele atendeu a promessa de campanha. Ele atendeu à promessa de campanha.

- **Verbo CHAMAR**

Solicitar a presença de alguém - sem preposição (VTD)	Chamei Maria aqui. Chamei-a aqui.
Convocar, fazer vir, invocar pedindo auxílio ou proteção – com preposição POR	A devota de Santo Antônio chama por Deus em todas as orações. A filha doente chama pela mãe sempre.

- **Verbos CHEGAR e IR**

Exigem a preposição quando indicam lugar (chegar a, ir a)	Cheguei ao cinema vinte minutos atrasado. Vou ao cinema amanhã.

- **Verbo CUSTAR**

No sentido de ser custoso, ser difícil: é regido pela preposição "a".	Custou ao professor aceitar a crítica do aluno.
No sentido de acarretar, exigir, obter por meio de: sem preposição.	O imóvel novo custou-me um longo financiamento bancário.
No sentido de ter valor de, ter o preço: sem preposição.	Imóveis na praia custam caro.

- **Verbo ESQUECER e LEMBRAR**

Quando não forem pronominais: são usados sem preposição.	Esqueci o livro dela.
Quando forem pronominais: são regidos pela preposição "de".	Lembrei-me das brincadeiras da infância.

- **Verbo IMPLICAR**

Embaraçar, envolver, causar – sem preposição	O fato de você não ir implica consequências.
Antipatizar (implicar com)	A torcida implicou com o goleiro.

- **Verbo INFORMAR**

Dar notícias, esclarecer	Os jornais informaram o público consumidor. (VTD) A secretária informou a nota ao aluno. (VTDI) A secretária informou-lhe a nota. (VTDI)

- **Verbos MORAR e RESIDIR**

Exigem adjunto adverbial com a preposição EM	Moro em Santa Cruz do Sul. Resido em São Paulo.

- **Verbo NAMORAR**

Sem preposição	Joana namora Pedro.

- **Verbos OBEDECER e DESOBEDECER**

Exigem a preposição A	O bom motorista obedece às leis do trânsito.

- **Verbos PAGAR e PERDOAR**

Quando o objeto é coisa – sem preposição	Paguei a conta.
Quando o objeto é pessoa (pagar a)	Perdoei aos inimigos. Paguei a conta ao feirante.

- **Verbo PREFERIR**

Querer antes, escolher entre duas ou várias coisas (preferir alguma coisa A outra)	Prefiro o amor à guerra.

- **Verbo PROCEDER**

No sentido de ter fundamento: empregado sem preposição.	Suas denúncias de abuso não procedem.

No sentido de originar-se, vir de algum lugar: exige a preposição "de".	Muitas doenças procedem da falta de higiene pessoal.
No sentido de dar início, executar: empregado com a preposição "a".	Os investigadores procederam a uma busca criteriosa de provas para condenar o acusado.

- **Verbo RESPONDER**

Dar resposta, dizer ou escrever em resposta: a) com preposição A para se referir à pergunta b) Sem preposição para dar a resposta	Eu respondi ao questionamento do juiz. Eu respondi qualquer coisa na aula.

Replicar, retorquir, revidar - com preposição A	O jovem deputado respondeu com hostilidade à linguagem do presidente da Câmara. A cantora, com deboche, respondeu à ofensa da fã durante a apresentação.

- **Verbos SIMPATIZAR e ANTIPATIZAR**

Exigem a preposição COM	Simpatizava com a ideia.

- **Verbo VISAR**

Mirar, pôr visto – sem preposição	Visou o alvo e atirou.
Pretender (exige a preposição A)	Ele visa a um bom emprego.

REGÊNCIA VERBAL

Relaciona-se com a transitividade verbal:

- **Verbo transitivo direto:** exige complemento SEM preposição. Ex.: Eu compro verduras. (quem compra compra algo)
- **Verbo transitivo indireto:** exige complemento COM preposição. Ex.: Eu preciso de dinheiro. (quem precisa precisa De algo/alguém)
- **Verbos intransitivos:** não exigem complementos (OD e OI) Ex.: O acidente ocorreu.

REGÊNCIA NOMINAL

Relaciona-se com o uso ou não de preposição para ligar um nome a seu complemento. Ex.:

- apto A nada;
- voto CONTRA redução da maioridade penal;
- meu desgosto COM ele aumentou;
- tenho dúvidas SOBRE crase;
- baixas temperaturas são propensas PARA resfriados.

REGÊNCIA *nominal e verbal*

Regência nominal e verbal refere-se à exigência do uso de preposição por um termo regente (verbo ou nome). Estabelece uma relação de complementaridade entre termos de uma oração.

BANCA CEBRASPE

Foco em:

- Substituição de verbos/nomes e sua correção gramatical
- Regência e crase
- Paralelismo sintático (uso de preposições)
- Supressão da preposição para manutenção de correção

LEMBRAR DISTO

- A transitividade precisa ser avaliada no contexto de uso do nome/verbo.
- Um mesmo verbo pode ter transitividades diferentes. Ex.: visar, agradar, aspirar, assistir, custar, implicar
- Sempre que nome ou verbo exigir preposição A, pode haver crase

5.8 EMPREGO DO SINAL INDICATIVO DE CRASE

É a fusão **escrita e oral** de duas vogais idênticas. É a **fusão da preposição *a* com o artigo *a(s)*.** A crase é indicada pelo acento grave [`]. São condições para ocorrência de crase:

1) O termo regente deve exigir a preposição *a*.
2) O termo regido tem que ser uma *palavra feminina* que admita o artigo *a(s)*.

Ele fez referência **a** + **a** namorada de Felipe.
→ Ele fez referência **à** namorada de Felipe.

Ele está alheio **a** + **a** regra da prova.
→ Ele está alheio **à** regra da prova.

Emprego da crase

Dependendo de certos fatores presentes na estrutura da frase, o emprego do sinal de crase pode ser **obrigatório, opcional ou proibido.**

Crase obrigatória

1. **Em locuções adverbiais femininas de tempo, modo e lugar**

   À noite, todos os gatos são pardos.
   Saímos **às pressas** da audiência.
   Siga **à direita** para encontrar a loja.
   O processo correu **à revelia**.
   Ele caminha **à toa** na rua.

2. **Em locuções prepositivas (à+ palavra feminina + de) e conjuntivas (à + palavra feminina + que)**

   Ela saiu **à procura de** ajuda.
   O pai está **à frente do** filho no concurso.
   Esfriava **à medida que** escurecia.

3. **Quando estão subentendidas as expressões *à moda de, à maneira de* ou palavras como *faculdade, empresa, companhia,* mesmo que seja diante de palavras masculinas.**

Refiro-me **à *UFRGS.*** *(à universidade).*

Fui **à Dom João.** (à loja Dom João)

Ele fez bifes **à *milanesa.*** *(à moda milanesa).*

4. **Para ocorrer a crase com os pronomes demonstrativos aquela(s), aquele(s), aquilo(s), basta que o termo regente exija a preposição *à*, uma vez que eles já contêm o *a* na sílaba final.**

Você se refere **àquele** professor?

Ele assistiu **àquilo** de forma tão tranquila...

A questão revelou-se alheia **àquela** programação temática inicial.

5. **Usa-se crase antes dos pronomes relativos *qual* ou *quais* quando for possível trocar o substantivo feminino antecedente por um masculino equivalente. Usa-se a crase se, com o substantivo masculino, aparecer *ao qual* ou *aos quais*.**

Aquela é a professora **à qual** solicitamos ajuda. (Aquele é o professor ao qual solicitamos ajuda.)

Crase opcional

1. **Com pronomes possessivos (minha, sua, nossa, etc.)**

O marido se dirigiu **a sua** esposa. O marido de dirigiu **à sua** esposa.

2. **Com nomes de mulher**

O juiz se dirigiu **à Fabiana Silva**. O juiz se dirigiu **a Fabiana Silva.**

3. **Com a palavra *até***

O diretor se dirigiu **até à** sala de reuniões. O diretor se dirigiu **até a** sala de reuniões.

Crase proibida

1. **Antes de palavras masculinas**

Redija o rascunho **a** *lápis.*

As vendas **a** *prazo* da loja diminuíram.

2. **Antes de verbos**

Ela está **a** *fazer* o exercício.

Passou **a** *acreditar* em duendes.

3. **Antes de essa(s), esta (s), cuja(s), quem, qualquer**

Dou valor a **essa** conquista.

Mão se dirija a **esta** garota com agressividade.

A moça a **quem** me referi é a minha filha.

E um texto a **cuja** elaboração adequada fiz menção na aula.

Ele queria morar em uma rua paralela a **qualquer** colégio.

4. **Antes de pronomes pessoais (inclusive os de tratamento)**

Obedeço a **ela**, não a **Vossa Senhoria**.

Ele foi a **mim** para agradecer pelo mimo.

Ele se referiu a **Vossa Excelência** com desrespeito?

Ele mostrou-se avesso a **você** em um primeiro contato.

> ▷ **Atenção!** Os pronomes *senhora* e *senhorita* aceitam a ocorrência de crase.
>
> O gerente dirigiu-se *à senhorita Joana.*
>
> O gerente dirigiu-se *à senhora Joana.*

5. **Quando há preposição no singular seguida de um substantivo no plural.**

Não vamos **a** confraternizações da escola.

6. **Entre palavras repetidas**

Estávamos **frente a frente** na sala do júri.

7. **Antes de nomes de lugar que não admitem artigo ou sem especificação.**

O vocalista irá **a** *São Paulo* para uma apresentação.

O vocalista irá **à** *bela São Paulo* para uma apresentação.

8. **Antes da palavra *casa* (se não houver especificação)**

Chegamos cedo **a** *casa.*

Chegamos cedo **à** *bela casa.*

Vamos **à** *casa de meus amigos.*

9. **Antes da palavra *terra* (no sentido oposto ao de "água")**

O náufrago chegou **a** *terra.*

> ▷ **Atenção!** "Terra" com sentido de *planeta* e de *terra natal* admite crase.
>
> A espaçonave voltará **à** *Terra* em um mês.
>
> Sempre sonhou retornar **à** *terra* em que nasceu.

Importante!

a) **Não se deve usar crase diante de palavras com sentido indefinido**

Ele está apto a **toda** função docente.

Ele está apto a **qualquer** função docente.

Ele está apto a **certa** função docente.

Ele está apto a **cada** função docente.

Ele está apto a **uma** função docente.

b) **Os pronomes demonstrativos *aquele, aquela e aquilo* – e suas flexões (*mesmo, tal* e *próprio*) admitem a crase quando o *termo regido* pela preposição «*a*" é uma palavra feminina determinada por esses pronomes.**

As manifestações de rua vinculavam-se **à tal** mobilização do governo por aumento de imposto.

Refiro-me **à** mesma pessoa que você.

Ela se opôs **à** própria filha.

c) **Em alguns casos, o termo que acompanha o "a" está subentendido por ter aparecido antes na frase. Observar a regra para emprego de crase considerando o termo subentendido.**

Minha manifestação é ligada **à** dos estudantes sem escola.

As orações são semelhantes **às** de pastores e padres.

Aquela avenida é transversal **à** que fica próxima da minha casa.

d) **Diante de numerais ordinais femininos, a crase está confirmada, visto que estes não podem ser empregados sem o artigo.**

As orientações do chefe foram direcionadas **à** primeira aprovada no concurso.

e) **Emprego de crase diante da palavra "distância"**

Se a palavra ***distância*** estiver especificada, determinada, a crase deve ocorrer.

Sua casa fica **à** distância de 2km daqui.

Todos devem ficar à distância de 30 metros do acidente na rodovia.

Se a palavra ***distância*** não estiver especificada, a crase **não** pode ocorrer.

A educação **a** distância precisa de legislação atualizada.

f) **Antes de números cardinais, não se usa crase.**

Vou embora daqui a vinte minutos.

g) **Antes do artigo UMA, não se usa crase.**

Ele fez referência a uma antiga namorada.

EMPREGO DE crase

ELA IMPLICA

A identificação de
- Termo regente (verbo ou nome) e seu complemento (termo regido)
- Exigência da preposição A
- Palavra feminina como complemento
- Aplicação das regras de uso obrigatório, facultativo ou proibido de crase

DICAS IMPORTANTES
- Identificar o termo regente e seu complemento, que pode estar antes ou depois dele
- Observar a presença da preposição contraída com pronome, como em "Ele se referiu *àquela* menina loira"

BANCA CEBRASPE

Foco em:
- Correção gramatical com uso facultativo ou obrigatório de crase
- Emprego correto de crase em segmentos específicos de texto
- Justificativa de emprego de crase

Refere-se ao emprego de acento grave (à), condicionado à exigência da preposição A pelo termo regente + palavra feminina

LEMBRAR DISTO
- Exceções de uso de crase antes de palavras masculinas
- Nem todo A é preposição, pode ser também artigo definido ou pronome

5.9 Colocação dos Pronomes Átonos

O emprego dos pronomes átonos está associado a três processos:

Próclise	Mesóclise	Ênclise
Quando o pronome é colocado antes do verbo.	Quando o pronome é colocado no meio do verbo.	Quando o pronome é colocado depois do verbo.
Não **me importo** com suas birras!	**Falar-te-ei** sobre isso nos próximos dias.	**Entregaram-te** as notas?

Na norma culta da língua portuguesa, conforme destaca Ferreira (2007), duas orientações são básicas:

1. Não iniciar oração com pronome átono.

Certo:

Abrace-me agora.

Errado:

Me abrace agora.

2. Empregar a próclise é sempre correto quando não houver silêncio na fala ou sinal de pontuação na escrita.

Exemplos:

Dirigiu-**se** ao juiz com muita educação.

Perguntou-**me** se a festa está confirmada.

estagiário trouxe-**nos** as cópias do processo como solicitamos.

Fui à reunião, lembrando-**me** da discussão que houve na reunião anterior.

Regras de colocação pronominal

- **Emprego da Próclise**

Usa-se próclise diante de:

1. palavras de sentido negativo (não, nunca, nada etc)

Não **me** convidou para participar da reunião.

Ele jamais **me** ofendeu com seus discursos homofóbicos.

2. pronome indefinido (tudo, alguém, outros etc)

Tudo **me** aborrece.

Alguém **se** interessa por Direito Digital?

Ele me disse que tudo **se** encaixa: depoimentos, provas periciais, etc.

Tudo **se** acaba um dia...

3. pronome relativo (que, quem, qual, cujo etc)

A pessoa de quem **te** falei é falsa.

A verdade da qual **se** esquiva é esta: o filho é trapaceiro.

A obras literárias que **me** agradam são as de temática contemporânea.

Apenas João sabia do que **se** teria passado naquela noite... Um evento passional...

4. advérbios (hoje, amanhã, talvez etc)

Aqui **se** avaliam os projetos.

Amanhã **te** confirmo a reunião.

Ele talvez **se** cale mais na próxima reunião, pois hoje foi bastante contestado.

Observação: se depois do advérbio vier vírgula, há uma pausa, então, não se emprega a próclise e sim a ênclise:

Hoje **se** fala muito em TDICs.

Hoje, fala-**se** muito em TDICs.

> ▷ **Dica:**
>
> Advérbios ou locuções adverbiais são palavras que indicam circunstâncias de tempo, modo, lugar, causa, companhia etc. E se associam a verbos, adjetivos e advérbios:

Todos são **muito** bem-vindos no curso.

Amanhã vai chover.

Saiu **com medo da chuva** e foi trabalhar.

5. conjunções subordinativas (como, embora, quando, caso, à medida que etc)

Embora **se** julgue superior aos outros, precisa aprender mais para ser competitiva no mercado de trabalho.

Na medida que **se** sobrepõem os gastos, o endividamento se amplia.

Caso **me** chame atenção determinado projeto de pesquisa, vou procurar lê-lo com atenção.

Quando **se** sentir triste, venha conversar comigo.

Se **se** sentir triste, venha conversar comigo.

a) adverbiais

- Causais: Porque, pois, por isso que, uma vez que, já que, visto que, que, porquanto;
- Condicionais: Se, caso, salvo se, desde que, contanto que, dado que, a menos que, a não ser que;
- Conformativas: Conforme, segundo, como, consoante;
- Concessivas: Por mais que, por menos que, apesar de que, embora, conquanto, mesmo que, ainda que, se bem que;
- Comparativas: Mais, menos, menor, maior, pior, melhor, seguidas de que ou do que. Qual depois de tal. Quanto depois de tanto. Como, assim como, como se, bem como, que nem;
- Consecutivas: Tal, tão, tamanho, tanto (em uma oração, seguida pelo que em outra oração), de maneira que, de forma que, de sorte que, de modo que;
- Proporcionais: À proporção que, ao passo que, à medida que, à proporção que;
- Temporais: Depois que, até que, desde que, cada vez que, todas as vezes que, antes que, sempre que, logo que, mal, quando;
- Finais: A fim de que, para que.

b) integrantes

Que, se

Conjunções integrantes

Ele disse que **se** esqueceu do combinado e foi trabalhar sem dar carona ao colega.

João não sabe se **se** esqueceu de pagar o boleto...

6. Gerúndio regido de preposição em.

Em **se** falando sobre processos civis, João é campeão.

Em **se** tratando de projetos arquitetônicos, prefiro os mais sofisticados.

Em **se** pensando em projetos de vida, poucos intenciona, fazê-lo.

7. Nas orações exclamativas

"Quanto sangue **se** derramou inutilmente!"

Não **te** aborreças mais! Não vale a pena!

8. Nas orações interrogativas

Quem **me** procurou ontem?

Você **se** esforçou como você gostaria?

Ele **nos** entregou no prazo o relatório, João?

- **Próclise opcional**

Pode-se empregar **próclise ou ênclise** quando o verbo não inicia a oração e com o verbo no infinitivo não flexionado precedido de palavra negativa ou de preposição.

O juiz tornou-**se** muito rigoroso nas decisões. (ênclise)

O juiz **se** tornou muito rigoroso nas decisões. (próclise)

Espero não ver-**te** mais. (ênclise)

Espero não **te** ver mais. (próclise)

- **Emprego da Mesóclise**

Emprega-se a mesóclise diante de verbos no futuro do presente e no futuro do pretérito, desde que não ocorra condição para a próclise.

Dir-**me**-á a verdade no depoimento.

Dar-**me**-iam razão se tivessem aqui.

- **Formação da Mesóclise**

Futuro do Presente	Futuro do Pretérito
queixar-me-ei	**queixar-me-ia**
queixar-te-ás	**queixar-te-ias**
queixar-se-á	**queixar-se-ia**
queixar-nos-emos	**queixar-nos-íamos**
queixar-vos-eis	**queixar-vos-íeis**
queixar-se-ão	**queixar-se-iam**

▷ **Dica:**

Cuide os verbos:

1. **Mesóclise no futuro do presente**

- amar-me-ei;
- abraçar-te-ei;
- dir-lhe-emos.

2. **Mesóclise no futuro do pretérito**

- amar-me-ia;
- abraçar-te-ia;
- corrê-la-ia.

- **Verbo dar: Futuro do presente do indicativo**

Eu dá-lo-ei	Eu dar-me-ei
Tu dá-lo-ás	Tu dar-te-ás
Ele dá-lo-á	Ele dar-se-á
Nós dá-lo-emos	Nós dar-nos-emos
Vós dá-lo-eis	Vós dar-vos-eis
Eles dá-lo-ão	Eles dar-se-ão

- **Verbo dar: Futuro do pretérito do indicativo**

Eu dá-lo-ia	Eu dar-me-ia
Tu dá-lo-ias	Tu dar-te-ias
Ele dá-lo-ia	Ele dar-se-ia
Nós dá-lo-íamos	Nós dar-nos-íamos
Vós dá-lo-íeis	Vós dar-vos-íeis
Eles dá-lo-iam	Eles dar-se-iam

- **Verbo ver: Futuro do presente do indicativo**

Eu vê-lo-ei	Eu ver-me-ei
Tu vê-lo-ás	Tu ver-te-ás
Ele vê-lo-á	Ele ver-se-á
Nós vê-lo-emos	Nós ver-nos-emos
Vós vê-lo-eis	Vós ver-vos-eis
Eles vê-lo-ão	Eles ver-se-ão

- **Verbo ver: Futuro do pretérito do indicativo**

Eu vê-lo-ia	Eu ver-me-ia
Tu vê-lo-ias	Tu ver-te-ias
Ele vê-lo-ia	Ele ver-se-ia
Nós vê-lo-íamos	Nós ver-nos-íamos
Vós vê-lo-íeis	Vós ver-vos-íeis
Eles vê-lo-iam	Eles ver-se-iam

▷ **Atenção: próclise ou mesóclise?**

Não ocorre mesóclise se houver alguma situação que justifique o uso da próclise, ou seja, do adiantamento do pronome relativo ou demonstrativo, a presença de uma palavra negativa, de uma conjunção subordinada, de um pronome relativo, interrogativo, indefinido, entre outros.

Começar-se-ia uma nova reunião. (sem fator atrativo)

Enviar-lhe-ei outros orçamentos para compra de equipamentos. (sem fator atrativo)

Não te enviarei outros orçamentos para compra de equipamentos. (com fator atrativo)

Depois se manteria o corpo docente da escola. (com fator atrativo)

3. **Compare para não errar!**

Mesóclise	Próclise	Uso da Próclise
Dir-lhe-ei a verdade sempre.	**Nunca** lhe direi a verdade!	Em orações **negativas**.
Eu amar-lhe-ia se você fosse querido.	**Quem** lhe amaria se você fosse querido?	Com **pronomes relativos**.

Mesóclise	Próclise	Uso da Próclise
Abraçar-te-ia se ti tivesses aqui agora!	**Mal** o abraçaria se tivesse aqui: não gosto mais de você.	Diante de **advérbios**.
Desmanchar-me-ia em risos se estivesse em show de humor,	Eu riria tanto num show de humor **que** me desmancharia em risos...	Em orações com **conjunções subordinativas**.
Contar-te-ia a verdade sobre o caso se tivesse como falar o que sei...	Quem me contaria a verdade sobre o caso?	Em **orações interrogativas**.

Emprego da Ênclise

Usa-se ênclise diante de:

1. orações iniciadas por verbo

Falava-**me** das suas aventuras na infância.

Ele foi um marido delicado, cuidava-**me** muito bem quando precisava.

2. orações reduzidas de gerúndio sem partícula atrativa

Avaliando-**nos**, ele percebeu que as propostas eram adequadas à empresa.

O motorista avançava a faixa de segurança, dirigindo-**se** aos pedestres.

Considerando-**se** o exposto, julgo procedente o pedido.

3. verbo no imperativo afirmativo.

Dê-**me** um pouco de sossego.

Diga-**nos** o que tem feito.

Lembre-**se** de registrar o imóvel na declaração do IR.

4. verbo infinitivo não flexionado, regido da preposição *a*.

Todos corriam a vê-**lo**.

5. Junto a infinitivo precedido de artigo

O vender-**se**; o queixar-**se**.

▷ **Atenção!**

Colocação pronominal nas locuções verbais

1) Quando o verbo principal for constituído por um particípio:

a) O pronome oblíquo virá depois do verbo auxiliar.

Tinham-me convidado para o jantar.

b) Se antes da locução verbal houver palavra atrativa, o pronome oblíquo ficará antes do verbo auxiliar.

Não me haviam convidado para o jantar.

2) Quando o verbo principal for constituído por um infinitivo ou um gerúndio:

a) Se não houver palavra atrativa, o pronome oblíquo virá depois do verbo auxiliar ou depois do verbo principal.

Devo informar-lhe o ocorrido/ Devo-lhe informar o ocorrido.

Estavam dizendo-me muitas bobagens./ Estavam-me dizendo muitas bobagens.

b) Se houver palavra atrativa, o pronome poderá ser colocado antes do verbo auxiliar ou depois do verbo principal.

Não posso informar-lhe o ocorrido./ Não lhe posso informar o ocorrido.

Não estavam dizendo-me nada./ Não me estavam dizendo nada.

Observações:

a) **o, a, os, as,** quando precedidos de **verbos que terminam em –r, -s, -z,** assumem a forma ***lo, la, los, las,*** e os verbos perdem aquelas terminações.
Vou deixar o projeto em arquivo pdf.
Vou deixá-lo em arquivo pdf. (deixar + o)

b) **o, a, os, as,** quando precedidos de **verbos que terminam em –m, -ão, -õe**, assumem a forma **no, na, nos, nas**.
Levaram os processos para análise do juiz.
Levaram-nos para análise do juiz.
Ele compõe o juizado.
Ele compõe-no.

c) Como complementos verbais, o(s)e **a(s)** desempenham função de objeto direto; **lhe(s)**, de objeto indireto.
Joana investigou um caso de feminicídio.
Sua mãe deu-**lhe** cumprimentos, afinal, combater a violência contra as mulheres é essencial. ("deu" = VTDI; "cumprimentos" = OD)
Joana investigou **um caso de feminicídio**.

▷ **Atenção!**

O emprego de **pronomes átonos** deve ser compreendido de acordo as regras da modalidade culta da língua, sem ignorar que os usos desses pronomes, em situações informais, seguem parâmetros distintos.

6. REESCRITA DE FRASES E PARÁGRAFOS DO TEXTO

A reescrita consiste em apresentar uma nova versão de redação em que se mantém o sentido original, ou seja, tem-se uma nova forma de apresentação do texto sem modificar o seu teor semântico. Ela pode envolver vários processos, como os destacados a seguir.

6.1 Significação das palavras

A significação das palavras sempre está relacionada ao contexto de uso, ou seja, à forma como é explorada em um segmento frasal, ao objetivo da linguagem (se objetiva e direta ou subjetiva e criativa, por exemplo). Pode ser observada, por exemplo, das seguintes formas:

a) Sentido denotativo e conotativo

Sentido denotativo	Sentido conotativo
Sentido dicionarizado das palavras e expressões Sentido objetivo, claro e preciso Também chamado de sentido literal Exemplo: "O **fogo** se alastrou rapidamente nas casas do bairro, levantando altas chamas."	Sentido específico das palavras e expressões de acordo com uso particular da linguagem em determinados contextos Sentido subjetivo e criativo Também chamado de sentido figurado Exemplo: "Amor é **fogo** que arde sem doer"

1) Os sentidos denotativo e conotativo são identificados no contexto de uso da língua e dependem de conhecimento prévio e linguístico.
2) Gírias, trocadilhos, ditados populares, provérbios, textos literários trazem com frequência a conotação da linguagem.
3) Uma expressão ou palavra pode ter mais de um sentido conotativo. Exemplo: massa.
Esta massa cinzenta de seu cérebro está danificada. Aquele professor é massa!

b) Sinônimos, antônimos, hiperônimos e hipônimos

Sinônimo	Antônimo	Hiperônimo	Hipônimo
Temo com sentido igual ao idêntico ao de outra palavra. Exemplo: "O **meninos** foram jogar futebol no campinho ontem à tarde. Vários **guris** se revezaram para que todos pudesem jogar."	Termo com sentido oposto ao de uma palavra Exemplo: "A **beleza** dela se contrastava com a **feiura** dele.	Termo que expressa características genéricas de uma determinada classe Exemplos: animal louça profissão esporte	Termo que expressa características específicas de uma palavra, indicando traços diferenciados dentro de uma determinada classe Exemplos: gato, cachoro, pássaro garfo, faca, colher dentista, professor, médico futebol, voleibol, tênis

Exemplos de uso de sinônimos

Trecho original	Reescrita
As **gurias** daquela **rua** estão sempre **jogando** vôlei nos horários **impróprios** para exposição ao sol.	As **garotas** daquela **alameda** estão sempre **praticando** vôlei nos horários **inadequados** para exposição ao sol.
Assim que comecei a estudar de forma organizada, os resultados nos concursos foram melhorando.	**Desde que** comecei a estudar de forma organizada, os resultados nos concursos foram melhorando.

Exemplos de uso de hiperônimos

Batata e cenoura são itens obrigatórios na mesa dos brasileiros.	Legumes são itens obrigatórios na mesa dos brasileiros.

Observações:

1) As conjunções são elementos fundamentais na coesão de orações e estabelecem valores semânticos específicos. É preciso ficar atento ao sentido que elas trazem aos enunciados para trocá-las por outras de sentido equivalente.
2) A banca também costuma abordar antônimos – palavras de significação oposta. Para isso, é preciso ler com atenção o enunciado das questões para não confundir ao refletir sobre a alternativa correta.

6.2 Substituição de palavras ou de trechos de texto

A substituição de palavras e trechos deve estar adequada ao contexto original. Ela pode ocorrer, com trocas de diferentes formas, como estas:

Trocas entre classes de palavras	Amor **materno** (adjetivo) Amor **de mãe** (locução adjetiva)

Expressões de sentido conotativo por de sentido denotativo	Somos **teimosos até a medula**' (conotação) Somos **demasiadamente teimosos (denotação)**

Deve evitar:

a) polissemia
b) ambiguidades
c) problemas de construção frasal
d) inadequações gramaticais
e) ausência de clareza

6.3 Reorganização da estrutura de orações e de períodos do texto

No campo sintático, isto é, no que se refere à composiçã de frases e orações, a reorganização de uma estrtura pode ser sistematizada com distintas ões:

a) alteração de estrutura sintática: transposição de orações coordenadas assindéticas para sindéticas, de oração subordinada reduzida para desenvolvida; junção de duas frases em uma e vice-versa, por exemplo;

Trecho original	Reescrita
Acordei bem, levantei logo, saí de casa em seguida.	Acordei bem e levantei; saí de casa em seguida.
O meu maior projeto de 2024 é aprovar no concurso do TSE.	O meu maior projeto de 2024 é que eu aprove no concurso do TSE.
Clara foi ao salão. Voltou para casa sem ser atendida pela manicure.	Clara foi ao salão, porém voltou para casa sem ser atendida pela manicure.
Ao chegar à casa de meus pais, percebi que a porta estava entreaberta.	Quando cheguei à casa de meus pais, percebi que a porta estava entreaberta.

b) transposição da voz ativa para passiva e vice-versa ou da voz passiva analítica para sintética

A voz verbal é a **flexão do verbo** para indicar se o sujeito gramatical da oração é **agente ou paciente da ação.**

Exemplo:

O juiz (Suj.) analisou (VTD) o processo (OD).

O processo (Suj.) foi analisado (Loc. Verbal) pelo juiz (Ag. Passiva).

Existem três vozes verbais:

1. **Ativa: quando o sujeito é agente, isto é, pratica a ação expressa pelo verbo.**

Exemplo:

O professor corrigiu as provas.

- O professor: sujeito agente
- corrigiu: ação
- as provas: objeto (paciente)

> ▷ **Voz ativa**
>
> Só ocorre com verbos que indicam ação;
>
> Aparece em verbos transitivos diretos (VTD) ou transitivos diretos e indiretos (VTDI).

2. **Passiva: quando o sujeito é paciente, recebendo a ação expressa pelo verbo.**

Exemplo:

As provas foram corrigidas pelo professor.

- As provas: sujeito paciente
- foram corrigidas: ação
- pelo professor: agente da passiva

A voz passiva pode ser formada por dois processos: **analítico** e **sintético.**

a) **Voz Passiva Analítica:** é construída com da seguinte forma com o verbo "ser" e o particípio do verbo principal.

Exemplos:

A casa **será reformada.**

A reforma da casa **foi planejada** pelo engenheiro.

> ▷ **Atenção!**
>
> 1. **Na maioria das construções frasais em língua portuguesa, o agente da passiva é acompanhado da preposição "por". Contudo, é possível a construção com a preposição "de".**
> Exemplo: A praia ficou cercada **de banhistas.**
> 2. **Em algumas frases, o agente da passiva pode não estar explícito na frase.**
> Exemplo: A investigação **será concluída.**
>
> **A variação temporal é indicada pelo verbo auxiliar (SER), uma vez que o particípio do verbo é invariável (-ado ou -ido).**
> Exemplos:
> Ele **concluiu** o conserto do aparelho. (pretérito perfeito do indicativo)
> O conserto do aparelho **foi** concluído por ele. (pretérito perfeito do indicativo)
> 3. **É possível, embora menos comum, a construção da voz passiva analítica com outros verbos que podem eventualmente funcionar como auxiliares.**
> Exemplo: A história de vida de Martha **ficou marcada** pela superação.

b) **Voz Passiva Sintética ou Pronominal**

É construída com o verbo na 3ª pessoa, seguido do pronome apassivador SE.

Exemplos:

Iniciaram-se as inscrições para o concurso.

Reformou-se o velho prédio da escola.

Observação: o agente não costuma vir expresso na voz passiva sintética.

3. **<u>REFLEXIVA</u>: quando o sujeito é ao mesmo tempo agente e paciente, isto é, pratica e recebe a ação.**

Exemplo: O professor feriu-se.

> ▷ **DICA**
> **Não se pode confundir o emprego reflexivo do verbo com a noção de reciprocidade.**
> Exemplo: Os lutadores cumprimentaram-se. (um ao outro)

a) Transformação da voz ativa para a passiva

Na voz ativa, o sujeito é agente, há um verbo que indica ação e um complemento do verbo, chamado de objeto direto.

Professores	reelaboraram	proposta pedagógica.
Sujeito (agente) (SUJ.)	*Verbo transitivo direto (VTD)*	*Objeto direto (OD)*

Na voz passiva, o sujeito é paciente da ação verbal, há uma locução verbal (verbo auxiliar + verbo principal) e o agente da ação, chamado de agente da passiva, que é introduzido pela preposição "por" (ou "por" + artigo).

Proposta pedagógica	foi elaborada	pelos professores.
Sujeito (paciente) (SUJ.)	*Locução verbal*	*Ag. da passiva (AG. PAS.)*

Transformação de voz verbal

Veja o esquema de transposição de voz verbal: da ativa para a passiva

VOZ ATIVA →	Gatos e cães	roubaram	comida.
	Suj.	*VTD*	*OD*
VOZ PASSIVA →	Comida	foi roubada	por gatos e cães.
	Suj.	*Loc. Verbal*	*Agente da Passiva*

Veja o esquema de transposição de voz verbal: da passiva para a ativa

VOZ PASSIVA →	Ladrão e assaltantes	são presos	pela polícia.
	Suj.	*Loc. Verbal*	*Agente da Passiva*
VOZ ATIVA →	Polícia	prende	ladrão e assaltantes.
	Suj.	*VTD*	*OD*

- **Observações para a transposição de voz verbal:**
  1. **Da voz ativa para a passiva – aumento de número de verbos**

João <u>exibiu</u> cabeleira e barba longas.

Cabeleira e barba longas <u>foram exibidas</u> por João.

  2. **Da voz passiva para a ativa – diminuição de número de verbos**

Canções de axé <u>foram regravadas</u> pela cantora.

Cantora <u>regravou</u> canções de axé.

> ▷ **Atenção!**
> Na transformação de uma voz para outra, deve garantir:
> • Manutenção de sentido;

- Manutenção de tempo e modo verbal;
- Correção linguística.

Na transposição de vozes verbais (ativa, passiva analítica, passiva sintética), há a mudança das relações de sentido entre o sujeito, o verbo e o objeto direto, porém, devem ser mantidos o tempo e o modo verbais da oração original.

Trecho original	Reescrita
Ele construiu aquela escultura. (voz ativa)	Aquela escultura foi construída por ele. (voz passiva)
Todos os exercícios foram feitos pelos alunos durante a aula. (voz passiva analítica)	Todos os exercícios resolveram-se pelos alunos durante a aula. (voz passiva sintética)

Na transposição de vozes, é fundamental observar algumas regras:

Da voz ativa para a voz passiva analítica	Da voz ativa para a voz passiva sintética
• O sujeito passa a ser o agente da passiva. • O objeto direto passa a ser o sujeito da passiva. • O verbo transitivo passa a ser uma locução verbal. *Exemplo:* **Carla** enviou **os documentos** **(VOZ ATIVA: suj + verbo + OD)** **Os documentos** foram enviados **por Carla.** (VOZ PASSIVA ANALÍTICA: suj paciente + loc verbal + prep + agente da passiva)	• O objeto direto passa a ser o sujeito da passiva. • O sujeito passa a ser a partícula apassivadora se. • O verbo transitivo mantém-se. • Não há agente da passiva. *Exemplo:* ***O avô** vistitou **a neta**.* *(VOZ ATIVA: suj + verbo + OD)* *Visitou-se a neta.* (VOZ PASSIVA SINTÉTICA: verbo + SE + suj. da passiva)

6.4 Reescrita de textos de diferentes gêneros e níveis de formalidade

Na reescrita de um texto, alterando um gênero para outro, é fundamental observar o tema, as ideias principais e secundárias para mantê-las de forma coerente. Por exemplo: uma notícia, publicada em um jornal, pode ser reescrita em uma história em quadrinhos. Então, personagens, tempo, ação, acontecimentos precisam ser mantidos, porém apresentados em outro formato que seja adequado ao novo gênero (HQ).

Além disso, observar o contexto comunicativo também se faz necessário. Qual nível de formalidade? Que nível de linguagem usar? Na reescrita, isso também precisa ser coerente. Se o texto de um bilhete familiar foi reescrito em forma de e-mail para outro destinatário, que não é familiar ao emissor, o nível de formalidade da língua precisa ser alterado: de uma linguagem coloquial para uma culta, com recusa ao uso de gírias, abreviações, expressões populares.

Dessa forma, a distinção a seguir torna-se necessária

Nível culto/formal	Nível coloquial/informal
Características da linguagem – Sentido denotativo – Observação a regras da gramática normativa – Vocabulário amplo e formalidade – Sintaxe mais elaborada – Recusa ao uso de gírias, expressões populares, regionalismos – Exploração de palavras sem reduções e contrações – Variante com prestígio social **Contexto de uso** Situações formais, solenes, não familiares, nas quais se exige um alto grau de formalidade **Exemplos:** Nós vamos ao arraiá, vestindo chapéu e roupa caipira Todas as pessoas presenciaram a rixa entre os homens.	**Características da linguagem** – Sentido denotativo e conotativo – Vocabulário simples e informal – Sintaxe simples – Flexibilidade na aplicação de regras da gramática normativa – Uso de gírias, expressões populares, regionalismos – Exploração de formas reduzidas ou contraídas, como *pra, né* – *Variante com menor prestígio social* **Contexto de uso** Situações informais, solenes, não familiares, nas quais não é preciso observar todas as erras normativas da língua **Exemplos:** Nós vai pro arraiá *vestino* chapéu e *ropa* caipira. As pessoas tudo *viro* a rixa dos *homi*.

Observações:

1) Orações com verbos impessoais não podem ser transpostos para voz passiva porque não têm sujeito. Exemplo: Havia 2 mil pessoas no show de Carlos.
2) É fundamental bservar o objeto direto na transposição para voz passiva, só que nesta ele se transforma em sujeito paciente. Exemplo: Eu comprei ontem dois cadernos. (voz ativa) / Dois cadernos foram comprados por mim ontem (voz passiva)
3) É comum a necessidade de ajustes de concordância verbal na mudança de OD para sujeito paciente
4) Na transposição da voz passiva analítica para a voz ativa, caso o agente da passiva não esteja expresso na frase, o sujeito será indeterminado na nova frase. Exemplo: O homem foi denunciado (voz passiva analítica) / Denunciaram o homem (voz ativa)

1) Na reescrita, os sentidos e a correção gramatical do texto original ou de um excerto precisam ser preservados. Isto é, a coerência e a adequação às normas gramaticais devem ser mantidos para que a reescrita seja adequada. Reescrever não é alterar o sentido, é apresentar, em nova versão linguística, o sentido original.
2) Todas as informações apresentadas em um texto, como exemplos, dados estatísticos, pormenores, devem ser reelaborados na reescrita, pois reescrever não é resumir.
3) É preciso observar que, na reescrita, observações, avaliações, apreciações críticas que denotam olhar subjetivo do redator não devem ser acrescentados em nova versão. Manter o foco na informação a ser reescrita e não acrescentar percepções pessoais, subjetivas.

REESCRITA de orações e períodos

Reescrever um texto ou parte dele quer dizer que a mesma informação é reproduzida, em nova versão textual, sem alterar o sentido, o propósito da redação original

ELA IMPLICA

Uma reescrita pode contemplar

- uso de sinônimos, hiperônimos, hipônimos
- alteração de estrutura sintática
- alteração de voz ativa para passiva, de discurso direto para indireto e vice-versa
- mudança de gênero textual
- alteração de linguagem (culta para coloquial e vice-versa)

BANCA CEBRASPE

Foco em:

- Substituição de verbos, por exemplo, e addquação ao nível de formalidade/informalidade
- Manutenção de sentido e correção com nova redação
- Reordenação de ordem de informações
- Uso de nexos para unir períodos

DICAS IMPORTANTES

- No que tange à correção gramatical, regência, pontuação, concordância, crase, colocação pronominal são um dos tópicos mais cobrados
- Observação ao enunciado: ela pode focar no nível culto ou formal da reescrita.

LEMBRAR DISTO

- A reescrita adequada deve manter a coesão, a coerência e a correção gramatical
- Na reescrita, pode-se mudar o nível de formalidade da língua , mas isso deve ser expresso no enunciado da questão
- Reescrita não é resumo, é apenas uma nova forma de escrever as mesmas informações e manter o mesmo sentido

REFERÊNCIAS

BECHARA, Evanildo. **Moderna gramática portuguesa.** 37. ed. rev., ampl. e atual. conforme o novo Acordo Ortográfico. Rio de Janeiro: Nova Fronteira, 2009.

BRASIL. Presidência da República. Casa Civil. **Manual de redação da Presidência da República** / Casa Civil, Subchefia de Assuntos Jurídicos; coordenação de Gilmar Ferreira Mendes, Nestor José Forster Júnior [et al.]. – 3. ed., rev., atual. e ampl. – Brasília: Presidência da República, 2018.

CEGALLA, Domingos Paschoal. **Novíssima Gramática da Língua Portuguesa.** Companhia Editora Nacional, 2008.

CUNHA, Celso; CINTRA, Lindley. **Nova gramática do português contemporâneo.** 7. ed. Rio de Janeiro: Lexikon, 2007.

FERREIRA, Mauro. **Aprender e praticar gramática.** : FTD, 2007.

FIORIN, José Luiz e SAVIOLI, Francisco Platão. **Para entender o texto: leitura e redação.** São Paulo: Ática, 2006.

ROCHA LIMA. **Gramática normativa da língua portuguesa.** 49. ed. Rio de Janeiro: José Olympio, 2011.

Fique conect@do!

VEJA AQUI
Conjugação de verbos regulares:

https://www.conjugacao.com.br

VEJA AQUI
Lista de prefixos e sufixos:

https://www.clubedoportugues.com.br/prefixos-gregos-e-latinos

VEJA AQUI
Lista de substantivos coletivos:

https://www.todamateria.com.br/substantivo-coletivo

VEJA AQUI
Manual de Redação da Presidência da República

www4.planalto.gov.br/centrodeestudos/assuntos/manual-de-redacao-da-presidencia-da-republica/manual-de-redacao.pdf

Para acessar questões selecionadas da disciplina e corrigidas em vídeo, utilize o QRCode ao lado.

DIREITO ELEITORAL

Alejandro Rayo

Dineia Anziliero Dal Pizzol

Sumário:

17. Ação por doação acima dos limites legais
18. Perda do mandato eletivo e eleições suplementares
19. Eleições Suplementares
20. Crimes eleitorais
21. Princípios constitucionais aplicáveis aos crimes eleitorais
22. Crimes eleitorais puros ou específicos
23. Crimes eleitorais acidentais
24. Crimes cometidos no alistamento eleitoral
25. Crimes cometidos no alistamento partidário
26. Crimes eleitorais em matéria de inelegibilidades
27. Crimes eleitorais na propaganda eleitoral
28. Violência política contra a mulher (Lei nº 14.192/2021)
29. Crimes eleitorais na votação
30. Crimes eleitorais na apuração
31. Crimes eleitorais no funcionamento do serviço eleitoral
32. Crimes contra o funcionamento das instituições democráticas no processo eleitoral - Lei nº 14.197/2021
33. Crimes eleitorais que podem ser cometidos em qualquer fase do processo eleitoral
34. Crimes eleitorais e sanções penais
35. Processo penal eleitoral
36. Tribunal Superior Eleitoral

1. CONCEITO, FONTES E PRINCÍPIOS DO DIREITO ELEITORAL

1.1 Conceito

O Direito Eleitoral é um ramo autônomo do Direito Público e tem como objetivo regular os direitos políticos e o processo eleitoral. Abrange todas as etapas do processo eleitoral, desde o alistamento, passando pela convenção partidária, pelo registro da candidatura, pela propaganda política, pela votação, pela apuração e, por fim, pela diplomação.

Como conceitua Zílio, é a ciência jurídica que estuda a equação entre a soberania popular e o acesso ao poder político constituído, de modo a conceber mandatos representativos legítimos[1].

É um subsistema dentro do sistema constitucional dos Direito Políticos, de modo que é possível afirmar que os Direito Políticos são uma categoria ampla, dentro da qual está incluída o Direito Eleitoral.

1.2 Fontes

As mais importantes **fontes diretas do Direito Eleitoral** são as seguintes:

- Constituição Federal;
- Código Eleitoral;
- Lei das Eleições (Lei 9.504/97);
- Lei dos Partidos Políticos (Lei 9.096/95);
- Lei das Inelegibilidades (Lei Complementar 64/90);
- Resoluções do TSE.

Sobre as Resoluções do Tribunal Superior Eleitoral (TSE), trata-se de importante fonte do Direito Eleitoral que decorre do poder regulamentar outorgado ao TSE. Esse poder, previsto no art. 1º, parágrafo único, e no art. 23, inciso IX, do Código Eleitoral, significa que o TSE poderá expedir instruções para regulamentação da legislação eleitoral. Essas resoluções não são leis, mas servem para interpretar ou detalhar a legislação eleitoral. Nesse sentido versa o art. 105 da Lei 9.504/97 (Lei das Eleições). Por exemplo, o TSE já editou resoluções sobre registro de candidatura, sobre propaganda eleitoral, sobre a gestão do cadastro eleitoral, sobre arrecadação e prestação de contas, etc.

1. ZILIO, Rodrigo López. **Direito Eleitoral.** 9ª ed. São Paulo: Juspodivm, 2023, p. 27.

Importante notar que **compete privativamente à União legislar sobre direito eleitoral**, conforme art. 22, I, da CF/88.

Ainda, sobre a temática, lembre-se de que é vedada a edição de medidas provisórias sobre matéria relativa a direito eleitoral (art. 62, § 1º, inciso I, da CF/88).

1.3 Princípios

São princípios do Direito Eleitoral:

a) Princípio democrático: um dos pilares do Direito Eleitoral, tem como base a ideia de que a soberania popular é a fonte de todo o poder e que as decisões políticas devem ser tomadas por meio do voto livre e democrático. O STF já fez uso dele, por exemplo, para afirmar que a infidelidade partidária representa violação ao princípio democrático.

b) Princípio da isonomia: decorre do art. 5º, caput, da Constituição Federal, que diz que todos são iguais perante a lei. No Direito Eleitoral, parte-se da premissa de que todos os candidatos devem concorrer em igualdade de condições. Mas igualdade também deve ser vista em sua vertente material: tratar igualmente os iguais e desigualmente os desiguais, na medida das suas desigualdades. Para isso, por vezes, o poder público tem que agir para promover a igualdade, criando mecanismos que permitam igualar os desiguais. Uma dessas medidas vem no art. 10, § 3º, da Lei 9.504/97 (Lei das Eleições), quando a legislação eleitoral tenta corrigir a desigualdade existente entre homens e mulheres na representação política.

c) Princípio republicano: como o Brasil é uma República, os mandatos eletivos devem ter prazo certo e determinado. O princípio republicano trabalha com a ideia de temporariedade, eletividade e responsabilidade. Como consequência, a alternância de poder é algo essencial, motivo pelo qual não se permite mais que uma reeleição para os cargos de Prefeito, Governador e Presidente da República.

d) Princípio da celeridade: a Justiça Eleitoral precisa ser célere, rápida nos seus julgamentos, para que haja o bom andamento do processo eleitoral e que não paire insegurança jurídica durante e após o pleito. Em razão disso, como regra, os prazos para os recursos eleitorais são mais curtos do que o de outros ramos do Direito, como se vê do disposto no art. 258 do Código Eleitoral (na falta de previsão, o prazo será de 3 dias). No mesmo sentido, ou seja, para que haja uma solução célere aos litígios, há o disposto no art. 97-A da Lei 9504/97 (Lei das Eleições), que prevê o prazo de um ano para o julgamento de ações que possam resultar em perda do mandato eletivo.

e) **Princípio da lisura eleitoral**: esse princípio preocupa-se com a proteção da cidadania, para que se tenha uma eleição limpa, que obedeça a probidade e a moralidade. Essa proteção da normalidade e da legitimidade das eleições manifesta-se no art. 14, § 9º, da CF, que é regra essencial para que a vontade do eleitor não sofra interferência indevida.

f) **Princípio do aproveitamento do voto**: vige a ideia de *in dubio pro voto*, de modo que o juiz não pode pronunciar nulidades sem que haja prejuízo. Como manifestação desse princípio se verifica o art. 176 do Código Eleitoral, o qual indica que o voto, na eleição proporcional (por exemplo, para vereador), deve ser aproveitado à legenda (ao partido político) quando o eleitor votou em candidato inexistente, mas digitou corretamente os dois primeiros números, ou seja, os números do partido político.

g) **Princípio da anualidade eleitoral (ou anterioridade eleitoral)**: vem previsto no art. 16 da CF: "A lei que alterar o processo eleitoral entrará em vigor na data de sua publicação, não se aplicando à eleição que ocorra até um ano da data de sua vigência". Significa que toda lei que alterar o processo eleitoral passará a viger imediatamente. Contudo, a produção de seus efeitos ocorrerá após um ano da sua entrada em vigor. Busca-se com isso trazer segurança jurídica para as eleições, evitando-se alterações legislativas que possam prejudicar ou beneficiar determinados candidatos ou agremiações. O STF assentou o entendimento de que o art. 16 da CF/88 tem natureza de cláusula pétrea.

Importa dizer que, quando o constituinte falou em "lei", quis adotar uma concepção ampla, que abrange tanto lei ordinária, quanto lei complementar e emenda constitucional. Ainda, entende-se que alterações de jurisprudência do TSE não têm aplicabilidade imediata e só terão eficácia para o próximo pleito eleitoral.

O princípio da anualidade não se aplica às resoluções do TSE, já que estas são editadas para o bom andamento das eleições e em complementação à legislação eleitoral.

2. SISTEMAS ELEITORAIS

Sistema eleitoral é o conjunto de regras empregado na realização das eleições para o fim de escolher os representantes do povo.

Nas palavras de Machado, é a forma como são computados, para permitir o funcionamento da democracia. Busca-se determinar o modo pelo qual devem ser contabilizados os votos para que os eleitos representem a vontade popular, e, nessa condição, elaborem legitimamente as políticas públicas[2].

No Brasil, adotamos dois sistemas: majoritário e proporcional.

O **sistema majoritário** parte da ideia de que o candidato que obtiver mais votos vence a eleição, independente da legenda. Esse sistema pode ser:

a) **por maioria absoluta**: o candidato, para ser eleito, precisa de mais da metade dos votos válidos (excluem-se os votos em branco e os nulos). São eleitos por este sistema: Presidente da República; Governadores dos Estados e do Distrito Federal; Prefeitos nos Municípios com mais de 200.000 eleitores. Caso nenhum candidato atinja a maioria absoluta na primeira votação, deverá ocorrer uma nova votação, ou seja, um 2º turno, no qual concorrerão os dois candidatos mais votados. Previsão legal: arts. 2º, caput e § 1º, e 3º, § 2º, da Lei das Eleições (Lei 9.504/97); arts. 28, 29, I, e 77, §§ 2 e 3º, da CF.

b) **por maioria simples**: o candidato, para ser eleito, precisa ter mais votos que os demais candidatos, mesmo que não tenha mais do que a metade dos votos. Aqui não haverá 2º turno. São eleitos por esse sistema: Prefeitos nos Municípios com 200.000 eleitores ou menos e Senadores (art. 3º, § 2º, da Lei das Eleições e art. 83 do Código Eleitoral).

No **sistema proporcional** adotado no Brasil (sistema proporcional com lista aberta), não importa apenas quantos votos recebeu o candidato; importa, primeiramente, quantos votos recebeu o partido político. Após apurado o número total de votos de todos os candidatos do partido (e do próprio partido político), é definido o número de cadeiras que serão ocupadas pelo partido político, qualificando-se os mais votados dentro do partido.

Para verificar quais serão os eleitos por esse sistema, utiliza-se o quociente eleitoral e o quociente partidário, conforme arts. 106 e 107 do Código Eleitoral. Assim:

- Quociente eleitoral = nº de votos válidos apurados dividido pelo nº de lugares a preencher.
- Quociente partidário = nº de votos válidos de um partido político dividido pelo quociente eleitoral;

Exemplo: Estado tem 70 deputados federais e 21 milhões de votos válidos. Quociente eleitoral = 21 milhões (votos válidos) dividido por 70 cargos a preencher de

2. MACHADO, Raquel Cavalcanti R. **Direito Eleitoral**. São Paulo: Grupo GEN, 2018. E-book. ISBN 9788597016772.

deputado. Logo, o quociente eleitoral é 300.000. Assim, a cada 300.000 votos que um partido receber, elegerá um deputado. Digamos que um partido recebeu 1.200.000 votos. Quociente partidário = 1.200.000 (nº de votos válidos do partido) dividido por 300.000 (quociente eleitoral). Logo, quociente partidário = 4. Desse modo, esse partido teria direito a 4 cadeiras na câmara dos deputados, sendo eleitos os quatro mais votados nesse partido, mesmo que algum deles não tenha feito 300.000 votos.

Mas há uma regra importante, prevista no art. 108 do Código Eleitoral, para que não haja a eleição de candidatos com votação inexpressiva: "Estarão eleitos, entre os candidatos registrados por um partido que tenham obtido votos em número igual ou superior a 10% (dez por cento) do quociente eleitoral, tantos quantos o respectivo quociente partidário indicar, na ordem da votação nominal que cada um tenha recebido". Caso o candidato não consiga alcançar esse número mínimo de votos, não será eleito.

Por fim, pode acontecer de que, com a aplicação do quociente partidário e da necessidade de votação nominal mínima, não se preencham todas as vagas. Caso isso ocorra, deve-se dar a distribuição das sobras, na forma do disposto no art. 109 do Código Eleitoral:

> Art. 109. Os lugares não preenchidos com a aplicação dos quocientes partidários e em razão da exigência de votação nominal mínima a que se refere o art. 108 serão distribuídos de acordo com as seguintes regras:
>
> I - dividir-se-á o número de votos válidos atribuídos a cada partido pelo número de lugares por ele obtido mais 1 (um), cabendo ao partido que apresentar a maior média um dos lugares a preencher, desde que tenha candidato que atenda à exigência de votação nominal mínima;
>
> II - repetir-se-á a operação para cada um dos lugares a preencher;
>
> III - quando não houver mais partidos com candidatos que atendam às duas exigências do inciso I deste caput, as cadeiras serão distribuídas aos partidos que apresentarem as maiores médias.
>
> § 1º O preenchimento dos lugares com que cada partido for contemplado far-se-á segundo a ordem de votação recebida por seus candidatos.
>
> § 2º Poderão concorrer à distribuição dos lugares todos os partidos que participaram do pleito, desde que tenham obtido pelo menos 80% (oitenta por cento) do quociente eleitoral, e os candidatos que tenham obtido votos em número igual ou superior a 20% (vinte por cento) desse quociente.[3]

Nota-se que, conforme dispõe o § 2º do citado art. 109, para concorrer às sobras, o partido político deve ter obtido pelo menos 80% do quociente eleitoral e o candidato 20% desse quociente. (percentual maior do que aquele previsto no art. 108 do CE).

Segundo o art. 112 do Código Eleitoral, essa exigência do desempenho mínimo não é exigida para o suplente. No entanto, como afirma Zilio, o TSE entende que o critério de desempenho individual mínimo é exigido para que o suplente venha a tomar posse no mandato eletivo no caso de vacância do titula, fazendo-se uma interpretação do art. 108 combinado com o art. 112, parágrafo único, do Código Eleitoral[4].

São eleitos pelo sistema proporcional **todos os membros do Poder Legislativo** (deputado federal – art. 45, caput, da CF, deputado estadual – art. 27, caput e § 1º, da CF, deputado distrital – art. 32, § 3º, da CF, e vereador – art. 29, IV, da CF), **exceto os Senadores**.

Ainda, existe o chamado **sistema eleitoral misto**, o qual **não é adotado no Brasil**. Esse é um sistema intermediário entre o sistema majoritário e o proporcional, adotado em países como Alemanha e México.

3. ORGANIZAÇÃO E COMPETÊNCIA DA JUSTIÇA ELEITORAL

3.1 Introdução

A Justiça Eleitoral é uma justiça especial da União e tem uma peculiaridade de não possuir um corpo de magistrados próprio.

Para entender a organização da Justiça Eleitoral, é necessário fazer uso tanto da Constituição Federal quanto do Código Eleitoral.

Segundo o art. 118 da CF/88, são órgãos da Justiça Eleitoral:

> I – o Tribunal Superior Eleitoral;
>
> II – os Tribunais Regionais Eleitorais;

3. O STF julgou parcialmente procedentes as ADIs 7.228, 7.263 e 7.325 para dar interpretação conforme à Constituição ao § 2º do artigo 109 do Código Eleitoral, para: permitir que todas as legendas e seus candidatos participem da distribuição das cadeiras remanescentes descrita no inciso III do artigo 109 do Código Eleitoral, independente de terem alcançado a exigência dos 80% e 20% do quociente eleitoral, respectivamente; declarar a inconstitucionalidade do art. 111 do Código Eleitoral e do artigo 13 da Resolução-TSE 23.677/2021 para que, se nenhum partido alcançar o quociente eleitoral, sejam aplicados, sucessivamente, o inc. I c/c o § 2º e, na sequência, o inc. III do art. 109 do Código Eleitoral, de maneira a que a distribuição das cadeiras ocorra, primeiramente, com a aplicação da cláusula de barreira 80/20 e, quando não houver mais partidos e candidatos que atendam tal exigência, as cadeiras restantes sejam distribuídas por média, com a participação de todos os partidos, ou seja, nos moldes da 3ª fase, sem exigência da cláusula de desempenho 80%, em estrito respeito ao sistema proporcional.

4. ZILIO, Rodrigo López. Direito Eleitoral. 9ª ed. São Paulo: Juspodivm, 2023.

III – os Juízes Eleitorais;

IV – as Juntas Eleitorais.

A organização e a competência dos tribunais, dos juízes de direito e das juntas eleitorais será disciplinada por lei complementar, conforme dispõe o art. 121 da CF/88. Nesse âmbito, cumpre informar que o Código Eleitoral (Lei nº 4.737/65), que é lei ordinária, foi recepcionado pela CF/88 como Lei Complementar na parte que trata da organização e da competência da Justiça Eleitoral.

Outra informação importante é que os membros dos tribunais eleitorais têm investidura por tempo determinado, ou seja, exercem cargos temporários. Por isso, esses membros não possuem vitaliciedade. Essa é previsão do art. 121, § 2º, da CF/88:

> Os juízes dos tribunais eleitorais, salvo motivo justificado, servirão por dois anos, no mínimo, e nunca por mais de dois biênios consecutivos, sendo os substitutos escolhidos na mesma ocasião e pelo mesmo processo, em número igual para cada categoria.

No mais, os membros da Justiça Eleitoral gozarão de plenas garantias e serão inamovíveis (art. 121, § 1º, da CF/88).

3.2 Funções da Justiça Eleitoral

Dentro do Direito Eleitoral, a Justiça Eleitoral exerce inúmeras funções:

a) **Função administrativa**: por essa função que a Justiça Eleitoral desempenha o seu papel de organização e administração do processo eleitoral.

b) **Função jurisdicional:** por meio desta, a Justiça Eleitoral soluciona conflitos, aplicando o direito ao caso concreto.

c) **Função normativa**: prevista no art. 1º, parágrafo único, e no art. 23, inciso IX, do Código Eleitoral, significa que o Tribunal Superior Eleitoral (TSE) poderá expedir instruções para regulamentação da legislação eleitoral. Com base nesses dispositivos, o TSE edita resoluções. Nesse sentido o art. 105 da Lei 9.504/97 (Lei das Eleições) afirma: até o dia 5 de março do ano da eleição, o Tribunal Superior Eleitoral, atendendo ao caráter regulamentar e **sem restringir direitos ou estabelecer sanções distintas das previstas nesta Lei**, poderá expedir todas as instruções necessárias para sua fiel execução, ouvidos, previamente, em audiência pública, os delegados ou representantes dos partidos políticos.

Ainda, importante lembrar do disposto no art. 23-A do Código Eleitoral:

> Art. 23-A. A competência normativa regulamentar prevista no parágrafo único do art. 1º e no inciso IX do caput do art. 23 deste Código restringe-se a matérias especificamente autorizadas em lei, sendo vedado ao Tribunal Superior Eleitoral tratar de matéria relativa à organização dos partidos políticos.

Importante notar: essas resoluções não têm o poder de revogar leis.

d) **Função consultiva**: é o pronunciamento da Justiça Eleitoral, sem caráter de decisão judicial, sobre questões que lhe são apresentadas em tese (em abstrato). Visa ao esclarecimento de dúvidas sobre situações não suficientemente elucidadas pela legislação eleitoral. Esse poder de responder a consultas é conferido ao Tribunal Superior Eleitoral (TSE) e ao Tribunal Regional Eleitoral (TRE) nos arts. 23, inciso XII, e 30, inciso VIII, do Código Eleitoral:

> ***Art. 23.*** *Compete, ainda, privativamente, ao Tribunal Superior: (...)*
>
> *XII – responder, sobre matéria eleitoral, às consultas que lhe forem feitas em tese por autoridade com jurisdição federal ou órgão nacional de partido político;*
>
> ***Art. 30.*** *Compete, ainda, privativamente, aos tribunais regionais: (...)*
>
> *VIII – responder, sobre matéria eleitoral, às consultas que lhe forem feitas, em tese, por autoridade pública ou partido político.*

Nota-se que o Juiz Eleitoral não possui essa função (somente tribunais).

Ademais, somente matéria exclusivamente eleitoral pode ser objeto da consulta.

Por não ter caráter normativo, a resposta a essa consultas não pode ser objeto de ADI. E por não ter conteúdo decisório, não cabe recurso e nem reclamação. Nesse sentido a Súmula 35 do TSE: "Não é cabível reclamação para arguir o descumprimento de resposta a consulta ou de ato normativo do Tribunal Superior Eleitoral".

3.3 Órgãos da Justiça Eleitoral e suas Competências

a) **Tribunal Superior Eleitoral (TSE):** É o órgão de cúpula da Justiça Eleitoral. Obviamente, o STF está acima do TSE, mas o STF não é órgão da Justiça Eleitoral.

O TSE será composto, no mínimo, por sete membros, os quais serão escolhidos:

> I – mediante eleição, pelo voto secreto:
>
> a) três juízes dentre os Ministros do Supremo Tribunal Federal;
>
> b) dois juízes dentre os Ministros do Superior Tribunal de Justiça;
>
> II – por nomeação do Presidente da República, dois juízes dentre seis advogados de notável saber jurídico e idoneidade moral, indicados pelo Supremo Tribunal Federal.

Assim, cinco membros são eleitos (três do STF e dois do STJ) e dois membros nomeados pelo Presidente da República (entre advogados).

O Presidente e o Vice-Presidente do TSE serão eleitos entre os ministros do STF. Já o Corregedor Eleitoral será eleito entre os Ministros do Superior Tribunal de Justiça (art. 119, parágrafo único, da CF/88).

Em relação aos advogados, não são impedidos de advogar, salvo em matéria de direito eleitoral.

Não podem fazer parte do Tribunal Superior Eleitoral cidadãos que tenham entre si parentesco, ainda que por afinidade, até o quarto grau, seja o vínculo legítimo ou ilegítimo, excluindo-se neste caso o que tiver sido escolhido por último (art. 16, § 1º, do Código Eleitoral).

Os advogados que detêm cargo em comissão ou que são donos ou sócios de empresa que gozem de favores estatais ou que exercerem cargo eletivo não podem ser nomeados (art. 16, § 2º, do Código Eleitoral).

E o Ministro do STF que exerce também a função de Ministro do TSE, se analisar um caso no TSE, poderá depois julgar esse mesmo caso no STF? Sim, conforme Súmula 72 do STF, que diz: "No julgamento de questão constitucional, vinculada à decisão do TSE, não estão impedidos os ministros do STF que ali tenham funcionado no mesmo processo, ou no processo originário".

Lembre-se de que os membros do TSE servirão por dois anos, no mínimo, e nunca por mais de dois biênios consecutivos.

A competência do TSE está nos arts. 22 e 23 do Código Eleitoral.

Entre elas, pode-se destacar a competência originária para processar e julgar (art. 22 do Código Eleitoral):

- o registro e a cassação de registro de partidos políticos, dos seus diretórios nacionais e de candidatos à Presidência e Vice-Presidência da República;
- os conflitos de jurisdição entre tribunais regionais e juízes eleitorais de estados diferentes;
- as impugnações à apuração do resultado geral, proclamação dos eleitos e expedição de diploma na eleição de presidente e vice-presidente da República;
- a ação rescisória, nos casos de inelegibilidade, desde que intentada dentro do prazo de cento e vinte dias de decisão irrecorrível, possibilitando-se o exercício do mandato eletivo até o seu trânsito em julgado.

Ainda, compete ao TSE, privativamente (art. 23 do Código Eleitoral):

- elaborar o seu regimento interno
- conceder aos seus membros licença e férias, assim como afastamento do exercício dos cargos efetivos;
- propor a criação de Tribunal Regional na sede de qualquer dos territórios;
- propor ao Poder Legislativo o aumento do número dos juízes de qualquer Tribunal Eleitoral, indicando a forma desse aumento;
- aprovar a divisão dos estados em zonas eleitorais ou a criação de novas zonas;
- expedir as instruções que julgar convenientes à execução deste código;
- requisitar funcionários da União e do Distrito Federal quando o exigir o acúmulo ocasional do serviço de sua Secretaria.

Quanto à competência recursal do TSE, importante previsão está no art. 121, 3º, da CF, que diz: "São irrecorríveis as decisões do Tribunal Superior Eleitoral, salvo as que contrariarem esta Constituição e as denegatórias de habeas corpus ou mandado de segurança".

Em complemento a esse dispositivo, vem o § 4º do mesmo art. 121:

> § 4º Das decisões dos Tribunais Regionais Eleitorais somente caberá recurso quando:
>
> *I – forem proferidas contra disposição expressa desta Constituição ou de lei;*
>
> *II – ocorrer divergência na interpretação de lei entre dois ou mais tribunais eleitorais;*
>
> *III – versarem sobre inelegibilidade ou expedição de diplomas nas eleições federais ou estaduais;*
>
> *IV – anularem diplomas ou decretarem a perda de mandatos eletivos federais ou estaduais;*
>
> *V – denegarem habeas corpus, mandado de segurança, habeas data ou mandado de injunção.*

b) Tribunal Regional Eleitoral (TRE). Haverá um Tribunal Regional Eleitoral em cada Estado e um no Distrito Federal (art. 120 da CF/88).

Os TREs, que terão sete membros, serão compostos (art. 120, § 1º, da CF/88):

> I – mediante eleição, pelo voto secreto:
>
> a) de dois juízes dentre os desembargadores do Tribunal de Justiça;
>
> b) de dois juízes, dentre juízes de direito, escolhidos pelo Tribunal de Justiça;
>
> II – de um juiz do Tribunal Regional Federal com sede na Capital do Estado ou no Distrito Federal, ou, não havendo, de juiz federal, escolhido, em qualquer caso, pelo Tribunal Regional Federal respectivo;
>
> III – por nomeação, pelo Presidente da República, de dois juízes dentre seis advogados de notável saber jurídico e idoneidade moral, indicados pelo Tribunal de Justiça.

O Tribunal Regional Eleitoral elegerá seu Presidente e o Vice-Presidente dentre os desembargadores do Tribunal de Justiça (art. 120, § 2º, da CF/88). A competência dos TREs está nos arts. 29 e 30 do Código Eleitoral.

Em especial, compete aos TREs processar e julgar originariamente (art. 29 do Código Eleitoral):

- o registro e o cancelamento do registro dos diretórios estaduais e municipais de partidos políticos, bem como de candidatos a governador, vice-governadores, e membro do Congresso Nacional e das assembleias legislativas;
- os conflitos de jurisdição entre juízes eleitorais do respectivo estado;
- a suspeição ou impedimentos aos seus membros, ao procurador regional e aos funcionários da sua Secretaria assim como aos juízes e escrivães eleitorais;
- os crimes eleitorais cometidos pelos juízes eleitorais.

Em grau recursal, compete aos TREs julgar os recursos interpostos: a) dos atos e das decisões proferidas pelos juízes e juntas eleitorais; b) das decisões dos juízes eleitorais que concederem ou denegarem habeas corpus ou mandado de segurança (art. 29, II, do Código Eleitoral).

Ainda, cabe privativamente ao TRE (art. 30 do Código Eleitoral):

- elaborar o seu regimento interno
- conceder aos seus membros e aos juízes eleitorais licença e férias, assim como afastamento do exercício dos cargos efetivos, submetendo, quanto àqueles, a decisão à aprovação do Tribunal Superior Eleitoral;
- constituir as juntas eleitorais e designar a respectiva sede e jurisdição;
- apurar, com os resultados parciais enviados pelas juntas eleitorais, os resultados finais das eleições de governador e vice-governador, de membros do Congresso Nacional e expedir os respectivos diplomas, remetendo dentro do prazo de 10 (dez) dias após a diplomação, ao Tribunal Superior, cópia das atas de seus trabalhos;
- responder, sobre matéria eleitoral, às consultas que lhe forem feitas, em tese, por autoridade pública ou partido político;
- dividir a respectiva circunscrição em zonas eleitorais, submetendo esta divisão, assim como a criação de novas zonas, à aprovação do Tribunal Superior;
- requisitar a força necessária ao cumprimento de suas decisões e solicitar ao Tribunal Superior a requisição de força federal.

c) **Juiz Eleitoral:** Como dito anteriormente, não há um quadro de juízes próprios da Justiça Eleitoral. Assim, o juiz eleitoral é um juiz de direito membro da Justiça Estadual, o qual acumulará a função eleitoral. É designado pelo TRE para exercer a função eleitoral por dois anos, podendo ser reconduzido por mais dois anos. No entanto, caso seja juiz de comarca com vara única e que também seja zona eleitoral, enquanto for juiz da comarca de vara única, ele também será Juiz eleitoral. Em outras palavras, nessa hipótese de juiz estadual de comarca com vara única, não há limitação temporal.

Quando houver mais de um juiz apto a exercer função eleitoral, haverá um rodízio que seguirá a regra da antiguidade decrescente para os magistrados poderem exercer a função eleitoral.

Quanto à competência do juiz eleitoral, está prevista no art. 35 do Código Eleitoral. A ele compete, especialmente:

- cumprir e fazer cumprir as decisões e determinações do Tribunal Superior e do Regional;
- processar e julgar os crimes eleitorais e os comuns que lhe forem conexos, ressalvada a competência originária do Tribunal Superior e dos tribunais regionais;
- decidir habeas corpus e mandado de segurança, em matéria eleitoral, desde que essa competência não esteja atribuída privativamente à instância superior;
- dirigir os processos eleitorais e determinar a inscrição e a exclusão de eleitores;
- expedir títulos eleitorais e conceder transferência de eleitor;
- dividir a zona em seções eleitorais;
- ordenar o registro e cassação do registro dos candidatos aos cargos eletivos municipais e comunicá-los ao Tribunal Regional;

Nota-se que, diferentemente da Justiça Comum Estadual, que é dividida em comarcas, a **Justiça Eleitoral é dividida em zonas eleitorais**. Assim, a zona eleitoral é o espaço territorial sob a jurisdição do juiz eleitoral. Elas nem sempre coincidem com o território de um município ou de uma comarca. Ainda, é possível que um município grande tenha mais de uma zona eleitoral.

Não confundir zona eleitoral com seção eleitoral. Esta é uma subdivisão da zona eleitoral, que corresponde ao local onde os eleitores comparecem para votar. Em cada seção eleitoral haverá uma urna na data da eleição.

Já a circunscrição **eleitoral** diz respeito ao âmbito de abrangência territorial no qual é feita a eleição.

Haverá três circunscrições:

- Circunscrição Nacional (ou Federal): é a circunscrição da eleição para Presidente e Vice-Presidente da República;
- Circunscrição Estadual: é a circunscrição das eleições gerais/estaduais, ou seja, para Governador, Vice-Governador, Senador, Deputados Federais, Deputados Estaduais e Deputados Distritais;
- Circunscrição Municipal: é a circunscrição das eleições municipais, ou seja, para Prefeito, Vice-Prefeito e Vereador.

d) Junta Eleitoral. Junta eleitoral é algo próprio da Justiça Eleitoral. Existe somente junto ao primeiro grau de jurisdição. Segundo o art. 36 do Código Eleitoral, compor-se-ão as juntas eleitorais de um juiz de direito, que será o presidente, e de 2 (dois) ou 4 (quatro) cidadãos de notória idoneidade. Ou seja, as juntas eleitorais serão compostas por 3 ou 5 membros. Assim, é um órgão colegiado.

Os membros da junta eleitoral serão nomeados 60 dias antes da eleição, depois de aprovação do TRE, pelo presidente deste. Até 10 dias antes da nomeação, os nomes das pessoas indicadas para compor as juntas serão publicados no órgão oficial do Estado, podendo qualquer partido político, no prazo de três dias, impugnar as indicações (art. 36, §§ 1º e 2º, do Código Eleitoral).

O órgão diplomador das eleições municipais de Prefeito, Vice-Prefeito, Vereadores e Juiz de Paz é a junta eleitoral (art. 40, IV, do Código Eleitoral). Se houver várias juntas eleitorais, a diplomação será feita pela junta eleitoral do juiz mais antigo.

Além de ser o órgão diplomado, a junta eleitoral possui competência para: apurar, no prazo de 10 dias, as eleições realizadas nas zonas eleitorais sob a sua jurisdição; resolver as impugnações e demais incidentes verificados durante os trabalhos da contagem e da apuração; expedir os boletins de apuração (art. 40 do Código Eleitoral).

Assim, vê-se que a competência da Junta Eleitoral é restrita à fase de apuração e de diplomação. No entanto, há que se ressaltar que, diante do sistema eletrônico de votação e apuração, a competência das juntas resultou bastante reduzida, já que programas de computador acabam fazendo tais atribuições.

Pão podem ser nomeados membros das juntas (art. 36. § 3º, do Código Eleitoral):

I – os candidatos e seus parentes, ainda que por afinidade, até o segundo grau, inclusive, e bem assim o cônjuge;

II – os membros de diretórios de partidos políticos devidamente registrados e cujos nomes tenham sido oficialmente publicados;

III – as autoridades e agentes policiais, bem como os funcionários no desempenho de cargos de confiança do Executivo;

IV – os que pertencerem ao serviço eleitoral.

4. MINISTÉRIO PÚBLICO ELEITORAL

O Ministério Público possui legitimidade para intervir no processo eleitoral diante do disposto no art. 127 da CF, que assevera que o *parquet* tem a incumbência de realizar a **defesa do regime democrático**. Em razão disso, o Ministério Público Eleitoral atuará em todos os feitos eleitorais, seja em jurisdição voluntária ou contenciosa, seja como autor de ações ou como *custos legis*. Nessa linha está o art. 72 da LC 75/93, que afirma: "Compete ao Ministério Público Federal exercer, no que couber, junto à Justiça Eleitoral, as funções do Ministério Público, atuando em todas as fases e instâncias do processo eleitoral".

Importante notar que o Ministério Público Eleitoral detém a titularidade exclusiva da **ação penal eleitoral.**

O Ministério Público Eleitoral, que faz parte do Ministério Público da União, não tem a sua própria estrutura, sendo **composto por membros do Ministério Público Federal e Estadual**. Integram o Ministério Público Eleitoral:

- o **Procurador-Geral Eleitoral**, que atua perante o TSE;
- o **Procurador Regional Eleitoral**, que atua perante o TRE; e
- os **Promotores Eleitorais**, que atuam perante o juiz eleitoral.

O Procurador-Geral e o Procurador Regional Eleitoral são oriundos do Ministério Público Federal. Já os promotores eleitorais advém do Ministério Público Estadual. Como o Ministério Público Eleitoral pertence ao Ministério Público da União, fala-se em **princípio da delegação** no que se refere à atuação do Ministério Público Estadual perante os juízes eleitorais.

Assim, nas eleições municipais (para prefeito e vereador), atuam os promotores eleitorais; nas eleições para deputados, senadores e governadores, atuam os procuradores regionais eleitorais; nas eleições para Presidência da República, atuará o Procurador-Geral Eleitoral.

O Procurador-Geral Eleitoral, que será o Procurador-Geral da República, tem a incumbência de designar o Procurador Regional Eleitoral em cada Estado, acompanhar os procedimentos do corregedor-geral eleitoral e dirimir conflitos de atribuição (art. 75 da LC 75/93).

O Procurador Regional Eleitoral será designado dentre os Procuradores Regionais da República nos Estados e no DF. Onde não houver (nem todos os Estados possuem TRF – só 5 possuem, então nem todos Estados terão Procuradores Regionais da República), serão designados Procuradores da República vitalícios (art. 76 da LC 75/93).O mandato será de 2 anos, podendo ser reconduzido uma vez (art. 76, § 1º, da LC 75/93).

Os promotores eleitorais, que exercerão as funções perante a 1ª instância da Justiça Eleitoral (art. 78 da LC 75/93), são indicados pelo Procurador-Geral da Justiça e designados pelo Procurador Regional Eleitoral. Na inexistência de promotor que oficie perante a zona eleitoral, ou havendo impedimento ou recusa justificada, o chefe do Ministério Público local indicará ao procurador regional eleitoral o substituto a ser designado (art. 79, parágrafo único, da LC 75/93).

▷ Importante: **A filiação a partido político impede o exercício de funções eleitorais por membro do Ministério Público, até dois anos do seu cancelamento** (art. 80 da LC 75/93).

5. PARTIDOS POLÍTICOS

5.1 Conceito e Natureza Jurídica

Os partidos políticos são **instrumentos importantes na concretização da soberania popular e da democracia**. Nesse sentido, o pluralismo político está entre os fundamentos da República Federativa do Brasil (art. 1º, V, CF/88), bem como o art. 17, caput, da CF/88 consagra a liberdade de organização partidária, uma vez que são livres a criação, a fusão, a incorporação e a extinção dos partidos políticos.

Partidos políticos são associações civis de cunho político-ideológico, compostas por um grupo de pessoas que tem o objetivo de assumir e manter o poder político, para realizar o seu programa de governo.

Conforme dispõe o art. 1º da Lei 9.096/95 (Lei dos Partidos Políticos), o partido político é **pessoa jurídica de direito privado** e destina-se a assegurar, no interesse do regime democrático, a autenticidade do sistema representativo e a defender os direitos fundamentais definidos na Constituição Federal.

O partido político **não se equipara às entidades paraestatais**, conforme art. 1º, parágrafo único, da Lei dos Partidos Políticos.

Importante decisão do STF: na ADI 6230, julgada em agosto de 2022, o STF entendeu que os partidos podem estabelecer a duração dos mandatos de seus dirigentes, desde que seja garantida a alternância de poder por meio de eleições periódicas. Além disso, o STF entendeu que é excessivo o prazo de 8 anos para vigência dos órgãos provisórios dos partidos políticos, entendendo, assim, inconstitucional o § 3º do art. 3º da Lei dos Partidos Políticos (Lei 9.096/95).

5.2 Criação do Partido Político

Como pessoa jurídica de direito privado, deverá ser **registrado no Cartório de Registro Civil de Pessoa Jurídica do local de sua sede**. Para que possa fazê-lo, deverá o pedido ser subscrito pelos seus fundadores, que devem ser no mínimo 101, com domicílio eleitoral em, no mínimo 1/3 dos Estados (art. 8º, caput, da Lei dos Partidos Políticos).

Após adquirida a personalidade jurídica, deverá o partido realizar o registro do seu estatuto perante o TSE, quando adquirirá capacidade político-ideológica. Nesse sentido o § 2º do art. 17 da CF/88:

> **Art. 17, § 2º.** Os partidos políticos, após adquirirem personalidade jurídica, na forma da lei civil, registrarão seus estatutos no Tribunal Superior Eleitoral.

Mas, para que seja possível essa criação, será necessário obter uma quantidade mínima de eleitores que assinem uma declaração de apoio a esse novo partido. É o chamado **apoiamento mínimo** de eleitores, que vem disposto no art. 7º, § 1º, da Lei dos Partidos Políticos:

> **Art. 7º, § 1º.** Só é admitido o registro do estatuto de partido político que tenha caráter nacional, considerando-se como tal aquele que comprove, no **período de dois anos**, o **apoiamento de eleitores não filiados** a partido político, correspondente a, pelo menos, **0,5% (cinco décimos por cento) dos votos dados na última eleição geral para a Câmara dos Deputados**, não computados os votos em branco e os nulos, **distribuídos por um terço, ou mais, dos Estados, com um mínimo de 0,1% (um décimo por cento) do eleitorado que haja votado em cada um deles.**

Com isso, garante-se o caráter nacional do partido político, exigido pelo art. 17, inciso I, da Constituição Federal. Esse apoiamento deve ser dado por pessoas não filiadas a nenhum partido e deve ocorrer no prazo de dois anos. Pode-se assim dizer que essas são as etapas para a criação de um partido político:

1) Aquisição da personalidade jurídica;

2) Apoiamento mínimo;

3) Registro perante o TSE.

Só o partido que tenha registrado seu estatuto no Tribunal Superior Eleitoral pode participar do processo eleitoral, receber recursos do Fundo Partidário e ter acesso gratuito à rádio e à televisão (art. 7º, § 2º, da Lei 9.096/95).

Além disso, somente o registro do estatuto do partido no Tribunal Superior Eleitoral assegura a exclusividade da sua denominação, sigla e símbolos, vedada a utilização, por outros partidos, de variações que venham a induzir a erro ou confusão (art. 7º, § 3º, da Lei 9.096/95).

Para um partido político participar de um pleito eleitoral, deverá ter **existência mínima de 6 meses**, conforme art. 4º da Lei 9.504/97.

A Resolução do TSE 23.571/2018 regulamenta esse procedimento de criação do partido político.

5.3 Liberdade e Autonomia Partidária

Vige a **liberdade partidária**, pois, conforme arts. 17 da CF/88 e 2º da Lei dos Partidos Políticos, é livre a criação, fusão, incorporação e extinção de partidos políticos.

Não obstante, a liberdade partidária não é absoluta, já que deverão ser resguardados a soberania nacional, o regime democrático, o pluripartidarismo, os direitos fundamentais da pessoa humana e, ainda, deverão ser observados (art. 17, caput e § 4º, da CF/88):

- **preceitos de caráter nacional;**
- **proibição de recebimento de recursos financeiros de entidade ou governo estrangeiros ou de subordinação a estes;**
- **prestação de contas à Justiça Eleitoral;**
- **funcionamento parlamentar de acordo com a lei; e**
- **vedação da utilização pelos partidos políticos de organização paramilitar.**

Corroborando, está o art. 6º da Lei 9.096/95, que afirma que é vedado ao partido político ministrar instrução militar ou paramilitar, utilizar-se de organização da mesma natureza e adotar uniforme para seus membros.

Ainda, conforme o art. 17, § 1º, da CF/88 e o art. 3º da Lei dos Partidos Políticos, assegura-se aos partidos políticos **autonomia** para definir sua estrutura interna e estabelecer regras sobre escolha, formação e duração de seus órgãos permanentes e provisórios e sobre sua organização e funcionamento.

Essa autonomia, que, claro, deve respeitar a Constituição e a Lei, garante aos partidos que o Estado não irá se intrometer em questões internas da agremiação.

Há autonomia também para adotar os critérios de escolha e o regime de suas coligações nas eleições majoritárias, **vedada a sua celebração nas eleições proporcionais**, sem obrigatoriedade de vinculação entre as candidaturas em âmbito nacional, estadual, distrital ou municipal, devendo seus estatutos estabelecer normas de disciplina e fidelidade partidária (art. 17, § 1º, da CF/88 e art. 3º da Lei dos Partidos Políticos).

Desse modo, cuidado!!! É possível fazer coligação, no entanto, somente para eleições majoritárias (Prefeito, Governador, Presidente da República e Senador). Não é possível coligação em eleições proporcionais (deputado federal, deputado estadual, deputado distrital e vereador).

5.4 Federação Partidária

Trata-se da reunião de dois ou mais partidos políticos que possuam afinidade ideológica ou programática e que, depois de constituída e registrada no TSE, atuará como se fosse uma única agremiação partidária. Essa possibilidade foi inserida pela Lei nº 14.208/2021 no art. 11-A da Lei nº 9.096/95.

Ressalte-se que o STF, na ADI 7022, decidiu que a figura da federação partidária é compatível com a Constituição Federal.

A **federação assemelha-se à coligação**, mas com ela não se confunde. Ambas são maneiras de união de partidos que irão funcionar com uma unidade. Mas há **três distinções**:

A. **tempo de duração**: a coligação tem duração mais curta, pois existirá entre a convenção e a eleição; já a federação perdurará, no mínimo, por 4 anos;

B. **abrangência**: a coligação somente pode ocorrer em eleições majoritária; a federação pode ocorrer em eleição majoritária ou proporcional;

C. **espaço**: a coligação pode ser realizada em cada circunscrição (municipal, estadual ou nacional); já a federação será sempre em nível nacional e abrangerá, obrigatoriamente, os demais níveis (estadual e municipal

Às federações aplicam-se todas as normas que regem o funcionamento parlamentar e a fidelidade partidária, apesar de ser assegurada a **preservação da identidade e da autonomia dos partidos** integrantes da federação (art. 11-A, §§ 1º e 2º, da Lei 9.096/95).

A criação de federação obedecerá às seguintes regras (art.11-A, § 3º, da Lei 9.096/95):

- a federação somente poderá ser integrada por partidos com registro definitivo no Tribunal Superior Eleitoral;
- os partidos reunidos em federação deverão permanecer a ela filiados por, no mínimo, 4 (quatro) anos;
- a federação poderá ser constituída até a data final do período de realização das convenções partidárias;
- a federação terá abrangência nacional e seu registro será encaminhado ao Tribunal Superior Eleitoral.

Em relação ao terceiro requisito (federação ser constituída até a data final do período das convenções), **o STF** entendeu, na já ADI 7021, que esse **prazo viola o princípio da isonomia**, já que as federações teriam um prazo maior para se constituírem do que os partidos políticos (os partidos políticos devem estar registrados, junto ao TSE, até seis meses antes do pleito, ou seja, até o início de abril do ano eleitoral, a fim de participarem das eleições).

Diante disso, o STF entendeu que se deve exigir que as federações obtenham o registro de seu estatuto junto ao TSE com a mesma antecedência exigida dos partidos (até 6 meses antes do pleito).

A não permanência pelo prazo de 4 anos na federação acarretará ao partido vedação de ingressar em federação, de celebrar coligação nas duas eleições seguintes e, até completar o prazo mínimo remanescente, de utilizar o fundo partidário (art. 11-A, § 4º, da Lei 9.096/95).

Conforme o § 5º do art. 11-A, na hipótese de desligamento de um ou mais partidos, a federação continuará em funcionamento, até a eleição seguinte, desde que nela permaneçam dois ou mais partidos.

Para que seja feita uma federação, necessário que haja a resolução pela maioria absoluta dos votos dos órgãos de deliberação nacional de cada um dos partidos integrantes da federação. Ainda, deverão ser realizados programa e estatuto comuns da federação constituída, bem como eleição do órgão de direção nacional da federação, o que deverá ser levado ao TSE para registro (art. 11-A, § 6º, da Lei 9.096/95).

Aplicam-se à federação de partidos todas as normas que regem as atividades dos partidos políticos no que diz respeito às eleições, inclusive no que se refere à escolha e ao registro de candidatos para as eleições majoritárias e proporcionais, à arrecadação e aplicação de recursos em campanhas eleitorais, à propaganda eleitoral, à contagem de votos, à obtenção de cadeiras, à prestação de contas e à convocação de suplentes (art. 11-A, § 8º, da Lei 9.096/95).

Perderá o mandato o detentor de cargo eletivo que se desfiliar, sem justa causa, de partido que integra a federação (art. 11-A, § 9º, da Lei 9.096/95).

5.5 Responsabilidade, Programa e Estatuto Partidários

Diante da já falada liberdade partidária, o partido é livre para fixar, em seu **programa**, seus objetivos políticos e para estabelecer, em seu **estatuto**, a sua estrutura interna, organização e funcionamento, claro, desde que observadas as disposições constitucionais e legais (art. 14 da Lei 9.096/95).

No que se refere à **responsabilidade**, inclusive civil e trabalhista, cabe exclusivamente ao órgão partidário municipal, estadual ou nacional que tiver dado causa ao não cumprimento da obrigação, à violação de direito, a dano a outrem ou a qualquer ato ilícito, excluída a solidariedade de outros órgãos de direção partidária (art. 15-A da Lei 9.096/95).

5.6 Filiação Partidária

Para que alguém possa concorrer a um cargo eletivo, deve estar filiado a algum partido político, já que não se admite candidatura avulsa.

Só pode filiar-se ao partido o eleitor que estiver no pleno gozo de seus direitos políticos (art. 16 da Lei 9.096/95).

Deferido internamente o pedido de filiação, o partido político, por seus órgãos de direção municipais, regionais ou nacional, deverá inserir os dados do filiado no sistema eletrônico da Justiça Eleitoral, que automaticamente enviará aos juízes eleitorais, para arquivamento, publicação e cumprimento dos prazos de filiação partidária para efeito de candidatura a cargos eletivos, a relação dos nomes de todos os seus filiados, da qual constará a data de filiação, o número dos títulos eleitorais e das seções em que estão inscritos (art. 19 da Lei 9.096/95).

Os órgãos de direção nacional dos partidos políticos terão pleno acesso às informações de seus filiados constantes do cadastro eleitoral (art. 19, § 3º, da Lei 9.096/95).

É facultado ao partido político estabelecer, em seu estatuto, prazos de filiação partidária superiores aos previstos nesta Lei, com vistas a candidatura a cargos eletivos. Mas os prazos de filiação partidária, fixados no estatuto do partido, com vistas à candidatura a cargos eletivos, não podem ser alterados no ano da eleição (art. 20 da Lei 9.096/95).

Para desligar-se do partido, o filiado faz comunicação escrita ao órgão de direção municipal e ao Juiz Eleitoral da Zona em que for inscrito. Decorridos dois dias da data da entrega da comunicação, o vínculo torna-se extinto, para todos os efeitos (art. 21 da Lei 9.096/95).

O **cancelamento imediato da filiação** partidária verifica-se nos casos de (art. 22, caput, da Lei 9.096/95): I – morte; II – perda dos direitos políticos; III – expulsão; IV – outras formas previstas no estatuto, com comunicação obrigatória ao atingido no prazo de quarenta e oito horas da decisão. V – filiação a outro partido, desde que a pessoa comunique o fato ao juiz da respectiva Zona Eleitoral.

Havendo coexistência de filiações partidárias, prevalecerá a mais recente, devendo a Justiça Eleitoral determinar o cancelamento das demais (art. 22, parágrafo único, da Lei 9.096/95).

5.7 Fusão, Incorporação e Extinção dos Partidos Políticos

Na **fusão** entre partidos políticos, ocorre que um partido se une ao outro, tornando-se somente uma unidade. Os órgãos nacionais dos partidos decidem e elaboram projeto e estatuto comuns. Aqui surge um novo partido, que terá existência legal com o registro no ofício civil competente na nova sede do partido político formado. Os partidos que até então existiam ficarão cancelados junto ao ofício civil e ao TSE (art. 29, caput e § 1º, da Lei 9.096/95).

Na **incorporação**, um partido absorve outro, mantendo (o partido que absorveu) a sua identidade originária. Aqui também se leva ao registro civil, que cancelará o registro do partido incorporado (art. 29, caput e § 2º, da Lei 9.096/95).

Somente será **admitida a fusão ou a incorporação** de partidos políticos que tenham obtido o **registro definitivo** do Tribunal Superior Eleitoral há, pelo menos, cinco anos (art. 29, caput e § 9º, da Lei 9.096/95).

O **cancelamento** de um partido político pode ocorrer, como visto, em razão da fusão ou da incorporação. Ainda pode ser cancelado caso decida se dissolver (art. 27 da Lei 9.096/95).

Se um partido receber recursos financeiros de procedência estrangeira, subordinar-se à entidade ou a governo estrangeiros, não prestar as devidas contas à Justiça Eleitoral ou manter organização paramilitar, após decisão transitada em julgado, terá seu registro cancelado (art.28 da Lei 9.096/95).

5.8 Prestação de Contas

Prestação de contas é um procedimento jurisdicional no qual partidos políticos demonstram à Justiça Eleitoral quais foram os valores arrecadados, com as respectivas fontes, e o destino dos gastos. É um importante mecanismo de fiscalização que visa ao controle sobre a origem dos recursos arrecadados e o destino dos valores gastos pelas agremiações. Isso evita, por exemplo, que o partido receba valores de fontes vedadas ou de fontes não identificadas. Está prevista a partir do art. 30 da Lei 9.096/95.

Conforme art. 31 da Lei 9.096/95, é vedado ao partido receber, direta ou indiretamente, sob qualquer forma ou pretexto, contribuição ou auxílio pecuniário ou estimável em dinheiro, inclusive através de publicidade de qualquer espécie, procedente de:

- entidade ou governo estrangeiros;
- entes públicos e pessoas jurídicas de qualquer natureza, ressalvadas as dotações referidas no art. 38 desta Lei e as proveniente do Fundo Especial de Financiamento de Campanha;
- entidade de classe ou sindical.
- pessoas físicas que exerçam função ou cargo público de livre nomeação e exoneração, ou cargo ou emprego público temporário, ressalvados os filiados a partido político.

A prestação de contas dos partidos políticos é anual, que devem, conforme art. 32 da Lei 9.096/95, enviar à Justiça Eleitoral, o balanço contábil do exercício findo, **até o dia 30 de junho do ano seguinte**. O balanço contábil do órgão nacional será enviado ao Tribunal Superior Eleitoral, o dos órgãos estaduais aos Tribunais Regionais Eleitorais e o dos órgãos municipais aos Juízes Eleitorais.

No entanto, há uma **exceção**: os órgãos partidários municipais que **não tenham movimentado recursos** financeiros ou arrecadado bens estimáveis em dinheiro estão **desobrigados de prestar contas**. Exige-se, porém, do responsável partidário, até o dia 30 de junho do ano seguinte, a apresentação de declaração da ausência de movimentação de recursos nesse período (art. 32, § 4º, da Lei 9.096/95).

▷ **Importante: caso haja a desaprovação das contas do partido, tal não ensejará sanção alguma que o impeça de participar do pleito eleitoral** (art. 32, § 5º, da Lei 9.096/95).

Sobre as espécies de verbas que o partido político não pode receber, importante é a previsão do art. 31 da Lei 9.096/95, que diz que é vedado ao partido receber, direta ou indiretamente, sob qualquer forma ou pretexto, contribuição ou auxílio pecuniário ou estimável em dinheiro, inclusive por meio de publicidade de qualquer espécie, procedente de:

> I - entidade ou governo estrangeiros;
>
> II - entes públicos e pessoas jurídicas de qualquer natureza, ressalvadas as dotações referidas no art. 38 desta Lei e as provenientes do Fundo Especial de Financiamento de Campanha;
>
> III - (revogado);
>
> IV - entidade de classe ou sindical.
>
> V - pessoas físicas que exerçam função ou cargo público de livre nomeação e exoneração, ou cargo ou emprego público temporário, ressalvados os filiados a partido político.

A **Justiça Eleitoral exercerá a fiscalização sobre a prestação de contas** do partido e das despesas de campanha eleitoral, devendo atestar se elas refletem adequadamente a real movimentação financeira, os dispêndios e os recursos aplicados nas campanhas eleitorais (art. 34 da Lei 9.096/95). Nota-se que, conforme art. 37, § 6º, da Lei 9.096/95, o exame da prestação de contas dos órgãos partidários tem **caráter jurisdicional**.

Prestadas as contas, qualquer partido ou o Ministério Público Eleitoral poderá impugná-las.

Os órgãos partidários poderão apresentar documentos hábeis para esclarecer questionamentos da Justiça Eleitoral ou para sanear irregularidades a qualquer tempo, enquanto não transitada em julgado a decisão que julgar a prestação de contas (art. 37, § 11, da Lei 9.096/95).

Se a Justiça eleitoral constatar a **violação de normas legais ou estatutárias**, ficará o partido sujeito às seguintes sanções (art. 36 da Lei 9.096/95):

> I - no caso de **recursos de origem não mencionada ou esclarecida**, fica suspenso o recebimento das quotas do fundo partidário até que o esclarecimento seja aceito pela Justiça Eleitoral;
>
> II - no caso de **recebimento de recursos mencionados no art. 31**, fica suspensa a participação no fundo partidário por um ano;

Segundo art. 37 da Lei 9.096/95, a **pena** que será aplicada pela **desaprovação** das contas do partido será, **exclusivamente**, a sanção de **devolução da importância apontada como irregular, acrescida de multa de até 20%**. Essa sanção será aplicada exclusivamente à esfera partidária responsável pela irregularidade, não suspendendo o registro ou a anotação de seus órgãos de direção partidária nem tornando devedores ou inadimplentes os respectivos responsáveis partidários.

A sanção a que se refere o art. 37 deverá ser aplicada de forma proporcional e razoável, pelo período de 1 a 12 meses, e o pagamento deverá ser feito por meio de desconto nos futuros repasses de cotas do fundo partidário a, no máximo, 50% do valor mensal, desde que a prestação de contas seja julgada, pelo juízo ou tribunal competente, em até 5 anos de sua apresentação, vedada a acumulação de sanções (art. 37, § 3º, da Lei 9.096/95).

Esse desconto no repasse de cotas resultante da aplicação da sanção a que se refere o art. 37 será **suspenso** durante o segundo semestre do ano em que se realizarem as eleições (art. 37, § 9º, da Lei 9.096/95).

Caso haja **erros formais ou materiais** que, no conjunto da prestação de contas, **não comprometam** o conhecimento da origem das receitas e a destinação das despesas, **não ocorrerá a desaprovação das contas** (art. 37, § 12, da Lei 9.096/95).

A **responsabilização pessoal civil e criminal dos dirigentes** partidários decorrente da desaprovação das contas partidárias e de atos ilícitos atribuídos ao partido político somente ocorrerá se verificada **irregularidade grave e insanável** resultante de **conduta dolosa** que importe **enriquecimento ilícito e lesão ao patrimônio do partido** (art. 37, § 13, da Lei 9.096/95).

O art. 37-A da Lei 9.096/95 afirma que a **falta de prestação de contas** implicará a **suspensão de novas cotas do Fundo Partidário** enquanto perdurar a inadimplência e sujeitará os responsáveis às penas da lei.

Da decisão que rejeita a prestação de contas, total ou parcial, caberá recurso para o TRE ou TSE, com efeito suspensivo (art. 37, § 4º, da Lei 9.096/95).

5.9 Fundo Partidário

O Fundo Partidário é um Fundo Especial de Assistência Financeira aos Partidos Políticos que tenham seu estatuto registrado no Tribunal Superior Eleitoral e prestação de contas regular perante a Justiça Eleitoral. Trata-se da principal fonte de recursos financeiros para manutenção das agremiações.

Esse fundo é formado por dotações orçamentárias da União, multas, penalidades, doações e outros recursos financeiros previstos no art. 38 da Lei nº 9.096/95.

Em síntese, como leciona Zilio, "o Fundo Partidário consiste em um repositório que reúne os recursos – públicos e privados – que se destinam à formação e ao desenvolvimento dos partidos políticos"[5].

O Tesouro Nacional depositará, mensalmente, os duodécimos no Banco do Brasil, em conta especial à disposição do Tribunal Superior Eleitoral, o qual fará a distribuição (art. 40, § 1º, da Lei 9.096/95).

Os valores que estão no Fundo Partidário são divididos da seguinte forma (art. 41-A da Lei 9.096/95:

- 5% (cinco por cento) serão destacados para entrega, em partes iguais, a todos os partidos que atendam aos requisitos constitucionais de acesso aos recursos do Fundo Partidário;
- 95% (noventa e cinco por cento) serão distribuídos aos partidos na proporção dos votos obtidos na última eleição geral para a Câmara dos Deputados.

Para efeito da distribuição dos 95% antes citados, serão desconsideradas as mudanças de filiação partidária em quaisquer hipóteses.

O órgão de direção nacional do partido está obrigado a abrir **conta bancária exclusivamente para movimentação do fundo partidário** (art. 42, § 1º, Lei 9.096/95).

Importante a regra prevista no art. 2º da Emenda Constitucional 111/2021, a qual traz incentivo a apresentação de candidaturas de pessoas negras e mulheres:

> Art. 2º Para fins de distribuição entre os partidos políticos dos recursos do fundo partidário e do Fundo Especial de Financiamento de Campanha (FEFC), os votos dados a candidatas mulheres ou a candidatos negros para a Câmara dos Deputados nas eleições realizadas de 2022 a 2030 serão contados em dobro.

Nota-se que essa regra é de caráter transitório (eleições realizadas de 2022 a 2030) e deve incidir, referente ao fundo partidário, sobre o percentual de 95% que serão distribuídos proporcionalmente aos votos obtidos na última eleição geral para Câmara dos Deputados (art. 41-A, II, Lei 9.096/95).

5.10 Cláusula de Barreira

A cláusula de barreira, também denominada cláusula de desempenho, significa que os partidos políticos somente terão acesso ao fundo partidário e ao horário gratuito de televisão e rádio se preencherem determinados requisitos.

Essa cláusula de barreira está prevista no § 3º do art. 17 da CF (incluído pela EC 97/2017), o qual diz que somente terão direito a recursos do fundo partidário e acesso gratuito ao rádio e à televisão, na forma da lei, os partidos políticos que alternativamente:

> I – obtiverem, nas eleições para a Câmara dos Deputados, no mínimo, 3% (três por cento) dos votos válidos, distribuídos em pelo menos um terço das unidades da Federação, com um mínimo de 2% (dois por cento) dos votos válidos em cada uma delas; ou
>
> II – tiverem elegido pelo menos quinze Deputados Federais distribuídos em pelo menos um terço das unidades da Federação.

O objetivo dessa cláusula de barreira é obstar a proliferação de agremiações partidárias, que acabam por não ter nenhum cunho ideológico e por desvirtuar a própria finalidade dos partidos.

Essa cláusula de barreira somente terá aplicação integral a partir das eleições de 2030, conforme art. 3º da EC 97/2017. Sem prejuízo, o parágrafo único desse mesmo artigo trouxe regras de transição, com níveis progressivos de desempenho.

5.11 Fidelidade Partidária

A ideia que permeia a fidelidade partidária é a de que, uma vez que um candidato seja eleito por um determinado partido político pelo sistema proporcional, ele não possa mudar de partido, salvo as exceções legais e constitucionais.

Caso haja uma desfiliação injustificada, isso acarretará a perda do mandato (Art. 22-A da Lei 9.096/95). Mas importante notar que a perda do mandato somente pode ocorrer em eleições proporcionais.

Dizendo de outra forma, caso o detentor de mandato tenha uma justa causa, poderá se desfiliar do partido pelo qual foi eleito. O parágrafo único do citado art. 22-A traz hipóteses nas quais se consideram justa causa para a desfiliação partidária;

> I – mudança substancial ou desvio reiterado do programa partidário;
>
> II – grave discriminação política pessoal; e
>
> III – mudança de partido efetuada durante o período de trinta dias que antecede o prazo de filiação exigido em lei para concorrer à eleição, majoritária ou proporcional, ao término do mandato vigente.

5. ZILIO, Rodrigo López. **Direito Eleitoral.** 9ª ed. São Paulo: Juspodivm, 2023, p. 120.

Quanto ao inciso III, nota-se a criação de uma "janela" na qual é permitida a desfiliação sem a consequência da perda do mandato. O prazo de 30 dias é contado a partir do último dia da filiação partidária para concorrer à eleição.

O § 5º do art. 17 da CF traz uma outra possibilidade de alteração de partido sem que haja perda do mandato: se o candidato eleito for filiado a partido político que não alcançou a cláusula de barreira do § 3º do art. 17 da CF, ele poderá trocar de partido sem perda do mandato (a outro partido que tenha atingido a cláusula de barreira), não sendo essa filiação considerada para fins de distribuição dos recursos do fundo partidário e de acesso gratuito ao tempo de rádio e de televisão.

Ainda, o § 6º do art. 17 da CF diz que pode haver troca de partido político, sem perda do mandato, quando há anuência do partido:

> § 6º Os Deputados Federais, os Deputados Estaduais, os Deputados Distritais e os Vereadores que se desligarem do partido pelo qual tenham sido eleitos perderão o mandato, salvo nos casos de anuência do partido ou de outras hipóteses de justa causa estabelecidas em lei, não computada, em qualquer caso, a migração de partido para fins de distribuição de recursos do fundo partidário ou de outros fundos públicos e de acesso gratuito ao rádio e à televisão.

Esse § 6º também deixa claro que a perda do mandato pela infidelidade partidária somente se aplica às eleições proporcionais (Deputados Federais, Deputados Estaduais, Deputados Distritais e Vereadores).

6. DIREITOS POLÍTICOS: CAPACIDADE ELEITORAL ATIVA E PASSIVA; CONDIÇÕES DE ELEGIBILIDADE E CAUSAS DE INELEGIBILIDADE

6.1 Introdução

Direitos políticos, conforme Almeida, é o conjunto de normas **disciplinadoras da atuação da soberania popular**[6]. Conforme o art. 1º, parágrafo único, da CF, *todo o poder emana do povo, que o exerce por meio de representantes eleitos ou diretamente, nos termos desta Constituição*. Assim, os Direitos Políticos disciplinam esse dispositivo constitucional.

Estão previstos a partir do art. 14 da CF.

6.2 Capacidade eleitoral ativa

A capacidade eleitoral ativa **nasce com o alistamento** e revela-se no **direito de votar e no direito de participar na formação da vontade estatal**[7].

6.3 Alistamento Eleitoral

O alistamento eleitoral consiste no **meio pelo qual se adquirem os direitos políticos.** Com o alistamento, o sujeito se torna **eleitor** e, portanto, **cidadão**, adquirindo a capacidade eleitoral ativa. É a **primeira etapa do processo eleitoral.** Uma vez alistado, poderá participar ativamente da vida política do Estado, pois poderá votar, realizar iniciativa popular de lei, participar de plebiscito e referendo e, ainda, ajuizar ação popular.

Sobre o alistamento eleitoral, é importante ter em mente o disposto no Código Eleitoral (arts. 42 a 81) e na Resolução 23.659/2021 do TSE (que revogou a Res. 21.538/03 do TSE), além, claro, do disposto na Constituição Federal.

Quanto ao tema, cumpre lembrar do disposto no art. 14, § 1º, da CF/88, que afirma que **o alistamento eleitoral e o voto são:**

> I – obrigatórios para os maiores de dezoito anos;
>
> II – facultativos para:
>
> a) os analfabetos;
>
> b) os maiores de setenta anos;
>
> c) os maiores de dezesseis e menores de dezoito anos.
>
> § 2º Não podem alistar-se como eleitores os estrangeiros e, durante o período do serviço militar obrigatório, os conscritos.

Porém, a partir da data em que a pessoa completar **15 anos**, **é facultado o seu alistamento** eleitoral, sendo que tal será requerido diretamente pela pessoa menor de idade e independe de autorização ou assistência de seu/sua representante legal. O título eleitoral emitido ao adolescente de 15 anos somente surtirá o efeito quando a pessoa completar 16 anos (art. 30, caput e §§, da Res. 23.659/2021 do TSE).

O pedido de alistamento eleitoral é realizado por meio do chamado **Requerimento de Alistamento Eleitoral (RAE)**, que será processado eletronicamente, por atendente da Justiça Eleitoral ou, em caráter prévio, pelo próprio indivíduo, no site do TSE.

O alistamento possui **duas fases: a qualificação e a inscrição** (art. 42, caput, do Código Eleitoral). Na

6. ALMEIDA, Roberto Moreira de. **Curso de Direito Eleitoral.** 15ª ed. São Paulo: Juspodivm, p. 93.

7. ZILIO, Rodrigo López. **Direito Eleitoral.** 9ª ed. São Paulo: Juspodivm, 2023, p. 173.

qualificação, verifica-se se o sujeito preenche todos os requisitos para se alistar, como idade mínima e ausência de prévio alistamento. Se forem atendidos todos os requisitos, ocorrerá a inscrição do indivíduo no Cadastro Eleitoral.

Os documentos necessários para o alistamento estão dispostos no art. 34 da Res. 23.659/2021 do TSE, sendo que a pessoa pode apresentar um ou mais deles. Como exemplo de documento, cita-se a carteira de identidade ou mesmo um documento público do qual se infira ter a pessoa requerente a idade mínima de 15 anos, e do qual constem os demais elementos necessários à sua qualificação.

Caso seja deferido o pedido de alistamento, o Partido Político ou o Ministério Público poderá recorrer no prazo de 10 dias (art. 57 da Res. 23.659/2021 do TSE).

Caso seja indeferido o pedido, o eleitor ou o Ministério Público poderá recorrer, no prazo de 5 dias (art. 58 da Res. 23.659/2021 do TSE).

O próprio eleitor menor de 18 anos tem capacidade para estar em juízo, como recorrente ou recorrido, nos feitos que versem sobre sua inscrição eleitoral, sendo-lhe facultada a assistência por seu/sua representante legal (art. 59 da Res. 23.659/2021 do TSE). E, enquanto o processo tramitar nas instâncias ordinárias, não será exigida do eleitor ou da eleitora representação por advogado, inclusive no âmbito do tribunal regional eleitoral (art. 60 da Res. 23.659/2021 do TSE).

O art. 15 da Res. 23.659/2021 do TSE diz que não haverá sanções decorrentes da ausência de alistamento e do não exercício do voto a pessoa com deficiência para quem seja impossível ou demasiadamente oneroso o cumprimento daquelas obrigações eleitorais.

É importante notar que há um período no qual o **alistamento está fechado**. Conforme art. 91 da Lei das Eleições (Lei 9.504/97), nenhum requerimento de inscrição eleitoral ou de transferência será recebido **dentro dos cento e cinquenta dias anteriores à data da eleição**.

6.4 Revisão, Transferência e 2ª Via

A **revisão** ocorrerá quando a pessoa necessitar (art. 39 da Res. 23.659/2021 do TSE):

- alterar o local de votação no mesmo município, ainda que não haja mudança de zona eleitoral;
- retificar os dados pessoais; ou,
- nas hipóteses em que for permitida a reutilização do número de inscrição, regularizar a situação de inscrição cancelada.

Já a **transferência** será realizada quando a pessoa desejar alterar seu domicílio eleitoral (art. 37 da Res. 23.659/2021 do TSE). Essa transferência só será admitida quando satisfeitas as seguintes exigências (art. 38 da Res. 23.659/2021 do TSE):

- apresentação do requerimento perante a unidade de atendimento da Justiça Eleitoral do novo domicílio no prazo estabelecido pela legislação vigente;
- transcurso de, pelo menos, um ano do alistamento ou da última transferência;
- tempo mínimo de três meses de vínculo com o município, dentre aqueles aptos a configurar o domicílio eleitora;
- regular cumprimento das obrigações de comparecimento às urnas e de atendimento a convocações para auxiliar nos trabalhos eleitorais.

Mas os prazos de um ano de alistamento e tempo mínimo de três meses de domicílio eleitoral não se aplicam à transferência eleitoral de

- servidora ou servidor público civil e militar ou de membro de sua família, por motivo de remoção, transferência ou posse; e
- indígenas, quilombolas, pessoas com deficiência, trabalhadoras e trabalhadores rurais safristas e pessoas que tenham sido forçadas, em razão de tragédia ambiental, a mudar sua residência.

Por fim, o pedido de **segunda via** ocorrerá no caso de perda, extravio, inutilização ou dilaceração do título eleitoral, conforme (art. 40 da Res. 23.659/2021 do TSE).

6.5 Domicílio Eleitoral

O conceito de domicílio é mais elástico no Direito Eleitoral que o Direito Civil. É possível que haja um domicílio civil em um local e um eleitoral em outro. Isso porque o domicílio eleitoral satisfaz-se com vínculos de natureza política, econômica, social, familiar, afetiva. Nesse sentido é o art. 23 da Res. 23.659/2021 do TSE:

> **Art. 23.** Para fins de fixação do domicílio eleitoral no alistamento e na transferência, deverá ser comprovada a existência de vínculo residencial, afetivo, familiar, profissional, comunitário ou de outra natureza que justifique a escolha do município.

6.6 Correição e Revisão do Eleitorado

Revisão do eleitorado é um procedimento para purificação do cadastro eleitoral, diante da existência de uma possível fraude no alistamento. Já a correição do eleitorado é um procedimento prévio para verificar se é necessária a revisão do eleitorado. Ocorrerá somente se houver disponibilidade de recursos (art. 102 da Res. 23.659/2021 do TSE).

Se, na correição do eleitorado, for comprovada a fraude em proporção que comprometa a higidez do Cadastro Eleitoral, o tribunal regional eleitoral, comunicando a decisão ao Tribunal Superior Eleitoral, ordenará a revisão do eleitorado, obedecidas as instruções contidas nesta Resolução e as recomendações que subsidiariamente baixar (art. 104 da Res. 23.659/2021 do TSE). Mas a execução da revisão de eleitorado com fundamento no *caput* deste artigo dependerá da existência de dotação orçamentária, a ser avaliada após já destacados os recursos para as revisões de ofício (art. 104, § 1º, da Res. 23.659/2021 do TSE).

O TSE também pode determinar, de ofício, a revisão do eleitorado, observada a conveniência e a disponibilidade de recursos, quando (art. 105 da Res. 23.659/2021 do TSE):

> I – o total de transferências ocorridas no ano em curso seja 10% superior ao do ano anterior;
>
> II – o eleitorado for superior ao dobro da população entre dez e quinze anos, somada à de idade superior a setenta anos do território daquele município; e
>
> III – o eleitorado for superior a 80% da população projetada para aquele ano pelo Instituto Brasileiro de Geografia e Estatística (IBGE).

Nota-se que não será realizada revisão de eleitorado (art. 107 da Res. 23.659/2021 do TSE):

> I – em ano eleitoral, salvo se iniciado o procedimento revisional no ano anterior ou se, verificada situação excepcional, o Tribunal Superior Eleitoral autorizar que a ele se dê início; e
>
> II – que abranja apenas parcialmente o território do município, ainda que seja este dividido em mais de uma zona eleitoral.

A revisão de eleitorado deverá ser sempre presidida pelo juiz eleitoral da respectiva zona (art. 109 da Res. 23.659/2021 do TSE), e o prazo do procedimento revisional será previsto no ato que determinar sua realização e será, no mínimo, de 30 dias. Já a conclusão dos procedimentos revisionais será fixada em data que não ultrapasse 31 de março do ano de realização das eleições (art. 111 da Res. 23.659/2021 do TSE).

Concluídos os trabalhos de revisão, o juiz ou a juíza juntará aos autos relatório sintético das operações de RAE realizadas, extraído do Sistema Elo e, ouvido o Ministério Público, determinará o cancelamento das inscrições relativas a eleitoras e eleitores que não tenham comparecido. Mas esse cancelamento das inscrições somente deverá ser efetivado no sistema após a homologação da revisão pelo tribunal regional eleitoral (art. 122 da Res. 23.659/2021 do TSE),

Transcorrido o prazo recursal, o juiz ou juíza eleitoral fará minucioso relatório dos trabalhos desenvolvidos, que encaminhará, com os autos do processo de revisão, à corregedoria regional eleitoral (art. 124 da Res. 23.659/2021 do TSE).

Apreciado o relatório e ouvido o Ministério Público, a corregedora ou corregedor regional eleitoral (art. 125 da Res. 23.659/2021 do TSE):

> I – indicará providências a serem tomadas, se verificar a ocorrência de vícios comprometedores à validade ou à eficácia dos trabalhos;
>
> II – submetê-lo-á ao tribunal regional, propondo:
>
> a) a homologação da revisão, se entender pela regularidade dos trabalhos revisionais; ou
>
> b) a não homologação da revisão, se verificar o não comparecimento de quantitativo que ultrapasse 20% do total de convocados para o procedimento ou a existência de circunstâncias peculiares que impeçam o adequado atendimento das demandas de regularização das inscrições que vierem a ser canceladas.

6.7 Cancelamento e Exclusão da Inscrição Eleitoral

Os arts. 71 a 81 do Código Eleitoral regulamentam a matéria.

O art. 71 indica as causas de cancelamento. São elas:

> I – a infração dos arts. 5º e 42;
>
> II – a suspensão ou perda dos direitos políticos;
>
> III – a pluralidade de inscrição;
>
> IV – o falecimento do eleitor;
>
> V – deixar de votar em 3 (três) eleições consecutivas.

Cada turno realizado em uma eleição (na hipótese de eleição com dois turnos) é considerado uma eleição autônoma.

Para a exclusão da inscrição, haverá um procedimento e, durante ele, até a exclusão, poderá o eleitor votar validamente (art. 72 do Código Eleitoral).

A legitimidade para iniciar esse procedimento é, conforme art. 71, § 1º, do Código eleitoral, do juiz, de ofício, do delegado de partido ou de qualquer eleitor. Complementa o art. 63 da Res. 23.659/2021 do TSE que qualquer eleitor, partido político ou o Ministério Público Eleitoral pode requerer apuração de irregularidades no alistamento.

Da decisão do juiz eleitoral caberá recurso no prazo de 3 dias, para o Tribunal Regional, interposto pelo excluendo ou por delegado de partido (art. 80 do Código Eleitoral).

A exclusão não é definitiva, ou seja, é possível que, cessada a causa do cancelamento, o interessado venha a requerer novamente a sua qualificação e inscrição (art. 81 do Código Eleitoral).

6.8 Capacidade Eleitoral Passiva

A capacidade eleitoral passiva é o **direito de ser votado**, o direito que o cidadão tem de concorrer ao exercício de mandato eletivo.

Para que possa concorrer, deve preencher determinados requisitos, chamados de condições de elegibilidade. Além disso, não pode incidir em nenhuma causa de inelegibilidade.

6.9 Condições de Elegibilidade

Elegível é o cidadão apto a receber votos em uma eleição. Para que possamos ser votados, ou seja, sermos um representante eleito do povo, precisamos preencher os requisitos de elegibilidade. Uma vez preenchidos esses requisitos e não incidente causa de inelegibilidade (ou perda/suspensão dos direitos políticos), o agente terá integra a sua capacidade eleitoral passiva.

Segundo a Constituição Federal, em seu art. 14, § 2º, são condições de elegibilidade:

> I – a nacionalidade brasileira;
>
> II – o pleno exercício dos direitos políticos;
>
> III – o alistamento eleitoral;
>
> IV – o domicílio eleitoral na circunscrição;
>
> V – a filiação partidária;
>
> VI – a idade mínima de:
>
> a) trinta e cinco anos para Presidente e Vice-Presidente da República e Senador;
>
> b) trinta anos para Governador e Vice-Governador de Estado e do Distrito Federal;
>
> c) vinte e um anos para Deputado Federal, Deputado Estadual ou Distrital, Prefeito, Vice-Prefeito e juiz de paz;
>
> d) dezoito anos para Vereador.

A filiação partidária é requisito porque não se admitem candidaturas avulsas, ou seja, sem partido (art. 11, § 14, da Lei 9.504/97). Ademais, para concorrer às eleições, deve ter ocorrido a filiação pelo menos seis meses antes da data para as eleições (mesmo prazo do domicílio eleitoral – art. 9º da Lei 9.504/97).

6.10 Inelegibilidade

A inelegibilidade significa a existência de causas negativas que impedem o cidadão de exercer a sua capacidade eleitoral passiva, ou seja, impede o indivíduo de ser votado. Importante notar que a inelegibilidade não impede o indivíduo de votar, só impede de ser votado. As inelegibilidades podem **ser absolutas ou relativas.**

As **inelegibilidades absolutas** são as regras que impedem a candidatura para qualquer cargo eletivo. Diante desse caráter absoluto, somente podem ser previstas, de forma taxativa, na CF/88.

Já as **inelegibilidades relativas** impedem a candidatura para algum cargo eletivo ou mandato, em função da situação em que se encontre o cidadão candidato, previstas no art. 14, §§ 5º a 8º, da CF/88 e/ou em lei complementar.

A) **<u>Inelegibilidades absolutas</u>**: de acordo com o art. 14, § 4º, da CF/88, são **absolutamente inelegíveis o inalistável e o analfabeto.** Importante destacar que os estrangeiros e os conscritos durante o serviço militar obrigatório não podem alistar-se como eleitores e, portanto, não podem ser eleitos. Estão relacionadas a uma condição pessoal, diferentemente das inelegibilidades relativas, que estão relacionadas a cargos.

> ▷ Sobre o tema, duas súmulas importantes do TSE:
>
> - **Súmula nº 15 do TSE:** O exercício de mandato eletivo não é circunstância capaz, por si só, de comprovar a condição de alfabetizado do candidato.
> - **Súmula nº 55 do TSE:** A Carteira Nacional de Habilitação gera a presunção da escolaridade necessária ao deferimento do registro de candidatura.

B) **<u>Inelegibilidades relativas</u>**: a inelegibilidade relativa dá-se, conforme as regras constitucionais, **por motivos funcionais ou por motivo de parentesco, bem como em virtude das situações previstas em lei complementar** (art. 14, § 9º, da CF/88).

B.1) Inelegibilidade por **motivos funcionais**: São duas hipóteses:

i) **inelegibilidade para os mesmos cargos**, num terceiro mandado subsequente: o Presidente da República, os Governadores de Estado e do Distrito Federal, os Prefeitos e quem os houver sucedido ou substituído no curso dos mandatos não poderão ser reeleitos para um terceiro mandato sucessivo (art. 14, § 5º, da CF/88). Quanto à situação do vice, como ele não titulariza mandato, segundo o Supremo Tribunal Federal, não se lhe aplica a inelegibilidade em tela, salvo se ele assumiu, por sucessão, a titularidade no curso do mandato e vem a se eleger como titular para o segundo. Ou seja, somente quando o vice suceder o titular é que passa a exercer definitivamente um mandato como titular do cargo. Ainda, nota-se que essa inelegibilidade vale para mandatos sucessivos.

A CF/88 permite a figura do "prefeito itinerante", ou está vedada pelo seu § 5º do art. 14? O "prefeito itinerante" é aquele que exerceu dois mandatos consecutivos de Prefeito em um Município e depois vai concorrer a um terceiro mandato consecutivo de Prefeito em uma cidade próxima. O STF decidiu que o indivíduo que já exerceu dois mandatos consecutivos de Prefeito fica inelegível para um terceiro mandato, ainda que seja em município diferente. Ou seja, **a figura do "prefeito itinerante" não é permitida.**

ii) **inelegibilidade para concorrerem a outros cargos**: para concorrerem a outros cargos, o Presidente da República, os Governadores de Estado e do Distrito Federal e os Prefeitos devem renunciar aos respectivos mandatos até seis meses antes do pleito (art. 14, § 6º, da CF/88). Trata-se do instrumento da desincompatibilização. Importante destacar que de acordo com o entendimento do STF, não será necessária a desincompatibilização no caso de candidatura a reeleição para o mesmo cargo de Chefe de Executivo.

B.2) **Inelegibilidades por motivos de parentesco**: de acordo com o art. 14, § 7º, da CF/88, são inelegíveis, no território da circunscrição do titular, o cônjuge e os parentes consanguíneos ou afins, até o segundo grau ou por adoção, do Presidente da República, do Governador de Estado, Território ou Distrito Federal, do Prefeito ou quem os haja substituído dentro dos 6 meses anteriores ao pleito, salvo se já titular de mandato eletivo e candidato à reeleição.

Importante ressaltar que o STF pacificou sua jurisprudência, por meio da edição da **Súmula Vinculante nº 18**, no sentido de que a **dissolução da sociedade ou do vínculo conjugal, no curso do mandato, não afasta a inelegibilidade prevista no § 7.º do artigo 14 da Constituição Federal.** Contudo, a Corte entende que não atrai a aplicação do entendimento constante na referida súmula a extinção do vínculo conjugal pela morte de um dos cônjuges e, portanto, é possível a candidatura do cônjuge ou parente do Chefe do Executivo quando o titular, causador da inelegibilidade, pudesse, ele mesmo, candidatar-se à reeleição, mas tenha se afastado do cargo até 6 meses antes do pleito ou tenha falecido.

C) **Inelegibilidades previstas em lei complementar**: de acordo com o art. 14, § 9º, da CF/88, **lei complementar estabelecerá outros casos de inelegibilidade** e os prazos de sua cessação, a fim de que sejam protegidos os preceitos da probidade administrativa, da moralidade para o exercício de mandato, considerada a vida pregressa do candidato, a normalidade e legitimidade das eleições contra a influência do poder econômico ou abuso do exercício de função, cargo ou emprego na administração direita ou indireta. A Lei Complementar, que regulamentou o § 9º do art. 14, é a **LC 64/90**. As hipóteses serão analisadas no **próximo tópico.**

Interessante questão é a dos **militares**. Prevê o art. 14, § 8º, da CF/88 que o militar alistável (ou seja, o militar que não está conscrito) é elegível, atendidas as seguintes condições:

- se tiver menos de dez anos de serviço, deverá afastar-se da atividade;
- se tiver mais de dez anos de serviço, será agregado pela autoridade superior e, se eleito, passará automaticamente, no ato da diplomação, para a inatividade.

Esses dispositivos foram interpretados pelo STF no julgamento do RE 279.469: na hipótese de contar com menos de 10 anos de serviço, embora o texto diga apenas que o militar deverá se afastar, esse afastamento deve ser entendido como definitivo. Assim, ao se candidatar a cargo eletivo, o militar com menos de 10 anos será excluído do serviço ativo mediante demissão ou licenciamento *ex officio* e o consequente desligamento da organização a que estiver vinculado. No entanto, se o militar contar com mais de 10 anos de serviço (art. 14, § 8º, II), será agregado (afastado temporariamente) pela autoridade superior e, se eleito, passará automaticamente, no ato da diplomação, para a inatividade.

6.11 Inelegibilidades Previstas na LC 64/90

Como visto, o art. 14, § 9º, da CF/88 afirma que lei complementar estabelecerá outros casos de inelegibilidade. A Lei Complementar 64/90 é que estabelece esses casos. Importante notar que somente lei complementar pode fazer isso, ou seja, não é possível que uma lei ordinária traga casos de inelegibilidades.

A citada LC 64/90 traz um extenso rol com hipóteses de inelegibilidades. Essa lei complementar sofreu importantes alterações pela LC 135/2010, que ficou conhecida como "Lei da Ficha Limpa". Aqui serão abordadas as mais importantes hipóteses:

a) **Art. 1º, inciso I, alínea "e", da LC 64/90** – São inelegíveis os que forem condenados, em decisão transitada em julgado ou proferida por órgão judicial colegiado, desde a condenação até o transcurso do prazo de 8 (oito) anos após o cumprimento da pena, pelos crimes:

1. contra a economia popular, a fé pública, a administração pública e o patrimônio público;
2. contra o patrimônio privado, o sistema financeiro, o mercado de capitais e os previstos na lei que regula a falência;
3. contra o meio ambiente e a saúde pública;
4. eleitorais, para os quais a lei comine pena privativa de liberdade;
5. de abuso de autoridade, nos casos em que houver condenação à perda do cargo ou à inabilitação para o exercício de função pública;
6. de lavagem ou ocultação de bens, direitos e valores; (Incluído pela Lei Complementar nº 135, de 2010)
7. de tráfico de entorpecentes e drogas afins, racismo, tortura, terrorismo e hediondos;
8. de redução à condição análoga à de escravo;
9. contra a vida e a dignidade sexual;
10. praticados por organização criminosa, quadrilha ou bando;

Nota-se que, conforme o art. 15, III, da CF, a condenação criminal transitada em julgado importa em suspensão dos direitos políticos enquanto perdurarem seus efeitos. Esses efeitos da suspensão dos direitos políticos cessam a partir do cumprimento ou da extinção da pena. **Mas a inelegibilidade, de forma diferente, persistirá até 8 anos após o cumprimento da pena.**

▷ **IMPORTANTE:** Havia questionamento sobre a constitucionalidade da inelegibilidade perdurar por 8 anos após o cumprimento da pena. O STF, em 2022, no julgamento da ADI 6630, entendeu que é constitucional esse prazo. Decidiu o STF que a fluência integral do prazo de 8 anos de inelegibilidade após o fim do cumprimento da pena (art. 1º, I, "e", da LC 64/1990) é medida proporcional, isonômica e necessária para a prevenção de abusos no processo eleitoral e para a proteção da moralidade e probidade administrativas.

No entanto, a inelegibilidade prevista nessa alínea "e" não se aplica aos crimes culposos e àqueles definidos em lei como de menor potencial ofensivo, nem aos crimes de ação penal privada (§ 4º do art. 1º da LC 64/90).

▷ Cuidar as Súmulas 59 e 60 do TSE:

- **Súmula 59 do TSE:** O reconhecimento da prescrição da pretensão executória pela Justiça Comum não afasta a inelegibilidade prevista no art. 1º, I, e, da LC nº 64/90, porquanto não extingue os efeitos secundários da condenação.
- **Súmula 60 do TSE:** O prazo da causa de inelegibilidade prevista no art. 1º, I, e, da LC nº 64/1990 deve ser contado a partir da data em que ocorrida a prescrição da pretensão executória e não do momento da sua declaração judicial.

Crimes tributários e licitatórios atraem a inelegibilidade prevista no art. 1º, I, "e", da LC 64/90, já que enfraquecem as regras que regem a Administração Pública. Além disso, incide na hipótese de condenação pelo Tribunal do Júri, já que se trata de um órgão colegiado.

b) **Art. 1º, inciso I, alínea "g", da LC 64/90** – São inelegíveis os que tiverem suas contas relativas ao exercício de cargos ou funções públicas rejeitadas por irregularidade insanável que configure ato doloso de improbidade administrativa, e por decisão irrecorrível do órgão competente, salvo se esta houver sido suspensa ou anulada pelo Poder Judiciário, para as eleições que se realizarem nos 8 (oito) anos seguintes, contados a partir da data da decisão, aplicando-se o disposto no inciso II do art. 71 da Constituição Federal, a todos os ordenadores de despesa, sem exclusão de mandatários que houverem agido nessa condição.

Esse dispositivo prevê que são inelegíveis para qualquer cargo os que tiverem suas contas rejeitadas pelo Tribunal de Contas por irregularidade insanável que configure **ato doloso** de improbidade administrativa.

Ressalte-se que a LC 184/2021 incluiu o § 4º-A determinado que só haverá inelegibilidade na hipótese da alínea "g" do inciso I do art. 1º se as contas do administrador forem julgadas irregulares com imputação de débito (ressarcimento ao erário). Se o órgão aplicar apenas multa, essa decisão não gerará inelegibilidade.

c) **Art. 1º, inciso I, alínea "j", da LC 64/90** – São inelegíveis os que forem condenados, em decisão transitada em julgado ou proferida por órgão colegiado da Justiça Eleitoral, por corrupção eleitoral, por captação ilícita de sufrágio, por doação, captação ou gastos ilícitos de recursos de campanha ou por conduta vedada aos agentes públicos em campanhas eleitorais **que impliquem cassação do registro ou do diploma**, pelo prazo de 8 anos a contar da eleição

Nota-se que é necessário, para incidência dessa hipótese, que haja cassação do registro ou do diploma. A aplicação isolada de multa não acarreta a inelegibilidade.

Sobre o tema, importante o conteúdo da Súmula 69 do TSE: Os prazos de inelegibilidade previstos nas alíneas "j" e "h" do inciso I do art. 1º da LC nº 64/90 têm termo inicial no dia do primeiro turno da eleição e termo final no dia de igual número no oitavo ano seguinte.

d) **Art. 1º, inciso I, alínea "l", da LC 64/90** – São inelegíveis os que forem condenados à suspensão dos direitos políticos, em decisão transitada em julgado ou proferida por órgão judicial colegiado, por ato doloso de improbidade administrativa que importe lesão ao patrimônio público e enriquecimento ilícito, desde a condenação ou o trânsito em julgado até o transcurso do prazo de 8 (oito) anos após o cumprimento da pena.

e) **Art. 1º, inciso I, alínea "p", da LC 64/90** – São inelegíveis a pessoa física e os dirigentes de pessoas jurídicas responsáveis por doações eleitorais tidas por ilegais por decisão transitada em julgado ou proferida por órgão colegiado da Justiça Eleitoral, pelo prazo de 8 (oito) anos após a decisão, observando-se o procedimento previsto no art. 22.

Como exemplo de doação ilegal, pode-se citar o caso da pessoa que doa mais do que 10% do seu rendimento bruto no ano anterior ao da eleição, já que, segundo a Lei 9.504/97, o limite de doação é 10%.

7. LEI DAS ELEIÇÕES

7.1 Período das Eleições

A Lei das Eleições (Lei nº 9.504/97) prevê, em seu art. 1º, que, no primeiro domingo de outubro, ocorrerão as eleições para Presidente e Vice-Presidente da República, Governador e Vice-Governador de Estado e do Distrito Federal, Prefeito e Vice-Prefeito, Senador, Deputado Federal, Deputado Estadual, Deputado Distrital e Vereador.

Em um dos certames, serão realizadas, simultaneamente, as eleições para Presidente e Vice-Presidente da República, Governador e Vice-Governador de Estado e do Distrito Federal, Senador, Deputado Federal, Deputado Estadual e Deputado Distrital. Dois anos após, haverá, simultaneamente, as eleições para Prefeito, Vice-Prefeito e Vereador.

O Presidente da República, o Governador e o Prefeito de Município com mais de 200 mil eleitores serão eleitos pelo sistema majoritário absoluto, ou seja, deve ser atingida a maioria absoluta para ser eleito. Isso faz com seja possível ocorrer 2º turno (que ocorrerá no último domingo de outubro), caso nenhum candidato atinja a maioria absoluta no primeiro turno.

Caso, antes de realizado o segundo turno, ocorrer morte, desistência ou impedimento legal de candidato, convocar-se-á, dentre os remanescentes, o de maior votação, sendo que, se remanescer, em segundo lugar, mais de um candidato com a mesma votação, qualificar-se-á o mais idoso (art. 2º, §§ 2º e 3º, da Lei 9.504/97).

Senador e Prefeito de Município com 200 mil eleitores ou menos serão eleitos pelo sistema majoritário simples, ou seja, para serem eleitos basta alcançar a maioria relativa. Desse modo, para esses cargos, não haverá segundo turno.

Note-se que os votos em branco e nulo não são computados para que seja verificada a maioria (arts. 2º, caput, e 3º, caput, da Lei 9.504/97).

Deputados Federais, Deputados Estaduais, Deputados Distritais e Vereadores serão eleitos pelo sistema proporcional, em um único turno de votação. Aqui se utiliza, para verificar os eleitos, o quociente eleitoral e o quociente partidário (arts. 106 e seguintes do Código Eleitoral).

Somente poderá participar das eleições o partido que, até seis meses antes do pleito, tenha registrado seu estatuto no Tribunal Superior Eleitoral (art. 4º da Lei 9.504/97).

7.2 Coligações Partidárias

O que é uma coligação? É uma união temporária, apenas no período eleitoral, de dois ou mais partidos, com o propósito de escolherem, em conjunto, quem será candidato ao pleito. Inicia com a manifestação de vontade em convenção partidária e se extingue após a realização da eleição.

Essa coligação é possível **somente em eleição majoritária**, **vedada nas eleições proporcionais**, na forma do art. 17, § 1º, da CF/88.

No mesmo sentido é o art. 6º da Lei 9.504/97, que diz: É facultado aos partidos políticos, dentro da mesma circunscrição, celebrar coligações para eleição majoritária.

Não haverá obrigatoriedade de vinculação entre as candidaturas em âmbito nacional, estadual e municipal, conforme previsto no mesmo art. 17, § 1º, da CF/88. Ou seja, não há necessidade de verticalização das coligações partidárias.

A coligação terá denominação própria, que poderá ser a junção de todas as siglas dos partidos que a integram, sendo a ela atribuídas as prerrogativas e obrigações de partido político no que se refere ao processo eleitoral, e devendo funcionar como um só partido no relacionamento com a Justiça Eleitoral e no trato dos interesses interpartidários (art. 6º, § 1º, da Lei 9.504/97).

Assim, a coligação **deve funcionar como um partido único**, não podendo cada partido atuar de forma isolada no processo eleitoral. Mas essa regra é **excepcionada** quando o partido político quiser **questionar a validade da própria coligação**, quando poderá atuar de forma isolada (art. 6º, § 4º, da Lei 9.504/97).

A denominação da coligação não poderá coincidir, incluir ou fazer referência a nome ou número de candidato, nem conter pedido de voto para partido político (art. 6º, § 1º-A, da Lei 9.504/97).

Quanto à propaganda realizada pela coligação, duas regras importantes:

- a coligação deve usar sob a sua denominação as legendas de todos os partidos (§ 2º do art. 6º da Lei 9.504/97);
- a responsabilidade pelo pagamento de multa é do candidato em solidariedade com o partido, não alcançando os outros partidos da coligação (§ 5º do art. 6 da Lei 9.504/97).

7.3 Convenções Partidárias

Para alguém se candidatar a um cargo eletivo, deve estar filiado a algum partido político, já que não são admitidas candidaturas avulsas (art. 11, § 14, da Lei 9.504/97). Para que possa concorrer, essa filiação deve ocorrer seis meses antes do pleito.

E para concorrer, deverá ter domicílio eleitoral na circunscrição (art. 9º da Lei 9.504/97). Exemplo: Prefeito, para concorrer ao cargo no Município X, deve ter domicílio eleitoral no Município X; Senador, para concorrer ao cargo pelo Estado-membro Y, deverá ter domicílio eleitoral no Estado-membro Y.

Mas nem todos que querem, podem concorrer. Para que possa concorrer, **tem que ser escolhido em convenção partidária**.

Convenção partidária é a reunião formada pelos filiados de partido político, cuja finalidade é eleger os que concorrerão ao pleito.

As convenções podem ser municipais (para escolha de prefeito, vice-prefeito e vereadores), estaduais (para escolha de deputados federais, deputados estaduais, deputados distritais, senador, governador e vice-governador) e nacional (para escolha de Presidente da República e Vice-Presidente da República).

Para a realização das convenções de escolha de candidatos, os partidos políticos poderão usar gratuitamente prédios públicos, responsabilizando-se por danos causados com a realização do evento (art. 8º, § 2º, da Lei 9.504/97).

O STF, na ADI 2530, declarou a inconstitucionalidade do art. 8º, § 1º, da Lei 9.504/97.

Data das convenções: devem ser realizadas de 20 de julho a 05 de agosto do ano das eleições.

7.4 Registro das Candidaturas

Uma vez realizada a convenção partidária e escolhidos os candidatos, deve ocorrer o registro das candidaturas perante a Justiça Eleitoral, para que, como isso, tal seja oficializado.

O pedido de registro da candidatura é feito por partido ou coligação partidária mediante a apresentação da documentação exigida em lei (art. 11, caput e § 1º, da Lei 9.504/97). Caso o partido ou a coligação não o fizerem, o próprio candidato poderá fazer o pedido de registro da sua candidatura (art. 11, § 4º, da Lei 9.504/97).

O pedido do registro pelos partidos e pelas coligações deve ocorrer até as dezenove horas do dia 15 de agosto do ano em que se realizarem as eleições (art. 11, caput, da Lei 9.504/97). Caso não seja feito, o candidato terá o prazo de 48 horas após a publicação da lista dos candidatos pela Justiça eleitoral para fazê-lo (art. 11, § 4º, da Lei 9.504/97).

Cada partido poderá registrar candidatos para a Câmara dos Deputados, a Câmara Legislativa, as Assembleias Legislativas e as Câmaras Municipais no total de até 100% do número de lugares a preencher mais 1 (art. 10 da Lei 9.504/97).

Com o fim de trazer isonomia entre homens e mulheres (igualdade material), o art. 10, § 3º, da Lei 9.504/97 trouxe uma importante ação afirmativa: Do número de vagas resultante das regras previstas neste artigo, cada partido ou coligação preencherá o mínimo de 30% (trinta por cento) e o máximo de 70% (setenta por cento) para candidaturas de cada sexo.

A idade mínima constitucionalmente estabelecida como condição de elegibilidade (art. 14, § 3º, VI, da CF/88) é verificada tendo por referência a data da posse, salvo no caso do cargo de vereador (art. 11, § 2º, da Lei 9.504/97). Exemplo: um candidato a Governador pode ter durante o processo eleitoral 29 anos, desde que, até a sua posse, complete 30 anos de idade. Mas, se for caso de vereador, a idade mínima, que é 18 anos de idade, deve ser aferida na data-limite para o pedido de registro.

Para que um cidadão possa ser candidato, até a data da formalização do seu pedido de registro de candidatura, precisará pagar as multas que eventualmente tenham sido impostas. É possível também que seja realizado o parcelamento da multa (art. 11, § 8º, da Lei 9.504/97).

O pedido de registro de candidatura deve ser realizado perante o juízo competente, que varia de acordo com a espécie de eleição.

- Se for eleição para Prefeito, Vice-Prefeito e Vereador, a competência será do juiz eleitoral;
- Se a eleição for para Governador, Vice-Governador, Deputado Estadual, Deputado Distrital, Deputado Federal e Senadores (com seus suplentes), a competência será do TRE;
- Se for eleição para Presidente e Vice-Presidente, a competência será do TSE.

As instâncias ordinárias da Justiça Eleitoral, até 20 dias antes das eleições, deverão analisar os pedidos (art. 16, § 1º, da Lei 9.504/97). Nota-se que o processo de registro de candidatura tem prioridade sobre os demais (art. 16, § 2º, da Lei 9.504/97).

O candidato que teve seu registro impugnado na Justiça Eleitoral, enquanto não houver sentença transitada em julgado, poderá participar normalmente do processo eleitoral (art. 16-A da Lei 9.504/97).

Conforme o parágrafo único do art. 16-A, o cômputo, para o respectivo partido ou coligação, dos votos atribuídos ao candidato cujo registro esteja sub judice no dia da eleição fica condicionado ao deferimento do registro do candidato.

Atenção!! Fiquem atentos à **recente decisão do STF, proferida em 12/04/2023**, nas ADIs 4513 e 4542. Decidiu o STF que os votos obtidos por candidato que, na data das eleições, esteja com o registro de candidatura deferido ou não apreciado, mas cuja situação jurídica venha a se modificar em razão de decisão judicial posterior, devem ser computados para o partido pelo qual tiver sido feito o seu registro.

Seguem algumas Súmulas importantes do TSE:

- **Súmula 45 do TSE:** Nos processos de registro de candidatura, o juiz eleitoral pode conhecer de ofício da existência de causas de inelegibilidade ou da ausência de condição de elegibilidade, desde que resguardados o contraditório e a ampla defesa.
- **Súmula 51 do TSE:** O processo de registro de candidatura não é o meio adequado para se afastarem os eventuais vícios apurados no processo de prestação de contas de campanha ou partidárias.
- **Súmula 52 do TSE:** Em registro de candidatura, não cabe examinar o acerto ou desacerto da decisão que examinou, em processo específico, a filiação partidária do eleitor.
- **Súmula 55 do TSE:** A Carteira Nacional de Habilitação gera a presunção da escolaridade necessária ao deferimento do registro de candidatura.
- **Súmula 58 do TSE:** Não compete à Justiça Eleitoral, em processo de registro de candidatura, verificar a prescrição da pretensão punitiva ou executória do candidato e declarar a extinção da pena imposta pela Justiça Comum.

É facultado ao partido ou coligação substituir candidato que for considerado inelegível, renunciar ou falecer após o termo final do prazo do registro ou, ainda, tiver seu registro indeferido ou cancelado (art. 13, caput, da Lei 9.504/97). Porém, seja nas eleições majoritárias, seja nas proporcionais, a substituição só se efetivará se o novo pedido for apresentado até 20 dias antes do pleito, exceto em caso de falecimento de candidato, quando a substituição poderá ser efetivada após esse prazo (art. 13, § 3º, da Lei 9.504/97).

7.5 Arrecadação e Aplicação de Recursos nas Campanhas Eleitorais

A arrecadação e aplicação de recursos nas campanhas eleitorais são regidas pelo princípio da responsabilidade financeira autônoma entre partidos e candidatos (art. 17 da Lei 9.504/97). Ou seja, responsabilidade do candidato ou do partido é autônoma, não se falando em responsabilidade solidária. Não obstante, o art. 29, §§ 3º e 4º, da Lei 9.504/97 autoriza que o partido político, por decisão do seu órgão nacional, assuma dívidas de campanha não quitadas pelos candidatos, passando a agremiação a responder solidariamente pelo débito.

A legislação traz limites para os gastos com a campanha eleitoral, o que será divulgado pelo TSE (art. 18 da Lei 9.504/97).

O descumprimento dos limites de gastos fixados para cada campanha acarretará o pagamento de multa em valor equivalente a 100% da quantia que ultrapassar o limite estabelecido, sem prejuízo da apuração da ocorrência de abuso do poder econômico (art. 18-B da Lei 9.504/97).

Mas é importante notar que os gastos advocatícios e de contabilidade referentes a consultoria, assessoria e honorários, relacionados à prestação de serviços em campanhas eleitorais e em favor destas, bem como em processo judicial decorrente de defesa de interesses de candidato ou partido político, não estão sujeitos a limites de gastos ou a limites que possam impor dificuldade ao exercício da ampla defesa (art. 18-A, parágrafo único, da Lei 9.504/97).

É obrigatório para o partido e para os candidatos abrir conta bancária específica para registrar todo o movimento financeiro da campanha (art. 22 da Lei 9.504/97). Caso haja uso de recursos financeiros para pagamento de gastos que não provenham da conta específica, acarretará desaprovação da prestação de contas (art. 22, § 3º, da Lei 9.504/97).

As contas bancárias utilizadas para o registro da movimentação financeira de campanha eleitoral não estão submetidas ao sigilo para o Ministério Público e para a Justiça Eleitoral. Seus extratos são de natureza pública e compõem a prestação de contas à Justiça Eleitoral.

Desde o dia 15 de maio do ano eleitoral, é facultada aos pré-candidatos a arrecadação prévia de recursos (chamada "vaquinha eleitoral"). No entanto, a liberação de recursos por parte das entidades arrecadadoras fica condicionada ao registro da candidatura (art. 22-A, § 3º, da Lei 9.504/97).

A Lei 9.504/97, em seu art. 23, § 4º, V, previu também a possibilidade de que os candidatos e partidos vendam bens (ex.: bonés, camisetas), serviços ou realizem eventos pagos (ex.: jantares) para a arrecadação de recursos.

É de extrema importância ressaltar que pessoas jurídicas não podem realizar doações eleitorais (ADI 4650).

Quanto às pessoas físicas, elas podem doar, mas limitadas a 10% dos rendimentos brutos auferidos pelo doador no ano anterior à eleição (art. 23, § 1º, da Lei 9.504/97). Note-se que o autofinanciamento é possível, desde que observe o limite de até 10% dos limites previstos para gastos de campanha no cargo em que concorrer (art. 23, § 2º-A, da Lei 9.504/97).

A doação de quantia acima dos limites fixados neste artigo sujeita o infrator ao pagamento de multa no valor de até 100% (cem por cento) da quantia em excesso (art. 23, § 3º, da Lei 9.504/97).

Há algumas vedações:

> **Art. 24.** É vedado, a partido e candidato, receber direta ou indiretamente doação em dinheiro ou estimável em dinheiro, inclusive por meio de publicidade de qualquer espécie, procedente de:
>
> I – entidade ou governo estrangeiro;
>
> II – órgão da administração pública direta e indireta ou fundação mantida com recursos provenientes do Poder Público;
>
> III – concessionário ou permissionário de serviço público;
>
> IV – entidade de direito privado que receba, na condição de beneficiária, contribuição compulsória em virtude de disposição legal;
>
> V – entidade de utilidade pública;
>
> VI – entidade de classe ou sindical;
>
> VII – pessoa jurídica sem fins lucrativos que receba recursos do exterior.
>
> VIII – entidades beneficentes e religiosas;
>
> IX – entidades esportivas;
>
> X – organizações não-governamentais que recebam recursos públicos;
>
> XI – organizações da sociedade civil de interesse público.

O partido que descumprir as normas referentes à arrecadação e aplicação de recursos fixadas nesta Lei perderá o direito ao recebimento da quota do Fundo Partidário do ano seguinte, sem prejuízo de responderem os candidatos beneficiados por abuso do poder econômico (art. 25, caput, da Lei 9.504/97).

Essa sanção de suspensão do repasse de novas quotas do Fundo Partidário, por desaprovação total ou parcial da prestação de contas do candidato, deverá ser aplicada de forma proporcional e razoável, pelo período de 1 (um) mês a 12 (doze) meses, ou por meio do desconto, do valor a ser repassado, na importância apontada como irregular, não podendo ser aplicada a sanção de suspensão, caso a prestação de contas não seja julgada, pelo juízo ou tribunal competente, após 5 (cinco) anos de sua apresentação (art. 25, parágrafo único, da Lei 9.50497).

Referente aos gastos eleitorais, eles devem ser contabilizados para serem apresentados após o encerramento da eleição, por ocasião da prestação de contas. O art. 26 traz uma lista do que considera gastos eleitorais, ficando, portanto, sujeito aos limites antes explicitados:

- confecção de material impresso de qualquer natureza e tamanho, observado o disposto no § 3º do art. 38 desta Lei;

ELEITORAL

- propaganda e publicidade direta ou indireta, por qualquer meio de divulgação, destinada a conquistar votos;
- aluguel de locais para a promoção de atos de campanha eleitoral;
- despesas com transporte ou deslocamento de candidato e de pessoal a serviço das candidaturas, observadas as exceções previstas no § 3º deste artigo. (Redação dada pela Lei nº 13.488, de 2017);
- correspondência e despesas postais;
- despesas de instalação, organização e funcionamento de Comitês e serviços necessários às eleições;
- remuneração ou gratificação de qualquer espécie a pessoal que preste serviços às candidaturas ou aos comitês eleitorais;
- montagem e operação de carros de som, de propaganda e assemelhados;
- a realização de comícios ou eventos destinados à promoção de candidatura;
- produção de programas de rádio, televisão ou vídeo, inclusive os destinados à propaganda gratuita;
- realização de pesquisas ou testes pré-eleitorais;
- custos com a criação e inclusão de sítios na internet e com o impulsionamento de conteúdos contratados diretamente com provedor da aplicação de internet com sede e foro no País.

Não são consideradas gastos eleitorais nem se sujeitam a prestação de contas as seguintes despesas de natureza pessoal do candidato (art. 26, § 3º, da Lei 9.504/97):

> a) combustível e manutenção de veículo automotor usado pelo candidato na campanha;
>
> b) remuneração, alimentação e hospedagem do condutor do veículo a que se refere a alínea a deste parágrafo;
>
> c) alimentação e hospedagem própria;
>
> d) uso de linhas telefônicas registradas em seu nome como pessoa física, até o limite de três linhas.

As despesas com consultoria, assessoria e pagamento de honorários realizadas em decorrência da prestação de serviços advocatícios e de contabilidade no curso das campanhas eleitorais serão consideradas gastos eleitorais, mas serão excluídas do limite de gastos de campanha (art. 26, § 4º, da Lei 9.504/97).

7.6 Prestação de Contas

Uma vez finalizada a eleição, os candidatos e partidos devem prestar contas à Justiça Eleitoral acerca dos recursos e gastos realizados durante a campanha eleitoral. Com isso, permite-se a avaliação e o controle financeiro do certame, que tem o objetivo de cercear o abuso de poder, notadamente o econômico, conferindo ao processo eleitoral mais transparência e legitimidade. Devem prestar contar todo e qualquer candidato.

Note-se que a prestação de contas dos candidatos às eleições majoritárias será feita pelo próprio candidato, devendo ser acompanhada dos extratos das contas bancárias referentes à movimentação dos recursos financeiros usados na campanha e da relação dos cheques recebidos, com a indicação dos respectivos números, valores e emitentes (art. 28, § 1º, da Lei 9.504/97).

As prestações de contas dos candidatos às eleições proporcionais, de forma semelhante, serão feitas pelo próprio candidato (art. 28, § 2º, da Lei 9.504/97).

Os partidos políticos, as coligações e os candidatos são obrigados, durante as campanhas eleitorais, a divulgar em sítio criado pela Justiça Eleitoral para esse fim na internet (art. 28, § 4º, da Lei 9.504/97):

> I – os recursos em dinheiro recebidos para financiamento de sua campanha eleitoral, em até 72 (setenta e duas) horas de seu recebimento;
>
> II – no dia 15 de setembro, relatório discriminando as transferências do Fundo Partidário, os recursos em dinheiro e os estimáveis em dinheiro recebidos, bem como os gastos realizados.

Ficam dispensadas de comprovação na prestação de contas (art. 28, § 6º, da Lei 9.504/97):

> I – a cessão de bens móveis, limitada ao valor de R$ 4.000,00 (quatro mil reais) por pessoa cedente;
>
> II – doações estimáveis em dinheiro entre candidatos ou partidos, decorrentes do uso comum tanto de sedes quanto de materiais de propaganda eleitoral, cujo gasto deverá ser registrado na prestação de contas do responsável pelo pagamento da despesa.
>
> III – a cessão de automóvel de propriedade do candidato, do cônjuge e de seus parentes até o terceiro grau para seu uso pessoal durante a campanha.

A Justiça Eleitoral adotará sistema simplificado de prestação de contas para candidatos que apresentarem movimentação financeira correspondente a, no máximo, R$ 20.000,00, atualizados monetariamente, a cada eleição (art. 28, § 9º, da Lei 9.504/97).

Nas eleições para Prefeito e Vereador de Municípios com menos de cinquenta mil eleitores, a prestação de contas será feita sempre pelo sistema simplificado (art. 28, § 11, da Lei 9.504/97).

A Justiça Eleitoral verificará a regularidade das contas de campanha, decidindo (art. 30 da Lei 9.504/97):

> I – pela **aprovação**, quando estiverem regulares;
> II – pela **aprovação com ressalvas**, quando verificadas falhas que não lhes comprometam a regularidade;
>
> III – pela **desaprovação**, quando verificadas falhas que lhes comprometam a regularidade;
>
> IV – pela **não prestação**, quando não apresentadas as contas após a notificação emitida pela Justiça Eleitoral, na qual constará a obrigação expressa de prestar as suas contas, no prazo de setenta e duas horas.

Erros formais e materiais corrigidos não autorizam a rejeição das contas e a cominação de sanção a candidato ou partido (art. 30, § 2º, da Lei 9.504/97).

Erros formais ou materiais irrelevantes no conjunto da prestação de contas, que não comprometam o seu resultado, não acarretarão a rejeição das contas (art. 30, § 2º-A, da Lei 9.504/97).

Da decisão que julgar as contas prestadas pelos candidatos caberá recurso ao órgão superior da Justiça Eleitoral, no prazo de 3 (três) dias, a contar da publicação no Diário Oficial (art. 30, § 5º, da Lei 9.504/97).

8. PESQUISAS ELEITORAIS E PROPAGANDA POLÍTICA

8.1 Pesquisas Eleitorais

Pesquisas eleitorais servem como bússolas do processo eleitoral, tanto para os candidatos, quanto para os publicitários, jornalistas e eleitores. A temática está prevista entre os arts. 33 e 35 da Lei 9.504/97.

Paras as entidades/empresas fazerem essas pesquisas eleitorais, há a obrigatoriedade de, para cada pesquisa, registrar, junto à Justiça Eleitoral, até cinco dias antes da divulgação, as seguintes informações (art. 33, caput, da Lei 9.504/97):

- quem contratou a pesquisa;
- valor e origem dos recursos despendidos no trabalho;
- metodologia e período de realização da pesquisa;
- plano amostral e ponderação quanto a sexo, idade, grau de instrução, nível econômico e área física de realização do trabalho a ser executado, intervalo de confiança e margem de erro;
- sistema interno de controle e verificação, conferência e fiscalização da coleta de dados e do trabalho de campo;
- questionário completo aplicado ou a ser aplicado;
- nome de quem pagou pela realização do trabalho e cópia da respectiva nota fiscal.

As informações relativas às pesquisas serão registradas nos órgãos da Justiça Eleitoral aos quais compete fazer o registro dos candidatos (art. 33, § 1º, da Lei 9.504/97).

Nota-se que a divulgação de pesquisa sem o prévio registro das informações de que trata este artigo sujeita os responsáveis a multa (art. 33, § 3º, da Lei 9.504/97).

Para além disso, é crime a divulgação de pesquisa fraudulenta, punível com detenção de seis meses a um ano e multa (art. 33, § 4º, da Lei 9.504/97).

Importante notar que pesquisa eleitoral é diferente de enquete eleitoral. Estas não possuem rigor científico e, em razão disso, são proibidas no período de campanha eleitoral (art. 33, § 5º, da Lei 9.504/97). Mas, fora do período eleitoral, podem ser divulgadas livremente, segundo a Resolução do TSE nº 23.549/2017. No entanto, para que seja veiculada a enquete eleitoral, é necessário um destaque esclarecendo que não se trata de pesquisa eleitoral.

8.2 Propaganda Política

Propaganda política, segundo Veloso e Agra, "é um conjunto de atividades com o objetivo de transferência de valores entre um partido político ou candidato e seus eleitores"[8].

Há **três espécies** de propaganda política:

a) **Propaganda partidária**, que tem como objetivo promover a difusão dos programas partidários, transmitir mensagens aos filiados sobre a execução do programa partidário, os eventos com este relacionados e as atividades congressuais do partido, divulgar a posição do partido em relação a temas políticos e ações da sociedade civil, incentivar a filiação partidária e esclarecer o papel dos partidos na democracia brasileira, promover e difundir a participação política das mulheres, dos jovens e dos negros (art. 50-A e seguintes da Lei 9.504/97, dispositivo incluído pela Lei nº 14.291/ 2022).

---

8. VELOSO, Carlos Mário da S.; AGRA, Walber M. **Elementos de direito eleitoral** . São Paulo: Saraiva, 2023. E-book. ISBN 9786555598810.

b) **Propaganda intrapartidária**, que é aquela realizada pelo postulante à candidatura a cargo eletivo, com o objetivo de que seja escolhido pelo partido ou coligação na convenção partidária (art. 36, § 1º, da Lei 9.504/97).

c) **Propaganda eleitoral**, que é a espécie mais importante de propaganda política, a qual é dirigida à conquista do voto do eleitor, sendo permitida somente após o dia 15 de agosto do ano eleitoral (assim, somente a partir do dia 16 de agosto), conforme art. 36 e seguintes da Lei 9.504/97. Nota-se que, antes desse período, será considerada propaganda antecipada e, assim, irregular.

8.3 Propaganda Antecipada (Extemporânea)

Como visto, a propaganda eleitoral **somente é lícita quando realizada após 15 de agosto do ano das eleições**. Quando ela é realizada **antes** dessa data, é uma **propaganda irregular** chamada de propaganda antecipada.

No entanto, algumas condutas praticadas até 15 de agosto do ano das eleições são permitidas pela legislação eleitoral. São os **atos de pré-campanha**. O art. 36-A na Lei 9.504/97 traz um **rol de condutas que não configuram propaganda antecipada**.

Como se verifica, há uma visão bem liberal dos atos preparatórios para as campanhas eleitorais, praticamente vinculando a caracterização da propaganda eleitoral antecipada ao pedido explícito de voto.

Importa destacar que será considerada propaganda eleitoral antecipada a convocação, por parte do Presidente da República, dos Presidentes da Câmara dos Deputados, do Senado Federal e do Supremo Tribunal Federal, de redes de radiodifusão para divulgação de atos que denotem propaganda política ou ataques a partidos políticos e seus filiados ou instituições. Inclusive, nos casos permitidos de convocação das redes de radiodifusão, é vedada a utilização de símbolos ou imagens, exceto símbolos da República Federativa do Brasil, quais sejam, a bandeira, o hino, as armas e o selo nacionais (art. 36-B da Lei 9.504/97).

Sem prejuízo, entende o TSE que se aplicam aos atos de pré-campanha as proibições impostas durante o período eleitoral. Por exemplo, não é possível a distribuição de brindes por parte do candidato durante a campanha eleitoral (após 15 de agosto). Assim, também não será possível ao pré-candidato fazer distribuição de brindes, ainda que não haja pedido expresso de voto. Da mesma forma, como impulsionamento na internet contratado por pessoa natural em período de campanha eleitoral é meio vedado, de igual forma é vedada sua contratação por pretensos candidatos no período de pré-campanha[9].

Ainda sobre o assunto, decidiu o TSE que o discurso de ódio na pré-campanha em face de pré-candidatos veiculado por cidadão comum em perfil privado de redes sociais pode configurar propaganda eleitoral antecipada negativa.

A violação às regras de propaganda política sujeita o responsável pela divulgação e quando comprovado o prévio conhecimento, o beneficiário da propaganda, à multa de R$ 5.000,00 a R$ 25.000,00, ou o equivalente ao custo da propaganda, se este for maior.

E, conforme disposto no art. 6º, § 5º, da Lei 9.504/97, a responsabilidade pelo pagamento de multas decorrentes de propaganda eleitoral é solidária entre os candidatos e os respectivos partidos, **não alcançando outros partidos mesmo quando integrantes de uma mesma coligação**.

8.4 Propaganda Eleitoral

Como visto, a propaganda política pode ser partidária, intrapartidária ou eleitoral. Passamos agora a analisar a **propaganda eleitoral**, ou seja, aquela que ocorre durante o período eleitoral, **após 15 de agosto do ano das eleições**.

A propaganda eleitoral é aquela elaborada e pensada **para captar os votos dos eleitores**.

O legislador trouxe grande preocupação pelo tema, trazendo um regramento detalhado sobre as proibições (apesar de também trazer diversas exceções). O objetivo é **combater o abuso do poder econômico na propaganda eleitoral**, buscando o equilíbrio de oportunidades entre os candidatos.

O art. 37, *caput*, da Lei 9.504/97, tem grande importância quanto a essa temática. Diz esse dispositivo legal que é **proibida a propaganda eleitoral**:

- em bens cujo uso dependa de cessão ou permissão do poder público, ou que a ele pertençam;
- em bens de uso comum, como postes de iluminação pública, sinalização de tráfego, viadutos, passarelas, pontes, paradas de ônibus e outros equipamentos urbanos;

9. BARREIRAS NETO. Jaime. **Direito Eleitoral**. 12ª ed. São Paulo: Juspodivm, 2022, p. 293.

- de qualquer natureza, inclusive pichação, inscrição a tinta e exposição de placas, estandartes, faixas, cavaletes, bonecos e assemelhados.

Se houver veiculação de propaganda em desacordo com o disposto no caput do citado art. 37, o responsável, após a notificação, deverá restaurar o bem e, caso não o faça no prazo, haverá a multa no valor de R$ 2.000,00 a R$ 8.000,00 (art. 37, § 1º, da Lei 9.504/97).

Nota-se que, como **regra**, **não é permitida a veiculação de propaganda eleitoral em bens públicos ou particulares**. No entanto, é permitida essa propaganda se for(em) (art. 37, § 2º, da Lei 9.504/97):

- bandeiras ao longo de vias públicas, desde que móveis e que não dificultem o bom andamento do trânsito de pessoas e veículos;
- adesivo plástico em automóveis, caminhões, bicicletas, motocicletas e janelas residenciais, desde que não exceda a 0,5 m².

Para fins eleitorais, bens de uso comum são os assim definidos pelo Código Civil e, também, aqueles a que a população em geral tem acesso, tais como cinemas, clubes, lojas, centros comerciais, templos, ginásios, estádios, ainda que de propriedade privada (art. 37, § 4º, da Lei 9.504/97).

Nas árvores e nos jardins localizados em áreas públicas, bem como em muros, cercas e tapumes divisórios, não é permitida a colocação de propaganda eleitoral de qualquer natureza, mesmo que não lhes cause dano (art. 37, § 5º, da Lei 9.504/97).

Mais relativizações acerca das regras do caput vem nos § 3º e 6º do art. 37.

A veiculação de propaganda eleitoral em **bens particulares** deve ser **espontânea e gratuita**, sendo vedado qualquer tipo de pagamento em troca de espaço para esta finalidade (art. 37, § 8º, da Lei 9.504/97).

É **vedada** na campanha eleitoral a confecção, utilização, distribuição por comitê, candidato, ou com a sua autorização, de camisetas, chaveiros, bonés, canetas, brindes, cestas básicas ou quaisquer outros bens ou materiais que possam proporcionar vantagem ao eleitor (art. 39, § 6º, da Lei 9.504/97).

Quando for veiculada propaganda dos candidatos a cargo majoritário (Prefeito, Governador, Presidente e Senador), deverão constar, também, os nomes dos candidatos a vice ou a suplentes de senador, de modo claro e legível, em tamanho não inferior a 30% do nome do titular (art. 36, § 4º, da Lei 9.504/97).

Importante notar que no **material impresso** de campanha deverá constar a **identificação do responsável pela confecção e pela contratação**, bem como a **tiragem**. O objetivo da norma é trazer maior transparência para o processo de contratação desses materiais. Nesse sentido o art. 38 da Lei 9.504/97

8.4.1 Comícios, showmícios, alto-falantes, trios elétricos e outdoor na campanha eleitoral

Em primeiro lugar, cabe referir que a realização de qualquer ato de propaganda partidária ou eleitoral, em recinto aberto ou fechado, **não depende de licença da polícia**, bastando que haja a comunicação à autoridade policial 24 horas antes da realização (art. 39, caput e § 1º, da Lei 9.504/97).

Fora desse evento, alto-falantes e amplificadores somente podem ser utilizados entre as 8 e as 24 horas, mas tais não podem ser instalados a distância menor de 200 metros das sedes dos Poderes Executivos e Legislativos, bem como da sede dos Tribunais Judiciais e dos quartéis militares. Ainda, deverão estar longe 200 metros de hospitais e casas de saúde, bem como de escolas, bibliotecas públicas, igrejas e teatros, quando em funcionamento (art. 39, § 3º, da Lei 9.504/97).

Comícios e aparelhagens de sonorização fixas podem ser utilizados, desde que entre as 8 e as 24 horas. No entanto, fique atento, pois, o comício de encerramento da campanha pode ser prorrogado por mais 2 horas (art. 39, § 4º, da Lei 9.504/97).

Até as vinte e duas horas do dia que antecede a eleição, serão permitidos distribuição de material gráfico, caminhada, carreata, passeata ou carro de som que transite pela cidade divulgando jingles ou mensagens de candidatos (art. 39, § 9º, da Lei 9.504/97).

Já os **showmícios** (utilização de shows artísticos) **estão vedados**, mesmo que de forma gratuita (art. 39, § 7º, da Lei 9.504/97).

Cuidado, pois o TSE e o STF (ADI 5970) entenderam que a realização de "lives" na internet para angariar fundos para campanhas eleitorais não configura showmício e pode ser realizada.

A utilização de **trios elétricos** também está **vedada, salvo** para sonorização de comícios (art. 39, § 10, da Lei 9.504/97).

No entanto, foi acrescentada uma exceção, que autoriza carros de som e minitrios como meio de propaganda eleitoral, desde que observado o limite de oitenta decibéis de nível de pressão sonora, medido a sete metros de distância do veículo (art. 39, § 11, da Lei 9.504/97).

8.4.2 Boca de urna e manifestação individual e silenciosa

Conforme disposto pelo próprio TSE, a propaganda de boca de urna consiste na atuação de cabos eleitorais e demais ativistas junto aos eleitores que se dirigem à seção eleitoral, no dia da votação, visando a promover e pedir votos para seu candidato ou partido. A legislação eleitoral proíbe a realização de atividades de aliciamento de eleitores e quaisquer outras que tenham o objetivo de convencer o cidadão mediante boca de urna.

Essa conduta é criminalizada pela Lei 9.504/97, em seu art. 39, § 5º:

Importa referir que é **permitida**, no dia das eleições, **a manifestação individual e silenciosa da preferência** do eleitor por partido político, coligação ou candidato, revelada exclusivamente pelo uso de bandeiras, broches, dísticos e adesivos (art. 39-A da Lei 9.504/97).

Apesar disso, não é permitido, até o término do horário de votação, a aglomeração de pessoas portando vestuário padronizado, pois tal caracteriza manifestação coletiva, o que é vedado (art. 39-A, § 1º, da Lei 9.504/97).

Também não é permitido, mesmo que de forma silenciosa, no recinto das seções eleitorais e juntas apuradoras, que servidores da Justiça Eleitoral, mesários e escrutinadores usem vestuário ou objetos que contenham qualquer propaganda de partido político, de coligação ou de candidato (art. 39-A, § 2º, da Lei 9.504/97).

Quanto aos fiscais partidários, nos trabalhos de votação, só pode, em seus crachás, constar o nome e a sigla do partido político ou coligação a que sirvam, vedada a padronização do vestuário (art. 39-A, § 3º, da Lei 9.504/97).

8.4.3 Propaganda eleitoral na imprensa escrita

É **permitida** a propaganda eleitoral na imprensa escrita. No entanto, há limites a esse exercício, conforme art. 43 da Lei 9.504/97. Um deles, é que somente pode ocorrer **até a antevéspera das eleições**. Ademais, deverá constar do anúncio, o **valor pago pela inscrição**. Qualquer violação a essas regras, poderá haver aplicação de multa.

8.4.4 Propaganda eleitoral no rádio e na televisão

A disciplina quanto a este ponto está entre os arts. 44 e 57 da Lei das eleições (Lei 9.504/97).

No rádio e na TV a propaganda será sempre gratuita, sendo vedada a propaganda paga nesses meios de comunicação (art. 44, caput, da Lei. 9.504/97).

Na TV, deverá haver o uso da Linguagem Brasileira de Sinais – **LIBRAS** ou o recurso de legenda, que deverão constar obrigatoriamente do material entregue às emissoras (art. 44, § 1º, da Lei. 9.504/97).

E nessa propaganda não se permitirá utilização comercial ou propaganda realizada com a intenção, ainda que disfarçada ou subliminar, de promover marca ou produto (art. 44, § 2º, da Lei. 9.504/97).

Além disso, a legislação eleitoral trouxe uma série de restrições aos veículos de comunicação, com o objetivo de evitar privilégios a certos candidatos, conforme art. 45 da Lei 9.504/97

> ▷ **Importante:** O STF, na ADI 4451, declarou a inconstitucionalidade dos incisos II e III do caput do art. 45 da Lei das Eleições, bem como dos §§ 4º e 5º do mesmo art. 45. Com isso, houve uma liberação do humor nas eleições e permitiu-se uma maior liberdade no exercício da cobertura jornalística.

Ainda, a partir de 30 de junho do ano da eleição, é vedado às emissoras transmitir programa apresentado ou comentado por pré-candidato, sob pena, no caso de sua escolha na convenção partidária, de imposição da multa prevista no § 2º e de cancelamento do registro da candidatura do beneficiário (art. 44, § 1º, da Lei. 9.504/97).

8.4.5 Debates

Podem as emissoras de rádio e TV transmitir debates eleitorais, tanto para eleições majoritárias quanto para as proporcionais. Claro, devem obedecer às regras legais para tanto.

Uma dessas regras é a de que a emissora deve assegurar a participação dos candidatos dos partidos políticos que tenham cinco ou mais representantes no Congresso Nacional. Aos que não alcançam esse número, a participação é facultativa. Ademais, nas eleições majoritárias a apresentação dos debates poderá ser feita: a) em conjunto, estando presentes todos os candidatos a um mesmo cargo eletivo; ou b) em grupos, estando presentes, no mínimo, três candidatos (art. 46, caput, I, da Lei das Eleições).

Nas eleições proporcionais, os debates deverão ser organizados de modo que assegurem a presença de número equivalente de candidatos de todos os partidos a um mesmo cargo eletivo e poderão desdobrar-se em mais de um dia, respeitada a proporção de homens e mulheres estabelecida no § 3º do art. 10 desta Lei (art. 46, caput, II, da Lei das Eleições).

Os debates deverão ser parte de programação previamente estabelecida e divulgada pela emissora, fazendo-se mediante sorteio a escolha do dia e da ordem de fala de cada candidato, salvo se celebrado acordo em outro sentido entre os partidos e coligações interessados (art. 46, caput, III, da Lei das Eleições).

Nota-se que a ausência de um candidato não ocasiona a impossibilidade de realização do debate, desde que o veículo de comunicação responsável comprove havê-lo convidado com a antecedência mínima de setenta e duas horas da realização do debate (art. 46, § 1º, da Lei das Eleições).

O debate será realizado segundo as regras estabelecidas em acordo celebrado entre os partidos políticos e a pessoa jurídica interessada na realização do evento, dando-se ciência à Justiça Eleitoral (art. 46, § 4º, da Lei das Eleições).

8.4.6 Horário eleitoral gratuito

O horário eleitoral gratuito em rádios e TVs ocorre nos 35 dias anteriores à antevéspera das eleições (art. 47, caput, da Lei das Eleições).

Caso haja segundo turno, as emissoras de rádio e televisão reservarão, a partir da sexta-feira seguinte à realização do primeiro turno e até a antevéspera da eleição, horário destinado à divulgação da propaganda eleitoral gratuita, dividida em dois blocos diários de dez minutos para cada eleição, e os blocos terão início às sete e às doze horas, no rádio, e às treze e às vinte horas e trinta minutos, na televisão (art. 49, caput, da Lei das Eleições).

No primeiro turno, os horários reservados serão divididos entres todos os partidos e coligações que tenham candidato, de forma proporcional. O § 2º do art. 47 traz os critérios para divisão.

Para esse efeito, a representação de cada partido na Câmara dos Deputados é a resultante da eleição, sendo que serão desconsideradas as mudanças de filiação partidária em quaisquer hipóteses (art. 47, §§ 3º e 7º, da Lei das Eleições).

Já no segundo turno, independente dos critérios antes citados, o tempo será dividido igualmente.

O art. 47 da Lei das Eleições estipula que canais de rádio e TV, nos trinta e cinco dias anteriores à antevéspera das eleições, reservarão horário destinado à divulgação, em rede, da propaganda eleitoral gratuita.

Para Presidente da República e Deputado Federal, as propagandas ocorrerão às terças, quintas e sábados; para Senador, Deputado Estadual, Deputado Distrital, Governador de Estado e do Distrito Federal às segundas, quartas e sextas; para Prefeito, de segunda a sábado.

Não serão admitidos cortes instantâneos ou qualquer tipo de censura prévia nos programas eleitorais gratuitos (art. 53 da Lei das Eleições).

É vedada a veiculação de propaganda que possa degradar ou ridicularizar candidatos, sujeitando-se o partido ou coligação infratores à perda do direito à veiculação de propaganda no horário eleitoral gratuito do dia seguinte. Sem prejuízo, a requerimento de partido, coligação ou candidato, a Justiça Eleitoral impedirá a reapresentação de propaganda ofensiva à honra de candidato, à moral e aos bons costumes (§§ 1º e 2º do art. 53 da Lei das Eleições).

8.4.7 Propaganda eleitoral na internet

A previsão sobre a propaganda eleitoral na internet está entre o art. 57-A e o art. 57-I da Lei das Eleições.

O art. 57-A diz que é permitida a propaganda eleitoral na internet, nos termos desta Lei, após o dia 15 de agosto do ano da eleição. Essa é a regra geral da propaganda eleitoral.

A propaganda eleitoral na internet poderá ser realizada nas seguintes formas (art. 57-B):

> I – em sítio do candidato, com endereço eletrônico comunicado à Justiça Eleitoral e hospedado, direta ou indiretamente, em provedor de serviço de internet estabelecido no País;
>
> II – em sítio do partido ou da coligação, com endereço eletrônico comunicado à Justiça Eleitoral e hospedado, direta ou indiretamente, em provedor de serviço de internet estabelecido no País;
>
> III – por meio de mensagem eletrônica para endereços cadastrados gratuitamente pelo candidato, partido ou coligação;
>
> IV – por meio de blogs, redes sociais, sítios de mensagens instantâneas e aplicações de internet assemelhadas cujo conteúdo seja gerado ou editado por:
>
> a) candidatos, partidos ou coligações; ou
>
> b) qualquer pessoa natural, desde que não contrate impulsionamento de conteúdos.

No entanto, conforme art. 57-C, é proibida a veiculação de qualquer tipo de propaganda eleitoral paga na internet. Somente será possível o impulsionamento de conteúdos, desde que identificado de forma inequívoca como tal e contratado

ELEITORAL

exclusivamente por partidos, coligações e candidatos e seus representantes.

Da mesma forma, é proibida, mesmo que gratuitamente, a veiculação de propaganda eleitoral na internet, em sites de pessoas jurídicas (com ou sem fins lucrativos) e em sites oficiais ou hospedados por órgãos ou entidades da administração pública direta ou indireta da União, dos Estados, do Distrito Federal e dos Municípios (Art. 57-C, § 1º).

O art. 57-D garante que é livre a manifestação do pensamento, mas vedado o anonimato durante a campanha eleitoral, por meio da internet, assegurado o direito de resposta.

O art. 57-F traz a possibilidade de solidariedade entre o provedor do conteúdo que hospeda a divulgação da propaganda se, no prazo determinado pela Justiça Eleitoral, não tomar providências para a cessação da irregularidade.

Quanto às mensagens encaminhadas por aplicativos, como WhatsApp, deverão dispor de mecanismo que permita seu descadastramento pelo destinatário, obrigado o remetente a providenciá-lo no prazo de quarenta e oito horas (art. 57-G).

Por fim, o art. 57-I afirma que, a requerimento de candidato, partido ou coligação, observado o rito previsto no art. 96 da Lei das Eleições, a Justiça Eleitoral poderá determinar a suspensão do acesso a todo conteúdo veiculado que deixar de cumprir as disposições legais, devendo o número de horas de suspensão ser definida proporcionalmente à gravidade da infração cometida em cada caso, observado o limite máximo de vinte e quatro horas. No período de suspensão a que se refere este artigo, a empresa informará, a todos os usuários que tentarem acessar seus serviços, que se encontra temporariamente inoperante por desobediência à legislação eleitoral.

9. ABUSO DE PODER E CONDUTAS VEDADAS AOS AGENTES PÚBLICOS EM CAMPANHA

O Direito Eleitoral tem como uma de suas principais metas garantir a normalidade e a legitimidade das eleições, para que prevaleça a vontade suprema do povo.

Mas há **abusos do poder político e econômico** que **abalam a normalidade e legitimidade das eleições**, motivo pelo qual a legislação eleitoral traz mecanismos para combater essas condutas.

Abuso de poder político é verificado quando o detentor de poder (no Poder Executivo ou Legislativo), valendo-se dessa condição, age com abuso de autoridade, prejudicando a liberdade de voto. Exemplo: uso indevido de propaganda institucional; coação de servidores públicos para fazer campanha para um determinado candidato.

Abuso de poder econômico ocorre quando o candidato utiliza recursos financeiros vedados ou acima dos permitidos pela legislação.

9.1 Condutas Vedadas aos Agentes Públicos em Campanhas Eleitorais

Aqui nós analisamos os **arts. 73 e seguintes da Lei das Eleições** (Lei 9.504/97), que trazem uma **série de condutas vedadas aos agentes públicos durante as campanhas eleitorais**, com o objetivo de preservar a normalidade e a legitimidade das eleições.

Nota-se que é considerado agente público, para esse fim, quem exerce, ainda que transitoriamente ou sem remuneração, por eleição, nomeação, designação, contratação ou qualquer outra forma de investidura ou vínculo, mandato, cargo, emprego ou função nos órgãos ou entidades da administração pública direta, indireta ou fundacional (art. 73, § 1º).

O art. 73, caput, traz uma série de condutas que são vedadas aos agentes públicos:

> **Art. 73.** São proibidas aos agentes públicos, servidores ou não, as seguintes condutas tendentes a afetar a igualdade de oportunidades entre candidatos nos pleitos eleitorais:
>
> I – ceder ou usar, em benefício de candidato, partido político ou coligação, bens móveis ou imóveis pertencentes à administração direta ou indireta da União, dos Estados, do Distrito Federal, dos Territórios e dos Municípios, ressalvada a realização de convenção partidária;
>
> II – usar materiais ou serviços, custeados pelos Governos ou Casas Legislativas, que excedam as prerrogativas consignadas nos regimentos e normas dos órgãos que integram;
>
> III – ceder servidor público ou empregado da administração direta ou indireta federal, estadual ou municipal do Poder Executivo, ou usar de seus serviços, para comitês de campanha eleitoral de candidato, partido político ou coligação, durante o horário de expediente normal, salvo se o servidor ou empregado estiver licenciado;
>
> IV – fazer ou permitir uso promocional em favor de candidato, partido político ou coligação, de distribuição gratuita de bens e serviços de caráter social custeados ou subvencionados pelo Poder Público;
>
> (...)

Nota-se que a vedação do inciso I do *caput* não se aplica ao uso, em campanha, de transporte oficial pelo Presidente da República, obedecido o disposto no art. 76, nem ao uso, em campanha, pelos candidatos à reeleição de Presidente e Vice-Presidente da República, Governador e Vice-Governador de Estado e do Distrito Federal, Prefeito e Vice-Prefeito, de suas residências oficiais para realização de contatos, encontros e reuniões pertinentes à própria campanha, desde que não tenham caráter de ato público (art. 73, § 2º).

Quanto ao inciso IV, é importante ter em mente o disposto nos §§ 10 e 11 do art. 73:

> § 10. No ano em que se realizar eleição, fica proibida a distribuição gratuita de bens, valores ou benefícios por parte da Administração Pública, exceto nos casos de calamidade pública, de estado de emergência ou de programas sociais autorizados em lei e já em execução orçamentária no exercício anterior, casos em que o Ministério Público poderá promover o acompanhamento de sua execução financeira e administrativa.
>
> § 11. Nos anos eleitorais, os programas sociais de que trata o § 10 não poderão ser executados por entidade nominalmente vinculada a candidato ou por esse mantida.

As vedações do inciso VI do caput, alíneas b e c, aplicam-se apenas aos agentes públicos das esferas administrativas cujos cargos estejam em disputa na eleição (art. 73, § 3º).

E quais as **consequências** quanto à prática dessas condutas vedadas?

Em primeiro lugar, acarretará a **suspensão imediata da conduta vedada**, quando for o caso, e sujeitará os responsáveis a multa no valor de cinco a cem mil UFIR (art. 73, § 4º).

Ainda, sem prejuízo dessa penalidade, o candidato beneficiado, agente público ou não, ficará **sujeito à cassação do registro ou do diploma** (art. 73, § 5º).

Aplicam-se as sanções do § 4º aos agentes públicos responsáveis pelas condutas vedadas e aos partidos, coligações e candidatos que delas se beneficiarem (art. 73, § 8º).

O art. 74 dispõe que configura abuso de autoridade, para os fins do disposto no art. 22 da Lei Complementar nº 64, de 18 de maio de 1990, a infringência do disposto no § 1º do art. 37 da Constituição Federal, ficando o responsável, se candidato, sujeito ao cancelamento do registro ou do diploma. O art. 37, § 1º, da CF, combate o uso de publicidade institucional em favor de servidores públicos ou autoridades, visando a preservar o princípio da impessoalidade da administração pública.

O art. 75 traz a **vedação de contratação de shows artísticos pagos com recursos públicos** nos **três meses** que antecedem o pleito.

Conforme art. 77, é **vedado que candidato participe de inauguração de obra pública** nos **três meses** que antecedem o pleito, sob pena de cassação do registro ou do diploma.

A violação a essas condutas vedadas, assim como no caso de propaganda eleitoral irregular, deverá ser arguida por meio da **representação prevista no art. 96 da Lei das Eleições**.

9.2 Captação Ilícita de Sufrágio

A captação ilícita de sufrágio está disposta no art. 41-A da Lei das Eleições (Lei 9.504/97).

Busca-se com o citado dispositivo combater a compra de votos de modo a preservar a liberdade do eleitor.

Para a propositura de ação com base nesse dispositivo não é necessária a chamada potencialidade lesiva, capaz de alterar significativamente o resultado das eleições. Basta, aqui, a comprovação da compra de um único voto para que o ato seja caracterizado.

Diz o art. 41-A:

> **Art. 41-A.** Ressalvado o disposto no art. 26 e seus incisos, constitui captação de sufrágio, vedada por esta Lei, o candidato doar, oferecer, prometer, ou entregar, ao eleitor, com o fim de obter-lhe o voto, bem ou vantagem pessoal de qualquer natureza, inclusive emprego ou função pública, desde o registro da candidatura até o dia da eleição, inclusive, sob pena de multa de mil a cinquenta mil Ufir, e cassação do registro ou do diploma, observado o procedimento previsto no art. 22 da Lei Complementar no 64, de 18 de maio de 1990.
>
> § 1º Para a caracterização da conduta ilícita, é desnecessário o pedido explícito de votos, bastando a evidência do dolo, consistente no especial fim de agir.
>
> § 2º As sanções previstas no caput aplicam-se contra quem praticar atos de violência ou grave ameaça a pessoa, com o fim de obter-lhe o voto.
>
> § 3º A representação contra as condutas vedadas no caput poderá ser ajuizada até a data da diplomação.
>
> § 4º O prazo de recurso contra decisões proferidas com base neste artigo será de 3 (três) dias, a contar da data da publicação do julgamento no Diário Oficial.

9.3 Fornecimento Gratuito de Transporte e Alimentação em dias de eleição

O oferecimento indevido de transporte no dia das eleições configura abuso de poder econômico.

Segundo o art. 5º da Lei 6.091/74, nenhum veículo ou embarcação poderá fazer transporte de eleitores desde o dia anterior até o posterior à eleição, salvo: a) a serviço da Justiça Eleitoral; b) coletivos de linhas regulares e não fretados; c) de uso individual do proprietário, para o exercício do próprio voto e dos membros da sua família; d) o serviço normal, sem finalidade eleitoral, de veículos de aluguel.

Também é vedado o oferecimento de refeições a eleitores no dia das eleições, conforme art. 8º da Lei 6.091/74.

10. ORGANIZAÇÃO DAS ELEIÇÕES

A Justiça Eleitoral possui diversas atribuições, que se iniciam com alistamento eleitoral e vão até a diplomação. Ou seja, a Justiça Eleitoral, como já visto, possui importante função administrativa (executiva), além da sua função jurisdicional.

Agora serão estudadas as diversas etapas da organização das eleições.

10.1 Organização das Seções Eleitorais

Como já visto, a divisão geográfica da Justiça Eleitoral de primeira instância se dá por meio de zonas eleitorais (que podem englobar mais de um município ou, eventualmente, em municípios muito grandes, ter mais de uma zona eleitoral por município).

As zonas eleitorais são subdivididas em seções eleitorais, local onde os eleitores comparecem para votar. Em cada seção eleitoral haverá uma urna de votação e funcionará uma mesa receptora, formada por uma equipe de mesários, nomeada pelo juiz eleitoral.

As seções eleitorais funcionarão preferencialmente em prédios públicos, mas, em caso de necessidade, podem ficar em edifícios particulares.

Esses prédios onde funcionam as seções eleitorais são chamados de locais de votação.

Até 60 dias antes da eleição, o juiz eleitoral designará os locais de votação onde funcionarão as mesas receptoras, sendo vedada a escolha de locais pertencentes a candidatos, membros de diretórios ou delegados de partidos políticos ou de coligação, autoridade judicial ou cônjuges e parentes, consanguíneos, por adoção ou afins, até o 2º grau, de candidato.

Divulgados os locais de votação, inicia-se o prazo de 03 dias para impugnação, sendo legitimados para tanto os partidos políticos (art. 135, § 7º, do Código Eleitoral), as coligações e o Ministério Público.

O eleitor, no momento do seu alistamento, poderá escolher o seu local de votação, a partir da lista dos locais de votação disponíveis na sua respectiva zona eleitoral.

10.2 Organização das Mesas Receptoras

Em cada seção eleitoral funcionará uma mesa receptora, constituída por mesários nomeados pelo juiz eleitoral.

Segundo art. 120 do Código Eleitoral, constituem a mesa receptora um presidente, um primeiro e um segundo mesários, dois secretários e um suplente, nomeados pelo juiz eleitoral sessenta dias antes da eleição, em audiência pública, anunciado pelo menos com cinco dias de antecedência.

Qualquer partido pode reclamar ao Juiz Eleitoral, no prazo de cinco dias, da nomeação da Mesa Receptora, devendo a decisão ser proferida em 48 horas (art. 63, caput, da Lei das Eleições).

Os nomeados que não declararem a existência de qualquer dos impedimentos incorrem no crime do art. 310 do Código Eleitoral.

Destaca-se que o presidente da mesa receptora tem poder de polícia na sua respectiva seção, podendo, para isso, requisitar força pública. O presidente da mesa é a autoridade superior, devendo zelar pela ordem do pleito, com poderes, inclusive, para retirar do recinto quem não guardar a devida compostura ou estiver praticando ato atentatório à liberdade eleitoral. Nenhuma autoridade estranha à mesa poderá intervir nela, sob pretexto algum, salvo o juiz eleitoral.

10.3 Sistema Eletrônico de Votação

Com a adoção da urna eletrônica, o antigo sistema de votação por cédulas foi substituído pelo sistema eletrônico de votação e totalização dos votos (art. 59 da Lei das Eleições). Atualmente, somente em caráter excepcional, utiliza-se o sistema de votação convencional.

A votação eletrônica será feita no número do candidato ou da legenda partidária, devendo o nome e fotografia do candidato e o nome do partido ou a legenda partidária aparecer no painel da urna eletrônica, com a expressão designadora do cargo disputado no masculino ou feminino, conforme o caso (art. 59, § 1º, da Lei das Eleições).

Na votação para as eleições proporcionais, serão computados para a legenda partidária os votos em que não seja possível a identificação do candidato, desde que o número identificador do partido seja digitado de forma correta (art. 59, § 2º, da Lei das Eleições).

A urna eletrônica contabilizará o voto, assegurando-lhe o sigilo e a inviolabilidade, garantida a ampla fiscalização do processo aos candidatos, partidos e coligações.

A votação deverá ser iniciada às 8 horas e encerrada às 17 horas (art. 144 do Código Eleitoral). Se ainda houver pessoas na fila para votar às 17 horas, o presidente fará entregar as senhas a todos os eleitores presentes e, em seguida, os convidará, em voz alta, a entregar à mesa seus títulos, para que sejam admitidos a votar (art. 153 do Código Eleitoral).

Antes do início da votação, será emitida a zerésima, documento que comprova a ausência de votos antes do início da votação. Ao final da votação, será emitido o boletim de urna.

Para votar, o eleitor deverá apresentar um documento oficial de identificação com foto. Conforme decidiu o STF (ADI 4467), o título de eleitor não é documento obrigatório.

Dentro da cabina de votação, é vedado portar aparelho de telefonia celular, máquina fotográfica ou filmadora (art. 91-A, parágrafo único).

Importante notar que o art. 233-A do Código Eleitoral autorizou o voto em trânsito no território nacional para presidente da República, governador, senador, deputado federal, deputado estadual e deputado distrital em urnas especialmente instaladas nas capitais e nos municípios com mais de cem mil eleitores.

Conforme § 1º do citado art. 233-A, o exercício do direito de votar em trânsito sujeita-se à observância das seguintes regras:

> I – para votar em trânsito, o eleitor deverá habilitar-se perante a Justiça Eleitoral no período de até quarenta e cinco dias da data marcada para a eleição, indicando o local em que pretende votar;
>
> II – aos eleitores que se encontrarem fora da unidade da Federação de seu domicílio eleitoral somente é assegurado o direito à habilitação para votar em trânsito nas eleições para presidente da República;
>
> III – os eleitores que se encontrarem em trânsito dentro da unidade da Federação de seu domicílio eleitoral poderão votar nas eleições para presidente da República, governador, senador, deputado federal, deputado estadual e deputado distrital.

10.4 Nulidades na Votação

Do art. 219 ao art. 224, o Código Eleitoral trata das nulidades na votação.

O art. 220 diz que é **nula a votação**:

> I – quando feita perante mesa não nomeada pelo juiz eleitoral, ou constituída com ofensa à letra da lei;
>
> II – quando efetuada em folhas de votação falsas;
>
> III – quando realizada em dia, hora, ou local diferentes do designado ou encerrada antes das 17 horas;
>
> IV – quando preterida formalidade essencial do sigilo dos sufrágios;
>
> V – quando a seção eleitoral tiver sido localizada com infração do disposto nos §§ 4º e 5º do art. 135.

O art. 221 afirma que é **anulável** a votação:

> I – quando houver extravio de documento reputado essencial;
>
> II – quando for negado ou sofrer restrição o direito de fiscalizar, e o fato constar da ata ou de protesto interposto, por escrito, no momento;
>
> III – quando votar, sem as cautelas do art. 147, § 2º:
>
> a) eleitor excluído por sentença não cumprida por ocasião da remessa das folhas individuais de votação à mesa, desde que haja oportuna reclamação de partido;
>
> b) eleitor de outra seção, salvo a hipótese do art. 145;
>
> c) alguém com falsa identidade em lugar do eleitor chamado.

Mas, sobre a temática, o **mais importante** é entender que é **mito** que, se houver mais da metade de votos nulos e brancos, haverá nova eleição. Esse mito surgiu diante do disposto no art. 224 do Código Eleitoral:

> **Art. 224.** Se a nulidade atingir a mais de metade dos votos do país nas eleições presidenciais, do Estado nas eleições federais e estaduais ou do município nas eleições municipais, julgar-se-ão prejudicadas as demais votações e o Tribunal marcará dia para nova eleição dentro do prazo de 20 (vinte) a 40 (quarenta) dias.

Mas, **conforme já decidido pelo TSE, o art. 224 não tem aplicação quando mais da metade dos eleitores, voluntariamente, votam em branco ou nulo, pois tais votos não possuem nenhum valor.** A nulidade prevista no artigo citado é a que decorre das causas elencadas nos arts. 220 e 221 do Código Eleitoral.

10.5 Justificativa de não Comparecimento

Aos brasileiros alfabetizados entre 18 e 70 anos, o voto é obrigatório. Se essas pessoas não votarem, haverá consequências, conforme art. 7º,

§ 1º, do Código Eleitoral e art. 126, caput, da Res. 23.659/2021 do TSE.

Mas, caso esse eleitor justifique a sua ausência ao pleito, também estará quite com a Justiça Eleitoral.

Estando o eleitor no Brasil, ele poderá justificar sua ausência na votação no dia da realização do pleito ou até 60 dias após, em cartório eleitoral. Caso esteja fora do Brasil, terá o prazo de 30 dias, a conta do seu retorno ao país, para apresentar a justificativa (art. 126, inciso I, da Res. 23.659/2021 do TSE).

Nota-se que o pedido de justificativa é sempre dirigido ao juiz eleitoral da zona eleitoral da inscrição do eleitor, mas pode ser formulada em qualquer zona eleitoral.

Caso o eleitor deixe de votar em três eleições consecutivas, sem justificativa, terá cancelada a sua inscrição eleitoral. Importante saber que cada turno da eleição é considerado uma eleição.

10.6 Garantias Eleitorais

Com o objetivo de preservar a liberdade de voto e impedir atos arbitrários, o Código Eleitoral traz algumas garantias eleitorais.

Conforme art. 235, o juiz eleitoral, ou o presidente da mesa receptora, *pode expedir salvo-conduto com a cominação de prisão por desobediência até 5 dias, em favor do eleitor que sofrer violência, moral ou física, na sua liberdade de votar, ou pelo fato de haver votado.*

Além disso, o art. 236, caput, diz que nenhuma autoridade poderá, desde 5 dias antes e até 48 horas depois do encerramento da eleição, prender ou deter qualquer eleitor, salvo em flagrante delito ou em virtude de sentença criminal condenatória por crime inafiançável, ou, ainda, por desrespeito a salvo-conduto.

O § 1º do art. 235 garante que os membros das mesas receptoras e os fiscais de partido, durante o exercício de suas funções, não poderão ser detidos ou presos, salvo o caso de flagrante delito; da mesma garantia gozarão os candidatos desde 15 dias antes da eleição.

O § 2º do art. 235 garante que, ocorrendo qualquer prisão, o preso será imediatamente conduzido à presença do juiz competente que, se verificar a ilegalidade da detenção, a relaxará e promoverá a responsabilidade do coator.

Ainda, o art. 238 c/c art. 141, ambos do Código Eleitoral, asseveram que é proibida, durante o ato eleitoral, a presença de força pública no edifício em que funcionar mesa receptora, ou nas imediações, devendo manter uma distância de 100 metros, não podendo se aproximar do lugar da votação, ou nele penetrar, sem ordem do presidente da mesa.

10.7 Apuração e Proclamação dos Resultados

A apuração das eleições é o procedimento por meio do qual se afere o resultado do pleito, devendo ser iniciada tão logo se encerre a votação.

A competência para apuração das eleições é exclusiva da Justiça Eleitoral. Nas eleições municipais, tal atribuição é da junta eleitoral. Nas eleições federais (deputado federal e senador) e estaduais/distritais (deputado estadual/distrital, governador e vice-governador), a atribuição é do TRE. Nas eleições presidenciais, a incumbência fica com o TSE.

Encerrada a apuração, as instâncias competentes da Justiça Eleitoral proclamarão os resultados, marcando data para diplomação.

10.8 Diplomação dos Eleitos

A diplomação dos eleitos é a última fase do processo eleitoral. É por meio dela que a Justiça Eleitoral, em solenidade própria, concederá aos candidatos eleitos o diploma e o direito de assumirem o respectivo mandato eletivo para o qual foram eleitos.

Esse ato é realizado em audiência pública e deve ser realizado até o dia 19 de dezembro do ano em que ocorreu a eleição. Tanto os eleitos quanto os suplentes serão diplomados.

Nota-se que o ato de diplomação é um ato declaratório, de modo que, caso algum eleito não compareça, não será prejudicado, podendo comparecer posteriormente no órgão competente da Justiça Eleitoral.

Os diplomas de prefeito, vice e vereadores são expedidos pela junta eleitoral; os diplomas de deputado federais, estaduais, distritais, senadores, governadores e vice são expedidos pelo TRE; os diplomas de presidente e vice são expedidos pelo TSE.

Sobre a **posse**, importante atentar para a **EC 111/2021**, que alterou, a partir das eleições de 2026, os arts. 28 e 82 da CF/88, prevendo **novas datas para as posses dos governadores e do presidente da república**. Os eleitos até o ano de 2022, tomaram posse em 1º de janeiro. Quem for eleito após, tomará posse em 05 (presidente) e 06 (governador) de janeiro.

11. AÇÕES E RECURSOS ELEITORAIS[10]

Dentro do sistema jurídico eleitoral, existe um conjunto de ações que podem ser utilizados pelos interessados na busca da concretização dos princípios que regem o Direito Eleitoral.

Importante relembrar que o Código de Processo Civil se aplica subsidiariamente ao processo eleitoral, quando este não tiver normas próprias regulando o tema, conforme art. 15 do CPC.

Passamos a analisar as ações eleitorais individualmente.

11.1 Ação de Impugnação de Registro de Candidatura (AIRC)

A ação de impugnação de registro de candidatura (**AIRC**) é o instrumento hábil a **impedir que candidato escolhido em convenção partidária seja registrado**, em virtude do não atendimento de algum requisito legal ou constitucional.

Isso pode ocorrer pela:

- **ausência de uma das condições de elegibilidade;**
- **presença de uma das hipóteses de inelegibilidade; ou**
- **pela ausência de algum dos documentos essenciais ao registro.**

Quem possui **legitimidade** para a AIRC?

A **legitimidade ativa**, ou seja, quem pode ingressar com a ação eleitoral, cabe a qualquer candidato, partido, coligação ou ao Ministério Público (art. 3º da LC 64/90). Importante notar que, quando a lei fala em candidato, na verdade se refere à pré-candidato, porquanto só se fala em candidato após o deferimento do pedido de registro de candidatura.

Já a **legitimidade passiva**, ou seja, contra quem deve ser proposta a AIRC, recai sobre o pré-candidato impugnado.

Qual o **prazo** para ajuizar a AIRC?

A AIRC precisa ser ajuizada no **prazo de 5 dias**, a contar da publicação do pedido de registro. Ou seja, o prazo não tem relação com a data-limite do registro (15/08), mas, sim, com a publicação desses pedidos (art. 3º da LC 64/90).

Esse **prazo é decadencial**. Assim, se transcorrido o prazo sem impugnação, não será mais possível ajuizar AIRC. No entanto, ainda será possível alegar elegibilidades e inelegibilidades previstas na Constituição Federal posteriormente, por meio do recurso contra diplomação (RCD).

Quem é **competente** para o julgamento da AIRC?

Isso vai depender de qual o cargo pleiteado:

- Juiz eleitoral julga AIRC em face de candidatos a prefeito, vice-prefeito e vereador;
- TRE julga AIRC em face de candidatos a governador, vice-governador, senador, suplentes de senador, deputado federal, deputado estadual e deputado distrital;
- TSE julga AIRC em face de candidato a presidente da república e vice-presidente da república.

E qual o **procedimento** da AIRC?

Caso seja **AIRC que será julgada por juiz eleitoral**, o procedimento é o seguinte: a petição inicial já deve indicar, além dos fundamentos da ação, os meios de prova, arrolando testemunhas (no máximo 6). Após, o pré-candidato impugnado será notificado para contestar no prazo de 7 dias. Na contestação, assim como ocorre para o impugnante, deverá indicar todos os meios de prova que pretender usar, incluindo o rol de testemunhas (no máximo de 6), conforme art. 4º da LC 64/90.

Não sendo possível o julgamento antecipado, o processo vai prosseguir com a designação de audiência para a inquirição das testemunhas, as quais serão ouvidas em uma só assentada (art. 5º da LC 64/90).

Após a oitiva das testemunhas, caso seja necessário, o juiz poderá determinar a realização de diligências, de ofício ou a requerimento das partes (art. 5º, § 2º, da LC 64/90).

Finalizada a instrução, abre-se o prazo comum de 5 dias para a apresentação de alegações finais, a todas as partes, inclusive para o Ministério Público (art. 6º da LC 64/90).

Uma vez apresentadas as alegações finais, os autos serão conclusos ao juiz, que deverá decidir em 3 dias. Dessa decisão cabe recurso ao TRE no prazo de 3 dias (art. 8º da LC 64/90). Caso o juiz sentencie após o prazo de 3 dias, o prazo recursal inicia após a publicação (art. 9º da LC 64/90).

Da decisão do TRE, cabe recurso para o TSE no prazo de três dias (art. 12 da LC 64/90).

Julgada procedente a AIRC e transitada em julgado ou publicada a decisão proferida por órgão colegiado que declarar a inelegibilidade do candidato, ser-lhe-á negado registro, ou cancelado, se já tiver

10. Haverá outra seção específica sobre ações.

sido feito, ou declarado nulo o diploma, se já expedido (art. 15 da LC 64/90).

Caso a AIRC deva ser julgada diretamente pelo TRE ou pelo TSE, deve ser observado o disposto no art. 13 da LC 64/90. Em suma, pode-se dizer que, recebidos os autos na secretaria do Tribunal, serão distribuídos a um relator, que, mandará abrir vista ao Ministério Público, pelo prazo de dois dias. Findo o prazo, com ou sem parecer, os autos irão ao relator que os apresentará em mesa para julgamento em três dias, independente de publicação em pauta.

Sobre a AIRC, o art. 16 da LC 64/90 ainda determina que:

> **Art. 16.** Os prazos a que se referem o art. 3º e seguintes desta lei complementar são peremptórios e contínuos e correm em secretaria ou Cartório e, a partir da data do encerramento do prazo para registro de candidatos, não se suspendem aos sábados, domingos e feriados.

Segundo o art. 16 da Lei 9.504/97 (Lei das Eleições), os pedidos de registro de candidatura deverão ser julgados até 20 dias antes das eleições, inclusive os pedidos de registro impugnados e os seus recursos. E isso ocorre porque não haveria sentido julgar um pedido de impugnação de registro da candidatura depois que o sujeito já foi eleito e até mesmo já cumpriu o seu mandato.

Por fim, importante notar que, enquanto não transitar em julgado a decisão sobre a impugnação do registro de candidatura, o candidato poderá continuar disputando a eleição, inclusive participando do horário eleitoral gratuito (art. 16-A da Lei 9.504/97).

11.2 Ação de Investigação Judicial Eleitoral (AIJE)

A ação de investigação judicial eleitoral (**AIJE**) está prevista no art. 22 da LC 64/90. Assim dispõe o citado dispositivo legal:

> **Art. 22.** Qualquer partido político, coligação, candidato ou Ministério Público Eleitoral poderá representar à Justiça Eleitoral, diretamente ao Corregedor-Geral ou Regional, relatando fatos e indicando provas, indícios e circunstâncias e pedir abertura de investigação judicial para apurar uso indevido, desvio ou abuso do poder econômico ou do poder de autoridade, ou utilização indevida de veículos ou meios de comunicação social, em benefício de candidato ou de partido político, obedecido o seguinte rito:
>
> (...)

Essa ação, conforme Zilio, tem por finalidade a apuração de **abuso de poder político** (ou de autoridade) ou **econômico**, cuja gravidade possa influir na normalidade e na legitimidade do exercício do poder de sufrágio popular, bem como para apuração de da **utilização indevida de veículos ou meios de comunicação social** e a **transgressão de valores pecuniários**[11].

Nota-se que, para configuração do ato abusivo, não será considerada a potencialidade de o fato alterar o resultado da eleição, mas apenas a gravidade das circunstâncias que o caracterizam, na forma do inciso XVI do art. 22 da LC/64/90.

- **Quem possui legitimidade para AIJE?**

A **legitimidade ativa** é igual à da AIRC (qualquer candidato, partido, coligação ou o Ministério Público), conforme caput do citado art. 22.

A **legitimidade passiva** é do candidato (ou pré-candidato) e o cidadão que não é candidato, mas que concorreu para prática do abuso de poder econômico ou político. Há entendimento reiterado do TSE no sentido de que pessoa jurídica não possui legitimidade para estar no polo passivo da AIJE.

- **Qual o prazo para propor a AIJE?**

A legislação eleitoral não fixou o prazo para o ajuizamento da AIJE, de modo que coube a doutrina essa tarefa. Entende-se que a AIJE deve ser ajuizada **após o registro de candidatura**. O **termo final** para o ajuizamento dessa ação é a **diplomação** dos eleitos, quando se opera a decadência do direito de se utilizar a AIJE.

Mas importante saber que o TSE proferiu decisão que flexibilizou essa regra. No caso julgado, o TSE admitiu que a AIJE podia ser ajuizada antes mesmo de iniciado o período eleitoral, desde que as circunstâncias do caso concreto demonstrassem de maneira cabal o abuso cometido.

- **Quem é competente para julgar a AIJE?**

- No caso de AIJE manejada em face do Presidente da República ou do Vice-Presidente, a competência é do Corregedor-Geral Eleitoral.
- Caso os legitimados passivos sejam os Governadores, Vice-Governadores, Deputados Federais, Senadores ou Deputados Estaduais/Distritais o julgamento será feito pelo Corregedor-Regional Eleitoral.
- No caso de os legitimados passivos serem Prefeitos, Vice-Prefeitos ou Vereadores, a competência será do juiz eleitoral (art. 24 da LC 64/90).

---

11. ZILIO, Rodrigo López. **Direito Eleitoral.** 9ª ed. São Paulo: Juspodivm, 2023, p. 687.

- **Qual o procedimento da AIJE?**

Como visto, salvo nos casos em que está no polo passivo da demanda Prefeitos, Vice-Prefeitos ou Vereadores, a competência para a AIJE é do TRE ou do TSE, por meio do Corregedor (Regional ou Geral, respectivamente).

Ajuizada a ação, poderá o Corregedor rejeitar a inicial (art. 22, I, "c", da LC 64/90).

Recebida a inicial, pode ser concedida medida cautelar, quando o Corregedor determinará que se suspenda o ato que deu motivo à representação (art. 22, I, "b", da LC 64/90).

Concedida ou não a medida cautelar, será determinada a notificação do acusado para que apresente defesa em 5 dias (art. 22, I, "a", da LC 64/90).

Após, será realizada a inquirição de testemunhas (no máximo cada parte pode arrolar 6) na audiência de instrução. Realizada a inquirição, abre-se o prazo de 3 dias para a realização de eventuais diligências (art. 22, V e VI, da LC 64/90).

Na sequência, serão apresentadas alegações finais no prazo comum de 2 dias.

Com isso, os autos irão conclusos ao Corregedor para elaboração de relatório conclusivo.

O Ministério Público apresentará parecer e, após, a AIJE será julgada. Se for procedente, o acusado será declarado inelegível para as eleições que se realizarem nos 8 anos subsequentes à eleição em que se verificou o abuso, e terá seu registro ou diploma cassado, conforme art. 22, XIV, da LC 64/90.

Da decisão do juiz eleitoral, caberá recurso ao TRE no prazo de três dias.

Se a decisão for do TRE, caberá recurso ao TSE no mesmo prazo de 3 dias.

11.3 Ação de Impugnação de Mandato Eletivo (AIME)

A ação de impugnação de mandato eletivo (**AIME**) está prevista na Constituição Federal, no art. 14, §§ 10 e 11:

> **Art. 14. § 10** – O mandato eletivo poderá ser impugnado ante a Justiça Eleitoral no prazo de quinze dias contados da diplomação, instruída a ação com provas de abuso do poder econômico, corrupção ou fraude.
>
> **Art. 14. § 11** – A ação de impugnação de mandato tramitará em segredo de justiça, respondendo o autor, na forma da lei, se temerária ou de manifesta má-fé.

Como se pode verificar, a AIME **tem o objetivo de invalidar diplomas de candidatos que tenham agido com abuso do poder econômico, corrupção ou fraude.**

Abuso de poder econômico não engloba o abuso de poder político ou de autoridade.

Corrupção afeta a lisura do pleito e relaciona-se com o crime disposto no art. 299 do Código Eleitoral.

Fraude significa utilizar artifícios, burlar, enganar para favorecer determinado candidato. Não necessariamente estes artifícios precisam ser utilizados no dia da votação. Ex.: votar mais de uma vez, alterar os dados da urna eletrônica.

O **procedimento** da AIME é o previsto na Lei Complementar nº 64/1990 para a AIRC (Resolução 21.634 do TSE), sendo que, conforme determinação constitucional, tramitará em segredo de justiça e será gratuita, salvo se temerária ou comprovada a má-fé.

A **competência** é verificada de acordo com o art. 2º da LC 64/90, ou seja, dependerá de qual o cargo pleiteado:

- Juiz eleitoral julga AIME em face de candidatos a prefeito, vice-prefeito e vereador;
- TRE julga AIME em face de candidatos a governador, vice-governador, senador, suplentes de senador, deputado federal, deputado estadual e deputado distrital;
- TSE julga AIME em face de candidato a presidente da república e vice-presidente da república.

É **legítimo** para propor AIME (**legitimidade ativa**) candidato, partido, coligação ou o Ministério Público (art. 3º da LC 64/90). O TSE entendeu que o eleitor, isoladamente, não possui legitimidade para propositura da AIME.

Já a **legitimidade passiva**, ou seja, contra quem deve ser proposta a AIME, recai sobre o diplomado.

Quanto ao **prazo**, será de **quinze dias contados da diplomação** (art. 14, § 10, da CF). Esse prazo é decadencial, de modo que, uma vez transcorrido, os legitimados não poderão mais propor a AIME.

Por fim, importante notar o disposto no art. 96-B, § 3º, da Lei das Eleições, o qual impede que se conheça uma nova ação que verse sobre o mesmo fato presente em outra ação que já transitou em julgado, mesmo que seja de natureza diversa.

11.4 Representação do Artigo 96 da Lei das Eleições

O art. 96 da Lei das Eleições (Lei 9.504/97) traz a representação relativa ao descumprimento das

ELEITORAL

disposições da própria Lei das Eleições. Especialmente, esta representação será cabível quando houver violações às regras da propaganda eleitoral.

Conforme o já citado art. 96, a **legitimidade ativa** da representação cabe a candidato, partido político ou coligação. Ainda, o Ministério Público também é legitimado, diante do disposto no art. 96-B, § 1º, da mesma lei.

Quanto à legitimidade passiva, recairá sobre a pessoa que violar as regras previstas na Lei das Eleições. Importante notar que, como regra, as sanções aplicadas em decorrência da procedência do pedido dessa representação somente são imputadas ao próprio agente violador, não atingindo o partido político ao qual ele pertence, ainda que o partido tenha se beneficiado da conduta ilícita, exceto se o partido tiver participado da ilicitude (art. 96, § 11, da Lei das Eleições).

A **competência** será, conforme incisos do caput do art. 96:

- dos Juízes Eleitorais, nas eleições municipais;
- dos Tribunais Regionais Eleitorais, nas eleições federais, estaduais e distritais;
- do Tribunal Superior Eleitoral, na eleição presidencial.

Quanto ao **procedimento,** recebida a reclamação ou representação, a Justiça Eleitoral notificará imediatamente o reclamado ou representado para, querendo, apresentar defesa em quarenta e oito horas. Transcorrido o prazo, apresentada ou não a defesa, o órgão competente da Justiça Eleitoral decidirá e fará publicar a decisão em vinte e quatro horas (art. 96, §§ 5º e 7º, da Lei das Eleições).

Quando cabível recurso contra a decisão, este deverá ser apresentado no prazo de vinte e quatro horas da publicação da decisão em cartório ou sessão, assegurado ao recorrido o oferecimento de contrarrazões, em igual prazo, a contar da sua notificação. Os Tribunais julgarão o recurso no prazo de quarenta e oito horas (art. 96, §§ 8º e 9º, da Lei das Eleições).

11.5 Representação por Captação Ilícita de Sufrágio

A captação ilícita de sufrágio está disposta no art. 41-A da Lei das Eleições (Lei 9.504/97):

Caberá representação pode captação ilícita de sufrágio quando o candidato doar, oferecer, prometer, ou entregar, ao eleitor, com o fim de obter-lhe o voto, bem ou vantagem pessoal de qualquer natureza, inclusive emprego ou função pública. A ameaça ao eleitor, com o intuito de conquistar o seu voto também caracteriza captação ilícita de sufrágio.

No entanto, promessas genéricas de campanha não caracterizam a promessa de vantagem de cunho pessoal que enseja a aplicação do art. 41-A.

A **legitimidade ativa** recai sobre candidato, partido político, coligação ou Ministério Público.

No **polo passivo** deve estar o candidato ou pré-candidato com requerimento de candidatura formalizado. Ainda, conforme art. 41-A, § 2º, outras pessoas, que praticarem atos de violência ou grave ameaça à pessoa, com o fim de obter-lhe o voto, também poderão estar no polo passivo, mas submeter-se-ão somente à pena de multa.

Nota-se que, conforme entendimento do TSE, o termo inicial da incidência do art. 41-A é a data em que há o requerimento do registro de candidatura (e não o seu deferimento).

A representação poderá ser ajuizada **até a data da diplomação** (Art. 41-A. § 3º).

Importante notar que, para caracterização da captação ilícita de sufrágio do art. 41-A **não é necessária a potencialidade lesiva da conduta**. Assim, a violação da liberdade de voto de um eleitor já é suficiente, não sendo necessária a capacidade de gerar desequilíbrio nas eleições.

Ainda, para a caracterização da conduta ilícita, é desnecessário o pedido explícito de votos, bastando a evidência do dolo, consistente no especial fim de agir (art. 41-A, § 1º).

O **procedimento** é o do art. 22 da LC 64/90, o mesmo previsto para AIJE.

A **competência** será:

- No caso de representação manejada em face do Presidente da República ou do Vice-Presidente, a competência é do Corregedor-Geral Eleitoral (TSE).
- Caso os legitimados passivos sejam os Governadores, Vice-Governadores, Deputados Federais, Senadores ou Deputados Estaduais/Distritais o julgamento será feito pelo Corregedor-Regional Eleitoral (TRE).
- No caso de os legitimados passivos serem Prefeitos, Vice-Prefeitos ou Vereadores, a competência será do juiz eleitoral (art. 24 da LC 64/90).

Julgado procedente o pedido, haverá a imposição de multa e a cassação do registro ou do diploma do candidato.

O prazo de recurso contra decisões proferidas com base neste artigo será de 3 (três) dias, a contar da data da publicação do julgamento no Diário Oficial (Art. 41-A, § 4º).

11.6 Representação para Apuração de Arrecadação e Gastos Ilícitos (Captação Ilícita de Recursos)

Está prevista no art. 30-A da Lei das Eleições (lei 9.504/97).

Caberá essa representação quando forem **praticadas condutas que violem as regras de arrecadação e gastos de recursos**, conforme previsão da Lei das Eleições.

A **legitimidade ativa** recai sobre coligação e partido político. Não há previsão expressa, mas o entendimento é no sentido de que o Ministério Público também possui legitimidade para propositura dessa representação.

Já o candidato não possui legitimidade.

Quanto ao prazo, a representação precisa ser ajuizada em **até 15 dias após a diplomação.**

O **procedimento** a ser adotado é do **art. 22 da LC 64/90** (mesmo da AIJE), conforme art. 30-A, § 1º, da Lei das Eleições.

Uma vez comprovado o abuso do poder econômico, **será declarada a inelegibilidade do candidato e, por consequência, seu diploma será negado ou cassado** (art. 30-A, §2º, da Lei das eleições).

O prazo de recurso contra decisões proferidas em representações propostas com base neste artigo será de 3 dias, a contar da data da publicação do julgamento no Diário Oficial (art. 30-A, § 3º, da Lei das Eleições).

11.7 Recurso Contra Diplomação (RCD)

O recurso contra diplomação (RCD), com previsão no art. 262 do Código Eleitoral, tem como **objetivo a decretação de inelegibilidade ou de incompatibilidade de candidato diplomado** quando, **depois do deferimento do registro, mas antes da diplomação, aparecer uma inelegibilidade superveniente ou quando verificada uma inelegibilidade prevista na Constituição Federal** e não arguida em AIRC.

> ▷ Importante o conteúdo da Súmula 47 do TSE:
>
> - **Súmula 47 do TSE:** A inelegibilidade superveniente que autoriza a interposição de recurso contra expedição de diploma, fundado no art. 262, do CE – Código Eleitoral, é aquela de índole constitucional ou, se infraconstitucional, superveniente ao registro de candidatura, e que surge até a data do pleito.

Em resumo pode-se dizer que o RCD cabe:

- para alegar **inelegibilidade superveniente**;
- para alegar **inelegibilidade prevista na CF/88**; e
- para alegar **falta de condição de elegibilidade.**

Apesar de o RCD ter esse nome e estar disposto no Código Eleitoral no Capítulo referente aos recursos, ele **não é recurso**, mas, sim, ação constitutiva negativa de ato administrativo, já que a diplomação é um ato administrativo no qual o juiz eleitoral ou o presidente do Tribunal certifica o resultado das eleições por meio do diploma.

O RCD **pode ser manejado por candidato, partido ou Ministério Público.**

A **legitimidade passiva recai sobre os diplomados** (candidatos e quanto houver, seus suplentes).

O prazo para o RCD é de 3 dias, a contar do último dia para a diplomação (art. 262, § 3º do Código Eleitoral).

A sistemática do RCD é um pouco diferente das demais ações eleitorais. Aqui, é importante fazer uma diferença entre endereçamento e processamento. **O RCD é endereçado a um órgão julgador, mas é processado por outro órgão**:

- Nas eleições municipais, o endereçamento é para o juiz eleitoral, mas o julgamento do RCD ocorrerá no TRE;
- Nas eleições gerais e estaduais, o endereçamento é para o TRE, mas o julgamento ocorrerá no TSE;
- No caso de eleição presidencial, aí o endereçamento e julgamento ocorrerá perante o TSE.

Conforme disposto no art. 216 do Código Eleitoral, enquanto o Tribunal Superior não decidir o recurso interposto contra a expedição do diploma, poderá o diplomado exercer o mandato em toda a sua plenitude.

11.8 Ação Rescisória Eleitoral

A Ação Rescisória Eleitoral está prevista no art. 22, I, "j", do Código Eleitoral:

> **Art. 22.** Compete ao Tribunal Superior:
>
> I – processar e julgar originariamente:
>
> (...)
>
> j) a ação rescisória, nos casos de inelegibilidade, desde que intentada dentro do prazo de cento e vinte dias de decisão irrecorrível, possibilitando-se o exercício do mandato eletivo até o seu trânsito em julgado;

Daí extrai-se que compete ao TSE processar e julgar originariamente a ação rescisória, desde que dentro do prazo de 120 dias da decisão irrecorrível.

Nota-se que o entendimento pacífico é de que a ação rescisória só é cabível contra decisões do TSE. Dizendo de outra forma, TRE e juiz eleitoral não julgam ação rescisória.

11.9 Recursos Eleitorais

Recurso é o meio de impugnação de decisão judicial, que ocorre dentro do mesmo processo e antes da preclusão, com o objetivo da sua reforma, invalidação, integração ou esclarecimento.

Os recursos eleitorais, **como regra, não possuem efeito suspensivo**, conforme disposto no art. 257 do Código Eleitoral. Essa regra não se aplica ao RCD (que nem recurso é, como visto) diante do disposto no art. 216 do Código Eleitoral, e nem contra a decisão que decreta inelegibilidade, conforme art. 15 da LC 64/90. Ainda sobre o tema importante trazer o disposto no § 2º do art. 257 do Código Eleitoral:

> § 2º O recurso ordinário interposto contra decisão proferida por juiz eleitoral ou por Tribunal Regional Eleitoral que resulte em cassação de registro, afastamento do titular ou perda de mandato eletivo será recebido pelo Tribunal competente com efeito suspensivo.

Os **prazos** para interposição de recurso, **como regra, são de 3 dias**. Não se aplica ao processo eleitoral a contagem dos prazos em dias úteis, conforme art. 7º da Resolução 23.478/2016 do TSE. Nos processos de apuração de crime eleitoral em que resulte condenação ou absolvição, o prazo recursal será de 10 dias (art. 362 do Código Eleitoral).

De forma geral, são irrecorríveis em separado as decisões interlocutórias, que deverão ser atacadas quando do recurso contra a decisão final (art. 19 da Resolução 23.478).

Os recursos eleitorais são **gratuitos**, não existindo preparo.

a) Aplicação do CPC ao processo eleitoral: a Resolução 23.478/2016 do TSE trouxe o regramento, estabelecendo o que é e o que não é aplicado ao processo eleitoral;

- Aplicam-se aos processos eleitorais o contido nos arts. 9º e 10 do Código de Processo Civil de 2015 (art. 3º da Resolução 23.478);
- Não se aplica aos feitos eleitorais o instituto do *Amicus Curiae* de que trata o art. 138 do Código de Processo Civil de 2015 (art. 5º da Resolução 23.478);
- Não se aplicam aos feitos eleitorais as regras relativas à conciliação ou mediação previstas nos arts. 165 e seguintes do Código de Processo Civil de 2015 (art. 6º da Resolução 23.478);
- O prazo de 30 (trinta) dias de que trata o art. 178 do Código de Processo Civil de 2015 não se aplica na Justiça Eleitoral (prazo para manifestação do Ministério Público) (art. 8º da Resolução 23.478);
- A suspensão dos prazos processuais entre os dias 20 de dezembro e 20 de janeiro de que trata o art. 220 do Código de Processo Civil de 2015 aplica-se no âmbito dos cartórios eleitorais e dos tribunais regionais eleitorais (art. 10 da Resolução 23.478);
- A sistemática dos recursos repetitivos prevista nos arts. 1.036 a 1.042 do Código de Processo Civil de 2015 não se aplica aos feitos que versem ou possam ter reflexo sobre inelegibilidade, registro de candidatura, diplomação e resultado ou anulação de eleições (art. 20 da Resolução 23.478).

b) Recursos contra decisões do juiz eleitoral. São eles:

- Recurso criminal eleitoral;
- Recurso em sentido estrito;
- Recurso inominado;
- Embargos de declaração.

O **recurso eleitoral criminal (REC)** nada mais é do que a apelação criminal eleitoral, ou seja, cabe em caso de condenação ou absolvição. Está previsto no art. 362 do Código Eleitoral.

Esse recurso possui efeito suspensivo, o que foge à regra dos recursos eleitorais.

O **recurso em sentido estrito (RESE) eleitoral** é recurso previsto no Código de Processo Penal (art. 581 e seguintes). Esse recurso permite a retratação judicial. Cuidar, pois o prazo desse recurso é o previsto na legislação eleitoral (art. 258 do Código Eleitoral), ou seja, deve ser interposto no prazo de 3 dias.

O **recurso inominado eleitoral** está previsto no art. 265 do Código Eleitoral e é cabível da decisão do juiz eleitoral, podendo ser manejada por candidatos, partidos, coligações ou pelo Ministério Público Eleitoral. Também é cabível de decisões da junta eleitoral quando fiscais, delegados de partidos, candidatos e o Ministério Público Eleitoral poderão recorrer.

Segundo o citado art. 265, esse recurso será cabível dos atos, resoluções ou despachos dos juízes ou juntas eleitorais. Ex.: decisão do juiz que indeferir requerimento de inscrição eleitoral, ou que indeferir a transferência do título eleitoral.

Deve ser interposto no prazo de 3 dias.

Os **embargos de declaração** são cabíveis em face de decisões que forem omissas, obscuras ou contraditórias. Ainda, são cabíveis os aclaratórios para corrigir erro material da decisão. Estão previstos no art. 275 do Código Eleitoral, que remete ao Código de Processo Civil. Devem ser opostos no prazo de 3 dias e a sua interposição interrompe o prazo recursal.

c) **Recursos contra decisão da junta eleitoral**. São eles:

- Recurso inominado (já visto anteriormente contra a decisão do juiz eleitoral);
- Embargos de declaração (já vistos);
- Recurso parcial.

O **recurso parcial** está previsto no art. 261 do Código Eleitoral.

Cabível diante do julgamento de eventuais impugnações às urnas, cédulas e votos durante a apuração das eleições. São apresentadas por fiscais, delegados de partido, candidatos. O prazo desse recurso é de 3 dias.

Importante notar que esse recurso está em desuso, diante da implantação do sistema eletrônico de votação e apuração, já que praticamente não há contagem manual de votos.

d) **Recursos contra decisões do TRE**. São eles:

- Recurso parcial
- Recurso ordinário eleitoral para o TSE;
- Recurso especial eleitoral (REspe) para o TSE;
- Agravo de instrumento eleitoral ou agravo;
- Agravo regimental ou agravo interno para o próprio TRE;
- Embargos de declaração (já visto anteriormente).

O **recurso parcial** é cabível das decisões de impugnações proferidas pelo TRE em eleição cuja a apuração for de sua competência (eleição estadual ou federal). O procedimento é o mesmo referente ao recurso parcial às decisões das juntas eleitorais.

O **recurso ordinário eleitoral** está previsto nas alíneas "a" e "b" do inciso II do art. 276 do Código Eleitoral. Serão cabíveis das decisões que versarem sobre inelegibilidades ou expedição de diplomas nas eleições federais ou estaduais, das decisões de anulação de diploma ou decretação de perda de mandatos eletivos federais ou estaduais e das decisões denegatórias de habeas corpus, mandado de segurança, habeas data ou mandado de injunção.

O prazo de interposição desse recurso é de 3 dias.

O **recurso especial eleitoral** está previsto no art. 276, inciso I, do Código Eleitoral. É cabível das decisões do TRE quando forem proferidas contra expressa disposição de lei e quando ocorrer divergência na interpretação de lei entre dois ou mais tribunais eleitorais.

O prazo de interposição é de 3 dias.

O **agravo de instrumento eleitoral** deve ser interposto quando não recebido o recurso especial, objetivando que haja o seu recebimento.

Sobre o recurso especial, seguem alguns **entendimentos sumulados pelo TSE**:

> **Súmula-TSE nº 24**: Não cabe recurso especial eleitoral para simples reexame do conjunto fático-probatório.
>
> **Súmula-TSE nº 25**: É indispensável o esgotamento das instâncias ordinárias para a interposição de recurso especial eleitoral.
>
> **Súmula-TSE nº 28**: A divergência jurisprudencial que fundamenta o recurso especial interposto com base na alínea b do inciso I do art. 276 do Código Eleitoral somente estará demonstrada mediante a realização de cotejo analítico e a existência de similitude fática entre os acórdãos paradigma e o aresto recorrido.
>
> **Súmula-TSE nº 29**: A divergência entre julgados do mesmo Tribunal não se presta a configurar dissídio jurisprudencial apto a fundamentar recurso especial eleitoral.
>
> **Súmula-TSE nº 30**: Não se conhece de recurso especial eleitoral por dissídio jurisprudencial, quando a decisão recorrida estiver em conformidade com a jurisprudência do Tribunal Superior Eleitoral.
>
> **Súmula-TSE nº 31**: Não cabe recurso especial eleitoral contra acórdão que decide sobre pedido de medida liminar.
>
> **Súmula-TSE nº 32**: É inadmissível recurso especial eleitoral por violação à legislação municipal ou estadual, ao Regimento Interno dos Tribunais Eleitorais ou às normas partidárias.
>
> **Súmula-TSE nº 71**: Na hipótese de negativa de seguimento ao recurso especial e da consequente interposição de agravo, a parte deverá apresentar contrarrazões tanto ao agravo quanto ao recurso especial, dentro do mesmo tríduo legal.

O **agravo regimental**, na forma do art. 264 do Código Eleitoral, cabe no prazo de 3 dias, de atos, resoluções ou despachos proferidos pelo Presidente do TRE para o pleno do tribunal.

e) **Recursos contra decisões do TSE**. De acordo com o disposto no art. 281 do Código Eleitoral, são irrecorríveis as decisões do Tribunal Superior, salvo as que declararem a invalidade de lei ou ato contrário à Constituição Federal e as denegatórias de habeas corpus ou mandado de segurança, das quais caberá recurso ordinário para o Supremo Tribunal Federal, interposto no prazo de 3 dias.

Além disso, em conformidade com o disposto no art. 121, § 3º, da CF/88, caberá recurso extraordinário de decisão do TSE que contrariar a Constituição. Caso o recurso seja denegado, caberá agravo de instrumento, também no prazo de 3 dias.

12. PROCESSO PENAL ELEITORAL

12.1 Processo Penal Eleitoral

O processamento dos crimes eleitorais não obedece às regras do Código de Processo Penal, mas, sim, às regras procedimentais específicas previstas no Código Eleitoral (arts. 355 a 364). O CPP é aplicado apenas subsidiariamente às ações penais eleitorais, conforme art. 364 do Código Eleitoral.

12.1.1 Inquérito policial, ação penal e procedimento

A Resolução nº 23.640/2021 do TSE dispõe sobre a apuração de crimes eleitorais.

A Polícia Federal ficará à disposição da Justiça Eleitoral quando houver eleições, sendo que exercerá, com prioridade sobre suas atribuições regulares, a função de polícia judiciária em matéria eleitoral (arts. 1º e 2º da citada Resolução).

Quando no local da infração não existirem órgãos da Polícia Federal, a Polícia do respectivo Estado terá atuação supletiva (art. 2º, parágrafo único, da mesma Resolução).

Qualquer pessoa que tiver conhecimento da existência de infração penal eleitoral deverá, verbalmente ou por escrito, comunicar à autoridade policial, Ministério Público Eleitoral ou ao Juiz Eleitoral. Verificando a autenticidade e veracidade das informações, a autoridade policial mandará instaurar inquérito (art. 3º da Resolução).

Quando o investigado possuir foro por prerrogativa de função o inquérito policial deverá ser imediatamente distribuído e registrado no Tribunal competente a fim de supervisão judicial das investigações (art. 5º da Resolução).

Conforme art. 9º da Resolução, o inquérito policial eleitoral será instaurado de ofício pela autoridade policial; por requisição do Ministério Público Eleitoral ou determinação da Justiça Eleitoral (art. 5º, I e II, do CPP).

Conforme art. 10 da Resolução, o prazo para conclusão do inquérito dependerá do fato de o indiciado estar ou não preso. Se tiver sido preso em flagrante ou preventivamente, o inquérito policial eleitoral será concluído em até 10 dias, contado o prazo a partir do dia em que se executar a ordem de prisão (Código de Processo Penal, art. 10). Se o indiciado estiver solto, o inquérito policial eleitoral será concluído em até 30 dias.

A conclusão do inquérito policial será feita por meio de relatório minucioso, que será encaminhado ao juiz eleitoral.

Com os autos, o Ministério Público Eleitoral poderá:

- requerer novas diligências, desde que necessárias à elucidação dos fatos (art. 11 da Resolução);
- requerer o arquivamento do inquérito, por falta de elementos mínimos para o início do processo penal;
- oferecer denúncia.

Nota-se que, uma vez determinado o arquivamento por falta de elementos mínimos para o oferecimento da denúncia, a autoridade policial poderá proceder a nova investigação se de outras provas tiver conhecimento (art. 12 da Resolução).

Importante destacar que **todos os crimes tipificados no Código Eleitoral são de ação pública incondicionada**, conforme dispõe o **art. 355 do Código Eleitoral**. Pode ocorrer o ajuizamento de ação penal privada subsidiária da pública, em caso de inércia do Ministério Público, conforme prevê o art. 5º, inciso LIX, da CF/88.

Conforme disposto no art. 357 do Código Eleitoral, o Ministério terá o prazo de 10 dias para oferecer a denúncia.

A ação penal eleitoral observará os procedimentos previstos no Código Eleitoral, com a aplicação obrigatória dos artigos 395, 396, 396-A, 397 e 400 do Código de Processo Penal (art. 13 da Resolução).

Dessa forma, pode-se dizer que são as seguintes fases do processo penal eleitoral:

1. Oferecimento da denúncia;
2. Recebimento da denúncia, caso não seja caso de rejeição;
3. Citação do acusado;
4. Oferecimento de resposta à acusação;
5. Análise da possibilidade de absolvição sumária;

6. Designação de audiência de instrução e julgamento, caso não seja caso de absolvição sumária;
7. Realização da audiência de instrução, ouvindo-se vítima, testemunhas, peritos e, por último, realizando-se o interrogatório;
8. Alegações finais das partes;
9. Sentença.

Importa notar que os institutos despenalizadores da transação penal (art. 76 da Lei 9.099/95), da suspensão condicional do processo (art. 89 da Lei 9.099/95) e do acordo de não persecução penal (art. 28-A do CPP) são aplicáveis aos processos que correm perante a Justiça Eleitoral, se preenchidos os requisitos legais.

12.1.2 Competência

Para que se fale em crime eleitoral e, portanto, da competência da Justiça Eleitoral, é necessário que haja violação substancial de bens jurídicos relevantes para a Justiça Eleitoral. Dizendo de outra forma, não basta que a conduta esteja descrita como crime eleitoral, é necessário que um bem jurídico caro ao Direito Eleitoral seja atingido. Por exemplo, não há crime eleitoral quando um agente destrói título de eleitor de terceira pessoa, visando a tão somente impedir a identificação pessoal dela, sem qualquer vinculação com pleitos eleitorais, mesmo que, formalmente, essa conduta esteja descrita como crime no Código Eleitoral.

Como regra, diante da aplicação subsidiária do CPP, as regras de competência são as mesmas que estudamos no direito processual penal.

No que se refere à competência em razão da matéria, a competência da Justiça Eleitoral não se restringe aos crimes eleitorais, pois os crimes comuns praticados em conexão aos eleitorais também serão julgados pela Justiça Eleitoral (art. 78, IV, do CPP e art. 35, II, do Código Eleitoral). Isso somente não ocorrerá quando houver um crime da competência da Justiça Eleitoral conexo com um crime praticado por pessoa que tem foro por prerrogativa de função no STF ou no STJ. Assim, por exemplo, se um Governador praticar um crime eleitoral, será julgado pelo STJ (art. 105, I, "a", da CF/88).

Quanto à competência em razão da pessoa, se ela tem foro por prerrogativa de função no STF e no STJ, será julgada nesses tribunais superiores, mesmo se praticar crime eleitoral.

Mas algumas pessoas que têm foro por prerrogativa de função serão julgadas nos TREs. Nestes tribunais regionais, serão processados e julgados todos aqueles que tiverem prerrogativa de foro nos tribunais de justiça estaduais. Essas pessoas estarão descritas nas Constituições Estaduais e na Lei Orgânica do DF.

Além disso, prefeitos, promotores de justiça e deputados estaduais, caso pratiquem crimes eleitorais, também serão julgados pelo TRE.

Caso a pessoa não tenha foro por prerrogativa de função e cometa algum crime eleitoral, será julgada por um juiz eleitoral, seguindo as regras do art. 69 e seguintes do CPP.

Havendo conexão entre um crime da justiça eleitoral e outro de competência da justiça comum (estadual ou federal), ambos serão julgados pela justiça eleitoral, na forma do art. 78, IV, do CPP.

No entanto, caso haja conexão entre crime eleitoral e crime militar, haverá a cisão processual, na medida em que ambas são justiças especializadas.

Compete rememorar o decidido pelo STF na AP 937 QO: O foro por prerrogativa de função aplica-se apenas aos crimes cometidos durante o exercício do cargo e relacionados às funções desempenhadas.

13. CRIMES ELEITORAIS

Consideram-se crimes eleitorais as infrações penais que ofendem os bens jurídicos protegidos pelo Direito Eleitoral, especificamente, bens jurídicos vinculados à tutela das eleições[12].

Crimes eleitorais, conforme o STF, são crimes comuns, ou seja, não se trata de crimes políticos e nem de crimes de responsabilidade.

A previsão de tipos penais eleitorais na legislação brasileira se encontra: no Código Eleitoral (arts. 289 a 354-A); na Lei nº 9.504/97 (arts. 33, § 4º, 34, §§ 2º e 3º, 39, § 5º, 40, 57-H, §§ 1º e 2º, 58, § 7º, 68, § 2º, 72, 87, § 4º, e 91, parágrafo único); no art. 25 da LC nº 64/90; no art. 11 da Lei nº 6.091/74 (transporte de eleitores).

Destaca-se que **todos os crimes eleitorais são dolosos**, ou seja, **não há previsão de crime eleitoral culposo**.

Além disso, o Código Eleitoral, em alguns crimes, não prevê pena mínima. Nestes casos, **deve-se considerar a pena mínima como sendo 15 dias para detenção e 1 ano para reclusão, assim determina o art. 284.**

12. OLIVEIRA, Bruno. **Manual de Direito Eleitoral para concursos**. 2ª ed. São Paulo: Juspodivm, 2022, p.394.

13.1. Crimes eleitorais previstos no Código Eleitoral

Citam-se os principais crimes previstos no Código Eleitoral:

A) *Art. 289. Inscrever-se fraudulentamente eleitor:*

Pena *– reclusão até 5 anos e pagamento de 5 a 15 dias-multa.*

O bem jurídico tutelado por esse delito é a higidez do cadastro eleitoral.

Pode ser praticado por qualquer pessoa que pretenda realizar o ato de alistamento de forma fraudulenta. Exemplo: o sujeito fazer o alistamento fazendo declaração falsa de residência.

Importante notar que esse crime ocorre tanto no ato de inscrição eleitoral fraudulenta quanto no de transferência fraudulenta (entende-se que transferência é espécie de alistamento).

A consumação ocorre com o mero requerimento de inscrição ou transferência fraudulenta. Caso deferida a inscrição, será mero exaurimento.

B) *Art. 290. Induzir alguém a se inscrever eleitor com infração de qualquer dispositivo deste código:*

Pena *– reclusão até 2 anos e pagamento de 15 a 30 dias-multa.*

Trata-se de crime comum, que pode ser praticado por qualquer pessoa.

É crime que independe do fato de o eleitor efetivamente se inscrever de forma fraudulenta, bastando a indução.

C) *Art. 291. Efetuar o juiz, fraudulentamente, a inscrição de alistando:*

Pena *– reclusão até 5 anos e pagamento de 5 a 15 dias-multa.*

Aqui se está diante de crime próprio, que é praticado por juiz eleitoral, o qual, efetua, de forma fraudulenta, a inscrição de eleitor.

D) *Art. 293. Perturbar ou impedir de qualquer forma o alistamento:*

Pena *– detenção de 15 dias a 6 meses ou pagamento de 30 a 60 dias-multa.*

Esse delito visa a proteger o serviço da Justiça Eleitoral, especialmente, o ato de alistamento (ou de transferência).

O delito se consuma independente de a perturbação ter surtido efeito.

Trata-se de crime comum.

E) *Art. 296. Promover desordem que prejudique os trabalhos eleitorais:*

Pena *– detenção até dois meses e pagamento de 60 a 90 dias-multa.*

Aqui se quer punir quem pratique conduta que cause prejuízo ao processo eleitoral.

Qualquer pessoa pode praticar esse delito (crime comum).

F) *Art. 298. Prender ou deter eleitor, membro de mesa receptora, fiscal, delegado de partido ou candidato, com violação do disposto no art. 236:*

Pena *– reclusão até quatro anos.*

O objetivo desse delito é punir quem descumpre o contido no art. 236 do Código Eleitoral: *Nenhuma autoridade poderá, desde 5 (cinco) dias antes e até 48 (quarenta e oito) horas depois do encerramento da eleição, prender ou deter qualquer eleitor, salvo em flagrante delito ou em virtude de sentença criminal condenatória por crime inafiançável, ou, ainda, por desrespeito a salvo-conduto.*

É crime próprio, pois o art. 236 fala em "autoridade", entendendo-se essa como o juiz ou a autoridade policial.

O crime se consuma com a mera restrição da liberdade, sendo, portanto, formal.

G) *Art. 301. Usar de violência ou grave ameaça para coagir alguém a votar, ou não votar, em determinado candidato ou partido, ainda que os fins visados não sejam conseguidos:*

Pena *– reclusão até quatro anos e pagamento de 5 a 15 dias-multa.*

Protege a liberdade do exercício do voto.

É crime comum, que pode ser praticado por qualquer pessoa.

Trata-se de delito formal, ou seja, não é necessário que a vítima tenha deixado de votar.

H) *Art. 302. Promover, no dia da eleição, com o fim de impedir, embaraçar ou fraudar o exercício do voto a concentração de eleitores, sob qualquer forma, inclusive o fornecimento gratuito de alimento e transporte coletivo:*

Pena *– reclusão de quatro (4) a seis (6) anos e pagamento de 200 a 300 dias-multa.*

É o crime de concentração ilegal de eleitores, delito comum, que pode ser praticado por qualquer pessoa.

Tutela o livre exercício do voto.

Comete esse crime quem promove essa concentração com o fim específico de impedir, embaraçar ou fraudar o exercício do voto. Ou seja, não basta a mera concentração de eleitores, ela deve ter a finalidade de impedir, embaraçar ou fraudar o exercício do voto.

Ainda, nota-se, que a concentração deve ocorrer no dia das eleições. Ou seja, se for no dia anterior, não há falar nesse crime.

O TSE já decidiu que a parte final do art. 302 (inclusive o fornecimento gratuito de alimento e transporte coletivo) foi revogada pelo art. 11, III, da Lei 6.091/74[13].

I) *Art. 309. Votar ou tentar votar mais de uma vez, ou em lugar de outrem:*

***Pena** – reclusão até três anos.*

Tutela a unidade do voto ("Votar ou tentar votar mais de uma vez") e a personalidade do voto (Votar ou tentar votar no lugar de outrem").

É crime comum, que pode ser praticado por qualquer pessoa.

Atualmente, com o sistema informatizado, é praticamente inexistente a possibilidade de alguém conseguir votar mais de uma vez. No entanto, possível que ocorra o voto no lugar de outrem.

J) *Art. 312. Violar ou tentar violar o sigilo do voto:*

***Pena** – detenção até dois anos.*

Tutela o sigilo do voto.

É crime comum, que pode ser praticado por qualquer pessoa.

Aqui ocorre que o agente, de modo intencional, quebra o sigilo do voto.

Claro que tal crime não ocorre quando o próprio indivíduo revela o seu voto.

K) Art. 323. Divulgar, na propaganda eleitoral ou durante período de campanha eleitoral, fatos que sabe inverídicos em relação a partidos ou a candidatos e capazes de exercer influência perante o eleitorado:

Pena – detenção de dois meses a um ano ou pagamento de 120 a 150 dias-multa.

É o crime de divulgar fatos que sabe serem inverídicos em propaganda.

Quer-se evitar o desvirtuamento da formação do livre exercício do voto.

O autor do crime pode ser qualquer pessoa, bastando que divulgue a propaganda, ou seja, não necessita ser aquela que criou o vídeo.

No entanto, prestem atenção, pois só haverá esse crime se a propaganda falsa for capaz de exercer influência perante o eleitorado.

Conforme o § 1º do art. 232, *nas mesmas penas incorre quem produz, oferece ou vende vídeo com conteúdo inverídico acerca de partidos ou candidatos.*

E a pena será aumentada de 1/3 até metade se o crime: I – é cometido por meio da imprensa, rádio ou televisão, ou por meio da internet ou de rede social, ou é transmitido em tempo real; II – envolve menosprezo ou discriminação à condição de mulher ou à sua cor, raça ou etnia (§ 2º do art. 232).

L) *Art. 324. Caluniar alguém, na propaganda eleitoral, ou visando fins de propaganda, imputando-lhe falsamente fato definido como crime:*

***Pena** – detenção de seis meses a dois anos e pagamento de 10 a 40 dias-multa.*

Caluniar significa imputar a alguém um fato falso que se caracteriza como crime. O crime aqui analisado ocorrerá quando for imputado esse fato criminoso falso na propaganda eleitoral ou visando fins de propaganda.

Em outras palavras, para configuração desse crime é necessária a finalidade eleitoral.

Trata-se de crime comum, que pode ser praticado por qualquer pessoa.

Na forma do § 1º do art. 324, nas mesmas penas incorre quem, sabendo falsa a imputação, a propala ou divulga.

M) *Art. 325. Difamar alguém, na propaganda eleitoral, ou visando a fins de propaganda, imputando-lhe fato ofensivo à sua reputação:*

***Pena** – detenção de três meses a um ano e pagamento de 5 a 30 dias-multa.*

Aquele que imputa fato (não definido como crime) ofensivo à reputação de outrem comete o delito de calúnia.

Também deve ocorrer a finalidade eleitoral para configurar esse delito do Código Eleitoral.

Trata-se de crime comum, que pode ser praticado por qualquer pessoa.

13. ZILIO, Rodrigo López. **Direito Eleitoral.** 9ª ed. São Paulo: Juspodivm, 2023, p. 955.

N) Art. 326. Injuriar alguém, na propaganda eleitoral, ou visando a fins de propaganda, ofendendo-lhe a dignidade ou o decoro:

Pena – *detenção até seis meses, ou pagamento de 30 a 60 dias-multa.*

Injuriar alguém significa ofender a dignidade ou o decoro de outrem. Em outras palavras, é uma ofensa irrogada em face de outra pessoa., que atinge a sua dignidade ou o seu decoro.

Não precisa que seja um fato determinado, basta que seja ofensivo à dignidade ou ao decoro.

Deve ocorrer a finalidade eleitoral para configurar esse delito do Código Eleitoral.

Trata-se de crime comum, que pode ser praticado por qualquer pessoa.

O) Art. 326-A. Dar causa à instauração de investigação policial, de processo judicial, de investigação administrativa, de inquérito civil ou ação de improbidade administrativa, atribuindo a alguém a prática de crime ou ato infracional de que o sabe inocente, com finalidade eleitoral:

Pena – *reclusão, de 2 (dois) a 8 (oito) anos, e multa.*

É o crime de denunciação caluniosa.

Deve ocorrer a finalidade eleitoral para configurar esse delito do Código Eleitoral.

Trata-se de crime comum, que pode ser praticado por qualquer pessoa.

Conforme § 1º do art. 326-A, a pena é aumentada de sexta parte, se o agente se serve do anonimato ou de nome suposto.

P) Art. 326-B. Assediar, constranger, humilhar, perseguir ou ameaçar, por qualquer meio, candidata a cargo eletivo ou detentora de mandato eletivo, utilizando-se de menosprezo ou discriminação à condição de mulher ou à sua cor, raça ou etnia, com a finalidade de impedir ou de dificultar a sua campanha eleitoral ou o desempenho de seu mandato eletivo.

Pena – *reclusão, de 1 (um) a 4 (quatro) anos, e multa.*

Esse crime foi introduzido pela Lei nº 14.192/2021.

Objetiva esse delito tutelar a livre participação das mulheres nas campanhas eleitorais e no exercício do seu mandato.

Deve ser praticada a conduta com o fim de impedir ou de dificultar a sua campanha eleitoral ou o desempenho de seu mandato eletivo.

Trata-se de crime comum, que pode ser praticado por qualquer pessoa.

Conforme parágrafo único do art. 326-B, aumenta-se a pena em 1/3 (um terço), se o crime é cometido contra mulher: I – gestante; II – maior de 60 (sessenta) anos; III – com deficiência.

Q) Art. 348. Falsificar, no todo ou em parte, documento público, ou alterar documento público verdadeiro, para fins eleitorais:

Pena – *reclusão de dois a seis anos e pagamento de 15 a 30 dias-multa.*

É o crime de falsidade material eleitoral de documento público.

Trata-se de crime comum, que pode ser praticado por qualquer pessoa.

Conforme § 1º do art. 348, se o agente é funcionário público e comete o crime prevalecendo-se do cargo, a pena é agravada.

R) Art. 354-A. Apropriar-se o candidato, o administrador financeiro da campanha, ou quem de fato exerça essa função, de bens, recursos ou valores destinados ao financiamento eleitoral, em proveito próprio ou alheio:

Pena – *reclusão, de dois a seis anos, e multa.*

Pune-se atos irregulares no financiamento de campanha eleitoral.

Tutela-se a lisura e a transparência do financiamento de campanha.

Trata-se de crime próprio, já que necessita que o agente possua uma condição especial, qual seja, candidato, administrador financeiro da campanha ou quem de fato exerça essa função.

13.2. Crimes eleitorais previstos na Lei das Eleições

São os principais crimes previsto na Lei das Eleições (Lei nº 9.504/97):

A) Art. 33, § 4º. A divulgação de pesquisa fraudulenta constitui crime, punível com detenção de seis meses a um ano e multa no valor de cinquenta mil a cem mil UFIR.

Objetiva-se proteger a veracidade das informações divulgadas em pesquisa.

Conforme leciona Gomes, a objetividade jurídica desse delito está na tutela da lisura da pesquisa eleitoral. Protege-se, ainda, a veracidade da propaganda e o direito político fundamental dos eleitores de serem informados correta e honestamente sobre os candidatos, de maneira que possam formular juízos apropriados a respeito deles[14].

Trata-se de crime comum, ou seja, que pode ser praticado por qualquer pessoa.

B) Art. 39, § 5º. Constituem crimes, no dia da eleição, puníveis com detenção, de seis meses a um ano, com a alternativa de prestação de serviços à comunidade pelo mesmo período, e multa no valor de cinco mil a quinze mil UFIR:

I – o uso de alto-falantes e amplificadores de som ou a promoção de comício ou carreata;

II – a arregimentação de eleitor ou a propaganda de boca de urna; (Redação dada pela Lei nº 11.300, de 2006)

III – a divulgação de qualquer espécie de propaganda de partidos políticos ou de seus candidatos. (Redação dada pela Lei nº 12.034, de 2009)

IV – a publicação de novos conteúdos ou o impulsionamento de conteúdos nas aplicações de internet de que trata o art. 57-B desta Lei, podendo ser mantidos em funcionamento as aplicações e os conteúdos publicados anteriormente.

Trata-se do crime de boca de urna, a qual foi proibida pela legislação eleitoral, configurando-se na tentativa de cooptar votos no dia da eleição através de persuasão da militância eleitoral. Sua tipificação abrange a distribuição de material de campanha política ou de alguma forma tentar influir na vontade do eleitor. Tenta-se impedir qualquer anomalia que possa acarretar tumultos e interferir na liberdade de escolha dos cidadãos[15].

É crime comum, ou seja, pode ser praticado por qualquer pessoa.

Importa referir que é permitida, no dia das eleições, a manifestação individual e silenciosa da preferência do eleitor por partido político, coligação ou candidato, revelada exclusivamente pelo uso de bandeiras, broches, dísticos e adesivos (art. 39-A da Lei 9.504/97).

13.3. Crime eleitoral previsto na LC nº 64/90

Dispõe o art. 25 da LC 64/90 que constitui crime eleitoral a arguição de inelegibilidade, ou a impugnação de registro de candidato feito por interferência do poder econômico, desvio ou abuso do poder de autoridade, deduzida de forma temerária ou de manifesta má-fé.

A pena para tal delito é de detenção de 6 (seis) meses a 2 (dois) anos, e multa de 20 (vinte) a 50 (cinquenta) vezes o valor do Bônus do Tesouro Nacional (BTN) e, no caso de sua extinção, de título público que o substitua.

Trata-se do crime de impugnação de registro ou arguição de inelegibilidade deduzida de forma temerária ou de má-fé. O sujeito arguiu uma inelegibilidade, por meio de ação de impugnação ao registro de candidatura (AIRC) ou de recurso contra diplomação (RCD), por interferência do poder econômico ou de autoridade, de forma temerária ou de má-fé[16].

Trata-se de crime próprio, já que somente pode ser praticado por quem é legitimado para propor as referidas ações eleitorais, ou seja, candidatos, partidos políticos, coligações ou o Ministério Público Eleitoral. Como pessoas jurídicas não podem praticar crimes eleitorais, se a ação foi ajuizada por partido ou coligação, a responsabilidade penal recairá sobre os seus representantes legais, conforme art. 90, § 1º, da Lei 9.504/97, que afirma que *respondem penalmente pelos partidos e coligações os seus representantes legais.*

13.4. Crime de transporte de eleitores

O crime de transporte de eleitores está disposto no art. 11 da Lei 6.091/74, que prevê que **constitui crime eleitoral:**

I – descumprir, o responsável por órgão, repartição ou unidade do serviço público, o dever imposto no art. 3º, ou prestar, informação inexata que vise a elidir, total ou parcialmente, a contribuição de que ele trata:

***Pena** – detenção de quinze dias a seis meses e pagamento de 60 a 100 dias – multa;*

O art. 3º da Lei 6.091/74 prevê que, até cinquenta dias antes da data do pleito, os responsáveis por todas as repartições, órgãos e unidades do serviço público federal, estadual e municipal oficiarão à Justiça Eleitoral, informando o número, a espécie e lotação dos veículos e embarcações de sua propriedade.

Caso haja o descumprimento dessa regra ou a prestação de informação errada, haverá o crime desse inciso I.

14. GOMES, José J. Crimes Eleitorais e Processo Penal Eleitoral . São Paulo: Grupo GEN, 2022. E-book. ISBN 9786559772933.
15. VELLOSO, Carlos Mário da S.; AGRA, Walber de M. Direito eleitoral – crimes eleitorais. São Paulo: Saraiva, 2020. E-book. ISBN 9786555593228.
16. ZILIO, Rodrigo López. **Direito Eleitoral.** 9ª ed. São Paulo: Juspodivm, 2023, p. 1041.

II – desatender à requisição de que trata o art. 2º:

***Pena** – pagamento de 200 a 300 dias-multa, além da apreensão do veículo para o fim previsto;*

O art. 2º da Lei 6.091/74 prevê que, a possibilidade de a Justiça Eleitoral requisitar veículos e embarcações a particulares.

Caso haja o descumprimento dessa requisição, haverá incidência no crime.

III – descumprir a proibição dos artigos 5º, 8º e 10º;

***Pena** – reclusão de quatro a seis anos e pagamento de 200 a 300 dias-multa (art. 302 do Código Eleitoral);*

Caso haja o transporte irregular de eleitores ou o fornecimento de refeições, haverá incidência desse crime.

Conforme art. 5º da citada Lei, nenhum veículo ou embarcação poderá fazer transporte de eleitores desde o dia anterior até o posterior à eleição, salvo:

> I – a serviço da Justiça Eleitoral;
>
> II – coletivos de linhas regulares e não fretados;
>
> III – de uso individual do proprietário, para o exercício do próprio voto e dos membros da sua família;
>
> IV – o serviço normal, sem finalidade eleitoral, de veículos de aluguel não atingidos pela requisição de que trata o art. 2º.

IV – obstar, por qualquer forma, a prestação dos serviços previstos nos arts. 4º e 8º desta Lei, atribuídos à Justiça Eleitoral:

***Pena** – reclusão de 2 (dois) a 4 (quatro) anos;*

O art. 4º da Lei 6.091/97 prevê que: Quinze dias antes do pleito, a Justiça Eleitoral divulgará, pelo órgão competente, o quadro geral de percursos e horários programados para o transporte de eleitores, dele fornecendo cópias aos partidos políticos.

O art. 8º da Lei 6.091/97 afirma que: Somente a Justiça Eleitoral poderá, quando imprescindível, em face da absoluta carência de recursos de eleitores da zona rural, fornecer-lhes refeições, correndo, nesta hipótese, as despesas por conta do Fundo Partidário.

V – utilizar em campanha eleitoral, no decurso dos 90 (noventa) dias que antecedem o pleito, veículos e embarcações pertencentes à União, Estados, Territórios, Municípios e respectivas autarquias e sociedades de economia mista:

***Pena** – cancelamento do registro do candidato ou de seu diploma, se já houver sido proclamado eleito.*

BIBLIOGRAFIA

ALMEIDA, Roberto Moreira de. **Curso de Direito Eleitoral**. 15ª ed. São Paulo: Juspodivm.

BARREIRAS NETO. Jaime. **Direito Eleitoral**. 12ª ed. São Paulo: Juspodivm, 2022.

GOMES, José J. **Crimes Eleitorais e Processo Penal Eleitoral**. São Paulo: Grupo GEN, 2022. E-book. ISBN 9786559772933.

MACHADO, Raquel Cavalcanti R. **Direito Eleitoral**. São Paulo: Grupo GEN, 2018. E-book. ISBN 9788597016772.

OLIVEIRA, Bruno. **Manual de Direito Eleitoral para concursos**. 2ª ed. São Paulo: Juspodivm, 2022.

VELOSO, Carlos Mário da S.; AGRA, Walber M. **Elementos de direito eleitoral**. São Paulo: Saraiva, 2023. E-book. ISBN 9786555598810.

______. **Direito eleitoral – crimes eleitorais**. São Paulo: Saraiva, 2020. E-book. ISBN 9786555593228.

ZILIO, Rodrigo López. **Direito Eleitoral**. 9ª ed. São Paulo: Juspodivm, 2023.

Para acessar questões selecionadas da disciplina e corrigidas em vídeo, utilize o QRCode ao lado.

14. AÇÃO DE IMPUGNAÇÃO DE REGISTRO OU DIVULGAÇÃO DE PESQUISAS ELEITORAIS[17]

A transparência e a legalidade das pesquisas de opinião são fundamentais para assegurar a integridade do processo eleitoral brasileiro. A Resolução TSE nº 23.600/2019, alterada pela Resolução nº 23.727/2024, estabelece diretrizes rigorosas para o registro e a divulgação de pesquisas eleitorais, garantindo que os dados apresentados ao público sejam confiáveis. Este artigo aborda a ação de impugnação de registro ou divulgação de pesquisas eleitorais, detalhando a base legal e suas implicações.

A Resolução TSE nº 23.600/2019, alterada[18] pela Resolução nº 23.727/2024, regula os procedimentos para o registro e a divulgação de pesquisas de

---

17 Referências
Resolução TSE nº 23.600/2019.
Resolução TSE nº 23.727/2024.
Lei nº 9.504/1997, Lei das Eleições.
Jurisprudência dos tribunais regionais eleitorais (TRE-PA e TRE-MT).

18 A Resolução TSE nº 23.600/2019 foi alterada parcialmente pela Resolução TSE nº 23.727/2024. As alterações específicas introduzidas pela nova resolução incluem modificações e adições a diversos artigos da Resolução

opinião pública relativas às eleições. Conforme a resolução, entidades e empresas que realizam pesquisas eleitorais devem registrá-las no Sistema de Registro de Pesquisas Eleitorais (PesqEle) até cinco dias antes da divulgação.

14.1 Requisitos[19] para o Registro de Pesquisas

Para que uma pesquisa eleitoral seja devidamente registrada, as seguintes informações são obrigatórias:

- **Contratante da Pesquisa:** Detalhes do CPF ou CNPJ do contratante.
- **Origem dos Recursos:** Valor e origem dos recursos utilizados.
- **Metodologia:** Descrição detalhada da metodologia aplicada e o período de realização da pesquisa.
- Plano Amostral: Informações sobre a amostra, incluindo gênero, idade, grau de instrução, nível econômico e área física abrangida.
- **Controle e Verificação:** Procedimentos internos para controle e verificação da coleta de dados.
- **Questionário:** Cópia do questionário utilizado na pesquisa.
- **Responsável Técnico:** Nome e registro profissional do estatístico responsável.
- **Nota Fiscal:** Cópia da nota fiscal emitida para a pesquisa.

14.2 A Resolução nº 23.727/2024 introduziu novas exigências, como:

- **Envio do Relatório Completo:** No prazo estabelecido, a empresa ou instituto deve enviar o relatório completo com os resultados da pesquisa, incluindo o período de realização, tamanho da amostra, margem de erro, nível de confiança, público-alvo, fonte dos dados, metodologia, contratante e origem dos recursos.
- **Publicização dos Relatórios:** Os relatórios completos serão publicizados após as eleições, salvo determinação contrária da Justiça Eleitoral.

14.3 A ação de impugnação pode ser movida por partidos políticos, coligações, candidatos ou pelo Ministério Público, caso detectem irregularidades no registro ou na divulgação das pesquisas. As impugnações podem ocorrer devido a:

1. **Falta de Registro:** Quando a pesquisa é divulgada sem o devido registro no PesqEle.
2. **Dados Incompletos ou Incorretos:** Falta de informações obrigatórias no registro.
3. **Fraude:** Indícios de manipulação ou falsificação dos dados apresentados.

14.4 A Resolução nº 23.727/2024 também especifica que:

- **Controle Judicial:** O controle judicial de pesquisa eleitoral depende de provocação do Ministério Público Eleitoral, de partido político, federação, coligação, candidata ou candidato.
- **Requerimentos de Impugnação:** Devem tramitar no Sistema Processo Judicial Eletrônico (PJe) e ser autuados na classe Petição Cível, com indicação do número de identificação da pesquisa.

TSE nº 23.600/2019, como a inclusão de novos parágrafos e a revisão de disposições existentes.

Alterações Específicas

Art. 1º Introdução do parágrafo único, especificando que o controle judicial de pesquisa eleitoral depende de provocação do Ministério Público Eleitoral, de partido político, federação, coligação, candidata ou candidato.

Art. 2º Adição do § 6º, permitindo o registro de pesquisas e a complementação de informações no PesqEle a qualquer hora do dia, independente do horário de expediente da Justiça Eleitoral.

Inclusão do § 7º-A e § 7º-B, que detalham os requisitos para o envio do relatório completo com os resultados da pesquisa e a publicização desses relatórios após as eleições.

Art. 12 Revisão do artigo para permitir a divulgação de levantamentos de intenção de voto no dia das eleições somente a partir das 17h do horário de Brasília.

Art. 13 Modificação do § 3º para especificar que o requerimento de impugnação deve tramitar no Sistema Processo Judicial Eletrônico (PJe) e ser autuado na classe Petição Cível.

Art. 16 Introdução dos §§ 1º-A, 1º-B, e 1º-C, que estabelecem os requisitos para a impugnação de pesquisas, incluindo a necessidade de demonstração objetiva de deficiência técnica ou indício de manipulação e a possibilidade de remessa de informações ao Ministério Público Eleitoral em casos de conduta temerária ou má-fé.

Art. 23 Adição do § 1º, definindo enquete ou sondagem como levantamento de opiniões sem plano amostral e sem método científico, quando apresentados resultados que permitam inferir a ordem das candidatas e candidatos. As alterações introduzidas pela Resolução TSE nº 23.727/2024 atualizam e complementam as disposições da Resolução TSE nº 23.600/2019, ajustando procedimentos e requisitos para o registro e a divulgação de pesquisas eleitorais, bem como para a impugnação de pesquisas irregulares. Essas modificações visam fortalecer a transparência e a confiabilidade do processo eleitoral.

19 Resolução TSE nº 23.600/2019, artigo 2º.

14.5 Consequências da Divulgação Irregular

A divulgação irregular de pesquisas eleitorais pode acarretar diversas penalidades, incluindo:

- **Multas:** Valores que variam de R$ 53.205,00 a R$ 106.410,00.
- **Detenção:** Pena de seis meses a um ano para os responsáveis pela divulgação de pesquisas fraudulentas.
- **Ordens de Retirada ou Correção:** Mandatos judiciais para corrigir ou retirar a pesquisa divulgada de forma irregular.

14.6 Jurisprudência

Decisões recentes dos tribunais eleitorais têm confirmado a aplicação rigorosa das normas estabelecidas pela Resolução TSE nº 23.600/2019 e suas alterações pela Resolução nº 23.727/2024. Casos de jurisprudência demonstram a aplicação de multas e outras sanções para falhas no registro ou na divulgação irregular de pesquisas eleitorais. Exemplos incluem situações onde a ausência de dados essenciais resultou em multas e na invalidação das pesquisas consideradas não registradas corretamente .

14.7 Adição de Informação: Validade das Pesquisas para as Eleições Municipais de 2024

Para as Eleições Municipais de 2024, é crucial que as eleitoras e os eleitores fiquem atentos às pesquisas eleitorais. Apenas as pesquisas registradas no PesqEle têm validade legal.

A partir de 1º de janeiro do ano da eleição, todas as entidades e empresas que realizarem pesquisas de opinião pública devem registrá-las no PesqEle, até cinco dias antes da divulgação dos resultados. Embora a divulgação não seja obrigatória, a distinção entre pesquisas e enquetes deve ser clara, informando aos participantes quando se trata de uma enquete, que não segue os mesmos critérios rigorosos das pesquisas.

SÍNTESE DA RESOLUÇÃO Nº 23.727, DE 27 DE FEVEREIRO DE 2024

Altera a Resolução-TSE nº 23.600, de 12 de dezembro de 2019, que dispõe sobre as pesquisas eleitorais.

Aspecto	Descrição
Controle Judicial	O controle judicial das pesquisas eleitorais depende de provocação do Ministério Público Eleitoral, partidos, federações, coligações, candidatas ou candidatos.
Registro e Informação	O registro e a complementação de informações das pesquisas podem ser feitas a qualquer hora do dia. Empresas ou institutos de pesquisa devem enviar um relatório completo com resultados, contendo: período de realização da pesquisa, tamanho da amostra, margem de erro, nível de confiança, público-alvo, fonte dos dados utilizados, metodologia e contratante da pesquisa e origem dos recursos.
Publicização dos Relatórios	Os relatórios completos das pesquisas serão publicizados após as eleições, salvo determinação contrária da Justiça Eleitoral.
Recursos Próprios	Pesquisas realizadas com recursos próprios devem informar valor e origem dos recursos, bem como fornecer um Demonstrativo do Resultado do Exercício do ano anterior.
Divulgação de Levantamentos	A divulgação de levantamentos de intenção de voto feitos no dia das eleições só pode ocorrer após as 17h do horário de Brasília.
Procedimentos de Impugnação	A impugnação de pesquisas deve ser protocolada no Sistema Processo Judicial Eletrônico (PJe). Pode ser deferida liminar para suspender a divulgação de resultados de pesquisa impugnada. Impugnantes devem apresentar com precisão os requisitos faltantes ou deficiências técnicas para fundamentar pedidos de não divulgação.
Enquetes e Sondagens	Definem-se como levantamentos sem plano amostral e sem método científico que dependem da participação espontânea dos interessados.

14.8 Consulta Pública e Verificação

Qualquer cidadã ou cidadão pode consultar as pesquisas registradas, contribuindo para a transparência do processo eleitoral e prevenindo a disseminação de fake news. Isso possibilita aos eleitores verificar a autenticidade das informações divulgadas, especialmente nas redes sociais.

Se uma pesquisa for divulgada sem estar registrada, o Ministério Público, candidatos, partidos, coligações e federações podem denunciar e solicitar a impugnação. O pedido deve ser protocolado no Processo Judicial Eletrônico (PJe) e processado conforme a resolução do TSE sobre representações e pedidos de direito de resposta. A multa para divulgação sem registro varia de R$ 53.205,00 a R$ 106.410,00.

> DA SANÇÃO PECUNIÁRIA
>
> Art. 17. A divulgação de pesquisa sem o prévio registro das informações constantes do art. 2º desta Resolução sujeita as pessoas responsáveis à multa no valor de R$ 53.205,00 (cinquenta e três mil, duzentos e cinco reais) a R$ 106.410,00 (cento e seis mil, quatrocentos e dez reais) (Lei nº 9.504/1997, arts. 33, § 3º, e 105, § 2º)

A regulamentação das pesquisas eleitorais no Brasil, conforme a Resolução TSE nº 23.600/2019 e suas alterações pela Resolução nº 23.727/2024, é essencial para garantir a transparência e a confiabilidade do processo eleitoral. As ações de impugnação desempenham um papel fundamental na fiscalização dessas pesquisas, assegurando que todas as etapas sejam conduzidas de acordo com a legislação. A adesão estrita a essas normas é crucial para a manutenção da integridade eleitoral e para a consolidação da democracia no país.

15. AÇÃO POR CONDUTA VEDADA A AGENTES PÚBLICOS

A Ação por Conduta Vedada a Agentes Públicos[20] é prevista no art. 73 da Lei nº 9.504/1997 (Lei das Eleições). Esse dispositivo legal busca coibir práticas ilícitas por parte de agentes públicos durante o período eleitoral, garantindo a igualdade de condições entre os candidatos.

> Das Condutas Vedadas aos Agentes Públicos em Campanhas Eleitorais
>
> Art. 73. São proibidas aos agentes públicos, servidores ou não, as seguintes condutas tendentes a afetar a igualdade de oportunidades entre candidatos nos pleitos eleitorais:
>
> I - ceder ou usar, em benefício de candidato, partido político ou coligação, bens móveis ou imóveis pertencentes à administração direta ou indireta da União, dos Estados, do Distrito Federal, dos Territórios e dos Municípios, ressalvada a realização de convenção partidária;
>
> II - usar materiais ou serviços, custeados pelos Governos ou Casas Legislativas, que excedam as prerrogativas consignadas nos regimentos e normas dos órgãos que integram;
>
> III - ceder servidor público ou empregado da administração direta ou indireta federal, estadual ou municipal do Poder Executivo, ou usar de seus serviços, para comitês de campanha eleitoral de candidato, partido político ou coligação, durante o horário de expediente normal, salvo se o servidor ou empregado estiver licenciado;
>
> IV - fazer ou permitir uso promocional em favor de candidato, partido político ou coligação, de distribuição gratuita de bens e serviços de caráter social custeados ou subvencionados pelo Poder Público;
>
> V - nomear, contratar ou de qualquer forma admitir, demitir sem justa causa, suprimir ou readaptar vantagens ou por outros meios dificultar ou impedir o exercício funcional e, ainda, *ex officio*, remover, transferir ou exonerar servidor público, na circunscrição do pleito, nos três meses que o antecedem e até a posse dos eleitos, sob pena de nulidade de pleno direito, ressalvados:
>
> a) a nomeação ou exoneração de cargos em comissão e designação ou dispensa de funções de confiança;
>
> b) a nomeação para cargos do Poder Judiciário, do Ministério Público, dos Tribunais ou Conselhos de Contas e dos órgãos da Presidência da República;
>
> c) a nomeação dos aprovados em concursos públicos homologados até o início daquele prazo;
>
> d) a nomeação ou contratação necessária à instalação ou ao funcionamento inadiável de serviços públicos essenciais, com prévia e expressa autorização do Chefe do Poder Executivo;
>
> e) a transferência ou remoção *ex officio* de militares, policiais civis e de agentes penitenciários;
>
> VI - nos três meses que antecedem o pleito:
>
> a) realizar transferência voluntária de recursos da União aos Estados e Municípios, e dos Estados aos Municípios, sob pena de nulidade de pleno direito, ressalvados os recursos destinados a cumprir obrigação formal preexistente para execução de obra ou serviço em andamento e com cronograma prefixado, e os destinados a atender situações de emergência e de calamidade pública;
>
> b) com exceção da propaganda de produtos e serviços que tenham concorrência no mercado, autorizar publicidade institucional dos atos, programas, obras, serviços e campanhas dos órgãos públicos

20 • Lei nº 9.504/1997 (Lei das Eleições): Texto completo
• Lei Complementar nº 64/1990: Texto completo
• Resolução TSE nº 23.600/2019 e Resolução TSE nº 23.727/2024: Regulamentam as condutas de agentes públicos e o registro de pesquisas eleitorais.

federais, estaduais ou municipais, ou das respectivas entidades da administração indireta, salvo em caso de grave e urgente necessidade pública, assim reconhecida pela Justiça Eleitoral;

c) fazer pronunciamento em cadeia de rádio e televisão, fora do horário eleitoral gratuito, salvo quando, a critério da Justiça Eleitoral, tratar-se de matéria urgente, relevante e característica das funções de governo;

~~VII - realizar, em ano de eleição, antes do prazo fixado no inciso anterior, despesas com publicidade dos órgãos públicos federais, estaduais ou municipais, ou das respectivas entidades da administração indireta, que excedam a média dos gastos nos três últimos anos que antecedem o pleito ou do último ano imediatamente anterior à eleição.~~

~~VII - realizar, no primeiro semestre do ano de eleição, despesas com publicidade dos órgãos públicos federais, estaduais ou municipais, ou das respectivas entidades da administração indireta, que excedam a média dos gastos no primeiro semestre dos três últimos anos que antecedem o pleito; (Redação dada pela Lei nº 13.165, de 2015)~~

VII - empenhar, no primeiro semestre do ano de eleição, despesas com publicidade dos órgãos públicos federais, estaduais ou municipais, ou das respectivas entidades da administração indireta, que excedam a 6 (seis) vezes a média mensal dos valores empenhados e não cancelados nos 3 (três) últimos anos que antecedem o pleito; (Redação dada pela Lei nº 14.356, de 2022) (Vide ADI 7178) (Vide ADI 7182)

VIII - fazer, na circunscrição do pleito, revisão geral da remuneração dos servidores públicos que exceda a recomposição da perda de seu poder aquisitivo ao longo do ano da eleição, a partir do início do prazo estabelecido no art. 7º desta Lei e até a posse dos eleitos.

§ 1º Reputa-se agente público, para os efeitos deste artigo, quem exerce, ainda que transitoriamente ou sem remuneração, por eleição, nomeação, designação, contratação ou qualquer outra forma de investidura ou vínculo, mandato, cargo, emprego ou função nos órgãos ou entidades da administração pública direta, indireta, ou fundacional.

§ 2º A vedação do inciso I do *caput* não se aplica ao uso, em campanha, de transporte oficial pelo Presidente da República, obedecido o disposto no art. 76, nem ao uso, em campanha, pelos candidatos a reeleição de Presidente e Vice-Presidente da República, Governador e Vice-Governador de Estado e do Distrito Federal, Prefeito e Vice-Prefeito, de suas residências oficiais para realização de contatos, encontros e reuniões pertinentes à própria campanha, desde que não tenham caráter de ato público.

§ 3º As vedações do inciso VI do *caput*, alíneas *b* e *c*, aplicam-se apenas aos agentes públicos das esferas administrativas cujos cargos estejam em disputa na eleição.

§ 4º O descumprimento do disposto neste artigo acarretará a suspensão imediata da conduta vedada, quando for o caso, e sujeitará os responsáveis a multa no valor de cinco a cem mil UFIR.

~~§ 5º No caso de descumprimento do inciso VI do caput, sem prejuízo do disposto no parágrafo anterior, o agente público responsável, caso seja candidato, ficará sujeito à cassação do registro.~~

~~§ 5º Nos casos de descumprimento do disposto nos incisos I, II, III, IV e VI do caput, sem prejuízo do disposto no parágrafo anterior, o candidato beneficiado, agente público ou não, ficará sujeito à cassação do registro ou do diploma. (Redação dada pela Lei nº 9.840, de 1999)~~

§ 5º Nos casos de descumprimento do disposto nos incisos do caput e no § 10, sem prejuízo do disposto no § 4º, o candidato beneficiado, agente público ou não, ficará sujeito à cassação do registro ou do diploma. (Redação dada pela Lei nº 12.034, de 2009)

§ 6º As multas de que trata este artigo serão duplicadas a cada reincidência.

§ 7º As condutas enumeradas no *caput* caracterizam, ainda, atos de improbidade administrativa, a que se refere o art. 11, inciso I, da Lei nº 8.429, de 2 de junho de 1992, e sujeitam-se às disposições daquele diploma legal, em especial às cominações do art. 12, inciso III.

§ 8º Aplicam-se as sanções do § 4º aos agentes públicos responsáveis pelas condutas vedadas e aos partidos, coligações e candidatos que delas se beneficiarem.

§ 9º Na distribuição dos recursos do Fundo Partidário (Lei nº 9.096, de 19 de setembro de 1995) oriundos da aplicação do disposto no § 4º, deverão ser excluídos os partidos beneficiados pelos atos que originaram as multas.

§ 10. No ano em que se realizar eleição, fica proibida a distribuição gratuita de bens, valores ou benefícios por parte da Administração Pública, exceto nos casos de calamidade pública, de estado de emergência ou de programas sociais autorizados em lei e já em execução orçamentária no exercício anterior, casos em que o Ministério Público poderá promover o acompanhamento de sua execução financeira e administrativa. (Incluído pela Lei nº 11.300, de 2006)

§ 11. Nos anos eleitorais, os programas sociais de que trata o § 10 não poderão ser executados por entidade nominalmente vinculada a candidato ou por esse mantida. (Incluído pela Lei nº 12.034, de 2009)

§ 12. A representação contra a não observância do disposto neste artigo observará o rito do art. 22 da Lei Complementar nº 64, de 18 de maio de 1990, e poderá ser ajuizada até a data da diplomação. (Incluído pela Lei nº 12.034, de 2009)

§ 13. O prazo de recurso contra decisões proferidas com base neste artigo será de 3 (três) dias, a contar da data da publicação do julgamento no Diário Oficial. (Incluído pela Lei nº 12.034, de 2009)

§ 14. Para efeito de cálculo da média prevista no inciso VII do **caput** deste artigo, os gastos serão reajustados pelo IPCA, aferido pela Fundação Instituto

Brasileiro de Geografia e Estatística (IBGE), ou outro índice que venha a substituí-lo, a partir da data em que foram empenhados. (Incluído pela Lei nº 14.356, de 2022)

Qual é o fundamento legal dessa ação?

O fundamento legal está no art. 73 da Lei nº 9.504/1997. O § 12, acrescido pela Lei nº 12.034/2009, determina que "a representação contra a não observância do disposto neste artigo observará o rito do art. 22 da Lei Complementar nº 64, de 18 de maio de 1990, e poderá ser ajuizada até a data da diplomação".

Art. 22. Qualquer partido político, coligação, candidato ou Ministério Público Eleitoral poderá representar à Justiça Eleitoral, diretamente ao Corregedor-Geral ou Regional, relatando fatos e indicando provas, indícios e circunstâncias e pedir abertura de investigação judicial para apurar uso indevido, desvio ou abuso do poder econômico ou do poder de autoridade, ou utilização indevida de veículos ou meios de comunicação social, em benefício de candidato ou de partido político, obedecido o seguinte rito: (Vide Lei nº 9.504, de 1997)

I - o Corregedor, que terá as mesmas atribuições do Relator em processos judiciais, ao despachar a inicial, adotará as seguintes providências:

a) ordenará que se notifique o representado do conteúdo da petição, entregando-se-lhe a segunda via apresentada pelo representante com as cópias dos documentos, a fim de que, no prazo de 5 (cinco) dias, ofereça ampla defesa, juntada de documentos e rol de testemunhas, se cabível;

b) determinará que se suspenda o ato que deu motivo à representação, quando for relevante o fundamento e do ato impugnado puder resultar a ineficiência da medida, caso seja julgada procedente;

c) indeferirá desde logo a inicial, quando não for caso de representação ou lhe faltar algum requisito desta lei complementar;

II - no caso do Corregedor indeferir a reclamação ou representação, ou retardar-lhe a solução, poderá o interessado renová-la perante o Tribunal, que resolverá dentro de 24 (vinte e quatro) horas;

III - o interessado, quando for atendido ou ocorrer demora, poderá levar o fato ao conhecimento do Tribunal Superior Eleitoral, a fim de que sejam tomadas as providências necessárias;

IV - feita a notificação, a Secretaria do Tribunal juntará aos autos cópia autêntica do ofício endereçado ao representado, bem como a prova da entrega ou da sua recusa em aceitá-la ou dar recibo;

V - findo o prazo da notificação, com ou sem defesa, abrir-se-á prazo de 5 (cinco) dias para inquirição, em uma só assentada, de testemunhas arroladas pelo representante e pelo representado, até o máximo de 6 (seis) para cada um, as quais comparecerão independentemente de intimação;

VI - nos 3 (três) dias subseqüentes, o Corregedor procederá a todas as diligências que determinar, ex officio ou a requerimento das partes;

VII - no prazo da alínea anterior, o Corregedor poderá ouvir terceiros, referidos pelas partes, ou testemunhas, como conhecedores dos fatos e circunstâncias que possam influir na decisão do feito;

VIII - quando qualquer documento necessário à formação da prova se achar em poder de terceiro, inclusive estabelecimento de crédito, oficial ou privado, o Corregedor poderá, ainda, no mesmo prazo, ordenar o respectivo depósito ou requisitar cópias;

IX - se o terceiro, sem justa causa, não exibir o documento, ou não comparecer a juízo, o Juiz poderá expedir contra ele mandado de prisão e instaurar processo s por crime de desobediência;

X - encerrado o prazo da dilação probatória, as partes, inclusive o Ministério Público, poderão apresentar alegações no prazo comum de 2 (dois) dias;

XI - terminado o prazo para alegações, os autos serão conclusos ao Corregedor, no dia imediato, para apresentação de relatório conclusivo sobre o que houver sido apurado;

XII - o relatório do Corregedor, que será assentado em 3 (três) dias, e os autos da representação serão encaminhados ao Tribunal competente, no dia imediato, com pedido de inclusão incontinenti do feito em pauta, para julgamento na primeira sessão subseqüente;

XIII - no Tribunal, o Procurador-Geral ou Regional Eleitoral terá vista dos autos por 48 (quarenta e oito) horas, para se pronunciar sobre as imputações e conclusões do Relatório;

~~XIV - julgada procedente a representação, o Tribunal declarará a inelegibilidade do representado e de quantos hajam contribuído para a prática do ato, cominando-lhes sanção de inelegibilidade para as eleições a se realizarem nos 3 (três) anos subseqüentes à eleição em que se verificou, além da cassação do registro do candidato diretamente beneficiado pela interferência do poder econômico e pelo desvio ou abuso do poder de autoridade, determinando a remessa dos autos ao Ministério Público Eleitoral, para instauração de processo disciplinar, se for o caso, e processo-crime, ordenando quaisquer outras providências que a espécie comportar;~~

XIV – julgada procedente a representação, ainda que após a proclamação dos eleitos, o Tribunal declarará a inelegibilidade do representado e de quantos hajam contribuído para a prática do ato, cominando-lhes sanção de inelegibilidade para as eleições a se realizarem nos 8 (oito) anos subsequentes à eleição em que se verificou, além da cassação do registro ou diploma do candidato diretamente beneficiado pela interferência do poder econômico ou pelo desvio ou abuso do poder de autoridade ou dos meios de comunicação, determinando a remessa dos autos ao Ministério Público Eleitoral, para instauração de processo disciplinar, se for o caso, e de ação penal, ordenando quaisquer

> outras providências que a espécie comportar; (Redação dada pela Lei Complementar nº 135, de 2010)
>
> ~~XV - se a representação for julgada procedente após a eleição do candidato serão remetidas cópias de todo o processo ao Ministério Público Eleitoral, para os fins previstos no art. 14, §§ 10 e 11 da Constituição Federal, e art. 262, inciso IV, do Código Eleitoral. (Revogado pela Lei Complementar nº 135, de 2010)~~
>
> XVI – para a configuração do ato abusivo, não será considerada a potencialidade de o fato alterar o resultado da eleição, mas apenas a gravidade das circunstâncias que o caracterizam. (Incluído pela Lei Complementar nº 135, de 2010)
>
> Parágrafo único. O recurso contra a diplomação, interposto pelo representante, não impede a atuação do Ministério Público no mesmo sentido.

Quem pode propor a Ação por Conduta Vedada?

A legitimidade ativa para propor a ação é semelhante à da Ação de Impugnação de Registro de Candidatura (AIRC). Qualquer partido político, coligação, candidato ou Ministério Público Eleitoral pode propor a ação, conforme o caput do art. 22 da LC 64/1990.

Contra quem pode ser proposta a ação?

A legitimidade passiva recai sobre o agente público que praticou a conduta vedada, assim como sobre os candidatos beneficiados por essa prática. José Jairo Gomes esclarece que, nas eleições majoritárias, "é necessário formar litisconsórcio passivo entre o titular e o vice da chapa, devido à natureza homogênea da relação jurídica" (TSE – RO nº 169.677/RR).[21]

Qual é o prazo para propor a Ação por Conduta Vedada?

A ação pode ser ajuizada até a data da diplomação dos eleitos, conforme o § 12 do art. 73 da Lei nº 9.504/1997. Não há um prazo inicial fixado na legislação, mas entende-se que a ação pode ser proposta desde que o ilícito esteja configurado.

Quais são as sanções aplicáveis?

As sanções incluem multas variando de cinco a cem mil Ufir (art. 73, § 4º), a cassação do registro ou diploma dos candidatos beneficiados e a inelegibilidade dos réus para as eleições subsequentes, com base no art. 1º, inciso I, alínea "j" da LC nº 64/1990.

Como é o procedimento da Ação por Conduta Vedada?

1. **Petição Inicial:** Deve conter a descrição dos fatos, fundamentos jurídicos e provas. Não é necessário um pedido expresso de multa, sendo suficiente a descrição clara dos fatos ilícitos.
2. **Tutela Provisória de Urgência:** Pode ser solicitada para suspender imediatamente a conduta vedada, demonstrando a probabilidade do direito e o perigo de dano (CPC, arts. 300 e 305).
3. **Relatório e Julgamento:** Nas eleições presidenciais e gerais, a ação é processada pelo juiz auxiliar do tribunal, que apresenta um relatório conclusivo para julgamento pelo colegiado.
4. **Defesa e Instrução:** O acusado é notificado para apresentar defesa em cinco dias. Após a defesa, ocorre a inquirição de testemunhas e a realização de eventuais diligências.
5. **Decisão**: O julgamento pode resultar na cassação do registro ou diploma, além da aplicação de multas e inelegibilidade dos réus.

Quem é competente para julgar a Ação por Conduta Vedada?

- **Presidente da República ou Vice-Presidente:** Corregedor-Geral Eleitoral.
- **Governadores, Vice-Governadores, Deputados Federais, Senadores, Deputados Estaduais/Distritais:** Corregedor-Regional Eleitoral.
- **Prefeitos, Vice-Prefeitos ou Vereadores:** Juiz eleitoral.

A Ação por Conduta Vedada a Agentes Públicos é essencial para manter a integridade do processo eleitoral, prevenindo o uso indevido da máquina pública para beneficiar candidaturas. Compreender esse mecanismo é crucial para candidatos a concursos públicos, especialmente aqueles voltados ao Tribunal Superior Eleitoral (TSE).

Resumo dos artigos 73 a 78 da Lei nº 9.504/1997

- **Art. 73:** Define as condutas vedadas aos agentes públicos, tais como uso de bens públicos para campanhas, publicidade institucional e uso de servidores públicos em campanha.
- **Art. 74:** Estabelece a vedação ao uso promocional de programas sociais.
- **Art. 75:** Regula a vedação de distribuição gratuita de bens, valores ou benefícios por parte da administração pública.
- **Art. 76:** Proíbe a realização de transferências voluntárias de recursos no período eleitoral.
- **Art. 77:** Determina a vedação de utilização de publicidade institucional nos três meses que antecedem o pleito.

---

21 Gomes, José Jairo. Direito eleitoral / José Jairo Gomes. - 20. ed., rev., atual. e reform. - Barueri [SP] : Atlas, 2024. 864 p.

- **Art. 78:** Define as sanções para as condutas vedadas, que incluem multas e a cassação do registro ou diploma dos candidatos beneficiados.

16. FRAUDE À COTA DE GÊNERO

A cota de gênero[22] no contexto eleitoral brasileiro é uma medida estabelecida pela Lei nº 9.504/1997, que determina que cada partido ou coligação deve preencher o mínimo de 30% e o máximo de 70% para candidaturas de cada sexo. Esta medida visa assegurar a representação mínima de ambos os gêneros nas eleições.

Fundamento Legal

A cota de gênero está fundamentada no art. 10, § 3º, da Lei nº 9.504/1997:

> Art. 10. Cada partido poderá registrar candidatos para a Câmara dos Deputados, a Câmara Legislativa, as Assembleias Legislativas e as Câmaras Municipais no total de até 100% (cem por cento) do número de lugares a preencher mais 1 (um). (Redação dada pela Lei nº 14.211, de 2021)
>
> § 3º Do número de vagas resultante das regras previstas neste artigo, cada partido ou coligação preencherá o mínimo de 30% (trinta por cento) e o máximo de 70% (setenta por cento) para candidaturas de cada sexo. (Redação dada pela Lei nº 12.034, de 2009)

O que é a Fraude à Cota de Gênero?

A fraude à cota de gênero ocorre quando partidos ou coligações inscrevem candidaturas fictícias ou sem qualquer intenção real de campanha para cumprir formalmente os requisitos legais de distribuição de gênero, mas sem efetiva competitividade ou participação nas eleições. Esse tipo de fraude tem como objetivo aparentar o cumprimento da cota sem realmente promover a igualdade de oportunidades entre os gêneros.

Exemplos de Fraude

1. **Candidaturas Laranja:** Candidatas registradas apenas para cumprir a cota, sem campanhas reais ou intenção de participar efetivamente das eleições.
2. **Recursos Desviados:** Recursos de campanha destinados às candidatas fictícias sendo desviados para outros candidatos do partido ou coligação.
3. **Desistências Simuladas:** Candidatas que desistam da candidatura logo após o registro, apenas para cumprir a formalidade da cota de gênero no momento do registro.

Casos Recentes de Fraude

Na sessão virtual de julgamento encerrada em 29 de fevereiro de 2024, o Plenário do Tribunal Superior Eleitoral (TSE) reconheceu fraudes à cota de gênero praticadas nas Eleições de 2020 em 14 municípios de seis estados brasileiros: Maranhão, Espírito Santo, Pará, Goiás, Pernambuco e Minas Gerais. Partidos políticos lançaram candidaturas femininas fictícias para concorrer ao cargo de vereador. Como resultado, o TSE cassou os registros e diplomas de todas as candidatas e candidatos a vereador vinculados aos Demonstrativos de Regularidade de Atos Partidários (DRAP) das agremiações envolvidas, além de anular os votos recebidos por essas legendas e recalcular os quocientes eleitoral e partidário.

Consequências da Fraude

As consequências jurídicas da fraude à cota de gênero conforme José Jairo Gomes[23] incluem:

- **Cassação do Diploma e Anulação dos Votos:** A fraude à cota de gênero acarreta a cassação do diploma de todas as candidatas eleitas e de todos os candidatos eleitos, a invalidação da lista de candidaturas do partido ou da federação que dela tenha se valido e a anulação dos votos nominais e de legenda, com as consequências previstas no caput do art. 224 do Código Eleitoral (Res. TSE nº 23.735/2024, art. 8º, § 5º).

> **Art. 224.** Se a nulidade atingir a mais de metade dos votos do país nas *eleições presidenciais*, do Estado nas eleições federais e *estaduais* ou do município nas eleições *municipais*, julgar-se-ão prejudicadas as demais votações e o Tribunal marcará dia para nova eleição dentro do prazo de 20 (vinte) a 40 (quarenta) dias.
>
> **§ 1º** Se o Tribunal Regional na área de sua competência, deixar de cumprir o disposto neste artigo, o procurador regional levará o fato ao conhecimento do procurador-geral, que providenciará junto ao Tribunal Superior para que seja marcada imediatamente nova eleição.
>
> **§ 2º** Ocorrendo qualquer dos casos previstos neste capítulo o Ministério Público promoverá, imediatamente, a punição dos culpados.
>
> **§ 3º** A decisão da Justiça Eleitoral que importe o indeferimento do registro, a cassação do diploma ou a perda do mandato de candidato eleito em pleito

---

22 Lei nº 9.504/1997 (Lei das Eleições). Resolução TSE nº 23.609/2019. Resolução TSE nº 23.735/2024.

23 Gomes, José Jairo. Direito eleitoral / José Jairo Gomes. - 20. ed., rev., atual. e reform. - Barueri [SP] : Atlas, 2024. 864 p.

majoritário acarreta, após o trânsito em julgado, a realização de novas eleições, independentemente do número de votos anulados.

- Parágrafo 3º acrescido pelo art. 4º da Lei nº 13.165/2015.
- **Ac.-STF, de 4.3.2020, no RE nº 1.096.029:** fixou tese confirmando a constitucionalidade da redação deste parágrafo, dada pela Lei 13.165/2015, "no que determina a realização automática de novas eleições, independentemente do número de votos anulados, sempre que o candidato eleito, em pleito majoritário, for desclassificado, por indeferimento do registro de sua candidatura, ou em virtude de cassação do diploma ou mandato", além do que, reafirmou o entendimento fixado pelo STF na ADI nº 5.525 quanto à constitucionalidade da expressão "indeferimento do registro".
- **Ac.-TSE, de 11.12.2018, no REspe nº 4297:** impossibilidade de participação do candidato que deu causa à nulidade da eleição ordinária nas eleições suplementares realizadas com fundamento neste artigo.

> **§ 4º** A eleição a que se refere o § 3º correrá a expensas da Justiça Eleitoral e será:
>
> **I** – indireta, se a vacância do cargo ocorrer a menos de seis meses do final do mandato;
>
> **II** – direta, nos demais casos.

- **Anulação de Todo o DRAP:** A conclusão pela utilização de candidaturas femininas fictícias acarretará a anulação de todo o DRAP e a cassação de diplomas ou mandatos de todas as candidatas e de todos os candidatos a ele vinculados, independentemente de prova de sua participação, ciência ou anuência, com a consequente retotalização dos resultados e, se a anulação atingir mais de 50% dos votos da eleição proporcional, a convocação de novas eleições (Res. TSE nº 23.609/2019, art. 20, § 5º – incluído pela Res. TSE nº 23.675/2021).

> Art. 20 ....
>
> § 5º A conclusão, nas ações referidas no § 1º deste artigo, pela utilização de candidaturas femininas fictícias, acarretará a anulação de todo o DRAP e a cassação de diplomas ou mandatos de todas as candidatas e de todos os candidatos a ele vinculados, independentemente de prova de sua participação, ciência ou anuência, com a consequente retotalização dos resultados e, se a anulação atingir mais de 50% (cinquenta por cento) dos votos da eleição proporcional, a convocação de novas eleições." (NR)

- **Inelegibilidade:** A inelegibilidade daqueles que efetivamente praticaram ou anuíram com a conduta, conforme decisões do TSE.

Jurisprudência

O Tribunal Superior Eleitoral (TSE) tem decidido casos de fraude à cota de gênero com rigor, reconhecendo a importância da medida para garantir a participação efetiva de mulheres na política. Decisões recentes têm invalidado chapas completas onde se comprovou a prática de fraude, ressaltando a necessidade de ações reais para cumprir o objetivo da cota.

Em 2019, o julgamento do caso envolvendo candidaturas femininas fictícias nas Eleições Municipais de 2016 em Valença do Piauí (PI) estabeleceu que a comprovação da fraude à cota de gênero compromete todo o DRAP da legenda na localidade. Em 2022, ao julgar um recurso sobre fraude cometida em Jacobina (BA) nas Eleições Municipais de 2020, o TSE fixou critérios para a identificação da fraude, como a obtenção de votação zerada ou pífia pelas candidatas, prestação de contas com idêntica movimentação financeira e ausência de atos efetivos de campanha.

O ministro Alexandre de Moraes, então vice-presidente da Corte, já se posicionava enfaticamente contra esse tipo de crime eleitoral, afirmando que o TSE deve ser duro contra as candidaturas fictícias para assegurar a participação feminina efetiva nas eleições. Em 2023, como presidente do TSE, Moraes reforçou a necessidade de combater essas fraudes e mencionou a possível edição de uma súmula sobre o tema.

A Resolução TSE nº 23.609/2019 (recentemente alterada pela Res. 23.728/24 do TSE) normatiza a escolha e o registro de candidatas e candidatos para as eleições, exigindo a obediência à legislação para garantir as candidaturas de cada gênero. A extrapolação do número de candidaturas ou a inobservância dos limites de gênero é causa suficiente para o indeferimento do registro do partido ou federação.

A cota de gênero é uma medida importante para promover a igualdade de oportunidades entre homens e mulheres na política. A fraude à cota de gênero, além de ser um desrespeito à lei, compromete a representatividade e a integridade do processo eleitoral. É essencial que partidos e coligações atuem de forma ética e transparente para cumprir tanto o espírito quanto a letra da lei.

17. AÇÃO POR DOAÇÃO ACIMA DOS LIMITES LEGAIS

A regulamentação para doações eleitorais irregulares está disposta na Lei nº 9.504/1997 (Lei das Eleições) e na Resolução TSE nº 23.607/2019, que disciplina o financiamento de campanhas eleitorais.

Qual é o fundamento legal dessa ação?

O fundamento legal para a ação por doação irregular a campanha eleitoral está na Lei nº 9.504/1997 (Lei das Eleições). Conforme o artigo 23, § 1º, as doações de pessoas físicas são limitadas a 10% dos rendimentos brutos auferidos no ano anterior à eleição. Já as contribuições estimáveis em dinheiro, como a prestação de serviços próprios e a cessão gratuita de bens móveis ou imóveis, não estão sujeitas ao teto de 10%, desde que o valor não ultrapasse R$ 40.000 (art. 23, § 7º).

> Art. 23. Pessoas físicas poderão fazer doações em dinheiro ou estimáveis em dinheiro para campanhas eleitorais, obedecido o disposto nesta Lei. (Redação dada pela Lei nº 12.034, de 2009) (Vide ADIN 5970)
>
> § 1º As doações e contribuições de que trata este artigo ficam limitadas a 10% (dez por cento) dos rendimentos brutos auferidos pelo doador no ano anterior à eleição. (Redação dada pela Lei nº 13.165, de 2015)

Quem pode propor a Ação por Doação Irregular?

A legitimidade ativa para propor a ação por doação irregular a campanha eleitoral é do Ministério Público Eleitoral, partidos políticos, coligações ou candidatos, conforme previsto no art. 96 da Lei nº 9.504/1997.

> Art. 96. Salvo disposições específicas em contrário desta Lei, as reclamações ou representações relativas ao seu descumprimento podem ser feitas por qualquer partido político, coligação ou candidato, e devem dirigir-se:
>
> I - aos Juízes Eleitorais, nas eleições municipais;
>
> II - aos Tribunais Regionais Eleitorais, nas eleições federais, estaduais e distritais;
>
> III - ao Tribunal Superior Eleitoral, na eleição presidencial.
>
> § 1º As reclamações e representações devem relatar fatos, indicando provas, indícios e circunstâncias.
>
> § 2º Nas eleições municipais, quando a circunscrição abranger mais de uma Zona Eleitoral, o Tribunal Regional designará um Juiz para apreciar as reclamações ou representações.
>
> § 3º Os Tribunais Eleitorais designarão três juízes auxiliares para a apreciação das reclamações ou representações que lhes forem dirigidas.
>
> § 4º Os recursos contra as decisões dos juízes auxiliares serão julgados pelo Plenário do Tribunal.
>
> § 5º Recebida a reclamação ou representação, a Justiça Eleitoral notificará imediatamente o reclamado ou representado para, querendo, apresentar defesa em quarenta e oito horas.
>
> ~~§ 6º Tratando-se de reclamação ou representação contra candidato, a notificação poderá ser feita ao partido ou coligação a que pertença.~~ (Revogado pela Lei nº 9.840, de 1999)
>
> § 7º Transcorrido o prazo previsto no § 5º, apresentada ou não a defesa, o órgão competente da Justiça Eleitoral decidirá e fará publicar a decisão em vinte e quatro horas.
>
> § 8º Quando cabível recurso contra a decisão, este deverá ser apresentado no prazo de vinte e quatro horas da publicação da decisão em cartório ou sessão, assegurado ao recorrido o oferecimento de contra-razões, em igual prazo, a contar da sua notificação.
>
> § 9º Os Tribunais julgarão o recurso no prazo de quarenta e oito horas.
>
> § 10. Não sendo o feito julgado nos prazos fixados, o pedido pode ser dirigido ao órgão superior, devendo a decisão ocorrer de acordo com o rito definido neste artigo.
>
> § 11. As sanções aplicadas a candidato em razão do descumprimento de disposições desta Lei não se estendem ao respectivo partido, mesmo na hipótese de esse ter se beneficiado da conduta, salvo quando comprovada a sua participação. (Incluído pela Lei nº 13.165, de 2015)

Contra quem pode ser proposta a ação?

A legitimidade passiva recai sobre o doador que excedeu o limite legal e o beneficiário da doação irregular. José Jairo Gomes esclarece que "a sanção só pode ser imposta pelo poder jurisdicional, devendo haver um processo judicial próprio que assegure o contraditório e a ampla defesa".[24]

Qual é o prazo para propor a Ação por Doação Irregular?

A representação por doação irregular pode ser proposta após o prazo para a apresentação das prestações de contas, quando as informações dos rendimentos dos doadores, encaminhadas pela Receita Federal, são cruzadas com os valores doados constantes dos sistemas informatizados da Justiça Eleitoral. A ação deve ser proposta antes da diplomação dos eleitos.

Quais são as sanções aplicáveis?

- **Para o Doador:** Multa de até 100% do valor doado em excesso (art. 23, § 3º, da Lei nº 9.504/1997).

> Art. 23. Pessoas físicas poderão fazer doações em dinheiro ou estimáveis em dinheiro para campanhas eleitorais, obedecido o disposto nesta Lei. (Redação dada pela Lei nº 12.034, de 2009) (Vide ADIN 5970)
>
> § 3º A doação de quantia acima dos limites fixados neste artigo sujeita o infrator ao pagamento

24 Gomes, José Jairo. Direito eleitoral / José Jairo Gomes. - 20. ed., rev., atual. e reform. - Barueri [SP] : Atlas, 2024. 864 p.

de multa no valor de até 100% (cem por cento) da quantia em excesso. (Redação dada pela Lei nº 13.488, de 2017)

- **Para o Beneficiário:** Possível cassação do registro de candidatura ou diploma e inelegibilidade, dependendo da gravidade da infração e do impacto da doação irregular na eleição (LC nº 64/1990, art. 1º, I, p).

> Art. 1º São inelegíveis:
> I - para qualquer cargo:
> p) a pessoa física e os dirigentes de pessoas jurídicas responsáveis por doações eleitorais tidas por ilegais por decisão transitada em julgado ou proferida por órgão colegiado da Justiça Eleitoral, pelo prazo de 8 (oito) anos após a decisão, observando-se o procedimento previsto no art. 22; (Incluído pela Lei Complementar nº 135, de 2010)

Como é o procedimento da Ação por Doação Irregular?

1. **Petição Inicial:** Deve conter a descrição dos fatos, fundamentos jurídicos e provas de que a doação excedeu os limites legais.
2. **Tutela Provisória de Urgência:** Pode ser solicitada para suspender imediatamente a conduta vedada, demonstrando a probabilidade do direito e o perigo de dano.
3. **Relatório e Julgamento:** Nas eleições presidenciais e gerais, a ação é processada pelo juiz auxiliar do tribunal, que apresenta um relatório conclusivo para julgamento pelo colegiado.
4. **Defesa e Instrução:** O acusado é notificado para apresentar defesa em cinco dias. Após a defesa, ocorre a inquirição de testemunhas e a realização de eventuais diligências.
5. **Decisão:** O julgamento pode resultar na aplicação de multas, cassação do registro ou diploma e inelegibilidade dos réus.

Jurisprudência

Na sessão plenária de 17 de maio de 2022, o Tribunal Regional Eleitoral de São Paulo (TRE-SP) manteve, por unanimidade, a condenação de um eleitor ao pagamento de multa no valor de R$ 9.279,03 por doação acima do limite legal nas Eleições de 2020. Um apoiador de candidato ao cargo de prefeito do município de Planalto doou R$ 12.135,00, valor que representava mais do que 10% dos rendimentos que obteve ao longo do ano de 2019. Além da multa, foi aplicada a anotação da inelegibilidade do doador.

Competência para Julgamento

- **Presidente da República ou Vice-Presidente:** Corregedor-Geral Eleitoral.
- **Governadores, Vice-Governadores, Deputados Federais, Senadores, Deputados Estaduais/Distritais:** Corregedor-Regional Eleitoral.
- **Prefeitos, Vice-Prefeitos ou Vereadores:** Juiz eleitoral do local do domicílio civil do doador.

Tabela resumindo o Art. 22 da Lei Complementar nº 64/1990 e suas disposições

Disposição	Descrição
Art. 22, Caput	Permite que qualquer partido político, coligação, candidato ou Ministério Público Eleitoral represente à Justiça Eleitoral para apurar uso indevido, desvio ou abuso do poder econômico ou de autoridade, ou uso indevido de veículos ou meios de comunicação.
I - Corregedor	O Corregedor despacha a inicial, adotando as seguintes providências:
a)	Notifica o representado do conteúdo da petição, dando-lhe 5 dias para defesa, juntada de documentos e rol de testemunhas.
b)	Pode suspender o ato impugnado se relevante o fundamento e do ato puder resultar a ineficiência da medida, caso julgada procedente.
c)	Indeferirá a inicial se não for caso de representação ou faltar requisito da lei complementar.
II - Recurso ao Tribunal	Se o Corregedor indeferir ou retardar a solução, o interessado pode renovar a reclamação ou representação perante o Tribunal, que resolverá em 24 horas.
III - Tribunal Superior Eleitoral	O interessado pode levar o fato ao TSE para providências necessárias.
IV - Notificação	Secretaria do Tribunal junta aos autos cópia do ofício endereçado ao representado e prova da entrega ou recusa em aceitá-lo.
V - Defesa e Inquirição	Findo o prazo de notificação, abre-se prazo de 5 dias para inquirição de testemunhas, até 6 para cada parte, sem necessidade de intimação.

Disposição	Descrição
VI - Diligências	Corregedor procede a todas as diligências em 3 dias subsequentes, ex officio ou a requerimento das partes.
VII - Audição de Terceiros	Corregedor pode ouvir terceiros referidos pelas partes ou testemunhas, como conhecedores dos fatos e circunstâncias.
VIII - Documentos Necessários	Corregedor pode ordenar depósito ou requisitar cópias de documentos necessários à formação da prova, mesmo se em poder de terceiros.
IX - Desobediência	Se terceiro não exibir documento ou não comparecer a juízo, Juiz pode expedir mandado de prisão e instaurar processo por desobediência.
X - Alegações	Após dilação probatória, partes e Ministério Público podem apresentar alegações em 2 dias.
XI - Relatório	Autos conclusos ao Corregedor no dia imediato ao término do prazo de alegações, para relatório conclusivo.
XII - Encaminhamento ao Tribunal	Relatório e autos da representação encaminhados ao Tribunal competente, com pedido de inclusão em pauta para julgamento na primeira sessão subsequente.
XIII - Vista ao Procurador-Geral	Procurador-Geral ou Regional Eleitoral terá vista dos autos por 48 horas para se pronunciar sobre imputações e conclusões do Relatório.
XIV - Julgamento Procedente	Julgada procedente a representação, Tribunal declara inelegibilidade do representado e de quantos contribuíram para o ato, com sanção de inelegibilidade para eleições nos 8 anos subsequentes, além de cassação do registro ou diploma do candidato beneficiado.
XVI - Gravidade das Circunstâncias	Para configurar ato abusivo, não se considera a potencialidade de alterar o resultado da eleição, mas a gravidade das circunstâncias.
Parágrafo Único	Recurso contra diplomação não impede atuação do Ministério Público no mesmo sentido.

Prazo para Interposição de Recurso

O prazo para interposição de embargos de declaração e do recurso eleitoral é de um dia, contado da intimação da sentença, conforme art. 96, § 8º, da Lei nº 9.504/1997.

> Art. 96. Salvo disposições específicas em contrário desta Lei, as reclamações ou representações relativas ao seu descumprimento podem ser feitas por qualquer partido político, coligação ou candidato, e devem dirigir-se:
>
> I - aos Juízes Eleitorais, nas eleições municipais;
>
> II - aos Tribunais Regionais Eleitorais, nas eleições federais, estaduais e distritais;
>
> III - ao Tribunal Superior Eleitoral, na eleição presidencial.
>
> § 8º Quando cabível recurso contra a decisão, este deverá ser apresentado no prazo de vinte e quatro horas da publicação da decisão em cartório ou sessão, assegurado ao recorrido o oferecimento de contra-razões, em igual prazo, a contar da sua notificação.

18. PERDA DO MANDATO ELETIVO E ELEIÇÕES SUPLEMENTARES

A extinção do mandato eletivo e a realização de eleições suplementares estão reguladas por várias disposições legais no ordenamento jurídico brasileiro, especialmente na Lei Complementar nº 64/1990 (Lei das Inelegibilidades) e no Código Eleitoral (Lei nº 4.737/1965). Essas normas tratam das situações em que o mandato de um eleito pode ser cassado e das condições para a convocação de novas eleições. Para José Jairo Gomes, "Cassação aí tem o mesmo sentido de perda do cargo como sanção pelo evento ilícito."[25]

> Art. 30-A. Qualquer partido político ou coligação poderá representar à Justiça Eleitoral, no prazo de 15 (quinze) dias da diplomação, relatando fatos e indicando provas, e pedir a abertura de investigação judicial para apurar condutas em desacordo com as normas desta Lei, relativas à arrecadação e gastos de recursos. (Redação dada pela Lei nº 12.034, de 2009) (Vide Emenda Constitucional nº 107, de 2020)
>
> § 2º Comprovados captação ou gastos ilícitos de recursos, para fins eleitorais, será negado diploma ao candidato, ou cassado, se já houver sido outorgado. (Incluído pela Lei nº 11.300, de 2006)
>
> Art. 41-A. Ressalvado o disposto no art. 26 e seus incisos, constitui captação de sufrágio, vedada por esta Lei, o candidato doar, oferecer, prometer, ou entregar, ao eleitor, com o fim de obter-lhe o voto,

25 Gomes, José Jairo. Direito eleitoral / José Jairo Gomes. - 20. ed., rev., atual. e reform. - Barueri [SP] : Atlas, 2024. 864 p.

bem ou vantagem pessoal de qualquer natureza, inclusive emprego ou função pública, desde o registro da candidatura até o dia da eleição, inclusive, sob pena de multa de mil a cinqüenta mil Ufir, e cassação do registro ou do diploma, observado o procedimento previsto no art. 22 da Lei Complementar nº 64, de 18 de maio de 1990. (Incluído pela Lei nº 9.840, de 1999)

§ 1º Para a caracterização da conduta ilícita, é desnecessário o pedido explícito de votos, bastando a evidência do dolo, consistente no especial fim de agir. (Incluído pela Lei nº 12.034, de 2009)

§ 2º As sanções previstas no caput aplicam-se contra quem praticar atos de violência ou grave ameaça a pessoa, com o fim de obter-lhe o voto. (Incluído pela Lei nº 12.034, de 2009)

§ 3º A representação contra as condutas vedadas no caput poderá ser ajuizada até a data da diplomação. (Incluído pela Lei nº 12.034, de 2009)

§ 4º O prazo de recurso contra decisões proferidas com base neste artigo será de 3 (três) dias, a contar da data da publicação do julgamento no Diário Oficial. (Incluído pela Lei nº 12.034, de 2009)

Das Condutas Vedadas aos Agentes Públicos em Campanhas Eleitorais

Art. 73. São proibidas aos agentes públicos, servidores ou não, as seguintes condutas tendentes a afetar a igualdade de oportunidades entre candidatos nos pleitos eleitorais:

V - nomear, contratar ou de qualquer forma admitir, demitir sem justa causa, suprimir ou readaptar vantagens ou por outros meios dificultar ou impedir o exercício funcional e, ainda, *ex officio*, remover, transferir ou exonerar servidor público, na circunscrição do pleito, nos três meses que o antecedem e até a posse dos eleitos, sob pena de nulidade de pleno direito, ressalvados:

a) a nomeação ou exoneração de cargos em comissão e designação ou dispensa de funções de confiança;

b) a nomeação para cargos do Poder Judiciário, do Ministério Público, dos Tribunais ou Conselhos de Contas e dos órgãos da Presidência da República;

c) a nomeação dos aprovados em concursos públicos homologados até o início daquele prazo;

d) a nomeação ou contratação necessária à instalação ou ao funcionamento inadiável de serviços públicos essenciais, com prévia e expressa autorização do Chefe do Poder Executivo;

e) a transferência ou remoção *ex officio* de militares, policiais civis e de agentes penitenciários;

Perda do Mandato Eletivo

A perda do mandato eletivo, seja por causas eleitorais ou não eleitorais, garante a manutenção da legalidade e legitimidade do exercício dos mandatos políticos. Compreender essas causas e procedimentos é essencial para a atuação correta e ética no cenário político e eleitoral.

Causas de Perda do Mandato

1. **Abuso de Poder Econômico ou Político:** O uso indevido de poder econômico ou político para influenciar a eleição pode resultar na cassação do registro ou diploma do candidato beneficiado (art. 22 da LC nº 64/1990). (vide tabela acima)
2. **Captação Ilícita de Sufrágio:** A captação ilícita de sufrágio, ou compra de votos, é proibida pelo art. 41-A da Lei nº 9.504/1997. Comprovar essa prática pode levar à cassação do diploma do eleito.

Art. 41-A. Ressalvado o disposto no art. 26 e seus incisos, constitui captação de sufrágio, vedada por esta Lei, o candidato doar, oferecer, prometer, ou entregar, ao eleitor, com o fim de obter-lhe o voto, bem ou vantagem pessoal de qualquer natureza, inclusive emprego ou função pública, desde o registro da candidatura até o dia da eleição, inclusive, sob pena de multa de mil a cinqüenta mil Ufir, e cassação do registro ou do diploma, observado o procedimento previsto no art. 22 da Lei Complementar nº 64, de 18 de maio de 1990. (Incluído pela Lei nº 9.840, de 1999)

§ 1º Para a caracterização da conduta ilícita, é desnecessário o pedido explícito de votos, bastando a evidência do dolo, consistente no especial fim de agir. (Incluído pela Lei nº 12.034, de 2009)

§ 2º As sanções previstas no caput aplicam-se contra quem praticar atos de violência ou grave ameaça a pessoa, com o fim de obter-lhe o voto. (Incluído pela Lei nº 12.034, de 2009)

§ 3º A representação contra as condutas vedadas no caput poderá ser ajuizada até a data da diplomação. (Incluído pela Lei nº 12.034, de 2009)

§ 4º O prazo de recurso contra decisões proferidas com base neste artigo será de 3 (três) dias, a contar da data da publicação do julgamento no Diário Oficial. (Incluído pela Lei nº 12.034, de 2009)

3. **Conduta Vedada a Agentes Públicos:** As condutas vedadas a agentes públicos durante campanhas eleitorais, definidas nos arts. 73 a 78 da Lei nº 9.504/1997, podem resultar na cassação do registro ou diploma dos candidatos beneficiados.
4. **Infidelidade Partidária:** A perda de mandato por infidelidade partidária é prevista na Resolução TSE nº 22.610/2007 e na Lei nº 9.096/1995, art. 22-A. O detentor de mandato eletivo que se desfilia sem justa causa pode perder o mandato.

Art. 22-A. Perderá o mandato o detentor de cargo eletivo que se desfiliar, sem justa causa, do partido pelo qual foi eleito. (Incluído pela Lei nº 13.165, de 2015)

Parágrafo único. Consideram-se justa causa para a desfiliação partidária somente as seguintes hipóteses: (Incluído pela Lei nº 13.165, de 2015)

I - mudança substancial ou desvio reiterado do programa partidário; (Incluído pela Lei nº 13.165, de 2015)

II - grave discriminação política pessoal; e (Incluído pela Lei nº 13.165, de 2015)

III - mudança de partido efetuada durante o período de trinta dias que antecede o prazo de filiação exigido em lei para concorrer à eleição, majoritária ou proporcional, ao término do mandato vigente. (Incluído pela Lei nº 13.165, de 2015)

Procedimento: A representação para perda do mandato eletivo pode ser proposta por qualquer partido político, coligação, candidato ou pelo Ministério Público Eleitoral, seguindo o rito estabelecido no art. 22 da LC nº 64/1990, garantindo o contraditório e a ampla defesa.

19. ELEIÇÕES SUPLEMENTARES

As eleições suplementares são reguladas pelo Código Eleitoral, especialmente no art. 224. Quando a anulação de votos atinge mais de 50% dos votos válidos, novas eleições devem ser convocadas. A Resolução TSE nº 23.609/2019 também trata da realização de eleições suplementares. A eleição suplementar não é uma simples repetição do escrutínio anterior, mas um novo processo eleitoral completo. Envolve a exclusão do causador da invalidação do primeiro pleito e permite a participação de novos candidatos, respeitando prazos legais e inelegibilidades específicas. Além disso, a responsabilidade civil por danos decorrentes da realização de eleições suplementares pode recair sobre o agente causador da invalidação.

Art. 224[26]. Se a nulidade atingir a mais de metade dos votos do país nas eleições *presidenciais*, do Estado nas eleições federais e *estaduais* ou do município nas eleições *municipais*, julgar-se-ão prejudicadas as demais votações e o Tribunal marcará dia para nova eleição dentro do prazo de 20 (vinte) a 40 (quarenta) dias.

§ 1º Se o Tribunal Regional na área de sua competência, deixar de cumprir o disposto neste artigo, o procurador regional levará o fato ao conhecimento do procurador-geral, que providenciará junto ao Tribunal Superior para que seja marcada imediatamente nova eleição.

§ 2º Ocorrendo qualquer dos casos previstos neste capítulo o Ministério Público promoverá, imediatamente, a punição dos culpados.

§ 3º A decisão da Justiça Eleitoral que importe o indeferimento do registro, a cassação do diploma ou a perda do mandato de candidato eleito em pleito majoritário acarreta, após o trânsito em julgado, a realização de novas eleições, independentemente do número de votos anulados.

- Parágrafo 3º acrescido pelo art. 4º da Lei nº 13.165/2015.
- Ac.-STF, de 4.3.2020, no RE nº 1.096.029: fixou tese confirmando a constitucionalidade da redação deste parágrafo, dada pela Lei 13.165/2015, "no que determina a realização automática de novas eleições, independentemente do número de votos anulados, sempre que o candidato eleito, em pleito majoritário, for desclassificado, por indeferimento do registro de sua candidatura, ou em virtude de cassação do diploma ou mandato", além do que, reafirmou o entendimento fixado pelo STF na ADI nº 5.525 quanto à constitucionalidade da expressão "indeferimento do registro".
- Ac.-TSE, de 11.12.2018, no REspe nº 4297: impossibilidade de participação do candidato que deu causa à nulidade da eleição ordinária nas eleições suplementares realizadas com fundamento neste artigo.

§ 4º A eleição a que se refere o § 3º correrá a expensas da Justiça Eleitoral e será:

- Parágrafo 4º acrescido pelo art. 4º da Lei n. 13.165/2015.

I – indireta, se a vacância do cargo ocorrer a menos de seis meses do final do mandato;

II – direta, nos demais casos.

- Ac.-STF, de 8/3/2018, na ADI n. 5525: confere interpretação conforme a CF/1988 para afastar do seu âmbito de incidência as situações de vacância nos cargos de presidente, vice-presidente e senador da República.

Tabela com as normas e jurisprudência relacionadas às eleições suplementares

Fonte Legal/ Jurisprudencial	Descrição
CF/1988, art. 77, §§ 2º e 3º, c.c. os arts. 28 e 29, II	Define que votos nulos e em branco não são computados para o cálculo da maioria nas eleições de presidente, governador e prefeito de municípios com mais de 200 mil eleitores.
Res.-TSE nº 23280/2010	Estabelece instruções para a marcação de eleições suplementares.

26 https://www.tse.jus.br/legislacao/codigo-eleitoral/codigo-eleitoral-1/codigo-eleitoral-lei-nb0-4.737-de-15-de-julho-de-1965

Fonte Legal/ Jurisprudencial	Descrição
Ac.-TSE, de 10.12.2015, no AgR-REspe nº 14760	Declara a invalidade da eleição suplementar se decisão de Tribunal Regional afasta cassação de diplomas dos vencedores da eleição ordinária para prefeito e vice-prefeito.
Ac.-TSE, de 1º.7.2013, no MS nº 17886 e, de 4.9.2008, no MS nº 3757	Presidente do Legislativo Municipal assume interinamente a chefia do Executivo Municipal até a realização do novo pleito.
Ac.-TSE, de 11.10.2011, no MS nº 162058	Na ausência de disposição específica na lei orgânica municipal, eleições suplementares diretas devem ser realizadas, mesmo se a dupla vacância ocorrer no segundo biênio da legislatura.
Ac.-TSE, de 12.5.2011, no AgR-MS nº 57264	Possibilidade de redução de prazos relacionados à propaganda eleitoral, convenções partidárias e desincompatibilização, mas vedação de mitigação de prazos processuais constitucionais.
Ac.-TSE, de 11.11.2010, no REspe nº 303157	Aplica o art. 14, § 7º, da CF/1988 sem mitigação para todos os postulantes, mesmo em eleição suplementar.
Ac.-TSE, de 18.5.2010, no REspe nº 36043 (renovação da eleição) e, de 4.5.2010, no AgR-REspe nº 3919571 (eleição suplementar)	Aptidão de candidatura deve ser verificada no novo pedido de registro, desconsiderando situação anterior na eleição anulada, a menos que tenha causado a anulação.
Ac.-TSE, de 4.5.2010, no AgR-REspe nº 3919571	Renovação da eleição reabre todo o processo eleitoral como novo pleito autônomo.
Ac.-TSE, de 1º.7.2009, no MS nº 4228	Em renovação de eleições com base no art. 224 do CE, consideram-se os eleitores constantes do cadastro atual.
Ac.-TSE, de 2.9.2008, no Ag nº 8055 e, de 18.12.2007, no MS nº 3649	Aplica o art. 224 do CE em ação de impugnação de mandato eletivo.
Ac.-TSE, de 29.6.2006, no MS nº 3438 e, de 5.12.2006, no REspe nº 25585	Votos nulos por captação ilícita de sufrágio não se somam aos votos nulos por manifestação apolítica.

Fonte Legal/ Jurisprudencial	Descrição
Res.-TSE nº 22992/2008	Votos nulos de candidatos com registros sub judice não se somam aos votos nulos por manifestação apolítica.
Ac.-TSE, de 29.6.2006, no MS nº 3438	Impossibilidade de conhecimento de ofício da matéria tratada no art. 224, mesmo que de ordem pública.
Ac.-TSE, de 6.5.2003, no MS nº 3113 e, de 5.5.1998, no MS nº 2624 e Ac.-STF, de 2.10.1998, no RMS nº 23234	O art. 224 do CE e o § 2º do art. 77 da CF regem situações diversas, sem incompatibilidade entre eles.

A Justiça Eleitoral é responsável por organizar e conduzir as eleições suplementares. O calendário e as regras específicas para cada eleição suplementar são definidos pelo Tribunal Superior Eleitoral (TSE) ou pelos Tribunais Regionais Eleitorais (TREs), conforme o caso. Envolve um novo ciclo completo: escolha de candidatos, registro de candidaturas, campanha eleitoral, propaganda, votação, apuração, proclamação dos resultados e diplomação. Não é apenas uma repetição do escrutínio anterior. Novos eleitores podem ser incorporados devido a novas inscrições eleitorais, transferências ou cancelamentos de registros.

Procedimentos para Eleições Suplementares

- **Nova Eleição:** A decisão que indeferir registro, cassar diploma ou mandato de candidato eleito em pleito majoritário acarreta novas eleições, independentemente do número de votos anulados.
- **Prazos e Formalidades:** A nova eleição deve ocorrer entre 20 a 40 dias após a nulidade.
- **Participação de Candidatos:** O causador da nulidade do primeiro pleito não pode participar da nova eleição. Porém, novos candidatos podem se inscrever, respeitando os prazos de desincompatibilização e outras exigências legais.

Tipos de Eleição Suplementar

- **Indireta:** Se a vacância do cargo ocorrer a menos de seis meses do final do mandato.
- **Direta:** Nos demais casos, a eleição é direta.

Encargos e Execução

- **Despesas:** A eleição suplementar será financiada pela Justiça Eleitoral.
- **Responsabilidade:** O Ministério Público promoverá a punição dos culpados imediatamente após a constatação de qualquer dos casos previstos no capítulo.

Notas Importantes

- **Incompatibilidade e Mitigação:** Não se somam aos votos anulados por captação ilícita de sufrágio os votos nulos por manifestação apolítica dos eleitores.
- **Eleitores Considerados:** Devem ser considerados os eleitores constantes do cadastro atual para a realização de nova eleição.
- **Interpretação Conformativa:** Segundo o STF, a interpretação conforme à Constituição deve afastar do âmbito de incidência do artigo 224 as vacâncias nos cargos de presidente, vice-presidente e senador da República.

O Art. 224 do Código Eleitoral determina a realização de novas eleições quando mais de 50% dos votos são anulados. Estas novas eleições devem ocorrer entre 20 a 40 dias após a decisão. A eleição pode ser direta ou indireta, dependendo do tempo restante do mandato, e será financiada pela Justiça Eleitoral. Quem causou a nulidade do pleito não pode participar da nova eleição.

Fundamentos e Jurisprudência

- **Fundamento Legal:** O artigo está embasado na Lei nº 9.504/1997, art. 77 da Constituição Federal, e Resolução TSE nº 23.280/2010.
- **Jurisprudência Relacionada:**
  - o **Acórdão TSE de 10.12.2015:** Decisões que afastam a cassação de diplomas podem invalidar a eleição suplementar.
  - o **Acórdão TSE de 1º.7.2013:** O presidente do Legislativo Municipal é legitimado para assumir a chefia do Executivo Municipal interinamente até a nova eleição.
  - o **Acórdão TSE de 11.10.2011:** Em falta de disposição específica na lei orgânica municipal, eleições diretas devem ser realizadas mesmo no segundo biênio da legislatura.
  - o **Acórdão TSE de 12.5.2011:** Possibilidade de redução de prazos relacionados à propaganda eleitoral, convenções partidárias e desincompatibilização, sem mitigação das garantias constitucionais.

20. CRIMES ELEITORAIS

São infrações que comprometem a integridade e a legitimidade do processo eleitoral, afetando o exercício da democracia. O Direito Penal Eleitoral busca proteger a lisura das eleições, punindo condutas que tentem subverter a vontade popular expressa pelo voto.

Os crimes eleitorais[27] estão principalmente no Código Eleitoral, do art. 289 ao art. 354-A, e na Lei das Eleições (Lei nº 9.504/97), que inclui crimes como pesquisa fraudulenta, boca de urna e invasão de sistemas informáticos. A Lei Complementar nº 64/90 também traz um crime em seu art. 25. S legislação esparsa aborda crimes como o transporte ilegal de eleitores. Para Luiz Carlos dos Santos Gonçalves, a classificação dos crimes eleitorais pode dar-se pela:

1. **Natureza:** Crimes eleitorais são crimes comuns e não políticos, portanto, são julgados pela Justiça Eleitoral e não pela Justiça Federal.
2. **Correlação com Bens Jurídicos Eleitorais:** Dividem-se em crimes eleitorais próprios (previstos na legislação eleitoral) e impróprios (previstos no Código Penal, mas relacionados a eleições).
3. **Sujeição Ativa:** A maioria dos crimes eleitorais pode ser cometida por qualquer pessoa, exceto alguns específicos como a coação por servidores públicos.
4. **Sujeição Passiva:** As vítimas principais são o eleitorado e a sociedade como um todo, caracterizando os crimes eleitorais como "crimes vagos".
5. **Elemento Subjetivo:** Todos os crimes eleitorais são dolosos (intencionais), muitas vezes exigindo dolo específico, ou seja, a intenção de influenciar o processo eleitoral.

Os crimes eleitorais, representam um importante campo de estudo e aplicação dentro do Direito Eleitoral, crucial para a manutenção da integridade e legitimidade dos processos eleitorais. O Tribunal Superior Eleitoral (TSE) e os Tribunais Regionais Eleitorais (TREs) têm a responsabilidade de assegurar que as eleições sejam conduzidas de maneira justa, transparente e livre de fraudes. Este objetivo é sustentado pela legislação eleitoral brasileira, que tipifica diversas condutas como crimes eleitorais, estabelecendo punições rigorosas para aqueles que as praticam.

O Direito Eleitoral brasileiro possui uma vasta gama de tipos penais distribuídos em diversas legislações específicas, como o Código Eleitoral (Lei nº 4.737/1965), a Lei nº 6.091/1974 (que trata do transporte de eleitores), a Lei nº 6.996/1982 (que regulamenta o processamento eletrônico de dados nos serviços eleitorais), a Lei nº 7.021/1982 (que trata do escrutínio), a Lei Complementar nº 64/1990 (que

27 Gonçalves, Luiz Carlos dos Santos. Investigação e processo dos crimes eleitorais e conexos / Luiz Carlos dos Santos Gonçalves. - São Paulo: SaraivaJur, 2022.

estabelece normas sobre inelegibilidades) e a Lei nº 9.504/1997 (conhecida como Lei das Eleições).

Aplicação Subsidiária do Código Penal e do Código de Processo Penal

Devido ao caráter misto das normas eleitorais, que não são exclusivamente penais, as regras gerais previstas no Código Penal e no Código de Processo Penal são aplicáveis subsidiariamente aos crimes eleitorais. Isso significa que, na ausência de disposições específicas na legislação eleitoral, utilizam-se os princípios e normas do direito penal comum para preencher as lacunas e assegurar a devida aplicação da justiça.

Também diferem dos crimes em geral principalmente devido à natureza dos bens jurídicos que protegem. Enquanto o Direito Penal protege bens jurídicos diversos, o Direito Eleitoral foca na proteção de bens e valores político-eleitorais, que são essenciais para a vida coletiva e a manutenção do regime democrático. Esses bens incluem a integridade, lisura e legitimidade do processo eleitoral, o livre exercício da cidadania e dos direitos políticos ativos e passivos, a regularidade da campanha política, da propaganda eleitoral, da arrecadação e do dispêndio de recursos, a veracidade do voto, a representatividade e a fé pública eleitoral.[28]

Definição de Crime Comum e Crime Político

- **Crime Comum:** Refere-se a crimes que podem ser cometidos por qualquer pessoa, podendo envolver coautoria e participação, e geralmente violam bens jurídicos triviais como patrimônio, saúde, e liberdade.
- **Crime Político:** A intenção é atingir a configuração político-ideológica do Estado, aniquilá-la ou substituí-la, visando bens públicos e valores coletivos.

Embora a matéria eleitoral tenha uma coloração política, os crimes eleitorais, sob um enfoque técnico-jurídico, não se configuram como crimes políticos. Eles são, em essência, crimes comuns com especificidades relacionadas à proteção da integridade e legitimidade do processo eleitoral.

Importância dos Crimes Eleitorais

Os crimes eleitorais visam proteger valores fundamentais como a lisura do processo eleitoral, a igualdade de condições entre os candidatos, a liberdade de voto e a correta apuração dos resultados. O combate aos crimes eleitorais enfrenta diversos desafios, incluindo a sofisticação das práticas fraudulentas e a necessidade de constante atualização das normas para acompanhar as inovações tecnológicas. A atuação eficaz das autoridades eleitorais, junto com a conscientização e a participação ativa da sociedade, é fundamental para a prevenção e repressão dessas infrações.

21. PRINCÍPIOS CONSTITUCIONAIS APLICÁVEIS AOS CRIMES ELEITORAIS

Os princípios constitucionais aplicáveis aos crimes eleitorais são os pilares que garantem a legitimidade e a justiça na aplicação das leis penais eleitorais. Eles asseguram que as sanções penais sejam aplicadas de forma justa, proporcional e dentro dos limites estabelecidos pela Constituição Federal de 1988. Entre esses princípios, destacam-se[29]:

21.1 Princípio da Legalidade (Art. 5º, XXXIX)

Nenhum fato pode ser considerado crime e nenhuma pena pode ser aplicada sem uma lei anterior que o defina. Este princípio assegura que somente as condutas previamente descritas em lei como criminosas possam ser punidas, garantindo segurança jurídica e previsibilidade.

21.2 Princípio da Proibição da Retroatividade (Art. 5º, XL)

As leis penais não podem retroagir para prejudicar o réu. Apenas podem retroagir para beneficiar o acusado. Este princípio evita que alguém seja punido por um ato que, no momento em que foi praticado, não era considerado crime.

21.3 Princípio da Humanidade das Penas (Art. 5º, XLVII)

Proíbe a adoção de penas cruéis, de morte (salvo em caso de guerra declarada), de caráter perpétuo, de trabalhos forçados, de banimento e de natureza degradante. Este princípio assegura que as punições sejam aplicadas de maneira humana e respeitem a dignidade da pessoa humana.

21.4 Princípio do Juiz Natural (Art. 5º, XXXVII e LIII)

Garante que ninguém será processado nem sentenciado senão pela autoridade competente,

28 Gomes, José Jairo. Crimes eleitorais e processo penal eleitoral / José Jairo Gomes. – 6. ed., – Barueri [SP]: Atlas, 2022.

29 Gonçalves, Luiz Carlos dos Santos. Investigação e processo dos crimes eleitorais e conexos / Luiz Carlos dos Santos Gonçalves. - São Paulo: SaraivaJur, 2022.

estabelecida previamente pela lei. Este princípio assegura um julgamento justo e imparcial, evitando a criação de tribunais de exceção.

21.5 Princípio do Devido Processo Legal (Art. 5º, LIV)

Assegura que ninguém será privado da liberdade ou de seus bens sem o devido processo legal. Este princípio inclui o direito a um julgamento justo, a ampla defesa, ao contraditório e a um processo conduzido conforme as normas jurídicas estabelecidas.

21.6 Princípio da Proporcionalidade

Implícito na Constituição, este princípio assegura que as sanções penais sejam proporcionais à gravidade do delito cometido. Evita excessos e abusos no uso do poder punitivo do Estado, garantindo que a punição seja justa e adequada ao crime praticado.

21.7 Princípio da Presunção de Inocência (Art. 5º, LVII)

Garante que ninguém será considerado culpado até o trânsito em julgado de sentença penal condenatória. Este princípio assegura que o acusado tenha todos os seus direitos respeitados durante o processo e só seja punido após a certeza de sua culpabilidade.

Esses princípios são fundamentais para garantir que o Direito Penal Eleitoral seja aplicado de forma justa e que os direitos fundamentais dos cidadãos sejam respeitados. Eles formam a base sobre a qual se constrói todo o arcabouço jurídico eleitoral, assegurando que as eleições sejam conduzidas de maneira livre, justa e democrática, protegendo a integridade do processo eleitoral e a vontade popular.

Além dos princípios já mencionados, existem outros princípios constitucionais que também são aplicáveis aos crimes eleitorais, reforçando a proteção dos direitos dos cidadãos e a justiça no processo penal eleitoral. Vamos abordar alguns deles:

21.8 Princípio da Igualdade (Art. 5º, caput e I)

Todos são iguais perante a lei, sem distinção de qualquer natureza. No contexto dos crimes eleitorais, este princípio assegura que todas as pessoas envolvidas no processo eleitoral, sejam candidatos, eleitores ou quaisquer outros participantes, recebam o mesmo tratamento jurídico e estejam sujeitas às mesmas leis e sanções.

21.9 Princípio da Publicidade dos Atos Processuais (Art. 5º, LX)

Assegura que os atos processuais sejam públicos, salvo exceções que preservem a intimidade ou o interesse social. No âmbito eleitoral, garante a transparência dos processos judiciais, permitindo o controle social e a confiança no sistema eleitoral.

21.10 Princípio da Ampla Defesa e do Contraditório (Art. 5º, LV)

Assegura aos acusados a oportunidade de se defenderem plenamente e de apresentarem provas em seu favor, além do direito de contestar as provas apresentadas pela acusação. Este princípio é fundamental para garantir um julgamento justo e equitativo.

21.11 Princípio da Celeridade Processual (Art. 5º, LXXVIII)

Assegura a todos a razoável duração do processo e os meios que garantam a celeridade de sua tramitação. No contexto dos crimes eleitorais, é importante para evitar que processos se arrastem indefinidamente, comprometendo a justiça e a efetividade das eleições.

21.12 Princípio da Moralidade (Art. 37, caput)

Estabelece que a administração pública direta e indireta de qualquer dos poderes da União, dos Estados, do Distrito Federal e dos Municípios obedecerá aos princípios de legalidade, impessoalidade, moralidade, publicidade e eficiência. No âmbito eleitoral, reforça a necessidade de condutas íntegras e éticas por parte dos agentes públicos e candidatos.

21.13 Princípio da Inafastabilidade da Jurisdição (Art. 5º, XXXV)

Garante que a lei não excluirá da apreciação do Poder Judiciário lesão ou ameaça a direito. Este princípio assegura que todos os casos de crimes eleitorais possam ser levados ao conhecimento do Judiciário, garantindo a proteção dos direitos eleitorais.

21.14 Princípio da Proibição do Bis in Idem (Art. 5º, LVII)

Ninguém pode ser julgado mais de uma vez pelo mesmo fato. Este princípio protege os indivíduos de serem processados e punidos repetidamente pelo mesmo crime eleitoral, garantindo segurança jurídica.

Esses princípios complementam o arcabouço jurídico necessário para a aplicação justa e proporcional das normas penais eleitorais, protegendo os direitos fundamentais dos cidadãos e assegurando a legitimidade do processo eleitoral.

22. CRIMES ELEITORAIS PUROS OU ESPECÍFICOS

Os crimes eleitorais puros ou específicos são aqueles previstos na legislação eleitoral e que têm como objetivo proteger a integridade e a regularidade do processo eleitoral. Esses crimes são definidos por normas que visam garantir a lisura e a legitimidade das eleições, prevenindo e reprimindo condutas que possam comprometer a expressão livre e autêntica da vontade popular.

Definição e Características

Os crimes eleitorais específicos são tipificados no Código Eleitoral (Lei nº 4.737/1965) e em outras legislações relacionadas, como a Lei das Eleições (Lei nº 9.504/1997). Eles abrangem uma variedade de condutas ilícitas, desde fraudes e corrupção até o uso indevido dos meios de comunicação e a propaganda eleitoral irregular.

Exemplos de Crimes Eleitorais Específicos

1. **Compra de Votos (Art. 299[30] do Código Eleitoral)**

   Configura crime oferecer, prometer ou dar dinheiro, dádiva, ou qualquer outra vantagem com o fim de obter voto para si ou para outrem, ou para abster-se de votar.

   > **Art. 299.** Dar, oferecer, prometer, solicitar ou receber, para si ou para outrem, dinheiro, dádiva, ou qualquer outra vantagem, para obter ou dar voto e para conseguir ou prometer abstenção, ainda que a oferta não seja aceita:
   >
   > Pena – reclusão até quatro anos e pagamento de 5 a 15 dias-multa.

2. **Fraude Eleitoral (Art. 289 do Código Eleitoral)**

   Envolve a falsificação de documentos públicos, tais como títulos de eleitor ou listas de assinaturas de apoio a candidatos.

   > Art. 289. Inscrever-se fraudulentamente eleitor:
   >
   > Pena – reclusão até 5 anos e pagamento de 5 a 15 dias-multa.

3. **Boca de Urna (Art. 39, § 5º, II, da Lei nº 9.504/1997)**

   Consiste na arregimentação de eleitores ou na realização de propaganda eleitoral no dia da eleição.

---

30 Ac.-TSE, de 28.3.2023, no REspEl nº 283: o crime previsto neste artigo exige, ainda, que a promessa ou a oferta seja feita a eleitor determinado ou determinável, que o eleitor esteja regular ou que seja possível sua regularização no momento da consumação do crime, que o eleitor vote no domicílio eleitoral do candidato indicado pelo corruptor ativo e que haja a presença do dolo específico.

Ac.-TSE, de 28.3.2023, no REspEl nº 283 e, de 2.3.2011, nos ED-REspe nº 58245: a configuração do delito previsto neste artigo não exige pedido expresso de voto, mas sim a comprovação da finalidade de obter ou dar voto ou prometer abstenção.

Ac.-TSE, de 18.2.2020, no AgR-AI nº 48367: "O foro por prerrogativa de função se aplica apenas aos acusados de crimes praticados durante o exercício do cargo público e relacionados às funções desempenhadas."

Ac.-TSE, de 18.10.2016, no AgR-AI nº 3748: a promessa de cargo a correligionário em troca de voto não configura o delito previsto neste artigo.

Ac.-TSE, de 5.2.2015, no AgR-AI nº 20903: o crime previsto neste artigo tutela o livre exercício do voto ou a abstenção do eleitor.

Ac.-TSE, de 26.2.2013, no *RHC* nº 45224: na acusação da prática de corrupção eleitoral, a peça acusatória deve indicar qual ou quais eleitores teriam sido beneficiados ou aliciados, sem o que o direito de defesa fica comprometido.

Ac.-TSE, de 25.8.2011, no AgR-AI nº 58648: a configuração do crime de corrupção eleitoral não se confunde com a realização de promessas de campanha; Ac.-TSE, de 1º.10.2015, no *HC* nº 8992: promessas genéricas de campanha não representam compra de votos.

Ac.-TSE, de 18.8.2011, no *HC* nº 78048: o corréu (corruptor passivo), enquanto não denunciado nos crimes de corrupção, pode ser tomado como testemunha, uma vez que o Ministério Público não é obrigado a ajuizar a ação contra todos os envolvidos.

Ac.-TSE, de 28.10.2010, no AgR-AI nº 10672: inaplicabilidade do princípio da insignificância.

Ac.-TSE, de 23.2.2010, no *HC* nº 672: "Exige-se para a configuração do ilícito penal que o corruptor eleitoral passivo seja pessoa apta a votar".

Ac.-TSE, de 19.2.2008, no RHC nº 106: o delito previsto neste dispositivo constitui crime comum, tendo como sujeito ativo qualquer pessoa.

Ac.-TSE, de 27.11.2007, no Ag nº 8905: "O crime de corrupção eleitoral, por ser crime formal, não admite a forma tentada, sendo o resultado mero exaurimento da conduta criminosa".

Ac.-TSE, de 15.3.2007, no Ag nº 6014 e, de 8.3.2007, no REspe nº 25388: necessidade do dolo específico para a configuração deste crime.

Ac.-TSE, de 3.5.2005, no *RHC* nº 81: a disciplina deste artigo não foi alterada pelo art. 41-A da Lei nº 9.504/1997; Ac.-TSE, de 27.11.2007, no AgRgAg nº 6553: a absolvição na representação por captação ilícita de sufrágio, ainda que acobertada pela coisa julgada, não obsta a *persecutio criminis* pela prática do tipo penal aqui descrito.

Art. 39. A realização de qualquer ato de *propaganda partidária* ou eleitoral, em recinto aberto ou fechado, não depende de licença da polícia.

§ 5º Constituem crimes, no dia da eleição, puníveis com detenção, de seis meses a um ano, com a alternativa de prestação de serviços à comunidade pelo mesmo período, e multa no valor de cinco mil a quinze mil *Ufirs*:

I – o uso de alto-falantes e amplificadores de som ou a promoção de comício ou carreata;

II – a arregimentação de eleitor ou a propaganda de boca de urna;

- Inciso II com redação dada pelo art. 1º da Lei nº 11.300/2006.
- V. art. 39-A desta lei.
- Ac.-TSE, de 4.6.2009, no *HC* nº 604: a nova redação dada a este dispositivo pela Lei nº 11.300/2006 não revogou as condutas anteriormente descritas, tendo, na verdade, ampliado o tipo penal.

III – a divulgação de qualquer espécie de propaganda de partidos políticos ou de seus candidatos;

- Inciso III com redação dada pelo art. 3º da Lei nº 12.034/2009.
- Ac.-TSE, de 4.12.2018, no REspe nº 1011: o envio de mensagens por SMS no dia das eleições é alcançado por este tipo penal.
- Ac.-TSE, de 14.2.2017, no HC nº 060093004 e, de 2.10.2012, no REspe nº 155903: atipicidade da conduta de afixar cartazes e faixas com propaganda eleitoral em residências em data anterior ao dia das eleições.
- Ac.-TSE, de 3.9.2014, no AgR-AI nº 498122 e, de 3.5.2011, no REspe nº 1188716: inaplicabilidade do princípio da insignificância ao crime tipificado neste inciso.
- Ac.-TSE, de 27.5.2014, no AgR-REspe nº 8720 e, de 26.4.2012, no REspe nº 485993: declaração indireta de voto desprovida de qualquer forma de convencimento, de pressão ou de tentativa de persuasão não constitui crime eleitoral.

IV – a publicação de novos conteúdos ou o impulsionamento de conteúdos nas aplicações de Internet de que trata o art. 57-B desta lei, podendo ser mantidos em funcionamento as aplicações e os conteúdos publicados anteriormente.

4. **Divulgação de Pesquisa Fraudulenta (Art. 33, § 4º, da Lei nº 9.504/1997)**

Refere-se à divulgação de pesquisa eleitoral fraudulenta com o intuito de influenciar indevidamente o eleitorado

- **Exclusividade na Legislação Eleitoral:** Somente descritos nas leis eleitorais.
- **Proteção Específica:** Focados na proteção direta dos bens jurídicos eleitorais.
- **Competência da Justiça Eleitoral:** Processados e julgados exclusivamente pela Justiça Eleitoral.

DAS PESQUISAS E TESTES PRÉ-ELEITORAIS

Art. 33. As entidades e empresas que realizarem *pesquisas de opinião pública* relativas às eleições ou aos candidatos, para conhecimento público, são obrigadas, para cada pesquisa, a registrar, junto à Justiça Eleitoral, até cinco dias antes da divulgação, as seguintes informações:

I – *quem* contratou a pesquisa;

II – valor e origem dos recursos despendidos no trabalho;

III – metodologia e período de realização da pesquisa;

IV – plano amostral e ponderação quanto a sexo, idade, grau de instrução, nível econômico e área física de realização do trabalho a ser executado, intervalo de confiança e margem de erro;

V – sistema interno de controle e verificação, conferência e fiscalização da coleta de dados e do trabalho de campo;

VI – questionário completo aplicado ou a ser aplicado;

VII – nome de quem pagou pela realização do trabalho e cópia da respectiva nota fiscal.

§ 4º A divulgação de pesquisa fraudulenta constitui crime, punível com detenção de seis meses a um ano e multa no valor de cinquenta mil a cem mil Ufirs.

Importância e Impacto

A tipificação desses crimes visa assegurar a moralidade e a transparência do processo eleitoral. A efetiva aplicação das sanções previstas contribui para a manutenção da ordem democrática e da confiança dos eleitores no sistema eleitoral.

Jurisdição e Competência

Os crimes eleitorais específicos são julgados pela Justiça Eleitoral, que possui competência para processar e julgar as infrações penais eleitorais. Isso inclui a realização de investigações, julgamentos e a aplicação das penas previstas.

Críticas e Desafios

Apesar de sua importância, há críticas quanto ao número excessivo de tipos penais eleitorais, o que pode levar à complexidade e à dificuldade na aplicação uniforme das leis.

23. CRIMES ELEITORAIS ACIDENTAIS

Os crimes eleitorais acidentais[31] são aqueles cuja conduta é tipificada tanto na legislação eleitoral quanto na legislação penal comum. O crime será considerado eleitoral apenas se o fato revestir-se de características que ofendam bens jurídicos eleitorais. Caso contrário, será tratado como um crime comum.

Exemplos

- **Falsificação de Documento Público com Fins Eleitorais:** Este crime pode ser tipificado tanto no Art. 348 do Código Eleitoral quanto no Art. 297 do Código Penal. O que caracteriza o delito como eleitoral é a intenção de afetar o processo eleitoral.

> Art. 348. Falsificar, no todo ou em parte, documento público, ou alterar documento público verdadeiro, para fins eleitorais:
>
> Pena – reclusão de dois a seis anos e pagamento de 15 a 30 dias-multa.
>
> § 1º Se o agente é funcionário público e comete o crime prevalecendo-se do cargo, a pena é agravada.
>
> § 2º Para os efeitos penais, equipara-se a documento público o emanado de entidade paraestatal, inclusive fundação do Estado.
>
> **Falsificação de documento público**
>
> Art. 297 - Falsificar, no todo ou em parte, documento público, ou alterar documento público verdadeiro:
>
> Pena - reclusão, de dois a seis anos, e multa.
>
> § 1º - Se o agente é funcionário público, e comete o crime prevalecendo-se do cargo, aumenta-se a pena de sexta parte.
>
> § 2º - Para os efeitos penais, equiparam-se a documento público o emanado de entidade paraestatal, o título ao portador ou transmissível por endosso, as ações de sociedade comercial, os livros mercantis e o testamento particular.
>
> § 3º Nas mesmas penas incorre quem insere ou faz inserir: (Incluído pela Lei nº 9.983, de 2000)
>
> I – na folha de pagamento ou em documento de informações que seja destinado a fazer prova perante a previdência social, pessoa que não possua a qualidade de segurado obrigatório;(Incluído pela Lei nº 9.983, de 2000)
>
> II – na Carteira de Trabalho e Previdência Social do empregado ou em documento que deva produzir efeito perante a previdência social, declaração falsa ou diversa da que deveria ter sido escrita; (Incluído pela Lei nº 9.983, de 2000)
>
> III – em documento contábil ou em qualquer outro documento relacionado com as obrigações da empresa perante a previdência social, declaração falsa ou diversa da que deveria ter constado. (Incluído pela Lei nº 9.983, de 2000)
>
> § 4º Nas mesmas penas incorre quem omite, nos documentos mencionados no § 3º, nome do segurado e seus dados pessoais, a remuneração, a vigência do contrato de trabalho ou de prestação de serviços.(Incluído pela Lei nº 9.983, de 2000)

- **Corrupção Passiva de Funcionário da Justiça Eleitoral:** Previsto no Art. 317 do Código Penal, mas torna-se um crime eleitoral se estiver relacionado ao processo eleitoral.

Corrupção passiva

> Art. 317 - Solicitar ou receber, para si ou para outrem, direta ou indiretamente, ainda que fora da função ou antes de assumi-la, mas em razão dela, vantagem indevida, ou aceitar promessa de tal vantagem:
>
> Pena – reclusão, de 2 (dois) a 12 (doze) anos, e multa. (Redação dada pela Lei nº 10.763, de 12.11.2003)
>
> § 1º - A pena é aumentada de um terço, se, em conseqüência da vantagem ou promessa, o funcionário retarda ou deixa de praticar qualquer ato de ofício ou o pratica infringindo dever funcional.
>
> § 2º - Se o funcionário pratica, deixa de praticar ou retarda ato de ofício, com infração de dever funcional, cedendo a pedido ou influência de outrem:
>
> Pena - detenção, de três meses a um ano, ou multa.

Características

- **Dupla Tipificação:** Encontram-se tanto nas leis eleitorais quanto nas leis penais comuns.
- **Contexto Eleitoral:** Para serem considerados eleitorais, devem apresentar características específicas que os vinculem ao processo eleitoral.
- **Competência Dual:** Dependendo das circunstâncias, podem ser julgados pela Justiça Eleitoral ou pela Justiça Federal.

---

31 Estudos eleitorais / Tribunal Superior Eleitoral. - Vol. 1, n. 1 (1997) - . - Brasília : Tribunal Superior Eleitoral, 1997- v. ; 24 cm. Quadrimestral. Suspensa de maio de 1998 a dez. 2005, e de set. 2006 a dez. 2007. ISSN 1414-5146 I. Tribunal Superior Eleitoral.

Característica	Crimes Eleitorais Puros	Crimes Eleitorais Acidentais
Definição	Exclusivamente descritos na legislação eleitoral.	Tipificados na legislação eleitoral e penal comum.
Exclusividade Legal	Sim, apenas na legislação eleitoral.	Não, descritos em ambas as legislações.
Exemplo	Boca de Urna (Art. 39, § 5º, II, Lei nº 9.504/1997)	Falsificação de Documento Público com Fins Eleitorais (Art. 348 CE e Art. 297 CP)
Proteção	Proteção direta dos bens jurídicos eleitorais.	Proteção tanto de bens jurídicos eleitorais quanto comuns.
Competência	Justiça Eleitoral.	Justiça Eleitoral ou Justiça Federal, dependendo do caso.

24. CRIMES COMETIDOS NO ALISTAMENTO ELEITORAL

O alistamento eleitoral é um procedimento crucial para a manutenção da integridade e legitimidade do processo eleitoral. Consiste na inscrição dos eleitores, garantindo que apenas aqueles devidamente registrados possam exercer o direito de voto. Crimes cometidos nessa fase podem comprometer a lisura do pleito e a representatividade democrática. Vamos explorar os principais crimes relacionados ao alistamento eleitoral.

Inscrição Fraudulenta de Eleitor

Art. 289 do Código Eleitoral

- **Descrição:** Inscrever-se fraudulentamente como eleitor.
- **Pena:** Reclusão de até 5 anos e pagamento de 5 a 15 dias-multa.
- **Jurisprudência:**
  - o A transferência fraudulenta de eleitores compromete a integridade do cadastro eleitoral (Ac.-TSE, de 9.2.2017, no AgR-AI nº 1392).
  - o Ajudar materialmente na inscrição fraudulenta de eleitor configura participação no crime (Ac.-TSE, de 3.3.2015, no REspe nº 571991).

Análise

Este artigo protege a integridade do cadastro eleitoral, evitando fraudes que prejudiquem a legitimidade do processo eleitoral. Qualquer pessoa pode cometer este crime. O alvo principal é a sociedade, com o sistema eleitoral como vítima secundária. O crime exige a intenção de se inscrever fraudulentamente. A tentativa é punível, e a pena é rigorosa, incluindo reclusão e multa, refletindo a seriedade do crime.

Induzir Alguém a Inscrever-se como Eleitor com Infração do Código Eleitoral

Art. 290 do Código Eleitoral

- **Descrição:** Induzir alguém a se inscrever como eleitor com infração de qualquer dispositivo do Código Eleitoral.
- **Pena:** Reclusão de até 2 anos e pagamento de 15 a 30 dias-multa.
- **Jurisprudência:**
  - o Induzir alguém abrange instigar, incitar ou auxiliar terceiros a alistarem-se fraudulentamente (Ac.-TSE, de 19.4.2005, no RHC nº 68).
  - o Este crime só pode ser praticado pelo eleitor, admitindo participação, mas não coautoria (Ac.-TSE, de 3.3.2015, no REspe nº 571991).

Análise

Este artigo visa garantir a integridade do alistamento eleitoral, prevenindo indução fraudulenta. Qualquer pessoa pode cometer este crime. A intenção é necessária para configurar o crime. A pena inclui reclusão e multa, destacando a gravidade da infração.

Inscrição Fraudulenta Efetuada por Juiz

Art. 291 do Código Eleitoral

- **Descrição:** Efetuar o juiz, fraudulentamente, a inscrição de alistando.

- **Pena:** Reclusão de até 5 anos e pagamento de 5 a 15 dias-multa.

Análise

Este artigo protege a imparcialidade do processo eleitoral quando a fraude é cometida por um juiz. O crime exige a intenção de realizar uma inscrição fraudulenta. A pena é severa, incluindo reclusão e multa, refletindo a gravidade do crime cometido por uma autoridade judicial.

Negar ou Retardar a Inscrição Requerida sem Fundamento Legal

Art. 292 do Código Eleitoral

- Descrição: Negar ou retardar a autoridade judiciária, sem fundamento legal, a inscrição requerida.
- Pena: Pagamento de 30 a 60 dias-multa.

Análise

Este artigo assegura que o alistamento eleitoral ocorra sem atrasos ou negações injustificadas. Qualquer autoridade judicial que negue ou retarde a inscrição sem justificativa legal pode ser punida. A intenção é necessária para configurar o crime. A pena é multa, refletindo a natureza menos grave da infração.

Perturbar ou Impedir o Alistamento

Art. 293 do Código Eleitoral

- Descrição: Perturbar ou impedir de qualquer forma o alistamento.
- Pena: Detenção de 15 dias a 6 meses ou pagamento de 30 a 60 dias-multa.

Análise

Este artigo protege o processo de alistamento eleitoral contra interferências indevidas. Qualquer pessoa pode cometer este crime. O alvo principal é a sociedade, e os servidores públicos e cidadãos envolvidos no alistamento são vítimas secundárias. O crime pode ser cometido de duas formas: "impedir" ou "perturbar". A intenção de prejudicar o alistamento é necessária. A tentativa é punível. A pena inclui detenção ou multa, destacando a importância de proteger o processo eleitoral.[32]

> **Art. 295.** Reter título eleitoral contra a vontade do eleitor:
>
> **Pena** – detenção até dois meses ou pagamento de 30 a 60 dias-multa.

- Lei nº 9.504/1997, art. 91, parágrafo único: "a retenção de título eleitoral ou do comprovante do alistamento eleitoral constitui crime, punível com detenção, de um a três meses, com a alternativa de prestação de serviços à comunidade por igual período, e multa no valor de cinco mil a dez mil Ufirs".

Esses artigos estabelecem claramente as infrações e as penalidades associadas às condutas durante o alistamento eleitoral, reforçando a importância de manter a lisura e a transparência no processo de registro de eleitores.

25. CRIMES COMETIDOS NO ALISTAMENTO PARTIDÁRIO

Os crimes relacionados ao alistamento partidário podem ser deduzidos a partir da legislação eleitoral e penal brasileira, embora muitos não tenham artigos específicos diretamente relacionados a alistamento partidário. No entanto, algumas práticas fraudulentas e ilegais no contexto de alistamento partidário podem ser enquadradas em artigos do Código Eleitoral e do Código Penal.

O alistamento partidário refere-se ao processo pelo qual um cidadão se filia a um partido político. Este processo é regulamentado pelo Código Eleitoral, pelos estatutos dos partidos políticos e outras normas relacionadas. O objetivo é proteger a legitimidade do processo de filiação aos partidos políticos, garantindo que todas as filiações sejam voluntárias e sem fraudes.

Aspecto	Alistamento Eleitoral	Alistamento Partidário
Natureza do Crime	Focado na integridade do processo de registro de eleitores.	Focado na integridade do processo de filiação partidária.
Impacto	Afeta diretamente a legitimidade das eleições e a formação do corpo eleitoral.	Afeta a composição e a legitimidade interna dos partidos políticos.
Regulamentação	Principalmente regulado pelo Código Eleitoral.	Regulamentado pelo Código Eleitoral, estatutos dos partidos políticos e outras normas complementares.

32 Gomes, José Jairo. Crimes eleitorais e processo penal eleitoral / José Jairo Gomes. – 6. ed., – Barueri [SP]: Atlas, 2022.

Exemplos de Crimes e Seus Artigos

Exemplo de Crime	Descrição	Artigo
Fraude no Alistamento Partidário	Inscrever-se fraudulentamente como membro de um partido político.	Falsidade ideológica ou uso de documento falso (CP, Art. 299)
Coação no Processo de Filiação	Coagir alguém a filiar-se a um partido político contra sua vontade.	CP, Art. 344
Uso Indevido de Dados Pessoais	Utilizar dados pessoais de indivíduos sem consentimento para inscrevê-los como membros de um partido político.	CP, Art. 307 e Art. 308
Falsificação de Documentos para Filiação	Falsificar documentos para inscrever-se ou inscrever terceiros como membros de um partido político.	CP, Art. 297 e Art. 298
Corrupção no Processo de Filiação	Oferecer, prometer ou dar vantagens indevidas a alguém para que se filie a um partido político.	CP, Art. 333
Inserção Fraudulenta de Dados no Sistema de Filiação	Inserir dados falsos ou fraudulentos no sistema de filiação partidária.	CP, Art. 313-A

26. CRIMES ELEITORAIS EM MATÉRIA DE INELEGIBILIDADES

Os crimes eleitorais em matéria de inelegibilidades referem-se às infrações que podem resultar na inelegibilidade de um candidato, ou seja, a perda do direito de ser eleito para um cargo público. Estas infrações são regulamentadas principalmente pela Lei Complementar nº 64, de 1990 (Lei de Inelegibilidades) e pelo Código Eleitoral.

> Art. 25. Constitui crime eleitoral a argüição de inelegibilidade, ou a impugnação de registro de candidato feito por interferência do poder econômico, desvio ou abuso do poder de autoridade, deduzida de forma temerária ou de manifesta má-fé:
>
> Pena: detenção de 6 (seis) meses a 2 (dois) anos, e multa de 20 (vinte) a 50 (cinqüenta) vezes o valor do Bônus do Tesouro Nacional (BTN) e, no caso de sua extinção, de título público que o substitua.

O *BTN* foi extinto pelo art. 3º da Lei nº 8.177/1991.

Artigo Comentado

Art. 25 trata do crime de levantar acusações de inelegibilidade ou contestar registros de candidatos de forma irresponsável ou maliciosa. Pena: Detenção de 6 meses a 2 anos e multa.

Objetivo: Garantir que as ações eleitorais sejam feitas de maneira justa.

Temeridade: Ação imprudente, sem bases sólidas.

Má-Fé: Ação maliciosa, com intenção de prejudicar.

Consumação: O crime se concretiza ao apresentar a petição inicial, independentemente de outros fatores.

Impacto das Inelegibilidades

- **Impedimento de Candidatura:** Os crimes eleitorais que resultam em inelegibilidade impedem que o indivíduo se candidate a cargos públicos durante o período estabelecido.
- **Preservação da Integridade Eleitoral:** As inelegibilidades protegem a integridade do processo eleitoral, assegurando que apenas candidatos com um histórico ético e legal possam concorrer.

Análise Simplificada do Art. 25 da LC Nº 64/1990	
Objetivo	Garantir que as ações eleitorais sejam feitas de maneira justa e não abusiva. Proteger a reputação dos candidatos de alegações infundadas que possam prejudicar suas campanhas.
Contexto	Uma acusação de inelegibilidade ou impugnação pode danificar seriamente a imagem de um candidato perante os eleitores. Muitas vezes, essas ações são movidas por interesses políticos para prejudicar adversários.
Ações Eleitorais Relevantes	Ação de Impugnação de Registro de Candidatura (AIRC). Ação de Investigação Judicial Eleitoral (AIJE) baseada em abuso de poder econômico, desvio ou abuso de autoridade.
Quem Pode Cometer o Crime	Qualquer pessoa pode cometer este crime, mas normalmente essas ações são movidas por partidos políticos, coligações, candidatos e Ministério Público.
Constituição do Crime	Ação do Agente: Começa com a apresentação da ação eleitoral. Núcleo Típico: Os verbos "arguir" (levantar uma alegação) e "impugnar" (contestar). Conduta Típica: Levantar alegações ou contestar registros de maneira irresponsável ou com má intenção.

Temeridade vs. Má-Fé	Temeridade: Ação imprudente, sem bases sólidas de provas ou informações. Má-Fé: Ação maliciosa, com o objetivo de prejudicar outra pessoa.
Consumação do Crime	O crime se concretiza quando a petição inicial é apresentada no cartório ou secretaria judicial, independentemente de despacho ou citação do réu.
Tipo Subjetivo	Dolo genérico, ou seja, a vontade de realizar a ação.
Sanções	Pena: Detenção de 6 meses a 2 anos, e multa de 20 a 50 vezes o valor do BTN. Infração de Menor Potencial Ofensivo: Admite-se transação penal, não cabendo acordo de não persecução penal. Suspensão Condicional do Processo: É possível, pois a pena mínima é inferior a um ano.

27. CRIMES ELEITORAIS NA PROPAGANDA ELEITORAL

A propaganda eleitoral é uma parte crucial do processo democrático, mas deve ser realizada de acordo com a legislação para garantir a lisura das eleições. A seguir, uma análise simplificada dos principais crimes eleitorais relacionados à propaganda eleitoral.

Art. 323. Divulgar, na propaganda eleitoral ou durante período de campanha eleitoral, *fatos que sabe inverídicos* em relação a partidos ou a candidatos e capazes de exercer influência perante o eleitorado:

- *Caput* com redação dada pelo art. 4º da Lei nº 14.192/2021.

Pena – detenção de dois meses a um ano ou pagamento de 120 a 150 dias-multa.

- Ac.-TSE, de 25.6.2015, no AgR-RHC nº 10404: o tipo penal indicado não exige que os fatos tenham potencial para definir a eleição, bastando que sejam "capazes de exercerem influência perante o eleitorado".
- Ac.-TSE, de 15.10.2009, no AgR-REspe nº 35977: necessidade de que os textos imputados como inverídicos sejam fruto de matéria paga para tipificação do delito previsto neste dispositivo.

Parágrafo único. (Revogado pelo art. 4º da Lei nº 14.192/2021).

§ 1º Nas mesmas penas incorre quem produz, oferece ou vende vídeo com conteúdo inverídico acerca de partidos ou candidatos.

§ 2º Aumenta-se a pena de 1/3 (um terço) até metade se o crime:

I – é cometido por meio da imprensa, rádio ou televisão, ou por meio da internet ou de rede social, ou é transmitido em tempo real;

II – envolve menosprezo ou discriminação à condição de mulher ou à sua cor, raça ou etnia.

- Parágrafos 1º e 2º acrescidos pelo art. 4º da Lei nº 14.192/2021.

Resumo dos principais aspectos do Art. 323 do Código Eleitoral	
Objetivo do Artigo	– Proteger a integridade e veracidade das informações durante a propaganda e campanha eleitoral. Assegurar que os eleitores recebam informações precisas e não sejam influenciados por informações falsas.
Essência do Crime	**Divulgação de Fatos Inverídicos**: Divulgação intencional de informações sabidamente falsas. **Capacidade de Influência**: Não precisa ser decisivo para a eleição, basta influenciar os eleitores.
Natureza do Crime	– **Crime Comum**: Pode ser praticado por qualquer pessoa, diretamente ou com ajuda. **Prejudicados**: Principalmente a sociedade; se a propaganda for negativa, também o partido ou candidato alvo.
Elementos do Crime	– **Ação**: Divulgar informações. **Contexto**: Propaganda eleitoral ou campanha. **Fatos**: Devem ser sabidamente falsos e influenciar o eleitorado.
Propaganda Eleitoral	– Refere-se especificamente à propaganda feita durante o período eleitoral, de 15 de agosto até o dia da eleição. Pode ser realizada em vários meios: folhetos, comícios, jornais, revistas, rádio, TV, internet, etc. Divulgação de informações falsas fora deste contexto não configura o crime.
Campanha Eleitoral	– Conjunto de atividades para comunicar-se com eleitores, mobilizar apoio, trocar informações, debater ideias e influenciar votos. O período oficial começa em 16 de agosto do ano eleitoral. Divulgação de fatos falsos durante este período constitui crime, independentemente do meio utilizado.

Lei das Eleições

Art. 39. A realização de qualquer ato de propaganda partidária ou eleitoral, em recinto aberto ou fechado, não depende de licença da polícia.

- V. art. 5º da Lei nº 13.487/2017, o qual revoga os arts. 45 a 49 e o parágrafo único do art. 52 da Lei nº 9.096/1995, a partir de 1º de janeiro de 2018.
- Lei nº 1.207/1950: "Dispõe sobre o direito de reunião".

§ 5º Constituem crimes, no dia da eleição, puníveis com detenção, de seis meses a um ano, com a alternativa de prestação de serviços à comunidade pelo mesmo período, e multa no valor de cinco mil a quinze mil *Ufirs*:

- V. nota ao art. 105, § 2º, desta lei sobre a Unidade Fiscal de Referência (Ufir).

I – o uso de alto-falantes e amplificadores de som ou a promoção de comício ou carreata;

II – a arregimentação de eleitor ou a propaganda de boca de urna;

- Inciso II com redação dada pelo art. 1º da Lei nº 11.300/2006.
- V. art. 39-A desta lei.
- Ac.-TSE, de 4.6.2009, no HC nº 604: a nova redação dada a este dispositivo pela Lei nº 11.300/2006 não revogou as condutas anteriormente descritas, tendo, na verdade, ampliado o tipo penal.

III – a divulgação de qualquer espécie de propaganda de partidos políticos ou de seus candidatos;

- Inciso III com redação dada pelo art. 3º da Lei nº 12.034/2009.
- Ac.-TSE, de 4.12.2018, no REspe nº 1011: o envio de mensagens por SMS no dia das eleições é alcançado por este tipo penal.
- Ac.-TSE, de 14.2.2017, no *HC* nº 060093004 e, de 2.10.2012, no REspe nº 155903: atipicidade da conduta de afixar cartazes e faixas com propaganda eleitoral em residências em data anterior ao dia das eleições.
- Ac.-TSE, de 3.9.2014, no AgR-AI nº 498122 e, de 3.5.2011, no REspe nº 1188716: inaplicabilidade do princípio da insignificância ao crime tipificado neste inciso.
- Ac.-TSE, de 27.5.2014, no AgR-REspe nº 8720 e, de 26.4.2012, no REspe nº 485993: declaração indireta de voto desprovida de qualquer forma de convencimento, de pressão ou de tentativa de persuasão não constitui crime eleitoral.

IV – a publicação de novos conteúdos ou o impulsionamento de conteúdos nas aplicações de Internet de que trata o art. 57-B desta lei, podendo ser mantidos em funcionamento as aplicações e os conteúdos publicados anteriormente.

- Inciso IV acrescido pelo art. 1º da Lei nº 13.488/2017.

Comentários ao artigo:

Propaganda Partidária ou Eleitoral	A realização de qualquer ato de propaganda partidária ou eleitoral, em recinto aberto ou fechado, não depende de licença da polícia.
Referências Legais	– Lei nº 13.487/2017: Revoga arts. 45 a 49 e o parágrafo único do art. 52 da Lei nº 9.096/1995. - Lei nº 1.207/1950: "Dispõe sobre o direito de reunião".
§ 5º Crimes no Dia da Eleição	– Penas: Detenção de 6 meses a 1 ano, alternativa de prestação de serviços à comunidade pelo mesmo período, e multa de 5.000 a 15.000 Ufirs.
Incisos	
I. Uso de Alto-Falantes e Comícios	– **Descrição:** Uso de alto-falantes e amplificadores de som ou promoção de comício ou carreata.
II. Arregimentação de Eleitor e Boca de Urna	– **Descrição:** Arregimentação de eleitor ou propaganda de boca de urna.
III. Propaganda de Partidos ou Candidatos	– Descrição: Divulgação de qualquer espécie de propaganda de partidos políticos ou de seus candidatos.
IV. Publicação e Impulsionamento de Conteúdos na Internet	– **Descrição:** Publicação de novos conteúdos ou impulsionamento de conteúdos nas aplicações de internet (art. 57-B).

Resumo

Referência	Observações
Lei nº 13.487/2017	Revoga arts. 45 a 49 e o parágrafo único do art. 52 da Lei nº 9.096/1995.
Lei nº 1.207/1950	"Dispõe sobre o direito de reunião".
Lei nº 11.300/2006	Alterou a redação do inciso II do Art. 39-A do Código Eleitoral.
Ac.-TSE, de 4.6.2009, HC nº 604	A nova redação pela Lei nº 11.300/2006 não revogou as condutas anteriores, mas ampliou o tipo penal.
Lei nº 12.034/2009	Alterou a redação do inciso III.
Ac.-TSE, de 4.12.2018, REspe nº 1011	Envio de mensagens por SMS no dia das eleições é alcançado por este tipo penal.
Ac.-TSE, de 14.2.2017, HC nº 060093004	Atipicidade da conduta de afixar cartazes e faixas com propaganda eleitoral em residências em data anterior ao dia das eleições.
Ac.-TSE, de 3.9.2014, AgR-AI nº 498122	Inaplicabilidade do princípio da insignificância ao crime tipificado neste inciso.

ELEITORAL

Referência	Observações
Ac.-TSE, de 27.5.2014, AgR-REspe nº 8720	Declaração indireta de voto sem qualquer forma de convencimento, pressão ou persuasão não constitui crime eleitoral.
Lei nº 13.488/2017	Acrescentou o inciso IV ao Art. 57-B do Código Eleitoral.

Código Eleitoral

Art. 331. Inutilizar, alterar ou perturbar meio de propaganda devidamente empregado:

Pena – detenção até seis meses ou pagamento de 90 a 120 dias-multa.

Art. 332. Impedir o exercício de propaganda:

Pena – detenção até seis meses e pagamento de 30 a 60 dias-multa.

Art. 335. Fazer propaganda, qualquer que seja a sua forma, em língua estrangeira:

Pena – detenção de três a seis meses e pagamento de 30 a 60 dias-multa.

Parágrafo único. Além da pena cominada, a infração ao presente artigo importa na apreensão e perda do material utilizado na propaganda.

Art. 331. Inutilizar, Alterar ou Perturbar Meio de Propaganda Devidamente Empregado

Texto do Artigo

- **Descrição:** Inutilizar, alterar ou perturbar meio de propaganda devidamente empregado.
- **Pena:** Detenção de até seis meses ou pagamento de 90 a 120 dias-multa.

Análise

- **Objetivo:** Proteger a integridade dos meios de propaganda eleitoral, garantindo que as campanhas possam ser realizadas de forma justa e sem interferências ilegais.
- **Conduta Típica:** A ação criminosa envolve inutilizar (tornar inútil), alterar (modificar) ou perturbar (interferir de alguma forma) os meios de propaganda que estão sendo utilizados de maneira legal e correta.
- **Exemplos de Conduta:** Danificar cartazes, rasgar faixas, destruir panfletos, modificar anúncios ou criar distúrbios que impeçam a correta veiculação da propaganda eleitoral.
- **Natureza do Crime:** Crime comum, podendo ser cometido por qualquer pessoa. A vítima principal é a sociedade, que tem seu direito à informação comprometido, além dos candidatos que têm suas campanhas prejudicadas.
- **Sanção:** A pena pode ser detenção de até seis meses ou pagamento de 90 a 120 dias-multa, refletindo a gravidade moderada da infração, focando na preservação da ordem e da equidade no processo eleitoral.

Art. 332. Impedir o Exercício de Propaganda

Texto do Artigo

- **Descrição:** Impedir o exercício de propaganda.
- **Pena:** Detenção de até seis meses e pagamento de 30 a 60 dias-multa.

Análise

- **Objetivo:** Assegurar que todos os candidatos tenham o direito de realizar sua propaganda eleitoral sem obstruções indevidas, promovendo um processo eleitoral justo e democrático.
- **Conduta Típica:** A ação criminosa consiste em impedir, de qualquer forma, que um candidato ou partido realize sua propaganda eleitoral.
- **Exemplos de Conduta:** Bloquear fisicamente a distribuição de material de propaganda, impedir comícios ou eventos de campanha, coagir pessoas para que não participem de atos de campanha, ou usar de força para barrar a instalação de meios de propaganda.
- **Natureza do Crime:** Crime comum, praticado por qualquer pessoa, onde a vítima principal é a sociedade e os candidatos prejudicados pela obstrução.
- **Sanção:** A pena inclui detenção de até seis meses e pagamento de 30 a 60 dias-multa, indicando a seriedade com que a legislação trata a proteção do direito à propaganda eleitoral livre.

Art. 335. Fazer Propaganda em Língua Estrangeira

Texto do Artigo:

- **Descrição:** Fazer propaganda, qualquer que seja a sua forma, em língua estrangeira.
- **Pena:** Detenção de três a seis meses e pagamento de 30 a 60 dias-multa.

Parágrafo Único:

- Além da pena cominada, a infração ao presente artigo importa na apreensão e perda do material utilizado na propaganda.

Análise

Objetivo do Artigo

- **Proteção da Língua Oficial:** Assegurar que todas as campanhas eleitorais sejam conduzidas na língua oficial do país, o português, para garantir que todos os eleitores compreendam as mensagens veiculadas.

- **Inclusão e Compreensão:** Facilitar a compreensão da propaganda eleitoral por parte de todos os eleitores, evitando a exclusão de cidadãos que não dominem línguas estrangeiras.

Conduta Típica

- **Fazer Propaganda em Língua Estrangeira:** A ação criminosa consiste em realizar propaganda eleitoral em qualquer língua que não seja o português, independentemente da forma ou meio utilizado.
- **Exemplos de Conduta:** Publicação de anúncios, distribuição de panfletos, criação de vídeos ou qualquer outro material de campanha eleitoral em inglês, espanhol, francês, ou qualquer outra língua estrangeira.

Natureza do Crime

- **Crime Comum:** Pode ser cometido por qualquer pessoa envolvida na campanha eleitoral.
- **Sujeito Passivo:** A sociedade em geral, que tem o direito de receber informações eleitorais em sua língua oficial.

Sanção

- **Pena Principal:** Detenção de três a seis meses e pagamento de 30 a 60 dias-multa.
- **Parágrafo Único:** Além da pena, o material utilizado na propaganda será apreendido e perdido.

Artigo	Descrição	Conduta Típica	Pena	Objetivo
Art. 331	Inutilizar, alterar ou perturbar meio de propaganda	Inutilizar, modificar ou interferir nos meios de propaganda legalmente empregados	Detenção até seis meses ou 90 a 120 dias-multa	Proteger a integridade dos meios de propaganda eleitoral
Art. 332	Impedir o exercício de propaganda	Impedir a realização de propaganda eleitoral de qualquer forma	Detenção até seis meses e 30 a 60 dias-multa	Assegurar o direito de realizar propaganda eleitoral livre e justa
Art. 335	Fazer propaganda em língua estrangeira	Realizar propaganda eleitoral em qualquer língua que não seja o português	Detenção de três a seis meses e 30 a 60 dias-multa	Garantir que a propaganda eleitoral seja compreensível para todos os eleitores

Corrupção Eleitoral

A corrupção eleitoral é um crime previsto na legislação eleitoral brasileira e envolve a prática de oferecer, prometer ou dar algo de valor (como dinheiro, bens, favores ou vantagens) para obter votos ou influenciar eleitores de alguma forma.

> **Art. 299.** Dar, oferecer, prometer, solicitar ou receber, para si ou para outrem, dinheiro, dádiva, ou qualquer outra vantagem, para obter ou dar voto e para conseguir ou prometer abstenção, ainda que a oferta não seja aceita:
>
> **Pena** – reclusão até quatro anos e pagamento de 5 a 15 dias-multa.

- **Ac.-TSE, de 28.3.2023, no REspEl nº 283:** o crime previsto neste artigo exige, ainda, que a promessa ou a oferta seja feita a eleitor determinado ou determinável, que o eleitor esteja regular ou que seja possível sua regularização no momento da consumação do crime, que o eleitor vote no domicílio eleitoral do candidato indicado pelo corruptor ativo e que haja a presença do dolo específico.
- **Ac.-TSE, de 28.3.2023, no REspEl nº 283 e, de 2.3.2011, nos ED-REspe nº 58245:** a configuração do delito previsto neste artigo não exige pedido expresso de voto, mas sim a comprovação da finalidade de obter ou dar voto ou prometer abstenção.
- **Ac.-TSE, de 18.2.2020, no AgR-AI nº 48367:** "O foro por prerrogativa de função se aplica apenas aos acusados de crimes praticados durante o exercício do cargo público e relacionados às funções desempenhadas."
- **Ac.-TSE, de 18.10.2016, no AgR-AI nº 3748:** a promessa de cargo a correligionário em troca de voto não configura o delito previsto neste artigo.
- **Ac.-TSE, de 5.2.2015, no AgR-AI nº 20903:** o crime previsto neste artigo tutela o livre exercício do voto ou a abstenção do eleitor.
- **Ac.-TSE, de 26.2.2013, no RHC nº 45224:** na acusação da prática de corrupção eleitoral, a peça acusatória deve indicar qual ou quais eleitores teriam sido beneficiados ou aliciados, sem o que o direito de defesa fica comprometido.
- **Ac.-TSE, de 25.8.2011, no AgR-AI nº 58648:** a configuração do crime de corrupção eleitoral não se confunde com a realização de promessas de campanha; Ac.-TSE, de 1º.10.2015, no HC nº 8992: promessas genéricas de campanha não representam compra de votos.

- **Ac.-TSE, de 18.8.2011, no HC nº 78048:** o corréu (corruptor passivo), enquanto não denunciado nos crimes de corrupção, pode ser tomado como testemunha, uma vez que o Ministério Público não é obrigado a ajuizar a ação contra todos os envolvidos.
- **Ac.-TSE, de 28.10.2010, no AgR-AI nº 10672:** inaplicabilidade do princípio da insignificância.
- **Ac.-TSE, de 23.2.2010, no HC nº 672:** "Exige-se para a configuração do ilícito penal que o corruptor eleitoral passivo seja pessoa apta a votar".
- **Ac.-TSE, de 19.2.2008, no RHC nº 106:** o delito previsto neste dispositivo constitui crime comum, tendo como sujeito ativo qualquer pessoa.
- **Ac.-TSE, de 27.11.2007, no Ag nº 8905:** "O crime de corrupção eleitoral, por ser crime formal, não admite a forma tentada, sendo o resultado mero exaurimento da conduta criminosa".
- **Ac.-TSE, de 15.3.2007, no Ag nº 6014 e, de 8.3.2007, no REspe nº 25388:** necessidade do dolo específico para a configuração deste crime.
- **Ac.-TSE, de 3.5.2005, no RHC nº 81:** a disciplina deste artigo não foi alterada pelo art. 41-A da Lei nº 9.504/1997; Ac.-TSE, de 27.11.2007, no AgRgAg nº 6553: a absolvição na representação por captação ilícita de sufrágio, ainda que acobertada pela coisa julgada, não obsta a persecutio criminis pela prática do tipo penal aqui descrito.

Descrição: Dar, oferecer, prometer, solicitar ou receber, para si ou para outrem, dinheiro, dádiva, ou qualquer outra vantagem, para obter ou dar voto, ou para conseguir ou prometer abstenção, ainda que a oferta não seja aceita.

Pena: Reclusão de até quatro anos e pagamento de cinco a quinze dias-multa.

Análise do Art. 299 do Código Eleitoral

Objetivo do Artigo

- **Integridade do Processo Eleitoral:** Proteger a legitimidade e a transparência das eleições, assegurando que o processo eleitoral seja justo e livre de influências corruptas.
- **Igualdade entre Candidatos:** Garantir que todos os candidatos concorram em condições equitativas, sem a interferência de práticas ilícitas.

Conduta Típica

- **Ação Criminosa:** A prática de dar, oferecer, prometer, solicitar ou receber qualquer forma de vantagem em troca de votos ou abstenção.
- **Exemplos de Conduta:**
  - o Oferecer dinheiro ou presentes em troca de votos.
  - o Prometer empregos ou favores em troca de apoio eleitoral.
  - o Solicitar benefícios

O Art. 299 do Código Eleitoral tem como objetivo proteger a integridade e a transparência do processo eleitoral, assegurando condições equitativas para todos os candidatos. A jurisprudência reforça a seriedade com que os tribunais tratam os casos de corrupção eleitoral, demonstrando que mesmo sem pedidos explícitos de votos, a intenção de influenciar eleitores através de vantagens indevidas é suficiente para caracterizar o crime. A aplicação de penas severas e a consideração de provas testemunhais são fundamentais para a condenação, destacando a importância de um processo eleitoral livre de práticas corruptas.

Coação Eleitoral

Os Artigos 300 e 301 do Código Eleitoral têm como objetivo principal proteger a liberdade e a integridade do processo eleitoral, assegurando que os eleitores possam exercer seu direito de voto livremente, sem serem submetidos a qualquer forma de coação, seja por abuso de autoridade pública ou por violência e ameaças. As penas previstas refletem a seriedade com que essas infrações são tratadas, destacando a importância de um processo eleitoral justo e transparente.

Art. 300. Coação Eleitoral por Servidor Público

Texto do Artigo:

- **Descrição:** Valer-se o servidor público da sua autoridade para coagir alguém a votar ou não votar em determinado candidato ou partido.
- **Pena:** Detenção até 6 meses e pagamento de 60 a 100 dias-multa.

Parágrafo Único:

- **Descrição:** Se o agente é membro ou funcionário da Justiça Eleitoral e comete o crime prevalecendo-se do cargo, a pena é agravada.

Análise do Art. 300:

- **Objetivo do Artigo:**
  - o Proteger a Liberdade do Eleitor: Garantir que o voto seja exercido livremente, sem coerção por parte de autoridades públicas.
  - o Integridade do Processo Eleitoral: Assegurar que as autoridades públicas não usem seu

poder para influenciar o resultado das eleições.

- **Conduta Típica:**
  - o Ação Criminosa: O uso de autoridade por parte de um servidor público para coagir alguém a votar ou não votar em determinado candidato ou partido.
  - o Exemplos de Conduta:
- Um chefe ameaçando seus subordinados com represálias se não votarem em um determinado candidato.
- Funcionários públicos utilizando sua posição para influenciar eleitores.
- **Natureza do Crime:**
  - o **Crime Comum:** Pode ser praticado por qualquer servidor público, agravado se o agente for membro ou funcionário da Justiça Eleitoral.
  - o **Sujeito Passivo:** Eleitores e a sociedade, que tem seu processo eleitoral comprometido.
- **Sanção:** Detenção de até 6 meses e pagamento de 60 a 100 dias-multa, agravada se o crime for cometido por membros ou funcionários da Justiça Eleitoral.

Art. 301. Uso de Violência ou Grave Ameaça para Coagir Eleitores

Texto do Artigo:

- **Descrição:** Usar de violência ou grave ameaça para coagir alguém a votar, ou não votar, em determinado candidato ou partido, ainda que os fins visados não sejam conseguidos.
- **Pena:** Reclusão até quatro anos e pagamento de 5 a 15 dias-multa.

Jurisprudência Relevante:

- **Ac.-TSE, de 17.2.2011, no AgR-REspe nº 5163598:** Não é necessário que o crime seja praticado durante o período eleitoral; a ausência de poder de gestão de programa social não afasta a configuração do delito.

Análise do Art. 301:

- **Objetivo do Artigo:**
  - o **Proteção da Liberdade do Eleitor:** Garantir que todos os eleitores possam exercer seu direito de voto sem serem submetidos a violência ou ameaças.
  - o **Integridade do Processo Eleitoral:** Assegurar que as eleições sejam justas e transparentes, sem interferências indevidas.
- Conduta Típica:
  - o **Ação Criminosa:** Uso de violência ou grave ameaça para coagir alguém a votar, ou não votar, em determinado candidato ou partido.
  - o **Exemplos de Conduta:**
- Ameaçar fisicamente ou psicologicamente um eleitor para que ele vote em determinado candidato.
- Usar de intimidação ou força para impedir alguém de votar ou forçar alguém a votar.
  - o **Natureza do Crime:**
- Crime Comum: Pode ser praticado por qualquer pessoa, não apenas candidatos ou membros de partidos políticos.
- Sujeito Passivo: Principalmente os eleitores, mas também a sociedade em geral.
  - o **Sanção:** Reclusão de até quatro anos e pagamento de 5 a 15 dias-multa, refletindo a gravidade da infração.

Artigo	Descrição	Conduta Típica	Pena	Objetivo
Art. 300	Coação mediante autoridade pública	Uso de autoridade por servidor público para coagir alguém a votar ou não votar.	Detenção até 6 meses e 60 a 100 dias-multa	Proteger a liberdade do eleitor e a integridade do processo eleitoral
	Parágrafo Único	A pena é agravada se o agente for membro ou funcionário da Justiça Eleitoral e usar seu cargo para coagir eleitores.	Aumento da pena prevista no caput	
	Resumo			O bem jurídico protegido é a liberdade do eleitor de votar livremente sem coação de servidores públicos. Trata-se de crime funcional, cometido por servidores públicos que usam sua autoridade para influenciar eleitores. A pena é agravada para membros ou funcionários da Justiça Eleitoral.

Artigo	Descrição	Conduta Típica	Pena	Objetivo
Art. 301	Coação mediante violência ou grave ameaça	Uso de violência ou grave ameaça para coagir alguém a votar ou não votar.	Reclusão até 4 anos e 5 a 15 dias-multa	Proteger a liberdade do eleitor e a integridade do processo eleitoral
	Jurisprudência	O crime não precisa ser praticado durante o período eleitoral; a ausência de poder de gestão de programa social não afasta a configuração do delito.		
	Resumo			O bem jurídico protegido é a liberdade do eleitor de votar conforme sua própria consciência. O crime pode ser praticado por qualquer pessoa e envolve violência física ou moral para influenciar o voto. A coação deve ser grave e incutir receio justificável na vítima.

28. VIOLÊNCIA POLÍTICA CONTRA A MULHER (LEI Nº 14.192/2021)

A Lei Nº 14.192, de 4 de agosto de 2021, que aborda a violência política contra a mulher. Esta lei foi criada para prevenir, reprimir e combater a violência política em espaços e atividades relacionadas ao exercício dos direitos políticos das mulheres e ao desempenho de suas funções públicas. Veremos como esta legislação se aplica, quais alterações trouxe ao Código Eleitoral, à Lei dos Partidos Políticos e à Lei das Eleições, e suas implicações práticas.

Contexto e Importância da Lei

A Lei Nº 14.192/2021 é uma resposta às persistentes desigualdades e violências enfrentadas por mulheres na política brasileira. Ao criar mecanismos específicos de proteção e punição, a lei visa garantir um ambiente mais seguro e justo para a participação feminina nos processos eleitorais e nas funções públicas.

Origem da Lei

A legislação aprovada em 2021 teve origem no Projeto de Lei 349/2015, de autoria da deputada licenciada Rosângela Gomes (Republicanos-RJ), com relatoria, na Câmara, de Angela Amim. O texto foi aprovado pela Câmara dos Deputados em dezembro de 2020 e pelo Senado Federal em julho de 2021.

Objetivos da Lei

- Prevenir, reprimir e combater a violência política contra a mulher.
- Assegurar a participação de mulheres em debates eleitorais.
- Criminalizar a divulgação de fatos ou vídeos inverídicos durante a campanha eleitoral.
- Garantir a igualdade de tratamento no acesso a cargos de representação política.

Definição de Violência Política Contra a Mulher

Conforme o Art. 3º da lei, considera-se violência política contra a mulher qualquer ação, conduta ou omissão com a finalidade de impedir, obstaculizar ou restringir os direitos políticos da mulher. Isso inclui discriminação, exclusão ou restrição no reconhecimento e exercício de seus direitos e liberdades políticas fundamentais.

Alterações Legislativas

1. **Código Eleitoral (Lei Nº 4.737/1965)**
   - o **Art. 243, inciso X:** Proíbe propaganda eleitoral que deprecie a condição da mulher ou estimule sua discriminação.
   - o **Art. 323:** Criminaliza a divulgação de informações inverídicas durante a campanha eleitoral, com penas aumentadas se envolver discriminação contra mulheres.
   - o **Art. 326-B:** Define o crime de assédio, constrangimento, humilhação, perseguição ou ameaça a candidatas ou detentoras de mandatos, com penas de reclusão e multa, aumentadas se a vítima for gestante, idosa ou com deficiência.
   - o **Art. 327:** Aumenta as penas para crimes eleitorais cometidos com discriminação contra mulheres.
2. **Lei dos Partidos Políticos (Lei Nº 9.096/1995)**
   - o **Art. 15, inciso X:** Inclui a prevenção, repressão e combate à violência política contra a mulher como diretriz obrigatória para os partidos políticos.

3. **Lei das Eleições (Lei Nº 9.504/1997)**

    o **Art. 46, inciso II:** Estabelece a obrigatoriedade de debates eleitorais proporcionais à presença de candidatos homens e mulheres, garantindo a representatividade feminina.

Aplicação Prática e Desafios

- **Proteção às Candidatas:** Assegurar que denúncias de violência política sejam prontamente investigadas e julgadas.
- **Educação e Sensibilização:** Implementar programas de treinamento para candidatos, partidos e autoridades eleitorais sobre a importância da igualdade de gênero.
- **Monitoramento e Relatórios:** Criar mecanismos para monitorar e reportar incidentes de violência política contra mulheres.

A Lei Nº 14.192/2021 representa um avanço significativo na proteção dos direitos políticos das mulheres no Brasil. É fundamental que futuros analistas do TSE compreendam a profundidade e a importância dessa legislação para promover um ambiente político inclusivo e equitativo.

Leitura Recomendada

- **Texto Integral da Lei Nº 14.192/2021**

Tabela de Artigos da Lei Nº 14.192/2021 com Comentários

Artigo	Descrição	Comentário
Art. 1º	Estabelece normas para prevenir, reprimir e combater a violência política contra a mulher, garantindo a participação das mulheres em debates eleitorais e dispõe sobre crimes de divulgação de conteúdo inverídico.	Este artigo define o escopo da lei, destacando a criação de normas específicas para combater a violência política contra mulheres e garantir sua participação igualitária nos debates eleitorais.
Art. 2º	Garante os direitos de participação política da mulher, vedando a discriminação e desigualdade de tratamento devido ao sexo ou raça, priorizando o imediato exercício do direito violado.	Aqui são assegurados os direitos políticos das mulheres, com ênfase na prioridade de resolução imediata de violações e na importância das declarações das vítimas e dos indícios apresentados.
Art. 3º	Define violência política contra a mulher como toda ação, conduta ou omissão que vise impedir, obstaculizar ou restringir seus direitos políticos.	Este artigo fornece uma definição clara de violência política contra a mulher, abrangendo diversas formas de impedir ou restringir seus direitos políticos, incluindo ações, condutas ou omissões.
Art. 4º	Altera a Lei Nº 4.737/1965 (Código Eleitoral):	
	– **Art. 243:** Proíbe propaganda eleitoral depreciativa ou discriminatória contra a mulher.	Proíbe explicitamente qualquer propaganda que deprecie ou discrimine mulheres, reforçando a necessidade de respeito e igualdade nas campanhas eleitorais.
	– **Art. 323:** Criminaliza a divulgação de fatos inverídicos, com penas aumentadas se envolver discriminação contra mulheres.	Torna crime a divulgação de informações falsas durante a campanha eleitoral, com penas mais severas se envolver discriminação baseada no sexo, raça ou etnia.
	– **Art. 326-B:** Define o crime de assédio, constrangimento, humilhação, perseguição ou ameaça a candidatas ou detentoras de mandatos, com penas aumentadas se a vítima for gestante, idosa ou com deficiência.	Introduz um novo tipo penal específico para proteger candidatas e detentoras de mandatos contra assédio e outras formas de violência política, aumentando a pena em casos envolvendo gestantes, idosas ou deficientes.
	– **Art. 327:** Aumenta as penas para crimes eleitorais cometidos com discriminação contra mulheres.	Aumenta as penas para crimes eleitorais quando cometidos com discriminação contra mulheres, destacando a gravidade adicional desses atos.
Art. 5º	Altera a Lei Nº 9.096/1995 (Lei dos Partidos Políticos), incluindo a prevenção, repressão e combate à violência política contra a mulher como diretriz obrigatória para os partidos políticos.	Obriga os partidos políticos a incluir em seus estatutos medidas específicas para prevenir, reprimir e combater a violência política contra a mulher, promovendo um ambiente político mais inclusivo.
Art. 6º	Altera a Lei Nº 9.504/1997 (Lei das Eleições), estabelecendo a obrigatoriedade de debates eleitorais proporcionais à presença de candidatos homens e mulheres.	Garante que os debates eleitorais respeitem a proporção de candidaturas femininas, assegurando a presença e a voz das mulheres nesses eventos.
Art. 7º	Determina que os partidos políticos ajustem seus estatutos ao disposto na Lei Nº 14.192/2021 dentro de 120 dias da data de sua publicação.	Estipula um prazo de 120 dias para que os partidos adequem seus estatutos às novas exigências da lei, permitindo tempo para implementação das mudanças necessárias.

Artigo	Descrição	Comentário
Art. 8º	Estabelece a data de entrada em vigor da Lei Nº 14.192/2021 como a data de sua publicação.	Define a data de publicação da lei como a data de sua entrada em vigor, garantindo sua aplicação imediata.

29. CRIMES ELEITORAIS NA VOTAÇÃO

Nesta parte, abordaremos os crimes eleitorais que ocorrem durante o processo de votação. Entenderemos as condutas proibidas, as consequências jurídicas para os envolvidos e a importância de assegurar a integridade do processo eleitoral.

Os crimes eleitorais na votação são infrações graves que comprometem a transparência e a equidade do processo eleitoral. A legislação detalha claramente as condutas proibidas e as penalidades aplicáveis, destacando a importância de um comportamento ético e legal durante as eleições. O entendimento e a aplicação correta destas normas são essenciais para a preservação da democracia e a confiança pública no sistema eleitoral.

Definição de Crimes Eleitorais na Votação

Crimes eleitorais na votação referem-se a todas as ações ilícitas que comprometem a lisura, a transparência e a legitimidade do processo eleitoral. Estes crimes podem ser cometidos por eleitores, candidatos, partidos políticos, ou qualquer pessoa envolvida direta ou indiretamente no processo eleitoral.

> **Art. 39. A realização de qualquer ato de propaganda partidária ou eleitoral, em recinto aberto ou fechado, não depende de licença da polícia.**

Comentário Geral: Este artigo estabelece que os atos de propaganda eleitoral, seja em locais abertos ou fechados, não necessitam de autorização policial. Isto visa facilitar a livre expressão e a campanha eleitoral, mantendo a independência das atividades partidárias em relação à autoridade policial.

> **§ 5º Constituem crimes, no dia da eleição, puníveis com detenção, de seis meses a um ano, com a alternativa de prestação de serviços à comunidade pelo mesmo período, e multa no valor de cinco mil a quinze mil Ufirs:**

Este parágrafo descreve as infrações específicas que são consideradas crimes no dia da eleição, com penalidades detalhadas.

> **I – o uso de alto-falantes e amplificadores de som ou a promoção de comício ou carreata;**

Comentário:

- **Uso de Alto-falantes e Amplificadores de Som:** No dia da eleição, a utilização de dispositivos sonoros para propaganda eleitoral é proibida. Esta medida busca evitar perturbações que possam influenciar indevidamente os eleitores no momento da votação.
- **Promoção de Comício ou Carreata:** Comícios e carreatas também são proibidos no dia da eleição para manter a ordem pública e impedir qualquer tipo de pressão ou agitação eleitoral que possa interferir no processo de votação.

> **II – a arregimentação de eleitor ou a propaganda de boca de urna;**

Comentário:

- **Arregimentação de Eleitor:** Consiste em reunir ou aliciar eleitores de forma organizada para influenciar seu voto no dia da eleição. Este tipo de prática é vedado para assegurar que os eleitores possam votar livremente, sem coerção ou manipulação.
- P**ropaganda de Boca de Urna:** A prática de fazer propaganda eleitoral nas imediações das seções eleitorais no dia da eleição é estritamente proibida. Esta proibição visa garantir que os eleitores possam chegar às urnas sem serem abordados ou pressionados por propagandistas.

> **III – a divulgação de qualquer espécie de propaganda de partidos políticos ou de seus candidatos;**

Comentário:

- **Divulgação de Propaganda:** No dia da eleição, é proibida qualquer forma de propaganda eleitoral, incluindo a distribuição de materiais impressos, mensagens eletrônicas ou qualquer outro tipo de comunicação que vise promover candidatos ou partidos. Esta restrição tem o objetivo de proporcionar um ambiente de votação livre de influências externas de última hora.
- **Jurisprudência Relevante:** O envio de mensagens por SMS no dia da eleição está incluído nesta proibição. No entanto, a fixação de cartazes e faixas em residências em datas anteriores ao dia das eleições não é considerada crime, desde que não seja feita no dia da votação. Também não se aplica o princípio da insignificância ao crime tipificado neste inciso, indicando que qualquer violação é levada a sério.

> **IV – a publicação de novos conteúdos ou o impulsionamento de conteúdos nas aplicações de Internet de que trata o art. 57-B desta lei, podendo ser mantidos em funcionamento as aplicações e os conteúdos publicados anteriormente.**

Comentário:

- **Publicação e Impulsionamento de Conteúdos:** No dia da eleição, é proibido publicar novos conteúdos ou impulsionar conteúdos existentes nas plataformas de Internet. No entanto, os conteúdos publicados antes do dia da eleição podem permanecer ativos. Esta medida visa evitar a disseminação de novas informações que possam influenciar os eleitores de última hora, preservando ao mesmo tempo a continuidade das informações já disponíveis.

Considerações Adicionais

- **Pena:** As infrações descritas são puníveis com detenção de seis meses a um ano, com a alternativa de prestação de serviços à comunidade pelo mesmo período, além de multa no valor de cinco mil a quinze mil Ufirs. A Unidade Fiscal de Referência (Ufir) é utilizada como base de cálculo para a multa, conforme mencionado na nota ao art. 105, § 2º, da Lei das Eleições.

> **Art. 302. Promover, no dia da eleição, com o fim de impedir, embaraçar ou fraudar o exercício do voto a concentração de eleitores, sob qualquer forma, inclusive o fornecimento gratuito de alimento e transporte coletivo:**

Comentário Geral: Este artigo tipifica como crime a promoção, no dia da eleição, de qualquer tipo de concentração de eleitores com o objetivo de impedir, embaraçar ou fraudar o exercício do voto. Isso inclui a oferta gratuita de alimentos e transporte coletivo. A finalidade é garantir que o processo eleitoral ocorra de maneira livre, sem qualquer tipo de influência indevida sobre os eleitores.

Elementos do Crime

1. **Objetivo Específico:**
   - **Impedir, embaraçar ou fraudar o exercício do voto:** A intenção criminosa deve ser clara, buscando interferir no livre exercício do direito de voto dos eleitores. Esta interferência pode ocorrer de diversas formas, seja dificultando o acesso aos locais de votação ou criando situações que desvirtuem a vontade do eleitor.
2. **Meios Utilizados:**
   - **Concentração de Eleitores:** Qualquer forma de aglomeração organizada de eleitores é proibida, especialmente se houver a intenção de influenciar o resultado da votação.
   - **Fornecimento Gratuito de Alimentos:** A distribuição de alimentos de forma gratuita pode ser usada como uma maneira de aliciar eleitores, o que é vedado pela legislação.
   - **Transporte Coletivo Gratuito:** Fornecer transporte gratuito no dia da eleição é outra prática proibida, pois pode ser utilizada para controlar ou influenciar o voto dos eleitores.

Penalidades

Pena – Reclusão de quatro (4) a seis (6) anos e pagamento de 200 a 300 dias-multa.

- **Reclusão:** A pena de reclusão varia de quatro a seis anos, refletindo a gravidade da infração que compromete a lisura do processo eleitoral.
- **Multa:** Além da reclusão, o infrator está sujeito ao pagamento de uma multa que varia de 200 a 300 dias-multa, o que adiciona uma punição financeira significativa ao crime.

Jurisprudência e Interpretações Relevantes

1. **Acórdão do TSE de 20.3.2012, no HC nº 70543:**
   - **Transporte de Cidadãos em Plebiscitos:** O Tribunal Superior Eleitoral (TSE) determinou que o tipo penal previsto neste artigo não se aplica ao transporte de cidadãos no dia da realização de plebiscitos. Esta decisão esclarece que a proibição é específica para eleições, e não para outros tipos de consulta popular.
2. **Acórdão do TSE de 13.4.2004, no REspe nº 21401:**
   - **Revogação Parcial pela Lei nº 6.091/1974, Art. 11, III:** Este acórdão do TSE estabelece que a Lei nº 6.091/1974 revogou a parte final deste artigo. A referida lei regulamenta o fornecimento de transporte no dia da eleição, permitindo em alguns casos específicos, como para eleitores que residem em zonas rurais. Portanto, a proibição não é absoluta, havendo exceções previstas em legislação posterior.

> **Art. 299. Dar, oferecer, prometer, solicitar ou receber, para si ou para outrem, dinheiro, dádiva, ou qualquer outra vantagem, para obter ou dar voto e para conseguir ou prometer abstenção, ainda que a oferta não seja aceita:**

Comentário Geral: O Art. 299 define como crime eleitoral a prática de corrupção eleitoral, que abrange uma série de condutas voltadas à compra e venda de votos. Este artigo criminaliza tanto a ação ativa (dar, oferecer, prometer) quanto a passiva (solicitar, receber) de vantagens para influenciar o voto ou a abstenção, reforçando a integridade e lisura do processo eleitoral.

Elementos do Crime

1. **Ações Tipificadas:**

- **Dar:** Transferir algo de valor a alguém para obter ou dar um voto ou garantir a abstenção.
- **Oferecer:** Propor uma vantagem com o objetivo de influenciar o voto ou a abstenção.
- **Prometer:** Comprometer-se a dar uma vantagem futura para obter ou dar um voto ou garantir a abstenção.
- **Solicitar:** Pedir uma vantagem em troca de votar, não votar ou abster-se de votar.
- itens de valor.
- **Qualquer Outra Vantagem:** Inclui benefícios não monetários, como favores, promessas de emprego, entre outros.

3. **Finalidade:**

- **Obter Voto:** Influenciar eleitores para que votem em determinado candidato ou partido.
- **Dar Voto:** Garantir o voto a um candidato ou partido específico.
- **Conseguir Abstenção:** Induzir eleitores a não votarem.
- **Prometer Abstenção:** Comprometer-se a não votar em troca de vantagem.

4. **Aceitação da Oferta:**

- **Indiferente à Aceitação:** A conduta é punível independentemente de a oferta ser aceita ou não pelo destinatário. O simples ato de oferecer, prometer ou solicitar a vantagem já configura o crime.

Penalidades

Pena – Reclusão até quatro anos e pagamento de 5 a 15 dias-multa.

- **Reclusão:** A pena de reclusão pode chegar até quatro anos, indicando a gravidade da infração eleitoral.
- **Multa:** O pagamento de multa varia de 5 a 15 dias-multa, acrescentando uma penalidade financeira à condenação.

O cumprimento destas disposições é crucial para garantir a integridade do processo eleitoral, evitando qualquer tipo de pressão ou influência indevida sobre os eleitores no dia da votação. A aplicação rigorosa dessas regras ajuda a manter a ordem e a legitimidade das eleições, assegurando que o resultado reflita a verdadeira vontade do eleitorado.

30. CRIMES ELEITORAIS NA APURAÇÃO

Agora discutiremos os crimes eleitorais que ocorrem durante o processo de apuração dos votos. Esses crimes comprometem a integridade dos resultados eleitorais e são severamente punidos para assegurar a transparência e a legitimidade do processo eleitoral.

Definição de Crimes Eleitorais na Apuração

Crimes eleitorais na apuração referem-se a todas as ações ilícitas que visam manipular, falsificar ou influenciar de maneira fraudulenta o resultado das eleições durante a contagem e a verificação dos votos. Esses crimes podem ser cometidos por qualquer pessoa envolvida no processo eleitoral, incluindo mesários, funcionários eleitorais, candidatos ou terceiros.

> **Art. 350. Omitir, em documento público ou particular, declaração que dele devia constar, ou nele inserir ou fazer inserir declaração falsa ou diversa da que devia ser escrita, para fins eleitorais:**

Comentário Geral: O Art. 350 tipifica o crime de falsidade ideológica em documentos, tanto públicos quanto particulares, com finalidade eleitoral. Este artigo abrange uma variedade de condutas fraudulentas que têm por objetivo alterar a verdade dos fatos relacionados às eleições, comprometendo a integridade e a veracidade das informações eleitorais.

Elementos do Crime

Ação	Descrição
Omitir Declaração	Deixar de incluir informação que deveria estar presente no documento.
Inserir Declaração Falsa	Incluir informações falsas ou diferentes das que deveriam ser escritas no documento.
Fazer Inserir Declaração Falsa	Causar ou instruir outra pessoa a inserir informações falsas no documento.

Tipos de Documentos

Tipo de Documento	Descrição
Documento Público	Documentos oficiais emitidos por autoridades públicas ou entidades governamentais.
Documento Particular	Documentos privados que podem ser utilizados como prova em processos eleitorais.

Jurisprudência e Interpretações Relevantes

Decisão	Descrição
Acórdão TSE de 4.8.2011, no REspe nº 35486	A forma incriminadora "fazer inserir" admite a realização por terceira pessoa – autor intelectual da falsidade ideológica.
Acórdão TSE de 16.2.2023, no AgR-AREspE nº 47778	A expressão "fins eleitorais" abrange qualquer falsidade ideológica correlacionada às atividades-fim da Justiça Eleitoral.
Acórdão TSE de 9.11.2023, no AgR-REspEl nº 7381	A perícia documental não é indispensável em processos envolvendo o crime de falsidade ideológica.
Acórdão TSE de 5.12.2019, no AgR-AI nº 65548	É necessário comprovar o elemento subjetivo, ou seja, que a omissão foi dolosa e teve a finalidade específica de alterar a verdade sobre fato relevante para fins eleitorais.
Acórdão TSE de 22.10.2020, no AgR-REspEl nº 060216566	Trata-se de crime formal, que não exige resultado naturalístico. A potencialidade lesiva caracteriza-se pelo risco ou pela ameaça à fé pública.
Acórdão STF de 10.4.2018, no AgR-Pet nº 6.986	Doações eleitorais por meio de caixa dois podem constituir crime eleitoral de falsidade ideológica.
Acórdão TSE de 4.8.2015, no REspe nº 41861	Omissões ou inserções inverídicas em prestação de contas podem configurar o delito de falsidade ideológica, mesmo se cronologicamente posteriores às eleições.
Acórdão TSE de 6.11.2014, no REspe nº 3845587	Falsidade de documento no âmbito de prestação de contas possui finalidade eleitoral e relevância jurídica, afetando a fé pública eleitoral.
Acórdão TSE de 1º.8.2014, no AgR-REspe nº 105191	Caracteriza-se o delito quando do documento constar informação falsa preparada para provar, por seu conteúdo, fato juridicamente relevante.
Acórdão TSE de 8.9.2011, no RHC nº 19088	O crime é de natureza formal, e a competência para processá-lo prevalece conforme o art. 72 do CPP, independentemente do local onde o documento foi utilizado.
Acórdão TSE de 18.8.2011, no REspe nº 23310	O tipo previsto no Art. 350 não é meio necessário nem fase normal de preparação para a prática do delito tipificado no Art. 290 do Código Eleitoral; são crimes autônomos que podem ser praticados independentemente.

Síntese dos demais Crimes Eleitorais na Apuração

Os crimes eleitorais na apuração comprometem a legitimidade e a transparência das eleições. Compreender essas infrações e as respectivas penalidades é essencial para assegurar a lisura do processo eleitoral e manter a confiança pública nas eleições.

Abaixo dos dispositivos da Lei nº 4.737/1965, comentários sobre cada um. Lembre-se de estudar eles integralmente.

Art. 312. Violar ou tentar violar o sigilo do voto:

Pena – detenção até dois anos.

Art. 313. Deixar o juiz e os membros da junta de expedir o boletim de apuração imediatamente após a apuração de cada urna e antes de passar à subsequente, sob qualquer pretexto e ainda que dispensada a expedição pelos fiscais, delegados ou candidatos presentes:

Pena – pagamento de 90 a 120 dias-multa.

Parágrafo único. Nas seções eleitorais em que a contagem for procedida pela mesa receptora incorrerão na mesma pena o presidente e os mesários que não expedirem imediatamente o respectivo boletim.

Art. 314. Deixar o juiz e os membros da junta de recolher as cédulas apuradas na respectiva urna, fechá-la e lacrá-la, assim que terminar a apuração de cada seção e antes de passar à subsequente, sob qualquer pretexto e ainda que dispensada a providência pelos fiscais, delegados ou candidatos presentes:

Pena – detenção até dois meses ou pagamento de 90 a 120 dias-multa.

Parágrafo único. Nas seções eleitorais em que a contagem dos votos for procedida pela mesa receptora incorrerão na mesma pena o presidente e os mesários que não fecharem e lacrarem a urna após a contagem.

Art. 315. Alterar nos mapas ou nos boletins de apuração a votação obtida por qualquer candidato ou lançar nesses documentos votação que não corresponda às cédulas apuradas:

Pena – reclusão até cinco anos e pagamento de 5 a 15 dias-multa.

Art. 316. Não receber ou não mencionar nas atas da eleição ou da apuração os protestos devidamente formulados ou deixar de remetê-los à instância superior:

Pena – reclusão até cinco anos e pagamento de 5 a 15 dias-multa.

Art. 317. Violar ou tentar violar o sigilo da urna ou dos invólucros:

Pena – reclusão de três a cinco anos.

Art. 318. Efetuar a mesa receptora a contagem dos votos da urna quando qualquer eleitor houver votado sob impugnação (art. 190):

Pena – detenção até 1 mês ou pagamento de 30 a 60 dias-multa.

ARTIGOS COMENTADOS

Art. 312: Violar ou tentar violar o sigilo do voto é um crime eleitoral que visa proteger a confidencialidade do voto do eleitor, assegurando a liberdade e a privacidade do ato de votar. A pena para essa infração é de detenção de até dois anos.

ELEITORAL

Art. 313: Este artigo obriga o juiz e os membros da junta eleitoral a expedir o boletim de apuração imediatamente após a contagem de cada urna. A falha em cumprir essa obrigação, sob qualquer pretexto, resulta em pagamento de multa. O objetivo é garantir a transparência e a rapidez na divulgação dos resultados.

Art. 314: Semelhante ao artigo anterior, este artigo exige que o juiz e os membros da junta eleitoral recolham, fechem e lacrem as cédulas apuradas imediatamente após a contagem. A não conformidade com essa exigência resulta em detenção ou multa. Essa medida visa assegurar a integridade dos votos contados.

Art. 315: Alterar os mapas ou boletins de apuração ou lançar votações incorretas é um crime grave que pode resultar em reclusão de até cinco anos. Este artigo garante que os resultados eleitorais sejam precisos e livres de manipulação.

Art. 316: Não registrar ou não remeter protestos devidamente formulados às instâncias superiores é um crime punível com reclusão de até cinco anos. Isso assegura que todas as queixas e protestos durante o processo eleitoral sejam devidamente considerados.

Art. 317: Violar ou tentar violar o sigilo da urna ou dos invólucros é punível com reclusão de três a cinco anos. Este artigo protege a integridade física das urnas e dos invólucros, garantindo que o conteúdo permaneça seguro e confidencial.

Art. 318: Efetuar a contagem dos votos de uma urna com votos impugnados é um crime eleitoral que pode resultar em detenção ou multa. Este artigo garante que votos questionados sejam devidamente tratados antes da contagem.

Lei Nº 4.737/1965

Artigo	Descrição	Pena	Comentário
Art. 312	Violar ou tentar violar o sigilo do voto	Detenção até dois anos	Protege a confidencialidade do voto do eleitor.
Art. 313	Não expedir boletim de apuração imediatamente após a apuração de cada urna	Multa de 90 a 120 dias-multa	Assegura a transparência e a rapidez na divulgação dos resultados.
Art. 314	Não recolher, fechar e lacrar as cédulas apuradas imediatamente após a contagem	Detenção até dois meses ou multa de 90 a 120 dias-multa	Garante a integridade dos votos contados.
Art. 315	Alterar mapas ou boletins de apuração, ou lançar votações incorretas	Reclusão até cinco anos e multa de 5 a 15 dias-multa	Assegura a precisão e a integridade dos resultados eleitorais.
Art. 316	Não registrar ou não remeter protestos devidamente formulados	Reclusão até cinco anos e multa de 5 a 15 dias-multa	Garante que todas as queixas sejam devidamente consideradas.
Art. 317	Violar ou tentar violar o sigilo da urna ou dos invólucros	Reclusão de três a cinco anos	Protege a integridade física das urnas e dos invólucros.
Art. 318	Efetuar a contagem dos votos de urna com votos impugnados	Detenção até um mês ou multa de 30 a 60 dias-multa	Assegura que votos questionados sejam tratados antes da contagem.

Art. 339. Destruir, suprimir ou ocultar urna contendo votos, ou documentos relativos à eleição:

Comentário Geral: O Art. 339 tipifica como crime eleitoral a destruição, supressão ou ocultação de urnas que contenham votos, bem como de documentos relativos à eleição. Este artigo visa proteger a integridade física dos votos e dos documentos eleitorais, garantindo que todos os votos sejam devidamente contados e que os documentos sejam preservados para auditoria e verificação.

Elementos do Crime

1. Ações Tipificadas:

- **Destruir:** Danificar ou eliminar fisicamente urnas ou documentos de modo que não possam mais ser utilizados ou verificados.
- **Suprimir:** Remover ou fazer desaparecer urnas ou documentos, impedindo que sejam encontrados ou utilizados.
- **Ocultar:** Esconder urnas ou documentos de forma a impedir seu acesso e verificação pelos responsáveis pela apuração.

2. Objetos Protegidos:

- **Urnas Contendo Votos:** As urnas que armazenam os votos dos eleitores.
- **Documentos Relativos à Eleição:** Todos os documentos oficiais relacionados ao processo eleitoral, como listas de eleitores, boletins de urna, atas de apuração, entre outros.

Penalidades

Pena – Reclusão de dois a seis anos e pagamento de 5 a 15 dias-multa.

- **Reclusão:** A pena de reclusão varia de dois a seis anos, refletindo a gravidade da infração.
- **Multa:** Além da reclusão, o infrator está sujeito ao pagamento de uma multa que varia de 5 a 15 dias-multa.

Parágrafo Único: Se o agente é membro ou funcionário da Justiça Eleitoral e comete o crime prevalecendo-se do cargo, a pena é agravada.

- **Agravante:** A pena é aumentada se o crime for cometido por alguém que ocupa um cargo na Justiça Eleitoral, aproveitando-se dessa posição para realizar a infração.

31. CRIMES ELEITORAIS NO FUNCIONAMENTO DO SERVIÇO ELEITORAL

Os crimes listados abaixo se enquadram perfeitamente no contexto de crimes no funcionamento do serviço eleitoral, pois abrangem diversas formas de interferência, fraude e abuso que comprometem a integridade e a lisura do processo eleitoral. Esses crimes afetam diretamente a organização, a execução e a segurança das atividades eleitorais, prejudicando o exercício do sufrágio e a confiabilidade dos resultados eleitorais. Eles se encontram no Código Eleitoral, Lei nº 4.737/1965. Abaixo, os comentários aos artigos.

Art. 296: Promover desordem que prejudique os trabalhos eleitorais. Este artigo criminaliza qualquer ato de desordem que possa interferir ou prejudicar a execução dos trabalhos eleitorais, essencial para manter a ordem e a tranquilidade no dia da eleição.

Art. 297: Impedir ou embaraçar o exercício do sufrágio. Este artigo penaliza ações que dificultem ou impeçam os eleitores de exercerem seu direito ao voto, garantindo a liberdade e a acessibilidade do sufrágio.

Art. 298: Prender ou deter eleitor, membro de mesa receptora, fiscal, delegado de partido ou candidato, com violação do disposto no art. 236. Este artigo protege os direitos e liberdades dos eleitores e dos envolvidos no processo eleitoral contra prisões arbitrárias.

Art. 299: Corrupção eleitoral (dar, oferecer, prometer, solicitar ou receber vantagens para obter votos ou abstenções). Este artigo combate a prática de compra e venda de votos, assegurando a integridade do voto livre e consciente.

Art. 303: Majorar os preços de utilidades e serviços necessários à realização de eleições. Este artigo penaliza o aumento abusivo de preços de serviços e utilidades essenciais para o processo eleitoral, garantindo a equidade e a acessibilidade financeira das eleições.

Art. 305: Intervir autoridade estranha à mesa receptora, salvo o juiz eleitoral, no seu funcionamento sob qualquer pretexto. Este artigo proíbe intervenções não autorizadas na mesa receptora de votos, protegendo a autonomia e a imparcialidade dos processos de votação.

Art. 306: Não observar a ordem em que os eleitores devem ser chamados a votar. Este artigo garante a ordem e a organização durante o processo de votação, penalizando a desobediência à sequência de votação estabelecida.

Art. 344: Recusar ou abandonar o serviço eleitoral sem justa causa. Este artigo assegura que todos os designados para o serviço eleitoral cumpram suas responsabilidades, penalizando a recusa ou o abandono injustificado.

Art. 354: Obter, para uso próprio ou de outrem, documento público ou particular, material ou ideologicamente falso para fins eleitorais. Este artigo combate a utilização de documentos falsos no contexto eleitoral, protegendo a autenticidade e a veracidade das informações eleitorais.

Art. 354-A: Apropriar-se de bens, recursos ou valores destinados ao financiamento eleitoral, em proveito próprio ou alheio. Este artigo penaliza a apropriação indevida de recursos eleitorais, assegurando que os fundos destinados às campanhas sejam usados de maneira correta e transparente.

Artigo	Descrição	Pena	Comentário
Art. 296	Promover desordem que prejudique os trabalhos eleitorais	Detenção até dois meses e multa de 60 a 90 dias-multa	Protege a ordem e tranquilidade dos trabalhos eleitorais.
Art. 297	Impedir ou embaraçar o exercício do sufrágio	Detenção até seis meses e multa de 60 a 100 dias-multa	Garante a liberdade e acessibilidade ao voto.
Art. 298	Prender ou deter eleitor, membro de mesa, fiscal, delegado de partido ou candidato, com violação do art. 236	Reclusão até quatro anos	Protege contra prisões arbitrárias durante o processo eleitoral.
Art. 299	Corrupção eleitoral: compra e venda de votos	Reclusão até quatro anos e multa de 5 a 15 dias-multa	Combate a compra e venda de votos, garantindo a integridade do voto.
Art. 303	Majorar preços de serviços necessários à eleição	Multa de 250 a 300 dias-multa	Penaliza o aumento abusivo de preços durante as eleições.
Art. 305	Intervir autoridade estranha à mesa receptora	Detenção até seis meses e multa de 60 a 90 dias-multa	Protege a autonomia da mesa receptora de votos.

ELEITORAL

Artigo	Descrição	Pena	Comentário
Art. 306	Não observar a ordem dos eleitores para votar	Multa de 15 a 30 dias-multa	Garante a organização do processo de votação.
Art. 344	Recusar ou abandonar o serviço eleitoral sem justa causa	Detenção até dois meses ou multa de 90 a 120 dias-multa	Assegura o cumprimento das responsabilidades eleitorais.
Art. 354	Obter documento falso para fins eleitorais	Pena correspondente à falsificação ou alteração	Combate o uso de documentos falsos no contexto eleitoral.
Art. 354-A	Apropriar-se de recursos destinados ao financiamento eleitoral	Reclusão de dois a seis anos e multa	Penaliza a apropriação indevida de recursos eleitorais.

Tabela Resumida dos Artigos 339 a 354 do Código Eleitoral

Artigo	Descrição	Pena	Parágrafo Único
Art. 339	Destruir, suprimir ou ocultar urna contendo votos ou documentos relativos à eleição	Reclusão de 2 a 6 anos e pagamento de 5 a 15 dias-multa	Se o agente é membro ou funcionário da Justiça Eleitoral e comete o crime prevalecendo-se do cargo, a pena é agravada
Art. 340	Fabricar, adquirir, fornecer, subtrair ou guardar urnas, objetos, mapas, cédulas ou papéis de uso exclusivo da Justiça Eleitoral	Reclusão até 3 anos e pagamento de 3 a 15 dias-multa	Se o agente é membro ou funcionário da Justiça Eleitoral e comete o crime prevalecendo-se do cargo, a pena é agravada
Art. 341	Retardar ou não publicar decisões, citações ou intimações da Justiça Eleitoral	Detenção até 1 mês ou pagamento de 30 a 60 dias-multa	-

Artigo	Descrição	Pena	Parágrafo Único
Art. 342	Não apresentar denúncia ou deixar de promover a execução de sentença condenatória pelo Ministério Público no prazo legal	Detenção até 2 meses ou pagamento de 60 a 90 dias-multa	-
Art. 343	Não cumprir o juiz o disposto no § 3º do art. 357	Detenção até 2 meses ou pagamento de 60 a 90 dias-multa	-
Art. 344	Recusar ou abandonar o serviço eleitoral sem justa causa	Detenção até 2 meses ou pagamento de 90 a 120 dias-multa	-
Art. 345	Não cumprir os deveres impostos pelo Código Eleitoral nos prazos legais	Pagamento de 30 a 90 dias-multa	-
Art. 346	Violar o disposto no art. 377	Detenção até 6 meses e pagamento de 30 a 60 dias-multa	Incorrem na pena a autoridade responsável, os servidores que prestarem serviços e os candidatos, membros ou diretores de partido que derem causa à infração
Art. 347	Recusar cumprimento ou obediência a diligências, ordens ou instruções da Justiça Eleitoral	Detenção de 3 meses a 1 ano e pagamento de 10 a 20 dias-multa	-
Art. 348	Falsificar documento público ou alterar documento público verdadeiro, para fins eleitorais	Reclusão de 2 a 6 anos e pagamento de 15 a 30 dias-multa	Se o agente é funcionário público e comete o crime prevalecendo-se do cargo, a pena é agravada. Equipara-se a documento público o emanado de entidade paraestatal, inclusive fundação do Estado

Artigo	Descrição	Pena	Parágrafo Único
Art. 349	Falsificar documento particular ou alterar documento particular verdadeiro, para fins eleitorais	Reclusão até 5 anos e pagamento de 3 a 10 dias-multa	-
Art. 350	Omitir, inserir ou fazer inserir declaração falsa em documento público ou particular, para fins eleitorais	Reclusão até 5 anos e pagamento de 5 a 15 dias-multa se o documento é público; reclusão até 3 anos e pagamento de 3 a 10 dias-multa se o documento é particular	Se o agente é funcionário público e comete o crime prevalecendo-se do cargo ou se a falsificação ou alteração é de assentamentos de registro civil, a pena é agravada
Art. 351	Equiparação de documentos para efeitos penais	-	Equipara-se a documento público ou particular a fotografia, filme cinematográfico, disco fonográfico ou fita de ditafone que incorpore declaração ou imagem destinada à prova de fato juridicamente relevante
Art. 352	Reconhecer como verdadeira firma ou letra que não seja, para fins eleitorais	Reclusão até 5 anos e pagamento de 5 a 15 dias-multa se o documento é público; reclusão até 3 anos e pagamento de 3 a 10 dias-multa se o documento é particular	-
Art. 353	Fazer uso de documentos falsificados ou alterados	Pena cominada à falsificação ou alteração	-
Art. 354	Obter documento público ou particular, material ou ideologicamente falso, para fins eleitorais	Pena cominada à falsificação ou alteração	-

32. CRIMES CONTRA O FUNCIONAMENTO DAS INSTITUIÇÕES DEMOCRÁTICAS NO PROCESSO ELEITORAL - LEI Nº 14.197/2021 –

A Lei Nº 14.197/2021 representa uma mudança significativa no ordenamento jurídico brasileiro, pois introduz o Título XII na Parte Especial do Código Penal, abordando crimes contra o Estado Democrático de Direito. Esta lei revoga a antiga Lei de Segurança Nacional (Lei Nº 7.170/1983) e moderniza a legislação ao focar na proteção das instituições democráticas, do processo eleitoral, e dos serviços essenciais. Esta atualização é crucial para adaptar a legislação penal às necessidades contemporâneas de proteção do Estado Democrático de Direito.

Estrutura da Lei

A nova legislação está organizada em capítulos que delineiam diferentes tipos de crimes, incluindo crimes contra a soberania nacional, instituições democráticas, processo eleitoral e serviços essenciais.

A seguir, apresento um resumo[33] detalhado de cada capítulo e seus respectivos artigos.

Capítulo I: Dos Crimes contra a Soberania Nacional

Art. 359-I: Atentado à soberania - Criminaliza a negociação com governos estrangeiros para atos de guerra contra o Brasil. **Art. 359-J:** Atentado à integridade nacional - Penaliza a violência com a finalidade de desmembrar parte do território nacional. **Art. 359-K:** Espionagem - Tipifica a entrega de documentos secretos a governos ou organizações estrangeiras.

Capítulo II: Dos Crimes contra as Instituições Democráticas

Art. 359-L: Abolição violenta do Estado Democrático de Direito - Penaliza tentativas de abolir o Estado Democrático usando violência. **Art. 359-M:** Golpe de Estado - Criminaliza tentativas de depor o governo constituído por meio de violência.

Capítulo III: Dos Crimes contra o Funcionamento das Instituições Democráticas no Processo Eleitoral

Art. 359-N: Interrupção do processo eleitoral - Penaliza a perturbação do processo eleitoral, especialmente por violação do sistema eletrônico de votação. **Art. 359-P:** Violência política - Tipifica a violência para restringir direitos políticos com base em discriminação.

Capítulo IV: Dos Crimes contra o Funcionamento dos Serviços Essenciais

33 A legislação integral você encontra disponível em: https://www.planalto.gov.br/ccivil_03/_ato2019-2022/2021/lei/l14197.htm?ref=monitora.org.br

ELEITORAL

Art. 359-R: Sabotagem - Criminaliza a destruição de meios de comunicação ou serviços essenciais com a finalidade de abolir o Estado Democrático de Direito.

Capítulo VI: Disposições Comuns

Art. 359-T: Proteção a manifestações - Assegura que críticas aos poderes constitucionais, atividades jornalísticas e reivindicações de direitos não constituem crime.

Tabela Resumida dos Principais Artigos da Lei Nº 14.197/2021

Artigo	Descrição	Pena	Comentário
Art. 359-I	Atentado à soberania	Reclusão de 3 a 8 anos (até o dobro se guerra declarada)	Protege a soberania nacional contra ataques externos.
Art. 359-J	Atentado à integridade nacional	Reclusão de 2 a 6 anos	Penaliza tentativas de desmembrar o território nacional.
Art. 359-K	Espionagem	Reclusão de 3 a 12 anos (6 a 15 anos se violação de sigilo)	Combate a entrega de informações secretas a estrangeiros.
Art. 359-L	Abolição violenta do Estado Democrático de Direito	Reclusão de 4 a 8 anos	Protege o Estado Democrático de tentativas de abolição violenta.
Art. 359-M	Golpe de Estado	Reclusão de 4 a 12 anos	Penaliza tentativas de depor o governo legitimamente constituído.
Art. 359-N	Interrupção do processo eleitoral	Reclusão de 3 a 6 anos, e multa	Protege a integridade do processo eleitoral contra interferências.
Art. 359-P	Violência política	Reclusão de 3 a 6 anos, e multa	Combate a violência para restringir direitos políticos por discriminação.
Art. 359-R	Sabotagem	Reclusão de 2 a 8 anos	Penaliza a destruição de serviços essenciais visando abolir o Estado Democrático.
Art. 359-T	Proteção a manifestações	Não constitui crime	Protege manifestações críticas e atividades jornalísticas.

Aspectos Mais Importantes

1. **Atualização e Modernização:** A lei atualiza a legislação brasileira, substituindo a Lei de Segurança Nacional, e focando em proteger as instituições democráticas de ameaças contemporâneas.
2. **Proteção da Soberania e Integridade Nacional:** Criminaliza atos que atentem contra a soberania e a integridade territorial do Brasil.
3. **Segurança no Processo Eleitoral:** Protege o processo eleitoral de interferências e fraudes, assegurando eleições justas e transparentes.
4. **Defesa das Instituições Democráticas:** Penaliza tentativas de abolir ou golpear o Estado Democrático de Direito, reforçando a estabilidade institucional.
5. **Garantia de Direitos:** Assegura que críticas, manifestações políticas e atividades jornalísticas não sejam criminalizadas, protegendo a liberdade de expressão.

A Lei Nº 14.197/2021 é uma importante reforma no Código Penal, alinhando a legislação brasileira com as necessidades de proteção do Estado Democrático de Direito em um contexto contemporâneo. A lei não só criminaliza ações que ameaçam a soberania e integridade nacional, como também assegura a integridade do processo eleitoral e protege as instituições democráticas de ataques internos e externos.

33. CRIMES ELEITORAIS QUE PODEM SER COMETIDOS EM QUALQUER FASE DO PROCESSO ELEITORAL

A seleção do tema "Crimes Eleitorais em Qualquer Fase do Processo Eleitoral" foi realizada considerando a relevância e a abrangência desse segmento para a compreensão plena do sistema eleitoral brasileiro. Os crimes eleitorais que podem ser cometidos em qualquer fase do processo eleitoral são particularmente críticos porque afetam diretamente a legitimidade e a transparência das eleições. Desde a inscrição dos candidatos até a apuração dos votos, esses crimes comprometem a confiança pública no sistema eleitoral, essencial para a manutenção da democracia. Por isso, o conhecimento aprofundado desses delitos é vital para garantir que o processo eleitoral seja justo, íntegro e transparente.

Frequência e Impacto das Infrações

Muitos desses crimes, como corrupção eleitoral, coação e divulgação de fatos inverídicos, ocorrem com frequência significativa e têm um impacto devastador sobre o processo eleitoral. Eles não apenas influenciam indevidamente o comportamento dos eleitores, mas também podem alterar os resultados das eleições. Além disso, crimes como a falsidade ideológica e a apropriação indevida de recursos financeiros afetam a confiança na justiça eleitoral e na integridade das campanhas políticas.

Seleção dos Crimes

Para a escolha dos crimes que podem ser cometidos em qualquer fase do processo eleitoral, foram considerados os seguintes aspectos:

1. **Relevância Jurídica:** Crimes que possuem uma maior relevância jurídica e que, pela sua natureza, podem ocorrer em diversos momentos do processo eleitoral.
2. **Impacto no Processo Eleitoral:** Infrações que têm o potencial de comprometer seriamente a integridade e a transparência das eleições.
3. **Abrangência Temporal:** Crimes cuja prática não está restrita a um período específico do processo eleitoral, permitindo que a compreensão de sua ocorrência seja ampla e contextual.

Crimes Selecionados

1. Art. 299 - Código Eleitoral

Descrição: Dar, oferecer, prometer, solicitar ou receber, para si ou para outrem, dinheiro, dádiva, ou qualquer outra vantagem, para obter ou dar voto e para conseguir ou prometer abstenção, ainda que a oferta não seja aceita. **Pena:** Reclusão até quatro anos e pagamento de 5 a 15 dias-multa. **Comentário:** Este crime de corrupção eleitoral pode ocorrer em qualquer fase do processo eleitoral, desde a pré-campanha até após o dia da eleição.

2. Art. 300 - Código Eleitoral

Descrição: Valer-se o servidor público da sua autoridade para coagir alguém a votar ou não votar em determinado candidato ou partido. **Pena:** Detenção até seis meses e pagamento de 60 a 100 dias-multa. **Comentário:** A coação eleitoral por servidores públicos pode ocorrer durante todo o processo eleitoral.

3. Art. 301 - Código Eleitoral

Descrição: Usar de violência ou grave ameaça para coagir alguém a votar, ou não votar, em determinado candidato ou partido, ainda que os fins visados não sejam conseguidos. **Pena:** Reclusão até quatro anos e pagamento de cinco a quinze dias-multa. **Comentário:** A coação por violência ou ameaça pode ocorrer em qualquer fase do processo eleitoral.

4. Art. 323 - Código Eleitoral

Descrição: Divulgar, na propaganda eleitoral ou durante o período de campanha eleitoral, fatos que sabe inverídicos em relação a partidos ou a candidatos e capazes de exercer influência perante o eleitorado. **Pena:** Detenção de dois meses a um ano, ou pagamento de 120 a 150 dias-multa. **Comentário:** A divulgação de fatos inverídicos pode ocorrer durante toda a campanha eleitoral e influenciar o eleitorado até a finalização do processo eleitoral.

5. Art. 324 - Código Eleitoral

Descrição: Caluniar alguém, na propaganda eleitoral, ou visando fins de propaganda, imputando-lhe falsamente fato definido como crime. **Pena:** Detenção de seis meses a dois anos, e pagamento de 10 a 40 dias-multa. **Comentário:** A calúnia eleitoral pode ocorrer em qualquer fase do processo eleitoral, afetando a reputação dos candidatos.

6. Art. 325 - Código Eleitoral

Descrição: Difamar alguém, na propaganda eleitoral, ou visando a fins de propaganda, imputando-lhe fato ofensivo à sua reputação. **Pena:** Detenção de três meses a um ano, e pagamento de 5 a 30 dias-multa. **Comentário:** A difamação pode ocorrer durante toda a campanha eleitoral, influenciando a percepção do eleitorado.

7. Art. 326 - Código Eleitoral

Descrição: Injuriar alguém, na propaganda eleitoral, ou visando a fins de propaganda, ofendendo-lhe a dignidade ou o decôro. **Pena:** Detenção até seis meses, ou pagamento de 30 a 60 dias-multa. **Comentário:** A injúria pode ocorrer em qualquer fase do processo eleitoral, afetando a dignidade dos candidatos.

8. Art. 350 - Código Eleitoral

Descrição: Omitir, em documento público ou particular, declaração que dele devia constar, ou nele inserir ou fazer inserir declaração falsa ou diversa da que devia ser escrita, para fins eleitorais. **Pena:** Reclusão até cinco anos e pagamento de 5 a 15 dias-multa (documento público); reclusão até três anos e pagamento de 3 a 10 dias-multa (documento particular). **Comentário:** A falsidade ideológica pode ocorrer durante todo o processo eleitoral, desde registros de candidatura até prestação de contas.

9. Art. 354-A - Código Eleitoral

Descrição: Apropriar-se o candidato, o administrador financeiro da campanha, ou quem de fato exerça essa função, de bens, recursos ou valores destinados ao financiamento eleitoral, em proveito próprio ou alheio. **Pena:** Reclusão, de dois a seis anos, e multa. **Comentário:** A apropriação indevida de recursos pode ocorrer em qualquer fase do processo eleitoral, afetando a transparência financeira das campanhas.

10. Art. 39 - LEI Nº 9.504/97

Descrição: Realizar qualquer ato de propaganda partidária ou eleitoral, em recinto aberto ou fechado, não depende de licença da polícia. **Comentário:** Este artigo define que a propaganda partidária ou eleitoral não necessita de licença policial, mas os crimes previstos nos parágrafos (como uso de alto-falantes, propaganda de boca de urna, etc.) podem ocorrer em qualquer fase da campanha.

11. Art. 40 - LEI Nº 9.504/97

Descrição: Uso, na propaganda eleitoral, de símbolos, frases ou imagens, associadas ou semelhantes às empregadas por órgão de governo, empresa pública ou sociedade de economia mista constitui crime. **Pena:** Detenção de seis meses a um ano, com a alternativa de prestação de serviços à comunidade pelo mesmo período, e multa no valor de dez mil a vinte mil UFIR. **Comentário:** Este crime pode ocorrer em qualquer fase da campanha eleitoral.

Tabela Resumida dos Crimes Eleitorais em Qualquer Fase do Processo Eleitoral

Artigo	Descrição	Pena	Comentário
Art. 299	Corrupção eleitoral: Dar, oferecer, prometer, solicitar ou receber vantagens para obter ou dar voto	Reclusão até 4 anos e multa de 5 a 15 dias-multa	Pode ocorrer em qualquer fase do processo eleitoral.
Art. 300	Coação eleitoral por servidor público	Detenção até 6 meses e multa de 60 a 100 dias-multa	Pode ocorrer durante todo o processo eleitoral.
Art. 301	Coação eleitoral por violência ou grave ameaça	Reclusão até 4 anos e multa de 5 a 15 dias-multa	Pode ocorrer em qualquer fase do processo eleitoral.
Art. 323	Divulgação de fatos inverídicos na propaganda eleitoral	Detenção de 2 meses a 1 ano, ou multa de 120 a 150 dias-multa	Pode influenciar o eleitorado até a finalização do processo eleitoral.
Art. 324	Calúnia eleitoral	Detenção de 6 meses a 2 anos, e multa de 10 a 40 dias-multa	Pode ocorrer em qualquer fase do processo eleitoral.
Art. 325	Difamação eleitoral	Detenção de 3 meses a 1 ano, e multa de 5 a 30 dias-multa	Pode ocorrer durante toda a campanha eleitoral.
Art. 326	Injúria eleitoral	Detenção até 6 meses, ou multa de 30 a 60 dias-multa	Pode ocorrer em qualquer fase do processo eleitoral.
Art. 350	Falsidade ideológica eleitoral	Reclusão até 5 anos e multa de 5 a 15 dias-multa (documento público); reclusão até 3 anos e multa de 3 a 10 dias-multa (documento particular)	Pode ocorrer durante todo o processo eleitoral.
Art. 354-A	Apropriação indevida de recursos eleitorais	Reclusão de 2 a 6 anos, e multa	Pode ocorrer em qualquer fase do processo eleitoral.
Art. 39	Realizar qualquer ato de propaganda partidária ou eleitoral, em recinto aberto ou fechado, sem licença da polícia	Definido no parágrafo 5º	Define regras sobre propaganda eleitoral em qualquer fase da campanha.
Art. 40	Uso de símbolos, frases ou imagens associadas a órgãos de governo na propaganda eleitoral	Detenção de 6 meses a 1 ano, prestação de serviços à comunidade, e multa de 10 mil a 20 mil UFIR	Pode ocorrer em qualquer fase da campanha eleitoral.

34. CRIMES ELEITORAIS E SANÇÕES PENAIS

A compreensão das sanções penais aplicáveis aos crimes eleitorais é fundamental para garantir a integridade e a legitimidade do processo eleitoral. Nesta aula, discutiremos os tipos de sanções penais previstas na legislação eleitoral, com especial atenção às disposições do Código Eleitoral Brasileiro e sua relação com o Código Penal.

Tipos de Sanções Penais

1. Reclusão e Detenção

A reclusão e a detenção são formas de privação de liberdade que diferem principalmente no regime inicial de cumprimento da pena. A reclusão pode ser cumprida em regime fechado, semiaberto ou aberto, enquanto a detenção geralmente é cumprida em regime semiaberto ou aberto.

Art. 284 do Código Eleitoral:

- **Reclusão:** Mínimo de 1 ano.
- **Detenção:** Mínimo de 15 dias.
- **Comentário:** Este artigo estabelece os limites mínimos para penas de reclusão e detenção quando não especificados na legislação eleitoral.

2. Multa

A multa é uma sanção pecuniária que consiste no pagamento de uma soma de dinheiro ao Tesouro Nacional, calculada em dias-multa.

Art. 286 do Código Eleitoral:

- **Dias-Multa:** Mínimo de 1 dia-multa e máximo de 300 dias-multa.
- **Valor do Dia-Multa:** Determinado pelo juiz, considerando as condições econômicas do condenado, variando entre o salário mínimo diário e um salário mínimo mensal.
- **Agravamento:** A multa pode ser aumentada até o triplo se a situação econômica do condenado tornar a multa original ineficaz.

Aplicação das Regras Gerais do Código Penal

Art. 287 do Código Eleitoral:

- **Aplicabilidade:** As regras gerais do Código Penal aplicam-se aos crimes previstos no Código Eleitoral.
- **Comentário:** Este artigo assegura que as disposições gerais do Código Penal sejam utilizadas para preencher lacunas na legislação eleitoral.

Fixação das Penas

Quando o Código Eleitoral Não Indica o Grau Mínimo

Art. 284 do Código Eleitoral:

- **Reclusão:** Mínimo de 1 ano.
- **Detenção:** Mínimo de 15 dias.
- **Comentário:** Quando o tipo penal previsto no Código Eleitoral não menciona o grau mínimo da pena, o juiz deve seguir as orientações deste artigo.

Agravação e Atenuação das Penas

Art. 285 do Código Eleitoral:

- **Quantum:** Quando a lei determina a agravação ou atenuação da pena sem mencionar o quantum, o juiz deve fixá-lo entre um quinto e um terço, respeitando os limites da pena cominada ao crime.
- **Comentário:** Este artigo proporciona ao juiz uma margem de discricionariedade para ajustar a pena conforme as circunstâncias do caso.

Resumo dos Aspectos Específicos das Penas em Crimes Eleitorais

Tópico	Descrição	Detalhamento
Limite mínimo da pena privativa de liberdade	Estabelecimento dos limites mínimos para penas de detenção e reclusão quando não especificados.	– **Art. 284 do Código Eleitoral:** Detenção mínima de 15 dias e reclusão mínima de 1 ano.
Substituição de pena privativa de liberdade	Critérios para substituir a pena privativa de liberdade por multa ou pena restritiva de direitos conforme o Código Penal.	– **Pena até 6 meses:** Pode ser substituída por multa. - **Pena até 4 anos:** Pode ser substituída por restritivas de direitos, se não houver violência ou grave ameaça, se o crime for culposo, se o réu não for reincidente, e se as circunstâncias permitirem.

Tópico	Descrição	Detalhamento
Pena restritiva de direito	Tipos de penas restritivas de direitos que substituem penas privativas de liberdade e exemplos de sua aplicação específica no Direito Eleitoral.	– **Tipos:** Prestação pecuniária, perda de bens, prestação de serviços à comunidade, interdição temporária de direitos, limitação de fim de semana. – **Exemplos Eleitorais:** Art. 334 do CE (cassação do registro), Art. 11, V da Lei nº 6.091/1974 (cancelamento do registro ou diploma).
Causas de aumento e diminuição de pena	Critérios para agravar ou atenuar penas conforme o Código Eleitoral e o Código Penal.	– **Art. 285 do Código Eleitoral:** Juiz deve fixar aumento ou diminuição entre um quinto e um terço. **Critério Trifásico:** Fixação da pena-base, aplicação de agravantes e atenuantes, aplicação de causas de aumento e diminuição.
Aplicação da pena de multa	Definição e cálculo da pena de multa conforme o Código Penal.	– **Art. 286 do Código Eleitoral:** Multa fixada em dias-multa (1 a 300 dias-multa). – **Valor do dia-multa:** Determinado pelo juiz entre o salário mínimo diário e um salário mínimo mensal.
Reincidência e duplicação da pena de multa	Consideração da reincidência e aumento da pena de multa para tornar a sanção eficaz.	– **Reincidência:** Aumenta a pena conforme as circunstâncias. – **Multa:** Pode ser aumentada até o triplo se a situação econômica do condenado tornar a multa original ineficaz.

35. PROCESSO PENAL ELEITORAL

O processo penal eleitoral segue rigorosas normas para garantir a transparência e a legitimidade das eleições. A ação penal é pública, e a Polícia Federal desempenha um papel central na investigação dos crimes eleitorais, com a Polícia Civil atuando supletivamente quando necessário. A competência para processar e julgar esses crimes é estabelecida por critérios claros, assegurando que os processos sejam conduzidos de forma justa e eficiente.

PRISÃO E PERÍODO ELEITORAL

1. Polícia Judiciária Eleitoral[34]

Descrição: A Polícia Federal fica à disposição da Justiça Eleitoral e exerce a função de polícia judiciária com prioridade. Nos locais onde não há órgãos da Polícia Federal, a Polícia Civil do respectivo Estado atua de forma supletiva.

Artigos Relacionados (RESOLUÇÃO Nº 23.640, DE 29 DE ABRIL DE 2021):

- **Art. 1º:** Disponibilidade da Polícia Federal.
- **Art. 2º:** Prioridade na função de polícia judiciária eleitoral.

2. Notícia-Crime Eleitoral

Descrição: Qualquer pessoa que tiver conhecimento de uma infração penal eleitoral deve comunicar a autoridade policial, Ministério Público Eleitoral ou Juiz Eleitoral. Verificada a autenticidade e competência, a notícia-crime é encaminhada para as devidas providências.

Artigos Relacionados (RESOLUÇÃO Nº 23.640, DE 29 DE ABRIL DE 2021):

- **Art. 3º:** Comunicação da infração penal eleitoral.
- **Art. 4º:** Remessa dos autos ao juízo competente.
- **Art. 5º:** Investigação de infração cometida por pessoa com foro por prerrogativa de função.
- **Art. 6º:** Encaminhamento da notícia-crime ao Ministério Público Eleitoral.

3. Prisão em Flagrante

Descrição: A prisão em flagrante pela prática de crime eleitoral deve ser realizada pelas autoridades policiais que presenciaram o fato ou tomaram conhecimento dele. A prisão deve ser comunicada imediatamente ao Juiz Eleitoral, Ministério Público Eleitoral e à família do preso.

34. RESOLUÇÃO Nº 23.640, DE 29 DE ABRIL DE 2021. Dispõe sobre a apuração de crimes eleitorais.

Artigos Relacionados (RESOLUÇÃO Nº 23.640, DE 29 DE ABRIL DE 2021):

- **Art. 7º:** Requisitos e comunicação da prisão em flagrante.
- **Art. 8º:** Audiência de custódia e providências subsequentes.

4. Inquérito Policial Eleitoral

Descrição: O inquérito policial eleitoral pode ser instaurado de ofício pela autoridade policial, por requisição do Ministério Público Eleitoral ou determinação da Justiça Eleitoral. Deve ser concluído em 10 dias se o indiciado estiver preso, ou em 30 dias se estiver solto.

Artigos Relacionados (RESOLUÇÃO Nº 23.640, DE 29 DE ABRIL DE 2021) :

- **Art. 9º:** Instauração do inquérito policial eleitoral.
- **Art. 10º:** Prazos para conclusão do inquérito.
- **Art. 11º:** Requisição de novas diligências pelo Ministério Público Eleitoral.
- **Art. 12º:** Possibilidade de nova investigação após arquivamento por falta de elementos.

5. Ação Penal Eleitoral

Descrição: A ação penal eleitoral segue os procedimentos previstos no Código Eleitoral, com aplicação obrigatória dos artigos do Código de Processo Penal para a tramitação processual.

Artigos Relacionados (RESOLUÇÃO Nº 23.640, DE 29 DE ABRIL DE 2021):

- **Art. 14:** Procedimentos a serem seguidos na ação penal eleitoral.

A Resolução TSE nº 23.640/2021 estabelece normas claras para a apuração de crimes eleitorais, reforçando a importância da Polícia Federal e da Polícia Civil na função de polícia judiciária eleitoral.

O inquérito policial eleitoral e a ação penal eleitoral seguem procedimentos específicos para garantir a integridade e a justiça no processo eleitoral.

Tema	Descrição	Artigos Relacionados
Polícia Judiciária Eleitoral	A Polícia Federal atua com prioridade na função de polícia judiciária em matéria eleitoral. Em locais sem órgãos da Polícia Federal, a Polícia Civil atua supletivamente.	Art. 1º, Art. 2º
Notícia-Crime Eleitoral	Qualquer pessoa pode comunicar uma infração penal eleitoral às autoridades. Verificada a competência, a notícia-crime é encaminhada ao Ministério Público Eleitoral ou à Polícia para instauração de inquérito.	Art. 3º, Art. 4º, Art. 5º, Art. 6º
Prisão em Flagrante	Autoridades policiais devem prender em flagrante por crime eleitoral e comunicar imediatamente ao Juiz Eleitoral, ao Ministério Público Eleitoral e à família do preso.	Art. 7º, Art. 8º
Inquérito Policial Eleitoral	O inquérito pode ser instaurado de ofício, por requisição do Ministério Público Eleitoral ou por determinação da Justiça Eleitoral. Deve ser concluído em 10 dias se o indiciado estiver preso, ou em 30 dias se estiver solto.	Art. 9º, Art. 10º, Art. 11º, Art. 12º
Ação Penal Eleitoral	Segue os procedimentos do Código Eleitoral e aplica artigos do Código de Processo Penal para a tramitação processual.	Art. 14

MEDIDAS DESPENALIZADORAS

As medidas despenalizadoras representam uma mudança no modelo tradicional de persecução penal, priorizando a substituição da pena criminal por medidas alternativas, especialmente em casos de delitos de menor gravidade. No direito eleitoral, estas medidas visam resolver conflitos sociais de maneira menos ortodoxa e mais adaptada à complexidade da sociedade contemporânea. Elas incluem:

1. Transação Penal

Base Legal: Lei nº 9.099/1995, art. 76

Descrição: A transação penal é um acordo proposto pelo Ministério Público, onde o autor do fato aceita cumprir determinadas condições em troca da extinção da punibilidade. É aplicável a infrações de menor potencial ofensivo, onde a pena máxima não ultrapassa dois anos.

Aplicabilidade no Direito Eleitoral: Pode ser utilizada em casos de crimes eleitorais de menor potencial ofensivo, substituindo a persecução penal por medidas como prestação de serviços à comunidade ou pagamento de multa.

ELEITORAL

2. Acordo de Não Persecução Penal

Base Legal: Código de Processo Penal, art. 28-A

Descrição: Permite ao Ministério Público propor um acordo ao investigado, que deve confessar a prática do crime e cumprir certas condições, como reparar o dano ou prestar serviços à comunidade. A celebração do acordo resulta na suspensão da ação penal.

Aplicabilidade no Direito Eleitoral: Pode ser aplicado em casos de crimes eleitorais que não envolvam violência ou grave ameaça e que tenham pena mínima inferior a quatro anos. É uma alternativa à ação penal, buscando resolver o conflito sem a necessidade de uma condenação.

3. Suspensão Condicional do Processo

Base Legal: Lei nº 9.099/1995, art. 89

Descrição: A suspensão condicional do processo é uma medida que suspende o andamento do processo por um período, durante o qual o acusado deve cumprir determinadas condições impostas pelo juiz. Se as condições forem cumpridas, o processo é extinto sem julgamento de mérito.

Aplicabilidade no Direito Eleitoral: Aplicável a crimes eleitorais com pena mínima não superior a um ano. As condições impostas podem incluir reparação do dano, comparecimento periódico em juízo, entre outras.

Instituto	Descrição	Base Legal	Aplicação
Transação Penal	Acordo proposto pelo Ministério Público, aceito pelo autor do fato, evitando a instauração de ação penal.	Lei 9.099/1995, art. 76	Delitos de menor potencial ofensivo (pena máxima até 2 anos)
Acordo de Não Persecução Penal	Acordo celebrado entre o Ministério Público e o investigado, onde o investigado cumpre condições específicas para evitar a persecução penal.	CPP, art. 28-A	Crimes sem violência ou grave ameaça, com pena mínima inferior a 4 anos
Suspensão Condicional do Processo	Suspensão do processo por um período, durante o qual o acusado deve cumprir determinadas condições, após o qual a ação penal é extinta.	Lei 9.099/1995, art. 89	Crimes com pena mínima não superior a 1 ano
Colaboração Premiada	Redução da pena, substituição da pena privativa de liberdade, perdão judicial ou não oferecimento da denúncia, mediante colaboração do investigado com a justiça.	Lei n. 12.850/2013	Pena máxima superior a quatro anos

AÇÃO PENAL ELEITORAL

A ação penal é um direito fundamental que permite a qualquer pessoa provocar o Poder Judiciário para obter um julgamento, mesmo que seja para rejeitar a pretensão. No contexto eleitoral, a ação penal é sempre pública e incondicionada, independentemente da natureza do crime, como calúnia, injúria ou difamação, que no direito comum podem ser de ação privada ou pública condicionada. Caso o Ministério Público Eleitoral não atue no prazo legal, é permitida a ação penal privada subsidiária da pública.

A ação penal eleitoral é sempre pública e incondicionada (CE, art. 355). Isso se aplica mesmo aos crimes eleitorais que, no direito penal comum, seriam de ação penal privada ou pública condicionada à representação. Por exemplo, crimes contra a honra como calúnia, injúria e difamação, previstos tanto no Código Penal (arts. 138, 139 e 140) quanto no Código Eleitoral (arts. 324, 325 e 326), são tratados como ação pública incondicionada na esfera eleitoral, ao contrário do que estabelece o art. 145 do Código Penal para o direito comum.[35] José Jairo Gomes traz ainda os Princípios a ela aplicados:

35. Gomes, José Jairo. Crimes eleitorais e processo penal eleitoral / José Jairo Gomes. – 6. ed., – Barueri [SP]: Atlas, 2022.

Princípios

1. **Oficialidade**: O Estado, através de seus órgãos, como a Polícia Judiciária e o Ministério Público Eleitoral, é responsável pela repressão e persecução penal.
2. **Obrigatoriedade**: A ação penal deve ser proposta sempre que houver indícios de crime, exceto em casos de medidas despenalizadoras.
3. **Indesistibilidade**: O Ministério Público não pode desistir da ação penal após iniciá-la.
4. **Indisponibilidade**: O Ministério Público não pode dispor da ação penal, que é prerrogativa de outros órgãos, como o Presidente da República e o Congresso Nacional.
5. **Intranscendência**: A acusação deve ser limitada aos fatos com indícios suficientes e às pessoas individualmente identificadas.

COMPETÊNCIA, CONEXÃO E CONTINÊNCIA EM MATÉRIA ELEITORAL

Os crimes conexos aos eleitorais devem seguir o mesmo rito dos crimes eleitorais, conforme determinado pelo art. 35, II, do Código Eleitoral. Isso é reafirmado pelo art. 364 do Código Eleitoral: "No processo e julgamento dos crimes eleitorais e dos comuns que lhes forem conexos, assim como nos recursos e na execução, que lhes digam respeito, aplicar-se-á, como lei subsidiária ou supletiva, o Código de Processo Penal".

Rito Único[36] e Exceções

Os crimes eleitorais e seus conexos adotam um rito único, independentemente de como seriam processados na Justiça Comum. No entanto, há exceções:

1. **Homicídio**: Segue o rito dos arts. 406 a 497 do CPP, conforme a garantia constitucional do art. 5º.
2. **Crimes contra a propriedade imaterial**: Seguem o rito dos arts. 524 a 530-I do CPP.
3. **Crimes de responsabilidade de funcionários públicos**: Aplicável se conexo com crime eleitoral, embora a defesa preliminar do denunciado, antes específica, seja agora regra geral (art. 396 do CPP).
4. **Crimes de calúnia e injúria**: Seguem os arts. 519 a 523 do CPP, onde o juiz busca a conciliação entre as partes. Nos crimes de calúnia e difamação contra funcionário público, a exceção da verdade pode ser aplicada.

Ação Penal e Impulsionamento do Processo

Se houver conexão entre um crime comum de ação penal privada e um crime eleitoral, a natureza privada do crime comum permanece. A vítima ou seu representante legal deve propor a queixa e dar seguimento à ação. O Ministério Público continuará a cuidar da ação penal pública. O juízo eleitoral aplicará os institutos próprios das ações penais privadas, como a decadência e a perempção.

RECURSOS

Os recursos em matéria eleitoral são instrumentos essenciais para a correção de decisões judiciais, assegurando a justiça e a transparência do processo eleitoral. Cada recurso tem suas especificidades e bases legais, proporcionando um sistema robusto e detalhado para lidar com as questões eleitorais.

O Tribunal Superior Eleitoral (TSE) tem uma jurisprudência bem estabelecida quanto à forma como devem ser apresentadas as razões de recurso criminal eleitoral. De acordo com essa jurisprudência, no âmbito do direito eleitoral, as razões de recurso devem ser apresentadas de maneira fundamentada na petição inicial. Isso significa que, ao interpor um recurso criminal eleitoral, as partes devem já incluir todas as suas argumentações e fundamentações jurídicas de forma clara e completa na petição.[37]

Fundamentos Jurídicos

- **Art. 266 do Código Eleitoral**: Este artigo estipula que, nos processos eleitorais, o recurso deve ser interposto por meio de petição fundamentada.
- **Art. 268 do Código Eleitoral**: Complementa o artigo anterior ao determinar que a interposição do recurso deve ser acompanhada das razões que o fundamentam.

Essa exigência de fundamentação na petição inicial está em conformidade com o princípio da especialidade, que prevalece no direito eleitoral. O princípio da especialidade significa que as normas específicas de um ramo do direito têm precedência sobre as normas gerais. No caso dos processos eleitorais, as normas específicas do Código Eleitoral prevalecem sobre as normas gerais do Código de Processo Penal (CPP).

36. Gonçalves, Luiz Carlos dos Santos. Investigação e processo dos crimes eleitorais e conexos / Luiz Carlos dos Santos Gonçalves. - São Paulo: SaraivaJur, 2022.

37. Gonçalves, Luiz Carlos dos Santos. Investigação e processo dos crimes eleitorais e conexos / Luiz Carlos dos Santos Gonçalves. - São Paulo: SaraivaJur, 2022.

Princípio da Especialidade

- **Art. 600, § 4º, do CPP**: Permite que as razões recursais sejam apresentadas posteriormente à interposição do recurso.
- **Art. 601 do CPP**: Regulamenta a apresentação posterior das razões do recurso.

Contudo, devido ao princípio da especialidade, essas disposições do CPP não se aplicam aos recursos eleitorais. Portanto, as normas específicas do Código Eleitoral que exigem a apresentação imediata e fundamentada das razões recursais prevalecem.

Jurisprudência do TSE

A jurisprudência do TSE, conforme exemplificado no Acórdão (AgR-AI nº 726-52/RJ, rel. Min. Luís Roberto Barroso, DJe de 13.12.2018), reforça essa interpretação. Segundo essa decisão:

- As razões de recurso criminal eleitoral devem ser apresentadas na petição fundamentada no momento da interposição do recurso.
- Não é cabível a aplicação subsidiária dos artigos 600, § 4º, e 601 do CPP, devido ao princípio da especialidade.

Em resumo, a jurisprudência do TSE exige que, no âmbito eleitoral, as razões recursais sejam apresentadas de maneira completa e fundamentada na petição inicial, ao contrário do que ocorre no processo penal comum, onde as razões podem ser apresentadas posteriormente. Essa exigência reforça a especificidade e a rigidez do procedimento eleitoral, garantindo que os recursos sejam analisados de forma precisa e fundamentada desde o início.[38]

A seguir, os recursos em tabelas, que foram elaboradas com base na classificação feita por Jairo José Gomes[39]:

Juiz Eleitoral

Recurso	Explicação	Base Legal
Recurso eleitoral criminal	Recurso interposto contra decisões de juízes eleitorais em matéria criminal.	CE, art. 265
Recurso em sentido estrito	Recurso cabível em casos específicos previstos no Código de Processo Penal.	CPP, art. 581
Embargos de declaração	Instrumento para esclarecer obscuridade, omissão, contradição ou erro material em decisões judiciais.	CE, art. 275; CPC, art. 1.022; CPP, art. 619
Carta testemunhável	Recurso utilizado quando é negado o recurso em sentido estrito.	CPP, art. 639, II
Correição parcial	Mecanismo para corrigir erros, abusos ou omissões de juízes eleitorais.	-
Agravo em execução criminal	Recurso cabível contra decisões do juiz de execução.	LEP, art. 197 (juiz de execução)

Tribunal Regional Eleitoral (TRE)

Recurso	Explicação	Base Legal
Embargos de declaração	Utilizado para esclarecer decisões do Tribunal Regional Eleitoral.	CE, art. 275; CPC, art. 1.022; CPP, art. 619
Agravo interno	Recurso contra decisões monocráticas de ministros.	Lei nº 8.038/1990, art. 39; CPC, art. 1.021, caput, art. 1.030, I, § 2º, art. 1.035, §§ 5º e 7º
Agravo em recurso especial	Recurso cabível contra decisão que não admite recurso especial.	CPC, art. 1.030, § 1º, c/c o art. 1.042
Embargos infringentes e de nulidade	Recurso para casos de decisão não unânime que reforma a sentença de mérito.	CPP, art. 609, parágrafo único
Recurso especial eleitoral	Recurso cabível ao TSE em casos de divergência na interpretação da lei eleitoral ou quando a decisão contrariar tratado, lei ou ato de governo federal.	CF, art. 121, § 4º, I e II; CE, art. 276, I, a e b
Recurso ordinário eleitoral	Recurso cabível em casos de inelegibilidade ou anulação de diplomas.	CF, art. 121, § 4º, V

38 Gonçalves, Luiz Carlos dos Santos. Investigação e processo dos crimes eleitorais e conexos / Luiz Carlos dos Santos Gonçalves. - São Paulo: SaraivaJur, 2022.

39. Gomes, José Jairo. Crimes eleitorais e processo penal eleitoral / José Jairo Gomes. – 6. ed., – Barueri [SP]: Atlas, 2022.

Tribunal Superior Eleitoral (TSE)

Recurso	Explicação	Base Legal
Agravo interno	Recurso contra decisões monocráticas de ministros.	Lei nº 8.038/1990, art. 39; CPC, art. 1.021, caput, art. 1.030, I, § 2º, art. 1.035, §§ 5º e 7º
Agravo em recurso extraordinário	Recurso cabível contra decisão que não admite recurso extraordinário.	CPC, art. 1.030, § 1º, c/c o art. 1.042
Embargos de declaração	Utilizado para esclarecer decisões do Tribunal Superior Eleitoral.	CE, art. 275; CPC, art. 1.022; CPP, art. 619
Recurso ordinário eleitoral	Recurso cabível ao STF em casos específicos previstos na Constituição.	CF, art. 121, § 3º, final
Recurso extraordinário	Recurso cabível ao STF em casos de repercussão geral ou de interesse constitucional.	

Supremo Tribunal Federal (STF)

Recurso	Explicação	Base Legal
Agravo interno/ regimental	Recurso contra decisões monocráticas de ministros do STF.	RISTF, art. 317
Embargos de declaração	Utilizado para esclarecer decisões do STF.	CPC, art. 1.022; CPP, art. 619; RISTF, art. 337 ss.
Embargos de divergência	Recurso cabível quando há divergência entre decisões de turmas do STF.	RISTF, art. 330
Embargos infringentes	Recurso para decisões não unânimes que reformam sentença de mérito.	RISTF, art. 333, V

36. TRIBUNAL SUPERIOR ELEITORAL

Secretaria de Gestão da Informação e do Conhecimento

Coordenadoria de Jurisprudência e Legislação

Seção de Legislação

RESOLUÇÃO Nº 23.659, DE 26 DE OUTUBRO DE 2021.

Dispõe sobre a gestão do Cadastro Eleitoral e sobre os serviços eleitorais que lhe são correlatos.

Disposições Gerais

A **Resolução Nº 23.659** estabelece normas sobre a gestão do Cadastro Eleitoral e os serviços eleitorais correlatos. O objetivo é regulamentar a legislação eleitoral em conformidade com os avanços tecnológicos e a **Lei Geral de Proteção de Dados (LGPD).**

Considerações Relevantes

1. **Atualização e Consolidação das Normas:** A resolução foi criada tendo em vista a necessidade de atualizar e consolidar as normas relativas ao Cadastro Eleitoral, especialmente considerando o desenvolvimento das tecnologias usadas na coleta e gerenciamento de dados dos eleitores.
2. **Lei Geral de Proteção de Dados (LGPD):** A vigência da LGPD é crucial para assegurar que a coleta e o gerenciamento de dados dos eleitores respeitem a privacidade e a proteção de dados pessoais.
3. **Inclusão Digital:** É essencial que os avanços tecnológicos não excluam pessoas ainda não alcançadas pela inclusão digital. A resolução considera medidas para garantir que todos os cidadãos possam exercer seus direitos eleitorais.
4. **Grupos Socialmente Vulneráveis e Minorizados:** O TSE tem um compromisso com a ampliação do exercício da cidadania para grupos socialmente vulneráveis e minorizados, assegurando que esses avanços tecnológicos nos serviços eleitorais sejam acessíveis a todos.

Estrutura da Resolução

A resolução é dividida em diversas seções que abordam os seguintes tópicos:

- **Cadastro Eleitoral:** Trata das regras e procedimentos para a gestão do Cadastro Eleitoral, incluindo o registro de eleitores e a atualização de dados.
- **Serviços Eleitorais:** Inclui disposições sobre os serviços oferecidos aos eleitores, como atendimento, informações e suporte técnico.
- **Tecnologia e Segurança:** Define os padrões tecnológicos a serem adotados e as medidas de segurança para proteger os dados dos eleitores.

Implicações Práticas

Para os candidatos ao concurso do TSE, é importante entender como essa resolução impacta a gestão eleitoral, especialmente em termos de:

- **Procedimentos de Atualização de Dados:** Conhecimento dos procedimentos para atualizar os dados dos eleitores no Cadastro Eleitoral.
- **Segurança dos Dados:** Compreensão das medidas de segurança necessárias para proteger as informações pessoais dos eleitores.
- **Inclusão e Acessibilidade:** Importância de garantir que todos os cidadãos tenham acesso aos serviços eleitorais, independentemente de sua inclusão digital.

Ponto	Descrição
1. Atualização e Consolidação das Normas	A resolução visa atualizar e consolidar as normas relativas ao Cadastro Eleitoral, considerando o desenvolvimento das tecnologias usadas na coleta e gerenciamento de dados dos eleitores.
2. Lei Geral de Proteção de Dados (LGPD)	A vigência da LGPD assegura que a coleta e o gerenciamento de dados dos eleitores respeitem a privacidade e a proteção de dados pessoais.
3. Inclusão Digital	Medidas para garantir que todos os cidadãos possam exercer seus direitos eleitorais, mesmo aqueles ainda não alcançados pela inclusão digital.
4. Grupos Socialmente Vulneráveis e Minorizados	O TSE compromete-se a ampliar o exercício da cidadania para grupos socialmente vulneráveis e minorizados, assegurando que os avanços tecnológicos sejam acessíveis a todos.
Estrutura da Resolução	
- Cadastro Eleitoral	Regras e procedimentos para a gestão do Cadastro Eleitoral, incluindo o registro de eleitores e a atualização de dados.
- Serviços Eleitorais	Disposições sobre os serviços oferecidos aos eleitores, como atendimento, informações e suporte técnico.
- Tecnologia e Segurança	Padrões tecnológicos a serem adotados e medidas de segurança para proteger os dados dos eleitores.
Implicações Práticas	
- Procedimentos de Atualização de Dados	Conhecimento dos procedimentos para atualizar os dados dos eleitores no Cadastro Eleitoral.
- Segurança dos Dados	Compreensão das medidas de segurança necessárias para proteger as informações pessoais dos eleitores.
- Inclusão e Acessibilidade	Importância de garantir que todos os cidadãos tenham acesso aos serviços eleitorais, independentemente de sua inclusão digital.

Vamos começar detalhando o **Capítulo I** da **Resolução Nº 23.659, de 26 de outubro de 2021**, que trata da gestão do Cadastro Eleitoral e da prestação de serviços eleitorais correlatos, especificamente a Seção I, que estabelece as diretrizes da gestão do Cadastro Eleitoral. Segue a lei e abaixo dela, as considerações:

CAPÍTULO I

DA GESTÃO DO CADASTRO ELEITORAL E DA PRESTAÇÃO DE SERVIÇOS ELEITORAIS CORRELATOS

Seção I

DAS DIRETRIZES DA GESTÃO DO CADASTRO ELEITORAL

Art. 1º A gestão do Cadastro Eleitoral e a prestação de serviços eleitorais que lhe são correlatos serão efetuadas, em todo o território nacional, em conformidade com as disposições legais, com esta Resolução e com as normas do Tribunal Superior que lhes sejam complementares, as quais serão editadas com observância das seguintes diretrizes:

I - modernização e desburocratização da gestão do Cadastro Eleitoral e dos serviços que lhe forem correlatos;

II - conformidade do tratamento dos dados aos princípios e regras previstos na Lei Geral de Proteção dos Dados - LGPD (Lei nº 13.709/2018);

III - preservação e facilitação do exercício da cidadania por pessoas ainda não alcançadas pela inclusão digital; e

IV - expansão e especialização dos serviços eleitorais com vistas ao adequado atendimento a pessoas com deficiência e grupos socialmente vulneráveis e minorizados.

Parágrafo único. Os tribunais regionais eleitorais utilizarão o sistema de gestão do Cadastro Eleitoral, desenvolvido pelo Tribunal Superior Eleitoral, e orientarão suas políticas de execução dos serviços eleitorais pelas diretrizes previstas no caput deste artigo.

Art. 1º A gestão do Cadastro Eleitoral e a prestação de serviços eleitorais correlatos serão realizadas em todo o território nacional, de acordo com as disposições legais, esta Resolução e as normas complementares do Tribunal Superior Eleitoral (TSE), obedecendo às seguintes diretrizes:

I - Modernização e Desburocratização: A gestão do Cadastro Eleitoral e dos serviços correlatos deve ser continuamente modernizada e desburocratizada para garantir eficiência e eficácia no atendimento ao eleitor.

II - Conformidade com a LGPD: O tratamento dos dados eleitorais deve estar em conformidade com os princípios e regras estabelecidos pela Lei Geral de Proteção de Dados (LGPD - Lei nº 13.709/2018). Isso assegura que os dados pessoais dos eleitores sejam protegidos e utilizados de maneira ética e segura.

III - Inclusão Digital: É necessário preservar e facilitar o exercício da cidadania para pessoas que ainda não foram alcançadas pela inclusão digital, garantindo que essas pessoas possam participar do processo eleitoral de maneira adequada.

IV - Atendimento a Pessoas com Deficiência e Grupos Vulneráveis:

Os serviços eleitorais devem ser expandidos e especializados para atender adequadamente pessoas com deficiência e grupos socialmente vulneráveis e minorizados. Isso inclui a adoção de medidas específicas para garantir que todos os cidadãos tenham acesso equitativo aos serviços eleitorais.

Parágrafo único: Os Tribunais Regionais Eleitorais (TREs) utilizarão o sistema de gestão do Cadastro Eleitoral desenvolvido pelo Tribunal Superior Eleitoral e orientarão suas políticas de execução dos serviços eleitorais conforme as diretrizes estabelecidas no caput deste artigo.

Análise e Implicações

1. **Modernização e Desburocratização:** A modernização visa incorporar novas tecnologias e práticas que tornem o processo de gestão do Cadastro Eleitoral mais ágil e eficiente. A desburocratização reduz barreiras administrativas, facilitando o acesso dos eleitores aos serviços.
2. **Conformidade com a LGPD:** A conformidade com a LGPD é fundamental para proteger os dados pessoais dos eleitores. Isso inclui garantir a privacidade, segurança e uso adequado das informações coletadas, alinhando-se com os princípios de transparência, finalidade, adequação, necessidade, livre acesso, qualidade dos dados, segurança, prevenção, não discriminação e responsabilização.
3. **Inclusão Digital:** A inclusão digital é crucial para garantir que todos os cidadãos, independentemente de seu acesso à tecnologia, possam exercer seus direitos eleitorais. Medidas podem incluir o oferecimento de alternativas offline ou suporte técnico para aqueles que não têm acesso à internet ou dispositivos digitais.
4. **Atendimento a Pessoas com Deficiência e Grupos Vulneráveis:** A especialização dos serviços eleitorais para atender pessoas com deficiência e grupos socialmente vulneráveis assegura que o processo eleitoral seja acessível e justo para todos. Isso pode envolver adaptações físicas, tecnológicas e processuais, além de treinamento específico para os funcionários eleitorais.

Tabela Resumida sobre a Resolução de Gestão do Cadastro Eleitoral

Ponto	Descrição
1. Modernização e Desburocratização	A gestão do Cadastro Eleitoral deve ser continuamente modernizada e desburocratizada para garantir eficiência e eficácia no atendimento ao eleitor.
2. Conformidade com a LGPD	O tratamento dos dados eleitorais deve estar em conformidade com a LGPD (Lei nº 13.709/2018), assegurando que os dados pessoais dos eleitores sejam protegidos e utilizados de maneira ética e segura.
3. Inclusão Digital	Preservar e facilitar o exercício da cidadania para pessoas que ainda não foram alcançadas pela inclusão digital, garantindo que possam participar do processo eleitoral de maneira adequada.
4. Atendimento a Pessoas com Deficiência e Grupos Vulneráveis	Expandir e especializar os serviços eleitorais para atender adequadamente pessoas com deficiência e grupos socialmente vulneráveis e minorizados, garantindo acesso equitativo aos serviços eleitorais.
Parágrafo Único	Os Tribunais Regionais Eleitorais (TREs) utilizarão o sistema de gestão do Cadastro Eleitoral desenvolvido pelo Tribunal Superior Eleitoral e orientarão suas políticas de execução conforme as diretrizes estabelecidas.

Seção II

DO REGISTRO DAS INFORMAÇÕES NO CADASTRO E DA EXPEDIÇÃO DE CERTIDÕES

Art. 2º Para registro de informações no histórico de inscrição no Cadastro Eleitoral, serão utilizados códigos de Atualização da Situação do Eleitor (ASE), reunidos em tabela que constará de Provimento da Corregedoria-Geral Eleitoral, que detalhará as instruções para sua adequada utilização.

§ 1º Os códigos ASE deverão possibilitar o registro claro e inequívoco de informações relativas a eventos que impactem o exercício de direitos políticos e civis.

§ 2º A atualização de registros de que trata o caput será promovida diretamente no sistema de gestão do Cadastro Eleitoral.

Art. 3º É assegurada ao cidadão e à cidadã a emissão de certidão que reflita sua situação atual no Cadastro Eleitoral, com a necessária especificidade ao exercício de direitos, devendo ser disponibilizada, de forma automática no sistema, a geração de certidões relativas a:

I - inscrição e domicílio eleitorais;

II - pleno gozo, perda ou suspensão dos direitos políticos;

III - facultatividade do exercício do voto;

IV - regularidade do exercício do voto, justificativa ou pagamento da multa no último turno da última eleição;

V - regularidade do comparecimento às urnas ou pagamento da multa pela ausência e do atendimento às convocações para os trabalhos eleitorais;

VI - inexigibilidade da obrigação de votar, em decorrência de impedimento legal ao exercício do voto;

VII - isenção da sanção decorrente do não cumprimento das obrigações eleitorais de alistamento ou de comparecimento às urnas, em razão de deficiência ou condição que torne impossível ou demasiadamente oneroso o cumprimento daquelas obrigações;

VIII - atendimento a convocação para os trabalhos eleitorais;

IX - inexistência, pagamento ou regular parcelamento de multas aplicadas por decisão definitiva da Justiça Eleitoral e não remitidas; X - crimes eleitorais;

XI - regularidade em relação à obrigação de prestar contas à Justiça Eleitoral;

XII - quitação eleitoral para fins de instrução de registro de candidatura, abrangendo a plenitude do gozo dos direitos políticos, o regular exercício do voto, o atendimento a convocações da Justiça Eleitoral para auxiliar nos trabalhos relativos ao pleito, a inexistência de multas aplicadas, em caráter definitivo, pela Justiça Eleitoral e não remitidas, e a apresentação de contas de campanha eleitoral; e

XIII - ocorrência de hipóteses que possam constituir base de incidência de inelegibilidade.

§ 1º O sistema possibilitará a geração de certidão unificada de quantas forem as informações solicitadas.

§ 2º As certidões de que tratam os incisos do caput deste artigo poderão ser requeridas ao juízo de qualquer zona eleitoral, ainda que diversa daquela em que a pessoa se encontra inscrita eleitora, ou obtidas na página da Justiça Eleitoral.

§ 3º A cidadã e o cidadão poderão solicitar, perante qualquer juízo eleitoral, a emissão de certidão circunstanciada relativa a informações constantes do seu histórico que não estejam compreendidas nos modelos gerados automaticamente pelo sistema.

§ 4º Eventual incorreção dos dados contidos na certidão somente poderá ser sanada perante o cartório do domicílio do eleitor ou da eleitora, observado o disposto no art. 39 desta Resolução.

Seção II

Do Registro das Informações no Cadastro e da Expedição de Certidões

Art. 2º Para o registro de informações no histórico de inscrição no Cadastro Eleitoral, serão utilizados códigos de Atualização da Situação do Eleitor (ASE), reunidos em tabela que constará de Provimento da Corregedoria-Geral Eleitoral. Este provimento detalhará as instruções para a adequada utilização dos códigos ASE.

§ 1º: Os códigos ASE devem possibilitar o registro claro e inequívoco de informações relativas a eventos que impactem o exercício de direitos políticos e civis.

§ 2º: A atualização dos registros será promovida diretamente no sistema de gestão do Cadastro Eleitoral.

Art. 3º É assegurada ao cidadão e à cidadã a emissão de certidão que reflita sua situação atual no Cadastro Eleitoral, com a necessária especificidade ao exercício de direitos, devendo ser disponibilizada, de forma automática no sistema, a geração de certidões relativas a:

1. Inscrição e domicílio eleitorais	Certifica a inscrição do eleitor e seu domicílio eleitoral.
2. Pleno gozo, perda ou suspensão dos direitos políticos	Indica se o eleitor está em pleno gozo dos seus direitos políticos, se houve perda ou suspensão desses direitos.
3. Facultatividade do exercício do voto	Declara se o eleitor está em situação de facultatividade do voto, por exemplo, devido à idade ou outras condições.
4. Regularidade do exercício do voto, justificativa ou pagamento de multa no último turno da última eleição	Certifica a regularidade do exercício do voto ou o cumprimento das obrigações eleitorais, como justificativa de ausência ou pagamento de multa.
5. Regularidade do comparecimento às urnas ou pagamento da multa pela ausência e do atendimento às convocações para os trabalhos eleitorais	Confirma a regularidade no comparecimento às urnas ou no pagamento de multas por ausência, e no atendimento às convocações para trabalhos eleitorais.
6. Inexigibilidade da obrigação de votar, em decorrência de impedimento legal ao exercício do voto	Declara a inexigibilidade da obrigação de votar devido a impedimentos legais.
7. Isenção da sanção decorrente do não cumprimento das obrigações eleitorais de alistamento ou de comparecimento às urnas, em razão de deficiência ou condição que torne impossível ou demasiadamente oneroso o cumprimento daquelas obrigações	Certifica a isenção de sanções por não cumprimento das obrigações eleitorais devido a deficiências ou condições especiais.
8. Atendimento a convocação para os trabalhos eleitorais	Indica se o eleitor atendeu às convocações para os trabalhos eleitorais.
9. Inexistência, pagamento ou regular parcelamento de multas aplicadas por decisão definitiva da Justiça Eleitoral e não remitidas	Declara a situação das multas eleitorais, se inexistentes, pagas ou parceladas.
10. Crimes eleitorais	Certifica a inexistência ou a ocorrência de crimes eleitorais.

11. Regularidade em relação à obrigação de prestar contas à Justiça Eleitoral	Confirma a regularidade na prestação de contas eleitorais.
12. Quitação eleitoral para fins de instrução de registro de candidatura	Declara a quitação eleitoral necessária para registro de candidatura.
13. Ocorrência de hipóteses que possam constituir base de incidência de inelegibilidade	Certifica a inexistência ou a ocorrência de situações que possam gerar inelegibilidade.

Análise e Implicações

1. **Códigos ASE:** Os códigos de Atualização da Situação do Eleitor (ASE) são essenciais para registrar e atualizar informações no Cadastro Eleitoral. Eles garantem que os eventos que impactam os direitos políticos e civis sejam registrados de forma clara e precisa.
2. **Certidões Eleitorais:** A emissão de certidões eleitorais é um direito assegurado aos eleitores, permitindo que obtenham documentos que comprovem sua situação eleitoral. Isso inclui diversas situações, como inscrição eleitoral, regularidade no exercício do voto, quitação de multas, entre outras.
3. **Acessibilidade e Disponibilidade:** As certidões podem ser solicitadas em qualquer zona eleitoral ou pela página da Justiça Eleitoral, facilitando o acesso dos eleitores. A possibilidade de obter uma certidão unificada também simplifica o processo para o cidadão.
4. **Correção de Dados:** Caso haja incorreções nas certidões emitidas, o eleitor deve procurar o cartório eleitoral de seu domicílio para corrigir os dados, garantindo que as informações no Cadastro Eleitoral sejam precisas e atualizadas.

Seção III

DA PRESTAÇÃO DOS SERVIÇOS ELEITORAIS

Art. 4º A execução dos serviços de processamento eletrônico de dados, na Justiça Eleitoral, será realizada, em cada circunscrição, por administração direta do tribunal regional eleitoral respectivo, sob a orientação e supervisão do Tribunal Superior Eleitoral e na conformidade de suas instruções.

Parágrafo único. Para a execução dos serviços de que trata esta Resolução, os tribunais regionais eleitorais, sob supervisão e coordenação do Tribunal Superior Eleitoral, poderão celebrar convênios ou contratos com entidades da administração direta ou indireta da União, estados, Distrito Federal ou municípios.

Art. 5º O Cadastro Eleitoral e as informações resultantes de sua atualização serão administrados e utilizados, exclusivamente, pela Justiça Eleitoral.

§ 1º Sob pena de imediata rescisão do contrato e sem prejuízo de outras sanções administrativas, civis e criminais, é vedado às empresas contratadas para a execução de serviços eleitorais, nos termos do parágrafo único do art. 4º desta Resolução, utilizar quaisquer dados ou informações resultantes do Cadastro Eleitoral para fins diversos do serviço eleitoral.

§ 2º Os pedidos de informações sobre dados constantes do Cadastro Eleitoral recebidos pelas empresas referidas no §1º deste artigo deverão ser por elas encaminhados à presidência do tribunal eleitoral competente, para apreciação.

§ 3º O Tribunal Superior Eleitoral, em todo o território nacional, e os tribunais regionais eleitorais, no âmbito das respectivas jurisdições, fiscalizarão o cumprimento do disposto neste artigo.

Art. 6º O atendimento presencial, para realização de operações no Cadastro Eleitoral e das atividades que lhe sejam correlatas, inclusive a coleta de dados biométricos nos serviços ordinários ou de revisão do eleitorado, poderá ser realizado por pessoal contratado em caráter excepcional e temporário, por instrumentos administrativos voltados à complementação das equipes de trabalho atuantes nas referidas atividades, desde que supervisionadas por pessoa servidora do quadro de pessoal da Justiça Eleitoral ou requisitada ordinariamente ou em caráter extraordinário.

§ 1º A adoção dos instrumentos administrativos a que se refere o caput deste artigo dependerá de análise de conveniência e oportunidade por parte dos tribunais regionais eleitorais, que poderão firmar convênios, acordos ou contratos com fundamento no parágrafo único do art. 7º e no inciso III do art. 9º, da Lei nº 7.444/1985.

§ 2º Será mantida, em cada zona eleitoral, relação de atendentes habilitados à prática dos atos a que se refere o caput deste artigo.

Art. 7º Na prestação dos serviços eleitorais, servidores, servidoras e atendentes da Justiça Eleitoral atuarão sempre de forma respeitosa, utilizando-se de linguagem não discriminatória e acessível à pessoa que está sendo atendida, com vistas a favorecer a compreensão das disposições materiais e procedimentais de que trata esta Resolução.

Parágrafo único. Os tribunais eleitorais promoverão ações de capacitação, destinadas a magistrados e magistradas, servidores e servidoras e atendentes da Justiça Eleitoral, sobre linguagem não discriminatória e acessível às pessoas atendidas.

Seção III

Da Prestação dos Serviços Eleitorais

Art. 4º A execução dos serviços de processamento eletrônico de dados na Justiça Eleitoral será realizada, em cada circunscrição, pela administração direta do tribunal regional eleitoral respectivo, sob a orientação e supervisão do Tribunal Superior Eleitoral (TSE) e conforme suas instruções.

Parágrafo único: Para a execução dos serviços previstos nesta Resolução, os tribunais regionais

ELEITORAL

eleitorais, sob supervisão e coordenação do TSE, poderão celebrar convênios ou contratos com entidades da administração direta ou indireta da União, estados, Distrito Federal ou municípios.

Art. 5º O Cadastro Eleitoral e as informações resultantes de sua atualização serão administrados e utilizados, exclusivamente, pela Justiça Eleitoral.

§ 1º: Sob pena de rescisão imediata do contrato e sem prejuízo de outras sanções administrativas, civis e criminais, é vedado às empresas contratadas para a execução de serviços eleitorais utilizar quaisquer dados ou informações do Cadastro Eleitoral para fins diversos dos serviços eleitorais.

§ 2º: Os pedidos de informações sobre dados constantes do Cadastro Eleitoral recebidos pelas empresas referidas no § 1º devem ser encaminhados à presidência do tribunal eleitoral competente, para apreciação.

§ 3º: O TSE, em todo o território nacional, e os tribunais regionais eleitorais, no âmbito de suas jurisdições, fiscalizarão o cumprimento do disposto neste artigo.

Art. 6º O atendimento presencial para a realização de operações no Cadastro Eleitoral e atividades correlatas, inclusive a coleta de dados biométricos nos serviços ordinários ou de revisão do eleitorado, poderá ser realizado por pessoal contratado em caráter excepcional e temporário. Esse pessoal deve ser supervisionado por servidores do quadro da Justiça Eleitoral ou requisitados ordinariamente ou extraordinariamente.

§ 1º: A adoção de instrumentos administrativos para contratação temporária dependerá de análise de conveniência e oportunidade pelos tribunais regionais eleitorais, que poderão firmar convênios, acordos ou contratos com fundamento no parágrafo único do art. 7º e no inciso III do art. 9º da Lei nº 7.444/1985.

§ 2º: Em cada zona eleitoral, será mantida uma relação de atendentes habilitados para a prática dos atos mencionados no caput deste artigo.

Art. 7º Na prestação dos serviços eleitorais, servidores, servidoras e atendentes da Justiça Eleitoral devem atuar de forma respeitosa, utilizando linguagem não discriminatória e acessível à pessoa atendida, favorecendo a compreensão das disposições materiais e procedimentais desta Resolução.

Parágrafo único: Os tribunais eleitorais promoverão ações de capacitação destinadas a magistrados, servidores e atendentes da Justiça Eleitoral sobre linguagem não discriminatória e acessível às pessoas atendidas.

Análise e Implicações

1. **Processamento Eletrônico de Dados:** A execução dos serviços de processamento eletrônico de dados pela administração direta dos tribunais regionais eleitorais, com orientação do TSE, assegura uniformidade e padronização nos procedimentos eleitorais em todo o país.
2. **Convênios e Contratos:** A possibilidade de celebrar convênios e contratos com entidades da administração pública permite a integração e cooperação entre diferentes esferas de governo, otimizando recursos e esforços na execução dos serviços eleitorais.
3. **Exclusividade da Justiça Eleitoral:** A administração e utilização exclusiva do Cadastro Eleitoral pela Justiça Eleitoral garantem a segurança e a confidencialidade das informações dos eleitores, evitando o uso inadequado dos dados.
4. **Contratação Temporária:** A contratação temporária de pessoal para atender às demandas eleitorais, especialmente em períodos de revisão do eleitorado, permite a flexibilidade necessária para atender um grande volume de eleitores, sempre sob supervisão de servidores permanentes da Justiça Eleitoral.
5. **Linguagem e Acessibilidade:** A obrigatoriedade de utilizar linguagem não discriminatória e acessível na prestação de serviços eleitorais reflete um compromisso com a inclusão e o respeito às pessoas atendidas, independentemente de suas condições. A capacitação contínua dos servidores e atendentes reforça essa diretriz.

Tabela Resumida sobre a Prestação dos Serviços Eleitorais

Artigo	Descrição	Parágrafo
Art. 4º	A execução dos serviços de processamento eletrônico de dados será realizada pela administração direta do tribunal regional eleitoral, sob a orientação e supervisão do TSE.	Parágrafo Único: Tribunais regionais eleitorais podem celebrar convênios ou contratos com entidades da administração pública.
Art. 5º	O Cadastro Eleitoral e suas informações serão administrados e utilizados exclusivamente pela Justiça Eleitoral.	§ 1º: Empresas contratadas não podem utilizar dados para fins diversos dos serviços eleitorais. § 2º: Pedidos de informações devem ser encaminhados à presidência do tribunal eleitoral. § 3º: TSE e tribunais regionais eleitorais fiscalizarão o cumprimento deste artigo.
Art. 6º	Atendimento presencial para operações no Cadastro Eleitoral e coleta de dados biométricos pode ser realizado por pessoal contratado temporariamente, supervisionado por servidores da Justiça Eleitoral.	§ 1º: Contratação temporária depende de análise pelos tribunais regionais eleitorais. § 2º: Manutenção de uma relação de atendentes habilitados em cada zona eleitoral.

Artigo	Descrição	Parágrafo
Art. 7º	Servidores e atendentes da Justiça Eleitoral devem atuar de forma respeitosa, utilizando linguagem não discriminatória e acessível.	Parágrafo Único: Tribunais eleitorais promoverão capacitação sobre linguagem não discriminatória e acessível.

Seção IV

DA COLETA E DA ATUALIZAÇÃO DE DADOS

Art. 8º No atendimento durante o serviço ordinário de alistamento, revisão ou transferência eleitoral ou durante a revisão de eleitorado, serão coletados dados biométricos, mediante inclusão de impressões digitais roladas dos dez dedos, ressalvada impossibilidade física, fotografia no padrão ICAO e, salvo se se tratar de pessoa analfabeta ou para o qual seja impossível manejar a caneta de coleta, assinatura digitalizada da eleitora ou do eleitor.

§ 1º Nas operações de revisão, transferência e segunda via será dispensada a coleta de dados biométricos da pessoa que já esteja digitalmente identificada, desde que satisfeitos os requisitos de qualidade exigidos e que a última coleta não tenha sido feita há mais de dez anos.

§ 2º O exercício do voto não será impedido em razão de eventual defeito ou não recepção dos arquivos de impressões digitais, fotografia ou assinatura digitalizada no banco de dados do Cadastro Eleitoral, devendo-se oportunamente convocar o eleitor ou a eleitora para a regularização das pendências verificadas, sem prejuízo da apuração de responsabilidades pela respectiva corregedoria regional eleitoral.

§ 3º Na hipótese do § 2º deste artigo, as folhas de votação exibirão, no espaço destinado à fotografia, a expressão "foto indisponível".

§ 4º O eleitor ou a eleitora que, em decorrência de ausência, insuficiência ou desatualização de identificação biométrica, for habilitado(a) por código para votar, será orientado(a) pelo(a) presidente da mesa receptora de votos a comparecer, após a reabertura do cadastro, a unidade de atendimento da Justiça Eleitoral, a fim de regularizar seus dados cadastrais e biométricos.

Art. 9º Os dados biográficos e biométricos que compõem o Cadastro Eleitoral poderão ser atualizados, mediante inclusão ou alteração, com informações oriundas de bancos de dados geridos por órgãos públicos, inclusive da Identificação Civil Nacional.

§ 1º O aproveitamento das informações biométricas existentes em órgãos federais, estaduais e municipais somente será feito se:

I - houver equivalência na padronização dos dados coletados, observados os padrões NIST e ICAO; e

II - a data de coleta dos dados importados for posterior à dos dados existentes no Cadastro Eleitoral.

§ 2º Poderão ser coletadas, na forma do caput deste artigo, informações relativas a endereços, mas sua utilização para fins de fixação ou alteração de domicílio eleitoral dependerá sempre da expressa indicação da pessoa titular da inscrição eleitoral, no momento do requerimento de alistamento ou de transferência.

§ 3º As regras de atualização dos dados por meio das informações referidas no caput deste artigo deverão ser aprovadas pela Presidência do Tribunal Superior Eleitoral.

§ 4º O Tribunal Superior Eleitoral poderá firmar acordos de cooperação com entidades públicas ou privadas, visando à ampliação, transferência ou aproveitamento de dados biométricos, ouvida a Corregedoria-Geral Eleitoral.

Seção IV

Da Coleta e da Atualização de Dados

Art. 8º No atendimento durante o serviço ordinário de alistamento, revisão ou transferência eleitoral ou durante a revisão de eleitorado, serão coletados dados biométricos, mediante inclusão de impressões digitais roladas dos dez dedos, ressalvada impossibilidade física, fotografia no padrão ICAO e, salvo se se tratar de pessoa analfabeta ou para a qual seja impossível manejar a caneta de coleta, assinatura digitalizada da eleitora ou do eleitor.

§ 1º: Nas operações de revisão, transferência e segunda via, será dispensada a coleta de dados biométricos da pessoa que já esteja digitalmente identificada, desde que satisfeitos os requisitos de qualidade exigidos e que a última coleta não tenha sido feita há mais de dez anos.

§ 2º: O exercício do voto não será impedido em razão de eventual defeito ou não recepção dos arquivos de impressões digitais, fotografia ou assinatura digitalizada no banco de dados do Cadastro Eleitoral. O eleitor ou eleitora deverá ser convocado(a) oportunamente para regularização das pendências, sem prejuízo da apuração de responsabilidades pela corregedoria regional eleitoral.

§ 3º: Na hipótese do § 2º, as folhas de votação exibirão, no espaço destinado à fotografia, a expressão "foto indisponível".

§ 4º: O eleitor ou a eleitora que, em decorrência de ausência, insuficiência ou desatualização de identificação biométrica, for habilitado(a) por código para votar, será orientado(a) pelo presidente da mesa receptora de votos a comparecer, após a reabertura do cadastro, à unidade de atendimento da Justiça Eleitoral, a fim de regularizar seus dados cadastrais e biométricos.

Art. 9º Os dados biográficos e biométricos que compõem o Cadastro Eleitoral poderão ser atualizados, mediante inclusão ou alteração, com informações oriundas de bancos de dados geridos por órgãos públicos, inclusive da Identificação Civil Nacional.

§ 1º: O aproveitamento das informações biométricas existentes em órgãos federais, estaduais e municipais somente será feito se:

I. Houver equivalência na padronização dos dados coletados, observados os padrões NIST e ICAO; e

II. A data de coleta dos dados importados for posterior à dos dados existentes no Cadastro Eleitoral.

§ 2º: Poderão ser coletadas, na forma do caput deste artigo, informações relativas a endereços, mas sua utilização para fins de fixação ou alteração de domicílio eleitoral dependerá sempre da expressa indicação da pessoa titular da inscrição eleitoral, no momento do requerimento de alistamento ou de transferência.

§ 3º: As regras de atualização dos dados por meio das informações referidas no caput deverão ser aprovadas pela Presidência do Tribunal Superior Eleitoral.

§ 4º: O Tribunal Superior Eleitoral poderá firmar acordos de cooperação com entidades públicas ou privadas, visando à ampliação, transferência ou aproveitamento de dados biométricos, ouvida a Corregedoria-Geral Eleitoral.

Análise e Implicações

1. **Coleta de Dados Biométricos:** A coleta de dados biométricos é essencial para garantir a identificação segura dos eleitores. Inclui impressões digitais dos dez dedos, fotografia no padrão ICAO e assinatura digitalizada, exceto em casos de impossibilidade física ou analfabetismo.
2. **Dispensabilidade em Casos Específicos:** A coleta de dados biométricos pode ser dispensada para eleitores já identificados digitalmente, desde que atendam aos requisitos de qualidade e a última coleta tenha sido realizada há menos de dez anos.
3. **Regularização de Pendências:** Mesmo com problemas na coleta de dados, o exercício do voto não será impedido. Eleitores serão convocados para regularizar suas pendências, garantindo a continuidade do processo eleitoral sem prejuízo de responsabilidades.
4. **Atualização de Dados:** A atualização de dados biográficos e biométricos pode ser feita com informações de bancos de dados públicos, desde que haja equivalência nos padrões de coleta e a data de coleta seja posterior aos dados existentes no Cadastro Eleitoral.
5. **Acordos de Cooperação:** O TSE pode firmar acordos com entidades públicas ou privadas para ampliar, transferir ou aproveitar dados biométricos, garantindo a eficiência e a abrangência da coleta e atualização de dados eleitorais.

Seção V

DO ACESSO ÀS INFORMAÇÕES CONSTANTES DO CADASTRO ELEITORAL

Art. 10. O acesso a informações constantes do Cadastro Eleitoral por instituições públicas e privadas e por pessoas físicas se dará conforme a Lei Geral de Proteção de Dados e a resolução do Tribunal Superior Eleitoral que tratar do acesso a dados constantes dos sistemas informatizados da Justiça Eleitoral.

§ 1º A Corregedoria-Geral Eleitoral editará provimento estabelecendo níveis de acesso aos dados do Cadastro Eleitoral por servidoras, servidores, colaboradoras e colaboradores, em conformidade com a Política de Segurança da Informação editada pelo Tribunal Superior Eleitoral.

§ 2º O provimento de que trata o § 1º deste artigo definirá as funcionalidades que estarão disponíveis em perfil específico de acesso ao sistema de gestão do Cadastro Eleitoral a ser concedido a profissionais contratados como apoio administrativo na coleta de dados biométricos.

§ 3º Os tribunais eleitorais estabelecerão metodologia segura de acesso de dados, com o objetivo de garantir que não ocorra de forma indevida.

Seção V

Do Acesso às Informações Constantes do Cadastro Eleitoral

Art. 10 O acesso a informações constantes do Cadastro Eleitoral por instituições públicas e privadas e por pessoas físicas se dará conforme a Lei Geral de Proteção de Dados (LGPD) e a resolução do Tribunal Superior Eleitoral (TSE) que tratar do acesso a dados constantes dos sistemas informatizados da Justiça Eleitoral.

§ 1º: A Corregedoria-Geral Eleitoral editará provimento estabelecendo níveis de acesso aos dados do Cadastro Eleitoral por servidores, servidoras, colaboradores e colaboradoras, em conformidade com a Política de Segurança da Informação editada pelo TSE.

§ 2º: O provimento de que trata o § 1º deste artigo definirá as funcionalidades que estarão disponíveis em perfil específico de acesso ao sistema de gestão do Cadastro Eleitoral a ser concedido a profissionais contratados como apoio administrativo na coleta de dados biométricos.

§ 3º: Os tribunais eleitorais estabelecerão metodologia segura de acesso a dados, com o objetivo de garantir que não ocorra de forma indevida.

Análise e Implicações

1. **Conformidade com a LGPD:** O acesso às informações do Cadastro Eleitoral deve seguir as diretrizes da Lei Geral de Proteção de Dados, garantindo que a privacidade e a segurança dos dados pessoais dos eleitores sejam respeitadas. Isso inclui a definição clara de quem pode acessar os dados e sob quais condições.
2. **Níveis de Acesso:** A Corregedoria-Geral Eleitoral é responsável por estabelecer níveis de acesso aos dados do Cadastro Eleitoral. Isso significa que diferentes grupos (servidores, colaboradores, etc.) terão diferentes níveis de permissão, dependendo de suas funções e necessidades,

garantindo assim uma maior segurança e controle sobre quem acessa quais dados.

3. **Perfil de Acesso Específico:** O provimento determinará as funcionalidades acessíveis a profissionais contratados temporariamente para apoio administrativo na coleta de dados biométricos. Isso é importante para garantir que esses profissionais tenham acesso apenas às informações necessárias para desempenhar suas funções, minimizando o risco de acesso indevido.
4. **Metodologia Segura de Acesso:** Os tribunais eleitorais devem estabelecer uma metodologia segura para o acesso aos dados, garantindo que o acesso não seja realizado de forma indevida. Isso pode incluir medidas como autenticação robusta, monitoramento de acessos e auditorias regulares.

Seção I: Diretrizes da Gestão do Cadastro Eleitoral

Artigo	Incisos/Parágrafos	Descrição
Art. 1º	I	Modernização e desburocratização da gestão do Cadastro Eleitoral.
	II	Conformidade do tratamento dos dados com a Lei Geral de Proteção dos Dados (LGPD).
	III	Facilitação do exercício da cidadania para pessoas não alcançadas pela inclusão digital.
	IV	Expansão e especialização dos serviços eleitorais para atender pessoas com deficiência e grupos vulneráveis.
	Parágrafo único	Uso do sistema de gestão do Cadastro Eleitoral desenvolvido pelo TSE e direcionamento das políticas de execução dos serviços eleitorais pelas diretrizes do artigo.

Seção II: Registro das Informações no Cadastro e da Expedição de Certidões

Artigo	Incisos/Parágrafos	Descrição
Art. 2º	Caput	Registro de informações no histórico de inscrição no Cadastro Eleitoral usando códigos ASE.
	§ 1º	Os códigos ASE devem registrar clara e inequivocamente as informações.
	§ 2º	A atualização de registros será promovida diretamente no sistema de gestão do Cadastro Eleitoral.
Art. 3º	I - XII	Emissão de certidão refletindo a situação atual no Cadastro Eleitoral com especificidade para exercício de direitos.
	§ 1º	Possibilidade de geração de certidão unificada de todas as informações solicitadas.
	§ 2º	Certidões podem ser requeridas em qualquer zona eleitoral ou obtidas online.
	§ 3º	Emissão de certidão circunstanciada perante qualquer juízo eleitoral.
	§ 4º	Correções de dados na certidão apenas no cartório do domicílio do eleitor.

Seção III: Prestação dos Serviços Eleitorais

Artigo	Parágrafos	Descrição
Art. 4º	Parágrafo único	Execução dos serviços eleitorais sob orientação do TSE, com possibilidade de convênios ou contratos com entidades governamentais.
Art. 5º	§ 1º	Proibição do uso de dados do Cadastro Eleitoral para fins não eleitorais, com penalidades para infrações.
	§ 2º	Encaminhamento de pedidos de informações à presidência do tribunal eleitoral competente.
	§ 3º	Fiscalização do cumprimento das normas de proteção de dados pelo TSE e tribunais regionais.

ELEITORAL

Seção IV: Coleta e Atualização de Dados

Artigo	Parágrafos	Descrição
Art. 6º	§ 1º	Dependência da análise de conveniência e oportunidade para adoção de instrumentos administrativos para coleta de dados biométricos.
	§ 2º	Manutenção de relação de atendentes habilitados em cada zona eleitoral.
Art. 7º	Parágrafo único	Promoção de capacitação sobre linguagem não discriminatória e acessível nas interações eleitorais.

Seção V: Acesso às Informações Constantes do Cadastro Eleitoral

Artigo	Parágrafos	Descrição
Art. 10	§ 1º	Estabelecimento de níveis de acesso aos dados do Cadastro Eleitoral.
	§ 2º	Definição de funcionalidades disponíveis em perfil específico de acesso ao sistema de gestão do Cadastro Eleitoral.
	§ 3º	Estabelecimento de metodologia segura de acesso aos dados para evitar acessos indevidos.

CAPÍTULO II

DOS DIREITOS POLÍTICOS
Seção I

DA AQUISIÇÃO E DO EXERCÍCIO DOS DIREITOS POLÍTICOS

Art. 11. Os direitos políticos são adquiridos mediante o alistamento eleitoral, que é assegurado:

I - a todas as pessoas brasileiras que tenham atingido a idade mínima constitucionalmente prevista, salvo os que, pertencendo à classe dos conscritos, estejam no período de serviço militar obrigatório e dele não tenham se desincumbido; e

II - às pessoas portuguesas que tenham adquirido o gozo dos direitos políticos no Brasil, observada a legislação específica.

§ 1º A suspensão dos direitos políticos não obsta a realização das operações do Cadastro Eleitoral, inclusive o alistamento, logo após o qual deverá ser registrado o código ASE que indique o impedimento ao exercício daqueles direitos.

§ 2º A perda dos direitos políticos, decorrente da perda da nacionalidade brasileira, impede o alistamento eleitoral e as demais operações do Cadastro Eleitoral, acarretando, se for o caso, o cancelamento da inscrição já existente.

§ 3º A aquisição do gozo de direitos políticos por pessoa brasileira em Portugal não acarreta a suspensão de direitos políticos ou o cancelamento da inscrição eleitoral e não impede o alistamento eleitoral ou as demais operações do Cadastro Eleitoral.

§ 4º Será cancelada a inscrição eleitoral quando declarado extinto o gozo dos direitos políticos por pessoa portuguesa no Brasil.

§ 5º Os militares que não pertençam à classe dos conscritos são alistáveis, nos termos da Constituição.

Art. 12. A obrigatoriedade e a facultatividade do alistamento eleitoral e do exercício do voto são determinadas pelas regras constitucionais, não se aplicando eventuais disposições legais em contrário.

Parágrafo único. A Justiça Eleitoral empreenderá meios destinados a assegurar o alistamento e o exercício dos direitos políticos por pessoas com deficiência, por pessoas que se encontram em prisão provisória e por adolescentes sob custódia em unidade de internação.

Art. 13. É direito fundamental da pessoa indígena ter considerados, na prestação de serviços eleitorais, sua organização social, seus costumes e suas línguas, crenças e tradições.

§ 1º O disposto no caput não exclui a aplicação, às pessoas indígenas, das normas constitucionais, legais e regulamentares que impõem obrigações eleitorais e delimitam o exercício dos direitos políticos.

§ 2º No tratamento de dados das pessoas indígenas, não serão feitas distinções entre "integradas" e "não integradas", "aldeadas" e "não aldeadas", ou qualquer outra que não seja autoatribuída pelos próprios grupos étnico-raciais.

§ 3º Não se exigirá a fluência na língua portuguesa para fins de alistamento, assegurando-se a cidadãos e cidadãs indígenas, o uso de suas línguas maternas e processos próprios de aprendizagem.

§ 4º A pessoa indígena ficará dispensada da comprovação do domicílio eleitoral quando o atendimento prestado pela Justiça Eleitoral ocorrer dentro dos limites das terras em que habita ou quando for notória a vinculação de sua comunidade a esse território.

§ 5º É assegurado à pessoa indígena indicar, no prazo estipulado pela Justiça Eleitoral para cada pleito, local de votação, diverso daquele em que está sua seção de origem, no qual prefere exercer o voto, desde que dentro dos limites da circunscrição da eleição.

§ 6º O previsto neste artigo aplica-se, no que for compatível, a quilombolas e integrantes de comunidades remanescentes.

Art. 14. É direito fundamental da pessoa com deficiência, inclusive a que for declarada relativamente incapaz para a prática de atos da vida civil, estiver excepcionalmente sob curatela ou tiver optado pela tomada de decisão apoiada, a implementação de medidas destinadas a promover seu alistamento e o exercício de seus direitos políticos em igualdade de condições com as demais pessoas.

§ 1º A implementação de medidas a que se refere o caput deste artigo será realizada de forma gradativa, a partir de estudos e projetos conduzidos pela Justiça Eleitoral, que poderão decorrer de convênios com entidades especializadas ou outras formas de colaboração da sociedade civil.

§ 2º É assegurado à pessoa com deficiência:

I - escolher, no ato de alistamento, transferência ou revisão, local de votação que permita sua vinculação a seção eleitoral com acessibilidade, dentro da zona eleitoral;

II - indicar, no prazo estipulado pela Justiça Eleitoral para cada pleito, local de votação, diverso daquele em que está sua seção de origem, no qual prefere exercer o voto, desde que dentro dos limites da circunscrição do pleito; e

III - ser auxiliada, no ato de votar, por pessoa de sua escolha, ainda que não o tenha requerido antecipadamente ao juízo eleitoral.

§ 3º É vedada a criação de seções eleitorais exclusivas para pessoas com deficiência.

§ 4º A Justiça Eleitoral não processará solicitação de suspensão de direitos políticos amparada em deficiência, em decisão judicial que declare incapacidade civil ou em documento que ateste afastamento laboral por invalidez ou fato semelhante.

§ 5º Na comunicação das informações relativas aos serviços e procedimentos de que trata esta Resolução, será assegurada a acessibilidade, na forma da Lei Brasileira de Inclusão da Pessoa com Deficiência e dos protocolos técnicos aplicáveis.

Art. 15. Não estará sujeita às sanções legais decorrentes da ausência de alistamento e do não exercício do voto a pessoa com deficiência para quem seja impossível ou demasiadamente oneroso o cumprimento daquelas obrigações eleitorais.

§ 1º A pessoa nas condições do caput deste artigo poderá, pessoalmente ou por meio de curador / curadora, apoiador/apoiadora ou procurador/procuradora devidamente constituído(a) por instrumento público ou particular, requerer:

a) a expedição da certidão prevista no inciso VII do art. 3º desta Resolução, com prazo de validade indeterminado, se ainda não houver se alistado eleitora; ou

b) caso já possua inscrição eleitoral, o lançamento da informação no Cadastro Eleitoral, mediante comando próprio que a isentará da sanção por ausência às urnas ou aos trabalhos eleitorais.

§ 2º O requerimento a que se refere o parágrafo precedente deverá ser dirigido ao juízo eleitoral, acompanhado de autodeclaração da deficiência ou documentação comprobatória.

§ 3º Na avaliação da impossibilidade ou da onerosidade para o exercício das obrigações eleitorais, serão consideradas, também, a situação socioeconômica da pessoa requerente e as barreiras de qualquer natureza que dificultam ou impedem o seu alistamento ou direito ao voto.

§ 4º A providência a que se refere a alínea b do § 1º deste artigo inativará a situação de eventual registro por ausência às urnas ou aos trabalhos eleitorais, desde que esta decorra da situação descrita no caput.

§ 5º O disposto neste artigo não constitui exceção ao alistamento eleitoral obrigatório e não exclui o gozo de direitos políticos que dele decorram, cabendo ao tribunal regional eleitoral, sempre que possível, viabilizar o atendimento em domicílio para fins de alistamento, nos termos do art. 46 desta Resolução.

§ 6º A Justiça Eleitoral empreenderá esforços para garantir a acessibilidade nos cartórios eleitorais e postos de atendimento, ainda que por meio de acordo ou convênio com o Município ou Estado

Art. 16. É direito fundamental da pessoa transgênera, preservados os dados do registro civil, fazer constar do Cadastro Eleitoral seu nome social e sua identidade de gênero.

§ 1º Considera-se nome social a designação pela qual a pessoa transgênera se identifica e é socialmente reconhecida.

§ 2º Considera-se identidade de gênero a atitude individual que diz respeito à forma como cada pessoa se percebe e se relaciona com as representações sociais de masculinidade e feminilidade e como isso se traduz em sua prática social, sem guardar necessária relação com o sexo biológico atribuído no nascimento.

§ 3º É vedada a inclusão de alcunhas ou apelidos no campo destinado ao nome social no Cadastro Eleitoral.

§ 4º A Justiça Eleitoral não divulgará o nome civil da pessoa quando for ela identificada por nome social constante do Cadastro Eleitoral, salvo:

I - as hipóteses em que for legalmente exigido o compartilhamento do dado; ou

II - para atendimento de solicitação formulada pelo(a) titular dos dados.

§ 5º O disposto no § 4º deste artigo não impede a inclusão do nome civil em batimentos, relatórios e documentos utilizados pela Justiça Eleitoral, quando justificada a necessidade.

Art. 17. A pessoa brasileira nata ou naturalizada, residente no exterior, que tenha requerido alistamento ou transferência para zona eleitoral do exterior até 150 dias antes do pleito, poderá votar nas eleições para presidente e vice-presidente da República.

ELEITORAL

§ 1º O cadastro eleitoral de pessoas brasileiras residentes no exterior ficará sob a responsabilidade do juízo da zona eleitoral do exterior, situada no Distrito Federal.

§ 2º As operações do cadastro relativas a pessoas brasileiras residentes no exterior e o serviço eleitoral a elas prestados serão regulados em resolução própria.

Capítulo II

Dos Direitos Políticos

Seção I

Da Aquisição e do Exercício dos Direitos Políticos

Art. 11 Os direitos políticos são adquiridos mediante o alistamento eleitoral, que é assegurado:

I: A todas as pessoas brasileiras que tenham atingido a idade mínima constitucionalmente prevista, salvo os que, pertencendo à classe dos conscritos, estejam no período de serviço militar obrigatório e dele não tenham se desincumbido.

II: Às pessoas portuguesas que tenham adquirido o gozo dos direitos políticos no Brasil, observada a legislação específica.

§ 1º: A suspensão dos direitos políticos não impede a realização das operações do Cadastro Eleitoral, inclusive o alistamento, devendo ser registrado o código ASE que indique o impedimento ao exercício desses direitos.

§ 2º: A perda dos direitos políticos, decorrente da perda da nacionalidade brasileira, impede o alistamento eleitoral e as demais operações do Cadastro Eleitoral, acarretando, se for o caso, o cancelamento da inscrição já existente.

§ 3º: A aquisição do gozo de direitos políticos por pessoa brasileira em Portugal não acarreta a suspensão de direitos políticos ou o cancelamento da inscrição eleitoral e não impede o alistamento eleitoral ou as demais operações do Cadastro Eleitoral.

§ 4º: Será cancelada a inscrição eleitoral quando declarado extinto o gozo dos direitos políticos por pessoa portuguesa no Brasil.

§ 5º: Os militares que não pertençam à classe dos conscritos são alistáveis, nos termos da Constituição.

Art. 12 A obrigatoriedade e a facultatividade do alistamento eleitoral e do exercício do voto são determinadas pelas regras constitucionais, não se aplicando eventuais disposições legais em contrário.

Parágrafo único: A Justiça Eleitoral empreenderá meios destinados a assegurar o alistamento e o exercício dos direitos políticos por pessoas com deficiência, por pessoas que se encontram em prisão provisória e por adolescentes sob custódia em unidade de internação.

Art. 13 É direito fundamental da pessoa indígena ter considerados, na prestação de serviços eleitorais, sua organização social, seus costumes e suas línguas, crenças e tradições.

§ 1º: O disposto no caput não exclui a aplicação, às pessoas indígenas, das normas constitucionais, legais e regulamentares que impõem obrigações eleitorais e delimitam o exercício dos direitos políticos.

§ 2º: No tratamento de dados das pessoas indígenas, não serão feitas distinções entre "integradas" e "não integradas", "aldeadas" e "não aldeadas", ou qualquer outra que não seja autoatribuída pelos próprios grupos étnico-raciais.

§ 3º: Não se exigirá a fluência na língua portuguesa para fins de alistamento, assegurando-se a cidadãos e cidadãs indígenas, o uso de suas línguas maternas e processos próprios de aprendizagem.

§ 4º: A pessoa indígena ficará dispensada da comprovação do domicílio eleitoral quando o atendimento prestado pela Justiça Eleitoral ocorrer dentro dos limites das terras em que habita ou quando for notória a vinculação de sua comunidade a esse território.

§ 5º: É assegurado à pessoa indígena indicar, no prazo estipulado pela Justiça Eleitoral para cada pleito, local de votação, diverso daquele em que está sua seção de origem, no qual prefere exercer o voto, desde que dentro dos limites da circunscrição da eleição.

§ 6º: O previsto neste artigo aplica-se, no que for compatível, a quilombolas e integrantes de comunidades remanescentes.

Art. 14 É direito fundamental da pessoa com deficiência, inclusive a que for declarada relativamente incapaz para a prática de atos da vida civil, estiver excepcionalmente sob curatela ou tiver optado pela tomada de decisão apoiada, a implementação de medidas destinadas a promover seu alistamento e o exercício de seus direitos políticos em igualdade de condições com as demais pessoas.

§ 1º: A implementação de medidas a que se refere o caput deste artigo será realizada de forma gradativa, a partir de estudos e projetos conduzidos pela Justiça Eleitoral, que poderão decorrer de convênios com entidades especializadas ou outras formas de colaboração da sociedade civil.

§ 2º: É assegurado à pessoa com deficiência:

I. Escolher, no ato de alistamento, transferência ou revisão, local de votação que permita sua vinculação a seção eleitoral com acessibilidade, dentro da zona eleitoral;

II. Indicar, no prazo estipulado pela Justiça Eleitoral para cada pleito, local de votação, diverso daquele em que está sua seção de origem, no qual prefere exercer o voto, desde que dentro dos limites da circunscrição do pleito;

III. Ser auxiliada, no ato de votar, por pessoa de sua escolha, ainda que não o tenha requerido antecipadamente ao juízo eleitoral.

§ 3º: É vedada a criação de seções eleitorais exclusivas para pessoas com deficiência.

§ 4º: A Justiça Eleitoral não processará solicitação de suspensão de direitos políticos amparada em deficiência, em decisão judicial que declare incapacidade civil ou em documento que ateste afastamento laboral por invalidez ou fato semelhante.

§ 5º: Na comunicação das informações relativas aos serviços e procedimentos de que trata esta Resolução, será assegurada a acessibilidade, na forma da Lei Brasileira de Inclusão da Pessoa com Deficiência e dos protocolos técnicos aplicáveis.

Art. 15 Não estará sujeita às sanções legais decorrentes da ausência de alistamento e do não exercício do voto a pessoa com deficiência para quem seja impossível ou demasiadamente oneroso o cumprimento daquelas obrigações eleitorais.

§ 1º: A pessoa nas condições do caput deste artigo poderá, pessoalmente ou por meio de curador/curadora, apoiador/apoiadora ou procurador/procuradora devidamente constituído(a) por instrumento público ou particular, requerer:

a) A expedição da certidão prevista no inciso VII do art. 3º desta Resolução, com prazo de validade indeterminado, se ainda não houver se alistado eleitora; ou

b) Caso já possua inscrição eleitoral, o lançamento da informação no Cadastro Eleitoral, mediante comando próprio que a isentará da sanção por ausência às urnas ou aos trabalhos eleitorais.

§ 2º: O requerimento a que se refere o parágrafo precedente deverá ser dirigido ao juízo eleitoral, acompanhado de autodeclaração da deficiência ou documentação comprobatória.

§ 3º: Na avaliação da impossibilidade ou da onerosidade para o exercício das obrigações eleitorais, serão consideradas, também, a situação socioeconômica da pessoa requerente e as barreiras de qualquer natureza que dificultam ou impedem o seu alistamento ou direito ao voto.

§ 4º: A providência a que se refere a alínea b do § 1º deste artigo inativará a situação de eventual registro por ausência às urnas ou aos trabalhos eleitorais, desde que esta decorra da situação descrita no caput.

§ 5º: O disposto neste artigo não constitui exceção ao alistamento eleitoral obrigatório e não exclui o gozo de direitos políticos que dele decorram, cabendo ao tribunal regional eleitoral, sempre que possível, viabilizar o atendimento em domicílio para fins de alistamento, nos termos do art. 46 desta Resolução.

§ 6º: A Justiça Eleitoral empreenderá esforços para garantir a acessibilidade nos cartórios eleitorais e postos de atendimento, ainda que por meio de acordo ou convênio com o Município ou Estado.

Art. 16 É direito fundamental da pessoa transgênera, preservados os dados do registro civil, fazer constar do Cadastro Eleitoral seu nome social e sua identidade de gênero.

§ 1º: Considera-se nome social a designação pela qual a pessoa transgênera se identifica e é socialmente reconhecida.

§ 2º: Considera-se identidade de gênero a atitude individual que diz respeito à forma como cada pessoa se percebe e se relaciona com as representações sociais de masculinidade e feminilidade e como isso se traduz em sua prática social, sem guardar necessária relação com o sexo biológico atribuído no nascimento.

§ 3º: É vedada a inclusão de alcunhas ou apelidos no campo destinado ao nome social no Cadastro Eleitoral.

§ 4º: A Justiça Eleitoral não divulgará o nome civil da pessoa quando for ela identificada por nome social constante do Cadastro Eleitoral, salvo:

I. As hipóteses em que for legalmente exigido o compartilhamento do dado; ou

II. Para atendimento de solicitação formulada pelo(a) titular dos dados.

§ 5º: O disposto no § 4º deste artigo não impede a inclusão do nome civil em batimentos, relatórios e documentos utilizados pela Justiça Eleitoral, quando justificada a necessidade.

Art. 17 A pessoa brasileira nata ou naturalizada, residente no exterior, que tenha requerido alistamento ou transferência para zona eleitoral do exterior até 150 dias antes do pleito, poderá votar nas eleições para presidente e vice-presidente da República.

§ 1º: O cadastro eleitoral de pessoas brasileiras residentes no exterior ficará sob a responsabilidade do juízo da zona eleitoral do exterior, situada no Distrito Federal.

§ 2º: As operações do cadastro relativas a pessoas brasileiras residentes no exterior e o serviço eleitoral a elas prestados serão regulados em resolução própria.

Análise e Implicações

1. **Aquisição e Exercício dos Direitos Políticos:** A aquisição dos direitos políticos se dá pelo alistamento eleitoral, assegurado a todas as pessoas que atendem aos requisitos constitucionais. A legislação específica para portugueses residentes no Brasil e brasileiros residentes em Portugal é destacada, assim como os casos de perda e suspensão de direitos políticos.
2. **Inclusão e Acessibilidade:** Há um forte compromisso com a inclusão, assegurando que pessoas com deficiência, indígenas, quilombolas, adolescentes em custódia e pessoas em prisão provisória tenham garantido o exercício de seus direitos políticos. A legislação destaca a necessidade de respeito às particularidades culturais e sociais dessas pessoas.
3. **Nome Social e Identidade de Gênero:** Pessoas transgêneras têm o direito de incluir seu nome social e identidade de gênero no Cadastro Eleitoral, preservando a privacidade e respeitando sua

identidade. A vedação de alcunhas e apelidos visa manter a seriedade e oficialidade do nome social registrado.

4. **Votação no Exterior:** Brasileiros residentes no exterior têm o direito de votar para presidente e vice-presidente, desde que atendam aos prazos e requisitos estabelecidos. A responsabilidade pelo cadastro eleitoral desses eleitores é do juízo da zona eleitoral do exterior.
5. **Dispensa de Obrigações Eleitorais:** Pessoas com deficiência que encontram impossibilidades ou dificuldades excessivas para cumprir obrigações eleitorais podem ser dispensadas dessas obrigações mediante solicitação e comprovação adequada.

Capítulo II da Resolução Nº 23.659, de 26 de outubro de 2021

Artigo	Tema	Resumo
Art. 11	Aquisição de Direitos Políticos	Direitos adquiridos mediante alistamento eleitoral; aplicável a brasileiros com idade mínima e portugueses com direitos adquiridos no Brasil; detalha suspensão e perda de direitos.
Art. 12	Obrigatoriedade do Alistamento e Voto	Regras constitucionais determinam obrigatoriedade e facultatividade; Justiça Eleitoral assegura alistamento e exercício de direitos por pessoas com deficiência, presos provisórios e adolescentes sob custódia.
Art. 13	Direitos das Pessoas Indígenas	Direitos fundamentais incluem respeito à organização social, costumes e línguas; não há distinções entre tipos de indígenas; não exige fluência em português; permite escolha do local de votação.
Art. 14	Direitos das Pessoas com Deficiência	Medidas para promover alistamento e exercício de direitos políticos em igualdade; assegura escolha de local de votação acessível; permite auxílio no ato de votar; veda suspensão de direitos políticos baseada em deficiência.
Art. 15	Dispensa de Obrigações Eleitorais	Dispensa sanções por ausência de alistamento ou voto para pessoas com deficiência em situações específicas; requerimento pode ser feito por representante legal; considera barreiras socioeconômicas.
Art. 16	Direitos das Pessoas Transgêneras	Direito de registrar nome social e identidade de gênero no Cadastro Eleitoral; veda inclusão de apelidos; preserva privacidade do nome civil, salvo em casos legais.
Art. 17	Votação no Exterior	Brasileiros residentes no exterior podem votar para presidente e vice-presidente, desde que alistados ou transferidos até 150 dias antes do pleito; cadastro sob responsabilidade do juízo da zona eleitoral do exterior.

Seção II

DAS RESTRIÇÕES A DIREITOS POLÍTICOS E DE SUA REGULARIZAÇÃO

Art. 18. Tomando conhecimento de fato ensejador de suspensão de direitos políticos ou de impedimento ao exercício do voto, a zona eleitoral competente providenciará o imediato registro da situação no Cadastro Eleitoral.

§ 1º Quando não for de sua competência realizar a anotação, o juízo eleitoral comunicará o fato diretamente à zona eleitoral à qual pertencer a inscrição do eleitor ou da eleitora.

§ 2º Tratando-se de pessoa que não possui inscrição eleitoral, o registro será feito diretamente na base de perda e suspensão de direitos políticos, pela corregedoria regional eleitoral que primeiro tomar conhecimento do fato.

§ 3º Constatada a ocorrência de hipótese ensejadora de perda de direitos políticos, a Corregedoria-Geral Eleitoral providenciará a imediata atualização da situação das inscrições no Cadastro Eleitoral e na base de perda e suspensão de direitos políticos.

Art. 19. A regularização de situação eleitoral de pessoa com restrição de direitos políticos somente será possível mediante a comprovação de haver cessado o impedimento.

§ 1º A regularização de inscrição envolvida em coincidência com a de pessoa que perdeu ou está com seus direitos políticos suspensos somente será feita mediante a comprovação de tratar-se de eleitor diverso.

§ 2º Para os fins deste artigo, a pessoa interessada deverá preencher requerimento e instruir o pedido com declaração de situação de direitos políticos e documentação comprobatória de sua alegação.

§ 3º Comprovada a cessação do impedimento, será comandado o código ASE próprio e/ou inativado(s), quando for o caso, o(s) registro(s) correspondente(s) na base de perda e suspensão de direitos políticos.

§ 4º Regularizada a inscrição eleitoral conforme o § 3º deste artigo, o juízo eleitoral, verificando que os dados biométricos ainda não constam de banco de dados da Justiça Eleitoral, notificará a pessoa interessada para comparecimento ao cartório, visando à coleta de fotografia, impressão digital e assinatura digitalizada.

Art. 20. São considerados documentos comprobatórios de reaquisição ou restabelecimento de direitos políticos:

I - nos casos de perda:

a) decreto ou portaria;

b) comunicação do Ministério da Justiça;

II - nos casos de suspensão:

a) para condenados: sentença judicial, certidão do juízo competente ou outro documento que comprove o cumprimento ou a extinção da pena ou sanção imposta, independentemente da reparação de danos;

b) para conscritos ou pessoas que se recusaram à prestação do serviço militar obrigatório: Certificado de Reservista, Certificado de Isenção, Certificado de Dispensa de Incorporação, Certificado do Cumprimento de Prestação Alternativa ao Serviço Militar Obrigatório, Certificado de Conclusão do Curso de Formação de Sargentos, Certificado de Conclusão de Curso em Órgão de Formação da Reserva ou similares.

Art. 21. As ocorrências de fatos e decisões que, nos termos da legislação eleitoral, constituam, em tese, hipótese de incidência de inelegibilidade a ser examinada em registro de candidatura serão registradas no Cadastro Eleitoral pelo juízo da zona eleitoral à qual pertencer a inscrição do eleitor ou da eleitora.

§ 1º O registro de que trata o caput deste artigo será feito por comando próprio que não ensejará óbice à expedição de certidão de quitação ou relativa a regularidade das obrigações eleitorais.

§ 2º A mera inclusão da informação no Cadastro Eleitoral não equivale à declaração de inelegibilidade.

§ 3º A inativação do registro será feita automaticamente no prazo definido na legislação, salvo se houver anterior determinação judicial ou comunicação, pelo órgão competente, que declare a modificação ou extinção do fato que ensejou a anotação.

Seção II

Das Restrições a Direitos Políticos e de sua Regularização

Art. 18 Tomando conhecimento de fato que cause suspensão de direitos políticos ou impedimento ao exercício do voto, a zona eleitoral competente providenciará o imediato registro da situação no Cadastro Eleitoral.

§ 1º: Quando não for de sua competência realizar a anotação, o juízo eleitoral comunicará o fato diretamente à zona eleitoral à qual pertencer a inscrição do eleitor ou eleitora.

§ 2º: Tratando-se de pessoa que não possui inscrição eleitoral, o registro será feito diretamente na base de perda e suspensão de direitos políticos, pela corregedoria regional eleitoral que primeiro tomar conhecimento do fato.

§ 3º: Constatada a ocorrência de hipótese ensejadora de perda de direitos políticos, a Corregedoria-Geral Eleitoral providenciará a imediata atualização da situação das inscrições no Cadastro Eleitoral e na base de perda e suspensão de direitos políticos.

Art. 19 A regularização de situação eleitoral de pessoa com restrição de direitos políticos somente será possível mediante a comprovação de haver cessado o impedimento.

§ 1º: A regularização de inscrição envolvida em coincidência com a de pessoa que perdeu ou está com seus direitos políticos suspensos somente será feita mediante a comprovação de tratar-se de eleitor diverso.

§ 2º: A pessoa interessada deverá preencher requerimento e instruir o pedido com declaração de situação de direitos políticos e documentação comprobatória de sua alegação.

§ 3º: Comprovada a cessação do impedimento, será comandado o código ASE próprio e/ou inativado(s), quando for o caso, o(s) registro(s) correspondente(s) na base de perda e suspensão de direitos políticos.

§ 4º: Regularizada a inscrição eleitoral, o juízo eleitoral notificará a pessoa interessada para comparecimento ao cartório, visando à coleta de fotografia, impressão digital e assinatura digitalizada, se os dados biométricos ainda não constarem no banco de dados da Justiça Eleitoral.

Art. 20 São considerados documentos comprobatórios de reaquisição ou restabelecimento de direitos políticos:

I - Nos casos de perda:

a) Decreto ou portaria;

b) Comunicação do Ministério da Justiça.

II - Nos casos de suspensão:

a) Para condenados: sentença judicial, certidão do juízo competente ou outro documento que comprove o cumprimento ou a extinção da pena ou sanção imposta, independentemente da reparação de danos;

b) Para conscritos ou pessoas que se recusaram à prestação do serviço militar obrigatório: Certificado de Reservista, Certificado de Isenção, Certificado de Dispensa de Incorporação, Certificado do Cumprimento de Prestação Alternativa ao Serviço Militar Obrigatório, Certificado de Conclusão do Curso de Formação de Sargentos, Certificado de Conclusão de Curso em Órgão de Formação da Reserva ou similares.

Art. 21 As ocorrências de fatos e decisões que, nos termos da legislação eleitoral, constituam, em tese, hipótese de incidência de inelegibilidade a ser examinada em registro de candidatura serão registradas no Cadastro Eleitoral pelo juízo da zona eleitoral à qual pertencer a inscrição do eleitor ou eleitora.

§ 1º: O registro será feito por comando próprio que não ensejará óbice à expedição de certidão de quitação ou relativa à regularidade das obrigações eleitorais.

§ 2º: A mera inclusão da informação no Cadastro Eleitoral não equivale à declaração de inelegibilidade.

§ 3º: A inativação do registro será feita automaticamente no prazo definido na legislação, salvo se houver anterior determinação judicial ou comunicação, pelo órgão competente, que declare a modificação ou extinção do fato que ensejou a anotação.

Tabela Resumo da Seção II

Artigo	Tema	Resumo
Art. 18	Registro de Suspensão de Direitos Políticos	Providência imediata do registro de suspensão ou impedimento de voto; comunicação entre zonas eleitorais; atualização pela Corregedoria-Geral Eleitoral.
Art. 19	Regularização de Situação Eleitoral	Regularização mediante comprovação de cessação do impedimento; requerimento com declaração e documentação; coleta de dados biométricos após regularização.
Art. 20	Documentos Comprobatórios	Documentos para reaquisição/restabelecimento de direitos políticos: decretos, portarias, comunicações, sentenças, certidões e certificados específicos.
Art. 21	Registro de Inelegibilidade	Registro de inelegibilidade no Cadastro Eleitoral; não impede expedição de certidões; inclusão da informação não equivale a declaração de inelegibilidade; inativação automática conforme legislação.

CAPÍTULO III

DAS OPERAÇÕES DO CADASTRO ELEITORAL

Seção I

DAS DISPOSIÇÕES GERAIS SOBRE AS OPERAÇÕES DO CADASTRO ELEITORAL

Art. 22. Serão efetivadas no Cadastro Eleitoral as seguintes operações:

I - alistamento;

II - transferência;

III - revisão; e

IV - segunda via.

Art. 23. Para fins de fixação do domicílio eleitoral no alistamento e na transferência, deverá ser comprovada a existência de vínculo residencial, afetivo, familiar, profissional, comunitário ou de outra natureza que justifique a escolha do município.

§ 1º A fixação do domicílio eleitoral, inclusive para fins de candidatura, retroagirá à data em que requerida a operação de alistamento ou transferência que tenha sido devidamente concluída, independentemente da data em que seja processado o lote do RAE ou venham a ser consideradas satisfeitas eventuais diligências.

§ 2º Na revisão e na segunda via, a data de fixação do domicílio eleitoral não será alterada.

Art. 24. A situação da inscrição eleitoral define sua disponibilidade para o exercício do voto e para a realização das operações do Cadastro Eleitoral, e será uma das seguintes:

I - regular, quando a inscrição não estiver envolvida em duplicidade ou pluralidade e estiver disponível para o exercício do voto e habilitada para a transferência, a revisão e a segunda via;

II - suspensa, quando, em razão de conscrição ou de suspensão de direitos políticos, a inscrição estiver temporariamente indisponível para o exercício do voto, mas habilitada para a transferência, a revisão e a segunda via;

III - cancelada, quando a pessoa houver incorrido em uma das causas de cancelamento previstas na legislação eleitoral, ficando a inscrição indisponível para o exercício do voto e somente habilitada para a transferência ou a revisão nos casos previstos nesta Resolução;

IV - coincidente, quando estiver agrupada em decorrência de semelhança de dados biométricos ou biográficos identificada em batimento, e até a decisão da autoridade judiciária, não puder ser objeto de transferência e revisão, figurando como:

a) não liberada, se a inscrição coincidente não estiver disponível para o exercício do voto; e

b) liberada, se a inscrição coincidente estiver disponível para o exercício do voto;

V - incoincidente, quando estiver agrupada em decorrência de batimento, em razão de dados biométricos coletados na operação não coincidirem com os já existentes no cadastro e, até decisão da autoridade judiciária, não puder ser objeto de transferência e revisão e figurar, necessariamente, como não liberada; e

VI - inexistente, quando a inserção da inscrição no Cadastro Eleitoral for inviabilizada em decorrência de decisão de autoridade judiciária ou de atualização automática pelo sistema após o batimento, ficando indisponível para todos os fins.

Art. 25. É vedada a transferência e a revisão de inscrição envolvida em coincidência ou cancelada em decorrência de perda de direitos políticos ou por decisão de autoridade judiciária.

Art. 26. Será admitida transferência e revisão com reutilização do número de inscrição cancelada por motivo de falecimento, duplicidade ou pluralidade, não exercício do voto em três eleições consecutivas e revisão de eleitorado, desde que comprovada a inexistência de outra inscrição liberada, não liberada, regular ou suspensa, em nome da pessoa.

§ 1º Existindo mais de uma inscrição cancelada em nome da pessoa nas condições previstas no caput deste artigo, deverá ser aproveitada a que foi utilizada para o exercício do voto pela última vez ou, na ausência dela, a mais antiga.

§ 2º Na hipótese do § 1º deste artigo, caso já não registrado no histórico, o código relativo ao cancelamento por determinação da autoridade judiciária deverá ser comandado para as inscrições que não forem regularizadas.

Art. 27. Será admitido o restabelecimento de inscrição cancelada por equívoco em virtude de incorreto lançamento dos códigos ASE relativos a falecimento, decisão da autoridade judiciária e revisão do eleitorado. Parágrafo único. O restabelecimento será efetivado por meio de comando próprio e permitirá a utilização da inscrição para quaisquer operações.

Art. 28. Dentro dos 150 dias anteriores à data da eleição, não serão recebidos requerimentos de alistamento, transferência ou revisão.

Parágrafo único. O recebimento dos requerimentos de que trata o caput deste artigo será retomado em todas as unidades de atendimento da Justiça Eleitoral, em âmbito nacional, após o processamento dos dados de eleição, com observância à data-limite fixada na resolução que trata do cronograma do Cadastro Eleitoral.

Seção II

DO ALISTAMENTO

Art. 29. O alistamento será realizado quando a pessoa requerer inscrição e:

I - em seu nome não for identificada inscrição em nenhuma zona eleitoral do país ou no exterior; ou

II - a única inscrição localizada em seu nome estiver cancelada por determinação de autoridade judiciária.

Art. 30. A partir da data em que a pessoa completar 15 anos, é facultado o seu alistamento eleitoral.

§ 1º Nos anos em que se realizarem eleições ordinárias, o alistamento de que trata o caput deste artigo deverá ser solicitado até o encerramento do prazo fixado para requerimento de operações do cadastro.

§ 2º O alistamento será requerido diretamente pela pessoa menor de idade e independe de autorização ou assistência de seu/sua representante legal.

§ 3º O título eleitoral emitido nas condições deste artigo somente surtirá o efeito previsto no art. 11 desta Resolução quando a pessoa completar 16 anos.

Art. 31. O alistamento eleitoral da pessoa analfabeta é facultativo (Constituição Federal, art. 14, § 1º, II, a).

Art. 32. O alistamento eleitoral é obrigatório para as pessoas maiores de 18 anos, observadas, quanto à aplicação de sanção por alistamento tardio, o disposto no art. 33 desta Resolução (Constituição Federal, art. 14, § 1º, II, a).

Parágrafo único. Tendo em vista a vedação constitucional ao alistamento eleitoral, não se aplica o disposto no caput deste artigo aos estrangeiros e, durante o período do serviço militar obrigatório, aos conscritos, considerado o estabelecido no § 1º do art. 35 desta Resolução.

Art. 33. Incorrerá em multa a ser imposta pelo juízo eleitoral e cobrada no ato do alistamento a pessoa brasileira:

I - nata, nascida em território nacional, que não se alistar até os 19 anos;

II - nata, nascida em território nacional ou nascida no exterior, filha de brasileiro ou brasileira registrada em repartição diplomática brasileira, que não se alistar até os 19 anos; e

III - naturalizada, maior de 18 anos, que não se alistar até um ano depois de adquirida a nacionalidade brasileira.

§ 1º Não se aplicará a sanção prevista no caput deste artigo:

a) à pessoa brasileira nata que requerer sua inscrição eleitoral até o 151º dia anterior à eleição subsequente à data em que completar 19 anos, na hipótese do inciso I deste artigo, ou à data em que se completar um ano de sua opção pela nacionalidade brasileira, na hipótese do inciso II deste artigo;

b) à pessoa que se alfabetizar após a idade prevista no art. 32 desta Resolução; e

c) à pessoa que declarar, perante qualquer juízo eleitoral, sob as penas da lei, seu estado de pobreza.

§ 2º A não apresentação dos documentos que provem a data da opção ou da aquisição da nacionalidade brasileira, nos termos dos incisos II e III, acarretará a cobrança da multa da pessoa alistanda maior de 19 anos, mas não impedirá seu alistamento em condições idênticas à das demais pessoas brasileiras.

Art. 34. Para o alistamento, a pessoa requerente apresentará um ou mais dos seguintes documentos de identificação:

I - carteira de identidade ou carteira emitida pelos órgãos criados por lei federal, controladores do exercício profissional;

II - certidão de nascimento ou de casamento expedida no Brasil ou registrada em repartição diplomática brasileira e transladada para o registro civil, conforme a legislação própria.

III - documento público do qual se infira ter a pessoa requerente a idade mínima de 15 anos, e do qual constem os demais elementos necessários à sua qualificação;

IV - documento congênere ao registro civil, expedido pela Fundação Nacional do Índio (FUNAI);

V - documento do qual se infira a nacionalidade brasileira, originária ou adquirida, da pessoa requerente; VI - publicação oficial da Portaria do Ministro da Justiça e o documento de identidade de que tratam os arts. 22 do Decreto nº 3.927 , de 2001, e 5º da Lei nº 7.116 , de 1983, para as pessoas portuguesas que tenham obtido o gozo dos direitos políticos no Brasil.

Parágrafo único. A apresentação de mais de um documento somente será exigível nas situações em que o primeiro documento apresentado não contenha, por si só, todos os dados para os quais se exige comprovação.

Art. 35. A apresentação de certificado de quitação militar somente é obrigatória para alistandos do gênero masculino que pertençam à classe dos conscritos.

§ 1º Para os fins do caput, apenas se consideram conscritos, nos termos da legislação militar, os brasileiros nascidos entre 1º de janeiro e 31 de dezembro do ano em que completarem 19 anos de idade, os quais compõem a classe chamada para a seleção, tendo em vista a prestação do Serviço Militar inicial (Lei nº 4.375/1964, art. 3º ; e Decreto nº 57.654/1966, art. 3º, 5).

§ 2º Pode se alistar eleitor, independentemente da apresentação do certificado de quitação correspondente, o brasileiro para o qual:

a) ainda não tenha se iniciado o período de conscrição, ainda que, completados 18 anos, esteja em curso o prazo de apresentação ao órgão de alistamento militar; e

b) após 31 de dezembro do ano que completar 45 anos, tenha findado o período de conscrição, mesmo que permaneça sujeito ao serviço militar obrigatório, nos termos da legislação militar.

§ 3º Em caso de eleitor alistado antes do início do período de conscrição, a inscrição eleitoral terá seus efeitos suspensos uma vez comunicado pela autoridade competente o início da prestação do serviço militar inicial obrigatório.

§ 4º Se tiverem cumprido suas obrigações militares no país de sua nacionalidade anterior, o brasileiro nato que tenha optado pela nacionalidade brasileira e o brasileiro naturalizado são obrigados, enquanto pertencerem às classes conscritas, a apresentar no alistamento o Certificado de Dispensa de Incorporação previsto na legislação militar (Decreto nº 9.199/2017, art. 229).

§ 5º O certificado de quitação militar poderá ser exigido para fins de inativação do ASE correspondente à suspensão dos direitos políticos, quando a comunicação não houver ocorrido por meio próprio.

§ 6º Não se exigirá certificado de quitação militar da mulher transgênera ainda que, até 31 de dezembro do ano que completou 19 anos, seu registro civil indique o gênero masculino.

§ 7º Será exigido o certificado de quitação militar do homem transgênero que tenha retificado o gênero em seu registro civil até 31 de dezembro do ano que completou 19 anos.

§ 8º O documento de que trata o caput deste artigo poderá ser utilizado para fins de complementação dos documentos de identificação previstos no art. 34 desta Resolução.

Art. 36. A atribuição do número de inscrição à pessoa alistanda será feita de forma automática pelo sistema, observado o disposto neste artigo.

Parágrafo único. O número de inscrição será composto por até 12 algarismos, assim discriminados:

a) os oito primeiros algarismos serão sequenciados, desprezando-se, na emissão, os zeros à esquerda;

b) os dois algarismos seguintes serão representativos da unidade da Federação de origem da inscrição, conforme códigos constantes da seguinte tabela:

01 - São Paulo
02 - Minas Gerais
03 - Rio de Janeiro
04 - Rio Grande do Sul
05 - Bahia
06 - Paraná
07 - Ceará
08 - Pernambuco
09 - Santa Catarina
10 - Goiás
11 - Maranhão
12 - Paraíba
13 - Pará
14 - Espírito Santo
15 - Piauí
16 - Rio Grande do Norte
17 - Alagoas
18 - Mato Grosso
19 - Mato Grosso do Sul
20 - Distrito Federal
21 - Sergipe
22 - Amazonas
23 - Rondônia
24 - Acre
25 - Amapá
26 - Roraima
27 - Tocantins
28 - Exterior (ZZ)

c) os dois últimos algarismos constituirão dígitos verificadores, determinados com base no "Módulo 11", sendo o primeiro calculado sobre o número sequencial e o último sobre o código da unidade da Federação seguido do primeiro dígito verificador.

Capítulo III da Resolução Nº 23.659, de 26 de outubro de 2021

Artigo	Tema	Resumo
Art. 22	Operações do Cadastro Eleitoral	As operações incluem alistamento, transferência, revisão e segunda via.
Art. 23	Fixação do Domicílio Eleitoral	Deve-se comprovar vínculo residencial, afetivo, familiar, profissional, comunitário ou de outra natureza; fixação retroage à data do requerimento, exceto em revisão e segunda via.
Art. 24	Situação da Inscrição Eleitoral	Define situações: regular, suspensa, cancelada, coincidente, incoincidente e inexistente, com implicações específicas para cada caso.
Art. 25	Vedação de Transferência e Revisão	Vedada transferência e revisão de inscrições envolvidas em coincidência ou canceladas por perda de direitos políticos ou decisão judicial.
Art. 26	Reutilização de Número de Inscrição	Admite-se reutilização de número de inscrição cancelada por falecimento, duplicidade, pluralidade, não exercício do voto em três eleições consecutivas e revisão de eleitorado.
Art. 27	Restabelecimento de Inscrição Cancelada	Admite-se restabelecimento por equívoco, com comando próprio para utilização da inscrição.
Art. 28	Prazos de Requerimento	Dentro dos 150 dias anteriores à eleição, não são recebidos requerimentos de alistamento, transferência ou revisão; retomados após processamento dos dados de eleição.
Art. 29	Alistamento	Realizado quando não houver inscrição ou estiver cancelada por decisão judicial.
Art. 30	Alistamento de Menores de 16 Anos	Permitido a partir dos 15 anos, mas efeito previsto no art. 11 somente após completar 16 anos.
Art. 31	Alistamento de Pessoas Analfabetas	Facultativo.

Artigo	Tema	Resumo
Art. 32	Alistamento Obrigatório	Obrigatório para maiores de 18 anos, exceto estrangeiros e conscritos durante serviço militar obrigatório.
Art. 33	Multa por Alistamento Tardio	Multa para brasileiros natos e naturalizados que não se alistarem até os 19 anos; exceto tuações previstas.
Art. 34	Documentos de Identificação	Apresentação de documentos específicos para alistamento.
Art. 35	Certificado de Quitação Militar	Obrigatório para alistandos do gênero masculino na classe dos conscritos; exceções previstas.
Art. 36	Atribuição de Número de Inscrição	Feita automaticamente pelo sistema, com composição específica de até 12 algarismos.

Seção III
DA TRANSFERÊNCIA

Art. 37. A transferência será realizada quando a pessoa desejar alterar seu domicílio eleitoral, em conjunto ou não com eventual retificação de dados ou regularização de inscrição cancelada, e for encontrado em seu nome, em município diverso ou no exterior, número de inscrição regular, suspensa ou, se cancelada, por motivo que permita sua reutilização.

Art. 38. A transferência só será admitida se satisfeitas as seguintes exigências:

I - apresentação do requerimento perante a unidade de atendimento da Justiça Eleitoral do novo domicílio no prazo estabelecido pela legislação vigente;

II - transcurso de, pelo menos, um ano do alistamento ou da última transferência;

III - tempo mínimo de três meses de vínculo com o município, dentre aqueles aptos a configurar o domicílio eleitoral, nos termos do art. 23 desta Resolução, pelo tempo mínimo de três meses, declarado, sob as penas da lei, pela própria pessoa (Lei nº 6.996/1982, art. 8º);

IV - regular cumprimento das obrigações de comparecimento às urnas e de atendimento a convocações para auxiliar nos trabalhos eleitorais. § 1º Os prazos previstos nos incisos II e III deste artigo não se aplicam à transferência eleitoral de:

a) servidora ou servidor público civil e militar ou de membro de sua família, por motivo de remoção, transferência ou posse (Lei nº 6.996/1982, art. 8º, parágrafo único); e

b) indígenas, quilombolas, pessoas com deficiência, trabalhadoras e trabalhadores rurais safristas e pessoas que tenham sido forçadas, em razão de tragédia ambiental, a mudar sua residência.

§ 2º Não comprovada de plano a regularidade das obrigações referidas no inciso IV deste artigo, e não sendo o caso de isenção, será cobrada do eleitor ou da eleitora multa no valor arbitrado pelo juízo da zona eleitoral de sua inscrição.

§ 3º Se a multa devida por ausência às urnas ou por desatendimento a convocações para os trabalhos eleitorais ainda não tiver sido arbitrada pelo juízo eleitoral competente, o eleitor ou a eleitora poderá optar, desde logo, por recolhê-la no valor máximo, não decuplicado, previsto na legislação.

§ 4º Feito o pagamento da multa, será concluída a transferência e, se for o caso do § 3º deste artigo, será feita a comunicação ao juízo competente, com vistas à extinção de eventual procedimento administrativo em que se apure a situação de mesário faltoso.

Seção IV

DA REVISÃO

Art. 39. Será realizada a operação de revisão quando a pessoa necessitar:

I - alterar o local de votação no mesmo município, ainda que não haja mudança de zona eleitoral;

II - retificar os dados pessoais; ou,

III - nas hipóteses em que for permitida a reutilização do número de inscrição, regularizar a situação de inscrição cancelada.

§ 1º A revisão poderá ser processada independentemente da existência de pendência relativa às obrigações referidas no inciso IV do art. 38 desta Resolução, hipótese na qual não inativará o comando ASE respectivo.

§ 2º Provimento da Corregedoria-Geral Eleitoral especificará as hipóteses do inciso II deste artigo.

§ 3º A retificação ou atualização de dados pessoais que não sejam utilizados para fins de batimento e que não impactem o exercício do voto dispensarão a operação de revisão, podendo ser feitas mesmo após o termo final previsto no art. 28 desta Resolução mediante simples comando do ASE respectivo:

a) de ofício, à vista de documento comprobatório;

b) por compartilhamento de dados, autorizado pela Presidência do Tribunal Superior Eleitoral na forma do § 3º do art. 9º desta Resolução.; ou

c) a pedido do eleitor ou da eleitora.

Seção V

DA SEGUNDA VIA

Art. 40. No caso de perda, extravio, inutilização ou dilaceração do título eleitoral, a pessoa que possuir inscrição regular ou suspensa poderá requerer ao juízo de seu domicílio eleitoral a expedição de segunda via do título eleitoral.

§ 1º A operação de que trata o caput deste artigo não possibilitará a alteração de dados constantes do Cadastro Eleitoral, o que poderá ocorrer após a retificação de dados a que alude o § 3º do art. 39 desta Resolução.

§ 2º Alternativamente à segunda via, poderá ser emitida a via digital do título eleitoral por meio de aplicativo da Justiça Eleitoral ou reimpresso o documento a partir do sítio eletrônico do tribunal eleitoral.

§ 3º A emissão de segunda via se dará a qualquer tempo e poderá ser efetivada mesmo se existir pendência relativa às obrigações referidas no inciso IV do art. 38 desta Resolução, hipótese na qual não se inativará o comando ASE respectivo.

Seção VI

DO PROCESSAMENTO DAS OPERAÇÕES DO CADASTRO ELEITORAL

Subseção I

Do Requerimento de Alistamento Eleitoral (RAE)

Art. 41. Os pedidos de alistamento, revisão, transferência e segunda via, inclusive no caso de pessoa residente no exterior, serão formalizados perante a Justiça Eleitoral por meio do Requerimento de Alistamento Eleitoral (RAE), disponibilizado pelo Tribunal Superior Eleitoral em modelo a ser preenchido e processado eletronicamente.

Parágrafo único. O sistema de gestão do Cadastro Eleitoral de que trata o parágrafo único do art. 1º desta Resolução conterá os campos correspondentes ao formulário RAE, de modo a viabilizar a apreciação do requerimento pelo juízo eleitoral.

Art. 42. Os campos do formulário RAE serão detalhados em ato da Corregedoria-Geral Eleitoral e serão orientados à concretização do princípio da dignidade da pessoa humana, do direito à autodeclaração e das finalidades de adequada identificação da pessoa eleitora e de coleta de informações necessárias para o aperfeiçoamento e a especialização dos serviços eleitorais, devendo ser previstos, necessariamente:

I - nome civil;

II - nome social, para uso exclusivo por pessoa transgênera que não fez retificação do registro civil;

III - gênero, com as opções "masculino" e "feminino";

IV - identidade de gênero, com as opções mínimas "cisgênero", "transgênero" e "prefere não informar";

V - raça, em correspondência ao quesito cor ou raça utilizado pelo Instituto Brasileiro de Geografia e Estatística (IBGE);

VI - possibilidade de identificação da pessoa como "indígena" e "quilombola ou integrante de comunidade remanescente", bem como de indicação da etnia ou comunidade quilombola a que pertence e, ainda, a língua que pratica, de forma exclusiva ou concomitante com o português;

VII - filiação, contendo quatro campos para identificação de genitores, sendo dois identificados como "mãe" e dois como "pai", de modo a que possam ser incluídas pessoas do mesmo gênero e acolhida a realidade das famílias mono ou pluriparentais;

VIII - data de nascimento, com possibilidade de indicação, pela pessoa requerente, de que possui ou não irmã gêmea ou irmão gêmeo;

IX - possibilidade de identificar, com o detalhamento adequado, tratar-se de pessoa com deficiência ou outra condição que, por dificultar ou impedir o exercício do voto, deva ser considerada nas políticas de governança eleitoral para promover a ampliação do exercício da cidadania;

X - domicílio eleitoral, para identificação de município ou do Distrito Federal como localidade onde a pessoa, comprovado um dos vínculos a que se refere o art. 23 desta Resolução, exercerá o direito ao voto;

XI - endereço de residência ou de contato, que não necessariamente corresponderá ao do domicílio eleitoral, podendo o preenchimento do campo ser dispensado em caso de informação de tratar-se de pessoa em situação de rua ou sem moradia fixa;

XII - Grau de instrução, que deve permitir identificar pessoa analfabeta, para a qual são facultativos o alistamento eleitoral e o voto;

XIII - Documento de identificação e número de inscrição no Cadastro de Pessoas Físicas (CPF);

XIV - Nacionalidade;

XV - Naturalidade;

XVI - Estado Civil;

XVII - Ocupação;

XVIII - Telefone;

XIX - E-mail; e

XX - Zona Eleitoral, local de votação e seção eleitoral.

§ 1º Serão preenchidos conforme a autodeclaração da pessoa requerente os campos previstos nos incisos III, IV, V, VI e IX.

§ 2º Serão prestadas pela pessoa requerente, sem necessidade de comprovação, as informações relativas aos campos II, XII, XVII, XVIII e XIX e à existência de irmã gêmea ou irmão gêmeo.

§ 3º Será exigida comprovação documental do vínculo informado para a finalidade de fixação do domicílio eleitoral, ressalvadas as situações de:

a) pertencimento a comunidades indígenas ou quilombolas;

b) pessoa em situação de rua; ou

c) indicação do domicílio dentre endereços previamente cadastrados em decorrência de cruzamento de dados realizado nos termos do caput e do § 2º do art. 9º desta Resolução.

§ 4º A Corregedoria-Geral Eleitoral poderá editar provimento para regulamentar, de modo uniforme em todo país, a comprovação a que alude o § 3º deste artigo, sem prejuízo da atuação das corregedorias regionais e dos juízos eleitorais para sanar, no âmbito de sua competência, dúvidas decorrentes de situação não regulamentadas.

§ 5º As regulamentações e atos expedidos conforme o § 4º deste artigo terão como prioridade a facilitação do exercício dos direitos políticos por cidadãs e cidadãos, observadas as diretrizes do art. 1º desta Resolução.

§ 6º O endereço de que trata o inciso XI deste artigo terá a finalidade específica de recebimento de comunicações da Justiça Eleitoral e será declarado pela pessoa ou escolhido entre aqueles previamente cadastrados na forma do caput do art. 9º desta Resolução, sem necessidade de comprovação.

§ 7º Presumem-se válidas as notificações e intimações relativas a serviços eleitorais e a procedimentos administrativos e judiciais, à exceção daqueles para os quais se exige declaração específica no registro de candidatura, que sejam dirigidas à pessoa no endereço expressamente indicado nos termos no § 6º deste artigo.

§ 8º A pessoa que, para os fins do § 6º deste artigo, indicar endereço em localidade diversa do seu domicílio eleitoral não se desobriga de atender às convocações e comunicados feitos em caráter geral pela Justiça Eleitoral, tais como os relativos à revisão de eleitorado e às eleições suplementares que abranjam o município em que é eleitora.

§ 9º Antes de confirmado o preenchimento do campo previsto no inciso XII deste artigo, a pessoa que se identificar como analfabeta que "lê e escreve" será informada sobre a facultatividade do alistamento e do voto para as pessoas analfabetas e sobre a obrigatoriedade de ambos para as pessoas alfabetizadas.

§ 10 É obrigatória a exibição do documento de identificação do eleitor ou da eleitora, devendo ser inserido no RAE o número e o órgão expedidor, e, quando disponível, o número de inscrição no Cadastro de Pessoa Física (CPF).

§ 11 O local de votação será definido conforme a preferência manifestada pela pessoa, dentre os locais disponíveis na zona eleitoral, os quais constarão, com os respectivos endereços, de listagem disponibilizada no momento do atendimento e, também, nos sítios eletrônicos e aplicativos da Justiça Eleitoral.

§ 12 Na definição da seção eleitoral, será assegurada a acessibilidade a pessoas com deficiência.

Art. 43. O documento cuja exibição seja necessária para a realização de operações do Cadastro Eleitoral poderá ser apresentado em forma digital, desde que esta seja prevista em lei ou, caso não prevista, que o documento ofereça a possibilidade de verificação de sua autenticidade.

Parágrafo único. A Corregedoria-Geral Eleitoral expedirá orientações aos tribunais regionais em relação às situações que possam gerar dúvidas, com observância às diretrizes contidas no art. 1º desta Resolução.

Transferência Eleitoral (Art. 37-38)

A transferência de domicílio eleitoral permite ao eleitor mudar seu local de votação para outro município ou país. Além da mudança, pode incluir a

ELEITORAL

retificação de dados ou a regularização de inscrições canceladas.

- **Exigências para Transferência (Art. 38):**
  - o Requerimento na unidade de atendimento do novo domicílio.
  - o Mínimo de um ano desde o alistamento ou última transferência.
  - o Vínculo mínimo de três meses com o novo município.
  - o Regularidade nas obrigações eleitorais, como comparecimento às urnas.

Isenções aplicam-se a servidores públicos, militares e seus familiares, indígenas, quilombolas, pessoas com deficiência, trabalhadores rurais safristas e vítimas de tragédias ambientais.

Revisão Eleitoral (Art. 39)

A revisão é necessária quando o eleitor precisa alterar o local de votação dentro do mesmo município, retificar dados pessoais ou regularizar uma inscrição cancelada.

- **Hipóteses de Revisão:**
  - o Alteração do local de votação no mesmo município.
  - o Retificação de dados pessoais.
  - o Regularização de inscrição cancelada.

A revisão pode ser processada independentemente de pendências eleitorais e pode incluir a atualização de dados pessoais após o prazo final.

Segunda Via (Art. 40)

A segunda via do título eleitoral pode ser requerida em casos de perda, extravio, inutilização ou dilaceração do documento.

- **Pontos Principais:**
  - o Não permite alteração de dados.
  - o Pode ser emitida via digital ou reimpressa pela internet.
  - o Possível emissão mesmo com pendências eleitorais.

Processamento das Operações do Cadastro Eleitoral (Art. 41-43)

Os pedidos de alistamento, revisão, transferência e segunda via são formalizados por meio do Requerimento de Alistamento Eleitoral (RAE), preenchido e processado eletronicamente.

- **Campos do RAE (Art. 42):**
  - o Incluem nome civil, nome social, gênero, identidade de gênero, raça, identificação indígena ou quilombola, filiação, data de nascimento, deficiência ou condição especial, domicílio eleitoral, endereço, grau de instrução, documento de identificação e CPF, nacionalidade, naturalidade, estado civil, ocupação, telefone, e-mail, zona eleitoral, local de votação e seção eleitoral.

Os documentos necessários podem ser apresentados em forma digital, desde que autenticidade possa ser verificada.

Capítulo III: Das Operações do Cadastro Eleitoral com foco nas Seções III, IV, V e VI

Capítulo III: Das Operações do Cadastro Eleitoral	Resumo
Seção III: Da Transferência	
Art. 37	Transferência de domicílio eleitoral, podendo incluir retificação de dados ou regularização de inscrição cancelada.
Art. 38	Transferência só admitida se:
- I	Apresentação do requerimento na unidade de atendimento do novo domicílio dentro do prazo estabelecido.
- II	Passagem de pelo menos um ano desde o alistamento ou última transferência.
- III	Comprovação de vínculo mínimo de três meses com o município.
- IV	Regular cumprimento das obrigações eleitorais.
- § 1º	Isenções de prazos para servidores públicos, militares, seus familiares, indígenas, quilombolas, pessoas com deficiência, trabalhadores rurais safristas e vítimas de tragédia ambiental.
- § 2º	Multa em caso de pendência nas obrigações eleitorais.
- § 3º	Possibilidade de pagar multa no valor máximo não decuplicado.

Capítulo III: Das Operações do Cadastro Eleitoral	Resumo
- § 4º	Conclusão da transferência após pagamento da multa.
Seção IV: Da Revisão	
Art. 39	Revisão necessária para:
- I	Alterar o local de votação no mesmo município.
- II	Retificar dados pessoais.
- III	Regularizar inscrição cancelada.
- § 1º	Revisão pode ser processada independentemente de pendências eleitorais.
- § 2º	Corregedoria-Geral Eleitoral especificará as hipóteses de retificação de dados.
- § 3º	Atualização de dados pessoais que não impactem o voto podem ser feitas após o prazo final.
Seção V: Da Segunda Via	
Art. 40	Em caso de perda, extravio, inutilização ou dilaceração do título eleitoral, pode-se requerer a expedição de segunda via.
- § 1º	Não permite alteração de dados do Cadastro Eleitoral.
- § 2º	Pode ser emitida via digital ou reimpressa via internet.
- § 3º	Emissão de segunda via possível mesmo com pendências eleitorais.
Seção VI: Do Processamento das Operações do Cadastro Eleitoral	
Subseção I: Do Requerimento de Alistamento Eleitoral (RAE)	
Art. 41	Pedidos de alistamento, revisão, transferência e segunda via formalizados por meio do RAE, preenchido e processado eletronicamente.
Art. 42	Campos do formulário RAE incluem:
- I	Nome civil.
- II	Nome social: Para pessoas transgêneras não retificadas.
- III	Gênero: Masculino e feminino.
- IV	Identidade de gênero: Cisgênero, transgênero, prefere não informar.
- V	Raça: Correspondente ao IBGE.
- VI	Identificação como indígena ou quilombola: Com possibilidade de indicação da etnia/comunidade e língua praticada.
- VII	Filiação: Inclui quatro campos para identificação de genitores.
- VIII	Data de nascimento: Possibilidade de indicar irmã/irmão gêmeo.
- IX	Deficiência ou condição especial: Para consideração nas políticas de governança eleitoral.
- X	Domicílio eleitoral: Comprovando vínculo.
- XI	Endereço de residência ou contato: Não necessariamente correspondente ao domicílio eleitoral.
- XII	Grau de instrução.
- XIII	Documento de identificação e CPF.
- XIV	Nacionalidade.
- XV	Naturalidade.
- XVI	Estado civil.
- XVII	Ocupação.
- XVIII	Telefone.
- XIX	E-mail.
- XX	Zona eleitoral, local de votação e seção eleitoral.
- § 1º	Preenchimento conforme autodeclaração.
- § 2º	Informações prestadas sem necessidade de comprovação.

Capítulo III: Das Operações do Cadastro Eleitoral	Resumo
- § 3º	Exigência de comprovação documental do vínculo para domicílio eleitoral, com exceções.
- § 4º	Corregedoria-Geral Eleitoral pode editar provimento para regulamentar a comprovação.
- § 5º	Prioridade à facilitação do exercício dos direitos políticos.
- § 6º	Endereço para comunicações da Justiça Eleitoral.
- § 7º	Notificações válidas para serviços eleitorais e procedimentos administrativos/ judiciais.
- § 8º	Compromisso de atender convocações gerais mesmo com endereço diverso.
- § 9º	Informação sobre facultatividade do alistamento e voto para analfabetos.
- § 10	Exibição obrigatória do documento de identificação.
- § 11	Definição do local de votação conforme preferência manifestada.
- § 12	Acessibilidade garantida para pessoas com deficiência na definição da seção eleitoral.
Art. 43	Documentos necessários para operações do Cadastro Eleitoral podem ser apresentados em forma digital, desde que autenticidade possa ser verificada.

Subseção II

Do preenchimento do RAE

Art. 44. O preenchimento do RAE será feito:

I - diretamente por atendente da Justiça Eleitoral, no momento do atendimento à pessoa; ou

II - em caráter prévio, pela própria pessoa, mediante utilização de serviço disponibilizado no sítio do Tribunal Superior Eleitoral na internet para essa finalidade ("Título Net" ou sistema que venha a substituí-lo).

Parágrafo único. Se a existência de restrições cadastrais ao requerimento da operação impedir a utilização do serviço de que trata o inciso II deste artigo, a pessoa deverá comparecer à unidade de atendimento da Justiça Eleitoral para regularização.

Art. 45. Em caso de operação requerida na forma do inciso II do art. 44 desta Resolução, os dados informados no formulário eletrônico comporão o RAE.

§ 1º O protocolo gerado após o envio eletrônico dos dados não comprova a regularidade da inscrição ou a quitação eleitoral, destinando-se exclusivamente a informar o número e a data da solicitação.

§ 2º Tratando-se de pessoa cujos dados biométricos já constem do banco de dados da Justiça Eleitoral, e estando disponível funcionalidade que permita a inequívoca identificação da pessoa requerente, a operação poderá ser concluída remotamente, por intermédio de aplicativo desenvolvido pela Justiça Eleitoral ou pela utilização de serviço disponibilizado no sítio do Tribunal Superior Eleitoral.

§ 3º Não se verificando a hipótese do § 2º deste artigo, a operação somente será efetivada com o comparecimento da pessoa requerente à unidade de atendimento da Justiça Eleitoral, a fim de apresentar os documentos que comprovem os dados informados e, quando for o caso, o recolhimento da multa devida.

§ 4º O requerimento prévio será excluído do sistema a pedido da pessoa que o formulou ou se, no prazo de 30 dias, não for convertido em RAE.

§ 5º Os documentos remetidos à Justiça Eleitoral por meio digital, à exceção da foto selfie, devem ser descartados da base de dados do TSE em 90 dias a contar do deferimento do RAE, salvo se pendente diligência ou apuração de irregularidade.

§ 6º O descarte de que trata o § 5º deste artigo observará as normas legais relativas à eliminação de documentos digitais, sendo precedido de publicação de edital e autorização do setor competente do TSE.

Art. 46. Os tribunais regionais eleitorais, observadas as particularidades locais, inclusive quanto à inviabilidade ou dificuldade de acesso a serviços digitais, deverão dispor sobre o atendimento presencial em:

I - comunidades isoladas;

II - localidades que, por suas características, dificultem ou onerem demasiadamente o comparecimento da pessoa à unidade de atendimento da Justiça Eleitoral; e

III - locais onde se encontrem pessoas eleitoras justificadamente impedidas de comparecerem ao cartório eleitoral.

Art. 47. Concluída a operação na forma dos incisos I do art. 44 ou do § 2º do art. 45 desta Resolução, a pessoa será informada de que o deferimento fica sujeito à verificação, pelo juízo eleitoral, da regularidade do pedido e do atendimento a eventuais diligências, e que lhe é possível verificar o resultado da análise junto ao cartório eleitoral, por meio do aplicativo desenvolvido pela Justiça Eleitoral ou mediante consulta da sua situação eleitoral no sítio do Tribunal Superior Eleitoral.

Subseção III

Das especificidades do atendimento presencial

Art. 48. Durante o atendimento presencial, a pessoa que o estiver realizando formulará perguntas objetivas relacionadas aos campos do RAE e se disponibilizará a prestar esclarecimentos, utilizando-se de linguagem não discriminatória e que torne acessível à pessoa que está sendo atendida o significado e a finalidade das informações solicitadas.

Art. 49. Ao final do atendimento presencial, será facultada a verificação dos dados pela pessoa atendida, devendo a(o) atendente proceder à leitura oral das informações registradas para conferência pelas pessoas com deficiência, analfabetas ou que não leiam em português.

§ 1º No atendimento em que for utilizado o sistema biométrico, a coleta de assinatura digitalizada suprirá a assinatura manuscrita no formulário impresso.

§ 2º Na hipótese de pessoa analfabeta ou impossibilitada de manejar a caneta de coleta, será registrado pela/pelo atendente o motivo da ausência de assinatura e, sendo o caso de pessoa que não tenha membros superiores, de impressão digital.

§ 3º O RAE será obrigatoriamente impresso, ainda que em documento digital:

a) nas hipóteses de realização de diligência, de indeferimento da operação ou de interposição de recurso eleitoral, para instruir o procedimento respectivo; ou

b) se não for utilizado o sistema biométrico para o atendimento, hipótese na qual a assinatura do requerimento ou a aposição da impressão digital do polegar será feita na presença da(o) atendente da Justiça Eleitoral, que deverá atestar, de imediato, a satisfação dessa exigência, ou o motivo de sua impossibilidade, em caso de pessoa que não possua os membros superiores.

§ 4º Fora das hipóteses previstas no § 3º deste artigo, a impressão do RAE, salvo se solicitada pela pessoa atendida, será dispensada.

Art. 50. Concluída a operação, a(o) atendente prestará a informação referida no art. 47 desta Resolução e o título eleitoral será expedido e entregue à pessoa, salvo se for por ela dispensado o recebimento do documento.

Subseção IV

Da apreciação do RAE e das providências decorrentes da decisão

Art. 51. O RAE será submetido à apreciação do juízo da zona eleitoral para a qual foi requerida a operação.

Art. 52. Havendo dúvida quanto à identidade da pessoa, do vínculo invocado para a fixação do domicílio ou de outro requisito indispensável para o deferimento do pedido, o juízo poderá determinar a adoção de diligências ou notificar a(o) requerente para que compareça ao cartório eleitoral.

§ 1º A notificação a que se refere o caput deste artigo poderá ser feita por meio do serviço de que trata o inciso II do art. 44 desta Resolução e indicará com precisão o documento faltante ou o esclarecimento a ser prestado, bem como o prazo no qual a determinação deve ser atendida.

§ 2º Provimento da Corregedoria-Geral Eleitoral disporá sobre os prazos para complementação de documentos e de atendimento a diligências.

Art. 53. O juízo eleitoral decidirá, cabendo-lhe, na apreciação da prova do domicílio eleitoral, conferir primazia à escolha da pessoa eleitora, salvo se dos documentos apresentados não se puder concluir pela existência de vínculo com a localidade.

Art. 54. Será disponibilizada aos partidos políticos, em sistema específico, e ao Ministério Público Eleitoral, mediante ofício, nos dias 1º e 15 de cada mês ou no primeiro dia útil que lhes seguir, listagem contendo as inscrições eleitorais paras as quais houve requerimento de alistamento ou transferência deferido ou indeferido.

§ 1º A relação de inscrições de que trata o caput conterá apenas os seguintes dados:

a) nome;

b) Inscrição eleitoral identificada apenas pelos 4 primeiros dígitos;

c) operação;

d) município;

e) zona eleitoral;

f) data de digitação; e

g) lote do RAE.

§ 2º Findo o prazo recursal cuja contagem se iniciar da publicação da listagem de que trata o caput deste artigo, será ela removida dos locais em que tiver sido disponibilizada.

Art. 55. A intimação do cidadão ou da cidadã da decisão de indeferimento do seu alistamento ou da sua transferência eleitoral será pessoal, realizada preferencialmente por meio eletrônico.

§ 1º À pessoa indígena ou quilombola que tenha informado uma dessas condições no alistamento ou na transferência e não tenha consignado número pessoal de seu telefone celular é assegurada a intimação por meio de carta com aviso de recebimento ou por oficial de justiça, contando o prazo recursal da data em que for recebida a intimação.

§ 2º Será feita a intimação por edital quando for:

I - inviável a utilização dos demais meios, quer por indisponibilidade do meio eletrônico, quer pela incompletude ou incorreção do endereço informado no cadastro; ou

II - frustrada a intimação realizada nos termos do caput e do § 1º deste artigo.

Art. 56. Indeferida a operação, será, imediatamente:

I - excluída a inscrição eleitoral, se se tratar de alistamento; ou

II - cancelada a transferência ou revisão, hipótese em que serão mantidos os dados da inscrição conforme o último RAE deferido.

§ 1º Efetivadas as medidas referidas no caput deste artigo, o nome do eleitor ou da eleitora deverá ser excluído do caderno de votação, se dele chegar a constar.

§ 2º Ficará isenta das sanções decorrentes da ausência de alistamento e do não exercício do voto a pessoa cujo alistamento ou transferência for indeferido e que, em razão do período de indisponibilidade das operações do Cadastro Eleitoral, não lograr regularizar sua situação eleitoral e não puder votar.

Subseção V

Do recurso contra a decisão de deferimento ou indeferimento do alistamento ou da transferência

Art. 57. Qualquer partido político e o Ministério Público Eleitoral poderão interpor recurso contra o deferimento do alistamento ou da transferência, no prazo de 10 dias, contados da disponibilização da listagem prevista no art. 54 desta Resolução.

Art. 58. Indeferido o alistamento ou a transferência, poderão interpor recurso, no prazo de 5 dias:

a) o eleitor ou a eleitora, contando-se o prazo respectivo a partir da data em que for realizada a notificação sob uma das formas previstas no art. 55 desta Resolução;

b) o Ministério Público Eleitoral, fluindo o prazo respectivo da disponibilização da listagem prevista no art. 54 desta Resolução.

Art. 59. A pessoa alistanda ou eleitora menor de 18 anos tem capacidade para estar em juízo, como recorrente ou recorrida, nos feitos que versem sobre sua inscrição eleitoral, sendo-lhe facultada a assistência por seu/sua representante legal.

Art. 60. Enquanto o processo tramitar nas instâncias ordinárias, não será exigida do eleitor ou da eleitora representação por advogado, observando-se quanto às intimações, inclusive no âmbito do tribunal regional, o disposto no art. 55 desta Resolução.

§ 1º Na hipótese de não haver a constituição de advogado ou advogada pela parte, deverá esta praticar os atos processuais por meio de sistema de peticionamento avulso acoplado ao PJe ou mediante a apresentação de vias físicas de petições e documentos no cartório eleitoral ou na secretaria do tribunal, cabendo à servidora ou ao servidor digitalizá-las e fazê-las juntar aos autos.

§ 2º Perante o tribunal, não poderão ser exercidos pela parte que não possuir advogada ou advogado as prerrogativas legais próprias à advocacia, tal como a sustentação oral, mas será buscado conferir o máximo aproveitamento a suas alegações escritas e aos documentos que as acompanhar.

Art. 61. Recebido o recurso, o cartório eleitoral procederá à sua autuação no PJe, acompanhado dos documentos que o instruem.

§ 1º No caso de recurso contra o deferimento da operação eleitoral, o a pessoa que a tiver requerido será intimada para, querendo, oferecer contrarrazões no prazo de 10 dias.

§ 2º Decorrido o prazo de contrarrazões do eleitor ou da eleitora, ou sendo o caso de recurso contra o indeferimento da operação eleitoral, os autos serão imediatamente remetidos ao tribunal regional eleitoral.

Art. 62. No tribunal, os autos serão encaminhados ao Ministério Público Eleitoral, para oferecimento de parecer, em 3 dias, e, em seguida, serão conclusos à Relatora ou ao Relator.

§ 1º Se constatar a existência de falha que possa ser sanada por simples juntada de documento, a Relatora ou Relator intimará a eleitora ou o eleitor para que apresente o documento faltante.

§ 2º Julgado o feito, a intimação da decisão ou do acórdão dirigida ao eleitor ou à eleitora sem representação nos autos conterá expressa advertência de que a constituição de advogada ou advogado passará a ser indispensável em caso de recurso dirigido ao Tribunal Superior Eleitoral.

Seção V

DA APURAÇÃO DE IRREGULARIDADES NAS OPERAÇÕES DO CADASTRO ELEITORAL

Art. 63. Qualquer eleitor ou eleitora, partido político ou Ministério Público poderá peticionar ao juízo eleitoral, às corregedorias regionais eleitorais ou à Corregedoria-Geral Eleitoral, no âmbito de suas respectivas competências, para requerer a apuração de irregularidades no alistamento, na transferência e na revisão.

Parágrafo único. A comunicação da irregularidade será apresentada diretamente no PJe, em petição fundamentada e devidamente instruída com indícios ou provas do fato alegado.

Art. 64. Recebida a petição ou informação, a autoridade eleitoral determinará sua autuação na forma do caput do art. 59 desta Resolução, remetendo-a, se for o caso, ao juízo da zona eleitoral à qual pertencer a inscrição eleitoral reputada irregular.

Parágrafo único. A pessoa titular da inscrição eleitoral reputada irregular será intimada, na forma art. 55 desta Resolução, para se manifestar no prazo de 10 dias.

Art. 65. A autoridade eleitoral determinará, de ofício ou mediante requerimento, as diligências que entender necessárias para apuração dos fatos.

§ 1º Concluídas as diligências, a(o) peticionante e o eleitor ou a eleitora serão intimados para delas ter ciência e, querendo, produzirem alegações, no prazo de 5 dias.

§ 2º Findo o prazo das alegações, o Ministério Público, se não for o requerente, será intimado para se manifestar no prazo de 2 dias.

§ 3º Não havendo diligências, fica dispensado o prazo para alegações finais.

Art. 66. A autoridade eleitoral apreciará a matéria e determinará a adoção das providências cabíveis, inclusive eventual apuração criminal. Parágrafo único. O eleitor ou a eleitora que não possuir representação nos autos será intimado(a) da decisão na forma do art. 55 desta Resolução.

Art. 67. Da decisão que determinar o cancelamento do alistamento ou da transferência caberá recurso do eleitor ou da eleitora, observando-se, no que for aplicável, o disposto nos arts. 58 a 62 desta Resolução.

Agora vamos explorar uma parte crucial do **Capítulo III da Resolução Nº 23.659, de 26 de outubro de 2021**, que regulamenta as operações do Cadastro Eleitoral.

Este é um tema fundamental para o concurso unificado do TSE e abrange diversas operações, desde a transferência de domicílio eleitoral até a emissão de segunda via do título eleitoral e o processamento das operações do Cadastro Eleitoral.

Para facilitar a compreensão e memorização, vamos detalhar esses pontos principais através de tabelas.

Do Preenchimento do RAE

Artigo	Tema	Resumo
Art. 44	Preenchimento do RAE	Feito por atendente da Justiça Eleitoral ou pelo próprio eleitor via internet.
Parágrafo Único	Regularização Presencial	Necessária se houver restrições cadastrais.
Art. 45	Dados Informados no Formulário Eletrônico	Comporão o RAE, com protocolo informando número e data da solicitação.
§ 1º	Protocolo Não Comprova Regularidade	Serve apenas para informar número e data da solicitação.
§ 2º	Conclusão Remota	Possível se dados biométricos já constarem no banco de dados e permitir inequívoca identificação.
§ 3º	Comparecimento Presencial	Necessário se não houver dados biométricos ou funcionalidade para identificação remota.
§ 4º	Exclusão do Requerimento	A pedido ou se não for convertido em RAE em 30 dias.
§ 5º	Descarte de Documentos	Após 90 dias do deferimento do RAE, exceto foto selfie.
§ 6º	Normas Legais para Descarte	Observação das normas relativas à eliminação de documentos digitais.
Art. 46	Atendimento Presencial	Para comunidades isoladas, locais com dificuldades de acesso ou onde eleitores estão impedidos de comparecer.

Artigo	Tema	Resumo
Art. 47	Deferimento Sujeito a Verificação	Informação sobre possibilidade de verificação do resultado da análise pelo cartório eleitoral ou aplicativo da Justiça Eleitoral.

Para facilitar o entendimento e memorização desses pontos, utilize as tabelas fornecidas e revise cada seção conforme necessário.

Das Especificidades do Atendimento Presencial

Artigo	Tema	Resumo
Art. 48	Perguntas Objetivas	Durante o atendimento presencial, perguntas objetivas sobre os campos do RAE e linguagem acessível e não discriminatória.
Art. 49	Verificação dos Dados	Verificação dos dados pela pessoa atendida, com leitura oral das informações para deficientes, analfabetos ou que não leiam português.
§ 1º	Assinatura Digitalizada	Suprirá a assinatura manuscrita no formulário impresso.
§ 2º	Ausência de Assinatura	Registrada pelo atendente em caso de pessoa analfabeta ou impossibilitada de manejar a caneta.
§ 3º	Impressão Obrigatória do RAE	Nas hipóteses de diligência, indeferimento da operação, interposição de recurso eleitoral, ou quando não utilizado o sistema biométrico.
§ 4º	Dispensa da Impressão	Fora das hipóteses previstas no § 3º, salvo se solicitada pela pessoa atendida.
Art. 50	Conclusão da Operação	Prestação de informação sobre deferimento e entrega do título eleitoral, salvo se dispensado.

Da Apreciação do RAE e das Providências Decorrentes da Decisão

Artigo	Tema	Resumo
Art. 51	Apreciação do RAE	Submissão à apreciação do juízo da zona eleitoral.

Artigo	Tema	Resumo
Art. 52	Dúvidas sobre Identidade	Adoção de diligências ou notificação para comparecimento ao cartório eleitoral.
§ 1º	Notificação Eletrônica	Indicação do documento faltante ou esclarecimento a ser prestado e prazo para atendimento.
§ 2º	Prazos para Complementação	Dispostos por provimento da Corregedoria-Geral Eleitoral.
Art. 53	Decisão sobre Domicílio Eleitoral	Conferida primazia à escolha da pessoa eleitora, salvo se documentos não comprovarem vínculo.
Art. 54	Listagem de Inscrições	Disponibilizada aos partidos políticos e Ministério Público Eleitoral com dados específicos das inscrições deferidas ou indeferidas.
§ 1º	Dados na Relação de Inscrições	Nome, inscrição eleitoral (4 primeiros dígitos), operação, município, zona eleitoral, data de digitação e lote do RAE.
§ 2º	Remoção da Listagem	Após o prazo recursal, contagem iniciada com a publicação da listagem.
Art. 55	Intimação da Decisão	Preferencialmente por meio eletrônico; assegurada intimação por carta ou oficial de justiça para indígenas ou quilombolas.
§ 1º	Intimação por Carta	Quando não consignado número de telefone celular.
§ 2º	Intimação por Edital	Quando inviável a utilização dos demais meios ou frustrada a intimação realizada.
Art. 56	Indeferimento da Operação	Exclusão da inscrição eleitoral (alistamento) ou cancelamento da transferência/revisão (manutenção dos dados do último RAE deferido).
§ 1º	Exclusão do Caderno de Votação	Nome excluído do caderno de votação se indeferida a operação.

Artigo	Tema	Resumo
§ 2º	Isenção de Sanções	Isenção das sanções por ausência de alistamento ou não exercício do voto em caso de indeferimento e impossibilidade de regularização.

Do Recurso contra a Decisão de Deferimento ou Indeferimento do Alistamento ou da Transferência

Artigo	Tema	Resumo
Art. 57	Recurso contra Deferimento	Partidos políticos e Ministério Público Eleitoral podem recorrer no prazo de 10 dias.
Art. 58	Recurso contra Indeferimento	Eleitor ou eleitora podem recorrer no prazo de 5 dias.
§ 1º	Capacidade para Estar em Juízo	Eleitor menor de 18 anos tem capacidade para estar em juízo.
§ 2º	Tramitação nas Instâncias Ordinárias	Não é exigida representação por advogado nas instâncias ordinárias.
§ 3º	Peticionamento Avulso	Parte sem advogado deve praticar atos processuais via sistema de peticionamento avulso ou apresentação física de petições.
Art. 59	Autuação no PJe	Recebido o recurso, autuação no PJe com documentos que o instruem.
§ 1º	Intimação para Contrarrazões	No caso de recurso contra deferimento da operação eleitoral.
§ 2º	Remessa ao TRE	Após o prazo de contrarrazões ou se tratando de recurso contra indeferimento.
Art. 60	Encaminhamento ao Ministério Público	Para parecer em 3 dias, seguido de conclusão à Relatora ou Relator.
§ 1º	Intimação para Juntada de Documento	Relatora ou Relator podem intimar para juntar documento faltante.
§ 2º	Intimação da Decisão	Inclui advertência sobre necessidade de advogado para recurso ao Tribunal Superior Eleitoral.

Da Apuração de Irregularidades nas Operações do Cadastro Eleitoral

Artigo	Tema	Resumo
Art. 63	Petição para Apuração de Irregularidades	Pode ser feita por qualquer eleitor, partido político ou Ministério Público Eleitoral.
Parágrafo Único	Comunicação da Irregularidade	Apresentada diretamente no PJe com indícios ou provas do fato alegado.
Art. 64	Autuação da Petição	Autoridade eleitoral determinará a autuação e, se necessário, remeterá ao juízo da zona eleitoral competente.
Parágrafo Único	Intimação da Pessoa Titular	Para manifestar-se no prazo de 10 dias.
Art. 65	Diligências Necessárias	Determinadas de ofício ou mediante requerimento para apuração dos fatos.
§ 1º	Intimação para Alegações	Peticionante e eleitor intimados para alegações no prazo de 5 dias.
§ 2º	Manifestação do Ministério Público	Se não for o requerente, no prazo de 2 dias.
Art. 66	Adoção de Providências Cabíveis	Inclusão de eventual apuração criminal.
Parágrafo Único	Intimação da Decisão	Na forma do art. 55 da Resolução.

Do Recurso contra Cancelamento de Alistamento ou Transferência

Artigo	Tema	Resumo
Art. 67	Recurso contra Cancelamento	Observado o disposto nos arts. 58 a 62 da Resolução.

Subseção II: Do Preenchimento do RAE

Art. 44 explica como o RAE pode ser preenchido, seja diretamente por um atendente da Justiça Eleitoral ou pelo próprio eleitor via internet.

Art. 45 descreve como os dados informados no formulário eletrônico comporão o RAE e os procedimentos de verificação e conclusão.

Subseção III: Das Especificidades do Atendimento Presencial

Art. 48 destaca a importância de perguntas objetivas e linguagem acessível durante o atendimento presencial.

Art. 49 garante a verificação dos dados pelo eleitor, com suporte para deficientes, analfabetos ou pessoas que não leem português.

Subseção IV: Da Apreciação do RAE e das Providências Decorrentes da Decisão

Art. 51-67 detalham o processo de apreciação do RAE, incluindo diligências, notificações, listagens para partidos e Ministério Público Eleitoral, intimações, decisões sobre indeferimentos e recursos contra decisões.

Subseção V: Da Apuração de Irregularidades nas Operações do Cadastro Eleitoral

Art. 63-67 abordam a apuração de irregularidades no alistamento, transferência e revisão, permitindo que qualquer eleitor, partido político ou Ministério Público Eleitoral peticione para investigar irregularidades.

Tabela Resumo - Destaques

Artigo	Ponto de Atenção
Art. 44	Preenchimento do RAE (atendente ou próprio eleitor online) e regularização presencial em caso de restrições.
Art. 45	Conclusão remota com dados biométricos, comparecimento presencial, descarte de documentos digitais.
Art. 46	Atendimento presencial para comunidades isoladas e locais de difícil acesso.
Art. 47	Informação sobre deferimento sujeita à verificação pelo juízo eleitoral.
Art. 48	Perguntas objetivas e linguagem acessível durante o atendimento presencial.
Art. 49	Verificação dos dados pelo eleitor, com suporte para deficientes e analfabetos.
Art. 50	Conclusão da operação e entrega do título eleitoral.
Art. 51-52	Apreciação do RAE, diligências e notificações para esclarecimento de identidade ou vínculo.
Art. 53	Decisão sobre domicílio eleitoral conferida primazia à escolha do eleitor.
Art. 54	Listagens de inscrições deferidas ou indeferidas disponibilizadas aos partidos e Ministério Público.
Art. 55-56	Intimações de decisões e exclusão/cancelamento da inscrição em caso de indeferimento.
Art. 57-62	Recursos contra decisões de deferimento ou indeferimento, prazos específicos, tramitação sem advogado.
Art. 63-67	Apuração de irregularidades no alistamento, transferência e revisão; diligências e providências cabíveis.

ELEITORAL

CAPÍTULO IV

DO TÍTULO ELEITORAL

Art. 68. A via impressa do título eleitoral será confeccionada com informações, características, formas e especificações constantes do modelo Anexo I.

Parágrafo único. Nos títulos eleitorais expedidos em decorrência da utilização da sistemática de coleta de dados biométricos constará a expressão "identificação biométrica".

Art. 69. A via digital do título eleitoral será expedida por meio de aplicativo da Justiça Eleitoral ("e-título" ou outro que venha a substituí-lo) e deverá observar as normas de acessibilidade, na forma da Lei Brasileira de Inclusão da Pessoa com Deficiência e dos protocolos técnicos aplicáveis.

Parágrafo único. O aplicativo de que trata o caput deste artigo deverá estar disponível nas lojas virtuais para dispositivos móveis.

Art. 70. Para a obtenção da via digital do documento, serão exigidos dados mínimos acerca da identidade da pessoa eleitora.

§ 1º É obrigatória a coincidência dos dados informados pelo eleitor ou pela eleitora com os constantes do Cadastro Eleitoral.

§ 2º Na hipótese de inexistência de nome de pai ou mãe no documento de identificação, a pessoa deverá preencher a opção "Não Consta" no campo destinado a essa informação.

Art. 71. A validação da via digital do título de eleitor poderá ser realizada nas páginas do Tribunal Superior Eleitoral e dos tribunais regionais eleitorais na internet, ou pela leitura do QR Code disponível no próprio aplicativo.

Art. 72. O eleitor ou a eleitora que tenha biometria registrada na Justiça Eleitoral poderá utilizar a via digital do título de eleitor como identificação para fins de votação, devendo respeitar a vedação legal ao porte de aparelho de telefonia celular dentro da cabine de votação.

Art. 73. Quando registrado no Cadastro Eleitoral, o nome social constará da via impressa e digital do título eleitoral.

Art. 74. O eleitor ou a eleitora que possua inscrição eleitoral regular ou suspensa poderá solicitar, a qualquer tempo:

I - a impressão do título eleitoral; e

II - a via digital do título eleitoral, por meio do aplicativo.

§ 1º Constará como data de emissão do título, seja a via impressa ou digital, a do requerimento da última operação eleitoral efetivada.

§ 2º O título eleitoral impresso ou digital comprova o alistamento e a existência de inscrição regular ou suspensa na data de sua emissão, mas não faz prova da quitação eleitoral ou da regularidade de obrigações eleitorais específicas.

§ 3º A via impressa do título somente será entregue pela(o) atendente da Justiça Eleitoral à pessoa eleitora, vedada a interferência ou intermediação de terceiros.

CAPÍTULO V

DA FISCALIZAÇÃO DOS PARTIDOS POLÍTICOS

Art. 75. Os partidos políticos, por suas delegadas e seus delegados, poderão:

I - acompanhar os requerimentos de alistamento, transferência, revisão, segunda via e quaisquer outros, bem como a emissão e entrega de via física de títulos eleitorais, previstos nesta Resolução;

II - requerer cancelamento de inscrição eleitoral com fundamento em inobservância de requisito legal, observado o procedimento previsto nos arts. 63 a 65 desta Resolução;

III - examinar, mediante assinatura de termo de confidencialidade dos dados pessoais a que tenha acesso, sem perturbação dos serviços e na presença de servidor ou servidora, os documentos relativos às operações de alistamento, transferência, revisão, segunda via e revisão de eleitorado, deles podendo requerer cópia, de forma fundamentada à autoridade judiciária, sem ônus para a Justiça Eleitoral.

Art. 76. Para os fins do art. 75 desta Resolução, os partidos políticos poderão manter até quatro delegados ou delegadas perante o tribunal regional eleitoral e até três delegados ou delegadas em cada zona eleitoral, que se revezarão, não sendo permitida a atuação simultânea de mais de um(a) de cada partido.

§ 1º As indicações de delegados e delegas serão feitas pela respectiva esfera partidária por meio de anotação em sistema próprio da Justiça Eleitoral de gerenciamento de informações relativas a partidos políticos.

§ 2º O delegado ou a delegada indicado(a) para atuar perante o tribunal regional eleitoral poderão representar o partido, na circunscrição, diante de qualquer juízo eleitoral.

§ 3º Havendo a solicitação de permanência de delegados ou delegadas de mais de três partidos em um cartório eleitoral, o juízo eleitoral poderá instituir escala de revezamento, a fim de não prejudicar os trabalhos cartorários.

Capítulo IV

Do Título Eleitoral

Capítulo V

Da Fiscalização dos Partidos Políticos.

Esses capítulos abordam aspectos importantes relacionados à emissão e uso do título eleitoral, tanto impresso quanto digital, e o papel dos partidos políticos na fiscalização dos processos eleitorais.

Capítulo IV: Do Título Eleitoral

Art. 68-69: O título eleitoral pode ser emitido em formato impresso ou digital. A via impressa segue um modelo específico e, quando envolve dados biométricos, inclui a expressão "identificação biométrica". A via digital é expedida por meio do aplicativo "e-título", disponível para dispositivos móveis, e deve atender às normas de acessibilidade.

Art. 70: Para obter a via digital, o eleitor deve fornecer dados mínimos que coincidam com os registrados no Cadastro Eleitoral.

Art. 71: A validação da via digital pode ser feita online nas páginas do TSE e TREs ou pelo QR Code no aplicativo.

Art. 72: Eleitores com biometria registrada podem usar a via digital para votação, observando a proibição de celular na cabine de votação.

Art. 73: O nome social do eleitor, se registrado, constará em ambas as vias do título eleitoral.

Art. 74: Eleitores com inscrição regular ou suspensa podem solicitar a impressão ou via digital do título a qualquer momento. A data de emissão refletirá a última operação eleitoral efetivada, e o título comprova o alistamento e a inscrição, mas não a quitação eleitoral ou a regularidade de obrigações específicas. A via impressa deve ser entregue diretamente ao eleitor.

Capítulo V: Da Fiscalização dos Partidos Políticos

Art. 75: Os partidos políticos podem acompanhar e fiscalizar todas as operações eleitorais, incluindo alistamento, transferência, revisão, emissão de segunda via e entrega de títulos. Eles também podem requerer o cancelamento de inscrições eleitorais que não cumpram os requisitos legais e examinar documentos relativos a essas operações, desde que assinem um termo de confidencialidade.

Art. 76: Os partidos podem manter delegados para fiscalizar as operações eleitorais perante o TRE e em cada zona eleitoral. Até quatro delegados podem ser indicados por partido perante o TRE e três em cada zona eleitoral, revezando-se na fiscalização. As indicações devem ser feitas por anotação em sistema próprio da Justiça Eleitoral. Em caso de solicitação de permanência de delegados de mais de três partidos em um cartório eleitoral, o juízo pode instituir uma escala de revezamento para não prejudicar os trabalhos.

Para facilitar a compreensão e memorização, vamos detalhar esses pontos principais através de tabelas.

Capítulo IV: Do Título Eleitoral

Artigo	Tema	Resumo
Art. 68	Via Impressa do Título Eleitoral	Confeccionada conforme modelo Anexo I, com expressão "identificação biométrica" em títulos com dados biométricos.
Art. 69	Via Digital do Título Eleitoral	Expedida por aplicativo da Justiça Eleitoral, observando normas de acessibilidade.
Parágrafo Único	Disponibilidade do Aplicativo	Aplicativo deve estar disponível nas lojas virtuais para dispositivos móveis.

Artigo	Tema	Resumo
Art. 70	Obtenção da Via Digital	Exigência de dados mínimos sobre a identidade do eleitor, coincidindo com os dados do Cadastro Eleitoral.
§ 1º	Coincidência dos Dados	Dados informados devem coincidir com os do Cadastro Eleitoral.
§ 2º	Nome dos Pais	Preenchimento com "Não Consta" em caso de inexistência no documento de identificação.
Art. 71	Validação da Via Digital	Pode ser realizada nas páginas do TSE e dos TREs ou pelo QR Code no aplicativo.
Art. 72	Utilização como Identificação	Via digital pode ser usada como identificação para votação, respeitando a vedação de celular na cabine de votação.
Art. 73	Nome Social	Nome social constará da via impressa e digital do título eleitoral.
Art. 74	Solicitação de Impressão ou Via Digital	Eleitor com inscrição regular ou suspensa pode solicitar impressão ou via digital a qualquer tempo.
§ 1º	Data de Emissão	Data do requerimento da última operação eleitoral efetivada.
§ 2º	Prova de Alistamento	Título eleitoral comprova alistamento e inscrição regular ou suspensa, mas não quitação eleitoral ou regularidade de obrigações específicas.
§ 3º	Entrega da Via Impressa	Somente entregue diretamente ao eleitor pela Justiça Eleitoral, sem intermediação de terceiros.

Capítulo V: Da Fiscalização dos Partidos Políticos

Artigo	Tema	Resumo
Art. 75	Acompanhamento e Fiscalização	Partidos podem acompanhar requerimentos de alistamento, transferência, revisão, segunda via, emissão e entrega de títulos eleitorais.
Inciso I	Acompanhamento das Operações	Acompanhar todas as operações previstas nesta Resolução.
Inciso II	Requerimento de Cancelamento	Requerer cancelamento de inscrição eleitoral por inobservância de requisito legal.
Inciso III	Exame de Documentos	Examinar documentos relativos às operações eleitorais, mediante termo de confidencialidade e na presença de servidor.
Art. 76	Delegados dos Partidos	Partidos podem manter até quatro delegados perante o TRE e três em cada zona eleitoral, revezando-se na fiscalização.
§ 1º	Indicação de Delegados	Indicações feitas por anotação em sistema próprio da Justiça Eleitoral.
§ 2º	Representação pelos Delegados	Delegados perante o TRE podem representar o partido em qualquer juízo eleitoral da circunscrição.
§ 3º	Escala de Revezamento	Juízo eleitoral pode instituir escala de revezamento se mais de três partidos solicitarem permanência de delegados.

CAPÍTULO VI

DO BATIMENTO DE DADOS BIOGRÁFICOS E DE DADOS BIOMÉTRICOS

Seção I

DISPOSIÇÕES GERAIS

Art. 77. O batimento consiste em procedimento que compara dados mantidos nos cadastros do Tribunal Superior Eleitoral, com a finalidade de aferir se cada pessoa mantém apenas uma única inscrição eleitoral.

Art. 78. O Tribunal Superior Eleitoral realizará batimentos de dados biográficos e biométricos, em âmbito nacional, com o objetivo de:

I - identificar situações que exijam averiguação; e

II - expurgar inconformidades e outras irregularidades de inscrições eleitorais. Parágrafo único. As inconformidades a que se refere o inciso I do caput deste artigo consistem em uma das seguintes situações, que demandarão tratamento:

a) duplicidade, quando houver indício de que uma única pessoa possui duas inscrições eleitorais, em decorrência de uma inscrição indevida, seja por equívoco no atendimento ou pela tentativa maliciosa de obtenção de uma segunda inscrição eleitoral;

b) pluralidade, quando houver indício que uma única pessoa possui três ou mais inscrições eleitorais, em decorrência de inscrições indevidas, seja por equívoco no atendimento ou pela tentativa maliciosa de obtenção de múltiplas inscrições eleitorais; e

c) incoincidências, quando, na realização de transferência ou revisão eleitoral, forem coletados dados biométricos que não coincidam com os já constantes do cadastro para a inscrição eleitoral transferida ou revisada, indicando um possível equívoco de atendimento ou a utilização indevida de dados da pessoa por outrem.

Art. 79. As operações de alistamento, transferência e revisão somente serão incluídas no cadastro ou efetivadas após submetidas a batimento de dados biográficos.

Parágrafo único. A inclusão ou efetivação da operação não impede a adoção de medidas posteriores destinadas a identificar inconsistências, hipótese na qual será observado o procedimento previsto nos arts. 63 a 67 desta Resolução.

Art. 80. Detectada a inconformidade, a inscrição ficará sujeita a apreciação e decisão de autoridade judiciária.

§ 1º Em um mesmo grupo de duplicidades ou pluralidades apuradas no batimento biográfico, as inscrições mais recentes serão consideradas "não liberadas", salvo se se tratar de inscrições atribuídas a pessoas gêmeas, as quais serão todas identificadas em situação liberada.

§ 2º Em caso de o agrupamento a que se refere o § 1º deste artigo contar com inscrição de pessoa gêmea e inscrição para a qual não foi indicada essa condição, esta será considerada não liberada.

§ 3º Em um mesmo grupo de incoincidências apuradas no batimento biométrico, todas as inscrições envolvidas serão consideradas não liberadas.

Seção II

DO PROCESSAMENTO DAS INCONFORMIDADES

Art. 81. Realizado o batimento, o Tribunal Superior Eleitoral expedirá:

I - Relação dos grupos de inscrições e/ou RAEs envolvidos em duplicidade, pluralidade ou incoincidência, emitida por ordem de número de grupo, contendo os dados necessários à individualização dos eleitores agrupados;

II - Comunicação eletrônica dirigida à autoridade judiciária incumbida da apreciação do caso, noticiando a existência de inscrição envolvida em duplicidade, pluralidade ou incoincidência, para devido processamento; e

III - Notificação, na forma do caput e do § 1º do art. 55 desta Resolução, dirigida ao eleitor cuja inscrição estiver em situação "não liberada", para que, no prazo de 20 dias a contar da data do batimento, requeira a regularização de sua situação eleitoral.

Art. 82. Recebida a comunicação de que trata o inciso II do art. 81 desta Resolução, a autoridade judiciária deverá, de ofício e imediatamente, determinar a autuação dos procedimentos no PJe e publicar, no sítio do tribunal regional, edital informando as inscrições agrupadas.

Parágrafo único. O edital ficará disponível pelo prazo de 20 dias a contar do batimento.

Art. 83. Sendo possível concluir, desde logo, que o grupo é formado por pessoas distintas, o juiz determinará a regularização da situação da inscrição do eleitor que não possuir outra liberada, regular ou suspensa.

Art. 84. Não sendo possível concluir de plano pela inexistência da irregularidade, o juiz poderá determinar as diligências que entender necessárias para a apuração da irregularidade, inclusive mediante expedição de ofício à Zona Eleitoral a que pertencem as demais inscrições envolvidas na duplicidade ou na pluralidade.

§ 1º Ainda que concluídas as diligências, a decisão de cancelamento somente poderá ser proferida após o transcurso do prazo assinalado ao eleitor para regularizar sua situação.

§ 2º Em situações excepcionais, nas quais seja possível ao juízo eleitoral aferir de plano o equívoco na informação do endereço pelo eleitor e houver meios para localizá-lo, o juiz eleitoral poderá, se entender necessário, renovar a notificação prevista no inciso III do art. 81 desta Resolução, mantida a contagem do prazo já iniciada desde o batimento.

Art. 85. No prazo para sua manifestação, o eleitor poderá, por petição simples dirigida ao juiz, prestar esclarecimentos, juntar documentos e, identificado erro nos dados informados, requerer sua retificação.

Parágrafo único. Não será exigida a representação por advogado, podendo o eleitor apresentar a petição em via manuscrita, a ser digitalizada e inserida no PJe pelo servidor da Justiça Eleitoral, ou se valer do sistema digital de peticionamento avulso no PJe.

Art. 86. Findo o prazo de manifestação do eleitor e concluídas as diligências, o juiz eleitoral decidirá, assegurando a cada eleitor a manutenção de apenas uma inscrição e determinando o cancelamento de outras que a ele pertençam, lançando-se o código ASE respectivo.

§ 1º Comprovado que as inscrições agrupadas no batimento biográfico pertencem a pessoas gêmeas ou homônimas, deverá ser comandado o respectivo código ASE.

§ 2º Para os fins do § 1º deste artigo, reputam-se:

a) gêmeas as pessoas comprovadamente distintas que sejam irmãs e tenham filiação, data e local de nascimento idênticos; e

b) homônimas as pessoas comprovadamente distintas que, excetuadas as gêmeas, possuam dados iguais ou semelhantes, segundo critérios previamente definidos pelo Tribunal Superior Eleitoral.

§ 3º Até que sobrevenha a decisão referida no caput, a inscrição agrupada em duplicidade ou pluralidade identificada no batimento biográfico não poderá ser objeto de transferência, revisão ou segunda via.

Art. 87. Identificada situação em que a mesma pessoa possua duas ou mais inscrições eleitorais liberadas ou regulares, agrupadas ou não pelo batimento de dados biográficos, o cancelamento recairá, preferencialmente, na seguinte ordem:

I - na inscrição mais recente, efetuada contrariamente às instruções em vigor;

II - na inscrição que não corresponda ao domicílio eleitoral do eleitor ou da eleitora;

III - na inscrição que não foi utilizada para o exercício do voto pela última vez; IV - na mais antiga.

Art. 88. Serão canceladas todas as inscrições, lançando-se o ASE respectivo, se não for possível:

a) identificar a titularidade das inscrições; ou

b) afastar a incoincidência verificada no batimento de dados biométricos e determinar com precisão qual inscrição deve ser mantida.

Parágrafo único. A ordem prevista neste artigo poderá deixar de ser observada, com vistas a atender ao legítimo interesse da pessoa na conservação de uma específica inscrição eleitoral.

Art. 89. Publicada a decisão e adotadas as providências de que trata o art. 86 desta Resolução, o juiz ou a juíza eleitoral determinará a intimação do eleitor ou da eleitora cuja inscrição tenha sido cancelada, para, querendo interpor recurso no prazo e na forma do art. 58 desta Resolução ou, desde logo, providenciar a regularização de sua situação eleitoral por meio de RAE.

Parágrafo único. O processamento do recurso de que trata o caput deste artigo observará, no que couber, o disposto nos arts. 59 a 62 desta Resolução.

Art. 90. Encerrado o prazo para processamento dos casos de duplicidade ou pluralidade sem que haja decisão de autoridade judiciária competente em sentido contrário, a inscrição liberada passará a figurar como regular e a não liberada, caso exista no cadastro, como cancelada.

Capítulo VI: Do Batimento de Dados Biográficos e de Dados Biométricos

Este capítulo aborda os procedimentos de batimento de dados, que são essenciais para garantir que cada eleitor mantenha apenas uma inscrição eleitoral.

Vamos explicar os principais artigos e conceitos deste capítulo, bem como através de tabelas, o que ajudará na compreensão e memorização para a prova do concurso unificado do TSE.

Seção I: Disposições Gerais

Art. 77-78: O batimento de dados biográficos e biométricos é um procedimento para garantir que cada eleitor mantenha apenas uma inscrição eleitoral. O TSE realiza batimentos para identificar e expurgar duplicidades, pluralidades e incoincidências.

Art. 79: As operações de alistamento, transferência e revisão só são incluídas após batimento de dados biográficos, mas medidas posteriores podem ser adotadas para identificar inconsistências.

Art. 80: Inscrições com inconformidades são apreciadas por autoridades judiciárias, com critérios específicos para gêmeos e inscrições mais recentes em duplicidade ou pluralidade.

Seção II: Do Processamento das Inconformidades

Art. 81: O TSE notifica eleitores cujas inscrições estão em situação "não liberada" e expede relações de inscrições envolvidas.

Art. 82: A autoridade judiciária autua procedimentos e publica edital informando as inscrições agrupadas.

Art. 83-84: Regularização de inscrições distintas e determinação de diligências para apuração de irregularidades.

Art. 85: Eleitor pode prestar esclarecimentos e juntar documentos sem necessidade de advogado.

Art. 86: Juiz decide sobre a manutenção de apenas uma inscrição por eleitor, com comandos específicos para gêmeas e homônimas.

Critérios de Cancelamento de Inscrições

Art. 87-88: Cancelamento preferencial de inscrições mais recentes, não correspondentes ao domicílio, não utilizadas para voto ou mais antigas. Todas as inscrições serão canceladas se não for possível identificar titularidade ou afastar incoincidência.

Art. 89: Intimação do eleitor para interpor recurso ou regularizar situação.

Art. 90: Regularização final das inscrições após prazo para processamento.

Capítulo VI: Do Batimento de Dados Biográficos e de Dados Biométricos

Artigo	Tema	Resumo
Art. 77	Definição de Batimento	Procedimento que compara dados nos cadastros do TSE para verificar se cada pessoa tem apenas uma inscrição.
Art. 78	Realização do Batimento	Batimento nacional de dados biográficos e biométricos para identificar e expurgar inconformidades e irregularidades.
Parágrafo Único	Inconformidades	Situações como duplicidade, pluralidade e incoincidências que exigem tratamento específico.
Art. 79	Inclusão no Cadastro	Operações de alistamento, transferência e revisão só são incluídas após batimento de dados biográficos.
Parágrafo Único	Medidas Posteriores	Adoção de medidas posteriores para identificar inconsistências mesmo após inclusão no cadastro.
Art. 80	Decisão sobre Inconformidades	Inscrições sujeitas à apreciação de autoridade judiciária; inscrições mais recentes em duplicidade/pluralidade são consideradas "não liberadas".
§ 1º	Duplicidades em Pessoas Gêmeas	Todas as inscrições de pessoas gêmeas serão identificadas como liberadas.
§ 2º	Inscrições Não Liberadas	Inscrição não liberada em caso de falta de indicação da condição de gêmeo.
§ 3º	Incoincidências no Batimento Biométrico	Todas as inscrições envolvidas em incoincidências são consideradas não liberadas.

Seção II: Do Processamento das Inconformidades

Artigo	Tema	Resumo
Art. 81	Comunicação de Inconformidades	TSE expede relação de inscrições envolvidas e notificação aos eleitores para regularização em 20 dias.
Art. 82	Autuação de Procedimentos	Autoridade judiciária determina autuação no PJe e publica edital informando inscrições agrupadas.
Parágrafo Único	Disponibilidade do Edital	Edital disponível por 20 dias.
Art. 83	Regularização de Inscrições Distintas	Juiz determina regularização de inscrição quando grupo for formado por pessoas distintas.

Artigo	Tema	Resumo
Art. 84	Diligências Necessárias	Juiz pode determinar diligências para apuração da irregularidade; decisão de cancelamento após prazo de regularização.
§ 1º	Prazo para Regularização	Cancelamento só após prazo de regularização do eleitor.
§ 2º	Renovação da Notificação	Juiz pode renovar notificação se erro na informação de endereço for identificado.
Art. 85	Manifestação do Eleitor	Eleitor pode prestar esclarecimentos e juntar documentos sem necessidade de advogado.
Art. 86	Decisão sobre Inscrições	Juiz assegura manutenção de apenas uma inscrição por eleitor e determina cancelamento das outras.
§ 1º	Inscrições de Gêmeas ou Homônimas	Comando de código ASE para inscrições de gêmeas ou homônimas.
§ 2º	Definições de Gêmeas e Homônimas	Definições específicas para gêmeas e homônimas.
§ 3º	Limitações Durante Batimento	Inscrição em duplicidade/pluralidade não pode ser objeto de transferência, revisão ou segunda via até decisão.

Tabela: Critérios de Cancelamento de Inscrições

Artigo	Tema	Resumo
Art. 87	Critérios para Cancelamento	Cancelamento preferencial na ordem: inscrição mais recente, não correspondente ao domicílio, não utilizada para voto, mais antiga.
Art. 88	Cancelamento de Todas as Inscrições	Todas as inscrições serão canceladas se não for possível identificar titularidade ou afastar incoincidência.
Parágrafo Único	Exceção à Ordem de Cancelamento	Ordem pode ser alterada para atender ao legítimo interesse do eleitor.

Artigo	Tema	Resumo
Art. 89	Intimação da Decisão	Eleitor cuja inscrição foi cancelada será intimado para interpor recurso ou regularizar sua situação.
Parágrafo Único	Processamento do Recurso	Recurso processado conforme disposto nos arts. 59 a 62.
Art. 90	Regularização Final	Inscrição liberada passa a ser regular e não liberada, se existente, será cancelada após prazo para processamento.

Seção III

DA APURAÇÃO DE ILÍCITO PENAL

Art. 91. Confirmada a existência de duas ou mais inscrições em cada grupo relativas a uma mesma pessoa e afastada a hipótese de evidente falha dos serviços eleitorais, o Ministério Público Eleitoral será comunicado para avaliar a existência de indícios de ilícito penal eleitoral e, se for o caso, requisitar à Polícia Federal a instauração de inquérito policial.

§ 1º O disposto no caput deste artigo não prejudica a requisição da instauração do inquérito por iniciativa de autoridade judiciária.

§ 2º Quando no local da infração não existirem órgãos da Polícia Federal, a Polícia do respectivo Estado terá atuação supletiva.

§ 3º Concluído o inquérito ou requerida a dilação de prazo para a sua conclusão, a autoridade policial que o presidir encaminhará os autos ao juízo eleitoral ao qual couber a decisão na esfera penal, que os remeterá ao Ministério Público Eleitoral para, conforme o caso, manifestar-se sobre o pedido de dilação do prazo, oferecer denúncia ou requerer o arquivamento do inquérito.

§ 4º Arquivado o inquérito ou julgada a ação penal, o juízo eleitoral, comunicará a decisão à autoridade judiciária competente para adoção de medidas cabíveis na esfera administrativa.

Seção IV

DA COMPETÊNCIA PARA APRECIAÇÃO DAS INCONFORMIDADES

Art. 92. A decisão administrativa das duplicidades e pluralidades de inscrições identificadas pelo batimento biográfico, agrupadas ou não pelo batimento, inclusive quando relacionadas a pessoas que estão com seus direitos políticos suspensos, caberá:

I - no tocante às duplicidades, ao juízo da zona eleitoral a que estiver vinculada a inscrição mais recente (Tipo 1D), ressalvadas as hipóteses previstas nos §§ 1º a 3º deste artigo;

II - no tocante às pluralidades:

a) ao juízo da zona eleitoral, quando envolver inscrições efetuadas em uma mesma zona eleitoral (Tipo 1P);

b) à corregedoria regional eleitoral, quando envolver inscrições efetuadas entre zonas eleitorais de um mesmo Estado ou do Distrito Federal (Tipo 2P);

c) à Corregedoria-Geral Eleitoral, quando envolver inscrições efetuadas em zonas eleitorais de Estados diversos (Tipo 3P);

§ 1º As decisões de situação relativa a pessoa que perdeu seus direitos políticos (Tipo 3D) e de pluralidades decorrentes do agrupamento de uma ou mais inscrições, requeridas em circunscrições distintas, com um ou mais registros de suspensão da Base de Perda e Suspensão de Direitos Políticos (Tipo 3P), serão da competência da Corregedoria-Geral Eleitoral.

§ 2º As decisões das duplicidades envolvendo inscrição e registro de suspensão da Base de Perda e Suspensão de Direitos Políticos (Tipo 2D) e das pluralidades decorrentes do agrupamento de uma ou mais inscrições, requeridas na mesma circunscrição, com um ou mais registros de suspensão da referida base (Tipo 2P), serão da competência da corregedoria regional eleitoral.

§ 3º Na hipótese de duplicidade envolvendo inscrições atribuídas a pessoas gêmeas ou homônimas comprovadas, existindo inscrição não liberada no grupo, a competência para decisão será do juízo da zona eleitoral a ela correspondente.

Art. 93. A decisão administrativa das inconformidades biométricas caberá:

I - no tocante às duplicidades, ao juízo da zona eleitoral a que estiver vinculada a inscrição mais recente (Tipo 1DBIO);

II - no tocante às pluralidades:

a) ao juízo da zona eleitoral, quando envolver inscrições efetuadas em uma mesma zona eleitoral (Tipo 1PBIO);

b) à corregedoria regional eleitoral, quando envolver inscrições efetuadas entre zonas eleitorais de um mesmo Estado ou do Distrito Federal (Tipo 2PBIO);

c) à Corregedoria-Geral Eleitoral, quando envolver inscrições efetuadas em zonas eleitorais de Estados diversos (Tipo 3PBIO).

Art. 94. Contra as decisões administrativas de que tratam os arts. 92 e 93 desta Resolução será cabível recurso, no prazo de 3 dias, sendo competente para sua apreciação:

I - a corregedoria regional eleitoral, quando a decisão recorrida houver sido proferida por juiz eleitoral de sua circunscrição;

II - a Corregedoria-Geral Eleitoral, quando a decisão recorrida houver sido proferida pela corregedoria regional.

Art. 95. Havendo decisões conflitantes em processo de regularização de situação de eleitor ou eleitora envolvendo inscrições atribuídas a uma mesma pessoa, proferidas por autoridades judiciárias distintas, a decisão caberá:

I - a corregedoria regional eleitoral, quando se tratar de decisões proferidas por juízos de zonas eleitorais de um mesmo Estado ou do Distrito Federal;

II - à Corregedoria-Geral Eleitoral, quando se tratar de decisões proferidas por juízos eleitorais de Estados diversos ou por corregedores regionais.

Art. 96. Na instrução do procedimento administrativo, a autoridade judiciária poderá requisitar informações complementares ao juízo da zona eleitoral de cada uma das inscrições em tratamento.

§ 1º O juízo eleitoral ao qual for dirigida a requisição deverá prestar informações no prazo máximo de 10 dias, contados do seu recebimento.

§ 2º A requisição deverá ser respondida no prazo indicado no §1º deste artigo ainda que o eleitor não tenha sido encontrado.

§ 3º No caso de recusa ou de demora no atendimento, o juízo da zona eleitoral competente deverá informar o fato:

a) à corregedoria regional eleitoral, nos casos que envolvam zonas eleitorais da mesma unidade da federação; ou b) à Corregedoria-Geral Eleitoral nos casos que envolvam zonas eleitorais de unidades da federação distintas.

Art. 97. O juízo eleitoral só poderá efetivar a regularização, o cancelamento ou a suspensão de inscrição que pertença à sua zona eleitoral.

§ 1º Os juízos de zonas eleitorais diversas reportarão à autoridade judiciária competente a ocorrência de fato ensejador do cancelamento de inscrição liberada ou regular ou a necessidade de regularização de inscrição não liberada, cancelada ou suspensa, sempre que a situação chegar a seu conhecimento.

§ 2º Se o juízo eleitoral competente para a apreciação da inconformidade decidir pelo cancelamento de inscrição vinculada a zona eleitoral diversa, deverá comunicar ao respectivo juízo eleitoral, para que efetive a medida, ou suscite o conflito perante a Corregedoria.

Art. 98. Nas duplicidades e pluralidades de sua competência, a Corregedoria-Geral Eleitoral ou a corregedoria regional eleitoral poderão se pronunciar quanto a qualquer inscrição agrupada.

Art. 99. A competência para apuração do ilícito penal que decorra das duplicidades, pluralidades, incoincidências e inconsistências é do juízo eleitoral da zona a que estiver vinculada a inscrição mais recente.

Art. 100. A decisão administrativa tomada pela autoridade judiciária será processada, conforme o caso:

I - pela própria zona eleitoral;

II - pelas corregedorias regionais eleitorais;

III - pela Corregedoria-Geral Eleitoral.

Art. 101. A autoridade judiciária competente deverá se pronunciar quanto às situações de inconformidade em até 40 dias contados:

I - quando agrupadas, da data de realização do respectivo batimento; ou

II - quando não agrupadas, do recebimento da comunicação de inconformidade.

§ 1º Proferida e registrada a decisão, caberá à autoridade competente verificar a regularidade dos lançamentos efetuados no Cadastro Eleitoral.

§ 2º Será automaticamente cancelada pelo sistema a inscrição envolvida em inconformidade, com situação não liberada, que não for objeto de decisão da autoridade judiciária no prazo especificado no caput deste artigo.

§ 3º As inscrições canceladas permanecerão no Cadastro Eleitoral por prazo indeterminado, independentemente da causa do cancelamento.

O **Capítulo VI** da Resolução Nº 23.659, trata dos procedimentos de batimento de dados biográficos e biométricos para garantir a unicidade das inscrições eleitorais. Este capítulo detalha como o Tribunal Superior Eleitoral (TSE) realiza o batimento de dados para identificar e corrigir duplicidades, pluralidades e outras inconformidades no cadastro eleitoral. A seguir, veremos uma explicação detalhada das principais seções e artigos, acompanhada de uma tabela resumo para facilitar a compreensão e memorização.

Seção III: Da Apuração de Ilícito Penal

Art. 91: Se confirmada a existência de múltiplas inscrições para a mesma pessoa e descartada a falha dos serviços eleitorais, o Ministério Público Eleitoral (MPE) será comunicado para avaliar indícios de ilícito penal eleitoral. O MPE pode requisitar à Polícia Federal a instauração de inquérito policial.

§ 1º-4º: A autoridade judiciária pode requisitar inquérito, a Polícia Estadual atua supletivamente onde não houver Polícia Federal, e a conclusão do inquérito é encaminhada ao juízo eleitoral, que comunica a decisão administrativa após julgamento ou arquivamento.

Seção IV: Da Competência para Apreciação das Inconformidades

Art. 92: Competência para decisões sobre duplicidades e pluralidades varia conforme a jurisdição das inscrições. As decisões sobre duplicidades e pluralidades relacionadas a pessoas com direitos políticos suspensos são específicas.

Art. 93: Decisão sobre inconformidades biométricas segue a mesma lógica, com jurisdição definida conforme a localização das inscrições.

Art. 94: Recurso contra decisões administrativas é cabível no prazo de 3 dias, e a competência para apreciação do recurso varia conforme a autoridade que proferiu a decisão original.

Art. 95: Decisões conflitantes são resolvidas pela corregedoria regional ou geral, dependendo da jurisdição.

Art. 96: A autoridade judiciária pode requisitar informações complementares ao juízo eleitoral das inscrições em tratamento.

Art. 97: Juízo eleitoral só pode efetivar regularização, cancelamento ou suspensão de inscrições de sua zona eleitoral.

Art. 98: Corregedoria pode se pronunciar sobre qualquer inscrição agrupada.

Art. 99: Competência para apuração de ilícitos penais decorrentes de inconformidades cabe ao juízo eleitoral da inscrição mais recente.

Art. 100: Processamento das decisões é realizado pela zona eleitoral, corregedorias regionais ou geral, conforme o caso.

Art. 101: Decisão sobre inconformidades deve ser proferida em até 40 dias, com cancelamento automático de inscrições não decididas no prazo.

Capítulo VI - Batimento de Dados Biográficos e Biométricos

Artigo	Tema	Resumo
Art. 77	Definição de Batimento	Procedimento de comparação de dados nos cadastros do TSE para verificar unicidade de inscrições eleitorais.
Art. 78	Realização do Batimento	TSE realiza batimentos nacionais de dados biográficos e biométricos para identificar e corrigir inconformidades.
Parágrafo Único	Inconformidades	Duplicidade, pluralidade e incoincidências que exigem tratamento específico.
Art. 79	Inclusão no Cadastro	Operações de alistamento, transferência e revisão só são incluídas após batimento de dados biográficos.
Parágrafo Único	Medidas Posteriores	Adoção de medidas para identificar inconsistências após inclusão no cadastro.
Art. 80	Decisão sobre Inconformidades	Inscrições com inconformidades são sujeitas à apreciação de autoridade judiciária.
§ 1º	Duplicidades em Pessoas Gêmeas	Inscrições de gêmeos são identificadas como liberadas.
§ 2º	Inscrições Não Liberadas	Inscrição não liberada em caso de falta de indicação da condição de gêmeo.
§ 3º	Incoincidências no Batimento Biométrico	Todas as inscrições em incoincidências são consideradas não liberadas.

ELEITORAL

Seção II: Do Processamento das Inconformidades

Artigo	Tema	Resumo
Art. 81	Comunicação de Inconformidades	TSE notifica eleitores sobre inconformidades e expede relações de inscrições envolvidas.
Art. 82	Autuação de Procedimentos	Autoridade judiciária autua procedimentos e publica edital informando inscrições agrupadas.
Parágrafo Único	Disponibilidade do Edital	Edital disponível por 20 dias.
Art. 83	Regularização de Inscrições Distintas	Juiz determina regularização de inscrição quando grupo for formado por pessoas distintas.
Art. 84	Diligências Necessárias	Juiz pode determinar diligências para apuração de irregularidades.
§ 1º	Prazo para Regularização	Cancelamento só após prazo de regularização do eleitor.
§ 2º	Renovação da Notificação	Juiz pode renovar notificação se erro na informação de endereço for identificado.
Art. 85	Manifestação do Eleitor	Eleitor pode prestar esclarecimentos e juntar documentos sem necessidade de advogado.
Art. 86	Decisão sobre Inscrições	Juiz assegura manutenção de apenas uma inscrição por eleitor, com comandos específicos para gêmeos e homônimas.

Seção III: Da Apuração de Ilícito Penal

Artigo	Tema	Resumo
Art. 91	Comunicação ao MP Eleitoral	Confirmada a existência de múltiplas inscrições, MP Eleitoral é comunicado para avaliar indícios de ilícito penal.
§ 1º	Iniciativa de Autoridade Judiciária	Autoridade judiciária pode requisitar instauração de inquérito policial.
§ 2º	Atuação Supletiva da Polícia Estadual	Polícia Estadual atua supletivamente onde não houver Polícia Federal.
§ 3º	Encaminhamento de Inquérito	Conclusão do inquérito ou pedido de dilação de prazo são encaminhados ao juízo eleitoral.
§ 4º	Comunicação de Decisão	Arquivado o inquérito ou julgada a ação penal, decisão é comunicada à autoridade administrativa competente.

Seção IV: Da Competência para Apreciação das Inconformidades

Artigo	Tema	Resumo
Art. 92	Competência para Duplicidades	Decisão sobre duplicidades cabe ao juízo da zona eleitoral da inscrição mais recente.
Art. 93	Competência para Inconformidades Biométricas	Decisão sobre duplicidades e pluralidades biométricas conforme a jurisdição das inscrições envolvidas.
Art. 94	Recurso contra Decisões Administrativas	Cabível recurso contra decisões administrativas no prazo de 3 dias.
Art. 95	Decisões Conflitantes	Decisões conflitantes entre autoridades distintas são resolvidas pela corregedoria regional ou geral.
Art. 96	Requisição de Informações	Autoridade judiciária pode requisitar informações complementares ao juízo eleitoral.
Art. 97	Competência para Regularização e Cancelamento	Juízo eleitoral só pode efetivar medidas relativas a inscrições de sua zona eleitoral.
Art. 98	Competência da Corregedoria	Corregedoria pode se pronunciar sobre qualquer inscrição agrupada.
Art. 99	Competência para Apuração de Ilícitos	Apuração de ilícitos penais decorrentes de inconformidades cabe ao juízo eleitoral da inscrição mais recente.

Artigo	Tema	Resumo
Art. 100	Processamento de Decisões	Processamento de decisões conforme jurisdição: zona eleitoral, corregedorias regionais ou geral.
Art. 101	Prazos para Decisão	Decisão sobre inconformidades em até 40 dias; cancelamento automático após prazo sem decisão.

CAPÍTULO VII

DA CORREIÇÃO DE ELEITORADO

Art. 102. A correição de eleitorado poderá ser determinada, observada a conveniência e a disponibilidade de recursos:

I - pela Corregedoria-Geral Eleitoral, quando:

a) o total de transferências ocorridas no ano em curso seja 10% superior ao do ano anterior;

b) o eleitorado for superior ao dobro da população entre dez e quinze anos, somada à de idade superior a setenta anos do território daquele município; e

c) o eleitorado for superior a 65% e menor ou igual a 80% da população projetada para aquele ano pelo Instituto Brasileiro de Geografia e Estatística (IBGE);

II - pela corregedoria regional, quando houver indícios consistentes ou denúncia fundamentada de fraude ou outras irregularidades no alistamento em zona ou município.

Art. 103. A realização da correição de eleitorado observará as instruções específicas do Tribunal Superior Eleitoral e as que subsidiariamente baixar a corregedoria ou o tribunal regional eleitoral.

Parágrafo único. Na hipótese do inciso I do art. 102 desta Resolução, os tribunais regionais indicarão previamente os municípios que preencham os requisitos do caput deste artigo.

Este capítulo trata das situações e procedimentos para a realização da correição de eleitorado, que é uma verificação da regularidade do cadastro eleitoral em determinadas circunstâncias.

Seção I: Determinação da Correição de Eleitorado

Art. 102: A correição de eleitorado é uma medida que pode ser determinada pela Corregedoria-Geral Eleitoral ou pela corregedoria regional, observando a conveniência e a disponibilidade de recursos.

Inciso I: A Corregedoria-Geral Eleitoral pode determinar a correição se:

a): O total de transferências eleitorais no ano em curso for 10% superior ao do ano anterior.

b): O eleitorado de um município for superior ao dobro da população entre 10 e 15 anos, somada à população acima de 70 anos.

c): O eleitorado de um município for entre 65% e 80% da população projetada pelo IBGE para aquele ano.

Inciso II: A corregedoria regional pode determinar a correição se houver indícios consistentes ou denúncia fundamentada de fraude ou outras irregularidades no alistamento eleitoral em uma zona ou município.

Seção II: Instruções e Procedimentos para Correição

Art. 103: A realização da correição de eleitorado deve seguir as instruções específicas do Tribunal Superior Eleitoral e as instruções subsidiárias da corregedoria ou do tribunal regional eleitoral.

Parágrafo Único: Na hipótese do inciso I do art. 102, os tribunais regionais devem indicar previamente os municípios que atendem aos critérios para a correição.

Pontos de Atenção para os Alunos

1. **Critérios para Determinação de Correição**: É essencial entender os critérios específicos que podem levar à determinação de uma correição de eleitorado pela Corregedoria-Geral Eleitoral ou pela corregedoria regional. Isso inclui porcentagens de transferência, disparidades no eleitorado, e porcentagens da população projetada.
2. **Instruções Específicas**: A correição deve seguir as instruções do TSE, bem como as instruções subsidiárias fornecidas pela corregedoria ou tribunal regional eleitoral.
3. **Indicação de Municípios**: Antes de realizar a correição, os tribunais regionais devem indicar os municípios que preenchem os requisitos estabelecidos.

Capítulo VII - Da Correição de Eleitorado

Artigo	Tema	Resumo
Art. 102	Determinação da Correição	A correição pode ser determinada pela Corregedoria-Geral Eleitoral ou pela corregedoria regional em determinadas situações.
Inciso I	Critérios da Corregedoria-Geral	Corregedoria-Geral Eleitoral pode determinar correição se:
a)	Transferências Excedentes	Total de transferências no ano for 10% superior ao do ano anterior.
b)	Disparidade no Eleitorado	Eleitorado for superior ao dobro da população entre 10 e 15 anos, somada à população acima de 70 anos.

Artigo	Tema	Resumo
c)	Percentual de Eleitorado	Eleitorado for entre 65% e 80% da população projetada pelo IBGE.
Inciso II	Critérios da Corregedoria Regional	Corregedoria regional pode determinar correição quando houver indícios consistentes ou denúncias fundamentadas de fraude ou irregularidades no alistamento.
Art. 103	Instruções para Correição	Realização da correição de eleitorado segue as instruções do TSE e da corregedoria ou tribunal regional eleitoral.
Parágrafo Único	Indicação de Municípios	Tribunais regionais indicam previamente os municípios que preencham os requisitos para correição.

CAPÍTULO VIII

DA REVISÃO DE ELEITORADO

Seção I

DOS REQUISITOS E DA COMPETÊNCIA PARA DETERMINAR A REVISÃO DE ELEITORADO

Art. 104. Se na correição do eleitorado for comprovada a fraude em proporção que comprometa a higidez do Cadastro Eleitoral, o tribunal regional eleitoral, comunicando a decisão ao Tribunal Superior Eleitoral, ordenará a revisão do eleitorado, obedecidas as instruções contidas nesta Resolução e as recomendações que subsidiariamente baixar.

§ 1º A execução da revisão de eleitorado com fundamento no caput deste artigo dependerá da existência de dotação orçamentária, a ser avaliada após já destacados os recursos para as revisões de ofício.

§ 2º Compete ao tribunal regional eleitoral autorizar a alteração do período e/ou da área abrangidos pela revisão a que se refere este artigo, comunicando a decisão ao Tribunal Superior Eleitoral.

Art. 105. O Tribunal Superior Eleitoral poderá, de ofício, determinar a revisão do eleitorado do município, observada a conveniência e a disponibilidade de recursos, quando:

I - o total de transferências ocorridas no ano em curso seja 10% superior ao do ano anterior;

II - o eleitorado for superior ao dobro da população entre dez e quinze anos, somada à de idade superior a setenta anos do território daquele município; e

III - o eleitorado for superior a 80% da população projetada para aquele ano pelo Instituto Brasileiro de Geografia e Estatística (IBGE).

Parágrafo único. Os tribunais regionais eleitorais indicarão previamente os municípios que preenchem os requisitos do caput deste artigo, cabendo ao Tribunal Superior Eleitoral determinar a execução das revisões de eleitorado de ofício com observância aos prazos estabelecidos em normas específicas e a disponibilidade orçamentária.

Art. 106. Na hipótese do art. 105 desta Resolução, a Corregedoria-Geral Eleitoral expedirá provimentos para tornar pública a relação dos municípios a serem submetidos à revisão de eleitorado para coleta de dados biométricos.

Parágrafo único. As causas supervenientes determinantes da inviabilidade de realização das revisões de eleitorado nos municípios constantes dos provimentos a que se refere o caput deste artigo deverão ser comunicadas, pelos respectivos tribunais regionais eleitorais, à Corregedoria-Geral Eleitoral, impreterivelmente, no prazo de 48 horas de sua ocorrência, para que seja definida a redistribuição dos recursos correspondentes a outros municípios.

Art. 107. Não será realizada revisão de eleitorado:

I - em ano eleitoral, salvo se iniciado o procedimento revisional no ano anterior ou se, verificada situação excepcional, o Tribunal Superior Eleitoral autorizar que a ele se dê início; e

II - que abranja apenas parcialmente o território do município, ainda que seja este dividido em mais de uma zona eleitoral.

Seção II

DO PROCEDIMENTO REVISIONAL

Subseção I

Da preparação

Art. 108. Aprovada a revisão de eleitorado, a Secretaria de Tecnologia da Informação ou o órgão regional congênere identificará, no sistema, as pessoas abrangidas pela revisão, assim entendidos aquelas inscritas eleitoras nos municípios envolvidos ou para eles movimentadas até 30 dias antes do início dos respectivos trabalhos.

Parágrafo único. A listagem geral englobará todas as seções eleitorais referentes à zona ou município objeto da revisão e será disponibilizada, por intermédio da respectiva corregedoria regional, ao juízo eleitoral da zona onde será realizada a revisão.

Art. 109. A revisão de eleitorado deverá ser sempre presidida pelo juiz ou juíza eleitoral da respectiva zona, cabendo ao tribunal regional eleitoral indicar, nos municípios com mais de uma zona eleitoral, o juiz ou juíza que coordenará os trabalhos.

§ 1º A fiscalização da revisão de eleitorado será desempenhada pela(o) representante do Ministério Público que oficiar perante o juízo eleitoral.

§ 2º O tribunal regional eleitoral, por intermédio da corregedoria regional, inspecionará os serviços de revisão.

Art. 110. Para a execução dos trabalhos de revisão de eleitorado, o juiz ou juíza eleitoral poderá:

I - mediante autorização do tribunal regional respectivo, determinar a criação de postos de revisão e os dias e horários em que funcionarão, o que poderá ocorrer, inclusive, aos sábados, domingos e feriados, assegurada, em qualquer hipótese, a acessibilidade;

II - requisitar diretamente às repartições públicas locais, observados os impedimentos legais:

a) o quantitativo de auxiliares que for necessário para o desempenho dos trabalhos; e

b) a utilização de prédios públicos para a instalação de postos de revisão; e

III - determinar o atendimento revisional domiciliar de pessoas com deficiência, indígenas e quilombolas, desde que haja meios para tanto.

§ 1º Sempre que possível, serão instalados postos de revisão, pelo período necessário, em terras indígenas, comunidades quilombolas, comunidades isoladas e em localidades que por suas características dificultem ou onerem demasiadamente o comparecimento de eleitores e eleitoras à unidade de atendimento da Justiça Eleitoral.

§ 2º O horário de funcionamento dos postos de atendimento será estabelecido conforme critérios de conveniência e oportunidade, visando à otimização dos recursos, materiais e humanos, necessários à realização dos trabalhos revisionais.

§ 3º Nas datas em que os trabalhos revisionais forem realizados nos postos de revisão, o cartório sede da zona eleitoral poderá, se houver viabilidade, permanecer com os serviços eleitorais de rotina.

Subseção II

Dos prazos

Art. 111. O prazo do procedimento revisional será previsto no ato que determinar sua realização e será, no mínimo, de 30 dias.

Parágrafo único. A conclusão dos procedimentos revisionais será fixada em data que não ultrapasse 31 de março do ano de realização das eleições.

Art. 112. O juiz ou a juíza eleitoral dará início ao procedimento revisional no prazo máximo de 30 dias contados da determinação da revisão pelo tribunal competente.

§ 1º Em qualquer modalidade de revisão de eleitorado, o juízo eleitoral poderá requerer à presidência do tribunal regional eleitoral a prorrogação do prazo, em ofício fundamentado, observada a antecedência mínima de 5 dias em relação à data de conclusão dos trabalhos.

§ 2º Se, em decorrência da prorrogação do prazo, a conclusão dos trabalhos recair em data posterior a 31 de março do ano eleitoral, a revisão de eleitorado não poderá ser homologada antes que, findo o processamento dos arquivos de urna, sejam retomadas as operações do Cadastro Eleitoral.

Art. 113. Se na data e horário de encerramento dos trabalhos revisionais houver pessoas aguardando atendimento, serão distribuídas senhas ou adotado outro mecanismo de controle para que sejam admitidas à revisão.

Parágrafo único. Na hipótese do caput deste artigo, os trabalhos continuarão de forma ininterrupta, respeitadas as situações de atendimento prioritário assegurado em lei, em ordem numérica das senhas, até que todas as pessoas sejam atendidas.

Subseção III

Da convocação dos eleitores e das eleitoras e da divulgação dos trabalhos revisionais

Art. 114. Recebida a listagem a que se refere o art. 108 desta Resolução, o juízo eleitoral fará publicar, com antecedência mínima de 5 dias do início dos trabalhos de revisão, edital, do qual constará:

I - a convocação dos eleitores e das eleitoras do(s) município(s) ou da(s) zona(s) para, ressalvadas as hipóteses expressas no próprio edital, comparecer, pessoalmente, à revisão de eleitorado, a fim de confirmarem seu domicílio, sob pena de cancelamento da sua inscrição eleitoral, sem prejuízo da apuração de fraude no alistamento ou na transferência, se constatada irregularidade;

II - a exigência de apresentação de: a) documento de identidade; b) comprovante de domicílio, conforme especificado no art. 118 desta Resolução; e c) se possível, título eleitoral ou documento comprobatório da condição de eleitor;

III - as datas de início e término dos trabalhos revisionais, a área e o período abrangidos e os dias e locais onde funcionarão postos de revisão; e IV - as hipóteses de dispensa do comparecimento à revisão de eleitorado.

Parágrafo único. A dispensa do comparecimento à revisão de eleitorado poderá ter por fundamento critérios de razoabilidade e economicidade, tais como a data da última operação eleitoral, a condição de indígena, quilombola ou pessoa com deficiência já anotada no Cadastro Eleitoral, a prévia comprovação do domicílio por meio de cruzamento de dados com outras entidades.

Art. 115. Serão admitidos à revisão de eleitorado e estarão habilitados à formalização do RAE e à coleta de dados biométricos as pessoas cuja inscrição esteja em situação regular ou suspensa. Parágrafo único. Havendo anotação de multa ou de outras restrições no cadastro, o processamento da revisão não a inativará.

Art. 116. A revisão de eleitorado deverá ser precedida de ampla divulgação, destinada a orientar os eleitores e as eleitoras quanto aos locais, período e horários em que deverão se apresentar.

§ 1º O edital de que trata o art. 114 desta Resolução deverá ser disponibilizado no fórum da comarca, nos cartórios eleitorais, repartições públicas e locais de acesso ao público em geral.

§ 2º Durante no mínimo 3 dias consecutivos, o edital será divulgado, sem ônus para a Justiça Eleitoral, por meio da imprensa escrita, falada e televisada, se houver.

§ 3º O juiz ou a juíza eleitoral deverá dar conhecimento aos partidos políticos da realização da revisão de eleitorado, assegurando-lhes, na forma prevista nos arts. 75 e 76 desta Resolução, acompanhar e fiscalizar todos os trabalhos.

§ 4º Serão ainda empregados quaisquer outros meios que favoreçam o pleno conhecimento da revisão de eleitorado por parte todas as pessoas interessadas, cabendo ao juízo eleitoral planejar e executar comunicações que atendam às particularidades das comunidades remotas, indígenas e quilombolas acaso existentes no município.

Subseção IV

Dos documentos e de seu valor probatório

Art. 117. A prova de identidade só será admitida se feita pelo próprio eleitor ou pela própria eleitora mediante apresentação de um ou mais dos documentos especificados no art. 34 desta Resolução.

Art. 118. A comprovação do domicílio poderá ser feita por meio de um ou mais documentos dos quais se infira a existência de vínculo residencial, afetivo, familiar, profissional, comunitário ou de outra natureza que justifique a escolha da localidade pela pessoa para nela exercer seus direitos políticos.

§ 1º Para os fins de comprovação de vínculo residencial, serão aceitas contas de luz, água ou telefone, bem como notas fiscais ou envelopes de correspondência, desde que tenham sido emitidos ou expedidos nos 3 meses anteriores ao comparecimento à revisão.

§ 2º A comprovação de vínculos diversos do residencial poderá ser feita por meio de documentos adequados à sua natureza, não se exigindo antecedência mínima em hipóteses, tais como a de apresentação de cartão de usuário do Serviço Único de Saúde - SUS ou de comprovante de matrícula em instituição de ensino, nas quais a antiguidade não é essencial à constituição do vínculo.

§ 3º A declaração do eleitor ou da eleitora de que pertence a comunidade indígena ou quilombola ou de que se trata de pessoa em situação de rua dispensará a comprovação documental do vínculo de que trata do caput deste artigo.

§ 4º Em qualquer outra situação na qual subsista dúvida quanto à idoneidade da documentação apresentada ou sendo tal documentação inexistente, a pessoa poderá declarar, sob as penas da lei, que tem domicílio no município.

Art. 119. Na análise das declarações do eleitor ou da eleitora e da documentação comprobatória da identidade e do domicílio eleitoral, o juiz ou a juíza adotará a interpretação mais benéfica ao cidadão, sendo-lhe facultado, todavia, determinar realização de diligências, inclusive verificação in loco, antes de decidir.

Parágrafo único. As diligências a que se refere o caput deste artigo poderão ser realizadas por meio de convênios ou com apoio de outras instituições públicas.

Subseção V

Da análise dos documentos

Art. 120. O juiz ou a juíza determinará o registro da regularidade ou não da inscrição eleitoral, observado o seguinte procedimento:

a) a pessoa designada para realizar o atendimento fará a conferência dos dados do eleitor ou da eleitora contidos no cadastro com base nos documentos apresentados no momento da revisão;

b) comprovados a identidade e o domicílio eleitoral, será providenciado o preenchimento do formulário RAE, inclusive com a coleta de dados biométricos, se for o caso;

c) o título eleitoral será entregue à pessoa como comprovante de seu comparecimento ao procedimento de revisão; e

d) o eleitor ou a eleitora que não comprovar sua identidade ou domicílio não será considerado(a) revisado(a).

Art. 121. Se a pessoa possuir mais de uma inscrição liberada ou regular, apenas uma delas poderá ser considerada revisada.

Parágrafo único. Na hipótese do caput deste artigo, eventual título eleitoral encontrado em poder do eleitor ou da eleitora referente a qualquer inscrição que exigir cancelamento deverá ser formalmente recolhido e inutilizado.

Subseção VI

Da decisão de cancelamento da inscrição

Art. 122. Concluídos os trabalhos de revisão, o juiz ou a juíza juntará aos autos relatório sintético das operações de RAE realizadas, extraído do Sistema Elo e, ouvido o Ministério Público, determinará o cancelamento das inscrições relativas a eleitoras e eleitores que não tenham comparecido.

§ 1º Não serão canceladas as inscrições que, embora pertinentes ao período de abrangência das revisões de eleitorado:

I - sejam atribuídas a eleitoras e eleitores já identificados biometricamente, desde que atendidos os requisitos de qualidade dos dados biométricos e que tenha havido expressa dispensa do comparecimento ao cartório eleitoral pela norma que determinar o procedimento revisional;

II - tenham em seu histórico registro do comando alusivo a deficiência que impossibilite ou torne extremamente oneroso o cumprimento das obrigações eleitorais; e

III - tenham em seu histórico registro ativo do comando alusivo à suspensão de direitos políticos fundada em condenação criminal.

§ 2º O cancelamento das inscrições com fundamento neste artigo somente deverá ser efetivado no sistema após a homologação da revisão pelo tribunal regional eleitoral.

Art. 123. A sentença de cancelamento de inscrições deverá ser específica para cada município abrangido pela revisão e prolatada no prazo máximo de 10 dias contados da data do retorno dos autos do Ministério Público, podendo o tribunal regional eleitoral fixar prazo inferior.

§ 1º A sentença de que trata o caput deste artigo deverá relacionar todas as inscrições que serão canceladas no município.

§ 2º As eleitoras e os eleitores atingidas(os) pela sentença, presumindo-se do não comparecimento à revisão que se encontram em lugar incerto e não sabido, serão intimadas(os) por edital, sem prejuízo do envio de comunicação por meio de aplicativo da Justiça Eleitoral, quando se tratar de pessoa que dele for usuária.

§ 3º O edital será publicado nos sítios dos tribunais regionais da internet ou em sistema específico, com prazo mínimo de 15 dias, dele devendo constar que os eleitores e as eleitoras cuja inscrição tenha sido cancelada ou cuja transferência tenha sido revertida poderão recorrer da decisão, apresentando provas que justifiquem sua reforma, no prazo de 3 dias a contar da data final do edital.

§ 4º Aplica-se ao recurso contra a sentença de que trata este artigo o previsto nos arts. 59 a 62 desta Resolução.

SEÇÃO III

DA HOMOLOGAÇÃO DA REVISÃO DE ELEITORADO

Art. 124. Transcorrido o prazo recursal, o juiz ou juíza eleitoral fará minucioso relatório dos trabalhos desenvolvidos, que encaminhará, com os autos do processo de revisão, à corregedoria regional eleitoral.

Art. 125. Apreciado o relatório e ouvido o Ministério Público, a corregedora ou corregedor regional eleitoral:

I - indicará providências a serem tomadas, se verificar a ocorrência de vícios comprometedores à validade ou à eficácia dos trabalhos;

II - submetê-lo-á ao tribunal regional, propondo:

a) a homologação da revisão, se entender pela regularidade dos trabalhos revisionais; ou

b) a não homologação da revisão, se verificar o não comparecimento de quantitativo que ultrapasse 20% do total de convocados para o procedimento ou a existência de circunstâncias peculiares que impeçam o adequado atendimento das demandas de regularização das inscrições que vierem a ser canceladas.

Parágrafo único. Na hipótese da alínea b do inciso II do caput deste artigo, o tribunal regional eleitoral determinará que, uma vez concluído o processamento dos arquivos de urna e retomadas as operações do Cadastro Eleitoral, seja reaberto o atendimento às eleitoras e aos eleitores submetidos à revisão, fixando o limite para a conclusão dos trabalhos e eventual suspensão durante o recesso forense, e comunicará esta decisão ao Tribunal Superior Eleitoral.

O **Capítulo VIII: Da Revisão de Eleitorado** da Resolução Nº 23.659, aborda os procedimentos para a revisão do eleitorado, que é uma ação para garantir a integridade do Cadastro Eleitoral.

Vamos entender os requisitos, a competência, e os procedimentos envolvidos nessa revisão.

Devido a sua extensão, vamos identificar os pontos mais importantes do **Capítulo** para que vocês possam priorizar os estudos de forma eficiente.

Capítulo VIII - Da Revisão de Eleitorado

Artigo	Tema	Resumo
Art. 104	Fraude e Revisão de Eleitorado	Se a correição comprovar fraude significativa, o tribunal regional eleitoral ordenará a revisão do eleitorado.
§ 1º	Dotação Orçamentária	Revisão dependerá de dotação orçamentária após destacamento de recursos para revisões de ofício.
§ 2º	Alteração de Período/Área	Tribunal regional eleitoral pode alterar período/área da revisão, comunicando ao TSE.
Art. 105	Revisão de Ofício pelo TSE	TSE pode determinar revisão de ofício se certos critérios forem atendidos, como transferências superiores a 10% do ano anterior.
Parágrafo Único	Indicação de Municípios	Tribunais regionais indicam municípios que atendem aos critérios para revisão de ofício pelo TSE.
Art. 106	Publicação de Relação de Municípios	Corregedoria-Geral Eleitoral publica relação de municípios para revisão.
Parágrafo Único	Comunicação de Inviabilidades	Tribunais regionais comunicam inviabilidades de revisões em até 48 horas para redistribuição de recursos.
Art. 107	Restrições à Revisão de Eleitorado	Revisão não será realizada em ano eleitoral ou que abranja parcialmente o território do município.

Pontos de Atenção para os Alunos

1. **Critérios para Revisão de Eleitorado**: Entender os critérios e situações que levam à determinação de uma revisão de eleitorado é crucial. Isso inclui transferências superiores a 10%, disparidades no eleitorado e porcentagens da população projetada pelo IBGE.
2. **Procedimentos e Prazos**: Conhecer os procedimentos detalhados e os prazos envolvidos na revisão de eleitorado ajuda a compreender o processo e sua execução.

3. **Documentação e Comprovação**: Saber quais documentos são aceitos para comprovar identidade e domicílio, e como as declarações dos eleitores são tratadas, é fundamental para entender a validade do procedimento revisional.
4. **Decisão e Homologação**: Compreender o processo de decisão do juiz eleitoral, o cancelamento de inscrições e a homologação pelo tribunal regional eleitoral é essencial para a interpretação correta das etapas finais da revisão.

Seção I: Dos Requisitos e da Competência para Determinar a Revisão de Eleitorado

1. **Art. 104**: Revisão após correição que comprova fraude significativa.

o **Priorizar**: Saber quando a revisão é ordenada e a dependência de dotação orçamentária.

2. **Art. 105**: Revisão de ofício pelo TSE.
   o **Priorizar**: Critérios que levam o TSE a determinar a revisão (transferências, percentual do eleitorado, comparações com dados do IBGE).
3. **Art. 107**: Restrições à revisão.
   o **Priorizar**: Entender em que situações a revisão não pode ser realizada (ano eleitoral, revisão parcial).

Seção II: Do Procedimento Revisional

1. **Art. 108**: Identificação de eleitores abrangidos pela revisão.
   o **Priorizar**: Saber o procedimento de identificação dos eleitores e a listagem geral.
2. **Art. 109**: Preside o juiz eleitoral e fiscalização do Ministério Público.
   o **Priorizar**: Funções do juiz eleitoral e do Ministério Público na revisão.
3. **Art. 110**: Criação de postos de revisão e atendimento domiciliar.
   o **Priorizar**: Saber as possibilidades de criação de postos de revisão e o atendimento para grupos específicos (deficientes, indígenas, quilombolas).
4. **Art. 111**: Prazos para procedimento revisional.
   o **Priorizar**: Conhecer os prazos mínimos e a conclusão dos procedimentos.
5. **Art. 113**: Distribuição de senhas no encerramento.
   o **Priorizar**: Entender o procedimento quando há eleitores aguardando atendimento no encerramento dos trabalhos.

Subseção III: Da Convocação dos Eleitores e da Divulgação dos Trabalhos Revisionais

1. **Art. 114**: Edital de convocação dos eleitores.
   o **Priorizar**: O que deve constar no edital e as hipóteses de dispensa de comparecimento.
2. **Art. 116**: Divulgação da revisão de eleitorado.
   o **Priorizar**: Métodos de divulgação e comunicação aos partidos políticos.

Subseção IV: Dos Documentos e de Seu Valor Probatório

1. **Art. 117**: Prova de identidade.
   o **Priorizar**: Documentos aceitos para comprovação de identidade.
2. **Art. 118**: Comprovação do domicílio.
   o **Priorizar**: Documentos aceitos para comprovação de domicílio e situações específicas de declaração.

Subseção V: Da Análise dos Documentos

1. **Art. 120**: Procedimento de conferência de dados e regularidade da inscrição.
   o **Priorizar**: Passos para conferência e regularização da inscrição eleitoral.
2. **Art. 121**: Revisão de múltiplas inscrições.
   o **Priorizar**: Procedimento para eleitores com múltiplas inscrições.

Subseção VI: Da Decisão de Cancelamento da Inscrição

1. **Art. 122**: Cancelamento de inscrições após revisão.
   o **Priorizar**: Procedimentos para cancelamento de inscrições e exceções.
2. **Art. 123**: Sentença de cancelamento e intimação por edital.
   o **Priorizar**: Procedimentos para sentença de cancelamento e prazos recursais.

Seção III: Da Homologação da Revisão de Eleitorado

1. **Art. 124**: Relatório dos trabalhos desenvolvidos.

o **Priorizar**: Elaboração e envio do relatório pelo juiz eleitoral.

2. **Art. 125**: Homologação pelo tribunal regional.

o **Priorizar**: Procedimentos para homologação e ações caso a homologação não ocorra.

CAPÍTULO IX

DAS PROVIDÊNCIAS E PENALIDADES DECORRENTES DA AUSÊNCIA ÀS URNAS OU DA NÃO APRESENTAÇÃO AOS TRABALHOS ELEITORAIS SEM JUSTIFICATIVA

Seção I

DA MULTA

Art. 126. Incorrerá em multa a ser arbitrada pelo juiz ou pela juíza eleitoral e cobrada na forma prevista na legislação eleitoral e nas normas do Tribunal Superior Eleitoral que dispuserem sobre a matéria o eleitor ou a eleitora que deixar de votar e:

I - não se justificar, nos seguintes prazos:

a) 60 dias, contados do dia da eleição; e

b) 30 dias, contados do seu retorno ao país, no caso de se encontrar no exterior na data do pleito, salvo se lhe for mais benéfico o prazo da alínea a deste inciso.

II - tiver o processamento de seu pedido de justificativa rejeitado pelo sistema, em razão do preenchimento com dados insuficientes ou inexatos, que impossibilitem sua identificação no cadastro eleitoral, ou

III - tiver seu pedido de justificativa indeferido pelo juiz ou pela juíza da zona a que pertence sua inscrição eleitoral.

Parágrafo único. Nos prazos previstos no inciso I deste artigo, o eleitor ou a eleitora poderá formular o requerimento de justificativa por ferramenta eletrônica disponibilizada pela Justiça Eleitoral ou perante o juízo de qualquer zona eleitoral em que se encontre, devendo o cartório providenciar a remessa ao juízo competente.

Art. 127. A fixação da multa observará a variação entre o mínimo de 3% e o máximo de 10% do valor utilizado como base de cálculo, podendo ser decuplicado em razão da situação econômica do eleitor ou da eleitora.

§ 1º Para fins de fixação da multa, considera-se como uma eleição cada um dos turnos do pleito, inclusive em caso de renovação das eleições, bem como o dia de votação em plebiscito ou referendo.

§ 2º Antes de arbitrada a multa pelo juízo competente, o eleitor ou a eleitora que pretender obter certidão de quitação ou requerer operação por meio do serviço disponibilizado no sítio do Tribunal Superior Eleitoral poderá quitá-la pelo pagamento do valor máximo, correspondente a 10% do valor utilizado como base de cálculo.

§ 3º A pessoa que declarar, sob as penas da lei, perante qualquer juízo eleitoral, seu estado de pobreza ficará isento do pagamento da multa por ausência às urnas.

Art. 128. O recolhimento da multa será feito nas formas previstas para a arrecadação de valores ao Tesouro Nacional, cabendo aos tribunais eleitorais disponibilizar, em seus sítios eletrônicos e aplicativos, ferramentas que facilitem o adimplemento.

Parágrafo único. Identificado o pagamento da multa, a zona eleitoral em que a pessoa for inscrita eleitora registrará a circunstância no histórico da inscrição mediante comando de código de ASE específico, devendo ser extinto eventual procedimento administrativo para apuração da falta.

Art. 129. A pessoa que deixar de se apresentar aos trabalhos eleitorais para os quais foi convocada e não se justificar perante o juízo eleitoral nos 30 dias seguintes ao pleito incorrerá em multa.

§ 1º A fixação da multa a que se refere o caput observará a variação entre o mínimo de 10% e o máximo de 50% do valor utilizado como base de cálculo, podendo ser decuplicada em razão da situação econômica do eleitor ou eleitora, ficando o valor final sujeito a duplicação em caso de:

a) a mesa receptora deixar de funcionar por sua culpa; ou

b) a pessoa abandonar os trabalhos no decurso da votação sem justa causa, hipótese na qual o prazo aplicável para a apresentação de justificativa será de 3 dias após a ocorrência.

§ 2º A aplicação da multa de que trata este artigo observará, no que couber, o disposto nos §§ 1º a 3º do art. 127 desta Resolução. § 3º Recolhida a multa, será observado o previsto no art. 128 desta Resolução.

Seção II

DO CANCELAMENTO DA INSCRIÇÃO ELEITORAL POR AUSÊNCIA A TRÊS ELEIÇÕES CONSECUTIVAS

Art. 130. Será cancelada a inscrição do eleitor ou da eleitora que se abstiver de votar em três eleições consecutivas, salvo se houver apresentado justificativa para a falta ou efetuado o pagamento de multa.

§ 1º Para fins de contagem das três eleições consecutivas, considera-se como uma eleição cada um dos turnos do pleito.

§ 2º Não se aplica o disposto no caput deste artigo às pessoas para as quais:

a) o exercício do voto seja facultativo;

b) em razão de deficiência que torne impossível ou demasiadamente oneroso o exercício do voto, tenha sido lançado o comando a que se refere a alínea b do § 1º do art. 15 desta Resolução; ou

c) em razão da suspensão de direitos políticos, o exercício do voto esteja impedido.

Art. 131. A Secretaria de Tecnologia da Informação colocará à disposição do juízo eleitoral relação das eleitoras e dos eleitores da respectiva zona cujas inscrições são passíveis de cancelamento, devendo o edital ser divulgado no sítio do tribunal regional eleitoral e afixado no cartório eleitoral.

§ 1º Será também expedida a notificação por meio do aplicativo da Justiça Eleitoral às eleitoras e eleitores, quando se tratar de usuárias e usuários cadastrados.

§ 2º A inscrição será automaticamente cancelada pelo sistema se, decorridos 60 dias da data do batimento que identificar as inscrições sujeitas a cancelamento, não for efetivado no Cadastro Eleitoral:

a) comando de código ASE relativo à justificativa da ausência às urnas, pagamento da multa respectiva ou isenção desta;

b) comando de código ASE relativo à isenção de sanções a pessoas com deficiência que torne impossível ou demasiadamente oneroso o cumprimento das obrigações eleitorais relativas ao alistamento e ao exercício de voto; ou

c) processamento da operação de transferência.

CAPÍTULO X

DAS DISPOSIÇÕES FINAIS

Art. 132. O Tribunal Superior Eleitoral estabelecerá diretrizes e metas para o processo de coleta biométrica, fixando o planejamento nacional de expansão do projeto de identificação biométrica do eleitorado, cabendo aos tribunais regionais eleitorais estabelecer os planos de ação, segundo suas peculiaridades, para o seu cumprimento.

Art. 133. A base de cálculo para aplicação das multas previstas nesta Resolução, salvo se prevista de forma diversa, será R$ 35,13 (trinta e cinco reais e treze centavos).

Art. 134. Os registros de banco de erros permanecerão disponíveis para tratamento pelas zonas eleitorais durante o prazo de 6 meses, contados da data de inclusão da inscrição no banco, após o qual serão automaticamente excluídos, deixando de ser efetivadas as operações correspondentes.

Parágrafo único. Os documentos de RAE com mensagem "operação não efetuada - revisão de eleitorado - prazo ultrapassado" e "operação não efetuada - eleitor(a) faltoso(a) - prazo ultrapassado" permanecerão em banco de erros por prazo indeterminado, no aguardo do seu regular fechamento e submissão dos documentos ao processamento.

Art. 135. A Corregedoria-Geral Eleitoral, com o apoio da Secretaria de Tecnologia da Informação, providenciará manuais e rotinas necessários à execução dos procedimentos de que trata esta Resolução.

Art. 136. A Corregedoria-Geral Eleitoral e as corregedorias regionais eleitorais exercerão supervisão, orientação e fiscalização direta do exato cumprimento das instruções contidas nesta Resolução.

Art. 137. A Corregedoria-Geral Eleitoral expedirá provimentos destinados a regulamentar a presente Resolução, necessários a sua fiel execução.

Art. 138. A implementação das funcionalidades e campos previstos nesta Resolução se fará de forma gradativa, de acordo com cronograma a ser apresentado pela Secretaria de Tecnologia da Informação do Tribunal Superior Eleitoral, conforme ordem de priorização orientada para facilitação do exercício de direitos por cidadãs e cidadãos.

Parágrafo único. Antes da efetiva implementação de funcionalidade tecnológica prevista nesta Resolução, não poderá ser invocada a nulidade de qualquer ato por inobservância de dispositivo que prever sua utilização.

Art. 139. A migração de dados existentes no Cadastro Eleitoral para novos campos previstos no art. 42 desta Resolução e a inclusão de novos dados a eles correspondentes ocorrerão de forma gradual, à medida que forem atualizadas as informações dos bancos de dados da Justiça Eleitoral, sem prejuízo da implementação de ações específicas junto a comunidades tradicionais, a pessoas com deficiência ou a outros grupos em relação aos quais a priorização da atualização de dados possa subsidiar a melhoria da prestação dos serviços eleitorais.

Art. 140. Esta Resolução entra em vigor na data de sua publicação, ficando revogadas as disposições em contrário e as Resoluções-TSE nos 9.195, de 8 de maio de 1972, 19.465, de 12 de março de 1996, 21.538, de 14 de outubro de 2003, 21.920, de 19 de setembro de 2004, 22.097, de 6 de outubro de 2005, de 23.088, de 30 de junho de 2009, 23.335, de 22 de fevereiro de 2011, 23.440, de 19 de março de 2015, 23.537, de 5 de dezembro de 2017 e 23.510, de 23 de fevereiro de 2017.

Brasília, 26 de outubro de 2021.

Este capítulo aborda as consequências legais para eleitores que não cumprirem suas obrigações eleitorais, como votar ou comparecer aos trabalhos eleitorais.

É essencial para os candidatos ao concurso do TSE entenderem essas disposições para lidar adequadamente com possíveis situações durante a execução das funções eleitorais.

Seção I: Da Multa

Artigos a Priorizar

1. **Art. 126 - Incidência de Multa:**
   - o **Prazos para Justificativa:**
     - 60 dias após a eleição
     - 30 dias após retorno do exterior
   - o **Justificativa Rejeitada ou Indeferida:** Importante compreender os motivos e consequências da rejeição ou indeferimento da justificativa.
2. **Art. 127 - Fixação da Multa:**
   - o **Valores da Multa:**
     - Entre 3% e 10% do valor base (R$ 35,13)
     - Pode ser decuplicada conforme a situação econômica
   - o **Certidão de Quitação:**
     - Pode-se quitar a multa pagando o valor máximo antes de arbitrada.
3. **Art. 128 - Recolhimento da Multa:**
   - o **Formas de Arrecadação:**

- Previstas para valores ao Tesouro Nacional

o **Registro no Histórico Eleitoral:**

- Identificação do pagamento da multa.

4. **Art. 129 - Multa por Não Comparecimento aos Trabalhos Eleitorais:**

o **Valores da Multa:**

- Entre 10% e 50% do valor base
- Pode ser duplicada ou decuplicada conforme a situação econômica e gravidade da falta.

Seção II: Do Cancelamento da Inscrição Eleitoral por Ausência a Três Eleições Consecutivas

Artigos a Priorizar

1. **Art. 130 - Cancelamento da Inscrição:**

o **Conceito de Três Eleições Consecutivas:**

- Cada turno é considerado uma eleição.

o **Exceções ao Cancelamento:**

- Voto facultativo
- Deficiência que torne o voto impossível ou oneroso
- Suspensão de direitos políticos.

2. **Art. 131 - Procedimento de Cancelamento:**

o **Relação das Inscrições:**

- Disponibilizada pela Secretaria de Tecnologia da Informação.

o **Notificação:**

- Expedida por meio do aplicativo da Justiça Eleitoral e outros meios.

Seção I: Da Multa

O **Art. 126** determina que os eleitores que deixarem de votar e não justificarem sua ausência dentro dos prazos estabelecidos (60 dias após a eleição ou 30 dias após o retorno ao país, no caso de estarem no exterior) incorrerão em multa arbitrada pelo juiz eleitoral. Além disso, aqueles cujo pedido de justificativa seja rejeitado pelo sistema por dados insuficientes ou indeferido pelo juiz também serão multados.

Conforme o **Art. 127**, a multa varia entre 3% e 10% do valor base, podendo ser decuplicada conforme a situação econômica do eleitor. Antes da arbitragem da multa, o eleitor pode optar por pagar o valor máximo para obter a certidão de quitação eleitoral. Eleitores que declararem estado de pobreza estarão isentos do pagamento da multa.

O **Art. 128** estabelece que o recolhimento da multa será feito conforme as formas previstas para arrecadação de valores ao Tesouro Nacional, com ferramentas facilitadoras disponibilizadas pelos tribunais eleitorais. Uma vez identificado o pagamento, a zona eleitoral atualizará o histórico da inscrição, extinguindo eventuais procedimentos administrativos.

O **Art. 129** especifica que eleitores que não se apresentarem aos trabalhos eleitorais para os quais foram convocados e não justificarem sua ausência dentro de 30 dias após o pleito também serão multados. A multa varia entre 10% e 50% do valor base, podendo ser duplicada ou decuplicada conforme a gravidade da falta.

Seção II: Do Cancelamento da Inscrição Eleitoral por Ausência a Três Eleições Consecutivas

O **Art. 130** determina o cancelamento da inscrição do eleitor que se abstiver de votar em três eleições consecutivas, a menos que tenha apresentado justificativa ou pago a multa. Cada turno de eleição é considerado separadamente para esta contagem. Estão isentos dessa regra eleitores para os quais o voto é facultativo, aqueles com deficiência que torne o voto impossível ou oneroso, ou que estejam com direitos políticos suspensos.

Conforme o **Art. 131**, a Secretaria de Tecnologia da Informação disponibiliza ao juízo eleitoral a relação das inscrições passíveis de cancelamento, que será divulgada publicamente. A inscrição é automaticamente cancelada se não for regularizada dentro de 60 dias após a identificação da pendência, seja por justificativa, pagamento de multa ou transferência.

Capítulo X: Das Disposições Finais

Este capítulo finaliza a resolução estabelecendo diretrizes e metas para a coleta biométrica e outras disposições operacionais.

O **Art. 132** atribui ao Tribunal Superior Eleitoral a responsabilidade de estabelecer diretrizes e metas para a expansão do projeto de identificação biométrica, com os tribunais regionais eleitorais ajustando seus planos de ação conforme suas peculiaridades.

O **Art. 133** fixa a base de cálculo para as multas previstas na resolução em R$ 35,13, salvo disposição diversa.

O **Art. 134** dispõe que os registros de banco de erros estarão disponíveis para tratamento pelas zonas eleitorais por 6 meses, após o que serão automaticamente excluídos.

O **Art. 135** estabelece que a Corregedoria-Geral Eleitoral providenciará manuais e rotinas necessários à execução dos procedimentos descritos na resolução.

O **Art. 136** designa a Corregedoria-Geral Eleitoral e as corregedorias regionais eleitorais como responsáveis pela supervisão, orientação e fiscalização do cumprimento das instruções.

Conforme o **Art. 137**, a Corregedoria-Geral Eleitoral expedirá provimentos para regulamentar a resolução.

O **Art. 138** estipula que a implementação das funcionalidades tecnológicas será gradativa, conforme cronograma da Secretaria de Tecnologia da Informação do TSE, com prioridade para facilitar o exercício dos direitos pelos cidadãos.

O **Art. 139** prevê a migração gradual dos dados existentes no Cadastro Eleitoral para os novos campos, com ações específicas para atualizar informações junto a comunidades tradicionais e pessoas com deficiência.

O **Art. 140** define que a resolução entra em vigor na data de sua publicação, revogando disposições anteriores e específicas resoluções do TSE.

As seções descritas nos capítulos IX e X são fundamentais para compreender as penalidades por ausência às urnas, as regras para cancelamento de inscrições eleitorais e as disposições finais operacionais. Priorize o estudo das multas, cancelamento de inscrições e implementação de novas diretrizes tecnológicas para obter um entendimento completo e eficaz para o concurso do TSE.

Seção I: Da Multa

Artigo	Descrição	Ponto-chave
Art. 126	Incidência de multa por não votar sem justificativa	Prazos: 60 dias após a eleição ou 30 dias após retorno do exterior
Art. 127	Valor da multa	Entre 3% e 10% do valor base (R$ 35,13), podendo ser decuplicada conforme a situação econômica
Art. 128	Recolhimento da multa	Formas previstas para arrecadação de valores ao Tesouro Nacional; registros no histórico eleitoral
Art. 129	Multa por não comparecimento aos trabalhos eleitorais	Entre 10% e 50% do valor base, podendo ser duplicada ou decuplicada

Seção II: Do Cancelamento da Inscrição Eleitoral por Ausência a Três Eleições Consecutivas

Artigo	Descrição	Ponto-chave
Art. 130	Cancelamento da inscrição eleitoral	Aplica-se após ausência em três eleições consecutivas, considerando cada turno como uma eleição
Art. 131	Procedimento de cancelamento	Relação de inscrições passíveis de cancelamento divulgada; inscrições automaticamente canceladas após 60 dias

Seção III: Da Apuração de Ilícito Penal

Artigo	Descrição	Ponto-chave
Art. 91	Apuração de ilícitos penais eleitorais	Ministério Público Eleitoral avaliará indícios de ilícito e poderá requisitar inquérito policial

Capítulo X: Das Disposições Finais

Artigo	Descrição	Ponto-chave
Art. 132	Diretrizes para coleta biométrica	Planejamento nacional e planos de ação regionais
Art. 133	Base de cálculo para multas	Valor base é R$ 35,13
Art. 134	Prazo para tratamento de erros de banco de dados	6 meses para correção, após isso serão excluídos
Art. 135	Manuais e rotinas	Corregedoria-Geral Eleitoral providenciará manuais e rotinas necessárias
Art. 136	Supervisão e fiscalização	Corregedorias exercerão supervisão e fiscalização
Art. 137	Provimentos para regulamentação	Corregedoria-Geral Eleitoral expedirá os necessários
Art. 138	Implementação gradativa	Funcionalidades serão implementadas de acordo com cronograma específico
Art. 139	Migração de dados	Atualização gradual dos bancos de dados
Art. 140	Entrada em vigor	Resolução entra em vigor na data de publicação, revogando disposições contrárias

BIBLIOGRAFIA

Estudos eleitorais / Tribunal Superior Eleitoral. - Vol. 1, n. 1 (1997) - . - Brasília : Tribunal Superior Eleitoral, 1997- . v. ; 24 cm. Quadrimestral. Suspensa de maio de 1998 a dez. 2005, e de set. 2006 a dez. 2007. ISSN 1414-5146 I. Tribunal Superior Eleitoral

Gomes, José Jairo. Crimes eleitorais e processo penal eleitoral / José Jairo Gomes. – 6. ed., – Barueri [SP]: Atlas, 2022.

Gomes, José Jairo. Direito eleitoral / José Jairo Gomes. - 20. ed., rev., atual. e reform. - Barueri [SP] : Atlas, 2024. 864 p.

Gonçalves, Luiz Carlos dos Santos. Investigação e processo dos crimes eleitorais e conexos / Luiz Carlos dos Santos Gonçalves. - São Paulo: SaraivaJur, 2022.

DIREITO CONSTITUCIONAL

Taís Flores

Mateus Silveira

Sumário

1. EFICÁCIA E APLICABILIDADE DAS NORMAS CONSTITUCIONAIS

A eficácia das normas constitucionais diz respeito a sua produção de efeitos normativos. Importante destacar que a eficácia pode ser jurídica ou social.

A eficácia jurídica consiste é a capacidade de a norma de produzir efeitos jurídicos quando invocada sua aplicação perante a autoridade competente.

Por sua vez, a eficácia social diz respeito à produção concreta de efeitos, ou seja: na sociedade, os indivíduos agem de acordo com as disposições constitucionais. Assim, é possível afirmar que toda norma jurídica é juridicamente eficaz, embora possa não ser socialmente eficaz, o que é afirmado por José Afonso da Silva em sua tradicional classificação

Quanto à aplicabilidade das normas constitucionais, José Afonso da Silva, no livro "Aplicabilidade das Normas Constitucionais" (1967) a define como "qualidade do que é aplicável. No sentido jurídico, diz-se da norma que tem possibilidade de ser aplicada, isto é, da norma que tem capacidade de produzir efeitos jurídicos. Não se cogita de saber se ela produz efetivamente esses efeitos. Isso já seria uma perspectiva sociológica, e diz respeito à sua eficácia social, enquanto nosso tema situa no campo da ciência jurídica, não da sociologia jurídica."

Com fundamento na eficácia e na aplicabilidade das normas constitucionais, José Afonso da Silva elabora sua classificação, na qual aponta para três espécies de normas constitucionais:

(a) normas constitucionais de eficácia plena e aplicabilidade imediata,

(b) normas constitucionais de eficácia contida e aplicabilidade imediata e

(c) normas constitucionais de eficácia limitada e aplicabilidade mediata. Com relação a esta última, ele apresenta duas subespécies: (a) normas constitucionais de princípio institutivo e (b) normas constitucionais de princípio programático.

As normas constitucionais de eficácia plena, segundo José Afonso da Silva, são aquelas que "incidem diretamente sobre os interesses a que o constituinte quis dar expressão normativa". São, portanto, normas completas.

Em princípio, as normas de eficácia contida não diferem das de eficácia plena: ambas são dotadas de aplicabilidade imediata. A distinção reside, conforme a própria terminologia adotada pelo doutrinador indica, na possibilidade de contenção dos efeitos da norma constitucional em decorrência da superveniente existência de uma norma integradora. Ou seja, a norma constitucional pode ter os seus efeitos contidos por uma legislação que surja para disciplinar o que ela inicialmente já dispõe. Apesar da possibilidade de ter os seus efeitos contidos por ato legislativo futuro, tais normas podem ser imediatamente aplicadas, fato este que as equipararam às normas de eficácia plena. Portanto, assemelham-se às normas de eficácia plena por serem, também, de aplicabilidade imediata; todavia, delas se distanciam em razão de poderem ter os seus efeitos contidos por legislação ulterior.

José Afonso da Silva apresenta a seguinte definição para as normas de eficácia contida: "Normas de eficácia contida, portanto, são aquelas em que o legislador constituinte regulou suficientemente os interesses relativos à determinada matéria, mas deixou margem à atuação restritiva por parte da competência discricionária do Poder Público, nos termos que a lei estabelecer ou nos termos de conceitos gerais nelas enunciados".

As normas constitucionais de eficácia limitada e aplicabilidade mediata, diferentemente das espécies anteriores, necessitam de uma integração normativa por parte do legislador ordinário para que possam produzir os efeitos essenciais almejados pelo constituinte originário. No tocante à sua tipologia, José Afonso da Silva apresenta as seguintes subespécies de normas de eficácia limitada: (a) normas constitucionais de princípio institutivo e (b) normas constitucionais de princípio programático.

As normas constitucionais de princípio institutivo – também denominadas normas de princípio orgânico ou organizativo – são aquelas que traçam as diretrizes ou princípios estruturais de instituições, órgãos ou entidades, permitindo que o legislador ordinário, por meio de lei, os estruture. Esta espécie comporta duas subespécies: impositivas ou facultativas. As impositivas determinam ao legislador o dever de criar a lei integradora, ao passo que as facultativas permitem ao legislador realizar um juízo de conveniência acerca da necessidade ou não de edição da norma integrativa.

As normas constitucionais de princípio programático, mais conhecidas como normas programáticas, são normas que veiculam programas de cunho social que o Estado deve implementar, isto é, "normas constitucionais através das quais o constituinte, em vez de regular, direta e imediatamente, determinados interesses, limitou-se a delinear os princípios para serem cumpridos pelos seus órgãos (legislativos, executivos, jurisdicionais e administrativos), como programas das respectivas atividades, visando à realização dos fins sociais do Estado, que serão regulamentadas por leis infraconstitucionais ou atividades administrativas.

Isso não significa, todavia, que sejam desprovidas de eficácia jurídica ou normativa. José Afonso da Silva, inclusive, relaciona as hipóteses em que as normas constitucionais programáticas são dotadas de eficácia direta, imediata e vinculante. Segundo o autor, isso ocorre quando elas:

a) impõem ao legislador ordinário o dever de, por meio de outras normas jurídicas, lhes implementar ou desenvolver o conteúdo;

b) atuam como normas-parâmetro para efeito de invalidação (inconstitucionalidade) de normas infraconstitucionais que lhes sejam antagônicas;

c) informam a concepção do Estado e da sociedade, servindo de inspiração para sua ordenação jurídica, ao designarem fins sociais, proteção e promoção dos valores da justiça social, além de revelar os elementos que compõem o bem comum;

d) figuram como vetores para interpretação da própria Constituição (interpretação sistemática ou teleológica) e, também, das demais normas infraconstitucionais, ou quando servem como mecanismo de integração (colmatação de lacunas) e aplicação de outras normas jurídicas;

e) possuem capacidade para revogar a legislação anterior com elas incompatíveis;

f) impõem condicionamentos à atividade discricionária da Administração Pública e do Poder Judiciário;

g) instituem situações jurídicas subjetivas, de vantagem ou desvantagem para seus respectivos destinatários.

Em outras palavras, para José Afonso da Silva inexiste norma constitucional desprovida da capacidade de produzir efeitos jurídicos.

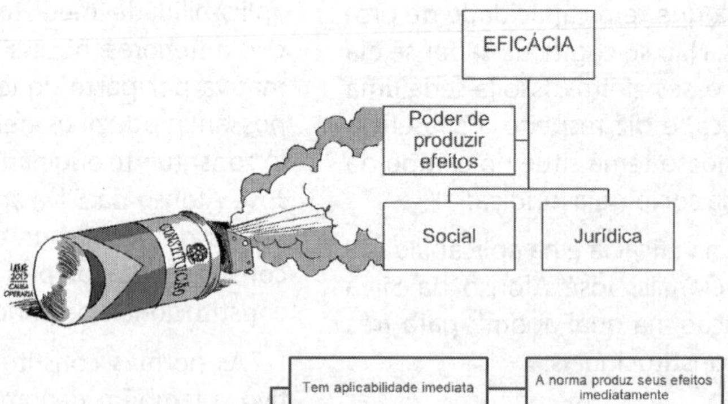

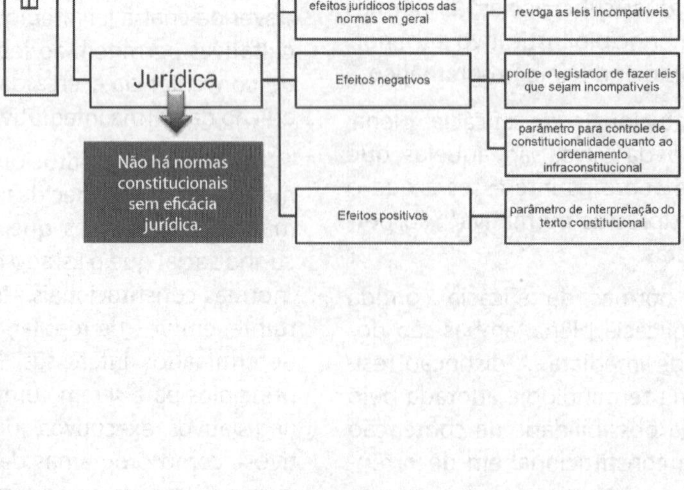

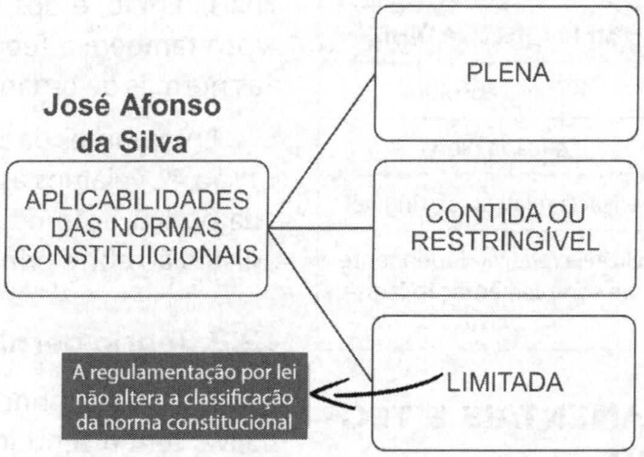

PLENA	CONTIDA	LIMITADA
IMEDIATA: produz efeitos desde a entrada em vigor da CF. DIRETA: independe de regulamentação por lei INTEGRAL: produz, desde logo, todos os seus efeitos possíveis.	IMEDIATA: produz efeitos desde a entrada em vigor da CF. DIRETA: independe de regulamentação por lei NÃO INTEGRAL: admite regulamentação que restringira (conterá) o seu alcance.	MEDIATA: só produzirá efeitos sociais após regulamentada por lei. INDIRETA: depende de regulamentação por lei REDUZIDA: só produz efeitos mínimos negativos (os efeitos jurídicos) até ser regulamentada.

NORMAS CONSTITUCIONAIS DE EFICÁCIA LIMITADA	
Princípio programático	Princípio institutivo ou organizativo
Diretrizes a serem cumpridas para concretizar os fins sociais do Estado	Regras para futura criação e estruturação de órgãos e entidades
Estabelece programas a serem realizados pelo Poder Público	IMPOSITIVAS – obrigação de legislar. FACULTATIVAS – legislação regulamentadora é opção

EXEMPLOS DE NORMAS CONSTITUCIONAIS DE EFICÁCIA LIMITADA
Princípio programático
Art. 173, § 4º: A lei reprimirá o abuso do poder econômico que vise à dominação dos mercados, à eliminação da concorrência e ao aumento arbitrário dos lucros.
Art. 216, § 3º: A lei estabelecerá incentivos para a produção e o conhecimento de bens e valores culturais.

Princípio institutivo ou organizativo
IMPOSITIVAS **Art. 88. A lei disporá sobre a criação e extinção de Ministérios e órgãos da administração pública**
FACULTATIVAS **Art. 21, § único: Lei complementar poderá autorizar os Estados a legislar sobre questões específicas das matérias relacionadas neste artigo.**

▪ PROPOSTA DE CLASSIFICAÇÃO DE MARIA HELENA DINIZ

EFICÁCIA ABSOLUTA	EFICÁCIA PLENA
✓ Intangíveis **✓ Não podem ser contrariadas nem por EC.** **Ex: Art. 60, § 4º**	**✓ Plenamente eficazes desde a entrada em vigor da CF** **✓ Produção plena e imediata dos efeitos previstos** **✓ Podem ser alteradas por EC**
EFICÁCIA RELATIVA RESTRINGÍVEL	**EFICÁCIA RELATIVA DEPENDENTE DE COMPLEMENTAÇÃO LEGISLATIVA**
✓ Aplicabilidade imediata **✓ Eficácia pode ser reduzida por norma regulamentadora**	**✓ Imediata** **✓ Dependem de norma posterior para produzir efeitos**

CONSTITUCIONAL

Correlação entre as nomenclaturas dos autores	
JOSÉ AFONSO DA SILVA	**MARIA HELENA DINIZ**
	eficácia absoluta
eficácia plena	eficácia plena
eficácia contida	eficácia relativa restringível
eficácia limitada	eficácia relativa dependente de complementação legislativa

2. PRINCÍPIOS FUNDAMENTAIS E TEORIA GERAL DO ESTADO

2.1. Princípios fundamentais e teoria geral do Estado

Estão dispostos nos arts. 1° ao 4° da Constituição e são chamados fundamentais por formarem a base da organização do Estado, definindo a estrutura política do Estado.

Canotilho diz que esses princípios se constituem em normas-síntese ou normas-matriz, isso porque são as normas básicas, a origem, as normas que sintetizam aquilo que veremos ao longo da Constituição. Então, os princípios fundamentais são chamados de "princípios político-constitucionais".

Os demais princípios, ao longo da Constituição, são desdobramentos dos fundamentais, costumam ser chamados de "jurídico-constitucionais". Além disso, não se pode confundir os princípios fundamentais com os princípios gerais do Direito Constitucional. Princípios fundamentais estão positivados na Constituição, já os princípios gerais de Direito formam um estudo teórico, aplicável a vários ordenamentos.

Conforme Flávio Martins Nunes, princípios são espécies de normas jurídicas, ao contrário do que se pensava anteriormente. Portanto, sendo modalidades de normas jurídicas, normas constitucionais, os princípios são dotados de normatividade jurídica e, portanto, eficácia.

Os princípios do Título I receberam a denominação de FUNDAMENTAIS, o que significa base, alicerce. Esta denominação denota que foram previstos pelo legislador constituinte originário como sendo aqueles princípios que servem de base para todo o ordenamento jurídico.

O Título I da Constituição é composto por quatro artigos, assim divididos: art. 1º (dentre outros temas, trata dos "fundamentos da República"), art. 2º (separação dos Poderes), art. 3º (objetivos da República), art. 4º (princípios que regem as relações internacionais). Então, é dos princípios Fundamentais extraímos também a Teoria Geral do Estado, que contém as normas de organização fundamental do país.

Então, antes da análise da literalidade dos artigos 1º ao 4º, vejamos as regras deles decorrentes acerca da organização do Estado e também a importante distinção entre princípios e normas.

2.2. Teoria geral do Estado

A palavra princípio, segundo José Afonso da Silva, tem o sentido de origem, começo, início. Segundo ele, "norma de princípio" é uma norma que contém o início ou esquema de um órgão, entidade ou de programa, como são as normas de princípio institutivo e programático.

Porém, no caso do Título I, a palavra princípio, que é plurissignificativa, expressa a noção de "mandamento nuclear de um sistema".

Canotilho descreve os princípios fundamentais como os princípios definidores da forma de Estado, dos princípios estruturantes do regime político e dos princípios caracterizadores da forma de governo e da organização política em geral.

José Afonso da Silva, seguindo a obra de Canotilho, elenca a classificação dos princípios fundamentais na CF/88:

1) princípios relativos à existência, forma, estrutura e tipo de Estado: República Federativa do Brasil, soberania, Estado Democrático de Direito (art. 1º);
2) princípios relativos à forma de governo e à organização dos Poderes: República e separação de Poderes (Arts. 1º e 2º);
3) princípios relativos à organização da sociedade: princípio da livre organização social, princípio da convivência justa, princípio da solidariedade (art. 3º);
4) princípios relativos ao regime político: princípio da cidadania, princípio da dignidade da pessoa, princípio do pluralismo, princípio da soberania popular, princípio da representação política e princípio da participação popular direta (art. 1º);
5) princípios relativos à prestação positiva do Estado: princípio da independência e do desenvolvimento nacional (art. 3º, II), princípio da justiça social (art. 3º, III) e princípio da não-discriminação (art. 3, IV);
6) princípios relativos à comunidade internacional: da independência nacional, do respeito aos direitos fundamentais da pessoa humana, da autodeterminação dos povos, da não-intervenção,

da igualdade dos Estados, da solução pacífica dos conflitos e da defesa da paz, do repúdio ao terrorismo e ao racismo, da cooperação entre os povos e o da integração da América Latina (art. 4º).

No que diz respeito ao Estado, José Afonso da Silva, citando a doutrina de Balladore Pallieri, o define como sendo "uma ordenação que tem por fim específico e essencial a regulamentação global das relações sociais entre os membros de uma dada população sobre um dado território, na qual a palavra ordenação expressa a ideia de poder soberano, institucionalizado. O Estado, como se nota, constitui-se de 4 elementos essenciais: um **poder soberano** de um **povo** situado num **território** com certas **finalidades**. E, a Constituição, é o conjunto de normas que organizam estes elementos constitutivos do Estado: Povo, território, poder e fins.

Analisando detalhadamente os elementos conformadores da noção de Estado, temos que:

Povo	É constituído somente por aquelas pessoas efetivamente ligadas ao Estado, os nacionais daquele lugar. Não se confunde com "população", que é qualquer um que esteja no território.
Território	É o limite geográfico para o exercício do poder de um Estado.
Soberania	é a característica que o Estado possui de ser independente na ordem externa (autodeterminação) e, na ordem interna, ser o poder máximo presente em seu território. A doutrina que atualmente prevalece em nossa ordem jurídica é que o povo é que tem nas mãos este poder.
Finalidade	O bem comum, a satisfação do interesse da coletividade.

Alguns autores, de forma diversa, entendem que os elementos que formam o conceito de Estado são: povo, território, soberania e governo.

Quem entende de forma diversa, defende que a noção de governo está abarcada pela de soberania.

São características essenciais da Soberania, segundo Vítor Cruz:

Unicidade - Ela é apenas uma, não pode haver mais de um Poder Soberano dentro do Estado, senão não será mais soberano.

Indivisibilidade- Não se pode permitir que haja conflitos ou fracionamentos criando interesses diversos daquele que é o real interesse do povo e rompendo a unicidade.

Indelegabilidade (**ou inalienabilidade**)- O povo não pode abrir mão e seu poder. Embora haja representantes, estes sempre agem em nome do seu povo.

Imprescritibilidade- Este poder é permanente, não se acaba com o tempo.

Estado X Nação	A Nação é um conceito sociológico, refere-se a uma ideia de união em comum, idade, um vínculo que o povo adquire por diversos fatores como etnia, religião, costumes... O Estado é conceito jurídico, sendo uma sociedade política.
Povo X Nação	Povo também é conceito jurídico que se refere ao elemento pessoal do Estado. Representa o corpo de membros que integra o Estado. A Nação é conceito sociológico que se refere a vínculos emocionais, culturais, religiosos etc.

2.2.1 Forma de governo, sistema de governo e forma de Estado

Extraímos do artigo 1º da Constituição de 1988 muitas informações sobre estes temas:

> **Art. 1º** A República Federativa do Brasil, formada pela união indissolúvel dos Estados e Municípios e do Distrito Federal, constitui-se em Estado Democrático de Direito e tem como fundamentos:
>
> I – a soberania;
>
> II – a cidadania
>
> III – a dignidade da pessoa humana;
>
> IV – os valores sociais do trabalho e da livre iniciativa;
>
> V – o pluralismo político.
>
> **Parágrafo único.** Todo o poder emana do povo, que o exerce por meio de representantes eleitos ou diretamente, nos termos desta Constituição.

De forma geral, não nos referindo apenas ao sistema brasileiro, podemos resumir o tema conforme abaixo esquematizado.

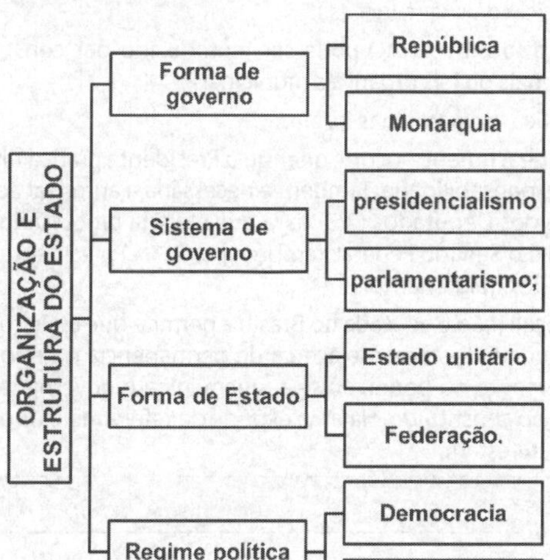

Resumidamente, o significado de cada um destes institutos é o seguinte:

FORMAS DE GOVERNO	
Diz respeito à titularidade do Poder	
Monarquia	**República**
Governo de indivíduos: representação do poder no monarca	Governo de todos: o titular da soberania passa a ser o povo
Características: · Irresponsabilidade política do monarca; · Hereditariedade: o poder se transfere através de laços sanguíneos; · Vitaliciedade: o monarca fica no poder até o final de sua vida.	Características: · Responsabilidade política do governante; · Eletividade: os representantes são eleitos para a representação; · Temporariedade: eleições periódicas para escolher os representantes da república
SISTEMAS DE GOVERNO	
Diz respeito à relação entre os Poderes Legislativo e Executivo. São mecanismos de distribuição horizontal do poder político.	
Presidencialismo	**Parlamentarismo**
As funções de chefe de estado e chefe de governo se concentram em uma só pessoa.	As funções de chefe de estado e chefe de governo são exercidas por pessoas distintas. · Chefe de estado: depende da forma de governo adotada: Monarquia – monarca (Reino Unido, Espanha, Japão); Parlamentarismo republicano – Presidente da República (Alemanha, Áustria, Índia). É uma figura representativa, simbólica. Chefe de governo: primeiro ministro (governa com a ajuda do gabinete) é uma espécie de ministério.
Mandato fixo.	Não há mandato fixo. O primeiro-ministro, geralmente, é escolhido dentro do parlamento, pela maioria. Fica no cargo enquanto tiver o apoio da maioria.
- Responsabilidade · Penal: a CF consagra a chamada irresponsabilidade penal relativa (art. 86, § 4º), ou seja, o Presidente só responde penalmente pelos crimes realizados durante o mandato e que se relacionem com a sua função. Os crimes praticados antes ou durante o mandato, que não se relacionem com a função, serão processados no término do mandato. Quem julga é o STF, com a autorização pela Câmara dos Deputados (2/3). (Art. 86, § 4º - O Presidente da República, na vigência de seu mandato, não pode ser responsabilizado por atos estranhos ao exercício de suas funções.) Este dispositivo NÃO pode ser reproduzido por constituições estaduais ou leis orgânicas municipais. · Política: existem duas formas: a) Impeachment – ocorre quando o Presidente pratica um crime de responsabilidade. Também é necessária a autorização da Câmara dos Deputados (2/3) para que ele seja processado. Quem julga é o Senado Federal, também por 2/3. O presidente do STF preside o julgamento. b) Recall (não é adotada no Brasil) – permite que o eleitorado se pronuncie diretamente acerca da permanência ou não de um governante no poder, ou seja, quem julga o governante não é o órgão constituído. Há uma espécie de referendo e os eleitores se manifestam.	- Responsabilidade Moção de desconfiança: atinge tanto o primeiro ministro quanto o gabinete. O chefe do executivo, neste caso, sempre terá o apoio da maioria.
FORMAS DE ESTADO	
ESTADO UNITÁRIO (Estado Simples)	ESTADO FEDERAL (vem de *foedus*; *foederis* significando união, pacto, aliança)
Um centro de poder incidindo sobre a mesma população e o mesmo território.	Mais de um centro de poder sobre a mesma população e território.

Estado unitário a) puro (apenas tem o centro de poder, sem nenhuma forma de delegação); b) com descentralização administrativa. Há descentralização da execução das políticas; c) com descentralização político-administrativa. Ocorre descentralização não apenas da execução, mas também política, ou seja, descentralização de governo (abrange a própria tomada de decisões pelo governo). Ex.: descentralização da elaboração de leis: essa mera descentralização não é suficiente para caracterizar Estado Federal.	Criação da Constituição dos EUA de 1787. As 13 colônias, na tentativa de manter independência em face da Inglaterra formaram confederação. Havia problema de ineficácia das decisões tomadas. Em razão disso, foi criada a federação.

- **Em resumo: NO BRASIL**

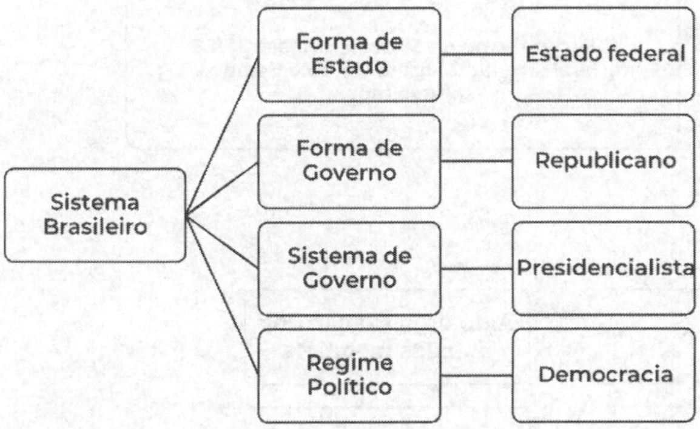

- **PRINCÍPIO REPUBLICANO**

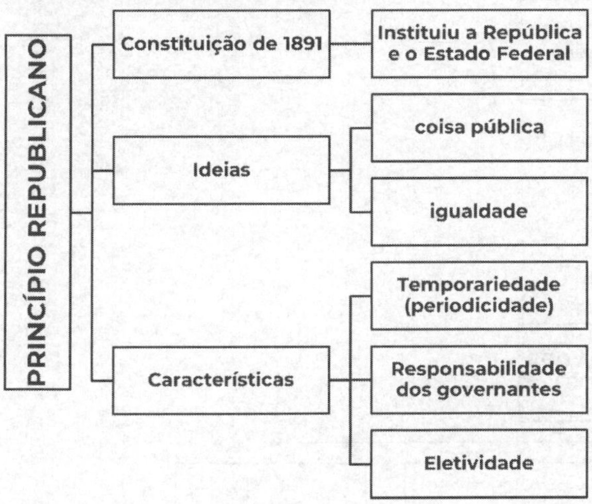

- **JURISPRUDÊNCIA IMPORTANTE:**

PRERROGATIVA DE FORO - EXCEPCIONALIDADE - MATÉRIA DE ÍNDOLE CONSTITUCIONAL - INAPLICABILIDADE A EX-OCUPANTES DE CARGOS PÚBLICOS E A EX-TITULARES DE MANDATOS ELETIVOS - CANCELAMENTO DA SÚMULA 394/STF - NÃO-INCIDÊNCIA DO PRINCÍPIO DA 'PERPETUATIO JURISDICTIONIS' - POSTULADO REPUBLICANO E JUIZ NATURAL - RECURSO DE AGRAVO IMPROVIDO.

– O postulado republicano – que repele privilégios e não tolera discriminações – impede que prevaleça a prerrogativa de foro, perante o Supremo Tribunal Federal, nas infrações penais comuns, mesmo que a prática delituosa tenha ocorrido durante o período de atividade funcional, se sobrevier a cessação da investidura do indiciado, denunciado ou réu no cargo, função ou mandato cuja titularidade (desde que subsistente) qualifica se como o único fator de legitimação constitucional apto a fazer instaurar a competência penal originária da Suprema Corte (CF , art. 102, I, ' b ' e ' c '). Cancelamento da Súmula 394/STF (RTJ 179/912-913).

– Nada pode autorizar o desequilíbrio entre os cidadãos da República. O reconhecimento da prerrogativa de foro, perante o Supremo Tribunal Federal, nos ilícitos penais comuns, em favor de ex-ocupantes de cargos públicos ou de ex-titulares de mandatos eletivos transgride valor fundamental à própria configuração da ideia republicana, que se orienta pelo vetor axiológico da igualdade.

– A prerrogativa de foro é outorgada, constitucionalmente, 'ratione muneris', a significar , portanto, que é deferida em razão de cargo ou de mandato ainda titularizado por aquele que sofre persecução penal instaurada pelo Estado, sob pena de tal prerrogativa – descaracterizando-se em sua essência mesma – degradar-se à condição de inaceitável privilégio de caráter pessoal. Precedentes. (Inq 2.333-AgR/PR , Rel. Min. CELSO DE MELLO – citado em 05/02/2015 no INQUÉRITO 3.111)

2.2.2 Características da federação

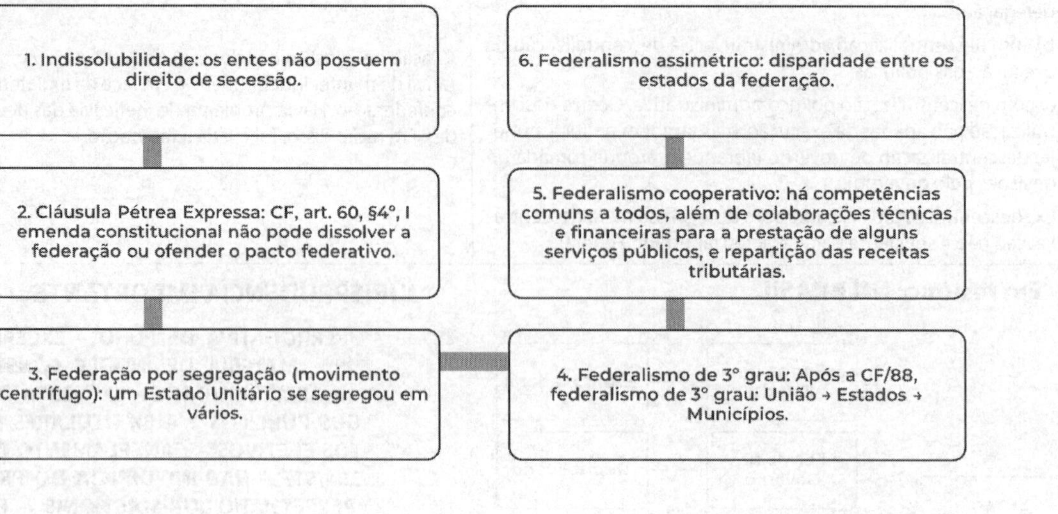

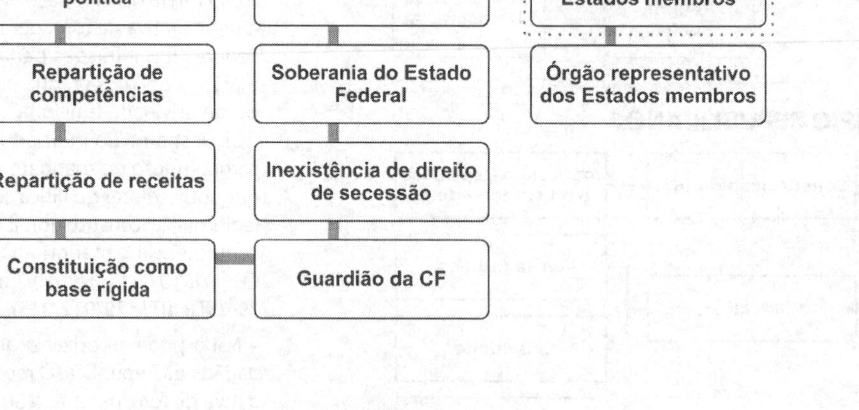

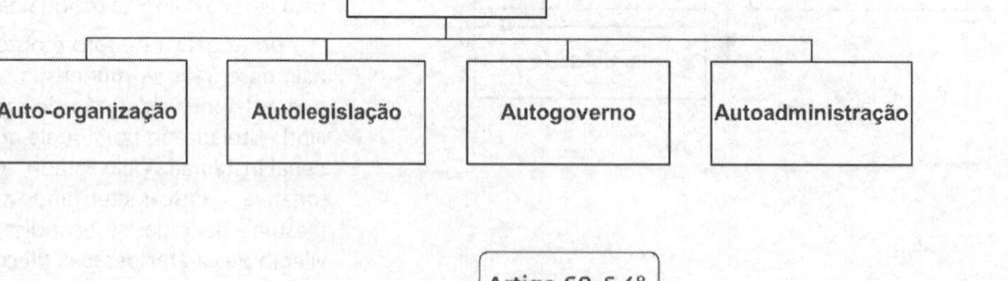

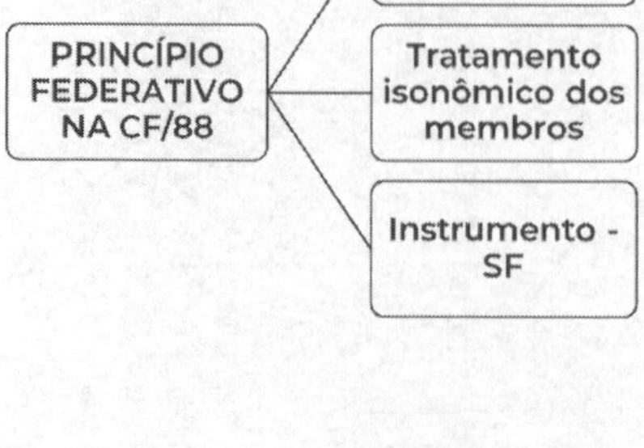

- **Em resumo - Federalismo**

Desde o descobrimento do Brasil até a República, tínhamos o Estado unitário. O Estado Federal foi consagrado pela Constituição de 1891, quando foi criada a República Federativa. **Confederação:** criação por meio de tratados internacionais. Geralmente, são criadas para tratar de assuntos como a defesa nacional, a união monetária, as relações exteriores e o comércio internacional. Confederação tem personalidade jurídica, mas sua capacidade internacional é limitada. Uma das principais diferenças em relação à federação é que os Estados não abandonam a sua soberania.

Federação: No Estado Federal a soberania passa a pertencer ao Estado federal. Além disso, a união dos Estados federados da Federação se dá de forma incindível, indissolúvel e permanente, não comporta o chamado direito de secessão (direito de se separar dos demais estados da federação). Já na Confederação, a reunião dos Estados confederados é temporária, cindível, que comporta o chamado direito de secessão.

Em suma, Federação é a **união indissolúvel** de Estados autônomos com base em uma Constituição; a Confederação é a **união dissolúvel** de Estados soberanos com lastro num tratado internacional.

2.2.3 Regime político

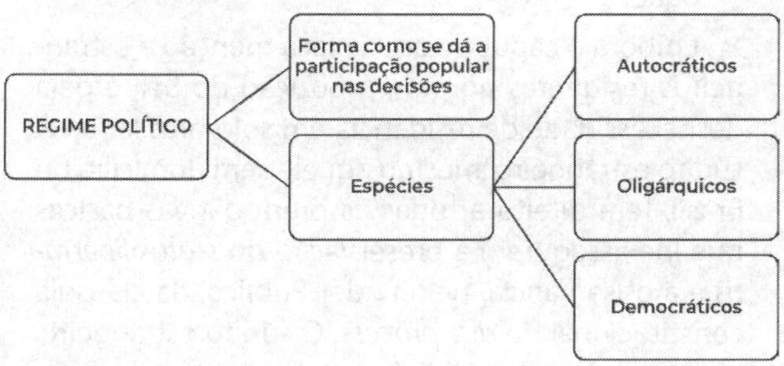

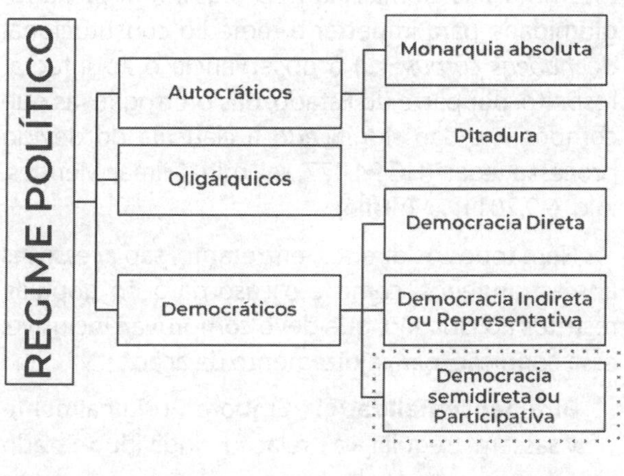

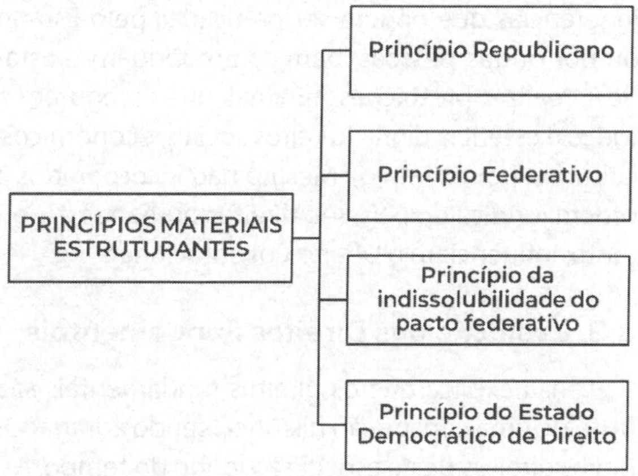

3. DIREITOS E GARANTIAS FUNDAMENTAIS

3.1. Noções iniciais

Os direitos e garantias fundamentais estão previstos no Título II da Constituição Federal. Este Título engloba os direitos e deveres individuais e coletivos; os direitos sociais; os direitos de nacionalidade; os direitos políticos e os partidos políticos, indo, portanto, do artigo 5º ao 17.

José Afonso da Silva emprega, em sua obra, a expressão "direitos fundamentais do homem", conceituando-os como "prerrogativas e instituições que o direito positivo concretiza em garantias de uma convivência digna, livre e igual de todas as pessoas".

Os direitos fundamentais devem estar formalmente positivados, e para além precisa também de concretização no plano de aplicação, constituindo-se em verdadeira garantia pautada na dignidade da pessoa humana e igualdade.

A doutrina ensina que direitos fundamentais são direitos subjetivos, uma vez que estabelecem uma obrigação prestacional de fazer (ou não fazer, respeitando a liberdade do indivíduo).

Dito isto, é importante esclarecer que direitos e garantias são conceitos que não se confundem. Enquanto os direitos são disposições que preveem a existência de determinada prerrogativa, as garantias são elementos assecuratórios que garantem a proteção dos direitos.

3.2. Distinção entre Direitos Humanos e Direitos Fundamentais

Segundo Flávio Martins, direitos humanos são aqueles previstos em tratados e documentos internacionais que protegem a pessoa humana de ingerências que podem ser praticadas pelo Estado ou por outras pessoas, bem como obrigam o Estado a realizar prestações mínimas que assegurem a todos existência digna (direitos sociais, econômicos, culturais, por exemplo). Mesmo não incorporados à ordem jurídica do país, são direitos humanos e, portanto, influenciam o Direito Constitucional.

3.3. Evolução dos Direitos Fundamentais

Lenza explica que os direitos fundamentais são fruto de uma construção histórica, sendo agregados novos direitos desta espécie ao longo do tempo. Assim, o autor refere às dimensões de direitos fundamentais, conforme abaixo:

Dimensão ou Geração de Direitos Fundamentais	Características
1ª - Liberdade	Liberdades Individuais, absenteísmo estatal, liberdades públicas, direitos civis e políticos, direitos de resistência ou oposição ao Estado.
2ª - Igualdade	Direitos sociais, culturais e econômicos, bem como dos direitos coletivos, ou de coletividade, correspondendo aos direitos de igualdade (substancial, real e material, e não meramente formal).
3ª - Fraternidade ou Solidariedade	Direitos transindividuais, isto é, direitos que vão além dos interesses do indivíduo; pois são concernentes à proteção do gênero humano, com altíssimo teor de humanismo e universalidade. Direito ao desenvolvimento, à paz (Bonavides entende que é 5ª dimensão), meio ambiente, propriedade sobre o patrimônio comum da humanidade, comunicação.
4ª - globalização dos direitos fundamentais	Bobbio – Dimensão de direitos que decorre dos avanços da engenharia genética, gerando a proteção do patrimônio genético do indivíduo. Bioética Bonavides – democracia, informação, pluralismo
5ª	Bonavides – paz, democracia participativa, Wolkmer – direitos vinculados aos desafios da sociedade tecnológica e da informação, do ciberespaço, da internet e da realidade virtual em geral. Sampaio – dever de cuidado, amor e respeito para com todas as formas de vida, bem como direitos de defesa contra as formas de dominação biofísica geradores de toda sorte de preconceitos. Direitos dos animais não humanos.
6ª	Bernardo Gonçalves Fernandes – acesso à água potável

Fontes: Pedro Lenza, Norberto Bobbio, Ingo Sarlet, Paulo Bonavides

3.4. Características dos Direitos Fundamentais

Historicidade e Mutabilidade: Direitos Fundamentais são conquistados através do tempo e, com ele, modificam-se, evoluindo.

Indisponibilidade ou irrenunciabilidade: Os direitos humanos são irrenunciáveis e inalienáveis, uma vez que seu titular não pode sobre eles dispor livremente ou transferir a terceiros.

Imprescritibilidade: seu exercício não prescreve, de forma que podem ser invocados a qualquer tempo.

Aplicação imediata: as normas que consagram os direitos e garantias fundamentais têm, em regra, aplicação imediata (CF, art. 5º, § 1º). Algumas constituem normas de eficácia contida ou restringível, que podem ser restringidas por norma infraconstitucional ou mesmo eficácia limitada, que necessitam de complementação normativa ou da Administração.

Limitações circunstanciais: Em situações excepcionais (por exemplo, no estado de defesa e estado de sítio), são admitidas restrições e até mesmo suspensões de diversos direitos e garantias fundamentais.

Universalidade: Os direitos e garantias fundamentais destinam-se a todos, sem discriminação, haja vista serem baseados no princípio da igualdade:

Embora o caput do art. 5º faça menção a estrangeiros residentes no país, a posição do STF é pela desnecessidade de residência em solo brasileiro: "O súdito estrangeiro, mesmo aquele sem domicílio no Brasil, tem direito a todas as prerrogativas básicas que lhe assegurem a preservação do *status libertatis* e a observância, pelo Poder Público, da cláusula constitucional do *due process*. O súdito estrangeiro, mesmo o não domiciliado no Brasil, tem plena legitimidade para impetrar o remédio constitucional do *habeas corpus*, (...) à observância e ao integral respeito, por parte do Estado, das prerrogativas que compõem e dão significado à cláusula do devido processo legal" (HC 94.477, rel. min. Gilmar Mendes, julg. 6.9.2011, 2ª Turma).

Nem todos os direitos, entretanto, são acessíveis aos estrangeiros, como é o caso da ação popular, restritos ao cidadão, que deve comprovar, inclusive, essa condição, para ajuizamento da ação.

Bidimensionalidade: Embora originalmente visassem regular a relação indivíduo-Estado (relações verticais), atualmente os direitos fundamentais devem ser respeitados mesmo nas relações privadas, entre pessoas físicas e/ou jurídicas (relações horizontais).

Eficácia Vertical dos Direitos Fundamentais	Eficácia Horizontal dos Direitos Fundamentais
Aplicação dos direitos fundamentais às relações do particular com o Poder Público.	Aplicação dos direitos fundamentais às relações privadas.

- **Os 4 status de Jellinek**

Foi a partir destes status que surgiram as espécies de direitos fundamentais mais frequentemente expostas pelos juristas: os direitos de liberdade, ou direitos de defesa, os direitos a prestações ou direitos cívicos e, para alguns, os direitos de participação.

1. Status Passivo	2. Status Ativo
Também conhecida como *status subjectionis*, é uma posição em que o indivíduo se encontra subordinado aos Poderes Públicos, sendo detentor de deveres com o mesmo. Isso quer dizer que o Estado pode submeter o indivíduo às suas ordens. Exemplo: as leis que indicam determinada proibição.	Também conhecida como *status activus civitatis*, é aquela em que o cidadão exerce seus direitos políticos. Assim, existe a possibilidade de o indivíduo interferir na vontade do Estado. Exemplo: o direito ao voto.
3. Status Negativo	**4. Status Positivo**
Também conhecida como *status libertatis*, indica a liberdade do indivíduo em relação ao Estado, podendo agir, em algumas situações, livre da atuação do Poder Público. Exemplo: a liberdade de expressão – exceto as proibições do status passivo.	Também conhecida como *status civitatis*, é a possibilidade de o indivíduo exigir do Estado alguma prestação, devendo o Poder Público agir de forma positiva em favor desse indivíduo. Exemplo: a possibilidade do indivíduo exigir, por exemplo, direito à saúde.

Relatividade ou limitabilidade: Os direitos fundamentais de natureza absoluta podem ser limitados por outros direitos previstos na Constituição.

Concorrência: permite o exercício simultâneo de mais de um direito fundamental.

Não taxatividade – Os direitos positivados são listados em rol exemplificativo e não em rol taxativo.

3.5. Topografia dos Direitos Fundamentais

O Título II da CF, que trata dos Direitos Fundamentais abrange desde o artigo 5º até o artigo 17.

Assim, são direitos fundamentais:

Art. 5º	Direitos e deveres individuais e coletivos
Art. 6º ao 11	Direitos Sociais
Art. 12 e 13	Direitos de Nacionalidade
Art. 14 a 16	Direitos Políticos
Art. 17	Partidos Políticos

4. DIREITOS E DEVERES INDIVIDUAIS E COLETIVOS

4.1. Princípio da igualdade – Art. 5º, *caput*

O princípio da igualdade consagrado no *caput* do artigo 5º deve ser interpretado em dupla acepção: igualdade formal e igualdade material. Enquanto aquela é a igualdade de todos perante a lei, esta significa igualar os desiguais através de ações afirmativas.

4.2. Direito à vida – Art. 5º, *caput*

Conforme a doutrina, o direito à vida, relacionado diretamente à dignidade da pessoa humana, abrange:

a) o direito de continuar vivo (ou direito de não ser morto);
b) o direito a ter uma vida digna.

4.3. Direitos individuais e coletivos em espécie

4.3.1 Igualdade de gênero

Trata-se, notadamente, de igualdade material, uma vez que o próprio texto diz: "nos termos desta Constituição". No texto constitucional, inclusive, encontram-se vários exemplos da igualdade material de gênero, como é o caso das regras de aposentadoria, tanto no regime geral quanto no regime próprio dos servidores, além de, exemplificativamente, os artigos 5º, I e L; além do art. 7º, XX e art. 17, § 7º.

Segundo Alexandre de Moraes, "o princípio da igualdade consagrado pela constituição opera em dois planos distintos. De uma parte, frente ao legislador ou ao próprio executivo, na edição, respectivamente, de leis, atos normativos e medidas provisórias, impedindo que possam criar tratamentos abusivamente diferenciados a pessoas que se encontram em situações idênticas. Em outro plano, na obrigatoriedade ao intérprete, basicamente, a autoridade pública, de aplicar a lei e atos normativos de maneira igualitária, sem estabelecimento de diferenciações em razão de sexo, religião, convicções filosóficas ou políticas, raça, classe social. A desigualdade na lei se produz quando a norma distingue de forma não razoável ou arbitrária um tratamento específico a pessoas diversas. Para que as diferenciações normativas possam ser consideradas não discriminatórias, torna-se indispensável que exista uma justificativa objetiva e razoável, de acordo com critérios e juízos valorativos genericamente aceitos, cuja exigência deve aplicar-se em relação à finalidade e efeitos da medida considerada, devendo estar presente por isso uma razoável relação de proporcionalidade entre os meios empregados e a finalidade perseguida, sempre em conformidade com os direitos e garantias constitucionalmente protegidos. Assim, os tratamentos normativos diferenciados são compatíveis com a Constituição Federal quando verificada a existência de uma finalidade razoavelmente proporcional ao fim visado".

Pedro Lenza diz que a igualdade material se apoia na lição secular de Aristóteles, devendo-se tratar igualmente os iguais e desigualmente os desiguais na medida de suas desigualdades.

4.3.2 Princípio da Legalidade

Trata-se do princípio da legalidade, que surgiu com o Estado de Direito, opondo-se a toda e qualquer forma de poder autoritário, antidemocrático. Além do art. 5º, II está contemplado também nos artigos 37 e 84, IV, da CF/88. Entretanto, deve ser interpretado de forma diferente para o particular e para a administração. No âmbito das relações particulares, pode-se fazer tudo o que a lei não proíbe, vigorando o princípio da autonomia da vontade. Já no que tange à administração pública, esta só poderá fazer o que a lei permitir, evidenciando o princípio da legalidade estrita, que, por seu turno, não é absoluto. São exceções ao princípio da legalidade as medidas provisórias, o estado de defesa e o estado de sítio.

Importante também destacar que legalidade e reserva legal não se confundem. Direito, é o parâmetro norteador de todos os atos do poder público e das pessoas, a reserva legal consiste numa determinação constitucional de elaboração de uma lei em sentido estrito para disciplinar determinadas relações.

Ainda sobre reserva legal, importante destacar que há duas formas: reserva legal simples e reserva legal qualificada. Na reserva legal simples, a Constituição determina que o legislador ordinário elabore o ato normativo, mas não estabelece detalhes (como seus objetivos, seus limites, seus requisitos). Já na reserva legal qualificada, são estabelecidos parâmetros a serem seguidos pelo legislador infraconstitucional, como ocorre no artigo 5º, LX, da Constituição Federal determina que "a lei só poderá restringir a publicidade dos atos processuais quando a defesa da intimidade ou o interesse social o exigirem". Assim, ao regulamentar a restrição da publicidade dos atos processuais, o deve ter como parâmetros unicamente a defesa da intimidade e o interesse social.

4.3.3 Vedação de tortura, tratamento desumano ou degradante

Apresenta-se no inciso III a proibição de tortura, bem como de tratamento desumano ou degradante como norma de eficácia plena. Além disso, o inciso XLIII determina que a lei considerará crime inafiançável a prática da tortura, bem como também insuscetível de graça e anistia.

Tratamento degradante é o que humilha e diminui a pessoa diante dos olhos dos outros, e dos próprios olhos. Tratamento desumano é o aplicado com intenso sofrimento físico ou mental, sem que tenha um propósito claro, sem haver uma motivação aparente. As garantias do inciso III do artigo 5º são valores individuais superiores a qualquer interesse coletivo e decorrentes da dignidade da pessoa humana.

Também são temas transversais importantes sobre o assunto:

- **Súmula Vinculante nº 11/2008**: "só é lícito o uso de algemas em casos de resistência e de fundado receio de fuga ou de perigo à integridade física própria ou alheia, por parte do preso ou de terceiros, justificada a excepcionalidade por escrito, sob pena de responsabilidade disciplinar, civil e penal do agente ou da autoridade e de nulidade da prisão ou do ato processual a que se refere, sem prejuízo da responsabilidade civil do Estado".
- **Análise da recepção da Lei da Anistia (Lei nº 6.683/79) pela CF/88**, decidido pelo STF na ADPF 153, que pretendia fosse anulado o perdão dado aos policiais e militares acusados de praticar atos de tortura, durante o regime militar. O STF, por 7 x 2, entendeu como não admitida a revisão jurisdicional da Lei da Anistia, sustentando ter sido "... uma decisão política assumida naquele momento - o momento da transição conciliada de 1979. A Lei nº 6.683/79 é uma lei-medida, não uma regra para o futuro, dotada de abstração e generalidade. Há de ser interpretada a partir da realidade no momento em que foi conquistada... A Constituição não afeta leis-medida que a tenham precedido".

4.3.4 Liberdade de manifestação de opinião

A liberdade de manifestação se externa de diversas formas: verbalmente, por escrito, entre outras. Qualquer que seja a forma adotada, este direito não é absoluto e incondicionado. Além da vedação de manifestações que sejam apologia à ilicitude, também é vedado o anonimato, cuja finalidade consiste em prevenir mensagens apócrifas (reproduções não autênticas, por exemplo); de cunho calunioso, injurioso, difamatório.

A vedação ao anonimato, nada mais é do que uma garantia à incolumidade dos direitos de personalidade como a honra, a vida privada, a imagem e a intimidade, visando desta maneira, inibir o abuso cometido no exercício de manifestar seu pensamento e sua possível responsabilização, "a posteriori", civil ou criminal.

Importante observar também que a CF assegura a indenização por dano material, moral e à imagem. A imagem pode ser de dois tipos: a "retrato", que é literalmente o aspecto físico da pessoa; e a "atributo", que corresponde à exteriorização da personalidade do indivíduo, a forma como a pessoa é vista socialmente. Tanto a sua utilização indevida quanto o desvio de finalidade de seu uso autorizado caracterizam a violação a este direito.

4.3.5 Liberdade de consciência e de crença

A Constituição Federal de 1988 prescreve que o Brasil é um país laico, estabelecendo com isso que, além da separação entre Estado e religião, com a não adoção de religião oficial, o dever de o Estado proporcionar a seus cidadãos um regime de tolerância em relação às crenças por eles professadas.

Além da livre escolha religiosa, a Constituição assegura a liberdade de consciência, crença e de ideologia política ou filosófica que quiserem. É a chamada liberdade interna, também conhecida por liberdade subjetiva ou liberdade moral. Quando esse direito se exterioriza, com a expressão da crença através do culto, por exemplo, ocorre a chamada liberdade objetiva, que também é resguardada pelo Estado. Evidentemente esta liberdade não é absoluta, submetendo-se aos limites impostos pela CF e pela legislação.

Outro ponto relevante do atual texto constitucional é o afastamento de consciência e crença, para que ambas sejam protegidas, uma vez que a liberdade de consciência não se confunde com a de crença. A consciência livre pode determinar-se no sentido de não ter crença alguma ou aderir a valores morais e espirituais que não passam por sistema religioso algum. Exemplo disto são os movimentos pacifistas que, embora tenham por pilar o apego à paz e o banimento da guerra, não implicam uma fé religiosa própria.

Garante o direito de assistência religiosa em entidade civis, como por exemplo nos hospitais, e militares, além de garantir o acesso dos religiosos, às dependências internas dos referidos estabelecimentos, mediante identificação, quando solicitado.

Alexandre de Moraes sustenta que encerra um direito subjetivo daquele que se encontra internado em estabelecimento coletivo, sendo norma de eficácia limitada.

A escusa de consciência (proibição do exercício de alguma atividade em virtude da opção religiosa) é alegada, dentre outros casos, para a dispensa do serviço militar, que é prestação obrigatória para todas as pessoas do sexo masculino com 18 anos de idade. Nesses casos, deve então a autoridade competente conceder uma prestação alternativa (fixada em lei), aonde, ao invés do treinamento militar, que contraria determinada religião, o indivíduo preste algum outro serviço que, conforme regulamentado pela Lei 8239/1991, consiste no exercício de atividades de caráter administrativo, assistencial, filantrópico ou mesmo produtivo, em substituição às atividades de caráter essencialmente militar. Assim, dada a garantia constitucional, o cidadão deve cumprir o dever alternado, sob pena de suspensão seus direitos políticos até a regularização de sua situação.

Segundo Alexandre de Moraes, dois são os requisitos para privação de direitos em virtude de crença religiosa ou convicção filosófica ou política: não cumprimento de uma obrigação a todos imposta e descumprimento de prestação alternativa, fixada em lei. O direito à escusa de consciência não diz respeito apenas ao serviço militar obrigatório, mas pode abranger quaisquer obrigações coletivas que conflitem com as crenças religiosas, convicções políticas ou filosóficas, como, por exemplo, o dever de alistamento eleitoral aos maiores de 18 anos e o dever de voto aos maiores de 18 anos e menores de 70 anos (CF, art. 14, § 1º, I e II), cujas prestações alternativas vêm estabelecidas nos arts. 7º e 8º do Código Eleitoral (justificação ou pagamento de multa pecuniária), e, ainda, à obrigatoriedade do Júri.

4.3.6 Liberdade de expressão

A liberdade de expressão não pode ser interpretada de forma absoluta, pois conforme o STF, as liberdades públicas não são incondicionadas, sendo exercidas em consonância com os limites definidos na própria Constituição.

Assim, a liberdade de expressão não consagra, por exemplo, o "direito à incitação ao racismo", dado que um direito individual não pode ser invocado para salvaguardar condutas ilícitas, prevalecendo, obviamente, os princípios da dignidade da pessoa humana e da igualdade jurídica.

Esse inciso também veda expressamente a censura, de forma que a censura foi definitivamente abolida do ordenamento jurídico.

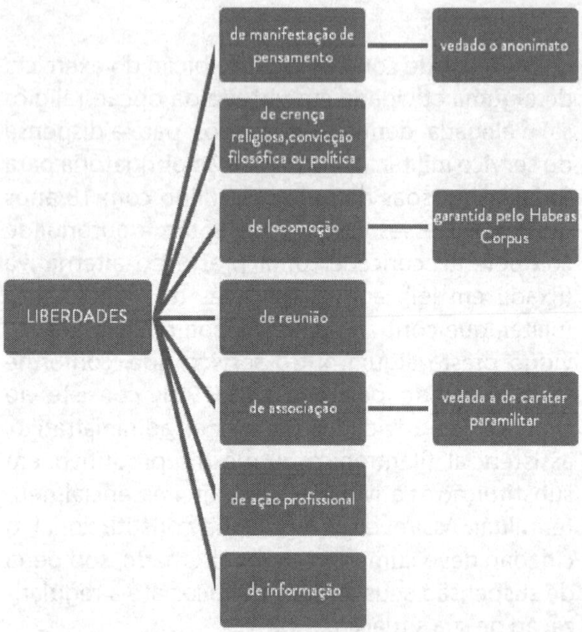

4.3.7 Inviolabilidade à intimidade, vida privada, honra e imagem

Trata-se da salvaguarda de um espaço íntimo intransponível por intromissões ilícitas externas, seja pelo Estado ou por outro indivíduo e abrangendo a proteção tanto de pessoas físicas quanto de pessoas jurídicas gozam desta proteção.

Segundo Alexandre de Moraes, intimidade relaciona-se às relações subjetivas e de trato íntimo da pessoa, suas relações familiares e de amizade, enquanto vida privada envolve todos os demais relacionamentos humanos, inclusive os objetivos, tais como relações comerciais, de trabalho, de estudo, dentre outras.

4.3.8 Inviolabilidade domiciliar

Conforme a lição de Alexandre de Moraes, "a inviolabilidade domiciliar constitui uma das mais antigas e importantes garantias individuais de uma Sociedade civilizada, pois engloba a tutela da intimidade, da vida privada, da honra, bem como a proteção individual e familiar do sossego e tranquilidade, que não podem ceder – salvo excepcionalmente – à persecução penal ou tributária do Estado."

Domicílio, na acepção constitucional, abrange não apenas a residência ou a habitação com intenção definitiva de estabelecimento, mas inclusive, quarto de hotel habitado. Assim, domicílio é "todo local, delimitado e separado, que alguém ocupa com exclusividade, a qualquer título, inclusive profissionalmente, pois nessa relação entre pessoa e espaço preserva-se, mediatamente, a vida privada do sujeito". Conforme o STF, abarca também o local em que se exerça atividade profissional, desde que se trate de ambiente fechado ou de acesso restrito ao público.

As exceções à proteção constitucional do domicílio encontram-se no próprio texto da Carta Magna:

- **De dia**: flagrante delito ou desastre ou para prestar socorro, ou, ainda, por determinação judicial. Somente durante o dia, a proteção constitucional deixará de existir por determinação judicial.
- **Noite**: flagrante delito ou desastre ou para prestar socorro.

Quanto ao alcance do termo "dia", para fins de cumprimento da ordem judicial, José Afonso da Silva defende o critério horário (das 6h até as 18h) enquanto Celso de Mello preconiza o critério astrofísico (do amanhecer ao entardecer). Já Alexandre de Moraes entende que a aplicação conjunta de ambos os critérios alcança a finalidade constitucional de maior proteção ao domicílio durante a noite, resguardando-se a possibilidade de invasão domiciliar com autorização judicial, mesmo após as 18:00 horas, desde que, ainda, não seja noite (por exemplo: horário de verão).

Contudo, também em relação à delimitação do período de cumprimento do mandado, a nova lei de abuso de autoridade (Lei nº 13.869/2019), em seu art. 22, § 1º, II prevê que comete crime o agente público que cumpre mandado de busca e apreensão domiciliar após as 21h (vinte e uma horas) ou antes das 5h (cinco horas).

Outras observações importantes sobre o ingresso domiciliar, conforme Flávio Nunes:

1) Local de trabalho:

Aqui trata-se do local de trabalho reservado, pois é possível que, no local de trabalho, haja um espaço aberto ao público, cuja entrada é liberada a qualquer pessoa que queira entrar e um outro espaço reservado a seus proprietários e funcionários. O autor cita como exemplo um bar, em que, no horário comercial, todos entram e saem do estabelecimento, sentam-se às mesas. Se qualquer cliente pode fazê-lo, a autoridade também poderá, sem mandado judicial. Todavia, há no bar espaços reservados a seus donos e funcionários, como o espaço de trás do balcão do bar ou a cozinha, que são equiparados à casa e, portanto, invioláveis.

2) Quarto de hotel ou motel ocupado.

Quanto ao quarto de hotel ou motel ocupado, o Supremo Tribunal Federal se manifestou expressamente, equiparando-os à casa: "para os fins da proteção jurídica a que se refere o artigo 5º, XI, da CF, o conceito normativo de 'casa' revela-se abrangente e, por estender-se a qualquer aposento de habilitação coletiva, desde que ocupado (CF, art. 150, § 4º, II), compreende, observada essa específica limitação espacial, os quartos de hotel. Doutrina. Precedentes. Excetuadas as situações excepcionais taxativamente previstas no texto constitucional (art. 5º, XI), nenhum agente público poderá, contra a vontade de quem de direito *(invito domino)*, ingressar, durante o dia, sem mandado judicial, em aposento ocupado de habilitação coletiva, sob pena de a prova resultante dessa diligência de busca e apreensão reputar-se inadmissível, porque impregnada de ilicitude originária" (RHC 90.376, rel. Min. Celso de Mello).

3) Automóvel

Busca realizada em automóvel se equipara à busca pessoal, e não à busca domiciliar, como afirma a doutrina: "a busca em veículo é, em princípio busca e apreensão pessoal. **No entanto**, se a função precípua do veículo for a de domicílio, então será caso de busca e apreensão domiciliar (como nas hipóteses de trailer e motor home)"

4) Boleia ou cabine do caminhão

A boleia (ou cabine) do caminhão, lugar onde o caminhoneiro passa grande parte de sua vida profissional, se equipara à casa? O STJ entendeu que **não**. Segundo esse Tribunal, "o caminhão é instrumento de trabalho do motorista, assim como, *mutatis mutandis*, a espátula serve ao artesão. Portanto, não pode ser considerado extensão de sua residência, nem local de seu trabalho, mas apenas um meio físico para se chegar ao fim laboral" (STJ, AgRg no REsp 1.362.124/MG, rel. Min. Sebastião Reis Júnior, j. 19-3-2013). Com esse entendimento, o Superior Tribunal de Justiça decidiu que a arma ilegal existente no interior do caminhão configura PORTE e não POSSE (já que a cabine do caminhão não se equipara à casa).

Não obstante, em 2016, embora não tenha sido o objeto principal do recurso, posição em sentido contrário foi defendida pelo Ministro Teori Zavascki, do Supremo Tribunal Federal. No Recurso Ordinário em Habeas Corpus 117.767, o STF decidiu que "apreensões de documentos realizadas em automóvel, por constituir típica busca pessoal, prescinde de autorização judicial" (RHC 117.767, rel. Min. Teori Zavascki, 2ª Turma, j. 11-10-2016). Todavia, segundo o Ministro sobredito, em seu voto: "o veículo (automóvel, motocicleta, navio, avião etc.) é coisa pertencente à pessoa, razão pela qual deve ser equiparada à busca pessoal, sem necessitar de mandado judicial. A única exceção fica por conta do veículo destinado à habitação do indivíduo, como ocorre com os trailers, cabines de caminhão, barcos, entre outros" (trecho do voto do Min. Relator). Tal ressalva não constou da ementa do referido acórdão. Por essa razão, entendemos que a cabine do caminhão não se equipara à casa, aplicando-se-lhe as regras da busca pessoal.

Guilherme Madeira traz à discussão uma tese absolutamente inovadora: o celular como sendo uma extensão do domicílio. Segundo ele, "se o domicílio pode ser entendido como o espaço normal da intimidade, onde ela se expressa livremente, sendo inerente à pessoa, e o mais importante, independe de objeto físico para a sua existência, não vislumbramos óbice para que o aparelho celular não possa vir a ser considerado um domicílio e receber a adentre no "castelo", usando a expressão norte-americana. Além das hipóteses constitucionais que serão a seguir estudadas, poderá também a lei estabelecer restrições a esse direito, desde que razoáveis e proporcionais.

Foi o que fez a Lei n. 13.301/2016 ("Lei do Mosquito"), que tenta diminuir os focos do mosquito transmissor da dengue e outras doenças, permitindo o "ingresso forçado em imóveis públicos e particulares, no caso de situações de abandono, ausência ou recusa de pessoa que possa permitir o acesso de agente público, regularmente designado e identificado, quando se mostre essencial para a contenção das doenças". Ora, trata-se de uma clara limitação infraconstitucional do direito à inviolabilidade domiciliar.

5) Consentimento do morador

Havendo o consentimento legítimo e prévio do morador, a autoridade poderá ingressar na casa sem mandado judicial. Importante frisar que, havendo mais de um morador, havendo o dissenso expresso de um deles, não poderá a autoridade ingressar na casa, sob pena de violar o direito fundamental desse morador que dissentiu. Nesse sentido, a doutrina: "caso se trate de casal morador da residência e um deles discorde, então não será válido esse consentimento, que deve ser validamente dado por ambos". Importante destacar que esse consentimento poderá ser dado tanto durante o dia quanto durante a noite.

6) Flagrante delito

Em caso de flagrante delito, a inviolabilidade da casa poderá ser violada tanto durante o dia quanto durante a noite, tanto pela autoridade pública como por qualquer pessoa (já que, nos termos do art. 301 do Código de Processo Penal), qualquer pessoa poderá prender em flagrante e, em casos de violação a direitos de terceiro, poder-se-ia alegar legítima defesa de terceiro (art. 23, CP). Questão polêmica gira em torno do flagrante de crime permanente. Crime permanente é aquele cuja consumação se prolonga no tempo (como o sequestro e o cárcere privado). Imaginemos que a vítima sequestrada está dentro da residência do sequestrador. Poderá a autoridade violar o domicílio? Claro que sim, durante o dia e durante a noite, como já decidiu o STJ: "tratando-se de crimes de natureza permanente [...] mostra-se prescindível o mandado de busca e apreensão para que os policiais adentrem o domicílio do acusado, não havendo se falar em eventuais ilegalidades relativas ao cumprimento da medida" (STJ, HC 306.560/PR, rel. Min. Felix Fisher, j. 16-10-2014). Até aqui não houve polêmica. Esta surge quanto ao crime de tráfico de drogas, que, apesar de ter algumas modalidades que configuram crimes instantâneos (vender, por exemplo), tem modalidades que configuram crime permanente (como, por exemplo, "guardar" e "manter em depósito"). No caso de tráfico de drogas, em que o suspeito aparentemente tem drogas dentro de sua casa, poderá ser esta violada sem mandado judicial pelos policiais?

Esta questão foi levada ao STF no Recurso Extraordinário 603.616, relatado pelo Min. Gilmar Mendes. O ponto nevrálgico da questão, suscitado pelo recorrente, é que as autoridades policiais, diante de leves suspeitas de tráfico de drogas, invadiam as casas sem mandado judicial. O Supremo Tribunal Federal, embora tenha mantido o entendimento anterior (é possível entrar nas casas sem mandado, em caso de flagrante de crime permanente), estabeleceu novos critérios para a validade do ato: "Busca e apreensão domiciliar sem mandado judicial em caso de crime permanente. Possibilidade. <u>A Constituição dispensa o mandado judicial para ingresso forçado em residência no caso de flagrante delito</u>. No crime permanente, a situação de flagrância se protrai no tempo. Controle judicial a posteriori. Justa causa. A entrada forçada em domicílio, sem uma justificativa prévia conforme o direito, é arbitrária. Não será a constatação de situação de flagrância, posterior ao ingresso, que justificará a medida. Os agentes estatais devem demonstrar que havia elementos mínimos a caracterizar fundadas razões (justa causa) para a medida" (grifamos). Assim, somente poderá ingressar na casa a autoridade policial se houver fundados indícios dessa flagrância (justa causa), conforme o julgado do Recurso Extraordinário 603616/RO.

7) Desastre ou para prestar socorro

O desastre pode ocorrer por causas naturais (enchente, desabamento etc.) ou por incidentes quaisquer (incêndio etc.). A casa poderá ser adentrada, seja durante o dia, seja durante a noite. Da mesma forma, para prestar socorro, a casa poderá ser adentrada em qualquer horário do dia ou da noite.

8) Ordem judicial

Primeiramente, somente ordem judicial poderá decretar a busca domiciliar. Trata-se de reserva de jurisdição, ou seja, nenhuma outra autoridade poderá decretar a medida, como delegado, Ministério Público e Comissão Parlamentar de Inquérito (CPI). Segundo o Supremo Tribunal Federal, "As Comissões Parlamentares de Inquérito não podem determinar a busca e apreensão domiciliar, por se tratar de ato sujeito ao princípio constitucional da reserva da jurisdição, ou seja, ato cuja prática a CF atribui com exclusividade aos membros do Poder Judiciário (CF, art. 5º, XI)" (MS 23.642/DF, rel. Min. Néri da Silveira, j. 29-11-2000).

Importante frisar que esse horário (6 às 18 horas) é o momento em que se deve iniciar a medida (de busca e apreensão domiciliar), e não o horário de conclusão da medida. Assim, poderá a autoridade ingressar na casa às 17 horas e, dependendo das medidas a serem realizadas, da quantidade de objetos que serão apreendidos, a medida poderá avançar até a noite.

9) Inviolabilidade do escritório de advocacia

O Estatuto da OAB (Lei n. 8.906/94), em seu art. 7º, § 6º, acrescido pela Lei n. 11.767/2008, determina que: "presentes indícios de autoria e materialidade da prática de crime por parte de advogado, a autoridade judiciária competente poderá decretar a quebra da inviolabilidade de que trata o inciso II do caput deste artigo, em decisão motivada, expedindo mandado de busca e apreensão, específico e pormenorizado, a ser cumprido na presença de representante da OAB, sendo, em qualquer hipótese, vedada a utilização dos documentos, das mídias e dos objetos pertencentes a clientes do advogado averiguado, bem como dos demais instrumentos de trabalho que contenham informações sobre clientes". Dessa maneira, em 2010, o STF entendeu ser possível a busca e apreensão em escritório de advocacia, respeitados os requisitos legais: "o sigilo profissional constitucionalmente determinado não exclui a possibilidade de cumprimento de mandado de busca e apreensão em escritório de advocacia. O local de trabalho do advogado, desde que este seja investigado, pode ser alvo de busca e apreensão, observando-se os limites impostos pela autoridade judicial. Tratando-se de local onde existem documentos que dizem respeito a outros sujeitos não investigados, é indispensável a especificação do âmbito da abrangência da medida, que não poderá ser executada sobre a esfera de direitos de não investigados" (HC 91.610, rel. Min. Gilmar Mendes, 2ª Turma, j. 8-6-2010). Embora a lei determine ser essencial a presença de representante da OAB durante a execução do mandado, o STJ já decidiu que a sua ausência não gera nulidade do ato: "A falta do representante da OAB para acompanhar a diligência não acarreta a nulidade da busca e apreensão empreendida nos escritórios de advocacia, porque se trata de irregularidade que não contamina a prova, especialmente quando a medida foi determinada pela autoridade judiciaria competente e não foi relatado nenhum abuso ou prejuízo às prerrogativas dos advogados" (AP 690/TO, rel. Min. João Otávio Noronha, Corte Especial, j. 15-4-2015).

Decisão excepcional do Supremo Tribunal Federal autorizou a colocação de escuta telefônica em escritório de advocacia, no período da noite, quando os advogados eram os investigados. Segundo o STF: "Escuta ambiental e exploração do local. Captação de sinais óticos e acústicos. Escritório de advocacia. Ingresso da autoridade policial, no período noturno, para instalação de equipamento. Medidas autorizadas por decisão judicial. Invasão de domicílio. Não caracterização. Inteligência do artigo 5º, X e XI da CF; art. 150, § 4º, III, do CP; e art. 7º, II, da Lei n. 8.906/94. Não opera a inviolabilidade do escritório de advocacia, quando o próprio advogado seja suspeito da prática de crime, sobretudo concebido e consumado no âmbito desse local de trabalho, sob pretexto de exercício da profissão" (Inq. 2.424/RJ, rel. Min. Cezar Peluso, Tribunal Pleno, j. 26-11-2008).

4.3.9 Sigilo de correspondência e das telecomunicações

Sendo corolário do direito à intimidade, o art. 5º, XII, prevê quatro formas de comunicação, tidas como invioláveis:

a) correspondência;

b) comunicações telegráficas;

c) dados;

d) comunicações telefônicas.

Correspondência significa cartas, cartões, enviados pelo correio. Comunicações telegráficas, em franco desuso, correspondem aos telegramas e "telex". Por sua vez, os dados são a forma mais comum nos dias de hoje de comunicação (e-mail, SMS, videoconferências, fax, mensagens instantâneas por aplicativos diversos). Por fim, comunicação telefônica é a conversa realizada por meio de uma linha telefônica.

A inviolabilidade dessas comunicações é um direito absoluto? Claro que não (assim como os demais direitos). O STF já permitiu, por exemplo, a interceptação da correspondência dos presos. Malgrado se tratasse de violação da intimidade do encarcerado, trata-se de tutelar bem jurídico da coletividade, salvaguardando-se da prática de ilícitos que poderiam ser praticados por meio dessa comunicação: "A administração penitenciária, com fundamento em razões de segurança jurídica, de disciplina prisional ou de preservação da ordem jurídica, pode, sempre excepcionalmente, e desde que respeitada a norma inscrita no art. 41, parágrafo único, da Lei n. 7.210/84, proceder à interceptação da correspondência remetida pelos sentenciados, eis que a cláusula tutelar da inviolabilidade do sigilo epistolar não pode constituir instrumento de salvaguarda de práticas ilícitas" (HC 70.814, rel. Min. Celso de Mello, 1ª Turma, j. 1º-3-1994).

Ainda, por expressa previsão constitucional, a inviolabilidade pode ser suspensa durante o estado de defesa e durante o estado de sítio. Segundo o art. 136, § 1º, da Constituição Federal, que trata do estado de defesa: "o decreto que instituir o estado de defesa determinará o tempo de sua duração, especificará as áreas a serem abrangidas e indicará, nos termos e limites da lei, as medidas coercitivas a vigorarem, dentre as seguintes: I – restrições aos direitos de: [...] b) sigilo de correspondência; c) sigilo de comunicação telegráfica e telefônica" (grifamos). Por sua vez, o art. 139, que trata do estado de sítio, dispõe que "Na vigência do estado de sítio decretado com fundamento no art. 137, I, só poderão ser tomadas contra as pessoas as seguintes medidas: [...] III – restrições relativas à inviolabilidade da correspondência, ao sigilo das comunicações..." (grifamos).

Além das hipóteses sobreditas de limitação da inviolabilidade das comunicações, o próprio art. 5º, XII, prevê importante limitação do direito: "no último caso, por ordem judicial, nas hipóteses e na forma que a lei estabelecer, para fins de investigação ou instrução processual penal".

a) Interceptação telefônica e de dados

O art. 5º, XII, depois de prever a inviolabilidade de quatro formas diferentes de comunicação, estabeleceu uma exceção: "no último caso, por ordem judicial...". O que seria "último caso"? A primeira interpretação que surgiu foi a de que "último caso" seria "comunicações telefônicas" (a quarta modalidade das quatro formas diferentes de comunicação). Todavia, não foi a teoria que prevaleceu. Por conta da redação do art. 5º, XII, da Constituição Federal, prevaleceu o entendimento de que "último caso" se refere aos "dados e comunicações telefônicas". Explico melhor: se o constituinte quisesse que o "último caso" fosse apenas as comunicações telefônicas, teria usado três vírgulas na frase, desta forma: "é inviolável o sigilo da correspondência, das comunicações telegráficas, de dados e das comunicações telefônicas, salvo no último caso". Todavia, a redação foi diferente. O constituinte, em vez de usar vírgulas, usou duas letras "e" separando os substantivos. Dessa forma, formaram-se dois "blocos" de comunicação: "correspondência e comunicações telegráficas" (primeiro "bloco") e o segundo "bloco" como sendo os "dados e comunicações telefônicas".

Esse segundo "bloco" é objeto de interceptação. Aliás, é o que dispõe a Lei n. 9.296, de 1996, que regulamenta o art. 5º, XII, da Constituição Federal. Segundo o art. 1º, parágrafo único, dessa lei: "o disposto nesta Lei aplica-se à interceptação do fluxo de comunicações em sistemas de informática e telemática".

Quem pode decretar a interceptação telefônica e de dados? Somente o juiz. Trata-se novamente de reserva de jurisdição. Esse é o posicionamento pacífico do STF:

Por expressa previsão constitucional, somente é possível a decretação de interceptação telefônica e de dados durante o processo penal ou investigação criminal, não podendo ser decretada durante o processo administrativo ou durante o processo civil.

Em caso excepcionalíssimo, que não serve de parâmetro, por conta da excepcionalidade, o Superior Tribunal de Justiça admitiu interceptação telefônica no processo civil, em processo envolvendo interesse de criança e adolescente, sob o argumento de que nenhum direito é absoluto, e, no caso, prevalece o art. 227 da Constituição Federal, que estabelece a prioridade absoluta dos direitos das crianças e dos adolescentes. Decidiu o STJ:

Embora haja entendimento doutrinário contrário, prevalece o entendimento de que, se a interceptação telefônica foi decretada regularmente no processo penal ou investigação criminal, o seu conteúdo degravado (colocado no papel) poderá ser utilizado no processo civil ou no processo administrativo, como prova emprestada. Esse é o entendimento do STF:

Qual o prazo da interceptação? Segundo o art. 5º da Lei n. 9.296/96, "a decisão será fundamentada, sob pena de nulidade, indicando também a forma de execução da diligência, que não poderá exceder o prazo de 15 (quinze) dias, renovável por igual tempo uma vez comprovada a indispensabilidade do meio de prova". Pela redação da norma, poder-se-ia imaginar ser possível uma única prorrogação. Todavia, segundo entendimento do STF, "é lícita a prorrogação do prazo legal de autorização para interceptação telefônica, ainda que de modo sucessivo, quando o fato seja complexo e, como tal, exija investigação diferenciada e contínua" (Inq. 2.424/RJ, rel. Min. Cezar Peluso, Tribunal Pleno, j. 26-11-2008).

Por força do art. 2º da Lei n. 9.296/96, a interceptação telefônica somente pode ser decretada nos crimes punidos com reclusão, não se admitindo interceptação telefônica, portanto, para os crimes punidos com detenção ou as contravenções penais (punidas com prisão simples ou multa). Sendo uma medida gravosa à intimidade do investigado ou réu, a interceptação telefônica é uma medida excepcional, só podendo ser decretada quando a obtenção da prova não é possível por outros meios. Segundo o art. 2º da Lei n. 9.296/96, "não será admitida a interceptação de comunicações telefônicas quando ocorrer qualquer das seguintes hipóteses: I – não houver indícios razoáveis da autoria ou participação em infração penal; II – a prova puder ser feita por outros meios disponíveis; [...]".

Uma questão nova e interessante é a **serendipidade** (expressão trazida do inglês *serendipity*). Trata-se do encontro fortuito de provas, que recai sobre novos fatos ou novos criminosos. Imaginem que uma interceptação telefônica foi decretada para investigar uma pessoa pelo crime de tráfico de drogas. Imaginem que durante a interceptação descobre-se a prova de outro crime (de que não se tinha notícia) ou o envolvimento de outro criminoso (que não se sabia fazer parte do crime ou do grupo criminoso). Poderá a prova recair sobre o outro criminoso e sobre os outros fatos? O Supremo Tribunal Federal respondeu afirmativamente às duas perguntas. Outrossim, é válida a prova decorrente da serendipidade, recaindo sobre outro crime, ainda que punido com detenção, como já decidiu o Supremo Tribunal Federal: Por fim, em caso de serendipidade que recaia sobre pessoas que tenham direito a foro especial por prerrogativa de função (ocupantes de cargos públicos), o Supremo

Tribunal Federal entendeu que os autos devem ser remetidos à instância superior, competente para julgar essa autoridade. Foi o que ocorreu na histórica interceptação telefônica que recaiu sobre o ex-Presidente Luiz Inácio Lula da Silva e que gravou uma ligação da então Presidente Dilma Rousseff. Segundo liminar concedida pelo Ministro Teori Zavascki (e referendada posteriormente pelos demais Ministros), havendo indício de envolvimento de autoridade com prerrogativa de foro, os autos devem ser remetidos ao tribunal competente (Reclamação 23.457/PR, rel. Min. Teori Zavascki).

b) Gravação clandestina, apreensão de dados e quebra do sigilo telefônico

Não há que se confundir a interceptação telefônica com a apreensão de dados, a gravação clandestina e a quebra do sigilo telefônico.

Interceptação telefônica é a gravação da comunicação feita por um terceiro, sem o conhecimento dos interlocutores. Somente é admitida no Brasil mediante ordem judicial, durante o processo penal ou investigação criminal. A interceptação decretada fora das hipóteses legais configura crime de interceptação telefônica, previsto no art. 10 da Lei n. 9.296/96. Gravação clandestina é a gravação feita por um dos interlocutores, sem o conhecimento do outro. Assim, uma das pessoas que está conversando pelo telefone (gravação clandestina telefônica) ou num ambiente qualquer (gravação clandestina ambiental) grava a conversa sem avisar o outro interlocutor. Embora haja pequena parcela da doutrina entendendo ser uma prova ilícita (por violação da intimidade), prevalece o entendimento de que se trata de uma prova lícita, podendo ser usada não apenas no processo penal. Apreensão de dados se dá quando, legalmente, a autoridade tem acesso a dados que não estão sendo transmitidos no momento. Exemplo, ao cumprir um mandado de busca domiciliar, a autoridade policial apreende as cartas sobre a mesa, os aparelhos telefônicos (com suas respectivas mensagens armazenadas) e os computadores (com todo o seu conteúdo). O Supremo Tribunal Federal entendeu que, assim como as cartas abertas sobre a mesa podem ser apreendidas, não correspondendo violação de correspondência, os dados inseridos nos computadores, como os e-mails armazenados, podem ser abertos, não configurando transgressão ao direito à inviolabilidade das comunicações. Equiparam-se a quaisquer documentos. Atualmente, segundo entendimento do STJ, quando os dados se encontram dentro do celular da pessoa, a autoridade policial necessita de autorização judicial para ter acesso. Por fim, quebra do sigilo telefônico consiste na obtenção dos registros telefônicos, ou seja, obter junto à operadora de telefonia quais números ligaram para o investigado e para quais números aquela linha telefônica ligou. Nesse caso, ao contrário da interceptação telefônica, não há reserva de jurisdição, ou seja, não apenas o juiz poderá decretar a medida. A quebra do sigilo telefônico poderá, portanto, ser decretada não apenas pelo juiz, mas também pela CPI (já que ela tem poderes instrutórios de juiz, nos termos do art. 58, § 3º, da Constituição Federal). E não é só: poderiam essas informações ser obtidas mediante solicitação direta do Ministério Público ou da autoridade policial.

Essa posição jurisprudencial é reforçada pela Lei das Organizações Criminosas (Lei n. 12.850/2013) que, no seu art. 17, expressamente dispõe que: "as concessionárias de telefonia fixa ou móvel manterão, pelo prazo de 5 (cinco) anos, à disposição das autoridades mencionadas no art. 15 [delegado de polícia e o Ministério Público], registros de identificação dos números dos terminais de origem e de destino das ligações telefônicas internacionais, interurbanas e locais".

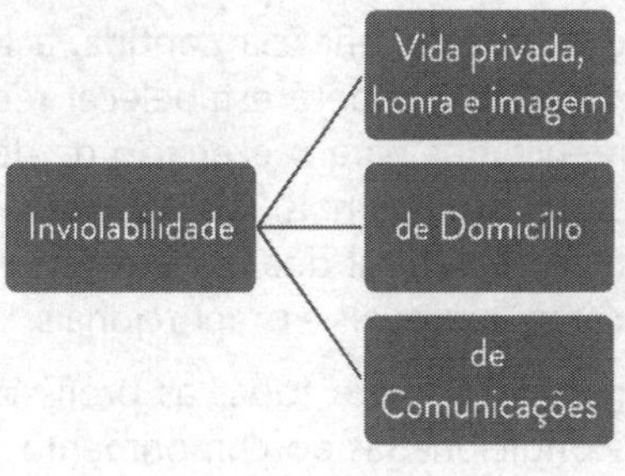

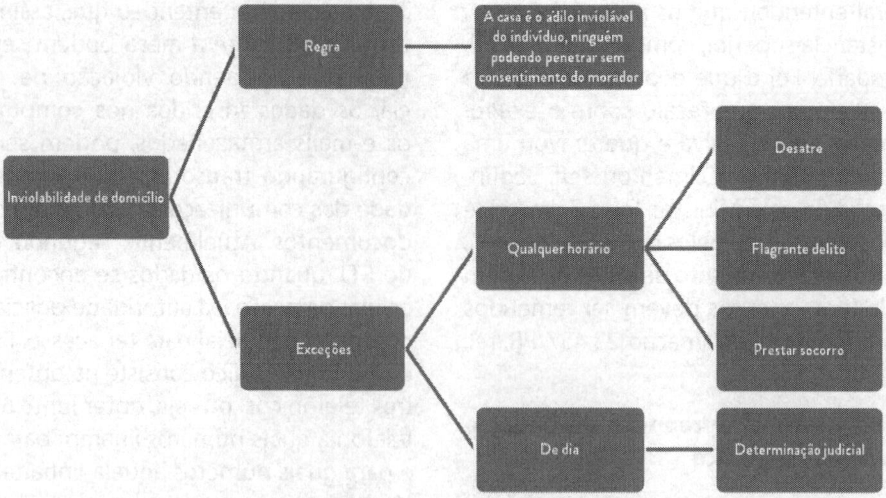

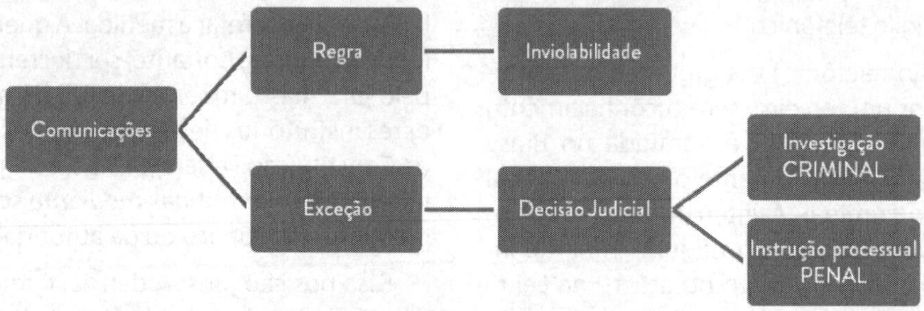

4.3.10 Livre exercício profissional

É a garantia a liberdade para exercício de qualquer profissão ou ofício, vedando ao Estado estabelecer limitação desarrazoadas à atividade laboral, de forma que todos possam se orientar por suas vocações, desejos e necessidades, cumpridas as qualificações que a lei estabelecer.

Sendo norma de eficácia contida, a legislação infraconstitucional poderá estabelecer requisitos a serem preenchidos para o exercício de determinadas atividades profissionais. Tais normas não podem ferir o núcleo essencial dos direitos fundamentais, além de serem razoáveis e proporcionais.

Segundo o STF, nem todas as profissionais podem ser condicionadas ao cumprimento de requisitos legais para seu exercício, mas apenas aquelas em que houver potencial lesivo na atividade (RE 414.426/SC).

4.3.11 Acesso à informação e sigilo da fonte

A Constituição assegura dois princípios no inciso XIV do art. 5º: o da informação e do sigilo da fonte.

O direito de informação contém um tríplice alcance: direito de informar, o de se informar e o de ser informado. Tal garantia, quando violada, possui uma ação específica para proteção: o habeas data, desde que se trate de informação personalíssima (informação da própria pessoa do impetrante). Caso não o seja, o direito é protegido pelo mandado de segurança.

Já o resguardo da segunda garantia abordada no inciso, vem com a necessidade do exercício de determinadas atividades profissionais, como a dos jornalistas. O sigilo da fonte é indispensável para o êxito de certas investigações jornalísticas, permitindo a ampla apuração dos fatos comprometedores.

4.3.12 Liberdade de locomoção

Assegura o direito de locomoção a todas as pessoas, de livremente ir, vir e permanecer no território nacional, em tempos de paz, nos termos da lei. Além da pessoa, vale também a garantia para os bens, desautorizando qualquer lei que impeça a livre circulação de bens legitimamente adquiridos. Essa liberdade é garantida pelo Habeas Corpus.

Apresenta-se como limitação a este direito o estado de sítio, quando, por decreto, poderá o Presidente da República estabelecer:

> I – obrigação de permanência em localidade determinada;
>
> II – detenção em edifício não destinado a acusados ou condenados por crimes comuns".

> ▷ **Importante:** a liberdade de locomoção não poderá ser suspensa durante o estado de defesa, mas apenas durante o estado de sítio.

4.3.13 Liberdade de reunião

A liberdade de reunião deve ser entendida como o agrupamento de pessoas, organizado, de caráter transitório, com uma determinada finalidade.

O texto constitucional elenca os requisitos para o exercício deste direito:

a) que a reunião ocorra em locais abertos ao público;
b) que a reunião seja pacífica, sem armas;
c) que a reunião tenha fins lícitos; e
d) que não frustre outra reunião previamente convocada para o mesmo local

O aviso prévio à autoridade competente atende a uma necessidade administrativa, ajudando a evitar, por exemplo a frustração de outra reunião previamente convocada para o mesmo local ou auxiliando, em termos de organização logística do Poder Público, providências necessárias em grandes aglomerações de pessoas.

O aviso prévio não deve ser confundido com a autorização do Poder Público. A reunião em locais fechados é garantida pelo Texto constitucional de forma implícita, podendo ser exercida de forma absoluta, sem exigência de aviso prévio à autoridade competente.

O direito de passeata também é assegurado pela Constituição, pois nada mais é do que o exercício do direito de reunião em movimento.

4.3.14 Liberdade de associação

A liberdade de associação é um direito coletivo que se diferencia da liberdade de reunião pela duração e pela finalidade. A associação é uma reunião estável e permanente, que visa um fim comum.

A associação paramilitar, vedada pelo texto constitucional, é a que se destina ao treinamento de pessoas no manejo de armas, com objetivos ilícitos, buscando assemelhar-se, em sua organização e hierarquia, à estrutura das Forças Militares do Estado.

O direito à constituição de associações é livre e a personalidade jurídica adquire-se por mero ato de deposito dos estatutos, sendo vedada qualquer interferência estatal em seu funcionamento. Tal vedação, contudo, não é absoluta, pois se exige que a associação seja para fins lícitos, estando proibida, de qualquer forma, a que tenha caráter paramilitar.

Em relação à criação de cooperativas, a Constituição assegura a sua liberdade de criação, condicionando-a à observância do disposto na lei.

Não é possível qualquer interferência estatal no funcionamento das cooperativas após terem sido legalmente constituídas.

Trata-se de norma de eficácia contida, na medida em que está sujeita a restrições a serem impostas pelo legislador ordinário que limitem sua eficácia e aplicabilidade.

A decretação de dissolução ou de suspensão de associações só poderá ser dada pelo Poder Judiciário, de forma que, se for o caso de dissolução (mais grave), deverá ter ocorrido o trânsito em julgado.

Dissolução é o término de uma associação, enquanto suspensão é uma paralisação temporária das atividades.

Estão consagradas três garantias: o direito de adesão voluntária, sem autorização ou constrangimento, a uma associação; a faculdade de desvincular-se espontaneamente, também sem constrangimento ou independente de autorização; e, por fim de usufruir o status negativo de não se associar a nenhuma associação.

Em outras palavras, nenhuma pessoa física ou jurídica, está obrigada a associar-se, nem a se filiar, vincular-se ou prestar conta a outra pessoa jurídica de direito privado. Porém, o fato de se exigir a filiação de determinados profissionais aos respectivos Conselhos Regionais (CREA, OAB, CRM, CRC, etc.), sob pena de exercício ilegal da profissão, indica situação em que este inciso não é aplicado.

Constituição exige a autorização dos seus associados para serem representados pela associação judicial ou extrajudicialmente.

4.3.15 Direito de propriedade

Sendo os valores sociais do trabalho e da livre iniciativa tratados como fundamentos da República, o direito de propriedade acomoda-se como direito fundamental, abrangendo qualquer direito de conteúdo patrimonial, econômico, alcançando créditos e direitos pessoais. A utilização e o desfrute devem ser feitos de acordo com a conveniência social da utilização da coisa (função social da propriedade). O direito do dono deve ajustar-se aos interesses da sociedade e, em caso de conflito, o interesse social pode prevalecer sobre o individual.

O direito de propriedade comporta duas garantias:

a) garantia de conservação: ninguém pode ser privado de seus bens fora das hipóteses previstas na CF.

b) garantia de compensação: caso privado de seus bens, o proprietário tem o direito de receber a devida indenização, equivalente pelos prejuízos sofridos (desapropriação).

A garantia estende-se desde os bens imóveis, móveis, semoventes e até os bens imateriais (como direitos autorais, por exemplo). No entanto, essas garantias submetem-se às restrições impostas pela Constituição Federal.

A propriedade poderá ser urbana ou rural. A função social da propriedade urbana será cumprida quando se atende às exigências do Plano Diretor (instrumento de política urbana) e, em relação às propriedades rurais, sua função social está definida no art. 186 da Constituição, quando define, por exemplo, que elas devem atender o aproveitamento racional e adequado.

A desapropriação é a transferência compulsória da propriedade de um bem de uma determinada pessoa para o Estado, em razão da necessidade (desapropriação indispensável para a realização de uma atividade essencial do Estado) ou utilidade pública (embora não imprescindível, é conveniente para a realização de uma atividade estatal) ou, ainda, por interesse social (desapropriação conveniente para o progresso social, para o desenvolvimento da sociedade, em razão da justa distribuição da propriedade ou da adequação a sua função social).

A indenização recompõe o patrimônio da pessoa desapropriada. É justamente a indenização que distingue a desapropriação da expropriação e do mero confisco, da simples transferência da propriedade particular para o Estado, sem qualquer recomposição do patrimônio individual. A indenização deve atender determinadas exigências constitucionais para ser válida:

1. Justa: deve ser feita de forma integral, reparando todo o prejuízo sofrido pelo particular.
2. Prévia: o pagamento deve ser feito antes do ingresso na titularidade do bem
3. Em dinheiro: o pagamento deve ser feito em moeda corrente e não em títulos para pagamento futuro e de liquidez incerta, salvo disposto na lei.

Existem algumas exceções, previstas ao final do inciso XXIV:

- Desapropriação para reforma urbana (desapropriação-sanção): o pagamento pode ser feito em títulos de dívida pública de emissão previamente aprovada pelo Senado Federal, com prazo de resgate de dez anos.
- Desapropriação para reforma agrária: o pagamento pode ser feito em títulos de dívida agrária, resgatáveis no prazo de até vinte anos.
- Iminente perigo público (requisição): a CF autoriza que a autoridade pública utilize qualquer propriedade particular, mediante o pagamento de posterior indenização, se houver dano.

Esta é uma modalidade de restrição ao direito de propriedade (requisição administrativa ou utilização de propriedade alheia) em caso de iminente perigo público. Não há direito à indenização, salvo se houver dano, caso em que o pagamento será posterior.

A pequena propriedade rural foi considerada bem de família, insuscetível de penhora, ficando a salvo de execução por dívidas decorrentes da atividade produtiva. Para que a propriedade não seja objeto de penhora, deverá ser pequena e trabalhada pela família (ainda que não de forma exclusiva), além disso, a dívida deverá ser contraída em função da atividade produtiva. Este benefício não abrange dívidas fiscais, pelo que poderá ser efetuada a penhora em decorrência do não-pagamento de tributos.

O direito de o autor explorar com exclusividade sua obra é vitalício, conforme a Lei 9610/98, transmitindo-se aos seus herdeiros por 70 anos contados a partir de 1º de janeiro do ano seguinte a sua morte. Esgotado o prazo, a obra passa a ser de domínio público.

Neste inciso garante-se, simultaneamente, direitos autorais, direitos de personalidade e o chamado "direito de arena", que consiste na faculdade, pertencente às entidades de prática desportiva, de negociar a imagem coletiva do espetáculo, e a obrigação que elas possuem de, salvo expresso em acordo em sentido contrário, repassar aos atletas um quinto do valor comercializado, conforme previsto na Lei nº 9.615/98 (Lei Pelé) como instituto exclusivo do Direito Desportivo.

Já na alínea b, a Constituição assegura direitos aos que contribuem para uma maior divulgação de obras intelectuais. São artistas, intérpretes e produtores, pessoas que participaram da elaboração de obras coletivas, como novelas e semelhantes. Assim, quem de alguma forma colaborou na composição de uma produção deverá ser contemplado com uma porcentagem no lucro sobre a obra.

Há também o direito de obter a patente de propriedade do invento, assegurando-se a utilização exclusiva de seu proveito econômico, mas apenas temporariamente, mediante o registro no órgão competente.

Corolário do direito de propriedade, o direito de herança garante aos sucessores do de cujus o direito à propriedade de bens por ele amealhados em vida.

Havendo bens situados no Brasil, caso haja o falecimento de um estrangeiro com cônjuge ou filhos brasileiros, aplicar-se-á, na sucessão de bens, a norma mais benéfica a estes.

Conciliando o fundamento da livre iniciativa e o princípio da livre concorrência com os valores da defesa do consumidor e o objetivo de redução das desigualdades sociais, em conformidade com os ditames da justiça social, o Estado promoverá, através da lei, de seus órgãos e de políticas públicas, a defesa do consumidor.

4.3.16 Direito de informação em órgãos públicos, de petição e de certidão

Este direito é exigível através do Habeas Data quando se tratar de informações da própria pessoa do impetrante e através de Mandado de Segurança quando se tratar de informações de interesse coletivo ou geral.

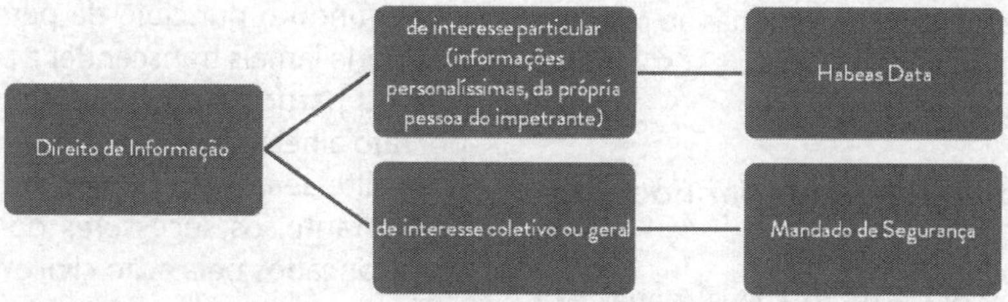

Trata-se da defesa de direitos próprios ou de terceiros, privados ou públicos, bem como a defesa da legalidade administrativa com a correção de atos oriundos da ilegalidade e do abuso de poder, implicando necessariamente no dever de análise e resposta do Poder Público.

Certidão é a cópia extraída de documento existente em repartição pública, exarada pelo respetivo serviço, que é documento autêntico destinado a comprovar os atos dele constantes. Importante destacar que, caso seja negada a certidão, ainda que seu teor seja de interesse do próprio solicitante, o remédio constitucional cabível é o Mandado de Segurança.

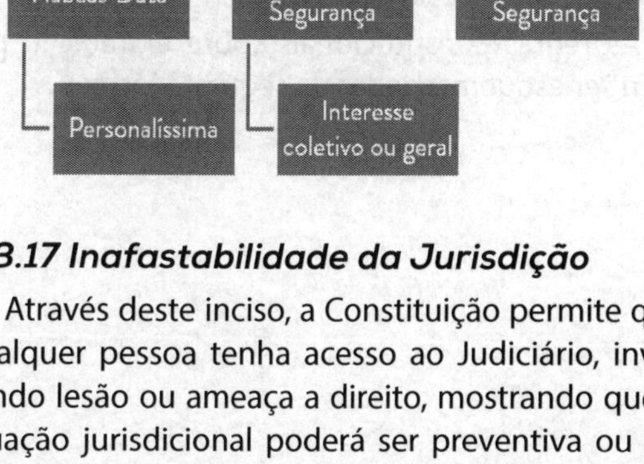

4.3.17 Inafastabilidade da Jurisdição

Através deste inciso, a Constituição permite que qualquer pessoa tenha acesso ao Judiciário, invocando lesão ou ameaça a direito, mostrando que a atuação jurisdicional poderá ser preventiva ou repressiva (ou reparatória), conforme Flávio Nunes.

É o chamado princípio da inafastabilidade da jurisdição, que, como regra, não admite a jurisdição condicionada ou instância administrativa de curso forçado, qual seja, o esgotamento da via administrativa como condição de acesso ao Poder Judiciário. Contudo, há exceções:

- Justiça Desportiva: prevista no artigo 217, § 1º, prevê que "O Poder Judiciário só admitirá ações relativas à disciplina e às competições desportivas após esgotarem-se as instâncias da justiça desportiva, regulada em lei".
- Ajuizamento de Habeas Data: A lei 9507/97, em seu artigo 8º, I determina que a petição inicial deverá ser instruída com prova da recusa ao acesso às informações ou do decurso de mais de dez dias sem decisão;
- Arbitragem – A Lei 9307/96 estabelece, no artigo 33, que "a parte interessada poderá pleitear ao órgão do Poder Judiciário competente a declaração de nulidade da sentença arbitral, nos casos previstos nesta Lei".

4.3.18 Princípio da segurança jurídica

Ato jurídico perfeito é o ato jurídico praticado de forma regular, nos termos da lei vigente.

Direito adquirido é o direito já incorporado ao patrimônio (jurídico) da pessoa que preencheu todos os requisitos legais para o seu exercício, ainda que não o tenha feito.

Coisa julgada é a imutabilidade das decisões judiciais transitadas em julgado.

4.3.19 Princípios Constitucionais do Processo (art. 5º, XXXVII, XXXVIII, LIV a LX, CF)

O juiz natural é somente aquele integrado no Poder Judiciário, com todas as garantias institucionais e pessoais previstas na Constituição Federal, vedando-se a criação de tribunais ou juízos de exceção e impondo respeito absoluto às regras objetivas de determinação de competência,

Prerrogativa democrática do cidadão, o tribunal do Juri tem sua competência definida como direito fundamental, de forma que não pode ser suprimida ou mitigada por lei infraconstitucional. É o texto constitucional quem define as garantias ao réu, plenitude da defesa, sigilo das votações e a soberania dos vereditos.

4.3.20 Reserva Legal e anterioridade penal

Este inciso consagra a reserva legal penal, exigência constitucional de que tipos penais sejam criados por lei no seu sentido estrito e a exigência de que a lei penal seja anterior ao fato praticado.

4.3.21 Retroatividade penal benéfica

Seja diminuindo penas, trazendo benefícios penais quanto à execução da pena, ou até mesmo transformando a conduta em fato atípico (*abolitio criminis*), a lei penal só se aplica a fatos anteriores a sua vigência (retroatividade) se for em benefício do réu.

4.3.22 Discriminações atentatórias aos direitos e liberdades fundamentais

Atos discriminatórios, qualquer que seja a sua natureza, opõem-se à cidadania e à dignidade da pessoa humana, contrariando também os princípios e objetivos fundamentais da República Federativa do Brasil.

4.3.23 Crimes com previsão constitucional

Inafiançáveis e imprescritíveis	**Ração** **Ra**cismo **Ação** de grupos armados, civis ou militares, contra a ordem constitucional e o Estado Democrático
Inafiançáveis e insuscetíveis de graça ou anistia	**3TH** **3T** – **T**ortura, **T**ráfico e **T**errorismo **H** – **H**ediondos

4.3.24 Pessoalidade (personalidade ou intranscendência) da Pena

Segundo o princípio da personalidade, a pena não pode jamais transcender a pessoa que foi a autora ou partícipe do delito, impedindo a punição por fato alheio. Contudo, o dever de reparar o dano transmite-se aos sucessores até o limite da herança. Portanto, os sucessores do criminoso podem ser alcançados pela ação civil *ex delicto*, ou, caso já tenha havido condenação, ser executada a sentença condenatória transitada em julgado contra os mesmos, atentando-se, como sobredito, ao limite da herança.

4.3.25 Individualização da pena, penas permitidas e penas vedadas

A individualização da pena impõe ao magistrado, ao sentenciar, a obrigação de realizar a dosimetria da pena, bem como fixar o regime inicial do seu cumprimento de acordo com o sujeito e o caso concreto, fundamentando sua decisão.

Segundo Flávio Martins Nunes, foi com base nesse princípio que o STF declarou inconstitucional o regime integralmente fechado (Súmula Vinculante 26), o regime inicialmente fechado (HC 112.340) e a proibição de substituição da pena privativa de liberdade por pena restritiva de direitos (HC 97.256).

4.3.26 Extradição

Extradição é o envio de uma pessoa para outro país, para que seja processada ou cumpra pena.

As regras constitucionais sobre extradição podem ser esquematizadas da seguinte forma:

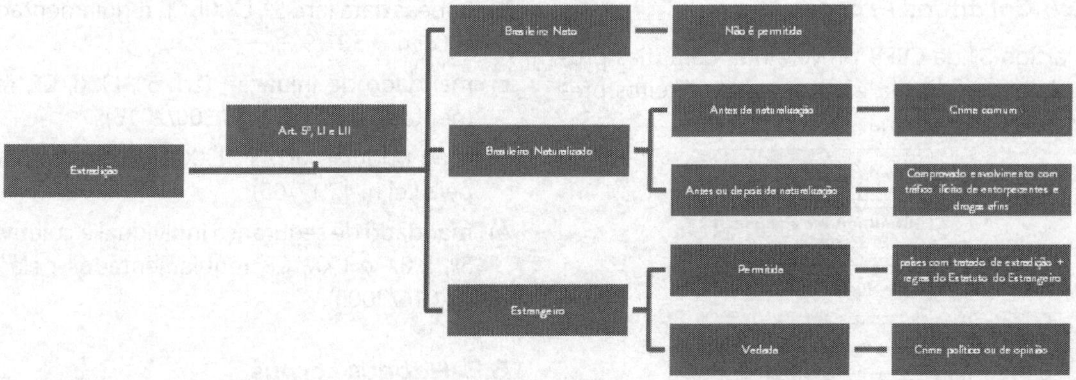

Complementando, o Estatuto do Estrangeiro prevê regras sobre extradição

Art. 82. Não se concederá a extradição quando:

I - o indivíduo cuja extradição é solicitada ao Brasil for brasileiro nato;

II - o fato que motivar o pedido não for considerado crime no Brasil ou no Estado requerente;

III - o Brasil for competente, segundo suas leis, para julgar o crime imputado ao extraditando;

IV - a lei brasileira impuser ao crime pena de prisão inferior a 2 (dois) anos;

V - o extraditando estiver respondendo a processo ou já houver sido condenado ou absolvido no Brasil pelo mesmo fato em que se fundar o pedido;

VI - a punibilidade estiver extinta pela prescrição, segundo a lei brasileira ou a do Estado requerente;

VII - o fato constituir crime político ou de opinião;

VIII - o extraditando tiver de responder, no Estado requerente, perante tribunal ou juízo de exceção; ou

IX - o extraditando for beneficiário de refúgio, nos termos da Lei nº 9.474, de 22 de julho de 1997 , ou de asilo territorial.

§ 1º A previsão constante do inciso VII do caput não impedirá a extradição quando o fato constituir, principalmente, infração à lei penal comum ou quando o crime comum, conexo ao delito político, constituir o fato principal.

§ 2º Caberá à autoridade judiciária competente a apreciação do caráter da infração.

§ 3º Para determinação da incidência do disposto no inciso I, será observada, nos casos de aquisição de outra nacionalidade por naturalização, a anterioridade do fato gerador da extradição.

§ 4º O Supremo Tribunal Federal poderá deixar de considerar crime político o atentado contra chefe de Estado ou quaisquer autoridades, bem como crime contra a humanidade, crime de guerra, crime de genocídio e terrorismo.

§ 5º Admite-se a extradição de brasileiro naturalizado, nas hipóteses previstas na Constituição Federal.

4.3.27 Regras sobre a prisão (art. 5º, LXI a LXVII, CF)

A regra, em um regime democrático, é a liberdade, sendo a prisão sua exceção. Assim, sendo exceção, a prisão ocorre por ordem escrita e fundamentada da autoridade judicial, em flagrante delito ou nas hipóteses da legislação disciplinar aplicável aos militares.

Quanto à prisão civil por dívidas, o entendimento exarado pelo STF é de que apenas subsiste a prisão do responsável pelo inadimplemento voluntário e inescusável de obrigação alimentícia, tendo em vista o teor da Súmula Vinculante 25.

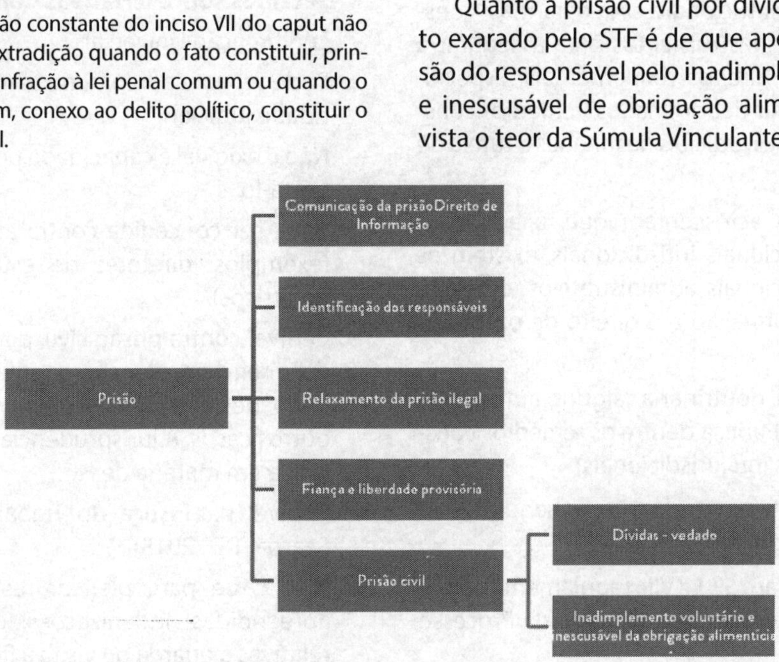

4.3.28 Garantias Processuais

O artigo 5º da CRFB prevê ainda garantias processuais para a devida efetivação dos direitos previstos pela Carta Magna.

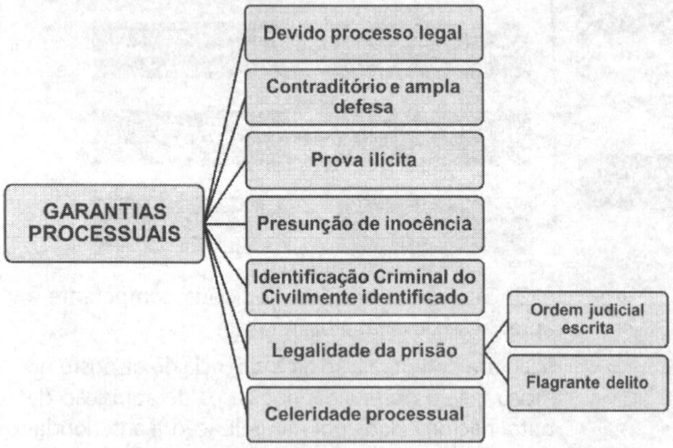

4.3.29 Gratuidades

Corolários do Estado de Direito, os incisos que estabelecem as gratuidades vislumbram o acesso à jurisdição e a dignidade da pessoa humana.

Quanto à gratuidade do registro civil de nascimento e da certidão de óbito para reconhecidamente pobres, destaca-se que a Lei dos Registros Públicos (Lei 9534/97) estabelece que são gratuitos os assentos do registro civil de nascimento e o de óbito, bem como a primeira certidão respectiva.

5. REMÉDIOS CONSTITUCIONAIS

5.1. Conceito

Remédios Constitucionais são garantias constitucionais, ou seja, instrumentos para assegurar a concretização dos direitos fundamentais. Especificamente no caso dos denominados "remédios constitucionais" são ações judiciais destinadas à tutela de tais direitos.

Alguns autores acrescentam que, aliados aos remédios constitucionais jurisdicionais, existem os remédios constitucionais administrativos: o direito de petição, de informação e o direito de obtenção de certidões.

Ainda na seara doutrinária, alguns autores incluem a Ação Civil Pública dentre os remédios constitucionais judiciais (ou jurisdicionais).

Majoritariamente, contudo, são os seguintes os remédios constitucionais:

a) habeas corpus (art. 5º, LXVIII, regulamentado pelos arts. 647 e seguintes do Código de Processo Penal);
b) habeas data (art. 5º, LXXII, CF, regulamentado pela Lei n. 9.507/97);
c) mandado de injunção (art. 5º, LXXI, CF, regulamentado pela Lei n. 13.300/2016);
d) ação popular (art. 5º, LXXIII, CF, regulamentado pela Lei n. 4.717/65);
e) mandado de segurança individual e coletivo (art. 5º, LXIX e LXX, CF, regulamentados pela Lei n. 12.016/2009).

5.2. *Habeas corpus*

É a ação constitucional que salvaguarda da liberdade de locomoção, utilizada sempre que alguém estiver sofrendo, ou na iminência de sofrer, constrangimento ilegal em seu direito de ir, vir e permanecer, sendo, portanto, liberatório ou repressivo, caso em que a autoridade judicial emitirá o alvará de soltura; ou preventivo, através da emissão de salvo-conduto, como ocorre, exemplificativamente, com depoentes em CPI.

Embora não seja o único remédio jurídico para cessar uma prisão ilegal, trata-se, certamente, do mais eficaz e célere.

O procedimento do Habeas Corpus está previsto no Código de Processo Penal. Os atores deste remédio constitucional são o impetrante (a pessoa que ingressa com o habeas corpus); paciente (é a pessoa em favor de quem é impetrada a ordem do habeas corpus, sempre pessoa física); e a autoridade coatora (a pessoa em relação a quem é impetrada a ordem de habeas corpus).

- **Detalhes sobre o Habeas Corpus:**

- Legitimação Universal
- Pode ser concedido também de ofício pela autoridade judicial
- Não é exigível a capacidade postulatória para impetrá-lo
- Pode ser concedida contra atos de particulares (exemplos: diretores de estabelecimento psiquiátricos).
- Cabível contra prisão civil, para reconhecimento do direito ao silêncio; para evitar intimação de índio, deslocando-o da reserva indígena, dentre outros casos. A jurisprudência do STJ é representativa em matéria de HC.
- Cabível na Justiça do Trabalho (caso Gustavo Scarpa, TST, 2018)
- **Não cabe** para pleitear restituição de coisas apreendidas, indenizações, certidão, questões relativas à guarda ou visita a filhos menores, para

discutir afastamento ou perda de cargo público; para discutir decisão de impeachment; para restituição de documentos; para questionar sequência de processo administrativo;

- **EM RESUMO**

Finalidade	Tutela da liberdade de locomoção (ir, vir e permanecer)
Espécies	Preventivo Repressivo
Impetrante	Pessoa Física Pessoa Jurídica
Paciente	Pessoa Física
Coator	Autoridade Pública Pessoas privadas
Observações	Gratuito Sem advogado

- **JURISPRUDÊNCIA DO STF SOBRE O TEMA**

[Súmula 695.] Não cabe habeas corpus quando já extinta a pena privativa de liberdade.

[Súmula 694.] Não cabe habeas corpus contra a imposição da pena de exclusão de militar ou de perda de patente ou de função pública.

[Súmula 693.] Não cabe habeas corpus contra decisão condenatória a pena de multa, ou relativo a processo em curso por infração penal a que a pena pecuniária seja a única cominada.

[Súmula 692.] Não se conhece de habeas corpus contra omissão de relator de extradição, se fundado em fato ou direito estrangeiro cuja prova não constava dos autos, nem foi ele provocado a respeito.

[Súmula 395.] Não se conhece de recurso de habeas corpus cujo objeto seja resolver sobre o ônus das custas, por não estar mais em causa a liberdade de locomoção.

A jurisprudência da Segunda Turma do Supremo Tribunal Federal consolidou-se no sentido de possibilitar a impetração de habeas corpus coletivo, notadamente nos casos em que se busca a tutela jurisdicional coletiva de direitos individuais homogêneos, sendo irrelevante, para esse efeito, a circunstância de inexistir previsão constitucional a respeito. [HC 172.136, rel. min. Nunes Marques, j. 10-10-2020, 2ª T, DJE de 1º-12-2020.]

Este Supremo Tribunal reconhece o direito ao ingresso nos recintos reservados ao público na Câmara dos Deputados, respeitada a legislação vigente, incluída aquela pela qual assegurado o dever-poder dos deputados de atuarem livremente nas discussões e votações das matérias sujeitas a deliberação. [HC 129.129, rel. min. Cármen Lúcia, 2ª. T, j. em 17-10-2019, DJE de 25-11-2019]

Execução penal. Discussão a respeito da legalidade da proibição de visita a paciente preso. Meio inidôneo para questionar sua legalidade. Inexistência de efetiva restrição a seu status libertatis. (...) O habeas corpus não constitui meio idôneo para se discutir a legalidade da proibição de visita a paciente preso, por inexistência de efetiva restrição a seu status libertatis. [HC 145.118 AgR, rel. min. Dias Toffoli, j. 6-10-2017, 2ª T, DJE de 26-10-2017.] ≠ *HC 107.701, rel. min. Gilmar Mendes, j. 13-9-2011, 2ª T, DJE de 26-3-2012*

5.3. *Habeas data*

Flávio Martins explica que "Habeas data é um remédio constitucional destinado a garantir o acesso a dados pessoais que se encontram em bancos de dados de entidades governamentais ou de caráter público, bem como corrigir esses dados, se incorretos, ou fazer anotações nesses dados, caso estejam corretos, mas passíveis de justificativa". Este direito é regulamentado pela Lei 9.507/1997.

O conhecimento do Habeas Data exige o a negativa ou a demora no atendimento do pleito na via administrativa, conforme a jurisprudência tanto do STF quanto do STJ.

Importantíssimo lembrar que somente é cabível quando se trata de informações personalíssimas, ou seja: informações da própria pessoa do impetrante.

Quanto ao impetrado, deve ser manejado contra entidade governamental ou de caráter público que tenha registro ou banco de dados sobre a pessoa. Entidades governamentais é expressão que abrange a Administração Direta e a Indireta.

O art. 1º, parágrafo único, da Lei nº 9.507/97 define o que seja entidade de caráter público: "Considera-se de caráter público todo registro ou banco de dados contendo informações que sejam ou que possam ser transmitidas a terceiros ou que não sejam de uso privativo do órgão ou entidade produtora ou depositária das informações".

Segundo a mesma Lei n. 9.507/97, também se mostra admissível o habeas data para se proceder à anotação de esclarecimentos ou justificativas no registro de dados.

- **JURISPRUDÊNCIA DO STF SOBRE O TEMA**

O habeas data é via processual inadequada ao atendimento de pretensão do autor de sustar a publicação de matéria em sítio eletrônico. [HD 100 AgR, rel. min. Luiz Fux, j. 25-11-2014, 1ª T, DJE de 16-12-2014.]

A ação de habeas data visa à proteção da privacidade do indivíduo contra abuso no registro e/ou revelação de dados pessoais falsos ou equivocados. O habeas data não se revela meio idôneo para se obter vista de processo administrativo. [HD 90 AgR, rel. min. Ellen Gracie, j. 18-2-2010, P, DJE de 19-3-2010.]

O habeas data é garantia constitucional adequada para a obtenção dos dados concernentes ao pagamento de tributos do próprio contribuinte constantes dos sistemas informatizados de apoio à arrecadação dos órgãos da administração fazendária dos entes estatais. [RE 673.707, rel. min. Luiz Fux, j. 17-6-2015, P, DJE de 30-9-2015, Tema 582.]

O habeas data não se presta para solicitar informações relativas a terceiros, pois, nos termos do inciso LXXII do art. 5º da CF, sua impetração deve ter por objetivo "assegurar o conhecimento de informações relativas à pessoa do impetrante". [HD 87 AgR, rel. min. Cármen Lúcia, j. 25-11-2009, P, DJE de 5-2-2010.]

▪ **EM RESUMO**

Finalidade	Conhecer/retificar informações da pessoa do impetrante
Espécies	Repressivo - esgotamento das vias administrativas
Impetrante	Pessoa Física Pessoa Jurídica
Impetrado	Órgãos Públicos Bancos de dados de interesse público
Observações	Gratuito

5.4. Mandado de segurança individual e coletivo

Segundo o artigo 5º, LXIX da Constituição Federal, "conceder-se-á mandado de segurança para proteger direito líquido e certo, não amparado por habeas corpus ou habeas data, quando o responsável pela ilegalidade ou abuso de poder for autoridade pública ou agente de pessoa jurídica no exercício de atribuições do Poder Público".

É, portanto, ação de caráter residual, utilizada quando não cabível o manejo de Habeas Corpus (proteção da liberdade de locomoção) ou Habeas Data (proteção ao direito de acesso ou retificação e informações personalíssimas).

Direito líquido e certo pode ser definido como aquele que pode ser comprovado de plano, na impetração do writ, por prova documental, ou seja, pode ser demonstrado no momento da inicial, sendo prova pré-constituída nos autos. Desta definição infere-se que, conforme já asseverado pela jurisprudência e doutrina, o mandado de segurança não comporta dilação probatória.

Vicente Paulo e Marcelo Alexandrino o definem como "aquele demonstrado de plano, de acordo com o direito, e sem incerteza, a respeito dos fatos narrados pelo impetrante. É o que se apresenta manifesto na sua existência, delimitado na sua extensão e apto a ser exercitado no momento da impetração. Se a existência do direito for duvidosa; se sua extensão ainda não estiver delimitada; se seu exercício depender de situações e fatos ainda indeterminados, não será cabível o mandado de segurança. Esse direito incerto, indeterminado, poderá ser defendido por meio de outras ações judiciais, mas não na via especial e sumária do mandado de segurança".

Os mesmos requisitos são aplicáveis ao mandado de segurança coletivo, que difere do individual pelo objeto (neste são tutelados direitos coletivos ou transindividuais além dos individuais homogêneos) e rol de legitimados (artigo 5º, LXX): partido político com representação no Congresso Nacional ou organização sindical, entidade de classe ou associação legalmente constituída e em funcionamento há pelo menos um ano, em defesa dos interesses de seus membros ou associados. Segundo o artigo 21 da Lei 12016/2009:

> *Art. 21. O mandado de segurança coletivo pode ser impetrado por partido político com representação no Congresso Nacional, na defesa de seus interesses legítimos relativos a seus integrantes ou à finalidade partidária, ou por organização sindical, entidade de classe ou associação legalmente constituída e em funcionamento há, pelo menos, 1 (um) ano, em defesa de direitos líquidos e certos da totalidade, ou de parte, dos seus membros ou associados, na forma dos seus estatutos e desde que pertinentes às suas finalidades, dispensada, para tanto, autorização especial.*

Não se confunde, portanto, o litisconsórcio ativo em mandado de segurança individual (pluralidade de impetrantes) com a legitimidade ativa do mandado de segurança coletivo.

O MS pode ser preventivo, em caso de ameaça de lesão ao direito líquido e certo, ou repressivo, caso a lesão já tenha ocorrido.

O prazo decadencial para impetração é de 120 dias contados da ciência, pelo interessado, do ato impugnado. Este prazo não se suspende nem se interrompe (Súmula 430, STF).

Além disso, importante destacar que o Ministério Público opina no Mandado de Segurança, determinando a lei o prazo improrrogável de 10 dias para manifestar sua opinião.

Findo esse prazo, segundo a Lei nº 12.09/2009, com ou sem o parecer do MP, o juiz decidirá no prazo de 30 dias.

5.4.1 *Teoria da encampação no MS*

Aplicável quando ocorre a indicação equivocada da autoridade coatora, caso em que, aplicando-se a teoria, desde que cumpridos os requisitos (Súmula 628, STJ), haverá o ingresso da autoridade coatora correta ou da pessoa jurídica a que ela pertença no feito para convalidar o vício e, permitindo-se o julgamento do *mandamus*. A mesma teoria é admitida na impetração de habeas Data.

[Súmula 628 do STJ]: "A teoria da encampação é aplicada no mandado de segurança quando presentes, cumulativamente, os seguintes requisitos: a) existência de vínculo hierárquico entre a autoridade que prestou informações e a que ordenou a prática do ato impugnado; b) manifestação a respeito do mérito nas informações prestadas; e c) ausência de modificação de competência estabelecida na Constituição Federal."

- **JURISPRUDÊNCIA DO STF SOBRE O TEMA**

[Súmula 632.] É constitucional lei que fixa prazo de decadência para impetração de mandado de segurança.

[Súmula 630.] A entidade de classe tem legitimação para o mandado de segurança ainda quando a pretensão veiculada interesse apenas a uma parte da respectiva categoria.

[Súmula 625.] Controvérsia sobre matéria de direito não impede concessão de mandado de segurança.

[Súmula 512.] Não cabe condenação em honorários de advogado na ação de mandado de segurança.

[Súmula 510.] Praticado o ato por autoridade, no exercício de competência delegada, contra ela cabe o mandado de segurança ou a medida judicial.

[Súmula 430.] Pedido de reconsideração na via administrativa não interrompe o prazo para o mandado de segurança.

[Súmula 271.] Concessão de mandado de segurança não produz efeitos patrimoniais em relação a período pretérito, os quais devem ser reclamados administrativamente ou pela via judicial própria.

[Súmula 270.] Não cabe mandado de segurança para impugnar enquadramento da Lei 3.780, de 12-7-1960, que envolva exame de prova ou de situação funcional complexa.

[Súmula 269.] O mandado de segurança não é substitutivo de ação de cobrança.

[Súmula 268.] Não cabe mandado de segurança contra decisão judicial com trânsito em julgado.

[Súmula 267.] Não cabe mandado de segurança contra ato judicial passível de recurso ou correição.

[Súmula 266.] Não cabe mandado de segurança contra lei em tese.

[Súmula 101.] O mandado de segurança não substitui a ação popular.

O art. 14, §2º, da Lei n. 12.016/2009, conferiu legitimidade recursal, não capacidade postulatória, à autoridade coatora, não havendo, pois, ofensa ao art. 133 da CRFB. [ADI 4.403, rel. min. Edson Fachin, j. 23-8-2019, P, DJE de 9-9-2019.]

(...) na jurisprudência tradicional desta Suprema Corte: (i) "É lícito ao impetrante desistir da ação de mandado de segurança, independentemente de aquiescência da autoridade apontada como coatora ou da entidade estatal interessada ou, ainda, quando for o caso, dos litisconsortes passivos necessários" (MS 26.890 AgR/DF, Pleno, ministro Celso de Mello, DJE de 23-10-2009), (ii) "a qualquer momento antes do término do julgamento" (MS 24.584 AgR/DF, Pleno, ministro Ricardo Lewandowski, DJE de 20-6-2008), (iii) "mesmo após eventual sentença concessiva do writ constitucional, (...) não se aplicando, em tal hipótese, a norma inscrita no art. 267, § 4º, do CPC" (RE 255.837 AgR/PR, 2ª Turma, ministro Celso de Mello, DJE de 27-11-2009). [RE 669.367, voto da rel. p/ o ac. min. Rosa Weber, j. 2-5-2013, P, DJE de 30-10-2014, Tema 530.] Vide MS 29.083 ED-ED-AgR, rel. p/ o ac. min. Dias Toffoli, j. 16-5-2017, 2ª T, DJE de 6-10-2017

Pessoas físicas já impetrantes de mandados de segurança individuais não possuem autorização constitucional para nova impetração "coletiva". Eventual litisconsórcio ativo, instituto da teoria geral do processo, não se confunde com as hipóteses constitucionais do art. 5º, LXX, da CF/1988. [MS 32.832 AgR, rel. min. Rosa Weber, j. 24-2-2015, 1ª T, DJE de 11-3-2015.]

Não cabe mandado de segurança das decisões interlocutórias exaradas em processos submetidos ao rito da Lei 9.099/1995. [RE 576.847, rel. min. Eros Grau, j. 20-5-2009, P, DJE de 7-8-2009, Tema 77.]

Nas hipóteses em que demonstrado o mero intuito de se recusar observância a jurisprudência pacífica da Corte, o Supremo Tribunal tem afastado o entendimento firmado no RE 669.367 RG (relatora para o acórdão a ministra Rosa Weber, Pleno, DJE de 30-10-2014), segundo o qual pode a parte impetrante manifestar desistência da ação mandamental a qualquer tempo, mesmo após a sentença, independentemente da concordância da parte impetrada.[MS 29.083 ED-ED-AgR, rel. p/ o ac. min. Dias Toffoli, j. 16-5-2017, 2ª T, DJE de 6-10-2017.] Vide RE 669.367, rel. p/ o ac. min. Rosa Weber, j. 2-5-2013, P, DJE de 30-10-2014, Tema 530.

- **EM RESUMO**

MANDADO DE SEGURANÇA	
Finalidade	Proteger direito líquido e certo não amparado por HC ou HD
Espécies	Preventivo Repressivo
Impetrante	Pessoa Física Pessoa Jurídica (pública ou privada)
Impetrado	Autoridade pública Agente de pessoa jurídica no exercício de atribuições do Poder Público
Observações	Caráter residual, prazo decadencial de 120 dias, precisa de advogado, tem custas
MANDADO DE SEGURANÇA COLETIVO	
Finalidade	Proteger direito líquido e certo coletivo, transindividual ou individual homogêneo não amparado por HC ou HD
Espécies	Preventivo Repressivo
Impetrante	Partido político com representação no CN Organização sindical, entidade de classe e associação legalmente constituída e em funcionamento há pelo menos 01 ano
Impetrado	Autoridade pública Agente de pessoa jurídica no exercício de atribuições do Poder Público
Observações	Caráter residual, prazo decadencial de 120 dias, precisa de advogado, tem custas

5.5. Mandado de injunção

O Mandado de Injunção, regulamentado pela Lei 13.300/2016, está previsto no artigo 5º, LXXI, da Constituição Federal: "conceder-se-á mandado de injunção sempre que a falta de norma regulamentadora torne inviável o exercício dos direitos e liberdades constitucionais e das prerrogativas inerentes à nacionalidade, à soberania e à cidadania".

Neste sentido, é cabível o Mandado de Injunção cabível quanto à norma constitucional de eficácia limitada de princípio institutivo nos casos em que ocorre a omissão do Poder Público em relação ao seu dever de regulamentá-la, seja parcial ou totalmente.

Quanto à legitimidade ativa, quaisquer pessoas naturais ou jurídicas que se afirmam titulares dos direitos e liberdades constitucionais ou das prerrogativas relativas à soberania, cidadania ou nacionalidade.

A legitimidade passiva, ou seja, o impetrado, é o Poder, o órgão ou a autoridade com atribuição para editar a norma regulamentadora.

Reconhecida a mora legislativa, será deferida a injunção para determinar prazo razoável para que o impetrado promova a edição da norma regulamentadora ou para estabelecer as condições em que se dará o exercício dos direitos, das liberdades ou das prerrogativas reclamados ou, se for o caso, as condições em que poderá o interessado promover ação própria visando a exercê-los, caso não seja suprida a mora legislativa no prazo determinado.

Quando comprovado que o impetrado deixou de atender, em mandado de injunção anterior, ao prazo estabelecido para a edição da norma, será dispensada a fixação de prazo para promover a edição da norma.

- **JURISPRUDÊNCIA DO STF SOBRE O TEMA**

> I - A Constituição Federal não prevê adicional noturno aos Militares Estaduais ou Distritais. II – Mandado de Injunção será cabível para que se apliquem, aos militares estaduais, as normas que regulamentam o adicional noturno dos servidores públicos civis, desde que o direito a tal parcela remuneratória esteja expressamente previsto na Constituição Estadual ou na Lei Orgânica do Distrito Federal. [RE 970.823, rel. p/ o ac. min. Alexandre de Moraes, j. 18-8-2020, P, DJE de 4-9-2020, Tema 1.038.]

> (...) não há norma constitucional que imponha ao legislador o dever de regulamentar os direitos do nascituro. Como se infere do art. 5º, LXXI, da CRFB/1988, o mandado de injunção tem lugar quando a falta de norma regulamentadora impedir o exercício de direitos e liberdades constitucionais e das prerrogativas inerentes à nacionalidade, à soberania e à cidadania. Nesse passo, inexistente a previsão do direito na Constituição Federal, tampouco do dever de regulamentação, não há que se

falar em omissão legislativa que possa ser imputada às autoridades impetradas. [MI 6.591 AgR, rel. min. Luiz Fux, j. 16-6-2016, P, DJE de 30-6-2016.]

O direito à legislação só pode ser invocado pelo interessado, quando também existir – simultaneamente imposta pelo próprio texto constitucional – a previsão do dever estatal de emanar normas legais. Isso significa que o direito individual à atividade legislativa do Estado apenas se evidenciará naquelas estritas hipóteses em que o desempenho da função de legislar refletir, por efeito de exclusiva determinação constitucional, uma obrigação jurídica indeclinável imposta ao poder público. [MI 5.926 AgR, rel. min. Celso de Mello, j. 10-4-2014, P, DJE de 2-6-2014.]

Impossibilidade de formação de litisconsórcio passivo, em sede de mandado de injunção, entre a autoridade competente para a elaboração da norma regulamentadora de dispositivo constitucional e particulares. [MI 1.007 AgR, rel. min. Dias Toffoli, j. 18-12-2013, P, DJE de 11-3-2014.]

A jurisprudência desta Corte sedimentou a possibilidade de as entidades de classe, desde que legalmente constituídas e em funcionamento há pelo menos um ano, utilizarem o mandado de injunção coletivo. [MI 4.503 AgR, rel. min. Ricardo Lewandowski, j. 7-11-2013, P, DJE de 3-12-2013.]

Nos mandados de injunção coletivos, a emissão de juízo de mérito pressupõe a especificação dos substituídos e a demonstração de que efetivamente inviabilizado o exercício do direito com base na lacuna normativa apontada. [MI 2.859 ED, rel. min. Rosa Weber, j. 19-6-2013, P, DJE de 13-8-2013.]

(...) o mandado de injunção não é o meio processual adequado para questionar a efetividade da lei regulamentadora. [MI 4.831 AgR, rel. min. Teori Zavascki, j. 29-5-2013, P, DJE de 28-8-2013.]

- **EM RESUMO**

Finalidade	Suprir falta de norma regulamentadora que torne inviável o exercício de direitos e liberdades constitucionais
Espécies	Sem classificação – Ver no STF o MI 3608 (abril/2014) em que o STF diz isso
Impetrante	Pessoa Física Pessoa Jurídica
Impetrado	Autoridade a quem compete a iniciativa da Lei
Observações	Efeito *inter partes* STF - concretismo moderado

5.6. Ação popular

Segundo o art. 5º, LXXIII, da Constituição Federal: "qualquer cidadão é parte legítima para propor ação popular que vise a anular ato lesivo ao patrimônio público ou de entidade de que o Estado participe, à moralidade administrativa, ao meio ambiente e ao patrimônio histórico e cultural, ficando o autor, salvo comprovada má-fé, isento de custas judiciais e do ônus da sucumbência".

A ação popular é regulamentada pela Lei nº 4.717/1965 e visa a evitar ou anular atos lesivos ao patrimônio público ou de entidade de que o Estado participe, à moralidade administrativa, ao meio ambiente e ao patrimônio histórico e cultural, podendo ser preventiva ou repressiva.

Inicialmente, há que se destacar que não é qualquer pessoa, mas apenas o **cidadão** que tem legitimidade para o ajuizamento da ação popular. Cidadão é aquele que está no gozo de seus direitos políticos e a prova dessa condição deve ser feita já na inicial, através da apresentação do título de eleitor ou documento equivalente.

Quanto ao estrangeiro, não pode ajuizar ação popular, comportando a exceção relativa aos portugueses equiparados que, no exercício dos direitos políticos, poderão ajuizá-la, desde que apresentem certificado de equiparação e título de eleitor, nos termos da Convenção sobre Igualdade de Direitos Civis e Políticos entre Brasil e Portugal, promulgada pelo Decreto n. 3.927/2001.

O Ministério Público, embora não possa ajuizar ação popular, mas prosseguirá no curso da ação popular caso seu autor desista.

O legitimado passivo é a pessoa jurídica de direito público ou privado que manuseie dinheiro público, bem como todos os envolvidos com o ato que se pretenda anular, conforme preceitua a Lei 4.717/65. Em relação aos órgãos públicos, tem sido reconhecida capacidade processual para figurarem em juízo apenas para a defesa de questões atinentes às suas competências constitucionais, afastando referida capacidade quando a causa versar sobre matéria patrimonial.

A competência para julgamento é da primeira instância, independentemente da autoridade que tenha praticado o ato lesivo.

- **JURISPRUDÊNCIA DO STF SOBRE O TEMA**

[Súmula 365.] Pessoa jurídica não tem legitimidade para propor ação popular.

[Súmula 101.] O mandado de segurança não substitui a ação popular.

A ação direta de inconstitucionalidade não constitui sucedâneo da ação popular constitucional, destinada, esta sim, a preservar, em função de seu amplo espectro de atuação jurídico-processual, a intangibilidade do patrimônio público e a integridade do princípio da moralidade administrativa (CF, art. 5º, LXXIII). [ADI 769 MC, rel. min. Celso de Mello, j. 22-4-1993, P, DJ de 8-4-1994.]

O entendimento sufragado no acórdão recorrido de que, para o cabimento de ação popular, é exigível a menção na exordial e a prova de prejuízo material aos cofres públicos, diverge do entendimento sufragado pelo STF. A decisão objurgada ofende o art. 5º, LXXIII, da CF, que tem como objetos a serem defendidos pelo cidadão, separadamente, qualquer ato lesivo ao patrimônio material público ou de entidade de que o Estado participe, ao patrimônio moral, ao cultural e ao histórico. [ARE 824.781 RG, rel. min. Dias Toffoli, j. 27-8-2015, P, DJE de 9-10-2015, Tema 836.]

A ação popular (...) não pode ser utilizada como alternativa à não propositura de uma ação direta de inconstitucionalidade, sob pena de uma ampliação indevida do rol de legitimados previsto no art. 103 da Constituição da República. Tal instrumento processual tem como objetivo anular atos administrativos lesivos ao Estado, e não a anulação de atos normativos genéricos. [AO 1.725 AgR, rel. min. Luiz Fux, j. 24-2-2015, 1ª T, DJE de 11-3-2015.]

Ação popular. Demarcação da terra indígena Raposa Serra do Sol. (...) A decisão proferida em ação popular é desprovida de força vinculante, em sentido técnico. Nesses termos, os fundamentos adotados pela Corte não se estendem, de forma automática, a outros processos em que se discuta matéria similar. Sem prejuízo disso, o acórdão embargado ostenta a força moral e persuasiva de uma decisão da mais alta Corte do País, do que decorre um elevado ônus argumentativo nos casos em se cogite da superação de suas razões. [Pet 3.388 ED, rel. min. Roberto Barroso, j. 23-10-2013, P, DJE de 4-2-2014.]

- **EM RESUMO**

Finalidade	proteger contra lesão Patrimônio público Moralidade administrativa Meio ambiente Patrimônio histórico e cultural
Legitimidade Ativa	Cidadão
Legitimidade Passiva	Pessoas públicas ou privadas
Observações	Isento de custas – exceto má-fé

6. DIREITOS SOCIAIS

6.1 Introdução

Os Direitos Sociais estão separados dos Direitos Individuais e Coletivos pois, enquanto o Artigo 5º disciplina situações e traz a previsão de direitos do indivíduo - ainda que possa exercê-lo de forma coletiva – aqui temos a disciplina de situações, também subjetivas, mas que interessam a pessoas e grupos, visando prestações positivas que devem ser implementadas pelo Estado (especialmente um estado Social de Direito).

Diferentemente do Artigo 5º, direitos civis e os que virão depois, os Direitos Políticos, que se posicionam como direitos de Primeira Dimensão, os Direitos Sociais buscam a igualdade material, a isonomia substancial e social. Isso significa que não adianta dizer que a pessoa tem liberdade de expressão, não adianta dizer que ela tem liberdade de associação, não adianta dizer que a casa é asilo inviolável dela, dentre vários outros se nem todas as pessoas estão em condições de exercer os direitos, muitas vezes pela falta daquilo que é o mínimo para uma existência digna. Então o que se busca aqui são melhores e adequadas condições de vida, concretizando os fundamentos da república e os objetivos.

6.2 Direitos de segunda dimensão

Os direitos sociais, direitos de segunda geração, apresentam-se como prestações positivas a serem implementadas pelo Estado (Social de Direito) e tendem a concretizar a perspectiva de uma isonomia substancial e social na busca de melhores e adequadas condições de vida, concretizando os fundamentos e objetivos da República Federativa do Brasil.

- Nasceu da passagem do estado liberal para o estado do bem-estar social
- Igualdade em sentido material, substancial
- O estado é demandado a atuar
- Prestações positivas
- Olha para o hipossuficiente
- Protege os direitos sociais, econômicos e culturais

Exemplos: direito à saúde, ao trabalho, à assistência social, à educação e o direito dos trabalhadores.

Os direitos sociais representam a garantia constitucional que permita ao cidadão brasileiro ter assegurado o mínimo para a dignidade da vida humana (*piso mínimo vital*).

6.3 *Tragic Choices*

Uma questão bem problemática, não só no Brasil, mas em todo mundo, é a efetivação dos direitos sociais versus a escassez de recursos financeiros. Os recursos financeiros, como sabemos, não são infinitos, ao contrário, são finitos, e nem sempre um orçamento de um Ente Público vai conseguir contemplar tudo o que aquela sociedade precisa em um dado espaço de tempo. O orçamento público é anual, a Lei Orçamentária Anual corresponde ao ano civil, de 1º de janeiro a 31 de dezembro. Durante esse período, na execução orçamentária, muitas e muitas vezes o executor (ou gestor) do orçamento se vê diante de decisões dilemáticas sobre onde devem ser aplicados os recursos públicos que dispõe.

> Segundo o STF
>
> *Esta relação dilemática (...) conduz os juízes deste Supremo Tribunal a proferir decisão que se projeta no contexto das denominadas "escolhas trágicas" (GUIDO CALABRESI e PHILIP BOBBIT, "Tragic Choices", 1978, W. W. Norton Company) que nada mais exprimem senão o estado de tensão dialética entre a necessidade estatal de tornar concretas e reais as ações e prestação de saúde em favor das pessoas, de um lado, e as dificuldades governamentais de viabilizar a alocação de recursos financeiros, sempre tão dramaticamente escassos, de outro (voto – SL 47 – AgR/PE, j. 17/10/2003)*

6.4 Mínimo Existencial e a Reserva do Possível

Estes princípios são diacrônicos, opostos. Enquanto um visa concretizar normas programáticas, o outro alega a insuficiência de recursos para tal.

- **Mínimo Existencial**

  É o que garante às pessoas a fruição de direitos sociais básicos, que vão desde as condições materiais de uma existência digna, como também o acesso efetivo aos direitos gerais de liberdade e as prestações positivas que o estado deve implementar.

- **Reserva do Possível**

  Diz respeito à razoabilidade da pretensão, o que está intimamente ligado com a proporcionalidade. Quer dizer que o Estado vai efetivar as políticas públicas, ou seja, as prestações positivas, conforme a disponibilidade orçamentária.

6.5. Judicialização das políticas públicas

É quando o Judiciário compele o Executivo a atender certas demandas coletivas, uma intromissão indevida de um poder sobre o outro, invadindo a competência e configurando um desrespeito à discricionariedade que o Executivo tem, durante a execução orçamentária, de realizar determinada despesa primeiramente na ordem de prioridades. Esta intromissão é considerada quando o judiciário busca garantir o direito de **todos**, haja visto que o orçamento público não é impositivo, é autorizativo.

Por outro lado, quando o Poder Judiciário se posiciona de forma a garantir o fornecimento de um medicamento (por exemplo), não se trata de uma intromissão indevida, mas sim assegurar-se do direito à vida daquela pessoa, o mínimo que ela precisa para viver.

> E M E N T A:
>
> *A CONTROVÉRSIA PERTINENTE À "RESERVA DO POSSÍVEL" E A INTANGIBILIDADE DO MÍNIMO EXISTENCIAL: A QUESTÃO DAS "ESCOLHAS TRÁGICAS".*
>
> *A destinação de recursos públicos, sempre tão dramaticamente escassos, faz instaurar situações de conflito, quer com a execução de políticas públicas definidas no texto constitucional, quer, também, com a própria implementação de direitos sociais assegurados pela Constituição da República, daí resultando contextos de antagonismo que impõem, ao Estado, o encargo ARE 639.337 AgR / SP 4 de superá-los mediante opções por determinados valores, em detrimento de outros igualmente relevantes, compelindo, o Poder Público, em face dessa relação dilemática, causada pela insuficiência de disponibilidade financeira e orçamentária, a proceder a verdadeiras "escolhas trágicas", em decisão governamental cujo parâmetro, fundado na dignidade da pessoa humana, deverá ter em perspectiva a intangibilidade do mínimo existencial, em ordem a conferir real efetividade às normas programáticas positivadas na própria Lei Fundamental. Magistério da doutrina. - A cláusula da reserva do possível – que não pode ser invocada, pelo Poder Público, com o propósito de fraudar, de frustrar e de inviabilizar a implementação de políticas públicas definidas na própria Constituição - encontra insuperável limitação na garantia constitucional do mínimo existencial, que representa, no contexto de nosso ordenamento positivo, emanação direta do postulado da essencial dignidade da pessoa humana. Doutrina. Precedentes. - A noção de "mínimo existencial", que resulta, por implicitude, de determinados preceitos constitucionais (CF, art. 1º, III, e art. 3º, III), compreende um complexo de prerrogativas cuja concretização revela-se capaz de garantir condições adequadas de existência digna, em ordem a assegurar, à pessoa, acesso efetivo ao direito geral de liberdade e, também, a prestações positivas originárias do Estado, viabilizadoras da plena fruição de direitos sociais básicos, tais como o direito à educação, o direito à proteção integral da criança e do adolescente, o direito à saúde, o direito à assistência social, o direito à moradia, o direito à alimentação e o direito à segurança.*

A reserva do possível é, portanto, o argumento utilizado pelo poder público para não concretizar determinadas ações, determinadas políticas públicas, determinados direitos sociais pela falta de verbas orçamentárias. Em recente julgado, tratando sobre as providências necessárias ao combate do corona vírus, o STF abordou o tema.

> *ARGUIÇÃO DE DESCUMPRIMENTO DE PRECEITO FUNDAMENTAL – TUTELA PROVISÓRIA INCIDENTAL – TERCEIRO INTERESSADO. PRESÍDIOS E PENITENCIÁRIAS – ESTADO DE COISAS INCONSTITUCIONAL – VÍRUS COVID19 (CORONAVÍRUS) – PROVIDÊNCIAS – URGÊNCIA.*
>
> *A violação da dignidade da pessoa humana e do mínimo existencial autoriza a judicialização do orçamento, sobretudo se considerado o fato de que recursos legalmente previstos para o combate a esse quadro vêm sendo contingenciados, anualmente, em valores*

muito superiores aos efetivamente realizados, apenas para alcançar metas fiscais. Essa prática explica parte do fracasso das políticas públicas existentes.

Podemos ainda dividir o Mínimo Existencial em **Mínimo Existencial Fisiológico**, que são as condições materiais mínimas para uma vida digna: saúde, educação, moradia, e **Mínimo Existencial Sociocultural**, configurando um mínimo de inserção na vida social em razão de uma igualdade real, no intuito de, ainda que em médio e longo prazo, sejam erradicadas pobreza, marginalização e reduzam-se as desigualdades sociais e regionais.

As políticas públicas para implementar mínimos fisiológicos são de uma natureza o e as políticas para implementar mínimos socioculturais são de natureza distinta, sendo as duas necessárias para promoção de oportunidades igualitárias e justas.

6.6. Proibição de Retrocesso Social

Limita a reversibilidade dos direitos adquiridos. No tocante aos direitos sociais, as questões devem ser analisadas na perspectiva do reconhecimento e consolidação de direitos, uma vez reconhecido determinado direito como fundamental, inicia-se a fase de consolidação. A partir daí, não há mais como o Estado regredir ou retroceder diante dos direitos fundamentais reconhecidos, o processo é de agregar novos direitos ditos fundamentais ou humanos.

> ▷ **Atenção**
>
> - O administrador, dentro da ideia da reserva do possível, deve implementar as políticas públicas;
> - O legislador, ao regulamentar os direitos, deve respeitar o seu núcleo essencial, dando as condições para a implementação dos direitos constitucionais assegurados.
> - Proibição da evolução reacionária: uma vez concretizado o direito, ele não poderia ser diminuído ou esvaziado, consagrando aquilo que a doutrina francesa chamou de *effet clique.*
> - Pedro Lenza: a lei não poderá retroceder, como, em igual medida, o poder de reforma, uma vez que a emenda à Constituição deve resguardar os direitos sociais já consagrados.

A PROIBIÇÃO DO RETROCESSO SOCIAL COMO OBSTÁCULO CONSTITUCIONAL À FRUSTRAÇÃO E AO INADIMPLEMENTO, PELO PODER PÚBLICO, DE DIREITOS PRESTACIONAIS.

O princípio da proibição do retrocesso impede, em tema de direitos fundamentais de caráter social, que sejam desconstituídas as conquistas já alcançadas pelo cidadão ou pela formação social em que ele vive. – A cláusula que veda o retrocesso em matéria de direitos a prestações positivas do Estado (como o direito à educação, o direito à saúde ou o direito à segurança pública, v.g.) traduz, no processo de efetivação desses direitos fundamentais individuais ou coletivos, obstáculo a que os níveis de concretização de tais prerrogativas, uma vez atingidos, venham a ser ulteriormente reduzidos ou suprimidos pelo Estado. Doutrina. Em consequência desse princípio, o Estado, após haver reconhecido os direitos prestacionais, assume o dever não só de torná-los efetivos, mas, também, se obriga, sob pena de transgressão ao texto constitucional, a preservá-los, abstendo-se de frustrar – mediante supressão total ou parcial – os direitos sociais já concretizados." (ARE-639337- Relator(a): Min. CELSO DE MELLO).

6.7. Direitos sociais na constituição federal

- **Art. 6º** *São direitos sociais a educação, a saúde, a alimentação, o trabalho, a moradia, o transporte, o lazer, a segurança, a previdência social, a proteção à maternidade e à infância, a assistência aos desamparados, na forma desta Constituição.*

O rol dos Direitos Sociais apresentados no artigo sexto é exemplificativo. Fique atento aos Direitos Sociais que são fruto do legislador constituinte derivado (reformador):

- Moradia
- Alimentação
- Transporte

Além disso, os Direitos Sociais do artigo sexto são normas de **eficácia limitada** e aplicabilidade mediata, necessitando de leis e ações estatais para que sejam aplicáveis. As normas de eficácia limitada dividem-se em duas espécies: de eficácia limitada de princípio programático e as de princípio institutivo (ou organizativo).

- **Normas de princípio institutivo ou organizativo**

São aquelas que tratam da organização do Estado, da criação de órgãos, entidades, da estrutura do próprio Estado.

- **Normas de princípio programático**

São aquelas que estabelecem para o poder público o dever - não apenas *podem* regulamentar, significa que *devem* - de regulamentar, criando programas sociais para que a pessoas possam usufruir de seus direitos. Quando falamos por exemplo em saúde, qual o programa social no Brasil para efetivar o direito à saúde? É o Sistema Único de Saúde (SUS). Foi regulamentado o direito à saúde pela Lei 8.080/90 Lei do SUS, não apenas estas, depois temos outras regulamentando este direito, podendo ser um arcabouço, um conjunto legislativo.

Uma informação que é muito, mas muito importante e que costuma cair muito em provas, é que se saiba qual é a classificação destes direitos sociais (não só no Art. 6º como no 7º também). Então temos muitos e muitos direitos aqui que são regulamentados por lei.

- **ADI 6096 de 2020**

A discussão aqui tratou da questão da prescritibilidade, ou não, dos benefícios previdenciários. Segundo STF, o núcleo essencial do direito fundamental à Previdência Social é imprescritível, irrenunciável e indisponível, motivo pelo qual não deve ser afetado pelos efeitos do tempo. Ou seja, o benefício previdenciário não prescreve mesmo frente à inércia do titular à pretensão relativa ao direito do recebimento.

> *AÇÃO DIRETA DE INCONSTITUCIONALIDADE. ADI. DIREITO CONSTITUCIONAL E PREVIDENCIÁRIO. MEDIDA PROVISÓRIA 871/2019. CONVERSÃO NA LEI 13.846/2019. EXAURIMENTO DA EFICÁCIA DE PARTE DAS NORMAS IMPUGNADAS. PERDA PARCIAL DO OBJETO. CONHECIMENTO DOS DISPOSITIVOS ESPECIFICAMENTE CONTESTADOS. ALEGAÇÃO DE PRELIMINARES DE ILEGITIMIDADE ATIVA, IRREGULARIDADE DE REPRESENTAÇÃO PROCESSUAL E PREJUDICIALIDADE SUPERVENIENTE. INEXISTÊNCIA. PRECEDENTES. MÉRITO. ALEGAÇÃO DE INOBSERVÂNCIA DOS REQUISITOS CONSTITUCIONAIS DE RELEVÂNCIA E URGÊNCIA. INEXISTÊNCIA. CONTROLE JUDICIAL DE NATUREZA EXCEPCIONAL QUE PRESSUPÕE DEMONSTRAÇÃO DA INEQUÍVOCA AUSÊNCIA DOS REQUISITOS NORMATIVOS. PRECEDENTES. INCONSTITUCIONALIDADE MATERIAL DO ART. 24 DA LEI 13.846/2019 NO QUE DEU NOVA REDAÇÃO AO ART. 103 DA LEI 8.213/1991. PRAZO DECADENCIAL PARA A REVISÃO DO ATO DE INDEFERIMENTO, CANCELAMENTO OU CESSAÇÃO DE BENEFÍCIO PREVIDENCIÁRIO. OFENSA AO ART. 6º DA CONSTITUIÇÃO DA REPÚBLICA E À JURISPRUDÊNCIA DO SUPREMO TRIBUNAL FEDERAL AO COMPROMETER O NÚCLEO ESSENCIAL DO DIREITO FUNDAMENTAL AO BENEFÍCIO PREVIDENCIÁRIO E À PREVIDÊNCIA SOCIAL.*
>
> *1. A ação direta está, em parte, prejudicada, pois não incluído o art. 22 da MP 871/2019 pela Lei 13.846/2019. Conhecida a demanda apenas quanto aos demais dispositivos na ação direta impugnados. Precedente. 2. Ante a ausência de impugnação específica dos arts. 23, 24 e 26 da MP 871/2019 no decorrer das razões jurídicas expendidas na exordial, deve o conhecimento da demanda recair sobre os arts. 1º a 21 e 27 a 30 (alegada natureza administrativa) e 25, na parte em que altera os arts. 16, § 5º; 55, § 3º; e 115, todos da Lei 8.213/1991 (dito formalmente inconstitucional), assim como na parte em que altera o art. 103, caput, da Lei 8.213/1991 (alegada inconstitucionalidade material). Precedente. 3. A requerente juntou posteriormente aos autos o extrato de seu registro sindical junto ao Ministério do Trabalho e a procuração com outorga de poderes específicos para a impugnação do diploma objeto da presente ação direta. Por se tratarem, pois, de vícios processuais sanáveis, não subsiste, na medida em que reparados, a apreciação das preliminares de ilegitimidade ativa e de irregularidade de representação. Precedente. 4. Em relação à preliminar alusiva ao dever da requerente de aditar a petição inicial em decorrência da conversão legislativa da medida provisória, inexistente modificação substancial do conteúdo legal objetado, não há falar em situação de prejudicialidade superveniente da ação. Precedente. 5. O controle judicial do mérito dos pressupostos constitucionais de urgência e de relevância para a edição de medida provisória reveste-se de natureza excepcional, legitimado somente caso demonstrada a inequívoca ausência de observância destes requisitos normativos. Ainda que a requerente não concorde com os motivos explicitados pelo Chefe do Poder Executivo para justificar a urgência da medida provisória impugnada, não se pode dizer que tais motivos não foram apresentados e defendidos pelo órgão competente, de modo que, inexistindo comprovação da ausência de urgência, não há espaço para atuação do Poder Judiciário no controle dos requisitos de edição da MP 871/2019. Precedente. 6. O núcleo essencial do direito fundamental à previdência social é imprescritível, irrenunciável e indisponível, motivo pelo qual não deve ser afetada pelos efeitos do tempo e da inércia de seu titular a pretensão relativa ao direito ao recebimento de benefício previdenciário. Este Supremo Tribunal Federal, no RE 626.489, de relatoria do i. Min. Roberto Barroso, admitiu a instituição de prazo decadencial para a revisão do ato concessório porque atingida tão somente a pretensão de rediscutir a graduação pecuniária do benefício, isto é, a forma de cálculo ou o valor final da prestação, já que, concedida a pretensão que visa ao recebimento do benefício, encontra-se preservado o próprio fundo do direito. 7. No caso dos autos, ao contrário, admitir a incidência do instituto para o caso de indeferimento, cancelamento ou cessação importa ofensa à Constituição da República e ao que assentou esta Corte em momento anterior, porquanto, não preservado o fundo de direito na hipótese em que negado o benefício, caso inviabilizada pelo decurso do tempo a rediscussão da negativa, é comprometido o exercício do direito material à sua obtenção. 8. Ação direta conhecida em parte e, na parte remanescente, julgada parcialmente procedente, declarando a inconstitucionalidade do art. 24 da Lei 13.846/2019 no que deu nova redação ao art. 103 da Lei 8.213/1991. (ADI 6096, Relator(a): EDSON FACHIN, Tribunal Pleno, julgado em 13/10/2020, PROCESSO ELETRÔNICO DJe-280 DIVULG 25-11-2020 PUBLIC 26-11-2020)*

- **Direitos dos trabalhadores urbanos e rurais**

> **Art. 7 º** *São direitos dos trabalhadores **urbanos e rurais**, além de outros que visem à melhoria de sua condição social:*

I – Relação de emprego protegida contra despedida arbitrária ou sem justa causa, nos termos de lei complementar, que preverá indenização compensatória, dentre outros direitos;

II – Seguro-desemprego, em caso de desemprego involuntário;

III– Fundo de garantia do tempo de serviço;

IV – Salário-mínimo, fixado em lei, nacionalmente unificado, capaz de atender às suas necessidades vitais básicas e às de sua família com moradia, alimentação, educação, saúde, lazer, vestuário, higiene, transporte e previdência social, com reajustes periódicos que lhe preservem o poder aquisitivo, sendo vedada sua vinculação para qualquer fim;

V – Piso salarial proporcional à extensão e à complexidade do trabalho;

VI – Irredutibilidade do salário, salvo o disposto em convenção ou acordo coletivo;

*VII – **Garantia** de salário, nunca inferior ao mínimo, para os que percebem remuneração variável;*

VIII – Décimo terceiro salário com base na remuneração integral ou no valor da aposentadoria;

IX – Remuneração do trabalho noturno superior à do diurno;

X – Proteção do salário na forma da lei, constituindo crime sua retenção dolosa;

XI – Participação nos lucros, ou resultados, desvinculada da remuneração, e, excepcionalmente, participação na gestão da empresa, conforme definido em lei;

XII – Salário-família pago em razão do dependente do trabalhador de baixa renda nos termos da lei;

XIII – Duração do trabalho normal não superior a oito horas diárias e quarenta e quatro semanais, facultada a compensação de horários e a redução da jornada, mediante acordo ou convenção coletiva de trabalho;

XIV – Jornada de seis horas para o trabalho realizado em turnos ininterruptos de revezamento, salvo negociação coletiva;

XV – Repouso semanal remunerado, preferencialmente aos domingos;

XVI – Remuneração do serviço extraordinário superior, no mínimo, em cinquenta por cento à do normal;

XVII – Gozo de férias anuais remuneradas com, pelo menos, um terço a mais do que o salário normal;

*XVIII – **Licença à gestante**, sem prejuízo do emprego e do salário, com a duração de cento e vinte dias;*

XIX – Licença-paternidade, nos termos fixados em lei;[1]

XX – Proteção do mercado de trabalho da mulher, mediante incentivos específicos, nos termos da lei;

XXI – Aviso prévio proporcional ao tempo de serviço, sendo no mínimo de trinta dias, nos termos da lei;

XXII – Redução dos riscos inerentes ao trabalho, por meio de normas de saúde, higiene e segurança;

*XXIII – **Adicional** de remuneração para as atividades penosas, insalubres ou perigosas, na forma da lei;*

XXIV – Aposentadoria;

XXV – Assistência gratuita aos filhos e dependentes desde o nascimento até 5 (cinco) anos de idade em creches e pré-escolas;

XXVI – Reconhecimento das convenções e acordos coletivos de trabalho;

XXVII – Proteção em face da automação, na forma da lei;

XXVIII – Seguro contra acidentes de trabalho, a cargo do empregador, sem excluir a indenização a que este está obrigado, quando incorrer em dolo ou culpa;

XXIX – Seção, quanto aos créditos resultantes das relações de trabalho, com prazo prescricional de cinco anos para os trabalhadores urbanos e rurais, até o limite de dois anos após a extinção do contrato de trabalho:

*XXX – **Proibição** de diferença de salários, de exercício de funções e de critério de admissão por motivo de sexo, idade, cor ou estado civil;*

*XXXI – **Proibição** de qualquer discriminação no tocante a salário e critérios de admissão do trabalhador portador de deficiência;*

*XXXII – **Proibição** de distinção entre trabalho manual, técnico e intelectual ou entre os profissionais respectivos;*

*XXXIII – **Proibição** de trabalho **noturno, perigoso ou insalubre** a menores de dezoito e de qualquer trabalho a menores de dezesseis anos, salvo na condição de aprendiz, a partir de quatorze anos;*

*XXXIV – **Igualdade de direitos** entre o trabalhador com vínculo empregatício permanente e o trabalhador avulso.*

Parágrafo único. *São assegurados à categoria dos trabalhadores domésticos os direitos previstos nos incisos IV, VI, VII, VIII, X, XIII, XV, XVI, XVII, XVIII, XIX, XXI, XXII, XXIV, XXVI, XXX, XXXI e XXXIII e, atendidas as condições estabelecidas em lei e observada a simplificação do cumprimento das obrigações tributárias, principais e acessórias, decorrentes da relação de trabalho e suas peculiaridades, os previstos nos incisos I, II, III, IX, XII, XXV e XXVIII, bem como a sua integração à previdência social.*

São 34 incisos e o rol dos Direitos Sociais apresentados no artigo sétimo é exemplificativo.

> ▷ **Importante**
>
> Muitas vezes as bancas querem que você faça uma relação entre quais direitos do Artigo 7º os domésticos têm, quais direitos destes do artigo 7º os servidores públicos têm e da mesma forma o contrário, quais direitos que as duas categorias, domésticos e servidores públicos, não têm. É mais provável a ocorrência de questões tratando das diferenças entre os trabalhadores:

Direitos que os domésticos **NÃO** têm:

V – Piso salarial proporcional à extensão e à complexidade do trabalho;

1. ADO 20 – Foi reconhecida a omissão constitucional na edição da lei regulamentadora da licença-paternidade.

XI – Participação nos lucros, ou resultados, desvinculada da remuneração, e, excepcionalmente, participação na gestão da empresa, conforme definido em lei;

XIV – Jornada de seis horas para o trabalho realizado em turnos ininterruptos de revezamento, salvo negociação coletiva;

XX – Proteção do mercado de trabalho da mulher, mediante incentivos específicos, nos termos da lei;

XXIII – Adicional de remuneração para as atividades penosas, insalubres ou perigosas, na forma da lei;

XXVII – Proteção em face da automação, na forma da lei;

XXIX – Seção, quanto aos créditos resultantes das relações de trabalho, com prazo prescricional de cinco anos para os trabalhadores urbanos e rurais, até o limite de dois anos após a extinção do contrato de trabalho:

XXXII – Proibição de distinção entre trabalho manual, técnico e intelectual ou entre os profissionais respectivos;

XXXIV – Igualdade de direitos entre o trabalhador com vínculo empregatício permanente e o trabalhador avulso.

Servidores de cargo público tem apenas alguns dos direitos, direitos que eles TÊM:

§ 3º Aplica-se aos servidores ocupantes de cargo público o disposto no art. 7º, IV, VII, VIII, IX, XII, XIII, XV, XVI, XVII, XVIII, XIX, XX, XXII e XXX, podendo a lei estabelecer requisitos diferenciados de admissão quando a natureza do cargo o exigir.

IV – Salário-mínimo, fixado em lei, nacionalmente unificado, capaz de atender às suas necessidades vitais básicas e às de sua família com moradia, alimentação, educação, saúde, lazer, vestuário, higiene, transporte e previdência social, com reajustes periódicos que lhe preservem o poder aquisitivo, sendo vedada sua vinculação para qualquer fim;

*VII – **Garantia** de salário, nunca inferior ao mínimo, para os que percebem remuneração variável;*

VIII – Décimo terceiro salário com base na remuneração integral ou no valor da aposentadoria;

*IX – Remuneração do trabalho noturno superior à do diurno; **(não fixa%)***

XII – Salário-família pago em razão do dependente do trabalhador de baixa renda nos termos da lei;

XIII – Duração do trabalho normal não superior a oito horas diárias e quarenta e quatro semanais, facultada a compensação de horários e a redução da jornada, mediante acordo ou convenção coletiva de trabalho;

XIV – Jornada de seis horas para o trabalho realizado em turnos ininterruptos de revezamento, salvo negociação coletiva;

XV – Repouso semanal remunerado, preferencialmente aos domingos;

*XVI – Remuneração do serviço extraordinário superior, no mínimo, em cinquenta por cento à do normal; **(fixa apenas o % mínimo)***

XVII – Gozo de férias anuais remuneradas com, pelo menos, um terço a mais do que o salário normal;

*XVIII – Licença à gestante, sem prejuízo do emprego e do salário, com a duração de cento e vinte dias; **(mínimo)***

XIX – Licença-paternidade, nos termos fixados em lei;

*XX – Proteção do mercado de trabalho da mulher, mediante incentivos específicos, nos termos da lei; **(diferente dos domésticos)***

*XXII – Redução dos riscos inerentes ao trabalho, por meio de normas de saúde, higiene e segurança; **(diferente dos domésticos)***

*XXX – **Proibição** de diferença de salários, de exercício de funções e de critério de admissão por motivo de sexo, idade, cor ou estado civil;*

▪ Liberdade de associação profissional (art. 8º)

Observamos que a liberdade de se associar ou não já vem do artigo 5 º como Direito Fundamental:

XVII – é plena a liberdade de associação para fins lícitos, vedada a de caráter paramilitar;

Porém, no artigo 8º**,** a liberdade associativa passa a ser orientada para uma categoria profissional, para uma entidade sindical.

Art. 8º *É **livre** a associação profissional ou sindical, observado o seguinte:*

I – A lei não poderá exigir autorização do Estado para a fundação de sindicato, ressalvado o registro no órgão competente, vedadas ao Poder Público a interferência e a intervenção na organização sindical;

*II – É **vedada** a criação de mais de uma organização sindical, em qualquer grau, representativa de categoria profissional ou econômica, na mesma base territorial, que será definida pelos trabalhadores ou empregadores interessados, não podendo ser inferior à área de um Município;*

*III – Ao sindicato cabe a **defesa** dos direitos e interesses coletivos ou individuais da categoria, inclusive em questões judiciais ou administrativas;*

IV – A assembleia geral fixará a contribuição que, em se tratando de categoria profissional, será descontada em folha, para custeio do sistema confederativo da representação sindical respectiva, independentemente da contribuição prevista em lei;

*V – **Ninguém** será obrigado a filiar-se ou a manter-se filiado a sindicato;*

*VI – É **obrigatória** a participação dos sindicatos nas negociações coletivas de trabalho;*

VII – O aposentado filiado tem direito a votar e ser votado nas organizações sindicais;

*VIII – É **vedada** a dispensa do empregado sindicalizado a partir do registro da candidatura a cargo de direção ou representação sindical e, se eleito, ainda que suplente, até um ano após o final do mandato, salvo se cometer falta grave nos termos da lei. Parágrafo único. As disposições deste artigo aplicam-se à organização de sindicatos rurais e de colônias de pescadores, atendidas as condições que a lei estabelecer.*

Súmula Vinculante 40: A contribuição confederativa só é exigível dos filiados ao respectivo sindicato.

- **Direito de greve**

Art. 9º *É **assegurado** o direito de greve, competindo aos trabalhadores decidir sobre a oportunidade de exercê-lo e sobre os interesses que devam por meio dele defender.*

§ 1º A lei definirá os serviços ou atividades essenciais e disporá sobre o atendimento das necessidades inadiáveis da comunidade.

§ 2º Os abusos cometidos sujeitam os responsáveis às penas da lei.

- **Outros direitos dos trabalhadores**

Art. 10 *É **assegurada** a participação dos trabalhadores **e** empregadores nos colegiados dos órgãos públicos em que seus interesses profissionais ou previdenciários sejam objeto de discussão e deliberação.*

Exemplo: Conselho Gestor do FGTS

Art. 11 *Nas empresas de mais de duzentos empregados, é **assegurada** a eleição de um representante destes com a finalidade exclusiva de promover-lhes o entendimento direto com os empregadores.*

7. NACIONALIDADE

Nacionalidade é o vínculo jurídico que liga um indivíduo a um Estado, outorgando-lhe proteção e benefícios em relação àqueles que não são nacionais.

A nacionalidade pode ser originária, quando ocorre a condição de NATO, ou derivada, no caso do naturalizado. Tais condições, de acordo com a CRFB, podem ser esquematizadas da seguinte forma:

<table>
<tr><td rowspan="4">Brasileiro Nato</td><td colspan="2">Critério do JUS TERRITORIALIS (ou geográfico)
Nascidos na República Federativa do Brasil, ainda que de pais estrangeiros, desde que estes não estejam a serviço de seu país.</td></tr>
<tr><td rowspan="3">Critério do JUS SANGUINIS
Nascidos no estrangeiro, de pai ou mãe brasileira</td><td>desde que qualquer deles esteja a serviço da República Federativa do Brasil</td></tr>
<tr><td>desde que sejam registrados em repartição brasileira competente</td></tr>
<tr><td>desde que venham a residir na República Federativa do Brasil e optem, em qualquer tempo, depois de atingida a maioridade, pela nacionalidade brasileira</td></tr>
<tr><td rowspan="2">Brasileiro Naturalizado</td><td colspan="2">os que, na forma da lei, adquiram a nacionalidade brasileira, exigidas aos originários de países de língua portuguesa apenas residência por um ano ininterrupto e idoneidade moral
Atenção: trata-se de ato discricionário do Estado brasileiro</td></tr>
<tr><td colspan="2">os estrangeiros de qualquer nacionalidade, residentes na República Federativa do Brasil há mais de quinze anos ininterruptos e sem condenação penal, desde que requeiram a nacionalidade brasileira</td></tr>
</table>

A constituição prevê ainda a figura da "quase nacionalidade" ou "português equiparado" ao estabelecer que, aos portugueses com residência permanente no País, se houver reciprocidade em favor de brasileiros, serão atribuídos os direitos inerentes ao brasileiro, salvo os casos previstos nesta Constituição.

Ainda, a CF consagra o princípio da igualdade ao prever que a lei não poderá estabelecer distinção entre brasileiros natos e naturalizados, salvo nos casos previstos nesta Constituição.

Tema recorrente e importantíssimo para provas de concurso são os cargos privativos de brasileiro NATO:

1. Presidente e Vice-Presidente da República;
2. Presidente da Câmara dos Deputados;
3. Presidente do Senado Federal;
4. Ministro do Supremo Tribunal Federal;
5. Membro da carreira diplomática;
6. Oficial das Forças Armadas.
7. Ministro de Estado da Defesa

- **Casos de perda da nacionalidade brasileira:**

Será declarada a perda da nacionalidade do brasileiro que:

- tiver cancelada sua naturalização, por sentença judicial, em virtude de fraude relacionada ao processo de naturalização ou de atentado contra a ordem constitucional e o Estado Democrático;
- fizer pedido expresso de perda da nacionalidade brasileira perante autoridade brasileira competente, ressalvadas situações que acarretem apatridia.

> ▷ Atenção!
> Esta renúncia da nacionalidade não impede o interessado de readquirir sua nacionalidade brasileira originária, nos termos da lei.

A língua portuguesa é o idioma oficial da República Federativa do Brasil, sendo símbolos da

República Federativa do Brasil a bandeira, o hino, as armas e o selo nacionais. Os Estados, o Distrito Federal e os Municípios poderão ter símbolos próprios.

8. DIREITOS POLÍTICOS

Os direitos políticos são instrumentos de exercício da soberania popular, atribuindo ao nacional o status de cidadão. Tais direitos podem ser ativos (votar) ou passivos (ser votado).

A República Federativa do Brasil é um Estado Democrático de Direito, sendo a espécie de democracia adotada a semidireta ou participativa, em que, através de um sistema misto, o povo exerce o poder de forma indireta, através de representantes eleitos, mas também de forma direta, através de plebiscito, referendo e iniciativa popular de lei. Além destes, Pedro Lenza também cita a ação popular como instrumento de participação direta do cidadão.

O plebiscito é a consulta prévia à população, antes da edição do ato legislativo ou da prática de ato administrativo. Já o referendo é a consulta posterior à edição do ato legislativo ou da prática de ato administrativo, caso em que o cidadão poderá ratificar (concordar, referendar) ou rejeitá-lo.

A Constituição Federal elenca regras para os direitos políticos que podem ser sistematizadas conforme abaixo:

<table>
<tr><td rowspan="5">soberania popular</td><td colspan="2">sufrágio universal</td></tr>
<tr><td colspan="2">voto direto e secreto, com valor igual para todos,</td></tr>
<tr><td colspan="2">plebiscito;</td></tr>
<tr><td colspan="2">referendo;</td></tr>
<tr><td colspan="2">iniciativa popular.</td></tr>
<tr><td rowspan="2">alistamento eleitoral e o voto</td><td colspan="2">obrigatórios para os maiores de dezoito anos</td></tr>
<tr><td colspan="2">facultativos para:
a) os analfabetos;
b) os maiores de setenta anos;
c) os maiores de dezesseis e menores de dezoito anos.</td></tr>
<tr><td rowspan="2">não podem alistar-se como eleitores</td><td colspan="2">Estrangeiros</td></tr>
<tr><td colspan="2">Conscritos (durante o serviço militar obrigatório)</td></tr>
<tr><td>condições de elegibilidade (na forma da lei)</td><td colspan="2">I - a nacionalidade brasileira;
II - o pleno exercício dos direitos políticos;
III - o alistamento eleitoral;
IV - o domicílio eleitoral na circunscrição;
V - a filiação partidária;
VI - a idade mínima de:
a) 35 anos para Presidente e Vice-Presidente da República e Senador;
b) 30anos para Governador e Vice-Governador de Estado e do Distrito Federal;
c) 21 anos para Deputado Federal, Deputado Estadual ou Distrital, Prefeito, Vice-Prefeito e juiz de paz;
d) 18 anos para Vereador.
As idades mínimas devem ser comprovadas na posse, exceto o vereador, que deve possuir a idade mínima no momento do registro da candidatura</td></tr>
<tr><td rowspan="2">inelegíveis</td><td>inalistáveis</td><td>Estrangeiros e Conscritos</td></tr>
<tr><td colspan="2">analfabetos</td></tr>
<tr><td rowspan="2">militar alistável é elegível (atendidas as condições)</td><td colspan="2">menos de 10 anos de serviço, deverá afastar-se da atividade</td></tr>
<tr><td colspan="2">mais de 10 anos de serviço, será agregado pela autoridade superior e, se eleito, passará automaticamente, no ato da diplomação, para a inatividade</td></tr>
</table>

▷ **Detalhes importantes sobre as inelegibilidades em relação aos chefes do Executivo**

1. Limite de reeleições sucessivas para o chefe do executivo: o Presidente da República, os Governadores de Estado e do Distrito Federal, os Prefeitos e quem os houver sucedido, ou substituído no curso dos mandatos poderão ser reeleitos para um único período subsequente.

2. Desincompatibilização: para concorrerem a outros cargos, o Presidente da República, os Governadores de Estado e do Distrito Federal e os Prefeitos devem renunciar aos respectivos mandatos até seis meses antes do pleito.

3. Inelegibilidade Reflexa ou Parental: são inelegíveis, no território de jurisdição do titular, o cônjuge e os parentes consanguíneos ou afins, até o 2º grau ou por adoção, do Presidente da República, de Governador de Estado ou Território, do Distrito Federal, de Prefeito ou de quem os haja substituído dentro dos seis meses anteriores ao pleito, salvo se já titular de mandato eletivo e candidato à reeleição.

Ainda sobre inelegibilidades, lei complementar estabelecerá outros casos de inelegibilidade e os prazos de sua cessação, a fim de proteger a probidade administrativa, a moralidade para exercício de mandato considerada vida pregressa do candidato, e a normalidade e legitimidade das eleições contra a influência do poder econômico ou o abuso do exercício de função, cargo ou emprego na administração direta ou indireta

- **Ação de impugnação de mandato eletivo (AIME)**

Foro	Justiça eleitoral
Prazo	15 dias contados da diplomação
Instrução	Prova pré constituída de abuso do poder econômico, corrupção ou fraude
Detalhes	Tramitação em segredo de justiça (embora o julgamento seja público) Responsabilidade do autor se temerária ou de má-fé

- **Consultas populares**

Realizadas concomitantemente às eleições municipais, as consultas populares abordarão questões locais aprovadas pelas Câmaras Municipais e encaminhadas à Justiça Eleitoral até 90 dias antes da data das eleições, observados os limites operacionais relativos ao número de quesitos. As manifestações favoráveis e contrárias às questões submetidas às consultas populares ocorrerão durante as campanhas eleitorais, sem a utilização de propaganda gratuita no rádio e na televisão.

- **Suspensão ou perda de direitos políticos**

Perda de direitos políticos	1. recusa de cumprir obrigação a todos imposta ou prestação alternativa, nos termos do art. 5º, VIII 2. cancelamento da naturalização por sentença transitada em julgado
Suspensão de direitos políticos	1. incapacidade civil absoluta; 2. condenação criminal transitada em julgado, enquanto durarem seus efeitos; 3. improbidade administrativa, nos termos do art. 37, § 4º.
É vedada a cassação de direitos políticos (caracteriza-se como pena de caráter perpétuo)	

- **Princípio da anualidade eleitoral**

Conforme o art. 16 da CRFB, a lei que alterar o processo eleitoral entrará em vigor na data de sua publicação, não se aplicando à eleição que ocorra até um ano da data de sua vigência.

9. PARTIDOS POLÍTICOS

Partidos políticos estão previstos no título referente aos direitos fundamentais. A CF preconiza que é livre a criação, fusão, incorporação e extinção de partidos políticos, porém exige que sejam resguardados a soberania nacional, o regime democrático, o pluripartidarismo, os direitos fundamentais da pessoa humana e que sejam observados os seguintes preceitos:

1. caráter nacional;
2. proibição de recebimento de recursos financeiros de entidade ou governo estrangeiros ou de subordinação a estes;
3. prestação de contas à Justiça Eleitoral;
4. funcionamento parlamentar de acordo com a lei.

A autonomia partidária se manifesta pela autonomia para definir sua estrutura interna e estabelecer regras sobre escolha, formação e duração de seus órgãos permanentes e provisórios e sobre sua organização e funcionamento e para adotar os critérios de escolha e o regime de suas coligações nas eleições majoritárias. Sobre coligações, é vedada a sua celebração nas eleições proporcionais, sem obrigatoriedade de vinculação entre as candidaturas em âmbito nacional, estadual, distrital ou municipal, devendo seus estatutos estabelecer normas de disciplina e fidelidade partidária.

Os partidos políticos, após adquirirem personalidade jurídica, na forma da lei civil, registrarão seus estatutos no Tribunal Superior Eleitoral.

Ainda, após a Emenda Constitucional 97/2017, estabeleceu-se que somente terão direito a recursos do fundo partidário e acesso gratuito ao rádio e à televisão, na forma da lei, os partidos políticos que, alternativamente:

1. obtiverem, nas eleições para a Câmara dos Deputados, no mínimo, 3% dos votos válidos, distribuídos em pelo menos um terço das unidades da Federação, com um mínimo de 2% dos votos válidos em cada uma delas; ou
2. tiverem elegido pelo menos quinze Deputados Federais distribuídos em pelo menos um terço das unidades da Federação.

O parlamentar que tenha sido eleito por partido que não preencher os requisitos para receber recursos do fundo partidário e acesso gratuito ao rádio e à TV, é assegurado o mandato e facultada a filiação, sem perda do mandato, a outro partido que os tenha atingido, não sendo essa filiação considerada para fins de distribuição dos recursos do fundo partidário e de acesso gratuito ao tempo de rádio e de televisão.

Contudo, há regra de fidelidade partidária, pois os Deputados Federais, os Deputados Estaduais, os Deputados Distritais e os Vereadores que se desligarem do partido pelo qual tenham sido eleitos perderão o mandato, salvo nos casos de anuência do partido ou de outras hipóteses de justa causa estabelecidas em lei, não computada, em qualquer caso, a migração de partido para fins de distribuição de recursos do fundo partidário ou de outros fundos públicos e de acesso gratuito ao rádio e à televisão. Fique atento que esta regra não se aplica aos eleitos para cargo de chefia do Executivo e nem para Senadores.

Há regras para aumento da participação feminina na vida política, pois os partidos políticos devem aplicar no mínimo 5% dos recursos do fundo partidário na criação e na manutenção de programas de promoção e difusão da participação política das mulheres, de acordo com os interesses intrapartidários. Ainda, o montante do Fundo Especial de Financiamento de Campanha e da parcela do fundo partidário destinada a campanhas eleitorais, bem como o tempo de propaganda gratuita no rádio e na televisão a ser distribuído pelos partidos às respectivas candidatas, deverão ser de no mínimo 30%, proporcional ao número de candidatas, e a distribuição deverá ser realizada conforme critérios definidos pelos respectivos órgãos de direção e pelas normas estatutárias, considerados a autonomia e o interesse partidário.

Por fim, a Constituição estabelece que é vedada a utilização pelos partidos políticos de organização paramilitar.

10. ORGANIZAÇÃO DOS PODERES – PODER LEGISLATIVO

10.1. Posicionamento constitucional

A organização dos Poderes ocupa o título IV da Constituição Federal, estendendo-se do artigo 44 ao 133.

Abrange o Poder Legislativo, o Executivo, o Judiciário e as funções essenciais à Justiça.

Neste material, abordaremos o Poder Legislativo, dos artigos 44 ao 75, abarcando a estrutura constitucional, competência e funcionamento dos órgãos que o compõem. Além disso, abrange também o estudo sobre o estatuto dos congressistas, as comissões, o processo legislativo e a fiscalização contábil, financeira e orçamentária.

O artigo 2º da Constituição estabelece que os poderes da União são o Legislativo, o Executivo e o Judiciário, harmônicos entre si, nos termos de seu texto.

Alexandre de Moraes diz que esta divisão constitucional dos Poderes do Estado tem como objetivo evitar arbitrariedades e desrespeito aos direitos fundamentais, "repartindo entre eles as funções estatais e prevendo prerrogativas e imunidades para que bem pudessem exercê-las, bem como criando mecanismos de controles recíprocos, sempre como garantia da perpetuidade do Estado democrático de Direito.

Embora tenham atividades precípuas, que nada mais são do que a tradução da finalidade existencial de cada Poder, a própria Constituição Federal permite que exerçam, de forma atípica e rigorosamente dentro das balizas constitucionais, atribuições atípicas, eis que pertencentes à atividade finalística de outro Poder.

- **EM RESUMO**

PODER	FUNÇÃO TÍPICA	FUNÇÕES ATÍPICAS
Legislativo	Legislar Fiscalizar	Administrar – ex: concurso público para cargos de seus órgãos Julgar – ex: julgamento de autoridades pelo Senado Federal
Executivo	Administrar	Julgar – ex: julgamento de processo administrativo disciplinar Legislar – ex: edição de medidas provisórias

PODER	FUNÇÃO TÍPICA	FUNÇÕES ATÍPICAS
Judiciário	Julgar	Legislar – ex: edição de regimento interno de um Tribunal Administrar – ex: gestão de seus servidores

10.2. Poder Legislativo

O Poder Legislativo, na esfera federal, é bicameral, ou seja: compõe-se de duas casas legislativas, a Câmara dos Deputados e o Senado Federal.

Em se tratando dos demais entes federativos, o Poder Legislativo é unicameral, exercido, nos Estados, pela Assembleia Legislativa e, nos Municípios, pela Câmara de Vereadores.

Os Deputados Federais, eleitos pelo sistema proporcional, são representantes do povo nos Estados, no Distrito Federal e nos Territórios.

Senadores são representantes dos Estados e eleitos pelo princípio (ou sistema) majoritário.

No sistema proporcional, a definição dos eleitos é realizada a partir de cálculos do quociente eleitoral e do quociente partidário.

Este é o sistema utilizado para eleição de Deputados Federais, Estaduais e Vereadores.

O quociente eleitoral é definido pela soma do número de votos válidos (ou seja, os votos na legenda e os votos nominais, excluídos os votos brancos e nulos), dividida pelo número de cadeiras em disputa. Apenas os partidos isolados e as coligações que atingirem o quociente eleitoral terão direito a alguma vaga. A partir desse momento, analisa-se o quociente partidário, que é o resultado do número de votos válidos obtidos, divido pelo quociente eleitoral. O resultado obtido será o número de cadeiras a ser ocupadas.

Quanto à manutenção da representatividade proporcional à população, o artigo 45, § 1º da CF preceitua que o número total de Deputados Federais, bem como a representação por Estado e pelo Distrito Federal, será estabelecido por lei complementar, proporcionalmente à população, procedendo-se aos ajustes necessários, no ano anterior às eleições, para que nenhuma das unidades da Federação tenha menos de oito ou mais de setenta Deputados. Os territórios, por sua vez, elegem 4 Deputados Federais. Além disso, os Deputados, sejam Estaduais ou Federais, têm mandato de 4 anos.

Em relação aos Deputados Estaduais, o artigo 27 estabelece que o número de Deputados à Assembleia Legislativa corresponderá ao triplo da representação do Estado na Câmara dos Deputados e, atingido o número de trinta e seis, será acrescido de tantos quantos forem os Deputados Federais acima de doze.

Isso significa que, quando um Estado tem até 12 Deputados Federais, sua Assembleia Legislativa será composta pelo triplo de Deputados Estaduais.

Quando um Estado tem mais de 12 Deputados Federais, o número de Deputados Estaduais será igual ao número de Deputados Federais, subtraindo-se 12 e, após, somando 36.

Pedro Lenza apresenta uma representação matemática desta previsão jurídica:

> Portanto, até o número de 12 Deputados Federais, o número de Deputados Estaduais será obtido pela multiplicação por 3 (o triplo). Acima de 12, segue a seguinte fórmula: $y = (x - 12) + 36$; em que y corresponde ao número de Deputados Estaduais e x, ao número de Deputados Federais. A fórmula, para facilitar, pode ser assim resumida: $y = x + 24$, em que y corresponde ao número de Deputados Estaduais e x, ao número de Deputados Federais (quando forem acima de 12).

Especificamente no que diz respeito ao número de Vereadores, a Constituição estabelece limites máximos para composição da Câmara Municipal, de acordo com a densidade populacional:

População	Nº de Vereadores
até 15.000 habitantes	9
mais de 15.000 e de até 30.000 habitantes	11
mais de 30.000 e de até 50.000 habitantes	13
mais de 50.000 e de até 80.000 habitantes	15
mais de 80.000 e de até 120.000 habitantes	17
mais de 120.000 e de até 160.000 habitantes	19
mais de 160.000 e de até 300.000 habitantes	21
mais de 300.000 e de até 450.000 habitantes	23

População	Nº de Vereadores
mais de 450.000 e de até 600.000 habitantes	25
mais de 600.000 e de até 750.000 habitantes	27
mais de 750.000 e de até 900.000 habitantes	29
mais de 900.000 e de até 1.050.000 habitantes	31
mais de 1.050.000 habitantes e de até 1.200.000	33
mais de 1.200.000 e de até 1.350.000 habitantes	35
mais de 1.350.000 e de até 1.500.000 habitantes	37
mais de 1.500.000 e de até 1.800.000 habitantes	39
mais de 1.800.000 e de até 2.400.000 habitantes	41
mais de 2.400.000 e de até 3.000.000 de habitantes	43
mais de 3.000.000 de e de até 4.000.000 de habitantes	45
mais de 4.000.000 de e de até 5.000.000 de habitantes	47
mais de 5.000.000 de e de até 6.000.000 de habitantes	48
mais de 6.000.000 de e de até 7.000.000 de habitantes	51
mais de 7.000.000 de e de até 8.000.000 de habitantes	53
mais de 8.000.000 de habitantes	55

O Senado Federal, por sua vez, é composto por representantes dos Estados e do Distrito Federal, eleitos segundo o princípio majoritário, sendo que cada Estado e o Distrito Federal elegerão três Senadores, com mandato de oito anos.

O mandato dos Senadores é de oito anos, contudo as eleições, evidentemente, são realizadas a cada quatro anos, renovando-se a representação dos Estados e do Distrito Federal de quatro em quatro anos, alternadamente, por um e dois terços. Cada Senador será eleito com dois suplentes.

O sistema majoritário, aplicável às eleições dos Senadores e também dos chefes do Executivo (Federal, Estadual e Municipal), determina que é eleito o candidato que obtém a maioria de votos. Esta maioria pode ser simples ou qualificada, como é o caso da eleição do Presidente da República no primeiro turno.

- **EM RESUMO**

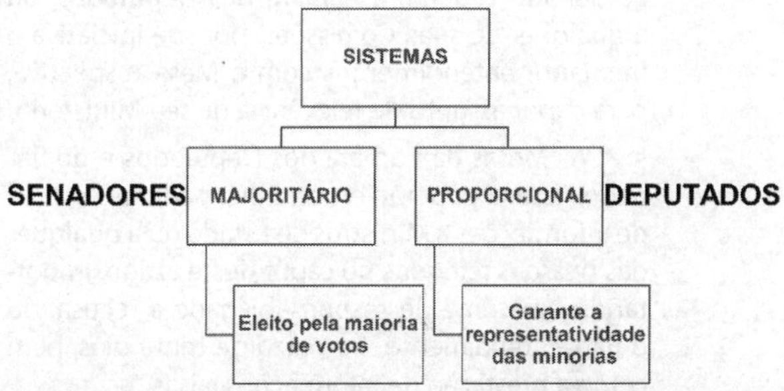

CÂMARA DOS DEPUTADOS	SENADO FEDERAL
513 Deputados Federais	81 Senadores
Representantes do povo nos Estados e no DF	Representantes dos Estados e do DF
Nº variável de acordo com a população de cada Estado, sendo fixado por lei complementar. ▪ mínimo – 8 deputados; ▪ Máximo – 70 deputados; e ▪ cada Território Federal – 4 deputados	Cada Estado e o DF elegem 3 senadores com 2 suplentes cada.
Mandato de 4 anos	Mandato de 8 anos
Idade mínima de 21 anos	Idade Mínima de 35 anos
Eleição pelo sistema proporcional	Eleição pelo sistema majoritário

- **JURISPRUDÊNCIA DO STF SOBRE O TEMA**

Compete ao legislador complementar definir, dentre as possibilidades existentes, o critério de distribuição do número de Deputados dos Estados e do

Distrito Federal, proporcionalmente à população, observados os demais parâmetros constitucionais. De todo inviável transferir a escolha de tal critério, que necessariamente envolve juízo de valor, ao Tribunal Superior Eleitoral ou a outro órgão. (ADI 4.947/DF, rel. Min. Gilmar Mendes).

10.3. Competências das casas legislativas

O Congresso Nacional e as casas legislativas dispõem de competências delimitadas pelos artigos 48 a 52.

Além das atribuições exercidas no processo legislativo ou das competências privativas de cada casa, o artigo 50 estabelece que

> Art. 50. A Câmara dos Deputados e o Senado Federal, ou qualquer de suas Comissões, poderão convocar Ministro de Estado ou quaisquer titulares de órgãos diretamente subordinados à Presidência da República para prestarem, pessoalmente, informações sobre assunto previamente determinado, importando crime de responsabilidade a ausência sem justificação adequada.
>
> § 1º Os Ministros de Estado poderão comparecer ao Senado Federal, à Câmara dos Deputados, ou a qualquer de suas Comissões, por sua iniciativa e mediante entendimentos com a Mesa respectiva, para expor assunto de relevância de seu Ministério.
>
> § 2º As Mesas da Câmara dos Deputados e do Senado Federal poderão encaminhar pedidos escritos de informações a Ministros de Estado ou a qualquer das pessoas referidas no caput deste artigo, importando em crime de responsabilidade a recusa, ou o não - atendimento, no prazo de trinta dias, bem como a prestação de informações falsas.

O artigo 48 elenca as atribuições legislativas do Congresso Nacional, Cujo exercício pressupõe o processo legislativo e, portanto, a sanção do Presidente da República, uma vez que ele participa vetando ou sancionando, promulgando e publicando, além da iniciativa para propositura de leis.

> Art. 48. Cabe ao Congresso Nacional, **com a sanção do Presidente da República**, não exigida esta para o especificado nos arts. 49, 51 e 52, dispor sobre todas as matérias de competência da União, especialmente sobre:
>
> I - sistema tributário, arrecadação e distribuição de rendas;
>
> II - plano plurianual, diretrizes orçamentárias, orçamento anual, operações de crédito, dívida pública e emissões de curso forçado;
>
> III - fixação e modificação do efetivo das Forças Armadas;
>
> IV - planos e programas nacionais, regionais e setoriais de desenvolvimento;
>
> V - limites do território nacional, espaço aéreo e marítimo e bens do domínio da União;
>
> VI - incorporação, subdivisão ou desmembramento de áreas de Territórios ou Estados, ouvidas as respectivas Assembleias Legislativas;
>
> VII - transferência temporária da sede do Governo Federal;
>
> VIII - concessão de anistia;
>
> IX - organização administrativa, judiciária, do Ministério Público e da Defensoria Pública da União e dos Territórios e organização judiciária e do Ministério Público do Distrito Federal;
>
> X – criação, transformação e extinção de cargos, empregos e funções públicas, observado o que estabelece o art. 84, VI, b;
>
> XI – criação e extinção de Ministérios e órgãos da administração pública;
>
> XII - telecomunicações e radiodifusão;
>
> XIII - matéria financeira, cambial e monetária, instituições financeiras e suas operações;
>
> XIV - moeda, seus limites de emissão, e montante da dívida mobiliária federal.
>
> XV - fixação do subsídio dos Ministros do Supremo Tribunal Federal, observado o que dispõem os arts. 39, § 4º; 150, II; 153, III; e 153, § 2º, I.

O mesmo artigo 48 dispensa a sanção do Presidente da República para o exercício das atribuições previstas nos artigos 49, 51 e 52 que, embora sejam denominadas expressamente como "competências privativas", são, em verdade, exclusivas, posto que indelegáveis.

As competências do artigo 49 são externadas pelo Congresso através da edição de decreto legislativo.

Quanto ao estudo das competências da Câmara e do Senado, sugere-se o estudo comparado e simplificado da seguinte forma: memorizar as competências privativas da Câmara e, por exclusão, identificar as do Senado (veja os esquemas gráficos após a tabela comparativa).

CÂMARA DOS DEPUTADOS	SENADO FEDERAL
autorizar, por dois terços de seus membros, a instauração de processo contra o Presidente e o Vice-Presidente da República e os Ministros de Estado;	
proceder à tomada de contas do Presidente da República, quando não apresentadas ao Congresso Nacional dentro de 60 dias após a abertura da sessão legislativa;	
elaborar seu regimento interno;	elaborar seu regimento interno;

CÂMARA DOS DEPUTADOS	SENADO FEDERAL
dispor sobre sua organização, funcionamento, polícia, criação, transformação ou extinção dos cargos, empregos e funções de seus serviços, e a iniciativa de lei para fixação da respectiva remuneração, observados os parâmetros estabelecidos na lei de diretrizes orçamentárias;	dispor sobre sua organização, funcionamento, polícia, criação, transformação ou extinção dos cargos, empregos e funções de seus serviços, e a iniciativa de lei para fixação da respectiva remuneração, observados os parâmetros estabelecidos na lei de diretrizes orçamentárias;
eleger membros do Conselho da República, nos termos do art. 89, VII.	eleger membros do Conselho da República, nos termos do art. 89, VII.
	processar e julgar o Presidente e o Vice-Presidente da República nos crimes de responsabilidade, bem como os Ministros de Estado e os Comandantes da Marinha, do Exército e da Aeronáutica nos crimes da mesma natureza conexos com aqueles;
	processar e julgar os Ministros do Supremo Tribunal Federal, os membros do Conselho Nacional de Justiça e do Conselho Nacional do Ministério Público, o Procurador-Geral da República e o Advogado-Geral da União nos crimes de responsabilidade;
	aprovar previamente, por voto secreto, após arguição pública, a escolha de: a) Magistrados, nos casos estabelecidos nesta Constituição; b) Ministros do Tribunal de Contas da União indicados pelo Presidente da República; c) Governador de Território; d) Presidente e diretores do banco central; e) Procurador-Geral da República; f) titulares de outros cargos que a lei determinar;
	aprovar previamente, por voto secreto, após arguição em sessão secreta, a escolha dos chefes de missão diplomática de caráter permanente;
	autorizar operações externas de natureza financeira, de interesse da União, dos Estados, do Distrito Federal, dos Territórios e dos Municípios;
	fixar, por proposta do Presidente da República, limites globais para o montante da dívida consolidada da União, dos Estados, do Distrito Federal e dos Municípios;
	dispor sobre limites globais e condições para as operações de crédito externo e interno da União, dos Estados, do Distrito Federal e dos Municípios, de suas autarquias e demais entidades controladas pelo Poder Público federal;
	dispor sobre limites e condições para a concessão de garantia da União em operações de crédito externo e interno;
	estabelecer limites globais e condições para o montante da dívida mobiliária dos Estados, do Distrito Federal e dos Municípios;
	suspender a execução, no todo ou em parte, de lei declarada inconstitucional por decisão definitiva do Supremo Tribunal Federal;
	aprovar, por maioria absoluta e por voto secreto, a exoneração, de ofício, do Procurador-Geral da República antes do término de seu mandato;
	avaliar periodicamente a funcionalidade do Sistema Tributário Nacional, em sua estrutura e seus componentes, e o desempenho das administrações tributárias da União, dos Estados e do Distrito Federal e dos Municípios.

Em se tratando de julgamento de autoridades por crime de responsabilidade, funcionará como Presidente o do Supremo Tribunal Federal, limitando-se a condenação, que somente será proferida por dois terços dos votos do Senado Federal, à perda do cargo, com inabilitação, por oito anos, para o exercício de função pública, sem prejuízo das demais sanções judiciais cabíveis.

CONSTITUCIONAL

- **EM RESUMO**

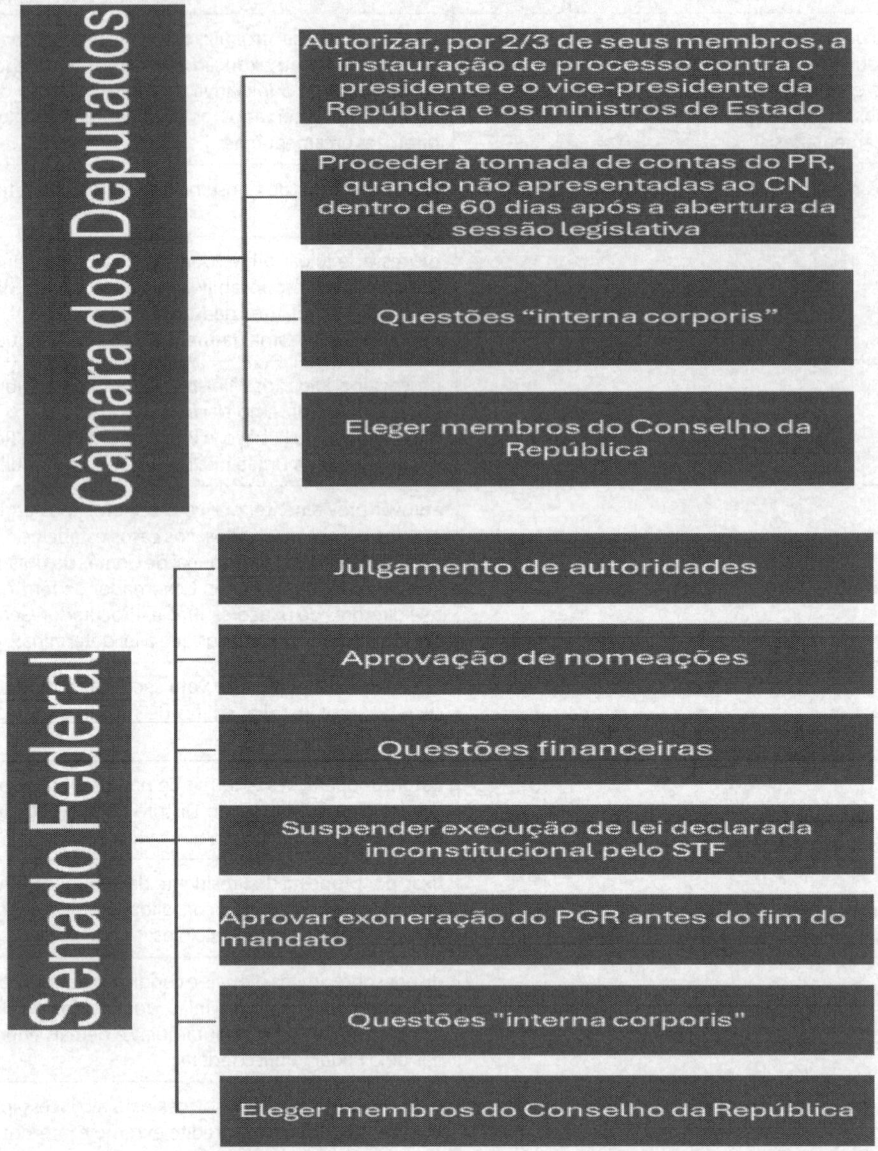

VERBOS DAS COMPETÊNCIAS DA CD	VERBOS DAS COMPETÊNCIAS DA DO SF
autorizar proceder elaborar dispor eleger	processar e julgar aprovar previamente autorizar fixar dispor estabelecer suspender aprovar elaborar dispor eleger avaliar

10.4. Estatuto dos congressistas (Art. 53 a 58)

A doutrina denomina como "estatuto dos congressistas" o conjunto de imunidades, garantias, proibições e regras sobre perda de mandatos estatuídas nos artigos 53 a 58 da CF/88 com vistas à independência do parlamentar no exercício do mandato.

As imunidades dos parlamentares podem ser formais ou materiais. Formais são aquelas que estabelecem prerrogativas referentes ao foro e à prisão. Materiais são aquelas envolvem o conteúdo das manifestações dos parlamentares.

Segundo a Constituição Federal, os Deputados e Senadores são invioláveis, civil e penalmente, por quaisquer de suas opiniões, palavras e votos. Esta imunidade não é absoluta e, havendo abuso de direito, o parlamentar poderá responder juridicamente.

▪ JURISPRUDÊNCIA DO STF SOBRE O TEMA

(...) o fato de o parlamentar estar na Casa legislativa no momento em que proferiu as declarações não afasta a possibilidade de cometimento de crimes contra a honra, nos casos em que as ofensas são divulgadas pelo próprio parlamentar na Internet. (...) a inviolabilidade material somente abarca as declarações que apresentem nexo direto e evidente com o exercício das funções parlamentares. (...) O Parlamento é o local por excelência para o livre mercado de ideias – não para o livre mercado de ofensas. A liberdade de expressão política dos parlamentares, ainda que vigorosa, deve se manter nos limites da civilidade. Ninguém pode se escudar na inviolabilidade parlamentar para, sem vinculação com a função, agredir a dignidade alheia ou difundir discursos de ódio, violência e discriminação. [PET 7.174, rel. p/ o ac. min. Marco Aurélio, j. 10-3-2020, 1ª T, Informativo 969.]

In casu, (i) o parlamentar é acusado de incitação ao crime de estupro, ao afirmar que não estupraria uma deputada federal porque ela "não merece"; (ii) o emprego do vocábulo "merece", no sentido e contexto presentes no caso *sub judice*, teve por fim conferir a este gravíssimo delito, que é o estupro, o atributo de um prêmio, um favor, uma benesse à mulher, revelando interpretação de que o homem estaria em posição de avaliar qual mulher "poderia" ou "mereceria" ser estuprada. (...) *In casu*, (i) a entrevista concedida a veículo de imprensa não atrai a imunidade parlamentar, porquanto as manifestações se revelam estranhas ao exercício do mandato legislativo, ao afirmar que "não estupraria" deputada federal porque ela "não merece"; (ii) o fato de o parlamentar estar em seu gabinete no momento em que concedeu a entrevista é fato meramente acidental, já que não foi ali que se tornaram públicas as ofensas, mas sim através da imprensa e da internet; (...) (i) A imunidade parlamentar incide quando as palavras tenham sido proferidas do recinto da Câmara dos Deputados: "Despiciendo, nesse caso, perquirir sobre a pertinência entre o teor das afirmações supostamente contumeliosas e o exercício do mandato parlamentar" (Inq 3.814, Primeira Turma, rel. min. Rosa Weber, unânime, j. 7-10-2014, DJE de 21-10-2014). (ii) Os atos praticados em local distinto escapam à proteção da imunidade, quando as manifestações não guardem pertinência, por um nexo de causalidade, com o desempenho das funções do mandato parlamentar. (...) *Ex positis*, à luz dos requisitos do art. 41 do CPC, recebo a denúncia pela prática, em tese, de incitação ao crime; e recebo parcialmente a queixa-crime, apenas quanto ao delito de injúria. Rejeito a queixa-crime quanto à imputação do crime de calúnia. [Inq 3.932 e Pet 5.243, rel. min. Luiz Fux, j. 21-6-2016, 1ª T, DJE de 9-9-2016.]

Deputado federal. Crime contra a honra. Nexo de implicação entre as declarações e o exercício do mandato. Imunidade parlamentar material. Alcance. Art. 53, caput, da CF. (...) A verbalização da representação parlamentar não contempla ofensas pessoais, via achincalhamentos ou licenciosidade da fala. Placita, contudo, modelo de expressão não protocolar, ou mesmo desabrido, em manifestações muitas vezes ácidas, jocosas, mordazes, ou até impiedosas, em que o vernáculo contundente, ainda que acaso deplorável no patamar de respeito mútuo a que se aspira em uma sociedade civilizada, embala a exposição do ponto de vista do orador. [Pet 5.714 AgR, rel. min. Rosa Weber, j. 28-11-2017, 1ª T, DJE de 13-12-2017.]

O animus difamandi conduz, nesta fase, ao recebimento da queixa-crime. a) A imunidade parlamentar material cobra, para sua incidência no momento do recebimento da denúncia, a constatação, primo ictu occuli, do liame direto entre o fato apontado como crime contra a honra e o exercício do mandato parlamentar, pelo ofensor. A liberdade de opinião e manifestação do parlamentar, ratione muneris, impõe contornos à imunidade material, nos limites estritamente necessários à defesa do mandato contra o arbítrio, à luz do princípio republicano que norteia a CF. A imunidade parlamentar material, estabelecida para fins de proteção republicana ao livre exercício do mandato, não confere aos parlamentares o direito de empregar expediente fraudulento, artificioso ou ardiloso, voltado a alterar a verdade da informação, com o fim de desqualificar ou imputar fato desonroso à reputação de terceiros. Consectariamente, cuidando-se de manifestação veiculada por meio de ampla divulgação (rede social), destituída, ao menos numa análise prelibatória, de relação intrínseca com o livre exercício da função parlamentar, deve ser afastada a incidência da imunidade prevista no art. 53 da CF. [Pet 5.705, rel. min. Luiz Fux, j. 5-9-2017, 1ª T, DJE de 13-10-2017.]

(...) o mandato parlamentar não implica, por si só, imunidade. Há de apreciar-se o nexo entre as ideias expressadas e as atribuições próprias à representação do povo brasileiro. O paciente encontrava-se ocupando o cargo de presidente da Assembleia Legislativa do Espírito Santo e foi revelado na denúncia como principal responsável, no Legislativo estadual, pela condução do processo de privatização do Banco do Estado do Espírito Santo (BANESTES). Nas dependências da Casa, concedeu entrevista coletiva à imprensa, momento em que teria emitido informações falsas e incompletas, as quais alegadamente prejudicaram a instituição financeira. Surge a ligação do que veiculado com o exercício do mandato parlamentar, aspecto potencializado pelo fato de as declarações haverem ocorrido dentro da Assembleia. A fala revelou a satisfação do parlamentar com a privatização do banco, tendo declarado que a venda implicaria desoneração de dívida do Estado. Não ficou configurado, na conduta, o dolo de divulgar informação falsa ou incompleta sobre instituição financeira, inclusive porque as afirmações do deputado fizeram-se ligadas a análises de operações realizadas pelo banco. O que consignado nas entrevistas evidenciou a opinião do parlamentar quanto à viabilidade da privatização. Ainda que eventualmente possa ter causado prejuízos ao banco, o móvel não era esse. O descompasso entre o que veiculado na imprensa e a real situação financeira do Banestes não se sobrepõe à imunidade parlamentar, no que tem como objetivo maior o exercício do mandato sem intimidações de qualquer ordem. O preceito de envergadura maior, versado no art. 53, cabeça, da CF e estendido aos parlamentares estaduais pelo § 1º do art. 27 nela contido, refere-se a opiniões, palavras e votos. [HC 115.397, voto do rel. min. Marco Aurélio, j. 16-5-2017, 1ª T, DJE de 3-8-2017.]

Em relação ao foro, desde a expedição do diploma, os congressistas serão processados e julgados, por crime comum, perante o STF. Uma intensa discussão foi travada na Corte Suprema sobre este tema, no que diz respeito a fatos anteriores ao mandato, se relacionados ou não e ele, e se o foro continua no STF após o término do mandato.

A partir de 2018, o STF passou a decidir que:

> O foro por prerrogativa de função aplica-se apenas aos crimes cometidos durante o exercício do cargo e relacionados às funções desempenhadas. STF. Plenário. AP 937 QO/RJ, Rel. Min. Roberto Barroso, julgado em 03/05/2018 (Info 900).
>
> Após o final da instrução processual, com a publicação do despacho de intimação para apresentação de alegações finais, a competência para processar e julgar ações penais não será mais afetada em razão de o agente público vir a ocupar outro cargo ou deixar o cargo que ocupava, qualquer que seja o motivo. STF. Plenário. AP 937 QO/RJ, Rel. Min. Roberto Barroso, julgado em 03/05/2018.
>
> Se os fatos criminosos que teriam sido supostamente cometidos pelo Deputado Federal não se relacionam ao exercício do mandato, a competência para julgá-los não é do STF, mas sim do juízo de 1ª instância. Isso porque o foro por prerrogativa de função aplica-se apenas aos crimes cometidos durante o exercício do cargo e relacionados às funções desempenhadas (STF AP 937 QO/RJ, Rel. Min. Roberto Barroso, julgado em 03/05/2018). STF. 1ª Turma. Inq 4619 AgR-segundo/DF, Rel. Min. Luiz Fux, julgado em 19/2/2019 (Info 931).
>
> O crime de corrupção passiva praticado por Senador da República, se não estiver relacionado com as suas funções, deve ser julgado em 1ª instância (e não pelo STF). Não há foro por prerrogativa de função neste caso. STF. 1ª Turma. Inq 4624 AgR, Rel. Min. Marco Aurélio, julgado em 8/10/2019 (Info 955).

Além disso, a Constituição determina imunidades em relação à prisão e à continuidade do Processo Criminal contra parlamentar.

> § 2º Desde a expedição do diploma, os membros do Congresso Nacional não poderão ser presos, salvo em flagrante de crime inafiançável. Nesse caso, os autos serão remetidos dentro de vinte e quatro horas à Casa respectiva, para que, pelo voto da maioria de seus membros, resolva sobre a prisão.
>
> § 3º Recebida a denúncia contra o Senador ou Deputado, por crime ocorrido após a diplomação, o Supremo Tribunal Federal dará ciência à Casa respectiva, que, por iniciativa de partido político nela representado e pelo voto da maioria de seus membros, poderá, até a decisão final, sustar o andamento da ação.
>
> § 4º O pedido de sustação será apreciado pela Casa respectiva no prazo improrrogável de quarenta e cinco dias do seu recebimento pela Mesa Diretora.
>
> § 5º A sustação do processo suspende a prescrição, enquanto durar o mandato.
>
> § 6º Os Deputados e Senadores não serão obrigados a testemunhar sobre informações recebidas ou prestadas em razão do exercício do mandato, nem sobre as pessoas que lhes confiaram ou deles receberam informações.
>
> § 7º A incorporação às Forças Armadas de Deputados e Senadores, embora militares e ainda que em tempo de guerra, dependerá de prévia licença da Casa respectiva.
>
> § 8º As imunidades de Deputados ou Senadores subsistirão durante o estado de sítio, só podendo ser suspensas mediante o voto de dois terços dos membros da Casa respectiva, nos casos de atos praticados fora do recinto do Congresso Nacional, que sejam incompatíveis com a execução da medida.

Quanto às vedações aplicáveis aos Congressistas, o esquema abaixo sintetiza o conteúdo:

A perda de mandato do Parlamentar pode ocorrer nas seguintes hipóteses e procedimentos:

HIPÓTESE	PROCEDIMENTO
Infringência de qualquer das proibições	perda do mandato **decidida** pela Câmara dos Deputados ou pelo Senado Federal, por maioria absoluta, mediante provocação da respectiva Mesa ou de partido político representado no Congresso Nacional, assegurada ampla defesa
procedimento declarado incompatível com o decoro parlamentar	
condenação criminal em sentença transitada em julgado	
não comparecimento, em cada sessão legislativa, à terça parte das sessões ordinárias da Casa a que pertencer, salvo licença ou missão por esta autorizada;	perda **declarada** pela Mesa da Casa respectiva, de ofício ou mediante provocação de qualquer de seus membros, ou de partido político representado no Congresso Nacional, assegurada ampla defesa
perda ou suspensão dos direitos políticos	
Decretação da Justiça Eleitoral, nos casos previstos na Constituição	

▷ **Não perderá o mandato o Deputado ou Senador**

I - investido no cargo de Ministro de Estado, Governador de Território, Secretário de Estado, do Distrito Federal, de Território, de Prefeitura de Capital ou chefe de missão diplomática temporária;
II - licenciado pela respectiva Casa por motivo de doença, ou para tratar, sem remuneração, de interesse particular, desde que, neste caso, o afastamento não ultrapasse cento e vinte dias por sessão legislativa.

O suplente será convocado nos casos de vaga, de investidura em funções previstas neste artigo ou de licença superior a cento e vinte dias.

Ocorrendo vaga e não havendo suplente, far-se-á eleição para preenchê-la se faltarem mais de quinze meses para o término do mandato.

Na hipótese de investir-se em cargo político, o Deputado ou Senador poderá optar pela remuneração do mandato.

10.5. Sessões legislativas

Outra informação importante e que convém destacar é a distinção entre legislatura, sessão legislativa e período legislativo.

A legislatura é o período de 4 anos correspondente. A sessão legislativa corresponde ao período da reunião anual do Congresso Nacional, iniciando-se em 2 de fevereiro e encerando-se em 22 de dezembro.

Neste "ano legislativo" há dois períodos legislativo: o primeiro, de 2 de fevereiro a 17 de julho e o segundo, de 1º de agosto a 22 de dezembro. O intervalo entre os períodos legislativos é chamado de recesso parlamentar.

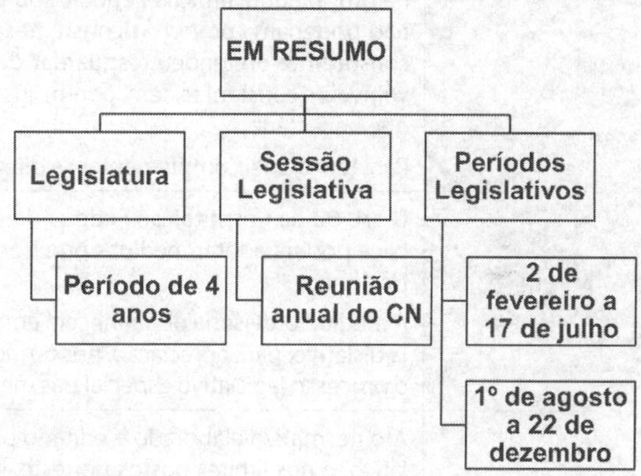

Convocação da sessão extraordinária	Presidente do Senado Federal	Em caso de decretação de estado de defesa, de intervenção federal, pedido de autorização para decretar estado de sítio e compromisso e posse do Presidente e Vice-Presidente.
	Presidente da República Presidente da Câmara Presidente do Senado Requerimento da maioria dos membros de ambas as casas	Em caso de urgência ou interesse público relevante, com aprovação da maioria absoluta de casa uma das casas do congresso nacional.

10.6. Processo legislativo

Segundo o artigo 59 da Constituição Federal, o processo legislativo compreende a elaboração de emendas à Constituição, leis complementares, leis ordinárias, leis delegadas, medidas provisórias, decretos legislativos e resoluções.

10.6.1 Espécies legislativas e sua utilização

Emendas à Constituição	As emendas constitucionais são fruto do trabalho do poder constituinte derivado reformador, por meio do qual se altera o trabalho do poder constituinte originário, pelo acréscimo, modificação ou supressão de normas. Ao contrário do constituinte originário, que é juridicamente ilimitado, o poder constituinte derivado é condicionado, submetendo-se a algumas limitações, expressamente previstas, ou decorrentes do sistema. Trata-se das limitações expressas ou explícitas (formais ou procedimentais, circunstanciais e materiais) e das implícitas. Assim, o "produto" da PEC, isto é, a matéria introduzida, se houver perfeita adequação aos limites indicados, incorporar-se-á ao texto originário, tendo, portanto, força normativa de Constituição.
Lei Complementar	O art. 59 da Constituição Federal traz as leis complementares como espécie normativa diferenciada, com processo legislativo próprio e matéria reservada. Miguel Reale coloca-as como um "tertium genus de leis, que não ostentam a rigidez dos preceitos constitucionais, nem tampouco devem comportar a revogação (perda da vigência) por força de qualquer lei ordinária superveniente". Assim, a razão de existência da lei complementar consubstancia-se no fato de o legislador constituinte ter entendido que determinadas matérias, apesar da evidente importância, não deveriam ser regulamentadas na própria Constituição Federal, sob pena de engessamento de futuras alterações; mas, ao mesmo tempo, não poderiam comportar constantes alterações através de um processo legislativo ordinário. O legislador constituinte pretendeu resguardar determinadas matérias de caráter infraconstitucional contra alterações volúveis e constantes, sem, porém, lhes exigir a rigidez que impedisse a modificação de seu tratamento, assim que necessário. Para tanto, a lei complementar se diferencia da lei ordinária em dois aspectos: o material e o formal.
Medidas Provisórias	O art. 62 da Constituição Federal determina que, em caso de relevância e urgência, o Presidente da República poderá adotar medidas provisórias, com força de lei, devendo submetê-las de imediato ao Congresso Nacional. A medida provisória permanecerá em vigor pelo prazo de 60 dias e será submetida, imediatamente, ao Poder Legislativo, para apreciação, nos termos dos 12 incisos do art. 62, incluídos pela EC nº 32/01, que disciplinam o processo legislativo especial das medidas provisórias.
Lei Delegada	Ato normativo elaborado e editado pelo Presidente da República, em razão de autorização do Poder Legislativo, e nos limites postos por este, constituindo-se verdadeira delegação externa da função legiferante e aceita modernamente, desde que com limitações, como mecanismo necessário para possibilitar a eficiência do Estado e sua necessidade de maior agilidade e celeridade. Quanto ao conteúdo e à eficácia, tem sua natureza jurídica idêntica às demais previstas no art. 59 da Constituição Federal, qual seja, espécie ou ato normativo primário, derivado da Constituição.
Decreto Legislativo	Espécie normativa destinada a veicular as matérias de competência exclusiva do Congresso Nacional, previstas, basicamente, no art. 49 da Constituição Federal. O decreto legislativo também serve para regulamentar as relações jurídicas decorrentes de MP que perdeu a eficácia por decurso de prazo. Os decretos legislativos serão, obrigatoriamente, instruídos, discutidos e votados em ambas as casas legislativas, no sistema bicameral; e se aprovados, serão promulgados pelo Presidente do Senado Federal, na qualidade de Presidente do Congresso Nacional, que determinará sua publicação. Não haverá participação do Presidente da República no processo legislativo de elaboração de decretos legislativos, e, consequentemente, inexistirá veto ou sanção, por tratar-se de matérias de competência do Poder Legislativo.
Resolução	Ato do Congresso Nacional ou de qualquer de suas casas, tomado por procedimento diferente do previsto para a elaboração das leis, destinado a regular matéria de competência do Congresso Nacional ou de competência privativa do Senado Federal ou da Câmara dos Deputados, mas em regra com efeitos internos; excepcionalmente, porém, também prevê a constituição resolução com efeitos externos, como a que dispõe sobre a delegação legislativa.

10.6.2 Limites às Emendas Constitucionais

Sendo a CRFB rígida, que é aquela que exige um procedimento mais rigoroso para sua alteração do que o processo legislativo das leis infraconstitucionais, a Constituição Estabelece limites à atuação do poder constituinte derivado reformador, que é aquele que opera as mudanças no texto constitucional, conforme esquematizado abaixo:

Limites Formais	Limites materiais	Limites circunstanciais
Formalidades a serem respeitadas durante a elaboração das emendas constitucionais	Assuntos que não podem ser objeto de proposta de emenda tendente a aboli-los	Situações que, caso estejam ocorrendo, impedem as reformas no texto constitucional
Restrições quanto aos legitimados Quórum (3/5) e solenidade de votação (2 turnos em cada casa) Promulgação Irrepetibilidade absoluta na mesma sessão legislativa de proposta de emenda rejeitada ou havida por prejudicada	Cláusulas Pétreas (art. 60, §4º)	Estado de Defesa Estado de Sítio Intervenção Federal

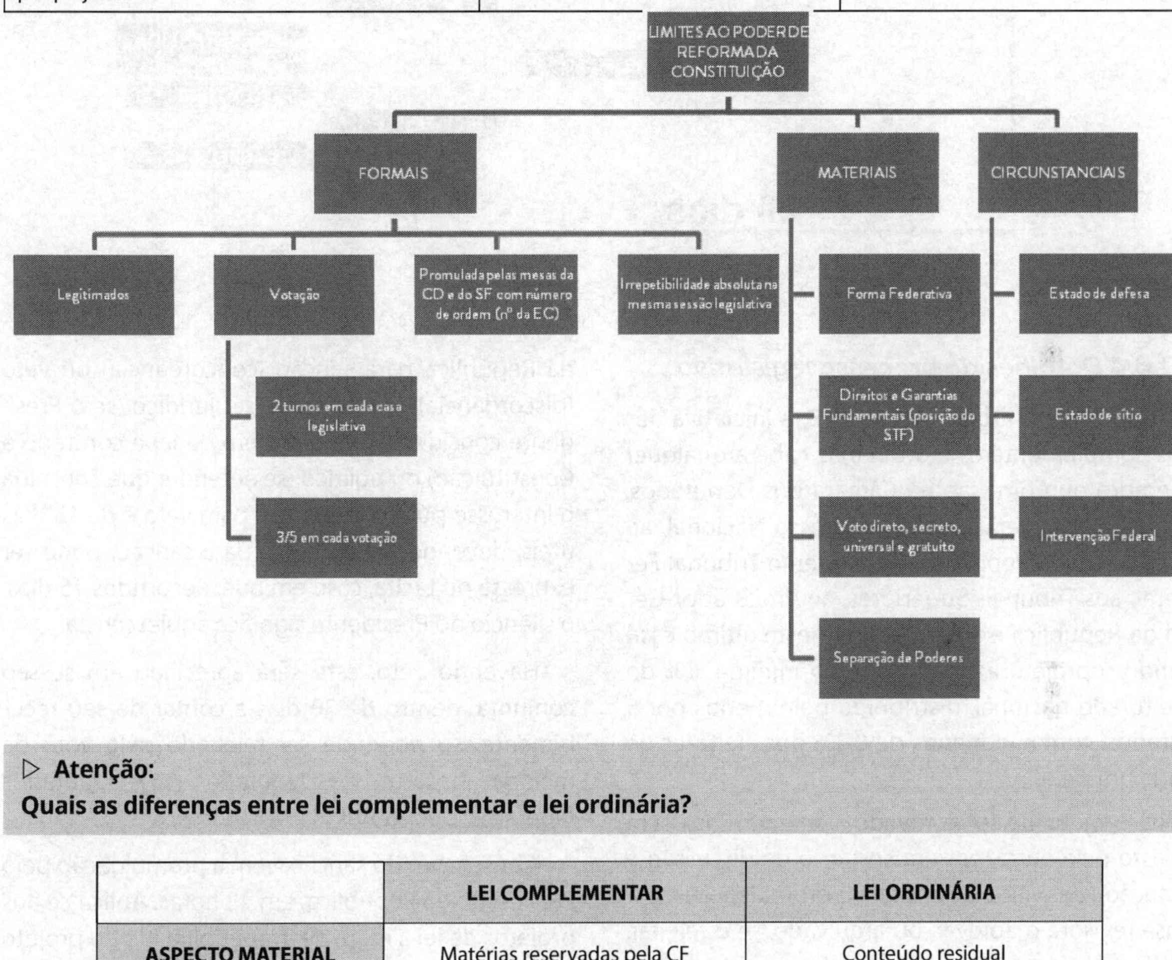

▷ Atenção:
Quais as diferenças entre lei complementar e lei ordinária?

	LEI COMPLEMENTAR	LEI ORDINÁRIA
ASPECTO MATERIAL	Matérias reservadas pela CF	Conteúdo residual
ASPECTO FORMAL	Maioria absoluta	Maioria simples

10.6.3 Mais detalhes sobre as Medidas Provisórias

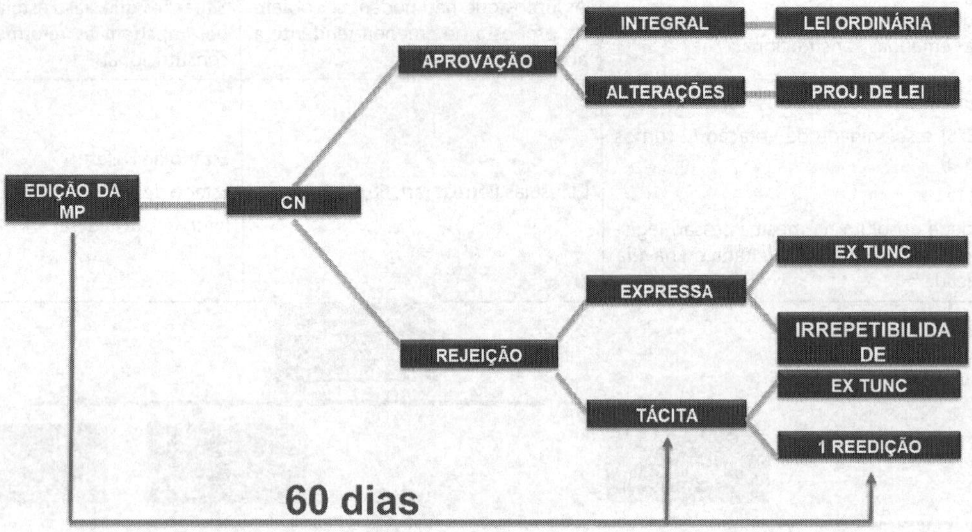

10.6.4 Detalhes do processo legislativo

Conforme o artigo 61 da CRFB, a iniciativa das leis complementares e ordinárias cabe a qualquer membro ou Comissão da Câmara dos Deputados, do Senado Federal ou do Congresso Nacional, ao Presidente da República, ao Supremo Tribunal Federal, aos Tribunais Superiores, ao Procurador-Geral da República e aos cidadãos, neste último caso sendo o projeto assinado por, no mínimo, 1% do eleitorado nacional, distribuído pelo menos por 5 Estados, com não menos de 0,3% dos eleitores de cada um deles.

O projeto de lei aprovado por uma Casa será revisto pela outra, em um só turno de discussão e votação, e enviado à sanção ou promulgação, se a Casa revisora o aprovar, ou arquivado, se o rejeitar. Se houver aprovação com emendas, o projeto volta à casa iniciadora para apreciação das emendas.

Aprovado de acordo com o quórum previsto na CRFB, o projeto de lei será enviado ao Presidente da República para sanção (concordância) ou veto (discordância). O veto pode ser jurídico (se o Presidente considerar que o projeto de lei é contrário à Constituição) ou político (se entender que contraria o interesse público). O prazo para veto é de 15 dias úteis, devendo ser expresso. Já a sanção, pode ser expressa ou tácita, caso em que, decorridos 15 dias, o silêncio do Presidente significa aquiescência.

Havendo veto, este será apreciado em sessão conjunta, dentro de 30 dias a contar de seu recebimento, só podendo ser rejeitado pelo voto da maioria absoluta dos Deputados (257 deputados federais) e Senadores (41 senadores).

Após, havendo sanção, vem a promulgação pelo Presidente da República, em 48 horas. Aplica-se aos projetos de lei a regra de irrepetibilidade do projeto rejeitado, porém é uma relativa, pois pode ser novamente levado à votação na mesma sessão legislativa por proposta da maioria absoluta dos membros de qualquer das Casas do Congresso Nacional.

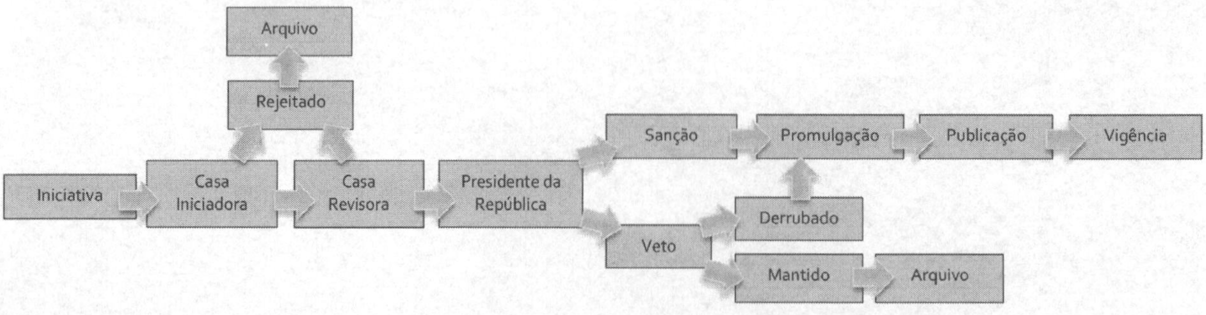

10.6.5 Comissões Parlamentares de Inquérito (CPIs)

As Comissões Parlamentares de Inquérito (CPIs) são comissões temporárias, criadas por qualquer das casas parlamentares, com o intuito de investigar fato certo por prazo determinado, dentro de sua esfera de competência fiscalizatória e nos limites legais e constitucionais. Como já decidiu o próprio Supremo Tribunal Federal, trata-se de um exemplo do sistema de freios e contrapesos (*checks and balances* ou *checks-andcounterchecks*): "Função fiscalizadora exercida pelo Poder Legislativo. Mecanismo essencial do sistema de *checks-and-counterchecks* adotado pela Constituição Federal de 1988" (ACO 730, rel. Min. Joaquim Barbosa).

As comissões parlamentares de inquérito, que terão poderes de investigação próprios das autoridades judiciais, além de outros previstos nos regimentos das respectivas Casas, serão criadas pela Câmara dos Deputados e pelo Senado Federal, em conjunto ou separadamente, mediante requerimento de um terço de seus membros, para a apuração de fato determinado e por prazo certo, sendo suas conclusões, se for o caso, encaminhadas ao Ministério Público, para que promova a responsabilidade civil ou criminal dos infratores.

10.6.6 Fiscalização Contábil, Orçamentária e Financeira

A fiscalização contábil, financeira, orçamentária, operacional e patrimonial da União e das entidades da administração direta e indireta, quanto à legalidade, legitimidade, economicidade, aplicação das subvenções e renúncia de receitas, será exercida pelo Congresso Nacional, mediante controle externo, e pelo sistema de controle interno de cada Poder.

Prestará contas qualquer pessoa física ou jurídica, pública ou privada, que utilize, arrecade, guarde, gerencie ou administre dinheiros, bens e valores públicos ou pelos quais a União responda, ou que, em nome desta, assuma obrigações de natureza pecuniária.

Os Ministros do Tribunal de Contas da União serão nomeados dentre brasileiros que satisfaçam os seguintes requisitos:

I - mais de trinta e cinco e menos de sessenta e cinco anos de idade;

II - idoneidade moral e reputação ilibada;

III - notórios conhecimentos jurídicos, contábeis, econômicos e financeiros ou de administração pública;

IV - mais de dez anos de exercício de função ou de efetiva atividade profissional que exija os conhecimentos mencionados no inciso anterior.

Os Ministros do Tribunal de Contas da União terão as mesmas garantias, prerrogativas, impedimentos, vencimentos e vantagens dos Ministros do Superior Tribunal de Justiça, aplicando-se-lhes, quanto à aposentadoria e pensão, as normas constantes do art. 40 da Constituição Federal, referentes ao Regime Próprio de Previdência dos Servidores.

O auditor, quando em substituição a Ministro, terá as mesmas garantias e impedimentos do titular e, quando no exercício das demais atribuições da judicatura, as de juiz de Tribunal Regional Federal.

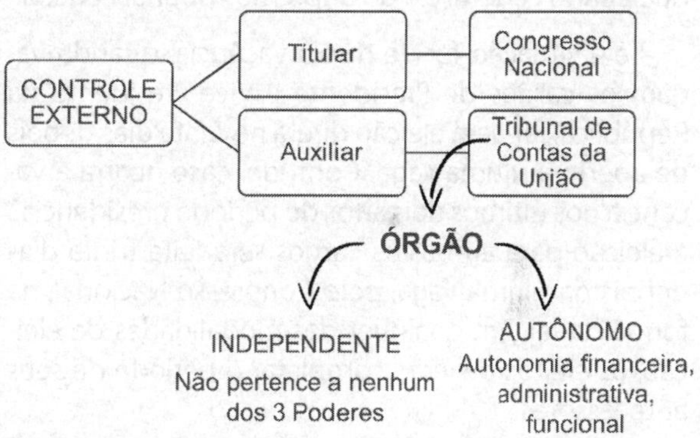

11. PODER EXECUTIVO

Previsto nos artigos 76 a 91 da Constituição Federal, o Poder Executivo exerce, de forma típica, a função administrativa.

Exercido, no âmbito da União, pelo Presidente da República, com auxílio dos Ministros de Estado.

A eleição do Presidente da República, junto com a do Vice-Presidente da República ocorre no primeiro domingo de outubro, em primeiro turno, e no último domingo de outubro, em segundo turno, se houver, do ano anterior ao do término do mandato presidencial vigente. O segundo turno ocorrerá, entre os dois candidatos mais votados no primeiro turno, caso ninguém obtenha maioria absoluta dos votos válidos no primeiro turno.

Se, antes de realizado o segundo turno, ocorrer morte, desistência ou impedimento legal de candidato, convocar-se-á, dentre os remanescentes, o de maior votação. E, se remanescer, em segundo lugar, mais de um candidato com a mesma votação, qualificar-se-á o mais idoso.

A posse do Presidente e o Vice-Presidente da República ocorre em sessão extraordinária do Congresso Nacional, em cinco de janeiro do ano seguinte às eleições. Caso decorram dez dias da data fixada para a posse, o Presidente ou o Vice-Presidente, salvo motivo de força maior, não tiver assumido o cargo, este será declarado vago. O mandato do Presidente da República é de quatro anos e terá início em primeiro de janeiro do ano seguinte ao da sua eleição, sendo permitida uma reeleição sucessiva.

O Vice-Presidente substitui o Presidente em caso de impedimento (temporário) e o sucede em caso de vacância (completando seu mandato).

Havendo **impedimento** do Presidente e do Vice-Presidente, ou vacância dos respectivos cargos, serão sucessivamente chamados ao exercício da Presidência o Presidente da Câmara dos Deputados, o do Senado Federal e o do Supremo Tribunal Federal.

Se a situação for de dupla vacância, quando vagam os cargos de Presidente e Vice-Presidente da República, far-se-á eleição direta noventa dias depois de aberta a última vaga. Contudo, caso ocorra a vacância nos últimos dois anos do período presidencial, a eleição para ambos os cargos será feita trinta dias depois da última vaga, pelo Congresso Nacional, na forma da lei. Em qualquer das modalidades de eleição, os eleitos deverão completar o período de seus antecessores.

Lembre que o Presidente e o Vice-Presidente da República não poderão, sem licença do Congresso Nacional, ausentar-se do País por período superior a quinze dias, sob pena de perda do cargo.

- **EM RESUMO**

Quanto às atribuições privativas do Presidente da República, o artigo 84 lista em rol exemplificativo, destacando-se aquelas que podem ser delegadas aos Ministros de Estado, ao Procurador-Geral da República e ao Advogado-Geral da União.

As atribuições listadas pela Constituição Federal são as seguintes:

I - nomear e exonerar os Ministros de Estado;

II - exercer, com o auxílio dos Ministros de Estado, a direção superior da administração federal;

III - iniciar o processo legislativo, na forma e nos casos previstos nesta Constituição;

IV - sancionar, promulgar e fazer publicar as leis, bem como expedir decretos e regulamentos para sua fiel execução;

V - vetar projetos de lei, total ou parcialmente;

VI – dispor, mediante decreto, sobre:

a) organização e funcionamento da administração federal, quando não implicar aumento de despesa nem criação ou extinção de órgãos públicos;

b) extinção de funções ou cargos públicos, quando vagos

VII - manter relações com Estados estrangeiros e acreditar seus representantes diplomáticos;

VIII - celebrar tratados, convenções e atos internacionais, sujeitos a referendo do Congresso Nacional;

IX - decretar o estado de defesa e o estado de sítio;

X - decretar e executar a intervenção federal;

XI - remeter mensagem e plano de governo ao Congresso Nacional por ocasião da abertura da sessão legislativa, expondo a situação do País e solicitando as providências que julgar necessárias;

XII - conceder indulto e comutar penas, com audiência, se necessário, dos órgãos instituídos em lei;

XIII - exercer o comando supremo das Forças Armadas, nomear os Comandantes da Marinha, do Exército e da Aeronáutica, promover seus oficiais-generais e nomeá-los para os cargos que lhes são privativos;

XIV - nomear, após aprovação pelo Senado Federal, os Ministros do Supremo Tribunal Federal e dos Tribunais Superiores, os Governadores de Territórios, o Procurador-Geral da República, o presidente e os diretores do banco central e outros servidores, quando determinado em lei;

XV - nomear, observado o disposto no art. 73, os Ministros do Tribunal de Contas da União;

XVI - nomear os magistrados, nos casos previstos nesta Constituição, e o Advogado-Geral da União;

XVII - nomear membros do Conselho da República, nos termos do art. 89, VII;

XVIII - convocar e presidir o Conselho da República e o Conselho de Defesa Nacional;

XIX - declarar guerra, no caso de agressão estrangeira, autorizado pelo Congresso Nacional ou referendado por ele, quando ocorrida no intervalo das sessões legislativas, e, nas mesmas condições, decretar, total ou parcialmente, a mobilização nacional;

XX - celebrar a paz, autorizado ou com o referendo do Congresso Nacional;

XXI - conferir condecorações e distinções honoríficas;

XXII - permitir, nos casos previstos em lei complementar, que forças estrangeiras transitem pelo território nacional ou nele permaneçam temporariamente;

XXIII - enviar ao Congresso Nacional o plano plurianual, o projeto de lei de diretrizes orçamentárias e as propostas de orçamento previstos nesta Constituição;

XXIV - prestar, anualmente, ao Congresso Nacional, dentro de sessenta dias após a abertura da sessão legislativa, as contas referentes ao exercício anterior;

XXV - prover e extinguir os cargos públicos federais, na forma da lei;

XXVI - editar medidas provisórias com força de lei, nos termos do art. 62;

XXVII - exercer outras atribuições previstas nesta Constituição.

XXVIII - propor ao Congresso Nacional a decretação do estado de calamidade pública de âmbito nacional previsto nos arts. 167-B, 167-C, 167-D, 167-E, 167-F e 167-G desta Constituição.

Parágrafo único. O Presidente da República poderá delegar as atribuições mencionadas nos incisos VI, XII e XXV, primeira parte, aos Ministros de Estado, ao Procurador-Geral da República ou ao Advogado-Geral da União, que observarão os limites traçados nas respectivas delegações.

Quanto aos crimes de responsabilidade do Presidente da República, o artigo 85 os elenca em rol taxativo, uma vez que a lei nº 1.079/1950 os detalha.

Art. 85. São crimes de responsabilidade os atos do Presidente da República que atentem contra a Constituição Federal e, especialmente, contra:

I - a existência da União;

II - o livre exercício do Poder Legislativo, do Poder Judiciário, do Ministério Público e dos Poderes constitucionais das unidades da Federação;

III - o exercício dos direitos políticos, individuais e sociais;

IV - a segurança interna do País;

V - a probidade na administração;

VI - a lei orçamentária;

VII - o cumprimento das leis e das decisões judiciais.

Parágrafo único. Esses crimes serão definidos em lei especial, que estabelecerá as normas de processo e julgamento.

Além disso, a Súmula Vinculante 46 estabelece que a definição dos crimes de responsabilidade e o estabelecimento das respectivas normas de processo e julgamento são da competência legislativa privativa da União.

O artigo estabelece as regras constitucionais sobre o processo e julgamento destes crimes:

Art. 86. Admitida a acusação contra o Presidente da República, por dois terços da Câmara dos Deputados, será ele submetido a julgamento perante o Supremo Tribunal Federal, nas infrações penais comuns, ou perante o Senado Federal, nos crimes de responsabilidade.

§ 1º O Presidente ficará suspenso de suas funções:

I - nas infrações penais comuns, se recebida a denúncia ou queixa-crime pelo Supremo Tribunal Federal;

II - nos crimes de responsabilidade, após a instauração do processo pelo Senado Federal.

§ 2º Se, decorrido o prazo de cento e oitenta dias, o julgamento não estiver concluído, cessará o afastamento do Presidente, sem prejuízo do regular prosseguimento do processo.

§ 3º Enquanto não sobrevier sentença condenatória, nas infrações comuns, o Presidente da República não estará sujeito a prisão.

§ 4º O Presidente da República, na vigência de seu mandato, não pode ser responsabilizado por atos estranhos ao exercício de suas funções.

CONSTITUCIONAL

- **EM RESUMO**

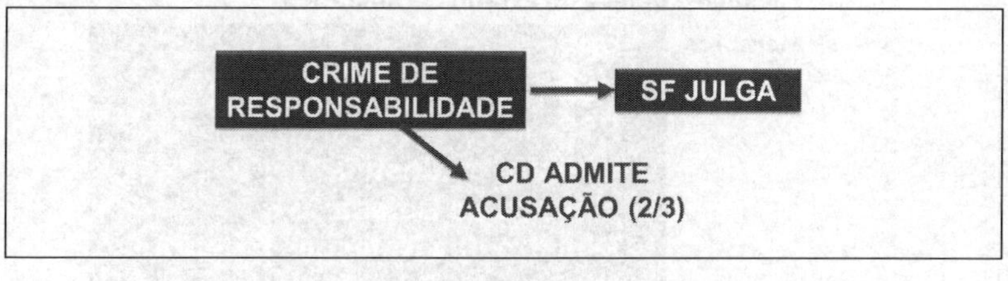

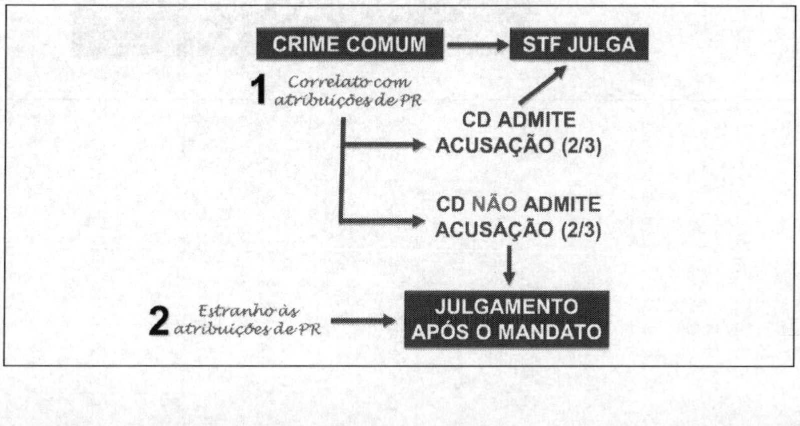

Ministros de Estado

- **Cargo ad nutum**
- **Brasileiros maiores de 21 anos e no exercício dos direitos políticos**
- **Auxiliares do PR**
- **Rol exemplificativo de competências**

JULGAMENTO DE MINISTROS		
	Crime comum	STF
	Crime de responsabilidade	STF
	Crimes de responsabilidade conexo com PR	SF

CONSELHO DA REPÚBLICA

- **Órgão consultivo superior do PR**
- **Pareceres não vinculativos**
- **Reunião mediante convocação do PR**
- **Presidido pelo PR**
- **Membros:**
  - ✓ VPR
  - ✓ PCD
  - ✓ PSF
  - ✓ Líderes da maioria e minoria na CD
  - ✓ Líderes da maioria e minoria no SF
  - ✓ Ministro da Justiça
  - ✓ 6 brasileiros natos

CONSELHO DE DEFESA NACIONAL

- **Convocado e presidido pelo PR**
- **Órgão consultivo do PR em assuntos de soberania nacional e defesa do Estado democrático**
- **Membros**
  - ✓ VPR
  - ✓ PCD
  - ✓ PSF
  - ✓ Ministro da Justiça
  - ✓ Ministro da Defesa
  - ✓ Ministro das Relações Exteriores
  - ✓ Ministro do Planejamento
  - ✓ Comandantes das Forças Armadas

CONSELHO DA REPÚBLICA	CONSELHO DE DEFESA NACIONAL
Órgão SUPERIOR de consulta	Órgão de consulta
pronunciar-se na intervenção federal, estado de defesa e estado de sítio	opinar sobre a decretação do estado de defesa, do estado de sítio e da intervenção federal
pronunciar-se nas questões relevantes para a estabilidade das instituições democráticas	opinar nas hipóteses de declaração de guerra e de celebração da paz
	estudar, propor e acompanhar o desenvolvimento de iniciativas necessárias a garantir a independência nacional e a defesa do Estado democrático
	propor os critérios e condições de utilização de áreas indispensáveis à segurança do território nacional e opinar sobre seu efetivo uso, especialmente na faixa de fronteira e nas relacionadas com a preservação e a exploração dos recursos naturais de qualquer tipo

12. PODER JUDICIÁRIO

O Poder Judiciário é o órgão a quem incumbe constitucionalmente julgar os conflitos decorrentes da aplicação da lei.

Os órgãos que o compões são descritos no artigo 92 da Constituição Federal:

> Art. 92. São órgãos do Poder Judiciário:
>
> I - o Supremo Tribunal Federal;
>
> I-A o Conselho Nacional de Justiça;
>
> II - o Superior Tribunal de Justiça;
>
> II-A - o Tribunal Superior do Trabalho;
>
> III - os Tribunais Regionais Federais e Juízes Federais;
>
> IV - os Tribunais e Juízes do Trabalho;
>
> V - os Tribunais e Juízes Eleitorais;
>
> VI - os Tribunais e Juízes Militares;
>
> VII - os Tribunais e Juízes dos Estados e do Distrito Federal e Territórios.

O artigo 93 nos traz as regras constitucionais aplicáveis à magistratura nacional, prevendo a criação de lei complementar, de iniciativa do STF, que disporá sobre o Estatuto da Magistratura Nacional, observando obrigatoriamente os seguintes princípios:

Ingresso na carreira	cargo inicial de juiz substituto, mediante concurso público de provas e títulos, com a participação da Ordem dos Advogados do Brasil em todas as fases, exigindo-se do bacharel em direito, no mínimo, 3 anos de atividade jurídica e obedecendo-se, nas nomeações, à ordem de classificação
Promoção	promoção de entrância para entrância, alternadamente, por antiguidade e merecimento, atendidas as seguintes normas: a) é obrigatória a promoção do juiz que figure por 3 vezes consecutivas ou 5 alternadas em lista de merecimento; b) a promoção por merecimento pressupõe 2 anos de exercício na respectiva entrância e integrar o juiz a primeira quinta parte da lista de antigüidade desta, salvo se não houver com tais requisitos quem aceite o lugar vago; c) aferição do merecimento conforme o desempenho e pelos critérios objetivos de produtividade e presteza no exercício da jurisdição e pela frequência e aproveitamento em cursos oficiais ou reconhecidos de aperfeiçoamento; d) na apuração de antiguidade, o tribunal somente poderá recusar o juiz mais antigo pelo voto fundamentado de 2/3 de seus membros, conforme procedimento próprio, e assegurada ampla defesa, repetindo-se a votação até fixar-se a indicação; e) não será promovido o juiz que, injustificadamente, retiver autos em seu poder além do prazo legal, não podendo devolvê-los ao cartório sem o devido despacho ou decisão;
Acesso aos tribunais de 2º grau	por antiguidade e merecimento, alternadamente, apurados na última ou única entrância
Cursos oficiais de preparação, aperfeiçoamento e promoção de magistrados	etapa obrigatória do processo de vitaliciamento a participação em curso oficial ou reconhecido por escola nacional de formação e aperfeiçoamento de magistrados

Subsídios	dos Ministros dos Tribunais Superiores corresponderá a 95% do subsídio mensal fixado para os Ministros do Supremo Tribunal Federal e os subsídios dos demais magistrados serão fixados em lei e escalonados, em nível federal e estadual, conforme as respectivas categorias da estrutura judiciária nacional, não podendo a diferença entre uma e outra ser superior a 10% ou inferior a 5%, nem exceder a 95% do subsídio mensal dos Ministros dos Tribunais Superiores, obedecido, em qualquer caso, o disposto nos arts. 37, XI, e 39, § 4º **Atenção**: Instituição de subteto remuneratório para magistratura estadual inferior ao da magistratura federal. Impossibilidade. Caráter nacional da estrutura judiciária brasileira. Artigo 93, V, da CF. (...) interpretação conforme à Constituição ao artigo 37, XI (com redação dada pela EC 41/2003) e § 12 (com redação dada pela EC 47/2005), da Constituição Federal, e declarar a inconstitucionalidade do artigo 2º da Resolução 13/2006 e artigo 1º, parágrafo único, da Resolução 14, ambas do Conselho Nacional de Justiça. [ADI 3.854 e ADI 4.014, rel. min. Gilmar Mendes, j. 7-12-2020, P, DJE de 8-2-2021.]
Aposentadoria dos magistrados e a pensão de seus dependentes	Regras do RPPS, previsto no art. 40 da CF
Residência do Juiz Titular	na respectiva comarca, salvo autorização do tribunal
Remoção ou de disponibilidade do magistrado, por interesse público	decisão por voto da maioria absoluta do respectivo tribunal ou do Conselho Nacional de Justiça, assegurada ampla defesa
Remoção a pedido de magistrados de comarca de igual entrância	atenderá, no que couber, as regras sobre promoção e também ao quinto constitucional
Permuta de magistrados	– válida para de magistrados de comarca de igual entrância e dentro do mesmo segmento de justiça, inclusive entre os juízes de segundo grau vinculados a diferentes tribunais, na esfera da justiça estadual, federal ou do trabalho; – atenderá, no que couber, as regras sobre promoção e também ao quinto constitucional
Todos os julgamentos dos órgãos do Poder Judiciário serão públicos, e fundamentadas todas as decisões, sob pena de nulidade	podendo a lei limitar a presença, em determinados atos, às próprias partes e a seus advogados, ou somente a estes, em casos nos quais a preservação do direito à intimidade do interessado no sigilo não prejudique o interesse público à informação
Decisões administrativas dos tribunais	motivadas e em sessão pública
Decisões administrativas disciplinares	voto da maioria absoluta de seus membros
Órgão Especial	tribunais com número superior a 25 julgadores, poderá ser constituído órgão especial, com o mínimo de 11 e o máximo de 25 membros, para o exercício das atribuições administrativas e jurisdicionais delegadas da competência do tribunal pleno, provendo-se metade das vagas por antiguidade e a outra metade por eleição pelo tribunal pleno
Atividade jurisdicional será ininterrupta	vedado férias coletivas nos juízos e tribunais de segundo grau, funcionando, nos dias em que não houver expediente forense normal, juízes em plantão permanente
Número de juízes na unidade jurisdicional	proporcional à efetiva demanda judicial e à respectiva população
Servidores	delegação para a prática de atos de administração e atos de mero expediente sem caráter decisório
Distribuição de processos será imediata	em todos os graus de jurisdição

12.1 Quinto Constitucional

O artigo 94 prevê a conhecida regra do quinto constitucional ao assegurar que 1/5 dos lugares dos Tribunais Regionais Federais, dos Tribunais dos Estados, e do Distrito Federal e Territórios será composto de membros, do Ministério Público, com mais de 10 anos de carreira, e de advogados de notório saber jurídico e de reputação ilibada, com mais de 10 anos de efetiva atividade profissional, indicados em lista sêxtupla pelos órgãos de representação das respectivas classes. Recebidas as indicações, o respectivo tribunal formará lista tríplice, enviando-a ao Poder Executivo, que, nos 20 dias subsequentes, escolherá um de seus integrantes para nomeação.

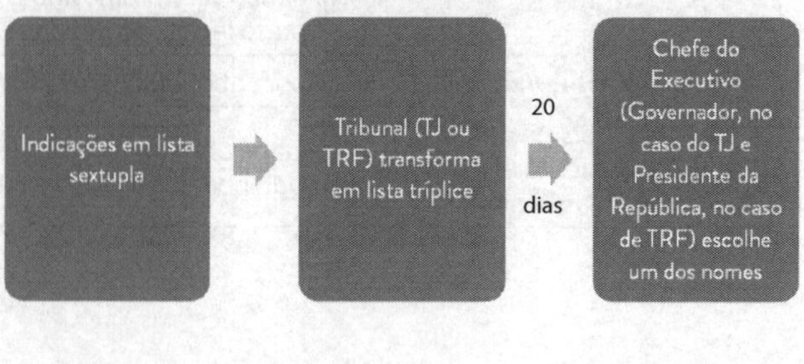

12.2 Garantias e vedações aos juízes (art. 95)

Garantias	Vedações
vitaliciedade, que, no primeiro grau, só será adquirida após dois anos de exercício, dependendo a perda do cargo, nesse período, de deliberação do tribunal a que o juiz estiver vinculado, e, nos demais casos, de sentença judicial transitada em julgado; **Atenção:** no segundo grau, a vitaliciedade é imediata. Assim, exemplificando, um advogado nomeado para o cargo de Ministro do STF ou para desembargador de TJ, torna-se vitalício no momento de sua posse.	exercer, ainda que em disponibilidade, outro cargo ou função, salvo uma de magistério; receber, a qualquer título ou pretexto, custas ou participação em processo;
inamovibilidade, salvo por motivo de interesse público, na forma do art. 93, VIII;	dedicar-se à atividade político-partidária.
irredutibilidade de subsídio, ressalvado o disposto nos arts. 37, X e XI, 39, § 4º, 150, II, 153, III, e 153, § 2º, I.	receber, a qualquer título ou pretexto, auxílios ou contribuições de pessoas físicas, entidades públicas ou privadas, ressalvadas as exceções previstas em lei
	exercer a advocacia no juízo ou tribunal do qual se afastou, antes de decorridos três anos do afastamento do cargo por aposentadoria ou exoneração.

12.3 Competências privativas do Poder Judiciário (art. 96)

COMPETÊNCIAS PRIVATIVAS		
dos tribunais	**do STF, dos Tribunais Superiores e dos Tribunais de Justiça propor ao Poder Legislativo**	**dos Tribunais de Justiça julgar, nos crimes comuns e de responsabilidade, ressalvada a competência da Justiça Eleitoral**
a) eleger seus órgãos diretivos e elaborar seus regimentos internos, com observância das normas de processo e das garantias processuais das partes, dispondo sobre a competência e o funcionamento dos respectivos órgãos jurisdicionais e administrativos; b) organizar suas secretarias e serviços auxiliares e os dos juízos que lhes forem vinculados, velando pelo exercício da atividade correicional respectiva; c) prover, na forma prevista nesta Constituição, os cargos de juiz de carreira da respectiva jurisdição; d) propor a criação de novas varas judiciárias; e) prover, por concurso público de provas, ou de provas e títulos, obedecido o disposto no art. 169, parágrafo único, os cargos necessários à administração da Justiça, exceto os de confiança assim definidos em lei; f) conceder licença, férias e outros afastamentos a seus membros e aos juízes e servidores que lhes forem imediatamente vinculados;	a) a alteração do número de membros dos tribunais inferiores; b) a criação e a extinção de cargos e a remuneração dos seus serviços auxiliares e dos juízos que lhes forem vinculados, bem como a fixação do subsídio de seus membros e dos juízes, inclusive dos tribunais inferiores, onde houver; c) a criação ou extinção dos tribunais inferiores; d) a alteração da organização e da divisão judiciárias;	a) os juízes estaduais e do Distrito Federal e Territórios; b) os membros do Ministério Público

12.4 Cláusula de Reserva de Plenário ou de *full bench* (art. 97)

Exige o quórum de maioria absoluta dos membros dos Tribunais ou de seus respectivos Órgãos Especiais para declarar a inconstitucionalidade de lei ou ato normativo do Poder Público.

12.5 Criação de juizados especiais e da Justiça de Paz (art. 98)

A União criará, no Distrito Federal e Territórios e cada Estado criará, em seu âmbito:

- Juizados especiais, providos por juízes togados, ou togados e leigos, competentes para a conciliação, o julgamento e a execução de causas cíveis de menor complexidade e infrações penais de menor potencial ofensivo, mediante os procedimentos oral e sumaríssimo, permitidos, nas hipóteses previstas em lei, a transação e o julgamento de recursos por turmas de juízes de primeiro grau;
- Justiça de paz, remunerada, composta de cidadãos eleitos pelo voto direto, universal e secreto, com mandato de quatro anos e competência

para, na forma da lei, celebrar casamentos, verificar, de ofício ou em face de impugnação apresentada, o processo de habilitação e exercer atribuições conciliatórias, sem caráter jurisdicional, além de outras previstas na legislação. Sobre os juízes de paz, há interessante julgado do STF:

> Os juízes de paz, na qualidade de agentes públicos, ocupam cargo cuja remuneração deve ocorrer com base em valor fixo e predeterminado, e não por participação no que é recolhido aos cofres públicos. Além disso, os juízes de paz integram o Poder Judiciário e a eles se impõe a vedação prevista no art. 95, parágrafo único, II, da Constituição, a qual proíbe a percepção, a qualquer título ou pretexto, de custas ou participação em processo pelos membros do Judiciário. [ADI 954, rel. min. Gilmar Mendes, j. 24-2-2011, P, DJE de 26-5-2011.]

No que diz respeito aos Juizados Especiais na Justiça Federal, foram criados pela União, através de Lei Federal (lei ordinária).

12.6 Garantias Institucionais do Poder Judiciário: a autonomia financeira, administrativa e funcional (art. 96 e 99)

Esta autonomia é a capacidade de autodeterminação que a Constituição atribuiu ao Poder Judiciário, abrangendo os aspectos administrativos e financeiros, além da autonomia funcional, que é prerrogativa de julgamento imparcial para as partes.

A autonomia financeira é expressa elaboração suas propostas orçamentárias dentro dos limites estipulados conjuntamente com os demais Poderes na lei de diretrizes orçamentárias. O encaminhamento da proposta pelos presidentes dos tribunais ao poder executivo. No âmbito da União, serão os presidentes do STF e dos Tribunais Superiores; nos Estados será o presidente do respectivo Tribunal de Justiça.

> ▷ **Atenção:**
>
> 1. Se os órgãos não encaminharem as respectivas propostas orçamentárias dentro do prazo estabelecido na lei de diretrizes orçamentárias, o Poder Executivo considerará, para fins de consolidação da proposta orçamentária anual, os valores aprovados na lei orçamentária vigente, ajustados de acordo com os limites estipulados em conjunto pelos demais Poderes.
>
> 2. Se as propostas orçamentárias de que trata este artigo forem encaminhadas em desacordo com os limites estipulados, o Poder Executivo procederá aos ajustes necessários para fins de consolidação da proposta orçamentária anual.
>
> 3. Durante a execução orçamentária do exercício, não poderá haver a realização de despesas ou a assunção de obrigações que extrapolem os limites estabelecidos na lei de diretrizes orçamentárias, exceto se previamente autorizadas, mediante a abertura de créditos suplementares ou especiais.

A autonomia administrativa é expressa pelas disposições do art. 96, que atribui competência privativa a cada Tribunal para se gerenciar em questões relativas à eleição de seus órgãos diretivos, elaboração de seu Regimento Interno e gestão de pessoas, dentre outros aspectos.

Quanto à autonomia funcional, os membros do Judicário exercem a Jurisdição de forma imparcial, sem submissão do teor de suas decisões a chefia hierárquica alguma, de forma que, nas palavras de Alexandre de Moraes, tais autonomias são imprescindíveis ao exercício da democracia, à perpetuidade da separação dos Poderes e ao respeito aos direitos fundamentais.

12.7 Precatórios

Os precatórios são, em regra, a forma de requisitar a uma pessoa jurídica de direito público (União, Estados, Distrito Federal, Municípios, suas autarquias e fundações públicas de direito público) o pagamento de uma quantia certa para determinado beneficiário, tendo em vista a regra a natureza impenhorável de seus bens.

Tal regra aplica-se também a estatais prestadoras de serviço público essencial em regime não concorrencial, conforme a ADPF 616:

> Atos de constrição do patrimônio de estatal prestadora de serviço público essencial, em regime não concorrencial: afronta aos princípios da separação dos poderes (art. 2º, CF/1988), da eficiência (art. 37, caput, CF/1988) e da legalidade orçamentária (art. 167, VI, CF/1988) e ao sistema constitucional de precatórios (art. 100, CF/1988). [ADPF 616, rel. min. Roberto Barroso, j. 21-5-2021, P, DJE de 21-6-2021.]

Resumindo, os tópicos mais importantes sobre o tema, extraídos do artigo 100 da CF são:

1) Os pagamentos serão realizados exclusivamente na ordem cronológica de apresentação dos precatórios e à conta dos créditos respectivos, proibida a designação de casos ou de pessoas nas dotações orçamentárias e nos créditos adicionais abertos para este fim.
2) Pode-se falar em duas ordens de pagamento: ordem cronológica de expedição e ordem preferencial. A ordem de preferência para pagamento é a seguinte:
   - requisições de pequeno valor (RPV), que cada ente tem liberdade para fixar seu valor por lei própria, sendo o mínimo igual ao valor do maior benefício do regime geral de previdência social;

- precatórios de natureza alimentícia (salários, indenizações ou benefícios previdenciários) até três vezes a RPV cujos titulares, originários ou por sucessão hereditária, tenham a partir de 60 anos de idade, ou sejam portadores de doença grave ou pessoas com deficiência;
- demais precatórios de natureza alimentícia (salários, indenizações ou benefícios previdenciários) até três vezes o valor da RPV;
- demais precatórios de natureza alimentícia (salários, indenizações ou benefícios previdenciários) acima de três vezes o valor da RPV; e
- demais precatórios.

3) É obrigatória a inclusão no orçamento das entidades de direito público de verba necessária ao pagamento de seus débitos oriundos de sentenças transitadas em julgado constantes de precatórios judiciários apresentados até 2 de abril, fazendo-se o pagamento até o final do exercício seguinte, quando terão seus valores atualizados monetariamente.
4) O Presidente do Tribunal competente que, por ato comissivo ou omissivo, retardar ou tentar frustrar a liquidação regular de precatórios incorrerá em crime de responsabilidade e responderá, também, perante o Conselho Nacional de Justiça.
5) É vedada a expedição de precatórios complementares ou suplementares de valor pago, bem como o fracionamento, repartição ou quebra do valor da execução para fins de enquadramento de parcela do total ao que dispõe o § 3º deste artigo.
6) Sem que haja interrupção no pagamento do precatório e mediante comunicação da Fazenda Pública ao Tribunal, o valor correspondente aos eventuais débitos inscritos em dívida ativa contra o credor do requisitório e seus substituídos deverá ser depositado à conta do juízo responsável pela ação de cobrança, que decidirá pelo seu destino definitivo, sendo que antes da expedição dos precatórios, o Tribunal solicitará à Fazenda Pública devedora, para resposta em até 30 dias, sob pena de perda do direito de abatimento, informação sobre os débitos que preencham as condições estabelecidas para serem abatidos do valor a ser pago pela Fazenda Pública.
7) É facultada ao credor, conforme estabelecido em lei do ente federativo devedor, com auto aplicabilidade para a União, a oferta de créditos líquidos e certos que originalmente lhe são próprios ou adquiridos de terceiros reconhecidos pelo ente federativo ou por decisão judicial transitada em julgado para: quitação de débitos parcelados ou débitos inscritos em dívida ativa do ente federativo devedor, inclusive em transação resolutiva de litígio, e, subsidiariamente, débitos com a administração autárquica e fundacional do mesmo ente; compra de imóveis públicos de propriedade do mesmo ente disponibilizados para venda; pagamento de outorga de delegações de serviços públicos e demais espécies de concessão negocial promovidas pelo mesmo ente; aquisição, inclusive minoritária, de participação societária, disponibilizada para venda, do respectivo ente federativo; ou compra de direitos, disponibilizados para cessão, do respectivo ente federativo, inclusive, no caso da União, da antecipação de valores a serem recebidos a título do excedente em óleo em contratos de partilha de petróleo.
8) A atualização de valores de requisitórios, após sua expedição, até o efetivo pagamento, independentemente de sua natureza, será feita pelo índice oficial de remuneração básica da caderneta de poupança, e, para fins de compensação da mora, incidirão juros simples no mesmo percentual de juros incidentes sobre a caderneta de poupança, ficando excluída a incidência de juros compensatórios.
9) O credor poderá ceder, total ou parcialmente, seus créditos em precatórios a terceiros, independentemente da concordância do devedor. Esta cessão somente produzirá efeitos após comunicação, por meio de petição protocolizada, ao Tribunal de origem e ao ente federativo devedor.

12.8 Supremo Tribunal Federal

Trata-se do Tribunal a quem é confiada a guarda da Constituição Federal, além de ser a instância máxima do Poder Judiciário.

É, junto com o STJ e os Tribunais superiores, chamado de tribunal de sobreposição, em razão de sua posição na estrutura do Judiciário brasileiro.

As bancas de concursos públicos costumam questionar acerca de sua composição e competências, que podem ser originárias (atuando como primeira instância) ou recursal e estão previstas no art. 102 da Constituição Federal em rol taxativo.

Composição	11 ministros nomeados pelo Presidente da República após aprovação por maioria absoluta do Senado Federal
Requisitos para ser ministro do STF	Brasileiro nato Notável saber jurídico e reputação ilibada Idade mínima: mais de 35 anos Idade máxima: menos de 70 anos
Competências Originárias	Processar e julgar, originariamente: 1) a ação direta de inconstitucionalidade de lei ou ato normativo federal ou estadual e a ação declaratória de constitucionalidade de lei ou ato normativo federal; 2) nas infrações penais comuns, o Presidente da República, o Vice-Presidente, os membros do Congresso Nacional, seus próprios Ministros e o Procurador-Geral da República; 3) nas infrações penais comuns e nos crimes de responsabilidade, os Ministros de Estado e os Comandantes da Marinha, do Exército e da Aeronáutica, ressalvado o disposto no art. 52, I, os membros dos Tribunais Superiores, os do Tribunal de Contas da União e os chefes de missão diplomática de caráter permanente; 4) o habeas corpus, sendo paciente qualquer das pessoas referidas nas alíneas anteriores; o mandado de segurança e o habeas data contra atos do Presidente da República, das Mesas da Câmara dos Deputados e do Senado Federal, do Tribunal de Contas da União, do Procurador-Geral da República e do próprio Supremo Tribunal Federal; 5) o litígio entre Estado estrangeiro ou organismo internacional e a União, o Estado, o Distrito Federal ou o Território; 6) as causas e os conflitos entre a União e os Estados, a União e o Distrito Federal, ou entre uns e outros, inclusive as respectivas entidades da administração indireta; 7) a extradição solicitada por Estado estrangeiro; 8) o habeas corpus, quando o coator for Tribunal Superior ou quando o coator ou o paciente for autoridade ou funcionário cujos atos estejam sujeitos diretamente à jurisdição do Supremo Tribunal Federal, ou se trate de crime sujeito à mesma jurisdição em uma única instância; 9) a revisão criminal e a ação rescisória de seus julgados; 10) a reclamação para a preservação de sua competência e garantia da autoridade de suas decisões; 11) a execução de sentença nas causas de sua competência originária, facultada a delegação de atribuições para a prática de atos processuais; 12) a ação em que todos os membros da magistratura sejam direta ou indiretamente interessados, e aquela em que mais da metade dos membros do tribunal de origem estejam impedidos ou sejam direta ou indiretamente interessados;
Competências Originárias	13) os conflitos de competência entre o Superior Tribunal de Justiça e quaisquer tribunais, entre Tribunais Superiores, ou entre estes e qualquer outro tribunal; 14) o pedido de medida cautelar das ações diretas de inconstitucionalidade; 15) o mandado de injunção, quando a elaboração da norma regulamentadora for atribuição do Presidente da República, do Congresso Nacional, da Câmara dos Deputados, do Senado Federal, das Mesas de uma dessas Casas Legislativas, do Tribunal de Contas da União, de um dos Tribunais Superiores, ou do próprio Supremo Tribunal Federal; r) as ações contra o Conselho Nacional de Justiça e contra o Conselho Nacional do Ministério Público;
Competências – Recurso Ordinário	Julgar, em recurso ordinário 1) o *habeas corpus*, o mandado de segurança, o *habeas data* e o mandado de injunção decididos em única instância pelos Tribunais Superiores, se denegatória a decisão; 2) o crime político;
Competências – Recurso Extraordinário	Julgar, mediante recurso extraordinário, as causas decididas em única ou última instância, quando a decisão recorrida: a) contrariar dispositivo desta Constituição; b) declarar a inconstitucionalidade de tratado ou lei federal; c) julgar válida lei ou ato de governo local contestado em face desta Constituição. d) julgar válida lei local contestada em face de lei federal.

As decisões definitivas de mérito, proferidas pelo Supremo Tribunal Federal, nas ações diretas de inconstitucionalidade e nas ações declaratórias de constitucionalidade produzirão eficácia contra todos e efeito vinculante, relativamente aos demais órgãos do Poder Judiciário e à administração pública direta e indireta, nas esferas federal, estadual e municipal.

No recurso extraordinário o recorrente deverá demonstrar a repercussão geral das questões constitucionais discutidas no caso, nos termos da lei, a fim de que o Tribunal examine a admissão do recurso, somente podendo recusá-lo pela manifestação de dois terços de seus membros.

Sobre o controle concentrado de constitucionalidade, o artigo 103 prevê, também em rol taxativo, os legitimados a sua propositura:

- 3 autoridades: o Presidente da República; o Governador de Estado ou do Distrito Federal; o Procurador-Geral da República;
- 3 mesas: a Mesa do Senado Federal; a Mesa da Câmara dos Deputados; a Mesa de Assembleia Legislativa ou da Câmara Legislativa do Distrito Federal;
- 3 entidades: o Conselho Federal da Ordem dos Advogados do Brasil; partido político com representação no Congresso Nacional; confederação sindical ou entidade de classe de âmbito nacional.

O Procurador-Geral da República deverá ser previamente ouvido nas ações de inconstitucionalidade e em todos os processos de competência do Supremo Tribunal Federal. Já o Advogado-Geral da União defenderá o ato ou texto impugnado, quando o Supremo Tribunal Federal apreciar a inconstitucionalidade, em tese, de norma legal ou ato normativo, caso em que será citado previamente para fazê-lo.

Por fim, declarada a inconstitucionalidade por omissão de medida para tornar efetiva norma constitucional, será dada ciência ao Poder competente para a adoção das providências necessárias e, em se tratando de órgão administrativo, para fazê-lo em trinta dias.

Considerando a importância do tema controle de constitucionalidade e a generalidade do edital quanto aos órgãos e competências do Poder Judiciário, optou-se por abordar o assunto no próximo tópico.

13. CONTROLE DE CONSTITUCIONALIDADE

13.1 Conceito de Controle de Constitucionalidade

Conforme Pedro Lenza, controle de constitucionalidade são os "mecanismos por meio dos quais se controlam os atos normativos, verificando sua adequação aos preceitos previstos na "Lei Maior".

O clássico Konrad Hesse define como "verificação da compatibilidade das leis e dos atos normativos com a Constituição. Decorre da supremacia formal da Constituição sobre as demais leis do ordenamento jurídico de um país. Ora, se a Constituição é a lei mais importante do ordenamento jurídico, sendo o pressuposto de validade de todas as leis, para que uma lei seja válida precisa ser compatível com a Constituição. Caso a lei ou o ato normativo não seja compatível com a Constituição, será inválido, inconstitucional".

Alexandre de Moraes diz que "controlar a constitucionalidade significa verificar a adequação (compatibilidade) de uma lei ou de um ato normativo com a constituição, verificando seus requisitos formais e materiais. Dessa forma, no sistema constitucional brasileiro somente as normas constitucionais positivadas podem ser utilizadas como paradigma para a análise da constitucionalidade de leis ou atos normativos estatais (bloco de constitucionalidade). Ressalte-se que, se possível for, a fim de garantir-se a compatibilidade das leis e atos normativos com as normas constitucionais, deverá ser utilizada a técnica da interpretação conforme a Constituição".

13.2 Requisitos Fundamentais para o Controle de Constitucionalidade

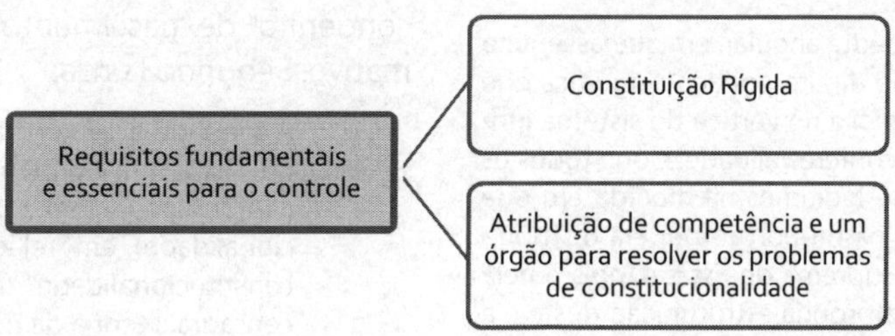

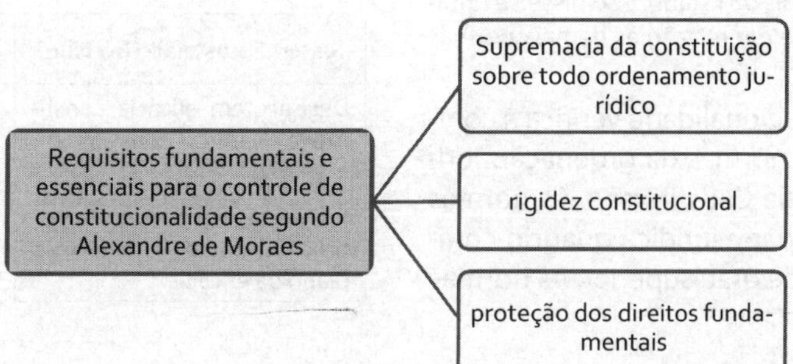

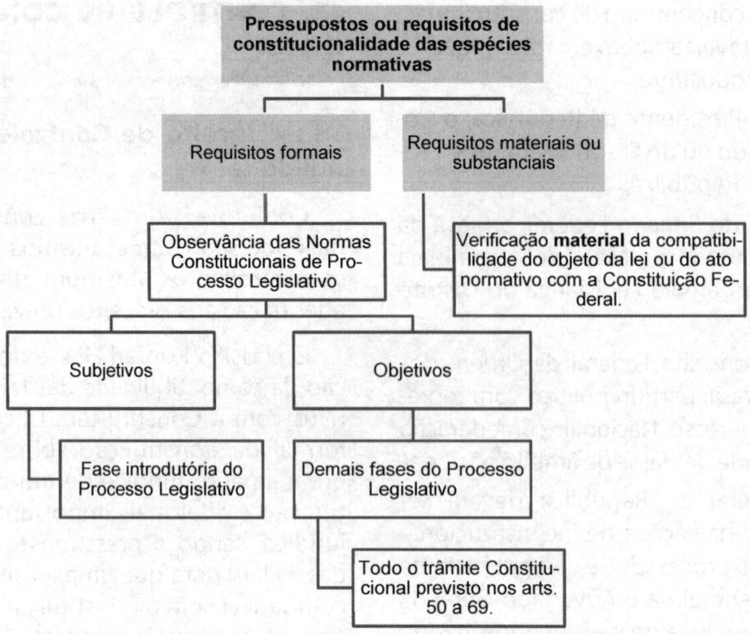

Sobre o tema, Pedro Lenza alerta que "constituição rígida é aquela que possui um processo de alteração mais dificultoso, mais árduo, mais solene que o processo legislativo de alteração das normas não constitucionais. A CF brasileira é rígida, diante das regras procedimentais solenes de alteração previstas em seu art. 60. A ideia de controle, então, emanada da rigidez, pressupõe a noção de um escalonamento normativo, ocupando a Constituição o grau máximo na aludida relação hierárquica, caracterizando-se como norma de validade para os demais atos normativos do sistema".

13.2.1 Princípio da Supremacia da Constituição

Segundo José Afonso da Silva:

> A Constituição é a pedra angular, em que assenta o edifício do moderno direito político", "significa que a Constituição se coloca no vértice do sistema jurídico do país, a que confere validade, e que todos os poderes estatais são legítimos na medida em que ela os reconheça e na proporção por ela distribuídos. É, enfim, a lei suprema do Estado, pois é nela que se encontram a própria estruturação deste e a organização de seus órgãos; é nela que se acham as normas fundamentais de Estado, e só nisso se notará sua superioridade em relação às demais normas jurídicas".

O controle de constitucionalidade verifica a compatibilidade vertical das normas da ordenação jurídica de um país com a sua Constituição. As normas de grau inferior têm validade jurídica quando compatíveis com as normas de grau superior. As normas incompatíveis com a Constituição são inválidas, pois a incompatibilidade vertical resolve-se em favor das normas de grau mais elevado, que funcionam como fundamento de validade das inferiores.

A inconstitucionalidade das leis e a regra geral da "teoria da nulidade". Sistema austríaco (Kelsen) versus Sistema norte-americano (Marshall).

13.2.2. Anulabilidade versus *nulidade*

Pode-se afirmar que a maioria da doutrina brasileira acatou, influenciada pelo direito norte-americano, a teoria da nulidade ao se declarar a inconstitucionalidade de lei ou ato normativo (afetando o plano da validade). O reconhecimento da inconstitucionalidade é ato declaratório que reconhece uma situação pretérita, qual seja, o "vício congênito", de "nascimento", de "origem" do ato normativo. Segundo Lenza:

> A ideia de a lei ter nascido morta (natimorta), já que existente enquanto ato estatal, mas em desconformidade (em razão do vício de inconstitucionalidade) em relação à noção de "bloco de constitucionalidade" (ou paradigma de controle), consagra a teoria da nulidade, afastando a incidência da teoria da anulabilidade.

Sistema Austríaco (Kelsen)	Sistema Norte-Americano (Marshall)
Decisão tem eficácia constitutiva (caráter constitutivo-negativo)	Decisão tem eficácia declaratória de situação preexistente
Por regra, o vício de inconstitucionalidade é aferido no plano da eficácia	Por regra, o vício de inconstitucionalidade é aferido no plano da validade

Sistema Austríaco (Kelsen)	Sistema Norte-Americano (Marshall)
Por regra, decisão que reconhece a inconstitucionalidade produz efeitos ex nunc (prospectivos)	Por regra, decisão que declara a inconstitucionalidade produz efeitos ex tunc (retroativos)
A lei inconstitucional é ato anulável (a anulabilidade pode aparecer em vários graus)	A lei inconstitucional é ato nulo (null and void), ineficaz (nulidade ab origine), írrito e, portanto, desprovido de força vinculativa
Lei provisoriamente válida, produzindo efeitos até a sua anulação	Invalidação ab initio dos atos praticados com base na lei inconstitucional, atingindo-a no berço
O reconhecimento da ineficácia da lei produz efeitos a partir da decisão ou para o futuro (ex nunc ou pro futuro), sendo erga omnes, preservando-se, assim, os efeitos produzidos até então pela lei	A lei, por ter nascido morta (natimorta), nunca chegou a produzir efeitos (não chegou a "viver"), ou seja, apesar de existir, não entrou no plano da eficácia

Ato legislativo declarado inconstitucional, em regra, deve ser considerado, nos termos da doutrina brasileira majoritária, "... nulo, írrito, e, portanto, desprovido de força vinculativa".

A supremacia da Constituição sobre as demais leis conduz a uma necessidade de que todos os atos normativos sejam compatíveis com a Constituição, material e formalmente. A compatibilidade deve ser material (o conteúdo dos atos de acordo com o conteúdo constitucional) e formal (os atos devem ser elaborados conforme os procedimentos estabelecidos pela Constituição).

13.3 Bloco de Constitucionalidade (ou parâmetro Constitucional)

Denomina-se bloco de constitucionalidade ao conjunto de normas que são consideradas como paradigmas (parâmetros) para o controle de constitucionalidade.

Desta forma, não apenas o texto escrito da Constituição é considerado para aferir a constitucionalidade das leis e atos normativos. Segundo o STF, também os princípios, explícitos e implícitos na CF e os tratados internacionais sobre direitos humanos que tenham sido ratificados pelo processo previsto no artigo 5º, § 3º, da CF. Segundo a jurisprudência do STF:

> O significado – revestido de maior ou de menor abrangência material - projeta-se, tal seja o sentido que se lhe dê, para além da totalidade das regras constitucionais meramente escritas e dos princípios contemplados, explicita ou implicitamente, no corpo normativo da própria Constituição formal, chegando, até mesmo, a compreender normas de caráter infraconstitucional, desde que vocacionadas a desenvolver, em toda a sua plenitude, a eficácia dos postulados e dos preceitos inscritos na Lei Fundamental, viabilizando, desse modo, e em função de perspectivas conceituais mais amplas, a concretização da ideia de ordem constitucional global. STF – ADI 595, ES, 26/02/2002.

CONSTITUCIONAL

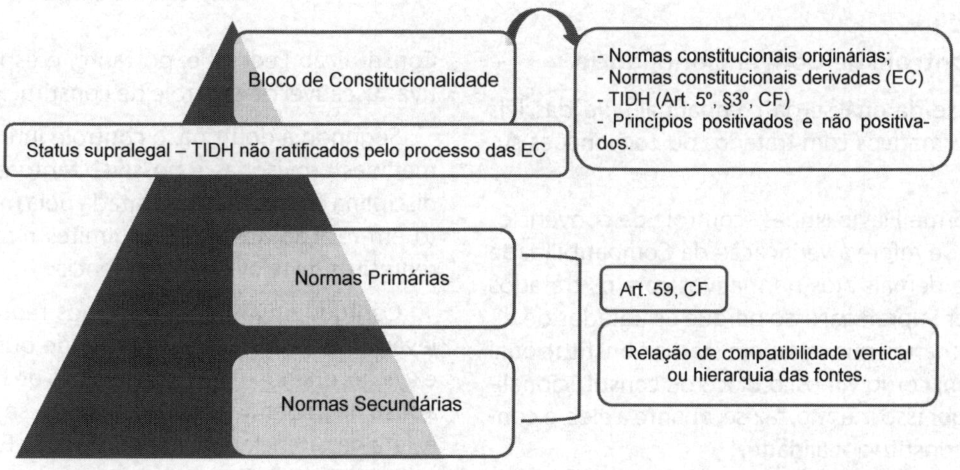

Pirâmide de Kelsen (atualizada)

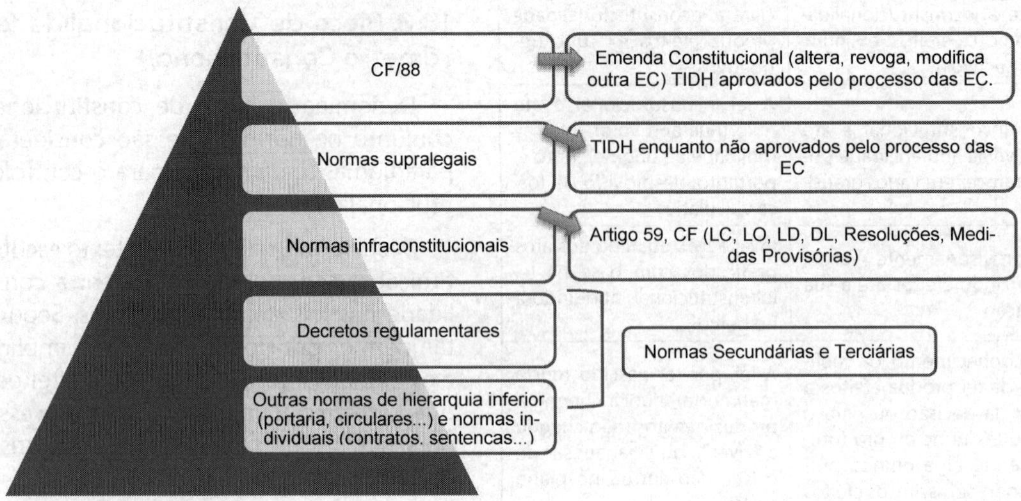

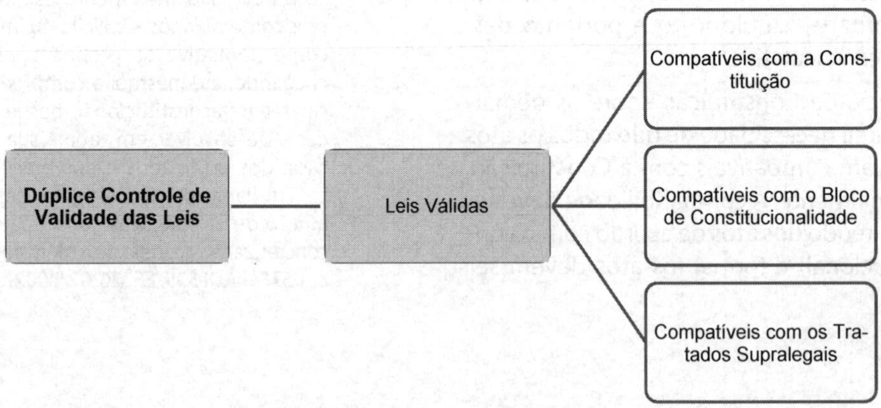

13.4. Controle de Convencionalidade

Trata-se da análise da compatibilidade das leis e atos normativos com tratados ou convenções supralegais.

Conforme Flávio Nunes, "controle de convencionalidade se refere à verificação da Compatibilidade das leis e demais atos normativos com os tratados de caráter Supralegal (isso porque os tratados de direitos humanos que possuem status Constitucional compõem, como vimos, o bloco de constitucionalidade, e, por isso mesmo, faz-se, quanto a eles, o controle de constitucionalidade)".

13.5. Medidas Provisórias e Controle de Constitucionalidade

Medidas provisórias são espécies normativas que têm seu fundamento de existência na própria Constituição Federal e, portanto, é espécie normativa suscetível de controle de constitucionalidade.

Segundo a doutrina, o controle jurisdicional das medidas provisórias é possível, tanto em relação à disciplina dada a matéria tratada pela mesma, quanto em relação aos próprios limites materiais e aos requisitos de relevância e urgência.

Contudo, quanto à análise dos requisitos de relevância e urgência, o STF entende que se trata de exceção, quando flagrante o desvio de finalidade ou abuso de poder de legislar, evitando-se a invasão da esfera de discricionariedade do Poder Executivo.

13.6 Estado de Coisas Inconstitucional

Trata-se da constatação de violações generalizadas, contínuas e sistemáticas de direitos fundamentais, por vários órgãos estatais, a exigir soluções estruturais igualmente amplas, para a solução dos problemas e supressão das omissões estatais.

Segundo Flávio Nunes, ocorre o estado de coisas inconstitucionais quando se constata:

a) grave, permanente e generalizada violação de direitos fundamentais, afetando um amplo e indeterminado número de pessoas;

b) comprovada omissão reiterada de órgãos estatais diversos, no cumprimento de seus deveres institucionais para a tutela dos direitos fundamentais (por exemplo, falta de medidas legislativas, administrativas e políticas);

c) insuficiência de uma solução unilateral, voltada para um único órgão (é necessária a construção de uma solução múltipla, plurilateral, dirigindo-se a uma pluralidade de órgãos e autoridades).

Em síntese, o estado de coisas inconstitucionais ocorre por ação ou omissão estatal. Depreende-se do conceito, entretanto, que a omissão estatal sistemática é predominantemente o fato gerador deste estado de coisas inconstitucionais, impondo-se, nas palavras de Flávio Nunes, uma série de medidas igualmente generalizadas, plurais, envolvendo vários agentes e órgãos públicos, a fim de diminuir a violação aos direitos fundamentais sistematicamente violados.

13.7 Espécies de Controle de Constitucionalidade

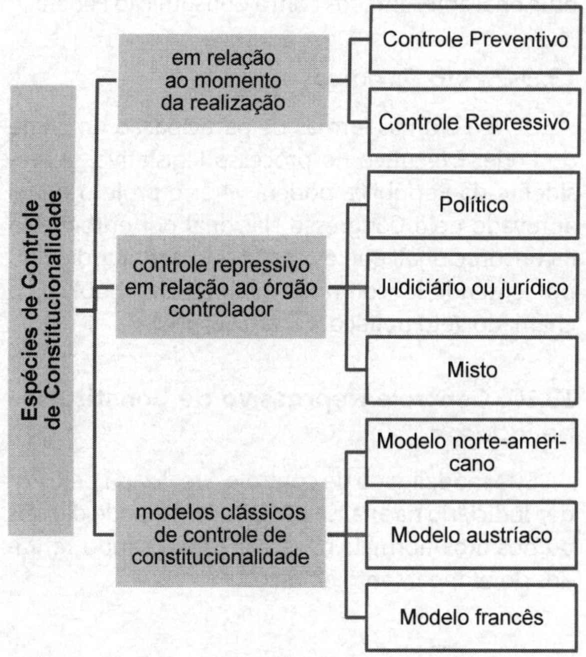

13.8 Controle de Constitucionalidade no Brasil

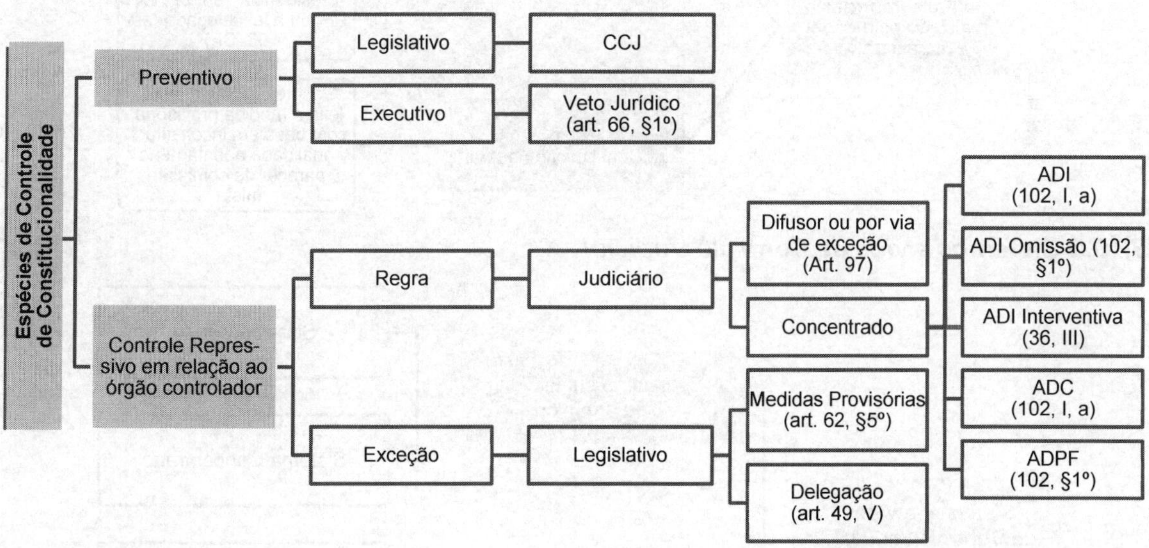

13.9 Controle Preventivo

Objetivo: evitar o ingresso no ordenamento jurídico de leis inconstitucionais

O controle preventivo de constitucionalidade é realizado dentro do próprio processo legislativo, pelo Poder Legislativo (comissões de constituição e justiça) e também pelo Poder Executivo (veto jurídico).

13.9.1 Comissões de Constituição e Justiça

O art. 58 da Constituição Federal prevê a criação de comissões constituídas na forma do respectivo regimento ou do ato de que resultar sua criação e com as atribuições neles previstas. A comissão de constituição e justiça é uma das comissões permanentes existentes nas casas legislativas.

Sua função primordial é a análise de compatibilidade do projeto de lei ou proposta de emenda constitucional apresentados com a Constituição Federal.

13.9.2 Veto Jurídico

O veto é umas formas de participação do chefe do Poder Executivo no processo legislativo. O Presidente da República poderá vetar o projeto de lei aprovado pelo Congresso Nacional por entendê-lo inconstitucional, que é o chamado veto jurídico ou por entendê-lo contrário ao interesse público, o chamado veto político (CF, art. 66, § 1º).

13.10. Controle Repressivo de Constitucionalidade

Esta modalidade de controle é realizada pelo Poder Judiciário na análise constitucionalidade das leis ou dos atos normativos já editados visando retirá-los do ordenamento jurídico.

13.10.1 Regra no Controle Repressivo de Constitucionalidade

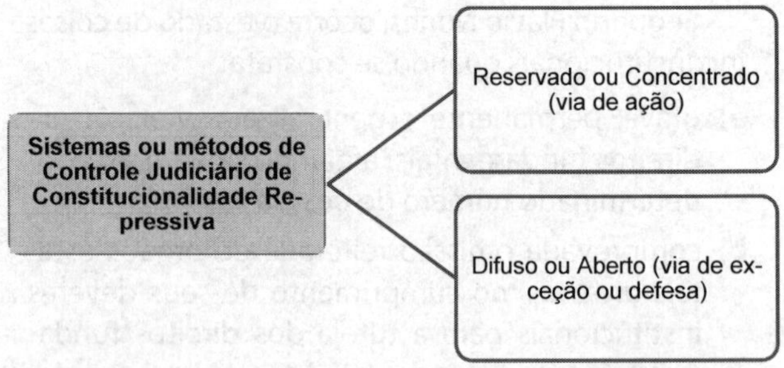

13.10.2 Exceções no Controle Repressivo de Constitucionalidade

A exceção no controle repressivo de constitucionalidade é que seja feito pelo Poder Legislativo.

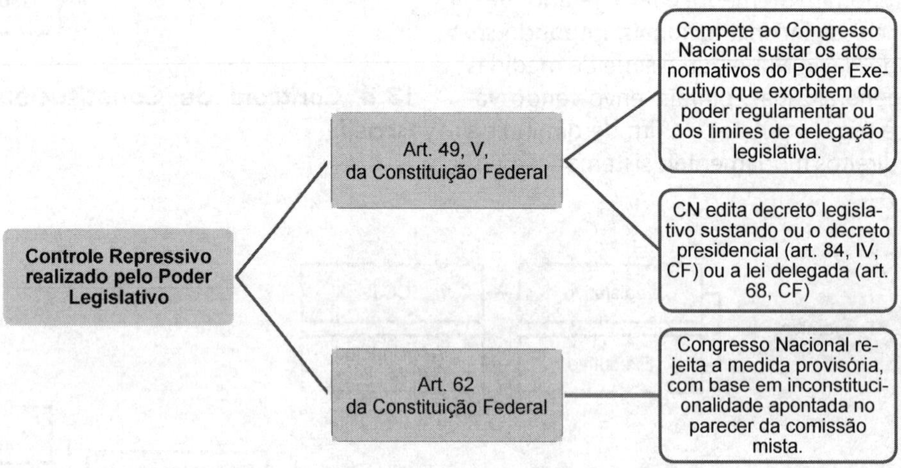

13.10.3 Sistemas e vias de Controle Judicial

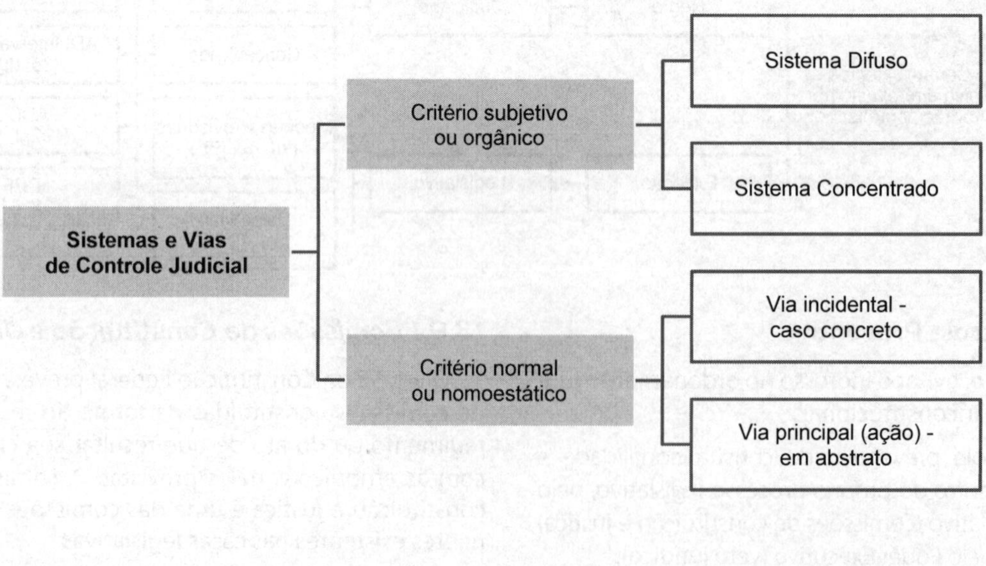

13.11 Legitimados Ativos

Legitimados ativos são os sujeitos a quem a Constituição atribuiu legitimidade (ou seja, competência) para propor as ações de controle concentrado de constitucionalidade. De acordo com o artigo 103 da CRFB, são legitimados, em ROL TAXATIVO:

> **Art. 103.** Podem propor a ação direta de inconstitucionalidade e a ação declaratória de constitucionalidade
>
> I - o Presidente da República;
>
> II - a Mesa do Senado Federal;
>
> III - a Mesa da Câmara dos Deputados;
>
> IV a Mesa de Assembléia Legislativa ou da Câmara Legislativa do Distrito Federal;
>
> V o Governador de Estado ou do Distrito Federal;
>
> VI - o Procurador-Geral da República;
>
> VII - o Conselho Federal da Ordem dos Advogados do Brasil;
>
> VIII - partido político com representação no Congresso Nacional;
>
> IX - confederação sindical ou entidade de classe de âmbito nacional.
>
> § 1º O Procurador-Geral da República deverá ser previamente ouvido nas ações de inconstitucionalidade e em todos os processos de competência do Supremo Tribunal Federal.
>
> § 2º Declarada a inconstitucionalidade por omissão de medida para tornar efetiva norma constitucional, será dada ciência ao Poder competente para a adoção das providências necessárias e, em se tratando de órgão administrativo, para fazê-lo em trinta dias.
>
> § 3º Quando o Supremo Tribunal Federal apreciar a inconstitucionalidade, em tese, de norma legal ou ato normativo, citará, previamente, o Advogado-Geral da União, que defenderá o ato ou texto impugnado.

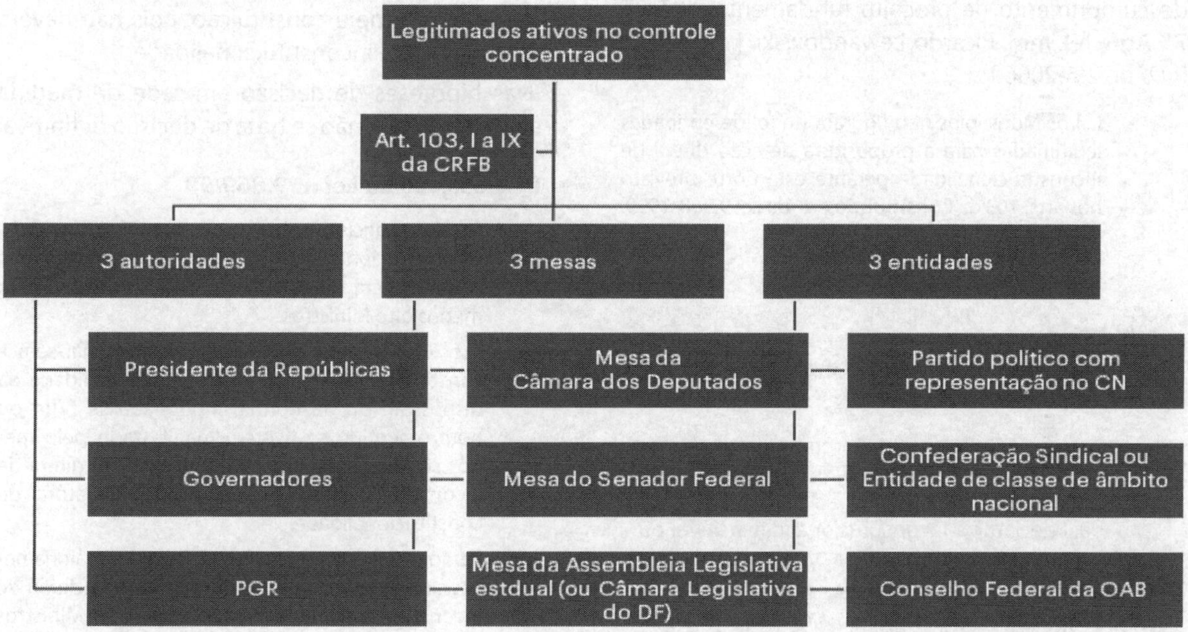

13.12 Pertinência Temática

A pertinência temática é a relação de congruência entre a lei ou ato normativo impugnado e a área de atuação do legitimado.

Em razão disso, a doutrina divide os legitimados para propositura das ações de controle concentrado de constitucionalidade em legitimados ativos universais (ou genéricos) e legitimados ativos especiais.

Legitimados ativos universais podem propor a ADI e a ADC independentemente da existência de pertinência temática. São eles: o Presidente da República, a mesa do Senado Federal, a Mesa da Câmara dos Deputados, o Procurador-Geral da República, o Conselho Federal da Ordem dos Advogados do Brasil e partido político com representação no Congresso Nacional.

Já em relação aos legitimados ativos especiais, exige-se pertinência temática como pressuposto implícito de legitimação, significando a exigência de nexo entre a norma questionada e os objetivos institucionais específicos do órgão ou entidade, a pertinência temática deverá ser demonstrada pela Mesa de Assembleia Legislativa e da Câmara Legislativa do Distrito Federal, pelo Governador de Estado e do Distrito Federal e pelas confederações sindicais e entidades de classe de âmbito nacional. Muito embora a disposição expressa deste requisito constasse na redação do artigo 2º, § único, da Lei nº 9.868/1999 e tenha sido vetado, a jurisprudência do STF é firme no sentido de exigir o cumprimento de tal requisito.

Legitimados Ativos Universais/Genéricos (não precisam comprovar pertinência temática)	Legitimados Ativos Especiais (precisam comprovar pertinência temática)
Presidente da República Procurador Geral da República Mesa da Câmara dos Deputados Mesa do Senado Federal Conselho Federal da OAB Partido Político com representação no Congresso Nacional	Governador de Estado/DF Mesas das Assembleias Legislativa ou Câmara Legislativa do DF Confederação Sindical ou entidade de classe de âmbito nacional

- **Jurisprudência do STF sobre legitimados ativos**

Os legitimados para propor arguição de descumprimento de preceito fundamental se encontram definidos, em *numerus clausus*, no art. 103 da Constituição da República, nos termos do disposto no art. 2º, I, da Lei 9.882/1999. Impossibilidade de ampliação do rol exaustivo inscrito na CF. Idoneidade da decisão de não conhecimento da arguição de descumprimento de preceito fundamental. [**ADPF 75 AgR**, rel. min. Ricardo Lewandowski, j. 3-5-2006, P, *DJ* de 2-6-2006.]

> (...) os Municípios não figuram no rol de entidades legitimadas para a propositura de ação direta de inconstitucionalidade perante esta Corte previsto nos arts. 103 da Constituição e 2º da Lei 9.868/1999. [**ADI 4.654**, rel. min. Gilmar Mendes, j. 28-11-2011, dec. monocrática, *DJE* de 2-12-2011.]

> ▷ **Atenção!**
>
> **Controle difuso nos tribunais e a cláusula de reserva de plenário (full bench).**
>
> Art. 97 da CF/88: Art. 97. Somente pelo voto da maioria absoluta de seus membros ou dos membros do respectivo órgão especial poderão os tribunais declarar a inconstitucionalidade de lei ou ato normativo do Poder Público.
>
> **Súmula Vinculante 10:** Viola a cláusula de reserva de plenário (CF, artigo 97) a decisão de órgão fracionário de tribunal que, embora não declare expressamente a inconstitucionalidade de lei ou ato normativo do Poder Público, afasta sua incidência, no todo ou em parte.

- **Hipóteses de mitigação da cláusula de reserva de plenário (conforme Pedro Lenza)**

- Na hipótese do art. 949, parágrafo único, CPC/2015: "os órgãos fracionários dos tribunais não submeterão ao plenário ou ao órgão especial a arguição de inconstitucionalidade quando já houver pronunciamento destes ou do plenário do supremo tribunal federal sobre a questão".
- Se o tribunal mantiver a constitucionalidade do ato normativo, ou seja, não afastar a sua presunção de validade (o art. 97 determina a observância do full bench para declarar a inconstitucionalidade de lei ou ato normativo do poder público);
- Nos casos de normas pré-constitucionais, porque a análise do direito editado no ordenamento jurídico anterior em relação à nova constituição não se funda na teoria da inconstitucionalidade, mas, como já estudado, em sua recepção ou revogação;
- Quando o tribunal utilizar a técnica da interpretação conforme a constituição, pois não haverá declaração de inconstitucionalidade;
- Nas hipóteses de decisão em sede de medida cautelar, já que não se trata de decisão definitiva.

- **Disposições da Lei nº 9.869/99**

> Art. 22. A decisão sobre a constitucionalidade ou a inconstitucionalidade da lei ou do ato normativo somente será tomada se presentes na sessão pelo menos oito Ministros.
>
> Art. 23. Efetuado o julgamento, proclamar-se-á a constitucionalidade ou a inconstitucionalidade da disposição ou da norma impugnada se num ou noutro sentido se tiverem manifestado pelo menos seis Ministros, quer se trate de ação direta de inconstitucionalidade ou de ação declaratória de constitucionalidade.
>
> Parágrafo único. Se não for alcançada a maioria necessária à declaração de constitucionalidade ou de inconstitucionalidade, estando ausentes Ministros em número que possa influir no julgamento, este será suspenso a fim de aguardar-se o comparecimento dos Ministros ausentes, até que se atinja o número necessário para prolação da decisão num ou noutro sentido.
>
> Art. 24. Proclamada a constitucionalidade, julgar-se-á improcedente a ação direta ou procedente eventual ação declaratória; e, proclamada a inconstitucionalidade, julgar-se-á procedente a ação direta ou improcedente eventual ação declaratória.
>
> Art. 25. Julgada a ação, far-se-á a comunicação à autoridade ou ao órgão responsável pela expedição do ato.
>
> Art. 26. A decisão que declara a constitucionalidade ou a inconstitucionalidade da lei ou do ato normativo em ação direta ou em ação declaratória é irrecorrível, ressalvada a interposição de embargos declaratórios, não podendo, igualmente, ser objeto de ação rescisória.

Art. 27. Ao declarar a inconstitucionalidade de lei ou ato normativo, e tendo em vista razões de segurança jurídica ou de excepcional interesse social, poderá o Supremo Tribunal Federal, por maioria de dois terços de seus membros, restringir os efeitos daquela declaração ou decidir que ela só tenha eficácia a partir de seu trânsito em julgado ou de outro momento que venha a ser fixado.

Art. 28. Dentro do prazo de dez dias após o trânsito em julgado da decisão, o Supremo Tribunal Federal fará publicar em seção especial do Diário da Justiça e do Diário Oficial da União a parte dispositiva do acórdão.

Parágrafo único. A declaração de constitucionalidade ou de inconstitucionalidade, inclusive a interpretação conforme a Constituição e a declaração parcial de inconstitucionalidade sem redução de texto, têm eficácia contra todos e efeito vinculante em relação aos órgãos do Poder Judiciário e à Administração Pública federal, estadual e municipal.

13.13 Breve resumo da nomenclatura utilizada no controle de constitucionalidade

Controle Concentrado	Controle Difuso
Abstrato (analisa a lei em tese)	Concreto (analisa um caso concreto)
Legitimados ativos taxativos (3 autoridades, 3 mesas, 3 entidades)	Qualquer pessoa é legitimada
Ações específicas (ADI, ADO, ADC, ADPF)	Qualquer ação judicial
Pedido principal é a declaração de inconstitucionalidade ou de constitucionalidade de lei ou ato normativo	A inconstitucionalidade é um argumento para convencer o julgador em relação ao pedido principal da ação
Competência do STF (quando em face da CF) ou de Tribunal de Justiça (quando em face de Constituição Estadual)	Qualquer juiz ou tribunal
Efeito erga omnes	Efeito inter partes

13.14 Controle Concentrado e Abstrato

As espécies de ações manejadas para este controle são:

- Ação direta de inconstitucionalidade – ADI
- Ação direta de inconstitucionalidade por omissão – ADO
- Ação declaratória de constitucionalidade – ADC
- Arguição de descumprimento de preceito fundamental – ADPF
- Ação direta de inconstitucionalidade interventiva- ADI interventiva

Ação direta de Inconstitucionalidade (ADI)

Objeto: Aprecia a validade de lei ou ato normativo **federal ou estadual** editados posteriormente à promulgação da CF/88

Efeitos: As decisões de mérito em ação direta de inconstitucionalidade produzem efeitos retroativos (ex tunc), pois fulminam a lei ou ato normativo desde sua origem. O STF, contudo, pode dotá-la de efeito ex nunc, em casos de interesse público e relevância social, que é a chamada modulação dos efeitos (Art.27, Lei 9868/99).

- **Efeito Dúplice**

Sendo o pedido, na ADI, de reconhecimento da inconstitucionalidade, se for dado provimento à ação, o STF declarará a inconstitucionalidade da lei ou ato normativo. A contrário senso, quando negado provimento à ação, em consequência lógica, o Tribunal declarará a constitucionalidade da lei ou ato normativo impugnado.

Ação direta de Inconstitucionalidade por Omissão (ou ADO)

Objeto: Ausência de norma regulamentadora de dispositivo constitucional de eficácia limitada (que possuem sua plena aplicabilidade condicionada à ulterior edição dos atos requeridos pela Constituição; são dependentes de complementação).

Efeitos: Conforme a Constituição Federal (artigo 103, § 2º), declarada a inconstitucionalidade por omissão será dada ciência ao Poder competente para adoção das providências necessárias e, em caso de omissão imputável a órgão administrativo, as providências deverão ser adotadas no prazo de trinta dias, ou em prazo razoável a ser adotado excepcionalmente pelo Tribunal (art. 103, § 3º).

> ▷ **Atenção: ADO x Mandado de Injunção**
>
> Embora pareçam, à primeira vista, semelhantes, a Ação Direta de Inconstitucionalidade por Omissão e o Mandado de Injunção possuem diferenças importantes.
>
> O mandado de injunção destina-se à proteção de direto subjetivo do autor, cujo exercício está obstado em razão da falta de norma regulamentadora, havendo, portanto, um interesse jurídico específico manifestado diante de um caso concreto. A ADO, por seu turno, configura controle abstrato de constitucionalidade e, sendo processo objetivo, é instaurada sem relação a um caso concreto de interesse do autor da ação, mas dirigida a situações em abstrato.

Ação Declaratória de Constitucionalidade (ADC)

Trata-se de ação que visa diretamente à obtenção da declaração de que o ato normativo seu objeto é constitucional. Discutem-se dispositivos legais que estejam sendo objetos de grande controvérsia entre os juízes e demais tribunais. Ao decidi-la, o STF converte a presunção relativa de constitucionalidade da norma em uma presunção absoluta.

Pedido: declaração a constitucionalidade de determinada lei ou ato normativo federal editado após Emenda Constitucional nº 03/1993, que introduziu na Constituição de 1988 mais este instrumento de controle de constitucionalidade.

Objeto: Leis ou atos normativos **federais**

Efeitos: Em regra são *ex tunc*, porém o STF pode modular os efeitos, dando efeitos *ex nunc*, em casos de interesse público e relevância social (Art. 27, Lei nº 9.868/99)

Arguição de Descumprimento de Preceito Fundamental (ADPF)

Nos termos da jurisprudência do STF,

> A arguição de descumprimento de preceito fundamental foi concebida pela Lei 9.882/99 para servir como um instrumento de integração entre os modelos difuso e concentrado de controle de constitucionalidade, viabilizando que atos estatais antes insuscetíveis de apreciação direta pelo Supremo Tribunal Federal, tais como normas pré-constitucionais ou mesmo decisões judiciais atentatórias a cláusulas fundamentais da ordem constitucional, viessem a figurar como objeto de controle em processo objetivo. A despeito da maior extensão alcançada pela vertente objetiva da jurisdição constitucional com a criação da nova espécie de ação constitucional, a Lei 9.882/99 exigiu que os atos impugnáveis por meio dela encerrassem um tipo de lesão constitucional qualificada, simultaneamente, pela sua (a) relevância (porque em contravenção direta com paradigma constitucional de importância fundamental) e (b) difícil reversibilidade (porque ausente técnica processual subsidiária capaz de fazer cessar a alegada lesão com igual eficácia.) [ADPF 127, rel. min. Teori Zavascki, decisão monocrática, julgamento em 25-2-2014, *DJE* de 28-2-2014.]

Objeto: Podem ser questionados via ADPF tanto leis e atos normativos federais e estaduais quanto os MUNICIPAIS.

Qualquer ato (ou omissão) do Poder Público, incluídos os não normativos, que acarrete lesão ou ameaça de lesão a preceito fundamental decorrente da CF, visando a evitar ou reparar tal lesão, pode ser questionada, possibilitando-se, inclusive, impugnação de atos anteriores à Constituição de 1988

- **Preceito fundamental**

A lei 9.882/99 não enumerou as normas constitucionais que devem ser consideradas "preceitos fundamentais" cuja lesão enseja propositura de ADPF. Dessa forma, os princípios fundamentais arrolados no Título I da CF são apenas exemplos de preceitos fundamentais, devendo o STF, na análise da ADPF em questão, reconhecer ou não que a ação versa sobre preceito fundamental.

- **Ação direta de inconstitucionalidade interventiva (ADI interventiva)**

Ação direta de competência exclusiva do STF, mas que possui objeto específico e concreto, qual seja, a fiscalização do processo de intervenção federal no caso de ofensa aos princípios constitucionais sensíveis.

Objeto: Lei ou ato estadual infringente dos denominados princípios sensíveis.

Efeitos:

Jurídico: declarar a inconstitucionalidade

Político: decretar a intervenção federal

Se o STF declarar a inconstitucionalidade da lei ou ato estadual, o Presidente da República estará vinculado/obrigado a decretar a intervenção federal (Art.34,CF).

Legitimado: Procurador Geral da República.

13.14.1 Observações importantes sobre Controle Concentrado de Constitucionalidade

1. Proposta a ação direta, não se admitirá desistência.
2. O relator pedirá informações aos órgãos ou às autoridades das quais emanou a lei ou o ato normativo impugnado.
3. As informações serão prestadas no prazo de trinta dias contado do recebimento do pedido.
4. Não se admitirá intervenção de terceiros no processo de ação direta de inconstitucionalidade.
5. O relator, considerando a relevância da matéria e a representatividade dos postulantes, poderá, por despacho irrecorrível, admitir, observado o prazo fixado no parágrafo anterior, a manifestação de outros órgãos ou entidades.
6. Decorrido o prazo das informações, serão ouvidos, sucessivamente, o Advogado-Geral da União e o Procurador-Geral da República, que deverão manifestar-se, cada qual, no prazo de quinze dias. Conforme a Constituição Federal, o Procurador-Geral da República deverá ser previamente

ouvido nas ações de inconstitucionalidade e em todos os processos de competência do Supremo Tribunal Federal (art. 103, § 1º).

7. Vencidos os prazos, o relator lançará o relatório, com cópia a todos os Ministros, e pedirá dia para julgamento.
8. Em caso de necessidade de esclarecimento de matéria ou circunstância de fato ou de notória insuficiência das informações existentes nos autos, poderá o relator requisitar informações adicionais, designar perito ou comissão de peritos para que emita parecer sobre a questão, ou fixar data para, em audiência pública, ouvir depoimentos de pessoas com experiência e autoridade na matéria.

13.14.2 Medida cautelar em Ação Direta de Inconstitucionalidade

> Art. 10. Salvo no período de recesso, a medida cautelar na ação direta será concedida por decisão da maioria absoluta dos membros do Tribunal, observado o disposto no art. 22, após a audiência dos órgãos ou autoridades dos quais emanou a lei ou ato normativo impugnado, que deverão pronunciar-se no prazo de cinco dias.
>
> § 1º O relator, julgando indispensável, ouvirá o Advogado-Geral da União e o Procurador-Geral da República, no prazo de três dias.
>
> § 2º No julgamento do pedido de medida cautelar, será facultada sustentação oral aos representantes judiciais do requerente e das autoridades ou órgãos responsáveis pela expedição do ato, na forma estabelecida no Regimento do Tribunal.
>
> § 3º Em caso de excepcional urgência, o Tribunal poderá deferir a medida cautelar sem a audiência dos órgãos ou das autoridades das quais emanou a lei ou o ato normativo impugnado.
>
> Art. 11. Concedida a medida cautelar, o Supremo Tribunal Federal fará publicar em seção especial do Diário Oficial da União e do Diário da Justiça da União a parte dispositiva da decisão, no prazo de dez dias, devendo solicitar as informações à autoridade da qual tiver emanado o ato, observando-se, no que couber, o procedimento estabelecido na Seção I deste Capítulo.
>
> § 1º A medida cautelar, dotada de eficácia contra todos, será concedida com efeito ex nunc, salvo se o Tribunal entender que deva conceder-lhe eficácia retroativa.
>
> § 2º A concessão da medida cautelar torna aplicável a legislação anterior acaso existente, salvo expressa manifestação em sentido contrário.
>
> Art. 12. Havendo pedido de medida cautelar, o relator, em face da relevância da matéria e de seu especial significado para a ordem social e a segurança jurídica, poderá, após a prestação das informações, no prazo de dez dias, e a manifestação do Advogado-Geral da União e do Procurador-Geral da República, sucessivamente, no prazo de cinco dias, submeter o processo diretamente ao Tribunal, que terá a faculdade de julgar definitivamente a ação.

13.14.3 Concomitância de ações de controle de constitucionalidade em face da Constituição Federal e da Estadual

Segundo o STF, no julgamento da ADI nº 3659, se houver ações de controle de constitucionalidade de lei ou ato normativo tramitando, simultaneamente, em face da Constituição Federal e de Constituição Estadual, a decisão do Tribunal de Justiça (cuja competência é para apreciar a constitucionalidade de lei ou ato normativo em face da Constituição do respectivo Estado) só prejudica a ação que discute a constitucionalidade em facfe da Constituição Federal se aquela for procedente e, ainda, se a incompatibilidade for com dispositivo constitucional estadual tipicamente estadual, ou seja, aquele sem similar na Constituição Federal:

> 1. Coexistindo ações diretas de inconstitucionalidade de um mesmo preceito normativo estadual, a decisão proferida pelo Tribunal de Justiça somente prejudicará a que está em curso perante o STF se for pela procedência e desde que a inconstitucionalidade seja por incompatibilidade com dispositivo constitucional estadual tipicamente estadual (= sem similar na Constituição Federal). 2. Havendo declaração de inconstitucionalidade de preceito normativo estadual pelo Tribunal de Justiça com base em norma constitucional estadual que constitua reprodução (obrigatória ou não) de dispositivo da Constituição Federal, subsiste a jurisdição do STF para o controle abstrato tendo por parâmetro de confronto o dispositivo da Constituição Federal reproduzido.

13.9 Conselho Nacional de Justiça

É o órgão de controle da atuação administrativa e financeira do Poder Judiciário e do cumprimento dos deveres funcionais dos juízes. É composto de 15 membros, que têm mandato de 2 anos, admitida uma recondução. O Presidente do Supremo Tribunal Federal preside o CNJ e, nas suas ausências e impedimentos, é substituído pelo Vice-Presidente do Supremo Tribunal Federal. Quanto aos demais membros, são nomeados pelo Presidente da República, depois de aprovada a escolha pela maioria absoluta do Senado Federal.

Presidente do STF	Preside o CNJ
1 Ministro do STF	Indicado pelo STF
1 Ministro do STJ	Indicado pelo STJ

1 Desembargador de TJ	Indicados pelo STF
1 Juiz Estadual	
1 juiz de TRF	Indicados pelo STJ
1 juiz federal	
1 ministro do TST	Indicados pelo TST
1 juiz de TRT	
1 juiz do trabalho	
1 membro do MPU	Indicado pelo PGR
1 membro de MPE	Indicado pelo PGR, dentre os nomes indicados pelo órgão
2 advogados	Indicados pelo CFOAB
2 cidadãos	1 indicado pela Câmara dos Deputados 1 indicado pelo Senado Federal

No que diz respeito às competências do CNJ, a Constituição elenca em rol exemplificativo as seguintes:

1) zelar pela autonomia do Poder Judiciário e pelo cumprimento do Estatuto da Magistratura, podendo expedir atos regulamentares, no âmbito de sua competência, ou recomendar providências;
2) zelar pela observância dos princípios e regras relativas à Administração Pública, previstas no art. 37 da CF, e apreciar, de ofício ou mediante provocação, a legalidade dos atos administrativos praticados por membros ou órgãos do Poder Judiciário, podendo desconstituí-los, revê-los ou fixar prazo para que se adotem as providências necessárias ao exato cumprimento da lei, sem prejuízo da competência do Tribunal de Contas da União;
3) receber e conhecer das reclamações contra membros ou órgãos do Poder Judiciário, inclusive contra seus serviços auxiliares, serventias e órgãos prestadores de serviços notariais e de registro que atuem por delegação do poder público ou oficializados, sem prejuízo da competência disciplinar e correicional dos tribunais, podendo avocar processos disciplinares em curso, determinar a remoção ou a disponibilidade e aplicar outras sanções administrativas, assegurada ampla defesa;
4) representar ao Ministério Público, no caso de crime contra a administração pública ou de abuso de autoridade;
5) rever, de ofício ou mediante provocação, os processos disciplinares de juízes e membros de tribunais julgados há menos de um ano;
6) elaborar semestralmente relatório estatístico sobre processos e sentenças prolatadas, por unidade da Federação, nos diferentes órgãos do Poder Judiciário;
7) elaborar relatório anual, propondo as providências que julgar necessárias, sobre a situação do Poder Judiciário no País e as atividades do Conselho, o qual deve integrar mensagem do Presidente do Supremo Tribunal Federal a ser remetida ao Congresso Nacional, por ocasião da abertura da sessão legislativa.

Finalmente, o Ministro do Superior Tribunal de Justiça exercerá a função de Ministro-Corregedor e ficará excluído da distribuição de processos no Tribunal e junto ao Conselho oficiarão o Procurador-Geral da República e o Presidente do Conselho Federal da Ordem dos Advogados do Brasil.

13.10 Superior Tribunal de Justiça

O Superior Tribunal de Justiça, além das competências originárias, é o destinatário dos recursos das decisões dos Tribunais de Justiça e dos Tribunais Regionais Federais. Composto por 33 ministros, é também um tribunal de sobreposição.

Composição	No mínimo 33 ministros nomeados pelo Presidente da República após aprovação por maioria absoluta do Senado Federal
Requisitos para ser ministro do STF	Brasileiro Idade mínima: mais de 35 anos Idade máxima: menos de 70 anos
Origem	1/3 dos membros são Desembargadores de TJ 1/3 dos membros são Juízes de TRF 1/3 em partes iguais, dentre advogados e membros do Ministério Público Federal, Estadual, do Distrito Federal e Territórios, alternadamente, indicados na forma do art. 94 (indicados em lista sêxtupla pelos órgãos de representação das respectivas classes e, após recebidas as indicações, o tribunal formará lista tríplice, enviando-a ao Poder Executivo, que, nos vinte dias subsequentes, escolherá um de seus integrantes para nomeação).

Competências Originárias	Processar e julgar, originariamente: 1) nos crimes comuns, os Governadores dos Estados e do Distrito Federal, e, nestes e nos de responsabilidade, os desembargadores dos Tribunais de Justiça dos Estados e do Distrito Federal, os membros dos Tribunais de Contas dos Estados e do Distrito Federal, os dos Tribunais Regionais Federais, dos Tribunais Regionais Eleitorais e do Trabalho, os membros dos Conselhos ou Tribunais de Contas dos Municípios e os do Ministério Público da União que oficiem perante tribunais; 2) os mandados de segurança e os habeas data contra ato de Ministro de Estado, dos Comandantes da Marinha, do Exército e da Aeronáutica ou do próprio Tribunal; 3) os habeas corpus, quando o coator ou paciente for qualquer das pessoas mencionadas na alínea "a", ou quando o coator for tribunal sujeito à sua jurisdição, Ministro de Estado ou Comandante da Marinha, do Exército ou da Aeronáutica, ressalvada a competência da Justiça Eleitoral;
Competências Originárias	4) os conflitos de competência entre quaisquer tribunais, ressalvado o disposto no art. 102, I, "o", bem como entre tribunal e juízes a ele não vinculados e entre juízes vinculados a tribunais diversos; 5) as revisões criminais e as ações rescisórias de seus julgados; 6) a reclamação para a preservação de sua competência e garantia da autoridade de suas decisões; 7) os conflitos de atribuições entre autoridades administrativas e judiciárias da União, ou entre autoridades judiciárias de um Estado e administrativas de outro ou do Distrito Federal, ou entre as deste e da União; 8) o mandado de injunção, quando a elaboração da norma regulamentadora for atribuição de órgão, entidade ou autoridade federal, da administração direta ou indireta, excetuados os casos de competência do Supremo Tribunal Federal e dos órgãos da Justiça Militar, da Justiça Eleitoral, da Justiça do Trabalho e da Justiça Federal; 9) a homologação de sentenças estrangeiras e a concessão de exequatur às cartas rogatórias;
Competências – Recurso Ordinário	Julgar, em recurso ordinário 1) os habeas corpus decididos em única ou última instância pelos Tribunais Regionais Federais ou pelos tribunais dos Estados, do Distrito Federal e Territórios, quando a decisão for denegatória; 2) os mandados de segurança decididos em única instância pelos Tribunais Regionais Federais ou pelos tribunais dos Estados, do Distrito Federal e Territórios, quando denegatória a decisão; 3) as causas em que forem partes Estado estrangeiro ou organismo internacional, de um lado, e, do outro, Município ou pessoa residente ou domiciliada no País;
Competências – Recurso Especial	Julgar, em recurso especial, as causas decididas, em única ou última instância, pelos Tribunais Regionais Federais ou pelos tribunais dos Estados, do Distrito Federal e Territórios, quando a decisão recorrida 1) contrariar tratado ou lei federal, ou negar-lhes vigência; 2) julgar válido ato de governo local contestado em face de lei federal; 3) der a lei federal interpretação divergente da que lhe haja atribuído outro tribunal.

Após a Emenda Constitucional 125/2022, passou a ser exigido, no recurso especial, que o recorrente demonstre a relevância das questões de direito federal infraconstitucional discutidas no caso, nos termos da lei, a fim de que a admissão do recurso seja examinada pelo Tribunal, o qual somente pode dele não conhecer com base nesse motivo pela manifestação de 2/3 dos membros do órgão competente para o julgamento. O §3º do artigo 105 lista, em rol exemplificativo, casos em que haverá esta relevância exigida:

1) ações penais;
2) ações de improbidade administrativa;
3) ações cujo valor da causa ultrapasse 500 (quinhentos) salários-mínimos;
4) ações que possam gerar inelegibilidade;
5) hipóteses em que o acórdão recorrido contrariar jurisprudência dominante do Superior Tribunal de Justiça;
6) outras hipóteses previstas em lei.

13.11 Justiça Eleitoral

Tendo em vista o objetivo da obra, passa-se à análise da Justiça Eleitoral, ramo do Judiciário pertencente à União.

Esquematicamente, os órgãos que compõem a Justiça Eleitoral são:

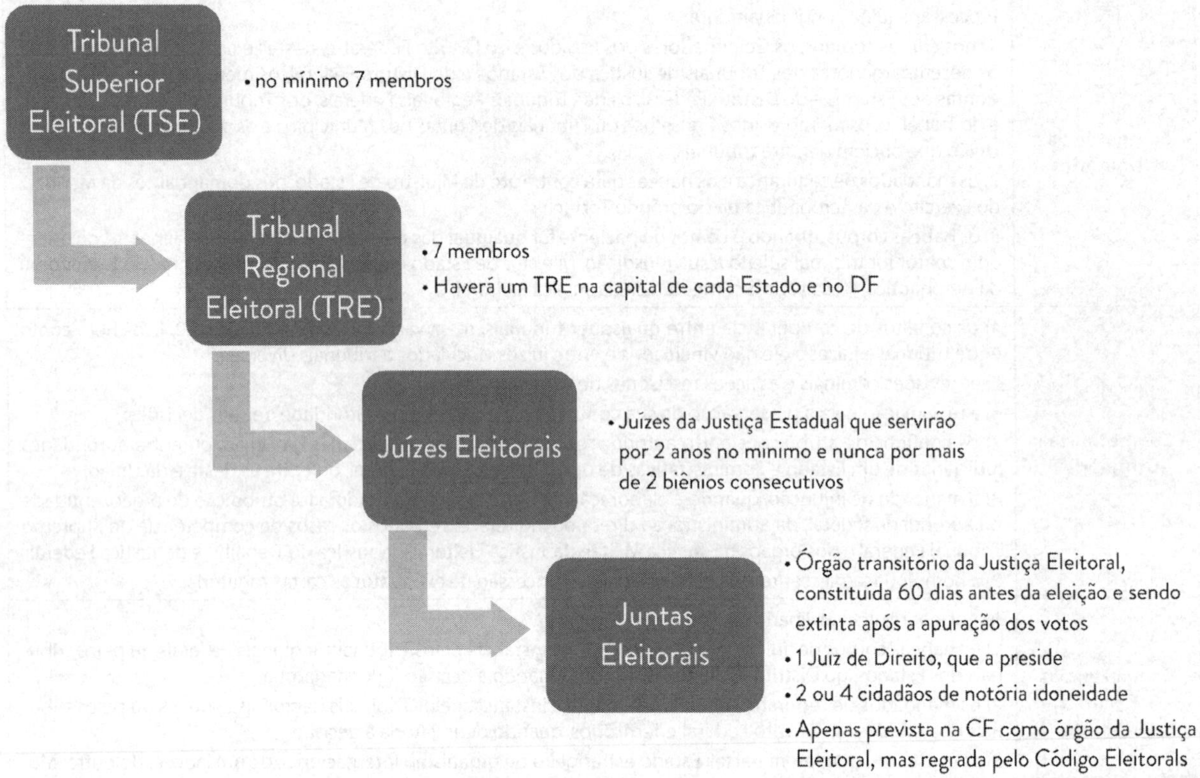

TSE (Tribunal Superior Eleitoral) – no mínimo 7 membros	
eleição, pelo voto secreto	3 juízes dentre os Ministros do Supremo Tribunal Federal;
	2 juízes dentre os Ministros do Superior Tribunal de Justiça;
nomeação do Presidente da República	2 juízes dentre seis advogados de notável saber jurídico e idoneidade moral, indicados pelo Supremo Tribunal Federal.
O Tribunal Superior Eleitoral elegerá seu Presidente e o Vice-Presidente dentre os Ministros do Supremo Tribunal Federal, e o Corregedor Eleitoral dentre os Ministros do Superior Tribunal de Justiça.	

TRE (Tribunal Regional Eleitoral) – 7 membros	
eleição, pelo voto secreto	2 juízes dentre os desembargadores do Tribunal de Justiça
	2 juízes, dentre juízes de direito, escolhidos pelo Tribunal de Justiça
escolhido pelo TRF respectivo	1 juiz do Tribunal Regional Federal com sede na Capital do Estado ou no Distrito Federal, ou, não sendo sede de TRF, 1 juiz federal da respectiva seção judiciária
Nomeação pelo Presidente da República	2 juízes dentre 6 advogados de notável saber jurídico e idoneidade moral, indicados pelo Tribunal de Justiça

Os juízes dos tribunais eleitorais, salvo motivo justificado, servirão por dois anos, no mínimo, e nunca por mais de dois biênios consecutivos, sendo os substitutos escolhidos na mesma ocasião e pelo mesmo processo, em número igual para cada categoria.

Além disso, os membros dos tribunais, os juízes de direito e os integrantes das juntas eleitorais, no exercício de suas funções, e no que lhes for aplicável, gozarão de plenas garantias e serão inamovíveis.

A organização e competência dos tribunais, dos juízes de direito e das juntas eleitorais serão objeto de regulamentação por lei complementar.

> ▷ **Atenção:**
> - São irrecorríveis as decisões do Tribunal Superior Eleitoral, salvo as que contrariarem esta Constituição e as denegatórias de habeas corpus ou mandado de segurança.
> - Das decisões dos Tribunais Regionais Eleitorais somente caberá recurso:
> 1. quando forem proferidas contra disposição expressa desta Constituição ou de lei;
> 2. quando ocorrer divergência na interpretação de lei entre dois ou mais tribunais eleitorais;
> 3. se versarem sobre inelegibilidade ou expedição de diplomas nas eleições federais ou estaduais;
> 4. se anularem diplomas ou decretarem a perda de mandatos eletivos federais ou estaduais;
> 5. se denegarem habeas corpus, mandado de segurança, habeas data ou mandado de injunção.

14. FUNÇÕES ESSENCIAIS À JUSTIÇA

Para melhor compreensão sobre o posicionamento constitucional e o papel das funções essenciais à Justiça é necessário entender a estrutura do Estado.

A Constituição Federal diz que "são Poderes da União, independentes e harmônicos entre si, o Legislativo, o Executivo e o Judiciário" (art. 2º) e que, os Estados organizam-se e regem-se pelas Constituições e leis que adotarem, observados os princípios da Constituição Federal (art. 25).

Assim, os Estados, embora tenham autonomia para auto-organização, devem respeitar os princípios previstos na CF, o que significa que devem adotar a tripartição de poderes.

Outra informação importante que deve ser levada em consideração para entender a estrutura do Estado é que há previsão constitucional de órgãos com autonomia e independência funcional, não pertencendo a nenhum dos 3 Poderes, como Ministério Público, Defensoria Pública e Tribunal de Contas.

Esquematicamente, a estrutura do Estado é a seguinte, respectivamente para a União e para os Estados-membros:

O Ministério Público, a Advocacia Pública e a Defensoria Pública compõem as chamadas funções essenciais à Justiça e são órgãos integrantes da estrutura estatal. A CF prevê, ainda, como função essencial à Justiça a Advocacia (privada), exercida pelos Advogados inscritos nos quadros da OAB, que não faz parte da estrutura estatal.

Lembre que, ainda que localizados no título destinado à organização dos Poderes, nenhum destes órgãos é um Poder da República, tampouco pertencem ao Poder Judiciário, mas sim desempenham atividades necessárias ao correto funcionamento da atividade jurisdicional.

Assim, o Ministério Público e a Defensoria Pública são órgãos independentes, ou seja: não pertencem a nenhum dos três Poderes, enquanto a Advocacia Pública é vinculada ao Poder Executivo e a Advocacia não é órgão estatal.

14.1. Ministério Público

O Ministério Público é uma instituição independente e autônoma que defende a ordem jurídica, o regime democrático e os interesses sociais e individuais indisponíveis.

É instituição permanente porque não pode ser extinto, nem mesmo por emenda constitucional, sendo esta vedação considerada cláusula pétrea implícita (cláusula pétrea heterônoma, para alguns autores).

Nestes termos, dispõe o artigo 127 da Constituição Federal:

> Art. 127. O Ministério Público é instituição permanente, essencial à função jurisdicional do Estado, incumbindo-lhe a defesa da ordem jurídica, do regime democrático e dos interesses sociais e individuais indisponíveis.

O Ministério Público tem como princípios institucionais a unidade, a indivisibilidade e a independência funcional.

A estrutura do MP abrange, no âmbito da União, o MPU, chefiado pelo Procurador-geral da República, com os seus quatro ramos (Ministério Público Federal, Ministério Público do Trabalho, Ministério Público Militar, Ministério Público do Distrito Federal e Territórios) e, no âmbito de cada Estado, o MPE, chefiado pelo Procurador-Geral de Justiça.

De acordo com a Constituição, as funções institucionais do MP são:

> I - promover, privativamente, a ação penal pública, na forma da lei;
>
> II - zelar pelo efetivo respeito dos Poderes Públicos e dos serviços de relevância pública aos direitos assegurados nesta Constituição, promovendo as medidas necessárias a sua garantia;
>
> III - promover o inquérito civil e a ação civil pública, para a proteção do patrimônio público e social, do meio ambiente e de outros interesses difusos e coletivos;
>
> IV - promover a ação de inconstitucionalidade ou representação para fins de intervenção da União e dos Estados, nos casos previstos nesta Constituição;
>
> V - defender judicialmente os direitos e interesses das populações indígenas;
>
> VI - expedir notificações nos procedimentos administrativos de sua competência, requisitando informações e documentos para instruí-los, na forma da lei complementar respectiva;
>
> VII - exercer o controle externo da atividade policial, na forma da lei complementar mencionada no artigo anterior;
>
> VIII - requisitar diligências investigatórias e a instauração de inquérito policial, indicados os fundamentos jurídicos de suas manifestações processuais;
>
> IX - exercer outras funções que lhe forem conferidas, desde que compatíveis com sua finalidade, sendo-lhe vedada a representação judicial e a consultoria jurídica de entidades públicas.

A autonomia do órgão se manifesta nos planos funcional, administrativo e financeiro, sendo o responsável pela elaboração de sua proposta orçamentária a ser enviada ao Poder Executivo.

Os membros do MP têm as mesmas garantias e os mesmos impedimentos aplicáveis aos membros do Judiciário.

Junto ao Ministério Público, como órgão de controle das atividades do MP, funciona o Conselho Nacional do MP, composto por 15 membros e presidido pelo PGR.

MEMBROS DO CNMP	
Procurador-Geral da República	Presidente do CNMP
4 membros do MPU	Representação de cada um dos ramos, que indica os respectivos membros
3 membros do MP dos estados	Indicados pelos respectivos MP
2 juízes	Indicados um pelo Supremo Tribunal Federal e outro pelo Superior Tribunal de Justiça
2 advogados	Indicados pelo Conselho Federal da Ordem dos Advogados do Brasil
2 cidadãos de notável saber jurídico e reputação ilibada	Indicados um pela Câmara dos Deputados e outro pelo Senado Federal

De acordo com a Constituição Federal, compete ao Conselho Nacional do Ministério Público o controle da atuação administrativa e financeira do Ministério Público e do cumprimento dos deveres funcionais de seus membros, cabendo lhe:

- zelar pela autonomia funcional e administrativa do Ministério Público, podendo expedir atos regulamentares, no âmbito de sua competência, ou recomendar providências;
- zelar pela observância do art. 37 e apreciar, de ofício ou mediante provocação, a legalidade dos atos administrativos praticados por membros ou órgãos do Ministério Público da União e dos Estados, podendo desconstituí-los, revê-los ou fixar prazo para que se adotem as providências necessárias ao exato cumprimento da lei, sem prejuízo da competência dos Tribunais de Contas;
- receber e conhecer das reclamações contra membros ou órgãos do Ministério Público da União ou dos Estados, inclusive contra seus serviços auxiliares, sem prejuízo da competência disciplinar e correicional da instituição, podendo avocar processos disciplinares em curso, determinar a remoção, a disponibilidade ou a aposentadoria com subsídios ou proventos proporcionais ao tempo de serviço e aplicar outras sanções administrativas, assegurada ampla defesa;
- rever, de ofício ou mediante provocação, os processos disciplinares de membros do Ministério Público da União ou dos Estados julgados há menos de um ano;
- elaborar relatório anual, propondo as providências que julgar necessárias sobre a situação do Ministério Público no País e as atividades do Conselho, o qual deve integrar a mensagem prevista no art. 84, XI.

14.2. Advocacia Pública

Em se tratando especificamente da advocacia pública, pode-se dizer que são os "advogados" do próprio Estado. Ou seja: se a União ou algum Estado-membro for autor ou réu em ação judicial, serão representados por seus procuradores, que compõem a advocacia pública.

As funções da advocacia pública vão, aliás, além da representação judicial da União e dos Estados-membros.

UNIÃO (CF/88)
AGU
representa a União, judicial e extrajudicialmente
consultoria e assessoramento jurídico do Poder Executivo
Detalhamentos das competências na LC 73/1993

A Constituição Federal destina dois artigos para a Advocacia Pública:

> **Art. 131.** A Advocacia-Geral da União é a instituição que, diretamente ou através de órgão vinculado, representa a União, judicial e extrajudicialmente, cabendo-lhe, nos termos da lei complementar que dispuser sobre sua organização e funcionamento, as atividades de consultoria e assessoramento jurídico do Poder Executivo.
>
> **§ 1º** A Advocacia-Geral da União tem por chefe o Advogado-Geral da União, de livre nomeação pelo Presidente da República dentre cidadãos maiores de trinta e cinco anos, de notável saber jurídico e reputação ilibada.
>
> **§ 2º** O ingresso nas classes iniciais das carreiras da instituição de que trata este artigo far-se-á mediante concurso público de provas e títulos.
>
> **§ 3º** Na execução da dívida ativa de natureza tributária, a representação da União cabe à Procuradoria-Geral da Fazenda Nacional, observado o disposto em lei.

> **Art. 132.** Os Procuradores dos Estados e do Distrito Federal, organizados em carreira, na qual o ingresso dependerá de concurso público de provas e títulos, com a participação da Ordem dos Advogados do Brasil em todas as suas fases, exercerão a representação judicial e a consultoria jurídica das respectivas unidades federadas.
>
> **Parágrafo único.** Aos procuradores referidos neste artigo é assegurada estabilidade após três anos de efetivo exercício, mediante avaliação de desempenho perante os órgãos próprios, após relatório circunstanciado das corregedorias.

14.3. Advocacia

A advocacia a que se refere a Constituição Federal é a Advocacia (privada), exercida pelos Advogados inscritos nos quadros da OAB, que não faz parte da estrutura estatal.

A esta atividade, a Constituição reservou o artigo 133:

> **Art. 133.** O advogado é indispensável à administração da justiça, sendo inviolável por seus atos e manifestações no exercício da profissão, nos limites da lei.

14.4. Defensoria Pública

A Constituição Federal de 1988, em seu artigo 5º, LXXIV, combinado com o artigo 134, adotou o modelo Público de Assistência Jurídica. Vale ressaltar que a assistência jurídica do Estado aos necessitados é tanto na seara extrajudicial quanto na judicial, promovendo a inclusão das classes sociais menos favorecidas, garantindo o mínimo existencial, através de sua orientação jurídica, da promoção dos direitos humanos e de sua defesa, em todos os graus.

Segundo a doutrina, a expressão necessitados abrange a chamada "hipervulnerabilidade", que se caracteriza não apenas pela falta de condições econômicas, mas pela falta de reconhecimento, inclusão, igualdade e conhecimentos sobre o tema em litígio.

Além disso, a Defensoria Pública também é, assim como o MP, instituição permanente, sendo expressão e instrumento do regime democrático, conforme o texto constitucional:

> **Art. 134.** A Defensoria Pública é instituição permanente, essencial à função jurisdicional do Estado, incumbindo-lhe, como expressão e instrumento do regime democrático, fundamentalmente, a orientação jurídica, a promoção dos direitos humanos e a defesa, em todos os graus, judicial e extrajudicial, dos direitos individuais e coletivos, de forma integral e gratuita, aos necessitados, na forma do inciso LXXIV do art. 5º desta Constituição Federal.

A Defensoria Pública também tem princípios institucionais previstos no art. 134, § 4º: unidade; indivisibilidade e independência funcional.

Quanto às garantias dos membros, a CF assegura a garantia da inamovibilidade e veda o exercício da advocacia fora das atribuições institucionais, sendo a remuneração através de subsídio e adquirida estabilidade após 3 anos de efetivo exercício.

- **EM RESUMO**

	MP	ADVOCACIA PÚBLICA	DEFENSORIA PÚBLICA
CHEFE	MPU – PGR MPE - PGJ	AGU – AGU PGE - PGE	DPU – DPGU DPE - DPGE
MEMBROS	Procuradores e Promotores	Advogados da União Procuradores dos Estados	Defensores Públicos
INGRESSO NA CARREIRA	• Concurso público de provas e títulos • exige-se do bacharel em direito, no mínimo, três anos de atividade jurídica	Concurso público de provas e títulos	Concurso público de provas e títulos
GARANTIAS	• vitaliciedade (2 anos) • Inamovibilidade • irredutibilidade de subsídio	• Estabilidade (3 anos) • irredutibilidade de subsídio	• Estabilidade (3 anos) • Inamovibilidade • irredutibilidade de subsídio
PRINCÍPIOS INSTITUCIONAIS	• Unidade • Indivisibilidade • Independência Funcional		• Unidade • Indivisibilidade • Independência Funcional

BIBLIOGRAFIA

BARROSO, Luís Roberto. **Curso de Direito Constitucional Contemporâneo**. Ed. Saraiva, 10ª ed., 2022.

CANOTILHO, J. J. Gomes. **Direito Constitucional e Teoria da Constituição**. Ed. Almedina, 7ª ed., 2003.

LENZA, Pedro. **Direito Constitucional Esquematizado 2021** - Editora Saraiva, 25ª Edição. Edição do Kindle.

MARTINS, Flávio. **Curso de Direito Constitucional**. Saraiva Jur, 5ª ed., 2021. Edição do Kindle.

MORAES, Alexandre de. **Direito Constitucional**. Ed. Atlas, 37ª ed., 2021.

TAVARES, André Ramos. **Curso de direito constitucional**. Editora Saraiva. Edição do Kindle.

SILVA, José Afonso da. Curso de Direito Constitucional Positivo. Editora Malheiros, 25ª ed.

15. DA ORGANIZAÇÃO DO ESTADO E DA ADMINISTRAÇÃO PÚBLICA (ART. 18 AO 43 DA CF)

Prof. Mateus Silveira

15.1. Da organização do Estado e da Administração Pública (Art. 18 ao Art. 43 da CF)

A majoritária doutrina estabelece que o Estado é formado por 3 elementos: povo, território e soberania.

República Federativa do Brasil é o nome do nosso Estado, do nosso país, nossa nação que se organiza da seguinte maneira:

	Tipos principais	Adotado no Brasil
Forma de governo	República ou Monarquia	República
Sistema de governo	Presidencialismo ou Parlamentarismo	Presidencialismo
Forma de Estado	Estado Unitário ou Federação	Federação
Regime de Governo	Autoritário, Democrático e Totalitário	Democracia

A República Federativa do Brasil é o nosso ente soberano e se constitui em uma pessoa jurídica de direito público externo, enquanto a União e os demais entes têm autonomia e são pessoas jurídicas de direito público interno.

O Brasil é uma república desde o final do império com a Proclamação da República em 15/11/1889. A república é pela Constituição Federal de 1988 um princípio sensível constitucional, previsto no Art. 34, VII, "a" da CF.

A democracia é nosso regime de governo, somos um Estado Democrático de Direito como o poder emanando do provo que está submetido as leis que são feitas por seus representantes eleitos, a constituição federal prevê a democracia representativa com a eleição de representantes (Art. 1º, parágrafo único, da CF) e a democracia direita através do Plebiscito, Referendo e da Iniciativa Popular (Art. 1º, parágrafo único c/c Art. 14, I, II e III, ambos da CF).

O Presidencialismo é o nosso sistema de governo, no Brasil o chefe de governo é o presidente da república. Nossa forma de estado é a Federação, somos uma federação composta pela união indissolúvel dos Estados, Municípios e Distrito Federal, a federação de estados é uma cláusula pétrea constitucional (Art. 60, § 4º, I, da CF).

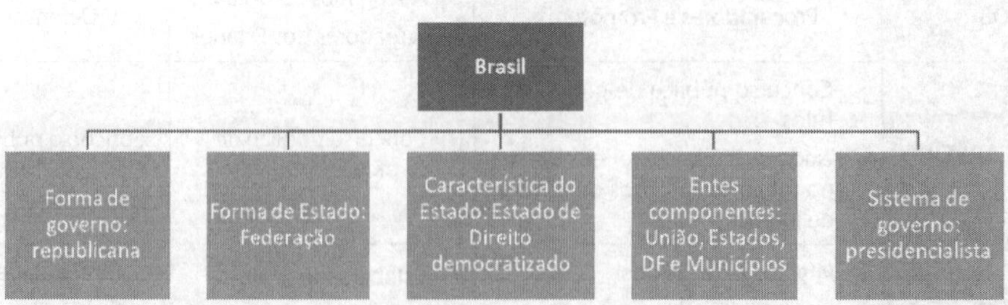

15.2 Da organização político-administrativa. (Art. 18 ao Art. 19 da CF)

O art. 18, "caput" da CF estabelece que a organização político-administrativa da República compreende a divisão do estado brasileiro em quatro entes federados: União, Estados, Municípios e Distrito Federal, todos autônomos.

Brasília é a capital federal (art. 18, §1º, CF). O DF não pode ser confundido com território federal. Ele é uma entidade autônoma da federação, ou seja, um ente federado e os territórios federais não são autônomos, pois integram a União.

As quatro características que tocam os entes da federação:

- **Autogoverno**: autonomia para escolher seus governantes sem interferência outros entes;
- **Auto-organização**: capacidade para se auto-organizarem a União (Constituição Federal), os Estados (Constituição Estadual), os Municípios e o Distrito Federal (lei orgânica);
- **Autolegislação**: capacidade de elaborarem suas próprias normas, através de um processo legislativo próprio, no entanto devem obedecer às diretrizes legais federais, pois há uma rigidez Constitucional a ser obedecida;
- **Autoadministração**: capacidade de se administrarem de forma independente, tomando suas próprias decisões executivas, legislativas e orçamentárias (captando receitas através de tributos e gerindo despesas através do cumprimento das normas orçamentárias).

15.3. Da reorganização territorial dos entes federados

São modalidades de reorganização territorial:

- Cisão ou Subdivisão: um ente subdivide o seu território dando origem a outros entes. O ente inicial deixa de existir e surgem dois ou mais estados novos. **Exemplo: o Estado X é subdividido em dois, o Estado XA e o Estado XB, são criados dois novos estados no território do Estado X que deixa de existir.**
- Desmembramento: acontece quando um ou mais Estados cedem parte de seu território, assim, podem acontecer dois fenômenos distintos:
  - * Desmembramento-formação: Uma parte de um ente se desmembra formando um novo ente. O ente inicial continua existindo e agora temos um ente completamente novo. **Exemplo: O Estado X perde um 1/3 do seu território para a formação do Estado XC, portanto agora teremos o Estado X (com 2/3 do seu território original e o novo Estado XC (originado a partir de 1/3 do Estado X)**;
  - * Desmembramento-anexação: Uma parte de um ente se desmembra, porém, ao invés de formar um novo ente, ela é anexada por outro existente. O ente inicial continua existindo e não temos a formação de um ente novo, mas um aumento territorial do outro. **Exemplo: Temos os Estados X e Y, uma parte do Estado X se desmembra e se anexa ao Estado Y, aumentando o território de Y e reduzindo o território de X;**
- Fusão: Dois ou mais entes se agregam e assim formam um ente novo. Os entes iniciais deixam de existir, é o ato de incorporar-se entre si. **Exemplo: Os Estados X e Y se unem em um novo estado, o Estado XY e os entes anteriores deixam de existir.**

15.4. Da reorganização territorial de estados e territórios federais:

> Art. 18, § 3º da CF - Os Estados podem incorporar-se entre si, subdividir-se ou desmembrar-se para se anexarem a outros, ou formarem novos Estados ou Territórios Federais, mediante aprovação da população diretamente interessada, através de plebiscito, e do Congresso Nacional, por lei complementar.

Para possibilitar a reorganização territorial dos estados os arts. 18, § 3º c/c o art. 48, VI, ambos da CF/88, estabeleceram alguns requisitos:

1º) Plebiscito com a população diretamente interessada (Totalidade dos territórios envolvidos, ADI 2.650, STF), a consulta é requisito essencial, pois a rejeição por qualquer dos entes envolvidos inviabiliza o prosseguimento da reorganização territorial;

2º) Propositura do projeto de LC pelo Congresso Nacional, caso o plebiscito seja favorável a reorganização, qualquer casa do CN deverá propor uma LC (art. 4º, § 1º, da Lei nº 9.709/98).

3º) Oitiva das Assembleias legislativas: A casa que receber primeiramente o projeto de LC deve ouvir as assembleias legislativas (se tivermos mais de uma) envolvidas. Contudo a opinião (parecer) da AL não é vinculativo, podendo prosseguir no congresso o projeto de LC contra a vontade do legislativo estadual;

4º) Aprovação do Congresso Nacional: Após a audiência não vinculativa das Assembleias legislativas envolvidas, cabe ao CN deliberar sobre o projeto de LC. Destaca-se que o plebiscito realizado junto com a população envolvida vincula a propositura da LC e não a sua aprovação, deste modo, a o projeto de LC com a reorganização pode ser rejeitada pelo CN ou vetado pelo Pres. da República.

15.5. Da Reorganização Territorial de Municípios

Art. 18, § 4º, da CF - A criação, a incorporação, a fusão e o desmembramento de Municípios, far-se-ão por lei estadual, dentro do período determinado por lei complementar federal, e dependerão de consulta prévia, mediante plebiscito, às populações dos Municípios envolvidos, após divulgação dos Estudos de Viabilidade Municipal, apresentados e publicados na forma da lei (Parágrafo com redação dada pela Emenda Constitucional nº 15, de 1996).

Portanto, para a reorganização territorial dos municípios, são necessários:

1º) LC federal mencionada no § 4º do art. 18 da CF, prevendo o período para criação e a incorporação de municípios, assim como seu procedimento – atualmente não há nenhuma norma federal regulando a reorganização territorial dos municípios e isso gera a impossibilidade de novas reorganizações territoriais diante da ausência da norma federal (ADI 4711 do STF);

2º) Estudo de viabilidade municipal, deve ser apresentado, publicado e divulgado na forma da lei;

3º) Plebiscito: será realizado após o estudo de viabilidade com a população dos Municípios envolvidos, a ser convocado pela Assembleia Legislativa, conforme legislação federal e estadual;

4º) Lei estadual: que criará ou incorporará o município dentro do período fixado na LC federal.

15.6. Dos bens dos entes federados

A discussão envolvendo os bens dos entes federados, requer uma análise comparativa dos artigos 20 (bens da União) e 26 (bens dos Estados), pois as bancas adoram perguntar qual bem pertence a um desses dois entes.

Bem público	União	Estados
Terras Devolutas	serão da União se indispensáveis à defesa das fronteiras, fortificações e construções militares ou vias federais de comunicação ou à preservação ambiental;	são bens, em regra, dos Estados.
Ilhas fluviais e lacustres	serão bens da União quando fizerem limite com outros países;	são bens, em regra, dos Estados.
Águas superficiais ou subterrâneas, fluentes, emergentes e em depósito	serão da União, se na forma da lei, decorrerem de obras da União.	são bens, em regra, dos Estados.
Lagos, rios e demais águas correntes	serão da União se banhar mais de um estado, se fizerem limite com países ou se deles provierem ou se estenderem e também serão bens da união os terrenos marginais destes e as praias fluviais.	são bens, em regra, dos Estados.

– Quanto aos seguintes bens públicos:

A) **Ilhas Costeiras e Oceânicas**: serão dos Municípios quando forem sede do Município, salvo se for afetada por serviço público ou unidade ambiental federal (nestes casos serão da União). Serão dos Estados quando estiverem em seu domínio e da União os demais casos possíveis. Atenção, terceiros também poderão ser proprietários de ilhas costeiras e oceânicas.

B) **Faixa de Fronteira**: faixa de 150km de largura ao longo das fronteiras terrestres são fundamentais para a defesa do território nacional, e a sua ocupação e utilização serão reguladas em lei.

C) **São bens somente da União**: todos que atualmente lhe pertencem ou os que lhe vierem a ser atribuídos; praias marítimas, os terrenos de marinha e seus acrescidos; o mar territorial; os recursos naturais da plataforma continental e da zona econômica exclusiva; os recursos minerais, inclusive do subsolo; os potenciais de energia hidráulica; Cavidades naturais subterrâneas e os sítios arqueológicos e pré-histórico; as terras tradicionalmente ocupadas por índios.

É assegurado aos entes federativos a participação nos resultados da exploração de petróleo ou gás natural, de recursos hídricos para fins de geração de energia elétrica e de outros recursos minerais no respectivo território, plataforma continental, mar territorial ou zona econômica exclusiva, ou compensação financeira por essa exploração.

15.7 Vedações constitucionais dos entes federados

O art. 19 da CF, prevê de forma expressa que são vedados à União, aos Estados, ao Distrito Federal e aos Municípios:

> I - estabelecer cultos religiosos ou igrejas, subvencioná-los, embaraçar-lhes o funcionamento ou manter com eles ou seus representantes relações de dependência ou aliança, ressalvada, na forma da lei, a colaboração de interesse público;
>
> II - recusar fé aos documentos públicos;
>
> III - criar distinções entre brasileiros ou preferências entre si.

15.8. Das Competências dos entes federados

Ao falarmos de competências, temos que lembrar que as atribuições dos entes federados, podem ser de dois tipos: administrativas ou materiais e legislativas.

15.9. União

15.9.1. Da Competência administrativa ou material

A União tem **competência administrativa exclusiva** do art. 21 da CF, ou seja, são atribuições de natureza material atribuídas exclusivamente para União através de competências de Estado e de Governo. Estão entre as competências exclusivas da União: manter relações com Estados estrangeiros e participar de organizações internacionais; declarar a guerra e celebrar a paz; assegurar a defesa nacional; decretar o estado de sítio, o estado de defesa e a intervenção federal; autorizar e fiscalizar a produção e o comércio de material bélico; emitir moeda; manter o serviço postal e o correio aéreo nacional; explorar, diretamente ou mediante autorização, concessão ou permissão os serviços de radiodifusão sonora, e de sons e imagens; exercer a classificação, para efeito indicativo, de diversões públicas e de programas de rádio e televisão; conceder anistia; organizar, manter e executar a inspeção do trabalho; e organizar e fiscalizar a proteção e o tratamento de dados pessoais, nos termos da lei.

A União tem a **competência administrativa/material comum** do Art. 23 da CF, na qual as atribuições administrativas tocam todos os entes federados. Estão entre as competências comuns dos entes União, Estados, Distrito Federal e os Municípios: zelar pela guarda da Constituição, das leis e das instituições democráticas e conservar o patrimônio público; cuidar da saúde e assistência pública, da proteção e garantia das pessoas portadoras de deficiência; proteger os documentos, as obras e outros bens de valor histórico, artístico e cultural, os monumentos, as paisagens naturais notáveis e os sítios arqueológicos; impedir a evasão, a destruição e a descaracterização de obras de arte e de outros bens de valor histórico, artístico ou cultural; proporcionar os meios de acesso à cultura, à educação, à ciência, à tecnologia, à pesquisa e à inovação; proteger o meio ambiente e combater a poluição em qualquer de suas formas; preservar as florestas, a fauna e a flora; fomentar a produção agropecuária e organizar o abastecimento alimentar; promover programas de construção de moradias e a melhoria das condições habitacionais e de saneamento básico; X - combater as causas da pobreza e os fatores de marginalização, promovendo a integração social dos setores desfavorecidos; XI - registrar, acompanhar e fiscalizar as concessões de direitos de pesquisa e exploração de recursos hídricos e minerais em seus territórios; e estabelecer e implantar política de educação para a segurança do trânsito.

Como a competência comum é de todos os entes federado, é necessária a realização de uma lei complementar para estabelecer a cooperação e a função específica de cada ente dentro da competência material comum.

15.9.2. Da Competência legislativa

Quanto a competência legislativa da União a Constituição Federal prevê a competência privativa (Art. 22 da CF) e a competência concorrente (Art. 24 da CF).

Na **competência privativa do art. 22 da CF** temos a possibilidade da União delegar para os Estados por meio de lei complementar, parte da competência estabelecida em um dos incisos do artigo, contudo é necessário se respeitar a forma da delegação que estabelece a necessidade de lei complementar, além disso a delegação ocorrerá para todos os Estados de forma isonômica.

Na **competência concorrente do art. 24 da CF** temos a União legislando sobre regras gerais e os Estados e o DF legislando sobre normas específicas, destacando-se que na falta de regra geral a ser estabelecida pela União, os Estados poderão exercer competência legislativa plena (Art. 24, § 3º da CF), contudo, surgindo a legislação de norma geral da União e havendo norma estadual contrária ao novo texto legal federal, os dispositivos estaduais contrários terão sua eficácia suspensa (Art. 24, § 4º da CF).

O art. 22 dispõe que compete privativamente à União legislar sobre direito civil, comercial, penal, processual, eleitoral, agrário, marítimo, aeronáutico, espacial e do trabalho. Mas como lembrar disso?

▷ **A dica é:**

CAPACETE do PM

C - Civil;
A - Agrário;
P - Penal;
A - Aeronáutico;
C - Comercial;
E - Eleitoral;
T - Trabalho;
E - Espacial;
P - Processual;
M - Marítimo.

Já sobre a legislação concorrente, lembre-se:

TRI FINA PENI ECO URBA

Tributário – Financeiro – Penitenciário – Econômico – Urbanístico

Quanto ao Direito Processual, é competência legislativa privativa da União; já no tocante aos procedimentos em matéria processual a competência legislativa é concorrente (art. 24, XI). Quanto a Seguridade Social, ela é formada pela saúde + previdência social + assistência social, esse conjunto como um todo, é de competência legislativa privativa da União (art. 22, XXIII); já a Previdência Social, bem como a proteção e a defesa da saúde são temas da legislação concorrente (art. 24, XII), pois cada ente possui o seu regime próprio de previdência e proteger a saúde é algo que merece união de forças dos entes públicos. Quanto a Educação: Legislar sobre a educação é competência concorrente; já legislar sobre diretrizes e bases da educação nacional é privativa da União, até porque, tudo que tiver diretrizes, bases e nacional, será da competência da União.

Privativa da União (art. 22)	Concorrente (art. 24)
Seguridade Social (art. 22, XXIII, CF/88)	Previdência Social (assim como a proteção e defesa da saúde) – art. 24, XII, CF/88
Diretrizes e bases de educação nacional (art. 22, XXIV, CF/88)	Educação, cultura, ensino e desporto (art. 24, IX, CF/88)
Direito processual (art. 22, I, CF/88)	Procedimentos em matéria processual (art. 24, XI, CF/88)
Direito comercial (art. 22, I, CF/88)	Juntas Comerciais (art. 24, III, CF/88)
Direito Penal (art. 22, I, CF/88)	Direito Penitenciário (art. 24, I, CF/88)

15.10. Dos Estados

Os Estados organizam-se e regem-se pelas Constituições (poder constituinte derivado decorrente) e leis que adotarem, observados os princípios da Constituição Federal (princípio da simetria).

Os Estados poderão, mediante lei complementar, instituir regiões metropolitanas, aglomerações urbanas e microrregiões, constituídas por agrupamentos de municípios limítrofes, para integrar a organização, o planejamento e a execução de funções públicas de interesse comum.

Em relação à Assembleia Legislativa, o número de deputados corresponderá ao triplo da representação do Estado na Câmara dos Deputados e, atingido o número de trinta e seis, será acrescido de tantos quantos forem os Deputados Federais acima de doze.

O mandato dos deputados estaduais será de 4 anos, e as regras sobre sistema eleitoral, inviolabilidade, imunidades, remuneração, perda de mandato, licença, impedimentos e incorporação às Forças Armadas seguem a Constituição Federal.

O subsídio dos Deputados Estaduais será fixado por lei de iniciativa da Assembleia Legislativa, na razão de, no máximo, setenta e cinco por cento daquele estabelecido, em espécie, para os Deputados Federais, observado o que dispõem os arts. 39, § 4º, 57, § 7º, 150, II, 153, III, e 153, § 2º, I da CF/88.

Compete às Assembleias Legislativas dispor sobre seu regimento interno, polícia e serviços administrativos de sua secretaria, e prover os respectivos cargos.

Já em relação ao governador e vice-governador, a eleição será para um mandato de 4 anos, e será realizada no primeiro domingo de outubro, em primeiro turno, e no último domingo de outubro, em segundo turno, se houver, do ano anterior ao do término do mandato de seus antecessores, e a posse ocorrerá em 6 de janeiro do ano subsequente (a partir das eleições de 2026), observado, quanto ao mais, o art. 77 da CF/88.

Perderá o mandato o Governador que assumir outro cargo ou função na administração pública direta ou indireta, ressalvada a posse em virtude de concurso público e observado o disposto no art. 38, I, IV e V da CF/88.

Os subsídios do Governador, do Vice-Governador e dos Secretários de Estado serão fixados por lei de iniciativa da Assembleia Legislativa, observado o que dispõem os arts. 37, XI, 39, § 4º, 150, II, 153, III, e 153, § 2º, I da CF/88.

15.10.1 Das Competências dos Estados

As competências estaduais constantes na Constituição Federal estão divididas em:

A) Competência remanescente (administrativa e legislativa), pois compete aos Estados administrar ou legislar sobre tudo aquilo que não for vedado, conforme o Art. 25, § 1º da CF;

B) Competência legislativa concorrente, compete aos Estados legislar sobre regras específicas contidas no Art. 24 da CF;

C) Competência legislativa privativa delegada da União, compete aos Estados legislar sobre temas de competência privativa da União que tenham sido delegados por meio de lei complementar da

União para os Estados, conforme prevê o Art. 22, parágrafo único da CF;

D) Competência legislativa para instituir regiões metropolitanas, aglomerações urbanas e microrregiões, mediante lei complementar estadual, conforme dispõe o Art. 25, § 3º da CF;

E) Competência legislativa plena nos termos do Art. 24, § 3º da CF;

F) Competência administrativa comum, atribuída aos Estados e aos demais entes federados, conforme prevê o Art. 23 da CF.

15.11 Dos Municípios

O município será regido por lei orgânica, votada em dois turnos, com o interstício mínimo de dez dias, e aprovada por dois terços dos membros da Câmara Municipal, que a promulgará, atendidos os princípios estabelecidos na Constituição Federal e na Constituição do respectivo Estado.

Além disso, a lei orgânica deverá obedecer a alguns preceitos.

- Eleição do Prefeito, do Vice-Prefeito e dos Vereadores, para mandato de quatro anos, mediante pleito direto e simultâneo realizado em todo o País;
- Eleição do Prefeito e do Vice-Prefeito realizada no primeiro domingo de outubro do ano anterior ao término do mandato dos que devam suceder, aplicadas as regras do art. 77 no caso de Municípios com mais de duzentos mil eleitores;
- Posse do Prefeito e do Vice-Prefeito no dia 1º de janeiro do ano subsequente ao da eleição;
- Para a composição das Câmaras Municipais, será observado o limite máximo previsto no inciso IV do art. 29 da CF/88;
- Subsídios do Prefeito, do Vice-Prefeito e dos Secretários Municipais fixados por lei de iniciativa da Câmara Municipal, observado o que dispõem os arts. 37, XI, 39, § 4º, 150, II, 153, III, e 153, § 2º, I;
- O subsídio dos Vereadores será fixado pelas respectivas Câmaras Municipais em cada legislatura para a subsequente, observado o que dispõe esta Constituição, observados os critérios estabelecidos na respectiva Lei Orgânica e os seguintes limites máximos: Alíneas "A" até "F";
- O total da despesa com a remuneração dos Vereadores não poderá ultrapassar o montante de cinco por cento da receita do município;
- Inviolabilidade dos Vereadores por suas opiniões, palavras e votos no exercício do mandato e na circunscrição do Município;
- Proibições e incompatibilidades, no exercício da vereança, similares, no que couber, ao disposto nesta Constituição para os membros do Congresso Nacional e, na Constituição do respectivo Estado, para os membros da Assembleia Legislativa;
- Julgamento do Prefeito perante o Tribunal de Justiça;
- Organização das funções legislativas e fiscalizadoras da Câmara Municipal;
- Cooperação das associações representativas no planejamento municipal;
- Iniciativa popular de projetos de lei de interesse específico do Município, da cidade ou de bairros, através de manifestação de, pelo menos, cinco por cento do eleitorado;
- Perda do mandato do Prefeito, nos termos do art. 28, § 1° da CF;

A despesa total do Poder Legislativo Municipal está prevista no art. 29-A e incisos da CF/88. Além disso, a Câmara Municipal não gastará mais de setenta por cento de sua receita com folha de pagamento, incluído o gasto com o subsídio de seus Vereadores.

O §2º do art. 29-A dispõe que constitui crime de responsabilidade do prefeito:

- efetuar repasse que supere os limites definidos no art. 29-A;
- não enviar o repasse até o dia vinte de cada mês;
- ou enviá-lo a menor em relação à proporção fixada na Lei Orçamentária.

15.11.1. Das competências dos Municípios

- Competências legislativa de interesse local – Art. 30, I da CF;
- Competência legislativa concorrente cominada com o interesse local de suplementar a legislação federal e a estadual no que couber – Art. 30, II da CF;
- Competência administrativa comum - - Art. 23 da CF;
- Competência administrativa específica – Art. 23, III ao IX da CF.

15.12. Do Distrito Federal e dos Territórios

O Distrito Federal é um ente federativo autônomo, uma pessoa jurídica de direito público interno. O Distrito Federal não é Brasília, pois Brasília é uma "cidade" que está situada dentro do território do DF junto com mais outras "cidades satélites", portanto

Brasília é uma cidade-centro, uma cidade das cidades[2], Brasília é a capital federal por disposição expressa do Art. 18, § 1º da CF. Porém, chamei Brasília de "cidade" e não município, pois o DF não está dividido em municípios, ficando toda a administração, organização e governo centralizados no DF pelo governador do DF (poder executivo) e a Câmara Legislativa do DF (poder legislativo), além do judiciário do DF que é o Tribunal de Justiça do Distrito Federal e Territórios.

15.12.1 Das Competências do Distrito Federal

- Competência legislativa reservada aos Estados e Municípios – Art. 32, § 1º da CF;
- Competência legislativa concorrente – Art. 24 da CF;
- Competências comuns administrativas do DF e dos demais entes federados – Art. 23 da CF.

15.12.2. Territórios Federais

Os territórios não possuem autonomia política, na verdade eles se configuram em autarquias da União, em regime especial, e por isso os Governadores não serão eleitos, mas indicados, sabatinados pelo Senado (art. 52, III, c, da CF) e nomeados pelo Presidente da República (art. 84, XIV, da CF).

Os Territórios não elegem Senadores, mas terão a 4 representantes na CD (art. 45, § 2º, da CF), já os Municípios que porventura sejam criados dentro dos TF, os mesmos possuirão autonomia.

▷ Atenção ao art. 33, § 3º, da CF (TJDFT):

▷ § 3º Nos Territórios Federais com mais de cem mil habitantes, além do Governador, nomeado na forma desta Constituição, haverá órgãos judiciários de primeira e segunda instâncias, membros do Ministério Público e defensores públicos federais; a lei disporá sobre as eleições para a Câmara Territorial e sua competência deliberativa.

16. DEFESA DO ESTADO E DAS INSTITUIÇÕES DEMOCRÁTICAS

16.1. Da Intervenção Federal e Estadual

A intervenção é medida excepcional e só deve ocorrer nos casos previstos expressamente na Constituição (arts. 34 a 36 da CF/88). A Intervenção pode ser federal (Art. 34 da CF) ou estadual (Art. 35 da CF).

Se materializa por decreto do chefe do poder executivo ou Presidente da República ou Governador do Estado:

> **"Art. 84 da CF. Compete privativamente ao Presidente da República:**
>
> **X - decretar e executar a intervenção federal;"**

A publicação do decreto, torna-se imediatamente eficaz, legitimando os demais atos atinentes à intervenção, submetendo essa decisão à apreciação do Poder Legislativo federal (Congresso Nacional) ou legislativo estadual (Assembleia Legislativa) no prazo de 24 horas (art. 36, § 1º da CF/88), **NOS CASOS QUE NECESSITAM APROVAÇÃO DO CONGRESSO NACIONAL.**

É importante salientar que não existe na Constituição Federal, nenhuma espécie de intervenção realizada pelas forças armadas, ou seja, não existe nenhuma intervenção militar constitucional.

▷ Tipos de Intervenção:

Intervenção Federal Comum ou Possível	Intervenção Federal Anômala ou Incomum	Intervenção Estadual
Art. 34 da CF – Da União nos Estados e no DF	Art. 35, "caput", 2º parte da CF – Intervenção da União nos Municípios localizados em territórios federais.	Art. 35 da CF – Intervenção do Estado em um dos seus Municípios.

▪ **DA INTERVENÇÃO FEDERAL COMUM OU POSSÍVEL:**

A) De ofício: art. 34, I, II, III e V da CF;

- (1º) Juízo discricionário do Presidente (art. 34, incisos I, II, III e V da CF), (2º) com aprovação do Congresso - controle político posterior ao decreto (art. 36, § 1º e § 2º da CF);

B) Por solicitação dos poderes: art. 34, IV da CF;

- (1º) Solicitação do Poder Coacto ao Presidente (art. 34, IV, primeira parte da CF), (2º) com aprovação posterior do Congresso – controle político posterior ao decreto (art. 36, I § 1º e § 2º da CF);
- (1º) Requisição do STF ao Presidente no caso de coação ao Poder Judiciário (34, IV, segunda parte, da CF), (2º) com aprovação posterior do Congresso - controle político posterior ao decreto (art. 36, I e § 1º e § 2º da CF);

2. Silva, José Afonso da. Curso de Direito Constitucional Positivo. 33.ed. São Paulo: Malheiros, 2010.

C) Por requisição judicial: art. 34, VI e VII da CF.

- (1º) Requisição do STF, STJ, TSE ao Presidente (art. 34, VI, segunda parte, da CF), (2º) SEM necessidade de aprovação posterior do Congresso - após requisição o presidente decreta (art. 36, II, c/c § 3º da CF);
- (1º) Representação Interventiva (ou ADIn Interventiva) (art. 34, VI primeira parte - recusa a aplicação de lei - e art. 34, VII - princípios constitucionais sensíveis, ambos da CF), (2º) SEM necessidade de aprovação posterior do Congresso - após decisão o presidente decreta (art. 36, III c/c § 3º da CF).

▪ **Na Intervenção estadual nos municípios prevista no Art. 35 da CF, temos:**

- Art. 35, I, II e III da CF = sendo realizada de ofício pelo governador (juízo discricionário) com posterior aprovação do legislativo estadual para a realização do controle político;
- Art. 35, IV da CF = representação interventiva do PGJ (procurador Geral de Justiça - chefe do MP estadual) junto ao Tribunal de Justiça do estado e após a decisão a ciência ao governador para decretar a intervenção nos exatos termos da decisão judicial (atenção: não há controle político posterior nessa hipótese).

16.2. Estado de Defesa e Estado de Sítio

Na defesa do Estado e das Instituições democráticas temos dois grandes grupos de Atuação:

1º) Instrumentos e Medidas excepcionais - Sistema Constitucional de Crises que é composto pelo Estado de Defesa e o Estado de Sítio;

2º) Defesa do país (forças armadas) ou Defesa da sociedade (segurança pública);

▪ **Decretar e autorizar o "Sistema Constitucional de Crises" é um ato político**

Poder Executivo: Art. 84, IX da CF

> Art. 84. Compete privativamente ao Presidente da República:
>
> IX - decretar o estado de defesa e o estado de sítio;

▪ **Controle Parlamentar (Político)**

Poder Legislativo: Art. 49, IV da CF

> Art. 49. É da competência exclusiva do Congresso Nacional:
>
> IV - aprovar o estado de defesa e a intervenção federal, autorizar o estado de sítio, ou suspender qualquer uma dessas medidas;

As medidas previstas no "sistema constitucional de crises" serão submetidas a controle do legislativo o estado de defesa (controle político posterior a decretação) e o estado de sítio (controle político anterior a decretação);

16.2.1. Estado de Defesa (Art. 136 da CF)

O presidente da república decreta estado de defesa para preservar ou prontamente restabelecer, em locais restritos e determinados, a ordem pública ou a paz social **ameaçadas por grave e iminente instabilidade institucional ou atingidas por calamidades de grandes proporções na natureza.**

O estado de defesa tem duração não superior a trinta dias e só pode ser prorrogado por igual período uma vez, se persistirem as razões que justificaram a decretação. O decerto do presidente que instituir o estado de defesa deverá ser realizado após a oitiva dos conselhos da república e de defesa nacional, determinará o tempo de duração da medida, especificará as áreas abrangida e as medidas coercitivas que irão vigorar.

São medidas coercitivas possíveis no estado de defesa, as restrições aos direitos de: a) reunião, ainda que exercida no seio das associações; b) sigilo de correspondência; c) sigilo de comunicação telegráfica e telefônica; e a ocupação e uso temporário de bens e serviços públicos, na hipótese de calamidade pública, respondendo a União pelos danos e custos decorrentes.

O decreto do estado de defesa deve ser submetido ao congresso no prazo de 24horas, se o congresso nacional estiver de recesso, será convocado extraordinariamente no prazo de 5 dias. O congresso tem o prazo de 10 dias contados do recebimento para decidir por maioria absoluta se aprova ou não o estado de defesa, devendo continuar funcionando enquanto vigorar a medida. Caso ocorra a rejeição do decreto pelo legislativo, o estado de defesa cessa imediatamente após a decisão.

A constituição federal prevê que na vigência do estado de defesa: a prisão por crime contra o Estado, determinada pelo executor da medida, será por este comunicada imediatamente ao juiz competente, que a relaxará, se não for legal, facultado ao preso requerer exame de corpo de delito à autoridade policial; a comunicação será acompanhada de declaração, pela autoridade, do estado físico e mental do detido no momento de sua autuação; a prisão ou detenção de qualquer pessoa não poderá ser superior a dez dias, salvo quando autorizada pelo Poder Judiciário; e a vedação da incomunicabilidade do preso.

16.2.2. Estado de Sítio

O estado de sítio é uma medida mais grave que o estado de defesa e é solicitada pelo presidente da república ao congresso nacional, após ouvir o Conselho da República e o Conselho de Defesa Nacional. Portanto, no estado de sítio o presidente primeiro solicita autorização do congresso nacional e depois de autorizado, ele decreta a medida.

O estado de sítio pode ser solicitado nas seguintes situações: comoção grave de repercussão nacional ou ocorrência de fatos que comprovem a ineficácia de medida tomada durante o estado de defesa; e declaração de estado de guerra ou resposta a agressão armada estrangeira.

O decreto do estado de sítio indicará sua duração, as normas necessárias a sua execução e as garantias constitucionais que ficarão suspensas, e, depois de publicado, o Presidente da República designará o executor das medidas específicas e as áreas abrangidas. O decreto do estado de sítio indicará sua duração, as normas necessárias a sua execução e as garantias constitucionais que ficarão suspensas, e, depois de publicado, o Presidente da República designará o executor das medidas específicas e as áreas abrangidas, o congresso nacional permanecerá em funcionamento, até o término de todas as medidas coercitivas.

A duração do estado de defesa não pode ser superior a 30 dias na hipótese de comoção grave de repercussão nacional ou ocorrência de fatos que comprovem a ineficácia de medida tomada durante o estado de defesa. Contudo, é possível a prorrogação sem limites, mas sem ultrapassar o período máximo de 30 dias a cada decerto prorrogado. Já o estado de sítio originado por declaração de estado de guerra ou resposta a agressão armada estrangeira, poderá durar por todo o tempo que perdurar a motivação.

Quanto às medidas limitadoras de direitos e garantias fundamentais, temos que na situação de guerra ou agressão de estado estrangeiro, qualquer medida pode ser aplicada, podendo em tese a maioria das garantias constitucionais serem suspensas, mas não é possível se afirmar com certeza, pois não temos nenhum posicionamento do STF a esse respeito. Já quanto ao estado de sítio motivado pela comoção grave de repercussão nacional ou ocorrência de fatos que comprovem a ineficácia de medida tomada durante o estado de defesa, temos a possibilidade de aplicar as seguintes medidas previstas no Art. 139 da CF: obrigação de permanência em localidade determinada; detenção em edifício não destinado a acusados ou condenados por crimes comuns; restrições relativas à inviolabilidade da correspondência, ao sigilo das comunicações, à prestação de informações e à liberdade de imprensa, radiodifusão e televisão, na forma da lei; suspensão da liberdade de reunião; busca e apreensão em domicílio; intervenção nas empresas de serviços públicos; e requisição de bens.

DIREITO CIVIL

Patrícia Strauss

Franciele Kühl

Mateus Silveira

Sumário:

1. LEI DE INTRODUÇÃO ÀS NORMAS DO DIREITO BRASILEIRO

1.1. Lei de Introdução ao Direito Brasileiro (LINDB)

Mateus Silveira

Art. 1º Salvo disposição contrária, a lei começa a vigorar em todo o país quarenta e cinco dias depois de oficialmente publicada.

§ 1º Nos Estados, estrangeiros, a obrigatoriedade da lei brasileira, quando admitida, se inicia três meses depois de oficialmente publicada.

1) Das fontes do Direito

Fontes formais são a lei, analogia, costumes e os princípios gerais de direito.

A **Lei é a nossa principal fonte**, sendo uma fonte formal, direta ou imediata primária. Podendo a lei ser definida como a norma determinada pelo Estado, que deve ser cumprida e obedecida, pois assume uma forma imperativa.

- **Analogia**: como a aplicação de uma norma próxima ou de um conjunto de normas próximas, não havendo norma prevista para um determinado caso concreto. Dessa forma, ocorrendo omissão da lei jurídica para uma dada situação fática, deve o intérprete/aplicador do direito procurar respostas no próprio ordenamento jurídico, se permitindo a aplicar uma norma além do seu campo de atuação.
- **Costumes**: são as práticas e usos reiterados com conteúdo lícito e relevância jurídica.
- **princípios gerais do direito**: são regras que não foram estabelecidas legalmente em normas, mas que estão contidos de forma inseparável do ordenamento jurídico.

No tocante as fontes temos as **fontes não formais**, indiretas ou mediatas que **são a doutrina e a jurisprudência** que não geram regras ou normas jurídicas, mas estabelecem grande contribuição para a elaboração e a interpretação das normas.

Art. 4º da LINDB - Quando a lei for omissa, o juiz decidirá o caso de acordo com a analogia, os costumes e os princípios gerais de direito.

Necessário se destacar que a lei tem as seguintes características:

- **Generalidade**, se dirige à todos e tem eficácia "erga omnes";
- **Imperatividade,** impõe deveres e condutas para toda a sociedade;
- **Permanência**, a lei segue vigorando no tempo, até que seja revogada ou venha a perder a sua eficácia;
- **Competência**, deve ser emana de uma autoridade competente e que tenha respeitado o devido processo legislativo;
- **Autorizante**, a norma jurídica está carregada da ideia de um autorização, ou seja, autoriza ou não uma determinada conduta.

2) Da Vigência da Lei no Tempo

A lei passa por um processo grande antes de entrar em vigor, sendo o caminho final o caminho da promulgação e publicação, tendo vigência depois do período de *vacatio legis*.

2.1) Passos ou Caminho das leis:

2.1.1) Processo Legislativo

O processo legislativo ocorre nos termos da Constituição Federal:

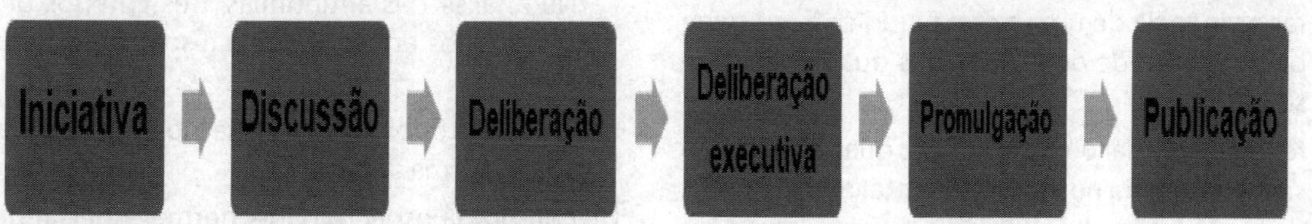

Promulgação	Publicação
Estabelece o fim do trâmite do projeto lei com o nascimento da norma e a posterior ordem de publicação da norma.	Vai estabelecer quando a norma passa a vigorar. Pois, é a partir da publicação ou de prazo estabelecido de "vacatio legis" com marco inicial da publicação que teremos o estabelecimento do termo inicial da vigência.

2.1.2) Da *Vacatio Legis*

É na publicação que uma norma tem seu início, pois ninguém pode se escusar do cumprimento da ei alegando que não a conhece.

Princípio da obrigatoriedade da norma

Art. 3º da LINDB - Ninguém se escusa de cumprir a lei, alegando que não a conhece.

Toda norma tem um ciclo que é a sua elaboração, seu início com a publicação e a revogação ou o término da validade que estabelece seu fim.

A ***vacatio legis*** é o intervalo entre a publicação e a entrada em vigor da norma.

O período de ***vacatio*** é em regra previsto pela própria norma, contudo não havendo a previsão efetuada pela norma publicada de modo específico, se aplica o período de 45 dias, após a sua publicação oficial.

> Art. 1º Salvo disposição contrária, a lei começa a vigorar em todo o país quarenta e cinco dias depois de oficialmente publicada.

No Brasil por ser uma república federativa, se adota o prazo único de vacatio legis, assim a lei entra em vigor na mesma data em todo o país.

Na contagem do prazo da vacatio legis, se inclui contando o dia da publicação e o último dia do prazo, passando a norma em vacância a viger no dia subsequente ao término.

Decretos e regulamentos não possuem vacatio legis, pois entram em vigor na data da sua publicação.

Nos Estados estrangeiros, a obrigatoriedade da lei brasileira, quando admitida, se inicia três meses depois de oficialmente publicada (Art. 1º, § 1º da LINDB).

Dispositivos da LINDB:

> Art. 1º da LINDB
>
> § 3º Se, antes de entrar a lei em vigor, ocorrer nova publicação de seu texto, destinada a correção, o prazo deste artigo e dos parágrafos anteriores começará a correr da nova publicação.
>
> § 4º As correções a texto de lei já em vigor consideram-se lei nova.

2.2) Da Revogação da lei

A revogação é a forma mais simples para se retirar a vigência de uma norma jurídica e em regra pode ocorrer de duas maneiras quanto a extensão:

A) revogação total ou ab-rogação: quando se torna sem efeito uma norma na sua totalidade, ou seja, de forma integral;

B) revogação parcial ou derrogação: acontece quando uma lei nova estabelece sem efeito parte de uma lei anterior.

Já quanto ao modo, há duas formas de revogação:

A) revogação expressa (ou por via direta): a situação ocorre quando a lei nova declara de forma taxativa a revogação da lei anterior ou determina claramente quais são os dispositivos que devem ser retirados na norma;

B) revogação tácita (ou por via oblíqua): neste caso a lei nova é incompatível com a lei anterior, mas não há previsão expressa de texto que deva ser revogado;

2.2.1) Da repristinação e do efeito represtinatório

A repristinação é o fato de uma lei revogada voltar a viger, pois a sua lei revogadora deixou de existir. Essa situação não pode ocorrer, é proibida pelo Art. 2º, §3º da LINDB.

> Art. 2º, § 3º da LINDB - Salvo disposição em contrário, a lei revogada não se restaura por ter a lei revogadora perdido a vigência.

Não existe efeito repristinatório automático, mas temos duas possibilidades de situações que podem gerar o efeito represtinatótio:

A) o efeito represtinatório decorre da declaração de inconstitucionalidade de uma lei;

B) a outra possibilidade é o efeito repristinatório que esteja previsto pela própria norma jurídica.

Muitas vezes, podem surgir conflitos quando uma norma é modificada ou com o surgimento de uma nova lei. Em casos tais, deve o aplicador do direito procurar socorro em regras específicas de direito intertemporal, denominadas Disposições finais e transitórias, o CC e a CF possuem normas transitórias.

Atenção: o desuso de uma lei, não a revoga.

2.3) Das lacunas e antinomias nas leis

A antinomia ocorre quando nós temos duas normas conflitantes que estão válidas, pois passaram por todo um processo legislativo adequado, contudo não se pode dizer qual delas irá merecer a aplicação em um determinado caso concreto.

Na análise das antinomias, três critérios devem ser levados em conta para a solução dos conflitos:

a) critério cronológico: norma posterior prevalece sobre norma anterior;

b) critério da especialidade: norma especial prevalece sobre norma geral;

c) critério hierárquico: norma superior prevalece sobre norma inferior.

Art. 6 (Direito adquirido, ato jurídico perfeito e coisa julgada)

Ato jurídico perfeito é aquele já consumado, que foi realizado segundo a lei vigente ao tempo em que se efetuou.

Direito adquirido são aqueles direitos que o seu titular já os tem garantidos e pertencentes ao seu patrimônio subjetivo, além disso esses direitos não podem ser modificados, desconstituídos em razão de nova ordem legal posterior.

Coisa Julgada é a decisão judicial de que já não cabe mais recurso.

2. DA LEI DE INTRODUÇÃO ÀS NORMAS DO DIREITO BRASILEIRO (DEC. Nº 4.657/1942)

2.1. A lei de introdução às normas do direito brasileiro e a personalidade da pessoa natural

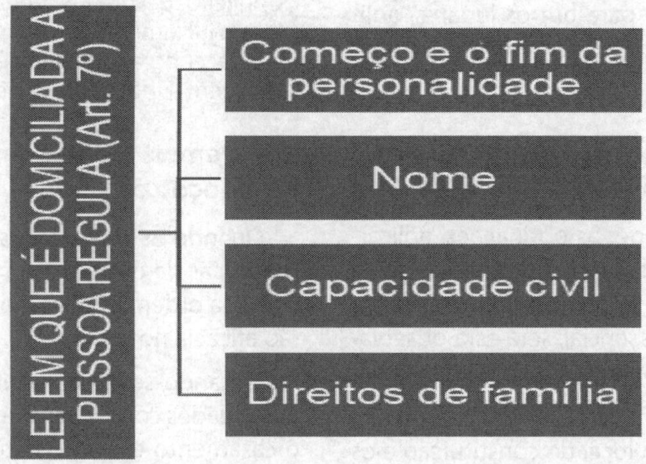

2.2. A lei de introdução às normas do direito brasileiro e as normas relativas ao casamento (art. 7º, §§ 1º a 7º)

De acordo com o art. 7º da LINDB, aplica-se a lei brasileira para os casamentos realizados no Brasil quanto aos impedimentos dirimentes e às formalidades da celebração.

O casamento de estrangeiros poderá ser celebrado perante autoridades diplomáticas ou consulares do país de ambos os nubentes, mas atenção: esse dispositivo só se aplica quando os nubentes tiverem a mesma nacionalidade.

Quanto à invalidade do matrimônio, a lei que regerá essa situação será a do domicílio dos nubentes. Tendo eles domicílio diverso, valerá a lei do primeiro domicílio conjugal. Do mesmo modo, é regulado o regime legal de bens, que será fixado o do domicílio dos nubentes, que, se antes do casamento for diverso, valerá o primeiro domicílio conjugal.

2.3. Regras para determinação de domicílio de modo subsidiário na lei de introdução às normas do direito brasileiro

O domicílio do chefe da família estende-se ao outro cônjuge e aos filhos não emancipados, salvo em caso de abandono. O mesmo acontece quanto ao domicílio do tutor ou curador aos incapazes sob sua guarda. E, quando a pessoa não tiver domicílio, considerar-se-á domiciliada no lugar de sua residência ou no local em que se encontre.

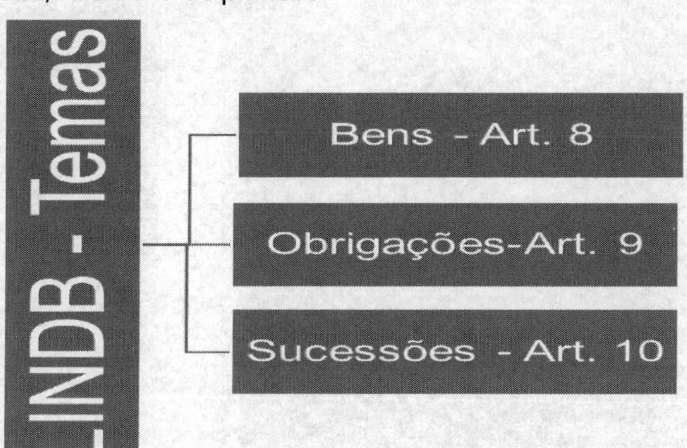

2.4. Regras para os direitos reais na lei de introdução às normas do direito brasileiro (art. 8º)

Para **qualificar os bens imóveis** e regular as relações a eles concernentes, **aplicar-se-á a lei do país em que estiverem situados.**

Quanto aos bens móveis que o proprietário trouxer e/ou transportar para outros lugares, aplicar-se-á a **lei do país** em que for **domiciliado o proprietário**.

2.5. A lei de introdução às normas do direito brasileiro e as obrigações (art. 9º)

Para se qualificar e reger as obrigações, aplicar-se-á a lei do país em que se constituírem e, destinando-se a obrigação a ser executada no Brasil, e dependendo de forma essencial, será esta observada, admitindo-se as peculiaridades da lei estrangeira quanto aos requisitos extrínsecos do ato.

Caso não tenhamos o local de constituição e os sujeitos da norma sejam ausentes, o contrato reputar-se-á constituído no lugar onde residir o proponente.

2.6. Lei de introdução às normas do direito brasileiro e sucessões (art. 10)

Qualquer que seja a natureza e a situação dos bens, a sucessão por morte ou por ausência obedece à lei do país em que domiciliado o defunto ou o desaparecido, bem como a sucessão de bens de estrangeiros, situados no País, será regulada pela lei brasileira em benefício do cônjuge ou dos filhos brasileiros, ou de quem os represente.

Sempre que não lhes seja mais favorável a lei pessoal do *de cujus*, este mesmo dispositivo constará também previsto no art. 5º, XXXI, da CF/1988. Já no tocante à capacidade de suceder a lei do **domicílio do herdeiro** ou legatário, será a lei reguladora.

> ▷ **Atenção!**
> O juiz poderá julgar uma demanda utilizando lei estrangeira, desde que tenha competência para realizar o julgamento previsto no CPC. Além disso, não conhecendo a lei estrangeira, poderá o juiz exigir de quem a invoca prova do texto e da vigência.

2.7. Demais pontos importantes da lei de introdução às normas do direito brasileiro

Quando as declarações de vontade, leis, atos e sentenças de outro país ofenderem a soberania nacional, a ordem pública e os bons costumes, não terão eficácia no Brasil.

Tratando-se de brasileiros, são competentes as autoridades consulares brasileiras para lhes celebrar o casamento e os mais atos de Registro Civil e de tabelionato, inclusive o registro de nascimento e de óbito dos filhos de brasileiro ou brasileira nascido no país da sede do Consulado.

2.8. Competências do judiciário brasileiro

A autoridade judiciária brasileira é competente para julgar uma demanda quando o réu for domiciliado no Brasil ou aqui tiver de ser cumprida a obrigação. Contudo, só à autoridade judiciária brasileira compete conhecer das ações relativas a imóveis situados no Brasil.

Resumo de temas envolvendo o Direito Internacional Privado:

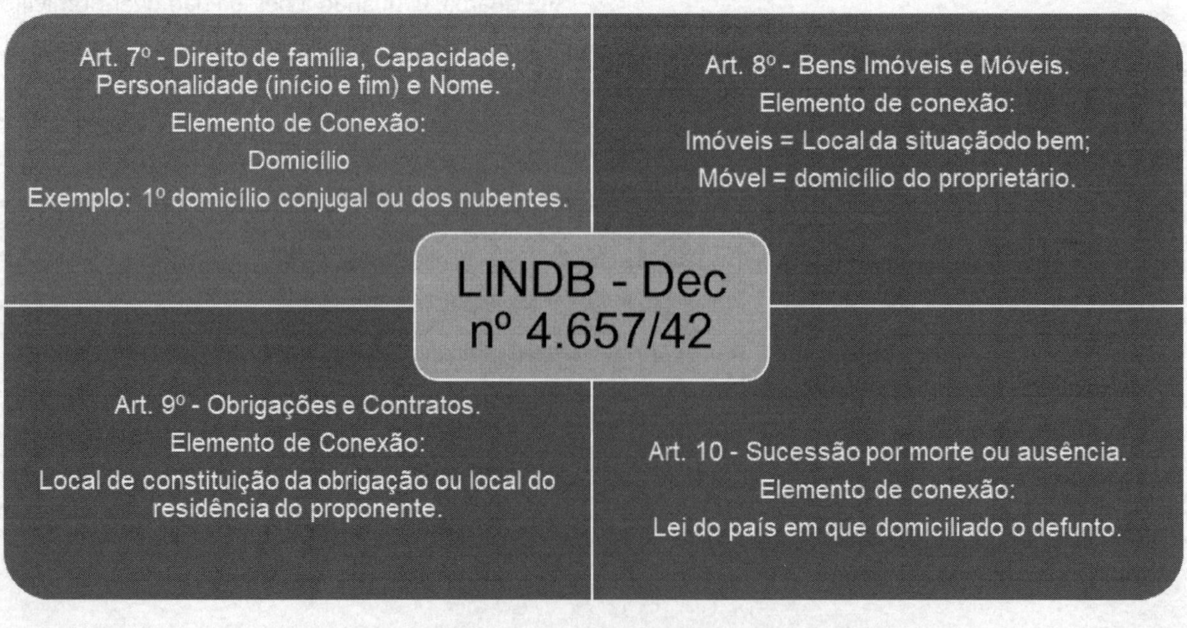

Outros apontamentos sobre a Lei de Introdução ao Direito Brasileiro

Franciele Kühl

O Decreto-Lei 4.657 remonta a 1942, porém em 25 de abril de 2018 foram acrescentados os artigos 20 ao 30. No ano seguinte, em 2019, foi emitido o Decreto 9.830/2018, o qual regulamentou esses artigos. Vamos aprofundar nossa análise nestes dez artigos, uma vez que, sem dúvida, os artigos do 20 ao 30 são os mais relevantes dentro do contexto específico do direito administrativo.

> Art. 20. Nas **esferas administrativa**, controladora e judicial, não se decidirá com base em valores jurídicos abstratos sem que sejam consideradas as consequências práticas da decisão.
>
> Parágrafo único. A **motivação** demonstrará a necessidade e a adequação da medida imposta ou da invalidação de ato, contrato, ajuste, processo ou norma administrativa, inclusive em face das possíveis alternativas. (Incluído pela Lei nº 13.655, de 2018)

A esfera administrativa é a própria Administração Pública (onde ocorrem os processos administrativos e a prática de atos administrativos). A esfera controladora pode ser representada pelo Tribunal de Contas, que efetua controle dos atos administrativos, trata-se de órgão auxiliar do Poder Legislativo. Quando o artigo fala das decisões judiciais (embora também seja órgão controlador) está se referindo as setenças e acórdãos proferidos em ações judiciais que tramitam no Poder Judiciário.

A **motivação** que se refere o parágrafo único faz parte do elemento forma dos atos administrativos. Atenção: não confunda motivo com motivação! Motivo não é a mesma coisa que motivação no direito administrativo.

A motivação é a fundamentação do ato administrativo, constituindo parte do elemento forma. Ela é a descrição do motivo, mas não se confunde com este. A motivação, quando obrigatória, é a exteriorização formal do elemento motivo, de modo que sua ausência nesse caso representa vício formal.

Veja só, motivo é a situação de fato, já a motivação, conforme ensina Cretella Junior "é a justificativa do pronunciamento tomado"[1], ou seja, ela exprime a situação de fato que levaram o agente à manifestação de vontade, a motivação faz parte do elemento forma.

1. CRETELLA JUNIOR, J. Curso de direito administrativo. Edição revisada e atualizada de acordo com a constituição vigente. Rio de Janeiro: Forense, 1995.

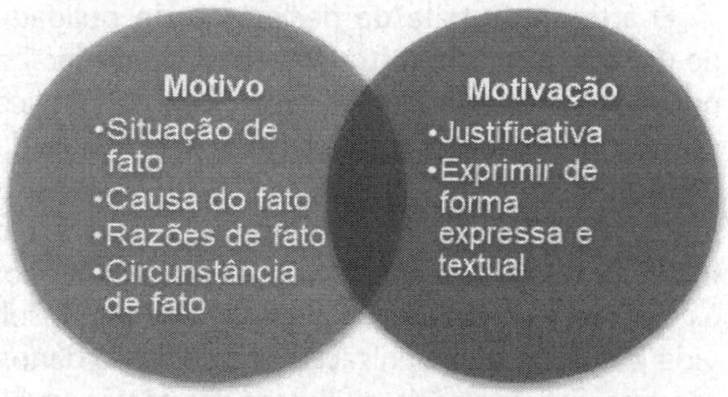

Motivo é o suporte fático abstrato (previsão na lei) e o suporte fático concreto (no mundo real), que determinam ou autorizam que o ato seja praticado. É o elemento em que identificamos o princípio da subsunção no direito administrativo.

Mas e o que isso tem a ver com o artigo 20? Ele proibe motivações decisórias vazias, sem análise de fatos e impactos.

> Art. 21. A decisão que, nas esferas administrativa, controladora ou judicial, decretar a **invalidação** de ato, contrato, ajuste, processo ou norma administrativa deverá indicar de modo expresso suas consequências jurídicas e administrativas. (Incluído pela Lei nº 13.655, de 2018)
>
> Parágrafo único. A decisão a que se refere o caput deste artigo deverá, quando for o caso, indicar as condições para que a regularização ocorra de modo proporcional e equânime e sem prejuízo aos interesses gerais, não se podendo impor aos sujeitos atingidos ônus ou perdas que, em função das peculiaridades do caso, sejam anormais ou excessivos.

A Lei nova de licitações e contratos, nos seus artigos 71 e 148 traz perfeitamente esse dever de, antes de decretar a invalidação do contrato, deverá ser indicado de modo expresso as **consequências jurídicas e administrativas**, atendendo o dispoto no artigo 21 da LINDB.

Esses artigos tratam dos procedimentos relacionados à revogação e anulação de licitações, bem como da declaração de nulidade de contratos administrativos. Conforme o artigo 71, inciso II, a autoridade superior pode revogar a licitação por conveniência e oportunidade, ou seja, se considerar que não é mais vantajoso ou adequado prosseguir com o processo licitatório. Já o inciso III, prevê que a autoridade pode anular a licitação, seja por decisão própria ou mediante solicitação de terceiros, sempre que houver uma ilegalidade que não possa ser corrigida. Nesse caso, é importante que a autoridade indique claramente quais os atos apresentam vícios graves e que todos os atos posteriores dependentes desses sejam também anulados. Além disso, é necessário abrir uma investigação para determinar a responsabilidade de quem causou esses vícios.

CIVIL

O artigo 148 trata da declaração de nulidade de um contrato administrativo. Antes de declarar a nulidade, é necessário analisar o interesse público envolvido, conforme o artigo 147. A nulidade do contrato é retroativa, o que significa que os efeitos jurídicos do contrato são desconsiderados desde o início. Se não for possível voltar à situação anterior à celebração do contrato, a nulidade pode ser resolvida por meio de indenização por perdas e danos, sem prejuízo da responsabilização das partes envolvidas e da aplicação das penalidades cabíveis.

> Art. 22. Na **interpretação de normas** sobre gestão pública, serão considerados os obstáculos e as dificuldades reais do gestor e as exigências das políticas públicas a seu cargo, sem prejuízo dos direitos dos administrados.
>
> § 1º Em decisão sobre regularidade de conduta ou validade de ato, contrato, ajuste, processo ou norma administrativa, serão consideradas as circunstâncias práticas que houverem imposto, limitado ou condicionado a ação do agente. (Incluído pela Lei nº 13.655, de 2018)
>
> § 2º Na aplicação de sanções, serão consideradas a natureza e a gravidade da infração cometida, os danos que dela provierem para a administração pública, as circunstâncias agravantes ou atenuantes e os antecedentes do agente. (Incluído pela Lei nº 13.655, de 2018)
>
> § 3º As sanções aplicadas ao agente serão levadas em conta na dosimetria das demais sanções de mesma natureza e relativas ao mesmo fato. (Incluído pela Lei nº 13.655, de 2018)

O artigo, apesar de sofrer inúmeras críticas por juristas, ele pressupõe que, antes de aplicar uma sanção ao gestor por descumprimento da lei, deve ser verificado se ele tinha as condições necessárias para cumprir as regras. Exemplo, um gestor que não tem suas contas aprovadas pelo Tribunal de Contas e que possa vir a ser responsabilizado por tal situação, na aplicação de sanção serão consideradas as situações fáticas de cada caso, considerando as peculiaridades de cada situação.

> Art. 23. A decisão administrativa, controladora ou judicial que estabelecer **interpretação ou orientação nova sobre norma de conteúdo indeterminado**, impondo novo dever ou novo condicionamento de direito, deverá prever regime de transição quando indispensável para que o novo dever ou condicionamento de direito seja cumprido de modo proporcional, equânime e eficiente e sem prejuízo aos interesses gerais.

A Lei 14.133/21 (lei nova de licitações e contratos), quando promulgada, trouxe regras de transição, por exemplo, os entes federativos e órgãos públicos não precisaram mudar imediatamente para aplicação da nova lei, há um prazo de dois anos até que a lei velha de licitações e contratos seja revogada. Esse é um exemplo de uma regra de transição.

O Decreto n. 9.830/2019, ato administrativo que regulamenta os artigos 20 ao 30 da LINDB, refere que o regime de transição deverá prever:

- os órgãos e as entidades da administração pública e os terceiros destinatários;
- as medidas administrativas a serem adotadas para adequação à interpretação ou à nova orientação sobre norma de conteúdo indeterminado; e
- o prazo e o modo para que o novo dever ou novo condicionamento de direito seja cumprido.

> Art. 24. A **revisão**, nas esferas administrativa, controladora ou judicial, quanto à validade de ato, contrato, ajuste, processo ou norma administrativa cuja produção já se houver completado levará em conta as orientações gerais da época, sendo vedado que, com base em mudança posterior de orientação geral, se declarem inválidas situações plenamente constituídas.
>
> Parágrafo único. Consideram-se orientações gerais as interpretações e especificações contidas em atos públicos de caráter geral ou em jurisprudência judicial ou administrativa majoritária, e ainda as adotadas por prática administrativa reiterada e de amplo conhecimento público.

Um bom exemplo é que o ato/contrato deverá ser analisado conforme as orientações gerais da época e as situações por elas regidas deverão ser declaradas válidas, mesmo que apresentem vícios, então, diante de um contrato feito com base na Lei 8.666/93 não poderá ser invalidado porque houve a promulgação da Lei 14.133/21 tratando sobre o novo regramento de licitações e contratos, pois na época a norma vigente era a Lei 8.666/93.

> Art. 26. Para eliminar irregularidade, incerteza jurídica ou situação contenciosa na aplicação do direito público, inclusive no caso de expedição de licença, a autoridade administrativa poderá, após oitiva do órgão jurídico e, quando for o caso, após realização de consulta pública, e presentes razões de relevante interesse geral, celebrar compromisso com os interessados, observada a legislação aplicável, o qual só produzirá efeitos a partir de sua publicação oficial.
>
> § 1º O compromisso referido no caput deste artigo:
>
> I - buscará solução jurídica proporcional, equânime, eficiente e compatível com os interesses gerais;
>
> II – (VETADO);
>
> III - não poderá conferir desoneração permanente de dever ou condicionamento de direito reconhecidos por orientação geral;
>
> IV - deverá prever com clareza as obrigações das partes, o prazo para seu cumprimento e as sanções aplicáveis em caso de descumprimento.

Exemplos de compromissos que podem ser celebrados é o acordo de leniência previsto na Lei 12.846/13 (lei anticorrupção, que visa responsabilizar administrativamente e judicialmente as pessoas jurídicas que atetem contra patrimônio público brasileiro ou estrangeiro, contra princípios da Administração ou contra compromissos internacionais firmados pelo Brasil) bem como, o acordo de não persecução civil da Lei 8.429/92 (alterada pela Lei 14.230/21, lei de improbidade administrativa).

> Art. 27. A decisão do processo, nas esferas administrativa, controladora ou judicial, poderá impor compensação por benefícios indevidos ou prejuízos anormais ou injustos resultantes do processo ou da conduta dos envolvidos. (Incluído pela Lei nº 13.655, de 2018) (Regulamento)
>
> § 1º A decisão sobre a compensação será motivada, ouvidas previamente as partes sobre seu cabimento, sua forma e, se for o caso, seu valor. (Incluído pela Lei nº 13.655, de 2018)
>
> § 2º Para prevenir ou regular a compensação, poderá ser celebrado compromisso processual entre os envolvidos.

O artigo e seus parágrafos tem o objetivo de evitar que as partes envolvidas tenham benefícios indevidos ou sofram prejuízos anormais e injutos, por exemplo, no ato de contratação da administração pública, após o devido processo licitatório, ocorre o aumento do valor dos insumos necessários para a produção do bem que será fornecido à Administração, será possível a celebração de compromisso a fim de possibilitar a compensação ao particular, neste caso seria o chamado restabelecimento do equilíbrio econômico-financeiro do contrato.

> Art. 28. O agente público responderá pessoalmente por suas decisões ou opiniões técnicas em caso de dolo ou erro grosseiro. (Incluído pela Lei nº 13.655, de 2018)

Para um agente público responder, no direito de regresso da Administração Pública (art. 37, §6º, da CF/88), em razão de prejuízos que tenha causado por conta de um parecer seu emitido, só será responsabilizado se houver DOLO ou ERRO GROSSEIRO, não basta nexo causal, exige-se a comprovação do dolo ou erro grosseiro do parecerista!

> Art. 29. Em qualquer órgão ou Poder, a edição de atos normativos por autoridade administrativa, salvo os de mera organização interna, poderá ser precedida de consulta pública para manifestação de interessados, preferencialmente por meio eletrônico, a qual será considerada na decisão. (Incluído pela Lei nº 13.655, de 2018)
>
> § 1º A convocação conterá a minuta do ato normativo e fixará o prazo e demais condições da consulta pública, observadas as normas legais e regulamentares específicas, se houver.
>
> Art. 30. As autoridades públicas devem atuar para aumentar a segurança jurídica na aplicação das normas, inclusive por meio de regulamentos, súmulas administrativas e respostas a consultas. (Incluído pela Lei nº 13.655, de 2018)
>
> Parágrafo único. Os instrumentos previstos no caput deste artigo terão caráter vinculante em relação ao órgão ou entidade a que se destinam, até ulterior revisão.

Ambos artigos são bem esclarecedores, o primeiro busca maior transparência aos atos do Poder Executivo e o segundo requer o aumento de segurança jurídica no âmbito da Administração Pública.

3. DAS PESSOAS NATURAIS

3.1 Capacidade de Direito/ Personalidade Jurídica e Personalidade Civil:

O Código Civil brasileiro, ao dispor sobre a pessoa natural em seus artigos iniciais, indica a teoria natalista no seu artigo segundo, ou seja, considera que a capacidade de direito é iniciada do nascimento com vida. Contudo, na continuação do referido artigo, parece tratar sobre a teoria concepcionista, já que diz que o nascituro tem, sim, seus direitos protegidos.

Neste contexto, há 3 teorias sobre o assunto:

I. Teoria natalista: Autores como Silvio Venosa e Anderson Schreiber. Tais autores seguem a literalidade da lei, dizendo que a personalidade jurídica é iniciada do nascimento com vida.

Há muitas críticas a essa teoria, já que parece negar ao nascituro direitos básicos, como os próprios direitos da personalidade.

II. Teoria da personalidade condicional: Arnaldo Rizzardo. A personalidade civil começa a partir do nascimento com ida, mas os direitos do nascituro são direitos eventuais, já que suspensos até que nasça com vida.

III. Teoria concepcionista: Maioria da doutrina brasileira. Nascituro é pessoa humana, com direitos. A personalidade é adquirida desde a concepção.

A teoria concepcionista é trazida pelo STJ confira-se:

> *Informativo* n. *547* da Corte Superior: "O ordenamento jurídico como um todo (e não apenas o CC) alinhou-se mais à teoria concepcionista – para a qual a personalidade jurídica se inicia com a concepção, muito embora alguns direitos só possam ser plenamente exercitáveis com o nascimento, haja vista que o nascituro é pessoa e, portanto, sujeito de direitos – para a construção da situação

jurídica do nascituro, conclusão enfaticamente sufragada pela majoritária doutrina contemporânea. Além disso, apesar de existir concepção mais restritiva sobre os direitos do nascituro, amparada pelas teorias natalista e da personalidade condicional, atualmente há de se reconhecer a titularidade de direitos da personalidade ao nascituro, dos quais o direito à vida é o mais importante, uma vez que garantir ao nascituro expectativas de direitos, ou mesmo direitos condicionados ao nascimento, só faz sentido se lhe for garantido também o direito de nascer, o direito à vida, que é direito pressuposto a todos os demais. Portanto, o aborto causado pelo acidente de trânsito subsume-se ao comando normativo do art. 3.º da Lei 6.194/1974, haja vista que outra coisa não ocorreu, senão a morte do nascituro, ou o perecimento de uma vida intrauterina" (STJ, REsp 1.415.727/SC, Rel. Min. Luis Felipe Salomão, j. 04.09.2014).

3.1.1 Capacidade de fato ou exercício

É adquirida ao completar 18 anos ou através da emancipação. Importante destacar que a capacidade de direito não pressupõe a capacidade de fato, contudo, a capacidade de fato pressupõe a capacidade de direito.

3.1.2 Dos Incapazes

O Código Civil traz os incapazes nos artigos 3º e 4º, dividindo-os em absolutamente ou relativamente incapazes. Considera como absolutamente incapazes os menores de dezesseis anos, dispondo que estes são privados do exercício da capacidade de fato e, por isso, devem ser representados por pais ou tutores nos atos da vida civil. Os relativamente incapazes são aqueles que precisam ser assistidos em certos atos jurídicos, sob pena de anulabilidade do ato: os menores entre 16 e 18 anos, ébrios habituais, pródigos, viciados em tóxicos ou a pessoa que por causa transitória ou permanente não possa exprimir sua vontade.

3.1.3 Emancipação

A emancipação, trazida pelo artigo 5º, parágrafo único, do Código Civil, é a antecipação da capacidade de fato ou exercício. A emancipação pode ser voluntária, judicial ou legal.

A emancipação voluntária é aquela que não necessita de homologação judicial, ou seja, ocorre quando ambos os pais (ou, na falta de um deles, somente um), realizam a emancipação através de instrumento público. Por outro lado, a emancipação judicial ocorre quando o menor a ser emancipado não possui pais (ou porque morreram ou porque perderam o poder familiar) e a emancipação então deverá ser solicitada ao juiz. A emancipação voluntária e judicial está no art. 5º, parágrafo único, I. A emancipação judicial, por sua vez, se encontra no art. 5º, incisos, II, III, IV e V, que contemplam situações nas quais ocorrendo as hipóteses da lei, a pessoa estará emancipada.

Por último, a emancipação legal, também chamada de automática, concretiza-se pelo casamento a partir de 16 anos, exercício de emprego público efetivo, colação de grau em ensino superior ou ser proprietário de estabelecimento civil ou comercial ou possuir relação de emprego, desde que haja economia própria.

3.2 Fim da Pessoa Natural

O fim da existência da pessoa natural se dá com a morte, que se divide em morte real, caso seja localizado o corpo da pessoa falecida, e morte presumida, quando não encontrado o corpo e podendo ocorrer com ou sem a decretação da ausência da pessoa.

A morte presumida com a declaração de ausência, nos termos do art. 6º do Código Civil, exige a abertura judicial da **sucessão definitiva** a fim de declarar o ausente como legalmente morto e extinguir a pessoa natural. O referido processo judicial para declaração de ausência possui três etapas: a curadoria dos bens do ausente, a abertura da sucessão provisória e, por fim, a conversão da sucessão provisória em definitiva e está previsto nos artigos 22 até 39 do CC.

A morte presumida sem decretação de ausência, prevista no art. 7º do Código Civil, ocorre nas seguintes hipóteses: quando extremamente provável a morte de quem estava em **perigo de vida** ou em **caso de guerra**, quando, após dois anos do término, a pessoa não retorna. Nesses casos, a declaração da morte presumida será solicitada após esgotadas as buscas e averiguações e será fixada em sentença a data provável do evento morte, possuindo tal decisão efeito *ex tunc*.

3.2.1 Comoriência

Conforme estabelece o art. 8º do Código Civil, a situação jurídica de comoriência ocorre com a morte de duas ou mais pessoas e não sendo possível precisar a ordem cronológica das mortes. Nesse caso, presume-se que morreram ao mesmo tempo. Importante observar que para se configure comoriência não é necessário que as mortes tenham ocorrido no mesmo local, pois o critério utilizado pelo Código Civil é o temporal.

3.2.2 Direitos de Personalidade

O Código Civil de 2002 reservou um capítulo próprio aos direitos da personalidade. Dispostos nos artigos 11 ao 21, os direitos da personalidade compreendem uma série de valores da esfera extrapatrimonial do indivíduo e, por essa razão, são **direitos intransmissíveis e irrenunciáveis.**

De forma específica, os artigos 13, 14 e 15 do Código Civil estabelecem a tutela da vida e do corpo da pessoa humana. O nome como direito da personalidade está disposto nos artigos 16 ao 19 e, por conseguinte, o direito à imagem possui previsão nos artigos 20 e 21 do aludido código.

I. Vida e Corpo: É defeso o ato de disposição do próprio corpo que diminua a integridade física ou contrarie os bons costumes, salvo disposto em leis especiais, como, por exemplo, a Lei de Transplantes; É permitida a doação do próprio corpo para fins de estudos, podendo essa disposição ser revogada a qualquer tempo; Ninguém é obrigado a submeter-se, com risco de vida, a tratamento médico ou a intervenção cirúrgica estando em plena sanidade ou consciente.

II. Nome: O nome é composto pelo prenome (simples ou composto) e pelo sobrenome. O pseudônimo possui a mesma proteção dada ao nome. O nome não pode ser empregado por outro em publicações ou representações que expõem ao desprezo público, mesmo que não haja intenção discriminatória. Sem autorização não pode ser usado o nome alheio em propaganda comercial.

▪ **Alteração legislativa no nome – Lei de Registros Públicos**

Embora nosso estudo seja relacionado ao Código Civil, a Lei de Registros Públicos traz inúmeros artigos que tratam sobre o nome e suas possíveis alterações. A Lei 14.382/2022 alterou de forma substancial os regramentos do nome da pessoa natural, podendo agora, o prenome ser alterado de forma imotivada, somente com solicitação em cartório.

Desta forma, verifica-se uma flexibilidade com relação à mudança do nome da pessoa natural, vez que alteração de prenome pode ser realizada de forma extrajudicial e sem a necessidade de fundamentação.

▪ **Direito de Imagem e vida privada**

O artigo 20 do Código Civil estabelece a possibilidade do uso da imagem da pessoa em caso de expressa autorização ou se necessário à administração da justiça ou à manutenção da ordem pública, ainda que possa ocasionar lesão à honra; boa fama; respeitabilidade e destinarem a fins comerciais. A imagem não abrange somente a imagem retrato, também abrange registros fonográficos e escritos da pessoa.

Assim como o direito à imagem, o direito à privacidade também é tutelado pelo Código Civil, no artigo 21, hipótese em que o juiz poderá impedir ou fazer cessar eventual violação à intimidade do indivíduo.

▷ **Importante:**

1. **ADIN 4815 – O STF**, por unanimidade e nos termos do voto da Relatora, julgou procedente o pedido formulado na ação direta para dar interpretação conforme à Constituição aos artigos 20 e 21 do Código Civil, sem redução de texto, para, em consonância com os direitos fundamentais à liberdade de pensamento e de sua expressão, de criação artística, produção científica, declarar inexigível o consentimento de pessoa biografada relativamente a obras biográficas literárias ou audiovisuais, sendo por igual desnecessária autorização de pessoas retratadas como coadjuvantes (ou de seus familiares, em caso de pessoas falecidas).
2. **Enunciado 613 da VIII Jornada de Direito Civil** – Art. 12: A liberdade de expressão não goza de posição preferencial em relação aos direitos da personalidade no ordenamento jurídico brasileiro.
3. **SÚMULA 403 STJ:** Independe de prova do prejuízo a indenização pela publicação não autorizada de imagem de pessoa com fins econômicos ou comerciais.

▪ **Ausência - Art. 22 à 39 do Código Civil**

– A ausência é uma espécie de morte presumida.

– Há duas formas de ausentes:

1) Art. 22, CC: ausente padrão e Art. 23, CC: ausente que deixou procurador (porém o procurador não quer, não pode, ou não tem poderes suficientes para atuar em nome do ausente).

• O processo de ausência envolve três fases: Curadoria de bens do ausente, sucessão provisória e sucessão definitiva.

A) Curadoria dos bens do ausente:

- Qualquer interessado ou Ministério Público pode solicitar ao juiz a abertura da fase de curadoria dos bens do ausente.
- Juiz nomeia um curador que irá cuidar dos bens do ausente. (Art. 25, CC). Este curador será:

→ Cônjuge/companheiro;

CIVIL

→ Pais;

→ Descendentes;

> Art. 25, §2º Entre os descendentes, os mais próximos precedem os mais remotos.
>
> Art. 25, §3º Na falta das pessoas mencionadas, compete ao juiz a escolha do curador.

– Após nomear o curador, o juiz solicitará que o curador faça um rol dos bens pertencentes ao ausente – a chamada arrecadação de bens do ausente.

2) Sucessão provisória:

A segunda fase do processo de ausência somente pode ser aberta a partir da espera de determinado prazo, ambos contatos da arrecadação de bens do ausente:

01 ano: ausente do art. 22 do Código Civil

03 anos: ausente do art. 23 do Código Civil

> Art. 26. Decorrido um ano da arrecadação dos bens do ausente, ou, se ele deixou representante ou procurador, em se passando três anos, poderão os interessados requerer que se declare a ausência e se abra provisoriamente a sucessão.

Nesta fase teremos:

→ Partilha de bens;

→ Abertura de testamento, se houver

→ Aos herdeiros será dada a posse dos bens para que possam usufruir dos bens deixados pelo ausente.

→ Legitimação para pedir a abertura da segunda fase do processo de ausência está no art. 27 do Código Civil:

> Art. 27. Para o efeito previsto no artigo anterior, somente se consideram interessados:
>
> I - o cônjuge não separado judicialmente;
>
> II - os herdeiros presumidos, legítimos ou testamentários;
>
> III - os que tiverem sobre os bens do ausente direito dependente de sua morte;
>
> IV - os credores de obrigações vencidas e não pagas.

Como exceção, transcorrido o prazo disposto no art. 28 do Código Civil, o Ministério Público poderá pedir abertura da sucessão provisória:

> Art. 28. A sentença que determinar a abertura da sucessão provisória só produzirá efeito cento e oitenta dias depois de publicada pela imprensa; mas, logo que passe em julgado, proceder-se-á à abertura do testamento, se houver, e ao inventário e partilha dos bens, como se o ausente fosse falecido.
>
> § 1º Findo o prazo a que se refere o art. 26, e não havendo interessados na sucessão provisória, cumpre ao Ministério Público requerê-la ao juízo competente.

3) Sucessão definitiva:

A terceira e última fase do processo de ausência é a chamada sucessão definitiva.

– Quando se abre a sucessão definitiva, o ausente se torna morto.

– Se antes os herdeiros tinham a posse, agora eles terão efetivamente a propriedade dos bens deixados pelo ausente.

– Qual é o prazo para que possa ser aberta a última fase? O prazo é de 10 anos, contados do trânsito em julgado da sentença que concede a abertura da sucessão provisória:

> Art. 37. Dez anos depois de passada em julgado a sentença que concede a abertura da sucessão provisória, poderão os interessados requerer a sucessão definitiva e o levantamento das cauções prestadas.
>
> Art. 38. Pode-se requerer a sucessão definitiva, também, provando-se que o ausente conta oitenta anos de idade, e que de cinco datam as últimas notícias dele.

OBSERVAÇÃO:

Se o ausente retornar nos 10 anos seguintes da abertura da sucessão definitiva, ele receberá os bens existentes, no estado em que se encontrarem; o produto (dinheiro, por exemplo) que os herdeiros obtiveram com a venda de bens; e os bens sub-rogados no lugar dos outros. (Art. 39 do Código Civil). Retornando após este prazo de 10 anos, não terá direito a nenhum bem.

O prazo do artigo 39 trata de um prazo após o término do processo de ausência e em caso de ausente retornar em até 10 anos da abertura da sucessão definitiva, ele terá direito aos bens que tratam o artigo.

4. DAS PESSOAS JURÍDICAS

As pessoas jurídicas estão disciplinadas nos artigos 40 até o artigo 69 do Código Civil. Há, a chamada "parte geral de pessoa jurídica" que vai do artigo 40 até o artigo 52 do Código Civil. Após, há a parte referente às associações e depois a parte relacionada às fundações.

Classificação: Pessoas jurídicas de direito público interno e externo e pessoas jurídicas de direito privado.

Direito Público:

→ Direito Público interno: art. 41 do Código Civil.

→ Direito Público externo: art. 42 do Código Civil.

Art. 41. São pessoas jurídicas de direito público interno:

I - a União;

II - os Estados, o Distrito Federal e os Territórios;

III - os Municípios;

IV - as autarquias, inclusive as associações públicas;

V - as demais entidades de caráter público criadas por lei.

Art. 42. São pessoas jurídicas de direito público externo os Estados estrangeiros e todas as pessoas que forem regidas pelo direito internacional público.

Direito Privado: art. 44 e seguintes do Código Civil

Art. 44. São pessoas jurídicas de direito privado:

I - as associações;

II - as sociedades;

III - as fundações.

IV - as organizações religiosas; (Incluído pela Lei nº 10.825, de 22.12.2003)

V - os partidos políticos. (Incluído pela Lei nº 10.825, de 22.12.2003)

↓ **IMPORTANTE:**

- A existência das pessoas jurídicas de direito privado começa com a inscrição do ato constitutivo no respectivo registro. (Art. 45, CC).
- As pessoas jurídicas de direito privado terão averbadas as suas dissoluções no mesmo local onde foram registradas para iniciarem o funcionamento: "Art. 51. Nos casos de dissolução da pessoa jurídica ou cassada a autorização para seu funcionamento, ela subsistirá para os fins de liquidação, até que esta se conclua. § 1º Far-se-á, no registro onde a pessoa jurídica estiver inscrita, a averbação de sua dissolução. § 2º As disposições para a liquidação das sociedades aplicam-se, no que couber, às demais pessoas jurídicas de direito privado. § 3º Encerrada a liquidação, promover-se-á o cancelamento da inscrição da pessoa jurídica.
- As pessoas jurídicas terão proteção aos seus direitos da personalidade, no que couber. (Art. 52, CC)

Desconsideração da personalidade jurídica da pessoa jurídica privada (Art. 50, CC):

→ Abuso da personalidade jurídica através de: desvio de finalidade e/ou confusão patrimonial.

→ A desconsideração permite que o credor pegue bens dos sócios para pagamento de dívidas da pessoa jurídica, quando preenchidos requisitos do art. 50. O dispositivo foi colocado, abaixo, pela sua relevância.

→ Desconsideração inversa: é quando se possibilidade que se possa pegar bens da empresa para pagar dívidas dos sócios.

Art. 50. Em caso de abuso da personalidade jurídica, caracterizado pelo desvio de finalidade ou pela confusão patrimonial, pode o juiz, a requerimento da parte, ou do Ministério Público quando lhe couber intervir no processo, desconsiderá-la para que os efeitos de certas e determinadas relações de obrigações sejam estendidos aos bens particulares de administradores ou de sócios da pessoa jurídica beneficiados direta ou indiretamente pelo abuso. (Redação dada pela Lei nº 13.874, de 2019)

§ 1º Para os fins do disposto neste artigo, desvio de finalidade é a utilização da pessoa jurídica com o propósito de lesar credores e para a prática de atos ilícitos de qualquer natureza. (Incluído pela Lei nº 13.874, de 2019)

§ 2º Entende-se por confusão patrimonial a ausência de separação de fato entre os patrimônios, caracterizada por: (Incluído pela Lei nº 13.874, de 2019)

I - cumprimento repetitivo pela sociedade de obrigações do sócio ou do administrador ou vice-versa; (Incluído pela Lei nº 13.874, de 2019)

II - transferência de ativos ou de passivos sem efetivas contraprestações, exceto os de valor proporcionalmente insignificante; e (Incluído pela Lei nº 13.874, de 2019)

III - outros atos de descumprimento da autonomia patrimonial. (Incluído pela Lei nº 13.874, de 2019)

§ 3º O disposto no caput e nos §§ 1º e 2º deste artigo também se aplica à extensão das obrigações de sócios ou de administradores à pessoa jurídica. (Incluído pela Lei nº 13.874, de 2019)

§ 4º A mera existência de grupo econômico sem a presença dos requisitos de que trata o caput deste artigo não autoriza a desconsideração da personalidade da pessoa jurídica. (Incluído pela Lei nº 13.874, de 2019)

§ 5º Não constitui desvio de finalidade a mera expansão ou a alteração da finalidade original da atividade econômica específica da pessoa jurídica

Dentro das pessoas jurídicas de direito privado, duas se destacam e que estão dentro da parte geral do Código Civil: associações e fundações.

4.1 Associações (arts. 53 até arts. 61, CC)

- Reunião de pessoas sem finalidade lucrativa;
- Não há necessidade de patrimônio;
- Inscrição do estatuto no registro competente;
- É permitida a cobrança de valores. Contudo, não é permitido finalidade lucrativa Tais valores devem ser revertidos para benefício da associação;

CIVIL

– Não há direitos e obrigações recíprocos entre associados – art. 53, § único do CC.

Art. 54 – Deve constar no Estatuto, no mínimo: denominação, fins, sede, requisitos para admissão, demissão e exclusão dos associados. Direitos e deveres dos associados, fontes de recursos para sua manutenção, modo de constituição e funcionamento dos órgãos deliberativos, condições para alteração das disposições estatutárias e dissolução e forma de gestão administrativa e de aprovação das respectivas contas.

Art. 55 do Código Civil: Os associados devem ter iguais direitos, mas o estatuto poderá instituir categorias com vantagens especiais.

Art. 56 do Código Civil: A qualidade de associado é intransmissível, se o estatuto não dispuser o contrário.

Parágrafo único: Se o associado for titular de quota ou fração ideal, a transferência não importa por si só na atribuição da qualidade de adquirente, salvo se o estatuto dispuser de forma diversa.

Art. 60 do Código Civil: A convocação dos órgãos deliberativos deverá ser feita na forma do estatuto, devendo ser convocada a assembleia geral por pedido de 1/5 para destituir os administradores e/ou alterar o estatuto

4.2 Fundações Privadas (arts. 62 ao 69, CC)

Para a configuração de uma fundação privada é necessária a existência do binômio patrimônio e finalidade:

Binômio: patrimônio + finalidade

Finalidades possíveis, de acordo com o CC: Assistência social; cultura, defesa e conservação do patrimônio histórico e artístico; educação; saúde; segurança alimentar e nutricional; defesa, preservação e conservação do meio ambiente e promoção do desenvolvimento sustentável; pesquisa científica, desenvolvimento de tecnologias alternativas, modernização de sistemas de gestão, produção e divulgação de informações e conhecimentos técnicos e científicos; promoção da ética, da cidadania, da democracia e dos direitos humanos; e, atividades religiosas.

O primeiro ato a ser realizado para a constituição de uma fundação é a dotação.

A - Dotação (destinação de patrimônio para determinada finalidade)

→ inter vivos: por escritura pública.

→ causa mortis: testamento.

Se a dotação não for suficiente para criação de uma fundação, os bens serão destinados para outra fundação de finalidade igual ou semelhante.

B - Elaboração do estatuto

O estatuto da fundação pode ser elaborado pelo instituidor, terceiros ou Ministério Público (após decorridos 180 dias de inércia das demais partes).

C - Registro

É quando ocorre o início da personalidade jurídica da fundação privada.

D - Extinção da fundação

A extinção da fundação se dará de diversas formas, mas especialmente: quando a finalidade for alcançada, quando o prazo terminar ou se a finalidade da fundação se tornar ilícita ou impossível.

Com a extinção da fundação, se o estatuto nada dispuser, os bens irão para uma outra fundação com a mesma finalidade ou semelhante - art. 69 do Código Civil.

4.3. Do domicílio civil

O Código Civil prevê cinco tipos de domicílio: da pessoa natural (art. 70 a 74), da pessoa jurídica (art. 75), domicílio necessário (art. 76), do domicílio do diplomata (art. 77) e o domicílio convencional (art. 78). São duas as espécies de domicílio: o voluntário, que decorre da escolha do titular, e o necessário que decorre de lei.

4.3.1 Domicílio voluntário

Nos termos do art. 70 do Código Civil, domicílio voluntário da pessoa natural é aquele em que o indivíduo estabelece a sua residência com ânimo definitivo *(animus manendi)*.

Todavia, os artigos seguintes apresentam algumas exceções: Art. 71 do Código Civil: se a pessoa natural vive de forma alternada, o domicílio será qualquer um deles. Art. 72 do Código Civil: também é domicílio da pessoa natural, quanto às suas atividades profissionais, o local onde esta atividade é exercida. Art. 72, § único: Se a pessoa exercitar profissão em lugares diversos, cada um destes lugares constituirá domicílio para as relações que lhe corresponderem. Art. 73 do Código Civil: Pessoa natural sem residência habitual (moradores de rua, ambulantes, artista de circo, por exemplo) possui domicílio onde for encontrada. Art. 74 do Código Civil: A mudança do domicílio se dá com a mudança de residência com o ânimo definitivo de mudar.

4.3.2 Domicílio da Pessoa Jurídica (art. 75, CC)

As pessoas jurídicas de direito público têm domicílio previsto no artigo 75 do Código Civil, da seguinte forma: a União tem por domicílio o Distrito Federal, os Estados e Territórios possuem domicílio nas respectivas capitais e os Municípios têm por domicílio o local da sede da administração municipal (prefeitura).

De outro modo, o domicílio da Pessoa Jurídica de direito privado é o local de sua sede onde funciona as respectivas diretorias e administrações ou onde elegeram domicílio especial nos seus estatutos ou atos constitutivos. Tendo a pessoa jurídica diversos estabelecimentos em lugares diferentes, cada um deles será considerado domicílio para os atos ali praticados. Além disso, na hipótese da administração ou diretoria da pessoa jurídica de direito privado possuir sede no estrangeiro, será considerado seu domicílio, no concernente às obrigações contraídas por cada uma das suas agências, "o lugar do estabelecimento, sito no Brasil, a que ela corresponder" (art. 75, § 2, CC)

4.3.3 Domicílio Necessário (art. 76, CC)

O domicílio necessário ou legal decorre de expressa determinação de lei, em observância à condição especial de determinadas pessoas. Na forma do artigo 76, possuem domicílio necessário: os incapazes, sendo o local de domicílio do seu representante ou assistente; o servidor público, onde exerce permanentemente suas funções; o militar, onde servir ou, se for da Marinha ou Aeronáutica, na sede do comando ao qual está imediatamente subordinado; e o preso, onde estiver cumprimento sentença. Importante observar que o domicílio necessário não exclui o domicílio voluntário, pois ambos podem ser cumulados.

4.3.4 Diplomata (art. 77, CC)

O agente diplomático que atuar em país estrangeiro pode alegar extraterritorialidade e, caso não indique o local de seu domicílio no país, "poderá ser demandado no Distrito Federal ou no último ponto do território brasileiro onde o teve".

4.3.5 Domicílio convencional (art. 78, CC)

O domicílio convencional ou especial ocorre em razão de expressa previsão contratual, ou seja, quando as partes estipulam livremente o lugar de cumprimento de um contrato. Assim, nos contratos escritos, poderão os contratantes especificar domicílio onde se exercitem e cumpram os direitos e obrigações deles resultantes.

Cumpre mencionar, contudo, que o referido artigo somente pode ser invocado em relações jurídicas em que os contratantes possuam condição de igualdade, sob pena de violação da boa-fé objetiva, podendo o juiz, por exemplo, reputar como ineficaz eventual cláusula de eleição de foro abusiva ao consumidor.

5. DOS BENS

Os bens jurídicos, sob o prisma da materialidade, são compreendidos por **objetos corpóreos ou imateriais e ideais (ou bens imateriais) que podem servir de objeto a uma relação jurídica**. O Código Civil de 2002 trouxe a seguinte classificação dos bens: bens considerados em si mesmos, bens reciprocamente considerados e bens públicos.

5.1 Bens considerados em si mesmos

Os bens considerados em si mesmos, que não dependem da relação com outros, possuem as seguintes classificações: bens imóveis e móveis; bens fungíveis e infungíveis; bens divisíveis e indivisíveis; e bens singulares e coletivos.

I – Bens imóveis x móveis

Os bens imóveis podem ser conceituados como aqueles que não podem ser transportados sem que sejam danificados ou destruídos. Conforme prevê o artigo 79 do Código Civil, podem ser classificados por natureza ou por acessão. Exemplo: solo, classificado como bem imóvel pela sua natureza.

Destaca-se que, para efeitos legais, a legislação determina que certos direitos sejam considerados como sendo bens imóveis (art. 80, CC): os direitos reais sobre bens imóveis (ex: hipoteca) e o direito à sucessão aberta.

Por outro lado, os bens móveis são aqueles que podem ser transportados de um lugar para outro sem que haja alteração substancial. Com previsão nos artigos 82 e 83, os bens imóveis podem ser classificados como: propriamente ditos, quando precisam de auxílio externo para movimentação e, ao se mover, não ocorre sua destruição; semoventes (animais, por exemplo); e bens móveis para efeitos legais, quais sejam: energias com valor econômico, direitos reais sobre bens móveis e direitos pessoais de caráter patrimonial. Os materiais destinados a alguma construção, por exemplo, enquanto não forem empregados, conservam sua qualidade de móveis (art. 84).

II – Bens fungíveis e consumíveis:

Bens fungíveis serão sempre móveis e aceitam substituição por outro da mesma espécie, qualidade e quantidade (dinheiro, sacas de arroz etc.). Em contrapartida, bens infungíveis não aceitam substituição e podem ser bens moveis ou imóveis (arts. 85 e 86).

Bens consumíveis importam destruição imediata quando consumido (exemplo: alimento) ou são os destinados para venda. Já os bens inconsumíveis não estão destinados para venda e/ou não se destroem quando consumidor (exemplo: livro em uma biblioteca).

III – Bens divisíveis e indivisíveis:

Conforme artigos 87 e 88 do Código Civil, bem divisível pode ser definido quando ao ser dividido ele **não altera a substância, o valor e a finalidade**. Caso um deles seja alterado, teremos um bem indivisível. Como exemplo de bens divisíveis pode-se pensar em 1000 sacas de arroz que pode ser dividido (400 sacas e 600 sacas). Já um bem indivisível pode-se pensar em um cavalo ou um apartamento, por exemplo.

IV – Bens singulares e coletivos:

Os bens singulares podem ser vistos de forma isolada, "de per si" ou seja, por si só. Já os bens coletivos são considerados em sua coletividade e não de forma isolada (art. 89 a 91). Bens coletivos temos 2 universalidades: de fato e de direito. Como exemplo de universalidade de fato podemos pensar em uma biblioteca, que é um plural de bens singulares (livros) com destinação unitária (ser uma biblioteca). Já como exemplo de uma universalidade de direito pode-se pensar em um inventário, que é um complexo de relações jurídicas de uma pessoa, dotada de valor econômico.

5.2 Dos bens reciprocamente considerados

Os bens reciprocamente considerados precisam ser definidos em caráter relacional, ou seja, é necessário que haja uma comparação entre os bens, para que se possa definir se um bem é principal ou acessório em relação ao bem principal. Os bens principais existem sozinhos e os bens acessórios dependem da existência do bem principal. Exemplo: Na comparação entre terreno e árvore, o terreno será o bem principal e a árvore o bem acessório.

▷ IMPORTANTE:

- **Pertenças:** não integram o bem principal (art. 93 e 94, CC) Pertenças seriam bens que não integram o bem principal, mas se destinam ao uso, serviço ou aformoseamento do bem principal. Como exemplo, pode-se pensar em um trator em uma fazenda. O trator está lá para o serviço da fazenda e não está "integrado" ao bem principal (fazenda);
- **Frutos:** os frutos (acessórios) podem ser colhidos e não acarretam diminuição no bem principal (art. 95, CC). Como exemplo, tem-se frutos de uma árvore (frutos naturais), juros de um investimento (frutos civis) e tecidos de uma máquina que fabrica tecidos (frutos industriais).
- **Produtos:** Já os produtos (acessórios) quando retirados, há diminuição no principal. Como exemplo, pode-se pensar em materiais não renováveis como petróleo etc. (art. 95, CC);
- **Benfeitorias:** As benfeitorias precisam ser realizadas pelo proprietário/possuidor/detentor para que sejam assim consideradas. Elas não podem ser oriundas da natureza, por exemplo. Para que possam ser consideradas benfeitorias, precisam caracterizar esforços realizados pelas pessoas, ou seja, melhorias realizadas em bens móveis e imóveis que acrescem ao bem principal. Podem ser voluptuárias, úteis ou necessárias. Como exemplo de benfeitorias necessárias pode-se pensar no conserto do telhado de uma casa. Benfeitorias úteis o aumento de uma cozinha e voluptuária a construção de uma piscina na casa.

5.3 Bens Públicos

De acordo com o artigo 98 do CC, os bens públicos possuem um conceito residual, uma vez que primeiro serão verificados os bens particulares e, após, o que restar de bens que não pertençam aos particulares, serão enquadrados como sendo bens públicos.

Os bens públicos de uso comum e os bens de uso especial (art. 99, I e II, CC) são afetados (foi dada uma destinação) e, por isso, não podem ser vendidos, tendo em vista o uso e interesse coletivo. Os bens dominicais (art. 99, III, CC) são bens desafetados e podem ser vendidos.

▷ **DICA:** Os bens públicos de uso comum, de uso especial, bem como os dominicais não são passíveis de usucapião. Eventual ocupante de imóvel que se enquadre como bem público terá somente detenção do bem e não posse, não podendo assim usucapir.

6. DOS FATOS E ATOS JURÍDICOS

Os fatos jurídicos são todos os acontecimentos que determinam a ocorrência de efeitos constitutivos, modificativos ou extintivos de direitos e obrigações. Dividem-se em duas espécies: fatos jurídicos em sentido estrito (naturais) e atos jurídicos (acontecimentos que resultam de um ato humano).

Os fatos jurídicos em sentido estrito não dependem da vontade da pessoa humana para que produzam efeitos jurídicos. Subdividem-se em fatos ordinários, de ocorrência cotidiana e que são previsíveis, e fatos extraordinários, pois inesperados ou inevitáveis (caso fortuito e força maior).

Por outro lado, os atos jurídicos são classificados como: ***i)*** atos jurídicos em sentido estrito, em que os efeitos decorrem do ato voluntário do agente, mas não necessariamente são manifestações declarativas de vontade; e ***ii)*** negócios jurídicos, que produzem efeitos jurídicos desejados pelo agente, ou seja, retratam a manifestação de vontade do indivíduo.

A terceira parte da parte geral do Código Civil se dedica ao estudo dos chamados negócios jurídicos e inicia com o tratamento sobre os requisitos de validade de todo e qualquer negócio jurídico.

6.1 Elementos essenciais do negócio jurídico

O artigo 104 do Código Civil estabelece que a validade do negócio jurídico exige: **agente capaz; objeto lícito, possível, determinado ou determinável; forma prescrita ou não defesa em lei.**

Sobre a forma, especialmente, temos a regra disciplinada no código de que a forma de contratação é livre (art. 107). No entanto, para determinados negócios jurídicos, a lei exige forma solene, como é o caso do artigo 108 do CC, que fala que para a transmissão, oneração etc., de direitos reais sobre bens imóveis é necessária a escritura pública, exigindo, portanto, solenidade.

> ▷ **OBS.: Da representação: Arts. 115 - 120:**
> Conforme o disposto no Código Civil os poderes de representação podem ser oriundos da lei (pais em relação aos filhos menores, por exemplo) chamada de representação legal ou então em virtude de interesse (pessoa que outorga procuração para outra) chamada de representação convencional. Em especial, com relação à representação convencional, o representado deverá cumprir o que foi realizado pelo representante, dentro dos poderes conferidos para este último.

Um ponto importante deste tópico é o chamado "contrato consigo mesmo" que está no Art. 117 do Código Civil. Informa o artigo que se, por acaso, o representante celebra um contrato consigo mesmo, teremos que este negócio será passível de anulação. Um exemplo é o caso de João outorgar poderes para que Pedro venda seu carro. Pedro então, acaba comprando o carro. Temos que Pedro estaria "celebrando contrato consigo mesmo" já que "assinou" como vendedor, ao representar João e como "comprador" ao comprar o carro.

Além disso, o representante é obrigado a provar para as demais pessoas que tem poderes para atuar em nome do representado.

6.2 Elementos acidentais do negócio jurídico: Condição, termo e encargo

Os elementos acidentais do negócio jurídico não são imprescindíveis para a validade do negócio. Contudo, caso eles tenham sido colocados dentro de um contrato eles deverão ser respeitados, pena de o contrato não ter eficácia. Desta forma, os elementos acidentais atuam no campo da eficácia do negócio jurídico. São três os elementos acidentais: condição, termo e encargo.

A. Condição: Vincula a eficácia de um negócio jurídico a um evento futuro e incerto. A condição pode ser suspensiva ou resolutiva.

Suspensiva: Suspende a aquisição do direito até a implementação da cláusula.

Resolutiva: a parte possui o direito até que o evento futuro e incerto ocorra. No momento de sua ocorrência, teremos o desfazimento do negócio (resolução).

B. Termo: Vincula a eficácia de um negócio a um evento futuro, porém certo. O termo é muito utilizado em negociações quando se estabelecem datas para início e final de contrato.

Termo inicial: É a data de início em que o negócio jurídico vai surtir efeito.

Termo final: É a data final em que o contrato irá terminar.

C. Encargo: O encargo não suspende nem o exercício nem a aquisição do direito. Um exemplo identificável de encargo é a "doação com encargo" na qual o doador faz a liberalidade e coloca no contrato (aceito pelo donatário) uma incumbência para que o donatário cumpra.

6.3 Defeitos do Negócio Jurídico (art.138 – art. 165 do CC)

Os defeitos prejudicam a validade do negócio jurídico e se caracterizam por vícios de consentimento, quando a vontade não é expressa de maneira

CIVIL

livre, e vícios sociais, em que a vontade não possui intenção pura e de boa-fé.

São seis os defeitos do negócio jurídico previstos pelo Código Civil: o erro, o dolo, a coação, a lesão, o estado de perigo e a fraude contra credores. Todos possuem o mesmo tratamento dado pelo Código Civil e, assim, são passíveis de anulação em um prazo de até 4 anos. Contudo, importa lembrar que a fraude contra credores, apesar de ter o mesmo tratamento, não se enquadra como sendo uma situação de vontade viciada (como os demais) e sim de fraude, na qual a intenção do devedor é exatamente igual a consequência do ato que ele pratica.

6.3.1 Erro ou ignorância

Erro é a falsa percepção da realidade. Já a ignorância já é a ausência de percepção. São tratados igualmente nos artigos 138 a 144 do Código Civil. No erro/ignorância não existe outras pessoas envolvidas, é uma única pessoa que se engana, sozinha. Ambos possuem o mesmo tratamento.

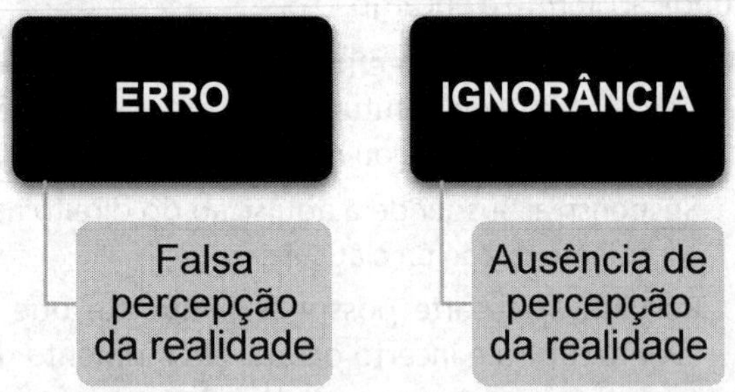

Quando o erro leva à anulação do contrato? Quando for substancial, nas hipóteses determinadas pelo art. 139 do Código Civil: quando interessa à natureza do negócio, ao objeto principal da declaração, ou a alguma das qualidades a ele essenciais; quando concerne à identidade ou à qualidade essencial da pessoa a quem se refira a declaração de vontade, desde que tenha influído nesta de modo relevante e quando for de direito e não implicando recusa à aplicação da lei, for o motivo único ou principal do negócio jurídico.

6.3.2 Dolo

Se, no erro-ignorância, a pessoa se engana sozinha, no dolo ela é enganada. **Há várias espécies de dolo,** disciplinadas nos artigos 145 até 150 do Código Civil:

O dolo principal (art. 145) é caracterizado pelo induzimento malicioso de uma das partes e, por essa razão, provoca a anulabilidade do negócio jurídico.

O dolo **é** acidental (art. 146) quando, a seu despeito, o negócio seria realizado, embora por outro modo. Nesse caso, não se faz necessária a anulação do contrato, mas somente a fixação de perdas e danos.

O dolo por omissão (art. 147) ocorre com o silêncio intencional de uma das partes a respeito de fato ou qualidade ignorado ou desconhecido pela outra parte. Neste caso a pessoa é enganada por não ter recebido as informações que deveria receber para a realização do negócio. Além disso, tais informações eram imprescindíveis e não foram dadas pela outra parte.

O dolo de terceiro (art. 148) é o proveniente de outro contratante ou de terceiro estranho ao negócio jurídico. Se a parte contratante beneficiada com o dolo tinha conhecimento do dolo de terceiro, então o contrato poderá ser anulado. Caso a parte contratante beneficiada com o dolo de terceiro não sabia do dolo, então não cabe a anulação, tão somente perdas e danos para a vítima.

O dolo bilateral (art. 150) se caracteriza pela má-fé de ambas as partes do negócio jurídico, que tentam obter vantagem em prejuízo da outra. Nesse caso, nenhuma das partes poderá anular ou reclamar indenização uma da outra.

6.3.3 Coação: Art. 151 a 155

O terceiro tipo de defeito do negócio jurídico é a coação, que ocorre no âmbito psicológico da pessoa a fim de viciar o seu consentimento. A pessoa que sofre a coação é chamada de "paciente", pois a coação também é uma ameaça para a família e os bens do paciente.

São excludentes de coação o temor reverencial e o exercício regular do direito. Assim, digamos que o empregador diz para o seu empregado que ele precisa entregar o relatório até o final do dia e que, caso não ocorra, ele será demitido. Não há, neste caso, coação, já que há temos reverencial, sendo uma excludente. A outra situação é o exercício regular do direito que como exemplo, pode-se pensar em uma pessoa que cobra seu devedor e que diz que se não houver o pagamento, irá ajuizar uma ação. Tal fato não caracteriza coação, mas tão somente exercício regular de um direito.

Tratando-se de coação exercida por terceiro, nos termos do art. 154, admite-se a anulação do negócio jurídico se o beneficiário soube ou devesse saber da coação, respondendo solidariamente com o terceiro pelas perdas e danos. Todavia, se a coação decorrer de terceiro e a parte beneficiada/não coagida de nada sabia, subsistirá o negócio jurídico e o autor da coação arcará com todas as perdas e danos (art. 155).

▷ **IMPORTANTE:**
Excludentes de coação:

- Temor reverencial
- Exercício regular do direito

6.3.4 Estado De Perigo: Art. 156, CC

O estado de perigo se configura quando o agente, em situação de perigo conhecido pela outra parte, emite declaração de vontade com o intuito de salvaguardar direito seu ou de alguém de sua família e assume obrigação excessivamente onerosa. Diante dessa situação, possível a anulação ou revisão do negócio. Como exemplo, pode-se pensar em uma pessoa que precisa de atendimento médico, mas que o outro lado, sabendo da necessidade deste atendimento, cobra muito mais do que o preço original. A pessoa em estado de perigo se obriga, assim, a uma obrigação excessivamente onerosa.

6.3.5 Lesão: Art. 157, CC

A lesão consiste em um prejuízo resultante da quebra do equilíbrio contratual e ocorre em razão da inexperiência, da necessidade econômica ou, ainda, da leviandade de um dos declarantes. Possui dois requisitos: objetivo ou material (desvantagem obrigacional) e subjetivo ou imaterial (necessidade, inexperiência ou leviandade da parte lesada e o dolo da parte beneficiada). A título de exemplo, pode-se pensar em uma pessoa que vende joias de família por um preço dez vezes menor que o de mercado, por estar em uma situação de premente necessidade – necessidade econômica. Assim como o estado de perigo é possível a revisão/anulação do contrato.

6.3.6 Fraude Contra Credores

Na fraude contra credores percebe-se que a intenção do devedor é igual a consequência que ele almejava, qual seja: fraudar credores. A ação para o desfazimento dos negócios fraudulentos também é uma ação anulatória, mas aqui chamada de **ação pauliana ou revocatória**. O prazo também é o mesmo dos demais defeitos: 4 anos. A ação poderá ser intentada em face do devedor insolvente, a pessoa que com ele celebrou a estipulação considerada fraudulenta, ou terceiros adquirentes que haja procedido de má-fé (art.161).

Credores quirografários: São credores sem garantias reais (Art. 162) e, como regra são os legitimados para ajuizamento da ação pauliana. Credores com garantias reais também poderão ser legitimados se a garantia antes dada, se tornar insuficiente.

O objetivo da ação pauliana não é entregar os bens do devedor ao credor, mas sim anular, desfazer os negócios jurídicos feitos em fraude contra credores. Importa salientar que há dois tipos de situações que envolvem a fraude contra credores:

A. Negócios jurídicos gratuitos – Art. 158 do CC: neste caso não é necessária a boa ou má-fé do terceiro. O devedor insolvente se desfaz de seus bens através de doações ou perdoa (remissões) o que deveria receber. O credor poderá ajuizar a ação tendo por base o artigo 158.

B. Negócios jurídicos onerosos – Art. 159 do CC: neste caso é necessária a verificação de má-fé do terceiro que adquiriu bens do devedor. O credor, então, ingressa com a ação pauliana com a finalidade de desfazer o contrato fraudulento, mas deve demonstrar que o terceiro sabia da situação do devedor.

▷ **DICA:**
Contra quem se ajuíza ação pauliana?
Art. 161. A ação, nos casos dos arts. 158 e 159, poderá ser intentada contra o devedor insolvente, a pessoa que com ele celebrou a estipulação considerada fraudulenta, ou terceiros adquirentes que haja procedido de má-fé.

6.4 Invalidade do negócio jurídico

As hipóteses de invalidade do negócio jurídico estão previstas no capítulo V, nos artigos 166 a 184 do Código Civil, e compreendem a nulidade e a anulabilidade do negócio jurídico.

6.4.1 Nulidade

As nulidades estão previstas nos artigos 166 e 167 do Código Civil. **É considerado nulo o negócio jurídico** quando *i)* celebrado por pessoa incapaz; *ii)* tiver objeto ilícito, impossível ou indeterminável; *iii)* for ilícito o motivo determinante, comum a ambas as partes; *iv)* não revestir a forma prescrita em lei; v) for preterida alguma solenidade que a lei considere essencial para a sua validade; *vi)* tiver por objetivo fraudar lei imperativa; *vii)* a lei o declarar nulo ou proibir-lhe a prática, sem cominar sanção.

O negócio jurídico simulado – que consiste na declaração enganosa de vontade para que se crie uma situação jurídica irreal, lesiva a terceiros, por meio de prática de ato aparentemente perfeito

– também é causa de nulidade, podendo ser relativa ou absoluta.

6.4.2 Anulabilidade: Art. 171

Se a nulidade não possui prazo, a anulabilidade sempre terá prazo. Tais prazos são disciplinados pelo próprio Código Civil em caráter específico ou pelos artigos 178 e 179 em caráter geral.

Nos moldes do artigo 178, o prazo decadencial de quatro anos para anulação do negócio jurídico será contado i) da data que cessar eventual coação; ii) em caso de erro, dolo, fraude contra credores, estado de perigo ou lesão: do dia que se realizou o negócio jurídico; e iii) em caso de atos de incapazes, do dia em que cessar a incapacidade.

Quando o ato for anulável em razão de lei que não estabeleça prazo para anulação, poderá ser pleiteado em dois anos a contar da conclusão do ato. O menor, entre dezesseis e dezoito anos, não poderá invocar a sua idade se dolosamente a ocultou para eximir-se de uma obrigação.

NULIDADES	ANULABILIDADES
Juiz de ofício/MP/Prejudicado/ Terceiro Interessado	Somente prejudicado
Pode ser a qualquer tempo, não tem prazo	Sempre tem prazo
Não se ratifica ou se retifica	É possível ratificação ou retificação
Ex tunc	Ex nunc
Ação declaratória	Ações desconstitutivas

7. DOS ATOS ILÍCITOS

Os atos jurídicos lícitos estão brevemente explicitados no art. 185, que diz: "*Art. 185. Aos atos jurídicos lícitos, que não sejam negócios jurídicos, aplicam-se, no que couber, as disposições do Título anterior*". O "título anterior" trata sobre negócio jurídico. Assim, o art. 185 puramente informa que para outros atos jurídicos que sejam lícitos, terá aplicação (de forma subsidiária) os artigos que tratam sobre negócio jurídico, ou seja, faz uma mera remissão.

Já os artigos 186, 187 e 188 tratam sobre ato ilícito e tais dispositivos possuem grande aplicação no regime da responsabilidade civil (artigos 927 e seguintes). O art. 186 conceitua o ato ilícito: "aquele que violar direito e causar dano a outrem". Assim, para a configuração de ato ilícito, teremos que o agente além de ter uma conduta antijurídica, também precisa causar dano a outra pessoa.

Após, o artigo 187 fala sobre o abuso de direito, que ocorre quando alguém começa a prática do ato de maneira legal, ou seja, dentro dos regramentos da lei, porém abusa, exagera, excedendo manifestamente os limites impostos pelo seu fim econômico, social, pela boa-fé ou bons costumes. Em conjunto, tanto o art. 186 quanto o art. 187 ditam as regras sobre atos ilícitos, já que uma vez configurado qualquer um deles, teremos a prática de um ato ilícito.

O art. 188 traz três excludentes, ou seja, quando há a prática de um ato, mas que por expressa disposição legal, não ocorreu um ato ilícito. Segundo a leitura do artigo: Art. 188. Não constituem atos ilícitos: I – os praticados em legítima defesa ou no exercício regular de um direito reconhecido; II – a deterioração ou destruição da coisa alheia, ou a lesão a pessoa, a fim de remover perigo iminente.

São 3 os casos de excludentes: legítima defesa, exercício regular de um direito (ambos no inciso "I") e estado de necessidade (inciso "II"). A matéria é, depois, extensamente tratada na parte de responsabilidade civil. Assim, neste momento, precisamos somente entender os conceitos e as definições dos artigos 186, 187 e 188.

8. DA PRESCRIÇÃO E DA DECADÊNCIA

8.1 Prescrição

A Prescrição consiste na perda da pretensão de direito material, isto é, na perda do direito de exigir de outrem o cumprimento de um dever jurídico. Nos termos do artigo 189 do Código Civil, o objeto da prescrição extintiva é a pretensão e não o direito de ação em si, que existirá mesmo após o decurso do prazo prescricional. Por ser matéria de ordem pública, a prescrição poderá ser alegada em qualquer grau de jurisdição pela parte beneficiada. Ademais, para que se tenha o nascimento da prescrição é necessária a violação de um direito.

O artigo 191 do CC informa que "a exceção prescreve no mesmo prazo em que a pretensão". Como exemplo podemos pensar na situação de Maria e Carlos, em que Maria é devedora e Carlos credor, em empréstimo realizado há mais de 30 anos e já prescrito. Digamos que atualmente eles celebraram outro contrato, no qual Maria é agora credora e Carlos devedor. Caso Carlos não pague a dívida, Maria poderá cobrá-lo e Carlos não poderá alegar em defesa que Maria tinha dívida passada com ele, eis que já prescrita. Assim, a exceção (defesa) prescreve no mesmo prazo em que a pretensão (ação).

8.1.1 Renúncia da Prescrição

A renúncia da prescrição pode ser expressa ou tácita e só será válida quando feita sem prejuízo de terceiros e após a consumação da prescrição.

A renúncia expressa ocorre pela manifestação inequívoca da parte interessada em dispensar o direito de arguir a prescrição e será tácita quando se presume de fatos do interessado que sejam incompatíveis com a alegação de prescrição. Um exemplo de renúncia tácita é quando o devedor, mesmo estando prescrita a obrigação, efetua o pagamento ao credor.

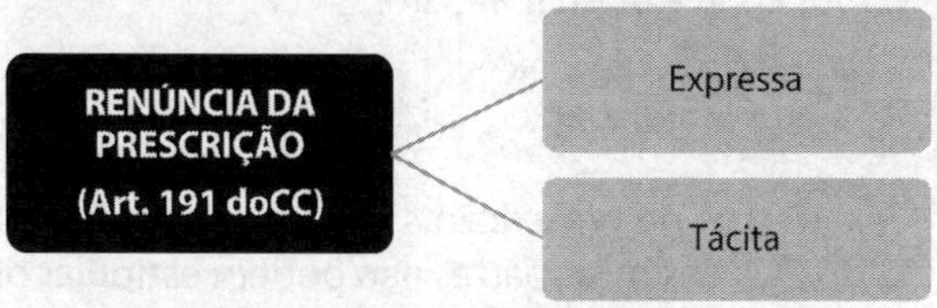

8.1.2 Das causas que impedem/suspendem ou interrompem a prescrição

A suspensão e o impedimento são formas de paralisação do prazo prescricional e apresentam diferenças apenas quanto ao termo inicial. A suspensão faz o prazo parar de transcorrer, ou seja, o prazo que estava fluindo irá ser paralisado enquanto pendente causa suspensiva, voltando a fluir pelo tempo remanescente. O impedimento ocorre quando o prazo ainda não iniciou. No que diz respeito a possibilidade de interrupção da prescrição, observa-se que o prazo prescricional volta a ser contado do início.

Assim, não corre prescrição (por estar impedida/suspensa) entre os cônjuges, na constância da sociedade conjugal; entre ascendentes e descendentes, durante o poder familiar; entre tutelados ou curatelados e seus tutores ou curadores, durante a tutela ou curatela; contra os absolutamente incapazes; contra os ausentes do País em serviço público da União, dos Estados ou dos Municípios; contra os que se acharem servindo nas Forças Armadas, em tempo de guerra. Igualmente não corre prescrição: pendendo condição suspensiva; não estando vencido o prazo e na pendência de ação de evicção.

Já com relação à interrupção da prescrição, ela ocorre mediante alguma manifestação de um interessado (credor, fiador, por exemplo) ao demonstrar que está interessado no cumprimento da obrigação e, ao se manifestar, interrompe a prescrição. Segundo o Art. 202 do CC são causas de interrupção: despacho do juiz, mesmo incompetente, que ordenar a citação, se o interessado a promover no prazo e na forma da lei processual; o protesto, nas condições do inciso antecedente; o por protesto cambial; a apresentação do título de crédito em juízo de inventário ou em concurso de credores; qualquer ato judicial que constitua em mora o devedor e por qualquer ato inequívoco, ainda que extrajudicial, que importe reconhecimento do direito pelo devedor (aqui vislumbra-se uma situação na qual o próprio devedor pode interromper a prescrição).

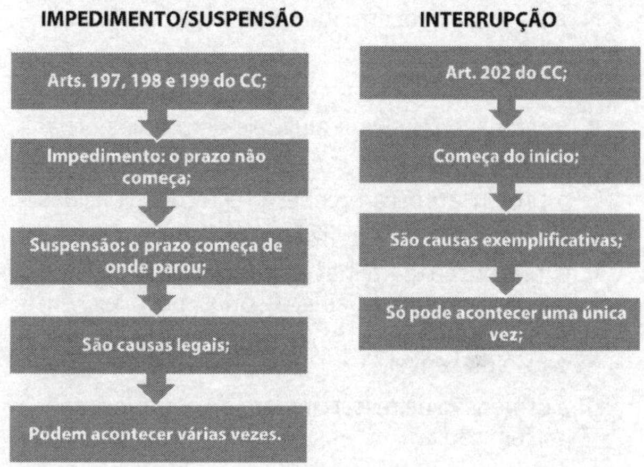

8.1.3 Prazos da Prescrição

Conforme disposto no art. 205 do Código Civil, quando não houver prazo fixado em menor, a prescrição ocorrerá em dez anos.

Nada obstante, o artigo 206 do Código Civil determina em seus parágrafos diferentes prazos de prescrição. Vejamos:

Assim, prescreve:

▷ **Em um ano:**

- a pretensão dos hospedeiros ou fornecedores de víveres destinados a consumo no próprio estabelecimento, para o pagamento da hospedagem ou dos alimentos;
- a pretensão do segurado contra o segurador, ou a deste contra aquele, contado o prazo:

a) para o segurado, no caso de seguro de responsabilidade civil, da data em que é citado para responder à ação de indenização proposta pelo terceiro prejudicado, ou da data que a este indeniza, com a anuência do segurador;

b) quanto aos demais seguros, da ciência do fato gerador da pretensão;

- a pretensão dos tabeliães, auxiliares da justiça, serventuários judiciais, árbitros e peritos, pela percepção de emolumentos, custas e honorários;

CIVIL

- a pretensão contra os peritos, pela avaliação dos bens que entraram para a formação do capital de sociedade anônima, contado da publicação da ata da assembleia que aprovar o laudo;
- a pretensão dos credores não pagos contra os sócios ou acionistas e os liquidantes, contado o prazo da publicação da ata de encerramento da liquidação da sociedade.

▷ **Em dois anos:**

- a pretensão para haver prestações alimentares, a partir da data em que se vencerem.

▷ **Em três anos:**

- pretensão relativa a aluguéis de prédios urbanos ou rústicos;
- a pretensão para receber prestações vencidas de rendas temporárias ou vitalícias;
- a pretensão para haver juros, dividendos ou quaisquer prestações acessórias, pagáveis, em períodos não maiores de um ano, com capitalização ou sem ela;
- a pretensão de ressarcimento de enriquecimento sem causa;
- a pretensão de reparação civil;
- a pretensão de restituição dos lucros ou dividendos recebidos de má-fé, correndo o prazo da data em que foi deliberada a distribuição;
- a pretensão contra as pessoas em seguida indicadas por violação da lei ou do estatuto, contado o prazo:

a) para os fundadores, da publicação dos atos constitutivos da sociedade anônima;

b) para os administradores, ou fiscais, da apresentação, aos sócios, do balanço referente ao exercício em que a violação tenha sido praticada, ou da reunião ou assembleia geral que dela deva tomar conhecimento;

c) para os liquidantes, da primeira assembleia semestral posterior à violação;

- a pretensão para haver o pagamento de título de crédito, a contar do vencimento, ressalvadas as disposições de lei especial;
- a pretensão do beneficiário contra o segurador, e a do terceiro prejudicado, no caso de seguro de responsabilidade civil obrigatório.

▷ **Em quatro anos:**

- a pretensão relativa à tutela, a contar da data da aprovação das contas.

▷ **Em cinco anos:**

- a pretensão de cobrança de dívidas líquidas constantes de instrumento público ou particular;
- a pretensão dos profissionais liberais em geral, procuradores judiciais, curadores e professores pelos seus honorários, contado o prazo da conclusão dos serviços, da cessação dos respectivos contratos ou mandato;
- a pretensão do vencedor para haver do vencido o que despendeu em juízo.

Os prazos de prescrição são sempre legais. (Art. 192 do CC). Assim, as partes não podem estipular diferentes prazos de prescrição. Por fim, no que tange a prescrição intercorrente, cabe frisar que observará o mesmo prazo de prescrição da pretensão, observadas as causas de impedimento, de suspensão e de interrupção da prescrição previstas neste Código.

8.2 Decadência – Art. 207 a 211 do Código Civil

A decadência, consagrada pelo artigo 207 e ss. do Código Civil, diz respeito à **perda do direito em si** em razão da inércia do titular. Se a prescrição trabalha com a ideia de condenações, de credor e de devedor, bem como de dias iniciais, a partir de eventual inadimplemento, a decadência trabalha com a possibilidade em termos um prazo fixado em lei (decadência legal) ou acrescido através de contrato (decadência convencional).

Um ponto importante é que a decadência fixada em lei deve ser verificada de ofício pelo juiz. Já a decadência convencional o juiz não pode se manifestar de ofício. É necessário que a outra parte alegue e então o juiz poderá acolher tal alegação (Art. 211).

- **Decadência**

- Pode ser legal (decorrência da lei) ou convencional (decorrente de um contrato)
- Prazos decadenciais: espalhados pelo CC, ex: 179, 789, 45 parágrafo único
- Decadência: desconstituição
- Havendo decadência convencional, o juiz **não pode** se manifestar de ofício - Artigo 211.

9. DA PROVA – ART. 212 A 232 DO CÓDIGO CIVIL

O Código Civil traz 5 tipos de provas: confissão, documento, testemunha, presunção e perícia:

> Art. 212. Salvo o negócio a que se impõe forma especial, o fato jurídico pode ser provado mediante:
>
> I - confissão;
>
> II - documento;
>
> III - testemunha;
>
> IV - presunção;
>
> V - perícia

Os artigos 213 até 214 tratam de confissão. Após, os artigos 215 até 226 tratam sobre prova documental. Já os artigos 227, parágrafo único e 228 são sobre prova testemunhal, com o artigo 231 tratar sobre presunção e o artigo 232 sobre perícia.

Com relação à confissão, temos que ela é irrevogável, ou seja, o confitente não pode "voltar atrás" na sua confissão. Contudo, é possível que haja a anulação da confissão, se ela foi realizada com erro ou coação.:

> Art. 213. Não tem eficácia a confissão se provém de quem não é capaz de dispor do direito a que se referem os fatos confessados.
>
> Parágrafo único. Se feita a confissão por um representante, somente é eficaz nos limites em que este pode vincular o representado.
>
> Art. 214. A confissão é irrevogável, mas pode ser anulada se decorreu de erro de fato ou de coação.

A prova documental possui como instrumento mais importante, que possui fé pública, a escritura pública, que deverá ser redigida em língua nacional.

Terão a mesma força probante os traslados e as certidões, extraídos por tabelião ou oficial de registro, de instrumentos ou documentos lançados em suas notas.

Se em algum documento for necessária a autorização ou a anuência de outra pessoa, ela poderá ser feita, sempre que possível, no mesmo documento contratual que os demais contratantes.

> Art. 220. A anuência ou a autorização de outrem, necessária à validade de um ato, provar-se-á do mesmo modo que este, e constará, sempre que se possa, do próprio instrumento.

A cópia fotográfica de documento autenticada (xerox) valerá como prova plena. Contudo, se impugnada a sua autenticidade, deverá ser trazida a original. Da mesma forma, as fotografias, registros em vídeo etc., farão prova plena. No entanto, se por impugnada a sua autenticidade, deverá ser trazido a original.

> Art. 223. A cópia fotográfica de documento, conferida por tabelião de notas, valerá como prova de declaração da vontade, mas, impugnada sua autenticidade, deverá ser exibido o original.
>
> Parágrafo único. A prova não supre a ausência do título de crédito, ou do original, nos casos em que a lei ou as circunstâncias condicionarem o exercício do direito à sua exibição.

Na prova testemunhal, o Código Civil veda que menores de 16 anos, o interessado no litígio, o amigo íntimo ou o inimigo capital das partes sejam testemunhas. Também veda que os cônjuges, ascendentes e colaterais até o terceiro grau por consanguinidade ou afinidade sejam testemunhas. Contudo, eles poderão atuar como informantes.

Se uma pessoa se negar a se submeter a exame médico que é necessário para a elucidação da situação "sub judice', esta pessoa não poderá se aproveitar de tal recusa. Da mesma forma, a pessoa que se recusar à perícia médica ordenada pelo juiz terá presunção de verdade na alegação da parte contrária.

> Art. 231. Aquele que se nega a submeter-se a exame médico necessário não poderá aproveitar-se de sua recusa.
>
> Art. 232. A recusa à perícia médica ordenada pelo juiz poderá suprir a prova que se pretendia obter com o exame.

10. CONTRATOS

10.1. Disposições gerais

10.1.1. Princípios Contratuais

Há diversos princípios que embasam o Direito Contratual, como o Princípio da Função Social do Contrato, da Boa-fé Objetiva, do "Pacta sunt servanda" e do Consensualismo.

Em 2019, houve uma alteração legislativa, e o art. 421 sofreu o acréscimo de um parágrafo, determinando que, como regra, não haja intervenção do Estado nos contratos entre iguais e que possível revisão seja feita em caráter excepcional.

10.1.2. "Pacto corvina" e demais artigos.

O Código Civil veda a contratação sobre herança de pessoa vida. Tal proibição está no art. 426. Caso haja tal contratação, tal negócio jurídico seria nulo, por força dos Arts. 166, II, e 166, VII (2ª parte). Artigos 423 e 424 falam sobre contrato de adesão e privilegiam a parte aderente, dizendo que, na dúvida, se deve interpretar o contrato de forma mais favorável a quem aderiu. Artigo 425 trata sobre contratos atípicos. É perfeitamente possível a contratação de contratos não previstos no Código Civil. Contudo, é necessário que esses contratos respeitem as normas do Código.

10.1.3. Formação dos contratos

Como regra, os contratos são perfeitos com a aceitação, envolvendo dois elementos: proposta e posterior aceitação. No entanto, o Código Civil dá muita importância para a proposta e, de acordo com o art. 427, preconiza que está, desde que séria e consciente, vincula o proponente. A seguir, no art. 428, traz quais seriam os casos em que a proposta deixa de ser obrigatória.

Note que não há ainda contrato, já que não se está falando de aceitação, apenas em proposta. Segundo o art. 428, deixará de ser obrigatória a proposta quando: I – se, feita sem prazo a pessoa presente, não foi aceita na hora; II – se, feita sem prazo para pessoa ausente, tiver transcorrido prazo suficiente para chegar à resposta ao conhecimento do proponente; III – se, dado um prazo para pessoa ausente e, passado esse período, não foi respondida; IV – houver retratação.

A retratação da proposta deve chegar ao aceitante antes ou simultaneamente que a proposta chegue até ele. Se a retratação da proposta chegar ao conhecimento do aceitante depois que a proposta tiver chegado até ele, não terá validade. Contrato entre presentes: pessoas frente a frente, por telefone ou outro meio de comunicação semelhante. Contrato entre ausentes: feito por carta, por exemplo.

Para que haja aceitação e, como consequência, contrato, é necessário que a proposta seja aceita integralmente. Aceitação da proposta feita com modificação ou adições é considerada nova proposta. Art. 431 do CC. Lugar de celebração de um contrato, para o Código Civil, é onde ele foi proposto. Art. 435 do CC. Quando está perfeito o contrato entre pessoas ausentes? Quando se expede a aceitação.

10.1.4. Vícios redibitórios (Artigos 441 - 446, CC)

São vícios ocultos que tornam o bem impróprio para o uso e/ou lhe diminuam o valor. Os requisitos são: vício oculto, pré-existente, grave (que impossibilite de usar o bem ou diminua o seu valor) e oriundo de contrato oneroso (há perda patrimonial).

- **Ações cabíveis – Ações Edilícias:**

I. Ação redibitória: Redibir o contrato: Voltar ao "status *quo antes*". O contrato será desfeito com a devolução dos valores pagos, inclusive eventuais despesas de contrato/perdas e danos

II. Ação estimatória ou *quanti minoris*: O contrato é mantido, mas é solicitado um abatimento do valor.

Caso o vendedor estiver de má-fé (sabia ou tinha condições de saber do defeito): Além do que prevê a lei, também irá pagar perdas e danos ao comprador; Caso esteja de boa-fé, ainda assim responderia pelas ações redibitórias ou estimatórias.

Tratando-se de bens móveis, o prazo para manifestação do defeito é de 180 dias e poderá ser ajuizada a ação em 30 dias, contados da manifestação do defeito. Sendo o bem imóvel, o prazo para manifestação do defeito aumenta para 1 ano, podendo ser ajuizada a demanda no mesmo prazo.

- **Prazos para as ações redibitórias/estimatórias:**

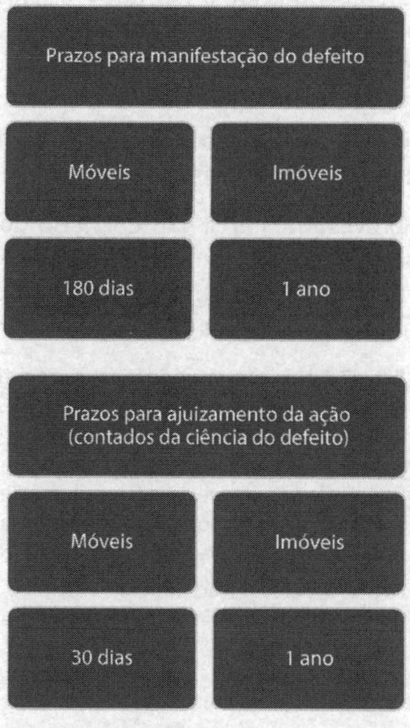

10.1.5. Evicção (Artigos 447 – 457, CC)

Evicção é a perda total ou parcial de um bem, em regra, por meio de uma sentença judicial. Esta sentença judicial atribui a outra pessoa o bem. Funda-se no mesmo princípio da garantia em que se assenta a teoria dos vícios redibitórios.

São partes na evicção o alienante (que transferiu a coisa onerosa), o evicto (aquirente, que perdeu a coisa) e o evictor (autor da ação). Os requisitos para a evicção compreendem: a perda total ou parcial da propriedade; a onerosidade da aquisição; e a anterioridade do direito daquele que ganhou a ação judicial:

- **Direitos do evicto:**

Lembrando que evicto é aquele que perdeu a coisa em virtude de sentença judicial: A responsabilidade decorre da lei. Mesmo que o contrato seja omisso, ele existirá de acordo com a lei.

Conforme estabelece o artigo 450 do Código Civil, salvo estipulação em contrário, o evicto terá direito a restituição integral do preço; a indenização dos frutos que tiver sido obrigado a restituir; a indenização pelas despesas dos contratos e pelos prejuízos que diretamente resultarem da evicção; e as custas judiciais e honorários do advogado.

- **Responsabilidade parcial: Artigo 449 do CC.**

Podem as partes excluir a responsabilidade pela evicção? Sim, expressamente. Contudo, mesmo com a existência de tal cláusula, se a evicção se der, tem direito o evicto (aquele que perdeu a coisa) a recobrar o preço que pagou pela coisa evicta, com algumas condições: se não soube do risco da evicção ou se informado, não assumiu o risco da evicção.

- **Isenção de responsabilidade pelo vendedor: Artigo 457 do CC:**

Quando o comprador sabe que está adquirindo bem alheio ou litigioso, caso venha a perder, não poderá demandar contra quem lhe vendeu.

10.1.6. Contrato preliminar (Artigos 462 a 466, CC)

Um exemplo de contrato preliminar é a promessa ou compromisso de compra e venda de bem imóvel. Nesse contrato, as partes estipulam que o comprador irá, por exemplo, pagar as parcelas convencionadas e o vendedor, ao final do pagamento de todas as prestações, se obriga a passar o imóvel para o nome do comprador. Tanto o contrato preliminar (promessa de compra e venda de imóvel) quanto o definitivo (compra e venda de imóvel) devem ser registrados no registro de imóveis. É permitido que o contrato preliminar seja feito por instrumento particular.

O contrato preliminar, uma vez registrado, passa a ter direito real, de acordo com os artigos 1.417 e 1.418 do CC (Direito real do promitente comprador de imóvel).

10.1.7. Contrato com pessoa a declarar (Artigos 467 a 471, CC)

Uma das partes pode reservar-se (desde que acordado no contrato) o direito de colocar outra pessoa em seu lugar na relação contratual. O prazo legal, dado pelo Código Civil (5 dias, conforme artigo 468) é em caso de inexistência de outro prazo no contrato.

Caso o terceiro que ingressar no contrato seja insolvente etc., o contrato irá vigorar entre as partes originais.

10.2. Extinção do contrato (Artigos 472 a 480, CC)

Resolução: quando houver inadimplemento do contrato.

Poderá requerer:

- Cumprimento + perdas e danos; OU desfazimento + perdas e danos;
- Teoria do adimplemento substancial.

Ocorre quando o devedor já cumpriu grande parte do contatado. Se já houve o pagamento da maior parte do contrato, o credor não poderá solicitar sua resolução, somente o adimplemento.

Resilição: não há inadimplemento, mas as partes não querem mais o contrato.

*Para todos verem: quadro comparativo.

Unilateral	Bilateral
Um dos lados coloca fim no contrato, quando a lei permitir. É necessária uma notificação à outra parte. **Art. 473. A resilição unilateral, nos casos em que a lei expressa ou implicitamente o permita, opera mediante denúncia notificada à outra parte.**	Trata-se do distrato: as partes desfazem o contrato por livre vontade. A lei solicita que seja realizado da mesma forma do contrato. **Art. 472. O distrato faz-se pela mesma forma exigida para o contrato**

Exceção do contrato não cumprido: só vale para contratos bilaterais e ocorre quando a parte exige o cumprimento do contrato pela outra parte, sem ter cumprido a sua: art. 476. "Nos contratos bilaterais, nenhum dos contratantes, antes de cumprida a sua obrigação, pode exigir o implemento da do outro".

Resolução ou revisão por onerosidade excessiva: teoria da imprevisão.

Está prevista nos arts. 478 e 479 do Código Civil, e a parte que sofre com a onerosidade excessiva poderá pedir a revisão ou a resolução do contrato, preenchidas as condições da lei.

> **Art. 478.** Nos contratos de execução continuada ou diferida, se a prestação de uma das partes se tornar excessivamente onerosa, com extrema vantagem para a outra, em virtude de acontecimentos extraordinários e imprevisíveis, poderá o devedor pedir a resolução do contrato. Os efeitos da sentença que a decretar retroagirão à data da citação.
>
> **Art. 479.** A resolução poderá ser evitada, oferecendo-se o réu a modificar equitativamente as condições do contrato.

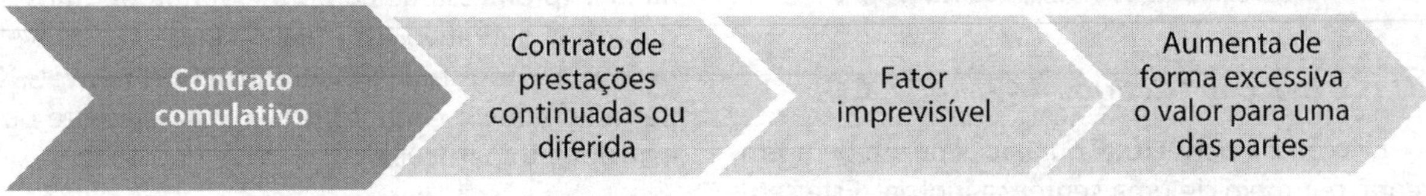

Vale lembrar que, antes da resolução (extinção do contrato), o art. 479 do CC possibilitava a revisão do contrato (e não sua extinção), tendo em vista o princípio da conservação contratual.

10.3. Das espécies de contrato

10.3.1. Da compra e venda

O contrato de compra e venda encontra previsão no artigo 481 do Código Civil e caracteriza-se pela natureza jurídica bilateral, consensual e por sua onerosidade.

- **Elementos da compra e venda:**

i. **Preço:** deve sempre ser pago em dinheiro ou redutível a dinheiro (cheque, cartão etc.). Há vários modos que o preço pode ser estabelecido. A fixação do preço pode ser dada a taxa de mercado ou bolsa, em certo e determinado dia e lugar. Pode ser estabelecido que terceiro fixe o preço. Pode ser fixado em função dos índices ou parâmetros. Obs.: é nulo o preço que fica ao livre arbítrio da outra parte.

ii. **Coisa:** Pode ser a venda de algo que já existe ou de bens que virão a existir (coisa futura) conforme artigo 483 do CC.

- **Limitações à compra e venda:**

A) Venda de ascendente a descendente.

Diz o art. 496: "É anulável a venda de ascendente a descendente, salvo se os outros descendentes e o cônjuge do alienante expressamente houverem consentido. Em ambos os casos, dispensa-se o consentimento do cônjuge se o regime de bens for o da separação obrigatória.".

A anuência do cônjuge e outros descendentes deve ser expressa. Caso não tenha o consentimento, será passível de anulação. Os legitimados para a propositura da ação anulatória são os outros descendentes e o cônjuge do alienante. Entende o STJ que é necessária a prova do prejuízo dos demais herdeiros, para que se tenha a anulação. O prazo para ajuizamento da ação anulatória é de 2 anos, segundo o artigo 179 do Código Civil.

B) Venda de parte indivisa em condomínio:

O condômino não pode alienar sua parte indivisa a terceira pessoa, se o outro condômino a quiser, tanto por tanto. O condômino que quiser pode exercer seu direito de preferência ou preempção, ajuizando ação no prazo decadencial de 180 dias contados da data em que teve ciência da alienação. No momento do ajuizamento, deve o condômino, efetuar a consignação do valor que deseja pagar.

C) Venda entre os cônjuges:

É possível a venda entre cônjuges com relação aos bens excluídos da comunhão.

> Enunciado 152, CJF. É possível a venda entre cônjuges no regime da comunhão universal? Sim, pois há bens excluídos dessa comunhão, como os de uso pessoal, por exemplo.

D) Vendas especiais

O art. 500 do CC apresenta regras para a compra e venda de bens imóveis. Diz o artigo: "Se na venda de um imóvel, se estipular o preço por medida de extensão, ou se determinar a respectiva área, e esta não corresponder, em qualquer dos casos, as dimensões dadas, o comprador terá o direito de exigir o complemento da área, e, não sendo isso possível, o de reclamar a resolução do contrato ou abatimento proporcional do preço".

No entanto, se em posterior medição, se vê que a área é menor, o comprador teria duas saídas: exigir complementação da área e, se não for possível, optar pela resolução do contrato ou abatimento do preço que pagou. Mas e se ao invés de falta tem excesso de área? Caberá ao comprador completar o valor correspondente ou devolver o excesso, consoante parágrafo segundo do mesmo artigo.

Já o parágrafo terceiro trata de *ad corpus*. Neste tipo de venda, o vendedor aliena o imóvel como corpo certo e determinado; assim, o comprador não poderá exigir o complemento da área, pois comprou o bem pelo conjunto, não dando importância para a área. Diz o parágrafo terceiro: "Não haverá complemento de área, nem devolução de excesso, se o imóvel for vendido como coisa certa e discriminada, tendo sido apenas enunciativa a referência as suas dimensões, ainda que não conste, de modo expresso, ter sido a venda "ad corpus".

- **Cláusulas especiais da compra e venda**

A) Retrovenda – Artigos 505-508 do CC

A retrovenda somente é válida para bens imóveis. É uma cláusula, colocada no contrato de compra e venda, pelo qual o vendedor reserva-se o direito de reaver o imóvel que vendeu, em um prazo máximo de até 3 anos, restituindo o preço, mais as despesas feitas pelo comprador.

Se o comprador não quiser devolver o imóvel, o vendedor pode depositar em juízo, solicitando o resgate do bem e depositando os valores a serem pagos. Importa ressaltar que o direito de resgate – retrovenda – é oponível contra terceiros e é transmissível a herdeiros.

B) Preempção ou preferência: Artigos 513-520 do CC

Pode ser convencionado que o comprador seja obrigado a oferecer ao vendedor (antigo dono) caso queira vender o que comprou.

Se o comprador não avisar ao vendedor (antigo dono) que está revendendo a coisa, ele irá responder por perdas e danos. Responderá solidariamente o adquirente se estiver de má-fé.

10.3.2 Troca ou permuta

A troca é o contrato pelo qual as partes se obrigam a dar uma coisa por outra. Esta coisa não pode ser dinheiro e é isso que difere a compra e venda da permuta. Na compra e venda o preço pago precisa ser dinheiro ou redutível a dinheiro.

10.3.3.Contrato estimatório

É um contrato que também é chamado de consignação. O consignante entrega bens móveis à outra pessoa, chamado de consignatário, para que este os venda pelo preço ajustado. Ao ser vendido, o consignatário deve pagar o preço ao consignante. Caso não venda, deverá devolver o bem ao consignante.

10.3.4. Da doação

É o contrato em que o doador transfere bens ou vantagens para o donatário. Possui natureza jurídica unilateral e caracteriza-se como consensual, solene e gratuito.

- **Espécies de doação:**

A) Pura: Quando há somente a doação, não havendo nenhum encargo ao beneficiário.

B) Onerosa ou modal ou com encargo: Aquela em que o doador impõe ao donatário uma incumbência ou a prestação de um serviço.

Caso o donatário não cumpra o encargo, é possível o ajuizamento de ação de revogação de doação (artigo 555 do Código Civil).

C) Feita ao nascituro: É válida, desde que aceita pelo seu representante legal.

D) Entre cônjuges: Art. 544: a doação de ascendentes a descendentes ou de um cônjuge a outra, importa adiantamento do que lhes cabe por herança.

E) De ascendentes para descendentes: a doação de ascendentes a descendentes, ou de um cônjuge a outro, importa adiantamento do que lhes cabe por herança, segundo artigo 544 do CC.

F) Doação inoficiosa: é aquela que excede o limite que o doador poderia deixar em testamento. Importante salientar que a nulidade é somente do excesso e não toda a doação. Havendo herdeiros necessários, o testador só poderá dispor da metade de seus bens, já que a outra metade pertence aos herdeiros necessários – Artigo 549 do CC.

G) Doação com cláusula de reversão: pode-se estipular que se o donatário morrer antes do doador, os bens doados irão retornar ao patrimônio do doador, consoante o artigo 547 do CC, lembrando que não prevalece a cláusula de reversão em favor de terceiro.

- **Restrições à doação:**

1. **Doação da parte inoficiosa:** é nula a parte que exceder ao que poderia dispor em testamento, segundo o artigo 549 do CC.
2. **Doação de todos os bens do doador:** é a chamada doação global, em que não pode todos os bens do doador serem doados, sem que fique algo para a sua subsistência. Caso isso aconteça, teremos nulidade.
3. **Doação do cônjuge adultero a seu cúmplice – artigo 550 do CC:** pode ser anulada a doação pelo cônjuge ou pelos herdeiros necessários. Prazo de 2 anos depois de dissolvida a sociedade conjugal.

- **Revogação da doação:**

Há duas razões pelas quais é possível a revogação da doação: ingratidão do donatário e por descumprimento de encargo, conforme artigo 555 do CC. Quando o ofendido não for o doador, mas cônjuge, ascendente, descendente, ou irmão deste, ou descendente adotivo, também pode o doador pleitear a revogação da doação (art. 558).

Poderá ocorrer a revogação da doação por ingratidão se o donatário atentou contra a vida do doador ou cometeu crime de homicídio doloso contra ele; em razão de ofensas físicas cometidas pelo donatário contra o doador; em virtude de injúrias ou calúnia e podendo o donatário auxiliar com alimentos ao doador, e não o faz.

- **Qual é o prazo para que se peça a revogação por ingratidão?** Dentro de um ano, a contar de quando chegue ao conhecimento do doador sobre o fato e que o donatário foi o autor.
- **Quem pode ajuizar a ação de revogação da doação?** É personalíssima, ou seja, somente o doador pode ajuizá-la. Contudo, se a ação foi iniciada, e o doador morreu, os herdeiros e sucessores podem prosseguir com a ação.
- **Mas e no caso de homicídio doloso?** Se o doador morreu, como vai ajuizar? É uma exceção, nesse caso, os herdeiros podem ajuizar a ação de revogação da doação.

De qualquer forma, só se admite a revogação da doação, por ingratidão, nas doações puras. Não se admite, portanto: nas doações puramente remuneratórias, nas oneradas com encargo já cumprido, nas que se fizerem em cumprimento de obrigação natural, e nas feitas para determinado casamento.

- **TIPOS DE DOAÇÃO PREVISTAS NO CÓDIGO CIVIL**

i. Nascituro (art. 542): É possível fazer, desde que aceita pelo representante.
ii. Absolutamente incapaz (art. 543): Haverá o contrato sem a necessidade de aceitação da outra parte.
iii. Ascendente para o descendente (art. 544): Importa em adiantamento de herança.
iv. Doação com cláusula de reversão (art. 547): O doador pode estipular que os bens doados voltem ao seu patrimônio, se sobreviver ao donatário.
v. Doação global (art. 548): Não é possível doar todo o patrimônio e ficar sem bens ou dinheiro para sua subsistência.
vi. Doação inoficiosa (art. 549): Pessoa que tem herdeiros necessários não pode doar além da parte disponível.
vii. Doação do cônjuge adúltero ao seu cumplice (art. 550): É anulável a doação e a ação anulatória poderá ser ajuizada pelos herdeiros necessários.

10.3.5 Da locação de coisas

O contrato de locação de coisas pode ser tanto de bem móvel ou imóvel.

Sendo bem imóvel, o código civil não dispõe a respeito da locação de prédio urbano, que rege-se pela Lei no 8.245/1991 – a Lei do Inquilinato. Diz o art. 1º da Lei que: "Continuam regidas pelo CC as locações de imóveis de propriedade da União, dos Estados, dos Municípios, de vagas autônomas de garagem ou de espaços para estacionamento de veículos; de espaços destinados a publicidade; de apart-hotéis, hotéis residências ou equiparados; e o arrendamento mercantil".

A locação do bem móvel é regida pelo Código Civil (art. 565 e seguintes, quando não há relação de consumo) ou pelo CDC, quando há relação de consumo (Lei no. 8.078/1990).

Para contratos, então regidos pelo CC, a locação de coisas é conceituada: "Na locação de coisas, uma das partes se obriga a ceder a outra, por tempo determinado ou não, o uso e gozo de coisa não fungível, mediante certa retribuição."

São obrigações do locador: entregar ao locatário a coisa alugada; manter a coisa no mesmo estado em que foi locada; garantir o uso pacífico da coisa durante o tempo do contrato; responde ainda, o locador, por vícios ou defeitos da coisa, que sejam anteriores a locação.

A lei dá para o locatário a possibilidade de escolha em caso de deterioração da coisa alugada: rescindir o contrato (em caso de deterioração que possa impossibilitar o uso) ou pedir redução proporcional do aluguel.

São obrigações do locatário (art. 569): *i)* servir-se da coisa alugada para os usos convencionados e tratá-la como se sua fosse; nesse caso, além de ser hipótese de rescisão do contrato, pode o locador também exigir perdas e danos, conforme artigo 570 do CC; *ii)* Pagar pontualmente o aluguel nos prazos ajustados e, na falta de prazos, de acordo com o costume do lugar; *iii)* Levar ao conhecimento do locador as turbações de terceiros, que se pretendam fundadas em direito; *iv)* Restituir a coisa quando a locação terminar no estado em que recebeu, salvo as deteriorações naturais ao uso regular.

- **Coisa alienada durante a locação:**

O adquirente não é obrigado a respeitar o contrato de locação, se nesse contrato não houver cláusula atestando que o contrato continua em vigor em caso de alienação e não estiver registrado. Portanto, para que após a venda da coisa o contrato de locação continue a existir, é necessário que: haja cláusula no contrato de locação a respeito, e que esteja esse contrato registrado.

10.3.6. Contrato de empréstimo

Duas são as espécies de empréstimos: mútuo e comodato.

- **Contrato de Comodato**

Comodato é o empréstimo para uso, gratuito de coisas infungíveis. Pode ser bens móveis ou imóveis, mas precisa ser infungível. O contrato se perfectibiliza com a tradição da coisa.

Características do comodato: i) Gratuidade do contrato. Se fosse oneroso, seria o contrato de locação; II) Infungibilidade do bem: restituição do mesmo objeto recebido como empréstimo; III) Contrato real, já que o aperfeiçoamento do contrato se dá com a tradição (e não com a aceitação); IV) Contrato unilateral, já que após a tradição, só há obrigações para uma das partes, que é o comodatário (restituir a coisa) e não há obrigações para o comodante; e V) Contrato não solene, já que não necessita forma especial para a sua celebração.

- **Obrigações do comodatário:**

A) **Conservar a coisa – art. 582:** O comodatário deve conservar a coisa como se fosse sua. Deve responder pelas despesas de conservação. O comodatário não pode nunca tentar cobrar do comodante as despesas comuns, feitas com o uso e gozo da coisa emprestada.

B) **Uso da coisa de forma adequada:** Responde por perdas e danos se usar o bem fora do que foi contratualmente previsto, além de, também poder ser causa de resolução do contrato.

C) **Restituir a coisa:** Deve ser restituída a coisa no prazo convencionado e não havendo este prazo, finda a razão pela qual ocorreu, o empréstimo deve ser restituído (empresta livros para o trabalho de conclusão de curso, e quando passado o evento, deverão ser devolvidos, por exemplo).

- **Extinção do comodato:**

A) Pelo final do prazo dado, ou não havendo prazo, pela utilização da coisa de acordo com a finalidade para que foi emprestada.

B) Pela resolução por iniciativa do comodante, em caso de descumprimento do comodatário de suas obrigações.

C) Por sentença, a pedido do comodante, se provada a necessidade de restituição do bem antes do prazo acordado.

10.3.7. Da prestação de serviços

O conceito está no artigo 594 do CC que diz: "Toda a espécie de serviço ou trabalho lícito, material ou imaterial, contratado mediante retribuição". É importante salientar que o CC tem caráter residual, aplicando-se somente para aquelas relações que não estão disciplinadas pela CLT e pelo CDC.

- **Características:**

I. **Remuneração:** A remuneração é paga pela pessoa que contrata o prestador de serviços. Se as partes não estipularam ou não chegaram a um acordo sobre a remuneração, esta será fixada por arbitramento, segundo o costume do lugar, o tempo de serviço e a sua qualidade. Quando se deve pagar a remuneração/retribuição? Deve ser paga em regra, depois de prestado o serviço. Contudo, se convencionaram o contrário ou se o costume do lugar for o de pagar antes, paga-se então antes da prestação do serviço.

II. **Prazo:** Nunca pode o contrato ultrapassar 4 anos – art. 598 do CC.

III. **Fim do contrato:** Quando o contrato terminar, o prestador de serviços tem direito a exigir de quem o contratou a declaração de que o contrato está findo. Tem esse direito também se for despedido sem justa causa ou se tiver algum outro motivo para deixar o trabalho.

Como acaba o contrato de prestação de serviços? Morte de qualquer das partes; Conclusão da obra; Término do prazo; Rescisão do contrato mediante aviso prévio; Inadimplemento de qualquer das partes; Impossibilidade da continuação do contrato, motivada por força maior.

IV. **Impossibilidade de substituição das partes (prestador e contratante):** Aquele que contratou os serviços não pode transferir a outra pessoa o direito aos serviços ajustados. O prestador de serviços também não pode trazer alguém em seu lugar para que cumpra com o seu dever, a menos que o contratante aceite.

10.3.8. Empreitada

As partes contratantes são: empreiteiro e dono da obra. Através de um contrato de empreitada, uma das partes – o empreiteiro – se compromete a executar determinada obra. Ele faz isso pessoalmente ou com auxílio de terceiros em troca de remuneração a ser paga pelo outro contratante – o dono da obra.

Importa dizer que não há relação de subordinação. O empreiteiro fará a obra de acordo com as instruções dadas pelo contratante.

- **Espécies de empreitada:**

A empreitada pode ser apenas de mão de obra, também chamada empreitada de lavor ou então de mão de obra e materiais, chamada empreitada global.

Se a empreitada for de mão de obra e materiais, os prejuízos são sofridos pelo empreiteiro. Contudo, se o contratante estiver em mora, todos os riscos correm por conta do contratante da empreitada.

São obrigações do empreiteiro: entregar a coisa no tempo e na forma ajustados; pagar os materiais que recebeu, se por imperícia ou negligência os inutilizar; responde o empreiteiro pela solidez do seu trabalho. É uma regra do Código Civil e está disposta no art. 618 do CC.

São obrigações do dono da obra: o pagamento do preço; o recebimento da coisa. E se injustificadamente se recusar? Caracteriza-se a mora, ficando ele responsável por todos os efeitos dela decorrentes, inclusive perecimento por caso fortuito. O empreiteiro pode requerer o depósito judicial da coisa.

O contrato de empreitada não se extingue pela morte de qualquer das partes. Salvo na hipótese da obrigação, com relação ao empreiteiro, ser personalíssima.

10.3.9 Contrato de depósito

as partes contratantes são depositante e depositário. Sua principal finalidade é a guarda (e não uso) de coisa alheia.

Como regra é um contrato gratuito, a não ser que haja convenção em contrário ou resultante de atividade negocial ou se o depositário praticar isso por profissão.

> ▷ **IMPORTANTE:**
> Se o depósito for oneroso e a retribuição do depositário não constar de lei, nem resultar de ajuste, será determinada pelos usos do lugar, e, na falta destes, por arbitramento.

Há dois tipos de depósito: voluntário e necessário;

1. Voluntário: Artigos 627 a 646 do CC

É aquele livremente ajustado pelas partes. Por meio dele, o depositante confia ao depositário a guarda de uma coisa móvel. O depositário deve restituir a coisa, quando solicitado.

Como obrigações, o depositário deverá guardar a coisa, conservá-la e restituí-la, conforme artigo 629 do CC.

Já o depositante possui como obrigações: reembolsar as despesas feitas pelo depositário na guarda da coisa e de indenizá-lo pelos prejuízos que do depósito advierem (se ocorrerem).

2. Necessário: Artigos 647 a 652 do CC

É aquele em que o depositante é forçado pelas circunstâncias a efetuar o depósito com pessoas desconhecidas. Há 2 espécies de depósitos necessários:

A – Depósito que se faz em desempenho de obrigação legal.

B – O que se efetua por ocasião de alguma calamidade como inundação, incêndio etc.

Depósito voluntário:

Se tiver direito de retenção pelo valor da retribuição, das despesas e dos prejuízos que do depósito advieram;

Se o objeto for juridicamente embargado;

Se sobre o objeto pender execução, notificada ao depositário;

Se houver motivo razoável para se suspeitar que o objeto foi roubado, furtado, de outrem. Nesse caso, pode o depositário requerer que o objeto fique depositado em juízo.

Assim, a regra é de que quando for solicitada a coisa, deve o depositário devolver. Contudo, há casos em que é possível a não devolução, como os expostos acima.

10.3.10. Do contrato de mandato

A conceituação do contrato de mandato está no artigo 653 do CC: "Opera-se o mandato do alguém recebe de outrem poderes para, em seu nome, praticar atos ou administrar interesses. A procuração é o instrumento do mandato".

O mandatário representa o mandante dentro dos poderes a ele conferidos. Assim, os atos do mandatário vinculam o mandante, se dentro dos poderes outorgados.

- **Tipos de mandato:**

A) Legais: quando a lei confere poderes aos representantes. (Ex.: pais, tutores, curadores).

B) Judiciais: são os representantes nomeados pelo juiz. (Ex.: inventariantes).

C) Convencionais: há procuração para agir em nome do mandante. (Ex.: advogado).

Em regra, o contrato de mandato é gratuito, eis que o art. 658 diz que a gratuidade é presumida, se não houver sido estipulada retribuição, exceto se o objeto de mandato corresponder ao daqueles que o mandatário trata por ofício ou profissão (ex. mandato de advogado). Já se o mandato for oneroso, caberá ao mandatário a retribuição prevista em lei ou no contrato.

- **Pessoas que podem outorgar e receber mandato:**

Toda pessoa capaz é apta para outorgar mandato mediante instrumento particular. Contudo, com relação ao mandatário, há a exceção do artigo 666 do CC, que permite que o mandatário seja relativamente incapaz.

São obrigações do mandatário: Agir em nome do mandante e dentro dos poderes dados por ele; Aplicar toda a sua diligência habitual na execução do contrato e indenizar qualquer prejuízo causado por culpa sua ou daquele a quem substabelecer. Importa salientar que, se o procurador vier a substabelecer sem estar autorizado a fazer isso, responderá pelos prejuízos que o mandante sofrer por sua culpa ou daquele substabelecido; Prestar contas de sua gerência ao mandante, transferindo qualquer vantagem proveniente do mandato, por qualquer título que seja; Apresentar o instrumento de mandato às pessoas com quem negocia; Concluir negócio já começado. Assim, se o mandante, morreu, foi interditado etc., embora ciente desses fatos, o mandatário deve concluir o negócio, já que a lei entende que o mandante gostaria que tal negócio fosse concluído.

São obrigações do mandante: cumprir as obrigações assumidas pelo mandatário dentro dos poderes conferidos no mandato; reembolsar as despesas efetuadas pelo mandatário, bem como pagar a remuneração ajustada (se for o caso de remuneração).

- **Da extinção do mandato:**

Conforme o artigo 682 do CC, o mandato será extinto nos seguintes casos: pela revogação ou pela renúncia: se a resilição partir do mandante há revogação. Se partir do mandatário há renúncia; pela morte ou interdição de uma das partes; pela mudança de estado que inabilite o mandante a conferir poderes ou o mandatário a substabelecer; e pelo término do prazo ou pela conclusão do negócio: quando a procuração é dada com data certa, cessa a procuração com o advento do termo. Se outorgada para um negócio determinado e realizado o negócio, também cessará.

10.3.11 Contrato de comissão

as partes são: comitente (em favor de quem o comissário se obriga a realizar negócios) e comissário (se obriga, perante terceiros, em seu próprio nome, figurando no contrato como parte).

No contrato de comissão é comumente fixada uma percentagem sobre as vendas para o comissário. Não estipulada a remuneração devida ao comissário, será ela arbitrada segundo os usos do lugar.

10.3.12 Contratos de agência e distribuição

as partes são chamadas de agente e de proponente. Configura-se o contrato de agência quando uma pessoa assume, em caráter não eventual e sem vínculos de dependência, a obrigação de promover, a conta de outra, a realização de certos negócios, em zona determinada.

Exemplos de agentes: agentes de seguros, agentes de futebol, etc.

Configura-se a distribuição quando o agente tiver a sua disposição a coisa a ser negociada.

- **Direitos e obrigações do proponente:**

A - Não pode constituir, ao mesmo tempo, mais de um agente, na mesma zona com idêntica incumbência;

B - Não pode assumir o encargo de tratar de negócios do mesmo gênero, a conta de outros proponentes.

- **Direitos e obrigações do agente ou distribuidor:**

A - Deve agir com diligência, atendendo às instruções recebidas pelo proponente;

B - Tem direito à indenização se o proponente, sem justa causa, cessar o atendimento das propostas ou reduzi-lo tanto que se torna economicamente ruim a continuação do contrato.

- **Pagamento do agente ou distribuidor:**

Agente ou distribuidor terá direito à remuneração correspondente aos negócios concluídos dentro de sua zona, ainda que sem a sua interferência. Todas as despesas com a agência ou a distribuição correm por conta do agente ou distribuidor.

10.3.13 Contrato de corretagem

por esse contrato, uma pessoa, não ligada à outra em virtude de mandato, de prestação de serviços ou por qualquer outra relação de dependência, obriga-se a obter para a segunda um ou mais negócios conforme as instruções recebidas. A função do corretor é aproximar as pessoas que estiverem interessadas no negócio.

Importa lembrar que a obrigação assumida pelo corretor é de resultado. Somente terá direito à comissão se houver a aproximação entre as partes para a realização do negócio.

- **Direitos e deveres do corretor:**

A Lei nº 6.530/1978 trata sobre a profissão de corretor. Contudo, as regras do CC também devem ser aplicadas, conforme artigo 729 do CC. São deveres:

A - Executar a mediação com diligência e prudência;

B - Deve prestar ao cliente todas as informações sobre o andamento dos negócios;

- **Remuneração do corretor:**

Se não estiver fixada em lei, nem ajustada entre as partes, será arbitrada segundo a natureza do negócio e os usos locais.

- **Quando se deve a remuneração ao corretor?**

A - No momento em que tenha conseguido o resultado previsto no contrato de corretagem ou mesmo;

B - Quando este contrato não se efetive em razão de arrependimento das partes.

> ▷ **MUITO IMPORTANTE:**
> **Contrato de exclusividade:**
> Se o negócio foi concluído diretamente entre comitente e terceiro, sem intervenção do corretor, nenhuma remuneração será a ele devida. Contudo, se por escrito for ajustada a corretagem por exclusividade, terá o corretor direito à remuneração integral, ainda que realizado o negócio sem a sua mediação, salvo se comprovada sua inércia ou ociosidade.

10.3.14 Contrato de transporte

Contrato de transporte é aquele em que alguém se obriga a transportar de um lugar para outro, coisas ou pessoas mediante uma retribuição.

> ▷ **MUITO IMPORTANTE:**
> Art. 736: "Não se subordina as normas do contrato de transporte o feito gratuitamente, por amizade ou cortesia. Não se considera gratuito o transporte quando, embora feito sem remuneração, o transportador auferiu vantagens indiretas".

O transporte pode ser de pessoas ou coisas:

- **Do transporte de pessoas**

Diz o artigo 734 do CC que: "O transportador responde pelos danos causados as pessoas transportadas e suas bagagens, salvo motivo de força maior, sendo nula qualquer cláusula excludente de responsabilidade.".

Importa lembrar que a responsabilidade contratual do transportador por acidente com o passageiro não pode ser afastada por culpa de terceiro, contra o qual tem ação regressiva. Assim, em um acidente que cause danos ao passageiro obriga o transportador a indenizá-lo. Não importa se a responsabilidade pelo dano foi de um terceiro. O transportador deve indenizar o passageiro e, se quiser, mover uma ação regressiva este terceiro.

- **Direitos e Obrigações do transportador:**

O transportador está sujeito aos horários e itinerários previstos, sob pena de responder por perdas e danos, salvo força maior. Também não pode recusar passageiros, salvo os casos previstos em regramentos, ou se as condições de higiene e saúde do interessado assim justificarem.

Se a viagem for interrompida por qualquer motivo alheio à vontade do transportador, ainda que decorrente de evento imprevisto, fica a transportadora obrigada a concluir o transporte em outro veículo da mesma categoria ou com a anuência do passageiro, por modalidade diversa, a sua custa, correndo também por sua conta as despesas de estadia e alimentação do usuário, durante a espera de novo transporte.

> ▷ **MUITO IMPORTANTE:**
> O transportador tem direito de retenção sobre a bagagem, se realizou o transporte e o passageiro não pagou o valor da passagem.

- **Direitos e Obrigações do transportado:**

Pessoa transportada deve se submeter às normas estabelecidas pela transportadora. Além disso, também devem se abster de qualquer ato que cause incomodo ou prejuízo aos passageiros ou que impeçam a execução normal dos serviços.

O passageiro também tem direito de rescindir o contrato de transporte antes de iniciada a viagem. É devida ao passageiro a restituição do valor da passagem, desde que feita a comunicação ao transportador em tempo de a passagem ser renegociada. Pode desistir da viagem, mesmo depois que esta seja iniciada. É devida ao passageiro a quantia do trecho não utilizado, desde que provado que outra pessoa haja sido transportada em seu lugar.

O passageiro que não apareceu não terá reembolso da passagem. Salvo se provar que outra pessoa viajou no seu lugar e, assim, a empresa lucrou.

- **Do transporte de coisas**

A coisa, entregue ao transportador, deve estar caracterizada pela sua natureza, valor, peso e quantidade para que não se confunda com outras. O destinatário deve ser indicado, ao menos, com nome e endereço. Quando receber a coisa, o transportador deve emitir o chamado conhecimento de transporte.

Pode o transportador recusar o transporte da coisa? Sim, se a embalagem for inadequada, bem como possa colocar em risco a saúde das pessoas, ou danificar o veículo e outros bens.

- **Obrigações do transportador de coisas:**

O transportador deve conduzir a coisa até o seu destino e entregá-la no prazo. Também tem a responsabilidade limitada ao valor constante no conhecimento.

- **Obrigações de quem teve a coisa transportada:**

Até a entrega da coisa, pode o remetente desistir do transporte e pedir a coisa de volta ou ordenar que seja entregue a outra pessoa. De qualquer forma, deve o remetente pagar os acrescidos mais as perdas e danos que houver. Aquele que recebeu as mercadorias deve verificar se tudo está correto, sob pena de declinar dos direitos de reclamação.

10.3.15. Contrato de seguro

As partes envolvidas no contrato de seguro são: segurado e seguradora. Considera-se contrato de seguro aquele pelo qual uma das partes, denominada segurador, se obriga a garantir interesse legítimo da outra, intitulada segurado, relativo à pessoa ou a coisa, contra riscos predeterminados. No contrato de seguro, o segurado paga o prêmio – prestações – ao segurador, que assume o risco do segurado. Assim, a seguradora deve pagar ao segurado uma indenização caso ocorra o evento inesperado (sinistro).

- **Elementos do Contrato de Seguros: <u>São o segurador, segurado, risco, prêmio e apólice (instrumento de negócio).</u>**

A) Segurador: Contratante que, assumindo os riscos, indenizará o segurado na hipótese de sinistro.

B) Segurado: Quem paga o prêmio e assim transfere o risco para o segurador.

CIVIL

C) Risco: É o acontecimento futuro e incerto e é o próprio objeto do seguro.

> Diz o art. 762 do CC: "Nulo será o contrato para garantia de risco proveniente de ato doloso do segurado, do beneficiário ou de representante de um ou de outro.".

D) Prêmio: É o que paga o seguro ao segurador.

> Art. 764 do CC: "Salvo disposição especial, o fato de se não ter verificado o risco, em previsão do qual se faz o seguro, não exime o segurado de pagar o prêmio.".

E) Apólice ou bilhete de seguro: É o instrumento do contrato.

- **Princípio da boa-fé:**

Segundo o artigo 765 do CC: "O segurado e o segurador são obrigados a guardar na conclusão e na execução do contrato, a mais estrita boa-fé e veracidade, tanto a respeito do objeto como das circunstâncias e declarações a ele concernentes".

Caso não tenha havido boa-fé na relação contratual, o artigo 766 do CC diz que: "Se o segurado por si ou por seu representante, fizer declarações inexatas ou omitir circunstâncias que possam influir na aceitação da proposta ou na taxa do prêmio, perderá o direito a garantia, além de ficar obrigado ao prêmio vencido".

Obrigações do segurado: Pagar o prêmio estipulado no contrato; Não pode agravar intencionalmente o risco. Caso faça isso, perderá a garantia – art. 768 do CC; Deve comunicar o segurador, logo que saiba, todo incidente que possa agravar consideravelmente o risco, sob pena de perder a garantia. Essa perda ocorrerá se o segurado sabia e não comunicou o segurador, ou seja, agiu de má-fé; Comunicar o sinistro ao segurador, logo que saiba. Também deve tomar todas as providências para amenizar as consequências do sinistro.

Obrigações do segurador: Pagar em dinheiro, se outra forma não foi convencionada (ex.: consertar o veículo), o prejuízo resultante do risco assumido e, conforme as circunstâncias, entregar outra coisa em seu lugar. (ex.: dar um carro novo); Os agentes autorizados do segurador (corretores de seguros) presumem-se seus representantes para todos os atos relativos aos contratos que agenciarem; Se as partes não se opuserem o contrato se renova pelo mesmo prazo. No entanto, esta renovação automática só pode ocorrer uma vez, conforme artigo 774 do CC.

- **Seguro de pessoa:**

Nos seguros pessoais, a indenização paga deve ser a fixada na apólice de seguros, já que os bens cobertos pelo seguro não têm valor (inestimáveis).

O beneficiário do seguro de vida pode ser substituído a critério do segurado. É lícita a substituição do beneficiário pelo segurador. Pode ser feito por ato inter vivos ou causa mortis.

Na falta de beneficiário estipulado, ou por qualquer motivo, não é possível que aquele beneficiário receba a indenização, o capital segurado será pago: A – Metade ao cônjuge não separado judicialmente; B – Metade aos herdeiros do segurado, obedecida a ordem de vocação hereditária. Na falta de cônjuge/ herdeiros, serão beneficiados, aqueles que provarem que a morte do segurado os privou dos meios necessários à subsistência.

No seguro de vida/acidentes pessoais, para o caso de morte, o capital estipulado não está sujeito às dívidas do segurado, nem se considera herança para todos os efeitos do direito.

O beneficiário não tem direito ao capital estipulado quando o segurado se suicida nos primeiros 2 anos de vigência inicial do contrato. Também não tem direito nos 2 anos depois de sua recondução quando suspenso. Ressalvado tal fato, é nula a cláusula contratual que exclui o pagamento do capital por suicídio do segurado. No entanto, necessário verificar súmulas do STJ, a respeito do contrato de seguro:

▷ **IMPORTANTE – Súmulas do STJ sobre seguro:**

- **Súmula nº 620 do STJ:** A embriaguez do segurado não exime a seguradora do pagamento da indenização prevista em contrato de seguro de vida.
- **Súmula nº 616 do STJ:** A indenização securitária é devida quando ausente a comunicação prévia do segurado acerca do atraso pagamento do prêmio, por constituir requisito essencial para a suspensão ou resolução do contrato de seguro.
- **Súmula nº 610 do STJ:** O suicídio não é coberto nos dois primeiros anos de vigência do contrato de seguro de vida, ressalvado o direito do beneficiário à devolução do montante da reserva técnica formada.
- **Súmula nº 609 do STJ:** A recusa de cobertura securitária, sob a alegação de doença preexistente, é ilícita se não houve a exigência de exames médicos prévios à contratação ou a demonstração de má-fé do segurado.
- **Súmula nº 632 do STJ:** Nos contratos de seguro regidos pelo Código Civil, a correção monetária sobre a indenização securitária incide a partir da contratação até o efetivo pagamento.

10.3.16 Contrato de constituição de renda

Quem são as partes nesse contrato? Instituidor e rendeiro (também chamado de censuário).

Qual é o conceito do contrato de constituição de renda? Por este contrato uma pessoa (instituidor) entrega a outrem (rendeiro ou censuário) um capital. Este capital pode consistir em bens móveis ou imóveis. O rendeiro ou censuário obriga-se a pagar ao instituidor ou terceiro indicado (beneficiário) por este, uma prestação.

O objetivo do contrato de constituição de renda é o de proteger o instituidor que, ainda que proprietário dos bens, não está seguro de como conseguir o suficiente para sua sobrevivência. Assim, concorda em transferir propriedade ao rendeiro que, por sua vez, se compromete a lhe dar uma renda fixa durante certo tempo (prazo).

Em geral esse prazo é até a morte do instituidor. Mas pode haver convenção em contrário.

A constituição de renda pode ser a título gratuito ou a título oneroso.

O que acontece se o rendeiro (também chamado de censuário) deixa de cumprir a obrigação estipulada? Pode o credor da renda (instituidor ou terceiro beneficiado) acionar o rendeiro para que:

A - pague as prestações atrasadas;

B - preste garantias futuras, de que irá pagar o devido, sob pena de rescisão do contrato.

10.3.17 Do jogo e da aposta

- **Jogo**

É o ajuste pelo qual duas ou mais pessoas se obrigam a pagar certa soma para a pessoa que vença na prática de determinado ato.

Perder ou ganhar depende da atuação e da participação efetiva de cada jogador. O vencedor fará jus a uma certa soma, previamente estipulada.

Exemplos: Joana e Maria apostam corrida. Quem ganhar, será a campeã do "Jogo".

- **Aposta**

O resultado não depende da participação das partes.

Exemplo: Joana e Maria apostam que nos próximos 30 minutos irá passar 5 carros da cor branca em frente a suas casas. Não há participação delas. Resultado depende de um ato ou fato alheio e incerto.

Apesar da diferença em conceituação, o tratamento legal dado a ambos é o mesmo.

Importa salientar que as dívidas de jogo ou de aposta não obrigam ao pagamento.

Regra: Se foram pagas, quem pagou não pode querer de volta o pagamento.

Exceção: Pode solicitar de volta o pagamento, se esse jogo ou aposta foi ganho com dolo ou se quem perdeu for menor ou interdito.

A dívida de jogo/aposta constitui obrigação natural: o ganhador não dispõe, no ordenamento jurídico, de ação para exigir seu pagamento.

10.3.18 Contrato de fiança

O conceito de fiança está no art. 818 do CC: "Pelo contrato de fiança uma pessoa garante satisfazer ao credor uma obrigação assumida pelo devedor, se este não a cumpra".

- **Características:**

Caráter acessório, já que depende da existência do contrato principal.

→ Contrato solene. Diz o art. 819: "A fiança dar-se-á por escrito, e não admite interpretação extensiva".

Unilateral, já que uma vez celebrado, só gera obrigações do fiador para com o credor.

Gratuito, já que fiador nada recebe em troca.

Como é um contrato acessório, via de regra, se nula a obrigação principal, a fiança também será nulificada.

Pode o credor recusar o fiador? Sim, pode. Se não for pessoa idônea, domiciliada no município e não possua bens suficientes para garantir a obrigação.

- **Benefício de Ordem**

O benefício de ordem consiste em um privilégio, conferido ao fiador, de exigir que os bens do devedor principal sejam excutidos antes dos seus. O fiador que alegar o benefício de ordem deve nomear bens do devedor situados no mesmo município, livres e desembaraçados. Há alguns casos, no entanto, que o fiador não pode invocar tal benefício:

A – Se o fiador renunciou expressamente ao benefício

B – se o fiador se obrigou como principal pagador ou devedor solidário

C – se o devedor for insolvente ou falido.

- **Benefício da divisão.**

Segundo o art. 829 do CC: "A fiança conjuntamente prestada a um só debito por mais de uma pessoa importa o compromisso de solidariedade entre elas, se declaradamente não se reservarem o benefício da divisão".

Estipulado este benefício, cada fiador responde unicamente pela parte que, em proporção, lhe

CIVIL

couber no pagamento. Portanto, se houver especificação – benefício da divisão – cada um paga somente o que afiançou.

- **Extinção da fiança:**

A - A moratória concedida ao devedor, sem o consentimento do fiador:

Moratória é a concessão expressa de mais prazo ao devedor. Ele não quer ficar mais tempo como fiador e a moratória permite isso, então pode solicitar a exoneração da fiança.

B - O ato do credor que torne impossível a sub-rogação nos seus direitos e preferências.: O fiador, ao aceitar a fiança, pode pensar na possibilidade de se sub-rogar nos direitos do credor para com o devedor. Se por ato do credor, essa possibilidade não ocorre, o fiador se desonera da fiança.

C - Dação em pagamento: a dação em pagamento coloca fim ao contrato principal, e, portanto, também ao de fiança.

D - Retardamento do credor na execução: Quando oferecido o benefício de ordem, e o credor retarda muito em promover a execução.

10.3.19 Transação

contrato pelo qual as partes previnem ou terminam relações jurídicas controvertidas, por meio de concessões mútuas, conforme artigo 840 do CC: "É lícito aos interessados prevenirem ou terminarem o litígio mediante concessões mútuas".

É o resultado de um acordo de vontades para evitar riscos de futura demanda ou para extinguir litígios judiciais já existentes.

10.3.20 Compromisso e arbitragem

arbitragem é o acordo de vontade em que as partes entregam para árbitros a solução dos conflitos. Essas partes preferem não se submeterem a uma decisão judicial.

Nos artigos 851 a 853 do CC é regulado o compromisso, que precede o juízo arbitral. A legislação sobre o instituto encontra-se na Lei no 9.307/1996, que trata sobre a arbitragem nacional e internacional.

> ▷ **MUITO IMPORTANTE:**
> Art. 852 do CC: É vedado compromisso para solução de questões de estado, de direito pessoal de família e de outras que não tenham caráter estritamente patrimonial.

- **Contrato de Administração Fiduciária de Garantias.**

Incluído pela Lei 14.711/2023.

A lei 14.711/2023 incluiu uma nova espécie de contratos no Código Civil: o contrato de administração fiduciária de garantias.

A palavra fiduciário significa "confiança". Assim, um exemplo de garantia fidejussória é a fiança, na qual o fiador se obriga com seu patrimônio a responder dívida que não é sua, mas do devedor principal.

O contrato de administração fiduciária de garantias possui como partes o credor e o chamado agente de garantia.

O objeto do contrato é a gestão de garantias oferecidas. Assim, digamos que o devedor tem empréstimos com o credor que são garantidos por penhor, hipotecas etc. O agente de garantia poderá gerir essas garantias. Assim, caso o devedor não pague a dívida, o agente de garantias poderá cobrar judicial ou extrajudicialmente a execução da garantia. Também poderá, por exemplo, cuidar se o devedor está pagando as parcelas da dívida.

A verdade é que já havia, na prática, uma "terceirização" das cobranças, com os credores contratando empresas para verificarem pagamentos e cobrarem créditos. Agora há um contrato típico no qual estes credores poderão celebrar com tais empresas, que serão, então, denominadas de agentes de garantias. Desta forma, o agente de garantias irá atuar em benefício do credor.

É permitido, contudo, que o agente de garantias mantenha contratos também com o devedor para prestação de serviços (parágrafo sétimo do art. 853-A) a fim de verificar se não há oferta de crédito mais vantajosa para ele, por exemplo. Claro que o agente de garantias somente irá manter relações contratuais com o devedor se não houver conflito de interesses com o credor (credor pode ter destituído o agente de garantias). Também poderia, por exemplo, receber informações de alterações cadastrais do devedor e repassar ao credor.

Ponto importante é que o agente de garantia irá atuar em nome próprio e não em nome do devedor. Ele irá atuar em nome próprio, mas agindo no interesse de outra pessoa (credor). Assim, mesmo não sendo o titular do crédito, ele poderá atuar em nome próprio na cobrança de dívidas. Assim, poderá ajuizar ações judiciais, em nome próprio, para cobrar créditos do devedor. Assim, o agente de garantias poderá ser polo ativo e passivo em ações judiciais cujo objeto é o crédito do credor.

BIBLIOGRAFIA

BULOS, Uadi Lammêgo. *Curso de direito constitucional.* 5.ed. São Paulo: Saraiva, 2010.

CAVALIERI FILHO, Sérgio. *Programa de responsabilidade civil.* 10ª ed. rev. e ampl. São Paulo: Atlas, 2020.

MIRAGEM, Bruno. Responsabilidade civil. 2 ed. Rio de Janeiro: Forense, 2021.

MARTINS-COSTA, Judith. *A linguagem da responsabilidade civil. In*: BIANCHI, José Flávio; MENDONÇA.

RIZZARDO, Arnaldo. *Introdução ao Direito Civil e Parte geral do direito civil.* São Paulo: Grupo Gen, 2022.

SCHREIBER, Anderson. *Manual de Direito Civil Contemporâneo.* 6ª ed. São Paulo: Editora Saraiva, 2023.

TEPEDINO, Gustavo. *Fundamentos do Direito Civil. Responsabilidade Civil.* Vol. 4, 2 ª edição. São Paulo: Grupo Gen 2020.

TARTUCE, Flávio. *Direito Civil – Direito das Obrigações e Responsabilidade Civil* – Vol. 2. (16th edição). Grupo GEN, 2021.

TARTUCE, Flávio. Direito civil, v. 3. *Teoria geral dos contratos e contratos em espécie.* Rio de Janeiro: Forense, 2022. 17 ed.

TARTUCE, Flávio. Manual de Direito Civil. São Paulo: Método, 2023, 13 ed.

VENOSA, Silvio de Salvo. *Direito Civil. Obrigações e responsabilidade civil.* São Paulo: Grupo Gen, 2023.

CIVIL

PROCESSO CIVIL

Cristiane Penning Pauli de Menezes

Luciana Aranalde

Tatiane Kipper

Sumário:

PARTE I

1. NORMAS FUNDAMENTAIS E APLICAÇÃO DAS NORMAS PROCESSUAIS

Cristiane Penning Pauli de Menezes
e Luciana Aranalde

1.1 Normas processuais e aplicação

O Código de Processo Civil – CPC é estabelecido a partir do modelo previsto Constituição Federal, o chamado **modelo constitucional de processo civil**, que designa "o conjunto de princípios constitucionais destinados a disciplinar o processo civil (e não só o civil, mas todo e qualquer tipo de processo) que se desenvolve no Brasil"[1]. Os princípios serão abordados no item subsequente a este, cabendo, neste momento, abordar algumas questões iniciais acerca da **aplicação das normas processuais**.

Já em primeiras linhas, o processo deve iniciar por iniciativa da parte (**princípio da inércia**), de modo que **o juiz não pode agir sem provocação**. Além disso, o processo desenvolve-se por **impulso oficial**, salvo se for observada precisão legal em sentido diverso.

Também **não será afastada a apreciação jurisdicional nos casos de ameaça ou lesão a direito, permitida, contudo, a pactuação de cláusula de arbitragem se for o caso**. O Estado deverá promover a solução consensual dos conflitos, observando, ademais, as questões relativas à atuação jurisdicional do Estado (conforme será visto na sequência). O §3º do Art. 1, do CPC, determina que "**a conciliação, a mediação e outros métodos de solução consensual de conflitos** deverão ser estimulados por juízes, advogados, defensores públicos e membros do Ministério Público, inclusive no curso do processo judicial"[2], o que vem sendo admitido inclusive em outras áreas de atuação do direito, a exemplo da própria Lei 14.112 de 2020, que alterou a Lei 11.101 de 2005 para o fim de estimular a mediação e a conciliação no âmbito dos procedimentos falimentares.

A norma processual também indica que as partes terão direito a obter **prazo razoável na solução do mérito**, incluindo-se a atividade satisfativa da jurisdição. Trata-se de uma previsão que denota a importância do **princípio da celeridade e do prazo razoável na resolução do processo,** sendo que, para além disso, aqueles que, de qualquer forma, vierem a participar do processo devem comportar-se de acordo com o **princípio da boa-fé**.

Tal previsão dialoga com o disposto no Art. 6º do CPC, eis que todos **os sujeitos do processo devem cooperar entre si para que possam obter, também em tempo razoável, decisão de mérito que seja justa e efetiva**. O **princípio da isonomia**, que será abordado na sequência e que igualmente é consagrado pela norma processual, assegura que as partes tenham paridade no tratamento em relação ao exercício de direitos e pressupostos processuais, especialmente no que toca aos meios de defesa, aos ônus, aos deveres e à aplicação de sanções processuais, competindo ao juiz zelar pelo efetivo **contraditório**.

Deve se ter em mente também a previsão da **Lei de Introdução às Normas de Direito Brasileiro,** no sentido de que o juiz deverá atender aos "fins sociais e às exigências do bem comum, resguardando e promovendo a dignidade da pessoa humana e observando a proporcionalidade, a razoabilidade, a legalidade, a publicidade e a eficiência"[3], sendo que **não serão proferidas decisões contra uma das partes sem que ela seja previamente ouvida** – <u>excetuado o seguinte</u>: a) tutela provisória de urgência; b) hipóteses de tutela da evidência previstas no Art. 311, incisos II e III, do CPC; e c) decisão prevista no Art. 701, também do CPC

O juiz **não deve julgar com base em fundamento determinado sem que seja oportunizada às partes a manifestação cabível**, ainda que se trate de matéria sobre a qual deva decidir de ofício, ressaltando-se que todos "os julgamentos dos órgãos do Poder Judiciário serão públicos, e fundamentadas todas as decisões, sob pena de nulidade"[4]. Ademais, nos casos de **segredo de justiça** poderá ser autorizada a presença somente das partes, de seus advogados, de defensores públicos ou do Ministério Público.

1. CÂMARA, Alexandre Freitas. **O Novo Processo Civil Brasileiro**. São Paulo: Grupo GEN, 2022. s.p.
2. BRASIL. **Lei 13.105,** de 16 de março de 2015. Código de Processo Civil. Disponível em: http://www.planalto.gov.br/ccivil_03/_ato2015-2018/2015/lei/l13105.htm. Acesso em: 11 abr. 2023.
3. BRASIL. **Decreto-Lei 4.657**, de 04 de setembro de 1942. Lei de Introdução às Normas do Direito Brasileiro. Disponível em: http://www.planalto.gov.br/ccivil_03/decreto-lei/del4657compilado.htm. Acesso em: 11 abri. 2023.
4. BRASIL. **Lei 13.105**, de 16 de março de 2015. Código de Processo Civil. Disponível em: http://www.planalto.gov.br/ccivil_03/_ato2015-2018/2015/lei/l13105.htm. Acesso em: 11 abr. 2023.

Os juízes e os tribunais deverão atender, de forma preferencial, uma **ordem cronológica de conclusão para proferir sentença ou acórdãos**, registrando-se que a lista de processos aptos a julgamento deve estar, de forma permanente, à disposição para consulta pública em cartório e na rede mundial de computadores. Esta é a regra que se extrai do **Art. 12 do CPC**, sendo que estarão **excluídos de tal previsão**:

1) as sentenças proferidas em audiência, homologatórias de acordo ou de improcedência liminar do pedido;
2) o julgamento de processos em bloco para aplicação de tese jurídica firmada em julgamento de casos repetitivos;
3) o julgamento de recursos repetitivos ou de incidente de resolução de demandas repetitivas;
4) as decisões proferidas com base nos arts. 485 e 932 do CPC;
5) o julgamento de embargos de declaração;
6) o julgamento de agravo interno;
7) as preferências legais e as metas estabelecidas pelo Conselho Nacional de Justiça;
8) os processos criminais, nos órgãos jurisdicionais que tenham competência penal;
9) a causa que exija urgência no julgamento, assim reconhecida por decisão fundamentada.

Quanto à lista de conclusões, e após elaboração de lista própria, será respeitada a ordem cronológica das conclusões – dentre as previsões legais e respeitados os limites processuais da norma em vigor. Além disso, uma vez realizada a inclusão de determinado processo junto à referida lista, determinado "requerimento formulado pela parte não altera a ordem cronológica para a decisão, exceto quando implicar a reabertura da instrução ou a conversão do julgamento em diligência"[5].

Caso o requerimento previsto no §4º do Art. 12 do CPC venha a ser apreciado, **o processo deverá retornar à mesma posição que ocupava anteriormente**, sendo que somente os processos indicados a seguir ocuparão o primeiro lugar na lista prevista no §1º do Art. 12, a saber: 1) processo que tiver sua **sentença ou acórdão anulado**, salvo quando houver necessidade de realização de diligência ou de complementação da instrução; e 2) processo **que se enquadrar na hipótese do Art. 1.040, inciso II, do CPC.**

Ainda no que toca à aplicação das normas processuais, tem-se que "a **jurisdição civil será regida pelas normas processuais brasileiras, ressalvadas as disposições específicas previstas em tratados, convenções ou acordos internacionais de que o Brasil seja parte**"[6]. Será preservado o pressuposto de a **norma processual não retroagir**, além de ser aplicável de imediato aos processos em curso – desde que respeitados os atos processuais praticados e as situações jurídicas consolidadas sob a vigência da norma processual revogada pelo Código de Processo Civil de 2015. Na ausência de norma que possa regular processos eleitorais, trabalhistas ou administrativos, **as disposições do Código de Processo Civil também lhes serão aplicadas supletiva e subsidiariamente**, nos termos do Art. 15, do CPC.

1.2. Princípios processuais cíveis e informativos

Para além das normas processuais expressas no Código de Processo Civil, ainda é preciso se ter em mente a aplicação de princípios que são utilizados para compreensão da própria atuação das partes – ainda que tais princípios não estejam previstos expressamente. Veja-se alguns dos princípios que serão abordados durante o módulo: **princípio do devido processo legal, do acesso à justiça, do contraditório e da ampla defesa, da imparcialidade do juiz, do duplo grau de jurisdição, da isonomia, da publicidade dos atos processuais, da motivação das decisões, da duração razoável do processo, inafastabilidade da jurisdição e da cooperação entre as partes.**

O **princípio do devido processo legal** é previsto principalmente no inciso LIV do Art. 5º da Constituição Federal[7], garantindo que "ninguém será privado da sua liberdade ou de seus bens sem o devido processo legal". Na concepção de alguns precedentes, é de se destacar que ao princípio do devido processo legal se sobrepõe inclusive à postura do juiz(a)[8].

---

5. BRASIL. **Lei 13.105,** de 16 de março de 2015. Código de Processo Civil. Disponível em: http://www.planalto.gov.br/ccivil_03/_ato2015-2018/2015/lei/l13105.htm. Acesso em: 11 abr. 2023.

6. BRASIL. **Lei 13.105,** de 16 de março de 2015. Código de Processo Civil. Disponível em: http://www.planalto.gov.br/ccivil_03/_ato2015-2018/2015/lei/l13105.htm. Acesso em: 11 abr. 2023.

7. BRASIL. **Constituição Federal de 1988**. Disponível em: http://www.planalto.gov.br/ccivil_03/constituicao/constituicao.htm. Acesso em 11 abr. 2023.

8. Nesse sentido, recomenda-se a consulta do seguinte julgado: "APELAÇÃO CÍVEL. RESPONSABILIDADE CIVIL. AÇÃO ORDINÁRIA. OFENSA AO PRINCÍPIO DO DEVIDO PROCESSO LEGAL. OCORRÊNCIA. SENTENÇA DESCONSTITUÍDA. – Não obstante ao Juiz caiba a condução do processo, o Diploma Processual Civil ora vigente privilegia,

Também há o **princípio do acesso à justiça**, igualmente previsto na Constituição Federal em seu Art. 5º, inciso XXXV: "a lei não excluirá da apreciação do Poder Judiciário lesão ou ameaça a direito". A referida previsão possui conexão com o disposto no Art. 3º do CPC, sendo **permitida a arbitragem** – conforme já abordado –, ressalvando-se que **o Estado deverá promover**, na medida do possibilitado, **a solução consensual dos conflitos**.

Além disso, é importante ter em mente que tais questões ganham relação com o previsto no Art. 4º da Lei de Introdução às Normas de Direito Brasileiro[9], de modo que, **quando a lei for omissa, o juiz decidirá o caso de acordo com a analogia, os costumes e os princípios gerais de direito**. Uma releitura do **princípio da inafastabilidade de jurisdição**, de modo que todos tenham paridade no acesso à prestação jurisdicional.

Além disso, os **princípios do contraditório e da ampla defesa** se dão nos seguintes termos, conforme Art. 5º, LV, da Constituição Federal: "*aos litigantes em processo judicial ou administrativo, e aos acusados em geral são assegurados o contraditório e a ampla defesa, com os meios e recursos a ela inerentes*"[10]. Trata-se de uma medida que visa, em um primeiro momento, **dar ciência ao demandado acerca de determinado ato em seu desfavor**, sendo que a segunda é relativa à oportunidade de **a parte se manifestar com a exposição de suas demandas** – apresentando, se for o caso, suas eventuais pretensões.

O contraditório ganha uma nova roupagem se analisada a ferramenta da liminar "*inaudita altera parte*". **Neste caso, na situação de risco iminente ou dano irreparável, há a possibilidade de o contraditório ser praticado após determinado ato processual**, sendo que o princípio do contraditório não deve ser visto tão somente como um mecanismo que possibilita a audiência bilateral em um processo, "mas que tem a função democrática de permitir a todos os sujeitos da relação processual a possibilidade de influir, realmente, sobre a formação do provimento jurisdicional"[11].

Quanto ao **princípio da imparcialidade (juiz natural)**, previsto nos incisos LIII e XXXVII do Art. 5º da Constituição Federal, tem-se que o primeiro determina o julgamento por autoridade competente e o segundo a vedação do juízo ou tribunal de exceção.

A **vedação do juízo de exceção** visa a combater o **arbítrio irrestrito do Poder Estatal**, ao passo em que o segundo veda que as partes sejam **privilegiadas na escolha do juiz.** O juiz natural, em resumo, é aqui destacado em razão de sua peculiaridade, compreende a ideia de que a competência para julgamento deverá obedecer às regras já existentes no ordenamento jurídico, não podendo ser modificada posteriormente apenas com o escopo de atingir determinada conduta.

Já o **princípio do duplo grau de jurisdição** não possui previsão específica, mas a Carta Magna possibilita a compreensão de sua existência através da atuação do Superior Tribunal de Justiça e do Supremo Tribunal Federal ao julgarem seus Recursos Ordinários, conforme se verifica nos artigos 102, inciso I e 102, inciso II da Constituição Federal, além dos Tribunais de Justiça e dos Tribunais Regionais Federais. **Trata-se de uma medida que visa a revisar decisões judiciais prolatadas por juízes.**

Ademais, **o princípio da isonomia**, previsto no Art. 5º, caput e I, da Constituição Federal, deve ser compreendida na perspectiva de atuação do juiz, de modo que este confira às partes uma igualdade no tratamento processual, observando sempre a equidade necessária. Ademais, insere-se na lógica processual que **toda relação é composta por atos, sendo estes revestidos de necessária publicidade** e, nos termos do Art. 5º, LX, "**a lei só poderá restringir a publicidade dos atos processuais quando a defesa da intimidade ou o interesse social o exigirem**" e, de acordo com o Art. 93, X "**as decisões**

também, o princípio do contraditório, compreendido como garantia de participação com influência e não surpresa das partes, nos termos dos seus artigos 9º e 10, institutos que não foram respeitados no caso em comento e que merecem atenção. – Caso em que a inversão do ônus da prova se deu somente em sentença, em violação aos princípios do contraditório, da ampla defesa e da não surpresa. APELO PROVIDO. SENTENÇA DESCONSTITUÍDA. UNÂNIME" (RIO GRANDE DO SUL. Tribunal de Justiça do Rio Grande do Sul. **Apelação Cível n. 50028174920128210008.** APELAÇÃO CÍVEL. RESPONSABILIDADE CIVIL. AÇÃO ORDINÁRIA. OFENSA AO PRINCÍPIO DO DEVIDO PROCESSO LEGAL. OCORRÊNCIA. SENTENÇA DESCONSTITUÍDA [...]. Relator: Gelson Rolim Stocker, 15 de dezembro de 2022. Disponível em: https://www.tjrs.jus.br/buscas/jurisprudencia/exibe_html.php. Acesso em 11 abr. 2023).

9. BRASIL. **Decreto-Lei 4.657**, de 04 de setembro de 1942. Lei de Introdução às Normas do Direito Brasileiro. Disponível em: http://www.planalto.gov.br/ccivil_03/decreto-lei/del4657compilado.htm. Acesso em: 11 abri. 2023.
10. BRASIL. **Constituição Federal de 1988.** Disponível em: http://www.planalto.gov.br/ccivil_03/constituicao/constituicao.htm. Acesso em 11 abr. 2023. s.p.
11. THEODORO JR, Humberto. Código de Processo Civil Anotado. São Paulo: Grupo GEN, 2022. Acesso em: 11 abr. 2023. s.p.

administrativa dos Tribunais serão motivadas e em sessão pública", ambas previsões extraídas da Constituição Federal[12].

Tal publicidade é uma maneira de controle e administração das decisões dos(as) juízes(as), sobretudo quando se parte da compreensão de que às partes é conferido o direito de fiscalização. Sobre tal princípio, veja-se a jurisprudência:

> Agravo de instrumento – Ação de busca e apreensão – Alienação fiduciária – Documentos em segredo de justiça – Situação não prevista no artigo 189 do CPC – Impossibilidade – Recurso ao qual se dá provimento. 1. O artigo 5º, inciso LX, da Constituição da República dispõe sobre a publicidade dos atos processuais, de modo que o sigilo processual seja aplicado apenas em casos excepcionais, quando a defesa da intimidade ou o interesse social o exigirem. 2. Constatando-se que a matéria constante dos autos não está elencada no rol do artigo 189 do Código de Processo Civil, não cabe permanecer o feito sob segredo de justiça, prevalecendo a regra constitucional da publicidade dos atos processuais. AGRAVO DE INSTRUMENTO 1.0000.22.226376-6/001 – COMARCA DE TEÓFILO OTONI – 2ª VARA CÍVEL – AGRAVANTE(S): DERMIVAL LIMA DA SILVA – AGRAVADO(A)(S): BANCO VOTORANTIM SA.[13]

Tanto a norma processual, conforme visto, como a norma constitucional (Art. 93, IX), determinam que **os julgamentos do Poder Judiciário sejam públicos** (publicidade dos atos) e com suas **decisões fundamentadas**, sob pena de ser declarada a nulidade. Trata-se de uma necessidade de o juiz, por exemplo, justificar as duas decisões, de modo que possa ser revisada em instância superior, ou simplesmente como forma de dar esclarecimentos às partes.

A Constituição Federal (Art. 5º, LXXVIII) garante que "**a todos, no âmbito judicial e administrativo, são assegurados a razoável duração do processo e os meios que garantam a celeridade de sua tramitação**"[14], sendo que tal previsão é recepcionada pelo Código de Processo Civil quando este define o seu Art. 4º, na medida em que, em igual sentido ao disposto na Constituição Federal, "**as partes têm o direito de obter em prazo razoável a solução integral do mérito, incluída a atividade satisfativa**"[15].

Tal princípio demonstra uma preocupação no sentido que situações emblemáticas devem ser resolvidas em tempo hábil, sem que a morosidade do judiciário venha a prejudicar as partes interessadas. De acordo com a doutrina:

> Busca-se, então, assegurar a duração razoável do processo, sendo relevante destacar o compromisso do Código de Processo Civil com esse princípio constitucional. Há uma nítida opção do ordenamento pela construção de um sistema destinado a permitir a produção do resultado do processo sem dilações indevidas. Vale destacar, porém, que se todos têm direito a um processo sem dilações indevidas, daí se extrai que ninguém tem direito a um processo sem as dilações devidas. Em outros termos, o sistema é comprometido com a duração razoável do processo, sem que isso implique uma busca desenfreada pela celeridade processual a qualquer preço. E isto porque um processo que respeita as garantias fundamentais é, necessariamente, um processo que demora algum tempo[16].

Por fim, o **princípio da cooperação** entre as partes possui previsão no Art. 6º do CPC, de modo que todos os sujeitos do processo devem cooperar entre si para que se obtenha, em tempo razoável, decisão de mérito justa e efetiva. O princípio da cooperação é um desdobramento do princípio do contraditório, na medida em que, conforme abordado por Humberto Theodoro JR, a disposição processual deve ser aplicada de maneira democrática, ressaltando-se, outrossim, que o Art. 6º do CPC consagra, sobretudo, "**o princípio da primazia do julgamento de mérito**, já que é por força dele que o Judiciário realiza a garantia constitucional do acesso à justiça, garantia que só se cumpre quando o provimento jurisdicional deságua em 'decisão de mérito justa e efetiva"[17].

12. BRASIL. **Constituição Federal de 1988**. Disponível em: http://www.planalto.gov.br/ccivil_03/constituicao/constituicao.htm. Acesso em 11 abr. 2023. s.p.
13. MINAS GERAIS. Tribunal de Justiça de Minas Gerais. **Agravo de Instrumento n. 1.0000.22.226376-6/001.** Agravo de instrumento – Ação de busca e apreensão – Alienação fiduciária – Documentos em segredo de justiça – Situação não prevista no artigo 189 do CPC – Impossibilidade – Recurso ao qual se dá provimento [...]. Relator: Marcelo Rodrigues, 21ª Câmara Cível Especializada. 23 de novembro de 2022. Disponível em: https://www5.tjmg.jus.br/jurisprudencia/pesquisaNumeroCNJEspelhoAcordao.do;jsessionid=-F3BB6CEE2F9664B0C2C5B1BEEAA735D1.juri_node2?numeroRegistro=1&totalLinhas=1&linhasPorPagina=10&numeroUnico=1.0000.22.226376=6-2%001F&pesquisaNumeroCNJ-Pesquisar. Acesso em: 11 abr. 2023.
14. BRASIL. **Constituição Federal de 1988**. Disponível em: http://www.planalto.gov.br/ccivil_03/constituicao/constituicao.htm. Acesso em 11 abr. 2023. s.p.
15. BRASIL. **Lei 13.105**, de 16 de março de 2015. Código de Processo Civil. Disponível em: http://www.planalto.gov.br/ccivil_03/_ato2015-2018/2015/lei/l13105.htm. Acesso em: 11 abr. 2023.
16. CÂMARA, Alexandre Freitas. **O Novo Processo Civil Brasileiro**. São Paulo: Grupo GEN, 2022. s.p.
17. THEODORO JR, Humberto. Código de Processo Civil Anotado. São Paulo: Grupo GEN, 2022. Acesso em: 11 abr. 2023. s.p.

REFERÊNCIAS

BRASIL. **Constituição Federal de 1988**. Disponível em: http://www.planalto.gov.br/ccivil_03/constituicao/constituicao.htm. Acesso em 11 abr. 2023.

BRASIL. **Lei 13.105**, de 16 de março de 2015. Código de Processo Civil. Disponível em: http://www.planalto.gov.br/ccivil_03/_ato2015-2018/2015/lei/l13105.htm. Acesso em: 11 abr. 2023.

BRASIL. **Decreto-Lei 4.657**, de 04 de setembro de 1942. Lei de Introdução às Normas do Direito Brasileiro. Disponível em: http://www.planalto.gov.br/ccivil_03/decreto-lei/del4657compilado.htm. Acesso em: 11 abri. 2023.

CÂMARA, Alexandre Freitas. **O Novo Processo Civil Brasileiro**. São Paulo: Grupo GEN, 2022.

MINAS GERAIS. Tribunal de Justiça de Minas Gerais. **Agravo de Instrumento n. 1.0000.22.226376-6/001.** Agravo de instrumento – Ação de busca e apreensão – Alienação fiduciária – Documentos em segredo de justiça – Situação não prevista no artigo 189 do CPC – Impossibilidade – Recurso ao qual se dá provimento [...]. Relator: Marcelo Rodrigues, 21ª Câmara Cível Especializada. 23 de novembro de 2022. Disponível em: https://www5.tjmg.jus.br/jurisprudencia/pesquisaNumeroCNJEspelhoAcordao.do;jsessionid=F3BB6CEE2F9664B0C2C5B1BEEAA735D1.juri_node2?numeroRegistro=1&totalLinhas=1&linhasPorPagina=10&numeroUnico=1.0000.22.226376-6%2F001&pesquisaNumeroCNJ=Pesquisar. Acesso em: 11 abr. 2023.

RIO GRANDE DO SUL. Tribunal de Justiça do Rio Grande do Sul. **Apelação Cível n. 50028174920128210008**. APELAÇÃO CÍVEL. RESPONSABILIDADE CIVIL. AÇÃO ORDINÁRIA. OFENSA AO PRINCÍPIO DO DEVIDO PROCESSO LEGAL. OCORRÊNCIA. SENTENÇA DESCONSTITUÍDA [...]. Relator: Gelson Rolim Stocker, 15 de dezembro de 2022. Disponível em: https://www.tjrs.jus.br/buscas/jurisprudencia/exibe_html.php. Acesso em 11 abr. 2023.

THEODORO JR, Humberto. Código de Processo Civil Anotado. São Paulo: Grupo GEN, 2022. Acesso em: 11 abr. 2023.

2. DA FUNÇÃO JURISDICIONAL

2.1 Da jurisdição

O Art. 16 do CPC indica que a "jurisdição civil é exercida pelos juízes e pelos tribunais em todo o território nacional", sendo **a jurisdição uma das três funções classicamente atribuídas ao Estado.** A jurisdição **não é uma função de composição de lides**, visto que nem sempre existe, efetivamente, uma lide. Assim, e ainda que exista uma lide, tal não é um elemento essencial da jurisdição.

Tampouco "**se pode definir jurisdição como uma função estatal de atuação da vontade da lei. E isto por não se poder acreditar na existência de algo como uma 'vontade da lei' (ou em uma 'vontade do legislador'). A lei, que não é um ser, não é dotada de vontade própria**"[18].

Jurisdição, enfim, é uma função estatal que visa a solucionar demandas que são submetidas ao Estado, com a aplicação de uma solução juridicamente correta. A jurisdição é, em outros termos, uma (juris) construção de um resultado juridicamente correto para a causa submetida ao processo, e esse resultado precisa, necessariamente, ser legítimo – o que se dá porque o que se busca é o reconhecimento de um direito que precisa ser igualmente legítimo.

É de **atribuição do judiciário identificar**, através de um processo e de forma cooperativa, **todos os interessados e a solução correta da causa**, sendo que a jurisdição tem três características essenciais: **inércia, substitutividade e natureza declaratória.**

A **inércia** é a exigência de que o Estado só exerça a função jurisdicional através da provocação das partes, exceto nos casos previstos em lei e em que se admite a instauração do processo de ofício. **Via de regra, o processo jurisdicional só possui início com o protocolo de uma petição inicial.** Consequência da inércia da jurisdição é a necessidade de **congruência entre a demanda e o resultado do processo**, na medida em que o processo não pode chegar a um resultado que possua uma amplitude maior do que efetivamente estava sendo buscado através do processo.

No mesmo sentido, **um juiz não pode proferir uma sentença com base em fatos que não integrem a causa**, além de dever respeitar os limites do pedido formulado. **Têm-se, nesses casos, sentenças que são chamadas de citra petita (aquém da demanda), ultra petita (mais do que se pediu) e extra petita (diverso daquilo que foi postulado).**

A decisão **citra petita** pode ter sua omissão resolvida através da mesma relação processual, devendo o órgão revisor determinar sua complementação ou, se a causa estiver madura para o julgamento, aplicar o art. 1.003, § 3º, do CPC – caso em que o complemento é feito em segundo grau de jurisdição sem a necessidade de que os autos retornem para o juízo de origem"[19]. Já no caso das decisões **extra e ultra petitas**, as suas respostas são diversas: a primeira é nula, visto que não um desrespeito ao contraditório e à congruência, por exemplo; a segunda, por sua vez, deve ter o excesso, manifestado na decisão, reduzido pelo órgão revisor.

A segunda característica da jurisdição é a substitutividade, uma função exercida em razão da vedação da autotutela. Como não é permitido, via de regra, que cada sujeito pratique, ele próprio,

18. CÂMARA, Alexandre Freitas. **O Novo Processo Civil Brasileiro.** São Paulo: Grupo GEN, 2022. s.p.

19. RIBEIRO, Marcelo. **Processo Civil**. 3. ed. Grupo GEN, 2023. s.p.

os atos necessários aos seus interesses, é de **incumbência do Estado exercer a jurisdição e praticar os atos importantes.** Não se trata, contudo, de mera substituição na atuação daquele que possui determinada pretensão, mas também daquele devedor que precisa, por exemplo, pagar determinada dívida.

Ademais, também é possível elencar a **natureza declaratória como característica essencial da jurisdição**, eis que o Estado apenas reconhece direitos existentes – e não os cria. **A atividade jurisdicional é essencialmente declaratória de direitos constitucionalmente legítimos, reconhecendo e atuando posições jurídicas de vantagem preexistentes.**

Uma outra questão a ser apontada é que o Código de Processo Civil estabelece uma função entre **procedimentos contenciosos e voluntários**, chamando-se jurisdição voluntária "a atividade de natureza jurisdicional exercida em processos cujo objeto seja uma pretensão à integração de um negócio jurídico"[20]. De outro lado, a jurisdição contenciosa é toda e qualquer outra que não seja de mera integração de negócio jurídico.

2.2 Da ação

Com a inércia da ação, tem-se que a movimentação do aparelho judiciário é caracterizado pelo fenômeno da **ação**, consistindo naquele **direito de atuar em juízo**, exercendo posições ativas durante todo o curso de determinado processo, com vistas a apresentar pedidos em tutela jurisdicional. **De tal definição, extrai-se a ligação entre ação e processo, sendo a ação exercida no processo.**

O direito de ação encontra previsão no inciso XXXV do Art. 5º da Constituição Federal, de modo que a lei não excluirá da apreciação do Poder Judiciário lesão ou ameaça a direito. Esse direito, conforme Art. 17 do Código de Processo Civil, depende da presença de alguns requisitos, como a legitimidade e o interesse.

Legitimidade é a caracterização do sujeito enquanto parte ativa em um processo, que é um elemento exigido para praticar todo e qualquer ato relativo ao exercício do direito de ação. **A legitimidade pode ser ativa ordinária ou passiva ordinária**, a primeira relativa àquele que demandar ativamente no processo e a segunda relativa àquela que figura no polo passivo do feito. Também há a **legitimidade extraordinária**, que, pela norma processual, é entendida como aquela legitimidade atribuída pelo ordenamento jurídico a quem não é sujeito da relação jurídica ocorrida no processo.

Além da legitimidade, o exercício do direito de ação depende da presença do **interesse**, que pode ser entendido a partir da ideia de que a tutela jurisdicional precisa de uma utilidade. **Significa dizer que só se pode praticar um ato de exercício do direito de ação (como demandar, contestar, recorrer etc.) quando se estiver na hipótese de utilidade daquilo que se busca.**

A configuração do interesse de agir se dá pela necessidade de tutela e adequação da via processual: **interesse-necessidade e interesse-adequação**, respectivamente. Há interesse-necessidade quando a realização do direito material afirmado pelo demandante não puder se dar independentemente do processo, sendo que o interesse-adequação se dá quando a parte se utiliza da via processual adequada para demandar em juízo.

Pela norma processual, em resumo, **ninguém poderá pleitear direito alheio em nome próprio, salvo quando autorizado pelo ordenamento jurídico** (Art. 18, do CPC), sendo que, havendo **substituição processual**, o substituído poderá intervir como assistente litisconsorcial. Outrossim, **o interesse do autor pode limitar-se à declaração da existência, da inexistência ou do modo de ser de uma relação jurídica, ou da autenticidade ou da falsidade de documento**, sendo que, nos termos do Art. 20 do CPC, é "admissível a ação meramente declaratória, ainda que tenha ocorrido a violação do direito"[21].

2.3 Dos limites da jurisdição nacional e da cooperação internacional

Dentre os Arts. 21 e 25 do CPC, tem-se as disposições relativas aos limites da jurisdição nacional, englobando a competência internacional e a litispendência internacional. Chama-se **competência internacional** a situação em que o judiciário brasileiro está autorizado a exercer sua função jurisdicional, sendo que compete à autoridade judiciária brasileira processar e julgar as ações em que: 1) o réu, qualquer que seja a sua nacionalidade, estiver domiciliado no Brasil; 2) no Brasil tiver de ser cumprida a obrigação; e 3) o fundamento seja fato ocor-

20. CÂMARA, Alexandre Freitas. **O Novo Processo Civil Brasileiro**. São Paulo: Grupo GEN, 2022. s.p.

21. BRASIL. **Lei 13.105,** de 16 de março de 2015. Código de Processo Civil. Disponível em: http://www.planalto.gov.br/ccivil_03/_ato2015-2018/2015/lei/l13105.htm. Acesso em: 11 abr. 2023.

rido ou ato praticado no Brasil. Para efeitos do inciso I do Art. 21 do CPC, **considera-se domiciliada no Brasil a pessoa jurídica estrangeira que nele tiver agência, filial ou sucursal.**

Compete, ainda, à autoridade judiciária brasileira processar e julgar as ações de alimentos quando o credor tiver seu domicílio ou residência no Brasil ou quando o réu "mantiver vínculos no Brasil, tais como posse ou propriedade de bens, recebimento de renda ou obtenção de benefícios econômicos"[22]. **A competência também abarca as ações decorrentes de relação de consumo nas hipóteses em que o consumidor tiver domicílio ou residência no Brasil, bem como as ações em que as partes se submeterem à jurisdição nacional, ainda que tacitamente.**

Ainda de acordo com a norma processual vigente, compete à autoridade judiciária brasileira, com exclusão de qualquer outra: a) conhecer de ações relativas a **imóveis situados no Brasil;** b) em matéria de sucessão hereditária, proceder à confirmação de **testamento particular e ao inventário e à partilha de bens situados no Brasil**, ainda que o autor da herança seja de nacionalidade estrangeira ou tenha domicílio fora do território nacional; c) em divórcio, separação judicial ou dissolução de união estável, proceder à **partilha de bens situados no Brasil**, ainda que o titular seja de nacionalidade estrangeira ou tenha domicílio fora do território nacional.

Destaca-se que a ação proposta junto ao tribunal estrangeiro não induz à litispendência e não impede "que a autoridade judiciária brasileira conheça da mesma causa e das que lhe são conexas, ressalvadas as disposições em contrário de tratados internacionais e acordos bilaterais em vigor no Brasil"[23]. A pendência de uma demanda junto à jurisdição brasileira não impede eventual homologação de sentença brasileira quando exigida para produzir efeitos no Estado brasileiro. Além disso, é importante frisar que não é de competência da autoridade brasileira o processamento e o julgamento da ação quando houver **cláusula de eleição de foro** exclusivo estrangeiros em contrato de âmbito internacional, arguida pela parte ré em contestação.

22. BRASIL. **Lei 13.105,** de 16 de março de 2015. Código de Processo Civil. Disponível em: http://www.planalto.gov.br/ccivil_03/_ato2015-2018/2015/lei/l13105.htm. Acesso em: 11 abr. 2023.
23. BRASIL. **Lei 13.105,** de 16 de março de 2015. Código de Processo Civil. Disponível em: http://www.planalto.gov.br/ccivil_03/_ato2015-2018/2015/lei/l13105.htm. Acesso em: 11 abr. 2023.

Por conseguinte, de acordo com o Art. 26 do CPC, a cooperação jurídica internacional será regida por tratado de que o Brasil faz parte e observará:

1) o respeito às garantias do devido processo legal no Estado requerente;
2) a igualdade de tratamento entre nacionais e estrangeiros, residentes ou não no Brasil, em relação ao acesso à justiça e à tramitação dos processos, assegurando-se assistência judiciária aos necessitados;
3) a publicidade processual, exceto nas hipóteses de sigilo previstas na legislação brasileira ou na do Estado requerente;
4) a existência de autoridade central para recepção e transmissão dos pedidos de cooperação;
5) a espontaneidade na transmissão de informações a autoridades estrangeiras.

Na ausência de tratado, a cooperação jurídica internacional poderá realizar-se com base em reciprocidade, manifestada por via diplomática, o que não se aplica para homologação de sentença estrangeira. Na cooperação jurídica internacional, tem-se que não será admitida a prática de atos que contrariem ou que produzam resultados incompatíveis com as normas fundamentais que regem o Estado brasileiro, sendo que o Ministério da Justiça deverá exercer as funções de autoridade central na ausência de designação específica.

Além disso, é importante ter em mente que a cooperação jurídica internacional terá por objeto: **1)** citação, intimação e notificação judicial e extrajudicial; **2)** colheita de provas e obtenção de informações; **3)** homologação e cumprimento de decisão; **4)** concessão de medida judicial de urgência; **5)** assistência jurídica internacional; e **6)** qualquer outra medida judicial ou extrajudicial não proibida pela lei brasileira.

É possível a utilização de auxílio direto quanto determinada medida não decorrer diretamente de decisão de autoridade jurisdicional estrangeira a ser submetida a juízo de deliberação no Brasil, sendo determinado pela norma processual que "a solicitação de auxílio direto será encaminhada pelo órgão estrangeiro interessado à autoridade central, cabendo ao Estado requerente assegurar a autenticidade e a clareza do pedido»[24].

Além dos casos previstos em tratados de que o Brasil venha a fazer parte, **o auxílio direto terá**

24. BRASIL. **Lei 13.105,** de 16 de março de 2015. Código de Processo Civil. Disponível em: http://www.planalto.gov.br/ccivil_03/_ato2015-2018/2015/lei/l13105.htm. Acesso em: 11 abr. 2023.

os seguintes objetos: 1) obtenção e prestação de informações sobre o ordenamento jurídico e sobre processos administrativos ou jurisdicionais findos ou em curso; 2) colheita de provas, salvo se a medida for adotada em processo, em curso no estrangeiro, de competência exclusiva de autoridade judiciária brasileira; e 3) qualquer outra medida judicial ou extrajudicial não proibida pela lei brasileira.

Para o procedimento, os seguintes aspectos devem ser observados de igual modo:

1) A autoridade central brasileira comunicar-se-á diretamente com suas congêneres e, se necessário, com outros órgãos estrangeiros responsáveis pela tramitação e pela execução de pedidos de cooperação enviados e recebidos pelo Estado brasileiro, respeitadas disposições específicas constantes do tratado.
2) No caso de auxílio direto para a prática de atos que, segundo a lei brasileira, não necessitem de prestação jurisdicional, a autoridade central adotará as providências necessárias para seu cumprimento.
3) Recebido o pedido de auxílio direto passivo, a autoridade central o encaminhará à Advocacia-Geral da União, que requererá em juízo a medida solicitada, sendo que o Ministério Público deverá requerer em juízo a medida solicitada quando for autoridade central.
4) Compete ao juízo federal do lugar em que deva ser executada a medida apreciar pedido de auxílio direto passivo que demande prestação de atividade jurisdicional.

Quanto à **Carta Rogatória**, destaca-se a previsão no sentido de que o "procedimento da carta rogatória perante o Superior Tribunal de Justiça é de jurisdição contenciosa e deve assegurar às partes as garantias do devido processo legal"[25]. **A defesa será restringida à discussão quanto ao atendimento dos requisitos para que o pronunciamento judicial estrangeiro produza efeitos no Brasil, sendo que, em qualquer hipótese, é vedada a revisão do mérito do pronunciamento judicial estrangeiro pela autoridade judiciária brasileira.**

Entre os Arts. 37 e 41 do CPC, são previstas questões que são comuns ao disposto até aqui, ressaltando-se, de acordo com o Art. 47, que "o pedido de cooperação jurídica internacional oriundo de autoridade brasileira competente será encaminhado à autoridade central para posterior envio ao Estado requerido para lhe dar andamento"[26].

O pedido de cooperação e os documentos anexos serão encaminhados à autoridade central quando o pedido for oriundo de autoridade brasileira competente, e deverão ser acompanhados de tradução para a língua oficial do Estado requerido. Além disso, o pedido passivo de cooperação jurídica internacional será recusado se configurar manifesta ofensa à ordem pública.

É por meio de carta rogatória ou de ação de homologação de sentença estrangeira que se executa decisão estrangeira, através de cooperação jurídica e nos termos do Art. 40 do CPC – além de ser observado o disposto no Art. 960. O disposto no caput do Art. 41 não impede, contudo e quando necessária, a aplicação pelo Estado brasileiro do princípio da reciprocidade de tratamento.

2.4 Da competência interna

Quanto à **competência interna**, o Código de Processo Civil aponta que as causas cíveis serão processadas e decididas pelo juiz nos limites de sua competência, na lógica de limitação, sendo reservado às partes o direito de instituir juízo arbitral. A competência será determinada no momento do registro ou da distribuição da petição inicial, "sendo irrelevantes as modificações do estado de fato ou de direito ocorridas posteriormente, salvo quando suprimirem órgão judiciário ou alterarem a competência absoluta"[27]. **As questões relativas ao ponto serão estabelecidas pela Constituição Federal, além de ser determinada pelas normas processuais vigentes ou pelas legislações especiais – além das constituições dos Estados.**

Tramitando o processo perante outro juízo, os autos deverão ser remetidos ao juízo federal competente quando for o caso de intervenção da União, ou de suas empresas públicas, entidades autárquicas e fundações, ou conselho de fiscalização de atividade profissional, na qualidade de parte ou de terceiro interveniente, exceto as ações de recuperação judicial, falência, insolvência civil e acidente de trabalho; ou

25. BRASIL. **Lei 13.105,** de 16 de março de 2015. Código de Processo Civil. Disponível em: http://www.planalto.gov.br/ccivil_03/_ato2015-2018/2015/lei/l13105.htm. Acesso em: 11 abr. 2023.

26. BRASIL. **Lei 13.105,** de 16 de março de 2015. Código de Processo Civil. Disponível em: http://www.planalto.gov.br/ccivil_03/_ato2015-2018/2015/lei/l13105.htm. Acesso em: 11 abr. 2023.

27. BRASIL. **Lei 13.105,** de 16 de março de 2015. Código de Processo Civil. Disponível em: http://www.planalto.gov.br/ccivil_03/_ato2015-2018/2015/lei/l13105.htm. Acesso em: 11 abr. 2023.

aquelas sujeitas à justiça eleitoral e à justiça do trabalho.

Os autos não serão remetidos se houver pedido cuja apreciação seja de competência do juízo perante o qual foi proposta a ação, sendo que, na hipótese do § 1º do Art. 45 do CPC, "o juiz, ao não admitir a cumulação de pedidos em razão da incompetência para apreciar qualquer deles, não examinará o mérito daquele em que exista interesse da União, de suas entidades autárquicas ou de suas empresas públicas"[28]. Outrossim, os autos serão restituídos pelo juízo federal ao juízo estadual, sem suscitar conflito, no caso de o ente federal cuja presença tenha ensejado a remessa for excluído do processo.

A **ação fundada em direito pessoal ou em direito real sobre bens móveis** será proposta, via de regra, no foro de domicílio do réu, observando-se os seguintes aspectos processuais vigentes:

1) Tendo mais de um domicílio, o réu será demandado no foro de qualquer deles.
2) Sendo incerto ou desconhecido o domicílio do réu, ele poderá ser demandado onde for encontrado ou no foro de domicílio do autor.
3) Quando o réu não tiver domicílio ou residência no Brasil, a ação será proposta no foro de domicílio do autor, e, se este também residir fora do Brasil, a ação será proposta em qualquer foro.
4) Havendo 2 (dois) ou mais réus com diferentes domicílios, serão demandados no foro de qualquer deles, à escolha do autor.
5) A execução fiscal será proposta no foro de domicílio do réu, no de sua residência ou no do lugar onde for encontrado.

De outro lado, e no caso das **ações fundadas em direito real sobre imóveis**, a competência será relativa ao foro de situação da coisa, sendo que o "autor pode optar pelo foro de domicílio do réu ou pelo foro de eleição se o litígio não recair sobre direito de propriedade, vizinhança, servidão, divisão e demarcação de terras e de nunciação de obra nova"[29]. **As ações possessórias imobiliárias serão propostas no foro da situação da coisa, e neste caso a competência será absoluta.**

Quanto ao **autor da herança**, no Brasil, tem-se que o foro de domicílio é que será competente para o inventário, a partilha, a arrecadação, o cumprimento de disposições de última vontade, a impugnação ou anulação de partilha extrajudicial e para todas as ações em que o espólio for réu, ainda que o óbito tenha ocorrido no estrangeiro.

Se o autor da herança não possuir domicílio certo, é competente o foro de situação dos bens imóveis; havendo bens imóveis em foros diferentes, qualquer destes; e não havendo bens imóveis, o foro do local de qualquer dos bens do espólio. Para o Art. 49 do CPC e na hipótese de ausência do réu, a ação será proposta no foro de seu último domicílio, também competente para a arrecadação, o inventário, a partilha e o cumprimento de disposições testamentárias. De outro lado, na ação em que o réu for incapaz, tal será proposta no foro de domicílio de seu representante ou assistente e, se a União for a demandada, a ação poderá ser proposta no foro de domicílio do autor, no de ocorrência do ato ou fato que originou a demanda, no de situação da coisa ou no Distrito Federal.

Além disso, **o domicílio do Réu é competente para as causas em que seja autor o Estado ou o Distrito Federal**, sendo que, "se Estado ou o Distrito Federal for o demandado, a ação poderá ser proposta no foro de domicílio do autor, no de ocorrência do ato ou fato que originou a demanda, no de situação da coisa ou na capital do respectivo ente federado"[30].

Consolidando-se algumas previsões processuais, tem-se que é competente o foro:

1) para a ação de divórcio, separação, anulação de casamento e reconhecimento ou dissolução de união estável:
   a) de domicílio do guardião de filho incapaz;
   b) do último domicílio do casal, caso não haja filho incapaz;
   c) de domicílio do réu, se nenhuma das partes residir no antigo domicílio do casal;
   d) de domicílio da vítima de violência doméstica e familiar, nos termos da Lei nº 11.340, de 7 de agosto de 2006;
2) de domicílio ou residência do alimentando, para a ação em que se pedem alimentos;
3) do lugar:

28. BRASIL. **Lei 13.105,** de 16 de março de 2015. Código de Processo Civil. Disponível em: http://www.planalto.gov.br/ccivil_03/_ato2015-2018/2015/lei/l13105.htm. Acesso em: 11 abr. 2023.
29. BRASIL. **Lei 13.105,** de 16 de março de 2015. Código de Processo Civil. Disponível em: http://www.planalto.gov.br/ccivil_03/_ato2015-2018/2015/lei/l13105.htm. Acesso em: 11 abr. 2023.
30. BRASIL. **Lei 13.105,** de 16 de março de 2015. Código de Processo Civil. Disponível em: http://www.planalto.gov.br/ccivil_03/_ato2015-2018/2015/lei/l13105.htm. Acesso em: 11 abr. 2023.

a) onde está a sede, para a ação em que for ré pessoa jurídica;

b) onde se acha agência ou sucursal, quanto às obrigações que a pessoa jurídica contraiu;

c) onde exerce suas atividades, para a ação em que for ré sociedade ou associação sem personalidade jurídica;

d) onde a obrigação deve ser satisfeita, para a ação em que se lhe exigir o cumprimento;

e) de residência do idoso, para a causa que verse sobre direito previsto no respectivo estatuto;

f) da sede da serventia notarial ou de registro, para a ação de reparação de dano por ato praticado em razão do ofício;

4) do lugar do ato ou fato para a ação:

a) de reparação de dano;

b) em que for réu administrador ou gestor de negócios alheios;

5) de domicílio do autor ou do local do fato, para a ação de reparação de dano sofrido em razão de delito ou acidente de veículos, inclusive aeronaves.

É possível, ainda, a modificação da competência, que acontecerá pela **conexão ou continência**: conexa são duas ou mais ações com pedido ou causa de pedir comuns, que serão reunidas para decisão conjunta – salvo se uma delas já houver sido sentenciada. O disposto no Código de Processo Civil, quanto à questão, aplica-se à execução de título extrajudicial e à ação de conhecimento relativa ao mesmo ato jurídico, ou às execuções fundadas no mesmo título executivo. Além disso, "serão reunidos para julgamento conjunto os processos que possam gerar risco de prolação de decisões conflitantes ou contraditórias caso decididos separadamente, mesmo sem conexão entre eles"[31].

A **continência**, por outro lado, se dá quando houver identidade quanto às partes e à causa de pedir, mas o pedido de uma, se for mais amplo, abrange aos demais. De acordo com o disposto no Art. 57 do CPC, "quando houver continência e a ação continente tiver sido proposta anteriormente, no processo relativo à ação contida será proferida sentença sem resolução de mérito, caso contrário, as ações serão necessariamente reunidas".

A união de ações propostas separadamente configura o juízo prevento, onde serão decididas no mesmo momento, sendo que o registro ou a distribuição da petição inicial torna prevento o juízo.

No caso de ação envolvendo imóvel, e se este se achar situado em mais de um Estado comarca, seção ou subseção judiciária, a competência territorial do juízo prevento estender-se-á sobre a totalidade do imóvel.

A ação acessória será proposta no juízo competente para a ação principal, e a competência determinada em razão da matéria, da pessoa ou da função é inderrogável por convenção das partes. A competência pode ser modificada entre as partes em razão do valor e do território, sendo elegido como foro o juízo onde será proposta a ação oriunda de direitos e obrigações, levando-se em consideração o seguinte: 1) A ação acessória será proposta no juízo competente para a ação principal, e a competência determinada em razão da matéria, da pessoa ou da função é inderrogável por convenção das partes. A competência pode ser modificada entre as partes em razão do valor e do território, sendo elegido como foro o juízo onde será proposta a ação oriunda de direitos e obrigações, levando-se em consideração o seguinte: 1) A eleição de foro somente produz efeito quando constar de instrumento escrito, aludir expressamente a determinado negócio jurídico e guardar pertinência com o domicílio ou a residência de uma das partes ou com o local da obrigação, ressalvada a pactuação consumerista, quando favorável ao consumidor (Redação dada pela Lei nº 14.879, de 4 de junho de 2024; 2) o foro contratual obriga os herdeiros e sucessores das partes; 3) antes da citação, a cláusula de eleição de foro, se abusiva, pode ser reputada ineficaz de ofício pelo juiz, que determinará a remessa dos autos ao juízo do foro de domicílio do réu; 4) citado, incumbe ao réu alegar a abusividade da cláusula de eleição de foro na contestação, sob pena de preclusão.nte a determinado negócio jurídico; 2) o foro contratual obriga os herdeiros e sucessores das partes; 3) antes da citação, a cláusula de eleição de foro, se abusiva, pode ser reputada ineficaz de ofício pelo juiz, que determinará a remessa dos autos ao juízo do foro de domicílio do réu; 4) citado, incumbe ao réu alegar a abusividade da cláusula de eleição de foro na contestação, sob pena de preclusão; 5) O ajuizamento de ação em juízo aleatório, entendido como aquele sem vinculação com o domicílio ou a residência das partes ou com o negócio jurídico discutido na demanda, constitui prática abusiva que justifica a declinação de competência de ofício. (Incluído pela Lei nº 14.879, de 4 de junho de 2024).

A incompetência, que pode ser absoluta ou relativa, será alegada como questão preliminar de contestação, conforme disposto no Art. 64 do CPC e desde que observados os seguintes aspectos:

1) A incompetência absoluta pode ser alegada em qualquer tempo e grau de jurisdição e deve ser declarada de ofício.

2) Após manifestação da parte contrária, o juiz decidirá imediatamente a alegação de incompetência.

---

31. BRASIL. **Lei 13.105,** de 16 de março de 2015. Código de Processo Civil. Disponível em: http://www.planalto.gov.br/ccivil_03/_ato2015-2018/2015/lei/l13105.htm. Acesso em: 11 abr. 2023.

3) Caso a alegação de incompetência seja acolhida, os autos serão remetidos ao juízo competente.
4) Salvo decisão judicial em sentido contrário, conservar-se-ão os efeitos de decisão proferida pelo juízo incompetente até que outra seja proferida, se for o caso, pelo juízo competente.

A competência relativa será prorrogada se o réu não alegar a incompetência em preliminar de contestação, sendo que a incompetência relativa pode ser alegada pelo Ministério Público nas causas em que atuar – como nos casos de falência decretada, por exemplo.

Ademais, **haverá conflito de competência** quando 2 (dois) ou mais juízes se declaram competentes; 2 (dois) ou mais juízes se consideram incompetentes, atribuindo um ao outro a competência; entre 2 (dois) ou mais juízes surge controvérsia acerca da reunião ou separação de processos. Ademais, o conflito deverá ser suscitado no caso de o juiz não acolher a competência declinada, salvo se a atribuir a outro juízo competente.

Quanto à **cooperação nacional**, o dever de recíproca cooperação incumbe aos órgãos do poder judiciário, estadual ou federal, especializado ou não e em todas as instâncias e graus de jurisdição – inclusive quanto aos tribunais superiores –, por meio de seus magistrados ou servidores. Ainda, aos juízes é possibilitada a formulação entre si de pedido de cooperação para a prática de qualquer ato processual.

O pedido de cooperação jurisdicional deve ser prontamente atendido, prescinde de forma específica e pode ser executado como: 1) auxílio direto; 2) reunião ou apensamento de processos; 3) prestação de informações; e 4) atos concertados entre os juízes cooperantes. Além disso, as cartas de ordem, precatória e arbitral seguirão o regime previsto no Código de Processo Civil, conforme será estudado durante o curso desta disciplina, sendo que os atos concertados entre os juízes cooperantes poderão consistir no estabelecimento de procedimento para a prática de citação, intimação ou notificação de ato; a obtenção e apresentação de provas e a coleta de depoimentos; a efetivação de tutela provisória; a efetivação de medidas e providências para recuperação e preservação de empresas; a facilitação de habilitação de créditos na falência e na recuperação judicial; a centralização de processos repetitivos; e a execução de decisão jurisdicional.

O pedido de **cooperação judiciária**, por fim, poderá ser realizado entre órgãos jurisdicionais de diferentes ramos do Poder Judiciário.

▷ Além disso, vejam-se as Súmulas do Superior Tribunal de Justiça aplicáveis ao assunto:

- Súmula 1 – O foro do domicílio ou da residência do alimentando é o competente para a ação de investigação de paternidade, quando cumulada com a de alimentos. (Súmula 1, SEGUNDA SEÇÃO, julgado em 25/04/1990, DJ 02/05/1990)
- Súmula 3 – Compete ao Tribunal Regional Federal dirimir conflito de competência verificado, na respectiva região, entre juiz federal e juiz estadual investido de Jurisdição Federal. (Súmula 3, PRIMEIRA SEÇÃO, julgado em 08/05/1990, DJ 18/05/1990)
- Súmula 4 – Compete a Justiça Estadual julgar causa decorrente do processo eleitoral sindical. (Súmula 4, PRIMEIRA SEÇÃO, julgado em 08/05/1990, DJ 18/05/1990)
- Súmula 10 – Instalada a Junta de Conciliação e Julgamento, cessa a competência do juiz de direito em matéria trabalhista, inclusive para a execução das sentenças por ele proferidas. (Súmula 10, SEGUNDA SEÇÃO, julgado em 26/09/1990, DJ 01/10/1990)
- Súmula 11 – A presença da União ou de qualquer de seus entes, na ação de usucapião especial, não afasta a competência do foro da situação do imóvel. (Súmula 11, SEGUNDA SEÇÃO, julgado em 26/09/1990, DJ 01/10/1990)
- Súmula 15 – Compete a Justiça Estadual processar e julgar os litígios decorrentes de acidente do trabalho. (Súmula 15, CORTE ESPECIAL, julgado em 08/11/1990, DJ 14/11/1990)
- Súmula 22 – Não há conflito de competência entre o Tribunal de Justiça e Tribunal de Alçada do mesmo Estado-membro. (Súmula 22, CORTE ESPECIAL, julgado em 13/12/1990, DJ 04/01/1991)
- Súmula 32 – Compete a Justiça Federal processar justificações judiciais destinadas a instruir pedidos perante entidades que nela tem exclusividade de foro, ressalvada a aplicação do art. 15, II da Lei 5010/66. (Súmula 32, CORTE ESPECIAL, julgado em 24/10/1991, DJ 29/10/1991)
- Súmula 33 – A incompetência relativa não pode ser declarada de ofício. (Súmula 33, SEGUNDA SEÇÃO, julgado em 24/10/1991, DJ 29/10/1991)
- Súmula 34 – Compete a Justiça Estadual processar e julgar causa relativa a mensalidade escolar, cobrada por estabelecimento particular de ensino. (Súmula 34, SEGUNDA SEÇÃO, julgado em 13/11/1991, DJ 21/11/1991)
- Súmula 38 – Compete a Justiça Estadual Comum, na vigência da Constituição de 1988, o processo por contravenção penal, ainda que praticada em detrimento de bens, serviços ou interesse da União ou de suas entidades. (Súmula 38, CORTE ESPECIAL, julgado em 19/03/1992, DJ 27/03/1992)
- Súmula 41 – O Superior Tribunal de Justiça não tem competência para processar e julgar, originariamente, mandado de segurança contra

ato de outros Tribunais ou dos respectivos órgãos. (Súmula 41, CORTE ESPECIAL, julgado em 14/05/1992, DJ 20/05/1992)

- Súmula 42 – Compete a Justiça Comum Estadual processar e julgar as causas cíveis em que é parte sociedade de economia mista e os crimes praticados em seu detrimento. (Súmula 42, CORTE ESPECIAL, julgado em 14/05/1992, DJ 20/05/1992)
- Súmula 55 – Tribunal Regional Federal não é competente para julgar recurso de decisão proferida por juiz estadual não investido de Jurisdição Federal. (Súmula 55, CORTE ESPECIAL, julgado em 24/09/1992, DJ 01/10/1992)
- Súmula 57 – Compete a Justiça Comum Estadual processar e julgar ação de cumprimento fundada em acordo ou convenção coletiva não homologados pela Justiça do Trabalho. (Súmula 57, PRIMEIRA SEÇÃO, julgado em 29/09/1992, DJ 06/10/1992)
- Súmula 58 – Proposta a execução fiscal, a posterior mudança de domicílio do executado não desloca a competência já fixada. (Súmula 58, PRIMEIRA SEÇÃO, julgado em 29/09/1992, DJ 06/10/1992)
- Súmula 66 – Compete a Justiça Federal processar e julgar execução fiscal promovida por conselho de fiscalização profissional. (Súmula 66, PRIMEIRA SEÇÃO, julgado em 15/12/1992, DJ 04/02/1993 p. 774)
- Súmula 82 – Compete a Justiça Federal, excluídas as reclamações trabalhistas, processar e julgar os feitos relativos à movimentação do FGTS. (Súmula 82, CORTE ESPECIAL, julgado em 18/06/1993, DJ 02/07/1993)
- Súmula 97 – Compete a Justiça do Trabalho processar e julgar reclamação de servidor público relativamente a vantagens trabalhistas anteriores a instituição do Regime Jurídico Único. (Súmula 97, TERCEIRA SEÇÃO, julgado em 03/03/1994, DJ 10/03/1994)
- Súmula 137 – Compete a Justiça Comum Estadual processar e julgar ação de servidor público municipal, pleiteando direitos relativos ao vinculo estatutário. (Súmula 137, CORTE ESPECIAL, julgado em 11/05/1995, DJ 22/05/1995 p.14446)
- Súmula 150 – Compete a Justiça Federal decidir sobre a existência de interesse jurídico que justifique a presença, no processo, da União, suas Autarquias ou Empresas públicas. (Súmula 150, CORTE ESPECIAL, julgado em 07/02/1996, DJ 13/02/1996 p. 2608)
- Súmula 161 – É da competência da Justiça Estadual autorizar o levantamento dos valores relativos ao PIS / PASEP e FGTS, em decorrência do falecimento do titular da conta. (Súmula 161, PRIMEIRA SEÇÃO, julgado em 12/06/1996, DJ 19/06/1996 p. 21940)
- Súmula 170 – Compete ao juízo onde primeiro for intentada a ação envolvendo acumulação de pedidos, trabalhista e estatutário, decidi-la nos limites da sua jurisdição, sem prejuízo do ajuizamento de nova causa, com o pedido remanescente, no juízo próprio. (Súmula 170, TERCEIRA SEÇÃO, julgado em 23/10/1996, DJ 31/10/1996)
- Súmula 173 – Compete a Justiça Federal processar e julgar o pedido de reintegração em cargo público federal, ainda que o servidor tenha sido dispensado antes da instituição do Regime Jurídico Único. (Súmula 173, TERCEIRA SEÇÃO, julgado em 23/10/1996, DJ 31/10/1996)
- Súmula 177 – O Superior Tribunal de Justiça é incompetente para processar e julgar, originariamente, mandado de segurança contra ato de órgão colegiado presidido por Ministro de Estado. (Súmula 177, PRIMEIRA SEÇÃO, julgado em 27/11/1996, DJ 11/12/1996)
- Súmula 180 – Na lide trabalhista, compete ao Tribunal Regional do Trabalho dirimir conflito de competência verificado, na respectiva região, entre juiz estadual e junta de conciliação e julgamento. (Súmula 180, CORTE ESPECIAL, julgado em 05/02/1997, DJ 17/02/1997)
- Súmula 206 – A existência de vara privativa, instituída por lei estadual, não altera a competência territorial resultante das leis de processo. (Súmula 206, CORTE ESPECIAL, julgado em 01/04/1998, DJ 16/04/1998)
- Súmula 218 – Compete à Justiça dos Estados processar e julgar ação de servidor estadual decorrente de direitos e vantagens estatutárias no exercício de cargo em comissão. (Súmula 218, TERCEIRA SEÇÃO, julgado em 10/02/1999, DJ 24/02/1999)
- Súmula 222 – Compete à Justiça Comum processar e julgar as ações relativas à contribuição sindical prevista no art. 578 da CLT. (Súmula 222, SEGUNDA SEÇÃO, julgado em 23/06/1999, DJ 02/08/1999)
- Súmula 224 – Excluído do feito o ente federal, cuja presença levara o Juiz Estadual a declinar da competência, deve o Juiz Federal restituir os autos e não suscitar conflito. (Súmula 224, CORTE ESPECIAL, julgado em 02/08/1999, DJ 25/08/1999)
- Súmula 225 – Compete ao Tribunal Regional do Trabalho apreciar recurso contra sentença proferida por órgão de primeiro grau da Justiça Trabalhista, ainda que para declarar-lhe a nulidade em virtude de incompetência. (Súmula 225,

CORTE ESPECIAL, julgado em 02/08/1999, DJ 25/08/1999)

- Súmula 235 – A conexão não determina a reunião dos processos, se um deles já foi julgado. (Súmula 235, CORTE ESPECIAL, julgado em 01/02/2000, DJ 10/02/2000)
- Súmula 236 – Não compete ao Superior Tribunal de Justiça dirimir conflitos de competência entre juízes trabalhistas vinculados a Tribunais Regionais do Trabalho diversos. (Súmula 236, SEGUNDA SEÇÃO, julgado em 22/03/2000, DJ 14/04/2000)
- Súmula 238 – A avaliação da indenização devida ao proprietário do solo, em razão de alvará de pesquisa mineral, é processada no Juízo Estadual da situação do imóvel. (Súmula 238, PRIMEIRA SEÇÃO, julgado em 10/04/2000, DJe 25/04/2000)
- Súmula 254 – A decisão do Juízo Federal que exclui da relação processual ente federal não pode ser reexaminada no Juízo Estadual. (Súmula 254, CORTE ESPECIAL, julgado em 01/08/2001, DJ 22/08/2001)
- Súmula 270 – O protesto pela preferência de crédito, apresentado por ente federal em execução que tramita na Justiça Estadual, não desloca a competência para a Justiça Federal. (Súmula 270, CORTE ESPECIAL, julgado em 01/08/2002, DJ 21/08/2002 p. 136)
- Súmula 324 – Compete à Justiça Federal processar e julgar ações de que participa a Fundação Habitacional do Exército, equiparada à entidade autárquica federal, supervisionada pelo Ministério do Exército. (Súmula 324, CORTE ESPECIAL, julgado em 03/05/2006, DJ 16/05/2006 p. 214)
- Súmula 349 – Compete à Justiça Federal ou aos juízes com competência delegada o julgamento das execuções fiscais de contribuições devidas pelo empregador ao FGTS. (Súmula 349, PRIMEIRA SEÇÃO, julgado em 11/06/2008, DJe 19/06/2008)
- Súmula 363 – Compete à Justiça estadual processar e julgar a ação de cobrança ajuizada por profissional liberal contra cliente. (Súmula 363, CORTE ESPECIAL, julgado em 15/10/2008, DJe 03/11/2008)
- Súmula 365 – A intervenção da União como sucessora da Rede Ferroviária Federal S/A (RFFSA) desloca a competência para a Justiça Federal ainda que a sentença tenha sido proferida por Juízo estadual. (Súmula 365, CORTE ESPECIAL, julgado em 19/11/2008, DJe 26/11/2008)
- Súmula 367 – A competência estabelecida pela EC n. 45/2004 não alcança os processos já sentenciados. (Súmula 367, CORTE ESPECIAL, julgado em 19/11/2008, DJe 26/11/2008)
- Súmula 368 – Compete à Justiça comum estadual processar e julgar os pedidos de retificação de dados cadastrais da Justiça Eleitoral. (Súmula 368, PRIMEIRA SEÇÃO, julgado em 26/11/2008, DJe 03/12/2008)
- Súmula 374 – Compete à Justiça Eleitoral processar e julgar a ação para anular débito decorrente de multa eleitoral. (Súmula 374, PRIMEIRA SEÇÃO, julgado em 11/03/2009, DJe 30/03/2009)
- Súmula 383 – A competência para processar e julgar as ações conexas de interesse de menor é, em princípio, do foro do domicílio do detentor de sua guarda. (Súmula 383, SEGUNDA SEÇÃO, julgado em 27/05/2009, DJe 08/06/2009)
- Súmula 428 – Compete ao Tribunal Regional Federal decidir os conflitos de competência entre juizado especial federal e juízo federal da mesma seção judiciária. (Súmula 428, CORTE ESPECIAL, julgado em 17/03/2010, DJe 13/05/2010)
- Súmula 480 – O juízo da recuperação judicial não é competente para decidir sobre a constrição de bens não abrangidos pelo plano de recuperação da empresa. (Súmula 480, SEGUNDA SEÇÃO, julgado em 27/06/2012, DJe 01/08/2012)
- Súmula 489 – Reconhecida a continência, devem ser reunidas na Justiça Federal as ações civis públicas propostas nesta e na Justiça estadual. (Súmula 489, CORTE ESPECIAL, julgado em 28/06/2012, DJe 01/08/2012)
- Súmula 505 – A competência para processar e julgar as demandas que têm por objeto obrigações decorrentes dos contratos de planos de previdência privada firmados com a Fundação Rede Ferroviária de Seguridade Social – REFER é da Justiça estadual. (Súmula 505, SEGUNDA SEÇÃO, Julgada em 11/12/2013, DJe 10/02/2014)
- Súmula 553 – Nos casos de empréstimo compulsório sobre o consumo de energia elétrica, é competente a Justiça estadual para o julgamento de demanda proposta exclusivamente contra a Eletrobrás. Requerida a intervenção da União no feito após a prolação de sentença pelo juízo estadual, os autos devem ser remetidos ao Tribunal Regional Federal competente para o julgamento da apelação se deferida a intervenção." (Súmula 553, CORTE ESPECIAL, julgado em 09/12/2015, DJe 15/12/2015)
- Súmula 561 – Os Conselhos Regionais de Farmácia possuem atribuição para fiscalizar e autuar as

farmácias e drogarias quanto ao cumprimento da exigência de manter profissional legalmente habilitado (farmacêutico) durante todo o período de funcionamento dos respectivos estabelecimentos. (Súmula 561, PRIMEIRA SEÇÃO, julgado em 09/12/2015, DJe 15/12/2015)

- Súmula 570 – Compete à Justiça Federal o processo e julgamento de demanda em que se discute a ausência de ou o obstáculo ao credenciamento de instituição particular de ensino superior no Ministério da Educação como condição de expedição de diploma de ensino a distância aos estudantes. (Súmula 570, PRIMEIRA SEÇÃO, julgado em 27/04/2016, DJe 02/05/2016)

REFERÊNCIAS

BRASIL. **Lei 13.105,** de 16 de março de 2015. Código de Processo Civil. Disponível em: http://www.planalto.gov.br/ccivil_03/_ato2015-2018/2015/lei/l13105.htm. Acesso em: 11 abr. 2023.

CÂMARA, Alexandre Freitas. **O Novo Processo Civil Brasileiro.** São Paulo: Grupo GEN, 2022.

RIBEIRO, Marcelo. **Processo Civil.** 3. ed. Grupo GEN, 2023.

3. DOS SUJEITOS DO PROCESSO

A partir do Art. 70, o Código de Processo Civil passa a tratar dos **sujeitos** do processo, destacando-se que as partes são sujeitos parciais do processo, aqueles que participam em contraditório na formação do resultado da demanda processual. É um conceito amplo, conforme apontado pela doutrina, mas "**suficiente para englobar não só as partes da demanda (demandante e demandado), mas todos os demais atores do contraditório (como, por exemplo, os terceiros intervenientes)**"[32].

As **partes**, junto ao juiz, **conduzem o processo até a formação do resultado constitucionalmente legítimo**, sendo que as partes não devem ser vistas como sujeitos subordinados ao juiz, visto que elas e o juiz são atores igualmente relevantes no deslinde do processo: "**o processo só pode ser visto, no Estado Democrático de Direito, como um procedimento em contraditório, em que as partes e o juiz, de forma coparticipativa, e atuando com equilíbrio de forças, constroem juntos o resultado do processo**"[33].

É a partir disso que se denota a importância do título destinado aos sujeitos do processo, conforme será visto na sequência.

32. CÂMARA, Alexandre Freitas. **O Novo Processo Civil Brasileiro**. São Paulo: Grupo GEN, 2022. s.p.
33. CÂMARA, Alexandre Freitas. **O Novo Processo Civil Brasileiro**. São Paulo: Grupo GEN, 2022. s.p.

3.1 Da capacidade processual

As partes são os sujeitos "parciais" do processo, os quais participam da formação do resultado do processo, juntamente com o magistrado, sem haver subordinação entre eles. A nomenclatura "partes" possui um conceito amplo, tendo em vista que alcança, não somente "autor e réu", como também todos os sujeitos que participam do contraditório, sendo que as partes são representadas em juízo através de seus advogados constituídos.

Como é sabido, **a capacidade processual é um dos pressupostos processuais da validade**. Neste sentido, tem-se que o Art. 70, do CPC[34], disciplina que todos que se encontrem no exercício de seus direitos têm capacidade para estar em juízo. **Tal disposição inclui as pessoas jurídicas, os entes formais e as pessoas naturais, que adquirem essa capacidade, em regra, a partir dos 18 (dezoito) anos, de acordo com o Art. 5º do Código Civil – CC**[35]**.**

Quando a pessoa natural for incapaz, ela será representada ou assistida por curador, tutor ou por seus pais, conforme o caso e na forma da Lei. Para a doutrina, "**uma coisa é praticar atos processuais, outra, bem diferente é ser destinatário dos efeitos dos atos praticados**"[36]. Assim, por essa razão, "o art. 71 do Código de Processo Civil estabelece que aqueles que não possuem capacidade de estar em juízo devem ser representados ou assistidos por seus pais, tutores ou curadores na forma da lei civil"[37].

A nomeação, pelo juiz, de curador especial, ocorre quando o incapaz não possuir quem o represente ou assista, ou caso os interesses do curador, tutor ou pais forem colidentes com o do incapaz. Ademais, essa nomeação também ocorre no caso de réu revel, ou réu revel citado por edital ou com hora certa, até o momento que este não constituir advogado. A curatela especial, nos termos

34. BRASIL. **Lei 13.105**, de 16 de março de 2015. Código de Processo Civil. Disponível em: http://www.planalto.gov.br/ccivil_03/_ato2015-2018/2015/lei/l13105.htm. Acesso em: 11 abr. 2023.
35. BRASIL. **Lei 10.406**, de janeiro de 2002. Código Civil. Disponível em: http://www.planalto.gov.br/ccivil_03/leis/2002/l10406compilada.htm. Acesso em 13 abr. 2023.
36. MARCATO, Antonio Carlos. Código de Processo Civil Interpretado. São Paulo: Grupo GEN, 2022. s.p.
37. MARCATO, Antonio Carlos. Código de Processo Civil Interpretado. São Paulo: Grupo GEN, 2022. s.p.

do parágrafo único, do Art. 72, é exercida pela Defensoria Pública[38].

O Código de Processo Civil, para além da capacidade processual da parte, também trata de sua **legitimidade**. Assim, a norma processual prevê, de plano, que a necessidade de consentimento do cônjuge em caso de proposição de ação que verse sobre direito real imobiliário, exceto quando o casamento tiver sido sob o regime de separação absoluta de bens. Além disso, tal disciplina é aplicada inclusive em casos de união estável comprovada (Art. 73, §3º, do CPC)[39].

Veja-se que não se trata de litisconsórcio necessário ativo, ou seja, que ambos os cônjuges ou companheiros sejam demandantes, mas sim, que um deles, ao demandar, seja "autorizado" pelo outro.

Outrossim, o §1º do Art. 73, também do CPC, prevê que ambos os cônjuges devem, <u>necessariamente</u>, serem citados em ações que versem sobre direito real imobiliário (salvo quando o regime de bens for o de separação absoluta); ações que sejam resultantes de fato que diga respeito a ambos ou de ato praticado por eles; ações fundadas em dívida contraída em prol da família ou por um deles; e, ações em que o objeto for o reconhecimento, a constituição ou a extinção de ônus sobre imóvel de ambos ou de um dos cônjuges. **Ademais, a participação do cônjuge do autor ou do réu, em ações possessórias, somente é indispensável em casos de composse ou de ato praticado por ambos.**

No mais, judicialmente pode ser suprido o consentimento, no caso de ter sido negado por um dos cônjuges sem motivo justo ou quando lhe for impossível concedê-lo, sendo importante ressaltar que **o processo será invalidado e extinto sem resolução de mérito quando houver a falta de consentimento necessário que não for suprida pelo juiz.**

O Art. 75, do CPC, volta à norma processual ao tratar da capacidade processual, preceituando acerca da representação, em juízo, ativa e passiva, das pessoas jurídicas e dos entes formais, ou seja, entes despersonalizados que possuem capacidade para estar em juízo.

Para a legislação vigente, a **União** é representada pela Advocacia Geral da União – AGU, seja diretamente ou através de órgão vinculado. Já os **Estados** e o **Distrito Federal** são representados por seus procuradores, enquanto o **Município** poderá ser representado por seu prefeito, procurador ou Associação de Representação de Municípios, esta última somente quando for expressamente autorizada.

As **autarquias e as fundações de direito público** são representadas por quem a lei do ente federado designa, enquanto a massa falida é representada por seu administrador judicial. A **herança vacante ou jacente** é representada por seu curador e o **espólio** por seu inventariante.

Já a **pessoa jurídica** é representada por quem seus atos constitutivos designarem ou, na ausência de designação, por seus diretores, enquanto a sociedade e a associação irregulares e os demais entes organizados sem personalidade jurídica são representados pela pessoa que administra seus bens . Por fim, a **pessoa jurídica estrangeira** é representada por seu gerente, representante ou administrador de sua filial, agência ou sucursal aberta ou instalada no Brasil e o **condomínio** por seu administrador ou síndico.

No caso do inventariante do espólio ser dativo, o Código de Processo Civil[40] estabelece que os sucessores do falecido deverão ser intimados no processo em que aquele for parte. Outrossim, no caso das sociedades ou associações sem personalidade jurídica, estas não podem, quando demandadas, opor sua constituição irregular. Relativamente às pessoas jurídicas estrangeiras, preceitua-se que é presumida a autorização para receber citação de qualquer processo aos gerentes de filial ou agência situada no Brasil.

O Código de Processo Civil traz **autorização para que os Estados e o Distrito Federal celebrem acordo entre eles para que o procurador de um Estado (ou do Distrito Federal) represente o outro em juízo, através de convênio firmado por suas procuradorias**. Além disso, a representação judicial do Município pela Associação de Representação de Municípios pode ocorrer, <u>exclusivamente</u>, no caso de questões de interesse comum dos Municípios associados, dependendo de autorização do respectivo chefe do Poder Executivo municipal, com indicação específica do direito ou da obrigação a ser objeto das medidas judiciais.

38. BRASIL. **Lei 13.105,** de 16 de março de 2015. Código de Processo Civil. Disponível em: http://www.planalto.gov.br/ccivil_03/_ato2015-2018/2015/lei/l13105.htm. Acesso em: 11 abr. 2023.

39. BRASIL. **Lei 13.105,** de 16 de março de 2015. Código de Processo Civil. Disponível em: http://www.planalto.gov.br/ccivil_03/_ato2015-2018/2015/lei/l13105.htm. Acesso em: 11 abr. 2023.

40. BRASIL. **Lei 13.105,** de 16 de março de 2015. Código de Processo Civil. Disponível em: http://www.planalto.gov.br/ccivil_03/_ato2015-2018/2015/lei/l13105.htm. Acesso em: 11 abr. 2023.

Caso o juiz verifique irregularidade na representação ou incapacidade processual, o processo será suspenso, sendo fixado prazo razoável para que o vício seja sanado. Após corrigida a deficiência, o processo terá seu trâmite regular. Contudo, caso a determinação para sanar o vício não seja cumprida e o processo esteja em instância originária, o efeito depende do sujeito que não seja plenamente capaz ou que esteja representado de forma irregular.

Em outros termos, se for o autor incapaz ou irregularmente representado, o processo será extinto, sem resolução do mérito. Caso seja o réu, será considerado revel e o processo seguirá. Por fim, caso seja um terceiro, ele será considerado revel ou excluído processo, de acordo com o polo (ativo ou passivo) que se encontre. Além disso, se a determinação descumprida estiver em fase recursal, diante do Tribunal de Justiça, Tribunal Regional Federal ou Tribunal Superior, o relator não conhecerá o recurso, caso a providência for encargo do recorrente, ou determinará que as contrarrazões sejam desentranhadas, caso a providência caiba ao recorrido.

3.2 Dos deveres das partes e procuradores

Todo e qualquer sujeito que participe de um processo deve observar a sua tramitação de acordo com os fins da própria jurisdição. Para a doutrina, "o desrespeito a esse dever configura um abuso processual [...], que consiste em atos de má-fé praticados por quem tenha uma faculdade de agir no curso de processo, mas que dela se utiliza não para seus fins normais"[41].

Assim, o que se tem é que o Art. 77, do CPC, elenca inúmeros deveres jurídicos para as partes, seus procuradores e "**todos aqueles que de qualquer forma participem do processo**". Nestes últimos, estão incluídos os auxiliares da justiça e os representantes das partes, por exemplo. Veja-se que o rol disciplinado no Art. 77 não é taxativo, sendo apenas exemplificativo, conforme se observa do caput do referido Art., na medida que indica "além de outros previstos neste Código"[42]. Como exemplo, tem-se o dever do terceiro de exibir coisa ou documento que esteja em seu poder, de acordo com o Art. 380, II, do CPC, e o dever da parte de colaborar com o juízo na realização da inspeção judicial, nos termos do Art. 379, II, também do CPC.

Dentre as enumerações realizadas no Art. 77, tem-se o dever das partes de expor os fatos conforme a verdade em juízo; não formular pretensão ou de apresentar defesa quando cientes de que são destituídas de fundamento; não produzir provas e não praticar atos inúteis ou desnecessários à declaração ou à defesa do direito; cumprir com exatidão as decisões jurisdicionais, de natureza provisória ou final, e não criar embaraços à sua efetivação; declinar, no primeiro momento que lhes couber falar nos autos, o endereço residencial ou profissional onde receberão intimações, atualizando essa informação sempre que ocorrer qualquer modificação temporária ou definitiva; não praticar inovação ilegal no estado de fato de bem ou direito litigioso e, informar e manter atualizados seus dados cadastrais perante os órgãos do Poder Judiciário e, no caso do § 6º do Art. 246 do CPC, da Administração Tributária, para recebimento de citações e intimações.

O **tratamento diferenciado aos deveres das partes**, ocorre nos incisos IV e VI (cumprir com exatidão as decisões jurisdicionais, de natureza provisória ou final, e não criar embaraços à sua efetivação; e, não praticar inovação ilegal no estado de fato de bem ou direito litigioso). **Para tanto, o §1º do Art. 77 dispõe que a parte que não cumprir com o dever, será advertida pelo juiz de que sua conduta poderá ser punida como ato atentatório à dignidade da justiça**[43].

A pena para quem comete **ato atentatório à dignidade da justiça** está prevista no §2º do Art. 77, estabelecendo que o juiz aplicará multa de até vinte por cento do valor da causa, de acordo com a gravidade da conduta, sem prejuízo, ainda, das sanções criminais, civis e processuais cabíveis – como por exemplo, a sanção por litigância de má-fé. **Ademais, caso não seja paga, no prazo que o juiz vier a fixar, a multa, após o trânsito em julgado da decisão que a fixou, será inscrita como dívida ativa da União ou do Estado, e sua execução será de acordo o procedimento da execução fiscal, revertendo-se aos fundos previstos no art. 97 do CPC**[44].

Essa multa pode ser cumulada com outras, as quais incidem sempre que, no cumprimento de

41. MARCATO, Antonio Carlos. Código de Processo Civil Interpretado. São Paulo: Grupo GEN, 2022. s.p.
42. BRASIL. **Lei 13.105,** de 16 de março de 2015. Código de Processo Civil. Disponível em: http://www.planalto.gov.br/ccivil_03/_ato2015-2018/2015/lei/l13105.htm. Acesso em: 11 abr. 2023.
43. BRASIL. **Lei 13.105,** de 16 de março de 2015. Código de Processo Civil. Disponível em: http://www.planalto.gov.br/ccivil_03/_ato2015-2018/2015/lei/l13105.htm. Acesso em: 11 abr. 2023.
44. BRASIL. **Lei 13.105,** de 16 de março de 2015. Código de Processo Civil. Disponível em: http://www.planalto.gov.br/ccivil_03/_ato2015-2018/2015/lei/l13105.htm. Acesso em: 11 abr. 2023.

sentença, o devedor não cumpre voluntariamente a decisão judicial no prazo, sendo que, **nos casos em que o valor da causa for irrisório ou inestimável, essa pode ser fixada pelo juiz em até 10 (dez) vezes o valor do salário-mínimo vigente.**

A multa por ato atentatório à dignidade da justiça não é aplicável aos advogados das partes, sejam eles públicos ou privados, aos Defensores Públicos e aos membros do Ministério Público, sendo que a eventual responsabilidade destes é apurada pelos órgãos de classe ou corregedorias respectivas, a quem o juiz comunicará o ocorrido, através de ofício.

Outrossim, no caso específico de violação do dever de não praticar inovação ilegal no estado de fato de bem ou direito litigioso, nos termos do Art. 77, VI, do CPC[45], o juiz, sem prejuízo da aplicação da multa, irá determinar o restabelecimento do estado de fato anterior, podendo, ainda, proibir a parte de se manifestar nos autos até a purgação do atentado. **No mais, o representante judicial da parte não pode ser constrangido a cumprir a decisão em seu lugar.**

O Art. 78, do CPC[46], nos traz a vedação às partes, a seus procuradores, aos juízes, aos membros do Ministério Público e da Defensoria Pública e a qualquer pessoa que participe do processo de empregar expressões ofensivas nos escritos. **Caso as expressões ou condutas ofensivas ocorram de forma oral ou presencialmente, incumbe ao juiz advertir o ofensor de que não deve usar ou repetir, sob pena de lhe suspender a palavra**. No caso de uso escrito de expressões ofensivas, o juiz determinará que sejam riscadas, de ofício ou através de requerimento e, por meio de requerimento do ofendido, irá determinar a expedição de certidão com inteiro teor das expressões ofensivas e a colocará à disposição da parte interessada.

No que toca à responsabilidade por dano processual, é importante referir que a responsabilidade processual civil se traduz na obrigação de reparar os danos causados pela má conduta processual, tendo em vista que o processo deve ser consubstanciado no dever de atuar com lealdade e boa-fé.

45. BRASIL. **Lei 13.105,** de 16 de março de 2015. Código de Processo Civil. Disponível em: http://www.planalto.gov.br/ccivil_03/_ato2015-2018/2015/lei/l13105.htm. Acesso em: 11 abr. 2023.
46. BRASIL. **Lei 13.105,** de 16 de março de 2015. Código de Processo Civil. Disponível em: http://www.planalto.gov.br/ccivil_03/_ato2015-2018/2015/lei/l13105.htm. Acesso em: 11 abr. 2023.

Dessa forma, o autor, réu ou interveniente que litigar de má-fé responde por perdas e danos. Além disso, tem-se que **responde por perdas e danos** aquele que: deduzir pretensão ou defesa contra texto expresso de lei ou fato incontroverso; alterar a verdade dos fatos; usar do processo para conseguir objetivo ilegal; opuser resistência injustificada ao andamento do processo; proceder de modo temerário em qualquer incidente ou ato do processo; provocar incidente manifestamente infundado e, interpuser recurso com intuito manifestamente protelatório.

Cumpre referir que **a responsabilidade por litigância de má-fé é subjetiva**, ou seja, além de comprovada a conduta, o dano e o nexo de causalidade, é necessário a comprovação da má-fé. Isso porque a violação da boa-fé objetiva caracteriza-se tão somente como ausência de boa-fé, enquanto a violação da boa-fé subjetiva se traduz em má-fé. **Dessa forma, para que ocorra a obrigação de pagar a multa e indenização pelos danos causados pela conduta processual é exigida a comprovação da má-fé.**

Comprovada a conduta de litigância de má-fé, o juiz, de ofício ou mediante requerimento da parte interessada, condenará o litigante de má-fé ao pagamento de multa, que será superior à 1% (um por cento) e inferior à 10% (dez por cento) do valor da causa corrigido. Além da multa, **o litigante de má-fé deverá indenizar a parte contrária pelos eventuais prejuízos sofridos** e, ainda, ressarci-la dos honorários advocatícios e de todas as despesas que efetuou.

No caso de **2 (dois) ou mais litigantes de má-fé**, cada um será condenado pelo juiz, na proporção de seu interesse na causa ou, solidariamente, no caso de se associarem com o intuito de lesar a parte adversa. Já quando o valor da causa for inestimável ou irrisório, a multa pode ser fixada em até 10 (dez) vezes o valor do salário-mínimo nacional vigente. **O valor da indenização será fixado pelo juiz e, caso não seja possível mensurar o prejuízo sofrido, será liquidado – por arbitramento ou pelo procedimento comum, nos próprios autos.**

Por conseguinte, no que toca a despesas, honorários advocatícios e multas, destaca-se que, exceto as disposições relativas à justiça gratuita, é encargo das partes providenciar o pagamento antecipado das despesas dos atos que realizarem ou requererem no processo, do início até a sentença ou, em caso de execução, até a satisfação total do direito certificado no título.

Além disso, é incumbência do autor realizar o pagamento adiantado das despesas referentes

a atos cuja realização o juiz determinar a requerimento do Ministério Público – quando atuar como fiscal da ordem jurídica – ou de ofício. Veja-se que tais ônus de adiantar o pagamento não se confundem com a obrigação efetiva de pagar. Isso porque, quando da prolação da sentença, esta condenará o vencido a pagar ao vencedor as despesas que este antecipou. Tal regra é chamada de "**princípio da sucumbência**"[47].

Majoritariamente, a regra utilizada é a da causalidade, sendo a sucumbência o retrato do que normalmente acontece. Isso porque o encargo de arcar com os custos do processo deve recair sobre quem o deu causa – e que, em grande partes das vezes, sai vencido. Dessa forma, é **atribuição do juiz do feito analisar quando da prolação da sentença quem deu causa ao processo**, impondo a este a obrigação de arcar com o pagamento das despesas processuais e os honorários advocatícios.

Além do ônus de adiantar o pagamento dos custos processuais, a norma processual estabelece que, **quando o autor, independentemente de sua nacionalidade, residir fora do Brasil ou deixar de residir ao longo da tramitação do processo, deve prestar caução suficiente para o pagamento das custas e dos honorários advocatícios da parte contrária**, exceto se possuir bens imóveis no Brasil suficientes para garantir tal pagamento.

Outrossim, **há outros casos em que a caução não será exigida**, sendo eles: quando houver dispensa estabelecida em tratado ou acordo internacional de que o Brasil faz parte; quando for execução fundada em título extrajudicial e no cumprimento de sentença e na reconvenção. **No caso de se verificar que a garantia foi desfalcada, no trâmite do processo, é possibilitado ao interessado exigir que a caução seja reforçada, através de pedido justificado, indicando a depreciação do bem dado em garantia e apontando o valor do reforço que pretende obter**.

Além disso, nas despesas processuais estão incluídas as custas dos atos do processo, a diária da testemunha, a indenização de viagem e a remuneração do assistente técnico.

A norma processual também aborda previsões específicas acerca da fixação dos honorários, **sendo que a sentença condenará o vencido a pagar honorários ao advogado do vencedor**. Observa-se que o pagamento dos honorários não é apenas devido na demanda originária, mas também na reconvenção, no cumprimento de sentença, seja ele definitivo ou provisório, na execução, resistida ou não e, nos recursos interpostos, cumulativamente.

Os **honorários advocatícios sucumbenciais**, como são conhecidos, tendo em vista não se tratarem de honorários contratuais, esses últimos devidos pelo cliente que contratou o profissional, devem ser fixados entre o mínimo de 10 (dez) e o máximo de 20% (vinte por cento) sobre o valor da condenação, do proveito econômico obtido ou, em caso de impossibilidade mensurá-lo, sobre o valor atualizado da causa. Assim, para fixar os honorários, observando o limite entre dez (10) e vinte por cento (20%), o juiz deve considerar o grau de zelo do profissional; o lugar de prestação do serviço; a natureza e a importância da causa; e, o trabalho realizado pelo advogado e o tempo exigido para o seu serviço.

Já quando a Fazenda Pública for parte, além de observar os critérios preceituados pelo Art. 85, §2º, I a IV, do CPC, o juiz deve considerar alguns percentuais para fixar os honorários, sendo eles: a) mínimo de 10 (dez) e máximo de 20% (vinte por cento) sobre o valor da condenação ou do proveito econômico obtido até 200 (duzentos) salários-mínimos; b) mínimo de 8 (oito) e máximo de 10% (dez por cento) sobre o valor da condenação ou do proveito econômico obtido acima de 200 (duzentos) salários-mínimos até 2.000 (dois mil) salários-mínimos; c) mínimo de 5 (cinco) e máximo de 8% (oito por cento) sobre o valor da condenação ou do proveito econômico obtido acima de 2.000 (dois mil) salários-mínimos até 20.000 (vinte mil) salários-mínimos; d) mínimo de 3 (três) e máximo de 5% (cinco por cento) sobre o valor da condenação ou do proveito econômico obtido acima de 20.000 (vinte mil) salários-mínimos até 100.000 (cem mil) salários-mínimos; e, e) mínimo de 1 (um) e máximo de 3% (três por cento) sobre o valor da condenação ou do proveito econômico obtido acima de 100.000 (cem mil) salários-mínimos.

---

47. Sobre o adiantamento das despesas, veja-se o apontado pela doutrina: "Incumbe às partes o ônus de adiantar as despesas relativas aos atos que intentam praticar no processo. Enquanto tais ônus não forem atendidos não surge para o Estado o dever de se pronunciar a respeito do pleiteado pelas partes. A não observância de referidos ônus, ademais, pode implicar, inclusive, a perda de uma determinada situação jurídica. O recorrente, por exemplo, que deixa de fazer acompanhar suas razões recursais do respectivo preparo não terá seu recurso conhecido. Ao autor da demanda, não bastasse isso, incumbe adiantar as despesas relativas aos atos cuja determinação tenha partido do magistrado. Tal dispositivo, por óbvio, não se aplica aos honorários advocatícios de sucumbência que apenas são devidos após sua constituição em sentença" (MARCATO, Antonio Carlos. **Código de Processo Civil Interpretado.** São Paulo: Grupo GEN, 2022. s.p).

Outrossim, devem ser observadas pelo juiz quando fixar honorários sucumbenciais em processos em que a Fazenda Pública for parte. Assim, tão logo seja líquida a sentença, os percentuais descritos acima devem ser aplicados e, quando a sentença não for líquida, a definição de tais percentuais somente ocorrerá após sua liquidação.

A condenação em honorários ocorrerá sobre o valor atualizado da causa quando não houver condenação principal ou não for possível mensurar o proveito econômico obtido. Já quanto ao salário-mínimo que será considerado vigente, tem-se que é o de quando for prolatada a sentença líquida ou o que estiver em vigor na data de sua liquidação.

Quando, conforme o caso, a condenação contra a Fazenda Pública ou o benefício econômico obtido pelo vencedor ou o valor da causa for superior ao valor previsto no inciso I do § 3º do Art. 85, do CPC, a fixação do percentual de honorários deve observar a faixa inicial e, naquilo que a exceder, a faixa subsequente, e assim sucessivamente. Além disso, é preciso ter em mente que os critérios e limites estabelecidos se aplicam independente do conteúdo da decisão, sendo empregados inclusive nos casos de sentença sem resolução do mérito e nos casos de improcedência.

Quando o valor da condenação ou do proveito econômico obtido ou o valor atualizado da causa for líquido ou liquidável, para fins de apuração e fixação dos honorários advocatícios, registra-se que é proibida a apreciação equitativa, salvo nas hipóteses expressamente previstas no § 8º do Art. 85 do CPC. A exceção prevista no §8º ocorre quando for inestimável ou irrisório o proveito econômico ou, quando o valor da causa for muito baixo. Nestes casos, o juiz fixará o valor dos honorários por apreciação equitativa. **A apreciação equitativa é aquela em o juiz se baseia em casos análogos, ou seja, assegurando o tratamento isonômico entre as partes.** Ademais, nestas hipóteses, o juiz deve observar os valores recomendados pelo Conselho Seccional da Ordem dos Advogados do Brasil a título de honorários advocatícios ou o limite mínimo de 10% (dez por cento) estabelecido no § 2º do Art. 85 do CPC, aplicando-se o que for maior, para fins de fixação equitativa de honorários sucumbenciais.

Outrossim, quando o **cumprimento de sentença contra a Fazenda Pública ensejar a expedição de precatório**, não serão devidos honorários, desde que a sentença não tenha sido impugnada. No caso de o processo versar **sobre indenização por ato ilícito contra pessoa**, o percentual dos honorários deve refletir sobre a soma das prestações vencidas adicionado de 12 (doze) prestações vincendas. Quando no decorrer do processo ocorra a **perda do objeto**, os honorários sucumbenciais devem ser pagos pela parte que deu causa ao processo.

Além disso, **os honorários fixados na sentença podem ter um aumento em grau recursal**, Assim, ao julgar o recurso, compete ao Tribunal majorar os honorários já fixados na instância inferior, devendo observar os preceitos estabelecidos nos §§ 2º a 6º do Art. 85 do CPC, já abordados. Ou seja, a soma dos honorários fixados (na instância inferior e em sede recursal) não pode exceder os limites máximos estabelecidos nos §§ 2º e 3º do mesmo dispositivo para a fase de conhecimento, sendo que os honorários sucumbenciais fixados em sede recursal não têm caráter de sanção, sendo, por isso, cumuláveis com multas e outras sanções processuais.

Outra importante disciplina a ser observada é no sentido de que as verbas de sucumbência arbitradas em embargos à execução rejeitados ou julgados improcedentes e em fase de cumprimento de sentença serão acrescidas no valor do débito principal, para todos os efeitos legais. **A natureza dos honorários advocatícios é a alimentar, ou seja, tal crédito goza dos mesmo direitos dos créditos trabalhistas, sendo vedada sua compensação em caso de sucumbência parcial.** Além disso, é facultado ao advogado postular que o pagamento dos seus honorários seja em favor da sociedade de advogados que participa na condição de sócio, o que não tem o condão de alterar a natureza alimentar de seu crédito.

Quando os honorários forem fixados em valor certo, a incidência dos juros moratórios ocorre a partir do trânsito em julgado da decisão que os fixou, sendo que, inclusive quando o profissional atuar em causa própria, lhe são devidos honorários. Outrossim, nos casos em que a decisão transitada em julgado não tenha se manifestado acerca do direito de honorários ou fixado seu valor, é admissível a proposição de ação autônoma para sua fixação e, consequente, cobrança.

Nos casos em que for parte a Fazenda Pública, os honorários de sucumbência, se este for o caso, serão pagos aos advogados públicos, de acordo com lei específica. Quando ocorrer a sucumbência recíproca, isto é, cada parte for, ao mesmo tempo, vencedor e vencido, as despesas processuais serão distribuídas proporcionalmente entre elas – lembrando da vedação à compensação de honorários, conforme já visto. Além disso, caso a sucumbência de uma das partes for mínima, em relação ao pedido, o pagamento das despesas e dos honorários será ônus por inteiro da parte contrária.

Já **quando houver litisconsórcio entre os vencidos, estes responderão proporcionalmente pelas despesas e pelos honorários, sendo incumbência do juiz a fixação da distribuição proporcional pelo pagamento, expressamente na sentença**. Contudo, caso a sentença seja omissa, o dever de pagamento das despesas e dos honorários será solidário entre os vencidos. Neste último caso, deve ser relembrada a regra disposta no Art. 283 do Código Civil – CC[48], que disciplina que o devedor que realizar o pagamento pode cobrar dos codevedores suas quotas-parte.

Quando o processo se tratar de procedimento de jurisdição voluntária, o requerente deve adiantar o pagamento das despesas, para posterior rateio entre os interessados. Já nos casos de juízos divisórios – como, por exemplo, ações de divisão de terras, de demarcação de terras, de inventário e de partilha –, em que não se tenha litígio, o pagamento das despesas é incumbência dos interessados, na proporção de seus quinhões.

Referente aos casos em que o **processo for encerrado por desistência**, renúncia ou reconhecimento do pedido, **as despesas e os honorários advocatícios sucumbenciais serão encargo da parte que tenha desistido, renunciado ou reconhecido o pedido, conforme o caso**. Ademais, caso o ato tenha sido parcial, a responsabilidade pelo pagamento dos honorários e das despesas será proporcional à parcela reconhecida, à qual se renunciou ou da qual se desistiu.

Caso haja transação entre as partes, estas possuem liberdade para dispor acerca do encargo do pagamento das despesas e dos honorários. Contudo, caso não tenham disposto, as despesas serão divididas igualmente entre elas, registrando-se, outrossim, que caso a transação ocorra antes da sentença, **como forma de estimular a autocomposição**, o CPC prevê a dispensa do pagamento das custas processuais remanescentes[49].

Além disso, quando o réu reconhecer a procedência do pedido do autor e, simultaneamente, cumprir completamente a prestação reconhecida, os honorários advocatícios serão reduzidos em 50% (cinquenta por cento).

A Fazenda Pública, a Defensoria Pública ou o Ministério Público (quando atuar na qualidade de parte), são dispensados do encargo de adiantar as despesas processuais, sendo que essas serão pagas ao final pelo vencido. Além disso, e no que tange às **perícias eventualmente requeridas pelos entes** acima referidos, estas poderão ser realizadas por entendida pública – caso exista –, ou, no caso de se ter previsão orçamentária, ter os valores adiantados por aquele que requerer a prova. **Caso não haja previsão orçamentária no exercício financeiro para o adiantamento dos honorários periciais, o CPC disciplina que eles serão no exercício seguinte ou, ao final, pelo vencido, caso o processo se encerre antes do adiantamento a ser feito pelo ente público.**

Nos casos em que **o juiz prolatar sentença sem resolução de mérito**, a requerimento do réu, é vedado ao autor propor novamente a ação antes de pagar ou depositar em cartório as despesas e os honorários a que for condenado. Já as **despesas referentes a atos adiados ou que tenham que ser repetidos**, possuem como responsável a parte, o auxiliar de justiça, o órgão do Ministério Público ou o juiz que, sem justo motivo, tenham dado causa ao adiamento ou à repetição.

Quando houver intervenção de assistente no processo e o assistido for vencido, o assistente também será condenado a pagar as custas em proporção à atividade que tiver exercido no processo. Veja-se que, **muito embora o dispositivo indique apenas custas, deve ser interpretado incluindo todas as despesas e honorários sucumbenciais.**

Em casos em que haja pedido de prova testemunhal, incumbe a cada parte o pagamento da remuneração do assistente técnico que indicar, sendo que a remuneração do perito deverá ser adiantada pela parte que requerer a prova ou, ainda, rateada, quando a perícia ocorrer por determinação de ofício pelo juiz ou tiver sido requerida por ambas as partes.

Por conseguinte, o juiz pode determinar o depósito do valor dos honorários do perito pela parte responsável, sendo que a monta recolhida em depósito bancário será corrigida monetariamente e paga nos termos do Art. 465, §4º, do CPC, que indica a possibilidade do juiz autorizar o pagamento de até 50% (cin-

---

48. "Art. 283. O devedor que satisfaz a dívida por inteiro tem direito a exigir de cada um dos codevedores a sua quota, dividindo-se igualmente por todos a do insolvente, se o houver, presumindo-se iguais, no débito, as partes de todos os codevedores" (BRASIL. **Lei 10.406**, de janeiro de 2002. Código Civil. Disponível em: http://www.planalto.gov.br/ccivil_03/leis/2002/l10406compilada.htm. Acesso em 13 abr. 2023).
49. BRASIL. **Lei 13.105**, de 16 de março de 2015. Código de Processo Civil. Disponível em: http://www.planalto.gov.br/ccivil_03/_ato2015-2018/2015/lei/l13105.htm. Acesso em: 11 abr. 2023.

quenta por cento) dos honorários do perito no início dos trabalhos, sendo o saldo pago apenas no final[50].

Nos casos em que o responsável pelo pagamento dos honorários perícias for beneficiário da justiça gratuita, a prova pode ser: a) custeada com recursos alocados no orçamento do ente público e realizada por servidor do Poder Judiciário ou por órgão público conveniado ou, b) paga com recursos alocados no orçamento da União, do Estado ou do Distrito Federal, no caso de ser realizada por particular, hipótese em que o valor será fixado conforme tabela do tribunal respectivo ou, em caso de sua omissão, do Conselho Nacional de Justiça. **Neste caso, após o trânsito em julgado da decisão final, o juiz irá oficiar à Fazenda Pública para promover, em face de quem for condenado ao pagamento das despesas processuais, a execução dos valores gastos com a perícia particular ou com a utilização de servidor público ou da estrutura de órgão público, observando-se, caso o responsável pelo pagamento das despesas seja beneficiário de gratuidade da justiça, o disposto no art. 98, §2º**[51]. Por fim, nestes casos e nos termos do §5º é vedada a utilização de recursos do fundo de custeio da Defensoria Pública.

Quanto ao valor das sanções impostas ao litigante de má-fé, este será revertido em favor da parte contrária, sendo que o valor das sanções impostas aos serventuários pertencerá ao Estado ou à União. Outrossim, é possível que a União e os Estados criem fundos de modernização do Poder Judiciário, sendo que a estes serão revertidos os valores das sanções pecuniárias destinadas aos Estados e à União, além de outras verbas previstas em lei.

No que toca à gratuidade da justiça, ponto também abordado pelo CPC, tem-se que essa assistência é assegurada e prevista, ainda, pela Constituição da República Federativa do Brasil de 1988 – CRFB/98 junto ao Art. 5º, LXXIV: "o Estado prestará assistência jurídica integral e gratuita aos que comprovarem insuficiência de recursos"[52].

Assim, o que se tem é que a pessoa, compreendida como jurídica ou natural, brasileira ou estrangeira, com insuficiência de recursos para pagar as custas, as despesas processuais e os honorários advocatícios tem direito à gratuidade da justiça.[53]

Além disso, a gratuidade prevista pelo CPC **inclui** o pagamento das taxas ou custas judiciais; dos selos postais; das despesas com publicação na imprensa oficial, dispensando-se a publicação em outros meios; da indenização devida à testemunha que, quando empregada, receberá do empregador salário integral, como se em serviço estivessem; das despesas com a realização de exame de código genético – DNA e de outros exames considerados essenciais; dos honorários do advogado e do perito e a remuneração do intérprete ou do tradutor nomeado para apresentação de versão em português de documento redigido em língua estrangeira; do custo com a elaboração de memória de cálculo, quando exigida para instauração da execução; dos depósitos previstos em lei para interposição de recurso, para propositura de ação e para a prática de outros atos processuais inerentes ao exercício da ampla defesa e do contraditório e dos emolumentos devidos a notários ou registradores em decorrência da prática de registro, averbação ou qualquer outro ato notarial necessário à efetivação de decisão judicial ou à continuidade de processo judicial no qual o benefício tenha sido concedido.

A concessão do benefício de assistência judiciária gratuita – AJG **não retira o ônus do beneficiário pelas despesas processuais e pelos honorários advocatícios decorrente da sucumbência**. Contudo, neste caso, as obrigações relativas à sucumbência do beneficiário de **AJG ficam suspensas de exigibilidade, podendo ser executadas, no prazo de 5 (cinco) anos após o trânsito em julgado**, caso o credor demonstre que a situação de insuficiência de recursos do beneficiário se extinguiu, sendo que, após tal prazo, as obrigações se findam.

50. BRASIL. **Lei 13.105**, de 16 de março de 2015. Código de Processo Civil. Disponível em: http://www.planalto.gov.br/ccivil_03/_ato2015-2018/2015/lei/l13105.htm. Acesso em: 11 abr. 2023.

51. "Art. 98. A pessoa natural ou jurídica, brasileira ou estrangeira, com insuficiência de recursos para pagar as custas, as despesas processuais e os honorários advocatícios tem direito à gratuidade da justiça, na forma da lei. [...] § 2º A concessão de gratuidade não afasta a responsabilidade do beneficiário pelas despesas processuais e pelos honorários advocatícios decorrentes de sua sucumbência. [...]" (BRASIL. **Lei 13.105,** de 16 de março de 2015. Código de Processo Civil. Disponível em: http://www.planalto.gov.br/ccivil_03/_ato2015-2018/2015/lei/l13105.htm. Acesso em: 11 abr. 2023).

52. BRASIL. **Constituição Federal de 1988**. Disponível em: http://www.planalto.gov.br/ccivil_03/constituicao/constituicao.htm. Acesso em 11 abr. 2023.

53. **Súmula 481 do STJ** - Faz jus ao benefício da justiça gratuita a pessoa jurídica com ou sem fins lucrativos que demonstrar sua impossibilidade de arcar com os encargos processuais. (Súmula 481, CORTE ESPECIAL, julgado em 28/06/2012, DJe 01/08/2012). Disponível em http://www.stj.jus.br/SCON/sumanot/toc.jsp?materia=%27DIREITO%20PROCESSUAL%20CIVIL%27.mat.#TIT22TEMA0, Acesso em 01/06/2024.

Veja-se que a concessão do benefício afasta o encargo do beneficiário de adiantar todas as despesas, contudo, não retira sua obrigação de pagar, ao final do processo, as multas processuais que lhe sejam impostas. Outro ponto importante a ser ressaltado é que **a concessão da AJG pode ser parcial ou total**. Assim, é possibilitado que essa concessão seja em relação a alguns ou a todos os atos processuais ou, que consista em um desconto nas despesas que tenham que ser adiantadas. **Ademais, conforme o caso, o juiz pode conceder o direito ao parcelamento das despesas processuais que o beneficiário tiver que adiantar no curso do processo.**

Ainda quanto à concessão e o pedido de gratuidade judiciária, tem-se que o requerimento pode ser postulado a qualquer tempo, seja na inicial, na contestação, na petição para ingresso de terceiro no processo ou em recurso. Entretanto, caso não tenha sido formulado na primeira manifestação do interessado nos autos, não possui o condão de suspender o curso do processo.

Quanto à pessoa natural, há presunção de verdade sobre a alegação de sua hipossuficiência. Contudo, caso tenham elementos nos autos que comprovem a falta dos pressupostos legais aptos à concessão, o juiz pode indeferir o pedido, concedendo, antes do indeferimento, prazo para o requerente comprovar o preenchimento dos pressupostos. **Caso a parte postulante do benefício tenha advogado particular, isso não a impede de ter sua concessão.**

Importante referir, ainda, que quando o recurso versar, exclusivamente, sobre o valor dos honorários advocatícios sucumbenciais em favor do advogado de beneficiário de gratuidade judiciária, o apelo está sujeito a preparo, exceto se o procurador conseguir comprovar que possui direito à gratuidade.

A **gratuidade da justiça é um direito pessoal**, ou seja, não há que se falar em extensão ao sucessor do beneficiário ou litisconsorte, dependendo de requerimento e deferimento expressos para ser estendido. Quando o postulamento de AJG ocorrer em recurso, **o recorrente não precisa comprovar o recolhimento do preparo, sendo incumbência do relator apreciar o pedido**. Caso seja indeferido, o relator fixará prazo para que o recolhimento das custas seja realizado.

Quando **o pedido de assistência judiciária gratuita for deferido, a parte contrária poderá oferecer impugnação** (na contestação, na réplica, nas contrarrazões de recurso ou, em caso de ter sido o requerimento formulado por terceiro, por meio de petição simples, a ser apresentada no prazo de quinze dias), sendo que essa impugnação será processada no próprio feito, não suspendendo seu curso. Ao impugnante incumbe, ademais, comprovar que o beneficiário não possui direito à AJG, não sendo capaz de revogar benefício já concedido, a mera alegação de ausência de provas suficientes capazes de comprovar o direito à gratuidade deferida.

Já quando o benefício for revogado, a parte deverá arcar com as despesas processuais que não tiver adiantado, pagando, no caso de comprovada má-fé, "até o décuplo de seu valor a título de multa, que será revertida em benefício da Fazenda Pública estadual ou federal e poderá ser inscrita em dívida ativa" (Art. 100, parágrafo único)[54].

A **decisão que indeferir ou revogar o benefício de assistência judiciária gratuita é atacável por agravo de instrumento**, a menos que tenha sido resolvida na sentença, caso em que é impugnável através de recurso de apelação. **Até o julgamento do recurso, o recorrente não pagará o preparo recursal.** Já quando for confirmada a denegação ou revogação do benefício, será determinado, pelo relator ou órgão colegiado, o recolhimento das custas em 5 (cinco) dias, sob pena de não conhecimento do recurso.

Após o trânsito em julgado da decisão que revogar o benefício, o juiz fixará prazo para que a parte efetue o recolhimento de todas as despesas de cujo adiantamento foi dispensada, incluindo-se, as relativas ao recurso eventualmente interposto. Se o recolhimento não for efetuado, o juiz extinguirá o processo sem resolução de mérito, se o autor fosse o beneficiário ou, nos demais casos, não deferirá a realização de qualquer ato ou diligência requerida enquanto o depósito não for efetuado.

3.3 Dos procuradores

Quanto aos procuradores atuantes em um processo, cumpre referir de imediato que o Art. 133 da Constituição da República Federativa do Brasil de 1988 – CRFB/98 dispõe que "**o advogado é indispensável à administração da justiça, sendo inviolável por seus atos e manifestações no exercício da profissão, nos limites da lei**"[55]. Assim e com o

54. BRASIL. **Lei 13.105,** de 16 de março de 2015. Código de Processo Civil. Disponível em: http://www.planalto.gov.br/ccivil_03/_ato2015-2018/2015/lei/l13105.htm. Acesso em: 11 abr. 2023.

55. BRASIL. **Constituição Federal de 1988**. Disponível em: http://www.planalto.gov.br/ccivil_03/constituicao/constituicao.htm. Acesso em 11 abr. 2023.

objetivo de conferir efetividade ao referido dispositivo constitucional, o Art. 103 do CPC dispõe que a parte deve ser representada em juízo através de advogado regularmente inscrito na Ordem dos Advogados do Brasil – OAB, ou seja, a parte só poderá estar presente em juízo quando representada por quem tenha capacidade postulatória. **Além disso, é admitida a postulação em causa própria apenas se a parte tiver habilitação legal para tanto.**

O que se tem, portanto, é a preocupação do legislador com o contraditório efetivo, substancial, capaz de influenciar na formação do resultado do processo, tendo em vista que, caso a participação da parte não fosse assistida por profissional, seria apenas formal, sem o condão de consistir em uma atuação jurídica adequada.

Para que o advogado postule em juízo em nome da parte, deve estar devidamente habilitado, com procuração juntada aos autos. Contudo, **para evitar preclusão, decadência, prescrição ou praticar atos urgentes, admite-se seu postulamento sem procuração.** Nesses casos, o advogado deve juntar a procuração no prazo de 15 (quinze) dias, prorrogável por igual período, através de despacho do juiz. **Quando não for apresentada a procuração, nem o ato ratificado por outro advogado, o ato será considerado ineficaz, respondendo o profissional por perdas e danos.**

A procuração conferida ao advogado lhe outorga poderes gerais para atuação em juízo, chamada de "procuração geral para o foro" ou "procuração *ad judicia*". Entretanto, **há atos que somente poderão ser praticados pelo advogado caso tenha poderes especiais para tanto**, como, por exemplo, receber citação, confessar, reconhecer a procedência do pedido, transigir, desistir, renunciar, receber, dar quitação, firmar compromisso e assinar declaração de hipossuficiência econômica.

O instrumento de mandato, leia-se nesse caso a procuração conferida ao advogado, pode ser assinada digitalmente, devendo conter o nome do profissional, seu número de inscrição na OAB, seu endereço profissional completo e seu endereço eletrônico.

No caso de o profissional contratado ser integrante de uma sociedade de advogados, a norma processual disserta acerca da necessidade de a procuração indicar o nome desta sociedade, seu número de registro na OAB e seu endereço completo. **Além disso, a procuração outorgada na fase de conhecimento é eficaz para todas as fases do processo, até mesmo para o cumprimento de sentença, salvo disposição expressa em sentido diverso.**

Quando o advogado estiver **postulando em causa própria**, deve declarar, na inicial ou na contestação, seu endereço, seu número de inscrição na Ordem dos Advogados do Brasil e o nome da sociedade de advogados da qual participa, se for o caso, para o recebimento de intimações e, caso mude de endereço, deve comunicar ao juízo. Se houver ausência de indicação do endereço, do número de inscrição na Ordem dos Advogados ou da sociedade de advogados, o juiz fixará prazo de 5 (cinco) dias para correção do vício, sob pena de indeferimento da petição. Outrossim, a ausência de informação acerca das mudanças de endereço, acarreta por validar qualquer intimação encaminhada ao endereço constante dos autos.

De acordo com o Código de Processo Civil[56] **são direitos do advogado**: examinar, em cartório de fórum ou secretaria de tribunal, mesmo sem procuração, autos de qualquer processo, independentemente da fase de tramitação, assegurados a obtenção de cópias e o registro de anotações, salvo na hipótese de segredo de justiça (em que só o advogado constituído tem direito de acesso aos autos); requerer, como procurador, vista dos autos de qualquer processo, pelo prazo de cinco dias; retirar os autos do cartório ou secretaria, pelo prazo legal, sempre que neles lhe couber falar por determinação do juiz, nos casos previstos em lei.

Quando o advogado receber os autos do processo (impressos, haja vista que os eletrônicos estão sempre à sua disposição), o procurador deve assinar a carga em livro ou documento próprio. No entanto, a carga dos autos impressos somente poderá ser realizada em conjunto ou através de prévio ajuste por petição nos autos, caso as partes tenham prazo comum aberto para manifestação. Nesta última hipótese, a carga pode ser realizada com o intuito de obtenção de cópias, pelo prazo de 2 (duas) a 6 (seis) horas, não dependendo de ajuste entre as partes e sem prejuízo da continuidade do prazo. Na hipótese de o advogado não cumprir com o prazo de duas a seis horas para entregar os autos e não tenha havido prorrogação pelo juiz, o profissional perderá o direito de retirar os autos do processo para cópias.

3.4 Da sucessão de partes e procuradores

O capítulo IV, do CPC, disciplina a respeito "da sucessão das partes e dos procuradores", entre os

56. BRASIL. **Lei 13.105,** de 16 de março de 2015. Código de Processo Civil. Disponível em: http://www.planalto.gov.br/ccivil_03/_ato2015-2018/2015/lei/l13105.htm. Acesso em: 11 abr. 2023.

Arts. 108 a 112. Nestes termos, tem-se que, no curso do processo, pode ocorrer a necessidade de que a parte seja sucedida por outra. Assim, a referida sucessão pode ser dar de forma voluntária, resultante de ato inter vivos ou decorrer da morte. No caso de a sucessão ser voluntária, ela só é lícita nos casos expressos em lei.

O Art. 109 dispõe que "a alienação da coisa ou do direito litigioso por ato entre vivos, a título particular, não altera a legitimidade das partes"[57]. Para a doutrina:

Além disso, **o adquirente ou cessionário não possui legitimidade para ingressar em juízo, sucedendo o alienante ou cedente, sem o consentimento da parte contrária.** Contudo, é prevista a possibilidade do cessionário ou adquirente intervir no processo como assistente litisconsorcial do alienante ou cedente. **Com ou sem a intervenção do adquirente ou do cessionário como assistente do alienante ou cedente, os efeitos da sentença proferida se estendem a eles.**

No caso de morte de qualquer das partes, a sucessão ocorre pelo seu espólio ou pelos sucessores, observado o disposto no Art. 313, §§ 1º e 2º[58]. **Por analogia, a referida disposição aplica-se nos casos de extinção da pessoa jurídica, que será sucedida por quem tenha assumido sua posição jurídica.**

Além disso, no curso do processo pode haver a sucessão entre advogados, através de **revogação ou renúncia do mandato**, sendo que, neste caso, também deverá ser observada a legislação relativa ao órgão de classe. O primeiro caso ocorre **quando a parte exerce seu direito potestativo, revogando a procuração outorgada e constituindo, no mesmo ato, novo procurador**. Caso o novo procurador não seja constituído no mesmo ato ou no prazo de 15 (quinze) dias, deverá ser observado o disposto no Art. 76[59], sendo que o juiz fixará prazo para a nomeação de novo patrono.

O segundo caso ocorre quando o procurador renunciar ao mandato que lhe for outorgado. Assim, tem-se que é facultado ao advogado renunciar o mandato a qualquer tempo, incumbindo-lhe a prova de que comunicou a renúncia ao mandante, oportunizando a este a nomeação de sucessor. **Ademais, neste caso, o procurador fica obrigado a representar seu cliente, quando necessário e para evitar prejuízo, pelo prazo de 10 (dez) dias**. Contudo, quando o procurador renunciante não for o único cadastrado no feito, a comunicação da renúncia é dispensada.

3.5 Do litisconsórcio

O litisconsórcio importa na pluralidade de demandantes ou demandados em um mesmo processo. Assim, sempre que uma determinada ação tiver dois autores, estar-se-á diante de um processo litisconsorcial. De acordo com o Código de Processo Civil (Art. 113)[60], duas ou mais pessoas podem litigar, no mesmo processo e em conjunto, ativa ou passivamente, quando: a) entre elas houver comunhão de direitos ou de obrigações relativamente à lide; b) entre as causas houver conexão pelo pedido ou pela causa de pedir; c) ocorrer afinidade de questões por ponto comum de fato ou de direito.

Trata-se de hipóteses de **litisconsórcio facultativo**, o que pode ser limitado pelo juiz no que toca ao número de litigantes na fase de conhecimento quando este comprometer a rápida solução do litígio ou dificultar a defesa ou o cumprimento de eventual sentença. **O requerimento de limitação indicado anteriormente interrompe o prazo para manifestação ou resposta, sendo que o prazo iniciará novamente da intimação da decisão que o solucionar.**

De outro lado, também é possível o **litisconsórcio necessário**, sendo que a definição mais correta acerca de tal situação é aquele que indica a necessidade de formação de uma pluralidade como algo essencial ao andamento do processo, sendo que ela "resulta a necessariedade do litisconsórcio do fato de em alguns casos a legitimidade ad causam ser plúrima"[61].

A norma processual determina que litisconsórcio será necessário por disposição de lei ou

57. BRASIL. **Lei 13.105,** de 16 de março de 2015. Código de Processo Civil. Disponível em: http://www.planalto.gov.br/ccivil_03/_ato2015-2018/2015/lei/l13105.htm. Acesso em: 11 abr. 2023.

58. BRASIL. **Lei 13.105,** de 16 de março de 2015. Código de Processo Civil. Disponível em: http://www.planalto.gov.br/ccivil_03/_ato2015-2018/2015/lei/l13105.htm. Acesso em: 11 abr. 2023.

59. "Art. 76. Verificada a incapacidade processual ou a irregularidade da representação da parte, o juiz suspenderá o processo e designará prazo razoável para que seja sanado o vício" (BRASIL. **Lei 13.105,** de 16 de março de 2015. Código de Processo Civil. Disponível em: http://www.planalto.gov.br/ccivil_03/_ato2015-2018/2015/lei/l13105.htm. Acesso em: 11 abr. 2023).

60. BRASIL. **Lei 13.105,** de 16 de março de 2015. Código de Processo Civil. Disponível em: http://www.planalto.gov.br/ccivil_03/_ato2015-2018/2015/lei/l13105.htm. Acesso em: 11 abr. 2023.

61. CÂMARA, Alexandre Freitas. **O Novo Processo Civil Brasileiro**. São Paulo: Grupo GEN, 2022. s.p.

quando, pela natureza da relação jurídica controvertida, a eficácia da sentença depender da citação de todos que devam ser litisconsortes[62].

Na hipótese de litisconsórcio, a sentença de mérito, quando proferida sem a integração do contraditório, será nula se a decisão deveria ser uniforme em relação a todos que deveriam ter integrado o processo, e ineficaz nos outros casos apenas para os que não foram citados. Nos casos de litisconsórcio passivo necessário, "o juiz determinará ao autor que requeira a citação de todos que devam ser litisconsortes, dentro do prazo que assinar, sob pena de extinção do processo"[63].

Ademais, o **litisconsórcio deverá ser unitário** quando, considerando a natureza da relação jurídica estabelecida, o juiz tiver que decidir o mérito também de forma uniforme para todas as partes envolvidas em litisconsórcio. Além disso, "os litisconsortes serão considerados, em suas relações com a parte adversa, como litigantes distintos, exceto no litisconsórcio unitário, caso em que os atos e as omissões de um não prejudicarão os outros, mas os poderão beneficiar"[64].

É facultado que cada litisconsorte tenha o direito de promover o andamento do processo em curso, sendo que todos devem ser intimados dos respectivos atos.

3.6 Da intervenção de terceiros

A intervenção de terceiro é o ingresso de terceiro em um processo em curso, sendo que terceiro é aquele que não é sujeito de um processo. Assim, "sempre que alguém que não participa de um processo nele ingressa e dele começa a participar tem-se uma intervenção de terceiro"[65]. **O terceiro somente é terceiro antes da intervenção, eis que, a partir do momento em que ingressa no feito, passa a ser um dos sujeitos processuais.**

Nesse sentido, o Art. 119, do CPC, aponta que, "pendendo causa entre 2 (duas) ou mais pessoas, o terceiro juridicamente interessado em que a sentença seja favorável a uma delas poderá intervir no processo para assisti-la"[66]. Trata-se da **assistência**, que será admitida em qualquer procedimento e em todos os âmbitos de jurisdição, recebendo o assistente o processo no estado em que se encontre.

É facultada às partes a apresentação de impugnação ao pedido de assistência, que deverá ser realizado no prazo de 15 (quinze) dias. Não havendo impugnação, o pedido do assistente será deferido, salvo se o pedido for rejeitado liminarmente. Outrossim, "se qualquer parte alegar que falta ao requerente interesse jurídico para intervir, o juiz decidirá o incidente, sem suspensão do processo" (Art. 120, § único, do CPC[67]).

É possível que seja utilizada a **assistência simples e a assistência litisconsorcial.** No caso da assistência simples, **o assistente atuará como auxiliar da parte principal**, tendo os mesmos poderes e se sujeitando aos mesmos ônus processuais que o assistido. Sendo o assistido revel ou omisso, **o assistente passará a ser considerado seu substituto processual**.

De acordo com Art. 122, da norma processual, **"a assistência simples não obsta a que a parte principal reconheça a procedência do pedido, desista da ação, renuncie ao direito sobre o que se funda a ação ou transija sobre direitos controvertidos"**[68], sendo que, quando transitada em julgado a sentença no processo em que há intervenção do assistente, ele não poderá discutir a justiça da ação em processo posterior, salvo se alegar e provar que: a) pelo estado em que recebeu o processo ou pelas declarações e pelos atos do assistido, foi impedido de produzir provas suscetíveis de influir na sentença; ou) desconhecia a existência de alegações ou de provas das quais o assistido, por dolo ou culpa, não se valeu. De outro lado, no caso da assistência litisconsorcial, tem-se que se considera litisconsorte da parte principal o assistente sem-

PROCESSO CIVIL

62. BRASIL. **Lei 13.105,** de 16 de março de 2015. Código de Processo Civil. Disponível em: http://www.planalto.gov.br/ccivil_03/_ato2015-2018/2015/lei/l13105.htm. Acesso em: 11 abr. 2023.
63. BRASIL. **Lei 13.105,** de 16 de março de 2015. Código de Processo Civil. Disponível em: http://www.planalto.gov.br/ccivil_03/_ato2015-2018/2015/lei/l13105.htm. Acesso em: 11 abr. 2023.
64. BRASIL. **Lei 13.105,** de 16 de março de 2015. Código de Processo Civil. Disponível em: http://www.planalto.gov.br/ccivil_03/_ato2015-2018/2015/lei/l13105.htm. Acesso em: 11 abr. 2023.
65. CÂMARA, Alexandre Freitas. **O Novo Processo Civil Brasileiro**. São Paulo: Grupo GEN, 2022. s.p.
66. BRASIL. **Lei 13.105,** de 16 de março de 2015. Código de Processo Civil. Disponível em: http://www.planalto.gov.br/ccivil_03/_ato2015-2018/2015/lei/l13105.htm. Acesso em: 11 abr. 2023.
67. BRASIL. **Lei 13.105,** de 16 de março de 2015. Código de Processo Civil. Disponível em: http://www.planalto.gov.br/ccivil_03/_ato2015-2018/2015/lei/l13105.htm. Acesso em: 11 abr. 2023.
68. BRASIL. **Lei 13.105,** de 16 de março de 2015. Código de Processo Civil. Disponível em: http://www.planalto.gov.br/ccivil_03/_ato2015-2018/2015/lei/l13105.htm. Acesso em: 11 abr. 2023.

pre que a sentença influir na relação jurídica entre ele e o adversário do assistido.

Outra forma de intervenção de terceiro diz respeito à **denunciação da lide**, que é admissível e promovida por qualquer das partes: 1) ao alienante imediato, no processo relativo à coisa cujo domínio foi transferido ao denunciante, a fim de que possa exercer os direitos que da evicção lhe resultam; ou 2) àquele que estiver obrigado, por lei ou pelo contrato, a indenizar, em ação regressiva, o prejuízo de quem for vencido no processo.

Eventual **direito regressivo** será exercido por ação autônoma quando houver o indeferimento da denunciação, ou quando deixa de ser promovida ou não for permitida. Além disso, "**admite-se uma única denunciação sucessiva, promovida pelo denunciado, contra seu antecessor imediato na cadeia dominial ou quem seja responsável por indenizá-lo, não podendo o denunciado sucessivo promover nova denunciação, hipótese em que eventual direito de regresso será exercido por ação autônoma**"[69].

A **citação do denunciado** deverá ser objeto de requerimento junto à petição inicial na hipótese de o denunciante ser o autor, ou na contestação, caso o denunciante seja o réu – e deve ser realizada na forma e nos prazos do Art. 131, do CPC – que será estudado na sequência. **Uma vez feita a denunciação pelo autor, o denunciado poderá, se for o caso, assumir a posição de litisconsorte do denunciante, além de acrescentar argumentos à petição inicial – na sequência, é procedida à citação do réu.**

De outro lado, e no caso de ser feita a **denunciação pelo réu**, os seguintes aspectos deverão ser observados pelas partes:

- se o denunciado contestar o pedido formulado pelo autor, o processo prosseguirá tendo, na ação principal, em litisconsórcio, denunciante e denunciado;
- se o denunciado for revel, o denunciante pode deixar de prosseguir com sua defesa, eventualmente oferecida, e abster-se de recorrer, restringindo sua atuação à ação regressiva;
- se o denunciado confessar os fatos alegados pelo autor na ação principal, o denunciante poderá prosseguir com sua defesa ou, aderindo a tal reconhecimento, pedir apenas a procedência da ação de regresso.

Se for observada a **procedência da ação principal**, o autor poderá, se for o caso, postular o cumprimento da sentença também contra a parte denunciada, desde que observados os limites da condenação do autor na ação regressiva. Ademais, nos termos do Art. 129, do CPC, "se o denunciante for vencido na ação principal, o juiz passará ao julgamento da denunciação da lide"[70]. **De outro lado, se o vencedor da demanda for o denunciante, a ação de denunciação não terá o seu pedido examinado – ainda que sem prejuízo da condenação do denunciante ao pagamento das verbas de sucumbência em favor do denunciado.**

Semelhante à denunciação da lide, também subsiste a possibilidade de ser realizado o **chamamento ao processo**, mas que **somente poderá ser utilizado pelo réu**. Para a doutrina, "é de se notar que essa modalidade de intervenção **não amplia objetivamente o mérito do processo, mas provoca a ampliação subjetiva da relação processual**, já que o chamado ingressa para dividir com o demandado a condição de réu, caracterizando, assim, um litisconsórcio passivo, ulterior e facultativo"[71].

A **citação da parte que deverá configurar em litisconsórcio passivo** será postulada junto à contestação, devendo ser operada no prazo de 30 (trinta) dias, sob pena de ficar sem efeito a medida adotada (chamamento). **Se o chamado residir em comarca, seção ou subseção judiciárias diversas, ou, ainda, em lugar incerto, o prazo para tanto será de 2 (dois) meses.**

A sentença que julgar procedente o pedido passa a valer enquanto título executivo em favor do réu que satisfizer a dívida, de modo que poderá exigi-la do devedor principal – ou dos codevedores, desde que respeitado o limite da quota devida por cada um.

Quanto ao **incidente de desconsideração da personalidade jurídica**, é importante que a compreensão seja direcionada à ideia de que se trata de uma intervenção forçada de um terceiro, haja vista que o terceiro será um estranho ao processo. Para a adoção de tal medida, a parte também deverá

69. BRASIL. **Lei 13.105,** de 16 de março de 2015. Código de Processo Civil. Disponível em: http://www.planalto.gov.br/ccivil_03/_ato2015-2018/2015/lei/l13105.htm. Acesso em: 11 abr. 2023.

70. BRASIL. **Lei 13.105,** de 16 de março de 2015. Código de Processo Civil. Disponível em: http://www.planalto.gov.br/ccivil_03/_ato2015-2018/2015/lei/l13105.htm. Acesso em: 11 abr. 2023.

71. RIBEIRO, Marcelo. **Processo Civil**. 3. ed. Grupo GEN, 2023. s.p.

observar o disposto no Art. 50 do Código Civil[72], eis que **a desconsideração da personalidade jurídica será utilizada quando constatado abuso da personalidade jurídica, caracterizada pelo desvio de finalidade ou confusão patrimonial.**

Observados os limites impostos pelo Código Civil, o incidente de desconsideração da personalidade jurídica **poderá ser instaurado a pedido da parte interessada ou do Ministério Público** – desde que seja o caso de sua intervenção, como é o caso dos processos de falência. Os regramentos, tanto no que se refere ao Código Civil como no caso do Código de Processo Civil, também se aplicam à desconsideração da personalidade jurídica inversa.

O incidente em questão, salvo se o pedido for apresentado já na petição inicial, **será apresentado por dependência ao processo principal e de forma incidental**, cabendo em todas as fases do processo de conhecimento, no cumprimento de sentença e na execução fundada em título executivo extrajudicial. **Instaurado o incidente, será feita comunicação imediata ao distribuidor, que deverá realizar as anotações devidas, sendo que também haverá a suspensão do processo principal na hipótese de o pedido não ter sido apresentado junto à inicial.**

Com a instauração do incidente de desconsideração da personalidade jurídica, o sócio ou a pessoa jurídica **será citado para apresentar manifestação (não contestação!)** e postular a produção de provas no prazo de 15 (quinze) dias, e, concluída a instrução, se necessária, **o incidente será resolvido através de decisão interlocutória (e não sentença!).** Se a decisão for proferida pelo relator, cabe agravo interno. De acordo com o disposto no Art. 137, do CPC, uma vez acolhido o pedido de desconsideração, "a alienação ou a oneração de bens, havida em fraude de execução, será ineficaz em relação ao requerente"[73].

Ainda no que toca à intervenção, tem-se a atuação do ***amicus curiae***, que consiste em um terceiro que passa a ingressar no processo com o objetivo de fornecer subsídios ao órgão jurisdicional, sendo esta a indicação feita pelo Código de Processo Civil:

> Art. 138. O juiz ou o relator, considerando a relevância da matéria, a especificidade do tema objeto da demanda ou a repercussão social da controvérsia, poderá, por decisão irrecorrível, de ofício ou a requerimento das partes ou de quem pretenda manifestar-se, solicitar ou admitir a participação de pessoa natural ou jurídica, órgão ou entidade especializada, com representatividade adequada, no prazo de 15 (quinze) dias de sua intimação[74].

A intervenção de que trata o *caput* do referido dispositivo não implica alteração de competência processual, além de não autorizar a interposição de recursos, ressalvadas a oposição de embargos de declaração e a hipótese do § 3º do Art. 138 ("§ 3º O *amicus curiae* pode recorrer da decisão que julgar o incidente de resolução de demandas repetitivas"). Cabe ao juiz ou ao relator, quando for o caso, solicitar ou admitir a intervenção requerida, momento em que deverá definir os poderes do *amicus curiae*. Além disso, o *amicus curiae* pode recorrer da decisão que julgar o incidente de resolução de demandas repetitivas.

É de se destacar que o *amicus curiae* **não é um terceiro imparcial no feito, como é o caso do Ministério Público, mas sim um sujeito que tem por objetivo defender um interesse tutelado.** Assim, a distinção entre o *amicus curiae* e o assistente, por exemplo, reside no interesse que legitima a intervenção.

REFERÊNCIAS

BRASIL. **Constituição Federal de 1988**. Disponível em: http://www.planalto.gov.br/ccivil_03/constituicao/constituicao.htm. Acesso em 11 abr. 2023.

BRASIL. **Lei 10.406**, de janeiro de 2002. Código Civil. Disponível em: http://www.planalto.gov.br/ccivil_03/leis/2002/l10406compilada.htm. Acesso em 13 abr. 2023.

BRASIL. **Lei 13.105,** de 16 de março de 2015. Código de Processo Civil. Disponível em: http://www.planalto.gov.br/ccivil_03/_ato2015-2018/2015/lei/l13105.htm. Acesso em: 11 abr. 2023.

CÂMARA, Alexandre Freitas. **O Novo Processo Civil Brasileiro.** São Paulo: Grupo GEN, 2022.

MARCATO, Antonio Carlos. Código de Processo Civil Interpretado. São Paulo: Grupo GEN, 2022.

RIBEIRO, Marcelo. **Processo Civil.** 3. ed. Grupo GEN, 2023.

72. BRASIL. **Lei 10.406**, de janeiro de 2002. Código Civil. Disponível em: http://www.planalto.gov.br/ccivil_03/leis/2002/l10406compilada.htm. Acesso em 13 abr. 2023.
73. BRASIL. **Lei 13.105,** de 16 de março de 2015. Código de Processo Civil. Disponível em: http://www.planalto.gov.br/ccivil_03/_ato2015-2018/2015/lei/l13105.htm. Acesso em: 11 abr. 2023.
74. BRASIL. **Lei 13.105,** de 16 de março de 2015. Código de Processo Civil. Disponível em: http://www.planalto.gov.br/ccivil_03/_ato2015-2018/2015/lei/l13105.htm. Acesso em: 11 abr. 2023.

4. DO JUIZ E DOS AUXILIARES DA JUSTIÇA

O Código de Processo Civil também traz a disciplina acerca "do juiz e dos auxiliares da justiça", indicando, de igual modo, seus preceitos acerca "dos poderes, dos deveres e da responsabilidade do juiz", conforme será estudado na sequência.

4.1 Dos poderes, deveres e responsabilidade do juiz

O Art. 139, do CPC, prescreve que "o juiz dirigirá o processo conforme as disposições deste Código"[75], dispondo, ainda, a respeito das incumbências do magistrado. Assim, a primeira diretriz que **o juiz deve observar é assegurar às partes tratamento isonômico**, observando, assim, o disposto no Art. 5º, caput e inciso I, da CRFB de 1988[76].

Outro "poder-dever" do juiz é o de fiscalizar pela **duração razoável do processo**, ou seja, evitar que ocorram dilações desnecessárias, além de "prevenir ou reprimir qualquer ato contrário à dignidade da justiça e indeferir postulações meramente protelatórias[77]". Outrossim, **o juiz possui o dever de determinar todas as medidas que sejam necessárias para garantir o cumprimento de ordem judicial** – inclusive nas ações que tenham por objeto prestação pecuniária. **Veja-se que o dispositivo legal cita as medidas indutivas, coercitivas, mandamentais ou sub-rogatórias.**

Também é dever do juiz promover a autocomposição, a qualquer tempo, no processo, sendo auxiliado, preferencialmente, por profissionais qualificados, quais sejam os mediadores e os conciliadores. Ademais, o juiz deve estar atento às necessidades do conflito, alterando a ordem da produção dos meios de prova e dilatando os prazos processuais, conferindo, assim, maior eficácia à proteção dos direitos – nesse caso, a dilação dos prazos somente pode ocorrer antes do encerramento do prazo regular.

O juiz ainda possui o dever de exercer o **poder de polícia**, solicitando força policial – quando necessário – além de poder utilizar a segurança interna dos fóruns e tribunais. **A lei processual também atribui ao juiz o poder de ordenar a intimação da parte para comparecer em juízo, a fim de ser inquirida sobre os fatos da causa.** Tal possibilidade pode ocorrer a qualquer tempo, sendo que a parte não incorrerá na pena de confesso.

Já o inciso IX, do Art. 139, do CPC[78], aduz que o juiz possui o dever de determinar que os pressupostos processuais sejam supridos e que os vícios processuais sejam sanados. O que se percebe, portanto, é a busca pela resolução do mérito, sendo que **a extinção do processo sem resolução do mérito deve ocorrer apenas em casos de vícios insanáveis ou, no caso de, embora vício sanável, não tenha sido sanado.**

Por fim, preceitua-se que caso o juiz verifique a existência de várias demandas individuais repetitivas, deve oficiar os legitimados ativos para ajuizamento de demanda coletiva, para, se for o caso, promover a instauração da ação coletiva respectiva. Ademais, **é poder-dever do juiz julgar a causa, não podendo se eximir sob a arguição de presença de obscuridade ou lacuna do ordenamento jurídico.** Além disso, o juiz somente pode julgar por equidade, nos casos, expressamente, previstos em lei.

A causa deve ser julgada pelo juiz "nos limites propostos pelas partes, sendo-lhe vedado conhecer de questões não suscitadas a cujo respeito a lei exige iniciativa da parte"[79]. Ou seja, **o juiz só pode proferir decisão sobre o que as partes tenham deduzido no processo, salvo questões de ordem pública, que o juiz pode conhecer de ofício, isto é, sem provocação das partes.**

Verificando que as partes, de comum acordo, utilizaram o processo para prática de ato simulado, ou, ainda, para conseguir um resultado vedado em lei, o

75. BRASIL. **Lei 13.105,** de 16 de março de 2015. Código de Processo Civil. Disponível em: http://www.planalto.gov.br/ccivil_03/_ato2015-2018/2015/lei/l13105.htm. Acesso em: 11 abr. 2023.

76. "Art. 5º Todos são iguais perante a lei, sem distinção de qualquer natureza, garantindo-se aos brasileiros e aos estrangeiros residentes no País a inviolabilidade do direito à vida, à liberdade, à igualdade, à segurança e à propriedade, nos termos seguintes: I – homens e mulheres são iguais em direitos e obrigações, nos termos desta Constituição; [...]" (BRASIL. **Constituição Federal de 1988**. Disponível em: http://www.planalto.gov.br/ccivil_03/constituicao/constituicao.htm. Acesso em 11 abr. 2023).

77. BRASIL. **Lei 13.105,** de 16 de março de 2015. Código de Processo Civil. Disponível em: http://www.planalto.gov.br/ccivil_03/_ato2015-2018/2015/lei/l13105.htm. Acesso em: 11 abr. 2023.

78. BRASIL. **Lei 13.105,** de 16 de março de 2015. Código de Processo Civil. Disponível em: http://www.planalto.gov.br/ccivil_03/_ato2015-2018/2015/lei/l13105.htm. Acesso em: 11 abr. 2023.

79. BRASIL. **Lei 13.105,** de 16 de março de 2015. Código de Processo Civil. Disponível em: http://www.planalto.gov.br/ccivil_03/_ato2015-2018/2015/lei/l13105.htm. Acesso em: 11 abr. 2023.

juiz deve extinguir o processo sem resolução de mérito, impedindo, portanto, "os objetivos das partes" e, aplicando-lhes, de ofício, as penas da litigância de má-fé.

O Art. 143, do CPC[80]disciplina os **casos em que o juiz responderá pelas perdas e danos que venha a causar aos demais sujeitos do processo.** Neste ínterim, tem-se que o juiz responderá nos casos em que: I) no exercício de suas funções, proceder com dolo ou fraude e/ou, II) recusar, omitir ou retardar, sem justo motivo, providência que deva ordenar de ofício ou a requerimento da parte. Nesta última hipótese, o juiz somente responderá se depois que a parte requerer ao juiz que determine a providência e o requerimento não for apreciado no prazo de 10 (dez) dias. **Importante ressaltar que a responsabilidade civil do juiz será apurada em processo autônomo.**

4.2 Dos impedimentos e suspeição

Inicialmente, necessário referir que do juiz é exigida imparcialidade, ou seja, o magistrado não pode ter interesse na demanda, tampouco relação pessoal com as demais partes. Dessa forma, o Código de Processo Civil elenca situações que considera algum tipo de parcialidade e que desonram a participação do juiz no processo.

As causas de afastamento do juiz por vício de parcialidade são o impedimento e a suspeição, sendo que o primeiro é considerado mais grave que a segunda. Na concepção da doutrina:

> A relação jurídica processual se inicia com o autor e o Estado-Juiz e se completa (triangulariza) com a citação do réu. Assim, são fundamentais para que a relação jurídica processual possa se constituir (pressupostos processuais de existência ou de constituição): partes, petição inicial ou demanda, jurisdição, citação e capacidade postulatória. Para que o processo possa se desenvolver de modo válido e regular, entretanto, não basta a observância dos referidos pressupostos, sendo necessário o preenchimento de outros requisitos. [...] A imparcialidade do juiz é, portanto, fundamental à validade do processo.[81]

O Art. 144, do CPC,[82] enumera **casos em que há impedimento do juiz, vedando que ele exerça suas funções.** Nesta senda, os casos ocorrem nos processos: a) em que interveio como mandatário da parte, oficiou como perito, funcionou como membro do Ministério Público ou prestou depoimento como testemunha; b) em que conheceu em outro grau de jurisdição, tendo proferido decisão; c) quando estiver postulando, como defensor público, advogado ou membro do Ministério Público, seu cônjuge ou companheiro, ou qualquer parente, consanguíneo ou afim, em linha reta ou colateral, até o terceiro grau, inclusive; d) quando for parte no processo ele próprio, seu cônjuge ou companheiro, ou parente, consanguíneo ou afim, em linha reta ou colateral, até o terceiro grau, inclusive; e) quando for sócio ou membro de direção ou de administração de pessoa jurídica parte no processo; f) quando for herdeiro presuntivo, donatário ou empregador de qualquer das partes; g) em que figure como parte instituição de ensino com a qual tenha relação de emprego ou decorrente de contrato de prestação de serviços; h) em que figure como parte cliente do escritório de advocacia de seu cônjuge, companheiro ou parente, consanguíneo ou afim, em linha reta ou colateral, até o terceiro grau, inclusive, mesmo que patrocinado por advogado de outro escritório e, i) quando promover ação contra a parte ou seu advogado.

No caso do inciso III do artigo acima mencionado (quando nele estiver postulando, como defensor público, advogado ou membro do Ministério Público, seu cônjuge ou companheiro, ou qualquer parente, consanguíneo ou afim, em linha reta ou colateral, até o terceiro grau, inclusive), **somente verifica-se o impedimento do juiz caso o advogado, membro do Ministério Público ou defensor público já fazia parte do processo antes do início da atividade do magistrado.** Outrossim, nesta mesma hipótese se inclui o impedimento no caso de mandato conferido a membro de escritório de advogados que tenha em seu quadro advogado que ostente a condição prevista no inciso, inclusive se não intervir diretamente no processo.

Outrossim, é vedada a formação de fato superveniente para caracterizar impedimento ao juiz.

Os casos de suspeição do juiz estão previstos no Art. 145 do CPC[83]. Assim, **o juiz é considerado suspeito quando**: a) for amigo íntimo ou inimigo

80. BRASIL. **Lei 13.105,** de 16 de março de 2015. Código de Processo Civil. Disponível em: http://www.planalto.gov.br/ccivil_03/_ato2015-2018/2015/lei/l13105.htm. Acesso em: 11 abr. 2023.
81. ALVIM, Angélica Arruda. **Comentários ao código de processo civil.** São Paulo: Editora Saraiva, 2017. p. 144.
82. BRASIL. **Lei 13.105,** de 16 de março de 2015. Código de Processo Civil. Disponível em: http://www.planalto.gov.br/ccivil_03/_ato2015-2018/2015/lei/l13105.htm. Acesso em: 11 abr. 2023.
83. BRASIL. **Lei 13.105,** de 16 de março de 2015. Código de Processo Civil. Disponível em: http://www.planalto.gov.br/ccivil_03/_ato2015-2018/2015/lei/l13105.htm. Acesso em: 11 abr. 2023.

de qualquer das partes ou de seus advogados; b) receber presentes de pessoas que tiverem interesse na causa antes ou depois de iniciado o processo, aconselhar alguma das partes acerca do objeto da causa ou subministrar meios para atender às despesas do litígio; c) qualquer das partes for sua credora ou devedora, de seu cônjuge ou companheiro ou de parentes destes, em linha reta até o terceiro grau, inclusive e, d) for interessado no julgamento do processo em favor de qualquer das partes.

Destaca-se que é facultado ao juiz que se declare suspeito por razões de foro íntimo, sem precisar expor seus motivos, sendo que a alegação de suspeição será considerada ilegítima quando quem a alega for o responsável por ter a provocado e, quando quem a alega praticar algum ato que seja considerado como manifesta aceitação do arguido.

A suspeição e o impedimento podem ser declarados de ofício pelo juiz ou por alegação das partes. Nesta última hipótese, as partes têm o prazo de 15 (quinze) dias, a contar da ciência do fato, para arguir a suspeição ou o impedimento, em petição específica e endereçada ao juiz da causa, informando os motivos da recusa, juntando a indicação de testemunhas e documentos, se for o caso.

Recebida a alegação, o juiz pode reconhecer o impedimento ou a suspeição, determinando o envio dos autos ao seu substituto legal. Contudo, não sendo esse o caso, o juiz irá determinar a autuação em apartado da petição, apresentando suas razões no prazo de 15 (quinze) dias e, juntando, se houver, documentos e rol de testemunhas. Ato contínuo, ordenará a remessa do incidente ao tribunal.

O incidente de arguição de suspeição ou impedimento será distribuído, no tribunal, a um relator, para que este declare se atribui efeito suspensivo ou não. Atribuído o efeito suspensivo, o processo ficará suspenso até o julgamento do incidente, não atribuído, o processo voltará a tramitar. Enquanto o relator não declarar sob qual efeito está recebendo o incidente ou, caso o tenha recebido com efeito suspensivo, o eventual requerimento de tutela de urgência será realizado junto ao substituto legal do juiz (Art. 146, §3º).

Ao **julgar o incidente de impedimento ou suspeição**, o tribunal, verificando ser a alegação improcedente, irá rejeitá-la. Contudo, caso acolha a arguição, o tribunal condenará o juiz ao pagamento de custas e remeterá o feito ao substituto legal, sendo facultado ao juiz recorrer da decisão, através de representação por advogado, tendo em vista a ausência de capacidade postulatória do magistrado. Ademais, com o reconhecimento do impedimento ou da suspeição, incumbe ao tribunal fixar o momento a partir do qual o juiz não poderia ter atuado, determinando a nulidade dos atos que o juiz suspeito ou impedido não poderia ter praticado.

Outro ponto importante acerca dos impedimentos ou suspeições é o que disciplina o Art. 147 do CPC. Neste ínterim, o que se tem é que "quando 2 (dois) ou mais juízes forem parentes, consanguíneos ou afins, em linha reta ou colateral, até o terceiro grau, o primeiro que conhecer do processo impede que o outro nele atue, caso em que o segundo se escusará, remetendo os autos ao seu substituto legal"[84].

As razões de impedimento e de suspeição são aplicadas também aos membros do Ministério Público, aos auxiliares da justiça e aos demais sujeitos imparciais do processo não se aplicando, porém, às testemunhas.

Como ocorre nos incidentes de suspeição e impedimento do juiz, no caso das partes referidas no parágrafo anterior, o interessado deve alegar seus motivos em petição fundamentada e instruída, na primeira oportunidade que falar nos autos. Quando os autos estiverem no tribunal, essa arguição será disciplinada pelo regimento interno. O incidente será processado em separado, sem o condão de suspender o processo, sendo o arguido ouvido no prazo de 15 (quinze) dias, podendo produzir provas, se necessário.

4.3 Auxiliares da justiça

O capítulo III, do Código de Processo Civil, expõe sobre "**dos auxiliares da justiça**", sendo subdividido em 5 (cinco) seções[85]. **Os auxiliares da justiça são os que atuam no processo, subordinados ao juiz, podendo ser permanentes, chamados de serventuários – como os oficiais de justiça – ou, eventuais – como os peritos e os intérpretes.**

Assim, tem-se que **as seguintes pessoas são consideradas auxiliares da justiça**: o escrivão, o chefe de secretaria, o oficial de justiça, o perito, o depositário, o administrador, o intérprete, o tradu-

84. BRASIL. **Lei 13.105,** de 16 de março de 2015. Código de Processo Civil. Disponível em: http://www.planalto.gov.br/ccivil_03/_ato2015-2018/2015/lei/l13105.htm. Acesso em: 11 abr. 2023.

85. BRASIL. **Lei 13.105,** de 16 de março de 2015. Código de Processo Civil. Disponível em: http://www.planalto.gov.br/ccivil_03/_ato2015-2018/2015/lei/l13105.htm. Acesso em: 11 abr. 2023.

tor, o mediador, o conciliador judicial, o partidor, o distribuidor, o contabilista e o regulador de avarias, além de outros cujas atribuições sejam determinadas pelas normas de organização judiciária.

Em cada juízo haverá um ou mais ofícios de justiça, cujas atribuições serão determinadas pelas normas de organização judiciária, sendo que o número de oficiais de justiça será, em cada comarca, seção ou subseção judiciária, no mínimo, a mesma quantidade que se tenha de juízos.

Dentre as **incumbências do escrivão e do chefe de secretaria**, é possível destacar: redigir, na forma legal, os ofícios, os mandados, as cartas precatórias e os demais atos que pertençam ao seu ofício; efetivar as ordens judiciais, realizar citações e intimações, bem como praticar todos os demais atos que lhe forem atribuídos pelas normas de organização judiciária; comparecer às audiências ou, não podendo fazê-lo, designar servidor para substituí-lo; manter sob sua guarda e responsabilidade os autos, não permitindo que saiam do cartório, salvo quando tenham que ser conclusos ao juiz, quando tenham vista a advogado, à Defensoria Pública, ao Ministério Público ou à Fazenda Pública, quando devam ser encaminhados a algum outro auxiliar da justiça ou quando tiverem de ser remetidos a outro juízo em razão da modificação da competência; fornecer certidão de qualquer ato ou termo do processo, independentemente de despacho, observadas as disposições referentes ao segredo de justiça e praticar, de ofício, os atos meramente ordinatórios.

Quanto à incumbência de praticar, de ofício, os atos meramente ordinatórios, tem-se que o juiz titular irá editar ato regulamentador para tanto. Outrossim, caso o escrivão ou chefe de secretaria esteja impedido, incumbe ao magistrado convocar substituto e, em caso de ausência, nomear pessoa idônea para o ato.

Ademais, os referidos profissionais devem obedecer – preferencialmente – a ordem cronológica de recebimento para publicação e efetivação dos pronunciamentos judiciais. Todavia, tal regra não se aplica aos atos considerados urgentes – reconhecidos pelo juiz no pronunciamento a ser efetivado – e, as preferências legais. Entre ambos, deve-se respeitar a ordem cronológica de recebimento.

A lista de processos recebidos para prática de atos pelo chefe de secretaria ou escrivão deve estar à disposição do público permanentemente. Além disso, **caso alguma das partes sinta-se preterida na ordem cronológica dos atos, pode realizar reclamação no próprio feito ao magistrado, sendo que o profissional (escrivão ou chefe de secretaria) possui o prazo de 2 (dois) dias para prestar informações**. Restando constatada a preterição, o juiz irá determinar que o ato seja praticado de forma imediata e irá instaurar processo administrativo disciplinar contra o servidor responsável.

As **incumbências do oficial de justiça** estão previstas nos seguintes termos: fazer pessoalmente citações, prisões, penhoras, arrestos e demais diligências próprias do seu ofício, sempre que possível na presença de 2 (duas) testemunhas, certificando no mandado o ocorrido, com menção ao lugar, ao dia e à hora; executar as ordens do juiz a que estiver subordinado; entregar o mandado em cartório após seu cumprimento; auxiliar o juiz na manutenção da ordem; efetuar avaliações, quando for o caso e, certificar, em mandado, proposta de autocomposição apresentada por qualquer das partes, na ocasião de realização de ato de comunicação que lhe couber.

Quando houver a certificação de proposta de autocomposição, o juiz irá determinar a intimação da parte contrária para que se manifeste, no prazo de 5 (cinco) dias, sem que haja a suspensão do feito. Neste caso, o silêncio da parte é entendido como recusa da proposta.

Os profissionais até então estudados – escrivão, chefe de secretaria e oficial de justiça – são responsáveis, civil e regressivamente, quando sem justo motivo se recusarem a cumprir, no prazo legal, os atos impostos por lei ou pelo juiz a que estejam subordinados; ou quando praticarem ato nulo com dolo ou culpa. **Importante ressaltar que, a se considerar que a responsabilidade é regressiva, quem se sentir prejudicado deverá demandar a reparação do dano em face da União ou do Estado (conforme se trate de processo que tramita perante a Justiça Federal ou Estadual), e a Fazenda Pública terá direito de regresso contra o serventuário.**

Quanto aos **peritos**, tem-se que a nomeação ocorre dentre os profissionais legalmente habilitados e os órgãos técnicos ou científicos devidamente inscritos em cadastro mantido pelo tribunal ao qual o juiz é vinculado. **A formação do referido cadastro ocorre através da consulta pública, por meio de divulgação na rede mundial de computadores ou em jornais de grande circulação e da consulta direta a universidades, a conselhos de classe, ao Ministério Público, à Defensoria Pública e à Ordem dos Advogados do Brasil, para a indicação de profissionais ou de órgãos técnicos interessados, que devem ser realizadas pelos tribunais**.

Além disso, impende aos tribunais realizar avaliações e reavaliações periodicamente para manutenção do cadastro, observando a formação profissional, a atualização de conhecimento e a experiência dos peritos interessados. Com o objetivo de verificar eventual impedimento ou suspeição dos profissionais, o órgão científico ou técnico nomeado possui a incumbência de informar ao juiz os nomes e dados de todos os profissionais que participarão da atividade. Na eventualidade de não haver profissional cadastrado junto ao tribunal, o juiz terá livre escolha para nomear o perito, devendo, entretanto, a nomeação ser para profissional ou órgão técnico ou científico especializado.

O perito nomeado tem a obrigação de cumprir o ofício no prazo designado pelo juiz, apenas podendo se escusar do encargo se alegar motivo legítimo para tanto, no prazo de 15 (quinze) dias, sob pena de renúncia a este direito.

Cada vara ou secretaria terá uma lista de peritos, disponibilizando os documentos exigidos para habilitação, permitindo, assim, sua consulta pelos interessados. Além disso, a nomeação do profissional deve ocorrer através de distribuição equitativa, observando a capacidade técnica e a área de conhecimento. Também deve ser destacado que **o profissional que, dolosa ou culposamente, prestar informações inverídicas, responderá pelos prejuízos causados à parte e ficará inabilitado para atuar em outras perícias pelo prazo de 2 (dois) a 5 (cinco) anos, além das demais sanções previstas em lei**. Além disso, o juiz do feito deve comunicar o fato ao respectivo órgão da classe, a fim de que adote as medidas cabíveis.

Ato contínuo, a norma processual também dá conta de apontar para o **depositário e o administrador**. Neste caso, tem-se que, **caso a lei não disponha de modo diverso, a guarda e a conservação dos bens penhorados, arrestados, sequestrados ou arrecadados fica a cargo do administrador ou do depositário, que terá remuneração fixada pelo juiz, de acordo com a situação dos bens, o tempo do serviço e as dificuldades para sua execução, para a fixação pelo juiz**. Ademais, o juiz pode nomear um ou mais prepostos por indicação do depositário ou do administrador.

Esses profissionais respondem pelos prejuízos que venham a causar à parte, por dolo ou culpa, perdendo a remuneração fixada, porém, mantendo o direito de haver o que legitimamente tenham despendido no exercício do encargo. O depositário infiel, além de responder civilmente pelos prejuízos causados, ainda possui responsabilidade penal e suporta as sanções por ato atentatório à dignidade da justiça.

Nos casos "**do intérprete e do tradutor**", a nomeação ocorrerá para traduzir documento redigido em língua estrangeira; verter para o português as declarações das partes e das testemunhas que não conhecerem o idioma nacional ou, realizar a interpretação simultânea dos depoimentos das partes e testemunhas com deficiência auditiva que se comuniquem por meio da Língua Brasileira de Sinais (LIBRAS), ou equivalente.

Quem não tiver a livre administração de seus bens, quem for arrolado como testemunha ou atuar como perito no processo e, quem estiver inabilitado para o exercício da profissão por sentença penal condenatória, enquanto durarem seus efeitos, não pode ser intérprete ou tradutor. **O intérprete ou tradutor, oficial ou não, tem o dever de desempenhar seu ofício, aplicando a estes profissionais as disposições acerca da responsabilidade dos peritos.**

Além dos auxiliares já indicados, também há a atuação dos **mediadores e conciliadores judiciais**. Veja-se que esses profissionais possuem maior destaque entre os auxiliares da justiça, tendo em vista que o "novo CPC" tem uma maior preocupação com a valorização dos meios consensuais de resolução de litígios. Além disso, a Lei n. 13.140 de 2015 dispõe, especificamente, "sobre a mediação entre particulares como meio de solução de controvérsias e sobre a autocomposição de conflitos no âmbito da administração pública"[86].

Dessa forma, é incumbência dos tribunais criar centros judiciários para a solução consensual de conflitos, os quais serão os responsáveis pela realização dos procedimentos de conciliação e mediação e pelo desenvolvimento de programas aptos a auxiliar, orientar e estimular a autocomposição. **Observando as disposições estabelecidas pelo Conselho Nacional de Justiça – CNJ, o tribunal deve realizar a composição e organização de tais centros.**

Importante referir a **diferença entre mediação e conciliação**. A conciliação é o mecanismo de solução consensual indicado para conflitos em que não haja vínculo anterior entre as partes. Neste caso, o profissional atuante é o conciliador, que irá propor soluções possíveis para o litígio, sendo vedada a utilização de qualquer tipo de intimidação ou constrangimento para que as partes conciliem.

86. BRASIL. **Lei 13.105**, de 16 de março de 2015. Código de Processo Civil. Disponível em: http://www.planalto.gov.br/ccivil_03/_ato2015-2018/2015/lei/l13105.htm. Acesso em: 11 abr. 2023.

Já a mediação ocorre quando há vínculo anterior entre as partes. Neste caso, o mediador atuará auxiliando as partes na compreensão das questões e dos interesses em conflito, de modo que eles possam restabelecer suas comunicações e identificar, sozinhos, soluções consensuais que gerem benefícios mútuos.

Os procedimentos de conciliação e mediação devem seguir os princípios da independência, da imparcialidade, da autonomia da vontade, da confidencialidade, da oralidade, da informalidade e da decisão informada, além, é claro, da observância dos princípios constitucionais do direito brasileiro. Ademais, a conciliação e a mediação são regidas de acordo com a livre autonomia dos interessados, até mesmo em relação à definição das regras procedimentais, sendo que nesses procedimentos admite-se a aplicação de técnicas negociais, objetivando proporcionar um ambiente favorável à autocomposição.

O **princípio da confidencialidade** engloba todas as informações produzidas no curso do procedimento, sendo vedado que se utilizem para fim diverso do previsto na deliberação das partes. Ademais e em decorrência do dever de sigilo, **o conciliador, o mediador e os membros de suas equipes, não podem expor ou depor sobre os fatos ou elementos oriundos da conciliação ou da mediação.**

Os profissionais conciliadores e mediadores, bem como as câmaras privadas de conciliação e mediação, devem ser inscritos no cadastro nacional – mantido pelo CNJ – e em cadastros mantidos pelos Tribunais de Justiça ou Regionais Federais, devendo estes manter o registro dos profissionais, realizando a indicação da área profissional de atuação de cada um. A inscrição dos profissionais nesses registros depende da realização de cursos de capacitação conforme parâmetro curricular definido pelo CNJ em conjunto com o Ministério da Justiça.

Após ter o registro efetivado, que poderá ser precedido de concurso público, **incumbe ao tribunal remeter ao diretor do foro onde o conciliador ou mediador atuará, os dados necessários que o nome do profissional conste da respectiva lista**, a fim de a distribuição seja realizada de maneira alternada e aleatória, considerando o princípio da igualdade dentro das áreas de atuações profissionais.

Do credenciamento das câmaras e do cadastro de conciliadores e mediadores constarão todos os dados relevantes para a sua atuação, tais como o número de processos de que participou, o sucesso ou insucesso da atividade, a matéria sobre a qual versou a controvérsia, bem como outros dados que o tribunal entenda como relevantes. Tais dados serão classificados pelos tribunais, sendo publicados, ao menos anualmente, para fins estatísticos e de conhecimento da população, além de com o intuito de avaliar a conciliação, a mediação e os profissionais que nelas atuam.

Quando os conciliadores e mediadores forem advogados, eles ficam impedidos de exercer a advocacia juntos aos juízos em que desempenhem suas funções. Outrossim, o tribunal possui a faculdade de criar seu próprio quadro de conciliadores e mediadores, a ser preenchido por concurso público de provas e títulos. Outra questão importante de se ressaltar é a **faculdade que as partes possuem de escolher, em conjunto, o conciliador, o mediador ou a câmara privada de conciliação e de mediação**, sendo que o profissional escolhido pelas partes pode ou não ser cadastrado no tribunal. Não havendo escolha das partes acerca do profissional, será realizada distribuição entre os cadastrados no registro do tribunal, de acordo com sua formação, e, **sempre que for necessário, serão designados mais de um mediador ou conciliador.**

Tais profissionais **são remunerados de acordo com a tabela fixada pelo tribunal, tendo como base os parâmetros estabelecidos pelo CNJ**, salvo no caso de profissionais selecionados por concurso público específico. Além disso, a mediação e a conciliação podem ser exercidas como trabalho voluntário, de acordo com a legislação pertinente e regulamentação do tribunal. Como contrapartida de seu credenciamento, os tribunais irão determinar o percentual de audiências que as câmaras privadas devem realizar sem remuneração, a fim de atender processos em que se tenha a gratuidade de justiça.

Caso ocorra impedimento, incumbe ao conciliador ou mediador realizar a comunicação imediata, de preferência eletronicamente, devolvendo os autos ao juiz do processo ou ao coordenador do centro judiciário de solução de conflitos, para que seja realizada nova distribuição. No caso de o impedimento ser verificado após o início do procedimento, a atividade deverá ser interrompida, lavrando-se ata com relatório do ocorrido e solicitando distribuição para novo conciliador ou mediador.

Caso ocorra impossibilidade temporária do exercício da função, o conciliador ou mediador deve informar o fato ao centro, de preferência eletronicamente, para que, enquanto perdurar o período de impossibilidade não haja novas distribuições. Durante 1 (um) ano após o término da última audiência em que atuar, o mediador e o

conciliador, ficam impedidos de assessorar, representar ou patrocinar qualquer das partes.

É possível que seja observada a exclusão do cadastro de conciliadores e mediadores quando observadas as seguintes situações: quando agir com dolo ou culpa na condução da conciliação ou da mediação sob sua responsabilidade ou violar qualquer dos seus deveres e quando atuar em procedimento de mediação ou conciliação, apesar de impedido ou suspeito. A apuração desses casos ocorre em processo administrativo, sendo que, caso o juiz do feito ou o juiz coordenador do centro de conciliação e mediação verifique atuação inadequada do profissional, pode afastá-lo pelo prazo de 180 (cento e oitenta) dias, informando o fato de imediato ao tribunal para instauração de processo administrativo).

Os **entes federados deverão criar câmaras de mediação e conciliação com atribuições relacionadas à solução de conflitos no âmbito administrativos**, tais como: 1) dirimir conflitos envolvendo órgãos e entidades da administração pública; 2) avaliar a admissibilidade dos pedidos de resolução de conflitos, por meio de conciliação, no âmbito da administração pública; 3) promover, quando couber, a celebração de termo de ajustamento de conduta.

Essas possibilidades não excluem, no entanto, outras formas de conciliação e mediação extrajudiciais vinculadas a órgãos institucionais ou realizadas por intermédio de profissionais independentes, que poderão ser regulamentadas por lei específica.

Por fim, a norma processual também dá conta de abordar aspectos relativos ao **Ministério Público, à Advocacia Pública e à Defensoria Pública**. De um lado, é importante referir que a atuação do Ministério Público é na defesa da ordem jurídica, do regime democrático e dos interesses e direitos sociais e individuais indisponíveis. **A fim de exercer seu direito de ação, tem-se que o Ministério Público deve atuar em conformidade com suas atribuições constitucionais.**

Para intervir como fiscal da ordem jurídica, o Ministério Público será intimado para manifestação no prazo de 30 (trinta) dias, nas hipóteses prevista em lei ou na Constituição Federal, bem como nos processos que envolvam interesse público ou social, interesse de incapaz e/ou litígios coletivos pela posse de terra rural ou urbana. Destaca-se, no entanto, que **a hipótese de participação da Fazenda Pública não possui o condão de configurar, por si só, hipótese de intervenção do Ministério Público.**

Nas hipóteses em que o Ministério Público intervir como fiscal da ordem jurídica, ele terá vista dos autos depois das partes, sendo intimado de todos os atos do processo e, ainda, poderá produzir provas, requerer as medidas processuais pertinentes e recorrer. Isso ocorre em casos como os de falência de empresas, em que o Ministério Público terá sua atuação observada em razão do interesse coletivo ali observado.

Em regra, o Ministério Público possui prazo em dobro para se manifestar nos autos, que tem início a partir de sua intimação pessoal, que far-se-á por carga, remessa ou meio eletrônico. Contudo, quando a lei estabelecer de forma expressa o prazo próprio para o Ministério Público, o benefício da contagem em dobro não se aplica.

Quando ultrapassado eventual prazo para manifestação do Ministério Público sem o oferecimento de parecer, o juiz requisitará os autos e o processo terá andamento, também como forma de dar prosseguimento a um ato que eventualmente não demande esclarecimentos pelo Ministério Público. Ademais, e no que tange à responsabilidade dos membros do Ministério Público, tem-se que tal será civil e regressivamente, no caso de agirem com dolo ou fraude no exercício de suas funções.

No que toca à **advocacia pública**, tem-se que suas incumbências se dão no sentido de defender e promover os interesses públicos da União, dos Estados, do Distrito Federal e dos Municípios, por meio da representação judicial, em todos os âmbitos federativos, das pessoas jurídicas de direito público que integram a administração direta e indireta, na forma da lei.

Em regra, e da mesma forma que o Ministério Público, **a União, os Estados, o Distrito Federal, os Municípios e suas respectivas autarquias e fundações de direito público possuem prazo em dobro para se manifestar nos autos, que tem início a partir de sua intimação pessoal, que far-se-á por carga, remessa ou meio eletrônico**. Contudo, quando a lei estabelecer de forma expressa o prazo próprio para a Advocacia Pública, o benefício da contagem em dobro não se aplica.

No mais, e no que tange à responsabilidade dos membros da Advocacia Pública, tem-se que será civil e regressivamente, no caso de agirem com dolo ou fraude no exercício de suas funções.

Por fim, destaca-se que a **Defensoria Pública** deve exercer a orientação jurídica, a promoção dos direitos humanos e a defesa dos direitos individuais e coletivos dos necessitados, em todos os graus, de forma integral e gratuita.

Da mesma forma que o Ministério Público e a Advocacia Pública, a **Defensoria Pública possui prazo**

em dobro para se manifestar nos autos, que tem início a partir de sua intimação pessoal, que far-se-á por carga, remessa ou meio eletrônico. Contudo, quando a lei estabelecer de forma expressa o prazo próprio para a Defensoria Pública, o benefício da contagem em dobro não se aplica. **Importante ressaltar que o benefício do prazo em dobro é aplicável aos escritórios de prática jurídica das faculdades de Direito reconhecidas na forma da lei e às entidades que prestam assistência jurídica gratuita em razão de convênios firmados com a Defensoria Pública.**

No caso de o ato processual depender de providência ou informação que somente a parte patrocinada possa realizar ou prestar, a Defensoria Pública pode requerer ao juiz a intimação desta, o qual determinará sua intimação pessoal. Além disso, e da mesma forma do já observado quanto à responsabilidade, tem-se que será civil e regressivamente no caso dos membros da defensoria quando agirem com dolo ou fraude no exercício de suas funções.

REFERÊNCIAS

BRASIL. **Lei 13.105,** de 16 de março de 2015. Código de Processo Civil. Disponível em: http://www.planalto.gov.br/ccivil_03/_ato2015-2018/2015/lei/l13105.htm. Acesso em: 11 abr. 2023.

ALVIM, Angélica Arruda. **Comentários ao código de processo civil**. São Paulo: Editora Saraiva, 2017.

5. DOS ATOS PROCESSUAIS

Considerando a própria lógica do contraditório, é factível entender que **todo e qualquer procedimento é revestido de atos processuais que serão praticados pelos sujeitos que atuam em determinado processo,** e esses atos destinam-se a produzir efeitos no processo em relação ao qual são praticados. **Assim, todo ato processual é praticado por sujeitos do processo.**

Os **atos processuais podem ser classificados a depender de critérios subjetivos.** Os atos são divididos em atos do órgão jurisdicional (pronunciamento do juiz e atos dos auxiliares da justiça) e atos das partes, estes últimos podendo ser divididos em: (a) atos postulatórios; (b) atos instrutórios; (c) atos dispositivos (negócios processuais); (d) atos reais.

Atos postulatórios são aqueles utilizados pelas partes para que realizem suas pretensões em juízo, como o pedido (postulação principal, com base no mérito) e o requerimento (qualquer outra postulação distinta). **Atos instrutórios,** de outro lado, são aqueles destinados ao prosseguimento do feito e formação do resultado. São, portanto, atos através dos quais as partes fazem valer seu direito ao contraditório, dividindo-se entre alegações e atos probatórios. Além disso, os atos dispositivos são aqueles pactuados livremente entre as partes (são unilaterais ou bilaterais, como a transação ou a eleição de foro).

5.1 Da forma, do tempo e do lugar dos atos processuais

5.1.1 Da forma dos atos processuais

De acordo com o que determina o Código de processo Civil, "os atos e os termos processuais independem de forma determinada, salvo quando a lei expressamente a exigir, considerando-se válidos os que, realizados de outro modo, lhe preencham a finalidade essencial"[87]. Os **atos processuais são públicos**, admitindo-se, todavia, o **segredo de justiça nos seguintes casos**: a) em que o exija o interesse público ou social; b) que versem sobre casamento, separação de corpos, divórcio, separação, união estável, filiação, alimentos e guarda de crianças e adolescentes; c) em que constem dados protegidos pelo direito constitucional à intimidade; e d) que versem sobre arbitragem, inclusive sobre cumprimento de carta arbitral, desde que a confidencialidade estipulada na arbitragem seja comprovada perante o juízo.

O **direito de consultar os atos processuais de determinado feito que tramite em segredo de justiça, bem como o de solicitar certidões de seus atos, é algo restrito às partes e aos procuradores das partes**, sendo que o terceiro que demonstrar interesse jurídico poderá requerer ao juiz certidão do dispositivo da sentença, bem como de inventário e de partilha resultantes de divórcio ou separação.

No caso de o processo versar sobre direitos que possibilitem a autocomposição, é lícito às partes, e desde que plenamente capazes, estipular mudanças no procedimento para ajustá-lo às especificidades da causa e convencionar sobre os seus ônus, poderes, faculdades e deveres processuais, antes ou durante o processo. Além disso, de ofício ou a requerimento de eventual interessado, o juiz controlará a validade das convenções previstas na norma processual, recusando a aplicação somente nos casos de nulidade ou de inserção abusiva em contrato de adesão ou em que

87. BRASIL. **Lei 13.105,** de 16 de março de 2015. Código de Processo Civil. Disponível em: http://www.planalto.gov.br/ccivil_03/_ato2015-2018/2015/lei/l13105.htm. Acesso em: 11 abr. 2023.

PROCESSO CIVIL

alguma parte se encontre em manifesta situação de vulnerabilidade.

A norma processual possibilita que, **de comum acordo, o juiz e as partes possam fixar calendário para a prática dos atos processuais quando for o caso**, sendo que **o calendário definido vincula as partes e o juiz** – e os prazos definidos somente serão modificados em casos excepcionais e desde que devidamente justificados. Além disso, a intimação das partes para a prática de ato processual ou a realização de audiência será dispensada quando a respectiva data tiver sido designada no calendário.

Em todos os atos e termos do processo, é obrigatório o uso da língua portuguesa, e "o documento redigido em língua estrangeira somente poderá ser juntado aos autos quando acompanhado de versão para a língua portuguesa tramitada por via diplomática ou pela autoridade central, ou firmada por tradutor juramentado"[88].

Além das previsões gerais acerca dos atos praticados, também é possível que os atos processuais sejam total ou parcialmente digitais, de forma a permitir que sejam produzidos, comunicados, armazenados e validados por meio eletrônico, na forma da lei em vigor – o que se aplica também à prática notarial, no que couber.

No que toca ao **sistema de automação processual e ao registro de ato processual eletrônico**, tem-se que haverá o respeito à publicidade dos atos, ao acesso e à participação das partes e de seus procuradores e serão observadas as garantias da disponibilidade, independência da plataforma computacional, acessibilidade e interoperabilidade dos sistemas, serviços, dados e informações que o Poder Judiciário administre no exercício de suas funções.

Além disso, **o registro de ato processual eletrônico deverá ser feito em padrões abertos**, que deverão atender aos requisitos de autenticidade, integridade, temporalidade, não repúdio, conservação e, nos casos que tramitem em segredo de justiça, confidencialidade, observada a infraestrutura de chaves públicas unificada nacionalmente.

É de competência do Conselho Nacional de Justiça e dos tribunais (no caso deste último, de forma supletiva) regulamentar a prática e comunicação oficial dos atos processuais através de meio eletrônico, além de prezar pela compatibilidade dos sistemas. Isso se dará através da incorporação progressiva dos novos avanços tecnológicos, editando, ainda, todos os atos que forem necessários para a consecução de tais objetivos. **Os tribunais deverão divulgar informações sobre o sistema de automação em sítio eletrônico próprio, sendo que a divulgação operada se dará mediante presunção de veracidade.**

Também pensando nas práticas voltadas ao acesso à justiça, o Poder Judiciário deverá manter, de forma gratuita, os equipamentos que se façam necessários à prática dos atos processuais, bem como à consulta e/ou acesso ao sistema e documentos constantes. Na hipótese de a parte estar localizada em local onde não seja disponibilizado equipamento automatizado, será admitida a prática de atos por meio não eletrônico.

Ademais, ainda no que toca às medidas de acesso à justiça, é determinado que o Poder Judiciário assegure às pessoas com deficiência a acessibilidade junto aos sítios eletrônicos e ao meio eletrônico da prática processual, além da comunicação eletrônica dos atos processuais e para assinatura eletrônica.

Do diploma legal, quando analisado, também se extrai as questões relativas **aos atos das partes, que consistem em declarações unilaterais ou bilaterais de vontade, as quais produzem a constituição, modificação ou extinção de direitos processuais**, sendo que eventual desistência da ação somente irá produzir efeitos após a sua respectiva homologação.

É facultada às partes exigir recibo de petições, arrazoados, papéis e documentos que forem entregues ao cartório judicial, sendo vedado "lançar nos autos cotas marginais ou interlineares, as quais o juiz mandará riscar, impondo a quem as escrever multa correspondente à metade do salário-mínimo"[89].

As **disposições atinentes aos atos também atingem os pronunciamentos do juiz, que pode se dar através de sentenças, decisões interlocutórias e despachos**. A **sentença** é o ato que põe fim ao processo distribuído, ao passo em que a **decisão interlocutória** é aquela proferida no curso do processo e que possui carga decisória. **Despacho**, por outro lado, é utilizado apenas com o objetivo de dar impulsionamento ao feito, realizando determinações de praxe e que não possuem carga decisória. É nesse sentido as indicações realizadas pela norma processual:

88. BRASIL. **Lei 13.105**, de 16 de março de 2015. Código de Processo Civil. Disponível em: http://www.planalto.gov.br/ccivil_03/_ato2015-2018/2015/lei/l13105.htm. Acesso em: 11 abr. 2023.

89. BRASIL. **Lei 13.105**, de 16 de março de 2015. Código de Processo Civil. Disponível em: http://www.planalto.gov.br/ccivil_03/_ato2015-2018/2015/lei/l13105.htm. Acesso em: 11 abr. 2023.

- Ressalvadas as disposições expressas dos procedimentos especiais, sentença é o pronunciamento por meio do qual o juiz, com fundamento nos Arts. 485 e 487 do CPC, põe fim à fase cognitiva do procedimento comum, bem como extingue a execução.
- Decisão interlocutória é todo pronunciamento judicial de natureza decisória que não se enquadre no § 1º do Art. 203 do CPC.
- São despachos todos os demais pronunciamentos do juiz praticados no processo, de ofício ou a requerimento da parte.

Quanto aos **atos que possuem função meramente ordinatória**, a exemplo da juntada e a vista do processo, os quais independem de despacho, estes devem ser praticados de ofício pelo servidor responsável – ainda que possa ser revisado pelo juiz se necessário.

O pronunciamento também pode ser realizado através de **acórdão**, que é o julgamento colegiado proferido pelos tribunais, sendo que os despachos, as decisões, as sentenças e os acórdãos serão redigidos, datados e assinados pelos juízes. Quando os pronunciamentos previstos no caput do Art. 205 do CPC forem proferidos oralmente, o servidor deverá documentar tal, submetendo aos juízos para revisão e assinatura – que pode ser feita eletronicamente, e, **em respeito à publicidade dos atos, os despachos, as decisões interlocutórias, o dispositivo das sentenças e a ementa dos acórdãos serão publicados no Diário de Justiça Eletrônico.**

Para além dos atos relativos às partes e aos juízes, o Código de Processo Civil também disciplina **os atos por escrivão ou chefe da secretaria**. De acordo com o indicado no Art. 206, do CPC, "ao receber a petição inicial de processo, o escrivão ou o chefe de secretaria a autuará, mencionando o juízo, a natureza do processo, o número de seu registro, os nomes das partes e a data de seu início, e procederá do mesmo modo em relação aos volumes em formação"[90]. Ainda, **caberá ao escrivão ou ao chefe numerar e rubricar todas as folhas dos autos – ainda que, atualmente, quase que a totalidade dos processos tenham sido digitalizados.**

À parte, ao procurador, ao membro do Ministério Público, ao defensor público e aos auxiliares da justiça é facultado rubricar as folhas correspondentes aos atos em que intervieram, sendo preciso destacar que os termos de juntada realizada, vista, conclusão do feito e outros atos semelhantes deverão ter notas datadas e rubricadas pelo escrivão ou pelo chefe de secretaria.

Os atos e os termos do processo serão assinados pelas pessoas que neles intervierem, todavia, quando essas não puderem ou não quiserem firmá-los, o escrivão ou o chefe de secretaria certificará a ocorrência, do que se destaca os seguintes pontos quanto ao ato em questão:

- Quando se tratar de processo total ou parcialmente documentado em autos eletrônicos, os atos processuais praticados na presença do juiz poderão ser produzidos e armazenados de modo integralmente digital em arquivo eletrônico inviolável, através de registro em termo assinado digitalmente pelo juiz e pelo escrivão ou chefe de secretaria, bem como pelos advogados das partes.
- Na hipótese do § 1º do Art. 209 do CPC, eventuais contradições apontadas na transcrição deverão ser suscitadas oralmente no momento de realização do ato, sob pena de ser operada a preclusão, cabendo ao juiz decidir de plano e ordenar o registro da alegação e da decisão.

É lícito, ainda, a **utilização da taquigrafia, da estenotipia ou de outro método idôneo em qualquer juízo ou tribunal**, não se admitindo, nos atos e termos processuais, espaços em branco, exceto os que forem inutilizados, assim como entrelinhas, emendas ou rasuras.

> ▷ Além disso, vejam-se as Súmulas do Superior Tribunal de Justiça aplicáveis ao assunto:
>
> - *Súmula 568 – O relator, monocraticamente e no Superior Tribunal de Justiça, poderá dar ou negar provimento ao recurso quando houver entendimento dominante acerca do tema. (Súmula 568, CORTE ESPECIAL, julgado em 16/03/2016, DJe 17/03/2016)*

5.1.2 Do tempo e do lugar dos atos processuais

Conforme será abordado durante os módulos desta disciplina, a norma processual vigente determina que os atos sejam praticados no tempo certo e lugar adequado, sob pena de, se for o caso, ser reconhecida a sua nulidade.

Quanto aos aspectos relativos ao tempo, **os atos processuais serão realizados em dias úteis, das 6 (seis) às 20 (vinte) horas, sendo que serão concluídos após as 20 (vinte) horas os atos iniciados**

90. BRASIL. **Lei 13.105,** de 16 de março de 2015. Código de Processo Civil. Disponível em: http://www.planalto.gov.br/ccivil_03/_ato2015-2018/2015/lei/l13105.htm. Acesso em: 11 abr. 2023.

antes, quando o adiamento prejudicar a diligência ou causar grave dano.

Independentemente de autorização judicial, as citações, intimações e penhoras poderão realizar-se no período de férias forenses, onde as houver, e nos feriados ou dias úteis fora do horário estabelecido pela norma, observado o disposto no art. 5º, inciso XI, da Constituição Federal[91]. **Quando o ato tiver de ser praticado por meio de petição em autos não eletrônicos, essa deverá ser protocolada no horário de funcionamento do fórum ou tribunal, conforme o disposto na lei de organização judiciária local.**

A prática eletrônica de ato processual pode ocorrer em qualquer horário até às 24 (vinte e quatro) horas do último dia do prazo, sendo que o horário vigente no juízo perante o qual o ato deve ser praticado será considerado para fins de atendimento do prazo. Ademais, durante as férias forenses e nos feriados, não se praticarão atos processuais, excetuando-se os atos previstos no Art. 212, § 2º, do CPC, e a tutela de urgência.

De outro lado, **processam-se durante as férias forenses, onde as houver, e não se suspendem pela superveniência delas**: a) os procedimentos de jurisdição voluntária e os necessários à conservação de direitos, quando puderem ser prejudicados pelo adiamento; b) a ação de alimentos e os processos de nomeação ou remoção de tutor e curador; e c) os processos que a lei determinar.

Ainda quanto ao tempo processual, e além dos declarados em lei, são feriados, para efeito forense, os sábados, os domingos e os dias em que não haja expediente forense. Por fim, a norma processual deixa a cargo do Art. 217 do CPC indicar os pressupostos relativos ao lugar no âmbito processual, sendo que os atos processuais realizar-se-ão ordinariamente na sede do juízo, ou, excepcionalmente, em outro lugar em razão de deferência, de interesse da justiça, da natureza do ato ou de obstáculo arguido pelo interessado e acolhido pelo juiz.

5.1.3 Dos prazos

Conforme será visto durante a disciplina, **para um ato processual ser considerado válido ele precisa ser praticado dentro de determinado prazo, aqui considerando um intervalo de tempo estabelecido justamente para que, dentro deles, sejam praticados determinados atos jurídicos.** Para Alexandre Freitas Câmara,

> O prazo processual pode ser classificado, segundo sua origem, em legal e judicial. Prazo legal é o fixado em lei; judicial o que é assinado pelo juiz. Estabelece o art. 218 que os atos processuais devem ser praticados nos prazos fixados em lei. Omissa esta, incumbe ao juiz fixar o prazo, levando em consideração a complexidade do ato a ser praticado (art. 218, § 1º). Não havendo prazo legal e não tendo o juiz assinado o prazo, deverá o ato processual ser praticado em cinco dias (art. 218, § 3º)[92]

O Código de Processo Civil aborda, em um capítulo específico (Capítulo III), as questões relativas aos prazos legais e judiciais, indicando, logo em seu Art. 218[93], que os atos processuais serão realizados nos prazos prescritos em lei. **Quando a lei for omissa, o juiz determinará os prazos em consideração à complexidade do ato e, caso a lei seja omissa e o juiz deixe de indicar o prazo para o ato, as intimações somente obrigarão a comparecimento após decorridas 48 (quarenta e oito) horas.**

Da mesma forma, inexistindo preceito legal ou prazo determinado pelo juiz, será de 5 (cinco) dias o prazo para a prática de ato processual a cargo da parte, sendo considerado tempestivo o ato praticado antes do termo inicial do prazo. Na contagem de prazo em dias, estabelecido por lei ou pelo juiz, computar-se-ão somente os dias úteis, aplicando-se somente aos prazos processuais.

Suspende-se o curso do prazo processual nos dias compreendidos entre 20 de dezembro e 20 de janeiro e, ressalvadas as férias individuais e os feriados instituídos por lei, os juízes, os membros do Ministério Público, da Defensoria Pública e da Advocacia Pública e os auxiliares da Justiça exercerão suas atribuições durante o período. Ademais, **durante a suspensão do prazo, não se realizarão audiências nem sessões de julgamento.**

Também estarão suspensos por obstáculo criado em detrimento da parte ou ocorrendo qualquer das hipóteses do Art. 313[94], devendo o prazo ser restitu-

91. BRASIL. **Constituição Federal de 1988**. Disponível em: http://www.planalto.gov.br/ccivil_03/constituicao/constituicao.htm. Acesso em 11 abr. 2023.

92. CÂMARA, Alexandre Freitas. **O Novo Processo Civil Brasileiro**. São Paulo: Grupo GEN, 2022. s.p.

93. BRASIL. **Lei 13.105**, de 16 de março de 2015. Código de Processo Civil. Disponível em: http://www.planalto.gov.br/ccivil_03/_ato2015-2018/2015/lei/l13105.htm. Acesso em: 11 abr. 2023.

94. "Art. 313. Suspende-se o processo: I – pela morte ou pela perda da capacidade processual de qualquer das partes, de seu representante legal ou de seu procurador; II – pela convenção das partes; III – pela arguição de impedimento ou de suspeição; IV- pela admissão de incidente de resolução de demandas repetitivas; V

ído por tempo igual ao que faltava para sua complementação. Além disso, suspendem-se os prazos durante a execução de programa instituído pelo Poder Judiciário para promover a autocomposição, incumbindo aos tribunais especificar, com antecedência, a duração dos trabalhos.

Nas comarcas, seções ou subseções judiciárias onde for constatado difícil transporte, é possível que o juiz prorrogue os prazos em até 02 (dois) meses. Ao juiz, contudo, **é vedado reduzir prazos peremptórios sem anuência das partes e, havendo calamidade pública, o limite previsto no caput do Art. 222 do CPC (20 de dezembro e 20 de janeiro) para prorrogação de prazos poderá ser excedido**.

Decorrido o prazo, extingue-se o direito de praticar ou de emendar o ato processual, independentemente de declaração judicial, ficando assegurado, porém, à parte provar que não o realizou por justa causa. Além disso, considera-se justa causa o evento alheio à vontade da parte e que a impediu de praticar o ato por si ou por mandatário e, verificada a justa causa, o juiz permitirá à parte a prática do ato no prazo que lhe assinar.

Salvo disposição em contrário, os prazos serão contados excluindo o dia do começo e incluindo o dia do vencimento. Os dias do começo e do vencimento do prazo serão protraídos para o primeiro dia útil seguinte, se coincidirem com o dia em que o expediente forense for encerrado antes ou iniciado depois da hora normal ou houver indisponibilidade da comunicação eletrônica.

Considera-se como data de publicação o primeiro dia útil seguinte ao da disponibilização da informação no Diário da Justiça eletrônico, sendo que a contagem do prazo terá início no primeiro dia útil que seguir ao da publicação. Além disso, a parte poderá renunciar ao prazo estabelecido exclusivamente em seu favor, desde que o faça de maneira expressa (Art. 225).

Quanto aos **atos do juiz**, assim indica o Código de Processo Civil: *"Art. 226. O juiz proferirá: I – os despachos no prazo de 5 (cinco) dias; II – as decisões interlocutórias no prazo de 10 (dez) dias; III – as sentenças no prazo de 30 (trinta) dias"*[95]. Em qualquer grau de jurisdição, havendo motivo justificado, pode o juiz exceder, por igual tempo, os prazos a que está submetido.

Incumbirá ao serventuário remeter os autos conclusos no prazo de 1 (um) dia e executar os atos processuais no prazo de 5 (cinco) dias, contado da data em que: a) houver concluído o ato processual anterior, se lhe foi imposto pela lei; ou b) tiver ciência da ordem, quando determinada pelo juiz.

Ao receber os autos, o serventuário certificará o dia e a hora em que teve ciência da ordem referida acima, sendo que, nos processos em autos eletrônicos, a juntada de petições ou de manifestações em geral ocorrerá de forma automática, independentemente de ato de serventuário da justiça.

Os litisconsortes que tiverem diferentes procuradores, de escritórios de advocacia distintos, terão prazos contados em dobro para todas as suas manifestações, em qualquer juízo ou tribunal, independentemente de requerimento. Contudo, cessa a contagem do prazo em dobro se, havendo apenas 2 (dois) réus, é oferecida defesa por apenas um deles, sendo que não se aplica tal disposição aos processos em autos eletrônicos. Outrossim, **o prazo para a parte, o procurador, a Advocacia Pública, a Defensoria Pública e o Ministério Público será contado da citação, da intimação ou da notificação.**

Para além disso, **considera-se dia do começo do prazo**:

1) a data de juntada aos autos do aviso de recebimento, quando a citação ou a intimação for pelo correio;
2) a data de juntada aos autos do mandado cumprido, quando a citação ou a intimação for por oficial de justiça;
3) a data de ocorrência da citação ou da intimação, quando ela se der por ato do escrivão ou do chefe de secretaria;

– quando a sentença de mérito: a) depender do julgamento de outra causa ou da declaração de existência ou de inexistência de relação jurídica que constitua o objeto principal de outro processo pendente; b) tiver de ser proferida somente após a verificação de determinado fato ou a produção de certa prova, requisitada a outro juízo; VI – por motivo de força maior; VII – quando se discutir em juízo questão decorrente de acidentes e fatos da navegação de competência do Tribunal Marítimo; VIII – nos demais casos que este Código regula. IX – pelo parto ou pela concessão de adoção, quando a advogada responsável pelo processo constituir a única patrona da causa; (Incluído pela Lei nº 13.363, de 2016) X – quando o advogado responsável pelo processo constituir o único patrono da causa e tornar-se pai" (BRASIL. **Lei 13.105,** de 16 de março de 2015. Código de Processo Civil. Disponível em: http://www.planalto.gov.br/ccivil_03/_ato2015-2018/2015/lei/l13105.htm. Acesso em: 11 abr. 2023).

95. BRASIL. **Lei 13.105,** de 16 de março de 2015. Código de Processo Civil. Disponível em: http://www.planalto.gov.br/ccivil_03/_ato2015-2018/2015/lei/l13105.htm. Acesso em: 11 abr. 2023.

4) o dia útil seguinte ao fim da dilação assinada pelo juiz, quando a citação ou a intimação for por edital;
5) o dia útil seguinte à consulta ao teor da citação ou da intimação ou ao término do prazo para que a consulta se dê, quando a citação ou a intimação for eletrônica;
6) a data de juntada do comunicado de que trata o Art. 232 ou, não havendo esse, a data de juntada da carta aos autos de origem devidamente cumprida, quando a citação ou a intimação se realizar em cumprimento de carta;
7) a data de publicação, quando a intimação se der pelo Diário da Justiça impresso ou eletrônico;
8) o dia da carga, quando a intimação se der por meio da retirada dos autos, em carga, do cartório ou da secretaria.
9) o quinto dia útil seguinte à confirmação, na forma prevista na mensagem de citação, do recebimento da citação realizada por meio eletrônico.

Quando houver **mais de um réu**, o dia do começo do prazo para contestar corresponderá à última das datas a que se referem os incisos I a VI do caput do Art. 231 do CPC e, havendo mais de um intimado, o prazo para cada um é contado individualmente. Quando **o ato tiver de ser praticado diretamente pela parte ou por quem, de qualquer forma, participe do processo**, sem a intermediação de representante judicial, o dia do começo do prazo para cumprimento da determinação judicial corresponderá à data em que se der a comunicação. Além disso, aplica-se o disposto no inciso II do caput do Art. 231 à citação com hora certa.

Nos atos de comunicação por carta precatória, rogatória ou de ordem, a realização da citação ou da intimação será imediatamente informada, por meio eletrônico, pelo juiz deprecado ao juiz deprecante.

O Código de Processo Civil também aponta para os aspectos relativos à verificação dos prazos e das penalidades, sendo **incumbência do juiz verificar se o serventuário excedeu, sem motivo legítimo, os prazos estabelecidos em le**i. **Constatada a falta**, o juiz ordenará a instauração de **processo administrativo**, na forma da lei, sendo que qualquer das partes, o Ministério Público ou a Defensoria Pública poderá representar ao juiz contra o serventuário que injustificadamente exceder os prazos previstos em lei.

Os advogados públicos ou privados, o defensor público e o membro do Ministério Público devem restituir os autos no prazo do ato a ser praticado, sendo lícito a qualquer interessado exigir os autos do advogado que exceder o prazo legal. Se, intimado, **o advogado não devolver os autos no prazo de 3 (três) dias**, perderá o direito à vista fora de cartório e incorrerá em multa correspondente à metade do salário-mínimo. Nesse caso, e verificada a falta, o juiz comunicará o fato à seção local da Ordem dos Advogados do Brasil para procedimento disciplinar e imposição de multa.

Caso a situação envolver membros do Ministério Público, da Defensoria Pública ou da Advocacia Pública, a multa, se for o caso, será aplicada ao agente público responsável pelo ato. Verificada a falta, o juiz comunicará o fato ao órgão competente responsável pela instauração de procedimento disciplinar contra o membro que atuou no feito.

Qualquer parte, o Ministério Público ou a Defensoria Pública poderá representar ao corregedor do tribunal ou ao Conselho Nacional de Justiça contra juiz ou relator que injustificadamente exceder os prazos previstos em lei, regulamento ou regimento interno. Distribuída a representação ao órgão competente e ouvido previamente o juiz, não sendo caso de arquivamento liminar, será instaurado procedimento para apuração da responsabilidade, com intimação do representado por meio eletrônico para, querendo, apresentar justificativa no prazo de 15 (quinze) dias.

Sem prejuízo das sanções administrativas cabíveis, **em até 48 (quarenta e oito) horas após a apresentação ou não da justificativa, se for o caso, o corregedor do tribunal ou o relator no Conselho Nacional de Justiça determinará a intimação do representado por meio eletrônico para que, em 10 (dez) dias, pratique o ato**. No caso de ser mantida a inércia, os autos serão remetidos ao substituto legal do juiz ou do relator contra o qual se representou para decisão em 10 (dez) dias.

▷ Além disso, vejam-se as Súmulas do Superior Tribunal de Justiça aplicáveis ao assunto:

- *Súmula 117 – A inobservância do prazo de 48 horas, entre a publicação de pauta e o julgamento sem a presença das partes, acarreta nulidade. (Súmula 117, CORTE ESPECIAL, julgado em 27/10/1994, DJ 07/11/1994 p. 30050)*

5.2 Da comunicação dos atos processuais

5.2.1 Disposições gerais – comunicação dos atos processuais

A **comunicação dos atos processuais é um elemento essencial para o exercício do contraditó-**

rio, eis que serve para levar às partes o efetivo conhecimento acerca dos atos e dos termos de um determinado processo. Para a doutrina[96]:

> Embora os atos processuais sejam normalmente cumpridos no próprio foro (comarca estadual ou seção ou subseção judiciária federal) onde tramita o processo, alguns exigir, para sua prática, a colaboração direta de outras autoridades judiciárias, seja por limitações impostas à jurisdição brasileira (vg. necessidade da prática de ato em outro país, por meio de carta rogatória), seja em razão da distribuição da competência hierárquica entre os integrantes do Poder Judiciário (vg. cumprimento, por autoridade judiciária de grau inferior, de carta de ordem emanada de tribunal), seja, finalmente, pela própria limitação da competência territorial de cada juízo, a demandar a expedição de carta precatória de um (deprecante) a outro (deprecado), autorizada, quando necessária, útil ou tecnologicamente viável, a prática desses atos por transmissão de sons e imagens em tempo real (y g, coleta de provas orais)

Os atos, via de regra, são comunicados através de citações ou intimações, mas também subsiste a utilização de cartas entre órgãos jurisdicionais (ou junto a tribunal arbitral, por exemplo).

Os atos processuais serão cumpridos por ordem judicial e: 1) será expedida carta para a prática de atos fora dos limites territoriais do tribunal, da comarca, da seção ou da subseção judiciárias, ressalvadas as hipóteses previstas em lei; 2) O tribunal poderá expedir carta para juízo a ele vinculado, se o ato houver de se realizar fora dos limites territoriais do local de sua sede; e 3) Admite-se a prática de atos processuais por meio de videoconferência ou outro recurso tecnológico de transmissão de sons e imagens em tempo real.

Além disso, será expedida carta:

1) de ordem, pelo tribunal, na hipótese do § 2º do Art. 236;
2) rogatória, para que órgão jurisdicional estrangeiro pratique ato de cooperação jurídica internacional, relativo a processo em curso perante órgão jurisdicional brasileiro;
3) precatória, para que órgão jurisdicional brasileiro pratique ou determine o cumprimento, na área de sua competência territorial, de ato relativo a pedido de cooperação judiciária formulado por órgão jurisdicional de competência territorial diversa;
4) arbitral, para que órgão do Poder Judiciário pratique ou determine o cumprimento, na área de sua competência territorial, de ato objeto de pedido de cooperação judiciária formulado por juízo arbitral, inclusive os que importem efetivação de tutela provisória.

Também define-se que, se **o ato relativo a processo em curso na justiça federal ou em tribunal superior houver de ser praticado em local onde não haja vara federal, a carta poderá ser dirigida ao juízo estadual da respectiva comarca.**

5.2.2 Da citação

Outro ato que gera a comunicação dos atos processuais diz respeito à **citação**, previsto no Art. 238 do CPC[97] e que consiste no **ato pelo qual há a convocação do réu, do executado ou de qualquer outro interessado na relação processual.** Para o parágrafo único do referido dispositivo, a citação deverá ser efetivada em um prazo de 45 (quarenta e cinco dias) contados a partir da propositura da ação.

Para a validade do processo, é indispensável a citação do réu ou do executado, ressalvadas as hipóteses de indeferimento da petição inicial ou de improcedência liminar do pedido. Apesar disso, é possível que o **comparecimento espontâneo do réu possa suprir a falta ou a nulidade da citação**, fluindo a partir da data do comparecimento o prazo para apresentação de contestação ou de embargos à execução – quando for o caso. Se for rejeitada a alegação de nulidade, o réu será considerado revel no caso do processo de conhecimento, sendo que, no caso do processo de execução, o feito terá prosseguimento.

A citação válida, mesmo que ordenada por um juiz incompetente, induz a litispendência, torna litigiosa a coisa e constitui em mora o devedor, destacando-se que a interrupção da prescrição, operada pelo despacho que ordena a citação, ainda que proferido por juízo incompetente, retroagirá à data de propositura da ação. Também é de se referir que incumbe ao autor adotar, no prazo de dez dias, as providências necessárias para viabilizar a citação da parte, sendo que a parte não será prejudicada pela demora imputável exclusivamente ao serviço judiciário. No que toca ao efeito retroativo indicado, tem-se que também há aplicação à decadência e aos demais prazos extintivos previstos em lei.

Uma vez transitada em julgado a sentença de mérito prolatada antes de ser perfectibilizada a ci-

---

96. ALVIM, Angélica Arruda. **Comentários ao código de processo civil**. São Paulo: Editora Saraiva, 2017. p. 315.

97. BRASIL. **Lei 13.105,** de 16 de março de 2015. Código de Processo Civil. Disponível em: http://www.planalto.gov.br/ccivil_03/_ato2015-2018/2015/lei/l13105.htm. Acesso em: 11 abr. 2023.

tação, é de incumbência do escrivão ou do chefe de secretaria comunicar a parte acerca do resultado do julgamento. **Via de regra, a citação será feita de forma pessoal, sendo possível, no entanto, ser realizada na pessoa do representante legal da parte (réu, executado ou interessado).**

Se for constatada a ausência da parte a ser citada, a citação poderá ser feita junto ao mandatário, administrador, preposto ou gerente, desde que se trate de ação que se originar de atos por eles praticados. No caso do **locador que venha a se ausentar do Brasil sem comunicar o locatário e sem cientificar o locatário de que deixou procurador com poderes para receber citação será citado na pessoa do administrador do imóvel responsável pelo recebimento das prestações locatícias, que será considerado habilitado para representar o locador em juízo.**

Ademais, e no que toca às Fazendas Públicas (União, Estados, Distrito Federal e Municípios) e de suas respectivas autarquias e fundações de direito público, a citação será realizada perante o órgão de Advocacia Pública responsável por sua representação judicial. O Código de Processo Civil também aponta que a citação da parte também poderá ser realizada em qualquer localização, sendo que, no caso de militar em serviço ativo, a citação será realizada na unidade do serviço caso sua residência não seja de conhecimento ou se nela a parte não for encontrada.

Algumas restrições deverão ser observadas quando do cumprimento do ato, conforme destaca-se a seguir: a) quando a parte estiver participando de ato religioso; b) de cônjuge, de companheiro ou de qualquer parente do morto, consanguíneo ou afim, em linha reta ou na linha colateral em segundo grau, no dia do falecimento e nos 7 (sete) dias seguintes; c) de noivos, mas apenas nos três dias subsequentes ao casamento; e d) de parte doente, caso esteja em estado grave.

Também não será feita a citação quando for verificada a incapacidade mental ou a impossibilidade de recebimento pela parte, devendo o oficial de justiça descrever de forma detalhada a ocorrência. Para a constatação da situação do citado, o juiz fará a nomeação de médico especialista para a apresentação de laudo no prazo de 05 (cinco) dias. Essa nomeação será dispensada se determinado familiar apresentar declaração firmada por médico que ateste a incapacidade.

Caso seja reconhecida a impossibilidade de a parte ser citada, o juiz fará a nomeação de curador ao citado, observando a preferência estabelecida em lei e restringindo a nomeação ao processo em que conste o ato de citação. A partir disso, a citação será feita na pessoa do curador, sendo sua atribuição a apresentação de defesa dos interesses do citado.

Com a Lei de Ambiente de Negócios (Lei 14.195 de 2021), o Art. 246 passou a prever que **a citação será feita preferencialmente por meio eletrônico**, no prazo de até 2 (dois) dias úteis, por meio dos endereços eletrônicos indicados pelo citando no banco de dados do Poder Judiciário, conforme regulamento do Conselho Nacional de Justiça. O prazo de 02 dias deverá ser contado da decisão que determinar a citação[98].

Pensando nisso, também passou a ser indicado que as empresas públicas e privadas deverão manter **cadastro nos sistemas de processos em autos eletrônicos para efeito de recebimento de citações e intimações** (realizadas preferencialmente por meio eletrônico, conforme mencionado). No caso da citação eletrônica e na hipótese de ser observada a ausência de confirmação em até três dias úteis, contados do recebimento da citação, tal implicará a citação pelo correio, por oficial de justiça, pelo escrivão ou chefe da secretaria (caso o citado venha a comparecer em cartório) ou por edital.

Nessa situação, o réu deverá apresentar justa causa que justifique a ausência de confirmação do recebimento da citação eletrônica, o que deverá ocorrer na primeira oportunidade de falar nos autos. Isso se dá especialmente considerando que o ato de deixar de confirmar, no prazo legal e sem justa causa, o recebimento de citação recebida por meio eletrônico pode caracterizar ato atentatório à dignidade da justiça.

A necessidade de cadastro também se aplica à União, aos Estados, ao Distrito Federal, aos Municípios e às entidades da administração indireta. Além disso, no caso da ação de usucapião de imóvel, "os confinantes serão citados pessoalmente, exceto quando tiver por objeto unidade autônoma de prédio em condomínio, caso em que tal citação é dispensada"[99].

Com o objetivo de facilitar a perfectibilização dos atos, a citação por meio eletrônico deverá

98. BRASIL. **Lei 14.195**, de agosto de 2022. Dispõe sobre a facilitação para abertura de empresas [...]. Disponível em: http://www.planalto.gov.br/ccivil_03/_ato2019-2022/2021/lei/L14195.htm. Acesso em 15 abr. 2023.

99. BRASIL. **Lei 13.105,** de 16 de março de 2015. Código de Processo Civil. Disponível em: http://www.planalto.gov.br/ccivil_03/_ato2015-2018/2015/lei/l13105.htm. Acesso em: 11 abr. 2023.

ser acompanhada das orientações destinadas à realização da confirmação de recebimento e também do código identificar que irá permitir a identificação do citado na página eletrônica do órgão judicial responsável pela citação.

As **microempresas e as pequenas empresas somente se sujeitam à necessidade de cadastro prévio quando não possuírem endereço eletrônico** cadastrado no sistema integrado da Rede Nacional para a Simplificação do Registro e da Legalização de Empresas e Negócios (Redesim). Assim, e para fins do indicado, deve haver compartilhamento de cadastro com o órgão do Poder Judiciário, incluindo o endereço eletrônico constante do sistema integrado da Redesim, nos termos da legislação aplicável ao sigilo fiscal e ao tratamento de dados pessoais.

A citação será feita preferencialmente por meio eletrônico ou pelo correio para qualquer comarca do País, exceto nas ações do estado (que deverá ser observado o disposto no Art. 695, §3º), quando o citando for incapaz, quando o citando for pessoa jurídica de direito público, quando o citando possuir residência em local não atendido pela entrega domiciliar de correspondência, ou quando o autor requerer de outra forma.

No caso de ser deferida a citação através do correio, quando for o caso, o escrivão ou o chefe de secretaria remeterá ao citando cópias da petição inicial e do despacho do juiz e comunicará o prazo para resposta, o endereço do juízo e o respectivo cartório. **A carta, por outro lado, deverá ser registrada para entrega ao citado, devendo o carteiro exigir a assinatura respectiva.**

Além disso, e **na hipótese de o citando ser pessoa jurídica**, a citação poderá ser considerada válida se **o mandado for entregue a pessoa com poderes de gerência geral ou administrativa, bem como em se tratando de funcionário responsável pelo recebimento de correspondências**.

No caso dos **condomínios edilícios ou nos loteamentos com controle de acesso**, será válida a entrega do mandado a funcionário da portaria responsável pelo recebimento de correspondência, que, no entanto, poderá recusar o recebimento, se declarar expressamente que o destinatário da correspondência está ausente.

A citação será feita por meio de oficial de justiça nas hipóteses previstas em lei ou quando frustrada a citação pelo correio, sendo que o mandado que o oficial de justiça tiver de cumprir conterá: **1)** os nomes do autor e do citando e seus respectivos domicílios ou residências; **2)** a finalidade da citação, com todas as especificações constantes da petição inicial, bem como a menção do prazo para contestar, sob pena de revelia, ou para embargar a execução; **3)** a aplicação de sanção para o caso de descumprimento da ordem, se houver; **4)** se for o caso, a intimação do citando para comparecer, acompanhado de advogado ou de defensor público, à audiência de conciliação ou de mediação, com a menção do dia, da hora e do lugar do comparecimento; **5)** a cópia da petição inicial, do despacho ou da decisão que deferir tutela provisória; e **6)** a assinatura do escrivão ou do chefe de secretaria e a declaração de que o subscreve por ordem do juiz.

É de incumbência do oficial de justiça, outrossim, procurar o citado e, no local em que encontrá-lo, citá-lo, lendo o mandado e entregando a contrafé, portando por fé se recebeu ou recusou a contrafé e obtendo a nota de ciente ou certificando que o citando não a apôs no mandado. É também possível a citação por hora certa, igualmente com atuação do oficial de justiça, quando, por duas vezes, o oficial de justiça houver procurado o citado em seu condomínio ou residência sem o encontrar[100].

Nesse caso, no dia e na hora designados, o oficial de justiça, independentemente de novo despacho proferido, deverá comparecer ao domicílio ou à residência do citado a fim de realizar a diligência determinada. Na hipótese de o citando estiver ausente no local, o oficial designado deverá procurar informações acerca das razões de tal ausência, dando por feita a citação, ainda que se esteja diante de situação em que o citando tenha se ocultado em outra comarca, seção ou subseção judiciária.

Essa modalidade deverá obedecer determinados aspectos, eis que, primeiramente, a citação com hora certa será efetivada mesmo que a pessoa da família ou o vizinho que houver sido intimado esteja ausente, ou se, ainda que esteja presente, a pessoa da família ou o vizinho se recusar a receber o mandado. Da certidão de ocorrência gerada, o oficial de

100. Em linhas gerais, a norma processual assim dispõe acerca do procedimento a ser adotado pelo oficial: "Art. 252. Quando, por 2 (duas) vezes, o oficial de justiça houver procurado o citando em seu domicílio ou residência sem o encontrar, deverá, havendo suspeita de ocultação, intimar qualquer pessoa da família ou, em sua falta, qualquer vizinho de que, no dia útil imediato, voltará a fim de efetuar a citação, na hora que designar. Parágrafo único. Nos condomínios edilícios ou nos loteamentos com controle de acesso, será válida a intimação a que se refere o caput feita a funcionário da portaria responsável pelo recebimento de correspondência" (BRASIL. **Lei 13.105**, de 16 de março de 2015. Código de Processo Civil. Disponível em: http://www.planalto.gov.br/ccivil_03/_ato2015-2018/2015/lei/l13105.htm. Acesso em: 11 abr. 2023).

justiça deixará contrafé com qualquer pessoa da família ou de eventual vizinho, realizando a declaração do nome. Além disso, o oficial de justiça fará constar junto ao mandado a advertência de que será nomeado curador especial no caso de ser reconhecida a revelia da parte.

Realizada a citação com hora certa, o escrivão ou chefe de secretaria fará o envio ao citado carta, telegrama ou correspondência eletrônica, dando-lhe de tudo ciência, o que deverá ser realizado no prazo de 10 dias, contado da juntada do mandado nos autos. Além disso, "nas comarcas contíguas de fácil comunicação e nas que se situem na mesma região metropolitana, o oficial de justiça poderá efetuar, em qualquer delas, citações, intimações, notificações, penhoras e quaisquer outros atos executivos"[101].

Quanto à **citação por edital**, esta será feita nas seguintes situações: 1) quando desconhecido ou incerto o citando; 2) quando ignorado, incerto ou inacessível o lugar em que se encontrar o citando; e 3) nos casos expressos em lei. Para tanto, é preciso registrar que **se considera inacessível o país que recusar o cumprimento de carta rogatória quando se estiver diante de citação por edital.** No caso de ser inacessível o lugar em que se encontrar o réu, a notícia de sua citação deverá ser amplamente divulgada também pelo rádio, isso se na comarca houver emissora de radiodifusão.

O réu será considerado em local ignorado ou incerto se infrutíferas as tentativas de sua localização, inclusive mediante requisição pelo juízo de informações sobre seu endereço nos cadastros de órgãos públicos ou de concessionárias de serviços públicos, sendo que, para fins formais, a citação por edital deve seguir alguns requisitos, a saber:

a) a afirmação do autor ou a certidão do oficial informando a presença das circunstâncias autorizadoras;
b) a publicação do edital na rede mundial de computadores, no sítio do respectivo tribunal e na plataforma de editais do Conselho Nacional de Justiça, que deve ser certificada nos autos;
c) a determinação, pelo juiz, do prazo, que variará entre 20 (vinte) e 60 (sessenta) dias, fluindo da data da publicação única ou, havendo mais de uma, da primeira;
d) a advertência de que será nomeado curador especial em caso de revelia.

Com o objetivo de dar publicidade aos atos, **o juiz poderá determinar, também, a publicação do edital em jornais de ampla circulação ou por outros meios, levando-se em consideração as questões peculiares da comarca, da seção ou da subseção judiciária respectiva.** A parte que requerer a citação por edital, alegando dolosamente a ocorrência das circunstâncias autorizadoras para sua realização, incorrerá em multa de 5 (cinco) vezes o salário mínimo, que será revertida em favor do citado.

Por fim, **deverão ser realizadas publicações editalícias na ação de usucapião de imóvel, na ação de recuperação ou substituição de título ao portador e também em qualquer ação em que seja necessária**, por determinação legal, a provocação, para participação no processo, de interessados incertos ou desconhecidos.

▷ Além disso, vejam-se as Súmulas do Superior Tribunal de Justiça aplicáveis ao assunto:

- *Súmula 106 – Proposta a ação no prazo fixado para o seu exercício, a demora na citação, por motivos inerentes ao mecanismo da justiça, não justifica o acolhimento da arguição de prescrição ou decadência. (Súmula 106, CORTE ESPECIAL, julgado em 26/05/1994, DJ 03/06/1994 p. 13885)*
- *Súmula 429 – A citação postal, quando autorizada por lei, exige o aviso de recebimento. (Súmula 429, CORTE ESPECIAL, julgado em 17/03/2010, DJe 13/05/2010)*

5.2.3 Das cartas

De acordo com Alexandre Freitas Câmara, "**cartas são o meio pelo qual órgãos jurisdicionais comunicam-se entre si, permitindo também a comunicação entre um tribunal arbitral e um órgão jurisdicional**"[102]. De acordo com o Código de Processo Civil[103], são requisitos das cartas de ordem, precatória e rogatória: a) a indicação dos juízes de origem e de cumprimento do ato; b) o inteiro teor da petição, do despacho judicial e do instrumento do mandato conferido ao advogado; c) a menção do ato processual que lhe constitui o objeto; d) o encerramento com a assinatura do juiz.

O juiz mandará trasladar para as cartas quaisquer outras peças, bem como instruí-las com mapa,

101. BRASIL. **Lei 13.105,** de 16 de março de 2015. Código de Processo Civil. Disponível em: http://www.planalto.gov.br/ccivil_03/_ato2015-2018/2015/lei/l13105.htm. Acesso em: 11 abr. 2023.

102. CÂMARA, Alexandre Freitas. **O Novo Processo Civil Brasileiro**. São Paulo: Grupo GEN, 2022. s.p.

103. BRASIL. **Lei 13.105,** de 16 de março de 2015. Código de Processo Civil. Disponível em: http://www.planalto.gov.br/ccivil_03/_ato2015-2018/2015/lei/l13105.htm. Acesso em: 11 abr. 2023.

desenho ou gráfico, sempre que esses documentos devam ser examinados, na diligência, pelas partes, pelos peritos ou pelas testemunhas. Quando o objeto da carta for exame pericial sobre documento, este será remetido em original, ficando nos autos reprodução fotográfica. Além disso, no caso da carta arbitral, tal atenderá, no que couber, aos requisitos a que se refere o caput do Art. 260 e será instruída com a convenção de arbitragem e com as provas da nomeação do árbitro e de sua aceitação da função.

Em todas as cartas, o juiz fixará o prazo para cumprimento, atendendo à facilidade das comunicações e à natureza da diligência e observado o seguinte: a) as partes deverão ser intimadas pelo juiz do ato de expedição da carta. b) expedida a carta, as partes acompanharão o cumprimento da diligência perante o juízo destinatário, ao qual compete a prática dos atos de comunicação; e c) a parte a quem interessar o cumprimento da diligência deverá cooperar para que o prazo a que se refere o caput do Art. 261 seja cumprido.

A **carta tem caráter itinerante**, podendo, antes ou depois de lhe ser ordenado o cumprimento, ser encaminhada a juízo diverso do que dela consta, a fim de se praticar o ato. O encaminhamento da carta a outro juízo será imediatamente comunicado ao órgão expedidor, que intimará as partes, sendo que as cartas deverão, preferencialmente, ser expedidas por meio eletrônico, caso em que a assinatura do juiz deverá ser eletrônica.

A carta de ordem e a carta precatória por meio eletrônico, por telefone ou por telegrama conterão, em resumo substancial e nos termos do Art. 264, os requisitos mencionados no Art. 250, especialmente no que se refere à aferição da autenticidade. Além disso, o secretário do tribunal, o escrivão ou o chefe de secretaria do juízo deprecante transmitirá, por telefone, a carta de ordem ou a carta precatória ao juízo em que houver de se cumprir o ato, por intermédio do escrivão do primeiro ofício da primeira vara, se houver na comarca mais de um ofício ou de uma vara, observando-se, quanto aos requisitos, o disposto no Art. 264.

O escrivão ou o chefe de secretaria, no mesmo dia ou no dia útil imediato, telefonará ou enviará mensagem eletrônica ao secretário do tribunal, ao escrivão ou ao chefe de secretaria do juízo deprecante, lendo-lhe os termos da carta e solicitando-lhe que os confirme e, sendo confirmada, o escrivão ou o chefe de secretaria submeterá a carta a despacho.

Serão praticados de ofício os atos requisitados por meio eletrônico e de telegrama, devendo a parte depositar na secretaria do tribunal ou no cartório do juízo deprecante a importância correspondente às despesas que serão feitas no juízo em que houver de praticar-se o ato.

O juiz recusará cumprimento a carta precatória ou arbitral, devolvendo-a com decisão motivada quando: a) a carta não estiver revestida dos requisitos legais; b) faltar ao juiz competência em razão da matéria ou da hierarquia; e c) o juiz tiver dúvida acerca de sua autenticidade. No caso de incompetência em razão da matéria ou da hierarquia, o juiz deprecado, conforme o ato a ser praticado, poderá remeter a carta ao juiz ou ao tribunal competente. Cumprida a carta, será devolvida ao juízo de origem no prazo de 10 (dez) dias, independentemente de traslado, pagas as custas pela parte.

5.2.4 Das intimações

Chama-se intimação o ato pelo qual se dá ciência a alguém dos atos e dos termos do processo, sendo facultado aos advogados promover a intimação do advogado da outra parte por meio do correio, juntando aos autos, a seguir, cópia do ofício de intimação e do aviso de recebimento. Para tal medida, o ofício de intimação deverá ser instruído com cópia do despacho, da decisão ou da sentença.

Além disso, determina-se que a intimação da União, dos Estados, do Distrito Federal, dos Municípios e de suas respectivas autarquias e fundações de direito público será realizada perante o órgão de Advocacia Pública responsável por sua representação judicial.

Com a automatização dos procedimentos, e também em razão da influência da comunicação e das tecnologias, **as intimações realizam-se, sempre que possível, por meio eletrônico**, na forma da lei, sendo que, no caso do Ministério Público, da Defensoria Pública e da Advocacia Pública, aplica-se o disposto no § 1º do art. 246 – visto anteriormente.

O juiz determinará de ofício as intimações em processos pendentes, salvo disposição em contrário, devendo-se ter em mente que, quando não realizadas por meio eletrônico, consideram-se feitas as intimações pela publicação dos atos no órgão oficial. A norma processual preocupou-se em elencar algumas determinações importantes no que toca às intimações realizadas, conforme destacado a seguir:

- Os advogados e as advogadas poderão requerer que, na intimação a eles dirigida, figure apenas o nome da sociedade a que pertençam, desde que devidamente registrada na Ordem dos Advogados do Brasil.

- Sob pena de nulidade (norma cogente, portanto), é indispensável que da publicação constem os nomes das partes e de seus advogados e de duas advogadas, com o respectivo número de inscrição na Ordem dos Advogados do Brasil, ou, se assim requerido, da sociedade de advogados(as).
- A grafia dos nomes das partes não deve conter abreviaturas.
- A grafia dos nomes dos(as) advogados(as) deve corresponder ao nome completo e ser a mesma que constar da procuração ou que esteja registrada na Ordem dos Advogados do Brasil.
- Constando dos autos pedido expresso para que as comunicações dos atos processuais sejam feitas em nome dos(as) advogados(as) indicados, o seu desatendimento implicará nulidade – novamente uma norma cogente, portanto.
- A retirada dos autos do cartório ou da secretaria em carga pelo(a) advogado(a), por pessoa credenciada a pedido do(a) advogado(a) ou da sociedade de advogados(as), pela Advocacia Pública, pela Defensoria Pública ou pelo Ministério Público implicará intimação de qualquer decisão contida no processo retirado, ainda que pendente de publicação.
- O(a) advogado(a) e a sociedade de advogados(as) deverão requerer o respectivo credenciamento para a retirada de autos por preposto.
- A parte poderá arguir a nulidade da intimação em capítulo preliminar do próprio ato que lhe caiba praticar, o qual será tido por tempestivo se o vício for reconhecido.
- Não sendo possível a prática imediata do ato diante da necessidade de acesso prévio aos autos, a parte limitar-se-á a arguir a nulidade da intimação, caso em que o prazo será contado da intimação da decisão que a reconheça.

Na hipótese de não ser viável a intimação por meio eletrônico e se não houver na localidade publicação em órgão oficial, incumbirá ao escrivão ou chefe de secretaria intimar de todos os atos do processo os advogados das partes: a) pessoalmente, se tiverem domicílio na sede do juízo; ou b) por carta registrada, com aviso de recebimento, quando forem domiciliados fora do juízo.

Salvo se previsto de forma diversa, as intimações serão feitas às partes, aos seus representantes legais, aos advogados e aos demais sujeitos do processo pelo correio ou, se presentes em cartório, diretamente pelo escrivão ou chefe de secretaria. Além disso, **presumem-se válidas as intimações dirigidas ao endereço constante dos autos**, ainda que não recebidas pessoalmente pelo interessado, se a modificação temporária ou definitiva não tiver sido devidamente comunicada ao juízo, fluindo os prazos a partir da juntada aos autos do comprovante de entrega da correspondência no primitivo endereço.

Uma outra opção abordada pela norma processual é a intimação por meio de oficial de justiça, que será utilizada quando frustrada a realização por meio eletrônico ou pelo correio. A certidão de intimação deverá conter a indicação do lugar e a descrição da pessoa intimada, mencionando, quando possível, o número de seu documento de identidade e o órgão que o expediu; a declaração de entrega da contrafé; e a nota de ciente ou a certidão de que o interessado não a apôs no mandado. Ademais, e no caso de ser necessário, a intimação poderá ser efetuada com hora certa ou por edital, analisadas as questões de cada caso.

5.3 Das nulidades

Todo e qualquer ato processual deve ser realizado de acordo com o que a sua implicação legal determina, motivo pelo o qual os atos devem ser praticados no tempo correto, no lugar adequado e através do modo certo. **Na hipótese de ser observada a ausência de qualquer dos requisitos legais, tal implicará em um vício formal e, portanto, o ato será considerado atípico – em razão da invalidade do ato.**

No direito processual **existem invalidades cominadas e não cominadas**: na primeira, a lei expressamente determina a invalidade do ato que deixa de observar determinado pressuposto, sendo que na segunda hipótese há a invalidade mesmo que na ausência de previsão legal – um contraponto à máxima *pas de nullité sans texte* (não há nulidade sem texto). Em resumo, é possível apontar para a adoção de uma teoria das nulidades processuais que, de acordo com Marcelo Ribeiro[104], **também pode adotar as características de nulidade absoluta (viola norma cominada), nulidade relativa (viola norma não cominada) e anulabilidade (viola norma dispositiva).**

Essa invalidade (ou nulidade), contudo, irá depender do tipo de norma observada, eis que é possível destacar normas cogentes e normas dispositivas. A norma cogente é a norma jurídica imperativa e que deve ser observada obrigatoriamente, ao passo em que a norma dispositiva é uma norma supletiva,

104. RIBEIRO, Marcelo. **Processo Civil**. 3. ed. Grupo GEN, 2023. s.p.

aplicada nos casos em que as partes não definem de outro modo determinada situação. A inobservância de norma processual cogente ocasiona a nulidade de um ato processual, enquanto a violação de normas dispositivas acarreta sua anulabilidade.

O Código de Processo Civil aponta para determinados pressupostos processuais que ditam a forma como as nulidades serão tratadas no contexto jurídico, a exemplo do disposto no Art. 276, na medida em que, quando a lei prescrever determinada forma sob pena de nulidade, a decretação desta não pode ser requerida pela parte que lhe deu causa. Além disso, quando a lei prescrever determinada forma, o juiz considerará válido o ato se, realizado de outro modo, lhe alcançar a finalidade.

A nulidade dos atos deve ser alegada na primeira oportunidade em que couber à parte falar nos autos, sob pena de preclusão, sendo que tal prerrogativa não se aplica às nulidades que o juiz deva decretar de ofício, nem prevalece a preclusão provando a parte legítimo impedimento.

Nos casos em que se observa a intervenção do Ministério público, também é possível que atos específicos sejam determinados nulos, sobretudo quando este não for intimado a acompanhar o feito em que deva intervir. Se o processo tiver tramitado sem conhecimento do membro do Ministério Público, o juiz invalidará os atos praticados a partir do momento em que ele deveria ter sido intimado, ressaltando-se que a nulidade só pode ser decretada após a intimação do Ministério Público, que se manifestará sobre a existência ou a inexistência de prejuízo.

Nos demais casos de atuação processual, as citações e as intimações serão nulas quando feitas sem observância das prescrições legais – o que decorre do já indicado inicialmente. **Anulado o ato, todos os atos subsequentes serão considerados sem efeitos, desde que tais atos venham a depender do ato considerado nulo.** Apesar disso, a nulidade de uma parte do ato não prejudicará as outras que dela sejam independentes.

Cabe ao juiz, ao pronunciar a nulidade, declarar quais os atos são atingidos e ordenar as providências necessárias a fim de que sejam repetidos ou retificados, sendo que o ato não será repetido nem sua falta será suprida quando não prejudicar a parte. **Quando puder decidir o mérito a favor da parte a quem aproveite a decretação da nulidade, o juiz não a pronunciará nem mandará repetir o ato ou suprir-lhe a falta.**

Por fim, o erro de forma do processo acarreta unicamente a anulação dos atos que não possam ser aproveitados, devendo ser praticados os que forem necessários a fim de se observarem as prescrições legais. Ressalta-se, contudo, que o aproveitamento dos atos praticados somente ocorrerá na hipótese em que tal aproveitamento não resulte prejuízo à defesa de qualquer parte.

5.4. Da distribuição e registro

Registrar significa anotar a existência de algo, individualizando-o. Registram-se os processos para fins históricos, estatísticos, fiscais, administrativos, publicitários e processuais. Conforme artigo 284 do CPC: "Todos os processos estão sujeitos a registro, devendo ser distribuídos onde houve mais de um juiz".

Nas comarcas ou subseções judiciárias em que há mais de um juiz ou mais de um escrivão ou chefe de secretaria os processos devem ser, além de registrados, distribuídos. A necessidade de distribuição dos processos é uma concretização do direito fundamental ao juízo natural (art. 5º, XXXVII e LII, CF) e do direito fundamental à paridade de armas no processo civil (arts. 5º, I, CF, e 7º, CPC), respondendo ainda à necessidade de repartição equilibrada do volume de trabalho entre os órgãos jurisdicionais.

Já, a distribuição por dependência pressupõe a existência de uma demanda já em curso a que se ligue outra que se encontra na iminência de ser ajuizada e distribuída.

Embora nosso Código fale em distribuição por dependência, o art. 286, II, CPC, na realidade, fixa por prevenção a competência do juízo que conheceu da demanda anteriormente ajuizada cujo processo foi extinto sem resolução de mérito. O intento evidente do legislador é coibir a escolha do juízo pelo litigante, manobra que importa em clara ofensa ao direito fundamental ao juízo natural e à paridade de armas no processo civil.

A reiteração da demanda, nesses casos, pode dar lugar inclusive à aplicação das sanções inerentes à litigância de má-fé. Pouco importa que a nova ação seja proposta em litisconsórcio com outros autores ou que sejam parcialmente alterados os réus da demanda: o que interessa é que o núcleo do litígio entre determinadas pessoas seja novamente apresentado em juízo. Nesse caso, há prevenção do juízo que primeiro conheceu do pedido de tutela jurisdicional.

O distribuidor não tem atribuição para realizar qualquer espécie de juízo a respeito do requerimento do demandante para que se distribua a petição livremente ou por dependência. Cumpre-lhe seguir o afirmado pelo demandante, anotando nos autos, se for o caso, o equívoco da opção eleita pela parte.

Havendo distribuição incorreta, corrigirá o juiz, de ofício ou a requerimento do interessado, o equívoco na distribuição, determinando a redistribuição da causa ou compensando-a. Se suspeita de direcionamento indevido do feito à sua análise, cumpre-lhe determinar a sua redistribuição. A análise do juiz sobre a questão pode ser suscitada por mero requerimento nos autos da parte interessada.

A distribuição pode ser fiscalizada pela parte, por seu procurador, pelo Ministério Público, pela Defensoria Pública ou pelo órgão jurisdicional. Trata-se de concretização do direito fundamental à publicidade do processo (arts. 5.°, LX e 93, IX, CF, e 11 e 189, CPC).

A fiscalização pela parte, por seu procurador, pelo Ministério Público ou pela Defensoria Pública pode ser exercida de maneira direta ou indireta. Diretamente, pode a parte ou seu procurador fiscalizar a distribuição de maneira presencial no exato momento em que essa se dá, inclusive solicitando o número de petições que se encontram à sua frente e o juízo a que foram distribuídas.

Indiretamente, pode solicitar certidão ao distribuidor do número de petições distribuídas e os juízos a que foram encaminhadas.

O cancelamento da distribuição só se legitima se a parte for intimada na pessoa do seu advogado e não realizar o pagamento, conforme previsão do artigo 290 do CPC.

5.5. Valor da causa

O Código de Processo Civil determina, que "a toda causa será atribuído valor certo, ainda que não tenha conteúdo econômico imediatamente aferível" (291). Isso significa dizer, em leitura conjunta com o art. 319, V, que a indicação do valor da causa é requisito indispensável da inicial, e por isso existe toda uma sistemática ao redor do tema.

O valor da causa possui impacto direto nas custas judiciais que devem ser pagas desde o início da demanda (ressalvadas as isenções legais e a gratuidade judiciária), bem como a sucumbência (verba a ser paga pelo perdedor na demanda, que inclui honorários advocatícios que serão calculados sobre o valor atribuído à causa). Essa mesma exigência vale para a reconvenção, conforme determina o art. 292.

O artigo 292 traz alguns critérios para a fixação do valor da causa:

> *Art. 292. O valor da causa constará da petição inicial ou da reconvenção e será:*
>
> *I - na ação de cobrança de dívida, a soma monetariamente corrigida do principal, dos juros de mora vencidos e de outras penalidades, se houver, até a data de propositura da ação;*
>
> *II - na ação que tiver por objeto a existência, a validade, o cumprimento, a modificação, a resolução, a resilição ou a rescisão de ato jurídico, **o valor do ato ou o de sua parte controvertida;***
>
> ***III - na ação de alimentos, a soma de 12 (doze) prestações mensais pedidas pelo autor;***
>
> *IV - na ação de divisão, de demarcação e de reivindicação, o valor de avaliação da área ou do bem objeto do pedido;*
>
> ***V - na ação indenizatória, inclusive a fundada em dano moral, o valor pretendido;***
>
> ***VI - na ação em que há cumulação de pedidos, a quantia correspondente à soma dos valores de todos eles;***
>
> *VII - na ação em que os pedidos são alternativos, o de maior valor;*
>
> *VIII - na ação em que houver pedido subsidiário, o valor do pedido principal.*

Alterações relevantes constam dos incisos V e VI, em relação à previsão anterior. Se o autor pretende um montante a título de indenização por dano moral (porque foi indevidamente inscrito em órgão de proteção de crédito, p. ex.), deve declarar expressamente, nos pedidos o valor que ele pretende, e esse valor também deverá estar incluído no valor da causa. Se esse pedido de dano moral estiver cumulado com outros pedidos (que é a cumulação de pedidos do art. 327, CPC), o valor da causa será a soma de todos eles.

Havendo prestações vincendas, estas deverão ser incluídas junto com as vencidas (292, § 1°). Outros dois pontos merecem destaque: o primeiro é de que o juiz poderá corrigir o valor da causa, de ofício e por arbitramento, ou seja, ao receber a inicial, mesmo não provocado pelo réu, ele pode determinar sua alteração para atender ao que dispõe o art. 292. Se o autor deixou de incluir no valor da causa o mencionado valor do pedido de indenização por dano moral, o juiz pode incluí-lo de ofício, determinando ao autor o recolhimento das custas correspondentes. Naturalmente, esse dispositivo também se aplica à reconvenção. O segundo é de que cabe ao réu, na contestação, impugnar o valor da causa, sob pena de preclusão. Ou seja, não poderá alegar isso em momento posterior, tratando-se de defesa formal a ser alegada em preliminar (337, III, CPC).

REFERÊNCIAS

ALVIM, Angélica Arruda. **Comentários ao código de processo civil**. São Paulo: Editora Saraiva, 2017.

BRASIL. **Constituição Federal de 1988**. Disponível em: http://www.planalto.gov.br/ccivil_03/constituicao/constituicao.htm. Acesso em 11 abr. 2023.

BRASIL. **Lei 14.195**, de agosto de 2022. Dispõe sobre a facilitação para abertura de empresas [...]. Disponível em: http://www.planalto.gov.br/ccivil_03/_ato2019-2022/2021/lei/L14195.htm. Acesso em 15 abr. 2023.

BRASIL. **Lei 13.105,** de 16 de março de 2015. Código de Processo Civil. Disponível em: http://www.planalto.gov.br/ccivil_03/_ato2015-2018/2015/lei/l13105.htm. Acesso em: 11 abr. 2023.

CÂMARA, Alexandre Freitas. **O Novo Processo Civil Brasileiro**. São Paulo: Grupo GEN, 2022

RIBEIRO, Marcelo. **Processo Civil**. 3. ed. Grupo GEN, 2023.

6. DA TUTELA PROVISÓRIA

O tempo é um elemento fundamental no desenvolvimento do processo. Embora nem sempre tenha sido um fator relevante, atualmente, a par do direito fundamental à duração razoável do processo (art. 5º, LXXVIII – "a todos, no âmbito judicial e administrativo, são assegurados a razoável duração do processo e os meios que garantam a celeridade de sua tramitação"), não se pode imaginar que os processos tenham duração indeterminada ou mesmo excessiva. É exatamente por isso, aliado ao exame de outros direitos fundamentais processuais, que o Conselho Nacional de Justiça efetua o relatório "Justiça em Números" que divulga, anualmente, estatísticas e dados do Judiciário em âmbito nacional.

Dentro da lógica de um direito fundamental à tutela dos direitos, é importante que o processo, como ferramenta de pacificação social que é, possa alcançar sua finalidade. É crucial que sejam equilibrados diversos elementos na prestação jurisdicional, dentre eles a necessidade de se garantir às partes todos os seus direitos decorrentes do devido processo legal, como direito ao contraditório, ampla defesa, prova, motivação, publicidade, igualdade, segurança jurídica, entre outros. A velocidade dessa prestação não é, portanto, o único fator a ser considerado, embora seja um dos elementos a serem sopesados.

Isso leva ao entendimento de que a "cognição judicial não segue sempre um mesmo e único padrão" [105]. Vale dizer, ela será diferenciada quando o direito posto em juízo demandar uma perspectiva diversa da tradicionalmente adotada, justamente para proporcionar uma *efetiva* tutela do direito. Sempre é bom lembrar que os direitos fundamentais que são frequentemente mencionados possuem perspectiva material (de prestações que precisam ser alcançadas pelo Estado, como no caso do direito à educação, saúde etc) e processual (para que se crie um modelo mínimo de garantias a proteger o indivíduo do arbítrio estatal).[106] E para cada *direito* fundamental, corresponde um *dever* fundamental. No caso das tutelas provisórias, existe um dever tanto para o Estado-Juiz para que preste a jurisdição de forma célere e efetiva, mas também para o Estado-Legislador para que regre o procedimento, a fim de evitar arbitrariedades e uma indevida supressão de direitos do réu.

Nesse contexto é que surge a necessidade de entregar ao magistrado as ferramentas que ele poderá utilizar na tutela dos direitos. Não se pode exigir dele que, em cada caso que lhe é apresentado, seja feito um procedimento 'sob medida', 'desenhado' para cada tipo de direito e situação que for posta a julgamento. O regramento da tutela provisória traz, portanto, segurança jurídica aos jurisdicionados em ambos os lados da relação processual, tanto para o autor, quanto para o réu.

6.1 Tutela provisória x tutela definitiva:

A cognição sumária é um fenômeno moderno, característico da sociedade atual, que se rege pelo seu ritmo acelerado. Os avanços tecnológicos, progressivamente incorporados às ferramentas do Poder Judiciário, demandam, por parte do julgador, atitudes mais céleres e respostas mais imediatas. Por outro lado, diante de tanta rapidez, os cidadãos também desejam *segurança*, o que demonstra, com total clareza, que não se está diante de uma "falência do processo comum de cognição plena e exauriente, pois este é o modelo que possibilita a solução dos conflitos de maneira mais segura."[107] A cognição é, portanto, a atividade desempenhada pelo julgador que dará respaldo às decisões proferidas, ela é o fundamento do resultado que se apresentará em uma sentença que encerrará essa atividade.

O que se quer dizer é que não se pode remover do processo, enquanto instrumento, é a aptidão para formar a coisa julgada, ou seja, decisões definitivas que não possam ser infinitamente (re)discutidas. Em algum momento, pura e simplesmente, é preciso terminar, e a opção do legislador foi de que a *regra* para tanto seja que a coisa julgada se forme em processos de cognição *plena* e *exauriente*. Na forma

105. WAMBIER, Luiz Rodrigues; TALAMINI, Eduardo. *Curso Avançado de Processo Civil*. Vol. 2. 16ª ed. São Paulo: RT, 2016, p. 55.

106. SARLET, Ingo, MARINONI, Luiz Guilherme, MITIDIERO, Daniel. *Curso de Direito Constitucional*. 12ª ed. São Paulo: RT, 2023, p. 860.

107. WATANABE, Kazuo. *Da cognição no processo civil*. 2. ed. Campinas: Bookseller, 2000, p. 142-143.

como está posto em nosso ordenamento, percebe-se que existe "um vínculo indissociável entre tutela provisória e definitiva. Toda tutela provisória está fadada a ser substituída por uma tutela definitiva."[108]

A cognição sumária, portanto, é uma atividade desempenhada de forma limitada. Entende-se que o julgador não está examinando a demanda em *profundidade*, mas de forma *superficial*. Isso se verifica das próprias exigências legais que dão conta de que, para proferir uma decisão que pode se tornar *definitiva* (e revestida pela coisa julgada), o magistrado deve empreender atividade muito mais rigorosa do ponto de vista cognitivo, muito mais profunda, por isso se diz que essa cognição se dá no plano *vertical* (mais ou menos profundo).

A cognição exauriente "é aquela que se produz em um procedimento que permite a ampla investigação por parte do julgador. Nesse modelo de cognição, o julgamento do mérito é precedido da possibilidade de ampla e aprofundada instrução probatória (...) ou então, havendo a limitação de meios de prova, o julgador apenas está obrigado a se pronunciar sobre o mérito quando for possível formar sua convicção quanto aos fatos da causa valendo-se apenas daqueles meios probatórios ali permitidos"[109], como ocorre no mandado de segurança. A sumária limitará a atividade cognitiva do magistrado, reduzindo seu espaço de inquirição, ainda assim exigindo dele que decida sobre questão de mérito que lhe foi apresentada.

A diferença não é propriamente sobre a convicção do juiz, que pode estar absolutamente convencido de um pedido formulado em antecipação de tutela (cognição sumária) e ter dúvidas quando sentencia, aplicando regras do ônus da prova do 373, CPC (cognição exauriente). A distinção reside no procedimento. A cognição sumária não será antecedida da ampla possibilidade das partes se manifestarem (contraditório pleno e ampla defesa) e produzirem prova, nem de possível atividade probatória do próprio julgador; a exauriente necessariamente abrirá essas *possibilidades* para esses sujeitos.

Para diferenciar, existe também uma cognição no plano *horizontal*, ou seja, não diz respeito à profundidade com que o magistrado vai examinar as questões que lhe são propostas, mas vai limitar *quais* são os temas que podem ser examinados. Nessa linha, a cognição pode ser total (examinando tudo que for proposto perante o magistrado) ou parcial (alguns temas não poderão ser discutidos na demanda).

6.2. Tutela provisória: regulamentação geral

A regulamentação da tutela provisória acabou prevista na *parte geral* do Código de Processo Civil de 2015, o que autoriza sua aplicação tanto de forma *incidental* (quando é requerida no âmbito de uma demanda com outros pedidos além da própria tutela provisória) ou *antecedente* (o pedido apresentado é exclusivamente de caráter provisório). Justamente por essa localização no Código, entende-se que pode ser requerida tanto no procedimento comum bem como em todo e qualquer procedimento especial ou diferenciado, desde que preenchidos os requisitos legais.[110] Ela se divide em tutela de urgência ou evidência (art. 294).

Não há limitação legal para exatamente em quais processos ou tipos de direito a ser tutelado pode ser pleiteada a tutela provisória. Pode ser pleiteada para concessão em caráter liminar, antes de se ouvir a parte contrária (*inaudita altera parte*), desde que observados os requisitos legais. Também pode ser concedida quando a demanda se encontrar em grau recursal, porém é importante ressaltar que a tutela de evidência não pode ser proposta em caráter antecedente, ao contrário das tutelas antecipada e cautelar (art. 294, § único).

Tanto faz, se o pedido é de natureza declaratória, constitutiva, condenatória, mandamental, executiva [111]: todo tipo de pedido comporta, em tese, a tutela provisória e, quando apresentado nessa modalidade, não acarretará o pagamento de custas (art. 295). Normalmente estará atrelada ao pedido principal. Imagine-se, por exemplo, uma demanda que envolva a remoção do nome do autor de cadastros de restrição de crédito. O pedido poderá ser de natureza declaratória (de inexistência de dívida) e condenatória (requerendo o pagamento de uma indenização pela inscrição indevida). Mas também haverá um pedido de tutela provisória, na modalidade de urgência, para que desde o início da demanda (em

108. Hilbert *In* DALL'ALBA, Felipe; FORSTER, João Paulo. *Primeiras Linhas de Direito Processual Civil*. Vol. 2. Porto Alegre: Livraria do Advogado, 2016, p. 204.

109. WAMBIER, Luiz Rodrigues; TALAMINI, Eduardo. *Curso Avançado de Processo Civil*. Vol. 2. 16ª ed. São Paulo: RT, 2016, p. 56.

110. MARINONI, Luiz Guilherme; ARENHART, Sérgio Cruz, MITIDIERO, Daniel. *Curso de Processo Civil*. Vol. 2. 3ª ed. São Paulo: 2017, p. 207.

111. WAMBIER, Luiz Rodrigues; TALAMINI, Eduardo. *Curso Avançado de Processo Civil*. Vol. 2. 16ª ed. São Paulo: RT, 2016, p. 871.

caráter liminar, portanto), o nome do autor seja removido desses cadastros.

Além das exigências de cada modalidade de tutela provisória, entende-se necessário o *requerimento da parte interessada*.[112] Essa exigência pode ser depreendida dos artigos 295, 303 e 305 do CPC, até mesmo porque a tutela provisória pode trazer risco para o requerente, conforme prevê o art. 302: *Independentemente da reparação por dano processual, a parte responde pelo prejuízo que a efetivação da tutela de urgência causar à parte adversa.*

A concessão da tutela provisória pode acarretar dano para aquele que tem de cumpri-la e, logicamente, quem a pleiteou deverá indenizá-lo. As hipóteses em que a parte responderá pelo dano estão elencadas no art. 302, do CPC: *I - a sentença lhe for desfavorável; II - obtida liminarmente a tutela em caráter antecedente, não fornecer os meios necessários para a citação do requerido no prazo de 5 (cinco) dias; III - ocorrer a cessação da eficácia da medida em qualquer hipótese legal; IV - o juiz acolher a alegação de decadência ou prescrição da pretensão do autor.*

Outra característica comum às tutelas provisórias é que elas conservarão sua eficácia durante o processo, mas podem, a qualquer tempo, serem revogadas ou modificadas (art. 296), mesmo durante o período de suspensão do feito, salvo decisão em sentido contrário (art. 296, § único). Vale dizer, uma vez concedida a tutela pleiteada, ela seguirá válida e eficaz, necessitando ser observada por todos os envolvidos até a decisão final a ser proferida. Ela é, contudo, concedida em caráter *precário*: a qualquer tempo, o magistrado poderá revê-la. Justamente por essa precariedade que a tutela é *provisória*, mas o julgador pode determinar que sejam observadas todas as medidas que considerar adequadas para efetivá-la (art. 297), observando-se o que dispõe o cumprimento provisório de sentença, no que lhe for aplicável (art. 297, § único).

Nesse sentido o enunciado nº 38, da I Jornada de Direito Processual Civil do STJ, "as medidas adequadas para efetivação da tutela provisória independem do trânsito em julgado, inclusive contra o Poder Público."

As tutelas provisórias também devem ser *reversíveis*. Quando a tutela é concedida, justamente por sê-lo em caráter *provisório*, deve ser possível que as partes sejam devolvidas ao estado em que se encontravam antes da efetivação da medida. Caso seja irreversível ou mesmo a indenização seja insuficiente para cobrir todo o prejuízo causado, não deverá ser concedida (art. 300, § 3º), a menos que se apresente a hipótese do Enunciado nº 40, da I Jornada de Direito Processual Civil do STJ: "A irreversibilidade dos efeitos da tutela de urgência não impede sua concessão, em se tratando de direito provável, cuja lesão seja irreversível."

O último aspecto de extrema relevância comum a todas as tutelas provisórias é a necessidade de *motivação* da decisão, exigência constitucional (art. 93, IX, CF) e infraconstitucional (art. 11, 298, 489, § 1º, CPC). Não pode o julgador simplesmente, de forma vaga, referir que os "requisitos legais estão preenchidos" para a concessão ou que não se acham presentes para a não concessão, modificação ou revogação (art. 489, § 1º, I, III e IV, CPC). A decisão precisa ser devidamente fundamentada, examinando o material probatório apresentado, indicando com clareza as conclusões adotadas pelo Juízo.

6.3. Tutela de urgência:

É importante distinguir a tutela de urgência (arts. 300/302) da de evidência (art. 311). A tutela de urgência possui requisitos que lhe são próprios e constam do art. 300 do CPC: "A tutela de urgência será concedida quando houver elementos que evidenciem a probabilidade do direito e o perigo de dano ou o risco ao resultado útil do processo." O artigo apresenta *dois requisitos* para concessão da tutela de urgência, seja ela cautelar ou antecipada.

O primeiro diz respeito à probabilidade do direito, ou à sua *'provabilidade'*: cabe ao requerente apresentar elementos de *prova* que ele tem razão quando pleiteia a tutela do seu direito. Se não demonstrar que o direito ele possui é "provável" no sentido que pode ser provado, não fará jus à tutela de urgência. Essa probabilidade também pode ser demonstrada pela jurisprudência, trazendo julgados que tenham concedido o mesmo pedido sob as mesmas condições que ele ostenta. O importante é que esse elemento de probabilidade esteja presente nos autos já no primeiro momento, e não atrelado integralmente a momento futuro, como no caso de produção de prova testemunhal.

Quanto ao perigo de dano ou risco ao resultado útil do processo, trata do elemento *temporal*. Afinal, todo direito cuja tutela se requer em juízo necessita ser provado. O diferencial reside que, provado que seja, o autor também não pode aguardar pelo desfecho do processo, pela decisão final, para tutela do seu direito, se não perderá completamente sua utilidade.

112. MARINONI, Luiz Guilherme; ARENHART, Sérgio Cruz, MITIDIERO, Daniel. *Curso de Processo Civil*. Vol. 2. 3ª ed. São Paulo: 2017, p. 208.

Presentes os requisitos do art. 300, *caput*, o julgador poderá, "conforme o caso, exigir caução real ou fidejussória idônea para ressarcir os danos que a outra parte possa vir a sofrer, podendo a caução ser dispensada se a parte economicamente hipossuficiente não puder oferecê-la." (art. 300, § 1º). Essa caução é uma *garantia* exigida pelo Juízo para, caso a tutela venha a ser posteriormente *revertida*, já se saiba que será possível obter a indenização da caução prestada, seja ela de garantia real (como a gravação de um bem com um ônus) ou fidejussória (com a apresentação de um fiador). A parte que for hipossuficiente, não tendo como apresentar garantia, não poderá suportar essa exigência.

A tutela de urgência pode ser concedida em caráter liminar (sem oitiva prévia do demandado, assim que examinada a petição inicial, após análise dos artigos 321, 330, 331, 332 do CPC) ou após "justificação prévia", que ocorrerá em audiência, reforçando que a tutela de urgência pode ser concedida em qualquer momento processual.

6.3.1 Tutela Antecipada

A tutela antecipada se apresenta nas situações em que o jurisdicionado necessita antecipar o próprio "bem da vida" pretendido ao final da demanda. Ou seja, aquilo que ele receberia no final do processo é obtido em caráter liminar, no início ou em algum outro momento antes do final. São as prestações que somente seriam recebidas mais adiante, após a cognição plena e exauriente. Importante frisar que algumas exigências que a lei parece impor apenas à tutela antecipada, como a reversibilidade (art. 300, § 3º), se aplicam à todas as tutelas provisórias, pela sua própria natureza.

6.3.2 Tutela Cautelar

A tutela provisória urgente de natureza cautelar diferente da antecipada, pois, ao contrário de *antecipar* o direito pretendido, o "bem da vida" almejado, apenas *assegura seu exercício futuro*. Quer dizer, quando a tutela concedida é de natureza cautelar, o que se alcança ao jurisdicionado não é o direito pretendido em si, mas se resguarda, se protege esse direito para que, no futuro, ele possa ser gozado. Ela tem a finalidade de *conservar* um direito para que, caso ele seja no futuro reconhecido, o seu titular ainda possa extrair utilidade desse provimento.

É o que acontece, por exemplo, no arresto de bens. O autor refere que possui um crédito com o réu, que ainda será examinado ao longo do processo de conhecimento, em cognição plena e exauriente. Contudo, ele demonstra que o devedor (que pode ser um ex-sócio, o ex-cônjuge e assim por diante) está arruinando o patrimônio e que, se tiver de aguardar o fim do processo, nada haverá para executar. Ao conceder a constrição sobre o patrimônio do devedor, tornando-o indisponível, ao contrário do que ocorre na antecipação de tutela, o julgador não está entregando para o autor o seu direito (no caso, o crédito), mas apenas preservando o patrimônio do devedor para uma eventual execução futura. Acaso comprovado que o crédito não existia, o patrimônio será liberado novamente para o réu, devendo o autor responder por todos os prejuízos causados (art. 302).

O CPC refere, no art. 301, que "a tutela de urgência de natureza cautelar pode ser efetivada mediante arresto, sequestro, arrolamento de bens, registro de protesto contra alienação de bem e qualquer outra medida idônea para asseguração do direito." Ao contrário da legislação revogada (CPC/73), que possuía um livro específico para o processo cautelar, o CPC de 2015 simplificou significativamente o procedimento dessa natureza. As medidas a serem adotadas pelo magistrado não se limitam ao rol do art. 301, que é meramente exemplificativo.

6.4. Tutela de urgência em caráter antecedente

Usualmente a tutela de urgência vai ser pleiteada em caráter incidental, ou seja, ela não é o tema *principal* da demanda. Ela é um dos pedidos formulados em conjunto com outros, que se conectam à tutela *definitiva* pretendida. Para melhor tutela dos direitos, contudo, o legislador bem resolveu dispor no Código de Processo Civil acerca da tutela de urgência em caráter antecedente, ou seja, a propositura de uma demanda cujo pedido principal é a própria tutela provisória.

Esse procedimento diferenciado permite que o jurisdicionado faça uma *opção:* se ele quer propor diretamente a demanda com os pedidos de tutela definitiva (na qual ocorrerá a cognição plena e exauriente), ele poderá, naquela demanda, apresentar o pedido de tutela de urgência de forma incidental (de cognição superficial), a ser decidido junto com os outros pedidos, apenas em momentos possivelmente distintos. No entanto, caso deseje, poderá propor uma outra demanda, de caráter *antecedente* (porque é proposta *antes*), cujo pedido principal é a tutela provisória, observando os requisitos legais.

O CPC regula esse procedimento dividindo-o em tutela antecipada requerida em caráter antecedente (arts. 303/304) e tutela cautelar requerida em caráter antecedente (arts. 305/310). A tutela de urgência em caráter antecedente tem procedimento diferenciado a ser observado que exigirá conduta específica do autor para que a demanda tenha prosseguimento, com penalidades previstas pelo seu não cumprimento.

6.4.1 Tutela antecipada em caráter antecedente

Conforme disposto no art. 303, "nos casos em que a urgência for contemporânea à propositura da ação, a petição inicial pode limitar-se ao requerimento da tutela antecipada e à indicação do pedido de tutela final, com a exposição da lide, do direito que se busca realizar e do perigo de dano ou do risco ao resultado útil do processo." A tutela antecipada requerida em caráter antecedente precisa observar os mesmos requisitos do art. 300 para sua concessão. O que ela 'libera' o autor é de apresentar o pedido de tutela definitiva, que poderia demandar mais tempo para elaboração e assim prejudicar o direito a ser tutelado. Ele deverá, contudo, indicar o "pedido de tutela final", conectando-o à tutela provisória que está sendo pleiteada.

Trata-se, de resto, de petição inicial, que precisa atender, além dos requisitos específicos, às exigências do art. 319 do CPC, que é a base fundamental para toda e qualquer inicial em processo civil, seja pelo procedimento comum, seja para procedimentos especiais, no que lhes for aplicável. Ao receber a inicial, caso o magistrado decida pela concessão da tutela, deverá o autor observar o disposto nos incisos do § 1º do art. 303. Ele deverá "aditar a petição inicial, com a complementação de sua argumentação, a juntada de novos documentos e a confirmação do pedido de tutela final, em 15 (quinze) dias ou em outro prazo maior que o juiz fixar". Ele deverá apresentar o pedido de tutela definitiva nesse prazo. Embora o art. 303, § 3º mencione que o aditamento "dar-se-á nos mesmos autos, sem incidência de novas custas processuais", caso haja alteração no valor da causa por alguma razão superveniente, haverá, sim, a complementação das custas. Mantido o valor (art. 303, § 4º), não haverá novas custas.

Ademais, o "réu será citado e intimado para a audiência de conciliação ou de mediação na forma do art. 334" (II), bem como "não havendo autocomposição, o prazo para contestação será contado na forma do art. 335." Ou seja, depois que o pedido é aditado, a demanda se 'ordinariza' e passará a ser regulamentada pelo procedimento comum (arts. 319 e seguintes).

Caso o autor fique inerte, dispõe o art. 303, § 2º: "Não realizado o aditamento a que se refere o inciso I do § 1º deste artigo, o processo será extinto sem resolução do mérito." Na mesma linha, o art. 303, § 6º determina que, "caso entenda que não há elementos para a concessão de tutela antecipada, o órgão jurisdicional determinará a emenda da petição inicial em até 5 (cinco) dias, sob pena de ser indeferida e de o processo ser extinto sem resolução de mérito." Em ambos os casos, será viável a propositura de uma nova demanda, diante do resultado apresentado.

Uma vez concedida a tutela antecipada no formato antecedente, caberá ao réu interpor o recurso cabível, que é de agravo de instrumento, na forma do art. 1.015. Acaso não interposto, a tutela se tornará estável [113] e o processo será extinto, conservando seus efeitos (art. 304, § 3º). Para rever essa decisão, não será admitida ação rescisória (enunciado ENFAM nº 27), mas sim ação com o objetivo de exaurir a cognição por qualquer das partes (art. 304, § 2º), perante o mesmo juízo que proferiu a decisão, que ficou prevento (art. 304, § 4º) no prazo de dois anos contados da ciência da decisão que extinguiu o processo (art. 304, § 5º). Ao final desse prazo, estará extinto o direito de rever, reformar ou invalidar a tutela. O prazo estipulado é de natureza decadencial.

Importante referir que o art. 304, § 6º, estabelece que a tutela, ainda que estável, não produz coisa julgada. Embora aparentemente confuso, é um esclarecimento importante que o legislador traz, já que a coisa julgada se reserva para demandas em que haja cognição plena e exauriente, o que não ocorre na ação de tutela antecipada em caráter antecedente. O prazo, aliás, de dois anos mencionado no art. 304, § 5º, é apenas para a ação ali mencionada. É possível que o tema tratado na ação do art. 303 seja reaberto em outra demanda, que deverá observar os prazos prescricionais e decadenciais do direito nela debatido.

6.4.2 Tutela cautelar em caráter antecedente

A tutela cautelar em caráter antecedente está regulada nos arts. 305 a 310 do CPC, com pequenas sutilezas de diferença com o procedimento de tutela antecipada. Como refere o dispositivo do art. 305, "a petição inicial da ação que visa à prestação de tutela cautelar em caráter antecedente indicará a lide e seu fundamento, a exposição sumária do direito que se objetiva assegurar e o perigo de dano ou o risco ao resultado útil do processo." Trata-se de

113. O que também é admissível em face da Fazenda Pública, nos termos do Enunciado 130, da II Jornada de Direito Processual Civil do STJ.

petição inicial, que deverá atender os requisitos do art. 319, do CPC. Deverá, assim, indicar valor da causa, conforme art. 319, V e enunciado 44 da I Jornada de Processo Civil do STJ ("É requisito da petição inicial da tutela cautelar requerida em caráter antecedente a indicação do valor da causa.

A contestação observará o prazo do art. 306, do CPC, sendo de cinco dias, e no mesmo prazo o réu deverá indicar as provas que pretende produzir. Na mesma linha do que prevê o art. 344 do CPC (revelia pela não apresentação de defesa), o art. 307 prevê que, não sendo contestado o pedido, os fatos alegados pelo autor presumir-se-ão aceitos pelo réu como ocorridos, caso em que o juiz decidirá dentro de 5 (cinco) dias. Sabe-se que o prazo, para o Juízo, é impróprio, não havendo consequência específica para o procedimento em si. Sendo contestado o pedido no prazo legal, observar-se-á o procedimento comum, conforme artigos 347 e seguintes do CPC (art. 307, § único).

Diferente do que ocorre na tutela antecipada de caráter antecedente, o legislador concedeu um prazo maior para o aditamento da inicial a ser apresentado. O art. 308 estabelece que, "efetivada a tutela cautelar, o pedido principal terá de ser formulado pelo autor no prazo de 30 (trinta) dias, caso em que será apresentado nos mesmos autos em que deduzido o pedido de tutela cautelar, não dependendo do adiantamento de novas custas processuais." A lógica das custas se repete: se houver alteração do valor da causa, será necessária a complementação das custas. Se prosseguir inalterado, não haverá nova despesa. Também de forma diversa o art. 308, § 1º, estabelece que o pedido principal pode ser formulado conjuntamente com o pedido de tutela cautelar, ao invés de ser meramente indicado. E, como a tutela cautelar pode acarretar alteração dos fatos atrelados à demanda, o art. 308, § 2º prevê que "a causa de pedir poderá ser aditada no momento de formulação do pedido principal."

Já o art. 308, § 3º, estabelece que "apresentado o pedido principal, as partes serão intimadas para a audiência de conciliação ou de mediação, na forma do art. 334, por seus advogados ou pessoalmente, sem necessidade de nova citação do réu" e, "não havendo autocomposição, o prazo para contestação será contado na forma do art. 335." (art. 308, § 4º). Mais uma vez, o legislador deixa claro que o procedimento passará a ser o comum, conforme artigos 319 e seguintes, no caso de apresentação do pedido principal, reforçando a importância de realização da audiência de mediação ou conciliação do art. 334.

A eficácia da tutela concedida antecedente cessará nas hipóteses do art. 309: I - o autor não deduzir o pedido principal no prazo legal; II - não for efetivada dentro de 30 (trinta) dias; III - o juiz julgar improcedente o pedido principal formulado pelo autor ou extinguir o processo sem resolução de mérito. O prazo de 30 dias nem sempre precisará ser observado pelo autor da demanda, como no caso de produção antecipada de provas em caráter cautelar, já que a concessão dessa medida "não é constritiva de direitos do réu (...). Também não tem sido aplicada tal exigência quando se trata de ações de família." Registre-se o Enunciado 46 da I Jornada de Processo Civil do STJ, que estipula que "A cessação da eficácia da tutela cautelar, antecedente ou incidental, pela não efetivação no prazo de 30 dias, só ocorre se caracterizada omissão do requerente." Na realidade, a não implementação da efetivação da medida no prazo de 30 dias só poderá acarretar a cessão de sua eficácia se isso ocorrer de inércia do requerente, e não de omissão de parte do Juízo.

O parágrafo único do art. 309 estipula que, se por qualquer motivo cessar a eficácia da tutela cautelar, é vedado à parte renovar o pedido, salvo sob novo fundamento. Vale dizer, deve haver alteração da causa de pedir para que se proponha nova demanda. A extinção do processo, ainda que ocorra sem julgamento do mérito, não autoriza a repropositura de demanda idêntica, de natureza cautelar antecedente. O art. 310, de seu turno, determina que "o indeferimento da tutela cautelar não obsta a que a parte formule o pedido principal, nem influi no julgamento desse, salvo se o motivo do indeferimento for o reconhecimento de decadência ou de prescrição." Então, ainda que haja a parte decaído do prazo de 30 dias, ela poderá propor a ação que contenha o pedido principal. Ela só não poderá se valer do procedimento cautelar em caráter antecedente sem apresentar novo fundamento.

6.5. Tutela da evidência

Para a concessão a partir da evidência, não é necessário perigo de dano ou risco de dano ao resultado útil do processo (art. 311, caput). Nas hipóteses do artigo 311, há uma readequação da pressão que o tempo e demora do processo exercem sobre as partes. O ponto em comum das hipóteses elencadas na lei é a inconsistência da defesa apresentada. Ao invés de tradicionalmente se onerar o autor, a tutela da evidência permite que haja uma mudança nesse peso da demora, que passará a ser suportado pelo réu. A evidência que está presente é tão favorável ao autor da demanda que não há por que lhe impor que arque com esse ônus. Ela não poderá ser requerida em caráter antecedente, apenas em caráter incidental, por inexistência de previsão legal a respeito. As hipóteses dos incisos II e III poderão ser concedidas por liminar, conforme art. 311, § único.

No inciso I, se autoriza a concessão desta modalidade de tutela provisória a partir da caracterização do "abuso do direito de defesa ou o manifesto propósito protelatório da parte." Para que isso ocorra, o direito do autor tem que estar conectado a juízo de extrema plausibilidade de suas alegações atrelado à defesa de parte do réu que seja absolutamente inconsistente e sem nenhuma possibilidade de que seja acolhida. Se houver uma hipótese de que a defesa esteja correta, remota que seja, não é caso de se aplicar o art. 311, I. Não se trata de punição do réu (ao contrário da litigância de má-fé, por exemplo, do art. 80), dispensando, portanto, o exame ou comprovação de que o réu esteja agindo de forma dolosa. Nos termos do Enunciado 47, da I Jornada de Direito Processual Civil do STJ, "A probabilidade do direito constitui requisito para concessão da tutela da evidência fundada em abuso do direito de defesa ou em manifesto propósito protelatório da parte contrária." Exige-se, portanto, que a probabilidade do direito esteja presente, mesmo que os outros requisitos do art. 300, caput, não sejam exigidos.

No inciso II, cuja tutela pode ser concedida em caráter liminar, o autor obterá a tutela se "as alegações de fato puderem ser comprovadas apenas documentalmente e houver tese firmada em julgamento de casos repetitivos ou em súmula vinculante", admitindo-se também que isso ocorra no caso de tese firmada em repercussão geral (STF) ou em súmula de tribunal superior (cf. Enunciado 48 da I Jornada de Direito Processual Civil do STJ). Não se pode conceder essa tutela se não houver a mencionada prova documental ou ela dependa de prova testemunhal, pericial etc.

No inciso III, cuja tutela também pode ser concedida em caráter liminar, caso "se tratar de pedido reipersecutório fundado em prova documental adequada do contrato de depósito, caso em que será decretada a ordem de entrega do objeto custodiado, sob cominação de multa." Com a extinção da ação de depósito que estava prevista no CPC/73, esse foi o caminho encontrado pelo legislador para resolver essa lacuna legislativa.

E, finalmente, no caso do inciso IV, a tutela de evidência será concedida se "a petição inicial for instruída com prova documental suficiente dos fatos constitutivos do direito do autor, a que o réu não oponha prova capaz de gerar dúvida razoável." Novamente, a inconsistência da defesa em contraste com o elenco probatório apresentado pelo autor serão determinantes para a concessão da medida.

7. DA FORMAÇÃO, DA SUSPENSÃO E DA EXTINÇÃO DO PROCESSO

O Livro VI do Código de Processo Civil trata acerca da formação, da suspensão e da extinção do processo, resguardando-se, no título I, as questões relativas à formação do processo. **Em termos gerais, tem-se que a ação é considerada proposta quando houver o protocolo da petição inicial, sendo que os efeitos contra o réu somente serão observados após a citação devida.**

Para a doutrina, a formação da relação jurídica processual, em respeito ao princípio da inércia, "tem início com o exercício do poder constitucional de ação, desenvolvendo-se em seguida por impulso oficial". Recorde-se, aqui, que a presença da demanda é pressuposto processual, afetando, assim, o seu plano de existência"[114]. Ato contínuo à tal formação, tem-se que a propositura da ação dá-se, conforme mencionado, com o protocolo da petição inicial.

A partir disso, é observada a incidência imediata do princípio da perpetuação da jurisdição e, em função disso, "futuras alterações de fato, em regra, serão irrelevantes para o exercício da jurisdição, que continuará observando os critérios preestabelecidos para a identificação dos órgãos competentes, ainda que essa já não seja mais da vontade das partes"[115]. **A função jurisdicional também demanda uma estabilidade do feito, o que somente ocorre após o cumprimento do contraditório.**

Quanto à suspensão do processo, a norma processual vigente indica que a suspensão será observada pela morte ou pela perda da capacidade processual de qualquer das partes envolvidas, de seu representante legal ou de seu procurador. Além disso, também há suspensão pela convenção das partes ou pela arguição de impedimento ou de suspeição, bem como pela admissão de incidente de resolução de demandas repetitivas ou quando a sentença de mérito: a) depender do julgamento de outra causa ou da declaração de existência ou de inexistência de relação jurídica que constitua o objeto principal de outro processo pendente; ou b) tiver de ser proferida somente após a

114. RIBEIRO, Marcelo. **Processo Civil**. 3. ed. Grupo GEN, 2023. s.p.

115. RIBEIRO, Marcelo. **Processo Civil**. 3. ed. Grupo GEN, 2023. s.p.

verificação de determinado fato ou a produção de certa prova, requisitada a outro juízo;.

Também será observada a suspensão do processo por motivo de força maior, quando se discutir em juízo questão decorrente de acidentes e fatos da navegação de competência do Tribunal Marítimo, pelo parto ou pela concessão de adoção, quando a advogada responsável pelo processo constituir a única patrona da causa, quando o advogado responsável pelo processo constituir o único patrono da causa e tornar-se pai ou por qualquer outro caso previsto em lei.

Na hipótese de a suspensão decorrer da morte ou pela perda da capacidade processual de qualquer das partes, de seu representante legal ou de seu procurador, o juiz suspenderá o processo nos termos do Art. 689 do CPC[116], sendo que, não ajuizada ação de habilitação, ao ter ciência do conhecimento da morte, o juiz determinará a suspensão do feito e deverá observar o seguinte:

1) no caso de ser o ré falecido, ordenará a intimação do autor para que promova a citação do respectivo espólio, de quem for o sucessor ou, se for o caso, dos herdeiros, no prazo que designar, que será de no mínimo 2 (dois) e de no máximo 6 (seis) meses;
2) no caso de ser o autor falecido e sendo transmissível o direito em litígio, determinará a intimação de seu espólio, de quem for o sucessor ou, se for o caso, dos herdeiros, pelos meios de divulgação que reputar mais adequados, para que manifestem interesse na sucessão processual e promovam a respectiva habilitação no prazo designado, sob pena de extinção do processo sem resolução de mérito.

No caso de morte do procurador de qualquer das partes, ainda que tenha sido iniciada a audiência de instrução e julgamento, o juiz deverá determinar que a parte constitua novo mandatário no prazo específico de 15 (quinze) dias, sendo que, ao final, deverá extinguir o processo sem resolução de mérito caso o autor não tenha nomeado novo mandatário, ou deverá ordenar o prosseguimento do processo à revelia do réu, se falecido o procurador deste.

O prazo de suspensão do feito não deverá ultrapassar um ano nas hipóteses do inciso V do Art. 313[117] e seis meses na hipótese prevista no inciso II, destacando-se que o juiz deverá determinar o prosseguimento do processo assim que esgotados os prazos previstos no § 4º do Art. 313. Já no caso do inciso IX, o período será de trinta dias, que deverá ser contado a partir da data do parto ou da concessão da adoção, desde que apresentada a certidão de nascimento ou documento similar que comprove o parto – ou do termo que tenha feito a concessão da adoção, mediante notificação do cliente.

Além disso, no caso do inciso X, o período de suspensão será de 8 (oito) dias, contado a partir da data do parto ou da concessão da adoção, mediante apresentação de certidão de nascimento ou documento similar que comprove a realização do parto, ou de termo judicial que tenha concedido a adoção, desde que haja notificação ao cliente.

Durante a suspensão do processo, tem-se que é vedada a prática de qualquer ato processual, sendo facultado ao juiz, todavia, realizar a determinação de atos urgentes com o objetivo de evitar dado que venha a ser irreparável – salvo no caso de arguição de impedimento ou até mesmo de suspensão. Caso o conhecimento do mérito venha a depender de eventual verificação de fato delituoso, também é facultado ao juiz determinar a suspensão do processo até que se pronuncie a justiça criminal.

Nessa hipótese, e no caso de a ação penal não ser proposta no prazo de três meses, contado da intimação do ato de suspensão, tal perderá efeito, devendo o juiz cível examinar incidentemente a questão prévia. De outro lado, e no caso de ser proposta

116. "Art. 689. Proceder-se-á à habilitação nos autos do processo principal, na instância em que estiver, suspendendo-se, a partir de então, o processo" (BRASIL. **Lei 13.105,** de 16 de março de 2015. Código de Processo Civil. Disponível em: http://www.planalto.gov.br/ccivil_03/_ato2015-2018/2015/lei/l13105.htm. Acesso em: 11 abr. 2023).

117. "Art. 313. Suspende-se o processo: I – pela morte ou pela perda da capacidade processual de qualquer das partes, de seu representante legal ou de seu procurador; II – pela convenção das partes; III – pela arguição de impedimento ou de suspeição; IV- pela admissão de incidente de resolução de demandas repetitivas; V – quando a sentença de mérito: a) depender do julgamento de outra causa ou da declaração de existência ou de inexistência de relação jurídica que constitua o objeto principal de outro processo pendente; b) tiver de ser proferida somente após a verificação de determinado fato ou a produção de certa prova, requisitada a outro juízo; VI – por motivo de força maior; VII – quando se discutir em juízo questão decorrente de acidentes e fatos da navegação de competência do Tribunal Marítimo; VIII – nos demais casos que este Código regula. IX – pelo parto ou pela concessão de adoção, quando a advogada responsável pelo processo constituir a única patrona da causa; (Incluído pela Lei nº 13.363, de 2016) X – quando o advogado responsável pelo processo constituir o único patrono da causa e tornar-se pai" (BRASIL. **Lei 13.105,** de 16 de março de 2015. Código de Processo Civil. Disponível em: http://www.planalto.gov.br/ccivil_03/_ato2015-2018/2015/lei/l13105.htm. Acesso em: 11 abr. 2023).

a ação penal, o processo ficará suspenso pelo prazo máximo de um ano, sendo aplicado o disposto na parte final do §1º do Art. 315.

Por fim, **a extinção do processo será realizada por sentença**, sendo que, antes de ser proferida qualquer decisão sem resolução de mérito, o magistrado deverá conceder prazo para que as partes possam, se for o caso, corrigir o vício.

▷ Além disso, vejam-se as Súmulas do Superior Tribunal de Justiça aplicáveis ao assunto:

- *Súmula 240 – A extinção do processo, por abandono da causa pelo autor, depende de requerimento do réu. (Súmula 240, CORTE ESPECIAL, julgado em 02/08/2000, DJe 06/09/2000)*

REFERÊNCIAS

BRASIL. **Lei 13.105,** de 16 de março de 2015. Código de Processo Civil. Disponível em: http://www.planalto.gov.br/ccivil_03/_ato2015-2018/2015/lei/l13105.htm. Acesso em: 11 abr. 2023

RIBEIRO, Marcelo. **Processo Civil**. 3. ed. Grupo GEN, 2023.

8. DO PROCESSO DE CONHECIMENTO E DO CUMPRIMENTO DE SENTENÇA

8.1 Do procedimento comum

O processo de conhecimento é o processo de sentença, isto é, **o processo que tem por objeto a produção de uma sentença de mérito, declaratória da existência ou inexistência de um direito**, sendo que sua nomenclatura vem da atividade processual desempenhada pelo juiz ao longo do processo: a cognição.

A **cognição** é a atividade baseada na análise de alegações e provas, possuindo como objeto as questões que são suscitadas ao longo do processo. Dessa forma, o juiz examina as alegações e provas que lhe permitam resolver as questões – que são, em verdade, os pontos controvertidos de fato e de direito. Essas questões se dividem em prévias e principais.

A **questão prévia** é aquela que tem que ser resolvida antes da outra e pode ser preliminar ou prejudicial. Questão preliminar, por sua vez, é aquela cuja solução permite saber se a questão principal poderá ou não ser examinada, sem exercer qualquer influência sobre o teor da resolução da questão posterior. Já a questão prejudicial é a questão prévia cuja solução influi na resolução da questão principal.

As **questões principais** são aquelas que só podem ser examinadas após as questões prévias estarem resolvidas e, na maioria das vezes, se relacionam com o próprio objeto (mérito) do processo. O objeto/mérito do processo é a pretensão deduzida no processo. Nesta senda, cumpre ressaltar que não há processo sem pretensão.

Dessa forma, **é competência do juiz exercer a cognição sobre questões prévias ao mérito (preliminares ou prejudiciais) e sobre questões de mérito (principais).** Assim, a cognição precisa ser analisada em dois planos: horizontal e vertical.

O **plano horizontal é o da amplitude da cognição**, tendo em vista que há processos de cognição plena (quando qualquer questão suscitada terá de ser examinada e resolvida) e processos de cognição limitada (em que há restrições ao objeto da cognição, havendo matérias que não podem ser objeto de apreciação pelo juiz). Como exemplo de processos de cognição limitada, temos os processos em que se discute obrigação representada por título de crédito que tenha circulado, nos quais não se tem discussão sobre a relação jurídica de direito material que deu origem ao título, limitando-se, assim, a cognição.

O **plano vertical é o da profundidade da cognição**. Nesta senda, a cognição pode ser **exauriente** – que é a mais profunda, o que via de regra acontece no processo de conhecimento – ou, menos profunda, que é a cognição **sumária**, que ocorre quando as decisões simplesmente afirmam que o direito provavelmente existe. Além disso, há, ainda, casos excepcionalíssimos em que se admite a prolação de decisão baseada em cognição superficial, que é a menos profunda de todas as modalidades de cognição e que permite a prolação de decisões fundadas em juízo de verossimilhança.

O processo de conhecimento, por sua vez, desenvolve-se através de diversos procedimentos. O procedimento comum, que é o nosso objeto de estudo, é o procedimento padrão estabelecido pelo CPC. Os demais procedimentos são chamados de especiais.

Assim, o Art. 318 estabelece que se aplica "a todas as causas o procedimento comum, salvo disposição em contrário deste Código ou de lei" e, o parágrafo único, ainda, prevê que "o procedimento comum aplica-se subsidiariamente aos demais procedimentos especiais e ao processo de execução"[118].

---

118. BRASIL. **Lei 13.105,** de 16 de março de 2015. Código de Processo Civil. Disponível em: http://www.planalto.gov.br/ccivil_03/_ato2015-2018/2015/lei/l13105.htm. Acesso em: 11 abr. 2023.

Nesse sentido, tem-se que o procedimento comum se divide em duas fases: **a introdutória e a principal**. A fase introdutória começa com o ajuizamento da petição inicial, findando na prolação da decisão de saneamento e organização do processo e possui como finalidade delimitar as questões de fato e de direito que serão objeto de instrução e julgamento no processo. Já a fase principal inicia no momento em que a decisão de saneamento e organização do processo adquire estabilidade e vai até a prolação da sentença, possuindo como objetivo a instrução e julgamento das questões delimitadas na fase introdutória.

8.1.1 Da petição inicial

O procedimento comum – e os demais – inicia com a petição inicial. Para a doutrina, "Uma vez exercido esse poder, a ação se transforma em demanda, que como já se pôde afirmar, deduz em juízo uma pretensão, um pedido, deflagrando com isso o início da relação jurídica processual. É, portanto, petição inicial"[119]. Essa peça processual propõe a demanda e instaura o processo. Justamente por ser uma das peças mais importantes do processo, a inicial deve conter uma série de requisitos, que estão preceituados no Art. 319. Assim, a petição inicial deve indicar:

1) o juízo a que é dirigida;
2) os nomes, os prenomes, o estado civil, a existência de união estável, a profissão, o número de inscrição no Cadastro de Pessoas Físicas ou no Cadastro Nacional da Pessoa Jurídica, o endereço eletrônico, o domicílio e a residência do autor e do réu;
3) o fato e os fundamentos jurídicos do pedido;
4) o pedido com as suas especificações;
5) o valor da causa;
6) as provas com que o autor pretende demonstrar a verdade dos fatos alegados;
7) a opção do autor pela realização ou não de audiência de conciliação ou de mediação.

Contudo, pode ocorrer do autor não possuir todas informações relativas ao réu. Dessa forma, ele pode postular ao juízo a realização das diligências necessárias para sua obtenção. Sendo possível a citação do réu, embora com a falta de algumas dessas informações, a petição inicial não será indeferida. Além disso, a petição inicial não será indeferida nos casos em que a ausência dos elementos relacionados ao réu tornar impossível ou excessivamente oneroso o acesso à justiça.

119. RIBEIRO, Marcelo. **Processo Civil**. 3. ed. Grupo GEN, 2023. s.p.

A petição inicial deve ser instruída com todos os documentos indispensáveis à propositura da ação, tais como a procuração outorgado ao advogado, os documentos de identificação do autor e os demais documentos necessários para o regular desenvolvimento do feito, como por exemplo, a planilha de cálculo de débito, nas ações de despejo por falta de pagamento.

Na eventualidade da inicial não preencher os requisitos referidos ou apresentar irregularidades e defeitos que dificultem o julgamento do mérito, **o juiz irá determinar que o autor a emende ou a complete, no prazo de 15 (quinze) dias**, apontando, expressamente, o que deve ser realizado. **Quando o autor não cumprir o determinado, a petição inicial será indeferida de pleno direito.**

8.1.1.1 Do pedido

O **pedido na petição inicial deve ser certo e determinado**. Isso quer dizer que o demandante deve indicar a exata natureza do bem jurídico requerido (pedido certo) e, quando for quantificável, o exato valor pretendido (pedido determinado). **Quando o autor for cobrar uma dívida, além de indicar na inicial que pretende receber dinheiro, deve indicar a quantidade que espera receber.**

Ademais, consideram-se incluídos no principal os juros legais, a correção monetária e as verbas de sucumbência, inclusive os honorários advocatícios. Ao interpretar o pedido, o juiz irá considerar o conjunto da postulação, aplicando o princípio da boa-fé.

Nas ações que tiverem por objeto cumprimento de obrigação em prestações sucessivas, essas serão consideradas incluídas no pedido, independentemente de pedido expresso do autor, e serão incluídas na condenação, enquanto durar a obrigação, se o devedor, no curso do processo, deixar de pagá-las ou de consigná-las. **Tal ocorre, como por exemplo, em ações que demandam o pagamento de prestações alimentícias.**

Como já abordado, o pedido deve ser certo e determinado. Contudo, admite-se, em alguns casos, a postulação de pedido genérico: nas ações universais, se o autor não puder individuar os bens demandados; quando não for possível determinar, desde logo, as consequências do ato ou do fato; e, quando a determinação do objeto ou do valor da condenação depender de ato que deva ser praticado pelo réu – isso tudo aplica-se, ainda, na reconvenção, que será objeto de estudo na sequência.

O pedido será **alternativo**, nos casos em que, pela natureza da obrigação, o devedor puder cumprir a prestação de mais de um modo. Nestes casos, o juiz irá assegurar esse direito ao devedor, embora o autor não tenha formulado pedido alternativo.

A cumulação de pedidos é lícita, podendo ser simples, sucessiva, eventual ou alternativa. A cumulação **simples** ocorre quando os pedidos cumulados são independentes entre si, sendo que a procedência ou improcedência de um não depende do resultado do julgamento do outro. Já a cumulação **sucessiva** acontece quando o segundo pedido só pode ser examinado se o primeiro for procedente. A cumulação **eventual**, por sua vez, dá-se quando o segundo pedido só pode ser examinado se o primeiro não for acolhido. Por fim, a cumulação é **alternativa** quando o autor apresenta dois ou mais pedidos e alega ser indiferente qual deles será acolhido.

Além disso, **pode haver a cumulação de vários pedidos em um único processo contra o mesmo réu mesmo que não haja, entre eles, conexão.** Para tanto, alguns requisitos são indispensáveis: os pedidos devem ser compatíveis entre si (o que não se aplica às cumulações; o mesmo juízo deve ser o competente para conhecer de todos os pedidos; e o procedimento adequado para todos os pedidos deve ser o mesmo.

Também **podem ser cumulados pedidos que possuam previsão de procedimentos distintos** se para todos for possível ser usado o procedimento comum, caso em que será possível o emprego das técnicas diferenciadas previstas para o procedimento especial que não sejam com o procedimento comum incompatíveis. Importante ressaltar, ademais, que, na obrigação indivisível com pluralidade de credores, aquele que não participou do processo receberá sua parte, deduzidas as despesas na proporção de seu crédito.

O autor ainda pode, até a citação, **aditar ou alterar o pedido ou a causa de pedir, independentemente de consentimento** do réu, e, até o saneamento do processo, aditar ou alterar o pedido e a causa de pedir, **com consentimento do réu**, assegurado o contraditório mediante a possibilidade de manifestação deste no prazo mínimo de 15 (quinze) dias, facultado o requerimento de prova suplementar – e tais possibilidades estendem-se à reconvenção e à respectiva causa de pedir.

8.1.1.2 Do indeferimento da petição inicial

Os casos de indeferimento da petição inicial estão preceituados junto ao Art. 330 do CPC. Nestes casos, o processo será extinto sem resolução do mérito, como veremos na sequência. **Contudo, isso apenas ocorrerá se não for possível corrigir o vício, tendo em vista o princípio da primazia da resolução do mérito.** Tal afirmação está preceituada no inciso IV, do Art. 330, que disciplina que "a petição inicial será indeferida quando [...] não atendidas as prescrições dos Arts. 106 e 321"[120]. Isto é, quando o juiz verifica que a inicial não preenche algum requisito e não tenha o autor a corrigido ou completado, emendando a inicial, no prazo de 15 (quinze) dias, ou quando, não havendo na petição inicial a indicação dos endereços do advogado do demandante, não tenha sido o vício corrigido em 5 (cinco) dias.

Além disso, o indeferimento da petição inicial ocorrerá quando ela for **inepta**, ou seja, quando lhe faltar pedido ou causa de pedir, quando o pedido for indeterminado e não for caso de admissão de pedido genérico, quando da narração dos fatos não decorrer logicamente a conclusão ou, quando contiver pedidos incompatíveis entre si.

A consequência de indeferimento também será observada quando o juiz verificar a ausência de alguma "condição da ação", como quando a parte for manifestamente ilegítima ou o autor carecer de interesse processual. Também será inepta a petição inicial quando, tendo a demanda por objeto a revisão de obrigação decorrente de empréstimo, financiamento ou alienação de bens, o autor não tenha discriminado dentre as obrigações contratuais, aquelas que pretende discutir, quantificando o valor incontroverso do débito. Tal requisito ocorre com o intuito de assegurar que, no curso do processo, os valores incontroversos continuem a ser pagos.

A **sentença de indeferimento da petição inicial é atacável através de recurso de apelação,** sendo cabível o juízo de retratação, no prazo de 5 (cinco) dias. Caso o juiz não se retrate, o réu será citado para oferecer contrarrazões à apelação. Se a apelação for provida, reformando, dessa forma, a sentença recorrida, o réu será citado para apresentar contestação, começando a correr o prazo da intimação do retorno dos autos. Entretanto, caso o autor não interponha recurso de apelação, a intimação do réu será do trânsito em julgado da sentença.

8.1.2 Da improcedência liminar do pedido

A improcedência liminar do pedido, ocorre quando, excepcionalmente, for prolatada sentença de improcedência com resolução de mérito, no iní-

120. BRASIL. **Lei 13.105,** de 16 de março de 2015. Código de Processo Civil. Disponível em: http://www.planalto.gov.br/ccivil_03/_ato2015-2018/2015/lei/l13105.htm. Acesso em: 11 abr. 2023.

cio do processo, antes mesmo da citação do réu. **Tal ocorrência só acontece "nas causas que dispensem a fase introdutória"**[121]**.**

A improcedência liminar do pedido ocorre quando este for contrário a enunciado de súmula do Supremo Tribunal Federal ou do Superior Tribunal de Justiça; a acórdão proferido pelo Supremo Tribunal Federal ou pelo Superior Tribunal de Justiça em julgamento de recursos repetitivos; a entendimento firmado em incidente de resolução de demandas repetitivas ou de assunção de competência; a enunciado de súmula de tribunal de justiça sobre direito local; ou, quando se verificar, desde logo, a ocorrência de decadência ou de prescrição.

O recurso cabível contra a sentença de improcedência liminar do pedido é a apelação, podendo o juiz se retratar no prazo de 5 (cinco) dias. Caso o recurso não seja interposto, o réu será intimado do trânsito em julgado da sentença, nos termos do Art. 241 do CPC. Além disso, interposto o recurso e havendo o juízo de retratação, o juiz determinará o prosseguimento do processo, com a citação do réu, e, se não houver retratação, determinará a citação do réu para apresentar contrarrazões, no prazo de 15 (quinze) dias.

121. Veja-se que, quando for necessária a dilação probatória, não será declarada a improcedência liminar do pedido: APELAÇÃO CÍVEL – AÇÃO DE ALIMENTOS – MAIORIDADE – SENTENÇA DE IMPROCEDÊNCIA LIMINAR – HIPÓTESES DO ART. 332 DO CPC – ROL TAXATIVO – NECESSIDADE DE POSSIBILITAR DILAÇÃO PROBATÓRIA – CERCEAMENTO DE DEFESA – SENTENÇA CASSADA. I. É possível proferir sentença de improcedência liminar quando o pedido contraria enunciado de súmula do Supremo Tribunal Federal ou do Superior Tribunal de Justiça; acórdão proferido pelo Supremo Tribunal Federal ou pelo Superior Tribunal de Justiça em julgamento de recursos repetitivos; entendimento firmado em incidente de resolução de demandas repetitivas ou de assunção de competência; enunciado de súmula de tribunal de justiça sobre direito local. II. Considerando que o pedido versa sobre a possibilidade de pagar alimentos a filha maior, é necessária maior dilação probatória, devendo a sentença ser cassada. (MINAS GERAIS. Tribunal de Justiça de Minas Gerais. **Apelação Cível n. 1.0000.20.023912-7/001**. APELAÇÃO CÍVEL – AÇÃO DE ALIMENTOS – MAIORIDADE – SENTENÇA DE IMPROCEDÊNCIA LIMINAR – HIPÓTESES DO ART. 332 DO CPC – ROL TAXATIVO – NECESSIDADE DE POSSIBILITAR DILAÇÃO PROBATÓRIA – CERCEAMENTO DE DEFESA – SENTENÇA CASSADA. [...]. Relator: Des.(a) Carlos Roberto de Faria, 27 de outubro de 2022. Disponível em: https://www5.tjmg.jus.br/jurisprudencia/pesquisaNumeroCNJEspelhoAcordao.do;jsessionid=-8D0A851D81D4B9CD67D18DEDF453C957.juri_node2?numeroRegistro=1&totalLinhas=1&linhasPorPagina=10&numeroUnico=1.0000.20.023912-7%2F001&pesquisaNumeroCNJ=Pesquisar. Acesso em 11 abr. 2023).

8.1.3 Da audiência de conciliação ou de mediação

Preceitua-se, a partir da leitura da norma processual, que "se a petição inicial preencher os requisitos essenciais e não for o caso de improcedência liminar do pedido, o juiz designará audiência de conciliação ou de mediação com antecedência mínima de 30 (trinta) dias, devendo ser citado o réu com pelo menos 20 (vinte) dias de antecedência"[122]. **A intimação do autor para a audiência ocorre através de seu advogado, sendo que o profissional conciliador ou mediador deve observar as regras preceituadas no CPC e as disposições da lei de organização judiciária – conforme já visto.**

Importante ressaltar que, embora o §4º, I, do Art. 334 disponha que "a audiência não será realizada [...] se ambas as partes manifestarem, expressamente, desinteresse na composição consensual", deve ser considerado no sentido de que a audiência não será realizada quando, **qualquer** das partes manifestarem, expressamente, desinteresse na participação da audiência de conciliação ou mediação.

Isso ocorre devido ao fato de que um dos princípios da mediação e da conciliação é o da **voluntariedade**. Assim, **somente será o caso de audiência de conciliação ou de mediação se nenhuma das partes manifestarem desinteresse em sua realização – sendo que o silêncio é interpretado como interesse na participação dessa audiência.** A indicação pelo interesse ou não em participar da audiência deve ser realizada, pelo autor, na petição e, pelo réu, através de petição apresentada com 10 (dez) dias de antecedência, contados da data da audiência. **Outrossim, havendo litisconsórcio, o desinteresse na realização da audiência deve ser manifestado por todos.**

Além disso, é importante destacar que a audiência somente é realizada nas demandas que admitem a autocomposição.

A audiência de conciliação ou de mediação pode ser realizada por meio eletrônico, participando dela as partes, com seus advogados, e um (ou mais de um) conciliador ou mediador. Caso seja necessário, pode haver mais de uma sessão, não podendo exceder de 2 (dois) meses a contar da data da realização da primeira sessão, exceto no caso de as partes expressamente convencionarem sua prorrogação (Art. 28 da Lei n. 13.140/2015). Com o intuito de evitar que as audiências sejam realizadas apressadamente,

122. BRASIL. **Lei 13.105**, de 16 de março de 2015. Código de Processo Civil. Disponível em: http://www.planalto.gov.br/ccivil_03/_ato2015-2018/2015/lei/l13105.htm. Acesso em: 11 abr. 2023.

a norma processual disciplina que as pautas devem ser organizadas para que se respeite um intervalo mínimo de 20 (vinte) minutos entre o momento do início de cada audiência.

É ato atentatório à dignidade da justiça o não comparecimento injustificado de qualquer das partes à audiência, possuindo como sanção multa de até 2% (dois por cento) da vantagem econômica pretendida ou do valor da causa, revertida em favor da União ou do Estado. É lícito, ainda, que a parte constitua representante, por meio de procuração específica, com poderes para negociar e transigir, sendo que, em caso de êxito, a autocomposição será reduzida a termo e homologada por sentença.

8.1.4 Da contestação

A contestação é a resposta de defesa do réu, sendo que nesta oportunidade lhe incumbe alegar toda a matéria de defesa, expondo as razões de fato e de direito com que impugna o pedido do autor e especificando as provas que pretende produzir.

O prazo para apresentação da contestação é de 15 (quinze) dias, a contar da data:

1) da audiência de conciliação ou de mediação, ou da última sessão de conciliação, quando qualquer parte não comparecer ou, comparecendo, não houver autocomposição;
2) do protocolo do pedido de cancelamento da audiência de conciliação ou de mediação apresentado pelo réu, quando ocorrer a hipótese do art. 334, §4º, inciso I, ou,
3) prevista no art. 231[123], de acordo com o modo como foi feita a citação, nos demais casos.

Na hipótese de litisconsórcio passivo, via de regra, todos terão prazo comum, todavia, quando os réus tiverem protocolado petição requerendo o cancelamento da audiência de conciliação ou mediação, o prazo para cada um deles correrá, independentemente, a partir da data do respectivo protocolo. Já quando a audiência não tiver sido designada em razão da ação versar sobre direito que não admite autocomposição, e o autor desistir da ação em relação a algum dos réus, o prazo para que os demais apresentem resposta correrá da data em que sejam eles intimados da decisão que homologar a desistência.

Como já exposto, na contestação o réu deve alegar toda a matéria de defesa, sendo que, antes de entrar no mérito da questão, deve apresentar sua defesa processual, através das chamadas "preliminares" de mérito. Nesse sentido, veja-se quais são essas preliminares que poderão ser arguidas pela parte: inexistência ou nulidade da citação; incompetência absoluta e relativa; incorreção do valor da causa; inépcia da petição inicial; perempção; litispendência; coisa julgada; conexão; incapacidade da parte, defeito de representação ou falta de autorização; convenção de arbitragem; ausência de legitimidade ou de interesse processual; falta de caução ou de outra prestação que a lei exige como preliminar e/ou ser indevida concessão do benefício de gratuidade de justiça.

No que toca à litispendência e à coisa julgada, tem-se que estas ocorrem quando se reproduz ação anteriormente ajuizada, sendo que uma ação será idêntica a outra quando possuir as mesmas partes, a mesma causa de pedir e o mesmo pedido. A litispendência é quando se repete uma ação que está em curso, enquanto a coisa julgada é quando se repete uma ação que já foi decidida por decisão transitada em julgado.

As preliminares de mérito são conhecidas de ofício pelo juiz, à exceção da convenção de arbitragem e a incompetência relativa, sendo que no caso de convenção de arbitragem, a ausência de alegação de sua existência implica aceitação da jurisdição estatal e renúncia ao juízo arbitral.

Quando o réu alegar que é **parte ilegítima ou não é o responsável pelo prejuízo invocado**, será facultado que o autor, em 15 (quinze) dias, faça a alteração da petição inicial para substituição do réu. Realizada tal substituição, incumbe ao autor fazer o reembolso das despesas e pagar os honorários ao procurador do réu excluído, que serão fixados entre 3 (três) e 5% (cinco por cento) do valor da causa ou, sendo este irrisório, nos termos do Art. 85, §8º – já abordado.

Alegando sua **ilegitimidade**, o réu deverá indicar o sujeito passivo da relação jurídica discutida sempre que tiver conhecimento, sob pena de arcar com as despesas processuais e de indenizar o autor pelos prejuízos decorrentes da falta de indicação. Aceitando a indicação, o autor, no prazo de 15 (quinze) dias, realizará a alteração da petição inicial para a substituição do réu, observando-se, ainda, o parágrafo único do Art. 338 (reembolso de despesas, quando for o caso). Outrossim, o autor pode, no prazo de 15 (quinze), alterar a petição inicial para incluir, como litisconsorte passivo, o sujeito indicado pelo réu.

123. "Art. 231. Salvo disposição em sentido diverso, considera-se dia do começo do prazo" (BRASIL. **Lei 13.105,** de 16 de março de 2015. Código de Processo Civil. Disponível em: http://www.planalto.gov.br/ccivil_03/_ato2015-2018/2015/lei/l13105.htm. Acesso em: 11 abr. 2023).

Se **a preliminar for de incompetência relativa ou absoluta**, a contestação poderá ser protocolada no foro de domicílio do réu, sendo imediatamente comunicado ao juiz da causa, preferencialmente por meio eletrônico. Se a audiência de conciliação ou mediação já tiver sido designada, tal será suspensa, sendo a nova data designada após a definição da competência. No caso da alegação de incompetência, a contestação será submetida a livre distribuição ou, se o réu houver sido citado por meio de carta precatória, juntada aos autos dessa carta, seguindo-se a sua imediata remessa para o juízo da causa. **Se a competência do foro indicado pelo réu for reconhecida, o juízo para o qual for distribuída a contestação ou a carta precatória será considerado prevento.**

Além das defesas processuais, incumbe ao réu apresentar, na contestação, sua **defesa de mérito.** As defesas de mérito devem ocorrer na forma de impugnação especificada dos fatos, isto é, o réu possui o encargo de se manifestar de forma precisa sobre todas as alegações de fato contidas na petição inicial, sendo que as que não forem, expressamente, impugnadas, serão presumidas como verdadeiras[124]. **A presunção de veracidade somente não ocorre quando se tratar de fatos que não admitem confissão; se a petição inicial não estiver acompanhada de documento que a lei repute integrante da substância do ato ou, se tais alegações estiverem em contradição com a defesa, considerada em seu conjunto.**

Outrossim, o ônus da impugnação específica dos fatos não se aplica aos defensores públicos, advogados dativos e ao curador especial, podendo estes apresentar **contestação por negativa geral**.

Como já dito, a contestação é o momento para o réu apresentar toda a matéria de sua defesa. Dessa forma, o réu apenas poderá apresentar novas alegações relativas a fato ou direito superveniente, concernentes a matérias que podem ser conhecidas de ofício pelo juiz ou referente a alegações que, por expressa autorização legal, puderem ser formuladas a qualquer tempo e grau de jurisdição.

8.1.5 Da reconvenção

A reconvenção é a demanda que pode ser proposta pelo réu, em face do autor, dentro do mesmo processo e no mesmo prazo para oferecimento de contestação. A reconvenção irá ampliar o objeto da lide, sendo que, desse modo, o juiz julgará não apenas a demanda principal, mas também a demanda reconvencional. Assim, a desistência da ação ou a ocorrência de causa extintiva que impeça o exame de seu mérito não obsta ao prosseguimento do processo quanto à reconvenção.

De acordo com a doutrina processual,

> Sua finalidade primordial se justifica pela economia processual, pois em vez de propor demanda independente, dando ensejo a novo processo, vale-se o réu de prerrogativa conferida por lei para dinamizar a apreciação de sua pretensão. Sob essa perspectiva, a reconvenção apresenta como demandante o réu da demanda originária (reconvinte), ao tempo que o autor da petição inicial, nessa espécie de resposta, ocupa o polo passivo (reconvindo). Trocam-se, portanto, nessa hipótese, os polos da relação jurídica processual inicialmente formada[125].

A reconvenção **deve ser apresentada junto da contestação**, podendo, ainda, o réu propor reconvenção **independentemente de oferecer contes-**

---

124. Tal obrigação deve ser cumprida sob pena de presunção de veracidade dos fatos abordados na inicial, o que decorre do princípio da eventualidade ou da concentração que rege os procedimentos processuais. Sobre tal ponto, tem-se a seguinte indicação pelo Tribunal de Justiça do RS: "APELAÇÃO CÍVEL. NEGÓCIOS JURÍDICOS BANCÁRIOS. AÇÃO DE REPETIÇÃO DE INDÉBITO. PRINCÍPIO DA EVENTUALIDADE. FALHA NA PRESTAÇÃO DOS SERVIÇOS. DEVOLUÇÃO DOS VALORES INDEVIDAMENTE COBRADOS. MÁ-FÉ CONFIGURADA. Art. 336 e 342 do CPC/15. Vige no direito brasileiro o princípio da eventualidade para o réu. Exigência de exposição de todas as matérias de defesa de forma cumulada e alternativa na contestação. Também conhecido como princípio da concentração de defesa, a regra fundamenta-se na preclusão consumativa, exigindo-se que, de uma só vez, o réu apresente todas as matérias que tem em sua defesa, sob pena de não poder alegá-las posteriormente. Caso. Evidente alteração da estratégia defensiva e linha de argumentos da defesa do banco demandado. Impossibilidade. Mérito. Bem andou a sentença ao entender como sendo falha na prestação do serviço do banco réu, o fato de que houve débito do valor mínimo da fatura de cartão de crédito quando, indubitavelmente, havia saldo positivo suficiente para o pagamento integral. Devolução, em dobro, dos encargos moratórios. Litigância de má-fé. Litiga de má-fé quem altera a verdade dos fatos, com o intuito de induzir o julgador em erro e obter prestação jurisdicional favorável, violando o princípio da boa-fé. Configurada a má-fé da parte ré. NEGARAM PROVIMENTO AO APELO. UNÂNIME" (RIO GRANDE DO SUL. Tribunal de Justiça do Rio Grande do Sul. **Apelação Cível, Nº 70079425724.** APELAÇÃO CÍVEL. NEGÓCIOS JURÍDICOS BANCÁRIOS. AÇÃO DE REPETIÇÃO DE INDÉBITO. PRINCÍPIO DA EVENTUALIDADE. FALHA NA PRESTAÇÃO DOS SERVIÇOS [...]. Relator: Giovanni Conti, 28 de novembro de 2018. Disponível em: https://www.tjrs.jus.br/buscas/jurisprudencia/exibe_html.php. Acesso em 15 abr. 2023).

125. RIBEIRO, Marcelo. **Processo Civil**. 3. ed. Grupo GEN, 2023. s.p.

tação, sendo **requisito, para sua admissibilidade, que a pretensão do réu seja conexa com a ação principal ou com fundamento de defesa.**

Oferecida a reconvenção, em nome do princípio do contraditório, o autor-reconvindo será intimado para apresentar resposta no prazo de 15 (quinze) dias, podendo contestar a reconvenção e, ainda, oferecer "reconvenção à reconvenção" (*reconventio reconventionis*), apresentando ambas na mesma peça.

Como a reconvenção é uma demanda proposta pelo réu, em face do autor, pode haver uma **ampliação subjetiva do processo**. Assim, a reconvenção pode ser proposta pelo réu em litisconsórcio com terceiro e, também, em face do autor e terceiro. Por fim, caso a ação tenha sido proposta pelo autor na condição de substituto processual, só poderá o réu reconvir para postular direito que afirme ter perante o substituído processual, e desde que o autor-reconvindo tenha legitimidade extraordinária para figurar como substituto processual também na reconvenção.

8.1.6 Da revelia

A revelia ocorre quando se tem a ausência de contestação. Dessa forma, a revelia produz **1 (um) efeito material e 2 (dois) efeitos processuais.**

O efeito material da revelia é a **presunção de veracidade das alegações de fato formuladas pelo autor**. Contudo, tal presunção é **relativa**, tendo em vista que admite prova em contrário, o que se dá na medida em que o réu revel é autorizado a produzir provas que busquem afastar a presunção de veracidade das alegações de fatos formuladas pelo autor, desde que ingresse no processo a tempo de produzi-las, visto que o revel pode intervir no processo em qualquer fase, recebendo-o no estado em que se encontre.

Além disso, **o efeito material da revelia não é produzido nos casos descritos no Art. 345 do CPC**: quando, havendo litisconsórcio passivo, um dos réus tiver oferecido contestação; quando a demanda versar sobre direitos indisponíveis; quando a petição inicial não estiver acompanhada de instrumento que a lei considere indispensável à prova do ato, ou, quando as alegações de fato formuladas pelo autor forem inverossímeis ou estiverem em contradição com a prova constante dos autos.

Para além do efeito material, a revelia é capaz de produzir 2 (dois efeitos processuais). O primeiro deles é o **julgamento antecipado do mérito**, que será abordado posteriormente. Já o segundo efeito processual da revelia é o previsto no Art. 346 e alcança apenas aqueles **casos em que o revel não tenha advogado constituído nos autos**, haja vista que, neste caso, os prazos processuais para o revel correrão sempre da data em que seja divulgada notícia dos atos decisórios no diário oficial.

8.1.7 Das providências preliminares e do saneamento

Após o prazo para contestação do réu, o juiz, se for o caso, tomará as providências preliminares, que são 2 (duas): **a especificação de provas e a réplica.**

A especificação de provas ocorre quando não se tem a incidência dos efeitos da revelia. Neste caso, embora o réu não tenha apresentado contestação tempestiva, mas seja um dos casos em que não se opera o efeito material da revelia, o juiz irá intimar o autor para que especifique as provas que pretende produzir, se não as tiver indicado na petição inicial. Outrossim, embora revel, o réu pode produzir provas, contrapostas às alegações do autor, desde que se faça representar nos autos a tempo de praticar os atos processuais indispensáveis a essa produção.

Já a réplica é a resposta do autor à contestação apresentada pelo réu. A apresentação da réplica será cabível quando o réu tiver suscitado defesa processual ou defesa de mérito indireta. Em ambos os casos, deverá o juiz conceder ao autor a oportunidade de manifestar-se em réplica, no prazo de 15 (quinze) dias, sendo possível, ainda, a produção de provas. **Caso o réu tenha se limitado a apresentar defesa de mérito direta, não haverá réplica.**

Ao verificar a existência de irregularidades ou de vícios sanáveis, o juiz determinará sua correção em prazo nunca superior a 30 (trinta) dias. Por fim, e nos termos do Art. 353, "cumpridas as providências preliminares ou não havendo necessidade delas, o juiz proferirá julgamento conforme o estado do processo, observando o que dispõe o Capítulo X"[126].

8.1.8 Do julgamento conforme o estado do processo

O julgamento conforme o estado do processo engloba três diferentes hipóteses: a extinção do processo, nos termos do Art. 354, o julgamento "antecipado" do mérito (total ou parcial), previsto nos

126. BRASIL. **Lei 13.105**, de 16 de março de 2015. Código de Processo Civil. Disponível em: http://www.planalto.gov.br/ccivil_03/_ato2015-2018/2015/lei/l13105.htm. Acesso em: 11 abr. 2023.

Arts. 355 e 356 e, a decisão de saneamento e organização do processo (Art. 357).

A extinção do processo ocorre quando o juiz verificar as hipóteses previstas no Art. 485 (quando o juiz não irá julgar o mérito do processo) ou, quando ter reconhecido a prescrição ou a decadência, ou, ainda, por força de autocomposição (hipótese em que será julgado o mérito). A extinção do processo, com ou sem resolução de mérito, pode ser total ou parcial. Caso se dê de forma parcial, a decisão será atacável por agravo de instrumento.

Já o julgamento antecipado do mérito ocorre quando, após as providências preliminares estarem concluídas ou serem desnecessárias, o juiz verifique que mérito do processo já se encontra em condições de receber imediato julgamento. Neste caso, será proferida sentença de mérito, extinguindo-se o feito, momento em que será cabível o recurso de apelação.

Tal circunstância ocorre quando o juiz verificar que não há necessidade de produção de outras provas ou quando o réu for revel e ocorrer o efeito material da revelia (ou seja, houver a presunção legal de veracidade das alegações feitas pelo autor a respeito dos fatos da causa) e o réu não tiver formulado requerimento de produção de contraprova.

Além disso, as condições para o julgamento imediato podem ser somente em relação a uma parcela do objeto do processo. Isso ocorre quando um ou mais dos pedidos formulados, ou parcela deles se mostrar incontroversa ou esteja em condições de imediato julgamento.

A decisão de julgamento antecipado do mérito total é uma sentença, impugnável, portanto, por apelação. Já a decisão de julgamento antecipado do mérito parcial tem natureza de decisão interlocutória, sendo impugnável, assim, por agravo de instrumento.

A decisão de julgamento parcial do mérito pode reconhecer a existência de obrigação líquida e de obrigação ilíquida. A parte pode liquidar ou executar, desde logo, a obrigação reconhecida nesta decisão, independentemente de caução e mesmo que se tenha recurso interposto, salvo se atribuído efeito suspensivo ao agravo de instrumento, caso em que a decisão interlocutória não produzirá desde logo seus efeitos. Com o trânsito em julgado da decisão de julgamento parcial do mérito, a execução será definitiva, sendo que a liquidação ou o cumprimento da decisão de julgamento antecipado parcial do mérito podem ser processadas em autos suplementares, a requerimento da parte ou a critério do juiz.

Não sendo o caso de extinção do processo ou de julgamento antecipado do mérito, o juiz irá proferir uma decisão interlocutória de saneamento e organização do processo. Nesta decisão, o juiz irá resolver questões processuais que eventualmente ainda estejam pendentes; delimitar as questões de fato sobre as quais recairá a atividade probatória, especificando os meios de prova que serão admitidos; definir a distribuição do ônus da prova; delimitar as questões de direito relevantes para a decisão de mérito e designar, se necessário, audiência de instrução e julgamento.

Após a realização de saneamento do feito, as partes têm o direito de pedir esclarecimentos ou solicitar ajustes, no prazo comum de 5 (cinco) dias, findo o qual a decisão se torna estável. Em outros termos, findo o prazo, a decisão será estável, não sendo possível "ao primeiro grau alterar o objeto da cognição, com ressalvas feitas para fatos supervenientes ou para as matérias suscitadas pela primeira vez, em momento posterior, que se possam conhecer a qualquer tempo e em qualquer grau de jurisdição"[127].

Além disso, as partes podem entrar em consenso quanto à delimitação das questões de fato e de direito sobre as quais recairá a atividade probatória, especificando os meios de prova que serão admitidos e sobre a audiência de instrução e julgamento, colocando-a à homologação do juiz, sendo que caso homologada, vincula as partes e o juiz.

Quando a causa apresentar complexidade em matéria de fato ou de direito, o juiz irá designar **audiência para que o saneamento seja feito em cooperação com as partes**, devendo estas levarem seu rol de testemunhas, oportunidade em que o juiz, se for o caso, convidará as partes a integrar ou esclarecer suas alegações.

No caso de produção de prova testemunhal, o juiz fixará prazo comum não superior a 15 (quinze) dias para que as partes apresentem rol de testemunhas. O referido rol de testemunhas não pode ser superior a 10 (dez), sendo 3 (três), no máximo, para a prova de cada fato. Outrossim, pode, o juiz, limitar o número de testemunhas levando em conta a complexidade da causa e dos fatos individualmente considerados.

Havendo determinação de que se produza prova pericial, deverá o juiz, sempre que possível, estabelecer desde logo calendário para sua realização, ou pelo menos fixando, nos termos do disposto no art.

127. RIBEIRO, Marcelo. **Processo Civil**. 3. ed. Grupo GEN, 2023. s.p.

465, prazo para apresentação do laudo. Por fim, as pautas deverão ser preparadas com intervalo mínimo de 1 (uma) hora entre as audiências.

8.1.9 Da audiência de instrução e julgamento

Quando a prova oral for necessária, será designada a **audiência de instrução e julgamento**. Essa audiência é um ato que deve ser praticado de forma **pública**, salvo os casos em que o processo tramite em **segredo de justiça**, caso em que a audiência de instrução e julgamento se realizará a portas fechadas, só podendo presenciá-la os sujeitos do processo e seus auxiliares.

Como já visto, a audiência de instrução e julgamento será designada na decisão de saneamento e organização do processo. Assim, no dia e hora designados, o juiz deverá declarar aberta a audiência, mandando apregoar as partes, seus advogados, bem como outras pessoas que dela devam participar. **Em um primeiro momento, o juiz tentará a conciliação das partes, mesmo que já tenham sido utilizados outros métodos de solução consensual de conflitos, como a mediação e a arbitragem, anteriormente.**

O juiz exerce poder de polícia, possuindo como incumbência: manter a ordem e o decoro na audiência; ordenar que se retirem da sala de audiência os que se comportarem inconvenientemente; requisitar, quando necessário, força policial; tratar com urbanidade as partes, os advogados, os membros do Ministério Público e da Defensoria Pública e qualquer pessoa que participe do processo e, registrar em ata, com exatidão, todos os requerimentos apresentados em audiência.

A produção da prova oral ocorre em audiência, sendo ouvidos em ordem preferencial: o perito e os assistentes técnicos, que responderão aos quesitos de esclarecimentos requeridos no prazo e na forma do art. 477, caso não respondidos anteriormente por escrito; o autor e, em seguida, o réu, que prestarão depoimentos pessoais e, as testemunhas arroladas pelo autor e pelo réu, que serão inquiridas. Enquanto essas pessoas estiverem depondo, os advogados e o Ministério Público não poderão intervir ou apartear, sem licença do juiz.

O adiamento da audiência ocorre por convenção das partes; se não puder comparecer, por motivo justificado, qualquer pessoa que dela deva necessariamente participar ou, por atraso injustificado de seu início em tempo superior a 30 (trinta) minutos do horário marcado. O impedimento de comparecer na audiência deve ser comprovado até sua abertura, e, não sendo feita esta prova, o juiz realizará a instrução.

Quando o advogado ou defensor público de alguma das partes não comparecer sem justificativa, o juiz poderá dispensar a produção das provas requeridas pela parte cujo patrono não tenha comparecido, aplicando-se, tal regra, ao Ministério Público. **Ademais, quem der causa ao adiamento da audiência de instrução e julgamento arcará com as despesas acrescidas.**

Em caso de antecipação ou adiamento da audiência, o juiz, de ofício ou a requerimento da parte, intimará os advogados ou a sociedade de advogados para ciência da nova designação.

A audiência de instrução e julgamento é una e contínua, podendo ser, excepcional e justificadamente, cindida, em caso de ausência do perito ou de testemunha, desde que haja concordância das partes. Sendo impossível concluir a audiência de instrução e julgamento no dia em que tenha tido início, o juiz designará data para seu prosseguimento, tão próxima quanto possível, em pauta preferencial.

Concluída a instrução, os advogados do autor e do réu, bem como o membro do Ministério Público, se for o caso de sua intervenção, nesta ordem, terão a palavra para suas **alegações finais**, pelo prazo de 20 (vinte) minutos para cada, prorrogável por mais 10 (dez) minutos, a critério do juiz.

No caso de haver litisconsórcio ou terceiro interveniente, o prazo será de 30 (trinta) minutos, devendo ser distribuído entre os do mesmo grupo, se não convencionarem de modo diverso. Se a demanda apresentar questões complexas – de fato ou de direito – o debate oral será substituído por razões finais escritas (memoriais), em prazos sucessivos de 15 (quinze) dias, assegurando-se a vista dos autos.

A sentença será proferida em audiência, no caso de debates orais ou, no prazo de 30 (trinta) dias, após oferecidas as razões finais. Todo o ocorrido na audiência (em resumo) será **lavrado em um termo**, pelo servidor, contendo, ainda, por extenso, os despachos, as decisões e a sentença, se proferida no ato. Se o termo for impresso, suas folhas serão rubricadas pelo juiz, sendo encadernado em volume próprio. Tal termo deverá ser assinado pelo juiz, pelos advogados, pelo membro do Ministério Público e pelo escrivão ou chefe de secretaria, dispensada a assinatura das partes (salvo se tiver sido praticado algum ato de disposição de direitos para o qual os advogados não tivessem poderes especiais). Ao escrivão (ou chefe de secretaria) incumbe trasladar para os autos cópia autenticada do termo de audiência.

Quando os autos forem eletrônicos, observar-se-á o disposto no CPC e na legislação específica, bem como nas normas internas dos tribunais, acerca da documentação do ato. Além disso, é possível a gravação integral da audiência de instrução e julgamento em arquivo de audiovisual, em meio digital ou analógico, desde que assegurado o rápido acesso das partes e dos órgãos julgadores ao seu teor, sempre observada a legislação específica. Ainda, as partes possuem o direito de gravar a audiência de instrução e julgamento, independentemente de autorização judicial.

8.1.10 Das provas

Prova é todo elemento juntado ao processo a fim de contribuir com o convencimento do juiz a respeito da veracidade das alegações acerca dos fatos da causa.

No processo de conhecimento, a prova é a "alma" do feito. Isso porque é através das provas que o juiz poderá reconstruir os fatos da causa e, com isso, produzir uma decisão que seja a correta para o caso deduzido. É através da atividade de produção e valoração da prova, portanto, que o processo de conhecimento poderá adequadamente produzir os resultados que dele são esperados.

A produção probatória está intrinsecamente ligada ao princípio do contraditório, visto que é através da prova que a parte produz que se torna possível a sua participação no procedimento de formação da decisão com influência na formação do resultado. E é neste sentido que o Art. 369 prevê "as partes têm o direito de empregar todos os meios legais, bem como os moralmente legítimos, ainda que não especificados neste Código, para provar a verdade dos fatos em que se funda o pedido ou a defesa e influir eficazmente na convicção do juiz"[128].

Serão aplicadas pelo juiz as regras de experiência comum subministradas pela observação do que ordinariamente acontece e, ainda, as regras de experiência técnica, exceto, quanto a estas, o exame pericial. Além disso, a carta precatória, a carta rogatória e o auxílio direto suspenderão o julgamento da causa no caso previsto no Art. 313, inciso V, alínea "b", quando, tendo sido requeridos antes da decisão de saneamento, a prova neles solicitada for imprescindível. Ainda, a carta precatória e a carta rogatória não devolvidas no prazo ou concedidas sem efeito suspensivo poderão ser juntadas aos autos a qualquer momento.

Todas as pessoas possuem o dever de colaborar com o Poder Judiciário para o descobrimento da verdade, sendo que, incumbe à parte – preservado seu direito de não produzir prova contra si própria: **comparecer em juízo, respondendo ao que lhe for interrogado; colaborar com o juízo na realização de inspeção judicial que for considerada necessária e, praticar o ato que lhe for determinado.**

Já aos terceiros incumbe, em relação a qualquer causa: informar ao juiz os fatos e as circunstâncias de que tenha conhecimento e, exibir coisa ou documento que esteja em seu poder. Em caso de descumprimento, o juiz pode determinar – além da imposição de multa – outras medidas indutivas, coercitivas, mandamentais ou sub-rogatórias.

8.1.10.1 Objeto da prova

As provas têm por objeto demonstrar a veracidade de alegações sobre fatos que sejam controvertidas e relevantes, ou seja, demonstrar que uma alegação, feita no processo, é verdadeira. Contudo, **alguns fatos não dependem de prova**, sendo eles: os notórios; os afirmados por uma parte e confessados pela parte contrária; os admitidos no processo como incontroversos e os que em cujo favor milita presunção legal de existência ou de veracidade. As alegações que versem sobre o direito não são objeto de atividade probatória, exceto, nos termos do Art. 376, "a parte que alegar direito municipal, estadual, estrangeiro ou consuetudinário provar-lhe-á o teor e a vigência, se assim o juiz determinar"[129].

8.1.10.2 Destinatários da prova

Muito embora tenha-se em mente que apenas o juiz é o destinatário da prova, tal afirmação não é verídica. **O juiz, por óbvio, apresenta-se enquanto destinatário direto da prova**, tendo em vista que ela é confeccionada para trazer contribuição para a formação do seu convencimento. É em razão disso que o juiz pode indeferir provas inúteis ou protelatórias, não se ignorando que é o magistrado quem irá apreciar a prova produzida nos autos.

Contudo, **as partes e outros interessados também são destinatários indiretos das provas,** o que se afirma porque elas também têm de se con-

128. BRASIL. **Lei 13.105,** de 16 de março de 2015. Código de Processo Civil. Disponível em: http://www.planalto.gov.br/ccivil_03/_ato2015-2018/2015/lei/l13105.htm. Acesso em: 11 abr. 2023.

129. BRASIL. **Lei 13.105,** de 16 de março de 2015. Código de Processo Civil. Disponível em: http://www.planalto.gov.br/ccivil_03/_ato2015-2018/2015/lei/l13105.htm. Acesso em: 11 abr. 2023.

vencer, pela prova produzida, de que uma determinada decisão tenha sido proferida de maneira correta. Assim, e a fim de possibilitar um verdadeiro contraditório, a instrução probatória deve ser de forma bastante completa.

Considerando que o juiz e as partes são os destinatários da prova, o Art. 370 do CPC[130], estabelece que cabe ao juiz, "de ofício ou a requerimento da parte", determinar as provas necessárias ao julgamento do mérito. Ou seja, as partes devem postular a produção das provas que lhes pareçam necessárias, pois é delas o direito material em debate e, por isso, elas são titulares de interesse em produzir prova.

8.1.10.3 Ônus da prova

Ônus é a nomenclatura utilizada para designar uma **conduta imperativa**, imposta a alguma das partes, ressaltando-se que a prova, uma vez produzida, pertence ao processo, não a quem a produziu, e é justamente por isso que o Art. 371 indica que a prova será apreciada pelo juiz "independentemente do sujeito que a tiver promovido". No sentido de compreensão de tal questão, a doutrina aponta o seguinte:

> Dessa redação se extraem aspectos subjetivos e objetivos sobre o ônus da prova. O ônus subjetivo demonstra qual das partes deve assumir uma postura ativa, a fim de apresentar uma versão sobre fatos controvertidos e lhes emprestar validade, ao final do procedimento. Assim, se o autor afirma ser titular de um direito de crédito em face do réu, deve convencer as partes da relação processual sobre a validade dessa afirmação. O réu, por sua vez, deve negar a ocorrência do fato, o que se convencionou chamar de contraprova, ou, uma vez admitida a situação fática deduzida na inicial, observar o ônus da prova sobre fatos extintivos, impeditivos ou modificativos[131].

A distribuição do ônus da prova está expressa no Art. 373 do CPC, de modo que o ônus da prova incumbe ao autor quanto ao fato constitutivo de seu direito e, ao réu, quanto à existência de fato impeditivo, modificativo ou extintivo do direito do autor. **Dessa forma, via de regra, o ônus da prova incumbe a quem tenha feito a alegação, subsistindo casos em que o ônus da prova é invertido, seja pela lei (inversão *ope legis* do ônus probatório), seja por decisão judicial (inversão *ope iudicis* do ônus probatório).** Nestes termos, prevê o §1º, do Art. 373:

> §1º Nos casos previstos em lei ou diante de peculiaridades da causa relacionadas à impossibilidade ou à excessiva dificuldade de cumprir o encargo nos termos do caput ou à maior facilidade de obtenção da prova do fato contrário, poderá o juiz atribuir o ônus da prova de modo diverso, desde que o faça por decisão fundamentada, caso em que deverá dar à parte a oportunidade de se desincumbir do ônus que lhe foi atribuído[132].

Importante ressaltar que a redistribuição do ônus da prova só será possível se o encargo for, pela decisão judicial, atribuído a quem tenha condições de dele desincumbir-se, não se podendo, com a redistribuição do ônus da prova, gerar uma situação em que a desincumbência de tal encargo seja impossível ou excessivamente difícil.

A distribuição diversa do ônus da prova pode ocorrer por convenção das partes, celebrada antes ou durante o processo. Contudo, tal convenção não se aplica quando recair sobre direito indisponível da parte ou tornar excessivamente difícil a uma parte o exercício do direito.

8.1.10.4 Prova emprestada

A **prova emprestada é aquela que foi produzida em um processo, mas que é transferida para outra demanda como meio destinado a influenciar na formação do convencimento do juiz.** Sua admissibilidade está disposta no Art. 372 do CPC, de modo que o juiz poderá admitir a utilização de prova produzida em outro processo, atribuindo-lhe o valor que considerar adequado, observado o contraditório.

Assim, é possível, por exemplo, que um laudo pericial produzido em um feito seja utilizado em demanda diversa, tendo em vista o cabimento para tanto e, no entanto, desde que **respeitado o contraditório**. Veja-se que o respeito ao contraditório corresponde, inclusive, à formação da prova. Isto é, não se admite a utilização de prova emprestada contra aquele que não tenha participado, em contraditório, da colheita da prova no processo em que originariamente ela tenha sido produzida.

8.1.10.5 Produção antecipada da prova

Nos Arts. 381 a 383 do CPC estão reguladas algumas demandas que, aptas a provocar a instauração

130. BRASIL. **Lei 13.105,** de 16 de março de 2015. Código de Processo Civil. Disponível em: http://www.planalto.gov.br/ccivil_03/_ato2015-2018/2015/lei/l13105.htm. Acesso em: 11 abr. 2023.

131. RIBEIRO, Marcelo. **Processo Civil**. 3. ed. Grupo GEN, 2023. s.p.

132. BRASIL. **Lei 13.105,** de 16 de março de 2015. Código de Processo Civil. Disponível em: http://www.planalto.gov.br/ccivil_03/_ato2015-2018/2015/lei/l13105.htm. Acesso em: 11 abr. 2023.

de processo autônomo, têm por objeto a colheita de provas. Dessa forma, a norma processual dispõe que **a produção antecipada da prova será admitida nos casos em que**: haja fundado receio de que venha a tornar-se impossível ou muito difícil a verificação de certos fatos na pendência da ação; a prova a ser produzida seja suscetível de viabilizar a autocomposição ou outro meio adequado de solução de conflito ou, o prévio conhecimento dos fatos possa justificar ou evitar o ajuizamento de ação.

Ademais, algumas questões devem ser observadas: 1) O **arrolamento de bens observará pela norma processual quando tiver por finalidade apenas a realização de documentação e não a prática de atos de apreensão**; 2) A produção antecipada da prova **é da competência do juízo do foro onde a prova deva ser produzida ou do foro de domicílio do réu**; 3) A produção antecipada da prova **não previne a competência do juízo para a ação que venha a ser proposta**; e 4) **O juízo estadual tem competência para produção antecipada de prova requerida em face da União**, de entidade autárquica ou de empresa pública federal se, na localidade, não houver vara federal.

Na petição inicial, o requerente apresentará as razões que justificam a necessidade de colheita imediata da prova e mencionará com precisão os fatos sobre os quais a prova há de recair. **Se a medida postulada tiver caráter contencioso, o juiz determinará a citação de interessados na colheita da prova ou no fato a ser provado**. Dessa forma, os interessados podem requerer a colheita, no mesmo processo, de qualquer outra prova, desde que relacionada ao mesmo fato, exceto se sua colheita conjunta acarretar demora excessiva.

O procedimento das demandas probatórias autônomas não admite defesa ou recurso, exceto quando a decisão que indeferir por completo a colheita das provas que o demandante queira ver produzidas. Neste caso, **o recurso cabível é a apelação**. Colhida a prova, o juiz proferirá sentença, não se pronunciando sobre a ocorrência ou a inocorrência do fato, nem sobre as respectivas consequências jurídicas. Proferida a sentença, os autos permanecerão em cartório durante 1 (um) mês, para que todos os interessados possam obter cópias e certidões, e decorrido este prazo, os autos serão entregues ao demandante.

8.1.10.6 Meios de prova

Os meios de prova são os mecanismos através dos quais a prova é levada para o processo, sendo que os meios previstos em lei são chamados de **provas típicas ou meios típicos de prova**, já os que não possuem previsão são chamados de provas atípicas ou meios atípicos de prova. A partir disso, a norma processual estipula que as partes têm o direito de utilizar os meios legais necessários e que sejam moralmente legítimos para provar a verdade dos fatos em que se funda o pedido ou a defesa e influir eficazmente na convicção do juiz.

Entre as provas típicas, existem provas orais, documentais e técnicas. A prova oral é a que se produz através de um depoimento falado, como o depoimento pessoal e a prova testemunhal. Já as provas documentais são os registros gravados de fatos, como a prova documental *stricto sensu* (incluindo a prova produzida através de documento eletrônico) e a ata notarial.

Por fim, as provas técnicas são os meios de prova produzidos através da análise que um profissional com conhecimento especializado faz de um objeto ou pessoa, como a prova pericial e a inspeção judicial. A confissão, por sua vez, é meio de prova que pode ocorrer como prova oral ou como prova documental, conforme o modo como tenha sido produzido.

8.1.10.6.1 Ata notarial

A ata notarial é o documento público, lavrado por notário, através do qual este declara algo que tenha presenciado, declarando sua existência e modo de ser. Dessa forma, tem-se que a existência e o modo de existir podem ser atestados ou documentos a requerimento do interessado, mediante ata lavrada por tabelião responsável, sendo que os dados representados por imagem ou som gravados em arquivos eletrônicos poderão constar da ata notarial.

A parte interessada possui o direito de acompanhar a inspeção a ser realizada em razão do contraditório, sendo que isso "pode influir diretamente no procedimento probatório, fazendo observações pertinentes para a instrução da causa. Concluída a inspeção, o magistrado deve proferir auto circunstanciado, com as informações que julgar relevantes para a instrução da causa"[133].

8.1.10.6.2 Depoimento pessoal

O depoimento pessoal é o testemunho da parte em juízo, que somente ocorrerá na audiência de instrução e julgamento, se requerido pela parte adversa ou determinado de ofício pelo juízo. **Para**

133. RIBEIRO, Marcelo. **Processo Civil**. 3. ed. Grupo GEN, 2023. s.p.

prestar depoimento pessoal, a parte deve ser pessoalmente intimada e advertida da pena de confesso, caso não compareça ou, comparecendo, se recusar a depor, caso em a pena será aplicada. A pena de confesso é como a "confissão ficta", ou seja, o silêncio da parte equivale à confissão dos fatos sobre os quais ela iria depor.

Como já abordado, a ordem para depoimento pessoal é primeiro o depoimento do autor e depois o do réu. **Assim, é vedado que, quem ainda não depôs, assista ao interrogatório da outra parte.** Quando o depoente residir em lugar diverso do que tramita o processo, seu depoimento pessoal pode ser colhido por meio de videoconferência ou outro recurso tecnológico de transmissão de sons e imagens em tempo real, o que poderá ocorrer, inclusive, durante a realização da audiência de instrução e julgamento.

Ao prestar o depoimento pessoal, **a parte deve responder "pessoalmente às perguntas" que lhe sejam feitas**, não podendo utilizar escritos anteriormente preparados, salvo para a consulta de notas breves, apenas para completar esclarecimentos. Se a parte não responder ao que lhe for perguntado, sem motivo justificado, ou empregar evasivas, incumbe ao juiz, apreciando as demais circunstâncias e os elementos de prova, declarar, na sentença, se houve recusa de depor.

Por fim, **a parte não é obrigada a depor sobre** fatos criminosos ou torpes que lhe forem imputados; a cujo respeito, por estado ou profissão, deva guardar sigilo; acerca dos quais não possa responder sem desonra própria, de seu cônjuge, de seu companheiro ou de parente em grau sucessível; que coloquem em perigo a vida do depoente ou de seu cônjuge, de seu companheiro ou de parente em grau sucessível. **Contudo, tal regra não se aplica nos processos que versem sobre Direito de Família e nas assim chamadas "ações de estado".**

8.1.10.6.3 Confissão

A confissão é a admissão, por uma das partes, da veracidade de fato contrário ao seu interesse e favorável ao do adversário, podendo ser judicial ou extrajudicial. **A confissão, pode ser, ainda, espontânea ou provocada.** A confissão espontânea pode ser feita pela própria parte ou por representante com poder especial. Quando feita por um representante somente é eficaz nos limites em que este pode vincular o representado. Já a confissão provocada é a que se obtém do depoimento pessoal da parte, devendo constar do termo de depoimento.

Outrossim, **a confissão faz prova contra o confitente, não prejudicando, entretanto, os litisconsortes.** Quando a causa versar sobre bens imóveis ou algum direito real sobre imóvel alheio, a **confissão feita por um dos cônjuges ou companheiros não valerá sem a do outro**, salvo se o regime de bens do casamento for o da separação absoluta de bens. A admissão, em juízo, de fatos relativos a direitos indisponíveis, não vale como confissão, sendo que, **quando feita por quem não for capaz de dispor do direito a que se referem os fatos confessados, a confissão será ineficaz.**

Via de regra, a confissão é irrevogável, podendo ser anulada, todavia, vício de consentimento (erro de fato ou coação). **A anulação da confissão depende do ajuizamento de demanda autônoma, a qual só pode ser proposta pelo próprio confitente, só se transmitindo a seus sucessores se ele falecer após o ajuizamento da demanda.**

A confissão extrajudicial pode ser escrita ou oral, mas somente será eficaz confissão extrajudicial feita oralmente nos casos em que a lei não exija prova literal do fato. Além disso, em regra, **a confissão é indivisível**, ou seja, a parte que a quiser invocar como prova não pode aceitá-la no tópico que a beneficiar e rejeitá-la no que lhe for desfavorável, porém cindir-se-á quando o confitente a ela aduzir fatos novos, capazes de constituir fundamento de defesa de direito material ou de reconvenção.

8.1.10.6.4 Exibição de documento ou coisa

A exibição de documento ou coisa é **um incidente processual em que uma das partes, no curso do processo, precisa que seja exibido um documento ou uma coisa que se pretende usar como fonte de prova.** Dessa forma, os Arts. 396 a 404 regulam o incidente processual destinado a promover a exibição do documento ou da coisa.

O juiz pode ordenar que a parte exiba documento ou coisa que se encontre em seu poder, e **o requerimento feito pela parte deve conter** a descrição, tão completa quanto possível, do documento ou da coisa, ou das categorias de documentos ou de coisas buscados; a finalidade da prova, com indicação dos fatos que se relacionam com o documento ou com a coisa, ou com suas categorias e, as circunstâncias em que se funda o requerente para afirmar que o documento ou a coisa existe, ainda que a referência seja a categoria de documentos ou de coisas, e se acha em poder da parte contrária. O requerido será intimado – tendo em vista que não é um processo autônomo – para oferecer resposta no prazo de 5 (cinco) dias, e se o requerido afirmar, em sua resposta, que não tem consigo o documento ou a coisa, o juiz permitirá que o requerente produza prova de que a declaração não corresponde à verdade – destacando-se que qualquer meio legítimo de prova será admitido.

A recusa não será admitida pelo juiz quando o requerido tiver obrigação legal de exibir; o requerido tiver aludido ao documento ou à coisa, no processo, com o intuito de constituir prova ou o documento, por seu conteúdo, for comum às partes. Ao decidir o incidente, **o juiz irá admitir como verdadeiros os fatos que através do documento ou da coisa o requerente pretendia provar, sempre que o requerido não efetuar a exibição nem fizer qualquer declaração no prazo 5 (cinco) dias ou se a recusa em exibir for ilegítima**. Além disso, e em caso de necessidade, **o juiz pode adotar medidas indutivas, coercitivas, mandamentais ou sub-rogatórias para que o documento seja exibido**.

No caso de o documento ou a coisa estar em poder de terceiro, o juiz ordenará sua citação para responder no prazo de 15 (quinze) dias. Caso o requerido negue a obrigação de exibir ou a posse do documento ou da coisa, o juiz designará uma audiência especial, tomando-lhe o depoimento, bem como o das demais partes do processo e, se necessário, ouvirá testemunhas. Em seguida, será proferida a decisão.

Ademais, se o terceiro, sem justo motivo, se recusar a efetuar a exibição, o juiz ordenar-lhe-á que proceda ao respectivo depósito em cartório ou em outro lugar designado, no prazo de 5 (cinco) dias, impondo ao requerente que o ressarça pelas despesas que tiver. Em caso de descumprimento da ordem, o juiz expedirá mandado de apreensão, requisitando, se necessário, força policial, sem prejuízo da responsabilidade por crime de desobediência, pagamento de multa e outras medidas indutivas, coercitivas, mandamentais ou sub-rogatórias necessárias para assegurar a efetivação da decisão.

Por fim, somente **podem se escusar de exibir, em juízo, o documento ou a coisa** se concernente a negócios da própria vida da família; sua apresentação puder violar dever de honra; sua publicidade redundar em desonra à parte ou ao terceiro, bem como a seus parentes consanguíneos ou afins até o terceiro grau, ou lhes representar perigo de ação penal; sua exibição acarretar a divulgação de fatos a cujo respeito, por estado ou profissão, devam guardar segredo; subsistirem outros motivos graves que, segundo o prudente arbítrio do juiz, justifiquem a recusa da exibição ou, houver disposição legal que justifique a recusa da exibição. **Ainda, quando tais motivos disserem respeito a apenas uma parcela do documento, a parte ou o terceiro exibirá a outra em cartório, para dela ser extraída cópia reprográfica, de tudo sendo lavrado auto circunstanciado.**

▷ Além disso, vejam-se as Súmulas do Superior Tribunal de Justiça aplicáveis ao assunto:

- *Súmula 372 – Na ação de exibição de documentos, não cabe a aplicação de multa cominatória. (Súmula 372, SEGUNDA SEÇÃO, julgado em 11/03/2009, DJe 30/03/2009)*
- *Súmula 389 – A comprovação do pagamento do "custo do serviço" referente ao fornecimento de certidão de assentamentos constantes dos livros da companhia é requisito de procedibilidade da ação de exibição de documentos ajuizada em face da sociedade anônima. (Súmula 389, SEGUNDA SEÇÃO, julgado em 26/08/2009, DJe 01/09/2009)*

8.1.10.6.5 Prova documental

Todo atestado de um fato, escrito ou por qualquer outro modo gravado, é um documento. Assim, **são documentos os escritos, as fotografias, os vídeos, os fonogramas, entre outros meios capazes de conter a atestação de um fato qualquer**.

8.1.10.6.5.1 Força probante dos documentos

Conforme visto (e abordado também em outro momento), é possível que documentos sejam utilizados como prova no feito, sendo que, no caso de documento público, tal faz prova não só da sua formação, mas também dos fatos que o escrivão, o chefe de secretaria, o tabelião ou o servidor declarar que ocorreram em sua presença.

Quando a lei exigir instrumento público como da substância do ato, nenhuma outra prova, por mais especial que seja, suprirá sua ausência, e, quando o documento for confeccionado por oficial público incompetente ou sem a observância das formalidades legais, sendo subscrito pelas partes, terá a mesma eficácia probatória do documento particular.

Nos termos da norma processual, as declarações constantes do documento particular escrito e assinado ou somente assinado se presumem verdadeiras em relação ao signatário. No entanto, **quando contiver declaração de ciência de determinado fato, o documento particular prova a ciência, mas não o fato em si, incumbindo o ônus de prová-lo ao interessado em sua veracidade**.

A prova da data do documento particular, quando a seu respeito surgir dúvida ou impugnação entre os litigantes, poderá ser através de todos os meios de direito. Já em relação a terceiros, será considerado datado o documento particular: no dia em que foi registrado; desde a morte de algum dos signatários; a partir da impossibilidade física que sobreveio a qualquer dos signatários; da sua apresentação em repartição pública ou em juízo ou, do ato ou do fato que estabeleça, de modo certo, a anterioridade da formação do documento.

Para fins legais, tem-se que **as seguintes partes são consideradas autoras de dado documento particular**: aquele que o fez e o assinou; aquele por conta de quem ele foi feito, estando assinado e, aquele que, mandando compô-lo, não o firmou porque, conforme a experiência comum, não se costuma assinar, como livros empresariais e assentos domésticos. Além disso, o documento será considerado autêntico quando o tabelião reconhecer a firma do signatário; a autoria estiver identificada por qualquer outro meio legal de certificação, inclusive eletrônico, nos termos da lei e, quando não houver impugnação da parte contra quem foi produzido o documento.

O documento particular de cuja autenticidade não se tenha dúvida, **comprova que o seu autor fez a declaração que lhe é atribuída**, sendo que o documento particular admitido expressa ou tacitamente é indivisível, vedado à parte que pretende utilizar-se dele aceitar os fatos que lhe são favoráveis e recusar os que são contrários ao seu interesse, exceto, no caso de provar que estes não ocorreram

No caso do **telegrama, do radiograma ou de qualquer outro meio de transmissão**, tem-se que possuem a mesma força probatória do documento particular, quando o original constante da estação expedidora tiver sido assinado pelo remetente. Neste caso, **a firma do remetente poderá ser reconhecida pelo tabelião, declarando-se essa circunstância no original depositado na estação expedidora**, e o telegrama ou o radiograma se presumem conforme com o original, provando as datas de sua expedição e de seu recebimento pelo destinatário.

Para que as cartas e os registros domésticos façam prova contra quem os escreveu, é necessário que enunciem o recebimento de um crédito; contenham anotação que visa a suprir a falta de título em favor de quem é apontado como credor ou, expressem conhecimento de fatos para os quais não se exija determinada prova.

Quando o credor tiver realizado nota escrita em qualquer parte de documento representativo de obrigação, ainda que não assinada, **ela fará prova em benefício do devedor**. Além disso, tal regra é aplicável tanto para o documento que o credor conservar em seu poder quanto para aquele que se achar em poder do devedor ou de terceiro.

Por conseguinte, os livros empresariais possuem o poder de prova contra seu autor, podendo o empresário, todavia, demonstrar, por todos os meios permitidos em direito, que os lançamentos não correspondem à verdade dos fatos, **sendo que os livros empresariais que cumpram os requisitos exigidos por lei têm o condão de provar a favor de seu autor no litígio entre empresários**. Quanto à escritura contábil, tem-se que tal é indivisível, e, se dos fatos que resultam dos lançamentos, uns são favoráveis ao interesse de seu autor e outros lhe são contrários, ambos serão considerados em conjunto, como unidade.

A requerimento da parte, o juiz **pode determinar que os livros empresariais e os documentos dos arquivos sejam exibidos integralmente** na liquidação de sociedade; na sucessão por morte de sócio ou, quando e como determinar a lei, destacando-se que o juiz pode, **de ofício**, ordenar à parte a exibição parcial dos livros e dos documentos, extraindo-se deles a suma que interessar ao litígio, bem como reproduções autenticadas.

A reprodução mecânica, como a fotográfica, a cinematográfica, a fonográfica ou de outra espécie, tem aptidão para fazer prova dos fatos ou das coisas representadas, se a sua conformidade com o documento original não for impugnada por aquele contra quem foi produzida. As fotografias digitais e as extraídas da rede mundial de computadores fazem prova das imagens que reproduzem, devendo, se impugnadas, ser apresentada a respectiva autenticação eletrônica ou, não sendo possível, realizada perícia.

Quando a fotografia tiver sido publicada em jornal ou revista, será exigido um exemplar original do periódico, caso impugnada a veracidade pela outra parte, e tais regras aplicam-se, ainda, à forma impressa de mensagem eletrônica. Já as reproduções dos documentos particulares, fotográficas ou obtidas por outros processos de repetição valem como certidões sempre que o escrivão ou o chefe de secretaria certificar sua conformidade com o original.

Deve se ter em mente, de outro lado, que a cópia de documento particular tem o mesmo valor probante que o original, cabendo ao escrivão, intimadas as partes, proceder à conferência e certificar a conformidade entre a cópia e o original.

As disposições processuais também disciplinam os documentos que fazem a mesma prova que os originais, do que se destaca: as certidões textuais de qualquer peça dos autos, do protocolo das audiências ou de outro livro a cargo do escrivão ou do chefe de secretaria, se extraídas por ele ou sob sua vigilância e por ele subscritas; os traslados e as certidões extraídas por oficial público de instrumentos ou documentos lançados em suas notas; as reproduções dos documentos públicos, desde que autenticadas por oficial público ou conferidas em cartório com os respectivos originais; as cópias reprográficas de peças do próprio processo judicial declaradas autênticas pelo advogado, sob sua responsabilidade pessoal, se não lhes for impugnada a autenticidade; os extratos digitais de bancos de dados públicos e privados, desde que atestado pelo seu emitente, sob as penas da lei, que as informações conferem com o que consta na origem e, as reproduções digitalizadas de qualquer documento público ou particular, quando juntadas aos autos pelos órgãos da justiça e seus auxiliares, pelo Ministério Público e seus auxiliares, pela Defensoria Pública e seus auxiliares, pelas procuradorias, pelas repartições públicas em geral e por advogados, ressalvada a alegação motivada e fundamentada de adulteração.

Nesse sentido, tem-se que **os originais dos documentos digitalizados mencionados acima (as reproduções digitalizadas) deverão ser preservados pelo seu detentor até o final do prazo para propositura de ação rescisória**. Ainda, no caso de cópia digital de título executivo extrajudicial ou de documento relevante à instrução do processo, o juiz poderá determinar seu depósito em cartório ou secretaria, sendo que, quando em ponto substancial e sem ressalva contiver entrelinha, emenda, borrão ou cancelamento no documento, o juiz irá apreciar fundamentadamente a fé que tal merece ter.

Cessa a fé do documento público ou particular quando declarada judicialmente a falsidade, e a **referida falsidade equivale a formar documento não verdadeiro ou alterar documento verdadeiro.** A fé do documento particular será cessada quando for impugnada sua autenticidade e enquanto não se comprovar sua veracidade ou, assinado em branco, for impugnado seu conteúdo, por preenchimento abusivo. Ademais, preceitua o parágrafo único do Art. 428 "dar-se-á abuso quando aquele que recebeu documento assinado com texto não escrito no todo ou em parte formá-lo ou completá-lo por si ou por meio de outrem, violando o pacto feito com o signatário"[134].

Por fim, nos termos do já abordado durante os estudos, **incumbe o ônus da prova quando se tratar de falsidade de documento ou de preenchimento abusivo, à parte que a arguir** e, se tratar de impugnação da autenticidade, à parte que produziu o documento.

8.1.10.6.5.2 Arguição de falsidade

A respeito da arguição de falsidade, tem-se que tal deve ser suscitada na contestação, na réplica ou no prazo de 15 (quinze) dias, contado a partir da intimação da juntada do documento aos autos. Assim, **a falsidade será resolvida como questão incidental**, salvo se a parte requerer que o juiz a decida como questão principal.

Na arguição de falsidade, a parte deve expor os motivos em que funda a sua pretensão e os meios com que provará o alegado, sendo que a parte contrária será ouvida no prazo de 15 (quinze) dias, e, após, será realizado o exame pericial. No entanto, destaca-se que o exame pericial não será realizado quando a parte que produziu o documento concordar em retirá-lo. Por fim, quando a declaração sobre a falsidade do documento for suscitada como questão principal, constará da parte dispositiva da sentença e sobre ela incidirá também a autoridade da coisa julgada.

8.1.10.6.5.3 Produção da prova documental

Relativamente à produção da prova documental, tem-se que é incumbência da parte instruir a petição inicial ou a contestação com os documentos destinados a provar suas alegações – em que pese, na prática, isso não seja tão comum. Quando o documento consistir em reprodução cinematográfica ou fonográfica, a parte deverá trazê-lo em sua primeira manifestação nos autos – inicial ou contestação – mas sua exposição será realizada em audiência, intimando-se previamente as partes.

Outrossim, as partes, podem, **em qualquer tempo, juntar aos autos documentos novos, quando destinados a fazer prova de fatos ocorridos depois dos articulados ou para contrapô-los aos que foram produzidos nos autos**. Admite-se também a juntada posterior de documentos formados após a petição inicial ou a contestação, bem como dos que se tornaram conhecidos, acessíveis ou disponíveis após esses atos, cabendo à parte que os produzir comprovar o motivo que a impediu de juntá-los anteriormente e incumbindo ao juiz, em qualquer caso, avaliar a conduta da parte de acordo com o Art. 5º – dispositivo já analisado.

Quando intimada sobre documento constante nos autos, **a parte pode impugnar** a admissibilidade da prova documental; impugnar sua autenticidade; suscitar sua falsidade, com ou sem deflagração

---

134. BRASIL. **Lei 13.105**, de 16 de março de 2015. Código de Processo Civil. Disponível em: http://www.planalto.gov.br/ccivil_03/_ato2015-2018/2015/lei/l13105.htm. Acesso em: 11 abr. 2023.

do incidente de arguição de falsidade e, manifestar-se sobre seu conteúdo. **Quando a parte impugnar a autenticidade do documento ou suscitar sua falsidade, com ou sem deflagração do incidente de arguição de falsidade deve ter por base argumentação específica, não se admitindo alegação genérica de falsidade.**

O momento do réu se manifestar sobre os documentos juntados na inicial é **na contestação**, já o momento do autor se manifestar dos documentos anexados na contestação é **na réplica**. Quando qualquer das partes requerer a juntada de documento aos autos, o juiz ouvirá, a seu respeito, a outra parte, que disporá do prazo de 15 (quinze) dias para adotar qualquer das posturas indicadas no parágrafo acima. Além disso, **o prazo para manifestação sobre a prova documental produzida pode ser dilatado pelo juiz**, a requerimento da parte, considerando a quantidade e a complexidade da documentação.

Incumbe ao juiz requisitar às repartições públicas, em qualquer tempo ou grau de jurisdição, as **certidões necessárias à prova das alegações das partes e os procedimentos administrativos nas causas em que forem interessados a União, os Estados, o Distrito Federal, os Municípios ou entidades da administração indireta**. Quando do recebimento dos autos, o juiz mandará extrair, no prazo máximo e improrrogável de 1 (um) mês, as certidões ou as reproduções fotográficas das peças que indicar e das que forem indicadas pelas partes, e, em seguida, devolverá os autos à repartição de origem. Por fim, as repartições públicas poderão fornecer todos os documentos em meio eletrônico, conforme disposto em lei, certificando, pelo mesmo meio, que se trata de extrato fiel do que consta em seu banco de dados ou no documento digitalizado.

8.1.10.6.6 Documentos eletrônicos

Quanto à utilização dos documentos eletrônicos no processo convencional, tem-se que depende de sua conversão à forma impressa e da verificação de sua autenticidade, na forma da lei, sendo que, caso o documento não seja convertido, o juiz apreciará seu valor probante, assegurando às partes o acesso ao seu teor. De todo modo, são admitidos documentos eletrônicos produzidos e conservados com a observância da legislação específica.

8.1.10.6.7 Prova testemunhal

Testemunha é o terceiro, estranho ao processo, que depõe em juízo narrando o que sabe sobre os fatos da causa.

8.1.10.6.7.1 Admissibilidade e valor da prova testemunhal

A prova testemunhal é admissível em **qualquer processo de conhecimento**, salvo se a lei disponha de modo diverso, como se dá no procedimento do mandado de segurança, que só admite a produção de prova documental pré-constituída – ou no inventário e partilha – que é incompatível com as provas não documentais.

Quando a inquirição de testemunhas for necessária para tratar sobre fatos já provados por documento ou confissão da parte ou que só por documento ou por exame pericial puderem ser provados, **o juiz indeferirá o pedido de prova testemunhal**, e, quando a lei exigir prova escrita da obrigação, a prova testemunhal é admissível quando houver começo de prova por escrito, emanado da parte contra a qual se pretende produzir a prova.

A prova testemunhal também é admitida quando o credor não pode (ou não podia), moral ou materialmente, **obter a prova escrita da obrigação**, em casos como o de parentesco, de depósito necessário ou de hospedagem em hotel ou em razão das práticas comerciais do local onde contraída a obrigação. Além disso, é lícito à parte **provar com testemunhas**: nos contratos simulados, a divergência entre a vontade real e a vontade declarada e, nos contratos em geral, os vícios de consentimento.

Todas as pessoas podem figurar como testemunhas, salvo as incapazes, impedidas ou suspeitas. Nesse sentido, tem-se que são consideradas incapazes: o interdito por enfermidade ou deficiência mental; o que, acometido por enfermidade ou retardamento mental, ao tempo em que ocorreram os fatos, não podia discerni-los, ou, ao tempo em que deve depor, não está habilitado a transmitir as percepções; o que tiver menos de 16 (dezesseis) anos; e, o cego e o surdo, quando a ciência do fato depender dos sentidos que lhes faltam.

As **pessoas impedidas são**: o cônjuge, o companheiro, o ascendente e o descendente em qualquer grau e o colateral, até o terceiro grau, de alguma das partes, por consanguinidade ou afinidade, salvo se o exigir o interesse público ou, tratando-se de causa relativa ao estado da pessoa, não se puder obter de outro modo a prova que o juiz repute necessária ao julgamento do mérito; quem é parte na causa e, quem intervém em nome de uma parte, como o tutor, o representante legal da pessoa jurídica, o juiz, o advogado e outros que assistam ou tenham assistido as partes.

Ademais, são suspeitos: o inimigo da parte ou o seu amigo íntimo e quem tiver interesse no litígio.

Sendo necessário, **o juiz pode admitir o depoimento das testemunhas menores, impedidas ou suspeitas, caso em que serão prestados independentemente de compromisso e o juiz lhes atribuirá o valor que possam merecer.**

Sobre os fatos que lhe acarretem grave dano, bem como ao seu cônjuge ou companheiro e aos seus parentes consanguíneos ou afins, em linha reta ou colateral, até o terceiro grau e a cujo respeito, por estado ou profissão, deva guardar sigilo, **a testemunha não é obrigada a depor**.

Em regra e salvo disposição especial em contrário, as testemunhas devem ser ouvidas na sede do juízo. Contudo, quando a parte ou a testemunha, por enfermidade ou por outro motivo relevante, estiver impossibilitada de comparecer, mas não de prestar depoimento, o juiz designará, conforme as circunstâncias, dia, hora e lugar para inquiri-la.

8.1.10.6.7.2 Produção da prova testemunhal

Quanto à produção de prova testemunhal, **o rol de testemunhas conterá**, sempre que possível, o nome, a profissão, o estado civil, a idade, o número de inscrição no Cadastro de Pessoas Físicas, o número de registro de identidade e o endereço completo da residência e do local de trabalho. Após a apresentação do rol de que tratam os §§ 4º e 5º do Art. 357 do CPC[135], a parte só pode **substituir** a testemunha que falecer; que, por enfermidade, não estiver em condições de depor ou, que, tendo mudado de residência ou de local de trabalho, não for encontrada.

Já caso o juiz da demanda seja arrolado como testemunha deve se declarar impedido, se tiver conhecimento de fatos que possam influir na decisão, caso em que será vedado à parte que o incluiu no rol desistir de seu depoimento ou, se nada souber, mandará excluir o seu nome.

Via de regra, **as testemunhas devem depor na audiência de instrução e julgamento, perante o juiz da causa, salvo as que prestam depoimento antecipadamente e, as que são inquiridas por carta.** Quanto à oitiva de testemunha que residir em comarca, seção ou subseção judiciária diversa daquela onde tramita o processo, tem-se que **poderá ser realizada através de videoconferência ou outro recurso tecnológico de transmissão e recepção de sons e imagens em tempo real**, o que poderá ocorrer, inclusive, durante a audiência de instrução e julgamento. **Tais equipamentos devem ser mantidos pelos juízes.**

A oitiva das pessoas preceituadas no Art. 454 e seus incisos, do CPC (como o Presidente e os Ministros de Estado) será em sua residência ou onde exercem sua função, sendo elas: o presidente e o vice-presidente da República; os ministros de Estado; os ministros do Supremo Tribunal Federal, os conselheiros do Conselho Nacional de Justiça e os ministros do Superior Tribunal de Justiça, do Superior Tribunal Militar, do Tribunal Superior Eleitoral, do Tribunal Superior do Trabalho e do Tribunal de Contas da União; o procurador-geral da República e os conselheiros do Conselho Nacional do Ministério Público; o advogado-geral da União, o procurador-geral do Estado, o procurador-geral do Município, o defensor público-geral federal e o defensor público-geral do Estado; os senadores e os deputados federais; os governadores dos Estados e do Distrito Federal; o prefeito; os deputados estaduais e distritais; os desembargadores dos Tribunais de Justiça, dos Tribunais Regionais Federais, dos Tribunais Regionais do Trabalho e dos Tribunais Regionais Eleitorais e os conselheiros dos Tribunais de Contas dos Estados e do Distrito Federal; o procurador-geral de justiça e, o embaixador de país que, por lei ou tratado, concede idêntica prerrogativa a agente diplomático do Brasil.

Nestes casos, **o juiz solicitará à autoridade que indique dia, hora e local a fim de ser inquirida, remetendo-lhe cópia da petição inicial ou da defesa oferecida pela parte que a arrolou como testemunha**. Se, após 1 (um) mês da solicitação, a autoridade não se manifestar, o juiz designará dia, hora e local para o depoimento, preferencialmente na sede do juízo. Além disso, o juiz também designará dia, hora e local para o depoimento, quando a autoridade não comparecer, injustificadamente, à sessão agendada para a colheita de seu testemunho no dia, hora e local por ela mesma indicados.

É incumbência do advogado da parte informar ou intimar a testemunha por ele arrolada do dia, da hora e do local da audiência designada, dispensando-se a intimação do juízo. A referida intimação deve ser realizada por carta com aviso de recebimento, procedendo ao advogado juntar aos autos, com antecedência de pelo menos 3 (três) dias da data da audiência, cópia da correspondência de intimação e do comprovante de recebimento. É lícito, ainda, que a parte se comprometa a levar a testemu-

135. "Art. 357. Não ocorrendo nenhuma das hipóteses deste Capítulo, deverá o juiz, em decisão de saneamento e de organização do processo: [...] § 4º Caso tenha sido determinada a produção de prova testemunhal, o juiz fixará prazo comum não superior a 15 (quinze) dias para que as partes apresentem rol de testemunhas [...]" (BRASIL. **Lei 13.105,** de 16 de março de 2015. Código de Processo Civil. Disponível em: http://www.planalto.gov.br/ccivil_03/_ato2015-2018/2015/lei/l13105.htm. Acesso em: 11 abr. 2023).

nha à audiência, independentemente de intimação, presumindo-se, caso a testemunha não compareça, que a parte desistiu de sua inquirição. Havendo inércia na realização da intimação da testemunha, entende-se como desistência de sua inquirição.

Há, ainda, a previsão de intimação via judicial da testemunha que ocorrerá quando for frustrada a intimação realizada pelo advogado da parte; sua necessidade for devidamente demonstrada pela parte ao juiz; figurar no rol de testemunhas servidor público ou militar, hipótese em que o juiz o requisitará ao chefe da repartição ou ao comando do corpo em que servir; a testemunha houver sido arrolada pelo Ministério Público ou pela Defensoria Pública ou, a testemunha for uma daquelas previstas no Art. 454 do CPC. **Caso a testemunha, mesmo intimada, não comparecer na audiência, sem motivo justificado, será conduzida e responderá pelas despesas do adiamento.**

A inquirição das testemunhas será separada e sucessivamente, primeiro as do autor e depois as do réu, sendo que uma não ouça o depoimento das outras, sendo que, com a concordância das partes, essa ordem poderá ser alterada pelo juiz. Previamente ao depoimento, a testemunha será qualificada, declarará ou confirmará seus dados e informará se tem relações de parentesco com a parte ou interesse no objeto do processo. A parte contrária pode contraditar a testemunha, arguindo-lhe a incapacidade, o impedimento ou a suspeição, bem como, caso a testemunha negue os fatos que lhe são imputados, provar a contradita com documentos ou com testemunhas, até 3 (três), apresentadas no ato e inquiridas em separado.

Caso as situações acima referidas forem provadas ou confessadas, o juiz dispensará a testemunha ou lhe tomará o depoimento como informante, sendo lícito à testemunha requerer ao juiz que a escuse de depor, alegando os motivos previstos no CPC, hipótese em que o juiz decidirá de plano após ouvidas as partes. A testemunha possui o dever de dizer a verdade, dessa forma, ao início da inquirição, ela prestará esse compromisso relativamente ao que souber e lhe for perguntado. Ademais, a testemunha será advertida de que incorre em sanção penal quem faz afirmação falsa, cala ou oculta a verdade.

Quanto às perguntas, tem-se que serão formuladas pelas partes diretamente à testemunha, começando pela que a arrolou, não admitindo o juiz aquelas que puderem induzir a resposta, não tiverem relação com as questões de fato objeto da atividade probatória ou importarem repetição de outra já respondida. Outrossim, **o juiz poderá inquirir a testemunha tanto antes quanto depois da inquirição feita pelas partes.** O tratamento para com as testemunhas deve ser o de urbanidade, não lhes fazendo perguntas ou considerações impertinentes, capciosas ou vexatórias, e, no mais, as perguntas indeferidas pelo juiz, podem ser transcritas no termo, se a parte o requerer.

Além disso, o **depoimento poderá ser documentado por meio de gravação. Quando digitado ou registrado por taquigrafia, estenotipia ou outro método idôneo de documentação**, o depoimento será assinado pelo juiz, pelo depoente e pelos procuradores. No caso de recurso em processo em autos não eletrônicos, o depoimento somente será digitado quando for impossível o envio de sua documentação eletrônica, sendo que, quando os autos forem eletrônicos, deverá ser observado o disposto no CPC e na legislação específica sobre a prática eletrônica de atos processuais.

O juiz pode ordenar, de ofício ou a requerimento da parte a inquirição de testemunhas referidas nas declarações da parte ou das testemunhas e, a acareação de 2 (duas) ou mais testemunhas ou de alguma delas com a parte, quando, sobre fato determinado que possa influir na decisão da causa, divergirem as suas declarações. **As testemunhas que forem acareadas serão novamente perguntada para explicarem os pontos de divergência, reduzindo-se a termo o ato de acareação, que pode ser realizado por videoconferência ou por outro recurso tecnológico de transmissão de sons e imagens em tempo real.**

Outrossim, a testemunha pode requerer ao juiz o pagamento da despesa que efetuou para comparecimento à audiência, devendo a parte pagá-la logo que arbitrada ou depositá-la em cartório dentro de 3 (três) dias. O depoimento prestado em juízo é considerado serviço público, sendo que a testemunha sujeita ao regime da legislação trabalhista, não sofre, por comparecer à audiência, perda de salário nem desconto no tempo de serviço.

8.1.10.6.8 Prova pericial

A prova pericial consiste em **exame, vistoria ou avaliação**, podendo ser **inferida quando** a prova do fato não depender de conhecimento especial de técnico; for desnecessária em vista de outras provas produzidas e, a verificação for impraticável.

Em substituição à perícia, o juiz, de ofício ou a requerimento das partes, pode **determinar a produção de prova técnica simplificada, quando o ponto controvertido for de menor complexidade**. Tal prova consiste apenas na inquirição de especialista, pelo juiz, sobre ponto controvertido da causa que demande especial conhecimento científico ou técnico, sendo que, durante sua arguição, o especialista, que deverá ter formação acadêmica específica na área objeto de seu depoimento, **poderá utilizar qualquer recurso tecnológico de transmissão de sons e imagens, com o intuito de esclarecer os pontos controvertidos da causa.**

Quando for o caso de realização de perícia, **o juiz nomeará perito especializado no objeto da perícia e fixará de imediato o prazo para a entrega do laudo,** e, no prazo de 15 (quinze) dias da intimação da nomeação do perito, as partes devem arguir o impedimento ou a suspeição do perito, se for o caso; indicar **assistente técnico e apresentar quesitos**.

Após ciência de sua nomeação, o perito deve apresentar em 5 (cinco) dias a proposta de honorários; o currículo, com comprovação de especialização e, os contatos profissionais, em especial o endereço eletrônico, para onde serão dirigidas as intimações pessoais. As partes serão intimadas acerca dos honorários propostos para que, querendo, apresentem manifestação no prazo comum de 5 (cinco) dias, após o juiz arbitrará o valor, intimando-se as partes para os fins do Art. 95 do CPC.

O pagamento de até 50% (cinquenta por cento) dos honorários arbitrados a favor do perito pode ser autorizado pelo juiz no início dos trabalhos, sendo que a parte remanescente será paga apenas ao final, depois de entregue o laudo e prestados todos os esclarecimentos necessários. Se a perícia for inconclusiva ou deficiente, **o juiz poderá reduzir a remuneração inicialmente arbitrada para o trabalho**, e quando a perícia tiver de ser realizada por carta, pode se proceder à nomeação de perito e à indicação de assistentes técnicos no juízo ao qual se requisitar a perícia.

Ao **perito** incumbe cumprir, escrupulosamente, o encargo que lhe foi cometido, independentemente de termo de compromisso. Os **assistentes técnicos**, por outro lado, serão de confiança da parte e não estarão sujeitos a impedimento ou suspeição. Assim, é dever do perito assegurar aos assistentes das partes o acesso e o acompanhamento das diligências e dos exames que realizar, com prévia comunicação, comprovada nos autos, com antecedência mínima de 5 (cinco) dias.

O perito pode se escusar ou ser recusado por impedimento ou suspeição, casos em que o juiz irá nomear novo perito. Outrossim, **haverá a substituição do perito quando lhe faltar conhecimento técnico ou científico ou, sem motivo legítimo, deixar de cumprir o encargo no prazo que lhe foi assinado.** No caso do perito não cumprir seu encargo no prazo designado, sem motivo legítimo, o juiz comunicará a ocorrência à corporação profissional respectiva, podendo, ainda, impor multa ao perito, fixada tendo em vista o valor da causa e o possível prejuízo decorrente do atraso no processo.

Nos casos em que o perito for **substituído**, deve, no prazo de 15 (quinze) dias, **restituir** os valores recebidos pelo trabalho não realizado, **sob pena de ficar impedido de atuar como perito judicial pelo prazo de 5 (cinco) anos**. Se o perito não realizar essa restituição de forma voluntária, a parte que tiver realizado o adiantamento dos honorários poderá promover execução contra o perito, na forma dos Arts. 513 e seguintes do CPC, com fundamento na decisão que determinar a devolução do numerário.

Ademais, é lícito às partes apresentar quesitos suplementares durante a diligência, que poderão ser respondidos pelo perito previamente ou na audiência de instrução e julgamento, sendo que a juntada de tais quesitos será cientificada à parte contrária, pelo escrivão. **A competência para indeferir quesitos impertinentes e formular os quesitos que entender necessários ao esclarecimento da causa é do juiz.**

As partes, em concordância, podem escolher o perito, realizando a indicação mediante requerimento, desde que sejam plenamente capazes e a causa possa ser resolvida por autocomposição. Ao realizar a escolha do perito, as partes devem indicar os respectivos assistentes técnicos para acompanhar a realização da perícia, que se realizará em data e local previamente anunciados. O laudo e os pareceres devem ser entregues pelo perito e os assistentes técnicos no prazo fixado pelo juiz.

Frisa-se, ademais, que a perícia consensual substitui, para todos os efeitos, a que seria realizada por perito nomeado pelo juiz. Além disso, **a prova pericial pode ser dispensada pelo juiz quando as partes, na inicial e na contestação, apresentarem, sobre as questões de fato, pareceres técnicos ou documentos elucidativos que considerar suficientes.**

Após realizada a perícia, seu laudo deve conter a exposição do objeto da perícia; a análise técnica ou científica realizada pelo perito; a indicação do método utilizado, esclarecendo-o e demonstrando ser predominantemente aceito pelos especialistas da área do conhecimento da qual se originou e, a resposta conclusiva a todos os quesitos apresentados pelo juiz, pelas partes e pelo órgão do Ministério Público. A fundamentação apresentada pelo perito deverá ser em linguagem simples e com coerência lógica, indicando como alcançou suas conclusões.

Ao perito é **proibido ultrapassar os limites de sua designação**, bem como **emitir opiniões pessoais que excedam o exame técnico ou científico do objeto da perícia**. Para o desempenho de sua função, o perito e os assistentes técnicos podem se valer de todos os meios necessários, ouvindo testemunhas, obtendo informações, solicitando documentos que estejam em poder da parte, de terceiros ou em repartições públicas, bem como instruir o laudo com planilhas, mapas, plantas, desenhos, fotografias ou outros elementos necessários ao esclarecimento do objeto da perícia.

Da data e do local designados pelo juiz ou indicados pelo perito para o início da produção da prova, as partes serão cientificadas, e, quando a perícia for complexa, abrangendo mais de uma área de conhecimento especializado, **o juiz poderá nomear mais de um perito, e a parte, indicar mais de um assistente técnico**.

No caso de o perito, por motivo justificado, não puder apresentar o laudo dentro do prazo, o juiz poderá lhe conceder, por uma vez, prorrogação pela metade do prazo originalmente fixado. O laudo confeccionado pelo perito será protocolado em juízo, no prazo fixado pelo juiz, pelo menos 20 (vinte) dias antes da audiência de instrução e julgamento. As partes terão o prazo comum de 15 (quinze) dias para se manifestarem do laudo, podendo o assistente técnico de cada uma das partes, em igual prazo, apresentar seu respectivo parecer.

Ademais, incumbe ao perito, no prazo de 15 (quinze) dias, esclarecer ponto sobre o qual exista divergência ou dúvida de qualquer das partes, do juiz ou do órgão do Ministério Público ou, ponto divergente apresentado no parecer do assistente técnico da parte. Permanecendo a necessidade de esclarecimentos, a parte pode requerer ao juiz que mande intimar o perito ou o assistente técnico a comparecer à audiência de instrução e julgamento, formulando, desde logo, as perguntas, sob forma de quesitos. Essa intimação será por meio eletrônico, com pelo menos 10 (dez) dias de antecedência da audiência

Quando o objeto do exame for a **autenticidade ou a falsidade de documento ou for de natureza médico-legal**, o perito será escolhido, de preferência, entre os técnicos dos estabelecimentos oficiais especializados, a cujos diretores o juiz autorizará a remessa dos autos, bem como do material sujeito a exame. Quando a parte for **beneficiária de gratuidade de justiça**, os órgãos e as repartições oficiais deverão cumprir a determinação judicial com preferência, no prazo estabelecido, podendo a prorrogação ser requerida motivadamente.

Já quando o exame tiver por finalidade a **autenticidade da letra e da firma**, o perito poderá requisitar, para efeito de comparação, documentos existentes em repartições públicas e, na falta destes, poderá requerer ao juiz que a pessoa a quem se atribuir a autoria do documento lance em folha de papel, por cópia ou sob ditado, dizeres diferentes, para fins de comparação.

O juiz apreciará a prova pericial independentemente do sujeito que a tiver promovido, indicando na sentença os motivos que o levaram a considerar ou a deixar de considerar as conclusões do laudo, levando em conta o método utilizado pelo perito. De ofício ou a requerimento da parte, o juiz irá determinar a realização de nova perícia quando a matéria não estiver suficientemente esclarecida, sendo que essa segunda perícia deverá ter por objeto os mesmos fatos sobre os quais recaiu a primeira e irá se destinar a corrigir eventual omissão ou inexatidão dos resultados a que esta conduziu. A segunda perícia rege-se pelas disposições estabelecidas para a primeira e não substitui a primeira, cabendo ao juiz apreciar o valor de uma e de outra.

8.1.10.6.9 Inspeção judicial

Relativamente à inspeção judicial, tem-se que o juiz, de ofício ou a requerimento da parte, pode, em qualquer fase do processo, **inspecionar pessoas ou coisas, a fim de se esclarecer sobre fato que interesse à decisão da causa**. Assim, ao realizar tal inspeção, o juiz poderá ser assistido por um ou mais peritos.

O juiz irá ao local onde se encontre a pessoa ou a coisa quando julgar necessário para a melhor verificação ou interpretação dos fatos que deva observar; a coisa não puder ser apresentada em juízo sem consideráveis despesas ou graves dificuldades ou determinar a reconstituição dos fatos. É direito das partes assistir à inspeção, prestando esclarecimentos e fazendo observações que considerem de interesse para a causa.

Finalizada a diligência, o juiz mandará lavrar **auto circunstanciado**, mencionando nele tudo que for útil ao julgamento da causa, podendo tal auto ser instruído com desenho, gráfico ou fotografia, a depender do caso em análise.

8.1.11 Da sentença e da coisa julgada

A sentença é um dos mais importantes dos provimentos judiciais, sendo o ato do juiz que põe fim ao processo ou a alguma de suas fases. Existem duas espécies de sentença: **a terminativa e a definitiva**.

Sentença **terminativa** é a que não contém a resolução do mérito da causa, e a sentença **definitiva** é a que contém a resolução do mérito. Assim, no Art. 485 do CPC estão disciplinadas as hipóteses que acarretam a prolação de sentença **terminativa**, devendo-se **extinguir o processo de conhecimento** (ou a fase cognitiva do processo sincrético) sem resolução do mérito, ao passo em que no Art. 487 do CPC estão as hipóteses em que se proferirá sentença **definitiva**, extinguindo-se o processo de conhecimento (ou a fase cognitiva do processo sincrético) com resolução do mérito.

A **sentença será terminativa e o juiz não resolverá o mérito quando** indeferir a petição inicial; o processo ficar parado durante mais de 1 (um) ano por negligência das partes; por não promover os atos e as diligências que lhe incumbir, o autor abandonar a causa por mais de 30 (trinta) dias; verificar a ausência de pressupostos de constituição e de desenvolvimento válido e regular do processo; reconhecer a existência de perempção, de litispendência ou de coisa julgada; verificar ausência de legitimidade ou de interesse processual; acolher a alegação de existência de convenção de arbitragem ou quando o juízo arbitral reconhecer sua competência; homologar a desistência da ação; em caso de morte da parte, a ação for considerada intransmissível por disposição legal e, nos demais casos prescritos no CPC.

Quando a extinção sem resolução do mérito for por **ausência de diligências**, a parte será intimada pessoalmente para suprir a falta no prazo de 5 (cinco) dias. Além disso, quando a extinção for porque o processo ficou parado durante mais de 1 (um) ano por negligência das partes; as partes pagarão proporcionalmente as custas, e, quando a extinção for porque o autor abandonou a causa por mais de 30 (trinta) dias, o autor será condenado ao pagamento das despesas e dos honorários de advogado.

O juiz conhecerá de ofício da matéria constante dos incisos IV, V, VI e IX do 485 do CPC em qualquer tempo e grau de jurisdição, enquanto não ocorrer o trânsito em julgado. **Após o oferecimento da contestação, o autor não poderá, sem o consentimento do réu, desistir da ação, sendo que a desistência da ação pode ser apresentada até a sentença.**

Outrossim, após a apresentação de contestação, para que o processo seja extinto por abandono da causa pelo autor, tal depende de requerimento do réu. Destaca-se, nesse sentido, que uma vez interposta a apelação em qualquer dos casos de que tratam os incisos deste artigo, o juiz terá 5 (cinco) dias para retratar-se.

A sentença sem resolução de mérito, **via de regra**, não impede que a mesma demanda seja novamente proposta. Contudo, **há exceções**. É o que se dá no caso de extinção por litispendência, em que só seria possível ajuizar novamente a demanda se o primeiro processo pendente viesse a ser extinto sem resolução do mérito. Do mesmo modo, no caso de **extinção por indeferimento da petição inicial** só se admite uma nova propositura da mesma demanda se a nova petição inicial for elaborada corrigindo o vício que acarretou a extinção do primeiro processo. Da mesma forma, no caso de **extinção por falta de pressuposto processual ou de "condição da ação"**, a nova demanda só poderá ser proposta se o pressuposto faltante ou a "condição" ausente for preenchida, sanando-se o vício. No mais, no caso de **extinção fundada na existência de convenção de arbitragem**, só poderá ser proposta novamente a mesma demanda se a convenção arbitral for invalidada (pelo árbitro ou tribunal arbitral) ou se a sentença arbitral for anulada por não ser caso de solução arbitral do litígio.

Em resumo, estabelece-se, no caso de extinção em razão de litispendência e nos casos dos incisos I, IV, VI e VII do Art. 485, que **a propositura da nova ação depende da correção do vício que levou à sentença sem resolução do mérito**.

Em qualquer caso em que tenha sido extinto o processo sem resolução do mérito, só se admitirá nova propositura da demanda se a petição inicial vier acompanhada da prova do pagamento ou do depósito das custas processuais e honorários advocatícios devidos em função do processo anterior. Além disso, caso o autor der causa, por 3 (três) vezes, a sentença fundada em abandono da causa, não poderá propor nova ação contra o réu com o mesmo objeto, ficando-lhe ressalvada, entretanto, a possibilidade de alegar em defesa o seu direito.

Vistos os casos em que se profere sentença terminativa, impende agora examinar as hipóteses que levam à prolação de sentença definitiva, que são aqueles casos em que o processo de conhecimento é extinto com resolução do mérito. Assim, **haverá resolução de mérito quando** o juiz acolher ou rejeitar o pedido formulado na ação ou na reconvenção; decidir, de ofício ou a requerimento, sobre a ocorrência de decadência ou prescrição; homologar: o reconhecimento da procedência do pedido formulado na ação ou na reconvenção; a transação ou a renúncia à pretensão formulada na ação ou na reconvenção. Além disso, **salvo a possibilidade de improcedência liminar do pedido, a prescrição e a decadência não serão reconhecidas sem que antes seja dada às partes oportunidade de**

manifestar-se. Por fim, tem-se desde que possível, o juiz resolverá o mérito sempre que a decisão for favorável à parte a quem aproveitaria eventual pronunciamento nos termos do Art. 485 do CPC.

8.1.11.1 Dos elementos e dos efeitos da sentença

Os **elementos essenciais da sentença são o relatório, os fundamentos e o dispositivo.** O **relatório** conterá os nomes das partes, a identificação do caso, com a suma do pedido e da contestação, e o registro das principais ocorrências havidas no andamento do processo. Além disso, é nos **fundamentos** que o juiz analisa as questões de fato e de direito, sendo que o **dispositivo** é o elemento em que o juiz resolverá as questões principais que as partes lhe submeterem.

Para fins de constituição de qualquer ato do juiz, tem-se que **não se considerar fundamentada qualquer decisão judicial, seja ela interlocutória, sentença ou acórdão**: quando se limitar à indicação, à reprodução ou à paráfrase de ato normativo, sem explicar sua relação com a causa ou a questão decidida; quando empregar conceitos jurídicos indeterminados, sem explicar o motivo concreto de sua incidência no caso; quando invocar motivos que se prestariam a justificar qualquer outra decisão; quando não enfrentar todos os argumentos deduzidos no processo capazes de, em tese, infirmar a conclusão adotada pelo julgador; quando se limitar a invocar precedente ou enunciado de súmula, sem identificar seus fundamentos determinantes nem demonstrar que o caso sob julgamento se ajusta àqueles fundamentos e, quando deixar de seguir enunciado de súmula, jurisprudência ou precedente invocado pela parte, sem demonstrar a existência de distinção no caso em julgamento ou a superação do entendimento.

No caso de **colisão entre normas**, o juiz deve justificar o objeto e os critérios gerais da ponderação efetuada, enunciando as razões que autorizam a interferência na norma afastada e as premissas fáticas que fundamentam a conclusão. A interpretação da decisão judicial deve ser a partir da conjugação de todos os seus elementos e em conformidade com o princípio da boa-fé.

Na **ação relativa à obrigação de pagar quantia**, ainda que formulado pedido genérico, a decisão definirá desde logo a extensão da obrigação, o índice de correção monetária, a taxa de juros, o termo inicial de ambos e a periodicidade da capitalização dos juros, se for o caso, exceto quando não for possível determinar, de modo definitivo, o montante devido ou, quando a apuração do valor devido depender da produção de prova de realização demorada ou excessivamente dispendiosa, assim reconhecida na sentença. Essa previsão também é aplicável ao acórdão que alterar a sentença e, a apuração do valor devido será por liquidação.

A demanda e a sentença devem ser como espelhos, uma a refletir a outra. Assim, é incumbência do juiz, na sentença de mérito, **apreciar todos os pedidos formulados pelo autor (na demanda principal) e pelo réu (em sede reconvencional)**, acolhendo-os ou os rejeitando total ou parcialmente. A sentença que não aprecia todos os pedidos formulados é citra petita (algo já abordado), devendo o tribunal, em sede de apelação, determinar ao juízo de primeiro grau que a complete ou, se a causa já estiver em condições de ser inteiramente apreciada, julgar desde logo o pedido não julgado no grau inferior. Não se pode, de outro lado, proferir sentença ultra ou extra petita (isto é, que conceda mais do que se postulou ou que defira bem jurídico diverso do que tenha sido postulado), diante da expressa vedação contida do Art. 492 do CPC.

Assim, a sentença ultra petita deve ter seu excesso podado pelo tribunal, em grau de recurso, a ele cabendo invalidar o excesso. Já a sentença extra petita é inteiramente nula (ou, no caso de apenas um capítulo de sentença ser extra petitum, nulo será este capítulo, já que a nulidade de parte da sentença não contamina o restante do pronunciamento, sendo a invalidação parcial da decisão judicial expressamente prevista no Art. 520, III).

Se, depois da propositura da ação, **algum fato constitutivo, modificativo ou extintivo do direito influir no julgamento do mérito**, caberá ao juiz tomá-lo em consideração, de ofício ou a requerimento da parte, no momento de proferir a decisão. Constando de ofício o fato novo, o juiz ouvirá as partes sobre ele antes de decidir.

Após a publicação da sentença, somente pode ser alterada pelo juiz para corrigi-la, de ofício ou a requerimento da parte, inexatidões materiais ou erros de cálculo ou por meio de embargos de declaração, sendo que este último mecanismo ainda será abordado em momento adequado.

A **decisão que condenar o réu ao pagamento de prestação consistente em dinheiro e a que determinar a conversão de prestação de fazer, de não fazer ou de dar coisa em prestação pecuniária valerão como título constitutivo de hipoteca judiciária**. Assim, a decisão produz **a hipoteca judiciária**: embora a condenação seja genérica; ainda que o credor possa promover o cumprimento provisório da sentença ou esteja pendente arresto sobre bem do devedor e, mesmo que impugnada por recurso dotado de efeito suspensivo.

A hipoteca judiciária poderá ser realizada mediante apresentação de cópia da sentença perante o cartório de registro imobiliário, independentemente de ordem judicial, de declaração expressa do juiz ou de demonstração de urgência. Em até 15 (quinze) dias da data de realização da hipoteca, a parte deve informá-la ao juízo da causa, que determinará a intimação da outra parte para que tome ciência do ato.

Uma vez constituída, **a hipoteca judiciária implica, para o credor hipotecário, o direito de preferência, quanto ao pagamento, em relação a outros credores, observada a prioridade no registro**. Sobrevindo a reforma ou a invalidação da decisão que impôs o pagamento de quantia, a parte responderá, independentemente de culpa, pelos danos que a outra parte tiver sofrido em razão da constituição da garantia, devendo o valor da indenização ser liquidado e executado nos próprios autos.

Importante referir, ainda, que a sentença de mérito (sentença definitiva) é tradicionalmente classificada em três espécies: **declaratória** (também chamada de meramente declaratória), **constitutiva** e **condenatória**.

A sentença declaratória (ou meramente declaratória) é a que contém apenas a certificação da existência, inexistência ou modo de ser de uma relação jurídica, ou da autenticidade ou falsidade de um documento. As demais sentenças de mérito são mais complexas do que esta, visto que todas as demais sentenças de mérito são declaratórias, mas não o são meramente. Em outros termos, as demais sentenças de mérito declaram e, além disso, fazem algo mais (constituem, condenam). São sentenças que têm dois momentos lógicos, um declaratório e outro que a identifica como sentença de outra natureza que não meramente declaratória.

Assim, **a sentença constitutiva se caracteriza por conter ato judicial que determina a criação, modificação ou extinção de relação jurídica.** Em outras hipóteses, a sentença determina uma modificação na relação jurídica já existente.

Há sentenças que determinam a extinção de uma relação jurídica. É o que se tem com a sentença que decreta o divórcio, ou com aquela que anula um contrato (dissolvendo a relação existente entre os contratantes). Em todos esses casos, a sentença de mérito é constitutiva.

Por fim, **a sentença condenatória é aquela que reconhece a existência de um dever jurídico e permite a prática de atividade jurisdicional posterior destinada a efetivar aquilo que na sentença se reconheceu ser direito de uma das partes.** Toda sentença que permite o desenvolvimento de atividade jurisdicional posterior, de natureza executiva, é, portanto, condenatória.

8.1.11.2 Da remessa necessária

A norma processual também estabelece que algumas sentenças ficam sujeitas necessariamente a um reexame promovido por um órgão jurisdicional superior, o mesmo que teria competência para apreciar eventual apelação que contra tal sentença se interpusesse. **Este é o instituto da remessa necessária.**

O **princípio do duplo grau de jurisdição**, já abordado, é responsável por tornar possível que um segundo órgão jurisdicional promova o reexame integral da causa, o que se assegura através de recursos como a apelação. Como medida de proteção da Fazenda Pública, porém, prevê a lei casos de **duplo grau de jurisdição obrigatório**, em que este reexame se efetiva independentemente da interposição de recurso.

Assim, é sujeita ao duplo grau de jurisdição, não produzindo efeito senão depois de confirmada pelo tribunal, a sentença: proferida contra a União, os Estados, o Distrito Federal, os Municípios e suas respectivas autarquias e fundações de direito público e, que julgar procedentes, no todo ou em parte, os embargos à execução fiscal. Nesses casos, não interposta a apelação no prazo legal, o juiz ordenará a remessa dos autos ao tribunal, e, se não o fizer, o presidente do respectivo tribunal avocá-los-á, julgando, o tribunal, a remessa necessária.

Apesar da previsão legal, **a remessa necessária não se aplica quando** a condenação ou o proveito econômico obtido na causa for de valor certo e líquido inferior a: 1.000 (mil) salários-mínimos para a União e as respectivas autarquias e fundações de direito público; 500 (quinhentos) salários-mínimos para os Estados, o Distrito Federal, as respectivas autarquias e fundações de direito público e os Municípios que constituam capitais dos Estados e, 100 (cem) salários-mínimos para todos os demais Municípios e respectivas autarquias e fundações de direito público.

Ademais, **a remessa necessária também não se aplica** quando a sentença estiver fundada em súmula de tribunal superior; acórdão proferido pelo Supremo Tribunal Federal ou pelo Superior Tribunal de Justiça em julgamento de recursos repetitivos; entendimento firmado em incidente de resolução de demandas repetitivas ou de assunção de competência e, entendimento coincidente com orientação vinculante firmada no âmbito administrativo do próprio ente público, consolidada em manifestação, parecer ou súmula administrativa.

8.1.11.3 Do julgamento das ações relativas às prestações de fazer, de não fazer e de entregar coisa

O Código de Processo Civil traz um regramento próprio para o julgamento das ações relativas às prestações de fazer, de não fazer e de entregar coisa. Assim, **na ação que tenha por objeto a prestação de fazer ou de não fazer**, o juiz, se procedente o pedido, concederá a tutela específica ou determinará providências que assegurem a obtenção de tutela pelo resultado prático equivalente. Para a concessão da tutela específica destinada a inibir a prática, a reiteração ou a continuação de um ilícito, ou a sua remoção, é irrelevante a demonstração da ocorrência de dano ou da existência de culpa ou dolo.

Já **na ação que tenha por objeto a entrega de coisa**, o juiz, ao conceder a tutela específica, fixará o prazo para o cumprimento da obrigação, e sendo o caso de entrega de coisa determinada pelo gênero e pela quantidade, o autor individualizá-la-á na petição inicial, se lhe couber a escolha, ou, se a escolha couber ao réu, este a entregará individualizada, no prazo fixado pelo juiz.

A obrigação somente será **convertida em perdas e danos** se o autor requerer ou se impossível a tutela específica ou a obtenção de tutela pelo resultado prático equivalente. Quando houver a conversão em indenização por perdas e danos, esta ocorre sem prejuízo da multa fixada periodicamente para compelir o réu ao cumprimento específico da obrigação. Por fim, **na ação que tenha por objeto a emissão de declaração de vontade**, a sentença que julgar procedente o pedido, uma vez transitada em julgado, produzirá todos os efeitos da declaração não emitida.

8.1.11.4 Da coisa julgada

Contra uma decisão judicial pode ser cabível a interposição de recurso. Assim, quando esgotados todos os recursos, ou decorrido o prazo para que o recurso admissível seja interposto, a decisão se torna irrecorrível, e esta passagem chama-se **trânsito em julgado**. Algumas decisões, em razão da irrecorribilidade, já nascem transitadas em julgado.

Em outros termos, há casos em que, transitada em julgado a sentença, ela é alcançada por uma estabilidade mais intensa, a que se chama coisa julgada. Dessa forma, **a chamada coisa julgada é a estabilidade da sentença irrecorrível.**

A coisa julgada é, então, uma estabilidade alcançada por algumas sentenças, produzindo como efeito o impedimento à repropositura da demanda já decidida por sentença coberta por ela, sendo o caso do processo ser extinto, sem resolução do mérito, se a demanda vier a ser proposta novamente, com as mesmas partes, mesma causa de pedir e mesmo pedido.

Além disso, são duas as espécies de coisa julgada, **a coisa julgada formal e coisa julgada material (ou substancial)**. A coisa julgada **formal** é a estabilidade alcançada, ao se tornarem irrecorríveis, por certas (mas não todas) sentenças terminativas, isto é, sentenças que não contêm a resolução do mérito da causa.

A coisa julgada **material** acoberta as decisões de mérito irrecorríveis, tornando-as imutáveis e indiscutíveis. Assim, estabelece o Art. 503 que "a decisão que julgar total ou parcialmente o mérito tem força de lei nos limites da questão principal expressamente decidida"[136].

Esta disposição aplica-se à resolução de questão prejudicial, decidida expressa e incidentemente no processo, se: dessa resolução depender o julgamento do mérito; a seu respeito tiver havido contraditório prévio e efetivo, não se aplicando no caso de revelia e, o juízo tiver competência em razão da matéria e da pessoa para resolvê-la como questão principal. Contudo, tal não se aplica se no processo houver restrições probatórias ou limitações à cognição que impeçam o aprofundamento da análise da questão prejudicial.

Ademais, destacam-se, de igual modo, aquelas situações que não fazem a coisa julgada, a saber: os motivos, ainda que importantes para determinar o alcance da parte dispositiva da sentença e, a verdade dos fatos, estabelecida como fundamento da sentença. Questões já decididas, relativas à mesma lide não serão novamente decididas, salvo se, tratando-se de relação jurídica de trato continuado, sobreveio modificação no estado de fato ou de direito, caso em que poderá a parte pedir a revisão do que foi estatuído na sentença e, nos demais casos prescritos em lei.

A sentença faz coisa julgada às partes entre as quais é dada, não prejudicando terceiros. Assim, **a**

136. BRASIL. **Lei 13.105**, de 16 de março de 2015. Código de Processo Civil. Disponível em: http://www.planalto.gov.br/ccivil_03/_ato2015-2018/2015/lei/l13105.htm. Acesso em: 11 abr. 2023.

coisa julgada é limitada às partes da demanda, não prejudicando (mas podendo beneficiar) terceiros, sendo que, nos casos de substituição processual, a coisa julgada alcança a ambos, substituto e substituído – o substituto processual é alcançado por ser ele parte da demanda

É importante referir que é vedado à parte discutir no curso do processo as questões já decididas a cujo respeito se operou a preclusão e, transitada em julgado a decisão de mérito, considerar-se-ão deduzidas e repelidas todas as alegações e as defesas que a parte poderia opor tanto ao acolhimento quanto à rejeição do pedido.

8.1.12 Da liquidação de sentença

A liquidação da sentença ocorre quando a condenação for ao pagamento de quantia ilíquida. Dessa forma, a liquidação de sentença, a requerimento do credor ou do devedor, **ocorre por arbitramento, quando determinado pela sentença, convencionado pelas partes ou exigido pela natureza do objeto da liquidação ou, pelo procedimento comum, quando houver necessidade de alegar e provar fato novo**.

Em caso de, na sentença, ter-se uma parte líquida e outra ilíquida, o credor pode promover simultaneamente a execução da parte líquida e, em autos apartados, a liquidação da parte ilíquida. Entretanto, **se a apuração do valor depender apenas de cálculo aritmético, o credor poderá promover, desde logo, o cumprimento da sentença**.

Além disso, é incumbência do CNJ desenvolver e colocar à disposição dos interessados programa de atualização financeira, do que se destaca que **a liquidação da sentença ocorre com o intuito de liquidar os valores ilíquidos, sendo vedado discutir de novo a lide ou modificar a sentença que a julgou**.

Quando a liquidação for **por arbitramento**, o juiz deve intimar as partes para a apresentação de pareceres ou documentos elucidativos no prazo que fixar, e, caso não possa decidir de plano, irá nomear perito, observando, ao que for cabível, o procedimento da prova pericial. Já no caso da **liquidação pelo procedimento comum**, o juiz determinará a intimação do requerido, na pessoa de seu advogado ou da sociedade de advogados a que estiver vinculado, para, querendo, apresentar contestação no prazo de 15 (quinze) dias, observando-se, a seguir, no que couber, o disposto no Livro I da Parte Especial do CPC.

Por fim, **pode, ainda, a liquidação ser realizada enquanto pende de apreciação recurso**, processando-se em autos apartados no juízo de origem, cumprindo ao liquidante instruir o pedido com cópias das peças processuais pertinentes.

8.1.13 Do cumprimento de sentença

O cumprimento de sentença é o **procedimento executivo adequado para os casos em que a execução se funda em título executivo judicial.** Sua regulamentação está prevista nos Arts. 513 a 538 do CPC, aplicando-lhe, subsidiariamente, as disposições referentes ao processo de execução de títulos extrajudiciais. **O cumprimento da sentença que reconhece o dever de pagar quantia, provisório ou definitivo, tem início com o requerimento do exequente.**

Instaurado o cumprimento de sentença, o executado deverá ser intimado para cumprir a obrigação reconhecida na sentença, sendo que, caso tenha advogado constituído nos autos, a intimação se fará na pessoa de seu patrono, pelo Diário da Justiça. Quando o executado for patrocinado pela Defensoria Pública ou quando não tiver advogado constituído, será ele intimado pessoalmente, por carta com aviso de recebimento. Se o devedor sem advogado constituído nos autos for pessoa jurídica (que não seja microempresa ou empresa de pequeno porte), a intimação se fará por meio eletrônico. Por fim, se o executado tiver sido citado por edital e permanecido revel na fase de conhecimento, será ele intimado por edital.

Quando a intimação tenha ocorrido por via postal ou por meio eletrônico, reputa-se válida a intimação encaminhada ao endereço da parte, eletrônico ou não, que tenha sido informado ao juízo se, tendo havido alguma mudança de endereço, esta não tenha sido devidamente comunicada nos autos.

Caso o requerimento de cumprimento da sentença tenha sido **após decorrido mais de um ano do trânsito em julgado do provimento judicial que se pretende ver cumprido**, a intimação será feita pessoalmente ao devedor, por meio de carta com aviso de recebimento. Além disso, **o cumprimento da sentença não poderá ser promovido em face do fiador, do coobrigado ou do corresponsável que não tiver participado da fase de conhecimento.**

Quando o juiz decidir relação jurídica sujeita a condição ou termo, o cumprimento da sentença dependerá de demonstração de que se realizou a condição ou de que ocorreu o termo. Dentre as especificações da norma processual, **chama-se a atenção para aquilo que é considerado título executivo judicial passível de cumprimento:** as decisões proferidas no processo civil que reconheçam a exigibilidade de obrigação de pagar quantia, de fazer, de não fazer ou de entregar coisa; a decisão homologatória de autocomposição judicial; a decisão homologatória de autocomposição extrajudicial de qualquer natureza; o formal e a certidão de partilha, exclusivamente em relação ao inventariante, aos herdeiros e aos sucessores a título singular ou universal; o crédito de auxiliar da justiça, quando as custas, emolumentos ou honorários tiverem sido aprovados por decisão judicial; a sentença penal condenatória transitada em julgado; a sentença arbitral; a sentença estrangeira homologada pelo Superior Tribunal de Justiça e, a decisão interlocutória estrangeira, após a concessão do exequatur à carta rogatória pelo Superior Tribunal de Justiça.

A citação do devedor será no juízo cível para o cumprimento da sentença ou para a liquidação no prazo de 15 (quinze) dias, nos casos do título executivo judicial ser a sentença penal condenatória transitada em julgado, a sentença arbitral, a sentença estrangeira homologada pelo Superior Tribunal de Justiça e a decisão interlocutória estrangeira, após a concessão do exequatur à carta rogatória pelo Superior Tribunal de Justiça. Além disso, a autocomposição judicial pode envolver sujeito estranho ao processo e versar sobre relação jurídica que não tenha sido deduzida em juízo.

O cumprimento de sentença será perante: os tribunais, nas causas de sua competência originária; o juízo que decidiu a causa no primeiro grau de jurisdição; ou o juízo cível competente, quando se tratar de sentença penal condenatória, de sentença arbitral, de sentença estrangeira ou de acórdão proferido pelo Tribunal Marítimo. No caso das últimas duas situações, **o exequente poderá optar pelo juízo do atual domicílio do executado, pelo juízo do local onde se encontrem os bens sujeitos à execução ou pelo juízo do local onde deva ser executada a obrigação de fazer ou de não fazer**, casos em que a remessa dos autos do processo será solicitada ao juízo de origem.

Tendo em vista se tratar de título executivo, a decisão judicial transitada em julgado **poderá ser levada a protesto**, nos termos da lei, depois de transcorrido o prazo de 15 (quinze) dias para pagamento voluntário. Nesse sentido, para efetivar o protesto, incumbe ao exequente apresentar certidão de teor da decisão, sendo que esta deve ser fornecida no prazo de 3 (três) dias e indicará o nome e a qualificação do exequente e do executado, o número do processo, o valor da dívida e a data de decurso do prazo para pagamento voluntário.

Quando o executado tiver proposto ação rescisória para impugnar a decisão exequenda, ele poderá requerer, a suas expensas e sob sua responsabilidade, a **anotação da propositura da ação à margem do título protestado**. Se comprovada a satisfação integral do crédito, o executado poderá requerer que o protesto seja cancelado por determinação do juiz, mediante ofício a ser expedido ao cartório, no prazo de 3 (três) dias, contado da data de protocolo do requerimento.

As questões relativas à validade do procedimento de cumprimento da sentença e dos atos executivos subsequentes poderão ser arguidas pelo executado nos próprios autos e nestes serão decididas pelo juiz, sendo que as disposições relativas ao cumprimento da sentença, provisório ou definitivo, e à liquidação, se aplicam, no que couber, às decisões que concederem tutela provisória.

8.1.13.1 Do cumprimento provisório da sentença que reconhece a exigibilidade de obrigação de pagar quantia certa

No caso em que a decisão judicial que condena ao cumprimento de obrigação pecuniária ainda **não ter transitado em julgado**, estando pendente de julgamento recurso desprovido de efeito suspensivo, é possível o início do procedimento executivo. Tal ocorre através do cumprimento provisório que é realizado da mesma forma do cumprimento definitivo, sujeitando-se ao seguinte regime: corre por iniciativa e responsabilidade do exequente, que se obriga, se a sentença for reformada, a reparar os danos que o executado haja sofrido; fica sem efeito, sobrevindo decisão que modifique ou anule a sentença objeto da execução, restituindo-se as partes ao estado anterior e liquidando-se eventuais prejuízos nos mesmos autos; se a sentença objeto de cumprimento provisório for modificada ou anulada apenas em parte, somente nesta ficará sem efeito a execução; e, o levantamento de depósito em dinheiro e a prática de atos que importem transferência de posse ou alienação de propriedade ou de outro direito real, ou dos quais possa resultar grave dano ao executado, dependem de caução suficiente e idônea, arbitrada de plano pelo juiz e prestada nos próprios autos.

No cumprimento provisório, é lícito ao executado apresentar impugnação, se quiser, e a multa e os honorários em razão do não pagamento voluntário, previstos no Art. 523, §1º, são devidos no cumprimento provisório de sentença condenatória ao pagamento de quantia certa. **Contudo, se o executado comparecer tempestivamente e depositar**

o valor, com a finalidade de isentar-se da multa, o ato não será considerado incompatível com o recurso por ele interposto. A restituição ao estado anterior a que se refere o parágrafo acima **não implica o desfazimento da transferência de posse ou da alienação de propriedade ou de outro direito real eventualmente já realizada**, ressalvado, sempre, o direito à reparação dos prejuízos causados ao executado. No mais, essas disposições são aplicáveis, ainda, ao cumprimento provisório de sentença que reconheça obrigação de fazer, de não fazer ou de dar.

A caução prevista no Art. 520, IV, do CPC[137], como visto, pode ser dispensada nos casos em que o crédito for de natureza alimentar, independentemente de sua origem; o credor demonstrar situação de necessidade; pender o agravo do art. 1.042; e, a sentença a ser provisoriamente cumprida estiver em consonância com súmula da jurisprudência do Supremo Tribunal Federal ou do Superior Tribunal de Justiça ou em conformidade com acórdão proferido no julgamento de casos repetitivos. Contudo, **a exigência de caução será mantida quando da dispensa possa resultar manifesto risco de grave dano de difícil ou incerta reparação.**

Para se iniciar o cumprimento provisório da sentença, este deverá ser requerido por petição dirigida ao juízo competente. Neste caso, se os autos não forem eletrônicos, a petição será acompanhada de cópias das seguintes peças do processo, cuja autenticidade poderá ser certificada pelo próprio advogado, sob sua responsabilidade pessoal: decisão exequenda; certidão de interposição do recurso não dotado de efeito suspensivo; procurações outorgadas pelas partes; decisão de habilitação, se for o caso; e, facultativamente, outras peças processuais consideradas necessárias para demonstrar a existência do crédito.

8.1.13.2 Do cumprimento definitivo da sentença que reconhece a exigibilidade de obrigação de pagar quantia certa

Quando se tiver condenação em quantia certa, ou já fixada em liquidação, e no caso de decisão sobre parcela incontroversa, **o cumprimento definitivo da sentença ocorre a partir de requerimento do exequente**, sendo o executado intimado para pagar o débito, no prazo de 15 (quinze) dias, acrescido de custas, se houver. O executado, não realizando tal pagamento de modo voluntário, terá seu débito será acrescido de multa de 10% (dez por cento) e de honorários advocatícios de 10% (dez por cento), sendo expedido, ainda, e desde logo, mandado de penhora e avaliação, seguindo-se os atos de expropriação necessários. Caso o pagamento seja parcial, a multa e os honorários previstos incidirão sobre o restante.

O requerimento para instauração do cumprimento definitivo da sentença que reconhece a exigibilidade de obrigação de pagar quantia certa **deve ser instruído com demonstrativo discriminado e atualizado do crédito**, devendo a petição conter: o nome completo, o número de inscrição no Cadastro de Pessoas Físicas ou no Cadastro Nacional da Pessoa Jurídica do exequente e do executado, observado o disposto no Art. 319, §§ 1º a 3º do CPC (já estudado); o índice de correção monetária adotado (Art. 524, II); os juros aplicados e as respectivas taxas; o termo inicial e o termo final dos juros e da correção monetária utilizados; a periodicidade da capitalização dos juros, se for o caso; a especificação dos eventuais descontos obrigatórios realizados; e, a indicação dos bens passíveis de penhora, sempre que possível.

Se o valor apontado no demonstrativo aparentemente exceder os limites da condenação, a execução será iniciada pelo valor pretendido, mas a penhora terá por base a importância que o juiz entender adequada. Ademais, caso necessário, para a verificação dos cálculos, **o juiz poderá valer-se de contabilista do juízo**, que terá o prazo máximo de 30 (trinta) dias para efetuá-la, exceto se outro lhe for determinado.

No caso de a elaboração do demonstrativo depender de dados em poder de terceiros ou do executado, o juiz poderá requisitá-los sob cominação do crime de desobediência, sendo que, se a complementação do demonstrativo depender de dados adicionais em poder do executado, o juiz poderá, a requerimento do exequente, requisitá-los, fixando prazo de até 30 (trinta) dias para o cumprimento da diligência. Caso tais dados não sejam apresentados pelo executado, sem justificativa, no prazo designado, reputar-se-ão corretos os cálculos apresentados pelo exequente apenas com base nos dados de que dispõe.

Ultrapassado o prazo de 15 (quinze) dias previsto sem o pagamento voluntário, inicia-se o prazo de 15

137. "IV – o levantamento de depósito em dinheiro e a prática de atos que importem transferência de posse ou alienação de propriedade ou de outro direito real, ou dos quais possa resultar grave dano ao executado, dependem de caução suficiente e idônea, arbitrada de plano pelo juiz e prestada nos próprios autos" (BRASIL. **Lei 13.105**, de 16 de março de 2015. Código de Processo Civil. Disponível em: http://www.planalto.gov.br/ccivil_03/_ato2015-2018/2015/lei/l13105.htm. Acesso em: 11 abr. 2023).

(quinze) dias para que o executado, independentemente de penhora ou nova intimação, apresente, nos próprios autos, sua **impugnação.** Nela o executado poderá alegar: falta ou nulidade da citação se, na fase de conhecimento, o processo correu à revelia; ilegitimidade de parte; inexequibilidade do título ou inexigibilidade da obrigação; penhora incorreta ou avaliação errônea; excesso de execução ou cumulação indevida de execuções; incompetência absoluta ou relativa do juízo da execução; e, qualquer causa modificativa ou extintiva da obrigação, como pagamento, novação, compensação, transação ou prescrição, desde que supervenientes à sentença. A impugnação se aplica ao preceituado pelo Art. 229 do CPC, conforme já visto.

Quando a alegação do executado for de **excesso de execução**, deve declarar de imediato o valor que entende correto, apresentando demonstrativo discriminado e atualizado de seu cálculo. Caso não aponte o valor correto ou não apresente o demonstrativo, **a impugnação será liminarmente rejeitada**, se o excesso de execução for o seu único fundamento, ou, se houver outro, a impugnação será processada, mas o juiz não examinará a alegação de excesso de execução.

Cumpre ressaltar que a apresentação de impugnação não impede a prática dos atos executivos, inclusive os de expropriação, podendo o juiz, a requerimento do executado e desde que garantido o juízo com penhora, caução ou depósito suficientes, atribuir-lhe efeito suspensivo, se seus fundamentos forem relevantes e se o prosseguimento da execução for manifestamente suscetível de causar ao executado grave dano de difícil ou incerta reparação, sendo que a concessão do efeito suspensivo não impede a efetivação dos atos de substituição, de reforço ou de redução da penhora e de avaliação dos bens.

Ademais, **quando o efeito suspensivo atribuído à impugnação disser respeito apenas a parte do objeto da execução, esta prosseguirá quanto à parte restante.** Quando a concessão de efeito suspensivo à impugnação for apenas para um dos executados, **a execução não será suspensa contra os que não impugnaram**, quando o respectivo fundamento disser respeito exclusivamente ao impugnante.

Embora seja atribuído efeito suspensivo à impugnação, é lícito ao exequente requerer o prosseguimento da execução, oferecendo e prestando, nos próprios autos, caução suficiente e idônea a ser arbitrada pelo juiz. Outrossim, as questões relativas a fato superveniente ao término do prazo para apresentação da impugnação, assim como aquelas relativas à validade e à adequação da penhora, da avaliação e dos atos executivos subsequentes, podem ser arguidas por simples petição, tendo o executado, em qualquer dos casos, o prazo de 15 (quinze) dias para formular esta arguição, contado da comprovada ciência do fato ou da intimação do ato.

Também é inexigível a obrigação reconhecida em título executivo judicial fundado em lei ou ato normativo considerado inconstitucional pelo Supremo Tribunal Federal, ou **fundado em aplicação ou interpretação da lei ou do ato normativo tido pelo Supremo Tribunal Federal como incompatível com a Constituição Federal,** em controle de constitucionalidade concentrado ou difuso. Neste caso, os efeitos da decisão do Supremo Tribunal Federal poderão ser modulados no tempo, em atenção à segurança jurídica e, ainda, essa decisão deve ser anterior ao trânsito em julgado da decisão exequenda. Se for proferida após o trânsito em julgado da decisão exequenda, caberá ação rescisória, cujo prazo será contado do trânsito em julgado da decisão proferida pelo Supremo Tribunal Federal.

O réu pode, antes de sua intimação, **comparecer em juízo e oferecer em pagamento o valor que entender devido, apresentando memória discriminada do cálculo**. Nesta situação, o autor será ouvido no prazo de 5 (cinco) dias, podendo impugnar o valor depositado, sem prejuízo do levantamento do depósito a título de parcela incontroversa. Se o juiz entender pela **insuficiência do depósito**, sobre a diferença incidirá multa e honorários advocatícios, ambos fixados em 10% (dez por cento), seguindo-se a execução com penhora e atos subsequentes. No mais, caso o autor não se opuser, **o juiz declarará satisfeita a obrigação e extinguirá o processo**, sendo que as disposições aqui estudadas se aplicam, no que couber, ao cumprimento provisório da sentença.

8.1.13.3 Do cumprimento de sentença que reconheça a exigibilidade de obrigação de prestar alimentos

Quando se tratar de cumprimento de decisão judicial que tenha reconhecido obrigação de prestar alimentos, o procedimento será especial, regulamentado pelos Arts. 528 a 533 do CPC. **Este procedimento será adequado tanto no caso de alimentos definitivos, como na hipótese de se pretender executar alimentos provisórios, só podendo ser empregado para execução das 3 (três) prestações imediatamente anteriores ao requerimento executivo e das que se vencerem no curso do processo.** Para prestações vencidas anteriormente será adequado o procedimento padrão do cumprimento de sentença.

No caso de cumprimento de alimentos fixados em sentença transitada em julgado, esta será **processada nos mesmos autos em que se documentaram os atos do processo de conhecimento**; já o cumprimento de alimentos provisórios e o de alimentos fixados em sentença ainda não transitada em julgado **serão processadas em autos apartados**.

A utilização do procedimento especial ocorre por opção do credor. Pode ele preferir utilizar o procedimento padrão do cumprimento de sentença, caso em que não será admissível a prisão do executado mas, recaindo a penhora sobre dinheiro, eventual concessão de efeito suspensivo à impugnação não impedirá que o exequente levante, mensalmente, a importância da prestação que lhe é devida.

O cumprimento de sentença da decisão que reconhece obrigação de prestar alimentos, como em qualquer outro caso de obrigações pecuniárias, só pode ter início por requerimento do credor, que deverá ser dirigido ao juízo competente. Neste caso, também pode o credor optar por promover o cumprimento da decisão no juízo de seu próprio domicílio,

Optando o credor por promover o cumprimento da prestação alimentícia pelo procedimento especial, o juiz determinará que o executado seja pessoalmente intimado para que, no prazo de três dias, efetue o pagamento do débito, prove que já pagou ou apresente justificativa da impossibilidade de efetuá-lo.

Se o executado, no prazo de três dias, pagar o valor integral da dívida ou comprovar que já havia efetuado o pagamento, o processo será extinto, mas **o executado também poderá apresentar uma justificativa da impossibilidade absoluta de efetuar o pagamento**, caso em que o processo será suspenso até que desapareça a causa da impossibilidade.

Se o executado, no prazo de três dias, não pagar, não provar que pagou, nem apresentar justificativa aceita pelo juízo, deverá ser determinado o protesto da decisão judicial. Além disso, deverá ser decretada a prisão civil do devedor, pelo prazo de 1 (um) a 3 (três) meses. Esta prisão é um meio de coerção, destinado a pressionar psicologicamente o devedor, a fim de que este efetue o pagamento, tanto assim que, paga a dívida, o juiz deverá imediatamente suspender a ordem de prisão. **A prisão do devedor de alimentos deve ser cumprida em regime fechado, sendo que tal não exime o executado de efetuar o pagamento das prestações devidas, vencidas e vincendas.**

Se o executado for **servidor público, civil ou militar, diretor ou gerente de empresa, ou empregado sujeito à legislação trabalhista**, o exequente poderá requerer ao juízo que determine o desconto em folha de pagamento da importância da prestação alimentícia. Ao deferir este requerimento, o juízo oficiará à autoridade, empresa ou empregador, determinando – sob pena de crime de desobediência – o desconto a partir da primeira remuneração posterior do executado, a contar do protocolo do ofício. O ofício dirigido à autoridade, ao empregador ou à empresa conterá o nome, o número de inscrição no CPF do exequente e do executado, a importância a ser descontada mensalmente, o tempo de sua duração e a conta bancária em que deverá ser feito o depósito[138].

Se a obrigação não for cumprida, o cumprimento de sentença terá prosseguindo, e, se o juiz verificar que o executado tem, no curso do procedimento executivo, conduta procrastinatória, deverá, se reputar presentes indícios da prática do crime de abandono material (Art. 244 do Código Penal[139]), dar ciência ao Ministério Público deste fato.

No caso de os alimentos serem devidos em função de condenação por ato ilícito, caso em que a pensão poderá ter seu valor fixado em salários mínimos, caberá ao executado, a requerimento do exequente, constituir capital cuja renda assegure o pagamento do valor mensal da pensão. Este capital, representado por imóveis ou por direitos reais sobre imóveis suscetíveis de alienação, títulos da dívida pública ou aplicações financeiras em banco oficial, será inalienável e impenhorável enquanto durar a obrigação do executado, constituindo patrimônio de afetação. Contudo, **a constituição do capital poderá ser substituída pela inclusão do exequente em folha de pagamento de pessoa jurídica de notória capacidade econômica ou, a requerimento do executado, por fiança bancária ou garantia real, em valor a ser fixado pelo juiz.** Sobrevindo modificação nas condições económi-

138. O desconto em folha, sem prejuízo do pagamento dos alimentos vincendos, poderá ser usado também para a satisfação do crédito referente às prestações já vencidas, descontando-se dos rendimentos ou rendas do executado, de forma parcelada, o necessário para a realização do crédito exequendo, assegurando-se, porém, que a soma dos descontos não ultrapasse 50% (cinquenta por cento) dos ganhos líquidos do executado.

139. BRASIL. **Lei n. 2.848**, de dezembro de 1940. Código Penal. Disponível em: http://www.planalto.gov.br/ccivil_03/decreto-lei/del2848compilado.htm. Acesso em 16 abr. 2023.

cas de qualquer das partes, **poderá o interessado requerer a redução ou o aumento da prestação.** Finda a obrigação alimentar, o juiz mandará liberar o capital, cessar o desconto em folha ou cancelar as garantias prestadas.

8.1.13.4 Do cumprimento de sentença que reconheça a exigibilidade de obrigação de pagar quantia certa pela fazenda pública

Quando o cumprimento de sentença for de obrigação que impuser à Fazenda Pública o dever de pagar quantia certa, o exequente apresentará demonstrativo discriminado e atualizado do crédito contendo o nome completo e o número de inscrição no Cadastro de Pessoas Físicas ou no Cadastro Nacional da Pessoa Jurídica do exequente; o índice de correção monetária adotado; os juros aplicados e as respectivas taxas; o termo inicial e o termo final dos juros e da correção monetária utilizados; a periodicidade da capitalização dos juros, se for o caso e, a especificação dos eventuais descontos obrigatórios realizados. Sendo vários os exequentes, cada um deverá apresentar o seu próprio demonstrativo, destacando-se que multa de 10% (dez por cento) não se aplica à Fazenda Pública.

A **Fazenda Pública será intimada** na pessoa de seu representante judicial, por carga, remessa ou meio eletrônico, para, querendo, no prazo de 30 (trinta) dias e nos próprios autos, **impugnar a execução**, podendo arguir: falta ou nulidade da citação se, na fase de conhecimento, o processo correu à revelia; ilegitimidade de parte; inexequibilidade do título ou inexigibilidade da obrigação; excesso de execução ou cumulação indevida de execuções; incompetência absoluta ou relativa do juízo da execução; ou, qualquer causa modificativa ou extintiva da obrigação, como pagamento, novação, compensação, transação ou prescrição, desde que supervenientes ao trânsito em julgado da sentença.

Quando a alegação for de impedimento ou de suspeição, deve observar o disposto nos Arts. 146 e 148 do CPC – já abordado. Já quando a alegação for de excesso de execução, a Fazenda Pública executada deve declarar de imediato o valor que entende correto, sob pena de não conhecimento da arguição.

Se a Fazenda Pública **não impugnar a execução ou, se suas arguições forem rejeitadas, será expedido, por intermédio do presidente do tribunal competente, precatório em favor do exequente**, observando-se o disposto na Constituição Federal, e, por ordem do juiz, dirigida à autoridade na pessoa de quem o ente público foi citado para o processo, o pagamento de obrigação de pequeno valor será realizado no prazo de 2 (dois) meses contado da entrega da requisição, mediante depósito na agência de banco oficial mais próxima da residência do exequente.

Se a impugnação for parcial, a parte não questionada pela executada será, desde logo, objeto de cumprimento.

Por fim, e da mesma forma que ocorre no cumprimento de sentença que reconheça exigibilidade de obrigação de pagar quantia certa, é inexigível a obrigação reconhecida em título executivo judicial fundado em lei ou ato normativo considerado inconstitucional pelo Supremo Tribunal Federal, ou fundado em aplicação ou interpretação da lei ou **do ato normativo** tido pelo Supremo Tribunal Federal como **incompatível com a Constituição Federal**, em controle de constitucionalidade concentrado ou difuso. Neste caso, os efeitos da decisão do Supremo Tribunal Federal poderão ser modulados no tempo, em atenção à segurança jurídica, e essa decisão deve ser anterior ao trânsito em julgado da decisão exequenda. Se for proferida após o trânsito em julgado da decisão exequenda, caberá ação rescisória, cujo prazo será contado do trânsito em julgado da decisão proferida pelo Supremo Tribunal Federal.

8.1.13.5 Do cumprimento de sentença que reconheça a exigibilidade de obrigação de fazer, de não fazer ou de entregar coisa

8.1.13.5.1 Do cumprimento de sentença que reconheça a exigibilidade de obrigação de fazer ou de não fazer

Quando o cumprimento de sentença for **reconhecendo a exigibilidade de obrigação de fazer ou de não fazer,** o juiz poderá, de ofício ou a requerimento, para a efetivação da tutela específica ou a obtenção de tutela pelo resultado prático equivalente, determinar as medidas necessárias à satisfação do exequente. Dentre outras, podem ser determinadas a imposição de multa, a busca e apreensão, a remoção de pessoas e coisas, o desfazimento de obras e o impedimento de atividade nociva, podendo, caso necessário, requisitar o auxílio de força policial.

Quando o mandado de busca e apreensão for de pessoas e coisas será cumprido por 2 (dois) oficiais de justiça, observando-se o disposto no art. 846, §§ 1º a 4º, do CPC[140], **se houver necessidade de ar-**

140. "Art. 846. Se o executado fechar as portas da casa a fim de obstar a penhora dos bens, o oficial de justiça

rombamento. Se o executado descumprir, injustificadamente, a ordem judicial, incidirá nas penas de **litigância de má-fé, sem prejuízo, ainda, de sua responsabilização por crime de desobediência.**

A multa é independente de requerimento da parte, podendo ser aplicada na fase de conhecimento, em tutela provisória ou na sentença, ou na fase de execução, desde que seja suficiente e compatível com a obrigação e que se determine prazo razoável para cumprimento do preceito. O juiz pode, de ofício ou a requerimento, modificar o valor ou a periodicidade da multa vincenda ou excluí-la, caso verifique que se tornou insuficiente ou excessiva ou, que o obrigado demonstrou cumprimento parcial superveniente da obrigação ou justa causa para o descumprimento. Cumpre mencionar, ainda, que o valor da referida multa será devido e revertido ao exequente.

A decisão de fixação da multa é passível de cumprimento provisório, devendo ser depositada em juízo e sendo permitido seu levantamento após o trânsito em julgado da sentença favorável à parte. **A multa será devida desde o dia em que se configurar o descumprimento da decisão e incidirá enquanto não for cumprida a decisão que a tiver cominado**. Por fim, tal disposição aplica-se, no que couber, ao cumprimento de sentença que reconheça deveres de fazer e de não fazer de natureza não obrigacional.

8.1.13.5.2 Do cumprimento de sentença que reconheça a exigibilidade de obrigação de entregar coisa

Quando a obrigação de entregar coisa não for cumprida no prazo estabelecido na sentença, **será expedido mandado de busca e apreensão ou de imissão na posse em favor do credor, conforme se tratar de coisa móvel ou imóvel.** Incumbe ao réu alegar, em contestação, na fase de conhecimento, a existência de benfeitorias, de forma discriminada e com atribuição, sempre que possível e justificadamente, do respectivo valor e, seu direito de retenção pelas benfeitorias. Por fim, as disposições sobre o cumprimento de obrigação de fazer ou de não fazer aplicam-se a este procedimento, no que couberem.

comunicará o fato ao juiz, solicitando-lhe ordem de arrombamento [...]" (BRASIL. **Lei 13.105,** de 16 de março de 2015. Código de Processo Civil. Disponível em: http://www.planalto.gov.br/ccivil_03/_ato2015-2018/2015/lei/l13105.htm. Acesso em: 11 abr. 2023).

REFERÊNCIAS

BRASIL. **Lei 13.105**, de 16 de março de 2015. Código de Processo Civil. Disponível em: http://www.planalto.gov.br/ccivil_03/_ato2015-2018/2015/lei/l13105.htm. Acesso em: 11 abr. 2023.

BRASIL. **Lei n. 2.848**, de dezembro de 1940. Código Penal. Disponível em: http://www.planalto.gov.br/ccivil_03/decreto-lei/del2848compilado.htm. Acesso em 16 abr. 2023.

MINAS GERAIS. Tribunal de Justiça de Minas Gerais. **Apelação Cível n. 1.0000.20.023912-7/001**. APELAÇÃO CÍVEL – AÇÃO DE ALIMENTOS – MAIORIDADE – SENTENÇA DE IMPROCEDÊNCIA LIMINAR – HIPÓTESES DO ART. 332 DO CPC – ROL TAXATIVO – NECESSIDADE DE POSSIBILITAR DILAÇÃO PROBATÓRIA – CERCEAMENTO DE DEFESA – SENTENÇA CASSADA. [...]. Relator: Des.(a) Carlos Roberto de Faria, 27 de outubro de 2022. Disponível em: https://www5.tjmg.jus.br/jurisprudencia/pesquisaNumeroCNJEspelhoAcordao.do;-jsessionid=8D0A851D81D4B9CD67D18DEDF453C957.juri_node2?numeroRegistro=1&totalLinhas=1&linhasPorPagina=10&numeroUnico=1.0000.20.023912-7-2%001F&pesquisaNumeroCNJ-Pesquisar. Acesso em 11 abr. 2023

RIBEIRO, Marcelo. **Processo Civil**. 3. ed. Grupo GEN, 2023.

RIO GRANDE DO SUL. Tribunal de Justiça do Rio Grande do Sul. **Apelação Cível, Nº 70079425724.** APELAÇÃO CÍVEL. NEGÓCIOS JURÍDICOS BANCÁRIOS. AÇÃO DE REPETIÇÃO DE INDÉBITO. PRINCÍPIO DA EVENTUALIDADE. FALHA NA PRESTAÇÃO DOS SERVIÇOS [...]. Relator: Giovanni Conti, 28 de novembro de 2018. Disponível em: https://www.tjrs.jus.br/buscas/jurisprudencia/exibe_html.php. Acesso em 15 abr. 2023.

9. DOS PROCEDIMENTOS ESPECIAIS

9.1 Dos embargos de terceiro

Os embargos de terceiro estão disciplinados no capítulo VII, do CPC, entre os Arts. 674 a 681. Os embargos de terceiro **são opostos através de uma ação, ajuizada por quem não é parte do processo – como o próprio nome nos diz "terceiro"** – que possui como objetivo proteger a posse ou propriedade de um bem apreendido por decisão judicial. Assim, e nos termos do Art. 674 do CPC, "quem, não sendo parte no processo, sofrer constrição ou ameaça de constrição sobre bens que possua ou sobre os quais tenha direito incompatível com o ato constritivo, poderá requerer seu desfazimento ou sua inibição por meio de embargos de terceiro"[141].

Além disso, **os embargos de terceiro podem ser do proprietário – até mesmo fiduciário – ou do possuidor, considerando-se terceiro** o cônjuge ou companheiro, quando defende a posse de seus bens próprios ou de sua meação; o adquirente de bens em que a constrição ocorreu através de decisão que declara a ineficácia da alienação realizada

141. BRASIL. **Lei 13.105,** de 16 de março de 2015. Código de Processo Civil. Disponível em: http://www.planalto.gov.br/ccivil_03/_ato2015-2018/2015/lei/l13105.htm. Acesso em: 11 abr. 2023.

em fraude à execução; quem sofreu a constrição através de desconsideração da personalidade jurídica, não tendo sido parte do incidente; e o credor com garantia real para obstar expropriação judicial do objeto de direito real de garantia, caso não tenha sido intimado, nos termos legais dos atos expropriatórios respectivos.

A oposição dos embargos de terceiro pode ocorrer enquanto não transitada em julgado a sentença, no processo de conhecimento e em até 5 (cinco) depois da arrematação, adjudicação ou alienação por iniciativa particular, sendo em qualquer das hipóteses, antes da assinatura da respectiva carta, no processo de execução. Outrossim, no caso do juiz identificar a existência de terceiro titular de interesse de embargar, determinará sua intimação pessoal.

A distribuição dos embargos é por **dependência ao juízo que ordenou a constrição**, sendo autuados em apartado ao processo principal. Caso a constrição tenha sido realizada por carta, o oferecimento dos embargos será **ao juízo deprecado**, exceto se a carta já tiver sido devolvida ou se for indicado o bem constrito pelo juízo deprecante.

Incumbe ao embargante fazer **prova sumária de sua posse ou domínio e da sua qualidade de terceiro junto à petição inicial**, juntando, inclusive, documentos e rol de testemunhas, sendo facultado que a prova da posse seja realizada em audiência preliminar a ser designada pelo juiz. Outro direito garantido ao possuidor direto é o de alegar, além de sua posse, o domínio alheio.

Nos casos de embargos de terceiro, **o legitimado passivo será aquele a quem o ato de constrição aproveita**, assim como o será seu adversário no processo principal quando for sua a indicação do bem para constrição judicial. Já quanto à citação do embargado, tem-se que será pessoal no caso de não ter procurador constituído nos autos da ação principal.

A suspensão das medidas constritivas sobre os bens objeto dos embargos será determinada na decisão que reconhecer provado o domínio ou a posse, sendo possível, ainda, ser determinada a manutenção ou a reintegração provisória na posse, se o embargante tiver as postulado Referente à manutenção ou reintegração provisória na posse, tem-se que é facultado ao juiz condicionar tais ordens à prestação de caução pelo requerente, salvo pela impossibilidade da parte hipossuficiente economicamente.

No que toca ao prazo para contestação aos embargos, tem-se que serão de 15 (quinze) dias, sendo importante referir que, quando os embargos forem opostos pelo credor com garantia real, a alegação do embargado se limitará a indicar que o devedor comum é insolvente; o título é nulo ou não obriga a terceiro ou, outra coisa é oferecida em garantia. Por fim, caso o pedido inicial seja acolhido, a constrição indevida será cancelada, com o reconhecimento do domínio, da manutenção da posse ou da reintegração definitiva do bem ou do direito ao embargante.

9.2 Dos procedimentos especiais de jurisdição voluntária

Os procedimentos especiais de jurisdição voluntária estão previstos no Capítulo XV, junto aos Arts. 719 a 770, do CPC. Inicialmente, necessário apontar que a jurisdição voluntária **é a função exercida pelo Estado, por meio do juiz e através de um processo, onde as causas submetidas para solução não trazem um conflito de interesse.**

Embora o nome indique "voluntária", tem-se que é o contrário. Isso porque, nas causas de "jurisdição voluntária" se observa uma verdadeira obrigatoriedade de intervenção judicial, tratando-se, portanto, de um **sistema misto entre dispositivo e inquisitivo, além de prescindir da observância à legalidade estrita.** Em razão de suas peculiaridades é que o CPC aborda regras procedimentais gerais, as quais possuem aplicação subsidiária a eventuais disposições específicas.

No mais, nos procedimentos de jurisdição voluntária, o Ministério Público atua como *custos legis*, nas hipóteses previstas em lei ou na Constituição Federal e nos processos que envolvam interesse público ou social; interesse de incapaz ou litígios coletivos pela posse de terra rural ou urbana.

Em caso de ausência de previsão de procedimento especial, **os procedimentos de jurisdição voluntária são regidos pelas disposições constantes na norma processual, sendo que o interessado, o Ministério Público ou a Defensoria Pública são os responsáveis por dar início ao procedimento**, através de provocação, informando o pedido instruído com os documentos necessários e indicando qual a providência judicial que se busca.

Os interessados serão citados para que, querendo, apresentem manifestação no prazo de 15 (quinze) dias, e haverá a intimação do Ministério Público nos casos em que se tenha interesse público ou social; interesse de incapaz ou litígios coletivos pela posse de terra rural ou urbana, conforme já indicado.. Já a Fazenda Pública será ouvida nos casos em que possuir interesse.

Nos procedimentos de jurisdição voluntária, a decisão do juiz acerca do pedido será no prazo de 10 (dez) dias, sendo que inexiste a obrigação do magistrado de observar critério de legalidade estrita, podendo adotar a solução que considerar mais conveniente ou oportuna em cada caso. **A sentença de tais procedimentos é atacável por recurso de apelação.**

Para fins legais, tem-se que **serão processados em jurisdição voluntária:** emancipação; sub-rogação; alienação, arrendamento ou oneração de bens de crianças ou adolescentes, de órfãos e de interditos; alienação, locação e administração da coisa comum; alienação de quinhão em coisa comum; extinção de usufruto, quando não decorrer da morte do usufrutuário, do termo da sua duração ou da consolidação, e de fideicomisso, quando decorrer de renúncia ou quando ocorrer antes do evento que caracterizar a condição resolutória; expedição de alvará judicial e, homologação de autocomposição extrajudicial, de qualquer natureza ou valor.

A seção II, do capítulo ora estudado, aborda questões acerca "**da notificação e da interpelação**", entre os Arts. 726 a 729. Assim, o interessado em manifestar formalmente sua vontade a outro, acerca de assunto relevante juridicamente, pode notificar as pessoas participantes da mesma relação jurídica a fim de lhes conceder ciência do seu propósito. A pretensão de outorgar conhecimento geral ao público, por intermédio de edital, somente será deferida pelo juiz caso seja fundada e necessária para resguardar o direito. Outrossim, interessado **pode interpelar o requerido, com o objetivo que faça ou deixe de fazer o que o requerente entenda ser de seu direito,** sendo que, quando houver suspeita de que o requerente pretende alcançar fim ilícito através da notificação ou do edital ou, quando for requerida a averbação da notificação em registro público, o requerido será previamente ouvido, antes do deferimento da notificação ou do edital.

A **alienação judicial**, por sua vez, dá-se quando, não havendo acordo entre os interessados sobre a forma como se dará a alienação de um bem, o juiz, de ofício ou a requerimento dos interessados ou do depositário, mandará aliená-lo em leilão. Trata-se de uma disposição breve que, no que couber, observará também o disposto nos arts. 879 a 903 do CPC, que serão abordados oportunamente.

Quanto ao regramento "d**o divórcio e da separação consensuais, da extinção consensual de união estável e da alteração do regime de bens do matrimônio**", tem-se que o procedimento dar-se-á quando for necessária a homologação do divórcio ou da separação consensuais, e, desde que observados os requisitos legais, o requerimento deve ser realizado através de petição assinada por ambos os cônjuges, devendo constar: as disposições relativas à descrição e à partilha dos bens comuns; as disposições relativas à pensão alimentícia entre os cônjuges; o acordo relativo à guarda dos filhos incapazes e ao regime de visitas; e o valor da contribuição para criar e educar os filhos. Entretanto, se os cônjuges não acordarem sobre a partilha de bens, esta será realizada após a homologação do divórcio, nos termos do previsto nos Arts. 647 a 658 do CPC[142].

Quando **não houver nascituro ou filhos incapazes e observando os requisitos legais,** o divórcio consensual, a separação consensual e a extinção consensual de união estável podem ser realizados através de escritura pública, devendo constar as disposições preceituadas no Art. 731 do CPC (abordados acima). Tal escritura não depende de homologação judicial, constituindo título hábil para qualquer ato de registro e, ainda, para levantamento de valores depositados em instituições financeiras. **Ademais, e ainda acerca da escritura, tem-se que somente será lavrada caso os interessados estejam assistidos por advogado ou defensor público, sendo que suas qualificações e assinaturas também devem constar no ato notarial.**

A **alteração do regime de bens do casamento** pode ser requerida, observados os requisitos legais, através de petição motivada e assinada por ambos os cônjuges, na qual serão expostas as razões que justificam a alteração, ressalvando-se, contudo, os direitos de terceiros. O juiz, após receber a inicial, **intimará o Ministério Público e determinará a publicação de edital, para divulgar a requerida alteração de bens**, decidindo somente após o decurso de 30 (trinta) dias da publicação do edital. Com o objetivo de resguardar os direitos de terceiros, é facultado aos cônjuges propor ao juiz, na inicial ou em petição avulsa, meio diverso de divulgação da alteração de regime de bens. Transitada em julgado a sentença, **ocorrerá a expedição de mandados de averbação aos cartórios de registros civil e de imóveis, sendo que, quando um ou ambos os cônjuges forem empresários, haverá a expedição de mandados também ao Registro Público de Empresas Mercantis e Atividades Afins.**

---

142. No que couber, as disposições referentes aos processos de homologação judicial de divórcio ou de separação consensual, aplicam-se ao processo de homologação da extinção consensual de união estável.

Também é preciso destacar as disposições relativas aos **testamentos e dos codicilos**, do que o juiz receberá o testamento cerrado e, caso não observe vício externo que o torne suspeito de nulidade ou falsidade, o abrirá e determinará que o escrivão o leia na presença do apresentante. No termo de abertura do testamento devem constar o nome do apresentante, a forma como ele obteve o testamento, a data e o lugar do falecimento do testador, as respectivas provas e toda circunstância digna de nota.

O juiz, após ouvir o Ministério Público e caso não possua dúvidas a esclarecer, determinará o registro, arquivamento e cumprimento do testamento. Realizado o registro, o testamenteiro será intimado para assinar o termo da testamentaria – **não havendo testamenteiro nomeado, na sua ausência ou caso não aceite o encargo, será nomeado testamenteiro dativo, observada a preferência legal.** Observando o disposto em lei, incumbe ao testamenteiro cumprir as disposições testamentárias e realizar a prestação de contas em juízo do que recebeu e despendeu.

Observando as disposições acima referidas, qualquer interessado pode requerer ao juiz que ordene o cumprimento do traslado ou da certidão de testamento público (Art. 736).

Quanto ao **testamento particular,** tem-se que sua publicação pode ser requerida após a morte do testador, pelo herdeiro, pelo legatário, pelo testamenteiro ou pelo terceiro detentor do testamento, caso não consiga entregá-lo a algum dos outros legitimados para requerê-la. Os herdeiros que não tiverem requerido a publicação do testamento, serão intimados.

O juiz, após verificar a presença dos requisitos legais e ouvir o Ministério Público, confirmará o testamento, e tais disposições são aplicáveis ao codicilo e aos testamentos marítimos, aeronáuticos, militares e nuncupativos. De outro lado, e no que toca à **herança jacente**, tem-se que tal ocorre quando alguém falece, não deixando testamento, nem cônjuge sobrevivente e nem parente conhecido para sucedê-lo. **Nos casos em que a lei considere jacente a herança, incumbe ao juiz da comarca que o falecido tiver domicílio, realizar a arrecadação, de imediato, dos respectivos bens.**

A guarda, conservação e administração da herança jacente ficarão com um curador, até que seja realizada sua entrega ao sucessor legalmente habilitado ou até a declaração de vacância, sendo que as **incumbências do curador** são: representar a herança em juízo ou fora dele, com intervenção do Ministério Público; ter em boa guarda e conservação os bens arrecadados e promover a arrecadação de outros porventura existentes; executar as medidas conservatórias dos direitos da herança; apresentar mensalmente ao juiz balancete da receita e da despesa e, prestar contas ao final de sua gestão. Ademais, ao curador são aplicáveis as normas dispostas nos Arts. 159 a 161[143].

Os bens da herança jacente serão arrolados e descritos em auto circunstanciado pelo oficial de justiça, que será acompanhado do escrivão ou do chefe de secretaria e do curador. Caso o comparecimento do juiz no local não seja possível, este requisitará que a autoridade policial proceda à arrecadação e ao arrolamento dos bens, juntamente de 2 (duas) testemunhas.

Caso o curador ainda não tenha sido nomeado, o juiz designará depositário, lhe entregando os bens, após compromissado e mediante simples termo nos auto, e, durante a diligência de arrecadação, os moradores da casa e da vizinhança serão inquiridos a respeito da qualificação do falecido, o paradeiro de seus sucessores e a existência de outros bens, sendo lavrado auto de inquirição e informação.

Incumbe ao juiz examinar, em local reservado, os papéis, as cartas missivas e os livros domésticos do falecido, sendo que caso verifique que não apresentam interesse, mandará empacotá-los e lacrá-los para serem entregues aos sucessores ou queimados, caso a herança seja declarada vacante. Será expedida carta precatória de arrecadação, caso o juiz venha a saber da existência de bens em outra comarca. Além disso, a arrecadação não será realizada ou será suspensa no caso do cônjuge ou companheiro, do herdeiro ou do testamenteiro notoriamente reconhecido, se apresentarem para reclamar os bens

143. "Art. 159. A guarda e a conservação de bens penhorados, arrestados, sequestrados ou arrecadados serão confiadas a depositário ou a administrador, não dispondo a lei de outro modo. Art. 160. Por seu trabalho, o depositário ou o administrador perceberá remuneração que o juiz fixará levando em conta a situação dos bens, o tempo do serviço e as dificuldades de sua execução. Parágrafo único. O juiz poderá nomear um ou mais prepostos por indicação do depositário ou do administrador. Art. 161. O depositário ou o administrador responde pelos prejuízos que, por dolo ou culpa, causar à parte, perdendo a remuneração que lhe foi arbitrada, mas tem o direito a haver o que legitimamente despendeu no exercício do encargo. Parágrafo único. O depositário infiel responde civilmente pelos prejuízos causados, sem prejuízo de sua responsabilidade penal e da imposição de sanção por ato atentatório à dignidade da justiça" (BRASIL. **Lei 13.105,** de 16 de março de 2015. Código de Processo Civil. Disponível em: http://www.planalto.gov.br/ccivil_03/_ato2015-2018/2015/lei/l13105.htm. Acesso em: 11 abr. 2023).

e não houver oposição motivada do curador, qualquer interessado, Ministério Público ou representante da Fazenda Pública.

Após a conclusão da arrecadação, será publicado edital na rede mundial de computadores, no sítio do tribunal a que estiver vinculado o juízo e na plataforma de editais do CNJ, permanecendo por 3 (três) meses, ou, não havendo sítio, no órgão oficial e na imprensa da comarca, por 3 (três) vezes com intervalos de 1 (um) mês, para que os eventuais sucessores do falecido venham se habilitar no prazo de 6 (seis) meses contado da primeira publicação.

Se a existência de sucessor ou de testamenteiro for verificada em lugar certo, sua citação será realizada, sem prejuízo da publicação do edital. No caso do autor da herança ser estrangeiro, a autoridade consultar será comunicada do falecimento, destacando-se que **a arrecadação será convertida em inventário quando for julgada a habilitação do herdeiro, for reconhecida a qualidade do testamenteiro ou for provada a identidade do cônjuge ou companheiro**. Já os credores da herança possuem o direito de se habilitar no inventário ou propor ação de cobrança.

A norma processual vigente também dispõe que o juiz pode autorizar a alienação de bens móveis se forem de conservação difícil ou dispendiosa; de semoventes, quando não empregados na exploração de alguma indústria; de títulos e papéis de crédito, havendo fundado receio de depreciação; de ações de sociedade quando, reclamada a integralização, não dispuser a herança de dinheiro para o pagamento e, de bens imóveis: se ameaçarem ruína, não convindo a reparação ou se estiverem hipotecados e vencer-se a dívida, não havendo dinheiro para o pagamento.

Contudo, caso a Fazenda Pública ou o habilitando na herança adiantarem a importância para as despesas, a venda não será realizada, sendo que apenas após a vacância da herança é que os bens com valor de afeição, tais como retratos, objetos de uso pessoal, livros e obras de arte serão alienados.

A **herança jacente será declarada vacante se, após 1 (um) ano da primeira publicação do edital não houver herdeiro habilitado ou habilitação pendente**. No caso de haver habilitação pendente, a vacância será declarada pela mesma sentença que a julgar improcedente, aguardando-se, no caso de serem diversas as habilitações, o julgamento da última. Por fim, após o trânsito em julgado da sentença que declarar a vacância, o direito do cônjuge, do companheiro, dos herdeiros e dos credores só poderá ser reclamado via ação direta.

Também é importante dar destaque ao que se tem acerca **dos bens dos ausentes**. Nessa situação, tem-se que, quando a ausência for declarada, nos casos previstos legalmente, incumbe ao juiz determinar a arrecadação dos bens do ausente, nomeando curador na forma estabelecida na seção VI[144], observando o estabelecido em lei.

Após a arrecadação ter sido realizada, o juiz irá determinar a publicação de editais na rede mundial de computadores, no sítio do tribunal a que estiver vinculado e na plataforma de editais do CNJ, onde permanecerá por 1 (um) ano, ou, não havendo sítio, no órgão oficial e na imprensa da comarca, durante 1 (um) ano, reproduzida de 2 (dois) em 2 (dois) meses, anunciando a arrecadação e chamando o ausente a entrar na posse de seus bens.

Ultrapassado o prazo disposto no edital, incumbe aos interessados requerer a abertura da sucessão provisória, observando o disposto em lei. Quem requerer a abertura da sucessão provisória, deve postular pela citação pessoal dos herdeiros presentes e do curador e, por editais, a dos ausentes para requererem habilitação, na forma dos Arts. 689 a 692[145].

Com a presença dos requisitos para tanto, a conversão da sucessão provisória em definitiva poderá ser requerida, e caso o ausente regresse ou algum de seus descendentes ou ascendentes para requerer ao juiz a entrega de bens, os sucessores provisórios ou definitivos, o Ministério Público e o representante da Fazenda Pública, serão citados para contestar o pedido, seguindo-se o procedimento comum.

No que toca às **coisas vagas**, o que se tem e que, recebendo do descobridor coisa alheia perdida, o juiz mandará lavrar o respectivo auto, do qual constará a descrição do bem e as declarações do desco-

---

144. Que dispõe acerca da herança jacente.

145. "Art. 689. Proceder-se-á à habilitação nos autos do processo principal, na instância em que estiver, suspendendo-se, a partir de então, o processo. Art. 690. Recebida a petição, o juiz ordenará a citação dos requeridos para se pronunciarem no prazo de 5 (cinco) dias. Parágrafo único. A citação será pessoal, se a parte não tiver procurador constituído nos autos. Art. 691. O juiz decidirá o pedido de habilitação imediatamente, salvo se este for impugnado e houver necessidade de dilação probatória diversa da documental, caso em que determinará que o pedido seja autuado em apartado e disporá sobre a instrução. Art. 692. Transitada em julgado a sentença de habilitação, o processo principal retomará o seu curso, e cópia da sentença será juntada aos autos respectivos" (BRASIL. **Lei 13.105,** de 16 de março de 2015. Código de Processo Civil. Disponível em: http://www.planalto.gov.br/ccivil_03/_ato2015-2018/2015/lei/l13105.htm. Acesso em: 11 abr. 2023).

bridor. Se o recebimento for observado por autoridade policial, esta deverá remeter a coisa ao juízo competente. Além disso, uma vez depositada a coisa, o juiz mandará publicar edital na rede mundial de computadores, no sítio do tribunal a que estiver vinculado e na plataforma de editais do Conselho Nacional de Justiça ou, não havendo sítio, no órgão oficial e na imprensa da comarca, para que o dono ou o legítimo possuidor a reclame, salvo se se tratar de coisa de pequeno valor e não for possível a publicação no sítio do tribunal, caso em que o edital será apenas afixado no átrio do edifício do fórum.

Já no caso da **interdição**, esta pode ser promovida pelo cônjuge ou companheiro, pelos parentes ou tutores, pelo representante da entidade em que se encontra abrigado o interditando ou pelo Ministério Público, sendo que a legitimidade deve ser comprovada através de documentação a ser juntada junto à petição inicial. Importante destacar, nesse caso, que a ação de interdição objetiva a declaração da incapacidade de uma pessoa para comandar seus atos na vida civil, sendo nomeado, por consequência, um curador.

O ajuizamento da ação de interdição pelo Ministério Público somente ocorrerá em caso de doença mental grave se o cônjuge ou companheiro, os parentes ou tutores ou o representante da entidade em que se encontra abrigado o interditando não existirem ou não promoverem a interdição ou, se o cônjuge ou companheiro, os parentes ou tutores existirem, mas forem incapazes.

O autor da ação deve especificar os fatos que demonstrem a incapacidade do interditando para administrar seus bens e, conforme o caso, praticar atos da vida civil, informando, ainda, o momento em que a incapacidade se apresentou, junto à petição inicial. **No caso de urgência motivada e justificada, o juiz pode nomear um curador provisório ao interditando para a prática de determinados atos.** Além disso, incumbe ao requerente anexar o laudo médico apto a comprovar suas alegações ou informar a impossibilidade para tanto.

O interditando será citado para comparecer perante o juiz, que realizará uma entrevista rigorosa sobre sua vida, negócios, bens, vontades, preferências e laços familiares e afetivos e sobre o que mais considerar necessário para convencimento quanto à sua capacidade para praticar atos da vida civil, devendo ser reduzidas a termo as perguntas e respostas.

Caso haja impossibilidade de deslocamento do interditando, o juiz o entrevistará no local onde estiver, sendo que a entrevista pode ser acompanhada por especialista. É assegurado o emprego de recursos tecnológicos capazes de permitir ou de auxiliar o interditando a expressar suas vontades e preferências e a responder às perguntas formuladas, e, conforme entendimento do juiz, a oitiva de parentes e pessoas próximas pode ser requisitada.

A **impugnação do pedido** pode ser realizada, pelo interditando, no prazo de 15 (quinze) dias contados da entrevista. Neste caso, a atuação do Ministério Público será como fiscal da ordem jurídica, bem como é assegurado ao interditando a constituição de advogado e, caso não o faça, será nomeado curador especial – e, neste caso, o seu cônjuge, companheiro ou qualquer parente sucessível poderá intervir na ação como assistente.

Ultrapassado o prazo para impugnação, o juiz irá determinar que a prova pericial seja realizada, com o intuito de avaliar a capacidade do interditando para praticar atos da vida civil. A perícia poderá ser realizada por equipe formada por expertos com formação multidisciplinar, sendo que o laudo irá indicar, especificamente, conforme o caso, quais os atos que possuem necessidade curatela. Após a produção de todas as provas necessárias, a sentença será proferida pelo juiz do feito.

Na sentença de decretação da interdição o juiz nomeará curador, que poderá ser o requerente da interdição, e fixará os limites da curatela, segundo o estado e o desenvolvimento mental do interdito e considerará as características pessoais do interdito, observando suas potencialidades, habilidades, vontades e preferências.

Os interesses do curatelado devem nortear a ação, sendo que a curatela deve ser atribuída a quem melhor possa atendê-los. Além disso, caso haja pessoa incapaz sob a guarda e responsabilidade do interdito, a curatela será atribuída a quem melhor possa atender a ambos os interesses. No que tange a sentença de interdição, tem-se que tal **deverá ser inscrita no registro de pessoas naturais e publicada, de imediato, na rede mundial de computadores, no sítio do tribunal a que estiver vinculado o juízo e na plataforma de editais do CNJ**, onde permanecerá por 6 (seis) meses, na imprensa local, 1 (uma) vez, e no órgão oficial, por 3 (três) vezes, com intervalo de 10 (dez) dias, constando do edital os nomes do interdito e do curador, a causa da interdição, os limites da curatela e, não sendo total a interdição, os atos que o interdito poderá praticar autonomamente.

O **levantamento da curatela irá ocorrer quando a causa que a determinou cessar, sendo que esse pedido pode ser realizado pelo próprio in-**

terdito, pelo curador ou pelo Ministério Público, sendo tal apenso aos autos da interdição. Apresentado o pedido, o juiz irá nomear perito ou equipe multidisciplinar para proceder ao exame do interdito e, após a apresentação do laudo, irá designar audiência de instrução e julgamento.

Se o pedido for acolhido, o levantamento da interdição será decretado, sendo determinada, pelo juiz, a publicação da sentença, após o trânsito em julgado, ou, não sendo possível, na imprensa local e no órgão oficial, por 3 (três) vezes, com intervalo de 10 (dez) dias, seguindo-se a averbação no registro de pessoas naturais. Além disso, o levantamento da interdição poderá ser parcial, quando ficar demonstrada a capacidade do interdito para praticar alguns atos da vida civil.

A autoridade do curador se expande à pessoa e aos bens do incapaz que se encontrar sob a guarda e a responsabilidade do curatelado ao tempo da interdição, exceto no caso de o juiz considerar outra solução como mais conveniente aos interesses do incapaz. Além disso, é incumbência do curador a busca por tratamento e apoio apropriados à conquista da autonomia pelo interdito.

Também há espaço, na norma processual para "**disposições comuns à tutela e à curatela**", nos Arts. 759 a 763. Nesse sentido, o Art. 759 e seus incisos, preceituam que a intimação do tutor ou do curador para prestar compromisso, será no prazo de 5 (cinco) dias, contados da nomeação ou da intimação do despacho que mandar cumprir o testamento ou o instrumento público que o houver instituído. O **compromisso do tutor ou do curador** será por termo em livro rubricado pelo juiz, e, após o compromisso ser prestado, a administração dos bens do tutelado ou do interditado será realizada pelo tutor ou pelo curador.

Para se eximir do encargo, o tutor ou o curador devem apresentar escusa ao juiz no prazo de 5 (cinco) dias contados da intimação para prestar compromisso, se for antes de aceitar o encargo ou, do dia que sobrevier o motivo da escusa, após estar em exercício. Ultrapassado tal prazo, o direito de alegar a escusa será considerado como renunciado, sendo que o juiz analisará o pedido de escusa e caso não o admita, o curador ou tutor nomeado deverá exercer o encargo enquanto não for dispensado através de sentença com trânsito em julgado.

A **remoção do tutor ou do curador** é incumbência do Ministério Público ou de quem tenha legítimo interesse para requerer, nos casos previstos legalmente. Neste caso, o curador ou o tutor será citado para contestar no prazo de 5 (cinco) dias e, verificando-se gravidade extrema, o juiz pode suspender o tutor ou o curador do exercício de suas atividades, nomeando substituto interino.

Após findar as funções do tutor ou do curador pelo decurso do prazo em que era obrigado a servir, este poderá requerer sua exoneração do encargo. Caso a exoneração não seja requerida no prazo de 10 (dez) dias após a expiração do termo, tem-se por reconduzido, exceto se o juiz o dispensar. Finalizada a tutela ou curatela, o tutor ou o curador deve, necessariamente, realizar prestação de contas, de acordo com a lei civil.

No que toca às questões acerca "d**a organização e da fiscalização das fundações**", o que se tem é que o juiz irá decidir sobre a aprovação do estatuto das fundações e de suas alterações sempre que o interessado o requeira, desde que: ela tenha sido negada previamente pelo Ministério Público ou por este forem exigidas modificações com as quais o interessado não concorde e/ou o interessado discorde do estatuto elaborado pelo Ministério Público.

Previamente ao suprimento da aprovação, é facultado ao juiz determinar a realização de modificações do estatuto, com o intuito de adaptá-lo ao objetivo do instituidor. Além disso, o estatuto das fundações deve observar o disposto no Código Civil. A extinção da fundação é prevista pela norma processual, sendo que qualquer interessado ou o Ministério Público poderá promover em juízo sua extinção quando: se tornar ilícito o seu objeto; for impossível a sua manutenção e/ou, vencer o prazo de sua existência.

A última seção do capítulo destinado aos procedimentos de jurisdição voluntária diz respeito às disposições acerca "**da ratificação dos protestos marítimos e dos processos testemunháveis formados a bordo**". A partir disso, de plano, tem-se que, no prazo de 24 (vinte e quatro) horas de chegada da embarcação, todos os protestos e os processos testemunháveis formados a bordo e lançados no livro Diário da Navegação deverão ser apresentados pelo comandante ao juiz de direito do primeiro porto para sua ratificação judicial.

A petição inicial deve conter a transcrição dos termos lançados no livro Diário da Navegação, sendo instruída com cópias das páginas que contenham os termos que serão ratificados, dos documentos de identificação do comandante e das testemunhas arroladas, do rol de tripulantes, do documento de registro da embarcação e, se for o caso, do manifesto das cargas sinistradas e a qualificação de seus consignatários, traduzidos, se assim necessário, de forma livre para o português.

A distribuição da inicial deverá ser com urgência e encaminhada ao juiz, que ouvirá, sob compromisso a ser prestado no mesmo dia, o comandante e as testemunhas – no mínimo 2 (duas) e no máximo de 4 (quatro) – que deverão comparecer ao ato independentemente de intimação. Sendo estrangeiros que não dominem a língua portuguesa, o autor deverá fazer-se acompanhar por tradutor, caso não se tenha tal acompanhamento, o juiz irá nomear outro tradutor, sendo que em ambos os casos o compromisso será prestado em audiência.

Instaurada a audiência, o juiz determinará o apregoamento dos consignatários das cargas indicados na inicial e outros eventuais interessados, nomeando curador para o ato para os ausentes. Após a inquirição do comandante e das testemunhas, se o juiz ficar convencido da veracidade dos termos, ratificará por sentença o protesto ou o processo testemunhável lavrado a bordo, dispensado o relatório. Não obstante o trânsito em julgado, a entrega dos autos ao autor ou seu advogado será determinada pelo juiz, através de apresentação de traslado.

REFERÊNCIAS

BRASIL. **Lei 13.105,** de 16 de março de 2015. Código de Processo Civil. Disponível em: http://www.planalto.gov.br/ccivil_03/_ato2015-2018/2015/lei/l13105.htm. Acesso em: 11 abr. 2023.

10. DO PROCESSO DE EXECUÇÃO

10.1 Da execução em geral

10.1.1 Das disposições gerais

O Livro II do CPC aborda "do processo de execução", iniciando "da execução em geral" no título I, e "disposições gerais" no capítulo I. Precipuamente, necessário indicar que **execução é a atividade processual destinada a transformar em realidade prática o direito, satisfazendo seu titular.**

É o processo no qual o autor pretende a satisfação de um direito reconhecido em um título extrajudicial ou em um título judicial. **O procedimento a ser aplicado varia de acordo com o título:** se for judicial, aplicam-se as regras da fase de cumprimento da sentença, se, por outro lado, o título for extrajudicial, a execução ocorre mediante ação própria e processo autônomo.

E é justamente a execução fundada em título extrajudicial que iremos estudar neste momento. **A execução é realizada no interesse do exequente, sendo que a execução de título extrajudicial é o procedimento reservado para a cobrança de título extrajudicial líquido, certo e exigível**. Assim, e antes de analisarmos tais questões, cumpre mencionar os princípios que norteiam as execuções.

O primeiro princípio é o ***nulla executio sine titulo***, ou seja, não há execução sem título que a embase. O princípio da **disponibilidade** está explícito no Art. 775, na medida em que é permitido que o exequente desista de toda a execução ou de apenas alguma medida executiva a qualquer tempo, sem a necessidade de concordância do executado.

O princípio da **patrimonialidade** é aquele que indica que a execução recai sobre os bens do executado, proibindo, portanto, a execução pessoal. Relativamente à prisão civil do devedor de alimentos, tem-se que a doutrina considera como medida de execução indireta mediante pressão psicológica apta a fazer com que o devedor satisfaça o crédito do exequente.

O princípio da **utilidade** indica que o judiciário tem o dever de entregar uma tutela que realmente satisfaça o direito do autor, ou seja, quando se verificar que não há meios de satisfazer o direito do credor, não há motivos para se admitir a execução e para a aplicação de meios executivos. O princípio da **atipicidade**, por sua vez, nos traz que na busca da entrega de tutela executiva mais justa, efetiva e adequada, o juiz pode aplicar as medidas que entender como necessárias para tanto, inclusive as não necessariamente tipificadas em lei.

O princípio da **primazia da tutela específica** é aquele que nos traz que deve ser priorizada a entrega da obrigação tal como ela é, sendo que apenas em último caso, não sendo isso possível, poderá ser convertido o direito em perdas e danos. O princípio da boa-fé processual, como o próprio nome já diz, atribui às partes o dever de apresentarem comportamento processual leal.

O princípio do **contraditório** é aplicável na execução em observância ao Art. 5º, LV, da CRFB, conforme já visto, muito embora o devedor seja chamado em juízo não para apresentar defesa e sim, cumprir a obrigação. Já o princípio da **menor onerosidade** ocorre quando, de acordo com o Art. 805 "por vários meios o exequente puder promover a execução, o juiz mandará que se faça pelo modo menos gravoso para o executado"[146].

O princípio da **proporcionalidade** é observado quando houver a colisão entre dois ou mais princí-

146. BRASIL. **Lei 13.105,** de 16 de março de 2015. Código de Processo Civil. Disponível em: http://www.planalto.gov.br/ccivil_03/_ato2015-2018/2015/lei/l13105.htm. Acesso em: 11 abr. 2023.

PROCESSO CIVIL

pios, devendo ser adotada a solução mais razoável, adequada e proporcional. O princípio da **adequação**, por sua vez, indica que o meio executivo a ser aplicado deve ser o mais adequado para obter uma satisfação mais justa e efetiva.

O princípio da **cooperação** é consectário da boa-fé processual, sendo que o executado tem o dever de indicar bens à penhora e, caso pretenda impugnar ou embargar o valor da execução, deve apresentar, desde logo, o valor que entende como devido. Por fim, o princípio do **desfecho único** nos traz que o processo de execução possui uma única finalidade, qual seja, a satisfação do direito do exequente.

Ultrapassado tal ponto, inicia-se pelo fato de que o juiz pode, a qualquer tempo, ordenar o comparecimento das partes; advertir o executado de que seu procedimento constitui ato atentatório à dignidade da justiça e, determinar que sujeitos indicados pelo exequente forneçam informações em geral relacionadas ao objeto da execução, tais como documentos e dados que tenham em seu poder, assinando-lhes prazo razoável.

Além disso, de ofício ou a requerimento, todas as medidas necessárias ao cumprimento da ordem de entrega de documentos e dados podem ser determinadas pelo juiz. Quando os dados recebidos forem sigilosos para os fins da execução, as medidas necessárias para assegurar a confidencialidade serão adotadas pelo magistrado.

Existem **condutas comissivas ou omissivas do executado**, que são consideradas como atentatórias à dignidade da justiça, sendo elas: fraudar a execução; se opor maliciosamente à execução, empregando ardis e meios artificiosos; dificultar ou embaraçar a realização da penhora; resistir injustificadamente às ordens judiciais; quando intimado, não indicar ao juiz quais são e onde estão os bens sujeitos à penhora e os respectivos valores, nem exibir prova de sua propriedade e, se for o caso, certidão negativa de ônus.

Se o executado cometer alguma das condutas acima expostas, **estará cometendo ato atentatório à dignidade da justiça**, recebendo como sanção a fixação de multa pelo juiz, de até vinte por cento sobre o valor atualizado do débito em execução, a qual será revertida em proveito do exequente, sendo exigível nos próprios autos. Além disso, tal sanção é cumulável com outras, de natureza material ou processual, sendo que a execução dessa multa, bem como das condenações resultantes da litigância de má-fé, dar-se-á nos mesmos autos em que se processa a execução.

Como já indicado, é direito do exequente desistir de toda a execução ou de apenas alguma medida executiva, devendo ser observado o seguinte: serão extintos a impugnação e os embargos que versarem apenas sobre questões processuais, pagando o exequente as custas processuais e os honorários advocatícios ou, nos demais casos, a extinção dependerá da concordância do impugnante ou do embargante. Se a obrigação que ensejou a execução for declarada inexistente, por sentença com trânsito em julgado, o exequente ressarcirá ao executado os danos que este sofreu.

10.1.2 Das partes

A legitimidade ativa para promoção da execução é do credor que possui o título executivo. Contudo, em sucessão ao exequente originário, podem promover a execução ou nela prosseguir o Ministério Público – nos casos previstos legalmente; o espólio, os herdeiros ou os sucessores do credor, sempre que, por morte deste, lhes for transmitido o direito resultante do título executivo; o cessionário, quando o direito resultante do título executivo lhe for transferido por ato entre vivos ou o sub-rogado, nos casos de sub-rogação legal ou convencional, sendo que essas sucessões ocorrem independentemente de consentimento do executado.

Já **a legitimidade passiva é do devedor**, reconhecido como tal no título executivo; do espólio, dos herdeiros ou dos sucessores do devedor; do novo devedor que assumiu, com o consentimento do credor, a obrigação resultante do título executivo; do fiador do débito constante em título extrajudicial; do responsável titular do bem vinculado por garantia real ao pagamento do débito e, do responsável tributário, assim definido em lei.

Ademais, várias execuções podem ser cumuladas pelo exequente, ainda que fundadas em títulos diferentes, quando o executado for o mesmo e desde que para todas elas seja competente o mesmo juízo e idêntico o procedimento.

10.1.3 Da competência

Quanto à competência, tem-se que **a regra geral é a da fixação da competência pelos critérios gerais de competência interna**. Além disso, deve ser observado o seguinte: a execução poderá ser proposta no foro do domicílio do executado, de eleição constante do título ou, ainda, do lugar onde situados os bens a ela sujeitos; tendo mais de um domicílio o executado, poderá a execução instaurar-se em qualquer deles; sendo incerto ou desconhecido o domicílio do executado, a execução poderá ser proposta no lugar onde for encontrado ou no foro do domicílio do exequente; havendo mais de um executado, com domicílios diferentes, a execução poderá ser proposta em qualquer desses foros, por opção do exequente; e, a execução poderá sempre ser proposta no foro onde se praticou o ato ou em que ocorreu o fato que deu origem ao título, mesmo que nele não resida o executado.

Outrossim, caso a lei não discipline de modo contrário, a **competência para determinar os atos executivos é do juiz**, sendo que o cumprimento será realizado pelo oficial de justiça. Ademais, os seguintes aspectos devem ser observados quanto ao ponto: 1) o oficial de justiça poderá cumprir os atos executivos determinados pelo juiz também nas comarcas contíguas, de fácil comunicação, e nas que se situem na mesma região metropolitana; 2) Sempre que, para efetivar a execução, for necessário o emprego de força policial, o juiz a requisitará; 3) A requerimento da parte, o juiz pode determinar a inclusão do nome do executado em cadastros de inadimplentes; e 4) A inscrição será cancelada imediatamente se for efetuado o pagamento, se for garantida a execução ou se a execução for extinta por qualquer outro motivo.

10.1.4 Dos requisitos necessários para realizar qualquer execução

O título executivo é o ato jurídico que legitima a prática de condutas de agressão sobre os bens que integram determinado patrimônio, viabilizando sua utilização na satisfação de um crédito. Ainda, apenas a lei pode criar um título executivo ou integrá-lo ao rol de títulos executivos (princípio da taxatividade e da tipicidade dos títulos executivos). Outrossim, a execução para cobrança de crédito deve sempre se fundar em título de obrigação certa, líquida e exigível.

Importante ressaltar que a existência de título executivo extrajudicial não impede a parte de optar pelo processo de conhecimento, a fim de obter título executivo judicial.

Os títulos executivos extrajudiciais estão previstos no Art. 784 e seus incisos[147]. O inciso I indica a **letra de câmbio, a nota promissória, a duplicata, a debênture e o cheque**, como títulos executivos extrajudiciais, sendo que o protesto não se mostra necessário, exceto se o objetivo for executar os responsáveis indiretos que não o emitente-devedor. Ainda, e tendo em vista o princípio da cartularidade dos títulos de crédito, há a obrigação de instruir a petição inicial com o título original, não se admitindo apenas fotocópias, ainda que autenticadas, sob pena de nulidade da execução.

O inciso II traz a **escritura pública ou qualquer documento público assinado pelo devedor.** Tal se trata, portanto, de confissão de dívida na qual o devedor reconhece expressamente obrigação certa, líquida e exigível. O inciso III, por sua vez, aponta o documento particular assinado pelo devedor e por 2 (duas) testemunhas.

O inciso IV indica o instrumento de **transação referendado pelo Ministério Público, pela Defensoria Pública, pela Advocacia Pública, pelos advogados dos transatores ou por conciliador ou mediador credenciado pelo tribunal.** Já o inciso V traz os **contratos garantidos por hipoteca, penhor, anticrese ou outro direito real de garantia e aquele garantido por caução**. A hipoteca é a garantia por meio de bem imóvel e o penhor por bens móveis; a anticrese é instituto de direito real no qual o credor retém imóvel do devedor percebendo seus frutos até o pagamento total do crédito; a caução pode ser real ou fidejussória. Além disso, o exequente poderá executar exclusivamente o devedor, ou apenas o garante, ou ambos, em litisconsórcio passivo facultativo.

O inciso VI traz os **contratos de seguro de vida em caso de morte** e, o inciso VII aponta os **créditos decorrentes de foro e laudêmio**. O inciso VIII indica o **crédito documentalmente comprovado, decorrente do aluguel de imóvel, bem como de encargos acessórios**, tais como taxas e despesas de condomínio e, o inciso IX menciona as **certidões de dívida ativa das fazendas públicas**. Quanto a essas, tem-se que são títulos firmados com base na Lei n. 6.830/81[148]. Além disso, a inscrição é feita por meio de procedimento administrativo regular, com os requisitos formais previstos pelo Art. 202 do CTN[149] e Art. 2.º, §5.º, da Lei 6.830/1980, conferindo liquidez e certeza à dívida, sem a participação do devedor ou do terceiro.

O inciso X cita o crédito referente às **contribuições ordinárias ou extraordinárias de condomínio edilício**, previstas em convenção de condomínio ou aprovadas em assembleia geral, desde que

147. BRASIL. **Lei 13.105,** de 16 de março de 2015. Código de Processo Civil. Disponível em: http://www.planalto.gov.br/ccivil_03/_ato2015-2018/2015/lei/l13105.htm. Acesso em: 11 abr. 2023.

148. BRASIL. **Lei 6.830**, de setembro de 1980. Lei de Execução Fiscal. Disponível em: http://www.planalto.gov.br/ccivil_03/leis/l6830.htm. Acesso em 16 abr. 2023.

149. BRASIL. **Lei 5.172**, de outubro de 1966. Código Tributário Nacional. Disponível em: http://www.planalto.gov.br/ccivil_03/leis/l5172compilado.htm. Acesso em 16 abr. 2023.

documentalmente comprovadas, enquanto o inciso XI aduz acerca da **certidão expedida por serventia notarial ou de registro relativa a valores de emolumentos e demais despesas devidas pelos atos por ela praticados, fixados nas tabelas estabelecidas em lei.** Por fim, o inciso XII indica "**todos os demais títulos, aos quais, por disposição expressa, a lei atribuir força executiva**".

Verifica-se que o rol do art. 784 é **meramente exemplificativo** e várias leis especiais criam títulos extrajudiciais, tais como: os créditos da Ordem dos Advogados do Brasil contra seus inscritos (Lei n. 8.906/1994, Art. 46); as cédulas de crédito rural (Decreto-lei 167/1967, Art. 41); as cédulas de crédito industrial (Decreto-lei 413/1969); as cédulas de exportação (Lei n. 6.313/1975); as cédulas de crédito comercial (Lei n. 6.840/1980); as cédulas hipotecárias (Decreto-lei 70/1966, Art. 29); os honorários do árbitro no compromisso arbitral (Lei n. 9.307/1996, Art. 11, parágrafo único); entre outros.

De acordo com o §1º do Art. 784, a propositura de qualquer ação relativa a débito constante de título executivo não impede o credor de promover a execução. Outrossim, os títulos executivos extrajudiciais oriundos de país estrangeiro não dependem de homologação para serem executados, somente possuindo eficácia executiva quando satisfeitos os requisitos de formação exigidos pela lei do lugar de sua celebração e quando o Brasil for indicado como o lugar de cumprimento da obrigação. Além disso, nos títulos executivos constituídos ou atestados por meio eletrônico, é admitida qualquer modalidade de assinatura eletrônica prevista em lei, dispensada a assinatura de testemunhas quando sua integridade for conferida por provedor de assinatura.

A seção II, por sua vez, disciplina acerca "da exigibilidade da obrigação". O Art. 786, do CPC, preceitua que a "execução pode ser instaurada caso o devedor não satisfaça a obrigação certa, líquida e exigível consubstanciada em título executivo"[150], ou seja, a possibilidade para que o credor promova a execução forçada é justamente a inexecução voluntária da prestação certa, líquida e exigível, consubstanciada em título executivo. Além disso, e de acordo com o parágrafo único do referido Art. a necessidade de meras operações aritméticas para apurar o valor do crédito não retira sua liquidez.

Em casos de obrigações resultantes de contratos bilaterais, nos quais um dos contratantes só pode exigir o cumprimento da prestação do outro, após adimplir a sua, o exequente deve comprovar o cumprimento de sua prestação, sob pena de extinção do processo. Outrossim, nestes casos, o executado pode depositar em juízo sua prestação ou a coisa por ele devida, como forma de se exonerar da obrigação, sendo que o juiz não irá permitir que o credor a levante enquanto não cumprir a prestação que lhe toca.

Não é possível que o credor dê início a execução ou nela prossiga se o devedor cumprir a obrigação, todavia lhe é facultado recusar o recebimento da prestação se ela não corresponder ao direito ou à obrigação estabelecidos no título executivo, caso em que poderá requerer a execução forçada, ressalvado ao devedor o direito de opor embargos.

10.1.5 Da responsabilidade patrimonial

Como já exposto, a execução atinge os bens do devedor, presentes e futuros, para o cumprimento de suas obrigações, salvo as ressalvas em lei preceituadas, chamados de "bens impenhoráveis". Além dos bens pertencentes ao executado, outros bens ficam sujeitos à execução, como é o caso dos bens do sucessor a título singular, tratando-se de execução fundada em direito real ou obrigação reipersecutória; do sócio, nos termos da lei; do devedor, ainda que em poder de terceiros; do cônjuge ou companheiro, nos casos em que seus bens próprios ou de sua meação respondem pela dívida; alienados ou gravados com ônus real em fraude à execução; cuja alienação ou gravação com ônus real tenha sido anulada em razão do reconhecimento, em ação autônoma, de fraude contra credores e, do responsável, nos casos de desconsideração da personalidade jurídica.

Ademais, a norma processual prevê que, se a execução tiver por objeto obrigação de que seja sujeito passivo o proprietário de terreno submetido ao regime do direito de superfície, ou o superficiário, responderá pela dívida, exclusivamente, o direito real do qual é titular o executado, recaindo a penhora ou outros atos de constrição exclusivamente sobre o terreno, no primeiro caso, ou sobre a construção ou a plantação, no segundo caso[151].

Esses atos de constrição serão averbados separadamente na matrícula do imóvel, com identificação

150. BRASIL. **Lei 13.105,** de 16 de março de 2015. Código de Processo Civil. Disponível em: http://www.planalto.gov.br/ccivil_03/_ato2015-2018/2015/lei/l13105.htm. Acesso em: 11 abr. 2023).

151. BRASIL. **Lei 13.105,** de 16 de março de 2015. Código de Processo Civil. Disponível em: http://www.planalto.gov.br/ccivil_03/_ato2015-2018/2015/lei/l13105.htm. Acesso em: 11 abr. 2023).

das partes e do crédito, devendo o oficial destacar o bem que responde pela dívida, se o terreno, a construção ou a plantação, de modo a assegurar a publicidade da responsabilidade patrimonial de cada um deles pelas dívidas e pelas obrigações que a eles estão vinculadas.

A **fraude à execução** ocorre nos casos expressamente previstos no Art. 792. Primeiramente, ocorre quando a alienação ou instituição de gravame advém em ocasião em que "sobre o bem pender ação fundada em direito real ou com pretensão reipersecutória, desde que a pendência do processo tenha sido averbada no respectivo registro público, se houver"[152]. O que se tem, portanto, é a circunstância de já ter sido ajuizada ação instituída em direito real ou em direito pessoal que permita buscar uma coisa determinada e, com a demanda já proposta, o demandado aliena o bem.

O segundo caso de fraude à execução ocorre quando a alienação ou oneração do bem ocorre após já ter sido averbada, no registro do bem, a pendência do processo de execução, na forma do Art. 828 – que será abordado na sequência, sendo que a referida disposição apenas se aplica à execução fundada em título extrajudicial.

É também considerada fraude à execução, a alienação ou oneração de bens realizada após ter sido averbada, no registro do bem, hipoteca judiciária ou outro ato de constrição judicial originário do processo onde foi arguida a fraude. Nesta hipótese, o simples fato objetivo da alienação ou oneração do bem ter ocorrido após a averbação do ato constritivo já configura fraude à execução, independentemente de qualquer outro requisito. Há fraude à execução, de igual modo, quando, ao tempo da alienação ou da oneração do bem, tramitava contra o devedor ação capaz de reduzi-lo à insolvência, além de outros casos expressamente previstos em lei.

A fraude à execução ocasiona a ineficácia do ato de alienação ou oneração em relação ao exequente. Quando o terceiro adquirir bem não sujeito a registro, lhe incumbe comprovar que realizou a adoção de todas as cautelas necessárias para aquisição, exibindo as certidões pertinentes, obtidas no domicílio do vendedor e no local onde se encontra o bem. Outrossim, a fraude à execução se verifica, nos casos de desconsideração da personalidade jurídica, a partir da citação da parte que se pretende desconsiderar a personalidade, sendo que, antes de declarar a fraude à execução, o juiz intimará o terceiro adquirente, para que, querendo, opor embargos de terceiro, no prazo de 15 (quinze) dias.

Quando o exequente estiver na posse de bem pertencente ao devedor, por direito de retenção, somente poderá ajuizar execução sobre demais bens após excutida a coisa que está em seu poder. Quanto ao fiador, ao ser executado, lhe garante-se o direito de exigir que primeiro sejam executados os bens do devedor situados na mesma comarca, livres e desembargados, indicando-os pormenorizadamente à penhora, e tal disciplina não se aplica se o fiador houver renunciado ao benefício de ordem.

Caso os bens do devedor, situados na mesma comarca que os do fiador, forem insuficientes para a satisfação do crédito do exequente, os bens do fiador ficarão sujeitos à execução, sendo que, nos casos em que o fiador adimplir a dívida, poderá executar o afiançado no mesmo processo.

Os bens particulares dos sócios não respondem pelas dívidas da sociedade, senão nos casos previstos em lei, e, quando o sócio for responsável pela dívida da sociedade, lhe surge o direito de exigir que os bens da sociedade sejam executados primeiro, devendo, para tanto, nomear os bens situados na mesma comarca, livres e desembargados, da sociedade, que bastem para adimplir o débito.

O sócio que quitar a dívida pode executar a sociedade nos autos do mesmo processo, sendo que, quando a desconsideração da personalidade jurídica for requerida, é necessário que sejam observadas as disciplinas do incidente prevista no CPC. Quanto ao espólio, tem-se que este responde pelas dívidas do falecido. Contudo, após a partilha dos bens, cada herdeiro somente irá responder por elas dentro das forças da herança e na proporção da parte que lhe coube.

10.2 Das diversas espécies de execução

10.2.1 Das disposições gerais

Salvo os casos de insolvência do devedor, **a execução ocorre no interesse do exequente, que adquire através da penhora, o direito de preferência dos bens penhorados.** Caso se tenha mais de uma penhora sobre o mesmo bem, cada exequente conserva seu título de preferência.

Quando o exequente propor a execução, deve instruir a inicial com o título executivo extrajudicial, com o demonstrativo de débito atualizado até a data da propositura da ação, quando se tratar de

152. BRASIL. **Lei 13.105,** de 16 de março de 2015. Código de Processo Civil. Disponível em: http://www.planalto.gov.br/ccivil_03/_ato2015-2018/2015/lei/l13105.htm. Acesso em: 11 abr. 2023).

execução por quantia certa, que deve conter o índice de correção monetária adotado; a taxa de juros aplicada; os termos inicial e final de incidência dos índices de atualização monetária e da taxa de juros empregada; a periodicidade da capitalização dos juros, se for o caso; e a especificação de descontos obrigatórios que tenham de ser realizados, com a prova de que se verificou a condição ou de que ocorreu o termo, se for o caso; e com a prova, também se for o caso, de que adimpliu a contraprestação que lhe corresponde, ou que lhe assegura o cumprimento, se o executado não for obrigado a satisfazer sua prestação senão mediante a contraprestação do exequente.

Além disso, cabe ao exequente indicar a espécie de execução de sua preferência, quando por mais de um modo puder ser realizada, os nomes completos do exequente e do executado e seus números de inscrição no Cadastro de Pessoas Físicas – CPF ou no Cadastro Nacional da Pessoa Jurídica – CNPJ e, sempre que possível, os bens suscetíveis de penhora.

Outrossim, **são incumbências do exequente**: requerer a intimação do credor pignoratício, hipotecário, anticrético ou fiduciário, quando a penhora recair sobre bens gravados por penhor, hipoteca, anticrese ou alienação fiduciária; requerer a intimação do titular de usufruto, uso ou habitação, quando a penhora recair sobre bem gravado por usufruto, uso ou habitação; requerer a intimação do promitente comprador, quando a penhora recair sobre bem em relação ao qual haja promessa de compra e venda registrada; requerer a intimação do promitente vendedor, quando a penhora recair sobre direito aquisitivo derivado de promessa de compra e venda registrada; requerer a intimação do superficiário, enfiteuta ou concessionário, em caso de direito de superfície, enfiteuse, concessão de uso especial para fins de moradia ou concessão de direito real de uso, quando a penhora recair sobre imóvel submetido ao regime do direito de superfície, enfiteuse ou concessão; requerer a intimação do proprietário de terreno com regime de direito de superfície, enfiteuse, concessão de uso especial para fins de moradia ou concessão de direito real de uso, quando a penhora recair sobre direitos do superficiário, do enfiteuta ou do concessionário; requerer a intimação da sociedade, no caso de penhora de quota social ou de ação de sociedade anônima fechada, para o fim previsto no Art. 876, §7º, do CPC; pleitear, se for o caso, medidas urgentes; proceder à averbação em registro público do ato de propositura da execução e dos atos de constrição realizados, para conhecimento de terceiros; requerer a intimação do titular da construção-base, bem como, se for o caso, do titular de lajes anteriores, quando a penhora recair sobre o direito real de laje e, requerer a intimação do titular das lajes, quando a penhora recair sobre a construção-base.

Quando se tratar de obrigações alternativas, em que a escolha couber ao devedor, sua citação será realizada para que possa exercer a opção e realizar a prestação, no prazo de 10 (dez) dias, salvo se não for determinado outro prazo em lei ou em contrato. Se o devedor não exercer sua opção, a oportunidade será transferida para o credor, e, caso a escolha seja, desde logo, do credor, deverá indicá-la na petição inicial.

Se o juiz, ao analisar a petição inicial, verificar que ela está incompleta ou desacompanhada de documentos indispensáveis, determinará que o exequente a emende, no prazo de 15 (quinze) dias, sob pena de indeferimento. Estando a inicial completa, o juiz ordenará a citação (desde que realizada em observância ao estabelecido no Art. 240, §2º[153]), que interrompe o prazo prescricional, mesmo que o despacho seja proferido por juízo incompetente. Ademais, a interrupção da prescrição retroagirá à data de propositura da ação.

Para **uma execução ser considerada nula**, tem-se que os seguintes critérios devem ser observados: quando o título executivo extrajudicial não corresponder a obrigação certa, líquida e exigível; quando o executado não for regularmente citado e, quando for instaurada antes de se verificar a condição ou de ocorrer o termo. **Essas hipóteses de nulidade serão pronunciadas pelo juiz, de ofício ou a requerimento, independentemente de oposição de embargos à execução.**

Por conseguinte, vejam-se as situações em que **a alienação será considerada ineficaz:** 1) a alienação de bem gravado por penhor, hipoteca ou anticrese será ineficaz em relação ao credor pignoratício, hipotecário ou anticrético não intimado; 2) A alienação de bem objeto de promessa de compra e venda ou de cessão registrada será ineficaz em relação ao promitente comprador ou ao cessionário não intimado; 3) A alienação de bem sobre o qual tenha

153. "Art. 240. A citação válida, ainda quando ordenada por juízo incompetente, induz litispendência, torna litigiosa a coisa e constitui em mora o devedor, ressalvado o disposto nos Arts. 397 e 398 do Código Civil. [...] § 2º Incumbe ao autor adotar, no prazo de 10 (dez) dias, as providências necessárias para viabilizar a citação, sob pena de não se aplicar o disposto no § 1º" (BRASIL. **Lei 13.105,** de 16 de março de 2015. Código de Processo Civil. Disponível em: http://www.planalto.gov.br/ccivil_03/_ato2015-2018/2015/lei/l13105.htm. Acesso em: 11 abr. 2023)..

sido instituído direito de superfície, seja do solo, da plantação ou da construção, será ineficaz em relação ao concedente ou ao concessionário não intimado; 4) A alienação de direito aquisitivo de bem objeto de promessa de venda, de promessa de cessão ou de alienação fiduciária será ineficaz em relação ao promitente vendedor, ao promitente cedente ou ao proprietário fiduciário não intimado; 5) A alienação de imóvel sobre o qual tenha sido instituída enfiteuse, concessão de uso especial para fins de moradia ou concessão de direito real de uso será ineficaz em relação ao enfiteuta ou ao concessionário não intimado; 6) A alienação de direitos do enfiteuta, do concessionário de direito real de uso ou do concessionário de uso especial para fins de moradia será ineficaz em relação ao proprietário do respectivo imóvel não intimado; e 7) A alienação de bem sobre o qual tenha sido instituído usufruto, uso ou habitação será ineficaz em relação ao titular desses direitos reais não intimado.

Por fim, e em observância ao princípio da menor onerosidade possível, dispõe o Art. 805 que "quando por vários meios o exequente puder promover a execução, o juiz mandará que se faça pelo modo menos gravoso para o executado"[154]. Assim, caso a medida executiva seja determinada e o executado alegar ser ela mais gravosa, deverá indicar outros meios, mais eficazes e menos onerosos, sob pena de manutenção dos atos executivos já determinados.

10.2.2 Da execução para entrega de coisa

O capítulo II do CPC estabelece algumas considerações a respeito "**da execução para entrega de coisa**", iniciando pela seção I, relativa à **"entrega de coisa certa"**. Neste sentido, ao receber a petição inicial, devidamente fundamentada e instruída com os documentos necessários, o juiz determinará a citação do devedor para satisfazer a obrigação, no prazo de 15 (quinze) dias.

No despacho de citação, o juiz pode fixar multa por dia de atraso no cumprimento da obrigação, ficando seu valor sujeito a alteração, caso se verifique ser insuficiente ou excessivo, e no mandado de citação irá constar ordem para imissão na posse - se a coisa for bem imóvel - ou, para busca e apreensão - se a coisa for bem móvel -, cujo cumprimento se dará de imediato, no caso de o executado não satisfizer a obrigação no prazo.

Tendo **o executado entregue a coisa**, o termo de entrega será lavrado, sendo considerada satisfeita a obrigação e, prosseguindo a execução somente para o pagamento de frutos ou ressarcimentos de prejuízos se houver. Verificando-se que a coisa a ser entregue foi alienada quando já era litigiosa, será expedido mandado - de busca e apreensão ou de imissão na posse - contra o terceiro adquirente, que somente será ouvido depois de depositá-la em juízo. **Tal regra é em decorrência do fato de que os bens do adquirente respondem pela execução quando esta é fundada em direito real ou em obrigação reipersecutória**, conforme já estudado quando da análise do Art. 790, I.

Quando **a coisa for deteriorada, não entregue, não encontrada ou não reclamada do poder de terceiro adquirente**, o exequente tem o direito de receber o próprio valor da coisa, além de perdas e danos. Se o valor da coisa não constar no título e, sendo impossível sua avaliação, incumbe ao exequente apresentar estimativa, que será sujeita à arbitramento judicial. Além disso, o valor da coisa e dos prejuízos serão apurados em liquidação.

Se o executado - ou o terceiro de cujo poder a coisa tenha sido retirada - tiver **realizado benfeitorias indenizáveis** nela, será realizada uma liquidação prévia de forma obrigatória, a fim de se verificar o valor que deve ser pago a título de indenização pelas benfeitorias. Verificado a existência de saldo em favor do executado ou de terceiros, o exequente, ao requerer a entrega da coisa, o depositará, sendo que, por outro lado, havendo saldo em favor do exequente, tal poderá ser cobrado nos autos do mesmo processo.

A entrega de coisa incerta está disciplinada na seção II do referido capítulo, sendo que a coisa incerta, nos termos do Art. 243 do Código Civil - CC[155] é aquela indicada, ao menos, pelo gênero e pela quantidade. Quanto ao direito de escolha da "coisa incerta", tem-se que pertence a quem tenha sido indicado como seu titular no título constitutivo da obrigação. Em caso de ausência de indicação, o direito de escolha é do devedor, não podendo, todavia, escolher a pior e nem sendo obrigado a entregar a melhor, conforme estabelece o Art. 244 do CC[156].

154. BRASIL. **Lei 13.105**, de 16 de março de 2015. Código de Processo Civil. Disponível em: http://www.planalto.gov.br/ccivil_03/_ato2015-2018/2015/lei/l13105.htm. Acesso em: 11 abr. 2023.

155. "Art. 243. A coisa incerta será indicada, ao menos, pelo gênero e pela quantidade" (BRASIL. **Lei 10.406**, de janeiro de 2002. Código Civil. Disponível em: http://www.planalto.gov.br/ccivil_03/leis/2002/l10406compilada.htm. Acesso em 13 abr. 2023).

156. "Art. 244. Nas coisas determinadas pelo gênero e pela quantidade, a escolha pertence ao devedor, se o contrário não resultar do título da obrigação; mas não

Ultrapassado tal ponto, tem-se que, quando a escolha for do devedor, este será citado para entregá-la de forma individualizada. Já, quando a escolha for do credor, deverá realizar a indicação junto à inicial.

O direito de impugnar a escolha pertence a qualquer uma das partes, no prazo de 15 (quinze) dias, sendo que o juiz decidirá de plano ou após ouvir perito que irá nomear, se for necessário. No mais, as disposições da execução para entrega de coisa certa se aplicam na execução para entrega de coisa incerta, no que couberem.

10.2.3 Da execução das obrigações de fazer ou de não fazer

O capítulo III, por sua vez, disciplina acerca "da execução das obrigações de fazer ou de não fazer", entre Arts. 814 a 823. As disposições comuns estão previstas na seção I, sendo que na execução de obrigação de fazer ou de não fazer fundada em título extrajudicial, o juiz após analisar a inicial, irá despachá-la, fixando, desde logo, multa por dia de atraso no cumprimento da obrigação e a data a partir de quando será devida. Outrossim, caso o valor da multa já esteja previsto no título executivo e o magistrado considerar excessivo, poderá reduzi-lo.

10.2.3.1 Da obrigação de fazer

Quando o objeto da execução for obrigação de fazer, caso todos os requisitos estejam preenchidos, o juiz determinará a citação do executado para satisfazer a obrigação no prazo que fixar, caso no próprio título não tenha outro prazo previsto. **Se o executado, após citado, cumprir a obrigação, o processo será extinto.**

Contudo, caso o executado não cumpra a obrigação no prazo fixado, o exequente poderá requerer que a obrigação seja cumprida à custa do executado (em caso de obrigações fungíveis) ou perdas e danos, convertendo, assim, a obrigação em perdas e danos. **Neste caso, o valor das perdas e danos será liquidado, transformando-se o feito em execução por quantia certa.**

Quando a obrigação puder ser satisfeita por terceiro (obrigação fungível), o exequente poderá requerer ao juiz autorização para o terceiro satisfazê-la, à custa do executado. Após ouvidas as partes, o juiz irá aprovar uma proposta de terceiro, devendo o exequente adiantar os valores para o pagamento do terceiro.

Todavia, o exequente possui direito de preferência, podendo ele próprio executar ou mandar executar sob sua direção e vigilância, as obras e os trabalhos necessários à realização da prestação, desde que o faça em igualdade de condições de oferta, em relação ao terceiro. Tal direito deverá ser manifestado no prazo de 5 (cinco) dias a contar da intimação da decisão que aprovou a proposta do terceiro.

Concluída a prestação, as partes serão ouvidas no prazo de 10 (dez) dias e, não havendo impugnação, o juiz irá declarar satisfeita a obrigação, sendo que, havendo impugnação, o juiz irá decidir.

No caso de o terceiro contratado não ter realizado a prestação no prazo ou tenha a realizado do modo incompleto ou defeituoso, é permitido que o exequente postule ao juiz, no prazo de 15 (quinze) dias, a autorização para concluí-la ou repará-la à custa do terceiro contratado. O juiz, então, irá ouvir o terceiro contratado, no prazo de 15 (quinze) dias, determinando, após, que seja avaliado o custo das despesas necessárias e, conforme o caso, o condenará a pagar o valor total.

Outrossim, **quando a obrigação de fazer for infungível, apenas sendo possível sua realização pelo próprio executado, o exequente pode requerer que o juiz estipule um prazo para seu cumprimento**, sob pena de incidência da multa diária prevista no Art. 814. Decorrido o prazo sem o cumprimento da prestação, a obrigação será convertida em perdas e danos, observando o procedimento previsto para a execução por quantia certa.

10.2.3.2 Da obrigação de não fazer

A obrigação de não fazer está prevista na seção III do capítulo antes referido, sendo que essas obrigações **ocorrem quando o executado praticar ato que estava obrigado a não realizar, buscando-se, através da execução, o desfazimento do que não poderia ter sido feito**. Dessa forma, o Art. 822 preceitua que "se o executado praticou ato a cuja abstenção estava obrigado por lei ou por contrato, o exequente requererá ao juiz que assine prazo ao executado para desfazê-lo"[157].

---

poderá dar a coisa pior, nem será obrigado a prestar a melhor" (BRASIL. **Lei 10.406**, de janeiro de 2002. Código Civil. Disponível em: http://www.planalto.gov.br/ccivil_03/leis/2002/l10406compilada.htm. Acesso em 13 abr. 2023).

157. BRASIL. **Lei 13.105**, de 16 de março de 2015. Código de Processo Civil. Disponível em: http://www.planalto.gov.br/ccivil_03/_ato2015-2018/2015/lei/l13105.htm. Acesso em: 11 abr. 2023.

Se o executado, após citado, promover o desfazimento do que não poderia ter sido feito, a execução será extinta. Em caso contrário, **o exequente deverá postular ao juiz que determine o desfazimento do ato, à custa do executado, que responderá por perdas e danos (aplicando-se, quanto ao ponto, o sistema estabelecido para a prestação do serviço pelo terceiro contratado previsto para a execução das obrigações de fazer).**

Havendo a impossibilidade do ato ser desfeito, a obrigação será resolvida em perdas e danos e, depois de liquidada, o processo se converterá em execução por quantia certa.

10.2.4 Da execução por quantia certa

A execução por quantia certa possui 3 (três) diferentes procedimentos estabelecidos no CPC. O **primeiro** deles é o procedimento **padrão**, a ser usado sempre que não for caso de utilização de algum procedimento executivo especial. **Os outros dois são procedimentos executivos especiais**, destinando-se à execução por título extrajudicial contra a Fazenda Pública e à execução por título extrajudicial de prestação alimentícia.

O procedimento padrão para ajuizamento da execução por quantia certa tem início com a petição inicial, instruída com o título executivo extrajudicial e com demonstrativo do débito atualizado até a data da propositura da demanda executiva, que deverá indicar o índice de correção monetária adotado, a taxa de juros aplicada, os termos inicial e final de incidência dos índices de correção monetária e da taxa de juros, a periodicidade da capitalização de juros (se for o caso) e a especificação dos descontos obrigatórios realizados, conforme já estudado.

Assim, destaca-se que, conforme Art. 824 do CPC, "a execução por quantia certa realiza-se pela expropriação de bens do executado, ressalvadas as execuções especiais"[158]. A **expropriação dos bens do executado**, por sua vez, consiste em adjudicação, alienação ou apropriação de frutos e rendimentos de empresas ou de estabelecimentos e de outros bens. É assegurado ao executado, no entanto, a possibilidade de pagar ou consignar a importância atualizada da dívida, acrescida de juros, custas e honorários advocatícios, antes da adjudicação ou alienação dos bens.

10.2.4.1 Da citação do devedor e do arresto

Considerando completa a petição inicial, **o juiz irá determinar a citação do executado, fixando, desde logo, os honorários advocatícios de 10% (dez por cento), a serem pagos pelo executado.** Realizado o pagamento integral da dívida, no prazo de 3 (três) dias, o valor dos honorários advocatícios será reduzido pela metade. Contudo, o valor dos honorários poderá ser elevado até o limite 20% (vinte por cento), quando rejeitados os embargos à execução do executado ou, caso não opostos os embargos, ao final do procedimento executivo, levando-se em conta o trabalho realizado pelo advogado do exequente.

Com o intuito de averbação no registro de imóveis, de veículos ou de outros bens sujeitos a penhora, arresto ou indisponibilidade, o exequente poderá obter certidão de que a execução foi admitida pelo juiz, com identificação das partes e do valor da causa. O exequente deverá comunicar ao juízo, no prazo de 10 (dez) dias, que as averbações foram efetivadas. Além disso, a alienação ou oneração de bens efetuada após a averbação da certidão de admissão da execução é considerada fraude à execução.

Quando a penhora sobre os bens suficientes para cobrir a integralidade do valor da dívida, incumbirá ao exequente providenciar, no prazo de 10 (dez) dias, o cancelamento das averbações relativas aos bens não penhorados. Caso o exequente não promova esse cancelamento, tal será determinado pelo juiz da execução, de ofício ou mediante requerimento do interessado. Quando o exequente realizar averbações indevidas, bem como não as cancelar no prazo, deverá indenizar o executado, processando-se o incidente em autos apartados.

O executado será citado para pagar a dívida no prazo de 3 (três) dias, a contar de sua citação, sendo que, **não havendo o pagamento voluntário**, prosseguirá o procedimento executivo, sendo que do mandado de citação constarão, também, a ordem de penhora e a avaliação a serem cumpridas pelo oficial de justiça tão logo verificado o decurso do prazo sem que o pagamento tenha sido realizado.

Além disso, a penhora ocorre sobre os bens indicados pelo exequente, salvo se outros forem indicados pelo executado e aceitos pelo juiz, mediante demonstração de que a constrição proposta lhe será menos onerosa e não trará prejuízo ao exequente. No caso de o oficial de justiça não encontrar o executado, irá proceder ao arresto de tantos bens quantos bastem para garantir a execução. **O arresto é uma antecipação de penhora, se convertendo em penhora se, após a citação, decorrer o prazo**

PROCESSO CIVIL

158. BRASIL. **Lei 13.105**, de 16 de março de 2015. Código de Processo Civil. Disponível em: http://www.planalto.gov.br/ccivil_03/_ato2015-2018/2015/lei/l13105.htm. Acesso em: 11 abr. 2023.

de três dias sem que o devedor efetue o pagamento voluntário.

Decorridos 10 (dez) dias após a efetivação do arresto, o oficial de justiça deverá procurar o executado 2 (duas) vezes em dias distintos e, suspeitando de ocultação, deverá realizar a citação com hora certa, certificando pormenorizadamente o ocorrido. **Frustrada a citação pessoal e a com hora certa é incumbência do exequente requerer a citação por edital.**

10.2.4.2 Da penhora, do depósito e da avaliação

Após a citação, o executado possui o prazo de 3 (três) dias para efetuar o pagamento voluntário, sendo que, decorrido o prazo sem que o pagamento tenha sido realizado, deverá ser realizada a penhora.

A penhora é o **ato de apreensão judicial dos bens que serão empregados, direta ou indiretamente, na satisfação do crédito exequendo**. Em outras palavras, a penhora é um ato de constrição patrimonial, por meio do qual são apreendidos bens que serão utilizados como meio destinado a viabilizar a realização do crédito do exequente. Ademais, cumpre relembrar que a penhora de bens que estão em posse de terceiro é plenamente possível, sendo que, neste caso, o terceiro pode apresentar embargos de terceiro.

Conforme Art. 831, "a penhora deverá recair sobre tantos bens quantos bastem para o pagamento do principal atualizado, dos juros, das custas e dos honorários advocatícios"[159]. Assim, o Art. 836 do CPC prevê que não se fará a penhora quando for evidente que o valor que poderá ser obtido com a expropriação dos bens encontrados será totalmente absorvido pelo pagamento das custas da execução.

Não obtendo êxito na localização de bens penhoráveis, o oficial de justiça irá descrever na certidão os bens que guarnecem a residência ou o estabelecimento do executado, quando este for pessoa jurídica. Confeccionada a lista, o executado ou seu representante legal será nomeado depositário provisório de tais bens até nova determinação do juiz.

Outrossim, os bens não sujeitos à execução são os que a lei considera impenhoráveis ou inalienáveis, sendo que a norma processual determina os **bens que são impenhoráveis**, sendo eles: os bens inalienáveis e os declarados, por ato voluntário, não sujeitos à execução; os móveis, os pertences e as utilidades domésticas que guarnecem a residência do executado, salvo os de elevado valor ou os que ultrapassem as necessidades comuns correspondentes a um médio padrão de vida; os vestuários, bem como os pertences de uso pessoal do executado, salvo se de elevado valor; os vencimentos, os subsídios, os soldos, os salários, as remunerações, os proventos de aposentadoria, as pensões, os pecúlios e os montepios, bem como as quantias recebidas por liberalidade de terceiro e destinadas ao sustento do devedor e de sua família, os ganhos de trabalhador autônomo e os honorários de profissional liberal, ressalvado o §2º do Art. 833; os livros, as máquinas, as ferramentas, os utensílios, os instrumentos ou outros bens móveis necessários ou úteis ao exercício da profissão do executado; o seguro de vida; os materiais necessários para obras em andamento, salvo se essas forem penhoradas; a pequena propriedade rural, assim definida em lei, desde que trabalhada pela família; os recursos públicos recebidos por instituições privadas para aplicação compulsória em educação, saúde ou assistência social; a quantia depositada em caderneta de poupança, até o limite de 40 (quarenta) salários-mínimos; os recursos públicos do fundo partidário recebidos por partido político, nos termos da lei e, os créditos oriundos de alienação de unidades imobiliárias, sob regime de incorporação imobiliária, vinculados à execução da obra.

Contudo, quando a execução da dívida for relativa ao próprio bem, a impenhorabilidade não é oponível, sendo que disposto nos incisos IV[160] e X[161] do caput do Art. 833 não se aplica quando a penhora for para pagamento de prestação alimentícia, independentemente de sua origem, bem como às importâncias excedentes a 50 (cinquenta) salários-mínimos mensais.

159. BRASIL. **Lei 13.105,** de 16 de março de 2015. Código de Processo Civil. Disponível em: http://www.planalto.gov.br/ccivil_03/_ato2015-2018/2015/lei/l13105.htm. Acesso em: 11 abr. 2023.

160. "[...] IV – os vencimentos, os subsídios, os soldos, os salários, as remunerações, os proventos de aposentadoria, as pensões, os pecúlios e os montepios, bem como as quantias recebidas por liberalidade de terceiro e destinadas ao sustento do devedor e de sua família, os ganhos de trabalhador autônomo e os honorários de profissional liberal, ressalvado o § 2º [...] (BRASIL. **Lei 13.105,** de 16 de março de 2015. Código de Processo Civil. Disponível em: http://www.planalto.gov.br/ccivil_03/_ato2015-2018/2015/lei/l13105.htm. Acesso em: 11 abr. 2023).

161. "[...] X – a quantia depositada em caderneta de poupança, até o limite de 40 (quarenta) salários-mínimos; [...] (BRASIL. **Lei 13.105,** de 16 de março de 2015. Código de Processo Civil. Disponível em: http://www.planalto.gov.br/ccivil_03/_ato2015-2018/2015/lei/l13105.htm. Acesso em: 11 abr. 2023).

Ademais, na impenhorabilidade prevista no inciso V (bens móveis necessários ou úteis ao exercício da profissão do executado), se incluem os equipamentos, os implementos e as máquinas agrícolas pertencentes a pessoa física ou a empresa individual produtora rural, exceto quando tais bens tenham sido objeto de financiamento e estejam vinculados em garantia a negócio jurídico ou quando respondam por dívida de natureza alimentar, trabalhista ou previdenciária. No caso de haver a inexistência de outros bens, podem ser penhorados os frutos e os rendimentos dos bens inalienáveis.

A ordem da penhora deve observar, preferencialmente, o seguinte: dinheiro, em espécie ou em depósito ou aplicação em instituição financeira; títulos da dívida pública da União, dos Estados e do Distrito Federal com cotação em mercado; títulos e valores mobiliários com cotação em mercado; veículos de via terrestre; bens imóveis; bens móveis em geral; semoventes; navios e aeronaves; ações e quotas de sociedades simples e empresárias; percentual do faturamento de empresa devedora; pedras e metais preciosos; direitos aquisitivos derivados de promessa de compra e venda e de alienação fiduciária em garantia e, outros direitos.

A prioridade, na ordem da penhora, é que sejam penhorados dinheiro nas demais hipóteses o juiz pode alterar a ordem, de acordo com o caso concreto. Quando for o caso de substituição da penhora, a fiança bancária e o seguro garantia judicial se equiparam a dinheiro, desde que em valor não inferior ao do débito constante da inicial, acrescido de 30% (trinta por cento). Já quando a execução for de crédito com garantia real, a penhora deve ocorrer sobre a coisa dada em garantia, e, se a coisa pertencer a terceiro garantidor, este também será intimado da penhora.

Por conseguinte, tem-se que a penhora de dinheiro e as averbações de penhoras de bens imóveis e móveis podem ser realizadas por meio eletrônico, desde que as normas de segurança instituídas sob critérios uniformes pelo CNJ sejam obedecidas. A penhora é realizada através da lavratura de um auto ou de um termo, que deve conter a indicação do dia, mês, ano e lugar em que a apreensão foi feita; os nomes do exequente e do executado; a descrição do bem penhorado, com suas características e a nomeação do depositário dos bens. Havendo mais de uma penhora, serão lavrados autos ou termos individualizados.

Como a penhora é um ato de apreensão judicial de bens, considera-se aperfeiçoada a penhora com a apreensão e o depósito dos bens. Como se faz necessário o depósito do bem penhorado, torna-se indispensável a nomeação de um depositário do bem.

Em se tratando de dinheiro, papéis de crédito, pedras ou metais preciosos, o depositário será, preferencialmente, o Banco do Brasil, a Caixa Econômica Federal ou banco de que o Estado ou o Distrito Federal tenha mais da metade do capital social integralizado ou, na sua falta, em qualquer instituição de crédito designada pelo juiz. As joias, pedras e outros objetos preciosos deverão ser depositados com registro do valor estimado de resgate.

Já quando a penhora for de móveis, semoventes, imóveis urbanos (ou direitos aquisitivos sobre imóveis urbanos), deverá o bem ficar, preferencialmente, sob a guarda de depositário judicial, e, não havendo depositário judicial, ficarão os bens sob a guarda do exequente. Por fim, quando a penhora recair em imóveis rurais, os direitos aquisitivos sobre imóveis rurais, máquinas, utensílios e instrumentos necessários ou úteis à atividade agrícola, desde que prestada caução idônea, ficarão depositados com o executado. Independente de qual for bem, se for de difícil remoção ou quando anuir o exequente expressamente, poderá ser o executado nomeado como depositário.

Após a formalização da penhora, seja pela lavratura do termo ou do auto de penhora, dela o executado será de imediato intimado através de intimação do seu advogado ou da sociedade de advogados a que ele pertença. Entretanto, caso a penhora tenha sido realizada na presença do executado, desnecessária a intimação do advogado.

Quando o executado não tiver procurador constituído nos autos, sua intimação será pessoal, de preferência por via postal e, caso tenha mudado de endereço sem comunicar ao juízo, sua intimação, de igual modo, considera-se realizada. Quando o bem penhorado for imóvel ou direito real sobre imóvel e o executado for casado, seu cônjuge também será intimado, exceto se o regime do casamento for o da separação absoluta de bens.

Ademais, quando a penhora for de bem indivisível, "o equivalente à quota-parte do coproprietário ou do cônjuge alheio à execução recairá sobre o produto da alienação do bem"[162]. O coproprietário ou o cônjuge possuem direito de preferência na arrematação do bem em igualdade de condições,

162. BRASIL. **Lei 13.105**, de 16 de março de 2015. Código de Processo Civil. Disponível em: http://www.planalto.gov.br/ccivil_03/_ato2015-2018/2015/lei/l13105.htm. Acesso em: 11 abr. 2023.

sendo que não será levada a efeito expropriação por preço inferior ao da avaliação na qual o valor auferido seja incapaz de garantir, ao coproprietário ou ao cônjuge alheio à execução, o correspondente à sua quota-parte calculado sobre o valor da avaliação.

Além disso, o exequente deve realizar a averbação do arresto ou da penhora no registro competente, para que se tenha a presunção absoluta de conhecimento por terceiros, através da apresentação da cópia do auto ou do termo.

Quanto ao **lugar da penhora**, tem-se que tal deve ser realizada no local onde se encontrem os bens, ainda que estejam eles sob a posse, detenção ou guarda de terceiros. Havendo necessidade, **a penhora pode ser realizada através de carta precatória**, caso em que os bens serão apreendidos, avaliados e expropriados no lugar em que se encontrem. Quando o bem for imóvel ou de veículo automotor, porém, apresentada certidão da matrícula daquele ou que ateste a existência deste, a penhora será realizada por termo nos autos, pouco importando o lugar em que o bem esteja localizado.

No caso de o executado fechar as portas de sua casa a fim de obstar a penhora dos bens, o oficial de justiça comunicará o fato ao juiz, solicitando ordem de arrombamento. Deferida a ordem, 2 (dois) oficiais de justiça irão cumprir o mandado, arrombando cômodos e móveis em que se presuma estarem os bens, devendo ser lavrado auto circunstanciado, que será assinado por 2 (duas) testemunhas presentes à diligência. Se necessário, força policial será requisitada pelo juiz, a fim de prestar apoio aos oficiais de justiça, sendo que o auto da ocorrência deverá ser lavrado em duas vias, de que constará o rol de testemunhas com sua qualificação, devendo uma via ser juntada aos autos e a outra entregue à autoridade policial a quem tiver a incumbência de apurar a prática dos eventuais delitos de desobediência ou de resistência.

As modificações da penhora possuem previsão junto à subseção IV do capítulo ora explorado, sendo que é direito do executado requerer, no prazo de 10 (dez) dias, a partir de sua intimação da penhora, requerer a substituição do bem penhorado, desde que comprove que lhe será menos onerosa e não trará prejuízo ao exequente. **Tal regra vem de encontro ao princípio da menor onerosidade possível, conforme já abordado**.

Após a indicação do bem, o juiz somente irá autorizar a substituição quando o executado, em se tratando de bens móveis, comprovar com a juntada das respectivas matrículas e dos registros por certidão do correspondente ofício. Quando for bens móveis, os descrever, com todas as suas propriedades e características, bem como o estado deles e o lugar onde se encontram. Caso a substituição seja por semoventes, o executado deverá indicar a espécie, número, marca ou sinal e do local onde se encontram, e, sendo créditos indicados em substituição, deverão ser identificados, com a nomeação do devedor, a indicação da origem da dívida, do título que a representa e da data do vencimento. Por fim, cabe ao executado, em qualquer que tenha sido o bem indicado em substituição, atribuir valor, especificando os ônus e encargos a que esteja sujeito.

Além de outros casos previstos em lei[163], também admite-se a substituição da penhora, a requerimento de qualquer das partes, se ela não obedecer à ordem legal; se não incidir sobre os bens designados em lei, contrato ou ato judicial para o pagamento; se, havendo bens no foro da execução, outros tiverem sido penhorados; no caso de, havendo bens livres, tiver a penhora recaído sobre bens já penhorados ou por qualquer outro modo gravados; caso ela incida sobre bens de baixa liquidez; se fracassar a tentativa de alienação judicial ou, se o executado não indicar o valor dos bens ou omitir qualquer das indicações previstas na lei. Outrossim, a penhora pode ser substituída, ainda, por fiança bancária ou por seguro garantia judicial, em valor não inferior ao do débito constante da inicial, acrescido de trinta por cento, devendo-se destacar que, sempre que ocorrer a substituição dos bens inicialmente penhorados, será lavrado novo termo.

Caso, no curso do processo, seja verificado que o valor de mercado dos bens penhorados sofreu alteração significativa, poderá ser deferida a substituição (ou, também, a redução ou ampliação da penhora). Somente será procedida segunda penhora quando a primeira for anulada; quando executados os bens, o produto da alienação não bastar para o

---

163. Os §§ 2º, 3º e 4º do Art. 847 trazem outras disposições acerca do requerimento de substituição de bens penhorados: "[...] §2º Requerida a substituição do bem penhorado, o executado deve indicar onde se encontram os bens sujeitos à execução, exibir a prova de sua propriedade e a certidão negativa ou positiva de ônus, bem como abster-se de qualquer atitude que dificulte ou embarace a realização da penhora. §3º O executado somente poderá oferecer bem imóvel em substituição caso o requeira com a expressa anuência do cônjuge, salvo se o regime for o de separação absoluta de bens. §4º O juiz intimará o exequente para manifestar-se sobre o requerimento de substituição do bem penhorado" (BRASIL. **Lei 13.105,** de 16 de março de 2015. Código de Processo Civil. Disponível em: http://www.planalto.gov.br/ccivil_03/_ato2015-2018/2015/lei/l13105.htm. Acesso em: 11 abr. 2023). .

pagamento do exequente ou, quando o exequente desistir da primeira penhora, por serem litigiosos os bens ou por estarem submetidos a constrição judicial. Além disso, a alienação antecipada dos bens penhorados será determinada pelo juiz, quando os bens se tratarem de veículos automotores, de pedras e metais preciosos e de outros bens móveis sujeitos à depreciação ou à deterioração ou, quando houver manifesta vantagem[164].

Como já abordado, **a preferência é que a penhora seja realizada, prioritariamente, sobre dinheiro, em espécie ou depositado, ou aplicado junto a instituição financeira.** Assim, para possibilitar a penhora de dinheiro que esteja depositado ou aplicado, o juiz, a requerimento do exequente e sem dar ciência prévia ao executado, determinará às instituições financeiras, através de sistema eletrônico gerido pelo Banco Central – BACENJUD, que torne indisponíveis ativos financeiros existentes em nome do executado, limitando-se a indisponibilidade ao valor indicado na execução. No caso de ser verificada indisponibilidade excessiva, o juiz, novo prazo de 24 (vinte e quatro) horas determinará seu cancelamento, possuindo igual prazo para cumprimento a instituição financeira.

Efetivado o bloqueio eletrônico, o executado será intimado, através de seu advogado ou, caso não tenha, pessoalmente, para, no prazo de 5 (cinco) dias, demonstrar que as quantias tornadas indisponíveis são impenhoráveis, ou que ainda remanesce indisponibilidade excessiva de ativos financeiros. Se alguma das referidas alegações for acolhida, o juiz determinará o cancelamento de eventual indisponibilidade irregular ou excessiva, a ser cumprido pela instituição financeira em 24 (vinte e quatro) horas.

No caso do executado não apresentar nenhuma manifestação ou esta for rejeitada, a indisponibilidade será convertida em penhora, sem necessidade de lavratura de termo, devendo o juízo determinar à instituição financeira depositária que, em 24 (vinte e quatro) horas, transfira o montante apreendido para conta vinculada ao juízo da execução. Tal caso é chamado de "penhora *on-line*", sendo que todas as transmissões das ordens de indisponibilidade, de seu cancelamento e de determinação de penhora são feitos através do BACENJUD, o sistema eletrônico gerido pelo Banco Central, autoridade supervisora do sistema financeiro nacional.

164. Quando alguma das partes apresentar requerimento de substituição, ou de redução ou ampliação da penhora, a outra parte será ouvida no prazo de 3 (três) dias, devendo o juiz decidir em seguida (Art. 853, caput e parágrafo único).

Outrossim, caso o pagamento da dívida seja realizado por outro meio, o juiz determinará, imediatamente, a notificação da instituição financeira para que, em até 24 (vinte e quatro) horas, cancele a indisponibilidade, sendo que a instituição financeira é responsável pelos prejuízos causados ao executado em razão de indisponibilidade de ativos financeiros em valor superior ao indicado na execução ou pelo juiz, assim como no caso de não realizar o cancelamento da indisponibilidade no prazo de 24 (vinte e quatro) horas, quando determinado pelo juiz.

Quando a **execução for movida contra partido político**, o juiz, a requerimento do exequente, determinará às instituições financeiras, através do BACENJUD, que tornem indisponíveis somente os ativos financeiros que estejam em nome do órgão partidário que tenha contraído a dívida executada ou que tenha dado causa à violação de direito ou ao dano, sendo dele a exclusiva responsabilidade pelos atos praticados.

No que toca à **penhora de crédito**, tem-se que, enquanto tal não ocorrer (ou o reconhecimento, pelo devedor, da existência da dívida a que o título se refere), considera-se perfectibilizada a penhora pela intimação dirigida ao terceiro devedor para que não pague ao executado, ou ao executado, credor do terceiro, para que não pratique ato de disposição do crédito.

A penhora de direito de crédito representado por letra de câmbio, nota promissória, duplicata, cheque ou outro título de crédito, ocorre através da apreensão do documento. Não sendo apreendido o título, mas ocorrendo o reconhecimento da dívida pelo terceiro, será ele tido como depositário da importância, sendo que, em qualquer caso, o terceiro só se exonera de sua obrigação quando realizar o depósito do valor devido em juízo.

Caso o terceiro negue sua dívida atuando em conluio com o executado, a quitação que este lhe der será caracterizada como fraude à execução. Além disso, o juiz, a requerimento do exequente, pode determinar o comparecimento do executado e do terceiro, para que seus depoimentos sejam tomados em audiência especialmente designada para esse fim.

Quando a penhora for **sobre direito e ação do executado**, e ele não tenha opostos embargos ou sendo estes rejeitados, o exequente se sub-rogará nos direitos do executado até a concorrência de seu crédito. Contudo, é direito do exequente preferir a alienação judicial do direito penhorado, caso em que deve declarar sua vontade no prazo de 10 (dez) dias contados a partir da realização da penhora. A opção pela sub-rogação não impede que o exequente prossiga na execução, penhorando outros bens, caso não receba o crédito do executado.

Se a penhora recair **sobre dívida de dinheiro a juros, de direito a rendas ou de prestações periódicas**, o exequente poderá levantar os juros, os rendimentos ou as prestações à medida que forem sendo depositados, abatendo-se os valores recebidos do crédito exequendo, conforme as regras da imputação em pagamento (Art. 858 e Arts. 352 a 355 do CC[165]).

Quando a penhora recair **sobre direito à prestação ou à restituição de coisa determinada**, o executado será intimado para, no vencimento, depositá-la, prosseguindo sobre ela a execução. Por fim, quando a penhora for **sobre direito postulado em juízo**, a constrição será averbada – com destaque – nos autos do processo e, ainda, nos autos do processo em que tenha sido deferida a penhora, com o intuito de possibilitar a efetividade da posterior apreensão sobre os bens que forem adjudicados ou que vierem a caber ao executado.

Por conseguinte, quando a penhora for **sobre quotas de sociedade simples ou empresária**, ou sobre **ações de sociedade anônima de capital fechado**, o juiz fixará prazo razoável, limitado a 3 (três) meses, para que a sociedade apresente balanço especial, ofereça as quotas ou ações aos demais sócios, a fim de que exerçam direito de preferência resultante de lei ou de contrato e, não havendo interesse dos sócios na aquisição das quotas ou ações, para que se proceda à sua liquidação, depositando em juízo o valor apurado.. Já quando as ações forem de **sociedades anônimas de capital aberto**, estas serão adjudicadas ao exequente ou alienadas em bolsa de valores, conforme o caso. A fim de evitar a liquidação das quotas ou das ações penhoradas, a sociedade pode adquiri-las sem a redução do capital social e com a utilização de reservas para manutenção em tesouraria.

Sendo necessária a realização da liquidação, pode o juiz, a requerimento do exequente ou da própria sociedade, nomear administrador, que deverá submeter à aprovação judicial a forma de liquidação, sendo que o prazo de 3 (três) meses pode ser ampliado pelo juiz se o pagamento das quotas ou das ações superar o valor do saldo de lucros ou reservas, exceto a legal, e sem diminuição do capital social, ou por doação; ou se colocar em risco a estabilidade financeira da sociedade.

Destaca-se, nesse sentido, que, inexistindo o interesse dos demais sócios em exercer seus direitos de preferência, não ocorra a aquisição das quotas ou das ações pela sociedade e a liquidação seja excessivamente onerosa para a sociedade, o juiz poderá determinar o leilão judicial das quotas ou das ações.

Nos casos em que a penhora recair sobre **estabelecimento comercial, industrial ou agrícola, bem como em semoventes, plantações ou edifícios em construção**, o juiz irá nomear um administrador-depositário, para que, no prazo de 10 (dez) dias, apresente um plano de administração. Uma vez apresentado o plano, as partes serão ouvidas e, em seguida, o juiz decidirá. Outrossim, as partes podem ajustar a forma de administração e escolher o depositário, hipótese que depende de homologação pelo juiz.

No caso de **edifícios em construção sob regime de incorporação imobiliária**, a penhora apenas irá recair sobre as unidades imobiliárias ainda não comercializadas pelo incorporador. Se for necessário o afastamento do incorporador da administração da incorporação, tal será realizada pela comissão de representantes dos adquirentes ou, caso seja construção financiada, por empresa ou profissional indicado pela instituição fornecedora dos recursos para a obra, devendo ser ouvida, neste caso, a comissão de representantes dos adquirentes.

Já quando a penhora for de **empresa que funcione mediante concessão ou autorização do Poder Público**, a constrição será realizada conforme o valor do crédito, sobre a renda, sobre determinados bens ou sobre todo o patrimônio, sendo nomeado pelo juiz como depositário, de preferência, um de seus diretores. Incidindo a penhora sobre a renda ou sobre determinados bens, incumbe ao administrador-depositário apresentar a forma de administração e o esquema de pagamento, observando-se,

165. "Art. 352. A pessoa obrigada por dois ou mais débitos da mesma natureza, a um só credor, tem o direito de indicar a qual deles oferece pagamento, se todos forem líquidos e vencidos. Art. 353. Não tendo o devedor declarado em qual das dívidas líquidas e vencidas quer imputar o pagamento, se aceitar a quitação de uma delas, não terá direito a reclamar contra a imputação feita pelo credor, salvo provando haver ele cometido violência ou dolo. Art. 354. Havendo capital e juros, o pagamento imputar-se-á primeiro nos juros vencidos, e depois no capital, salvo estipulação em contrário, ou se o credor passar a quitação por conta do capital. Art. 355. Se o devedor não fizer a indicação do art. 352, e a quitação for omissa quanto à imputação, esta se fará nas dívidas líquidas e vencidas em primeiro lugar. Se as dívidas forem todas líquidas e vencidas ao mesmo tempo, a imputação far-se-á na mais onerosa" (BRASIL. **Lei 10.406**, de janeiro de 2002. Código Civil. Disponível em: http://www.planalto.gov.br/ccivil_03/leis/2002/l10406compilada.htm. Acesso em 13 abr. 2023).

quanto ao mais, o disposto em relação ao regime de penhora de frutos e rendimentos de bens. Além disso, **recaindo a penhora sobre todo o patrimônio**, a execução terá prosseguimento em seus ulteriores termos, sendo que antes da arrematação ou da adjudicação, o ente público que houver outorgado a concessão será ouvido.

Quando **navios ou aeronaves forem penhorados**, tal não impede que sigam navegando ou operando até a alienação, caso tenham autorização do juiz da execução para tanto, sendo que só poderão sair do porto ou do aeroporto após o executado fazer o seguro usual contra riscos, e as penhoras somente serão determinadas quando não se tiver outro meio eficaz para a efetivação do crédito exequendo.

Na hipótese de o executado não possuir outros bens penhoráveis ou se os que tiver forem de difícil alienação ou insuficientes para saldar o crédito executado, o juiz irá ordenar a penhora de percentual de faturamento de empresa. Ao ordenar a penhora, o juiz fixará percentual sobre o faturamento para ser penhorado, que deve ser suficiente para satisfazer o crédito exequendo em tempo razoável, mas que não seja alto a ponto de tornar impossível o exercício da atividade empresarial, em observância ao **princípio da preservação da empresa**.

Após a determinação de penhora sobre o faturamento da empresa, o juiz irá nomear um administrador-depositário, que deverá submeter à aprovação do juiz a forma de sua atuação, prestando contas mensalmente, entregando ao juiz as quantias recebidas, com os respectivos balancetes mensais, com a finalidade de serem imputadas no pagamento da dívida.

A penhora de frutos e rendimentos de coisa móvel ou imóvel será determinada quando for considerada mais eficiente para o recebimento do crédito e menos gravosa ao executado. Determinada a penhora de frutos e rendimentos, será nomeado administrador-depositário, que terá todos os poderes que concernem à administração do bem e à fruição de seus frutos e utilidades, retirando, assim, do executado o direito de gozo do bem, até que o exequente seja pago do principal, dos juros, das custas e dos honorários advocatícios. A partir da publicação da decisão que a conceda ou de sua averbação no ofício imobiliário, em caso de imóveis é que a penhora terá eficácia em relação a terceiros, sendo que a referida averbação é incumbência do exequente, que deve realizá-la através da apresentação, ao cartório do registro de imóveis, da certidão de inteiro teor do ato, independentemente de mandado judicial.

Pode ser nomeado como administrador-depositário o exequente ou o executado, desde que com isso concorde a parte contrária, não havendo acordo, será nomeado profissional qualificado para o desempenho da função. A forma de administração e a de prestar contas deverá ser colocada à aprovação judicial pelo administrador, e, havendo divergência entre as partes, ou entre essas e o administrador-depositário, o juiz irá decidir acerca da melhor forma de administração do bem.

Se o imóvel objeto da penhora de frutos e rendimentos estiver alugado, o inquilino pagará o aluguel diretamente ao exequente, exceto se houver administrador, mas caso o bem – móvel ou imóvel – não esteja alugado, o administrador ou o exequente podem celebrar contrato de locação, devendo ser ouvido previamente o executado.

Relativamente às quantias recebidas, incumbe ao administrador entregá-las ao exequente, a fim de serem imputadas ao pagamento da dívida, devendo o exequente entregar ao executado, por termo nos autos, quitação das quantias recebidas.

No que toca à avaliação necessária aos atos de expropriação, tem-se que tal incumbe ao oficial de justiça, exceto no caso de serem necessários conhecimentos especializados e o valor da execução o comportar, caso em que o juiz nomeará avaliador, fixando-lhe prazo não superior a 10 (dez) dias para entrega do laudo.

A avaliação **não será realizada** quando uma das partes aceitar a estimativa feita pela outra; se tratar de títulos ou de mercadorias que tenham cotação em bolsa, comprovada por certidão ou publicação no órgão oficial; se tratar de títulos da dívida pública, de ações de sociedades e de títulos de crédito negociáveis em bolsa, cujo valor será o da cotação oficial do dia, comprovada por certidão ou publicação no órgão oficial ou, se tratar de veículos automotores ou de outros bens cujo preço médio de mercado possa ser conhecido por meio de pesquisas realizadas por órgãos oficiais ou de anúncios de venda divulgados em meios de comunicação, caso em que caberá a quem fizer a nomeação o encargo de comprovar a cotação de mercado. Se o juiz estiver com dúvida motivada quanto ao valor real do bem, no caso de uma das partes ter feito a estimativa e a outra tiver aceito, a avaliação poderá ser realizada.

Para realizar a avaliação, o oficial de justiça realizará uma vistoria e elaborará um laudo, constando de documentos a serem anexados ao auto de penhora. Quando ocorrer perícia realizada por avaliado, o laudo será apresentado no prazo assinado pelo juiz. Em ambos os casos, será preciso especificar os bens avaliados, com suas características e indicação do estado em que se encontram, bem como o valor de cada bem.

No caso de avaliação de bem imóvel suscetível de cômoda divisão, esta considerará crédito reclamado, sendo realizada em partes, devendo o avaliador ou oficial de justiça sugerir, com a apresentação de memorial descritivo, os possíveis desmembramentos para alienação. Nesta hipótese, as partes serão ouvidas sobre a proposta de desmembramento no prazo de 5 (cinco) dias.

Ademais, nova avaliação será admitida quando qualquer das partes arguir, fundamentadamente, a ocorrência de erro na avaliação ou dolo do avaliador; se verificar, posteriormente à avaliação, que houve majoração ou diminuição no valor do bem ou, o juiz tiver fundada dúvida sobre o valor atribuído ao bem na primeira avaliação. Quando a dúvida for do magistrado, será aplicado o previsto no Art. 480[166].

Realizada a avaliação, o juiz pode, a requerimento do interessado e após ouvir a parte contrária, determinar a redução da penhora aos bens suficientes ou transferi-la para outros, se o valor dos bens penhorados for consideravelmente superior ao crédito do exequente e dos acessórios ou a ampliação da penhora ou transferi-la para outros bens mais valiosos, se o valor dos bens penhorados for inferior ao crédito do exequente.

10.2.4.3 Da expropriação de bens

Após a penhora e a avaliação, os atos de expropriação do bem terão início, sendo que **a expropriação dos bens é o meio pelo qual o credor alcançará a satisfação de seu crédito na execução por quantia certa e consiste na adjudicação, alienação ou apropriação de frutos e rendimentos de empresa ou estabelecimento e de outros bens.**

Nesse sentido, inicia-se, de plano pela **adjudicação**, que ocorre quando o bem móvel ou imóvel penhorado é transferido para o credor a fim de satisfazer seu crédito, sendo que só ocorre mediante requerimento do exequente, que deverá oferecer pelo bem penhorado preço não inferior ao da avaliação.

Requerida a adjudicação, o executado será intimado para se manifestar pelo diário oficial. se o executado tiver advogado constituído nos autos; por carta com aviso de recebimento, quando representado pela Defensoria Pública ou se não tiver advogado constituído ou, por meio eletrônico, quando, se tratando de pessoa jurídica que não seja microempresa ou empresa de pequeno porte, não tiver advogado constituído nos autos. Caso o executado tenha sido citado por edital e não tenha constituído advogado, sua intimação é dispensável, sendo que se considera realizada a intimação quando o executado houver mudado de endereço sem prévia comunicação ao juízo.

Deferida a adjudicação ao exequente pelo preço da avaliação, é preciso verificar se o valor do crédito é inferior ou superior ao dos bens que se pretende expropriar. Caso o valor do crédito seja inferior ao da dívida exequenda, o exequente depositará de imediato a diferença, que ficará à disposição do executado. **Já se o valor do crédito for superior ao dos bens, a execução prosseguirá pelo remanescente.**

Caso haja mais de um interessado na adjudicação, será promovida uma licitação entre eles, tendo preferência, em caso de igualdade de oferta, o cônjuge, o companheiro, o descendente ou o ascendente, nessa ordem. Na hipótese de penhora de quotas sociais, ou de ações de sociedade anônima de capital fechado, realizada em favor de exequente que seja estranho à sociedade, os demais sócios também poderão adjudicar – e terão direito de preferência para fazê-lo –, devendo a sociedade ser intimada da penhora para que informe aos sócios sua ocorrência.

Ultrapassado o prazo de 5 (cinco) dias, contados da última intimação, e decididas eventuais questões, o juiz determinará que o auto de adjudicação seja lavrado, e, assinado o auto pelo juiz, pelo adjudicatário, pelo escrivão ou chefe de secretaria e, se estiver presente, pelo executado, a adjudicação se considera perfeita e acabada. Finalizada a adjudicação, serão expedidos a carta de adjudicação e o mandado de imissão na posse, quando se tratar de adjudicação de bem imóvel ou expedido o mandado de entrega da coisa ao adjudicatário, quando o bem for móvel.

A carta de adjudicação conterá a descrição do bem, com a indicação de sua matrícula e registros,

166. "Art. 480. O juiz determinará, de ofício ou a requerimento da parte, a realização de nova perícia quando a matéria não estiver suficientemente esclarecida. § 1º A segunda perícia tem por objeto os mesmos fatos sobre os quais recaiu a primeira e destina-se a corrigir eventual omissão ou inexatidão dos resultados a que esta conduziu. § 2º A segunda perícia rege-se pelas disposições estabelecidas para a primeira. § 3º A segunda perícia não substitui a primeira, cabendo ao juiz apreciar o valor de uma e de outra" (BRASIL. **Lei 13.105**, de 16 de março de 2015. Código de Processo Civil. Disponível em: http://www.planalto.gov.br/ccivil_03/_ato2015-2018/2015/lei/l13105.htm. Acesso em: 11 abr. 2023).

além da cópia do auto de adjudicação e a prova da quitação do imposto de transmissão. Quando a adjudicação for sobre bem hipotecado, poderá o executado remir o bem, mantendo assim sua propriedade, até a assinatura do auto de adjudicação, desde que ofereça preço igual ao da avaliação (se não tiver havido licitantes) ou o do maior lance oferecido. Caso o devedor hipotecário tenha falido ou tido sua insolvência civil decretada, o direito de remição do bem poderá ser exercido pela massa ou pelos credores em concurso, não podendo o exequente recusar o preço da avaliação do imóvel.

Por fim, se frustradas as tentativas de alienação do bem, a oportunidade para requerimento de adjudicação do bem será reaberta, caso em que também se poderá pleitear a realização de nova avaliação..

A alienação dos bens está disciplinada na subseção II do capítulo destinado às expropriações, sendo que tal pode ser realizada de dois modos: iniciativa particular ou leilão judicial eletrônico ou presencial. Não ocorrendo a adjudicação do bem penhorado, então, o bem penhorado deverá ser, por uma dessas duas técnicas, alienado.

A alienação por iniciativa particular ocorre através de requerimento do exequente, cabendo a ele próprio promover a alienação, podendo o encargo ser atribuído a um corretor ou leiloeiro público credenciado perante o órgão judiciário. Não havendo corretor ou leiloeiro público credenciado no lugar em que tramita o processo, a indicação do profissional que atuará será de livre escolha do exequente.

Após o requerimento de alienação por iniciativa particular, o juiz fixará o prazo para que seja efetivada, a forma de publicidade, o preço mínimo, as condições de pagamento, as garantias e, se for o caso, a comissão de corretagem. Essa modalidade de alienação deverá ser formalizada por termo nos autos, com a assinatura do juiz, do exequente, do adquirente e, se estiver presente, do executado. Assinado o termo será expedida a carta de alienação e o mandado de imissão na posse, quando se tratar de bem imóvel ou, a ordem de entrega ao adquirente, quando se tratar de bem móvel.

Outrossim, é encargos dos tribunais editar disposições complementares sobre o procedimento da alienação por iniciativa particular, admitindo inclusive o emprego de meios eletrônicos, além de dispor sobre o credenciamento dos corretores e leiloeiros públicos, os quais deverão comprovar, para se credenciarem, que estão em exercício profissional por não menos do que 3 (três) anos.

Não havendo adjudicação, tampouco alienação por iniciativa particular, a alienação será realizada por leilão judicial, sendo que tal será realizado por leiloeiro público. Salvo os casos de alienação a cargo de corretores de bolsa de valores, todos os demais bens serão alienados em leilão público.

Para a realização de leilão judicial, prefere-se que seja por meio eletrônico e, apenas no caso de impossibilidade, o leilão será presencial. **O encargo para regulamentar, especificamente, os leilões judiciais eletrônicos pertence ao CNJ, atendendo os requisitos de ampla publicidade, autenticidade e segurança, com observância das regras estabelecidas na legislação sobre certificação digital**. Já o leilão presencial será realizado no local a ser designado pelo juiz, e o leiloeiro público poderá ser indicado pelo exequente, sendo designado pelo juiz.

O leiloeiro público designado deve publicar o edital de leilão, realizando-o no lugar onde se encontrem os bens ou em outro lugar designado pelo juiz, expor aos pretendentes os bens ou amostras das mercadorias, receber e depositar, dentro de 1 (um) dia, à ordem do juiz, o produto da arrematação e, prestar ao juízo no prazo de 2 (dois) dias subsequentes ao depósito. A comissão do leiloeiro, seja ela estabelecida em lei ou fixada pelo juiz deve ser paga pelo arrematante.

Antes da realização do leilão, deverá ser publicado edital, contendo: a descrição do bem penhorado, com suas características, e, tratando-se de imóvel, sua situação e suas divisas, com remissão à matrícula e aos registros; o valor pelo qual o bem foi avaliado, o preço mínimo pelo qual poderá ser alienado, as condições de pagamento e, se for o caso, a comissão do leiloeiro designado; o lugar onde estiverem os móveis, os veículos e os semoventes e, tratando-se de créditos ou direitos, a identificação dos autos do processo em que foram penhorados; o sítio, na rede mundial de computadores, e o período em que se realizará o leilão, salvo se este se der de modo presencial, hipótese em que serão indicados o local, o dia e a hora de sua realização; a indicação de local, dia e hora de segundo leilão presencial, para a hipótese de não haver interessado no primeiro; e a menção da existência de ônus, recurso ou processo pendente sobre os bens a serem leiloados. Além disso, no caso de títulos da dívida pública e de títulos negociados em bolsa, constará do edital o valor da última cotação.

Outrossim, é **incumbência do leiloeiro público** designado adotar as providências para a ampla divulgação da alienação, sendo que a publicação do edital deverá ocorrer pelo menos 5 (cinco) dias antes da data marcada para o leilão e ocorrerá na rede mundial de computadores, em sítio designado pelo juízo da execução, e conterá descrição detalhada e, sempre que possível, ilustrada dos bens, informando expressamente se o leilão se realizará de forma eletrônica ou presencial.

Caso a publicação do edital na internet não seja possível, ou considerando o juiz que, em razão das condições da sede do juízo, não é esta forma de publicidade suficiente ou adequada, o edital deverá ser afixado no lugar de costume e publicado, de forma resumida, pelo menos uma vez em um jornal de ampla circulação local.

Além disso, e de acordo com o valor dos bens e as condições da sede do juízo, **o juiz poderá alterar a forma e a frequência da publicidade na imprensa**, mandar publicar o edital em local de ampla circulação de pessoas e divulgar avisos em emissora de rádio ou televisão local, bem como em sítios eletrônicos distintos daqueles em que a princípio os editais seriam divulgados.

Quando o leilão for de imóveis ou de veículos automotores, os editais serão publicados pela imprensa ou por outros meios de divulgação, preferencialmente na seção ou no local reservados à publicidade dos respectivos negócios. Ainda, é possível que o juiz determine a reunião de publicações em listas referentes a mais de uma execução.

Se, por qualquer razão, for preciso adiar o leilão presencial ou transferir a data de início do leilão eletrônico, o juiz mandará dar publicidade à transferência, cabendo ao escrivão, chefe de secretaria ou leiloeiro que culposamente tenha dado causa à transferência de datas responder pelo custo da nova publicação, além de ser possível aplicar-se ao culpado a pena de suspensão por 5 (cinco) dias a 3 (três) meses, que será processada em processo administrativo.

Com no mínimo 5 (cinco) dias de antecedência, serão cientificados da alienação: o executado, por meio de seu advogado ou, se não tiver procurador constituído nos autos, por carta registrada, mandado, edital ou outro meio idôneo; o coproprietário de bem indivisível do qual tenha sido penhorada fração ideal; o titular de usufruto, uso, habitação, enfiteuse, direito de superfície, concessão de uso especial para fins de moradia ou concessão de direito real de uso, quando a penhora recair sobre bem gravado com tais direitos reais; o proprietário do terreno submetido ao regime de direito de superfície, enfiteuse, concessão de uso especial para fins de moradia ou concessão de direito real de uso, quando a penhora recair sobre tais direitos reais; o credor pignoratício, hipotecário, anticrético, fiduciário ou com penhora anteriormente averbada, quando a penhora recair sobre bens com tais gravames, caso não seja o credor, de qualquer modo, parte na execução; o promitente comprador, quando a penhora recair sobre bem em relação ao qual haja promessa de compra e venda registrada; o promitente vendedor, quando a penhora recair sobre direito aquisitivo derivado de promessa de compra e venda registrada; e, a União, o Estado e o Município, no caso de alienação de bem tombado. Em caso de o executado ser revel e não ter advogado constituído, não constando dos autos seu endereço atual ou, ainda, não sendo ele encontrado no endereço constante do processo, a intimação será considerada realizada através do próprio edital de leilão.

Outrossim, **quem estiver na livre administração de seus bens pode oferecer lance no leilão**, exceto: os tutores, os curadores, os testamenteiros, os administradores ou os liquidantes, quanto aos bens confiados à sua guarda e à sua responsabilidade; os mandatários, quanto aos bens de cuja administração ou alienação estejam encarregados; o juiz, o membro do Ministério Público e da Defensoria Pública, o escrivão, o chefe de secretaria e os demais servidores e auxiliares da justiça, em relação aos bens e direitos objeto de alienação na localidade onde servirem ou a que se estender a sua autoridade; os servidores públicos em geral, quanto aos bens ou aos direitos da pessoa jurídica a que servirem ou que estejam sob sua administração direta ou indireta; os leiloeiros e seus prepostos, quanto aos bens de cuja venda estejam encarregados e, os advogados de qualquer das partes.

O preço mínimo fixado pelo juiz para a arrematação é o preço mais barato pelo qual se pode arrematar o bem em leilão público, não sendo aceito lance que ofereça preço vil. Caso não se tenha fixado preço mínimo, é considerado preço vil o inferior a 50% (cinquenta por cento) do valor da avaliação.

Quem fizer o maior lance irá arrematar o bem, devendo o pagamento ser feito de imediato, através de depósito judicial ou por meio eletrônico. Contudo, **pode o juiz estabelecer alguma outra forma de pagamento que se aceite. Havendo mais de um pretendente, em igualdade de oferta, terá preferência na aquisição o cônjuge ou companheiro, descendente ou ascendente do executado, nesta ordem**. Outrossim, caso o leilão seja de bem tombado, o direito de preferência, em igualdade de condições com a melhor oferta, será da União, dos Estados (ou do Distrito Federal) ou dos Municípios, nesta ordem.

Caso a arrematação seja feita pelo próprio exequente, e sendo ele o único credor, não precisará efetuar o pagamento, exceto se o valor dos bens exceder seu crédito. Neste caso, o exequente depositará, dentro do prazo de 3 (três) dias, a diferença, sob pena de se tornar sem efeito a arrematação e, neste caso, será realizado novo leilão à sua custa.

Quando o leilão tiver **diversos bens e houver mais de um lançador**, terá preferência aquele que se propuser a arrematar todos, em conjunto, oferecendo, para os bens que não tiverem lance, preço igual ao da avaliação e, para os demais, preço igual ao do maior lance que, na tentativa de arrematação individualizada, tenha sido oferecido para eles.

Se o imóvel levado a leilão **admitir a divisão cômoda**, o juiz, a requerimento do executado, ordenará a alienação judicial de parte dele, desde que suficiente para o pagamento do exequente e para a satisfação das despesas da execução. Em caso de ausência de lance para parte do imóvel, será realizada a alienação do bem de forma integral. Quando a alienação for por partes deverá ser requerida a tempo de permitir a avaliação das glebas destacadas e sua inclusão no edital, e, neste caso, é encargo do executado instruir o requerimento com planta e memorial descritivo subscritos por profissional habilitado.

Quem tiver interesse em adquirir o bem penhorado em prestações poderá apresentar, por escrito até o início do primeiro leilão, proposta de aquisição do bem por valor não inferior ao da avaliação ou, até o início do segundo leilão, proposta de aquisição do bem por valor que não seja considerado vil. Em qualquer hipótese, a proposta deve conter a oferta de pagamento de, no mínimo, 25% (vinte e cinco por cento) do valor do lance à vista e o restante parcelado em até 30 (trinta) meses, garantido por caução idônea, quando se tratar de móveis, e por hipoteca do próprio bem, quando se tratar de imóveis, e tais propostas devem indicar o prazo, a modalidade, o indexador de correção monetária e as condições de pagamento do saldo.

Ocorrendo o atraso no pagamento de qualquer das prestações, incidirá multa de 10% (dez por cento) sobre a soma da parcela inadimplida com as parcelas por vencer. Neste caso, autoriza-se o exequente a requerer a resolução da arrematação ou promover, em face do arrematante, a execução do valor devido, devendo ambos os pedidos serem formulados nos autos da execução em que se deu a arrematação. Cumpre ressaltar que a apresentação de aquisição com pagamento parcelado não suspende a realização do leilão, tendo em vista que as propostas de aquisição com pagamento à vista sempre prevalecerão sobre as propostas de pagamento parcelado.

Caso se tenha mais de uma proposta de pagamento parcelado em condições diferentes, o juiz decidirá pela mais vantajosa – sempre compreendida como a de maior valor: **no caso de propostas idênticas, terá preferência a que tenha sido formulada primeiro.** Por fim, quando a arrematação for a prazo, os pagamentos feitos pelo arrematante pertencerão ao exequente até o limite de seu crédito, e os subsequentes, ao executado.

Quando o imóvel **pertencer à pessoa incapaz**, será preciso que ele alcance, no leilão, pelo menos 80% (oitenta por cento) do valor da avaliação. Caso contrário, o juiz o confiará à guarda e administração de depositário, adiando a alienação por prazo não superior a 1 (um) ano. Se, durante o período de adiamento, algum pretendente assegurar, mediante caução idônea, o preço da avaliação, o juiz ordenará a imediata realização do leilão. Caso o pretendente se arrependa, o juiz lhe imporá multa de 25% (vinte por cento) sobre o valor da avaliação em benefício do incapaz, valendo a decisão como título executivo judicial. Independentemente de ter ou não sido realizada qualquer proposta, porém, será possível ao juiz autorizar a locação do imóvel durante o prazo do adiamento. Ultrapassado o prazo do adiamento, o imóvel do incapaz será submetido a novo leilão.

Após a arrematação do bem, o arrematante ou seu fiador terá de pagar o preço no prazo fixado pelo juiz e, não o fazendo, será imposta sanção consistente na perda da caução que tenha sido prestada, em favor do exequente, voltando os bens a novo leilão, em que não será admitida a participação daquele arrematante ou de seu fiador. Outrossim, se o fiador do arrematante efetuar o pagamento do valor do lance e da multa pelo atraso, poderá requerer que a arrematação lhe seja transferida.

A **suspensão** do leilão ocorre tão logo o produto da alienação de bens for suficiente para a satisfação do crédito exequendo e das despesas da execução. Quando o leilão presencial **ultrapassar o horário de expediente forense** será suspenso, prosseguindo no dia útil imediato, na mesma hora em que teve início, independentemente de novo edital A arrematação constará de auto, a ser lavrado de imediato, podendo abranger bens penhorados em execuções distintas, nele se mencionando as condições pelas quais os bens foram arrematados.

Após efetuado o depósito do preço, ou prestadas as garantias pelo arrematante e, efetuado o pagamento da comissão do leiloeiro e das demais despesas da execução, será expedida a ordem de entrega do bem móvel, ou a carta de arrematação do bem imóvel – acompanhada de mandado de imissão na posse. A carta de arrematação conterá a descrição do imóvel, com referência à sua matrícula ou individuação e aos seus registros, a cópia do auto de arrematação e a prova do pagamento do imposto de transmissão, além da indicação da existência de eventual ônus real ou gravame.

Ademais, **quando o bem hipotecado for a leilão**, o executado poderá remi-lo até a assinatura do auto de arrematação, oferecendo preço igual ao do maior lance oferecido. Quando se tratar de **falência ou insolvência do devedor hipotecário**, o direito de remição referido é em favor da massa ou dos credores em concurso, não podendo o exequente recusar o preço da avaliação do imóvel.

Independentemente da modalidade de leilão (eletrônico ou físico), após a assinatura do auto pelo juiz, pelo arrematante e pelo leiloeiro, **a arrematação será considerada perfectibilizada, acabada e irretratável, ainda que posteriormente se venha a julgar procedente a pretensão deduzida pelo executado em seus embargos ou em demanda anulatória do leilão**, caso em que seu prejuízo será indenizado.

Apesar disso, **a arrematação pode ser invalidada** se realizada por preço vil ou com algum outro vício; ser reputada ineficaz se não tiver havido a intimação de credor pignoratício, hipotecário ou anticrético; ou resolvida, se não for pago o preço ou se não for prestada a caução. **Para que a arrematação seja considerada inválida ou ineficaz, ou para que seja ela resolvida, é preciso que o juiz seja provocado a examinar o ponto pelo executado no prazo de 10 (dez) dias**. Findo este prazo, a carta de arrematação será expedida, juntamente com a ordem de entrega (de bem móvel) ou o mandado de imissão na posse (se o bem for imóvel).

Após a expedição da carta de arrematação ou da ordem de entrega, a invalidação da arrematação só será possível através do ajuizamento de demanda anulatória autônoma, em cujo processo o arrematante figurará como litisconsorte passivo necessário.

Além disso, é possível que o arrematante desista da arrematação, sendo-lhe imediatamente devolvido o depósito que tiver feito: se provar, nos 10 (dez) dias seguintes, a existência de ônus real ou gravame não mencionado no edital; se, antes de expedida a carta de arrematação ou a ordem de entrega, o executado alegar ser caso de invalidação, ineficácia ou resolução da arrematação ou, após citado para responder a ação autônoma anulatória, desde que apresente a desistência no prazo de que dispõe para responder a essa ação.

Por fim, e com o intuito de evitar que o executado alegue a existência de vício da arrematação com a finalidade de provocar a desistência do arrematante e, por conseguinte, protelar a execução, estabelece a lei processual que **se considera ato atentatório à dignidade da justiça a alegação infundada de vício com o objetivo de ensejar a desistência do arrematante**. Neste caso, deverá o executado ser condenado, sem prejuízo da reparação de perdas e danos, ao pagamento de multa, devida ao exequente, a qual será fixada pelo juiz em montante não superior a 20% (vinte por cento) do valor atualizado do bem.

A satisfação do crédito exequendo, por conseguinte, ocorre através da entrega de dinheiro ou pela adjudicação dos bens penhorados. Assim, estabelece o Art. 905 que "o juiz autorizará que o exequente levante, até a satisfação integral de seu crédito, o dinheiro depositado para segurar o juízo ou o produto dos bens alienados, bem como do faturamento de empresa ou de outros frutos e rendimentos de coisas ou empresas penhoradas"[167].

Esta autorização será concedida quando a execução for movida só a benefício do exequente singular, a quem, por força da penhora, cabe o direito de preferência sobre os bens penhorados e expropriados ou, se não houver sobre os bens expropriados outros privilégios ou preferências instituídos anteriormente à penhora. Nesse caso, importante referir que, durante o plantão judiciário, veda-se a concessão de pedidos de levantamento de importância em dinheiro ou valores ou de liberação de bens apreendidos.

Quando o exequente receber o mandado de levantamento, deverá dar ao executado, por termo nos autos, a quitação da quantia paga, e "a expedição de mandado de levantamento poderá ser substituída pela transferência eletrônica do valor depositado em conta vinculada ao juízo para outra indicada pelo exequente"[168].

Se, após o pagamento ao exequente o principal, os juros, as custas e os honorários, sobrar valores,

167. BRASIL. **Lei 13.105,** de 16 de março de 2015. Código de Processo Civil. Disponível em: http://www.planalto.gov.br/ccivil_03/_ato2015-2018/2015/lei/l13105.htm. Acesso em: 11 abr. 2023).

168. BRASIL. **Lei 13.105,** de 16 de março de 2015. Código de Processo Civil. Disponível em: http://www.planalto.gov.br/ccivil_03/_ato2015-2018/2015/lei/l13105.htm. Acesso em: 11 abr. 2023).

tais serão restituídos ao executado, sendo que, caso se tenha pluralidade de credores ou exequentes, o dinheiro lhes será distribuído e entregue de acordo com a ordem das respectivas preferências. **Quando se tratar de adjudicação ou alienação, os créditos que recaem sobre o bem, inclusive os de natureza propter rem, sub-rogam-se sobre o respectivo preço, observada a ordem de preferência.**

Caso não se tenha título à preferência, o dinheiro será distribuído entre os concorrentes, observando-se a anterioridade de cada penhora, não se ignorando que é incumbência dos exequentes formularem suas pretensões, que versarão unicamente sobre o direito de preferência e a anterioridade da penhora, e, apresentadas as razões, o juiz decidirá.

10.2.5 Da execução contra a Fazenda Pública

O Art. 910 do CPC regula o processo de execução por quantia certa, fundada em título executivo extrajudicial, contra a Fazenda Pública. Nessa situação, a Fazenda Pública será citada para opor embargos no prazo de 30 (trinta) dias, podendo alegar qualquer defesa que lhe seria lícito deduzir em uma contestação, caso se estivesse em um processo de conhecimento.

Não sendo opostos os embargos à execução, ou caso sejam eles rejeitados, será expedido o precatório ou a requisição de pequeno valor em favor do exequente, conforme o valor da obrigação, observando o disposto no Art. 100 da CRFB/1988[169]. Por fim, será aplicado, no que couber, o disposto nos Arts. 534 e 535 (que tratam do cumprimento de sentença que reconheça a exigibilidade de obrigação de pagar quantia certa pela fazenda pública).

10.2.6 Da execução de alimentos

O **processo da execução de alimentos fundada em título extrajudicial se instaura pelo ajuizamento de uma petição inicial**, a qual deverá conter todos os requisitos de qualquer petição inicial de execução por quantia certa. Estando a petição inicial corretamente elaborada, o juiz determinará que o executado seja citado para que, no prazo de 3 (três) dias, efetue o pagamento das parcelas vencidas antes da instauração do processo e também das que se vencerem no seu curso. No mesmo prazo, ainda, será lícito ao executado provar que tais parcelas já estavam pagas ou apresentar justificativa acerca da impossibilidade de efetuar o pagamento. Nesse sentido, tem-se que são aplicáveis a este caso, no que couber, as disposições constantes nos §§2º a 7º do Art. 538, que trata do cumprimento de sentença que reconheça a exigibilidade de obrigação de prestar alimentos.

Quando o executado for servidor público, militar, diretor ou gerente de empresa, bem como empregado sujeito à legislação trabalhista, o exequente poderá requerer que se utilize, como técnica executiva, o desconto em folha de pagamento de pessoal Nesta hipótese, o juiz oficiará à autoridade, empresa ou empregador responsável pelo pagamento, determinando, sob pena de configuração do crime de desobediência, o desconto a partir da primeira remuneração posterior do executado, a contar do protocolo do ofício. Este ofício irá conter os nomes e o número de inscrição no CPF do exequente e do executado, a importância a ser descontada mensalmente, a conta na qual deve ser feito o depósito e, sendo o caso, o tempo de sua duração.

Além disso, **o exequente pode postular a execução pelo procedimento padrão, abrindo mão do procedimento especial, caso em que se observará o disposto nos Arts. 824 e seguintes do CPC (execução por quantia certa)**. Neste caso, porém, se a penhora recair sobre dinheiro, eventual concessão de efeito suspensivo aos embargos do executado não impedirá que o exequente levante, mensalmente, a importância das prestações que forem se vencendo.

10.3 Dos embargos à execução

Quanto aos **embargos à execução**, por sua vez, tem-se que se traduzem como sendo a defesa do executado – além, é claro, de outras ações autônomas ou exceção de pré-executividade. Os embargos são uma ação incidental, que podem ser opostos independentemente de garantia do juízo através de penhora, depósito ou caução.

Em regra, **os embargos são distribuídos por dependência**, autuados em apartado e instruídos com cópias das peças processuais relevantes, que poderão ser declaradas autênticas pelo próprio advogado, sob sua responsabilidade pessoal. Contudo, quando a execução for por carta, **os embargos serão oferecidos no juízo deprecante ou no**

169. "Art. 100. Os pagamentos devidos pelas Fazendas Públicas Federal, Estaduais, Distrital e Municipais, em virtude de sentença judiciária, far-se-ão exclusivamente na ordem cronológica de apresentação dos precatórios e à conta dos créditos respectivos, proibida a designação de casos ou de pessoas nas dotações orçamentárias e nos créditos adicionais abertos para este fim [...] (BRASIL. **Constituição Federal de 1988**. Disponível em: http://www.planalto.gov.br/ccivil_03/constituicao/constituicao.htm. Acesso em 11 abr. 2023).

juízo deprecado, sendo que a competência para julgá-los é do juízo deprecante, exceto caso versem, única e exclusivamente, sobre vícios ou defeitos da penhora, da avaliação ou da alienação dos bens efetuadas no juízo deprecado.

Normalmente, o executado será o legitimado ativo (embargante) para o oferecimento dos embargos. Contudo, também são legitimadas as pessoas com responsabilidade patrimonial. **Deve-se atribuir valor à causa nos embargos.** Se os embargos envolvam todo o crédito da execução, o valor da causa dos embargos será o mesmo da execução. Caso alcance apenas parte dele, o valor da causa será o montante abrangido pela defesa.

O prazo para opor os embargos à execução será de 15 dias, contados de acordo com o previsto no Art. 231[170]. Além disso, não se aplica o prazo em dobro para litisconsortes com advogados diferentes.

Quando houver mais de um executado, o prazo para cada um deles embargar conta-se a partir da juntada do respectivo comprovante da citação, exceto no caso de cônjuges ou de companheiros, quando será contado a partir da juntada do último. Já quando as execuções forem por carta, o prazo para embargos será contado: da juntada, na carta, da certificação da citação, quando versarem unicamente sobre vícios ou defeitos da penhora, da avaliação ou da alienação dos bens ou, da juntada, nos autos de origem, do comunicado de que trata o § 4º do Art. 915 ou, não havendo este, da juntada da carta devidamente cumprida, quando versarem sobre questões diversas da anteriormente prevista. **Quando os atos de comunicação forem realizados por carta precatória, rogatória ou de ordem**, a realização da citação será imediatamente informada, por meio eletrônico, pelo juiz deprecado ao juiz deprecante.

O devedor pode, no lugar de oferecer os embargos, requerer o **parcelamento do crédito**, como forma de solução célere da questão. Para obter esse incentivo é necessário o requerimento do executado; depósito de, no mínimo, 30% (trinta por cento) do montante devido, incluindo custas e honorários e não ter o executado oferecido embargos à execução. O restante deverá ser pago em até 6 (seis) parcelas, acrescido de juros e correção monetária.

Neste caso, o exequente será intimado para se manifestar sobre o preenchimento dos referidos pressupostos e o juiz decidirá o requerimento em 5 (cinco) dias. Além disso, e enquanto não apreciado o requerimento, o executado terá de depositar as parcelas vincendas, facultado ao exequente o seu levantamento.

Aceita a proposta, o exequente levantará a quantia depositada, sendo que a suspensão dos atos executivos é medida que se impõe. Por outro lado, indeferida a proposta, os atos executivos terão prosseguimento, mantido o depósito, que será convertido em penhora.

O não pagamento de qualquer das prestações acarretará – cumulativamente – no vencimento das prestações subsequentes e o prosseguimento do processo, com o imediato reinício dos atos executivos e na imposição ao executado de multa de dez por cento sobre o valor das prestações não pagas. Além disso, por óbvio, a opção pelo parcelamento importa renúncia ao direito de opor embargos e as tais disposições não se aplicam ao cumprimento de sentença.

Quanto às possibilidades de alegações como **matérias de defesa** do executado, tem-se o seguinte: inexequibilidade do título ou inexigibilidade da obrigação; penhora incorreta ou avaliação errônea; excesso de execução ou cumulação indevida de execuções; retenção por benfeitorias necessárias ou úteis, nos casos de execução para entrega de coisa certa; incompetência absoluta ou relativa do juízo da execução ou, qualquer matéria que lhe seria lícito deduzir como defesa em processo de conhecimento.

Relativamente à incorreção da penhora ou da avaliação, tem-se que tal poderá ser impugnada por simples petição, no prazo de 15 (quinze) dias, contado da ciência do ato. Já, no que tange ao excesso de execução, o que se tem é que ocorre quando o exequente pleiteia quantia superior à do título; a penhora recai sobre coisa diversa daquela declarada no título; a penhora se processa de modo diferente do que foi determinado no título; o exequente, sem cumprir a prestação que lhe corresponde, exige o adimplemento da prestação do executado ou, o exequente não prova que a condição se realizou.

Na hipótese do executado **alegar que o exequente, em excesso de execução, pleiteia quantia superior à do título**, deverá declarar na petição inicial o valor que entende correto, apresentando demonstrativo discriminado e atualizado de seu cálculo. Neste caso, se o embargante não apontar o valor correto ou não apresentar o demonstrativo,

170. "Art. 231. Salvo disposição em sentido diverso, considera-se dia do começo do prazo: [...]" (BRASIL. **Lei 13.105**, de 16 de março de 2015. Código de Processo Civil. Disponível em: http://www.planalto.gov.br/ccivil_03/_ato2015-2018/2015/lei/l13105.htm. Acesso em: 11 abr. 2023).

os embargos à execução serão liminarmente rejeitados, sem resolução de mérito, se o excesso de execução for o seu único fundamento ou, serão processados, se houver outro fundamento, mas o juiz não examinará a alegação de excesso de execução.

Quando os embargos forem opostos por **retenção por benfeitorias**, o exequente poderá requerer a compensação de seu valor com o dos frutos ou dos danos considerados devidos pelo executado, cumprindo ao juiz, para a apuração dos respectivos valores, nomear perito, observando o Art. 464[171]. Outrossim, é lícito que o exequente, a qualquer tempo, s**eja investido na posse da coisa, prestando caução ou depositando o valor devido pelas benfeitorias ou resultante da compensação**. Já em caso de **arguição de impedimento e suspeição** será observado o disposto nos Arts. 146 e 148, matéria já abordada.

Os embargos serão **rejeitados, liminarmente, pelo juiz** quando forem intempestivos; nos casos de indeferimento da petição inicial e de improcedência liminar do pedido ou, quando forem manifestamente protelatórios. A oposição de embargos manifestamente protelatórios é considerada conduta atentatória à dignidade da justiça.

Ademais, **via de regra, os embargos não possuem efeito suspensivo**, podendo ser este concedido excepcionalmente mediante comprovação dos requisitos para a concessão da tutela provisória e esteja a execução garantida por penhora, depósito ou caução. Findando as circunstâncias que a motivaram, a decisão relativa aos efeitos dos embargos poderá, a requerimento da parte, ser modificada ou revogada a qualquer tempo, em decisão fundamentada.

Se o efeito suspensivo atribuído aos embargos for apenas a respeito de parte do objeto da execução, esta prosseguirá quanto à parte restante, sendo que a concessão de efeito suspensivo aos embargos oferecidos por um dos executados não aproveita aos demais, não suspendendo, assim, a execução contra os que não embargaram quando o respectivo fundamento disser respeito exclusivamente ao embargante. Destaca-se, ainda, que o efeito suspensivo **não impede a efetivação dos atos de substituição, de reforço ou de redução da penhora e de avaliação dos bens**.

Recebidos os embargos, o exequente será ouvido no prazo de 15 (quinze) dias; a seguir, o juiz julgará imediatamente o pedido ou designará audiência e, encerrada a instrução, o juiz proferirá sentença. Caso os embargos sejam julgados procedentes, **cabe apelação no seu duplo efeito (devolutivo e suspensivo)**. Por outro lado, se julgados improcedentes, a exemplo da sentença que extingue os embargos sem resolução do mérito, **caberá apelação também apenas no efeito devolutivo.**

Ademais, importante referir que a ação autônoma para defesa em processo **executivo fiscal,** está inserida no Art. 16 da Lei de Execução Fiscal (Lei 6.830/1980), cujas regras, pelo princípio da especialidade, prevalecem sobre as do CPC naquilo em que conflitarem. Para sua admissão e processamento, tem como pressuposto a garantia da execução, nos termos do §1º do Art. 16 do referido diploma legal[172].

10.4 Da suspensão e da extinção do processo de execução

10.4.1 Da suspensão do processo de execução

O Art. 921 e seus incisos prescrevem as **hipóteses de suspensão da execução**: nas hipóteses dos Arts. 313 e 315[173], no que couber (previsões gerais para suspensão dos processos); no todo ou em parte, quando recebidos com efeito suspensivo os embargos à

171. "Art. 464. A prova pericial consiste em exame, vistoria ou avaliação. § 1º O juiz indeferirá a perícia quando: I – a prova do fato não depender de conhecimento especial de técnico; II – for desnecessária em vista de outras provas produzidas; III – a verificação for impraticável. § 2º De ofício ou a requerimento das partes, o juiz poderá, em substituição à perícia, determinar a produção de prova técnica simplificada, quando o ponto controvertido for de menor complexidade. § 3º A prova técnica simplificada consistirá apenas na inquirição de especialista, pelo juiz, sobre ponto controvertido da causa que demande especial conhecimento científico ou técnico. § 4º Durante a arguição, o especialista, que deverá ter formação acadêmica específica na área objeto de seu depoimento, poderá valer-se de qualquer recurso tecnológico de transmissão de sons e imagens com o fim de esclarecer os pontos controvertidos da causa" (BRASIL. **Lei 13.105,** de 16 de março de 2015. Código de Processo Civil. Disponível em: http://www.planalto.gov.br/ccivil_03/_ato2015-2018/2015/lei/l13105.htm. Acesso em: 11 abr. 2023).

172. BRASIL. **Lei 6.830**, de setembro de 1980. Lei de Execução Fiscal. Disponível em: http://www.planalto.gov.br/ccivil_03/leis/l6830.htm. Acesso em 16 abr. 2023.

173. "Art. 313. Suspende-se o processo: [...] Art. 315. Se o conhecimento do mérito depender de verificação da existência de fato delituoso, o juiz pode determinar a suspensão do processo até que se pronuncie a justiça criminal [...]" (BRASIL. **Lei 13.105,** de 16 de março de 2015. Código de Processo Civil. Disponível em: http://www.planalto.gov.br/ccivil_03/_ato2015-2018/2015/lei/l13105.htm. Acesso em: 11 abr. 2023).

execução; quando não for localizado o executado ou bens penhoráveis; se a alienação dos bens penhorados não se realizar por falta de licitantes e o exequente, em 15 (quinze) dias, não requerer a adjudicação nem indicar outros bens penhoráveis; quando concedido o parcelamento de que trata o Art. 916[174].

Quando a suspensão ocorrer em razão do executado não possuir bens penhoráveis, o prazo será de 1 (um) ano, suspendendo, assim, o prazo para prescrição intercorrente. Ultrapassado tal prazo e não tendo sido localizado o executado ou bens penhoráveis, o juiz irá determinar que os autos sejam arquivados, podendo ser desarquivados a qualquer tempo quando encontrados bens penhoráveis.

Quanto à prescrição no processo de execução, tem-se que se inicia com a ciência da primeira tentativa infrutífera de localização do devedor ou de bens penhoráveis, sendo suspensa, por uma única vez, pelo prazo máximo de 1 (um) ano. Além disso, a efetiva citação, intimação do devedor ou constrição de bens penhoráveis interrompe o prazo de prescrição, não correndo pelo tempo necessário à citação e à intimação do devedor, bem como para as formalidades da constrição patrimonial, se necessária, desde que o credor cumpra os prazos previstos na lei processual ou fixados pelo juiz.

Após ouvir as partes, no prazo de 15 (quinze) dias o juiz pode, de ofício, reconhecer a prescrição no curso do processo e extingui-lo, sem ônus para as partes. **Outrossim, alegação de nulidade quanto ao procedimento previsto quanto à suspensão, tal somente será conhecida caso demonstrada a ocorrência de efetivo prejuízo.**

Sendo adequado às partes, o juiz declarará suspensa a execução durante o prazo concedido pelo exequente para que o executado cumpra voluntariamente a obrigação. Ultrapassado o referido prazo, sem cumprimento da obrigação, o processo retomará o seu curso. Por fim, quando suspensa a execução, não serão praticados atos processuais, podendo o juiz, todavia, determinar providências urgentes, exceto no caso de arguição de impedimento ou de suspeição.

174. "Art. 916. No prazo para embargos, reconhecendo o crédito do exequente e comprovando o depósito de trinta por cento do valor em execução, acrescido de custas e de honorários de advogado, o executado poderá requerer que lhe seja permitido pagar o restante em até 6 (seis) parcelas mensais, acrescidas de correção monetária e de juros de um por cento ao mês" (BRASIL. **Lei 13.105**, de 16 de março de 2015. Código de Processo Civil. Disponível em: http://www.planalto.gov.br/ccivil_03/_ato2015-2018/2015/lei/l13105.htm. Acesso em: 11 abr. 2023).

10.4.2 Da extinção do processo de execução

Nos termos do Art. 924 e seus incisos[175], a execução é extinta quando: a petição inicial for indeferida; a obrigação for satisfeita; o executado obtiver, por qualquer outro meio, a extinção total da dívida; o exequente renunciar ao crédito; ocorrer a prescrição intercorrente, sendo que essa extinção apenas produz efeitos após ser declarada por sentença. A norma processual aborda de forma breve tais questões, haja vista ser de fácil compreensão as hipóteses de extinção de um feito executório.

▷ Além disso, vejam-se as Súmulas do Superior Tribunal de Justiça aplicáveis ao assunto:

- *Súmula 364 do STJ: o conceito de impenhorabilidade de bem de família abrange também o imóvel pertencente a pessoas solteiras, separadas e divorciadas.*
- *Súmula 449 do STJ: a vaga de garagem que possui matrícula própria no registro de imóveis não constitui bem de família e poderá ser penhorada.*
- *Súmula 486 do STJ: é impenhorável o único imóvel do devedor que esteja locado a terceiros, desde que a renda obtida com a locação se reverta para subsistência ou moradia da família.*

REFERÊNCIAS

BRASIL. **Constituição Federal de 1988**. Disponível em: http://www.planalto.gov.br/ccivil_03/constituicao/constituicao.htm. Acesso em 11 abr. 2023.

BRASIL. **Lei 13.105,** de 16 de março de 2015. Código de Processo Civil. Disponível em: http://www.planalto.gov.br/ccivil_03/_ato2015-2018/2015/lei/l13105.htm. Acesso em: 11 abr. 2023.

BRASIL. **Lei 6.830**, de setembro de 1980. Lei de Execução Fiscal. Disponível em: http://www.planalto.gov.br/ccivil_03/leis/l6830.htm. Acesso em 16 abr. 2023.

BRASIL. **Lei 5.172**, de outubro de 1966. Código Tributário Nacional. Disponível em: http://www.planalto.gov.br/ccivil_03/leis/l5172compilado.htm. Acesso em 16 abr. 2023.

BRASIL. **Lei 10.406**, de janeiro de 2002. Código Civil. Disponível em: http://www.planalto.gov.br/ccivil_03/leis/2002/l10406compilada.htm. Acesso em 13 abr. 2023.

175. BRASIL. **Lei 13.105,** de 16 de março de 2015. Código de Processo Civil. Disponível em: http://www.planalto.gov.br/ccivil_03/_ato2015-2018/2015/lei/l13105.htm. Acesso em: 11 abr. 2023.

PARTE II

Tatiane Kipper

1. DA ORDEM DOS PROCESSOS NOS TRIBUNAIS

1.1 Fundamento legal: Art. 929 e seguintes do CPC.

1.2 Da ordem dos processos no Tribunal:

O artigo 929 do CPC estabelece regra sobre o registro e distribuição dos autos no Tribunal:

> Art. 929. Os autos serão registrados no protocolo do tribunal no dia de sua entrada, cabendo à secretaria ordená-los, com imediata distribuição.
>
> Parágrafo único. A critério do tribunal, os serviços de protocolo poderão ser descentralizados, mediante delegação a ofícios de justiça de primeiro grau.[176]

Conforme Medina[177] o artigo 929, caput do CPC estabelece sobre a necessidade de distribuição imediata no âmbito dos Tribunais.

Sobre o parágrafo único do artigo 929 ensinam Didier Júnior e Cunha[178]: "os serviços de protocolo poderão, a critério do tribunal, ser descentralizados, mediante delegação a ofícios de justiça de primeiro grau (art. 929, par. Ún. do CPC), facilitando o acesso aos tribunais, sobretudo para os que se localizam em comarcas mais distantes de sua sede".

O artigo 930 do CPC traz regra sobre a alternatividade e publicidade da distribuição:

> Art. 930. Far-se-á a distribuição de acordo com o regimento interno do tribunal, observando-se a alternatividade, o sorteio eletrônico e a publicidade.
>
> Parágrafo único. O primeiro recurso protocolado no tribunal tornará prevento o relator para eventual recurso subsequente interposto no mesmo processo ou em processo conexo.[179]

Acerca do artigo 930 do CPC, Didier Junior e Cunha[180] lecionam que a distribuição deve ser alternada entre os membros do tribunal, observando a igualdade, visando assim uma equânime divisão do trabalho. Além disso, a publicidade da distribuição consagra o princípio constitucional da publicidade.

Comentando o artigo 930 do CPC, Medina[181] ensina que a alternatividade da distribuição possibilita a isonomia, devendo ser dada a publicidade. A distribuição será realizada por sorteio eletrônico, sendo que as regras regimentais devem observar tais princípios.

Sobre a prevenção ainda ensina o autor: "Com a primeira distribuição dá-se a prevenção, fixando-se a competência do órgão colegiado e do relator, para recurso subsequente, que a eles serão atribuídos (ou, como se costuma dizer, distribuídos por prevenção)".[182]

Da mesma forma Didier Junior e Cunha[183] :"como o tribunal é, essencialmente, um órgão colegiado, a distribuição desponta como um ato importantíssimo. É pela distribuição que se define se o processo deverá encaminhar-se ao pleno ou a algum outro órgão do tribunal, estabelecendo, ainda, quem será o relator".

1.3 Da conclusão ao relator:

O artigo 931 do CPC estabelece a regra que, uma vez distribuídos, os autos serão imediatamente conclusos ao relator:

> Art. 931. Distribuídos, os autos serão imediatamente conclusos ao relator, que, em 30 (trinta) dias, depois de elaborar o voto, restituí-los-á, com relatório, à secretaria. [184]

1.4 Poderes do relator:

O artigo 932 do CPC traz uma série de condutas que incumbem ao relator no âmbito dos tribunais.

176. BRASIL. Lei nº 13.105, de 16 de março de 2015. *Código de Processo Civil*.
177. MEDINA, José Miguel Garcia. Código de processo civil comentado. 8 ed. São Paulo: Thomson Reuters Brasil, 2022, p. 1.103.
178. DIDIER JUNIOR, Fredie; CUNHA, Leonardo Carneiro da. Curso de direito processual civil: meios de impugnação às Decisões Judiciais e Processos nos Tribunais. 15 ed. Salvador: Juspodivm, 2018, p. 41.
179. BRASIL. Lei nº 13.105, de 16 de março de 2015. *Código de Processo Civil*.
180. DIDIER JUNIOR, Fredie; CUNHA, Leonardo Carneiro da. Curso de direito processual civil: meios de impugnação às Decisões Judiciais e Processos nos Tribunais. 15 ed. Salvador: Juspodivm, 2018, p. 43.
181. MEDINA, José Miguel Garcia. Código de processo civil comentado. 8 ed. São Paulo: Thomson Reuters Brasil, 2022, p. 104.
182. MEDINA, José Miguel Garcia. Código de processo civil comentado. 8 ed. São Paulo: Thomson Reuters Brasil, 2022, p. 1.104.
183. DIDIER JUNIOR, Fredie; CUNHA, Leonardo Carneiro da. Curso de direito processual civil: meios de impugnação às Decisões Judiciais e Processos nos Tribunais. 15 ed. Salvador: Juspodivm, 2018, p. 43.
184. BRASIL. Lei nº 13.105, de 16 de março de 2015. *Código de Processo Civil*.

Conforme ensinam Didier Junior e Cunha[185] "para que possa cumprir a sua função, ao relator atribui-se uma série de poderes. Há poderes de toda natureza: ordenação e gestão do processo, instrutório e decisório. Esses poderes estão espalhados ao longo do Código, em diversos dispositivos. O art. 932 é o mais importante, pois nele se concentra boa parte desses poderes. Mas o art. 932 do CPC não exaure os poderes do relator".

> Art. 932. Incumbe ao relator:
>
> I - dirigir e ordenar o processo no tribunal, inclusive em relação à produção de prova, bem como, quando for o caso, homologar autocomposição das partes;
>
> II - apreciar o pedido de tutela provisória nos recursos e nos processos de competência originária do tribunal;
>
> III - não conhecer de recurso inadmissível, prejudicado ou que não tenha impugnado especificamente os fundamentos da decisão recorrida;
>
> IV - negar provimento a recurso que for contrário a:
>
> a) súmula do Supremo Tribunal Federal, do Superior Tribunal de Justiça ou do próprio tribunal;
>
> b) acórdão proferido pelo Supremo Tribunal Federal ou pelo Superior Tribunal de Justiça em julgamento de recursos repetitivos;
>
> c) entendimento firmado em incidente de resolução de demandas repetitivas ou de assunção de competência;
>
> V - depois de facultada a apresentação de contrarrazões, dar provimento ao recurso se a decisão recorrida for contrária a:
>
> a) súmula do Supremo Tribunal Federal, do Superior Tribunal de Justiça ou do próprio tribunal;
>
> b) acórdão proferido pelo Supremo Tribunal Federal ou pelo Superior Tribunal de Justiça em julgamento de recursos repetitivos;
>
> c) entendimento firmado em incidente de resolução de demandas repetitivas ou de assunção de competência;
>
> VI - decidir o incidente de desconsideração da personalidade jurídica, quando este for instaurado originariamente perante o tribunal;
>
> VII - determinar a intimação do Ministério Público, quando for o caso;
>
> VIII - exercer outras atribuições estabelecidas no regimento interno do tribunal.
>
> Parágrafo único. Antes de considerar inadmissível o recurso, o relator concederá o prazo de 5 (cinco) dias ao recorrente para que seja sanado vício ou complementada a documentação exigível. [186]

No que tange ao inciso I do artigo 932 do CPC, "ao relator incumbe a direção formal e material do processo, no Tribunal".[187]Deve o relator dirigir e ordenar o processo no tribunal, inclusive no que se refere à produção de prova, bem como, quando for o caso, homologar autocomposição das partes.

O inciso II do artigo 932 diz que incumbe ao relator apreciar o pedido de tutela provisória realizado em recurso ou nas ações de competência originária dos Tribunais.

O inciso III do artigo 932 se refere ao juízo de admissibilidade a ser realizado pelo relator nos recursos, podendo não conhecer de recurso inadmissível, prejudicado ou que não tenha impugnado especificamente os fundamentos da decisão recorrida.

Além disso, de acordo com o inciso IV do artigo 932 do CPC, é permitido ao relator negar provimento ao recurso, quando o próprio recurso for contrário a a) súmula do Supremo Tribunal Federal, do Superior Tribunal de Justiça ou do próprio tribunal; b) acórdão proferido pelo Supremo Tribunal Federal ou pelo Superior Tribunal de Justiça em julgamento de recursos repetitivos; c) entendimento firmado em incidente de resolução de demandas repetitivas ou de assunção de competência.

Já o inciso V do artigo 932 do CPC permite que o relator dê provimento ao recurso, quando a próprio DECISÃO RECORRIDA for contrária à a) súmula do Supremo Tribunal Federal, do Superior Tribunal de Justiça ou do próprio tribunal; b) acórdão proferido pelo Supremo Tribunal Federal ou pelo Superior Tribunal de Justiça em julgamento de recursos repetitivos; c) entendimento firmado em incidente de resolução de demandas repetitivas ou de assunção de competência.

Ainda, conforme o inciso VI do artigo 932 do CPC incumbe ao relator decidir o incidente de desconsideração da personalidade jurídica, quando este for instaurado originariamente perante o tribunal, bem como na forma do inciso VII do artigo 932, determinar a intimação do Ministério Público, quando for o caso, e, ainda, exercer outras atribuições estabelecidas no regimento interno do tribunal.

185. DIDIER JUNIOR, Fredie; CUNHA, Leonardo Carneiro da. Curso de direito processual civil: meios de impugnação às Decisões Judiciais e Processos nos Tribunais. 15 ed. Salvador: Juspodivm, 2018, p. 59.

186. BRASIL. Lei nº 13.105, de 16 de março de 2015. *Código de Processo Civil*.

187. MEDINA, José Miguel Garcia. Código de processo civil comentado. 8 ed. São Paulo: Thomson Reuters Brasil, 2022, p. 1.105.

Por fim, quanto ao parágrafo único do artigo 932 do CPC, Didier Junior e Cunha[188] referem que "traz regra que concretiza dois princípios do processo civil brasileiro: primazia da decisão de mérito (art. 4º, CPC) e cooperação (art. 6º, CPC). Determina o dispositivo que, antes de considerar inadmissível o recurso, o relator concederá o prazo de 5 dias ao recorrente para que seja sanado o vício ou complementada a documentação exigível, desde que o vício seja sanável".

O artigo 933 faz referência sobre fato superveniente à decisão recorrida ou existência de questão apreciável de ofício, nos seguintes termos:

> Art. 933. Se o relator constatar a ocorrência de fato superveniente à decisão recorrida ou a existência de questão apreciável de ofício ainda não examinada que devam ser considerados no julgamento do recurso, intimará as partes para que se manifestem no prazo de 5 (cinco) dias.
>
> § 1º Se a constatação ocorrer durante a sessão de julgamento, esse será imediatamente suspenso a fim de que as partes se manifestem especificamente.
>
> § 2º Se a constatação se der em vista dos autos, deverá o juiz que a solicitou encaminhá-los ao relator, que tomará as providências previstas no caput e, em seguida, solicitará a inclusão do feito em pauta para prosseguimento do julgamento, com submissão integral da nova questão aos julgadores. [189]

Sobre o aludido dispositivo Medina[190] ensina que "notando-se ter ocorrido fato superveniente à decisão recorrida, deverá o Tribunal manifestar-se, a respeito. (...) Antes de decidir a respeito, deverá o órgão jurisdicional das às partes oportunidade para se manifestar. (...) Logo, deduz-se que o propósito da lei é que as partes tenham prazo para se manifestar nos autos, por escrito, nos termos descritos no caput do mesmo artigo, isto é, no prazo de 05 dias.

Seguindo as disposições do CPC, o artigo 934 estabelece: "Art. 934. Em seguida, os autos serão apresentados ao presidente, que designará dia para julgamento, ordenando, em todas as hipóteses previstas neste Livro, a publicação da pauta no órgão oficial".[191]

O artigo 935 do CPC prevê sobre a publicação da pauta:

> Art. 935. Entre a data de publicação da pauta e a da sessão de julgamento decorrerá, pelo menos, o prazo de 5 (cinco) dias, incluindo-se em nova pauta os processos que não tenham sido julgados, salvo aqueles cujo julgamento tiver sido expressamente adiado para a primeira sessão seguinte.
>
> § 1º Às partes será permitida vista dos autos em cartório após a publicação da pauta de julgamento.
>
> § 2º Afixar-se-á a pauta na entrada da sala em que se realizar a sessão de julgamento. [192]

Assim, o que prevê o artigo 935 do CPC é a regra que entre a data de publicação da pauta e a data da sessão de julgamento, decorrerá no mínimo o prazo de 05 dias.

No artigo 936 do CPC está a previsão acerca da ordem de preferência dos julgamentos:

> Art. 936. Ressalvadas as preferências legais e regimentais, os recursos, a remessa necessária e os processos de competência originária serão julgados na seguinte ordem:
>
> I - aqueles nos quais houver sustentação oral, observada a ordem dos requerimentos;
>
> II - os requerimentos de preferência apresentados até o início da sessão de julgamento;
>
> III - aqueles cujo julgamento tenha iniciado em sessão anterior; e
>
> IV - os demais casos. [193]

De acordo com o artigo 936, os recursos, a remessa necessária e os processos de competência originária, devem ser julgados na ordem do artigo 936, ressalvadas as preferencias legais e regimentais.

1.5 Da questão preliminar:

Previsão do artigo 938 do CPC:

> Art. 938. A questão preliminar suscitada no julgamento será decidida antes do mérito, deste não se conhecendo caso seja incompatível com a decisão.
>
> § 1º Constatada a ocorrência de vício sanável, inclusive aquele que possa ser conhecido de ofício, o relator determinará a realização ou a renovação do ato processual, no próprio tribunal ou em primeiro grau de jurisdição, intimadas as partes.
>
> § 2º Cumprida a diligência de que trata o § 1º, o relator, sempre que possível, prosseguirá no julgamento do recurso.
>
> § 3º Reconhecida a necessidade de produção de prova, o relator converterá o julgamento em diligência, que se realizará no tribunal ou em primeiro grau de jurisdição, decidindo-se o recurso após a conclusão da instrução.

188. DIDIER JUNIOR, Fredie; CUNHA, Leonardo Carneiro da. Curso de direito processual civil: meios de impugnação às Decisões Judiciais e Processos nos Tribunais. 15 ed. Salvador: Juspodivm, 2018, p. 64.
189. BRASIL. Lei nº 13.105, de 16 de março de 2015. *Código de Processo Civil*.
190. MEDINA, José Miguel Garcia. Código de processo civil comentado. 8 ed. São Paulo: Thomson Reuters Brasil, 2022, p. 1.110.
191. BRASIL. Lei nº 13.105, de 16 de março de 2015. *Código de Processo Civil*.
192. BRASIL. Lei nº 13.105, de 16 de março de 2015. *Código de Processo Civil*.
193. BRASIL. Lei nº 13.105, de 16 de março de 2015. *Código de Processo Civil*.

> § 4º Quando não determinadas pelo relator, as providências indicadas nos §§ 1º e 3º poderão ser determinadas pelo órgão competente para julgamento do recurso.[194]

O artigo 938 faz referencia à existência de eventual questão preliminar. Sobre o aludido dispositivo ensina Medina[195]:

> Antes de julgar o mérito, deverá o relator (ou o órgão colegiado respectivo, §4º do art. 938 do CPC/2015) identificar se há alguma questão preliminar a ser resolvida. Não se conhecerá do mérito, caso sua análise seja incompatível com o que se tiver decidido, em relação à questão preliminar. Deve-se, porém, antes de se não se conhecer do recurso (juízo de admissibilidade negativo), verificar se sua correção ou saneamento de outro vício processual que impeça o exame do mérito é possível. Rejeitada a preliminar ou não sendo ela incompatível com o mérito, seguir-se-á o julgamento, com o exame da questão principal.

Medina[196] refere que com base nos §§1º e 2º do artigo 938 do CPC, adota-se como princípio de que não apenas os vícios processuais em geral, mas também os vícios que podem impedir a admissibilidade do recurso, devem ser sempre que possível, sanados.

Por sua vez, o artigo 939 do CPC traz disposição sobre o julgamento do mérito do recurso:

> Art. 939. Se a preliminar for rejeitada ou se a apreciação do mérito for com ela compatível, seguir-se-ão a discussão e o julgamento da matéria principal, sobre a qual deverão se pronunciar os juízes vencidos na preliminar.[197]

Vai haver o julgamento da matéria principal, caso a preliminar tenha sido rejeitada ou se a apreciação do mérito for com ela compatível.

O artigo 940 estabelece regra sobre pedido de vista e prosseguimento do julgamento:

> Art. 940. O relator ou outro juiz que não se considerar habilitado a proferir imediatamente seu voto poderá solicitar vista pelo prazo máximo de 10 (dez) dias, após o qual o recurso será reincluído em pauta para julgamento na sessão seguinte à data da devolução.
>
> § 1º Se os autos não forem devolvidos tempestivamente ou se não for solicitada pelo juiz prorrogação de prazo de no máximo mais 10 (dez) dias, o presidente do órgão fracionário os requisitará para julgamento do recurso na sessão ordinária subsequente, com publicação da pauta em que for incluído.
>
> § 2º Quando requisitar os autos na forma do § 1º, se aquele que fez o pedido de vista ainda não se sentir habilitado a votar, o presidente convocará substituto para proferir voto, na forma estabelecida no regimento interno do tribunal.[198]

Consoante ensina Medina[199] os votos do relator e demais julgadores do órgão colegiado são de regra proferidos na mesma sessão de julgamento. Porém, pode ocorrer, que um dos julgadores não se considere habilitado a votar desde logo, podendo, desta forma, solicitar vistas pelo prazo de 10 dias. Devolvido os autos, o recurso será reincluído em pauta. Pode inclusive o julgador que pediu vista requerer prorrogação do prazo por mais 10 dias, findo os quais, o presidente do órgão requisitará os autos.

Por fim, conforme o §2º do artigo 940, caso o julgador que pediu vista ainda não se considerar habilitado para julgar, o presidente do órgão convocará substituto para proferir voto.[200]

Proferidos os votos, observa-se a previsão do artigo 941 do CPC:

> Art. 941. Proferidos os votos, o presidente anunciará o resultado do julgamento, designando para redigir o acórdão o relator ou, se vencido este, o autor do primeiro voto vencedor.
>
> § 1º O voto poderá ser alterado até o momento da proclamação do resultado pelo presidente, salvo aquele já proferido por juiz afastado ou substituído.
>
> § 2º No julgamento de apelação ou de agravo de instrumento, a decisão será tomada, no órgão colegiado, pelo voto de 3 (três) juízes.
>
> § 3º O voto vencido será necessariamente declarado e considerado parte integrante do acórdão para todos os fins legais, inclusive de pré-questionamento.[201]

Ao comentar o artigo 941, Medina[202] refere que "o direito brasileiro adota o princípio da colegialidade. (...) À luz desse mesmo princípio, tem-se que as decisões proferidas pelos tribunais devem, tanto quanto possível, resultar de manifestação do órgão

194. BRASIL. Lei nº 13.105, de 16 de março de 2015. *Código de Processo Civil.*

195. MEDINA, José Miguel Garcia. Código de processo civil comentado. 8 ed. São Paulo: Thomson Reuters Brasil, 2022, p. 1.115.

196. MEDINA, José Miguel Garcia. Código de processo civil comentado. 8 ed. São Paulo: Thomson Reuters Brasil, 2022, p. 1.115.

197. BRASIL. Lei nº 13.105, de 16 de março de 2015. *Código de Processo Civil.*

198. BRASIL. Lei nº 13.105, de 16 de março de 2015. *Código de Processo Civil.*

199. MEDINA, José Miguel Garcia. Código de processo civil comentado. 8 ed. São Paulo: Thomson Reuters Brasil, 2022, p. 1.116.

200. MEDINA, José Miguel Garcia. Código de processo civil comentado. 8 ed. São Paulo: Thomson Reuters Brasil, 2022, p. 1.116.

201. BRASIL. Lei nº 13.105, de 16 de março de 2015. *Código de Processo Civil.*

202. MEDINA, José Miguel Garcia. Código de processo civil comentado. 8 ed. São Paulo: Thomson Reuters Brasil, 2022, p. 1.116.

colegiado, o que impõe a adoção de práticas tendentes a que haja coesão entre as manifestações proferidas pelos membros desse órgão. Isso não significa, necessariamente, que as manifestações oriundas dos órgãos colegiados dos tribunais devam ser, necessariamente, unanimes – ainda que isso seja desejável".

1.6 Técnica de julgamento do artigo 942 do CPC:

Previsão legal do artigo 942 do CPC:

> Art. 942. Quando o resultado da apelação for não unânime, o julgamento terá prosseguimento em sessão a ser designada com a presença de outros julgadores, que serão convocados nos termos previamente definidos no regimento interno, em número suficiente para garantir a possibilidade de inversão do resultado inicial, assegurado às partes e a eventuais terceiros o direito de sustentar oralmente suas razões perante os novos julgadores.
>
> § 1º Sendo possível, o prosseguimento do julgamento dar-se-á na mesma sessão, colhendo-se os votos de outros julgadores que porventura componham o órgão colegiado.
>
> § 2º Os julgadores que já tiverem votado poderão rever seus votos por ocasião do prosseguimento do julgamento.
>
> § 3º A técnica de julgamento prevista neste artigo aplica-se, igualmente, ao julgamento não unânime proferido em:
>
> I - ação rescisória, quando o resultado for a rescisão da sentença, devendo, nesse caso, seu prosseguimento ocorrer em órgão de maior composição previsto no regimento interno;
>
> II - agravo de instrumento, quando houver reforma da decisão que julgar parcialmente o mérito.
>
> § 4º Não se aplica o disposto neste artigo ao julgamento:
>
> I - do incidente de assunção de competência e ao de resolução de demandas repetitivas;
>
> II - da remessa necessária;
>
> III - não unânime proferido, nos tribunais, pelo plenário ou pela corte especial. [203]

A técnica de julgamento do artigo 942 do CPC não possui natureza de recurso, a qual será instaurada inclusive mesmo que não haja provocação das partes, provocando um aumento no número de julgadores, a fim de almejar uma maior segurança.[204]

Complementa LOURENÇO[205]: "Por ser um mecanismo aplicável de ofício, a tendência é ser mais célere que o recurso. (...) Com a adoção de tal técnica não haverá mais razões ou contrarrazões após o julgamento por maioria de votos, o que se mostra mais importante, ainda, para a sustentação oral".

Conforme o §4º do art. 942 do CPC, não se aplica a técnica de julgamento do artigo 942 nas seguintes situações:

> § 4º Não se aplica o disposto neste artigo ao julgamento:
>
> I - do incidente de assunção de competência e ao de resolução de demandas repetitivas;
>
> II - da remessa necessária;
>
> III - não unânime proferido, nos tribunais, pelo plenário ou pela corte especial.[206]

Conforme previsão do próprio artigo 942 do CPC, o §2º permite que o julgador que já tiver votado, possa rever seu voto por ocasião do prosseguimento do julgamento final.[207]

1.7 Do registro dos atos processuais:

O artigo 943 do CPC assim estabelece:

> Art. 943. Os votos, os acórdãos e os demais atos processuais podem ser registrados em documento eletrônico inviolável e assinados eletronicamente, na forma da lei, devendo ser impressos para juntada aos autos do processo quando este não for eletrônico.
>
> § 1º Todo acórdão conterá ementa.
>
> § 2º Lavrado o acórdão, sua ementa será publicada no órgão oficial no prazo de 10 (dez) dias.[208]

Ao dispor sobre o artigo 943 do CPC, Medina (2022, p. 1.122) ensina que "os atos processuais realizados no Tribunal, dentre os quais encontram-se os votos e os acórdãos, podem ser registrados em documento eletrônico. (...) É necessário que se lavre acórdão e que dele conste ementa, isso é, a síntese do que foi julgado, que será publicada no órgão oficial. A ementa deve ser publicada em 10 dias".

Por fim, observa-se a previsão do artigo 944 do CPC:

---

203. BRASIL. Lei nº 13.105, de 16 de março de 2015. *Código de Processo Civil.*
204. LOURENÇO, Haroldo. Processo civil sistematizado. 3. Ed. Rio de Janeiro: Forense, 2017, p. 515.
205. LOURENÇO, Haroldo. Processo civil sistematizado. 3. Ed. Rio de Janeiro: Forense, 2017, p. 515.
206. BRASIL. Lei nº 13.105, de 16 de março de 2015. *Código de Processo Civil.*
207. LOURENÇO, Haroldo. Processo civil sistematizado. 3. Ed. Rio de Janeiro: Forense, 2017, p. 519.
208. BRASIL. Lei nº 13.105, de 16 de março de 2015. *Código de Processo Civil.*

Art. 944. Não publicado o acórdão no prazo de 30 (trinta) dias, contado da data da sessão de julgamento, as notas taquigráficas o substituirão, para todos os fins legais, independentemente de revisão. Parágrafo único. No caso do caput , o presidente do tribunal lavrará, de imediato, as conclusões e a ementa e mandará publicar o acórdão.[209]

1.8 Do julgamento do agravo e da apelação:

Caso haja a interposição do recurso de agravo de instrumento e apelação no mesmo processo, observar-se-á a previsão do artigo 946 do CPC:

Art. 946. O agravo de instrumento será julgado antes da apelação interposta no mesmo processo.

Parágrafo único. Se ambos os recursos de que trata o caput houverem de ser julgados na mesma sessão, terá precedência o agravo de instrumento. (BRASIL, 2015)

Assim, o agravo de instrumento deverá em princípio ser julgado antes do recurso de apelação interposto no mesmo processo. E, se por ventura, ambos os recursos devam ser julgados na mesma sessão, primeiro se julga o agravo de instrumento.

2. DO INCIDENTE DE ASSUNÇÃO DE COMPETÊNCIA - IAC

2.1 Fundamento legal: Art. 947 do CPC

2.2 Cabimento:

Art. 947 do CPC:

Art. 947. É admissível a assunção de competência quando o julgamento de recurso, de remessa necessária ou de processo de competência originária envolver relevante questão de direito, com grande repercussão social, sem repetição em múltiplos processos.

§ 1º Ocorrendo a hipótese de assunção de competência, o relator proporá, de ofício ou a requerimento da parte, do Ministério Público ou da Defensoria Pública, que seja o recurso, a remessa necessária ou o processo de competência originária julgado pelo órgão colegiado que o regimento indicar.

§ 2º O órgão colegiado julgará o recurso, a remessa necessária ou o processo de competência originária se reconhecer interesse público na assunção de competência.

§ 3º O acórdão proferido em assunção de competência vinculará todos os juízes e órgãos fracionários, exceto se houver revisão de tese.

§ 4º Aplica-se o disposto neste artigo quando ocorrer relevante questão de direito a respeito da qual seja conveniente a prevenção ou a composição de divergência entre câmaras ou turmas do tribunal.[210]

Ou seja, conforme o artigo 947 do CPC tem cabimento o incidente de assunção de competência quando o julgamento de recurso, de remessa necessária ou de processo de competência originária envolver relevante questão de direito, com grande repercussão social, sem repetição em múltiplos processos.

Quanto ao cabimento do Incidente de Assunção de Competência ensina Medina[211]este é admitido quando a questão de direito pelo fato de ter grande relevância social não se repetir em múltiplos processos.

Segundo Medina[212]"o incidente de assunção de competência proposto em qualquer recurso (assim como em remessa necessária) ou processo de competência originária, logo em qualquer tribunal, ex officio ou por provocação cf. §1º do art. 947 do CPC)".

Como requisito para a instauração do incidente Didier Junior e Cunha[213] ensinam o artigo 947 traz como pressuposto a existência de relevante questão de direito. Essa questão de direito além de relevante, pode ser de direito material ou de direito processual, de forma a transferir o julgamento para um órgão de maior composição que, ao julgar caso, irá firmar um precedente obrigatório. Complementam:

Não basta, porém, que a questão seja relevante. É preciso, ainda, que haja grande repercussão social. (...) Ao lado disso, há também um pressuposto negativo. Não cabe o incidente de assunção de competência se houver repetição da discussão em múltiplos processos. A existência de múltiplos processos convoca a instauração de instrumentos destinados ao julgamento de causas repetitivas, que compreendem o incidente de resolução de demandas repetitivas ou os recursos repetitivos. (...)

209. BRASIL. Lei nº 13.105, de 16 de março de 2015. *Código de Processo Civil.*

210. BRASIL. Lei nº 13.105, de 16 de março de 2015. *Código de Processo Civil.*

211. MEDINA, José Miguel Garcia. Código de processo civil comentado. 8 ed. São Paulo: Thomson Reuters Brasil, 2022, p. 1.125.

212. MEDINA, José Miguel Garcia. Código de processo civil comentado. 8 ed. São Paulo: Thomson Reuters Brasil, 2022, p. 1.125.

213. DIDIER JUNIOR, Fredie; CUNHA, Leonardo Carneiro da. Curso de direito processual civil: meios de impugnação às Decisões Judiciais e Processos nos Tribunais. 15 ed. Salvador: Juspodivm, 2018, p. 783.

Segundo Führer & Führer[214] o mesmo pode ocorrer sempre que seja conveniente a prevenção ou a composição de divergência entre órgãos do mesmo tribunal, conforme previsão do §4º do artigo 947 do CPC:

> **§4º Aplica-se o disposto neste artigo quando ocorrer relevante questão de direito a respeito da qual seja conveniente a prevenção ou a composição de divergência entre câmaras ou turmas do tribunal.**[215]

2.3 Procedimento:

O incidente tem início por proposta do relator, de ofício ou mediante requerimento da parte ou do Ministério Público, para que o feito seja remetido para julgamento pelo órgão colegiado que o Regimento Interno do tribunal indicar. [216]Previsão do §1º do artigo 947 do CPC:

> **§1º Ocorrendo a hipótese de assunção de competência, o relator proporá, de ofício ou a requerimento da parte, do Ministério Público ou da Defensoria Pública, que seja o recurso, a remessa necessária ou o processo de competência originária julgado pelo órgão colegiado que o regimento indicar.**

Conforme ensina Medina[217] o julgamento proferido com base no incidente de assunção de competência vinculará todos os juízos e órgãos fracionários, exceto se houver revisão de tese, inclusive cabendo reclamação contra a decisão que não respeitar, consoante artigo 988, inciso IV do CPC.

Sobre o incidente, Diddier Junior e Cunha[218] referem que "o incidente de assunção de competência provoca a transferência da competência. O recurso, a remessa necessária ou o processo de competência originária, que seria julgado por um órgão fracionário, passará, em razão da assunção de competência, a ser julgado por um órgão de maior composição, indicado no regimento interno (...)"

214. FÜHRER, Maximilianus Cláudio Américo; FÜHRER Maximiliano Roberto Ernesto. Resumo de processo civil. 41 ed. São Paulo: Malheiros, 2016, P. 186.

215. BRASIL. Lei nº 13.105, de 16 de março de 2015. *Código de Processo Civil.*

216. FÜHRER, Maximilianus Cláudio Américo; FÜHRER Maximiliano Roberto Ernesto. Resumo de processo civil. 41 ed. São Paulo: Malheiros, 2016, P. 186.

217. MEDINA, José Miguel Garcia. Código de processo civil comentado. 8 ed. São Paulo: Thomson Reuters Brasil, 2022, p. 1.125.

218. DIDIER JUNIOR, Fredie; CUNHA, Leonardo Carneiro da. Curso de direito processual civil: meios de impugnação às Decisões Judiciais e Processos nos Tribunais. 15 ed. Salvador: Juspodivm, 2018, p. 786-787.

3. DO INCIDENTE DE ARGUIÇÃO DE INCONSTITUCIONALIDADE

3.1 Fundamento legal: Previsão dos artigos 948 a 950 do CPC.

3.2 Conceito e procedimento:

Para explicar o incidente de arguição de inconstitucionalidade, Medina (2022, p. 1.126) faz referência ao artigo 97 da CF, que traz:

> Art. 97. Somente pelo voto da maioria absoluta de seus membros ou dos membros do respectivo órgão especial poderão os tribunais declarar a inconstitucionalidade de lei ou ato normativo do Poder Público.[219]
>
> Segundo Medina[220] tal regra constitucional afirma o princípio da presunção de validade dos atos normativos, sendo que tal somente poderia ser desfeita nos termos do artigo 97 da CF. Logo, conforme ensina o autor"os artigos 948 a 950 do CPC/2015 dispõem sobre o procedimento a ser observado a fim de que se concretize o comando previsto no art. 947 da Constituição. O incidente de arguição de inconstitucionalidade tem lugar quando se alegar, incidentalmente, a inconstitucionalidade de lei ou ato normativo (evidentemente, não tem lugar o incidente, em se tratando de controle concentrado de constitucionalidade (...)".
>
> No mesmo sentido, lecionam Didier Junior e Cunha[221]: "trata-se de regra que estabelece um quórum qualificado para o reconhecimento da inconstitucionalidade no âmbito dos tribunais (...)". O incidente de arguição de inconstitucionalidade em tribunal é o meio processual previsto para regulamentar esse dispositivo constitucional. Esse incidente serve ao controle difuso de constitucionalidade (art. 948, CPC) e aplica-se em todos os tribunais brasileiros".

Verifica-se a previsão do artigo 948 do CPC:

> Art. 948. Arguida, em controle difuso, a inconstitucionalidade de lei ou de ato normativo do poder público, o relator, após ouvir o Ministério Público e as partes, submeterá a questão à turma ou à câmara à qual competir o conhecimento do processo.[222]

O artigo 949 do CPC estabelece se a arguição for admitida ou rejeitada:

219. BRASIL, 1988. Constituição Federal.

220. MEDINA, José Miguel Garcia. Código de processo civil comentado. 8 ed. São Paulo: Thomson Reuters Brasil, 2022, p. 1.126.

221. DIDIER JUNIOR, Fredie; CUNHA, Leonardo Carneiro da. Curso de direito processual civil: meios de impugnação às Decisões Judiciais e Processos nos Tribunais. 15 ed. Salvador: Juspodivm, 2018, p. 793.

222. BRASIL. Lei nº 13.105, de 16 de março de 2015. *Código de Processo Civil.*

Art. 949. Se a arguição for:

I - rejeitada, prosseguirá o julgamento;

II - acolhida, a questão será submetida ao plenário do tribunal ou ao seu órgão especial, onde houver.

Parágrafo único. Os órgãos fracionários dos tribunais não submeterão ao plenário ou ao órgão especial a arguição de inconstitucionalidade quando já houver pronunciamento destes ou do plenário do Supremo Tribunal Federal sobre a questão.[223]

O artigo 950 do CPC estabelece por sua vez acerca do julgamento do incidente de arguição de inconstitucionalidade:

Art. 950. Remetida cópia do acórdão a todos os juízes, o presidente do tribunal designará a sessão de julgamento.

§ 1º As pessoas jurídicas de direito público responsáveis pela edição do ato questionado poderão manifestar-se no incidente de inconstitucionalidade se assim o requererem, observados os prazos e as condições previstos no regimento interno do tribunal.

§ 2º A parte legitimada à propositura das ações previstas no art. 103 da Constituição Federal poderá manifestar-se, por escrito, sobre a questão constitucional objeto de apreciação, no prazo previsto pelo regimento interno, sendo-lhe assegurado o direito de apresentar memoriais ou de requerer a juntada de documentos.

§ 3º Considerando a relevância da matéria e a representatividade dos postulantes, o relator poderá admitir, por despacho irrecorrível, a manifestação de outros órgãos ou entidades.[224]

No que tange ao julgamento do incidente, Medina[225] ensina: "o julgamento do incidente observará o procedimento previsto no art. 950 do CPC/2015, que admite a manifestação dos entes responsáveis pelo ato normativo questionado, dos legitimados para a propositura de ação direta de inconstitucionalidade ou declaratória de inconstitucionalidade e de outros órgãos ou entidades, como amici curiae (cf. §§1º a 3º do art. 950 do CPC/2015)".

Complementa Medina[226] que decidido o incidente de arguição de inconstitucionalidade pelo órgão competente, a solução encontrada será observada pelo órgão fracionário perante o qual a questão foi arguida, havendo prosseguimento do feito.

223. BRASIL Lei nº 13.105, de 16 de março de 2015. *Código de Processo Civil*.

224. BRASIL Lei nº 13.105, de 16 de março de 2015. *Código de Processo Civil*.

225. MEDINA, José Miguel Garcia. Código de processo civil comentado. 8 ed. São Paulo: Thomson Reuters Brasil, 2022, p. 1.130.

226. MEDINA, José Miguel Garcia. Código de processo civil comentado. 8 ed. São Paulo: Thomson Reuters Brasil, 2022, p. 1.130.

4. DO CONFLITO DE COMPETÊNCIA

4.1 Previsão Legal

Artigos 951 a 959 do Código de Processo Civil.

Ocorre conflito de competência nas hipóteses do artigo 66 do CPC:

Art. 66. Há conflito de competência quando:

I - 2 (dois) ou mais juízes se declaram competentes;

II - 2 (dois) ou mais juízes se consideram incompetentes, atribuindo um ao outro a competência;

III - entre 2 (dois) ou mais juízes surge controvérsia acerca da reunião ou separação de processos.

Parágrafo único. O juiz que não acolher a competência declinada deverá suscitar o conflito, salvo se a atribuir a outro juízo.[227]

4.2 Legitimidade para suscitar Conflito de Competência:

O conflito de competência, conforme o artigo 951 do CPC, pode ser suscitado pela PARTE, pelo JUIZ ou pelo Ministério Público:

Art. 951. O conflito de competência pode ser suscitado por qualquer das partes, pelo Ministério Público ou pelo juiz.

Parágrafo único. O Ministério Público somente será ouvido nos conflitos de competência relativos aos processos previstos no art. 178, mas terá qualidade de parte nos conflitos que suscitar.[228]

Consoante previsão do parágrafo único do artigo 951 do CPC, quando o Ministério Público não suscitar o conflito de competência, será ouvido se presentes as hipóteses do artigo 178 do CPC.[229]

O artigo 952 do CPC estabelece que a parte que arguiu incompetência relativa no processo não pode suscitar conflito de competência. Por sua vez, o parágrafo único refere que o conflito de competência não obsta a parte que não o arguiu alegar incompetência:

Art. 952. Não pode suscitar conflito a parte que, no processo, arguiu incompetência relativa.

Parágrafo único. O conflito de competência não obsta, porém, a que a parte que não o arguiu suscite a incompetência.[230]

227. BRASIL. Lei nº 13.105, de 16 de março de 2015. *Código de Processo Civil*.

228. BRASIL. Lei nº 13.105, de 16 de março de 2015. *Código de Processo Civil*.

229. MEDINA, José Miguel Garcia. Código de processo civil comentado. 8 ed. São Paulo: Thomson Reuters Brasil, 2022, p. 1.131.

230. BRASIL. Lei nº 13.105, de 16 de março de 2015. *Código de Processo Civil*.

4.3 Competência:

O conflito de competência será suscitado ao Tribunal, seja pelo Juiz por ofício ou pela parte ou Ministério Público por meio de petição.

Esse ofício ou petição devem ser instruídos com documentos necessários para a prova do conflito.

Previsão do artigo 953 do CPC:

> Art. 953. O conflito será suscitado ao tribunal:
>
> I - pelo juiz, por ofício;
>
> II - pela parte e pelo Ministério Público, por petição.
>
> Parágrafo único. O ofício e a petição serão instruídos com os documentos necessários à prova do conflito. [231]

Conforme ensina Medina[232] a competência para julgar o conflito não é regulada totalmente pelo Código de Processo Civil, no sentido de se ter várias disposições constitucionais. Nesse sentido, verificar a competência do STF (art. 102, inciso I, alínea "o" da CF); do STJ (art. 105, inciso I, alínea "d" da CF); e dos Tribunais Regionais Federais (art. 108, inciso I, alínea "e" da CF):

- Competência do STF:

> Art. 102. Compete ao Supremo Tribunal Federal, precipuamente, a guarda da Constituição, cabendo-lhe:
>
> I - processar e julgar, originariamente:
>
> o) os conflitos de competência entre o Superior Tribunal de Justiça e quaisquer tribunais, entre Tribunais Superiores, ou entre estes e qualquer outro tribunal;[233]

- Competência do STJ:

> Art. 105. Compete ao Superior Tribunal de Justiça:
>
> I - processar e julgar, originariamente:
>
> d) os conflitos de competência entre quaisquer tribunais, ressalvado o disposto no art. 102, I, "o", bem como entre tribunal e juízes a ele não vinculados e entre juízes vinculados a tribunais diversos;[234]

- Competência do TRF:

> Art. 108. Compete aos Tribunais Regionais Federais:
>
> I - processar e julgar, originariamente:
>
> e) os conflitos de competência entre juízes federais vinculados ao Tribunal;[235]

231. BRASIL. Lei nº 13.105, de 16 de março de 2015. *Código de Processo Civil.*
232. MEDINA, José Miguel Garcia. Código de processo civil comentado. 8 ed. São Paulo: Thomson Reuters Brasil, 2022, p. 1.131-1.132.
233. BRASIL, 1988. Constituição Federal.
234. BRASIL, 1988. Constituição Federal.
235. BRASIL, 1988. Constituição Federal.

4.4 Procedimento:

Consoante previsão do artigo 954 do CPC, após a distribuição, o relator determinará a oitiva dos juízes em conflito. Caso um dos juízes por o suscitante será determinada a oitiva apenas do suscitado. Ainda, conforme o parágrafo único do artigo 954 do CPC, no prazo designado pelo relator, devem os juízes ou o juiz prestar as informações:

> Art. 954. Após a distribuição, o relator determinará a oitiva dos juízes em conflito ou, se um deles for suscitante, apenas do suscitado.
>
> Parágrafo único. No prazo designado pelo relator, incumbirá ao juiz ou aos juízes prestar as informações.[236]

Observa-se ainda a previsão do artigo 955 do CPC sobre o sobrestamento do processo, e a possibilidade de o relator decidir de plano o conflito, caso ocorra uma das situações dos incisos do artigo 955 do CPC:

> Art. 955. O relator poderá, de ofício ou a requerimento de qualquer das partes, determinar, quando o conflito for positivo, o sobrestamento do processo e, nesse caso, bem como no de conflito negativo, designará um dos juízes para resolver, em caráter provisório, as medidas urgentes.
>
> Parágrafo único. O relator poderá julgar de plano o conflito de competência quando sua decisão se fundar em:
>
> I - súmula do Supremo Tribunal Federal, do Superior Tribunal de Justiça ou do próprio tribunal;
>
> II - tese firmada em julgamento de casos repetitivos ou em incidente de assunção de competência.[237]

Seguindo, o artigo 956 do CPC dispõe que uma vez decorrido o prazo designado pelo relator, será ouvido o Ministério Público, no prazo de 5 (cinco) dias, ainda que as informações não tenham sido prestadas, e, em seguida, o conflito irá a julgamento.

> Art. 956. Decorrido o prazo designado pelo relator, será ouvido o Ministério Público, no prazo de 5 (cinco) dias, ainda que as informações não tenham sido prestadas, e, em seguida, o conflito irá a julgamento.[238]

Consoante o artigo 957 do CPC ao se decidir o conflito de competência, o Tribunal declarará qual o juízo competente pronunciando-se também acerca da validade dos atos praticados pelo juízo incompetente:

236. BRASIL. Lei nº 13.105, de 16 de março de 2015. *Código de Processo Civil.*
237. BRASIL. Lei nº 13.105, de 16 de março de 2015. *Código de Processo Civil.*
238. BRASIL. Lei nº 13.105, de 16 de março de 2015. *Código de Processo Civil.*

> Art. 957. Ao decidir o conflito, o tribunal declarará qual o juízo competente, pronunciando-se também sobre a validade dos atos do juízo incompetente.
>
> Parágrafo único. Os autos do processo em que se manifestou o conflito serão remetidos ao juiz declarado competente.[239]

No que ensina Medina[240], havendo conflito de competência entre órgãos fracionários de um tribunal, o procedimento observará o disposto no regimento interno do Tribunal, e no que couber, o estabelecido nos artigos 951 e seguintes do CPC:

> Art. 958. No conflito que envolva órgãos fracionários dos tribunais, desembargadores e juízes em exercício no tribunal, observar-se-á o que dispuser o regimento interno do tribunal.[241]

Por fim, Medina[242] refere que o conflito de atribuições pode ser interno (entre autoridades que integram o mesmo poder, tal como ocorre por exemplo no caso de conflito de competência entre órgãos judiciais) ou externo (autoridades vinculadas a poderes distintos). Assim, o artigo 959 do CPC se refere a conflito de atribuições externo. Nesse sentido prevê o artigo 959 do CPC:

> Art. 959. O regimento interno do tribunal regulará o processo e o julgamento do conflito de atribuições entre autoridade judiciária e autoridade administrativa.[243]

5. DA HOMOLOGAÇÃO DE DECISÃO ESTRANGEIRA E DA CONCESSÃO DE EXEQUATUR À CARTA ROGATÓRIA

A homologação de decisão estrangeira e concessão de exequatur a carta rogatória encontram-se previstas nos artigos 960 a 965 do CPC.

Consoante ensina Medina[244] a cooperação jurídica internacional para execução de DECISÃO ESTRANGEIRA DÁ-SE POR MEIO DA AÇÃO DE HOMOLOGAÇÃO e da CARTA ROGATÓRIA, conforme artigo 40 do CPC, cujo procedimento encontra-se regulado nos artigos 960 a 965 do CPC, devendo-se observar o que dispõe também os tratados vigentes no Brasil e o Regimento Interno do STJ.

Veja-se o artigo 40 do CPC:

> Art. 40. A cooperação jurídica internacional para execução de decisão estrangeira dar-se-á por meio de carta rogatória ou de ação de homologação de sentença estrangeira, de acordo com o art. 960 .[245]
>
> Art. 960. A homologação de decisão estrangeira será requerida por ação de homologação de decisão estrangeira, salvo disposição especial em sentido contrário prevista em tratado.
>
> § 1º A decisão interlocutória estrangeira poderá ser executada no Brasil por meio de carta rogatória.
>
> § 2º A homologação obedecerá ao que dispuserem os tratados em vigor no Brasil e o Regimento Interno do Superior Tribunal de Justiça.
>
> § 3º A homologação de decisão arbitral estrangeira obedecerá ao disposto em tratado e em lei, aplicando-se, subsidiariamente, as disposições deste Capítulo.[246]

O que se verifica é que conforme o artigo 960 do CPC a homologação de decisão estrangeira será requerida por ação de homologação de decisão estrangeira, salvo disposição especial em sentido contrário prevista em tratado. Ainda, consoante o §3º do artigo 960 do CPC, homologação de decisão ARBITRAL estrangeira obedecerá ao disposto em tratado e em lei, aplicando-se de forma subsidiária as regras do 960 e seguintes do CPC.

Medina[247] (2022, p. 1.135) comenta que as decisões arbitrais estrangeiras são recepcionadas pelo direito brasileiro (conforme artigo 36 da Lei 9.307/96) e sua homologação será processada nos termos do artigo 960 e seguintes do CPC. Ainda, o artigo 34, parágrafo único da Lei 9.307/96 considera estrangeira a SENTENÇA ARBITRAL QUE TENHA SIDO PROFERIDA FORA DO TERRITÓRIO NACIONAL.

Comentando o artigo 961 do CPC, Medina[248] aduz que as decisões estrangeiras produzem efeitos no Brasil, como regra, apenas após a homologação ou a concessão de exequatur, conforme artigo 961 e artigo 105, inciso I, i da CF:

> Art. 105. Compete ao Superior Tribunal de Justiça:
>
> I - processar e julgar, originariamente:

---

239. BRASIL. Lei nº 13.105, de 16 de março de 2015. *Código de Processo Civil.*
240. MEDINA, José Miguel Garcia. Código de processo civil comentado. 8 ed. São Paulo: Thomson Reuters Brasil, 2022, p. 1.134.
241. BRASIL. Lei nº 13.105, de 16 de março de 2015. *Código de Processo Civil.*
242. MEDINA, José Miguel Garcia. Código de processo civil comentado. 8 ed. São Paulo: Thomson Reuters Brasil, 2022, p. 1.134.
243. BRASIL. Lei nº 13.105, de 16 de março de 2015. *Código de Processo Civil.*
244. MEDINA, José Miguel Garcia. Código de processo civil comentado. 8 ed. São Paulo: Thomson Reuters Brasil, 2022, p. 1.135.
245. BRASIL. Lei nº 13.105, de 16 de março de 2015. *Código de Processo Civil.*
246. BRASIL. Lei nº 13.105, de 16 de março de 2015. *Código de Processo Civil.*
247. MEDINA, José Miguel Garcia. Código de processo civil comentado. 8 ed. São Paulo: Thomson Reuters Brasil, 2022, p. 1.135.
248. MEDINA, José Miguel Garcia. Código de processo civil comentado. 8 ed. São Paulo: Thomson Reuters Brasil, 2022, p. 1.136.

i) a homologação de sentenças estrangeiras e a concessão de exequatur às cartas rogatórias;[249]

Nesse sentido, o artigo 961 do CPC:

Art. 961. A decisão estrangeira somente terá eficácia no Brasil após a homologação de sentença estrangeira ou a concessão do exequatur às cartas rogatórias, salvo disposição em sentido contrário de lei ou tratado.

§ 1º É passível de homologação a decisão judicial definitiva, bem como a decisão não judicial que, pela lei brasileira, teria natureza jurisdicional.

§ 2º A decisão estrangeira poderá ser homologada parcialmente.

§ 3º A autoridade judiciária brasileira poderá deferir pedidos de urgência e realizar atos de execução provisória no processo de homologação de decisão estrangeira.

§ 4º Haverá homologação de decisão estrangeira para fins de execução fiscal quando prevista em tratado ou em promessa de reciprocidade apresentada à autoridade brasileira.

§ 5º A sentença estrangeira de divórcio consensual produz efeitos no Brasil, independentemente de homologação pelo Superior Tribunal de Justiça.

§ 6º Na hipótese do § 5º, competirá a qualquer juiz examinar a validade da decisão, em caráter principal ou incidental, quando essa questão for suscitada em processo de sua competência.[250]

No que tange ao artigo 962 do CPC, "as decisões estrangeiras que concedam tutela de urgência são executadas, no Brasil, através de carta rogatória, após o exequatur (...). Nos casos em que se dispensa a homologação de decisão estrangeira (cf. §§5º e 6º do art. 961 do CPC/2015), a validade da decisão estrangeira (e não o juízo sobre a urgência, cf. §3º do art. 962) que conceder medida de urgência será averiguada pelo juiz competente, dispensada a homologação pelo STJ (cf. §4º do art. 962 do CPC/2015)".[251]

O artigo 963 do CPC estabelece os requisitos necessários à homologação da decisão, quais sejam:

Art. 963. Constituem requisitos indispensáveis à homologação da decisão:

I - ser proferida por autoridade competente;

II - ser precedida de citação regular, ainda que verificada a revelia;

III - ser eficaz no país em que foi proferida;

IV - não ofender a coisa julgada brasileira;

V - estar acompanhada de tradução oficial, salvo disposição que a dispense prevista em tratado;

VI - não conter manifesta ofensa à ordem pública.

Parágrafo único. Para a concessão do exequatur às cartas rogatórias, observar-se-ão os pressupostos previstos no caput deste artigo e no art. 962, § 2º.[252]

Quando a competência for exclusiva da autoridade judiciária brasileira não será homologada a decisão estrangeira, consoante previsão do artigo 964 do CPC:

Art. 964. Não será homologada a decisão estrangeira na hipótese de competência exclusiva da autoridade judiciária brasileira.

Parágrafo único. O dispositivo também se aplica à concessão do exequatur à carta rogatória.[253]

Sobre o aludido dispositivo, Medina[254] refere que "não se admite homologação de decisão estrangeira que verse sobre tema que deveria ter sido objeto de decisão por autoridade judiciária brasileira (cf. art. 23 do CPC)".

Por fim, observa-se o artigo 965 do CPC que estabelece que o cumprimento de decisão estrangeira será feito perante o juízo federal competente:

Art. 965. O cumprimento de decisão estrangeira far-se-á perante o juízo federal competente, a requerimento da parte, conforme as normas estabelecidas para o cumprimento de decisão nacional.

Parágrafo único. O pedido de execução deverá ser instruído com cópia autenticada da decisão homologatória ou do exequatur , conforme o caso.[255]

6. DA AÇÃO RESCISÓRIA

6.1 Fundamento Legal: Arts. 966 a 975 do CPC

6.2 Conceito e cabimento:

No que tange ao cabimento da ação rescisória, Lourenço[256] ensina que nesta trata-se de uma "ação autônoma de impugnação, constitutiva negativa ou desconstitutiva, formando uma nova relação jurídica processual, que tem por objetivo rescindir decisão judicial transitada em julgado e, se for o caso, dar ensejo a um novo julgamento da causa".

249. BRASIL, 1988. Constituição Federal.
250. BRASIL. Lei nº 13.105, de 16 de março de 2015. *Código de Processo Civil*.
251. MEDINA, José Miguel Garcia. Código de processo civil comentado. 8 ed. São Paulo: Thomson Reuters Brasil, 2022, p. 1.137.
252. BRASIL. Lei nº 13.105, de 16 de março de 2015. *Código de Processo Civil*.
253. BRASIL. Lei nº 13.105, de 16 de março de 2015. *Código de Processo Civil*.
254. MEDINA, José Miguel Garcia. Código de processo civil comentado. 8 ed. São Paulo: Thomson Reuters Brasil, 2022, p. 1.138.
255. BRASIL. Lei nº 13.105, de 16 de março de 2015. *Código de Processo Civil*.
256. LOURENÇO, Haroldo. Processo civil sistematizado. 3. Ed. Rio de Janeiro: Forense, 2017, p. 656.

A ação rescisória é uma ação autônoma e formará uma nova relação jurídica processual, possuindo dois propósitos, quais sejam: i) rescisão da decisão e, ii) se for o caso, rejulgamento da causa. Frisa Lourenço[257] que nem sempre será cabível o rejulgamento, porém, quando for cabível, haverá uma cumulação sucessiva de pedidos, em que primeiro será analisado o pedido de rescisão e, sucessivamente, o de novo julgamento. Ainda, "doutrinariamente, o pedido de rescisão é chamado de iuditio rescindens (juízo rescindente); já o pedido de rejulgamento é chamado de iuditio rescissorium (juízo rescisório".

6.3 Hipóteses de cabimento da ação rescisória:

As hipóteses de cabimento da ação rescisória estão no artigo 966 do CPC:

> Art. 966. A decisão de mérito, transitada em julgado, pode ser rescindida quando:
>
> I - se verificar que foi proferida por força de prevaricação, concussão ou corrupção do juiz;
>
> II - for proferida por juiz impedido ou por juízo absolutamente incompetente;
>
> III - resultar de dolo ou coação da parte vencedora em detrimento da parte vencida ou, ainda, de simulação ou colusão entre as partes, a fim de fraudar a lei;
>
> IV - ofender a coisa julgada;
>
> V - violar manifestamente norma jurídica;
>
> VI - for fundada em prova cuja falsidade tenha sido apurada em processo criminal ou venha a ser demonstrada na própria ação rescisória;
>
> VII - obtiver o autor, posteriormente ao trânsito em julgado, prova nova cuja existência ignorava ou de que não pôde fazer uso, capaz, por si só, de lhe assegurar pronunciamento favorável;
>
> VIII - for fundada em erro de fato verificável do exame dos autos.
>
> § 1º Há erro de fato quando a decisão rescindenda admitir fato inexistente ou quando considerar inexistente fato efetivamente ocorrido, sendo indispensável, em ambos os casos, que o fato não represente ponto controvertido sobre o qual o juiz deveria ter se pronunciado.
>
> § 2º Nas hipóteses previstas nos incisos do caput , será rescindível a decisão transitada em julgado que, embora não seja de mérito, impeça:
>
> I - nova propositura da demanda; ou
>
> II - admissibilidade do recurso correspondente.
>
> § 3º A ação rescisória pode ter por objeto apenas 1 (um) capítulo da decisão.
>
> § 4º Os atos de disposição de direitos, praticados pelas partes ou por outros participantes do processo e homologados pelo juízo, bem como os atos homologatórios praticados no curso da execução, estão sujeitos à anulação, nos termos da lei.
>
> § 5º Cabe ação rescisória, com fundamento no inciso V do caput deste artigo, contra decisão baseada em enunciado de súmula ou acórdão proferido em julgamento de casos repetitivos que não tenha considerado a existência de distinção entre a questão discutida no processo e o padrão decisório que lhe deu fundamento.
>
> § 6º Quando a ação rescisória fundar-se na hipótese do § 5º deste artigo, caberá ao autor, sob pena de inépcia, demonstrar, fundamentadamente, tratar-se de situação particularizada por hipótese fática distinta ou de questão jurídica não examinada, a impor outra solução jurídica.[258]

De início é de se destacar que se exige o trânsito em julgado para a propositura da ação rescisória. Trânsito em julgado ocorre quando não se torna mais possível interpor recurso. Caso ainda seja possível interpor recurso, Lourenço[259] afirma que carecerá o demandante de interesse de agir para a propositura da rescisória.

O artigo 966 traz as hipóteses que autorizam o cabimento da ação rescisória:

> I - se verificar que foi proferida por força de prevaricação, concussão ou corrupção do juiz;
>
> II - for proferida por juiz impedido ou por juízo absolutamente incompetente;
>
> III - resultar de dolo ou coação da parte vencedora em detrimento da parte vencida ou, ainda, de simulação ou colusão entre as partes, a fim de fraudar a lei;
>
> IV - ofender a coisa julgada;
>
> V - violar manifestamente norma jurídica;
>
> VI - for fundada em prova cuja falsidade tenha sido apurada em processo criminal ou venha a ser demonstrada na própria ação rescisória;
>
> VII - obtiver o autor, posteriormente ao trânsito em julgado, prova nova cuja existência ignorava ou de que não pôde fazer uso, capaz, por si só, de lhe assegurar pronunciamento favorável;
>
> VIII - for fundada em erro de fato verificável do exame dos autos;

Cabe ainda ressaltar que a ação rescisória serve para atacar, de regra, decisão de mérito transitado em julgado. Porém, pode também ser utilizada contra

257. LOURENÇO, Haroldo. Processo civil sistematizado. 3. Ed. Rio de Janeiro: Forense, 2017, p. 656

258. BRASIL. Lei nº 13.105, de 16 de março de 2015. *Código de Processo Civil*.

259. LOURENÇO, Haroldo. Processo civil sistematizado. 3. Ed. Rio de Janeiro: Forense, 2017, p. 572.

decisão que não tenha examinado o mérito, conforme o §2º do artigo 966 do CPC. Nesse sentido, Didier Junior e Cunha[260] lecionam que o inciso I do §2º do artigo 966 do CPC cuida de decisões que não são de mérito, mas que acabam por impedir a propositura de nova demanda. Além disso, conforme o inciso II do §2º do artigo 966 do CPC também cabe rescisória contra decisão de inadmissibilidade do recurso.

6.4 Legitimidade para a ação rescisória:

A legitimidade para a ação rescisória encontra-se prevista no artigo 967 do CPC:

> Art. 967. Têm legitimidade para propor a ação rescisória:
>
> I - quem foi parte no processo ou o seu sucessor a título universal ou singular;
>
> II - o terceiro juridicamente interessado;
>
> III - o Ministério Público:
>
> a) se não foi ouvido no processo em que lhe era obrigatória a intervenção;
>
> b) quando a decisão rescindenda é o efeito de simulação ou de colusão das partes, a fim de fraudar a lei;
>
> c) em outros casos em que se imponha sua atuação;
>
> IV - aquele que não foi ouvido no processo em que lhe era obrigatória a intervenção.
>
> Parágrafo único. Nas hipóteses do art. 178 , o Ministério Público será intimado para intervir como fiscal da ordem jurídica quando não for parte. [261]

Referente à legitimidade para requerer a ação rescisória, Lourenço[262] ensina que este pode ser proposta pelas partes do processo originário, seja na condição de autor, réu, terceiro. Da mesma forma, ainda que réu tenha sido revel ou que o terceiro não tenha intervindo, se admite a rescisória.

Se permite a sucessão inter vivos ou causa mortis, tendo ocorrido antes ou depois do encerramento do processo a ser rescindido. O Ministério Público pode propor a ação rescisória como fiscal da ordem jurídica, pois como parte, segundo Lourenço[263] (2017, p. 584) já estaria na legitimidade do inciso I do artigo 967 do CPC.

260. DIDIER JUNIOR, Fredie; CUNHA, Leonardo Carneiro da. Curso de direito processual civil: meios de impugnação às Decisões Judiciais e Processos nos Tribunais. 15 ed. Salvador: Juspodivm, 2018, p. 501.

261. BRASIL. Lei nº 13.105, de 16 de março de 2015. *Código de Processo Civil.*

262. LOURENÇO, Haroldo. Processo civil sistematizado. 3. Ed. Rio de Janeiro: Forense, 2017, p. 583.

263. LOURENÇO, Haroldo. Processo civil sistematizado. 3. Ed. Rio de Janeiro: Forense, 2017, p. 584.

6.5 Requisitos da petição inicial da ação rescisória:

Os requisitos da petição inicial da ação rescisória estão previstos no artigo 968 do CPC:

> Art. 968. A petição inicial será elaborada com observância dos requisitos essenciais do art. 319 , devendo o autor:
>
> I - cumular ao pedido de rescisão, se for o caso, o de novo julgamento do processo;
>
> II - depositar a importância de cinco por cento sobre o valor da causa, que se converterá em multa caso a ação seja, por unanimidade de votos, declarada inadmissível ou improcedente.
>
> § 1º Não se aplica o disposto no inciso II à União, aos Estados, ao Distrito Federal, aos Municípios, às suas respectivas autarquias e fundações de direito público, ao Ministério Público, à Defensoria Pública e aos que tenham obtido o benefício de gratuidade da justiça.
>
> § 2º O depósito previsto no inciso II do caput deste artigo não será superior a 1.000 (mil) salários-mínimos.
>
> § 3º Além dos casos previstos no art. 330 , a petição inicial será indeferida quando não efetuado o depósito exigido pelo inciso II do caput deste artigo.
>
> § 4º Aplica-se à ação rescisória o disposto no art. 332 .
>
> § 5º Reconhecida a incompetência do tribunal para julgar a ação rescisória, o autor será intimado para emendar a petição inicial, a fim de adequar o objeto da ação rescisória, quando a decisão apontada como rescindenda:
>
> I - não tiver apreciado o mérito e não se enquadrar na situação prevista no § 2º do art. 966 ;
>
> II - tiver sido substituída por decisão posterior.
>
> § 6º Na hipótese do § 5º, após a emenda da petição inicial, será permitido ao réu complementar os fundamentos de defesa, e, em seguida, os autos serão remetidos ao tribunal competente.[264]

A petição inicial da ação rescisória observa os requisitos gerais dos artigos 319 e 320 do CPC, além dos específicos do artigo 968 do CPC. De início, conforme ressalta Lourenço o endereçamento da inicial será sempre a um tribunal. Poderá, haver ainda, uma cumula sucessiva de pedidos, caso haja o pedido de rescisão do julgado, bem como o de novo julgamento. [265]

O artigo 968 do CPC exige o depósito de 5% do valor da causa, o qual será revertido em multa em favor do réu, caso a ação seja por unanimidade de

264. BRASIL. Lei nº 13.105, de 16 de março de 2015. *Código de Processo Civil.*

265. LOURENÇO, Haroldo. Processo civil sistematizado. 3. Ed. Rio de Janeiro: Forense, 2017, p. 588.

votos julgada improcedente ou inadmissível, conforme artigo 968, inciso II do CPC. Sobre a multa complementa Lourenço[266]: "a lei estabeleceu uma forma de desestímulo à propositura da ação rescisória, pois, além das custas, honorários, há o risco do demandante perder mais 5% sobre o valor da causa. Interessante que tal depósito não poderá ser superior a 1.000 salários mínimos (art. 968, §2º)".

Além disso, esse depósito de 5% não é exigido da União, dos Estados, do Distrito Federal, dos Municípios e de suas respectivas autarquias e fundações de direito público, do Ministério Público, da Defensoria Pública e dos que tenham o benefício da gratuidade da justiça.

6.6 Da tutela provisória:

> Art. 969. A propositura da ação rescisória não impede o cumprimento da decisão rescindenda, ressalvada a concessão de tutela provisória.[267]

O fato de ter sido proposta a ação rescisória não impede a execução da decisão a ser rescindida, pois não possui efeito suspensivo, porém, admite-se por meio da tutela provisória.[268]

6.7 Do Procedimento da Ação Rescisória:

> Art. 970. O relator ordenará a citação do réu, designando-lhe prazo nunca inferior a 15 (quinze) dias nem superior a 30 (trinta) dias para, querendo, apresentar resposta, ao fim do qual, com ou sem contestação, observar-se-á, no que couber, o procedimento comum.[269]

Consoante previsão do artigo 970 do CPC, o prazo para o réu responder a ação rescisória será determinado pelo relator, em um prazo não inferior a 15 dias e nem superior a 30 dias.[270]. Passado o prazo da resposta, com ou sem contestação, observar-se-á, no que couber, o procedimento comum.

O artigo 972 do CPC estabelece sobre a produção de provas na ação rescisória:

> Art. 972. Se os fatos alegados pelas partes dependerem de prova, o relator poderá delegar a competência ao órgão que proferiu a decisão rescindenda, fixando prazo de 1 (um) a 3 (três) meses para a devolução dos autos.[271]

Concluída a instrução, será aberta vista ao autor e ao réu para razões finais, sucessivamente pelo prazo de 10 dias, sendo que em seguida os autos serão conclusos ao relator, para ser realizado o julgamento pelo órgão competente, conforme artigo 973 do CPC:

> Art. 973. Concluída a instrução, será aberta vista ao autor e ao réu para razões finais, sucessivamente, pelo prazo de 10 (dez) dias.
>
> Parágrafo único. Em seguida, os autos serão conclusos ao relator, procedendo-se ao julgamento pelo órgão competente.[272]

Se julgada procedente a ação rescisória, o tribunal rescindirá a decisão e se for o caso, proferirá novo julgamento, determinando ainda a restituição do depósito de 5% feito pelo autor.

Porém, caso for considerada por unanimidade inadmissível ou improcedente, o tribunal determinará a reversão do depósito feito pelo autor em favor do réu:

> Art. 974. Julgando procedente o pedido, o tribunal rescindirá a decisão, proferirá, se for o caso, novo julgamento e determinará a restituição do depósito a que se refere o inciso II do art. 968 .
>
> Parágrafo único. Considerando, por unanimidade, inadmissível ou improcedente o pedido, o tribunal determinará a reversão, em favor do réu, da importância do depósito, sem prejuízo do disposto no § 2º do art. 82 .[273]

6.8 Prazo para propositura da ação rescisória:

A ação rescisória deve ser proposta no prazo estabelecido no artigo 975 do CPC:

> Art. 975. O direito à rescisão se extingue em 2 (dois) anos contados do trânsito em julgado da última decisão proferida no processo.
>
> § 1º Prorroga-se até o primeiro dia útil imediatamente subsequente o prazo a que se refere o caput , quando expirar durante férias forenses, recesso, feriados ou em dia em que não houver expediente forense.
>
> § 2º Se fundada a ação no inciso VII do art. 966, o termo inicial do prazo será a data de descoberta da prova nova, observado o prazo máximo de 5 (cinco)

266. LOURENÇO, Haroldo. Processo civil sistematizado. 3. Ed. Rio de Janeiro: Forense, 2017, p. 589.
267. BRASIL. Lei nº 13.105, de 16 de março de 2015. *Código de Processo Civil.*
268. LOURENÇO, Haroldo. Processo civil sistematizado. 3. Ed. Rio de Janeiro: Forense, 2017, p. 589.
269. BRASIL. Lei nº 13.105, de 16 de março de 2015. *Código de Processo Civil.*
270. LOURENÇO, Haroldo. Processo civil sistematizado. 3. Ed. Rio de Janeiro: Forense, 2017, p. 591.
271. BRASIL. Lei nº 13.105, de 16 de março de 2015. *Código de Processo Civil.*
272. BRASIL. Lei nº 13.105, de 16 de março de 2015. *Código de Processo Civil.*
273. BRASIL. Lei nº 13.105, de 16 de março de 2015. *Código de Processo Civil.*

anos, contado do trânsito em julgado da última decisão proferida no processo.

§ 3º Nas hipóteses de simulação ou de colusão das partes, o prazo começa a contar, para o terceiro prejudicado e para o Ministério Público, que não interveio no processo, a partir do momento em que têm ciência da simulação ou da colusão.[274]

De regra, conforme o caput do artigo 975 do CPC, o prazo para propositura da ação rescisória é de 02 anos contados do trânsito em julgado. Porém, "se a rescisória fora fundada em prova nova (art. 966, VII), o termo inicial do prazo será a data de descoberta de tal prova, observado o prazo máximo de 5 anos, contado do trânsito em julgado da última decisão proferida no processo. Nas hipóteses de simulação ou colusão das partes (art. 966, III, parte final), o prazo começa a contar, para o terceiro prejudicado e para o Ministério Público, que não interveio no processo, a partir do momento em que tem a ciência da simulação ou da colusão".[275]

7. DO INCIDENTE DE RESOLUÇÃO DE DEMANDAS REPETITIVAS

7.1 Fundamento legal:

Art. 976 a 987 do CPC.

7.2 Do cabimento:

Previsão do artigo 976 do CPC:

Art. 976. É cabível a instauração do incidente de resolução de demandas repetitivas quando houver, simultaneamente:

I - efetiva repetição de processos que contenham controvérsia sobre a mesma questão unicamente de direito;

II - risco de ofensa à isonomia e à segurança jurídica.

§ 1º A desistência ou o abandono do processo não impede o exame de mérito do incidente.

§ 2º Se não for o requerente, o Ministério Público intervirá obrigatoriamente no incidente e deverá assumir sua titularidade em caso de desistência ou de abandono.

§ 3º A inadmissão do incidente de resolução de demandas repetitivas por ausência de qualquer de seus pressupostos de admissibilidade não impede que, uma vez satisfeito o requisito, seja o incidente novamente suscitado.

§ 4º É incabível o incidente de resolução de demandas repetitivas quando um dos tribunais superiores, no âmbito de sua respectiva competência, já tiver afetado recurso para definição de tese sobre questão de direito material ou processual repetitiva.

§ 5º Não serão exigidas custas processuais no incidente de resolução de demandas repetitivas.[276]

Sobre a definição do incidente de resolução de demanda repetitiva, ensina Medina[277]: "trata-se de instituto sui generis, plasma-se como incidente, não sendo recurso, nem ação; não serve, diretamente, ao interesse dos litigantes (embora também estes podem pedir sua instauração); mas à concretização da segurança jurídica, evitando instabilidade e proporcionando previsibilidade".

Continua o autor sobre o cabimento do IRDR: "O incidente é cabível quando a mesma questão for objeto de controvérsia (art. 976, I do CPC/2015) em grande quantidade de processos. Para que se possa dizer que a questão é a mesma, em muitos processos, é necessário que sejam elas idênticas, e não apenas semelhante. É indispensável que uma mesma solução seja uniformemente aplicável, em todos os processos, por tratar-se da mesma questão".[278]

Importante mencionar, considerando as disposições do artigo 976 do CPC, que a solução da questão que permite o cabimento do Incidente deve dizer respeito a grande número de processos, em que a questão de direito se repete, de modo que havendo solução diversa em cada um desses processos restaria ofendida a segurança e a isonomia jurídica.[279]

7.3 Do pedido de instauração do incidente:

Art. 977. O pedido de instauração do incidente será dirigido ao presidente de tribunal:

I - pelo juiz ou relator, por ofício;

II - pelas partes, por petição;

III - pelo Ministério Público ou pela Defensoria Pública, por petição.

Parágrafo único. O ofício ou a petição será instruído com os documentos necessários à demonstração do preenchimento dos pressupostos para a instauração do incidente.[280]

274. BRASIL. Lei nº 13.105, de 16 de março de 2015. *Código de Processo Civil*.
275. LOURENÇO, Haroldo. Processo civil sistematizado. 3. Ed. Rio de Janeiro: Forense, 2017, p. 572.
276. BRASIL. Lei nº 13.105, de 16 de março de 2015. *Código de Processo Civil*.
277. MEDINA, José Miguel Garcia. Código de processo civil comentado. 8 ed. São Paulo: Thomson Reuters Brasil, 2022, p. 1.175.
278. MEDINA, José Miguel Garcia. Código de processo civil comentado. 8 ed. São Paulo: Thomson Reuters Brasil, 2022, p. 1.176-1.177.
279. MEDINA, José Miguel Garcia. Código de processo civil comentado. 8 ed. São Paulo: Thomson Reuters Brasil, 2022, p. 1.177.
280. BRASIL. Lei nº 13.105, de 16 de março de 2015. *Código de Processo Civil*.

Segundo ensina Medina[281] podem requerer a instauração do incidente de resolução de demandas repetitivas: o juiz ou relator, de ofício, as partes, o Ministério Público ou a Defensoria Pública, sendo que as partes, o Ministério Público e a Defensoria Pública farão por petição. "O ofício ou a petição são endereçados ao tribunal competente (cf. art. 981 do CPC/2015). O parágrafo único do artigo 976 ainda menciona que o ofício ou a petição devem ser instruídos com os documentos necessários para a demonstração dos requisitos para a instauração do incidente.

7.4 Competência para julgamento do incidente:

> Art. 978. O julgamento do incidente caberá ao órgão indicado pelo regimento interno dentre aqueles responsáveis pela uniformização de jurisprudência do tribunal.
>
> Parágrafo único. O órgão colegiado incumbido de julgar o incidente e de fixar a tese jurídica julgará igualmente o recurso, a remessa necessária ou o processo de competência originária de onde se originou o incidente.[282]

O artigo 978, caput do CPC estabelece que o IRDR deve ser julgado pelo órgão responsável pela uniformização de jurisprudência do tribunal.

7.5 Da publicidade:

Previsão do artigo 979 do CPC:

> Art. 979. A instauração e o julgamento do incidente serão sucedidos da mais ampla e específica divulgação e publicidade, por meio de registro eletrônico no Conselho Nacional de Justiça.
>
> § 1º Os tribunais manterão banco eletrônico de dados atualizados com informações específicas sobre questões de direito submetidas ao incidente, comunicando-o imediatamente ao Conselho Nacional de Justiça para inclusão no cadastro.
>
> § 2º Para possibilitar a identificação dos processos abrangidos pela decisão do incidente, o registro eletrônico das teses jurídicas constantes do cadastro conterá, no mínimo, os fundamentos determinantes da decisão e os dispositivos normativos a ela relacionados.
>
> § 3º Aplica-se o disposto neste artigo ao julgamento de recursos repetitivos e da repercussão geral em recurso extraordinário.[283]

O artigo 979 do CPC estabelece a publicidade do julgamento do incidente, para o fim de viabilizar o conhecimento de todos aqueles que, de alguma forma possam ser afetados pela decisão. Medina[284] ensina ainda que a publicidade permite ainda a participação de pessoas que possam de alguma forma contribuir com a solução da questão.

7.6 Prazo para julgamento do incidente:

> Art. 980. O incidente será julgado no prazo de 1 (um) ano e terá preferência sobre os demais feitos, ressalvados os que envolvam réu preso e os pedidos de habeas corpus .
>
> Parágrafo único. Superado o prazo previsto no caput , cessa a suspensão dos processos prevista no art. 982 , salvo decisão fundamentada do relator em sentido contrário.[285]

Conforme ensina Medina[286] justifica que o incidente terá preferencia de julgamento em razão da ampla repercussão que terá, em relação aos demais processos em que a questão se repetir. Ainda, o referido incidente deverá ser julgado no prazo de 01 ano. Passado o prazo, cessa, em princípio, a suspensão dos processos consoante previsão do artigo 982 do CPC. Porém, a manutenção da suspensão poderá ser determinada pelo relator, por decisão fundamentada, de acordo com o parágrafo único do artigo 980 do CPC.

7.7 Da admissibilidade do incidente:

O artigo 981 do CPC fala sobre o juízo de admissibilidade do incidente:

> Art. 981. Após a distribuição, o órgão colegiado competente para julgar o incidente procederá ao seu juízo de admissibilidade, considerando a presença dos pressupostos do art. 976.[287]

Sobre o juízo de admissibilidade do Incidente, Medina[288] refere que o exame de admissibilidade será feito pelo órgão colegiado e não pelo relator de forma monocrática.

O artigo 982 do CPC menciona sobre as consequências da admissão do incidente:

281. MEDINA, José Miguel Garcia. Código de processo civil comentado. 8 ed. São Paulo: Thomson Reuters Brasil, 2022, p. 1.178.
282. BRASIL. Lei nº 13.105, de 16 de março de 2015. *Código de Processo Civil.*
283. BRASIL. Lei nº 13.105, de 16 de março de 2015. *Código de Processo Civil.*
284. MEDINA, José Miguel Garcia. Código de processo civil comentado. 8 ed. São Paulo: Thomson Reuters Brasil, 2022, p. 1.179.
285. BRASIL. Lei nº 13.105, de 16 de março de 2015. *Código de Processo Civil.*
286. MEDINA, José Miguel Garcia. Código de processo civil comentado. 8 ed. São Paulo: Thomson Reuters Brasil, 2022, p. 1.186.
287. BRASIL. Lei nº 13.105, de 16 de março de 2015. *Código de Processo Civil.*
288. MEDINA, José Miguel Garcia. Código de processo civil comentado. 8 ed. São Paulo: Thomson Reuters Brasil, 2022, p. 1.180.

Art. 982. Admitido o incidente, o relator:

I - suspenderá os processos pendentes, individuais ou coletivos, que tramitam no Estado ou na região, conforme o caso;

II - poderá requisitar informações a órgãos em cujo juízo tramita processo no qual se discute o objeto do incidente, que as prestarão no prazo de 15 (quinze) dias;

III - intimará o Ministério Público para, querendo, manifestar-se no prazo de 15 (quinze) dias.

§ 1º A suspensão será comunicada aos órgãos jurisdicionais competentes.

§ 2º Durante a suspensão, o pedido de tutela de urgência deverá ser dirigido ao juízo onde tramita o processo suspenso.

§ 3º Visando à garantia da segurança jurídica, qualquer legitimado mencionado no art. 977, incisos II e III, poderá requerer, ao tribunal competente para conhecer do recurso extraordinário ou especial, a suspensão de todos os processos individuais ou coletivos em curso no território nacional que versem sobre a questão objeto do incidente já instaurado.

§ 4º Independentemente dos limites da competência territorial, a parte no processo em curso no qual se discuta a mesma questão objeto do incidente é legitimada para requerer a providência prevista no § 3º deste artigo.

§ 5º Cessa a suspensão a que se refere o inciso I do caput deste artigo se não for interposto recurso especial ou recurso extraordinário contra a decisão proferida no incidente.[289]

Uma vez admitido o incidente, o relator deliberará sobre a suspensão dos processos pendentes, nos quais poderá vir a ser adotada a tese firmada no IRDR.

Outra conduta a ser tomada pelo relator é a contida no artigo 983 do CPC:

Art. 983. O relator ouvirá as partes e os demais interessados, inclusive pessoas, órgãos e entidades com interesse na controvérsia, que, no prazo comum de 15 (quinze) dias, poderão requerer a juntada de documentos, bem como as diligências necessárias para a elucidação da questão de direito controvertida, e, em seguida, manifestar-se-á o Ministério Público, no mesmo prazo.

§ 1º Para instruir o incidente, o relator poderá designar data para, em audiência pública, ouvir depoimentos de pessoas com experiência e conhecimento na matéria.

§ 2º Concluídas as diligências, o relator solicitará dia para o julgamento do incidente.[290]

No que tange à previsão do artigo 983 do CPC, Medina[291] aduz que antes de o incidente ser decidido, deve ser dada a ampla publicidade referida no artigo 979 do CPC, "sendo imprescindível que se levem em consideração todos os argumentos suscitados não apenas pelas partes, mas, também, por pessoas que podem contribuir para que seja dada solução segura à questão. Por isso, a realização de audiência pública e a participação de amicus curiae será importante para que se colham elementos, antes de se decidir sobre a matéria".

O artigo 984 estabelece a ordem a ser observada no julgamento do incidente de resolução de demandas repetitivas:

Art. 984. No julgamento do incidente, observar-se-á a seguinte ordem:

I - o relator fará a exposição do objeto do incidente;

II - poderão sustentar suas razões, sucessivamente:

a) o autor e o réu do processo originário e o Ministério Público, pelo prazo de 30 (trinta) minutos;

b) os demais interessados, no prazo de 30 (trinta) minutos, divididos entre todos, sendo exigida inscrição com 2 (dois) dias de antecedência.

§ 1º Considerando o número de inscritos, o prazo poderá ser ampliado.

§ 2º O conteúdo do acórdão abrangerá a análise de todos os fundamentos suscitados concernentes à tese jurídica discutida, sejam favoráveis ou contrários.[292]

Seguindo, o artigo 985 do CPC fala da aplicação da tese jurídica fixada no julgamento do IRDR. Conforme o dispositivo legal:

Art. 985. Julgado o incidente, a tese jurídica será aplicada:

I - a todos os processos individuais ou coletivos que versem sobre idêntica questão de direito e que tramitem na área de jurisdição do respectivo tribunal, inclusive àqueles que tramitem nos juizados especiais do respectivo Estado ou região;

II - aos casos futuros que versem idêntica questão de direito e que venham a tramitar no território de competência do tribunal, salvo revisão na forma do art. 986.

§ 1º Não observada a tese adotada no incidente, caberá reclamação.

§ 2º Se o incidente tiver por objeto questão relativa a prestação de serviço concedido, permitido ou autorizado, o resultado do julgamento será comunicado ao órgão, ao ente ou à agência reguladora

289. BRASIL. Lei nº 13.105, de 16 de março de 2015. *Código de Processo Civil*.

290. BRASIL. Lei nº 13.105, de 16 de março de 2015. *Código de Processo Civil*.

291. MEDINA, José Miguel Garcia. Código de processo civil comentado. 8 ed. São Paulo: Thomson Reuters Brasil, 2022, p. 1.182.

292. BRASIL. Lei nº 13.105, de 16 de março de 2015. *Código de Processo Civil*.

competente para fiscalização da efetiva aplicação, por parte dos entes sujeitos a regulação, da tese adotada.[293]

Discorrendo acerca do artigo 985 do CPC, Medina[294] aduz: "Ao julgar o incidente, deverá o tribunal fixar a tese a ser observada no julgamento dos processo que ficaram suspensos, bem como em processos em que, posteriormente, vier a se discutir a mesma questão de direito (art. 985, I e II, do CPC/2015). Caso não observada a tese fixada no julgamento do incidente, caberá reclamação (cf. arts. 985, §1º e 988, IV, do CPC/2015).

No que tange à revisão da tese jurídica fixada no incidente, preceitua o artigo 986 do CPC: " Art. 986. A revisão da tese jurídica firmada no incidente far-se-á pelo mesmo tribunal, de ofício ou mediante requerimento dos legitimados mencionados no art. 977, inciso III ".[295]

Por fim, o artigo 987 do CPC traz previsão acerca dos recursos contra a decisão proferida no julgamento do incidente de resolução de demanda repetitiva:

> Art. 987. Do julgamento do mérito do incidente caberá recurso extraordinário ou especial, conforme o caso.
>
> § 1º O recurso tem efeito suspensivo, presumindo-se a repercussão geral de questão constitucional eventualmente discutida.
>
> § 2º Apreciado o mérito do recurso, a tese jurídica adotada pelo Supremo Tribunal Federal ou pelo Superior Tribunal de Justiça será aplicada no território nacional a todos os processos individuais ou coletivos que versem sobre idêntica questão de direito.[296]

8. DA RECLAMAÇÃO

8.1 Previsão Legal:

No CPC, a reclamação encontra-se prevista nos artigos 988 a 993 do CPC;

Além disso, a Constituição Federal prevê a reclamação para o STF (no caso do art. 102, inciso I, alínea L) e para o STJ, no caso do artigo 105, I, alínea f da CF.

> Art. 102. Compete ao Supremo Tribunal Federal, precipuamente, a guarda da Constituição, cabendo-lhe:
>
> I - processar e julgar, originariamente:
>
> l) a reclamação para a preservação de sua competência e garantia da autoridade de suas decisões; [297]
>
> Art. 105. Compete ao Superior Tribunal de Justiça:
>
> I - processar e julgar, originariamente:
>
> f) a reclamação para a preservação de sua competência e garantia da autoridade de suas decisões;[298]

Segundo DIDIER JUNIOR E CUNHA[299] "os regimentos internos dos tribunais tratam da reclamação, disciplinando seu procedimento e estabelecendo as competências de seus órgãos. Os art.s 998 a 993 do CPC passaram a tratar do tema, revogando as disposições contidas nos regimentos internos dos tribunais com eles incompatíveis".

8.2 Cabimento:

Também é necessário lembrar que a reclamação constitucional é balizada pela CF, utiliza-se dos art. 988 ao 993 do CPC quanto ao procedimento.

> Art. 988. Caberá reclamação da parte interessada ou do Ministério Público para:
>
> I - preservar a competência do tribunal;
>
> II - garantir a autoridade das decisões do tribunal;
>
> III – garantir a observância de enunciado de súmula vinculante e de decisão do Supremo Tribunal Federal em controle concentrado de constitucionalidade; (Redação dada pela Lei nº 13.256, de 2016) (Vigência)
>
> IV – garantir a observância de acórdão proferido em julgamento de incidente de resolução de demandas repetitivas ou de incidente de assunção de competência; (Redação dada pela Lei nº 13.256, de 2016) (Vigência)
>
> § 1º A reclamação pode ser proposta perante qualquer tribunal, e seu julgamento compete ao órgão jurisdicional cuja competência se busca preservar ou cuja autoridade se pretenda garantir.
>
> § 2º A reclamação deverá ser instruída com prova documental e dirigida ao presidente do tribunal.
>
> § 3º Assim que recebida, a reclamação será autuada e distribuída ao relator do processo principal, sempre que possível.
>
> § 4º As hipóteses dos incisos III e IV compreendem a aplicação indevida da tese jurídica e sua não aplicação aos casos que a ela correspondam.

293. BRASIL. Lei nº 13.105, de 16 de março de 2015. *Código de Processo Civil.*
294. MEDINA, José Miguel Garcia. Código de processo civil comentado. 8 ed. São Paulo: Thomson Reuters Brasil, 2022, p. 1.183.
295. BRASIL. Lei nº 13.105, de 16 de março de 2015. *Código de Processo Civil.*
296. BRASIL. Lei nº 13.105, de 16 de março de 2015. *Código de Processo Civil.*
297. BRASIL, 1988. Constituição Federal.
298. BRASIL, 1988. Constituição Federal.
299. DIDIER JUNIOR, Fredie; CUNHA, Leonardo Carneiro da. Curso de direito processual civil: meios de impugnação às Decisões Judiciais e Processos nos Tribunais. 15 ed. Salvador: Juspodivm, 2018, p. 624.

§ 5º É inadmissível a reclamação: (Redação dada pela Lei nº 13.256, de 2016) (Vigência)

I – proposta após o trânsito em julgado da decisão reclamada; (Incluído pela Lei nº 13.256, de 2016) (Vigência)

II – proposta para garantir a observância de acórdão de recurso extraordinário com repercussão geral reconhecida ou de acórdão proferido em julgamento de recursos extraordinário ou especial repetitivos, quando não esgotadas as instâncias ordinárias. (Incluído pela Lei nº 13.256, de 2016) (Vigência)

§ 6º A inadmissibilidade ou o julgamento do recurso interposto contra a decisão proferida pelo órgão reclamado não prejudica a reclamação. [300]

É importante destacar que existe a figura da reclamação a nível de outros tribunais.

Conforme DIDIER JUNIOR E CUNHA[301] a reclamação é consequência da teoria dos poderes implícitos. Dessa forma, todos os tribunais teriam a reclamação à disposição para resguardar suas competências e a preservação da autoridade de suas decisões.

Quanto à reclamação DIDIER JUNIOR E CUNHA[302] ensinam queque encontra previsão na Constituição Federal, nas Constituições dos Estados, no CPC, e em outras leis, com o objetivo de preservar a competência e garantir a autoridade das decisões dos tribunais, e, ainda, garantir a observância de decisão do STF em controle concentrado de constitucionalidade, a observância de enunciado de súmula vinculante e de precedente proferido em julgamento de casos repetitivos ou em incidente de assunção de competência.

8.3 Legimitidade:

Conforme caput do art. 988 do CPC, cabe reclamação:

- Pela parte Interessada;

- Pelo Ministério Público;

Nesse sentido, DIDIER JUNIOR E CUNHA[303] explicam que a reclamação depende da provocação de uma das partes ou do Ministério Público, seguindo a regra geral prevista no artigo 2º do CPC.

8.4 Natureza Jurídica:

Segundo DiDIER JUNIOR E CUNHA[304] a reclamação não está prevista em qualquer dispositivo de lei federal como recurso. Pelo contrário, encontra-se prevista nos incisos I dos artigos 102 e 105 da CF como situação de competência originária do STF e do STJ, o que acaba por reforçar a ideia de que não detém natureza de recurso. Além disso, a reclamação não exige derrota da parte. E mais, e enquanto o recurso tem prazo para ser interposto, a reclamação não se sujeito a prazo.

Segundo DIDIER JUNIOR E CUNHA[305] de acordo com o §1º do art. 988 do CPC, a reclamação pode ser proposta perante qualquer tribunal.

Segundo previsão do §5º. Inciso I do art. 988 do CPC, a reclamação não pode ser proposta após o trânsito em julgado da decisão. Dessa forma, tal previsão confirma o entendimento de que a reclamação não é sucedânea da ação rescisória e não pode ser utilizada como tal. Nesse sentido, inclusive tem-se a Súmula 734 do STF: "Não cabe reclamação quando já houver transitado em julgado o ato judicial que se alega tenha desrespeitado decisão do Supremo Tribunal Federal.

8.5 Do procedimento:

Conforme o artigo 989 do CPC, ao despachar a reclamação, o relator I - requisitará informações da autoridade a quem for imputada a prática do ato impugnado, que as prestará no prazo de 10 (dez) dias; e, II - se necessário, ordenará a suspensão do processo ou do ato impugnado para evitar dano irreparável; Ainda, III - determinará a citação do beneficiário da decisão impugnada, que terá prazo de 15 (quinze) dias para apresentar a sua contestação.

De acordo com o artigo 990 do CPC, qualquer interessado poderá impugnar o pedido do reclamante. O artigo 991 do CPC estabelece que na reclamação que não houver formulado, o Ministério Público terá vista do processo por 5 (cinco) dias, após o decurso do prazo para informações e para o

300. BRASIL. Lei nº 13.105, de 16 de março de 2015. *Código de Processo Civil*.

301. DIDIER JUNIOR, Fredie; CUNHA, Leonardo Carneiro da. Curso de direito processual civil: meios de impugnação às Decisões Judiciais e Processos nos Tribunais. 15 ed. Salvador: Juspodivm, 2018, p. 622.

302. DIDIER JUNIOR, Fredie; CUNHA, Leonardo Carneiro da. Curso de direito processual civil: meios de impugnação às Decisões Judiciais e Processos nos Tribunais. 15 ed. Salvador: Juspodivm, 2018, p. 625.

303. DIDIER JUNIOR, Fredie; CUNHA, Leonardo Carneiro da. Curso de direito processual civil: meios de impugnação às Decisões Judiciais e Processos nos Tribunais. 15 ed. Salvador: Juspodivm, 2018, p. 624.

304. DIDIER JUNIOR, Fredie; CUNHA, Leonardo Carneiro da. Curso de direito processual civil: meios de impugnação às Decisões Judiciais e Processos nos Tribunais. 15 ed. Salvador: Juspodivm, 2018, p. 625.

305. DIDIER JUNIOR, Fredie; CUNHA, Leonardo Carneiro da. Curso de direito processual civil: meios de impugnação às Decisões Judiciais e Processos nos Tribunais. 15 ed. Salvador: Juspodivm, 2018, p. 630.

oferecimento da contestação pelo beneficiário do ato impugnado.

Por fim, julgando procedente a reclamação, o tribunal cassará a decisão exorbitante de seu julgado ou determinará medida adequada à solução da controvérsia.

9. RECURSOS

9.1. Cabimento

Os recursos atacam decisões judiciais, sejam elas: sentença, decisão interlocutória, decisão monocrática ou acórdão, com objetivo, em regra, de reformar/invalidar ou suprir algum vício dessa decisão. Nesse sentido, os recursos podem ser definidos como o "meio ou instrumento destinado a provocar o reexame da decisão judicial, no mesmo processo em que proferida, com a finalidade de obter-lhe a invalidação, a reforma, o esclarecimento ou a integração".[306]

9.2. Das decisões recorríveis

Para que seja possível interpor recurso, há a necessidade de a decisão ser recorrível. Os despachos são irrecorríveis conforme previsão do art. 1.001 do CPC: "Art. 1.001. Dos despachos não cabe recurso". Nesse sentido ensina Lourenço: "em nosso sistema, somente os atos judiciais com conteúdo decisório podem ser alvos de recursos. Assim, os despachos, por não possuírem conteúdo decisório, são irrecorríveis (art. 1001 do CPC/2015) (...)". [307]

A sentença é definida no §1º do artigo 203 do CPC, enquanto que a decisão interlocutória encontra-se no §2º do mesmo artigo:

> **Art. 203.** Os pronunciamentos do juiz consistirão em sentenças, decisões interlocutórias e despachos.
>
> § 1º Ressalvadas as disposições expressas dos procedimentos especiais, sentença é o pronunciamento por meio do qual o juiz, com fundamento nos arts. 485 e 487, põe fim à fase cognitiva do procedimento comum, bem como extingue a execução.
>
> § 2º Decisão interlocutória é todo pronunciamento judicial de natureza decisória que não se enquadre no § 1º.
>
> § 3º São despachos todos os demais pronunciamentos do juiz praticados no processo, de ofício ou a requerimento da parte.
>
> § 4º Os atos meramente ordinatórios, como a juntada e a vista obrigatória, independem de despacho, devendo ser praticados de ofício pelo servidor e revistos pelo juiz quando necessário.[308]

Já no âmbito dos Tribunais, tem-se as decisões unipessoais (monocráticas) e o acórdão. Destaca-se, inclusive, a decisão do Presidente ou Vice-Presidente do Tribunal Recorrido que inadmitir o Recurso Especial ou inadmitir o Recurso Extraordinário. No que tange ao acórdão, o art. 204 do CPC traz o conceito de acórdão: "Acórdão é o julgamento colegiado proferido pelos tribunais".[309]

Apontadas as decisões contra as quais é possível interpor recurso, passa-se a analisar os requisitos/pressupostos recursais.

9.3. Dos requisitos de admissibilidade dos recursos

Para que sejam admitidos/conhecidos, os recursos devem preencher alguns requisitos/pressupostos de admissibilidade. Alguns desses requisitos são genéricos, aplicáveis, em regra, aos recursos de forma geral. Outros requisitos são específicos, sendo exigidos por apenas alguns recursos. Não há na doutrina uma unanimidade sobre quais seriam tais requisitos.

Referente a tais requisitos, destaca-se o entendimento de Aguirre e Montans de Sá "os pressupostos podem ser divididos em subjetivos e objetivos. Os primeiros estão atrelados ao sujeito que recorre e o segundo, ao recurso em si considerado".[310]

Apontam-se alguns desses requisitos:

Pressupostos objetivos (extrínsecos)	Pressupostos subjetivos (intrínsecos)
Recorribilidade da decisão Adequação do recurso Tempestividade Preparo Forma Motivação	Legitimidade Interesse Inexistência de fato impeditivo

a) Legitimidade para recorrer

306. DIDIER JUNIOR, Fredie; CUNHA, Leonardo Carneiro da. **Curso de direito processual civil: meios de impugnação às Decisões Judiciais e Processos nos Tribunais**. 15 ed. Salvador: Juspodivm, 2018, p. 111.

307. LOURENÇO, Haroldo. Processo civil sistematizado. 3. Ed. Rio de Janeiro: Forense; São Paulo: Método, 2017, p. 446.

308. BRASIL. Lei nº 13.105, de 16 de março de 2015. *Código de Processo Civil*.

309. BRASIL. Lei nº 13.105, de 16 de março de 2015. *Código de Processo Civil*.

310. AGUIRRE, João; MONTANS DE SÁ. Prática Civil. 7. Ed. São Paulo: Saraiva, 2017, p. 81.

O artigo 996 do CPC/2015 prevê que possuem legitimidade para recorrer: as partes (vencido, mesmo que parcial), o terceiro prejudicado e o Ministério Público, seja quando estiver atuando como parte ou como fiscal da ordem jurídica.

Então, possuem legitimidade para recorrer:

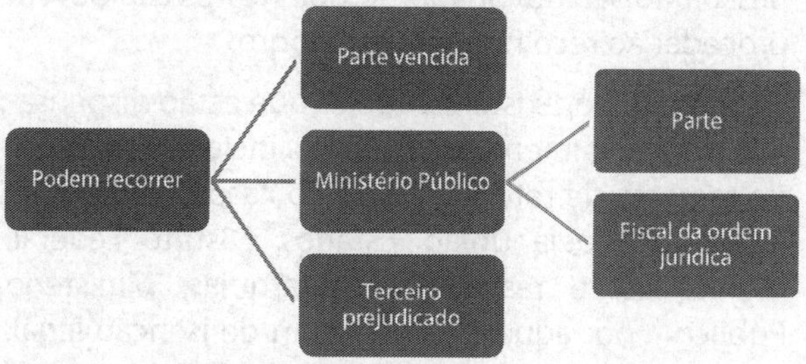

b) Interesse recursal

Tem interesse recursal a pessoa legitimada que precisa alterar/invalidar a decisão, sendo que o recurso deve trazer alguma utilidade, ser necessário.

c) Inexistência de fato impeditivo

A inexistência de fato impeditivo significa que não pode ter havido renúncia, desistência ou aceitação da decisão para que o recurso seja admitido/julgado.

No que tange à renúncia, o artigo 999 do CPC estabelece que para renunciar ao direito de recorrer, não é preciso concordância da parte contrária: "Art. 999. A renúncia ao direito de recorrer independe da aceitação da outra parte".[311]

A desistência do recurso encontra-se prevista no artigo 998 do CPC. Da mesma forma, para desistir do recurso, não há necessidade de concordância da parte contrária nem dos litisconsortes, conforme previsão do art. 998 do CPC/2015:

> **Art. 998.** O recorrente poderá, a qualquer tempo, sem a anuência do recorrido ou dos litisconsortes, desistir do recurso.
>
> Parágrafo único. A desistência do recurso não impede a análise de questão cuja repercussão geral já tenha sido reconhecida e daquela objeto de julgamento de recursos extraordinários ou especiais repetitivos.[312]

Por fim, quanto à aceitação, a parte que concordou com a decisão, seja de forma tácita ou expressa não poderá recorrer. Tácita é a prática de ato incompatível com a vontade de recorrer: "Art. 1.000. A parte que aceitar expressa ou tacitamente a decisão não poderá recorrer. Parágrafo único. Considera-se aceitação tácita a prática, sem nenhuma reserva, de ato incompatível com a vontade de recorrer".[313]

Observe-se, no entanto, a previsão do art. 520, § 3º do CPC: "Se o executado comparecer tempestivamente e depositar o valor, com a finalidade de isentar-se da multa, o ato não será havido como incompatível com o recurso por ele interposto".[314]

d) Recorribilidade da decisão

Para que seja possível interpor recurso, é necessário que a decisão seja recorrível.

e) Adequação

O recurso interposto deve ser o adequado. A adequação significa que o recurso interposto deve ser aquele previsto na lei para a decisão atacada. Exemplo: da sentença cabe apelação e não agravo de instrumento.

f) Tempestividade

A tempestividade se refere ao prazo para interposição do recurso. O recurso deve ser interposto tempestivamente, ou seja, dentro do prazo legal. Pelo Novo CPC, **QUASE TODOS** os recursos possuem **prazo de 15 dias** para serem interpostos, com exceção dos embargos de declaração (que é 05 dias, conforme art. 1.023 do CPC). Nesse sentido é a previsão do § 5º do art. 1.003 do CPC:

> **Art. 1.003.** O prazo para interposição de recurso conta-se da data em que os advogados, a sociedade de advogados, a Advocacia Pública, a Defensoria Pública ou o Ministério Público são intimados da decisão.
>
> § 1º Os sujeitos previstos no caput considerar-se-ão intimados em audiência quando nesta for proferida a decisão.
>
> § 2º Aplica-se o disposto no art. 231, incisos I a VI, ao prazo de interposição de recurso pelo réu contra decisão proferida anteriormente à citação.
>
> § 3º No prazo para interposição de recurso, a petição será protocolada em cartório ou conforme as normas de organização judiciária, ressalvado o disposto em regra especial.
>
> § 4º Para aferição da tempestividade do recurso remetido pelo correio, será considerada como data de interposição a data de postagem.
>
> § 5º Excetuados os embargos de declaração, o prazo para interpor os recursos e para responder-lhes é de 15 (quinze) dias.

311. BRASIL. Lei nº 13.105, de 16 de março de 2015. *Código de Processo Civil.*

312. BRASIL. Lei nº 13.105, de 16 de março de 2015. *Código de Processo Civil.*

313. BRASIL. Lei nº 13.105, de 16 de março de 2015. *Código de Processo Civil.*

314. BRASIL. Lei nº 13.105, de 16 de março de 2015. *Código de Processo Civil.*

> § 6º O recorrente comprovará a ocorrência de feriado local no ato de interposição do recurso.[315]

Ou seja, a **EXCEÇÃO** é no caso dos embargos de declaração, cujo prazo para o recurso é de 5 (cinco) dias. Cuidar também previsão de alguma lei específica, como por exemplo, o prazo do recurso inominado no JEC, que é 10 (dez) dias.

Como os recursos são contados em dias, computam-se somente os dias úteis, tal qual previsão do artigo 219 do CPC. Caso haja hipótese de feriado local, o recorrente deve demonstrar a ocorrência do mesmo no ato de interposição do recurso.

Frisa-se que, de acordo com o caput do art. 1.003 do CPC, o início do prazo para interposição de recurso conta-se da data em que os advogados, a sociedade de advogados, a Advocacia Pública, a Defensoria Pública ou o Ministério Público são intimados da decisão. Já, o § 1º do art. 1.003 estabelece que os sujeitos acima referidos se consideram intimados quando a decisão for proferida em audiência.

Cuida-se, também, quando o recurso for interposto pelo réu para atacar decisão proferida antes de sua citação. Neste caso, o termo inicial é na forma do artigo 231 do CPC, consoante previsão do §2º do art. 1.003 do CPC diz que: "Aplica-se o disposto no art. 231, incisos I a VI, ao prazo de interposição de recurso pelo réu contra decisão proferida anteriormente à citação"[316].

g) preparo e porte de remessa e de retorno

O preparo recursal se refere, conforme ensina a doutrina[317], ao recolhimento das custas e despesas processuais referentes ao processamento do recurso, configurando taxa judiciária pela prestação do serviço jurisdicional. Já o porte de remessa e de retorno que o artigo 1.007 do CPC também faz referência, diz respeito à despesa de encaminhamento do recurso aos órgãos julgadores. Frisa-se que se o processo for eletrônico, é dispensado o recolhimento do porte de remessa e de retorno, conforme previsão do § 3º do art. 1.007 do CPC/2015.

Portanto, consoante determina o caput do artigo 1.007 do CPC deve o recorrente no ato de interposição do recurso, comprovar, quando exigido pela legislação pertinente, o respectivo preparo, inclusive porte de remessa e de retorno, sob pena de deserção. Caso haja o recolhimento de forma insuficiente, o recorrente será intimado na pessoa do seu advogado para recolher o valor que falta no prazo de 05 dias, sob pena de deserção. Porém, se não houve comprovação, a parte será intimada, também na pessoa do seu advogado, só que neste caso deverá proceder ao recolhimento em dobro.

Além disso, existem aqueles que estão dispensados do recolhimento do preparo, inclusive de porte de remessa de retorno, como no caso dos recursos interpostos pela União, Estados, Distrito Federal, Municípios, e respectivas autarquias, Ministério Público e por aqueles que gozam de isenção legal, consoante previsão do art. 1.007 do CPC/2015:

> **Art. 1.007.** No ato de interposição do recurso, o recorrente comprovará, quando exigido pela legislação pertinente, o respectivo preparo, inclusive porte de remessa e de retorno, sob pena de deserção.
>
> § 1º São dispensados de preparo, inclusive porte de remessa e de retorno, os recursos interpostos pelo Ministério Público, pela União, pelo Distrito Federal, pelos Estados, pelos Municípios, e respectivas autarquias, e pelos que gozam de isenção legal. (...)[318]

▷ Importante!

No ato de interposição	Comprovar o preparo, inclusive de porte de remessa e retorno
Insuficiência do valor do preparo, inclusive de porte de remessa e retorno	Deserção: se o recorrente, intimado na pessoa de seu advogado, não suprir no prazo de 5 dias
Se não houver a comprovação do recolhimento do preparo, inclusive de porte de remessa e retorno	Será intimado, na pessoa de seu advogado, para recolher em dobro sob pena de deserção – caso não recolha em dobro, NÃO poderá suprir

h) Forma

A forma pode ser vista quanto aos requisitos formais do recurso. **Exemplo**: no caso da apelação, deve haver a petição de interposição ao juiz de primeiro grau que proferiu a sentença já acompanhada com as razões dirigida ao Tribunal. Além disso, se aponta quanto à forma, a interposição do recurso de maneira independente ou adesiva.

i) Motivação

A motivação se relaciona às razões, ou seja, exposição das razões pelas quais o recorrente impugna a decisão judicial.

315. BRASIL. Lei nº 13.105, de 16 de março de 2015. *Código de Processo Civil.*

316. BRASIL. Lei nº 13.105, de 16 de março de 2015. *Código de Processo Civil.*

317. TARTUCE, Fernanda; DELLORE, Luiz. Manual de prática civil. 12 ed. Rio de Janeiro: Forense. São Paulo: Método, 2016.

318. BRASIL. Lei nº 13.105, de 16 de março de 2015. *Código de Processo Civil.*

9.4. Dos efeitos dos recursos

a) Efeito devolutivo

O efeito devolutivo refere-se à devolução da matéria impugnada ao outro órgão julgador. Assim, via de regra, os recursos consistem no encaminhamento do conhecimento da matéria impugnada ao Tribunal *ad quem*. Sobre o efeito devolutivo ensina Chacon: "é da essência do recurso que o conteúdo de uma decisão seja reapreciado conforme impugnado, devolvendo ao órgão *ad quem* o conhecimento da matéria impugnada (...)".[319]

b) Efeito suspensivo

De regra, pelo caput do artigo 995 do CPC, os recursos não possuem efeito suspensivo, com exceção do recurso de apelação (o qual, de regra, conforme o caput do artigo 1.012 do CPC terá efeito suspensivo). Verificar a previsão do art. 987, § 1º quando o recurso especial e o extraordinário terão efeito suspensivo quando interpostos do julgamento do incidente de resolução de demandas repetitivas.

No entanto, mesmo quando os recursos não tiverem efeito suspensivo automático, **poderá ser requerido o efeito suspensivo com base no parágrafo único do art. 995 do CPC.**

Portanto, a regra é que os recursos não impedem a eficácia da decisão, de acordo com o art. 995:

> **Art. 995.** Os recursos não impedem a eficácia da decisão, salvo disposição legal ou decisão judicial em sentido diverso.
> Parágrafo único. A eficácia da decisão recorrida poderá ser suspensa por decisão do relator, se da imediata produção de seus efeitos houver risco de dano grave, de difícil ou impossível reparação, e ficar demonstrada a probabilidade de provimento do recurso.[320]

c) Efeito translativo

Significa a possibilidade do Tribunal *ad quem* reavaliar questões de ordem pública, de ofício.

d) Efeito regressivo

O efeito regressivo se refere à possibilidade de o próprio juízo que proferiu a decisão reconsiderar a decisão impugnada. **Exemplo:** a apelação de regra não terá o efeito regressivo, salvo nas hipóteses legais. Pelo CPC: indeferimento da petição inicial (art. 331, CPC), improcedência liminar do pedido (art. 332, §3°, CPC) e quando houver extinção do processo sem resolução de mérito (art. 485, § 7º, CPC).

e) Efeito substitutivo

O efeito substitutivo está previsto no art. 1.008 do CPC, quando refere que o julgamento proferido pelo Tribunal substituirá a decisão impugnada no que tiver sido objeto de recurso.

f) Efeito expansivo

Sobre o efeito expansivo destacam-se os ensinamentos de Chacon:

> Em alguns casos o juízo *ad quem* pode terminar que sua decisão atingisse partes que não recorreram daquela decisão, sobretudo, quando a matéria que for alegada pelo recorrente for comum aos demais sujeitos do processo e, no mesmo sentido, pode abranger pedidos outros do processo que não foram objeto do recurso, mas que guardam com estas questões de prejudicialidade, como por exemplo, pedidos subsidiários e alternativos).[321]

9.5. Dos recursos cabíveis no Novo CPC

Os recursos cabíveis no CPC/2015 estão elencados no art. 994:

> **Art. 994.** São cabíveis os seguintes recursos:
> I – apelação;
> II – agravo de instrumento;
> III – agravo interno;
> IV – embargos de declaração;
> V – recurso ordinário;
> VI – recurso especial;
> VII – recurso extraordinário;
> VIII – agravo em recurso especial ou extraordinário;
> IX – embargos de divergência.[322]

Destaca-se, no entanto, que pode haver recurso previsto em lei específica. Ex.: recurso inominado do juizado especial.

9.6. Do Recurso Adesivo

O recurso adesivo encontra previsão nos §§1º e 2º do artigo 997 do CPC. Destaca-se que o recurso poderá ser interposto de forma independente ou adesiva. Interpor de forma independente é quando cada parte interpõe o seu recurso dentro do prazo legal a contar da intimação da decisão a ser recorrida.

319. CHACON, Luis Fernando Rabelo. Manual de prática forense civil. 7. Ed. São Paulo: Saraiva Educação, 2020, p. 219.

320. BRASIL. Lei nº 13.105, de 16 de março de 2015. *Código de Processo Civil.*

321. CHACON, Luis Fernando Rabelo. Manual de prática forense civil. 7. Ed. São Paulo: Saraiva Educação, 2020, p. 221.

322. BRASIL. Lei nº 13.105, de 16 de março de 2015. *Código de Processo Civil.*

Consoante previsão do §1º do artigo 997 do CPC, o recurso adesivo poderá ser interposto quando houver sucumbência recíproca, ou seja, ambas as partes são vencedoras e vencidas, sendo que apenas uma delas interpôs o recurso dentro do prazo legal a contar da intimação da decisão, sendo a outra intimada para oferecer contrarrazões. Então, esta última poderá no prazo que tem para oferecer contrarrazões aderir ao recurso da outra.

> **Art. 997.** Cada parte interporá o recurso independentemente, no prazo e com observância das exigências legais.
>
> § 1º Sendo vencidos autor e réu, ao recurso interposto por qualquer deles poderá aderir o outro.[323]

Entende-se que o Recurso Adesivo não constitui nova espécie de recurso, mas, sim, forma de interposição. Salienta-se que nem todos os recursos permitem a interposição de forma adesiva. É permitido o recurso adesivo nos seguintes recursos, conforme o art. 997, § 2º, II do CPC: no recurso de apelação, no recurso especial e no recurso extraordinário.

O recurso adesivo deve observar o seguinte:

- O recurso adesivo fica subordinado ao recurso interposto de forma independente, sendo aplicáveis ao recurso adesivo as mesmas regras do recurso independente quanto aos requisitos de admissibilidade e julgamento no Tribunal, salvo disposição diversa.
- O recurso adesivo vai ser dirigido ao órgão perante o qual o recurso independente foi interposto.
- O recurso adesivo deve ser interposto no prazo das contrarrazões, ou seja, no prazo que a parte tem para responder ao recurso interposto de forma independente.
- O recurso adesivo não será conhecido se houver desistência do recorrente quanto ao recurso principal ou se o recurso principal for inadmitido:

> **Art. 997.** (...). § 2º O recurso adesivo fica subordinado ao recurso independente, sendo-lhe aplicáveis as mesmas regras deste quanto aos requisitos de admissibilidade e julgamento no tribunal, salvo disposição legal diversa, observado, ainda, o seguinte:
>
> I – será dirigido ao órgão perante o qual o recurso independente fora interposto, no prazo de que a parte dispõe para responder;
>
> II – será admissível na apelação, no recurso extraordinário e no recurso especial;
>
> III – não será conhecido, se houver desistência do recurso principal ou se for ele considerado inadmissível.[324]

9.7. Apelação

Previsão legal: A apelação tem previsão legal no art. 994, I e arts. 1.009 a 1.014 do CPC/2015.

Cabimento:

Da sentença cabe apelação. Ou seja, cabe recurso de apelação da sentença de primeiro grau, seja sentença terminativa ou definitiva, conforme previsão do caput do art. 1.009 do CPC/2015.

Consoante destaca a doutrina, o recurso de apelação possui como objetivo possibilitar o reexame da decisão judicial pelos tribunais de segundo grau para reformar a sentença ou mesmo invalidá-la[325]. Salienta-se que, conforme o art. 1.002 do CPC, a decisão pode ser impugnada no todo ou em parte: "decisão pode ser impugnada no todo ou em parte".[326]

Preliminares de apelação: preliminares de apelação encontram previsão no § 1º do art. 1.009 do CPC – servem para atacar decisão interlocutória proferida na fase de conhecimento que não coube agravo de instrumento. Como não foi possível interpor o agravo de instrumento, não precluem, podendo tal decisão ser impugnada em preliminar de apelação ou nas contrarrazões. Ver art. 1.009:

> § 1º As questões resolvidas na fase de conhecimento, se a decisão a seu respeito não comportar agravo de instrumento, não são cobertas pela preclusão e devem ser suscitadas em preliminar de apelação, eventualmente interposta contra a decisão final, ou nas contrarrazões.
>
> § 2º Se as questões referidas no § 1º forem suscitadas em contrarrazões, o recorrente será intimado para, em 15 (quinze) dias, manifestar-se a respeito delas.[327]

Matérias do art. 1015 decididas na sentença: art. 1.009, § 3º do CPC.

É de ser observado, também, que consoante determinação do § 3º do art. 1.009 do CPC, se na sentença o juiz se manifestar sobre alguma matéria do art. 1.015 do CPC, será impugnado no recurso de

323. BRASIL. Lei nº 13.105, de 16 de março de 2015. *Código de Processo Civil.*

324. BRASIL. Lei nº 13.105, de 16 de março de 2015. *Código de Processo Civil.*

325. VIANA, Joseval Martins. **Prática forense em processo civil: teoria e prática.** 2. Ed. Salvador: Editora Juspodivm, 2018, p. 353.

326. BRASIL. Lei nº 13.105, de 16 de março de 2015. *Código de Processo Civil.*

327. BRASIL. Lei nº 13.105, de 16 de março de 2015. *Código de Processo Civil.*

apelação: "O disposto no caput deste artigo aplica-se mesmo quando as questões mencionadas no art. 1.015 integrarem capítulo da sentença".[328]

Se na sentença o juiz confirma, concede ou revoga a tutela provisória: art. 1.013, § 5º do CPC – se na sentença o juiz confirmar, conceder ou revogar a tutela provisória, isso será impugnável na apelação. Então, se **na sentença** o juiz se manifestar sobre tutela provisória, impugna-se na apelação, conforme o § 5º do art. 1.013 do CPC: "O capítulo da sentença que confirma, concede ou revoga a tutela provisória é impugnável na apelação".[329]

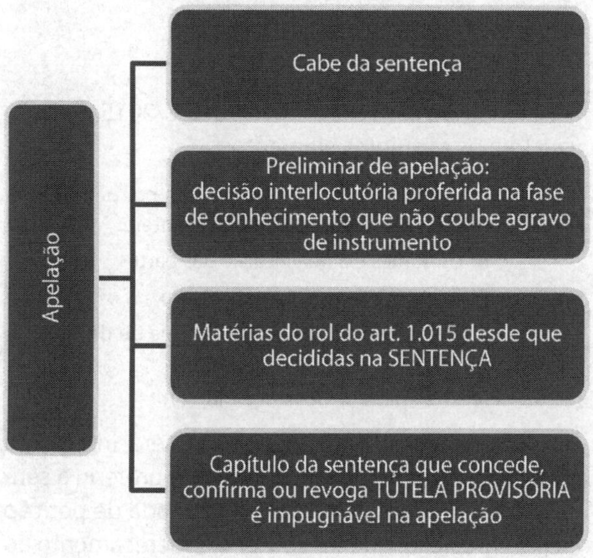

- **Efeitos do recurso de apelação**

Como regra, a apelação é recebida nos efeitos devolutivo e suspensivo, ou seja, no duplo efeito, consoante previsão do art. 1.012 do CPC/2015.

- **Efeito devolutivo**

Segundo ensina a doutrina[330], o efeito devolutivo consiste na transferência para o Tribunal do conhecimento de toda a matéria impugnada pelo recorrente e no **LIMITE DA IMPUGNAÇÃO (*tantum devolutum quantum apellatum*)**.

Assim, o efeito devolutivo possibilita ao Tribunal conhecer de todas as questões suscitadas no processo, mesmo que a sentença de primeiro grau não as tenha apreciado por inteiro[331].

- **O efeito devolutivo é estudado sob duas vertentes: profundidade e extensão.**

A extensão liga-se à ideia daquilo que é ou não impugnado pelo apelante. Assim, a matéria impugnada, e apenas esta, é devolvida ao conhecimento do Tribunal, cabendo ressaltar que o órgão *ad quem* fica adstrito a examinar somente a matéria que foi objeto do recurso (*tantum devolutum quantum apellatum*. É o apelante que definirá qual o capítulo da sentença apelada que pretende que seja reexaminada pelo Tribunal, até porque nada impede que o recurso seja parcial, conforme previsão do art. 1002 do CPC[332].

No que tange à profundidade do efeito devolutivo, esta se refere aos fatos e fundamentos que serão analisados na apelação, ainda que não considerados pela decisão recorrida. Dessa forma, o Tribunal, ao julgar a apelação, apreciará todas as questões suscitadas e discutidas no processo, ainda que não tenham sido solucionadas, desde que relativas ao capítulo impugnado[333], conforme previsão do art. 1.013, § 1º do CPC: "§ 1º Serão, porém, objeto de apreciação e julgamento pelo tribunal todas as questões suscitadas e discutidas no processo, ainda que não tenham sido solucionadas, desde que relativas ao capítulo impugnado".[334]

Também pegam carona no efeito devolutivo todos os fundamentos do pedido ou da defesa, embora o juiz tenha acolhido apenas um deles (art. 1.013, § 2º). É o caso da multiplicidade de fundamentos para o pedido ou para a defesa[335].

> § 2º Quando o pedido ou a defesa tiver mais de um fundamento e o juiz acolher apenas um deles, a apelação devolverá ao tribunal o conhecimento dos demais.[336]

- **Efeito suspensivo:**

Consoante previsão do caput do artigo 1.012 do CPC, a apelação, de regra, terá efeito suspensivo. Exceções: a apelação não terá efeito suspensivo pelo CPC nas hipóteses do § 1º do art. 1.012 do CPC:

328. BRASIL. Lei nº 13.105, de 16 de março de 2015. *Código de Processo Civil*.
329. BRASIL. Lei nº 13.105, de 16 de março de 2015. *Código de Processo Civil*.
330. ARAUJO JUNIOR, Gediel Claudino. **Prática de Recursos no Processo Civil**. 3. Ed. São Paulo: Atlas, 2015.
331. ARAUJO JUNIOR, Gediel Claudino. **Prática de Recursos no Processo Civil**. 3. Ed. São Paulo: Atlas, 2015.
332. DONOSO, Denis; SERAU JUNIOR, Marco Aurélio. **Manual dos recursos cíveis: teoria e prática.** 2 ed. Salvador: Juspodivm, 2017, p. 162.
333. DONOSO, Denis; SERAU JUNIOR, Marco Aurélio. **Manual dos recursos cíveis: teoria e prática.** 2 ed. Salvador: Juspodivm, 2017, p. 163.
334. BRASIL. Lei nº 13.105, de 16 de março de 2015. *Código de Processo Civil*.
335. DONOSO, Denis; SERAU JUNIOR, Marco Aurélio. **Manual dos recursos cíveis: teoria e prática.** 2 ed. Salvador: Juspodivm, 2017, p. 163.
336. BRASIL. Lei nº 13.105, de 16 de março de 2015. *Código de Processo Civil*.

Art. 1.012. A apelação terá efeito suspensivo.

§ 1º Além de outras hipóteses previstas em lei, começa a produzir efeitos imediatamente após a sua publicação a sentença que:

I – homologa divisão ou demarcação de terras;

II – condena a pagar alimentos;

III – extingue sem resolução do mérito ou julga improcedentes os embargos do executado;

IV – julga procedente o pedido de instituição de arbitragem;

V – confirma, concede ou revoga tutela provisória;

VI – decreta a interdição.[337]

Se não tiver efeito suspensivo, a consequência é de que o apelado, uma vez publicada a sentença, poderá promover o pedido de cumprimento provisório, conforme § 2º do art. 1.012 do CPC: "§ 2º Nos casos do § 1º, o apelado poderá promover o pedido de cumprimento provisório depois de publicada a sentença".[338]

Observar que uma lei especial pode prever que a apelação não terá efeito suspensivo automático.

Porém, quando a apelação não tiver efeito suspensivo, há a possibilidade de ser requerido o mesmo, nos termos dos §§ 3º e 4º do art. 1.012 do CPC:

§ 3º O pedido de concessão de efeito suspensivo nas hipóteses do § 1º poderá ser formulado por requerimento dirigido ao:

I – tribunal, no período compreendido entre a interposição da apelação e sua distribuição, ficando o relator designado para seu exame prevento para julgá-la;

II – relator, se já distribuída a apelação.

§ 4º Nas hipóteses do § 1º, a eficácia da sentença poderá ser suspensa pelo relator se o apelante demonstrar a probabilidade de provimento do recurso ou se, sendo relevante a fundamentação, houver risco de dano grave ou de difícil reparação.[339]

- **Efeito regressivo – possibilidade de retratação pelo juiz de primeiro grau:**

É de se apontar ainda que o juiz ao receber a apelação não pode se retratar. No entanto, há três exceções, pelo CPC:

1) Nos casos em que o juiz indefere a inicial – art. 331 do CPC: "**Art. 331.** Indeferida a petição inicial, o autor poderá apelar, facultado ao juiz, no prazo de 5 (cinco) dias, retratar-se".[340]

2) No caso de extinção do processo sem resolução de mérito – art. 485, § 7º do CPC: "**Art. 485.** O juiz não resolverá o mérito quando: (...) § 7º Interposta a apelação em qualquer dos casos de que tratam os incisos deste artigo, o juiz terá 5 (cinco) dias para retratar-se".[341]

3) No caso de improcedência liminar do pedido – art. 332, § 3º do CPC: "**Art. 332.** Nas causas que dispensem a fase instrutória, o juiz, independentemente da citação do réu, julgará liminarmente improcedente o pedido que contrariar: (...) § 3º Interposta a apelação, o juiz poderá retratar-se em 5 (cinco) dias".[342]

- **Procedimento da apelação**

De acordo com o art. 1.010 do CPC/2015, a apelação terá os seguintes elementos:

Art. 1.010. A apelação, interposta por petição dirigida ao juízo de primeiro grau, conterá:

I – os nomes e a qualificação das partes;

II – a exposição do fato e do direito;

III – as razões do pedido de reforma ou de decretação de nulidade;

IV – o pedido de nova decisão. (...)[343]

Disso decorre que, a apelação será interposta perante o juízo de primeiro grau que proferiu a sentença, tendo duas partes: uma chamada de petição de interposição, que vai conter o endereçamento ao juiz da causa, e a petição das razões, a qual é dirigida ao tribunal.

Uma vez interposta a apelação perante o juiz de primeiro grau, este intimará o apelado para, querendo, oferecer contrarrazões no prazo de 15 dias, conforme art. 1.010, § 1º do CPC.

É de se destacar que, conforme o § 3º do art. 1.010 do CPC, no Novo CPC, o juiz de primeiro grau não faz mais o exame de admissibilidade do recurso de apelação, remetendo os autos ao tribunal independente do juízo de admissibilidade.

§ 1º O apelado será intimado para apresentar contrarrazões no prazo de 15 (quinze) dias.

§ 2º Se o apelado interpuser apelação adesiva, o juiz intimará o apelante para apresentar contrarrazões.

337. BRASIL. Lei nº 13.105, de 16 de março de 2015. *Código de Processo Civil.*

338. BRASIL. Lei nº 13.105, de 16 de março de 2015. *Código de Processo Civil.*

339. BRASIL. Lei nº 13.105, de 16 de março de 2015. *Código de Processo Civil.*

340. BRASIL. Lei nº 13.105, de 16 de março de 2015. *Código de Processo Civil.*

341. BRASIL. Lei nº 13.105, de 16 de março de 2015. *Código de Processo Civil.*

342. BRASIL. Lei nº 13.105, de 16 de março de 2015. *Código de Processo Civil.*

343. BRASIL. Lei nº 13.105, de 16 de março de 2015. *Código de Processo Civil.*

> § 3º Após as formalidades previstas nos §§ 1º e 2º, os autos serão remetidos ao tribunal pelo juiz, independentemente de juízo de admissibilidade.[344]

Recebido o recurso de apelação no Tribunal, e distribuído imediatamente, o relator deverá de acordo com a previsão do art. 1.011 do CPC:

> I – decidi-lo-á monocraticamente apenas nas hipóteses do art. 932, incisos III a V;
>
> II – se não for o caso de decisão monocrática, elaborará seu voto para julgamento do recurso pelo órgão colegiado. (Hipótese do inciso II do art. 1.011 do CPC);[345]

- **Da Teoria da Causa Madura:**

No que tange ao recurso de apelação, é de se destacar, ainda, a chamada TEORIA DA CAUSA MADURA, de acordo com a previsão do art. 1.013, §§ 3º e 4º do CPC/2015:

> § 3º Se o processo estiver em condições de imediato julgamento, o tribunal deve decidir desde logo o mérito quando:
>
> I – reformar sentença fundada no art. 485;
>
> II – decretar a nulidade da sentença por não ser ela congruente com os limites do pedido ou da causa de pedir;
>
> III – constatar a omissão no exame de um dos pedidos, hipótese em que poderá julgá-lo;
>
> IV – decretar a nulidade de sentença por falta de fundamentação.
>
> § 4º Quando reformar sentença que reconheça a decadência ou a prescrição, o tribunal, se possível, julgará o mérito, examinando as demais questões, sem determinar o retorno do processo ao juízo de primeiro grau.[346]

Tal regra estabelece que, nas referidas situações, se o processo estiver apto para julgamento, o Tribunal deverá desde logo decidir o mérito, sem devolver o processo à origem. Ou seja, em tais hipóteses, haverá o julgamento de mérito pelo próprio Tribunal.

- **Das alegações de novas matérias**

De acordo com o artigo 1.014 do CPC/2015 permite-se que a parte faça alegações sobre matéria ainda não deduzidas no primeiro grau, desde que comprove que deixou de fazer oportunamente por motivo de força maior.

> **Art. 1.014.** As questões de fato não propostas no juízo inferior poderão ser suscitadas na apelação, se a parte provar que deixou de fazê-lo por motivo de força maior.[347]

Assim, caso o apelante deseje manifestar questão nova deverá comprovar o motivo de força maior. Esse é o entendimento da doutrina: "O art. 1.014 do CPC permite que o apelante ou apelado suscite questões novas no procedimento de apelação, desde que prove que deixou de fazê-lo por motivo de força maior".[348]

9.8. Agravo de Instrumento

- Previsão legal: **Art. 994, II e arts. 1.015 a 1.020 do CPC/2015.**
- **Cabimento**

O recurso de agravo de instrumento serve para impugnar as decisões interlocutórias, consoante previsão do artigo 1.015 do CPC. Porém, é de se ressaltar que nem de toda decisão interlocutória seria possível recorrer via agravo de instrumento. O artigo 203, §2º do CPC define decisão interlocutória como a decisão do juiz de primeiro grau que não se enquadra em sentença.

As decisões interlocutórias que não são recorríveis por agravo de instrumento deverão ser impugnadas em sede de preliminar do recurso de apelação ou nas contrarrazões, conforme preceitua o art. 1.009, § 1º, do CPC/2015.

Segundo o art. 1.015 cabe Agravo de Instrumento das seguintes decisões:

> **Art. 1.015.** Cabe agravo de instrumento contra as decisões interlocutórias que versarem sobre:
>
> I – tutelas provisórias;
>
> II – mérito do processo;
>
> III – rejeição da alegação de convenção de arbitragem;
>
> IV – incidente de desconsideração da personalidade jurídica;
>
> V – rejeição do pedido de gratuidade da justiça ou acolhimento do pedido de sua revogação;
>
> VI – exibição ou posse de documento ou coisa;
>
> VII – exclusão de litisconsorte;
>
> VIII – rejeição do pedido de limitação do litisconsórcio;

344. BRASIL. Lei nº 13.105, de 16 de março de 2015. *Código de Processo Civil*.
345. BRASIL. Lei nº 13.105, de 16 de março de 2015. *Código de Processo Civil*.
346. BRASIL. Lei nº 13.105, de 16 de março de 2015. *Código de Processo Civil*.
347. BRASIL. Lei nº 13.105, de 16 de março de 2015. *Código de Processo Civil*.
348. DIDIER JUNIOR, Fredie; CUNHA, Leonardo Carneiro da. **Curso de direito processual civil: meios de impugnação às Decisões Judiciais e Processos nos Tribunais**. 15 ed. Salvador: Juspodivm, 2018, p. 227.

PROCESSO CIVIL

IX – admissão ou inadmissão de intervenção de terceiros;

X – concessão, modificação ou revogação do efeito suspensivo aos embargos à execução;

XI – redistribuição do ônus da prova nos termos do art. 373, § 1º;

XII – (VETADO);

XIII – outros casos expressamente referidos em lei.

Parágrafo único. Também caberá agravo de instrumento contra decisões interlocutórias proferidas na fase de liquidação de sentença ou de cumprimento de sentença, no processo de execução e no processo de inventário.[349]

De regra, cabe recurso de agravo de instrumento contra as decisões interlocutórias proferidas na fase de conhecimento se se enquadrarem nas hipóteses dos incisos do artigo 1.015 do CPC.

No entanto, no que se refere à previsão do parágrafo único do artigo 1.015 do CPC, cabe o recurso de agravo de instrumento também contra decisões interlocutórias proferidas na fase de liquidação de sentença ou de cumprimento de sentença, no processo de execução e no processo de inventário.

Destaca-se, que o CPC em seu art. 1.037, §13, inciso I, prevê o cabimento do agravo de instrumento sobre a decisão que resolver o requerimento de distinção no caso de processo sobrestado em razão do julgamento de recursos repetitivos:

Art. 1.037. Selecionados os recursos, o relator, no tribunal superior, constatando a presença do pressuposto do caput do art. 1.036, proferirá decisão de afetação, na qual:

§ 13. Da decisão que resolver o requerimento a que se refere o § 9º caberá:

I – agravo de instrumento, se o processo estiver em primeiro grau;

II – agravo interno, se a decisão for de relator.[350]

Além disso, conforme o CPC, outras leis podem prever o cabimento do agravo de instrumento. Exemplos: art. 19, § 2º da Lei nº 5.478/1968 (Lei de Alimentos); art. 7º, § 1º da Lei nº 12.016/2009 (Lei do Mandado de Segurança).

Da taxatividade mitigada: em 2018 o STJ entendeu pela taxatividade mitigada do rol do art. 1.015 do CPC no sentido de ser possível o cabimento do agravo de instrumento no processo de conhecimento em outras situações que não previstas no rol desde que urgentes, ou seja, desde que seja inútil esperar até a sentença para impugnar eventual decisão interlocutória que não esteja no rol do art. 1.015 em preliminar de apelação.

- **Efeitos do agravo de instrumento**

O agravo de instrumento segue a regra contida no caput do artigo 995 do CPC, de que os recursos não terão efeito suspensivo. Porém, o agravante poderá, com base no art. 1.019, I do CPC, requerer que o relator, ao receber o agravo de instrumento, atribua efeito suspensivo ou defira, em antecipação de tutela, total ou parcialmente, a pretensão recursal:

Art. 1.019. Recebido o agravo de instrumento no tribunal e distribuído imediatamente, se não for o caso de aplicação do art. 932, incisos III e IV, o relator, no prazo de 5 (cinco) dias:

I – poderá atribuir efeito suspensivo ao recurso ou deferir, em antecipação de tutela, total ou parcialmente, a pretensão recursal, comunicando ao juiz sua decisão;[351]

- **Da petição de agravo de instrumento**

O recurso de agravo de instrumento será dirigido diretamente ao Tribunal, tendo os requisitos do artigo 1.016 e 1.017 do CPC:

Art. 1.016. O agravo de instrumento será dirigido diretamente ao tribunal competente, por meio de petição com os seguintes requisitos:

I – os nomes das partes;

II – a exposição do fato e do direito;

III – as razões do pedido de reforma ou de invalidação da decisão e o próprio pedido;

IV – o nome e o endereço completo dos advogados constantes do processo[352].

Importante destacar que, conforme o inciso IV do art. 1.016 do CPC/2015, deve o agravante informar na petição do agravo o nome e endereço completo dos advogados constantes do processo.

Além do art. 1.016 do CPC/2015, o agravante deve cumprir os requisitos do art. 1.017 do CPC, no sentido de juntar com o recurso peças obrigatórias e facultativas.

Art. 1.017. A petição de agravo de instrumento será instruída:

I – obrigatoriamente, com cópias da petição inicial, da contestação, da petição que ensejou a decisão agravada, da própria decisão agravada, da certidão da respectiva intimação ou outro documento oficial

349. BRASIL. Lei nº 13.105, de 16 de março de 2015. *Código de Processo Civil.*

350. BRASIL. Lei nº 13.105, de 16 de março de 2015. *Código de Processo Civil.*

351. BRASIL. Lei nº 13.105, de 16 de março de 2015. *Código de Processo Civil.*

352. BRASIL. Lei nº 13.105, de 16 de março de 2015. *Código de Processo Civil.*

que comprove a tempestividade e das procurações outorgadas aos advogados do agravante e do agravado;

II – com declaração de inexistência de qualquer dos documentos referidos no inciso I, feita pelo advogado do agravante, sob pena de sua responsabilidade pessoal;

III – facultativamente, com outras peças que o agravante reputar úteis.

§ 1º Acompanhará a petição o comprovante do pagamento das respectivas custas e do porte de retorno, quando devidos, conforme tabela publicada pelos tribunais.[353]

Porém, consoante previsão do § 5º do art. 1.017 do CPC/2015, sendo eletrônico o processo, não precisarão ser juntadas as peças referidas nos incisos I e II do art. 1.017: "§ 5º Sendo eletrônicos os autos do processo, dispensam-se as peças referidas nos incisos I e II do caput, facultando-se ao agravante anexar outros documentos que entender úteis para a compreensão da controvérsia".[354]

- **Do preparo no agravo de instrumento**

No agravo de instrumento, deve haver o preparo, inclusive porte de retorno, sob pena de deserção, salvo as exceções previstas no art. 1.007, do CPC. É a exigência constante no § 1º do art. 1.017 do CPC/2015: "§ 1º Acompanhará a petição o comprovante do pagamento das respectivas custas e do porte de retorno, quando devidos, conforme tabela publicada pelos tribunais".[355]

- **Procedimento do agravo de instrumento**

O artigo 1.018 do CPC estabelece que interposto o agravo de instrumento diretamente no Tribunal, o agravante poderá, no prazo de 3 dias, requerer a juntada da cópia do agravo no processo de primeiro grau, conforme prevê o art. 1.018 do CPC.

Art. 1.018. O agravante poderá requerer a juntada, aos autos do processo, de cópia da petição do agravo de instrumento, do comprovante de sua interposição e da relação dos documentos que instruíram o recurso.[356]

A referida previsão visa possibilitar o juízo de retratação pelo juiz de primeiro grau, bem como possibilitar a ciência do agravado sobre o recurso interposto. Caso não seja atendida essa previsão e forem autos físicos de acordo com a redação do Código de Processo Civil, isso acarretará a inadmissibilidade do recurso pelo Tribunal, desde que seja arguido pelo agravado e provado por este.

§ 2º Não sendo eletrônicos os autos, o agravante tomará a providência prevista no caput, no prazo de 3 (três) dias a contar da interposição do agravo de instrumento.

§ 3º O descumprimento da exigência de que trata o § 2º, desde que arguido e provado pelo agravado, importa inadmissibilidade do agravo de instrumento.[357]

Recebido o agravo de instrumento, o relator e distribuído imediatamente, se não for o caso de aplicação do art. 932, incisos III e IV, o relator, no prazo de 5 dias, conforme o art. 1.019 do CPC:

1. O relator poderá conceder o efeito suspensivo ao recurso ou deferir, em antecipação de tutela, total ou parcialmente, a pretensão recursal, comunicando ao juiz sua decisão.

2. Deverá ordenar a intimação do agravado para contrarrazões, na forma do inciso II do art. 1.019 do CPC: "ordenará a intimação do agravado pessoalmente, por carta com aviso de recebimento, quando não tiver procurador constituído, ou pelo Diário da Justiça ou por carta com aviso de recebimento dirigida ao seu advogado, para que responda no prazo de 15 (quinze) dias, facultando-lhe juntar a documentação que entender necessária ao julgamento do recurso".

3. Determinará, quando for o caso de intervenção, a intimação do Ministério Público, preferencialmente por meio eletrônico, para que se manifeste no prazo de 15 dias.

9.9. Agravo Interno

- **Previsão legal**

O recurso de agravo interno encontra previsão legal no art. 994, III e art. 1.021 do Código de Processo Civil.

Consoante o próprio *caput* do artigo 1.021 do CPC, devem ser observadas, ainda, quanto ao processamento, as regras do regimento interno do Tribunal.

- **Cabimento**

O recurso de agravo interno tem cabimento contra as decisões unipessoais/monocráticas proferidas no âmbito dos Tribunais, conforme art. 1.021 do Código de Processo Civil, que dispõe:

353. BRASIL. Lei nº 13.105, de 16 de março de 2015. *Código de Processo Civil.*

354. BRASIL. Lei nº 13.105, de 16 de março de 2015. *Código de Processo Civil.*

355. BRASIL. Lei nº 13.105, de 16 de março de 2015. *Código de Processo Civil.*

356. BRASIL. Lei nº 13.105, de 16 de março de 2015. *Código de Processo Civil.*

357. BRASIL. Lei nº 13.105, de 16 de março de 2015. *Código de Processo Civil.*

> **Art. 1.021.** Contra decisão proferida pelo relator caberá agravo interno para o respectivo órgão colegiado, observadas, quanto ao processamento, as regras do regimento interno do tribunal.[358]

Dessa forma, o objetivo do agravo interno é fazer com que o órgão colegiado reexamine a decisão que foi proferida de forma monocrática pelo relator.

Cabe, portanto, de decisões singulares do relator. Observe-se, no entanto, outras hipóteses de cabimento do agravo interno e que estão estabelecidas no próprio CPC:

a) Previsão do parágrafo único do art. 136 do CPC

Caso a decisão sobre a desconsideração da personalidade jurídica seja do relator, caberá o agravo interno:

> **Art. 136.** Concluída a instrução, se necessária, o incidente será resolvido por decisão interlocutória.
>
> Parágrafo único. Se a decisão for proferida pelo relator, cabe agravo interno.[359]

b) Previsão do art. 1.037, § 13, II do CPC

> **Art. 1.037.** Selecionados os recursos, o relator, no tribunal superior, constatando a presença do pressuposto do caput do art. 1.036, proferirá decisão de afetação, na qual:
>
> § 9º Demonstrando distinção entre a questão a ser decidida no processo e aquela a ser julgada no recurso especial ou extraordinário afetado, a parte poderá requerer o prosseguimento do seu processo.
>
> § 13. Da decisão que resolver o requerimento a que se refere o § 9º caberá:
>
> I – agravo de instrumento, se o processo estiver em primeiro grau;
>
> II – agravo interno, se a decisão for de relator.[360]

c) Previsão do art. 1.030, I e III c/c § 2º do CPC:

De regra, no caso de inadmissão de recurso especial ou extraordinário pelo presidente ou vice do Tribunal Recorrido, o recurso é o agravo em recurso especial ou extraordinário (art. 1.042 do CPC). No entanto, deve-se cuidar o fundamento da decisão. Isso, porque se a decisão que inadmitir o recurso especial ou extraordinário estiver fundada na aplicação de entendimento firmado em regime de repercussão geral ou em julgamento de recurso repetitivo, será cabível o agravo interno e não mais o agravo em recurso especial ou extraordinário (art. 1.030, I e III c/c § 2º do CPC):

> **Art. 1.030.** Recebida a petição do recurso pela secretaria do tribunal, o recorrido será intimado para apresentar contrarrazões no prazo de 15 (quinze) dias, findo o qual os autos serão conclusos ao presidente ou ao vice-presidente do tribunal recorrido, que deverá:
>
> I – negar seguimento:
>
> a) a recurso extraordinário que discuta questão constitucional à qual o Supremo Tribunal Federal não tenha reconhecido a existência de repercussão geral ou a recurso extraordinário interposto contra acórdão que esteja em conformidade com entendimento do Supremo Tribunal Federal exarado no regime de repercussão geral;
>
> b) a recurso extraordinário ou a recurso especial interposto contra acórdão que esteja em conformidade com entendimento do Supremo Tribunal Federal ou do Superior Tribunal de Justiça, respectivamente, exarado no regime de julgamento de recursos repetitivos;
>
> III – sobrestar o recurso que versar sobre controvérsia de caráter repetitivo ainda não decidida pelo Supremo Tribunal Federal ou pelo Superior Tribunal de Justiça, conforme se trate de matéria constitucional ou infraconstitucional;
>
> § 2º Da decisão proferida com fundamento nos incisos I e III caberá agravo interno, nos termos do art. 1.021.[361]

d) Previsão do art. 1.035, § 7º do CPC

> **Art. 1.035.** O Supremo Tribunal Federal, em decisão irrecorrível, não conhecerá do recurso extraordinário quando a questão constitucional nele versada não tiver repercussão geral, nos termos deste artigo.
>
> § 6º O interessado pode requerer, ao presidente ou ao vice-presidente do tribunal de origem, que exclua da decisão de sobrestamento e inadmita o recurso extraordinário que tenha sido interposto intempestivamente, tendo o recorrente o prazo de 5 (cinco) dias para manifestar-se sobre esse requerimento.
>
> § 7º Da decisão que indeferir o requerimento referido no § 6º ou que aplicar entendimento firmado em regime de repercussão geral ou em julgamento de recursos repetitivos caberá agravo interno.[362]

e) Previsão do art. 1.036, § 3º do CPC:

> **Art. 1.036.** Sempre que houver multiplicidade de recursos extraordinários ou especiais com fundamento em idêntica questão de direito, haverá afetação para julgamento de acordo com as disposições

358. BRASIL. Lei nº 13.105, de 16 de março de 2015. *Código de Processo Civil.*
359. BRASIL. Lei nº 13.105, de 16 de março de 2015. *Código de Processo Civil.*
360. BRASIL. Lei nº 13.105, de 16 de março de 2015. *Código de Processo Civil.*
361. BRASIL. Lei nº 13.105, de 16 de março de 2015. *Código de Processo Civil.*
362. BRASIL. Lei nº 13.105, de 16 de março de 2015. *Código de Processo Civil.*

desta Subseção, observado o disposto no Regimento Interno do Supremo Tribunal Federal e no do Superior Tribunal de Justiça.

§ 1º O presidente ou o vice-presidente de tribunal de justiça ou de tribunal regional federal selecionará 2 (dois) ou mais recursos representativos da controvérsia, que serão encaminhados ao Supremo Tribunal Federal ou ao Superior Tribunal de Justiça para fins de afetação, determinando a suspensão do trâmite de todos os processos pendentes, individuais ou coletivos, que tramitem no Estado ou na região, conforme o caso.

§ 2º O interessado pode requerer, ao presidente ou ao vice-presidente, que exclua da decisão de sobrestamento e inadmita o recurso especial ou o recurso extraordinário que tenha sido interposto intempestivamente, tendo o recorrente o prazo de 5 (cinco) dias para manifestar-se sobre esse requerimento.

§ 3º Da decisão que indeferir o requerimento referido no § 2º caberá apenas agravo interno.[363]

- **Estrutura e processamento do recurso de agravo interno**

O agravo interno segue as regras previstas no regimento interno de cada tribunal. No recurso de agravo interno, o recorrente deve impugnar especificamente os fundamentos da decisão agravada, ou seja, da decisão monocrática do relator, consoante previsão do § 1º do art. 1.021 do CPC: "§ 1º Na petição de agravo interno, o recorrente impugnará especificadamente os fundamentos da decisão agravada".[364]

O agravo interno deverá ser dirigido ao relator que proferiu a decisão, indicando o ponto com que não concorda e os motivos que ensejam a reforma da decisão, consoante previsão do § 2º do art. 1.021 do CPC.

Diante da interposição do agravo interno o relator intima o agravado para resposta e poderá se retratar. Caso não se retrate, o relator deverá encaminhar o agravo interno para ser julgado pelo órgão colegiado.

- **Reprodução dos fundamentos**

É vedado ao relator limitar-se à reprodução dos fundamentos da decisão agravada para julgar improcedente o agravo interno. Essa é a previsão do § 3º do art. 1.021 do CPC: "§ 3º É vedado ao relator limitar-se à reprodução dos fundamentos da decisão agravada para julgar improcedente o agravo interno".[365]

- **Multa**

Consoante previsão do § 4º do art. 1.021 do CPC, caso o agravo interno seja declarado manifestamente inadmissível ou improcedente em votação unânime, o órgão colegiado poderá condenar o agravado a pagar multa fixada entre 1 e 5 % do valor atualizado da causa; e mais: qualquer interposição de outro recurso está condicionada ao pagamento da multa.

9.10. Embargos de Declaração

- **Previsão Legal:** Art. 994, IV, arts. 1.022 a 1.026 do CPC.
- **Cabimento**

Os embargos de declaração cabem contra qualquer decisão judicial, seja sentença, decisão interlocutória, decisão monocrática ou acórdão, quando esta for obscura, omissa ou contraditória ou quando contiver erro material. Cabe destacar que "os embargos de declaração não têm como função principal a modificação do julgado. Esse mister compete aos demais recursos. A finalidade precípua dos embargos é esclarecer ou integrar uma decisão que padece de algum vício de conteúdo[366]". E ainda: "pode-se dizer então que os embargos são um recurso de fundamentação vinculada, pois suas hipóteses de cabimento estão previamente enumeradas no CPC[367]".

As hipóteses de cabimento estão no art. 1.022 do CPC:

> **Art. 1.022.** Cabem embargos de declaração contra qualquer decisão judicial para:
>
> I – esclarecer obscuridade ou eliminar contradição;
>
> II – suprir omissão de ponto ou questão sobre o qual devia se pronunciar o juiz de ofício ou a requerimento;
>
> III – corrigir erro material.[368]

O parágrafo único do art. 1.022 do CPC refere que se considera omissa a decisão que:

> I – deixe de se manifestar sobre tese firmada em julgamento de casos repetitivos ou em incidente

363. BRASIL. Lei nº 13.105, de 16 de março de 2015. *Código de Processo Civil.*
364. BRASIL. Lei nº 13.105, de 16 de março de 2015. *Código de Processo Civil.*
365. BRASIL. Lei nº 13.105, de 16 de março de 2015. *Código de Processo Civil.*
366. AGUIRRE, João; MONTANS DE SÁ. Prática Civil. 7. Ed. São Paulo: Saraiva, 2017, p. 102.
367. AGUIRRE, João; MONTANS DE SÁ. Prática Civil. 7. Ed. São Paulo: Saraiva, 2017, p. 103.
368. BRASIL. Lei nº 13.105, de 16 de março de 2015. *Código de Processo Civil.*

de assunção de competência aplicável ao caso sob julgamento;

II – incorra em qualquer das condutas descritas no § 1º.[369]

- **Prazo para interposição dos embargos: 5 dias.**

O prazo para que os embargos de declaração sejam opostos é de 05 dias, consoante previsão do artigo 1.023 do CPC, sendo que não estão sujeitos ao recolhimento do preparo recursal:

> **Art. 1.023.** Os embargos serão opostos, no prazo de 5 (cinco) dias, em petição dirigida ao juiz, com indicação do erro, obscuridade, contradição ou omissão, e não se sujeitam a preparo.
>
> § 1º Aplica-se aos embargos de declaração o art. 229 .
>
> § 2º O juiz intimará o embargado para, querendo, manifestar-se, no prazo de 5 (cinco) dias, sobre os embargos opostos, caso seu eventual acolhimento implique a modificação da decisão embargada.[370]

- **Efeitos**
- **Quanto ao efeito suspensivo**

Não possuem efeito suspensivo, tal qual preceitua o caput do artigo 1.026 do CPC. No entanto, tal efeito suspensivo poderá ser concedido, de acordo com a previsão do § 1º do art. 1.026 do CPC. Ou seja, a decisão recorrida poderá ser suspensa pelo respectivo juiz ou relator se demonstrada a probabilidade de provimento do recurso ou, sendo relevante a fundamentação, se houver risco de dano grave ou de difícil reparação.

- **Quanto ao efeito interruptivo**

Os embargos de declaração interrompem o prazo para interposição do recurso. A interrupção se constitui em ter novamente todo o prazo para a interposição de outro recurso da decisão embargada, que só começará a correr depois da intimação da decisão dos embargos.

Caso os embargos de declaração sejam considerados manifestamente protelatórios, há previsão de multa de 2 %, consoante o art. 1.026, § 2º do CPC:

> § 2º Quando manifestamente protelatórios os embargos de declaração, o juiz ou o tribunal, em decisão fundamentada, condenará o embargante a pagar ao embargado multa não excedente a dois por cento sobre o valor atualizado da causa.[371]

- **Quanto ao efeito infringente (modificativo)**

Fala-se em efeitos infringentes, nos embargos de declaração, quando o acolhimento dos mesmos acarretar a modificação da decisão embargada. Neste caso, quando os embargos puderem alterar a decisão embargada, necessário se faz observar o contraditório, intimando-se a parte embargada para oferecer contrarrazões, conforme previsão do § 2º do art. 1.023 do CPC.

- **Processamento**

Os embargos devem ser opostos perante o próprio órgão que proferiu a decisão, na forma do art. 1.023 do CPC. Poderão ser admitidos ou não, conforme forem preenchidos os seus requisitos de admissibilidade.

Os embargos de declaração são cabíveis no prazo de cinco dias úteis e são isentos de preparo (art. 1.023 do CPC), visto que são dirigidos ao mesmo órgão prolator da decisão.[372]

Ademais, nem sempre vai haver a intimação da parte contrária para oferecer resposta aos embargos de declaração. Ou seja, somente vai haver essa intimação se os embargos tiverem efeitos infringentes, conforme previsão do art. 1.023, § 2º do CPC:

> § 2º O juiz intimará o embargado para, querendo, manifestar-se, no prazo de 5 (cinco) dias, sobre os embargos opostos, caso seu eventual acolhimento implique a modificação da decisão embargada.[373]

- **Dos recursos interpostos antes do julgamento dos embargos de declaração**

Previsão dos §§ 4º e 5º do art. 1.024 do CPC:

> § 4º Caso o acolhimento dos embargos de declaração implique modificação da decisão embargada, o embargado que já tiver interposto outro recurso contra a decisão originária tem o direito de complementar ou alterar suas razões, nos exatos limites da modificação, no prazo de 15 (quinze) dias, contado da intimação da decisão dos embargos de declaração.
>
> § 5º Se os embargos de declaração forem rejeitados ou não alterarem a conclusão do julgamento anterior, o recurso interposto pela outra parte antes da publicação do julgamento dos embargos de declaração será processado e julgado independentemente de ratificação.[374]

369. BRASIL. Lei nº 13.105, de 16 de março de 2015. *Código de Processo Civil*.

370. BRASIL. Lei nº 13.105, de 16 de março de 2015. *Código de Processo Civil*.

371. BRASIL. Lei nº 13.105, de 16 de março de 2015. *Código de Processo Civil*.

372. LOURENÇO, Haroldo. Processo civil sistematizado. 3. Ed. Rio de Janeiro: Forense; São Paulo: Método, 2017, p. 507.

373. BRASIL. Lei nº 13.105, de 16 de março de 2015. *Código de Processo Civil*.

374. BRASIL. Lei nº 13.105, de 16 de março de 2015. *Código de Processo Civil*.

Ou seja, se outro recurso foi interposto pelo embargado antes do julgamento dos embargos de declaração, aquele recurso não precisa ser ratificado, caso os embargos de declaração forem rejeitados ou não alterarem a conclusão do julgamento anterior. Agora, se os embargos de declaração forem acolhidos e isso implicar na modificação da decisão embargada, o recorrente vai ter direito a complementar ou alterar suas razões nos exatos limites do que foi modificado, no prazo de 15 (quinze) dias a contar da intimação da decisão dos embargos de declaração.

Por isso, a súmula nº 418 do STJ, que dizia: "É inadmissível o recurso especial interposto antes da publicação do acórdão dos embargos de declaração, sem posterior ratificação", foi CANCELADA, valendo agora a súmula nº 579 do STJ: "Não é necessário ratificar o recurso especial interposto na pendência do julgamento dos embargos de declaração, quando inalterado o resultado anterior".

- **Dos embargos para fins de pré-questionamento**

De acordo com a previsão do art. 1.025 do CPC os embargos de declaração podem ser opostos para fins de pré-questionamento (cumprindo assim, requisito específico do recurso especial e extraordinário):

> **Art. 1.025.** Consideram-se incluídos no acórdão os elementos que o embargante suscitou, para fins de pré-questionamento, ainda que os embargos de declaração sejam inadmitidos ou rejeitados, caso o tribunal superior considere existentes erro, omissão, contradição ou obscuridade.[375]

9.11. Recurso Ordinário

- **Previsão legal**

O recurso ordinário encontra respaldo nos arts. 994, V e 1.027 e 1.028 do Código de Processo Civil. Encontra previsão também nos arts. 102, II e 105, II da Constituição Federal, sendo julgado pelo STF ou pelo STJ, conforme for situação do inciso I ou II do art. 1.027 do CPC.

- **Cabimento**

O recurso ordinário é cabível contra determinadas decisões proferidas em ações cuja competência originária seja dos Tribunais e contempla também a situação do art. 1.027, inciso II, alínea "b" do CPC. É julgado pelo STJ ou pelo STF e tem previsão constitucional nos arts. 102, II e 105, II da CF:

> **Art. 102.** Compete ao Supremo Tribunal Federal, precipuamente, a guarda da Constituição, cabendo-lhe:
>
> II – julgar, em recurso ordinário:
>
> a) o habeas corpus, o mandado de segurança, o habeas data e o mandado de injunção decididos em única instância pelos Tribunais Superiores, se denegatória a decisão;
>
> b) o crime político;[376]
>
> **Art. 105.** Compete ao Superior Tribunal de Justiça:
>
> II – julgar, em recurso ordinário:
>
> a) os habeas corpus decididos em única ou última instância pelos Tribunais Regionais Federais ou pelos tribunais dos Estados, do Distrito Federal e Territórios, quando a decisão for denegatória;
>
> b) os mandados de segurança decididos em única instância pelos Tribunais Regionais Federais ou pelos tribunais dos Estados, do Distrito Federal e Territórios, quando denegatória a decisão;
>
> c) as causas em que forem partes Estado estrangeiro ou organismo internacional, de um lado, e, do outro, Município ou pessoa residente ou domiciliada no País;[377]

- **Recurso ordinário a ser julgado pelo STF:**

No art. 1.027, inciso I do CPC está estabelecido o cabimento do recurso ordinário a ser julgado pelo STF:

> **Art. 1.027.** Serão julgados em recurso ordinário:
>
> I – pelo Supremo Tribunal Federal, os mandados de segurança, os habeas data e os mandados de injunção decididos em única instância pelos tribunais superiores, quando denegatória a decisão;[378]

- **Recurso ordinário a ser julgado pelo STJ:**

O recurso ordinário também poderá ser julgado pelo STJ, caso ocorra uma das situações previstas no art. 1.027, II, alíneas "a" e "b" do CPC, e do art. 105, II, alíneas "a", "b" e "c" da Constituição Federal.

Conforme previsão do Código de Processo Civil:

> **Art. 1.027.** Serão julgados em recurso ordinário:
>
> (...)
>
> II – pelo Superior Tribunal de Justiça:
>
> a) os mandados de segurança decididos em única instância pelos tribunais regionais federais ou pelos

375. BRASIL. Lei nº 13.105, de 16 de março de 2015. *Código de Processo Civil.*

376. BRASIL, 1988. Constituição da República Federativa do Brasil de 1988.

377. BRASIL, 1988. Constituição da República Federativa do Brasil de 1988.

378. BRASIL. Lei nº 13.105, de 16 de março de 2015. *Código de Processo Civil.*

PROCESSO CIVIL

> tribunais de justiça dos Estados e do Distrito Federal e Territórios, quando denegatória a decisão;
>
> b) os processos em que forem partes, de um lado, Estado estrangeiro ou organismo internacional e, de outro, Município ou pessoa residente ou domiciliada no País.[379]

▪ **Interposição**

Interposição no caso do art. 1.027, II, alínea b do CPC:

O endereçamento do recurso oscila conforme a hipótese de cabimento e julgamento do mesmo. Ou seja, conforme a hipótese da alínea "b" do inciso II do art. 1.027 do CPC, a interposição do recurso ordinário vai seguir quanto aos requisitos de admissibilidade e o procedimento, os relativos à APELAÇÃO e o regimento interno do STJ, conforme previsão do art. 1.028 do CPC:

> **Art. 1.028.** Ao recurso mencionado no art. 1.027, inciso II, alínea b, aplicam-se, quanto aos requisitos de admissibilidade e ao procedimento, as disposições relativas à apelação e o Regimento Interno do Superior Tribunal de Justiça.

Ainda, é de se destacar a previsão do § 1º do art. 1.027 do CPC quando menciona que, nos processos referidos na alínea "b" do inciso II do mesmo artigo, contra as decisões interlocutórias, CABERÁ AGRAVO DE INSTRUMENTO DIRIGIDO AO STJ: § 1º Nos processos referidos no inciso II, alínea *b*, contra as decisões interlocutórias caberá agravo de instrumento dirigido ao Superior Tribunal de Justiça, nas hipóteses do art. 1015.[380]

▪ **Interposição no caso do art. 1.027, I e inciso II, alínea a do CPC:**

Se, porém, o recurso ordinário for interposto em razão do art. 1.027, incisos I e II, alínea "a" do CPC, deverá ser interposto perante o Presidente ou Vice do Tribunal, com a folha das razões dirigida ao STF ou STJ, conforme o caso:

> § 2º O recurso previsto no art. 1.027, incisos I e II, alínea a, deve ser interposto perante o tribunal de origem, cabendo ao seu presidente ou vice-presidente determinar a intimação do recorrido para, em 15 (quinze) dias, apresentar as contrarrazões.
>
> § 3º Findo o prazo referido no § 2º, os autos serão remetidos ao respectivo tribunal superior, independentemente de juízo de admissibilidade.[381]

379. BRASIL. Lei nº 13.105, de 16 de março de 2015. *Código de Processo Civil*.

380. BRASIL. Lei nº 13.105, de 16 de março de 2015. *Código de Processo Civil*.

381. BRASIL. Lei nº 13.105, de 16 de março de 2015. *Código de Processo Civil*.

Em tais situações, o recurso ordinário vai ser interposto perante o tribunal de origem, devendo o presidente ou vice-presidente determinar a intimação do recorrido para apresentar as contrarrazões no prazo de 15 dias, sendo que após o prazo das contrarrazões, os autos serão remetidos ao tribunal (STJ ou STF, conforme o caso) independentemente do juízo de admissibilidade.

Por fim, conforme previsão do § 2º do art. 1.027 do CPC, aplicam-se ao recurso ordinário o disposto nos arts. 1.013, § 3º, e 1.029, § 5º.

9.12. Recurso Especial

▪ **Previsão legal:** Art. 994, VI do CPC; art. 105, III da CF; e art. 1.029 a 1.035 do CPC.

O Código de Processo Civil não traz as hipóteses de cabimento do recurso especial, e sim, a Constituição Federal, em seu art. 105, inciso III.

▪ **Cabimento**

O recurso especial é julgado pelo STJ nas causas decididas em única ou última instância pelos tribunais regionais ou pelos tribunais de justiça e do distrito federal, quando a decisão recorrida:

> III – julgar, em recurso especial, as causas decididas, em única ou última instância, pelos Tribunais Regionais Federais ou pelos tribunais dos Estados, do Distrito Federal e Territórios, quando a decisão recorrida:
>
> a) contrariar tratado ou lei federal, ou negar-lhes vigência;
>
> b) julgar válido ato de governo local contestado em face de lei federal; (Redação dada pela Emenda Constitucional nº 45, de 2004)
>
> c) der a lei federal interpretação divergente da que lhe haja atribuído outro tribunal.[382]

Consoante entendimento, não cabe, no recurso especial, impugnação de questões de fato ou de direito local. Veja-se a súmula nº 7 do STJ, no sentido de que o recurso especial só pode veicular matéria de direito: "A pretensão de simples reexame de prova não enseja recurso especial".

> ▷ **Verificar súmula nº 203 do STJ**: "Não cabe recurso especial contra decisão proferida por órgão de segundo grau dos Juizados Especiais".

▪ **Requisitos de admissibilidade**

O recurso especial deve preencher os requisitos gerais de admissibilidade de qualquer recurso.

382. BRASIL, 1988. Constituição da República Federativa do Brasil de 1988.

Porém, há ainda requisitos específicos, tais como o prequestionamento e, com a Emenda Constitucional 125/2022, de 14 de julho de 2022, o requisito da relevância das questões de direito federal infraconstitucional.

Destacam-se entre os requisitos para o recurso especial:

> **Esgotamento das instâncias recursais ordinárias;**
>
> **Proibição do reexame de matéria fática:** súmula nº 7 DO STJ: "A pretensão de simples reexame de prova não enseja recurso especial"; súmula 05 DO STJ: "A simples interpretação de cláusula contratual não enseja recurso especial".

- **Relevância das questões de direito federal infraconstitucional**

A Emenda Constitucional nº 125/2022, de 14 de julho de 2022, acarretou a alteração no art. 105 da Constituição Federal para instituir, no recurso especial, o requisito da relevância das questões de direito federal infraconstitucional.

Com isso, o art. 105, da Constituição Federal passou a ter os § 2º e o § 3º com a seguinte redação, consoante segue o texto da Emenda Constitucional:

> § 2º No recurso especial, o recorrente deve demonstrar a relevância das questões de direito federal infraconstitucional discutidas no caso, nos termos da lei, a fim de que a admissão do recurso seja examinada pelo Tribunal, o qual somente pode dele não conhecer com base nesse motivo pela manifestação de 2/3 (dois terços) dos membros do órgão competente para o julgamento.
>
> § 3º Haverá a relevância de que trata o § 2º deste artigo nos seguintes casos:
>
> I – ações penais;
>
> II – ações de improbidade administrativa;
>
> III – ações cujo valor da causa ultrapasse 500 (quinhentos) salários mínimos;
>
> IV – ações que possam gerar inelegibilidade;
>
> V – hipóteses em que o acórdão recorrido contrariar jurisprudência dominante o Superior Tribunal de Justiça;
>
> VI – outras hipóteses previstas em lei.[383]

Além disso, conforme previsão da Emenda Constitucional nº 125/2022, a relevância de que trata o § 2º do art. 105 da Constituição Federal será exigida nos recursos especiais interpostos após a entrada em vigor da Emenda Constitucional, ocasião em que a parte poderá atualizar o valor da causa para os fins de que trata o inciso III do § 3º do referido art. 105 da CF. Ainda consoante a EC 125/2022, a mesma entrou em vigor na data de sua publicação. Isso, conforme previsão dos arts. 2º e 3º da EC 125/2022:

> **Art. 2º** A relevância de que trata o § 2º do art. 105 da Constituição Federal será exigida nos recursos especiais interpostos após a entrada em vigor desta Emenda Constitucional, ocasião em que a parte poderá atualizar o valor da causa para os fins de que trata o inciso III do § 3º do referido artigo.
>
> **Art. 3º** Esta Emenda Constitucional entra em vigor na data de sua publicação.
>
> **Observar, no entanto, entendimento do STJ enquanto não elaborada a lei que regulamenta esse requisito.**

- **Prequestionamento:**

O recurso especial tem como outro requisito o pré-questionamento. Ou seja, que a matéria de direito infraconstitucional federal já tenha sido objeto de análise pelas instâncias inferiores. Inclusive, conforme o artigo 1.025 do CPC, os embargos de declaração podem ser opostos para fins de prequestionamento:

> **Art. 1.025.** Consideram-se incluídos no acórdão os elementos que o embargante suscitou, para fins de pré-questionamento, ainda que os embargos de declaração sejam inadmitidos ou rejeitados, caso o tribunal superior considere existentes erro, omissão, contradição ou obscuridade.[384]

- **Dissídio de jurisprudência entre tribunais:**

Uma das hipóteses de interposição do recurso especial é a alínea "c" do art. 105, inciso III da CF. Neste caso, para que seja admitido o recurso especial fundado no dissídio jurisprudencial deve ser demonstrada a divergência jurisprudencial entre o acórdão recorrido e o acórdão tido como paradigma, conforme determina o art. 1.029, § 1º do CPC:

> § 1º Quando o recurso fundar-se em dissídio jurisprudencial, o recorrente fará a prova da divergência com a certidão, cópia ou citação do repositório de jurisprudência, oficial ou credenciado, inclusive em mídia eletrônica, em que houver sido publicado o acórdão divergente, ou ainda com a reprodução de julgado disponível na rede mundial de computadores, com indicação da respectiva fonte, devendo-se, em qualquer caso, mencionar as circunstâncias que identifiquem ou assemelhem os casos confrontados[385].

---

383. BRASIL, 1988. Constituição da República Federativa do Brasil de 1988.

384. BRASIL. Lei nº 13.105, de 16 de março de 2015. *Código de Processo Civil.*

385. BRASIL. Lei nº 13.105, de 16 de março de 2015. *Código de Processo Civil.*

Destaca-se, como referido anteriormente, que a súmula nº 418 do STJ está superada e foi editada nova súmula nº 579 do STJ[386]:

- **Súmula nº 418 do STJ:** É inadmissível o recurso especial interposto antes da publicação do acórdão dos embargos de declaração, sem posterior ratificação. (A Corte Especial, na sessão de 1º de julho de 2016, determinou o CANCELAMENTO da súmula nº 418-STJ.
- **Súmula nº 579 do STJ:** "Não é necessário ratificar o recurso especial interposto na pendência do julgamento dos embargos de declaração, quando inalterado o resultado anterior". **VIGORANDO!**

Isso, em razão da previsão do art. 1.024, §§ 4º e 5º do Novo CPC, sobre o recurso interposto antes do julgamento dos embargos de declaração.

- **Efeito suspensivo do recurso especial**

O recurso especial, de regra, não possui efeito suspensivo. No entanto, tal efeito poderá ser requerido, cumprindo os requisitos do parágrafo único do artigo 995 do CPC, e aplicando-se no caso, também, o disposto no art. 1.029, §5º do CPC:

> **Art. 1.029.** O recurso extraordinário e o recurso especial, nos casos previstos na Constituição Federal, serão interpostos perante o presidente ou o vice-presidente do tribunal recorrido, em petições distintas que conterão:
>
> § 5º O pedido de concessão de efeito suspensivo a recurso extraordinário ou a recurso especial poderá ser formulado por requerimento dirigido:
>
> I – ao tribunal superior respectivo, no período compreendido entre a publicação da decisão de admissão do recurso e sua distribuição, ficando o relator designado para seu exame prevento para julgá-lo;
>
> II – ao relator, se já distribuído o recurso;
>
> III – ao presidente ou ao vice-presidente do tribunal recorrido, no período compreendido entre a interposição do recurso e a publicação da decisão de admissão do recurso, assim como no caso de o recurso ter sido sobrestado, nos termos do art. 1.037.[387]

Observe-se que o recurso especial e extraordinário possui efeito suspensivo na hipótese do art. 987, § 1º do CPC.

- **Processamento do Recurso Especial**

O recurso especial deve ser interposto por petição endereçada ao presidente ou vice-presidente do tribunal que proferiu a decisão, sendo determinada a intimação do recorrido para que apresente as contrarrazões no prazo de 15 dias, findo o qual os autos serão conclusos ao presidente ou vice-presidente do Tribunal Recorrido que deverá tomar uma das condutas do art. 1.030 do CPC. Se admitido, o recurso especial será julgado pelo STJ.

9.13. Recurso Extraordinário

- **Previsão legal:** Art. 102, III da CF; 994, VII e 1.029 e seguintes do CPC.
- **Cabimento**

O Código de Processo Civil não especifica as situações de cabimento do recurso extraordinário, e sim, a Constituição Federal, em seu art. 102, inciso III:

> **Art. 102.** Compete ao Supremo Tribunal Federal, precipuamente, a guarda da Constituição, cabendo-lhe: [...]
>
> III – julgar, mediante recurso extraordinário, as causas decididas em única ou última instância, quando a decisão recorrida:
>
> a) contrariar dispositivo desta Constituição ;
>
> b) declarar a inconstitucionalidade de tratado ou lei federal;
>
> c) julgar válida lei ou ato de governo local contestado em face desta Constituição
>
> d) julgar válida lei local contestada em face de lei federal. (Incluída pela Emenda Constitucional nº 45, de 2004)[388]

Como o artigo 102, inciso III da CF não fala em Tribunais, entende-se que cabe recurso extraordinário também das decisões proferidas pelas Turmas Recursais do JEC.

▷ **Verificar súmula nº 281 do STF:** "É inadmissível o recurso extraordinário, quando couber na Justiça de origem, recurso ordinário da decisão impugnada".

Da mesma forma, é de se observar que, assim como no recurso especial, no recurso extraordinário também não se discute matéria de fato – súmula nº 279 do STF: "Para simples reexame de prova não cabe recurso extraordinário".

- **Da admissibilidade do recurso extraordinário**

O recurso extraordinário deve observar, além dos requisitos gerais de admissibilidade, alguns requisitos específicos. Como requisitos específicos de admissibilidade do recurso extraordinário podem ser apontados os seguintes:

386. DONOSO, Denis; SERAU JUNIOR, Marco Aurélio. **Manual dos recursos cíveis: teoria e prática.** 2 ed. Salvador: Juspodivm, 2017, p. 305.

387. BRASIL. Lei nº 13.105, de 16 de março de 2015. *Código de Processo Civil.*

388. BRASIL, 1988. Constituição da República Federativa do Brasil de 1988.

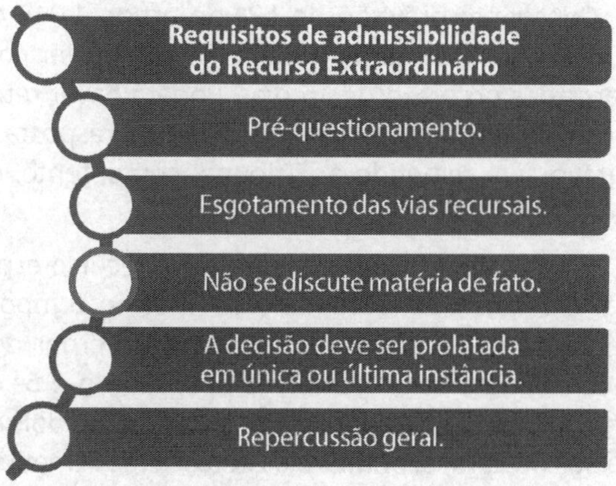

- **Prequestionamento**

O recurso extraordinário possui como requisito o prequestionamento. Ou seja, é preciso que a matéria objeto do recurso extraordinário tenha sido objeto de análise pelas instâncias inferiores.

- **Súmula nº 282 do STF:** "É inadmissível Recurso Extraordinário quando não ventilada, na decisão recorrida, a questão federal suscitada".
- **Súmula nº 356 do STF:** "O ponto omisso da decisão sobre o qual não foram opostos embargos declaratórios, não pode ser objeto de recurso extraordinário, por faltar o requisito do prequestionamento".

Assim, como já referido no recurso especial, os embargos de declaração podem ser opostos para fins de prequestionamento, na forma do art. 1.025 do CPC.

- **Repercussão geral**

Como requisito de admissibilidade específico do recurso extraordinário, de acordo com o § 3º do art. 102 da CF, ainda deve haver a repercussão geral das questões constitucionais, isto é, que a questão constitucional tem que ter importância política, jurídica, econômica ou social:

> § 3º No recurso extraordinário o recorrente deverá demonstrar a repercussão geral das questões constitucionais discutidas no caso, nos termos da lei, a fim de que o Tribunal examine a admissão do recurso, somente podendo recusá-lo pela manifestação de dois terços de seus membros.[389]

No que tange à repercussão geral frisa-se que se entende por repercussão geral aquela que "se origina de questões que ultrapassem os interesses subjetivos da causa, por envolver controvérsias que vão além do direito individual da parte. É preciso que as questões repercutam fora do processo e se mostrem relevantes do ponto de vista econômico, político, social ou jurídico".[390]

A necessidade de repercussão geral foi regulamentada no art. 1.035 do CPC:

> **Art. 1.035.** O Supremo Tribunal Federal, em decisão irrecorrível, não conhecerá do recurso extraordinário quando a questão constitucional nele versada não tiver repercussão geral, nos termos deste artigo.
>
> § 1º Para efeito de repercussão geral, será considerada a existência ou não de questões relevantes do ponto de vista econômico, político, social ou jurídico que ultrapassem os interesses subjetivos do processo.
>
> § 2º O recorrente deverá demonstrar a existência de repercussão geral para apreciação exclusiva pelo Supremo Tribunal Federal.[391]

O § 3º do art. 1.035 refere que haverá repercussão geral sempre que o recurso extraordinário impugnar acórdão que:

> I – contrarie súmula ou jurisprudência dominante do Supremo Tribunal Federal;
>
> II – (Revogado);
>
> III – tenha reconhecido a inconstitucionalidade de tratado ou de lei federal, nos termos do art. 97 da Constituição Federal.[392]

- **Efeito suspensivo do recurso extraordinário**

O recurso extraordinário, de regra, não possui efeito suspensivo, mas poderá ser requerido conforme previsão do parágrafo único do art. 995 do CPC. Além disso, no caso específico do recurso especial e extraordinário, havendo necessidade de se requerer o efeito suspensivo, aplica-se o disposto no art. 1.029, § 5º do CPC.

- **Processamento do recurso extraordinário**

Assim como o recurso especial, o recurso extraordinário, consoante previsão do artigo 1.029 do CPC, deve ser interposto perante o presidente ou vice-presidente do Tribunal de origem:

> **Art. 1.029.** O recurso extraordinário e o recurso especial, nos casos previstos na Constituição Federal, serão interpostos perante o presidente ou o vice-presidente do tribunal recorrido, em petições distintas que conterão:[393]

389. BRASIL, 1988. Constituição da República Federativa do Brasil de 1988.

390. VIANA, Joseval Martins. **Prática forense em processo civil: teoria e prática.** 2. Ed. Salvador: Editora Juspodivm, 2018, p. 414-415.

391. BRASIL. Lei nº 13.105, de 16 de março de 2015. *Código de Processo Civil.*

392. BRASIL. Lei nº 13.105, de 16 de março de 2015. *Código de Processo Civil.*

393. BRASIL. Lei nº 13.105, de 16 de março de 2015. *Código de Processo Civil.*

Após o prazo das contrarrazões, oferecidas ou não, e admitido o recurso extraordinário, este será encaminhado ao STF. Caso admitido o recurso extraordinário – os autos serão remitidos ao STF.

9.14. Agravo em Recurso Especial e Extraordinário

- **Previsão legal:** Arts. 994, VIII e 1.042 do CPC/2015.
- **Cabimento**

O recurso de agravo em recurso especial e extraordinário cabe quando o Presidente ou Vice-Presidente do Tribunal de origem não admitir o recurso especial ou extraordinário, conforme previsão do art. 1.042 do CPC/2015:

> **Art. 1.042.** Cabe agravo contra decisão do presidente ou do vice-presidente do tribunal recorrido que inadmitir recurso extraordinário ou recurso especial, salvo quando fundada na aplicação de entendimento firmado em regime de repercussão geral ou em julgamento de recursos repetitivos.[394]

Ocorre que, uma vez interposto o recurso especial ou extraordinário, e findo o prazo para contrarrazões, os autos vão ser conclusos ao presidente ou vice-presidente do tribunal recorrido, o qual poderá tomar uma das condutas do art. 1.030 do CPC.

Observe-se, portanto, que cabe agravo em recurso especial ou extraordinário contra decisão do presidente ou vice-presidente do Tribunal recorrido que inadmitir recurso especial ou extraordinário, salvo quando fundada na aplicação de entendimento firmado em regime de repercussão geral ou em julgamento de recurso repetitivo, situação que cabe agravo interno (art. 1.030, § 2º).

- **Processamento**

No recurso de agravo em recurso especial ou agravo em recurso extraordinário não há recolhimento de preparo recursal, nem porte de remessa ou de retorno, conforme art. 1.042, § 2º, do CPC/2015, e a petição do agravo em recurso especial ou extraordinário será dirigida ao presidente ou vice do tribunal de origem:

> § 2º A petição de agravo será dirigida ao presidente ou ao vice-presidente do tribunal de origem e independe do pagamento de custas e despesas postais, aplicando-se a ela o regime de repercussão geral e de recursos repetitivos, inclusive quanto à possibilidade de sobrestamento e do juízo de retratação.[395]

394. BRASIL. Lei nº 13.105, de 16 de março de 2015. *Código de Processo Civil.*

395. BRASIL. Lei nº 13.105, de 16 de março de 2015. *Código de Processo Civil.*

Consoante previsão do §3º do artigo 1.042 do CPC, o agravado será intimado para oferecer contrarrazões no prazo de 15 dias. Poderá haver retratação. Se não houver, após o prazo de resposta, o agravo será remetido ao Tribunal competente, ou seja, STJ ou STF.

E na hipótese de a parte interpor recurso especial e recurso extraordinário ao mesmo tempo e nenhum deles ser admitido? Deverá interpor dois recursos de agravo, conforme previsão do § 6º do art. 1.042 do CPC. Diante da interposição de dois recursos de agravo, primeiro os autos serão remetidos ao STJ e depois ao STF:

> § 7º Havendo apenas um agravo, o recurso será remetido ao tribunal competente, e, havendo interposição conjunta, os autos serão remetidos ao Superior Tribunal de Justiça.
>
> § 8º Concluído o julgamento do agravo pelo Superior Tribunal de Justiça e, se for o caso, do recurso especial, independentemente de pedido, os autos serão remetidos ao Supremo Tribunal Federal para apreciação do agravo a ele dirigido, salvo se estiver prejudicado.[396]

9.15. Embargos de Divergência

- **Previsão legal**

Os embargos de divergência encontram respaldo legal nos arts. 994, IX, 1.043 e 1.044 do Código de Processo Civil. Ainda, importante observar o regimento interno do Tribunal para qual o recurso é direcionado.

- **Cabimento**

Conforme ensina Medina[397], os embargos de divergência possuem como função uniformizar a jurisprudência dos próprios tribunais superiores, não se tratando de recurso que tenha por finalidade corrigir erro de acórdão proferido em julgamento do STJ ou STF.

O cabimento dos embargos de divergência se encontra no artigo 1.043 do CPC:

> **Art. 1.043.** É embargável o acórdão de órgão fracionário que:
>
> I – em recurso extraordinário ou em recurso especial, divergir do julgamento de qualquer outro órgão do mesmo tribunal, sendo os acórdãos, embargado e paradigma, de mérito;

396. BRASIL. Lei nº 13.105, de 16 de março de 2015. *Código de Processo Civil.*

397. MEDINA, José Miguel Garcia. **Direito processual civil moderno.** 2 ed. São Paulo: Editora Revista dos Tribunais, 2016, p. 1.402-1.403.

III – em recurso extraordinário ou em recurso especial, divergir do julgamento de qualquer outro órgão do mesmo tribunal, sendo um acórdão de mérito e outro que não tenha conhecido do recurso, embora tenha apreciado a controvérsia;[398]

Nesse sentido, Medina[399] explica que "o recurso de embargos de divergência é cabível contra acórdãos de órgãos fracionários que divirjam, em se tratando de decisão de mérito ou, ainda, que o outro acórdão não tenha conhecido o recurso, tenha apreciado a controvérsia (cf. inc. III do art. 1.043 do CPC/2015)".

Ainda, conforme o § 3º do art. 1.043, cabem embargos de divergência de decisão (julgado) da mesma turma, se houver tido mudança de composição em mais da metade dos membros:

§ 3º Cabem embargos de divergência quando o acórdão paradigma for da mesma turma que proferiu a decisão embargada, desde que sua composição tenha sofrido alteração em mais da metade de seus membros.[400]

O § 2º do art. 1.043 estabelece que a divergência que autoriza a interposição de embargos de divergência pode verificar-se na aplicação do direito material ou do direito processual.

- **Comprovação da divergência**

Deve-se cumprir o requisito do §4º do artigo 1.043 do CPC no recurso de embargos de divergência:

§ 4º O recorrente provará a divergência com certidão, cópia ou citação de repositório oficial ou credenciado de jurisprudência, inclusive em mídia eletrônica, onde foi publicado o acórdão divergente, ou com a reprodução de julgado disponível na rede mundial de computadores, indicando a respectiva fonte, e mencionará as circunstâncias que identificam ou assemelham os casos confrontados.[401]

Assim, deve ser feita pelo embargante uma comparação entre o acórdão embargado e o acórdão paradigma, demonstrando que se trata de situações semelhantes, mas que foi dado o entendimento diverso.

- **Processamento dos embargos**

De acordo com o art. 1.044 do CPC, os embargos de divergência seguem o previsto nos regimentos internos dos tribunais:

Art. 1.044. No recurso de embargos de divergência, será observado o procedimento estabelecido no regimento interno do respectivo tribunal superior.[402]

- **Efeito interruptivo dos embargos de divergência**

Os embargos de divergência interpostos no STJ interrompem o prazo para interposição de recurso extraordinário por qualquer das partes, consoante previsão do art. 1.044, § 1º, do CPC: "§ 1º A interposição de embargos de divergência no Superior Tribunal de Justiça interrompe o prazo para interposição de recurso extraordinário por qualquer das partes".[403]

Por fim, a previsão do § 2º do art. 1.044 do CPC diz que não precisa o embargante reiterar o recurso extraordinário interposto antes do julgamento dos embargos de divergência se não houver alteração na decisão:

§ 2º Se os embargos de divergência forem desprovidos ou não alterarem a conclusão do julgamento anterior, o recurso extraordinário interposto pela outra parte antes da publicação do julgamento dos embargos de divergência será processado e julgado independentemente de ratificação.[404]

PROCESSO CIVIL

398. BRASIL. Lei nº 13.105, de 16 de março de 2015. *Código de Processo Civil.*

399. MEDINA, José Miguel Garcia. **Direito processual civil moderno.** 2 ed. São Paulo: Editora Revista dos Tribunais, 2016, p. 1.403.

400. BRASIL. Lei nº 13.105, de 16 de março de 2015. *Código de Processo Civil.*

401. BRASIL. Lei nº 13.105, de 16 de março de 2015. *Código de Processo Civil.*

402. BRASIL. Lei nº 13.105, de 16 de março de 2015. *Código de Processo Civil.*

403. BRASIL. Lei nº 13.105, de 16 de março de 2015. *Código de Processo Civil.*

404. BRASIL. Lei nº 13.105, de 16 de março de 2015. *Código de Processo Civil.*

RECURSOS NO CPC

Decisões recorríveis:
- Sentença;
- Decisão Interlocutória;
- Decisão unipessoal (monocrática);
- Acórdão;
- Decisão do Presidente ou Vice-Presidente do Tribunal recorrido que inadmitir Recurso Especial ou Recurso Extraordinário;

Atacam decisão judicial -> tem legitimidade para recorrer

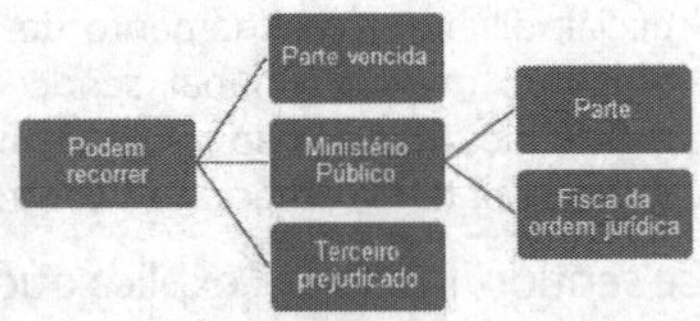

Preparo:
- Art. 1.007 do CPC;
- NO ATO DE INTERPOSIÇÃO DO RECURSO → Comprovar preparo recursal, inclusive porte de remessa e de retorno, sob pena de deserção;
- Autos eletrônicos: dispensado o porte de remessa e de retorno

-Dispensados do preparo, inclusive porte de remessa e de retorno → Ministério Público, União, Distrito Federal, Estados, Municípios, e respectivas autarquias, e pelos que gozam de isenção legal.

Recursos Cabíveis no CPC: art. 994 do CPC

I – apelação;
II - agravo de instrumento;
III - agravo interno;
IV - embargos de declaração;
V - recurso ordinário;
VI - recurso especial;
VII - recurso extraordinário;
VIII - agravo em recurso especial ou extraordinário;
IX - embargos de divergência.

Prazo:
- Regra geral: 1.003, §5º do CPC → 15 dias – Exceção: embargos de declaração (05 dias, art. 1.023 do CPC);
- Observar lei especial – ex: recurso inominado JEC – 10 dias;

10. DISPOSIÇÕES FINAIS E TRANSITÓRIAS

10.1 Previsão legal: artigos 1.045 e seguintes do CPC

10.2 Disposições:

Os artigos 1.045, 1.046 e 1.047 do CPC trazem menção à vigência do novo CPC e revogação do CPC de 1973:

> Art. 1.045. Este Código entra em vigor após decorrido 1 (um) ano da data de sua publicação oficial.[405]
>
> Art. 1.046. Ao entrar em vigor este Código, suas disposições se aplicarão desde logo aos processos pendentes, ficando revogada a Lei nº 5.869, de 11 de janeiro de 1973.
>
> § 1º As disposições da Lei nº 5.869, de 11 de janeiro de 1973 , relativas ao procedimento sumário e aos procedimentos especiais que forem revogadas aplicar-se-ão às ações propostas e não sentenciadas até o início da vigência deste Código.
>
> § 2º Permanecem em vigor as disposições especiais dos procedimentos regulados em outras leis, aos quais se aplicará supletivamente este Código.
>
> § 3º Os processos mencionados no art. 1.218 da Lei nº 5.869, de 11 de janeiro de 1973 , cujo procedimento ainda não tenha sido incorporado por lei submetem-se ao procedimento comum previsto neste Código.
>
> § 4º As remissões a disposições do Código de Processo Civil revogado, existentes em outras leis, passam a referir-se às que lhes são correspondentes neste Código.
>
> § 5º A primeira lista de processos para julgamento em ordem cronológica observará a antiguidade da distribuição entre os já conclusos na data da entrada em vigor deste Código .[406]
>
> Art. 1.047. As disposições de direito probatório adotadas neste Código aplicam-se apenas às provas requeridas ou determinadas de ofício a partir da data de início de sua vigência.[407]

O artigo 1.048 do CPC traz disposição acerca da tramitação preferencial. Segundo o dispositivo, terão prioridade de tramitação, em qualquer juízo ou tribunal, os procedimentos judiciais:

> **I - em que figure como parte ou interessado pessoa com idade igual ou superior a 60 (sessenta) anos ou portadora de doença grave, assim compreendida qualquer das enumeradas no** art. 6º, inciso XIV, da Lei nº 7.713, de 22 de dezembro de 1988 ;
>
> **II - regulados pela** Lei nº 8.069, de 13 de julho de 1990 (Estatuto da Criança e do Adolescente) .

405. BRASIL. Lei nº 13.105, de 16 de março de 2015. *Código de Processo Civil.*

406. BRASIL. Lei nº 13.105, de 16 de março de 2015. *Código de Processo Civil.*

407. BRASIL. Lei nº 13.105, de 16 de março de 2015. *Código de Processo Civil.*

III - em que figure como parte a vítima de violência doméstica e familiar, nos termos da Lei nº 11.340, de 7 de agosto de 2006 (Lei Maria da Penha).

IV - em que se discuta a aplicação do disposto nas normas gerais de licitação e contratação a que se refere o inciso XXVII do caput do art. 22 da Constituição Federal.

De acordo com o § 1º do artigo 1.048 do CPC, a pessoa interessada em obter a tramitação preferencial, deve, juntando prova de sua condição, requerê-lo à autoridade judiciária competente para decidir o feito, que determinará ao cartório do juízo as providências a serem cumpridas. Uma vez deferida a prioridade, os autos receberão identificação própria que evidencie o regime de tramitação prioritária. Além disso, consoante o § 3º do artigo 1.048 do CPC, uma vez concedida a prioridade, essa não cessará com a morte do beneficiado, estendendo-se em favor do cônjuge supérstite ou do companheiro em união estável. Por fim, o § 4º estabelece que a tramitação prioritária independe de deferimento pelo órgão jurisdicional e deverá ser imediatamente concedida diante da prova da condição de beneficiário.

O artigo 1.049 do CPC traz a regra que sempre que a lei remeter a procedimento previsto na lei processual sem especificá-lo, será observado o procedimento comum. E, em seu parágrafo único está previsto que "Na hipótese de a lei remeter ao procedimento sumário, será observado o procedimento comum previsto neste Código, com as modificações previstas na própria lei especial, se houver".[408]

O artigo 1.050 faz previsão para cumprimento das disposições dos artigos 246, §2º e 270, parágrafo único do CPC:

> Art. 1.050. A União, os Estados, o Distrito Federal, os Municípios, suas respectivas entidades da administração indireta, o Ministério Público, a Defensoria Pública e a Advocacia Pública, no prazo de 30 (trinta) dias a contar da data da entrada em vigor deste Código, deverão se cadastrar perante a administração do tribunal no qual atuem para cumprimento do disposto nos arts. 246, § 2º, e 270, parágrafo único.[409]

Destaca-se também a previsão do artigo 1.062 do CPC, que estabelece que o incidente de desconsideração da personalidade jurídica aplica-se ao processo de competência dos juizados especiais.

Os artigos 1.064, 1.065 e 1.066 do CPC alteraram a Lei dos Juizados Especiais (Lei 9099/95), no que se refere aos embargos de declaração, referindo que os embargos de declaração interrompem o prazo para interposição de recurso,

> Art. 1.064. O caput do art. 48 da Lei nº 9.099, de 26 de setembro de 1995, passa a vigorar com a seguinte redação: (Vigência)
>
> "Art. 48. Caberão embargos de declaração contra sentença ou acórdão nos casos previstos no Código de Processo Civil.
>
> ...." (NR)
>
> Art. 1.065. O art. 50 da Lei nº 9.099, de 26 de setembro de 1995, passa a vigorar com a seguinte redação: (Vigência)
>
> " Art. 50. Os embargos de declaração interrompem o prazo para a interposição de recurso." (NR)
>
> Art. 1.066. O art. 83 da Lei nº 9.099, de 26 de setembro de 1995, passam a vigorar com a seguinte redação: (Vigência)
>
> " Art. 83. Cabem embargos de declaração quando, em sentença ou acórdão, houver obscuridade, contradição ou omissão.
>
> ....
>
> § 2º Os embargos de declaração interrompem o prazo para a interposição de recurso.
>
> ...." (NR)[410]

O artigo 1.070 do CPC estabelece que é de 15 (quinze) dias o prazo para a interposição de qualquer agravo, previsto em lei ou em regimento interno de tribunal, contra decisão de relator ou outra decisão unipessoal proferida em tribunal.

Por sua vez, o artigo 1.072 do CPC traz uma lista de artigos que passaram a ser revogados com o Novo CPC:

> Art. 1.072. Revogam-se: (Vigência)
>
> I - o art. 22 do Decreto-Lei nº 25, de 30 de novembro de 1937;
>
> II - os arts. 227, caput, 229, 230, 456, 1.482, 1.483 e 1.768 a 1.773 da Lei nº 10.406, de 10 de janeiro de 2002 (Código Civil);
>
> III - os arts. 2º, 3º, 4º, 6º, 7º, 11, 12 e 17 da Lei nº 1.060, de 5 de fevereiro de 1950;
>
> IV - os arts. 13 a 18, 26 a 29 e 38 da Lei nº 8.038, de 28 de maio de 1990;
>
> V - os arts. 16 a 18 da Lei nº 5.478, de 25 de julho de 1968; e
>
> VI - o art. 98, § 4º, da Lei nº 12.529, de 30 de novembro de 2011.[411]

408. BRASIL. Lei nº 13.105, de 16 de março de 2015. *Código de Processo Civil.*

409. BRASIL. Lei nº 13.105, de 16 de março de 2015. *Código de Processo Civil.*

410. BRASIL. Lei nº 13.105, de 16 de março de 2015. *Código de Processo Civil.*

411. BRASIL. Lei nº 13.105, de 16 de março de 2015. *Código de Processo Civil.*

11. JUIZADO ESPECIAL CÍVEL

- **Previsão legal**

- Lei nº 9.099/1995; Lei nº 10.259/2001; Lei nº 12.153/2009;
- Juizado Especial Cível Estadual - Lei nº 9.099/1995;
- Juizado Especial Cível Federal - Lei nº 10.259/2001;
- Juizado Especial da Fazenda Pública - Lei nº 12.153/2009;

11.1 Juizado Especial Cível Estadual - Lei 9099/95

- **Competência e partes nos juizados especiais cíveis estaduais**

a) Competência definida no art. 3º da Lei no 9.099/1995:

> **Art. 3º** O Juizado Especial Cível tem competência para conciliação, processo e julgamento das causas cíveis de menor complexidade, assim consideradas:
>
> I - as causas cujo valor não exceda a quarenta vezes o salário mínimo;
>
> II - as enumeradas no art. 275, inciso II, do Código de Processo Civil;
>
> III - a ação de despejo para uso próprio;
>
> IV - as ações possessórias sobre bens imóveis de valor não excedente ao fixado no inciso I deste artigo.[412]

O § 1º do art. 3º da Lei nº 9.099/1995 prevê ainda a execução no âmbito dos juizados, referindo que pode haver a execução dos próprios julgados (cumprimento de sentença) ou de execução de título executivo extrajudicial, desde que fique no valor de 40 salários-mínimos:

Além disso, no art. 4º da Lei nº 9.099/1995, está definida a competência territorial, ou seja, onde a ação deve ser proposta, sendo de regra, o domicílio do réu

> **Art. 4º** É competente, para as causas previstas nesta Lei, o Juizado do foro:
>
> I - do domicílio do réu ou, a critério do autor, do local onde aquele exerça atividades profissionais ou econômicas ou mantenha estabelecimento, filial, agência, sucursal ou escritório;
>
> II - do lugar onde a obrigação deva ser satisfeita;
>
> III - do domicílio do autor ou do local do ato ou fato, nas ações para reparação de dano de qualquer natureza.
>
> Parágrafo único. Em qualquer hipótese, poderá a ação ser proposta no foro previsto no inciso I deste artigo.[413]

E quem pode ser parte no âmbito dos juizados especiais? O art. 8º da Lei nº 9.099/1995 deixa expresso que não podem ser partes nos juizados (seja no polo passivo ou ativo) O INCAPAZ, O PRESO, AS PESSOAS JURÍDICAS DE DIREITO PÚBLICO, AS EMPRESAS PÚBLICAS DA UNIÃO, A MASSA FALIDA E O INSOLVENTE CIVIL. Cuidar, no entanto, quanto às pessoas jurídicas de direito público e empresas públicas da União, porque tem-se os demais juizados.

A regra está definida no art. 8º da Lei nº 9.099/1995:

> **Art. 8º** Não poderão ser partes, no processo instituído por esta Lei, o incapaz, o preso, as pessoas jurídicas de direito público, as empresas públicas da União, a massa falida e o insolvente civil.[414]

Ainda, no que tange às partes, o § 1º do art. 8º da Lei nº 9.099/1995 estabelece que PODEM SER AUTORAS NO JUIZADO:

> § 1º Somente serão admitidas a propor ação perante o Juizado Especial:
>
> I - as pessoas físicas capazes, excluídos os cessionários de direito de pessoas jurídicas; (Incluído pela Lei nº 12.126, de 2009)
>
> II - as pessoas enquadradas como microempreendedores individuais, microempresas e empresas de pequeno porte na forma da Lei Complementar no 123, de 14 de dezembro de 2006;
>
> III - as pessoas jurídicas qualificadas como Organização da Sociedade Civil de Interesse Público, nos termos da Lei nº 9.790, de 23 de março de 1999;
>
> IV - as sociedades de crédito ao microempreendedor, nos termos do art. 1º da Lei nº 10.194, de 14 de fevereiro de 2001.[415]

b) Critérios orientadores dos Juizados

Chamados por alguns de princípios, orientam os juizados os seguintes critérios:

---

412. BRASIL, 1995. Lei 9099/95. Dispõe sobre os Juizados Especiais Cíveis e Criminais e dá outras providências.

413. BRASIL, 1995. Lei 9099/95. Dispõe sobre os Juizados Especiais Cíveis e Criminais e dá outras providências.

414. BRASIL, 1995. Lei 9099/95. Dispõe sobre os Juizados Especiais Cíveis e Criminais e dá outras providências.

415. BRASIL, 1995. Lei 9099/95. Dispõe sobre os Juizados Especiais Cíveis e Criminais e dá outras providências.

c) Da intervenção do Ministério Público

No que tange à intervenção do Ministério Público, o art. 11 da Lei nº 9.099/1995 permite a intervenção do órgão no âmbito dos juizados, nos casos previstos em lei, consoante artigo 11 da Lei 9099/95: "Art. 11. O Ministério Público intervirá nos casos previstos em lei".[416]

d) Da possibilidade de não ter advogado no âmbito dos juizados

Nas causas até 20 salários-mínimos, no primeiro grau de jurisdição, não há necessidade de advogado, conforme artigo 9º da Lei 9099/95. Porém, se o valor da causa ultrapassar 20 salários-mínimos, a assistência por advogado é obrigatória. Porém, mesmo sendo facultativa, a assistência de advogado, deve se observar o seguinte: SE UMA DAS PARTES COMPARECER ASSISTIDA POR ADVOGADO, ou se o RÉU FOR PESSOA JURÍDICA OU FIRMA INDIVIDUAL, terá a parte contrária, se quiser, a assistência judiciária por advogado.

E, mesmo sendo facultativa a assistência por advogado nas causas até 20 salários-mínimos, o juiz alertará as partes sobre a conveniência de ter advogado quando a causa assim recomendar.

e) Dos atos processuais

O artigo 12-A da Lei 9099/95 estabelece que NOS ATOS PROCESSUAIS NO ÂMBITO DOS JUIZADOS COMPUTAM-SE SOMENTE OS DIAS ÚTEIS.

f) Da petição inicial

Os requisitos do pedido (petição inicial) no âmbito dos juizados estão estabelecidos no artigo 14 da Lei nº 9.099/1995. Além disso, a petição inicial nos juizados pode ser apresentada de forma oral, inclusive em respeito aos critérios que a orientam o juizado.

Conforme o art. 15 da Lei nº 9.099/1995, PODE HAVER PEDIDOS CUMULADOS OU ALTERNATIVOS desde que não ultrapasse o valor de 40 salários-mínimos. Frisa-se, que, caso haja pedido genérico na petição inicial, a sentença deve ser líquida.

g) Da audiência de conciliação:

Sobre a audiência de conciliação, o art. 21 da Lei nº 9.099/1995 estabelece que, aberta a audiência, as partes presentes serão esclarecidas sobre as vantagens da conciliação, mostrando-lhes os riscos e as consequências do litígio, especialmente quanto ao disposto no § 3º do art. 3º desta Lei, pois o referido art. 3º, § 3º prevê que, se ultrapassar 40 salários-mínimos, a opção pelo procedimento previsto na Lei nº 9.099/1995 importará em renúncia ao crédito excedente ao limite estabelecido neste artigo, excetuada a hipótese de conciliação.

Ainda, referente à conciliação, é de se ressaltar que houve alteração legislativa em 2020, passando os arts. 22 e 23 da Lei nº 9.099/1995 a ter a seguinte redação:

> **Art. 22.** A conciliação será conduzida pelo Juiz togado ou leigo ou por conciliador sob sua orientação.
>
> § 1º Obtida a conciliação, esta será reduzida a escrito e homologada pelo Juiz togado mediante sentença com eficácia de título executivo.
>
> § 2º É cabível a conciliação não presencial conduzida pelo Juizado mediante o emprego dos recursos tecnológicos disponíveis de transmissão de sons e imagens em tempo real, devendo o resultado da tentativa de conciliação ser reduzido a escrito com os anexos pertinentes.[417]
>
> **Art. 23.** Se o demandado não comparecer ou recusar-se a participar da tentativa de conciliação não presencial, o Juiz togado proferirá sentença.[418]

h) Da contestação

A contestação nos juizados poderá ser oral ou escrita. Não se admite a reconvenção no âmbito dos juizados, mas sim, o pedido contraposto.

i) Das provas no âmbito dos juizados

Todas as provas são produzidas na audiência de instrução e julgamento. TESTEMUNHAS: NO MÁXIMO TRÊS PARA CADA PARTE.

416. BRASIL, 1995. Lei 9099/95. Dispõe sobre os Juizados Especiais Cíveis e Criminais e dá outras providências.

417. BRASIL, 1995. Lei 9099/95. Dispõe sobre os Juizados Especiais Cíveis e Criminais e dá outras providências.

418. BRASIL, 1995. Lei 9099/95. Dispõe sobre os Juizados Especiais Cíveis e Criminais e dá outras providências.

j) Da sentença e do recurso inominado

A sentença no âmbito dos juizados dispensa o relatório. Além disso, por mais que o pedido seja genérico, não se admite sentença condenatória por quantia ilíquida.

O parecer do juiz leigo deve ser submetido ao juiz togado. O juiz tomado PODE HOMOLOGAR O PARECER, PROFERIR OUTRA DECISÃO EM SUBSTITUIÇÃO AO PARECER OU, AINDA, DETERMINAR A REALIZAÇÃO DE ATOS PROBATÓRIOS INDISPENSÁVEIS.

Conforme o art. 41 da Lei nº 9.099/1995:

> **Art. 41.** Da sentença, excetuada a homologatória de conciliação ou laudo arbitral, caberá recurso para o próprio Juizado". Ou seja, não cabe recurso contra a sentença que homologa a conciliação ou o laudo arbitral.[419]

▷ **Destaca-se, assim, que o recurso** contra a sentença nos juizados é O RECURSO INOMINADO E NÃO APELAÇÃO.

k) Dos embargos de declaração

Cabem embargos de declaração no âmbito dos juizados, devendo os embargos de declaração ser opostos no prazo de 5 dias e interrompendo o prazo para qualquer recurso. Os embargos de declaração podem ser opostos de forma ORAL OU ESCRITA. O recurso inominado, somente escrito. Sobre os embargos prevê a lei:

> Art. 48. Caberão embargos de declaração contra sentença ou acórdão nos casos previstos no Código de Processo Civil.
>
> Parágrafo único. Os erros materiais podem ser corrigidos de ofício.[420]
>
> Art. 49. Os embargos de declaração serão interpostos por escrito ou oralmente, no prazo de cinco dias, contados da ciência da decisão.[421]
>
> Art. 50. Os embargos de declaração interrompem o prazo para a interposição de recurso.[422]

l) Das hipóteses de extinção do processo sem resolução de mérito

O art. 51 da Lei nº 9.099/1995 estabelece situações em que o processo no âmbito dos juizados vai ser extinto sem resolução de mérito.

> **Art. 51.** Extingue-se o processo, além dos casos previstos em lei:
>
> I – quando o autor deixar de comparecer a qualquer das audiências do processo;
>
> II – quando inadmissível o procedimento instituído por esta Lei ou seu prosseguimento, após a conciliação;
>
> III – quando for reconhecida a incompetência territorial;
>
> IV – quando sobrevier qualquer dos impedimentos previstos no art. 8º desta Lei;
>
> V – quando, falecido o autor, a habilitação depender de sentença ou não se der no prazo de trinta dias;
>
> VI – quando, falecido o réu, o autor não promover a citação dos sucessores no prazo de trinta dias da ciência do fato.[423]

Os §§ 1º e 2º do art. 51 da Lei nº 9.099/1995 ainda estabelecem:

> § 1º A extinção do processo independerá, em qualquer hipótese, de prévia intimação pessoal das partes.
>
> § 2º No caso do inciso I deste artigo, quando comprovar que a ausência decorre de força maior, a parte poderá ser isentada, pelo Juiz, do pagamento das custas.[424]

m) Execução no âmbito dos juizados

A execução no âmbito dos juizados tem regulação na Lei nº 9.099/1995 em seu artigo 52. Por fim, o art. 53 da Lei nº 9.099/1995 trata da execução de título executivo extrajudicial no limite de até 40 salários-mínimos:

> **Art. 53.** A execução de título executivo extrajudicial, no valor de até quarenta salários-mínimos, obedecerá ao disposto no Código de Processo Civil, com as modificações introduzidas por esta Lei.
>
> § 1º Efetuada a penhora, o devedor será intimado a comparecer à audiência de conciliação, quando poderá oferecer embargos (art. 52, IX), por escrito ou verbalmente.
>
> § 2º Na audiência, será buscado o meio mais rápido e eficaz para a solução do litígio, se possível com dispensa da alienação judicial, devendo o conciliador propor, entre outras medidas cabíveis, o pagamento do débito a prazo ou a prestação, a dação em pagamento ou a imediata adjudicação do bem penhorado.
>
> § 3º Não apresentados os embargos em audiência, ou julgados improcedentes, qualquer das partes poderá requerer ao Juiz a adoção de uma das alternativas do parágrafo anterior.

---

419. BRASIL, 1995. Lei 9099/95. Dispõe sobre os Juizados Especiais Cíveis e Criminais e dá outras providências.
420. BRASIL, 1995. Lei 9099/95. Dispõe sobre os Juizados Especiais Cíveis e Criminais e dá outras providências.
421. BRASIL, 1995. Lei 9099/95. Dispõe sobre os Juizados Especiais Cíveis e Criminais e dá outras providências.
422. BRASIL, 1995. Lei 9099/95. Dispõe sobre os Juizados Especiais Cíveis e Criminais e dá outras providências.
423. BRASIL, 1995. Lei 9099/95. Dispõe sobre os Juizados Especiais Cíveis e Criminais e dá outras providências.
424. BRASIL, 1995. Lei 9099/95. Dispõe sobre os Juizados Especiais Cíveis e Criminais e dá outras providências.

§ 4º Não encontrado o devedor ou inexistindo bens penhoráveis, o processo será imediatamente extinto, devolvendo-se os documentos ao autor.[425]

n) Da rescisória

A ação rescisória NÃO É ADMITIDA no âmbito dos juizados especiais cíveis: "**Art. 59.** Não se admitirá ação rescisória nas causas sujeitas ao procedimento instituído por esta Lei".[426]

o) Das despesas

Não há condenação de custas e honorários de advogado no primeiro grau de jurisdição, salvo se reconhecida litigância de má-fé. No recurso inominado, precisa haver o recolhimento do preparo. O recorrente no segundo grau vai ser condenado em custas e honorários se for sucumbente, consoante os artigos 54 a 55 da Lei nº 9099/1995.

11.2 Do Juizado Especial Cível Federal: Lei 10.259/2001

a) Competência e partes do Juizado Especial Cível Federal:

Competência definida no artigo 3º da Lei 10.259/2001 → **Causas até 60 salários mínimos. INTERESSE DA UNIÃO, AUTARQUIAS, FUNDAÇÕES E EMPRESAS PÚBLICAS FEDERAIS;**

> Art. 3º Compete ao Juizado Especial Federal Cível processar, conciliar e julgar causas de competência da Justiça Federal até o valor de sessenta salários mínimos, bem como executar as suas sentenças.
>
> § 1º Não se incluem na competência do Juizado Especial Cível as causas:
>
> I – referidas no art. 109, incisos II, III e XI, da Constituição Federal, as ações de mandado de segurança, de desapropriação, de divisão e demarcação, populares, execuções fiscais e por improbidade administrativa e as demandas sobre direitos ou interesses difusos, coletivos ou individuais homogêneos;
>
> II – sobre bens imóveis da União, autarquias e fundações públicas federais;
>
> III – para a anulação ou cancelamento de ato administrativo federal, salvo o de natureza previdenciária e o de lançamento fiscal;
>
> IV – que tenham como objeto a impugnação da pena de demissão imposta a servidores públicos civis ou de sanções disciplinares aplicadas a militares.
>
> § 2º Quando a pretensão versar sobre obrigações vincendas, para fins de competência do Juizado Especial, a soma de doze parcelas não poderá exceder o valor referido no art. 3º, caput.
>
> § 3º No foro onde estiver instalada Vara do Juizado Especial, a sua competência é absoluta.[427]

- As situações do §1º não são de competência dos juizados especiais federais cíveis.
- Competência absoluta, conforme determina o §3º do artigo 3º da Lei 10.259/01.

APLICAÇÃO SUBSIDIÁRIA DA LEI 9099/95 AOS DEMAIS JUIZADOS, inclusive com previsão expressa no artigo 1º da Lei 10.259/2001: "Art. 1º São instituídos os Juizados Especiais Cíveis e Criminais da Justiça Federal, aos quais se aplica, no que não conflitar com esta Lei, o disposto na Lei no 9.099, de 26 de setembro de 1995".[428]

b) Partes nos juizados especiais cíveis federais:

Quem pode ser parte, na condição de autor e réu na Lei 10.259/2001, está definido no artigo 6º da Lei 10.259/2001;

> Art. 6º Podem ser partes no Juizado Especial Federal Cível:
>
> I – como autores, as pessoas físicas e as microempresas e empresas de pequeno porte, assim definidas na Lei no 9.317, de 5 de dezembro de 1996;
>
> II – como rés, a União, autarquias, fundações e empresas públicas federais.[429]

c) Deferimento de tutela:

O artigo 4º da Lei 10.259/2001 traz a seguinte previsão: "Art. 4º O Juiz poderá, de ofício ou a requerimento das partes, deferir medidas cautelares no curso do processo, para evitar dano de difícil reparação".[430]

d) Da inexistência de prazo diferenciado:

No âmbito dos juizados federais cíveis, não haverá prazo diferenciado para a Fazenda Pública no que se refere à prática de atos processuais, consoante previsão do artigo 9º da Lei 10.259/01:

> Art. 9º Não haverá prazo diferenciado para a prática de qualquer ato processual pelas pessoas jurídicas de direito público, inclusive a interposição de recursos, devendo a citação para audiência de

425. BRASIL, 1995. Lei 9099/95. Dispõe sobre os Juizados Especiais Cíveis e Criminais e dá outras providências.
426. BRASIL, 1995. Lei 9099/95. Dispõe sobre os Juizados Especiais Cíveis e Criminais e dá outras providências.
427. BRASIL. Lei nº 10.259, de 12 de julho de 2001. Dispõe sobre a instituição dos Juizados Especiais Cíveis e Criminais no âmbito da Justiça Federal.
428. BRASIL. Lei nº 10.259, de 12 de julho de 2001. Dispõe sobre a instituição dos Juizados Especiais Cíveis e Criminais no âmbito da Justiça Federal.
429. BRASIL. Lei nº 10.259, de 12 de julho de 2001. Dispõe sobre a instituição dos Juizados Especiais Cíveis e Criminais no âmbito da Justiça Federal.
430. BRASIL. Lei nº 10.259, de 12 de julho de 2001. Dispõe sobre a instituição dos Juizados Especiais Cíveis e Criminais no âmbito da Justiça Federal.

conciliação ser efetuada com antecedência mínima de trinta dias.[431]

e) Representantes para a causa:

Conforme o artigo 10 da lei 10.259/01, as partes poderão designar representantes para causa, sendo advogados ou não.

> Art. 10. As partes poderão designar, por escrito, representantes para a causa, advogado ou não.
>
> Parágrafo único. Os representantes judiciais da União, autarquias, fundações e empresas públicas federais, bem como os indicados na forma do caput, ficam autorizados a conciliar, transigir ou desistir, nos processos da competência dos Juizados Especiais Federais.[432]

f) Documentação para esclarecimento da causa:

No Juizado Especial Cível Federal o ente público réu, deve fornecer ao juizado a documentação que dispõe para o esclarecimento da causa, que, conforme a Lei, deve ser feito até a instalação da audiência de conciliação:

> Art. 11. A entidade pública ré deverá fornecer ao Juizado a documentação de que disponha para o esclarecimento da causa, apresentando-a até a instalação da audiência de conciliação.
>
> Parágrafo único. Para a audiência de composição dos danos resultantes de ilícito criminal (arts. 71, 72 e 74 da Lei nº 9.099, de 26 de setembro de 1995), o representante da entidade que comparecer terá poderes para acordar, desistir ou transigir, na forma do art. 10.[433]

g) Da vedação ao reexame necessário:

O artigo 13 da Lei 10.259/01 veda o reexame necessário nas causas que tramitam pela Lei 10.259/01: "Art. 13. Nas causas de que trata esta Lei, não haverá reexame necessário".[434]

h) Do pedido de uniformização:

O artigo 14 regula o pedido de uniformização de interpretação de lei federal:

> Art. 14. Caberá pedido de uniformização de interpretação de lei federal quando houver divergência entre decisões sobre questões de direito material proferidas por Turmas Recursais na interpretação da lei.
>
> § 1º O pedido fundado em divergência entre Turmas da mesma Região será julgado em reunião conjunta das Turmas em conflito, sob a presidência do Juiz Coordenador.
>
> § 2º O pedido fundado em divergência entre decisões de turmas de diferentes regiões ou da proferida em contrariedade a súmula ou jurisprudência dominante do STJ será julgado por Turma de Uniformização, integrada por juízes de Turmas Recursais, sob a presidência do Coordenador da Justiça Federal.
>
> § 3º A reunião de juízes domiciliados em cidades diversas será feita pela via eletrônica.
>
> § 4º Quando a orientação acolhida pela Turma de Uniformização, em questões de direito material, contrariar súmula ou jurisprudência dominante no Superior Tribunal de Justiça -STJ, a parte interessada poderá provocar a manifestação deste, que dirimirá a divergência.
>
> § 5º No caso do § 4º, presente a plausibilidade do direito invocado e havendo fundado receio de dano de difícil reparação, poderá o relator conceder, de ofício ou a requerimento do interessado, medida liminar determinando a suspensão dos processos nos quais a controvérsia esteja estabelecida.
>
> § 6º Eventuais pedidos de uniformização idênticos, recebidos subsequentemente em quaisquer Turmas Recursais, ficarão retidos nos autos, aguardando-se pronunciamento do Superior Tribunal de Justiça.
>
> § 7º Se necessário, o relator pedirá informações ao Presidente da Turma Recursal ou Coordenador da Turma de Uniformização e ouvirá o Ministério Público, no prazo de cinco dias. Eventuais interessados, ainda que não sejam partes no processo, poderão se manifestar, no prazo de trinta dias.
>
> § 8º Decorridos os prazos referidos no § 7º, o relator incluirá o pedido em pauta na Seção, com preferência sobre todos os demais feitos, ressalvados os processos com réus presos, os habeas corpus e os mandados de segurança.
>
> § 9º Publicado o acórdão respectivo, os pedidos retidos referidos no § 6º serão apreciados pelas Turmas Recursais, que poderão exercer juízo de retratação ou declará-los prejudicados, se veicularem tese não acolhida pelo Superior Tribunal de Justiça.
>
> § 10. Os Tribunais Regionais, o Superior Tribunal de Justiça e o Supremo Tribunal Federal, no âmbito de suas competências, expedirão normas regulamentando a composição dos órgãos e os procedimentos a serem adotados para o processamento e o julgamento do pedido de uniformização e do recurso extraordinário.[435]

---

431. BRASIL. Lei nº 10.259, de 12 de julho de 2001. Dispõe sobre a instituição dos Juizados Especiais Cíveis e Criminais no âmbito da Justiça Federal.

432. BRASIL. Lei nº 10.259, de 12 de julho de 2001. Dispõe sobre a instituição dos Juizados Especiais Cíveis e Criminais no âmbito da Justiça Federal.

433. BRASIL. Lei nº 10.259, de 12 de julho de 2001. Dispõe sobre a instituição dos Juizados Especiais Cíveis e Criminais no âmbito da Justiça Federal.

434. BRASIL. Lei nº 10.259, de 12 de julho de 2001. Dispõe sobre a instituição dos Juizados Especiais Cíveis e Criminais no âmbito da Justiça Federal.

435. BRASIL. Lei nº 10.259, de 12 de julho de 2001. Dispõe sobre a instituição dos Juizados Especiais Cíveis e Criminais no âmbito da Justiça Federal.

12. DO MANDADO DE SEGURANÇA INDIVIDUAL E COLETIVO

12.1 Previsão Legal

- Art. 5º, LXIX e LXX da CF/88 e Lei 12.016/20019;

12.2 Cabimento

Conforme o art. 5º, inciso LXIX da CF/88: "conceder-se-á mandado de segurança para proteger direito líquido e certo, não amparado por *"habeas-corpus"* ou *"habeas-data"*, quando o responsável pela ilegalidade ou abuso de poder for autoridade pública ou agente de pessoa jurídica no exercício de atribuições do Poder Público";[436]

Da mesma forma encontra-se o cabimento do Mandado de Segurança no artigo 1º da Lei 12.016/09:

> Art. 1º Conceder-se-á mandado de segurança para proteger direito líquido e certo, não amparado por **habeas corpus** ou **habeas data**, sempre que, ilegalmente ou com abuso de poder, qualquer pessoa física ou jurídica sofrer violação ou houver justo receio de sofrê-la por parte de autoridade, seja de que categoria for e sejam quais forem as funções que exerça[437]. (Vide ADIN 4296)

No que concerne ao cabimento do Mandado de Segurança, explica a doutrina:

> Trata-se de ação que visa à *tutela de direito líquido e certo*, não amparado por *habeas corpus* ou *habeas data*, quando o responsável pela ilegalidade ou abuso de poder for autoridade pública ou agente de pessoa jurídica no exercício de atribuições do Poder Público (art. 5.º, LXIX, da CF). (...) Nossa Constituição prevê a possibilidade de sua impetração tanto na forma *individual* como na *coletiva* (art. 5.º, LXX). A Lei 12.016/2009 disciplina o tema no plano infraconstitucional.[438]

Especificando **Direito líquido e Certo não protegido por habeas corpus ou habeas data:** segundo Marinoni; Arenhart e Mitidiero (2017, p. 362) destacam que direito líquido e certo não se refere a um direito específico, uma espécie particular de direito. Ou seja, todo direito que existe seria direito líquido e certo. A expressão direito líquido e certo tem vinculação com a maior ou menor facilidade na demonstração dos fatos sobre os quais incide o direito[439].

Nesse caso, afirmam os Autores que a expressão direito líquido e certo se põe no campo da **prova das afirmações de fato feitas pelo impetrante**, ou seja, exige que o impetrante possa demonstrar suas alegações por prova indiscutível em seu conteúdo, isto é, valendo-se de prova direta, em específico, por **meio de prova documental**.[440] (Marinoni; Arenhart e Mitidiero, 2017, p. 363)

Sobre o Mandado de Segurança importante ainda destacar:

> A tutela jurisdicional que se pode obter mediante mandado de segurança é a *mandamental*. O que se postula é a *concessão de ordem* contra a autoridade coatora a fim de que se abstenha ou cesse de lesar a esfera jurídica do impetrante. O mandado de segurança *não se presta a obter a condenação ao pagamento de quantias pretéritas* devidas ao impetrante (Súmulas 269 e 271 do STF), nem, tampouco, substitui *ação popular* (Súmula 101 do STF). (...)[441]

12.3 Da Tramitação Preferencial do Mandado de Segurança

O artigo 20 da Lei 12.016/2009 prevê acerca da tramitação preferencial do Mandado de Segurança:

> Art. 20. Os processos de mandado de segurança e os respectivos recursos terão prioridade sobre todos os atos judiciais, salvo **habeas corpus**.
>
> § 1º Na instância superior, deverão ser levados a julgamento na primeira sessão que se seguir à data em que forem conclusos ao relator.
>
> § 2º O prazo para a conclusão dos autos não poderá exceder de 5 (cinco) dias. [442]

12.4 Mandado de Segurança Preventivo e Repressivo

Mandado de Segurança Repressivo: quando já houve a violação do direito, ou seja, o ATO JÁ FOI PRATICADO.

436. BRASIL, 1988. Constituição da República Federativa do Brasil de 1988. Disponível em: https://www.planalto.gov.br/ccivil_03/constituicao/constituicao.htm
437. BRASIL. Lei nº 12.016, de 07 de agosto de 2009. Disciplina o mandado de segurança individual e coletivo e dá outras providências.
438. SARLET, I. W.; MARINONI, L. G.; MITIDIERO, D. **Curso de Direito Constitucional.** 11. ed. São Paulo: Saraiva, 2022. *E-book*, p. 2.330-2.331
439. MARINONI, Luiz Guilherme; ARENHART, Sérgio Cruz; MITIDERO, Daniel. Curso de Processo Civil. Vol. 3. São Paulo: Editora Revista dos Tribunais, 2017, p. 362
440. MARINONI, Luiz Guilherme; ARENHART, Sérgio Cruz; MITIDERO, Daniel. Curso de Processo Civil. Vol. 3. São Paulo: Editora Revista dos Tribunais, 2017, p. 363
441. SARLET, I. W.; MARINONI, L. G.; MITIDIERO, D. **Curso de Direito Constitucional.** 11. ed. São Paulo: Saraiva, 2022. *E-book*, p. 2.330/2.331
442. BRASIL, 2009. Lei nº 12.016/2009, de 07 de agosto de 2009. Disciplina o Mandado de Segurança individual e coletivo e dá outras providências.

Mandado de Segurança Preventivo: há apenas a ameaça de Violação;

No caso do mandado de segurança preventivo, como o ato violador ainda não ocorreu, deverá o impetrante demonstrar de forma objetiva que há efetivo risco que o ato venha a ocorrer.

12.5 Prazo para impetrar Mandado de Segurança

O prazo é de 120 dias a contar da ciência do ato pelo interessado do ato. Previsão do art. 23 da Lei 12.016/09: "O direito de requerer mandado de segurança extinguir-se-á decorridos 120 (cento e vinte) dias, contados da ciência, pelo interessado, do ato impugnado". [443] (Vide ADIN 4296)

12.6 Legitimados a impetrar mandado de segurança

Pode ser impetrado por qualquer pessoa: **natural ou jurídica**, valendo as mesmas regras da capacidade processual para outras ações.

Sobre a legitimidade para impetrar Mandado de Segurança importante destacar:

> São titulares do direito à impetração de mandado de segurança individual – são seus *legitimados ativos* – todas as pessoas físicas ou jurídicas (art. 1.º, *caput*, da Lei 12.016/2009), pouco importando se nacionais ou estrangeiras. A lei expressamente permite, inclusive, *substituição processual* para impetração de mandado de segurança, ao prever que "quando o direito ameaçado ou violado couber a várias pessoas, qualquer delas poderá requerer o mandado de segurança" (art. 1.º, § 3.º, da Lei 12.016/2009), cuja importância teórica e pragmática vem sendo devidamente ressaltada pela doutrina. Constitui exemplo dessa situação a possibilidade de "integrante de lista de candidatos a determinada vaga da composição de tribunal" impetrar mandado de segurança "para impugnar a validade da nomeação de concorrente" (Súmula 628 do STF). [444]

Observar ainda a legitimação ativa prevista no art. 3º da Lei 12.016/09:

> Art. 3º O titular de direito líquido e certo decorrente de direito, em condições idênticas, de terceiro poderá impetrar mandado de segurança a favor do direito originário, se o seu titular não o fizer, no prazo de 30 (trinta) dias, quando notificado judicialmente.
>
> Parágrafo único. O exercício do direito previsto no **caput** deste artigo submete-se ao prazo fixado no art. 23 desta Lei, contado da notificação.[445]

O art. 10, §2º da Lei 12.016/09 estabelece, por sua vez, que: "§ 2º O ingresso de litisconsorte ativo não será admitido após o despacho da petição inicial".[446]

No que tange ao polo passivo, será como legitimado em primeiro grau a autoridade coatora. Concluído o julgamento de primeiro grau, prossegue em princípio, na causa, a pessoa jurídica e não mais a autoridade coatora, ainda que se permita à autoridade coatora o direito de recorrer em nome próprio, conforme previsão do art. 14, §2º da lei 12.016/09, o que seria possível se ela demonstrar prejuízo para si com a decisão do mandado de segurança.[447]

Consoante se verifica no artigo 14 da Lei 12.016/2009: "Art. 14. Da sentença, denegando ou concedendo o mandado, cabe apelação. (...) § 2º Estende-se à autoridade coatora o direito de recorrer".[448]

E quem seria a autoridade coatora pata figurar no polo passivo? Verificar previsão do art. 6º, §3º da Lei 12.016/09: "§ 3º Considera-se autoridade coatora aquela que tenha praticado o ato impugnado ou da qual emane a ordem para a sua prática".[449]

Como referido anteriormente, não precisa ser a autoridade coatora servidor público. Poderá ser particulares que atuem em atividades públicas. O mesmo vale para entidades públicas de direito privado (empresas públicas ou sociedades de economia mista) sempre que essas entidades atuarem com poderes públicos[450].

443. BRASIL, 2009. Lei nº 12.016/2009, de 07 de agosto de 2009. Disciplina o Mandado de Segurança individual e coletivo e dá outras providências.

444. BRASIL, 2009. Lei nº 12.016/2009, de 07 de agosto de 2009. Disciplina o Mandado de Segurança individual e coletivo e dá outras providências.

445. BRASIL, 2009. Lei nº 12.016/2009, de 07 de agosto de 2009. Disciplina o Mandado de Segurança individual e coletivo e dá outras providências.

446. BRASIL, 2009. Lei nº 12.016/2009, de 07 de agosto de 2009. Disciplina o Mandado de Segurança individual e coletivo e dá outras providências.

447. MARINONI, Luiz Guilherme; ARENHART, Sérgio Cruz; MITIDERO, Daniel. Curso de Processo Civil. Vol. 3. São Paulo: Editora Revista dos Tribunais, 2017, p. 368/369.

448. BRASIL, 2009. Lei nº 12.016/2009, de 07 de agosto de 2009. Disciplina o Mandado de Segurança individual e coletivo e dá outras providências.

449. BRASIL, 2009. Lei nº 12.016/2009, de 07 de agosto de 2009. Disciplina o Mandado de Segurança individual e coletivo e dá outras providências.

450. BRASIL, 2009. Lei nº 12.016/2009, de 07 de agosto de 2009. Disciplina o Mandado de Segurança individual e coletivo e dá outras providências.

12.7 Competência do Mandado de Segurança

A competência de onde deve ser impetrado o Mandado de Segurança é apurada de acordo com a sede e origem da autoridade coatora.[451] Para verificar se a autoridade será considerada federal ou não, observar ainda a previsão do art. 2º da Lei 12.016/09: "Considerar-se-á federal a autoridade coatora se as consequências de ordem patrimonial do ato contra o qual se requer o mandado houverem de ser suportadas pela União ou entidade por ela controlada".[452]

No que tange à competência originária dos Tribunais para impetrar o Mandado de Segurança, se elencam alguns artigos da Constituição Federal:

> **Art. 102. Compete ao Supremo Tribunal Federal, precipuamente, a guarda da Constituição, cabendo-lhe:**
>
> I – processar e julgar, originariamente:
>
> d) o *habeas corpus*, sendo paciente qualquer das pessoas referidas nas alíneas anteriores; o mandado de segurança e o *habeas data* contra atos do Presidente da República, das Mesas da Câmara dos Deputados e do Senado Federal, do Tribunal de Contas da União, do Procurador-Geral da República e do próprio Supremo Tribunal Federal;[453] (BRASIL, 1988)
>
> **Art. 105. Compete ao Superior Tribunal de Justiça:**
>
> I – processar e julgar, originariamente:
>
> b) os mandados de segurança e os ***habeas data*** contra ato de Ministro de Estado, dos Comandantes da Marinha, do Exército e da Aeronáutica ou do próprio Tribunal; (Redação dada pela Emenda Constitucional nº 23, de 1999)[454]

Os tribunais locais possuem competência para julgar mandados de segurança impetrados contra atos deles próprios, bem como por aqueles praticados por juízes de primeiro grau a eles vinculados.

> Art. 108. Compete aos Tribunais Regionais Federais:
>
> I – processar e julgar, originariamente:
>
> c) os mandados de segurança e os *habeas data* contra ato do próprio Tribunal ou de juiz federal;[455]

12.8 Interesse processual no Mandado de Segurança

O artigo 5º da Lei 12.016/09 veda situações do emprego do Mandado de Segurança:

> Art. 5º Não se concederá mandado de segurança quando se tratar:
>
> I – de ato do qual caiba recurso administrativo com efeito suspensivo, independentemente de caução;
>
> II – de decisão judicial da qual caiba recurso com efeito suspensivo;
>
> III – de decisão judicial transitada em julgado.
>
> Parágrafo único. (VETADO)[456]

12.9 Procedimento da ação de Mandado de Segurança

Referente aos requisitos legais para a impetração do Mandado de Segurança, o artigo 6º da Lei 12.016/2009 estabelece que:

> Art. 6º A petição inicial, que deverá preencher os requisitos estabelecidos pela lei processual, será apresentada em 2 (duas) vias com os documentos que instruírem a primeira reproduzidos na segunda e indicará, além da autoridade coatora, a pessoa jurídica que esta integra, à qual se acha vinculada ou da qual exerce atribuições.
>
> § 1º No caso em que o documento necessário à prova do alegado se ache em repartição ou estabelecimento público ou em poder de autoridade que se recuse a fornecê-lo por certidão ou de terceiro, o juiz ordenará, preliminarmente, por ofício, a exibição desse documento em original ou em cópia autêntica e marcará, para o cumprimento da ordem, o prazo de 10 (dez) dias. O escrivão extrairá cópias do documento para juntá-las à segunda via da petição.
>
> § 2º Se a autoridade que tiver procedido dessa maneira for a própria coatora, a ordem far-se-á no próprio instrumento da notificação.
>
> § 3º Considera-se autoridade coatora aquela que tenha praticado o ato impugnado ou da qual emane a ordem para a sua prática.
>
> § 4º (VETADO)
>
> § 5º Denega-se o mandado de segurança nos casos previstos pelo art. 267 da Lei nº 5.869, de 11 de janeiro de 1973 – Código de Processo Civil.
>
> § 6º O pedido de mandado de segurança poderá ser renovado dentro do prazo decadencial, se a decisão denegatória não lhe houver apreciado o mérito[457].

451. MARINONI, Luiz Guilherme; ARENHART, Sérgio Cruz; MITIDERO, Daniel. Curso de Processo Civil. Vol. 3. São Paulo: Editora Revista dos Tribunais, 2017, p. 371.
452. BRASIL, 2009. Lei nº 12.016/2009, de 07 de agosto de 2009. Disciplina o Mandado de Segurança individual e coletivo e dá outras providências.
453. BRASIL, 1988. Constituição da República Federativa do Brasil de 1988. Disponível em: https://www.planalto.gov.br/ccivil_03/constituicao/constituicao.htm
454. BRASIL, 1988. Constituição da República Federativa do Brasil de 1988. Disponível em: https://www.planalto.gov.br/ccivil_03/constituicao/constituicao.htm
455. BRASIL, 1988. Constituição da República Federativa do Brasil de 1988. Disponível em: https://www.planalto.gov.br/ccivil_03/constituicao/constituicao.htm.
456. BRASIL, 2009. Lei nº 12.016/2009, de 07 de agosto de 2009. Disciplina o Mandado de Segurança individual e coletivo e dá outras providências.
457. BRASIL, 2009. Lei nº 12.016/2009, de 07 de agosto de 2009. Disciplina o Mandado de Segurança individual e coletivo e dá outras providências.

Assim, pode ocorrer, conforme os §§1º e 2º do art. 6º da Lei 12.016/2019, de o autor necessitar de documentos que estejam em mãos de autoridades que se recusam a fornecê-los. Neste caso, o juiz ordenará, preliminarmente, por ofício, a exibição desses documentos em original ou em cópia autêntica e designará o prazo de 10 dias para o cumprimento da ordem:

> § 1º No caso em que o documento necessário à prova do alegado se ache em repartição ou estabelecimento público ou em poder de autoridade que se recuse a fornecê-lo por certidão ou de terceiro, o juiz ordenará, preliminarmente, por ofício, a exibição desse documento em original ou em cópia autêntica e marcará, para o cumprimento da ordem, o prazo de 10 (dez) dias. O escrivão extrairá cópias do documento para juntá-las à segunda via da petição.[458]

O §2º do art. 6º da Lei estabelece ainda que se a autoridade que tiver os documentos for a mesma autoridade coatora, será no próprio instrumento de notificação que se fará a ordem: "§ 2º Se a autoridade que tiver procedido dessa maneira for a própria coatora, a ordem far-se-á no próprio instrumento da notificação".[459]

Haverá o indeferimento pelo juiz, de plano, da petição inicial do Mandado de Segurança, caso verificado que a matéria envolvida não for caso de Mandado de Segurança ou se decorrido o prazo legal:

> Art. 10. A inicial será desde logo indeferida, por decisão motivada, quando não for o caso de mandado de segurança ou lhe faltar algum dos requisitos legais ou quando decorrido o prazo legal para a impetração.
>
> § 1º Do indeferimento da inicial pelo juiz de primeiro grau caberá apelação e, quando a competência para o julgamento do mandado de segurança couber originariamente a um dos tribunais, do ato do relator caberá agravo para o órgão competente do tribunal que integre.
>
> § 2º O ingresso de litisconsorte ativo não será admitido após o despacho da petição inicial.[460] (BRASIL, 2009)

Da decisão de indeferimento, conforme previsão do art. 10 da Lei 12.016/09 caberá APELAÇÃO se a decisão for do juiz de Primeiro Grau, ou caberá Agravo se o julgamento couber originariamente aos tribunais.

Porém, uma vez recebida a petição inicial, o juiz determinará a notificação da autoridade coatora para informações no prazo de 10 dias. Ainda, o magistrado determinará se dê ciência do processo ao órgão de representação judicial da pessoa jurídica interessada, enviando-lhe cópia da inicial sem documentos, para que, querendo, ingresse no feito.

Poderá haver a concessão de liminar, consoante previsão do artigo 7º da Lei. Neste caso, da decisão do juiz de primeiro grau que conceder ou denegar a liminar caberá agravo de instrumento nos termos do CPC de 2015: "§ 1º Da decisão do juiz de primeiro grau que conceder ou denegar a liminar caberá agravo de instrumento, observado o disposto na Lei nº 5.869, de 11 de janeiro de 1973 – Código de Processo Civil."[461] Por fim, conforme previsão do §4º do art. 7º da Lei 12.016/09: "§ 4º Deferida a medida liminar, o processo terá prioridade para julgamento".

Encerrado o prazo de 10 dias para a autoridade coatora prestar as informações, segue-se para o MP, o qual também terá o prazo de 10 dias ofereça manifestação, nos termos do art. 12 da Lei 12.016/2009, sendo que após tal prazo, os autos seguem para a sentença:

> Art. 12. Findo o prazo a que se refere o inciso I do **caput** do art. 7º desta Lei, o juiz ouvirá o representante do Ministério Público, que opinará, dentro do prazo improrrogável de 10 (dez) dias.
>
> Parágrafo único. Com ou sem o parecer do Ministério Público, os autos serão conclusos ao juiz, para a decisão, a qual deverá ser necessariamente proferida em 30 (trinta) dias. [462](BRASIL, 2009)

Se a decisão proferida no Mandado de Segurança não for cumprida constitui crime de desobediência, conforme previsão do art. 26 da Lei 12.016/09:

> Art. 26. Constitui crime de desobediência, nos termos do art. 330 do Decreto-Lei nº 2.848, de 7 de dezembro de 1940, o não cumprimento das decisões proferidas em mandado de segurança, sem prejuízo das sanções administrativas e da aplicação da Lei nº 1.079, de 10 de abril de 1950, quando cabíveis.[463] (BRASIL, 2009)

458. BRASIL, 2009. Lei nº 12.016/2009, de 07 de agosto de 2009. Disciplina o Mandado de Segurança individual e coletivo e dá outras providências.

459. BRASIL, 2009. Lei nº 12.016/2009, de 07 de agosto de 2009. Disciplina o Mandado de Segurança individual e coletivo e dá outras providências.

460. BRASIL, 2009. Lei nº 12.016/2009, de 07 de agosto de 2009. Disciplina o Mandado de Segurança individual e coletivo e dá outras providências.

461. BRASIL, 2009. Lei nº 12.016/2009, de 07 de agosto de 2009. Disciplina o Mandado de Segurança individual e coletivo e dá outras providências.

462. BRASIL, 2009. Lei nº 12.016/2009, de 07 de agosto de 2009. Disciplina o Mandado de Segurança individual e coletivo e dá outras providências.

463. BRASIL, 2009. Lei nº 12.016/2009, de 07 de agosto de 2009. Disciplina o Mandado de Segurança individual e coletivo e dá outras providências.

12.10 Dos Recursos no Mandado de Segurança

No que tange aos recursos no Mandado de Segurança, destaca-se que da sentença, cabe apelação, conforme art. 14 da Lei 12.016/09: "Art. 14. Da sentença, denegando ou concedendo o mandado, cabe apelação. "§ 1º Concedida a segurança, a sentença estará sujeita obrigatoriamente ao duplo grau de jurisdição"[464]. E mais, sempre que a sentença conceder o Mandado de Segurança estará sujeita ao duplo grau de jurisdição.

O §2º do artigo 14 da Lei 12.016/09 estende a possibilidade à autoridade coatora de recorrer: "§ 2º Estende-se à autoridade coatora o direito de recorrer".[465]

Observar ainda o cabimento do recurso ordinário, conforme artigo 102, inciso II da CF e 1027, inciso I do CPC quando julgado pelo STF e artigo 105, inciso II da CF e 1.027, inciso II, alínea "a" do CPC quando julgado pelo STJ:

> Art. 1.027. Serão julgados em recurso ordinário:
>
> I – pelo Supremo Tribunal Federal, os mandados de segurança, os habeas data e os mandados de injunção decididos em única instância pelos tribunais superiores, quando denegatória a decisão;
>
> II – pelo Superior Tribunal de Justiça:
>
> a) os mandados de segurança decididos em única instância pelos tribunais regionais federais ou pelos tribunais de justiça dos Estados e do Distrito Federal e Territórios, quando denegatória a decisão;
>
> b) os processos em que forem partes, de um lado, Estado estrangeiro ou organismo internacional e, de outro, Município ou pessoa residente ou domiciliada no País.[466]

12.11 Da coisa julgada no Mandado de Segurança

Consoante previsão do artigo 19 da lei 12.016/09, se a prova documental não for suficiente, o juiz poderá reconhecer que o Mandado de Segurança não é a via adequada e o requerente poderá por outra ação buscar os seus direitos: "Art. 19. A sentença ou o acórdão que denegar mandado de segurança, sem decidir o mérito, não impedirá que o requerente, por ação própria, pleiteie os seus direitos e os respectivos efeitos patrimoniais".[467]

Ou seja, se a prova documental não for suficiente o juiz poderá reconhecer a inadequação da via eleita, sendo que nesse caso a sentença será terminativa e não fará coisa julgada. Porém, não confundir quando o juiz entende que a prova documental seria suficiente sim para demonstrar as alegações de fato, mas a parte não se desincumbiu de comprovar. Nesse último caso, fará coisa julgada material, não podendo ser rediscutida a matéria em novo mandado de segurança ou ação, salvo rescisória.[468] (Marinoni; Arenhart e Mitidiero, 2017, p. 391)

12.12 Do mandado de segurança coletivo

O cabimento do Mandado de Segurança Coletivo encontra previsão legal no art. 5º, LXX da CF e no artigo 21 da Lei 12.016/09:

> Art. 21. O mandado de segurança coletivo pode ser impetrado por partido político com representação no Congresso Nacional, na defesa de seus interesses legítimos relativos a seus integrantes ou à finalidade partidária, ou por organização sindical, entidade de classe ou associação legalmente constituída e em funcionamento há, pelo menos, 1 (um) ano, em defesa de direitos líquidos e certos da totalidade, ou de parte, dos seus membros ou associados, na forma dos seus estatutos e desde que pertinentes às suas finalidades, dispensada, para tanto, autorização especial.
>
> Parágrafo único. Os direitos protegidos pelo mandado de segurança coletivo podem ser:
>
> I – coletivos, assim entendidos, para efeito desta Lei, os transindividuais, de natureza indivisível, de que seja titular grupo ou categoria de pessoas ligadas entre si ou com a parte contrária por uma relação jurídica básica;
>
> II – individuais homogêneos, assim entendidos, para efeito desta Lei, os decorrentes de origem comum e da atividade ou situação específica da totalidade ou de parte dos associados ou membros do impetrante.[469] (BRASIL, 2009)

→ IMPORTANTE DESTACAR QUE NO CASO DO MANDADO DE SEGURANÇA TEM A ADI 4196.

Encontra-se no site do STF a seguinte notícia sobre a ADI 4196:

464. BRASIL, 2009. Lei nº 12.016/2009, de 07 de agosto de 2009. Disciplina o Mandado de Segurança individual e coletivo e dá outras providências.
465. BRASIL, 2009. Lei nº 12.016/2009, de 07 de agosto de 2009. Disciplina o Mandado de Segurança individual e coletivo e dá outras providências.
466. BRASIL. Lei nº 13.105, de 16 de março de 2015. *Código de Processo Civil*. Disponível em: https://www.planalto.gov.br/ccivil_03/_ato2015-2018/2015/lei/l13105.htm.
467. BRASIL. Lei nº 13.105, de 16 de março de 2015. *Código de Processo Civil*.
468. MARINONI, Luiz Guilherme; ARENHART, Sérgio Cruz; MITIDERO, Daniel. Curso de Processo Civil. Vol. 3. São Paulo: Editora Revista dos Tribunais, 2017, p. 391
469. BRASIL, 2009. Lei nº 12.016/2009, de 07 de agosto de 2009. Disciplina o Mandado de Segurança individual e coletivo e dá outras providências.

O Supremo Tribunal Federal (STF) declarou, a inconstitucionalidade de dispositivos da nova Lei do Mandado de Segurança (Lei 12.016/2009) questionados pelo Conselho Federal da Ordem dos Advogados do Brasil na Ação Direta de Inconstitucionalidade (ADI) 4296.

Por maioria dos votos, a Corte considerou inconstitucional o dispositivo que proíbe a concessão de liminar para a compensação de créditos tributários e para a entrega de mercadorias e bens provenientes do exterior. Também invalidou a exigência de oitiva prévia do representante da pessoa jurídica de direito público como condição para a concessão de liminar em mandado de segurança coletivo.

O mandado de segurança é um mecanismo constitucional de proteção individual ou coletiva de pessoa física ou jurídica contra atos ilegais ou arbitrários do poder público. A nova lei alterou as condições para a propositura e o julgamento de mandados de segurança individuais ou coletivos.

Na ação, a OAB questionava a limitação indevida do alcance do mandado de segurança e apontava violação da liberdade de atividade econômica e do amplo acesso ao Poder Judiciário e desrespeito ao exercício da advocacia, entre outras alegações.

Dispositivos inconstitucionais

Dois dos seis dispositivos questionados foram declarados inconstitucionais pela maioria do Tribunal, que acompanhou o voto divergente do ministro Alexandre de Moraes pela procedência parcial da ADI. O ministro considerou inconstitucional o artigo 7º, parágrafo 2º, que proíbe expressamente a concessão de liminar para compensação de créditos tributários, entrega de mercadorias e bens provenientes do exterior, reclassificação ou equiparação de servidores públicos e concessão de aumento ou extensão de vantagens ou pagamento de qualquer natureza.

Em relação à exigência de oitiva prévia do representante da pessoa jurídica de direito público como condição para a concessão de liminar em MS coletivo (artigo 22, parágrafo 2º da lei, o ministro também declarou sua inconstitucionalidade, pois considera que ela restringe o poder geral de cautela do magistrado.

Gestão comercial

A corrente vencedora considerou a constitucionalidade de outros quatro dispositivos questionados na ação pela OAB, entre eles o artigo 1º, parágrafo 2º, que prevê o cabimento de MS contra atos de gestão comercial cometidos pelos administradores de empresas públicas. De acordo com o ministro Alexandre de Moraes, a norma diz respeito a atos de direito privado.

Exigência de contracautela

A Corte também entendeu que está de acordo com a Constituição a exigência de caução, depósito ou fiança para a concessão de liminar em MS (artigo 7º, inciso III). Para o ministro Alexandre de Moraes, a contracautela é mera faculdade do magistrado que viabiliza o exercício da jurisdição imediata, não havendo limitação ou restrição ao poder geral de cautela para a garantia do direito líquido e certo.

Prazo decadencial

Para a maioria do Plenário, o prazo decadencial de 120 dias para a impetração do MS (artigo 23) é constitucional, conforme prevê a Súmula 632 do STF. Em relação a isso, a Corte entendeu que, terminado o prazo previsto para a prestação jurisdicional específica no MS, permanece a possibilidade de postulação nas vias ordinárias.

Honorários de sucumbência

A maioria que acompanhou essa vertente observou que o Supremo tem posicionamento de que não cabem honorários de sucumbência na via mandamental (Súmula 512). Eles salientaram que o dispositivo questionado (artigo 25) não diz respeito aos honorários contratuais e, portanto, a vedação não atenta contra a advocacia. (Fonte: https://portal.stf.jus.br/noticias/verNoticiaDetalhe.asp?idConteudo=467335&ori=1)

13. DA AÇÃO CIVIL PÚBLICA

13.1 Previsão Legal

- Art. 129, inciso III da CF e Lei 7.347/1985;
- Lei 8.078/90 (arts. 81 a 104)

13.2 Cabimento

Sobre o cabimento da ação civil pública destaca-se:

> A ação civil pública (...)presta-se à tutela de várias situações de direito material. Do ponto de vista da *estrutura* do direito, serve para a tutela de direitos individuais homogêneos, difusos e coletivos. Do ponto de vista da *natureza* do bem jurídico protegido, visa à tutela do meio ambiente, do consumidor, dos bens e direitos de valor artístico, estético, histórico, turístico e paisagístico, da ordem econômica, da ordem urbanística (art. 1.º da Lei 7.347/1985), das pessoas portadoras de necessidades especiais (art. 3.º da Lei 7.853/1989), dos titulares de direitos mobiliários e dos investidores do mercado (art. 1.º da Lei 7.913/1989), da infância e da adolescência (art. 201, V, da Lei 8.069/1990), do idoso (art. 74, I, da Lei 10.741/2003) e de qualquer outro direito difuso ou coletivo". [470]

A Ação Civil Pública tem por foco consoante previsão da Lei nº 7.347/85 e respectivas alterações:

> Art. 1º Regem-se pelas disposições desta Lei, sem prejuízo da ação popular, as ações de responsabilidade por danos morais e patrimoniais causados: (Redação dada pela Lei nº 12.529, de 2011).

470. SARLET, I. W.; MARINONI, L. G.; MITIDIERO, D. **Curso de Direito Constitucional.** 11. ed. São Paulo: Saraiva, 2022. *E-book*, p. 2358.

I – ao meio-ambiente;

II – ao consumidor;

III – a bens e direitos de valor artístico, estético, histórico, turístico e paisagístico;

IV – a qualquer outro interesse difuso ou coletivo. (Incluído pela Lei nº 8.078 de 1990)

V – por infração da ordem econômica; (Redação dada pela Lei nº 12.529, de 2011).

VI – à ordem urbanística. (Incluído pela Medida provisória nº 2.180-35, de 2001)

VII – à honra e à dignidade de grupos raciais, étnicos ou religiosos. (Incluído pela Lei nº 12.966, de 2014)

VIII – ao patrimônio público e social. (Incluído pela Lei nº 13.004, de 2014)

Parágrafo único. Não será cabível ação civil pública para veicular pretensões que envolvam tributos, contribuições previdenciárias, o Fundo de Garantia do Tempo de Serviço – FGTS ou outros fundos de natureza institucional cujos beneficiários podem ser individualmente determinados. (Incluído pela Medida provisória nº 2.180-35, de 2001) [471]

13.3 Legitimidade

No que tange à legitimidade para propositura da ação civil pública, destaca-se que é uma ação correntemente proposta pelo Ministério Público, uma vez que se refere à importante instrumento para exercício de suas atribuições. Nesse sentido, a previsão do artigo 129, inciso III da CF/88:

Art. 129. São funções institucionais do Ministério Público:

(...)

III – promover o inquérito civil e a ação civil pública, para a proteção do patrimônio público e social, do meio ambiente e de outros interesses difusos e coletivos;[472]

No entanto, existem outros legitimados a propor a ação civil pública, consoante art. 5º da referida lei:

Art. 5º Têm legitimidade para propor a ação principal e a ação cautelar: (Redação dada pela Lei nº 11.448, de 2007) (Vide Lei nº 13.105, de 2015)

I – o Ministério Público; (Redação dada pela Lei nº 11.448, de 2007).

II – a Defensoria Pública; (Redação dada pela Lei nº 11.448, de 2007).

III – a União, os Estados, o Distrito Federal e os Municípios; (Incluído pela Lei nº 11.448, de 2007).

IV – a autarquia, empresa pública, fundação ou sociedade de economia mista; (Incluído pela Lei nº 11.448, de 2007).

V – a associação que, concomitantemente: (Incluído pela Lei nº 11.448, de 2007).

a) esteja constituída há pelo menos 1 (um) ano nos termos da lei civil; (Incluído pela Lei nº 11.448, de 2007).

b) inclua, entre suas finalidades institucionais, a proteção ao patrimônio público e social, ao meio ambiente, ao consumidor, à ordem econômica, à livre concorrência, aos direitos de grupos raciais, étnicos ou religiosos ou ao patrimônio artístico, estético, histórico, turístico e paisagístico. (Redação dada pela Lei nº 13.004, de 2014)

§ 1º O Ministério Público, se não intervier no processo como parte, atuará obrigatoriamente como fiscal da lei.

§ 2º Fica facultado ao Poder Público e a outras associações legitimadas nos termos deste artigo habilitar-se como litisconsortes de qualquer das partes.

§ 3° Em caso de desistência infundada ou abandono da ação por associação legitimada, o Ministério Público ou outro legitimado assumirá a titularidade ativa. (Redação dada pela Lei nº 8.078, de 1990)

§ 4.° O requisito da pré-constituição poderá ser dispensado pelo juiz, quando haja manifesto interesse social evidenciado pela dimensão ou característica do dano, ou pela relevância do bem jurídico a ser protegido. (Incluído pela Lei nª 8.078, de 11.9. 1990)

§ 5.° Admitir-se-á o litisconsórcio facultativo entre os Ministérios Públicos da União, do Distrito Federal e dos Estados na defesa dos interesses e direitos de que cuida esta lei. (Incluído pela Lei nª 8.078, de 11.9.1990)

§ 6° Os órgãos públicos legitimados poderão tomar dos interessados compromisso de ajustamento de sua conduta às exigências legais, mediante cominações, que terá eficácia de título executivo extrajudicial.[473] (Incluído pela Lei nª 8.078, de 11.9.1990)

Da previsão legal apontada, verifica-se que também possuem legitimidade para ação civil pública os entes federados, entes da administração indireta, associações, bem como Defensoria Pública. Porém, no que se refere às associações, é de se destacar que para propor a ação civil pública, deve haver relação com o objeto social, bem como deve estar constituída há pelo menos 01 ano, sendo dispensada essa pré-constituição nos termos do §4º: "§ 4.° O requisito da pré-constituição poderá ser dispensado pelo juiz, quando haja manifesto interesse social evidenciado pela dimensão ou característica do dano, ou pela relevância do bem jurídico a ser protegido".[474]

471. BRASIL, 1985. Lei nº 7.347, de 24 de julho de 1985. Ação Civil Pública.

472. BRASIL, 1988. Constituição da República Federativa do Brasil de 1988.

473. BRASIL, 1985. Lei nº 7.347, de 24 de julho de 1985. Ação Civil Pública.

474. BRASIL, 1985. Lei nº 7.347, de 24 de julho de 1985. Ação Civil Pública.

Já no que tange à legitimidade passiva, a Ação Civil Pública poderá ser proposta contra qualquer pessoa natural ou jurídica que seja a causadora da ofensa nos termos da lei.

Além disso, sobre o Ministério Público atuar como fiscal da ordem jurídica, destaca-se:

> O Ministério Público, se não intervier no processo como parte, atuará obrigatoriamente como fiscal da lei. Fica facultado ao Poder Público e a outras associações legitimadas habilitarem-se como litisconsortes de qualquer das partes. Nada obsta ao litisconsórcio facultativo entre os Ministérios Públicos da União, do Distrito Federal e dos Estados. Pode o juiz, por fim, dispensar o requisito da pré-constituição da associação quando haja manifesto interesse social evidenciado pela dimensão ou característica do ilícito ou do dano ou pela relevância do bem jurídico a ser protegido. [475]

O artigo 6º da Lei da ACP prevê, ainda, que, qualquer pessoa PODERÁ e o SERVIDOR PÚBLICO DEVERÁ provocar o Ministério Público: "Art. 6º Qualquer pessoa poderá e o servidor público deverá provocar a iniciativa do Ministério Público, ministrando-lhe informações sobre fatos que constituam objeto da ação civil e indicando-lhe os elementos de convicção".[476]

No mesmo sentido, se no exercícios de suas funções, os juízes e tribunais tiverem conhecimento de fatos que possam ensejar a ação civil pública, estes remeterão as peças ao Ministério Público para as providências cabíveis: "Art. 7º Se, no exercício de suas funções, os juízes e tribunais tiverem conhecimento de fatos que possam ensejar a propositura da ação civil, remeterão peças ao Ministério Público para as providências cabíveis". [477]

13.4 Da Competência e objeto da Ação Civil Pública

A competência da Ação Civil Pública está definida no artigo 2º da Lei 7.347/85:

Art. 2º As ações previstas nesta Lei serão propostas no foro do local onde ocorrer o dano, cujo juízo terá competência funcional para processar e julgar a causa.

Parágrafo único A propositura da ação prevenirá a jurisdição do juízo para todas as ações posteriormente intentadas que possuam a mesma causa de pedir ou o mesmo objeto.[478]

Quanto ao pedido/objeto da ação civil pública, consoante se verifica no artigo 3º da referida lei, o mesmo poderá ser condenação em dinheiro ou a obrigação de fazer ou não fazer: "A ação civil poderá ter por objeto a condenação em dinheiro ou o cumprimento de obrigação de fazer ou não fazer".[479]

Por sua vez, o artigo 4º da Lei 7.345 possibilita pretensão de natureza cautelar com o fim de evitar dano:

Art. 4º Poderá ser ajuizada ação cautelar para os fins desta Lei, objetivando, inclusive, evitar dano ao patrimônio público e social, ao meio ambiente, ao consumidor, à honra e à dignidade de grupos raciais, étnicos ou religiosos, à ordem urbanística ou aos bens e direitos de valor artístico, estético, histórico, turístico e paisagístico.[480] (Redação dada pela Lei nº 13.004, de 2014) (BRASIL, 1985)

13.5 Da Petição Inicial e procedimento

Quanto à propositura da Ação Civil Pública, o artigo 8º da Lei 7.347/85 permite o interesse requerer às autoridades competentes as certidões e informações que entenderem por necessárias. O Ministério Público poderá instaurar inquérito civil ou requisitar de qualquer organismo público ou particular informações e documentos, conforme estabelece o art. 8º da Lei 7.347/85.

> Art. 8º Para instruir a inicial, o interessado poderá requerer às autoridades competentes as certidões e informações que julgar necessárias, a serem fornecidas no prazo de 15 (quinze) dias.
>
> § 1º O Ministério Público poderá instaurar, sob sua presidência, inquérito civil, ou requisitar, de qualquer organismo público ou particular, certidões, informações, exames ou perícias, no prazo que assinalar, o qual não poderá ser inferior a 10 (dez) dias úteis.
>
> § 2º Somente nos casos em que a lei impuser sigilo, poderá ser negada certidão ou informação, hipótese em que a ação poderá ser proposta desacompanhada daqueles documentos, cabendo ao juiz requisitá-los.[481]

475. SARLET, I. W.; MARINONI, L. G.; MITIDIERO, D. **Curso de Direito Constitucional.** 11. ed. São Paulo: Saraiva, 2022. *E-book*, p. 2.362.
476. BRASIL, 1985. Lei nº 7.347, de 24 de julho de 1985. Ação Civil Pública.
477. BRASIL, 1985. Lei nº 7.347, de 24 de julho de 1985. Ação Civil Pública.
478. BRASIL, 1985. Lei nº 7.347, de 24 de julho de 1985. Ação Civil Pública.
479. BRASIL, 1985. Lei nº 7.347, de 24 de julho de 1985. Ação Civil Pública.
480. BRASIL, 1985. Lei nº 7.347, de 24 de julho de 1985. Ação Civil Pública.
481. BRASIL, 1985. Lei nº 7.347, de 24 de julho de 1985. Ação Civil Pública.

No entanto, o próprio artigo 9º da Lei 7.347/85 permite o arquivamento dos autos do inquérito civil se verificar que inexiste fundamento para a propositura da ação:

> Art. 9º Se o órgão do Ministério Público, esgotadas todas as diligências, se convencer da inexistência de fundamento para a propositura da ação civil, promoverá o arquivamento dos autos do inquérito civil ou das peças informativas, fazendo-o fundamentadamente.
>
> § 1º Os autos do inquérito civil ou das peças de informação arquivadas serão remetidos, sob pena de se incorrer em falta grave, no prazo de 3 (três) dias, ao Conselho Superior do Ministério Público.
>
> § 2º Até que, em sessão do Conselho Superior do Ministério Público, seja homologada ou rejeitada a promoção de arquivamento, poderão as associações legitimadas apresentar razões escritas ou documentos, que serão juntados aos autos do inquérito ou anexados às peças de informação.
>
> § 3º A promoção de arquivamento será submetida a exame e deliberação do Conselho Superior do Ministério Público, conforme dispuser o seu Regimento.
>
> § 4º Deixando o Conselho Superior de homologar a promoção de arquivamento, designará, desde logo, outro órgão do Ministério Público para o ajuizamento da ação.[482]

Consoante o artigo 12 da Lei 7.347, o juiz poderá conceder mandado liminar, com ou sem justificação prévia, em decisão sujeita a agravo. Ainda, conforme o artigo 14 da referida lei, o juiz poderá conferir efeito suspensivo aos recursos, para evitar dano irreparável à parte.

14. DA AÇÃO POPULAR

14.1 Previsão Legal

A ação popular com previsão no art. 5º, LXXIII da CF*88 tem por objetivo viabilizar a qualquer cidadão a defesa de patrimônio público, histórico, meio ambiente, cultural, bem como a preservação da moralidade administrativa:

> LXXIII – qualquer cidadão é parte legítima para propor ação popular que vise a anular ato lesivo ao patrimônio público ou de entidade de que o Estado participe, à moralidade administrativa, ao meio ambiente e ao patrimônio histórico e cultural, ficando o autor, salvo comprovada má-fé, isento de custas judiciais e do ônus da sucumbência;[483]

Para Marinoni, Arenhart e Mitidiero "a ação popular é uma medida judicial que se presta, acima de tudo, a permitir a democracia participativa, autorizando qualquer cidadão a debater atos públicos, ao intuito de invalidá-los quando lesivos ao patrimônio público (ou de entidade de que o Estado participe), à moralidade administrativa, ao meio ambiente e ao patrimônio histórico e cultura".[484]

A Ação Popular é regulamentada pela Lei 4.717/65, sendo que em seu artigo 1º está previsto que:

> Art. 1º Qualquer cidadão será parte legítima para pleitear a anulação ou a declaração de nulidade de atos lesivos ao patrimônio da União, do Distrito Federal, dos Estados, dos Municípios, de entidades autárquicas, de sociedades de economia mista (Constituição, art. 141, § 38), de sociedades mútuas de seguro nas quais a União represente os segurados ausentes, de empresas públicas, de serviços sociais autônomos, de instituições ou fundações para cuja criação ou custeio o tesouro público haja concorrido ou concorra com mais de cinquenta por cento do patrimônio ou da receita ânua, de empresas incorporadas ao patrimônio da União, do Distrito Federal, dos Estados e dos Municípios, e de quaisquer pessoas jurídicas ou entidades subvencionadas pelos cofres públicos.
>
> § 1º – Consideram-se patrimônio público para os fins referidos neste artigo, os bens e direitos de valor econômico, artístico, estético, histórico ou turístico. (Redação dada pela Lei nº 6.513, de 1977)
>
> § 2º Em se tratando de instituições ou fundações, para cuja criação ou custeio o tesouro público concorra com menos de cinquenta por cento do patrimônio ou da receita ânua, bem como de pessoas jurídicas ou entidades subvencionadas, as consequências patrimoniais da invalidez dos atos lesivos terão por limite a repercussão deles sobre a contribuição dos cofres públicos.
>
> § 3º A prova da cidadania, para ingresso em juízo, será feita com o título eleitoral, ou com documento que a ele corresponda.
>
> § 4º Para instruir a inicial, o cidadão poderá requerer às entidades, a que se refere este artigo, as certidões e informações que julgar necessárias, bastando para isso indicar a finalidade das mesmas.
>
> § 5º As certidões e informações, a que se refere o parágrafo anterior, deverão ser fornecidas dentro de 15 (quinze) dias da entrega, sob recibo, dos respectivos requerimentos, e só poderão ser utilizadas para a instrução de ação popular.
>
> § 6º Somente nos casos em que o interesse público, devidamente justificado, impuser sigilo, poderá ser negada certidão ou informação.

482. BRASIL, 1985. Lei nº 7.347, de 24 de julho de 1985. Ação Civil Pública.

483. BRASIL, 1988. Constituição da República Federativa do Brasil de 1988.

484. MARINONI, Luiz Guilherme; ARENHART, Sérgio Cruz; MITIDIERO, Daniel. Curso de Processo Civil. 3. Ed. São Paulo: Revista dos Tribunais, 2017, p. 415.

> § 7º Ocorrendo a hipótese do parágrafo anterior, a ação poderá ser proposta desacompanhada das certidões ou informações negadas, cabendo ao juiz, após apreciar os motivos do indeferimento, e salvo em se tratando de razão de segurança nacional, requisitar umas e outras; feita a requisição, o processo correrá em segredo de justiça, que cessará com o trânsito em julgado de sentença condenatória.[485] (BRASIL, 1965)

De se destacar, conforme lecionam Marinoni, Arenhart e Mitidiero[486] que a lei da ação popular é anterior à Constituição Federal de 1988 e também ao atual Código de Processo Civil, sendo portanto, necessário ter certa cautela ao se interpretar os dispositivos da lei a fim de não os incompatibilizar com o sistema processual atual.

Assim, a ação popular tem como objetivo permitir que qualquer *'cidadão'* possa fazer a defesa de interesse público delimitado pelo art. 5º, LXXIII da CF/88. Diante disso, conforme o §3º do artigo 1º da Lei da Ação Popular, a condição de *cidadão* é comprovada através de apresentação de título eleitoral ou documento equivalente: "Art. 1º (...) § 3º A prova da cidadania, para ingresso em juízo, será feita com o título eleitoral, ou com documento que a ele corresponda". [487]

A lei 4717/65 em seu artigo 2º, 3º e 4º estabelece as hipóteses em as situações de cabimento da ação popular:

> Art. 2º São nulos os atos lesivos ao patrimônio das entidades mencionadas no artigo anterior, nos casos de:
>
> a) incompetência;
>
> b) vício de forma;
>
> c) ilegalidade do objeto;
>
> d) inexistência dos motivos;
>
> e) desvio de finalidade.[488]

Por sua vez, o parágrafo único do artigo 2º da Lei 4717/65 conceitua os referidos casos de nulidade:

> Parágrafo único. Para a conceituação dos casos de nulidade observar-se-ão as seguintes normas:
>
> a) **a incompetência** fica caracterizada quando o ato não se incluir nas atribuições legais do agente que o praticou;
>
> b) **o vício de forma** consiste na omissão ou na observância incompleta ou irregular de formalidades indispensáveis à existência ou seriedade do ato;
>
> c) **a ilegalidade do objeto** ocorre quando o resultado do ato importa em violação de lei, regulamento ou outro ato normativo;
>
> d) **a inexistência dos motivos** se verifica quando a matéria de fato ou de direito, em que se fundamenta o ato, é materialmente inexistente ou juridicamente inadequada ao resultado obtido;
>
> e) **o desvio de finalidade** se verifica quando o agente pratica o ato visando a fim diverso daquele previsto, explícita ou implicitamente, na regra de competência.[489]

O artigo 3º da Lei 4717/65 ainda estabelece que os atos lesivos das pessoas sejam elas de direito público ou privado, ou das entidades que estão mencionadas no artigo 1º da Lei da Ação Popular são anuláveis, mesmo se os vícios não se compreendam nas especificações do artigo anterior, segundo as prescrições legais, enquanto compatíveis com a natureza deles:

Por fim, o artigo 4º da Lei 4717/65 também prevê

> **Art. 4º São também nulos os seguintes atos ou contratos, praticados ou celebrados por quaisquer das pessoas ou entidades referidas no art. 1º.**
>
> I – A admissão ao serviço público remunerado, com desobediência, quanto às condições de habilitação, das normas legais, regulamentares ou constantes de instruções gerais.
>
> II – A operação bancária ou de crédito real, quando:
>
> a) for realizada com desobediência a normas legais, regulamentares, estatutárias, regimentais ou internas;
>
> b) o valor real do bem dado em hipoteca ou penhor for inferior ao constante de escritura, contrato ou avaliação.
>
> III – A empreitada, a tarefa e a concessão do serviço público, quando:
>
> a) o respectivo contrato houver sido celebrado sem prévia concorrência pública ou administrativa, sem que essa condição seja estabelecida em lei, regulamento ou norma geral;
>
> b) no edital de concorrência forem incluídas cláusulas ou condições, que comprometam o seu caráter competitivo;
>
> c) a concorrência administrativa for processada em condições que impliquem na limitação das possibilidades normais de competição.
>
> IV – As modificações ou vantagens, inclusive prorrogações que forem admitidas, em favor do adjudicatário, durante a execução dos contratos de empreitada, tarefa e concessão de serviço público,

485. BRASIL, 1965. Lei 4.717, de 29 de junho de 1965. Ação Popular.
486. MARINONI, Luiz Guilherme; ARENHART, Sérgio Cruz; MITIDIERO, Daniel. Curso de Processo Civil. 3. Ed. São Paulo: Revista dos Tribunais, 2017, p. 419.
487. BRASIL, 1965. Lei 4.717, de 29 de junho de 1965. Ação Popular.
488. BRASIL, 1965. Lei 4.717, de 29 de junho de 1965. Ação Popular.
489. BRASIL, 1965. Lei 4.717, de 29 de junho de 1965. Ação Popular.

sem que estejam previstas em lei ou nos respectivos instrumentos.,

V – A compra e venda de bens móveis ou imóveis, nos casos em que não cabível concorrência pública ou administrativa, quando:

a) for realizada com desobediência a normas legais, regulamentares, ou constantes de instruções gerais;

b) o preço de compra dos bens for superior ao corrente no mercado, na época da operação;

c) o preço de venda dos bens for inferior ao corrente no mercado, na época da operação.

VI – A concessão de licença de exportação ou importação, qualquer que seja a sua modalidade, quando:

a) houver sido praticada com violação das normas legais e regulamentares ou de instruções e ordens de serviço;

b) resultar em exceção ou privilégio, em favor de exportador ou importador.

VII – A operação de redesconto quando sob qualquer aspecto, inclusive o limite de valor, desobedecer a normas legais, regulamentares ou constantes de instruções gerais.

VIII – O empréstimo concedido pelo Banco Central da República, quando:

a) concedido com desobediência de quaisquer normas legais, regulamentares, regimentais ou constantes de instruções gerias:

b) o valor dos bens dados em garantia, na época da operação, for inferior ao da avaliação.

IX – A emissão, quando efetuada sem observância das normas constitucionais, legais e regulamentadoras que regem a espécie.[490]

14.2 Competência e Legitimidade

No que tange à competência para a Ação Popular, esta será considerada em relação ao órgão público cuja situação enseja o questionamento judicial, ou seja, sendo entidade federal, caberá à justiça federal a tutela; por exemplo. Nesse sentido, previsão do art. 5º: "Conforme a origem do ato impugnado, é competente para conhecer da ação, processá-la e julgá-la o juiz que, de acordo com a organização judiciária de cada Estado, o for para as causas que interessem à União, ao Distrito Federal, ao Estado ou ao Município".[491](BRASIL, 1965)

Referente à legitimidade, consoante se verifica no artigo 5º, inciso LXXIII da Constituição Federal a titularidade da ação popular é reservada, no direito nacional, ao cidadão. Por sua vez, a legitimidade passiva será a consoante o artigo 6º da Lei da Ação Popular:

> Art. 6º A ação será proposta contra as pessoas públicas ou privadas e as entidades referidas no art. 1º, contra as autoridades, funcionários ou administradores que houverem autorizado, aprovado, ratificado ou praticado o ato impugnado, ou que, por omissas, tiverem dado oportunidade à lesão, e contra os beneficiários diretos do mesmo.
>
> § 1º Se não houver benefício direto do ato lesivo, ou se for ele indeterminado ou desconhecido, a ação será proposta somente contra as outras pessoas indicadas neste artigo.
>
> § 2º No caso de que trata o inciso II, item «b», do art. 4º, quando o valor real do bem for inferior ao da avaliação, citar-se-ão como réus, além das pessoas públicas ou privadas e entidades referidas no art. 1º, apenas os responsáveis pela avaliação inexata e os beneficiários da mesma.
>
> § 3º A pessoas jurídica de direito público ou de direito privado, cujo ato seja objeto de impugnação, poderá abster-se de contestar o pedido, ou poderá atuar ao lado do autor, desde que isso se afigure útil ao interesse público, a juízo do respectivo representante legal ou dirigente.
>
> § 4º O Ministério Público acompanhará a ação, cabendo-lhe apressar a produção da prova e promover a responsabilidade, civil ou criminal, dos que nela incidirem, sendo-lhe vedado, em qualquer hipótese, assumir a defesa do ato impugnado ou dos seus autores.
>
> § 5º É facultado a qualquer cidadão habilitar-se como litisconsorte ou assistente do autor da ação popular.[492] (BRASIL, 1965)

Verifica-se que o §5º do artigo 6º da Lei de Ação Popular admite o litisconsórcio ulterior entre o autor da demanda e qualquer outro cidadão.

14.3 Procedimento

A ação popular tem início por meio da propositura da ação, sendo que a petição inicial será instruída com documentos das alegações. Para tanto, o cidadão poderá requereras certidões e informações que entender necessárias, os quais devem ser fornecidos no prazo de 15 dias.[493]

Sobre a ação popular, o artigo 7º da Lei da Ação Popular menciona:

> Art. 7º A ação obedecerá ao procedimento ordinário, previsto no Código de Processo Civil, observadas as seguintes normas modificativas:

490. BRASIL, 1965. Lei 4.717, de 29 de junho de 1965. Ação Popular.

491. BRASIL, 1965. Lei 4.717, de 29 de junho de 1965. Ação Popular.

492. BRASIL, 1965. Lei 4.717, de 29 de junho de 1965. Ação Popular.

493. MARINONI, Luiz Guilherme; ARENHART, Sérgio Cruz; MITIDIERO, Daniel. Curso de Processo Civil. 3. Ed. São Paulo: Revista dos Tribunais, 2017, p. 423.

I – Ao despachar a inicial, o juiz ordenará:

a) além da citação dos réus, a intimação do representante do Ministério Público;

b) a requisição, às entidades indicadas na petição inicial, dos documentos que tiverem sido referidos pelo autor (art. 1º, § 6º), bem como a de outros que se lhe afigurem necessários ao esclarecimento dos fatos, ficando prazos de 15 (quinze) a 30 (trinta) dias para o atendimento.

§ 1º O representante do Ministério Público providenciará para que as requisições, a que se refere o inciso anterior, sejam atendidas dentro dos prazos fixados pelo juiz.

§ 2º Se os documentos e informações não puderem ser oferecidos nos prazos assinalados, o juiz poderá autorizar prorrogação dos mesmos, por prazo razoável (...)[494] (BRASIL, 1965)

Vide novamente os parágrafos do artigo 1º da Lei 4717/65 sobre os documentos para instruir a inicial da ação popular:

§ 4º Para instruir a inicial, o cidadão poderá requerer às entidades, a que se refere este artigo, as certidões e informações que julgar necessárias, bastando para isso indicar a finalidade das mesmas.

§ 5º As certidões e informações, a que se refere o parágrafo anterior, deverão ser fornecidas dentro de 15 (quinze) dias da entrega, sob recibo, dos respectivos requerimentos, e só poderão ser utilizadas para a instrução de ação popular.

§ 6º Somente nos casos em que o interesse público, devidamente justificado, impuser sigilo, poderá ser negada certidão ou informação.

§ 7º Ocorrendo a hipótese do parágrafo anterior, a ação poderá ser proposta desacompanhada das certidões ou informações negadas, cabendo ao juiz, após apreciar os motivos do indeferimento, e salvo em se tratando de razão de segurança nacional, requisitar umas e outras; feita a requisição, o processo correrá em segredo de justiça, que cessará com o trânsito em julgado de sentença condenatória.[495] (BRASIL, 1965)

Consoante lição de Marinoni, Arenhart e Mitidiero[496] (2017, p. 423-424) estando a petição inicial adequada "determinará o magistrado a citação dos réus, a intimação do Ministério Público e, se for o caso, a requisição das informações ao Poder Público, na forma exposta acima, a par de outros documentos que ele entenda necessários a formar sua convicção – documentos esses que devem ser entregues ao juízo em prazo fixado pelo juiz, entre quinze e trinta dias, podendo ser prorrogado em razão de justo motivo (art. 7º, I, "a", "b" e §§1º e 2º da LAP)".

Ainda, no que tange ao procedimento, uma vez citados os réus, os mesmos possuem o prazo de 20 dias, que podem ser prorrogados por mais 20 dias, para apresentar sua resposta, consoante previsão do inciso IV do artigo 7º da Lei 4717/65:

IV – O prazo de contestação é de 20 (vinte) dias, prorrogáveis por mais 20 (vinte), a requerimento do interessado, se particularmente difícil a produção de prova documental, e será comum a todos os interessados, correndo da entrega em cartório do mandado cumprido, ou, quando for o caso, do decurso do prazo assinado em edital.[497]

É de se destacar ainda a previsão do artigo 7º, inciso V da Lei 4717/65:

V – Caso não requerida, até o despacho saneador, a produção de prova testemunhal ou pericial, o juiz ordenará vista às partes por 10 (dez) dias, para alegações, sendo-lhe os autos conclusos, para sentença, 48 (quarenta e oito) horas após a expiração desse prazo; havendo requerimento de prova, o processo tomará o rito ordinário.[498]

14.4 Da sentença

De acordo com o que determina a lei, a sentença na ação popular se não prolatada na audiência de instrução e julgamento, será proferida no prazo de 15 dias, a contar do recebimento dos autos pelo juiz:

VI – A sentença, quando não prolatada em audiência de instrução e julgamento, deverá ser proferida dentro de 15 (quinze) dias do recebimento dos autos pelo juiz.

Parágrafo único. O proferimento da sentença além do prazo estabelecido privará o juiz da inclusão em lista de merecimento para promoção, durante 2 (dois) anos, e acarretará a perda, para efeito de promoção por antiguidade, de tantos dias quantos forem os do retardamento, salvo motivo justo, declinado nos autos e comprovado perante o órgão disciplinar competente.[499]

Sobre a sentença de procedência, observa-se:

Art. 11. A sentença que, julgando procedente a ação popular, decretar a invalidade do ato impugnado, condenará ao pagamento de perdas e danos os responsáveis pela sua prática e os beneficiários dele, ressalvada a ação regressiva contra os funcionários

494. BRASIL, 1965. Lei 4.717, de 29 de junho de 1965. Ação Popular.

495. BRASIL, 1965. Lei 4.717, de 29 de junho de 1965. Ação Popular.

496. MARINONI, Luiz Guilherme; ARENHART, Sérgio Cruz; MITIDIERO, Daniel. Curso de Processo Civil. 3. Ed. São Paulo: Revista dos Tribunais, 2017, p. 423-424.

497. BRASIL, 1965. Lei 4.717, de 29 de junho de 1965. Ação Popular.

498. BRASIL, 1965. Lei 4.717, de 29 de junho de 1965. Ação Popular.

499. BRASIL, 1965. Lei 4.717, de 29 de junho de 1965. Ação Popular.

causadores de dano, quando incorrerem em culpa.[500] (BRASIL, 1965)

Além disso, o artigo 12 da Ação Popular estabelece ainda o que será incluído na sentença da ação popular: "Art. 12. A sentença incluirá sempre, na condenação dos réus, o pagamento, ao autor, das custas e demais despesas, judiciais e extrajudiciais, diretamente relacionadas com a ação e comprovadas, bem como o dos honorários de advogado".[501] Assim, a sentença tal qual ensinam Marinoni, Arenhart e Mitidiero[502] "terá por objeto principal a anulação (ou declaração de nulidade ou de inexistência) de ato lesivo aos interesses públicos (aí incluído, como já salientado, o meio ambiente)". Dessa forma, segundo os autores seria sua função "examinar o ato lesivo em si. Todavia, se houver dano causado pelo ato inquinado, a sentença também incluirá a condenação dos responsáveis e dos beneficiários à reparação do prejuízo gerado (art. 11 da LAP)".

Quanto ao valor da indenização, é de se apontar a previsão do artigo 14 da Lei da Ação Popular:

> Art. 14. Se o valor da lesão ficar provado no curso da causa, será indicado na sentença; se depender de avaliação ou perícia, será apurado na execução.
>
> § 1º Quando a lesão resultar da falta ou isenção de qualquer pagamento, a condenação imporá o pagamento devido, com acréscimo de juros de mora e multa legal ou contratual, se houver.
>
> § 2º Quando a lesão resultar da execução fraudulenta, simulada ou irreal de contratos, a condenação versará sobre a reposição do débito, com juros de mora.
>
> § 3º Quando o réu condenado perceber dos cofres públicos, a execução far-se-á por desconto em folha até o integral ressarcimento do dano causado, se assim mais convier ao interesse público.
>
> § 4º A parte condenada a restituir bens ou valores ficará sujeita a sequestro e penhora, desde a prolação da sentença condenatória.[503] (BRASIL, 1965)

Por fim, no que tange ao duplo grau de jurisdição e aos recursos previstos na Lei da Ação Popular, é de se apontar o artigo 19 que estabelece:

> Art. 19. A sentença que concluir pela carência ou pela improcedência da ação está sujeita ao duplo grau de jurisdição, não produzindo efeito senão depois de confirmada pelo tribunal; da que julgar a ação procedente caberá apelação, com efeito suspensivo.
>
> § 1º Das decisões interlocutórias cabe agravo de instrumento.
>
> § 2º Das sentenças e decisões proferidas contra o autor da ação e suscetíveis de recurso, poderá recorrer qualquer cidadão e também o Ministério Público.[504]

Para acessar questões selecionadas da disciplina e corrigidas em vídeo, utilize o QRCode ao lado.

15. DA LEI 13.140/2005 - LEI DA MEDIAÇÃO

15.1 Previsão Legal

- Observam-se na Mediação a Lei 13.140/2015, que dispõe sobre a Mediação.
- Código de Processo Civil;
- Resolução 125 do CNJ;

Conforme a Ementa da Lei 13.140/2015, a lei "Dispõe sobre a mediação entre particulares como meio de solução de controvérsias e sobre a autocomposição de conflitos no âmbito da administração pública; altera a Lei nº 9.469, de 10 de julho de 1997, e o Decreto nº 70.235, de 6 de março de 1972; e revoga o § 2º do art. 6º da Lei nº 9.469, de 10 de julho de 1997".

Nesse sentido, o §1º da Lei 13.140/2015:

> Art. 1º Esta Lei dispõe sobre a mediação como meio de solução de controvérsias entre particulares e sobre a autocomposição de conflitos no âmbito da administração pública.
>
> Parágrafo único. Considera-se mediação a atividade técnica exercida por terceiro imparcial sem poder decisório, que, escolhido ou aceito pelas partes, as auxilia e estimula a identificar ou desenvolver soluções consensuais para a controvérsia.[505]

15.2 Da mediação: Disposições Gerais:

Sobre o conceito de Mediação, pode-se apontar:

500. BRASIL, 1965. Lei 4.717, de 29 de junho de 1965. Ação Popular.
501. BRASIL, 1965. Lei 4.717, de 29 de junho de 1965. Ação Popular.
502. MARINONI, Luiz Guilherme; ARENHART, Sérgio Cruz; MITIDIERO, Daniel. Curso de Processo Civil. 3. Ed. São Paulo: Revista dos Tribunais, 2017, p. 425.
503. BRASIL, 1965. Lei 4.717, de 29 de junho de 1965. Ação Popular.
504. BRASIL, 1965. Lei 4.717, de 29 de junho de 1965. Ação Popular.
505. BRASIL. 2015. Lei 13.140, de 26 de junho de 2015. Dispõe sobre Mediação.

A mediação de conflitos pode ser definida como um processo em que um terceiro imparcial e independente coordena reuniões separadas ou conjuntas com as pessoas envolvidas em conflitos, sejam elas físicas ou jurídicas, com o objetivo de promover uma reflexão sobre a inter-relação existente, a fim de alcançar uma solução, que atenda a todos os envolvidos.[506]

Princípios – os princípios que orientam a mediação estão estabelecidos no artigo 2º da Lei 13.140/2015:

> Art. 2º A mediação será orientada pelos seguintes princípios:
>
> I - imparcialidade do mediador;
>
> II - isonomia entre as partes;
>
> III - oralidade;
>
> IV - informalidade;
>
> V - autonomia da vontade das partes;
>
> VI - busca do consenso;
>
> VII - confidencialidade;
>
> VIII - boa-fé.
>
> § 1º Na hipótese de existir previsão contratual de cláusula de mediação, as partes deverão comparecer à primeira reunião de mediação.
>
> § 2º Ninguém será obrigado a permanecer em procedimento de mediação.[507]

→ OBSERVAÇÃO:

Caso as partes tenham estabelecido no contrato a cláusula de mediação, conforme o §1º do artigo 2º da Lei 13.140/2015, as partes devem comparecer à primeira reunião da mediação, mas já conforme previsão do §2º se uma das partes não quiser mais se submeter à mediação não fica obrigada a continuar:

> ***§ 1º Na hipótese de existir previsão contratual de cláusula de mediação, as partes deverão comparecer à primeira reunião de mediação.***
>
> ***§ 2º Ninguém será obrigado a permanecer em procedimento de mediação.***[508]

15.3 Objeto da Mediação

O que pode ser objeto de mediação – Art. 3º da Lei 13.140/2015 – DIREITOS DISPONÍVEIS OU DIREITOS INDISPONÍVEIS, MAS QUE ADMITEM TRANSAÇÃO;

> Art. 3º Pode ser objeto de mediação o conflito que verse sobre direitos disponíveis ou sobre direitos indisponíveis que admitam transação.
>
> § 1º A mediação pode versar sobre todo o conflito ou parte dele.
>
> § 2º O consenso das partes envolvendo direitos indisponíveis, mas transigíveis, deve ser homologado em juízo, exigida a oitiva do Ministério Público.[509]

15.4 Dos Mediadores:

a) Disposições Gerais: previsão a partir do artigo 4º da Lei 13.140/2015;

Mediador é um terceiro que facilita o diálogo entre as partes, de forma que os participantes chegam de maneira voluntária um acordo como um meio de reestabelecer a comunicação perdida[510].

Verificar o conceito de mediador trazido pelo §3º do artigo 165 do CPC/2015:

> § 3º O mediador, que atuará preferencialmente nos casos em que houver vínculo anterior entre as partes, auxiliará aos interessados a compreender as questões e os interesses em conflito, de modo que eles possam, pelo restabelecimento da comunicação, identificar, por si próprios, soluções consensuais que gerem benefícios mútuos.[511]

De acordo com o artigo 4º da Lei da Mediação, o mediador pode ser designado pelo Tribunal ou escolhido pelas partes:

> Art. 4º O mediador será designado pelo tribunal ou escolhido pelas partes.
>
> § 1º O mediador conduzirá o procedimento de comunicação entre as partes, buscando o entendimento e o consenso e facilitando a resolução do conflito.
>
> § 2º Aos necessitados será assegurada a gratuidade da mediação.[512]

Mesma previsão sobre o artigo 4º da Lei 13.140/2015, DE QUE OS MEDIADORES SERÃO DESIGNADOS PELO TRIBUNAL OU ESCOLHIDO PELAS PARTES ENCONTRA-SE NO ART. 168 DO CPC:

506. BRAGA NETO, Adolfo (et. Al); Coordenação: SALLES, Carlos Alberto; LORENCINI, Marco Antônio Garcia Lopes; DA SILVA, Paulo Eduardo. Negociação, Mediação, Conciliação e Arbitragem. 2 ed. Rio de Janeiro: Forense, 2019, p. 147.
507. BRASIL. 2015. Lei 13.140, de 26 de junho de 2015. Dispõe sobre Mediação.
508. BRASIL. 2015. Lei 13.140, de 26 de junho de 2015. Dispõe sobre Mediação.
509. BRASIL. 2015. Lei 13.140, de 26 de junho de 2015. Dispõe sobre Mediação.
510. SPENGLER, Fabiana Marion; SPENGLER NETO, Theobaldo. Mediação, Conciliação e Arbitragem. Rio de Janeiro: FGV Editora, 2016.
511. BRASIL. Lei nº 13.105, de 16 de março de 2015. *Código de Processo Civil*.
512. BRASIL. 2015. Lei 13.140, de 26 de junho de 2015. Dispõe sobre Mediação.

> Art. 168. As partes podem escolher, de comum acordo, o conciliador, o mediador ou a câmara privada de conciliação e de mediação.
>
> § 1º O conciliador ou mediador escolhido pelas partes poderá ou não estar cadastrado no tribunal. (...)[513]

O art. 5º da Lei 13.140/2015 estabelece que se aplica ao mediador as hipóteses de impedimento e suspeição do juiz:

> Art. 5º Aplicam-se ao mediador as mesmas hipóteses legais de impedimento e suspeição do juiz.
>
> Parágrafo único. A pessoa designada para atuar como mediador tem o dever de revelar às partes, antes da aceitação da função, qualquer fato ou circunstância que possa suscitar dúvida justificada em relação à sua imparcialidade para mediar o conflito, oportunidade em que poderá ser recusado por qualquer delas.[514]

➔ AS HIPÓTESES DE IMPEDIMENTO DO JUIZ → Art. 144 do CPC;

➔ AS HIPÓTESES DE SUSPEIÇÃO DO JUIZ → Art. 145 do CPC;

Os artigos 6º e 7º da Lei 13.140/2015 estabelecem as situações para quais a pessoa do mediador fica impedido de atuar depois de realizada a mediação:

> Art. 6º O mediador fica impedido, pelo prazo de um ano, contado do término da última audiência em que atuou, de assessorar, representar ou patrocinar qualquer das partes.[515]
>
> Art. 7º O mediador não poderá atuar como árbitro nem funcionar como testemunha em processos judiciais ou arbitrais pertinentes a conflito em que tenha atuado como mediador.[516]

→ Ou seja:

- Pelo artigo 6º da Lei 13.140/2015: fica impedido durante um ano, contado da última audiência que atuou de assessorar, representar ou patrocinar → qualquer das partes;
- Inclusive essa é a previsão também do artigo 172 do CPC/2015:

> Art. 172. O conciliador e o mediador ficam impedidos, pelo prazo de 1 (um) ano, contado do término da última audiência em que atuaram, de assessorar, representar ou patrocinar qualquer das partes.[517]

Durante o exercício das funções → Equiparação a funcionário público:

> Art. 8º O mediador e todos aqueles que o assessoram no procedimento de mediação, quando no exercício de suas funções ou em razão delas, são equiparados a servidor público, para os efeitos da legislação penal.[518]

b) Mediador Extrajudicial: previsão dos artigos 9º e 10º da Lei 13.140/2015;

Requisitos para ser mediador extrajudicial estão no artigo 9º da Lei 13.140/2015:

> Art. 9º Poderá funcionar como mediador extrajudicial qualquer pessoa capaz que tenha a confiança das partes e seja capacitada para fazer mediação, independentemente de integrar qualquer tipo de conselho, entidade de classe ou associação, ou nele inscrever-se.[519]

O artigo 10, por sua vez, estabelece que as partes podem comparecer assistidas por advogado ou defensor público. E se uma parte comparecer acompanhada de advogado ou defensor público, mas a outra não? O mediador deverá suspender o procedimento da mediação até que ambas estejam devidamente assistidas, buscando assim o tratamento igualitário, conforme parágrafo único do artigo 10 da Lei 13.140/2015:

> Art. 10. As partes poderão ser assistidas por advogados ou defensores públicos.
>
> Parágrafo único. Comparecendo uma das partes acompanhada de advogado ou defensor público, o mediador suspenderá o procedimento, até que todas estejam devidamente assistidas.[520]

c) Mediador Judicial: previsão dos artigos 11 a 13 da Lei 13.140/2015;

Os requisitos para o mediador judicial encontram-se previstos no artigo 11 da Lei 13.140/2015:

> Art. 11. Poderá atuar como mediador judicial a pessoa capaz, graduada há pelo menos dois anos em curso de ensino superior de instituição reconhecida pelo Ministério da Educação e que tenha obtido capacitação em escola ou instituição de formação de mediadores, reconhecida pela Escola Nacional de Formação e Aperfeiçoamento de

PROCESSO CIVIL

513. BRASIL. Lei nº 13.105, de 16 de março de 2015. *Código de Processo Civil*.
514. BRASIL. 2015. Lei 13.140, de 26 de junho de 2015. Dispõe sobre Mediação.
515. BRASIL. 2015. Lei 13.140, de 26 de junho de 2015. Dispõe sobre Mediação.
516. BRASIL. 2015. Lei 13.140, de 26 de junho de 2015. Dispõe sobre Mediação.
517. BRASIL. BRASIL. Lei nº 13.105, de 16 de março de 2015. *Código de Processo Civil*.
518. BRASIL. 2015. Lei 13.140, de 26 de junho de 2015. Dispõe sobre Mediação.
519. BRASIL. 2015. Lei 13.140, de 26 de junho de 2015. Dispõe sobre Mediação.
520. BRASIL. 2015. Lei 13.140, de 26 de junho de 2015. Dispõe sobre Mediação.

Magistrados - ENFAM ou pelos tribunais, observados os requisitos mínimos estabelecidos pelo Conselho Nacional de Justiça em conjunto com o Ministério da Justiça.[521]

Advogado pode ser mediador? Observar a previsão do §5º do artigo 167 do CPC:

> § 5º Os conciliadores e mediadores judiciais cadastrados na forma do caput , se advogados, estarão impedidos de exercer a advocacia nos juízos em que desempenhem suas funções.[522]

Conforme o artigo 12 da Lei 13.140/2015 → os Tribunais criarão e manterão cadastros atualizados dos mediadores habilitados e autorizados a atuar em mediação judicial.

Na forma do §1º do artigo 12 → a inscrição no cadastro de mediadores judiciais será requerida pelo interessado ao tribunal com jurisdição na área em que pretenda exercer a mediação;

Por fim, conforme o §2º do art. 12 → Os tribunais regulamentarão o processo de inscrição e desligamento de seus mediadores:

> Art. 12. Os tribunais criarão e manterão cadastros atualizados dos mediadores habilitados e autorizados a atuar em mediação judicial.
>
> § 1º A inscrição no cadastro de mediadores judiciais será requerida pelo interessado ao tribunal com jurisdição na área em que pretenda exercer a mediação.
>
> § 2º Os tribunais regulamentarão o processo de inscrição e desligamento de seus mediadores. [523]

O Art. 167 do CPC também estabelece requisitos para o mediador judicial:

> Art. 167. Os conciliadores, os mediadores e as câmaras privadas de conciliação e mediação serão inscritos em cadastro nacional e em cadastro de tribunal de justiça ou de tribunal regional federal, que manterá registro de profissionais habilitados, com indicação de sua área profissional.
>
> § 1º Preenchendo o requisito da capacitação mínima, por meio de curso realizado por entidade credenciada, conforme parâmetro curricular definido pelo Conselho Nacional de Justiça em conjunto com o Ministério da Justiça, o conciliador ou o mediador, com o respectivo certificado, poderá requerer sua inscrição no cadastro nacional e no cadastro de tribunal de justiça ou de tribunal regional federal.
>
> § 2º Efetivado o registro, que poderá ser precedido de concurso público, o tribunal remeterá ao diretor do foro da comarca, seção ou subseção judiciária onde atuará o conciliador ou o mediador os dados necessários para que seu nome passe a constar da respectiva lista, a ser observada na distribuição alternada e aleatória, respeitado o princípio da igualdade dentro da mesma área de atuação profissional.
>
> § 3º Do credenciamento das câmaras e do cadastro de conciliadores e mediadores constarão todos os dados relevantes para a sua atuação, tais como o número de processos de que participou, o sucesso ou insucesso da atividade, a matéria sobre a qual versou a controvérsia, bem como outros dados que o tribunal julgar relevantes.
>
> § 4º Os dados colhidos na forma do § 3º serão classificados sistematicamente pelo tribunal, que os publicará, ao menos anualmente, para conhecimento da população e para fins estatísticos e de avaliação da conciliação, da mediação, das câmaras privadas de conciliação e de mediação, dos conciliadores e dos mediadores.
>
> § 5º Os conciliadores e mediadores judiciais cadastrados na forma do caput , se advogados, estarão impedidos de exercer a advocacia nos juízos em que desempenhem suas funções.
>
> § 6º O tribunal poderá optar pela criação de quadro próprio de conciliadores e mediadores, a ser preenchido por concurso público de provas e títulos, observadas as disposições deste Capítulo.[524]

Quanto à remuneração dos mediadores judiciais, o artigo 13 da Lei 13.140/2015 estabelece que será fixada pelos tribunais e custeada pelas partes, observado o disposto no § 2º do art. 4º da lei;

Quanto à remuneração do mediador, também o artigo 169 do CPC traz previsão:

> Art. 169. Ressalvada a hipótese do art. 167, § 6º , o conciliador e o mediador receberão pelo seu trabalho remuneração prevista em tabela fixada pelo tribunal, conforme parâmetros estabelecidos pelo Conselho Nacional de Justiça.
>
> § 1º A mediação e a conciliação podem ser realizadas como trabalho voluntário, observada a legislação pertinente e a regulamentação do tribunal.
>
> § 2º Os tribunais determinarão o percentual de audiências não remuneradas que deverão ser suportadas pelas câmaras privadas de conciliação e mediação, com o fim de atender aos processos em que deferida gratuidade da justiça, como contrapartida de seu credenciamento.[525]

521. BRASIL. 2015. Lei 13.140, de 26 de junho de 2015. Dispõe sobre Mediação.
522. BRASIL. Lei nº 13.105, de 16 de março de 2015. *Código de Processo Civil.*
523. BRASIL. 2015. Lei 13.140, de 26 de junho de 2015. Dispõe sobre Mediação.
524. BRASIL. Lei nº 13.105, de 16 de março de 2015. *Código de Processo Civil.*
525. BRASIL. Lei nº 13.105, de 16 de março de 2015. *Código de Processo Civil.*

15.5 Do Procedimento da Mediação:

a) Disposições Gerais:

As partes devem ser alertadas pelo mediador sobre a regra da confidencialidade:

> Art. 14. No início da primeira reunião de mediação, e sempre que julgar necessário, o mediador deverá alertar as partes acerca das regras de confidencialidade aplicáveis ao procedimento.[526]

Isso porque a confidencialidade é um dos princípios orientadores da Mediação. Somente se admite exceção à confidencialidade nas hipóteses dos artigos 30 e 31 da Lei 13.140/2015:

> Art. 30. Toda e qualquer informação relativa ao procedimento de mediação será confidencial em relação a terceiros, não podendo ser revelada sequer em processo arbitral ou judicial salvo se as partes expressamente decidirem de forma diversa ou quando sua divulgação for exigida por lei ou necessária para cumprimento de acordo obtido pela mediação.
>
> § 1º O dever de confidencialidade aplica-se ao mediador, às partes, a seus prepostos, advogados, assessores técnicos e a outras pessoas de sua confiança que tenham, direta ou indiretamente, participado do procedimento de mediação, alcançando:
>
> I - declaração, opinião, sugestão, promessa ou proposta formulada por uma parte à outra na busca de entendimento para o conflito;
>
> II - reconhecimento de fato por qualquer das partes no curso do procedimento de mediação;
>
> III - manifestação de aceitação de proposta de acordo apresentada pelo mediador;
>
> IV - documento preparado unicamente para os fins do procedimento de mediação.
>
> § 2º A prova apresentada em desacordo com o disposto neste artigo não será admitida em processo arbitral ou judicial.
>
> § 3º Não está abrigada pela regra de confidencialidade a informação relativa à ocorrência de crime de ação pública.
>
> § 4º A regra da confidencialidade não afasta o dever de as pessoas discriminadas no caput prestarem informações à administração tributária após o termo final da mediação, aplicando-se aos seus servidores a obrigação de manterem sigilo das informações compartilhadas nos termos do art. 198 da Lei nº 5.172, de 25 de outubro de 1966 - Código Tributário Nacional.[527]
>
> Art. 31. Será confidencial a informação prestada por uma parte em sessão privada, não podendo o mediador revelá-la às demais, exceto se expressamente autorizado.[528]

Poderão ser admitidos outros mediadores para atuarem no mesmo procedimento, em razão de:

> Art. 15. A requerimento das partes ou do mediador, e com anuência daquelas, poderão ser admitidos outros mediadores para funcionarem no mesmo procedimento, quando isso for recomendável em razão da natureza e da complexidade do conflito.[529]

Conforme disposição do artigo 16 da Lei 13.140/2015, as partes podem mesmo havendo processo arbitral ou judicial em curso, requerer ao juiz ou ao arbitro a suspensão do processo por prazo necessário para a solução consensual do conflito:

> Art. 16. Ainda que haja processo arbitral ou judicial em curso, as partes poderão submeter-se à mediação, hipótese em que requererão ao juiz ou árbitro a suspensão do processo por prazo suficiente para a solução consensual do litígio.
>
> § 1º É irrecorrível a decisão que suspende o processo nos termos requeridos de comum acordo pelas partes.
>
> § 2º A suspensão do processo não obsta a concessão de medidas de urgência pelo juiz ou pelo árbitro.[530]

Observar que, conforme previsão do § 1º, a decisão que suspende o processo nos termos requeridos de comum acordo pelas partes não é passível de recurso.

E se houverem medidas de urgência a serem concedidas? Como fica com a suspensão do processo? A suspensão do processo para que as partes se submetam à mediação não obsta a concessão de medidas de urgência, conforme previsão do §2º do artigo 16 da Lei 13.140/2015;

O artigo 17 da Lei 13.140/2015 estabelece quando se considera instituída a mediação:

> Art. 17. Considera-se instituída a mediação na data para a qual for marcada a primeira reunião de mediação. Parágrafo único. Enquanto transcorrer o procedimento de mediação, ficará suspenso o prazo prescricional.[531]

Uma vez iniciada a mediação, as demais reuniões com a presença das partes somente poderão ser

526. BRASIL. 2015. Lei 13.140, de 26 de junho de 2015. Dispõe sobre Mediação.

527. BRASIL. 2015. Lei 13.140, de 26 de junho de 2015. Dispõe sobre Mediação.

528. BRASIL. 2015. Lei 13.140, de 26 de junho de 2015. Dispõe sobre Mediação.

529. BRASIL. 2015. Lei 13.140, de 26 de junho de 2015. Dispõe sobre Mediação.

530. BRASIL. 2015. Lei 13.140, de 26 de junho de 2015. Dispõe sobre Mediação.

531. BRASIL. 2015. Lei 13.140, de 26 de junho de 2015. Dispõe sobre Mediação.

marcadas com a concordância delas, de acordo com o artigo 18 da Lei de Mediação:

> Art. 18. Iniciada a mediação, as reuniões posteriores com a presença das partes somente poderão ser marcadas com a sua anuência.[532]

O art. 19 da Lei 13.140/2015 estabelece que o mediador pode se reunir com as partes, justamente visando a facilitação de diálogo para que elas possam chegar a uma solução do conflito, bem como solicitar informações para facilitar o entendimento entre elas[533]:

> Art. 19. No desempenho de sua função, o mediador poderá reunir-se com as partes, em conjunto ou separadamente, bem como solicitar das partes as informações que entender necessárias para facilitar o entendimento entre aquelas.[534]

O artigo 20 da Lei 13.140/2015 disciplina o encerramento do procedimento da mediação:

> Art. 20. O procedimento de mediação será encerrado com a lavratura do seu termo final, quando for celebrado acordo ou quando não se justificarem novos esforços para a obtenção de consenso, seja por declaração do mediador nesse sentido ou por manifestação de qualquer das partes.[535]
>
> Parágrafo único. O termo final de mediação, na hipótese de celebração de acordo, constitui título executivo extrajudicial e, quando homologado judicialmente, título executivo judicial. (BRASIL, 2015)

Encerra-se com a lavratura do seu termo final → seja por acordo celebrado ou quando não se justificar a necessidade de ser designada nova sessão de mediação, seja por declaração do mediador nesse sentido, seja por manifestação de qualquer das partes;

b) Da Mediação Extrajudicial:

A lei 13.140/2015 começa regulando a mediação extrajudicial mencionando a forma como deve ocorrer o convite, bem como o prazo para aceitação:

> Art. 21. O convite para iniciar o procedimento de mediação extrajudicial poderá ser feito por qualquer meio de comunicação e deverá estipular o escopo proposto para a negociação, a data e o local da primeira reunião.
>
> Parágrafo único. O convite formulado por uma parte à outra considerar-se-á rejeitado se não for respondido em até trinta dias da data de seu recebimento.[536]

O que se extrai é que o convite para mediação extrajudicial pode ser feito de uma parte para a outra e por qualquer meio de comunicação. No convite deve constar a data e o local da primeira reunião, bem como o escopo proposto para a negociação. De acordo com o parágrafo único do art. 21 do CPC, se não for respondido até 30 dias da data do seu recebimento, considera-se que o convite foi rejeitado;

No que tange à previsão da mediação no contrato, a mesma deve observar os requisitos do artigo 22 da Lei 13.140/2015:

> Art. 22. A previsão contratual de mediação deverá conter, no mínimo:
>
> I - prazo mínimo e máximo para a realização da primeira reunião de mediação, contado a partir da data de recebimento do convite;
>
> II - local da primeira reunião de mediação;
>
> III - critérios de escolha do mediador ou equipe de mediação;
>
> IV - penalidade em caso de não comparecimento da parte convidada à primeira reunião de mediação.[537]

Pode haver a substituição desses elementos constantes no caput do artigo 22 pela indicação de regulamento, publicado por instituição idônea prestadora de serviços de mediação, no qual constem critérios claros para a escolha do mediador e realização da primeira reunião de mediação:

> ***§ 1º A previsão contratual pode substituir a especificação dos itens acima enumerados pela indicação de regulamento, publicado por instituição idônea prestadora de serviços de mediação, no qual constem critérios claros para a escolha do mediador e realização da primeira reunião de mediação.***

→ Caso o contrato no qual haja a cláusula compromissória não especifique todos os elementos, deverão ser observados os critérios dos incisos do §2º do artigo 22 da lei 13.140/2015 para realização da mediação:

> **§ 2º Não havendo previsão contratual completa, deverão ser observados os seguintes critérios para a realização da primeira reunião de mediação:**

532. BRASIL. 2015. Lei 13.140, de 26 de junho de 2015. Dispõe sobre Mediação.

533. SPENGLER, Fabiana Marion; SPENGLER NETO, Theobaldo. Mediação, Conciliação e Arbitragem. Rio de Janeiro: FGV Editora, 2016.

534. BRASIL. 2015. Lei 13.140, de 26 de junho de 2015. Dispõe sobre Mediação.

535. BRASIL. 2015. Lei 13.140, de 26 de junho de 2015. Dispõe sobre Mediação.

536. BRASIL. 2015. Lei 13.140, de 26 de junho de 2015. Dispõe sobre Mediação.

537. BRASIL. 2015. Lei 13.140, de 26 de junho de 2015. Dispõe sobre Mediação.

I - prazo mínimo de dez dias úteis e prazo máximo de três meses, contados a partir do recebimento do convite;

II - local adequado a uma reunião que possa envolver informações confidenciais;

III - lista de cinco nomes, informações de contato e referências profissionais de mediadores capacitados; a parte convidada poderá escolher, expressamente, qualquer um dos cinco mediadores e, caso a parte convidada não se manifeste, considerar-se-á aceito o primeiro nome da lista;

Por fim, conforme previsão do §3º do artigo 22 da Lei 13.140/2015, nos litígios decorrentes de contrato comercial ou societários que não contemplem cláusula de mediação, o mediador extrajudicial somente poderá cobrar por seus serviços se as partes decidirem assinar o termo inicial de mediação e permanecer de forma voluntária no procedimento. (SPENGLER; SPENGLER NETO, 2016)

> § 3º Nos litígios decorrentes de contratos comerciais ou societários que não contenham cláusula de mediação, o mediador extrajudicial somente cobrará por seus serviços caso as partes decidam assinar o termo inicial de mediação e permanecer, voluntariamente, no procedimento de mediação.[538]

No que tange à mediação extrajudicial ainda, o artigo 23 da Lei 13.140/2015 estabelece que mesmo que se na previsão contratual da mediação, as partes convencionarem que não iniciarão procedimento arbitral ou ajuizarão processo perante o Poder Judiciário DURANTE CERTO PRAZO ou até o IMPLEMENTO DE DETERMINADA CONDIÇÃO, o arbitro ou juiz suspenderá o curso do processo pelo PRAZO ACORDADO OU ATÉ O IMPLEMENTO DA REFERIDA CONDIÇÃO. Porém, conforme previsão do parágrafo único, não se aplicará essa suspensão no que se refere às medidas de urgência em que o acesso ao Poder Judiciário seja necessário para evitar o perecimento de direito;

> Art. 23. Se, em previsão contratual de cláusula de mediação, as partes se comprometerem a não iniciar procedimento arbitral ou processo judicial durante certo prazo ou até o implemento de determinada condição, o árbitro ou o juiz suspenderá o curso da arbitragem ou da ação pelo prazo previamente acordado ou até o implemento dessa condição.
>
> Parágrafo único. O disposto no caput não se aplica às medidas de urgência em que o acesso ao Poder Judiciário seja necessário para evitar o perecimento de direito.[539]

c) Da Mediação Judicial:

A partir do artigo 24 da Lei 13.140/2015 tem-se a regulação da mediação judicial.

O art. 24 da Lei 13.140/2015 estimula a criação de centro judiciais de solução dos conflitos, responsáveis pela realização de sessões e audiências de conciliação ou mediação, sejam processuais ou pré-processuais, justamente como forma de estimular a autocomposição:

> Art. 24. Os tribunais criarão centros judiciários de solução consensual de conflitos, responsáveis pela realização de sessões e audiências de conciliação e mediação, pré-processuais e processuais, e pelo desenvolvimento de programas destinados a auxiliar, orientar e estimular a autocomposição.
>
> Parágrafo único. A composição e a organização do centro serão definidas pelo respectivo tribunal, observadas as normas do Conselho Nacional de Justiça.[540]

Verifica-se que de acordo com o artigo 25 da Lei, na mediação judicial, os mediadores não estão sujeitos à previa aceitação das partes. Porém, aplica-se a previsão do art. 5º da Lei no que tange ao impedimento e suspeição do mediador e do conciliador:

> Art. 25. Na mediação judicial, os mediadores não estarão sujeitos à prévia aceitação das partes, observado o disposto no art. 5º desta Lei.[541]

Na dicção do artigo 26 da Lei de Mediação, as partes estarão assistidas por advogados ou defensores públicos, ressalvadas as hipóteses da lei dos juizados. A parte que demonstrar hipossuficiência de recursos será assegurada a assistência da Defensoria Pública:

> Art. 26. As partes deverão ser assistidas por advogados ou defensores públicos, ressalvadas as hipóteses previstas nas Leis n º 9.099, de 26 de setembro de 1995 , e 10.259, de 12 de julho de 2001 .
>
> Parágrafo único. Aos que comprovarem insuficiência de recursos será assegurada assistência pela Defensoria Pública.[542]

Na forma do artigo 27 da Lei 13.140, se a petição inicial do processo preencher os requisitos essenciais,

PROCESSO CIVIL

538. BRASIL. 2015. Lei 13.140, de 26 de junho de 2015. Dispõe sobre Mediação.

539. BRASIL. 2015. Lei 13.140, de 26 de junho de 2015. Dispõe sobre Mediação.

540. BRASIL. 2015. Lei 13.140, de 26 de junho de 2015. Dispõe sobre Mediação.

541. BRASIL. 2015. Lei 13.140, de 26 de junho de 2015. Dispõe sobre Mediação.

542. BRASIL. 2015. Lei 13.140, de 26 de junho de 2015. Dispõe sobre Mediação.

e não for o caso de indeferimento e nem caso de improcedência liminar do pedido (que estão no artigo 332 do CPC), o juiz designará audiência de mediação:

> Art. 27. Se a petição inicial preencher os requisitos essenciais e não for o caso de improcedência liminar do pedido, o juiz designará audiência de mediação.[543]

Verifica-se que o Art. 27 da Lei 13.140/2015 é no mesmo sentido que o artigo 334 do CPC do procedimento comum, o qual estabelece que se não for caso de indeferimento da petição inicial e nem improcedência liminar do pedido, o juiz deve designar com antecedência de 30 dias a AUDIÊNCIA DE CONCILIAÇÃO OU MEDIAÇÃO:

Por fim, de acordo com o artigo 29 da Lei 13.140/2015 se houver a solução do conflito pela mediação antes mesmo da citação do Réu → não será cobradas as custas judiciais:

> Art. 29. Solucionado o conflito pela mediação antes da citação do réu, não serão devidas custas judiciais finais.[544]

d) Da confidencialidade e suas Exceções:

A confidencialidade no procedimento da mediação está prevista no artigo 30 da Lei da Mediação, o qual estabelece situações em que há exceções dessa regra.

De acordo com o referido artigo, QUALQUER INFORMAÇÃO relativa ao procedimento da mediação será CONFIDENCIAL em relação a terceiros, NÃO PODENDO SER REVELADA NEM EM PROCESSO ARBITRAL NEM EM PROCESSO JUDICIAL, salvo se as partes decidirem de modo diverso, quando a divulgação for exigida por lei ou necessária para que se cumpra o acordo realizado na mediação. No §1º se estabelece a quem o dever de confidencialidade atinge:

> Art. 30. Toda e qualquer informação relativa ao procedimento de mediação será confidencial em relação a terceiros, não podendo ser revelada sequer em processo arbitral ou judicial salvo se as partes expressamente decidirem de forma diversa ou quando sua divulgação for exigida por lei ou necessária para cumprimento de acordo obtido pela mediação.
>
> § 1º O dever de confidencialidade aplica-se ao mediador, às partes, a seus prepostos, advogados, assessores técnicos e a outras pessoas de sua confiança que tenham, direta ou indiretamente, participado do procedimento de mediação, alcançando:
>
> I - declaração, opinião, sugestão, promessa ou proposta formulada por uma parte à outra na busca de entendimento para o conflito;
>
> II - reconhecimento de fato por qualquer das partes no curso do procedimento de mediação;
>
> III - manifestação de aceitação de proposta de acordo apresentada pelo mediador;
>
> IV - documento preparado unicamente para os fins do procedimento de mediação.
>
> § 2º A prova apresentada em desacordo com o disposto neste artigo não será admitida em processo arbitral ou judicial.
>
> § 3º Não está abrigada pela regra de confidencialidade a informação relativa à ocorrência de crime de ação pública.
>
> § 4º A regra da confidencialidade não afasta o dever de as pessoas discriminadas no caput prestarem informações à administração tributária após o termo final da mediação, aplicando-se aos seus servidores a obrigação de manterem sigilo das informações compartilhadas nos termos do art. 198 da Lei nº 5.172, de 25 de outubro de 1966 - Código Tributário Nacional.[545]

O artigo 31 da Lei 13.140/2015 refere que também é confidencial a informação prestada por uma parte em sessão privada, sendo que o mediador não pode revelar às demais, SALVO SE FOI EXPRESSAMENTE AUTORIZADO:

Art. 31. Será confidencial a informação prestada por uma parte em sessão privada, não podendo o mediador revelá-la às demais, exceto se expressamente autorizado.[546]

15.6 Da Autocomposição de Conflitos em que for Parte Pessoa Jurídica de Direito Público:

a) Disposições Gerais:

Previsão dos artigos 32 a 40 da Lei 13.140/201.

Foram criadas políticas públicas visando a não judicialização também quando envolverem as pessoas jurídicas de direito público;[547]

O que se verifica que há na lei 13.140/2015 uma parte que cuida da mediação entre os particulares

543. BRASIL. 2015. Lei 13.140, de 26 de junho de 2015. Dispõe sobre Mediação.

544. BRASIL. 2015. Lei 13.140, de 26 de junho de 2015. Dispõe sobre Mediação.

545. BRASIL. 2015. Lei 13.140, de 26 de junho de 2015. Dispõe sobre Mediação.

546. BRASIL. 2015. Lei 13.140, de 26 de junho de 2015. Dispõe sobre Mediação.

547. SPENGLER, Fabiana Marion; SPENGLER NETO, Theobaldo. Mediação, Conciliação e Arbitragem. Rio de Janeiro: FGV Editora, 2016.

e a autocomposição de conflitos quando for parte pessoa jurídica de direito público. Receberam assim tratamento distinto, em razão das especificidades;[548]

> Art. 32. A União, os Estados, o Distrito Federal e os Municípios poderão criar câmaras de prevenção e resolução administrativa de conflitos, no âmbito dos respectivos órgãos da Advocacia Pública, onde houver, com competência para:
>
> I - dirimir conflitos entre órgãos e entidades da administração pública;
>
> II - avaliar a admissibilidade dos pedidos de resolução de conflitos, por meio de composição, no caso de controvérsia entre particular e pessoa jurídica de direito público;
>
> III - promover, quando couber, a celebração de termo de ajustamento de conduta.
>
> § 1º O modo de composição e funcionamento das câmaras de que trata o caput será estabelecido em regulamento de cada ente federado.
>
> § 2º A submissão do conflito às câmaras de que trata o caput é facultativa e será cabível apenas nos casos previstos no regulamento do respectivo ente federado.
>
> § 3º Se houver consenso entre as partes, o acordo será reduzido a termo e constituirá título executivo extrajudicial.
>
> § 4º Não se incluem na competência dos órgãos mencionados no caput deste artigo as controvérsias que somente possam ser resolvidas por atos ou concessão de direitos sujeitos a autorização do Poder Legislativo.
>
> § 5º Compreendem-se na competência das câmaras de que trata o caput a prevenção e a resolução de conflitos que envolvam equilíbrio econômico-financeiro de contratos celebrados pela administração com particulares. [549]

Os artigos 174 do CPC também mencionam sobre a solução consensual do conflito envolvendo a Fazenda Pública:

> Art. 174. A União, os Estados, o Distrito Federal e os Municípios criarão câmaras de mediação e conciliação, com atribuições relacionadas à solução consensual de conflitos no âmbito administrativo, tais como:
>
> I - dirimir conflitos envolvendo órgãos e entidades da administração pública;
>
> II - avaliar a admissibilidade dos pedidos de resolução de conflitos, por meio de conciliação, no âmbito da administração pública;
>
> III - promover, quando couber, a celebração de termo de ajustamento de conduta.[550]

Ainda, no que tange ao artigo 32 da lei 13.140/2015, o inciso II menciona que compete às Câmaras avaliar a admissibilidade dos pedidos de resolução de conflitos, por meio de composição, no caso de controvérsia entre particular e pessoa jurídica de direito público, porém não menciona como se dá esse procedimento de admissibilidade; [551]

Quanto à composição e funcionamento das câmaras no âmbito da administração pública, cada ente federado estabelecerá em regulamento, conforme previsão do § 1º do art. 32;

Quanto às matérias que podem ser submetidas às câmaras de prevenção e resolução de conflitos, o §2º e 4º do art. 32, colocam que a submissão será facultativa e será cabível apenas nos casos previstos no regulamento do respectivo ente federado;

Ainda, não se incluem na competência das câmaras de prevenção e resolução de conflitos, as controvérsias que somente possam ser resolvidas por atos ou concessão de direitos sujeitos a autorização do Poder Legislativo;

Assim, o ente federado ao proceder ao seu regulamento deverá especificar quais os casos passíves de submissão, não se incluindo, por exemplo, as controvérsias cuja solução depende de autorização do Poder Legislativo. [552]

E se houver acordo entre as partes? será reduzido a termo e constituirá título executivo extrajudicial, conforme previsão do §3º do art. 32 da Lei 13.140/2015;

O §5º do artigo 32 menciona que quanto à competência das câmaras se compreende a prevenção e a resolução de conflitos que envolvam equilíbrio econômico-financeiro de contratos celebrados pela administração com particulares;

Por sua vez, o art. 33 da Lei estabelece que enquanto não forem criadas as câmaras de mediação, os conflitos serão dirimidos de acordo com as disposições na Subseção I seção III do Capítulo I da Lei 13.140/2015, que regula a mediação entre particulares:

> Art. 33. Enquanto não forem criadas as câmaras de mediação, os conflitos poderão ser dirimidos nos

548. SPENGLER, Fabiana Marion; SPENGLER NETO, Theobaldo. Mediação, Conciliação e Arbitragem. Rio de Janeiro: FGV Editora, 2016.
549. BRASIL. 2015. Lei 13.140, de 26 de junho de 2015. Dispõe sobre Mediação.
550. BRASIL.
551. SPENGLER, Fabiana Marion; SPENGLER NETO, Theobaldo. Mediação, Conciliação e Arbitragem. Rio de Janeiro: FGV Editora, 2016.
552. SPENGLER, Fabiana Marion; SPENGLER NETO, Theobaldo. Mediação, Conciliação e Arbitragem. Rio de Janeiro: FGV Editora, 2016.

termos do procedimento de mediação previsto na Subseção I da Seção III do Capítulo I desta Lei.

Parágrafo único. A Advocacia Pública da União, dos Estados, do Distrito Federal e dos Municípios, onde houver, poderá instaurar, de ofício ou mediante provocação, procedimento de mediação coletiva de conflitos relacionados à prestação de serviços públicos.[553]

De acordo com o parágrafo único poderá haver a instauração de procedimento de mediação coletiva envolvendo a prestação de serviços públicos; Ou seja, envolveria, de um lado, a coletividade, e, de outro, o prestador de serviço público, que poderia não ser necessariamente, uma pessoa jurídica de direito público;[554]

No artigo 34 encontra-se a previsão da suspensão da prescrição no caso de instauração do procedimento administrativo para resolução consensual de conflito no âmbito da administração pública:

Art. 34. A instauração de procedimento administrativo para a resolução consensual de conflito no âmbito da administração pública suspende a prescrição.

§ 1º Considera-se instaurado o procedimento quando o órgão ou entidade pública emitir juízo de admissibilidade, retroagindo a suspensão da prescrição à data de formalização do pedido de resolução consensual do conflito.

§ 2º Em se tratando de matéria tributária, a suspensão da prescrição deverá observar o disposto na Lei nº 5.172, de 25 de outubro de 1966 - Código Tributário Nacional.[555]

b) Dos Conflitos Envolvendo a Administração Pública Federal Direta, suas Autarquias e Fundações

Previsão dos artigos 35 a 40 da Lei 13.140/2015:

Art. 35. As controvérsias jurídicas que envolvam a administração pública federal direta, suas autarquias e fundações poderão ser objeto de transação por adesão, com fundamento em:

I - autorização do Advogado-Geral da União, com base na jurisprudência pacífica do Supremo Tribunal Federal ou de tribunais superiores; ou

II - parecer do Advogado-Geral da União, aprovado pelo Presidente da República.[556]

O ARTIGO 35 ESTABELECE A TRANSAÇÃO POR ADESÃO, diferenciando-se da mediação, pelo fato de haver condição adesiva para a composição. Ou seja, a "adesão" reduz a autonomia do cidadão;[557]

Assim, essa transação por adesão trata-se de proposta definida pelos entes públicos, com parâmetros claros, em que a parte adversa tem duas possibilidades: aceitar ou não aceitar, inexistindo a possibilidade de negociação; [558]

Os requisitos para que ocorra essa transação por adesão estão explicitados nos incisos I e II do artigo 35 da Lei 13.140/2015, que consistem EM UMA AUTORIZAÇÃO E UM PARECER:

I - autorização do Advogado-Geral da União, com base na jurisprudência pacífica do Supremo Tribunal Federal ou de tribunais superiores; ou

II - parecer do Advogado-Geral da União, aprovado pelo Presidente da República.

§ 1º Os requisitos e as condições da transação por adesão serão definidos em resolução administrativa própria.[559]

O entendimento é de que a transação por adesão apesar de ser elaborada de forma unilateral, possui a obrigação, pois a partir do momento em que ela for aceita mediante pedido, também competirá ao ente público cumprir com sua obrigação; [560]

O interessado, conforme o §2º deverá fazer prova com o pedido de que atende aos requisitos e condições estabelecidos na resolução:

§ 2º Ao fazer o pedido de adesão, o interessado deverá juntar prova de atendimento aos requisitos e às condições estabelecidos na resolução administrativa.[561]

E quanto aos efeitos? Essa transação terá efeitos gerais, aplicando-se aos casos idênticos que forem habilitados de forma tempestiva mediante pedido de adesão, ainda que solucione apenas parte do conflito:

3º A resolução administrativa terá efeitos gerais e será aplicada aos casos idênticos, tempestivamente

553. BRASIL. 2015. Lei 13.140, de 26 de junho de 2015. Dispõe sobre Mediação.

554. SPENGLER, Fabiana Marion; SPENGLER NETO, Theobaldo. Mediação, Conciliação e Arbitragem. Rio de Janeiro: FGV Editora, 2016.

555. BRASIL. 2015. Lei 13.140, de 26 de junho de 2015. Dispõe sobre Mediação.

556. BRASIL. 2015. Lei 13.140, de 26 de junho de 2015. Dispõe sobre Mediação.

557. SPENGLER, Fabiana Marion; SPENGLER NETO, Theobaldo. Mediação, Conciliação e Arbitragem. Rio de Janeiro: FGV Editora, 2016.

558. SPENGLER, Fabiana Marion; SPENGLER NETO, Theobaldo. Mediação, Conciliação e Arbitragem. Rio de Janeiro: FGV Editora, 2016.

559. BRASIL. 2015. Lei 13.140, de 26 de junho de 2015. Dispõe sobre Mediação.

560. SPENGLER, Fabiana Marion; SPENGLER NETO, Theobaldo. Mediação, Conciliação e Arbitragem. Rio de Janeiro: FGV Editora, 2016.

561. BRASIL. 2015. Lei 13.140, de 26 de junho de 2015. Dispõe sobre Mediação.

habilitados mediante pedido de adesão, ainda que solucione apenas parte da controvérsia.[562]

Conforme previsão do §4º, essa adesão implicará em renúncia do interessado á ação ou recurso:

> § 4º A adesão implicará renúncia do interessado ao direito sobre o qual se fundamenta a ação ou o recurso, eventualmente pendentes, de natureza administrativa ou judicial, no que tange aos pontos compreendidos pelo objeto da resolução administrativa.[563]

O §5º complementa a renúncia, no sentido de que se o interessado for parte em processo judicial iniciado por meio de ação coletiva, a renúncia deverá ser expressa, mediante petição direcionada ao juiz onde tramita a ação coletiva:

> § 5º Se o interessado for parte em processo judicial inaugurado por ação coletiva, a renúncia ao direito sobre o qual se fundamenta a ação deverá ser expressa, mediante petição dirigida ao juiz da causa.[564]

De acordo com §6º a mera formalização da resolução administrativa apesar de se tratar de um ato administrativo, é apenas uma proposta de transação, porém até a sua efetiva adesão pela parte interessada não implica em renúncia tácita à prescrição e nem interrupção ou suspensão do prazo prescricional:

> § 6º A formalização de resolução administrativa destinada à transação por adesão não implica a renúncia tácita à prescrição nem sua interrupção ou suspensão.[565]

O artigo 36 da Lei estabelece que nos casos de conflitos que envolvam controvérsia jurídica entre órgãos ou entidades de direito público que integram a administração pública federal, a Advocacia-Geral da União deverá realizar composição extrajudicial do conflito, observados os procedimentos previstos em ato do Advogado-Geral da União:

> Art. 36. No caso de conflitos que envolvam controvérsia jurídica entre órgãos ou entidades de direito público que integram a administração pública federal, a Advocacia-Geral da União deverá realizar composição extrajudicial do conflito, observados os procedimentos previstos em ato do Advogado-Geral da União.
>
> § 1º Na hipótese do caput , se não houver acordo quanto à controvérsia jurídica, caberá ao Advogado-Geral da União dirimi-la, com fundamento na legislação afeta.
>
> § 2º Nos casos em que a resolução da controvérsia implicar o reconhecimento da existência de créditos da União, de suas autarquias e fundações em face de pessoas jurídicas de direito público federais, a Advocacia-Geral da União poderá solicitar ao Ministério do Planejamento, Orçamento e Gestão a adequação orçamentária para quitação das dívidas reconhecidas como legítimas.
>
> § 3º A composição extrajudicial do conflito não afasta a apuração de responsabilidade do agente público que deu causa à dívida, sempre que se verificar que sua ação ou omissão constitui, em tese, infração disciplinar.
>
> § 4º Nas hipóteses em que a matéria objeto do litígio esteja sendo discutida em ação de improbidade administrativa ou sobre ela haja decisão do Tribunal de Contas da União, a conciliação de que trata o caput dependerá da anuência expressa do juiz da causa ou do Ministro Relator.[566]

O artigo 37 traz previsão acerca da faculdade de outros entes se submeterem à composição extrajudicial do conflito que possuem com órgãos da administração pública federal:

> Art. 37. É facultado aos Estados, ao Distrito Federal e aos Municípios, suas autarquias e fundações públicas, bem como às empresas públicas e sociedades de economia mista federais, submeter seus litígios com órgãos ou entidades da administração pública federal à Advocacia-Geral da União, para fins de composição extrajudicial do conflito.[567]

O art. 38 da Lei se refere a casos relativos a tributos administrados pela Receita Federal ou créditos inscritos em dívida ativa da União. Ou seja, débitos federais.

> Art. 38. Nos casos em que a controvérsia jurídica seja relativa a tributos administrados pela Secretaria da Receita Federal do Brasil ou a créditos inscritos em dívida ativa da União:
>
> I - não se aplicam as disposições dos incisos II e III do caput do art. 32;
>
> II - as empresas públicas, sociedades de economia mista e suas subsidiárias que explorem atividade econômica de produção ou comercialização de bens ou de prestação de serviços em regime de concorrência não poderão exercer a faculdade prevista no art. 37;
>
> III - quando forem partes as pessoas a que alude o caput do art. 36:

562. BRASIL. 2015. Lei 13.140, de 26 de junho de 2015. Dispõe sobre Mediação.
563. BRASIL. 2015. Lei 13.140, de 26 de junho de 2015. Dispõe sobre Mediação.
564. BRASIL. 2015. Lei 13.140, de 26 de junho de 2015. Dispõe sobre Mediação.
565. BRASIL. 2015. Lei 13.140, de 26 de junho de 2015. Dispõe sobre Mediação.
566. BRASIL. 2015. Lei 13.140, de 26 de junho de 2015. Dispõe sobre Mediação.
567. BRASIL. 2015. Lei 13.140, de 26 de junho de 2015. Dispõe sobre Mediação.

a) a submissão do conflito à composição extrajudicial pela Advocacia-Geral da União implica renúncia do direito de recorrer ao Conselho Administrativo de Recursos Fiscais;

b) a redução ou o cancelamento do crédito dependerá de manifestação conjunta do Advogado-Geral da União e do Ministro de Estado da Fazenda.[568]

15.7 Disposições Finais:

Possibilidade de criação de dados pela escola nacional de mediação e conciliação:

> Art. 41. A Escola Nacional de Mediação e Conciliação, no âmbito do Ministério da Justiça, poderá criar banco de dados sobre boas práticas em mediação, bem como manter relação de mediadores e de instituições de mediação.[569]

No artigo 42 se encontra previsão acerca da aplicação da Lei às outras formas de resolução de conflitos:

> Art. 42. Aplica-se esta Lei, no que couber, às outras formas consensuais de resolução de conflitos, tais como mediações comunitárias e escolares, e àquelas levadas a efeito nas serventias extrajudiciais, desde que no âmbito de suas competências.
>
> Parágrafo único. A mediação nas relações de trabalho será regulada por lei própria.[570]

Segundo o artigo 46, é permitido que a mediação seja feita por internet ou outro meio de comunicação que permita a transação à distancia:

> Art. 46. A mediação poderá ser feita pela internet ou por outro meio de comunicação que permita a transação à distância, desde que as partes estejam de acordo.
>
> Parágrafo único. É facultado à parte domiciliada no exterior submeter-se à mediação segundo as regras estabelecidas nesta Lei. [571]

REFERÊNCIAS:

ADEDE Y CASTRO, João Marcos. Novo código de processo civil comentado para concursos: procedimentos especiais – arts. 539 a 770. Curitiba: Juruá, 2016.

AGUIRRE, João; SÁ, Renato Montans de. *Prática Civil.* 7ª ed. São Paulo: Saraiva, 2017.

ALVIM, J.E. Carreira. Ações possessórias no Novo CPC: manutenção de posse, reintegração de posse e interdito proibitório. 2. Ed. Curitiba: Juruá, 2017.

568. BRASIL. 2015. Lei 13.140, de 26 de junho de 2015. Dispõe sobre Mediação.
569. BRASIL. 2015. Lei 13.140, de 26 de junho de 2015. Dispõe sobre Mediação.
570. BRASIL. 2015. Lei 13.140, de 26 de junho de 2015. Dispõe sobre Mediação.
571. BRASIL. 2015. Lei 13.140, de 26 de junho de 2015. Dispõe sobre Mediação.

ARAUJO JUNIOR, Gediel Claudino. Prática de Recursos no Processo Civil. 3. Ed. São Paulo: Atlas, 2015.

BATISTA, Antenor. Posse, possessória, usucapião e ação rescisória: manual prático e teórico. 6. Ed. São Paulo: Edipro, 2015.

BRASIL, 1965. Lei 4.717, de 29 de junho de 1965. Ação Popular. Disponível em: https://www.planalto.gov.br/ccivil_03/leis/l4717.htm

BRASIL, 1985. Lei nº 7.347, de 24 de julho de 1985. Ação Civil Pública. Disponível em: https://www.planalto.gov.br/ccivil_03/leis/l7347orig.htm

BRASIL, 1988. Constituição da República Federativa do Brasil de 1988. Disponível em: https://www.planalto.gov.br/ccivil_03/constituicao/constituicao.htm

BRASIL, 1996. Lei 9.307, de 23 de setembro de 1996. Dispõe sobre a arbitragem. Disponível em: https://www.planalto.gov.br/ccivil_03/leis/l9307.htm

BRASIL, 1985. Lei nº 12.016/2009, de 07 de agosto de 2009. Disponível em: https://www.planalto.gov.br/ccivil_03/_ato2007-2010/2009/lei/l12016.htm

BRASIL, 1995. Lei 9099/95. Dispõe sobre os Juizados Especiais Cíveis e Criminais e dá outras providências.

BRASIL, 2001. Lei 10.259/01. Dispõe sobre a instituição dos Juizados Especiais Cíveis e Criminais no âmbito da Justiça Federal.

BRASIL, 2002. Código Civil. Disponível em: http://www.planalto.gov.br/ccivil_03/leis/2002/l10406compilada.htm. Acesso em jun. 2021.

BRASIL, 2015. Lei 13.140, de 26 de junho de 2015. Dispõe sobre Mediação. Disponível em: https://www.planalto.gov.br/ccivil_03/_ato2015-2018/2015/lei/l13140.htm

BRASIL, 2015. Lei 13.105, de 16 de março de 2015. Código de Processo Civil. Dispon´vel em: https://www.planalto.gov.br/ccivil_03/_ato2015-2018/2015/lei/l13105.htm

BRAGA NETO, Adolfo (et. Al); Coordenação: SALLES, Carlos Alberto; LORENCINI, Marco Antônio Garcia Lopes; DA SILVA, Paulo Eduardo. Negociação, Mediação, Conciliação e Arbitragem. 2 ed. Rio de Janeiro: Forense, 2019;

CHACON, Luis Fernando Rabelo. Manual de prática forense civil. 7 ed. São Paulo: Saraiva Educação, 2020.

DIDIER JUNIOR, Fredie; CUNHA, Leonardo Carneiro da. Curso de direito processual civil: meios de impugnação às Decisões Judiciais e Processos nos Tribunais. 15 ed. Salvador: Juspodivm, 2018.

DONOSO, Denis; SERAU JUNIOR, Marco Aurélio. Manual dos recursos cíveis: teoria e prática. 2 ed. Salvador: Juspodivm, 2017.

FÜHRER, Maximilianus Cláudio Américo; FÜHRER Maximiliano Roberto Ernesto. Resumo de processo civil. 41 ed. São Paulo: Malheiros, 2016.

LOURENÇO, Haroldo. Processo civil sistematizado. 3. Ed. Rio de Janeiro: Forense, 2017.

MARINONI, Luiz Guilherme; ARENHART, Sérgio Cruz; MITIDIERO, Daniel. Curso de processo civil: tutela dos direitos mediante procedimentos diferenciados. Vol. 3. São Paulo: Editora Revista dos Tribunais, 2016.

MARINONI, Luiz Guilherme; ARENHART, Sérgio Cruz; MITIDIERO, Daniel. Curso de Processo Civil. 3. Ed. São Paulo: Revista dos Tribunais, 2017.

MEDINA, José Miguel Garcia. Direito processual civil moderno. 2 ed. São Paulo: Editora Revista dos Tribunais, 2016.

MEDINA, José Miguel Garcia. Código de processo civil comentado. 8 ed. São Paulo: Thomson Reuters Brasil, 2022.

MENDES, G. F.; BRANCO, P. G. G. Curso de Direito Constitucional. 17. ed. São Paulo: Saraiva, 2022. *E-book*.

SARLET, I. W.; MARINONI, L. G.; MITIDIERO, D. Curso de Direito Constitucional. 11. ed. São Paulo: Saraiva, 2022. *E-book*.

SPENGLER, Fabiana Marion; SPENGLER NETO, Theobaldo. Mediação, Conciliação e Arbitragem. Rio de Janeiro: FGV Editora, 2016.

TARTUCE, Fernanda; DELLORE, Luiz. Manual de prática civil. 12 ed. Rio de Janeiro: Forense, 2016.

VIANA, Joseval Martins. Prática forense em processo civil: teoria e prática. 2. Ed. Salvador: Editora Juspodivm, 2018.

VICTALINO, A. C.; BARROSO, D.; JR., M. A. A. Processo Civil. 3. ed. São Paulo: Saraiva, 2021. *E-book*.

DIREITO ADMINISTRATIVO

Franciele Kühl

Ariel Zvoziak

Sumário:

1. ESTADO, DIREITO E ADMINISTRAÇÃO PÚBLICA/DIREITO ADMINISTRATIVO

Franciele Kühl

OBS.: Caro leitor, esse tópico corresponde aos itens 1 e 2 do edital: "1 Estado, governo e administração pública. 1.1 Conceitos. 2 Direito administrativo. 2.1 Conceito. 2.2 Objeto. 2.3 Fontes".

1.1. Conceito e origem do direito administrativo

Como um ramo autônomo, o direito administrativo **nasceu no final do século XVIII e início do século XIX**, isso não significa que ele não existia antes, pois já fazia parte do *jus civile* (direito romano). O direito administrativo surgiu juntamente com o direito constitucional e outros ramos do direito público a partir do momento que começou a ser desenvolvido o conceito de Estado de Direito, na fase do Estado Moderno, estruturado sobre o princípio da legalidade e sobre o princípio da separação dos poderes (DI PIETRO, 2022)[1].

Os Estados eram governados por soberanos, que ditavam as regras e também julgavam a partir das suas próprias regras. A partir do século XVI e XVII, pensamentos de limitação de poder advindos de John Locke e Montesquieu, surgem novas ideias de limitação àqueles que exercem o poder.

Conceito de direito administrativo segundo a doutrina:

a) **Para Di Pietro[2]:** é ramo do direito público que tem por objeto os órgãos, agentes e pessoas jurídicas administrativas que integram a Administração Pública, a atividade jurídica não contenciosa que exerce e os bens e meios de que se utiliza para a consecução de seus fins, de natureza pública.

b) **Para Celso Antônio Bandeira de Mello[3]:** é o ramo do direito público que disciplina a função administrativa, bem como pessoas e órgãos que a exercem.

c) **Para José dos Santos Carvalho Filho[4]:** é o conjunto de normas e princípios que, visando sempre ao interesse público, regem as relações jurídicas entre as pessoas e órgãos do Estado e entre estes e as coletividades a que devem servir.

d) **Para Hely Lopes Meirelles[5]:** é conjunto harmônico dos princípios jurídicos que regem os órgãos, os agentes e as atividades públicas tendentes a realizar concreta, direta e imediatamente os fins desejados pelo Estado.

1.2. Conceito de Administração Pública

O conceito de Administração Pública pode variar para cada autor administrativa. Aqui adotaremos a posição da doutrinadora Maria Sylvia Zanella Di Pietro[6]. Para ela dois são os sentidos em se utilizar a expressão Administração Pública

- em **sentido subjetivo, formal ou orgânico**, ela designa os entes que exercem a atividade administrativa; compreende pessoas jurídicas, órgãos e agentes públicos incumbidos de exercer uma das funções em que se triparte a atividade estatal: a função administrativa;
- em **sentido objetivo, material ou funcional**, ela designa a natureza da atividade exercida pelos referidos entes; nesse sentido, a Administração Pública é a própria função administrativa que incumbe, predominantemente, ao Poder Executivo.

1.3. Objeto do Direito Administrativo

Segundo José dos Santos Carvalho Filho (2022, p. 51)[7] "Na França, prevaleceu a ideia de que o objeto desse Direito consistia nas leis reguladoras da Administração. No direito italiano, a corrente dominante o limitava aos atos do Poder Executivo. Outros critérios foram ainda apontados como foco do Direito Administrativo, como o critério de regulação dos órgãos inferiores do Estado e o dos serviços públicos. À medida, porém, que esse ramo jurídico se desenvolvia, verificou-se que sua

1. DI PIETRO, Maria Sylvia Zanella. Direito administrativo. 35. ed. rev. atual e apl. Rio de Janeiro: Forense, 2022.
2. DI PIETRO, Maria Sylvia Zanella. Direito administrativo. 35. ed. rev. atual e apl. Rio de Janeiro: Forense, 2022.
3. BANDEIRA DE MELLO, Celso Antônio. Curso de direito administrativo. 26. ed. São Paulo: Malheiros, 2009.
4. CARVALHO FILHO, José dos Santos. Manual de direito administrativo. 30. ed. São Paulo: Atlas-Gen, 2019.
5. MEIRELLES, Hely Lopes. Direito administrativo brasileiro. 22. ed. São Paulo: Malheiros, 1997.
6. DI PIETRO, Maria Sylvia Zanella. Direito administrativo. 35. ed. rev. atual e apl. Rio de Janeiro: Forense, 2022.
7. CARVALHO FILHO, José dos Santos. Manual de direito administrativo. 33. ed. São Paulo: Atlas-Gen, 2022.

abrangência se irradiava para um âmbito maior, de forma a alcançar o Estado internamente e a coletividade a que se destina".

Segundo Diogenes Gasparini[8], seis são os critérios para definição do objeto Direito Administrativo:

- **Corrente legalista, empírica, exegética ou caótica**: defendida por De Gérando e Macarel, entre outros, define o Direito Administrativo como o conjunto de leis administrativas (leis, decretos, regulamentos) vigente num dado momento. Segundo Di Pietro, "Os doutrinadores limitavam-se a compilar as leis existentes e a interpretá-las com base principalmente na jurisprudência dos Tribunais administrativos, formando a chamada Escola Exegética, Legalista, Empírica ou Caótica". O conceito não satisfaz, pois o direito administrativo não é apenas textos jurídicos.
- **Critério do Poder Executivo**: como defende Meucci, o Direito Administrativo é o conjunto de regras jurídicas que disciplinam os atos do Poder Executivo. O conceito, por levar em conta somente os atos desse Poder, é inaceitável, pois atos administrativos também são praticados por órgãos de outros poderes.
- **Critério de relações jurídicas**: definido por Laferrière e Otto Mayer, o Direito Administrativo é o conjunto de regras jurídicas que disciplinam o relacionamento da Administração Pública com os administrados. Não é conceito de grande valia. De fato, idênticas relações existem no Direito Constitucional e no Direito Processual. Pouco circunscreve ou explica.
- **Critério do serviço público**: utilizado por Gaston Jèze e Duguit, entre outros, para definir o Direito Administrativo como sendo a disciplina jurídica que regula a instituição, a organização e o funcionamento dos serviços públicos e o seu oferecimento aos administrados, também é insatisfatório, pois a locução serviço público integra o conceito sem estar definida.
- **Critério teleológico ou finalístico**: defendido por Orlando, conceitua o Direito Administrativo como o sistema de princípios que regulam a atividade do Estado para o cumprimento de seus fins. Tal conceito é criticável por oferecer expressões não definidas (atividade do Estado) e por trazer à baila a discussão dos fins do Estado.
- **Critério negativista ou residual**: O critério negativista, preconizado por Fleiner e Velasco, define o Direito Administrativo como o ramo do Direito que regula toda a atividade estatal que não seja legislativa e jurisdicional.

Não há um consenso doutrinário do critério para definição do objeto do direito administrativo. A **corrente majoritária** administrativista brasileira adota a tendência alemã; chama-se **critério técnico-científico**: sua construção doutrinária passou a ser feita de forma muito mais sistemática e científica com a preocupação de definir os seus institutos específicos e princípios informativos. Na França, sem abandonar-se o apego à análise da jurisprudência do Conselho de Estado, os autores passaram a sistematizar a matéria de Direito Administrativo, como se observa pelas obras de Georges Vedel, Jean Rivero, André de Laubadère, dentre outros. No direito brasileiro, esse tem sido o método preferido pelos doutrinadores do Direito Administrativo, como se verifica pelas obras de Mário Masagão, Themístocles Brandão Cavalcanti, José Cretella Júnior, Oswaldo Aranha Bandeira de Mello, Celso Antônio Bandeira de Mello, dentre outros[9].

1.4. Fontes do direito administrativo

Quanto as fontes do direito administrativo, nem sempre é na lei que vamos encontrar uma regra do direito administrativo. Isto é, as fontes do direito administrativo não são unicamente oriundas da legislação. São cinco as fontes que podemos encontrar nesse ramo do direito: a norma (Constituição Federal e legislação infraconstitucional), a jurisprudência, a doutrina, e, por fim, os costumes.

8. GASPARINI, Diogenes. Direito Administrativo. 17. ed. atual. São Paulo: Saraiva, 2012.

9. DI PIETRO, Maria Sylvia Zanella. Direito administrativo. 35. ed. rev. atual e apl. Rio de Janeiro: Forense, 2022.

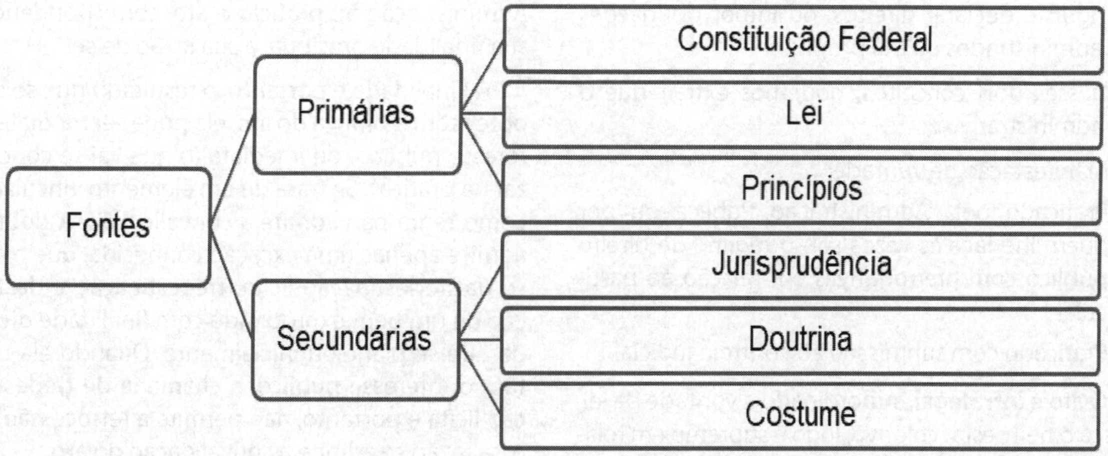

Não há dúvida de que a jurisprudência foi crescendo de importância no direito brasileiro, não só para o Direito Administrativo, mas para todos os ramos do direito. Nos livros de doutrina, nos trabalhos da advocacia, pública e privada, e mesmo nas decisões judiciais, nota-se preocupação em mencionar precedentes judiciais, especialmente decisões emanadas do Superior Tribunal de Justiça e do Supremo Tribunal Federal, ainda que estes não tenham caráter vinculante.

1.5. Estado e governo

O Estado é uma entidade política, social e jurídica composta por um território definido, uma população e um governo. Ele é reconhecido internacionalmente como uma pessoa jurídica e exerce soberania sobre seu território e sua população.

O Estado é a pessoa jurídica soberana, formada pelos elementos povo, território e governo soberano. O Estado (com letra maiúscula) é um ente personalizado, ou seja, é uma pessoa jurídica capaz de adquirir direitos e contrair obrigações na ordem jurídica. De acordo com a Constituição Federal, a República Federativa do Brasil compreende a União, estados-membros, Distrito Federal e municípios, cada ente federado dotado de personalidade jurídica e autonomia política (art. 18, da Constituição Federal). O Estado, embora uno, indivisível e indelegável, ele desdobra-se em três funções: legislativa, executiva e jurisdicional.

> ▷ **ATENÇÃO!**
>
> O Brasil é uma República Federativa Presidencialista, formada por 26 estados e um Distrito Federal. O poder é dividido entre os três poderes: Executivo (presidente e governo), Legislativo (Congresso Nacional) e Judiciário (Supremo Tribunal Federal e demais órgãos).

A separação de poderes é um princípio fundamental do direito constitucional, que estabelece a divisão das funções do Estado em três órgãos distintos:

- Poder Legislativo: Cria e modifica as leis.
- Poder Executivo: Aplica as leis e administra o Estado.
- Poder Judiciário: Interpreta e aplica as leis, julgando casos e controvérsias.

Essa separação de três Poderes, concebida por Montesquieu, é adotada pela Constituição Federal, mas de forma flexível, isto é, cada um dos Poderes não está limitado a exercer as funções que lhe sejam típicas (normais ou ordinárias), exercendo também atividades atípicas (anormais ou extraordinárias).

2. ATOS ADMINISTRATIVOS

Ariel Zvoziak

CONCEITO

Dentro do que dispõe a doutrina, podemos citar o conceito de ato administrativo dos dois principais autores de Direito Administrativo:

Maria Sylvia Zanella Di Pietro define o ato administrativo como a declaração de Estado ou de quem o represente, que produz efeitos jurídicos imediatos, com observância da lei, sob regime de Direito Público e sujeita a controle pelo Poder Judiciário.

Já Hely Lopes Meirelles define como a manifestação unilateral de vontade da Administração Pública que, agindo nessa qualidade, tenha por fim imediato adquirir, resguardar, transferir, modificar, extinguir e declarar direitos, ou impor obrigações aos administrados ou a si própria.

Desses dois conceitos, podemos extrair que o ato administrativo é:

- Manifestação de vontade;
- Praticado pela Administração Pública ou por quem lhe faça às vezes sob o regime de direito público com prerrogativas em relação ao particular;
- Praticado com submissão ao controle judicial.

O ato é **infralegal**, subordinado a vontade da lei, busca o bem-estar coletivo, logo é supremo em relação ao particular e tem prerrogativas, o que o torna regime de direito público.

TODOS os atos são unilaterais, como exemplos: decretos, resoluções. Se fosse bilateral seriam contratos.

ELEMENTOS DOS ATOS

Os elementos do ato são classificados pela doutrina como partes dos atos, são divididos em Competência, Finalidade, Forma, Motivo e Objeto.

O elemento competência também chamado de sujeito, é o relacionado justamente a quem pratica o ato administrativo. Somente a lei pode determinar a competência dos agentes na exata medida necessária para alcançar os fins desejados. Se extrapolar a competência, ocorre o "excesso de poder" e o ato pode ser considerado INVÁLIDO. Dentro dessa premissa temos dois conceitos importantes pra ser analisados:

- Funcionário de fato. Ex.: servidor assina autorização para licença de outro sem ser ter autoridade legal para tanto. Ato INVÁLIDO.
- Usurpador de função: pessoa que dá carteirada falsa. Ex.: o cara estuda pra ser polícia e já "se acha" policial, está usurpando da função pública, nesse caso o ato é INEXISTENTE.

Dentro da competência podem ocorrer vícios, e como regra se admite a convalidação nesses casos. A exceção se dá em apenas três circunstâncias: Atos de competência exclusiva, atos normativos e decisões de recursos administrativos. Esses mesmos três casos, são as situações em que não se admite a delegação das competências, cabendo nas demais competências como regra geral.

A Finalidade é o objetivo que se pretende alcançar com a prática do ato, devendo estar em conformidade com o interesse público. Para Celso Antônio Bandeira de Mello, "a finalidade é o fim visado pela Administração ao praticar o ato, correspondendo à sua finalidade precípua, a sua razão de ser".

A Finalidade é portanto, o resultado que se quer obter com a prática do ato, ela pode ser mediata (interesse público) ou imediata (o que vai se concretizar na prática). Se trata de um elemento vinculado e como regra não admite a convalidação. A doutrina admite apenas uma exceção conhecida, que é o caso da tredestinação lícita. Tredestinação é destinação de um bem expropriado com finalidade diversa da que se planejou inicialmente. Quando ela mantém o interesse público, é chamada de tredestinação lícita e portanto, não permite a retrocessão, por essa razão se admite a convalidação do ato.

Forma é a maneira como o ato é exteriorizado, podendo ser expressa (por escrito ou verbalmente) ou tácita (decorrente do silêncio da Administração ou da inércia do administrado). Segundo Di Pietro, "a forma é o modo pelo qual se exterioriza o ato administrativo, seja por meio de escrito, seja por via oral".

Se trata de um elemento vinculado também, porém admite como regra a convalidação, tendo como exceção apenas as situações onde a forma é essencial para prática do ato administrativo.

Motivo é a justificativa que fundamenta a prática do ato, devendo ser explícita e coerente com o direito e a realidade dos fatos. Conforme Maria Sylvia Zanella Di Pietro, "o motivo é a situação de fato ou de direito que autoriza ou determina a prática do ato administrativo". Ou seja, são as razões que fazer a administração praticar determinado ato administrativo. Ele sempre deve ser verdadeiro, lícito e existente, sendo condições de validade inclusive. Pode ser de direito (lei que autoriza a prática do ato) ou de fato (situação prática que justifica). Como regra é um elemento discricionário e não admite de forma alguma a convalidação. Ele é considerado viciado quando for falso, ilícito ou inexistente.

Em relação ao motivo, se faz importante entender também a teoria dos motivos determinantes. Ao motivar um ato (seja ele vinculado ou discricionário), a Administração fica vinculada à existência e adequação daqueles motivos declarados como causa determinante do ato, podendo sofrer controle de legalidade/legitimidade pela própria Administração Pública ou pelo Poder Judiciário caso esses motivos não existam ou sejam inadequados. Isso ocorre mesmo em atos discricionários em que não precisa motivação, mas que se forem motivados vinculam a Administração.

Ex.: para exonerar o servidor ocupante de cargo em comissão não é necessário motivação;

entretanto, se a autoridade motivar, terá que haver existência e adequação daquele motivo; vamos imaginar que a exoneração foi motivada na falta de assiduidade do servidor, este poderá requerer a anulação do ato de exoneração caso prove que era assíduo; algo que não seria possível ser contestado caso a autoridade não tivesse motivado (já que a lei não obriga a motivar nesse caso).

Importante também saber diferenciar motivo de motivação. A explicação dos fundamentos de fato e de direito que levaram à prática daquele ato, é a justificativa de que os pressupostos de fato realmente existiram. Assim, motivação é a necessidade de explicar o motivo. Portanto, todo ato precisa ter motivo, mas nem todo ato precisa ser motivado. Ex.: a exoneração do ocupante de cargo em comissão não precisa ter motivação.

Objeto é a situação ou relação jurídica que o ato busca regular ou criar, devendo estar em conformidade com o interesse público e a legalidade. Segundo Hely Lopes Meirelles, "o objeto do ato administrativo é o efeito jurídico imediato que ele produz no mundo exterior".

Segundo Fernanda Marinela: "O objeto corresponde ao efeito jurídico imediato do ato, ou seja, o resultado prático causado em uma esfera de direitos. Representa uma consequência para o mundo fático em que vivemos e, em decorrência dele, nasce, extingue-se, transforma-se um determinado direito. É um elemento vinculado e discricionário."

Segundo Di Pietro: "O objeto vem descrito na norma, ele corresponde ao próprio enunciado do ato. Quando se diz: fica aplicada a pena de demissão ao servidor público, esse é o objeto do ato. Ele está atingindo a relação jurídica do servidor com a Administração Pública. O objeto decorre da própria lei."

É portanto, o conteúdo do ato, que tem por objeto a criação, modificação ou comprovação de situações concernentes a pessoas, coisas ou atividades sujeitas à ação do Poder Público. É aquilo que quero alcançar quando pratico o ato administrativo. A modificação fática realizada pelo ato no mundo jurídico, as inovações trazidas pelo ato na vida de seu destinatário.

Ele deve ser obrigatoriamente lícito, possível e certo, ou seja, se considera viciado o ato que tiver objeto ilícito, impossível ou indeterminado. É um elemento discricionário como regra, e não comporta como regra convalidação. A Di Pietro entende que existe essa possibilidade apenas na conversão de Permissão por Concessão.

ATRIBUTOS DO ATO

- **Presunção de legitimidade. Legalidade e Veracidade.**
  - O ato é válido, legal e verdadeiro até que se prove o contrário
  - Presente em TODOS os atos.
  - Pode ser relativa (admite prova em contrário).
- **Autoexecutoriedade:**
  - O ato administrativo pode ser posto em execução pela própria administração, sem necessidade de intervenção do poder judiciário, mas, posteriormente o Judiciário pode analisar a legalidade do ato.
  - Ex.: apreensão de mercadoria, interdição de estabelecimento, aplicação de multa, etc.
  - Não está presente em todos os atos (Ex.: atos negociais/solicitados como pedido de licença).
- **Tipicidade:**
  - Respeito às finalidades especificadas em lei
  - A lei tem que estabelecer os tipos de atos e as suas consequências, garantindo ao particular que a administração pública não imporá obrigações não previstas em lei.
  - Para cada finalidade que a Administração pretende alcançar existe um ato definido em lei.
- **Imperatividade:**
  - Atributo pelo qual o ato se impõe a terceiros.
  - Deve ser observado pelos particulares, independente da concordância destes.
  - O ato cria unilateralmente obrigação ao particular A imperatividade não existe em todos os atos.
  - Ex.: Quando um representante público quer alugar minha casa por valor abaixo do que eu peço não preciso aceitar.

EXTINÇÃO DOS ATOS

- **Anulação e Revogação:**

> A Lei nº 9.784/99 (regula o processo administrativo no âmbito Federal) prevê que:
>
> Art. 53. A Administração deve ANULAR seus próprios atos, quando eivados de vício de legalidade, e pode REVOGÁ-LOS por motivo de conveniência ou oportunidade, respeitados os direitos adquiridos.
>
> Art. 55. Em decisão na qual se evidencie não acarretarem lesão ao interesse público nem prejuízo a terceiros, os atos que apresentarem defeitos sanáveis

poderão ser CONVALIDADOS pela própria Administração.

Art. 50. Os atos administrativos deverão ser motivados, com indicação dos fatos e dos fundamentos jurídicos, quando:

VIII – importem anulação, revogação, suspensão ou convalidação de ato administrativo.

- Súmula 473, STF: A administração pode anular seus próprios atos, quando eivados de vícios que os tornam ilegais, porque deles não se originam direitos; ou revogá-los, por motivo de conveniência ou oportunidade, respeitados os direitos adquiridos, e ressalvada, em todos os casos, a apreciação judicial.

- **Revogação:**

É a invalidação de ato legal e eficaz, que pode ser realizado apenas pela Administração, quando entender que o mesmo é inconveniente ou inoportuno (mérito). Seus efeitos são proativos, "ex nunc", sendo válidas todas as situações atingidas antes da revogação. Se a revogação é total, nomeia-se ab-rogação; se parcial, chama-se derrogação. O direito de revogar ato administrativo não tem limitação temporal. Decorre do "Princípio da Autotutela". Não podem ser revogados, entre outros, os atos vinculados, os já consumados, os que geraram direitos adquiridos, etc.

- **Anulação:**

É a invalidação de um ato ilegítimo, que poderá se dar pela Administração ou pelo Poder Judiciário. Opera efeitos retroativo, "ex tunc", como se nunca tivesse existido, exceto em relação a terceiros de boa-fé. Entre as partes, não gera direitos ou obrigações, não constitui situações jurídicas definitivas, nem admite convalidação. O direito da Administração de anular os atos administrativos de que decorram efeitos favoráveis para os destinatários decai em 5 anos, contados da data em que foram praticados, salvo comprovada má-fé (princípio da segurança jurídica).

- **Cassação:**

Quando há vício na execução do ato. Ex.: servidor fez alguma prática punível com demissão e logo após se aposentou; após a apuração, será cassada a aposentadoria.

- **Caducidade:**

Quando uma nova legislação passa a não permitir o que antes era permitido. Ex.: havia lei permitindo fiscal da receita a porta arma; vem outra lei proibindo; então ocorre a extinção por caducidade.

- **Contraposição:**

Quando são praticados atos com efeitos opostos. Ex.: nomeação e exoneração de servidor; a exoneração extingue o ato de nomeação.

CLASSIFICAÇÃO DOS ATOS

Existem diversas classificações na doutrina, havendo inclusive divergência com relação a alguns autores, porém caber destacar as principais classificações.

Quanto ao alcance ou âmbito de aplicação:

- **Internos**

São aqueles que se destinam a produzir efeitos no interior da administração pública, alcançando seus órgãos e agentes; Em regra, não geram direitos adquiridos e podem, por conseguinte, ser revogados a qualquer tempo; Também não dependem de publicação oficial, bastando a cientificação direta aos destinatários ou a divulgação regulamentar da repartição;

- **Externos**

São todos aqueles que alcançam os administrados, os contratantes ou, em alguns casos, os próprios servidores, provendo sobre os seus direitos, obrigações, negócios ou conduta perante a Administração. Esses atos devem ser publicados oficialmente. Hely Lopes Meirelles assevera que devem se incluir na condição de atos externos aqueles que, apesar de não atingirem diretamente o administrado, possuem efeitos jurídicos externos à repartição;

Quanto aos destinatários:

- **Atos Gerais/Normativos**

São aqueles que não possuem destinatários determinados. Atingem a todos na mesma situação e tendo em vista a "generalidade e abstração" que possuem, esses atos são também chamados de atos normativos. Eles têm precedência hierárquica sobre o ato individual (por exemplo, existindo conflitos entre um ato individual e outro geral produzidos por decreto, deverá prevalecer o ato geral, pois os atos normativos prevalecem sobre os específicos). É sempre revogável, ao passo que o ato individual sofre uma série de limitações em que não será possível revogá-los (por exemplo, os atos individuais que geram direitos subjetivos a favor do administrado não podem ser revogados;

- **Atos Individuais/Especiais**

São aqueles que se dirigem a destinatários certos, determináveis e produzem efeitos jurídicos no caso concreto.

Quanto à vontade administrativa:

- **Atos Simples**

É o que resulta da manifestação de vontade de um único órgão, seja ele unipessoal ou colegiado. Não importa o número de agentes que participa do ato, mas sim que se trate de uma vontade unitária. Dessa forma, será ato administrativo simples tanto o despacho de um chefe de seção como a decisão de um conselho de contribuintes.

- **Atos Compostos**

É produzido pela manifestação de vontade de apenas um órgão da administração, mas que depende de outro ato que o aprove para produzir seus efeitos jurídicos (condição de exequibilidade). Cumpre frisar que o ato acessório pode ser prévio (funcionando como uma autorização) ou posterior (com a função de dar eficácia ou exequibilidade ao ato principal).

- **Atos Complexos**

Ato complexo é o que necessita da conjugação de vontade de dois ou mais diferentes órgãos ou autoridades. Apesar da conjugação de vontades, trata-se da formação de um único ato, ou seja, existe uma fusão das vontades, sendo essas homogêneas. Dessa forma, o ato não será considerado perfeito com a manifestação da vontade de um único órgão ou agente. Por conseguinte, o ato também só poderá ser questionado judicialmente após a manifestação da vontade de todos os órgãos ou agentes competentes.

DIVERGÊNCIAS DOUTRINÁRIAS

- **Registro de Aposentadoria, Reforma e Pensão**

Segundo a Constituição Federal compete ao TCU apreciar, para fins de registro, a legalidade da concessão inicial de aposentadorias, reformas e pensões (art. 71, III). Dessa forma, a administração concede ao servidor a aposentadoria. Porém, após isso, o processo de aposentadoria é enviado ao TCU, para que o órgão analise a sua legalidade. A doutrina costumada defender que esse ato seria "composto". Todavia, o STF acabou manifestando o posicionamento de que se trata de ato administrativo complexo. Logo, em questões de concurso, considere a concessão de aposentadoria, reforma e pensão como ato administrativo complexo.

- **Nomeação pelo Presidente, com Sabatina do Senado**

Nesse ponto, existe uma divergência muito forte. Enquanto autores como Helly Lopes Meirelles, Carvalho Filho e a maioria dos autores entende como ato completo, a Di Pietro entende como ato composto.

- **ATO ADMINISTRATIVO PODE SER:**

Perfeito-Válido-Eficaz

– Ato Administrativo.

Perfeito-Inválido-Eficaz

– Pode ocorrer em face da presunção de legalidade. Enquanto não for impugnado em face da ilegalidade pode produzir efeitos;

Perfeito-Válido-Ineficaz

– Fixação de termo ou condição que atrasa a produção de efeitos.

Perfeito-Inválido-Ineficaz

– Ato ilegal que não produz efeitos;

ESPÉCIES DE ATOS ADMINISTRATIVOS

- **Normativos** – Contém um comando geral visando a correta aplicação da lei.
- **Negociais** – Declaração de vontade da Administração Pública que coincide com a do particular
- **Enunciativos** – Enunciam uma situação existente sem qualquer manifestação de vontade da Administração Pública. Apenas dá juízo de valor.
- **Punitivos** – Sanção imposta pela Administração Pública a quem infringe a norma legal.

RESUMOS E MAPAS MENTAIS

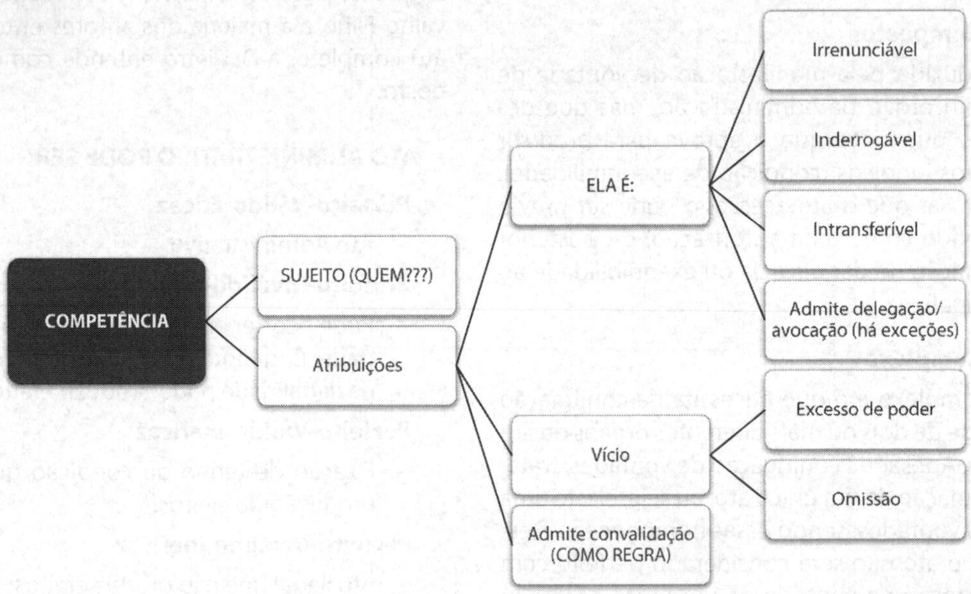

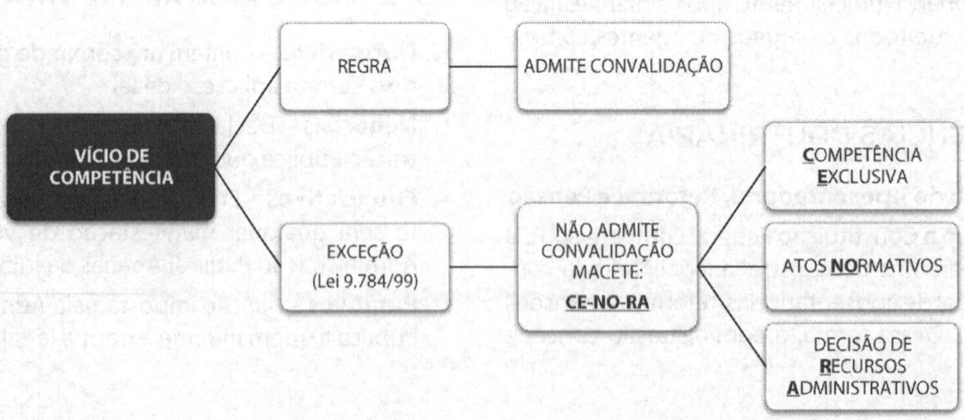

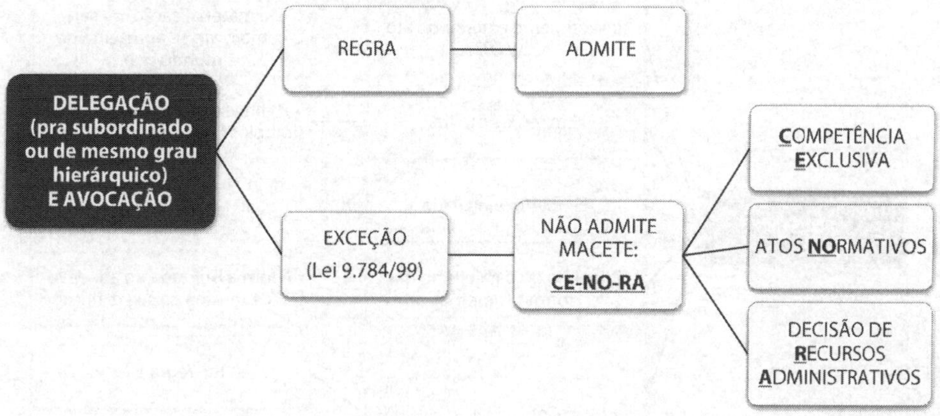
DELEGAÇÃO (pra subordinado ou de mesmo grau hierárquico) E AVOCAÇÃO
REGRA
ADMITE
EXCEÇÃO (Lei 9.784/99)
NÃO ADMITE MACETE: CE-NO-RA
COMPETÊNCIA EXCLUSIVA
ATOS NORMATIVOS
DECISÃO DE RECURSOS ADMINISTRATIVOS

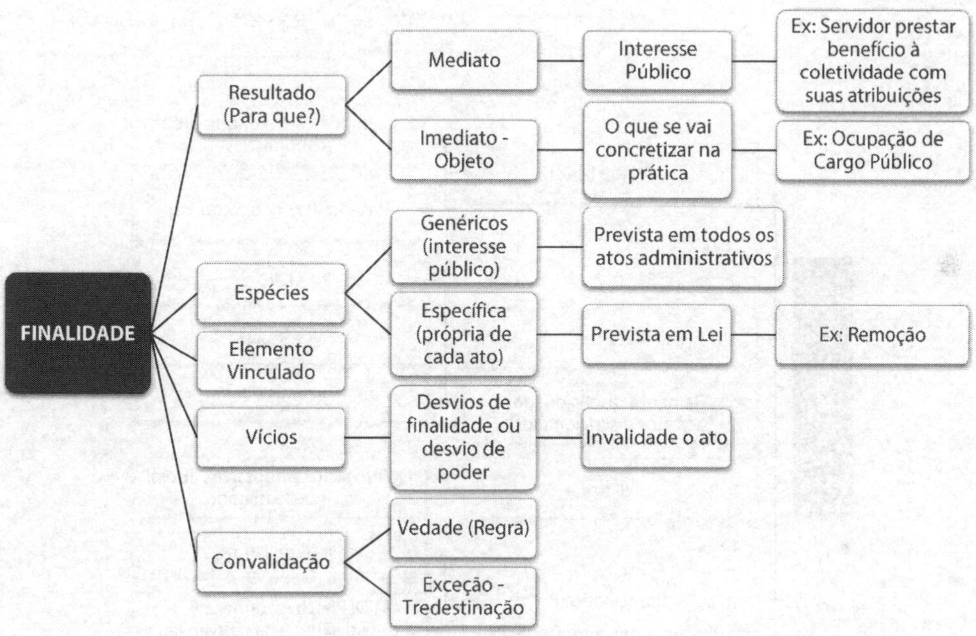
FINALIDADE
Resultado (Para que?)
Mediato
Interesse Público
Ex: Servidor prestar benefício à coletividade com suas atribuições
Imediato - Objeto
O que se vai concretizar na prática
Ex: Ocupação de Cargo Público
Espécies
Genéricos (interesse público)
Prevista em todos os atos administrativos
Específica (própria de cada ato)
Prevista em Lei
Ex: Remoção
Elemento Vinculado
Vícios
Desvios de finalidade ou desvio de poder
Invalidade o ato
Convalidação
Vedade (Regra)
Exceção - Tredestinação

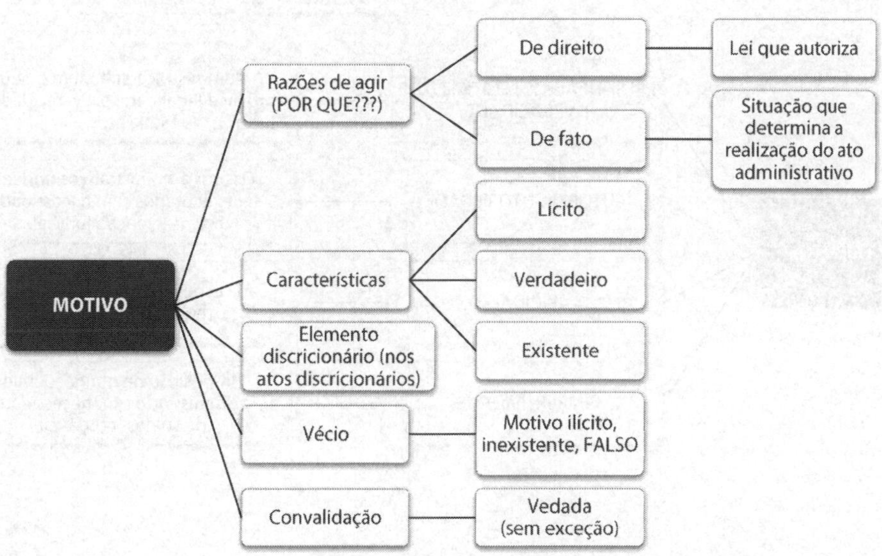
MOTIVO
Razões de agir (POR QUE???)
De direito
Lei que autoriza
De fato
Situação que determina a realização do ato administrativo
Características
Lícito
Verdadeiro
Existente
Elemento discricionário (nos atos discricionários)
Vécio
Motivo ilícito, inexistente, FALSO
Convalidação
Vedada (sem exceção)

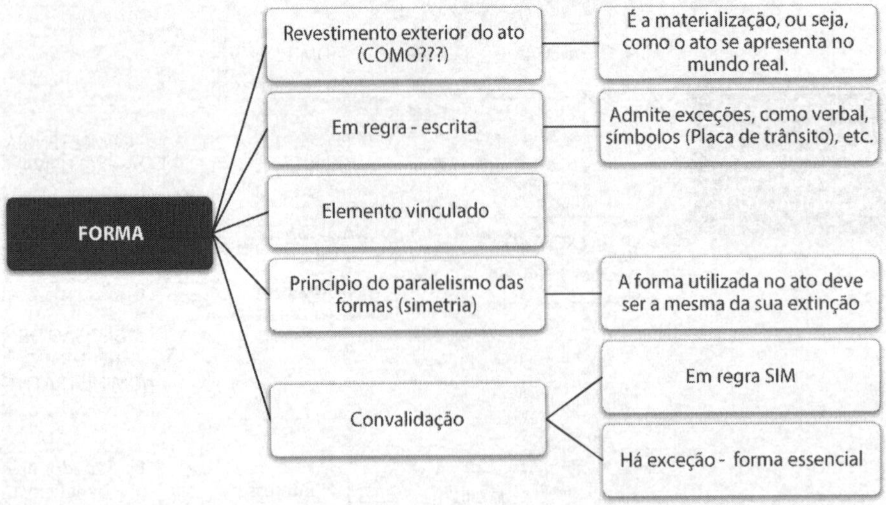
FORMA
Revestimento exterior do ato (COMO???)
É a materialização, ou seja, como o ato se apresenta no mundo real.
Em regra - escrita
Admite exceções, como verbal, símbolos (Placa de trânsito), etc.
Elemento vinculado
Princípio do paralelismo das formas (simetria)
A forma utilizada no ato deve ser a mesma da sua extinção
Convalidação
Em regra SIM
Há exceção - forma essencial

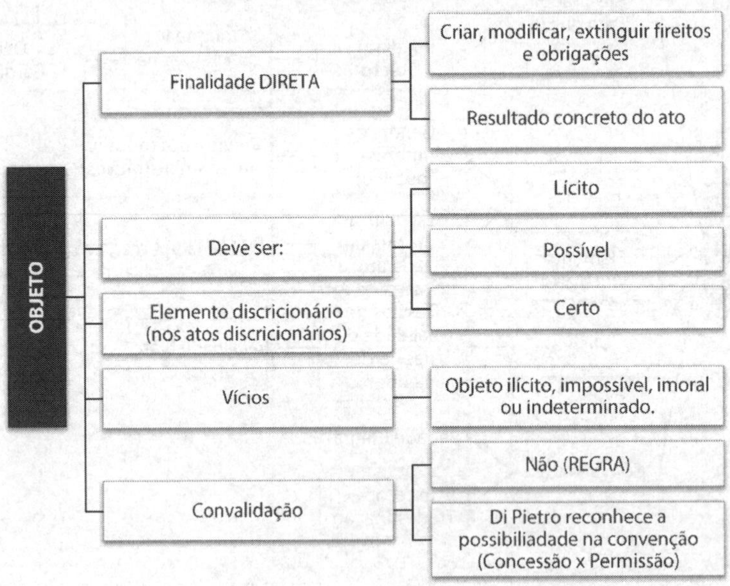
OBJETO
Finalidade DIRETA
Criar, modificar, extinguir fireitos e obrigações
Resultado concreto do ato
Deve ser:
Lícito
Possível
Certo
Elemento discricionário (nos atos discricionários)
Vícios
Objeto ilícito, impossível, imoral ou indeterminado.
Convalidação
Não (REGRA)
Di Pietro reconhece a possibiliadade na convenção (Concessão x Permissão)

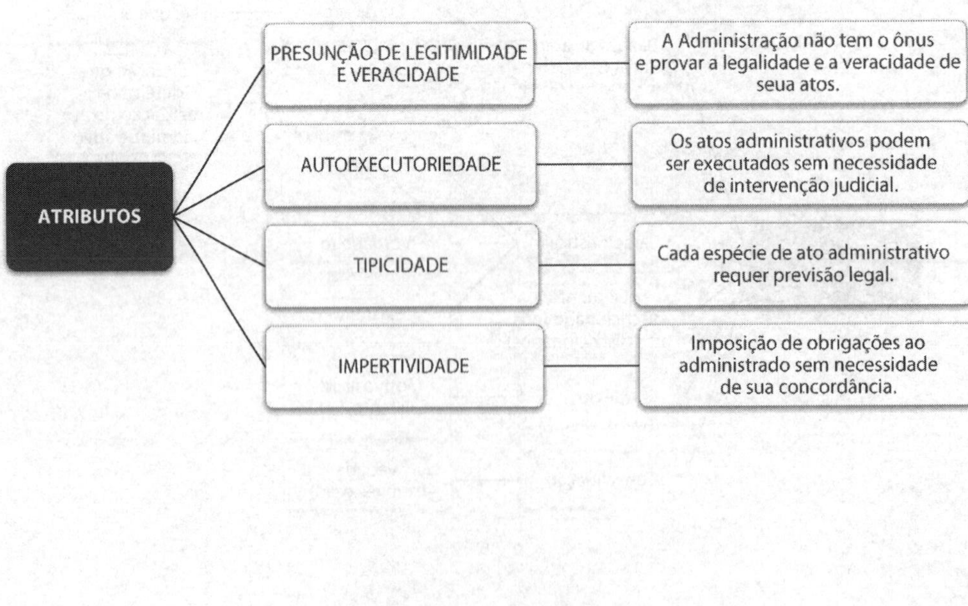
ATRIBUTOS
PRESUNÇÃO DE LEGITIMIDADE E VERACIDADE
A Administração não tem o ônus e provar a legalidade e a veracidade de seua atos.
AUTOEXECUTORIEDADE
Os atos administrativos podem ser executados sem necessidade de intervenção judicial.
TIPICIDADE
Cada espécie de ato administrativo requer previsão legal.
IMPERTIVIDADE
Imposição de obrigações ao administrado sem necessidade de sua concordância.

3. AGENTES PÚBLICOS: DISPOSIÇÕES CONSTITUCIONAIS

Franciele Kühl

CONCEITO

Agente público é o **conceito amplo**, "significa o conjunto de pessoas que, a qualquer título, exercem uma função pública como prepostos do Estado. Essa função, é mister que se diga, pode ser remunerada ou gratuita, definitiva ou transitória, política ou jurídica."[10]. **Categorias** ou espécies de agentes públicos:

Agentes políticos:

- Função política (chefes de executivo, membros do legislativo, secretários estaduais e municipais, ministros de estado, membros da magistratura, membros do MP)

Particulares em colaboração com a ADM:

- Jurados, mesários, titulares de serventia de cartório (art. 236, da CF), funcionários de concessionárias e permissionárias, conselheiros tutelares.

Agentes administrativos

- Servidores públicos
  - Estatutários
  - Cargo efetivo
  - Cargo comissionado
- Empregados Públicos
  - Celetistas
- Temporários
  - Função pública remunerada e por prazo determinado

Militares

- "Não há distinção entre os servidores civis e os militares, a não ser pelo regime jurídico, parcialmente diverso" (DI PIETRO, 2017, p. 678).

AGENTES ADMINISTRATIVOS OU SERVIDORES ESTATAIS

São agentes administrativos aqueles exercem atividade pública remunerada, são os ocupantes de cargo efetivo ou comissionado (servidores públicos ou servidores estatutários), os ocupantes de emprego público (empregados públicos ou celetistas) e os ocupantes de função pública (os temporários).

10. CARVALHO FILHO, José dos Santos. Manual de direito administrativo. 30. ed. São Paulo: Atlas-Gen, 2019.

Os **servidores públicos** ou **servidores estatutários** são "estabelecidos em lei por cada uma das unidades da federação e modificável unilateralmente, desde que respeitados os direitos já adquiridos pelo servidor" (DI PIETRO, 2017, p. 677), são nomeados e não há a possibilidade de qualquer modificação por meio de contrato. Na vigência da antiga Constituição Federal, eram chamados de funcionários públicos, por isso essa expressão ainda é muito utilizada em legislações infraconstitucionais.

Os servidores públicos podem ocupar cargo público efetivo, para o qual devem realizar **concurso público** de provas ou provas e títulos, como também podem ocupar por cargos de provimento em comissão, ou seja, aqueles que são de livre nomeação e exoneração, embora também sejam estatutários, todavia, não possuem estabilidade e não realizam prévio concurso público.

A Constituição Federal de 1988 trouxe no artigo 39 o **regime jurídico único** para os servidores da Administração Direta, autarquias e fundações públicas, significa dizer que o Poder Público deve escolher se institui regime estatutário ou contratual. Via de regra os entes federados possuem o regime estatutário como regime único.

Os servidores ocupantes de cargo público efetivo alcançam a **estabilidade,** que trata o que artigo 41 da Constituição Federal, após três anos de efetivo exercício. Cuidado, **cargo em comissão não tem estabilidade**! Ademais, o mero transcurso do tempo não gera estabilidade automaticamente, o servidor público deverá ser submetido a uma avaliação especial de desempenho por comissão instituída para esta finalidade, segundo o §4º, do artigo 41, da CF. Assim, são requisitos para alcançar a estabilidade: a) Aprovação em concurso público; b) Cargo público em provimento efetivo; c) Três anos em efetivo exercício; d) Aprovação na avaliação especial de desempenho.

O servidor público que tenha adquirido estabilidade poderá **perder seu cargo** através das seguintes hipóteses: 1) por virtude de sentença judicial transitada em julgado; 2) mediante processo administrativo; 3) em razão da avaliação de desempenho; 4) exoneração por violação ao limite com despesa de pessoal previsto no artigo 169, §4º, disciplinado pela LC n. 101/01.

Diferente dos **empregados públicos**, que são regidos pela legislação trabalhista, não podendo estados ou municípios derrogarem outras normas, por ausência de competência. Ainda que sujeitos a CLT, se submetem a todas as normas constitucionais referentes à investidura, acumulação de cargos, vencimentos etc. (segundo o Capítulo VII, do Título III, da Constituição Federal). Na esfera federal está disciplina pela lei 9.962/2000, tanto na lei, quanto na Constituição Federal está disposto a obrigação de lei para a criação de empregos públicos (art. 61, §1°, II, "a", da CF), sendo vedada a utilização de medida provisória para este fim.

Podemos encontrar os empregados públicos (celetistas) nas **empresas públicas** e **sociedade de economia mista**, esse regime está imposto no artigo 173, §1°, da Constituição Federal. Também podem ser encontrados nas fundações públicas de direito privado ou nos **consórcios públicos**, tanto de direito público (associação pública) quanto no de direito privado.

Aplica-se igualmente aos servidores públicos e empregados públicos	
Regras de improbidade (Lei 8.429/92)	
Regras de acúmulo de cargo (art. 37, XVII, CF)	
Enquadram-se como funcionário público para fins penais (art. 327, do CP)	
Teto (art. 37, XI, CF + ressalvado o disposto no §9°)	
Regras de concurso público	
Diferenças	
Servidor Público efetivo	**Empregado Público**
Disponibilidade no caso de extinção do cargo	Não se aplica
Regime próprio de previdência social	Não se aplica
Estabilidade	Estabilidade não se aplica (doutrina + S. 390, II do TST). Todavia, os atos de dispensa precisam ser motivados (STF)

Já os **temporários** exercem função por **tempo determinado** e excepcional interesse público, mediante regime jurídico especial, disciplinada por cada unidade da federação. Na esfera federal, a contratação temporária está regulamentada no artigo 37, inciso IX, da Constituição Federal e na lei n. 8.745/1993. Observe que os servidores temporários não são estatutários, nem celetistas, sua relação com a Administração Pública é de natureza jurídico-administrativa especial.

CARGO, EMPREGO E FUNÇÃO: DIFERENÇA

O **cargo público** é aquele ocupado pelo servidor público estatutário, que pode ser preenchido por qualquer brasileiro que preencha os requisitos previstos em lei (art. 5°, da Lei 8.112/1990). Os cargos públicos são criados e extintos por lei (art. 48, inciso X, da Constituição Federal), salvo extinção de **cargo vago**, ocasião em que poderá ocorrer por decreto (que é ato administrativo), segundo o artigo 84, inciso VI, "b", da Constituição Federal.

O **cargo** público pode ser **classificado** nas seguintes formas:

- Quanto a **esfera de governo**: federal, estadual, distrital e municipal.
- Quanto à **posição estatal**:

a) Cargo de **carreira**: permite a promoção.
b) Cargo **isolado**: não integram uma carreira específica, não há escalonamento de funções.

- Quanto à **garantia conferida ao ocupante**:

a) Cargo em **comissão**: não precisa de concurso
b) Cargo **efetivo**: estabilidade após 3 anos
c) Cargo **vitalício**: estabilidade após 2 anos

Já o **emprego público** é do agente público que possuí vínculo contratual regido pela CLT, também chamado de empregado público. Apesar de efetuar concurso público, através de provas e provas e títulos, seu regime não é estatutário.

Todavia, existem atribuições exercidas por agentes públicos que não são nem cargo, nem emprego, são **funções**, um conjunto de atribuições não correspondentes a cargo ou emprego. Função é a atividade exercida, todo cargo ou emprego possui uma função, mas nem toda função faz parte de um cargo público ou emprego público. Essa função pode ser abrangida por pelo menos duas modalidades:

a) Função exercida por servidores **temporários**, por tempo determinado, com base no artigo 37, IX, da CF, para qual NÃO se exige concurso público, em razão da própria urgência da contratação. A lei n. 8.745/93 regula a matéria.
b) As funções de **natureza permanente**, são as de chefia, direção, assessoramento ou outro tipo de atividade que o legislador não crie cargo específico, como as funções de confiança, livre provimento e livre exoneração, segundo o artigo 37, inciso V, da CF.

De acordo com o artigo 37, inciso I, da CF, os cargos, empregos e função são acessíveis a todos **brasileiros** que preencherem os requisitos estabelecidos em lei, assim como, também são acessíveis aos **estrangeiros**, na forma da lei.

FORMA DE INGRESSO EM CARGO, EMPREGO OU FUNÇÃO

A regra é que para ocupar um cargo público, emprego público ou função pública é necessário ser brasileiro e preencher os requisitos estabelecidos em lei infraconstitucional. No caso de **cargo efetivo** e **emprego público** ainda será necessário a aprovação em **concurso público**, o qual pode ser de provas ou provas e títulos.

O **concurso** público é exigido, portanto, para o preenchimento de **cargos efetivos** e **empregos públicos**. Cada concurso público poderá ter **validade** de **ATÉ dois anos**, fica a critério da Administração Pública definir o tempo, desde que dentro dos dois anos que trata a CF/88. O prazo do concurso pode ser **prorrogado por igual período** (exemplo: concurso para delegado com prazo de seis meses, prorrogado por mais seis meses).

O artigo 37, inciso II, dispensa o concurso público para os cargos em comissão, todavia o inciso V regula essa livre escolha dos seus ocupantes. A função de confiança só pode ser ocupada por pessoa que já ocupe cargo efetivo, já o cargo em comissão poderá ser ocupado por alguém que jamais tenha sido provido em cargo público, mas neste caso as condições e percentuais mínimos devem ser previstos em lei.

O artigo 37, inciso IV, da CF, traz em sua redação que "durante o prazo improrrogável previsto no edital de convocação, aquele aprovado em concurso público de provas ou de provas e títulos será convocado com prioridade sobre novos concursados para assumir cargo ou emprego, na carreira", significa dizer que mesmo que a Administração Pública realize novo concurso, durante a vigência do concurso anterior, os candidatos aprovados terão prioridade na nomeação, ou seja, a administração pública não pode "pular" candidatos na ordem de classificação.

A pessoa com deficiência: o inciso VIII, do art., 37, da CF, determina que "a lei reservará percentual dos cargos e empregos públicos para as pessoas portadoras de deficiência e definirá os critérios de sua admissão". No âmbito federal, a lei n. 8.112/90, assegura até 20% das vagas oferecidas em concursos para PCD.

ASSOCIAÇÃO SINDICAL E DIREITO DE GREVE

Os militares (por vedação expressa na Constituição) e os policiais civis (por vedação do Supremo Tribunal Federal) não podem fazer greve, os demais agentes públicos civis podem realizar greve e associação sindical, art. 37, VI e VII, da CF.

REMUNERAÇÃO

A regra é que o valor recebido pelos servidores é composto por uma parte fixa, e uma parte variável, de acordo com o tempo de serviço, função, condições especiais, que genericamente são denominadas de **vantagens pecuniárias**.

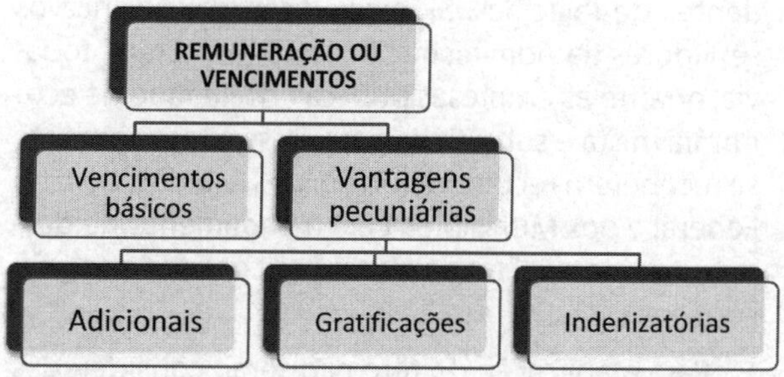

> ▷ **ATENÇÃO!**
> Fixação e alteração da remuneração de servidores públicos só poderá ocorrer por lei específica. Além disso, o artigo 37, inciso XIII e XIV, da CF, vedam a vinculação ou equiparação de qualquer espécie remuneratória; e os acréscimos pecuniários percebidos por servidor público não serão computados nem acumulados para fins de concessão de acréscimos ulteriores;

TETO DAS REMUNERAÇÕES

Após diversas alterações e emendas constitucionais, a EC 41/03 estabeleceu uma nova redação ao artigo 37, inciso XI, da CF. Em uma leitura conjunta, entre a Constituição Federal e demais normas relacionadas ao teto das remunerações, temos como limites:

1. O teto máximo de remuneração corresponde ao subsídio do Ministro do Supremo Tribunal Federal;
2. No âmbito estadual, o subteto é diferente para os servidores dos três poderes:
   i. Poder legislativo: deputados estaduais e distritais
   ii. Poder executivo: governador
   iii. Poder judiciário: desembargadores do TJ (aqui também se incluem os membros do MP, Procuradores, inclusive os municipais[11], e Defensores Públicos, cujo teto era de 90,25% do que recebe o Ministro do STF[12]).
3. No âmbito municipal: teto é o subsídio do prefeito.

O texto abrange tanto regime remuneratório, quanto o regime de subsídios. Aplica-se aos

11. Posicionamento firmado no julgamento do Recurso Extraordinário 663.696, com repercussão geral reconhecida, em 2019.
12. Recentemente os desembargadores conseguiram, no STF, equiparar o teto de suas remunerações ao teto que é aplicado ao desembargados federais (teto máximo constitucional).

servidores públicos ocupantes de cargos, funções e empregos públicos. Este teto também atinge os proventos dos aposentados e a pensão dos dependentes de falecidos. Significa dizer que alcança os servidores da Administração Direta e Indireta, todavia, quanto às empresas públicas, sociedade de economia mista e subsidiárias, aplica-se o teto somente se receberem recurso da União, dos estados, Distrito Federal e dos Municípios para o pagamento de despesas de pessoal ou de custeio em geral (de acordo com o art. 37, §9º, da CF).

Para a aplicação do teto não serão consideradas as verbas indenizatórias previstas lei, segundo o §11, do artigo 37, da Constituição Federal. Todavia, as demais vantagens pecuniárias serão computadas para efeitos do limite remuneratório.

ACUMULAÇÃO DE CARGO OU EMPREGO PÚBLICO

A regra é que o acúmulo de cargo remunerados seja vedado. Essa regra é aplicada tanto para os servidores da administração direta, quanto das autarquias, fundações, empresas públicas, sociedade de economia mista, as subsidiárias, ou seja, qualquer empresa que o Estado tenha participação acionária. Mas existem exceções, havendo compatibilidade de horários:

a) a de dois cargos de professor;
b) a de um cargo de professor com outro técnico ou científico;
c) a de dois cargos ou empregos privativos de profissionais de saúde[13], com profissões regulamentadas.

Neste caso poderá haver a cumulação de cargos. Esse é o entendimento a partir da análise do artigo 37, incisivos XVI e XVII, da Constituição Federal. Existem outras normas referentes a cumulação de cargo:

a) Mandato de vereador e cargo, função ou emprego público (Art. 38, III, da CF), nesse caso, havendo compatibilidade de horário, poderá haver acumulação de remuneração, não havendo compatibilidade de horário, deverá optar por uma das remunerações.
b) Juiz e o magistério (art. 95, parágrafo único, inciso I, da CF).
c) Membro do MP e o magistério (art. 128, §5º, II, d, da CF).
d) Policiais e bombeiros militares dos Estados, DF e Territórios, poderão cumular cargo nos termos do artigo 37, XVI, da CF (art. 42, §3º, CF).

13. Sendo possível profissionais como enfermeiros, dentistas e psicólogos possam também se beneficiar com a acumulação de cargo.

APOSENTADORIA

Tanto a aposentadoria, quanto a pensão, possuem natureza de benefício previdenciário e contributivo, de acordo com a Constituição Federal, em seu artigo 40. Independente do regime aplicado ser o regime geral de previdência social ou regimento previdenciário próprio do servidor, todos possuem direito (ou estão sujeitos) a aposentadoria por invalidez, compulsória e voluntária. Para o regimento previdenciário próprio do servidor há três formas de aposentadoria art. 40, §1º, da CF):

a) **Aposentadoria por invalidez (ou incapacidade permanente):** quando insuscetível de readaptação, hipótese em que será obrigatória a realização de avaliações periódicas para verificação da continuidade das condições que ensejaram a concessão da aposentadoria, na forma de lei do respectivo ente federativo.
b) **Aposentadoria compulsória:** aos 70 ou 75 anos de idade (Vide LC 152/2015), inclusive para empregados públicos de consórcio público, empresa pública, sociedade de economia mista e das suas subsidiárias, segundo o artigo 201, §16º, da CF.
c) **Aposentadoria voluntária:** quando o agente atinge os requisitos necessários para se aposentar.

▾ LEI 8.112/1990

Prof. Ariel Zvoziak

A Lei 8.112/1990 institui o Regime Jurídico dos Servidores Públicos Civis da União, das autarquias, inclusive as em regime especial, e das fundações públicas federais. Inicialmente importante entender dois conceitos que a lei traz:

- SERVIDOR – Pessoa legalmente investida em cargo público
- CARGO PÚBLICO – Conjunto de atribuições e responsabilidades previstas na estrutura organizacional que devem ser cometidas a um servidor.

1. Provimento

São requisitos básicos para investidura em cargo público:

- A nacionalidade brasileira;

- O gozo dos direitos políticos;
- A quitação com as obrigações militares e eleitorais;
- O nível de escolaridade exigido para o exercício do cargo;
- A idade mínima de dezoito anos;
- Aptidão física e mental.

As atribuições do cargo podem justificar a exigência de outros requisitos estabelecidos em lei. A lei também estabelece que às pessoas portadoras de deficiência é assegurado o direito de se inscrever em concurso público para provimento de cargo cujas atribuições sejam compatíveis com a deficiência de que são portadoras; para tais pessoas serão reservadas até 20% (vinte por cento) das vagas oferecidas no concurso.

CONCEITO DE PROVIMENTO: é o ato administrativo pelo qual a pessoa física vincula-se à Administração Pública ou a um novo cargo, para prestação de um serviço.

A investidura em cargo público ocorrerá com a posse.

- Súmula 683 do STF: "O limite de idade para a inscrição em concurso público só se legitima em face do art. 7º, XXX, da Constituição, quando possa ser justificado pela natureza das atribuições do cargo a ser preenchido."

O artigo 8º da Lei elenca como formas de provimento a nomeação (forma de provimento originária), a promoção, a readaptação, a reversão, o aproveitamento, a reintegração e a recondução. Os incisos III e IV do art. 8º apresentavam a ascensão e a transferência, que eram formas de provimento vertical em que o servidor passaria a integrar uma carreira distinta daquela que ocupava anteriormente.

Contudo, o STF considerou inconstitucionais tais formas de provimento, por violação ao princípio do concurso público. Assim, atualmente, a única forma de provimento vertical é a promoção, uma vez que, neste caso, a evolução ocorre dentro da mesma carreira.

- Súmula Vinculante 43: "É inconstitucional toda modalidade de provimento que propicie ao servidor investir-se, sem prévia aprovação em concurso público destinado ao seu provimento, em cargo que não integra a carreira na qual anteriormente investido".
- A nomeação é o ato administrativo pelo qual se convoca a pessoa para tomar posse e entrar em exercício no cargo. Ela pode ocorrer em caráter efetivo, quando se ingressa no serviço público por concurso público, tendo assim plano de carreira, e eventualmente adquirindo a estabilidade. E ela pode ocorrer ainda em Cargo em Comissão, de livre nomeação e livre exoneração, não tendo nessa modalidade estabilidade ou organização do quadro em carreira.
- A Promoção é a passagem do servidor de um cargo de nível inferior para um de nível superior na mesma carreira;
- A Readaptação é o deslocamento do servidor para cargo compatível com sua capacidade física ou mental, quando a doença ou lesão adquirida no exercício do cargo o torna incapaz de desempenhar as atividades do cargo original;
- A Reversão é o retorno à atividade de servidor aposentado por invalidez, quando comprovada a recuperação da capacidade de trabalho ou ainda o retorno do aposentado voluntariamente a pedido deste, desde que preenchidos os requisitos legais.
- Aproveitamento é o retorno à atividade de servidor em disponibilidade, quando houver cargo vago e nenhum candidato habilitado em concurso público;
- A Reintegração é o retorno do servidor estável que foi demitido, exonerado ou que teve sua dispensa declarada ilegal.
- A Recondução é o retorno do servidor estável ao cargo anteriormente ocupado, quando o cargo que ocupava anteriormente for extinto ou deixar de ser provido por servidores estáveis. Pode ocorrer também quando o servidor não é aprovado no estágio probatório ou ainda, o STF já reconhece também a possibilidade de recondução por desistência do cargo novo, desde que seja durante o estágio probatório.

Cada uma dessas formas de provimento tem suas próprias regras e condições, que devem ser observadas pelos gestores públicos.

▪ CONCURSO PÚBLICO

O concurso público é a forma objetiva de selecionar servidores, primando pelo princípio da impessoalidade e assegurando igualdade de condições a todos os candidatos.

De acordo com a Lei 8.112/1990 o concurso será de provas ou de provas e títulos, podendo ser realizado em duas etapas, conforme dispuserem a lei e o regulamento do respectivo plano de carreira, terá validade de até 2 (dois) anos, podendo ser prorrogado uma única vez, por igual período. O prazo de validade do concurso e as condições de sua realização serão fixados em edital, que será publicado no

Diário Oficial da União e em jornal diário de grande circulação.

Não se abrirá novo concurso enquanto houver candidato aprovado em concurso anterior com prazo de validade não expirado.

Enquanto a Constituição Federal, no art. 37, IV, dispõe sobre a prioridade de convocação do aprovado em concurso anterior, sobre os novos concursados, dentro do prazo de validade daquele; o art. 12, § 2º, do Estatuto dos Servidores Federais veda a realização de novo concurso se ainda houver aprovado em concurso anterior. Não há inconstitucionalidade nessa parte da Lei 8.112/1990, mas sim uma regra mais restrita, que deverá ser seguida pela Administração Pública federal.

▪ DA POSSE, EXERCÍCIO, ESTÁGIO PROBATÓRIO E ESTABILIDADE

A posse e o exercício são etapas importantes no processo de provimento de cargos públicos regidos pela Lei 8.112/1990. A posse é o ato formal pelo qual o servidor toma posse do cargo público para o qual foi nomeado, ela deve ocorrer no prazo máximo de 30 dias contados da publicação do ato de provimento (nomeação), sob pena de tornar sem efeito a nomeação. Para tomar posse, o servidor deve apresentar os documentos exigidos, declaração de bens e sobre exercício de outros cargos públicos. Importante lembrar que ela pode ocorrer por procuração, desde que específica.

O exercício é o início do efetivo desempenho das atribuições do cargo pelo servidor. O servidor deve entrar em exercício no prazo máximo de 15 dias contados da data da posse, sob pena de ser exonerado.

Após entrar em exercício, durante o período de três anos de exercício, o servidor está sujeito ao estágio probatório, no qual é avaliado quanto à capacidade de adaptação ao ambiente de trabalho tendo como fatore analisados a produtividade, assiduidade, capacidade de iniciativa, produtividade, responsabilidade e disciplina. Ao final do estágio probatório, o servidor poderá ser confirmado no cargo ou exonerado/reconduzido. Quatro meses antes de findo o período do estágio probatório, será submetida à homologação da autoridade competente a avaliação do desempenho do servidor, realizada por comissão constituída para essa finalidade, de acordo com o que dispuser a lei ou o regulamento da respectiva carreira ou cargo, sem prejuízo da continuidade de apuração dos fatores.

O servidor habilitado em concurso público e empossado em cargo de provimento efetivo adquirirá estabilidade no serviço público ao completar três anos de efetivo exercício

José dos Santos Carvalho Filho define a estabilidade como o instituto que guarda relação com o serviço, e não com o cargo. Emana daí que, se o servidor já adquiriu estabilidade no serviço ocupando determinado cargo, não precisará de novo estágio probatório no caso de permanecer em sua carreira, cujos patamares são alcançados normalmente pelo sistema de promoções. **A estabilidade é absoluta? NÃO!!!**

Para que não ocorra um engessamento do serviço público com faltas se qualquer risco de demissão, a Lei n. 8.112/1990 estabelece, em seu artigo 22, as hipóteses em que o servidor público federal estável poderá perder o cargo:

> *"Art. 22. O servidor estável só perderá o cargo em virtude de sentença judicial transitada em julgado ou de processo administrativo disciplinar no qual lhe seja assegurada ampla defesa."*

Além delas, temos duas outras possibilidades extraídas do texto da Constituição Federal: o procedimento de avaliação periódica e a redução de despesas quando os entes federativos não observarem o limite máximo de gastos com pessoal.

Vacância

As diversas hipóteses de vacância são situações em que o servidor público deixa o cargo público anteriormente ocupado. Podem ser de caráter definitivo, oportunidade em que o agente estatal rompe o seu vínculo com o Poder Público, ou então tratar-se de hipóteses em que ocorre a simples troca dos cargos ocupados pelo servidor.

São formas de vacância a exoneração, a demissão, a aposentadoria, o falecimento do servidor, a readaptação, a promoção e a posse em cargo inacumulável.

Quanto à exoneração é importante lembrar que ela não é forma de punição, mas sim o rompimento da relação com o poder público. Ela pode ocorrer de forma voluntária ou de ofício.

- **Voluntária:** Quando a exoneração ocorre a pedido do servidor.
- **Involuntária ou de ofício:** Apenas em duas situações teremos a exoneração involuntária (de ofício) do servidor público ocupante de cargo efetivo:

a) Quando não satisfeitas as condições do estágio probatório;

b) Quando, tendo tomado posse, o servidor não entrar em exercício no prazo estabelecido, que é de 15 dias.

Quando se tratar de cargo em comissão, tendo em vista que estes são de livre nomeação e exoneração e possuem a característica da transitoriedade, a exoneração poderá ocorrer, a qualquer tempo, a pedido do servidor (voluntária) ou de ofício, no interesse da administração (involuntária).

A demissão por outro lado é uma forma de punição, sendo a dispensa do servidor em decorrência de processo administrativo disciplinar, por infração grave ou reincidência em infrações menos graves.

A Promoção é a passagem do servidor para cargo de nível superior, por meio de processo seletivo interno ou por merecimento e a Readaptação é a investidura do servidor em cargo compatível com a sua capacidade física ou mental, quando comprovada a incapacidade para o cargo anterior. Importante lembrar que essas duas formas de vacância também são formas de provimento, porque elas ao mesmo tempo que investem o servidor em um cargo novo, geram vacância do cargo que era anteriormente ocupado.

Aposentadoria é a dispensa do servidor que atinge os requisitos para se aposentar, podendo ser voluntária, por invalidez ou compulsória.

O Falecimento é a extinção do vínculo do servidor em decorrência de seu óbito e por fim temos a posse em cargo inacumulável que é a extinção do vínculo com o cargo atual por aprovação em outro concurso.

Remoção e Redistribuição

REMOÇÃO	REDISTRIBUIÇÃO
Não se trata de uma forma de provimento	Não se trata de uma forma de provimento
Não altera o contingente funcional	Não altera o contingente funcional
Deslocamento do SERVIDOR	Deslocamento de CARGO
Objetivo de assegurar a preservação de valores como a saúde do servidor e o núcleo familiar	Forma de organização da administração pública
Quando ocorrer a mudança de Município, deve ter um período de trânsito de 10 a 30 dias para o novo exercício	Quando ocorrer a mudança de Município, deve ter um período de trânsito de 10 a 30 dias para o novo exercício
A pedido ou de ofício	Sempre de ofício

▷ ATENÇÃO! <u>Entendimentos importantes dos Tribunais Superiores:</u>

- Para que exista o direito à remoção para acompanhar cônjuge ou companheiro, não há necessidade que o mesmo seja também regido pela Lei 8.112/1990!
- O Cônjuge deve ser servidor público ou empregado público, de qualquer dos Poderes, e de qualquer ente da Federação (União, estados, DF e municípios).
- Não se aplica quando um deles é aprovado em outro concurso em outra localidade, pois nesse caso não há intervenção do Poder Público!
- Também não se aplica quando o casal já morava em localidades diferentes!

Direitos e Vantagens

Os servidores regidos pela Lei n. 8.112/1990 possuem uma série de prerrogativas e benefícios para as mais diversas situações que podem ocorrem na sua vida profissional e decorrentes da atividade no serviço público.

VENCIMENTO E REMUNERAÇÃO

- **CONCEITOS**:
  - **<u>Vencimento</u>**: É a retribuição pecuniária pelo exercício de cargo público, com valor fixado em lei.

- Remuneração: É o vencimento do cargo efetivo, acrescido das vantagens pecuniárias permanentes estabelecidas em lei.

▪ VENCIMENTO + VANTAGENS PERMANENTES = REMUNERAÇÃO

O vencimento do cargo efetivo, acrescido das vantagens de caráter permanente, é irredutível.

- A regra da irredutibilidade dos vencimentos/remuneração não é absoluta, uma vez que a Constituição Federal apresenta algumas exceções:

Art. 37. [...] XV – o subsídio e os vencimentos dos ocupantes de cargos e empregos públicos são irredutíveis, ressalvado o disposto nos incisos XI e XIV deste artigo e nos arts. 39, § 4º, 150, II, 153, III, e 153, § 2º, I;

O art. 37, XI, trata do teto constitucional remuneratório. Dessa forma, as remunerações que se encontrarem acima do teto constitucional podem ser reduzidas para adequação de seu valor ao limite.

- Mas o teto constitucional é igual ao da Lei 8.112/1990??? **NÃO**!!!
- O servidor pode perder a remuneração? SIM
- Quando?
  - Perde a remuneração do dia em que faltar ao serviço, sem motivo justificado;
  - Perde a parcela de remuneração diária, proporcional aos atrasos, ausências justificadas, ressalvadas as concessões, e saídas antecipadas, salvo na hipótese de compensação de horário, até o mês subsequente ao da ocorrência, a ser estabelecida pela chefia imediata.
- As faltas justificadas decorrentes de caso fortuito ou de força maior poderão ser compensadas a critério da chefia imediata, sendo assim consideradas como efetivo exercício.

▪ VANTAGENS

Além do vencimento, poderão ser pagas ao servidor as seguintes vantagens:

- Indenizações
- Gratificações
- Adicionais

As indenizações não se incorporam ao vencimento ou provento para qualquer efeito enquanto as gratificações e os adicionais incorporam-se ao vencimento ou provento, nos casos e condições indicados em lei. As vantagens pecuniárias não serão computadas, nem acumuladas, para efeito de concessão de quaisquer outros acréscimos pecuniários ulteriores, sob o mesmo título ou idêntico fundamento.

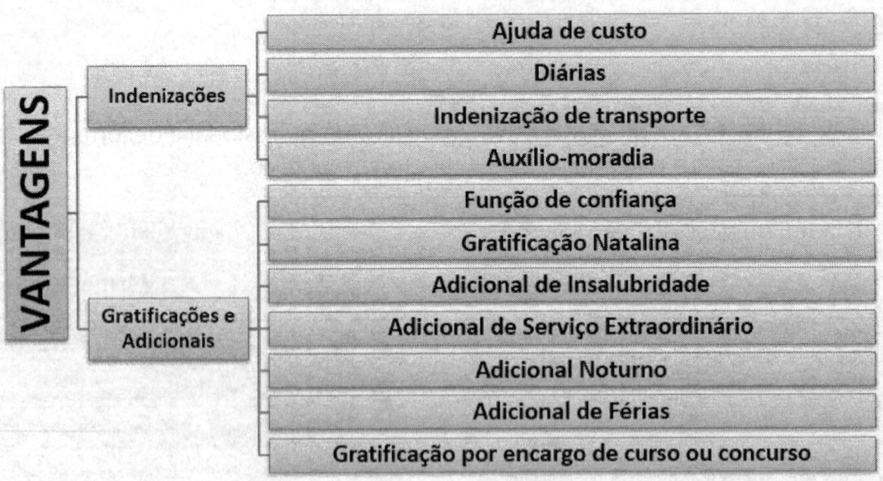

▪ AJUDA DE CUSTO

É verba de caráter compensatório. Com o objetivo de ressarcir as despesas de instalação do servidor que, por interesse da administração, passou a ter exercício em nova sede em caráter permanente. Importante destacar que correm por conta da administração as despesas de transporte do servidor e de sua família, compreendendo passagem, bagagem e bens pessoais.

Não será concedida ajuda de custo nas hipóteses de remoção a pedido. Ou seja, só será paga se a mudança for por determinação da administração. É calculada com base na remuneração do servidor, não podendo exceder a importância correspondente a três meses de remuneração.

- **DIÁRIAS**

O servidor que, a serviço, afastar-se da sede em caráter **eventual** ou **transitório** para outro ponto do território nacional ou para o exterior, fará jus a passagens e diárias destinadas a indenizar as parcelas de despesas extraordinária com pousada, alimentação e locomoção urbana, conforme dispuser em regulamento. A diária será concedida por dia de afastamento, sendo devida pela metade quando o deslocamento não exigir pernoite fora da sede, ou quando a União custear, por meio diverso, as despesas extraordinárias cobertas por diárias. Nos casos em que o deslocamento da sede constituir exigência permanente do cargo, o servidor não fará jus a diárias. Também não fará jus a diárias o servidor que se deslocar dentro da mesma região metropolitana, aglomeração urbana ou microrregião, constituídas por municípios limítrofes e regularmente instituídas, ou em áreas de controle integrado mantidas com países limítrofes, cuja jurisdição e competência dos órgãos, entidades e servidores brasileiros considera-se estendida, salvo se houver pernoite fora da sede, hipóteses em que as diárias pagas serão sempre as fixadas para os afastamentos dentro do território nacional.

- **TRANSPORTE**

Conceder-se-á indenização de transporte ao servidor que realizar despesas com a utilização de meio próprio de locomoção para a execução de serviços externos, por força das atribuições próprias do cargo, conforme se dispuser em regulamento. A concessão de transporte tem como objetivo ressarcir as despesas que o servidor teve, no desempenho de suas atividades, com a utilização de meio próprio de locomoção.

- **AUXÍLIO-MORADIA**

O Auxílio Moradia tem o objetivo de ressarcir as despesas que os servidores tiveram com o aluguel de moradia ou outro meio de hospedagem, devidamente comprovadas, e desde que sejam atendidos diversos requisitos estabelecidos legalmente. Jamais poderá ultrapassar 25% da remuneração do cargo em comissão ou da função de confiança. Tal valor, da mesma forma, não poderá ultrapassar o percentual de 25% da remuneração recebida pelos Ministros de Estado.

- **GRATIFICAÇÕES E ADICIONAIS**

Além do vencimento e das vantagens previstas no estatuto federal, poderão ser deferidos aos servidores regidos por tal norma as seguintes retribuições, gratificações e adicionais

- Retribuição pelo exercício de função de direção, chefia e assessoramento
- Gratificação natalina
- Adicional pelo exercício de atividades insalubres, perigosas ou penosas
- Adicional pela prestação de serviço extraordinário
- Adicional noturno
- Adicional de férias
- Outros, relativos ao local ou à natureza do trabalho
- Gratificação por encargo de curso ou concurso

Vamos analisar as principais delas:

- **RETRIBUIÇÃO POR EXERCÍCIO DE FUNÇÃO DE DIREÇÃO, CHEFIA OU ASSESSORAMENTO**

Ao servidor ocupante de cargo efetivo investido em função de direção, chefia ou assessoramento, cargo de provimento em comissão ou de Natureza Especial é devida retribuição pelo seu exercício. Adicional pago com base na complexidade da atribuição desempenhada.

- **GRATIFICAÇÃO NATALINA**

Também conhecida como 13º salário, a gratificação natalina corresponde a 1/12 da remuneração a que o servidor fizer jus no mês de dezembro, por mês de exercício no respectivo ano, sendo que a fração igual ou superior a 15 dias será considerada como mês integral.

A gratificação será paga até o dia 20 do mês de dezembro de cada ano.

- **ADICIONAL PELO EXERCÍCIO DE ATIVIDADES INSALUBRES, PERIGOSAS OU PENOSAS**

Os servidores que trabalhem com habitualidade em locais insalubres ou em contato permanente com substâncias tóxicas, radioativas ou com risco de vida, fazem jus a um adicional sobre o vencimento do cargo efetivo.

Importante lembrar que eles não são cumulativos, ou seja, o servidor que fizer jus aos adicionais de insalubridade e de periculosidade deverá optar por um deles.

Se trata de salário-condição, sendo que o direito ao adicional de insalubridade ou periculosidade cessa com a eliminação das condições ou dos riscos que deram causa a sua concessão.

PERICULOSIDADE	Está relacionada com atividades que coloquem o servidor em situações de risco de morte.
INSALUBRIDADE	Está relacionada com condições do ambiente de trabalho, que, ainda que não causem um risco imediato, vão prejudicando, aos poucos, a saúde do servidor, tal como a falta de iluminação adequada ou o contato com substâncias tóxicas.
PENOSIDADE	Se relaciona com os servidores que estejam em exercício em zonas de fronteira ou outras localidades com baixa qualidade de vida.

- **ADICIONAL PELA PRESTAÇÃO DE SERVIÇO EXTRAORDINÁRIO**

O serviço extraordinário será remunerado com acréscimo de 50% (cinquenta por cento) em relação à hora normal de trabalho. Somente será permitido serviço extraordinário para atender a situações excepcionais e temporárias, respeitado o limite máximo de 2 (duas) horas por jornada.

- **ADICIONAL NOTURNO**

O serviço noturno, prestado em horário compreendido entre 22 (vinte e duas) horas de um dia e 5 (cinco) horas do dia seguinte, terá o valor-hora acrescido de 25% (vinte e cinco por cento), computando-se cada hora como cinquenta e dois minutos e trinta segundos.

- **ADICIONAL DE FÉRIAS**

Independentemente de solicitação, será pago ao servidor, por ocasião das férias, um adicional correspondente a 1/3 (um terço) da remuneração do período das férias. O adicional de férias decorre de uma previsão constitucional (FAMOSO TERÇO CONSTITUCIONAL), podendo ser entendido como um percentual que será aplicado sobre a remuneração do servidor público sempre que este desejar gozar das suas férias.

- **DAS FÉRIAS**

O direito ao gozo de férias trata-se de uma regra Constitucional, sendo direito de todos. São, portanto, um direito social que, ainda que inicialmente previsto para os trabalhadores da iniciativa privada, foi estendido aos servidores públicos de todos os entes federados, já que seu intento é justamente preservar a saúde mental dos trabalhadores.

O período de férias é de 30 dias e seu gozo como regra é anual, sendo acumuláveis até o máximo de dois períodos anuais, desde que por absoluta necessidade de serviço. Pode ser fracionada até 3 períodos (mediante requerimento do servidor e aceitação da chefia), sendo que nesse caso o servidor receberá no primeiro período a remuneração de férias (1/3).

Durante as férias o servidor terá direito a todas as vantagens inerentes ao cargo como se estivesse em exercício.

Cumpre destacar que o servidor que opere direta e permanentemente com raios x ou substâncias radioativas, próximas a fontes de irradiação terá 20 (vinte) dias consecutivos de férias por semestre, não acumuláveis e intransferíveis.

Podem ser interrompidas:

- Calamidade pública
- Comoção interna
- Convocação para júri
- Serviço militar ou eleitoral
- Necessidade do serviço declarada pela autoridade máxima do órgão ou entidade

Licenças

LICENÇAS

- Licença por motivo de doença em pessoa da família
- Licença por motivo de afastamento do cônjuge ou companheiro
- Licença para o serviço militar
- Licença para atividade política
- Licença para capacitação
- Licença para tratar de interesses particulares
- Licença para desempenho de mandato classista
- Licença para tratamento de saúde
- Licença à gestante, à adotante e paternidade
- Licença por acidente em serviço

▪ LICENÇA POR MOTIVO DE DOENÇA EM PESSOA DA FAMÍLIA

Poderá ser concedida licença ao servidor por motivo de doença do cônjuge ou companheiro, dos pais, dos filhos, do padrasto ou madrasta e enteado, ou dependente que viva a suas expensas e conste do seu assentamento funcional, mediante comprovação por perícia médica oficial. A licença somente será deferida se a assistência direta do servidor for indispensável e não puder ser prestada simultaneamente com o exercício do cargo ou mediante compensação de horário.

Período (a cada 12 meses)	Remuneração
Até 60 dias consecutivos ou não	Com remuneração integral
Até 90 dias consecutivos ou não	Sem remuneração

O início do interstício de 12 meses será contado a partir da data do deferimento da primeira licença concedida.

▪ LICENÇA POR MOTIVO DE AFASTAMENTO DO CÔNJUGE OU COMPANHEIRO

Poderá ser concedida licença ao servidor para acompanhar cônjuge ou companheiro que foi deslocado para outro ponto do território nacional, para o exterior ou para o exercício de mandato eletivo dos Poderes Executivo e Legislativo. A licença será por prazo indeterminado e sem remuneração.

Trata-se de licença de caráter discricionário, ou seja, que pode ou não ser concedida pela administração pública

▪ LICENÇA PARA SERVIÇO MILITAR

Ao servidor convocado para o serviço militar será concedida licença, na forma e condições previstas na legislação específica. Concluído o serviço militar, o servidor terá até 30 (trinta) dias sem remuneração para reassumir o exercício do cargo.

▪ LICENÇA PARA ATIVIDADE POLÍTICA

O servidor terá direito à licença, sem remuneração, durante o período que mediar entre a sua escolha em convenção partidária, como candidato a cargo eletivo, e a véspera do registro de sua candidatura perante a Justiça Eleitoral. A partir do registro da candidatura e até o décimo dia seguinte ao da eleição, o servidor fará jus à licença, assegurados os vencimentos do cargo efetivo, somente pelo período de três meses.

▪ LICENÇA PARA CAPACITAÇÃO

Antiga licença prêmio. Após cada quinquênio de efetivo exercício, o servidor poderá, no interesse da Administração, afastar-se do exercício do cargo efetivo, com a respectiva remuneração, por até três meses, para participar de curso de capacitação profissional.

Os períodos de licença nesse caso não são acumuláveis.

▪ LICENÇA PARA TRATAR DE INTERESSES PARTICULARES

A critério da Administração, poderão ser concedidas ao servidor ocupante de cargo efetivo, desde que não esteja em estágio probatório, licenças para o trato de assuntos particulares pelo prazo de até três anos consecutivos, sem remuneração. A licença poderá ser interrompida, a qualquer tempo, a pedido do servidor ou no interesse do serviço.

- **LICENÇA PARA DESEMPENHO DE MANDADO CLASSISTA**

É assegurado ao servidor o direito à licença sem remuneração para o desempenho de mandato em confederação, federação, associação de classe de âmbito nacional, sindicato representativo da categoria ou entidade fiscalizadora da profissão ou, ainda, para participar de gerência ou administração em sociedade cooperativa constituída por servidores públicos para prestar serviços a seus membros.

A licença terá duração igual à do mandato, podendo ser renovada, no caso de reeleição

Associados	Servidores
Até 5.000 associados	2 servidores
De 5.001 a 30.000 associados	4 servidores
Mais de 30.000 associados	8 servidores

- **LICENÇA PARA TRATAMENTO DE SAÚDE**

Será concedida ao servidor licença para tratamento de saúde, a pedido ou de ofício, com base em perícia médica, sem prejuízo da remuneração a que fizer jus.

Como regra, a licença para tratamento de saúde apenas poderá ser concedida mediante inspeção realizada por perícia médica oficial. Quando a licença exceder o prazo de 120 dias no período de 12 meses, deverá ser analisada por uma junta médica oficial.

Em caráter de exceção, a licença concedida por prazo inferior a 15 dias, dentro do prazo de 1 ano, poderá ser dispensada da perícia oficial, desde que haja previsão neste sentido em regulamento editado pelo Poder Público.

- **LICENÇA GESTANTE, ADOTANTE E PATERNIDADE**

Será concedida licença à servidora gestante por 120 (cento e vinte) dias consecutivos, sem prejuízo da remuneração. O Decreto 6.690/2008 prevê a prorrogação da licença maternidade por mais 60 dias, totalizando o prazo de 180 dias.

A licença poderá ter início no primeiro dia do nono mês de gestação, salvo antecipação por prescrição médica. No caso de nascimento prematuro, a licença terá início a partir do parto.

No caso de natimorto, decorridos 30 (trinta) dias do evento, a servidora será submetida a exame médico, e se julgada apta, reassumirá o exercício. No caso de aborto atestado por médico oficial, a servidora terá direito a 30 (trinta) dias de repouso remunerado.

Para amamentar o próprio filho, até a idade de seis meses, a servidora lactante terá direito, durante a jornada de trabalho, a uma hora de descanso, que poderá ser parcelada em dois períodos de meia hora.

Pelo nascimento ou adoção de filhos, o servidor terá direito à licença paternidade de 5 (cinco) dias consecutivos. O Decreto 8.737/2016 instituiu o Programa de Prorrogação da Licença Paternidade, que concede o direito à prorrogação à licença paternidade por mais 15 dias (totalizando 20 dias).

A servidora que adotar ou obtiver guarda judicial tem direito à licença adotante, porém a Lei 8.112/1990 estabelece prazos distintos entre as licenças à gestante e à adotante e de acordo com a idade da criança adotada.

Contudo, o STF considerou, no julgamento do RE 778.889, com repercussão geral, que "os prazos da licença adotante não podem ser inferiores ao prazo da licença gestante, o mesmo valendo para as respectivas prorrogações. Em relação à licença adotante, não é possível fixar prazos diversos em função da idade da criança adotada". Com isso, pode-se concluir que tanto a licença à gestante como a licença à adotante, independentemente da idade da criança, possuem o prazo de 120 dias, assegurado o direito à prorrogação por mais 60 dias.

- **LICENÇA POR ACIDENTE DE SERVIÇO**

Será licenciado, com remuneração integral, o servidor acidentado em serviço. Configura acidente em serviço o dano físico ou mental sofrido pelo servidor, que se relacione, mediata ou imediatamente, com as atribuições do cargo exercido.

Equipara-se ao acidente em serviço o dano decorrente de agressão sofrida e não provocada pelo servidor no exercício do cargo e o sofrido no percurso da residência para o trabalho e vice-versa.

O servidor acidentado em serviço que necessite de tratamento especializado poderá ser tratado em instituição privada, à conta de recursos públicos. O tratamento recomendado por junta médica oficial constitui medida de exceção e somente será admissível quando inexistirem meios e recursos adequados em instituição pública.

A prova do acidente será feita no prazo de 10 dias, prorrogável quando as circunstâncias o exigirem.

Afastamentos

Na teoria não existe uma diferença precisa entre os afastamentos e as licenças passíveis de concessão ao servidor público federal.

Nos dois casos, estamos diante de um direito, possibilitando que o servidor se ausente sem a perda da respectiva remuneração ou a cessação da contagem do tempo de afastamento como de efetivo exercício.

- **QUAIS SÃO?**

- Afastamento para servir em outro órgão ou entidade
- Afastamento para o exercício de mandato eletivo
- Afastamento para estudo ou missão no exterior
- Afastamento para participar de programa de pós-graduação no país

- **DO AFASTAMENTO PARA EXERCÍCIO DE MANDATO ELETIVO**

Ao servidor investido em mandato eletivo aplicam-se as seguintes disposições:

- Tratando-se de mandato federal, estadual ou distrital, ficará afastado do cargo;
- Investido no mandato de prefeito, será afastado do cargo, sendo-lhe facultado optar pela sua remuneração;
- Investido no mandato de vereador:
- havendo compatibilidade de horário, perceberá as vantagens de seu cargo, sem prejuízo da remuneração do cargo eletivo;
- não havendo compatibilidade de horário, será afastado do cargo, sendo-lhe facultado optar pela sua remuneração.

No caso de afastamento do cargo, o servidor contribuirá para a seguridade social como se em exercício estivesse.

Concessões

Sem qualquer prejuízo, poderá o servidor ausentar-se do serviço:

PERÍODO	MOTIVO DA AUSÊNCIA
1 dia	Doação de sangue
Período comprovadamente necessário limitado a 2 (dois) dias	Para alistamento ou recadastramento eleitoral
8 dias	Casamento
8 dias	Falecimento do cônjuge, companheiro, pais, madrasta ou padrasto, filhos, enteados, menor sob guarda ou tutela e irmãos.

Será concedido horário especial ao servidor estudante, quando comprovada a incompatibilidade entre o horário escolar e o da repartição, sem prejuízo do exercício do cargo.

Também será concedido horário especial ao servidor portador de deficiência, quando comprovada a necessidade por junta médica oficial, independentemente de compensação de horário. As disposições constantes acima são extensivas ao servidor que tenha cônjuge, filho ou dependente com deficiência.

Direito de petição

É assegurado ao servidor o direito de requerer aos Poderes Públicos, em defesa de direito ou interesse legítimo. O requerimento será dirigido à autoridade competente para decidi-lo e encaminhado por intermédio daquela a que estiver imediatamente subordinado o requerente.

Cabe pedido de reconsideração à autoridade que houver expedido o ato ou proferido a primeira decisão, não podendo ser renovado. O requerimento e o pedido de reconsideração de que tratam os artigos anteriores deverão ser despachados no prazo de 5 (cinco) dias e decididos dentro de 30 (trinta) dias.

Cabe recurso do indeferimento do pedido de reconsideração e das decisões sobre os recursos sucessivamente interpostos. O recurso será dirigido à autoridade imediatamente superior à que tiver expedido o ato ou proferido a decisão, e, sucessivamente, em escala ascendente, às demais autoridades. O recurso será encaminhado por intermédio da autoridade a que estiver imediatamente subordinado o requerente.

O prazo para interposição de pedido de reconsideração ou de recurso é de 30 (trinta) dias, a contar da publicação ou da ciência, pelo interessado, da decisão recorrida. O recurso poderá ser recebido com efeito suspensivo, a juízo da autoridade competente. Em caso de provimento do pedido de reconsideração ou do recurso, os efeitos da decisão retroagirão à data do ato impugnado.

- **PRESCRIÇÃO**

PRAZOS DE PRESCRIÇÃO	
5 ANOS	**120 DIAS**
• Atos de demissão • Cassação de aposentadoria • Cassação de disponibilidade. • Atos que afetem interesses patrimoniais • Atos de créditos das relações de trabalho	• Nos demais casos, salvo quando, por prescrição legal, for fixado outro prazo

Regime disciplinar

- **DEVERES:**
- Exercer com zelo e dedicação as atribuições do cargo;
- Ser leal às instituições a que servir;
- Observar as normas legais e regulamentares;
- Cumprir as ordens superiores, exceto quando manifestamente ilegais;
- Atender com presteza:
  - ao público em geral, prestando as informações requeridas, ressalvadas as protegidas por sigilo;
  - à expedição de certidões requeridas para defesa de direito ou esclarecimento de situações de interesse
  - pessoal;
  - às requisições para a defesa da Fazenda Pública.
- Levar as irregularidades de que tiver ciência em razão do cargo ao conhecimento da autoridade superior ou, quando houver suspeita de envolvimento desta, ao conhecimento de outra autoridade competente para apuração; VII zelar pela economia do material e a conservação do patrimônio público;
- Guardar sigilo sobre assunto da repartição;
- Manter conduta compatível com a moralidade administrativa;
- Ser assíduo e pontual ao serviço;
- Tratar com urbanidade as pessoas;
- Representar contra ilegalidade, omissão ou abuso de poder.
- Será encaminhada pela via hierárquica e apreciada pela autoridade superior àquela contra a qual é formulada, assegurando-se ao representando ampla defesa.

- **PROIBIÇÕES:**
- Ausentar-se do serviço durante o expediente, sem prévia autorização do chefe imediato;
- Retirar, sem prévia anuência da autoridade competente, qualquer documento ou objeto da repartição;
- Recusar fé a documentos públicos;
- Opor resistência injustificada ao andamento de documento e processo ou execução de serviço;
- Promover manifestação de apreço ou desapreço no recinto da repartição;
- Cometer a pessoa estranha à repartição, fora dos casos previstos em lei, o desempenho de atribuição que seja de sua responsabilidade ou de seu subordinado;
- Coagir ou aliciar subordinados no sentido de filiarem-se a associação profissional ou sindical, ou a partido político;
- Manter sob sua chefia imediata, em cargo ou função de confiança, cônjuge, companheiro ou parente até o segundo grau civil;
- Valer-se do cargo para lograr proveito pessoal ou de outrem, em detrimento da dignidade da função pública;
- Participar de gerência ou administração de sociedade privada, personificada ou não personificada, exercer o comércio, exceto na qualidade de acionista, cotista ou comanditário;
- Essa vedação não se aplica nos seguintes casos:
  - Participação nos conselhos de administração e fiscal de empresas ou entidades em que a união detenha, direta ou indiretamente, participação no capital social ou em sociedade cooperativa constituída para prestar serviços a seus membros;
  - Gozo de licença para o trato de interesses particulares.
- Atuar, como procurador ou intermediário, junto a repartições públicas, salvo quando se tratar de benefícios previdenciários ou assistenciais de parentes até o segundo grau, e de cônjuge ou companheiro;
- Receber propina, comissão, presente ou vantagem de qualquer espécie, em razão de suas atribuições;
- Aceitar comissão, emprego ou pensão de estado estrangeiro;
- Praticar usura sob qualquer de suas formas;
  - Praticar usura significa conceder empréstimos cobrando juros exorbitantes, ou seja, acima dos valores de mercado.
- Proceder de forma desidiosa;
- Utilizar pessoal ou recursos materiais da repartição em serviços ou atividades particulares;
- Cometer a outro servidor atribuições estranhas ao cargo que ocupa, exceto em situações de emergência e transitórias;
- Exercer quaisquer atividades que sejam incompatíveis com o exercício do cargo ou função e com o horário de trabalho;

- Recusar-se a atualizar seus dados cadastrais quando solicitado

- **ACUMULAÇÃO:**

Ressalvados os casos previstos na Constituição, é vedada a acumulação remunerada de cargos públicos.

A proibição de acumular estende-se a cargos, empregos e funções em autarquias, fundações públicas, empresas públicas, sociedades de economia mista da União, do Distrito Federal, dos Estados, dos Territórios e dos Municípios.

A acumulação de cargos, ainda que lícita, fica condicionada à comprovação da compatibilidade de horários.

A Constituição Federal aborda a vedação à acumulação remunerada de cargos, empregos e funções públicos no art. 37, XVI:

> **"XVI – é vedada a acumulação remunerada de cargos públicos, exceto, quando houver compatibilidade de horários, observado em qualquer caso o disposto no inciso XI:**
>
> **a) a de dois cargos de professor;**
>
> **b) a de um cargo de professor com outro técnico ou científico;**
>
> **c) a de dois cargos ou empregos privativos de profissionais de saúde, com profissões regulamentadas;"**

A proibição de acumular ocorre mesmo na inatividade, uma vez que fica vedada a percepção de vencimento de cargo ou emprego público efetivo (o termo efetivo, nesse caso, deve ser lido no sentido de "concursado") com proventos da inatividade, salvo nas situações em que tal acumulação seria permitida enquanto na atividade.

Penalidades

São penas disciplinares a advertência, a suspensão, a demissão, cassação de aposentadoria e disponibilidade, multa e a destituição de cargo em comissão ou função gratificada. Na aplicação das penalidades serão consideradas a natureza e a gravidade da infração cometida, os danos que dela provierem para o serviço público, as circunstâncias agravantes ou atenuantes e os antecedentes funcionais.

O ato de imposição da penalidade mencionará sempre o fundamento legal e a causa da sanção disciplinar.

As penalidades de advertência e de suspensão terão seus registros cancelados, após o decurso de 3 e 5 anos de efetivo exercício, respectivamente, se o servidor não houver, nesse período, praticado nova infração disciplinar. O cancelamento da penalidade não surtirá efeitos retroativos

Advertência é a forma mais branda de punição, consistindo em uma repreensão por escrito ao servidor, registrada em sua ficha funcional.

A Suspensão é a interrupção do exercício das atividades funcionais do servidor por período determinado, com prejuízo da remuneração. Será aplicada em caso de reincidência das faltas punidas com advertência e de violação das demais proibições que não tipifiquem infração sujeita a penalidade de demissão. Não pode exceder de 90 dias e quando houver conveniência para o serviço, a penalidade de suspensão poderá ser convertida em multa, na base de 50% por dia de vencimento ou remuneração, ficando o servidor obrigado a permanecer em serviço.

A Demissão é a dispensa do servidor em decorrência de processo administrativo disciplinar, por infração grave ou reincidência em infrações menos graves.

As hipóteses de demissão estão elencadas no art. 132 da Lei 8.112/1990, cabendo destaque para o abandono de cargo e inassiduidade habitual. Configura abandono de cargo a ausência intencional do servidor ao serviço por mais de trinta dias consecutivos. Enquanto que configura inassiduidade habitual a falta ao serviço, sem causa justificada, por sessenta dias, interpoladamente, durante o período de doze meses.

Cassação de aposentadoria ou disponibilidade é a perda do benefício da aposentadoria ou da disponibilidade, em decorrência de infração disciplinar.

Destituição de cargo em comissão ou função comissionada é a perda do cargo ou função de confiança que o servidor ocupava, em decorrência de infração disciplinar.

A Multa se trata de uma sanção pecuniária que pode ser aplicada ao servidor em decorrência de infração disciplinar.

As penalidades disciplinares serão aplicadas:

- Pelo Presidente da República, pelos Presidentes das Casas do Poder Legislativo e dos Tribunais Federais e pelo Procurador Geral da República, quando se tratar de demissão e cassação de aposentadoria ou disponibilidade de servidor vinculado ao respectivo Poder, órgão ou entidade;
- Pelas autoridades administrativas de hierarquia imediatamente inferior àquelas

mencionadas no inciso anterior quando se tratar de suspensão superior a 30 (trinta) dias;

- Pelo chefe da repartição e outras autoridades na forma dos respectivos regimentos ou regulamentos, nos casos de advertência ou de suspensão de até 30 (trinta) dias;
- Pela autoridade que houver feito a nomeação, quando se tratar de destituição de cargo em comissão.

Aqui também temos incidência de prescrição, ou seja, a administração tem prazo para apurar e aplicar as punições aos servidores, como podemos observar no quadro abaixo:

Prazo prescricional	Penas disciplinares
5 anos	Infrações puníveis com demissão, cassação de aposentadoria ou disponibilidade e destituição de cargo em Comissão
2 anos	Suspensão
180 dias	Advertência

Processo administrativo disciplinar

A autoridade que tiver ciência de irregularidade no serviço público é obrigada a promover a sua apuração imediata, mediante sindicância ou processo administrativo disciplinar, assegurada ao acusado ampla defesa. Quando o fato narrado não configurar evidente infração disciplinar ou ilícito penal, a denúncia será arquivada, por falta de objeto

A apuração de irregularidades pode ocorrer de duas formas, sindicância ou através do Processo Administrativo Disciplinar.

A Sindicância é o procedimento preliminar que visa apurar de forma sumária a existência de irregularidades ou faltas cometidas pelo servidor. Ela possui um caráter mais investigatório, e pode ser instaurada a pedido da administração ou por iniciativa do próprio servidor. Em geral, a sindicância é utilizada para apurar fatos que não apresentam indícios de gravidade ou complexidade suficientes para ensejar a abertura de um PAD propriamente dito. Dela podem ser aplicadas apenas sanções de advertência ou suspensão até 30 dias. Por ser sumária, tem prazo de 30 dias para conclusão, podendo ser prorrogado por mais 30 dias.

Da sindicância poderá resultar:

- Arquivamento do processo;
- Aplicação de penalidade de advertência ou suspensão de até 30 (trinta) dias;
- Instauração de processo disciplinar.

Sempre que o ilícito praticado pelo servidor ensejar a imposição de penalidade de suspensão por mais de 30 (trinta) dias, de demissão, cassação de aposentadoria ou disponibilidade, ou destituição de cargo em comissão, será obrigatória a instauração de processo disciplinar.

- **DO AFASTAMENTO PREVENTIVO:**

Como medida cautelar e a fim de que o servidor não venha a influir na apuração da irregularidade, a autoridade instauradora do processo disciplinar poderá determinar o seu afastamento do exercício do cargo, pelo prazo de até 60 (sessenta) dias, sem prejuízo da remuneração. O afastamento poderá ser prorrogado por igual prazo, findo o qual cessarão os seus efeitos, ainda que não concluído o processo.

- **DO PROCESSO DISCIPLINAR:**

O processo disciplinar é o instrumento destinado a apurar responsabilidade de servidor por infração praticada no exercício de suas atribuições, ou que tenha relação com as atribuições do cargo em que se encontre investido. O processo disciplinar será conduzido por comissão composta de três servidores estáveis designados pela autoridade competente, que indicará, dentre eles, o seu presidente, que deverá ser ocupante de cargo efetivo superior ou de mesmo nível, ou ter nível de escolaridade igual ou superior ao do indiciado. A exigência de nível do cargo e escolaridade refere-se apenas ao presidente da comissão. A exigência relativa à estabilidade aplica-se a todos os membros.

A Comissão terá como secretário servidor designado pelo seu presidente, podendo a indicação recair em um de seus membros. As reuniões e as audiências das comissões terão caráter reservado.

O processo disciplinar se desenvolve nas seguintes fases:

- Instauração, com a publicação do ato que constituir a comissão;
- Inquérito administrativo, que compreende instrução, defesa e relatório;
- Julgamento.

O prazo para a conclusão do processo disciplinar não excederá 60 (sessenta) dias, contados da data de publicação do ato que constituir a comissão, admitida a sua prorrogação por igual prazo, quando as circunstâncias o exigirem.

Sempre que necessário, a comissão dedicará tempo integral aos seus trabalhos, ficando seus membros dispensados do ponto, até a entrega do relatório final.

As reuniões da comissão serão registradas em atas que deverão detalhar as deliberações adotadas.

O inquérito administrativo obedecerá ao princípio do contraditório, assegurada ao acusado ampla defesa, com a utilização dos meios e recursos admitidos em direito. Os autos da sindicância integrarão o processo disciplinar, como peça informativa da instrução. Na hipótese de o relatório da sindicância concluir que a infração está capitulada como ilícito penal, a autoridade competente encaminhará cópia dos autos ao Ministério Público, independentemente da imediata instauração do processo disciplinar.

Na fase do inquérito, a comissão promoverá a tomada de depoimentos, acareações, investigações e diligências cabíveis, objetivando a coleta de prova, recorrendo, quando necessário, a técnicos e peritos, de modo a permitir a completa elucidação dos fatos. É assegurado ao servidor o direito de acompanhar o processo pessoalmente ou por intermédio de procurador, arrolar e reinquirir testemunhas, produzir provas e contraprovas e formular quesitos, quando se tratar de prova pericial.

- Súmula Vinculante nº 5: "A falta de defesa técnica por advogado no processo administrativo disciplinar não ofende a Constituição".

Concluída a inquirição das testemunhas, a comissão promoverá o interrogatório do acusado, observados os procedimentos previstos nos arts. 157 e 158. No caso de mais de um acusado, cada um deles será ouvido separadamente, e sempre que divergirem em suas declarações sobre fatos ou circunstâncias, será promovida a acareação entre eles.

Tipificada a infração disciplinar, será formulada a indiciação do servidor, com a especificação dos fatos a ele imputados e das respectivas provas. O indiciado será citado por mandado expedido pelo presidente da comissão para apresentar defesa escrita, no prazo de 10 (dez) dias, assegurando-se-lhe vista do processo na repartição. Havendo dois ou mais indiciados, o prazo será comum e de 20 (vinte) dias. O prazo de defesa poderá ser prorrogado pelo dobro, para diligências reputadas indispensáveis.

Apreciada a defesa, a comissão elaborará relatório minucioso, onde resumirá as peças principais dos autos e mencionará as provas em que se baseou para formar a sua convicção. O relatório será sempre conclusivo quanto à inocência ou à responsabilidade do servidor. O processo disciplinar, com o relatório da comissão, será remetido à autoridade que determinou a sua instauração, para julgamento.

No prazo de 20 (vinte) dias, contados do recebimento do processo, a autoridade julgadora proferirá a sua decisão. Se a penalidade a ser aplicada exceder a alçada da autoridade instauradora do processo, este será encaminhado à autoridade competente, que decidirá em igual prazo. O julgamento acatará o relatório da comissão, salvo quando contrário às provas dos autos. Quando o relatório da comissão contrariar as provas dos autos, a autoridade julgadora poderá, motivadamente, agravar a penalidade proposta, abrandá-la ou isentar o servidor de responsabilidade. O julgamento fora do prazo legal não implica nulidade do processo.

A autoridade julgadora que der causa à prescrição de que trata o art. 142, § 2º, será responsabilizada na forma do Capítulo IV do Título IV.

Extinta a punibilidade pela prescrição, a autoridade julgadora determinará o registro do fato nos assentamentos individuais do servidor.

O servidor que responder a processo disciplinar só poderá ser exonerado a pedido, ou aposentado voluntariamente, após a conclusão do processo e o cumprimento da penalidade, acaso aplicada.

O processo disciplinar poderá ser revisto, a qualquer tempo, a pedido ou de ofício, quando se aduzirem fatos novos ou circunstâncias suscetíveis de justificar a inocência do punido ou a inadequação da penalidade aplicada.

A revisão é um novo processo administrativo, que é apensado ao processo originário. Portanto, não representa uma segunda instância do processo disciplinar (o PAD possui uma única instância no âmbito federal).

A revisão depende de "fatos novos", ou seja, que não foram apurados no processo originário, e que demonstrem:

- A inocência do punido
- A inadequação da penalidade aplicada

Ou seja, a simples alegação de injustiça da penalidade não constitui fundamento para a revisão, que requer elementos novos, ainda não apreciados no processo originário.

Em caso de falecimento, ausência ou desaparecimento do servidor, qualquer pessoa da família poderá requerer a revisão do processo.

Importante destacar que no PAD, o ônus da prova é da Administração; na revisão, o ônus da prova é do requerente.

Destaca-se que da revisão do processo não poderá resultar agravamento de penalidade.

Seguridade social

A União manterá Plano de Seguridade Social para o servidor e sua família.

O servidor ocupante de cargo em comissão que não seja, simultaneamente, ocupante de cargo ou emprego efetivo na administração pública direta, autárquica e fundacional não terá direito aos benefícios do Plano de Seguridade Social, com exceção da assistência à saúde.

O servidor público ocupante de cargo em comissão, sem vínculo efetivo com a União, autarquias e fundações públicas federais, contribui obrigatoriamente para o Regime Geral de Previdência Social.

O servidor afastado ou licenciado do cargo efetivo, sem direito à remuneração, inclusive para servir em organismo oficial internacional do qual o Brasil seja membro efetivo ou com o qual coopere, ainda que contribua para regime de previdência social no exterior, terá suspenso o seu vínculo com o regime do Plano de Seguridade Social do Servidor Público enquanto durar o afastamento ou a licença, não lhes assistindo, neste período, os benefícios do mencionado regime de previdência.

Os benefícios serão concedidos nos termos e condições definidos em regulamento, observadas as disposições desta Lei.

- **AUXÍLIO NATALIDADE**

O auxílio natalidade é devido à servidora por motivo de nascimento de filho, em quantia equivalente ao menor vencimento do serviço público, inclusive no caso de natimorto.

Na hipótese de parto múltiplo, o valor será acrescido de 50% (cinquenta por cento), por nascituro.

O auxílio será pago ao cônjuge ou companheiro servidor público, quando a parturiente não for servidora.

- **SALÁRIO FAMÍLIA**

O salário família é devido ao servidor ativo ou ao inativo, por dependente econômico.

Consideram-se dependentes econômicos para efeito de percepção do salário família:

- O cônjuge ou companheiro e os filhos, inclusive os enteados até 21 (vinte e um) anos de idade ou, se estudante, até 24 (vinte e quatro) anos ou, se inválido, de qualquer idade;
- O menor de 21 (vinte e um) anos que, mediante autorização judicial, viver na companhia e às expensas do servidor, ou do inativo;
- A mãe e o pai sem economia própria.

Não se configura a dependência econômica quando o beneficiário do salário família perceber rendimento do trabalho ou de qualquer outra fonte, inclusive pensão ou provento da aposentadoria, em valor igual ou superior ao salário mínimo.

Quando o pai e mãe forem servidores públicos e viverem em comum, o salário família será pago a um deles; quando separados, será pago a um e outro, de acordo com a distribuição dos dependentes. Ao pai e à mãe equiparam-se o padrasto, a madrasta e, na falta destes, os representantes legais dos incapazes.

O salário família não está sujeito a qualquer tributo, nem servirá de base para qualquer contribuição, inclusive para a Previdência Social. O afastamento do cargo efetivo, sem remuneração, não acarreta a suspensão do pagamento do salário família.

- **PENSÃO**

Por morte do servidor, os seus dependentes, nas hipóteses legais, fazem jus à pensão por morte, observados os limites estabelecidos no inciso XI do caput do art. 37 da Constituição Federal e no art. 2º da Lei nº 10.887, de 18 de junho de 2004.

O enteado e o menor tutelado equiparam-se a filho mediante declaração do servidor e desde que comprovada dependência econômica, na forma estabelecida em regulamento.

Ocorrendo habilitação de vários titulares à pensão, o seu valor será distribuído em partes iguais entre os beneficiários habilitados.

Perda da qualidade de beneficiário ocorre com:

- O seu falecimento;
- A anulação do casamento, quando a decisão ocorrer após a concessão da pensão ao cônjuge;
- A cessação da invalidez, em se tratando de beneficiário inválido, ou o afastamento da deficiência, em se tratando de beneficiário com deficiência, respeitados os períodos mínimos
- O implemento da idade de 21 anos, pelo filho ou irmão
- A acumulação de pensão
- A renúncia expressa

- **AUXÍLIO FUNERAL**

O auxílio funeral é devido à família do servidor falecido na atividade ou aposentado, em valor equivalente a um mês da remuneração ou provento. No caso de acumulação legal de cargos, o auxílio será pago somente em razão do cargo de maior remuneração

O auxílio será pago no prazo de 48 (quarenta e oito) horas, por meio de procedimento sumaríssimo, à pessoa da família que houver custeado o funeral. Se o funeral for custeado por terceiro, este será indenizado, observado o disposto no artigo anterior.

Em caso de falecimento de servidor em serviço fora do local de trabalho, inclusive no exterior, as despesas de transporte do corpo correrão à conta de recursos da União, autarquia ou fundação pública.

- **AUXÍLIO RECLUSÃO**

À família do servidor ativo é devido o auxílio reclusão, no valor equivalente a dois terços da remuneração, quando afastado por motivo de prisão, em flagrante ou preventiva, determinada pela autoridade competente, enquanto perdurar a prisão; O servidor terá direito à integralização da remuneração, desde que absolvido

Será pago metade da remuneração, durante o afastamento, em virtude de condenação, por sentença definitiva, a pena que não determine a perda de cargo.

O pagamento do auxílio reclusão cessará a partir do dia imediato àquele em que o servidor for posto em liberdade, ainda que condicional.

Ressalvado o disposto aqui, o auxílio reclusão será devido, nas mesmas condições da pensão por morte, aos dependentes do segurado recolhido à prisão.

- **DA ASSISTÊNCIA À SAÚDE**

A assistência à saúde do servidor, ativo ou inativo, e de sua família compreende assistência médica, hospitalar, odontológica, psicológica e farmacêutica, terá como diretriz básica o implemento de ações preventivas voltadas para a promoção da saúde e será prestada pelo Sistema Único de Saúde – SUS, diretamente pelo órgão ou entidade ao qual estiver vinculado o servidor, ou mediante convênio ou contrato, ou ainda na forma de auxílio, mediante ressarcimento parcial do valor despendido pelo servidor, ativo ou inativo, e seus dependentes ou pensionistas com planos ou seguros privados de assistência à saúde, na forma estabelecida em regulamento.

- **Resumos e Mapas Mentais**

LINHA DO TEMPO DO SERVIDOR

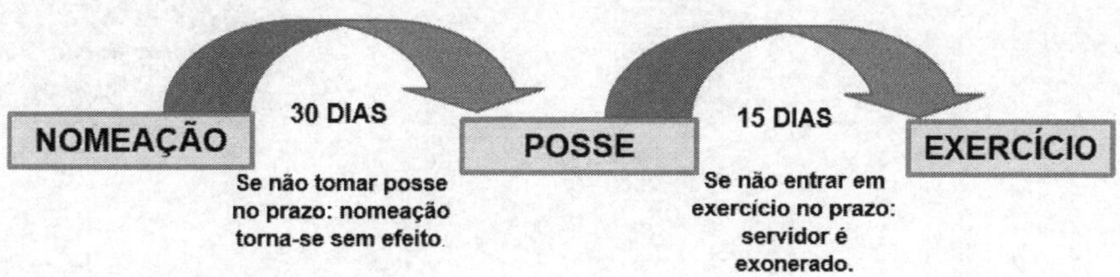

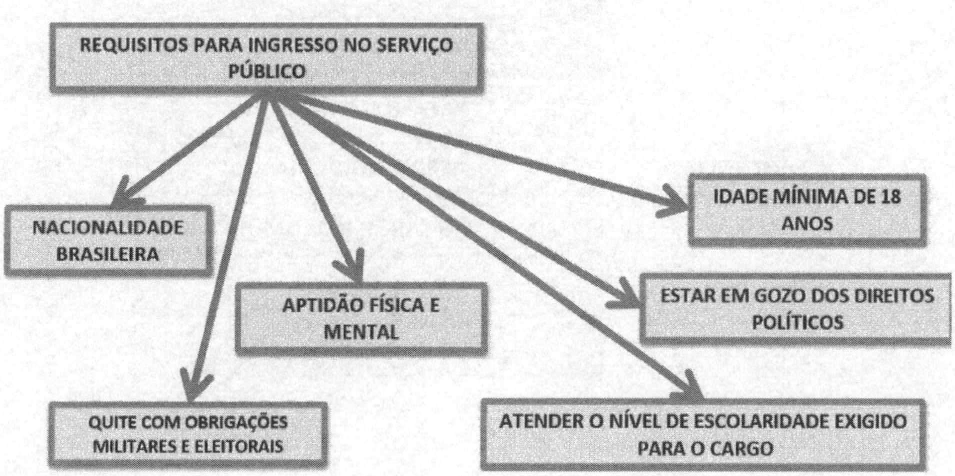

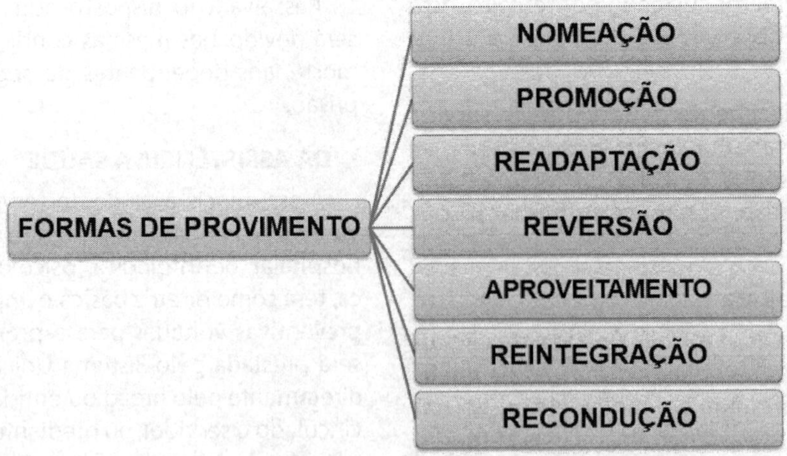
FORMAS DE PROVIMENTO
NOMEAÇÃO
PROMOÇÃO
READAPTAÇÃO
REVERSÃO
APROVEITAMENTO
REINTEGRAÇÃO
RECONDUÇÃO

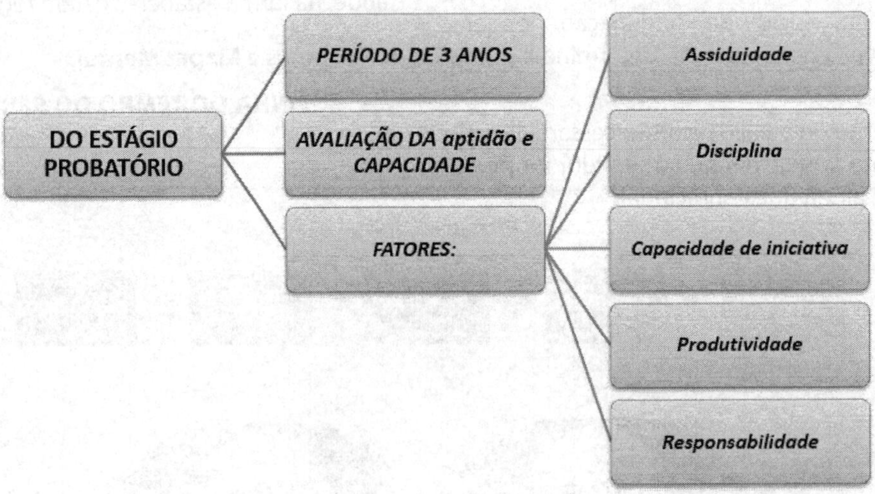
DO ESTÁGIO PROBATÓRIO
PERÍODO DE 3 ANOS
AVALIAÇÃO DA aptidão e CAPACIDADE
FATORES:
Assiduidade
Disciplina
Capacidade de iniciativa
Produtividade
Responsabilidade

VACÂNCIA
EXONERAÇÃO
DEMISSÃO
FALECIMENTO
APOSENTADORIA
POSSE EM CARGO INACUMULÁVEL
READAPTAÇÃO
PROMOÇÃO

DIREITOS E VANTAGENS

- Vencimento e remuneração
- Indenizações
- Gratificações e adicionais
- Férias
- Licenças
- Concessões
- Direito de petição

Responsabilidade Civil
- Ato Omissivo ou Comissivo
- Ato Doloso ou Culposo
- Importe em prejuízo à Fazenda Estadual ou a terceiros

Responsabilidade Civil-Administrativa
- Ato Omissivo ou Comissivo Praticado no desemprenho do cargo ou função

Responsabilidade Penal
- Abrange Crimes e Contravenções imputadas ao servidor nesta qualidade

PENAS DISCIPLINARES

- ADVERTÊNCIA
- SUSPENSÃO
- DEMISSÃO
- CASSAÇÃO DE DISPONIBILIDADE
- CASSAÇÃO DE APOSENTADORIA
- MULTA
- DESTITUIÇÃO DE CARGO EM COMISSÃO OU DE FUNÇÃO GRATIFICADA OU EQUIVALENTE.

4. PODERES ADMINISTRATIVOS

Ariel Zvoziak

▪ CONCEITO

O Estado age por meio de seus agentes públicos, aos quais são conferidas prerrogativas diferenciadas, a serem utilizadas para o alcanças os seus fins: a satisfação dos interesses públicos. Esse conjunto de prerrogativas denomina-se Poderes Administrativos, ou seja, são instrumentos conferidos à Administração para o atendimento do interesse público.

▪ Diferença entre Poderes da Administração e Poderes do Estado:

- Poderes da Administração – É a Prerrogativa/Instrumento que o Estado dispõe para a consecução do Interesse Público, podendo ser um Poder Hierárquico, Poder Disciplinar, Poder Regulamentar ou um Poder de Polícia, caracterizando-se por um Poder Abstrato que, quando se concretiza, o faz por meio de Ato Administrativo.
- Poderes do Estado – Os Poderes do Estado são o Poder Executivo, o Poder Legislativo e o Poder Judiciário, ou seja, quando falamos em Poderes do Estado temos que nos lembrar que são Elementos Estruturais do Estado, ou seja, Elementos Orgânicos ou Elementos Organizacionais

Há hipóteses e que os Poderes se convertem em verdadeiros Deveres, pois enquanto na esfera privada o Poder é mera faculdade daquele que o detém, na esfera pública representa um Dever do administrador para com os administrados.

Segundo a doutrina, trata-se do chamado Poder-dever de agir, de forma que se o agente não agir, poderá responder por omissão.

O administrador público não tem apenas o poder, mas também o dever de agir, ou seja, ele tem por obrigação exercitar esse poder em benefício da coletividade, sendo esse poder irrenunciável.

Hely Lopes Meirelles:

> *"Se para o particular o poder de agir é uma faculdade, para o administrador público é uma obrigação de atuar, desde que se apresente o ensejo de exercitá-lo em benefício da comunidade. É que o Direito Público ajunta ao poder do administrador o dever de administrar."*

▪ DO ABUSO DE PODER

No Estado Democrático de Direito, a Administração Pública deve agir sempre dentro dos limites de suas atribuições, em consonância com o direito e a moral, com respeito aos direitos dos administrados.

No entanto, se o administrador extrapolar os limites de suas competências ou se utilizar das suas atribuições para fins diversos do interesse público, teremos o chamado abuso de poder.

O abuso de poder pode se manifestar de duas formas, excesso de poder e desvio de poder. Excesso de poder quando o gestor atua fora dos limites de suas competências, exercendo atribuições que não são de sua competência. Desvio de poder quando o gestor exerce suas competências, mas para alcançar finalidade diversa da definida em lei.

▪ PODER NORMATIVO OU REGULAMENTAR

É o poder conferido aos chefes do Executivo para editar decretos e regulamentos com a finalidade de permitir a efetiva implementação da Lei ou autônomos sobre matéria de sua competência ainda não disciplinada por lei.

Enquanto as Leis são criadas no âmbito do Poder Legislativo, a Administração Pública poderá criar esses decretos e regulamentos para complementá-las, aos quais não podem contrariar, restringir ou ampliar as disposições da Lei.

Incumbe à Administração, então, complementar as Leis, criando os mecanismos para sua efetiva implementação (Ex.: Lei 8.112 x Decreto 9.991 (Dispõe sobre a Política Nacional de Desenvolvimento de Pessoas da administração pública federal direta, autárquica e fundacional, e regulamenta dispositivos da Lei nº 8.112)).

Hely Lopes Meirelles define o poder Normativo:

> *"É ato administrativo geral e normativo, expedido privativamente pelo Chefe do Executivo, por meio de decreto, visando a explicar modo e forma de execução da lei (regulamento de execução) ou prover situações não disciplinadas em lei (regulamento autônomo ou independente)."*

É um poder inerente e privativo do Chefe do Executivo. É, em razão disto, indelegável a qualquer subordinado. O Chefe do Executivo regulamenta por meio de decretos. Ele não pode, entretanto, invadir os espaços da lei.

▪ PODER HIERÁRQUICO

Hely Lopes Meirelles define o poder hierárquico da seguinte forma:

> *"Poder hierárquico é o de que dispõe o Executivo para distribuir e escalonar as funções de seus órgãos, ordenar e rever a atuação de seus agentes estabelecendo a relação de subordinação entre os servidores de seu quadro de pessoal"*

Outros autores reconhecem que esse poder se aplica a todos os poderes. E como regra, não podemos restringir a hierarquia ao Poder Executivo, tendo em vista que a função administrativa se difunde entre todos os órgãos que a exercem, seja qual for o Poder que integram. Entretanto, inexiste hierarquia entre os agentes que exercem função jurisdicional ou legislativa.

OBJETIVO:

- Ordena as atividades da administração ao repartir e escalonar as funções entre os agentes do Poder, de modo que cada qual exerça eficientemente o seu cargo;
- Coordena na busca de harmonia entre todos os serviços do mesmo órgão;
- Controla ao fazer cumprir as leis e as ordens e acompanhar o desempenho de cada servidor,
- Corrige os erros administrativos dos seus inferiores, além de agir como meio de responsabilização dos agentes ao impor-lhes o dever de obediência.

É o de que dispõe a Administração para organizar e distribuir as funções de seus órgãos, estabelecendo a relação de subordinação entre os servidores do seu quadro de pessoal.

O poder hierárquico tem íntima relação com o poder disciplinar e objetiva ordenar, coordenar, controlar e corrigir as atividades administrativas no âmbito interno da Administração.

É através do poder hierárquico que a Administração escalona a função de seus órgãos, revê a atuação de seus agentes e estabelece a relação de subordinação entre seus servidores.

Nas relações hierárquicas, há vínculo de subordinação entre órgãos e agentes.

Do poder hierárquico são decorrentes certas faculdades implícitas ao superior, tais como dar ordens e fiscalizar o seu cumprimento, delegar e avocar atribuições e rever atos dos inferiores.

Quando a autoridade superior dá uma ordem, ela determina, de maneira específica, os atos a praticar ou a conduta a seguir em caso concreto. Daí é decorrente o dever de obediência.

Já fiscalizar é o poder de vigiar permanentemente os atos praticados pelos seus subordinados. Tal se dá com o intuito de mantê-los de acordo com os padrões legais regulamentares instituídos para a atividade administrativa.

Delegar é conferir a outrem delegações originalmente competentes ao que delega.

Nossa legislação não permite a delegação de:

- Competência Exclusiva
- Atos normativos
- Decisão de Recursos Administrativos

As delegações devem ser feitas nos casos em que as atribuições objeto das primeiras forem genéricas e não fixadas como privativas de certo executor.

Avocar é trazer para si funções originalmente atribuídas a um subordinado. Nada impede que seja feita, entretanto, deve ser evitada por importar desprestígio ao seu inferior.

- **PODER DISCIPLINAR**

Hely Lopes Meirelles define o poder disciplinar da seguinte forma:

> *"Faculdade de punir internamente as infrações funcionais dos servidores e demais pessoas sujeitas à disciplina dos órgãos e serviços da Administração."*

Embora Meirelles se refira a poder como uma "faculdade", importante salientar que não se trata de uma decisão facultativa da autoridade, já que diante de uma irregularidade, o agente tem o poder-dever de agir, ou seja, é obrigado a apurar e apenas o infrator.

Exemplo: estabelece o art. 143 da Lei 8.112/90:

> "A autoridade que tiver ciência de irregularidade no serviço público é obrigada a promover sua apuração imediata....".

O Poder Disciplinar é o exercido pela Administração para apurar as infrações dos servidores e das demais pessoas que ficarem sujeitas à disciplina administrativa. Decorre do escalonamento hierárquico visto anteriormente, ou seja, se ao superior é dado poder de fiscalizar os atos dos seus subordinados, por óbvio que, verificando o descumprimento de ordens ou normas, tenha a possibilidade de impor as devidas sanções previstas para aquela conduta.

O Poder Disciplinar afeta a estrutura interna da Administração.

Correlato com o poder hierárquico, o poder disciplinar não se confunde com o mesmo.

No uso do primeiro a Administração Pública distribui e escalona as suas funções executivas. Já no uso do poder disciplinar, a Administração simplesmente controla o desempenho dessas funções e a conduta de seus servidores, responsabilizando-os pelas faltas porventura cometidas.

O poder disciplinar da Administração não deve ser confundido com o poder punitivo do Estado, realizado por meio da Justiça Penal. O disciplinar é interno à Administração, enquanto o penal visa a proteger os valores e bens mais importantes do grupo social em questão.

A punição disciplinar e a penal têm fundamentos diversos. A diferença é de substância e não de grau.

▪ PODER DE POLÍCIA

Hely Lopes Meirelles estabelece o poder de polícia da seguinte forma:

> *"Poder de polícia é a faculdade de que dispõe a Administração Pública para condicionar e restringir o uso e gozo de bens, atividades e direitos individuais, em benefício da coletividade ou do próprio Estado".*

É o mecanismo de frenagem de que dispõe a Administração Pública para conter os abusos do direito individual.

O Código Tributário Nacional – CTN, conceitua Poder de Polícia, dispondo em seu art. 78 que:

> *"Considera-se poder de polícia a atividade da administração pública que, limitando ou disciplinando direito, interesse ou liberdade, regula a prática de ato ou abstenção de fato, em razão de interesse público concernente à segurança, à higiene, à ordem, aos costumes, à disciplina da produção e do mercado, ao exercício de atividades econômicas dependentes de concessão ou autorização do Poder Público, à tranquilidade pública ou ao respeito à propriedade e aos direitos individuais ou coletivos."*

O interesse público está relacionado com a segurança, moral, saúde, meio ambiente, consumidor, propriedade, patrimônio cultural.

O poder de polícia do Estado pode ocorrer nas esferas administrativa e judiciária.

Na esfera administrativa, é feita pelos órgãos administrativos, atuando sobre as atividades dos indivíduos (ex.: fiscalização da atividade de comércio), sendo que em regra, exerce atividade preventiva. A polícia administrativa é regida pelo Direito Administrativo, agindo sobre bens, direitos ou atividades, protegendo os interesses maiores da sociedade ao impedir, por exemplo, comportamentos individuais que possam causar prejuízos maiores à coletividade.

Na esfera judiciária, é executada pelos órgãos de segurança, atuando sobre o indivíduo que poderia cometer algum ilícito penal (ex.: polícia civil de um estado). Em regra, exerce atividade repressiva. A polícia judiciária se rege pelo Direito Processual Penal, ou sejam, incide sobre pessoas.

▪ COMPETÊNCIA PARA EXERCÍCIO

A princípio, o critério para determinação de competência para o exercício do Poder de Polícia é o que diz respeito ao poder de regular a matéria, o qual, por sua vez, fundamenta-se no princípio de predominância do interesse.

Para Hely Lopes Meirelles:

- Os assuntos de interesse nacional ficam sujeitos à regulamentação e policiamento da União
- As matérias de interesse regional sujeitam-se às normas e à polícia estadual
- Os assuntos de interesse local subordinam-se aos regulamentos edilícios e ao policiamento administrativo municipal.

▪ ATRIBUTOS OU CARACTERÍSTICAS

Os atributos costumeiramente apontados pela doutrina no que se refere aos atos resultantes do exercício regular do poder de polícia são 3:

- Discricionariedade (livre escolha de oportunidade e conveniência);
- Auto executoriedade (decidir e executar diretamente sua decisão sem a intervenção do Judiciário);
- Coercibilidade (imposição coativa das medidas adotas pela Administração).

▪ SANÇÕES DECORRENTES DO PODER DE POLÍCIA

As sanções são impostas pela própria Administração em procedimentos administrativos compatíveis com as exigências do interesse público, respeitando a legalidade da sanção e a sua proporcionalidade à infração.

Exemplificando, podemos citar as seguintes sanções administrativas, em decorrência do exercício do Poder de Polícia:

- As multas
- A interdição de atividades
- Demolição de construções irregulares
- Inutilização de gêneros, apreensão de objetos.

▪ CLASSIFICAÇÃO:

- **Poder de polícia originário**
  - Exercido pela própria administração direta através dos órgãos públicos.
- **Poder de polícia delegado**
  - Exercido pela administração indireta com personalidade jurídica de direito público (Autarquias e Fundações Públicas de direito público)

Como REGRA, o poder de polícia não é delegável à pessoa jurídica de direito privado (sociedade de economia mista/empresa pública).

- A exceção são os atos materiais

▷ CICLO DO PODER DE POLÍCIA - NO CO FI SA

NOrmatizar - ORDEM: Não cabe delegação
COnsentir - (ex: alvará, licença...): Cabe delegação
FIscalizar: Cabe delegação (EPTC)
SAncionar: Não cabe delegação

Porém o STF entende de forma diversa como se pode observar na Tese de repercussão Geral abaixo de outubro de 2020:

> *"É constitucional a delegação do poder de polícia, por meio de lei, a pessoas jurídicas de direito privado integrantes da Administração Pública indireta de capital social majoritariamente público que prestem exclusivamente serviço público de atuação própria do Estado e em regime não concorrencial. STF. Plenário. RE 633782/MG, Rel. Min. Luiz Fux, julgado em 23/10/2020 (Repercussão Geral – Tema 532) (Info 996)"*

Tese utilizada para empresa de trânsito multar (poder de sancionar), ou seja, STF reconheceu que se pode delegar TODO PODER DE POLÍCIA para pessoa jurídica de direito privado da administração indireta de capital social majoritariamente público que prestem exclusivamente serviço público de atuação própria do Estado e em regime não concorrencial.

- **PODER VINCULADO**

Hely Lopes Meirelles define da seguinte forma o poder vinculado:

> *"Poder vinculado ou regrado é aquele que o Direito Positivo – a lei – confere à Administração Pública para a prática de ato de sua competência, determinando os elementos e requisitos necessários à sua formalização"*

Trata-se do dever da Administração de obedecer a lei em uma situação concreta em que ela só possui esta opção (a Administração fica inteiramente presa ao enunciado da lei).

Só há um único comportamento possível, e ele é o que a lei determina. O administrador não tem liberdade de atuação, apenas deve seguir o que a lei prescreve.

É conferido pela lei à Administração para a prática de ato de sua competência, mas com predeterminação dos elementos e requisitos necessários à sua formalização, ou seja, é aquele nos quais a liberdade de atuação do agente é mínima ou inexiste.

Para alguns autores, a ideia de poder é contraditória nesse caso, já que o administrador está limitado a respeito dos elementos que compõem o ato (competência, finalidade, forma, motivo e objeto), não gozando de liberdade.

- **PODER DISCRICIONÁRIO**

Celso Antônio Bandeira de Mello traz o seguinte conceito:

> "A Administração ao atuar no exercício de discrição, terá que obedecer a critérios aceitáveis do ponto de vista racional, em sintonia com o senso normal de pessoas equilibradas e respeitosas das finalidades que presidiram a outorga da competência exercida."

Já José dos Santos Carvalho Filho define da seguinte forma:

> "Conveniência e oportunidade são os elementos nucleares do poder discricionário. A primeira indica em que condições vai se conduzir o agente; a segunda diz respeito ao momento em que a atividade deve ser produzida. Registre-se, porém, que essa liberdade de escolha tem que se conformar com o fim colimado na lei".

Este poder permite uma margem de liberdade ao administrador que exercerá um juízo de valor de acordo com critérios de CONVENIÊNCIA e OPORTUNIDADE.

Desse modo, o administrador, no caso concreto, avaliará a situação em que deve agir, adotando o comportamento adequado. Tal poder é necessário, uma vez que seria impossível que o legislador previsse todas as situações possíveis para os vários comportamentos administrativos.

Embora deva estar de acordo com a lei, confere uma maior liberdade ao Administrador, que poderá adotar uma ou outra conduta de acordo com a conveniência e oportunidade, ou seja, a Lei faculta ao administrador a possibilidade de escolher as entre as condutas possíveis, a qual deve estar de acordo com o melhor atendimento do interesse público.

Entretanto, é importante ressaltar que toda a atividade administrativa encontra limites na legalidade, devendo tais prerrogativas ser praticadas nos limites impostos pela lei, sob pena de ser reconhecida a arbitrariedade e, consequentemente, a ilegalidade do ato.

RESUMOS E MAPAS MENTAIS

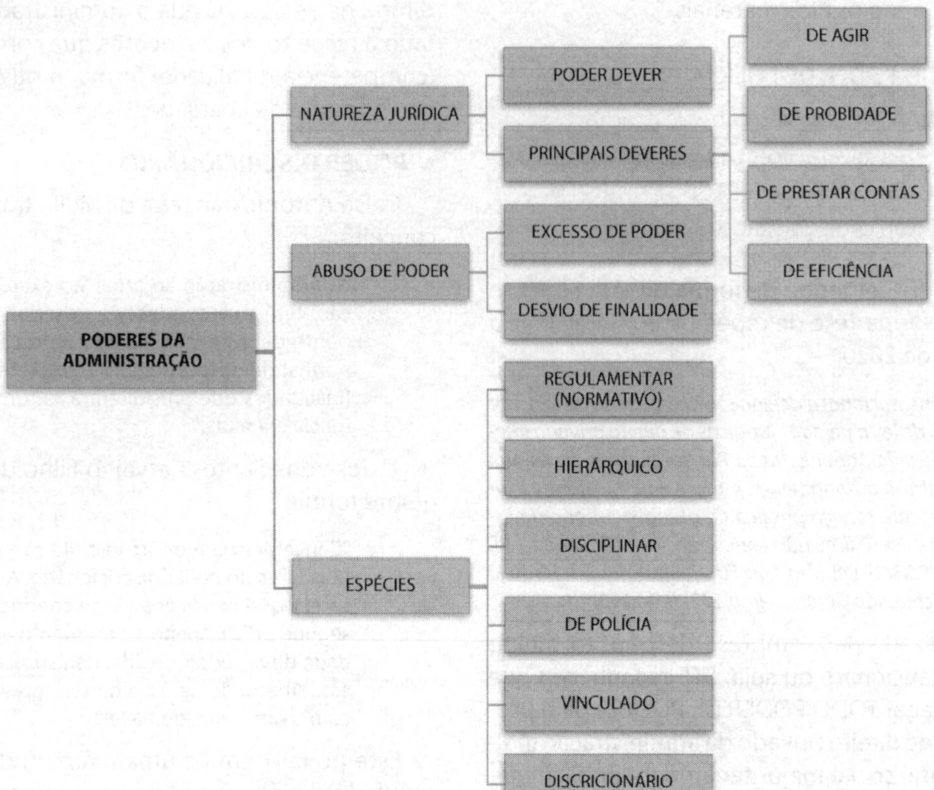

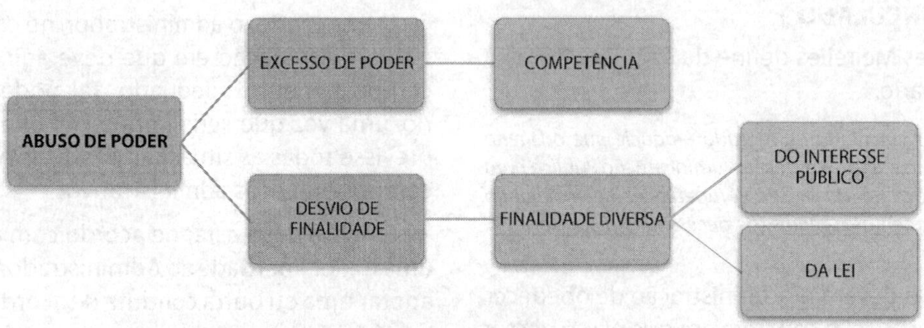

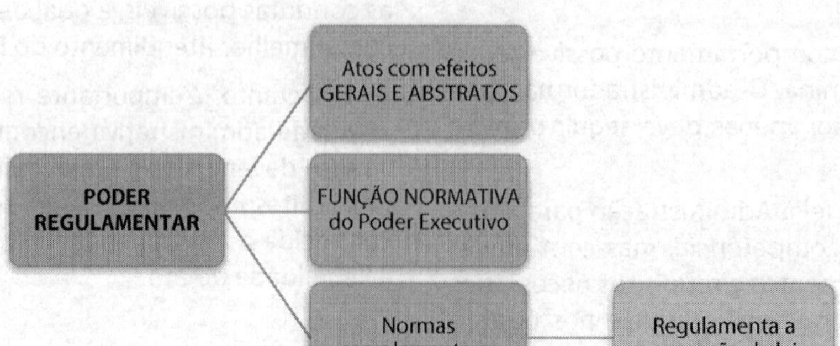

DECRETO EXECUTIVO	DECRETO AUTÔNOMO (inclusão em 2001 na CF)
Art. 84, IV, CF	Art. 84, VI, CF
Fiel execução da lei	Autônomo
Assunto da lei que vai tornar exequível	1. Execução de funções ou cargos públicos, quando vagos 2. Organização funcionamento da administração federal, quando não implicar aumento de despesa nem criação ou extinção de órgãos públicos
Não inova na ordem jurídica	Inova na ordem jurídica (produz efeitos concretos)
Privativo do Chefe do Executivo	Privativo do Chefe do Executivo
Indelegável	Delegável (Para Ministros de Estado, Procurador Geral da República ou Advogado Geral da União)

PODER HIERÁRQUICO

- Organização administrativa
  - Distribuição de competências
  - Hierarquia
- Relação de coordenação e subordinação
- Interno
- Discricionário como regra geral

PODER DISCIPLINAR

- Poder de apurar infrações e punir
  - Servidores públicos
  - Demais pessoas submetidas à disciplina da adm. Pública
- Vínculo específico
  - Ex: Pessoa que celebra contrato administrativo após licitação
- Decorrência
  - Da hierarquia (para servidores)
  - Do aspecto funcional (no MP, por exemplo, entre promotores e procuradores não há hierarquia no exercício das funções institucionais)
- Em regra é discricionário
- Exige o devido processo legal
  - Contraditório
  - Ampla defesa

- **PODER DE POLÍCIA DO ESTADO**
  - Administrativo
    - Preventivo ou repressivo
    - Ações antissociais
    - Direito Administrativo
    - Bens/direitos/atividades da pessoa
    - Espalhada pelas Pessoas Jurídicas de Direito Público da Adm. Pública
  - Judiciário
    - Repressivo
    - Infração à lei penal
    - Direito Penal
    - Privativa de corporações especializadas
    - Liberdade da pessoa

- **PODER DE POLÍCIA**
  - Poder de impor restrições aos administrados — Interesse público
  - Externo — Vínculo genérico
  - Decorrência — Princípio da supremacia do interesse público sobre o privado
  - Em regra é discricionário
  - Atinge
    - Atividades
    - Bens
    - Direitos

Para acessar questões selecionadas da disciplina e corrigidas em vídeo, utilize o QRCode ao lado.

5. REGIME JURÍDICO ADMINISTRATIVO

Franciele Kühl e Ariel Zvoziak

Denomina-se regime jurídico administrativo o conjunto de regras incidentes sobre a Administração Pública, envolvendo prerrogativas e deveres para a preservação dos interesses da coletividade. Nas palavras de Maria Sylvia Zanella Di Pietro, trata-se do conjunto de conotações que tipificam o Direito Administrativo, colocando a Administração Pública numa situação privilegiada e vertical na relação jurídico-administrativa.

O único objetivo que a Administração Pública pode perseguir em sua atuação é a preservação dos interesses da coletividade, tratando-se, portanto, de interesse público primário. Como reflexo direto de sua atuação, a Administração recebe do ordenamento jurídico prerrogativas que não se estendem aos particulares, tais como a autoexecutoriedade de seus atos (Administração executa sozinha seus próprios atos sem precisar de autorização do Poder Judiciário).

Todavia, em que pese gozar de prerrogativas, a Administração Pública, ao editar seus atos, tem o dever de cumprir uma série de exigências que não se estendem aos atos comuns da vida civil. Além da capacidade do agente, licitude do objeto e forma prescrita em lei, requisitos clássicos de validade de um ato jurídico, os atos administrativos devem conter finalidade e motivação.

A Constituição Federal e as leis determinam a qual regime a Administração Pública deve se submeter, se a regime de direito público ou a regime de direito privado.

Na hipótese do artigo 173 da Constituição Federal, para o Estado intervir diretamente na ordem econômica, explorando-a, deverá fazê-lo sob regime de direito privado.

Há que se ressalvar, desde logo, que a submissão do Estado ao regime de direito privado nunca será integral, o que significa que o direito privado sofrerá derrogações por normas de direito público. Por exemplo, na exploração direta da ordem econômica por empresas públicas e sociedades de economia mista, nos moldes do artigo 173 da Constituição Federal, o regime de direito privado é submetido a derrogações por normas de direito público.

Assim é que os empregados destas pessoas, na sua grande maioria, devem se submeter a concurso público de provas ou de provas e títulos para posteriormente serem contratados (regra de Direito Público), contratação que se dará pelas normas da Consolidação das Leis do Trabalho (como os empregadores privados).

Já na prestação de serviços públicos, o regime será de direito público.

A expressão "regime jurídico da Administração Pública" engloba os regimes jurídicos de direito público e privado a que se submete a Administração Pública.

A expressão "regime jurídico administrativo" é reservada para designar o regime jurídico de direito público a que se submete a Administração Pública.

Caracteriza-se o regime jurídico administrativo pelo conjunto de princípios e normas que colocam a Administração Pública numa posição vertical na relação jurídico-administrativa.

O regime jurídico administrativo funda-se em duas características básicas: as prerrogativas e as sujeições.

As prerrogativas elevam a Administração Pública a uma posição de supremacia diante do particular, significando que a Administração Pública pode praticar atos que são vedados aos particulares, tudo visando ao atendimento dos interesses públicos. Assim, a Administração Pública pode desapropriar e requisitar bens, ocupar temporariamente imóvel alheio, impor sanções administrativas, criar obrigações para os particulares independentemente de sua vontade, modificar e rescindir unilateralmente os contratos, etc. Também goza de privilégios, tais como prazos processuais dilatados, juízo privativo, presunção de legalidade e de legitimidade de seus atos, imunidade tributária, processo especial de execução, etc.

A Administração Pública também está sujeita a restrições que não são comuns aos particulares, como forma de garantir que o interesse público seja atingido sem ofensa indevida à liberdade dos indivíduos. A observância aos princípios da legalidade, moralidade, publicidade e da finalidade, além de inúmeros outros princípios e normas, asseguram que a Administração Pública exerça suas prerrogativas de maneira adequada, resguardando a liberdade do indivíduo.

Será que existe apenas um fundamento do regime jurídico administrativo, ou seriam vários? Existem inúmeros posicionamentos doutrinários, no entanto, pode-se elencar a preponderância de alguns fundamentos.

Trata-se da supremacia e indisponibilidade do interesse público. Grande parte da doutrina (Celso Antônio Bandeira de Mello, por exemplo) afirma ser esse o fundamento do regime jurídico administrativo, pois espelha o binômio prerrogativas e sujeições.

Supremacia do interesse público: superioridade sobre os demais interesses existentes, como qualquer interesse que seja meramente particular.

Indisponibilidade do interesse público: indisponibilidade de transigir ou sacrificar interesse público. É uma decorrência lógica da supremacia do interesse público.

5.1. Princípios do direito administrativo

SUPREMACIA DO INTERESSE PÚBLICO

A partir desse princípio, presume-se que toda atuação do Estado deve ser pautada pela vontade da sociedade, o bem-estar coletivo e não subordinada aos interesses pessoais ou privados. Esse princípio deve ser observado desde a elaboração da lei, quanto ao momento de sua execução.

INDISPONIBILIDADE DO INTERESSE PÚBLICO

Celso Antônio Bandeira de Mello[14], conceitua como: Significa que sendo interesses qualificados como próprios da coletividade – internos ao setor público – não se encontram à livre disposição de quem quer que seja, por inapropriáveis. O próprio órgão administrativo que os representa não tem disponibilidade sobre eles, no sentido de que lhe incumbe apenas curá-los – o que é também um dever – na estrita conformidade do que dispuser a intentio legis.

PRINCÍPIOS DA ADMINISTRAÇÃO: ART. 37, CAPUT DA CF/88

O artigo 37, *caput*, da Constituição Federal traz os principais princípios norteadores do direito administrativo: legalidade, impessoalidade, moralidade, publicidade e eficiência (este último acrescentado pela Emenda Constitucional n. 19/1998). Note que esses princípios estão no Capítulo VII da Constituição Federal, capítulo que trata "Da Administração Pública", ou seja, sua previsão neste capítulo é um indicativo da obrigatoriedade de serem observados por todos os poderes em suas atividades administrativas.

14. BANDEIRA DE MELLO, Celso Antônio. Curso de direito administrativo. 26. ed. São Paulo: Malheiros, 2009.

L EGALIDADE
I MPESSOALIDADE
M ORALIDADE
P UBLICIDADE
E FICIÊNCIA

Princípio da legalidade

A lei impõe deveres aos homens e, também, limita a atuação do Estado. Assim, quando não houver previsão legal, não há possibilidade de atuação da Administração Pública. Atos que violam a lei podem ser invalidados ou anulados pela Administração Pública, diante do seu poder de autotutela ou, então, pelo Poder Judiciário (desde que provocado). Ainda que por vezes encontraremos possibilidades de uma atuação discricionária do administrador, essa discricionariedade ocorrerá no limite da lei.

Princípio da impessoalidade

Corresponde à atuação da Administração Pública com critérios objetivos e não pessoais, não pode ser relevante para a pessoa, mas para o interesse coletivo. Exemplos: Vedada a propaganda do governo em obras (Art. 2º, III, da Lei 9.784/1999 e art. 37, §1º, da Constituição Federal); Vedada a remoção por punição; Está ligado também com o princípio da isonomia, onde o próprio artigo 37, II, da CF, impõe o dever da realização de concurso público como condição para ingresso em cargo efetivo ou emprego público; O artigo 37, inciso XXI, que exige a licitação para assegurar igualdade entre todos os concorrentes; Vedação ao nepotismo: Súmula vinculante nº 13; Regras de impedimentos e suspeição no Processo Administrativo, dispostas no artigo 18 a 21, da Lei n. 9.784/99; Dever de observar as regras de precatórios estabelecidas no artigo 100 da Constituição Federal.

Princípio da moralidade

A atuação da Administração Pública deve pautar na honestidade, boa-fé, probidade e não corrupção. A moralidade administrativa não se trata de um exame de oportunidade e conveniência, mas uma análise de legitimidade, ou seja, um ato praticado em desacordo com a moral é nulo e não meramente inoportuno ou inconveniente.

Princípio da publicidade

Corresponde ao dever de promover o acesso à informação como condição necessária para exercer a democracia, afinal, é através da publicidade dos atos que a sociedade pode controlar o Poder Público. A publicidade também é condição para eficácia dos atos administrativos, pois é com a publicidade que atos passam a ter efeitos externos. A publicidade também diz respeito a exigência de transparência. Neste ponto importantíssimo salientar a Lei de Acesso à Informação (LAI), Lei n. 12.527/2011.

Princípio da eficiência

Segundo a doutrina, ele pode ser descrito sob duas perspectivas:

1) Da atuação do servidor público espera-se o melhor desempenho possível de suas atribuições, a fim de obter melhores resultados.
2) Quanto ao modo de organizar, estruturar e disciplinar a adm. pub., deve ser o mais racional possível, com intuito de alcançar melhores resultados.

Bem, até aqui vimos os principais princípios, os mais cobrados pelas bancas de concurso. Agora passamos a estudar outros, que também são importantes.

PRINCÍPIO DA AUTOTUTELA

Possibilita a Administração Pública controlar seus próprios atos, apreciando tanto o mérito, quanto a legalidade. Assim, atos inoportunos e/ou inconvenientes podem ser **revogados**, já os atos ilegais poderão ser **anulados**.

PRINCÍPIO DA RAZOABILIDADE E PROPORCIONALIDADE

Não estão expressos na Constituição Federal, são princípios implícitos, contudo expressos na legislação infraconstitucional. Razoabilidade e proporcionalidade correspondem à necessidade e adequação, indica que a Administração Pública deve ter uma atuação equilibrada, sensata, sem incorrer em abusividade.

PRINCÍPIO DA AMPLA DEFESA E DO CONTRADITÓRIO

Corresponde ao direito de saber e poder se manifestar sobre as alegações. Art. 5º, LV, da Constituição Federal, trata sobre o princípio: "aos litigantes, em processo judicial ou administrativo, e aos acusados em geral são assegurados o contraditório e ampla defesa, com os meios e recursos a ela inerentes".

PRINCÍPIO DA CONTINUIDADE DA PRESTAÇÃO DO SERVIÇO PÚBLICO

Tal princípio estabelece que os serviços públicos, prestados pela Administração Direta, Indireta ou Particulares em colaboração (que prestam serviço público através da delegação), devem ser ininterruptos, essa é a regra. Todavia, o artigo 6º, §3º, da Lei n. 8.987/95 traz hipóteses em que a continuidade da prestação do serviço pode ser interrompida: "§ 3º Não se caracteriza como descontinuidade do serviço a sua interrupção em situação de emergência ou após prévio aviso, quando: I – motivada por razões de ordem técnica ou de segurança das instalações; e, II – por inadimplemento do usuário, considerado o interesse da coletividade".

PRINCÍPIO DA MOTIVAÇÃO

A Administração Pública age alterando o mundo jurídico através de atos administrativos, esses atos administrativos devem ter a indicação dos fundamentos de fato e direito das suas decisões. A sua obrigatoriedade existe tanto em atos vinculados, quanto nos atos discricionários.

PRINCÍPIO DA SINDICABILIDADE

Ele possibilita que, frente a qualquer lesão ou ameaça à direito, seja o ato levado à apreciação, para sofrer controle.

6. RESPONSABILIDADE CIVIL DO ESTADO

Franciele Kühl

FASES HISTÓRICAS DA RESPONSABILIDADE CIVIL DO ESTADO

O tema da Responsabilidade Civil do Estado, historicamente falando, já vivenciou diferentes formas de aplicação. Na primeira fase o Poder Público não respondia por prejuízos causado a terceiros, essa fase predominou durante a época do Absolutismo, também chamada de teoria feudal, regalista ou regaliana, é chamada de fase da **Irresponsabilidade do Estado**, que perdurou até meados de 1873[15].

Na sequência, a segunda fase, a Responsabilidade Subjetiva, também chamada de **teoria da responsabilidade com culpa**, teoria intermediária, teoria mista ou teoria civilista, entre 1874 e 1946, o Estado passa a responder pelos prejuízos causados a terceiros, mas passa a responder através do conceito de culpa (teoria da culpa administrativa). Segundo

15. CAHALI, Yussef Said. Responsabilidade do Estado. 3. ed. São Paulo: Revista dos Tribunais, 2007.

ADMINISTRATIVO

Zagrebelsky[16], a ideia do *rex facit legem*, isto é, o livre arbítrio do monarca que determina o conteúdo da lei, foi substituído pelo *lex facit regem*, ou seja, a lei é que determina os limites de atuação dos governantes. Assim, o Estado passa a ser limitado ao adequado respeito ao ordenamento podendo ser responsabilizado através da responsabilidade subjetiva.

A terceira fase é a da **Responsabilidade Objetiva**, também chamada de teoria objetiva, teoria da responsabilidade sem culpa ou **teoria publicista**, em que o Estado passa a responder sem o elemento culpa, com base no conceito do nexo de causalidade, ou seja, não é necessária ser demonstrada a culpa, o dever de indenizar é baseado na noção de risco administrativo, todavia, é preciso comprovar a ação, o dano e o nexo causal, ou seja, a relação existente entre dano e ação. O nexo causal também pressupõe a inversão do ônus da prova, que em regra cabe a quem alega, mas no caso da Responsabilidade Objetiva fica a cargo da Administração Pública. Essa fase possuí duas variantes importantes no seu estudo: a **Teoria do Risco Integral** e a **Teoria do Risco Administrativo**.

O Estado, por ser o mais forte jurídico e economicamente na sua relação com os particulares, pois está em uma posição de supremacia, deve arcar com o maior grau de responsabilização. O cidadão é parte vulnerável aos danos que podem ser causados pelas atividades públicas. Nas palavras de Celso Antônio Bandeira de Mello[17], o Estado não pode "se evadir ou sequer minimizar os perigos de danos provenientes da ação do Estado, ao contrário do que sucede nas relações privadas", assim, deve arcar com maior grau de responsabilidade.

No Brasil nem todas as teorias tiveram vigência, Di Pietro afirma que a teoria da irresponsabilidade do Estado não foi acolhida pelo direito brasileiro; mesmo não havendo normas legais expressas, os nossos tribunais e doutrinadores sempre repudiaram aquela orientação.

De acordo com a evolução constitucional e legislativa brasileira, podemos citar quatro grandes momentos no Brasil:

1. Teoria civilista da responsabilidade subjetiva – art. 15, do CC/1916
2. Responsabilidade solidária entre Estado e funcionário – CF/1934 e 1937
3. Responsabilidade objetiva da pessoa jurídica de direito público – CF/1946
4. Responsabilidade objetiva da pessoa jurídica de direito público ou de direito privado prestadora de serviço público e responsabilidade subjetiva do agente, no direito de regresso – art. 37 §6º, CF/1988 (aplicada como regra atualmente).

▷ **OBSERVAÇÕES:**

O marco inicial do estudo da Responsabilidade Civil do Estado foi o caso BLANCO. No ano de 1872, a menina Agnes Blanco foi atropelada pelo vagonete da Companhia Nacional de Manufatura do Fumo, na França. O pai, então, ajuizou ação contra o Estado para buscar indenização por conta da prestação do serviço público. Perante o sistema francês (contencioso ou dualidade de jurisdição) foi a primeira vez que se falou em responsabilidade civil do Estado. A decisão sobreveio em 1873.[18]

TEORIA DO RISCO ADMINISTRATIVO E TEORIA DO RISCO INTEGRAL

Inicialmente cabe entendermos o que é a Responsabilidade Civil do Estado ou também chamada de Responsabilidade Extracontratual do Estado, trata-se de uma obrigação imposta ao Poder Público de ressarcir danos causados aos terceiros em razão da função administrativa, sejam usuário ou não do serviço público, ainda que não se possa identificar o agente responsável.

A responsabilidade estatal é, como regra, **objetiva**, ou seja, prescinde da análise do elemento subjetivo por parte do agente público, em outras palavras, para a vítima do dano ter sua reparação não há necessidade de comprovação do dolo ou da culpa do agente, cabendo o direito de regresso do Estado em face do servidor, caso, então, que será necessária a comprovação do dolo ou culpa do agente.

A matéria encontra-se no artigo 37, §6º, mas também está prevista em legislação infraconstitucional (art. 43, do CC). Conforme a redação constitucional, as **pessoas jurídicas** de direito público e as de direito privado **prestadoras de serviço público** serão responsabilizadas pelos danos que seus agentes, nessa qualidade, causarem a terceiros. A redação do §6º engloba pessoas jurídicas da iniciativa privada que não fazem parte da Administração Pública direta e indireta. Contudo, limitando àquelas que prestam serviço público.

A partir da análise do §6º, podemos concluir que as concessionárias e permissionárias que prestem serviço público também estão abrangidas pelo dispositivo constitucional. Inclusive, o Supremo

16. ZAGREBELSKY, Gustavo. O direito dúctil. Torino: Trotta, 2003.
17. BANDEIRA DE MELLO, Celso Antônio. Curso de direito administrativo. 26. ed. São Paulo: Malheiros, 2009.
18. DI PIETRO, Maria Sylvia Zanella. Direito administrativo. 35. ed. rev. atual e apl. Rio de Janeiro: Forense, 2022.

Tribunal Federal já pacificou entendimento nesse sentido, com o Recurso Extraordinário nº 591.874, o qual reconheceu a responsabilidade objetiva em relação aos danos causados a não usuários do serviço público prestado por concessionária (afirmação que também podemos encontrar no artigo 25, da Lei 8.987/95).

Contudo há excludentes ou atenuantes de responsabilidade que podem ser alegadas pelo Estado (**teoria da interrupção do nexo causal**):

- Eventos da natureza (força maior);
- Eventos causados pelo homem (caso fortuito);
- Culpa exclusiva da vítima;
- Culpa exclusiva de terceiros;

Atenção a um ponto muito importante: você não deve confundir excludente de responsabilidade com culpa concorrente da vítima. Se a vítima concorre para o fato danoso, o dever de reparar o dano continua ocorrendo, a diferença é que haverá uma atenuante, pois a reparação do dano será proporcional com quanto cada parte concorreu para o fato.

Na **teoria do Risco Integral** (de responsabilidade objetiva, chamada por alguns de responsabilidade objetiva pura) o Estado responderá por qualquer prejuízo que for causado ao terceiro, ele não poderá alegar nenhuma excludente de ilicitude, ou qualquer atenuante de responsabilidade, assim, surgem situações que nem mesmo caso de força maior, caso fortuito e culpa exclusiva da vítima são capazes de afastar o dever de responsabilidade do Estado. Há muita divergência na doutrina e jurisprudência sobre as situações que se enquadram ou não como teoria do risco integral, para a doutrina Di Pietro somente os casos de dano nuclear ou queda de aeronave por ataque terrorista ou de guerra é que seriam abrangidas:

1. **Atividade nuclear:** Art. 4º e 8º, da Lei 6.453/77, art. 21, XXIII, "d", CF e entendimento do Superior Tribunal de Justiça. Neste caso, se ocorrer um dano provocado por atividades que exploram serviços e instalações nucleares de qualquer natureza, a industrialização e o comércio de minérios nucleares e seus derivados.

2. **Queda de aeronaves por ataque terrorista ou por guerra:** Lei 10.744/03 e D. 5.035/2004, nestes casos a União assume a responsabilidade, de atos terroristas ou de guerra, ocorridos em aeronaves de tenham matrícula brasileiras e operada por empresas brasileiras. O ato pode ocorrer no Brasil ou no Exterior. Excluída as empresas de taxi aéreo.

RESPONSABILIDADE SUBJETIVA

A responsabilidade civil do Estado tem como regra a aplicação da responsabilidade objetiva, mas há possibilidades de aplicação da **responsabilidade subjetiva**, fora das regras de teoria do risco administrativo ou teoria do risco integral, onde deverá ser comprovado o dolo ou culpa para que haja o dever de reparação de danos. É o caso:

a) **Empresa Pública e Sociedade de Economia Mista que explora atividade** – Nos casos de empresa pública e sociedade de economia mista que exploram atividade econômica a responsabilidade será subjetiva em regra, pois elas, por não serem prestadora de serviço público, não estão previstas no artigo 37, §6º, da Constituição Federal. Assim, devem responder basicamente pelo mesmo regime da **responsabilidade do direito privado**, segundo o artigo 173, §1º, inciso II, da Constituição Federal.

b) **Responsabilidade no caso de omissão:** A responsabilidade em caso de omissão é muito discutida na doutrina. Para Meirelles em casos de omissão a responsabilidade é objetiva. Todavia, para a maior parte doutrina é **subjetiva** como regra, devendo ser comprovada a negligência/omissão da atuação estatal, o dano e o nexo de causalidade, trata-se da **teoria da falta do serviço ou "faute du servisse"** ou **teoria da culpa do serviço** ou teoria da culpa anônima ou culpa administrativa. Então, em omissões genéricas, o entendimento majoritário da doutrina e jurisprudência é de que a responsabilidade seja subjetiva.

> ▷ **OBSERVAÇÕES:**
>
> Para Di Pietro a responsabilidade, no caso de omissão, é subjetiva, aplicando-se a teoria da culpa do serviço público ou da culpa anônima do serviço público (porque é indiferente saber quem é o agente público responsável). Segundo essa teoria, o Estado responde desde que o serviço público (a) não funcione, quando deveria funcionar; (b) funcione atrasado; ou (c) funcione mal. Nas duas primeiras hipóteses, tem-se a omissão danosa.

OUTRAS TEORIAS E JURISPRUDÊNCIAS IMPORTANTES

Importante aprofundarmos nas situações em que o **Estado está na posição de garantir da integridade de pessoas ou coisas sob sua custódia**. Vários exemplos podem ser mencionados aqui, onde a responsabilidade estatal é **objetiva**, ainda que haja omissão no seu dever de cuidado:

- **Suicídio** de **preso** ou **tratamento desumano ou degradante**: a falta de requisitos básicos de saúde e higiene nos presídios, ou a falta de agir do Estado para evitar morte daquele que está acautelado pode gerar deveres reparatórios, caso haja nexo causal, a responsabilidade é objetiva e seus fundamentos são, principalmente, constitucionais – Art. 5º, III, X, XLIX, da CF; art. 1º, da Lei de Execuções Penais e art. 948, CC;

- **Aluno** esfaqueado, ferido ou baleado dentro da **escola pública;**
- **Paciente** agredido ou morto por um terceiro dentro do **hospital público;**
- **Bem danificado** no galpão da Receita Federal ou no pátio do departamento de trânsito são outros exemplos do dever do Estado de cuidar daquilo que está sob sua custódia.

Teses de repercussão geral do STF			
130	RE 591874	A responsabilidade civil das pessoas jurídicas de direito privado prestadoras de serviço público é objetiva relativamente a terceiros usuários e não usuários do serviço, segundo decorre do art. 37, § 6º, da Constituição Federal.	26/08/2009
365	RE 580252	Considerando que é dever do Estado, imposto pelo sistema normativo, manter em seus presídios os padrões mínimos de humanidade previstos no ordenamento jurídico, é de sua responsabilidade, nos termos do art. 37, § 6º, da Constituição, a obrigação de ressarcir os danos, inclusive morais, comprovadamente causados aos detentos em decorrência da falta ou insuficiência das condições legais de encarceramento.	16/02/2017
592	RE 841526	Em caso de inobservância do seu dever específico de proteção previsto no art. 5º, inciso XLIX, da Constituição Federal, o Estado é responsável pela morte de detento.	30/03/2016
666	RE 669069	É prescritível a ação de reparação de danos à Fazenda Pública decorrente de ilícito civil.	03/02/2016
777	RE 842846	O Estado responde, objetivamente, pelos atos dos tabeliães e registradores oficiais que, no exercício de suas funções, causem dano a terceiros, assentado o dever de regresso contra o responsável, nos casos de dolo ou culpa, sob pena de improbidade administrativa.	27/02/2019
940	RE 1027633	A teor do disposto no art. 37, § 6º, da Constituição Federal, a ação por danos causados por agente público deve ser ajuizada contra o Estado ou a pessoa jurídica de direito privado prestadora de serviço público, sendo parte ilegítima para a ação o autor do ato, assegurado o direito de regresso contra o responsável nos casos de dolo ou culpa.	14/08/2019
1055	RE 1209429	É objetiva a Responsabilidade Civil do Estado em relação a profissional da imprensa ferido por agentes policiais durante cobertura jornalística, em manifestações em que haja tumulto ou conflitos entre policiais e manifestantes. Cabe a excludente da responsabilidade da culpa exclusiva da vítima, nas hipóteses em que o profissional de imprensa descumprir ostensiva e clara advertência sobre acesso a áreas delimitadas, em que haja grave risco à sua integridade física.	10/06/2021
512	RE 662405	O Estado responde subsidiariamente por danos materiais causados a candidatos em concurso público organizado por pessoa jurídica de direito privado (art. 37, § 6º, da CRFB/88), quando os exames são cancelados por indícios de fraude.	29/06/2020
362	RE 608880	Nos termos do artigo 37, § 6º, da Constituição Federal, não se caracteriza a responsabilidade civil objetiva do Estado por danos decorrentes de crime praticado por pessoa foragida do sistema prisional, quando não demonstrado o nexo causal direto entre o momento da fuga e a conduta praticada.	08/09/2020
366	RE 136861	Para que fique caracterizada a responsabilidade civil do Estado por danos decorrentes do comércio de fogos de artifício, é necessário que exista a violação de um dever jurídico específico de agir, que ocorrerá quando for concedida a licença para funcionamento sem as cautelas legais ou quando for de conhecimento do poder público eventuais irregularidades praticadas pelo particular.	11/03/2020

Precedente do STJ
O hospital que deixa de fornecer o mínimo serviço de segurança, contribuindo de forma determinante e específica para homicídio praticado em suas dependências, responde objetivamente pela conduta omissiva. (REsp 1.708.325-RS, Rel. Min. Og Fernandes, Segunda Turma, por unanimidade, julgado em 24/05/2022).

RESPONSABILIZAÇÃO POR ATOS LEGISLATIVOS E REGULAMENTARES:

O STF, no julgamento do RE 153.464, posicionou-se pela admissibilidade de responsabilização no caso de leis inconstitucionais, desde que a vítima demonstre que o prejuízo é anormal ou especial, decorrente da norma inválida. Mesmo raciocínio se faz para os atos regulamentares ou normativos do Poder Executivo.

RESPONSABILIZAÇÃO POR ATOS JUDICIAIS

Existem divergência quanto ao tema, a regra é que não acarreta responsabilidade civil atividades típicas de juízes, desembargadores e ministros. Até mesmo para que estes agentes possam agir sem temer que suas decisões poderão ensejar em responsabilidade do Estado. Contudo, há exceção, no caso do artigo 5º, inciso LXXV, CF: "o Estado indenizará o condenado por erro judiciário, assim como o que ficar preso além do tempo fixado na sentença".

PRESCRIÇÃO

O Decreto nº 20.910/32 traz em seu artigo 1º a prescrição **quinquenal** aplicada para qualquer direito ou ação em face da Fazenda Pública, esse prazo é contado da data em que verificado o fato do qual se originarem (o Supremo Tribunal Federal entende que, pelo princípio da isonomia, esse prazo também se aplica entre a Fazenda Pública e o agente público, no direito de regresso). Essa redação é reafirmada no Decreto-lei nº 4.597/42, que também trouxe em seu artigo 2º a mesma prescrição **quinquenal** para autarquias, entidades e órgãos paraestatais criados por lei e mantidos por impostos, taxas ou outras contribuições. Não diferente a Lei nº 9.494/97 que ratificou o prazo de **cinco anos** no artigo 1º-C, prazo para obter indenização por danos causados pelos agentes públicos de pessoas jurídicas de direito público e pessoas jurídicas de direito privado que prestam serviço público.

Nas situações que envolvem **pessoas jurídicas de direito privado** exploradas de atividade econômica, caso das empresas públicas ou sociedades de economia mista, o prazo prescricional passa ser o do Código Civil, prazo trienal.

Outra circunstância a ser observada é que, segundo o artigo 37, §5º, da Constituição Federal, seria imprescritível as ações de ressarcimento ao erário, o Supremo Tribunal Federal entende que são prescritíveis os deveres civis de ressarcimento ao erário, só não é prescreve o dever de ressarcimento quando a conduta for de **improbidade com dolo**.

Também são imprescritíveis as ações indenizatórias por danos morais e materiais decorrentes de atos de perseguição política com violação de direitos fundamentais ocorridos durante o regime militar (Súmula 647 do STJ).

AÇÃO REGRESSIVA

Vimos que um prejuízo causado pelo agente público, nessa qualidade, a um terceiro, resulta no dever de reparação do dano, o Estado aqui representa as pessoas jurídicas de direito público e as pessoas de direito privado que prestem serviço público. Mas esse prejuízo aos cofres públicos será reparado por quem? O próprio artigo 37, §6º, da Constituição Federal traz uma relação jurídica diferente, entre o Estado e o agente que cometeu o dano ao terceiro.

A ação que deve ser ajuizada pela vítima contra o Estado (ou pessoa jurídica prestadora de serviço público), trata-se de uma ação indenizatória ou de responsabilidade civil do Estado, já a relação entre o Estado e o Agente Público é de **direito regressivo**, cuja responsabilidade requer a demonstração do **dolo ou culpa** do agente. Trata-se **da teoria da dupla garantia** do artigo 37, §6º:

- Garantia da vítima buscar a reparação do dano em face da pessoa jurídica prestadora de serviço público;
- Garantia do agente público que responderá somente em face do Poder Público;

7. SERVIÇO PÚBLICO

Franciele Kühl

CONCEITO DE SERVIÇO PÚBLICO PARA A DOUTRINA

No sentido **amplo**, as primeiras noções de serviço público foram oriundas da França, com a chamada **Escola de Serviço Público**, essas noções eram tão amplas, que abrangiam qualquer atividade estatal. Já no sentido **restrito**, serviço público são atividades exercidas pela Administração Pública, "com exclusão das funções legislativa e jurisdicional", segundo DI PIETRO[19]. No sentido restrito significa dizer que o serviço público corresponde a atividade material executada no plano concreto pelo Estado ou por seus delegados, não é uma atividade meramente normativa ou intelectual, e por tal razão não podemos considerar a função legislativa, jurisdicional e política como forma de serviço público.

FORMA DE PRESTAÇÃO

O serviço público pode ser prestado de forma direta pelo Poder Público, por meio da Administração Direta (entes federados e seus órgãos – desconcentração); pode ser **outorgado** para a administração indireta (descentralização legal), bem como, pode ser **delegado**, em que o Estado (poder concedente) delega por meio de contrato de concessão ou permissão para o privado prestar o serviço público. Na Constituição Federal a delegação de prestação de serviço público está prevista no artigo 175.

19. DI PIETRO, Maria Sylvia Zanella. Direito administrativo. 35. ed. rev. atual e apl. Rio de Janeiro: Forense, 2022.

▷ **Atenção**: o estudo da Lei n. 8.987, de 13 de fevereiro de 1995, é muito importante, pois a norma dispõe sobre o regime da concessão e permissão da prestação de serviço público na Constituição Federal, trazendo diversos conceitos e regras para a delegação da prestação de serviço público aos particulares. Bem como a Lei 13.460/2017, pois trata da proteção dos usuários de serviço público.

CLASSIFICAÇÃO DOS SERVIÇOS PÚBLICOS

Serviços públicos podem ser classificados em:

- **Destinatários:**

  a) **Serviços públicos gerais ou coletivos (*uti universi*):** são aqueles prestados sem identificar individualmente o usuário. Como é indivisível seu custeio ocorre por meio de imposto, em regra. Ex.: iluminação pública, calçamento, segurança pública, etc.

  b) **Serviços públicos individuais ou singulares (*uti singuli*):** são aqueles prestados para um usuário determinado, por ser divisível, é possível a cobrança por taxa ou tarifa. Ex.: fornecimento domiciliar de água, energia elétrica, transporte público, telefonia, etc.

- **COLETA, REMOÇÃO E TRATAMENTO DE LIXO: serviço público uti singuli**

  - **Súmula Vinculante 19:** A taxa cobrada exclusivamente em razão dos serviços públicos de coleta, remoção e tratamento ou destinação de lixo ou resíduos provenientes de imóveis não viola o art. 145, II, da Constituição Federal.

- **ILUMINAÇÃO PÚBLICA: serviço público uti universi**

  - **Súmula Vinculante 41:** O serviço de iluminação pública não pode ser remunerado mediante taxa.

Os serviços públicos individuais compulsórios (que estão disponíveis, independentemente de utilização) são remunerados por taxa, já os facultativos devem ser pagos por meio de tarifa.

- **Titularidade: a titularidade pode ser classificada em 5 categorias:**

  a) **Federal:** titularidade União. Ex.: transporte rodoviário internacional e interestadual – art. 21, inciso XII, "e" da CF.

  b) **Estadual:** quando a competência for do Estado. Ex.: transporte intermunicipal – competência residual.

  c) **Distrital:** o Distrito Federal concentra competência estaduais e municipais.

  d) **Municipal:** quando a competência pertence ao município. Ex.: transporte coletivo – artigo 30, inciso V, da CF.

  e) **Comum:** quando a competência para a prestação do serviço público é comum de todos os entes federados. Ex.: saúde – art. 23, da CF.

- **Objeto: a doutrina administrativa costuma trazer três categorias:**

  a) **Serviço público administrativo:** atividade para atender necessidades internas. Ex.: imprensa oficial.

  b) **Serviço público comercial ou industrial o u econômico:** produção de renda. Ex.: transporte público, energia elétrica, água. São serviços que podem ser delegados a particulares.

  c) **Serviço público social:** atende direitos fundamentais sociais. Não são exclusivos do Estado, podendo ser objeto de delegação. Ex.: ações governamentais na área da assistência social – art. 204, da CF.

- **Essencialidade: podem ser essenciais ou não essenciais:**

  a) **Essenciais ou de necessidade pública:** são serviços considerados indispensáveis, de execução (em tese) privativa da Administração Pública. Ex.: serviços judiciais. A própria Constituição Federal traz uma exceção, a possibilidade de execução por particular de serviço essencial, que o é o caso do artigo 30, inciso V: "organizar e prestar, diretamente ou sob regime de concessão ou permissão, os serviços públicos de interesse local, incluído o de transporte coletivo, que tem caráter essencial", veja que a competência é do município (segundo o *caput*), mas pode ser delegada.

  b) **Não essenciais ou de utilidade pública:** podem ser prestados por particulares. Ex.: serviço de funerária.

- **Criação:**

  a) **Inerente:** a natureza da atividade já demonstra o caráter de serviço público, não havendo necessidade de normativa para a caracterização.

  b) **Opção legislativa:** atividades econômicas que a norma determinou como serviço público e por essa razão são retiradas da livre-iniciativa. Ex.: transporte público. Em que pese possam ser delegadas.

> ▷ **Observações:**
> Alguns administrativas vão trabalhar com a classificação da execução, sendo próprios/direto (prestados pelo Estado) ou impróprios/indireta (quando prestado por particulares).

PRINCÍPIOS APLICADOS AOS SERVIÇOS PÚBLICOS

Além dos princípios gerais da Administração Pública, tradicionalmente há três princípios norteadores dos serviços públicos, os quais foram elencados pelo **francês Louis Rolland**, são eles: Princípio da continuidade; Princípio da igualdade; Princípio da mutabilidade. **Outros princípios dos serviços públicos** foram surgindo com o direito administrativo moderno, além dos três já mencionados, temos também:

- **Regularidade**: exatidão e pontualidade;
- **Eficiência**: bons resultados e menos custoso;
- **Segurança**: condicionantes para tutelar a integridade dos usuários;
- **Atualidade** ou contemporaneidade: técnicas modernas;
- **Generalidade** ou universalidade + igualdade: prestado a todos que necessitarem;
- **Cortesia**: direito de ser tratado com urbanidade, educação e respeito;
- **Modicidade das tarifas**: custeio dos serviços deve ser o menor possível;
- **Participação do usuário** e **transparência**.

O **princípio da modicidade** possibilita a cobrança de valores dos usuários, mas o valor dever ser proporcional ao custo do respectivo serviço público prestado, como também a possibilidade de um serviço público delegado obter outras fontes provenientes de receitas alternativas, complementares, acessórias ou de projetos associados, com ou sem exclusividade, para favorecer a modicidade das tarifas, segundo o artigo 11, da lei 8.987/95.

O **princípio da continuidade** requer mais aprofundamento legislativo. Ele impõe o dever da prestação de serviço público de forma ininterrupta, pressupõe regularidade na sua prestação. Mas isso não significa que ele precisa ser em tempo integral, pois a prestação do serviço depende da necessidade da população.

A prestação de um serviço público pode ser integral, como o fornecimento de água e energia elétrica, atividades hospitalares, etc. Como também poderá ser conforme a necessidade do usuário, que é o caso de uma biblioteca pública, quadras esportivas, etc.

Cumpre ressaltar que o dever de prestação ininterrupta não é absoluto, existem possibilidades de interrupção da prestação de um serviço público, inclusive aqueles de necessidade integral, como o caso de fornecimento de água. A própria Lei de Concessões e Permissões, lei n. 8.987/95, traz no artigo 6º, §3º, inciso II, possibilidade de interrupção.

O corte no fornecimento de serviços públicos essenciais deve observar algumas regras instituídas pelo Superior Tribunal de Justiça (publicadas em seu caderno de jurisprudência em teses, edição de nº 13):

1. É legítimo o corte no fornecimento de serviços públicos essenciais quando inadimplente o usuário, desde que precedido de notificação.
2. É legítimo o corte no fornecimento de serviços públicos essenciais por razões de ordem técnica ou de segurança das instalações, desde que precedido de notificação.
3. É ilegítimo o corte no fornecimento de energia elétrica quando puder afetar o direito à saúde e à integridade física do usuário.
4. É legítimo o corte no fornecimento de serviços públicos essenciais quando inadimplente pessoa jurídica de direito público, desde que precedido de notificação e a interrupção não atinja as unidades prestadoras de serviços indispensáveis à população.
5. É ilegítimo o corte no fornecimento de serviços públicos essenciais quando inadimplente unidade de saúde, uma vez que prevalecem os interesses de proteção à vida e à saúde.
6. É ilegítimo o corte no fornecimento de serviços públicos essenciais quando a inadimplência do usuário decorrer de débitos pretéritos, uma vez que a interrupção pressupõe o inadimplemento de conta regular, relativa ao mês do consumo.
7. É ilegítimo o corte no fornecimento de serviços públicos essenciais por débitos de usuário anterior, em razão da natureza pessoal da dívida.
8. É ilegítimo o corte no fornecimento de energia elétrica em razão de débito irrisório, por configurar abuso de direito e ofensa aos princípios da proporcionalidade e razoabilidade, sendo cabível a indenização ao consumidor por danos morais.
9. É ilegítimo o corte no fornecimento de serviços públicos essenciais quando o débito decorrer de irregularidade no hidrômetro ou no medidor de

energia elétrica, apurada unilateralmente pela concessionária.

10. O corte no fornecimento de energia elétrica somente pode recair sobre o imóvel que originou o débito, e não sobre outra unidade de consumo do usuário inadimplente.

FORMAS DE DELEGAÇÃO: PERMISSÃO, AUTORIZAÇÃO E CONCESSÃO

Permissão

A diferença entre permissão e concessão está na sua forma de constituição basicamente, pois o regime jurídico é o mesmo para concessão e permissão. A concessão pode ser à pessoa jurídica ou consórcio de empresas, já a permissão ocorre à pessoa jurídica ou pessoa física. Ambas devem ter licitação anteriormente. As suas características resumem-se, segundo Di Pietro[20]:

- É contrato de adesão, precário e revogável unilateralmente, discricionário e precário, gratuito ou oneroso, *intuitu personae*;
- Depende sempre de licitação;
- Seu objeto é a execução de serviço público;
- Seu serviço é executado em nome do permissionário, por sua conta e risco;
- O permissionário sujeita-se às condições estabelecidas pela Administração e sua fiscalização.
- Como ato precário, pode ser alterado ou revogado a qualquer momento pela Administração, por motivo de interesse público.
- Não obstante seja de sua natureza a outorga sem prazo, tem a doutrina admitido a possibilidade de fixação de prazo, hipótese em que a revogação antes do termo estabelecido dará ao permissionário direito à indenização;

▷ **Cuidado:** a permissão foi criada como ato unilateral, tradicionalmente a doutrina apontava essa diferença entre permissão e concessão, mas com a superveniência da Lei 8.987/95 a permissão passou a ser formalizada por meio de contrato administrativo (Art. 40 da Lei 8.987/95 e art. 175, da CF).

Autorização

A autorização de serviço público constitui **ato unilateral**, discricionário e precário, pelo qual o poder público delega a execução do serviço público, mas para que o particular exerça, predominantemente, em benefício próprio, segundo Di Pietro[21]. É medida de exceção, não é a regra da delegação.

- **Diferenças entre as três formas de delegação:**

Concessão	Permissão	Autorização
Licitação: concorrência ou diálogo competitivo	Licitação: qualquer modalidade	Sem licitação
Contrato	Contrato	Ato administrativo discricionário
Não precário	Precário	
Pessoa Jurídica ou consórcio de empresas	Pessoa jurídica ou física	
Título oneroso	Título oneroso/gratuito	
Poder envolver obra	Não envolve obra	

Concessão: Lei 8.987/1995

A concessão é feita pelo poder concedente mediante **licitação**, na modalidade **concorrência** (ou **diálogo competitivo**), a concessão ocorre para a **pessoa jurídica** ou **consórcio** de **empresas**. **Atenção,** concessão não pode ocorrer para pessoa física! Via de regra as concessionárias são remuneradas através das **tarifas pagas pelos usuários**, na Lei essa previsão encontra-se nos artigos 9-11 e 13, assim como, a previsão de cobrança de receitas alternativas, para reduzir o custo final que chega ao usuário do serviço.

O contrato é por **prazo determinado**, sendo que a prorrogação do mesmo é somente em casos excepcionais. A prorrogação só pode ser feita pela Administração Pública, ela deve estar prevista no edital e no contrato, sendo inconstitucional a prorrogação ocorrer pela lei, em razão do princípio da separação dos poderes e da impessoalidade, segundo decisão do STF (ADI 118 MC/PR, Rel. p/ acórdão Min. Néri da Silveira, Tribunal Pleno, DJ 03/12/1993).

É autorizada a **subcontratação** ou **subconcessão,** desde que expressamente autorizada pelo poder concedente e precedida de concorrência (art. 26). No caso de dano, incumbe a própria concessionária responder por todos os prejuízos causados ao poder concedente, aos usuários ou não usuários,

20. DI PIETRO, Maria Sylvia Zanella. Direito administrativo. 35. ed. rev. atual e apl. Rio de Janeiro: Forense, 2022.

21. DI PIETRO, Maria Sylvia Zanella. Direito administrativo. 35. ed. rev. atual e apl. Rio de Janeiro: Forense, 2022.

sem que a fiscalização exercida pelo órgão competente exclua ou atenue essa responsabilidade (art. 25).

Quanto à forma de **extinção**, o contrato de concessão poderá ser extinto por seis formas distintas (art. 35, da Lei 8987/95):

- **Advento do termo contratual:** fim do prazo contratual.
- **Encampação:** trata-se de rescisão unilateral pela Administração Pública, se dá por autorização legislativa e decreto, cabe indenização prévia à concessionária. A encampação é a retomada do serviço pelo poder concedente durante o prazo de vigência da concessão (art. 37).
- **Caducidade:** também se trata de rescisão unilateral pela Administração Pública, mas neste caso ela ocorre em razão do descumprimento de cláusulas contratais, o que não dá o direito de indenização por parte da concessionária (art. 27 e 38), pelo contrário, ela que deverá indenizar. A caducidade ocorre após processo administrativo e decreto.
- **Rescisão:** pode ser via judicial ou amigavelmente, em acordo entre as partes, se dá quando a concessionária não deseja continuar prestando o serviço público (art. 39).
- **Anulação:** se ocorrer vício de legalidade no contrato.
- **Falência ou extinção da empresa concessionária ou falecimento ou incapacidade do titular** (no caso de empresa individual).

Parceria público-privado

É a ideia da empresa privada "emprestar" dinheiro para o Estado quando ele não consegue cumprir com suas obrigações. Trata-se de uma delegação de serviços para a **pessoa jurídica** ou ao **consórcio de empresas**, precedia de licitação na modalidade **concorrência ou diálogo competitivo**. A Parceria Público-Privada é formalizada por um **contrato**, onde o setor privado busca a obtenção de lucro e vantagens na execução do serviço ou obra pública.

A Lei que rege as normas gerais da PPPs é a Lei 11.079/2004, embora seja aplicada de forma subsidiária a lei 8.987/95. Há duas **modalidades** de PPP:

- **Patrocinada**: concessão de serviços públicos ou obras públicas, quando envolver tarifa cobrado do usuário, contraprestação pecuniária do ente público ao privado. Ex.: projetos de rodovias e aeroportos. O artigo 2º, §3º, da Lei 11.079/2004 traz "Concessão patrocinada é a concessão de serviços públicos ou de obras públicas de que trata a Lei nº 8.987, de 13 de fevereiro de 1995, quando envolver, adicionalmente à tarifa cobrada dos usuários contraprestação pecuniária do parceiro público ao parceiro privado".
- **Administrativa:** quando a administração pública é usuária direta ou indireta, ainda que envolva obra ou fornecimento ou instalação de bens. Ex.: vários presídios em projeto de PPP administrativa. De acordo com o artigo 2º, §2º, da Lei 11.079/2004 traz: "Concessão administrativa é o contrato de prestação de serviços de que a Administração Pública seja a usuária direta ou indireta, ainda que envolva execução de obra ou fornecimento e instalação de bens".

> ▷ **OBSERVAÇÕES:** Conforme artigo 2º, §3º, da Lei 11.079/04, não constitui parceria público-privada a concessão comum, que é entendida como concessão de serviços públicos ou de obras públicas, pois não envolve contraprestação pecuniária do parceiro público ao parceiro privado.

Vedações aos contratos de parceria público-privada (art. 2º, §4º):

- Valor do contrato seja inferior a R$ 10.000.000,00 (dez milhões de reais);
- Cujo período de prestação do serviço seja inferior a 5 (cinco) anos (ou superior a 35 anos); ou
- que tenha como objeto único o fornecimento de mão-de-obra, o fornecimento e instalação de equipamentos ou a execução de obra pública.

Diferente da **concessão comum** em que a responsabilidade é da concessionária e o poder concedente **responde subsidiariamente** apenas, na **concessão especial** a responsabilidade é **solidária**, há, portanto, o compartilhamento de risco entre o Estado (poder concedente) e o concessionário (art. 4º, inciso VI). Principais **características** da Parceria Público-Privada:

- Dois tipos de concessão: administrativa e patrocinada (art. 2º);
- Prazo determinado: mínimo de 5 anos e máximo de 35 anos, incluindo eventual prorrogação (art. 5º, I);
- Valor deve ser superior: R$ 10.000.000,00 (dez milhões – art. 2º);
- Licitação prévia: modalidade concorrência ou diálogo competitivo (art. 10);
- Se a concessão patrocinada em que mais de 70% da remuneração do parceiro privado for paga

ADMINISTRATIVO

pela Administração Pública dependerá de autorização legislativa específica (art. 10, §3º);

- Criação de uma sociedade de propósito específico com o objeto de implantar e gerir o objeto de parceria (art. 9);
- O contrato não pode ter um único objeto, deve ser mais de um, como a prestação de serviço, obra ou fornecimento (art. Art. 2º, §4º, III);
- Contraprestação da Administração Pública pode ser feita por: ordem bancária; cessão de créditos não tributários; outorga de direitos em face da Administração pública; outorga de direitos sobre bens dominicais; outros meios admitidos em lei (art. 6º);

8. ORGANIZAÇÃO ADMINISTRATIVA

Franciele Kühl

ÓRGÃO PÚBLICO

A **concentração** é o exercício de competência por meio de órgão público, quando não há divisões internas. Já na **desconcentração** existe essa distribuição de tarefas entre mais órgãos **despersonalizados** da administração pública, todos pertencentes a mesma pessoa jurídica. Perceba que a transferência ocorre dentro da própria pessoa jurídica, o que pressupõe a **vinculação hierárquica**. Exemplos: Delegacias de Polícia, Ministérios da União, Secretarias.

Órgãos são **criados** e **extintos** por **lei** (art. 61, §1º, inciso II, alínea "e", da CF), cuja lei é de iniciativa do Presidente da República (na esfera federal). A criação ou extinção não ocorre mediante ato administrativo (como um decreto), que apenas pode ser utilizado para organizar a administração pública (art. 84, VI, a, da CF).

Os órgãos não têm personalidade jurídica própria, portanto não possuem vontade própria, não podem ser sujeitos de direitos e contrair obrigações. De acordo com o artigo 1º, §2º, da Lei 9.784/99: "órgão – a unidade de atuação integrante da estrutura da Administração direta e da estrutura da Administração indireta". Diferente da entidade, que é "a unidade de atuação dotada de personalidade jurídica".

Embora o órgão não tenha personalidade jurídica própria, determinados órgãos gozam de capacidade processual, como os órgãos classificados como independentes e autônomos. A capacidade postulatória pode ser encontrada em órgãos como o Ministério Público, a Defensoria Pública, a Câmara municipal (leia a Súmula 525, do STJ). Trata-se da Teoria da Personificação do Órgão, segundo Hely Lopes Meirelles[22].

CENTRALIZAÇÃO E DESCENTRALIZAÇÃO

Conforme dispõe o artigo 4º, inciso I, do Decreto Lei 200/1967: "A Administração Direta constitui-se dos serviços integrados na estrutura administrativa da Presidência da República e dos Ministérios", já a "Administração Indireta compreende as seguintes categorias de entidades, dotadas de personalidade jurídica própria: a) autarquias; b) empresas públicas; c) sociedade de economia mista; d) fundações públicas."

O ente federado é uma pessoa jurídica de direito público interno, segundo o artigo 41, do Código Civil. Quando o Estado exerce diretamente suas tarefas, isso quer dizer, por meio de seus órgãos e agentes, pertencentes à administração direta, ele está exercendo de forma **centralizada**. Quando o Estado desempenha suas atribuições por meio de outras **pessoas jurídicas autônomas**, como por meio de entidade administrativas pertencentes à administração indireta ou a particulares em colaboração com a Administração, ele exerce suas atividades de forma **descentralizada**.

Essa descentralização pode ocorrer de duas formas:

- **Outorga** (ou descentralização por serviços, funcional ou técnica): ocorre através da criação ou autorização da criação de entidades da administração indireta que vão prestar o serviço (geralmente) por prazo indeterminado. Aqui ocorre a transferência da titularidade e execução.
- **Delegação** (ou descentralização por colaboração, ou delegação negocial): transferência para que uma pessoa delegada possa exercer a execução do serviço, sob fiscalização do Estado. Quando realizada por contrato, é sempre por tempo determinado.

22. MEIRELLES, Hely Lopes. Direito administrativo brasileiro. 22. ed. São Paulo: Malheiros, 1997.

As entidades que formam a Administração Indireta são de natureza de direito público ou de direito privado:

Direito Público
- Autarquias
- Fundação Pública
- Associações públicas

Direito privado
- Fundação Pública
- Sociedade de Economia Mista
- Empresa Pública

O artigo 37, inciso XIX, da Constituição Federal explica como será a criação de cada uma dessas entidades administrativas da administração indireta. De forma esquematizada a regra é:

Modo de criação:			
Autarquia e Fundação Pública de Direito Público		Fundação Pública de Direito Privado/ Sociendade de Economia Mista / Empresa Pública	
Lei específica	A própria lei é o ato constitutivo.	Lei específica apenas autoriza a criação.	Sua criação requer registro público ou na junta comercial.

AUTARQUIAS

Conforme dispõe o artigo 5º, inciso I, do Decreto Lei 200/1967, a autarquia é "o serviço autônomo, criado por lei, com personalidade jurídica, patrimônio e receita próprios, para executar atividades típicas da Administração Pública, que requeiram, para seu melhor funcionamento, gestão administrativa e financeira descentralizada".

Como a autarquia desempenha atividade típica de Estado, por tal razão possui as mesmas prerrogativas que os entes federativos. São **pessoa jurídica de direito público**, com autonomia (ou, mais correto, autoadministração), com patrimônio e receita próprios, criada por lei para executar atividades típicas da Administração Pública, para seu melhor funcionamento (**princípio da especialidade**), tem gestão administrativa e financeira descentralizada. São exemplos de autarquias, frequentemente cobradas em provas: BACEN; INSS; INCRA; IBAMA; CRM; Conselho Federal de Odontologia, Medicina, Engenharia, etc.

Mesmo não estando expresso na legislação a doutrina e a jurisprudência apresentam espécies de autarquia:

a) **Comuns ou ordinárias:** são as autarquias administrativas ou de serviço, como o INSS e o Ibama.

b) **Especiais:** pois possuem peculiaridades no regime jurídico (quando comparado ao geral, do Decreto 200/67), como mais autonomia dos que as autarquias comuns. Agências Reguladoras e Agências Executivas são exemplos de autarquias especiais. Exemplo de autarquia especial: Anatel, Anvisa e Banco Central.

c) **Corporativas:** Conselhos Profissionais. Por não receberam orçamento da União, não estão submetidas às regras constitucionais de finanças públicas, ou seja, regras de precatório não são aplicadas às autarquias corporativas, segundo o RE 938.837, de 2017, julgado pelo Supremo Tribunal Federal. Exemplos: Conselho Regional de Medicina (CRM).

d) **Fundacionais:** chamadas pela jurisprudência de Fundações Autárquicas ou Autarquias Fundacionais, são na verdade são Fundações Públicas, mas criadas por lei sob regime do Direito Público. Exemplos: Procon (em alguns estados são constituídos como autarquias, em outros como órgão), Funasa e FUNAI.

e) **Associações Públicas:** que são os Consórcios Públicos de Direito Público. Sendo de direito público esse consórcio integrará a administração indireta.

AGÊNCIAS EXECUTIVAS E AGÊNCIAS REGULADORAS

Agências Executivas

Prevista na Constituição Federal, no artigo 37, §8º, Agência Executiva é apenas um título, uma qualificação dada pelo governo federal para uma autarquia, fundação pública ou órgão preexistente que celebre **contrato de desempenho** ou **contrato de gestão**, buscando a ampliação de autonomia e fixando metas de desempenho.

A previsão das agências executivas está na Lei 9.649/98, que dispõe sobre a organização da Presidência da República e dos Ministérios, e dá outras providências. O artigo 51 estabelece os requisitos necessários para que uma autarquia ou fundação seja qualificada como agência executiva. Principais pontos para relembrarmos:

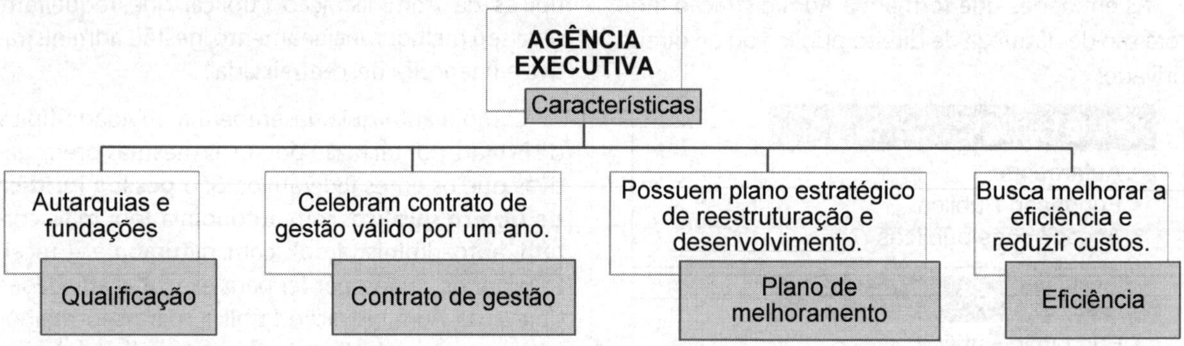

Agências Reguladoras

As agências reguladoras são autarquias de regime especial, responsáveis pela regulamentação, controle e fiscalização de serviços públicos transferidos ao setor privado. Em 2019, a Lei nº 13.848/2019 trouxe no seu artigo 2º as onze entidades federais que considera agências reguladoras: a Agência Nacional de Energia Elétrica (Aneel); Agência Nacional do Petróleo, Gás Natural e Biocombustíveis (ANP); Agência Nacional de Telecomunicações (Anatel); Agência Nacional de Vigilância Sanitária (Anvisa); Agência Nacional de Saúde Suplementar (ANS); Agência Nacional de Águas (ANA); Agência Nacional de Transportes Aquaviários (Antaq); Agência Nacional de Transportes Terrestres (ANT); Agência Nacional do Cinema (Ancine); Agência Nacional de Aviação Civil (Anac); Agência Nacional de Mineração (ANM).

As leis nº 9.986/2000 e a lei nº 13.848/2019, regulam, em caráter geral, a gestão e organização das Agências Reguladoras, nelas está previsto que os dirigentes serão escolhidos pelo Chefe do Executivo, dependendo da aprovação pelo Senado Federal (Art. 52, III, f, da CF). Assim, trata-se de ato complexo, já que são necessárias duas vontades distintas.

São **dirigidas** por um colegiado formado por **4 conselheiros ou diretores e 1 presidente**, diretor-presidente ou diretor-geral (Art. 4º, da Lei nº 9.986/2000) como regra. Os requisitos para ser presidente, diretor-presidente ou diretor-geral e demais conselheiros, estão elencados no artigo 5º, da Lei nº 9.986/2000. Seu **mandado** será de **5 anos** (a partir da Lei nº 13.848/2019). Nessas autarquias seus dirigentes possuem um mandato fixo, do qual só perderão nas hipóteses previstas em lei (sentença transitada em julgado, processo administrativo ou renúncia).

Quando um dirigente deixa o seu cargo, passa por um período chamado de "**quarentena**" ou "**geladeira**", no qual o ex-dirigente fica proibido de exercer atividades ou prestar qualquer serviço no setor regulado pela respectiva agência por um período de **seis meses** (art. 8º, da Lei nº 9.986/2000), contados da exoneração ou do término do mandato. Durante esse período o dirigente continua vinculado à Agência, fazendo *jus* à remuneração compensatória equivalente ao cargo de direção que exercia.

FUNDAÇÕES PÚBLICAS

As fundações são divididas em duas espécies: **fundações públicas de direito público** (possuem personalidade jurídica de direito público) e as **fundações públicas de direito privado** (possuem personalidade jurídica de direito privado). Trata-se da afetação de um acervo patrimonial do Estado a uma determinada finalidade pública.

Segundo o artigo 5º, inciso IV, do Decreto Lei 200/1967: "IV – Fundação Pública – a entidade dotada de personalidade jurídica de direito privado, sem fins lucrativos, criada em virtude de autorização legislativa, para o desenvolvimento de atividades que não exijam execução por órgãos ou entidades de direito público, com autonomia administrativa, patrimônio próprio gerido pelos respectivos órgãos de direção, e funcionamento custeado por recursos da União e de outras fontes".

São características das Fundações Públicas:

- **Dotação patrimonial** inteiramente do Poder Público ou semipública;
- **Personalidade jurídica** própria, pública ou privada;
- **Desempenho** de **atividade** atribuída ao Estado no âmbito social: saúde, educação, cultura, meio ambiente, assistência, com o fim de beneficiar terceiros estranhos à entidade;
- Capacidade de **autoadministração**
- **Controle** administrativo ou tutela

Comparando fundações e autarquias

Como as fundações públicas de direito público possuem as mesmas características das autarquias, mas também há as fundações governamentais de natureza privada, vamos estudar uma tabela comparativa quanto as principais características, para facilitar o entendimento e memorização:

Características	Autarquias	Fundações Públicas de Direito Público	Fundações Públicas de Direito Privado
Exemplos	BACEN; INSS; INCRA; IBAMA; CRM; Conselho Federal de Odontologia;	FUNAI; IBGE; Procon;	FUNPRESP (Fundação de previdência complementar para servidores públicos federais).
Criação e extinção	Criada e extinta por lei específica.		Lei só autoriza a criação.
Patrimônio	Bens Públicos (art. 98, do CC)		Bens privados.
Natureza jurídica	Pessoa jurídica de direito público		Pessoa jurídica de direito privado.
Responsabilidade Civil	Direta e objetiva, art. 37, §6º, da CF.		
Regime de pessoal	Regime único: estatutário (exceto para as Associações Públicas, que será celetista obrigatoriamente, art. 6º, §2º, da Lei 11.107/05).		Celetista
Licitações	Estão obrigadas a realizar.		
Privilégios processuais	Prazo em dobro, art. 183, do CPC; Isenção de custas judiciais, art. 4º, Lei 9.289/96; Dispensa de preparo e depósito prévio em recurso, art. 1007, §1º, CPC; Sujeitas a duplo grau de jurisdição, art. 496, CPC); Pagamento por precatórios, art. 100, CF; processo especial de execução (art. 910, CPC); juízo privativo (art. 109, CF).		
Prescrição	Quinquenal, art. 1º, Decreto 20.910/32 e Decreto 4.597/42).		
Imunidade tributária	Gozam de imunidade tributária recíproca[23] (art. 150, VI, a, e §2º da Constituição Federal).		

EMPRESA PÚBLICA E SOCIEDADE DE ECONOMIA MISTA

Apesar de serem entidades distintas, podem ser estudadas em conjunto para facilitar o conhecimento. Pertencem à estrutura da Administração Pública Indireta. As empresas públicas e sociedade de economia mista são **pessoas jurídicas de direito privado**. Empresa estatal ou empresa governamental são nomenclaturas utilizadas para representar as empresas públicas, sociedades de economia mista e subsidiárias. O artigo 3º e 4º da Lei 13.303/2016 trazem o conceito destas estatais.

23. Desde que estejam vinculadas a suas finalidades essenciais.

Vamos agora estudar um quadro comparativo das empresas públicas e sociedades de economia mista para compreender e memorizar pontos importantes:

Características	Empresas Públicas	Sociedade de Economia Mista
Exemplos	Caixa Econômica Federal; Correios; Banco Nacional de Desenvolvimento Econômico (BNDES); Empresa Brasileira de Pesquisa Agropecuária (Embrapa) e a Empresa Brasileira de Infraestrutura Aeroportuária (Infraero)	Petrobras, o Banco do Brasil, o Banco do Nordeste, Telebras, Furnas e a Eletrobras. Obs.: subsidiárias da Petrobrás – Petrobrás Distribuidora BR; Petroquisa; Transpetro; Gaspetro, etc.
Características	Pessoa jurídica de direito privado; entidade administrativa pertencente a administração indireta.	
	É composta por capital exclusivamente público, sob qualquer modalidade empresarial.	É criada com capital misto e na modalidade S/A.
Criação e extinção	A lei autoriza a criação, mas ela por si só não é suficiente para o nascimento da entidade, o Estado deverá providenciar a elaboração do ato que traduza seu estatuto ou do ato constitutivo, para a inscrição no registro próprio. A autorização será necessária para serem extintas.	
Objeto	Exploração de atividade econômica OU prestam de serviço público.	
Patrimônio	Se prestam serviço público, os bens são privados, mas com algumas prerrogativas de públicos. Agora, se exploram atividade econômica, os bens são privados sem prerrogativas.	
Natureza jurídica	Personalidade jurídica de direito privado.	
Responsabilidade Civil	Se presta serviço público, a responsabilidade é objetiva; O Estado responde subsidiariamente. Mas se explora atividade econômica, a responsabilidade é subjetiva como regra.	
Regime de pessoal	Celetista, não possuem estabilidade os empregados públicos, devendo a demissão apenas ser motivada (Informativo nº 919, do STF).	
Licitações	Subordinam-se as regras da Lei 13.303/16.	
Competência	Só se for empresa pública federal é Justiça Federal, art. 109, I, CF/88.	
Privilégios processuais	Se for empresa pública ou sociedade de economia mista prestadora de serviço público não concorrencial está sujeita ao regime de precatórios (art. 100, da CF), segundo posicionamento do STF (informativo nº 920).	
Imunidade tributária	Se presta serviço público, possui imunidade sobre os bens, rendas e serviços necessários ao serviço público, conforme o entendimento do Superior Tribunal de Justiça;	
Outras observações	Sofrem controle do TCU; Não se sujeitam à falência ou à recuperação de empresa;	

CONSÓRCIO PÚBLICO

A lei que regula os Consórcios Públicos é a Lei nº 11.107/2005, regulamentada pelo Decreto nº 6.017/07, alterada pelas leis nº 13.822/2019 e nº 13.821/2019. O consórcio público é uma gestão associada entre entes federados para a consecução de fins de interesse comum. Assim sendo, trata-se da união de dois ou mais entes para a prestação de um serviço público. A natureza do consórcio público vai variar conforme sua criação, no artigo 6º da Lei nº 11.107/2005, estabelece que os consórcios poderão ser de **natureza pública** ou **privada**.

A União somente participará de consórcios públicos em que também façam parte todos os Estados em cujos territórios estejam situados os Municípios consorciados.

O consórcio público, com personalidade jurídica de direito público ou privado, observará as normas de direito público no que concerne à realização de licitação (Lei 14.133/21), à celebração de contratos (Lei 14.133/21), à prestação de contas e à admissão de pessoal (necessidade de efetuar concurso público), todavia, independente da natureza do consórcio o agente público contratado será regido pela Consolidação das Leis do Trabalho (CLT), segundo o disposto no artigo 6º, §2º, da Lei 11.107/2005, alterado pela Lei 13.822/2019.

A lei deu alguns privilégios (ou prerrogativas) aos consórcios:

a) Se de direito público, podem promover **desapropriação** (atos executórios, não decreto expropriatório) e instituir **servidões** (art. 2º, §1º, inciso II);
b) O **dobro** do **limite** para contratação direta por **dispensa** de licitação em razão do valor (art. 75, §2º, da Lei 14.133/21);
c) Poder de **dispensar licitação** na celebração de contrato com ente da federação ou com entidade da Administração Indireta, para prestação de serviços públicos de forma associadas (art. 75, XI, da Lei 14.133/21);

d) Possibilidade de ser contratado pela Administração Direta ou Indireta dos entes da Federação consorciados, com **dispensa** de **licitação** (art. 2º, § 1º, inciso III)

Os consórcios sofrem **controle** pelo **Tribunal de Contas** (art. 9º, parágrafo único da Lei 11.107/2005) e, também, sofrem controle dos entes federativos do qual façam parte da Administração Indireta deles.

O Consócio público de direito público integra a administração pública INDIRETA dos entes consorciados, mas o consórcio público de direito privado não integraria, segundo a Lei 11.107/2005, esse é o entendimento do legislador, embora parte da doutrina tenha discordado.

O artigo 3º da Lei nº 11.107/2005 traz que o consórcio é constituído por contrato, mas na verdade são várias fases necessárias até sua constituição:

a) Subscrição de **protocolo de intenções** (art. 3º); Cláusulas necessárias do protocolo de intenções – art. 4º;
b) **Publicação** do protocolo de intenções na imprensa oficial (art. 4º, §5º);
c) **Lei** promulgada por cada um dos entes participantes, **ratificando**, total ou parcialmente, o protocolo de intenções (art. 5º).
d) Celebração do **contrato** (art. 3º)
e) Atendimento a disposições da **legislação civil**, quando se tratar de consórcio com personalidade de direito privado (art. 6º, II).

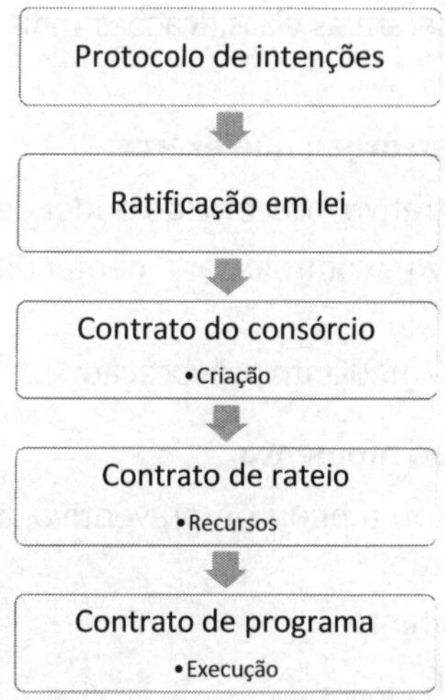

ENTIDADE PARAESTATAL: SIGNIFICADO DA EXPRESSÃO

Paraestatais, também chamadas de Terceiro Setor (pelos teóricos da Reforma do Estado) ou Entes de Cooperação, porque caminham ao lado do Estado. São entidades particulares que atuam em parceria com o Estado. Executam atividades de interesse público, sem finalidade lucrativa. Recebem alguns benefícios e se submetem algumas restrições.

O estudo das legislações indicadas abaixo é importante, mas vamos simplificar na tabela os principais pontos que caracteriza cada estatal:

Entidade:	Lei:	Forma de convênio ou parceria:	Principal observação:	Observação comum a todas:
OS (Organização Social)	Lei 9.637/98	Contrato de gestão	Entidades de iniciativa privada; sem fins lucrativos e que prestam serviço de interesse público. A grande diferença é que as OS absorveram serviços do Estado e as OSCIP são entidades que buscam fomento e se enquadram nos requisitos da lei.	• Sem fins lucrativos; •Não fazem parte da Administração Pública direta ou indireta; • Podem receber fomento (incentivo) do Estado; • Prestam atividade de interesse social; • Sujeitas a controle externo; • Serviço não exclusivo do Estado;
OSCIP (Organização da Sociedade Civil de Interesse Público)	Lei 9.790/99	Termo de parceria		
SSA (Serviços Sociais Autônomos)	Lei específica para cada entidade.	Lei específica para cada entidade.	Entidades como: do Sesi, Senai, Senac, Sesc, etc.	
OSC (Organizações da Sociedade Civil)	Lei 13.019/2014	Termo de colaboração ou termo de fomento ou acordo de cooperação;	São as demais entidades que buscam parceria com o Estado para conseguir fomento.	
Entidade de apoio	Lei 8.958/94	Convênio	FIPE; FAPEX; FUSP;	

9. CONTROLE DOS ATOS ADMINISTRATIVOS

Franciele Kühl

Esse controle não recai apenas sobre os órgãos do Poder Executivo, mas também a qualquer entidade administrativa da administração indireta, qualquer órgão, de qualquer dos Poderes, da administração direta no exercício da função administrativa.

CLASSIFICAÇÃO

A classificação das formas de controle que adotaremos neste material seguem a doutrina de Di

Pietro, por serem as classificações mais recorrentes em provas:

1) Quanto ao órgão que exerce:

- Administrativo – decorre do poder de autotutela;
- Legislativo – controle parlamentar direto ou pelo TCU;
- Judicial – mediante provocação;

2) Quanto ao momento

- Prévio – ou a priori ou preventivo, ato sujeito à autorização;
- Concomitante;
- Posterior;

3) Quanto à extensão

- Interno – É interno o controle que cada um dos Poderes OU a pessoa jurídica exerce sobre seus próprios atos e agentes;
- Externo – É externo o controle exercido por um dos Poderes sobre o outro; O controle da Administração Direta sobre a Indireta; como também o controle popular;

4) Quanto ao âmbito de atuação

- Subordinação – por autoridade hierarquicamente superior;
- Vinculação – Administração direta sobre as entidades descentralizadas, controle finalístico, trata-se de controle externo;

5) Quanto à natureza

- Legalidade – vício de legalidade, o ato precisa ser anulado. Exceção: convalidação (art. 55, Lei 9.784/99).
- Mérito – Verificação de oportunidade e conveniência. Leva a revogação do ato. Exercido pelo próprio poder. Normas importantes no ordenamento jurídico sobre legalidade e mérito: Art. 53, 54 e 55 da Lei 9.784/99 e Súmulas 346 e 473 do STF.

6) Quanto à iniciativa

- Ofício – instauração por portaria de PAD ou PA.
- Provocado – iniciado por requerimento da parte interessada.

CONTROLE ADMINISTRATIVO

O controle administrativo pode ocorrer tanto sob o aspecto da **legalidade**, visando a **anulação** de vícios, ilegalidades nos atos administrativo (vinculados ou discricionários), ou pode ser um controle de **mérito**, quando já não há mais conveniência e oportunidade na manutenção de um ato discricionário, então ele será **revogado**.

O controle administrativo pode ocorrer por **provocação** de um interessado, como o requerimento que resulta na instauração de um processo administrativo, bem como, pode ser por **ofício**, quando iniciado pela própria Administração Pública (princípio da oficialidade). Na Constituição Federal o controle interno tem previsão em diversos artigos: 31, 40, VII, 70, 74.

As formas de provocação são inúmeras, mas vamos trazer aqui algumas corriqueiras em provas:

- **Recurso hierárquico** – art. 56 L. 9784/99
- **Representação** – denúncia de irregularidade – art. 116, XII, da Lei 8.112/90; art. 45, da Lei 12.462/11 OU art. 164, da Lei 14.133/21 (impugnação ao edital).
- **Revisão** – art. 65, L. 9.784/99
- **Reconsideração** – art. 165, da Lei 14.133/21 e art. 106, da Lei 8.112/90
- **Reclamação administrativa** – Art. 6º, do DL 20.910/32. Cuidado, a reclamação pode ser administrativa, como prevista no artigo 6º, do Decreto Lei 20.910/1932, mas também pode ser reclamação constitucional, que é judicial, segundo a Lei 11.417/06, artigo 7º, no caso da reclamação constitucional, esta ação em específico exige o esgotamento das vias administrativas para sua propositura.
- **Reclamação constitucional**: art. 7º, Lei 11.417/06.

Ainda, não confunda **recurso hierárquico próprio** com **impróprio**:

- Recurso hierárquico **próprio:** recurso endereçado à autoridade imediatamente superior à que praticou o ato recorrido, pode ser interposto sem necessidade de previsão legal. Exemplo: Recurso ao Ministro de Estado para rever decisão do secretário.
- Recurso hierárquico **impróprio:** é aquele dirigido à uma autoridade que não ocupa posição de superioridade hierárquica em relação a quem praticou o ato recorrido. Exemplo: recurso contra decisão tomada por autarquia endereçado ao Ministro da pasta à qual a entidade recorrida está vinculada.

CONTROLE LEGISLATIVO DIRETO – CONTROLE POLÍTICO OU PARLAMENTAR

Trata-se do controle que é exercido pelo **Poder Legislativo** sobre a Administração Pública. São hipóteses previstas e limitadas na Constituição Federal de intervenção entre poderes. O controle legislativo implica na possibilidade de interferência no Poder Judiciário (quando executa função administrativa) e no Poder Executivo, neste último, abrange a Administração Direta e Indireta. Essa possibilidade de controle constitui uma exceção ao princípio da separação de Poderes, previsto no artigo 2º, da Constituição Federal.

O controle legislativo pode ser político ou financeiro. O controle financeiro estudaremos no tópico "Controle pelo Tribunal de Contas". O controle político, objeto desse tópico, pode ser de mérito ou de legalidade.

Segundo a doutrinadora Di Pietro[24], esse controle pode ocorrer de duas formas:

- **Controle político:** de legalidade e de mérito, pois vai apreciar as decisões administrativas sob o aspecto inclusive da discricionariedade. Exemplos:
  - **a)** Segundo o artigo 49, incisos I, II, III, IV, XII, XIV, XVI, XVII, bem como, o artigo 52, incisos III, IV, V, XI, tratam sobre a competência do Congresso Nacional e do Senado para apreciar a *priori* ou a *posteriori* os atos do Poder Executivo.
  - **b)** Convocação de Ministro de Estado pela Câmara dos Deputados ou pelo Senado para prestar informações, sob pena de crime de responsabilidade no caso de ausência (art. 50, da CF).
  - **c)** Apuração de irregularidades pelas Comissões Parlamentares de Inquérito, as quais tem poder de investigação (não de sanção) próprios das autoridades judiciais, suas conclusões são encaminhadas ao Ministério Público para que promova a responsabilidade civil ou criminal (Art. 58, §3º, da CF).
  - **d)** Competência do Senado Federal para processar e julgar o Presidente e o Vice-Presidente da República, bem como, os Ministros de Estado, Comandantes da Marinha, Exercício e Aeronáutica, nos crimes conexos com aqueles; Competência para julgar os Ministros do STF e os membros do Conselho Nacional de Justiça e do Conselho Nacional do Ministério Público, o Procurador-Geral da República e o Advogado-Geral da União nos crimes de responsabilidade (art. 52, da CF).
  - **e)** A competência do Senado para fixar, por proposta do Presidente da República, limites globais para o montante da dívida consolidada da União, estados, Distrito Federal e dos Municípios; para dispor sobre o limite e condições para operação de crédito externo e dispor sobre o limite e condição de concessão de garantia da União em operação de crédito externo e interno (art. 52, incisos VI, VII e VIII, da CF).
  - **f)** Competência do Congresso Nacional para sustar os atos normativos do Poder Executivo que exorbitam o poder regulamentar ou dos limites de delegação legislativa (art. 49, V, CF).
- **Controle financeiro** com o auxílio do Tribunal de Contas.

CONTROLE PARLAMENTAR INDIRETO OU FINANCEIRO – TRIBUNAL DE CONTAS

O Poder Legislativo efetua controle político e financeiro, o controle financeiro é exercido com auxílio do Tribunal de Contas da União, no âmbito federal, órgão auxiliar do Congresso Nacional. No âmbito estadual seria o Tribunal de Contas do estado, órgão auxiliar da Assembleia Legislava. Existe Tribunal de Contas municipal? Não, a Constituição Federal de 1988 veda a criação do órgão a nível municipal. Apenas alguns Tribunais municipais, que já existiam antes da Constituição de 1988, permaneceram, como o Tribunal de Contas de São Paulo e do Rio de Janeiro.

Na Constituição Federal, os artigos mais importantes sobre o controle externo efetuado pelo Tribunal de Contas da União estão dispostos entre os artigos 70 ao 75, os quais disciplinam a fiscalização contábil, financeira e orçamentária.

O Tribunal de Contas pode fiscalizar qualquer entidade pública, ou até mesmo pessoa jurídica de direito privado não integrante da Administração Pública, desde que utilize, arrecade, guarde, gerencie ou administre dinheiro, bem ou valor público, como por exemplo, as entidades paraestatais que firmam contrato de gestão (OS); termo de parceria (OSCIP); termo de fomento ou de colaboração (OSC); convênio (entidade de apoio) com o Administração Pública.

O artigo 71, da Carta Magna refere que o controle externo, a cargo do Congresso Nacional, será exercido com o auxílio do Tribunal de Contas da União, ao qual compete, resumidamente:

- Apreciar **contas prestadas anualmente** pelo Presidente da República, mediante parecer

24. DI PIETRO, Maria Sylvia Zanella. Direito administrativo. 35. ed. rev. atual e apl. Rio de Janeiro: Forense, 2022.

prévio que deve ser elaborado em 60 dias a contar do recebimento.

- Julgar as contas dos administradores e demais responsáveis por dinheiro, bens e valores públicos da: Administração direta e indireta. Incluídas as fundações e sociedades instituídas e mantidas pelo Poder Público federal e as contas daqueles que derem causa a perda, extravio ou outra irregularidade de que resulte prejuízo ao erário público.
- Apreciar, para fins de registro, a legalidade dos atos de **admissão** de pessoal, a qualquer título, na:
  - Administração direta e indireta
  - Incluídas as fundações instituídas e mantidas pelo Poder Público
  - Segundo o artigo 71, inciso III, da CF/88, nomeações para cargo de provimento em comissão não serão objeto de apreciação pelo Tribunal de Contas!
- Apreciar, para fins de registro, as **concessões** de aposentadoria, reformas e pensões, ressalvadas melhorias posteriores que não alterem o fundamento legal do ato concessório.
  - Tema 445 do STF (com repercussão geral): Em atenção aos princípios da segurança jurídica e da confiança legítima, os Tribunais de Contas estão sujeitos ao prazo de 5 anos para o julgamento da legalidade do ato de concessão inicial de aposentadoria, reforma ou pensão, a contar da chegada do processo à respectiva Corte de Contas.
- Realizar, por iniciativa própria, da Câmara dos Deputados, do Senado Federal, de Comissão técnica ou de inquérito, **inspeções** e **auditorias** de natureza contábil, financeira, orçamentária, operacional e patrimonial, nas unidades administrativas dos Poderes Legislativo, Executivo e Judiciário, e demais entidades referidas no inciso II.
- Fiscalizar as **contas nacionais das empresas** supranacionais de cujo capital social a União participe, de forma direta ou indireta;
- Fiscalizar a **aplicação de quaisquer recursos repassados pela União** mediante convênio, acordo, ajuste ou outros instrumentos congêneres, a Estado, ao Distrito Federal ou a Município;
- Prestar as **informações solicitadas pelo Congresso Nacional**, por qualquer de suas Casas, ou por qualquer das respectivas Comissões;
- Aplicar aos responsáveis, em caso de ilegalidade de despesa ou irregularidade de contas, as sanções previstas em lei, que estabelecerá, entre outras cominações, **multa** proporcional ao dano causado ao erário;
- Assinar prazo para que o órgão ou entidade adote as providências necessárias ao exato cumprimento da lei, se verificada ilegalidade;
- Representar ao Poder competente sobre irregularidades ou abusos.
- Sustar, se não atendido, a execução do **ato** impugnado, comunicando a decisão à Câmara dos Deputados e ao Senado Federal;

Cabe ao **Tribunal de Contas** da União **sustar a execução** do **ato** impugnado, se não atendido, comunicando a decisão à Câmara dos Deputados e ao Senado Federal. Essa atribuição também cabe ao **Congresso Nacional**, o artigo 49, inciso V, da CF que trata sobre a competência do Congresso: "**sustar os atos normativos** do Poder Executivo que **exorbitem** do **poder regulamentar** ou dos limites de delegação legislativa".

Sobre o Tribunal de Contas, ainda, cumpre ressaltar o teor da **Súmula vinculante 3:** "Nos processos perante o Tribunal de Contas da União asseguram-se o contraditório e a ampla defesa quando da decisão puder resultar anulação ou revogação de ato administrativo que beneficie o interessado, excetuada a apreciação da legalidade do ato de concessão inicial de aposentadoria, reforma e pensão".

CONTROLE JUDICIAL

O controle do Poder Judiciário sobre os atos de outros poderes é considerado **controle externo** e só pode ser realizado por provocação, uma ação judicial não pode iniciar de ofício. O controle poderá ser prévio ou posterior e não recai sobre o mérito, apenas sobre legalidade de atos. Assim, não há que se falar em revogação de atos discricionários pelo Poder Judiciário no exercício do controle externo, apenas no controle de legalidade, podendo anular atos eivados de vício.

No âmbito do processo administrativo, quando não for mais possível qualquer espécie de recurso administrativo, haverá a coisa julgada administrativa, entretanto, a coisa julgada administrativa é apenas formal, pois só o judiciário é capaz de fazer coisa julgada material, justamente pelo Brasil adotar sistema de jurisdição única (sistema inglês). Trata-se de direito fundamental previsto no artigo 5º, inciso XXXV, da Constituição Federal.

As ações que podem ser ajuizadas ou remédios que possam ser impetrados para controle de atos são: mandado de segurança, ação popular, ação civil pública, ação de improbidade administrativa, habeas data, habeas corpus, ação anulatória, ação direta de inconstitucionalidade, etc.

10. IMPROBIDADE ADMINISTRATIVA - LEI 8.429/1992

Prof. Ariel Zvoziak

Base constitucional

A constituição Federal estabelece as diretrizes básicas para existência e aplicação da Lei de improbidade Administrativa. Podemos observar tal premissa nos artigos 15, 85 e 37, §4º da Carta Magna, *in verbis:*

> *Art. 15. É vedada a cassação de direitos políticos, cuja perda ou suspensão só se dará nos casos de:*
>
> *V - improbidade administrativa, nos termos do art. 37, § 4º.*
>
> *Art. 85. São crimes de responsabilidade os atos do Presidente da República que atentem contra a Constituição Federal e, especialmente, contra:*
>
> *V – a probidade na administração.*

Art. 37, § 4º - Os atos de improbidade administrativa importarão:
Perda da função pública (após o trânsito em julgado)
Ação penal cabível (obs.: ato de improbidade por si só não é crime)
Ressarcimento ao erário
Indisponibilidade dos bens (medida cautelar - não é sanção)
Suspensão dos direitos políticos (após o trânsito em julgado)

Conceitos

Improbidade administrativa é o ato ilegal ou contrário aos princípios básicos da Administração Pública no Brasil, cometido por agente público, durante o exercício de função pública ou decorrente desta. Segundo Calil Simão, o ato de improbidade qualificado como administrativo (ato de improbidade administrativa), é aquele impregnado de desonestidade e deslealdade.

A improbidade administrativa é uma imoralidade qualificada pelo dano ao erário, trazendo vantagem para o ímprobo ou a outrem. O agente público deve agir com honestidade e boa-fé, não se valendo dos poderes e facilidade do cargo para obter vantagem pessoal ou para favorecer terceiros (José Afonso da silva).

"Ato de improbidade administrativa todo aquele que, à custa da Administração Pública e do interesse público, importa em enriquecimento ilícito (art.9º); que causa prejuízo ao erário (art. 10) e que atenta contra os princípios da Administração Pública (art. 11)." (Dirley da Cunha Junior)

a. Disposições Gerais

Consideram-se ATOS DE IMPROBIDADE ADMINISTRATIVA as condutas DOLOSAS tipificadas nos arts. 9º, 10 e 11 desta Lei, ressalvados tipos previstos em leis especiais. Importante entender que além disso, ela exige que o solo seja específico, ou seja, a vontade livre e consciente de alcançar o resultado ilícito tipificado nos arts. 9º, 10 e 11 desta Lei, não bastando a voluntariedade do agente.

O mero exercício da função ou desempenho de competências públicas, sem comprovação de ato doloso com fim ilícito, AFASTA A RESPONSABILIDADE POR ATO DE IMPROBIDADE administrativa. Aplicam-se ao sistema da improbidade disciplinado nesta Lei os princípios constitucionais do direito administrativo sancionador.

Os atos de improbidade violam a probidade na organização do Estado e no exercício de suas funções e a integridade do patrimônio público e social dos Poderes Executivo, Legislativo e Judiciário, bem como da administração direta e indireta, no âmbito da União, dos Estados, dos Municípios e do Distrito Federal.

Independentemente de integrar a administração indireta, estão sujeitos às sanções desta Lei os atos de improbidade praticados contra o patrimônio de entidade privada para cuja criação ou custeio o erário haja concorrido ou concorra no seu patrimônio ou receita atual, limitado o ressarcimento de prejuízos, nesse caso, à repercussão do ilícito sobre a contribuição dos cofres públicos.

NÃO CONFIGURA IMPROBIDADE a ação ou omissão decorrente de DIVERGÊNCIA INTERPRETATIVA DA LEI, baseada em jurisprudência, ainda que não pacificada, mesmo que não venha a ser posteriormente prevalecente nas decisões dos órgãos de controle ou dos tribunais do Poder Judiciário.

b. Sujeitos do ato de improbidade

Para os efeitos desta Lei, consideram-se agente público o agente político, o servidor público e todo aquele que exerce, ainda que transitoriamente ou sem remuneração, por eleição, nomeação, designação, contratação ou qualquer outra forma de investidura ou vínculo, mandato, cargo, emprego ou função nas entidades já referidas.

No que se refere a recursos de origem pública, sujeita-se às sanções previstas nesta Lei o particular, pessoa física ou jurídica, que celebra com a administração pública convênio, contrato de repasse, contrato de gestão, termo de parceria, termo de cooperação ou ajuste administrativo equivalente.

As disposições desta lei são aplicáveis, no que couber, àquele que, mesmo não sendo agente público, induza ou concorra DOLOSAMENTE para a prática do ato de improbidade

Os sócios, os cotistas, os diretores e os colaboradores de pessoa jurídica de direito privado NÃO RESPONDEM pelo ato de improbidade que venha a ser imputado à pessoa jurídica, salvo se, comprovadamente, houver participação e benefícios diretos, caso em que responderão nos limites da sua participação.

As sanções desta Lei não se aplicarão à pessoa jurídica, caso o ato de improbidade administrativa seja também sancionado como ato lesivo à administração pública de que trata a Lei nº 12.846, de 1º de agosto de 2013 (Lei anticorrupção).

- **ENTENDIMENTOS JURISPRUDENCIAIS IMPORTANTES SOBRE O TEMA:**
  - Entendimento STF: Particular sozinho não pratica improbidade; precisa haver conluio com o agente.
  - Entendimento STJ: Estagiário que atua no serviço público também está sujeito à responsabilização da LIA.
  - Súmula 634-STJ: Ao particular aplica-se o mesmo regime prescricional previsto na lei de improbidade administrativa para os agentes públicos.
  - Os artigos 4, 5 e 6 foram revogados, porém alguns dos pontos tratados por eles são

Se houver indícios de ato de improbidade, a autoridade que conhecer dos fatos representará ao Ministério Público competente, para as providências necessárias.

O sucessor ou o herdeiro daquele que causar danos ao erário ou que se enriquecer ilicitamente estão sujeitos apenas à obrigação de repará-lo até o limite do valor da herança ou do patrimônio transferido.

A responsabilidade sucessória referida acima aplica-se também na hipótese de alteração contratual, de transformação, de incorporação, de fusão ou de cisão societária.

Nas hipóteses de fusão e de incorporação, a responsabilidade da sucessora será restrita à obrigação de reparação integral do dano causado, até o limite do patrimônio transferido, não lhe sendo aplicáveis as demais sanções previstas nesta lei decorrentes de atos e de fatos ocorridos antes da data da fusão ou da incorporação, exceto no caso de simulação ou de evidente intuito de fraude, devidamente comprovados.

Dos atos de improbidade administrativa

Atos que importam enriquecimento ilícito

Auferir, mediante a prática de ATO DOLOSO, qualquer tipo de vantagem patrimonial indevida em razão do exercício de cargo, de mandato, de função, de emprego ou de atividade nas entidades referidas no art. 1º desta Lei.

São as seguintes hipóteses:

- *Receber, para si ou para outrem, dinheiro, bem móvel ou imóvel, ou qualquer outra vantagem econômica, direta ou indireta, a título de comissão, percentagem, gratificação ou presente de quem tenha interesse, direto ou indireto, que possa ser atingido ou amparado por ação ou omissão decorrente das atribuições do agente público;*
- *Perceber vantagem econômica, direta ou indireta, para facilitar a aquisição, permuta ou locação de bem móvel ou imóvel, ou a contratação de serviços pelas entidades referidas no art. 1º por preço superior ao valor de mercado;*
- *Perceber vantagem econômica, direta ou indireta, para facilitar a alienação, permuta ou locação de bem público ou o fornecimento de serviço por ente estatal por preço inferior ao valor de mercado;*
- *Utilizar, em obra ou serviço particular, qualquer bem móvel, de propriedade ou à disposição de qualquer das entidades referidas no art. 1º desta Lei, bem como o trabalho de servidores, de empregados ou de terceiros contratados por essas entidades;*
- *Receber vantagem econômica de qualquer natureza, direta ou indireta, para tolerar a exploração ou a prática de jogos de azar, de lenocínio, de narcotráfico, de contrabando, de usura ou de qualquer outra atividade ilícita, ou aceitar promessa de tal vantagem;*
- *Receber vantagem econômica de qualquer natureza, direta ou indireta, para fazer declaração falsa sobre qualquer dado técnico que envolva*

obras públicas ou qualquer outro serviço ou sobre quantidade, peso, medida, qualidade ou característica de mercadorias ou bens fornecidos a qualquer das entidades referidas no art. 1º desta lei.

- *Adquirir, para si ou para outrem, no exercício de mandato, de cargo, de emprego ou de função pública, e em razão deles, bens de qualquer natureza, decorrentes dos atos descritos no caput deste artigo, cujo valor seja desproporcional à evolução do patrimônio ou à renda do agente público, assegurada a demonstração pelo agente da licitude da origem dessa evolução.*
- *Aceitar emprego, comissão ou exercer atividade de consultoria ou assessoramento para pessoa física ou jurídica que tenha interesse suscetível de ser atingido ou amparado por ação ou omissão decorrente das atribuições do agente público, durante a atividade;*
- *Perceber vantagem econômica para intermediar a liberação ou aplicação de verba pública de qualquer natureza;*
- *Receber vantagem econômica de qualquer natureza, direta ou indiretamente, para omitir ato de ofício, providência ou declaração a que esteja obrigado;*
- *Incorporar, por qualquer forma, ao seu patrimônio bens, rendas, verbas ou valores integrantes do acervo patrimonial das entidades mencionadas no art. 1° desta lei;*
- *Usar, em proveito próprio, bens, rendas, verbas ou valores integrantes do acervo patrimonial das entidades mencionadas no art. 1° desta lei.*

Atos que importam prejuízo ao erário

Constitui ato de improbidade administrativa que causa lesão ao erário qualquer ação ou omissão DOLOSA, que enseje, EFETIVA E COMPROVADAMENTE, perda patrimonial, desvio, apropriação, malbaratamento ou dilapidação dos bens ou haveres das entidades referidas no art. 1º desta lei.

São as seguintes hipóteses:

- *Facilitar ou concorrer, por qualquer forma, para a indevida incorporação ao patrimônio particular, de pessoa física ou jurídica, de bens, de rendas, de verbas ou de valores integrantes do acervo patrimonial das entidades referidas no art. 1º desta lei;*
- *Permitir ou concorrer para que pessoa física ou jurídica privada utilize bens, rendas, verbas ou valores integrantes do acervo patrimonial das entidades mencionadas no art. 1º desta lei, sem a observância das formalidades legais ou regulamentares aplicáveis à espécie;*
- *Doar à pessoa física ou jurídica bem como ao ente despersonalizado, ainda que de fins educativos ou assistências, bens, rendas, verbas ou valores do patrimônio de qualquer das entidades mencionadas no art. 1º desta lei, sem observância das formalidades legais e regulamentares aplicáveis à espécie;*
- *Permitir ou facilitar a alienação, permuta ou locação de bem integrante do patrimônio de qualquer das entidades referidas no art. 1º desta lei, ou ainda a prestação de serviço por parte delas, por preço inferior ao de mercado;*
- *Permitir ou facilitar a aquisição, permuta ou locação de bem ou serviço por preço superior ao de mercado;*
- *Realizar operação financeira sem observância das normas legais e regulamentares ou aceitar garantia insuficiente ou inidônea;*
- *Conceder benefício administrativo ou fiscal sem a observância das formalidades legais ou regulamentares aplicáveis à espécie;*
- *Frustrar a licitude de processo licitatório ou de processo seletivo para celebração de parcerias com entidades sem fins lucrativos, ou dispensá-los indevidamente, acarretando perda patrimonial efetiva;*
- *Ordenar ou permitir a realização de despesas não autorizadas em lei ou regulamento;*
- *Agir ilicitamente na arrecadação de tributo ou de renda, bem como no que diz respeito à conservação do patrimônio público;*
- *Liberar verba pública sem a estrita observância das normas pertinentes ou influir de qualquer forma para a sua aplicação irregular;*
- *Permitir, facilitar ou concorrer para que terceiro se enriqueça ilicitamente;*
- *Permitir que se utilize, em obra ou serviço particular, veículos, máquinas, equipamentos ou material de qualquer natureza, de propriedade ou à disposição de qualquer das entidades mencionadas no art. 1° desta lei, bem como o trabalho de servidor público, empregados ou terceiros contratados por essas entidades.*
- *Celebrar contrato ou outro instrumento que tenha por objeto a prestação de serviços públicos por meio da gestão associada sem observar as formalidades previstas na lei;*
- *Celebrar contrato de rateio de consórcio público sem suficiente e prévia dotação orçamentária,*

ou sem observar as formalidades previstas na lei.

- *Facilitar ou concorrer, por qualquer forma, para a incorporação, ao patrimônio particular de pessoa física ou jurídica, de bens, rendas, verbas ou valores públicos transferidos pela administração pública a entidades privadas mediante celebração de parcerias, sem a observância das formalidades legais ou regulamentares aplicáveis à espécie;*
- *Permitir ou concorrer para que pessoa física ou jurídica privada utilize bens, rendas, verbas ou valores públicos transferidos pela administração pública a entidade privada mediante celebração de parcerias, sem a observância das formalidades legais ou regulamentares aplicáveis à espécie;*
- *Celebrar parcerias da administração pública com entidades privadas sem a observância das formalidades legais ou regulamentares aplicáveis à espécie;*
- *Agir para a configuração de ilícito na celebração, na fiscalização e na análise das prestações de contas de parcerias firmadas pela administração pública com entidades privadas;*
- *Liberar recursos de parcerias firmadas pela administração pública com entidades privadas sem a estrita observância das normas pertinentes ou influir de qualquer forma para a sua aplicação irregular.*
- *Conceder, aplicar ou manter benefício financeiro ou tributário contrário ao que dispõem o caput e o § 1º do art. 8º-a da lei complementar nº 116, de 31 de julho de 2003. (alíquota mínima do ISSQN e benefícios correspondentes)*

Nos casos em que a inobservância de formalidades legais ou regulamentares não implicar perda patrimonial efetiva, não ocorrerá imposição de ressarcimento, vedado o enriquecimento sem causa das entidades referidas no art. 1º desta Lei.

A mera perda patrimonial decorrente da atividade econômica não acarretará improbidade administrativa, salvo se comprovado ato doloso praticado com essa finalidade

Atos que atentam contra os princípios da administração pública

Constitui ato de improbidade administrativa que atenta contra os princípios da administração pública a ação ou omissão DOLOSA que viole os deveres de honestidade, de imparcialidade e de legalidade

São as seguintes hipóteses:

- *Revelar fato ou circunstância de que tem ciência em razão das atribuições e que deva permanecer em segredo, propiciando beneficiamento por informação privilegiada ou colocando em risco a segurança da sociedade e do estado;*
- *Negar publicidade aos atos oficiais, exceto em razão de sua imprescindibilidade para a segurança da sociedade e do estado ou de outras hipóteses instituídas em lei;*
- *Frustrar, em ofensa à imparcialidade, o caráter concorrencial de concurso público, de chamamento ou de procedimento licitatório, com vistas à obtenção de benefício próprio, direto ou indireto, ou de terceiros;*
- *Deixar de prestar contas quando esteja obrigado a fazê-lo, desde que disponha das condições para isso, com vistas a ocultar irregularidades;*
- *Revelar ou permitir que chegue ao conhecimento de terceiro, antes da respectiva divulgação oficial, teor de medida política ou econômica capaz de afetar o preço de mercadoria, bem ou serviço.*
- *Descumprir as normas relativas à celebração, fiscalização e aprovação de contas de parcerias firmadas pela administração pública com entidades privadas.*
- *Nomear cônjuge, companheiro ou parente em linha reta, colateral ou por afinidade, até o 3° grau, inclusive, da autoridade nomeante ou de servidor da mesma pessoa jurídica investido em cargo de direção, chefia ou assessoramento, para o exercício de cargo em comissão ou de confiança ou, ainda, de função gratificada na administração pública direta e indireta em qualquer dos poderes da união, dos estados, do distrito federal e dos municípios, compreendido o ajuste mediante designações recíprocas;*
- *Praticar, no âmbito da administração pública e com recursos do erário, ato de publicidade que contrarie o disposto no § 1º do art. 37 da constituição federal, de forma a promover inequívoco enaltecimento do agente público e personalização de atos, de programas, de obras, de serviços ou de campanhas dos órgãos públicos.*

Das penas

Independentemente do ressarcimento integral do dano patrimonial, se efetivo, e das sanções penais comuns e de responsabilidade, civis e administrativas previstas na legislação específica, está o responsável pelo ato de improbidade sujeito às seguintes cominações, que podem ser aplicadas isolada ou cumulativamente, de acordo com a gravidade do fato.

Elas estão previstas no art. 12 da lei:

> *Art. 12. Independentemente do ressarcimento integral do dano patrimonial, se efetivo, e das sanções penais comuns e de responsabilidade, civis e administrativas previstas na legislação específica, está o responsável pelo ato de improbidade sujeito às seguintes cominações, que podem ser aplicadas isolada ou cumulativamente, de acordo com a gravidade do fato:*
>
> *I – na hipótese do art. 9º desta Lei, perda dos bens ou valores acrescidos ilicitamente ao patrimônio, perda da função pública, suspensão dos direitos políticos até 14 (catorze) anos, pagamento de multa civil equivalente ao valor do acréscimo patrimonial e proibição de contratar com o poder público ou de receber benefícios ou incentivos fiscais ou creditícios, direta ou indiretamente, ainda que por intermédio de pessoa jurídica da qual seja sócio majoritário, pelo prazo não superior a 14 (catorze) anos;*
>
> *II – na hipótese do art. 10 desta Lei, perda dos bens ou valores acrescidos ilicitamente ao patrimônio, se concorrer esta circunstância, perda da função pública, suspensão dos direitos políticos até 12 (doze) anos, pagamento de multa civil equivalente ao valor do dano e proibição de contratar com o poder público ou de receber benefícios ou incentivos fiscais ou creditícios, direta ou indiretamente, ainda que por intermédio de pessoa jurídica da qual seja sócio majoritário, pelo prazo não superior a 12 (doze) anos;*
>
> *III – na hipótese do art. 11 desta Lei, pagamento de multa civil de até 24 (vinte e quatro) vezes o valor da remuneração percebida pelo agente e proibição de contratar com o poder público ou de receber benefícios ou incentivos fiscais ou creditícios, direta ou indiretamente, ainda que por intermédio de pessoa jurídica da qual seja sócio majoritário, pelo prazo não superior a 4 (quatro) anos;*

A sanção de perda da função pública, nos dois primeiros casos, atinge apenas o vínculo de mesma qualidade e natureza que o agente público ou político detinha com o poder público na época do cometimento da infração, podendo o magistrado, na hipótese do primeiro cenário, e em caráter excepcional, estendê-la aos demais vínculos, consideradas as circunstâncias do caso e a gravidade da infração.

Na responsabilização da pessoa jurídica, deverão ser considerados os efeitos econômicos e sociais das sanções, de modo a viabilizar a manutenção de suas atividades.

Em caráter excepcional e por motivos relevantes devidamente justificados, a sanção de proibição de contratação com o poder público pode extrapolar o ente público lesado pelo ato de improbidade, observados os impactos econômicos e sociais das sanções, de forma a preservar a função social da pessoa jurídica.

No caso de atos de menor ofensa aos bens jurídicos tutelados por esta lei, a sanção limitar-se-á à aplicação de multa, sem prejuízo do ressarcimento do dano e da perda dos valores obtidos, quando for o caso, nos termos do caput deste artigo.

Se ocorrer lesão ao patrimônio público, a reparação do dano a que se refere esta Lei deverá deduzir o ressarcimento ocorrido nas instâncias criminal, civil e administrativa que tiver por objeto os mesmos fatos.

As sanções aplicadas a pessoas jurídicas com base nesta Lei e na Lei nº 12.846, de 1º de agosto de 2013, deverão observar o princípio constitucional do *non bis in idem*.

A sanção de proibição de contratação com o poder público deverá constar do Cadastro Nacional de Empresas Inidôneas e Suspensas (CEIS) de que trata a Lei nº 12.846, de 1º de agosto de 2013, observadas as limitações territoriais contidas em decisão judicial.

As sanções previstas neste artigo somente poderão ser executadas após o trânsito em julgado da sentença condenatória.

Da declaração de bens

A posse e o exercício de agente público ficam condicionados à apresentação de declaração de imposto de renda e proventos de qualquer natureza, que tenha sido apresentada à Secretaria Especial da Receita Federal do Brasil, a fim de ser arquivada no serviço de pessoal competente.

A declaração de bens referida será atualizada anualmente e na data em que o agente público deixar o exercício do mandato, do cargo, do emprego ou da função.

Será apenado com a pena de demissão, sem prejuízo de outras sanções cabíveis, o agente público que se recusar a prestar a declaração dos bens dentro do prazo determinado ou que prestar declaração falsa.

Do procedimento administrativo e do processo judicial

Qualquer pessoa poderá representar à autoridade administrativa competente para que seja instaurada investigação destinada a apurar a prática de ato de improbidade.

Atendidos os requisitos da representação, a autoridade determinará a imediata apuração dos fatos, observada a legislação que regula o processo administrativo disciplinar aplicável ao agente. A comissão processante dará conhecimento ao Ministério Público e ao Tribunal ou Conselho de Contas da existência de procedimento administrativo para apurar a prática de ato de improbidade. O Ministério Público ou Tribunal ou Conselho de Contas poderá, a requerimento, designar representante para acompanhar o procedimento administrativo.

Na ação por improbidade administrativa poderá ser formulado, em caráter antecedente ou incidente, PEDIDO DE INDISPONIBILIDADE DE BENS dos réus, a fim de garantir a integral recomposição do erário ou do acréscimo patrimonial resultante de enriquecimento ilícito.

O pedido de indisponibilidade de bens poderá ser formulado independentemente da representação.

Quando for o caso, o pedido de indisponibilidade de bens incluirá a investigação, o exame e o bloqueio de bens, contas bancárias e aplicações financeiras mantidas pelo indiciado no exterior, nos termos da lei e dos tratados internacionais.

O pedido de indisponibilidade de bens apenas será deferido mediante a demonstração no caso concreto de perigo de dano irreparável ou de risco ao resultado útil do processo, desde que o juiz se convença da probabilidade da ocorrência dos atos descritos na petição inicial com fundamento nos respectivos elementos de instrução, após a oitiva do réu em 5 dias.

A indisponibilidade de bens poderá ser decretada sem a oitiva prévia do réu, sempre que o contraditório prévio puder comprovadamente frustrar a efetividade da medida ou houver outras circunstâncias que recomendem a proteção liminar, não podendo a urgência ser presumida

Se houver mais de um réu na ação, a somatória dos valores declarados indisponíveis não poderá superar o montante indicado na petição inicial como dano ao erário ou como enriquecimento ilícito.

O valor da indisponibilidade considerará a estimativa de dano indicada na petição inicial, permitida a sua substituição por caução idônea, por fiança bancária ou por seguro-garantia judicial, a requerimento do réu, bem como a sua readequação durante a instrução do processo.

A indisponibilidade de bens de terceiro dependerá da demonstração da sua efetiva concorrência para os atos ilícitos apurados ou, quando se tratar de pessoa jurídica, da instauração de incidente de desconsideração da personalidade jurídica, a ser processado na forma da lei processual.

Aplica-se à indisponibilidade de bens regida por esta Lei, no que for cabível, o regime da tutela provisória de urgência da Lei nº 13.105, de 16 de março de 2015 (Código de Processo Civil). O mesmo quanto a decisão que deferir ou indeferir a medida relativa à indisponibilidade de bens, na qual caberá agravo de instrumento.

A indisponibilidade recairá sobre bens que assegurem exclusivamente o integral ressarcimento do dano ao erário, sem incidir sobre os valores a serem eventualmente aplicados a título de multa civil ou sobre acréscimo patrimonial decorrente de atividade lícita.

A ordem de indisponibilidade de bens deverá priorizar veículos de via terrestre, bens imóveis, bens móveis em geral, semoventes, navios e aeronaves, ações e quotas de sociedades simples e empresárias, pedras e metais preciosos e, apenas na inexistência desses, o bloqueio de contas bancárias, de forma a garantir a subsistência do acusado e a manutenção da atividade empresária ao longo do processo.

O juiz, ao apreciar o pedido de indisponibilidade de bens do réu, observará os efeitos práticos da decisão, vedada a adoção de medida capaz de acarretar prejuízo à prestação de serviços públicos.

É vedada a decretação de indisponibilidade da quantia de até 40 salários-mínimos depositados em caderneta de poupança, em outras aplicações financeiras ou em conta corrente.

É vedada a decretação de indisponibilidade do bem de família do réu, salvo se comprovado que o imóvel seja fruto de vantagem patrimonial indevida.

A ação para a aplicação das sanções de que trata esta Lei será proposta pelo Ministério Público e seguirá o procedimento comum previsto na Lei nº 13.105, de 16 de março de 2015 (Código de Processo Civil), salvo o disposto nesta Lei.

Atentar aqui pois esta parte destacada acima foi declarada inconstitucional pelo STF no final de agosto de 2022 nas ADI's 7042 e 7043.

O plenário do STF (Supremo Tribunal Federal) decidiu, por maioria, que o MP (Ministério Público) não tem exclusividade para ajuizar ações de improbidade administrativa.

Com a decisão, entes públicos lesados podem ingressar com os processos. A exclusividade do MP foi estabelecida pela alteração ocorrida em 2021.

A ação deverá ser proposta perante o foro do local onde ocorrer o dano ou da pessoa jurídica prejudicada.

O Ministério Público poderá, conforme as circunstâncias do caso concreto, celebrar acordo de não persecução civil, desde que dele advenham, ao menos, os seguintes resultados:

- O integral ressarcimento do dano;
- A reversão à pessoa jurídica lesada da vantagem indevida obtida, ainda que oriunda de agentes privados.

Em qualquer caso, a celebração do acordo considerará a personalidade do agente, a natureza, as circunstâncias, a gravidade e a repercussão social do ato de improbidade, bem como as vantagens, para o interesse público, da rápida solução do caso.

O acordo poderá ser celebrado no curso da investigação de apuração do ilícito, no curso da ação de improbidade ou no momento da execução da sentença condenatória.

As negociações para a celebração do acordo ocorrerão entre o Ministério Público, de um lado, e, de outro, o investigado ou demandado e o seu defensor.

Atentar aqui pois o STF decidiu derrubar a legitimidade exclusiva do MP para fechar acordo de não persecução civil no final de agosto de 2022 nas ADI's 7042 e 7043.

O acordo poderá contemplar a adoção de mecanismos e procedimentos internos de integridade, de auditoria e de incentivo à denúncia de irregularidades e a aplicação efetiva de códigos de ética e de conduta no âmbito da pessoa jurídica, se for o caso, bem como de outras medidas em favor do interesse público e de boas práticas administrativas.

Em caso de descumprimento do acordo, o investigado ou o demandado ficará impedido de celebrar novo acordo pelo prazo de 5 anos, contado do conhecimento pelo ministério público do efetivo descumprimento.

Das disposições penais

Constitui crime a representação por ato de improbidade contra agente público ou terceiro beneficiário, quando o autor da denúncia o sabe inocente.

- Pena: detenção de 6 a 10 meses e multa.
- Além da sanção penal, o denunciante está sujeito a indenizar o denunciado pelos danos materiais, morais ou à imagem que houver provocado.

A perda da função pública e a suspensão dos direitos políticos só se efetivam com o trânsito em julgado da sentença condenatória.

A autoridade judicial competente poderá determinar o afastamento do agente público do exercício do cargo, do emprego ou da função, sem prejuízo da remuneração, quando a medida for necessária à instrução processual ou para evitar a iminente prática de novos ilícitos.

O afastamento previsto acima será de até 90 dias, prorrogáveis uma única vez por igual prazo, mediante decisão motivada.

A absolvição criminal em ação que discuta os mesmos fatos, confirmada por decisão colegiada, impede o trâmite da ação da qual trata esta Lei, havendo comunicação com todos os fundamentos de absolvição previstos no Código de Processo Penal.

- **Resumos e Mapas mentais**

ENRIQUECIMENTO ILÍCITO:

- Perda dos bens ou valores acrescidos ilicitamente ao patrimônio
- Perda da função pública
- Suspensão dos direitos políticos até 14 anos
- Pagamento de multa civil equivalente ao valor do acréscimo patrimonial
- Proibição de contratar com o poder público ou de receber benefícios ou incentivos fiscais ou creditícios, direta ou indiretamente, ainda que por intermédio de pessoa jurídica da qual seja sócio majoritário, pelo prazo não superior a 14 anos

LESÃO AO ERÁRIO:

- Perda dos bens ou valores acrescidos ilicitamente ao patrimônio
- Se concorrer esta circunstância, perda da função pública
- Suspensão dos direitos políticos até 12 anos
- Pagamento de multa civil equivalente ao valor do dano
- Proibição de contratar com o poder público ou de receber benefícios ou incentivos fiscais ou creditícios, direta ou indiretamente, ainda que por intermédio de pessoa jurídica da qual seja sócio majoritário, pelo prazo não superior a 12 anos;

ATENTADO AOS PRINCÍPIOS DA ADMINISTRAÇÃO:

- Pagamento de multa civil de até 24 vezes o valor da remuneração percebida pelo agente
- Proibição de contratar com o poder público ou de receber benefícios ou incentivos fiscais ou creditícios, direta ou indiretamente, ainda que por intermédio de pessoa jurídica da qual seja sócio majoritário, pelo prazo não superior a 4 anos

	Suspensão dos direitos políticos	Multa Civil	Proibição de contratar ou receber incentivo público
Enriquecimento Ilícito (Artigo 9º)	Até 14 anos	Equivalente ao valor do acréscimo patrimonial	Até 14 anos
·Lesão ao Erário (Artigo 10)	Até 12 anos	Equivalente ao valo do dano	Até 12 anos
Atenta contra Princípios (Artigo 11)	Não tem	Até 24x o valor da remuneração do agente	Até 4 anos

11. LEI DE PROCESSO ADMINISTRATIVO – LEI 9.784/1999

Prof.ª Ariel Zvoziak

Objetivo

Estabelece normas básicas sobre o processo administrativo no âmbito da Administração Federal direta e indireta, visando, em especial, à proteção dos direitos dos administrados e ao melhor cumprimento dos fins da Administração.

Aplicação

Muito embora a lei mencione que sua aplicação será no âmbito da Administração Pública Federal, importante referir que o diploma legal traz normas gerais sobre processo administrativo, podendo ser utilizada também por Estados e Municípios que não tenham leis específicas regulando o assunto, ou mesmo subsidiariamente por entes que tenham suas próprias leis regulando a matéria.

Da mesma forma, ela não se limita a aplicação ao poder executivo, sendo aplicável aos órgãos dos Poderes Legislativo e Judiciário, quando no desempenho de função administrativa.

Resumindo, ela é aplicada de forma direta pela administração pública federal e de forma subsidiária nos demais casos.

Conceitos

O artigo 1º da Lei, já de plano nos estabelece conceitos importantes como podemos observar:

> *Art. 1º Esta Lei estabelece normas básicas sobre o processo administrativo no âmbito da Administração Federal direta e indireta, visando, em especial, à proteção dos direitos dos administrados e ao melhor cumprimento dos fins da Administração.*
>
> *(...)*
>
> *§ 2º Para os fins desta Lei, consideram-se:*
>
> *I – órgão – a unidade de atuação integrante da estrutura da Administração direta e da estrutura da Administração indireta;*
>
> *II – entidade – a unidade de atuação dotada de personalidade jurídica;*
>
> *III – autoridade – o servidor ou agente público dotado de poder de decisão.*

Princípios

Além disso, quando estudamos a administração pública, temos como base dos princípios aplicáveis aqueles dispostos no Art. 37 caput da Constituição Federal, são os princípios expressos constitucionalmente, porém a doutrina nos traz diversos outros não expressos que também são igualmente aplicáveis. De qualquer forma, a lei de processo administrativo elenca um rol de princípios bem maior do que o previsto na carta magna. Podemos resumi-los da seguinte forma:

- **Legalidade** – atuação conforme a lei e o Direito.
- **Finalidade** – atendimento a fins de interesse geral, vedada a renúncia total ou parcial de poderes ou competências, salvo autorização em lei.
- **Motivação** – indicação dos pressupostos de fato e de direito que determinarem a decisão.
- **Razoabilidade e Proporcionalidade** – adequação entre meios e fins, vedada a imposição de obrigações, restrições e sanções em medida superior àquelas estritamente necessárias ao atendimento do interesse público.
- **Moralidade** – atuação segundo padrões éticos de probidade, decoro e boa-fé.
- **Ampla defesa e contraditório** – garantia dos direitos à comunicação, à apresentação de alegações finais, à produção de provas e à interposição de recursos, nos processos de que possam resultar sanções e nas situações de litígio.
- **Segurança jurídica e Informalismo** – observância das formalidades essenciais à garantia dos direitos dos administrados. – Porém, adoção de formas simples, suficientes para propiciar adequado grau de certeza, segurança e respeito aos direitos dos administrados.
- **Interesse Público** – interpretação da norma administrativa da forma que melhor garanta o atendimento do fim público a que se dirige, vedada aplicação retroativa de nova **interpretação**. – Objetividade no atendimento do interesse público vedada a promoção pessoal de agentes ou autoridades.
- **Eficiência e Publicidade** – busca a otimização dos procedimentos, devendo ser rápida, útil e econômica, buscando os melhores resultados possíveis. – Divulgação oficial dos atos administrativos, ressalvadas as hipóteses de sigilo previstas na Constituição.
- **Oficialidade (Impulso Oficial)** – impulsão, de ofício, do processo administrativo, sem prejuízo da atuação dos interessados.
- **Gratuidade** – proibição de cobrança de despesas processuais, ressalvadas as previstas em lei.

Dos direitos e deveres dos administrados

Os deveres que os administrados possuem está elencado no art. 3º da lei:

Art. 3º O administrado tem os seguintes direitos perante a Administração, sem prejuízo de outros que lhe sejam assegurados:

I – ser tratado com respeito pelas autoridades e servidores, que deverão facilitar o exercício de seus direitos e o cumprimento de suas obrigações;

II – ter ciência da tramitação dos processos administrativos em que tenha a condição de interessado, ter vista dos autos, obter cópias de documentos neles contidos e conhecer as decisões proferidas;

III – formular alegações e apresentar documentos antes da decisão, os quais serão objeto de consideração pelo órgão competente;

IV – fazer-se assistir, facultativamente, por advogado, salvo quando obrigatória a representação, por força de lei.

Merece destaque a faculdade dada ao administrado de constituir advogado para representá-lo em processo administrativo.

Trata-se da representação do princípio do informalismo (não há necessidade de representação) e da ampla defesa (tem o direito de constituir advogado), analisados anteriormente.

Portanto, salvo casos em que a lei exige a representação por advogado, a regra é que o administrado pode realizar sua defesa sem a constituição de patrono.

- *Súmula Vinculante nº 5: "A falta de defesa técnica por advogado no processo administrativo disciplinar não ofende a Constituição".*

Já os direitos que os administrados possuem está elencado no art. 4º da lei:

Art. 4º São deveres do administrado perante a Administração, sem prejuízo de outros previstos em ato normativo:

I – expor os fatos conforme a verdade;

II – proceder com lealdade, urbanidade e boa-fé;

III – não agir de modo temerário;

IV – prestar as informações que lhe forem solicitadas e colaborar para o esclarecimento dos fatos.

Do início do processo

O processo administrativo pode iniciar-se de ofício ou a pedido de interessado. O requerimento inicial do interessado, salvo casos em que for admitida solicitação oral, deve ser formulado por escrito.

É vedada à Administração a recusa imotivada de recebimento de documentos, devendo o servidor orientar o interessado quanto ao suprimento de eventuais falhas.

Quando os pedidos de uma pluralidade de interessados tiverem conteúdo e fundamentos idênticos, poderão ser formulados em um único requerimento, salvo preceito legal em contrário.

Interessados

São legitimados como interessados no processo administrativo:

- Pessoas físicas ou jurídicas que o iniciem como titulares de direitos ou interesses individuais ou no exercício do direito de representação;
- Aqueles que, sem terem iniciado o processo, têm direitos ou interesses que possam ser afetados pela decisão a ser adotada;
- As organizações e associações representativas, no tocante a direitos e interesses coletivos;
- As pessoas ou as associações legalmente constituídas quanto a direitos ou interesses difusos.

Capacidade

São capazes, para fins de processo administrativo, os maiores de dezoito anos, ressalvada previsão especial em ato normativo próprio. A capacidade é IRRENUNCIÁVEL!

Se exerce pelos órgãos administrativos a que foi atribuída como própria, salvo os casos de delegação e avocação legalmente admitidos.

A delegação pode ocorrer a outros órgãos ou titulares, se não houver impedimento legal, ainda que estes não lhe sejam hierarquicamente subordinados, quando for conveniente, em razão de circunstâncias de índole técnica, social, econômica, jurídica ou territorial.

- **NÃO PODEM SER OBJETO DE DELEGAÇÃO:**
  - A edição de atos de caráter normativo;
  - A decisão de recursos administrativos;
  - As matérias de competência exclusiva do órgão ou autoridade.

O ato de delegação e sua revogação deverão ser publicados no meio oficial. O ato de delegação especificará as matérias e poderes transferidos, os limites da atuação do delegado, a duração e os objetivos da delegação e o recurso cabível, podendo conter ressalva de exercício da atribuição delegada.

O ato de delegação É REVOGÁVEL A QUALQUER TEMPO pela autoridade delegante.

As decisões adotadas por delegação devem mencionar explicitamente esta qualidade e considerar-se-ão editadas pelo delegado.

Será permitida, em caráter excepcional e por motivos relevantes devidamente justificados, a avocação temporária de competência atribuída a órgão hierarquicamente inferior.

Da forma, tempo e lugar dos atos do processo

- **FORMA:**
  - Não dependem de forma determinada senão quando a lei expressamente a exigir.
  - Os atos do processo devem ser produzidos por escrito, em vernáculo, com a data e o local de sua realização e a assinatura da autoridade responsável.
  - Salvo imposição legal, o reconhecimento de firma somente será exigido quando houver dúvida de autenticidade.
  - O processo deverá ter suas páginas numeradas sequencialmente e rubricadas.

- **LUGAR:**

Os atos do processo devem realizar-se preferencialmente na sede do órgão, cientificando-se o interessado se outro for o local de realização.

- **TEMPO:**
  - Os atos do processo devem realizar-se em dias úteis
  - No horário normal de funcionamento da repartição na qual tramitar o processo.
  - Serão concluídos depois do horário normal os atos já iniciados, cujo adiamento prejudique o curso regular do procedimento ou cause dano ao interessado ou à administração.

Inexistindo disposição específica, os atos do órgão ou autoridade responsável pelo processo e dos administrados que dele participem devem ser praticados no prazo de **CINCO DIAS**, salvo motivo de força maior.

- O prazo previsto aqui pode ser dilatado até o dobro, mediante comprovada justificação.

Da decisão coordenada

- **Incluído em 2021!!!**

No âmbito da Administração Pública federal, as decisões administrativas que exijam a participação de 3 ou mais setores, órgãos ou entidades poderão ser tomadas mediante decisão coordenada, sempre que:

- for justificável pela relevância da matéria
- houver discordância que prejudique a celeridade do processo administrativo decisório.

Considera-se decisão coordenada a instância de natureza interinstitucional ou intersetorial que atua de forma compartilhada com a finalidade de simplificar o processo administrativo mediante participação concomitante de todas as autoridades e agentes decisórios e dos responsáveis pela instrução técnico-jurídica, observada a natureza do objeto e a compatibilidade do procedimento e de sua formalização com a legislação pertinente.

A decisão coordenada não exclui a responsabilidade originária de cada órgão ou autoridade envolvida.

A decisão coordenada obedecerá aos princípios da legalidade, da eficiência e da transparência, com utilização, sempre que necessário, da simplificação do procedimento e da concentração das instâncias decisórias.

- **Não se aplica a decisão coordenada aos processos administrativos:**
  - de licitação
  - relacionados ao poder sancionador
  - em que estejam envolvidas autoridades de Poderes distintos

Poderão habilitar-se a participar da decisão coordenada, na qualidade de ouvintes, os interessados de que trata o art. 9º desta Lei.

> **Art. 9º – São legitimados como interessados no processo administrativo:**
>
> **I – pessoas físicas ou jurídicas que o iniciem como titulares de direitos ou interesses individuais ou no exercício do direito de representação;**
>
> **II – aqueles que, sem terem iniciado o processo, têm direitos ou interesses que possam ser afetados pela decisão a ser adotada;**
>
> **III – as organizações e associações representativas, no tocante a direitos e interesses coletivos;**
>
> **IV – as pessoas ou as associações legalmente constituídas quanto a direitos ou interesses difusos.**

Eventual dissenso na solução do objeto da decisão coordenada deverá ser manifestado durante as reuniões, de forma fundamentada, acompanhado das propostas de solução e de alteração necessárias para a resolução da questão.

Não poderá ser arguida matéria estranha ao objeto da convocação.

Da motivação

Os atos administrativos deverão ser motivados, com indicação dos fatos e dos fundamentos jurídicos:

QUANDO:

- NEGUEM, LIMITEM OU AFETEM DIREITOS OU INTERESSES
- IMPONHAM OU AGRAVEM DEVERES, ENCARGOS OU SANÇÕES
- DECIDAM PROCESSOS ADMINISTRATIVOS DE CONCURSO OU SELEÇÃO PÚBLICA
- DISPENSEM OU DECLAREM A INEXIGIBILIDADE DE PROCESSO LICITATÓRIO
- DECIDAM RECURSOS ADMINISTRATIVOS
- DECORRAM DE REEXAME DE OFÍCIO
- DEIXEM DE APLICAR JURISPRUDÊNCIA FIRMADA SOBRE A QUESTÃO OU DISCREPEM DE PARECERES, LAUDOS, PROPOSTAS E RELATÓRIOS OFICIAIS
- IMPORTEM ANULAÇÃO, REVOGAÇÃO, SUSPENSÃO OU CONVALIDAÇÃO DE ATO ADMINISTRATIVO.

A motivação deve ser explícita, clara e congruente, podendo consistir em declaração de concordância com fundamentos de anteriores pareceres, informações, decisões ou propostas, que, neste caso, serão parte integrante do ato.

Na solução de vários assuntos da mesma natureza, pode ser utilizado meio mecânico que reproduza os fundamentos das decisões, desde que não prejudique direito ou garantia dos interessados.

A motivação das decisões de órgãos colegiados e comissões ou de decisões orais constará da respectiva ata ou de termo escrito.

Da anulação, revogação e convalidação

A anulação é a invalidação retroativa de um ato administrativo que é considerado ilegal desde o início, ou seja, um ato anulado é tratado como se nunca tivesse existido. A anulação pode ser solicitada pelo próprio interessado ou por outras partes afetadas pelo ato ilegal, ou pode ser feita de ofício pela própria administração. A anulação pode ocorrer em casos de vício de legalidade, como desvio de finalidade, incompetência, violação de normas ou procedimentos, entre outros.

A revogação é a retirada de um ato administrativo que já foi produzido e estava em vigor, mas que agora é considerado inadequado ou ineficaz. Diferentemente da anulação, a revogação não tem efeito retroativo e apenas interrompe a aplicação do ato daquele momento em diante. A revogação pode ser solicitada pela própria administração ou pelo interessado, e pode ocorrer em casos em que o ato não atende mais aos seus propósitos, como mudanças nas circunstâncias ou fatos novos que afetem a situação.

A convalidação, por sua vez, é a validação ou confirmação de um ato administrativo que inicialmente era inválido, mas que pode ser corrigido ou regularizado por meio de um procedimento específico. A convalidação é utilizada quando um ato administrativo foi emitido com alguma irregularidade ou defeito, mas que ainda pode ser ajustado para que sua legalidade seja restaurada. Por exemplo, se um ato administrativo foi emitido sem o cumprimento de determinado requisito legal, é possível corrigir o erro e validar o ato por meio de uma convalidação.

Do recurso administrativo e da revisão

- **CABIMENTO**: Nas decisões administrativas, em face de razões de legalidade e de mérito.
- **DIRECIONAMENTO**: À autoridade que proferiu a decisão, a qual, se não a reconsiderar no prazo de **CINCO DIAS**, o encaminhará à autoridade superior.

Salvo exigência legal, a interposição de recurso administrativo independe de caução.

Se o recorrente alegar que a decisão administrativa contraria enunciado da súmula vinculante, caberá à autoridade prolatora da decisão impugnada, se não a reconsiderar, explicitar, antes de encaminhar o recurso à autoridade superior, as razões da aplicabilidade ou inaplicabilidade da súmula, conforme o caso.

O recurso administrativo tramitará no máximo por três instâncias administrativas, salvo disposição legal diversa.

- **PRAZOS:**

- RECURSO: 10 DIAS
- ALEGAÇÕES DOS DEMAIS INTERESSADOS: 5 DIAS
- DECISÃO: 30 DIAS QUANDO A LEI NÃO FIXAR PRAZO DIFERENTE.
- PODE SER PRORROGADO POR IGUAL PERÍODO, MEDIANTE JUSTIFICATIVA

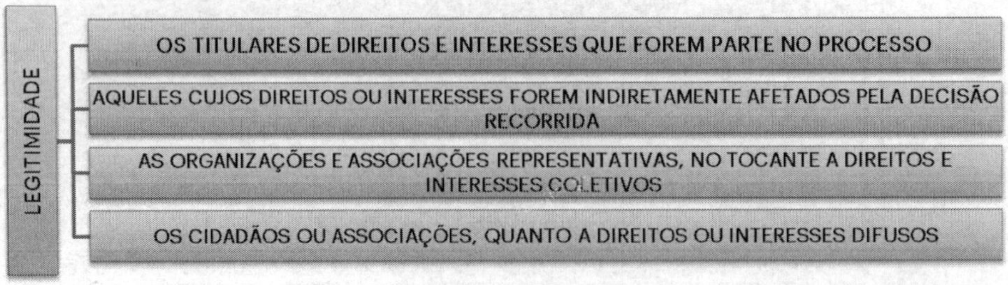

Como regra, o recurso não tem efeito suspensivo, porém, havendo justo receio de prejuízo de difícil ou incerta reparação decorrente da execução, a autoridade recorrida ou a imediatamente superior poderá, de ofício ou a pedido, dar efeito suspensivo ao recurso.

- **HIPÓTESES DE NÃO CONHECIMENTO:**

- FORA DO PRAZO
- PERANTE ÓRGÃO INCOMPETENTE
- SERÁ INDICADA AO RECORRENTE A AUTORIDADE COMPETENTE, SENDO-LHE DEVOLVIDO O PRAZO PARA RECURSO
- POR QUEM NÃO SEJA LEGITIMADO
- APÓS EXAURIDA A ESFERA ADMINISTRATIVA

O não conhecimento do recurso não impede a Administração de rever de ofício o ato ilegal, desde que não ocorrida preclusão administrativa

- **REVISÃO:**

Os processos administrativos de que resultem sanções poderão ser revistos, a qualquer tempo, a pedido ou de ofício, quando surgirem fatos novos ou circunstâncias relevantes suscetíveis de justificar a inadequação da sanção aplicada.

Da revisão do processo não poderá resultar agravamento da sanção.

Dos prazos

- EXCLUI-SE DA CONTAGEM O DIA DO COMEÇO
- INCLUI-SE NA CONTAGEM O DIA DO FINAL

Considera-se prorrogado o prazo até o primeiro dia útil seguinte se o vencimento cair em dia em que não houver expediente ou este for encerrado antes da hora normal.

- Os prazos expressos em dias contam-se de modo contínuo.
- Os prazos fixados em meses ou anos contam-se de data a data.

Se no mês do vencimento não houver o dia equivalente àquele do início do prazo, tem-se como termo o último dia do mês.

Salvo motivo de força maior devidamente comprovado, os prazos processuais não se suspendem.

- **RESUMOS E MAPAS MENTAIS**

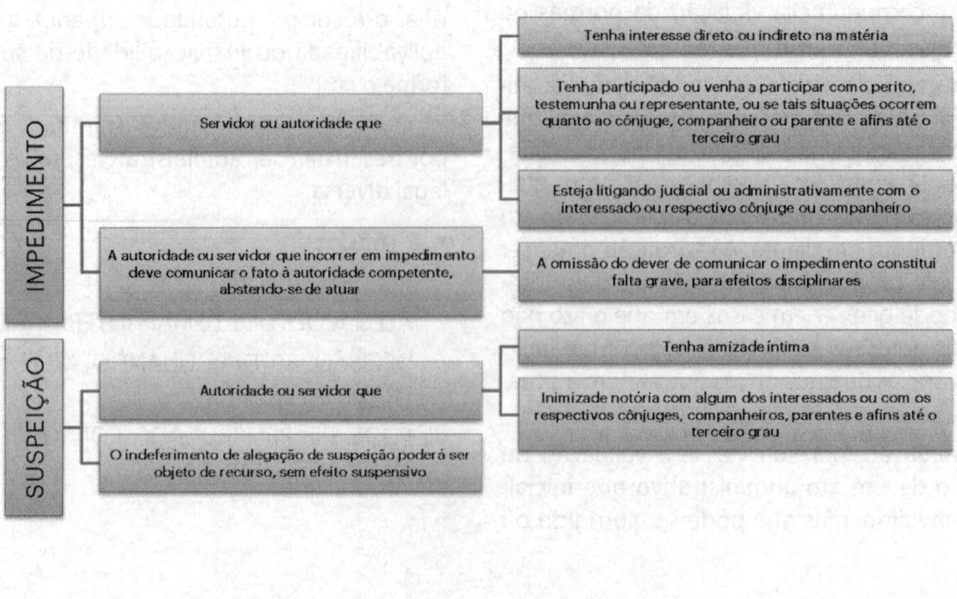

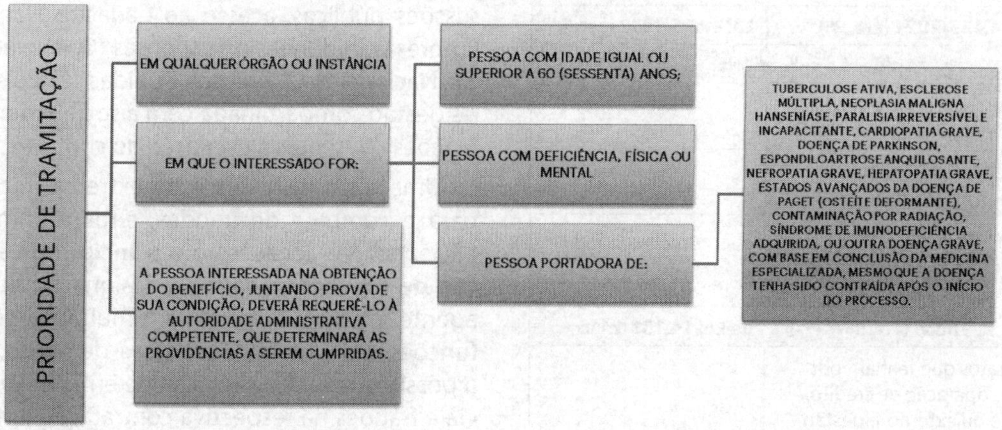

12. LICITAÇÕES E CONTRATOS

Prof.ª Franciele L. Kühl

Neste tópico vamos compreender as principais diferenças estabelecidas entre a antiga Lei de Licitações e Contratos Administrativos (Lei 8.666/1993) e a nova Lei nº Lei 14.133, de 1º de abril, de 2021 (que chamaremos de NLLC – Nova Lei de Licitações e Contratos), dando ênfase no estudo à NLLC, por ser a mais cobrada atualmente. Sem esquecer que temos outras duas normas importantes sobre a temática: Lei 12.462/11 (Lei de Regime Diferenciado de Contratações – RDC) e Lei 10.520/02 (Lei do Pregão).

Por um período de **dois anos**, contados da publicação oficial da NLLC, a Lei 8.666/93, os artigos 1º ao 47-A da Lei do RDC e a Lei do Pregão ainda poderiam ser utilizadas, pois seriam revogadas somente depois de decorridos dois anos da vigência da NLLC.

A revogação ocorreria no dia 1º de abril de 2023, mas houve prorrogação, pois a Administração Pública ainda não estava preparada para a transição. Assim, todas essas legislações sobre licitações e contratos ainda seriam validas até 29 de dezembro de 2023, revogadas, apenas a partir do dia 30 de dezembro de 2023, segundo a Lei Complementar 198/2023.

> ▷ Durante este período de transição entre as leis, a Administração Pública poderá optar por qualquer das leis nos seus processos licitatórios e contratos, entretanto, o que ela não pode fazer é usar as leis em conjunto, ou como o legislador trouxe "**vedada a aplicação combinada**" (art. 191). A escolha deverá estar expressa em edital.

Alterações legislativas, objeto e destinatários

A nova Lei de Licitações e Contratos, trouxe algumas **alterações** para outras legislações do ordenamento jurídico, como também revogou imediatamente alguns dispositivos. Vejamos as principais alterações estabelecidas:

- Ela alterou o **Código do Processo Civil**, acrescentando um novo inciso ao artigo 1.048, que estabelece nas **prioridades de tramitação** processual as ações em que se discuta a aplicação das normas gerais de licitação e contratação;
- Alterou o **Código de Penal** (CP), pois a nova lei não prevê os crimes em licitações e contratos. A temática, que antes era objeto da Lei 8.666/1993 (dispositivos agora revogados), passam a ser matéria tratada pelo CP. Os novos artigos inseridos no CP estão no Capítulo II-B.
- Altera a lei n. 8.987/1995 (**Lei de Concessões e Permissões**) e a lei n. 11.079/2004 (**Lei de Parcerias Público-Privado**) para incluir como modalidade licitatória o diálogo competitivo;

Quanto ao **objeto** da lei, resumidamente como ficou:

Lei 14.133/2021 (art. 2º)	Lei 8.666/1993 (art. 2º)
Aplica-se a lei de licitações para:	
Obras e serviços de arquitetura e engenharia;	Obras;
Prestação de serviço, inclusive técnico-profissionais especializados;	Serviços;
	Publicidade;
Compras, inclusive por encomenda;	Compras;
Alienação e concessão de direito real de uso de bens;	Alienações;
Locações;	Locações;
Concessão e permissão de uso de bens públicos;	Concessão e Permissão.
Contratações de tecnologia da informação e de comunicação.	

ADMINISTRATIVO

Lei 14.133/2021 (art. 2º)	Lei 8.666/1993 (art. 2º)
Aplicação subsidiária:	
Concessão e permissão de serviços públicos (Lei 8.987/95)	
Parcerias Público-Privada (11.079/05)	
Serviços de publicidade com agências de propaganda. (Lei 12.232/10)	
Não se aplica (art. 3º e 1º, §1º, da Lei 14.133/21):	
Contratos que tenham por objeto operação de crédito, interno ou externo, e gestão de dívida pública, incluídas as contratações de agente financeiro e a concessão de garantia relacionadas a esses contratos;	
Contratações sujeitas a normas previstas em legislação própria;	
Empresas públicas e sociedades de economia mista.	

Dos princípios

No comparativo quanto aos **princípios** podemos ver uma ampliação significativa do rol na nova legislação. Alguns princípios novos já eram elencados no artigo 3º da Lei 12.462/2011, lei do RDC, mas muitos são novidades: legalidade, da impessoalidade, da moralidade, da publicidade, da eficiência, do interesse público, da probidade administrativa, da igualdade, do planejamento, da transparência, da eficácia, da segregação de funções, da motivação, da vinculação ao edital, do julgamento objetivo, da segurança jurídica, da razoabilidade, da competitividade, da proporcionalidade, da celeridade, da economicidade e do desenvolvimento nacional sustentável, assim como as disposições da LINDB.

Vale destacar aqui alguns apontamentos sobre inovações da NLLC. O **princípio da publicidade** ganhou mais força na NLLC, pois a publicação do edital deve ser feita nos jornais diários de grande circulação, sendo também obrigatória a divulgação e manutenção do inteiro teor dos documentos no sítio oficial e no **Portal Nacional das Contratações Públicas (PNCP)**, sendo facultada a divulgação direta a interessados devidamente cadastrados para este fim (art. 54, da NLLC).

O PNCP é o sítio eletrônico oficial destinado à divulgação centralizada e obrigatória dos atos, unificando o sistema de registro cadastral e um painel para consulta de preços, banco de preços em saúde e acesso à base nacional de notas fiscais eletrônicas; sistema de planejamento e gerenciamento de contratações, incluído o cadastro de atesto de cumprimento de obrigações previsto no § 4º do art. 88 da NLLC; sistema eletrônico para a realização de sessões públicas; acesso ao Cadastro Nacional de Empresas Inidôneas e Suspensas (Ceis) e ao Cadastro Nacional de Empresas Punidas (Cnep); sistema de gestão compartilhada com a sociedade de informações referentes à execução do contrato.

Uma das novidades e de extrema importância para o combate de fraudes, erros e aumento da eficiência nas licitações é o **princípio da segregação de funções**, vedando a designação do mesmo agente público para atuar simultaneamente em funções mais suscetíveis a riscos, de modo a reduzir a possibilidade de ocultação de erros e de ocorrência e fraudes na respectiva contratação (art. 7º, §1º, da NLLC). Assim, será separado o exercício das funções entre seus agentes, ou seja, o agente que atua em uma etapa, não poderá atuar em outra.

Dos agentes públicos

Na Lei 8.666/1993 a regra era a instituição de comissões de licitação. Na NLLC algumas regras mudam. Não há mais obrigatoriedade de designação de comissão, agora o responsável é o agente de contratação, a comissão passou a ser exceção. Caberá à autoridade máxima do órgão, entidade, ou quem as normas de organização administrativa indicarem, promover a gestão por competências e designar agentes públicos para desempenho das funções essenciais à execução da licitação (art. 8º, da NLLC). Resumindo as principais mudanças:

<table>
<tr><th colspan="3">Agentes que conduzem a licitação segundo a NLLC</th></tr>
<tr><td>Agente de contratação</td><td colspan="2">– É a regra;
–
São responsáveis por conduzir a licitação até a homologação;
– Servidor público efetivo ou empregado público do quadro permanente;
– Responde individualmente, exceto se induzido a erro pela equipe;
– No caso do pregão ele será chamado de pregoeiro.</td></tr>
<tr><td rowspan="4">Comissão de contratação</td><td>– Diálogo competitivo</td><td>– Obrigatório;
– Deve ser servidor efetivo ou empregado público.</td></tr>
<tr><td>– Bens e serviços especiais</td><td>– Facultativo
– Preferencialmente servidor público efetivo ou empregado público</td></tr>
<tr><td colspan="2">– No mínimo três membros</td></tr>
<tr><td colspan="2">– Responsabilidade solidária (salvo se constar em ata a divergência de membro)</td></tr>
<tr><td>Banca</td><td colspan="2">– Atribui nota para proposta técnica;
– Diferente da comissão de contratação;
– No mínimo três membros;
– Pode ser composta por servidores público efetivos, empregados públicos ou terceiros especialistas.</td></tr>
</table>

Do processo licitatório:

Conforme dispõe o artigo 14, a nova lei **aumentou as vedações aos participantes** do processo licitatório. Não poderão disputar a licitação ou participar da execução do contrato, ainda que indiretamente:

- **Autor** do **anteprojeto**, do projeto **básico** ou do projeto **executivo**, pessoa física ou jurídica, quando a licitação versar sobre obra, serviços ou fornecimento de bens a ele relacionados (salvo contratação integrada ou semi-integrada);
- **Empresa**, isoladamente ou em consórcio, **responsável** pela **elaboração** do **projeto** básico ou do projeto executivo, ou empresa da qual o autor do projeto seja dirigente, gerente, controlador, acionista ou detentor de mais de 5% (cinco por cento) do capital com direito a voto, responsável técnico ou subcontratado, quando a licitação versar sobre obra, serviços ou fornecimento de bens a ela necessários (similar ao antigo regramento);
- **Pessoa** física ou jurídica que se encontre, ao tempo da licitação, **impossibilitada** de participar da licitação **em decorrência** de **sanção** que lhe foi imposta;
- Aquele que **mantenha vínculo** de **natureza técnica**, comercial, econômica, financeira, trabalhista ou civil com dirigente do órgão ou entidade contratante ou com agente público que desempenhe função na licitação ou atue na fiscalização ou na gestão do contrato, ou que deles seja cônjuge, companheiro ou parente em linha reta, colateral ou por afinidade, até o terceiro grau, devendo essa proibição constar expressamente do edital de licitação;
- **Empresas controladoras**, controladas ou coligadas, nos termos da Lei nº 6.404, de 15 de dezembro de 1976, concorrendo entre si imposta;
- **Pessoa** física ou jurídica que, nos 5 (cinco) anos anteriores à divulgação do edital, tenha sido **condenada judicialmente**, com trânsito em julgado, por **exploração** de **trabalho infantil**, por submissão de **trabalhadores** a **condições análogas** às de **escravo** ou por contratação de **adolescentes** nos casos vedados pela legislação trabalhista imposta.

Fases da licitação

Lei 14.133/2021	Lei 8.666/1993
Preparatória	Preparatória
Divulgação do edital	Divulgação do instrumento convocatório
Apresentação de propostas e lances	
Julgamento	Habilitação
Habilitação	Julgamento
Recursal	Homologação
Homologação	Adjudicação

O rito procedimental comum se aplica ao pregão e à concorrência, como regra, as demais modalidades licitatórias podem ter particularidades, como é o caso do diálogo competitivo, cujo rito é diferente.

Vimos na tabela que a regra da nova lei é que a habilitação ocorra após o julgamento, mas a própria lei estabelece a possibilidade de inversão dessas fases, situação em que todos os licitantes participariam da fase de habilitação antes da apresentação das propostas (Art. 17, §1º, Lei 14.133/2021).

Também há um único momento recursal, mesmo havendo inversão das fases, a fase recursal continuará sendo única, a fase recursal realizada após a habilitação (como regra) ou após o julgamento (se ocorrer a inversão), segundo o artigo 165, §1º, II, da Lei 14.133/2021.

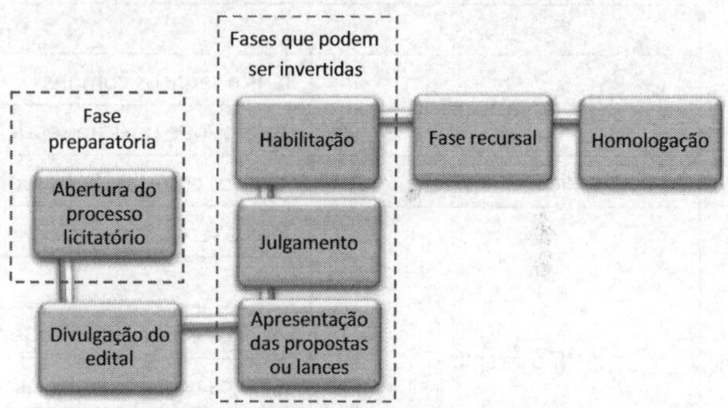

A forma eletrônica de todas as licitações é a regra, na hipótese excepcional de licitação sob a forma presencial, a sessão pública de apresentação de propostas deverá ser gravada em áudio e vídeo, e a gravação será juntada aos autos do processo licitatório depois de seu encerramento.

O edital poderá, na forma disposta em regulamento, exigir que **percentual mínimo da mão de obra responsável** pela execução do objeto da contratação seja constituído por:

- **Mulheres vítimas de violência doméstica** (incluídas mulheres trans, travestis e outras possibilidades do gênero feminino).
- **Oriundos ou egressos do sistema prisional**.

Modalidades de licitação

Lei 14.133/2021 (art. 28)	Lei 8.666/1993 (art. 22)
Concorrência	Concorrência
	Tomada de preço
	Convite
Concurso	Concurso
Leilão	Leilão
Pregão	
Diálogo competitivo	

Não há mais a tomada de preço e o convite, bem como, uma novidade é uma nova modalidade licitatória o **diálogo competitivo**. Vamos compreender quando usaremos cada modalidade de licitação:

Lei 14.133/2021	
Concorrência	
Bens e serviços especiais	Aqueles que não são comuns
	Alta heterogeneidade ou complexidade
	Não há como descrevê-los objetivamente
Obras	Privativas de arquiteto ou engenheiro
	Inova o espaço físico da natureza
	Ou acarreta alteração substancial do imóvel
Serviços de engenharia	Comum e especial
Critério de julgamento	Menor preço, maior desconto, melhor técnica ou conteúdo artístico, técnica e preço, maior retorno econômico, só não poderá ser aplicado o maior lance.
Rito	Comum
Pregão	
Obrigatório para	Bens e serviços comuns
	Objetos que possam ser definidos objetivamente
Aplica-se também	Serviços comuns de engenharia (que também admitem a concorrência)
Não se aplica	Bens e serviços especiais
	Obras
	Serviços especiais de engenharia
	Serviços técnicos especializados de natureza predominantemente intelectual
	Locações imobiliárias
	Alienações
Critério e julgamento	Menor preço e maior desconto.
Rito	Comum
Concurso	
Serve para escolha de trabalho	Técnico
	Científico
	Artístico
Pagamento	Prêmio
	Remuneração
Critério de julgamento	Melhor técnica ou conteúdo artístico
Rito	Especial
Leilão	
Alienação	Bens imóveis inservíveis
	Bens móveis inservíveis

Lei 14.133/2021	
Critério de julgamento	Maior lance
Quem conduz	Leiloeiro oficial, escolhido por credenciamento ou licitação na modalidade pregão, com critério de maior desconto na comissão.
	Servidor designado
Rito	Especial (não há registro cadastral, nem fase de habilitação)
Diálogo competitivo	
Condições da contratação	Inovação tecnológica ou técnica
	Impossibilidade de utilizar as soluções disponíveis, exceto se adaptadas
	Impossibilidade de definir as especificações técnicas adequadamente
Verificar a necessidade de identificar as alternativas, definindo	A solução técnica mais adequada
	Os requisitos técnicos para concretizar a solução
	A estrutura jurídica e financeira do contrato
Rito	Especial

O Diálogo competitivo é conduzido por uma comissão formada por três agentes. A NLLC estabelece as seguintes etapas para essa modalidade:

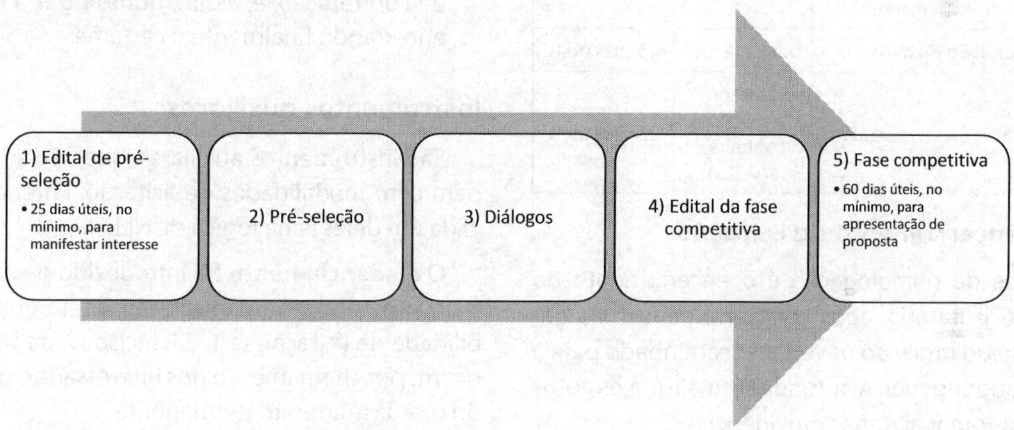

Dos critérios de julgamento

Lei 14.133/2021 (art. 33)	Lei 8.666/1993 (art. 45, §1º)
Menor preço	Menor preço
	Melhor técnica
Técnica e preço	Técnica e preço
Maior lance, no caso de leilão	Maior lance ou oferta
Maior desconto	
Melhor técnica ou conteúdo artístico	
Maior retorno econômico	

No julgamento por **maior retorno econômico**, que será utilizado exclusivamente para contrato de eficiência, será considerado a maior economia para a Administração, a remuneração deverá ser fixada em percentual que incidirá de forma proporcional à economia efetivamente obtida na execução do contrato.

Execução indireta de obras e serviços de engenharia

Na **execução indireta** de obras e serviços de engenharia, ou seja, execução não realizada pela própria Administração, mas sim por contratantes, será admitido os sete seguintes regimes:

Apresentação das propostas

O novo diploma legal estabelece **prazos mínimos** para apresentação de propostas ou de lances:

Objeto do contrato		Critério de julgamento	Prazo mínimo
Aquisição de bens		Menor preço ou maior desconto	8 dias úteis
Outros critérios de julgamento		15 dias úteis	
Serviços e obras	**Comuns**	Menor preço ou de maior desconto	10 dias úteis
	Especiais	Menor preço ou maior desconto	25 dias úteis
	Contratação integrada	-	60 dias úteis
	Contratação **semi-integrada**	-	35 dias úteis
	outras situações não mencionadas anteriormente	-	
Alienação de bens		Maior lance	15 dias úteis
Contratações especiais		Melhor técnica ou conteúdo artístico	35 dias úteis

Do encerramento da licitação

A fase de homologação é o encerramento do processo licitatório, após o encerramento das demais fases, o processo deve ser encaminhado para à autoridade superior. A autoridade analisará os autos e poderá tomar algumas providências:

1) Determinar o retorno para **saneamento** de **irregularidades** que sejam passíveis de convalidação (art. 55, da Lei 9.784/99), ou seja, que possam ser sanadas sem que isso implique na anulação do processo licitatório, ou de alguma das suas etapas.

2) Revogar a licitação, a revogação ocorre quando, ainda que ausente vícios ou ilegalidades, a Administração, por fato superveniente, devidamente comprovado, não vislumbra conveniência e oportunidade na manutenção do certame.

3) Proceder a **anulação** da licitação, de ofício ou a requerimento quando a ilegalidade for insanável, portanto, não passível de saneamento, não passível de convalidação. Neste caso, a autoridade deve indicar expressamente os atos com vícios insanáveis (art. 21 da LINDB), tonando sem efeito todos os subsequentes que deles dependam, como dará ensejo à apuração de responsabilidade de quem lhe tenha dado causa.

Para declarar a nulidade do contrato a Administração deve avaliar os aspectos dispostos no artigo 147. Antes de declarar a nulidade deve dar oportunidade de defesa para segundo dispõe o ordenamento jurídico (art. 71, §3º, da NLLC).

> ▷ ATENÇÃO!
>
> **NULIDADE COM EFICÁCIA SÓ NO FUTURO?**
>
> Sim, se a Administração Pública entender necessário poderá declarar a nulidade do contrato e decidir que a nulidade só terá eficácia no futuro, em tempo suficiente para efetuar nova contratação e assim garantir a continuidade da atividade administrativa. O prazo máximo para isso é de 6 meses, podendo ser prorrogado uma única vez, de acordo com o artigo 148, §2º, da Lei 14.1333/2021.

4) Poderá, também, **adjudicar** o objeto, ou seja, declarar o vencedor, garantindo sua preferência de contratação, e, assim, **homologar** a licitação, encerrando finalmente o certame.

Instrumentos auxiliares

São instrumentos auxiliares, que não se confundem com modalidades de licitação. Entenderemos cada um deles já na lógica de NLLC.

O **credenciamento** foi introduzido para atender a nova hipótese de contratação direta por inexigibilidade de licitação (art. 74, inciso IV, da NLLC). Ele ocorre por chamamento dos interessados, permitindo o cadastramento permanente.

O **procedimento de pré-qualificação** é procedimento seletivo prévio a licitação, ou seja, ocorre por convocação de edital, destinada apenas a análise das condições de habilitação, total ou parcial, dos interessados no objeto que a Administração pretende licitar futuramente.

No **procedimento de manifestação de interesse** (PMI) a Administração poderá solicitar à iniciativa privada, mediante chamamento público, a propositura e a realização de estudos, investigações, levantamentos e projetos de soluções inovadoras que contribuam com questões de relevância pública na forma de regulamento. Todavia, esses estudos realizados no PMI, não geram direito de preferência em processo licitatório, pois não obriga a Administração a realizar a licitação, nem celebrar o contrato. Também não implicam no direito de ressarcimento pela Administração, entretanto, será a empresa remunerada pelo vencedor da licitação referente aos dispêndios correspondentes, sendo vedada a cobrança de valores do próprio Poder Público.

O **sistema de registro de preço (SRP)** não é total novidade, apenas recebeu algumas novas regras. A Administração Pública poderá lançar na praça edital apenas para registro de preço, edital este que deverá prever modalidade concorrência ou pregão, a depender dos objetos que se pretende contratar.

Quando preços são registrados a Administração não está obrigada a contratar, porém, caso venha contratar, deve respeitar a ordem classificatória. Ademais, a Administração também poderá realizar nova licitação, específica para a aquisição pretendida, desde que devidamente motivada.

- **Fluxo do SRP:**

Por fim, temos o **registro cadastral**, não é uma novidade, eis que já era previsto na lei de licitações antiga e na lei do RDC. Mas ele sofreu algumas alterações. A Administração Pública deverá utilizar de sistema de registro cadastral unificado disponível no PNCP, sistema que será público, amplamente divulgado, devendo permanecer aberto permanentemente, sendo obrigatório o uso do chamamento público pela internet, no mínimo anualmente, para atualizações e novos ingressos.

Contratações diretas

Aqui é necessária muita atenção às hipóteses elencadas na lei, trata-se de situações de contratação direta, ou seja, quando NÃO HÁ procedimento licitatório. São situações de exceção ao próprio artigo 37, inciso XXI, da Constituição Federal. Embora não seja necessário processo licitatório, **processo de contratação** será **necessário**, conforme dispõe os artigos 72 ao 73, da NLLC.

▷ ATENÇÃO! Na hipótese de **contratação direta indevida** ocorrida com dolo, fraude ou erro grosseiro, o contratado e o agente público responsável **responderão solidariamente** pelo dano causado ao erário, sem prejuízo de outras sanções legais cabíveis.

- **Formas de contratação direta:**

Licitação inexigível: Essa situação é aplicada quando a licitação for inviável, mas essa inviabilidade deve ser demonstrada/justificada. Trata-se de ato vinculado. O rol do artigo 74 é exemplificativo:

- **Exclusividade** de fornecedor.
- **Artista** consagrado.
- **Serviço** técnico – nat. **intelectual** / notória especialização.
- **Credenciamento: novidade da NLLC.**
- Aquisição/locação de **imóveis sui generis: antes era por dispensa de licitação.**

Vamos compreender agora o que é a licitação deserta e fracassada, que são hipóteses que permitem a contratação direta por dispensa de licitação, facultativa à Administração Pública:

1) **Licitação deserta:** quando há ausência de interessados ou propostas não válidas (produto não atende especificações do edital, por exemplo), como regra, a Administração deve fazer uma nova licitação, se novamente frustrada, a Administração poderá contratar diretamente desde que a contratação seja efetivada em condições idênticas da licitação anterior.
2) **Licitação fracassada:** quando todos os licitantes forem desclassificados ou porque seus preços são superiores aos praticados no mercado nacional, ou forem incompatíveis com os preços fixados pelos órgãos oficiais competentes. Hipótese inserida no artigo 75, inciso III, alínea "b", da NLLC.

Em ambas as situações, de licitação deserta ou fracassada, a Administração pode licitar se manter as condições definidas no edital, **licitação realizada há menos de um ano.**

Alienações de bens públicos

Situações de alienação de bens do ativo fixo da Administração Pública. Quando a Administração pretende realizar a alienação de móveis e imóveis deve ser utilizar o **leilão (na antiga Lei seria possível o uso de concorrência também, agora não mais)**. Todavia, as situações elencadas no **artigo 76 dispensam o leilão**, podendo a alienação ocorrer de forma direta desde que atenda os seguintes requisitos:

Formalização dos contratos

A expressão "contratos administrativos" é utilizada para abranger quaisquer **contratos celebrado** com a **Administração Pública**, seja para um contrato sob regime de direito público, quanto a um contrato regido pelo direito privado. Já a expressão "contrato administrativo" serve para aqueles que são de regime jurídico de direito público (DI PIETRO, 2022[25]).

25. DI PIETRO, Maria Sylvia Zanella. Direito administrativo. 35. ed. rev. atual e apl. Rio de Janeiro: Forense, 2022.

São **características** dos contratos administrativos (recomenda-se a leitura dos artigos citados):

a) **Presença da Administração;**

b) **Submissão ao direito administrativo;**

c) **Desigualdade entre as partes:** Neste ponto é possível verificar que nos contratos administrativos existem diversas prerrogativas que garantem a Supremacia do Interesse Público, são as chamadas cláusulas exorbitantes (ou privilégios ou prerrogativas).

d) **Formalismo:** os contratos são, em regra, escritos e seguem os ditames da lei, todavia, há a possibilidade de contrato verbal, no caso estipulado no art. 95, da Lei 14.133/2021.

e) **Finalidade pública;**

f) **Contrato por adesão:** quando a Administração Pública celebra um contrato as cláusulas são fixadas por esta de forma unilateral.

g) **Natureza *intuitu personae* e confiança recíproca:** os contratantes devem respeitar as condições pessoais do contrato, podendo subcontratar nas hipóteses do artigo 122, da Lei 14.133/2021.

h) **Bilateralidade ou comutativo:** o contrato prevê obrigações para as duas partes.

i) **Mutabilidade:** a Administração Pública pode alterar unilateralmente cláusulas do contrato para atender melhor o interesse público.

j) **Oneroso**: tem cláusula de preço ou econômica.

k) **Cláusulas exorbitantes:** conferem à Administração Pública prerrogativas em relação a outra parte. São cláusulas exorbitantes:

   I. **Exigência de garantia:** art. 58, da Lei 14.133/2021.

   II. **Alteração unilateral:** art. 104, I, e art. 124, I, da Lei 14.133/2021.

   III. **Rescisão unilateral:** art. 104, II e art. 138, da Lei 14.133/2021.

   IV. **Fiscalização:** art. 25, 104, III, 117 e 171, da Lei 14.133/2021.

   V. **Aplicação de penalidades:** art. 104, IV, 155 ao 163, da Lei 14.133/2021.

   VI. **Ocupação provisória:** art. 104, V, "a" e "b", da Lei 14.133/2021.

   VII. **Retomada do objeto:** essa medida é possível nos casos de rescisão unilateral. Observe que a rescisão unilateral é privilégio somente da Administração Pública!

A **divulgação do contrato** deve ocorrer no PNCP, nos seguintes prazos:

- 20 dias úteis: no caso de licitação;
- 10 dias úteis: no caso de contratação direta;
- No caso de obras: a Administração divulgará em sítio eletrônico oficial, em até 25 dias úteis após a assinatura do contrato, os quantitativos e os preços unitários e totais que contratar e, em até 45 (quarenta e cinco) dias úteis após a conclusão do contrato, os quantitativos executados e os preços praticados;

Alocação de riscos

As causas de mutabilidade dos contratos podem variar. Álea significa sorte ou risco, trata-se da sorte ou risco do empresário ao contratar com a Administração. Cada contrato é elaborado sobre álea normal (ordinária) como ensina Cretella Jr. (1995) "acontecimento futuro que influi na economia do contrato"[26]. Já a chamada álea extraordinária diz respeito aos riscos que são imprevisíveis, ou, até previsíveis, mas com consequências imprevisíveis. As situações de álea extraordinária dividem-se em duas hipóteses diferentes:

1) **Administrativa:**

a) **Alteração unilateral**: As possibilidades de alterações dos contratos estão, principalmente, no artigo 124, inciso I e II, bem como no artigo 125, da Lei 14.133/2021. No caso de obras, serviços ou compras é possível a alteração de 25%, tanto para acréscimo, quanto supressões contratuais. Já no caso de reforma de edifício ou de equipamento é possível apenas 50% de acréscimo (supressão não há previsão).

b) **Fato do príncipe:** uma ação ou omissão do Poder Público, que não se relaciona diretamente com o contrato, mas que repercute sobre o contrato, onerando reflexa e substancialmente sua execução. São situações que geram efeitos econômicos indiretos no contrato. Exemplos do fato do príncipe: 1) o Estado aumenta significantemente certo imposto que atinge a atividade da sociedade contratada, o que afeta o seu lucro. 2) Medicamente proibido no país. 3) Medida geral do Poder Público que afeta importação de matérias-primas necessárias para o adimplemento contratual.

c) **Fato da administração:** Se uma conduta ou comportamento da Administração torna impossível a

26. CRETELLA JUNIOR, J. Curso de direito administrativo. Edição revisada e atualizada de acordo com a constituição vigente. Rio de Janeiro: Forense, 1995.

execução do contrato, ou seja, incidindo **diretamente** no contrato. São exemplos de fato da administração: 1) Administração Pública não providencia a desapropriação para duplicação da rodovia; 2) Atrasos nos pagamentos por mais de dois meses; 3) Licença ambiental não concedida para execução da obra contratada; 4) Suspensão da execução, por ordem da Administração, por mais de três meses, ou repetidas suspensões que totalizem 90 dias úteis; 5) Não liberação do local para obra, serviço ou fornecimento, nos prazos contratuais, bem como, de materiais naturais especificados no projeto.

2) Econômica:

- **Teoria da imprevisão:** O evento gerado pelo Poder Público é chamado de álea administrativa. Já a chamada *Álea econômica* (teoria da imprevisão) é uma modificação da realidade que afeta a base contratual. São situações: Caso fortuito; força maior e mudanças econômicas. A teoria da imprevisão se aplica na ocorrência de eventos supervenientes, imprevisíveis e não imputáveis às partes, que repercutam excessivamente sobre a economia ou a execução do contrato, autorizando a sua revisão para recomposição do equilíbrio econômico-financeiro. Está previsto no artigo 124, inciso II, alínea "d", da NLLC.

A **matriz de risco**, na previsão da Lei 14.133/2021, nada mais é do que a tentativa do contrato de prever riscos de forma objetiva que venham a mitigar o uso indiscriminado das áleas.

Duração dos contratos

O regime anterior vedava contratos por prazo indeterminado, hoje, no novo ordenamento jurídico é possível nas hipóteses do artigo 109, quando a Administração seja usuária de serviço público prestado em regime de monopólio. De forma resumida temos as seguintes regras de duração contratual:

Quando	Duração
Regra (art. 105)	A cada exercício financeiro.
Prestação de serviços e fornecimentos contínuos (art. 106 e 107)	5 anos
	10 anos: no caso de prorrogações sucessivas
Compras estratégicas que envolvem tecnologia (art. 108 e 114)	10 anos: nas hipóteses previstas nas alíneas "f" e "g" do inciso IV e nos incisos V, VI, XII e XVI do caput do art. 75 desta Lei.
	15 anos: a operação continuada de sistemas estruturantes de tecnologia da informação
Administração comum usuária de serviço pública oferecido em monopólio (art. 109)	Indeterminado
Contratação que gere receita e economia (art. 110)	10 anos: nos contratos sem investimento;
	35 anos: nos contratos com investimento;
Regime de fornecimento e prestação de serviço associado	5 anos: vigência máxima definida pela soma do prazo relativo ao fornecimento inicial ou à entrega da obra com o prazo relativo ao serviço de operação e manutenção.

Responsabilidade nos contratos

O contrato é acompanhado por **um** ou **mais fiscais** do **contrato**, representantes da Administração, especialmente designados para tal função. Sendo permitida a contratação de terceiros para assisti-los e subsidiá-los, não substituí-los, na hipótese de contratação de terceiros, deve ser observadas as seguintes regras:

- A empresa ou o profissional contratado assumirá **responsabilidade civil objetiva** pela veracidade e pela precisão das informações prestadas, firmará termo de compromisso de confidencialidade e não poderá exercer atribuição própria e exclusiva de fiscal de contrato;
- A contratação de terceiros **não eximirá** de **responsabilidade** o **fiscal** do contrato, nos limites das informações recebidas do terceiro contratado.

E quanto a responsabilidade durante a execução do contrato? A novidade da nova lei é que essa empresa ou profissional contratado assumirá a responsabilidade civil objetiva sob os danos que causa a terceiros ou à Administração, segundo interpretação sob o artigo 120, da Lei 14.133/21.

O contratado será obrigado a reparar, corrigir, remover, reconstruir ou substituir, a suas expensas, no total ou em parte, o objeto do contrato em que se verificarem vícios, defeitos ou incorreções resultantes de sua execução ou de materiais nela empregados. Sua responsabilidade diz respeito aos danos causados a terceiros e à Administração, não excluindo ou reduzindo sua responsabilidade a fiscalização ou o acompanhamento da execução contratual pelo contratante.

Quanto aos **encargos trabalhista**, **previdenciário, fiscais e comerciais** o inadimplemento dos encargos trabalhistas dos empregados do contratado não transfere automaticamente ao Poder Público contratante a responsabilidade pelo seu pagamento. Segundo o artigo 121, da NLLC, somente nas contratações de serviços contínuos com regime de dedicação exclusiva de mão de obra é que a Administração responderá **solidariamente** pelos encargos **previdenciários** e **subsidiariamente** pelos **encargos trabalhistas** se comprovada falha na fiscalização do cumprimento das obrigações do contratado.

Das irregularidades

O título IV da Lei 14.133/2021 prevê as **sanções administrativas** que podem ser aplicadas. Especificamente, o artigo 156 prevê as sanções, já o artigo 155 prevê quais condutas ensejam sanções administrativas. Lembrando que a aplicação de sanção administrativa ao contratada está ligada ao poder disciplinar.

Para facilitar o seu estudo, vou apresentar uma tabela que traduz o tipo de sanção administrativa que pode ser aplicada em relação a conduta praticada:

Advertência	**Quando o contratado dar causa à inexecução parcial do contrato;**
Multa	Calculada na forma do edital ou do contrato, não poderá ser inferior a 0,5% nem superior a 30% do valor do contrato licitado ou celebrado com contratação direta e será aplicada ao responsável por **qualquer das infrações** administrativas previstas no art. 155 desta Lei.
Impedimento de licitar e contratar	Impedirá o responsável de licitar ou contratar no âmbito da Administração Pública direta e indireta do ente federativo que tiver aplicado a sanção, pelo **prazo máximo de 3 anos**. Para as infrações: → dar causa à inexecução parcial do contrato que cause grave dano à Administração, ao funcionamento dos serviços públicos ou ao interesse coletivo; → dar causa à inexecução total do contrato; → deixar de entregar a documentação exigida para o certame; → não manter a proposta, salvo em decorrência de fato superveniente devidamente justificado; → não celebrar o contrato ou não entregar a documentação exigida para a contratação, quando convocado dentro do prazo de validade de sua proposta; → ensejar o retardamento da execução ou da entrega do objeto da licitação sem motivo justificado;
Declaração de inidoneidade para licitar ou contratar	Impedirá o responsável de licitar ou contratar no âmbito da Administração Pública direta e indireta de todos os entes federativos, pelo prazo **mínimo de 3 anos** e **máximo de 6 anos**. Para as infrações: → dar causa à inexecução parcial do contrato que cause grave dano à Administração, ao funcionamento dos serviços públicos ou ao interesse coletivo; → dar causa à inexecução total do contrato; → deixar de entregar a documentação exigida para o certame; → não manter a proposta, salvo em decorrência de fato superveniente devidamente justificado; → não celebrar o contrato ou não entregar a documentação exigida para a contratação, quando convocado dentro do prazo de validade de sua proposta; → ensejar o retardamento da execução ou da entrega do objeto da licitação sem motivo justificado; → apresentar declaração ou documentação falsa exigida para o certame ou prestar declaração falsa durante a licitação ou a execução do contrato; → fraudar a licitação ou praticar ato fraudulento na execução do contrato; → comportar-se de modo inidôneo ou cometer fraude de qualquer natureza; → praticar atos ilícitos com vistas a frustrar os objetivos da licitação; → praticar ato lesivo previsto no art. 5º da Lei nº 12.846, de 1º de agosto de 2013.

Das impugnações, dos pedidos de esclarecimento e recursos

Independente da inversão ou não das fases, o momento de apresentação e apreciação do recurso é um só! Mas vamos começar pela **impugnação ao edital**. Conforme dispõe o artigo 164 qualquer pessoa, mesmo que não licitante, é parte legitima para impugnar o edital por irregularidade na aplicação da Lei ou simplesmente para **solicitar esclarecimentos**. Todavia, tais manifestações devem ser protocoladas **ATÉ 3 dias** antes da data prevista **para abertura do certame**.

Quanto à **possibilidade recursal**, no sentido amplo recurso significa a possibilidade de provocar reexame dos atos, está ligado ao direito de petição previsto na Constituição Federal, artigo 5º, XXXIV, da CF, e no direito de contraditório e ampla defesa, previsto no artigo 5º, LV, da CF, também podemos afirmar que está ligado ao princípio do devido processo legal, ligado ao artigo 5º, inciso LIV, da Constituição Federal.

No processo licitatório se deve ter o cuidado com a **preclusão**, pois a lei estabelece que o prazo para apresentação das razões recursais é iniciado da data da intimação ou lavratura da ata de habilitação ou inabilitação, ou na hipótese de inversão das fases, da ata de julgamento, contudo a intenção de recorrer deverá ser manifestada imediatamente no ato da ilegalidade, sob pena de preclusão!

Quando não couber recurso administrativo, poderá ser realizado o **pedido de reconsideração** para autoridade que proferiu a decisão. Tanto ao recurso, quanto à reconsideração cabe efeito suspensivo.

DIREITO PENAL

Nidal Ahmad

Caroline Fockink Ritt

Arnaldo Quaresma

Sumário:

DISPOSIÇÕES CONSTITUCIONAIS APLICÁVEIS AO DIREITO PENAL

1. PRINCÍPIOS DO DIREITO PENAL

1.1 introdução

Princípios são valores fundamentais que direcionam a criação do sistema normativo, indicando os critérios para a compreensão da norma, bem como servindo de base para limitar a atuação do legislador ordinário e, até mesmo, do órgão julgador e, assim, preservar os direitos e garantias fundamentais do cidadão.

Os princípios podem ser explícitos, ou seja, expressamente previstos no ordenamento jurídico, como, por exemplo, o da ampla defesa e do contraditório, disposto no art. 5º, LV, da Constituição Federal/88; pode ser, ainda, implícito, que derivam daqueles expressamente positivados, como, por exemplo, o da proporcionalidade entre a gravidade da infração e da pena cominada pelo legislador ou aplicada pelo julgador.

O principal objetivo dessa fonte é limitar o poder punitivo estatal, razão pela qual os princípios penais são verdadeiros instrumentos do Estado Democrático de Direito.

Na concepção de Cezar Roberto Bitencourt:

> ***Poderíamos chamar de princípios reguladores do controle penal princípios constitucionais fundamentais de garantia do cidadão, ou simplesmente de Princípios Fundamentais de Direito Penal de um Estado Social e Democrático de Direito. Todos esses princípios são de garantias do cidadão perante o poder punitivo estatal e estão amparados pelo novo texto constitucional de 1988 (art. 5º). (BITENCOURT, 2011, p. 40)***

Conforme ensina Luiz Regis Prado, os princípios "servem de fundamento e de limite à responsabilidade penal" (PRADO, 2013, p. 156).

Com a mudança de paradigma jurídico, em especial a vivenciada após a 2° Guerra Mundial, os princípios passam a adquirir força normativa, passando de meras orientações ao legislador e assumindo um caráter de norma, possuindo força cogente e, inclusive, servindo de parâmetro para o controle de constitucionalidade em nosso sistema jurídico.

1.2 Princípio da legalidade.

O princípio da legalidade encontra-se previsto no art. 5º, inciso XXXIX, da Constituição Federal, o qual determina que "não haverá crime sem lei anterior que o defina, nem pena sem prévia cominação legal." Trata-se da fórmula latina nullum crimen sine lege, que impossibilita a punição por fato não previsto em lei.

O Código Penal tem idêntica previsão no art. 1º: "Não há crime sem lei anterior que o defina. Não há pena sem prévia cominação legal."

Para Cezar Roberto Bitencourt, "pelo princípio da legalidade, a elaboração de normas incriminadoras é função exclusiva da lei (BITENCOURT, 2011, p. 41).

> **Princípio: *Nullum crimen, nulla poena sine praevia lege.***
> **Base constitucional: Constituição Federal, art. 5º, inciso XXXIX;**

Cabe, portanto, à lei a tarefa de definir e não proibir o crime, propiciando ao agente prévio e integral conhecimento das consequências penais da prática delituosa e evitando, assim, qualquer invasão arbitrária em seu direito de liberdade.

> **OBS 01:** como só há crime quando presente a perfeita correspondência entre o fato e a descrição legal, torna-se impossível sua existência sem lei que o descreva. Conclui-se que só há crime nas hipóteses taxativamente previstas em lei (PRÍNCÍPIO DA TAXATIVIDADE).

> **OBS 02**: Vale destacar que sanção penal é gênero, do qual são espécies as penas e as medidas de segurança. Entretanto, em que pese as medidas de segurança não sejam penas, possuem um caráter aflitivo, eis, que na prática, restringem a liberdade de locomoção dos inimputáveis em razão de doença mental (artigo 26 do CP), constituindo uma verdadeira forma de controle social, razão pela qual para a maioria da doutrina também se sujeitam ao princípio da legalidade.

1.2.1 Vertentes do princípio da legalidade:

O princípio da legalidade, tendo em vista o seu conteúdo limitador do direito punitivo estatal, apresenta algumas vertentes, que surgem como decorrência de sua aplicação:

PENAL

A) 1° VERTENTE – EXIGÊNCIA DE UMA LEI PRÉVIA (PRAEVIA): NÃO HÁ CRIME SEM LEI **ANTERIOR** QUE O DEFINA NEM PENA SEM **PRÉVIA** COMINAÇÃO LEGAL.

Essa vertente nada mais é do que o princípio da proibição da retroatividade da lei penal insculpido no artigo 5°, inciso XL da Constituição da República, o qual dispõe que a lei penal não retroagirá, salvo para beneficiar o acusado.

Desta feita, a lei penal mais grave (seja a lei incriminadora ou a novatio legis in pejus) para incidir a determinado fato tem que ser anterior a ele, justamente para evitar a surpresa e garantir a segurança jurídico aos cidadãos.

Neste sentido, podemos elencar a súmula 471 do STJ, a qual dispõe que os condenados por crimes hediondos ou assemelhados cometidos antes da vigência da lei 11464/2007 sujeitam-se ao disposto no artigo 112 da LEP.

B) 2° VERTENTE – EXIGÊNCIA DE UMA LEI ESCRITA (SCRIPTA)

Essa vertente proíbe a criação de crimes e a imposição de penas por meios dos costumes, tendo em vista que todo o crime e toda a pena devem estar escritos na lei.

Desta feita, proíbe-se o costume incriminador, não devendo de forma alguma um costume criar uma infração penal.

Ademais, para a maioria da doutrina e da jurisprudência também é vedado o costume abolicionista, ou seja, a possibilidade de um costume revogar uma infração penal diante do princípio da simetria (se há a necessidade de lei para criar um crime também deve existir lei para revogar uma infração penal).

Neste sentido, o STF já decidiu que não cabe a revogação do crime previsto no artigo 229 do CP pelo princípio da adequação social, tendo em vista que não cabe ao órgão julgador descriminalizar uma conduta tipificada formal e materialmente pela legislação penal (HC 104.467/ Julgado em 08/02/2011, 1º Turma do STF, Informativo 615).

Também já decidiu o STJ no sentido de se reconhecer a impossibilidade de absolvição da contravenção penal de jogo do bicho pelo costume em razão do Princípio da Supremacia da Lei Escrita (RESP 30705/SP).

OBS: FINALIDADE DOS COSTUMES NO DIREITO PENAL MODERNO: Tendo em vista que os costumes não podem criar nem revogar uma infração penal, podemos destacar que tais fontes servem como vetor interpretativo das normas jurídicas (por exemplo para interpretar o conceito de repouso noturno como majorante do furto prevista no artigo 155, parágrafo 1° do CP) bem como para fundamentar uma futura lei penal abolicionista (como por exemplo no caso do adultério que era tipificado como crime no artigo 240 do CP e foi revogado posteriormente pela lei 11106/2005).

C) 3° VERTENTE – EXIGÊNCIA DE UMA LEI ESTRITA (STRICTA)

Essa vertente se refere a exigência de uma lei estrita, ou seja, uma lei formal (ordinária ou complementar) oriunda do Poder Legislativo da União.

Desta feita, como uma das consequências dessa exigência, podemos elencar a proibição da Analogia in malam partem no direito penal.

OBS: A analogia é uma forma de suprir uma lacuna legislativa, na qual diante de um caso de omissão legislativa o intérprete se utiliza de uma norma aplicada a um caso semelhante. No direito penal, diante do princípio da legalidade, há a proibição da analogia em prejuízo ao réu, só podendo ser utilizada para benefício do acusado.

OBS2: A medida provisória não é uma lei formal oriunda do Poder Legislativo da União, razão pela qual, nos termos do artigo 62, parágrafo 1°, inciso II da Constituição da República é vedada a edição de medida provisória em matéria penal. Neste sentido podemos afirmar que:

i) Uma medida provisória não é lei em sentido estrito, razão pela qual jamais poderá veicular matéria atinente a uma norma penal incriminadora, ou seja, não pode criar crime em hipótese nenhuma.

ii) Há controvérsia doutrinária a respeito da possibilidade de uma medida provisória veicular matéria penal de caráter não incriminador como por exemplo prever uma extinção de punibilidade, alguma excludente de ilicitude:

I) Uma primeira corrente defendida por Cléber Masson e Rogério Greco defende que não, uma vez que diante da redação do artigo 62, parágrafo 1°, inciso II da Constituição haveria vedação absoluta de medida provisória em matéria penal;

II) Já uma segunda corrente defendida por Rogério Sanches e Luís Flávio Gomes defende que a medida provisória pode veicular matéria penal não incriminadora, em benefício ao réu.

Cumpre ressaltar que o STF já se pronunciou pela legalidade da MP 1571/97 no informativo 220 (antes da EC 32/01 que expressamente previu a vedação de MP em matéria penal) que extinguia a punibilidade em razão da reparação do dano em crimes de natureza previdenciária e tributária, bem como já se manifestou pela legalidade da MP 417/08 (após a EC 32/01) que estendia a vacatio legis do delito de posse irregular de arma de fogo de uso permitido.

Ademais, o STJ já admitiu medida provisória em favor do acusado (MP 2.187-12 – desconto direto do Fundo de Participação dos Municípios e repasse mensal ao INSS das parcelas devidas, equiparando-se ao pagamento do acusado) na PET no Inquérito 512 AC 2004/0177711-8, Publicado em 08/02/2017).

OBS3: Competência da União para legislar sobre Direito Penal: Segundo o artigo 22, inciso I compete privativamente a União legislar sobre direito penal. Entretanto, o artigo 22, parágrafo único admite que lei complementar federal pode autorizar os Estados a legislarem sobre direito penal em questões específicas. Entretanto, adverte a doutrina que essa delegação não pode abranger assuntos referentes à missão fundamental do direito de penal.

D) 4° VERTENTE – EXIGÊNCIA DE UMA LEI CERTA

A Lei penal deve ser certa, clara, precisa, proibindo-se a incriminação através de conceitos vagos e imprecisos, justamente para evitar a insegurança jurídica.

Nada mais é do que o princípio da Determinação.

Ex. Artigo 5° da Lei 13260/16 – realizar atos preparatórios de terrorismo com o propósito inequívoco de consumar tal delito (???!!!)

OBS: PRINCÍPIO DA DETERMINAÇÃO E NORMA EM BRANCO

O Princípio da Determinação exige que a lei penal seja precisa e certa, incriminando a conduta com precisão, razão pela qual discute-se se a norma penal em branco viola esse princípio.

i) Norma Penal em Branco – é aquela que para ter aplicabilidade necessita de um complemento normativo:

1) Norma penal em branco homogênea, em sentido amplo ou imprópria – ocorre quando o complemento tem origem em uma outra lei em sentido formal da União:

Pode ser homovitelina – quando se origina da mesma instância legislativa, como por exemplo, no caso dos crimes funcionais contra a administração pública (312 a 326 do CP) precisamos buscar o conceito de funcionário público que também se encontra no CP – artigo 327.

Pode ser heterovitelina – quando se origina de uma estrutura legislativa diversa, como por exemplo, no crime de bigamia previsto no artigo 235 do CP precisamos ir ao Código Civil para entender o conceito jurídico de casamento.

2) Norma penal em branco , em sentido estrito ou própria – ocorre quando o complemento tem origem em órgão sem competência legislativa, como por exemplo, no crime de tráfico de drogas, precisamos da Portaria 344/98 da Anvisa para entender o que pode ser considerado como droga).

Desta feita, podemos destacar que a maioria da doutrina entende pela constitucionalidade da norma penal em branco, inclusive no caso da norma penal em branco heterogênea cujo complemento se origina de órgão sem competência legislativa diversa.

1.2.2 Princípios inerentes ao princípio da legalidade:

Princípio da reserva legal = somente a lei, sem seu sentido estrito, pode definir crimes e cominar penalidades, uma vez que "a matéria penal deve ser expressamente disciplinada por uma manifestação de vontade daquele poder estatal a que, por força da Constituição, compete a faculdade de legislar, isto é, poder legislativo". (BETTIOL, 1974, p. 108).

Princípio da anterioridade = Aqui, "para que haja crime e seja imposta pena é preciso que o fato tenha sido cometido depois de a lei entrar em vigor" (JESUS, 2013, pp. 51-52).

PRINCÍPIO DA TAXATIVIDADE – DISPÕE QUE O ROL INCRIMINADOR É TAXATIVO, NÃO SE

ADMITINDO A INCRIMINAÇÃO ATRAVÉS DA ANALOGIA E DOS COSTUMES.

PRINCÍPIO DA DETERMINAÇÃO – A LEI PENAL DEVE SER PRECISA E DETERMINADA, NÃO SE ADMITINDO A EDIÇÃO DE TIPOS PENAIS ABSTRATOS E GENÉRICOS.

1.3 Demais princípios

A) Princípio da individualização da pena

O art. 5º, XLVI, da Constituição Federal dispõe que "a lei regulará a individualização da pena e adotará, entre outras, as seguintes: a) privação ou restrição de liberdade; b) perda de bens; c) multa; d) prestação social alternativa; e) suspensão ou interdição de direitos."

Segundo Queiroz (2013, p. 448), "individualizar a pena significa assim tornar individual uma situação, algo ou alguém, isto é, particularizar o que antes era geral, a evitar a estandardização."

Em outras palavras, tal princípio surge da necessidade de individualização da pena para encontrar a pena justa e se desdobra em 3 fases:

> **I - 1º Fase: Cominação – é realizada pelo legislador ao estipular uma pena mínima e uma pena máxima em abstrato na lei penal incriminadora;**
>
> **II – 2° Fase: Aplicação da pena – é realizada pelo julgador do processo criminal ao proferir uma sentença condenatória, devendo fixar a pena definitiva (critério trifásico – 68 do CP), estabelecer o regime inicial de cumprimento de pena (artigo 33, parágrafo 2° do CP), a possibilidade ou não de substituir a pena privativa de liberdade por restritiva de direitos (artigo 44 do CP) e se há a possibilidade de suspender a execução da pena privativa de liberdade (artigo 77 do CP);**
>
> **III – 3° Fase: Execução da pena – é realizada pelo juízo da VEC que irá acompanhar e decidir sobre o cumprimento da pena.**

OBSERVAÇÃO ESPECIAL: O princípio da individualização da pena já foi utilizado pelo STF inúmeras vezes para se reconhecer a inconstitucionalidade de uma lei, dentre as quais podemos citar, em especial:

I – STF HC 82959/SP – 23/02/06: O STF reconheceu a inconstitucionalidade do regime integralmente fechado estabelecido pela redação original da lei 8072/90, por entender que a imposição genérica de um mesmo regime sem considerar as circunstâncias do caso concreto violava a individualização da pena. Desta feita, foi permitida a progressão de regime utilizando-se como parâmetro o requisito de 1/6 do cumprimento da pena estabelecido no artigo 112 da LEP;

II – STF HC 111840/ES – INFORMATIVO 672: O STF reconheceu a inconstitucionalidade da lei 11464/07 (que alterou a lei dos crimes hediondos, passando a admitir a progressão de regime, entretanto previu a obrigatoriedade do regime inicial fechado) ao impor de maneira obrigatória o regime inicial fechado nos crimes hediondos e equiparados (artigo 2°, parágrafo 1° da lei 8072/90 com redação determinada pela lei 11464/07);

III – STF HC 97256 – INFORMATIVO 604: O STF reconheceu a inconstitucionalidade dos artigos 33, parágrafo 4° (vedava a substituição da pena privativa de liberdade por pena restritiva de direito no tráfico privilegiado) e do artigo 44 da lei 11343/06 (vedação da substituição da pena privativa de liberdade por restritiva de direitos nos crimes dos artigos 33 caput, 33 parágrafo 1°, 34 a 37 da lei de drogas por violar a individualização da pena. Posteriormente, o Senado Federal editou a resolução 5 de 2012 suspendendo a execução parcial do parágrafo 4º do artigo 33 em relação ao trecho que vedava a conversão em pena restritiva de direitos.

B) Princípio da personalidade ou da intranscendência

Acerca deste importante princípio, o art. 5º, XLV, da Constituição Federal dispõe que "nenhuma pena passará da pessoa do condenado, podendo a obrigação de reparar o dano e a decretação do perdimento de bens ser, nos termos da lei, estendidas aos sucessores e contra eles executadas, até o limite do valor do patrimônio transferido."

Esse princípio representou um verdadeiro marco no Direito Penal, impondo que a responsabilização penal é individual e intransferível, não podendo passar da pessoa do condenado.

Assim, a sanção penal não é transmitida de uma pessoa para a outra, mas as obrigações cíveis oriundas do ilícito penal podem transferida aos sucessores.

Consiste na expressão do senso comum de que cada um responde pelos seus próprios atos.

Nas palavras de SALIM (2008, p. 224), tal princípio significa, em outras palavras, que só o autor da infração penal pode ser responsabilizado criminalmente, ou seja, ninguém pode ser punido por delito cometido por outra pessoa."

Consequências jurídicas:

1) **Em razão do princípio da personalidade ou instranscendência da pena havendo a morte do agente haverá a extinção da punibilidade, nos termos do artigo 107, inciso I do CP;**
2) **Em razão desse princípio, a peça acusatória deve individualizar o acusado e descrever de forma específica o fato a ele imputado, sob pena de não recebimento pela inépcia (CPP, art. 395, I).**

C) Princípio da humanidade

Fruto da humanização do Direito Penal, o agente (suspeito/indiciado/réu/condenado) deve ser tratado como pessoa humana e sujeito de direitos fundamentais.

Decorre do art. 1º, III, da Constituição Federal, que especifica a dignidade da pessoa humana como fundamento do Estado Democrático.

Mais especificamente, advém da vedação às penas de morte (salvo no caso de guerra declarada), de caráter perpétuo, de trabalhos forçados, de banimento e cruéis ou degradantes (art. 5º, XLVII, da CF).

Podemos citar a influência desse princípio com a edição da súmula vinculante 56 do STF, a qual dispõe que a falta de estabelecimento penal adequado não autoriza a manutenção do condenado em regime prisional mais gravoso, devendo-se observar, nessa hipótese, os parâmetros fixados no RE 641.320/RS:

> ***Teses de Repercussão Geral: Considerando que é dever do Estado, imposto pelo sistema normativo, manter em seus presídios os padrões mínimos de humanidade previstos no ordenamento jurídico, é de sua responsabilidade, nos termos do art. 37, § 6º, da Constituição, a obrigação de ressarcir os danos, inclusive morais, comprovadamente causados aos detentos em decorrência da falta ou insuficiência das condições legais de encarceramento.***

Ademais, podemos falar que a súmula vinculante 56 também se fundamenta nos princípios da legalidade e da individualização da pena:

> **Precedente representativo: Cumprimento de pena em regime fechado, na hipótese de inexistir vaga em estabelecimento adequado a seu regime. Violação aos princípios da individualização da pena (art. 5º, XLVI) e da legalidade (art. 5º, XXXIX). A falta de estabelecimento penal adequado não autoriza a manutenção do condenado em regime prisional mais gravoso. 3. Os juízes da execução penal poderão avaliar os estabelecimentos destinados aos regimes semiaberto e aberto, para qualificação como adequados a tais regimes. São aceitáveis estabelecimentos que não se qualifiquem como "colônia agrícola, industrial" (regime semiaberto) ou "casa de albergado ou estabelecimento adequado" (regime aberto) (art. 33, § 1º, b e c). No entanto, não deverá haver alojamento conjunto de presos dos regimes semiaberto e aberto com presos do regime fechado. 4. Havendo déficit de vagas, deverão ser determinados: (i) a saída antecipada de sentenciado no regime com falta de vagas; (ii) a liberdade eletronicamente monitorada ao sentenciado que sai antecipadamente ou é posto em prisão domiciliar por falta de vagas; (iii) o cumprimento de penas restritivas de direito e/ou estudo ao sentenciado que progride ao regime aberto. Até que sejam estruturadas as medidas alternativas propostas, poderá ser deferida a prisão domiciliar ao sentenciado. [RE 641.320, rel. min. Gilmar Mendes, P, j. 11-5-2016, DJE 159 de 1º-8-2016]**

D) Princípio da ofensividade ou da lesividade

Por esse princípio, não é possível a criminalização de atos que não ofendam seriamente bem jurídico (QUEIROZ, 2013, p. 100). Também é necessário que tal ato ofenda bem jurídico de terceiro.

Enquanto o princípio da legalidade fornece o limite formal ao poder de punir do Estado, dizendo como o Estado deve exercer o seu poder punitivo (através de uma lei prévia, escrita, estrita e certa), o princípio da ofensividade ou da lesividade fornece o limite material a esse poder de punir, dispondo sobre quais condutas não devem ser objetos de punição, em especial aquelas que não possuem o condão de ofender materialmente o bem jurídico tutelado.

Há na doutrina quem defenda que o princípio da lesividade ou ofensividade possui dois princípios decorrentes, quais sejam o princípio da alteridade ou da transcendentalidade e o da insignificância ou bagatela, os quais serão explorados a seguir de maneira específica.

E) Princípio da alteridade ou da transcendentalidade

Por este princípio teorizado por Claus Roxin, "a prática criminosa pressupõe uma conduta que transcenda a esfera individual do agente, sendo capaz de atingir interesse alheio" (SALIM, 2008, p. 226).

Nesse esteio, a conduta puramente interna, ou seja, que não sai da esfera do agente, não tem lesividade, não devendo ser objeto do Direito Penal.

Como efeito prático desse princípios, o suicídio e a autolesão não são puníveis.

Vale lembrar que induzimento ao suicídio (art. 122 do CP) é crime, pois o agente pratica uma conduta que ofende direito de outrem. Da mesma forma, a autolesão para fraudar seguro (art. 171, §2º, inciso V, do CP) é crime, uma vez que o indivíduo estará, ao gerar lesão em si mesmo, objetivando receber vantagem ilícita em prejuízo da seguradora.

Por fim, esse princípio é um argumento utilizados por aqueles que entendem pela inadmissibilidade do delito de posse de drogas para uso próprio (art. 28 da Lei de Drogas), porquanto o usuário não causaria lesão aos direitos de outras pessoas, mas apenas a si próprio.

Neste sentido, o STF está para concluir o julgamento do RE 635.559/SP (com repercussão geral reconhecida), o qual visa o reconhecimento da inconstitucionalidade do delito previsto no artigo 28, sendo que até agora três ministros já votaram e a tese que está prevalecendo até o momento é a de reconhecer a inconstitucionalidade da posse de maconha para uso pessoal (o relator, ministro Gilmar Mendes, votou pela inconstitucionalidade do artigo 28 da Lei de Drogas (Lei 11.343/2006), que define como crime o porte de drogas para uso pessoal, enquanto o ministro Edson Fachin e Roberto Barroso votaram para descriminalizar apenas o porte de maconha para consumo próprio).

F) Princípio da insignificância

Também idealizado por Claus Roxin, é assim definido por Queiroz (2013, p. 91):

> ***"O princípio da insignificância constitui, portanto, um instrumento por cujo meio o juiz, em razão da manifesta desproporção entre crime e castigo, reconhece o caráter não criminoso de um fato que, embora formalmente típico, não constitui uma lesão digna de proteção penal, por não traduzir uma violação realmente importante ao bem jurídico tutelado."***

Em suma, pelo princípio da insignificância, o fato é materialmente atípico, apesar de estar previsto na lei como infração penal, em razão da pequena (insignificante) lesão ao bem jurídico tutelado. A insignificância afeta a tipicidade material.

O principal exemplo seria o furto de 10 reais praticado contra uma pessoa de boas condições financeiras.

Segundo o STF (HC 92.961/SP), são requisitos:

- a **M**ínima ofensividade da conduta;
- a **A**usência de periculosidade social da ação;
- o **R**eduzido grau de reprovabilidade do comportamento;
- a **I**nexpressividade da lesão jurídica.

OBSERVAÇÕES ESPECIAIS:

1) Crimes contra a Administração Pública: O STJ entende inadmissível a aplicação da insignificância, nos termos da súmula 599 do STJ.

> Entretanto, o próprio STJ já afastou a incidência da súmula 599 e reconheceu o princípio em questão nos crimes contra a administração pública, em um caso ocorrido em novembro de 2013, na cidade de Gravataí (RS), quando o denunciado passou o carro por cima de um cone de trânsito ao furar um bloqueio da Polícia Rodoviária Federal.
>
> O relator do recurso no STJ, ministro Nefi Cordeiro, ressaltou que o réu era primário, tinha 83 anos na época dos fatos e o cone avariado custava menos de R$ 20, ou seja, menos de 3% do salário mínimo vigente à época. "A despeito do teor do enunciado 599, as peculiaridades do caso concreto justificam a mitigação da referida súmula, haja vista que nenhum interesse social existe na onerosa intervenção estatal diante da inexpressiva lesão jurídica provocada", entendeu o ministro. (RHC 85.272, 6º TURMA DO STJ, 31/08/2018)

2) Crimes contra a ordem tributária: é aplicável, havendo um limite de R$ 20.000,00, que é o valor que a Fazenda pode requerer o arquivamento (STF e STJ).

3) Crimes com violência ou grave ameaça: não é aplicável.

4) Posse de drogas para uso próprio: Normalmente a jurisprudência da 1° turma do STF e do STJ vem entendendo pela inaplicabilidade do princípio da insignificância, ainda que a quantidade de drogas seja ínfima.

Entretanto, vale destacar que recentemente a 2° Turma do STF (12/11/2019, em sessão virtual, anulou a condenação por tráfico de drogas imposta a uma mulher flagrada com 1g de maconha. Por maioria, o colegiado concedeu o Habeas Corpus (HC) 127573, seguindo o voto do relator, ministro Gilmar Mendes, que entendeu aplicável ao caso o princípio da insignificância, pois a conduta descrita nos autos não é capaz de lesionar ou colocar em perigo a paz social, a segurança ou a saúde pública.

O juízo da 1º Vara de Bariri (SP) condenou a mulher à pena de seis anos e nove meses de reclusão, em regime inicial fechado, pelo crime de tráfico, previsto no artigo 33 da Lei de Drogas (Lei 11.343/2006). A sentença foi mantida pelo Tribunal de Justiça do Estado de São Paulo (TJ-SP). A Defensoria Pública paulista então impetrou habeas corpus no Superior Tribunal de Justiça (STJ) alegando a desproporção da pena aplicada e buscando a incidência do princípio da insignificância. Negado o pedido por decisão monocrática daquela corte, a defensoria impetrou o habeas corpus no Supremo.

Em seu voto, o relator destacou que a resposta do Estado não foi adequada nem necessária para repelir o tráfico de 1g de maconha. Segundo Gilmar Mendes, esse é um exemplo emblemático de flagrante desproporcionalidade na aplicação da pena em hipóteses de quantidade irrisória de entorpecentes, e não houve indícios de que a mulher teria anteriormente comercializado quantidade maior de droga. De acordo com o ministro, no âmbito dos crimes de tráfico de drogas, a solução para a desproporcionalidade entre a lesividade da conduta e a reprimenda estatal é a adoção do princípio da insignificância.

O relator observou que o STF tem entendido que o princípio da insignificância não se aplica ao delito de tráfico, ainda que a quantidade de droga apreendida seja ínfima. Porém, considerou que a jurisprudência deve avançar na criação de critérios objetivos para separar o traficante de grande porte do traficante de pequenas quantidades, que vende drogas apenas em razão de seu próprio vício.

Para ele, se não houver uma clara comprovação da possibilidade de risco de dano da conduta, o comportamento não deverá constituir crime, ainda que o ato praticado se adeque à definição legal. "Em verdade, não haverá crime quando o comportamento não for suficiente para causar um dano ou um perigo efetivo de dano ao bem jurídico, diante da mínima ofensividade da conduta", explicou.

Seu voto foi seguido pelos ministros Celso de Mello e Ricardo Lewandowski. Ficaram vencidos os ministros Edson Fachin e Cármen Lúcia.

5) Crimes patrimoniais cometidos sem violência ou grave ameaça: O STJ vem reconhecendo a possibilidade de se reconhecer a insignificância se o valor da res é até 10% do valor do salário mínimo vigente na época dos fatos.

6) Furto qualificado – Em regra a jurisprudência no furto qualificado diante da reprovabilidade maior da conduta vem negando a aplicação do princípio da insignificância.

Entretanto recentemente, o STJ admitiu a insignificância de um furto qualificado pelo concurso de agentes, tendo em vista que os objetos subtraídos eram do gênero alimentício e foram avaliados aproximadamente em 69 reais:

> Informativo 665 do STJ de março de 2020: A despeito da presença de qualificadora no crime de furto possa, à primeira vista, impedir o reconhecimento da atipicidade material da conduta, a análise conjunta das circunstâncias pode demonstrar a ausência de lesividade do fato imputado, recomendando a aplicação do princípio da insignificância. No julgamento do HC 553.872/SP (j. 11/02/2020), o STJ admitiu a insignificância de um furto qualificado pelo concurso de agentes, tendo em vista que os objetos subtraídos eram do gênero alimentício e foram avaliados em aproximadamente sessenta e nove reais:
>
> "A admissão da ocorrência de um crime de bagatela reflete o entendimento de que o Direito Penal deve intervir somente nos casos em que a conduta ocasionar lesão jurídica de certa gravidade, devendo ser reconhecida a atipicidade material de perturbações jurídicas mínimas ou leves, estas consideradas não só no seu sentido econômico, mas também em função do grau de afetação da ordem social que ocasionem.
>
> O referido princípio deve ser analisado em conexão com os postulados da fragmentariedade e da

PENAL

intervenção mínima do Estado em matéria penal, no sentido de excluir ou afastar a própria tipicidade penal, observando-se a presença de "certos vetores, como (a) a mínima ofensividade da conduta do agente, (b) a nenhuma periculosidade social da ação, (c) o reduzidíssimo grau de reprovabilidade do comportamento e (d) a inexpressividade da lesão jurídica provocada" (HC n. 98.152/MG, Rel. Ministro Celso de Mello, Segunda Turma, DJe 5/6/2009).

Na hipótese analisada, verifica-se que os fatos autorizam a incidência excepcional do princípio da insignificância, haja vista as circunstâncias em que o delito ocorreu. Muito embora esteja presente uma circunstância qualificadora — o concurso de agentes — os demais elementos descritos nos autos permitem concluir que, neste caso, a conduta perpetrada não apresenta grau de lesividade suficiente para atrair a incidência da norma penal, considerando a natureza dos bens subtraídos (gêneros alimentícios) e seu valor reduzido".

G) Princípio da intervenção mínima

No conceito de Damásio de Jesus , tal princípio significa que a "criação de tipos delituosos deve obedecer a imprescindibilidade, só devendo intervir o Estado, por intermédio do Direito Penal, quando os outros ramos do Direito não conseguirem prevenir a conduta ilícita."

Logo, o Direito Penal é subsidiário, sendo a ultima ratio, ou seja, o último meio de regulamentação a ser utilizado.

Há na doutrina quem defenda que o princípio da intervenção mínima possui dois princípios decorrentes, quais sejam o princípio da subsidiariedade e o princípio da fragmentariedade, os quais serão explorados a seguir de maneira específica.

H) Princípio da subsidiariedade

O princípio da subsidiariedade constitui uma variação do princípio da intervenção mínima.

Pelo princípio da subsidiariedade, o Direito Penal deverá incidir somente em último caso, quando os demais ramos do direito falharam na tutela do bem jurídico. Busca-se, primeiro, adotar medidas mais brandas, menos invasivas à liberdade do agente que praticou um ilícito. Se necessário, o Direito Penal é chamado a atuar como último recurso para a proteção do bem jurídico violado.

Num primeiro momento, pode parecer que o princípio da subsidiariedade se assemelha ao da fragmentariedade. A diferença, no entanto, reside no plano de atuação. O princípio da fragmentariedade se projeta no plano abstrato, ao passo que o princípio da subsidiariedade se verifica no plano Concreto, quando os demais ramos não se mostrarem eficazes para tutelar o bem jurídico.

Vê-se, pois, que em relação ao princípio da subsidiariedade, a infração penal já foi praticada, devendo, no plano concreto, o Direito Penal ser aplicado se outro ramo do direito for ineficaz. Assim, se a aplicação de outro ramo do direito se mostrar suficiente, não haverá legitimidade para a aplicação da lei penal.

Como já julgou o Superior Tribunal de Justiça:

> ***A desobediência à ordem de parada emitida pela autoridade de trânsito ou por seus agentes, ou mesmo por policiais ou outros agentes públicos no exercício de atividades relacionadas ao trânsito, não constitui crime de desobediência, pois prevista sanção administrativa específica no art. 195 do Código de Trânsito Brasileiro, o qual não estabelece a possibilidade de cumulação de sanção penal. Assim, em razão dos princípios da subsidiariedade do Direito Penal e da intervenção mínima, inviável a responsabilização da conduta na esfera criminal (AgRg no REsp 1803414/MS, Superior Tribunal de Justiça, Rel. Min. Felix Fischer, 5ª Turma, julgado em 07/05/2019).***

I) Princípio da fragmentariedade

Em razão do princípio da fragmentariedade, o Direito Penal protege apenas um fragmento dos interesses jurídicos, que são os casos de maior gravidade e de bens jurídicos mais relevantes. É uma decorrência dos princípios da reserva legal e da intervenção mínima (JESUS, 2013, p. 52).

Trata-se de um princípio mais abstrato e referente a forma de legislar. Assim, as leis penais devem ser feitas de forma fragmentária, tutelando os bens jurídicos mais importantes.

Podemos citar como exemplo do princípio da fragmentariedade o crime de dano, o qual o legislador somente pune o dano doloso, sendo o dano culposo atípico, ensejando a atuação da esfera cível e não penal.

Entretanto, vale destacar que em determinados bens jurídicos há uma proteção ampla do direito penal, por exemplo, no caso da vida, na qual o legislador protege a vida humana extrauterina ou intrauterina.

I) Princípio da Culpabilidade

No Direito Penal o termo culpabilidade pode ter diferentes acepções:

i) Culpabilidade como elemento integrante do conceito analítico de crime (fato típico, antijurídico e **culpável**);

ii) Culpabilidade como elemento medidor da aplicação da pena (artigo 59 do CP: O juiz, atendendo **à culpabilidade**, aos antecedentes, à conduta social, à personalidade do agente, aos motivos, às circunstâncias e conseqüências do crime, bem como ao comportamento da vítima, estabelecerá, conforme seja necessário e suficiente para reprovação e prevenção do crime);

iii) Culpabilidade como elemento que visa afastar a responsabilidade penal objetiva – Princípio da Responsabilidade Penal Subjetiva, o qual será analisado neste item.

I.1) PRINCÍPIO DA RESPONSABILIZAÇÃO PENAL SUBJETIVA

É a base do direito penal moderno, o qual não admite a responsabilização penal objetiva, ou seja, o agente só pode ser responsabilizado penalmente se tiver agido com dolo ou culpa.

Desta feita, podemos dizer que se não há dolo ou culpa no caso em questão não haverá conduta penalmente relevante para o direito penal, razão pela qual o fato será atípico, uma vez que com o finalismo penal tanto o dolo como a culpa fazem parte do conceito de conduta.

Logo, além da necessidade de demonstrar que a conduta foi praticada pelo agente, em consonância com o princípio da responsabilidade pessoal, deve-se ainda comprovar ter ele agido com dolo ou culpa, conforme o princípio da responsabilidade penal subjetiva. Neste sentido, por exemplo, nos crimes de trânsito, não basta que o Ministério Público descreva na denúncia que o acusado estava na direção do veículo automotor e causou a lesão corporal ou a morte de alguém, devendo o MP descrever em que consistiu a conduta culposa do agente, ou seja, qual foi a violação do dever de cuidado em que este agente incorreu (se foi negligente, imperito ou imprudente), sob pena de inépcia e responsabilidade penal objetiva (Informativo 553, 6° Turma do STJ, HC 305194, 01/12/2014).

Não obstante isso, identificam-se resquícios da responsabilidade objetiva no contexto da rixa qualificada (CP, art. 137, parágrafo único), na embriaguez voluntária ou culposa decorrente da actio libera in causa (CP, art. 28, II, do CP), na responsabilidade penal da pessoa jurídica por crimes ambientais (artigo 3° da lei 9605/98), no artigo 73, parágrafo 2° da lei 4728/65 (lei de mercado de capitais) ao dispor que a responsabilidade penal recairá sobre todos os diretores da pessoa jurídica, dentre outros.

J) Princípio da adequação social

Trata-se de princípio oriundo de Hans Welzel, consistindo na ideia de que, mesmo que uma conduta esteja prevista na lei como infração, não será considerada típica se for socialmente adequada ou reconhecida, isto é, se a sociedade aceitar a conduta. Gera, portanto, a exclusão da tipicidade.

Exemplos de condutas adequadas socialmente (em algumas há divergência): pequenas lesões desportivas, corte de cabelo de calouro, oferecimento de bebida alcoólica a adolescentes, manutenção de casa de prostituição.

Vale destacar que, consoante informado no princípio da legalidade, o STF não aplica o princípio da adequação social, tendo em vista o princípio da simetria, uma vez que se há a exigência de lei para criar crimes, também deve existir lei para revogar essa infração penal.

L) PRINCÍPIO DA VEDAÇÃO AO BIS IN IDEM

Em matéria penal ninguém pode ser punido duas vezes pelo mesmo fato. Assim, não pode sofrer duas penas em face do mesmo crime, tampouco ser processado e julgado duas vezes pelo mesmo fato.

É pacífico que a reincidência, ao ser utilizada como agravante (art. 61, I, do CP), não é bis in idem. Logo, pode ser aplicada como agravante.

Esclarecendo o alcance do referido princípio, QUEIROZ (2013, p. 89) menciona que "semelhante princípio proíbe, portanto, a multiplicidade de sanções para o mesmo sujeito, por um mesmo fato e por sanções que tenham um mesmo fundamento, isto é, que tutelem um mesmo bem jurídico."

Como decorrência deste princípio dispõe o artigo 8° do CP que a pena cumprida no estrangeiro atenua a pena imposta no Brasil pelo mesmo crime, quando diversas, ou nela é computada, quando idênticas.

DA LEI PENAL NO TEMPO – ART. 2º CP

Pelo princípio *tempus regit actum* ('o tempo rege o ato'), a lei penal não alcança os fatos ocorridos antes ou depois de sua vigência, de forma que, em regra, a lei aplicável a um crime é aquela vigente ao tempo da execução deste crime.

A regra, pois, é que a atividade da lei penal se dê no período de sua vigência; a extra-atividade, representada pela retroatividade da lei mais benéfica e pela ultratividade, configura exceção a esta regra.

Exemplos dos princípios expostos:

Exemplo 1: "A" pratica um crime sob a vigência da lei X, que comina pena de reclusão de 1 a 4 anos. Por ocasião do julgamento, passa a viger a lei Y, regulando o mesmo fato e impondo a pena de 2 a 8 anos. Qual a lei a ser aplicada, a anterior, mais benéfica, ou a posterior, mais severa?

Deve ser aplicada a lei X, porquanto a lei Y é mais severa, incidindo, no caso, o princípio da irretroatividade da lei mais severa. Portanto, é possível a aplicação de uma lei não obstante cessada a sua vigência, desde que mais benéfica que a lei posterior. Esse fenômeno chama-se **ultratividade,** que, em última análise, quer dizer que se a lei antiga for mais favorável, prevalecerá ao tempo da vigência da lei nova, mesmo estando revogada.

Exemplo 2: "B" realiza uma conduta punível sob a vigência de lei X, que comina pena de 2 a 4 anos de reclusão. Na ocasião de ser proferida a sentença, passa a vigorar a lei Y, determinando, para o mesmo comportamento, a pena de reclusão de 1 a 4 anos. Qual a lei a ser observada, a anterior, mais severa, ou a posterior, mais benigna?

Aplica-se a lei mais benigna prevalece sobre a mais severa, prolongando-se além do instante de sua revogação ou retroagindo ao tempo em que não tinha vigência. É a retroatividade da lei mais benéfica.

1. HIPÓTESES DE CONFLITOS DE LEIS PENAIS NO TEMPO

1.1. Abolitio Criminis

Ocorre a chamada abolitio criminis quando a lei nova deixa de considerar crime fato que anteriormente era considerado como ilícito penal. A nova lei, demonstrando não haver mais, por parte do Estado, interesse na punição do autor de determinado fato, retroage para alcançá-lo. É decorrência da previsão do art. 5º, XL, CF, e art. 2º, do CP.

A *abolitio criminis*, além de conduzir à extinção da punibilidade, **apaga todos os efeitos penais da sentença condenatória**, permanecendo, no entanto, íntegros seus efeitos na esfera cível. É o que se extrai do artigo 2º do Código Penal.

Assim, por exemplo, se o sujeito registrar contra si sentença condenatória transitada em julgado por fato que deixou de ser considerado crime praticar novo crime, não será considerado reincidente.

Os efeitos civis, no entanto, permanecerão hígidos, sendo possível a vítima buscar a reparação de danos na esfera cível por meio da respectiva ação de execução, já que a sentença penal condenatória transitada em julgado constitui título executivo.

Imaginemos que o agente tenha sido definitivamente condenado pelo crime de sedução (art. 217 do CP) em 2004, que deixou de ser crime pela Lei 11.106/2005. Se esse agente praticar um crime de furto em 2007, por exemplo, não será considerado reincidente, pois a Lei 11.106/2005 aboliu do ordenamento jurídico o crime de sedução, apagando todos os efeitos da sentença penal condenatória.

No entanto, a vítima seduzida poderia buscar a reparação de danos na esfera cível.

1.2. Novatio Legis In Mellius

Além da abolitio criminis, a lei nova pode favorecer o agente de várias maneiras. A lei posterior, que de qualquer modo favorecer o agente, aplica-se aos fatos anteriores, ainda que decididos por sentença condenatória transitada em julgado (CP, art. 2, parágrafo único).

Assim, se a lei nova, por exemplo, reduzir a pena mínima de uma determinada infração penal ou passar a prever benefício até então inexistente, deverá retroagir para alcançar os fatos praticados antes da sua vigência, ainda que tenha sido proferida sentença transitada em julgado.

1.3. Novatio Legis Incriminadora

A lei nova incrimina fatos antes considerados lícitos (*novatio legis incriminadora*).

A *novatio legis incriminadora*, ao contrário da *abolitio criminis*, considera crime fato anteriormente não incriminado, e somente irá gerar efeitos para fatos praticados após à sua vigência, razão pela qual não retroage para alcançar fatos praticados antes da sua vigência.

A Lei n. 10.224, de 15 de maio de 2001, tornou crime de assédio sexual a conduta de constranger alguém com o intuito de obter vantagem ou favorecimento sexual, prevalecendo-se o agente da sua condição de superior hierárquico ou ascendência inerentes ao exercício de emprego, cargo ou função, o que até então era um indiferente penal, sendo tal situação resolvida, invariavelmente, em outra área do direito, notadamente na esfera ou trabalhista.

Por conferir tratamento severo, a *novatio legis incriminadora*, por evidente, não retroage para alcançar fatos praticados antes da sua vigência, tendo eficácia, portanto, somente em relação aos fatos praticados a partir da sua vigência.

1.4. Novatio Legis In Pejus

A quarta hipótese refere-se à nova lei mais severa a anterior (a nova lei de drogas, Lei n. 11.343/06, no art. 33, aumentou a pena do crime de tráfico de drogas). Incide, no caso, o princípio da irretroatividade da lei penal: "a lei penal não retroagirá, salvo para beneficiar o réu" (CF/88, art. 5º, XL).

1.5. Crime Permanente e Crime Continuado e Lei Penal mais benéfica

Aplica-se a lei nova durante a atividade executória do CRIME PERMANENTE, ainda que seja prejudicial ao réu, já que a cada momento da atividade criminosa está presente a vontade do agente.

Da mesma forma, em sendo o CRIME CONTINUADO uma ficção, considerando que uma série de crimes constitui um único delito para a finalidade de aplicação da pena, o agente responde pelo que praticou em qualquer fase da execução do crime continuado. Portanto, se uma lei penal nova tiver vigência durante a continuidade delitiva, deverá ser aplicada ao caso, prejudicando ou beneficiando.

É o que diz a Súmula 711 do STF: "A lei penal mais grave aplica-se ao crime continuado ou ao crime permanente, se a sua vigência é anterior à cessação da continuidade ou da permanência".

Assim, se, por exemplo, o agente sequestrou a vítima na vigência de uma lei, e, posteriormente, enquanto ainda estava se desenrolando o delito, com a vítima no cativeiro, sobrevém lei nova elevando a pena mínima do crime de extorsão mediante sequestro, essa lei incidirá sobre o fato, ainda que tenha conferido tratamento mais severo.

> **Súmula 711 do STF:** "A lei penal mais grave aplica-se ao crime continuado ou ao crime permanente, se a sua vigência é anterior à cessação da continuidade ou da permanência."

INTERPRETAÇÃO DA LEI PENAL E ANALOGIA

1.1. Interpretação

Interpretar significa buscar o preciso significado de um texto, palavra ou expressão, delimitando o alcance da lei, guiando o operador para a sua correta aplicação (CUNHA, 2024).

Pela hermenêutica clássica, a interpretação das leis pode ser analisada quanto às fontes (origem ou sujeito), aos meios que emprega e aos resultados.

Quanto à origem ou sujeito, a interpretação pode ser:

a) Autêntica – realizada pelo próprio legislador, a exemplo do conceito de funcionário público trazido pelo art. 327 do CP. Pode ser contextual (quando ocorre no próprio texto de uma lei) ou posterior (mediante uma lei editada posteriormente);
b) Doutrinária ou científica (communis opinio doctorum)- é realizada pelos estudiosos do Direito, pelos jurisconsultos. Como exemplo, podemos citar a exposição de motivos do CP;
c) Judiciária ou Jurisprudencial – realizada pelos juízes e tribunais ao aplicar a norma aos casos concretos.

Já quanto aos meios, a interpretação pode ser:

a) Gramatical ou literal – verifica-se o significado literal das palavras, mediante o emprego de meios gramaticais e etimológicos;
b) Lógica – busca o sentido da lei mediante utilizando raciocínio dedutivo;
c) Teleológica – busca a finalidade da lei;

PENAL

d) Sistemática – investiga a coerência entre a lei interpretada e as demais leis que compõe o sistema;

e) Histórica – investiga as condições e os fundamentos de sua origem, como por exemplo ao analisar a sociedade da época da elaboração da lei, as discussões parlamentares, etc...

Quanto ao resultado, a interpretação pode ser:

a) Declarativa – quando a letra da lei corresponde ao seu significado ou sentido. Não haverá restrição nem ampliação do seu alcance;

b) Restritiva – não há correspondência entre o texto da lei e sua vontade. A letra da lei diz mais que o seu real sentido. O alcance da lei deve ser restringido para alcançar sua vontade;

c) Extensiva – não há correspondência entre o texto da lei e sua vontade. A letra da lei diz menos que o seu real sentido. O alcance da lei deve ser ampliado para alcançar sua vontade.

1.2. Interpretação analógica x analogia

A Interpretação analógica não se confunde com a analogia, uma vez que a analogia não é método de interpretação e sim de autointegração da lei para suprir lacunas.

Na interpretação analógica ou intra legem, o texto da lei abrange uma cláusula genérica logo em seguida de uma fórmula casuística, sendo que a cláusula genérica deve ser interpretada e compreendida segundo os casos análogos descritos (SALIM, 2014, p. 98). Exemplo: O homicídio passa a ser qualificado se for cometido mediante paga ou promessa de recompensa (art. 121, parágrafo 2º, inciso I do CP). Matar alguém em razão de recompensa é um motivo torpe especificado pela lei (fórmula casuística). Na parte final da redação do referido dispositivo lei consta que também qualifica o homicídio se for cometido "por outro motivo torpe".

Já a analogia se trata de uma regra de integração do ordenamento jurídico, decorrendo de uma lacuna ou um vazio normativo e não de uma lei pendente de interpretação.

Desta feita, a analogia consiste na aplicação de lei que regula certo fato a outro semelhante, com base no seguinte adágio: "UBI EADEM RATIO, IBI EADEM JUS" (onde há a mesma razão, aplica-se o mesmo dispositivo de lei).

Rogério Sanches (CUNHA, 2024) ressalta que embora a regra seja a vedação do emprego da analogia no âmbito penal (em respeito ao princípio da reserva legal), a doutrina é uníssona ao permitir este recurso integrativo, desde que presentes dois requisitos, quais sejam: a) certeza de que sua aplicação será favorável ao réu (analogia in bonam partem) e b) existência de uma lacuna legal a ser preenchida.

São espécies de analogia:

a) Analogia legis ou legal: faz-se a aplicação da analogia tendo por base outra disposição legal que regula caso semelhante;

b) Analogia juris ou jurídica: faz-se a aplicação da analogia tendo por base, ao invés de outra disposição legal, um princípio geral do direito;

c) Analogia in bonam partem: aplica-se ao caso omisso uma lei em benefício ao réu.

d) Analogia in malam partem: aplica-se ao caso omisso uma lei em prejuízo ao réu. É vedada no Direito Penal.

2. LEI PENAL NO TEMPO: LEI TEMPORÁRIA E LEI EXCEPCIONAL; TEMPO E LUGAR DO CRIME

2.1. Leis de vigência temporária – Art. 3º do CP

2.1.1. Conceito

De acordo com o art. 3º do CP, as leis excepcionais ou temporárias, embora decorrido o período de sua duração ou cessadas as circunstâncias que as determinaram, aplicam-se aos fatos praticados durante sua vigência.

São as leis autorrevogáveis. Comportam duas espécies:

- **LEIS EXCEPCIONAIS:** são feitas para durar enquanto um estado anormal ocorrer. Cessam a sua vigência ao mesmo tempo em que a situação excepcional também terminar. Portanto, são aquelas promulgadas em caso de calamidade pública, guerras, revoluções, cataclismos, epidemias, etc.

- **LEIS TEMPORÁRIAS:** São as editadas com período determinado de duração, portanto, dotadas de autorrevogação. É feita para vigorar em um período de tempo previamente fixado pelo legislador. Traz em seu bojo a data de cessação de sua vigência. É uma lei que desde a sua entrada em vigor está marcada para morrer.

2.1.2. Características

A) São autorrevogáveis

Em regra, uma lei somente pode ser revogada por outra lei, posterior, que a revogue expressamente, que seja com ela incompatível ou que regule integralmente a matéria nela tratada.

As leis de vigência temporária constituem exceção a esse princípio, visto que perdem sua vigência automaticamente, sem que outra lei as revogue.

B) São ultrativas

A ultratividade significa que uma lei revogada continua gerando efeitos. É o caso da lei temporária e lei excepcional, que continuarão gerando efeitos em relação aos fatos praticados durante sua vigência, mesmo após de revogadas.

2.2. Do tempo do crime – Art. 4º

A análise do âmbito temporal da aplicação da lei penal necessita da fixação do momento em que se considera o delito cometido.

O Código Penal adotou a teoria da atividade, segundo a qual se reputa praticado o delito no momento da conduta, não importando o instante do resultado.

Diante disso, se, por exemplo, o agente, ao tempo da ação, contava com 17 anos, 11 meses e 25 dias, de idade, efetua disparos de arma de fogo contra a vítima, que vem a falecer 10 dias depois, devemos indagar se incidirão as normas de direito penal ou as normas relativas ao Estatuto da Criança e Adolescente.

Nesse caso, considerando-se a teoria da atividade, incidirão as normas do Estatuto da Criança e Adolescente, Lei n. 8.069/90, uma vez que, ao tempo da ação, o agente era menor de 18 anos e, portanto, inimputável, não incidindo, assim, normas do Código Penal. Em outras palavras, ficará afastada a aplicação da lei penal, podendo o agente ser submetido a medida socioeducativa.

2.3. Lugar do crime – Art. 6º

A determinação do lugar em que o crime se considera praticado é decisiva no tocante à competência penal internacional. Surge o problema quando o crime se desenrola em lugares diferentes.

A aplicação do princípio da territorialidade guarda relação com a determinação do lugar em que o crime se considera praticado, tendo relevância, ainda, no tocante à competência penal internacional.

Convém, de logo, esclarecer que o tema aqui estudado não se confunde com a fixação da competência territorial, cuja determinação, via de regra, leva em conta o lugar da consumação do delito, conforme prevê o artigo 70 do Código de Processo Penal.

O Código Penal adotou a teoria da ubiquidade ou mista, segundo a qual é lugar do crime tanto onde houve a conduta, quanto o local onde se deu o resultado.

.Nos termos da teoria da ubiquidade, mista ou da unidade, lugar do crime é aquele em que se realizou qualquer dos momentos do iter, seja da prática dos atos executórios, seja da consumação.

Essa foi a teoria adotada pelo Código Penal, já que, segundo o artigo 6º "Considera-se praticado o crime no lugar em que ocorreu a ação ou omissão, no todo ou em parte, bem como onde se produziu ou deveria produzir-se o resultado".

A expressão "deveria produzir-se o resultado" refere-se às hipóteses de tentativa. Aplica-se a lei brasileira ao crime tentado cuja conduta tenha sido praticada fora dos limites territoriais (ou do território por extensão), desde que o impedimento da consumação se tenha dado no País.

Assim, na hipótese de o agente, que se encontra na cidade brasileira de Santana do Livramento/RS, efetuar disparos contra a vítima que se encontra na cidade de Rivera, em solo Uruguaio, separada por uma rua do Município brasileiro, vindo este a falecer, aplica-se a lei penal brasileira, já que os atos executórios do crime foram praticados em território brasileiro, embora o resultado tenha sido produzido em país estrangeiro.

Da mesma forma, se um Americano, residente na Argentina, envia uma carta-bomba a um brasileiro, que se encontra no Rio de Janeiro, vindo o engenho a explodir no momento em que a vítima abriu o pacote que a continha, resultando na sua morte, também aplica-se a lei penal brasileira, já que os atos executórios foram praticados no estrangeiro e o resultado se produziu em território brasileiro.

3. LEI PENAL NO ESPAÇO: TERRITORIALIDADE E DA EXTRATERRITORIALIDADE DA LEI PENAL

3.1. Da lei penal no espaço – Art. 5º

3.1.1. Introdução

A Lei Penal é elaborada para vigorar dentro dos limites em que o Estado exerce a sua soberania.

Via de regra, pelo princípio da territorialidade, aplica-se as leis brasileiras aos delitos cometidos dentro do território nacional. Esta é uma regra geral, que advém do conceito de soberania, ou seja, a cada Estado cabe decidir e aplicar as leis pertinentes aos acontecimentos dentro do seu território.

Territorialidade: é a regra. Ao crime cometido no território nacional, aplica-se a lei brasileira, sem prejuízo de convenções, tratados e regras de direito internacional, conforme art.5º e seus parágrafos.

3.1.2. Território brasileiro por equiparação (embarcações e aeronaves)

Nos termos do artigo 5º, § 1º, do CP, duas situações de território brasileiro por equiparação:

- embarcações e aeronaves brasileiras de natureza pública ou a serviço do governo brasileiro onde estiverem.
- embarcações e aeronaves brasileiras, de propriedade privada, que estiverem navegando em alto-mar ou sobrevoando águas internacionais.

Nesse contexto, se, por exemplo, um Oficial da Marinha do Brasil é assassinado por um marinheiro dentro da embarcação pública brasileira, que se encontrava atracada num Porto dos Estados Unidos, aplica-se a lei brasileira, uma vez que, para efeitos penais, consideram-se como extensão do território brasileiro as embarcações de natureza pública, onde quer que se encontrem.

De outro lado, se durante um cruzeiro marítimo em embarcação privada brasileira, cruzando alto-mar, um turista resolve provocar lesão corporal em outro turista, incidirá a lei penal brasileira, uma vez que, para efeitos penais, consideram-se como extensão do território brasileiro as embarcações de natureza privada que estiverem navegando em alto-mar.

Os navios estrangeiros em águas territoriais brasileiras, desde que públicos, não são considerados parte do nosso território. Em face disso, os crimes neles cometidos devem ser julgados de acordo com a lei da bandeira que ostentam. Se, entretanto, são de natureza privada, aplica-se a lei brasileira (art. 5º, § 2º).

3.2. Extraterritorialidade

Extraterritorialidade: é uma exceção. Mesmo que o crime seja cometido fora do Brasil, os agentes se sujeitam à lei brasileira, nas hipóteses mencionadas no art. 7º, do CP, quais sejam:

EXTRATERRITORIALIDADE INCONDICIONADA	
a) contra a vida ou a liberdade do Presidente da República; b) contra o patrimônio ou a fé pública da União, do Distrito Federal, de Estado, de Território, de Município, de empresa pública, sociedade de economia mista, autarquia ou fundação instituída pelo Poder Público; c) contra a administração pública, por quem está a seu serviço; d) de genocídio, quando o agente for brasileiro ou domiciliado no Brasil;	Nestes casos, o agente é punido segundo a lei brasileira, ainda que absolvido ou condenado no estrangeiro.
EXTRATERRITORIALIDADE CONDICIONADA	
a) que, por tratado ou convenção, o Brasil se obrigou a reprimir; b) praticados por brasileiro; c) praticados em aeronaves ou embarcações brasileiras, mercantes ou de propriedade privada, quando em território estrangeiro e aí não sejam julgados.	Nestes casos, a aplicação da lei brasileira depende do concurso das seguintes condições: a) entrar o agente no território nacional; b) ser o fato punível também no país em que foi praticado; c) estar o crime incluído entre aqueles pelos quais a lei brasileira autoriza a extradição; d) não ter sido o agente absolvido no estrangeiro ou não ter aí cumprido a pena; e) não ter sido o agente perdoado no estrangeiro ou, por outro motivo, não estar extinta a punibilidade, segundo a lei mais favorável.

Cometido por estrangeiro contra brasileiro fora do Brasil.	se, reunidas as condições: a) entrar o agente no território nacional; b) ser o fato punível também no país em que foi praticado; c) estar o crime incluído entre aqueles pelos quais a lei brasileira autoriza a extradição; d) não ter sido o agente absolvido no estrangeiro ou não ter aí cumprido a pena; e) não ter sido o agente perdoado no estrangeiro ou, por outro motivo, não estar extinta a punibilidade, segundo a lei mais favorável. + a) não foi pedida ou foi negada a extradição; b) houve requisição do Ministro da Justiça.

4. CONFLITO APARENTE DE NORMAS

4.1. Conceito

É o conflito que se estabelece entre duas ou mais normas aparentemente aplicáveis ao mesmo fato. Há conflito porque mais de uma norma pretende regular o fato, mas é aparente, porque apenas uma delas acaba sendo aplicada à hipótese.

4.2. Princípios para a solução dos conflitos aparentes de normas

A) PRINCÍPIO DA ESPECIALIDADE

Trata-se da da regra de que a norma especial afasta a aplicação da lei geral, representado pelo brocardo "lex specialis derrogat generali".

A lei especial, ou específica, caracteriza-se por se revestir de sentido diferenciado, individualizado, que a particulariza em relação às demais normas. Dito de outro modo, a norma penal especial reúne todos os elementos típicos da lei geral, mas se revestem de outros elementos que a torna especial, que a particulariza, chamados especializantes.

E, nos termos do artigo 12 do Código Penal, a norma especial prevalece sobre a lei geral.

Tomemos, novamente, como exemplo o caso de uma mãe matar, sob influência do estado puerperal, o próprio filho, logo após o parto. Há um único fato sobre o qual, aparentemente, pode incidir o crime de homicídio, previsto no artigo 121 do Código Penal, ou infanticídio, previsto no artigo 123 do Código Penal. O crime de infanticídio possui núcleo idêntico ao do crime de homicídio, ou seja, reúne todos os elementos descritos no artigo 121 do Código Penal, consistentes em "matar alguém". Todavia, além dos elementos da norma geral, o artigo 123 do Código Penal, que tipifica o delito de infanticídio, possui elementos que o especializa e diferencia do crime de homicídio: autora ser a genitora da vítima, que deve ser seu próprio filho, nascente ou neonato; prática do delito durante ou logo após o parto, sob influência do estado puerperal.

Note-se que se estabeleceu um conflito entre as normas do artigo 121 do Código Penal e artigo 123 do Código Penal, mas que é aparente, pois será solucionado pelo princípio da especialidade, prevalecendo, no caso, a norma penal que define o crime de infanticídio, já que as elementares contidos nesse crime a tornam especial em relação à norma geral que define o homicídio.

B) PRINCÍPIO DA SUBSIDIARIEDADE

B.1) Conceito de norma subsidiária

Uma norma é considerada subsidiária à outra, quando a conduta nela prevista integra o tipo da principal, significando que a lei principal afasta a aplicação da lei secundária.

Há relação de subsidiariedade entre normas quando descrevem graus de violação do mesmo bem jurídico, de forma que a infração definida pela subsidiária, de menor gravidade que a da principal é absorvida por esta.

O crime de ameaça (CP, art. 147) cabe no de constrangimento ilegal mediante ameaça (CP, art. 146), o qual, por sua vez, cabe dentro da extorsão (art. 158). O sequestro (art. 148) no de extorsão mediante sequestro (CP, art. 159). O disparo de arma de fogo (Lei 10.826/2003, art. 15) cabe no de homicídio cometido mediante disparos de arma de fogo (CP, art. 121). Há um único fato, o qual pode ser maior do que a norma subsidiária, só se pode encaixar na primária.

B.2) Espécies

a) Subsidiariedade Expressa ou explícita

Ocorre quando a própria lei indica ser a norma subsidiária de outra. Quando a norma, em seu próprio texto, subordina a sua aplicação à não-aplicação de outra, de maior gravidade punitiva.

A própria norma reconhece expressamente seu caráter subsidiário, admitindo incidir somente se não ficar caracterizado fato de maior gravidade.

Ex. Art. 132 - Expor a vida ou a saúde de outrem a perigo direto e iminente:

Pena - detenção, de três meses a um ano, se o fato não constitui crime mais grave.

B.2) SUBSIDIARIEDADE TÁCITA OU IMPLÍCITA

A subsidiariedade tácita ou implícita ocorre quando a norma penal não ressalva, de modo expresso, a sua incidência na hipótese de outra norma de maior gravidade punitiva não ser aplicável ao caso concreto. A norma subsidiária poderá incidir ainda que o legislador não tenha expressamente previsto essa possibilidade. O crime de constrangimento ilegal (art. 146 do Código Penal) é tacitamente subsidiário em relação ao crime de estupro (art. 213 do Código Penal). Assim, se no caso concreto, o crime mais grave (art. 213 do Código Penal) não restar caracterizado, ou seja, não ficar demonstrado que o constrangimento não teve por finalidade violar a dignidade sexual da vítima, pode-se aventar a incidência do crime de constrangimento ilegal (art. 146 do Código Penal).

C) PRINCÍPIO DA CONSUNÇÃO

Conforme o princípio da consunção, ou da absorção, o fato mais abrangente e grave consome, absorve, o fato menos abrangente e grave que figuram como meio necessário ou normal fase de preparação ou execução de outro crime, bem como quando constitui conduta anterior ou posterior do agente, cometida com a mesma finalidade prática atinente àquele crime. Nesse caso, a norma consuntiva prevalece sobre a norma consumida. Trata-se da hipótese de o crime meio ser absorvido pelo crime fim.

O conflito aparente de normas se reflete na relação de continente e conteúdo, entre a norma mais abrangente e grave e a norma que prevê conduta que serve de meio necessário ou fase de execução de outro crime. Ou, ainda, após consumar o crime visado, praticou nova conduta prevista em tipo penal específico e menos abrangente, mas que constitui mero exaurimento do crime.

Prevalece, nessa hipótese, a norma penal que define o crime mais abrangente, que absorverá a norma que prevê conduta de menor amplitude, evitando-se a incidência do bis in idem. Assim, se o agente, para matar a vítima, porta ilegalmente arma de fogo, o conflito aparente entre as normas que definem os crimes de homicídio (art. 121 do Código Penal) e porte ilegal de arma de fogo (art. 14 da Lei 10.826/2003) é solucionado pelo princípio da consunção, na medida em que o crime de homicídio absorve o crime de porte ilegal de arma de fogo, que serviu como mero meio necessário para consumação do crime mais grave.

CONDUTA, RESULTADO, NEXO CAUSAL E CRIMES OMISSIVOS

1. CONDUTA

1.1. Introdução

Para a caracterização da conduta, sob qualquer aspecto, é indispensável a existência do binômio vontade e consciência.

Se o agente age sem vontade dirigida a uma finalidade ou sem consciência, não haverá conduta punível. Não havendo conduta punível, não há fato típico e, por conseguinte, não haverá crime.

1.2. Ausência de conduta

A doutrina costuma apontar algumas causas de exclusão da conduta, dentre elas destacam-se as seguintes:

a) Coação física irresistível ("vis absoluta")

Ocorre quando o sujeito pratica o movimento em consequência de **força corporal exercida sobre ele.** Quem atua obrigado por uma força irresistível não age voluntariamente. Neste caso, o agente é mero instrumento realizador da vontade do coator.

A força física que recai sobre o agente pode partir da ação de uma terceira pessoa, que seria a figura do coator. Imaginemos que uma pessoa empurra outra contra objetos ou até mesmo contra outras pessoas. Nessa hipótese, a pessoa empurrada fisicamente danificar objetos ou lesionar pessoas não será responsabilizada por eventual crime de dano (CP, art. 163) ou lesão corporal (CP, art. 129), pois agiu sem vontade e, portanto, sem dolo ou culpa.

Em síntese, na coação física irresistível, não há vontade; não havendo vontade, não há conduta. Não havendo conduta, não há fato típico. Não havendo fato típico, não há crime. Logo, o fato praticado pelo fisicamente coagido é atípico. Não responderá por nenhum crime.

Diversa é a situação, contudo, quando se tratar de coação moral.

Na coação moral, não há aplicação da força física, mas de ameaça ou intimidação, feita através da promessa de um mal, para que se determine o coato à realização do fato criminoso. O coagido poderá optar.

No caso da coação moral, o fato é revestido de tipicidade, mas não é culpável, em face da inexigibilidade de conduta diversa.

Portanto, existe o fato típico, pois a ação é juridicamente relevante, mas não há falar em culpabilidade, aplicando-se a regra do art. 22, 1ª parte, do Código Penal **(causa de exclusão da culpabilidade).**

b) Movimentos reflexos

Os atos reflexos não dependem da vontade, uma vez que são reações motoras, secretórias ou fisiológicas, produzidas pela excitação de órgãos do corpo humano.

Nestes casos, o estímulo exterior é recebido pelos centros sensores, que o transmitem diretamente aos centros motores, sem intervenção da vontade, como ocorre, por exemplo, em um ataque epilético, tosse ou espirro. De fato, os atos reflexos não dependem da vontade, uma vez que são reações motoras. Não havendo vontade, não há conduta punível, sendo, portanto, o fato atípico.

Imaginemos a hipótese do condutor de veículo automotor que não conseguiu controlar um espirro e, por frações de segundos, desviou a direção, chocando-se em outro veículo, causando lesão corporal culposa no seu ocupante. Assim, se demonstrado que perdeu o controle do seu veículo exclusivamente porque não conseguiu controlar o espirro e, por ato reflexo, desviou a direção, provocando a colisão e as lesões corporais no outro condutor, o agente não será responsabilizado pelo crime de lesão corporal culposa na condução de veículo automotor (Lei 9503/97, art. 303), uma vez que agiu sem vontade, não havendo conduta punível, sendo, portanto, o fato atípico.

c) Estados de inconsciência

Consciência "é o resultado da atividade das funções mentais. Não se trata de uma faculdade do psiquismo humano, mas do resultado do funcionamento de todas elas".

Quando essas funções mentais não funcionam adequadamente se diz que há estado de inconsciência, que é incompatível com a vontade, e sem vontade não há ação.

> ▷ **A doutrina tem catalogado como exemplos de estados de inconsciência a hipnose, o sonambulismo a narcolepsia.**

2. RESULTADO

2.1. Conceito

A doutrina também usa a expressão "evento" como sinônima de resultado.

Resultado é a consequência gerada por força da prática de uma infração penal. É, em síntese, a consequência provocada pela conduta do agente.

Uma conduta punível produz um resultado negativamente valorado. É o desvalor da conduta da conduta do agente em consonância com o desvalor de um resultado.

Isso significa que somente o resultado penalmente relevante, seja porque gera apenas efeitos normativos, seja porque gera a modificação do mundo exterior, pode ser considerado resultado como elemento do fato típico.

Em razão disso, pode-se considerar que a conduta pode gerar um resultado jurídico ou normativo e/ou naturalístico.

2.2. Resultado naturalístico

Resultado naturalístico ou material ocorre quando gera como consequência a modificação do mundo externo em face da conduta delitiva do agente. É o resultado perceptível, que altera o estado das coisas, modificando de algum modo o mundo exterior por conta de um comportamento humano.

É o resultado naturalmente e cronologicamente destacado da conduta.

PENAL

Nem todos os crimes exigem a produção do resultado naturalístico para incidirem. Por isso, pode-se classificar os crimes conforme a exigência ou não da produção do resultado naturalístico, dividindo-se em crimes materiais, formais e de mera conduta.

Crimes materiais são aqueles que geram resultado naturalístico, produzindo alteração no mundo exterior. São aqueles que, na sua tipologia, pressupõem conduta e resultado, sendo esse a exteriorização necessária da conduta. O resultado naturalmente e cronologicamente destacado da conduta.

Assim, no crime de homicídio, há a conduta do agente (efetuar disparo, por exemplo), produzindo o resultado morte, que naturalmente modifica o estado das coisas e altera o mundo exterior. O resultado morte está naturalmente destacado da conduta do agente, sendo plenamente perceptível no plano fenomênico.

Da mesma forma, no crime de furto, o agente desenvolve a conduta consistente em subtrair coisa alheia móvel, modificando naturalmente o estado das coisas e o mundo exterior, pois a vítima não poderá mais dispor do objeto que lhe pertencia. O resultado consistente no desapossamento do objeto está naturalmente destacado da conduta do agente, sendo plenamente perceptível no plano fenomênico.

Nos crimes formais, o tipo penal descreve a conduta e o resultado, mas não exige a produção do resultado naturalístico para a consumação. O legislador antecipa a consumação, considerando a conduta do agente, sem a necessidade da efetivação do resultado naturalístico. Exemplo clássico é o crime de extorsão (CP, art. 158). O tipo penal descreve a conduta (Constranger alguém, mediante violência ou grave ameaça a fazer, tolerar que se faça ou deixar fazer alguma coisa:) e o resultado (indevida vantagem econômica). Todavia, para a consumação do crime de extorsão, basta o constrangimento, mediante violência ou grave ameaça, independentemente da obtenção da vantagem indevida, ou seja, independentemente da produção do resultado naturalístico. É, aliás, o que dispõe a Súmula 96 do Superior Tribunal de Justiça.[1]

Nos crimes de mera conduta, o legislador apenas descreve a conduta do agente, sem mencionar qualquer resultado naturalístico. São crimes sem resultado naturalístico. Exemplo: violação de domicílio (CP, art. 150), uso de documento falso (CP, art. 304) e porte ilegal de arma (Lei 10826/2003, art. 14). A consumação desses crimes ocorre com a prática da conduta descrita no tipo penal.

2.3. Resultado jurídico ou normativo

Resultado jurídico, ou normativo, é aquele em que a conduta provoca lesão ou perigo de lesão a um bem jurídico penalmente tutelado. De fato, há ações que não exigem, obrigatoriamente, a produção de um resultado naturalístico, perceptível, exaurindo-se no próprio comportamento delitivo. Em outras palavras, basta a realização da conduta para ensejar a plena adequação típica ao fato praticado, que se realizará, em toda sua inteireza, quer se verifique ou não qualquer consequência perceptível.

Quanto ao resultado jurídico, pode-se classificar em: a) delitos de dano (ou de lesão); b) delitos de perigo.

Crimes de dano são os que se consumam com a efetiva lesão do bem jurídico. A ausência da efetiva lesão ao bem jurídico pode caracterizar a tentativa ou um indiferente penal. São exemplos os crimes de homicídio (CP, art. 121), lesão corporal (CP, art. 129), estupro (CP, art. 213), etc.

Nos crimes de perigo, a consumação se opera com a mera exposição do bem jurídico a perigo, dispensando a efetiva lesão ao bem jurídico tutelado. Basta a possibilidade de lesão ao bem jurídico tutelado. Subdividem-se em crime de perigo abstrato e crime de perigo concreto.

Crimes de perigo abstrato ou presumido são aqueles que se consumam com a prática da conduta delituosa. Há presunção absoluta da exposição do bem jurídico a perigo. É o caso do crime de tráfico ilícito de drogas (Lei nº 11.343/2006, art. 33), bem como do crime de porte ilegal de arma (Lei 10.826/2003, art. 14 da Lei 10.826/2003).

Crimes de perigo concreto são aqueles em que a consumação do delito reclama a comprovação da situação de perigo. Exige-se a comprovação do risco para o bem jurídico tutelado para a sua tipificação. É o caso, por exemplo, do crime de perigo de contágio venéreo, previsto no artigo 130 do Código Penal.

1. O crime de extorsão consuma-se independentemente da obtenção da vantagem indevida.

2.4. Há crime sem resultado?

Indaga-se se há crime sem resultado. A resposta vai depender da natureza do resultado gerado.

Para os partidários da teoria do resultado jurídico, todo crime possui resultado, mesmo os de mera conduta. Isso porque toda conduta delituosa ofende bens jurídicos penalmente tutelados.

De outro lado, afigura-se possível crime sem resultado naturalístico, como, por exemplo, no crime tentado, que, embora material, pode não apresentar nenhum resultado perceptível. Exemplo: tentativa branca de homicídio, em que o agente desfere disparo de arma de fogo, sem atingir a vítima.

Em suma, não há crime sem resultado jurídico. Porém, há delitos que não apresentam o resultado naturalístico, mas apresentem o resultado jurídico ou normativo.

3. RELAÇÃO DE CAUSALIDADE OU NEXO CAUSAL

3.1. Conceito

A relação de causalidade é o vínculo estabelecido entre a conduta do agente e o resultado por ele produzido. É a relação de causa e efeito entre a conduta e o resultado. É o que estabelece a ligação entre a conduta desenvolvida pelo agente e o resultado produzido.

Trata-se de estabelecer uma relação física e natural entre a conduta e o resultado. Inexistindo causalidade, não há fato típico, sendo inviabilizada e a análise do dolo e da culpa.

Não sendo estabelecida essa relação entre a conduta e o resultado, não estará presente o nexo causal, um dos elementos do fato típico, não sendo possível, portanto, imputar ao agente a prática do delito.

A maior parte da doutrina adota o entendimento no sentido de que o estudo da relação de causalidade tem relevância apenas em relação aos crimes materiais, uma vez que o vínculo que estabelece a ligação entre a conduta do agente e o resultado produzido guarda relação com a causalidade física. Ou seja, a expressão "resultado" inserida no artigo 13 do Código Penal alcança apenas os crimes materiais, que produzem resultado naturalístico, com a modificação do mundo externo.

Nos crimes formais (que não exigem a produção do resultado para sua consumação) e de mera conduta (crimes sem resultado) não se mostra necessário o estudo da relação de causalidade, pois tais crimes se consumam com a realização da conduta do agente, independentemente da produção de qualquer resultado naturalístico.

3.2. Teorias da relação de causalidade

Estabelecer a relação entre causa e resultado nem sempre se revela tarefa simples. A complexidade para se estabelecer que determinado comportamento contribuiu para o resultado, ou seja, foi causa para o resultado, se mostra ainda mais intensa a partir do estudo das teorias desenvolvidas para estudar a relação de causalidade.

Registre-se, por pertinente, e uma vez mais, que o ponto central dessas teorias é aferir, nesse primeiro momento, se um determinado fato deu causa, ou seja, contribuiu para o resultado. A possibilidade de imputação do resultado ao agente e, por conseguinte, a integralização do fato típico em relação a ele, será verificada em momento posterior, mediante a análise da causalidade psíquica, ou seja, se há dolo ou culpa na conduta desenvolvida pelo agente.

Em síntese, primeiro verifica-se a causalidade objetiva, para, na sequência, proceder-se à análise da causalidade psíquica.

Dentre as teorias para se aferir a causalidade objetiva, três merecem especial destaque:

a) teoria da causalidade adequada;

b) teoria da equivalência dos antecedentes;

c) teoria da imputação objetiva, que será estudada em tópico separado.

3.2.1. Teoria da Causalidade adequada

Para a teoria da causalidade adequada, também chamada de teoria da condição qualificada, ou teoria individualizadora, a causa não seria somente aquela que contribuiu para o resultado, mas aquela que foi efetivamente adequada para produzi-lo. A conduta do agente somente poderá ser considerada causa do resultado quando efetivamente for apta e idônea a produzir o resultado.

Assim, para essa teoria, a comercialização de uma arma, em atividade lícita de comércio, não poderá ser considerada causa de um crime de homicídio, uma vez que não constitui conduta idônea à produção do resultado, pois armas não são vendidas em lojas para deliberadamente contribuir para a prática de crimes de homicídio.

A teoria da causalidade adequada agrega um juízo de valor à causalidade física, considerando causa somente a conduta adequada para produzir um resultado. Busca, como forma de evitar cursos causais imprevisíveis, estabelecer um sentido jurídico ao fenômeno causal, atribuindo um juízo de valor voltado à concepção da probabilidade, previsibilidade e adequação da conduta idônea a produzir o resultado.

Imaginemos a hipótese de um condutor de um veículo que, trafegando, de forma imprudente, em excesso de velocidade, provoca a colisão com a traseira de um veículo. Por conta disso, esse veículo abalroado na traseira, que se encontrava com os freios e os pneus absolutamente gastos, foi arremessado para frente e atingiu um poste de energia elétrica, que caiu sobre uma pessoa, que caminhava indevidamente pelo local, já que interditado para obras. A pessoa lesionada foi encaminhada para o hospital, onde contraiu uma infecção que a levou a óbito. Pela teoria da causalidade adequada, o motorista imprudente que provocou a primeira colisão poderia, a depender do juízo de valor do julgador, não responder por nenhum delito, já que, considerando um juízo de probabilidade e previsibilidade, a sua conduta não teria sido idônea para a produção do resultado morte.

É exatamente nesse contexto a crítica que recai sobre essa teoria, justamente pelo fato de atribuir exacerbado juízo de valor à conduta do agente para estabelecer se constitui causa do resultado, deixando ao julgador a análise daquilo que foi ou não adequado à produção do resultado, podendo resultar em eventuais distorções ou injustiças.

3.2.2. *Teoria da equivalência dos antecedentes causais*

Para a teoria da equivalência dos antecedentes causais, considera-se causa todos os fatos que antecederam o resultado produzido. Em outras palavras, toda e qualquer conduta que, de algum modo, ainda que de forma menos relevante, tenha contribuído para a produção do resultado deve ser considerada sua causa.

Com efeito, para verificar se determinada ação é causa do resultado, deve-se, mentalmente, excluí-la do encadeamento causal. Se com a sua exclusão o resultado teria deixado de ocorrer, a ação do agente será causa, independentemente do grau de relevância. É o denominado procedimento hipotético de eliminação de Thyrén, segundo o qual, se suprimida mentalmente determinado fato que integra o encadeamento do crime, o resultado naturalístico desaparecer, é porque tal conduta também será causa; entretanto, se com a eliminação da cadeia causal o resultado material permanecer, o fato praticado não será considerado causa.

Em síntese, se eliminarmos mentalmente a ação do agente e o resultado assim mesmo subsistir, forçoso concluir que o evento ocorreria ainda que a conduta não tivesse sido realizada, não sendo, por isso, possível considerar como causa. Nesse caso, não haverá nexo causal no episódio, não incidindo, portanto, em relação a ele fato típico, pela ausência de um dos elementos. Logo, não haverá responsabilização penal do agente, salvo se os fatos anteriores por ele praticados forem autonomamente típicos.

De outro lado, se eliminarmos mentalmente a ação do agente e o resultado não subsistir, haverá nexo de causalidade, devendo ser imputado ao agente a produção do resultado. Isso porque se o agente não tivesse praticado a conduta, o resultado não teria ocorrido, havendo, pois, entre ambos a relação de causa e efeito.

Exemplo: o agente desfere uma facada numa pessoa que estava num bar, fugindo imediatamente do local. De repente, o bar é tomado por um incêndio que rapidamente alcançou grandes proporções, causando a morte da pessoa que levou a facada e dos demais frequentadores do bar, já que a única saída do local foi impedida pelas chamas. Adotando-se o procedimento hipotético de eliminação, verificaremos que, se eliminado o golpe de faca, o resultado morte pelo fogo decorrente do incêndio de grandes proporções persistiria. Logo, a conduta do agente que desferiu a facada não constitui causa do resultado morte, devendo, pois, responder por tentativa de homicídio (CP, art. 121 c/c 14,II).

Buscando evitar situações inusitadas, consistentes na regressão indiscriminada dos antecedentes causais, a doutrina procurou estabelecer instrumentos para limitar o alcance dessa teoria, como, por exemplo, a localização do dolo e da culpa no tipo penal, as concausas absolutamente independentes, além da superveniência de causas relativamente independentes, bem como a imputação objetiva.

Em síntese, a causalidade objetiva, por si só, não se mostra suficiente para a imputação do crime, sendo, ainda, necessária a presença da causalidade psíquica, verificando-se o dolo ou culpa na conduta do agente para a produção do resultado.

3.2.3. Teoria da imputação objetiva

3.2.3.1. Introdução

A teoria da imputação objetiva foi concebida como forma de limitar o alcance da teoria da equivalência dos antecedentes causais, sem substituí-la por completo, já que traduz a ideia de complementaridade. Isso porque a aplicação da teoria da imputação objetiva pressupõe primeiro a relação de causalidade.

Em razão disso, a teoria da imputação objetiva busca limitar o alcance da teoria da equivalência dos antecedentes causais, já que considera insuficiente a inclusão do dolo e culpa na conduta para resolver a imputação típica.

A teoria da imputação objetiva, em síntese, exige, para que alguém seja penalmente responsabilizado por conduta que desenvolveu, a criação ou incremento de um perigo juridicamente intolerável e não permitido ao bem jurídico protegido, bem como a concretização desse em perigo típico.

Podemos sintetizar a diferença da seguinte forma:

	Finalismo	**Imputação objetiva**
Tipo objetivo	Relação de Causalidade	Causalidade Criação de um risco proibido Realização do risco no resultado
Tipo Subjetivo	Dolo ou culpa	Dolo ou culpa

Assim, para a teoria da imputação objetiva, além da causalidade física, agrega-se um nexo normativo, consistente na criação ou incremento de um risco juridicamente proibido e a realização do risco no resultado.

3.2.3.2. Pressupostos e causas de exclusão da imputação

Os pressupostos para estabelecer a relação objetiva entre a conduta do agente e o resultado, revelando uma imputação objetiva, são: a) a criação ou incremento de um risco; b) o risco criado ou incrementado deve ser proibido; c) a realização do risco no resultado.

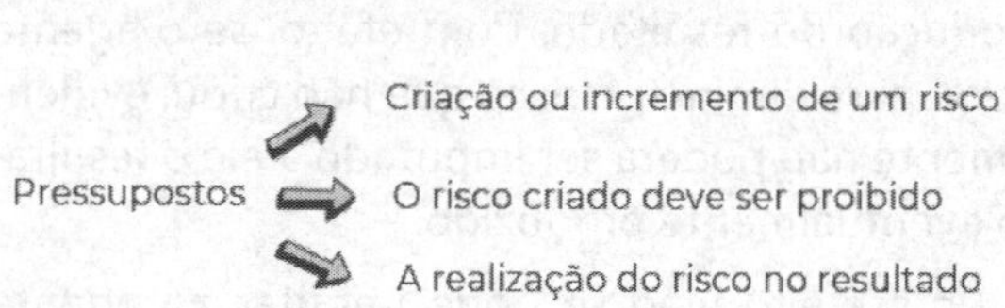

3.2.3.3. Criação ou incremento de um risco

Diversamente do que prega a teoria da equivalência dos antecedentes causais, para a teoria da imputação objetiva não é qualquer conduta que pode ser considerada causa para a produção do resultado, mas somente aquelas capazes de criar ou incrementar um risco de lesão ou perigo de lesão a um bem jurídico penalmente tutelado.

Assim, se a conduta do agente for capaz de criar um risco juridicamente relevante, ou seja, se o resultado por ele pretendido depender da sua vontade, caso aconteça deverá ser imputada a causa ao agente. De outro lado, se a conduta desenvolvida pelo agente não for capaz de criar ou incrementar um risco juridicamente relevante, não sendo apto a gerar uma possibilidade real de dano a um bem jurídico, não será possível imputar ao agente eventual resultado produzido.

Tomemos como exemplo a conduta do genro que, almejando a morte da sogra, contempla a genitora da sua esposa com uma passagem para a Indonésia, na expectativa que ocorra um tsunami, e que uma onda gigante atinge a pobre senhora, matando-a. Para a teoria da equivalência dos antecedentes causais, a conduta do genro seria causa do resultado, pois, se não tivesse presenteado a sogra com a viagem, ela não estaria na Indonésia, e, portanto, não teria sido atingida pelo tsunami. E, o que é mais inusitado, após verificada a relação de causalidade, passa-se à análise do tipo subjetivo, e, no caso, haveria a presença do dolo, já que o genro almejava a morte da sogra. Logo, pela teoria da equivalência dos antecedentes causais, poder-se-ia cogitar da responsabilização criminal do genro, em razão da sua conduta de presentear a sogra com uma passagem para a Indonésia, na expectativa que fosse engolida por uma onda gigante.

Fica claro, a partir desse exemplo, a razão pela qual a teoria da imputação objetiva serve para limitar o alcance da teoria da equivalência dos antecedentes causais. Com efeito, embora fosse o desejo do genro, o resultado morte da sogra não pode ser imputado a ele, uma vez que sua conduta não foi capaz de criar um risco juridicamente relevante. Isso porque, realizando-se uma prognose objetiva, a conduta de presentear a sogra com uma passagem não seria capaz de, por si só, criar o risco de um tsunami se formar e causar a morte da senhora. Não havia domínio do resultado através da vontade humana. Logo, para a teoria da imputação objetiva, não estaria presente a causalidade, inviabilizando, portanto, seguir para análise do tipo subjetivo, ou seja, nem sequer seria feita a análise se o genro agiu com dolo ou culpa.

Agora, se o genro, almejando a morte da sogra, cortar a mangueira do fluído do freio do veículo da genitora da sua esposa na expectativa de que ocorra um acidente, por conta da ausência de freio causando a morte da senhora, haverá, sem dúvida, a criação de um risco juridicamente relevante. Com efeito, nesse caso, o resultado morte da sogra pode ser imputado ao agente, uma vez que sua conduta, consistente em cortar a mangueira do fluído do freio do veículo, foi capaz de criar um risco juridicamente relevante. Isso porque, realizando-se uma prognose objetiva, a conduta do genro seria capaz de, por si só, criar o risco de a vítima perder o controle do veículo, por conta da ausência de freio, causando uma colisão e, por consequência, a morte da sogra.

3.2.3.4. Exclusão da imputação pela ausência de criação ou aumento do risco

Como dito, somente será possível imputar ao agente a produção de resultado, se a sua conduta for capaz de criar ou incrementar um risco de lesão ou perigo de lesão a um bem jurídico. Se, todavia, não for apta a criar ou incrementar um risco juridicamente relevante, haverá exclusão da imputação basicamente em duas situações: a) risco juridicamente irrelevante; b) diminuição do risco.

a) Risco juridicamente irrelevante

A teoria da imputação objetiva pressupõe, inicialmente, a criação de um risco juridicamente relevante, a partir de uma conduta capaz de gerar a probabilidade real de produzir uma lesão ou perigo de lesão a um bem jurídico.

Se a conduta do agente não for minimamente capaz de criar um risco juridicamente relevante, ou seja, a partir de um prognose objetiva verificar-se que a ação não gera qualquer possibilidade real de dano ou perigo de dano a um bem jurídico.

Essa causa de exclusão da imputação guarda estreita relação com a impossibilidade de o agente dominar, por sua vontade, o curso causal. Se o agente não reunir condições de dominar, por sua vontade, o processo causal, não poderá ser responsabilizado pelo resultado eventualmente gerado. Isso porque não está ao seu alcance ou sob o domínio da sua vontade a criação ou aumento do risco que se realizou no resultado.

Assim, se, por exemplo, o agente convencer uma pessoa que pretende ver morta a visitar uma cidade turística, mas sabidamente com razoável índice de criminalidade, na expectativa de que seja atingido por uma bala perdida, o que, causalmente, efetivamente ocorre, não poderá lhe ser imputado o resultado, uma vez que, embora fosse seu desejo a morte da vítima, não tinha o domínio do curso causal por sua vontade.

De outro lado, se o agente orienta a vítima a ingressar numa favela, sabidamente dominada por traficantes, que costumavam executar visitantes desconhecidos, na expectativa de que fosse alvejada e morta, ser-lhe-á imputado o resultado, já que sua conduta criou o risco da ocorrência da morte da vítima, uma vez que havia probabilidade real de o resultado ter ocorrido.

b) Diminuição do risco

Haverá exclusão da imputação, quando o agente desenvolve uma conduta capaz de modificar o curso causal de modo a diminuir o risco da produção do resultado. Com efeito, se o agente atuou para diminuir o risco que não criou, evidentemente não poderá ser imputado a ele o resultado eventualmente produzido.

Com efeito, não se pode imputar ao agente ação típica quando desenvolve conduta voltada a reduzir a probabilidade de lesão a um bem jurídico, sobretudo quando não cria ou aumenta o risco de outro curso causal.

3.2.3.5. O risco criado deve ser proibido

Para que seja possível imputar objetivamente o resultado ao agente, o risco criado deve ser, à evidência, proibido, vale dizer, contrário ao direito.

De outro lado, embora a conduta do agente tenha provocado um risco do qual resultou a lesão ao bem jurídico, tal risco não será de nenhuma relevância para o direito, quando for considerado tolerado ou permitido. Somente quando o agente, com seu comportamento, criar um risco fora do que a coletividade espera, aceita e se dispõe a tolerar, haverá fato típico. O nexo de causalidade entre a conduta e o resultado naturalístico, embora possa existir em uma avaliação meramente física, não será considerado pelo direito penal como juridicamente relevante, por não ter criado uma situação de risco proibido.

Só haverá, portanto, imputação ao agente se o resultado tiver sido provocado por uma conduta criadora de um risco juridicamente proibido ou se o agente, com seu comportamento, tiver aumentado a situação de risco proibido e, com isso, gerado o resultado. Em contrapartida, se, a despeito de ter fisicamente contribuído para a produção do resultado, o autor tiver se conduzido de modo a ocasionar uma situação de risco tolerável ou permitido, o resultado não lhe poderá ser imputado.

3.2.3.6. Exclusão da imputação pela ausência de criação do risco proibido

A imputação somente será possível se a conduta do agente criar um risco proibido, contrário ao ordenamento jurídico. Se, todavia, o risco criado for tolerado ou permitido pelo Direito, haverá exclusão da imputação.

Dentre as hipóteses de exclusão da imputação pela ausência de criação do risco proibido apontadas pela doutrina, podemos destacar: a) Risco permitido; b) princípio da confiança; c) autocolocação e heterocolocação da vítima em perigo; d) proibição do regresso.

a) Risco permitido

Risco permitido é aquele que decorre do desempenho normal das condutas de cada um segundo seu papel social, ou seja, o risco derivado de um comportamento aprovado pelo consenso social (socialmente adequado) por atender às expectativas da sociedade.

Em outras palavras, ainda que a conduta do agente tenha criado um risco, trata-se do risco adequado às regras de convívio social, tolerado pela sociedade e pelo ordenamento jurídico.

Tomemos como exemplo o fabricante de automóvel. Se, eventualmente, um condutor adquirir o veículo provocar um acidente, causando a morte de uma pessoa, pela teoria da equivalência dos antecedentes causais, a fabricação do veículo é causa para o resultado, não sendo o fabricante responsabilizado criminalmente, porque não agiu com dolo ou culpa. Já para a teoria da imputação objetiva, a fabricação do veículo sequer pode ser considerada causa do resultado, já que, ao fabricar o veículo, criou-se um risco permitido, socialmente tolerado, e regulamentado pelo Direito.

b) Princípio da confiança

O princípio da confiança constitui, em última análise, uma variação do risco permitido. Trata-se da expectativa que as pessoas nutrem em relação à conduta das outras, no sentido de que adotarão comportamento esperado, conforme as regras de convivência comumente recomendam. Expectativa que a outra pessoa observará o dever de cuidado, adotando postura considerada normal no cotidiano das pessoas.

No deslocamento diário de veículos esperamos que todos os condutores se comportem observando as normas de trânsito. Da mesma forma, se entregamos nosso veículo para conserto, confiamos que o defeito será sanado. Na intervenção cirúrgica, o médico confia que os instrumentos que lhe serão entregues estarão esterilizados.

Assim, não poderá ser imputado o resultado ao condutor de um veículo, que, trafegando dentro das normas de trânsito, cruzou semáforo aberto para ele, chocando-se com uma motocicleta, que atravessou a pista de rolamento mesmo estando o sinal fechado, provocando lesão corporal no seu condutor, já que o agente confiava que o motociclista também obedeceria à sinalização de trânsito.

Se o agente deixa seu veículo numa oficina para o conserto do sistema de freio, confia, ao retirar o veículo, que o defeito está sanado. Assim, se, ao trafegar com o veículo observando as normas de trânsito, atropelar uma pessoa por conta da falha no sistema de freios, não poderá ser imputado ao agente o resultado, porque acreditou que o defeito havia sido sanado.

Da mesma forma, não poderá ser imputado o resultado ao médico, que, durante intervenção cirúrgica, usou instrumento, que, depois, constatou-se ter causado infecção no paciente, porque não havia sido esterilizado, uma vez que confiou que a pessoa responsável adotou as cautelas necessárias para esterilizar o instrumento.

c) Autocolocação e heterocolocação da vítima em perigo

Pelo princípio da autorresponsabilidade, o indivíduo que delibera se colocar em situação de risco não estará sob a proteção da norma, devendo suportar as consequências dos seus atos, não sendo, possível, portanto, imputar a terceiro eventual resultado pela situação perigosa que ele próprio se colocou.

O risco desencadeado pela conduta da própria vítima pode ser revelado pela sua autocolocação ou heterocolocação em perigo.

A autocolocação em perigo ocorre quando a própria vítima se coloca em situação de risco, ainda que influenciada por terceiro a fazê-lo. Ainda que o terceiro seja a fonte inicial do risco, a conduta desenvolvida exclusivamente pela vítima, colocando-se em perigo, assumindo as consequências dos seus atos, não haverá imputação de eventual resultado ao terceiro.

Imaginemos uma vítima que resolve praticar um esporte radical, como, por exemplo, rapel. Desloca-se até um local destinado para a prática desse esporte e contrata um instrutor, que lhe passa todas as informações necessárias para uma descida segura de um paredão vertical, fornecendo, ainda, todos os equipamentos de segurança, incentivando, ainda, a vítima iniciante a se aventurar. Se, eventualmente, no processo de descida, a vítima se desequilibrar, e, por conta do susto, realizar movimento que a levou se chocar contra o paredão, produzindo lesões graves, pela teoria da equivalência dos antecedentes causais a conduta do instrutor seria causa para o resultado, perquirindo-se, na sequência, se teria agido com dolo ou culpa. Todavia, pela teoria da imputação objetiva, não seria possível imputar ao instrutor o resultado, não sendo necessário sequer analisar se teria agido com dolo ou culpa. Haverá exclusão da imputação, uma vez que a responsabilidade seria exclusiva da vítima, que se colocou em risco.

d) Proibição do regresso

Embora não seja consenso na doutrina, a proibição do regresso também é apontada como causa de exclusão do risco proibido.

Não haveria imputação na conduta não dolosa do agente que deixa uma arma em local onde uma terceira pessoa teve acesso, apossando-se e fazendo uso dela para matar um desafeto. Em outras palavras, pela proibição do regresso, não poderia ser imputada a morte do desafeto ao agente que deixou a arma no local onde foi encontrada e, após, usada letalmente.

3.2.3.7. Risco realizado no resultado

Para fins de imputação, não basta a existência do risco de lesão ou perigo de lesão a um bem jurídico; afigura-se, ainda, necessário verificar se a produção do resultado pode ser atribuída ao risco eventualmente criado ou incrementado pela conduta do agente.

Se o resultado produzido constituir uma extensão ou desdobramento natural da criação ou incremento do risco decorrente da conduta do agente, haverá imputação. Se, todavia, o resultado não decorrer de um desdobramento natural do risco gerado pela conduta do agente, não haverá imputação.

Assim, será imputado o resultado ao agente que desferiu um disparo de arma de fogo contra a vítima, que, levada ao hospital, contraiu infecção no ferimento causado, levando-a à morte, já que a infecção constitui desdobramento natural do ferimento causado pelo disparo de arma de fogo.

3.2.3.8. Exclusão da imputação pela ausência do risco realizado no resultado

A imputação somente será possível se a conduta do agente criar um risco proibido, que se realize no resultado. Se, todavia, o resultado produzido não puder ser atribuído à conduta do agente, haverá exclusão da imputação.

Dentre as hipóteses de exclusão da imputação pela ausência do risco realizado no resultado, destacam-se: a) Resultado sem relação com o risco criado pelo agente; b) dano consolidado bem depois da criação do risco pelo agente; c) resultados de choque em face de dano praticado a outrem.

a) Resultado sem relação com o risco criado pelo agente

Para incidir a imputação objetiva, o resultado produzido deve guardar relação com o risco criado ou aumentado pela conduta do agente.

Todavia, se o resultado decorrer de outro acontecimento, desvinculado à conduta do agente, a imputação deverá ser excluída.

Tomemos como exemplo a conduta do agente que desferiu disparos de arma de fogo contra a vítima. Ferida em região não letal, a vítima foi levada ao hospital, que, por um infortúnio, é tomado por um incêndio, causa exclusiva da morte da vítima. O Código Penal soluciona essa questão com o disposto no artigo 13, § 1º, segundo o qual a superveniência de causa relativamente independente exclui a imputação quando, por si só, produziu o resultado, respondendo o agente pelos fatos anteriores.

Pela teoria da imputação objetiva, haverá exclusão da imputação, uma vez que o resultado não foi realizado em decorrência da conduta do agente. Isso porque a conduta do agente não gerou o risco no momento da incidência do resultado decorrente do incêndio. O risco mais próximo (incêndio) afasta a imputação do resultado ao agente em decorrência do risco criado mais remotamente (disparos de arma de fogo).

b) Dano consolidado bem depois da criação do risco pelo agente

Haverá exclusão da imputação quando o resultado consolidado ocorrer em momento muito posterior à conduta que gerou o risco. Primeiro, porque o expressivo tempo decorrido entre a causação do risco e o resultado produzido permite concluir que a relevância causal do risco criado arrefeceu, ou seja, a criação do risco deixou de ser juridicamente relevante pelo decurso do tempo.

Além disso, a produção do resultado bem distante do momento da conduta não permite concluir, com absoluta certeza, de que o risco criado efetivamente foi realizado no resultado. Isso porque outros fatores, como, por exemplo, o desgaste natural da saúde da vítima, em decorrência do avanço da idade, pode ter sido decisivo para o desencadeamento do resultado definitivo.

Imaginemos, por exemplo, uma pessoa que, ao tempo dos disparos de arma de fogo desferidos pelo agente, contava com quarenta anos de idade, mas veio a falecer vinte anos depois. Forçoso admitir que não se afigura possível afirmar com absoluta certeza que a morte decorreu das lesões sofridas vinte atrás. Logo, como não é possível verificar com segurança que o risco criado pelo agente foi realizado no resultado, haverá exclusão da imputação.

c) Resultados de choque em face de dano praticado a outrem

Da mesma forma, haverá exclusão da imputação se o resultado decorrer do choque provocado pelo fato criminoso praticado pelo agente. Imaginemos que o agente tenha efetuado disparos de arma de fogo contra determinada vítima, que acabou falecendo. A mãe da vítima, ao tomar conhecimento do falecimento do filho, sofre ataque cardíaco. Seria possível imputar o resultado morte da mãe da vítima ao agente que causou a morte do seu filho?

Para a teoria da equivalência dos antecedentes causais, a conduta do agente que matou a vítima teria sido causa da morte da mãe, porque, se não tivesse matado o filho, a mãe não teria falecido com a notícia. Verificada a relação de causalidade, passa-se à análise do dolo ou culpa do agente em relação à morte da senhora.

Pela teoria da imputação objetiva, haveria exclusão da imputação, uma vez que o resultado morte da morte da mãe da vítima não decorreu diretamente da conduta do agente que desferiu os disparos contra o seu filho. Logo, o resultado morte da mãe da vítima não se realizou diretamente no risco criado pelo agente.

3.3. Espécies de causas

3.3.1. Introdução

Pela própria denominação (nexo causal) é possível perceber que consiste no vínculo ou liame de causa e efeito entre a ação e o resultado do crime.

Via de regra, a conduta do agente produz o resultado criminoso de forma direta. Trata-se de relação de causa (conduta) e efeito (resultado): Nexo de causalidade.

Todavia, pode ocorrer que, aliada à conduta do agente, outra causa contribua para o resultado. É a chamada concausa.

Esta "concausa" pode ser absolutamente independente ou relativamente independente, dependendo se teve ou não origem na conduta do agente.

Causas absolutamente independentes

São aquelas que não têm origem na conduta do agente. A expressão "absolutamente" serve para designar que a outra causa independente por si só produziu o resultado. São causas que não se inserem na linha do desdobramento natural da conduta do agente, ou seja, causas inusitadas, desvinculadas da ação do agente, surgindo de fonte distinta.

Em síntese, por serem independentes, tais causas atuam como se tivessem por si sós produzido o resultado, situando-se fora da linha de desdobramento causal da conduta.

Há, na verdade, uma quebra do nexo causal.

São três as espécies de causas absolutamente independentes.

a) Preexistentes

Trata-se de causa que existia antes da conduta do agente e produzem o resultado independentemente da sua atuação. Ou seja, com ou sem a ação do agente o resultado ocorreria do mesmo modo.

> ▷ **Ex:** O agente desfere um disparo de arma de fogo contra a vítima, que, no entanto, vem a falecer pouco depois, não em consequência dos ferimentos recebidos, mas porque antes ingerira veneno com a intenção de suicidar.

Nesse caso, há a conduta do agente (efetuar o disparo), mas o que gerou o resultado morte foi outra causa (o veneno). Essa outra causa é **independente** da conduta do agente (porque por si só produziu o resultado). É **absolutamente** independente (porque não teve origem na conduta do agente, pois tendo ou não efetuado o disparo o resultado ainda assim se produziria). É **preexistente** porque essa outra causa (veneno) já existia antes da ação do agente.

b) Concomitantes

São as causas que não têm nenhuma relação com a conduta e produzem o resultado independentemente desta, no entanto, por coincidência, atuam exatamente no instante em que a ação é realizada.

> ▷ **Ex:** "A" desfere golpe de faca contra "B" no exato momento em que este vem a falecer exclusivamente por força de um ataque cardíaco.

Nesse caso, há a conduta do agente (desferir o golpe de faca), mas o que gerou o resultado morte foi outra causa (o ataque cardíaco). O ataque cardíaco se trata de causa **independente** da conduta do agente (porque por si só produziu o resultado). É **absolutamente** independente (porque não teve origem na conduta do agente, pois tendo ou não efetuado desferido o golpe o resultado ainda assim se produziria). É **concomitante** porque essa outra causa (ataque cardíaco) ocorreu exatamente no momento da ação do agente.

c) Supervenientes

São causas que atuam após a conduta. Ou seja, que surgem depois da conduta desenvolvida pelo agente.

> ▷ **Ex:** "A" ministra veneno na alimentação de "B". Antes do veneno produzir efeitos, há um desabamento ou incêndio na casa da vítima, que morre exclusivamente por conta dos escombros que caíram sobre sua cabeça ou queimada pelo fogo.

Nesse caso, há a conduta do agente (ministrar veneno), mas o que gerou o resultado morte foi outra causa (desabamento ou incêndio). O desabamento ou incêndio trata-se de causas **independente** da conduta do agente (porque por si só produziram o resultado). É **absolutamente** independente (porque não teve origem na conduta do agente, pois tendo ou não ministrado o veneno o resultado ainda assim se produziria). É **superveniente** porque essa outra causa (desabamento ou incêndio) ocorreu depois da conduta do agente.

Quando a causa é absolutamente independente da conduta do sujeito, o problema é resolvido pelo *caput* do art. 13: Há exclusão da causalidade decorrente da conduta. Ou seja, o agente responde somente por aquilo que deu causa.

Nos exemplos, a causa da morte não tem ligação alguma com o comportamento do agente. Em face disso, ele não responde pelo resultado morte, mas sim pelos atos praticados antes de sua produção. Isso porque ocorreu quebra do nexo causal. Assim, se o dolo era de matar, o agente responderia por tentativa de homicídio.

Atenção: Se o enunciado apontar dolo de lesão corporal, por exemplo, o agente responderá por aquilo que deu causa: lesão corporal (leve, grave ou gravíssima).

Causas relativamente independentes

Causas relativamente independentes são aquelas que tiveram origem na conduta do agente. Ou seja, essas causas somente surgiram porque o agente desenvolveu uma conduta.

Como são causas independentes, produzem por si sós o resultado, não se situando dentro da linha de desdobramento causal da conduta. Por serem, no entanto, apenas relativamente independentes, encontram sua origem na própria conduta praticada pelo agente.

Aqui não há, de regra, uma quebra do nexo causal, mas uma soma entre as causas, que, ao final, conduzem ao resultado lesivo.

Também são três as espécies de causas relativamente independentes.

a) Preexistentes

A causa que efetivamente gerou o resultado já existia ao tempo da conduta do agente, que concorreu para a sua produção.

> ▷ **Ex:** "A", com a intenção de matar, desfere um golpe de faca na vítima, que é hemofílica e vem a morrer em face da conduta, somada à contribuição de seu peculiar estado fisiológico. No caso, o golpe isoladamente seria insuficiente para produzir o resultado fatal, de modo que a hemofilia atuou de forma independente, produzindo por si só o resultado.

Nesse caso, há a conduta do agente (golpe de faca), mas o que desencadeou efetivamente o resultado morte foi outra causa (hemofilia). Essa outra causa é **independente** da conduta do agente (porque por si só produziu o resultado). É **relativamente** independente (porque teve origem na conduta do agente, pois, se não tivesse desferido a facada, essa outra causa não seria desencadeada e o resultado não ocorreria). É **preexistente** porque essa outra causa (hemofilia) já existia ao tempo da ação do agente.

Nesse caso, como há uma soma de causas e não quebra do nexo causal, o agente responde pelo resultado pretendido. No caso, homicídio consumado, a menos que não tenha concorrido para ele com dolo ou culpa.

Isso, porque, segundo doutrina majoritária, a imputação do resultado ao agente exige que ele tenha conhecimento do estado de saúde do agente (que denota dolo) ou que, pelo menos, que lhe fosse previsível (indicativo de culpa).

Assim, se, por exemplo, o agente não sabia do estado de saúde da vítima ou não lhe era previsível, não poderia lhe ser atribuído o resultado morte, responderia, pois, pelo delito de tentativa de homicídio (se agiu com a intenção de matar). Da mesma forma, se pretendia ferir a vítima, agredindo-a com um soco e, esta em razão da hemofilia, desconhecida pelo agente, vem a falecer em razão da eclosão de uma hemorragia, o agente somente será responsabilizado pelo delito de lesão corporal.

b) Concomitantes

A causa que efetivamente produziu o resultado surge no exato momento da conduta do agente.

> ▷ **Ex:** considera-se o ataque à vítima, por meio de faca, que, no exato momento da agressão, sofre ataque cardíaco, vindo a falecer, apurando-se que a soma desses fatores (causas) produziu a morte, já que a agressão e o ataque cardíaco, considerados isoladamente, não teriam o condão do produzir o resultado morte.

Nesse caso, há a conduta do agente (golpe de faca), mas o que desencadeou efetivamente o resultado morte foi outra causa (ataque cardíaco). Essa outra causa é **independente** da conduta do agente (porque por si só produziu o resultado). É **relativamente** independente (porque teve origem na conduta do agente, pois, se não tivesse desferido a facada, essa outra causa não seria desencadeada e o resultado não ocorreria). É **concomitante** porque essa outra causa (ataque cardíaco) já existia ao tempo da ação do agente.

Nesse caso, como há uma soma de causas e não quebra do nexo causal, o agente responde pelo resultado pretendido. No caso, homicídio consumado, a menos que não tenha concorrido para ele com dolo ou culpa.

c) Supervenientes

A causa que efetivamente produziu o resultado ocorre depois da conduta praticada pelo agente.

> ▷ **Ex.** O agente desfere um golpe de faca contra a vítima, com a intenção de matá-la. Ferida, a vítima é levada ao hospital e sofre acidente no trajeto, vindo, por esse motivo, a falecer. A causa é independente, porque a morte foi provocada pelo acidente e não pela facada, mas essa independência é relativa, já que, se não fosse o ataque, a vítima não estaria na ambulância acidentada e não morreria. Tendo atuado posteriormente à conduta, denomina-se causa superveniente.

Nesse caso, há a conduta do agente (golpe de faca), mas o que desencadeou efetivamente o resultado morte foi outra causa (traumatismo decorrente do acidente). Essa outra causa é **independente** da conduta do agente (porque por si só produziu o resultado). É **relativamente** independente (porque teve origem na conduta do agente, pois, se não tivesse desferido a facada, a vítima não estaria na ambulância e, portanto, não teria falecido por conta do acidente). É **superveniente** porque essa outra causa (traumatismo pelo acidente) surgiu depois da conduta do agente.

Na hipótese das causas supervenientes, embora exista nexo físico-naturalístico, a lei, por expressa disposição do art. 13, § 1º, CP, que excepcionou a regra geral, exclui a imputação do resultado ao agente, devendo, no entanto, responder pelos atos anteriormente efetivamente praticados. Assim, o agente não responde pelo resultado ocorrido, mas somente pelos atos anteriores, que, no caso, foi tentativa de homicídio

> ▷ **CUIDADO!**
> Se o enunciado apontar dolo de lesão corporal, por exemplo, o agente responderá pelos atos anteriores praticados, no caso, lesão corporal (leve, grave ou gravíssima).

4. DOS CRIMES OMISSIVOS E RELEVÂNCIA DA OMISSÃO

4.1. Considerações Gerais

A conduta humana não se revela apenas a partir de um movimento corpóreo, traduzido por uma ação. De fato, ao lado da ação, a conduta omissiva constitui uma forma independente de conduta humana, suscetível de ser regida pela vontade dirigida para um fim.

O crime omissivo se configura quando o agente deixa de fazer aquilo que poderia e deveria fazer algo em estaria obrigado em virtude de lei.

O Código Penal adotou a teoria normativa. Para a teoria normativa, a omissão é um nada, não sendo apta, portanto, a produzir qualquer resultado. Quem se omite nada faz, portanto, nada causa. Assim, *a priori*, o omitente não responde pelo resultado, já que não o provocou. Todavia, de modo excepcional, admite-se, por força da teoria normativa, que aquele que se omitiu seja responsabilizado pelo resultado, desde que esteja inserido em uma das hipóteses do chamado "dever jurídico de agir".

Em outras palavras, conforme a teoria normativa, para que a omissão tenha relevância causal (por presunção legal), há necessidade de uma norma (por isso teoria normativa) impondo, na hipótese concreta, o dever jurídico de agir. Se presente o dever jurídico de agir, pode-se responsabilizar o agente que se omitiu quando deveria agir pelo resultado gerado. E esse dever de agir para impedir o resultado se encontra inserto no artigo 13, § 2º, do Código Penal.

Os crimes omissivos podem ser próprios ou impróprios (ou comissivos por omissão).

4.2. Crimes omissivos próprios

São os que se perfazem com a simples conduta negativa do sujeito, independentemente da produção de qualquer consequência posterior.

Há um tipo penal específico descrevendo a conduta omissiva. O verbo nuclear do tipo descreve uma conduta omissiva. Nesse caso, o crime consiste em o sujeito amoldar a sua conduta ao tipo legal que descreve uma conduta omissiva. Em síntese, o agente será responsabilizado por não cumprir o dever de agir contido implicitamente na norma incriminadora.

Nos crimes omissivos próprios basta a abstenção, é suficiente a desobediência ao dever de agir para que o delito se consume. A obrigação do agente é de agir e não de evitar o resultado. O resultado que eventualmente surgir dessa omissão será irrelevante para a consumação do crime, podendo apenas configurar uma majorante ou uma qualificadora.

> ▷ **Ex: Omissão de socorro**
> **Art. 135** - Deixar de prestar assistência, quando possível fazê-lo sem risco pessoal, à criança abandonada ou extraviada, ou à pessoa inválida ou ferida, ao desamparo ou em grave e iminente perigo; ou não pedir, nesses casos, o socorro da autoridade pública:
> **Pena** - detenção, de um a seis meses, ou multa.
> **Parágrafo único** - A pena é aumentada de metade, se da omissão resulta lesão corporal de natureza grave, e triplicada, se resulta a morte.

4.3. Crimes omissivos impróprios ou comissivos por omissão

Nos crimes omissivos impróprios, o agente não tem simplesmente a obrigação de agir, mas a obrigação de agir para evitar um resultado, isto é, deve agir com a finalidade de impedir a ocorrência de determinado evento. Nos crimes comissivos por omissão há, na verdade, um crime material, isto é, um crime de resultado.

O poder agir é um pressuposto básico de todo comportamento humano. Também na omissão, evidentemente, é necessário que o sujeito tenha a possibilidade física de agir, para que se possa afirmar que não agiu voluntariamente.

Trata-se de uma possibilidade real e concreta do agente, no contexto da situação fática, considerando-se como padrão do homem médio, evitar o resultado penalmente relevante. Exemplo: um médico plantonista tem o dever de agir para impedir que determinado enfermo venha a óbito. Todavia, se um médico plantonista deixar de atender um paciente que falece, porque estava atendendo a outro enfermo em situação de emergência, à evidência, não poderá ser responsabilizado pela morte do paciente que aguardava atendimento.

O Código Penal regulou expressamente as hipóteses em que o agente assume a condição de garantidor.

De fato, para que alguém responda por crime comissivo por omissão é preciso que tenha o dever jurídico de impedir o resultado, previsto no artigo 13, § 2º, do Código Penal:

a) Ter por lei obrigação de cuidado, proteção ou vigilância

Nesse caso, por expressa imposição da lei, o agente estará obrigado a agir para evitar o resultado. Assim, se o agente se omitir, ou seja, deixar de agir, quando lhe era possível, responderá pelo resultado gerado.

Isso porque, se o sujeito, em virtude de sua abstenção, descumprindo o dever de agir, não busca evitar o resultado é considerado, pelo Direito Penal, como se o tivesse causado.

É o caso, por exemplo, dos pais em relação aos filhos (art. 1634 e 1566, IV, ambos do Código Civil), ao dever de mútuo assistência entre os cônjuges (art. 1566 do Código Civil).

Ex: Mãe que deixa de alimentar o filho, que, por conta da sua negligência, acaba morrendo por inanição. Essa mãe deverá responder pelo resultado gerado, qual seja, homicídio culposo. Se, de outro lado, a mãe desejou a morte do filho ou assumiu o risco de produzi-la, responderá por homicídio doloso.

b) De outra forma, assumir a responsabilidade de impedir o resultado

A doutrina não fala mais em dever contratual, uma vez que a posição de garantidor pode advir de situações em que não existe relação jurídica entre as partes. O importante é que o sujeito se coloque em posição de garante no sentido de que o resultado não ocorrerá.

Aqui a obrigação de agir para evitar o resultado não decorre de lei, mas do fato de o agente ter assumido a responsabilidade de impedi-lo.

Ex: babá que, por negligência, deixa de cumprir corretamente sua obrigação de cuidar da criança, que acaba caindo na piscina e, por isso, morre afogada. Nesse caso, responderá pelo resultado gerado, qual seja, homicídio culposo. Se, de outro lado, desejou a morte da criança ou assumiu o risco de produzi-la, responderá por homicídio doloso.

c) Com o comportamento anterior, criar o risco da ocorrência do resultado

Nesta hipótese, o sujeito, com o comportamento anterior, cria situação de perigo para bens jurídicos alheios penalmente tutelados, de sorte que, tendo criado o risco, fica obrigado a evitar que ele se degenere ou desenvolva para o dano ou lesão.

Não importa que o tenha feito voluntariamente ou involuntariamente, dolosa ou culposamente; importa é que com sua ação ou omissão originou uma situação de risco ou agravou uma situação já existente.

> **▷ Aluno veterano, por ocasião de um trote acadêmico, sabendo que a vítima não sabe nadar, joga o incauto calouro na piscina. Nesse caso, contrai o dever jurídico de agir para evitar o resultado, sob pena de responder por homicídio.**

▾ *ITER CRIMINIS*, CONSUMAÇÃO, TENTATIVA, DESISTÊNCIA VOLUNTÁRIA E ARREPENDIMENTO EFICAZ

1. *ITER CRIMINIS*

1.1. Introdução

Iter criminis significa literalmente "caminho do crime". Trata-se do caminho percorrido pelo agente para a prática da infração penal, passando pela ideação até chegar à consumação. Em síntese, *iter criminis* é o conjunto de fases pelas quais passa o delito.

Compõe-se de uma fase interna, na qual o agente representa mentalmente a prática delituosa, bem como de uma fase externa, em que o agente exterioriza a sua conduta, colocando em prática a ideia criminosa, praticando atos preparatórios e executórios até alcançar a consumação.

1.2. Cogitação

O primeiro momento do *iter criminis* é a chamada *cogitatio*. O agente idealiza, internamente, a atividade criminosa. Elabora mentalmente a infração penal, delibera sobre o desenvolvimento da conduta e, por fim, decide praticar a infração penal. Toda essa representação ainda se encontra no plano interno do agente, ou seja, ainda não há exteriorização de nenhum ato.

É exatamente por isso que a fase da cogitação não é punível. De fato, como ainda está no plano interno do agente, não há ainda qualquer violação a bem jurídico, razão pela qual não incidem as normas de Direito Penal.

1.3. Atos preparatórios

Os atos preparatórios consistem no conjunto de atos voltados a concretizar a infração penal. O agente passa da cogitação para a exteriorização da sua atividade criminosa, buscando, previamente ao início da execução, os elementos necessários para o desenvolvimento da conduta delituosa. É a partir dos atos preparatórios que o agente começa a materializar, ou seja, exteriorizar sua busca pela consumação da infração penal.

A aquisição de uma arma, por exemplo, para a prática do homicídio, constitui ato preparatório. Da mesma forma, o estudo do local do crime, buscando identificar a melhor hora e forma de ingressar no ambiente, constituem atos preparatórios do crime de furto.

Os atos preparatórios, via de regra, não são puníveis, nem na forma tentada, uma vez que, nos termos do artigo 14, inciso II, do Código Penal, afigura-se necessário o início da execução do delito, com a realização da conduta nuclear descrita no tipo penal.

Todavia, em casos excepcionais, o legislador descreve atos que na sua concepção seriam preparatórios como delitos autônomos. São os chamados crimes-obstáculo.

O *iter criminis*, pois, é composto pelas seguintes fases.

Nesses casos, o legislador considera o ato preparatório de um determinado delito em crime autônomo e independente, tratando-o, na situação específica, como verdadeiro ato executório.

A associação de três ou mais pessoas, para o fim específico de cometer crimes, constitui crime autônomo (CP, art. 288), ainda que nenhum crime seja praticado.

Da mesma forma, o legislador considera crime autônomo atos preparatórios para a prática do crime de moeda falsa. De fato, nos termos do artigo 291 do Código Penal, constitui crime fabricar, adquirir, fornecer, a título oneroso ou gratuito, possuir ou guardar maquinismo, aparelho, instrumento ou qualquer objeto especialmente destinado à falsificação de moeda, ainda que nenhuma moeda tenha sido falsificada.

O artigo 5º da Lei 13.260/2016 prevê conduta criminosa do agente que realizar atos preparatórios de terrorismo com o propósito inequívoco de consumar tal delito, ainda que nenhum ato executório seja realizado.

1.4. Execução

Idealizada a infração penal e após proceder aos atos preparatórios, o agente passa à fase de execução do delito, com a efetiva agressão ao bem jurídico tutelado.

O agente passa a desenvolver conduta voltada a realizar o verbo nuclear do tipo. A partir dos atos executórios o fato passa a ser punível, ao menos na forma tentada. Isso porque o próprio artigo 14, inciso II, do Código Penal atrelou a tentativa ao início da execução do crime, condicionando, pois, sua punibilidade ao início da prática de atos executórios.

O ato executório deve ser idôneo e inequívoco para alcançar o resultado.

Ato idôneo é aquele suficiente apto a atingir um bem jurídico penalmente tutelado, ao passo que o ato inequívoco é aquele que confere a certeza necessária do plano concreto do agente no sentido de consumar a infração penal.

▷ **Exemplo:** adquirir um revólver para matar a vítima é apenas a preparação do crime de homicídio. Agora, desferir o primeiro tiro em direção à vítima já constitui ato executório, já que o agente revelou conduta idônea em busca da consumação do delito.

1.5. Consumação

É o elemento culminante do *iter criminis*.

É o momento de conclusão do delito, reunindo todos os elementos do tipo penal. Trata-se do crime perfeito ou completo, já que a conduta do agente atingiu a plenitude, culminando na concretização dos elementos que definem o tipo penal.

A consumação reclama um estudo mais pormenorizado.

▷ **O exaurimento não integra o iter criminis, que encerra com a consumação.**

O crime exaurido, também chamado de esgotado, é aquele no qual, após ser alcançada a consumação, continua produzindo efeitos decorrentes da conduta lesiva do agente. Além disso, o exaurimento do crime se revela quando o agente, após atingir a consumação, busca dar nova destinação ou tirar proveito do produto do delito praticado.

É o caso, por exemplo, do funcionário público que, após atingir a consumação mediante a solicitação de vantagem indevida, vem a efetivamente recebê-la. A consumação do crime de corrupção passiva (CP, art. 317) ocorre com a solicitação da vantagem indevida. O efetivo proveito ulterior com o recebimento dessa vantagem não integra o iter criminis, constituindo-se no exaurimento do crime.

1.5.1. Conceito

Nos termos do artigo 14, inciso I, do Código Penal, diz-se que o crime é consumado "quando nele se reúnem todos os elementos de sua definição legal". É o tipo penal integralmente realizado, ou seja, quando o fato praticado pelo agente se enquadra plenamente no tipo penal abstrato.

Assim, quando o agente efetua disparo de arma de fogo contra a vítima, matando-a, terá consumado o delito de homicídio, pois integralizou todos os elementos que compõem sua definição legal, consistente em "matar alguém".

Todavia, a definição de crime consumado revela uma complexidade maior do que o texto legal aparenta. Isso porque, dependendo da classificação doutrinária e das características próprias, as infrações penais podem ter um momento consumativo diverso. Em síntese, nem todas as infrações penais possuem o mesmo momento consumativo.

1.5.2. Consumação nas espécies de crimes

a) Crimes materiais

Crimes materiais ou causais são aqueles que exigem para sua consumação a produção de um resultado naturalístico. Inserem-se nesse contexto os crimes culposos e omissivos impróprios ou comissivos por omissão.

Assim, nos crimes materiais, a consumação se verifica com a efetiva produção do resultado naturalístico, ou seja, com a modificação do mundo exterior.

Exemplo: No crime de homicídio (CP, art. 121), a consumação ocorre com a produção do resultado morte da vítima. No crime aborto (CP, arts. 124 a 127), o momento consumativo ocorre com a morte do feto.

b) Crimes formais

Nos crimes formais, o tipo descreve a conduta e o resultado, mas não exige sua produção para ser considerado consumado. São crimes de consumação antecipada, que ocorre com a simples atividade, independentemente da produção do resultado. Se ocorrer o resultado, será mero exaurimento do crime.

Tomemos como exemplo o crime de concussão (CP, art. 316), em que, basta para a sua consumação, que o funcionário público pratique a conduta de exigir, em razão da função que exerce, vantagem indevida. Ou seja, se o funcionário público exigir determinada quantia em dinheiro, mas, por qualquer razão, o pagamento não for efetuado, o crime de concussão estará consumado, independentemente da produção do resultado almejado pelo agente.

c) Crimes de mera conduta

Nos crimes de mera conduta, o tipo penal não faz referência ao resultado, razão pela qual a consumação se dá com a simples ação ou omissão delituosa.

No crime de violação de domicílio (CP, art. 150), por exemplo, basta que o agente ingresse clandestinamente na casa alheia para o crime ser considerado consumado, independentemente de qualquer finalidade específica.

d) Crimes permanentes

Nos crimes permanentes, a consumação se prolonga no tempo, sendo, por isso, possível a prisão em flagrante a qualquer momento, enquanto não encerrada a permanência.

Exemplo: No crime de extorsão mediante sequestro (CP, art. 159), enquanto a vítima estiver em poder do sequestrador, o delito estará em permanente consumação, autorizando a prisão em flagrante a qualquer tempo, enquanto não cessar a permanência.

e) Crimes habituais

Nos crimes habituais, a consumação somente existirá quando houver reiteração de atos, com habitualidade, já que cada um deles, isoladamente, não constitui crime.

No crime de exercício ilegal da medicina (CP, art. 282), a consumação ocorre com a prática reiterada do ato de exercer, sem autorização legal, a profissão de médico. Se o exercício irregular da medicina se deu em ato isolado, o fato não constituirá crime.

f) Crimes omissivos

No crime omissivo próprio, a consumação ocorre com a simples abstenção da conduta exigida no tipo penal específico, independentemente da incidência de qualquer resultado.

No crime de omissão de socorro (CP, art. 135), por exemplo, basta que o agente deixe de prestar assistência, quando possível fazê-lo sem risco pessoal, para ser considerado consumado o crime, independentemente de qualquer resultado, que, se ocorrer, poderá ensejar a incidência de eventual causa de aumento de pena.

Todavia, nos crimes omissivos impróprios, ou comissivos por omissão, a simples conduta negativa não enseja a consumação do delito, sendo necessário ocorrer um evento naturalístico, ou seja, a produção do resultado.

Assim, se uma mãe deixar de amamentar o filho com a intenção de que venha a falecer, caracterizando a conduta omissiva imprópria, a consumação do crime de homicídio se dará com a morte da vítima. Dessa forma, a consumação não se verifica no momento em que a mãe deixou de agir para evitar o resultado, mas com a efetiva produção do resultado naturalístico, qual seja, morte da criança.

g) Crimes qualificados pelo resultado

Nos crimes qualificados pelo resultado, inclusive nos crimes preterdolosos, a consumação ocorre com a produção do resultado agravador, seja doloso ou culposo.

Exemplo: no crime de lesão corporal seguida de morte (CP, art. 129, § 3º), em que o agente desenvolve conduta dolosa em relação à lesão corporal, o crime estará consumado com a morte indesejada da vítima.

1.6. Tentativa

INTRODUÇÃO

Nos termos do artigo 14, inciso II, do Código Penal, tentativa se caracteriza pelo início da execução de um crime, que não se consuma por circunstâncias alheias à vontade do agente.

Como se vê, para caracterizar ao menos crime tentado, deve o agente passar pelos atos preparatórios e dar início à execução do delito, que, por razões alheias à sua vontade, não alcance a consumação.

A tentativa possui outras denominações: *conatus*, crime imperfeito, crime manco, ou crime incompleto.

1.6.1. Elementos da tentativa

A tentativa se reveste de todos os elementos do crime desejado, exceto a consumação.

São três os elementos da tentativa: a) dolo da consumação; b) início da execução do crime; c) não consumação por circunstâncias alheias à vontade do agente.

a) Elemento subjetivo

O elemento subjetivo do crime tentado é rigorosamente o mesmo do crime consumado. Ou seja, o dolo do agente que não alcançou o resultado por circunstâncias alheias à sua vontade é, por evidente, o mesmo do crime consumado.

O próprio artigo 14, inciso II, do Código penal faz expressa referência à vontade do agente, permitindo a conclusão de que o agente agiu com consciência e vontade de alcançar o resultado, mas, por circunstâncias alheias à sua vontade, não conseguiu.

Note-se que não há propriamente dolo específico da tentativa, pois se confunde com o dolo do crime consumado. Assim, o dolo daquele que tentou furtar é rigorosamente o mesmo da consumação do crime de furto.

b) Início da execução do crime

A tentativa pressupõe sempre um início de execução do delito. De fato, para haver tentativa é preciso sair da esfera dos atos preparatórios e ingressar na esfera dos atos de execução.

Considerando que, via de regra, os atos preparatórios são impuníveis, mostra-se imprescindível verificar o momento do início da execução do delito, quando será possível aventar a possibilidade de punição do agente, ao menos a título de tentativa. Em outras palavras, é importantíssimo estabelecer a distinção entre ato preparatório de ato de execução.

Estabelecer a linha demarcatória que separa os atos preparatórios não puníveis dos atos de execução puníveis tem sido objeto de acirrada discussão na doutrina, surgindo várias teorias para estabelecer o momento que pode ser considerado início da execução de um delito.

c) Não consumação do crime por circunstâncias alheias à vontade do agente

Após o início da execução do delito, a consumação poderá não ocorrer por circunstâncias próprias à vontade do agente ou por circunstâncias alheias à sua vontade.

Quando a conduta do agente não atinge a consumação por sua própria vontade, estar-se-á diante da desistência voluntária ou arrependimento eficaz, previstos no artigo 15 do Código Penal.

Na segunda hipótese, quando o agente não alcança a consumação por circunstâncias alheias à sua vontade, configura o crime na modalidade tentada. Imaginemos que o agente tenha ingressado no domicílio, já se apossando da coisa pretendida, e, no momento em que o alarme é acionado, empreende fuga sem nada levar. O acionamento do alarme constitui a circunstância alheia à vontade do agente, razão pela qual estará configurada a tentativa de furto.

1.6.2. Espécies de tentativa

São espécies de tentativa: a) tentativa perfeita (ou acabada ou crime falho); b) tentativa imperfeita (ou inacabada); c) tentativa cruenta (ou vermelha); d) tentativa incruenta (ou branca).

a) Tentativa perfeita, acabada ou crime falho

Na tentativa perfeita, também denominada tentativa acabada ou crime falho, o agente esgota toda sua potencialidade lesiva, realizando todos os meios executórios que tinha à sua disposição para consumar o delito, que não ocorre, no entanto, por circunstâncias alheias à sua vontade.

A fase executória é integralmente realizada pelo agente, mas o resultado não se produz contra a sua vontade.

Exemplo: "A", com o firme propósito de matar, valendo-se um revólver municiado com 05 (cinco) cartuchos intactos, efetua os cinco disparos de arma de fogo, atingindo a vítima. A vítima é socorrida e, após intervenção cirúrgica exitosa, acaba sobrevivendo. Trata-se de tentativa perfeita, uma vez que, embora tenha exaurido sua potencialidade lesiva, o agente não alcançou a produção do resultado, por circunstâncias alheias à sua vontade.

b) Tentativa imperfeita, inacabada ou tentativa propriamente dita

A tentativa imperfeita, inacabada ou propriamente dita ocorre quando o agente não esgota sua potencialidade lesiva, ou seja, não utiliza todos os meios executórios que tinha ao seu alcançar a consumação, que não ocorre por circunstâncias alheias à sua vontade.

O processo executório é interrompido por circunstâncias alheias à vontade do agente.

Exemplo: "A", com o firme propósito de matar, valendo-se um revólver municiado com 05 (cinco) cartuchos intactos, efetua um disparo de arma de fogo, atingindo a vítima. No momento em que iria desferir outros disparos é dominado por populares que circulavam pelo local, sendo a vítima socorrida e salva. Trata-se de tentativa imperfeita, uma vez que, por circunstâncias alheias à sua vontade, o agente não exauriu sua potencialidade lesiva.

c) Tentativa incruenta ou branca

Na tentativa branca, a vítima não é atingida pela ação do agente, nem vem a sofrer ferimentos. O objeto material não é atingido.

Pode ocorrer tanto na tentativa perfeita, quanto na imperfeita. Na primeira hipótese, o agente, exaurindo o seu potencial lesivo, não atinge a vítima, porque errou os cinco disparos desferidos em sua direção. Na tentativa imperfeita, o agente desfere um tiro contra a vítima, não a atingindo, sendo dominado antes que pudesse desferir os demais disparos.

d) Tentativa cruenta ou vermelha

Na tentativa cruenta, o agente consegue atingir a vítima, causando-lhe lesões. O objeto material é atingido.

Pode ocorrer na tentativa perfeita e na tentativa imperfeita. No primeiro caso, o agente, exaurindo os meios executórios, atinge a vítima, que acaba sobrevivendo. Na segunda hipótese, o agente atinge a vítima, mas antes de esgotar o seu potencial lesivo é dominado.

1.6.3. Critério para redução da pena

O critério de diminuição de um a dois terços leva em conta o iter criminis percorrido pelo agente. Quanto mais o sujeito se aproxima da consumação, menor deve ser a diminuição da pena (mais próximo a um terço); quanto menos ele se aproxima da consumação, maior deve ser a atenuação (mais próximo a dois terços).

Com efeito, o Código Penal, em seu art. 14, II, adotou a teoria objetiva quanto à punibilidade da tentativa, pois, malgrado semelhança subjetiva com o crime consumado, diferencia a pena aplicável ao agente doloso de acordo com o perigo de lesão ao bem jurídico tutelado. Nessa perspectiva, a jurisprudência desta Corte reconhece o critério de diminuição do crime tentado de forma inversamente proporcional à aproximação do resultado representado: quanto maior o iter criminis percorrido pelo agente, menor será a fração da causa de diminuição.[2]

Convém observar que o critério para a redução da pena pela tentativa há de ser o mesmo para todos os participantes nos delitos praticados em concurso de agentes.

O percentual redutor é, portanto, incindível e deverá atingir de forma uniforme todos os participantes, pouco importando que contra alguns existam agravantes e em prol de outros atenuantes, até porque tais circunstâncias não são levadas em consideração no momento da fixação do percentual redutor pela tentativa, mas tão somente o iter criminis percorrido.

Assim, se, por exemplo, um dos agentes efetuou um disparo na vítima, atingindo a perna, saindo do local, ao passo que o outro agente continuou efetuando outros disparos que atingiram a vítima, que não faleceu porque prontamente socorrida, ambos deverão ter a redução da pena no mesmo percentual.

Da mesma forma, se, por exemplo, um dos agentes foi preso ao final da prática do delito de roubo, e o outro logrou fugir com parte dos objetos subtraídos, não será possível cindir a imputação, considerando o roubo tentado para o primeiro agente, e consumado para o segundo que logrou fugir na posse dos bens furtados; ambos responderão pelo crime na modalidade consumada.

Por fim, cumpre registrar que o Código Penal Militar, embora tenha adotado a teoria objetiva, prevê a possibilidade de o juiz, no caso de excepcional gravidade, aplicar ao crime tentado a pena correspondente ao crime na sua modalidade consumada (CPM, art. 30, parágrafo único).

1.6.4. Infrações que não admitem a tentativa

a) Crimes culposos

No crime culposo, o agente não deseja e nem assume o risco na produção do resultado. O resultado, pois, é involuntário. Na tentativa, o agente deseja ou assume o risco na produção do resultado, que, no entanto, não ocorre por circunstâncias alheias à sua vontade.

Em outras palavras, no crime culposo, há resultado sem intenção de provocá-lo; na tentativa, o agente quer o resultado, mas não consegue. Logo, verifica-se a absoluta incompatibilidade entre o crime culposo e a tentativa.

Isso porque não se afigura admitir, em um crime sem intenção na produção do resultado, o início da execução de um delito que não se consuma contra a vontade do agente.

Há, no entanto, uma classe de crimes culposos que admitem a tentativa: culpa imprópria.

b) Crimes preterdolosos

Nos crimes preterdolosos, a conduta é desenvolvida de forma dolosa, mas o resultado agravador é culposo. Ou seja, embora tenha agido com

2. STJ: HC 596624/SP, Rel. Min. Ribeiro Dantas, 5ª Turma, julgado em 25.08.2020.

dolo na conduta, o resultado mais grave não é desejado pelo agente.

Assim, como no crime preterdoloso o resultado agravador não é desejado pelo agente, não há falar em tentativa, que pressupõe a não consumação do delito por circunstâncias alheias à a sua vontade.

Nesse contexto, se o agente pretende lesionar a vítima, mas, de forma involuntária, causa-lhe a morte, responderá por lesão corporal seguida de morte. Se, nesse caso, não resultar morte da vítima, o agente responderá unicamente pela lesão corporal dolosamente praticada, e não, à evidência, por tentativa de lesão corporal seguida de morte.

c) Contravenções Penais

Nos termos do artigo 4º do Decreto-lei 3688/41, "não é punível a tentativa na contravenção penal". Assim, conquanto no plano fático seja, a princípio, possível o início da execução da contravenção penal, que não se consuma por circunstâncias alheias à vontade do agente, a tentativa não será punível por expressa previsão legal.

Trata-se de hipótese de atipicidade, diante da impossibilidade de realizar a adequação típica entre a conduta do agente e o tipo penal correspondente, já que, na contravenção penal não há norma de extensão prevendo a tentativa.

d) Crimes omissivos próprios

Os crimes omissivos próprios não admitem tentativa, porque não se afigura possível fracionar a conduta omissiva do agente. Isso porque ou o agente observa o seu dever de agir implícito no tipo penal, e o crime se consuma; ou pratica a conduta, e não há crime.

Tomemos como exemplo o crime de omissão de socorro (CP, art. 135). Se, ao se deparar com um acidente, com pessoa gravemente ferindo, deixar de prestar assistência, o crime estará consumado. De outro lado, nesse mesmo caso, se o agente agir para socorrer a vítima, não haverá crime.

No caso, não há viabilidade de se verificar o início da execução do delito e não consumação por circunstâncias alheias à vontade do agente, não sendo possível, pois, fracionar a conduta omissiva.

Os omissivos impróprios ou comissivos por omissão, que produzem resultado naturalístico, admitem tentativa.

Exemplo: Pai, desejando a morte do filho, visualiza a criança se aproximando da piscina e nada faz para evitar o resultado. A funcionária da residência, percebendo a situação, se joga na água e socorre a criança. O pai desalmado responderá pelo delito de tentativa de homicídio.

e) Crimes unissubsistentes

Crimes unissubsistentes são aqueles que se perfazem com um único ato, não sendo possível fracionar o *iter criminis*. Divergem dos crimes plurissubsistentes, porque nestes há uma conduta formada por vários atos.

Os crimes unissubsistentes ou de ato único não admitem tentativa, diante da impossibilidade de fracionamento dos atos de execução. Ou seja, não é possível dar início à execução do delito e não atingir a consumação por circunstâncias alheias à vontade do agente.

Tomemos como exemplo a injúria verbal (CP, art. 140). Nesse caso, ou o agente profere a expressão ofensiva à dignidade ou decoro da vítima, ainda que ela não se sinta ofendida, e o crime estará consumado, ou permanece silente, e não haverá crime. Note-se que não é possível fracionar a conduta de alguém que chama a vítima, por exemplo, de idiota.

2. DESISTÊNCIA VOLUNTÁRIA E ARREPENDIMENTO EFICAZ

2.1. Introdução

A desistência voluntária e o arrependimento eficaz estão previstos no artigo 15 do Código Penal, segundo o qual "O agente que, voluntariamente, desiste de prosseguir na execução ou impede que o resultado se produza, só responde pelos atos já praticados".

A desistência voluntária e o arrependimento eficaz constituem espécie de tentativa abandonada, uma vez que, após dar início à execução do delito, o agente não alcança a consumação por vontade própria, seja interrompendo os atos executórios, seja desenvolvendo postura ativa para impedir o resultado.

Eis a fundamental diferença em relação à tentativa. Enquanto na tentativa há início da execução do delito e não consumação por circunstâncias alheias à vontade do agente, na desistência voluntária e arrependimento eficaz a consumação não ocorre por vontade do próprio agente.

Em outras palavras, a tentativa e a desistência voluntária e arrependimento eficaz são institutos absolutamente incompatíveis. Se reconhecido o crime tentado, afasta-se a possibilidade de desistência voluntária e arrependimento eficaz; se reconhecida a desistência voluntária e o arrependimento eficaz, afastada estará a possibilidade do reconhecimento do crime na modalidade tentada.

2.2. Desistência voluntária

A desistência voluntária se caracteriza por um comportamento negativo do agente, que, após dar início à execução do delito, adota uma postura de abstenção, ou seja, cessa o seu comportamento delitivo, não leva adiante a atividade executória, mesmo podendo prosseguir, desiste da realização típica.

Em outras palavras, iniciada a execução, o autor do ilícito, antes de esgotá-la ou exauri-la, resolve, voluntariamente, não seguir adiante no comportamento delituoso.

Como se vê, a desistência voluntária incide no contexto da tentativa imperfeita ou inacabada, antes, pois, do exaurimento dos meios executórios.

Tomemos como exemplo a conduta do agente que, com a intenção homicida, desfere um disparo de arma de fogo contra a vítima, acertando-a em região não letal. Podendo prosseguir, já que tinha mais cinco balas no revólver, o agente resolve, por vontade própria, não efetuar mais disparos, deixando a vítima sobreviver.

Indubitável que o agente deu início à execução do delito, mas não consumou o homicídio por vontade própria, já que adotou uma postura de abstenção, cessando a atividade executória antes de esgotar todos os meios que tinha à sua disposição. Trata-se, pois, de desistência voluntária.

Da mesma forma incidiria a desistência voluntária na hipótese do agente que, após ingressar em residência alheia para o cometimento do furto, resolvesse adotar uma postura de abstenção, deixando voluntariamente o local sem nada subtrair. Trata-se de evidente hipótese de desistência voluntária, pois, embora tenha dado início à execução do furto, o agente, por vontade própria, cessou a atividade executória antes de esgotar sua potencialidade lesiva.

2.3 Arrependimento eficaz

No arrependimento eficaz, o agente, após ter esgotado todos os meios à sua disposição para a consumação do delito, arrepende-se e, adotando uma postura ativa, impede que o resultado se produza.

O agente esgota sua potencialidade lesiva, faz tudo que está ao seu alcance para consumar o delito, mas antes de alcançar o resultado inicialmente desejado, arrepende-se e adota um comportamento ativo para evitar a sua consumação.

Diversamente do que ocorre na desistência voluntária, o arrependimento eficaz se caracteriza pelo fato de o agente, após esgotar os meios executórios, desenvolver uma nova atividade, a fim de evitar a consumação do delito.

Exemplo: agente que, com a intenção homicida, após efetuar disparos de arma de fogo contra a vítima, utilizando todas as balas do revólver, arrepende-se e, adotando postura ativa, leva a vítima até o hospital, que, submetida a intervenção cirúrgica exitosa, acaba sobrevivendo.

Da mesma forma, agente que, com a intenção homicida, coloca veneno na bebida da vítima, mas, arrependido, desenvolve nova atividade entregando-lhe o antídoto, evitando, assim, a morte.

O arrependimento eficaz se coaduna com o momento da tentativa perfeita, já que o agente esgota os meios de execução, com a ressalva, no entanto, que a consumação não ocorre por ato voluntário do agente.

2.4 Requisitos

A desistência voluntária e o arrependimento eficaz exigem a presença dos seguintes requisitos: voluntariedade e eficácia.

A desistência voluntária e o arrependimento eficaz devem decorrer de atos voluntários, livres de coação física ou moral, ainda que não sejam espontâneos.

De fato, não se afigura necessária a espontaneidade do ato de desistir ou se arrepender. Ou seja, não se exige que a ideia de interromper os atos executórios ou de se arrepender tenha se originado na mente do agente. Haverá, pois, desistência voluntária e arrependimento eficaz se o agente não consumou o delito influenciado por terceira pessoa.

Não importa a natureza do motivo: pode desistir ou arrepender-se por medo, piedade, receio de ser descoberto, decepção com a vantagem do crime, remorso, repugnância pela conduta, ou por qualquer outra razão.

Além disso, mostra-se necessário que a atuação do agente seja apta a evitar a produção do resultado, sendo, portanto, eficaz. Se, conquanto tenha buscado evitar a produção do resultado, o crime alcançou a consumação, o agente responderá pelo delito, incidindo, todavia, a atenuante genérica prevista no artigo 65, inciso III, alínea "b", 1ª parte, do Código Penal.

2.5 Consequência

Nos termos da parte final do artigo 15 do Código Penal, verificada hipótese de desistência voluntária ou arrependimento eficaz, o agente jamais responderá pelo crime na modalidade tentada, já que, como visto, trata-se de causa excludente da tipicidade da tentativa, mas pelos atos até então praticados, se típicos.

Nos termos da parte final do artigo 15 do Código Penal, não obstante a desistência voluntária e o arrependimento eficaz, o agente responde pelos atos já praticados. Desta forma, retiram a tipicidade dos atos somente com referência ao crime cuja execução o agente iniciou. É o que se denomina TENTATIVA QUALIFICADA.

Assim, o agente que ingressa numa residência e, por ato voluntário, desiste de consumar a subtração, não responderá por tentativa de furto, mas pelos atos até então praticados, quais sejam, violação de domicílio (CP, art. 150).

3. ARREPENDIMENTO POSTERIOR

3.1. Conceito

Trata-se de causa obrigatória de diminuição da pena que incide quando o agente, responsável pelo crime praticado sem violência ou grave à pessoa, repara o dano provocado ou restitui a coisa, desde que de forma voluntária, até o recebimento da denúncia ou da queixa.

O arrependimento posterior difere do arrependimento eficaz, porque o arrependimento, manifestado por meio da restituição da coisa ou reparação do dano, ocorre após a consumação do delito até o recebimento da denúncia ou queixa. Por isso, chama-se arrependimento posterior (posterior à consumação do delito).

3.2. Requisitos

Extrai-se do artigo 16 do Código Penal os requisitos para a incidência do arrependimento posterior:

a) Crime cometido sem violência ou grave ameaça à pessoa

Nos termos do artigo 16 do Código Penal, cabe arrependimento posterior nos crimes praticados sem violência ou grave ameaça à pessoa.

Não se restringe aos crimes contra o patrimônio, podendo ser aplicado a qualquer delito compatível com a reparação do dano decorrente da conduta do agente. Por isso, entende-se, por exemplo, possível a aplicação do arrependimento posterior no peculato doloso (CP, art. 312).

b) Reparação do dano ou restituição da coisa

A reparação do dano ou restituição da coisa deve ser voluntária, pessoal e integral.

Exige a lei que seja **voluntária**, exercida sem coação física ou moral.

Não se exige seja necessariamente espontânea, no sentido de que tenha a iniciativa tenha surgido na mente do agente, incidindo o arrependimento posterior ainda que a reparação ou restituição tenha sido decorrente de conselho ou sugestão de terceiro, uma vez que o ato, embora não espontâneo, foi voluntário.

O arrependimento posterior deve ser **pessoal**, ou seja, deve partir do próprio agente acusado da prática delituosa. Excepcionalmente admite-se a reparação do dano ou restituição da coisa por interposta pessoa, desde que comprovada a impossibilidade de ser realizada pessoalmente pelo autor do crime, a fim de ser preservado o caráter de voluntariedade do ato.

c) Até o recebimento da denúncia ou queixa

A reparação do dano ou restituição da coisa deve ser realizada até o recebimento da denúncia ou queixa, independentemente do momento do oferecimento da peça acusatória.

Se a reparação do dano ou restituição da coisa ocorrer após o recebimento da denúncia ou da queixa, mas até sentença, aplica-se a atenuante genérica prevista no artigo 65, III, "b", do Código Penal.

PENAL

Assim, se o agente subtraiu uma TV do seu local de trabalho e, ao chegar em casa com a coisa subtraída, é convencido pela esposa a devolvê-la, o que efetivamente vem a fazer no dia seguinte, mesmo quando o fato já havia sido registrado na delegacia, haverá arrependimento posterior, com reflexo na dosimetria da pena.

CRIME IMPOSSÍVEL, CRIME DOLOSO E CRIME CULPOSO

1. CRIME IMPOSSÍVEL

1.1. Introdução

O instituto do crime impossível está previsto no artigo 17 do Código Penal. Trata-se de hipótese de tentativa não punível, verificando-se quando o agente, por ineficácia absoluta do meio ou impropriedade absoluta do objeto sobre o que recaiu sua conduta, jamais alcançará a consumação do delito.

1.2. Espécies de crime impossível

Conforme se extrai do artigo 17 do Código Penal, há duas espécies de crime impossível: crime impossível pela ineficácia absoluta do meio e crime impossível por impropriedade absoluta do objeto.

a) Crime impossível por ineficácia absoluta do meio

O crime impossível por ineficácia absoluta do meio guarda relação com o meio de execução ou instrumento utilizado pelo agente, que, por sua natureza, será incapaz de produzir qualquer resultado, ou seja, jamais alcançará a consumação do delito.

É o caso do agente que, pretendendo matar a vítima, usa como meio executório arma completamente defeituosa, que jamais efetuaria qualquer disparo.

Há ineficácia relativa do meio quando, não obstante eficaz à produção do resultado, este não ocorre por circunstâncias acidentais. É o caso do agente que pretende desfechar um tiro de revólver contra a vítima, mas a arma nega fogo, embora seja apta a efetuar disparos.

b) Crime impossível por impropriedade absoluta do objeto

O crime impossível pela impropriedade absoluta do objeto guarda relação com o objeto material, compreendendo a pessoa ou coisa sobre o qual recai a conduta do agente.

O objeto será absolutamente impróprio quando inexistente ao tempo da conduta do agente ou, ainda, pelas circunstâncias em que se encontra, afigura-se impossível a produção do resultado visado pelo agente.

Tomemos como exemplo a conduta do agente, que pretendendo matar a vítima, desfere vários disparos de arma de fogo contra o seu corpo, verificando-se, após, que, ao receber os disparos, já se encontrava morta, em decorrência de ter sofrido, momentos antes, fulminante ataque cardíaco. Evidente, nesse caso, a impropriedade absoluta do objeto, diante da impossibilidade de ceifar a vida de pessoa que já estava morta.

Da mesma forma, caracteriza crime impossível pela impropriedade absoluta do objeto a conduta da mulher que ingere substância abortiva, demonstrando-se, após, que jamais estivera grávida. Trata-se de fato atípico, pois não há objeto material a ser atingido (feto com vida intrauterina), não sendo possível, pois, punir a mulher nem mesmo a título de tentativa de aborto.

2. CRIME DOLOSO

2.1. Introdução

Conforme dispõe o artigo 18, I, do Código Penal, o crime será doloso "quando o agente quis o resultado ou assumiu o risco de produzi-lo". Essa previsão legal equipara dolo direto e dolo eventual.

O conceito de dolo, à evidência, é muito mais abrangente e complexo do que aquele atribui pela lei penal.

Com o sistema finalista, o dolo passou a integrar a conduta, elemento do fato típico. Trata-se de um elemento psicológico introduzido no tipo penal, característico do crime doloso.

Nesse sentido, no crime doloso, o agente desenvolve uma conduta com vontade e consciência dirigida a produzir determinado resultado. É a vontade e consciência voltadas a realizar a conduta descrita no tipo penal incriminador. É, em síntese, a consciência e vontade de realizar o tipo objetivo

2.2. Teorias do dolo

Há três teorias a respeito do dolo:

a) Teoria da representação

Para essa teoria, o dolo se caracteriza pela mera previsão do resultado. É suficiente que o resultado seja previsto pelo sujeito. Não é necessária a presença do elemento volitivo, sendo irrelevante, pois, se o agente quis o resultado ou assumiu o risco de produzi-lo. Basta, para essa teoria, a representação ou previsão da produção de determinado resultado.

Essa teoria não é aplicada no nosso ordenamento jurídico, uma vez que a mera representação não permite concluir que o agente tenha, ao menos, assumido o risco na produção do resultado. Além disso, embora previsível a produção de determinado agente, pode ocorrer de o agente confiar que ele não se produzirá ou que terá habilidade suficiente para evitar a sua produção. Note-se, pois, que essa teoria confunde dolo com culpa consciente, não sendo, pois, aplicada.

b) Teoria da vontade

O dolo é a vontade de realizar a conduta e produzir o resultado. Para essa teoria, além da representação do resultado, deve o agente agir com vontade na sua produção. Assim, o agente deve prever o resultado (consciência) e querer produzi-lo (vontade).

É a teoria adotada no dolo direto, nos termos do artigo 18, inciso I (1ª parte), do Código Penal.

c) Teoria do Assentimento (ou Consentimento)

Essa teoria complementa a teoria da vontade, introduzindo no conceito de dolo a concepção da assunção do risco na produção do resultado.

Para essa teoria, dolo é o assentimento do resultado, acrescido da aceitação do risco de produzi-lo. Ou seja, há a previsão do resultado e, embora não o deseje diretamente, o agente assume o risco de produzi-lo, sendo, ainda, indiferente às consequências decorrentes da sua conduta.

É a teoria que retrata o dolo eventual, nos termos do artigo 18, inciso I (2ª parte), do Código Penal.

2.3. Algumas espécies de dolo

a) Dolo direto e dolo indireto

Dolo direto, também chamado dolo determinado, intencional, imediato ou incondicionado, é aquele que se caracteriza pela vontade do agente estar dirigida especificamente à produção do resultado típico, abrangendo os meios utilizados para tanto. No dolo direto o agente quer o resultado por ele anteriormente representado.

Tomemos como exemplo o agente que, pretendendo subtrair coisa alheia móvel, mediante emprego de grave ameaça, anuncia o assalto e desapossa a vítima dos bens que estavam em seu poder. Nesse caso, a vontade do agente é dirigida a produzir o resultado decorrente do crime de roubo (CP, art. 157).

Da mesma forma, se o agente desfere golpes de faca na vítima com a intenção de matá-la, desenvolve sua conduta com o dolo direto de praticar o crime de homicídio (CP, art. 121).

No **dolo indireto** ou indeterminado, o agente não tem a vontade dirigida a um resultado determinado. Subdivide-se em dolo alternativo e dolo eventual.

Dolo alternativo é aquele em que o agente dirige sua conduta com a intenção de provocar qualquer dos resultados possíveis. Assim, se o agente desferir disparos de arma de fogo contra o seu desafeto, com a intenção de matar ou lesionar, responderá por homicídio, se o resultar na morte da vítima. Agora, o dolo alternativo se revela mais intenso quando não resultar morte da vítima, mas apenas lesões corporais. Nesse caso, poderia surgir a dúvida sobre o enquadramento típico da conduta do agente, se responderia por tentativa de homicídio ou lesão corporal. E, no caso de dolo alternativo, o agente sempre responderá pelo resultado mais grave. No exemplo dado, responderá por tentativa de homicídio.

Ocorre o **dolo eventual** quando o sujeito assume o risco de produzir o resultado, isto é, admite e aceita o risco de produzi-lo. No dolo eventual, o agente não quer o resultado (se desejasse, seria dolo direto), mas, mesmo prevendo a realização do resultado, segue em diante na sua conduta assumindo o risco de produzi-lo. Em relação ao dolo eventual, adota-se a teoria do consentimento ou assentimento, inserta na expressão "assumiu o risco de produzi-lo", encartada no artigo 18, I, do Código Penal.

Tomemos como exemplo a conduta do agente que pretende atirar contra o seu desafeto, que se encontra conversando com outra pessoa. O agente prevê que também pode atingir a outra pessoa, mas segue em diante na sua conduta, assumindo o risco de errar o disparo contra o seu desafeto e atingir a outra pessoa, sendo-lhe indiferente quanto ao resultado que possa a vir ser produzido em relação ao terceiro. Se efetuar disparos matando o seu desafeto e também a outra pessoa, o agente responderá por dois crimes de homicídio: o primeiro, a título de dolo direto; o segundo, a título de dolo eventual.

b) Dolo geral (erro sucessivo)

Dolo geral é aquele em que o agente desenvolve uma conduta voltada a uma determinada finalidade e, acreditando ter alcançado o seu intento, realiza, na sequência, outra conduta que efetivamente produz o resultado desejado.

O dolo geral incide naquele grupo de casos em que há acontecimentos em dois atos. O sujeito acredita ter produzido o resultado na primeira parte da ação, quando, na realidade, o resultado foi realizado somente com a segunda parte da ação.

Exemplo: Genro, não suportando mais a sogra, delibera por matá-la. Para tanto, coloca veneno na sua bebida. Supondo ter matado a sogra, o genro, para se livrar do corpo e, portanto, ocultar o cadáver, joga a vítima no rio. Alguns dias depois, o corpo da vítima é localizado e, após ser submetido à exame necroscópico, verifica-se que, na realidade, a morte ocorreu não pelo veneno, mas por força de asfixia provocada por afogamento.

Nota-se que há um erro no nexo causal, pois o agente supôs ter matado a vítima por força do emprego de veneno, quando, na realidade, acabou causando-lhe a morte por afogamento. No momento em que imaginava estar simplesmente ocultando o cadáver, atingia a consumação. Em outras palavras, no momento em que ministrou o veneno, o agente tinha o dolo de matar, agindo, ainda, com consciência e vontade em relação aos elementos do tipo objetivo que define o crime de homicídio (CP, art. 121).

Trata-se de dolo geral, que abrange toda a conduta desenvolvida pelo agente até a consumação, até porque a conduta delitiva pode ser desenvolvida em vários atos ligados por planejamento delitivo único. Assim, havendo plano delitivo único, os vários atos sucessivamente praticados compõem uma única conduta.

Assim, se há única conduta composta por vários atos, basta que o dolo exista no momento da realização da conduta, não sendo necessário que persista até o último ato.

Logo, no nosso exemplo, o genro deverá ser responsabilizado por homicídio doloso consumado, desprezando-se o erro incidente sobre o nexo causal, uma vez que a conduta desenvolvida pelo agente, ainda que dividida em dois atos, está abrangida pelo dolo geral, que acompanhava sua ação durante todo ato executório até alcançar o resultado desejado.

c) Dolo de primeiro grau e dolo de segundo grau

A primeira parte do artigo 18, inciso I, do Código Penal, em que o agente quis o resultado abrange o dolo direto de primeiro grau e de segundo grau.

No **dolo de primeiro grau,** o agente desenvolve conduta com vontade e consciência de atingir determinado resultado. O dolo do agente é voltado a atingir um único bem jurídico, produzindo, pois, único resultado. Em síntese, no dolo direto de 1º grau, o resultado obtido era o objetivo principal da conduta. Exemplo: agente que sai ao encalço e mata a vítima pretendida.

No **dolo de segundo grau** ou de consequências necessárias, o agente desenvolve conduta com vontade e consciência dirigida a produzir determinada resultado. Todavia, os meios empregados para alcançar o resultado desejado inexoravelmente produziram consequências necessárias, de efeitos colaterais de verificação certa. Em outras palavras, o dolo do agente, num primeiro momento, não está relacionado aos efeitos colaterais decorrentes da sua conduta, mas age consciente de que ocorreram, caso se produza o resultado originariamente pretendido.

Imaginemos que o agente toma conhecimento que seu desafeto irá realizar uma viajem de carro com mais três amigos. Com a intenção de matar a vítima determinada, instala uma bomba no veículo, que, dada a potência da explosão, provoca a morte de todos os ocupantes do veículo. No caso, ainda que o agente pretendesse matar somente o seu desafeto, agiu consciente que sua conduta provocaria necessariamente a morte dos demais passageiros do veículo. Tem-se, em relação aos demais passageiros, o dolo direto de 2º grau ou dolo de consequências necessárias.

2.4. Teoria do crime culposo

2.4.1. Introdução

É a conduta humana voluntária desenvolvida sem observar o dever de cuidado objetivo, que, por imprudência, negligência ou imperícia, produz um resultado involuntário, objetivamente previsível, que poderia ter sido evitado.

No sistema finalista, a culpa passou a integrar o elemento normativo da conduta, uma vez que, para verificar sua incidência, deve-se realizar juízo de valor, levando-se em conta o caso concreto.

Os tipos que definem os crimes culposos são, em geral, abertos, limitando-se a descrever "se o crime é culposo, a pena será de ...", sem especificar minuciosamente a conduta delitiva.

A culpa, portanto, não está descrita, nem especificada, mas apenas prevista genericamente no tipo, dada a absoluta impossibilidade de o legislador prever e descrever todas as formas de realização da conduta culposa. Com efeito, no homicídio culposo, por exemplo, são inúmeras as formas que a culpa pode se revelar: atropelar uma pessoa por excesso de velocidade ou ultrapassar sinal vermelho, ou, ainda, invadir pista contrária; causar a morte de alguém em razão de disparo acidental de arma de fogo; deixar veneno ao alcance de uma criança; esquecer criança de tenra idade no veículo fechado por várias horas, etc.

2.4.2. Elementos do fato típico culposo

a) Conduta humana voluntária

No crime culposo, o agente desenvolve uma conduta voluntária, agindo, porém, sem observar o dever de cuidado objetivo. O resultado produzido que é involuntário.

Em outras palavras, toda conduta é dotada de finalidade, inclusive as ações culposas. Na conduta culposa, no entanto, essa finalidade, como regra, é lícita e atípica.

Tomemos como exemplo alguém, atrasado para realizar uma prova na faculdade, imprime velocidade excessiva em se veículo, vindo, em razão disso, a atropelar uma pessoa, causando-lhe a morte. A finalidade do agente, sem dúvida, era lícita (chegar no local da prova). Contudo, os meios utilizados para alcançar essa finalidade é que foram inadequados, uma vez que, para chegar ao local da prova, imprimindo alta velocidade na condução de veículo automotor, não observou o dever de cuidado objetivo, atropelando e causando a morte de uma pessoa.

Note-se que a conduta voluntária do agente foi desenvolvida para alcançar uma finalidade lícita, gerando, no entanto, um resultado involuntário.

b) Resultado involuntário

Nos crimes culposos, o resultado não é desejado ou tolerado pelo agente.

Como nos crimes culposos a conduta voluntária é dotada de finalidade lícita, afigura-se imprescindível a produção de um resultado naturalístico. Isso porque, se é voltada a uma finalidade lícita, a conduta do agente constitui um indiferente penal, razão pela qual se mostra necessário a produção de um resultado involuntário para caracterizar o crime culposo.

c) Inobservância do dever de cuidado objetivo

As pessoas, durante as relações de convívio social, devem observar as regras básicas de cuidado e cautela. Essas regras gerais de cuidado decorrem da vedação de condutas capazes de gerar riscos a bem jurídico alheio além do que se reputa razoável tolerar.

De fato, as regras de convívio social impõem às pessoas o dever de cautela para não atingir bem jurídico alheio. Por isso, quem se arriscar a realizar, por exemplo, conduta imprudente, sobrevindo um resultado típico, praticará um crime culposo.

Por isso, a observância do dever objetivo de cuidado, isto é, a diligência devida, constitui o elemento fundamental do tipo culposo, cuja análise constitui uma questão preliminar no exame da culpa.

c.1) Modalidades de culpa

A inobservância do dever objetivo de cuidado, que é a quebra do dever de cuidado imposto a todos, é manifestada por meio de três modalidades de culpa, todas previstas no artigo 18, II, do CP: imprudência, negligência e imperícia.

- **Imprudência**

A conduta imprudente se caracteriza por agir um positivo, sem a observância do dever de cuidado objetivo. Ocorre quando o agente pratica fato perigoso, de forma intempestiva e precipitada.

É a culpa decorrente de um comportamento positivo descuidado. Trata-se de modalidade de culpa que incide paralelamente à ação do agente.

Tomemos como exemplo condutor de veículo automotor, que, imprimindo excessiva velocidade, atropela e mata um pedestre.

Da mesma forma, age com imprudência o agente que limpa arma de fogo carregada e, de forma descuidada, aciona o gatilho, matando pessoa que estava ao seu lado.

- **Negligência**

Trata-se de modalidade negativa de culpa, em que a inobservância do dever de cuidado do agente é retratada pela ausência de cautela e precaução. É a culpa na forma de deixar de adotar as cautelas

Ao contrário da imprudência, que ocorre durante a ação, a negligência dá-se sempre antes do início da conduta. O negligente deixa de tomar, antes de agir, as cautelas que deveria.

Tomemos como exemplo o condutor de veículo que, antes de sair de viagem, deixa de reparar os pneus e verificar os freios.

- **Imperícia**

A imperícia se caracteriza pela falta de capacidade, preparo ou de conhecimentos técnicos suficientes de agente autorizado a desempenhar determinada arte, profissão ou ofício.

É a chamada culpa profissional, pois decorrente da falta de aptidão para o exercício de arte, ofício ou profissão. Ocorre quando o agente não tem o adequado conhecimento acerca das técnicas e regras que todos que se dedicam à determinada deveriam dominar.

Assim, se um médico cirurgião, que não domina determinada técnica inerente à determinada intervenção cirúrgica, causar a morte do paciente, responderá por homicídio culposo (CP, art. 121, § 3º), já que agiu com imperícia no exercício da sua profissão.

d) Nexo de causalidade

O crime culposo depende de um resultado naturalístico, já que se trata de crime material. E, em se tratando de crime material, exige-se, para a adequada tipificação, o nexo causal entre a conduta voluntária descuidada e o resultado involuntário.

Adota-se também nos crimes culposos a teoria da *conditio sine qua non*, prevista no artigo 13 do Código Penal, razão pela qual deve ser demonstrado que o resultado involuntário foi produzido pela conduta descuidada do agente.

Assim, se realizado o juízo hipotético de eliminação da conduta imprudente, negligente ou imperita do agente, o resultado ainda assim se produziria, não haverá nexo de causalidade e, portanto, não será possível imputar ao agente qualquer resultado, não podendo, pois, ser responsabilizado criminalmente.

No entanto, se realizado o juízo hipotético de eliminação da conduta imprudente, negligente ou imperita do agente, o resultado não se produziria, haverá nexo de causalidade, surgindo a possibilidade de responsabilizar criminalmente o agente por sua conduta culposa.

e) Tipicidade

A tipicidade também constitui elemento do fato típico culposo.

Para caracterizar o crime culposo, o fato praticado pelo agente deve encontrar correspondência num tipo penal que prevê a modalidade culposa da conduta.

E, nos crimes culposos, há a peculiaridade de somente incidirem se expressamente previstos em lei. É o que se extrai do artigo 18, parágrafo único, do Código Penal, segundo o qual "salvo os casos expressos em lei, ninguém poderá ser punido por fato previsto como crime, senão quando o pratica dolosamente".

De fato, quando o tipo penal descreve um modelo legal de conduta proibida, silenciando a respeito da modalidade culposa, significa que o crime existe somente na forma dolosa.

Tomemos como exemplo o crime de furto (CP, art. 155). O tipo penal descreve a conduta proibida (Subtrair, para si ou para outrem, coisa alheia móvel), silenciando quanto à modalidade culposa dessa conduta. Logo, forçoso concluir que não existe furto culposo, incidindo, pois, somente na modalidade dolosa.

Assim, para se aferir a tipicidade, deve-se verificar se o fato praticado pelo agente encontra correspondência numa norma penal incriminadora que prevê a modalidade culposa. Imaginemos que um motorista, imprimindo velocidade excessiva no seu veículo, dirigindo, pois, de forma imprudente, perde o controle da direção e atropela uma pessoa, causando-lhe a morte. Essa conduta imprudente encontra correspondência no tipo penal que define o crime de homicídio culposo na condução de veículo automotor (Lei 9.503/97, art. 302), havendo, pois, tipicidade.

f) Previsibilidade objetiva

É a possibilidade de uma pessoa comum, com diligência e prudência inerente à média da população, prever a incidência de determinado resultado. Trata-se da previsibilidade daquilo que se convencionou chamar de homem médio, considerando-se o grau de atenção e cuidado exigido das pessoas de mediana inteligência.

A previsibilidade do resultado é aferida a partir de um juízo de valor, comparando a conduta desenvolvida pelo agente com a de um homem médio.

Assim, se o agente realizar uma conduta sem prever o resultado, mas uma pessoa comum, com prudência e inteligência mediana, inerente à generalidade dos indivíduos, teria a possibilidade de prever, terá agido, se presentes os demais elementos, com culpa, uma vez que, nas circunstâncias, desenvolveu uma conduta sem prever o resultado que era previsível.

g) Ausência de previsão

Para caracterizar o fato típico culposo, é necessário, ainda, que o agente não tenha previsto o resultado. Se o previu, não há culpa, mas, via de regra, dolo.

Se o agente, dentro da concepção do homem médio, não tinha condições de prever o resultado, embora previsível, afastada estará a culpa. Se há previsão do resultado, mas ainda assim o agente desenvolve a conduta, sendo indiferente quando à produção do evento, há dolo, e não culpa.

Todavia, de forma excepcional, pode haver previsão do resultado na culpa, quando se tratar de culpa consciente.

2.4.3. Culpa inconsciente e culpa consciente

O Código Penal não prevê expressa distinção entre culpa inconsciente e culpa consciente, sendo, no entanto, importante estabelecer a diferença, até mesmo para fins de fixação da pena, diante de cada caso concreto.

A **culpa inconsciente** é aquela em que o resultado não é previsto pelo agente, embora objetivamente previsível. É a culpa comum, aquela que se caracteriza pela ausência de previsão do resultado. É a culpa sem previsão.

Tomemos o seguinte exemplo: Dagoberto, quando limpava sua arma de fogo, devidamente registrada em seu nome, que mantinha no interior da residência, deixando de observar o dever de cuidado necessário, inclusive o de desmuniciá-la, acaba, acidentalmente, por acionar o gatilho, efetuando um disparo que atingiu seu vizinho Mário, que, em razão disso, veio a falecer. Nesse caso, diante da sua conduta imprudente, Dagoberto responderá por homicídio culposo, já que não previu que poderia causar a morte de alguém, embora objetivamente previsível que limpar arma municiada poderia gerar o acionamento do gatilho e, por conseguinte, o disparo do projétil.

Na **culpa consciente** há a previsão do resultado, mas o agente realiza a conduta considerando, sinceramente, que nenhum resultado se produzirá ou, ainda, que reúne habilidade suficiente para evitá-lo. É a chamada culpa com previsão.

Em outras palavras, na culpa consciente, o agente prevê o resultado, mas não aceita sua produção. Embora previsível, confia sinceramente que o resultado não ocorrerá ou que, por conta da sua habilidade, conseguirá impedir que o evento se produza.

Exemplo: Leonardo conduz seu veículo por uma avenida. No banco do carona está sua namorada, Célia. Durante o percurso, Leonardo imprime velocidade excessiva no veículo, gerando protestos por parte de Célia, que lhe pedia para reduzir a velocidade. Leonardo responde dizendo que nada iria acontecer, até porque era um excelente motorista. Todavia, ao fazer uma curva, Leonardo perde o controle do veículo e atropela uma pessoa, causando-lhe a morte. Diante disso, Leonardo responderá pelo crime de homicídio culposo na condução de veículo automotor (Lei 9.503/97, art. 302). Note-se que, no caso, havia por parte do motorista a previsibilidade do resultado, que não era aceito e nem esperado e, ainda, a leviana percepção de que sua habilidade como condutor impediria a produção de qualquer evento lesivo.

DOLO EVENTUAL X CULPA CONSCIENTE

No dolo eventual o agente prevê o resultado como possível, mas segue em diante com a sua conduta assumindo o risco de produzi-lo, aceitando, inclusive, a incidência de eventual evento lesivo. Na culpa consciente, o agente, embora tenha previsto o resultado, não o aceita, pois considera, sinceramente, que não ocorrerá ou que terá habilidade suficiente para evitar o evento lesivo.

Imaginemos que Leonardo, após uma noite inteira ingerindo bebida alcóolica, estando, portanto, absolutamente embriagado, conduz seu veículo em altíssima velocidade, arriscando manobras ousadas numa via de intenso fluxo de veículos e pedestres, quando, ao ultrapassar sinal vermelho, atropela uma pessoa que cruzava a via.

Há, evidentemente, a previsão do resultado e, analisando-se todos os elementos que envolveram a circunstâncias do caso concreto (embriaguez ao volante, excesso de velocidade em via movimentada, ultrapassar sinal vermelho), forçoso concluir que o condutor do veículo assumiu o risco de produzir o resultado, sendo indiferente quanto à sua incidência. Logo, nesse caso, Leonardo deveria responder por homicídio doloso, na modalidade dolo eventual.

ERRO DE TIPO ESSENCIAL, ACIDENTAL DESCRIMINANTE PUTATIVA E ERRO PROVOCADO POR TERCEIRO

ERRO DE TIPO ESSENCIAL

1.1. Conceito

Nos termos do artigo 20, "caput", do Código Penal, caracteriza-se pelo erro sobre o elemento constitutivo do tipo penal.

Antes de mais nada, mostra-se importante compreender o que significa a expressão elemento constitutivo do tipo penal. A figura típica (ou tipo legal) é composta de elementos específicos ou elementares. Cada expressão que compõe uma figura típica é um elemento que constitui o modelo legal de conduta proibida.

Exemplo: O crime de homicídio (CP, art. 121) é composto pelos elementos "matar" "alguém". "Matar" é um elemento constitutivo do tipo que define o crime de homicídio. "alguém" é também um elemento constitutivo do tipo que define o crime de homicídio.

O erro de tipo é o erro que recai sobre um dos elementos constitutivos do tipo penal. Há uma falsa percepção da realidade que cerca o agente. O agente desenvolve uma conduta sem saber que está praticando um fato típico. Não sabe, em função do erro, que está praticando uma conduta típica.

Exemplo: Durante uma caçada, o agente percebe que há movimentação atrás de arbustos. Supondo ser um animal, atira em direção ao alvo, e, quando vai se certificar do produto da caça, verifica que, na realidade, atingiu uma pessoa, que estava escondido atrás dos arbustos. A realidade do caçador era a de que estava atirando contra um animal. Todavia, trata-se de uma falsa percepção da realidade, já que acabou atingindo uma pessoa humana. O agente errou sobre o elemento constitutivo "alguém". Desenvolveu uma conduta sem saber, por conta do erro, que estava praticando um fato típico.

O erro de tipo pode ser essencial ou acidental.

O erro de tipo essencial é aquele que repercute na própria tipificação da conduta do agente, pois, se não tivesse a falsa percepção da realidade, o agente não teria praticado o fato típico, ou, pelo menos, não nas circunstâncias que envolveram o contexto fático.

O erro de tipo acidental recai sobre elementos secundários, irrelevantes, para a caracterização da conduta típica. Não impede o sujeito de compreender o caráter ilícito de seu comportamento. Ainda que não tivesse incorrido em erro, a conduta típica estaria caracterizada.

O erro de tipo essencial se subdivide em: invencível ou vencível.

1.2. Erro de tipo essencial

O erro de tipo essencial é aquele que repercute na própria tipificação da conduta do agente, recaindo sobre as elementares e circunstâncias do tipo penal.

O erro de tipo essencial pode ser invencível ou vencível.

1.2.1. Invencível, inevitável, escusável

É aquele erro em que qualquer pessoa, nas mesmas circunstâncias, incorreria. É o erro inevitável, desculpável ou escusável, que não poderia ser evitado, mesmo por uma pessoa cautelosa e prudente.

Exemplo: Agente que se embrenha em mata fechada, distante de qualquer centro urbano, com rara circulação de pessoas. Em dado momento, visualiza algo se movimentando atrás da intensa vegetação. Supondo ser um animal, efetua um disparo. Ao verificar o produto da caça, verifica, para sua surpresa, que não matou um animal, mas uma pessoa, que, por infeliz coincidência, também caçava no local. Trata-se de erro de tipo, pois o caçador, por conta da falsa percepção da realidade (supôs ser um animal), errou em relação ao elemento "alguém" do tipo que define o crime de homicídio. E, trata-se de erro de tipo invencível, porque qualquer pessoa, nas circunstâncias, consideraria que a movimentação atrás da vegetação seria a de um animal, não sendo possível supor, nem mesmo para uma pessoa mais cautelosa e diligente, que, na verdade, tratava-se de uma pessoa.

O erro de tipo essencial invencível exclui o dolo e a culpa, pois o sujeito não age dolosa ou culposamente.

1.2.2. Vencível, evitável ou inescusável

É aquele erro em que uma pessoa mais cautelosa e prudente, nas mesmas circunstâncias, não incorreria. É o erro evitável, indesculpável ou inescusável, que uma pessoa cautelosa e prudente teria evitado.

Tomemos como padrão o exemplo anterior. Imaginemos que outra estudante, menos cautelosa e prudente, tivesse deixado seu celular carregando na tomada da sala de aula e sai para comprar café na cantina do local. Quando retorna, retira um celular da tomada, que, na verdade, não era o seu aparelho, mas de sua colega, que havia colocado para carregar em substituição ao da estudante. Todavia, não obstante e troca dos aparelhos, o celular da colega, embora parecido, era de outro modelo e marca, diferenças que uma pessoa mais prudente teria percebido. Nesse caso, há evidente erro de tipo, pois a estudante, por conta da falsa percepção da realidade (supôs ser seu o celular), errou em relação ao elemento "alheio" do tipo que define o crime de furto. No entanto, nesse caso, trata-se erro de tipo vencível, porque uma pessoa mais diligente teria, nas circunstâncias, percebido que não era seu o aparelho celular que se apossou.

O erro de tipo essencial vencível exclui o dolo, mas não a culpa, desde que previsto em lei o crime culposo.

1.2.3. Efeitos do erro de tipo essencial

O **erro de tipo invencível, inevitável ou escusável** exclui o dolo e a culpa. Isso porque o agente não age com dolo ou culposa, razão pela qual não será responsabilizado criminalmente, já que se trata de fato atípico. Vale lembrar que o dolo e a culpa, segundo a concepção finalista da ação, integram a conduta. Em sendo a conduta elemento do fato típico, a ausência de dolo ou culpa, leva à atipicidade da conduta.

Logo, nos exemplos relacionados ao erro de tipo invencível, a estudante e o caçador não seriam responsabilizados criminalmente, diante da ausência de dolo e culpa.

O **erro vencível, evitável ou inescusável**, recaindo sobre elementar, exclui o dolo, pois todo erro essencial exclui, mas não a culpa. Se o erro poderia ter sido evitado com emprego de diligência mínima, pode-se responsabilizar o agente pelo crime culposo, desde que previsto em lei nessa modalidade.

Assim, se o fato for punido sob a forma culposa, o agente responderá por crime culposo. Quando o tipo, entretanto, não admitir essa modalidade, a consequência será inexoravelmente a exclusão do crime, já que configurará fato atípico.

No exemplo do caçador que praticava a caça em mata próxima à zona urbana, onde havia circulação de pessoas, o agente responderá pelo crime de homicídio culposo, já que se trata de erro de tipo vencível.

De outro lado, no exemplo da jovem estudante que não empregou a necessária diligência para identificar se o celular que se apossou era seu ou não, restará afastado o dolo, devendo ela responder pelo crime na modalidade culposa, já que se trata de erro de tipo vencível. Todavia, como não existe furto na modalidade culposa, haverá exclusão do crime, já que o fato é atípico.

ERRO DE TIPO ACIDENTAL

2.1. Introdução

No erro de tipo acidental, o agente tem consciência do caráter criminoso da sua conduta, mas, por erro meramente secundário, o resultado produzido não sai exatamente conforme o desejado.

Em outras palavras, há um crime, embora, por conta de um erro acidental, com resultado não exatamente conforme o desejado. Por isso, o erro de tipo acidental não afasta a responsabilização penal do agente.

São casos de erro acidental: a) erro sobre o objeto; b) erro sobre pessoa; c) erro na execução (aberratio ictus); d) resultado diverso do pretendido (aberratio criminis); e) erro sobre o nexo causal.

ERRO SOBRE O OBJETO

No erro sobre o objeto, o agente supõe que sua conduta recai sobre determinada coisa, sendo que, na realidade, incide sobre objeto diverso.

É o caso de o sujeito desejar subtrair joia preciosa, mas se apossar de objeto com valor reduzido, pois banhado a ouro. O erro é irrelevante, sendo meramente acidental, não influenciando na tipicidade da conduta do agente, pois subtraiu conscientemente coisa alheia móvel, errando, no entanto, quanto ao objeto.

Convém sinalar, por pertinente, que se recair sobre objeto descrito como elementar do tipo penal, o erro será essencial. Assim, se o agente transporta cocaína, supondo ser farinha, trata-se de erro de tipo essencial, pois recai sobre a elementar "droga" do tipo penal que define o crime de tráfico de drogas (Lei 11343/2006, art. 33)

ERRO QUANTO À PESSOA

4.1. Conceito

O erro sobre pessoa, previsto no artigo 20, § 3º, do Código Penal, incide quando o agente desenvolve conduta voltada a atingir a pessoa pretendida, mas, confundindo-se em relação à sua identidade, atinge pessoa diversa.

Trata-se de erro meramente acidental, uma vez que não há equívoco quanto à ilicitude da conduta, nem tampouco quanto a algum elemento constitutivo do tipo. O agente desenvolve a conduta com vontade e consciência de integralizar os elementos constitutivos do tipo, errando, contudo, quanto à pessoa que deveria ser atingida.

Exemplo: Peixoto pretendia matar Dudu, camisa 10 e melhor jogador de futebol do time Energia, seu adversário no campeonato do bairro. No dia de um jogo do Energia, Peixoto vê, de costas, um jogador com a camisa 10 do time rival. Acreditando ser Dudu, efetua diversos disparos de arma de fogo, mas, na verdade, aquele que vestia a camisa 10 era Ricardo, adolescente que substituiria Dudu naquele jogo. Em virtude dos disparos, Ricardo faleceu. Note-se que Peixoto pretendia matar Dudu, mas, por erro na identificação, acabou matando Ricardo. Trata-se, pois, de erro quanto à pessoa.

O erro quanto à pessoa é considerado tão secundário que o próprio legislador cuidou de assentar que, embora tenha atingido pessoa diversa (vítima efetiva), o agente responderá como se tivesse atingido a pessoa pretendida (vítima virtual).

4.2. Consequência

Conforme se extrai do artigo 20, § 3º, do Código Penal, no contexto de erro quanto à pessoa, o agente não será isento de pena, respondendo pelo delito considerando-se as condições ou qualidades da vítima pretendida.

Incide, no caso, a teoria da equivalência do bem jurídico atingido, em que o agente responderá pelo crime praticado, porém, no momento da aplicação da pena, serão consideradas as condições da vítima virtual.

Consideremos, por exemplo, a hipótese do filho desalmado, que, pretendendo matar seu pai, realiza disparos de arma de fogo contra o homem que estava na varanda da residência do genitor, causando a morte deste. O filho desamado, então, deixa o local satisfeito, por acreditar ter concluído seu intento delitivo, mas vem a descobrir que matara um amigo de seu pai, que contava com 65 anos de idade, que, de costas, era com ele parecido.

Nesse caso, nos termos do artigo 20, § 3º, do Código Penal, consideram-se as condições e qualidades da vítima pretendida. Logo, o filho desalmado responderá pelo crime de homicídio, com a incidência da agravante de ter praticado crime contra ascendente, prevista no artigo 61, II, "e", 1ª parte, do Código Penal. Despreza-se, pois, as condições e características da pessoa atingida, ou seja, o agente não responderá pelo crime de homicídio doloso, com a causa de aumento de pena em razão da idade da vítima efetivamente atingida.

ERRO NA EXECUÇÃO (ABERRATIO ICTUS)

5.1. Conceito

Erro na execução ou *aberratio ictus* significa aberração no ataque ou desvio do golpe.

Ocorre erro na execução quando o agente, pretendendo atingir uma pessoa, por acidente ou erro no uso dos meios de execução, acaba atingindo pessoa diversa. A relação é de pessoa x pessoa e não crime x crime.

O agente não erra quanto à identidade da pessoa, mas quanto aos meios no uso dos meios de execução do delito. Com efeito, visualiza como certa a vítima pretendida, mas, por erro na pontaria, por exemplo, acaba atingindo pessoa diversa.

A *aberratio ictus* pode ocorrer quando, **por acidente**, o agente, ao invés de atingir a pessoa pretendida, atinge pessoa diversa. Suponhamos, nesse caso, que o agente pretende matar Wilson, deixando na sua mesa de trabalho uma xícara de café contendo veneno. Todavia, quem toma o café é Pedro, que acaba falecendo.

Pode ocorrer também quando, **por erro nos meios de execução**, o agente, ao invés de atingir a pessoa pretendida, atinge pessoa diversa. Exemplo: Agente pretendendo matar Wilson, visualiza a vítima, tendo-a como certa, faz a mira e efetua o disparo, mas, no entanto, erra o alvo pretendido, atingindo pessoa diversa, que se encontrava próxima ao local.

5.2. Espécies

Há duas espécies de *aberratio ictus*: a) aberratio ictus com unidade simples; b) aberratio ictus com resultado duplo.

a) *Aberratio ictus* com unidade simples ou com resultado único

Ocorre a *aberratio ictus* com resultado único quando em face de erro na execução somente a pessoa diversa da pretendida é atingida, resultando lesão corporal ou morte.

A consequência jurídica da conduta do agente se encontra retratada no artigo 73, 1ª parte do Código Penal, que faz expressa remissão ao artigo 20, § 3º, do Código Penal. Ou seja, na hipótese de erro na execução, deve-se observar o disposto no artigo 20, § 3º, do Código Penal, segundo o qual, embora tenha atingido pessoa diversa, o agente deve receber tratamento penal considerando-se as condições ou qualidades da pessoa pretendida (vítima virtual), desprezando-se as condições pessoais da vítima efetivamente atingida.

Exemplo: Agente efetua disparos em direção à vítima pretendida (vítima virtual), mas por erro na pontaria, acaba atingindo somente pessoa diversa, vindo a matá-la. Nesse caso, responderá pelo delito de homicídio doloso, como se tivesse matado a vítima pretendida.

É também o caso do agente que, pretendendo matar o seu pai, efetua disparo de arma de fogo, mas, por erro na pontaria, acaba atingindo pessoa diversa, que se encontrava próximo ao seu genitor. Nesse caso, teríamos, em tese, tentativa de homicídio em relação ao pai, e homicídio culposo em relação à pessoa diversa.

Todavia, nos termos do artigo 20, § 3º, do Código Penal, deve-se considerar as condições ou qualidades da vítima pretendida. Assim, no caso, embora tenha atingido de forma letal pessoa diversa, o agente responde como se tivesse atingido a pessoa pretendida, ou seja, como se tivesse matado o próprio pai. Logo, responderá pelo crime de homicídio doloso consumado, com a incidência da agravante de ter praticado crime contra ascendente, prevista no artigo 61, II, "e", 1ª figura, do Código Penal.

b) *Aberratio ictus* com unidade complexa ou com resultado duplo

A *aberratio ictus* com resultado duplo ocorre quando o agente, além de atingir a vítima pretendida, atinge também pessoa diversa.

Nesse caso, com uma única ação, o agente produz mais de um resultado: atinge a pessoa pretendida, e também pessoa diversa. Por essa razão, o artigo 73, 2ª parte, do Código Penal faz expressa remissão ao artigo 70 do Código Penal, devendo ser aplicada a regra do concurso formal de crimes.

Exemplo: Pretendendo matar Wilson, o agente efetua um disparo, que, além de atingir Wilson, atinge também Pedro, que se encontrava atrás da vítima pretendida. Por conta da potência da arma utilizada, o disparo efetuado causou a morte da pessoa pretendida e também da pessoa diversa. Em tese, teríamos homicídio doloso em relação à vítima pretendida e homicídio culposo em relação à pessoa diversa.

Nesse caso, nos termos do que dispõe o artigo 73, 2ª parte, do Código Penal, deve-se aplicar a regra do artigo 70 do Código Penal, segundo o qual, se o agente com uma única ação praticar dois ou mais crimes, deve-se considerar a pena do crime mais grave, aumentando-a de 1/6 (um sexto) até a ½ (metade).

RESULTADO DIVERSO DO PRETENDIDO

1.1. Conceito

A *aberratio criminis* também resulta de acidente ou erro na execução do crime, mas em contexto distinto da *aberratio ictus*.

Enquanto na *aberratio ictus*, a relação é entre pessoa x pessoa, ou seja, o agente, pretendendo atingir uma pessoa, acaba ofendendo pessoa diversa, na aberratio criminis, o agente quer atingir uma pessoa e ofende outra (ou ambas). Na *aberratio criminis*, o agente quer atingir um bem jurídico e ofende outro bem jurídico, produzindo resultado diverso do pretendido.

Exemplo: O agente, pretendo praticar o crime de dano (CP, art. 163), atira uma pedra contra um carro. Todavia, por erro na pontaria, a pedra acabou atingindo uma pessoa que se encontrava próxima ao local. Note-se que o agente pretendia produzir um resultado (dano no veículo), mas acabou produzindo um resultado diverso do pretendido (lesão corporal).

1.2. Espécies

Há duas espécies de *aberratio criminis*: a) aberratio criminis com unidade simples; b) aberratio criminis com resultado duplo.

a) Com unidade simples ou resultado único:

Na *aberratio criminis* com unidade simples, o agente somente atinge o bem jurídico diverso do pretendido. Ou seja, o agente quer atingir uma coisa e atinge uma pessoa.

Nesse caso, o agente responde pelo resultado produzido a título de culpa, se o fato é previsto como crime culposo.

Assim, se o agente, pretendendo atingir o veículo do desafeto, com o intuito de praticar o crime dano, por erro na execução, não atingir o objeto, mas somente uma pessoa que se encontrava próxima ao local, responderá por lesão corporal culposa (CP, art. 129, § 6º), se resultar lesão corporal; ou por homicídio culposo (CP, art. 121, § 3º, do CP), se resultar morte.

b) Com unidade complexa ou resultado duplo:

Na aberratio criminis com resultado duplo, o agente, além de praticar o crime pretendido, também acaba produzindo um resultado diverso do pretendido. Ou seja, com uma ação ou omissão, acaba provocando dois resultados.

Nesse caso, como expressamente prevê a parte final do artigo 74 do Código Penal, aplica-se a regra do concurso formal de crimes (CP, art. 70), considerando-se a pena do crime mais grave aumentada de 1/6 até metade, de acordo com o número de resultados diversos produzidos.

Imaginemos que certo dia, o agente, com raiva do vizinho, resolva quebrar a janela da residência deste. Para tanto, espera chegar a hora adequada e, supondo não haver ninguém na residência, o agente arremessa com força, na direção da casa do vizinho, um enorme tijolo, que, além de quebrar a vidraça, atinge também sua nuca. O vizinho falece instantaneamente. Nesse caso, o agente deverá responder por homicídio culposo em concurso formal com o crime de dano (art. 121, § 3º, e art. 163, na forma do art. 70, todos do Código Penal), considerando-se a pena aplicada para o crime de homicídio culposo, já que mais grave, aumentada de 1/6.

Cumpre ressaltar, por pertinente, que, se o resultado previsto como crime culposo for menos grave ou se o crime não prever modalidade culposa, não aplica o disposto no artigo 74 do Código Penal. Assim, se o agente efetua disparos de arma para matar a vítima, mas não o acerta e quebra a vidraça de uma casa ou acerta um carro, deve-se desprezar a hipótese do artigo 74 do Código Penal, responderá por tentativa de homicídio. Primeiro, porque o crime de tentativa de homicídio é mais grave do que o delito de dano; segundo, porque não há previsão legal de dano culposo.

ERRO SOBRE O NEXO CAUSAL OU ABERRATIO CAUSAE

No erro sobre o nexo causal há uma aberração na causa do resultado. O erro incide sobre a causa do delito. O resultado pretendido pelo agente foi alcançado, mas não em decorrência da causa idealizada pelo agente.

Em outras palavras, o agente supõe que o resultado tenha sido provocado por um ato que praticou, quando, na verdade, foi outra a causa. Há unidade de ato, mas o resultado foi provocado por causa diversa daquela imaginada pelo agente.

Não há erro sobre elemento do tipo, mas sobre o curso causal. Trata-se de erro meramente acidental, incapaz de influenciar na descaracterização do delito. O agente desenvolveu conduta voltada à produção de um resultado, e conseguiu alcançá-lo, embora por causa diversa da que idealizou.

Exemplo: Genro, não suportando mais a sogra, deliberou por matá-la. Para tanto, aguarda a senhora se aproximar de um barranco à margem de um rio com águas caudalosas e, sem que ela pudesse esboçar qualquer reação, empurra a vítima com a intenção que caísse na água e morresse afogada. Todavia, antes de alcançar as águas caudalosas do rio, a vítima acaba batendo a cabeça numa rocha, vindo a falecer, na verdade, por traumatismo craniano.

Note-se que o genro pretendia a morte da sogra, e alcançou tal resultado, mas não pela forma originariamente idealizada (asfixia por afogamento), mas por outra causa (traumatismo craniano). Esse erro sobre o nexo causal não elimina, por evidente, a responsabilização criminal do agente, já que se trata de erro meramente acidental. O agente responderá pelo crime de homicídio doloso consumado.

DESCRIMINANTES PUTATIVAS

1.1 Conceito

As descriminantes putativas estão previstas no artigo 20, § 1º, do Código Penal. Trata-se da hipótese em que, se uma situação de fato ou de direito efetivamente existisse, tornaria legítima a conduta do agente.

Para melhor compreensão, devemos atentar para o significado de cada uma das expressões.

A expressão descriminante guarda relação com causas de exclusão de ilicitude, previstas no artigo 23 do Código Penal: estado de necessidade, legítima defesa, estrito cumprimento do dever legal e exercício regular do direito.

A expressão putativa vem do latim "putativus", que vem do verbo "putare", que significa imaginar ou acreditar. Trata-se de algo que parece ser real, mas, na verdade, é imaginário, inexistente.

Considerando-se a junção das duas expressões, percebe-se que descriminante putativa consiste na percepção equivocada da incidência de uma causa excludente de ilicitude inexistente, imaginária. Por isso, também é chamada de descriminante erroneamente suposta ou descriminante imaginária.

Com efeito, o agente supõe estar diante de uma causa excludente de ilicitude, que, na realidade, não existe, é imaginária.

Em outras palavras, o agente desenvolve uma conduta supondo estar diante de uma situação que lhe permitia agir em estado de necessidade, legítima defesa, estrito cumprimento do dever legal ou exercício regular do direito, mas que não existe.

1.2 Espécies

1.2.1 Descriminante putativa por erro de tipo

A descriminante putativa por erro de tipo guarda relação com o erro relativo aos pressupostos de fato de uma causa de exclusão da ilicitude. Ocorre quando o agente imagina situação de fato totalmente divorciada da realidade no qual está inserido. Há uma falsa percepção da realidade, a ponto de considerar estar diante de uma situação de perigo, agressão injusta, dever legal ou exercício de um direito, que, todavia, não existe, mas, se existisse, tornaria sua ação legítima.

É um erro que incide sobre elemento constitutivo do tipo penal permissivo, assim considerado como sendo aqueles que permitem a realização de condutas inicialmente proibidas. Compreendem os que descrevem as causas de exclusão da ilicitude, ou tipos descriminantes. São espécies de tipo permissivo: legítima defesa, estado de necessidade, exercício regular do direito e estrito cumprimento do dever legal.

O agente representa a situação fática de forma equivocada. Erra sobre o pressuposto fático de um elemento que constitui o tipo penal permissivo. Supõe, por exemplo, estar diante de uma situação de perigo (elemento do tipo permissivo que define o estado de necessidade, previsto no artigo 24 do Código Penal) ou diante de uma agressão injusta (elemento do tipo permissivo que define a legítima defesa, previsto no artigo 25 do Código Penal), mas inexistentes.

Exemplo: Durante uma aula de direito penal na Universidade, o alarme de incêndio é acionado, fazendo com que os alunos ficassem assustados. Um dos alunos, imaginando que o prédio estava pegando fogo, agride o colega que estava à sua frente, a fim de sair rapidamente do local, causando-lhe lesões graves. Alguns minutos depois, sobrevém a informação de que se tratava de alarme falso, ou seja, não existia a situação de perigo (incêndio); era, pois, imaginária. Trata-se de estado de necessidade putativo.

Imaginemos que Wilson profira veementes ameaças contra Pedro, prometendo matá-lo no primeiro encontro. Certo dia, Wilson se encontrava num bar, quando Pedro, desavisadamente, chega ao local. Pedro senta-se numa mesa, pede uma cerveja, e visualiza Wilson já se deslocando em sua direção, colocando a mão na altura da cintura. Supondo que Wilson iria sacar uma arma, Pedro, que passou a andar armado após as ameaças, puxou da cintura um revólver, e efetuou um disparo, atingindo mortalmente o suposto agressor. Verifica-se, após, que Wilson não se encontrava armado, tendo apenas feito menção de pegar o celular que estava na cintura. Logo, Pedro teve uma falsa percepção da realidade, errou sobre uma situação de fato, qual seja, uma agressão injusta inexistente. Errou sobre um elemento constitutivo do tipo permissivo que define a legítima defesa. Trata-se, pois, de legítima defesa putativa.

1.2.2 Descriminante putativa por erro de proibição

Na descriminante putativa por erro de proibição, o agente tem perfeita noção de tudo o que está ocorrendo. Não há qualquer engano acerca da realidade. Não há erro sobre a situação de fato. Supõe estar diante da causa que exclui o crime, porque avalia equivocadamente a norma. O erro recai sobre a existência de uma causa de exclusão de ilicitude, ou sobre os seus limites.

A descriminante putativa por erro de proibição caracteriza o erro de proibição indireto.

A descriminante putativa por erro de proibição pode incidir: a) em relação à existência de uma causa de exclusão da ilicitude; b) em relação aos limites de uma causa de exclusão de ilicitude.

a) em relação à existência de uma causa de exclusão da ilicitude

A descriminante putativa por erro de proibição em relação à existência de uma causa de exclusão da ilicitude ocorre quando o agente, consciente em relação ao contexto fático, supõe estar agindo licitamente, já que amparado por uma excludente de ilicitude.

Exemplo: Um respeitado senhor de idade avançada, após chamar a atenção de um jovem, recebe um violento tapa em seu rosto, desferido pelo atrevido rapaz. O senhor, consciente em relação à situação fática, supõe, mesmo após cessada a agressão, que o direito lhe autoriza a defender sua honra, e passa a agredir violentamente o jovem agressor. Supõe, equivocadamente, que o ordenamento jurídico lhe permite agir em legítima defesa.

b) em relação aos limites de uma causa de exclusão de ilicitude.

A descriminante putativa por erro de proibição também pode incidir em relação aos limites de uma excludente de ilicitude. É possível que o agente, conhecedor de uma excludente, acredite ser possível defender a sua honra, matando aquele que a ofende. Trata-se de um flagrante excesso, portanto um erro nos limites impostos pela excludente.

Imaginemos, ainda, a hipótese de um proprietário de uma área rural, que, na defesa da sua propriedade contra a invasão de posseiros, supõe estar autorizado a matá-los. O proprietário tem ciência sobre a situação de fato, assim como sabe que pode exercer a defesa da sua propriedade; erra, contudo, quanto ao limite ou extensão da causa de exclusão da ilicitude. Supõe estar amparado pela legítima defesa, a ponto de poder matar os invasores.

1.3 Natureza jurídica das descriminantes putativas

Pela teoria limitada da culpabilidade, quando a descriminante putativa incidir sobre pressupostos de uma situação de fato (descriminante putativa por erro de tipo), o efeito em relação à conduta do agente é o mesmo do erro de tipo, previsto no artigo 20, "caput", do Código Penal: Se o erro foi invencível, exclui o dolo e a culpa; se vencível, exclui o dolo, mas o agente responde pelo delito culposo, se previsto em lei. Agora, se a descriminante putativa recair sobre a existência ou limites legais das excludentes (descriminante putativa por erro de proibição), o efeito será o mesmo do erro de proibição: se inevitável, o agente será isento de pena; se evitável, o agente responde pelo delito, mas terá a pena reduzida (CP, art. 21).

Como se vê, em relação à descriminante putativa por erro de proibição não há maiores problemas para definição da natureza jurídica. Isso porque, nesse caso, tanto para a teoria extremada quanto para a teoria limitada, adota-se os mesmos efeitos do erro de proibição. Por isso, convencionou-se denominar a descriminante putativa sobre a existência ou limites de uma causa excludente de erro de proibição indireto.

O debate se torna mais acirrado quando se trata de estabelecer a natureza jurídica da descriminante putativa sobre pressupostos de uma situação de fato (descriminante putativa por erro de tipo). Para os adeptos da teoria extremada da culpabilidade, o tratamento jurídico deve ser idêntico ao do erro de proibição; para os adeptos da teoria limitada da culpabilidade, o tratamento jurídico deve ser idêntico ao do erro de tipo.

O Código Penal adotou expressamente a teoria limitada da culpabilidade. A própria Exposição de Motivos da Parte Geral do Código Penal, especificamente nos itens 17 e 19, permite essa conclusão:

17. É, todavia, no tratamento do erro que o princípio nullum crimen sene culpa vai aflorar com todo o vigor no direito legislativo brasileiro. Com efeito, acolhe o Projeto, nos artigos 20 e 21, as duas formas básicas de erro construídas pela dogmática alemã: erro sobre elementos do tipo (Tatbestandsirrtum) e erro sobre a ilicitude do fato (Verbotsirrtum). Definiu-se a evitabilidade do erro em função da consciência potencial da ilicitude (parágrafo único do artigo 21), mantendo-se no tocante às descriminantes putativas a tradição brasileira, que admite a forma culposa, em sintonia com a denominada "teoria limitada da culpabilidade" (Culpabilidade e a Problemática do Erro Jurídico Penal, de Francisco de Assis Toledo, in Rev. Trib. 517/251).

(...)

19. Repete o Projeto as normas do Código de 1940, pertinentes às denominadas "descriminantes putativas". Ajusta-se, assim, o Projeto à teoria limitada pela culpabilidade, que distingue o erro incidente sobre os pressupostos fáticos de uma causa de justificação do que incide sobre a norma permissiva. Tal como no Código vigente, admite-se nesta área a figura culposa (artigo 17, § 1º).

ERRO PROVOCADO POR TERCEIRO

O erro provocado por terceiro está previsto no artigo 20, § 2º, do Código Penal, segundo o qual somente o terceiro que determina o erro responderá pelo delito.

Ao contrário do erro de tipo essencial, em que o agente incide no erro sobre os elementos constitutivos do tipo legal por conta própria, no erro provocado por terceiro o agente é induzido por alguém a ter uma falsa percepção da realidade em relação aos elementos constitutivos do tipo legal.

Há a figura do agente provocador e do agente provocado. O agente provocador induz o provocado a praticar determinada conduta, razão pela qual se diz que o erro não foi espontâneo, mas em decorrência da atuação de uma terceira pessoa.

O terceiro provocador responde pelo delito na condição de autor mediato, podendo a provocação ser dolosa ou culposa. O terceiro provocado figura como autor imediato, podendo sua responsabilidade penal ser excluída, conforme a escusabilidade ou não do erro que incorreu.

Há provocação dolosa quando o erro é preordenado pelo terceiro, que conscientemente induz o sujeito a incidir em erro. Neste caso, o terceiro provocador responde pelo crime a título de dolo.

Existe determinação (ou provocação) culposa quando o terceiro provocador age com imprudência, negligência ou imperícia. O terceiro provocador responderá a título de culpa pelo delito decorrente da conduta do provocado.

O tratamento penal em relação ao agente provocado (autor imediato) vai depender da escusabilidade ou não do erro ao qual foi induzido. Se o erro provocado pelo terceiro for escusável ou inevitável, haverá exclusão do dolo e da culpa, não incidindo, portanto, qualquer responsabilização criminal em relação ao terceiro provocado. Se o erro provocado pelo terceiro for inescusável ou evitável, haverá exclusão do dolo, mas o terceiro provocado responderá pelo crime na modalidade culposa, desde que prevista em lei.

Exemplo: Desejando matar "C", "A" entrega uma arma municiada a "B", fazendo-o crer que se trata de arma de brinquedo e o induz a acionar o gatilho na direção da vítima. "B", supondo sinceramente ser mero simulacro de arma de fogo, aciona o gatilho e mata o ofendido. "A", agente provocador, responde por homicídio doloso, na condição de autor mediato. "B", agente provocado, considerando-se hipótese de erro escusável, não responde por crime algum, diante da exclusão do dolo e da culpa.

▾ EXCLUDENTES DE ILICITUDE

CAUSAS EXCLUDENTES DE ILICITUDE

1. INTRODUÇÃO

Ilicitude consiste na contrariedade do fato típico praticado pelo agente em relação ao ordenamento jurídico, gerando lesão ou expondo a perigo de lesão bens jurídicos tutelados pelo Direito Penal.

A ilicitude é o segundo elemento do crime. Uma vez constatado que o fato é típico, passa-se à análise da ilicitude do fato, ou seja, se é contrário ao ordenamento jurídico. Se o fato for típico e também ilícito, presentes estarão os dois primeiros elementos do crime, restando a análise da culpabilidade do agente.

2. ESTADO DE NECESSIDADE

CONCEITO

Nos termos do artigo 24 do Código Penal, estado de necessidade é a causa de exclusão da ilicitude da conduta de quem, não tendo o dever legal de enfrentar o perigo atual, a qual não provocou por sua vontade, sacrifica um bem jurídico ameaçado por esse perigo para salvar outro, próprio ou alheio, cuja perda não era razoável exigir.

Há um conflito entre interesses lícitos, que se resolve com o sacrifício de um bem jurídico de menor valor do que o bem jurídico protegido em decorrência uma situação de perigo.

Tem como fundamento um estado de perigo para certo interesse jurídico, que somente pode ser resguardado mediante a lesão de outro.

> ▷ **Exemplo:** um pedestre joga-se na frente de um motorista, que, para preservar a vida humana, opta por desviar e colidir com outro que se encontrava estacionado nas proximidades. Entre sacrificar uma vida e um bem material, o agente fez a opção claramente mais razoável. Não pratica crime de dano, pois o fato, apesar de típico, não é ilícito.

ESTADO DE NECESSIDADE JUSTIFICANTE E ESTADO DE NECESSIDADE EXCULPANTE

Há duas principais teorias que buscam estabelecer a distinção e aplicação do estado de necessidade justificante e estado de necessidade exculpante: a) teoria unitária; b) teoria diferenciadora.

Trata-se, basicamente, de estabelecer a incidência da excludente de ilicitude considerando a ponderação entre o valor do bem protegido em detrimento do bem sacrificado.

a) Teoria unitária

> ▷ **É a teoria adotada pelo Código Penal.**

Embora o Código Penal não estabeleça expressamente a ponderação de bens, deve-se, à evidência, observar o critério da razoabilidade e proporcionalidade entre o bem protegido e o bem sacrificado.

Assim, se para preservar uma vida sacrifica-se outra vida ou patrimônio alheio, embora seja típico, o fato não será ilícito por conta da incidência do estado de necessidade, já que o bem protegido é de igual ou maior valor do que o bem sacrificado.

De outro lado, se o bem jurídico protegido for de menor valor do que o bem jurídico sacrificado, não há exclusão da ilicitude, devendo o agente responder pelo delito, podendo incidir, no entanto, a causa de diminuição da pena prevista no artigo 24, § 2º, do Código Penal.

Imaginemos que, num incêndio, o agente opte por ofender a integridade física de uma pessoa (praticar lesão corporal grave), para salvar seu computador que contém importantes arquivos relacionados à sua empresa. Note que não há estado de necessidade, pois, para salvar bem de menor valor (patrimônio), sacrificou outro de maior valor (integridade corporal). No caso, o agente responderá pelo delito de lesão corporal grave, podendo-se cogitar a incidência da causa de diminuição da pena prevista no artigo 24, § 2º, do Código Penal.

b) Teoria diferenciadora

A teoria diferenciadora guarda relação com o critério da ponderação de bens, estabelecendo a diferença entre estado de necessidade justificante e estado de necessidade exculpante.

Para essa teoria, há estado de necessidade justificante quando o bem ou interesse sacrificado for de igual ou menor valor do que o protegido. Nessa hipótese, embora seja típico, o fato não será ilícito, por conta da incidência de causa excludente de ilicitude.

Essa teoria não é aplicada pelo Código Penal, pelo que forçoso concluir que o estado de necessidade jamais atuará como causa supralegal de exclusão da culpabilidade.

REQUISITOS

O artigo 24, "caput", e seu § 1º, do Código Penal, prevê os requisitos para a incidência do estado de necessidade. Tais requisitos são cumulativos, devendo todos estarem presentes para configurar a causa excludente de ilicitude.

Os requisitos para configurar o estado de necessidade são:

- Perigo atual
- Ameaça a direito próprio ou alheio
- Situação de perigo não provocado voluntariamente pelo agente
- Ausência do dever legal de enfrentar o perigo
- Inevitabilidade do comportamento lesivo
- Não ser exigível sacrifício do interesse ameaçado

- Ter conhecimento da situação do fato justificante

A) SITUAÇÃO DE PERIGO

A situação de perigo caracteriza o estado de necessidade. O agente pratica um fato típico, para se salvar de uma situação de perigo. Trata-se de hipótese de o agente estar diante de um fato que exponha seu bem jurídico a uma probabilidade de dano.

Essa situação de perigo pode decorrer de ação humana (lesionar uma pessoa durante fuga para se salvar de um incêndio provocado por alguém); por um fato da natureza (subtrair um barco para se salvar de uma inundação); por comportamento de um animal (danificar um patrimônio para se salvar de ataque de um cão bravio).

B) AMEAÇA A DIREITO PRÓPRIO OU ALHEIO: ESTADO DE NECESSIDADE PRÓPRIO E DE TERCEIRO

A expressão "direito", contida no artigo 24 do Código Penal, deve ser interpretada de forma abrangente, atingindo qualquer bem jurídico, próprio ou de terceiro, exposto a perigo, tais como a vida, a integridade física, a honra, a liberdade e o patrimônio.

Em relação ao terceiro, não se exige qualquer relação jurídica entre o agente que age em estado de necessidade e o terceiro, sendo, pois, dispensável qualquer relação de parentesco, amizade ou subordinação entre o agente e o terceiro necessitado. Assim, perfeitamente possível arguir estado de necessidade para defesa de bem jurídico de pessoa desconhecida.

C) SITUAÇÃO DE PERIGO NÃO CAUSADA VOLUNTARIAMENTE PELO SUJEITO

O Código Penal é expresso no sentido de não viabilizar a possibilidade de se invocar estado de necessidade quem provocou a situação de perigo voluntariamente. De fato, parece sintomática e lógica a previsão do legislador, já que o ordenamento jurídico não pode referendar sacrifício de um direito, beneficiando com uma causa de exclusão de ilicitude agente que provocou, de forma voluntária, uma situação de perigo.

▷ **Ex:** Tício mora no 3º andar de prédio de sua propriedade. Com ele reside colega de escritório. Com a intenção de receber seguro, Tício ateia fogo no edifício. O incêndio, porém, assume rapidamente proporções inesperadas e bloqueia praticamente todas as saídas. Tício, neste momento, percebendo que o colega usa uma corda para descer pela janela mata o companheiro para pegar a corda e salvar-se. O homicídio do companheiro de escritório não encontra no estado de necessidade causa de justificação, uma vez que Tício criara o perigo que ensejou a situação aflitiva.

D) AUSÊNCIA DO DEVER LEGAL DE ENFRENTAR O PERIGO

Nos termos do artigo 24, § 1º, do Código Penal, "Não pode alegar estado de necessidade quem tinha o dever legal de enfrentar o perigo". Assim, por força desse dispositivo, quando a lei impuser ao agente o dever de enfrentar o perigo, deve ele buscar salvar o bem ameaçado sem sacrificar outro qualquer, ainda que tenha de correr os riscos inerentes à sua função.

E) INEVITABILIDADE DO COMPORTAMENTO LESIVO

Ao tratar do estado de necessidade, o Código Penal, no seu artigo 24, exige, como pressuposto, a inexistência de um outro meio de evitar o perigo, isto é, quando o dano produzido pelo agente for inevitável.

Assim, o agente estará autorizado a praticar um fato típico quando for absolutamente imprescindível para evitar a lesão ao bem jurídico.

Se possível afastar o perigo por qualquer outro meio, deve o agente se abster de sacrificar bem jurídico alheio. Isso porque o estado de necessidade apresenta um caráter de subsidiariedade, ou seja, entre sacrificar o bem jurídico e se afastar da situação de risco, deverá por essa solução optar o agente.

Se o perigo pode ser afastado por uma conduta menos lesiva, a prática do comportamento mais lesivo não configura a excludente.

Exemplo: se para se salvar do ataque de um cão bravio, pode o agente empreender fuga, não poderá matar o animal e depois alegar estado de necessidade, porquanto havia outra forma de impedir a lesão ao seu bem jurídico.

F) INEXIGIBILIDADE DE SACRIFÍCIO DO INTERESSE AMEAÇADO

A ponderação de bens está insculpida no final do art. 24 do Código Penal, ao admitir o estado de necessidade, para proteger direito próprio ou alheio "cujo sacrifício, nas circunstâncias, não era razoável exigir-se". A admissibilidade do estado de necessidade é orientada pelo princípio da razoabilidade ou proporcionalidade.

Isso significa que se deve observar a proporcionalidade entre o bem sacrificado e o bem protegido, não sendo razoável admitir o sacrifício de uma vida para preservar um patrimônio.

Em síntese, somente se admite a invocação da excludente do estado de necessidade, quando para salvar bem de maior ou igual valor ao do sacrificado. Há ponderação de bens.

3. LEGÍTIMA DEFESA

3.1. Conceito

Nos termos do art. 25 do CP, "Entende-se em legítima defesa quem, usando moderadamente dos meios necessários, repele injusta agressão, atual ou iminente, a direito seu ou de outrem".

É uma causa de exclusão da ilicitude que consiste em repelir injusta agressão, atual ou iminente, a direito próprio ou alheio, usando moderadamente dos meios necessários.

A Lei 13.964/2019 introduziu o parágrafo único ao artigo 25 do Código Penal, segundo o qual "Observados os requisitos previstos no caput deste artigo, considera-se também em legítima defesa o agente de segurança pública que repele agressão ou risco de agressão a vítima mantida refém durante a prática de crimes."

Em que pese já se enquadrar no "caput" do artigo 25 do Código Penal, o legislador optou por especificar a conduta do agente de segurança que se depara com agressão ou risco de agressão a vítima mantida refém durante a prática de crimes.

É o caso, por exemplo, do agente de segurança efetuar disparos contra o sujeito que, durante a prática de roubo a banco, mantém vítima refém.

REQUISITOS

A legítima defesa, nos termos em que é proposta pelo nosso Código Penal, exige a presença simultânea dos seguintes requisitos: agressão injusta, atual ou iminente; direito próprio ou alheio; meios necessários usados moderadamente; elemento subjetivo; animus

a) Agressão injusta, atual ou iminente

Exige-se, para caracterizar a legítima defesa, a existência de uma agressão injusta. Injusta será a agressão que não estiver protegida por uma norma jurídica, isto é, não for autorizada pelo ordenamento jurídico.

Além de injusta, a agressão deve ser atual ou iminente.

Atual é a agressão que está acontecendo, ou seja, o efetivo ataque já em curso no momento da reação defensiva

Iminente é a que está prestes a ocorrer. Nesse caso, a agressão ainda não teve início, mas poderá ocorrer em momento imediato. Exemplo do agressor que anuncia o ataque, e parte, munido de uma faca, em direção à vítima para matá-la, que reage desferindo um disparo de arma de fogo contra o agressor, fazendo cessar a agressão.

A agressão que se anuncia para o **futuro** e a agressão **passada** não autoriza a legítima defesa. De fato, não se admite legítima defesa contra suposta agressão que nem sequer poderá ocorrer, nem tampouco em relação à agressão pretérita, pois caracterizaria vingança.

Em relação ao titular do bem jurídico sujeito à agressão, há duas formas de legítima defesa: a) legítima defesa própria, quando a agressão é direcionada ao próprio titular do bem jurídico atacado ou ameaçado; b) legítima defesa de terceiro, quando a agressão é voltada a atingir bem jurídico alheio.

b) Reação com os meios necessários

Meios necessários são aqueles à disposição do agredido eficazes e suficientes para repelir a agressão injusta, devendo ser a menos lesiva possível ao agressor. O ofendido deve eleger, dentre os que se encontram ao seu alcance, o meio capaz de fazer cessar a agressão.

Assim, se o agressor franzino atacar o ofendido de próprio punho, a princípio, um pedaço de madeira ou uma barra de ferro seria suficiente para fazer cessar a agressão. Se o ofendido, nesse caso, eleger uma arma de fogo para repelir a injusta agressão, estará incorrendo em excesso, pois usou mais lesivo para cessar o ataque.

c) Uso moderado dos meios necessários

Após eleger o meio necessário, o agredido deverá fazer uso moderado desses meios, suficiente para fazer cessar a agressão injusta.

É o emprego dos meios necessários dentro do limite do razoável para conter a agressão. A proporção entre o ataque e a defesa empreendida deve ser verificada no caso concreto, considerando-se a natureza e a gravidade da agressão, e a extensão da reação.

Assim, se a vítima está sendo atacada pelo agente munido de uma faca, poderá se utilizar de uma arma de fogo para repelir a injusta agressão (eis o meio necessário), mas deverá agir com moderação. Nesse caso, se um disparo foi um suficiente para fazer cessar a agressão, o ofendido não poderá efetuar o segundo disparo, sob pena de incorrer em excesso e responder pelo resultado produzido pela desproporção da defesa em relação ao ataque.

Diversamente do que ocorre no estado de necessidade, incide a excludente de ilicitude da legítima defesa ainda que, embora havendo a possibilidade de fugir da agressão injusta, o agente tenha optado livremente pelo seu enfrentamento. Dito de outro modo, a possibilidade de fuga diante da agressão injusta não impede o exercício da legítima defesa.

Não há imposição do commodus discessus, obrigando a vítima a empreender fuga, se possível fazê-la, ao invés de repelir a injusta agressão, buscando a saída mais cômoda e menos lesiva.

d) Elemento subjetivo da legítima defesa

Além dos requisitos de ordem objetiva, a legítima defesa exige requisito de ordem subjetiva, consistente no conhecimento da situação de agressão injusta e da necessidade da defesa.

Com efeito, o agente que age em legítima defesa deve ter ciência de que está diante de uma agressão injusta, sob pena de não incidir a excludente.

Imaginemos agente que desfere disparos de arma de fogo contra desafeto, sem saber que estava na iminência de ser por ele agredido. Verificado que o desafeto também estava armado e pronto para agredir o agente, não poderá este alegar legítima defesa, por ausência do elemento subjetivo da legítima defesa.

LEGÍTIMA DEFESA E AGENTE DE SEGURANÇA PÚBLICA

A Lei 13.964/2019, chamada de "Pacote Anticrime", introduziu a figura da legítima defesa de agentes de segurança pública, nos casos de crimes com vítima refém, incluindo um parágrafo único no artigo 25 do Código Penal, com a seguinte redação: "Observados os requisitos previstos no caput deste artigo, considera-se também em legítima defesa o agente de segurança pública que repele agressão ou risco de agressão a vítima mantida refém durante a prática de crimes."

Alguns autores, não sem razão, consideram inócuo esse dispositivo, uma vez que a ação do agente de segurança pública já estaria abarcada pela legítima defesa do "caput" do artigo 25 do Código Penal.

Trata-se, todavia, de um dispositivo que visa a assegurar, de modo específico, a atuação de agentes de segurança no contexto de crimes com vítima mantida refém. É um instrumento jurídico de exclusão da ilicitude que busca legitimar, com mais segurança ainda, a ação daquele atirador de elite (sniper), por exemplo, no desenrolar de um crime, que, por haver vítima refém, torna a situação ainda mais tensa e imprevisível.

É nesse cenário tenso e imprevisível, onde a tomada de decisão e atuação ocorre em frações de segundos, que o legislador inseriu a legítima defesa específica como forma de conferir maior proteção jurídica a agentes de segurança pública no desenrolar de um crime com vítima refém.

Com a introdução do parágrafo único ao artigo 25 do Código Penal, sedimentando-se, de forma definitiva, a posição de que o agente de segurança pública que alveja um suspeito durante a prática de um crime atuará em legítima defesa, e não estrito cumprimento de um dever legal.

LEGÍTIMA DEFESA SUCESSIVA

É admissível a legítima defesa sucessiva.

A legítima defesa sucessiva incide na hipótese de excesso na legítima defesa. Dito de outro modo, afigura-se legítima a defesa quando o agredido se excede na repulsa da injusta agressão, passando a atuar como agressor injusto, legitimando a defesa contra esse excesso.

Assim, num primeiro momento, temos a figura do agressor injusto e da vítima que repele a injusta agressão. Num segundo momento, com o excesso no uso dos meios necessários, passamos a ter a figura da vítima/agressor injusto e do agressor injusto/vítima do excesso. Há, na primeira hipótese, legítima defesa em relação à vítima originária, e, sucessivamente, em decorrência do excesso, legítima defesa em relação ao agressor originário.

Consideremos, por exemplo, que Leandro começou a agredir injustamente Márcio. A vítima, então, de posse de uma faca, fere e imobiliza o agressor, mas, pensando ainda estar sob o influxo do ataque, prossegue na reação, buscando desferir outros golpes. Nessa situação, é cabível a Leandro invocar legítima defesa em relação ao excesso praticado por Márcio, configurando a legítima defesa sucessiva.

LEGÍTIMA DEFESA PREORDENADA (OFENDÍCULOS)

Ofendículo significa obstáculo, impedimento ou empecilho. No contexto jurídico, pode ser definido como mecanismos ou aparatos destinados à proteção de patrimônio ou qualquer bem jurídico contra eventual ataque futuro, como, por exemplo, cercas elétricas instaladas nas residências, portões com ponta de lança, cacos de vidros colocados nos muros e cães bravios.

A doutrina diverge quanto à natureza jurídica dos ofendículos. Para alguns, trata-se de legítima defesa preordenada; para outros, constituem exercício regular de um direito.

Prevalece, no entanto, o entendimento no sentido de que a predisposição de mecanismos e artefatos de proteção constitui legítima defesa preordenada, desde que dispostos de forma a serem acionados somente quando necessário e fora do alcance de pessoas inocentes.

Assim, se o proprietário de uma residência colocar uma cerca elétrica para proteção do seu patrimônio, e alguém tentando ingressar na residência morre eletrocutado, incidirá a favor do proprietário a causa excludente de ilicitude consistente em legítima defesa preordenada.

4. ESTRITO CUMPRIMENTO DO DEVER LEGAL

CONCEITO

Ao contrário do estado de necessidade (CP, art. 24) e da legítima defesa (CP, art. 25), o Código Penal não dispôs sobre o conceito e requisitos do estrito cumprimento do dever legal, relegando à doutrina e jurisprudência estabelecer as características dessa causa excludente de ilicitude.

Estará ao abrigo do estrito cumprimento do dever legal, o agente que praticar um fato típico em face do cumprimento de um dever observando rigorosamente os limites impostos pela lei, de natureza penal ou não.

Exemplo: policial que prende o agente em flagrante ou mediante cumprimento de mandado de prisão, embora atinja o seu direito de liberdade, não comete o crime previsto no art. 148 do Código Penal, porque cumpre o dever que lhe é imposto por lei.

Da mesma maneira, inexiste violação de domicílio criminosa (CP, art. 150) se policial invade residência alheia para realizar prisão em flagrante pela prática de crime que está sendo praticado no local.

DESTINATÁRIO DA EXCLUDENTE

A excludente é destinada precipuamente aos agentes que exercem atividade pública, tal como funcionário público ou agente público que age por ordem da lei. Também alcança o particular que exerce função pública, ainda que temporariamente, como, por exemplo, o jurado, mesário da Justiça Eleitoral.

DEVER LEGAL

É fundamental, para incidir essa excludente, que o dever decorra, diretamente ou indiretamente, de lei, em sentido genérico, emanado de autoridade pública competente.

O dever pode ser imposto por qualquer lei, seja penal ou extrapenal, podendo se originar de decreto, regulamento ou qualquer ato administrativo de caráter geral. Da mesma forma, o dever pode emanar de decisões judiciais, já que, ao fim e ao cabo, nada mais são que a aplicação da lei ao caso concreto.

Não se enquadram no contexto de dever legal, não incidindo, portanto, a excludente de ilicitude, o cumprimento de dever social, moral ou religioso. Assim, não age no estrito cumprimento do dever legal, pastor que invade domicílio a pretexto de afastar maus espíritos.

CUMPRIMENTO NOS ESTRITOS LIMITES DA LEI

É necessário que o sujeito pratique o fato no estrito cumprimento do dever legal. Fora daí, a conduta torna-se ilícita. Deve, pois, observar os rígidos limites do dever previsto em lei, sob pena de incorrer em excesso.

Com efeito, não pode o agente extrapolar os limites do razoável e do necessário ao cumprimento do dever. Se ultrapassar os limites impostos pela lei, responderá pelo resultado produzido, a título culposo ou doloso, conforme tenha ou não sido ele intencional.

5. EXERCÍCIO REGULAR DE DIREITO

CONCEITO

Assim como o estrito cumprimento do dever legal, não há no Código Penal dispositivo estabelecendo o conceito e as características do exercício regular do direito, limitando-se o legislador a indicar que se trata de excludente de ilicitude, nos termos do artigo 23, III, do Código Penal.

Qualquer direito, público ou privado, penal ou extrapenal, regulamente exercido, afasta a antijuridicidade. Mas o exercício deve ser regular, isto é, deve obedecer a todos os requisitos objetivos exigidos pela ordem jurídica.

ALCANCE

A Constituição Federal dispõe que ninguém será obrigado a fazer ou deixar de fazer alguma coisa senão em virtude de lei (CF/88, art. 5º, II). Logo, se a lei autoriza o agente a praticar determinada conduta, não poderá, à evidência, considerá-la ilícita.

A expressão direito é empregada em sentido amplo, abrangendo todas as formas de direito subjetivo, penal ou extrapenal, como, por exemplo, a faculdade do uso moderado dos meios de correção e disciplina, decorrentes do poder familiar, nos termos do artigo 1634, inciso I, do Código Civil.

Conforme parte da doutrina, o costume também legitima certas ações e fatos típicos, como, por exemplo, o trote acadêmico, em que as violências, injúrias e constrangimentos que os veteranos praticam contra os noviços não se consideram atos antijurídicos em face do direito penal, porque longo e reiterado costume consagra o "trote" como instituição legítima.

Qualquer pessoa pode exercitar um direito subjetivo ou uma faculdade prevista em lei (penal ou extrapenal). Exemplo clássico é do particular que realiza a prisão em flagrante, conforme prevê o artigo 301 do Código de Processo Penal.

A prática de determinadas atividades esportivas produz, invariavelmente, lesões corporais, tais como o futebol, o boxe e a luta livre.

Nesses casos, o fato típico praticado não será ilícito, desde que a conduta desenvolvida pelo agente observe os estritos limites das regras do esporte praticado.

Se, no entanto, o desportista não observar as regras que disciplinam o esporte praticado, responderá pelo resultado lesivo que produzir, segundo seu dolo ou sua culpa.

Assim, se um jogador de futebol desferir um violento pontapé no rosto do adversário caído ao solo, responderá pelo resultado produzido, qual seja, lesão corporal, já que extrapolou os limites das regras da atividade desportiva que exercia.

6. CONSENTIMENTO DO OFENDIDO

6.1 Introdução

Para ser considerado como causa excludente de ilicitude, o dissentimento do ofendido não pode se revestir de elemento inerente ao tipo penal. Se o dissentimento for elemento integrante do tipo penal, o consentimento do ofendido terá força para excluir a própria tipicidade da conduta, e não a ilicitude do fato.

Tomemos como exemplo o crime de estupro (CP, art. 213). O dissentimento da vítima, ou seja, a aversão em relação ao ato sexual, constitui elemento integrante do tipo penal, ainda que não expressamente descrito. Com efeito, somente pode ser imputado ao agente a prática de crime de estupro, se a conjunção carnal ou ato libidinoso diverso da conjunção carnal foi realizada mediante violência ou grave ameaça. Esses meios de execução (violência ou grave ameaça) revelam que a vítima não consentiu livremente com o ato sexual, revestindo-se o fato de tipicidade. Se, de outro lado, a vítima consente com o ato sexual, não estará presente um elemento do tipo penal, consistente no dissentimento, razão pela qual o fato será atípico.

Logo, no caso exposto, o consentimento do ofendido constitui causa de exclusão da tipicidade, e não de ilicitude.

O mesmo raciocínio pode ser empregado em relação ao crime de sequestro ou cárcere privado (CP, art. 148). Para que se revista de tipicidade, o fato consistente na privação de liberdade não pode ser admitido pela vítima. Ou seja, caracteriza o crime de sequestro ou cárcere privado quando a vítima tem a sua liberdade privada contra a sua vontade. Se, todavia, a vítima, livre de qualquer tipo de coação, consentir em ter sua liberdade privada, o fato será atípico, pela ausência do dissentimento, elemento implícito do tipo penal que define o crime de sequestro ou cárcere privado.

Pode-se, ainda, citar como exemplo de consentimento do ofendido como causa de exclusão da tipicidade o que ocorre no crime de violação do domicílio (CP, art. 150), em que a permanência do agente no domicílio contra a vontade da vítima é inerente ao tipo penal. Se a vítima consentir que o agente permaneça no seu domicílio, o fato será atípico, por conta da ausência de um elemento integrante do tipo penal.

REQUISITOS

Para que seja reconhecida a causa supralegal de exclusão da ilicitude decorrente do consentimento do ofendido, determinados requisitos deverão ser preenchidos:

a) Bem disponível

O consentimento do ofendido, como causa excludente de ilicitude, incide nos crimes em que é o único titular do bem ou interesse penalmente tutelado, e que pode dele livremente dispor, ou seja, somente em relação a bens disponíveis.

As infrações penais que geralmente admitem a possibilidade do consentimento do ofendido, por tutelarem, em regra, bens disponíveis, envolvem: a) crimes contra o patrimônio, praticados sem violência ou grave ameaça; b) crimes contra a integridade física; c) crimes contra a honra; d) crimes contra a liberdade individual.

Assim, se o bem jurídico violado, ainda que seja de ação penal pública incondicionada, atingir interesse prevalentemente individual, poderá ser enquadrado no bloco dos bens jurídicos disponíveis. Imaginemos que o agente está praticando a subtração de um celular, momento em que é avistado pela vítima, que consente com o desapossamento, por considerar que as funções do aparelho já estão superadas. O fato é típico, pois se enquadra na descrição do modelo de conduta proibida prevista no artigo 155 do Código Penal; não será, contudo, ilícito, por força do consentimento da vítima, já que se trata de bem disponível.

b) Capacidade plena do ofendido para consentir

Nos termos do artigo 27 do Código Penal, a capacidade plena é atingida quando a pessoa completa 18 (dezoito) anos de idade. Assim, somente os maiores de 18 anos de idade e aqueles que não sofrem de enfermidade mental incapacitante para a compreensão dos atos praticados, poderão dispor do bem tutelado e manifestar o consentimento com a sua violação.

Poder-se-ia ter a falsa percepção de que o menor de 18 anos e maior de 14 anos de idade não teria capacidade para consentir com o ato sexual, afastando, assim, possibilidade de exclusão da ilicitude. Ocorre, contudo, que, nesses casos, o ato sexual consentido por pessoas maiores de 14 anos não constitui sequer fato típico, por absoluta ausência de previsão legal de que se trata de conduta penalmente proibida. Registre-se, por pertinente, que o consentimento do ofendido menor de 14 anos com o ato sexual não afasta a tipicidade da conduta, conforme dispõe expressamente o artigo 217-A, § 5º, do Código Penal.

O consentimento prestado pelo representante legal do ofendido não é válido para fins de reconhecimento da causa de exclusão de ilicitude.

c) Consentimento válido

O consentimento deve ser concedido livre de qualquer tipo de vício, coação, violência ou ameaça. Também não terá validade se obtido mediante paga ou promessa de recompensa.

Dessarte, o consentimento do ofendido deve ser livre e voluntário, destituído de qualquer mácula capaz de invalidá-lo.

Da mesma forma, o consentimento deve observar a moral e os bons costumes.

d) Consentimento prévio ou concomitante à lesão ao bem jurídico

O consentimento do ofendido deve ser prestado antes ou durante a prática do delito. Assim, no crime de dano, por exemplo, o consentimento deve ser prestado antes ou durante a conduta de danificar, inutilizar ou deteriorar o bem jurídico. O fato será típico, pois previsto no artigo 163 do Código Penal, mas não será ilícito por conta do consentimento do ofendido.

Se for prestado após a consumação do delito, o consentimento do ofendido não terá o efeito de excluir a ilicitude do fato. Imaginemos que o agente tenha subtraído um celular da vítima. Após a descoberta da autoria, a vítima, não querendo "se incomodar", consente com que o agente tome definitivamente para si o celular subtraído. Nesse caso, porque o consentimento foi prestado após a consumação do delito de furto, não haverá exclusão da ilicitude.

e) Consentimento expresso

O consentimento deve ser expresso, independentemente se prestado de forma oral ou por escrito. Basta que fique claro o desejo da vítima em consentir com o fato praticado.

Parte da doutrina admite o consentimento presumido ou ficto, desde que seja possível extrair do contexto fático e das circunstâncias do caso concreto, com certo grau de certeza, de que o ofendido anuiu com o fato praticado.

EXCLUDENTES DE CULPABILIDADE

1. CULPABILIDADE: TEORIAS E ELEMENTOS

1.1. Introdução

Considerando a teoria clássica, causalista, causal ou mecanicista da conduta, o dolo e a culpa integram a culpabilidade. Como forma de evitar a responsabilidade objetiva, para essa concepção, a culpabilidade é elemento do crime. Logo, o conceito analítico do crime é tripartido: fato típico, ilícito, praticado por agente culpável.

Para a teoria finalista, o dolo e a culpa não integram a culpabilidade, mas a conduta. Diante disso, passou-se a admitir um conceito bipartido do crime: fato típico e ilícito, sendo a culpabilidade pressuposto para a aplicação da pena.

Doutrinariamente, a culpabilidade é considerada um juízo de censurabilidade e reprovação social incidente sobre o fato e seu autor, como forma de se verificar a necessidade de aplicação de uma pena.

Em outras palavras, quando pratica um fato típico e ilícito, o agente será submetido a um juízo de censura, que incide sobre a manifestação e exteriorização da vontade do agente, a fim de verificar a possibilidade de imposição de uma pena.

1.2. Teorias da culpabilidade

1.2.1. Teoria psicológica

Para essa teoria, o pressuposto da culpabilidade é a imputabilidade do agente, consistente na capacidade do agente de compreender o caráter ilícito do fato e de determinar-se de acordo com esse entendimento. Há, portanto, apenas um vínculo psicológico entre o agente e o fato típico e ilícito, representado pelo dolo ou culpa.

Todavia, para ser possível analisar a presença do dolo e da culpa na sua conduta, o agente deve ser imputável, já que a imputabilidade é um pressuposto da culpabilidade.

Assim, para a teoria psicológica, o dolo e a culpa integram a culpabilidade, sendo a imputabilidade seu pressuposto.

Essa teoria somente é aplicável na teoria clássica da conduta, que considera o dolo e a culpa integrantes da culpabilidade.

Essa teoria não é aceita, pois não explica situações envolvendo inexigibilidade de conduta diversa e culpa inconsciente.

1.2.2. Teoria psicológico-normativa ou normativa da culpabilidade

Essa teoria foi concebida por Reinhart Frank em 1907, vinculando a culpabilidade com a exigibilidade de conduta diversa.

Para essa teoria, a culpabilidade não está restrita ao aspecto psicológico, razão pela qual conferiu a ela um novo elemento, de caráter puramente normativo, consistente no que atualmente se denomina exigibilidade de conduta diversa.

Além do elemento psicológico, representado pelo dolo e culpa, a culpabilidade passou a ter outro elemento, de caráter normativo, representado pela exigibilidade de conduta diversa. Além disso, a imputabilidade não mais constitui pressuposto da culpabilidade, passando a figurar como seu elemento.

A culpabilidade deixou de ser puramente psicológica, passando a admitir um juízo de reprovabilidade que recai sobre o agente que praticou um fato típico e ilícito que exigia conduta diversa.

Assim, a culpabilidade passou a ser composta por três elementos: a) imputabilidade; b) dolo ou culpa; c) exigibilidade de conduta diversa.

A consciência da ilicitude da conduta continua vinculada ao dolo, que permanece normativo.

E é nesse aspecto que recai a maior crítica sobre essa teoria, já que o dolo e a culpa permanecem como elemento da culpabilidade. Isso porque, se a culpabilidade passou a admitir um juízo de reprovação social, aspecto puramente normativo, o dolo, que se reveste de caráter psicológico, não poderia figurar como elemento da culpabilidade.

1.2.3. Teoria normativa pura da culpabilidade

Para essa teoria, os elementos da culpabilidade devem ser puramente normativos, sem vínculos psicológicos representados pelo dolo ou culpa. Se a culpabilidade é um fenômeno normativo, consistente no juízo de valor da conduta do agente, seus elementos devem ser todos normativos.

A culpabilidade passa a ser puramente normativa se revestindo em juízo de valor que recai sobre o autor de fato típico e ilícito.

O dolo e a culpa são retirados da culpabilidade, passando a integrar a conduta, elemento do fato típico.

Além disso, o dolo passa a ser natural, desvinculando-se da consciência da ilicitude. E a consciência da ilicitude que até deveria ser atual, pela teoria normativa passa a ser potencial, exigindo do agente a possibilidade de o agente, no caso concreto, ter consciência do caráter ilícito do fato praticado.

Assim, a culpabilidade passa a ter os seguintes elementos: a) imputabilidade; b) potencial consciência da ilicitude (possibilidade de conhecimento do injusto); c) exigibilidade de conduta diversa.

A teoria normativa pura subdivide-se em teoria extremada da culpabilidade e teoria limitada da culpabilidade. Ambas são muito semelhantes, divergindo exclusivamente quanto à natureza das descriminantes putativas.

1.2.3.1. Teoria extremada da culpabilidade

Conforme a teoria normativa pura ou extremada, as descriminantes putativas, seja em relação aos limites autorizadores/normativos da norma (por erro de proibição), seja sobre a incidência de uma situação de fato de uma causa de justificação (por erro de tipo), devem ser tratadas segundo as regras do erro de proibição, previstas no artigo 21 do Código Penal, na seara, pois, da culpabilidade. Ou seja, se o erro for inevitável, o agente é isento de pena; se evitável, terá a pena reduzida.

1.2.3.2. Teoria limitada da culpabilidade

A teoria extremada da culpabilidade e a teoria limitada da culpabilidade convergem quanto aos elementos da culpabilidade. Para as duas teorias, os elementos da culpabilidade são: a) imputabilidade; b) potencial consciência da ilicitude; c) exigibilidade de conduta diversa.

Todavia, essas duas teorias divergem quanto ao tratamento conferido às descriminantes putativas.

Para a teoria extremada da culpabilidade, as descriminantes putativas são tratadas sempre conforme as regras do erro de proibição, previsto no artigo 21 do Código Penal. Se o erro for inevitável, o agente é isento de pena; se evitável, terá a pena reduzida. Assim, se o erro for inevitável, as descriminantes putativas, independentemente se o erro for por uma situação de fato ou em relação aos limites autorizadores da norma, as descriminantes putativas serão causas de exclusão da culpabilidade.

Pela teoria limitada da culpabilidade, quando a descriminante putativa incidir sobre **pressupostos de uma situação de fato** (Ex: o agente imaginar que está diante de uma injusta agressão, mas que era imaginária. Supor que o desafeto iria sacar uma arma, quando, na verdade, era um celular), o efeito em relação à conduta do agente é o mesmo do erro de tipo (CP, art. 20): Se o erro foi invencível, exclui o dolo e a culpa; se vencível, exclui o dolo, mas o agente responde pelo delito culposo, se previsto em lei.

Agora, se a descriminante putativa recair sobre **pressupostos os limites legais das excludentes**, ou seja, apesar de conhecer a situação de fato, **ignora a ilicitude do comportamento** (supõe ser comportamento lícito), o efeito será o mesmo do **erro de proibição**: se inevitável, o agente será isento de pena; se evitável, o agente responde pelo delito, mas terá a pena reduzida (CP, art. 21).

Não obstante a divergência doutrinária acerca do tratamento que deve ser conferido às descriminantes putativas, verifica-se que o Código Penal adotou a teoria limitada da culpabilidade, conforme, inclusive, se extrai do item 19 da Exposição de Motivos da Nova Parte Geral do Código Penal.

Os elementos da culpabilidade são: a) imputabilidade; b) potencial consciência da ilicitude; c) exigibilidade de conduta diversa.

2. IMPUTABILIDADE E CAUSAS DE EXCLUSÃO

2.1. Conceito

Embora o Código Penal não tenha definido o conceito de imputabilidade, afigura-se possível extrair as suas características a partir da definição das hipóteses de inimputabilidade, previstas no art. 26, "caput", art. 27 e art. 28, § 1º, todos do Código Penal.

A imputabilidade, portanto, pode ser definida como sendo a capacidade do agente maior de 18 anos de idade, que goza de saúde mental, entender, ao tempo da ação ou omissão, o caráter ilícito da sua conduta e de determinar-se de acordo com esse entendimento.

A imputabilidade pode ser excluída por determinadas causas, denominadas causas de inimputabilidade. São causas de exclusão da imputabilidade previstas no Código Penal:

a) doença mental ou desenvolvimento mental incompleto ou retardado (CP, art. 26);

b) menoridade (CP, art. 27, e CF/88, art. 228);

c) embriaguez completa, proveniente de caso fortuito ou força maior (CP, art. 28, § 1º).

2.2. Sistemas para aferição da inimputabilidade

Três são os sistemas ou critérios de aferição da inimputabilidade.

a) Sistema biológico

O sistema biológico considera a causa e não o efeito. O único critério para a aferição da inimputabilidade é a presença de uma enfermidade mental, consistente em alguma doença mental ou desenvolvimento mental incompleto ou retardado.

Não importa se, no caso concreto, o agente, ao tempo da ação, era ou não capaz de compreender o caráter ilícito da sua conduta e determinar-se de acordo com esse entendimento.

b) Sistema psicológico

Para o sistema psicológico é irrelevante se o agente apresenta ou não alguma enfermidade mental. Importa aferir se, no momento da prática do fato, o agente reunia condições de compreender o seu caráter ilícito e de determinar-se de acordo com essa compreensão ou não. Se o agente não tinha capacidade de compreensão ou determinação, é considerado inimputável, sendo desnecessário verificar sua causa.

c) Sistema biopsicológico

O sistema biopsicológico reúne as características dos dois primeiros.

Para esse sistema é necessário que, em decorrência da doença mental, desenvolvimento mental incompleto ou retardado, o agente, ao tempo da conduta, atuou sem capacidade de entender o caráter criminoso do fato ou de determinar-se de acordo com esse entendimento.

Logo, ao contrário do que poderia se pensar, a doença mental por si só não é causa de inimputabilidade. É preciso que, em decorrência dela, o sujeito não possua capacidade de entendimento ou de autodeterminação.

Dessa forma, será inimputável aquele que, em razão de uma causa prevista em lei (doença mental ou desenvolvimento mental incompleto ou retardado), atue no momento da prática da infração penal sem capacidade de entender o caráter criminoso do fato ou de determinar-se de acordo com esse entendimento.

É, via de regra, o sistema adotado pelo Código Penal. Com efeito, na primeira parte do artigo 26 do Código Penal, verifica-se a presença do caráter biológico, ao fazer referência à doença mental, desenvolvimento mental incompleto e retardado. Já na segunda parte do artigo, constata-se a presença do caráter psicológico, quando trata da incapacidade de compreensão e de determinação.

O Código Penal prevê como causas de inimputabilidade:

a) doença mental (art. 26, "caput");

b) desenvolvimento mental incompleto (art. 26, "caput", e 27);

c) desenvolvimento mental retardado (art. 26, "caput");

d) menoridade (art. 27); e

e) embriaguez completa proveniente de caso fortuito ou força maior (art 28, § 1º).

2.3. Inimputabilidade por doença mental, desenvolvimento mental incompleto ou desenvolvimento mental retardado

2.3.1. Introdução

Doença mental é a perturbação mental ou psíquica capaz de eliminar a capacidade de o agente compreender o caráter ilícito da sua conduta e de se determinar de acordo com esse entendimento. Ou seja, em decorrência da doença mental, o agente desenvolve conduta sem a capacidade de compreender o caráter ilícito do fato.

Por doença mental deve-se compreender todas as alterações mentais ou psíquicas aptas a eliminar a capacidade de compreensão do agente, tanto de origem patológica, quanto as toxicológicas, como, por exemplo, a demência senil, psicose traumática, causadas por alcoolismo, psicose maníaco-depressivo, esquizofrenia, loucura, histeria, paranóia, etc.

A segunda causa de inimputabilidade é o **desenvolvimento incompleto**. É o desenvolvimento que ainda não encontrou a plenitude, por conta da idade cronológica do agente ou à sua falta de convivência em sociedade, não tendo o agente, por isso, maturidade mental ou emocional.

O desenvolvimento mental incompleto abrange os menores de 18 anos e os indígenas.

Em relação aos menores de 18 anos de idade, a inimputabilidade gera presunção absoluta, não admitindo prova em contrário, sem prejuízo, à evidência, de instauração de procedimento para apuração de ato infracional no Juizado da Infância e Juventude.

Em relação aos silvícolas, a inimputabilidade deve ser aferida por meio de exame pericial, a fim de ser verificado o grau de adaptação social do índio. Assim, a depender da conclusão do laudo pericial, o indígena pode ser: a) imputável, se constatado sua integração à vida em sociedade; b) semi-imputável, na hipótese de não estar integrado plenamente à vida em sociedade, já que ainda enraizado na cultura da tribo; c) inimputável, quando verificada sua plena inadequação à vida em sociedade, por conta do desconhecimento das regras de convívio social.

A terceira causa de inimputabilidade contida no art. 26, "caput", do Código Penal, é o **desenvolvimento mental retardado**, consistente na incompatibilidade com a fase da vida em que se encontra o agente, já que abaixo do desenvolvimento mental inerente à sua idade cronológica.

Diante da sua peculiar condição, o agente com desenvolvimento retardado não reúne aptidões cognitivas, de linguagem, motoras e sociais para compreender o caráter ilícito da sua conduta. Estão inseridos na expressão "desenvolvimento mental retardado" os oligofrênicos nas suas mais variadas formas, como, por exemplo, a idiotice, imbecilidade e debilidade mental.

A inimputabilidade pela enfermidade mental é aferida pelo sistema biopsicológico. Além da doença mental, é necessário que, em consequência desse estado biológico, o agente seja, no momento da conduta, inteiramente incapaz de entender o caráter ilícito do fato ou de determinar-se de acordo com esse entendimento.

Logo, se, embora portador de doença mental, o agente, ao tempo da conduta, apresentar lucidez, isto é, capacidade de compreensão do caráter ilícito do fato e de determinação de acordo com esse entendimento, será considerado imputável.

2.3.2. *Consequências do reconhecimento da inimputabilidade*

A responsabilidade do menor de 18 anos de idade é aferida conforme o que dispõe a Lei 8.069/90 (Estatuto da Criança e do Adolescente), mediante a instauração de procedimento para apuração de ato infracional, com aplicação, se for o caso, de medida socioeducativa.

Em relação à inimputabilidade pela enfermidade mental, o agente será processado e julgado normalmente, mas, ao final, o juiz não poderá proferir sentença condenatória. Isso porque ausente a culpabilidade, pressuposto para a aplicação da pena.

Nesse contexto, uma vez verificado que o agente praticou um fato típico e ilícito, sendo, ao final, considerado inimputável por conta da sua enfermidade mental, o juiz deverá proferir sentença absolutória imprópria, aplicando medida de segurança, consistente em internação em hospital de custódia ou tratamento ambulatorial, nos termos do artigo 386, parágrafo único, inciso III, do Código de Processo Penal.

Inimputabilidade ⇒ Sentença absolutória imprópria ⇒ Medida de segurança

2.3.3. *Semi-imputabilidade ou imputabilidade diminuída ou restrita*

A semi-imputabilidade ou imputabilidade diminuída ou restrita encontra previsão no artigo 26, parágrafo único, do Código Penal. Trata-se, na verdade, de uma causa de diminuição da pena.

O artigo 26, parágrafo único, do Código Penal traz a expressão "perturbação mental", que também se caracteriza como doença mental, mas de menor intensidade, já que não retira completamente a capacidade de compreensão do caráter ilícito do fato e de determinação de acordo com esse entendimento.

Diversamente do que ocorre na inimputabilidade, em que o agente tem suprimida por completo a capacidade de compreensão e de determinação, na semi-imputabilidade há a redução da capacidade de entendimento e de autodeterminação. Em outras palavras, o agente, não obstante a perturbação mental, detém capacidade de compreensão e de autodeterminação, mas em grau reduzido, subsistindo, por isso, a imputabilidade e, por conseguinte, a culpabilidade.

2.4. Da inimputabilidade por embriaguez completa proveniente de caso fortuito ou força maior

2.4.1. Conceito

Embriaguez é a intoxicação aguda e transitória causada pelo álcool ou qualquer substância de efeitos análogos, sejam eles entorpecentes (morfina, ópio), estimulantes (cocaína) ou alucinógenos (ácido lisérgico), capaz de levar à exclusão da capacidade de entendimento acerca do caráter ilícito do fato ou de determinar-se de acordo com esse entendimento.

2.4.2. Espécies de embriaguez

A embriaguez aguda classifica-se quanto à intensidade e quanto à origem.

Quanto à intensidade, a embriaguez pode ser completa ou incompleta.

A **embriaguez completa**, total ou plena, é aquela em que o agente chegou à segunda ou terceira fase.

A **embriaguez incompleta**, parcial ou semiplena, é aquela em que o agente ficou na 1ª fase.

Quanto à origem, a embriaguez voluntária, culposa, preordenada ou acidental.

A **embriaguez voluntária**, ou intencional, como o próprio nome diz, é aquela em que o agente ingere bebida alcóolica com a intenção de se embriagar, mas sem o desiderato de praticar infração penal.

A **embriaguez culposa** é aquela em que a intenção do agente se limita a apenas ingerir bebida alcóolica, mas não a de se embriagar. No entanto, acaba se excedendo no consumo do álcool e acaba se embriagando.

Nos termos do artigo 28, inciso II, do Código Penal, a embriaguez voluntária ou culposa não exclui a imputabilidade penal, e, por consequência, não fica excluída a culpabilidade. Ele responde pelo crime.

A **embriaguez preordenada**, ou dolosa, é aquela em que o agente se embriaga intencionalmente para cometer uma infração penal. A embriaguez serve como espécie de estímulo e encorajamento para a prática de crime ou contravenção penal. Evidentemente, não há exclusão da imputabilidade, antes pelo contrário, pois, além de responder pelo delito, incide, ainda, a agravante prevista no artigo 61, II, "l", do Código Penal.

A **embriaguez é acidental** quando não voluntária nem culposa. Pode ser proveniente de caso fortuito ou força maior.

No **caso fortuito**, o sujeito desconhece o efeito inebriante da substância que ingere, ou quando, desconhecendo uma particular condição fisiológica, ingere substância que possui álcool (ou substância análoga), ficando embriagado. Ex: agente ingere substância alcóolica e, inadvertidamente, também medicamento que potencializa os efeitos do álcool.

Na **força maior**, o agente é obrigado a ingerir bebida alcoólica. Tomemos como exemplo trote acadêmico de mau gosto, em que os veteranos obrigam um calouro a ingerir bebida alcóolica.

Quando a embriaguez acidental, proveniente de caso fortuito ou força maior, for completa, ou seja, apta a deixar o agente, ao tempo da ação ou da omissão, inteiramente incapaz de entender o caráter ilícito do fato ou de determinar-se de acordo com esse entendimento, há exclusão da imputabilidade, nos termos do que dispõe o artigo 28, § 1º, do Código Penal.

Logo, não basta a embriaguez acidental, sendo, ainda, necessário que, em decorrência da substância alcóolica ou de efeitos análogos, o agente tenha ficado, ao tempo da conduta, inteiramente incapaz de entender o caráter ilícito da sua conduta ou de determinar-se de acordo com esse entendimento.

Quando a embriaguez acidental, proveniente de caso fortuito ou força maior, é incompleta, não há exclusão da imputabilidade. O sujeito responde pelo crime com a pena atenuada, desde que haja redução de sua capacidade intelectiva ou volitiva. A sentença é condenatória. Aplica-se o disposto no art. 28, § 2º, do Código Penal.

3. EXIGIBILIDADE DE CONDUTA DIVERSA E CAUSAS DE EXCLUSÃO

3.1. Introdução

A exigibilidade de conduta diversa é o terceiro elemento da culpabilidade. O agente, ao praticar a infração penal, frustra a expectativa da sociedade, pois lhe era exigido conduta diversa daquela que deliberadamente adotou. Ou seja, o agente poderia se comportar conforme o direito, mas optou por infringir a norma penal.

De outro lado, quando não lhe era exigível comportamento diverso, não incide o juízo de reprovação, excluindo a culpabilidade.

E, nesse particular, as causas legais de exclusão da culpabilidade pela inexigibilidade de conduta diversa estão previstas no artigo 22 do Código Penal, consistentes na coação moral irresistível e a obediência hierárquica.

3.2. Coação moral irresistível

Nos termos do artigo 22 do Código Penal, se o fato é cometido sob coação irresistível somente o autor da coação é punido.

Na coação moral, o agente coator, para alcançar o resultado desejado, emprega grave ameaça contra o coagido, que, por medo de suportar um mal grave contra si ou contra outrem, acaba realizando a conduta criminosa exigida. A coação empregada pelo agente, vicia a vontade do coagido, retirando-lhe a exigência de se comportar de modo diferente. Nesse caso, em relação ao coagido, incide a causa de exclusão da culpabilidade decorrente da inexigibilidade de conduta diversa.

Exemplo: se o sujeito é coagido a assinar um documento falso, responde pelo crime de falsidade o autor da coação. O coato não responde pelo crime, uma vez que sobre o fato incide a causa de exclusão da culpabilidade. Assim, quando o sujeito comete o fato típico e antijurídico sob coação moral irresistível não há culpabilidade em face da inexigibilidade de outra conduta (não é reprovável o comportamento). A culpabilidade desloca-se da figura do coato para a do coator.

Convém sinalar que, se o sujeito pratica o fato sob coação física irresistível, não praticará crime por ausência de conduta. Trata-se de causa excludente da tipicidade.

3.2.1. *Requisitos*

A coação moral irresistível exige a presente de alguns requisitos:

a) Ameaça grave atual e iminente do coator

A ameaça deve ser endereçada à pessoa do coagido ou a ainda a pessoa das suas relações íntimas.

Além disso, a ameaça deve ser séria e grave, suficiente para causar temor ao coagido, bem como passível de ser realizada.

b) Inevitabilidade do perigo por outro modo

Se for possível evitar o perigo decorrente da ameaça por outro modo, seja por atuação do coagido, seja pela força policial, não incide a causa de exclusão de culpabilidade.

c) Irresistibilidade da ameaça

Aliada à gravidade da ameaça, o mal prometido deve ser irresistível.

A gravidade e a irresistibilidade da ameaça devem ser verificadas conforme o caso concreto, considerando-se as condições e características pessoais do coagido.

d) Presença de no mínimo três pessoas envolvidas

Para ser reconhecida a causa excludente de culpabilidade pela inexigibilidade de conduta diversa devem estar presentes o coator, o coagido e a vítima do crime praticado.

Assim, no caso de um gerente de banco, obrigado por criminosos a entregar valores que se encontram no cofre que pode abrir, por conta da ameaça de morte do seu filho, que se encontra em poder de um comparsa, os envolvidos são: os criminosos (coatores), o gerente do banco (coagido) e o próprio banco, já que lesado no seu patrimônio (vítima).

É possível, no entanto, a presença da excludente de culpabilidade com a presença de apenas duas pessoas, quando, por exemplo, o coator figurar como a própria vítima. Exemplo: coagido, por conta da grave ameaça e sem outra forma de agir, mata o próprio coator. Note-se que, na hipótese, não se trata de legítima defesa, por conta da inexistência de agressão atual ou iminente, já que o coator se limitou a empregar grave ameaça.

3.2.2. Efeitos

Embora tenha praticado fato típico e ilícito, a coação moral irresistível configura causa de exclusão da culpabilidade do coagido. No caso, somente o coator será punido pela conduta desenvolvida pelo coagido, conforme expressamente prevê o artigo 22 do Código Penal.

Trata-se, na verdade, de hipótese de autoria mediata, já que o coator se valeu de agente sem culpabilidade para praticar a infração penal desejada.

Convém sinalar, por pertinente, que o coator responde, além do crime praticado pelo coagido, também pela tortura ou constrangimento ilegal empregado contra o coagido.

Por fim, em relação ao coagido, tratando-se de coação moral resistível não há exclusão da culpabilidade, incidindo uma circunstância atenuante (CP, art. 65, III, "c", 1ª figura). Já, em relação ao coator, incide a agravante genérica descrita no artigo 62, II, do Código Penal.

3.3. Obediência hierárquica

3.3.1. Conceito

Obediência hierárquica decorre da conduta do subordinado que, por força de ordem não manifestamente ilegal emanada por superior hierárquico, pratica fato típico e ilícito.

Trata-se de causa excludente de culpabilidade, consistente na inexigibilidade de conduta diversa, prevista no artigo 22 do Código Penal.

3.3.2. Requisitos

A obediência hierárquica depende da presença de alguns requisitos.

a) Ordem não manifestamente ilegal

Ordem de superior hierárquico é a manifestação de vontade do titular de uma função pública a um funcionário que lhe é subordinado, no sentido de que realize determinada conduta.

A ordem não manifestamente ilegal é aquela que revela aparente legalidade, mas que, na realidade, é contrária ao direito. O subordinado, por força da ordem emanada pelo superior hierárquico, realiza a conduta que lhe foi ordenada, considerando-a lícita, quando, na realidade, constitui fato típico e ilícito.

No caso de a ordem não ser manifestamente ilegal, embora a conduta do subordinado constitua fato típico e antijurídico, não é culpável, em face de incidir um relevante erro de proibição. Diante disso, o subordinado não responde pelo crime, em face da ausência de culpabilidade.

b) Ordem emanada por autoridade competente

A ordem deve ser emanada por autoridade competente para emiti-la. Eventual cumprimento de ordem determinada por autoridade sem competência para tanto pode ensejar erro de proibição.

c) Relação de direito público

A obediência hierárquica tem relação de direito público entre superior e subordinado. A subordinação doméstica não ingressa na teoria da obediência hierárquica.

Assim, não há obediência hierárquica, para fins penais, entre relações particulares.

d) Presença de no mínimo três pessoas

Há, necessariamente, a presença de três pessoas: o superior hierárquico (mandante da ordem), o executor da ordem (subordinado) e a vítima do crime praticado.

e) Cumprimento estrito da ordem

O executor deve pautar sua conduta nos estritos limites da ordem emanada pelo superior hierárquico, sob pena de não incidir a excludente.

3.3.3. Efeitos

No caso de a ordem não ser manifestamente ilegal, embora a conduta do subordinado constitua fato típico e antijurídico, não é culpável, em face de incidir um relevante erro de proibição. Diante disso, o subordinado não responde pelo crime, em face da ausência de culpabilidade. A obediência hierárquica constitui, assim, causa de exclusão da culpabilidade.

Nesse caso, somente o superior hierárquico responderá pelo resultado produzido pelo executor. É o que se extrai do artigo 22 do Código Penal.

Tomemos como exemplo a hipótese de um Delegado de Polícia que determina a um inspetor de polícia recém empossado na instituição conduza um desafeto até a Delegacia, sem nenhuma razão plausível para isso. Desconhecimento os motivos do superior hierárquico, o subordinado cumpre estritamente a ordem. Nesse caso, o subordinado não será responsabilizado criminalmente, já que incide em seu favor a causa excludente de culpabilidade. O crime de abuso de autoridade deve ser atribuído exclusivamente ao autor da ordem.

Se a ordem for manifestamente ilegal, tanto o superior hierárquico, quanto o subordinado responderão pelo delito praticado. Nesse caso, para o superior hierárquico incide a agravante genérica descrita no artigo 62, III, 1ª parte, do Código Penal. E, em relação ao subordinado, aplica-se a atenuante prevista no artigo 65, III, "c", do Código Penal

CONCURSO DE PESSOAS

INTRODUÇÃO

Trata-se de contribuição entre dois ou mais agentes para o cometimento de uma infração penal. Ocorre quando duas ou mais pessoas, em conjugação de esforços e comunhão de vontades, reúnem-se para a prática de um ou mais delitos.

A doutrina utiliza também as expressões concurso de agentes e codelinquência.

A maioria dos crimes previstos na legislação penal podem ser cometidos por uma única pessoa, sendo possível, na eventualidade, a contribuição de duas ou mais pessoas. Todavia, há crimes que somente incidem quando necessariamente praticados por duas ou mais pessoas em conjunto.

Por isso, costuma-se classificar o concurso de pessoas em duas espécies: a) concurso necessário; b) concurso eventual.

O concurso necessário de pessoas guarda relação com os crimes plurissubjetivos ou plurilaterais, caracterizados por exigirem para sua configuração o concurso de pelo menos duas pessoas. Logo, no concurso necessário, a incidência do tipo penal incriminador exige, como condição essencial, a existência de mais de um autor, de maneira que o crime, para existir, não pode ser praticado por uma só pessoa. Exemplo de crime plurissubjetivo, que reclama, portanto, concurso necessário é o crime de associação criminosa, previsto no artigo 288 do Código Penal.

O concurso eventual de crimes se refere aos crimes monossubjetivos (ou unissubjetivo), que podem ser praticados por um ou mais agentes. De fato, invariavelmente, o crime é praticado por uma pessoa. Se, no entanto, for cometido por duas ou mais pessoas em concurso, haverá coautoria ou participação, dependendo da forma como os agentes concorrerem para a prática do delito.

Nesse sentido, o princípio segundo o qual quem, de qualquer modo, concorre para o crime incide nas penas a ele cominadas somente é aplicável aos casos de concurso eventual, com exclusão do concurso necessário.

Em síntese, as regras do concurso de pessoas incidem nas hipóteses de concurso eventual de pessoas.

1. REQUISITOS DO CONCURSO DE PESSOAS

Não basta a contribuição de duas ou mais pessoas na prática delituosa para caracterizar o concurso de pessoas. É necessária, ainda, a presença de determinados requisitos, sem os quais não há como configurar o concurso de pessoas.

Para a incidência do concurso de pessoas devem estar presentes, cumulativamente, os seguintes requisitos: a) pluralidade de condutas; b) relevância causal das condutas; c) Liame ou vínculo subjetivo; d) Identidade de infrações.

Pluralidade de condutas

Trata-se de requisito elementar do concurso de pessoas: a concorrência de mais de uma pessoa na execução de uma infração penal.

Assim, para que haja concurso de pessoas, exige-se que cada um dos agentes tenha realizado ao menos uma conduta relevante. Pode ser autoria e participação, onde há uma conduta principal e outra acessória, praticadas, respectivamente, por autor e partícipe, bem como em coautoria, onde há duas condutas principais.

Relevância causal das condutas

Nos termos do artigo 29, "caput", do Código Penal, quem, de qualquer modo, contribuir para a prática de um delito incide nas penas a este cominadas. A expressão de "qualquer modo" revela a amplitude da forma de atuação do agente na empreitada delituosa, seja na forma de contribuição pessoal, direta ou indireta, física ou moral.

Extrai-se, ainda, do artigo 29, "caput", do Código Penal, que, para incidir a hipótese de concurso de pessoas, a conduta do agente deve concorrer para o crime, contribuindo, assim, ainda que minimamente, para a produção do resultado. É imprescindível, pois, que a conduta do agente tenha sido relevante para a infração penal, a ponto de, se excluída do curso causal, o resultado não teria ocorrido da forma como ocorreu.

Em outras palavras, se a conduta não tem relevância causal, isto é, se não contribuiu em nada para a produção do resultado, não há que se falar em concurso de pessoas.

A simples manifestação de adesão a uma prática delituosa não configura participação. Assim, se, sem realizar qualquer outra conduta, simplesmente manifestar que irá concorrer para a prática de um homicídio que efetivamente foi consumado, o crime não poderá ser imputado ao agente, por força do concurso de pessoas, uma vez que sua conduta foi absolutamente irrelevante. Agora, se induzir, estimular, o executor a matar a vítima, o agente será responsabilizado pelo crime de homicídio, já que sua conduta foi relevante para a produção do resultado.

Imaginemos que a empregada doméstica de uma residência, profundamente irritada por ter sido ofendida pela patroa, observa que há uma movimentação suspeita no lado externo da casa, concluindo que era alguém observando o local para praticar o delito de furto. Para facilitar o sucesso da subtração, a empregada deixa aberta a porta da frente da residência. Durante a empreitada criminosa, sem saber que a porta da frente se encontrava destrancada, o agente de atitude suspeita arrombou a porta dos fundos, ingressou na residência, e subtraiu diversos objetos. Diante desse quadro fático, a empregada doméstica não deverá responder por qualquer infração penal, uma vez que a sua contribuição foi absolutamente irrelevante para o sucesso da subtração.

Vínculo subjetivo

Além da pluralidade de condutas relevantes para o resultado, afigura-se, ainda, imprescindível o elemento subjetivo, consistente na conjugação de vontades de cada um dos agentes para a produção do mesmo resultado.

Os agentes devem atuar conscientes de que participam de crime comum, ainda que não tenha havido acordo prévio de vontades. A ausência desse elemento psicológico inviabiliza o concurso de pessoas, ensejando condutas isoladas e autônomas.

No vínculo subjetivo, que caracteriza o concurso de pessoas, basta que um dos agentes tenha conhecimento que está contribuindo para prática delituosa, ainda que não tenha havido combinação prévia com o outro agente envolvido no delito. Basta, em síntese, um dos agentes aderir à conduta ou à vontade de outrem, e concorrer, ainda que sem o conhecimento do outro, para a produção do resultado.

Consideremos o mesmo exemplo acima, com uma pequena e determinante adaptação. Imaginemos que a empregada doméstica de uma residência, profundamente irritada por ter sido ofendida pela patroa, observa que há uma movimentação suspeita no lado externo da casa, concluindo que era alguém observando o local para praticar o delito de furto. Para facilitar o sucesso da subtração, a empregada deixa aberta a porta da frente da residência. Durante a empreitada criminosa, sem saber do auxílio da empregada doméstica, o agente de atitude suspeita ingressou na residência pela porta da frente deixada aberta, e subtraiu diversos objetos. Agora, diante desse quadro fático, a empregada doméstica deverá responder pelo furto praticado na residência, já que sua contribuição foi relevante para o resultado (se não tivesse deixado a porta aberta, o furto não teria ocorrido da forma como ocorreu), estando, ainda, presente, em relação a ela, diante da concorrência de vontades, uma vez que aderiu à conduta e à vontade do agente suspeito.

A inexistência do vínculo subjetivo descaracteriza o concurso de pessoas, podendo, conforme o caso, ensejar a hipótese de autoria mediata, autoria colateral ou crimes autônomos e independentes em relação a cada um dos agentes.

Não há concurso de pessoas na hipótese de autoria mediata, quando, por exemplo, o agente que se vale de um inimputável para praticar um crime de homicídio. Somente o agente imputável será responsabilizado criminalmente, na condição de autor mediato, por absoluta ausência de vínculo subjetivo.

Não há concurso de pessoas na hipótese de autoria colateral, quando dois agentes, sem que um saiba da atuação do outro, praticam condutas voltadas para produção do mesmo resultado. Imaginemos que Pedro e Nestor, com a intenção de matar Marcelo, sem que um saiba da conduta do outro, efetuam disparos simultâneos, sendo que o disparo que causou a morte da vítima partiu da arma de Pedro. No caso, não há concurso de pessoas, por ausência de liame subjetivo, razão pela qual Pedro responderá pelo crime de homicídio consumado, ao passo que Nestor por homicídio tentado. Trata-se de autoria colateral. Se existisse liame subjetivo, ambos responderiam pelo mesmo delito, qual seja, homicídio consumado.

Da mesma forma, por ausência de vínculo subjetivo, não há que se falar participação dolosa em crime culposo. Ou seja, não há concurso de pessoas quando um dos agentes participa de forma culposa no crime doloso praticado pelo outro agente. Exemplo: Anastácio, desejando matar Grizelda, sua paciente, alcança a Januária, enfermeira contratada para cuidar da velha senhora, uma substância dizendo ser medicamento, quando, na verdade, tratava-se de veneno. Mesmo percebendo a dosagem inadequada e a coloração diferente, a enfermeira, sem maiores cautelas, ministra a substância à paciente, causando-lhe a morte. Não há, no caso, concurso de pessoas, por ausência de vínculo subjetivo, já que Anastácio agiu com dolo, enquanto a conduta de Januária foi culposa. Há, portanto, dois delitos: homicídio doloso em relação a Anastácio; homicídio culposo em relação à Januária.

Pela mesma razão, não há participação culposa em crime doloso. Exemplo: Anastácio, médico negligente e imperito, alcança a Januária, enfermeira responsável por cuidar de Grizelda, que se encontrava enferma, um medicamento, mas com a dosagem acima da recomendada. Percebendo a dosagem inadequada, que, inclusive, poderia causar a morte da senhora enferma, Januária, com a intenção de matar, ministra a substância à paciente, causando-lhe a morte. Não há, no caso, concurso de pessoas, por ausência de vínculo subjetivo, já que Anastácio agiu com culpa, enquanto a conduta de Januária foi dolosa. Há, portanto, dois delitos: homicídio culposo em relação a Anastácio; homicídio doloso em relação à Januária.

Identidade de infração para todos os agentes

Nos termos do artigo 29, "caput", do Código Penal: "Quem, de qualquer modo, concorre para o crime incide nas penas a este cominadas, na medida de sua culpabilidade". Significa que, via de regra, todos aqueles que contribuem para a prática de delito responderão pelo mesmo crime.

É a aplicação da teoria monista, segundo a qual haverá um único crime para os diversos agentes. Assim, o agente que anuncia o assalto e realiza a subtração responderá pelo mesmo crime daquele que o conduziu até o local do roubo, aguardando-o para empreender fuga, e daquele que planejou toda a atividade criminosa. Os três agentes responderão pelo crime de roubo majorado.

2. NATUREZA JURÍDICA

Presentes todos os requisitos do concurso de pessoas, surge a necessidade de verificar a adequada tipificação em relação a cada um dos agentes que concorreu de algum modo para a prática da infração penal.

E, nesse particular, três teorias se destacam: a) teoria unitária ou monista; b) teoria dualista; c) teoria pluralista.

Teoria unitária (ou monista)

Pela teoria unitária ou monista, todo aquele que concorre para o crime, independentemente se na condição de autor, coautor ou partícipe, deu causa ao resultado e, portanto, deverá incorrer nas penas cominadas em relação à infração penal praticada.

Isso porque, embora tenha sido praticado por diversas pessoas, a infração penal permanece única e indivisível. O crime é resultado da conduta de cada um e de todos, indistintamente. Essa concepção parte da teoria da equivalência dos antecedentes causais, considerando a conduta de cada agente condição necessária à produção do resultado.

Em síntese, todos os que contribuem para a prática do delito cometem o mesmo crime, não havendo distinção quanto ao enquadramento típico entre autor e partícipe. Daí decorre a denominação atribuída à teoria: há crime único praticado por diversos agentes. É o que se extrai do artigo 29, "caput", do Código Penal.

Teoria dualista

Para essa teoria há dois crimes: um para os autores, aqueles que realizam a atividade principal, a conduta típica emoldurada no ordenamento positivo, e outro para os partícipes, assim considerados como sendo aqueles que desenvolvem uma atividade secundária, que não realizam a conduta nuclear descrita no tipo penal.

Portanto, para essa teoria, havendo pluralidade de agentes, com diversidade de condutas, causando um só resultado, deve-se separar os co-autores, que praticam um delito, e os partícipes, que cometem outro.

Assim, os partícipes se integram ao plano criminoso, porém não desenvolvem um comportamento central, executivamente típico.

Teoria Pluralista

Segundo essa teoria, a cada participante corresponde uma conduta própria, um elemento psicológico próprio e um resultado igualmente particular. Havendo pluralidade de agentes, por corolário, segundo essa teoria, haverá pluralidade de crimes. Existem tantos crimes quantos forem os participantes do fato delituoso. Chegou-se a ver na participação um crime distinto, especial, o "crime de concurso".

Portanto, para esta teoria, havendo pluralidade de agentes, com diversidade de condutas, ainda que provocando somente um resultado, cada agente responde por um delito.

Teoria adotada

a) Regra

O Código Penal adotou, como regra, a teoria monista (ou unitária), segundo a qual havendo pluralidade de agentes, com diversidade de condutas, mas provocando apenas um resultado, há somente um delito. Nesse caso, portanto, todos os que tomam parte na infração penal cometem o mesmo delito.

A teoria unitária ou monista está consagra no art. 29, caput, do Código Penal: "Quem, de qualquer modo, concorre para o crime incide nas penas a este cominadas, na medida de sua culpabilidade".

Dessarte, todos aqueles que, na qualidade de autor, coautor ou partícipe, contribuíram para a produção do resultado, responderão, via de regra, pelo mesmo crime, na medida da sua culpabilidade.

Assim, se, por exemplo, Totó e Tião, em comunhão de esforços e vontades, desferem, em coautoria, golpes de faca contra Francisco, causando-lhe a morte, ambos responderão pelo crime de homicídio consumado.

Da mesma forma, se Totó, Tião e Totonho, todos maiores e capazes, deliberaram para assaltar uma empresa local, sendo que Totó fica vigiando o movimento na parte externa do estabelecimento, enquanto os demais ingressam no local e subtraem objetos de valor, todos responderão pelo crime de furto qualificado. Há unidade de crime e pluralidade de agentes. Ou seja, um crime praticado por várias pessoas.

b) Exceção

Como dito, adota-se, como regra, a teoria unitária ou monista para tipificação da conduta de todos que contribuíram para a produção do resultado. Mas essa regra comporta exceção.

Com efeito, em determinadas situações a teoria unitária não se revela apta a resolver o problema da tipificação da conduta de todos os agentes, sendo necessária a adoção da teoria pluralista.

Haverá separação ou individualização das condutas para adequá-las a tipos penais diversos, ainda que os agentes tenham agido, a princípio, em busca do mesmo resultado.

Contudo, apesar dessa concepção dupla, o crime continua sendo um só, e, muitas vezes, a ação daquele que realiza a atividade típica (o executor) é menos importante que a do partícipe. Mas, enfim, a teoria consagra dois planos de condutas, um principal, a dos autores ou co-autores, e um secundário, a dos partícipes.

Pode-se destacar algumas hipóteses de aplicação da teoria pluralista:

a) Na cooperação dolosamente distinta

A teoria pluralista foi adotada, como exceção, no artigo 29, § 2º, do Código Penal, que dispõe: "Se algum dos concorrentes quis participar de crime menos grave, ser-lhe-á aplicada a pena deste; essa pena será aumentada até metade, na hipótese de ter sido previsível o resultado mais grave."

Com efeito, embora todos os coautores e partícipes devam, em regra, responder pelo mesmo crime, excepcionalmente, visando a evitar a responsabilidade objetiva, o legislador prevê expressamente a possibilidade de imputação de crimes diversos quando um dos agentes quis praticar crime menos grave.

É o caso do motorista que conduz outros dois comparsas a uma residência desejando única e exclusivamente a prática do crime de furto. Enquanto aguarda no carro para empreender fuga, os comparsas praticam a subtração, mas resolvem matar uma pessoa que apareceu de repente no local.

O partícipe que imaginava estar ocorrendo apenas um furto responderá somente por este crime, do qual quis tomar parte. O delito principal foi latrocínio, mas o partícipe responderá somente por furto, único fato que passou pela sua mente (se o resultado mais grave for previsível, a pena ainda poderá ser aumentada até a metade, mas o delito continuará sendo o mesmo).

b) Aborto provocado por terceiro com o consentimento da gestante

Quando a gestante concorda que um terceiro pratique o aborto nela, e este terceiro pratica o aborto com o consentimento da gestante, ambos estão, em comunhão de vontades e esforços, buscando o mesmo resultado: a interrupção da gravidez com a morte do feto.

Se aplicada a teoria unitária, a gestante e o terceiro deveriam responder pelo mesmo crime. Todavia, por expressa previsão legal, aplica-se, nessa hipótese, a teoria pluralista, já que a gestante e o terceiro responderão por crimes distintos.

A gestante que consentiu com o aborto responderá pelo crime previsto no artigo 124 do Código Penal. O terceiro que praticou o aborto com o consentimento da gestante responderá pelo crime previsto no artigo 126 do Código Penal.

c) Crimes de corrupção ativa e passiva

Quando o particular oferece vantagem indevida ao funcionário público, que recebe, ambos, em comunhão de vontades e esforços, concorrem em busca do mesmo resultado, o que ensejaria, a princípio, a imputação pelo mesmo crime.

Todavia, embora a presença de resultado comum, o legislador estabeleceu crimes diversos para cada um dos agentes. O particular que ofereceu a vantagem indevida deverá responder pelo crime de corrupção ativa (CP, 333), enquanto o funcionário público que receber a vantagem indevida deverá responder pelo crime de corrupção passiva (CP, art. 317).

3. MODALIDADES DE ATUAÇÃO NO CONCURSO DE PESSOAS

O agente pode atuar no contexto do concurso de pessoas na condição de autor, coautor ou partícipe. Logo, as modalidades de atuação no concurso de pessoas são: a) autoria; b) coautoria; c) participação.

3.1.1. Autoria

Para a adequada imputação do delito ao agente, revela-se necessário identificar o seu modo de atuação na empreitada delituosa, verificando-se se contribuiu para o delito na condição de autor.

Todavia, diante da omissão do legislador, estabelecer o conceito de autoria não se revela tarefa das mais pacíficas, surgindo, em razão disso, várias teorias para a definição do conceito de autor de um crime.

Dentre essas teorias, merecem destaque: a) teoria subjetiva; b) teoria extensiva; c) teoria objetiva (onde está alojada a vertente restritiva); d) teoria do domínio do fato.

3.1.2. Teoria subjetiva ou unitária

A teoria subjetiva ou unitária não estabelece qualquer distinção entre autor e partícipe. Para essa teoria, autor é todo aquele que contribui, de qualquer modo, para a produção de um determinado resultado. Eis a razão pela qual é chamada de unitária, pois considera somente a autoria como modalidade de atuação delituosa.

3.1.3. Teoria extensiva

A teoria extensiva também tem feição subjetiva ou unitária, já que não estabelece qualquer distinção entre autor e partícipe. Para essa teoria, todos aqueles que contribuem para a prática do delito se enquadram na condição de autor.

A teoria extensiva da autoria fundamenta-se na causação do resultado, sendo autor quem dá causa ao evento. Em princípio, autor é aquele que causa a modificação do mundo externo.

A diferença da teoria subjetiva reside no fato de que a teoria extensiva estabelece uma espécie de graus de autoria para fins de aplicação da pena. Todos os agentes que contribuem para a prática delituosa são autores, mas aquele que concorreu de forma secundária, menos relevante, como cúmplice, por exemplo, terá sua pena diminuída em relação ao que teve atuação mais relevante, como ator principal.

Essa teoria não é aplicada pelo Código Penal, nem tampouco aceita na doutrina brasileira, por conta justamente do grau de subjetivismo para aferir qual dos agentes praticou, na condição de autor, a conduta principal ou acessória, para fins de aplicação da pena. De fato, não há como considerar secundária, a ponto de figurar como cúmplice, a conduta do executor que matou uma pessoa mediante pagamento realizado por outra pessoa, concorrendo para o crime em decorrência de fato alheio.

3.1.4. Teoria objetiva ou dualista

A teoria objetiva ou dualista está estreitamente vinculada a um conceito restritivo de autor, uma vez que estabelece evidente distinção entre a figura do autor e do partícipe, delimitando a atuação dos agentes na empreitada delituosa, e restringindo a figura do autor à determinada forma de atuação.

Com efeito, ao contrário da teoria extensiva, que tratava a autoria como figura única, ampliando sobremaneira seu conceito, a teoria restritiva limita o conceito de autor à determinada forma de atuação, estabelecendo nítida distinção com a figura do partícipe.

Agora, com a teoria objetiva, na vertente restritiva, não há só a figura do autor, mas a figura do autor e do partícipe.

A teoria objetiva subdivide-se em: a) teoria objetivo-formal; b) teoria objetivo-material.

a) Teoria objetivo-formal

Para a teoria objetivo-formal, autor é aquele que realiza a ação ou omissão descrita no verbo nuclear do tipo penal que define o crime ou contravenção. É, em síntese, que pratica a conduta descrita no tipo penal incriminador. É aquele que pratica a ação de "matar" (CP, art. 121); de subtrair (CP, arts. 155 e 157); de constranger (CP, arts. 146, 158, 213).

Partícipe é aquele que contribui, de qualquer modo, para a empreitada delituosa, mas sem realizar a ação ou omissão descrita no verbo nuclear do tipo. É aquele que induz, instiga ou auxilia o autor a executar a conduta descrita no tipo penal.

Assim, o agente que efetua disparos contra a vítima, atuará no crime de homicídio na condição de autor, ao passo que aquele que induziu a matá-la atuará na condição de partícipe.

Quem ingressa numa agência bancária e, portando uma arma, anuncia o assalto e realiza a subtração do dinheiro, atuará no crime de roubo majorado na condição de autor, enquanto o agente que se posta no lado externo do prédio e aguarda, com o motor do veículo acionado, o comparsa para empreenderem fuga, atua no delito na condição de partícipe.

E é justamente na adequação típica da conduta do partícipe que reside a importância do estudo do concurso de pessoas. Com efeito, em tese, a conduta do partícipe seria atípica, pois, teoricamente, não se enquadra no modelo legal de conduta proibida descrita no tipo penal. Não existe tipo penal definindo a conduta de "mandar matar" ou "auxiliar a subtrair"" Se não existisse a norma de extensão do artigo 29, "caput", do Código Penal essas condutas vinculadas ao partícipe seriam atípicas, gerando impunidade.

Por meio dessa norma de extensão, que serve como verdadeira ponte, é possível adequar, ainda que de forma indireta, a conduta do partícipe ao tipo penal que descreve a conduta criminosa.

Assim, por exemplo, a conduta do autor intelectual ou do mandante do crime será típica, por força da norma de extensão (ou ponte de ouro) do artigo 29, "caput", Código Penal, que estabelece a ligação com o tipo penal correspondente.

b) Teoria objetivo-material

A teoria objetivo-material, por ser de vertente restritiva, também estabelece distinção entre autor e partícipe, mas de maneira distinta da teoria objetivo-formal.

Para a teoria objetivo-material, autor é aquele que desenvolve a conduta objetiva mais relevante para a produção do resultado, ainda que não tenha praticado a ação descrita no núcleo do tipo. Partícipe, por sua vez, seria aquele que concorre para o resultado de forma menos relevante, ainda que tenha praticado a conduta descrita no tipo penal.

Em síntese, o conceito restritivo de autor pode ser complementado pelas teorias objetivo-formal e objetivo-material. A primeira, considera autor como sendo aquele que realiza a ação típica ou alguns de seus elementos, ao passo que o partícipe é aquele que contribui sem realizar a conduta descrita no tipo penal. Já a segunda, diferencia o partícipe do autor, por considerar que este contribui de forma mais relevante para a consecução do fato delituoso do que o partícipe.

3.1.5. Teoria do domínio do fato

A teoria do domínio do fato foi elaborada por Hanz Welzel em 1939, e retomada e desenvolvida pelo jurista alemão Claus Roxin, na década de 1960, e tem por função dogmática distinguir entre autor e partícipe, sem a pretensão de fixar parâmetros sobre a existência, ou não, de responsabilidade penal.

De acordo com a teoria do domínio do fato, autor é quem tem o controle final do fato. É quem domina o decurso do crime e decide sobre sua prática, interrupção e circunstâncias. O partícipe não tem o domínio do fato, pois apenas coopera, induz e incita a prática do delito.

Em síntese, a teoria do domínio do fato amplia o conceito de autor, abarcando também o agente que realiza uma parte necessária da execução do plano global, com o domínio funcional do fato, mesmo que não constitua um ato típico em sentido estrito. É aquele que domina a realização do fato, quem tem poder sobre ele, bem como quem tem poder sobre a vontade alheia.

Assim, para a teoria do domínio do fato, a figura do autor não se restringe somente aquele que executa a conduta descrita no tipo penal, mas também aquele que tem o controle da ação típica dos demais agentes, inserindo-se, nesse contexto, o autor executor, o autor intelectual, o autor mediato, bem como o coautor.

O partícipe é aquele que contribui para o delito alheio, sem realizar a figura típica, nem tampouco comandar a ação. É quem não domina a realização do fato, mas contribui de qualquer modo para ele.

Exemplo: Clodoaldo, Alan e Patrícia, todos maiores e capazes, deliberaram para assaltar uma empresa local. Em data e hora combinadas, no período noturno e após o fechamento, Clodoaldo e Alan arrombaram a porta dos fundos da empresa, na qual entraram e ficaram vigiando enquanto Patrícia subtraía objetos valiosos, que seriam divididos igualmente entre os três. Como se vê, a rigor somente Patrícia praticou a ação nuclear do tipo penal que define o crime de furto, já que somente ela praticou o ato de subtrair. Não há dúvida que Patrícia atuou no delito na condição de autora. Clodoaldo e Alan não realizaram a ação descrita no tipo penal, mas, sem dúvida, tinham o controle de toda a ação delituosa, o domínio final do fato, sendo, portanto, também autores do delito.

Outro exemplo: Clodoaldo Alan e Patrícia deliberaram praticar um crime de roubo. Clodoaldo se encarregou somente de emprestar a arma. Alan ficou responsável por transportar em seu veículo Patrícia até o local do crime dar-lhe fuga. Patrícia atraiu a vítima ao local ermo, anunciou o assalto, apontando a arma para a vítima, e, após, subtraiu sua carteira. Nesse contexto, pela teoria do domínio do fato, Alan e Patrícia atuaram na condição de autores, já que tinham o domínio de toda empreitada delituosa, ao passo que, por ter somente emprestado a arma, sem o controle de dominar a ação dos comparsas, Clodoaldo responderá pelo crime de roubo majorado na condição de partícipe.

O Supremo Tribunal Federal, no julgamento da Ação Penal nº 470/MG, envolvendo o caso denominado "mensalão", adotou a teoria do domínio do fato, considerando como autores os integrantes do núcleo político apontado como sendo o núcleo intelectual ou mentor de toda atividade criminosa. Isso porque os integrantes do núcleo político detinham o controle funcional do fato, com poderes sobre as ações de todos os agentes que contribuíram para as práticas criminosas.[3]

O Superior Tribunal de Justiça aplicou a teoria do domínio do fato, considerando autor do crime ambiental previsto no artigo 15 da Lei nº 7.802/89 o engenheiro agrônomo que prescreveu receituário agronômico em desacordo com as normais legais do uso de agrotóxico, possuindo, assim, controle funcional da conduta ilícita poluente, mesmo não sendo o autor dos atos materiais de poluição.[4]

3.1.6. Teoria adotada

A teoria do domínio do fato é aceita pela maioria da mais abalizada doutrina e pelos Tribunais Superiores, sobretudo como solução aos casos envolvendo autoria mediata.

Todavia, para a maioria da doutrina[5], a teoria restritiva é a aplicada pelo Código Penal[6].

Dessarte, autor é quem realiza a conduta descrita no tipo penal incriminador; partícipe é

3. STF: AP 470/MG, rel. Min. Joaquim Barbosa, Tribunal Pleno, j. 17.02.2012.
4. STJ: RHC 118591/PR, rel. Min. Ribeiro Dantas, 5ª Turma, j. 11.02.2020.
5. Guilherme de Souza Nucci; André Estefam; Fernando Capez, Aníbal Bruno, Mirabete, René Ariel Dotti, dentre outros.
6. É o que foi considerado como correto pela CESPE/CEBRASPE no concurso para Juiz Federal, TRF 5ª Região, realizado em 2009.

aquele que concorre de qualquer modo para a empreitada delituosa, sem, no entanto, realizar a ação ou omissão descrita no verbo nuclear do tipo.

4. ESPÉCIES DE AUTORIA

Autoria imediata ou direta

É também denominada autoria direta

Autor direto é aquele que executa diretamente a ação ou omissão descrita no verbo nuclear do tipo. É, em síntese, o autor executor, ou seja, aquele, por exemplo, que diretamente efetua dos disparos ou desfere golpes de faca no crime de homicídio; aquele que diretamente pratica a subtração nos crimes de furto e roubo; aquele que diretamente constrange a vítima à conjunção carnal ou ato libidinoso diverso da conjunção carnal no crime de estupro.

Autoria mediata ou indireta

É a chamada autoria indireta.

Na autoria mediata, o autor não executa diretamente a ação descrita no verbo nuclear do tipo, mas se vale de uma terceira pessoa que servirá como um instrumento, uma extensão do seu corpo, para a execução do delito. É a figura do "autor atrás de outro autor" ou o "homem de trás" que se utiliza de outra pessoa para a execução da atividade delituosa.

Essa terceira pessoa que atua como um instrumento ou extensão do corpo do autor desenvolve a conduta sem dolo ou culpa, bem como se trata de alguém destituído de culpabilidade. A autoria mediata, em síntese, é uma modalidade de autoria, ocorrendo quando o agente se vale de pessoa não culpável, ou que atua sem dolo ou culpa, para executar o delito.

Dessarte, admite-se a autoria mediata nas hipóteses de: a) inimputabilidade do executor pela menoridade, enfermidade mental ou embriaguez (CP, art. 62, III); erro de proibição inevitável (CP, art. 21); c) inexigibilidade de conduta diversa, como na coação moral irresistível e obediência hierárquica (CP, art. 22); d) erro de tipo invencível, provocado por terceiro (CP, art. 20, § 2º); e) coação física irresistível; f) estados de inconsciência (sonambulismo e na hipnose).

Assim, aquele que se serve de pessoa inimputável para a prática de uma conduta ilícita é responsável pelo resultado na condição de autor mediato. Logo, se, de forma consciente e deliberada, utilizar um adolescente para a prática executar a conduta de matar alguém, o agente responderá pelo crime de homicídio na condição de autor mediato. Trata-se de autoria mediata no contexto de inimputabilidade por menoridade.

É o caso, ainda, do agente que se utiliza de crianças para subtrair objetos, em via pública. Esse agente responderá pelos furtos praticados pelas crianças na condição de autor mediato, já que se prevaleceu de executores inimputáveis para a prática do delito.

Autoria colateral

A autoria colateral também é chamada de coautoria imprópria ou autoria parelha.

A autoria colateral incide quando os agentes, desconhecendo cada um a conduta do outro, realizam atos convergentes à produção do resultado a que todos visavam, mas que ocorre em face do comportamento de um só deles.

A característica determinante para a incidência da autoria colateral reside justamente no fato que os agentes desconhecem a atuação do outro. Cada um desenvolve sua conduta voltada para a mesma finalidade, ou seja, para produção do mesmo resultado, com o detalhe que um desconhece a conduta do outro.

Em outras palavras, na autoria colateral, duas ou mais pessoas intervêm na execução de um crime, buscando o mesmo resultado, mas um ignorando a conduta do outro.

Não obstante a pluralidade de agentes, não há concurso de pessoas na autoria colateral, por ausência do vínculo subjetivo entre os agentes, não havendo, por conseguinte, unidade de infração penal entre os agentes.

Exemplo: Cicinho, pessoa extremamente perigosa, acumulou ao longo da sua vida vários inimigos capazes de matá-lo. Certo dia, sabendo que Cicinho passava por um beco escuro para se recolher à noite, Candinho e Totonho, inimigos mortais de Cicinho, se postaram de emboscada, sem saberem da conduta um do outro. No momento em que Cicinho passava, Candinho e Totonho efetuaram disparos em direção à vítima, sendo constatado que o disparo efetuado por meio da arma de Candinho foi o causador da morte do inimigo em comum.

Nesse caso, como não há concurso de pessoas, não será possível atribuir a ambos os agentes o mesmo crime. Assim, como restou constatado que o disparo fatal partiu da arma de Candinho, este responderá pelo crime de homicídio consumado, ao passo que Totonho responderá pelo crime de homicídio tentado.

De fato, ante a falta de unidade de desígnios, cada um responderá pelo crime que cometeu, ou seja, um será autor de homicídio consumado e o outro, de homicídio tentado, sendo inaplicável a teoria unitária ou monista.

Autoria incerta

Também não há concurso de pessoas, por ausência de vínculo subjetivo.

Dá-se a autoria incerta quando, na autoria colateral, não se apura a quem atribuir a produção do resultado. Ou seja, assim como na autoria colateral, nenhum dos agentes tem conhecimento da conduta do outro, embora tenham agido em busca do mesmo resultado. Se não for possível apurar qual a conduta que deu causa ao resultado, estaremos diante da autoria incerta.

Suponha-se que dois sujeitos, pretendendo matar a vítima a tiros de revólver, postam-se de emboscada, ignorando cada um o comportamento do outro. Ambos atiram e a vítima vem a falecer em consequência dos ferimentos produzidos pelos projéteis de um dos revólveres, não sendo possível, no entanto, constatar de qual arma partiu o disparo fatal. Surge, então, a grande dúvida: por qual delito respondem os agentes? homicídio consumado para ambos ou homicídio tentado para ambos?

Não há solução expressa no Código Penal, cabendo à doutrina apontar a solução. Imputar aos agentes o crime de homicídio consumado não é a melhor solução, pois um deles estará sendo condenado injustamente, já que não teria dado causa ao resultado.

No caso, a solução mais consentânea com os princípios constitucionais é a condenação de ambos os agentes pelo crime de homicídio tentado, invocando, no caso, o princípio do in dubio pro reo. Ou seja, na dúvida de quem causou a morte, busca-se a solução menos gravosa.

Assim, se, por exemplo, dois genros que, desejando matar a indesejável sogra, resolvem envenená-la, sem que um saiba da conduta do outro. E, por pura coincidência, num almoço de família, ambos decidiram matar a vítima. Um dos genros ministra raticida na bebida da sogra, enquanto o outro ministra estricnina na comida da senhora. A sogra veio a falecer, não tendo a perícia constatado qual a substância venenosa que efetivamente causou a morte da pobre senhora. Como não se sabe se a morte foi provocada pelo veneno da comida ou da bebida, a solução será aplicar o princípio do in dubio pro reo, responsabilizando ambos os genros por homicídio tentado.

Coautoria

A coautoria é a modalidade de atuação no concurso de pessoas em que dois ou mais agentes figuram como autores do crime, desenvolvendo a conduta em busca do mesmo resultado.

A coautoria pode ser parcial (ou funcional) ou direta (ou material).

A coautoria parcial (ou funcional) é aquela em que há divisão de tarefas entre os agentes, que, somadas, produzem o resultado desejado por todos. Exemplo: um dos agentes segura a vítima, enquanto o outro desfere nela golpes de faca.

A coautoria direta (ou material) é aquele em que todos os agentes executam atos iguais, voltados à produção do resultado. Exemplo: Mauro e Arnaldo, ambos portando faca, desferem golpes de faca contra a vítima até levá-la à morte.

5. PARTICIPAÇÃO

Introdução

Conforme a teoria restritiva de autoria, partícipe é quem contribui para que o autor ou coautores realizem a conduta principal, ou seja, aquele que, sem praticar o verbo nuclear do tipo, concorre de algum modo para a produção do resultado. De acordo com a teoria do domínio do fato, participação é a contribuição dolosa de menor relevância, em que o agente contribui para o fato de outrem, sem ter o domínio do fato.

Assim, considerando a teoria restritiva, adotada pelo Código Penal, autor seria o agente que pratica a conduta descrita no verbo nuclear do tipo incriminador, ao passo que partícipe seria aquele que contribui, de qualquer modo, para a atividade delituosa, mas sem realizar a conduta descrita no tipo penal.

Imaginemos a hipótese de Carlos instigar e encorajar Pedro a matar João. Se efetivamente praticar a ação de matar João, Pedro responderá pelo crime de homicídio na condição de autor, enquanto Carlos responderá pelo mesmo crime na condição de partícipe.

Outro exemplo: Juliano, Vitor e Adroaldo acertaram, mediante prévio ajuste, a prática de um crime de furto qualificado em residência. Juliano escolheu a residência e emprestou seu veículo para o transporte dos objetos furtados. Vitor arrombou a porta da residência indicada por e entrou. Adroaldo entrou em seguida. Vitor e Adroaldo recolheram todos os objetos de valor, colocaram no veículo e fugiram do local. Nesse caso, Vitor e Adroaldo foram coautores e Juliano partícipe do crime de furto qualificado.

Dessarte, a participação é a atividade acessória daquele que colabora para a conduta do autor com a prática de uma ação que, em si mesma, não é penalmente relevante no sentido de realização da conduta descrita no tipo penal. Logo, partícipe de um crime é o sujeito que induz, instiga ou auxilia na prática do crime, sem praticar a conduta típica.

Como se vê, a participação é conduta acessória à do autor, considerada principal. Somente haverá participação se o agente der início à execução do delito. Se o crime nem sequer chegar a ser tentado, não haverá participação punível (CP, art. 31).

Formas de participação

O artigo 29, "caput", do Código Penal não delimitou a forma de atuação dos agentes, estabelecendo, apenas, que quem, de qualquer modo, concorre para o crime responderá nas penas a este cominadas.

A expressão concorrer "de qualquer modo" traduz uma forma extremamente genérica para alcançar a conduta daquele que contribuiu, ainda que minimamente, para a produção do resultado.

Todavia, em termos de participação, a doutrina aponta a existência de duas espécies: a) participação moral; b) participação material.

5.1 Participação moral

a) Induzir

A participação moral é aquela vinculada ao apoio psicológico dado pelo partícipe, induzindo ou instigando o autor a praticar o delito.

No induzimento, o agente introduz na mente do autor a ideia criminosa. O autor não tinha a representação mental da prática delituosa, sendo induzido pelo partícipe a cogitar a execução do delito. Em síntese, na indução, o partícipe faz surgir na mente do agente a intenção delituosa.

Exemplo: Suponha-se que tenha ocorrido um desentendimento entre Marcelo e João, sem maiores consequências. Marcelo conta o ocorrido a Fernando, que passa a induzi-lo a matar João, introduzindo na sua mente a ideia homicida. Se efetivamente matar João, Marcelo atuará na condição de autor do homicídio, ao passo que Fernando responderá pelo mesmo delito na condição de partícipe.

É irrelevante que o executor pratique o fato delituoso imediatamente à determinação ou que o cometa depois de longo tempo. Pode apresentar-se sob as formas de mandato, paga, promessa, ordem ou artifício.

b) Instigar

Instigar é reforçar uma ideia criminosa já existente. O agente já cogitava a possibilidade de praticar o crime, sendo apenas encorajado, instigado pelo partícipe.

O partícipe reforça, estimula, a preexistente resolução delituosa. Pode ocorrer de duas maneiras: a) mediante reforço da resolução de o executor cometer o delito; b) mediante promessa de ajuda material ou moral após o cometimento por parte do executor. Do contrário, há determinação e não instigação, embora as duas formas possam coexistir (o partícipe induz e depois instiga o autor principal a praticar o delito).

Exemplo: Suponha-se que tenha ocorrido um desentendimento entre Marcelo e João. Marcelo conta o ocorrido a Fernando, manifestando, ainda, a vontade de matar João. Fernando, então, passa a instigá-lo, reforçando a ideia criminosa, encorajando Marcelo a levar adiante a conduta delituosa e consumar o seu desejo de matar João. Se efetivamente matar João, Marcelo atuará na condição de autor do homicídio, ao passo que Fernando responderá pelo mesmo delito na condição de partícipe.

Se a pessoa determinada ou instigada a cometer o crime não está sujeito à autoridade do partícipe, ou é punível (inexistente a impunidade em virtude de condição ou qualidade pessoal), a sua responsabilidade é igual à do instigador ou determinador.

5.2 Participação material

A participação material se exterioriza na forma de auxílio. O partícipe será aquele que presta ajuda efetiva na preparação ou execução do delito.

O auxílio é a forma de participação material que corresponde à antiga cumplicidade. Pode ser prestado na preparação ou execução do delito.

Auxilia na preparação quem fornece a arma ou informações úteis à realização do crime. Auxilia na execução quem permanece de atalaia, no sentido de avisar o autor da aproximação de terceiro, leva o ladrão em seu veículo ao local do furto, carrega a arma do homicida.

Natureza jurídica da participação

A participação tem natureza jurídica de acessoriedade, ou seja, trata-se de conduta acessória a um fato principal. O fundamento reside no fato de que a conduta do partícipe, a princípio, não integra qualquer elemento de realização da figura típica, não sendo, portanto, punível isoladamente considerando, dependendo, por isso, da realização de uma conduta principal do autor ou executor.

Imaginemos que "A" instiga "B" a matar "C". A princípio, a conduta de "A" não seria punível, pois não se adequa a nenhum elemento constitutivo do tipo penal que define o crime de homicídio (CP, art. 121). Logo, a responsabilização criminal da conduta de "A" depende da realização da conduta principal por parte de "B", sendo, pois, acessória da conduta do autor/executor do delito.

Em outras palavras, não há participação punível sem um comportamento principal, consistente em atos de execução de um crime consumado ou tentado (CP, art. 31). Dessarte, a participação somente adquire relevância jurídica quando estiver vinculada a um fato principal.

Sedimentada a posição acessória da participação, discute-se na doutrina o grau ou extensão dessa acessoriedade, destacando-se, nesse particular, quatro teorias: a) teoria da acessoriedade mínima; b) teoria da acessoriedade limitada; c) teoria da acessoriedade máxima; d) teoria da hiperacessoriedade

5.3 Teoria da acessoriedade mínima

Para a teoria da acessoriedade mínima, basta que o partícipe tenha concorrido para o autor praticar um fato típico, não sendo imprescindível que também seja ilícito.

Essa teoria revela situação inusitada: se é suficiente que a ação principal seja típica, não importando se é ilícita, forçoso concluir que uma ação justificada para o autor constitui crime em relação ao participa.

Em outros termos, aquele que induzir o autor a agir em legítima defesa responderá pelo crime, enquanto o executor, autor direto, será absolvido pela excludente de antijuridicidade.

Da mesma forma, se uma pessoa induzir outra que vive em estado de miserabilidade a subtrair alimentos para sua subsistência, responderá pelo crime de furto, pois a conduta do autor é típica, embora não seja ilícita por conta da incidência do furto famélico, que caracteriza estado de necessidade, causa excludente de ilicitude. O autor do furto miserável terá excluído o crime em relação a ela, ao passo que em relação ao partícipe, segundo a teoria da acessoriedade mínima, o fato é típico e ilícito, razão pela qual poderá ser responsabilizado criminalmente.

5.4 Teoria da acessoriedade limitada

Para a teoria da acessoriedade limitada, será possível a punição do partícipe se o autor praticar um fato típico e ilícito. Não é necessário que o autor seja culpável

Enquanto para a teoria da acessoriedade mínima basta a prática de um fato típico pelo autor, para a teoria da acessoriedade limitada o autor deverá praticar um fato típico e ilícito.

Nesse contexto, se "A" instigar "B" a matar "C", basta "B" dar início à execução do delito, praticando fato típico e ilícito para que o partícipe também seja responsabilizado criminalmente.

De outro lado, se "A" instigar "B" reagir a um ataque injusto de "C", nem "A" e "B" serão responsabilizados criminalmente, pois, embora seja típico, o fato não é ilícito, já que o autor teria agido em legítima defesa, causa excludente de ilicitude.

5.5 Teoria da acessoriedade extremada

Para a teoria da acessoriedade extremada, o partícipe somente será responsabilizado se o autor praticar um fato típico, ilícito e culpável. Não basta, pois, que o fato praticado pelo autor seja típico e ilícito, exigindo-se também que esteja presente a sua culpabilidade.

Assim, para que esteja presente a figura do partícipe, afigura-se necessário que o autor tenha praticado um fato típico, ilícito e culpável. Se o autor praticar um fato típico, ilícito, mas for inimputável, por exemplo, não estará presente a culpabilidade, desaparecendo a figura do partícipe, para dar espaço à figura do autor mediato.

Dito de outro modo, se instigar um inimputável a praticar um fato típico e ilícito, o agente não atuará na empreitada delituosa como partícipe, mas na condição de autor mediato.

5.6 Teoria da hiperacessoriedade

Para essa teoria, não basta para a responsabilização criminal do partícipe que tenha sido praticado fato típico, ilícito e culpável. Exige-se, ainda, que o autor seja efetivamente punido no caso concreto.

Em outras palavras, a punibilidade do autor constitui pressuposto indispensável para a responsabilização criminal do partícipe. Se, porventura, incidir qualquer causa de extinção da punibilidade do autor, como, por exemplo, morte do agente (CP, art. 107, I), o partícipe não poderá ser responsabilizado criminalmente.

5.7 Teoria adotada

A teoria da acessoriedade mínima não pode ser aceita, uma vez que revela flagrante injustiça e desproporcionalidade do tratamento penal destinado a cada um dos agentes. Com efeito, enquanto o autor do fato terá a seu favor causa excludente de ilicitude, o partícipe responderá pelo delito, já que basta seja praticado fato típico, o que, à evidência, não se mostra razoável.

A teoria da hiperacessoriedade também não é admitida no nosso ordenamento jurídico, uma vez que pode redundar em evidentemente impunidade em relação ao partícipe. Imaginemos que incida uma causa de extinção da punibilidade em relação ao autor, como, por exemplo, prescrição com prazos contados pela metade diante da sua menoridade (CP, art. 115). Nesse caso, diante da extinção da punibilidade do autor, o partícipe também não será punido, redundando em descrédito no sistema punitivo.

A doutrina diverge entre a teoria da acessoriedade limitada e teoria da acessoriedade extremada.

E, nesse aspecto, prevalece o entendimento doutrinário no sentido de que o Código Penal adotou a teoria da acessoriedade limitada, segundo a qual para a punibilidade da participação basta que o fato principal seja típico e antijurídico.

De fato, para a punibilidade da participação basta que o fato principal seja típico e antijurídico, não se exigindo que seja culpável. Assim, a participação não requer que o autor principal tenha atuado "culpavelmente". Esse é o entendimento que tem sido adotado nas provas de concursos.[7]

Dessarte, a regra é a aplicação da teoria da acessoriedade limitada, reservando-se a teoria da acessoriedade extremada para as hipóteses de autoria mediata. Nesse caso, o autor mediato não é partícipe, mas autor, pois pratica a conduta principal, realiza o verbo do tipo, só que não diretamente, mas pelas mãos de outra pessoa, seu instrumento.

Assim, aquele que induz ou instiga uma pessoa portadora de doença mental ou menor inimputável a executar uma ação típica não figura no delito na condição de partícipe, mas de autor mediato do delito.

Participação impunível

Para a participação ser punível, afigura-se imprescindível que o ato executório do crime tenha sido iniciado. Com efeito, o ajuste, a determinação, a indução, instigação e o auxílio somente serão punidos se o autor der início à execução do delito. Se o crime nem sequer chegar a ser tentado, a conduta do partícipe não será punível (CP, art. 31).

Imaginemos que Fabrício contrata Félix para matar Mafalda. Félix sai em busca de Mafalda e, ao avistá-la, apiedado, nem sequer dá início aos atos executórios. Nesse caso, tanto Fabrício quanto Félix não sofrerão qualquer tipo de punição, uma vez que delito nem sequer chegou a ser tentado.

Trata-se de decorrência lógica do caráter de acessoriedade da participação, uma vez que, para existir participação punível, afigura-se imprescindível que o autor ao menos tenha dado início à prática de um fato típico e ilícito.

Essa regra, no entanto, comporta exceção, insculpida na expressão "salvo disposição em

7. Promotor de Justiça MPE/GO (2019); Promotor de Justiça MPE-MT (2012); Juiz Substituto TJ/SE, banca FCC (2015); Escrivão de Polícia Civil PC/PA (2016); Titular de Serviço de Notas e de Registros TJ/ac (2012); TJ/MT (2014).

contrário", que consta no artigo 31 do Código Penal.

Com efeito, há situações expressamente previstas em lei em que o ajuste, a determinação, instigação ou auxílio são tipificados como crimes autônomos, como, por exemplo, nos crimes de incitação ao crime (CP, art. 286) e de associação criminosa (CP, art. 288). Nesses casos, basta, respectivamente, a incitação ao crime e a associação de três ou mais pessoas com a finalidade de praticarem crimes para a tipificação da conduta, independentemente se os crimes objeto da incitação ou da associação vierem a ser praticados.

6. PUNIBILIDADE DO CONCURSO DE PESSOAS

Introdução

Nos termos do artigo 29, "caput", do Código Penal, quem, de qualquer modo, concorre para o crime incide nas penas a este cominadas, na medida de sua culpabilidade. Trata-se da aplicação da teoria monista ou unitária, segundo a qual os agentes, via de regra, respondem pelo mesmo delito, incorrendo, de forma abstrata, nas mesmas penas a esse cominadas.

Assim, se dois agentes, em comunhão de esforços e conjugação de vontades, subtraírem coisa alheia móvel, incorrerão, abstratamente, nas penas previstas para o crime de furto, qual seja, de 01 a 04 anos, de reclusão (CP, art. 155).

Todavia, isso não significa que, após o devido processo legal, sobrevindo condenação, a pena aplicada deva ser rigorosamente igual. É o que se extrai da expressão "na medida da sua culpabilidade", inserida na parte final do artigo 29, "caput", do Código Penal.

Com efeito, não obstante a unidade de crimes, a pena em concreto deve ser individualizada em relação a cada um dos agentes, aplicando-se o critério trifásico previsto no artigo 68 do Código Penal. Isso significa que o juiz, ao final, quando verificar ser hipótese de condenação deverá realizar a dosimetria da pena em relação a cada dos indivíduos que concorreram para a prática do delito, podendo as penas serem distintas, na medida da culpabilidade de cada um deles.

Assim, pode ocorrer de um dos agentes ser beneficiado com a atenuante da menoridade (CP, art. 65, I), não incidindo essa circunstância em relação ao outro. Um dos agentes pode ser reincidente (CP, art. 61, I), enquanto o outro não. Nota-se, pois, que as penas aplicadas a ambos serão distintas.

De outro turno, não é a circunstância de o agente ter atuado na condição de autor ou partícipe do delito que irá determinar o grau de reprovabilidade da conduta. Nem sempre o autor/executor do delito receberá punição mais severa de aplicada ao partícipe. Isso porque, em determinadas situações, a conduta do partícipe pode se revelar mais reprovável do que a do próprio autor, quando, por exemplo, na hipótese do autor intelectual (partícipe), cuja conduta é determinante para o deslinde da atividade delituosa.

Essa constatação fica ainda mais evidente se considerarmos a circunstância agravante prevista no artigo 62, I, do Código Penal, que prevê aplicação de pena mais grave ao agente que "promove, ou organiza a cooperação no crime ou dirige a atividade dos demais agentes". Nesse contexto, além de praticar o mesmo delito dos demais agentes, o autor intelectual (partícipe), por ocasião da dosimetria da pena, terá a pena agravada.

Participação de menor importância

A participação de menor importância incide somente em relação ao partícipe, não alcançando o autor ou coautor. Isso porque o autor, ainda que sua contribuição não seja de maior relevância, não pode ser considerada de menor importância, já que praticou a conduta descrita no verbo nuclear do tipo.

Conforme se extrai do artigo 29, § 1º, do Código Penal, trata-se de causa de redução da pena de 1/6 a 1/3, devendo ser reconhecida, se demonstrada a participação de menor importância, na terceira fase de fixação da pena.

Embora conste no artigo 29, § 1º, do Código Penal a expressão "pode", denotando, num primeiro momento, ser ato facultativo, a doutrina majoritária considera ser um direito subjetivo do réu. Se efetivamente demonstrada a participação de menor importância, reconhecendo o Magistrado essa circunstância, deverá diminuir a pena, limitando-se a sua discricionariedade com relação ao quantum da redução.

O quantum da redução de 1/6 a 1/3 deve variar de acordo com a maior ou menor contribuição do partícipe na prática delituosa: quanto mais a conduta se aproximar do núcleo do tipo, menor deverá ser a redução, ficando, portanto, maior a pena;

quanto mais distante do núcleo, maior deverá ser a redução da pena, ficando, assim, menor a pena.

A verificação do grau de importância da participação do agente depende de dilação probatória. Essa participação deve ser minimamente relevante, pois, se sua participação foi inócua, sem qualquer contribuição para o resultado, não estará presente um dos requisitos do concurso de pessoas. De outro lado, a participação não pode ser decisiva para a eclosão do resultado, pois, à evidência, não se enquadrará na concepção da participação de menor importância, inviabilizando, assim, a incidência da causa de redução da pena.

A participação de menor importância caracteriza-se, pois, pela mínima contribuição para a produção do resultado. A conduta do agente efetivamente influencia na causa do resultado, mas com reduzida relevância.

Imaginemos que Wilson resolva furtar produtos de um estabelecimento comercial, convidando Lucas para a empreitada delituosa. Convencionaram que Lucas ficaria apenas vigiando de longe as imediações, a fim de monitorar a presença de pessoas no local, enquanto Wilson ingressou no local, após quebrar uma janela, subtraiu diversos objetos e empreendeu fuga, entregando ao partícipe pequena parte dos objetos subtraídos. Lucas contribuiu para o crime de furto, mas sua participação foi de menor importância, já que se limitou a ficar vigiando de longe a movimentação no local. Logo, Lucas responderá pelo crime de furto qualificado, mas, ao final da fixação da pena, terá a seu favor a causa de redução de pena prevista no artigo 29, § 1º, do Código Penal.

Cooperação dolosamente distinta

Para existir concurso de pessoas, os agentes devem atuar voltados à produção do mesmo resultado, caracterizando, assim, o vínculo ou liame subjetivo. Todavia, pode ocorrer de um dos agentes pretender praticar crime menos grave do que o efetivamente realizado.

Surge, nesse caso, os desvios subjetivos entre os agentes ensejando o rompimento da teoria monista ou unitária, passando a incidir a teoria pluralista, segundo a qual o agente que pretendeu praticar o crime menos grave será incurso nas penas a este cominadas, ao passo que o agente que praticou o crime mais grave incidirá nas penas deste delito. Isso porque ocorre uma divergência entre o elemento subjetivo de um dos agentes e a conduta realizada pelo outro.

É o que se extrai do artigo 29, § 2º, do Código Penal, segundo o qual: "Se algum dos concorrentes quis participar de crime menos grave, ser-lhe-á aplicada a pena deste; essa pena será aumentada até metade, na hipótese de ter sido previsível o resultado mais grave".

Diversamente da participação de menor importância, a cooperação dolosamente distinta pode incidir em relação a autor, coautor ou partícipe, já que o dispositivo faz expressa referência a qualquer dos concorrentes, não se limitando, pois, à figura do partícipe.

O artigo 29, § 2º, do Código Penal prevê duas situações: a) tipificação diversa do agente que pretendeu praticar crime menos grave; b) causa de aumento de pena, na hipótese de ter sido previsível o resultado mais grave.

A primeira hipótese guarda relação com o agente que desejava praticar um delito, sem a condição de prever que seria praticado crime mais grave. Nesse caso, o agente deve responder pelo crime que pretendia praticar, não sendo possível imputar a ele resultado não desejado para o qual não contribuiu, sob pena de se estar tratando de responsabilidade objetiva.

Exemplo: Wilson e Lauro combinam de praticar um crime de furto em determinado estabelecimento comercial. Wilson, então, sugere que o ato seja praticado em um domingo, quando o local estaria totalmente vazio e nenhuma pessoa seria diretamente prejudicada. No momento da empreitada delitiva, Wilson auxilia Lauro a entrar por uma janela lateral e depois entra pela porta dos fundos do estabelecimento. Já no interior do local, Wilson pega um laptop e sai, de imediato, pela porta dos fundos, mas Lauro, que estava armado sem que Wilson soubesse, avista uma pessoa no interior da farmácia e, de imediato, desfere disparos de arma de fogo, atingindo-a letalmente. Nesse caso, embora num primeiro momento os agentes estivessem vinculados pelo mesmo liame subjetivo, qual seja, praticar o furto no estabelecimento comercial, no decorrer da atividade criminosa esse liame se rompeu, pois Wilson pretendia tão somente o crime de furto qualificado, ao passo que Lauro acabou praticado o crime de latrocínio (CP, art. 157, § 3º, II).

7. COMUNICABILIDADE E INCOMUNICABILIDADE DAS CIRCUNSTÂNCIAS

O artigo 30 do Código Penal prevê a possibilidade de comunicabilidade ou não das circunstâncias e condições de caráter pessoal, ou seja, relacionadas ao agente criminoso. Dito de outro modo, se uma circunstância ou condição relacionada a um dos agentes também se aplica ao outro que concorreu para a prática criminosa.

E, no caso, a regra é a de que as circunstâncias e as condições de caráter pessoal, exclusiva de um dos agentes, não se comunica ou se aplica ao outro agente, salvo quando elementares do crime.

Para melhor compreensão do teor desse artigo 30 do Código Penal, convém estabelecer a distinção entre circunstâncias e elementares.

7.1 Elementares x circunstâncias

7.1.1 Elementares

Elementares são os elementos constitutivos do tipo legal. São aqueles elementos que integram o tipo penal e, por conseguinte, a definição da infração penal. Os elementos são traduzidos em cada expressão que integra a definição do modelo legal de conduta proibida. São, em síntese, os elementos que constam no artigo que aloja a definição da infração penal. As elementares estão localizadas no caput dos tipos incriminadores, que, por essa razão, são chamados de tipos fundamentais.

Cada elementar se reveste de componente básico, essencial, fundamental, configurando assim todos os dados indispensáveis para a existência da figura típica. Isso porque, se ausente um dos elementos, o tipo penal não se integraliza, ensejando a atipicidade absoluta (o fato não constituirá crime algum) ou atipicidade relativa (o fato passa a se adequar a outro tipo penal).

As elementares, ou seja, os elementos constitutivos do tipo que define o crime de homicídio (CP, art. 121) estão representadas pelas expressões "matar" e "alguém". As elementares, do crime de furto (CP, art. 155) estão representadas pelas expressões "subtrair", "para si ou para outrem", "coisa", "alheia", "móvel". Se não estiver presente qualquer uma dessas elementares, não haverá crime de homicídio e furto, respectivamente.

Circunstâncias

As circunstâncias não integram o conceito da infração penal, ou seja, não influenciam na definição do modelo legal da conduta proibida. As circunstâncias não são indispensáveis para a existência da infração penal, ou seja, pode haver a incidência de um crime, sem a presença de qualquer circunstância.

Isso porque as circunstâncias são dados secundários, acessórios, que não integram a definição do crime, mas cuja presença pode repercutir no apenamento do acusado. As circunstâncias, pois, conquanto não integrem a definição do crime, influenciam na incidência de situações que podem aumentar ou diminuir a pena do acusado. Em síntese, não interferem na definição do crime, mas repercutem na dosimetria da pena.

Exemplo: A circunstância de o furto ter sido praticado durante o repouso noturno não interfere na definição legal do crime, mas repercute na elevação da pena, já que se trata de uma causa de aumento de pena (CP, art. 155, §1º). A circunstância de o roubo ter sido praticado mediante emprego de arma de fogo não interfere na definição legal do crime, mas repercute na elevação da pena, já que se trata de uma causa de aumento de pena (CP, art. 157, §2º, I). A circunstância de o homicídio ter sido praticado sob o domínio de violenta emoção logo após injusta provocação da vítima não interfere na definição legal do crime, mas repercute na diminuição da pena, já que se trata de uma causa de diminuição da pena (CP, art. 155, §1º). A circunstância de o agente ter confessado a prática do crime de estupro não interfere na definição legal do crime, mas repercute na atenuação da pena, já que se trata de uma circunstância atenuante (CP, art. 65, III, "d").

Como se vê, em todos esses casos, se inexistentes as circunstâncias apontadas, os crimes incidiriam de qualquer modo, já que não integram o tipo penal fundamental. O crime continuaria existindo, apenas não haveria a incidência de circunstâncias aptas a elevar ou diminuir a pena do acusado.

Nos termos do artigo 30 do Código Penal: "Não se comunicam as circunstâncias e as condições de caráter pessoal, salvo quando elementares do crime.". Surgem, nesse contexto, três situações:

a) As circunstâncias e condições de caráter pessoal não se comunicam

Essa é a regra. As circunstâncias e condições de caráter pessoal, ou seja, relativas exclusivamente à pessoa de um dos agentes, não se comunicam ou não repercutem em relação ao outro agente que concorreu para a prática do delito.

Assim, se um dos agentes contratar uma pessoa para matar seu próprio pai, essa agravante de praticar crime contra ascendente, por ser circunstância de caráter pessoal, relativa exclusivamente ao mandante, não se comunicará ou repercutirá em relação ao executor do delito.

Imaginemos que Wilson, ao chegar a sua casa, toma conhecimento que que sua filha foi estuprada por Florisbal. Imbuído de relevante valor moral e dominado pela violenta emoção, contrata Nazário, pistoleiro profissional, para tirar a vida do estuprador. O serviço é regularmente executado. Nesse caso, o motivo que levou Wilson a desejar a morte do estuprador, por ser circunstância de caráter pessoal, não alcança o executor do delito. Da mesma forma, o motivo que levou Nazário a matar Florisbal, por ser circunstância de caráter pessoal, não se comunica a Wilson. Assim, Wilson responderá pelo crime de homicídio privilegiado (CP, art. 121, § 1º), ao passo que Nazário responderá pelo delito de homicídio qualificado pelo motivo torpe (CP, art. 121, § 2º, I).

b) As circunstâncias e condições de caráter pessoal se comunicam, desde que elementares do crime

As circunstâncias e condições de caráter pessoal relativos a um dos agentes somente se comunicam e se transmitem aos demais sujeitos, quando elementares do crime praticado.

Como dito, as circunstâncias ou condições se apresentam como dados acessórios, secundários, que geram reflexos na dosimetria da pena. Todavia, em determinadas hipóteses, dados de caráter pessoal não figuram apenas como circunstâncias, mas como verdadeiros elementos do crime. Ou seja, há circunstâncias ou condições de caráter pessoal que são verdadeiros elementos constitutivos do tipo penal, figurando, pois, como elementares do crime.

E, nesse caso, por ser elementares do crime, as circunstâncias e as condições de caráter pessoal se comunicam entre todos os agentes que concorreram para a atividade criminosa. É o caso, por exemplo, da circunstância de ser funcionário público no crime de peculato (CP, art. 312); a circunstância de matar descendente, sob influência do estado puerperal, durante ou logo após o parto, caracteriza o crime de infanticídio (CP, 123).

A circunstância de o autor ser funcionário público se reveste, em determinadas situações, como sendo causa de aumento de pena, como, por exemplo, no crime de tráfico de drogas (Lei nº 11.343/2006, 40, II). Mas também funciona como elementar dos crimes praticados por funcionários públicos, previstos, precipuamente, nos artigos 312 a 326 do Código Penal. Logo, em relação ao crime de peculato (CP, art. 312) a circunstância de o autor do crime ser funcionário público não serve tão somente para elevar a pena, mas figura como elemento constitutivo do tipo, ou seja, como elementar do crime, comunicando-se, pois, aos demais agentes.

▾ DAS PENAS: ESPÉCIES; COMINAÇÃO; APLICAÇÃO

Caroline Fockink Ritt

Pena: Sempre imposta pelo Estado em execução a uma sentença ao culpado de uma infração penal. Provoca a restrição de liberdade ou de um bem jurídico.

Princípios Constitucionais que devem ser observados com relação às penas: a) Legalidade: artigo 5º, inciso XXXIX da Constituição Federal e artigo 1º do Código Penal; b) Anterioridade: Lei em vigor antes do crime; c) Personalidade: pena não passa da pessoa do condenado – artigo 5º, inciso XLV da Constituição Federal; d) Individualidade: sua imposição de acordo com o mérito/culpabilidade do condenado - artigo 5º, inciso XLVI da Constituição Federal; e) Inderrogabilidade: pena não pode deixar de ser aplicada – somente o Estado estabelece causas de extinção de punibilidade; f) Proporcionalidade: pena deve ser proporcional ao crime praticado - artigo 5º, inciso XLVI e XLVII da Constituição Federal; g) Humanidade: não admitidas penas cruéis, de trabalho forçado, perpétuas ou de morte (última salvo em caso de guerra declarada).

Classificação das Penas, conforme artigo 32 do Código Penal:

Penas privativas de liberdade – quantidade da pena está em abstrato no tipo penal.

Penas restritivas de direito – não estão cominadas nos tipos (regra), mas previstas na parte geral, como substitutas das penas privativas de liberdade. Estão previstas no artigo 43 do Código Penal e em algumas leis extravagantes.

Multa: consiste no pagamento de valores que são impostos na sentença condenatória. Afetam o patrimônio do condenado.

Pena Privativa de Liberdade:

Espécies:

a) Reclusão
b) Detenção

PENAL

c) Prisão simples

Não esquecer: Penas privativas de liberdade são as penas de reclusão, detenção e prisão simples. As duas primeiras decorrem da prática de crimes e a terceira aplicadas às contravenções penais.

Onde estão previstas? No preceito secundário do tipo penal incriminador:

Exemplo – crime de homicídio, previsto no artigo 121 do CP:

Art. 121. *Matar alguém:*

Pena - ***reclusão****, de seis a vinte anos.*

Regimes penitenciários:

a) **fechado** – art. 33, § 1°, e 34 do CP - execução da pena em estabelecimento de segurança máxima ou média;

b) **semiaberto** – art. 33, § 1°, e 35 – execução da pena em colônia agrícola, industrial ou estabelecimento similar.

c) **aberto** – art. 33, § 1°, execução da pena em casa de albergado ou estabelecimento adequado.

Regime inicial: como vou saber se o regime inicial de cumprimento de pena será o aberto, semiaberto ou fechado?

Devem ser observados **três critérios**:

1º: Pena cominada no preceito secundário do tipo penal incriminador:

Se é reclusão, detenção ou prisão simples;

Observar art. 33 do CP: Reclusão: pode iniciar nos três regimes: F, SA e A; Detenção inicia somente no SA e A e não no fechado, mas o condenado pode ir para o fechado a título de regressão de regime.

Prisão simples: próprias das contravenções penais: somente AS e A, não inicia, nem regirede para o fechado.

2º: **Quantidade da pena que aplicada na condenação**; art. 33 do CP

Pena maior de 8 anos – FECHADO

Pena maior de 4 anos e menor de 8 anos: SEMIABERTO

Pena igual ou menor de 4 anos: ABERTO

OBS: O artigo 2º, §1º da Lei n.º 8.072/90 previa que nos ***crimes hediondos*** o regime inicial seria o fechado. O **STF** declarou incidentalmente a inconstitucionalidade de tal dispositivo (HC 111.840/ES). Pacote Anticrime trouxe regras novas para progressão nos crimes hediondos – art. 112 da LEP.

3ª Reincidência: determina reincidente iniciará no regime mais grave possível no tipo de pena cominada (regra) **Atenção:** *Observar a Súmula 269 STJ*

O que é Reincidência?

> Artigo 63 do Código Penal: verifica-se a reincidência quando o agente comete novo crime, depois de transitar em julgado a sentença que, ***no país ou no estrangeiro***, tenha-o condenado por crime anterior.
>
> Artigo 7º da lei das Contravenções penais: também há reincidência quando o agente pratica uma contravenção depois de passar em julgado a sentença que o tenha condenado, no Brasil ou no estrangeiro, por qualquer outro crime, ou, no Brasil, por motivo de contravenção. É circunstância agravante genérica de caráter subjetivo ou pessoal.

CONDENAÇÃO ANTERIOR REFERENTE A	NOVA INFRAÇÃO	CONCLUSÃO
Contravenção no Brasil	Contravenção	Reincidente (Artigo 7º da LCP)
Contravenção no exterior	Contravenção	Não reincidente (Artigo 7 da LCP é omisso)
Contravenção	Crime	Não reincidente (Artigo 63 é omisso)
Crime no Brasil ou no exterior	Crime	Reincidente (Artigo 63 do CP)
Crime no Brasil ou no exterior	Contravenção	Reincidente (Artigo 7º da LCP)

Prova da Reincidência

Só se prova a reincidência ***mediante a certidão da sentença condenatória transitada em julgado, com a data do trânsito.*** Não bastam meras informações a respeito da vida pregressa ou a simples juntada da folha de antecedentes do agente para a comprovação da agravante. Nem mesmo a confissão do réu é meio apto a provar a reincidência.

Condenações anteriores que não geram Reincidência

Crimes que não induzem a reincidência são os seguintes:

a) Condenação cuja pena foi extinta ou cumprida há mais de 5 (cinco) anos: passados 5 anos do cumprimento ou extinção da pena, não se aplica a agravante da reincidência para novos fatos.

b) Militares próprios: definidos como crimes apenas no Código Penal Militar.

c) Políticos: sejam puros (exclusiva natureza política) ou relativos (ofendem simultaneamente a ordem político-social e um interesse privado), próprios (atingem a organização política do Estado) ou impróprios (ofendem um interesse político do cidadão). Modernamente, o conceito de crime político abrange não só os crimes de motivação política (aspecto subjetivo) como os que ofendem a estrutura política do Estado e os direitos políticos individuais (aspecto objetivo).

DICA: o Superior Tribunal de Justiça firmou o entendimento de que a condenação anterior por crime de porte de droga para consumo pessoal (art. 28 da Lei 11.343/2006) não gera reincidência, com o argumento de que tal crime não é apenado com pena privativa de liberdade. Neste sentido: HC 453.437/SP,

Observar decisão recente 2ª Turma do STF – alinha-se à orientação do STJ Condenação por posse de droga para uso próprio não gera reincidência - 2ª Turma do STF alinha-se à orientação do STJ. Disponível em: https://jurisprudencia.stf.jus.br/pages/search/sjur466193/false

Não esquecer:

a) condenação anterior à pena exclusivamente de multa pela prática de crime não exclui a possibilidade de reincidência. Embora reincidente, poderá obter sursis – CP, art. 77, § 1º;

d) Condenação no estrangeiro: induz a reincidência, sem necessidade de homologação pelo Superior Tribunal de Justiça (art. 105, I, *i)*;

e) Transação penal (Lei 9.099/95, art. 76, §§ 4º e 6º): no caso de transação penal, a imposição de pena restritiva de direitos ou multa não importará em reincidência, sendo registrada apenas para impedir novamente o mesmo benefício no prazo de 5 anos.

f) Composição civil (Lei 9.099/95, art. 74, parágrafo único) a composição civil homologada não gera reincidência.

g) Perdão judicial: a sentença que o aplica não induz à reincidência, art. 120 do CP.

DEPURAÇÃO DA REINCIDÊNCIA

Não prevalece a condenação anterior se, entre a data do cumprimento ou extinção da pena e a infração penal posterior, tiver decorrido período superior a 5 anos (período depurador), computado o período de prova da suspensão condicional da pena – sursis - e do livramento condicional, se não houver revogação (art. 64, I). Uma vez comprovado o benefício do artigo 64 do CP, o agente readquire a sua condição de primário, pois se operou a retirada da eficácia da decisão condenatória anterior.

TERMO INICIAL DO PERÍODO DEPURADOR

a) Se a pena foi cumprida: a contagem do quinquênio inicia-se na data em que o agente termina o cumprimento da pena, mesmo unificada. O dispositivo se refere ao cumprimento das penas, o que exclui a medida de segurança.

b) Se a pena foi extinta por qualquer causa: inicia-se o prazo a partir da data em que a extinção da pena realmente ocorreu e não da data da decretação da extinção.

c) Se foi cumprido período de prova da suspensão (sursis) ou do livramento condicional: o termo inicial dessa contagem é a data da audiência de advertência dos sursis ou do livramento.

Dúvidas e respostas: para não esquecer !

▷ **O que são maus antecedentes? Qual diferença com relação à reincidência?**

A distinção entre reincidência e maus antecedentes não é difícil, na medida que os artigos 63 e 64 do Código Penal especificam o alcance da reincidência em relação a condenações anteriores exigindo:

a) que o crime pelo qual o réu esteja sendo condenado tenha sido praticado após o trânsito em julgado da sentença que o condenou pelo crime anterior;

b) que, na data do novo crime, não se tenham passado 5 anos desde a extinção da pena do delito anterior.

Assim, em havendo condenação anterior definitiva, mas ausente algum desses requisitos, somente se poderá cogitar de maus antecedentes, e não de reincidência.

Exemplo: O réu ser condenado em 2016 e, apesar de possuir outra condenação transitada em julgado em 2015, não ser considerado reincidente por ter sido praticado em 2014 o crime que embasou a última condenação) antes do trânsito em julgado da primeira condenação em 2015). Nesta situação, igualmente, ele será considerado portador de maus antecedentes.

Maus antecedentes depuram? São para sempre?

Decisão recente do Superior Tribunal de Justiça [1] , em 2020, considerou que:

O fato de o Supremo Tribunal Federal ter fixado entendimento de que as penas extintas há mais de cinco anos podem ser usadas para caracterizar maus antecedentes não afasta a possibilidade de avaliação dessas condenações em razão das peculiaridades do caso concreto, especialmente o extenso lapso temporal transcorrido.

Com esse entendimento, a 6ª Turma do Superior Tribunal de Justiça negou provimento a recurso do Ministério Público, que pleiteou o reconhecimento de maus antecedentes com base em penas que foram extintas havia mais de uma década antes do crime mais recente — com vistas a aumentar a pena do réu, condenado por tráfico de drogas.

Enquanto a acusação datava de 2017, o MP queria aproveitar duas condenações transitadas em julgado em 2001 e cuja extinção da pena ocorreu em 2007. A base para o pedido foi a tese aprovada pelo Plenário do STF segundo a qual "não se aplica ao reconhecimento dos maus antecedentes o prazo quinquenal de prescrição da reincidência".

"Embora, em regra, o período depurador da reincidência não afaste a valoração negativa a título de maus antecedentes, incide na hipótese o direito ao esquecimento", apontou a ministra Laurita Vaz, relatora do recurso.

"O citado entendimento do Pretório Excelso não afasta a possibilidade de avaliação dos antecedentes, em razão das peculiaridades do caso concreto, especialmente o extenso lapso temporal transcorrido, tal como ocorre na hipótese dos autos", definiu.

Segundo explicou, a Constituição Federal estabelece a vedação de penas de caráter perpétuo, o que inviabilizaria a valoração negativa dos antecedentes criminais sem qualquer limitação temporal.

Pena Cominada e Pena Aplicada

Pena cominada: é a pena prevista em abstrato no tipo penal.

Aplicação é a fixação, no caso concreto, da pena, em atendimento ao princípio da individualização da pena. Seguindo rigorosamente as três faese de dosimetria estabelecidos no artigo 68 do CP.

Sistema adotado: o da ***pena determinada***.

Legislação fixa os montantes mínimo e máximo em abstrato e estabelece critérios para que o juiz fixe a pena dentro dos limites legais.

Forma excepcional o CP permite que extrapole o mínimo e o máximo, na terceira fase – causas de aumentos e diminuição.

Exceção: adoção do sistema da "***pena parcialmente indeterminada***" lei fixa somente patamar máximo, deixando ao juiz o arbítrio do montante mínimo.

Exemplo: crime eleitoral do art. 309 (Lei 4.737/65.)

Art. 309. Votar ou tentar votar mais de uma vez, ou em lugar de outrem:

Pena – reclusão ***até três*** *anos.*

Fixação da pena privativa de liberdade:

O juiz fixará a pena, sempre fundamentada, caso contrário será o ato nulo – é preceito constitucional – art. 93, IX, da CF. Cálculo/dosimetria da pena privativa de liberdade: segue rigorosamente as três fases estabelecidas no artigo art. 68 do CP – método ***trifásico***

Cálculo da pena

Art. 68 - A pena-base será fixada atendendo-se ao critério do art. 59 deste Código; em seguida serão consideradas as circunstâncias atenuantes e agravantes; por último, as causas de diminuição e de aumento.

Parágrafo único - No concurso de causas de aumento ou de diminuição previstas na parte especial, pode o juiz limitar-se a um só aumento ou a uma só diminuição, prevalecendo, todavia, a causa que mais aumente ou diminua.

Critérios de prevalência: dentre as circunstâncias existentes no Código Penal de acordo com o seu maior ou menor grau de especialidade.

a) Elementares e qualificadoras: têm prevalência com relação a causas de aumento, agravantes genéricas e circunstâncias judiciais.

b) Dentre as circunstâncias que compõem o critério trifásico, as causas de aumento e diminuição tem prevalência em relação às agravantes e atenuantes genéricas, que por sua vez, têm prevalência sobre as circunstâncias judiciais.

A pena privativa de liberdade segue rigorosamente três fases: método trifásico:

Primeira fase de dosimetria da Pena Privativa de Liberdade:

a) ***fixação da pena-base*** – o julgador, atendendo às *circunstâncias judiciais do art. 59 do CP,* deve não só determinar a pena aplicável entre as cominadas, como também fixar, dentro dos limites legais de máximo e mínimo, a quantidade da sanção.

DICA: Antecedentes – são os fatos anteriores de sua vida pregressa (*reincidência não pode ser usada aqui, eis que é agravante, sob pena de bis in idem*). *Observar que maus antecedentes não são a mesma coisa que reincidência;*

Nesse sentido, é a ***Súmula 241 do STJ***.

A reincidência penal não pode ser considerada como circunstância agravante e, simultaneamente, como circunstância judicial.

Condenação com trânsito em julgado que não cria o marco da reincidência.

Observar sempre ***Súmula 444 do STJ:***

É vedada a utilização de inquéritos policiais e ações penais em curso para agravar a pena-base. (Súmula 444, Terceira Seção, julgado em 28/04/2010, DJe 13/05/2010) Consagração do Princípio da Presunção da Inocência

Segunda fase de dosimetria da Pena Privativa de Liberdade

b) ***Fixação da pena provisória*** – em seguida à pena base, o juiz, *partindo da pena-base,* agravará ou atenuará a pena, se existirem circunstâncias legais agravantes ou atenuantes.

Circunstâncias **legais agravantes** – art. **61 do CP**. O elenco é taxativo.

Concurso de agentes – art. **62 do CP**. São circunstâncias específicas da codelinquência. Elenco taxativo.

Não esquecer:

- quando uma circunstância agravante for elementar ou qualificadora de um crime, não se faz a agravação.
- circunstâncias **legais atenuantes** – art. ***65 e 66*** do CP. O elenco não é taxativo, podendo haver circunstâncias inominadas (art. 66). Ex.: miserabilidade.

Critérios para aplicação das atenuantes e agravantes:

Quando houver uma atenuante e uma agravante, elas se anulam.

Se há mais agravantes que atenuantes, a pena-base deverá ser aumentada.

Havendo **circunstâncias agravantes preponderantes** (motivos do crime, personalidade do agente e reincidência), serão elas prevalentes, ou seja, aumentarão ou diminuirão mais que as outras – **art. 67 do CP;**

Atenuantes preponderantes: a menoridade e a confissão.

Atenuantes não são taxativas. Admite-se inominadas- art. 66 do CP.

Não esquecer: nas duas primeiras fases: a pena não extrapola do máximo cominado, nem fica abaixo no mínimo cominado: art. 59, II e Súmula 231 do STJ. ***Súmula 231 do STJ*** – *A incidência de circunstância atenuante não pode conduzir à redução da pena abaixo do mínimo legal.*

Terceira fase de dosimetria da Pena Privativa de Liberdade

c) **Fixação da pena definitiva** – o juiz, sobre a pena provisória, aplicará os casos de aumento ou de diminuição da pena (majorantes ou minorantes), tanto previsto na parte geral como na parte especial, aumentando ou diminuindo a pena provisória.

Minorantes e majorantes são acréscimos ou reduções da pena, assinalados em quantidade fixas (dobro, metade) ou em limites (um a dois terços).

Exemplos: a) na parte geral do CP – tentativa (art. 14, II) e concurso de crimes (art. 70 e 71); b) na parte especial – homicídio privilegiado (art. 121, § 1°).

Concurso de duas causas de aumento ou de duas causas de diminuição – art. 68, parágrafo único – o juiz pode aplicar a causa que mais aumente ou a causa que mais diminua - se estiverem na ***parte especial***.

Ex.: art. 141, I, e parágrafo primeiro; art. 226 – I e II.

Na parte geral, a *contrario senso*, devem ser aplicadas as duas.

Observação: Duas qualificadoras – incidindo duas qualificadoras no homicídio, por exemplo, uma deve ser usada para estabelecer os limites mínimo e máximo da pena em abstrato, a(s) outra(s) será usada como agravante, se cabível.

Concurso de crimes: material, formal e crime continuado

Quando um sujeito, mediante unidade ou pluralidade de ações ou de omissões, pratica dois ou mais crimes, surge o concurso de crimes ou de penas.

Sistemas do concurso de crimes adotados no CP:

a) Sistema do cúmulo material – considera que as penas dos vários delitos devem ser somadas.
b) Sistema da exasperação da pena – aplica-se a pena do crime mais grave, aumentado de um "quantum" determinado (em decorrência dos demais crimes).

Espécies de concursos:

a) Concurso material – art. 69 = cúmulo material.
b) Concurso formal próprio – art. 70 = exasperação
c) Concurso formal impróprio – art. 70 = cúmulo material
d) Crime continuado – art. 71 = exasperação.

Concurso material – art. 69, "caput" (ou real):

Ocorre quando o agente, mediante mais de uma ação ou omissão, pratica dois ou mais crimes, idênticos ou não. É preciso que o agente execute duas ou mais condutas (fatos – ações ou omissões), realizando dois ou mais crimes.

Espécies:

a) homogêneo – quando os crimes são idênticos, previstos na mesma figura típica (vários homicídios, por exemplo);

b) heterogêneo – quando os crimes não são idênticos, previstos em figuras típicas diversas (furto e estupro, por exemplo).

Não esquecer: concurso material aplica-se o *sistema do cúmulo material* – somam-se as penas. Na somatória das penas, tratando-se de penas diferentes (reclusão e detenção), executa-se primeira a de reclusão, eis que mais grave (art. 69, 2ª parte) – ver artigo 76 (crime e contravenção).

Concurso formal – art. 70 do CP:

Ocorre o concurso formal (ou ideal) quando o sujeito, praticando uma só conduta, (positiva ou negativa) comete dois ou mais crimes. Ex.: o agente, com um só tiro, ofende mais de uma pessoa.

Espécies:

a) homogêneo – quando os crimes se encontram descritos pela mesma figura típica (crimes iguais), como, por exemplo, várias mortes, num acidente automobilístico; e

b) heterogêneo – quando os crimes se acham definidos em normas penais diversas (crimes diferentes). Exemplo: atropelamento culposo, morte de uma pessoa e lesão em outra.

O concurso formal pode ser:

a) **próprio (ou perfeito)** – art. 70, "caput", *1ª parte* – aquele mediante uma ação ou omissão, dolosa ou culposa, deflagra 2 ou mais resultados, com unidade de designo (a vontade do agente é dirigida a um fato só). Ex.: acidente de trânsito, com 3 mortes culposas;

Utiliza-se o sistema de exasperação – art. 70, *"caput", 1ª parte:* **a)** se os crimes forem iguais – aplica-se somente uma das penas, aumentada de 1/6 à ½; **b)** se os crimes forem diversos – aplica-se a pena mais grave, aumentada de 1/6 à ½.

Sugestão com relação ao percentual de aumento: doutrina e jurisprudência adotam a seguinte tabela no concurso formal próprio:

NÚMERO DE CRIMES	PERCENTUAL DE AUMENTO
2	1/6
3	1/5
4	1/4
5	1/3
6 ou +	1/2

b) **Impróprio ou imperfeito** – art. 70, "caput", *2ª parte* – aquele onde com uma ***ação ou omissão dolosa*** resulta em 2 ou mais fatos típicos, *com desígnios autônomos* ou pluralidade de desígnios, isto é, o agente quis mais de um resultado (ele desejava os vários resultados).

Exemplo: aquele que amarra dois inimigos para abatê-los com um único tiro; ou quero matar duas pessoas com meu carro, num único ato. **Não esquecer:** Aqui há unidade de conduta (um fato só) e autonomia de desígnios (dirigidos à morte de duas pessoas, por exemplo). A *autonomia de desígnios* é a vontade do agente e os vários efeitos provocados (diversidade de intuitos do agente).

Utiliza-se o sistema do cúmulo material – art. 70, "caput", 2ª parte – na aplicação da pena, manda o CP que a pena seja aplicada com base no concurso material – art. 69 (bem como o art. 75).

DICA: Pena de multa – não se submete à regra da exasperação e sim do cúmulo material – art. 72 do CP.

Crime continuado – art. 71.

É uma ficção jurídica para evitar a pena alta do concurso material (sistema do cúmulo material), ficando no sistema da exasperação. Há, em realidade, vários delitos, praticados em vários atos.

Requisitos:

a) **várias ações ou omissões (pluralidade de condutas)** – deve se entender várias condutas.

b) **Determinados resultados ou crimes da mesma espécie**:

Crimes cometidos sejam da **mesma espécie**: são aqueles previstos no mesmo tipo penal, simples ou qualificados, tentados ou consumados. Desse modo pode haver crime continuado entre furto simples e furto qualificado, mas não entre furto e apropriação indébita, entre furto e roubo ou entre roubo e extorsão, etc.

c) **necessidade de conexão temporal, local, modal e outros** – é a continuação tendo em vistas as circunstâncias objetivas. Semelhanças entre as circunstâncias ou condições dos fatos concretos dos crimes componentes da continuação (tempo próximo, não mais de um mês (relativo), em cidades próximas, com o mesmo modo de execução).

1- **Crime continuado simples**: art. 71, "caput" (comum): Crime cometido sem violência ou grave ameaça à pessoa – adota-se o ***sistema de exasperação.*** O aumento de 1/6 a 2/3 varia de acordo com o número de infrações.

Dica: observar restrição do parágrafo único do art. 70.

2- **Crime continuado específico (ou qualificado):** crimes dolosos, com violência ou grave ameaça à pessoa, e contra vítima diversas. Adota-se o ***sistema de exasperação.***

- **Importante:** a jurisprudência entendeu que o aumento, no crime continuado qualificada, é de **1/6 ao triplo**, pois não constou da lei o mínimo de aumento (e varia de acordo com o número de infrações e considerando, ainda, a culpabilidade, antecedentes, conduta social, etc.).

NÚMERO DE CRIMES	AUMENTO
2	1/6
3	1/5
4	1/4
5	1/3
6	1/2
7 ou +	2/3

Não esquecer: continuidade delitiva em crimes que atingem bens personalíssimos – bens personalíssimos são a vida, a integridade corporal, a honra, a liberdade sexual, etc. Sob a égide da lei anterior, o STF não reconhecia a continuação delitiva nessas hipóteses, quando se tratava de vítimas diversas, chegando a editar a **Súmula 605**: *"Não se admite continuidade delitiva nos crimes contra a vida".* Com a reforma de 84, no entanto, é possível, mesmo que contra a vida – art. 71, parágrafo único.

Dica: A **súmula 605 do STF** – não é mais aplicada, devido a redação do parágrafo único do artigo 71 do CP.

Para nunca errar: Admite-se o crime continuado entre as formas consumadas, tentadas, privilegiadas e qualificadas de um mesmo crime, eis que todas podem ser partes de um crime continuado, já que previstos no mesmo tipo penal, possuindo as mesmas elementares objetivas e subjetivas.

Limite das Penas- art. 75 do Código Penal:

Tempo de cumprimento das penas privativas de liberdade. Determinação do artigo 75 do CP está em sintonia com o artigo 5º, XLVII, alínea "b", da Constituição Federal de 1988, que proíbe penas de caráter perpétuo.

Ainda que a pena imposta na condenação ultrapasse os 40 anos, o juízo da execução deve proceder à unificação para o máximo permitido em lei.

Nova condenação: sobrevindo nova condenação por fato posterior ao início do cumprimento de pena, far-se-á, nova unificação., desprezando-se, para esse fim, o período de pena já cumprido.

Exemplo: A é condenado a 150 de reclusão. Procedida a unificação, deverá cumprir 40 anos. Após cumprir 22 anos, é condenado por fato posterior ao início de cumprimento da pena. Nessa nova condenação, lhe é imposta pena de 30 anos. Somam-se os 18 que faltavam para cumprir os 40 anos com os 30 anos impostos pela nova condenação. Dessa forma resultará a pena de 48 anos.

Procede-se a nova unificação para o limite de 40 anos. Agora, além dos 22 já cumpridos, terá de cumprir mais 40.

Reforce-se que o art. 75 do Código Penal *refere-se apenas à duração do **cumprimento das penas*** impostas antes e durante a execução da pena.

Na contravenção – 5 anos (art. 10 da LCP).

Observar na execução – **art. 75, §§ 1º e 2º do CP**.

Importante:

Observar que podemos estar diante de uma situação de conflito de leis penais no tempo:

▷ **Não esquecer:** Ainda que a pena imposta na condenação ultrapasse os 40 anos, o juízo da execução deve proceder à unificação para o máximo permitido em lei.

O limite a ser usado, para fins de tempo máximo de cumprimento, 30 ou 40 anos? Sempre observar a data dos fatos (Teoria da Atividade – art. 4º do CP). Se aconteceram antes do dia 23 de janeiro de 2020, data do Pacote Anticrime – Lei 13.964- será com base na antiga redação do artigo 75, que previa 30 anos.

Observar que a Lei mais benéfica é ultra-ativa.

PENAS RESTRITIVAS DE DIREITOS

Também chamadas de "penas alternativas", pois são penas que o juiz puder aplicar em substituição à Pena Privativa de Liberdade. Elas substituem a PPL aplicada na sentença condenatória, desde que preenchidos os requisitos legais (art. 44 e incisos do CP). E são taxativas pois não há possibilidade de o juiz criar discricionariamente, novas sanções substitutivas.

Características:

A) **Autonomia:** não se trata de pena acessória, que possa ser cumulada com a pena privativa de liberdade (art. 44, caput, do CP).

B) **Substitutividade**: as penas restritivas não estão previstas na Parte Especial do CP (em regra) – ao contrário das penas privativas de liberdade e da multa. Não podem ser aplicadas diretamente pelo juiz, art. 54 do CP, este deve aplicar a pena privativa de liberdade e, em seguida, substituí-la, por pena restritiva de direitos, desde que preenchidos os requisitos legais (art. 44 e seguintes do CP)

C) **Precariedade:** as penas restritivas de direitos podem ser reconvertidas em privativas de liberdade no juízo das execuções caso o sentenciado cometa alguma das transgressões previstas em lei.

Como deve ser feito?

Pronta a dosimetria da pena privativa de liberdade, próximo passo, será o juiz averiguar da possibilidade de substituir a pena privativa de liberdade por alguma pena restrita de direito, ou, pena alternativa:

> *Art. 59 - O juiz, atendendo à culpabilidade, aos antecedentes, à conduta social, à personalidade do agente, aos motivos, às circunstâncias e conseqüências do crime, bem como ao comportamento da vítima, estabelecerá, conforme seja necessário e suficiente para reprovação e prevenção do crime:*
>
> *IV - a substituição da pena privativa da liberdade aplicada, por outra espécie de pena, se cabível.*

Analisar se presentes os requisitos **presentes no artigo 44** do Código Penal:

> *Art. 44. As penas restritivas de direitos são autônomas e substituem as privativas de liberdade, quando:*
>
> *I – aplicada pena privativa de liberdade não superior a quatro anos e o crime não for cometido com violência ou grave ameaça à pessoa ou, qualquer que seja a pena aplicada, se o crime for culposo.*
>
> *II – o réu não for reincidente em crime doloso;*
>
> *III – a culpabilidade, os antecedentes, a conduta social e a personalidade do condenado, bem como os motivos e as circunstâncias indicarem que essa substituição seja suficiente.* http://www.planalto.gov.br/ccivil_03/LEIS/L9714.htm

Requisitos objetivos:

1- **Quantidade da pena privativa de liberdade aplicada:** deve ser igual ou inferior a 4 anos. No caso de condenação por crime culposo, a substituição será possível, independentemente da quantidade da pena imposta, não existindo tal requisito;

2- **Natureza da infração penal:** crime cometido sem violência ou grave ameaça.

Requisitos subjetivos:

1- **Não ser o réu reincidente em crime doloso:** atualmente, o reincidente pode beneficiar-se da substituição, pois a atual lei vedou o benefício apenas ao reincidente em crime doloso. (art. 44, II do CP).

Observação: o art. 44, § 3º, do Código Penal admite a substituição, desde que se verifique a presença de dois requisitos: **1)** que a medida seja recomendável no caso concreto em face da condenação anterior; **2)** que a reincidência não se tenha operado em virtude da prática do mesmo tipo de delito (reincidência específica).

2- **A culpabilidade, os antecedentes, a conduta ou a personalidade ou ainda os motivos e circunstâncias recomendarem a substituição:** o artigo 44, inciso III, do CP somente levou em conta as circunstâncias subjetivas do mencionado art. 59 do CP.

Como ocorre a substituição ?

Atenção para a quantidade de pena aplicada. Código Penal estabelece os critérios, em seu artigo 44. Como cabe pena alternativa para penas de até 4 anos, a lei acabou estabelecendo um rol bastante diverso e variável de beneficiários, pois o limite compreende quem recebeu desde 1 dia até quatro anos de pena.

O Código Penal separou tais condenados em **duas categorias** (art. 44, § 2º do CP):

> *Art. 44. As penas restritivas de direitos são autônomas e substituem as privativas de liberdade, quando:*
>
> *§ 2º Na condenação igual ou inferior a um ano, a substituição pode ser feita por multa ou por uma pena restritiva de direitos; se superior a um ano, a pena privativa de liberdade pode ser substituída por uma pena restritiva de direitos e multa ou por duas restritivas de direitos.*

Então:

1ª: se a pena imposta for igual ou inferior a 1 ano, a PPL será substituída por uma multa ou por uma restritiva;

2ª: se a pena imposta for maior que 1 ano e não exceder a 4 anos, o juiz poderá aplicar: 2 PRD, ou 1PRD + multa;

Espécies:

O Código Penal, em seu artigo 43, elenca expressamente o rol de penas restritivas de direitos:

Penas restritivas de direitos

> *Art. 43. As penas restritivas de direitos são:*
>
> *I - prestação pecuniária;*
>
> *II - perda de bens e valores;*
>
> *III - limitação de fim de semana.*
>
> *IV - prestação de serviço à comunidade ou a entidades públicas;*
>
> *V - interdição temporária de direitos;*
>
> *VI - limitação de fim de semana.*

1- Prestação de serviços à comunidade

A Prestação de serviços à comunidade ou a entidades públicas **é aplicável às condenações superiores a 6 meses de Privação de liberdade.**

Consiste na atribuição de tarefas ao condenado, junta a entidades assistenciais, hospitais, orfanatos e outros estabelecimentos congêneres, em programas comunitários ou estatais, ou em benefício de entidades públicas.

As tarefas não serão remuneradas, uma vez que se trata de cumprimento de pena principal (LEP, art. 30), e não existe pena remunerada. As tarefas serão atribuídas conforme as aptidões do condenado.

A carga horária de trabalho consiste em 1 hora por dia de condenação, fixada de modo a não prejudicar a jornada normal de trabalho (art. 46, § 3º, do CP);

Cabe ao juiz da execução penal designar a entidade credenciada junto à qual o condenado deverá trabalhar (LEP, art. 149, I). A entidade comunicará mensalmente ao juiz da execução, mediante relatório circunstanciado, sobre as atividades e o aproveitamento do condenado (LEP, art. 150).

Importante: se a pena substituída for superior a 1 ano, é facultado ao condenado cumprir a pena substitutiva em tempo inferior ao da PPL substituída (CP, arts. 55 e 46, § 4º), nunca inferior à metade da PPL fixada.

▷ **Ajustes:** o juiz pode alterar a forma de cumprimento da pena. Exemplo: em vez de uma hora por dia de prestação de serviços, passar para 7 horas num único dia da semana. A alteração só será cabível havendo razões justificadas. Poderá ser requerida pelo órgão executado, por seu defensor, pelo representante do Ministério Público (art. 67 + art. 68, II, a, da LEP).

2- Limitação de fim de semana (art. 48 CP)

Consiste na obrigação de o condenado de permanecer aos sábados e domingos, por 5 horas diárias, na Casa do Albergado (LEP, art. 93) ou outro estabelecimento adequado. O estabelecimento encaminhará mensalmente ao juiz da execução relatório sobre o aproveitamento do condenado.

Interdições temporárias de direito: (art. 47 CP– que são cinco):

1. **Proibição do exercício de cargo, função ou atividade pública, bem como mandato eletivo**: trata-se de *pena específica*, uma vez que só pode ser aplicada ao crime cometido no exercício do cargo ou função, com violação de deveres a estes inerentes (art. 56 do CP), e desde que preenchidos os requisitos legais para a substituição. Quando a lei fala de cargo, está-se referindo ao efetivo, e não ao eventual.
2. **Proibição do exercício de profissão, atividade ou ofício que dependa de habilitação especial, autorização ou licença do Poder Público**: também se *trata de restritiva específica*, pois só se aplica aos crimes cometidos no exercício da profissão ou atividade e se houver violação de deveres a estas relativos (CP, art. 56).
3. **Suspensão da habilitação para dirigir veículo**: *pena específica,* aplicação aos delitos culposos de trânsito (não se enquadram nessa categoria os veículos movidos a tração animal e a propulsão humana).

Importante: aplica-se aos ***crimes culposos cometidos no trânsito***. Ocorre que o Código de Trânsito Brasileiro (Lei n. 9.503/97) criou crimes específicos de homicídio e lesões corporais culposas *na direção de veículo automotor* e estabeleceu para tais delitos, como ***pena cumulativa***, além da pena privativa, a ***suspensão*** ou proibição de obter permissão para dirigir ou da ***carteira de habilitação***. ,Afastou a incidência do art. 47, III, do CP.

Atualmente aplica-se, no que diz respeito à suspensão da **autorização** para dirigir veículo, exclusivamente a **ciclomotores**, que, nos termos do Anexo I, do Código de Trânsito, são veículos de duas ou três rodas, com no máximo 50 cilindradas e cuja velocidade máxima não ultrapasse 50 km/h.

4- **proibição de frequentar lugares** (art. 47, IV do CP); além de pena restritiva de direitos, funciona como condição do sursis especial (art. 78, § 2º, *a*, do CP). Cabe ao juiz especificá-los. Os lugares de frequência proibida guardar relação com o delito praticado.

5- **Proibição de inscrever-se em concurso, avaliação ou exames púbicos**;

O inciso V do art. 47 do CP, foi acrescentada pela Lei nº 12.550, de 15/12/2011, que também criou o crime do art. 311-A do CP, que incrimina as ações de *utilizar* ou *divulgar*, indevidamente, com o fim de beneficiar a si ou outrem, ou de comprometer a credibilidade do certame, conteúdo sigiloso de: a) Concurso público; b) Avaliação ou exames públicos; c) Processo seletivo para ingresso no ensino superior; ou d) Exame ou processo seletivo previsto em lei. Pune, igualmente, aquele que permite ou facilita o acesso de pessoas não autorizadas às informações sigilosas. Em tais situações, *poderá* ser imposta a proibição de o a gente inscrever-se em concurso, avaliação ou exames públicos. Não é pena específica.

Penas Alternativas Pecuniárias: (são 3 – previstas art. 45 do CP)

a) **Prestação Pecuniária**: (art. 45, § 1º) a prestação pecuniária consiste no pagamento em dinheiro, à vista ou em parcelas, à vítima, a seus dependentes ou a entidade pública ou privada com destinação social, de importância fixada pelo juiz, não inferior a 1 salário mínimo, nem superior a 360 salários mínimos.

O montante será fixado livremente pelo juiz, de acordo com o que for suficiente para a reprovação do delito, levando-se em conta a capacidade econômica do condenado e a extensão do prejuízo causado à vítima ou seus herdeiros.

O valor pago será deduzido do montante de eventual condenação em ação de reparação civil, se coincidentes os beneficiários.

b) **Prestação Inominada**: (art. 45, § 2º do CP) no caso de aceitação pelo beneficiário, a prestação pecuniária poderá consistir em prestação de outra natureza, como, p. ex: entrega de cestas básicas a carentes, em entidades públicas ou privadas.

IMPORTANTE: Essa pena não pode consistir no pagamento em dinheiro, para que não se confunda com a prestação pecuniária, nem na prestação de trabalho, pois para essa finalidade, já existe a prestação de serviços à comunidade.

Não esquecer: nos casos de violência doméstica e familiar contra a mulher – Lei Maria da Penha, é vedada a aplicação de pena de cesta básica (art. 17; Lei 11.340/06).

Súmula 588 do STJ: *A prática de crime ou contravenção penal contra a mulher com violência ou grave ameaça no ambiente doméstico impossibilita*

PENAL

a substituição da pena privativa de liberdade por restritiva de direitos.

c) **Perda de Bens e Valores:** (art. 45, § 3º do CP) é a decretação de perda de bens móveis, imóveis ou de valores, tais como títulos de crédito, ações, etc. Não pode alcançar bens de terceiros, mas apenas os bens do condenado, já que a pena não pode passar de sua pessoa (art. 5º, XLV, da CF/88). Consiste no confisco generalizado do patrimônio lícito do condenado, imposto como pena principal substitutiva da PPL imposta.

Não confundir: Multa: diferencia-se das restritivas pecuniárias porque, ao contrário destas, a multa não pode ser convertida em PPL, sendo considerada dívida de valor.

Importante: cumulação de multas na substituição da PPL por Pena Restritiva de Direitos:

Quando a lei penal cominar a pena privativa de liberdade mais multa, operada a substituição da PPL por multa, poderão ser impostas duas multas (a substitutiva mais a cominada abstratamente no tipo penal)?

Por exemplo, no crime de furto, punido com reclusão de um a quatro anos e multa, substituída a PPL pela multa, deverá o agente pagar duas multas, a que veio da substituição e a cominada abstratamente?

Furto

Art. 155 - Subtrair, para si ou para outrem, coisa alheia móvel:

Pena - reclusão, de um a quatro anos, e multa.

O **44, § 2º**, estabeçece que a multa substitui somente a pena privativa de liberdade. É possível a cumulação de multas.

Atenção ao Roberto Carlos "detalhes": Essa questão, atualmente, só se impõe quando a cominação for feita pelo Código Penal, uma vez que tal previsão cumulativa de pena privativa de liberdade com multa feita em ***lei especial***, não será possível a substituição. Com efeito nos termos da **Súmula 171 do STJ:** *"COMINADAS CUMULATIVAMENTE, EM LEI ESPECIAL, PENAS PRIVATIVAS DE LIBERDADE E PECUNIÁRIA, é DEFESO A SUBSTITUIÇÃO DA PRISÃO POR MULTA".*

Duração das Penas Restritivas de Direito

A atual redação do art. 55, determinada pela Lei nº 9.714/98 prevê: *"as penas restritivas de direitos referidas nos incisos IV, V e VI do art. 43 terão a mesma duração da Pena privativa de liberdade substituída, ressalvado o disposto no § 4º do art. 46".*

Exceção à regra do art. 55:

Art. 46, § 4º: *"Se a pena substituída for superior a 1 ano, é facultado ao condenado cumprir a pena substitutiva em menor tempo (art. 55) nunca inferior à metade da pena privativa de liberdade fixada."*

Assim:

a) se a PPL a ser substituída por PRD for igual ou inferior a 1 ano – o seu tempo de duração será o mesmo;
b) se a PPL for superior a 1 ano, o juiz poderá fixar uma duração menor do que esse total, desde que não inferior à sua metade. Então: a prestação de serviços à comunidade, a limitação de fim de semana e as interdições temporárias de direitos, quando forem aplicadas em substituição a PPL superiores a 1 ano, poderão ser fixadas em quantidade menor, desde que não inferior à metade.

Conversão da pena alternativa em privativa de liberdade:

Haverá a conversão da PRD em PPL quando:

a) durante o cumprimento da pena alternativa, sobrevier condenação a PPL. Decisão transitada em julgado- Princípio do Estado de Inocência;
b) a nova condenação tornar impossível o cumprimento da pena alternativa;
c) o condenado não for encontrado para ser intimado do início do cumprimento da pena;
d) houver o descumprimento injustificado da restrição imposta ou quando o condenado praticar falta grave.

Tempo de cumprimento da pena privativa de liberdade resultante de conversão: convertida a PRD em PPL, será deduzido o tempo em que o condenado esteve solto, devendo ele cumprir preso somente o período restante. A **lei determina** que seja respeitado um saldo mínimo de 30 dias de detenção ou reclusão, se, operada a dedução, resultar um período inferior, o condenado deverá ficar pelo menos 30 dias preso. Tratando-se de prisão simples, não há exigência de período mínimo (CP, art. 44, § 4º).

Observações:

a) Requisito da quantidade de pena na hipótese de concurso de crimes: na hipótese de concurso de crimes (ou penas), deve ser levado em conta o total da pena imposta, em decorrência da exasperação ou do cúmulo material.

b) *Crimes de lesões corporais leves* (CP, art. 129, caput), constrangimento ilegal (art. 146 do CP), ameaça (art. 147) e contravenção de vias de fato (art. 21 da LCP): embora cometidos com violência ou ameaça, admitem a substituição por pena alternativa, pois se trata de infrações de menor potencial ofensivo, as quais comportam transação penal e imposição consensual de pena não privativa de liberdade.

c) Violência doméstica e familiar contra a mulher: **não é possível**. Aplicação da Súmula 588/STJ: " *a prática de crime ou contravenção penal contra a mulher com violência ou grave ameaça no ambiente doméstico impossibilita a substituição da pena privativa de liberdade por restritiva de direitos.*

Questão Complementar:

> **▷ Revogação do art. 60, § 2º do CP e a possibilidade de aplicação do benefício da pena alternativa**
>
> O referido dispositivo, que tratava da multa substitutiva ou vicariante, aplicada à substituição à pena privativa de liberdade igual ou inferior a 6 meses, está revogado, uma vez que, com a atual redação do art. 44, § 2º, tornou-se possível a substituição por multa, quando a pena privativa de liberdade não exceder a um ano, desde que preenchidos os demais requisitos do referido artigo 44. A multa vicariante, portanto, passa a ser prevista no art. 44 e seu § 2º, ficando revogado o artigo 60, § 2º, do CP.

PENA DE MULTA: art. 49 do CP *Fixação, aplicação; pagamento e execução.*

PENA DE MULTA:

Conceito: art. 49 – consiste no pagamento de quantia fixada na sentença e recolhida ao Fundo Penitenciário Federal.

Observar que a legislação especial estabelece, dependendo a situação, destinação diferente: ex: Lei de Drogas: Lei 11.343/2006.

Natureza jurídica – pode ser autônoma, cumulativa ou substitutiva.

Sistema adotado pelo CP: sistema do dia-multa (bifásico).

Fixação da pena de multa – art. 49 do CP:

1° fase – fase obrigatória – fixação dos dias-multa, entre o mínimo de 10 e o máximo de 360 dias, levando-se em conta o art. 59 (fixa o número segundo o grau de injusto e da culpabilidade, assim como as exigências de reprovação e prevenção do crime) – art. 49, § 1°.

2° fase – fase obrigatória – fixação do valor de cada dia-multa, levando em conta, a situação econômica do réu (art. 60, "caput"), entre o mínimo de 1/30 do salário mínimo e o máximo de cinco vezes esse salário – art. 49, § 1°.

Obs: salário mínimo vigente à data do fato – art. 4° (Teoria da Atividade).

Valor final: simples cálculo aritmético, ou seja, da multiplicação do número de dias-multa pelo índice do salário-mínimo fixado.

3° fase *- fase facultativa – art. 60, § 1°*

Mesmo sendo o valor do dia-multa fixado no patamar máximo, pode ele se mostrar ineficaz e insuficiente diante da fortuna do réu e, em tais casos, permite o art. 60, § 1° do CP.

A multa pode ser aumentada até o triplo, se o juiz considerar que, em virtude da situação econômica do réu, é ineficaz, embora aplicada no máximo.

Atualização do valor da multa: art. 49 § 2º do CP dispõe que, por ocasião da execução, o valor da multa deve ser atualizado de acordo com os índices de correção monetária. **Súmula 43 do STJ:** "a correção monetária decorrente de dívida de ato ilícito deve incidir da data do efetivo prejuízo", ou seja, a correção monetária deve correr a partir do dia em que foi cometido o delito.

PAGAMENTO ➤ Art. 50 do CP - Em dez dias após o trânsito em julgado, podendo haver parcelamento.

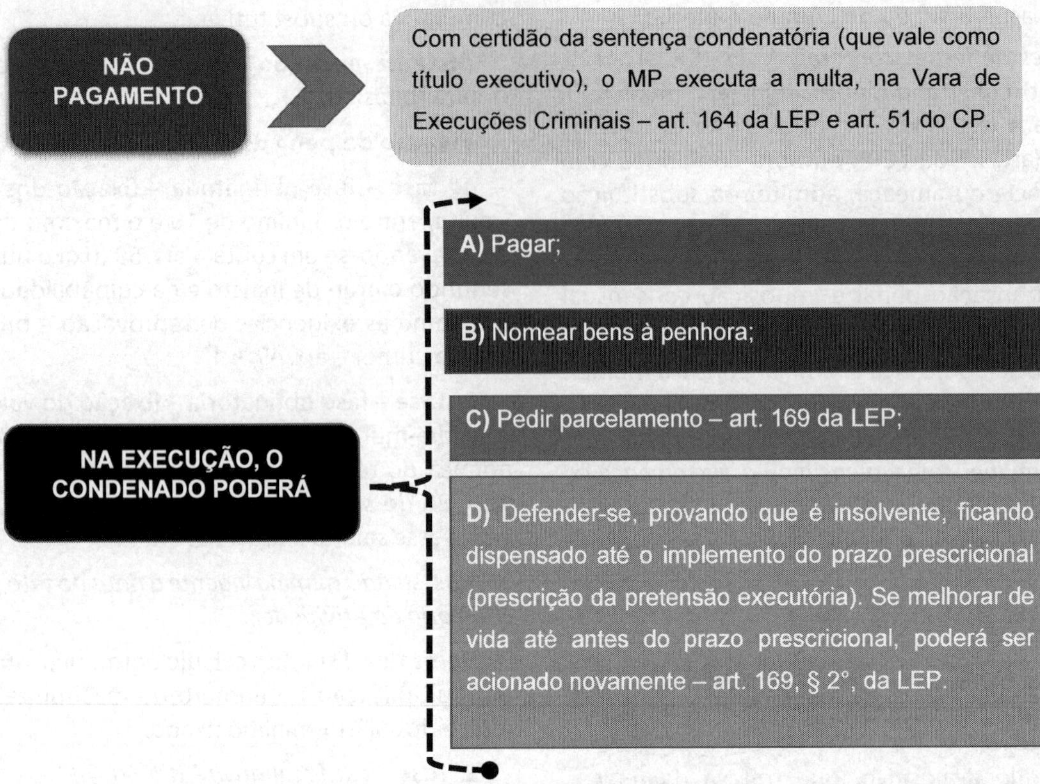

* Em caso de penhora, se estes forem imóveis, serão os autos remetidos ao juízo cível (art. 652 e seguintes do CPP) – art. 164, § 2°, e 165 da LEP.

Se forem móveis, continua na Vara das Execuções Criminais – art. 166 da LEP.

* Suspensão da execução da multa – art. 52 do CP e art. 167 da LEP (se sobrevêm ao condenado doença mental).

* Revogado o dispositivo que permitia a conversão em prisão (antigo art. 51).

* desconto em folha – art. 50, §§ 1° e 2°, do CP e art. 168 da LEP (condenado em liberdade). Se estiver preso (art. 170 da LEP).

Competência para a execução da pena de multa: Nova redação conferida ao *caput* do art. 51 do Código Penal, *"transitada em julgado a sentença condenatória, a multa será executada perante o juiz da execução penal e será considerada dívida de valor, aplicáveis as normas relativas à dívida ativa da fazendo pública, Inclusive no que concerne às causas interruptivas e suspensivas da prescrição."* A *execução da pena de multa deverá ser promovida exclusivamente pelo Ministério Público, e tão somente perante o Juízo da Execução Penal.*

Legitimidade ***privativa do Ministério Público*** para tanto, conclusão que decorre da simples impossibilidade de a Fazendo Pública atuar na vara de execução penal. ***Encontra-se fulminada, portanto, a súmula nº 521 do STJ.***

SURSIS – Suspensão Condicional da Pena Privativa de Liberdade[8]

Conceito: "Sursis" quer dizer suspensão. Permite que o condenado não se sujeite à execução de pena privativa de liberdade desde que preenchidos certos requisitos objetivos e subjetivos a aceite as condições estabelecidas pelo juiz, dentre as

8. Súmula 667, do STJ: A eventual aceitação de proposta de suspensão condicional do processo não prejudica a análise do pedido de trancamento da ação penal.

previstas em lei. Ela é parcial, pois o apenado está submetido a certas condições.

Natureza jurídica – é uma obrigação do juiz (direito público subjetivo do condenado), desde que impossível a substituição da pena privativa de liberdade por multa ou por restritiva de direito, e preenchidos os requisitos legais.

Sistema adotado pelo CP: sistema belga-francês (europeu continental) - o juiz condena o réu, determinando a suspensão condicional da execução da pena.

Oportunidade para a concessão:

Sursis pressupõe a prolação da sentença condenatória. O juiz deve julgar procedente a ação penal e fixar a pena privativa de liberdade, estabelecendo seu montante final de acordo com o critério trifásico e o regime prisional inicial. Somente depois disso poderá ser concedido o *sursis*. Em caso de revogação do *sursis* o condenado terá de cumprir a pena originariamente imposta. Por isso necessário estarem definidos o montante de pena privativa de liberdade e o seu regime inicial.

Espécies:

São as modalidades previstas no Código Penal:

a) *Sursis* simples: - art. 77 *caput;*
b) *Sursis* especial: art. 78, § 2º;
c) *Sursis* etário e humanitário – art. 77, § 2º.

***1- Sursis* simples – art. 77 do CP:** modalidade em que o réu ainda não reparou o dano causado pelo crime ou quando não lhe forem inteiramente favoráveis os requisitos do art. 59 do Código Penal, uma vez que, se presentes estes requisitos, estaremos diante do *sursis* especial, definido no art.78, §2º, do Código Penal, que sujeita o condenado a condições mais brandas.

Requisitos do *Sursis* simples: art. 77 CP

Objetivos:

a) que o réu seja condenado a pena privativa de liberdade (reclusão ou detenção) não superior a 2 anos.

Conforme art. 80 *sursis* não se estende a *pena restritiva de direitos* ou *multa*. Se alguém for condenado a 1 ano de reclusão e multa, o juiz poderá aplicar *sursis* com relação a pena privativa de liberdade, mas a multa deverá ser paga.

No caso de **concurso de crimes** o limite de 2 anos deve ser apreciado em relação ao montante total aplicado na sentença, e não em relação a cada delito individualmente. No **concurso material**: se as penas somadas ultrapassarem 2 anos, não será cabível o benefício. Da mesma forma, se for aplicada pena originária de 2 anos, mas em razão de acréscimo decorrente de **crime continuado** ou de **concurso formal**, o montante final for de 2 anos e 4 meses.

Atenção: Conforme art. 80 *sursis* não se estende a *pena restritiva de direitos* ou *multa*. Se alguém for condenado a 1 ano de reclusão e multa, o juiz poderá aplicar *sursis* com relação a pena privativa de liberdade, mas a multa deverá ser paga.

b) Que não seja indicada ou cabível a substituição por pena restritiva de direitos ou multa (art. 77, III do CP)

Se forem cabíveis tais substituições por penas restritivas de direitos ou multa, deve o juiz aplicá-las, restado prejudicado o *sursis*.

Requisitos Subjetivos:

a) Que o réu não seja reincidente em crime doloso (art. 77, I do CP)

Somente se condenado por um crime doloso após a condenação por outro crime da mesma natureza é que o benefício se mostra inviável. Se qualquer deles for culposo, ou ambos, o *sursis* se mostra viável.

Se a condenação anterior quanto ao crime doloso gerou *aplicação exclusiva de pena de multa*, é possível a suspensão condicional da pena, nos exatos termos do art. 77, §1º, do Código Penal.

b) Que a culpabilidade, os antecedentes, a conduta social e a personalidade do agente, bem como os motivos e as circunstâncias do crime, autorizem a concessão do benefício (art. 77, II do CP).

Ainda que o réu seja primário, o juiz poderá negar-lhe o *sursis,* caso ostente maus antecedentes e o magistrado entenda que a conjugação dos condenações denote que a suspensão da pena não se mostra suficiente.

Direito Subjetivo do Condenado: presentes os requisitos elencados no texto legal, a obtenção do *sursis* é direito público subjetivo do acusado, não podendo o juiz negar-lhe o benefício sem qualquer fundamentação ou sem razão plausível para tanto.

Condições do Sursis:

Presentes os requisitos legais, o acusado tem direito ao benefício. Deve, por isso, o magistrado, de forma concomitante à concessão, fixar as condições a que fica subordinado o agente durante o período de prova (artigos 157 e 158 do LEP).

a) Condições Legais: são obrigatórias e encontram-se no art. 78, § 1º, do Código Penal, que dispõe que, no primeiro ano do período de prova, deverá o condenado *prestar serviços à comunidade ou submeter-se a limitação de final de semana.*

b) Condições Judiciais: art. 79 do Código Penal, o juiz pode especificar *outras condições* a que fica subordinada a suspensão, desde que adequadas ao fato e à situação pessoal do condenado. Essas condições não podem ser vexatórias ou atingir direitos fundamentais do indivíduo (obrigação de doar sangue, de frequentar cultos religiosos, etc.). Poderão ser estabelecidas condições como as de sujeição a tratamento para toxicômanos, frequência a aulas sobre normas de trânsito, obrigação de comparecimento ao juízo para justificar suas atividades, etc.

Durante o período de prova, o sentenciado fica obviamente proibido de realizar condutas que causem a revogação do benefício. São as chamadas *condições indiretas* do *sursis*.

2- Sursis especial: art. 78 § 2º, do Código Penal, se o condenado houver reparado o dano, salvo impossibilidade de fazê-lo, e se as circunstâncias do art. 59 lhe forem inteiramente favoráveis, o juiz poderá aplicar o *sursis* especial, no qual o condenado terá de submeter a condições menos rigorosas, a saber:

a) Proibição de frequentar determinados lugares (bares, boates, locais onde se vendem bebidas alcoólicas, etc).

b) Proibição de ausentar-se da comarca onde reside, sem autorização do juiz.

c) Comparecimento pessoal e obrigatório a juízo, mensalmente, para informar e justificar suas atividades.

3- ***Sursis* etário e *sursis* humanitário:** Artigo 77, parágrafo segundo:

§ 2º A execução da pena privativa de liberdade, não superior a quatro anos, poderá ser suspensa, por quatro a seis anos, desde que o condenado seja maior de setenta anos de idade, ou razões de saúde justifiquem a suspensão.

Se o condenado tiver idade superior a 70 anos na data da sentença e for condenado a pena não superior a 4 anos, o juiz poderá também conceder o *sursis*, mas, nesse caso, o período de prova será de 4 a 6 anos. Este é o chamado *sursis* etário.

Do mesmo modo poderá proceder o juiz, se razões de saúde do acusado justificarem a suspensão no caso de ser aplicada pena não superior a 4 anos, hipótese conhecida como *sursis* humanitário (doença grave, invalidez, etc. Obs: lei 9.714/98- aplica-se a doentes terminais).

Essas modalidades se suspensão condicional da pena estão previstas no art. 78, § 2º do Código Penal. As demais condições são idênticas (condições a que deve se submeter o condenado, hipóteses de revogação, etc.)

Período de prova: é o montante de tempo fixado pelo juiz na sentença, no qual o condenado deve dar mostras de boa conduta, não provocando a revogação do benefício. Ao seu término, se o condenado não tiver dado causa à revogação ou prorrogação do *sursis*, o juiz decretará a extinção da pena (art. 82 do CP)

Cumprimento das condições

> *Art. 82 - Expirado o prazo sem que tenha havido revogação, considera-se extinta a pena privativa de liberdade.*

Se o réu não comparecer à audiência admonitória ou recusar as condições impostas, o *sursis* será *tornado sem efeito* pelo juiz, expedindo-se mandado de prisão para o cumprimento da pena. Se, entretanto, for realizada a audiência e o réu aceitar as condições, *terá início* o período de prova. A audiência admonitória, portanto, é o marco que dá início à execução do *sursis*.

Não esquecer: A duração do período de prova em regra é de 2 a 4 anos (*sursis* comum e especial), porém existem algumas exceções como no *sursis* etário ou humanitário, em que pode ser de 4 a 6 anos, ou nas contravenções penais em que varia entre 1 a 3 anos.

Revogação do *Sursis*: A revogação do benefício pressupõe que o condenado esteja em período de prova, isto é, que já tenha sido realizada a audiência admonitória.

A revogação implicará a necessidade de cumprimento integral da pena originariamente imposta na sentença, não havendo desconto proporcional ao tempo já cumprido antes da revogação.

O art. 81, *caput*, do Código Penal, elenca as hipóteses em que a revogação é obrigatória, enquanto em seu §1º encontram-se os casos de revogação facultativa.

a) Revogação Obrigatória: 81 CP

1- Superveniência de condenação irrecorrível por crime doloso;

2- Não reparação do dano, sem motivo justificado;

3- Descumprimento da obrigação de prestação de serviços ou limitação de fim de semana

b) Revogação Facultativa: 81, § 1º do CP

1- Descumprimento das condições judiciais

2- Descumprimento das condições do *sursis* especial

3- Condenação irrecorrível por crime culposo ou contravenção a pena privativa de liberdade ou restritiva de direitos

Atenção à diferença entre cassação e revogação do sursis:

▷ A cassação se dá antes da realização da audiência admonitória (réu que não comparece ao juízo ou que recusa o benefício). Ocorre, portanto, antes do início de execução do sursis. A revogação ocorre depois.

Prorrogação do Período de Prova

Se o condenado, durante o período de prova, passa a ser processado por outro crime ou contravenção, considera-se prorrogado o prazo até o julgamento definitivo (trânsito em julgado) da nova acusação (art. 81, § 2º)

Prorrogação do período de prova

> *§ 2º - Se o beneficiário está sendo processado por outro crime ou contravenção, considera-se prorrogado o prazo da suspensão até o julgamento definitivo.*

A prorrogação do período de prova é:

a) **Obrigatória e automática:** se o condenado estiver sendo processado por outro crime ou contravenção;

b) **Facultativa:** nos casos em que a revogação *do sursis* é facultativa, o juiz, em vez de decretá-la, prorroga o período de prova até o máximo.

Não esquecer: Durante o prazo de prorrogação obrigatória, o condenado fica desobrigado de cumprir as condições do *sursis*.

Sursis e Crimes Hediondos

Devido às altas penas previstas aos delitos de natureza hedionda e equiparados, normalmente não há que se cogitar de aplicação do *Sursis*.

Como *não há vedação expressa no texto legal*, não cabe ao juiz negar o benefício se o acusado preencher os requisitos genéricos do art. 77 do Código Penal.

Sursis e tráfico ilícito de entorpecentes

Há vedação expressa à suspensão condicional da penal no art. 44 da Lei de Drogas – 11.343/2006.

***Sursis* e a Lei de Contravenções Penais**
O art. 11 da Lei de Contravenções Penais permite a aplicação do *sursis* quando reunidas as condições estabelecidas no Código Penal. O período de prova, entretanto, será fixado entre 1 a 3 anos. No que diz respeito à execução do benefício, causas de revogação e prorrogação, dentre outras, aplicam-se os mesmos dispositivos do Código Penal, uma vez que não há regramento especial sobre o assunto na lei própria.
***Sursis* e Lei Ambiental**
O art. 16 da Lei 9.605/98 (Lei de Proteção ao Meio Ambiente) permite a aplicação do *sursis* nos crimes nela descritos, caso a pena privativa de liberdade aplicada não supera 3 anos.

Livramento Condicional

Livramento Condicional - art. 83 (arts. 131 e seguintes da LEP):

É a antecipação provisória da liberdade, concedida, sob certas condições, ao condenado que está cumprindo pena privativa de liberdade.

1. **Requisitos objetivos do Livramento Condicional**: art. 83 do CP

Dizem respeito a qualidade e quantidade de pena que deve ser cumprida para fins de obtenção de livramento condicional. Estão no "*caput*" e incisos I, II, IV e V, do art. 83;

a) *Que o juiz tenha aplicado na sentença pena privativa de liberdade igual ou superior a 2 anos (art. 83, caput do CP);*

Caso a pena tenha sido fixada em patamar inferior, o livramento não será possível.

b) *Que o condenado tenha reparado o dano causado pela infração, salvo impossibilidade de fazê-lo (art. 83, IV, do CP).*

Se a vítima não tiver sofrido qualquer prejuízo, não haverá que se cogitar deste requisito. Da mesma forma se o acusado demonstre concretamente não possuir condições financeiras de arcar com os valores devidos.

c) *Cumprimento de parte da pena (art. 83, I e II e V, do CP).*

Dependendo da espécie de crime cometido e dos antecedentes do reeducando, o tempo de cumprimento da pena para obtenção do livramento condicional varia, de acordo com as seguintes regras:

1- Em se tratando de *crime comum* e *não* sendo o *condenado reincidente em crime doloso*, bem como apresentando *bons antecedentes*, deve ser **cumprido *mais de um terço*** (1/3) da pena (art. 83, I, do CP). É o chamado ***livramento condicional simples.***

2- No caso de *crime comum*, se o réu for *reincidente em crime doloso*, deve ter cumprido *mais de metade* (1/2) da pena (art. 83, II, do CP). É o chamado ***livramento condicional qualificado***.

3- se a condenação for referente a ***crime hediondo, terrorismo* ou *tortura,*** deve o sentenciado ter cumprido *mais de dois terços (2/3) da pena,* **salvo** se o apenado for reincidente específico em crimes dessa natureza (art. 83, V, do CP).

> ▷ **As penas que correspondem a infrações diversas devem somar-se para efeito de livramento (art. 84 do CP).**

Não esquecer: se o agente já foi condenado por qualquer crime hediondo, por tortura ou terrorismo, não poderá obter o livramento caso torne a cometer quaisquer desses crimes.

> ▷ **Remição e livramento condicional: art. 128 da LEP: o tempo remido pelo trabalho ou pelo estudo considera-se como pena cumprida para todos os fins. Tal período é descontado do montante da pena, gerando a antecipação do livramento condicional.**

O artigo 112 da lei de Execuções Penais, em seus incisos VII, "a", e VIII, **veda,** por sua vez, o livramento condicional para pessoas condenadas por crimes hediondos ou equiparados com resultado morte. Exemplos: latrocínio, homicídio qualificado consumado. (inovação do Pacote Anticrime – Lei 13.964/19).

> ▷ A Lei nº 13.344/2016 modificou a redação do art. 83, V, do Código Penal, e passou a prever que, no crime de **tráfico de pessoas** (art. 149 – A do CP), o livramento condicional também só poderá ser obtido após o ***cumprimento de mais de dois terços da pena***, desde que o apenado não seja reincidente específico em crime dessa natureza. Quanto a tal instituto, portanto, o tráfico de pessoas passou a ter tratamento idêntico ao dos crimes hediondos e assemelhados, embora não tenha tal natureza, já que o legislador preferiu não o inserir no rol da Lei nº 8.072/90 (Lei dos Crimes Hediondos).

Requisitos Subjetivos do Livramento condicional:

a) *Comprovação de bom comportamento durante a execução da pena (art. 83, III, "a")*. A comprovação desse requisito é feita pela elaboração de *atestado de boa conduta carcerária pelo diretor do presídio.*

b) *Não cometimento de falta grave nos últimos 12 meses (art. 83, III, 'b")*

Lei nº 13.964/2019, deu nova redação ao art. 83, III, "b", do Código Penal, vedando o livramento caso o condenado tenha praticado falta grave nos 12 meses que antecedem o alcance do prazo para o benefício. Assim, se o condenado cometer falta grave quando faltar menos de 12 meses para atingir o prazo do benefício, deverá aguardar mais 12 meses.

c) *Bom desempenho no trabalho que lhe foi atribuído (art. 83, III, "c").*

A prova é também feita por intermédio de atestado de direito do estabelecimento. O preso que, reiterada e injustificadamente, recusa-se a trabalhar não poderá, em razão disso, obter livramento.

d) *Aptidão para prover à própria subsistência mediante trabalho honesto (art. 83, III, "d")*. O preso deve apresentar, por exemplo, proposta de emprego ou demonstrar que irá trabalhar com parentes ou por conta própria.

e) *Para o condenado por crime doloso, cometido mediante violência ou grave ameaça à pessoa, a constatação de que o acusado apresenta condições pessoais que façam presumir que, uma vez liberado, não voltará a delinquir (art. 83, parágrafo único, do CP).*

Esta prova pode ser feita pelo exame criminológico, por parecer da Comissão Técnica de Classificação ou por outros meios.

> ▷ Exige-se parecer do Conselho Penitenciário. É sempre ouvido o Ministério Público e pode ser requerido por quem quer que seja (art. 131 da LEP).

Não esquecer: O livramento poderá ser concedido em razão de requerimento do próprio sentenciado, de seu cônjuge ou de parente em linha reta, ou por proposta do diretor do estabelecimento, ou, ainda, por iniciativa do Conselho Penitenciário (art. 712 do CPP).

> ▷ **Contravenções penais e Livramento Condicional:** possibilidade prevista no art. 11 da lei das Contravenções

> ▷ **Art. 11.** Desde que reunidas as condições legais, o juiz pode suspender por tempo não inferior a um ano nem superior a três, a execução da pena de prisão simples, bem como conceder livramento condicional.

Período de Prova e condições do livramento condicional:

Período de prova será o tempo restante da pena privativa de liberdade. O juiz das execuções criminais que deferir o livramento deve especificar na sentença concessiva quais as condições a que deve submeter-se o sentenciado.

A Lei de Execuções Penais, em seu artigo 132, contém o rol de condições a serem impostas pelo juiz. Algumas são obrigatórias e outras facultativas.

1. **Condições obrigatórias**: são previstas no artigo 132, § 1º, da Lei de Execuções, segundo o qual o juiz sempre imporá ao condenado as seguintes condições:

a) Obtenção de ocupação lícita, dentro de prazo razoável (fixado pelo próprio juiz);

b) Comparecimento periódico para informar ao juízo sobre suas atividades;

c) Não mudar do território da comarca do Juízo de Execução sem prévia autorização deste.

2. **Condições Facultativas:** previstas no art. 132, § 2º, da Lei de Execuções. Tal disposto contém um rol exemplificativo de condições que o juiz também poderá impor ao beneficiário, *sem prejuízo de outras que o magistrado entenda pertinentes.* Por isso, são também chamadas de *condições judiciais.* São as seguintes as condições que o dispositivo menciona:

a) Não mudar de residência sem comunicação ao juiz e à autoridade incumbida da observação cautelar e de proteção;

b) Recolher-se à sua residência em hora fixada pelo juiz;

c) Não frequentar determinados lugares. *Estes locais devem ser expressamente mencionados na sentença concessiva do benefício.*

Observações:

Condições indiretas: após a concessão do livramento, o benefício pode ser revogado por várias causas (condenação superveniente, por exemplo). Assim, considera-se como *condição indireta* à extinção da pena não realizar o condenado condutas que possam dar causa à revogação do benefício.

Modificação das condições: nos termos do art. 144 da lei de Execuções penais, o juiz das execuções, de ofício, a requerimento do Ministério Público, da defensoria Pública ou mediante representação do Conselho Penitenciário, ouvido o liberado, poderá modificar as condições impostas na sentença, devendo o respectivo ato decisório ser lido ao liberado.

O estudo durante o período de prova

Possível o condenado que já se encontra em livramento condicional remir parte da pena faltante pelo estudo. Art. 126, § 6º, da LEP: o estudo, em curso regular ou profissionalizante, é possível para os presos que estejam em regime aberto, semiaberto ou em livramento condicional. O tempo de estudo será descontado do período de prova. Art. 126, § 1º, I, da LEP: condenado poderá abater 1 dia da pena restante para cada 12 horas de estudo, (as 12 horas sejam divididas em pelo menos 3 dias).

A suspensão do Livramento Condicional:

De acordo com o art. 145 da Lei de Execuções Penais, se o beneficiário *praticar nova infração penal*, o juiz poderá, ouvidos o Conselho Penitenciário e o Ministério Público, *suspender* o curso do livramento e determinar a prisão do condenado. A efetiva revogação, entretanto, *dependerá da decisão final* a ser proferida no processo que apura o novo delito

Prorrogação do período de prova do livramento condicional

Considera-se prorrogado o período de prova se, ao término do prazo, o agente estiver sendo processado por crime cometido em sua vigência (art. 89 do CP). Se ao final da nova ação penal houver condenação a pena privativa de liberdade, o juiz decretará obrigatoriamente a revogação do benefício (art. 86, I, do CP). Se a condenação for a outra espécie de pena, a revogação se mostra facultativa (art. 87 do CP). Caso o réu venha a ser absolvido, o juiz decretará a extinção da pena. Durante a prorrogação, o sentenciado fica *desobrigado* de observar as condições impostas.

Revogação do livramento condicional:

O livramento condicional pode ser revogado pelo juízo das execuções, de ofício, em razão de requerimento do Ministério Público ou de representação do Conselho Penitenciário. Antes de decidir, entretanto, o juiz deve ouvir o condenado (art. 143 da LEP).

1- Causas obrigatórias de revogação: art. 86 do CP

a) *Se o beneficiário vem a ser condenado, por sentença transitada em julgado, a pena privativa de liberdade por crime cometido durante a vigência do benefício (art. 86, I, do CP).*

Efeito: o tempo em que o sentenciado permaneceu em liberdade *não será descontado*, devendo, portanto, cumprir integralmente a pena que restava por ocasião do início do benefício, somente podendo obter novamente o livramento em relação a segunda condenação (art. 88 do CP).

b) *Se o beneficiário vem a ser condenado, por sentença transitada em julgado, a pena privativa e liberdade, por crime cometido antes do benefício (art. 86, II, do CP).*

Efeito: O art. 88 do Código Penal permite que seja descontado o período em que o condenado esteve em liberdade, podendo, ainda, ser somado o tempo restante à pena referente à segunda condenação para fim de obtenção de novo benefício (art. 84 do CP).

Causas de revogação facultativa – art. 87 do CP:

a) *Se o liberado deixa de cumprir qualquer das obrigações impostas na sentença.*

Efeito: nesse caso, não se desconta da pena o período do livramento e o condenado não mais poderá obter o benefício.

b) *Se o liberado foi irrecorrivelmente condenado, por crime ou contravenção, a pena que não seja privativa de liberdade.*

Trata-se de condenação a pena de multa ou restritiva de direitos. Não importa se a infração foi cometida antes ou durante a vigência do benefício.

Efeito: Se a condenação for por *delito anterior*, será *descontado* o tempo de livramento. Se a condenação se refere a delito na *vigência* do benefício, *não haverá* tal desconto.

Caso o juiz não revogue o livramento, poderá alterar suas condições, conforme permite o art. 144 da Lei de Execuções Penais.

NÃO IMPLANTAÇÃO DO LIVRAMENTO CONDICIONAL

▷ Se o condenado não comparece à cerimônia solene em que o benefício será concedido, o livramento, evidentemente, não poderá ser implantado. É o que corre, por exemplo, quando ele foge após a concessão do benefício e antes da cerimônia. Neste caso, não existe tecnicamente revogação do livramento, porque ainda não havia se iniciado o período de prova. O mesmo ocorre quando o sentenciado se recusa a aceitar o benefício na audiência solene designada para tal fim.

MEDIDA DE SEGURANÇA

Finalidade: é exclusivamente preventiva, visando tratar o inimputável e o semi-imputável que demonstraram, pela prática delitiva, potencialidade para novas ações danosas.

Sistema Vicariante: é o adotado pelo Código Penal. Não é possível a aplicação cumulativa de pena e medida de segurança. *Aos imputáveis* – pena; *aos inimputáveis*: medida de segurança; *aos semi-imputáveis* – uma ou outra, conforme recomendação do perito.

Periculosidade: é a potencialidade para praticar ações lesivas. Revela-se pelo fato de o agente ser portador de doença mental. Na **inimputabilidade,** a periculosidade é presumida. Basta o laudo apontar a perturbação mental para que a medida se segurança seja obrigatoriamente imposta. Na **semi-imputabilidade,** precisa ser constatada pelo juiz. É a periculosidade real.

Inimputabilidade e aplicação (ou não) de medida de segurança:

a) **Art. 26 do CP:** doença mental ou desenvolvimento mental incompleto ou retardado: ***aplica-se medida de segurança***;

b) **Dependência decorrente do consumo de drogas ilícitas** – art. 45, *caput*, da Lei 11.343/06 – ***aplica-se medida de segurança***; Perícia: exame de dependência toxicológica- juiz absolve o réu e o submete a tratamento médico.

c) **Art. 27 do CP: menoridade: *não se aplica medida de segurança,*** sujeitando-se o menor a legislação própria (Lei nº 8.069/90, Estatuto da Criança e do Adolescente);

d) **Art. 28 do CP: embriaguez completa e involuntária**, proveniente de caso fortuito ou força maior: ***não se aplica e medida de segurança.***

Espécies de Medidas de Segurança:

1- **Detentiva:** internação em hospital de custódia e tratamento psiquiátrico (CP., art. 97).

2- **Restritiva:** sujeição a tratamento ambulatorial (CP, art. 97).

Medida de Segurança detentiva:

Características:

a) É obrigatória quando a pena imposta for a de reclusão;

b) Serão por tempo indeterminado, perdurando enquanto não for averiguada, mediante perícia médica, a cessação de periculosidade. Entretanto, com base na proibição de penas de caráter perpétuo e na Dignidade Humana, os Tribunais superiores têm firmado entendimento de que o tempo de internação não pode ser indeterminado. Assim, o **STJ editou a Súmula 527**, em 18 -5-2015, nos seguintes termos: *"O tempo de duração da medida de segurança não deve ultrapassar o limite máximo da pena abstratamente cominada ao delito praticado".*

c) A cessação da periculosidade será averiguada após um prazo mínimo, variável entre um e três anos.

d) A averiguação pode ocorrer a qualquer tempo, mesmo antes do término do prazo mínimo, se o juiz da execução determinar (LEP, art. 175).

▷ **Atenção:** relatório psiquiátrico do estabelecimento penal não supre o exame de cessação da periculosidade.

▷ **Atenção:** laudo sem fundamentação e impreciso: não tem valor, sendo necessário que seja fundamentado e conclua expressamente se cessou ou não a periculosidade.

Observar critérios do incidente de insanidade mental - art. 153 do CPP. Feito no curso Inquérito Policial e da ação penal.

Local da internação:

O internado será recolhido a estabelecimento dotado de características hospitalares (art. 99 do CP). Na falta de vaga, a internação pode dar-se em hospital comum ou particular, mas nunca em cadeia pública. De acordo com a uníssima jurisprudência do Superior Tribunal de Justiça, constitui constrangimento ilegal a manutenção de réu destinatário da medida de segurança em estabelecimento inadequado por inexistência de vaga em hospital.

▷ **Sentença de Absolvição Imprópria:** A sentença que permite a aplicação da medida de segurança para inimputável denomina-se absolutória imprópria, tendo em vista que, a despeito de considerar que o réu não cometeu delito, não é criminoso, merece sanção penal (medida de segurança). Dispõe o art. 386, parágrafo único, III, do CPP que, na decisão absolutória, o juiz imporá medida de segurança. Sobre o tema, há a *Súmula 422 do STF:* "A absolvição criminal não prejudica a medida de segurança, quando couber, ainda que importe privação de liberdade".

Desinternação:

Será sempre condicional, devendo ser restabelecida a situação anterior se o agente, ***antes do decurso de um ano***, pratica fato indicativo de sua periculosidade (não necessariamente crime).

Possibilidade de aplicação de medida de segurança detentiva (internação em hospital de custódia e tratamento) em crime apenado com detenção:

A medida de segurança de tratamento ambulatorial nos crimes apenados com detenção é facultativa, ficando condicionada ao maior ou menor potencial de periculosidade do inimputável, de modo que pode o juiz optar pela sua internação em hospital de custódia e tratamento psiquiátrico, mediante exame do caso concreto e da periculosidade demonstrada.

Dessa forma, temos a seguinte regra:

a) Crime apenado com reclusão: a internação em hospital de custódia e tratamento psiquiátrico é obrigatória (art. 97 do CP), não podendo ser aplicada a medida de segurança restritiva (tratamento ambulatorial);

b) Crime apenado com detenção: o tratamento ambulatorial é facultativo (art. 97 do CP), podendo, conforme o caso, o juiz aplicar a medida de segurança detentiva (internação em hospital de custódia e tratamento psiquiátrico).

Medida de Segurança Restritiva:

Características:

a) Se o fato é punido com detenção, o juiz pode submeter o agente a tratamento ambulatorial;

b) O tratamento ambulatorial será por prazo indeterminado até a constatação da cessação da periculosidade;

c) A constatação será feita por perícia médica após o decurso do prazo mínimo;

d) O prazo mínimo varia entre 1 a 3 anos;

e) A constatação pode ocorrer a qualquer momento, até antes do prazo mínimo, se o juiz da execução determinar (LEP, art. 176).

Critério para fixar o prazo mínimo:

Será fixado de acordo com o grau de perturbação mental do sujeito, bem como segundo a gravidade do delito.

Liberação:

Será sempre condicional, devendo ser restabelecida a situação anterior, antes do decurso de um ano, o agente praticar fato indicativo de sua periculosidade (não necessariamente crime).

Conversão do tratamento ambulatorial em internação

O § 4º do art. 97 prevê que poderá o juiz, em qualquer fase do tratamento ambulatorial, determinar a internação do agente, se essa providência for necessária para fins curativos. *O contrário não ocorre, uma vez que não previu a possibilidade de o juiz converter a medida de internação em tratamento ambulatorial.*

Semi-imputável (CP, art. 98)

Aplica-se o sistema vicariante: ou o juiz reduz a pena de 1/3 a 2/3, ou a substitui por medida de segurança. A decisão que determina a substituição precisa ser fundamentada. A diminuição de pena é obrigatória. A sentença tem natureza condenatória.

Semi-imputabilidade em razão de dependência de substância entorpecente:

▷ O art. 46 da Lei 11.343/2006- em razão da dependência, estava, ao tempo da ação ou omissão criminosa, parcialmente privado de sua capacidade de entendimento ou autodeterminação, qualquer que seja a espécie de infração praticada. Não há isenção de pena. Haverá condenação, mas a pena será diminuída de um a dois terços. O juiz, com base em avaliação que ateste a necessidade de encaminhamento do agente para tratamento, determinará que se proceda de tal forma no local em que tiver de cumprir a pena imposta. O réu é condenado e, concomitantemente com o cumprimento da pena, é submetido a tratamento médico.

Duração da medida de segurança:

A lei não prevê prazo máximo para o término a medida de segurança, caso não constatada a cessação da periculosidade.

Sempre observar: interpretação do **Superior Tribunal de Justiça** no sentido de que o condenado não pode ser submetido à medida de segurança por tempo superior ao máximo previsto em abstrato no tipo penal como pena. Nesse sentido, a **Súmula 527 do STJ,** aprovada em 2015: "*o tempo de duração da medida de segurança não deve ultrapassar o limite máximo da pena abstratamente cominada ao delito praticado*".

Medida de segurança e indulto

▷ De acordo com a jurisprudência do STJ e do STF, é possível a outorga do benefício constitucional do indulto a quem cumpre medida de segurança, haja vista que, em razão de seu caráter penal, sujeita-se aos mesmos regramentos aplicáveis às penas.

Aplicação provisória da medida de segurança

O art. 319 da CPP, com a redação determinada pela Lei 12.403/2011, trouxe um extenso rol de medidas cautelares alternativas à prisão, passando *a prever a internação provisória do acusado nas hipóteses de crimes praticados com violência ou grave ameaça, quando os peritos concluírem ser inimputável ou semi-imputável (CP, art. 26) e houver risco de reiteração* (Inciso VII).

AÇÃO PENAL

Ação penal é o direito de invocar-se o Poder Judiciário no sentido de aplicar o Direito Penal objetivo a um caso concreto.

1- **Ação Penal Pública**: é aquela em que a iniciativa é exclusiva do Ministério Público (órgão público), que possui tal atribuição, de forma exclusiva (art. 129, I, da CF). A peça processual que a ela dá início se chama de *denúncia*.

1.1. **Incondicionada** – quando o seu exercício não se subordina a qualquer requisito, ou seja, sem a manifestação de quem quer que seja (art. 100, § 1°, do CP). É a regra (a lei não precisa dizer nada – art. 100, "caput").

1.2. **Condicionada à representação** – quando o seu exercício depende do preenchimento de requisitos: a) da manifestação de vontade do ofendido ou do seu representante legal; b) da requisição do Ministro da Justiça. A lei menciona: "somente se procede mediante representação" – art. 100, § 1° do Código Penal. Prazo para a representação**:** art. 103 do CP, o direito de representação deve ser exercido no *prazo de 6 meses a contar do dia em que a vítima ou seu representante legal descobrirem quem é o autor do delito*. Retratação: o art. 102 do Código Penal que a representação é retratável até o oferecimento da denúncia.

1.3. **Ação pública condicionada à requisição do Ministro da Justiça:** Ministro da Justiça avalie a *conveniência política* de ser iniciada a ação penal pelo Ministério Público. São as situações: quando um estrangeiro pratica crime contra brasileiro fora do território nacional (art. 7º, § 3º, b, do Código Penal) ou quando é cometido crime contra a honra do Presidente da República ou chefe de governo estrangeiro (art. 145, parágrafo único, do Código Penal). Com relação ao prazo: não existe prazo decadencial para oferecimento da requisição pelo Ministro da Justiça. Esta pode ser oferecida a qualquer tempo, desde que antes da prescrição.

Princípios da Ação Penal Pública:

a) *Obrigatoriedade ou legalidade* (art. 24 do CPP): identificada a hipótese de atuação, não pode o Ministério Público recusar-se a dar início à ação penal.

b) *Indisponibilidade* (arts. 42 e 576 do CPP): oferecida a denúncia, não pode o MP dele desistir (art. 42 do CPP).

c) *Oficialidade:* o controle da criminalidade uma das funções típicas do Estado assevera-se que a função penal é de índole eminentemente pública.

d) ***Autoritariedade:*** são autoridades públicas os encarregados da persecução penal *extra* e *in judicio* (respectivamente, autoridade policial e membro do Ministério Público.

e) ***Indivisibilidade:*** também aplicável à ação penal privada (CPP, art. 48). A ação penal pública deve abranger todos aqueles que cometeram a infração.

f) ***Intranscendência:*** a ação penal só pode ser proposta contra a pessoa a quem se imputa a prática do delito.

g) ***Oficiosidade:*** os encarregados da persecução penal devem agir de ofício, independentemente de provocação, salvo nas hipóteses em que a ação penal pública for condicionada à representação ou à requisição do ministro da Justiça (CP, art. 100, § 1º, e CPP, art. 24).

2- **Ação penal privada**: é aquela em que o Estado, titular exclusivo do direito de punir, transfere a legitimidade para propor a ação penal à vítima ou a seu representante legal.

Fundamento: evitar que o "escândalo do processo" provoque no ofendido um mal maior do que a impunidade do criminoso, decorrente da não propositura da ação penal.

Titular: o ofendido ou seu representante legal (art. 100, § 2º do CP, e CPP, art. 30). O autor denomina-se *querelante* e o réu, *querelado*. Se o ofendido for menor de 18 anos ou mentalmente enfermo, ou retardado mental, e não tiver representante legal, ou seus interesses colidirem com os deste último, o direito de queixa poderá ser exercido por curador especial, nomeado para o ato (art. 33 do CPP). Ao completar 18 anos, o menor torna-se plenamente capaz para a prática de qualquer ato jurídico, processual ou não, cessando, de imediato, a figura do representante legal, pouco importando se é maior ou menor de 21 anos. Assim, fica sem efeito a Súmula 594 do STF. No caso de morte do ofendido, ou de declaração de ausência, o direito de queixa, ou de dar prosseguimento à acusação, passa a seu cônjuge, ascendente, descendente ou

PENAL

irmão (art. 31 do CPP) e companheiros (art. 226, § 6º da CF/88). As fundações, associações e sociedades legalmente constituídas podem promover a ação penal privada. Devendo, entretanto, ser representadas por seus diretores, ou pessoas indicadas em seus estatutos (CPP, art. 37).

Espécies de ação penal privada

Existem três espécies de ação privada: a *exclusiva*, a *personalíssima* e a *subsidiária da pública*.

a) Ação privada exclusiva: A iniciativa da ação cabe ao ofendido (ou seu representante legal), mas, em caso de *morte* ou *declaração de ausência* antes da propositura da ação, esta poderá ser intentada, dentro do prazo decadencial de 6 meses, pelo cônjuge, ascendente, descendente, companheiro em caso de união estável. Por sua vez, se o querelante falecer *após o início da ação*, poderá haver *substituição* no polo ativo, no prazo *de 60 dias* a contar da morte. O legislador, na própria parte especial do Código Penal, expressamente declara que para a apuração daquele delito "somente se procede mediante queixa".

b) Ação privada personalíssima: sua titularidade é atribuída única e exclusivamente ao ofendido, sendo o seu exercício vedado até mesmo ao seu representante legal, inexistindo, ainda, sucessão por morte ou ausência. O *único crime de ação privada* personalíssima previsto no Código Penal é o *induzimento a erro essencial ou ocultação de impedimento para casamento* – art. 236, parágrafo único, do CP, estabelece que a ação penal só pode ser iniciada por queixa do *contraente enganado.*

c) Ação privada subsidiária da pública: o art. 5º, LIX, da Constituição Federal, *"será admitida ação privada nos crimes de ação pública, se esta não for intentada no prazo legal"*. Art. 46 do CPP\; o prazo para o oferecimento de denúncia é de 5 dias, se o indiciado estiver preso, e de 15 dias, se estiver solto, a contar da data em que for recebido o inquérito policial. Findo esse prazo sem que o Ministério Público tenha apresentado manifestação, surge o direito para a vítima de oferecer a queixa em substituição à denúncia não apresentada tempestivamente. *Tal possibilidade inicia-se com o término do prazo do Ministério Público e se estende por 6 meses.* Não esquecer: transcorridos os 6 meses, a vítima não mais poderá oferecer queixa subsidiária, mas o Ministério Público ainda poderá oferecer a denúncia.

Princípios da Ação Penal Privada:

a) **Oportunidade conveniência ou discricionariedade**: ofendido tem a faculdade de propor ou não a ação penal de acordo com a sua conveniência.

b) **Princípio da Disponibilidade da Ação: o** ofendido pode prosseguir ou não, até o final da ação privada, pois dela pode dispor.

c) **Princípio da Indivisibilidade**: previsto no art. 48 do CPP. O ofendido pode escolher entre propor ou não a ação. Não pode escolher, dentre os ofensores, quem irá processar. Ou processa todos, ou processa nenhum.

d) **Princípio da Intranscendência:** a ação penal só pode ser proposta em face do autor e do partícipe da infração penal, não podendo estender-se a quaisquer outras pessoas- consequência Princípio do art. 5º, XLV, da CF/88.

Importante: ação penal no crime de violência doméstica e familiar (Lei nº 11.340/2006), observar Súmula nº 542 do STJ: " *a ação penal relativa ao crime de lesão corporal resultante de violência doméstica contra a mulher é pública incondicionada*".

EXTINÇÃO DA PUNIBILIDADE:

O reconhecimento de uma causa **extintiva da punibilidade** é matéria de **ordem pública** e, por isso, pode ser decretada em qualquer fase do inquérito ou da ação penal e em qualquer grau de jurisdição, de ofício ou em razão de provocação das partes (art. 61 do CPP). Somente o juiz pode decretá-la e, contra a decisão que deferir ou indeferir seu reconhecimento cabe recurso em sentido estrito (art. 548, VII e VIII, do CPP). Poderá, ainda, ser impetrado *habeas corpus* (art. 648, VII, do CPP).

Efeitos:

a) se ocorrerem ***antes da sentença passada em julgado***, extinguem-se a própria pretensão punitiva do Estado, não persistindo qualquer efeito do processo ou mesmo da sentença condenatória ainda não transitada em julgado.

b) se ocorrem ***depois da sentença condenatória passada em julgado,*** extinguem, em regra, apenas o título executivo e a pena.

c) há casos em que se extinguem todos os efeitos da sentença e o próprio delito, como a anistia e a "*abolitio criminis*".

▷ **Observação sobre a anistia e a *abolitio criminis*:** quando ocorrerem após a condenação definitiva, devido à sua natureza, apagam todos os seus efeitos, exceto os extrapenais (obrigação de indenizar as vítimas, por exemplo).

CLASSIFICAÇÃO:

1. Quanto às infrações penais a que são aplicáveis, as causas extintivas podem ser:

a) Gerais: alcançam todo e qualquer tipo de infração. Exemplo: morte do agente e *abolitio criminis*.

b) Especiais: aplicam-se apenas a determinados delitos. Ex: a retratação, o perdão judicial a renúncia, o perdão do ofendido, a perempção e a decadência.

c) Específicas: cabem em uma única infração penal. Não estão previstas na parte Geral do Código Penal, e sim em dispositivos determinados da Parte Especial ou de leis especiais. Ex: a reparação do dano no crime de peculato culposo (art. 312, § 3º, do CP).

2. Quanto ao **alcance** em relação às **pessoas** envolvidas no crime:

Elas podem ser: **a) comunicáveis:** aproveitam a todos os autores, coautores e partícipes. Ex: renúncia, perempção, *abolitio criminis*. **b) incomunicáveis:** não se comunicam, tendo apenas validade para cada um dos agentes. Ex: a morte de um dos agentes extingue a punibilidade do mesmo. Todavia, não extingue a do outro crime.

3. Quanto à **causa** que fundamenta a causa extintiva:

a) Naturais: quando a causa extintiva se baseia em um fato natural. Ex: a morte do agente ou o decurso do tempo de prescrição.

4. Políticas: quando o legislador entende que certos comportamentos devem fulminar o *jus puniendi*. Exemplos: perdão do ofendido ou retratação do agente.

5. Quanto à exigência de algum **ato por parte do autor do crime** para a extinção da punibilidade:

a) Incondicionadas: quando a extinção da punibilidade independe de ato do agente. Exemplos: prescrição, perempção, renúncia, decadência;

b) Condicionadas: quando está vinculada a algum ato do autor da infração. Ex: retratação do agente;

Causas: estão no art. 107 do CP, mas ele não é taxativo. Outras causas de extinção da punibilidade que não estão no Código Penal.

MORTE DO AGENTE (não comunicável - causa personalíssima); art. 5º, XLV, 1ª parte, da CF/88); *Critério legal proposto pela medicina* é a chamada morte cerebral, nos termos da Lei nº. 9.434/97, que regula a retirada e transplante de órgãos. **Importante:** se *ocorrer após o trânsito em julgado da condenação*, a morte só extinguirá os efeitos penais, principais e secundários, não afetando, no entanto, os extrapenais. A morte do agente extingue a pena de multa, uma vez que esta não poderá ser cobrada dos seus herdeiros. A *morte somente pode ser provada mediante certidão de óbito* – art. 155 do CPP + art. 29, III, da Lei dos Registros Públicos (Lei 6.015/73).

Anistia, graça e indulto (art. 107, inc. II): São espécies de indulgência, clemência soberana ou graça em sentido amplo, renúncia do Estado ao direito de punir. Podem acontecer antes e até depois da condenação transitada em julgado. Podem ocorrer com relação aos crimes de ação pública ou privada.

Observação: ***Crimes insuscetíveis de anistia, graça e indulto:*** artigo 5º, inciso XLIII da Constituição Federal de 1988: "*a lei considerará crimes inafiançáveis e insuscetíveis de graça ou anistia a prática da tortura, o tráfico ilícito de entorpecentes e drogas afins, o terrorismo e os definidos como crimes hediondos, por eles respondendo os mandantes, os executores e os que, podendo evitá-los, se omitirem.*"

Anistia- significa o esquecimento de certas infrações penais, excluindo o crime e *fazendo desaparecer suas consequências penais*, inclusive com caráter retroativo – antes ou depois da condenação.

▷ **Dica: a anistia só é aplicável a fatos pretéritos, sendo essa a distinção quando à *abolitio criminis*. Nesta, a norma penal incriminadora deixa de existir, enquanto, naquela, são fulminados apenas fatos criminosos anteriores, continuando a existir o tipo penal.**

***Competência*:** é exclusiva da União (CF/88, art, 21, XVII) e privativa do Congresso Nacional (art. 48, VIII, da CF/88), com sanção do Presidente da República, só podendo ser concedida por meio de lei federal.

Efeitos: a anistia retira todos os *efeitos penais*, principais e secundários, mas não os efeitos extrapenais. Desse modo, a sentença condenatória definitiva, mesmo em face da anistia, pode ser executada no juízo cível, pois constitui título executivo judicial

Importante: Com a entrada em vigor da lei que concede a anistia, cabe ao juízo das execuções, de ofício ou em razão de requerimento do Ministério Público ou do interessado, declará-la – uma vez que é preciso verificar se o texto enquadra-se naquele fato concreto (art. 187 da LEP). Se, todavia, a anistia for concedida antes da sentença condenatória definitiva, caberá ao juízo por onde tramitar a ação (ou ao Tribunal por onde tramite o recurso) declarar a extinção da punibilidade.

Súmula 611 do STF: Transitada em julgado a sentença condenatória, compete ao juízo das execuções a aplicação de lei mais benigna.

Espécies de anistia:

Tendo em vista a possibilidade de formas diversas de anistia, pode ela ser classificada da seguinte maneira:

1. Quanto ao momento da concessão:
   a) Própria: quando concedida antes da condenação;
   b) Imprópria: quando concedida após o trânsito em julgado da condenação.

2. Quando ao alcance:
   a) Plena, geral ou irrestrita: quando aplicável a todos os criminosos;
   b) Parcial ou restrita: quando, mencionando fatos, contenha *exceções* quanto ao seu alcance.

3. Quanto à necessidade de algum ato por parte do beneficiado:
   a) Incondicionada: quando *independe* de qualquer ato;
   b) Condicionada: quando a extinção da punibilidade *depende* da realização de algum ato por parte dos autores da infração. Exemplo: pedido de desculpas, prévia reparação dos prejuízos causados pelo crime, etc.

A anistia, em regra, não pode ser recusada, devendo ser declarada pelo juiz, independente da anuência do beneficiário. Na modalidade condicionada, entretanto, cabe a recusa, bastando que o beneficiário se negue a cumprir a condição imposta para a extinção da punibilidade.

4. Quanto à modalidade de crime a que se refere:
   a) Especial: cuida-se da anistia relacionada a crimes políticos;
   b) Comum: diz respeito aos demais ilícitos penais.

Graça e indulto em sentido estrito – são casos de indulgência, que *apenas extinguem a pena*, e não os efeitos da pena, de modo que o beneficiário não retorna à condição de primário.

Graça: é um benefício individual que poderá ser provocado por petição do condenado, por iniciativa do Ministério Público, do Conselho Penitenciário, ou da autoridade administrativa (LEP, art. 188). Recebida a petição pelo juiz: determinará a remessa do procedimento (petição e documentos) ao Conselho Penitenciário, para a elaboração de parecer.

O Conselho Penitenciário, à vista dos autos do processo e do prontuário do sentenciado, emite parecer sobre o mérito do pedido e esclarecendo qualquer formalidade ou circunstâncias omitidas na petição.

O Conselho Penitenciário encaminhará o procedimento ao Ministério da Justiça, que, submeterá o pedido à apreciação do Presidente da República.

O Presidente da República poderá: a) indeferir o pedido; b) deferir parcialmente o pedido (modificando ou reduzindo a pena); c) deferir totalmente o pedido. A decisão do Presidente da República é irrecorrível no mérito, pois se trata de ato discricionário do Chefe do Poder Executivo, salvo se houver alguma nulidade ou inconstitucionalidade durante o procedimento. Concedido o indulto, a Presidência da República comunicará ao juiz da execução penal, encaminhando aos autos do processo cópia do decreto. *O juiz declarará extinta a pena ou ajustará a execução aos termos do decreto, no caso de comutação*

Não esquecer: São insuscetíveis de graça a prática da tortura, o tráfico ilícito de entorpecentes e drogas afins, o terrorismo e os definidos como crimes hediondos (CF, art. 5º, inc. XLIII).

Indulto coletivo: é de *caráter coletivo* e concedido espontaneamente, em ato discricionário e privativo do Presidente da República, que, através de um decreto, apontando critérios objetivos e subjetivos, promove a extinção da pena ou até a sua comutação. Ele é de competência privativa do Presidente da República - art. 84, XII, da CF/88, que pode delegar esta competência aos ministros de Estado, ao procurador-geral da república ou ao advogado-geral da União.

O indulto coletivo abrange sempre um grupo de sentenciados e normalmente inclui os beneficiários tendo em vista a duração das penas que lhe foram aplicadas, embora se exijam certos requisitos subjetivos (primariedade etc.) e objetivos (cumprimento de parte da pena, exclusão dos autores da prática de algumas espécies de crimes etc.)

▷ **Observação:** Pode obter o indulto aquele que está em gozo do *sursis* ou do livramento condicional, permitindo-se também a soma das penas de duas condenações para verificar-se se estão dentro ou fora dos limites previstos no decreto de indulto.

Atingem os efeitos executórios penais da condenação, permanecendo íntegros os efeitos civis da sentença condenatória. A Constituição Federal de 1988 se refere mais à graça em seu art. 5º, XLIII. O indulto está previsto no artigo 84, XII e 188 da LEP. A LEP passou, assim, a considerar a graça como indulto individual.

Não esquecer com relação aos Efeitos: só atingem os efeitos principais da condenação, subsistindo todos os efeitos secundários penais e extrapenais. Ex: indultado que venha a cometer novo delito será considerado reincidente, pois o benefício não lhe restitui a condição de primário. A sentença condenatória definitiva pode ser executada no juízo cível.

Com o indulto (individual ou coletivo) extinguem-se somente as sanções mencionadas nos respectivos decretos, permanecendo os demais efeitos da sentença condenatória, sejam penais ou civis, como deixa claro, aliás, a ***Súmula 631 do STJ***: *"o indulto extingue os efeitos primários da condenação (pretensão executória), mas não atinge os efeitos secundários, penais ou extrapenais"*.

Formas: plenas, quando extinguem toda a pena, e parciais, quando apenas diminuem a pena ou comutam (transformar em outra de menor gravidade).

Recuso de graça ou indulto: só se admite no indulto e graça parciais, sendo inaceitável a recusa da graça ou do indulto, quando plenos - art. 739 do CPP;

Momento da concessão: somente após o trânsito em julgado da condenação. Na prática, têm sido concedidos indultos, mesmo antes da condenação tornar-se irrecorrível.

Abolitio criminis (art. 107, III) e art. 2° do CP – extingue o crime e os seus efeitos penais. A nova lei, que deixa de considerar criminoso determinado fato, faz cessar os *efeitos penais* de sentença condenatória, mas não os seus efeitos civis.

Lei penal retroage, atingindo fatos ocorridos antes de sua entrada em vigor, sempre que beneficiar o agente de qualquer modo (art. 5º, XL, CF/88).

a) se o processo estiver em andamento, será o juiz de primeira instância que julgará e declarará extinta a punibilidade do agente, nos termos do art. 61 do CPP;
b) se o processo estiver em grau de recurso, será o tribunal incumbido de julgar tal recurso, que irá extinguir a punibilidade do agente;
c) se já estiver ocorrido o trânsito em julgado da condenação, a competência para extinguir a punibilidade será do juízo da execução - art. 66, II da Lei de execução Penal (LEP), Súmula 611 do STF: *"Transitada em julgado a sentença condenatória, compete ao juízo das execuções a aplicação da lei mais benigna"*.

Importante: A lei nova se aplica, no que favorecer o agente, até mesmo já havendo condenação transitada em julgado.[9]

DECADÊNCIA: é a perda do direito de ação privada ou de representação, em decorrência de não ter sido exercido no prazo previsto em lei.

A decadência só é possível **antes do início da ação penal** e se comunica a todos os autores conhecidos no crime.

Prazo decadencial: o ofendido, ou seu representante legal, decairá do direito de queixa ou representação, se não o exercer dentro do prazo de 6 meses, contato do dia em que vier quem é o autor do crime – art. 38 do CPP e 103 do CP.

Ciência inequívoca: o ***conhecimento de quem é o autor do delito*** não pode ser presumido, deve ser inequívoco. Assim, meras suspeitas, ainda que veementes, não dão ensejo ao início do cômputo do prazo decadencial, tampouco o pedido

9. STF, RE 102.932, *DJU* 10.5.85, p. 6855; RE 102.720, *DJU* 10.5.85, p. 6855; RE 103.306, *DJU* 22.3.85, p. 3629.

de instauração de inquérito policial para apurar a autoria.[10]

Descoberta da autoria: é a partir do conhecimento da autoria, e não do crime, que se conta a decadência. (TACrSP, *Julgados* 90/140).

O **prazo de decadência é fatal e improrrogável**. Não se interrompe, assim, pela instauração do inquérito policial ou pela remessa dos autos deste a Juízo. Entretanto, eventual curso de inquérito policial só pode influir no marco inicial do período de decadência da ação privada quando instaurado para a descoberta do autor do crime. Não interrompe nem suspende o prazo de decadência vista dos autos ao Ministério Público, nem o pedido de explicações ou interpelação judicial.

> ▷ **Importante Juizados especiais criminais: se a vítima, nos termos da Lei 9.099/95, expressamente renuncia ao exercício ao direito de representação, a extinção da punibilidade só pode ser declarada após o decurso do prazo decadencial, pois a causa extintiva da punibilidade não vem da renúncia em representar, mas da decadência do exercício desse direito (TACrSP, *RT* 775/627). A renúncia expressa da representação só extingue a punibilidade após o prazo decadencial de seis meses, constituindo, antes disso, mero fator impeditivo ao oferecimento da denúncia (TACrSP, RSE 1.172.751/2, *Bol. IBCCr* 89/442).**

Quando o ofendido é menor de 18 anos (absolutamente incapaz), o direito de queixa ou representação só pode ser exercido por seu representante legal, nos termos dos artigos 1.634, VII (pai e mãe), e 1.728 (tutor) do Código Civil. Tecnicamente, o menor de 16 anos é representado pelos pais e tutores, sendo o maior de 16 anos e menor de 18 anos, assistido (representação em sentido lato) por eles. O direito de queixa ou de representação, depois que o ofendido atinge 18 anos, pode ser por ele pessoalmente exercido.

Importante: Está revogado tacitamente o art. 34 do CPP. *"se o ofendido for menor de 21 anos a maior de 18 anos, o direito de queixa poderá ser exercido por ele ou por seu representante legal."* Sendo ofendido maior de 18 anos ou emancipado, somente ele próprio pode exercer aquele direito. Está prejudicada também a antiga Súmula 594 do STF. Não existe mais a chamada *"dupla titularidade"* do prazo.

Curador especial: Em certas situações, a legislação processual penal prevê a necessidade de nomeação de **curador especial**, pessoa da confiança do juiz, para avaliar a conveniência da apresentação da queixa-crime ou da representação. Essa nomeação deve ocorrer quando a vítima for menor de idade ou doente mental e não tiver representante legal, ou quando houver colidência de interesses entre eles (art. 33 do CPP).

Prestar atenção: Para uma corrente, quando for nomeado curador especial: "Em tais casos, **o prazo decadencial conta-se da data** em que o curador especial tomar formalmente ciência da nomeação." **Curador especial** – Seu prazo não é aumentado, pois ele, pelo fato de ter sido nomeado, não tem mais direitos do que aqueles do titular que representa (TJSP, RT, 578/3008). Contra: o prazo só é contato da data da nomeação. (TJSP, RT, 526/347).

No crime de induzimento a erro essencial e ocultação de impedimento matrimonial, previsto no art. 236 do CP, o prazo decadencial para o desencadeamento da ação privada somente começa a fluir do dia em que transitar em julgado a sentença quem, por motivo de erro ou impedimento, anule o casamento (art. 236, parágrafo único do CP).

Decadência e ação privada subsidiária da pública:

Nos crimes de ação pública, se o Ministério Público não apresentar qualquer manifestação no prazo legal, surgirá a possibilidade de o ofendido ingressar com a ação privada subsidiária, nos 6 meses subsequentes ao término do prazo para o Ministério Público. Findo o prazo sem a apresentação da queixa subsidiária, o ofendido decai do direito, porém, o Ministério Público ainda pode oferecer a denúncia. Conclui-se, portanto, que, nesta modalidade de infração penal, a decadência do direito de queixa não gera a extinção da punibilidade.

Observações: Exigindo a lei formalidades essenciais ao mandato para a propositura da queixa, as falhas do instrumento da procuração que instrui a queixa-crime não podem ser sanadas após o prazo de decadência.

---

10. STF, RTJ 120/191; STJ, RHC 4.808, *DJU* 25.9.95, p. 31119; Não basta a presunção do conhecimento (TACrSP, Julgados 90/141). Não se declara a decadência havendo dúvida com relação à data do conhecimento (TACrSP, *RT* 534/353; TJSP, *RF* 279/324).

▷ **Não esquecer:** A decadência deve ser decretada de ofício pelo juiz, consoante estabelece o art. 61 do CPP.

PEREMPÇÃO: consiste em uma sanção processual ao querelante desidioso, que deixa de dar andamento normal à ***ação penal privada*** – art. 60 do CPP (é a inércia processual). **Somente é possível após iniciada a ação privada.**

Hipóteses: estão no art. 60 do CPP: **a)** querelante deixa de dar andamento ao processo durante 30 dias seguidos; **b)** querelante que deixa de comparecer, sem motivo justificado, a qualquer ato do processo a que deva estar presente; **c)** querelante que deixa de formular pedido de condenação nas alegações finais; **d)** morte ou incapacidade do querelante, sem comparecimento, no prazo de 60 dias, de seu cônjuge, ascendente, descendente ou irmão, ou qualquer pessoa que deva fazê-lo; **e)** quando o querelante, sendo pessoa jurídica, extinguir-se sem deixar sucessor; **f)** morte do querelante nos crimes de ação privada personalíssima: art. 236, parágrafo único do CP.

▷ **Observação: a determinação de substituição é inaplicável aos crimes de ação privada personalíssima, em que não é possível a substituição no polo ativo da ação penal. Nesta espécie de infração, a morte do querelante leva, inevitavelmente, à extinção da punibilidade pela perempção.**

RENÚNCIA: é a desistência do direito de ação por parte do ofendido na ação privada (**antes de iniciada a ação penal privada**).

É **ato unilateral**, é a desistência do direito de ação por parte do ofendido. Não cabe a renúncia quando se trata de ação pública condicionada à representação, já que se refere a lei apenas à ação privada.

Não esquecer:

Só cabe em ação penal exclusivamente privada.

É **comunicável (art. 49 do CPP)** A renúncia em relação a um dos autores do crime se estende a todos os outros.

Observar a questão *da indivisibilidade* da ação penal privada: isto é, a queixa contra qualquer dos ofensores " obrigará ao processo de todos) (art. 48 do CPP).

Formas:

a) **Expressa**: declaração escrita assinada pelo ofendido ou por seu representante legal, ou ainda, por procurador com poderes especiais – art. 50 do CPP.

b) **Tácita:** prática de ato incompatível com a vontade de dar início à ação penal privada. Ex: o ofendido vai jantar na casa do ofensor, após ofensa; **Obs:** recebimento de indenização pelo dano resultante do crime não caracteriza renúncia tácita – art. 104, parágrafo único do CP.

Renúncia ao direito de queixa na Lei dos Juizados Especiais: nas infrações de menor potencial ofensivo (pena máxima não superior a 2 anos – art. 61, com redação dada pela Lei nº 11.313/2006), estabelece o art. 74 a possibilidade de *composição dos danos civis* nas ações privadas ou públicas condicionadas, dispondo seu parágrafo único que "***o acordo homologado acarreta renúncia ao direito de queixa ou representação***".

Não esquecer: nos crimes de ação privada e de ação pública condicionada à representação de **menor potencial ofensivo**, a reparação do dano gera a extinção da punibilidade, enquanto nos delitos de ação privada ou pública condicionada, que não sejam consideradas de menor potencial ofensivo, a reparação do dano não gera a renúncia.

Finalmente: Admite-se qualquer meio de prova para o pedido de reconhecimento da renúncia.

PERDÃO DO OFENDIDO: O perdão do ofendido é a revogação do ato praticado pelo querelante, que desiste do prosseguimento da ação penal privada.

O perdão somente é possível na ação exclusivamente privada, como deixa claro o art. 105, não produzindo qualquer efeito na ação privada subsidiária ou na ação pública incondicionada ou condicionada.

É **ato bilateral** – tende de ser aceito; não produz nenhum efeito quando recusado pelo ofensor; ***motivo***: interesse do querelado em provar sua inocência.

Cabe o perdão do ofendido até o trânsito em julgado da sentença (art. 106, § 2º), não o impedindo, assim, a interposição de recurso extraordinário.

▷ Ofendido maior de 18 anos e menor de 21 anos: o perdão pode ser concedido pela vítima maior de 18 anos, plenamente capaz pelo Código Civil de 2002. Não havendo mais a figura do representante legal para o menos de 21 anos e maior de 18 anos. Estão tacitamente revogados os artigos 52 e 54 do CPP.

▷ **Observação: O perdão pode ser concedido pelo ofendido quando maior de 18 anos ou por seu representante legal quando não contar aquela idade.**

Extensão do perdão: se o perdão for concedido a qualquer dos querelados, estende-se aos demais, a todos aproveita (CP, 106, I). Todavia, quando há mais de um querelante, o perdão dado por um deles não prejudica o direito dos outros ofendidos de prosseguir na ação (CP, art. 106, II). O perdão concedido por um dos querelantes não impede os outros de prosseguir na ação penal. (TACrSP, *RF* 264/316).

O **perdão pode ser processual ou extraprocessual**. É processual quando deduzido em Juízo, exigindo-se petição assinada pelo querelante, seu representante ou procurador com poderes especiais (arts. 50 e 56 do CPP). É extraprocessual quando concedido fora dos autos em declaração assinada por quem de direito; se for tácito, admite-se qualquer meio de prova (art. 57 do CPP).

Pode o perdão ser expresso ou tácito (art. 106). Exemplo de perdão tácito é a readmissão pelo querelante empregador do empregado querelado, além dos atos mencionados como causas de renúncia. Não se presume o perdão, porém, de atitudes que possam ter outra explicação válida.

Efeitos do perdão aceito: extinção da punibilidade, com o afastamento de todos os efeitos da condenação, principais e secundários.

▷ Não esquecer: Caso o querelado não aceite o perdão, este não produzirá efeitos (art. 106, III, do CP). Havendo dois ou mais querelados, pode um deles não aceitar o perdão, hipóteses em que a ação prosseguirá somente contra ele.

Retratação: (art. 107, inciso VI) – é o ato jurídico pelo qual o agente do crime reconhece o erro praticado. É desdizer-se, retirar o que disse.

Ex1.: arts. 143 do CP. A retratação é admitida nos crimes contra a honra, mas apenas nos casos de calúnia e difamação, sendo inadmissível na injúria.

Ex2: 342, § 3° (no falso testemunho). O fato deixa de ser punível se o agente – testemunha, perito, tradutor ou intérprete – se retrata ou declara a verdade.

Oportunidade: na hipótese de crime contra a honra, a retratação do agente só será possível até a sentença de primeiro grau do processo criminal instaurado em virtude de ofensa.

No caso do falso testemunho, a retratação só será admitida até a sentença de primeira instância do processo em que se deu o falso, ou, na hipótese de ele ter ocorrido em procedimento de alçada do júri popular, até o veredicto dos jurados.

Comunicabilidade: depende das circunstâncias:

a) a retratação de que trata o art. 143 é pessoal, não se comunicando aos demais ofensores.
b) A do art. 342, § 3º, é comunicável, uma vez que a lei que "o fato deixa de ser punível" (e não apenas o agente), ao contrário do art. 143, que diz ficar "o querelado isento se pena" (somente o querelado fica isento).

Somente ocorrem antes do recebimento da queixa	Somente ocorrem após do recebimento da queixa
Decadência: o ofendido, ou seu representante legal, decairá do direito de queixa ou representação, se não o exercer dentro do prazo de 6 meses, contato do dia em que vier quem é o autor do crime – art. 38 do CPP e 103 do CP	**Perempção:** consiste em uma sanção processual ao querelante desidioso, que deixa de dar andamento normal à ação penal privada – art. 60 do CPP.
Renúncia: é a desistência do direito de ação por parte do ofendido na ação privada	**Perdão do ofendido**: manifestação de vontade, expressa ou tácita, do ofendido ou do seu representante legal, no sentido de desistir da ação penal privada já iniciada
	Retratação: é o ato jurídico pelo qual o agente do crime reconhece o erro praticado. Cabe a retratação nos crimes de calúnia e difamação até a sentença (art. 143 do CP).

PERDÃO JUDICIAL – art. 107 - inc. IX

É causa extintiva da punibilidade consistente em uma faculdade de juiz, de nos casos previstos em lei, deixar de aplicara pena, em face de justificadas circunstâncias excepcionais. Possui aplicação restrita; aplica-se tão-somente às hipóteses elencadas expressamente pelo legislador. Justificado por circunstâncias pessoais, é incomunicável no caso e concurso de agentes.

- **Natureza jurídica da decisão que concede o perdão judicial:** sobre a sentença que concede o perdão judicial: É **decisão declaratória**, não gerando nenhuma consequência ao réu. Nesse caso, o juiz examina as consequências e quem foi atingido e, se houver perdão, não examina as provas referentes à procedência do pedido. É a posição do STJ – **Súmula 18:** *"A sentença concessiva do perdão judicial é declaratória da extinção da punibilidade, não subsistindo qualquer efeito condenatório."*

Hipóteses legais: o juiz só pode deixar de aplicar a pena nos casos expressamente previstos em lei, quais sejam: **a)** Homicídio culposo e lesão corporal culposa (art. 121, § 5º, e 129, § 8º, do CP); **b)** Injúria simples: (art. 140, § 1º, I e II do CP); **c)** Crime do art. 176 do CP (que tem o nome juris de "outras fraudes"); **d)** Receptação culposa (art. 180, § 5º, primeira parte, do CP); **e)** Parto suposto e supressão ou alteração de direito inerente ao estado civil de recém-nascido (art. 242, parágrafo único, do CP); **f)** Subtração de incapazes (art. 249, § 2º, do CP); **g)** art. 13 da Lei nº 9.807, de 13-7-1999, que estabelece normas para a organização e a manutenção de programas especiais de proteção a vítimas e a testemunhas ameaçadas); **h)** Lei nº 9.613, de 3-3-1998, prevê-se também a possibilidade do perdão judicial ao agente que colabora espontaneamente com as autoridades na apuração dos *crimes de lavagem ou ocultação de bens, direitos ou valores* (art. 1º, § 5º); **i)** Colaboração premiada em crime cometido por organização criminosa: (nos termos do art. 4º da Lei 12.850/2013);

Na Lei das Contravenções Penais, existem dois casos:

a) Erro de direito nas contravenções penais (art. 8º da LCP): o juiz pode deixar de aplicar a pena aos autores de contravenções penais no caso de ignorância ou errada compreensão da lei, quando escusáveis. Existem, porém, autores que entendem revogado o dispositivo em questão.

b) Contravenção de associação secreta: (art. 39, § 2º, da LCP): participar de associações secretas, mas com fins lícitos. Quando lícito o objeto de associação.

> ▷ Na **Lei das Contravenções Penais**, existem dois casos:
>
> **Erro de direito nas contravenções penais** (art. 8º da LCP): o juiz pode deixar de aplicar a pena aos autores de contravenções penais no caso de ignorância ou errada compreensão da lei, quando escusáveis. Existem, porém, autores que entendem revogado o dispositivo em questão.
>
> **Contravenção de associação secreta**: (art. 39, § 2º, da LCP): participar de associações secretas, mas com fins lícitos. Quando lícito o objeto de associação.

PRESCRIÇÃO: é a perda da pretensão concreta de punir os criminosos ou de executar essa punição, devido à inércia do Estado durante determinado período de tempo. É instituto penal, estando elencada como causa de extinção da punibilidade (art. 107, IV), embora também leve à extinção do processo.

> ▷ **Observação:** Prescrição da pretensão punitiva – afasta todos os efeitos.
>
> Prescrição da pretensão executória – persistem os efeitos do crime.

No Código Penal, a prescrição da pretensão punitiva está prevista no art. 109 e no art. 110, § 1º (prescrição intercorrente e retroativa), e a prescrição da pretensão executória é objeto do art. 110, caput.

A prescrição em matéria criminal é de ordem pública, devendo ser decretada de ofício ou a requerimento das partes, em qualquer fase do processo, nos termos do art. 61 do CPP. Tratando-se de prescrição da pretensão executória, entretanto, a competência originária para decretá-la é do juiz da execução.

Regra:

A maioria dos crimes são prescritíveis.

Crimes que são imprescritíveis:

1- Crime de racismo (art. 5, XLII da CF/88; Lei 7.716/89);

> *XLII - a prática do racismo constitui crime inafiançável e imprescritível, sujeito à pena de reclusão, nos termos da lei;*

> ▷ Com relação aos crimes de racismo, o Supremo Tribunal Federal, em 28 de outubro de 2021, considerou o crime de **injúria racial** como espécie de gênero racismo. Portanto, passou a ser imprescritível, conforme o artigo 5º, XLII, da Constituição. Julgamento do *HC 154.248.*

Atenção à inovação muito importante: a Lei **14.532/2023** alterou a lei 7.716/89 – Lei de Racismo e o Código Penal. Ela tipificou como crime de racismo a injúria racial, criando o artigo **2º - A** lei 7.716/89.

Assim, a lei equiparou o crime de injúria racial (que estava no artigo 140, § 3ºdo Código Penal) ao de racismo, que é inafiançável e imprescritível.

Ou seja, o texto inscreve a injúria racial, que estava no Código Penal, na Lei do Racismo e cria o crime de injúria racial coletiva.

Atenção ao artigo 2º - A da Lei de Racismo, que passou a definir a injúria racial:

> ***Art. 2º-A*** *Injuriar alguém, ofendendo-lhe a dignidade ou o decoro, em razão de raça, cor, etnia ou procedência nacional.*
>
> *Pena: reclusão, de 2 (dois) a 5 (cinco) anos, e multa.*
>
> *Parágrafo único. A pena é aumentada de metade se o crime for cometido mediante concurso de 2 (duas) ou mais pessoas.*

Não esquecer: *O* artigo 140 do Código Penal, continua vigorando, na forma qualificada, no § 3º, quando a injúria consiste na *"utilização de elementos referentes a religião ou à condição de pessoa idosa ou com deficiência:"*

Aspectos raciais, ou seja, injúria em razão de raça, cor, etnia ou procedência nacional, estão previstas agora na Lei de Racismo (7.716/89), especificamente na forma de injúria racial, artigo 2º - A.

2- As ações de grupos armados contra a ordem constitucional e o Estado Democrático - art. 5º, XLIV, da Constituição Federal de 1988.

> *XLIV - constitui crime inafiançável e imprescritível a ação de grupos armados, civis ou militares, contra a ordem constitucional e o Estado Democrático;*

Observação: os Crimes Contra a Segurança Nacional eram os previstos na Lei 7.170/83 e foram revogados pela Lei nº 14.197/21. Esta lei acrescentou o Título XII na Parte Especial do Código Penal, relativo aos crimes contra o Estado Democrático de Direito.

▷ A ***nova lei revogou expressamente a Lei nº 7.170/83*** e o artigo 39 da Lei de Contravenções Penais e teve um período de *vacatio legis* de 90 dias, entrando em vigor no dia 1/12/2021, nos termos do artigo 8º, §1º, da Lei Complementar nº. 95/98.

PRESCRIÇÃO DA PRETENSÃO PUNITIVA:

É a que ocorre antes do trânsito em julgado da sentença condenatória.

Perda do poder-dever de punir, devido a inércia do Estado.

EFEITOS:

a) Impede o início, promove trancamento do IP; ou interrompe a persecução da pena em juízo;
b) Afasta todos os efeitos, principais (pena) e secundários (ex: reincidência) da condenação;
c) A condenação não pode ser considerada como antecedentes.

Observações:

a) Pode ser declarada a qualquer momento, art. 61 do CPP, de ofício ou a requerimento de qualquer das partes;
b) Exame de mérito fica prejudicado – juiz não examina o mérito, apenas reconhece a prescrição.

ESPÉCIES:

1. **Prescrição da pretensão punitiva propriamente dita (PPP ABSTRATO):**

   Calculada com base na maior pena prevista – pena em abstrato.
2. **Prescrição da PP Retroativa**: calculada com base na pena efetivamente fixada pelo juiz na sentença condenatória e aplicável da sentença condenatória, para trás.
3. **Prescrição da PP Intercorrente ou Superveniente** à sentença condenatória (Tribunal): Calculada com base na pena efetivamente fixada pelo juiz na sentença condenatória.

TERMO INICIAL DA PPP (art. 111, I, II, III e IV do CP)

1. **Dia da consumação do crime:** adoção da Teoria do Resultado;
2. **Dia da tentativa:** no dia em que cessou a atividade (atos de execução). EX: A dispara o primeiro tiro às 23h11min no dia 23 e o outro tiro no dia 24, às 0h e 1min – a vítima não morre – é crime tentado: 121+14, II e a prescrição se inicia no dia 24.
3. **Crimes permanentes:** são aqueles em que momento da consumação se prolonga no tempo – a prescrição inicia no momento da cessação da permanência. Ex: Extorsão mediante sequestro – se a pessoa é sequestrada do dia 10 a 24 de abril, conta-se a partir do dia 24.
4. **Nos crimes de bigamia e de falsificação ou alteração do registro civil:**

No momento em que o fato se tornou conhecido pela autoridade.

Razão: fato de serem crimes difíceis de serem descobertos.

Prova de conhecimento: instauração de IP ou de requisição feito pelo Juiz ou Promotor de Justiça.

5. **Crime de induzimento a erro essencial ou ocultação de impedimento**: art. 236 CP – a prescrição só se inicia a partir do trânsito em julgado da sentença anulatória do casamento. Estado somente poderá exercer o *"jus puniendi"* a partir desse momento.
6. **Nos crimes contra a dignidade sexual ou que envolvam violência contra criança e o adolescente,** previstos no CP ou em legislação especial, da data em que a vítima completar 18 anos, salvo se a esse tempo já houver sido proposta a ação penal.

Esse dispositivo (art. 111, V), foi inserido no Código Penal pela Lei nº 12.650/2012, e posteriormente alterado pela lei Henry Borel, lei 14.344 de 24 de maio de 2022.

> *V - nos crimes contra a dignidade sexual ou que envolvam violência contra a criança e o adolescente, previstos neste Código ou em legislação especial, da data em que a vítima completar 18 (dezoito) anos, salvo se a esse tempo já houver sido proposta a ação penal."*

▷ **O inciso V foi alterado pela lei 14.344 de 2022. Esta lei que criou mecanismos para a prevenção e o enfrentamento da violência doméstica e familiar contra a criança e o adolescente, nos termos do § 8º do art. 226 e do § 4º do art. 227 da Constituição Federal e das disposições específicas previstas em tratados, convenções e acordos internacionais ratificados pela República Federativa do Brasil.**

Não esquecer: Atualmente todos os crimes contra a dignidade sexual de menores de idade apuram-se mediante ação pública incondicionada (art. 225, parágrafo único, do CP) e, por isso, não se sujeitam a prazo decadencial. Existe uma ressalva no texto legal, segundo a qual a prescrição começará a correr antes de a vítima completar 18 anos se a esse tempo já tiver sido proposta ação penal para apurar a infração penal.

A regra em análise aplica-se, nos termos do texto legal, a crimes contra a dignidade sexual, previstos no Código Penal e leis especiais.

▷ **Não esquecer: No crime continuado**: a prescrição incide sobre cada um dos crimes, isoladamente - art. 119 CP.

Concurso formal e material: a prescrição é calculada sobre cada um, isoladamente- art. 119 do CP.

Súmula 497 do STF: *Quando se tratar de crime continuado, a prescrição regula-se pela pena imposta na sentença, não se computando o acréscimo decorrente da continuação.*

Contagem do prazo prescricional: art. 10 do CP.

Incluindo o dia do começo e excluindo o último dia; contando os meses e anos. O prazo é fatal e improrrogável - mesmo que termine num sábado, por exemplo.

Causas interruptivas da prescrição: elas obstam o curso de prescrição. O prazo reinicia do zero.

Estão previstas no art. 117 do CP:

Data de recebimento da denúncia ou queixa. D.R.D.Q (art. 117, I do CP) data de recebimento da denúncia ou da queixa; publicação que recebe a inicial; data em que o juiz entrega em cartório a decisão.

Se, por ventura, rejeitada ou não recebida a denúncia ou queixa-crime, e interposto o recurso cabível, a interrupção da prescrição ocorrerá na data da sessão de julgamento do recurso em sentido estrito (CPP, art. 581) ou da apelação (LEI 9.099/95, art. 82, que reformou a decisão de primeiro grau, e recebeu a denúncia. Isso porque a Súmula nº 709 do STF: *"Salvo quando nula a decisão de primeiro grau, o acórdão que provê o recurso contra a rejeição da denúncia vale, desde logo, pelo recebimento dela".*

Se nula a decisão, os autos retornam ao juízo *a quo*, para proferir nova decisão sem vícios, não podendo, pois, o Tribunal anular a decisão e receber a peça acusatória, sob pena de supressão de instância.

Se a denúncia ou queixa-crime for recebida por juízo absolutamente incompetente, o despacho, com caráter decisório, não terá o condão de interromper a prescrição, pois decisão nula não gera qualquer efeito, conforme se extrai do art.

576 do CPP, segundo o qual a incompetência do juízo anula os atos decisórios.

Se a peça acusatória for recebida por juízo cuja a incompetência é relativa, como por exemplo, em razão do local, o despacho terá força para interromper a prescrição, já que a retificação dos atos decisórios pelo juízo competente apenas declara a validade das decisões proferidas pelo juízo incompetente.

▷ **Observação:** aditamento à denúncia não interrompe a prescrição; a não ser que seja incluído novo crime.

1. Data da Publicação da decisão de pronúncia: (art. 117, II do CP) interrompe para crimes dolosos contra a vida e os crimes conexos – 117, §1º, última parte do CP.

2. Súmula 191 do STJ: pronúncia é causa interruptiva da prescrição, ainda que o Tribunal do Júri venha a desclassificar o crime.

3. Acórdão confirmatório da pronúncia: (art. 117, III do CP) inclui acórdão que confirma a pronúncia (juiz havia pronunciado o réu) **ou** a hipótese em que o réu anteriormente estava impronunciado ou absolvido e é pronunciado pelo tribunal.

4. Publicação da sentença e acórdão condenatórios recorríveis: ocorre na data em que o escrivão a recebe em cartório assinado pelo juiz – art. 117, IV do CP.

O art. 117, V do CP, prevê que a prescrição se interrompe pela sentença condenatória recorrível. A interrupção ocorre na data da publicação da sentença, isto é, no dia em que o escrivão recebe a sentença e certifica nos autos o respectivo termo, registrando-a em livro especialmente destinado a esse fim, conforme dispõe o artigo 389 do CPP.

O acórdão condenatório, ainda que não unânime, e por isso sujeito a embargos infringentes, também interrompe o prazo prescricional da pretensão punitiva. Trata-se da hipótese em que o réu obteve sentença absolutória no juízo de primeiro grau, mas dando provimento ao recurso interposto pela acusação, o Tribunal reforma a decisão absolutória, e profere acórdão condenatório.

O acórdão condenatório também é proferido na hipótese de competência originária dos Tribunais, quando, por exemplo, o réu possuir foro por prerrogativa de função.

A interrupção da prescrição por conta do acórdão condenatório ocorre na data da sessão de julgamento pelo Tribunal competente, independentemente do dia em que foi publicado o acórdão. Com efeito, segundo entendimento adotado pelo STJ: "*Em se tratando de acórdão, a data da sessão do Colegiado em que foi prolatado é que deve ser considerada para fins de interrupção da prescrição, e não da data da sua publicação no Diário da Justiça ou meio de comunicação similar*".

Se a sentença condenatória for reformada pelo Tribunal em sede recursal, sendo proferido acórdão absolutório, permanece o efeito interruptivo da prescrição, por força da publicação da sentença penal condenatória.

Se, em sede recursal, o Tribunal proferir acórdão anulando a sentença penal condenatória, afastada estará a causa interruptiva da prescrição, consistente na publicação da sentença condenatória, uma vez que ato nulo não produz qualquer feito

- **Causas interruptivas da prescrição no concurso de pessoas e crimes conexos:**

Nos termos do art. 117, § 1º, do CP: "*Excetuados os casos dos incisos V e VI deste artigo, a interrupção da prescrição produz efeitos relativamente a todos os autores do crime. Nos crimes conexos, que sejam objeto do mesmo processo, estende-se aos demais a interrupção relativa a qualquer deles*".

No contexto do **concurso de pessoas**, a incidência da causa interruptiva da prescrição produz efeitos relativamente a todos aqueles que concorreram para a prática de infração penal.

Assim, na **hipótese de dois agentes processados por crime praticado em concurso de pessoas**. Se, ao final, o juiz proferir sentença absolutória em relação a um deles e condenatória em relação a outro, a publicação da sentença condenatória produzirá efeito de interromper a prescrição em relação a todos os agentes, inclusive ao réu que, ao final, restou absolvido. Essa hipótese alcança todas as causas interruptivas da prescrição (recebimento da denúncia ou queixa, decisão de pronúncia, decisão confirmatória da pronúncia, acórdão condenatório recorrível).

Em **relação aos crimes conexos**: assim compreendidos como aqueles que estabelecem um liame, ligação ou vínculo entre si, se estiverem sendo processados na mesma ação penal, a interrupção da prescrição com relação a um dos crimes alcançará os demais.

Imaginemos que um agente tenha sido acusado de praticar crime de roubo majorado (art. 157, § 2º do CP) e extorsão (art. 158 do CP) sendo apontada conexão entre os delitos. Em razão disso, o Ministério Público oferece denúncia, imputando ao réu os dois crimes, em conexão. Ao final da regular instrução e debates orais, o Magistrado profere sentença absolutória em relação ao crime de roubo majorado e condenatória em relação ao crime de extorsão. A publicação da sentença penal condenatória proferida em relação ao crime de extorsão terá força interruptiva da prescrição também em relação ao crime de roubo majorado, que, ao final, o réu restou absolvido. Essa hipótese alcança todas as causas interruptivas da prescrição (recebimento da denúncia ou queixa, decisão de pronúncia, decisão confirmatória da pronúncia, acórdão condenatório recorrível).

- **Causas Suspensivas ou Impeditivas da prescrição:**

Não confundir causas impeditivas com a causa suspensiva da prescrição.

Causas impeditiva: é aquela que inviabiliza o próprio início do curso prescricional.

Causas suspensiva é aquela que surge ao longo do curso do prazo prescricional, que tem o condão de sustar, por determinado período, a contagem da prescrição. Superada a causas que gerou a suspensão do fluxo do prazo prescricional, a contagem da prescrição retoma seu curso.

Não confundir a causa suspensiva com a interruptiva da prescrição: na **suspensão do prazo prescricional**, o tempo decorrido antes da incidência da causa não é computado no prazo; **na interrupção**: o tempo decorrido antes da causa não é computado no prazo, que recomeça a correr por inteiro.

Para não esquecer: cessado o efeito da causa suspensiva, a prescrição recomeça a correr, computando-se o tempo decorrido antes dela; interrompida a prescrição, o prazo recomeça a correr por inteiro.

Previstas no art. 116 do Código Penal:

a) enquanto não resolvida, em outro processo, questão de que dependa o reconhecimento da existência do crime (art. 116, I); questão prejudicial: é aquela em que a solução importa em prejulgamento da causa. Ex: discussão sobre casamento valido nos crimes de Bigamia.
b) **Enquanto o agente cumpre pena no exterior**; (art. 116, II do CP). Não se podendo desenvolver o processo no Brasil, não deve correr a prescrição nessa hipótese.
c) **Enquanto o agente está preso por outro motivo**: (art. 116, parágrafo único). Dispõe ainda o *art. 116, em seu parágrafo único*: *"Depois de passada em julgado a sentença condenatória, a prescrição não corre durante o tempo em que o condenado está preso por outro motivo."* Trata-se de hipótese de suspensão do prazo da prescrição da pretensão executória, não importando a que título o sujeito está preso: prisão provisória, cumprimento de outra pena, etc.
d) **na pendência de embargos de declaração ou de recursos aos Tribunais Superiores, quando inadmissíveis;** (art. 116, III do CP – incluído pela Lei 13.964/19, "Pacote Anticrime".

O Pacote Anticrime introduziu mais uma causa suspensiva de prescrição, visando dificultar a incidência da prescrição da pretensão na pendência de recursos interpostos perante Tribunais Superiores. Assim, enquanto tramitam os embargos de declaração ou recursos aos Tribunais Superiores, o prazo prescricional ficará suspenso, aguardando julgamento, sendo computado o período de suspensão do prazo prescricional, se inadmissíveis os recursos.

e) **enquanto não cumprido ou não rescindido o acordo de não persecução penal**. Introduzido pela Lei 13.964/19, "pacote Anticrime". Enquanto não cumprido ou não rescindido o acordo de não persecução penal não corre a prescrição (inciso IV). A suspensão inicia-se na data da homologação do acordo pelo juiz e perdura durante toda a execução dos termos acordados, enquanto não for rescindido em razão do descumprimento de alguma das condições estipuladas. Rescindido o acordo pelo juiz, a prescrição volta a fluir até a verificação da primeira causa interruptiva consistente no recebimento da denúncia. Se o acordo é integralmente cumprido, não mais torna a correr a prescrição, impondo-se a extinção da punibilidade (art. 28-A, § 13, do CPP.

- **Outras situações de suspensão da prescrição:**

a) **Na hipótese de suspensão parlamentar do processo** – EC nº 35, de 20/12/2001. A partir dessa Emenda Constitucional não há mais necessidade de licença prévia da casa respectiva para a instauração de processo contra Deputado ou Senadores. O STF pode receber a denúncia, sem solicitar qualquer autorização ao Poder Legislativo;

Então:

- STF recebe a denúncia;
- STF, após o recebimento, cientifica a Câmara dos Deputados/Senado
- A casa legislativa por:
- maioria absoluta (metade mais 1);
- votação aberta;
- dentro de no máximo de 45 dias;
- determina a suspensão do processo;
- a prescrição fica suspensa – enquanto durar o mandato;

b) **Durante o prazo de suspensão condicional do processo**– art. 89, § 6º, da lei 9.099/95; estabelece a lei que durante o período em que o processo estiver suspenso não corre a prescrição.

c) **Se o acusado citado por edital não comparecer nem constituir advogado;** ficarão suspenso o processo e o curso do prazo prescricional até o seu comparecimento – art. 366 do CPP (Lei 9.271/96);

> *Art. 366. Se o acusado, citado por edital, não comparecer, nem constituir advogado, **ficarão suspensos o processo e o curso do prazo prescricional,** podendo o juiz determinar a produção antecipada das provas consideradas urgentes e, se for o caso, decretar prisão preventiva, nos termos do disposto no art. 312.*

A questão que aqui se impõe é a seguinte: *se o acusado jamais for localizado, o processo ficará indefinidamente suspenso e não prescreverá?*

Superior Tribunal de Justiça editou a **Súmula 415**, no sentido de que: "**o período de suspensão do prazo prescricional é regulado pelo máximo da pena cominada**".

> ▷ **Obs:** o prazo de suspensão é o prazo prescricional máximo, Superado – a prescrição volta a correr;

D - estando o acusado no estrangeiro, em lugar sabido, será citado por carta rogatória, suspendendo o prazo até seu cumprimento – art. 368 do CPP.

> *Art. 368. Estando o acusado no estrangeiro, em lugar sabido, será citado mediante carta rogatória, **suspendendo-se o curso do prazo de prescrição até o seu cumprimento.** (Redação dada pela Lei nº 9.271, de 17.4.1996)*

Acusado que se encontrar no estrangeiro. Em lugar sabido, será citado através de carta rogatória, independentemente de a infração penal imputada ser ou não afiançável. No entanto, segundo a redação do artigo 368 do CPP, o prazo prescricional ficará suspenso até o cumprimento da carta rogatória.

Observações:

Não suspende o curso do prazo prescricional o incidente de insanidade mental. Embora não contenha o Código Penal dispositivo a esse respeito, durante a *suspensão condicional da pena* não tem curso a prescrição da pretensão executória. Nesse período, está suspenso o poder de execução do Estado, que não pode, assim, ser atacado pela prescrição. O mesmo se diga com relação ao livramento condicional.

- **Redução do Prazo prescricional em face da idade do agente:**

O artigo art. 115 do CP determina que, se a: agente menor de *21 anos na data do fato* (jovem adulto); ou na data da sentença, ser maior de 70 anos, os prazos prescricionais são reduzido d e metade. Trata-se de causa modificadora da Prescrição.

- ***Redução dos prazos de prescrição***

> *Art. 115 - São reduzidos de metade os prazos de prescrição quando o criminoso era, ao tempo do crime, menor de 21 (vinte e um) anos, ou, na data da sentença, maior de 70 (setenta) anos*

- **Circunstância agravante:**

Reincidência – aumenta o prazo prescricional em 1/3. Somente sobre o prazo da **Prescrição Executória** - art. 110 CP – Súmula 220 STJ.

Ex: A é condenado a 1 ano e 2 meses por estelionato reconhecido na Reincidência.

A prescrição da PPE ocorrerá em 4 anos (109, V) **+ 1/3** (por causa da **reincidência), então será em 5 anos e 4 meses.**

Causas de aumento e diminuição de pena (majorantes e minorantes)

As que aumentam ou diminuem em proporção fixa. Por permitir que a pena fique inferior ao mínimo ou superior ao máximo - são levadas em conta no cálculo da prescrição - **somente na prescrição abstrata**. Nas demais já tem pena privativa de liberdade aplicada.

Deve-se buscar sempre a pior hipótese para o réu - Ex: tentativa - minorante de 1/3 até 2/3. Será **de 1/3**, o pior para o réu. Leva-se em conta sempre, a causa de aumento que **mais aumente** e a causa de diminuição que **menos diminua**.

Obs: observar se há causas modificadoras (majorante / minorante) obrigatórias, estão no tipo penal - **exceto:** concurso formal e crime continuado. Não são usadas no cálculo - regra: art. 119 do CP.

- **PRESCRIÇÃO DA PRETENSÃO EXECUTÓRIA:**

No caso de o réu ser condenado por sentença transitada em julgado, surge para o Estado o interesse de executar a pena imposta pelo juiz. Essa é a pretensão executória, que também está sujeita a prazos.

Ao contrário do que ocorre com a prescrição da pretensão punitiva, essa espécie de prescrição atinge apenas a pena principal, permanecendo os demais efeitos condenatórios.

- **Prazo inicial da pretensão punitiva executória:**

a) 112, I, 1ª parte: dia em que transita em julgado a sentença condenatória para a acusação; OBS: a pena somente poderá ser executada após o trânsito em julgado para ambas as partes. Mas a prescrição já começa a correr a partir do trânsito em julgado para a acusação;

b) Art. 112, I, 2ª parte - do dia em que transita em julgado a decisão revogatória do *sursis* ou do livramento condicional;

c) Do dia em que interrompe a execução da pena - salvo quando o tempo da interrupção deve ser computado na pena;

▷ **Observações:** se a interrupção é devido a fuga- começa a correr do dia da fuga do condenado; fuga do apenado - evadir-se do livramento condicional - resto da pena usa para cálculo da prescrição.

Causas Interruptivas da PPE: (art. 117, V e VI do CP) obstam o curso de prescrição, fazendo com que se reinicie do zero (desprezado o tempo até então decorrido). São as seguintes:

a) Início do cumprimento de pena;

b) Continuação do cumprimento de pena;

c) Reincidência

Reincidência: ela também interrompe a prescrição (art. 117, VI do CP). Ocorre quando o réu, definitivamente condenado, ainda não deu início ao cumprimento da pena. Logo, o prazo da pretensão executória estaria correndo. Se o agente praticar novo crime, passando, portanto, a ser reincidente, o prazo prescricional da pretensão executória da pena imposta pelo crime anterior será interrompido no momento da prática do novo crime.

Conforme STJ: " A reincidência, como causa de interrupção da prescrição da pretensão executória, é contada a partir do novo delito, e não do trânsito em julgado de eventual sentença condenatória.

Essa interrupção, porém, fica condicionada à efetiva condenação do réu em relação ao segundo crime; se este vier a ser absolvido, evidentemente não houve reincidência, e, consequentemente, não pode ser considerada interrompida a prescrição.

A reincidência somente interrompe o prazo da prescrição da pretensão executória, sendo inaplicável à prescrição da pretensão punitiva. Nesse sentido, a Súmula 220 do STJ: *"A reincidência não influi no prazo da prescrição da pretensão punitiva".*

Incomunicabilidade da prescrição da pretensão Executória - PPE:

Em relação à prescrição da pretensão executória, verifica-se a incomunicabilidade das causas interruptivas. Isso, porque, no caso de coautoria ou participação, as hipóteses de reincidência e de início ou continuação do cumprimento da pena são de natureza pessoal, razão pela qual a interrupção da prescrição não produz efeito relativamente a todos os participantes do crime (art. 117, § 1º do CP).

▷ Interrupção da PPE em relação a um dos autores não produz efeitos quanto aos demais (ao contrário das demais causas interruptivas da PPP) - art. 117, § 1º, primeira parte do CP.

PENAL

Causas suspensivas da PPE: aquelas que sustam o prazo prescricional; recomeça pelo tempo que restar;

a) Prisão do condenado por qualquer outro motivo que não a condenação que se pretende executar; (**art. 116 do CP**);

Ex: condenado procurado em uma comarca, cumpre pena por outro crime em comarca diversa;

▷ Enquanto estiver preso, cumprindo tal pena, não correrá a prescrição no que se refere à outra condenação.

Diminuição do Prazo Prescricional da PPE: pela metade: art. 115 CP: a) menor de 21 à época do fato; b) maior de 70 anos à época da sentença condenatória.

Obs: ***Súmula 74 do STJ***

Para efeitos penais, o reconhecimento da menoridade do réu requer prova por documento hábil.»

- **Prescrição no caso de evasão do condenado ou de revogação do Livramento Condicional:**
- **Prescrição no caso de evasão do condenado ou de revogação do livramento condicional**

> Art. 113 - No caso de evadir-se o condenado ou de revogar-se o livramento condicional, a prescrição é regulada pelo tempo que resta da pena.

a) **Evasão do condenado:** condenado inicia o cumprimento da pena privativa de liberdade. Passado algum tempo, ele acaba fugindo do estabelecimento carcerário. Nesse caso, começa a correr o prazo prescricional para o Estado recapturar o condenado, para continuação do cumprimento da pena, considerando-se como base o tempo restante de pena (art. 113 do CP).

b) **Livramento Condicional**: na situação de a revogação do livramento, observar se o crime que deu ensejo a revogação (art. 86 do CP) aconteceu antes ou durante o benefício! Consequências são diferentes para fins de cálculo da PPE.

b.1) Crime cometido antes do livramento: a prescrição será calculada pelo tempo que falta para cumprir a pena, computando o período em que esteve no livramento. Assim, numa pena de 9 anos, se após cumprir 4 anos o apenado recebe o livramento condicional (resto da pena – 5 anos) e permanecendo no mesmo por 2 anos, quando então, ele é revogado por crime anterior ao benefício, o período em que esteve no livramento condicional não é perdido. Assim, restaria 3 anos para cumprir a pena. Se ele fugir, a prescrição será calculada sobre os 3 anos.

b.2. Crime posterior ao livramento: o apenado perde todo o prazo cumprido do livramento (no exemplo anterior, os 2 anos em que esteve no livramento), e a prescrição então, será calculada sobre os 5 anos.

- **PPE não esquecer: Art. 110 do CP:**

a) desaparece a pretensão executória ou o direito de o Estado executar a pena aplicada;

b) o réu não terá de cumprir a pena, mas os efeitos persistirão: reincidência, obrigação de indenizar, perda do produto do crime...etc..

c) Pressupostos: não PPPA; não PP Retroativa; não PP Intercorrente; trânsito em julgado da sentença condenatória; Não satisfação da pretensão executória estatal pelo sentenciado;

- **Prazo da Prescrição:**

a) Tomar a pena aplicada – concretizada na sentença condenatória;

b) Art. 109 CP;

c) Causas modificadoras do art. 115 CP;

d) Reincidência – reconhecida na sentença por fato anterior – se R aumento de 1/3 (art. 110 do CP); Súmula 220 do STJ.

Prescrição da Pena de Multa: art. 114 do CP

Será 2 anos se for a única cominada ou aplicada;

Será mesmo prazo da PPL se alternativa ou cumulativa;

▷ **Obs:** a Reincidência não altera o prazo de prescrição da pena de multa, porque o art. 110 "caput" nos remete ao art. 109, que só regula as penas privativas de liberdade. Todavia, a multa regula-se pela prescrição da pena privativa de liberdade quando é aplicada cumulativamente (art. 114, II, parte final, e art. 118 do CP).

Prescrição das Penas Restritivas de Direito: art. 109, parágrafo único do CP: mesmo prazo das penas privativas de liberdade, pois as primeiras são substitutas das últimas.

Prescrição da pretensão punitiva antecipada "projetada" (perspectiva ou virtual): reconhecida antecipadamente, com base na provável pena fixada na futura condenação.

Prescrição antecipada, virtual ou pela pena em perspectiva: Essa forma de prescrição não está prevista em lei, mas vinha sendo admitida por grande parte da doutrina e jurisprudência. Atualmente é vedada súmula do Superior Tribunal de Justiça. **Súmula nº 438,** estabelecendo que *"é inadmissível a extinção da punibilidade pela prescrição da pretensão punitiva com fundamento em pena hipotética, independentemente da existência ou da sorte do processo penal".*

Tal súmula, portanto, proíbe a prescrição antecipada e obriga o Ministério Público ao oferecimento da denúncia se existirem indícios de autoria e materialidade.

Prescrição das penas mais leves e mais graves: art. 118 do CP: as penas mais leves prescrevem com as mais graves.

Prescrição e concurso de crimes: a extinção a punibilidade incidirá sobre a pena de cada um, isoladamente -art. 119 do CP.

- **Prescrição e Medida de Segurança:**

A meda de segurança de internação ou tratamento ambulatorial podem ser aplicadas aos inimputáveis, mediante sentença absolutória imprópria. É possível, ainda a aplicação da medida de segurança aos semi-imputáveis, quando verificada a necessidade de especial tratamento curativo (art. 96 do CP).

Nenhuma controvérsia surge acerca da prescrição em relação à pena aplicada ao semi-imputável, substituída por medida de segurança, diante da constatação da sua periculosidade. Isso, porque há pena aplicada que servirá de parâmetro para a verificação do prazo prescricional, ao contrário do que ocorre em relação ao inimputável, submetido à medida de segurança por força de sentença absolutória imprópria.

Em relação aos inimputáveis o **STJ** adota o entendimento no sentido de que a prescrição da medida de segurança, seja da pretensão punitiva, seja da executória, imposta em sentença absolutória imprópria (que não tem pena aplicada, portanto), é regulada pelo máximo da pena abstratamente previsto para o delito.

O **STF**[11], por sua vez, adota entendimento semelhante ao STJ no que tange à prescrição da pretensão punitiva. Diverge, contudo, em relação à prescrição da pretensão executória, pois, nesse caso, considera como base a duração máxima da medida de segurança.

- **Prescrição e ato infracional:**

Nos termos do art. 103 do Estatuto da criança e do Adolescente (ECA) " *Considera-se ato infracional a conduta descrita como crime ou contravenção penal"*. O ECA não prevê regras específicas relacionadas à prescrição do ato infracional.

No contexto de ato infracional não há propriamente a finalidade do Estado exercer pretensão punitiva, já que, à evidência, não é possível aplicar uma pena a adolescente infrator, mas medida socioeducativa, cuja punição mais grave consiste na internação pelo prazo máximo de 3 anos (ECA, art. 121, § 3º).

Nesse contexto, indada-se se é possível a incidência da prescrição em relação a medidas socioeducativas. E conforme a **Súmula 338 do STJ**: *"A prescrição penal é aplicável nas medidas sócio-educativas."*

Diante disso surge agora a dúvida no sentido de qual seria a base para o cálculo da prescrição: a pena máxima prevista para o ato infracional análogo a crime, ou o prazo máximo de 3 anos, previsto no ECA.

O STJ firmou entendimento no sentido de que quando houver apenas a fixação de prazo mínimo para a medida, deve ser considerado para fins prescricionais, por analogia, aquele previsto no art. 121, § 3º, da lei 8.609/90, qual seja ***"Em nenhuma hipótese o período máximo de internação excederá a 3 anos".***

Assim, se imposta medida socioeducativa sem prezo determinado, deve-se levar em consideração o tempo máximo de 3 anos previstos para a internação. Logo, o prazo prescricional para a pretensão da pretensão da medida socioeducativa é de 8 anos, nos termos do art. 109, IV do CP, que, por força do disposto no art. 115 do CP, deverá ser reduzido pela metade em razão, de maneira a restar fixado em 4 anos.[12]

---

11. STF, HC nº 107777/RS, rel. Min. Ayres Britto, 2ª T., j. 7-2-2012.
12. STJ, Ag Rg no HC nº 527658/SP, rel. Min. Jorge Mussi, 5ª T., j. 5-3-2020.

PENAL

- **Prescrição e lei de drogas**

Os crimes previstos na lei de Drogas – Lei 11.343/2006, seguem, como regra, os prazos prescricionais previsto no art. 109 do CP.

Todavia, o crime previsto no art. 28 da Lei 11.343/2006 tem regra própria. Isso porque o crime consiste em: *"adquirir, guardar, tiver em depósito, transportar ou trouxer consigo, para consumo pessoal, drogas sem autorização ou em desacordo com determinação legal ou regulamentar"*, **não prevê pena privativa de liberdade,** *mas advertência sobre os efeitos das drogas; prestação de serviços à comunidade; medida educativa de comparecimento a programa ou curso educativo.*

Por isso, o legislador se encarregou de estabelecer o prazo prescricional para a prescrição da pretensão punitiva ou executória em relação ao crime previsto no art. 28 da lei de Drogas, qual seja 2 anos – artigo 30 da lei 11.343/2006:

Art. 30. Prescrevem em 2 (dois) anos a imposição e a execução das penas, observado, no tocante à interrupção do prazo, o disposto nos arts. 107 e seguintes do Código Penal.

- **Prescrição e código militar:**

Os prazos para a prescrição a pretensão punitiva dos crimes militares próprios ou impróprios levam em conta a pena máxima cominada aos delitos e estão previstos no art. 125 do CPM.

A prescrição da execução da pena privativa de liberdade ou da medida de segurança que a substitui regula-se pelo tempo fixado na sentença e verifica-se nos mesmos prazos estabelecidos no art. 125, os quais se aumentam em um terço, se o condenado é criminoso habitual ou por tendência (CPM, art. 126).

Se a pena aplicada for de morte, o prazo prescricional é de 30 anos (COM- art. 125, I).

PASSO A PASSO PARA FAZER O CÁLCULO DA PRESCRIÇÃO

- **1. P. P. P. ABSTRATA:**

1ª: Máximo da pena cominada;

2ª: Colocar no art. 109: encontro o prazo prescricional;

3ª: Observar se não há causa modificadora: como majorante e/ou minorante obrigatória (não conta concurso formal, nem crime continuado);

4ª: art. 115 do CP: se menor de 21 na data do fato ou com 70 anos na data da sentença – prazo da prescrição conta-se pela metade;

Ex: A tem 23 anos na data do fato;

Cometeu um furto: art. 155 do CP;

Pena em abstrato: 1 a 4 anos e multa;

Art. 109: prescrição em 8 anos.

Não há aplicação do art. 115;

Não há causa modificadora – crime consumado;

2. P.P.P. RETROATIVA:

1ª: Não pode ter ocorrido a PPA;

2ª: pena aplicada em sentença condenatória;

3ª: necessário trânsito em julgado para a acusação;

4ª: contagem entre os marcos para traz;

5º: Observar art. 115 CP;

Observar inovação da Lei 12.234 de 05/05/2010 – modificou art. 110, §§ 1º e 2º do CP.

- **3. P. P. P. INTERCORRENTE:**

É a prescrição que ocorre entre a data de publicação da sentença condenatória e o trânsito em julgado. Previsão arts. 110, §1º.

Calculada com base na pena concreta fixada na sentença;

Conta-se da data da publicação da sentença recorrível;

Necessário trânsito em julgado para a acusação. (art. 617 do CPP- Princípio da *non reformatio in pejus)*

Procedimento para reconhecer a prescrição intercorrente:

1- Se a condenação tiver transitado em julgado para a acusação, o tribunal, antes de examinar o mérito, declara extinta a punibilidade pela prescrição;

2- Se a acusação tiver recorrido, o tribunal julga primeiro o seu recurso e se negar provimento, antes de examinar o mérito de recurso da defesa, reconhece a prescrição.

- **Pressupostos:**

1º: não PPPA;

2º: não PPPR;

3º: sentença condenatória;

4º: TJ para a acusação ou improvimento de seu recurso.

Prazo da prescrição:

- tomar pena concretizada;
- colocar no art. 109;

Observar as causas modificadoras – art. 115 do CP.

- **4. Prescrição executória**

Pressupostos:

- não PPPA;
- não PP Retroativa;
- não PP Intercorrente;
- trânsito em julgado da sentença condenatória;
- Não satisfação da pretensão executória estatal pelo sentenciado;

- **Prazo da Prescrição:**

- Tomar a pena aplicada – concretizada na sentença condenatória;
- Art. 109 CP;
- Causas modificadoras do art. 115 CP;
- Reincidência – reconhecida na sentença por fato anterior – se R aumento de 1/3 (art. 110 do CP).

CRIMES CONTRA A FÉ PÚBLICA

Moeda falsa (art. 289 do CP)

- ***Conduta típica***

O tipo básico (*caput*) pune aquele que falsificar, fabricando ou alterando, moeda metálica ou papel-moeda de curso legal no País ou no estrangeiro.

Falsificar significa conferir aparência enganadora, recaindo a conduta sobre moeda metálica ou papel-moeda (nacional ou estrangeira).

É essencial que a falsificação seja convincente, isto é, capaz de iludir os destinatários da moeda.

- ***Consumação e tentativa***

O crime consuma-se no momento da fabricação ou da alteração da moeda, desde que idônea a iludir. A tentativa é perfeitamente possível.

- ***Formas equiparadas (art. 289, § 1º, do CP)***

Nas mesmas penas incorre quem, por conta própria ou alheia, importa ou exporta, adquire, vende, troca, cede, empresta, guarda ou introduz na circulação moeda falsa.

- ***Privilégio (art. 289, § 2º, do CP)***

Quem, tendo recebido de boa-fé, como verdadeira, moeda falsa ou alterada, a restitui à circulação, depois de conhecer a falsidade, é punido com detenção, de 6 (seis) meses a 2 (dois) anos, e multa.

- ***Falsificação funcional (art. 289, § 3º, do CP)***

É punido com reclusão, de 3 (três) a 15 (quinze) anos, e multa, o funcionário público ou diretor, gerente, ou fiscal de banco de emissão que fabrica, emite ou autoriza a fabricação ou emissão:

I – de moeda com título ou peso inferior ao determinado em lei;

II – de papel-moeda em quantidade superior à autorizada.

Falsificação de documento público (art. 297 do CP)

- ***Conduta típica***

O art. 297 do CP trata da falsidade material, ou seja, aquela que diz respeito à forma do documento.

As ações nucleares consubstanciam-se nos verbos falsificar, que significa formar, criar um documento; e alterar, que significa modificar o documento. Na hipótese, o documento é verdadeiro, e o agente substitui seu conteúdo, isto é, frases, palavras que alterem sua essência, incidindo, portanto, sobre aspectos relevantes do documento.

- ***Consumação e tentativa***

O crime consuma-se com a falsificação ou alteração do documento, sendo prescindível o uso efetivo deste.

A tentativa é possível, pois há um *iter criminis* que pode ser fracionado. A tentativa ocorrerá se, por exemplo, o agente, estando no início do processo de formação da escritura pública falsa, tendo preenchido apenas algumas linhas, é surpreendido por terceiro. Nessa hipótese, não ocorreu ainda a contrafação total do documento, portanto, o crime reputa-se tentado.

Aplica-se a Súm. nº 17 do STJ: "Quando o falso se exaure no estelionato, sem mais potencialidade lesiva, é por este absorvido". Trata-se da aplicação da regra de que o crime-fim absorve o crime-meio.

Falsificação de documento particular (art. 298 do CP)

- ***Conduta típica***

Também se trata de falsidade material, ou seja, aquela que diz respeito à forma do documento.

Falsificar: significa formar, criar um documento. Ex.: o agente aproveitou-se do espaço em branco existente entre o conteúdo da carta e a assinatura do missivista para inserir aí uma confissão de dívida, cortando a parte do conteúdo da carta, e criando, dessarte, parcialmente o documento.

Alterar: significa modificar o documento. Na hipótese, o documento é verdadeiro, e o agente substitui seu conteúdo, isto é, frases, palavras que alterem sua essência, incidindo, portanto, sobre aspectos relevantes do documento.

- ***Consumação e tentativa***

O crime consuma-se com a falsificação ou alteração do documento, sendo prescindível o uso efetivo deste.

A tentativa é possível, pois há um *iter criminis* que pode ser fracionado. A tentativa ocorrerá quando, por exemplo, o agente, estando no início do processo de forjamento de um instrumento de cessão de direitos, em que ele figura como beneficiário, é interrompido por terceiros antes de sua finalização.

Falsidade ideológica (art. 299 do CP)

- ***Conduta típica***

Na falsidade ideológica, o documento é formalmente perfeito, sendo, no entanto, falsa a ideia nele contida.

O sujeito tem legitimidade para emitir o documento, mas acaba por lhe inserir um conteúdo sem correspondência com a realidade dos fatos.

Ex.: assim, uma escritura lavrada pelo funcionário do Cartório de Registro de Imóveis é formalmente perfeita, pois a ele incumbe formar o instrumento público. Entretanto, se essa escrita encerrar declarações falsas prestadas pelo particular, haverá o crime de falsidade ideológica.

Trata-se de crime de ação múltipla. Diversas são as ações nucleares típicas previstas:

OMITIR – deixar de inserir ou não mencionar.

INSERIR – colocar ou introduzir.

FAZER INSERIR – proporcionar que se introduza.

- ***Consumação e tentativa***

Consuma-se com a omissão ou a inserção da declaração falsa ou diversa da que deveria constar.

Trata-se de crime formal; prescinde-se, portanto, da ocorrência efetiva do dano, bastando a capacidade de lesar terceiro. Assim, o prejuízo a direito, a criação da obrigação ou a alteração da verdade sobre fato juridicamente relevante não são necessários à consumação do crime.

CRIMES CONTRA A ADMINISTRAÇÃO PÚBLICA

Dos crimes praticados por funcionário público contra a Administração em geral

- ***Peculato (art. 312 do CP)***
- ***Conduta típica***

O peculato próprio, na realidade, constitui uma apropriação indébita, só que praticada por funcionário público com violação do dever funcional. Antes de ser uma ação lesiva aos interesses patrimoniais da Administração Pública, é principalmente uma ação que fere a moralidade administrativa, em virtude de quebra do dever funcional.

O peculato próprio é formado pelo peculato-apropriação e peculato-desvio.

No peculato-apropriação, a ação nuclear típica consubstancia-se no verbo apropriar. Assim como no crime de apropriação indébita, o agente tem a posse (ou detenção) lícita do bem móvel, público ou particular, e inverte esse título, pois passa a comportar-se como se dono fosse, isto é, alienando, doando, consumindo com o bem.

O peculato-desvio está previsto na segunda parte do *caput* do art. 312: "ou desviá-lo, em proveito próprio ou alheio".

O agente tem a posse da coisa e lhe dá destinação diversa da exigida por lei, agindo em proveito próprio ou de terceiro.

Por exemplo, o funcionário empresta o dinheiro público para perceber os juros.

O peculato-furto é o denominado peculato impróprio, e está previsto no art. 312, § 1º, do CP. Trata-se de um crime de furto, só que praticado por funcionário público, o qual se vale dessa qualidade para cometê-lo. Aqui o agente não tem a posse ou detenção do bem como no peculato-apropriação ou desvio, mas se vale da facilidade que lhe proporciona a qualidade de funcionário público para realizar a subtração.

- ***Sujeitos do delito***

Trata-se de crime próprio. Somente o funcionário público (art. 327, *caput*) e as pessoas a ele equiparadas legalmente (art. 327, §§ 1º e 2º) podem praticar o delito de peculato.

A condição especial funcionário público, como elementar do crime de peculato, comunica-se ao particular que eventualmente concorra, na condição de coautor ou partícipe, para a prática do crime, nos termos do art. 30 do CP. Portanto, é perfeitamente possível o concurso de pessoas, dada a comunicabilidade da elementar do crime (art. 30).

- ***Peculato culposo (art. 312, § 2º, do CP)***

Pune-se aqui o funcionário público que, por negligência, imprudência ou imperícia, concorre para a prática de crime de outrem.

O funcionário, para ser punido, insere-se na figura do garante, prevista no art. 13, § 2º. Assim, tem ele o dever de agir, impedindo o resultado de ação delituosa de outrem. Não o fazendo, responde por peculato culposo.

Ex.: se um vigia de prédio público se desvia de sua função de guarda, por negligência, permitindo, pois, que terceiros invadam o lugar e de lá subtraiam bens, responde por peculato culposo.

Nos termos do art. 312, § 3º, do CP, a reparação do dano, para dar causa à extinção da punibilidade, deve ser anterior ao trânsito em julgado da sentença criminal.

Deve ser completa e não exclui eventual sanção administrativa contra o funcionário. A extinção da punibilidade somente aproveita o funcionário, autor do peculato culposo.

Consoante a segunda parte do § 3º, no crime culposo, se a reparação do dano é posterior à sentença irrecorrível, isto é, transitada em julgado, haverá a redução de metade da pena imposta.

- ***Concussão (art. 316 do CP)***
- ***Conduta típica***

A ação nuclear consubstancia-se no verbo exigir, isto é, ordenar, reivindicar, impor como obrigação.

A vítima cede às exigências formuladas pelo agente diante do temor de represálias relacionadas ao exercício da função pública por ele exercida.

Assim, não é necessária a promessa da causação de um mal determinado; basta o temor que a autoridade inspira.

Ex.: carcereiro que exige dinheiro dos presos sob sua custódia. Na hipótese, o simples fato de os presos encontrarem-se sob a guarda daquele gera neles o temor de eventuais represálias.

Contudo, não pratica esse delito, mas o de extorsão ou roubo, por exemplo, o policial militar que exige vantagem indevida da vítima utilizando-se de violência, ou ameaçando-a gravemente de sequestrar seu filho.

- ***Consumação e tentativa***

Trata-se de crime formal. A consumação ocorre com a mera exigência da vantagem indevida, independentemente de sua efetiva obtenção. Se esta sobrevém, há mero exaurimento do crime.

É possível a tentativa, na hipótese em que o crime é plurissubsistente.

- ***Excesso de exação (art. 316, § 1º, do CP)***
- ***Conduta típica***

Há duas formas de incidir o crime de excesso de exação: a primeira, quando se trata de exigência de tributo ou contribuição social indevido; a segunda, o tributo ou contribuição social é devido, mas o agente emprega meio gravoso ou vexatório para o devedor, o qual não é autorizado por lei.

- ***Consumação e tentativa***

a) **Exigência indevida:** aqui o delito se consuma no momento em que é feita a exigência do tributo ou contribuição social.

Trata-se de crime formal, portanto, a consumação independe do efetivo pagamento do tributo ou contribuição social pela vítima.

A tentativa é possível. Ex.: carta contendo a exigência de vantagem, a qual é interceptada antes de chegar ao conhecimento da vítima.

PENAL

b) **Cobrança vexatória ou gravosa**: consuma-se com o emprego do meio vexatório ou gravoso na cobrança do tributo ou contribuição social, independentemente de seu efetivo recebimento.

A tentativa é possível.

Ex.: com o devido aparato já se acha na casa ou estabelecimento do ofendido, mas é obstado antes que inicie a cobrança.

- ***Excesso de exação qualificado (art. 316, § 2º, do CP)***

Nessa modalidade mais gravosa do crime de excesso de exação, pune-se o funcionário público que, em vez de recolher o tributo ou contribuição social, indevidamente exigido (§ 1º), para os cofres públicos, desvia-o em proveito próprio ou alheio.

- ***Corrupção passiva (art. 317 do CP)***
- ***Conduta típica***

Trata-se de crime de ação múltipla. Três são as condutas típicas previstas:

a) **solicitar**: pedir, manifestar que deseja algo. Não há o emprego de qualquer ameaça explícita ou implícita. O funcionário solicita vantagem, e a vítima cede por deliberada vontade.

b) **receber:** aceitar, entrar na posse. Significa obter, direta ou indiretamente, para si ou para outrem, vantagem indevida.

Aqui a proposta parte de terceiros e a ela adere o funcionário, ou seja, o agente não só aceita a proposta como recebe a vantagem indevida.

Ao contrário da primeira modalidade, é condição essencial para sua existência que haja a anterior configuração do crime de corrupção ativa, isto é, o oferecimento de vantagem indevida (art. 333). Sem essa oferta pelo particular, não há como falar em recebimento de vantagem.

c) **aceitar a promessa de recebê-la:** nessa modalidade típica, basta que o funcionário concorde com o recebimento da vantagem. Não há o efetivo recebimento dela. Deve haver, necessariamente, uma proposta formulada por terceiros, à qual adere o funcionário, mediante a aceitação de receber a vantagem.

Na corrupção passiva, o funcionário, em troca de alguma vantagem, pratica ou deixa de praticar ato de ofício para beneficiar alguém. O ato a ser praticado pode ser ilegítimo, ilícito ou injusto. É a chamada corrupção própria.

Ex.: o funcionário do cartório criminal solicita indevida vantagem econômica para suprimir documentos do processo judicial.

Também configura o crime a prática de ato legítimo, lícito, justo. É a chamada corrupção passiva imprópria.

Ex.: oficial de justiça solicita vantagem econômica ao advogado, a fim de dar prioridade ao cumprimento do mandado judicial expedido em processo em que aquele atua.

- ***Consumação e tentativa***

Trata-se de crime formal. Portanto, a consumação ocorre com o ato de solicitar, receber ou aceitar a promessa de vantagem indevida.

A corrupção passiva consuma-se instantaneamente, isto é, com a simples solicitação da vantagem indevida, o recebimento desta ou com a aceitação da mera promessa daquela.

O tipo penal não exige que o funcionário pratique ou se abstenha da prática do ato funcional. Se isso suceder, haverá mero exaurimento do crime, o qual constitui condição de maior punibilidade (causa de aumento de pena prevista no § 1º do art. 317).

A tentativa é de difícil ocorrência, mas não é impossível. Basta que haja um iter criminis a ser cindido. Ex.: solicitação feita por carta, a qual é interceptada pelo chefe de repartição.

- ***Causa de aumento de pena (art. 317, § 1º)***

Eleva-se em 1/3 a pena do agente que, em razão da vantagem recebida ou prometida, efetivamente retarda (atrasa ou procrastina) ou deixa de praticar (não leva a efeito) ato de ofício que lhe competia desempenhar ou termina praticando o ato, mas desrespeitando o dever funcional. É o que a doutrina classifica de corrupção exaurida.

- ***Figura privilegiada (art. 317, § 2º)***

Trata-se de conduta de menor gravidade, na medida em que o agente pratica, deixa de praticar ou retarda o ato de ofício, não em virtude do recebimento de vantagem indevida, mas cedendo a pedido ou influência de outrem, isto é, para satisfazer interesse de terceiros ou para agradar ou bajular pessoas influentes.

- ***Prevaricação (art. 319 do CP)***

Conduta típica

O crime de prevaricação caracteriza-se pela conduta do funcionário público em retardar ou deixar de praticar, indevidamente, ato de ofício, ou praticá-lo contra disposição expressa de lei, para satisfazer interesse ou sentimento pessoal.

a) Retardar: é atrasar, adiar, protelar, procrastinar, não praticar o ato de ofício dentro do prazo estabelecido (crime omissivo).

Ex.: atendente de cartório judicial que, devendo expedir alvará de soltura, por não simpatizar com o advogado, deixa de fazê-lo com a brevidade que a medida exige.

b) Deixar de praticar: trata-se de mais uma modalidade omissiva do crime em estudo. Aqui, no entanto, ao contrário da conduta precedente, há o ânimo definitivo de não praticar o ato de ofício.

c) Praticar (contra disposição expressa de lei): cuida-se aqui de conduta comissiva, em que o agente efetivamente executa o ato, só que de forma contrária à lei.

O interesse pessoal é qualquer proveito, vantagem, podendo ser patrimonial ou moral.

Quanto ao interesse patrimonial, importa distinguir algumas situações:

a) se o ato praticado, retardado ou omitido tiver sido objeto de acordo anterior entre o funcionário e o particular, visando aquele indevida vantagem, o crime passará a ser outro: corrupção passiva;

b) se houver, anteriormente à prática ou omissão do ato, a exigência de vantagem indevida pelo funcionário público, haverá o crime de concussão.

- **Sentimento pessoal**

Sentimento pessoal reflete um estado afetivo ou emocional do próprio agente, que pode manifestar-se em suas mais variadas formas, tais como amor, paixão, emoção, ódio.

Dos crimes praticados por particular contra a Administração em geral

- ***Resistência (art. 329 do CP)***
- ***Conduta típica***

A conduta típica consiste em opor-se o particular à execução de ato legal mediante o emprego de violência ou ameaça.

Para grande parte da doutrina, a violência e a ameaça devem ser dirigidas à pessoa do funcionário, e não contra coisas, por exemplo, quebrar os vidros da viatura policial. Poderá o agente, nesse caso, responder pelo crime de dano qualificado.

A oposição pode também se dar mediante o emprego de ameaça, a qual pode ser real, por exemplo, apontar uma faca para o funcionário público ou uma arma de fogo, ainda que desmuniciada; ou verbal, por exemplo, indivíduo que promete ao policial, que, se ele for preso, mandará seus comparsas eliminá-lo.

- ***Consumação e tentativa***

Consuma-se com o emprego da violência ou ameaça contra o funcionário.

Tratando-se de crime formal, não se exige que o agente efetivamente impeça a execução do ato legal.

É perfeitamente possível a tentativa. Por exemplo: agente é impedido por terceiros de desferir uma paulada no funcionário público. Ressalve-se que, no caso de ameaça, somente haverá a tentativa se ela for realizada por escrito.

- ***Desobediência (art. 330 do CP)***
- ***Conduta típica***

O delito de desobediência em muito se parece com o de resistência, uma vez que em ambos o sujeito ativo pretende subtrair-se à execução de ato legal; contudo, no crime de desobediência, não ocorre o emprego de violência ou ameaça contra funcionário público.

O núcleo do tipo está consubstanciado no verbo desobedecer, desatender, não aceitar, não se submeter, no caso, à ordem legal de funcionário público.

Para que exista o crime de desobediência é necessário que haja ordem legal emanada de funcionário público competente. Não se cuida aqui de pedido ou solicitação, por exemplo, de promotor de justiça que, mediante ofício, solicita documentos.

- ***Consumação e tentativa***

Trata-se de delito formal (aquele que não exige resultado naturalístico, consistente na ocorrência de algum prejuízo efetivo para a administração por conta do não cumprimento da ordem).

A tentativa somente é possível na forma comissiva do descumprimento da ordem legal.

- ***Desacato (art. 331 do CP)***
- ***Conduta típica***

O desacato consiste na prática de qualquer ato ou emprego de palavras que causem vexame, humilhação, falta de respeito ao funcionário público.

Pode implicar qualquer tipo de palavra grosseira ou ato ofensivo contra a pessoa que exerce função pública, incluindo ameaças e agressões físicas.

Ex.: cuspir no rosto do oficial de justiça, atirar papéis no promotor de justiça, rogar praga contra o funcionário.

No exercício da função: diz com a ofensa praticada contra funcionário público que esteja no desempenho de sua função, isto é, praticando atos de ofício.

Em razão do exercício da função: nessa hipótese, o funcionário está fora do exercício de sua função, mas a ofensa contra ele irrogada diz respeito a ela.

- ***Consumação e tentativa***

Trata-se de crime formal (delito que não exige o resultado naturalístico, consistente no efetivo desprestígio da função pública). Consuma-se, portanto, no momento em que os atos ofensivos são praticados (vias de fato, lesão corporal, gestos, gritos etc.) ou as palavras ultrajantes irrogadas (calúnia, difamação, injúria) são proferidas contra o funcionário público.

Como se trata de crime formal, não se exige que o funcionário público se sinta ofendido com os atos praticados.

- ***Corrupção ativa (art. 333 do CP)***
- ***Conduta típica***

As ações nucleares do tipo estão consubstanciadas nos verbos:

OFERECER vantagem indevida, ou seja, propor ou apresentar para que seja aceita.

PROMETER vantagem indevida, isto é, comprometer-se, fazer promessa, garantir a entrega de algo ao funcionário.

Por não se tratar de crime bilateral, prescinde-se da aceitação da vantagem pelo funcionário público. Caso aceite, o funcionário deverá responder pelo delito de corrupção passiva.

- ***Consumação e tentativa***

Trata-se de crime formal, uma vez que a consumação se dá com a simples oferta ou promessa de vantagem indevida por parte do agente ao funcionário público, isto é, independentemente de ele aceitá-la ou recusá-la. Também não é necessário que o funcionário pratique, retarde ou omita o ato de ofício de sua competência.

A tentativa é possível. Ex.: suponha-se a hipótese de que a correspondência contendo a oferta de dinheiro não chegue às mãos do funcionário destinatário por ter sido apreendida pela polícia.

- ***Causa de aumento de pena (art. 333, par. ún.)***

Eleva-se a pena em 1/3 quando, em razão da promessa ou da vantagem, o funcionário público efetivamente atrasa ou não faz o que deveria, ou mesmo pratica o ato, infringindo dever funcional. Nessa hipótese, o crime é material, isto é, exige resultado naturalístico.

- ***Descaminho (art. 334 do CP)***
- ***Conduta típica***

Descaminho é a fraude voltada a frustrar, total ou parcialmente, o pagamento de direitos de importação ou exportação ou do imposto de consumo sobre mercadorias.

Em síntese, no descaminho, o agente busca iludir, mediante o emprego de fraude, o pagamento de direito ou imposto devido em face de entrada e saída de mercadoria não proibida.

- **Princípio da insignificância**

O STF, baseado no art. 20 da Lei nº 10.522/2002 e na Portaria MF nº 75/2012, estabeleceu que o valor que dispensa a cobrança fiscal em juízo é de R$ 20.000,00, incidindo, em relação a esse valor, o princípio da insignificância.

- ***Consumação e tentativa***

O descaminho consuma-se com a liberação pela alfândega, sem o pagamento dos impostos inerentes. Consuma-se, ainda, com a entrada e saída da mercadoria do território nacional.

A tentativa é possível. No caso de exportação, o crime é tentado se a mercadoria não chega a sair do País. No caso de importação, se o agente entrar com a mercadoria no País, mas for preso na alfândega, o crime já estará consumado.

Figuras equiparadas (art. 334, § 1º)

Incorre na pena do *caput* do art. 334 (reclusão, de 1 a 4 anos) quem:

I – pratica navegação de cabotagem, fora dos casos permitidos em lei;

II – pratica fato assimilado, em lei especial, a descaminho;

III – vende, expõe à venda, mantém em depósito ou, de qualquer forma, utiliza em proveito próprio ou alheio, no exercício de atividade comercial ou industrial, mercadoria de procedência estrangeira que introduziu clandestinamente no País ou importou fraudulentamente ou que sabe ser produto de introdução clandestina no território nacional ou de importação fraudulenta por parte de outrem;

IV – adquire, recebe ou oculta, em proveito próprio ou alheio, no exercício de atividade comercial ou industrial, mercadoria de procedência estrangeira, desacompanhada de documentação legal ou acompanhada de documentos que sabe serem falsos.

- ***Causa de aumento de pena (art. 334, § 3º)***

A pena aplica-se em dobro se o crime de descaminho é praticado em transporte aéreo, marítimo ou fluvial.

- ***Contrabando (art. 334-A do CP)***
- ***Conduta típica***

Contrabando é a clandestina importação ou exportação de mercadorias cuja entrada no País, ou saída dele, é absoluta ou relativamente proibida.

- ***Consumação e tentativa***

Na importação ou exportação de mercadorias proibidas com passagem pelos órgãos alfandegários, o crime consuma-se quando transposta a barreira fiscal, mesmo que a mercadoria não chegue ao seu destino.

A tentativa é possível. No caso de exportação, o crime é tentado se a mercadoria não chega a sair do País. No caso de importação, se o agente entrar com a mercadoria no País, mas for preso na alfândega, o crime já estará consumado.

- ***Figuras equiparadas (art. 334-A, § 1º)***

§ 1º Incorre na mesma pena quem:

I – pratica fato assimilado, em lei especial, a contrabando;

II – importa ou exporta clandestinamente mercadoria que dependa de registro, análise ou autorização de órgão público competente;

III – reinsere no território nacional mercadoria brasileira destinada à exportação;

IV – vende, expõe à venda, mantém em depósito ou, de qualquer forma, utiliza em proveito próprio ou alheio, no exercício de atividade comercial ou industrial, mercadoria proibida pela lei brasileira;

V – adquire, recebe ou oculta, em proveito próprio ou alheio, no exercício de atividade comercial ou industrial, mercadoria proibida pela lei brasileira.

- ***Causa de aumento de pena (art. 334-A, § 3º)***

A pena aplica-se em dobro se o crime de descaminho é praticado em transporte aéreo, marítimo ou fluvial.

LAVAGEM DE CAPITAIS – LEI 9613/98

Arnaldo Quaresma

1.1 CONCEITO DE LAVAGEM DE CAPITAIS

A lavagem de dinheiro pode ser definida como um conjunto de ações, práticas e operações por meio das quais os bens, direitos e valores obtidos com a prática de ações criminosas são integrados ao sistema econômico-financeiro, com a aparência de terem sido obtidos de maneira lícita.

PENAL

DOUTRINA

- Segundo Pierpaolo Cruz Bottini, da Faculdade de Direito da USP, lavagem de dinheiro é o ato ou a sequência de atos praticados para encobrir a natureza, localização ou propriedade de bens, direitos ou valores de origem ilícita, com a finalidade de reinseri-los à economia formal com aparência lícita.

Podemos destacar que a lavagem de dinheiro cujo objetivo é transformar aquele bem, direito ou valor obtido de forma ilícita para o fim de que tenha uma aparência lícita é operada por meio das fases da Introdução (placement), dissimulação (layering), integração (integration),para que seja ocultada aquela origem ilícita.

A lavagem de dinheiro pode se dar de inúmeras formas, como por exemplo reiteradas movimentações em contas bancárias, compra e venda de joia e obras de arte, abertura de empresas de fachada, dentre outras.

1.2 ASPECTOS INTRODUTÓRIOS

A) TRATADOS INTERNACIONAIS

Em relação à República Federativa do Brasil, podemos afirmar que o Estado brasileiro foi signatário de dois Tratados Internacionais nos quais se obrigou perante a comunidade jurídica mundial a reprimir o delito de tráfico, bem como a lavagem do lucro auferido pela sua prática.

O primeiro tratado foi a Convenção Contra o Tráfico Ilícito de entorpecentes e substâncias Psicotrópicas, concluída em Viena, em 20 de dezembro de 1988 e internalizada pelo Decreto 154 de 26 de junho de 1991, na qual em seu art. 3º, no item 1, b, i e ii dispõe que cada uma das partes adotará as medidas necessárias para caracterizar como delitos penais em seu direito interno, quando cometidos internacionalmente:

Item 1b, i - a conversão ou a transferência de bens, com conhecimento de que tais bens são procedentes de algum ou alguns dos delitos estabelecidos no item 1. a, com o objetivo de ocultar ou encobrir a origem ilícita dos bens, ou de ajudar a qualquer pessoa que participe na prática do delito ou delitos em questão, para fugir das consequências jurídicas de seus atos;

Item 1b, ii - a ocultação ou o encobrimento, da natureza, origem, localização, destino, movimentação ou propriedade verdadeira dos bens, sabendo que procedem de algum ou alguns dos delitos mencionados no item 1. a, ou de participação nesses delitos.

O segundo foi a Convenção das Nações Unidas contra o Crime Organizado Transnacional, adotada em Nova York em 15 de novembro de 2000, promulgada pelo Decreto 5.015, de 12 de março de 2004, que no art. 6º trata da criminalização da lavagem do produto do crime, denominada Convenção de Palermo.

B) GERAÇÕES

PRIMEIRA GERAÇÃO: Apenas o tráfico como crime antecedente.

SEGUNDA GERAÇÃO: Há um rol de delitos antecedentes. Exemplo: Lei 9613 de 1998 em sua redação original.

TERCEIRA GERAÇÃO: Qualquer infração penal (crime ou contravenção) pode figurar como infração antecedente. Exemplo: A lei 9613 de 1998 depois das alterações promovidas pela lei 12683 de 2012.

C) FASES DA LAVAGEM DE CAPITAIS

A lavagem de dinheiro ocorre através de fases - por meio das fases da colocação, dissimulação (ou ocultação) e integração:

i) **1° FASE – COLOCAÇÃO (PLACEMENT):** Trata-se da introdução do dinheiro ilícito – sujo - no sistema financeiro, do momento em que se busca separar o dinheiro da prática delitiva. É realizado através de depósitos bancários, transferência de valores, compras de obras de arte, remessa de valores para o exterior.O dinheiro ilícito é introduzido no mercado formal para a sua conversão em ativos lícitos, normalmente por meio do fracionamento dos valores; utilização dos valores ilícitos em estabelecimentos que trabalham com dinheiro em espécie; aplicações financeiras; troca de notas de menor valor por de maior valor para reduzir o montante físico de papel-moeda; conversão do valor ilícito em moeda estrangeira; remessa dos valores ilícitos para o exterior, para paraísos fiscais; aquisição de bens, móveis ou imóveis com valores superfaturados; aquisição de bens inexistentes, dentre outros;

ii) **2º FASE – DISSIMULAÇÃO, OCULTAÇÃO (LAYERING):** A Lei 12683/12 trouxe inovação no que tange às medidas assecuratórias, aprimorando-as, instituindo a alienação antecipada de bens prevista no artigo 4°, bem como ampliou as pessoas físicas/jurídicas responsáveis pela comunicação de operações suspeitas previstas no artigo 9°, os chamados "GATEKEEPERS";

iii) **3° FASE – INTEGRAÇÃO (INTEGRATION):** É a fase final do processo, muitas vezes interligada ou até mesmo sobreposta à etapa anterior. Nessa fase, já com a aparência lícita, o capital é formalmente incorporado ao sistema econômico, geralmente por meio de investimentos no mercado mobiliário e imobiliário. A integração do "dinheiro limpo" através das outras etapas faz com que este dinheiro pareça ter sido ganho de maneira lícita.

Observação:

▷ Para o STF (RHC 80816-SP - INFORMATIVO 223) não é necessária a ocorrência das três fases para que o crime de lavagem de dinheiro atinja a consumação. Neste sentido, entende a nossa Suprema Corte que basta a ocorrência de pelo menos uma das fases para que fique configurado o crime de lavagem de dinheiro:

"O simples depósito, em conta corrente alheia, de valores provenientes de crime praticado contra a administração pública consubstancia, em tese, a figura do inciso I, do § 1º do art. 1º da Lei 9.613/98 - lei da lavagem de dinheiro ("incorre na mesma pena quem, para ocultar ou dissimular a utilização de bens, direitos ou valores provenientes de qualquer dos crimes antecedentes referidos neste artigo: I - os converte em ativos lícitos;"). Com esse entendimento, a Turma negou provimento a recurso ordinário em habeas corpus em que se alegava ausência de justa causa em decorrência da simplicidade da conduta do paciente - sem a complexidade das operações internacionais para reintegrar o produto do crime -, e da pequena quantia envolvida."

1.3 Dos crimes de lavagem ou ocultação de bens, direitos e valores (art. 1°)

Art. 1º Ocultar ou dissimular a natureza, origem, localização, disposição, movimentação ou propriedade de bens, direitos ou valores provenientes, direta ou indiretamente, de infração penal.

Pena: reclusão, de 3 (três) a 10 (dez) anos, e multa. § 1º Incorre na mesma pena quem, para ocultar ou dissimular a utilização de bens, direitos ou valores provenientes de infração penal:

I - os converte em ativos lícitos;

II - os adquire, recebe, troca, negocia, dá ou recebe em garantia, guarda, tem em depósito, movimenta ou transfere;

III - importa ou exporta bens com valores não correspondentes aos verdadeiros.

§ 2º Incorre, ainda, na mesma pena quem:

I - utiliza, na atividade econômica ou financeira, bens, direitos ou valores provenientes de infração penal;

II - participa de grupo, associação ou escritório tendo conhecimento de que sua atividade principal ou secundária é dirigida à prática de crimes previstos nesta Lei.

§ 3º A tentativa é punida nos termos do parágrafo único do art. 14 do Código Penal.

§ 4º A pena será aumentada de um a dois terços, se os crimes definidos nesta Lei forem cometidos de forma reiterada ou por intermédio de organização criminosa.

§ 5º A pena poderá ser reduzida de um a dois terços e ser cumprida em regime aberto ou semiaberto, facultando-se ao juiz deixar de aplicá-la ou substituí-la, a qualquer tempo, por pena restritiva de direitos, se o autor, coautor ou partícipe colaborar espontaneamente com as autoridades, prestando esclarecimentos que conduzam à apuração das infrações penais, à identificação dos autores, coautores e partícipes, ou à localização dos bens, direitos ou valores objeto do crime.

§ 6º Para a apuração do crime de que trata este artigo, admite-se a utilização da ação controlada e da infiltração de agentes. (Incluído pela Lei nº 13.964, de 2019)

A) INFRAÇÃO PENAL ANTECEDENTE

O crime de Lavagem de Dinheiro é acessório (ou parasitário/vassalo), pois ele pressupõe uma infração penal antecedente que seja capaz de produzir renda. Desta feita, todo e qualquer crime ou contravenção penal que gere bens ou valores ilícitos pode ser considerado infração penal antecedente do crime de lavagem de capitais.

Exemplo: A contravenção penal de jogo do bicho pode figurar como infração penal antecedente do crime de lavagem.Em alguns países da Europa, o crime de lavagem de dinheiro ficou conhecido como "branqueamento de capitais" ou "blanqueo de capitales", gerando inúmeras críticas de parte da doutrina em face da utilização da nomenclatura, o que evidencia uma concepção racista e preconceituosa.

Vale destacar também que a infração penal antecedente não precisa ser consumada, desde que tenha produzido bens e valores poderá haver o delito de lavagem, como por exemplo, no caso em que o executor recebeu dinheiro pela prática de um homicídio tentado em que a vítima, apesar de não ter morrido, ficou com sequelas graves.

Se a infração penal antecedente não for produtora (capaz de gerar bens, direitos ou valores) haverá a inviabilidade de reconhecimento do crime de lavagem de capitais. Exemplo: no crime de prevaricação o agente não age motivado por vantagem econômica indevida e sim por sentimento ou interesse pessoal.

ACESSORIEDADE LIMITADA DA LAVAGEM DE CAPITAIS)

A infração penal antecedente deve ser típica e ilícita , não dependendo de uma condenação de um terceiro pelo crime anterior, uma vez que este terceiro pode ser absolvido por estar provado que o réu não concorreu para a infração penal ou por não existir prova do réu ter concorrido para a infração penal.

Quando a absolvição pela infração penal antecedente se der por atipicidade da conduta ou inexistência do fato, não será possível a condenação pela lavagem de dinheiro (STJ). Entretanto, se o autor da infração antecedente for absolvido por excludente de culpabilidade (coação moral irresistível por exemplo) haverá o crime de lavagem.

A extinção da punibilidade das infrações penais antecedentes não impede o prosseguimento da apuração de cometimento do crime de lavagem de dinheiro, uma vez que a punibilidade está fora da estrutura do crime.

B) AUTONOMIA DO DELITO DE LAVAGEM DE CAPITAIS

Em razão da autonomia entre o delito de lavagem de dinheiro e a infração penal antecedente, não há que se falar em absorção da infração antecedente pela lavagem de dinheiro nem que o delito de lavagem de capitais constitua post factum impunível em relação à infração penal antecedente, havendo concurso material de crimes entre o crime antecedente e o delito de lavagem de capitais.

Ademais, vale destacar que, nos termos do artigo 2°, inciso II da lei 9613 de 98 o processo e o julgamento do crime de lavagem de dinheiro independem do processo e julgamento da infração antecedente.

Neste sentido, expõe o parágrafo 1° do artigo 2° que a denúncia será instruída com indícios suficientes da existência da infração penal antecedente, sendo puníveis os fatos previstos nesta Lei, ainda que desconhecido ou isento de pena o autor, ou extinta a punibilidade da infração penal antecedente.

Podemos citar como exemplos de indícios da prática de infração penal antecedente a comprovação por exame microscópico de presença de cocaína nas cédulas em poder do agente apreendidas, ou a constatação de patrimônio incompatível com a declaração de rendimentos, dentre outros.

C) BEM JURÍDICO TUTELADO

Podemos elencar como bens jurídicos tutelados pela lei 9613/98 os seguintes valores: Ordem econômica, ordem tributária, sistema financeiro nacional, administração da justiça, paz pública e toda a ordem socioeconômica em geral.

D) OBJETO MATERIAL

Vale destacar que o objeto material do crime é a pessoa ou coisa sobre a qual recai a conduta delituosa.Neste sentido, podemos afirmar que, em relação aos crimes de lavagem de dinheiro, o objeto material são os bens, direitos ou valores, provenientes direta ou indiretamente, da infração penal antecedente.

E) TIPO OBJETIVO

Trata-se de crime de ação múltipla, na qual o legislador pune as condutas de ocultar ou dissimular bens, direitos ou valores provenientes, diretamente ou indiretamente de infração penal, nos seguintes aspectos:

Natureza (a sua essência ou seus atributos);

Origem (de onde são provenientes);

Localização (o local onde eles se encontram);

Disposição (como foram empregado);

Movimentação (transferência);

Propriedade (a sua titularidade);

Em relação ao verbo ocultar podemos afirmar que trata-se de esconder, tirar de circulação, como por exemplo o agente que deposita valores em conta no exterior não declarada ou que se utiliza de "laranjas" para ocultar dinheiro proveniente de crime.

Já em relação ao verbo dissimular, podemos afirmar que se trata de disfarçar, tornar pouco perceptível, como por exemplo, o agente se utiliza de empresa de fachada para dar aparência de licitude aos ganhos obtidos com a atividade criminosa.

O STJ já decidiu que não há lavagem de dinheiro:

i) Sem ocultação ou dissimulação, como nos casos em que o agente, com o produto do crime, compra imóvel em seu próprio nome e passa a residir nele, ou deposita a grana "suja" em uma conta de sua titularidade (STJ, Ação Penal nº 458, Dipp, CE, m., 16/09/2009);

ii) Com o mero proveito econômico do produto do crime, quando o agente usufrui do dinheiro "sujo" pagando contas ou gastando em viagens e restaurantes (STJ, Ação Penal nº 458, Dipp, CE, m., 16/09/2009).

O STF já decidiu que o crime de lavagem de dinheiro na modalidade ocultar possui natureza permanente:

O delito de lavagem de bens, direitos ou valores ("lavagem de dinheiro"), previsto no art. 1º da Lei nº 9.613/98, quando praticado na modalidade de ocultação, tem natureza de crime permanente. A característica básica dos delitos permanentes está na circunstância de que a execução desses crimes não se dá em um momento definido e específico, mas em um alongar temporal. Quem oculta e mantém oculto algo, prolonga a ação até que o fato se torne conhecido. Assim, o prazo prescricional somente tem início quando as autoridades tomam conhecimento da conduta do agente. STF. 1ª Turma. AP 863/SP, Rel. Min. Edson Fachin, julgado em 23/5/2017 (Info 866).

F) TIPO EQUIPARADO (ART. 1°, PARÁGRAFO 1°)

Art. 1°, parágrafo 1°: Incorre na mesma pena quem, para ocultar ou dissimular a utilização de bens, direitos ou valores provenientes de infração penal: (Redação dada pela Lei nº 12.683, de 2012)

I - os converte em ativos lícitos;

II - os adquire, recebe, troca, negocia, dá ou recebe em garantia, guarda, tem em depósito, movimenta ou transfere;

III - importa ou exporta bens com valores não correspondentes aos verdadeiros.

CONVERSÃO EM ATIVOS LÍCITOS (INCISO I) O legislador pune a conduta de transformar ativos ilícitos em patrimônio legítimo, podendo abranger todo tipo de bens, valores, direitos, créditos e semelhantes que formam o patrimônio de uma pessoa física ou jurídica.Exemplos: Compra e venda em bolsas de mercadorias, aquisição de ativos ou de instrumentos monetários, criação de empresas de "fachada", aquisição de joias, pedras, metais preciosos, objetos de arte e antiguidades etc

RECEPTAÇÃO DO PRODUTO DA INFRAÇÃO ANTECEDENTE (INCISO II) O legislador pune a figura do receptador de bens, direitos ou valores provenientes de infração penal, que os adquire, recebe, troca, negocia, dá ou recebe em garantia, guarda, tem em depósito, movimenta ou transfere com o objetivo de ocultar ou dissimular sua origem ilícita.Exemplo: O terceiro que recebe o bem e o guarda para conservação em benefício ao agente que cometeu a lavagem.

SUPERFATURAMENTO OU SUBFATURAMENTO EM IMPORTAÇÃO OU EXPORTAÇÃO (INCISO III) O legislador pune a conduta do agente que, ao superfaturar ou subfaturar a importação/exportação, na verdade quer ocultar a origem do lucro ilícito que veio do crime antecedente, ao mesmo tempo em esses valores são inseridos no sistema financeiro. Exemplo: Caio, para lavar o dinheiro, importa de uma empresa de Portugal uma televisão que custa 5.000 euros, mas alega que custou 20.000 euros ou alega que o referido aparelho custou 2.000 euros, quando na verdade custou 10000.

G) TIPO EQUIPARADO (ART. 1°, PARÁGRAFO 2°)

> Art. 1°, parágrafo 2°: Incorre, ainda, na mesma pena quem: (Redação dada pela Lei nº 12.683, de 2012)
>
> I - utiliza, na atividade econômica ou financeira, bens, direitos ou valores provenientes de infração penal; (Redação dada pela Lei nº 12.683, de 2012)
>
> II - participa de grupo, associação ou escritório tendo conhecimento de que sua atividade principal ou secundária é dirigida à prática de crimes previstos nesta Lei.

UTILIZAÇÃO DO PRODUTO DA LAVAGEM NA ATIVIDADE ECONÔMICA OU FINANCEIRA (INCISO I) O legislador pune a conduta do agente que aplica em atividade economia ou financeira bens, direitos ou valores provenientes da infração penal;

ASSOCIAÇÃO PARA FINS DE LAVAGEM DE CAPITAIS (INCISO II) O legislador pune também a conduta do agente que participa de grupo, associação ou escritório e que sabem que estes, de alguma forma, praticam atos relacionados à lavagem de dinheiro. Trata-se de uma forma específica de associação criminosa. Exemplo: advogado de uma empresa que sabe do crime de lavagem de dinheiro cometido pelos diretores. Assim sendo tal agente responderá por associação para fins de lavagem de capitais, ainda que não pratique diretamente nenhuma das condutas desse crime.

H) ELEMENTO SUBJETIVO

O crime em questão possui natureza dolosa, devendo o agente ter consciência que os bens e valores são produtos de infração penal, ou seja, o dolo de ocultar, dissimular a origem, sabendo da verdadeira origem (ilícita). Exige-se também a finalidade especial (dolo específico) da vonta de reciclar o capital sujo (conferir aparência lícita).

TEORIA DA CEGUEIRA DELIBERADA

A teoria da cegueira deliberada possui origem na jurisprudência americana e consiste na análise do aspecto subjetivo da conduta do agente, em especial para fins de verificação do dolo eventual. Desta feita, tal teoria surge como mecanismo que permite concluir pelo dolo eventual do agente.

Desta feita, no caso de o agente possuir consciência da origem ilícita do dinheiro com o qual está lidando, mas de forma deliberada opta pela cegueira, deixando de buscar informações que poderiam perfeitamente levá-lo a conclusão que tal valor possui origem ilícita. Se o agente tem condições de ter a consciência sobre a origem ilícita do dinheiro e deliberadamente fecha os olhos para tal fato, pratica o delito de Lavagem de Dinheiro, pois age assumindo o risco de ocultar ou de dissimular dinheiro sujo, proveniente de infração penal, demonstrando indiferença em relação ao bem jurídico protegido, da mesma forma que demonstra indiferença quem age com dolo eventual.

Segundo a doutrina, dois são os requisitos para a aplicação dessa teoria: em primeiro lugar, a consciência por parte do agente no sentido de que os valores possam ter origem ilícita; em segundo lugar, que o agente deliberadamente crie mecanismos que obstam a sua plena consciência da origem ilícita do dinheiro ou deixe de buscar informações que lhe permitam concluir por tal origem

I) CONSUMAÇÃO E TENTATIVA

Os delitos de lavagem de dinheiro se consumam no momento em que o agente praticar uma conduta que envolva ocultar ou dissimular a natureza, origem, localização, disposição, movimentação ou propriedade do bem, direto ou valor.

Cumpre destacar que não há necessidade que o agente cumpra todas as etapas da lavagem ("colocação, ocultação e integração"), para que o crime de lavagem de dinheiro seja consumado.

Assim sendo, o crime pode se consumar com a mera colocação em instituições

Financeiras, ou seja, a primeira transferência de valores oriundos do tráfico de entorpecentes é conduta que já configura o crime de lavagem de capitais, ainda que o sujeito realize inúmeras outras transações bancárias.

Admite tentativa como por exemplo se o ato de ocultar ou dissimular os valores não se concretizou por circunstâncias alheias à sua vontade. Exemplo: Caio, logo após receber R$ 200.000,00 de um resgate resultado de um delito de extorsão mediante sequestro, é preso em flagrante no momento em que tentava depositar os valores na conta de um terceiro.

J) CAUSAS DE AUMENTO DE PENA (ART. 1°, PARÁGRAFO 4°)

A pena será aumentada de um a dois terços, se os crimes definidos nesta Lei forem cometidos de forma reiterada ou por intermédio de organização criminosa.

K) COLABORAÇÃO PREMIADA (ART. 1°, PARÁGRAFO 5°)

A pena poderá ser reduzida de um a dois terços e ser cumprida em regime aberto ou semiaberto, facultando-se ao juiz deixar de aplicá-la ou substituí-la, a qualquer tempo, por pena restritiva de direitos, se o autor, coautor ou partícipe colaborar espontaneamente com as autoridades, prestando esclarecimentos que conduzam à apuração das infrações penais, à identificação dos autores, coautores e partícipes, ou à localização dos bens, direitos ou valores objeto do crime.

L) LAVAGEM EM CADEIA

É possível, ainda, que haja crime de lavagem de dinheiro quando a infração antecedente tenha sido o próprio crime de lavagem de dinheiro. É o que a doutrina chama de lavagem da lavagem ou lavagem derivada ou lavagem em cadeia.

M) AUTOLAVAGEM

O autor do crime antecedente, via de regra, pode responder pela lavagem de dinheiro, não se considerando um mero exaurimento do crime anterior, pois são bens jurídicos diversos, ensejando o reconhecimento do concurso material de crimes.

N) COMPETÊNCIA

Via de regra o crime será de competência da Justiça Estadual. Entretanto, nos termos do artigo 2°, inciso III da Lei os crimes de lavagem de capital são da competência da Justiça Federal:

a) quando praticados contra o sistema financeiro e a ordem econômico-financeira, ou em detrimento de bens, serviços ou interesses da União, ou de suas entidades autárquicas ou empresas públicas;

b) quando a infração penal antecedente for de competência da Justiça Federal.

O) EFEITOS DA CONDENAÇÃO

Art. 7º São efeitos da condenação, além dos previstos no Código Penal:

I - a perda, em favor da União - e dos Estados, nos casos de competência da Justiça Estadual -, de todos os bens, direitos e valores relacionados, direta ou indiretamente, à prática dos crimes previstos nesta Lei, inclusive aqueles utilizados para prestar a fiança, ressalvado o direito do lesado ou de terceiro de boa-fé; (Redação dada pela Lei nº 12.683, de 2012)

II - a interdição do exercício de cargo ou função pública de qualquer natureza e de diretor, de membro de conselho de administração ou de gerência das pessoas jurídicas referidas no art. 9º, pelo dobro do tempo da pena privativa de liberdade aplicada.

§ 1º A União e os Estados, no âmbito de suas competências, regulamentarão a forma de destinação dos bens, direitos e valores cuja perda houver sido declarada, assegurada, quanto aos processos de competência da Justiça Federal, a sua utilização pelos órgãos federais encarregados da prevenção, do combate, da ação penal e do julgamento dos crimes previstos nesta Lei, e, quanto aos processos de competência da Justiça Estadual, a preferência dos órgãos locais com idêntica função. (Incluído pela Lei nº 12.683, de 2012) Regulamento

§ 2º Os instrumentos do crime sem valor econômico cuja perda em favor da União ou do Estado for decretada serão inutilizados ou doados a museu criminal ou a entidade pública, se houver interesse na sua conservação. (Incluído pela Lei nº 12.683, de 2012)

P) PROCEDIMENTO

A Lei 9613 de 1998, em seu artigo 2°, determina que o processo relativo ao crime de lavagem de capitais seguirá procedimento comum dos crimes punidos com reclusão, da competência do juiz singular:

Art. 2º O processo e julgamento dos crimes previstos nesta Lei:

I – obedecem às disposições relativas ao procedimento comum dos crimes punidos com reclusão,da competência do juiz singular;b) quando a infração penal antecedente for de competência da Justiça Federal.

Entretanto, há algumas questões especiais, como por exemplo, em relação à impossibilidade de suspensão do processo no caso de citação por edital quando o réu não comparece nem constitui advogado, devendo prosseguir o feito até o julgamento, com a nomeação de defensor dativo:

Art. 2º, § 2º No processo por crime previsto nesta Lei, não se aplica o disposto no art. 366 do Decreto-Lei nº 3.689, de 3 de outubro de 1941 (Código de Processo Penal), devendo o acusado que não comparecer nem constituir advogado ser citado por edital, prosseguindo o feito até o julgamento, com a nomeação de defensor dativo.

Além disso, a denúncia deve conter lastro probatório mínimo da infração penal antecedente:

Art. 2º, § 1º A denúncia será instruída com indícios suficientes da existência da infração penal antecedente, sendo puníveis os fatos previstos nesta Lei, ainda que desconhecido ou isento de pena o autor, ou extinta a punibilidade da infração penal antecedente.

Q) MEDIDAS ASSECURATÓRIAS

As medidas assecuratórias são medidas de natureza cautelar que são deferidas pelo juiz com o objetivo de preservar o patrimônio do agente que cometeu o crime para que ele possa suportar os efeitos da condenação, como a obrigação de reparar o dano causado e indenizar a vítima, por exemplo.

A Lei 9613, em seu artigo 4°, possibilita que o juiz decrete medidas assecuratórias de bens, direitos ou valores que que também estejam em nome de interpostas pessoas, como são conhecidos os "laranjas", utilizados pelo verdadeiro autor do crime para despistar as investigações das autoridades.

Art. 4º O juiz, de ofício, a requerimento do Ministério Público ou mediante representação do delegado de polícia, ouvido o Ministério Público em 24 (vinte e quatro) horas, havendo indícios suficientes de infração penal, poderá decretar medidas assecuratórias de bens, direitos ou valores do investigado ou acusado, ou existentes em nome de interpostas pessoas, que sejam instrumento, produto ou proveito dos crimes previstos nesta Lei ou das infrações penais antecedentes. (Redação dada pela Lei nº 12.683, de 2012)

§ 1º Proceder-se-á à alienação antecipada para preservação do valor dos bens sempre que estiverem sujeitos a qualquer grau de deterioração ou depreciação, ou quando houver dificuldade para sua manutenção. (Redação dada pela Lei nº 12.683, de 2012)

§ 2º O juiz determinará a liberação total ou parcial dos bens, direitos e valores quando comprovada a licitude de sua origem, mantendo-se a constrição dos bens, direitos e valores necessários e suficientes à reparação dos danos e ao pagamento de prestações pecuniárias, multas e custas decorrentes da infração penal. (Redação dada pela Lei nº 12.683, de 2012)

§ 3º Nenhum pedido de liberação será conhecido sem o comparecimento pessoal do acusado ou de interposta pessoa a que se refere o caput deste artigo, podendo o juiz determinar a prática de atos necessários à conservação de bens, direitos ou valores, sem prejuízo do disposto no § 1º. (Redação dada pela Lei nº 12.683, de 2012)

§ 4º Poderão ser decretadas medidas assecuratórias sobre bens, direitos ou valores para reparação do dano decorrente da infração penal antecedente ou da prevista nesta Lei ou para pagamento de prestação pecuniária, multa e custas. (Redação dada pela Lei nº 12.683, de 2012)

Art. 4º-A. A alienação antecipada para preservação de valor de bens sob constrição será decretada pelo juiz, de ofício, a requerimento do Ministério Público ou por solicitação da parte interessada, mediante petição autônoma, que será autuada em apartado e cujos autos terão tramitação em separado em relação ao processo principal. (Incluído pela Lei nº 12.683, de 2012)

§ 1º O requerimento de alienação deverá conter a relação de todos os demais bens, com a descrição e a especificação de cada um deles, e informações sobre quem os detém e local onde se encontram. (Incluído pela Lei nº 12.683, de 2012)

§ 2º O juiz determinará a avaliação dos bens, nos autos apartados, e intimará o Ministério Público. (Incluído pela Lei nº 12.683, de 2012)

§ 3º Feita a avaliação e dirimidas eventuais divergências sobre o respectivo laudo, o juiz, por sentença, homologará o valor atribuído aos bens e determinará sejam alienados em leilão ou pregão, preferencialmente eletrônico, por valor não inferior a 75% (setenta e cinco por cento) da avaliação. (Incluído pela Lei nº 12.683, de 2012)

§ 4º Realizado o leilão, a quantia apurada será depositada em conta judicial remunerada, adotando-se a seguinte disciplina: (Incluído pela Lei nº 12.683, de 2012)

I - nos processos de competência da Justiça Federal e da Justiça do Distrito Federal: (Incluído pela Lei nº 12.683, de 2012)

a) os depósitos serão efetuados na Caixa Econômica Federal ou em instituição financeira pública, mediante documento adequado para essa finalidade; (Incluída pela Lei nº 12.683, de 2012)

b) os depósitos serão repassados pela Caixa Econômica Federal ou por outra instituição financeira pública para a Conta Única do Tesouro Nacional, independentemente de qualquer formalidade, no prazo de 24 (vinte e quatro) horas; e (Incluída pela Lei nº 12.683, de 2012)

c) os valores devolvidos pela Caixa Econômica Federal ou por instituição financeira pública serão debitados à Conta Única do Tesouro Nacional, em subconta de restituição; (Incluída pela Lei nº 12.683, de 2012)

II - nos processos de competência da Justiça dos Estados: (Incluído pela Lei nº 12.683, de 2012)

a) os depósitos serão efetuados em instituição financeira designada em lei, preferencialmente pública, de cada Estado ou, na sua ausência, em instituição financeira pública da União; (Incluída pela Lei nº 12.683, de 2012)

b) os depósitos serão repassados para a conta única de cada Estado, na forma da respectiva legislação. (Incluída pela Lei nº 12.683, de 2012)

§ 5º Mediante ordem da autoridade judicial, o valor do depósito, após o trânsito em julgado da sentença proferida na ação penal, será: (Incluído pela Lei nº 12.683, de 2012)

I - em caso de sentença condenatória, nos processos de competência da Justiça Federal e da Justiça do Distrito Federal, incorporado definitivamente ao patrimônio da União, e, nos processos de competência da Justiça Estadual, incorporado ao patrimônio do Estado respectivo; (Incluído pela Lei nº 12.683, de 2012)

II - em caso de sentença absolutória extintiva de punibilidade, colocado à disposição do réu pela instituição financeira, acrescido da remuneração da conta judicial. (Incluído pela Lei nº 12.683, de 2012)

§ 6º A instituição financeira depositária manterá controle dos valores depositados ou devolvidos. (Incluído pela Lei nº 12.683, de 2012)

§ 7º Serão deduzidos da quantia apurada no leilão todos os tributos e multas incidentes sobre o bem alienado, sem prejuízo de iniciativas que, no âmbito da competência de cada ente da Federação, venham a desonerar bens sob constrição judicial daqueles ônus. (Incluído pela Lei nº 12.683, de 2012)

§ 8º Feito o depósito a que se refere o § 4º deste artigo, os autos da alienação serão apensados aos do processo principal. (Incluído pela Lei nº 12.683, de 2012)

§ 9º Terão apenas efeito devolutivo os recursos interpostos contra as decisões proferidas no curso do procedimento previsto neste artigo. (Incluído pela Lei nº 12.683, de 2012)

§ 10. Sobrevindo o trânsito em julgado de sentença penal condenatória, o juiz decretará, em favor, conforme o caso, da União ou do Estado: (Incluído pela Lei nº 12.683, de 2012)

I - a perda dos valores depositados na conta remunerada e da fiança; (Incluído pela Lei nº 12.683, de 2012)

II - a perda dos bens não alienados antecipadamente e daqueles aos quais não foi dada destinação prévia; e (Incluído pela Lei nº 12.683, de 2012)

III - a perda dos bens não reclamados no prazo de 90 (noventa) dias após o trânsito em julgado da sentença condenatória, ressalvado o direito de lesado ou terceiro de boa-fé. (Incluído pela Lei nº 12.683, de 2012)

§ 11. Os bens a que se referem os incisos II e III do § 10 deste artigo serão adjudicados ou levados a leilão, depositando-se o saldo na conta única do respectivo ente. (Incluído pela Lei nº 12.683, de 2012)

§ 12. O juiz determinará ao registro público competente que emita documento de habilitação à circulação e utilização dos bens colocados sob o uso e custódia das entidades a que se refere o caput deste artigo. (Incluído pela Lei nº 12.683, de 2012)

§ 13. Os recursos decorrentes da alienação antecipada de bens, direitos e valores oriundos do crime de tráfico ilícito de drogas e que tenham sido objeto de dissimulação e ocultação nos termos desta Lei permanecem submetidos à disciplina definida em lei específica. (Incluído pela Lei nº 12.683, de 2012)

Art. 4º-B. A ordem de prisão de pessoas ou as medidas assecuratórias de bens, direitos ou valores poderão ser suspensas pelo juiz, ouvido o Ministério Público, quando a sua execução imediata puder comprometer as investigações. (Incluído pela Lei nº 12.683, de 2012)

Art. 5º Quando as circunstâncias o aconselharem, o juiz, ouvido o Ministério Público, nomeará pessoa física ou jurídica qualificada para a administração dos bens, direitos ou valores sujeitos a medidas assecuratórias, mediante termo de compromisso. (Redação dada pela Lei nº 12.683, de 2012)

Art. 6º A pessoa responsável pela administração dos bens: (Redação dada pela Lei nº 12.683, de 2012)

I - fará jus a uma remuneração, fixada pelo juiz, que será satisfeita com o produto dos bens objeto da administração;

II - prestará, por determinação judicial, informações periódicas da situação dos bens sob sua administração, bem como explicações e detalhamentos sobre investimentos e reinvestimentos realizados.

Parágrafo único. Os atos relativos à administração dos bens sujeitos a medidas assecuratórias serão levados ao conhecimento do Ministério Público, que requererá o que entender cabível. (Redação dada pela Lei nº 12.683, de 2012)

R) AÇÃO CONTROLADA

Em sua redação original, a Lei 9613/98 não mencionava de forma expressa o uso da ação controlada, entretanto a doutrina e a jurisprudência já reconheciam tal possibilidade pela interpretação do art. 4º-B.

Com o advento da lei 13964, 2019, foi acrescentado o parágrafo 6° ao art. 1º da Lei nº 9.613/98 de modo a viabilizar a utilização tanto da ação controlada quanto da infiltração de agentes no âmbito da investigação dos crimes daLei de Lavagem de Dinheiro:

§ 6º Para a apuração do crime de que trata este artigo, admite-se a utilização da ação controlada e da infiltração de agentes. (Incluído pela Lei nº 13.964, de 2019)

LEI DE ABUSO DE AUTORIDADE

1. Introdução

A ementa da Lei de Abuso de Autoridade (Lei nº 13.869/19) dispõe sobre os crimes de abuso de autoridade e altera o seguinte:

- Lei nº 7.960/1989: prisão temporária – no mandado deve constar o prazo da prisão e o dia em que o preso será liberado (Art. 2, § 4º);
- Lei nº 9.296/1996: interceptação telefônica;
- Lei nº 8.069/1990 (ECA)
- Lei nº 8.906/1994 (EOAB)

Revoga o seguinte:

- Lei nº 4.898/1965
- Dispositivos do Decreto-Lei nº 2.848/1940 (Código Penal): revogou a causa de aumento de pena do crime de violação de domicílio (Art. 150, § 2º, do CP) e o delito de exercício arbitrário ou abuso de poder (Art. 350 do CP).

2. Bem Jurídico Tutelado

Trata-se de lei que tutela mais de um bem jurídico. Neste sentido temos como bens jurídicos principais os direitos fundamentais da pessoa física e jurídica, além da liberdade de locomoção, integridade física e administração da justiça.

Como bens jurídicos secundários podemos afirmar que a presente lei tutela a regularidade e normalidade dos serviços públicos, ou seja, o bom funcionamento do Estado.

3. Elemento Subjetivo

Podemos afirmar que todos os crimes presentes na lei de abuso de autoridade são de natureza dolosa, não havendo crimes culposos.

Além disso a presente lei exige um dolo específico, ou fim especial de agir, uma vez que o artigo 1º, §1º da L. 13869 de 2019 dispõe que as condutas descritas nesta Lei constituem crime de abuso de autoridade quando praticadas pelo agente com a finalidade específica de prejudicar outrem ou beneficiar a si mesmo ou a terceiro, ou, ainda, por mero capricho ou satisfação pessoal.

Em síntese

Finalidade específica de:

- **Prejudicar outrem**
- **Beneficiar a si mesmo**
- **Beneficiar a terceiro**
- **Mero capricho**
- **Satisfação pessoal**

Assim, se um delegado não comunicar imediatamente a prisão de alguém ao juiz poderá estar incidindo incidindo no delito do artigo 12, in verbis caso atue com uma das finalidades elencadas no artigo 1º, §1º:

> **Art. 12:** Deixar injustificadamente de comunicar prisão em flagrante à autoridade judiciária no prazo legal:
>
> Pena - detenção, de 6 (seis) meses a 2 (dois) anos, e multa. Parágrafo único. Incorre na mesma pena quem:
>
> I - deixa de comunicar, imediatamente, a execução de prisão temporária ou preventiva à autoridade judiciária que a decretou;

Assim, temos que ter o dolo da conduta (deixar de comunicar imediatamente ao juiz) **+ do dolo específico** (ou seja, não comuniquei para: prejudicar outra; beneficiar a mim; beneficiar a terceiro; por capricho ou por satisfação pessoal).

> ▷ **É vedado o crime de hermenêutica.**
> **O que é isso?** É um crime que ocorreria no equívoco na interpretação jurídica. Essa vedação consta na Lei.

Art. 1º, § 2º "A divergência na interpretação de lei ou na avaliação de fatos e provas não configura abuso de autoridade."

4. Sujeitos do Crime

a) Sujeito ativo

Conforme previsão do art. 2º da lei 13.869/19:

Art. 2º: É **sujeito ativo do crime** de abuso de autoridade qualquer agente público, servidor ou não, da administração direta, indireta ou fundacional de qualquer dos Poderes da União, dos Estados, do Distrito Federal, dos Municípios e de Território, compreendendo, mas não se limitando a:

> I - servidores públicos e militares ou pessoas a eles equiparadas;
>
> II - membros do Poder Legislativo;
>
> III - membros do Poder Executivo;
>
> IV - membros do Poder Judiciário;
>
> V - membros do Ministério Público;

VI- membros dos tribunais ou conselhos de contas.

Parágrafo único. Reputa-se agente público, para os efeitos desta Lei, todo aquele que exerce, ainda que transitoriamente ou sem remuneração, por eleição, nomeação, designação, contratação ou qualquer outra forma de investidura ou vínculo, mandato, cargo, emprego ou função em órgão ou entidade abrangidos pelo *caput* deste artigo.

CRIME PRÓPRIO

O crime de abuso de autoridade possui natureza própria, considerando que a lei exige uma qualidade especial do agente, devendo ser praticado por agente público, servidor ou não, da administração direta, indireta ou fundacional de qualquer dos Poderes da União, dos Estados, do Distrito Federal, dos Municípios e de Território. Ademais, cumpre destacar que o particular, nos termos do artigo 30 do CP pode concorrer para o delito desde que tenha ciência da condição funcional do agente.

b) Sujeito passivo

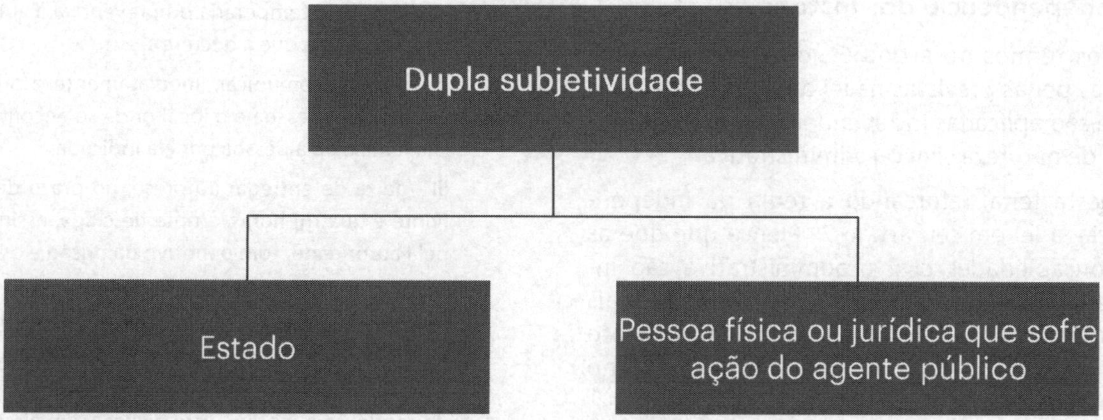

5. Ação penal

Conforme previsão do art. 3º da lei 13.869/19:

Art. 3º: Os crimes previstos nesta Lei são de **ação penal pública incondicionada**.

§ 1º Será admitida ação privada se a ação penal pública não for intentada no prazo legal, cabendo ao Ministério Público aditar a queixa, repudiá-la e oferecer denúncia substitutiva, intervir em todos os termos do processo, fornecer elementos de prova, interpor recurso e, a todo tempo, no caso de negligência do querelante, retomar a ação como parte principal.

§ 2º A ação privada subsidiária será exercida no prazo de 6 (seis) meses, contado da data em que se esgotar o prazo para oferecimento da denúncia.

6. Efeitos da condenação

Conforme previsão do art. 4º da lei 13.869/19:

Art. 4º: São **efeitos da condenação:**

I - tornar certa a **obrigação de indenizar** o dano causado pelo crime, devendo o juiz, a requerimento do ofendido, fixar na sentença o **valor mínimo para reparação** dos danos causados pela infração, considerando os prejuízos por ele sofridos;

II - a **inabilitação** para o exercício de cargo, mandato ou função pública, pelo período de 1 (um) a 5 (cinco) anos;

III - a **perda do cargo**, do mandato ou da função pública.

Parágrafo único. Os efeitos previstos nos incisos II e III do *caput* deste artigo **são condicionados à ocorrência de reincidência em crime de abuso de autoridade** e não são automáticos, devendo ser declarados motivadamente na sentença.

7. Penas restritivas de direito

Conforme previsão do art. 5º da lei 13.869/19:

Art. 5º: As **penas restritivas de direitos** substitutivas das privativas de liberdade previstas nesta Lei são:

I - prestação de serviços à comunidade ou a entidades públicas;

II - suspensão do exercício do cargo, da função ou do mandato, pelo prazo de 1 (um) a 6 (seis) meses, com a perda dos vencimentos e das vantagens;

Parágrafo único. As penas restritivas de direitos podem ser aplicadas autônoma ou cumulativamente.

Como não temos as regras (requisitos) para as substituições, devemos adotar aquelas regras gerais do artigo 44 do Código Penal: i) pena privativa de liberdade inferior a 4 anos; ii) não ser reincidente em crime DOLOSO; iii) culpabilidade, antecedentes, conduta social e personalidade, bem como os motivos do crime, indicarem que a substituição seja suficiente.

8. Independência das Instâncias

Nos termos do artigo 6º, o legislador dispôs que as penas previstas na lei de abuso de autoridade são aplicadas independentemente das sanções de natureza civil ou administrativa.

Desta feita, reforçando a regra da independência, a lei em seu artigo 7º elenca que que as responsabilidades civil e administrativa são independentes da criminal, não se podendo mais questionar sobre a existência ou a autoria do fato quando essas questões tenham sido decididas no juízo criminal.

Por último, dispõe a lei em seu artigo 8º que faz coisa julgada em âmbito cível, assim como no administrativo-disciplinar, a sentença penal que reconhecer ter sido o ato praticado em estado de necessidade, em legítima defesa, em estrito cumprimento de dever legal ou no exercício regular de direito.

9. Crimes em espécie

Os crimes em espécie estão tipificados nos artigos 9º ao 38 da lei:

Art. 9º Decretar medida de privação da liberdade em manifesta desconformidade com as hipóteses legais:

Pena - detenção, de 1 (um) a 4 (quatro) anos, e multa.

Parágrafo único. Incorre na mesma pena a autoridade judiciária que, dentro de prazo razoável, deixar de:

I - relaxar a prisão manifestamente ilegal;

II - substituir a prisão preventiva por medida cautelar diversa ou de conceder liberdade provisória, quando manifestamente cabível;

III - deferir liminar ou ordem de habeas corpus, quando manifestamente cabível.

Art. 10. Decretar a condução coercitiva de testemunha ou investigado manifestamente descabida ou sem prévia intimação de comparecimento ao juízo:

Pena - detenção, de 1 (um) a 4 (quatro) anos, e multa.

Art. 11. (VETADO).

Art. 12. Deixar injustificadamente de comunicar prisão em flagrante à autoridade judiciária no prazo legal:

Pena - detenção, de 6 (seis) meses a 2 (dois) anos, e multa. Parágrafo único. Incorre na mesma pena quem:

I - deixa de comunicar, imediatamente, a execução de prisão temporária ou preventiva à autoridade judiciária que a decretou;

II - deixa de comunicar, imediatamente, a prisão de qualquer pessoa e o local onde se encontra à sua família ou à pessoa por ela indicada;

III - deixa de entregar ao preso, no prazo de 24 (vinte e quatro) horas, a nota de culpa, assinada pela autoridade, com o motivo da prisão e os nomes do condutor e das testemunhas;

IV - prolonga a execução de pena privativa de liberdade, de prisão temporária, de prisão preventiva, de medida de segurança ou de internação, deixando, sem motivo justo e excepcionalíssimo, de executar o alvará de soltura imediatamente após recebido ou de pro- mover a soltura do preso quando esgotado o prazo judicial ou legal.

Art. 13. Constranger o preso ou o detento, mediante violência, grave ameaça ou redução de sua capacidade de resistência, a:

I - exibir-se ou ter seu corpo ou parte dele exibido à curiosidade pública;

II - submeter-se a situação vexatória ou a constrangimento não autorizado em lei;

III - (VETADO).

III - produzir prova contra si mesmo ou contra terceiro:

Pena - detenção, de 1 (um) a 4 (quatro) anos, e multa, sem prejuízo da pena cominada à violência.

Art. 14. (VETADO).

Art. 15. Constranger a depor, sob ameaça de prisão, pessoa que, em razão de função, ministério, ofício ou profissão, deva guardar segredo ou resguardar sigilo:

Pena - detenção, de 1 (um) a 4 (quatro) anos, e multa.

Parágrafo único. Incorre na mesma pena quem prossegue com o interrogatório:

I - de pessoa que tenha decidido exercer o direito ao silêncio; ou

II - de pessoa que tenha optado por ser assistida por advogado ou defensor público, sem a presença de seu patrono.

Violência Institucional

Art. 15-A. Submeter a vítima de infração penal ou a testemunha de crimes violentos a procedimentos desnecessários, repetitivos ou invasivos, que a leve a reviver, sem estrita necessidade:

I - a situação de violência; ou

II - outras situações potencialmente geradoras de sofrimento ou estigmatização: Pena - detenção, de 3 (três) meses a 1 (um) ano, e multa.

§ 1º Se o agente público permitir que terceiro intimide a vítima de crimes violentos, gerando indevida revitimização, aplica-se a pena aumentada de 2/3 (dois terços).

§ 2º Se o agente público intimidar a vítima de crimes violentos, gerando indevida revitimi- zação, aplica-se a pena em dobro.

Art. 16. (VETADO).

Art. 16. Deixar de identificar-se ou identificar-se falsamente ao preso por ocasião de sua captura ou quando deva fazê-lo durante sua detenção ou prisão:

Pena - detenção, de 6 (seis) meses a 2 (dois) anos, e multa.

Parágrafo único. Incorre na mesma pena quem, como responsável por interrogatório em sede de procedimento investigatório de infração penal, deixa de identificar-se ao preso ou atribui a si mesmo falsa identidade, cargo ou função.

Art. 17. (VETADO).

Art. 18. Submeter o preso a interrogatório policial durante o período de repouso noturno, salvo se capturado em flagrante delito ou se ele, devidamente assistido, consentir em prestar declarações:

Pena - detenção, de 6 (seis) meses a 2 (dois) anos, e multa.

Art. 19. Impedir ou retardar, injustificadamente, o envio de pleito de preso à autoridade judiciária competente para a apreciação da legalidade de sua prisão ou das circunstâncias de sua custódia:

Pena - detenção, de 1 (um) a 4 (quatro) anos, e multa.

Parágrafo único. Incorre na mesma pena o magistrado que, ciente do impedimento ou da demora, deixa de tomar as providências tendentes a saná-lo ou, não sendo competente para decidir sobre a prisão, deixa de enviar o pedido à autoridade judiciária que o seja.

Art. 20. (VETADO).

Art. 20. Impedir, sem justa causa, a entrevista pessoal e reservada do preso com seu advogado:

Pena - detenção, de 6 (seis) meses a 2 (dois) anos, e multa.

Parágrafo único. Incorre na mesma pena quem impede o preso, o réu solto ou o investi- gado de entrevistar-se pessoal e reservadamente com seu advogado ou defensor, por prazo razoável, antes de audiência judicial, e de sentar-se ao seu lado e com ele comunicar-se durante a audiência, salvo no curso de interrogatório ou no caso de audiência realizada por videoconferência.

Art. 21. Manter presos de ambos os sexos na mesma cela ou espaço de confinamento: Pena - detenção, de 1 (um) a 4 (quatro) anos, e multa.

Parágrafo único. Incorre na mesma pena quem mantém, na mesma cela, criança ou adolescente na companhia de maior de idade ou em ambiente inadequado, observado o disposto na Lei nº 8.069, de 13 de julho de 1990 (Estatuto da Criança e do Adolescente).

Art. 22. Invadir ou adentrar, clandestina ou astuciosamente, ou à revelia da vontade do ocupante, imóvel alheio ou suas dependências, ou nele permanecer nas mesmas condições, sem determinação judicial ou fora das condições estabelecidas em lei:

Pena - detenção, de 1 (um) a 4 (quatro) anos, e multa.

§ 1º Incorre na mesma pena, na forma prevista no caput deste artigo, quem:

I - coage alguém, mediante violência ou grave ameaça, a franquear-lhe o acesso a imóvel ou suas dependências;

II - (VETADO);

III - cumpre mandado de busca e apreensão domiciliar após as 21h (vinte e uma horas) ou antes das 5h (cinco horas).

§ 2º Não haverá crime se o ingresso for para prestar socorro, ou quando houver fundados indícios que indiquem a necessidade do ingresso em razão de situação de flagrante delito ou de desastre.

Art. 23. Inovar artificiosamente, no curso de diligência, de investigação ou de processo, o estado de lugar, de coisa ou de pessoa, com o fim de eximir-se de responsabilidade ou de responsabilizar criminalmente alguém ou agravar-lhe a responsabilidade:

Pena - detenção, de 1 (um) a 4 (quatro) anos, e multa.

Parágrafo único. Incorre na mesma pena quem pratica a conduta com o intuito de:

I - eximir-se de responsabilidade civil ou administrativa por excesso praticado no curso de diligência;

II - omitir dados ou informações ou divulgar dados ou informações incompletos para desviar o curso da investigação, da diligência ou do processo.

Art. 24. Constranger, sob violência ou grave ameaça, funcionário ou empregado de instituição hospitalar pública ou privada a admitir para tratamento pessoa cujo óbito já tenha ocorrido, com o fim de alterar local ou momento de crime, prejudicando sua apuração:

Pena - detenção, de 1 (um) a 4 (quatro) anos, e multa, além da pena correspondente à violência.

Art. 25. Proceder à obtenção de prova, em procedimento de investigação ou fiscalização, por meio manifestamente ilícito:

Pena - detenção, de 1 (um) a 4 (quatro) anos, e multa.

Parágrafo único. Incorre na mesma pena quem faz uso de prova, em desfavor do investi- gado ou fiscalizado, com prévio conhecimento de sua ilicitude.

Art. 26. (VETADO).

Art. 27. Requisitar instauração ou instaurar procedimento investigatório de infração penal ou administrativa, em desfavor de alguém, à falta de qualquer indício da prática de crime, de ilícito funcional ou de infração administrativa:

Pena - detenção, de 6 (seis) meses a 2 (dois) anos, e multa.

Parágrafo único. Não há crime quando se tratar de sindicância ou investigação preliminar sumária, devidamente justificada.

Art. 28. Divulgar gravação ou trecho de gravação sem relação com a prova que se pretenda produzir, expondo a intimidade ou a vida privada ou ferindo a honra ou a imagem do investigado ou acusado:

Pena - detenção, de 1 (um) a 4 (quatro) anos, e multa.

Art. 29. Prestar informação falsa sobre procedimento judicial, policial, fiscal ou administrativo com o fim de prejudicar interesse de investigado

Pena - detenção, de 6 (seis) meses a 2 (dois) anos, e multa. Parágrafo único. (VETADO).

Art. 30. (VETADO).

Art. 30. Dar início ou proceder à persecução penal, civil ou administrativa sem justa causa fundamentada ou contra quem sabe inocente:

Pena - detenção, de 1 (um) a 4 (quatro) anos, e multa.

Art. 31. Estender injustificadamente a investigação, procrastinando-a em prejuízo do investigado ou fiscalizado:

Pena - detenção, de 6 (seis) meses a 2 (dois) anos, e multa.

Parágrafo único. Incorre na mesma pena quem, inexistindo prazo para execução ou conclusão de procedimento, o estende de forma imotivada, procrastinando-o em prejuízo do investigado ou do fiscalizado.

Art. 32. (VETADO).

Art. 32. Negar ao interessado, seu defensor ou advogado acesso aos autos de investigação preliminar, ao termo circunstanciado, ao inquérito ou a qualquer outro procedimento investigatório de infração penal, civil ou administrativa, assim como impedir a obtenção de cópias, ressalvado o acesso a peças relativas a diligências em curso, ou que indiquem a realização de diligências futuras, cujo sigilo seja imprescindível:

Pena - detenção, de 6 (seis) meses a 2 (dois) anos, e multa.

Art. 33. Exigir informação ou cumprimento de obrigação, inclusive o dever de fazer ou de não fazer, sem expresso amparo legal:

Pena - detenção, de 6 (seis) meses a 2 (dois) anos, e multa.

Parágrafo único. Incorre na mesma pena quem se utiliza de cargo ou função pública ou invoca a condição de agente público para se eximir de obrigação legal ou para obter vantagem ou privilégio indevido.

Art. 34. (VETADO).

Art. 35. (VETADO).

Art. 36. Decretar, em processo judicial, a indisponibilidade de ativos financeiros em quantia que extrapole exacerbadamente o valor estimado para a satisfação da dívida da parte e, ante a demonstração, pela parte, da excessividade da medida, deixar de corrigi-la:

Pena - detenção, de 1 (um) a 4 (quatro) anos, e multa.

Art. 37. Demorar demasiada e injustificadamente no exame de processo de que tenha requerido vista em órgão colegiado, com o intuito de procrastinar seu andamento ou retar- dar o julgamento:

Pena - detenção, de 6 (seis) meses a 2 (dois) anos, e multa.

Art. 38. (VETADO).

Art. 38. Antecipar o responsável pelas investigações, por meio de comunicação, inclusive rede social, atribuição de culpa, antes de concluídas as apurações e formalizada a acusação:

Pena - detenção, de 6 (seis) meses a 2 (dois) anos, e multa.

10. Procedimento

Para apuração dos crimes tipificados na Lei de Abuso de Autoridade serão aplicadas as regras do CPP e da Lei 9.099/95. Contudo, nada impede a aplicação do rito próprio dos crimes praticados por funcionários públicos (artigo 513 s 518 do CPP).

2. OUTROS DISPOSITIVOS CONSTITUCIONAIS IMPORTANTES

2.1 Crimes hediondos e equiparados x crimes imprescritíveis

A) FUNDAMENTO CONSTITUCIONAL (Art. 5°, XLIII da Constituição da República)

> Art. 5º Todos são iguais perante a lei, sem distinção de qualquer natureza, garantindo-se aos brasileiros e aos estrangeiros residentes no País a inviolabilidade do direito à vida, à liberdade, à igualdade, à segurança e à propriedade, nos termos seguintes:
>
> **XLII - a prática do racismo constitui crime inafiançável e imprescritível, sujeito à pena de reclusão, nos termos da lei;**
>
> **XLIII - a lei considerará crimes inafiançáveis e insuscetíveis de graça ou anistia a prática da tortura , o tráfico ilícito de entorpecentes e drogas afins, o terrorismo e os definidos como crimes hediondos, por eles respondendo os mandantes, os executores e os que, podendo evitá-los, se omitirem;**
>
> **XLIV - constitui crime inafiançável e imprescritível a ação de grupos armados, civis ou militares, contra a ordem constitucional e o Estado Democrático;**

A necessidade de punir de forma mais grave os crimes hediondos e aqueles de natureza equiparada encontra amparo constitucional no referido dispositivo.

Desta feita, o legislador constitucional determinou que lei infraconstitucional definisse os crimes hediondos, conferindo a tais delitos um tratamento penal e processual mais rigoroso.

Assim sendo foi aprovada a lei 8072/90 em 25 de abril de 1990 com tal finalidade.

OBS: POSSÍVEL PEGADINHA DE PROVA (PODE CAIR TANTO COMO CONTEÚDO DE DIREITO CONSTITUCIONAL COMO DE LEGISLAÇÃO PENAL ESPECIAL): NÃO CONFUNDIR O INCISO XLIII DO ARTIGO 5° COM OS INCISOS XLII E XLIV DO REFERIDO ARTIGO QUE TRATAM DOS CRIMES INAFIANÇÁVEIS E IMPRESCRITÍVEIS:

ARTIGO 5°, INCISO XLIII	ARTIGO 5°, INCISOS XLII E XLIV
CRIMES INAFIANÇÁVEIS E INSUSCETÍVEIS DE GRAÇA E ANISTIA (PRA LEMBRAR: HTTP)	**CRIMES INAFIANÇÁVEIS E IMPRESCRITÍVEIS**
HEDIONDOS	RACISMO
TRÁFICO DE DROGAS	AÇÃO DE GRUPOS ARMADOS CONTRA A ORDEM CONSTITUCIONAL E O ESTADO DEMOCRÁTICO.
TERRORISMO	
PRÁTICA DA TORTURA	

OBS2: Para o STJ e o STF, assim como o racismo (artigo 20 da lei 7716/89 – dirigido a uma coletividade), a injúria racial (dirigida a pessoa determinada) também é imprescritível.

2.2. Maioridade penal (artigo 228 da constituição)

Art. 228. São penalmente inimputáveis os menores de dezoito anos, sujeitos às normas da legislação especial.

CRIMES EM LICITAÇÕES E CONTRATOS ADMINISTRATIVOS

1.1. Introdução – Lei 14.133/2021 (Nova Lei de Licitações e Contratos Administrativos)

A lei 14133/Entrou em vigor no dia 01° de abril de 2021, determinando a revogação imediata dos Arts. 89 ao 108 da Lei 8666/93 (Arts. 89 ao 99 - dos crimes e das penas; Arts. 100 ao 108 - do processo e do procedimento judicial). Ademais a referida lei acrescentou o capítulo ii-b (dos crimes em licitações e contratos administrativos) nos crimes contra a administração pública (crimes contra a administração pública – título XI da parte especial).

1.2. Aspectos Importantes

Com a revogação do procedimento específico dos crimes licitatórios podemos afirmar que o procedimento será regido pelo CPP, com exceção do crime de impedimento indevido (art. 337-n) que é de competência do JECRIM (reclusão de 6 meses a dois anos – infração de menor potencial ofensivo.

PENAL

Ademais, cumpre ressaltar que em razão da inclusão dos crimes contra as licitações no CP podemos afirmar que a discussão sobre a aplicação ou não do artigo 33, § 4º do CP resta encerrada.

> ***ART. 33, § 4º: O condenado por crime contra a administração pública terá a progressão de regime do cumprimento da pena condicionada à reparação do dano que causou, ou à devolução do produto do ilícito praticado, com os acréscimos legais.***

Cumpre ressaltar que todos os crimes contra as licitações e contratos administrativos prevêem a pena de multa (além da pena privativa de liberdade), sendo que o artigo 337-P estipula regra própria de fixação e cálculo:

> ***Art. 337-P. A pena de multa cominada aos crimes previstos neste Capítulo seguirá a metodologia de cálculo prevista neste Código e não poderá ser inferior a 2% (dois por cento) do valor do contrato licitado ou celebrado com contratação direta. (Incluído pela Lei nº 14.133, de 2021)***

- Agora: regra geral do cp, com piso mínimo fixado em 2% do valor do contrato licitado ou celebrado com contratação direta.
- Fixação do número de dias-multa: critério trifásico.
- Valor de cada dia-multa: situação econômica financeira (piso mínimo de 2% do valor do contrato).

1.3. Crimes em Espécie (Arts. 337- E ao Art. 337-O)

1.3.1 Contratação Direta Ilegal (Art. 337-E)

Art. 337-E. Admitir, possibilitar ou dar causa à contratação direta fora das hipóteses previstas em lei: (Incluído pela Lei nº 14.133, de 2021)

Pena - reclusão, de 4 (quatro) a 8 (oito) anos, e multa. (Incluído pela Lei nº 14.133, de 2021)

a) Correspondente na Lei 8.666/93

Art. 89 Lei 8666/93: Dispensar ou inexigir licitação fora das hipóteses previstas em lei, ou deixar de observar as formalidades pertinentes à dispensa ou à inexigibilidade:

Pena – detenção, de 3 (três) a 5 (cinco) anos, e multa.

Parágrafo único. Na mesma pena incorre aquele que, tendo comprovadamente concorrido para a consumação da ilegalidade, beneficiou-se da dispensa ou inexigibilidade ilegal, para celebrar contrato com o Poder Público.

b) Aspectos Importantes

A redação do tipo penal está mais resumida, mas abrange todas as hipóteses do artigo 89 da Lei 8666/93, inclusive o anterior parágrafo único, já que o artigo 29 do CP pune todos os concorrentes. Ademais, trata-se de verdadeira novatio legis in pejus, uma vez que o delito previa a pena de detenção de 3 a 5 anos, além da multa e agora passou a prever pena de reclusão de 4 a 8 anos, além da multa.

c) Ação Nuclear

Trata-se de crime de ação múltipla, na qual o legislador prevê as seguintes condutas nucleares:

i) Admitir: aceitar, consentir, permitir, deferir; ii) posssibilitar: tornar possível, ensejar, facilitar; iii) dar causa: originar, motivar, provocar

O legislador pune a conduta daquele que de algum modo concorrer para que haja contratação direta pelo ente fora das hipóteses previstas em lei. Ademais, podemos afirmar que se trata de crime de livre execução e de norma penal em branco cujo complemento deverá ser extraído dos artigos 72 e seguintes da lei 14133 de 2021.

d) Elemento Subjetivo

O crime em questão é doloso, não admitindo forma culposa. Apesar do tipo penal não exigir um dolo específico, a jurisprudência do STJ e do STJ exigem a finalidade específica de causar dano ao erário.

e) Tentativa/Consumação

O crime admite tentativa, considerando se tratar de delito plurissubsistente. A consumação irá depender do verbo nuclear:

Admitir/possibilitar: se consumam com a mera autorização da contratação direta;

Dar causa: exige a contratação direta

Por último vale destacar que não há a necessidade do efetivo prejuízo ao erário, uma vez que se trata de crime formal.

1.3.2 Frustração do Caráter Competitivo de Licitação (Art. 337-F)

Art. 337-F. Frustrar ou fraudar, com o intuito de obter para si ou para outrem vantagem decorrente da adjudicação do objeto da licitação, o caráter competitivo do processo licitatório: (Incluído pela Lei nº 14.133, de 2021)

Pena - reclusão, de 4 (quatro) anos a 8 (oito) anos, e multa. (Incluído pela Lei nº 14.133, de 2021)

a) Correspondente na Lei 8666/93

Art. 90. Frustrar ou fraudar, mediante ajuste, combinação ou qualquer outro expediente, o caráter competitivo do procedimento licitatório, com o intuito de obter, para si ou para outrem, vantagem decorrente da adjudicação do objeto da licitação:

Pena – detenção, de 2 (dois) a 4 (quatro) anos, e multa

b) Aspectos Importantes

Não houve modificações substanciais. Trata-se de *novatio legis in pejus:* antes - detenção de 2 a 4 anos, além da multa; agora - reclusão de 4 a 8 anos, além da multa.

c) Ação Nuclear

Trata-se crime de ação múltipla: i) frustrar: impedir, atrapalhar; ii) fraudar: utilizar meio fraudulento.

O legislador pune a conduta daquele que de algum modo impede que haja um procedimento licitatório que cumpra a sua finalidade essencial, ou seja, encontre a proposta mais vantajosa. Ademais, o crime em questão é de livre execução, considerando que o legislador não condiciona o meio executório.

d) Elemento Subjetivo

O crime em questão é doloso, não admitindo modalidade culposa. Ademais, há a exigência de dolo específico consistente em obter para si ou para outrem vantagem decorrente da adjudicação do objeto da licitação.

e) Tentativa/Consumação

Admite tentativa (crime plurissubsistente). Se consuma com a efetiva frustração do caráter competitivo da licitação. Não há a necessidade da efetiva obtenção da vantagem (mero exaurimento do crime – crime formal).

1.1.3. Patrocínio de Contratação Indevida (Art. 337-G)

Art. 337-G. Patrocinar, direta ou indiretamente, interesse privado perante a Administração Pública, dando causa à instauração de licitação ou à celebração de contrato cuja invalidação vier a ser decretada pelo Poder Judiciário: (Incluído pela Lei nº 14.133, de 2021)

Pena - reclusão, de 6 (seis) meses a 3 (três) anos, e multa. (Incluído pela Lei nº 14.133, de 2021)

a) Correspondente na Lei 8666/93

Art. 91. Patrocinar, direta ou indiretamente, interesse privado perante a Administração, dando causa à instauração de licitação ou à celebração de contrato, cuja invalidação vier a ser decretada pelo Poder Judiciário:

Pena – detenção, de 6 (seis) meses a 2 (dois) anos, e multa.

b) Aspectos Importantes

Não houve modificações substanciais (praticamente a mesma redação do Art. 91).

Trata-se de *novatio legis in pejus (* antes - detenção de 6 meses a 2 anos, além da multa; agora - reclusão de 6 meses a 3 anos, além da multa).

Ademais, o delito em questão constitui verdadeira modalidade especial de advocacia administrativa (art. 321 CP; art. 3°, iii da lei 8137/90).

Por último, vale destacar que se trata de crime próprio (sujeito ativo deve ser funcionário público – crime funcional).

c) Elemento do tipo penal: "dando causa à instauração de licitação ou à celebração de contrato cuja invalidação vier a ser decretada pelo poder judiciário"

A doutrina diverge quanto a natureza deste elemento. Para Nucci trata-se de condição objetiva de punibilidade. Já para Bittencourt constitui verdadeira elementar normativa. Vale destacar que a exigência de tal condição dificulta a aplicação prática do crime em questão.

d) Elemento Subjetivo

O crime em questão é doloso, não admitindo modalidade culposa.

e) Consumação

O crime é material e se consuma exige-se a instauração de licitação ou a celebração de contrato, bem como que tal licitação ou celebração de contrato seja invalidade pelo poder judiciário.

1.1.4. Modificação ou Pagamento Irregular em Contrato Adm. (Art. 337-H)

> Art. 337-H. Admitir, possibilitar ou dar causa a qualquer modificação ou vantagem, inclusive prorrogação contratual, em favor do contratado, durante a execução dos contratos celebrados com a Administração Pública, sem autorização em lei, no edital da licitação ou nos respectivos instrumentos contratuais, ou, ainda, pagar fatura com preterição da ordem cronológica de sua exigibilidade: (Incluído pela Lei nº 14.133, de 2021)
>
> Pena - reclusão, de 4 (quatro) anos a 8 (oito) anos, e multa. (Incluído pela Lei nº 14.133, de 2021)

a) Correspondente na Lei 8666/93

> Art. 92. Admitir, possibilitar ou dar causa a qualquer modificação ou vantagem, inclusive prorrogação contratual, em favor do adjudicatário, durante a execução dos contratos celebrados com o Poder

PENAL

> Público, sem autorização em lei, no ato convocatório da licitação ou nos respectivos instrumentos contratuais, ou, ainda, pagar fatura com preterição da ordem cronológica de sua exigibilidade, observado o disposto no art. 121 desta Lei:
>
> Pena – detenção, de dois a quatro anos, e multa.
>
> Parágrafo único. Incide na mesma pena o contratado que, tendo comprovadamente concorrido para a consumação da ilegalidade, obtém vantagem indevida ou se beneficia, injustamente, das modificações ou prorrogações contratuais.

b) Aspectos Importantes

Não houve modificações substanciais (abrange as mesmas hipóteses sendo excluída a referência ao art. 121 da lei 8666/93 que determinava a aplicação da lei 8666 para contratos anteriores à sua vigência.

Trata-se de *novatio legis in pejus:* antes - detenção de 2 a 4 anos, além da multa; agora - reclusão de 4 a 8 anos, além da multa.

O presente tipo penal prevê duas figuras criminosas:

> i) MODIFICAÇÃO IRREGULAR DE CONTRATO ADMINISTRATIVO: Admitir, possibilitar ou dar causa a qualquer modificação ou vantagem, inclusive prorrogação contratual, em favor do contratado, durante a execução dos contratos celebrados com a Administração Pública, sem autorização em lei, no edital da licitação ou nos respectivos instrumentos contratuais
>
> ii) PAGAMENTO IRREGULAR DE CONTRATO ADMINISTRATIVO: pagar fatura com preterição da ordem cronológica de sua exigibilidade.

c) Modificação Irregular de Contrato Administrativo

Trata-se de crime de ação múltipla, prevendo o legislador os seguintes verbos nucleares: i) admitir: aceitar, consentir, deferir, permitir; ii) possibilitar: tornar possível, ensejar, facilitar; iii) dar causa a: originar, motivar, provocar.

O legislador pune a conduta do agente que concorre para qualquer modificação ou vantagem, inclusive prorrogação contratual, em favor do contratado, durante a execução dos contratos celebrados com a Administração Pública. Com relação aos verbos possibilitar e dar causa trata-se de crime comum e com relação ao verbo admitir trata-se de crime próprio.

A presente figura possui como ELEMENTO NORMATIVO DO TIPO PENAL: Sem autorização em lei, no edital da licitação ou nos respectivos instrumentos contratuais. Ademais se consuma com a modificação ou vantagem obtida de forma ilegal.

d) Pagamento Irregular de Contrato Administrativo

O legislador pune a conduta do agente que paga a fatura com preterição da ordem cronológica de sua exigibilidade.

Trata-se de crime próprio pois somente pode ser praticado pelo agente público com atribuição para realizar pagamentos, bem como constitui verdadeira norma penal em branco sendo complementada pelo artigo 141 da lei 14133/2021.

Por último vale destacar que se trata de crime material, uma vez que se consuma com o pagamento realizado de forma irregular.

e) Elemento Subjetivo

O crime em questão é doloso, não admitindo modalidade culposa.

1.1.5. Perturbação de Processo Licitatório (Art. 337 – I)

> Art. 337-I. Impedir, perturbar ou fraudar a realização de qualquer ato de processo licitatório: (Incluído pela Lei nº 14.133, de 2021)
>
> Pena - detenção, de 6 (seis) meses a 3 (três) anos, e multa. (Incluído pela Lei nº 14.133, de 2021)

a) Correspondente na Lei 8666/93

> Art. 93. Impedir, perturbar ou fraudar a realização de qualquer ato de procedimento licitatório:
>
> Pena – detenção, de 6 (seis) meses a 2 (dois) anos, e multa.

b) Aspectos Importantes

Não houve modificações substanciais (praticamente a mesma redação, antes era procedimento agora a lei fala em processo).

Trata-se de *novatio legis in pejus*: antes - detenção de 6 meses a 2 anos, além da multa; agora - detenção de 6 meses a 3 anos, além da multa.

c) Ação Nuclear

Trata-se de crime de ação múltipla (impedir, perturbar ou fraudar) e de livre execução. Pune o legislador a conduta do agente que de alguma forma atrapalhar a realização de qualquer ato do processo licitatório (tipo penal amplo). Ademais, o crime em questão é comum, uma vez que o legislador não exige qualidade especial por parte do agente.

d) Elemento Subjetivo

O crime em questão é exclusivamente doloso (não admite forma culposa nem exige o legislador um especial fim de agir).

e) Consumação

O crime se consuma com o efetivo impedimento, perturbação ou fraude (crime material)

1.1.6. Violação de Sigilo em Licitação (Art. 337 - I)

> Art. 337-J. Devassar o sigilo de proposta apresentada em processo licitatório ou proporcionar a terceiro o ensejo de devassá-lo: (Incluído pela Lei nº 14.133, de 2021)
>
> Pena - detenção, de 2 (dois) anos a 3 (três) anos, e multa. (Incluído pela Lei nº 14.133, de 2021)

a) Correspondente na Lei 8666/93

Art. 94. Devassar o sigilo de proposta apresentada em procedimento licitatório, ou proporcionar a terceiro o ensejo de devassá-lo:

Pena – detenção, de 2 (dois) a 3 (três) anos, e multa.

b) Aspectos Importantes

Praticamente a mesma redação e a mesma pena do art. 94 da lei 8666.

Trata-se de crime comum, podendo ser praticado por qualquer pessoa.

O presente delito possui natureza material em relação ao verbo devassar e formal em relação à segunda parte, já que não exige nessa modalidade o efetivo conhecimento do conteúdo sigiloso pelo terceiro.

1.1.7. Afastamento de Licitante (Art. 337-K)

> Art. 337-K. Afastar ou tentar afastar licitante por meio de violência, grave ameaça, fraude ou oferecimento de vantagem de qualquer tipo. (Incluído pela Lei nº 14.133, de 2021)
>
> Pena - reclusão, de 3 (três) anos a 5 (cinco) anos, e multa, além da pena correspondente à violência. (Incluído pela Lei nº 14.133, de 2021)
>
> Parágrafo único. Incorre na mesma pena quem se abstém ou desiste de licitar em razão de vantagem oferecida. (Incluído pela Lei nº 14.133, de 2021)

a) Aspectos Importantes

Não houve mudanças significativas em relação ao art. 95 da lei 8666/93 com relação à conduta. Entretanto trata-se de *novatio legis in pejus* considerando o apenamento mais severo conferido pelo legislador.

Trata-se de crime comum, uma vez que o legislador não exigiu qualidade especial, podendo ser praticado por qualquer pessoa.

Ademais, o crime em questão é de execução condicionada, uma vez que o legislador exige que o afastamento ou a tentativa de afastamento do licitante se dê por meio de violência, grave ameaça, fraude ou oferecimento de vantagem de qualquer tipo.

O legislador previu duas condutas nucleares (afastar ou tentar afastar) razão pela qual se trata de delito de atentado, uma vez que a mera tentativa em afastar o licitante pelos meios previstos o legislador já é suficiente para consumar o delito, razão pela qual não se admite tentativa.

Por último, vale destacar que o legislador, no parágrafo único do artigo em questão, previu modalidade equiparada punindo também o licitante que se abstém ou desiste de licitar em razão de vantagem oferecida.

1.1.8 Fraude em Licitação ou Contrato

> Art. 337-L. Fraudar, em prejuízo da Administração Pública, licitação ou contrato dela decorrente, mediante:
>
> I - entrega de mercadoria ou prestação de serviços com qualidade ou em quantidade diversas das previstas no edital ou nos instrumentos contratuais;
>
> II - fornecimento, como verdadeira ou perfeita, de mercadoria falsificada, deteriorada, inservível para consumo ou com prazo de validade vencido;
>
> III - entrega de uma mercadoria por outra;
>
> IV- alteração da substância, qualidade ou quantidade da mercadoria ou do serviço fornecido;
>
> V- qualquer meio fraudulento que torne injustamente mais onerosa para a Administração Pública a proposta ou a execução do contrato:
>
> Pena - reclusão, de 4 (quatro) anos a 8 (oito) anos, e multa.

a) Correspondente na Lei 8666/93

> Art. 96. Fraudar, em prejuízo da Fazenda Pública, licitação instaurada para aquisição ou venda de bens ou mercadorias, ou contrato dela decorrente:
>
> I – elevando arbitrariamente os preços;
>
> II - vendendo, como verdadeira ou perfeita, mercadoria falsificada ou deteriorada;
>
> III - entregando uma mercadoria por outra;
>
> IV - alterando substância, qualidade ou quantidade da mercadoria fornecida;

V – tornando, por qualquer modo, injustamente, mais onerosa a proposta ou a execução do contrato:

Pena – detenção, de 3 (três) a 6 (seis) anos, e multa.

b) Aspectos Importantes

Comparando a redação anterior e a atual podemos perceber que houve modificações importantes no delito em questão. Além disso, o atual dispositivo legal representa uma *novatio legis in pejus:* antes - detenção de 3 a 6 anos, e multa; agora - reclusão de 4 a 8 anos, e multa.

***CRIME DE FORMA VINCULADA**: o legislador pune a conduta do agente que frauda, em prejuízo da administração pública, licitação ou contrato dela decorrente, mediante as seguintes formas:*

I - entrega de mercadoria ou prestação de serviços com qualidade ou em quantidade diversas das previstas no edital ou nos instrumentos contratuais;

II - fornecimento, como verdadeira ou perfeita, de mercadoria falsificada, deteriorada, inservível para consumo ou com prazo de validade vencido;

III - entrega de uma mercadoria por outra;

IV - alteração da substância, qualidade ou quantidade da mercadoria ou do serviço fornecido;

V - qualquer meio fraudulento que torne injustamente mais onerosa para a Administração Pública a proposta ou a execução do contrato;

c) Consumação

Nos termos da súmula 645 do STJ, podemos afirmar que o crime de fraude à licitação é formal, e sua consumação prescinde da comprovação do prejuízo ou da obtenção de vantagem.

1.3.9. Contratação Inidônea (Art. 337-M)

Art. 337-M. Admitir à licitação empresa ou profissional declarado inidôneo: Pena - reclusão, de 1 (um) ano a 3 (três) anos, e multa.

§ 1º Celebrar contrato com empresa ou profissional declarado inidôneo

Pena - reclusão, de 3 (três) anos a 6 (seis) anos, e multa. (Incluído pela Lei nº 14.133, de 2021)

§ 2º Incide na mesma pena do caput deste artigo aquele que, declarado inidôneo, venha a participar de licitação e, na mesma pena do § 1º deste artigo, aquele que, declarado inidôneo, venha a contratar com a Administração Pública.

a) Correspondente na Lei 8666/93

Art. 97. Admitir à licitação ou celebrar contrato com empresa ou profissional declarado inidôneo:

Pena – detenção, de 6 (seis) meses a 2 (dois) anos, e multa.

Parágrafo único. Incide na mesma pena aquele que, declarado inidôneo, venha a licitar ou a contratar com a Administração.

1.1.10. Impedimento Indevido (Art. 337-N)

Art. 337-N. Obstar, impedir ou dificultar injustamente a inscrição de qualquer interessado nos registros cadastrais ou promover indevidamente a alteração, a suspensão ou o cancelamento de registro do inscrito: (Incluído pela Lei nº 14.133, de 2021)

Pena - reclusão, de 6 (seis) meses a 2 (dois) anos, e multa. (Incluído pela Lei nº 14.133, de 2021)

a) Correspondente na Lei 8666/93

Art. 98. Obstar, impedir ou dificultar, injustamente, a inscrição de qualquer interessado nos registros cadastrais ou promover indevidamente a alteração, suspensão ou cancelamento de registro do inscrito:

Pena – detenção, de 6 (seis) meses a 2 (dois) anos, e multa.

1.1.11. Omissão Grave de Dado ou de Informação por Projetista (Art. 337-O)

Art. 337-O. Omitir, modificar ou entregar à Administração Pública levantamento cadastral ou condição de contorno em relevante dissonância com a realidade, em frustração ao caráter competitivo da licitação ou em detrimento da seleção da proposta mais vantajosa para a Administração Pública, em contratação para a elaboração de projeto básico, projeto executivo ou anteprojeto, em diálogo competitivo ou em procedimento de manifestação de interesse:

Pena - reclusão, de 6 (seis) meses a 3 (três) anos, e multa. (Incluído pela Lei nº 14.133, de 2021)

§ 1º Consideram-se condição de contorno as informações e os levantamentos suficientes e necessários para a definição da solução de projeto e dos respectivos preços pelo licitante, incluídos sondagens, topografia, estudos de demanda, condições ambientais e demais elementos ambientais impactantes, considerados requisitos mínimos ou obrigatórios em normas técnicas que orientam a elaboração de projetos. (Incluído pela Lei nº 14.133, de 2021)

§ 2º Se o crime é praticado com o fim de obter benefício, direto ou indireto, próprio ou de outrem, aplica-se em dobro a pena prevista no caput deste artigo. (Incluído pela Lei nº 14.133, de 2021)

a) Correspondência na Lei 8666/93

Não há correspondente na lei 8666/93. O delito em questão representa verdadeira *novatio legis incriminadora.*

1. DOS CRIMES CONTRA AS FINANÇAS PÚBLICAS

1.1 introdução

A Lei 10028/00 acrescentou o capítulo IV no Título dos crimes contra a Administração pública com a finalidade de resguardar os cofres públicos da ação de maus administradores que, com suas condutas irresponsáveis e levianas, criam enormes endividamentos ao Estado, bem como transferem aos seus sucessores a responsabilidade pelo pagamento.

O capítulo IV visa dar efetividade a LC 101/2000.

1.2. Contratação de operação de crédito (art. 359-A CP)

> **Art. 359-A.** Ordenar, autorizar ou realizar operação de crédito, interno ou externo, sem prévia autorização legislativa: (Incluído pela Lei nº 10.028, de 2000)
>
> **Pena – reclusão, de 1 (um) a 2 (dois) anos.** (Incluído pela Lei nº 10.028, de 2000)
>
> **Parágrafo único.** Incide na mesma pena quem ordena, autoriza ou realiza operação de crédito, interno ou externo: (Incluído pela Lei nº 10.028, de 2000)
>
> I – com inobservância de limite, condição ou montante estabelecido em lei ou em resolução do Senado Federal;
>
> II – quando o montante da dívida consolidada ultrapassa o limite máximo autorizado por lei.

A) BEM JURÍDICO TUTELADO

O delito em questão objetiva proteger a regular administração das finanças públicas, especialmente no que tange ao respeito do controle legislativo do orçamento e das contas públicas.

B) SUJEITOS

No que tange ao sujeito ativo, podemos afirmar que o crime em questão é próprio, somente podendo ser praticado pelo agente público com atribuição para praticar uma das ações descritas no tipo penal (ordenar, autorizar ou realizar operação de crédito.

Como sujeito passivo temos o Estado (União, DF, Estados e Municípios dependendo do caso concreto).

Observações

1) POSIÇÃO DE FERNANDO CAPEZ (Curso de Direito Penal, vol. 3, p. 665): "Com base nessa exigência, não se podem admitir como sujeito ativo do crime os agentes públicos integrantes do Poder Legislativo e do Poder Judiciário, uma vez que, conforme assinada Damásio E. de Jesus, ´as operações de crédito, constituindo atividade financeira do Estado, são de atribuição do Poder Executivo´. Assim, somente os agentes públicos integrantes do poder Executivo, e desde que tenham atribuição para ordenar, autorizar ou realizar a operação de crédito, podem praticar esse delito."

2) POSIÇÃO DE CEZAR ROBERTO BITENCOURT (Tratado de Direito Penal, vol. 5, p. 407): "Deve-se destacar que pode ser sujeito ativo tanto o agente público que emite o ato administrativo, isto é, que ordena ou autoriza a operação de crédito, como aquele funcionário (subordinado) que a realiza. Tratando-se de Presidente da República ver o art. 10 da lei 1079/50, e, quando referir-se a Prefeito Municipal, ver o art. 1°, XVI e XX, do Decreto-lei 201/67, ambos alterados pela lei 10028/2000."

3) PRESIDENTE DA REPÚBLICA → ART. 10 DA LEI 1079/50

4) PREFEITO → ART. 1°, XVI e XX do Decreto-lei 201/67.

C) TIPICIDADE OBJETIVA

Podemos afirmar que o legislador pune a conduta do agente que, de forma voluntária e consciente, ordena, autoriza ou realiza operação de crédito, sem haver prévia autorização legislativa.

Observação

Operações de Crédito (elemento normativo do tipo penal):

Art. 29. Para os efeitos desta Lei Complementar, são adotadas as seguintes definições: III - operação de crédito: compromisso financeiro assumido em razão de mútuo, abertura de crédito, emissão e aceite de título, aquisição financiada de bens, recebimento antecipado de valores provenientes da venda a termo de bens e serviços, arrendamento mercantil e outras operações assemelhadas, inclusive com o uso de derivativos financeiros.

A prévia autorização legislativa é elemento do tipo penal, assim sendo, podemos concluir que se houver prévia autorização legislativa o fato será atípico.

D) TIPICIDADE SUBJETIVA

No tocante ao elemento subjetivo, podemos afirmar que o crime somente é punido a título de dolo, não punindo o legislador a forma culposa. Ademais, cumpre ressaltar que o legislador não exigiu qualquer finalidade especial por parte do agente.

Por último, vale destacar que o agente deve ter ciência de que inexiste autorização legislativa para incidir no crime em questão.

E) CONSUMAÇÃO/TENTATIVA

Quanto ao momento consumativo, cumpre elencar 3 posições em doutrina:

i) Para Mirabete, nas modalidades ordenar e autorizar o crime se perfaz com a simples prática do núcleo, sendo que, na modalidade realizar, o delito em questão depende da efetiva execução, sendo possível, nesta modalidade, a tentativa;

ii) Para Luís Flávio Gomes e Alice Bianchini a consumação do delito depende de algo mais que a realização da conduta sem autorização legislativa: o crime não se totaliza sem o desequilíbrio orçamentário ou das contas públicas;

iii) Para Cezar Roberto Bitencourt, Consuma-se o crime, em qualquer de suas modalidades, com a ordem ou autorização de abertura de crédito incorrendo nas irregularidades relacionadas no inciso ora examinado. As modalidades ordenar e autorizar somente consumam o crime com a efetiva abertura do crédito, nas circunstâncias mencionadas, na medida em que somente assim se pode expor a risco de lesão o bem jurídico protegido. A modalidade realizar configura crime material, uma vez que somente se consuma com a efetiva celebração de tal operação de crédito. Cabível tentativa, nas modalidades ordenar e autorizar, pois plurissubsistentes

F) FIGURA EQUIPARADA (ART. 359-A, PU CP)

Previu o legislador a modalidade equiparada do delito em questão no parágrafo único do artigo 359-A:

Parágrafo único. Incide na mesma pena quem ordena, autoriza ou realiza operação de crédito, interno ou externo: (Incluído pela Lei nº 10.028, de 2000)

I – com inobservância de limite, condição ou montante estabelecido em lei ou em resolução do Senado Federal; (Incluído pela Lei nº 10.028, de 2000)

II – quando o montante da dívida consolidada ultrapassa o limite máximo autorizado por lei. (Incluído pela Lei nº 10.028, de 2000)

1.3. INSCRIÇÃO DE DESPESAS NÃO EMPENHADAS EM RESTOS A PAGAR – Art. 359-B, do CP

Art. 359-B. Ordenar ou autorizar a inscrição em restos a pagar, de despesa que não tenha sido previamente empenhada ou que exceda limite estabelecido em lei:

Pena – detenção, de 6 (seis) meses a 2 (dois) anos.

A) BEM JURÍDICO TUTELADO

O delito em questão objetiva proteger a regularidade das finanças públicas (controle da execução orçamentária).

Observação

1) POSIÇÃO DE ROGÉRIO SANCHES (Código Penal para Concursos, p. 933): "Busca-se impedir, desse modo, que gestões futuras herdem dificuldades transmitidas em razão de atitudes ímprobas dos seus antecedentes."

2) POSIÇÃO DE VITOR GONÇALVES (Direito Penal Esquematizado, p. 904): "a objetividade jurídica do delito em questão é a probidade administrativa em relação às finanças públicas."

B) SUJEITOS DO CRIME

No que tange ao sujeito ativo, podemos afirmar que o crime em questão é próprio, somente podendo ser praticado pelo agente público com atribuição para ordenar ou autorizar a inscrição de despesa pública em restos a pagar.

Como sujeito passivo temos o Estado (União, Estados, DF e Municípios dependendo do caso concreto).

C) TIPICIDADE OBJETIVA

O tipo penal em questão é misto alternativo, punindo o legislador as condutas de ordenar ou autorizar a inscrição em restos a pagar, de despesa que não tenha sido previamente empenhada ou que exceda limite estabelecido em lei.

Observação

INSCRIÇÃO EM RESTOS A PAGAR (ELEMENTO NORMATIVO DO TIPO PENAL)

ART. 36 DA LEI 4320/64: Consideram-se Restos a Pagar as despesas empenhadas, mas não pagas até o dia 31 de dezembro distinguindo-se as processadas das não processadas. Segundo Vitor Gonçalves, a expressão "restos a pagar" refere-se à transferência para o exercício financeiro seguinte de despesas assumidas pelo administrador e que, portanto, serão pagas pelo orçamento do próprio ano. Haverá crime se a despesa não tiver sido previamente empenhada ou se exceder limite previsto em lei, ainda que não tenha sido trocado o administrador.

OBS2: Ordenar ou autorizar a inscrição em restos a pagar de despesa que não tenha sido previamente empenhada.

Segundo LFG e Alice Bianchini, o **empenho** é o instrumento de que se serve a Administração a fim de controlar a execução orçamentária. É por meio dele que o Legislativo se certifica de que os créditos concedidos ao Executivo estão sendo obedecidos. O empenho constitui instrumento de programação, para que o Executivo tenha sempre o panorama dos compromissos assumidos e das dotações ainda disponíveis. Não há empenho posterior.

Segundo Rogério Sanches (Código Penal para Concursos, p. 933) neste caso, não se preocupou o legislador com a existência ou não de recursos para efetuar os pagamentos. Pune-se a conduta pela falta de formalidade exigida em lei (prévio empenho), que nada mais é do que o ato realizado pela autoridade competente, o qual cria para o Estado a obrigação de pagar.

Ordenar ou autorizar a inscrição em restos a pagar de despesa que exceda limite estabelecido em lei. Neste caso há o regular empenho da despesa a ser paga, mas a inscrição em restos a pagar extrapolou o limite fixado em lei.

D) TIPICIDADE SUBJETIVA

O crime em questão somente é punido a título de dolo, não prevendo o legislador a modalidade culposa do delito. Ademais, vale destacar que o tipo penal em questão não exige uma finalidade específica do agente e que deve ter pleno conhecimento de que sua conduta se dá sem que haja o devido empenho da despesa ou que, se este existir, os valores ultrapassem o limite legal.

E) TENTATIVA/CONSUMAÇÃO

Para maioria da doutrina se trata de crime de mera conduta, consumando-se a partir da vigência da ordem ou com a autorização expedida pelo agente público.

Já para Cezar Roberto Bitencourt e Fernando Capez, o delito estará consumado somente a partir do momento em que a ordem ou autorização é executada, inscrevendo-se a despesa em restos a pagar.

A tentativa não é admitida para Mirabete e Damásio, uma vez que não admitem o fracionamento da execução. Já LFG e Alice Bianchini admitem.

1.4. Assunção de obrigação no último ano do mandato/legislatura – 359-C, CP

Art. 359-C. Ordenar ou autorizar a assunção de obrigação, nos dois últimos quadrimestres do último ano do mandato ou legislatura, cuja despesa não possa ser paga no mesmo exercício financeiro ou, caso reste parcela a ser paga no exercício seguinte, que não tenha contrapartida suficiente de disponibilidade de caixa: (Incluído pela Lei nº 10.028, de 2000)

Pena - reclusão, de 1 (um) a 4 (quatro) anos. (Incluído pela Lei nº 10.028, de 2000)

A) BEM JURÍDICO TUTELADO

O delito em questão protege a regularidade das finanças públicas, visando o legislador a concretizar o artigo 42 da LRF:

Art. 42. É vedado ao titular de Poder ou órgão referido no art. 20, nos últimos dois quadrimestres do seu mandato, contrair obrigação de despesa que não possa ser cumprida integralmente dentro dele, ou que tenha parcelas a serem pagas no exercício seguinte sem que haja suficiente disponibilidade de caixa para este efeito.

Parágrafo único. Na determinação da disponibilidade de caixa serão considerados os encargos e despesas compromissadas a pagar até o final do exercício.

B) DIFERENÇA PARA O DELITO DO ARTIGO 359-B:

Esta figura delituosa é mais grave do que a prevista no artigo anterior diante da maior reprovabilidade da conduta do agente. Neste sentido, importante elencar a seguinte posição de Guilherme de Souza Nucci (Código Penal Comentado, p. 1128): "...tendo em vista que a inscrição de despesas não empenhadas em restos a pagar não se refere ao estouro de caixa realizado no último ano do mandato ou legislatura, transferindo a conta para o sucessor, mas é um procedimento de rolagem de dívida indevido, ainda que seja na mesma gestão.

O art. 359-B tem por finalidade moralizar a passagem do funcionário por determinado cargo, a fim de que gaste aquilo que pode e está autorizado em lei. Trata-se do equilíbrio fiscal que uma gestão honesta deve ter. Abrange qualquer funcionário competente para ordenar ou autorizar despesa. No caso do art. 359-C, a conduta é mais séria, pois o administrador ou parlamentar, valendo-se de mandato ou legislatura – e não qualquer funcionário – termina atuando no sentido de empurrar a terceiros despesas e comprometimentos financeiros que assumiu, mas sabe que não irá pagar."

C) SUJEITOS DO CRIME

No que tange ao sujeito ativo, podemos afirmar que o crime em questão é próprio, somente podendo ser praticado pelo detentor de mandato com poder de decisão administrativa sobre o ente público que representa. Como sujeito passivo temos o Estado (União, Estados, DF e Municípios dependendo do caso concreto).

D) TIPICIDADE OBJETIVA

O legislador pune a conduta do agente que ordena ou autoriza a assunção de obrigação:

1) Nos dois últimos quadrimestres (elemento temporal) do último ano do mandato ou legislatura, cuja despesa não possa ser paga no último exercício financeiro;

2) Nos dois últimos quadrimestres do último ano do mandato ou legislatura, caso reste parcela a ser paga, no exercício seguinte, que não tenha contrapartida suficiente de disponibilidade de caixa (se houver disponibilidade o fato será atípico).

E) TIPICIDADE SUBJETIVA

O crime em questão somente é punido a título de dolo, não prevendo o legislador a modalidade culposa do delito.

Ademais, vale destacar que o tipo penal em questão não exige uma finalidade específica do agente e que deve ter pleno conhecimento de que sua conduta se dá sem que haja o devido empenho da despesa ou que, se este existir, os valores ultrapassem o limite legal.

F) TENTATIVA/CONSUMAÇÃO

Para maioria da doutrina o crime se consuma no momento em que o administrador ordena ou autoriza a assunção de obrigação, sendo incompatível com a tentativa, por se tratar de delito unissubsistente.

Já para Cezar Roberto Bitencourt o crime se consuma quando a ordem ou autorização é efetivamente executado, ou seja, quando a obrigação é realmente assumida dentro do proibido, sendo possível a tentativa.

1.5. Ordenação de despesa não autorizada (art. 359-D CP)

> **Art. 359**-D. Ordenar despesa não autorizada por lei: (Incluído pela Lei nº 10.028, de 2000)
>
> **Pena – reclusão, de 1 (um) a 4 (quatro) anos.** (Incluído pela Lei nº 10.028, de 2000)

A) BEM JURÍDICO TUTELADO

O delito em questão objetiva proteger a regularidade das finanças públicas, evitando que o administrador gaste de maneiro descontrolada as receitas públicas.

B) SUJEITOS

No que tange ao sujeito ativo, podemos afirmar que o crime em questão é próprio, somente podendo ser praticado pelo agente público com atribuição para ordenar a despesa.

Como sujeito passivo temos o Estado (União, DF, Estados e Municípios dependendo do caso concreto)

C) TIPICIDADE OBJETIVA

Podemos afirmar que o legislador pune a conduta do agente que ordena despesa não autorizada por lei, como no caso, do agente que gera uma despesa sem previsão orçamentária para tal desiderato.

C.1) LC/101 DE 2000 (LRF)

Art. 15. Serão consideradas não autorizadas, irregulares e lesivas ao patrimônio público a geração de despesa ou assunção de obrigação que não atendam o disposto nos arts. 16 e 17.

Art. 16. A criação, expansão ou aperfeiçoamento de ação governamental que acarrete aumento da despesa será acompanhado de: (Vide ADI 6357)

I - estimativa do impacto orçamentário-financeiro no exercício em que deva entrar em vigor e nos dois subsequentes;

II - declaração do ordenador da despesa de que o aumento tem adequação orçamentária e financeira com a lei orçamentária anual e compatibilidade com o plano plurianual e com a lei de diretrizes orçamentárias.

Art. 17. Considera-se obrigatória de caráter continuado a despesa corrente derivada de lei, medida provisória ou ato administrativo normativo que fixem para o ente a obrigação legal de sua execução por um período superior a dois exercícios. (Vide ADI 6357)

§ 1º Os atos que criarem ou aumentarem despesa de que trata o caput deverão ser instruídos com a estimativa prevista no inciso I do art. 16 e demonstrar a origem dos recursos para seu custeio.

Segundo a doutrina não basta o mero desatendimento ao princípio da legalidade, sendo indispensável a lesão ao bem jurídico tutelado.

D) TIPICIDADE SUBJETIVA

No tocante ao elemento subjetivo, podemos afirmar que o crime somente é punido a título de dolo, não punindo o legislador a forma culposa.

Ademais, cumpre ressaltar que o legislador não exigiu qualquer finalidade especial por parte do agente.

E) CONSUMAÇÃO/TENTATIVA

Quanto ao momento consumativo, cumpre destacar que parcela da doutrina entende ser o crime de mera conduta, enquanto a maioria entende pela natureza formal do delito, consumando-se no momento em que é expedida a ordem de despesa, sendo indiferente que haja efetivo prejuízo ao erário.

Para a maioria da doutrina, não se admite a tentativa. Já para LFG e Alice Bianchini, a tentativa é admissível, no caso de o agente pública ordenar despesa não autoriza em lei, e, por circunstâncias alheias à sua vontade, a ordem não é cumprida.

1.6. Prestação de garantia graciosa – Art. 359-E, do CP

> **Art. 359-E.** Prestar garantia em operação de crédito sem que tenha sido constituída contragarantia em valor igual ou superior ao valor da garantia prestada, na forma da lei: (Incluído pela Lei nº 10.028, de 2000)
>
> **Pena – detenção, de 3 (três) meses a 1 (um) ano.** (Incluído pela Lei nº 10.028, de 2000)

A) BEM JURÍDICO TUTELADO

O delito em questão objetiva proteger a regularidade das finanças públicas.

B) SUJEITOS DO CRIME

No que tange ao sujeito ativo, podemos afirmar que o crime em questão é próprio, somente podendo ser praticado pelo gestor com competência para realizar operação de crédito com terceiros. Como sujeito passivo temos o Estado (União, Estados, DF e Municípios dependendo do caso concreto).

C) TIPICIDADE OBJETIVA

O legislador pune a conduta do agente que concede a garantia em operação de crédito sem que tenha sido constituída contragarantia em valor igual ou superior ao valor da garantia prestada, na forma da lei.

Observações

1) NORMA PENAL EM BRANCO (ART. 40 DA LEI 4320/64):

Os entes poderão conceder garantia em operações de crédito internas ou externas, observados o disposto neste artigo, as normas do art. 32 e, no caso da União, também os limites e as condições estabelecidos pelo Senado Federal.

§ 1º A garantia estará condicionada ao oferecimento de contragarantia, em valor igual ou superior ao da garantia a ser concedida, e à adimplência da entidade que a pleitear relativamente a suas obrigações junto ao garantidor e às entidades por este controladas, observado o seguinte: I - não será exigida contragarantia de órgãos e entidades do próprio ente; II - a contragarantia exigida pela União a Estado ou Município, ou pelos Estados aos Municípios, poderá consistir na vinculação de receitas tributárias diretamente arrecadadas e provenientes de transferências constitucionais, com outorga de poderes ao garantidor para retê-las e empregar o respectivo valor na liquidação da dívida vencida.

2) Ordenar ou autorizar a inscrição em restos a pagar de despesa que não tenha sido previamente empenhada.

Art. 29. Para os efeitos desta Lei Complementar, são adotadas as seguintes definições: IV - concessão de garantia: compromisso de adimplência de obrigação financeira ou contratual assumida por ente da Federação ou entidade a ele vinculada;

3) O gestor, ao realizar qualquer operação de crédito em que seja exigida garantia a ser prestada pelo poder público (art. 29, IV) deve determinar que o beneficiário daquela preste contragarantia, resguardando-se, desta forma, o patrimônio público.

Segundo o artigo 359-E essa contragarantia deve ter valor igual ou superior àquele da garantia oferecida pelo poder público, bem como deve ser passível de execução, para fins de afastar o crime do artigo 359-E.

Se não houver prestação de garantia, o fato será atípico, ainda que haja risco de inadimplência.

D) TIPICIDADE SUBJETIVA

O crime em questão somente é punido a título de dolo, não prevendo o legislador a modalidade culposa do delito. Ademais, vale destacar que o tipo penal em questão não exige uma finalidade específica do agente.

E) TENTATIVA/CONSUMAÇÃO

Para a doutrina majoritária o momento consumativo é atingido quando o gestor presta garantia sem que tenha sido constituída contragarantia legalmente exigida, gerando, com isso, concreto perigo de lesão às finanças públicas. Por esse viés, seria inviável a tentativa.

Já para LFG e Alice Bianchini a inexistência de contragarantia quando da prestação de sua garantia não é motivo suficiente para se punir penalmente a conduta, visto que, para não configurar mero ilícito administrativo, exige-se a comprovação do perigo concreto de lesão às finanças públicas. Adotando-se esse posicionamento seria possível a tentativa do crime em questão.

1.7. Não cancelamento de restos a pagar – Art. 359-F CP

> **Art. 359-F.** Deixar de ordenar, de autorizar ou de promover o cancelamento do montante de restos a pagar inscrito em valor superior ao permitido em lei: (Incluído pela Lei nº 10.028, de 2000)
>
> **Pena – detenção, de 6 (seis) meses a 2 (dois) anos.** (Incluído pela Lei nº 10.028, de 2000)

A) BEM JURÍDICO TUTELADO

O delito em questão protege o equilíbrio das contas públicas e a regular gestão do erário público.

B) SUJEITOS DO CRIME

No que tange ao sujeito ativo, podemos afirmar que o crime em questão é próprio, somente podendo ser praticado por quem tenha a atribuição legal para ordenar, autorizar ou promover o cancelamento da inscrição de restos a pagar.

Como sujeito passivo temos o Estado (União, Estados, DF e Municípios dependendo do caso concreto).

C) TIPICIDADE OBJETIVA

Trata-se de tipo penal misto alternativo no qual o legislador pune a conduta do agente que deixa de ordenar, deixa de autorizar ou deixa de promover o cancelamento do montante de restos a pagar inscrito em valor superior ao permitido em lei.

OBSERVAÇÕES

1) RESTOS A PAGAR (ART. 36 DA LEI 4320/64): Consideram-se Restos a Pagar as despesas empenhadas, mas não pagas até o dia 31 de dezembro distinguindo-se as processadas das não processadas.

2) CRIME OMISSIVO PRÓPRIO

3) Para que se possa punir a conduta daquele que pratica a ação descrita no art. 359-F, há necessidade de que ele não tenha nenhuma responsabilidade (a título de dolo) em relação à inscrição, pois, do contrário, já estaria incurso nas penas previstas no art. 359-B do CP.

D) TIPICIDADE SUBJETIVA

O crime em questão somente é punido a título de dolo, não prevendo o legislador a modalidade culposa do delito.

Ademais, vale destacar que o tipo penal em questão não exige uma finalidade específica do agente e que a simples demora no cancelamento, por culpa (negligência) do administrador, não constitui crime.

F) TENTATIVA/CONSUMAÇÃO

O crime se consuma no momento em que se esgota o prazo para o administrador ordenar, autorizar ou promover o cancelamento dos restos a pagar.

Não se admite tentativa por se tratar de delito omissivo próprio.

1.8. Aumento de despesa total com pessoal no último ano do mandato ou legislatura (Art. 359-G CP)

> **Art. 359-G.** Ordenar, autorizar ou executar ato que acarrete aumento de despesa total com pessoal, nos cento e oitenta dias anteriores ao final do mandato ou da legislatura: (Incluído pela Lei nº 10.028, de 2000))
>
> **Pena – reclusão, de 1 (um) a 4 (quatro) anos.** (Incluído pela Lei nº 10.028, de 2000)

A) BEM JURÍDICO TUTELADO

O delito em questão protege a regularidade da gestão das contas públicas.

B) DIFERENÇA PARA O DELITO DO ARTIGO 359-C:

1) A proibição constante do art. 359-c é mais genérica, abrangendo toda e qualquer despesa, enquanto do crime do art. 359-g é mais específica e abrange somente despesa com pessoal;

2) Elementos temporais distintos: no crime do artigo 359-c o legislador fala nos dois últimos quadrimestres (8 meses) enquanto no artigo 359-g o legislador fala em 180 dias.

Neste sentido, importante elencar a seguinte posição de Cezar Roberto Bitencourt (Tratado de Direito Penal, vol. 5, p. 441/442): "A proibição constante do art. 359-C é abrangente, genérica, englobando toda e qualquer despesa, enquanto a criminalização deste art. 359-G é restrita, específica, limitando-se à despesa com pessoal. Por fim, o prazo depurador do primeiro dispositivo é de oito meses (dois quadrimestres), enquanto o do segundo é de seis meses (180 dias). Significa dizer que, embora já esteja proibida a assunção de obrigação a ser resgatada no ano seguinte, a partir do oitavo último mês, será possível efetuar gastos com pessoal, antes de ingressar no sexto mês. E não há nisso nenhum paradoxo, na medida em que a especificidade dos encargos acaba autorizando essa práxis."

C) SUJEITOS DO CRIME

No que tange ao sujeito ativo, podemos afirmar que o crime em questão é próprio, somente podendo ser praticado pelo detentor de mandato com poder de decisão administrativa sobre o ente público que representa.

Como sujeito passivo temos o Estado (União, Estados, DF e Municípios dependendo do caso concreto).

D) TIPICIDADE OBJETIVA

O legislador pune a conduta do agente que ordena, autoriza ou executa ato que acarrete aumento de despesa total com pessoal, nos 180 dias anteriores ao final do mandato ou legislatura.

D.1) CONCEITO DE DESPESA TOTAL COM PESSOAL (ART. 18 LRF):

Art. 18. Para os efeitos desta Lei Complementar, entende-se como despesa total com pessoal: o somatório dos gastos do ente da Federação com os ativos, os inativos e os pensionistas, relativos a mandatos eletivos, cargos, funções ou empregos, civis, militares e de membros de Poder, com quaisquer espécies remuneratórias, tais como vencimentos e vantagens, fixas e variáveis, subsídios, proventos da aposentadoria, reformas e pensões, inclusive adicionais, gratificações, horas extras e vantagens pessoais de qualquer natureza, bem como encargos sociais e contribuições recolhidas pelo ente às entidades de previdência.

§ 1º Os valores dos contratos de terceirização de mão-de-obra que se referem à substituição de servidores e empregados públicos serão contabilizados como "Outras Despesas de Pessoal".

§ 2º A despesa total com pessoal será apurada somando-se a realizada no mês em referência com as dos onze imediatamente anteriores, adotando-se o regime de competência.

E) TIPICIDADE SUBJETIVA

O crime em questão somente é punido a título de dolo, não prevendo o legislador a modalidade culposa do delito. Ademais, vale destacar que o tipo penal em questão não exige uma finalidade específica do agente.

F) TENTATIVA/CONSUMAÇÃO

Para maioria da doutrina o crime é formal (nas duas primeiras modalidades) se consumando no momento em que o gestor simplesmente determina ou permite o aumento de despesa.

Já para Cezar Roberto Bitencourt o crime se consuma quando a ordem ou autorização é efetivamente executado, ou seja, quando a obrigação é realmente assumida dentro do proibido, sendo possível a tentativa.

Já na última modalidade o delito é material, se consumando com a efetiva ocorrência da despesa.

1.9. Oferta pública ou colocação de títulos no mercado – Art. 359-H CP

> **Art. 359-H.** Ordenar, autorizar ou promover a oferta pública ou a colocação no mercado financeiro de títulos da dívida pública sem que tenham sido criados por lei ou sem que estejam registrados em sistema centralizado de liquidação e de custódia: (Incluído pela Lei nº 10.028, de 2000)
>
> **Pena – reclusão, de 1 (um) a 4 (quatro) anos.** (Incluído Lei nº 10.028, de 2000)

A) BEM JURÍDICO TUTELADO

O delito em questão protege a regularidade das finanças públicas no que tange à emissão de títulos da dívida pública sem o devido controle.

Segundo Rogério Sanches (Código Penal para Concursos, p. 941) a finalidade da punição é exercer um controle legislativo do orçamento e das contas públicas, evitando que a emissão indiscriminada de títulos provoque óbices administrativos, especialmente em relação às futuras gestões (lembrando, aliás, que, geralmente, o prazo de resgate dos títulos é consideravelmente extenso).

B) SUJEITOS DO CRIME

No que tange ao sujeito ativo, podemos afirmar que o crime em questão é próprio, somente podendo ser praticado por quem tenha a atribuição para ordenar, autorizar ou promover a introdução do título no mercado financeiro. Como sujeito passivo temos o Estado (União, Estados, DF e Municípios dependendo do caso concreto).

C) TIPICIDADE OBJETIVA

Trata-se de tipo penal misto alternativo no qual o legislador pune a conduta do agente que ordena (determina), autoriza (permite) ou promove (efetiva) a oferta pública ou a colocação no mercado financeiro de títulos da dívida pública sem que tenham sido criados por lei ou sem que estejam registrados em sistema centralizado de liquidação e de custódia.

Observações

1) DÍVIDA PÚBLICA (ART. 29, II DA LRF):

Art. 29. Para os efeitos desta Lei Complementar, são adotadas as seguintes definições: II - dívida pública mobiliária: dívida pública representada por títulos emitidos pela União, inclusive os do Banco Central do Brasil, Estados e Municípios;

2) CONDUTAS:

- título inserido no mercado financeiro sem prévia autorização legislativa;
- embora cumprida tal formalidade, a introdução do título se dá sem que haja registro em sistema centralizado de liquidação e de custódia.

D) TIPICIDADE SUBJETIVA

O crime em questão somente é punido a título de dolo, não prevendo o legislador a modalidade culposa do delito. Ademais, vale destacar que o tipo penal em questão não exige uma finalidade específica do agente.

F) TENTATIVA/CONSUMAÇÃO

Em doutrina, encontramos as seguintes posições:

1) mirabete sustenta que o crime nas duas primeiras modalidades é formal (ordenar ou autorizar) consumando-se no momento em que o agente determina ou permite a oferta ou colocação, independentemente da efetiva circulação do título no mercado financeiro, não reconhecendo, desse modo, campo para a tentativa;

2) já para crb é imprescindível que haja o cumprimento da ordem ou autorização, ou seja, a efetiva circulação do título. Admite a tentativa

Não se admite tentativa por se tratar de delito omissivo próprio;

3) em relação ao verbo promover, o delito é material, dependendo a consumação da efetiva introdução do título no mercado financeiro.

1. SÚMULAS IMPORTANTES DO STJ

Súmula 17 – Quando o falso se exaure no estelionato, sem mais potencialidade lesiva, é por este absorvido.

Súmula 18 – A sentença concessiva do perdão judicial é declaratória da extinção da punibilidade, não subsistindo qualquer efeito condenatório.

Súmula 24 – Aplica-se ao crime de estelionato, em que figure como vítima entidade autárquica da previdência social, a qualificadora do § 3º, do art. 171 do Código Penal.

Súmula 73 – A utilização de papel moeda grosseiramente falsificado configura, em tese, o crime de estelionato, da competência da Justiça Estadual.

Súmula 96 – O crime de extorsão consuma-se independentemente da obtenção da vantagem indevida.

Súmula 174 – No crime de roubo, a intimidação feita com arma de brinquedo autoriza o aumento da pena. **OBS: SÚMULA CANCELADA: A Terceira Seção, na sessão de 24/10/2002, ao julgar o REsp 213.054/SP, determinou o CANCELAMENTO da Súmula 174 do STJ (DJ 11/11/2002, p. 148).**

Súmula 220 – A reincidência não influi no prazo da prescrição da pretensão punitiva.

Súmula 231 – A incidência da circunstância atenuante não pode conduzir à redução da pena abaixo do mínimo legal.

Súmula 241 – A reincidência penal não pode ser considerada como circunstância agravante e, simultaneamente, como circunstância judicial.

Súmula 269 – É admissível a adoção do regime prisional semiaberto aos reincidentes condenados a pena igual ou inferior a quatro anos se favoráveis as circunstâncias judiciais.

Súmula 341 – A frequência a curso de ensino formal é causa de remição de parte do tempo de execução de pena sob regime fechado ou semiaberto.

Súmula 415 – O período de suspensão do prazo prescricional é regulado pelo máximo da pena cominada.

Súmula 438 – É inadmissível a extinção da punibilidade pela prescrição da pretensão punitiva com fundamento em pena hipotética, independentemente da existência ou sorte do processo penal.

Súmula 438 – É inadmissível a extinção da punibilidade pela prescrição da pretensão punitiva com fundamento em pena hipotética, independentemente da existência ou sorte do processo penal.

Súmula 439 – Admite-se o exame criminológico pelas peculiaridades do caso, desde que em decisão motivada.

Súmula 440 – Fixada a pena-base no mínimo legal, é vedado o estabelecimento de regime prisional mais gravoso do que o cabível em razão da sanção imposta, com base apenas na gravidade abstrata do delito.

Súmula 441 – A falta grave não interrompe o prazo para a obtenção do livramento condicional.

Súmula 442 – É inadmissível aplicar, no furto qualificado, pelo concurso de agentes, a majorante do roubo.

Súmula 443 – O aumento na terceira fase de aplicação da pena no crime de roubo circunstanciado exige fundamentação concreta, não sendo suficiente para a sua exasperação a mera indicação do número de majorantes.

Súmula 444 – É vedada a utilização de inquéritos policiais e ações penais em curso para agravar a pena-base.

Súmula 471 – Os condenados por crimes hediondos ou assemelhados cometidos antes da vigência da Lei n. 11.464/2007 sujeitam-se ao disposto no art. 112 da Lei n. 7.210/1984 (Lei de Execução Penal) para a progressão de regime prisional.

Súmula 491 – É inadmissível a chamada progressão per saltum de regime prisional.

Súmula 493 – É inadmissível a fixação de pena substitutiva (art. 44 do CP) como condição especial ao regime aberto.

Súmula 500 – A configuração do crime do art. 244-B do ECA independe da prova da efetiva corrupção do menor, por se tratar de delito formal.

Súmula 501 – É cabível a aplicação retroativa da Lei n. 11.343/2006, desde que o resultado da incidência das suas disposições, na íntegra, seja mais favorável ao réu do que o advindo da aplicação da Lei n. 6.368/1976, sendo vedada a combinação de leis.

Súmula 502 – Presentes a materialidade e a autoria, afigura-se típica, em relação ao crime previsto no art. 184, § 2º, do CP, a conduta de expor à venda CDs e DVDs piratas.

Súmula 511 – É possível o reconhecimento do privilégio previsto no § 2º do art. 155 do CP nos casos de crime de furto qualificado, se estiverem presentes a primariedade do agente, o pequeno valor da coisa e a qualificadora for de ordem objetiva.

Súmula 522 – A conduta de atribuir-se falsa identidade perante autoridade policial é típica, ainda que em situação de alegada autodefesa.

Súmula 536 – A suspensão condicional do processo e a transação penal não se aplicam na hipótese de delitos sujeitos ao rito da Lei Maria da Penha.

Súmula 542 – A ação penal relativa ao crime de lesão corporal resultante de violência doméstica contra a mulher é pública incondicionada.

Súmula 545 – Quando a confissão for utilizada para a formação do convencimento do julgador, o réu fará jus à atenuante prevista no art. 65, III, d, do Código Penal.

Súmula 567 – Sistema de vigilância realizado por monitoramento eletrônico ou por existência de segurança no interior de estabelecimento comercial, por si só, não torna impossível a configuração do crime de furto.

Súmula 574 – Para a configuração do delito de violação de direito autoral e a comprovação de sua materialidade, é suficiente a perícia realizada por amostragem do produto apreendido, nos aspectos externos do material, e é desnecessária a identificação dos titulares dos direitos autorais violados ou daqueles que os representem.

Súmula 575 – Constitui crime a conduta de permitir, confiar ou entregar a direção de veículo automotor a pessoa que não seja habilitada, ou que se encontre em qualquer das situações previstas no art. 310 do CTB, independentemente da ocorrência de lesão ou de perigo de dano concreto na condução do veículo.

Súmula 582 – Consuma-se o crime de roubo com a inversão da posse do bem mediante emprego de violência ou grave ameaça, ainda que por breve tempo e em seguida à perseguição imediata ao agente e recuperação da coisa roubada, sendo prescindível a posse mansa e pacífica ou desvigiada.

Súmula 587 – Para a incidência da majorante prevista no art. 40, V, da Lei n. 11.343/2006, é desnecessária a efetiva transposição de fronteiras entre estados da Federação, sendo suficiente a demonstração inequívoca da intenção de realizar o tráfico interestadual.

Súmula 588 – A prática de crime ou contravenção penal contra a mulher com violência ou grave ameaça no ambiente doméstico impossibilita a substituição da pena privativa de liberdade por restritiva de direitos.

Súmula 589 – É inaplicável o princípio da insignificância nos crimes ou contravenções penais praticados contra a mulher no âmbito das relações domésticas.

Súmula 593 – O crime de estupro de vulnerável se configura com a conjunção carnal ou prática de ato libidinoso com menor de 14 anos, sendo irrelevante eventual consentimento da vítima para a prática do ato, sua experiência sexual anterior ou existência de relacionamento amoroso com o agente.

Súmula 599 – O princípio da insignificância é inaplicável aos crimes contra a administração pública.

Súmula 600 – Para a configuração da violência doméstica e familiar prevista no artigo 5º da Lei n. 11.340/2006 (Lei Maria da Penha) não se exige a coabitação entre autor e vítima.

Súmula 606 – Não se aplica o princípio da insignificância a casos de transmissão clandestina de sinal de internet via radiofrequência, que caracteriza o fato típico previsto no art. 183 da Lei n. 9.472/1997.

Súmula 607 – A majorante do tráfico transnacional de drogas (art. 40, I, da Lei n. 11.343/2006) configura-se com a prova da destinação internacional das drogas, ainda que não consumada a transposição de fronteiras.

Súmula 630 - A incidência da atenuante da confissão espontânea no crime de tráfico ilícito de entorpecentes exige o reconhecimento da traficância pelo acusado, não bastando a mera admissão da posse ou propriedade para uso próprio.

Súmula 631 – O indulto extingue os efeitos primários da condenação (pretensão executória), mas não atinge os efeitos secundários, penais ou extrapenais.

Súmula 636 – A folha de antecedentes criminais é documento suficiente a comprovar os maus antecedentes e a reincidência.

Súmula 639 – Não fere o contraditório e o devido processo decisão que, sem ouvida prévia da defesa, determine transferência ou permanência de custodiado em estabelecimento penitenciário federal.

Súmula 643 - A execução da pena restritiva de direitos depende do trânsito em julgado da condenação.

Súmula 645 – O crime de fraude à licitação é formal, e sua consumação prescinde da comprovação do prejuízo ou da obtenção de vantagem.

Súmula 658 – O crime de apropriação indébita tributária pode ocorrer tanto em operações próprias, como em razão de substituição tributária.

Súmula 659 – A fração de aumento em razão da prática de crime continuado deve ser fixada de acordo com o número de delitos cometidos, aplicando-se 1/6 pela prática de duas infrações, 1/5 para três, 1/4 para quatro, 1/3 para cinco, 1/2 para seis e 2/3 para sete ou mais infrações.

Súmula 660 - A posse, pelo apenado, de aparelho celular ou de seus componentes essenciais constitui falta grave.

Súmula 661 – A falta grave prescinde da perícia do celular apreendido ou de seus componentes essenciais.

Súmula 662 - Para a prorrogação do prazo de permanência no sistema penitenciário federal, é prescindível a ocorrência de fato novo; basta constar, em decisão fundamentada, a persistência dos motivos que ensejaram a transferência inicial do preso.

Súmula 664 – É inaplicável a consunção entre o delito de embriaguez ao volante e o de condução de veículo automotor sem habilitação.

Súmula 668 - Não é hediondo o delito de porte ou posse de arma de fogo de uso permitido, ainda que com numeração, marca ou qualquer outro sinal de identificação raspado, suprimido ou adulterado.

2. SÚMULAS IMPORTANTES DO STF

2.1 Súmulas vinculantes

Súmula Vinculante 9 - O disposto no artigo 127 da Lei nº 7.210/1984 (Lei de Execução Penal) foi recebido pela ordem constitucional vigente, e não se lhe aplica o limite temporal previsto no caput do artigo 58.

Súmula Vinculante 11 - Só é lícito o uso de algemas em casos de resistência e de fundado receio de fuga ou de perigo à integridade física própria ou alheia, por parte do preso ou de terceiros, justificada a excepcionalidade por escrito, sob pena de responsabilidade disciplinar, civil e penal do agente ou da autoridade e de nulidade da prisão ou do ato processual a que se refere, sem prejuízo da responsabilidade civil do Estado.

Súmula Vinculante 14 - É direito do defensor, no interesse do representado, ter acesso amplo aos elementos de prova que, já documentados em procedimento investigatório realizado por órgão com competência de polícia judiciária, digam respeito ao exercício do direito de defesa. Súmula Vinculante 24 Não se tipifica crime material contra a ordem tributária, previsto no art. 1º, incisos I e IV, da Lei nº 8.137/90, antes do lançamento definitivo do tributo.

Súmula Vinculante 26 - Para efeito de progressão de regime no cumprimento de pena por crime hediondo, ou equiparado, o juízo da execução observará a inconstitucionalidade do art. 2º da Lei nº 8.072, de 25 de julho de 1990, sem prejuízo de avaliar se o condenado preenche, ou não, os requisitos objetivos e subjetivos do benefício, podendo determinar, para tal fim, de modo fundamentado, a realização de exame criminológico.

Súmula Vinculante 56 - A falta de estabelecimento penal adequado não autoriza a manutenção do condenado em regime prisional mais gravoso, devendo-se observar, nessa hipótese, os parâmetros fixados no RE 641.320/RS.

Súmula Vinculante 59 - É impositiva a fixação do regime aberto e a substituição da pena privativa de liberdade por restritiva de direitos quando reconhecida a figura do tráfico privilegiado (art. 33, § 4º, da Lei 11.343/06) e ausentes vetores negativos na primeira fase da dosimetria (art. 59 do CP), observados os requisitos do art. 33, § 2º, alínea c, e do art. 44, ambos do Código Penal.

2.2 Demais súmulas

Súmula 145 - Não há crime, quando a preparação do flagrante pela polícia torna impossível a sua consumação.

Súmula 146 - A prescrição da ação penal regula-se pela pena concretizada na sentença, quando não há recurso da acusação.

Súmula 246 - Comprovado não ter havido fraude, não se configura o crime de emissão de cheque sem fundos.

Súmula 422 - A absolvição criminal não prejudica a medida de segurança, quando couber, ainda que importe privação da liberdade.

Súmula 497 - Quando se tratar de crime continuado, a prescrição regula-se pela pena imposta na sentença, não se computando o acréscimo decorrente da continuação.

Súmula 499 - Não obsta à concessão do "sursis" condenação anterior à pena de multa.

Súmula 525 - A medida de segurança não será aplicada em segunda instância, quando só o réu tenha recorrido.

Súmula 554 - O pagamento de cheque emitido sem provisão de fundos, após o recebimento da denúncia, não obsta ao prosseguimento da ação penal.

Súmula 592 – Nos crimes falimentares, aplicam-se as causas interruptivas da prescrição, previstas no Código Penal.

Súmula 609 - É pública incondicionada a ação penal por crime de sonegação fiscal.

Súmula 610 - Há crime de latrocínio, quando o homicídio se consuma, ainda que não realize o agente a subtração de bens da vítima.

Súmula 703 - A extinção do mandato do prefeito não impede a instauração de processo pela prática dos crimes previstos no art. 1º do decreto-lei 201/1967.

Súmula 711 - A lei penal mais grave aplica-se ao crime continuado ou ao crime permanente, se a sua vigência é anterior à cessação da continuidade ou da permanência.

Súmula 718 - A opinião do julgador sobre a gravidade em abstrato do crime não constitui motivação idônea para a imposição de regime mais severo do que o permitido segundo a pena aplicada.

Súmula 719 - A imposição do regime de cumprimento mais severo do que a pena aplicada permitir exige motivação idônea.

Súmula 720 - O art. 309 do Código de Trânsito Brasileiro, que reclama decorra do fato perigo de dano, derrogou o art. 32 da lei das contravenções penais no tocante à direção sem habilitação em vias terrestres.

ADMINISTRAÇÃO PÚBLICA

Rafael Ravazolo

Sumário:

PROCESSO ORGANIZACIONAL

O edital abordou o processo organizacional como "planejamento, direção, comunicação, controle e avaliação." Todos esses tópicos serão tratados individualmente ao longo dos próximos capítulos. Neste capítulo, porém, abordaremos a visão neoclássica (Planejar, Organizar, Dirigir e Controlar), que é a preferida da banca.

A Administração possui dezenas de definições na literatura especializada, mas, de forma simplificada, pode-se dizer que:

Administrar é tomar decisões sobre recursos para atingir objetivos.

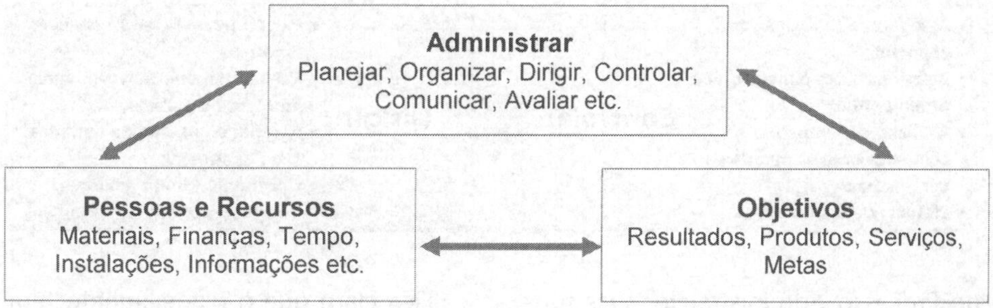

O conjunto de decisões de um administrador (planejar, organizar, dirigir, liderar, comunicar, controlar, avaliar etc.) são conhecidas como Funções da Administração, Processo Organizacional ou Processo Administrativo.

Assim como um processo é uma forma sistematizada de se fazer algo (uma sequência de passos para atingir um objetivo), o Processo Administrativo é a forma sistematizada (uma sequência de funções) que o administrador usa para facilitar o gerenciamento de sua instituição.

Foi a Teoria Clássica da Administração, de Henry Fayol, que deu notoriedade às funções administrativas. Para ele a Administração dividia-se em **PO3C: prever, organizar, comandar, coordenar e controlar**.

Hoje em dia, o modelo mais aceito é oriundo da teoria Neoclássica, uma evolução do pensamento de Fayol, e possui 4 funções: **Planejamento, Organização, Direção e Controle**.

- **Planejar** é refletir sobre o futuro; é traçar os objetivos/metas e definir os meios para alcançá-los (planos de ação); é a função inicial da Administração.
- **Organizar** é montar a estrutura organizacional; é criar um arranjo humano e material; é alocar recursos para alcançar os objetivos;
- **Dirigir** é liderar; é manter o pessoal em atividade; é reunir, coordenar e harmonizar as atividades e os esforços das pessoas;
- **Controlar** é monitorar para que tudo seja realizado conforme os planos; é fornecer feedback (retroalimentação) do desempenho e corrigir os rumos.

Pensando na organização/empresa como um todo, segundo Chiavenato o processo acorre conforme a figura a seguir.

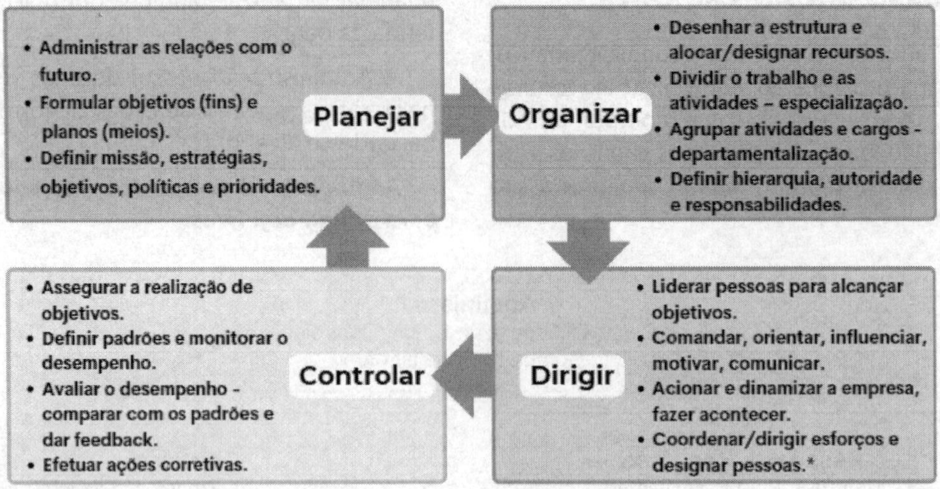

Resumo do Processo Administrativo, suas funções e atividade

PLANEJAMENTO ESTRATÉGICO

O planejamento é a ferramenta para administrar as relações com o futuro: as decisões que tentam influenciar o futuro, ou que serão colocadas em prática no futuro, são decisões de planejamento.

Constitui a função inicial / fundamental da administração, pois estabelece o alicerce para as demais funções da Administração (Organizar, Dirigir e Controlar).

Algumas definições de Planejamento:

- Processo de analisar a organização e o ambiente, determinar os objetivos e traçar os planos necessários para atingi-los. (Chiavenato)
- Processo de determinar como o sistema administrativo deverá alcançar os seus objetivos – como deverá ir para onde deseja chegar. (Certo & Peter)
- Ato de determinar os objetivos da organização e os meios para alcançá-los. (Daft)
- Decidir antecipadamente aquilo que deve ser feito, como, quando e quem deve fazer. (Koontz et al.)

Fica claro que o planejamento tem uma dupla atribuição:

- definir **o que deve ser feito** – objetivos: resultados, propósitos, intenções ou estados futuros que as organizações pretendem alcançar.
- definir **como deve ser feito** – planos: guias que indicam o que deve ser feito, especificando os recursos e as ações necessários para alcançar os objetivos.

O planejamento não é um acontecimento, mas um processo contínuo, permanente e dinâmico, que fixa objetivos, define linhas de ação, detalha as etapas para atingi-los e prevê os recursos necessários à consecução desses objetivos. (Almeida)

Graças ao planejamento, o administrador alinha suas ações para atingir os resultados baseando-se em algum método ou lógica, não ao acaso. Dessa forma, o planejamento não pode ser confundido com previsão, predição ou adivinhação do futuro.

"Assim como o contrário de eficiência
é o desperdício, o contrário de planejamento
é improvisação." (Maximiano)

Segundo Maximiano, o processo de planejar é uma operação mental, que pode ser individual ou colaborativa, e que funciona como um sistema com três etapas, conforme figura a seguir:

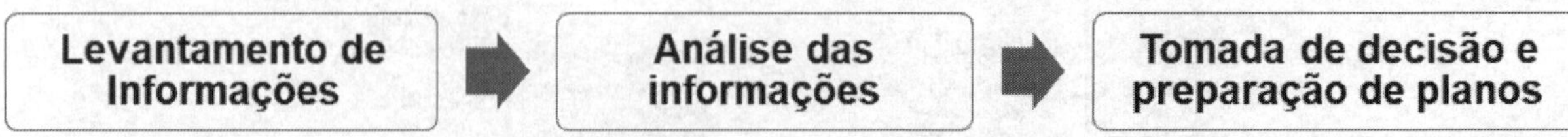

1) A obtenção de informações sobre uma situação presente, passada ou futura mostra necessidades, ameaças, oportunidades, decisões a serem implementadas ou uma condição com a qual se deve lidar.

2) A informação precisa ser analisada – classificada, comparada, avaliada, ordenada e interpretada para que se possam tomar decisões. Esta etapa dá a base e as justificativas para a elaboração do plano.

3) Um plano é o registro das decisões resultantes da análise das informações. É um guia para a ação no futuro. O plano estabelece qual situação deverá ser alcançada, o que precisa ser feito para alcançá-la, os recursos que serão aplicados e os meios de controle.

Não há consenso na literatura sobre a quantidade e a ordem das fases/etapas do planejamento. Chiavenato, por exemplo, cita 6 etapas (figura ao lado).

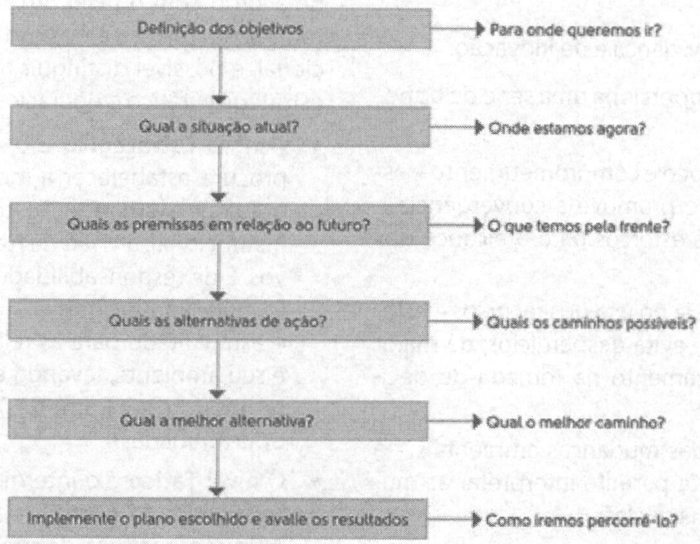

Apesar de sua relevância para a administração, o planejamento nem sempre é formalizado em documentos escritos. Principalmente em organizações pequenas, é comum existir um tipo de planejamento informal, com a definição vaga dos objetivos.

Segundo Maximiano, planejar é ao mesmo tempo um processo, uma habilidade e uma atitude.

- **Processo**: sequência de atividade sistemáticas e contínuas;
- **Habilidade**: saber fazer do Administrador;
- **Atitude**: comportamento, maneira de agir, resultado do equilíbrio de forças proativas e reativas.

No contexto de "Planejar é também uma questão de atitude", Maximiano define duas atitudes básicas: proativa e reativa. A atitude **proativa** é representada pelas forças que desejam e impulsionam as mudanças na organização; é a atitude dos administradores que processam de maneira positiva os *inputs* que vêm do ambiente e de dentro da própria organização; a atitude é mais proativa quanto mais rapidamente a organização antecipar-se ao futuro e fizer as mudanças necessárias. A atitude **reativa** é representada pelas forças que desejam preservar a estabilidade, a manutenção do *status quo*. É a atitude dos administradores que processam negativamente as informações que vêm do ambiente externo e de dentro da própria organização; é a resistência a mudanças.

Em todas as organizações, os dois tipos de atitudes estão presentes e são necessárias. A atitude proativa é importante para o crescimento e a mudança; a atitude reativa é importante para manter o equilíbrio e para impedir as mudanças abruptas e desnecessárias. O equilíbrio entre os dois tipos de atitudes influencia o desempenho da organização. Predominando a atitude proativa entre os administradores, a organização torna-se capaz de ajusta-se às mudanças no ambiente e eleva sua eficácia. Predominando a atitude reativa, a organização preocupa-se pouco com a necessidade de inovar.

Características do planejamento:

- É um processo cíclico, permanente e contínuo: não se esgota em um único plano, mas é realizado continuamente na empresa.
- É sempre voltado para o futuro: o planejamento está relacionado intimamente com a previsão, embora não se confunda com ela.
- Visa à racionalidade da tomada de decisão: ao estabelecer esquemas para o futuro, o planejamento funciona como um meio de orientar o processo decisório para dar-lhe maior racionalidade e reduzir a incerteza inerente a qualquer tomada de decisão.
- Busca selecionar um curso específico de ação entre várias alternativas.
- É sistêmico: deve considerar tanto o sistema quanto os subsistemas que o compõem.

- É iterativo: envolve passos ou fases que se sucedem.
- É uma técnica de alocação de recursos.
- É uma técnica de coordenação e integração: permite o entrosamento das várias atividades envolvidas no sentido da realização dos objetivos desejados.
- É uma técnica de mudança e de inovação.

O Planejamento proporciona uma série de **benefícios** às instituições:

- Senso de direção, foco e comprometimento – especifica um rumo e promove a convergência e a coordenação dos esforços para o alcance dos objetivos;
- Maximiza a eficiência no uso dos recursos – estabelece prioridades, evita desperdícios, dá maior agilidade e embasamento na tomada de decisões;
- Reduz o impacto das mudanças ambientais – a análise do ambiente permite interpretar as mudanças e se antecipar a elas;
- Definição de métodos/parâmetros de controle do desempenho;
- Fonte de motivação e comprometimento das pessoas – reduz as incertezas e esclarece os papéis;
- Fornece consistência / fundamento lógico às decisões gerenciais;
- Potencializa o autoconhecimento da organização – durante o processo de planejamento ocorre o levantamento de informações sobre forças e fraquezas internas e sobre oportunidades e ameaças externas.

Conforme visto anteriormente, uma organização, seja ela pública ou privada, é uma união de pessoas e de recursos (financeiros, materiais, informações etc.) sobre os quais são tomadas decisões visando ao alcance determinados objetivos.

A natureza e o impacto dessas decisões variam de acordo com o nível organizacional de quem as toma. Com relação à posição na estrutura organizacional, é possível distinguir três níveis hierárquicos: estratégico, tático e operacional.

- O nível **Estratégico** é o mais abrangente, pois procura estabelecer a melhor direção a ser seguida pela organização com um todo: a missão institucional, a visão de futuro e os macro objetivos. É de responsabilidade da alta administração (cúpula administrativa – presidência, diretoria) e está voltado para as relações entre a empresa e seu ambiente, levando em conta os fatores internos (forças e fraquezas) e externos (ameaças e oportunidades).
- O nível **Tático** é o intermediário, representando cada unidade / área / departamento / divisão. Abrange decisões de médio prazo sob responsabilidade dos gerentes funcionais (marketing, recursos humanos, produção, finanças etc.).
- O nível **Operacional**, por fim, especifica as atividades, os recursos e os processos necessários para o alcance dos objetivos. É responsabilidade dos supervisores de 1ª linha, seu foco está no curto prazo e, como o próprio nome já define, está voltado especificamente às tarefas e às operações, ou seja, ao dia a dia da organização. Exemplos de decisões operacionais: detalhamento das etapas de projetos, procedimentos, orçamentos, prazos, cronogramas, sistemas, equipamentos, planos de ação, manuais, regulamentos etc.

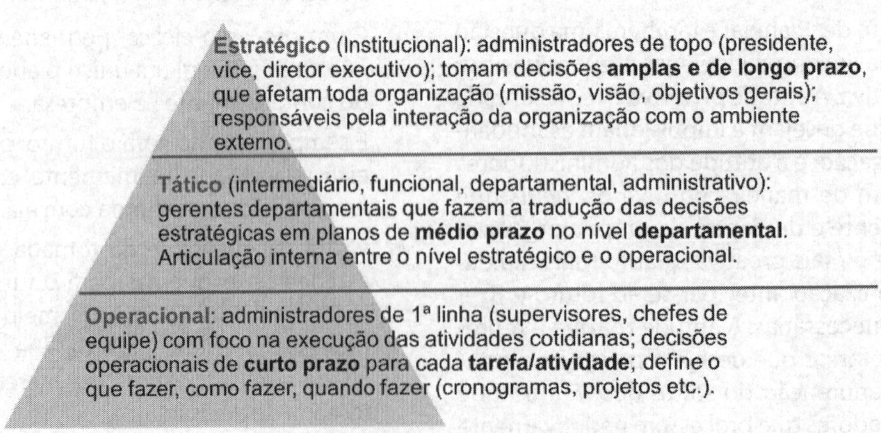

Maximiano adota uma visão semelhante, com 4 níveis, porém, os define como 4 tipos de estratégia: Estratégia Corporativa; Estratégia Funcional; Estratégia Operativa (operacional); Estratégia de Ramo ou de Unidade de negócios - uma empresa de um grupo de empresas, ou uma divisão de uma grande corporação, que atua num ramo particular, diferente dos ramos em que atuam as outras empresas ou outras divisões.

A palavra Estratégia tem em sua raiz a expressão "a arte do general", que remete à escolha dos meios adequados para se atingir os objetivos (no caso do general, escolher as melhores formas de se vencer a batalha).

No contexto das organizações, estratégia é o caminho a ser seguido pela instituição no longo prazo. Qualquer organização, conscientemente ou não, adota uma estratégia, considerando-se que a não adoção deliberada de estratégia pode ser entendida como uma estratégia.

Dess, Lumpkin e Eisner definem **estratégia** como o conjunto de ações administrativas que possibilitam aos gestores de uma organização mantê-la integrada ao seu ambiente e no curso correto de desenvolvimento, assegurando-lhe atingir seus objetivos e sua missão.

Outras definições:

- Mintzberg e Quinn - Modelo ou plano que integra os objetivos, as políticas e as ações sequenciais de uma organização, em um todo coeso.
- Wright, Kroll e Parnell - Planos da alta administração para alcançar resultados consistentes com a missão e os objetivos gerais da organização.
- Meirelles e Gonçalves - Disciplina da administração que se ocupa da adequação da organização ao seu ambiente.
- Certo et al. - O processo contínuo e circular que visa manter a organização como um conjunto adequadamente integrado ao seu ambiente.
- Chiavenato - Mobilização de todos os recursos no âmbito global da organização, visando a atingir objetivos situados no longo prazo.

O pensamento estratégico, portanto, é uma forma de aprendizagem organizacional: é um importante instrumento de adequação da organização a um ambiente complexo, competitivo e dinâmico, preparando a organização para enfrentá-lo e utilizando, para isso, suas competências, qualificações e recursos internos, de maneira sistematizada e objetiva, buscando garantir a sustentabilidade no longo prazo.

Conceitos Básicos

Referencial Estratégico

A estratégia define as formas usadas pela instituição para enfrentar os grandes desafios - o mercado de atuação, o posicionamento nesse mercado. O Referencial Estratégico é o estágio inicial do planejamento organizacional: compreende um conjunto de passos pelos quais são identificados o negócio (ramo de atividades), a missão, a visão e os valores.

Missão

A missão é uma declaração sobre a **razão de ser da organização**: o que a organização é, qual seu propósito e como pretende atuar no seu dia a dia.

Representa sua identidade, portanto, traduz o sistema de valores e é duradoura (atemporal). Para ser eficaz, a missão deve declarar o escopo de negócio da organização, as necessidades básicas a ser atendidas, as competências centrais, o mercado-alvo, os princípios e valores fundamentais e o papel da organização na sociedade.

Exemplo: Missão do Poder Judiciário – Realizar Justiça.

Visão

A visão representa **aquilo que a organização deseja ser**, ou seja, suas aspirações, a posição que ela quer ocupar no futuro. Busca criar uma imagem que desafie e mobilize as pessoas. É estabelecida sobre os fins da instituição e corresponde à direção suprema que ela busca, o destino que pretende transformar em realidade.

Exemplo: Visão do Poder Judiciário – Poder Judiciário efetivo e ágil na garantia dos direitos e que contribua para a pacificação social e o desenvolvimento do país.

Valores

Os valores são os **atributos e virtudes** da organização, as suas qualidades. Refletem as **crenças** fundamentais, os princípios, as convicções dominantes para a maioria das pessoas da organização. São virtudes que se pretende preservar e incentivar. Servem como padrão de comportamento e fornecem sustentação a todas as principais decisões da organização.

Exemplos: Ética e Respeito; Foco em Resultado; Confiabilidade e Credibilidade; Valorização das

Pessoas; Acolhimento e Humanidade; Comprometimento e Engajamento de Todos; Transparência.

Resumo

Missão: razão de ser (quem somos?)	Razão de ser da organização, sua natureza, o serviço que desempenha à sociedade: seu propósito, sua identidade; como atua no seu dia a dia; é duradoura (atemporal), porém dinâmica.
Visão de futuro: Aspirações (onde queremos chegar?)	Representa o quadro futuro que se quer atingir no longo prazo (vigência do plano estratégico). Busca criar uma imagem que desafie e mobilize as pessoas.
Valores: crenças básicas	Crenças dominantes, atributos, qualidades. Descrevem como a organização pretende atuar no cotidiano, enquanto busca realizar sua visão.

Objetivos Estratégicos

Em termos resumidos, pode-se dizer que objetivos são os fins ou estados futuros que desejam alcançar por meio da aplicação de recursos.

No Planejamento Estratégico, os objetivos são desafios que, se alcançados, são suficientes para a concretização da visão de futuro da organização. Representam um conjunto de prioridades que esclarecem o que a estratégia quer alcançar e o que é crítico para o seu sucesso. São de longo prazo e cobrem a organização como um sistema global.

Nos objetivos estratégicos, os resultados pretendidos incidem sobre os grandes desafios institucionais e, portanto, devem ser definidos por pessoas pertencentes ao nível estratégico da organização (alta administração), que determinarão os pontos de concentração de seus esforços.

Devem ser coerentes com a missão, visão e os valores da organização e estar de acordo com os recursos humanos, físicos, tecnológicos, políticos e financeiros. Os prazos porventura estabelecidos devem ser plausíveis.

Caracterizam-se por serem aceitáveis, flexíveis, mensuráveis, motivadores, inteligíveis e alcançáveis.

Metas

Meta é um nível de desempenho que deve ser medido e realizado dentro de determinado prazo. É uma etapa a ser realizada para o alcance do objetivo ou da missão. Exemplo: aumentar em 10% o número de residências com saneamento básico no prazo de cinco anos no RS.

As metas devem refletir a realidade atual da organização e devem servir de motivação para a melhoria dos processos e identificação de aspectos falhos. Se uma meta não é alcançada, ou ela está superestimada ou existe algum problema no processo que precisa ser tratado.

Existe um acrônimo conhecido que auxilia a definição correta de metas: S.M.A.R.T.

- S – Specific (Específico) - não se deve deixar espaço a interpretações duvidosas. Quanto mais detalhada for a meta, melhor será sua compreensão e maiores suas chances de ser atingida. Por exemplo, em vez de definir "Aumentar as vendas em 10%", uma meta melhor seria "Obtenção de 10% no aumento de vendas nacionais na área de negócios A pela equipe X, no próximo ano fiscal, sem redução da margem de lucros e mantendo o nível de satisfação do cliente.".
- M – Measurable (Mensurável) - qualquer meta que não possa ser claramente medida, ou transformada em um número, permite a manipulação e interpretação para que os interessados o considerem atingido ou não.
- A – Attainable (Atingível) - devem ser agressivas, mas nunca impossíveis de atingir. Definir números que nunca poderão ser obtidos causa frustração e desânimo. O "A" também é algumas vezes chamados de "Agreed Upon" (feito em comum acordo). Isto significa que todos os envolvidos na definição e execução da meta a conhecem e estão de acordo com sua viabilidade e benefícios.
- R – Realistic (Realista) - ao considerar o realismo, deve-se pensar em fatores como: A equipe aceitará perseguir o objetivo? Este objetivo está alinhado com a missão e visão da organização? Algum princípio ético é ferido com este objetivo?
- T – Timely (Em Tempo) - significa que além do início e fim do período de busca da meta serem bem definidos, este período não deve ser tão curto que a torne impossível, nem tão longo que cause uma dispersão da iniciativa com o tempo. O T também pode ser "Tangible" (Tangível) – uma meta que possa ser sentida e observada tem maior chance de ser realizada.

Obs: alguns autores tratam Objetivo como sinônimo de Meta. Entretanto, a essência da diferença está em que o Objetivo Estratégico costuma (geralmente, mas nem sempre) ser um alvo qualitativo, enquanto a Meta é um alvo quantitativo. Meta é a quantificação de um objetivo.

Análise SWOT

A Análise SWOT é uma **ferramenta e diagnóstico estratégico** que consiste em obter e analisar informações internas e externas à organização para direcionar as decisões.

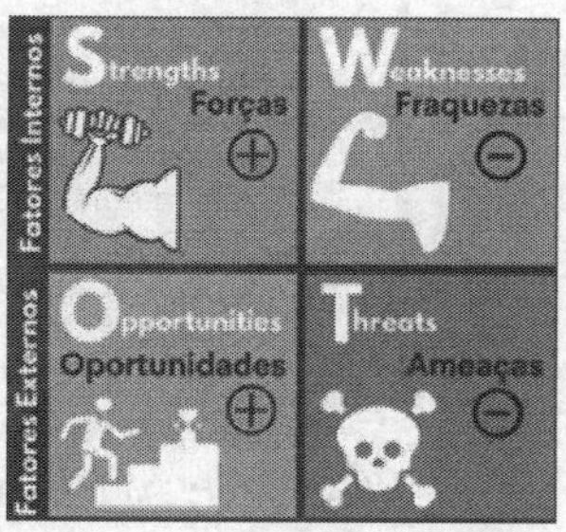

O termo SWOT vem das iniciais das quatro palavras em inglês Strengths, Weaknesses, Opportunities e Threats, que significam Forças, Fraquezas, Oportunidades e Ameaças.

No Brasil também recebe o nome de Matriz FOFA – Forças, Oportunidades, Fraquezas, Ameaças.

No Planejamento Estratégico, a matriz SWOT é usada para fazer análise das relações do ambiente externo (ameaças e oportunidades) com o potencial interno da organização (pontos fortes e pontos fracos).

Esse cruzamento dos quatro elementos permite o estabelecimento de estratégias para aumentar as forças, reduzir as fraquezas, aproveitar as oportunidades e evitar as ameaças.

Análise Interna

Os **fatores internos** são aqueles elementos que pertencem à organização e, portanto, são **controláveis**: funcionários, processos, produtos, serviços, finanças, competências, sistemas, estrutura, departamentos, estratégia, inovação, desempenho etc.

Eles podem ser classificados em forças, fraquezas, ou pontos neutros.

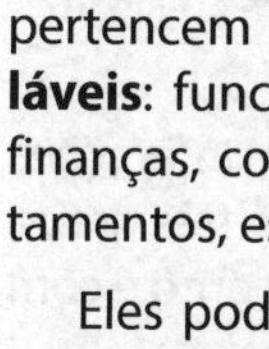

Forças - pontos fortes – fator interno, controlável e positivo; qualidades; diferenciação que gera vantagem para a organização. Ex: marca, qualidade do produto.

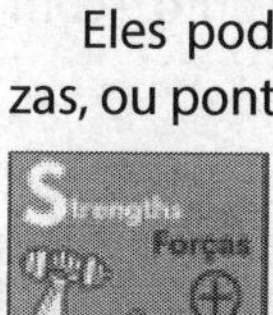

Fraquezas - pontos fracos – fator interno, controlável e negativo; deficiências; característica ou situação interna inadequada que coloca a organização em posição de desvantagem. Ex: estrutura precária.

Oliveira afirma que os **pontos neutros** também devem ser considerados na análise interna, pois, muitas vezes, não há condições de estabelecer se determinada atividade ou aspecto está beneficiando ou prejudicando a empresa.

Dessa forma, **ponto neutro** é uma variável identificada, todavia, no momento não existem parâmetros de avaliação para sua classificação como ponto forte ou ponto fraco. Tão logo se tenham as informações necessárias para a tomada de decisão adequada, esse fator deverá ser classificado como força ou fraqueza.

Análise Externa

Segundo Daft, o ambiente organizacional é definido como tudo o que existe fora dos limites da organização e tem potencial para afetá-la.

O ambiente está **fora do controle da organização**, mas afeta seu comportamento e vice-versa. A SWOT avalia o ambiente externo para identificar Oportunidades e Ameaças.

Oportunidades - atributo externo, não controlável, que pode favorecer a organização, desde que reconhecido e aproveitado. Ex: opinião pública favorável, crescimento do país, incentivos governamentais etc.

Ameaças - desafio externo, não controlável, que pode criar obstáculos ou prejudicar a organização. Suas consequências podem ser anuladas ou minoradas desde que previstas em tempo hábil. Ex: crise cambial, novo concorrente, poucos fornecedores etc.

Uso da SWOT - Estratégias

Segundo Oliveira, o cruzamento entre fatores externos e internos fornece elementos para a construção de 4 estratégias para a organização, conforme figura a seguir.

Estratégia de **desenvolvimento**: predominância de pontos fortes internos e de oportunidades externas. Diante disso, deve-se procurar desenvolver a empresa em duas direções principais: procurar novos mercados/clientes ou novas tecnologias, diferentes daquelas que a empresa domina.

Estratégia de **crescimento**: embora a empresa tenha predominância de pontos fracos, o ambiente está proporcionando situações favoráveis que podem se transformar em oportunidades, caso usufruídas. Nessa situação, nessa situação pode-se lançar novos produtos e serviços, aumentar o volume de vendas, fazer parcerias etc.

Estratégia de **manutenção**: ambiente com predominância de ameaças; entretanto, a empresa possui uma série de pontos fortes – disponibilidade financeira, recursos humanos, tecnologia etc. – acumulados ao longo do tempo que possibilitam a ela, além de continuar sobrevivendo, manter sua posição conquistada até o momento.

Estratégia de **sobrevivência**: acontece quando não existem alternativas, ou seja, quando o ambiente e a empresa estão em situação inadequada (alto índice de pontos fracos internos e de ameaças externas). A primeira decisão do executivo é parar os investimentos e reduzir, ao máximo possível, as despesas.

	Oportunidades	Ameaças
Forças	**Capacidade Ofensiva** Estratégia Ofensiva, de Desenvolvimento - novos mercados ou produtos, diversificação vertical ou horizontal etc.	**Capacidade Defensiva** Estratégia de Manutenção, Confronto - estabilidade, nicho, especialização.
Fraquezas	**Incapacidade Ofensiva** Estratégia de Reforço, Crescimento - Inovação, internacionalização, *joint venture*, expansão.	**Incapacidade Defensiva** Estratégia de Defesa, Sobrevivência - redução de custos, desinvestimento, liquidação do negócio.

Análise Ambiental

Daft divide o ambiente externo em duas partes:

- Ambiente da Tarefa: setores com os quais a organização interage diretamente e que têm um efeito direto na sua capacidade de alcançar metas - concorrência, clientes, fornecedores etc.
  - Oliveira denomina Ambiente Direto – conjunto de fatores que a empresa consegue identificar e avaliar o grau de influência recebido de forma mais efetiva.
  - Kotler utiliza a expressão Microambiente - ambiente específico de atuação que inclui os participantes imediatos envolvidos na produção, na distribuição e na promoção de um produto/serviço - a empresa, os fornecedores, os distribuidores, os revendedores e os clientes-alvo.
- Ambiente Geral (Indireto, Macroambiente): comum a todas as organizações, independentemente do ramo de atividade. Não tem impacto direto nas operações - influencia indiretamente, por isso é mais difícil medir seu grau de influência.
  - Para Kotler, o Macroambiente é formado por seis componentes:
    - ambiente demográfico – características da população (quantidade, faixa-etária, instrução etc.)
    - ambiente econômico – poder de compra, renda, endividamento etc.
    - ambiente sociocultural – valores, relações conosco, com outras pessoas, organizações etc.
    - ambiente natural – meio ambiente.
    - ambiente tecnológico – tendências tecnológicas, inovação etc.
    - ambiente político-legal – leis, órgãos governamentais e grupos de pressão que influenciam várias organizações e indivíduos.

Paulo de Vasconcellos classifica as interações entre uma organização e o ambiente em três graus, cada um com seu respectivo comportamento e com as consequências esperadas:

Grau de interação	Comportamento	Consequências
Negativo	Não reagente, não adaptativo, não inovativo	Sobrevivência a curto prazo - Extinção
Neutro	Reagente, Adaptativo	Sobrevivência a longo prazo - Estagnação
Positivo	Reagente, Adaptativo, Inovativo	Sobrevivência a longo prazo - Desenvolvimento.

Lawrence e Lorsch afirmam que diferentes ambientes levam as empresas a adotar diferentes estratégias que, por sua vez, exigem diferentes estruturas organizacionais.

Ambientes → Estratégias → Estruturas

Empresas que atuam num ambiente mais **estável** têm menos diferenciação e utilizam meios mais formais de integração - hierarquia de autoridade, planos, procedimentos, regras para alcançar a coordenação e unidade de esforços entre os subsistemas organizacionais.

Empresas que atuam num ambiente mais **instável** têm mais diferenciação, são mais descentralizadas e utilizam meios mais flexíveis de integração entre os seus subsistemas – equipes interfuncionais, comunicação mais aberta, influência baseada no conhecimento.

Ambiente	Estável	Instável
Características organizacionais	• Estrutura burocratizada, formal, centralizada, mecanicista. • Hierarquia rígida e sistema simples de controle. • Menor diferenciação. • Especialistas com funções definidas. • Integração por meios formais - normas, regras, linhas de autoridade.	• Estrutura orgânica, flexível, descentralizada. • Estilo participativo de gestão, comunicações abertas. • Maior diferenciação. • Práticas de relações humanas. • Integração por meios flexíveis - equipes interfuncionais, grupos-tarefa, redefinição constante de cargos etc.

CARACTERÍSTICAS DO PLANEJAMENTO ESTRATÉGICO

Gestão Estratégica é maior que o Planejamento Estratégico, pois envolve o Planejamento, a Execução e o Controle da estratégia. Tratando-se especificamente do Planejamento Estratégico, ele define a maneira pela qual uma organização pretende aplicar uma determinada estratégia para alcançar os objetivos no longo prazo.

Chiavenato define cinco características gerais do Planejamento Estratégico:

- é orientado para o futuro (longo prazo): é mais voltado para os problemas do futuro que os de hoje. Os problemas atuais são considerados apenas em função dos obstáculos que eles possam provocar para um desejado futuro.
- é compreensivo: envolve a organização como uma totalidade, abarcando todos os seus recursos, no sentido de obter efeitos sinergísticos de todas as capacidades e potencialidades.
- é um processo de construção de consenso: dada a diversidade de interesses e necessidades dos parceiros envolvidos, o planejamento oferece um meio de atender a todos eles na direção futura que melhor convenha a todos.
- é uma forma de aprendizagem organizacional: orientado para a adaptação da organização ao contexto ambiental.
- assenta-se sobre três parâmetros – a visão do futuro, os fatores ambientais externos e os fatores organizacionais internos (conforme figura abaixo).

Esses três parâmetros para a definição do planejamento estratégico buscam fortalecer as sinergias entre recursos, capacidades e potencialidades da organização. O modelo assemelha-se à definição da Análise SWOT (ou Matriz SWOT), uma ferramenta de diagnóstico estratégico que consiste em obter e analisar informações internas e externas para direcionar as decisões.

O professor Matias-Pereira aborda algumas características e fatores importantes do Planejamento Estratégico no Serviço Público:

- Forma de envolvimento dos atores: devem ser mobilizados previamente por preocupações comuns e estar dispostos a debaterem conjuntamente formas de enfrentamento das situações-problema.
- Interação e qualidade da relação entre conjunto de atores que planeja.
- Nível de consciência das potencialidades e debilidades que o grupo que planeja possui.
- Capacidade de percepção das condições que sustentam e condicionam a viabilidade das ações planejadas.
- Demonstração de vontade política para a implementação e a existência de mecanismos que monitoram tanto o plano quanto os elementos contextuais que lhe deram origem.

PROCESSO DE PLANEJAMENTO ESTRATÉGICO

Importante destacar que não há consenso na literatura sobre a quantidade e a ordem das fases/ etapas do planejamento estratégico.

Alguns administradores preferem definir os objetivos primeiro e depois fazer o diagnóstico e estabelecer as estratégias; outros priorizam o diagnóstico (análise das ameaças e oportunidades, forças e fraquezas) e somente depois definem os objetivos e as estratégias. Além disso, a situação muda frequentemente, por isso, as análises devem ser feitas continuamente, para acompanhar a evolução de todas as variáveis que afetam a organização. As decisões dos administradores criam situações, que precisam ser acompanhadas. Desse modo, o planejamento da estratégia é um processo contínuo e não um procedimento burocrático periódico.

Obs: Plano Estratégico é o nome que se dá ao resultado do processo de planejamento estratégico. O plano, portanto, é o produto do planejamento, é o documento que contém as diretrizes e decisões estratégicas de uma organização.

Maximiano define Planejamento Estratégico como o processo de estruturar e esclarecer os caminhos da organização e os objetivos que ela deve alcançar. Ele cita as seguintes fases:

1. Análise da situação estratégica presente da organização (onde estamos?): missão, desempenho, resultados alcançados;
2. Análise SWOT: análise do ambiente (quais são as ameaças e oportunidades do ambiente?) e interna (quais são os pontos fortes e fracos dos sistemas internos da organização?);
3. Elaboração do plano estratégico da organização (objetivos = para onde devemos ir? + estratégias = o que devemos fazer para chegar até lá?);
4. Implementação e avaliação.

Chiavenato define cinco fases:

1. Formulação dos objetivos organizacionais;
2. Análise externa do ambiente ou auditoria externa;
3. Análise interna da empresa ou auditoria interna;
4. Formulação das alternativas estratégicas e escolha estratégia a ser utilizada;
5. Desenvolvimento de planos táticos e operacionalização da estratégia

Oliveira define 4 fases:

1. Diagnóstico estratégico: identificação da visão e dos valores; análise externa e interna; análise dos concorrentes.
2. Missão da empresa: estabelecer a missão e os propósitos (setores de atuação); estruturar e debater cenários (forma prospectiva ou projetiva); estabelecer a postura estratégica; definir macroestratégias e macropolíticas.
3. Instrumentos prescritivos e quantitativos: objetivos (gerais e funcionais), desafios e metas; diretrizes, estratégias e políticas; programas, projetos e planos de ação; instrumentos quantitativos (projeções econômico-financeiras).
4. Controle e avaliação.

Carlos Matus - Planejamento Estratégico Situacional (PES):

Desenvolvido pelo economista chileno Carlos Matus, o PES é uma alternativa aos métodos tradicionais, pois se preocupa com o contexto em que o plano se desenvolve, com o permanente acompanhamento das condições que poderão interferir no progresso das operações do plano.

Possui 4 momentos:

1. **Explicativo**: seleção e compreensão do problema, buscando explicar origens e causas;
2. **Normativo**: propostas de ação em diferentes cenários, correspondendo ao desenho de como deve ser a realidade, e a forma de superação dos chamados nós críticos, levando à mudança da situação inicial em direção à situação objetivo;
3. **Estratégico**: construção da viabilidade do plano, estando centrado na identificação do "que pode ser";
4. **Tático-operacional**: fazer acontecer a gestão do plano.

Na literatura administrativa há dezenas de métodos, ferramentas e técnicas adotadas para a análise do ambiente e a definição de estratégicas. A seguir trataremos das mais comuns em provas de concurso.

Mintzberg

- Um dos grandes autores da gestão estratégica, define que todo o fracasso de implementação também é, por definição, um fracasso na formulação. Ele trata o processo de formação das estratégias como um somatório das estratégias **deliberadas** com as **emergentes**.

Estratégias Deliberadas são aquelas explicitamente planejadas e definidas de acordo com um plano controlado da instituição, ou seja, são as estratégias pretendidas.

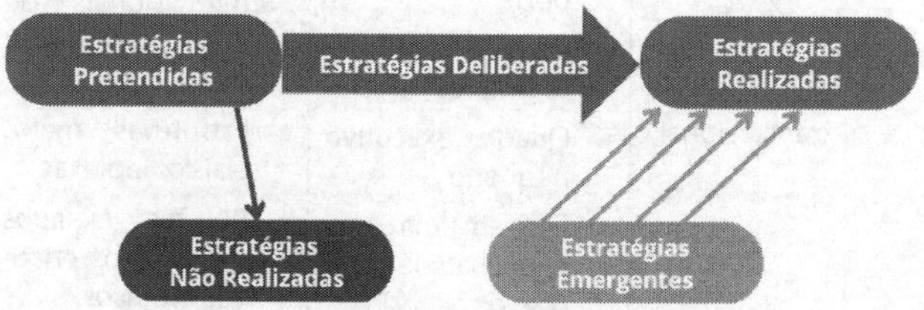

Estratégias Emergentes são padrões de ação surgidos na ausência de um plano deliberado ou mesmo em desacordo com este plano. Estão muito ligadas ao aprendizado organizacional.

Mintzberg resumiu, após extensa revisão bibliográfica, as características de dez escolas do pensamento estratégico que se desenvolveram a partir da década de 70 do século XX:

- **Design**: a estratégia como um processo de concepção. Há um ajuste entre as forças e as fraquezas internas com as ameaças e as oportunidades externas de seu ambiente;
- **Planejamento**: a estratégia como um processo formal. A formalidade significa que o processo estratégico pode ser decomposto em passos distintos e delineados, sustentado por técnicas como orçamentação, programas e planos operacionais;
- **Posicionamento**: a estratégia como um processo analítico, que se reduz a posições genéricas selecionadas por meio de análises das situações. Nessa escola, a formulação da estratégia deve ser precedida de exame profundo da organização e de uma minuciosa análise do ambiente externo e interno da empresa;
- **Empreendedora**: a estratégia como um processo visionário. Baseia o processo estratégico na intuição e na visão dos líderes.
- **Cognitiva**: a estratégia como um processo mental. Essa escola estuda as estratégias que se desenvolvem nas mentes das pessoas, a fim de categorizar os processos mentais em estruturas, modelos, mapas, conceitos e esquemas. Assim, a pesquisa é dirigida ao modo como a mente humana processa a informação, mapeia a estrutura do conhecimento e obtém a formação de conceitos;
- **Aprendizado**: a estratégia como um processo emergente. Origina-se em toda a organização através de seus membros individualmente ou coletivamente;
- **Poder**: a estratégia como um processo de negociação, envolvendo barganha, persuasão, confrontação e alianças entre os atores que dividem o poder, tanto na empresa quanto no mercado.
- **Cultural**: a estratégia como um processo coletivo. Enquanto o poder concentra-se em interesse próprio e fragmentação, a cultura volta-se para os interesses comuns e integração dentro da organização;
- **Ambiental**: a estratégia como um processo reativo, ou seja, a organização é considerada um ente passivo que consome seu tempo reagindo a um ambiente que estabelece a ordem a ser seguida;
- **Configuração**: a estratégia como um processo de transformação. Nessa linha de estudo, as organizações são percebidas como configurações, ou seja, agrupamentos coerentes de características e comportamentos. A fim de transformar uma organização, ela teria de saltar de uma configuração para outra, sendo que nesse instante ocorreria uma mudança estratégia.

Natureza	Escola	Formulação de estratégia como um processo...
Prescritiva: como as estratégias devem ser formuladas	Desenho (Design)	de Concepção (SWOT)
	Planejamento	Formal (passos, sistemático)
	Posicionamento	Analítico (posições genéricas)
Descritiva: como as estratégias são formuladas de fato	Empreendedora	Visionário (visão do líder)
	Cognitiva	Mental (modelos na mente das pessoas)
	Aprendizado	Emergente (pelas pessoas)
	Poder	de Negociação (persuasão, alianças)
	Cultural	Coletivo
	Ambiental	Reativo (reação ao ambiente)
Integrativa: integrar vários elementos das demais escolas	Configuração	de Transformação (mudar configuração)

Estratégia Competitiva - Porter

No *livro Estratégia Competitiva*, Porter aborda a concorrência entre empresas, examinando o modo como uma empresa pode competir com maior eficácia para fortalecer sua posição no mercado.

Estratégia competitiva é a relação entre os fins (metas, objetivos) que a empresa pretende alcançar e os meios (políticas, operações) necessários para se chegar lá.

Estratégias Genéricas - Porter

Porter aponta dois tipos básicos de vantagem competitiva que uma empresa pode possuir: **baixo custo** e **diferenciação**. Combinados com o escopo de atividades da organização e o seu interesse em atuar em um segmento específico (Foco) ou em todo o mercado, esses tipos básicos de vantagem competitiva criam as **Estratégias Competitivas Genéricas** capazes de criar uma posição sustentável em longo prazo: **Liderança em Custo, Diferenciação** e **Foco.**

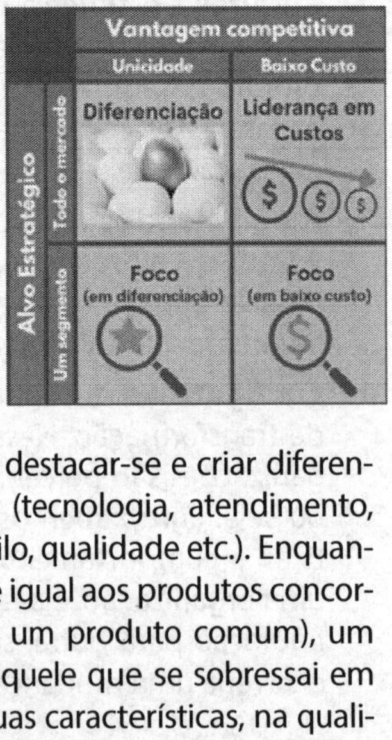

Liderança em Custo: a organização centra seus esforços na minimização de custos em geral (busca de eficiência produtiva, ampliação do volume de produção), pois tem no preço um dos principais atrativos para o consumidor.

Diferenciação: busca destacar-se e criar diferenciais para o consumidor (tecnologia, atendimento, forma, confiabilidade, estilo, qualidade etc.). Enquanto um produto genérico é igual aos produtos concorrentes (um commodity - um produto comum), um produto diferenciado é aquele que se sobressai em relação aos demais em suas características, na qualidade, atraindo maior atenção e desejo. Isso significa enfatizar uma ou mais vantagens competitivas, como qualidade, serviço, prestígio para o consumidor, estilo do produto ou aspecto das instalações.

Foco (concentração ou do nicho): focar um grupo de consumidores, escolher um nicho ou segmento do mercado e concentrar-se nele, em vez de enfrentar todos os concorrentes no grande mercado. Porter deixa claro, em seu livro, que a três estratégias são modelos teóricos e, na prática, o Foco pode ser subdividido em Foco em Diferenciação e Foco em Custos.

Barney e Hesterly aprofundam os **requisitos organizacionais** para implementar estratégias de liderança em custo e estratégias de diferenciação de produto.

	Liderança em Custo	Diferenciação de Produto
Estrutura organizacional	• Poucos níveis na estrutura de reporte • Relações de reporte simples • Quadro executivo pequeno • Foco em uma gama pequena de funções de negócio	• Equipes interfuncionais e interdivisionais de desenvolvimento de produto • Estruturas matriciais complexas • Bolsões isolados de esforços criativos intensos
Sistemas de controle gerencial	• Sistemas rígidos de controle de custos • Metas de custo quantitativas • Supervisão estrita de custos de mão-de-obra, matéria-prima, estoque e outros • Filosofia de liderança em custo	• Diretrizes amplas de tomada de decisão • Liberdade gerencial nos limites dessas diretrizes • Política de experimentação
Políticas de remuneração	• Recompensas por redução de custo • Incentivos para que todos se envolvam na redução de custos	• Recompensas por assumir riscos, e não punição por falhas • Recompensas pelo instinto criativo • Mensuração de desempenho interdimensional

Modelo das Cinco Forças - Porter

Foi concebido por Michael Porter em 1979 e destina-se à análise da competição entre empresas e da atratividade de um mercado.

Considera cinco fatores, "forças competitivas", que devem ser estudados para que se possa desenvolver uma estratégia empresarial eficiente: Rivalidade entre os concorrentes, Poder de Negociação (barganha) dos clientes, Poder de Negociação (barganha) dos fornecedores, Ameaça de produtos substitutos (Grau de diferenciação dos insumos), Ameaça de entrada de novos concorrentes.

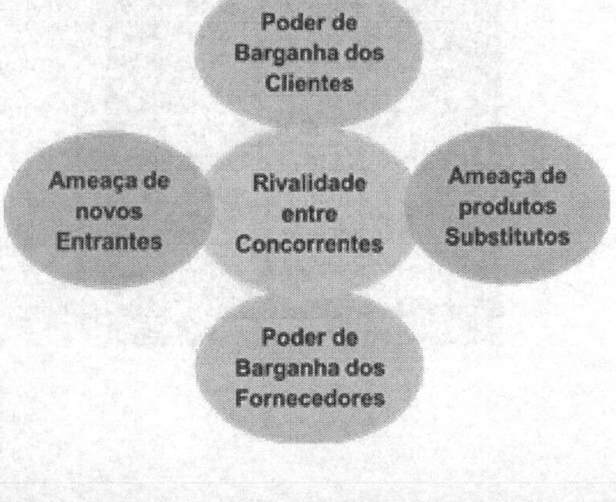

Variações dessas forças em uma empresa afetam a sua capacidade para servir os clientes e obter lucros. Uma mudança em qualquer uma das forças normalmente requer uma nova pesquisa (análise) para reavaliar o mercado.

1. Ameaça de Novos Entrantes (barreiras a novos concorrentes)

Fica mais fácil para uma empresa manter sua posição no mercado caso haja barreiras à entrada de novos concorrentes. Por exemplo: é difícil ingressar em mercados regulamentados ou que exigem altos investimentos; é mais fácil ingressar em ramos que envolvem investimentos relativamente baixos. Segundo Porter, há 6 fontes principais de barreiras de entrada:

- **Economias de escala** – declínio dos custos unitários de um produto ou operação à medida que o volume por período aumenta. Obriga novos entrantes a iniciar produzindo grandes quantidades.
- **Desvantagens de custo independentes de escala** – empresas estabelecidas podem ter vantagens de custos que são impossíveis de serem igualadas por entrantes (tecnologia patenteada, acesso a matéria-prima, localização, subsídios oficiais, curva de aprendizagem, competências essenciais - conhecimentos, habilidades, atitudes que levam anos para se desenvolver e que entrantes potenciais não dispõem).
- **Diferenciação do produto** – empresas estabelecidas têm sua marca identificada e contam com lealdade dos clientes.
- **Necessidades de capital** – necessidade de altos investimentos iniciais.
- **Custos de mudança** – custos do cliente para mudar de fornecedor (novos equipamentos, treinamentos, tempo, assistência etc.)
- **Acesso aos canais de distribuição** – uma nova empresa precisa garantir a distribuição de seus produtos, por exemplo, produto alimentício precisa garantir um espaço na concorrida prateleira de supermercados oferecendo promoções, fazendo maiores esforços de venda.
- **Política governamental** – governo pode limitar o acesso por meio de licenças e controles.

Há outras barreiras como a **Retaliação prevista** (reação dos concorrentes), Preço de entrada dissuasivo

2. Ameaça de Produtos Substitutos

Parte do pressuposto de que nada é insubstituível. A existência de produtos (bens e serviços) substitutos no mercado, que podem desempenhar a mesma função ou satisfazer as mesmas necessidades dos clientes. Produtos substitutos são fornecidos por outros ramos de negócios (ex: fabricantes de garrafas plásticas para leite são ameaçados pelos fabricantes de embalagens de papel; adoçante x açúcar).

3. Poder de Negociação dos Fornecedores

É o mercado de insumos. Fornecedores de matérias-primas, componentes e serviços podem se recusar a trabalhar com a empresa, ou cobrar preços excessivamente elevados por recursos exclusivos. O poder dos fornecedores aumenta quando há poucos que controlam suprimentos importantes; não existem produtos substitutos; produtos fornecidos são diferenciáveis ou representam elevados custos de mudança.

4. Poder de Negociação dos Clientes

O poder dos compradores aumenta quando são poucos e concentrados; compram grande quantidade; existem produtos substitutos; produtos são indiferenciáveis ou apresentam baixos custos de mudança.

5. Rivalidade entre os Concorrentes

A intensidade da rivalidade entre os concorrentes de um ramo de negócios é consequência de vários fatores (incluindo as 4 forças anteriores): concorrentes numerosos e bem equilibrados, crescimento lento da indústria, custos fixos altos, ausência de diferenciação (ou custos de mudança), concorrentes divergentes (em estratégias, origens, personalidades etc), grandes interesses estratégicos e barreiras de saída elevadas (restrições governamentais/ contratuais, custos de saída – trabalhistas etc. –, barreiras emocionais, inter-relações estratégicas).

Para a maioria das empresas, é o principal determinante da competitividade do mercado. Às vezes rivais competem agressivamente (em relação a preço, inovação, qualidade, marketing etc.); outras vezes podem realizar acordos tácitos de coexistência e parcerias.

6ª Força: alguns autores incluem uma sexta força competitiva. Para alguns seria o aparato político-institucional (força do governo), para outros seriam os

Complementadores – empresas de outros setores que têm produtos complementares aos produtos vendidos no setor e aos quais as empresas podem se aliar para conseguir vantagens.

Matriz BCG

A Matriz BCG é uma análise gráfica desenvolvida para a empresa de consultoria americana Boston Consulting Group em 1970.

Seu objetivo analisar portfólio de produtos ou de unidades de negócio baseado no conceito de ciclo de vida do produto.

A matriz tem duas dimensões: participação da empresa ou produto no mercado (que impacta suas receitas) e taxa de crescimento do mercado (que impacta os custos para a empresa se manter ou crescer).

Cão - vira-lata, animal de estimação, abacaxi – produtos com baixo potencial de crescimento e baixa participação no mercado. Têm pouca capacidade de geração de recursos e devem ser evitados/ minimizados/ abandonados pela empresa.

Vaca Leiteira - representam os negócios com alta participação em mercados de baixo crescimento. Geram grande retorno com baixo investimento e representam a base da organização, podendo ser empregadas para financiar outros negócios, especialmente os pontos de interrogação.

Em questionamento - ponto de interrogação, criança-problemática – tem baixa participação no mercado e alto potencial de crescimento. É problemática, pois exige altos investimentos e, como resultado, pode virar tanto um Cão quanto uma Estrela.

Estrela - representam os negócios com alta participação em mercados com alta taxa de crescimento, que tem uma grande necessidade de injeção de recursos, embora também tenham uma grande capacidade de geração de recursos. Ficam frequentemente em equilíbrio quanto ao fluxo de caixa, entretanto, a participação de mercado deve ser mantida, pois podem se tornar vacas leiteiras se não houver perda de mercado.

Matriz de Ansoff (produto-mercado)

Também conhecida como Matriz Produto-Mercado, é uma ferramenta de análise e de definições de estratégias, verificando oportunidades de crescimento.

A matriz tem duas dimensões, produtos (atuais ou novos) e mercados (atuais ou novos). Sobre essas duas dimensões são aplicadas quatro possíveis estratégias: **penetração de mercado, desenvolvimento de mercado, desenvolvimento de produto e diversificação pura.**

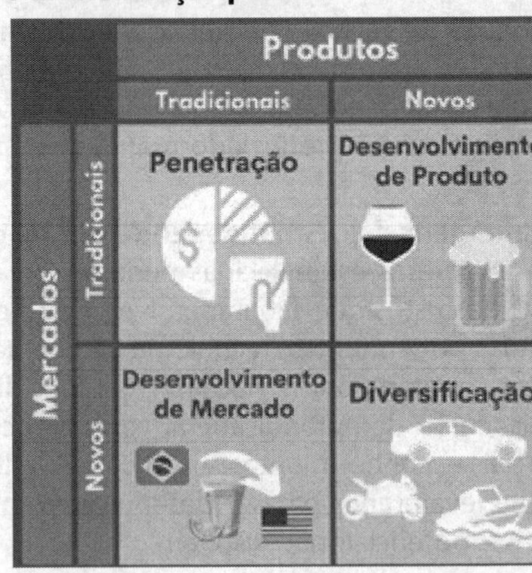

Penetração de mercado: aumento na participação nos mercados atuais para produtos já existentes (ex: aumento na frequência de uso, novas aplicações etc.)

Desenvolvimento de mercado: busca de novos mercados para os atuais produtos (ex: conquistar clientes da concorrência, buscar mercados externos etc.)

Desenvolvimento de produtos: criar produtos ou gerar aperfeiçoamentos para o atual mercado de atuação (ex: vender outros produtos a clientes regulares, desenvolver uma nova geração de produtos etc.)

Diversificação: é a mais arriscada das estratégias, pois tanto os produtos quanto os mercados são novos.

Wright, Kroll e Parnell

Analisando as dimensões de estratégia corporativa, os autores destacam que uma empresa pode adotar estratégias corporativas de crescimento, de estabilidade e de redução.

Estratégia	Tipos	Definição / Execução
Crescimento	Crescimento Interno	Aumento das vendas e da capacidade de produção da força de trabalho.
	Integração Horizontal	Aquisição de outras companhias no mesmo nível da cadeia produtiva (concorrentes diretos), em busca de ampliar suas operações e a capacidade produtiva.
	Diversificação	Aquisição de empresa de um setor externo a seu campo de atuação atual
	Integração Vertical	Estratégia de assumir o controle sobre os processos da cadeia produtiva. A empresa assume, controla ou administra outros membros da cadeia produtiva (torna-se responsável por etapas consecutivas do canal vertical). Integração vertical a montante (para trás): expandir atividades em fontes de fornecimento (passa a fazer em vez de comprar); Integração vertical a jusante (para frente): expandir atividades para distribuidores, clientes.
	Fusões	União de duas empresas por meio de uma permuta de ações, com o objetivo de partilha ou transferência de recursos e ganho em força competitiva.
	Alianças Estratégicas	Parcerias em que duas ou mais empresas realizam um projeto específico ou cooperam em determinada área de negócio.
Estabilidade		Para empresas que atuam em mais de um setor: manutenção do conjunto atual de empresas. Para uma empresa que atua em um único setor: manutenção das mesmas operações sem busca de um crescimento significativo nas receitas ou no tamanho da empresa
Redução	Reviravolta (turnaround)	Visa a tornar a empresa mais enxuta e eficaz, ao eliminar resultados não lucrativos, diminuir ativos, reduzir o tamanho da força de trabalho, cortar custos de distribuição e reconsiderar as linhas de produtos e os grupos de clientes da empresa.
	Desinvestimento	Ocorre quando uma empresa vende ou faz um spin-off (segregação parcial) de uma de suas unidades de negócio, se esta apresentar um desempenho ruim ou deixar de se adequar ao perfil estratégico da empresa.
	Liquidação ou Fechamento	Venda de ativos indicada somente quando nem a reviravolta nem o desinvestimento forem viáveis, em virtude de suas perdas e impactos negativos.

Planejamento baseado em Cenários

Cenários são futuros potenciais, que podem acontecer ou não - são probabilísticos (não determinísticos).

Cenários nos ajudam a ter uma visão de longo prazo em meio a grandes incertezas. São histórias relativas ao amanhã que facilitam o reconhecimento de mudanças no meio ambiente e a adaptação a elas.

Planejar por cenários é fazer escolhas, hoje, compreendendo o que pode acontecer com elas no futuro.

Segundo Schwartz, cenário é uma ferramenta para ordenar a percepção sobre ambientes futuros alternativos onde se pretende atuar. É um conjunto de modos organizados que nos permitem sonhar efetivamente sobre o nosso futuro, que nos ajudam a ter uma visão de longo prazo em um mundo de grandes incertezas.

Godet e Roubelat citam três tipos de cenários:

- **possíveis** - todos os que a mente humana puder imaginar;
- **realizáveis** - todos os possíveis de ocorrer e que levam em conta os condicionantes do futuro;
- **desejáveis** - encontram-se em qualquer parte do possível, mas nem todos são, necessariamente, realizáveis.

Para Schwartz, um cenário possui 6 elementos: título (referência ao cenário específico), filosofia (a ideia-força do cenário, sua direção), variáveis (aspectos e elementos relevantes), atores (indivíduos, grupos, organizações que influenciam ou são influenciados pelo cenário), cenas e trajetória (percurso, caminho entre as diferentes cenas).

Um cenário possui diversas características. A mais importante é a visão plural do futuro (existem vários futuros possíveis). Como as variáveis quantitativas perdem sentido no longo prazo (devido à incerteza implícita no ambiente), a ênfase dos cenários se dá nos aspectos qualitativos. Após o desenho do cenário, é importante verificar sua coerência interna (compatibilidade entre filosofia, trajetória e as cenas).

No período compreendido entre seu surgimento, em 1967, e o final da década de 70, observou-se um esforço analítico no sentido de aprimorar a técnica de Cenários como ferramenta de apoio à decisão. Tal mobilização resultou em três linhas metodológicas distintas – as escolas de lógica intuitiva, de tendências probabilísticas e de análise prospectiva.

- Lógica intuitiva: baseada na intuição do formulador;
- Tendências probabilísticas: técnica denominada análise de impactos cruzados, que consiste em um conjunto de relações causais associadas às probabilidades condicionadas entre pares de eventos, que resultam em modelos de simulação. Neste caso, as probabilidades subjetivas obtidas a partir das opiniões dos especialistas são processadas, a fim de se corrigirem incoerências;
- Análise prospectiva: foco foi orientado para o planejamento do setor público. Diferente de prever o futuro, os estudos prospectivos visam à análise das diversas possibilidades de futuro plausíveis e ao preparo das organizações para enfrentar qualquer uma delas, ou para criar condições de modificar sua probabilidade de ocorrência, ou, ainda, para minimizar seus efeitos adversos.

Há duas abordagens básicas para lidar com cenários: projetiva e prospectiva.

- Abordagem **projetiva**: de um único cenário. Restringe-se a variáveis quantitativas, objetivas e conhecidas; busca explicar o futuro pelo passado; considera o futuro único e certo; utilizar-se de modelos deterministas e quantitativos.

- Abordagem **prospectiva**: múltiplos cenários. Visão global; variáveis qualitativas, quantificáveis ou não, subjetivas ou não, conhecidas ou não; ocorrência de futuro múltiplo e incerto; o futuro atuando como determinante da ação presente; e uma análise intencional, em que o executivo pode utilizar variáveis de opinião (julgamento, pareceres, probabilidades subjetivas etc.) analisadas por métodos do tipo da análise estrutural, Delphi, impactos cruzados etc.

Cenários Prospectivos é uma técnica utilizada para reduzir e trabalhar as incertezas futuras, diante de uma era de complexidade crescente e de ambientes turbulentos, incertos e de mudanças em ciclo rápido, em que cada vez menos o futuro está sendo determinado pelos acontecimentos passados. Construir e utilizar-se de cenários prospectivos é analisar múltiplos futuros, ou seja, não se trata de prescrição, menos ainda de previsão ou adivinhação, é lidar com as incertezas, preparando-se para maior adaptabilidade no curto prazo e maior robustez no longo prazo.

Porter (1985) sugere que os cenários são ferramentas importantes para o entendimento e busca por novas tendências. O autor apresentou cinco métodos básicos de formulação de estratégia organizacional baseada em cenários que podem ser empregados isoladamente, em sequência ou combinados. São eles:

1. Apostar no cenário mais provável – consiste em formular a estratégia baseando-se no cenário (ou conjunto de cenários) de maior probabilidade de ocorrência.
2. Apostar no "melhor cenário" – consiste em formular a estratégia baseando-se naquele cenário em que se acredita ser o melhor para se estabelecer uma vantagem competitiva mais sustentável em longo prazo.
3. Garantir – trata-se de formular a estratégia na busca de maior robustez, de forma que se produzam resultados satisfatórios em todos os cenários, ou ao menos no conjunto de cenários com probabilidade considerável de ocorrência.
4. Preservar a flexibilidade – é a adoção de estratégia flexível até que se torne mais aparente o cenário que está se projetando para materializar, então, uma estratégia definitiva é formulada de maneira que se ajuste a ele.
5. Influenciar – consiste em formular a estratégia de modo a aumentar a probabilidade de ocorrência do melhor cenário, prevendo ações para influenciar os fatores causais por trás das variáveis constituintes dos cenários.

Balanced Scorecard – BSC

Por volta de 1990, os principais métodos de avaliação de performance das organizações eram baseados apenas em dados financeiros (lucros, custos etc.).

Dois pesquisadores, Robert S. Kaplan e David P. Norton, publicaram um artigo demonstrando que apenas os dados financeiros não bastavam para retratar a complexidade de uma organização. Para captar toda essa complexidade da performance na organização eram necessárias outras perspectivas além da financeira (era necessário observar outros tipos de indicadores de desempenho).

Nascia então o Balanced Scorecard (BSC), uma expressão que, traduzida, significa algo como "Placar Balanceado de Desempenho". Olhar apenas para finanças gera desequilíbrio, portanto, a proposta dos autores era medir o desempenho organizacional de maneira equilibrada, por meio de **quatro perspectivas (ou dimensões)**:

1. Financeira

2. **Clientes (ou mercado)**
3. **Processos internos**
4. **Aprendizado e crescimento (inovação)**

O BSC, por meio dessas quatro perspectivas, leva à criação de uma rede de indicadores de desempenho que atinge todos os níveis e departamentos, comunicando a estratégia para toda organização, gerando alinhamento e comprometimento com os objetivos de longo prazo.

Mais do que controle, é um sistema focado no comportamento, que busca estratégias e ações equilibradas em todas as áreas que afetam o negócio da organização.

Perspectivas

Financeira

Monitora se a estratégia da empresa está contribuindo para a melhoria dos resultados financeiros. As metas financeiras se relacionam com rentabilidade, crescimento e valor para os acionistas.

Kaplan e Norton defendem que, nas empresas, os objetivos financeiros servem de foco para os objetivos e medidas das outras perspectivas do BSC - qualquer medida selecionada deve fazer parte de uma cadeia de relações de causa e efeito que culminam com a melhoria do desempenho financeiro.

Exemplos de indicadores: lucratividade, retorno dos investimentos, valor agregado ao patrimônio, ativo total, custos totais, taxa de crescimento, rentabilidade, preço da ação.

Clientes/Mercado

A perspectiva dos clientes permite o alinhamento das empresas com segmentos específicos de clientes e mercados. Em outras palavras, pressupõe definições quanto ao mercado e aos segmentos nos quais a organização deseja competir.

A organização deverá traduzir os fatores importantes para os clientes em objetivos e medidas (indicadores). A proposta é monitorar como a empresa entrega real valor ao cliente certo. É, portanto, uma perspectiva focada em como criar valor de forma sustentável e diferenciada para os clientes, por meio da sua conquista, satisfação e retenção. A escolha da proposição de valor para os clientes é o elemento central da estratégia.

Exemplos de medidas de resultado relacionadas aos clientes:

- Medidas essenciais dos clientes: participação e posicionamento de mercado, captação de clientes, retenção, satisfação, fidelidade.
- Medidas de proposta de valor: atributos dos produtos/serviços, relacionamento com os clientes, imagem e reputação.

Processos Internos (perspectiva interna)

Os processos internos criam e cumprem a proposição de valor para os clientes. Na lógica causa-efeito do BSC, os objetivos e as medidas para a perspectiva dos processos internos derivam de estratégias voltadas para o atendimento às expectativas dos acionistas (financeiras) e clientes-alvo (clientes).

Um dos desafios na criação do *scorecard* é identificar os processos internos críticos que dão suporte às perspectivas anteriores e que levam a estratégia da empresa ao sucesso; outro desafio é identificar novos processos críticos que necessitam ser desenvolvidos e monitorados para atingir a excelência no cumprimento do planejamento estratégico.

Kaplan e Norton recomendam que os executivos definam uma cadeia de valor completa dos processos internos: inicia com o processo de inovação – identificação das necessidades atuais e futuras dos clientes e desenvolvimento de novas soluções para essas necessidades; prossegue com os processos de operações – entrega dos produtos e prestação dos serviços aos clientes existentes; e termina com o serviço pós-venda – que complementam o valor proporcionado aos clientes pelos produtos ou serviços.

Exemplos de indicadores: qualidade dos produtos e processos, capacidade de produção, logística e otimização dos fluxos, qualidade das informações e da comunicação, giro de estoques; índice de retrabalhos; porcentagem de defeitos.

Aprendizado e Crescimento / Inovação

Os objetivos dessa perspectiva buscam gerar crescimento e melhoria em longo prazo. Eles oferecem a infraestrutura necessária para a realização dos objetivos das outras três perspectivas, ou seja, são vetores de resultados das três outras.

Essa perspectiva garante a solidez e constitui o valor fundamental para as organizações de futuro. Ela busca analisar o negócio do ponto de vista daquilo que é básico para alcançar o futuro com sucesso – a capacidade de aprender.

Em outras palavras, busca criar um ambiente propício à mudança e ao crescimento por meio de questões relacionadas ao clima organizacional, à motivação, às habilidades e produtividade dos funcionários, alinhamentos das tecnologias e sistemas de informação.

Segundo Kaplan e Norton (1997), o aprendizado e crescimento organizacional provêm de três principais fontes: as pessoas, os sistemas e os procedimentos organizacionais. Para que essas três fontes trabalhem e contribuam de forma mais eficiente possível para o atingimento dos objetivos das demais perspectivas já vistas, é necessário que as empresas invistam em capacitação de funcionários, reciclagem de tecnologia de informação e de sistemas e no alinhamento das rotinas diárias à gestão estratégica.

Há, portanto, três categorias principais de ativos intangíveis nessa perspectiva:

- capital humano - capacidade dos funcionários, que envolve habilidade, talento e know-how;
- capital da informação - capacidade dos sistemas de informação, que envolve a disponibilidade de sistemas, redes e infraestrutura de informação;
- capital organizacional, referente à capacidade de mobilização e sustentabilidade das mudanças.

A capacitação da organização se dá por meio dos investimentos em tecnologia, em pesquisa e desenvolvimento, em sistemas e procedimentos e nas pessoas. Os objetivos de Aprendizado e Crescimento descrevem como pessoas, tecnologia e clima organizacional se conjugam para sustentar a estratégia. Esses ativos intangíveis são a fonte definitiva de criação de valor sustentável.

Exemplos de indicadores: competências, motivação, empowerment, treinamento, absenteísmo, rotatividade.

Resumo das 4 perspectivas do BSC

Vistas de maneira integrada, as quatro perspectivas do *Balanced Scorecard* geram alinhamento estratégico, pois traduzem os conhecimentos, habilidades e sistemas que os funcionários precisarão (seu aprendizado e crescimento) para inovar e construir as capacidades estratégicas certas (processos internos) que entregarão valor específico ao mercado (clientes), os quais, eventualmente, proporcionarão o aumento do valor aos acionistas (financeiro).

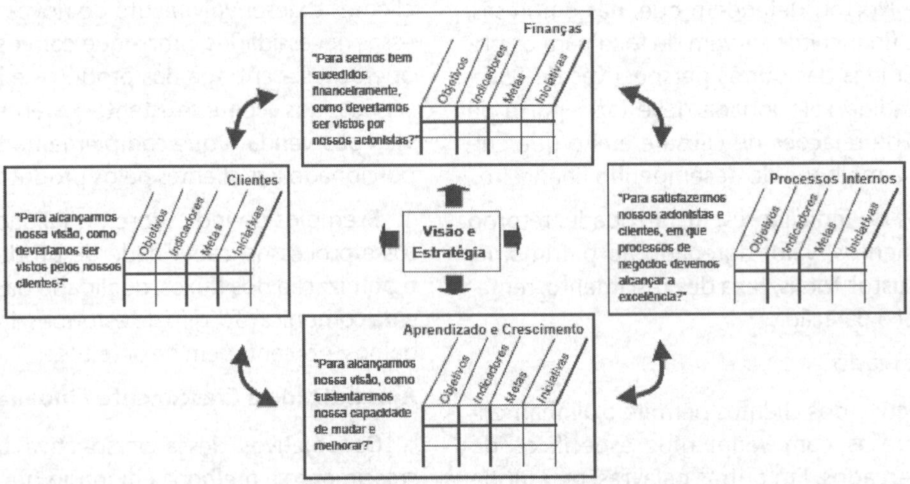

Importante ressaltar que as quatro perspectivas não são um modelo rígido. Kaplan e Norton admitem que, de acordo com as circunstâncias, uma organização pode renomear, excluir ou criar suas próprias perspectivas.

O BSC pode ser adaptado a qualquer organização, pública ou privada, de qualquer tamanho e natureza.

Gestão Estratégica usando o BSC

Tratado inicialmente como um sistema de medição de desempenho baseado em indicadores, o BSC evoluiu e hoje é considerado uma ferramenta de gestão da estratégia.

Três princípios permitem a integração do Balanced Scorecard à estratégia empresarial:

1) Relações de causa e efeito – os objetivos e medidas definidos para cada perspectiva devem estar ligados por meio de uma relação de causa e efeito.

Segundo Kaplan e Norton, estratégias são conjuntos de hipóteses de causa e efeito (se eu fizer isso, então alcançarei aquilo). Dessa maneira, para atingir a estratégia desejada é necessário uma série de hipóteses interligadas, formando um conjunto de relações de causa e efeito explícitas.

2) Resultados de desempenho – o BSC deve ser uma combinação de indicadores de desempenho, que podem ser de resultado ou de tendência:

os indicadores de resultado medem se os objetivos foram alcançados após um período (ocorrências - lagging indicators); os indicadores de tendência (leading indicators) medem os meios, informam como a estratégia está sendo conduzida no dia a dia e permitem que as organizações ajustem o caminho.

3) Relação com os fatores financeiros – o BSC deve enfatizar bem os resultados financeiros (considerado o objetivo maior na administração privada), pois qualquer medida deve fazer parte de uma cadeia de relações de causa e efeito que culminam com a melhoria do desempenho financeiro.

Componentes

Com base nesses três princípios, dentro de cada perspectiva são definidos **Objetivos, Indicadores, Metas e Iniciativas**. Estes componentes definem a estrutura que **traduz a estratégia em termos operacionais** (desdobra e comunica a estratégia para as áreas e para as pessoas, coloca a visão em movimento).

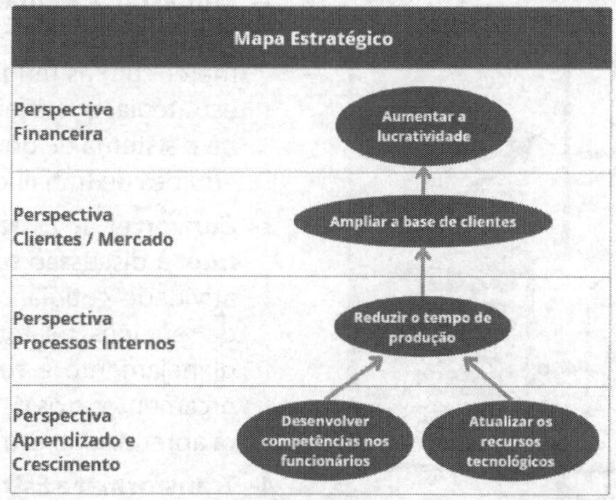

Objetivo	Indicadores	Metas	Iniciativas (Planos de Ação)
Desenvolver competências nos funcionários	• Horas de capacitação por funcionário.	• 30 horas por ano.	• Criar trilhas de aprendizagem; • Desenvolver plataforma de cursos EAD.

1) Mapa Estratégico: é a representação visual da estratégia. Descreve o caminho, a história da estratégia, a hipótese estratégica - mostra a interdependência e as relações de causa e efeito entre os objetivos estratégicos distribuídos nas quatro perspectivas/dimensões. "O scorecard deve contar a história da estratégia da unidade de negócio." (Kaplan & Norton, 1997, p. 155). O mapa descreve a lógica da estratégia (relação de causa-efeito entre objetivos), enquanto o BSC coloca a visão em movimento, pois traduz os objetivos do mapa em indicadores e metas. O BSC traduz a missão e a estratégia num conjunto abrangente de medidas de desempenho (indicadores de cada perspectiva) que serve de base para um sistema de medição e gestão da estratégia.

Para cada Objetivo são estabelecidos Indicadores, Metas e Planos de Ação.

2) Objetivos estratégicos: são os fins, os desafios da organização para o cumprimento de sua missão institucional e o alcance de sua visão de futuro. Constituem elo entre as diretrizes de uma instituição e seu referencial estratégico (missão, visão e valores), representando o que deve ser alcançado e o que é crítico para o sucesso da estratégia.

3) Indicadores: representam como será medido e acompanhado o alcance dos objetivos. Indicadores são padrões e métricas utilizadas para avaliar e comunicar um desempenho. Possuem sempre unidades de medidas (quantidade, tempo, custo etc.).

4) Metas: são os níveis de desempenho (ou taxa de melhoria) requeridos para o alcance de um objetivo estratégico.

5) Iniciativas: também chamadas de Planos ou Programas de Ação, são ações-chave (projetos, programas) necessárias ao alcance dos objetivos.

Segundo Kaplan e Norton, o nome BSC foi escolhido porque consegue equilibrar (balancear): objetivos de curto e longo prazos; medidas financeiras e não financeiras; indicadores de tendência (*leading*) e de ocorrência (*lagging*); perspectivas internas e externas de desempenho.

O BSC cria um contexto para que as decisões relacionadas com as operações cotidianas possam ser alinhadas com a estratégia e a visão organizacional, permitindo divulgar a estratégia, promover o consenso e o espírito de equipe, integrando as partes da organização e criando meios para envolver todos os programas do negócio, catalisar esforços e motivar as pessoas.

Construção

Para os seus criadores, o BSC seria um modelo capaz de conectar a estratégia com os processos gerenciais e, assim, criar organizações com foco estratégico - uma **estrutura de ação para a estratégia**. A construção do BSC dá-se em quatro etapas:

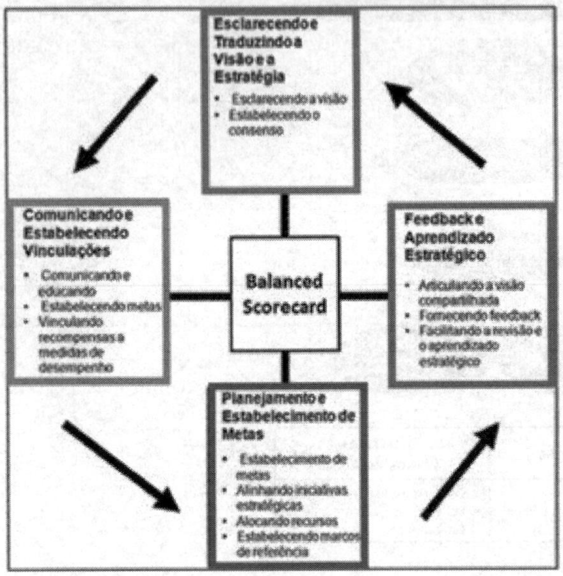

1) Tradução da visão em termos operacionais, com um conjunto de objetivos e indicadores.
2) Comunicação e comprometimento da organização com os objetivos.
3) Desenvolvimento de Planos de Negócios a partir dos desdobramentos do direcionamento estratégico.
4) Feedback e aprendizado, que proporcionam ao gestor a correção de erros e a revisão da estratégia.

Em uma visão moderna, pode-se definir o BSC como uma ferramenta que traduz, de forma balanceada e integrada, a visão e a estratégia da organização por meio de um **mapa** coerente com **objetivos estratégicos** organizados em diferentes **perspectivas**, sendo interligados em uma **relação de causa e efeito**. Além disso, o BSC promove o vínculo destes objetivos com **indicadores de desempenho, metas e planos de ação**. Desta maneira, é possível gerenciar a empresa de forma integrada e garantir que os esforços da organização estejam direcionados para a estratégia.

Kaplan e Norton definiram, também, **cinco princípios da organização focalizada na estratégia**:

1- **Traduzir a Estratégia em Termos Operacionais:** envolve a criação de mapas estratégicos e *scorecards*. Não é possível implementar a estratégia sem descrevê-la operacionalmente. Deve-se identificar os objetivos críticos, e definir indicadores, metas e iniciativas.

2- **Mobilizar a Mudança por meio da Liderança Executiva**: a alta administração deve se comprometer com as mudanças e a implementação da estratégia, que é feita de cima para baixo. Engloba o sistema de governança e a mobilização das equipes de trabalho.

3- **Converter a Estratégia em Processo Contínuo**: a discussão sobre estratégia deve ser uma atividade cotidiana dos funcionários, por meio de reuniões, relatórios, integração dos níveis de planejamento e conexão da estratégia com os orçamentos e os sistemas de informação. Isto gera aprendizado estratégico (feedback).

4- **Transformar a Estratégia em Tarefa de Todos**: é necessário que todos os funcionários compreendam a estratégia e realizem suas tarefas diárias de forma a contribuir para seu êxito. Este princípio envolve comunicação e educação, criação de objetivos pessoais e de equipes (*scorecards* individuais ou por equipe) e sistemas de incentivos e recompensas (remuneração atrelada ao alcance de resultados).

5- **Alinhar a Organização à Estratégia:** busca romper com o isolamento das áreas funcionais, criando sinergias entre as diferentes áreas e serviços.

Há **três papéis** críticos para a construção e incorporação do BSC à estratégia de uma organização:

- **Arquiteto**: responsável pela construção e incorporação do BSC ao sistema gerencial (é o "gerente de projeto" do BSC). Costuma ser um alto executivo de uma área de apoio.
- **Comunicador**: faz o marketing interno - comunica as novas estratégias aos funcionários e incentiva o fornecimento de feedback.
- **Agente de Mudanças**: é um representante do executivo principal. Seu papel é ajudar a incorporar o BSC aos processos gerenciais - moldar a rotina de uso do novo sistema gerencial (o BSC).

CARACTERÍSTICAS BÁSICAS DAS ORGANIZAÇÕES FORMAIS MODERNAS

Este tema aparece em editais com diversos nomes: características básicas das organizações formais modernas; tipos de estrutura organizacional, natureza, finalidades e critérios de departamentalização; princípios de organização do trabalho.

Resumindo, trata-se da função administrativa Organizar, ou seja, a montagem da estrutura organizacional e a alocação de recursos.

O processo de organizar cria a estrutura da instituição de modo a facilitar o alcance dos resultados. É responsável pela distribuição de tarefas, recursos e autoridade entre os membros e unidades, além do estabelecimento dos mecanismos de comunicação e coordenação entre estes.

Segundo Jacobsen, a função administrativa Organização pode ser analisada sob três óticas / dimensões: estrutural, dos recursos e do processo operacional.

- estrutural - definição de estrutura gerencial (funções, atividades) alinhada com a estratégia organizacional.
- recursos produtivos - dimensionamento, contratação, alocação e avaliação dos capitais humanos, financeiros, tecnológicos, recursos naturais que possibilitarão o funcionamento da organização.
- processo operacional - agrupar as atividades, dividir o trabalho em tarefas, distribuir as tarefas entre as áreas que integram a estrutura, observando critérios de competências e habilidades técnicas, e atribuir responsabilidades, prazos, metas e objetivos para cada uma das unidades que integram a estrutura organizacional.

São organizados quatro componentes principais:

- Tarefas: a divisão do trabalho provoca a especialização de atividades e funções, que são subdivididas em tarefas.
- Pessoas: cada pessoa é designada para ocupar um cargo, que é uma parte específica do trabalho global.
- Órgãos: as tarefas e as pessoas devem ser agrupadas em órgãos, como divisões, departamentos ou unidades da organização.
- Relações: os relacionamentos entre os órgãos e entre as pessoas.

A estrutura organizacional é o resultado do processo de organização.

São duas as formatações básicas da estrutura organizacional:

- Estrutura **formal** é aquela representada pelo organograma, estatutos e regras. Procura consolidar, ainda que de forma geral, a distribuição das responsabilidades e autoridades pelas unidades organizacionais da empresa.
- Estrutura **informal** é a rede de relações sociais e pessoais que não é formalmente estabelecida pela empresa, as quais surgem e se desenvolvem espontaneamente, e, portanto, apresenta situações que não aparecem no organograma.
  - A estrutura informal complementa a estrutura formal; proporciona maior rapidez no processo decisório; reduz distorções da estrutura formal; reduz a carga de comunicação dos chefes; motiva e integra as pessoas. Ao mesmo tempo, pode gerar problemas como o desconhecimento da realidade empresarial pelas chefias, a maior dificuldade de controle e a possibilidade de atritos entre as pessoas.

Organograma é o gráfico que representa a estrutura formal da empresa, definindo a hierarquia (vertical), os departamentos (horizontal) e os canais de comunicação que interligam esses órgãos.

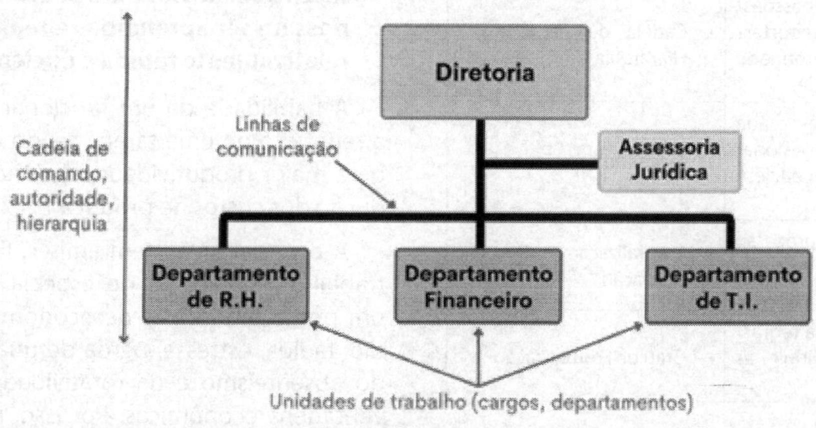

Organizar envolve dois processos aparentemente antagônicos, mas inter-relacionados: diferenciação e integração.

- Diferenciação: divisão das atividades distintas e seu agrupamento em diferentes departamentos especializados.
- Integração: coordenação das atividades dos diferentes departamentos de forma a obter unidade de esforços e alcançar os objetivos organizacionais.

Conforme Maximiano, as etapas genéricas do processo de organização são:

1. Analisar objetivos e determinar as atividades, pessoas e recursos necessários ao seu alcance;
2. Dividir o trabalho, decompô-lo em tarefas mais simples;
3. Definir responsabilidades, designar as atividades de cada posição - cargos e tarefas;
4. Definir autoridade - hierarquia e amplitude de controle;
5. Desenhar a estrutura: estabelecer mecanismos de comunicação e coordenação das atividades; agrupar as atividades em uma estrutura lógica - especialização e departamentalização.

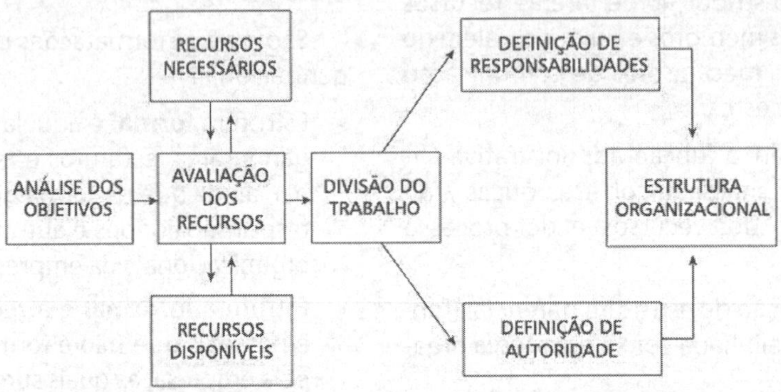

Há seis elementos-chave ajudam um gestor a organizar o trabalho e a projetar a estrutura organizacional: Especialização, Departamentalização, Cadeia de Comando, Amplitude de Controle, Centralização e Formalização.

Os seis elementos são a resposta algumas perguntas básicas:

Pergunta	Resposta
• Até que ponto as atividades podem ser subdivididas em tarefas para ganhar eficiência?	• Divisão e Especialização do Trabalho
• Qual a base (critério) para o agrupamento das tarefas?	• Departamentalização
• A quem as pessoas/grupos vão se reportar? Quem possui autoridade e responsabilidade?	• Cadeia de Comando - Hierarquia
• Quantas pessoas cada chefe pode supervisionar diretamente com eficiência e eficácia?	• Amplitude de Controle
• A autoridade no processo decisório é concentrada no topo ou é distribuída?	• Centralização e Descentralização
• Até que ponto há regras/normas para dirigir as pessoas?	• Grau de Formalização

Especialização do Trabalho

Divisão do trabalho é a maneira pela qual um processo complexo é decomposto em uma série de tarefas menores. A Especialização é uma consequência da divisão do trabalho: cada área ou cargo passa a ter funções e tarefas específicas e especializadas.

Um dos mais importantes princípios administrativos defende que, para que as atividades sejam realizadas de forma eficiente, elas devem ser divididas em atividades pequenas e simples, de modo a permitir que os trabalhadores se especializem em sua execução e, assim, sejam mais produtivos.

- **Especialização do trabalho: grau em que as tarefas são divididas e padronizadas para que possam ser aprendidas e realizadas de forma relativamente rápida e eficiente.**

A habilidade de um funcionário aumenta com a repetição de uma tarefa, sendo assim, tal divisão gera maior produtividade, eficiência e, por fim, redução dos custos de produção.

A especialização tem limites. Em determinados trabalhos, o excesso de especialização chegou a um ponto em que as deseconomias humanas (tédio, fadiga, estresse, perda de qualidade, aumento do absenteísmo e da rotatividade) superavam as vantagens econômicas. Por isso, muitas empresas descobriram que dar aos funcionários tarefas diversificadas (atividades completas) e colocá-los em equipes com habilidades variadas geralmente leva a resultados melhores e ao aumento da satisfação.

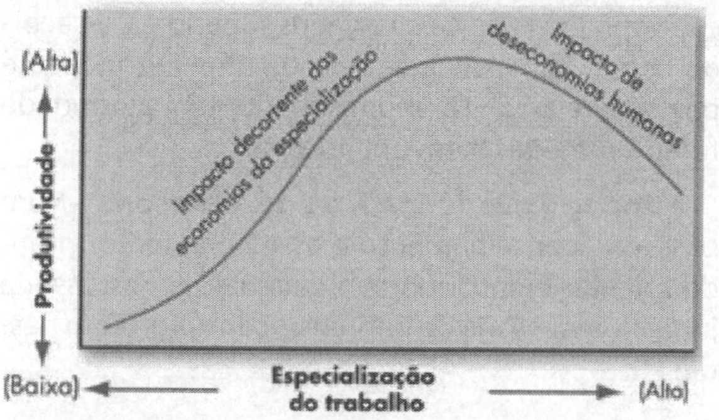

A especialização pode ocorrer em duas direções: *vertical* e *horizontal*.

Vertical: divisão do trabalho em termos de autoridade e responsabilidade, estabelecendo quem é responsável pela concepção, execução e administração de uma atividade. Caracteriza-se pelos **níveis hierárquicos (chefias)**, pois, na medida em que ocorre a especialização horizontal do trabalho, é necessário coordenar essas diferentes atividades e funções.

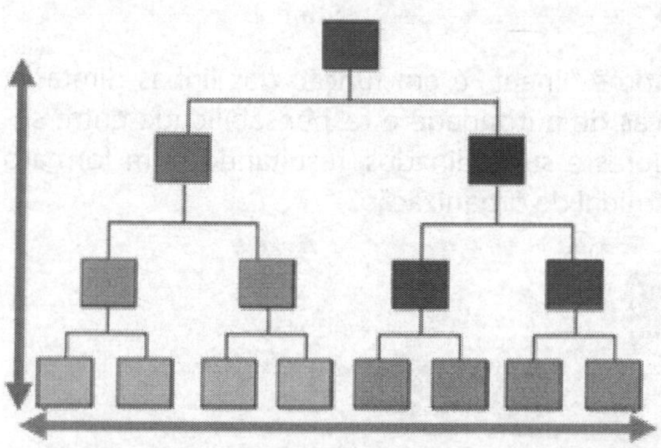

Horizontal: diferenciação entre os tipos de tarefas. Representa a tendência de criar **áreas/departamentos especializados no mesmo nível hierárquico**, cada qual com suas funções e tarefas. Ex.: gerência de Produção, gerência de Recursos Humanos, gerência de Finanças etc.

Departamentalização

Depois de dividir o trabalho por meio da especialização, é necessário agrupar as atividades e recursos com algum grau de similaridade em unidades (departamentos) para que as tarefas possam ser coordenadas.

Um departamento (área, setor, gerência etc.) refere-se a uma unidade que agrega um conjunto de tarefas, habilidades, conhecimentos e recursos semelhantes ou coerentes entre si, sob a direção de um gestor.

- **Departamentalização: processo de diferenciação horizontal que consiste em agrupar e integrar tarefas, atividades e funcionários em unidades organizacionais para melhor coordenar as atividades.**

Os Princípios adotados para a Departamentalização são:

- Maior uso: o departamento que utiliza mais uma atividade deve tê-la sob sua jurisdição;
- Maior interesse: o departamento que tiver mais interesse sob uma atividade deve supervisioná-la;
- Separação do controle: as atividades de controle devem ser autônomas, independentes e separadas das atividades que estão sendo controladas;
- Supressão da concorrência: eliminar a concorrência entre departamentos.

Mais adiante aprofundaremos os estudos sobre os diferentes critérios de departamentalização.

Cadeia de Comando

A pluralidade de tarefas criadas a partir da divisão do trabalho em uma empresa exige a criação de funções de comando, cuja missão é dirigir todas as atividades para que elas cumpram seus objetivos. Portanto, há necessidade de uma estrutura superior hierarquicamente para comandar e coordenar as diversas ações dos subordinados.

Essa hierarquia divide a organização em níveis de autoridade e faz surgir a Cadeia de Comando, que é uma linha única de autoridade, que vai do topo da organização até o escalão mais baixo e determina quem se reporta a quem. Ela responde a perguntas dos funcionários do tipo "Se eu tiver uma dúvida ou problema, com quem devo falar?" ou "Por quem sou responsável?".

- **Cadeia de comando: linha de autoridade formal de uma organização que define a estrutura hierárquica de relações entre os membros e unidades organizacionais.**

O princípio da hierarquia é o escalar: à medida que se sobe na escala hierárquica, aumenta o volume de autoridade e responsabilidade do administrador.

Autoridade

É o direito formal que a chefia tem de alocar recursos e exigir o cumprimento de tarefas por parte dos funcionários.

A autoridade emana do superior para o subordinado, e este é obrigado a realizar seus deveres. A autoridade:

- é alocada em posições da organização, não em pessoas;
- flui desde o topo até a base da organização - as posições do topo têm mais autoridade do que as posições da base;
- é aceita pelos subordinados devido à crença no poder legítimo dos superiores hierárquicos.

Existem três tipos básicos de autoridade:

- Autoridade linear, ou única – segue o princípio da unidade de comando: cada pessoa deve ter apenas um superior a quem se reportar diretamente. Essa autoridade é única e absoluta do superior aos seus subordinados. Um exemplo típico são as organizações militares.

- Autoridade funcional, ou dividida – tem como base a especialização, o conhecimento. Cada subordinado reporta-se a vários superiores, de acordo com a especialidade de cada um - autoridade é parcial e relativa. Nenhum superior tem autoridade total. Ex.: médicos em um hospital.

- Autoridade de Staff, ou de Assessoria – com base no aconselhamento e assessoramento, visando orientar e dar suporte a decisões. Ex.: assessoria jurídica, assessoria de imprensa, consultoria em gestão etc.

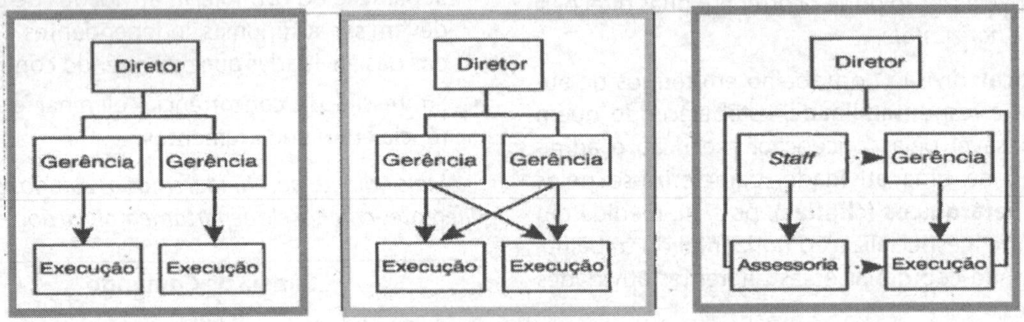

Linear Funcional Staff

Esses três tipos de autoridade dão origem a três tipos de estrutura:

Linear ou Militar: é a forma mais simples e antiga, originada dos exércitos e organizações eclesiásticas. O nome "linear" é em função das linhas diretas e únicas de autoridade e responsabilidade entre superiores e subordinados, resultando num formato piramidal de organização.

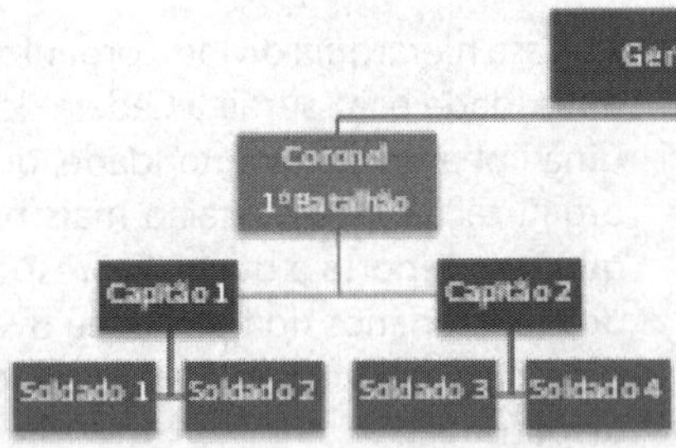

Funcional: cada área é especializada em um determinado assunto, é a autoridade em um tema. Dessa forma, ela presta seus serviços às demais áreas de acordo com sua especialidade. As comunicações diretas, sem intermediação, mais rápidas e menos sujeitas a distorções, porém há o problema da dupla subordinação que pode gerar tensão e conflitos dentro da organização.

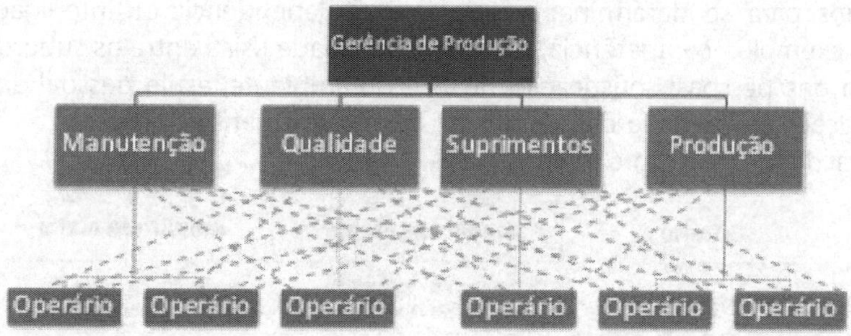

Linha-Staff: é o resultado de uma combinação dos tipos de organização linear e funcional, buscando aproveitar as vantagens e diminuir as respectivas desvantagens. Nela coexistem os órgãos de linha (execução) e de assessoria (apoio, consultoria, pesquisa). A autoridade para decidir e executar é do órgão de linha. O staff apenas assessora, sugere, dá apoio e presta serviços especializados (autoridade de ideias).

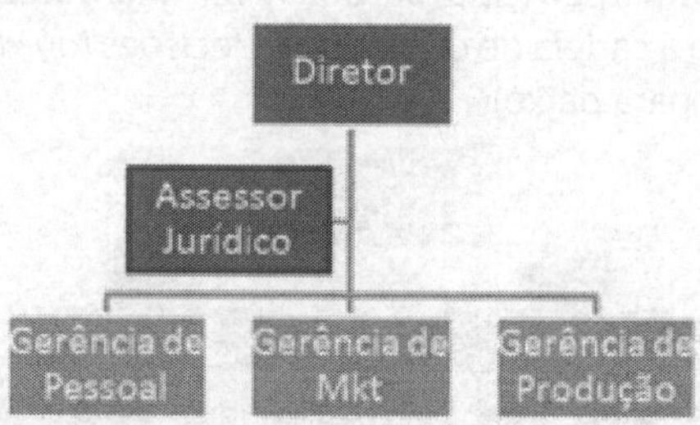

Responsabilidade

Dever de desempenhar as tarefa ou atividades, ou cumprir um dever para o qual se foi designado.

Dentro dos princípios da divisão do trabalho, especialização e hierarquia, cada departamento ou cargo recebe uma determinada quantidade de responsabilidades. Nessa relação contratual, tais áreas/cargos concordam em executar certos serviços em troca de retribuições ou compensações financeiras.

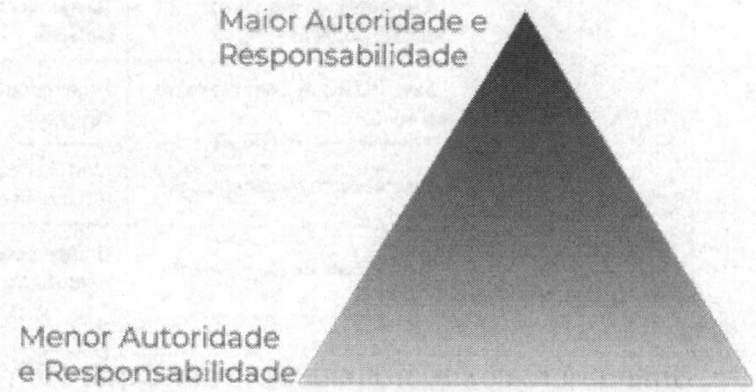

O grau de responsabilidade é, geralmente, proporcional ao grau de autoridade da pessoa. Dessa forma, os cargos de alto escalão possuem maior autoridade e responsabilidade que os cargos mais baixos.

Amplitude de Controle

Uma decisão importante no processo de organização é a definição da quantidade de pessoas que um chefe tem capacidade de gerir com eficácia.

Quando o gestor tem muitos subordinados sob seu comando/supervisão direta, sua amplitude é grande. Quando tem poucos subordinados, sua amplitude é pequena.

- **Amplitude de Controle** (de comando, ou administrativa)**: número de subordinados pelos quais um gestor é responsável.**

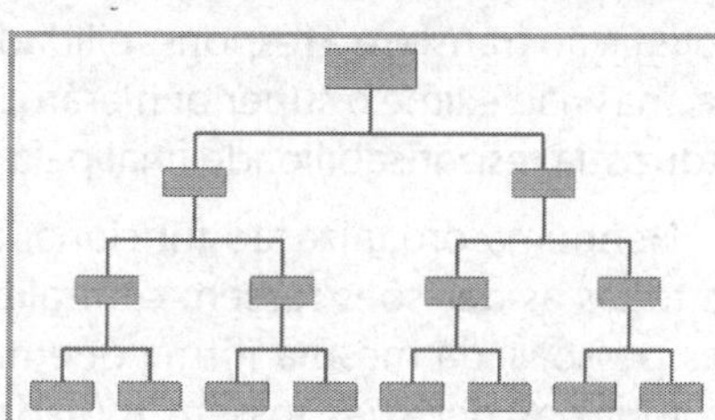

Estrutura aguda = verticalizada
Muitos chefes com poucos subordinados
= maior controle, pouca autonomia

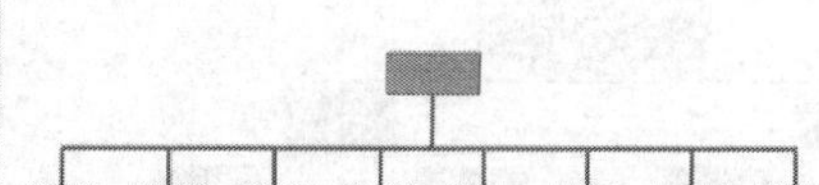

Estrutura achatada = horizontalizada
Poucos chefes com muitos subordinados
= pouco controle, maior autonomia

A visão tradicional recomendava uma amplitude de controle de aproximadamente quatro a sete subordinados por administrador. No entanto, há uma tendência contemporânea de estruturas mais flexíveis e enxutas, com amplitude de controle que pode chegar a 30 ou 40 subordinados.

ADM. PÚBLICA

Há vários critérios para se determinar a amplitude ideal, por exemplo: competência, experiência e motivação das pessoas; sofisticação dos sistemas de informação; similaridade das tarefas e das funções; clareza das regras e procedimentos; interdependência ou interligação das tarefas; proximidade física entre os subordinados; estabilidade do ambiente; estilo pessoal dos administradores e cultura organizacional.

Critério	Amplitude Menor	Amplitude Maior
Similaridade das tarefas	Os membros da equipe têm tarefas distintas uns dos outros	As tarefas dos membros da equipe são idênticas
Proximidade geográfica	Equipe dispersa	Todos juntos
Complexidade das tarefas supervisionadas	Tarefas altamente complexas e variadas	Tarefas simples e repetitivas
Necessidade de controle sobre a equipe	Equipe precisa de controle e direção	Equipe é capaz de trabalhar sozinha
Relações com outras equipes	Muitas relações, exigindo esforço de coordenação	Relações mínimas com outras equipes
Necessidade de planejamento	Grande necessidade de análise e resolução de problemas	Tarefas mecânicas, sem necessidade de planejamento

Um número de subordinados maior do que a amplitude ideal gera perda de controle, desmotivação, ineficiência nas comunicações, decisões demoradas e mal estruturadas e queda no nível de qualidade do trabalho. Um número de subordinados menor do que a amplitude ideal gera capacidade ociosa do chefe, custos administrativos maiores, falta de delegação, desmotivação e pouco desenvolvimento profissional dos subordinados.

Centralização e Descentralização

***Cuidado**! Na disciplina de Administração os conceitos de Centralização e de Descentralização são distintos daqueles utilizados no Direito Administrativo.*

Na Administração, esses conceitos estão ligados ao poder, ou seja, se um chefe centraliza ou descentraliza seus poderes de decisão e de comando.

O termo centralização se refere ao grau em que o processo decisório está concentrado em um único ponto da organização. O conceito inclui apenas a autoridade formal, ou seja, os direitos inerentes de uma posição ou cargo.

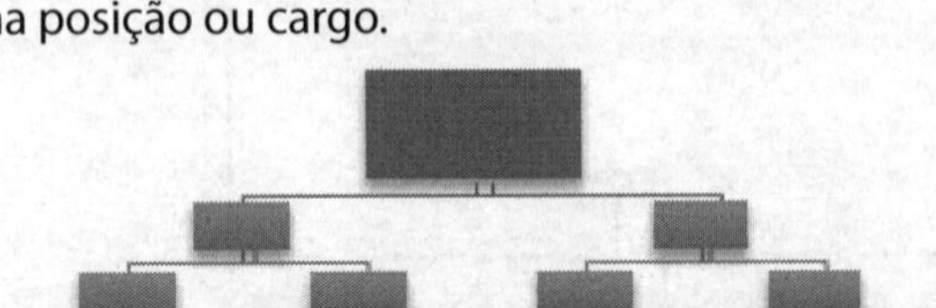

Centralização é a concentração da autoridade e do poder decisório no topo da hierarquia.

Uma organização é centralizada quando sua cúpula toma todas as decisões essenciais com pouca ou nenhuma participação dos níveis inferiores, enfatizando a cadeia de comando – decisões *top-down* (de cima para baixo).

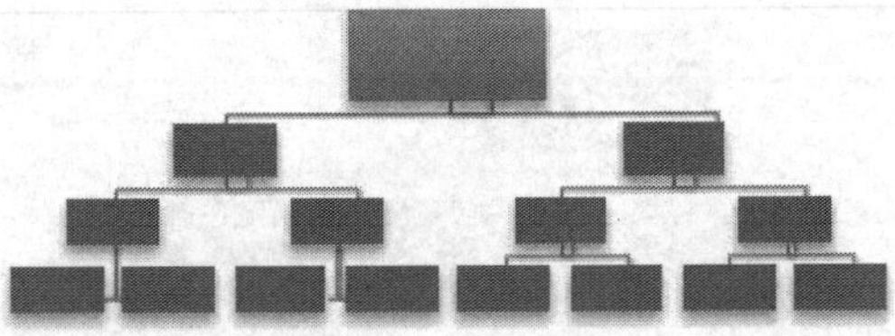

Descentralização ocorre quando a autoridade decisória é deslocada para os níveis mais baixos. É uma tendência moderna, pois proporciona maior autonomia e comprometimento dos cargos mais baixos e alivia a carga decisória da alta administração.

Um conceito relacionado com a descentralização é a **Delegação**: processo de transferir autoridade e responsabilidade para os membros em níveis inferiores na hierarquia. Enquanto a descentralização é feita para cargos, a delegação é feita para pessoas. A delegação transfere a responsabilidade e a autoridade, mas não exime o superior hierárquico tampouco reduz sua responsabilidade final pela tarefa.

Nenhuma organização funcionaria com eficácia se todas as decisões fossem centralizadas em poucas pessoas, da mesma forma que não funcionaria se todas as decisões fossem tomadas pelos níveis hierárquicos inferiores. Assim, cabe aos administradores decidirem qual o grau de centralização adequado.

Sobral e Peci apontam as seguintes vantagens e desvantagens de cada modelo:

Centralização	Vantagens	▪ Decisões mais consistentes com os objetivos globais da organização. ▪ Maior uniformidade de procedimentos, políticas e decisões. ▪ Aproveitamento da maior preparação e competência dos administradores de topo. ▪ Redução dos riscos de erro dos subordinados por falta de informação ou capacidade ▪ Maior avaliação e controle do desempenho da organização.
	Desvantagens	▪ Decisões mais distanciadas dos fatos locais e das circunstâncias. ▪ Pouco contato dos administradores com as pessoas e situações envolvidas. ▪ Dependência dos superiores hierárquicos para tomar decisões. ▪ Maior desmotivação e insatisfação das pessoas em posições inferiores. ▪ Pouco estímulo à criatividade e inovação. ▪ Maior demora na implementação das decisões e maior custo operacional.
Descentralização	Vantagens	▪ Maior agilidade, rapidez e flexibilidade na tomada de decisões. ▪ Decisões mais adaptadas às condições locais. ▪ Maior interesse e motivação por parte dos subordinados. ▪ Maior disponibilidade de tempo dos administradores de topo para outras funções. ▪ Promoção de gerentes autônomos, motivados e responsáveis pelo seu desempenho. ▪ Maior avaliação e controle do desempenho de unidades e gerentes.
	Desvantagens	▪ Perda de uniformidade nas decisões. ▪ Tendência para o desperdício e duplicação de recursos. ▪ Maior dispersão dos canais de comunicação pela organização. ▪ Maior dificuldade de localizar os responsáveis por decisões erradas. ▪ Aproveitamento insuficiente de especialistas. ▪ Dificuldade de controle e avaliação do desempenho da organização.

Formalização

- **Formalização é o grau de padronização dos comportamentos e processos de trabalho em regras, normas e procedimentos.**

A formalização pode ser percebida pela quantidade de manuais, nas comunicações internas, nos códigos de conduta, na padronização de processos de trabalho e no pouco espaço aberto para a comunicação oral.

Quando uma tarefa é muito padronizada, seu responsável tem pouca autonomia para decidir o que, quando e como deve ser realizado. Dessa forma, a formalização é uma forma de controlar os indivíduos.

O excesso de formalização limita a flexibilidade, a criatividade e a rapidez de resposta, competências consideradas essenciais para a sobrevivência no mercado competitivo. No entanto, tal como a centralização, algum tipo de formalização é indispensável para garantir a coordenação e o alinhamento aos objetivos.

Modelos Organizacionais

Modelos Organizacionais são os estilos ou padrões de organizações existentes. Há diversos modelos descritos na literatura, entretanto, pode-se dizer que suas características variam entre dois modelos extremos: o mecanicista e o orgânico.

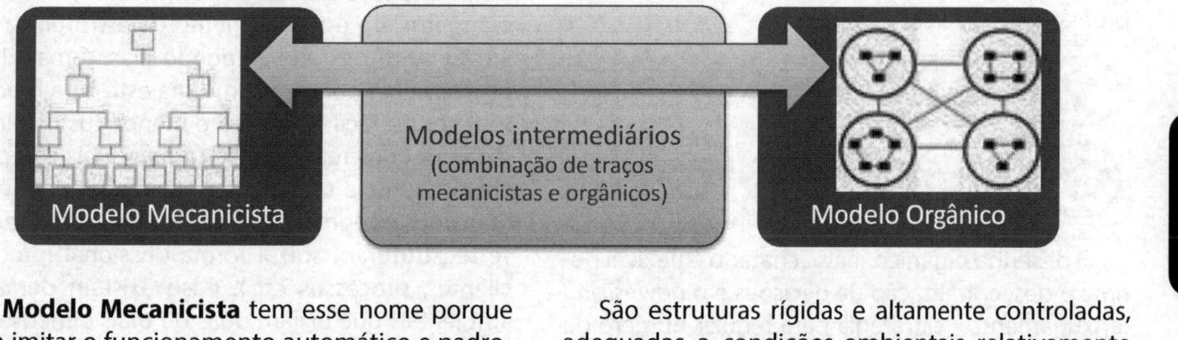

O **Modelo Mecanicista** tem esse nome porque busca imitar o funcionamento automático e padronizado das máquinas. As pessoas fazem trabalhos repetitivos, sem autonomia e sem improvisação. O modelo mecanicista é chamado de burocrático, pois é tido como sinônimo da burocracia racional-legal descrita por Max Weber.

São estruturas rígidas e altamente controladas, adequadas a condições ambientais relativamente estáveis e previsíveis. Organizações deste tipo valorizam a lealdade e a obediência aos superiores e à tradição.

ADM. PÚBLICA

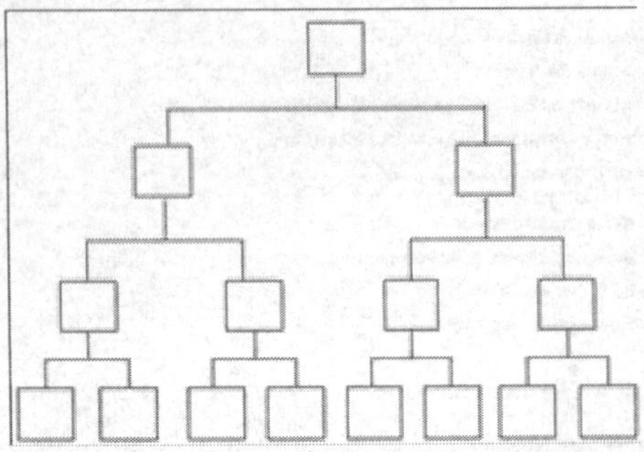

O desenho é piramidal, verticalizado; as tarefas são especializadas e precisas; regras, regulamentos e procedimentos são bem definidos e estão escritos; a hierarquia é rígida e a autoridade não pode ser questionada – a fonte da autoridade é a posição da pessoa na estrutura organizacional; a comunicação vertical é enfatizada; o poder é centralizado e a responsabilidade pela coordenação e a visão do todo pertencem exclusivamente à alta administração; a amplitude de controle tende a ser pequena (supervisão mais forte).

O **Modelo Orgânico** tem esse nome porque imita o comportamento dinâmico dos organismos vivos.

Esse modelo é chamado pós-burocrático ou adhocrático (de acordo com a demanda, um modelo para cada situação), pois procura se adaptar a condições instáveis, mutáveis. Ambientes assim oferecem problemas complexos que muitas vezes não podem ser resolvidos com estruturas tradicionais. Adhocracia é um sistema temporário, adaptativo, que muda rapidamente, com poucos níveis administrativos, poucas gerências e pouca normatização, organizado em torno de problemas a serem resolvidos por grupos de pessoas dotadas de habilidades profissionais diversas.

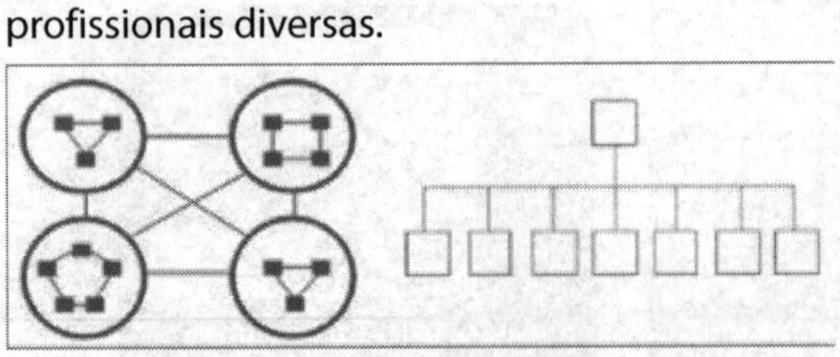

O desenho orgânico mais achatado e flexível denota a descentralização de decisões e o *downsizing* (enxugamento - estratégia para reduzir número de níveis e os aspectos burocráticos da empresa).

Neste tipo de organização, há enfoque na cooperação/interação e na comunicação de natureza informativa (em lugar de ordens).

A liderança tende a ser democrática; a autoridade é exercida de acordo com a competência (hierarquia é imprecisa - as pessoas podem desempenhar papel de chefe ou de subordinado); a capacidade de resolver problemas com autonomia e iniciativa é mais importante do que simplesmente seguir regras; a especialização é pequena (as tarefas têm escopo amplo e os cargos são definidos mais em termos de resultados esperados do que de tarefas); a amplitude de controle tende a ser grande (supervisão fraca, pois as pessoas têm autonomia).

Burocracia	Adhocracia
Estruturas permanentes.	Estruturas temporárias e flexíveis.
Atividades rotineiras ou estáveis; minuciosa divisão de trabalho.	Atividades inovadoras ou não-estáveis; divisão do trabalho nem sempre bem definida.
Profunda normatização, regras detalhadas e definidas pela cúpula.	Pouca normatização, regras genéricas.
Confiança nas regras e procedimentos formais.	Confiança nas pessoas e nas comunicações.
Predomínio da interação vertical (superior - subordinado); relacionamento baseado em autoridade e obediência.	Predomínio da interação horizontal; confiança e crença recíprocas.
Cargos ocupados por especialistas.	Cargos generalistas (atividades diversas e amplo conhecimento).
Hierarquia rígida; tomada de decisões centralizada; pouca delegação.	Hierarquia flexível; tomada de decisão descentralizada; delegação.

Desenho Estrutural

O desenho estrutural representa o conjunto de decisões para definir uma estrutura adequada à estratégia e ao ambiente da organização.

Sobral e Peci apontam a existência de três tipos tradicionais de estruturas - a funcional, a divisional e a matricial - e o surgimento de estruturas novas, em formato de rede. Segundo eles, a maioria das organizações começa com uma estrutura funcional (por ser de fácil aplicação e menor custo). Na medida em que crescem e se tornam mais complexas em produtos e serviços, se expandem para outros mercados e segmentos de clientes, as organizações se reestruturam sob a forma divisional (produtos, clientes, processos etc.). Caso existam demandas ambientais que exijam duas ou mais dimensões ao mesmo tempo (como produto e função, ou produto e geografia), as organizações podem adotar a forma matricial.

Estrutura Funcional

Agregação de tarefas e recursos de acordo com a função/especialidade - finanças, recursos humanos, operações, TI, marketing etc.

As atividades são coordenadas verticalmente por meio de supervisão hierárquica, regras e planos. O administrador geral (diretor, presidente) é responsável pelo comando do todo, e, abaixo dele, cada integrante do primeiro escalão hierárquico (gerentes, diretores de áreas) é especializado e responsável por uma função específica.

A estrutura funcional produz bons resultados em ambientes estáveis e quando os objetivos dependem da especialização funcional, da eficiência e da qualidade, por exemplo: organizações iniciando as atividades, organizações com poucos produtos e serviços, organizações que atuam num único local, organizações com pouca diversificação tecnológica.

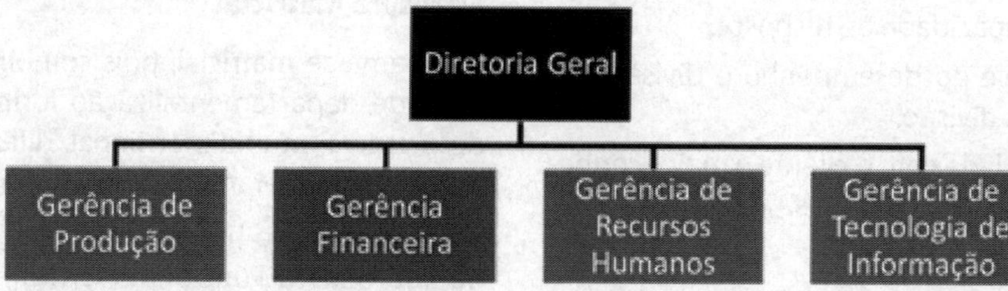

Vantagens

- Permite economias de escala e torna mais eficiente o uso de recursos.
- Cria condições para centralizar o controle e a tomada de decisão.
- Possibilita o aperfeiçoamento das pessoas nas suas funções.
- Facilita a comunicação e a coordenação dentro das áreas funcionais.

Desvantagens

- Visão limitada dos objetivos organizacionais – cada um foca na própria área funcional.
- Dificulta a coordenação e comunicação entre departamentos funcionais.
- Centralização diminui a velocidade de resposta às mudanças externas.
- Dificulta a avaliação da contribuição de cada área para o desempenho global.
- Dificulta a apuração dos responsáveis por um problema ou decisão.

Estrutura Divisional

Esse tipo de estrutura surgiu quando a concorrência por mercados consumidores gerou nas empresas a necessidade de diversificar produtos, serviços, tecnologias e mercados.

O foco de cada departamento não é uma função especializada, mas o resultado: um produto, um serviço, um mercado, um cliente. Dessa forma, cada departamento é semiautônomo (ainda existe controle e avaliação centralizados em algum órgão superior) e possui todos os recursos necessários para gerar esse resultado.

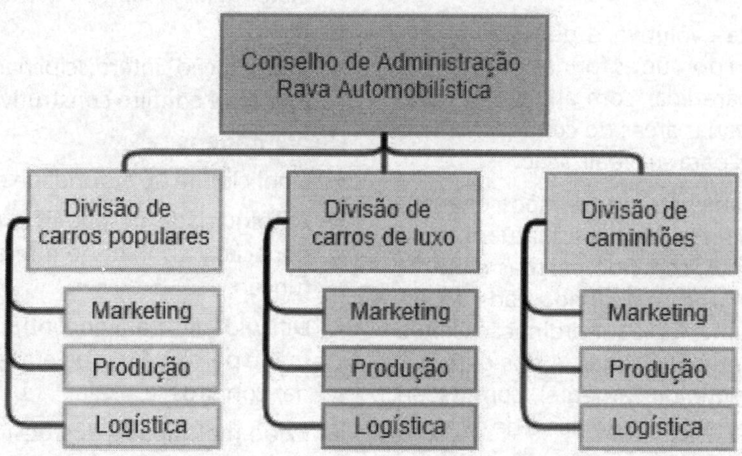

Importante destacar que o critério de agrupamento funcional continua presente aqui, mas está localizado dentro de cada departamento/divisão, ou seja, ele não é o critério geral de agrupamento de tarefas, mas sim um critério complementar que apoia cada Divisão.

A estrutura divisional é comum em organizações maduras, de grande dimensão e que oferecem produtos ou serviços diversificados, ou que atuam em mercados ou locais muito distintos, ou que oferecem produtos ou serviços que demandam tecnologias de produção diferenciadas.

Vantagens

- Ênfase nos resultados.
- Descentralização das decisões gera maior adaptabilidade e capacidade de resposta.
- Melhor controle do desempenho e divisão dos riscos em cada divisão.
- Maior proximidade com o cliente e maior conhecimento de suas necessidades.

Desvantagens

- Redundância de recursos nas divisões gera perda de eficiência.
- Menor competência técnica devido à separação dos especialistas funcionais.
- Não reduz a tendência à burocratização no âmbito das divisões.
- Pode estimular a concorrência entre divisões por recursos da organização ou fazer com que os interesses da divisão se sobreponham aos interesses gerais da organização.

Estrutura Matricial

Chama-se matricial, pois combina dois ou mais tipos de departamentalização formando uma grade/matriz. É multidimensional, diferentemente das anteriores que eram unidimensionais.

É um modelo híbrido, resultado da combinação da abordagem Funcional (vertical) com a abordagem Divisional (horizontal).

- No eixo vertical estão os especialistas de cada área funcional, possibilitando aproveitar ao máximo a divisão do trabalho.

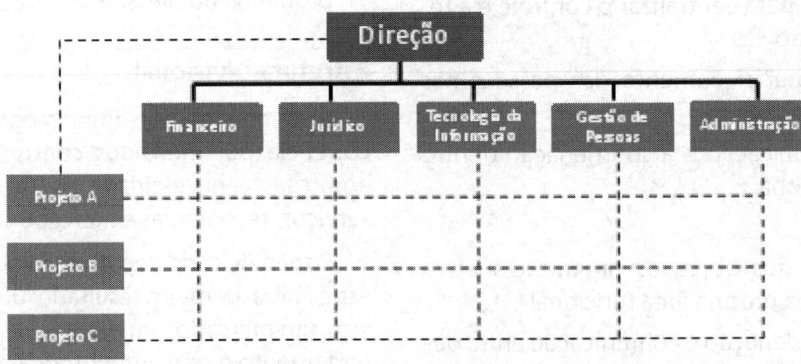

- No eixo horizontal estão as divisões, com seu foco no resultado, melhor adaptabilidade e coordenação para o alcance dos objetivos.

Do ponto de vista evolutivo, a departamentalização matricial surgiu porque as formas tradicionais não eram eficazes para lidar com atividades complexas, envolvendo várias áreas do conhecimento e prazos determinados para sua realização.

As unidades de trabalho são as divisões, enquanto os órgãos permanentes (funcionais) atuam como prestadores de serviços, cedendo pessoas e outros recursos. Por ser uma estrutura híbrida, cada departamento passa a ter uma dupla subordinação (segue orientação dos gerentes funcionais e dos gerentes de produto/projeto simultaneamente), com isso, o princípio da unidade de comando deixa de existir.

A estrutura matricial pode ser do tipo fraca, balanceada ou forte. Isso depende da força que se dá à estrutura divisional.

Vantagens

- Potencializa benefícios das estruturas funcional e divisional.
- Otimização dos recursos, reduzindo a dispersão e a ineficiência.
- Maior flexibilidade e adaptabilidade ao ambiente.
- Cooperação interdisciplinar entre os departamentos e conflito construtivo entre os membros.

Desvantagens

- Duplicidade de autoridade e de comando.
- Ambiguidade de papéis e dificuldade de coordenação - conflito de interesses entre divisão e função.
- Dificuldades para encontrar origens dos problemas e perda de tempo em reuniões para solucionar conflitos.
- Exige maturidade dos gestores e competências interpessoais.

Estrutura em Rede

O ambiente atual é bastante complexo para as empresas e impõe novas demandas com maior velocidade. Nesse contexto, as estruturas corporativas tradicionais e hierárquicas não respondem de forma adequada, sendo necessário formas estruturais flexíveis e com capacidade de inovação.

Estrutura em rede é um desenho estrutural contemporâneo, caracterizado por uma estrutura mais horizontal e com menos níveis hierárquicos, que promove uma rede de parcerias fora das suas fronteiras.

A expressão Estrutura em Rede é usada aqui de forma genérica para definir essas formas organizacionais alternativas às estruturas burocráticas tradicionais, como organizações em rede, de clusters e virtuais, estruturas por equipes de trabalho e organizações de aprendizagem.

A rede é muito mais do que "uma organização" – é uma entidade que congrega os recursos de inúmeras pessoas, grupos e organizações. Os participantes da rede têm maior autonomia entre si, mas são dependentes da rede como um todo e podem ser parte de outras redes.

Algumas características das redes são:

- Uso diferenciado da hierarquia e da divisão do trabalho, com muito mais flexibilidade e mais foco nas competências das pessoas do que na mera autoridade hierárquica.
- Uso de equipes multifuncionais permanentes e temporárias.
- Estruturas achatadas e horizontais, com poucos níveis hierárquicos e grande descentralização de poder.
- Grande relevância da organização informal.
- Superação das fronteiras tradicionais, estabelecendo parcerias com clientes, fornecedores e até com organizações concorrentes.

Vantagens

- Maior flexibilidade e adaptabilidade a um ambiente muito complexo e volátil.
- Potencializa a rapidez de resposta às demandas ambientais.
- Promove um ambiente desafiador e motivador para se trabalhar.
- Reduz os gastos gerais por causa da baixa necessidade de supervisão e consequente diminuição do número de níveis hierárquicos e administradores.

Desvantagens

- Dificuldade de identificar responsáveis por algum problema.
- Falta de controle ativo por causa da dispersão de unidades, tornando a organização dependente de contratos, coordenação, negociações e conexões eletrônicas.
- Possibilidade de perda de uma parte importante da rede (ex: falência de um parceiro), com impactos imprevisíveis.
- Dificuldade de desenvolvimento de uma cultura organizacional forte, o que diminui a lealdade dos membros.

Fatores que influenciam a Estrutura

Nenhuma organização é exclusivamente mecanicista ou orgânica. Também não há uma estrutura ou modelo de organização que seja melhor que outra por natureza – cada estrutura é mais adaptada a diferentes circunstâncias ou situações.

Os principais fatores que influenciam a escolha da estrutura ideal são: estratégia, tamanho, tecnologia e ambiente.

- **Estratégia**: a estrutura é apenas um meio para realizar os objetivos, logo deve estar alinhada à estratégia.
- **Tamanho**: dimensão: à medida que a organização cresce, necessita adequar a sua estrutura.
- **Tecnologia**: a natureza da atividade e o uso do conhecimento influenciam a estrutura.
- **Ambiente**: o grau de dinamismo e a complexidade do ambiente exigem diferentes modelos estruturais.

Critérios de Departamentalização

Departamentalização é o agrupamento das atividades e correspondentes recursos em unidades organizacionais, de acordo com um critério específico de homogeneidade.

Chiavenato aponta 5 abordagens para a departamentalização – 4 delas correspondem aos modelos estruturais definidos por Sobral e Peci, que vimos anteriormente.

- Funcional = mais utilizada; agrupamento de atividades baseado nas habilidades, nos conhecimentos e nos recursos similares.
- Divisional = departamentos são agrupados juntos em divisões com base nos resultados organizacionais.
  - Cada divisão é autônoma para produzir determinado produto ou serviço.
  - Variações: estrutura baseada em produtos/serviços, localização geográfica, clientela ou processos.

- Matricial = combinação de departamentalização funcional e divisional na mesma estrutura organizacional.
  - Funciona como uma grade / matriz no sentido de promover bipolaridade de atuação e comando para proporcionar inovação e agilidade.
- em Redes = uma empresa desagrega suas principais funções em companhias separadas, que são interligadas por uma pequena organização central, funcionando como uma teia de organizações.
- em Equipes = maneira de fazer o empoderamento, substituir os órgãos definitivos por equipes e promover a horizontalização da estrutura organizacional.
  - Existem equipes multifuncionais e equipes permanentes.

Oliveira divide as departamentalizações em dois tipos:

- Departamentalizações Modernas:
  - **Governança corporativa**: otimiza as interações entre acionistas, conselhos – administração e fiscal –, auditorias – externa e interna – e diretoria executiva; reduz riscos e aumenta a atratividade e a efetividade ao longo do tempo.
  - **Rede de integração entre empresas**: cooperação visando consolidar vantagens competitivas, sustentadas por tecnologias, e melhor utilização dos ativos das empresas participantes.
  - **Unidade Estratégica de Negócio** (UEN): divisão da empresa responsável por consolidar os resultados esperados de um negócio específico (nicho ou mercado) e por desenvolver uma ou mais Áreas Estratégicas de Negócios (AENs).
  - **Processo**: conjunto estruturado de atividades sequenciais que apresentam relação lógica entre si, com a finalidade de atender as necessidades e as expectativas dos clientes externos e internos da empresa.
- Departamentalizações Tradicionais:
  - funcional; por quantidade; por turno; geográfica; por clientes; por produtos ou serviços; por projetos; matricial; mista.

Departamentalização por Função (Funcional)

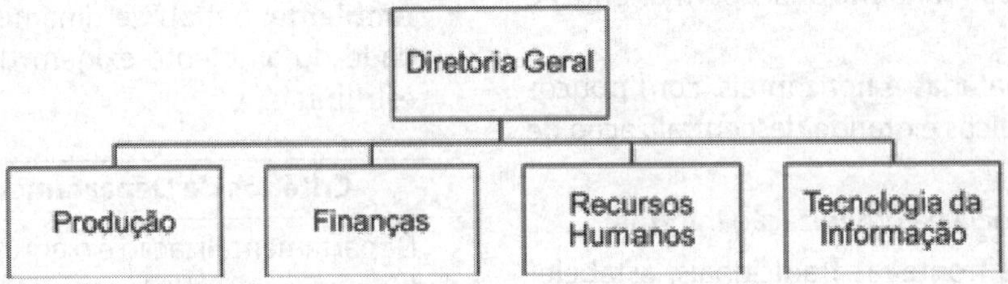

É a divisão lógica de acordo com as funções especializadas que são realizadas na organização. Cada área (departamento) passa a ser responsável por uma função específica (Marketing, RH, Finanças, Produção, Engenharia, Logística etc.).

Considerado o tipo mais comum encontrado nas empresas, a Departamentalização Funcional cria áreas com base no princípio da especialização, assim, todos os especialistas em determinada função ficam reunidos na mesma unidade.

Gera eficiência operacional pois aloca pessoas de acordo com suas habilidades e aptidões, assegurando economias de escala pela grande produção de produtos repetidos. Por isso, é indicada para ambientes estáveis, de poucas mudanças, com desempenho continuado e tarefas rotineiras e especializadas.

Vantagens

- Melhor coordenação intradepartamental por causa do compartilhamento de um mesmo conhecimento técnico.
- Incentiva a especialização técnica, garantindo a utilização máxima das habilidades técnicas dos funcionários.
- Permite economias de escala e torna mais eficiente o uso de recursos – eficiência operacional.
- Promove a redução de custos porque elimina possíveis redundâncias.

Desvantagens

- Incentiva o isolamento de cada unidade e reduz a comunicação e coordenação interdepartamental.
- Dificulta a adaptação e flexibilidade a mudanças externas, pois o foco é interno, não considerando os objetivos gerais da organização.
- Promove uma maior burocratização com maior número de níveis hierárquicos.

Departamentalização por Produtos ou Serviços

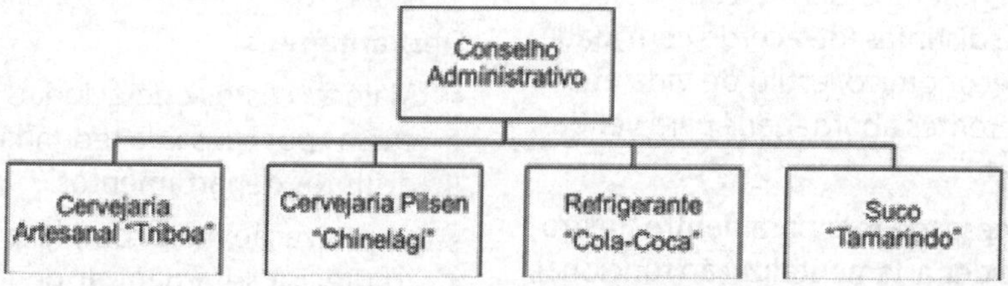

Agrupa as atividades e decisões de acordo com os produtos ou serviços executados - todas as atividades requeridas para suprir um produto ou serviço deverão ficar no mesmo departamento, atuando com foco no resultado.

É realizada quando as atividades inerentes a cada um dos produtos ou serviços possuem diferenciações significativas e necessidades específicas e, por isso, fica mais fácil administrar cada produto/serviço individualmente.

Vantagens

- Melhor qualidade e maior inovação em termos de produtos e serviços.
- Maior flexibilidade e adaptabilidade às condições externas, sem interferir na estrutura organizacional como um todo.
- Promove a descentralização e facilita o controle do desempenho de cada produto.

Desvantagens

- Maiores custos operacionais e desperdício de recursos por causa da redundância de funções nos distintos departamentos.
- Organização mais complexa - cada departamento precisa se organizar de forma diferente e se adequar a diferentes tecnologias e processos.

Departamentalização Geográfica (Territorial)

Tem ênfase territorial, na cobertura geográfica: cria departamentos tendo como critério os locais onde o trabalho será desempenhado, ou então a área de mercado a ser servida pela empresa. Todas as atividades em determinado território são de responsabilidade de um gestor.

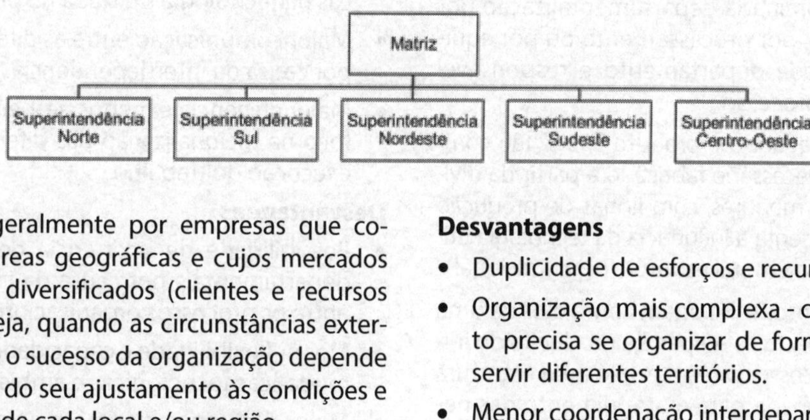

É utilizada geralmente por empresas que cobrem grandes áreas geográficas e cujos mercados são extensos e diversificados (clientes e recursos dispersos), ou seja, quando as circunstâncias externas indicam que o sucesso da organização depende particularmente do seu ajustamento às condições e às necessidades de cada local e/ou região.

Exemplos: as empresas multinacionais; lojas com filiais; agências bancárias; varas judiciais e delegacias de polícia espalhadas pelo interior dos estados.

Vantagens

- Maior adaptação às condições e necessidades da região em que está situada.
- Maior autonomia para o administrador de cada departamento tomar decisões de acordo com as diferenças territoriais.
- Melhor avaliação e percepção dos produtos e serviços em cada região.

Desvantagens

- Duplicidade de esforços e recursos.
- Organização mais complexa - cada departamento precisa se organizar de forma diferente para servir diferentes territórios.
- Menor coordenação interdepartamental e possibilidade de desequilíbrios de poder entre os departamentos.

Departamentalização por Clientes

Agrupa as atividades de acordo com o tipo de pessoa/grupo/empresa/mercado para quem o trabalho é executado.

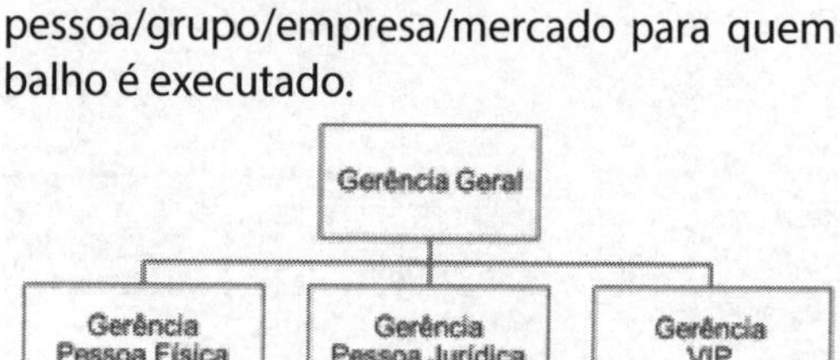

É indicado quando a organização atende a grupos de clientes e segmentos de mercado com necessidades bastante distintas (de acordo com idade, gênero, nível socioeconômico, estilo de vida etc.) e estes requerem diferentes abordagens para vendas, produtos, serviços etc.

Estrutura a empresa "de fora para dentro" (extroversão), enquanto a departamentalização funcional, por exemplo, estrutura "de dentro para fora".

Vantagens

- Melhor atendimento das necessidades dos clientes.
- Maior atenção às mudanças ambientais que influenciam o comportamento e a preferência dos clientes.
- Maior rapidez na tomada de decisão por causa do feedback dos clientes.

Desvantagens

- Maiores custos operacionais e desperdício de recursos por causa da redundância de funções nos distintos departamentos.
- Organização mais complexa - cada departamento precisa se organizar de forma diferente para servir diferentes segmentos de consumidores.
- Menor eficiência e produtividade da organização como um todo.

Departamentalização por Processo

Processo é uma sequência de atividades inter-relacionadas que transforma insumos (entradas) em produtos (saídas).

Seguindo esse conceito, a departamentalização por processos agrupa as atividades de acordo com as etapas de um processo.

Também denominada departamentalização por fases do processo, por processamento ou por equipamento, nela cada departamento é responsável por uma fase do processo.

Ela é utilizada quando o produto final é tão complexo que se faz necessário fabricá-lo a partir da divisão em processos menores, com linhas de produção distintas. Ela representa a influência da tecnologia utilizada pela empresa em sua estrutura organizacional.

Os departamentos funcionam como elos de uma corrente, interligando as etapas de produção do início ao fim do processo. O resultado é uma estrutura horizontal direcionada para o atendimento das necessidades dos clientes.

Exemplo: indústria automobilística - uma linha de produção é um arranjo físico de máquinas e equipamentos.

A departamentalização por Processos é semelhante à por produtos/serviços. A diferença é que na departamentalização por produtos/serviços o foco é o produto final, enquanto na abordagem por processos são focados os fluxos de trabalho em si, cada qual gerando partes do produto final.

Vantagens

- Garante plena utilização e vantagens econômicas da tecnologia utilizada no processo.
- Maior comunicação entre as diferentes unidades por causa da interdependência.
- Maior eficiência e menos desperdícios devido ao foco na racionalização das diferentes etapas de execução do trabalho.

Desvantagens

- Possibilidade de ocorrência de conflitos interdepartamentais por causa da interdependência entre os processos organizacionais.
- Menor flexibilidade e capacidade de adaptação a mudanças tecnológicas e ambientais.
- Maior risco operacional, uma vez que uma falha em um processo pode levar a uma falha sistêmica da organização.

Departamentalização por Projeto

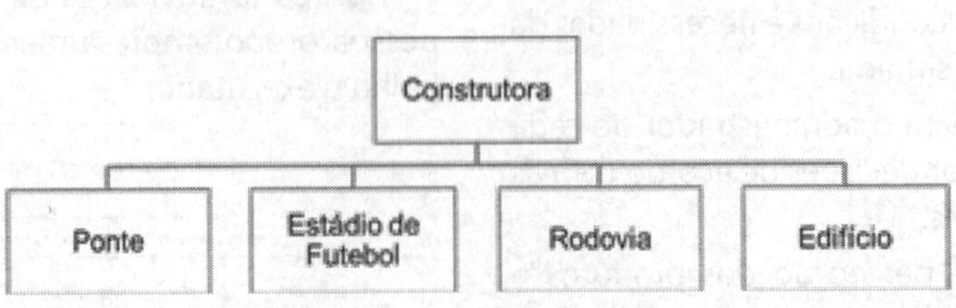

Projeto é a união temporária de recursos (pessoas, materiais, finanças, tecnologia) para atingir um objetivo, sendo realizado conforme parâmetros predefinidos de tempo, custo, recursos e qualidade. Em outras palavras, projeto é um trabalho específico, com prazo para acabar e que, para sua realização, exige um esforço concentrado de pessoas e recursos sob a responsabilidade de um coordenador (gerente do projeto).

Exemplos de projetos: estádios de futebol, prédios, pontes, estradas, desenvolvimento de novas tecnologias etc.

Dentro de cada projeto, podem existir diferentes áreas especializadas (funcionais).

A departamentalização por projetos, portanto, é utilizada em empresas cujos produtos/serviços são complexos e envolvem grandes concentrações de recursos por um determinado tempo, que exigem tecnologia sofisticada, especialistas de diversas áreas e grande coordenação das atividades (por exemplo, uma construtora que realiza inúmeras obras ao mesmo tempo). É uma estrutura organizacional flexível/mutável - capaz de adaptar-se às necessidades de cada projeto – e focada em resultados.

Vantagens

- Foco no resultado – permite melhor atendimento das necessidades dos clientes;
- Permite a concentração de recursos e especialistas para realizar um trabalho complexo;
- É uma estrutura organizacional flexível, mutável, temporária, que se adapta às necessidades de cada projeto;
- Alta responsabilização e engajamento da equipe e do gerente de projetos;
- Melhoria no controle da execução – cumprimento de prazos e orçamentos.

Desvantagens

- Isolamento da equipe no seu projeto - como cada equipe está focada em seu próprio projeto, não há comprometimento com a empresa e há dificuldade de comunicação entre os projetos realizados pela organização (dificuldade de coordenar políticas gerais);
- Em projetos muito grandes, podem ocorrer dificuldades no gerenciamento da equipe;
- Em razão da temporariedade, muitas vezes não é aceita pela estrutura permanente;
- Duplicação de esforços quando dois ou mais especialistas trabalham em um mesmo problema ou assunto, mas em projetos diferentes;
- Quando termina uma fase, ou mesmo o projeto, a empresa pode ser obrigada a dispensar pessoal ou a paralisar máquinas e equipamentos se não tiver outro projeto em vista.

GESTÃO DE PROCESSOS

Sordi (2014) associa a abordagem da Gestão por Processos com a abordagem Sistêmica das organizações: "Sistema é um conjunto de elementos interconectados cuja transformação em uma de suas partes influencia todas as demais."

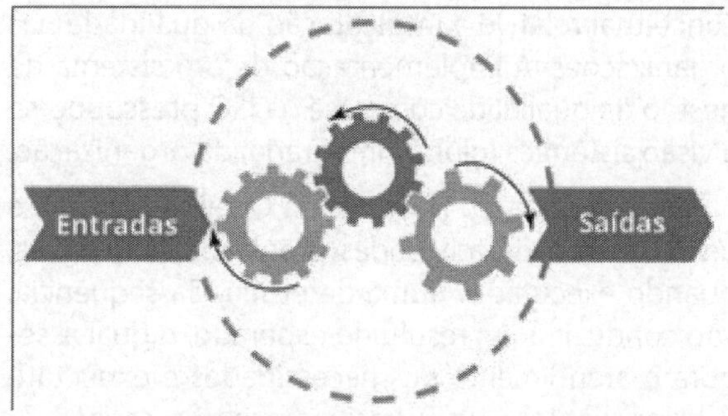

Nesse contexto moderno, as organizações são vistas como **sistemas abertos**, que interagem com o meio ambiente, fazendo trocas com outros sistemas, processando insumos e transformando-os em produtos, incorporando alterações benéficas e neutralizando as maléficas. Essa troca entre os sistemas permite a sobrevivência e adaptação das organizações.

Processos

Processo é qualquer atividade ou conjunto de atividades que toma um input, adiciona valor a ele e fornece o output a um cliente específico. Esses inputs podem ser materiais, informações, conhecimento etc.

O conceito mais intuitivo de processo de trabalho, portanto, é o de transformação. Este conceito remete a três elementos:

1. O que será transformado – input – a entrada proveniente de um fornecedor;
2. A transformação – a própria realização do processo;
3. O resultado– output – saída ou produto do processo, que é destinado a um cliente.

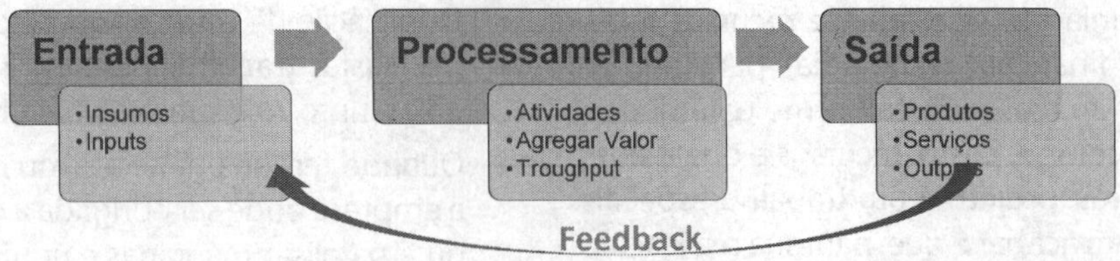

Obs.: o feedback dá ao processo a sua característica cíclica, representando o reinício das operações e gerando informações para a melhoria do processo em si.

A **ISO 9001** considera processo como um conjunto de atividades inter-relacionadas que transforma insumos (entradas) em produtos (saídas). A família de normas ISO 9000 constitui um amplo modelo conceitual relativo à implantação da qualidade nas organizações. A implementação de um sistema de gestão da qualidade com base na ISO pressupõe-se a visão sistêmica (global, integrada) da organização.

Para a Fundação Nacional da Qualidade (FNQ) é um conjunto de atividades preestabelecidas que, quando executadas numa determinada sequência, vão conduzir a um resultado esperado, o qual assegura o atendimento das necessidades e expectativas dos clientes e de outras partes interessadas.

Sordi (2014): fluxos de trabalhos que atendem a um ou mais objetivos da organização e que proporcionam agregação de valor sob a ótica do cliente final.

Davenport (1994): conjunto de atividades estruturadas e medidas destinadas a resultar em um produto especificado para um determinado cliente ou mercado (...) é uma ordenação específica das atividades de trabalho no tempo e no espaço, com um começo, um fim, e inputs e outputs claramente identificados: uma estrutura para a ação.

O Guia para o Gerenciamento de Processos de Negócio (CBOK 3.0) define processo como uma agregação de atividades e comportamentos executados por humanos ou máquinas para alcançar um ou mais resultados. Essas atividades inter-relacionadas solucionam uma questão específica (entregam valor ao cliente ou apoiam/gerenciam outros processos) e são governadas por regras de negócio. Esse trabalho pode ser ponta a ponta - interfuncional ou interorganizacional.

Em suma, processos possuem o compromisso de satisfazer as necessidades dos clientes/cidadãos, exigem sincronia, transformam elementos, seguem orientações e consomem recursos.

De acordo com a ISO 9001, para uma organização funcionar de maneira eficaz e eficiente, ela tem que identificar e gerenciar numerosas atividades interligadas, possibilitando a transformação de entradas em saídas. Frequentemente a saída de um processo é a entrada para o processo seguinte.

Segundo essa visão, qualquer instituição é um "mar de processos" em contínua execução pelas pessoas que compõem a força de trabalho. Estes processos interagem de tal forma que os produtos/serviços de um constituem a entrada para outro.

A essas combinações, em geral, damos o nome de **cadeias de valor** (cadeia cliente-fornecedor), sendo valor conceituado como o resultado a ser gerado pelos processos e que são percebidos pelos seres humanos.

Com base na literatura, podem-se definir algumas características básicas de um processo de trabalho:

- Fronteiras (início e fim) e objetivos claros;
- Recursos controlados (tempo, pessoas, finanças, materiais etc.);
- Atividades interdependentes são projetadas e ordenadas (definição de quando e de como as atividades ocorrem);
- Gerenciamento: planejamento, controle, sincronização, responsável (dono do processo);
- Resultado específico e previsível;
- Compromisso de satisfazer as necessidades dos clientes (gerar valor);
- Melhoria: mecanismos de *feedback* e evolução contínua.

Tipos de Processos

Quanto aos tipos de processos existentes, a classificação mais comum é:

- **Primários - principais, de clientes, de negócio, operacionais, finalísticos**
  - o entregam valor diretamente para os clientes.
  - o processos ponta a ponta e tipicamente interfuncionais
  - o representam as atividades essenciais que uma organização executa para cumprir sua missão.
  - o constroem a percepção de valor pelo cliente por estarem diretamente relacionados à experiência de consumo do produto ou serviço.
  - o Ex: confecção do produto, geração de pedidos e atendimento ao cliente.
- **de Suporte - apoio, meio, administrativos**
  - o entregam valor para outros processos e não diretamente para os clientes - alguns invisíveis aos clientes, mas essenciais ao negócio.
  - o proveem suporte e habilitam outros processos - podem ser fundamentais e estratégicos à organização na medida em que aumentam sua capacidade de efetivamente realizar os processos primários.
  - o podem ser intrafuncionais ou interfuncionais, ponta a ponta ou não.
  - o 4 grupos principais: suprimento; tecnologia; recursos humanos; infraestrutura.
- **Gerenciais – de gerenciamento, decisão, controle.**
  - o decisões que os gerentes tomam, ligadas às estratégias e ao estabelecimento de normas - utilizados para medir, monitorar, controlar atividades e administrar o presente e o futuro do negócio.
  - o assim como os processos de suporte, não agregam diretamente valor aos clientes, mas são necessários para assegurar que a organização opere de maneira efetiva e eficiente.

Além dos tipos, os processos podem ser classificados de acordo com a **hierarquia**:

- **Macroprocessos** – visão macro; abrange vários processos principais ou secundários; envolve mais de uma área funcional; impacta no cumprimento de objetivos estratégicos.
- **Processos** – conjunto de subprocessos/atividades inter-relacionadas ou interativas que transforma insumos (entradas) em produtos (saídas).
- **Subprocessos** – etapa/parte de um processo, com objetivo e recursos específicos.
- **Atividades** – ações realizadas em um processo ou subprocesso, desempenhadas por uma unidade organizacional específica – o que é feito.
- **Tarefas/operações** – menor unidade do processo, menor nível documentado no mapeamento; passos específicos para realizar uma atividade; maior detalhamento – como é feito.

Requisitos dos Processos

Qualquer processo, do mais simples ao mais complexo, tem que agregar valor, ou seja, sua saída para o cliente tem que ser mais valorizada (gerar melhores atributos) do que as suas entradas. Qualquer processo que não agregue valor deve ser considerado como desnecessário na organização e prontamente eliminado.

O requisito aplicável a um processo é a tradução das necessidades e expectativas dos clientes e das demais partes interessadas (stakeholders).

Como exemplos de requisitos de processos, ou itens a serem cumpridos pelos processos, citam-se prazos de entrega, tempo de garantia, especificações técnicas do produto ou serviço, tempo de atendimento, qualificação de pessoal e condições de pagamento.

Além dos requisitos de natureza técnica, é cada vez maior a exigência de requisitos relacionados a aspectos ambientais e sociais, tais como: preservação do meio ambiente, descarte adequado de produtos não perecíveis (como vidro, plástico, borrachas), exigência de uma condução ética dos negócios etc.

Não Conformidades

No monitoramento dos processos, bem como no controle do atendimento das necessidades das partes interessadas, podem ser identificadas não conformidades.

Não conformidades podem ser traduzidas como o não atendimento a um requisito.

Os produtos e serviços da organização são projetados para atender aos requisitos traduzidos das necessidades dos clientes e demais partes interessadas. Quando o produto ou serviço deixa de atender a uma ou algumas das necessidades destas partes interessadas, configura-se uma não conformidade.

É necessário tratá-la adequadamente, para prevenir a sua reincidência, conhecendo-se e eliminando-se suas causas. A causa é o fator que efetivamente provocou o desvio em relação a uma condição planejada e que, consequentemente, impediu o cumprimento dos requisitos e o atendimento das necessidades das partes interessadas. O efeito é o que se vê da não conformidade, é o resultado diferente do esperado ou necessário

Estrutura por Processos

O modelo tradicional da organização formal – gestão por funções, baseada em departamentos estanques e isolados – é cada vez mais sinônimo de falta de agilidade num mundo marcado por mudanças e necessidades de adaptação. A **estrutura funcional (vertical)** é muito restritiva, cria lacunas e conflitos entre os departamentos (cultura de silo), não evidencia como se agrega valor aos produtos.

Embora existam processos realizados inteiramente em uma unidade funcional, os principais processos de uma instituição atravessam as fronteiras das áreas e são executados por colaboradores de diversos setores ou cargos (processos transversais – interfuncionalidade).

Rummler e Brache afirmam que a maioria das dimensões-chave do desempenho de uma organização resulta de processos interfuncionais (atendimento de pedidos, aquisição, desenvolvimento de produtos etc.). Quando os setores não se comunicam eficientemente, o cliente final provavelmente será afetado negativamente e o processo terá falhado.

Segundo Sordi, a gestão com base em organogramas e manuais cedeu lugar à análise do dia a dia, da movimentação, do melhor uso da informação e ao conhecimento de processos, em especial os processos críticos. As atividades meramente orientadas para tarefas estão obsoletas, em seu lugar é necessário organizar o trabalho em torno de processos.

Enquanto a visão funcional focaliza a especialização, sustentada por forte estrutura hierárquica, a visão de processo enfoca o próprio trabalho, a fim de gerenciá-lo. Para tornar a organização mais flexível, devem-se derrubar as barreiras departamentais e focar os processos, pois assim o trabalho é sequenciado conforme as relações entre as unidades.

A **estrutura horizontal dos processos** propõe uma abordagem que fuja da organização funcional (tradicional). Os departamentos não são concorrentes, eles são sócios, por isso a gestão deve ser orientada para identificar, desenhar (modelar), executar, documentar, medir, monitorar, controlar e melhorar processos de negócio.

Hammer e Champy afirmam que, assim como as organizações têm organogramas, elas podem ter mapas de processos para detalhar o fluxo de trabalho, mostrando de forma simples um quadro claro e completo do trabalho, incluindo um elemento quase nunca representado no organograma: o cliente.

Hammer conclui que, para um mundo de organizações orientadas para processos, é preciso repensar tudo: os tipos de trabalho que as pessoas fazem, as formas nas quais o desempenho é avaliado e recompensado, as carreiras, o papel desempenhado pelos gerentes e os princípios estratégicos.

características analisadas	organização funcional	organização por processos
alocação de pessoas	agrupados junto aos seus pares em áreas funcionais	times de processos envolvendo diferentes perfis e habilidades
autonomia operacional	tarefas executadas sob rígida supervisão hierárquica	fortalece a individualidade dando autoridade para tomada de decisões
avaliação de desempenho	centrada no desempenho funcional do indivíduo	centrada nos resultados do processo de negócio
cadeia de comando	forte supervisão de níveis hierárquicos superpostos	fundamentada na negociação e colaboração
capacitação dos indivíduos	voltada ao ajuste da função que desempenham / especialização	dirigido às múltiplas competências da multi-funcionalidade / *empowerment*
escala de valores da organização	metas exclusivas de áreas geram desconfiança e competição entre as áreas	comunicação e transparência no trabalho gerando clima de colaboração mútua
estrutura organizacional	estrutura hierárquica, departamentalização / vertical	fundamentada em equipes de processos / horizontal
medidas de desempenho	foco no desempenho de trabalhos fragmentados das áreas funcionais	visão integrada do processo de forma a manter uma linha de agregação constante de valor
natureza do trabalho	repetitivo e com escopo bastante restrito / mecanicista	bastante diversificado, voltado ao conhecimento / evolutivo-adaptativo
organização do trabalho	em procedimentos de áreas funcionais / mais linear	por meio de processos multifuncionais / mais sistêmico
relacionamento externo	pouco direcionado, maior concentração no âmbito interno	forte incentivo por meio de processos colaborativos de parcerias
utilização da tecnologia	sistemas de informação com foco em áreas funcionais	integração e "orquestração" dos sistemas de informação

Fonte: Sordi (2014)

Por fim, existe uma diferença conceitual entre **"gestão de processos"** e **"gestão por processos"**:

- Gestão **de** processos é simplesmente administrar os processos existentes na organização, sem grandes impactos na estrutura;
- Gestão **por** processos implica estruturar toda organização em função dos processos. O foco total está nos processos; os funcionários são vinculados a processos (e não a unidades); os indicadores de desempenho medem os processos, etc.

Conforme Sordi, ao contrário das empresas convencionais, centradas em si mesmas, as empresas organizadas e gerenciadas por meio de processos de negócios priorizam o cliente final, por meio da valorização do trabalho em equipe, da cooperação e da responsabilidade individual.

A denominada "visão horizontal" ou "visão sistêmica" de uma organização retrata o novo enfoque exigido pela dinâmica da sociedade atual, forçando as organizações a melhorar seu desempenho para atender a um mercado competitivo e globalizado. Essa perspectiva deve: incluir o cliente, o produto e o fluxo de trabalho; permitir ver a forma como o trabalho é realmente feito, por meio de processos que cortam fronteiras organizacionais; e mostrar os relacionamentos internos entre clientes e fornecedores.

Gerenciamento de Processos

Conforme a ENAP, os processos organizacionais são considerados os elos entre as estratégias e as pessoas. É necessário, portanto, o alinhamento entre os elementos da estratégia da organização (missão, visão, fatores críticos, objetivos, macroprocessos e indicadores estratégicos), os elementos da melhoria dos processos (análise e melhoria, padronização de procedimentos e indicadores de gerenciamento dos processos) e os elementos de gerenciamento das pessoas (padrões técnicos estabelecidos do trabalho, plano de capacitação e desenvolvimento, indicadores de desempenho do posto de trabalho).

Segundo o Guia BPM-CBOK, o Gerenciamento de Processos de Negócio (Business Process Management – BPM)) é uma abordagem disciplinada para identificar, desenhar, executar, documentar, medir, monitorar, controlar e melhorar processos de negócio (automatizados ou não) para alcançar resultados pretendidos, consistentes e alinhados com as metas estratégicas de uma organização.

> *Gerenciamento de Processos de Negócio (BPM – Business Process Management) é uma disciplina gerencial que integra estratégias e objetivos de uma organização com expectativas e necessidades de clientes, por meio do foco em processos ponta a ponta.*
>
> *BPM engloba estratégias, objetivos, cultura, estruturas organizacionais, papéis, políticas, métodos e tecnologias para analisar, desenhar, implementar, gerenciar desempenho, transformar e estabelecer a governança de processos. (BPM-CBOK)*
>
> *BPM trata processos de negócio como ativos da organização e visa entregar valor aos clientes. Para isso, define o que, onde, quando, por que, como e por quem o trabalho é realizado.*

O gerenciamento habilita a organização a alinhar seus processos à sua estratégia de negócio, conduzindo ao efetivo desempenho geral por meio de melhorias de atividades específicas de trabalho em um departamento específico, ao longo da organização ou entre organizações.

Alguns fatores-chave de sucesso do BPM incluem:

- Alinhamento da estratégia de negócio, definições de cadeia de valor e processos de negócio.
- Estabelecimento de metas para se atender à estratégia de negócios.
- Desenvolvimento de planos de ação e táticas para atingir as metas.
- Designação clara de propriedade do processo, bem como autoridade para engendrar mudanças.
- Estabelecimento de métricas, medição e monitoramento de processos.
- A tecnologia desempenha papel de apoio e não de liderança na implementação de BPM.
- 4 pilares do BPM: valores, crenças, liderança e cultura.

Glossário

- **BPM** – Business Process Management: disciplina de gerenciamento de processos e um conjunto de tecnologias habilitadoras.
- **BPMS** – BPM Systems/Suite: Sistema de Gerenciamento de Processos de Negócio – tecnologias que suportam e capacitam o gerenciamento de processos; aplicações integradas de software para gerenciamento de processos de negócio.
- **BPMN** – Business Process Modeling Notation: especificação para modelagem visual de processos cujo objetivo é prover uma interface simples, mas poderosa, que possa ser utilizada tanto por profissionais de processos e sistemas, como por usuários.
- **Fluxograma**: técnica para se registrar um processo de maneira compacta, por meio de alguns símbolos padronizados.
- **Gargalo**: restrição na capacidade que cria uma fila.
- **Handoff**: qualquer ponto em um processo no qual o trabalho passa de um sistema, pessoa ou grupo para outro. As atividades de handoff passam o controle do processo para outro departamento ou organização (exemplo: transferir um cliente a outro departamento).
- **Requisitos do Processo**: é a tradução das necessidades e expectativas dos clientes e das demais partes interessadas (stakeholders).
- **Não Conformidade**: não atendimento a um requisito.
- **Regras de Negócio**: definem como o seu negócio funciona (políticas, interesses, objetivos, compromissos éticos etc.).
- **Throughput**: indica a quantidade de resultados ou saídas geradas num período de tempo.
- **Transação de negócio**: lógica de um negócio realizado entre duas ou mais entidades; registro documental de um evento de negócio executado pela empresa.
- **Lead time**: tempo médio total necessário para a execução completa de uma transação de negócio.
- **Gerente de processos**: coordena e gerencia o desempenho dos processos no dia a dia e lidera iniciativas de transformação de processos.
- **Mapeamento**: técnica geral utilizada por empresas para entender de forma clara e simples como uma unidade de negócio está operando, representando cada passo de operação dessa unidade em termos de entradas, saídas e ações. Esse exercício de compreensão e documentação é fundamental para diversas metodologias de melhoria de processos.

- **Cadeia de Valor**: instrumento para identificar os meios de criar mais valor para o cliente. Desenvolvida por Michael Porter, enfatiza os processos e atividades que adicionam valor ao serviço ou produto entregue ao cliente.

Modelagem de Processos

A Modelagem é chamada, por alguns autores, de Mapeamento, mas há uma diferença entre os conceitos.

Mapeamento é a descrição gráfica do funcionamento de um processo. O Mapeamento tem como principal objetivo desenhar e representar uma sequência de processos, subprocessos, atividades e tarefas, sendo necessário elaborar um fluxograma para melhor entender, documentar e medir o trabalho da organização. Consiste em se colocar o processo em um gráfico (geralmente, um fluxograma) para orientação em suas fases de avaliação, desenho e desenvolvimento. O mapeamento auxilia na visualização do processo, no relacionamento de suas variáveis e no relacionamento com outros participantes (pessoas, processos, sistemas, eventos, resultados etc.).

O BPM-CBOK adota o nome Modelagem, por ser um conceito mais amplo do que o de mapeamento.

O conceito de Modelagem vem da definição de modelo: uma representação simplificada de uma coisa, um conceito ou uma atividade. Modelos podem ser matemáticos, gráficos, físicos, narrativos ou alguma combinação desses tipos.

A Modelagem de processos de negócio é o conjunto de atividades envolvidas na criação de representações de processos de negócio existentes (as is) ou propostos (to be). Em outras palavras, é o conjunto-chave de habilidades e técnicas que possibilitam compreender, formalizar e comunicar os principais componentes de processos.

Pode prover uma perspectiva ponta a ponta ou uma porção dos processos primários, de suporte ou de gerenciamento.

Modelos possuem ampla gama de aplicações nos ambientes de negócio, incluindo: Organização (estruturação), Descoberta (aprendizagem), Previsão (estimativas), Medição (quantificação), Explicação (ensino, demonstração), Verificação (validação), Controle (restrições, objetivos)

As abordagens de modelagem de processos podem ser de cima para baixo (top-down), do meio para fora (middle-out) ou de baixo para cima (botton-up). Alguns métodos de desenvolvimento de modelos de processos exigem uma abordagem interativa de processo que requer várias passagens sucessivas para o desenvolvimento do modelo. A abordagem usada varia de acordo com o propósito e escopo do esforço.

O propósito da modelagem, portanto, é criar uma representação do processo de maneira completa e precisa sobre seu funcionamento. Por esse motivo, o nível de detalhamento e o tipo específico de modelo têm como base o que é esperado da iniciativa de modelagem. Um diagrama simples pode ser suficiente em alguns casos, enquanto um modelo completo e detalhado pode ser necessário em outros.

Os desenhos tipicamente fornecem uma visão abrangente dos principais componentes do processo, mas variam em termos de detalhamento. Diagrama de processo, Mapa de processo e Modelo têm diferentes propósitos e aplicações (representam diferentes estágios de desenvolvimento, cada qual agregando mais informação, utilidade e capacidade no entendimento, análise e desenho de processos).

- **Diagrama** é uma notação simples que retrata os principais elementos de um fluxo de processo, mas omite detalhes;
- **Mapa** tem maior precisão e detalhes do que um diagrama e mostra relacionamentos com outros elementos (atores, eventos, resultados etc.);
- **Modelo** possui maior precisão, mais dados do processo e mais dados dos fatores que afetam seu desempenho, e sua representação pode ser utilizada para mostrar o desempenho do que está sendo modelado (simulação).

Diagrama

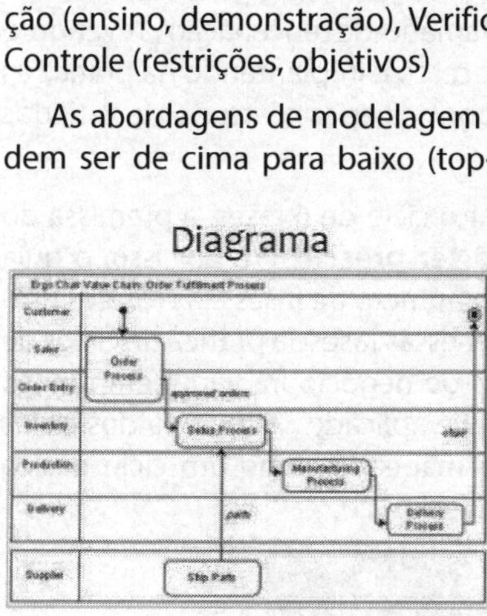

Mapa

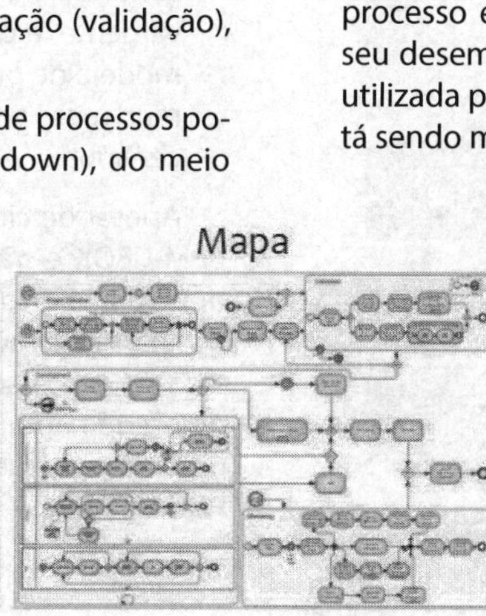

Modelo

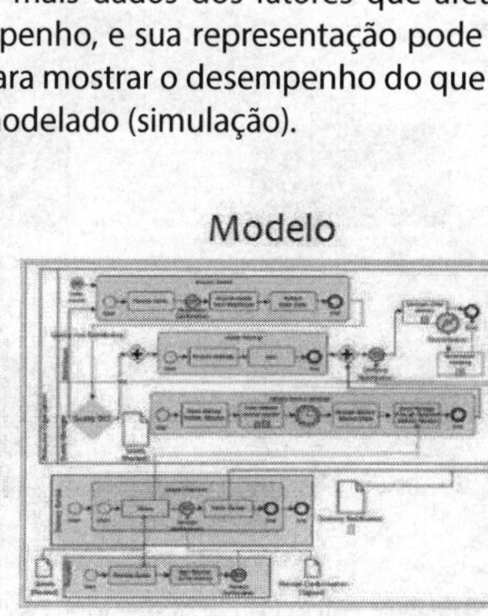

Ciclo de Vida BPM

Os processos de negócio devem ser gerenciados em um ciclo contínuo para manter sua integridade e permitir a transformação. Isso envolve uma continuidade, um ciclo de feedback sem fim para assegurar que os processos de negócio estejam alinhados com a estratégia organizacional e focados no cliente

A versão 4.0 do Guia BPM-CBOK define 5 fases do ciclo de vida BPM:

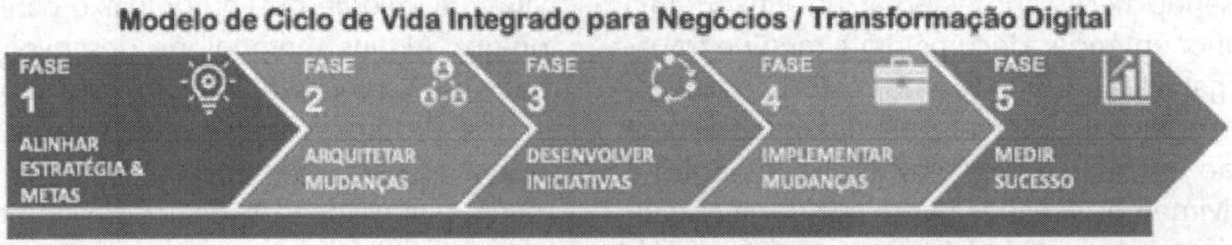

1. Alinhar estratégia e metas: alinhar a gestão de processos com as estratégias.
2. Arquitetar mudanças: identificar e analisar os processos atuais (AS-IS); desenhar novos processos (TO-BE) e simular; identificar lacunas e validar design; definir prioridades para implementação.
3. Desenvolver iniciativas: projetos, planos, treinamentos etc.
4. Implementar mudanças: executar o que foi definido na fase 3.
5. Medir o sucesso: monitoramento e medição contínua para realização dos benefícios.

A versão 3.0 do Guia abordava um ciclo com 6 fases: planejamento, análise, desenho, implementação, monitoramento & controle e refinamento.

- **Planejamento**: nessa etapa, são vistas as necessidades de alinhamento estratégico dos processos. Deve-se desenvolver um plano e uma estratégia dirigida a processos para a organização, fornecendo a estrutura e o direcionamento para gerenciamento contínuo de processos centrados no cliente. Além disso, são identificados papéis e responsabilidades organizacionais associados ao gerenciamento de processos, aspectos relacionados a patrocínio, metas, expectativas de desempenho e metodologias.

- **Análise:** o foco é compreender os processos atuais ("AS-IS") no contexto das metas e objetivos desejados. Envolve a compreensão de processos de negócio, incluindo sua eficiência e eficácia para atendimento dos objetivos para os quais foram desenhados.
- **Desenho:** é a concepção de novos processos de negócio e a especificação de como esses funcionarão, serão medidos, controlados e gerenciados. Envolve a criação do modelo futuro de processos de negócio ("TO-BE") no contexto dos objetivos de negócio e de desempenho de processos, e fornece planos e diretrizes sobre como fluxos de trabalho, aplicações de negócio, plataformas tecnológicas, recursos de dados e controles financeiros e operacionais interagem com os processos.
- **Implementação:** aplicar o desenho aprovado do processo de negócio na forma de procedimentos e fluxos de trabalho documentados, testados e operacionais; prevendo também a elaboração e execução de políticas e procedimentos novos ou revisados.
- **Monitoramento e Controle:** contínua medição e monitoramento dos processos de negócio fornece informações-chave para os gestores de processo ajustarem recursos a fim de atingir os objetivos dos processos.
- **Refinamento:** também chamado de transformação, é responsável pela transformação dos processos, implementando o resultado da análise de desempenho. Trata de desafios associados à gestão de mudanças na organização, à melhoria contínua e à otimização de processos. Alternativamente, é chamado de "encenação", revendo o modelo de processo e implantando na prática as mudanças propostas após o estudo de variados cenários.

Apesar de citar o ciclo de 6 fases, a premissa do BPM-CBOK é **não ser prescritivo**, por isso, o guia deixa em aberto o número de fases e os rótulos usados para descrever essas fases: "a prática de ciclos de vida de processos de negócio irá variar em função do escopo ao qual é aplicado". A maioria dos ciclos de vida pode ser mapeada como um ciclo básico PDCA (Plan, Do, Check, Act).

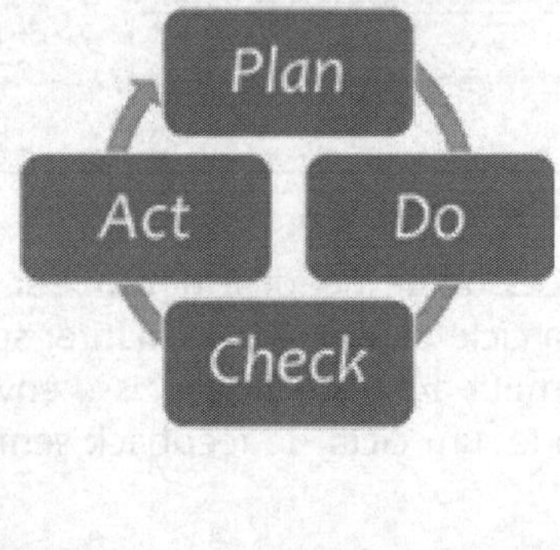

Transformação de Processos

As organizações necessitam aprimorar constantemente seus processos para atender às demandas dos clientes. A Transformação de Processos é a mudança de maneira planejada (organizada, disciplinada) para assegurar que os processos continuem suportando os objetivos de negócio. Representa desafios de gerenciamento de mudança organizacional e é orientado a melhoria contínua e otimização de processos.

A melhoria dos processos de negócio (Business Process Improvement – BPI) é uma iniciativa ou projeto singular para melhorar o alinhamento e o desempenho de um processo com a estratégia organizacional e as expectativas dos clientes. BPI inclui a seleção, análise, design e implementação do processo melhorado.

As organizações podem transformar seus processos com base em táticas incrementais (progressivas, evolucionárias) ou radicais (com ruptura).

As diferentes abordagens adotadas são:

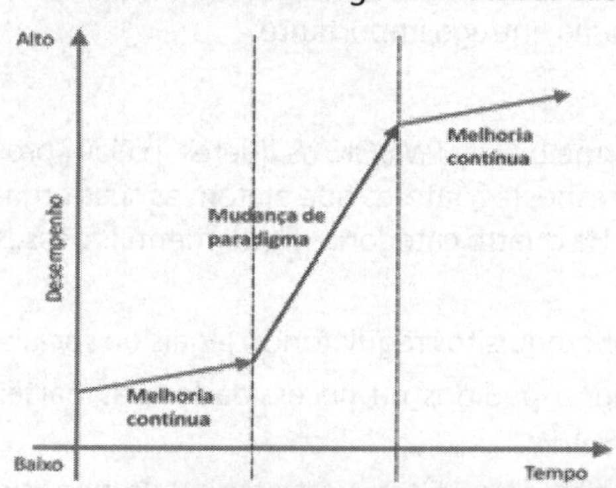

- **Melhoria de Processos**: é uma evolução incremental; faz mudanças específicas, ajustes. Tem como base a filosofia Kaizen (melhoria contínua), e usa métodos como Gerenciamento da Qualidade Total (TQM – Total Quality Management), Ciclo PDCA, LEAN e Seis Sigma.
- **Redesenho**: é diferente da Melhoria de Processos, pois toma uma perspectiva holística para o processo (visão do todo, ponta a ponta) em vez de identificar e implementar pequenas mudanças incrementais. Embora possa levar a mudanças significativas, essas mudanças continuam a ser baseadas nos conceitos fundamentais do processo existente.
- **Reengenharia**: é um repensar radical e fundamental dos processos para obter melhorias drásticas no negócio. A filosofia é "jogue tudo fora e recomece do zero". Ao contrário da TQM (Total Quality Management), a Reengenharia não procura introduzir melhorias nos processos já existentes, mas sim a eliminação e total reinvenção das regras e processos, bem como de todos os pressupostos fundamentais que lhe servem de base. Reengenharia é reinventar a empresa.
- **Mudança de Paradigma**: envolve inovar fortemente, buscar novas formas de fazer negócios.

Comparação entre as abordagens:

Fator de comparação	Melhoria e redesenho	Reengenharia e mudança de paradigma
Nível de mudança	Incremental a holística	Radical a sem precedentes
Ponto inicial	Processo "AS-IS"	Quadro branco, novas ideias
Frequência de alteração	Contínua a regular	Eventual
Risco	Baixo a moderado	Alto
Habilitador primário	Controle estatístico	Novos paradigmas e tecnologias

GESTÃO DE PROJETOS

A principal fonte cobrada em provas é o Guia PMBOK - The Project Management Body of Knowledge - documento elaborado pelo PMI – Project Management Institute. A versão atualmente vigente é a 7, porém, em concursos, continua sendo utilizada a versão 6.

O Guia PMBOK fornece conceitos-chave, tendências emergentes, considerações para a adaptação dos processos de gerenciamento de projetos e informações sobre como ferramentas e técnicas são aplicadas aos projetos.

Ele contém um Padrão de Gerenciamento de Projetos, que identifica os processos considerados boas práticas na maioria dos projetos, na maior parte do tempo: "O conhecimento e as práticas descritas são aplicáveis à maioria dos projetos na maior parte das vezes e existe um consenso em relação ao seu valor e utilidade."

Boa prática significa que existe um acordo geral de que a aplicação do conhecimento, habilidades, ferramentas e técnicas podem aumentar as chances de sucesso de muitos projetos em entregar o valor de negócio e resultados esperados.

Tanto o padrão como o guia são baseados em práticas descritivas (explicativas do que é realizado), e não em práticas prescritivas (como uma receita de bolo). Dessa forma, o padrão não exige a execução de nenhum processo ou prática específica; ele serve de referência, mas precisa ser adaptado para atender às necessidades de cada projeto.

A adaptação é necessária porque cada projeto é único. Este é um dos conceitos fundamentais do PMBOK: tailoring - ajustar, adaptar - determinação da combinação adequada de processos, entradas, ferramentas, técnicas, saídas e fases de ciclo de vida para gerir um projeto.

Projetos

Conforme Maximiano, projetos são empreendimentos temporários que fogem da rotina das atividades funcionais. São atividades que têm começo e fim programados e que devem fornecer um produto singular.

Projeto é um esforço temporário empreendido para criar um produto, serviço ou resultado único. (Guia PMBOK)

Produto, serviço ou resultado único (exclusivo): algo novo ou que nunca foi feito daquela forma – construção de uma casa, melhoria de processos, pesquisa e desenvolvimento de um novo produto/serviço, fusão de empresas, aquisição e instalação de um novo hardware ou software.

Obs.: elementos repetitivos (processos, procedimentos, documentos) podem estar presentes em algumas atividades e entregas de projeto, mas essa repetição não altera as características fundamentais e exclusivas do trabalho do projeto.

Entregas: projetos são realizados para cumprir objetivos através da produção de entregas. Entrega é qualquer produto, resultado ou capacidade único e verificável que deve ser produzido para concluir um processo, fase ou projeto. Podem ser tangíveis ou intangíveis (produtos físicos, ideias, serviços, eventos etc.).

Empreendimento temporário: têm um início e um término definidos. Temporário não significa necessariamente que o projeto seja de curta duração. Os projetos são temporários, mas suas entregas podem existir depois do encerramento do projeto (uma estátua, uma estrada, um prédio etc.).

Impulsionam mudanças nas organizações: movem a organização de um estado atual para um estado futuro.

Permitem a criação de valor de negócio: é o benefício líquido quantificável derivado de um empreendimento, que pode ser tangível, intangível ou ambos (serviços públicos, ativos monetários, instalações, reconhecimento da marca, reputação etc.)

Ciclo de Vida

Ciclo de vida é a série de fases pelas quais um projeto passa, do início ao término.

A complexidade de um projeto exige, muitas vezes, que ele seja dividido em fases. As fases são divisões de um projeto, nas quais o controle se torna fundamental para o gerenciamento efetivo do término de uma entrega importante.

Início

Conforme o Guia PMBOK, os líderes iniciam projetos em resposta a fatores que afetam as suas organizações. Há quatro categorias fundamentais desses fatores:

- Cumprir requisitos regulatórios, legais ou sociais;
- Atender a pedidos ou necessidades das partes interessadas;
- Implementar ou alterar estratégias de negócio ou tecnológicas; e
- Criar, melhorar ou corrigir produtos, processos ou serviços.

Fases

Fase é um conjunto de atividades do projeto relacionadas de maneira lógica que culmina na conclusão de uma ou mais entregas.

As fases podem ser sequenciais (uma após a outra), sobrepostas (paralelas, simultâneas) ou iterativas (ciclos).

Os nomes, a quantidade e a duração das fases do projeto são determinadas pelas necessidades de gerenciamento e controle das organizações envolvidas no projeto, pela natureza do projeto em si e sua área de aplicação.

As fases têm prazo definido, com um ponto de início, fim ou controle (às vezes denominado como revisão de fase, pontos de verificação, marco).

Revisão de fase é uma análise no final de uma fase, uma comparação do desempenho real do projeto com o plano de gerenciamento do projeto e outros documentos de projeto ou de negócio. A partir dessa análise uma decisão é tomada em relação a: avançar para a fase seguinte, continuar na fase atual, repetir procedimentos, prosseguir com alterações, ou finalizar um programa ou projeto.

Fim

O final do projeto é alcançado quando ocorrer um ou mais dos fatores a seguir:

- Os objetivos do projeto foram alcançados;
- Os objetivos não poderão ser cumpridos;
- Os recursos estão esgotados ou não estão mais disponíveis para alocação ao projeto;
- A necessidade do projeto não existe mais;
- É finalizado por motivo legal ou por conveniência.

1.1.1. Tipos de Ciclos

Os ciclos de vida do projeto podem variar de abordagens preditivas (as entregas do projeto são definidas no início do projeto e quaisquer mudanças no escopo são gerenciadas progressivamente) a abordagens adaptativas ou ágeis (as entregas são desenvolvidas em várias iterações, o escopo detalhado é definido e aprovado para cada iteração quando ela começa).

O PMBOK classifica os ciclos de vida de desenvolvimento em preditivos, iterativos, incrementais, adaptativos ou modelo híbrido:

- Preditivo (em cascata): o escopo, prazo e custo do projeto são determinados nas fases iniciais do ciclo de vida. Quaisquer alterações ao escopo são cuidadosamente gerenciadas.

Preditivo	Iterativa — Incremental	Ágil
Requisitos são definidos previamente, antes do início do desenvolvimento	Requisitos podem ser elaborados em intervalos periódicos durante a entrega	Requisitos são elaborados com frequência durante a entrega
Entrega planos para a entrega final. Em seguida, entregar apenas um único produto final, no fim do projeto	Entregas podem ser divididas em subconjuntos de todo o produto	Entregas acontecem com frequência de acordo com os subconjuntos avaliados pelo cliente de todo o produto
Mudanças são restritas tanto quanto possível	Mudanças são incorporadas periodicamente	Mudanças são incorporadas em tempo real durante a entrega
Partes interessadas chave são envolvidas em marcos específicos	Partes interessadas chave são envolvidas regularmente	Partes interessadas chave são envolvidas constantemente
Riscos e custos são controlados pelo planejamento detalhado dos aspectos mais importantes	Riscos e custos são controlados pela elaboração progressiva dos planos com novas informações	Riscos e custos são controlados na medida em que surgem requisitos e restrições

- Iterativo: o escopo do projeto geralmente é determinado no início do ciclo de vida do projeto, mas as estimativas de prazo e custos são normalmente modificadas à medida que a equipe do projeto compreende melhor o produto. As iterações desenvolvem o produto por meio de uma série de ciclos repetidos, enquanto os incrementos acrescentam sucessivamente à funcionalidade do produto.
- Incremental: a entrega é produzida por meio de uma série de iterações que sucessivamente adicionam funcionalidade em um prazo predeterminado. A entrega contém a capacidade necessária e suficiente para ser considerada completa somente após a iteração final.
- Adaptativos: são ágeis, iterativos ou incrementais. O escopo detalhado é definido e aprovado antes do início de uma iteração. Os ciclos de vida adaptativos são também chamados ágeis ou de ciclos de vida orientados a mudanças.
- Híbrido: combinação de um ciclo de vida adaptativo e um preditivo. Os elementos do projeto que sejam conhecidos ou que tenham requisitos estabelecidos seguem um ciclo de vida de desenvolvimento preditivo, e os elementos que ainda estiverem em evolução seguem um ciclo de vida de desenvolvimento adaptativo.

O ciclo de vida do projeto precisa ser flexível o suficiente para lidar com a variedade de fatores incluídos no projeto. Cabe à equipe de gerenciamento do projeto determinar o melhor ciclo de vida de cada projeto.

1.1.2. Fases genéricas

Embora os projetos variem em tamanho e complexidade que contêm, um projeto típico pode ser mapeado para a seguinte estrutura de ciclo de vida do projeto:

1. Início do projeto
2. Organização e preparação
3. Execução do trabalho
4. Encerramento do projeto

Essa estrutura genérica apresenta as seguintes características:

- Os níveis de custo e de mobilização (e desmobilização) de recursos são baixos no início, aumentam à medida que o trabalho é executado e caem rapidamente conforme o projeto é finalizado.

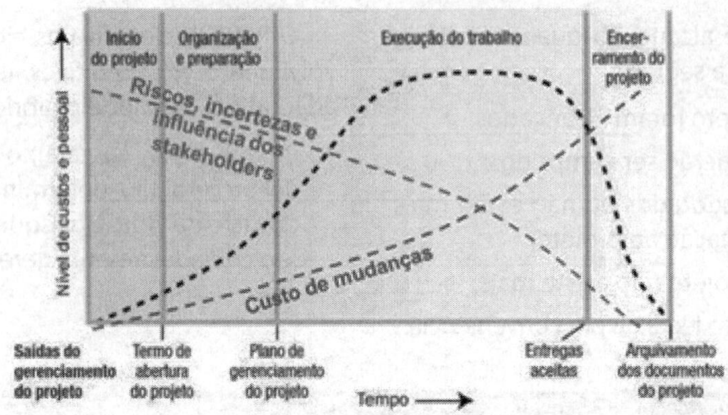

- O risco é maior no início do projeto e diminui ao longo do ciclo de vida, à medida que as decisões são tomadas e as entregas são aceitas.
- A capacidade das partes interessadas para influenciar as características finais do produto do projeto, sem afetar significativamente os custos e o cronograma, é mais alta no início do projeto e diminui à medida que o projeto progride para o seu término.
- O custo das mudanças e correções de erros geralmente aumenta significativamente à medida que o projeto se aproxima do término.

Maximiano aborda as seguintes fases:

1. Inspiração, ideia.
2. Concepção: ideia vira modelo mental.
3. Desenho: o modelo mental transforma-se em um desenho detalhado do produto.
4. Desenvolvimento: o produto é gradativamente elaborado.
5. Entrega: o produto é apresentado ao cliente.

Conceitos Importantes

Projetos, Programas e Portfólios

Um projeto pode ser gerenciado em três cenários distintos: como projeto autônomo; dentro de um programa; dentro de um portfólio.

Programa: grupo de projetos, programas subsidiários e atividades de programa relacionados, **gerenciados de modo coordenado visando a obtenção de benefícios que não estariam disponíveis se eles fossem gerenciados individualmente**.

O gerenciamento de programas foca nas interdependências entre projetos.

Exemplos de programas do governo do estado do RS: https://investrs.rs.gov.br/programas

Obs: programa não é um projeto grande. Um projeto de grande porte é chamado megaprojeto e tem como diretriz custar USD 1 bilhão ou mais, afetar 1 milhão de pessoas ou mais e ser executado por anos.

Portfólio: projetos, programas, portfólios subsidiários e operações **gerenciados em grupo para alcançar objetivos estratégicos**. Os componentes do portfólio são agrupados para facilitar a eficácia da governança e do gerenciamento do trabalho que ajuda a concretizar as estratégias e prioridades organizacionais.

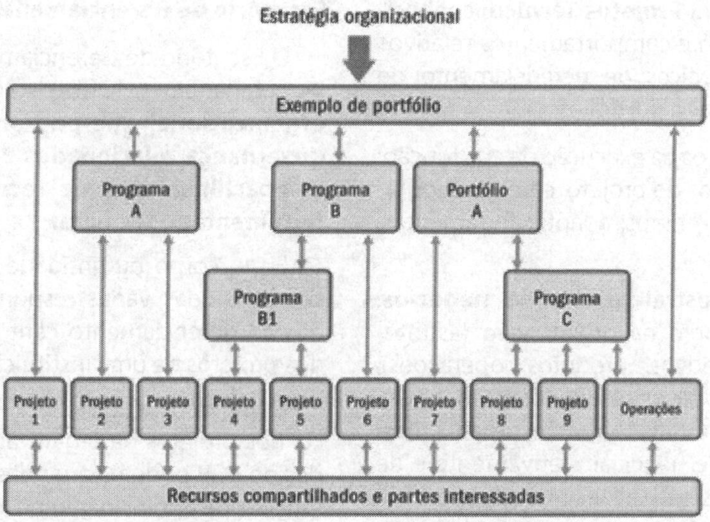

Os programas ou projetos do portfólio podem não ser necessariamente interdependentes ou diretamente relacionados.

Os objetivos do gerenciamento de portfólios são: orientar as decisões de investimento organizacional, selecionar a combinação ideal de programas e projetos para cumprir os objetivos estratégicos, fornecer transparência na tomada de decisão, priorizar a alocação de equipe e recursos físicos, aumentar a probabilidade de alcançar o retorno desejado sobre o investimento, centralizar o gerenciamento do perfil de risco agregado de todos os componentes.

O gerenciamento de programas e portfólios, portanto, difere do gerenciamento de projetos em termos de ciclos de vida, atividades, objetivos, foco e benefícios. O gerenciamento de programas e projetos foca em fazer programas e projetos "da maneira certa; o gerenciamento de portfólios foca em fazer os programas e projetos "certos".

- O gerenciamento de **portfólios** alinha os portfólios com estratégias organizacionais através da seleção dos programas ou projetos corretos, priorização do trabalho e fornecimento dos recursos necessários.
- O gerenciamento de **programas** harmoniza seus componentes de programas e controla interdependências a fim de realizar os benefícios especificados.
- O gerenciamento de **projetos** permite o atingimento dos objetivos e metas organizacionais.

Obs: o gerenciamento de operações (que cuida da produção contínua de mercadorias e/ou serviços) é uma área que está fora do escopo de gerenciamento de projetos formal descrito no guia PMBOK.

Gerente de Projetos

É a pessoa alocada pela organização executora para liderar a equipe e que é responsável por alcançar os objetivos do projeto.

Muitos gerentes de projetos envolvem-se em um projeto do início ao fim, no entanto, em algumas organizações, o gerente de projetos pode envolver-se nas atividades de avaliação e análise antes da iniciação do projeto.

O papel do gerente de projetos é diferente do papel de um gerente funcional (supervisão do gerenciamento de uma unidade funcional) ou de um gerente de operações (assegurar a eficiência das operações do negócio).

O gerente de projetos: trabalha para equilibrar as restrições que atuam sobre o projeto com os recursos disponíveis; executa funções de comunicação entre o patrocinador, os membros da equipe e outras partes interessadas; interage de modo proativo com outros gerentes de projetos e gerentes da organização; se mantém informado sobre as tendências do setor.

O gerente do projeto e a equipe de gerenciamento do projeto selecionam e adaptam os artefatos apropriados para uso no projeto específico – artefatos são os processos de gerenciamento de projetos, entradas, ferramentas, técnicas, saídas, FAEs e APOs.

Dependendo da estrutura organizacional, o gerente de projeto pode estar subordinado a um gerente funcional ou pode ser um dos vários gerentes de projetos subordinados a um escritório ou a um gerente de portfólios ou de programas.

Competências dos Gerentes

O Project Management Institute (PMI) definiu um triângulo de talentos, que se concentra em três conjuntos de habilidades-chave:

- **Gerenciamento de Projetos Técnico**: conhecimento, habilidades e comportamentos relativos a domínios específicos de gerenciamento de projetos, programas e portfólios.

Os aspectos técnicos da execução da sua função: gerenciar os elementos do projeto, como cronograma, custos, recursos e riscos; adaptar ferramentas, técnicas e métodos.

- **Gerenciamento estratégico e de negócios**: expertise no setor e na organização (estratégia, missão, objetivos, produtos, operações), de forma a melhorar os resultados do negócio. Capacidade de identificar a visão de alto nível da organização, de negociar efetivamente e de implementar decisões e ações que apoiam o alinhamento estratégico e a inovação. Pode incluir conhecimento de outras funções, como finanças, marketing e operações.
- **Liderança**: conhecimento, habilidades e comportamentos necessários para orientar, motivar e dirigir uma equipe, para ajudar a organização a atingir suas metas de negócio. Ser visionário, otimista e colaborativo; gerenciar relacionamentos e conflitos; comunicar-se; ter visão sistêmica etc.

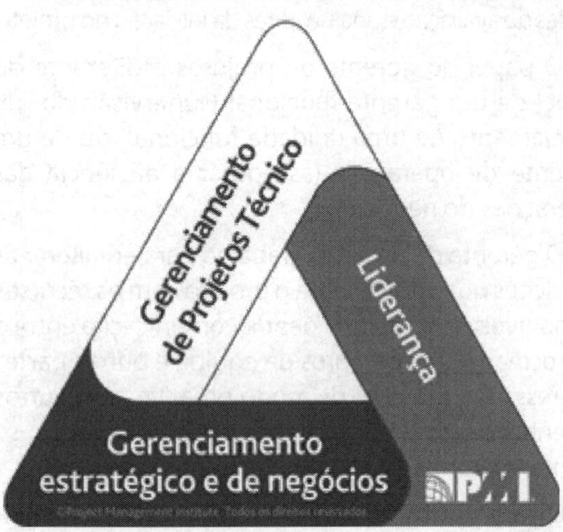

Os gerentes de projetos realizam o trabalho através da equipe e de outras partes interessadas, por isso, apoiam-se em habilidades interpessoais como: desenvolvimento da equipe, motivação, comunicação, influência (persuasão, coletar informações relevantes para abordar questões e alcançar acordos, mantendo a confiança mútua), processo decisório, conhecimento político e cultural, negociação (deliberação com as partes sobre os interesses em comum ou divergentes visando o compromisso de se chegar a um acordo), estabelecimento de confiança, gerenciamento de conflitos e coaching.

Escritório de Gerenciamento de Projetos - EGP

O Escritório de Gerenciamento de Projetos (Project Management Office – PMO) é **uma estrutura organizacional que padroniza os processos de governança relacionados a projetos e facilita o compartilhamento de recursos, metodologias, ferramentas e técnicas.**

É um corpo ou entidade organizacional à qual são atribuídas várias responsabilidades relacionadas ao gerenciamento centralizado e coordenado dos projetos de uma instituição.

Dependendo do seu grau de controle e influência nos projetos da organização, as responsabilidades do EGP podem variar desde o fornecimento de funções de apoio ao gerenciamento de projetos até o gerenciamento direto de um ou mais projetos.

- EGPs de **Suporte**: fornecem um papel consultivo nos projetos, fornecendo modelos, práticas recomendadas, treinamento, acesso às informações e lições aprendidas em outros projetos. Atua como repositório de projetos e seu nível de controle é baixo.
- EGPs de **Controle**: fornecem suporte e exigem a conformidade por vários meios: adoção de estruturas ou metodologias de gerenciamento de projetos; uso de ferramentas, formulários e modelos específicos; conformidade com as estruturas de governança. O nível de controle é médio.
- EGPs **Diretivos**: assumem o controle dos projetos pelo seu gerenciamento direto. Gerentes de projetos são designados pelo EGP e são subordinados a ele. O nível de controle é alto.

O EGP é a ligação natural entre os portfólios, programas e projetos e os sistemas de medição da organização.

O EGP pode fazer recomendações, conduzir a transferência de conhecimento, encerrar projetos e tomar outras medidas, conforme necessário.

De forma geral, enquanto o gerente de projetos gerencia as restrições dos projetos individuais (escopo, cronograma, custo, qualidade etc.), o PMO gerencia as metodologias, padrões, riscos/oportunidades globais, as métricas e interdependências entre os projetos, no nível da empresa.

A principal função de um PMO é apoiar os gerentes de projetos de diversas maneiras que podem incluir, mas não se limitam, a:

- Gerenciamento de recursos compartilhados nos projetos administrados;

- Identificação e desenvolvimento de metodologia, melhores práticas e padrões de gerenciamento de projetos;
- Orientação, aconselhamento, treinamento e supervisão;
- Monitoramento da conformidade com os padrões, políticas, procedimentos e modelos de gerenciamento de projetos por meio de auditorias;
- Desenvolvimento e gerenciamento de políticas, procedimentos, modelos e outros documentos compartilhados do projeto (ativos de processos organizacionais); e
- Coordenação das comunicações entre projetos.

Stakeholders – partes interessadas

Indivíduo, grupo ou organização que possa afetar, ser afetado, ou sentir-se afetado por uma decisão, atividade, ou resultado de um projeto, programa ou portfólio.

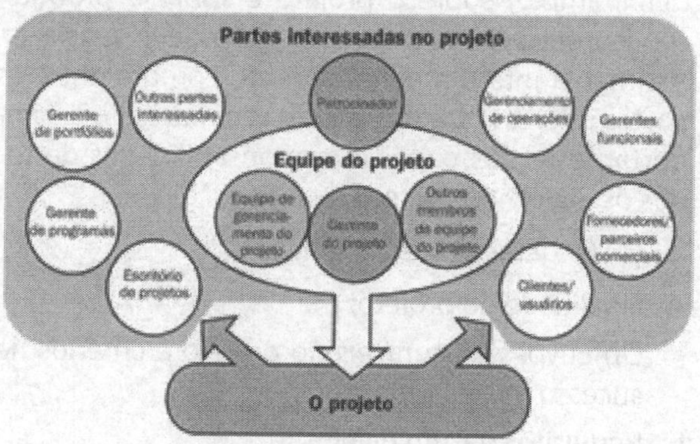

As partes interessadas do projeto podem ser internas ou externas ao projeto e podem estar envolvidas ativamente ou passivamente, ou não estar cientes do projeto.

O envolvimento das partes interessadas pode variar, desde contribuições ocasionais em pesquisas e grupos de discussão até o patrocínio total do projeto, que inclui o fornecimento de apoio financeiro, político ou outro tipo de apoio.

Patrocinador - pessoa ou um grupo que fornece recursos e suporte para o projeto, programa ou portfólio e é responsável pelo sucesso do mesmo. O patrocinador conduz o projeto através dos processos iniciais até a sua autorização formal e desempenha um papel significativo no desenvolvimento do escopo inicial e do termo de abertura.

Equipe do projeto - grupo de indivíduos que apoia o gerente do projeto na execução do trabalho do projeto para alcançar seus objetivos.

Gerenciamento de Projetos

Maximiano define a administração de um projeto como o processo de tomar decisões que envolvem o uso de recursos, para realizar atividades temporárias, com o objetivo de fornecer um resultado.

Segundo o autor, há dois processos básicos que compõem essa administração: planejamento e execução, que se dividem em outros processos. Além disso, o plano inicial de um projeto, ou ideia do projeto, deve conter, no mínimo, informações sobre quatro variáveis críticas de desempenho: escopo, prazo, custo e riscos.

O PMBOK, por sua vez, define que **gerenciamento de projetos é a aplicação de conhecimentos, habilidades, ferramentas e técnicas às atividades do projeto a fim de cumprir os seus requisitos.**

O gerenciamento de um projeto normalmente inclui:

- Identificar os requisitos do projeto;
- Abordar as diferentes necessidades, preocupações e expectativas das partes interessadas;
- Estabelecer e manter a comunicação ativa com as partes interessadas;
- Gerenciar recursos;
- Equilibrar as restrições conflitantes do projeto que incluem, mas não se limitam a: Escopo, Cronograma, Custo, Qualidade, Recursos e Risco.

O gerenciamento de projetos eficaz e eficiente deve ser considerado uma competência estratégica nas organizações.

De acordo com a versão 6 do Guia PMBOK, um projeto pode ser mais bem gerido através da integração e da aplicação adequada de **49 processos**, que podem ser reunidos em **5 Grupos de Processos e 10 Áreas de Conhecimento**.

Cada processo utiliza entradas, as transforma por meio de ferramentas e técnicas, e gera saídas. A saída de um processo geralmente resulta em uma entrada para outro processo, ou uma entrega do projeto ou fase do projeto.

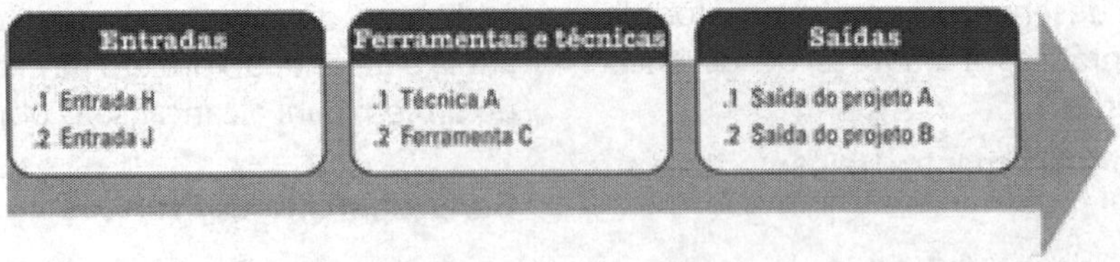

Há 3 categorias de processos:

- Processos usados uma vez ou em pontos predefinidos no projeto (ex: Desenvolver o Termo de Abertura do Projeto, e Encerrar o Projeto ou Fase).
- Processos que são executados periodicamente, conforme necessário (ex: Adquirir Recursos).
- Processos que são realizados continuamente ao longo do projeto (ex: definir atividades).

Cinco Grupos de Processos de Gerenciamento de Projetos

Processos são uma série de atividades sistemáticas direcionadas para alcançar um resultado de tal forma que se aja em relação a uma ou mais entradas a fim de criar uma ou mais saídas.

Grupos são um agrupamento lógico de entradas, ferramentas, técnicas e saídas de gerenciamento de projetos. Os grupos de processos de gerenciamento de projetos incluem iniciar, planejar, executar, monitorar/controlar e encerrar.

Obs: os grupos de processos de gerenciamento não são fases do projeto. Quando projetos complexos ou de grande porte são separados em fases ou subprojetos distintos (ex: estudo de viabilidade, design, protótipo, construção, teste etc.), todos os grupos de processos normalmente são repetidos para cada fase ou subprojeto.

Processos de Iniciação

Processos realizados para definir um novo projeto ou uma nova fase de um projeto existente, através da obtenção de autorização para iniciar o projeto ou fase.

Objetivos do Grupo de Processos de Iniciação: alinhar as expectativas das partes interessadas, informá-las sobre o escopo e os objetivos e discutir a sua participação no projeto.

- o escopo inicial é definido;
- os recursos financeiros iniciais são comprometidos;
- a partes interessadas são identificadas;
- o gerente do projeto é selecionado (se ainda não foi designado).

Essas informações são capturadas no Termo de Abertura do Projeto (TAP) e no registro das partes interessadas. Quando o TAP é aprovado, o projeto é autorizado oficialmente e o gerente é autorizado a aplicar recursos nele.

Termo de Abertura do Projeto

É um **documento publicado pelo iniciador ou patrocinador do projeto que autoriza formalmente sua existência e fornece ao gerente do projeto a autoridade para aplicar os recursos organizacionais nas atividades do projeto**.

Ele documenta informações de alto nível (nível geral, amplo) sobre o projeto e sobre o produto, serviço ou resultado que o projeto deve satisfazer. Assim, garante um entendimento comum entre as partes interessadas das entregas e marcos mais importantes e dos papéis e responsabilidades de todos os envolvidos no projeto.

O TAP geralmente contém:

- Finalidade do projeto;
- Objetivos mensuráveis do projeto e critérios de sucesso relacionados;
- Requisitos de alto nível;
- Descrição de alto nível do projeto, seus limites e entregas-chave;
- Risco geral do projeto;
- Cronograma de marcos resumido;
- Recursos financeiros pré-aprovados;
- Lista das partes interessadas principais;
- Requisitos para aprovação do projeto (ou seja, o que constitui o sucesso do projeto, quem decide se o projeto é bem sucedido e quem autoriza o encerramento do projeto);
- Critérios de término do projeto (ou seja, quais são as condições que devem ser cumpridas para encerrar ou cancelar o projeto ou fase);
- Gerente do projeto designado, responsabilidade e nível de autoridade; e
- Nome e autoridade do patrocinador ou outra(s) pessoa(s) que autoriza(m) o termo de abertura do projeto.

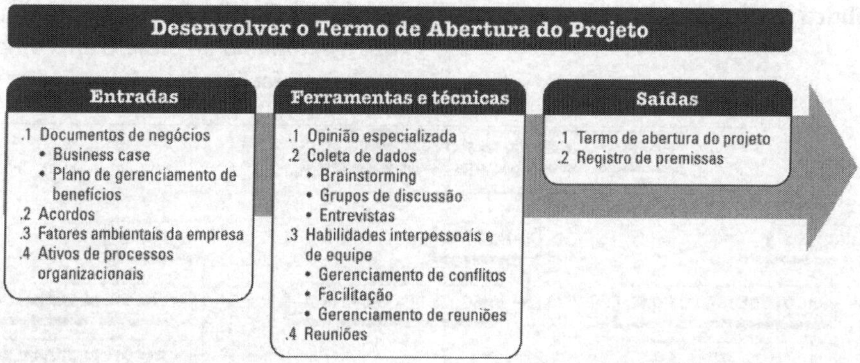

Somente projetos que estão alinhados com os objetivos estratégicos são autorizados e os 2 documentos de negócios (business case e plano de gerenciamento de benefícios) são considerados desde o início do projeto.

- Business case: estudo documentado de viabilidade econômica - descreve as informações necessárias do ponto de vista de negócio para determinar se os resultados esperados do projeto justificam o investimento. Lista os objetivos e as razões para a iniciação do projeto.
- Plano de gerenciamento de benefícios: documento que descreve como e quando os benefícios do projeto serão entregues e os mecanismos para medir esses benefícios. Benefícios são resultado de ações, comportamentos, produtos ou serviços que fornecem valor aos beneficiários do projeto.

Processos de Planejamento

Processos realizados para definir o escopo total do projeto, estabelecer e refinar os objetivos e definir o curso de ação necessário para alcançá-los.

Definir o escopo é o processo de desenvolvimento de uma descrição detalhada do projeto e do produto - quais os limites do projeto, serviços ou resultados, e os critérios para aceitação.

É o grupo que contém mais processos, 24 ao todo.

A natureza de um projeto pode exigir planejamentos adicionais ao longo do ciclo de vida. À medida que mais informações ou características do projeto são coletadas e entendidas, pode ser necessário um refinamento do plano de gerenciamento de projetos. Isso é denominado elaboração progressiva.

Plano de Gerenciamento do Projeto

É o documento que descreve como o projeto será executado, monitorado, controlado e encerrado. Esse documento é abrangente e define a base de todo o trabalho do projeto - definição, preparação e coordenação de todos os componentes do plano.

O Plano inclui planos auxiliares para gerenciar escopo, requisitos, cronograma, custos, qualidade, recursos, comunicações, riscos, aquisições e partes interessadas.

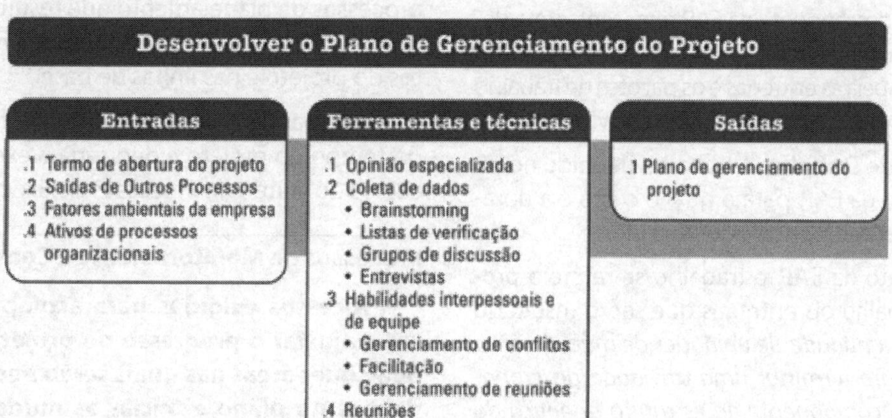

Estrutura Analítica do Projeto (EAP)

Criar a EAP é o processo de decompor as entregas e o trabalho do projeto em componentes menores e mais facilmente gerenciáveis.

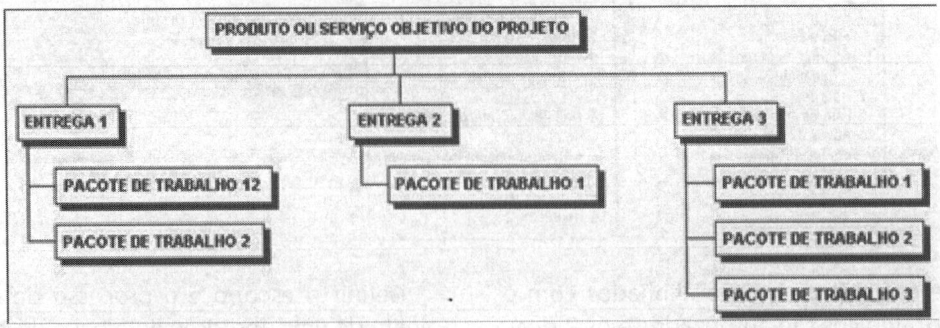

A EAP representa todo produto e trabalho do projeto (escopo total). Todo o trabalho nos níveis mais baixos deve ser associado aos níveis mais altos, para que nada seja omitido e nenhum trabalho extra seja executado - regra dos 100%.

O principal benefício desse processo é que ele fornece uma visão estruturada do que deve ser entregue.

Por definição, **EAP é a decomposição hierárquica do escopo total do trabalho a ser executado pela equipe do projeto a fim de alcançar os objetivos do projeto e criar as entregas exigidas.**

- Decomposição: técnica usada para dividir e subdividir o escopo do projeto e suas entregas em partes menores e mais fáceis de gerenciar.
- Escopo do projeto: trabalho que deve ser realizado para entregar um produto, serviço ou resultado com as características e funções especificadas. A declaração do Escopo é a descrição do escopo do projeto, das principais entregas, premissas e exclusões.

Cada nível descendente da EAP representa uma definição gradualmente mais detalhada do trabalho do projeto. Ela mapeia as entregas e os pacotes de trabalho necessários para se obter o produto ou serviço final.

O **Pacote de Trabalho** o trabalho definido no nível mais baixo da EAP, para o qual o custo e a duração podem ser estimados e gerenciados.

No contexto da EAP, o trabalho se refere a produtos de trabalho ou entregas que são o resultado do *esforço*: *quantidade de unidades de mão-de-obra necessárias para terminar uma atividade do cronograma ou um componente da estrutura analítica do projeto. Normalmente expresso como equipe-horas, equipe-dias ou equipe-semanas.*

A EAP é apoiada pelo Dicionário da EAP, um documento que fornece informações detalhadas sobre entregas, atividades e agendamento de cada componente da estrutrura analítica do projeto. As informações contidas no dicionário da EAP incluem: descrição do trabalho, premissas e restrições, organização responsável, marcos do cronograma, atividades do cronograma associadas, recursos necessários, estimativa de custos, requisitos de qualidade, critérios de aceitação, referências técnicas e informações sobre acordos.

Processos de Execução

Processos realizados para concluir o trabalho definido no plano de gerenciamento do projeto para satisfazer os requisitos do projeto.

Envolve coordenar recursos, gerenciar o engajamento das partes interessadas, e integrar e executar as atividades do projeto em conformidade com o plano de gerenciamento do projeto.

Durante a execução do projeto, poderão surgir solicitações de mudança. Se aprovadas, as solicitações de mudança podem acionar um ou mais processos de planejamento que resultem em modificações no plano de gerenciamento, nos documentos do projeto e nas linhas de base.

Uma grande parte do orçamento, dos recursos e do tempo do projeto é dedicada a executar os processos do Grupo de Processos de Execução.

Processos de Monitoramento e Controle

Processos exigidos para acompanhar, analisar e ajustar o progresso do projeto, identificar quaisquer áreas nas quais serão necessárias mudanças no plano e iniciar as mudanças correspondentes.

Monitorar é coletar dados de desempenho do projeto, produzir medições do desempenho, relatar e divulgar informações sobre o desempenho.

Controlar é comparar o desempenho real com o planejado, analisar as variações, avaliar as tendências para efetuar melhorias no processo, avaliar as alternativas possíveis e recomendar ações corretivas adequadas, conforme necessário.

O principal benefício deste Grupo de Processos é que o desempenho do projeto é medido e analisado em intervalos regulares, em ocorrências apropriadas ou em condições excepcionais, a fim de identificar e corrigir desvios ou variações em relação ao plano de gerenciamento do projeto.

Processos de Encerramento

Processos realizados para concluir ou fechar formalmente um projeto, fase ou contrato. Verifica se os processos estão concluídos em todos os Grupos de Processos a fim de encerrar o projeto ou uma fase de forma apropriada. As informações do projeto ou da fase são arquivadas, o trabalho planejado é concluído e os recursos organizacionais são liberados para utilização em novos empreendimentos.

Dez Áreas do Conhecimento em Gerenciamento de Projetos

Uma área é definida por seus requisitos de conhecimentos e descrita em termos dos processos que a compõem: suas práticas, entradas, saídas, ferramentas e técnicas.

Gerenciamento das Comunicações

Processos necessários para assegurar que as informações do projeto sejam planejadas, coletadas, criadas, distribuídas, armazenadas, recuperadas, gerenciadas, controladas, monitoradas e organizadas de maneira oportuna e apropriada.

Comunicação é o processo de troca de informações, intencionais ou involuntárias, entre pessoas e/ ou grupos.

As atividades de comunicação são internas e externas, formais e informais, escritas e orais. Devem garantir que as necessidades de informações do projeto e de suas partes interessadas sejam satisfeitas, com o desenvolvimento de artefatos e a implementação de atividades projetadas para realizar a troca eficaz de informações.

Gerenciamento dos Recursos

Processos para identificar, adquirir e gerenciar os recursos necessários para a conclusão bem-sucedida do projeto.

Incluem-se os recursos físicos (equipamentos, materiais, instalações e infraestrutura) e os recursos de equipe (pessoas com funções e responsabilidades de projeto atribuídas).

A equipe do projeto é composta de indivíduos com papéis e responsabilidades, que trabalham coletivamente para alcançar um objetivo compartilhado.

O gerente do projeto deve investir esforço adequado para adquirir, gerenciar, motivar e dar autonomia à equipe do projeto.

Gerenciamento da Integração

Processos e as atividades necessárias para identificar, definir, combinar, unificar e coordenar os vários processos e atividades de gerenciamento de projetos nos Grupos de Processos.

No contexto de gerenciamento de projetos, a integração inclui características de unificação, consolidação, comunicação e inter-relacionamentos.

O Gerenciamento da Integração do Projeto é uma atribuição específica dos gerentes do projeto e a responsabilidade não pode ser delegada nem transferida (outras Áreas de Conhecimento podam ser gerenciadas por especialistas - análise de custos, cronogramas, riscos etc.).

Desenvolver o Termo de Abertura do Projeto, Desenvolver o Plano de Gerenciamento do Projeto e Encerrar o projeto ou fase são alguns processos desta área.

Gerenciamento dos Custos

Processos envolvidos em planejamento, estimativas, orçamentos, financiamentos, gerenciamento e controle dos custos, de modo que o projeto possa ser terminado dentro do orçamento aprovado.

O Gerenciamento dos Custos do Projeto deve considerar o custo dos recursos necessários para completar as atividades do projeto, mas também o efeito das decisões de projeto no custo recorrente subsequente do uso, manutenção e suporte das entregas do projeto.

Gerenciamento do Cronograma

Processos necessários para gerenciar o término do projeto com pontualidade, dentro do prazo.

O cronograma do projeto fornece um plano detalhado que representa como e quando o projeto vai entregar os produtos, serviços e resultados definidos no seu escopo.

Quando possível, o cronograma do projeto detalhado deve permanecer flexível ao longo do projeto para poder ser ajustado de acordo com o conhecimento adquirido, aumento da compreensão dos riscos e atividades de valor agregado.

É usado como uma ferramenta para comunicação, gerenciando as expectativas das partes interessadas e servindo de base para os relatórios de desempenho.

Estimativa de três pontos

Técnica probabilística de estimativa duração ou de custos, que aplica uma média das estimativas otimistas, pessimistas e mais prováveis quando existe incerteza em relação às estimativas da atividade em questão.

- Mais provável (tM). Essa estimativa é baseada na duração da atividade, dados os recursos prováveis de serem alocados, sua produtividade, expectativas realistas de disponibilidade para executar a atividade, dependências de outros participantes e interrupções.
- Otimista (tO). A duração da atividade é baseada na análise do melhor cenário.
- Pessimista (tP). A duração é baseada na análise do pior cenário para a atividade.

Esse conceito se originou com a Program Evaluation and Review Technique (PERT).

A duração esperada, tE, pode ser calculada usando:

Distribuição triangular: tE = (tO + tM + tP) / 3.

Distribuição beta: tE = (tO + 4tM + tP) / 6.

Caminho Crítico

Usado para estimar a duração mínima do projeto e determinar o grau de flexibilidade nos caminhos lógicos da rede dentro do modelo de cronograma.

Essa técnica de análise de rede do cronograma calcula as datas de início mais cedo, término mais cedo, início mais tarde e término mais tarde de todas as atividades.

Caminho crítico é a sequência de atividades que representa o caminho mais longo de um projeto, que determina a menor duração possível.

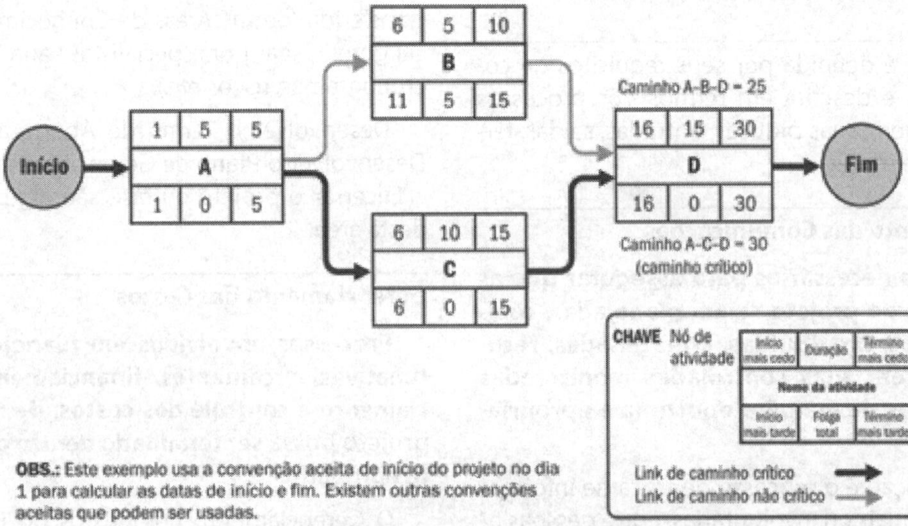

O caminho mais longo tem a menor folga total - geralmente zero. Folga total é atraso total permitido para a data de início mais cedo de uma atividade do cronograma sem atrasar a data de término do projeto ou violar uma restrição do cronograma.

Cronograma: compressão e paralelismo

Compressão: técnica usada para encurtar a duração do cronograma para o menor custo incremental mediante a adição de recursos. Exemplo: aprovação de horas extras. A compressão funciona somente para as atividades no caminho crítico e pode resultar num maior risco e/ou custo.

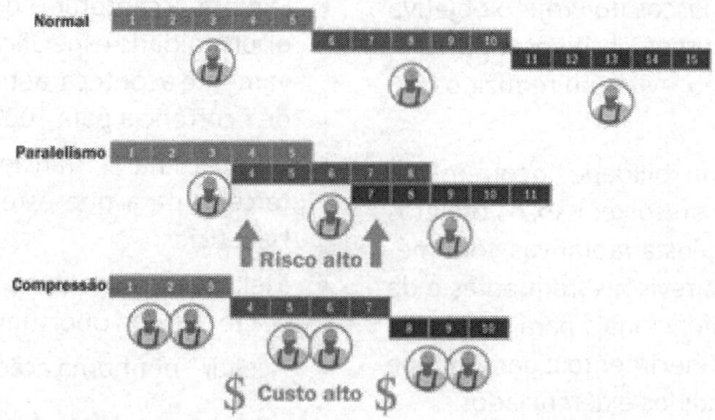

Paralelismo: técnica de compressão de cronograma em que as atividades ou fases normalmente executadas sequencialmente são executadas paralelamente durante, pelo menos, uma parte da sua duração.

Gráficos de Rede e de Barras

Diagrama de rede: demonstração esquemática dos relacionamentos lógicos entre as atividades do cronograma do projeto.

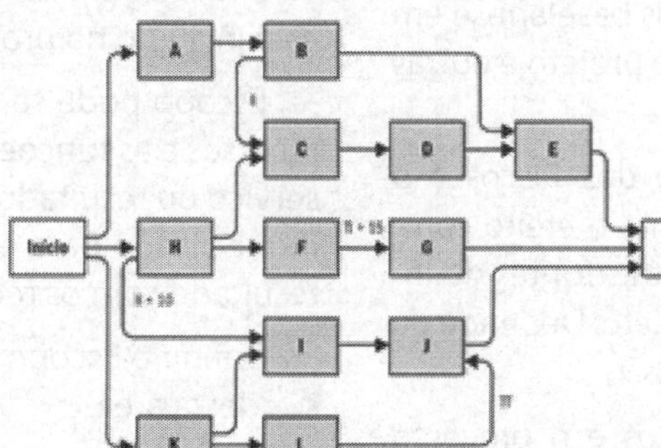

Gráfico de Barras: também conhecidos como gráficos de Gantt, representam as informações do cronograma em que as atividades são listadas no eixo vertical, as datas são mostradas no eixo horizontal, e as durações das atividades aparecem como barras horizontais posicionadas de acordo com as datas de início e término.

Identificador de atividade	Descrição da atividade	Unidades de calendário	Prazos do cronograma do projeto				
			Período 1	Período 2	Período 3	Período 4	Período 5
1.1	Desenvolver e entregar novo produto Z	120					
1.1.1	Pacote de trabalho 1: Componente 1	67					
1.1.2	Pacote de trabalho 2: Componente 2	53					
1.1.3	Pacote de trabalho 3: Componentes integrados 1 e 2	53					

Gerenciamento das Partes Interessadas

Processos exigidos para identificar as pessoas, grupos ou organizações que podem impactar ou serem impactados pelo projeto, analisar suas expectativas e seu impacto no projeto, e desenvolver estratégias de gerenciamento apropriadas para o seu engajamento eficaz nas decisões e execução do projeto.

Gerenciamento dos Riscos

Processos de condução de planejamento, identificação e análise de gerenciamento de risco, planejamento de resposta, implementação de resposta e monitoramento de risco.

Todos os projetos possuem riscos, que são as incertezas.

O Gerenciamento dos Riscos do Projeto objetiva explorar ou aumentar os riscos positivos (oportunidades) e, ao mesmo tempo, evitar ou reduzir os riscos negativos (ameaças).

Ambientes de alta variabilidade incorrem em mais incerteza e risco. Para resolver isso, os projetos gerenciados por abordagens adaptativas com métodos ágeis fazem uso de revisões frequentes e de equipes de projeto multifuncionais para acelerar o compartilhamento do conhecimento e garantir que os riscos sejam compreendidos e gerenciados.

Realizar a Análise Qualitativa dos Riscos é o processo de priorização de riscos individuais do projeto para análise ou ação posterior, através da avaliação de sua **probabilidade** de ocorrência e de seu **impacto** (efeito em potencial sobre um ou mais objetivos do projeto), assim como outras características. Essas avaliações são subjetivas, pois baseiam-se em percepções do risco pela equipe do projeto e outras partes interessadas.

Realizar a Análise Quantitativa dos Riscos é o processo de analisar numericamente o efeito combinado dos riscos individuais e outras fontes de incerteza nos objetivos gerais do projeto. Depende da disponibilidade de dados confiáveis.

Planejar as Respostas aos Riscos é o processo de desenvolver alternativas, selecionar estratégias, acordar ações para lidar com a exposição geral aos riscos e tratar os riscos individuais do projeto.

Estratégias para lidar com ameaças:

- Escalar - a ameaça está fora do escopo do projeto ou a resposta excede a autoridade do gerente do projeto. Os riscos escalados são gerenciados no nível do programa, do portfólio ou outra parte relevante da organização, e não no nível do projeto.
- Prevenir - eliminar a ameaça ou proteger o projeto de seu impacto. É apropriado para ameaças com alta probabilidade de ocorrência e impacto negativo importante.
- Transferir - passar a responsabilidade de uma ameaça a terceiros para gerenciar o risco e suportar o impacto. Quase sempre envolve o pagamento de um prêmio ao terceiro que assume a ameaça (ex: seguro).
- Mitigar - reduzir a probabilidade de ocorrência e/ou o impacto de uma ameaça.
- Aceitar - nenhuma ação proativa é tomada.

Estratégias para lidar com oportunidades:

- Escalar – igual à anterior.
- Explorar - capturar o benefício associado a uma oportunidade específica garantindo que definitivamente aconteça, aumentando a probabilidade de ocorrência para 100%.
- Compartilhar - transferir a responsabilidade a terceiro para que este compartilhe alguns dos benefícios.
- Melhorar - aumentar a probabilidade e/ou o impacto de uma oportunidade.
- Aceitar - nenhuma ação proativa é tomada.

Gerenciamento do Escopo

Processos necessários para assegurar que o projeto contemple todo o trabalho necessário, e apenas o necessário, para que ser finalizado com sucesso.

Implica definir e controlar o que está e o que não está incluído no projeto.

Escopo pode se referir a escopo do produto (os recursos e as funções que caracterizam um produto, serviço ou resultado) ou a escopo do projeto (trabalho realizado para entregar um produto, serviço ou resultado com os recursos e funções especificados).

Definir o Escopo e Criar a EAP são alguns processos desta área.

Gerenciamento da Qualidade

Processos para incorporação da política de qualidade da organização com relação ao planejamento, gerenciamento e controle dos requisitos de qualidade do projeto e do produto para atender as expectativas das partes interessadas.

As tendências em Gerenciamento da Qualidade do Projeto incluem a satisfação do cliente, a melhoria contínua, a responsabilidade da gerência (fornecimento dos recursos adequados, com capacidades adequadas) e a parceria mutuamente benéfica com fornecedores.

A prevenção é preferível à inspeção - é melhor projetar a qualidade nas entregas em vez de encontrar problemas de qualidade durante a inspeção.

Qualidade e grau são conceitos diferentes:

- Qualidade é o grau em que um conjunto de características inerentes atende aos requisitos (ISO 9000). Alta qualidade = atende bem aos requisitos.
- Grau é uma categoria atribuída às entregas com o mesmo uso funcional, mas com diferentes características técnicas. Alto grau = produto tecnicamente superior.

Gerenciamento das Aquisições

Processos necessários para comprar ou adquirir produtos, serviços ou resultados externos à equipe do projeto.

Aquisição envolve acordos que descrevem o relacionamento entre um comprador e um vendedor. Inclui os processos de gerenciamento e controle necessários para desenvolver e administrar acordos como contratos, pedidos de compra, memorandos de entendimento (MOAs) ou acordos de nível de serviço (ANSs) internos.

O gerente de projeto deve assegurar que todas as aquisições estejam de acordo com as necessidades específicas do projeto, enquanto trabalha com especialistas em aquisição para garantir adesão às políticas organizacionais.

GESTÃO DA QUALIDADE E EXCELÊNCIA NOS SERVIÇOS PÚBLICOS

Gestão da Qualidade

Qualidade é mais uma daquelas palavras que todo mundo conhece, mas pouca gente sabe explicar. Essa dificuldade ocorre justamente porque a qualidade tem várias definições, oriundas de diversos autores, e, também, porque cada pessoa tem uma percepção própria daquilo que tem ou não tem qualidade.

O conceito de qualidade pode ser desdobrado em elementos básicos como

- desempenho: características operacionais básicas do produto;
- características: funções secundárias do produto, que suplementam seu funcionamento básico;
- confiabilidade: probabilidade de mau funcionamento de um produto;
- conformidade: grau em que o projeto e as características operacionais de um produto estão de acordo com padrões preestabelecidos;
- durabilidade: vida útil de um produto, considerando suas dimensões econômicas e técnicas;
- atendimento: rapidez, cortesia, facilidade de reparo ou substituição;
- estética: julgamento pessoal, reflexo das preferências individuais;
- qualidade percebida: opinião subjetiva do usuário acerca do produto.

A seguir, algumas definições que encontramos na literatura especializada.

- Deming: "a qualidade deve ter como objetivo as necessidades do usuário, presentes e futuras".
- Juran: "adequação à finalidade ou ao uso"
- Crosby: "conformidade com as exigências"
- Feigenbaum: "o total das características de um produto ou serviço que atenderá às expectativas do cliente"

De forma introdutória, cabe salientar que, embora haja grandes variações na literatura técnica em termos de amplitude e profundidade, as definições sempre giram em torno de conceitos como **conformidade, adequação** ao uso e **satisfação** do cliente.

A ISO-9000 é um conjunto de normas técnicas que estabelecem diretrizes e padrões e permitem a certificação de um sistema de gestão da qualidade. A norma ISO-9000 adota os seguintes princípios de gestão da qualidade:

- Foco no cliente; Liderança; Envolvimento das pessoas; Abordagem de Processo Abordagem sistêmica para a gestão; Melhoria contínua; Abordagem factual para a tomada de decisão; Benefícios mútuos na relação com fornecedores

Obs: a certificação ISO-9001 não garante qualidade em produtos - ela mostra que a organização adota padrões e trabalha pela melhoria contínua de seus processos em busca da satisfação aos clientes.

David Garvin mostra a evolução da qualidade por meio de quatro eras, ou fases:

Eras e Características	Inspeção	Controle Estatístico	Garantia da Qualidade	Gestão Estratégica da Qualidade
Interesse Principal	Verificação/ Detecção	Controle	Coordenação	Impacto Estratégico
Ênfase	Uniformidade do produto	Uniformidade do produto, com menos inspeção	Toda a cadeia produtiva, do projeto ao mercado.	Necessidades de mercado e do cliente
Métodos	Instrumentos de medição	Ferramentas e técnicas estatísticas	Programas e sistemas	Planejamento estratégico, objetivos e metas, mobilização

Responsável pela Qualidade	Departamento de Inspeção	Departamentos de fabricação e de engenharia (controle de Qualidade)	Todos os departamentos, com a cúpula se envolvendo superficialmente	Todos, com a alta administração exercendo forte liderança
Orientação e Enfoque	Inspecionar a qualidade	Controlar a qualidade (final)	Construir (acumular) a qualidade	Gerenciar a qualidade

Qualidade Total

Unindo as ideias de Feigenbaum e de Ishikawa, a qualidade é uma responsabilidade de todos, coordenada e orientada por uma gerência da qualidade.

Nesse contexto, Lacombe e Heilborn definem Qualidade Total como "um sistema de administração que visa a obter qualidade em todas as áreas de atuação ... e a oferecer produtos ou serviços que atendam às necessidades do cliente".

Segundo Chiavenato, é o processo de envolver todos os membros da organização para assegurar o compromisso de melhorar continuamente e atender completamente às necessidades do cliente em cada atividade relacionada com a produção.

Pode-se definir também a Gestão da Qualidade Total também como o conjunto de ações previamente planejadas e implementadas que visam alcançar a satisfação do cliente, através da utilização adequada de todos os recursos envolvidos (humanos, materiais, financeiros e equipamentos), do envolvimento de todos os membros da organização e da melhoria contínua.

Tem como pontos básicos: foco no cliente; trabalho em equipe permeando toda a organização; decisões baseadas em fatos e dados; e a busca constante da solução de problemas e da diminuição de erros.

Chiavenato afirma que três princípios básicos caracterizam a visão japonesa sobre qualidade, conhecida como Total Quality Management (TQM):

- qualidade é construída e não apenas inspecionada. Não se trata de corrigir erros ou desvios apenas, mas antes de tudo, melhorar para evitar e prevenir futuros erros ou desvios.
- a melhoria da qualidade economiza dinheiro. Se a qualidade é vista como resultado da inspeção, a qualidade custa dinheiro. Mas se a qualidade melhora porque a organização melhora o desenho do produto e do processo produtivo, a organização reduz o desperdício e as rejeições, economiza dinheiro na produção e aumenta a satisfação do cliente.
- a qualidade repousa no princípio da melhoria contínua (kaizen) por meio de melhorias incrementais nos produtos e processos. O conceito de defeito zero estabelece o nível de defeitos que é aceitável, o que significa que a qualidade deve ser continuamente melhorada.

Lacombe e Heilborn definem os seguintes princípios para Qualidade Total:

- O cliente como prioridade absoluta;
- Priorização da qualidade: entre os fatores de atendimento ao cliente deve ser priorizada a qualidade dos produtos;
- Ampliação do conceito de qualidade: envolvendo todas as pessoas na sua obtenção e a preocupação com qualidade em todas as fases do processo produtivo e prevendo também a satisfação dos acionistas, colaboradores, fornecedores e, obviamente, dos clientes;
- Todas as pessoas são responsáveis pela qualidade;
- Melhoria contínua e sem fim: qualidade total é um processo dinâmico, que se aperfeiçoa permanentemente;
- Aplicação de técnicas estatísticas;
- Educação e capacitação das pessoas;
- Mudança radical de mentalidade: deve ser enfatizada a adoção de novos hábitos e atitudes de todas as pessoas visando ao atendimento do cliente;
- Liderança: o melhor meio de comunicação é o exemplo - o dirigente deve adotar postura de liderança para conduzir as pessoas na direção a ser seguida em busca da qualidade e alcance das metas e objetivos da empresa.

Autores e suas contribuições

Deming

Para Deming, o programa de melhoria contínua deve basear-se em 14 pontos:

- Criar constância de propósitos quanto à melhoria do produto ou serviço - alta direção deve demonstrar seu total apoio ao programa.
- A alta administração e todas as pessoas devem aprender e adotar a nova filosofia: não mais conviver com atrasos, erros e defeitos no trabalho.

- Acabar com a dependência de inspeção para a obtenção da qualidade. **Eliminar a necessidade de inspeção em massa.**
- **Suspender a prática de fazer negócios apenas na base do preço**. Insistir na ideia de um único fornecedor para cada item, desenvolvendo relacionamentos duradouros, calcados na qualidade e na confiança.
- Melhorar sempre e constantemente o sistema de planejamento, produção e serviços, identificando e solucionando problemas.
- Instituir treinamento no trabalho.
- Ensinar e instituir liderança para conduzir as pessoas na produção.
- **Eliminar o medo de errar** - criar a confiança e um clima para a inovação.
- Demolir as barreiras funcionais entre departamentos.
- **Eliminar slogans, exortações e metas** dirigidas aos empregados sem que os métodos não tenham sido providenciados.
- **Eliminar padrões artificiais (cotas numéricas)** para o chão de fábrica, a administração por objetivos (APO) e a administração através de números.
- Remover as barreiras que impedem as pessoas de orgulhar-se de seu trabalho.
- Encorajar a educação e o autoaperfeiçoamento de cada pessoa.
- Garantir a ação necessária para acompanhar essa transformação.

Juran

Joseph Juran aplicou os conceitos da qualidade à estratégia empresarial. Ele é famoso pela **Trilogia de Juran**: a gestão da qualidade divide-se em três pontos fundamentais – **planejamento, controle e melhoria.**

Planejamento da qualidade é o processo de preparação para o alcance dos objetivos. Etapas: identificar os clientes; determinar as necessidades dos clientes; definir as características dos produtos que respondem às necessidades dos clientes; elaborar processos capazes de reproduzir essas características; capacitar os colaboradores à implementação do plano.

Controle da qualidade é o processo para assegurar o cumprimento dos objetivos definidos no planejamento. Etapas: avaliar o desempenho; comparar o desempenho obtido com as metas; atuar a partir das diferenças.

Melhoria da qualidade é o processo para produzir com níveis superiores e inéditos de execução. Busca elevar os resultados a novos níveis de desempenho, seja ele incremental (melhoria contínua) ou inovador (melhoria radical - reengenharia). Etapas: estabelecer a infraestrutura necessária para assegurar uma constante melhoria; identificar as necessidades específicas para a criação de projetos de melhoria; criar, para cada projeto, uma equipe com a responsabilidade de torná-lo bem-sucedido; fornecer os recursos e treinamentos necessários às equipes para diagnosticar as causas, estimular o estabelecimento de uma solução e implementar controles para manter os resultados.

Feigenbaum

Foi um dos formuladores do conceito de "controle da qualidade total" (Total Quality Control – TQC). Para ele, a premissa básica do TQC é que a qualidade está ligada a todas as funções e atividades da organização e não apenas à fabricação e à engenharia.

Crosby

Está associado aos conceitos de "zero defeito" e de "fazer certo na primeira vez". Qualidade significa conformidade com especificações, que, por sua vez, variam de acordo com as necessidades dos clientes. Zero defeito não é apenas um slogan, mas um padrão de desempenho e os responsáveis pela falta de qualidade são os gestores, e não os trabalhadores. As iniciativas voltadas para a qualidade devem vir de cima para baixo, ser ensinadas através do exemplo.

4 princípios de gestão da qualidade:

- a qualidade é definida como conformidade aos requisitos;
- sistema que leva à qualidade é a prevenção;
- padrão de execução é o zero defeito;
- a medida da qualidade é o preço da não conformidade.

14 passos para a melhoria da qualidade: comprometimento com a qualidade (empenho da direção); grupo de melhoria da qualidade; mensuração (estabelecer padrões); custos da qualidade; consciência; ação corretiva; planejamento "zero defeito"; educação do empregado; dia do zero defeito; estabelecimento de objetivo; remoção da causa do erro; identificação; conselhos da qualidade; fazer tudo de novo.

Custos

CUSTOS DA QUALIDADE		CUSTOS DA NÃO QUALIDADE	
CUSTOS DE PREVENÇÃO	**CUSTOS DE AVALIAÇÃO**	**CUSTOS INTERNOS DOS DEFEITOS**	**CUSTOS EXTERNOS DOS DEFEITOS**
Custos de evitar a ocorrência de erros e defeitos	Custos para aferir a qualidade do sistema de produção de bens e serviços	Custos dos defeitos que são identificados antes de os produtos e serviços serem expedidos para o cliente	Custos de defeitos que ocorrem depois de o produto ou serviço chegar ao cliente
• Planejamento do controle da qualidade • Treinamento para a qualidade • Desenvolvimento de fornecedores • Desenvolvimento de produtos com qualidade • Desenvolvimento do sistema de produção • Manutenção preventiva • Implantação e manutenção de outros componentes do sistema da qualidade	• Mensuração e teste de matérias-primas e insumos da produção • Aquisição de equipamentos especiais para avaliação de produtos • Atividades de controle estatístico de processos • Inspeção • Elaboração de relatórios	• Matérias-primas e produtos refugados • Retrabalho de produtos • Modificações nos processos produtivos • Perda de receita • Tempo de espera dos equipamentos parados para correções • Pressa e tensão para entrega de produtos corrigidos ou retrabalhados	• Cumprimento das garantias oferecidas aos clientes • Perda de encomendas • Processamento de devoluções • Custos de processos nos organismos de defesa do consumidor • Comprometimento da imagem • Perda de clientes e de mercado

Melhoria contínua

A qualidade total é uma decorrência da aplicação da melhoria contínua e promove uma reorientação gerencial das organizações. A ênfase na melhoria contínua reflete a tentativa de manter uma vantagem de qualidade ao longo do tempo, sempre buscando novos meios para melhorar, incrementalmente, o desempenho atual.

Essa melhoria contínua é chamada *kaizen* pelos japoneses. Kai, que significa mudança e Zen, que significa bom, é uma palavra que implica aprimoramento contínuo e gradual, implementado por meio do envolvimento ativo e comprometido de todos os membros da organização.

Para o kaizen, nada é estático e nem há manutenção do status quo, pois tudo deve ser revisto continuamente. As melhorias não precisam ser grandes, mas devem ser contínuas e constantes. A mudança é endêmica.

O kaizen é uma maneira de pensar e agir baseada nos seguintes princípios:

- Promover aprimoramentos contínuos;
- Enfatizar os clientes;
- Reconhecer os problemas abertamente;
- Promover a discussão aberta e franca;
- Criar e incentivar equipes de trabalho;
- Gerenciar projetos por intermédio de equipes multifuncionais;
- Incentivar o relacionamento entre as pessoas;
- Desenvolver a autodisciplina;
- Comunicar e informar a todas as pessoas;
- Treinar intensamente e capacitar todas as pessoas.

Ciclo PDCA

O Ciclo PDCA é composto por um conjunto de ações em sequência, dada pela ordem estabelecida pelas letras que compõem a sigla: ***Plan* (planejar), *Do* (fazer), *Check* (checar, verificar), *Act* (agir corretivamente)**.

Shewhart foi o autor que criou o conceito de melhoria em ciclos, em 1939. Ele era o mentor de Deming, que mais tarde (1951) transformou a ideia e a disseminou como Ciclo PDCA. Por isso, o ciclo também recebe o nome de: roda/círculo de Deming, ciclo de controle ou ciclo de melhoria contínua. Outro expoente, Ishikawa, contribuiu para a evolução do ciclo de Deming, agregando novas ações dentro dos quatro passos.

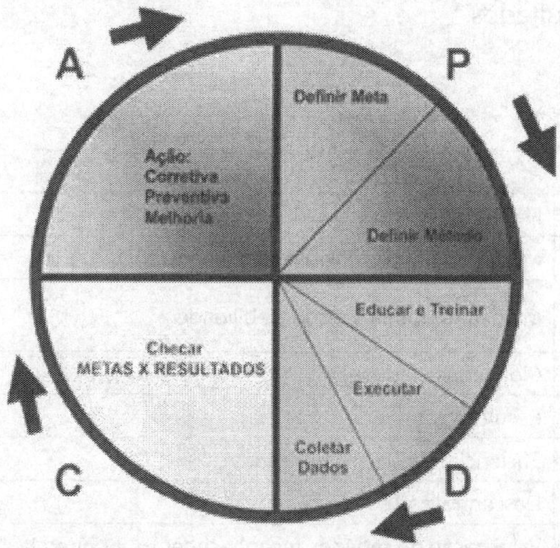

Para Deming, o PDCA parte da insatisfação com o *status quo* disseminado na cultura organizacional e pressupõe a análise de processos com vistas a realizá-los de maneira otimizada.

O PDCA é um instrumento de gestão **usado para o controle e a melhoria contínua de qualquer processo organizacional, do mais simples ao mais complexo**.

Seu caráter cíclico é fundamental para a compreensão do termo *kaizen* - Melhoria Contínua: a melhoria ocorre quanto mais vezes for executado o PDCA, otimizando a execução dos processos e possibilitando a redução de custos e o aumento da produtividade.

A aplicação do Ciclo PDCA leva ao aperfeiçoamento e ajustamento do caminho que a organização deve seguir. Importante ressaltar que as melhorias também podem ser aplicadas aos processos considerados satisfatórios e que as melhorias gradativas e contínuas agregam valor aos produtos/serviços e asseguram a satisfação dos clientes.

1) **Planejar** (PLAN) - é estabelecido com bases nas diretrizes da organização. Busca assegurar alinhamento do contexto de processos de negócio e do desenho de processos com os objetivos estratégicos da organização.
   - Estabelecer objetivos e metas a serem alcançadas;
   - Definir o caminho e o método para alcançar os objetivos.

   Pode ser um planejamento estratégico, um plano de ação, um cronograma etc.

2) **Executar** (*DO*) – busca implementar o processo de acordo com as especificações desenvolvidas na fase Planejar.
   - Treinar as pessoas;
   - Executar as tarefas exatamente como foi previsto na etapa de planejamento;
   - Coletar os dados para verificação do processo.

3) **Verificar / checar** (*CHECK*): medir o desempenho real do processo em comparação ao desempenho esperado. Um processo é mais bem monitorado a partir de duas perspectivas -aspecto interno (conjunto de atividades) e aspecto externo (valor para o cliente).
   - Verificar se o executado está conforme o planejado, ou seja, se a meta foi alcançada, dentro da forma definida;
   - Comparar os resultados com os padrões estabelecidos;
   - Verificar se os itens de controle correspondem com os valores das metas.

4) **Agir** (*ACT*): visa manter a integridade do processo e assegurar que ele possa ser melhorado continuamente para atender novas metas de desempenho ao longo do tempo. As ações podem ser preventivas, corretivas ou de melhoria.
   - Caso sejam identificados desvios, é necessário definir e implementar soluções eliminar suas causas;
   - Caso não sejam identificados desvios, procura-se implantar melhorias, ou segue-se com o mesmo planejamento.
   - Pode-se, também, corrigir os padrões adotados ou qualquer outra parte do ciclo.

Qualidade no Serviço Público

A gestão da Qualidade tem sua origem nos EUA, na década de 20; estrutura-se como tecnologia gerencial no Japão, na década de 40; difunde-se pelo Ocidente na década de 80 e chega ao Brasil, no setor público, na década de 90.

Os princípios da Gestão da Qualidade foram implantados no serviço público no contexto da Reforma Gerencial (Nova Gestão Pública).

- Na administração tradicional (burocrática) o paradigma é "o processo de trabalho burocratizado, de acordo com a norma". A pergunta que orienta as ações é: "o que faço e considero ser bom está de acordo com as normas?"

- Na administração gerencial, com enfoque na Qualidade, o paradigma é "o cliente", sendo este o usuário de um serviço ou um cidadão. O servidor deve se perguntar: *"o que faço é considerado bom pelo meu cliente?"* Esse é o contexto da busca pela excelência nos serviços públicos.

O fator de coerência de todo o movimento da Qualidade está na decisão estratégica de orientar todas as ações tendo como foco o cidadão (cliente) enquanto destinatário dos serviços públicos e da ação do Estado e, por isso, merecedor dos melhores resultados.

Características	Gestão pública burocrática	Gestão pública gerencial
Modelo de gestão	Rígido e ineficiente	Flexível e eficiente
Ideologia	Formalismo e rigor técnico	Maior confiança e flexibilidade de gestão
Atributos	Rigidez nos procedimentos, excesso de normas e regulamentos	Maior autonomia e responsabilidade
Foco	Poder do Estado	Cidadão/sociedade
Ênfase	Processos/procedimentos	Resultados
Indicadores	Produção	Eficiência, Eficácia e Efetividade
Decisão	Centralizada	Descentralizada
Servidor público	Estabilidade	Valorização do servidor, reconhecimento, autonomia e investimento em capacitação
Controle	"A priori" nos processos	"A posteriori" nos resultados

Melhorar a qualidade dos serviços prestados ao cidadão e, ao mesmo tempo, tornar o cidadão mais exigente em relação aos serviços públicos a que tem direito é o grande desafio da administração pública. Para isso, ações de implantação da Qualidade se desenvolvem, principalmente, no espaço em que a organização pública se relaciona diretamente com o cidadão, seja na condição de prestadora de serviço, seja na condição de executora da ação que lhe cabe.

A função da administração pública é prover a sociedade dos bens e serviços de que necessita. Os cidadãos, que mantêm a máquina do governo por meio do pagamento de tributos, esperam, em contrapartida, receber serviços públicos de qualidade equivalente à contribuição feita.

A adoção dessa nova filosofia pressupõe um esforço significativo de mudança nos padrões culturais vigentes na administração pública, de forma a viabilizar a introdução de práticas de trabalho mais eficientes e de modelos de gestão mais democráticos.

A adoção da Qualidade como instrumento de modernização da administração pública leva em conta duas dimensões: a dimensão formal – que se refere à competência para aplicar e produzir métodos, técnicas e ferramentas – e a dimensão política – que se refere ao interesse de realizar ações que atendam às necessidades dos cidadãos.

Desde a abertura de mercado, na década de 90, o Brasil buscou métodos que preparassem e atualizassem as empresas e o serviço público com relação à qualidade e à produtividade.

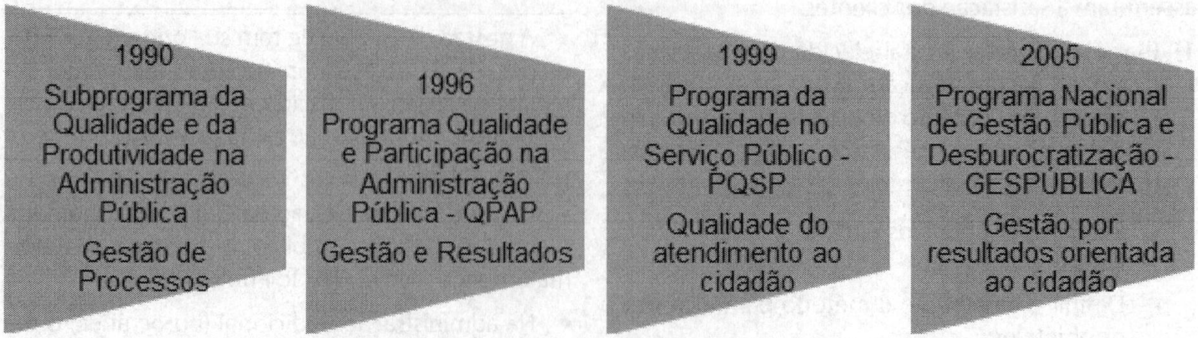

- 1990: Programa Brasileiro da Qualidade e Produtividade - gerou o Subcomitê da Administração Pública, o embrião dos Programas de Qualidade no Serviço Público.
- 1996: com a Reforma Gerencial, foi criado o Programa Qualidade e Participação na Administração Pública, ainda focado nas ferramentas de gestão, e teve início um discurso voltado para a qualidade como instrumento de modernização do aparelho do Estado.
- 1999: Programa da Qualidade no Serviço Público - agregou a experiência dos programas anteriores e o foco no atendimento, com pesquisa de satisfação dos usuários, lançamento de Padrões de Atendimento ao Cidadão e implementação de unidades de atendimento integrado, os SACs – Serviços de Atendimento ao Cidadão.
- 2005: Programa Nacional de Gestão Pública e Desburocratização – o GESPÚBLICA unificou o Programa da Qualidade com o Programa Nacional de Desburocratização. O propósito era contribuir para a qualidade dos serviços e para a geração de ganhos sociais. O programa foi revogado pelo Decreto nº 9.094, de 2017.

Excelência no Serviço Público

A excelência na prestação de serviços públicos corresponde ao grau máximo/ótimo de serviços prestados, algo quase impossível de ser atingido.

Utilizando ferramentas e técnicas da qualidade para promover melhorias contínuas relacionadas aos serviços ao cidadão, a administração pública caminhará rumo à excelência. Não são leis, normas ou técnicas que caracterizam uma gestão pública como excelente, são valores essenciais que precisam ser internalizados por todas as pessoas.

Abrange:

- gestão pública inovadora e flexível;
- condições de trabalho – ambiente adequado e motivador;
- recursos humanos – capacitação contínua, nova cultura de atendimento ao cidadão e de comprometimento;
- novas tecnologias;
- conceitos e ferramentas da qualidade;
- comunicação com o cidadão usuário – novos canais para troca de informação;
- controle por resultados.

Nesse contexto, geralmente são desenvolvidos modelos de excelência em gestão.

Um modelo é um exemplo que se pretende reproduzir ou imitar. Um Modelo de Excelência em Gestão (MEG) é baseado em um conjunto de fundamentos já comprovados e reunidos pela teoria da administração, extraídos da prática de organizações líderes de classe mundial (as "melhores práticas").

Reflete, portanto, a experiência, o conhecimento e o trabalho de pesquisa de diversas organizações, públicas e privadas, universidades e especialistas do Brasil e do exterior. É baseado em um conjunto de Fundamentos da Excelência, que se desdobram em um conjunto de processos que produzem os resultados.

Dessa forma, um Modelo de Excelência em Gestão deve ser considerado uma referência para os tomadores de decisão a respeito de práticas a serem adotadas e pode ser utilizado como um modelo de avaliação para estabelecer o grau de maturidade do sistema de gestão de uma organização.

Existem diversos modelos de excelência, por exemplo: modelo de Excelência em Gestão da Fundação Nacional da Qualidade (MEG-FNQ) e Modelo de Excelência em Gestão Pública do GESPÚBLICA (descontinuado pelo Decreto 9.094/17).

O Decreto 5.378/2005, que estabeleceu o GESPÚBLICA, o definia como um programa voltado para a melhoria da qualidade dos serviços públicos, o aumento da competitividade do país, a melhoria contínua da gestão e o rumo da excelência.

Suas características eram: essencialmente público, federativo, contemporâneo, focado no cidadão e nos resultados para a sociedade.

O Art. 2º estabelecia os seus objetivos:

> I - eliminar o déficit institucional, visando ao integral atendimento das competências constitucionais do Poder Executivo Federal;
>
> II - promover a governança, aumentando a capacidade de formulação, implementação e avaliação as políticas públicas;
>
> III - promover a eficiência, por meio de melhor aproveitamento dos recursos, relativamente aos resultados da ação pública;
>
> IV - assegurar a eficácia e efetividade da ação governamental, promovendo a adequação entre meios, ações, impactos e resultados; e
>
> V - promover a gestão democrática, participativa, transparente e ética.

O GESPÚBLICA, antes de ser revogado, contava com um modelo de excelência em gestão concebido a partir da premissa de que a administração pública tem que ser excelente sem deixar de considerar as particularidades inerentes à sua natureza pública: ser excelente sem deixar de ser pública.

No MEGP preconizado pelo GESPÚBLICA há 8 Critérios de Excelência que têm como base os fundamentos constitucionais e como pilares os fundamentos da excelência em Gestão Pública (figura ao lado). Esses elementos, juntos, representam a excelência em gestão pública no Brasil.

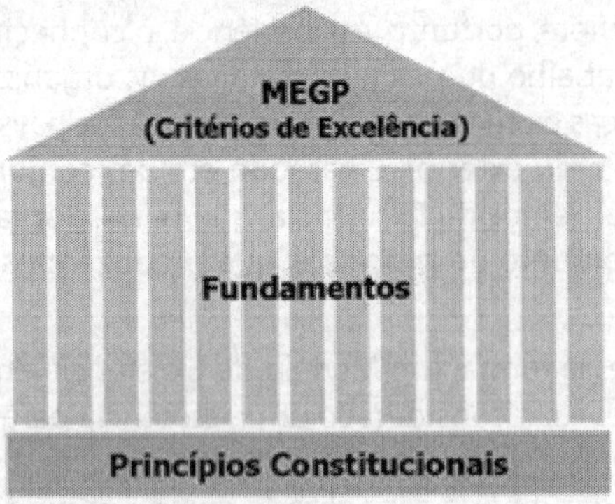

8 Critérios de Excelência: Governança, Estratégias e Planos, Cidadão-usuário, Interesse Público e Cidadania, Informação e Conhecimento, Pessoas, Processos e, por fim, Resultados.

14 Fundamentos da Gestão Pública Contemporânea: Pensamento Sistêmico, Aprendizado Organizacional, Cultura da Inovação, Liderança e Constância de Propósitos, Orientação por processos e informações, Visão de Futuro, Geração de Valor, Comprometimento com as pessoas, Foco no Cidadão e na Sociedade, Desenvolvimento de Parcerias, Responsabilidade Social, Controle Social, Gestão Participativa e Agilidade.

Princípios Constitucionais: Legalidade, Impessoalidade, Moralidade, Publicidade, Eficiência, Orientação fundamental à consecução dos objetivos da República Federativa do Brasil, Separação entre os Poderes, Centralidade dos direitos individuais e sociais, Descentralização federativa etc.

Modelo de Excelência da FNQ

A Fundação Nacional de Qualidade (FNQ) atua em disseminação, educação, diagnóstico e consultoria com foco na gestão voltada para a excelência e transformação das organizações do Brasil.

Seu Modelo de Excelência em Gestão (MEG) estimula o alinhamento, a integração e o direcionamento em toda a organização, para que atue com excelência na cadeia de valor e gere resultados a todas as partes interessadas.

É um Modelo Sistêmico, integrado, que possui um conceito de aprendizado e melhoria contínua, pois seu funcionamento é inspirado no ciclo do PDCL (Plan, Do, Check, Learn).

Apesar de ser um modelo, ele não é prescritivo (não é uma receita de bolo, não prescreve como gerir o negócio). Ele é considerado um modelo de referência e aprendizado, que levanta questionamentos, permitindo a reflexão sobre a gestão. Dessa forma, ele é adaptável a todo tipo de organização - permite às organizações adequarem suas práticas de gestão aos conceitos de uma empresa classe mundial, respeitando a cultura existente.

O MEG-FNQ é composto por 8 Fundamentos da Excelência, desdobrando-se diretamente em Temas que, por sua vez, abrem-se em processos para os quais são indicados o ferramental mais adequado.

Na figura, temos a representação gráfica do MEG, baseada no Tangram (quebra-cabeça de sete peças de origem chinesa que pode ser montado de diferentes formas). A figura simboliza um modelo de relacionamento entre a organização – considerada como um sistema adaptável, gerador de produtos e informações – e seu ambiente organizacional e tecnológico, além do próprio ambiente externo. Ao utilizar o MEG como referência, a organização deve adaptá-lo (remontá-lo) na melhor forma que defina seu modelo de gestão.

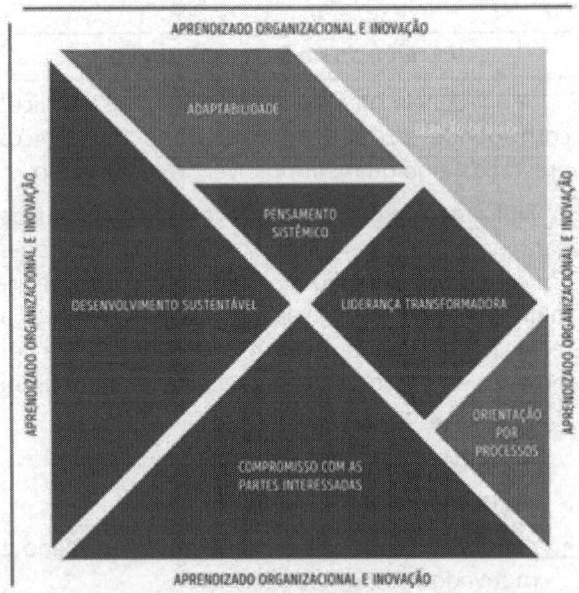

Fundamentos

Pensamento sistêmico: é preciso que todos os colaboradores tenham o entendimento de que todas as atividades da organização possuem relação de interdependência, seja internamente, seja entre a organização e o ambiente com o qual interage. Essa visão macro é fundamental para o sucesso do negócio e vai permitir que nada seja deixado de lado no dia a dia.

Aprendizado organizacional e inovação: para ser competitiva no mercado, toda organização, seus colaboradores e redes precisam sempre buscar novos patamares de competência, por meio de um ciclo de aprendizado permanente.

Liderança transformadora: atuação dos líderes de forma ética, inspiradora, exemplar e comprometida com a excelência, sempre atenta aos cenários e tendências e seus possíveis impactos para a organização e as partes interessadas, mobilizando as pessoas em torno de valores, princípios e objetivos da empresa, preparando líderes e pessoas.

Compromisso com as partes interessadas: entendimento das necessidades e demandas, bem como o estabelecimento de pactos com as partes interessadas, em especial os clientes, suas inter-relações com as estratégias e com os processos, em uma perspectiva de curto e longo prazos. Sem isso, perde-se o foco do negócio.

Adaptabilidade: flexibilidade e capacidade de mudança em tempo hábil. Ciclos rápidos de aprendizagem e velocidade na implementação de melhorias com o emprego de métodos ágeis são fatores que impulsionam a transformação.

Desenvolvimento sustentável: compromisso da organização em responder pelos impactos de suas decisões e atividades, na sociedade e no meio ambiente, e de contribuir para a melhoria das condições de vida por meio de um comportamento ético e transparente.

Orientação por processos: os processos devem ser gerenciados visando à busca da eficiência e da eficácia nas atividades, utilizando dados e informações de forma a agregar valor para a organizações e as partes interessadas.

Geração de valor: alcance de resultados econômicos, sociais e ambientais, bem como de resultados dos processos que os potencializam, em níveis de excelência e que atendam às necessidades e expectativas primeiramente dos clientes e das demais partes interessadas.

Ferramentas da Qualidade

As ferramentas utilizadas na gestão da qualidade e na melhoria de processos foram sendo estruturadas, ao longo dos anos, com base em conceitos e práticas existentes.

A literatura cita dezenas delas, para as mais diversas finalidades (planejamento, controle etc.) e com variadas nomenclaturas. A seguir, serão apresentadas as ferramentas mais usuais, iniciando (conforme quadro abaixo) pelo grupo conhecido como 7 Ferramentas da Qualidade.

Ferramentas	O que é?	Para que utilizar?
Folha de verificação	Planilha para a coleta de dados.	Tabelas ou planilhas simples usadas para facilitar a coleta e análise de dados.
Diagrama de Pareto	Diagrama de barras que ordena as ocorrências do maior para o menor.	Mostrar a importância de todas as condições, a fim de escolher o ponto de partida para solução do problema; identificar a causa básica do problema e monitorar o sucesso.
Diagrama de causa e efeito	Estrutura que expressa, de modo simples, a série de causas de um efeito (problema).	Explorar e indicar todas as causas possíveis de uma condição ou um problema específico.
Diagrama de dispersão	Gráfico cartesiano que representa a relação entre duas variáveis.	Mostrar o que acontece com uma variável quando a outra muda, para testar possíveis relações de causa e efeito.
Histograma	Gráfico que representa séries de dados.	Mostrar a distribuição dos dados através de um gráfico de barras, indicando o número de unidades em cada categoria.
Fluxograma	Ilustração sequencial de todas as etapas de um processo.	Identificar o caminho real e ideal para um produto ou serviço com o objetivo de localizar os desvios.
Cartas de controle	Gráfico com limite de controle que permite o monitoramento ao longo do tempo.	Mostrar as tendências dos pontos de observação em um período de tempo.

Checklist - Folha de Verificação

Também chamada de "folha de coleta de dados", *"check list"* ou *"check sheet"*. É usada para quantificar a frequência com que certos eventos ocorrem em um determinado período. São **formulários ou planilhas planejadas para padronizar a coleta de dados e a verificação de resultados**. O objetivo é facilitar a coleta de dados importantes de algum processo e permitir uma interpretação correta da realidade, ajudando a diminuir erros e confusões.

Existem vários tipos de folhas (não há um padrão), cada organização adapta de acordo com o processo e as necessidades. Exemplos: amostras de produção; quantidades, tipos, localização e causas de defeitos; lista de compras; lista produtos em estoque, etc.

Categoria das reclamações	Mês: abril	Total
1. *Check in* e *check out*		10
2. Limpeza não realizada		5
3. Demora na entrega de refeições		15
4. Defeitos na TV ou no ar-condicionado		3
5. Problemas com o chuveiro		6
6. Defeitos no sistema telefônico		9
7. Falta de toalhas ou cobertas		10
8. Outras categorias		20
Total		78

Relaciona-se com a maioria das ferramentas da qualidade (brainstorming, diagrama de causa e efeito, gráfico de Pareto, histograma, diagrama de dispersão etc.), pois é um passo básico para coletar os dados pertinentes que serão analisados.

Diagrama de Pareto

O Gráfico de Pareto é uma técnica usada para **identificar os problemas mais relevantes, ou as causas mais importantes de um problema**. Ele mostra a importância de todas as condições, a fim de escolher o ponto de partida para solução do problema, de identificar a causa básica do problema e monitorar o sucesso.

O Diagrama tem como base o Princípio de Pareto (também conhecido como 80/20). A ideia básica surgiu quando o economista italiano Vilfredo Pareto elaborava um estudo de renda e riqueza da população e descobriu que 80% da riqueza local estava concentrada com 20% da população. Esse princípio foi aplicado em outras áreas (controle de estoques, vendas etc.) e se mostrou válido: **poucas causas geram grandes consequências**. Juran aplicou o método como forma de classificar os problemas da qualidade em "poucos vitais" e "muitos triviais".

O pressuposto básico dessa ferramenta é: a maior parte dos defeitos, falhas, reclamações e custos provêm de uma pequena quantidade de causas. Se essas causas principais forem identificadas e corrigidas, é possível a eliminação da maioria das perdas. É, portanto, uma forma de priorização de problemas que facilita o direcionamento de esforços e permite conseguir grandes resultados com poucas ações.

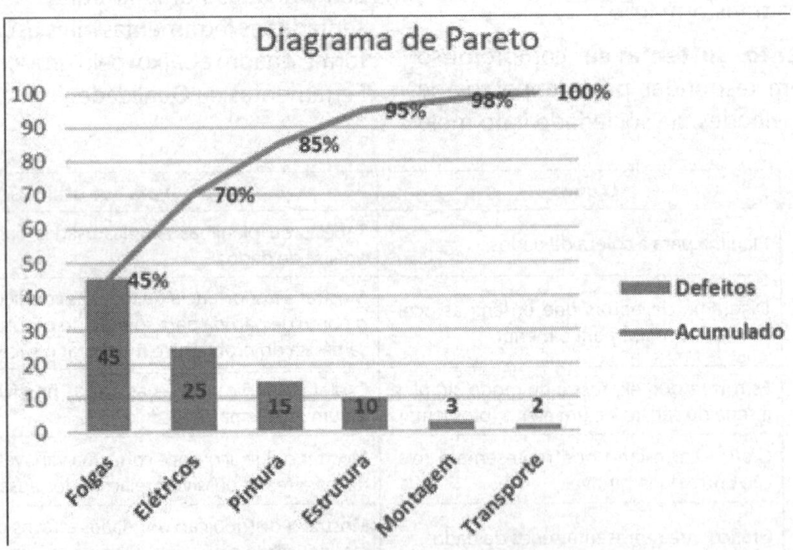

Falconi define o Diagrama de Pareto como um gráfico de barras verticais que tem como objetivo:

- dividir um problema grande em um grande número de problemas menores;
- priorizar os problemas (poucos vitais X muitos triviais);
- otimizar a tomada de decisões.

O gráfico de Pareto mostra uma estratificação (divisão em grupos, estratos) de várias causas de defeitos, falhas, reclamações e outros problemas. A quantidade ou os custos desses fenômenos são mostrados em ordem decrescente no eixo X do gráfico, por meio de barras de tamanhos diferentes.

Diagrama de Causa e Efeito

Também chamado de Diagrama de Espinha de Peixe ou Diagrama de Ishikawa, ele **mostra as possíveis causas que levam a um determinado efeito (consequência)**. É uma técnica largamente utilizada, que organiza informações e revela a relação entre um efeito e suas possíveis causas.

Em suma, o gráfico amplia a visão das possíveis causas de um problema, enriquecendo a sua análise e a identificação de soluções.

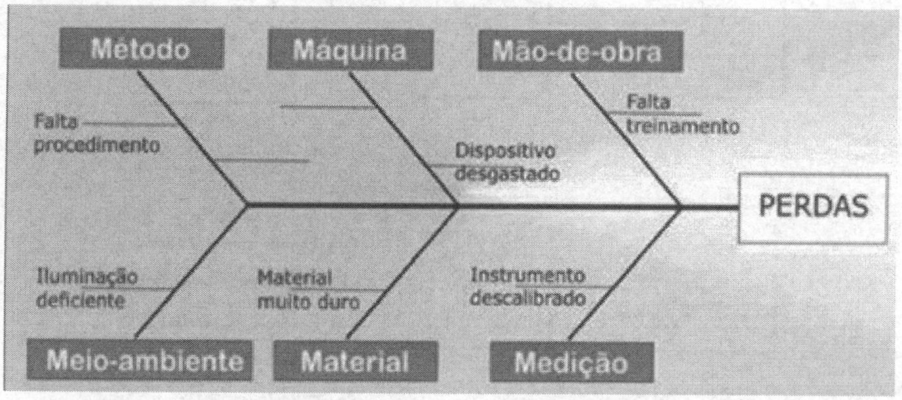

As causas principais podem ser agrupadas em categorias para facilitar a análise. Pode-se criar categorias (de acordo com a necessidade da empresa), ou então usar algum modelo pré-existente, por exemplo:

- 4M: Método, Mão de obra, Material, Máquina;
- 6M: acrescenta Meio Ambiente e Medidas aos 4M anteriores.
- 4P: Políticas, Procedimentos, Pessoal, Planta.

Como construir o diagrama:

1. Definir o problema de forma clara e objetiva e escrever no quadro à direita.
2. Encontrar o maior número de possíveis causas para o problema (nessa etapa pode ser feito um brainstorming com a equipe envolvida).
3. Definir as categorias de causas mais apropriadas (quantidade de quadros azuis, ou espinhas no peixe).
4. Separar as causas dentre as categorias e analisar o diagrama construído para encontrar a solução

Diagrama de Dispersão

O gráfico de dispersão, ou de correlação, permite **avaliar se há relação entre duas variáveis**. Basicamente, ele mostra o que acontece com uma variável quando a outra é modificada, assim, permite saber se as duas estão relacionadas, o tipo de correlação e a intensidade.

Pode medir, por exemplo, uma característica da qualidade e um fator que a afeta; a relação entre duas características da qualidade; dois fatores que se relacionam com a mesma característica da qualidade etc.

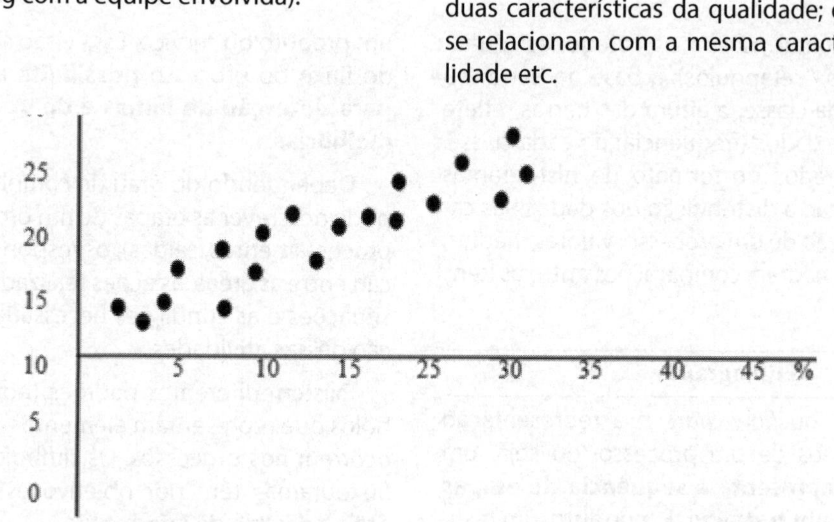

O diagrama serve apenas para demonstrar a intensidade da relação entre as variáveis selecionadas. Isso não garante, necessariamente, uma relação causa-efeito, ou seja, que uma variável seja causa de outra.

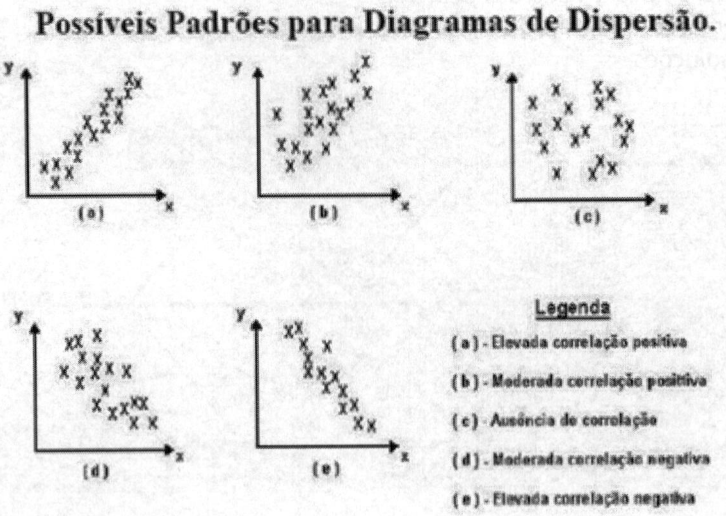

Histograma

Também conhecido como Diagrama de Frequências, ou Distribuição de Frequências, é um **gráfico de barras usado para organizar dados em categorias, mostrando a distribuição (quantidade) de itens dentro de cada categoria (classe).**

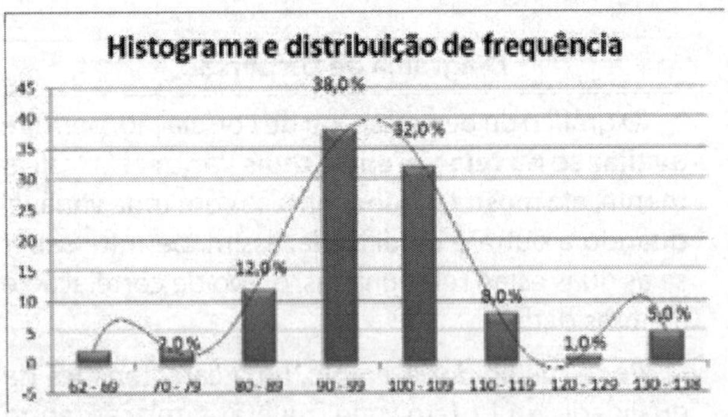

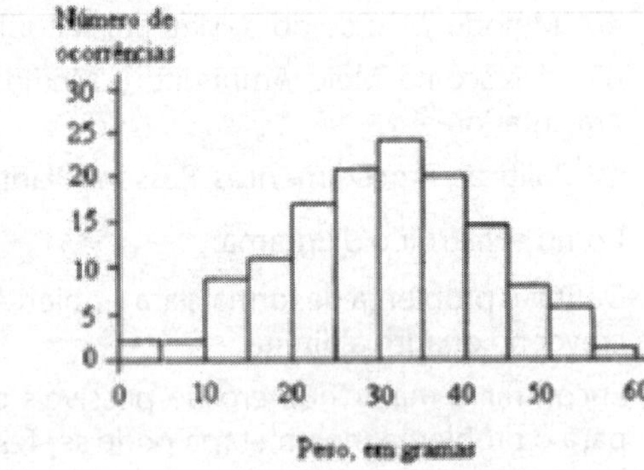

O eixo horizontal mostra as categorias (quantidade de barras / retângulos); a base da barra é o tamanho de cada classe; a altura das barras reflete a quantidade de dados (frequência) de cada classe. Os dados mostrados no formato de histogramas permitem verificar: a distribuição dos dados nas categorias; a variação de um processo; valores médios, modais e desvio padrão; comparações entre os itens estratificados.

Fluxograma

Fluxograma´, ou *flow-chart*, é a representação gráfica dos passos de um processo, ou seja, um **diagrama que apresenta a sequência de etapas (operações) de um trabalho**. É, portanto, um resumo ilustrativo, um mapa do caminho real e ideal de um produto ou serviço. Essa visão sistêmica (global) do fluxo do processo **possibilita a análise crítica para detecção de falhas e de oportunidades de melhorias**.

Dependendo do grau de complexidade exigido, pode descrever as etapas de um processo (entradas, processamentos, saídas), os responsáveis, a tramitação entre as áreas, as ações realizadas, bem como as situações e as condições necessárias para a realização dessas atividades.

Existem diferentes padrões (notações) dos símbolos que representam elementos ou situações que ocorrem nos processos. Os símbolos utilizados nos fluxogramas têm por objetivo evidenciar origem, ação e destino da informação.

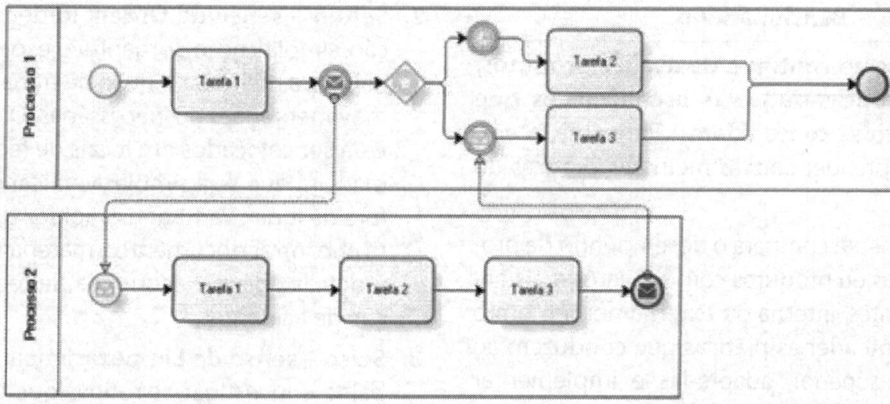

Cartas de Controle

As cartas / gráficos de controle são usadas para verificar a estabilidade / variabilidade de um processo: se ele está sob controle ou se ele varia fora dos limites aceitáveis. Dessa forma, ela **mostra as tendências dos pontos de observação em um período.**

São usados métodos estatísticos para calcular os limites de variação aceitáveis (máximo e mínimo). Na prática, registram-se dados do processo ao longo de um período; analisam-se os resultados em busca de tendências ou de pontos fora dos limites pré-estabelecidos; efetuam-se ações no processo para controlar as variações.

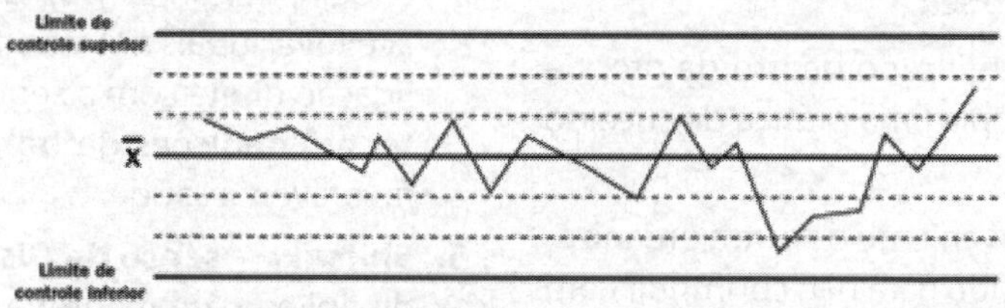

Plano de Ação - 5W2H

Utilizado para mapeamento e padronização de processos, elaboração de planos de ação e estabelecimento de procedimentos relacionados a indicadores. Busca o fácil entendimento das ações, por meio da definição de objetivos, responsabilidades, métodos, prazos e recursos.

A ferramenta consiste, basicamente, na confecção de uma planilha, tendo como base 7 perguntas, cujas iniciais das palavras, em inglês, são cinco Ws e dois 2Hs. (Obs.: alguns autores utilizam apenas 1 H).

5W	What - O quê? Que ação será executada?
	Who - Quem? Quem irá executar/participar da ação?
	Where - Onde? Onde será executada a ação?
	When - Quando? Quando a ação será executada?
	Why - Por quê? Por que a ação será executada? (resultado esperado)
2H	How - Como? Como será executada a ação?
	How much - Quanto custa? Quanto custa para executar a ação?

Brainstorming

Significa "tempestade cerebral" (mas também é chamado de **tempestade de ideias**), pois é **usado para gerar muitas ideias em curto período.** Dessa forma, busca ampliar a quantidade de opções a serem analisadas na busca de soluções.

Pode ser feito individualmente, mas, geralmente consiste na reunião de um grupo (geralmente de 5 a 12 pessoas) para dar ideias sobre um assunto a ser resolvido, possíveis causas de um problema, abordagens a serem usadas, ou ações a serem tomadas. O propósito do brainstorming é lançar e detalhar ideias com um certo enfoque, originais e em uma atmosfera livre, sem inibições, sem críticas e sem restrições à imaginação.

Pode-se dizer que há três fases típicas no brainstorming: apresentação do assunto / problema / situação com clareza e objetividade; geração e documentação das ideias; análise e seleção.

Uma variação é o *brainwriting* (*brainstorming* fechado) que utiliza a escrita no lugar da fala.

Benchmarking

É um **processo contínuo de avaliar produtos, serviços e práticas daquelas organizações que são reconhecidas como líderes**. Em suma, a empresa busca aprender com as melhores práticas do mercado.

Essa ferramenta compara o desempenho de processos, práticas ou produtos com similares mais eficazes e eficientes, interna ou externamente, com o objetivo de entender as práticas que conduzem ao desempenho superior, adaptá-las e implementar melhorias significativas.

Ex: a empresa X quer melhorar seus resultados. Para isso ela avalia produtos, serviços e processos de trabalho da empresa Y (que é reconhecida como a detentora das melhores práticas no mercado), com a finalidade de comparar desempenhos e identificar oportunidades de melhoria.

O *benchmarking* pode ser:

Interno – quando identificado dentro da própria corporação. Uma área copia uma prática de sucesso aplicada em outra.

Externo – quando proveniente de outra organização (deve-se tomar cuidado para não confundir com espionagem). Este se subdivide em Competitivo (quando ocorre entre empresas do mesmo segmento) e Genérico (quando é com qualquer empresa).

Programa 5S

O 5S ou *house keeping* é um conjunto de técnicas desenvolvidas no Japão, no final dos anos 60, quando os industriais japoneses perceberam que o 5S seria um programa básico para o sucesso da Qualidade Total.

Alguns objetivos desse programa são: **melhoria do ambiente de trabalho; prevenção de acidentes; incentivo à criatividade; redução de custos; eliminação de desperdício; desenvolvimento do trabalho em equipe; melhoria das relações humanas; melhoria da qualidade de produtos e serviços.**

O nome 5S vem das iniciais das cinco técnicas que o compõe. No Brasil, para se manter a inicial S, foi traduzido como 5 Sensos:

1. **Seiri – senso de Utilização** (liberação da área): verifica o que é realmente necessário, o que é usado no ambiente de trabalho (ferramentas, materiais etc.); descarta ou guarda o que não está sendo usado para reduzir a quantidade de obstáculos.
2. **Seiton – senso de Ordem** (ordenação, arrumação, simplificação): organiza o espaço e os materiais para melhorar o fluxo de trabalho e eliminar movimentações desnecessárias. Os materiais devem ser colocados em locais de fácil acesso e de maneira que seja simples verificar quando estão fora de lugar. Vantagens: rapidez e facilidade para encontrar documentos, materiais, ferramentas e outros objetos; economia de tempo; diminuição de acidentes.
3. **Seiso – senso de Limpeza**: limpar a área de trabalho e investigar as rotinas que geram sujeira, tentando modificá-las. Cada usuário do ambiente e máquinas é responsável pela manutenção da limpeza.
4. **Seiketsu – senso de Padronização, Saúde** (asseio, higiene): definir padrões e procedimentos a serem seguidos para manter a organização, a arrumação e a limpeza obtidas nos três primeiros S (Seiri, Seiton, Seiso); definir o que é correto e aceitável, quais normas devem ser seguidas. Tem ligação direta com a segurança, pois busca manter as condições de trabalho (físicas e mentais) favoráveis à saúde.
5. **Shitsuke – senso de Disciplina** (autodisciplina): disciplina para manter a ordem no ambiente de trabalho ("sujou, limpe", "usou, guarde"); compromisso pessoal com o cumprimento dos padrões éticos, morais e técnicos definidos pelos 4 S anteriores, incorporando-os à rotina de trabalho. As vantagens são: trabalho diário agradável; melhoria nas relações humanas; valorização do ser humano; cumprimento dos procedimentos operacionais e administrativos; melhor qualidade, produtividade e segurança no trabalho.

Seis Sigma

O objetivo do programa Seis Sigma é **reduzir continuamente a variação nos processos e eliminar os defeitos ou falhas nos produtos e serviços.**

O sigma (σ) é uma letra grega que significa desvio padrão, ou seja, é uma medida de variação estatística. Quando aplicada a um processo organizacional, ela se refere à frequência com que determinada operação "se afasta do padrão aceitável". Exemplificando: o nível 2-sigma significa mais de 300 mil defeitos por milhão; 4-sigma significa pouco mais de 6 mil erros por milhão; 6-sigma significa apenas 3,4 erros por milhão.

Segundo Chiavenato, a maioria das organizações está no nível 4-sigma. Uma empresa que alcance o nível 6-sigma possui vantagem de custos e, mais importante, tem sobra de recursos para investir em processos de diferenciação de seus produtos.

O 6-sigma nasceu na Motorola no final dos anos 70. A companhia estava perdendo participação no mercado, investigou as razões disso e percebeu que a qualidade dos produtos e a satisfação dos clientes eram aspectos críticos. Adotou, então, um programa de administração participativa com trabalho em equipe.

O programa Seis Sigma tem como marca principal a utilização constante de ferramentas estatísticas para verificar a variabilidade e o desempenho dos processos. Também exige o entendimento preciso das necessidades dos clientes, a integração da rotina com as diretrizes da empresa, e o gerenciamento por processos, ou seja, é necessário que a empresa esteja completamente comprometida com a qualidade para que o modelo apresente o resultado esperado.

As etapas do Seis Sigma também são conhecidas como Modelo DMAIC. Este nome vem das iniciais, em inglês, que significam:

- **D** (Define): Definir o problema ou as metas a partir de opiniões de consumidores, objetivos do projeto e estratégia da organizarão.
- **M** (Measure): Medir o processo atual.
- **A** (Analyse): Analisar os dados coletados para verificar relações existentes entre os fatores e identificaras causas raízes de defeitos e seus impactos.
- **I** (Improve): Melhorar o processo. São desenvolvidas soluções para intervir no processo para reduzir significativamente os níveis de defeitos.
- **C** (Control): Controlar para manter as melhorias e garantir que quaisquer variações sejam corrigidas antes de resultarem em defeitos.

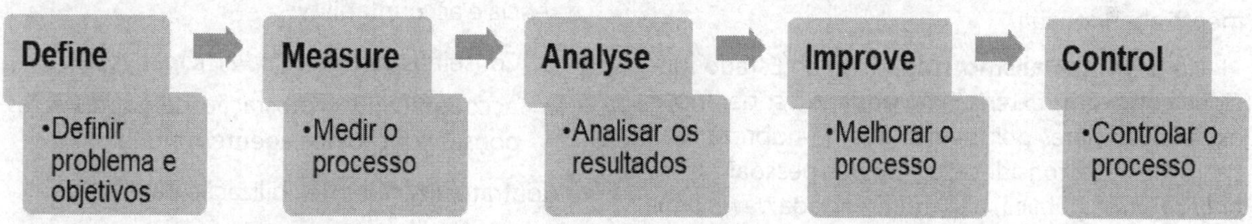

Matriz GUT

É uma **forma de representar e quantificar problemas (ou riscos) com o objetivo de priorizá-los.** Leva em conta três aspectos:

- **Gravidade:** impacto do problema sobre coisas, pessoas, resultados, processos ou organizações.
- **Urgência:** relação com o tempo disponível ou necessário para resolver o problema.
- **Tendência:** potencial de crescimento do problema, avaliação da tendência de crescimento, redução ou desaparecimento do problema.

Pontos	Gravidade	Urgência	Tendência
5	Os prejuízos ou dificuldades são extremamente graves	É necessária uma ação imediata	Se nada for feito, o agravamento será imediato
4	Muito graves	Com alguma urgência	Vai piorar a curto prazo
3	Graves	O mais cedo possível	Vai piorar a médio prazo
2	Pouco graves	Pode esperar um pouco	Vai piorar a longo prazo
1	Sem gravidade	Não tem Pressa	Não vai piorar ou pode até melhorar

Como montar a Matriz GUT:

1. Enumerar os problemas;
2. Atribuir uma pontuação para cada problema, levando em conta os valores da tabela ao lado.
3. Multiplicar GxUxT e achar o resultado, priorizando de acordo com os pontos obtidos.

EMPREENDEDORISMO GOVERNAMENTAL, NOVAS LIDERANÇAS NO SETOR PÚBLICO E PARADIGMA DO CLIENTE NA GESTÃO PÚBLICA

Novas lideranças no setor público é um tema que costuma ser abordado, pela banca, dentro de Gestão de Pessoas e será visto em outro capítulo deste livro.

Empreendedorismo governamental e paradigma do cliente na gestão pública são dois temas que costumam aparecer em provas de concurso relacionados ao Modelo Gerencial de Administração Pública.

A administração evoluiu por meio de três modelos básicos: a administração pública **patrimonialista**, a **burocrática** e a **gerencial**.

Estas três formas se sucedem no tempo, sem que, no entanto, qualquer uma delas seja inteiramente abandonada.

No **patrimonialismo**, o aparelho do Estado funciona como uma extensão do poder do soberano, e os seus auxiliares possuem status de nobreza real. Os cargos são considerados favores pessoais, a *res publica* (coisa pública) não é diferenciada da *res principis* (bens do governante), em consequência, a corrupção e o nepotismo são inerentes a esse tipo de administração.

A administração pública **burocrática** surgiu no século XIX como uma forma de defender a coisa pública contra o patrimonialismo, por meio do controle rígido dos processos, da impessoalidade, da legalidade e da profissionalização.

Na medida em que o Estado assumiu a responsabilidade pela defesa da legalidade e dos direitos sociais e cresceu em dimensão, principalmente após a 2ª Guerra Mundial, os custos da máquina pública também cresceram, tornando-se maiores que os benefícios do controle. Assim surgiram uma série de disfunções (excesso de trâmites, lentidão, ineficiência etc.). Por isso, a partir dos anos 70, as práticas burocráticas disfuncionais passaram a ser substituídas pela administração **gerencial**, a qual tem foco nos resultados, busca reduzir custos, descentralizar a autoridade e aumentar a qualidade dos serviços ofertados aos cidadãos.

O movimento Gerencial (também chamado de Nova Gestão Pública, Modelo Gerencialista, ou Pós-Burocrático) iniciou no Reino Unido, na década de 70, foi adotado nos Estados Unidos nos anos 80 e logo se expandiu pelo mundo, atingindo a América Latina, principalmente na década de 90.

O propósito gerencialista era diminuir o tamanho da máquina administrativa do Estado, aumentar sua eficiência e criar mecanismos voltados à responsabilização dos atores políticos. O nome Gerencial advém da incorporação, pelo serviço público, de alguns pressupostos e inovações da administração gerencial – privada. Suas principais características são:

- Foco no cidadão;
- Orientação para resultados:
  - o Planejamento estratégico;
  - o Indicadores de desempenho;
  - o De Inputs (insumos) → para Outputs (resultados) e Outcomes (impactos);
  - o De desconfiança total → para confiança limitada.
- Ênfases em controle social, governança, transparência e accountability:
  - o Conselhos, Orçamento Participativo, e-gov.
  - o Accountability = prestação de contas e responsabilização dos agentes públicos.
- Contratualização e flexibilização da gestão:
  - o Contratos de gestão, parcerias, privatizações, terceirizações, revisão de instrumentos legais;
  - o Descentralização do ponto de vista político e administrativo;
  - o Downsizing (enxugamento, diminuição de níveis hierárquicos), horizontalização estrutural.
- Valorização e desenvolvimento das pessoas:
  - o Remuneração variável vinculada a desempenho crescente;
  - o Capacitação e desenvolvimento de habilidades gerenciais.

Entende-se que, a partir da nova gestão pública, o Estado ganha dinamismo e reduz seu papel de executor ou prestador direto de serviços, mantendo-se, entretanto, no papel de regulador, provedor ou promotor destes, principalmente dos serviços sociais como educação e saúde, que são essenciais para o desenvolvimento. Como promotor desses serviços, o Estado continua a subsidiá-los, buscando, ao mesmo tempo, o controle social direto e a participação da sociedade.

A Nova Gestão Pública passou por três fases, ou movimentos: Gerencialismo, Consumerismo e Serviço Orientado ao Cidadão.

Gerencialismo Puro (Managerialism): fazer mais com menos

Corresponde à primeira etapa da reforma no Reino Unido e nos Estados Unidos, e tem seu foco na produtividade. Nasceu como estratégia da visão neoliberal para reduzir os custos e tornar a administração pública mais eficiente.

Busca "fazer mais com menos" por meio do aumento da eficiência, melhorando a qualidade do gasto público, reduzindo custos, evitando o desperdício e aumentando a produtividade na prestação de serviços públicos. Enxerga o cidadão como um mero taxpayer (contribuinte).

As ações dos governos desses países resumiram-se apenas em ajustar os contornos da administração pública com medidas como: limitações das dimensões do setor público; privatização; comercialização ou corporativização de órgãos públicos; descentralização para governos subnacionais; desconcentração no governo central; uso de mecanismos típicos de mercado; novas atribuições aos órgãos da administração central; outras iniciativas de reestruturação ou racionalização.

Foram implementados alguns instrumentos gerenciais, como: técnicas de planejamento e racionalização orçamentária, para possibilitar a incorporação de uma maior consciência dos custos no serviço público; instrumentos de avaliação de desempenho organizacional, para alcançar maior eficiência, usando mecanismos objetivos de mensuração da performance governamental; adoção da Administração por Objetivos, pela qual se procura traçar linhas claras de ação às agências, o que tornaria possível uma avaliação de desempenho baseada na comparação entre os resultados obtidos e o que fora previamente determinado; descentralização administrativa e delegação de poder, com o objetivo de aumentar a autonomia das agências e dos departamentos.

Consumerismo – paradigma do cliente: fazer melhor

O foco na eficiência (gerencialismo puro) por si só não foi suficiente. A lógica de Plano (o qual estabelece, a partir de uma racionalidade técnica, o melhor programa a ser cumprido) foi substituída por uma lógica de estratégia, na qual são levadas em conta as relações entre os atores envolvidos em cada política, de modo a montar cenários que permitam a flexibilidade necessária para eventuais alterações nos programas governamentais.

Surge, então, um novo modelo que foca na melhoria da qualidade da prestação dos serviços para o cliente direto a partir da flexibilidade de gestão. É o chamado Paradigma do Consumidor/Cliente: procura dar ao cidadão-usuário atendimento semelhante ao que ele teria como cliente em uma empresa privada, ou seja, visava ao atendimento das necessidades definidas pelos próprios cidadãos-usuários, tratando-os como consumidores a serem satisfeitos.

Três medidas faziam parte da estratégia para tornar o poder público mais leve, ágil e competitivo:

- Descentralização administrativa com grande delegação de autoridade, partindo do princípio de quanto mais próximo estiver o serviço público do consumidor, mais fiscalizado pela população ele o será;
- Competição entre as organizações do setor público;
- Adoção de um novo modelo contratual para os serviços públicos, em contraposição ao monopólio estatal - a extensão do fornecimento de serviços públicos entre o setor público, o setor privado e o voluntário/não lucrativo. Baseia-se na ideia de que, numa situação de falta de recursos, a melhor forma de aumentar a qualidade é introduzir relações contratuais de competição e de controle.

A visão do cidadão como simples consumidor está vinculada à tradição liberal, que dá, na maioria das vezes, maior importância à proteção dos direitos do indivíduo do que à participação política.

Serviço Orientado ao Cidadão: fazer o que deve ser feito

O termo em inglês é PSO (Public Service Orientation). As críticas à visão do cidadão como cliente fizeram o modelo evoluir para o Serviço Orientado ao Público/Cidadão, que se baseia em conceitos ignorados até então pela visão gerencial: accountability, transparência, participação política, equidade e justiça.

O cidadão passa a ser tratado efetivamente como um agente (ativo) a ser ouvido, alguém com direitos e deveres - cidadania.

Aqui, não se busca apenas descobrir como fazer/organizar o serviço público para agradar aos cidadãos. A pergunta verdadeira é "o que deve ser feito?", demonstrando para o cidadão os benefícios, efeitos e impactos diretos ou indiretos do exercício da atividade pública (efetividade).

Empreendedorismo governamental

Empreender significa fazer acontecer. É planejar, organizar, dirigir e controlar os recursos disponíveis

ADM. PÚBLICA

da melhor maneira, de forma a alcançar os resultados da organização.

O empreendedorismo governamental ocorre quando os gestores públicos aproveitam os recursos disponíveis de formas novas e melhores (planejamento, tecnologia, etc.), buscando a satisfação e o benefício dos cidadãos.

O conceito de empreendedorismo governamental surgiu com o livro Reinventando o Governo – como o espírito empreendedor está transformando o setor público, de Osborne e Gaebler. O contexto (anos 80 nos EUA) era de grande descrença da população nas capacidades da Administração Pública de suprir as necessidades da sociedade relativas aos bens públicos e de vencer os desafios que apareciam.

Osborne e Gaebler se basearam em estudos de caso de órgãos e setores governamentais que estavam buscando superar o modelo burocrático então em voga. Mostraram que o governo americano estava longe de oferecer eficiência, pois ainda centralizava muitas operações que já poderiam estar nas mãos da comunidade. Em função disso, os autores descreveram o governo empreendedor como um estilo pragmático de gestão pública.

Segundo eles, na ânsia de combater os desvios do patrimonialismo, foram criadas tantas amarras para o gestor público que se tornou cada vez mais difícil fornecer serviços eficientes e de qualidade para a população. A burocracia criava problemas na gestão dos serviços públicos, pois tornava a máquina estatal lenta, ineficiente e pouco responsiva às necessidades e opiniões de seus "clientes".

Osborne e Gaebler não pregavam o desaparecimento do estado, e sim a substituição de um governo extenso e impotente por um governo que é forte porque se limita a decidir e a dirigir (administrar), deixando o 'fazer' para outros agentes. Por estar focada nos resultados que melhor respondam às demandas dos cidadãos como clientes, a gestão pública empreendedora é baseada em avaliações contínuas da sociedade para ajustar suas estratégias, planos e metas, bem como sua ação implementadora.

Os autores sugerem dez princípios que poderiam servir de base para um novo modelo de governo, o empreendedor:

- Governo **catalisador** – "navegando e não remando", pois não compete a ele, sozinho, assumir o papel de executor, de implementador de políticas públicas. O governo deve ser o indutor da sociedade, o regulador, harmonizando a ação de diferentes agentes sociais na solução de problemas coletivos.
- Governo **que pertence à comunidade** - abrir-se à participação dos cidadãos no momento da tomada de decisão; dar poder ao cidadão, ao invés de servi-lo, pois as comunidades locais são mais flexíveis e vivenciam mais de perto os seus diversos problemas. Cabe ao governo apenas a responsabilidade final de que estes serviços sejam prestados.
- Governo **competitivo** - criar mecanismos de competição dentro das organizações públicas e entre organizações públicas e privadas. Quebrando o monopólio da prestação dos serviços públicos, criar-se-ia necessidade de aprimoramento, aumento da eficiência, inovação e melhoria da qualidade dos serviços prestados.
- Governo **orientado por missões** - deixar de lado a orientação por normas e migrar a atenção na direção da sua verdadeira missão. A administração burocrática leva à desmotivação, pois define de antemão o que e como se deve fazer cada trabalho. Dando mais liberdade e flexibilidade, pode-se utilizar a criatividade e o poder de inovação para alcançar os objetivos e cumprir a missão da organização de forma mais efetiva.
- Governo **de resultados** - substituir o foco no controle dos inputs para o controle dos outputs e dos impactos de suas ações (preocupação com resultados, e não com recursos). Como os governos não sabem medir resultados, remuneram por outros critérios (tempo de serviço, volume de recursos, quantidade de subordinados etc), de modo que os servidores não buscam atingir resultados melhores, mas crescer sua esfera de poder e manter seus cargos. Ex: um hospital deveria ser remunerado não pelo número de atendimentos, mas pela redução do número de casos de doença em sua localidade.
- Governo **orientado ao cliente**: cidadão deve ser a razão da existência dos órgãos e entidades públicos; criar mecanismos para atender às necessidades dos clientes, e não da burocracia. Os órgãos públicos não recebem seus recursos diretamente dos seus clientes (cidadãos) e sim do Legislativo/Executivo, então muitas vezes há maior preocupação em agradar ao fomentador do que em atender e saber as necessidades dos cidadãos.
- Governo **empreendedor** - fazer estratégias de modo a gerar receitas e não despesas. Ampliar prestação de serviços e considerar os gastos sob uma perspectiva de investimento, ou seja,

considerando o benefício futuro de cada despesa.

- Governo **preventivo** – proatividade e planejamento como forma de evitar problemas - prevenção ao invés da cura. Concentrar-se nas causas dos problemas ao invés de tratar os sintomas.
- Governo **descentralizado** – envolver os funcionários nos processos deliberativos, aproveitando seus conhecimentos e capacidade inovadora, elevando a flexibilidade, a eficiência e o comprometimento dos servidores envolvidos.
- Governo **orientado para o mercado** – induzir mudanças através do mercado, estabelecendo regras, fornecendo informações aos consumidores, criando ou aumentando a demanda, catalisando os fornecedores do setor privado, criando instituições que atuem no mercado para preencher vazios, mudando a política de investimentos públicos etc.

Outros fatores de destaque são:

- Realização de parcerias intragovernamentais, com ONGs e com a iniciativa privada, visando a vantagens para o setor público, tais como ampliação do acesso aos clientes, à tecnologia e ao capital, diminuição de risco e uso de infraestruturas compartilhadas.
- Mudança do estilo de liderança, de controlador de resultados para motivador, facilitador.
- Preocupação com o cliente - os aspectos ambiental, interpessoal, procedimental e financeiro merecem atenção especial quando do contato com o cliente.

GESTÃO DE RESULTADOS NA PRODUÇÃO DE SERVIÇOS PÚBLICOS

Gestão de Resultados é uma expressão genérica e pode ser abordada pela banca em contextos distintos. Pode aparecer em uma questão associada ao planejamento estratégico (já visto em capítulo anterior), ao modelo Gerencial de Administração Pública (também já visto), a ferramentas da qualidade (também já visto), ou ao processo administrativo de Controle e indicadores de desempenho, temas que veremos neste capítulo.

Controle

O **controle** é a última etapa do Processo Administrativo. Representa o acompanhamento, monitoramento e avaliação do desempenho organizacional para verificar se as ações estão acontecendo de acordo com o que foi planejado.

Controlar significa garantir que aquilo que foi planejado seja bem executado e que os objetivos estabelecidos sejam alcançados adequadamente.

O controle tem duas atribuições essenciais:

- **comparar** o desempenho real com o planejado - monitoramento das atividades;
- **corrigir** desvios significativos.

A essência do controle, portanto, é a comparação entre aquilo que foi planejado e aquilo que está sendo executado, para verificar se tudo está funcionando da maneira certa e no tempo certo. Essa comparação não busca apenas localizar as variações, erros ou desvios, mas também dar feedback sobre dificuldades e pontos passíveis de melhoria ao longo do processo. Dessa forma, o controle permite a chamada "melhoria contínua" para que as operações futuras possam alcançar melhores resultados.

Três momentos de controle

1. **Pré-controle** (preliminar): orientado para o futuro.

   Acontece antes da execução e procura verificar se tudo está pronto para o início de determinado processo. O maior objetivo é evitar que ocorram disfunções, desvios de rota e demais problemas. É um controle preventivo que se conecta diretamente à atividade de planejamento, uma vez que não espera a implementação da ação para comparar seus resultados com as metas e sim toma medidas antecipadas. Ex: inspeção de insumos, processos seletivos, análise de riscos.
2. **Controle simultâneo** (concomitante, em tempo real): durante o processo. Aponta desvios imediatamente, preocupação com o que está em andamento. Ex: supervisão direta dos funcionários, controle estatístico.
3. **Pós-controle (por feedback)**: após o término do processo e verifica os resultados. Também é chamado de Feedback porque é o retorno sobre algo que já aconteceu, portanto, sua preocupação é com o passado. Ex: inspeção do produto acabado, avaliação de desempenho, relatórios financeiros.

Tipos de Controle

Controle formal: é a possibilidade de um gerente (ou figura de autoridade) utilizar o poder racional-legal de seu cargo para induzir ou inibir algum comportamento. Mecanismos: punições, recompensas, sistemas combinados de planejamento, controle e avaliação de desempenho, como a administração por objetivos.

Controle técnico: é a exigência que alguém sente para comportar-se de determinada maneira, independente de chefes ou colegas. É exercido por sistemas que determinam a direção, intensidade e frequência do comportamento. Ex: linha de produção, relógios.

Controle social: é aquele exercido por um conjunto de pessoas sobre qualquer de seus membros, para ajustar seu comportamento à cultura do grupo (crenças, valores e normas criadas por esse mesmo grupo). Mecanismos: punições e recompensas para estimular e inibir o comportamento humano.

Processo de Controle

O controle é um processo cíclico/repetitivo composto de quatro fases:

- estabelecimento de padrões de controle;
- avaliação/mensuração do desempenho;
- comparação do desempenho com os padrões estabelecidos;
- ação corretiva.

Estabelecimento de padrões de controle	•Padrões ou Critérios - é o desempenho desejado. Pontos de referência para o desempenho ou os resultados. •Padrões de Qualidade (satisfação do cliente, assistência técnica), Quantidade (nº de empregados, volume de produção, total de vendas, absenteísmo) , Tempo (validade, fabricação, reposição de estique) e Custo (estoque, produção).
Avaliação/mensuração do desempenho	•Indicadores para medir desempenho, resultados, fatores críticos; •Momentos: antes, durante e depois; •O que: produtividade, eficiência, eficácia, qualidade, etc.
Comparação do desempenho com os padrões estabelecidos	•Desempenho (durante a operação); •Resultados atingidos (após a operação); •Aceitação (resultado em conformidade ou dentro de limies aceitáveis de erro) ou rejeição;
Ação corretiva	•Correção de desvios; •Prevenção de falhas; •Revisão dos padrões.

Indicadores

Os indicadores são instrumentos de monitoramento e avaliação das organizações.

Algumas definições de Indicadores encontradas na literatura de Administração:

- É a representação de uma medição ou métrica, de forma simples ou intuitiva, para facilitar sua interpretação em relação a um referencial ou meta.
- É uma medida, de ordem quantitativa ou qualitativa, dotada de significado particular e utilizada para organizar e captar as informações relevantes dos elementos que compõem o objeto da observação.
- São medidas que expressam ou quantificam um insumo, um resultado, uma característica ou o desempenho de um processo, serviço, produto ou organização.
- É o parâmetro que permite quantificar/qualificar um processo, medindo o grau de alcance dos objetivos e apontando a diferença entre a situação desejada e a real. Permite que se obtenham informações sobre características, atributos e resultados de um produto, processo ou sistema ao longo do tempo.

Os indicadores possuem duas funções básicas:

- descrever o estado real dos acontecimentos e o seu comportamento;
- analisar as informações presentes com base nas anteriores de forma a realizar proposições valorativas.

O Gespública lista 5 componentes básicos de um indicador:

- **Medida**: grandeza qualitativa ou quantitativa que permite classificar as características, resultados e consequências dos produtos, processos ou sistemas;

- **Fórmula**: padrão matemático que expressa a forma de realização do cálculo; descreve como deve ser calculado o indicador, possibilitando clareza com as dimensões a serem avaliadas.

  As unidades de medida mais comuns são:

  - o Indicadores Simples: uma unidade de medida atribuível a uma variável. Ex: número de alunos matriculados; número de crianças vacinadas.
  - o Indicadores Compostos: expressam a relação entre duas ou mais variáveis. Ex: índice de desenvolvimento humano (IDH); Coeficiente de natalidade = número de nascidos / população total.

- **Índice (número)**: valor de um indicador em determinado momento;

  Existe certa confusão sobre o significado de índice e indicador, os quais muitas vezes são erroneamente utilizados como sinônimos. Um indicador pode ser um dado individual, ou um agregado de vários dados (qualitativos ou quantitativos) que permite a obtenção de informações sobre uma dada realidade. Um **índice é o valor numérico** que representa a correta interpretação da realidade; é o valor agregado final do procedimento de cálculo.

  Ex: indicador Produtividade; fórmula = toneladas/hora; índice = 10

- **Padrão de comparação (referência)**: índice arbitrário e aceitável para uma avaliação comparativa;
- **Meta**: é uma expressão numérica que representa o estado futuro de desempenho desejado. As metas contêm uma finalidade, um valor e um prazo. São os valores que o resultado do indicador procura igualar ou superar.

Seis E's do Desempenho

Desempenho pode ser compreendido como esforços empreendidos na direção de resultados a serem alcançados.

Desempenho = esforços + resultados ou

Desempenho = esforços → resultados

Com o objetivo de mensurar o desempenho, ou seja, aquilo que se deve realizar para se produzir um resultado significativo no futuro, o Gespública definiu um modelo de **Cadeia de Valor**, que é uma representação das atividades de uma organização, ou seja, o levantamento de toda a ação ou processo necessário para gerar ou entregar produtos ou serviços a um beneficiário.

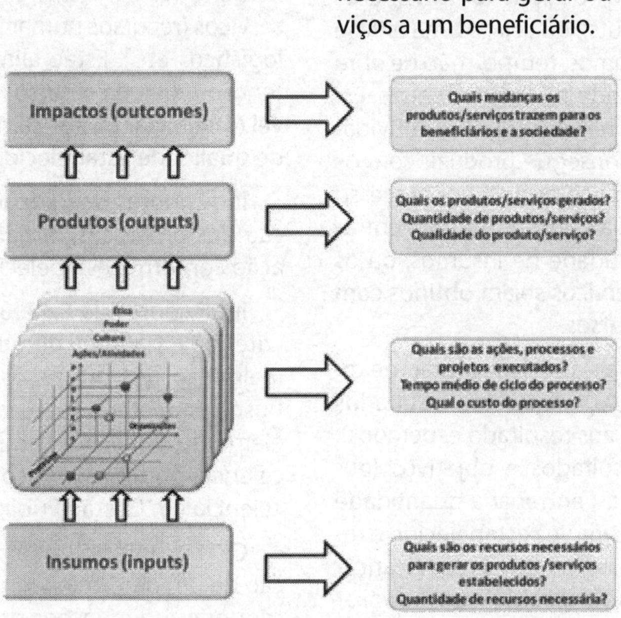

Ela permite melhor visualização do valor ou do benefício agregado no processo, sendo utilizada amplamente na definição dos resultados e impactos de organizações.

Os elementos da cadeia, conforme figura ao lado, são: Insumos (inputs); Processos e Projetos (ações); Produtos e Serviços (outputs); e Impactos (outcomes).

ADM. PÚBLICA

O modelo associa os elementos da cadeia às duas dimensões básicas do desempenho (esforço e resultado) e as desdobra em seis dimensões (6 categorias de indicadores):

Dimensões de Resultado: eficiência, eficácia e efetividade.

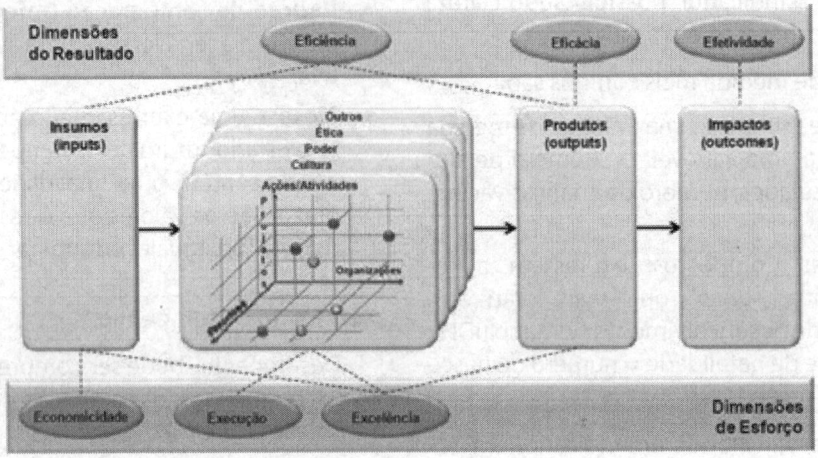

Dimensões de Esforço: economicidade, execução e excelência;

Dimensões do Resultado

Indicadores de **Eficiência** – mostram o quanto a organização utiliza de seus recursos para atingir seus objetivos. Ser eficiente é fazer bem alguma atividade, é utilizar bem os recursos. A eficiência trata da relação entre resultados obtidos (outputs) e os recursos consumidos (inputs), ou seja, é uma ênfase nos meios (processos, insumos, tempo, mão de obra ou outros recursos), no modo de fazer as coisas. Essa medida possui estreita relação com produtividade, ou seja, o quanto se consegue produzir com os meios disponibilizados. A eficiência de um processo será tanto maior quanto mais produtos forem entregues com a mesma quantidade de insumos; ou os mesmos produtos e/ou serviços sejam obtidos com menor quantidade de recursos.

Indicadores de **Eficácia** – revelam o grau de alcance do resultado esperado (quantos resultados foram obtidos em relação aos resultado esperados). A eficácia enfatiza os resultados e objetivos (outputs), fazer as coisas certas, entregar a quantidade e a qualidade prometida. Uma vez estabelecido o referencial (linha de base) e as metas a serem alcançadas, utiliza-se indicadores de resultado para avaliar se estas foram atingidas ou superadas.

Indicadores de **Efetividade** – mostram o impacto das ações (outcomes) no bem-estar de uma comunidade: os efeitos positivos ou negativos, se houve mudanças socioeconômicas, ambientais ou institucionais decorrentes dos resultados obtidos pela política, plano ou programa. Estão vinculados ao grau de satisfação e ao valor agregado. É o que realmente importa para efeitos de transformação social.

Dimensões do Esforço

Indicadores de **Economicidade** – mostram o custo econômico dos resultados obtidos. O custo econômico significa a soma da expressão monetária de todos os custos envolvidos na prestação dos serviços (recursos humanos, materiais, tecnológicos, logísticos etc.). Estão alinhados ao conceito de obtenção e uso de recursos com o menor ônus possível (minimizar custos sem comprometer os padrões de qualidade estabelecidos).

Indicadores de **Execução** - referem-se à realização dos processos, iniciativas, projetos e planos de ação conforme estabelecidos.

Indicadores de **Excelência** - é a conformidade a critérios e padrões de qualidade/excelência para a realização dos processos, atividades e projetos na busca da melhor execução e economicidade; é um elemento transversal. Indicadores e padrões de excelência podem ser encontrados no Modelo de Excelência em Gestão Pública (MEGP).

O TCU entende que o desempenho na obtenção de um determinado resultado pode ser medido segundo 4 dimensões de análise: **economicidade**, **eficiência**, **eficácia** e **efetividade**.

Características dos indicadores

O guia de indicadores do Ministério do Planejamento define quatro **propriedades essenciais** dos indicadores. São aquelas propriedades que qualquer indicador deve apresentar e sempre devem ser consideradas como critérios de escolha, independente da fase do ciclo de gestão em que se encontra a política sob análise (Planejamento, Execução, Avaliação etc.). São elas:

- **Utilidade**: deve suportar decisões, sejam no nível operacional, tático ou estratégico. Os indicadores devem, portanto, basear-se nas necessidades dos decisores;
- **Validade**: capacidade de representar, com a maior proximidade possível, a realidade que se deseja medir e modificar. Um indicador deve ser significante ao que está sendo medido e manter essa significância ao longo do tempo;
- **Confiabilidade**: indicadores devem ter origem em fontes confiáveis, que utilizem metodologias reconhecidas e transparentes de coleta, processamento e divulgação;
- **Disponibilidade**: os dados básicos para seu cômputo devem ser de fácil obtenção.

Na literatura encontramos um conjunto de critérios básicos para identificação e seleção de um indicador, de modo a garantir a sua posterior operacionalização:

Seletividade ou importância: fornece informações sobre as principais variáveis estratégicas e prioridades definidas de ações, produtos ou impactos esperados;

Simplicidade, clareza, inteligibilidade e comunicabilidade: os indicadores devem ser simples e compreensíveis, capazes de levar a mensagem e o significado. Os nomes e expressões devem ser facilmente compreendidos e conhecidos por todos os públicos interessados;

Representatividade, confiabilidade e sensibilidade: capacidade de demonstrar a mais importante e crítica etapa de um processo, projeto etc. Os dados devem ser precisos, capazes de responder aos objetivos e coletados na fonte de dados correta e devem refletir tempestivamente os efeitos decorrentes das intervenções;

Investigativos: os dados devem ser fáceis de analisar, sejam estes para registro ou para reter informações e permitir juízos de valor;

Comparabilidade: os indicadores devem ser facilmente comparáveis com as referências internas ou externas, bem como séries históricas de acontecimentos;

Estabilidade: procedimentos gerados de forma sistemática e constante, sem muitas alterações e complexidades, uma vez que é relevante manter o padrão e permitir a série-histórica;

Custo-efetividade: projetado para ser factível e economicamente viável. Os benefícios em relação aos custos devem satisfazer todos os outros demais níveis. Nem todas as informações devem ser mensuradas, é preciso avaliar os benefícios gerados em detrimento do ônus despendido.

Guia do Ministério do Planejamento define 10 passos para construir indicadores:

- Identificação do nível, dimensão, subdimensão e objetos de mensuração – o que será mensurado?
- Estabelecimento dos indicadores de desempenho;
- Validação preliminar dos indicadores com as partes interessadas;
- Construção de fórmulas – podem ser simples (uma variável) ou compostos (duas ou mais variáveis) –, estabelecimento de metas (estado futuro desejado) e notas (escala);
- Definição de responsáveis pela apuração do indicador;
- Geração de sistemas de coleta de dados (análise documental, questionário, entrevista, observação, brainstorm, simulação etc.);
- Ponderação e validação final dos indicadores com as partes interessadas;
- Mensuração dos resultados;
- Análise e interpretação dos indicadores; e
- Comunicação do desempenho (painéis, apresentações, reuniões, relatórios)

CONVERGÊNCIAS E DIFERENÇAS ENTRE A GESTÃO PÚBLICA E A GESTÃO PRIVADA

A clara separação entre esfera pública e esfera privada é a marca distintiva das sociedades capitalistas e democráticas contemporâneas em relação às demais. Dessa separação fundamental decorrem todas as outras diferenciações relevantes no interior dessas sociedades, como a existente entre Direito Público e Direito Privado; entre Estado e sociedade civil; e entre poderes do Estado e direitos do cidadão.

A Gestão Pública pode ser entendida como sendo o modo de gestão do aparelho do Estado, ou seja, a forma como são aplicados os processos de planejamento, organização, direção e controle pelas diversas entidades que formam o Estado.

A Gestão Privada utiliza processos semelhantes de planejamento, organização, direção e controle, porém com alcance, objetivos e regramentos distintos da área pública.

Os poderes do Estado

Max Weber caracteriza o Estado como o monopólio do exercício legítimo da força em uma sociedade. O Estado não admite concorrência e exerce de forma monopolista o poder político, que é o poder supremo nas sociedades contemporâneas.

Norberto Bobbio fala da Universalidade - o Estado toma decisões em nome de toda a coletividade que ele representa, e não apenas da parte que exerce o poder; e da Inclusividade - em princípio, nenhuma esfera da vida social encontra-se fora do alcance da intervenção do Estado.

Para Montesquieu, o Estado possui três funções fundamentais:

- *Legislativa:* produzir as leis e o ordenamento jurídico necessários à vida em sociedade.
- *Executiva:* assegurar o cumprimento das leis.
- *Judiciária:* julgar a adequação, ou inadequação, dos atos particulares às leis existentes.

A primazia do público sobre o privado normativamente está fundamentada na contraposição entre interesse coletivo e interesse individual. O bem comum não resulta da soma dos bens individuais, razão pela qual os interesses individuais (privados) devem ser subordinados aos interesses coletivos (o bem público).

A soberania que o Estado exerce sobre o conjunto da sociedade justifica-se sempre pelo interesse social.

O **poder extroverso** caracteriza-se pela capacidade de gerar unilateralmente obrigações para os demais entes sociais, exorbitando suas próprias fronteiras. Somente o Estado tem o poder de criar normas jurídicas, legais e administrativas que regulam a ação e o comportamento dos demais membros da sociedade.

O **poder de polícia** é exercido pela Administração Pública com a finalidade de conter os abusos de indivíduos e grupos na sociedade civil, defendendo o interesse público no seu sentido mais amplo.

O direito positivo determina a esfera de poder do Estado sobre a sociedade. Além disso, o princípio da Legalidade diz que a Administração Pública, e, por extensão, o agente público, só pode fazer o que a lei permite.

Uma vez que a lei tenha delimitado o espaço público e, por exclusão, definido também a extensão da esfera privada, os particulares que nesta se encontrarem – sejam eles indivíduos ou empresas – poderão fazer tudo aquilo que a lei não proibir e deixar de fazer aquilo que a lei não os obrigar.

A essa liberdade e autonomia de ação da sociedade civil (privada) convencionou-se chamar de *liberdade negativa*. Simplesmente porque essa esfera de liberdade – de fato, bastante extensa – é claramente delimitada por dois "não":

- **pode-se fazer o que a lei não proibir; e**
- **pode-se deixar de fazer o que a lei não obrigar.**

Essa é a regra geral que orienta todo o direito privado – isto é, aquele que regula as relações entre os entes privados na sociedade, como os direitos Civil, Comercial, Penal etc.

Divergências Público x Privado

Organizações públicas e privadas diferem-se em aspectos de finalidade e assemelham-se em termos de fundamentos de seus sistemas de gestão.

Amato (1971, p. 43), ao tratar o tema da distinção entre administração pública e privada, refere os seguintes pontos:

1. o governo existe para atender interesses da sociedade, ao passo que as empresas visam os interesses individuais (acionistas, sócios, membros, etc.);
2. dentre todas as instituições, o governo é a que detém a autoridade política suprema;
3. o Estado detém o monopólio do uso legítimo da força (construção apoiada na formulação conceitual de Estado proposta por Max Weber);
4. a responsabilidade do governo deve corresponder à natureza e à dimensão de seu poder.

Lynn Junior (2010, p. 39) indica como elementos distintivos fundamentais da gestão pública em relação à privada:

5. o interesse público difere do privado;
6. as autoridades públicas, por exercerem o poder soberano do Estado, devem necessariamente atender aos valores democráticos em detrimento dos interesses de qualquer grupo ou material em particular;
7. a Constituição exige o tratamento igualitário das pessoas e descarta o tipo de seletividade que é essencial para sustentar a lucratividade.

Christensen et al (2007, p. 4), ao relacionarem atributos diferenciadores de organizações públicas e privadas, compartilham o primeiro aspecto distintivo acima citado e acrescentam:

8. os dirigentes de organizações públicas prestam contas aos cidadãos e aos eleitores, e não a um grupo específico;

9. as organizações públicas exigem grande ênfase em abertura, transparência, tratamento isonômico, imparcialidade e previsibilidade.

Ramió (1999) diferencia a administração pública segundo os parâmetros que seguem:

10. a organização pública é uma organização complexa. Não pela dimensão ou pelo tamanho, mas pela diversidade funcional e estrutural;

11. há profunda interdependência entre política e administração, em qualquer dos níveis organizacionais;

12. não existe correlação direta entre as atividades da administração pública e o aporte de recursos orçamentários e financeiros. Isso impacta na dificuldade de medir a eficiência ou o rendimento da ação administrativa. Além disso, a definição dos parâmetros de resultados subordina-se à intensa ingerência política;

13. a dinâmica organizacional está fortemente limitada pelos padrões normativos, notadamente no que diz respeito à gestão de recursos humanos;

14. diferentemente das empresas privadas, que competem por recursos no mercado, as organizações públicas têm certa garantia de financiamento;

15. é difícil identificar com precisão o produto da ação governamental e construir indicadores para medir eficiência e eficácia da produção da administração pública;

16. em face das múltiplas funções que perfazem a administração pública, coexistem diferentes categorias profissionais, que requerem diferentes processos e estruturas.

Além das referências acima, pode-se citar as seguintes divergências:

Princípios: a Administração Pública brasileira, em todas as suas esferas, é regida pelos princípios constitucionais da legalidade, da impessoalidade, da moralidade; da publicidade e da eficiência. A gestão privada não tem princípios tão bem definidos como os que regem a administração pública. A direção das empresas privadas tem liberdade e flexibilidade para criar sua própria filosofia e segui-la.

Interesse: a gestão pública procura satisfazer o interesse e bem-estar geral (bem público), enquanto a gestão privada procura satisfazer os interesses de determinados indivíduos ou grupos (bem privado).

Pessoas: na esfera pública, os indivíduos são concebidos como cidadãos, seja na posição de servidores do Estado, seja na condição de usuários dos serviços públicos ou sujeitos submetidos às leis e normas impostas pelo Estado. Já na esfera privada, os indivíduos são concebidos como pessoas físicas à procura da satisfação de seus interesses particulares, podendo se associar e constituir pessoas jurídicas com a finalidade de perseguir os mais diferentes objetivos – econômicos, políticos, religiosos, culturais etc.

Objetivos: a gestão pública visa a consecução de seus objetivos em prol do interesse coletivo e, em regra geral, sem buscar lucro em suas atividades (atentar às empresas públicas). Já os empresários são motivados pela busca do lucro, ou pela satisfação de outros interesses privados.

Organizações: Instituições públicas são entes criados por lei para atingir objetivos específicos (missão perene), cumprindo papéis típicos ou de interesse do Estado (saúde, educação, proteção, regulação etc). Cada empresa privada segue sua própria filosofia e pode mudá-la a qualquer momento - decidir em que mercados atuar, como concorrer, que metas atingir, enfim, tudo aquilo que a lei não proíba.

Clientes/Cidadãos: a administração pública não pode fazer acepção de pessoas, deve tratar a todos igualmente e com qualidade. O tratamento diferenciado restringe-se apenas aos casos previstos em lei. Por outro lado, as organizações privadas utilizam estratégias de segmentação de "mercado", estabelecendo diferenciais de tratamento para clientes preferenciais.

Estrutura: na administração pública, a estrutura é mais verticalizada e burocratizada, enquanto a gestão privada há mais flexibilidade e variedade nos modelos, tendendo a ser mais horizontalizada.

Recursos: as atividades públicas são financiadas com recursos públicos, oriundos de contribuições compulsórias de cidadãos e de empresas, enquanto a gestão privada lida com recursos próprios ou de investidores.

Mercado: as empresas normalmente trabalham em regime de competição; os governos usam habitualmente o sistema de monopólio.

Privacidade/Publicidade: o princípio da Publicidade obriga a ampla divulgação dos atos praticados pela Administração Pública, seja através de diários oficiais, jornais, editais, etc. (salvo em áreas específicas ligadas a segurança e soberania). As empresas privadas fazem o contrário, escondem suas estratégias como forma de evitar espionagem e garantir posição no mercado.

Compras/Contratações: na gestão pública o interesse é coletivo e as ações impessoais, daí a necessidade da realização de compra por licitações e recrutamento de pessoal por concursos públicos (exceto CCs). Uma empresa privada pode comprar de qualquer fornecedor e contratar qualquer pessoa de acordo com seus critérios.

Carreiras/promoções: as carreiras e promoções são mais flexíveis no setor privado, podendo passar por reestruturações a qualquer momento de acordo com as necessidades da gestão; na gestão pública, as regras estipuladas em lei são seguidas estritamente.

Erros: o impacto de um erro administrativo na gestão pública prejudica toda população (que em última instância paga compulsoriamente por tal serviço), enquanto nas empresas o prejuízo é restrito.

Resumo:

Divergências	Gestão Pública	Gestão Privada
Princípios	Regida pelos princípios constitucionais.	Liberdade para criar a própria filosofia.
Interesse	Satisfazer o interesse geral (bem público)	Satisfazer interesses de indivíduos e grupos (bem privado)
Pessoas	São concebidas como cidadãos.	Pessoas físicas à procura da satisfação de seus interesses particulares.
Objetivos	Em prol do interesse coletivo.	Lucro, interesses privados.
Organizações	Criadas por lei para atingir objetivos específicos, cumprindo papéis de interesse do Estado.	Cada empresa privada segue sua própria filosofia e pode mudá-la a qualquer momento.
Clientes/Cidadãos	Tratar a todos igualmente (exceto em casos previstos em lei)	Estratégias de segmentação de mercado.
Estrutura	Tende a ser mais verticalizada e burocratizada.	Maior flexibilidade e variedade nos modelos.
Recursos	Oriundos de contribuições compulsórias de cidadãos e de empresas.	Recursos próprios ou de investidores.
Mercado	Habitualmente monopolistas.	Normalmente há competição.
Publicidade	Ampla divulgação dos atos praticados pela Administração Pública.	Geralmente escondem estratégias como forma de garantir posição no mercado.
Contratações	Licitações e concursos públicos (exceto CCs)	Compra/contrata de acordo com seus critérios.
Carreiras	Regras gerais estipuladas em lei.	São mais flexíveis.
Erros	O impacto de um erro administrativo prejudica toda população.	O prejuízo é restrito.

É possível classificar as divergências, também, em termos políticos, econômicos e organizacionais.

	Administração Pública	Administração Privada
Aspecto Político	Funcionamento e resultados, bons ou maus, têm impacto político. O processo decisório sofre fortes ingerências políticas.	Há autonomia decisória. O impacto político é menor
Aspecto Econômico	Orientada para o bem-estar social. Output em grande parte não mensurável. Organizações não competitivas no mercado. Rentabilidade dispensável (custo-benefício)	Orientada para o lucro. Output mensurável. Organização competitiva. Rentabilidade vital para o crescimento e sobrevivência.
Aspecto Organizacional	Grandemente afetada e/ou dirigida por forças externas. Objetivos econômicos e sociais. Alto grau de interdependência entre as organizações. Órgãos com funções múltiplas e concomitantes. Carência de bancos de dados. Gerência com grande rotatividade. Gerentes não assumem riscos próprios.	Tem controle mais amplo sobre ela mesma. Objetivos predominantemente econômicos. Maior autonomia em relação a outras organizações. Órgãos com funcionalidade específica e bem discriminada. Existência frequente de bancos de dados. Gerências mais estáveis. Há riscos de emprego de capital se houver insucesso

Convergências

As principais convergências entre gestão pública e privada ocorrem na área meio, ou seja, na forma como empresas e instituições públicas se organizam e agem para alcançar seus objetivos.

Dentre semelhanças práticas, destaca-se:

- Têm objetivos a serem alcançados;
- Para alcançar tais objetivos, estruturam-se e realizam um certo conjunto de atividades;
- Para executar estas atividades, mobilizam uma determinada quantidade de recursos (humanos, materiais, tecnológicos, financeiros etc.);
- Usam o planejamento e a gestão estratégica;
- Buscam avanços tecnológicos visando ao acesso facilitado a serviços;
- Eficiência – usar os recursos adequadamente. O princípio da Eficiência, incluído na Constituição Federal em 1998, é resultado da incorporação, pelo Estado, de técnicas de administração privada.
- Eficácia – alcançar objetivos – resultados;
- Efetividade – atender às expectativas e necessidades dos stakeholders (partes interessadas em determinado produto/serviço). Mudar a realidade.

SUSTENTABILIDADE PÚBLICA E ACESSIBILIDADE

Sustentabilidade Pública

A partir da década de 70, frente aos problemas oriundos da degradação ambiental e tendo como marco histórico a Conferência das Nações Unidas sobre Meio Ambiente, iniciou-se no mundo uma crescente consciência sobre a necessidade de o ser humano mudar sua forma de se relacionar com a natureza e de distribuir riquezas.

Desenvolvimento Sustentável foi o termo utilizado em 1987 no Relatório Brundtland (Relatório "Our Common Future" – Nosso Futuro Comum), como resultado da Assembleia Geral das Nações Unidas.

Desenvolvimento Sustentável é aquele que satisfaz as necessidades do presente sem comprometer as necessidades das gerações futuras.

▷ Obs: necessidades (comida, abrigo, sentimento de pertencimento) não devem ser confundidas com desejos superficiais (comodidades da sociedade moderna).

A situação é sustentável quando é capaz de manter-se. Esse conceito remete a uma justiça intergeracional (entre gerações), ou seja, um desenvolvimento que satisfaça as necessidades da geração atual, sem comprometer a capacidade das gerações futuras de suprir as suas próprias necessidades. Diz respeito à necessidade de revisar e redefinir modos de produção e padrões de consumo vigentes de tal modo que o crescimento econômico não seja alcançado a qualquer preço, mas considerando os impactos e os valores sociais e ambientais decorrentes da atuação humana.

Inicialmente, a sustentabilidade possuía um viés meramente ambiental – ecoeficiência: ações em prol da minimização de emissões, redução no uso de materiais e energia, reutilização e reciclagem de insumos, passando a integrar programas de gestão que variavam em torno dos chamados 3Rs – reciclagem, redução e reutilização.

Hoje, o desenvolvimento sustentável busca reconhecer, compreender e agir a respeito das interconexões entre a **economia, a sociedade e o meio ambiente** - essas são as 3 dimensões (ou pilares) da sustentabilidade.

O tripé da sustentabilidade (*triple bottom line*) é baseado nos 3 Ps – *people*, *planet*, *profit* (pessoas, planeta, lucro). Ele é a chave para qualquer atividade de gestão da sustentabilidade, pois permite medir o impacto de um negócio no mundo por meio dos desempenhos econômico, social, ambiental.

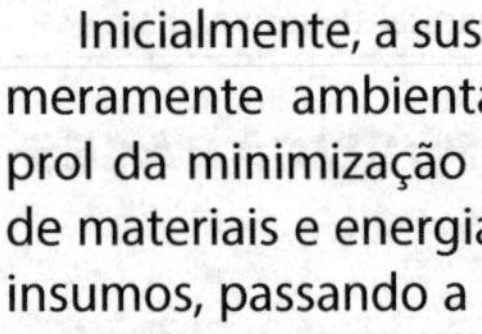

- Capital **Econômico**: expresso em termos monetários (recursos financeiros, fluxo de caixa, receita etc.) e compreende os ativos tangíveis (máquinas, instalações etc.) e intangíveis (lealdade do cliente, valor da marca).

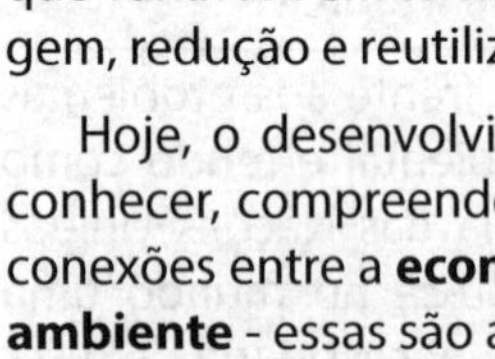

- Capital **Social**: qualquer valor qualitativo diretamente incorporado aos seres humanos. Compreende o capital humano individual (conhecimentos, habilidades, valores, saúde física e bem-estar pessoal) e o capital criado coletivamente (valores comuns, cultura e bem-estar coletivo).

- Capital **Ambiental** (natural): quantidade de recursos naturais renováveis e não renováveis, resiliência dos ecossistemas, biodiversidade etc.

Uma situação em que a utilização dos recursos exceda a taxa de reprodução dos recursos globais é **insustentável**.

Quando ambas, a utilização de recursos e a taxa de reprodução dos recursos se correspondem de forma exata, há uma **sustentabilidade neutra**.

Quando são utilizados menos recursos do que os recursos que são reproduzidos, a situação é de **sustentabilidade restauradora**.

Dica: quando trata-se de sustentabilidade no Poder Judiciário, importante revisar a Resolução nº 400/2021 do Conselho Nacional de Justiça, que dispõe sobre a política de sustentabilidade no âmbito do Poder Judiciário. Ela pode ser acessada em https://atos.cnj.jus.br/atos/detalhar/3986.

Acessibilidade

Acessibilidade é um conceito definido na Lei Brasileira de Inclusão da Pessoa com Deficiência (ou Estatuto da Pessoa com Deficiência).

> Art. 3º, I - **acessibilidade**: possibilidade e condição de alcance para utilização, com segurança e autonomia, de espaços, mobiliários, equipamentos urbanos, edificações, transportes, informação e comunicação, inclusive seus sistemas e tecnologias, bem como de outros serviços e instalações abertos ao público, de uso público ou privados de uso coletivo, tanto na zona urbana como na rural, por pessoa com deficiência ou com mobilidade reduzida;

Em suma, acessibilidade é a condição permite que pessoas com deficiência acessem e utilizem livremente qualquer local, equipamento ou serviço.

Quando trata-se de acessibilidade no Poder Judiciário, importante revisar a Resolução nº 401/2021 do Conselho Nacional de Justiça, que dispõe sobre o desenvolvimento de diretrizes de acessibilidade e inclusão de pessoas com deficiência nos órgãos do Poder Judiciário e de seus serviços auxiliares, e regulamenta o funcionamento de unidades de acessibilidade e inclusão.

Resolução CNJ nº 401/2021

Dispõe sobre o desenvolvimento de diretrizes de **acessibilidade e inclusão de pessoas com deficiência** nos órgãos do Poder Judiciário e de seus serviços auxiliares, e regulamenta o funcionamento de unidades de acessibilidade e inclusão.

CAPÍTULO I - DAS DISPOSIÇÕES GERAIS

Art. 1º O desenvolvimento de diretrizes voltadas à acessibilidade e à inclusão de pessoas com deficiência nos órgãos do Poder Judiciário e de seus serviços auxiliares e ao funcionamento das unidades de acessibilidade e inclusão observarão o disposto nesta Resolução.

Art. 2º A fim de promover a igualdade, deverão ser adotadas, com urgência, medidas apropriadas para eliminar e prevenir quaisquer barreiras urbanísticas ou arquitetônicas, de mobiliários, de acesso aos transportes, nas comunicações e na informação, atitudinais ou tecnológicas.

§ 1º Devem ser garantidas às pessoas com deficiência ou mobilidade reduzida quantas adaptações ou tecnologias assistivas sejam necessárias para assegurar acessibilidade plena a espaços, informações e serviços, coibindo qualquer forma de discriminação por motivo de deficiência.

Alguns deveres iniciais:
- Eliminar barreiras;
- Garantir adaptações e tecnologia assistiva;
- Efetivar acessibilidade em sites.

§ 2º É obrigatório efetivar a acessibilidade nos portais e sítios eletrônicos dos órgãos do Poder Judiciário às pessoas com deficiência, garantindo-lhes o pleno acesso às informações disponíveis, conforme as melhores práticas e diretrizes de acessibilidade adotadas internacionalmente.

Art. 3º Para os fins desta Resolução, consideram-se:

Glossário: diversos conceitos que são frequentemente cobrados em provas.

A maioria foi copiada do Estatuto da Pessoa com Deficiência (Lei 13.146/2015)

I – **acessibilidade**: possibilidade e condição de alcance para utilização, com segurança, independência e autonomia, de espaços, mobiliários, equipamentos urbanos, edificações, transportes, informação e comunicação, inclusive seus sistemas e tecnologias, e de outros serviços e instalações abertos ao público, de uso público ou privado de uso coletivo, tanto na zona urbana como na rural, por pessoa com deficiência ou com mobilidade reduzida;

II – **acompanhante**: aquele(a) que acompanha a pessoa com deficiência, podendo ou não desempenhar as funções de atendente pessoal;

III – **atendente pessoal**: pessoa, membro ou não da família que, com ou sem remuneração, assiste ou presta cuidados básicos e essenciais à pessoa com deficiência no exercício de suas atividades diárias, excluídas as técnicas ou procedimentos identificados com profissões legalmente estabelecidas;

IV – **barreiras**: qualquer entrave, obstáculo, atitude ou comportamento que limite ou impeça a participação social da pessoa, bem como o gozo, a fruição e o exercício de seus direitos à acessibilidade, à liberdade de movimento e de expressão, à comunicação, ao acesso à informação, à compreensão, à circulação com segurança, entre outros, classificadas em:

a) barreiras urbanísticas: as existentes nas vias e nos espaços públicos e privados abertos ao público ou de uso coletivo;

b) barreiras arquitetônicas: as existentes nos edifícios públicos e privados;

c) barreiras nos transportes: as existentes nos sistemas e meios de transportes;

d) barreiras nas comunicações e na informação: qualquer entrave, obstáculo, atitude ou comportamento que dificulte ou impossibilite a expressão ou o recebimento de mensagens e de informações por intermédio de sistemas de comunicação e de tecnologia da informação;

e) barreiras atitudinais: atitudes ou comportamentos que impeçam ou prejudiquem a participação social da pessoa com deficiência em igualdade de condições e oportunidades com as demais pessoas; e

f) barreiras tecnológicas: as que dificultam ou impedem o acesso da pessoa com deficiência às tecnologias.

V – **desenho universal**: concepção de produtos, ambientes, programas e serviços a serem usados por todas as pessoas, sem necessidade de adaptação ou de projeto específico, incluindo os recursos de tecnologia assistiva;

VI – **adaptação razoável**: significa as modificações e os ajustes necessários e adequados que não acarretem ônus desproporcional ou indevido, quando requeridos em cada caso, a fim de assegurar que as pessoas com deficiência possam gozar ou exercer, em igualdade de oportunidades com as demais pessoas, todos os direitos humanos e liberdades fundamentais;

VII – **comunicação**: forma de interação que abrange, entre outras opções, as línguas, inclusive a Língua Brasileira de Sinais (Libras), a visualização de textos, legendagem ou estenotipia, o Braille, o sistema de sinalização ou de comunicação tátil, os caracteres ampliados, os dispositivos multimídia, assim como a linguagem simples, escrita e oral, os sistemas auditivos e os meios de voz digitalizados e os modos, meios e formatos aumentativos e alternativos de comunicação, incluindo as tecnologias da informação e das comunicações;

VIII – **discriminação por motivo de deficiência**: toda e qualquer diferenciação, exclusão ou restrição, por ação ou omissão, baseada em deficiência, com o propósito ou efeito de impedir ou impossibilitar o reconhecimento, o desfrute ou o exercício, em igualdade de oportunidades com as demais pessoas, de direitos humanos e liberdades fundamentais nos âmbitos político, econômico, social, cultural, civil ou qualquer outro, incluindo a recusa de adaptações necessárias e de fornecimento de tecnologias assistivas;

IX – **órgãos do Poder Judiciário**: conselhos e tribunais do Poder Judiciário;

X – **pessoa com deficiência**: aquela que tem impedimento de longo prazo de natureza física, mental, intelectual ou sensorial, o qual, em interação com uma ou mais barreiras, pode obstruir a sua participação plena e efetiva na sociedade em igualdade de condições com as demais pessoas;

XI – **pessoa com mobilidade reduzida**: aquela que tenha, por qualquer motivo, dificuldade de movimentação, permanente ou temporária, gerando redução efetiva da mobilidade, da flexibilidade, da coordenação motora ou da percepção, incluindo idoso(a), gestante, lactante, pessoa com criança de colo e obeso(a);

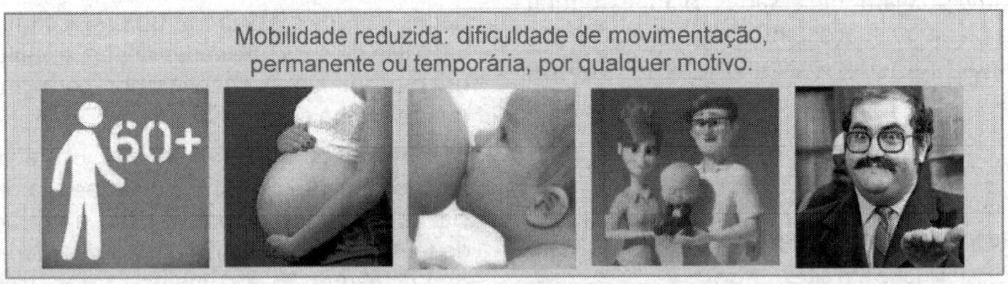

XII – **PLS-Jud**: sistema informatizado de sustentabilidade para recebimento de dados socioambientais e de acessibilidade e inclusão dos órgãos do Poder Judiciário;

XIII – **quadro de pessoal**: magistrados(as) e servidores(as) efetivos(as), requisitados(as), cedidos(as) e comissionados(as) sem vínculo;

XIV – **quadro auxiliar**: estagiários(as), terceirizados(as), juízes(as) leigos(as), trabalhadores(as) de serventias judiciais privatizadas, conciliadores(as), voluntários(as) e aprendizes;

XV – **rota acessível**: trajeto contínuo, desobstruído e sinalizado, que conecte os ambientes externos ou internos de espaços e edificações, e que possa ser utilizado de forma autônoma e segura por todas as pessoas, inclusive aquelas com deficiência ou mobilidade reduzida, podendo incorporar estacionamentos, calçadas rebaixadas, faixas de travessia de pedestres, pisos, corredores, escadas e rampas, entre outros; e

XVI – **tecnologia assistiva** ou **ajuda técnica**: equipamentos, dispositivos, recursos, metodologias, estratégias, práticas e serviços que objetivem promover a funcionalidade, relacionada à atividade e à participação da pessoa com deficiência ou com mobilidade reduzida, visando a sua autonomia, independência, qualidade de vida e inclusão social.

CAPÍTULO II – DAS DISPOSIÇÕES RELACIONADAS A TODAS AS PESSOAS COM DEFICIÊNCIA

Art. 4º Para promover a acessibilidade, o Poder Judiciário deverá, entre outras atividades, implementar:

I – o uso da Língua Brasileira de Sinais (Libras), do Braille, da audiodescrição, da subtitulação, da comunicação aumentativa e alternativa, e de todos os demais meios, modos e formatos acessíveis de comunicação;

II – a nomeação de tradutor(a) e intérprete de Libras, sempre que figurar no processo pessoa com deficiência auditiva, escolhido dentre aqueles devidamente habilitados e aprovados em curso oficial de tradução e interpretação de Libras ou detentores do certificado de proficiência em Libras;

III – a nomeação ou permissão de utilização de guia-intérprete, sempre que figurar no processo pessoa surdocega, o(a) qual deverá prestar compromisso;

IV – a oferta de atendimento ao público em Libras;

V – recursos de tecnologia assistiva disponíveis para possibilitar à pessoa com deficiência o acesso universal, inclusive, aos portais da internet e intranet, ambientes virtuais de aprendizagem, sistemas judiciários e administrativos, adotando-se os princípios e as diretrizes internacionais de acessibilidade aplicáveis à implementação de sistemas e conteúdos na web;

VI – recursos de acessibilidade nas comunicações televisionadas ou em vídeos no formato on-line;

VII – a adoção de todas as normas técnicas de acessibilidade na construção, na reforma, na locação, na ampliação ou na mudança de uso de edificações, primando-se pela adoção do desenho universal e garantindo-se as adaptações razoáveis;

VIII – adaptações arquitetônicas e urbanísticas, observados os limites de sua competência, que permitam a acessibilidade e a livre movimentação, com independência e segurança, da pessoa com deficiência, tais como rampas, elevadores, vagas de estacionamento próximas aos locais de atendimento e acesso facilitado para a circulação de transporte público nos locais dos postos de trabalho e atendimento ao público, tendo como referência as normas vigentes;

IX – a adaptação de mobiliário adequado que atenda aos princípios do desenho universal e às necessidades das pessoas com deficiência ou mobilidade reduzida;

X – a adequação dos sistemas informatizados de tramitação processual dos órgãos do Poder Judiciário, a fim de que seja assegurado o andamento prioritário, em todos os atos e diligências, nos processos judiciais e administrativos em que a pessoa com deficiência seja parte ou interessada;

XI – parcerias e cooperações com Tribunais e outras instituições, nacionais ou internacionais;

XII – medidas de facilitação ao acesso e à obtenção de informações e certidões que tenham como objetivo constituir documentação necessária para instruir procedimentos, judiciais ou extrajudiciais, que busquem garantir a defesa de direitos coletivos, difusos e individuais homogêneos de pessoas com deficiência;

XIII – a adequação de procedimentos judiciais que garantam a acessibilidade isonômica aos serviços da justiça e a prestação jurisdicional sem barreiras;

§ 1º A implementação de medidas que visem à promoção da acessibilidade e inclusão tem como premissas a adoção do desenho universal, como regra geral, e da adaptação razoável, quando justificável.

Regra geral = desenho universal

§ 2º Os serviços de tradutor(a) e intérprete ou guia-intérprete de que tratam os incisos II e III, em qualquer hipótese, serão custeados pela Administração dos órgãos, e poderão ser ofertados, inclusive, por meio de videoconferência, ou por outro recurso de tecnologia assistiva, de modo a garantir o pleno atendimento à pessoa com deficiência.

§ 3º É assegurado a pessoa acompanhada de **cão de assistência** o direito de ingressar e de permanecer com o animal em todas as dependências dos edifícios e extensões do Poder Judiciário, observadas as condições impostas pela Lei no 11.126/2005.

Art. 4º-A Nos concursos do Poder Judiciário, é vedado o estabelecimento de qualquer espécie de cláusula de barreira para os candidatos enquadrados como pessoas com deficiência, bastando o alcance de nota 20% inferior à nota mínima estabelecida para aprovação dos candidatos da ampla concorrência, ou nota 6,0 para os concursos da magistratura, para que sejam admitidos nas fases subsequentes.

Art. 5º As aplicações, microsserviços e soluções de tecnologia a serem compartilhados na Plataforma Digital do Poder Judiciário Brasileiro – PDPJ-Br devem observar os conceitos e padrões internacionais de acessibilidade aplicáveis à implementação de sistemas e conteúdos na web, conforme previsão do inciso X, art. 4º, da Resolução CNJ no 335/2020.

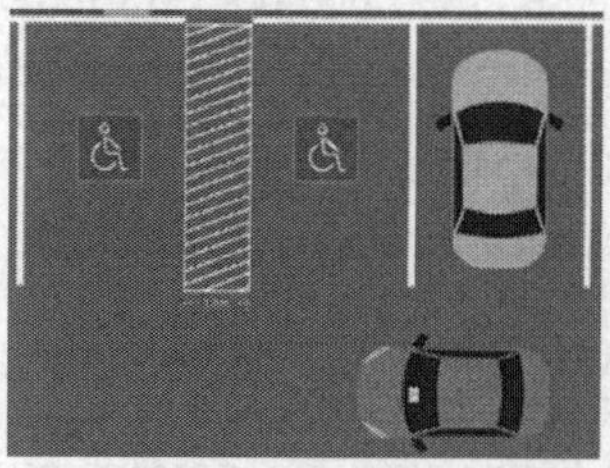

Art. 6º É obrigatória, em áreas de **estacionamento** aberto ao público, de uso público ou privado de uso coletivo, a **reserva de vagas** para veículos que transportem pessoas com deficiência e com comprometimento de mobilidade, equivalente a **2%** (dois por cento) do total de vagas, garantida, no mínimo, 1 (uma) vaga, em áreas próximas aos acessos de circulação de pedestres, devidamente sinalizada e com as especificações de desenho e traçado de acordo com as normas técnicas vigentes.

§ 1º Os veículos estacionados nas vagas reservadas de que trata o caput deste artigo devem exibir, em local de ampla visibilidade, a credencial de beneficiário(a), a ser confeccionada e fornecida pelos órgãos de trânsito, que disciplinarão suas características e condições de uso.

§ 2º Os órgãos do Poder Judiciário adotarão medidas junto aos órgãos públicos locais competentes para disponibilização, em vias públicas onde estão localizadas as suas edificações, da reserva de vagas acessíveis que permitam a livre circulação e o acesso de pessoas com deficiência e mobilidade reduzida.

§ 3º Quando todas as vagas reservadas disponíveis estiverem ocupadas, a Administração deve agir, na medida do possível, para viabilizar o acesso do usuário com deficiência às suas dependências.

§ 4º Os órgãos do Poder Judiciário deverão promover todos os esforços possíveis para reservar, em localização mais próxima ao acesso à sua edificação, área de embarque e desembarque que permita a parada de veículo que transporte pessoa com deficiência e que possua mobilidade reduzida, por tempo estritamente necessário à prestação de auxílio ao deslocamento do passageiro com deficiência até o interior da edificação.

Art. 7º A formulação, a implementação e a manutenção das ações de acessibilidade e inclusão atenderão às seguintes premissas básicas:

I – eleição de prioridades e elaboração de cronograma para implementação de ações, com previsão orçamentária em conformidade com o Plano Anual de Compras e Contratações do órgão;

II – planejamento contínuo e articulado entre os setores envolvidos; e

III – monitoramento e avaliação das ações implementadas.

Art. 8º Em contratos que envolvam atendimento ao público, devem estar previstos no instrumento de contratação postos de trabalho a serem ocupados por pessoas aptas em comunicação em Libras.

Art. 9º Cada órgão do Poder Judiciário deverá dispor de, pelo menos, 5% (cinco por cento) de servidores(as) com capacitação básica em Libras, nos termos do Decreto nº 9.656/2018.

Art. 10. Os contratos de terceirização firmados no âmbito do Poder Judiciário devem conter cláusula que preveja a comprovação periódica do cumprimento da política de empregabilidade estabelecida no art. 93 da Lei nº 8.213/1991.

Art. 11. Os órgãos deverão firmar convênio, parceria ou contrato visando à oferta de profissionais para atuação e auxílio ao pleno atendimento da pessoa com deficiência.

Art. 12. A pessoa com deficiência tem direito a receber atendimento prioritário, sobretudo, com a finalidade de:

I – proteção e socorro em quaisquer circunstâncias;

II – disponibilização de recursos, tanto humanos quanto tecnológicos, que garantam atendimento em igualdade de condições com as demais pessoas;

III – acesso a informações e disponibilização de recursos de comunicação acessíveis; e

IV – tramitação processual e procedimentos judiciais e administrativos em que for parte ou interessada, em todos os atos e diligências.

Parágrafo único. Os direitos previstos neste artigo são extensivos a acompanhante da pessoa com deficiência ou a seu(sua) atendente pessoal, exceto quanto ao disposto no inciso IV deste artigo.

Art. 12-A. Os(as) servidores(as) com deficiência poderão solicitar a inclusão dos símbolos internacionais de acessibilidade em suas carteiras de identidade funcional, conforme modelo previsto Decreto n. 10.977/2022.

CAPÍTULO III - DA INCLUSÃO E DO ACOMPANHAMENTO PROFISSIONAL DA PESSOA COM DEFICIÊNCIA NOS ÓRGÃOS DO PODER JUDICIÁRIO E NOS SEUS SERVIÇOS AUXILIARES

Art. 13. A avaliação da deficiência de servidores(as) e magistrados(as), quando necessária, será biopsicossocial, realizada por equipe multiprofissional e interdisciplinar, e considerará:

I – os impedimentos nas funções e nas estruturas do corpo;

Avaliação da deficiência:
- biopsicossocial;
- a cada 5 anos ou a pedido.

II – os fatores socioambientais, psicológicos e pessoais;

III – a limitação no desempenho de atividades e os riscos psicossociais no exercício do trabalho; e

IV – a restrição de participação em determinadas atividades.

§ 1º A avaliação da deficiência será realizada a cada cinco anos, ou a pedido do(a) interessado(a).

§ 2º Se a deficiência do(a) servidor(a) for de caráter permanente, a periodicidade da avaliação prevista no § 1º deste artigo poderá ser estendida, a critério da equipe multidisciplinar, podendo, inclusive, ser dispensada.

§ 3º A avaliação da deficiência do(a) servidor(a) poderá ser utilizada para fins de concessão de condições especiais de trabalho, nos termos do que dispõe a Resolução CNJ nº 343/2020.

§ 4º Os(as) integrantes da equipe multidisciplinar de que trata o caput deste artigo deverão possuir capacitação específica para prestar o atendimento biopsicossocial à pessoa com deficiência.

Art. 14. Cada órgão do Poder Judiciário deve manter cadastro dos profissionais com deficiência, integrantes dos respectivos quadros de pessoal e auxiliar.

§ 1º O cadastro tratado no caput deste artigo deve especificar a deficiência, as necessidades de adaptação e acessibilidade e as dificuldades particulares de cada pessoa com deficiência.

Cadastro das PCDs:
- atualização permanente;
- revisão detalhada anual.

§ 2º A atualização do cadastro deve ser permanente, devendo ocorrer uma revisão detalhada, no mínimo, uma vez ao ano.

§ 3º Na revisão anual de que trata o § 2º deste artigo, cada pessoa com deficiência dos quadros de pessoal e auxiliar deve ser consultada sobre a existência de possíveis sugestões ou adaptações referentes à sua plena inclusão no ambiente de trabalho.

Art. 15. A unidade de gestão de pessoas, em parceria com as áreas de saúde e a unidade de acessibilidade e inclusão, na medida de suas respectivas atribuições, devem garantir acompanhamento funcional a servidores(as) com deficiência, com o objetivo de promover as avaliações e as adaptações necessárias ao exercício de suas atribuições de modo compatível com as suas deficiências.

Garantia de acompanhamento funcional

Parágrafo único. As unidades de que tratam o caput deste artigo devem possuir servidores(as) com capacitação específica para o desenvolvimento do pleno atendimento à pessoa com deficiência.

Art. 16. O acompanhamento do desempenho da pessoa com deficiência do quadro de pessoal se dará, entre outros, por meio de entrevista para verificar características da localização e acesso ao trabalho, as condições de trabalho, organização da jornada, valorização, desenvolvimento e ascensão profissional.

§ 1º O gestor de unidade, quando necessário, prestará informações acerca da adequação funcional do servidor com deficiência às suas tarefas e posto de trabalho, bem como será notificado acerca de restrições e necessidades específicas, devendo adotar as providências cabíveis que são de sua responsabilidade.

§ 2º O acompanhamento funcional de pessoa com deficiência do quadro auxiliar será dado conforme previsão do instrumento contratual, cabendo ao órgão da administração pública promover as adaptações no ambiente de trabalho e fornecer os recursos de acessibilidade necessários ao pleno desempenho de suas atividades.

Art. 17. Os(as) magistrados(as) e servidores(as) do Poder Judiciário devem ser capacitados(as) nos temas relativos a acolhimento, direitos, atendimento e cotidiano de pessoas com deficiência.

> Capacitação e ações de sensibilização sobre acolhimento, direitos, atendimento e cotidiano de PCDs.

§ 1º As atividades de ambientação de novos servidores(as) e, quando couber, de colaboradores(as) do quadro auxiliar, devem difundir ações de acessibilidade e inclusão, de modo a consolidar comportamentos positivos em relação ao tema.

§ 2º A capacitação de que trata o caput deste artigo deverá compor, em caráter obrigatório, o programa de desenvolvimento de líderes do órgão.

Art. 18. Deverão ser promovidas ações de sensibilização sobre os temas de que trata o caput do art. 17 desta Resolução, com o objetivo de fomentar maior conscientização e mudanças atitudinais que favoreçam a ampliação da acessibilidade e inclusão no Poder Judiciário.

Art. 19. Os órgãos do Poder Judiciário devem manter em seus quadros profissionais da área de engenharia, arquitetura, tecnologia da informação, cerimonial e eventos, e comunicação social capacitados(as) em normas e padrões de acessibilidade, e na aplicação de tecnologias assistivas, para oferecer pleno atendimento ao público de pessoas com deficiência e assessorar o planejamento, a implementação e o monitoramento de ações que visem ao cumprimento desta Resolução.

Art. 20. A administração deve reservar 2% (dois por cento) do total de vagas disponíveis em **estacionamento interno** a pessoas com deficiência que possuam comprometimento de mobilidade, em localidade mais próxima aos acessos à edificação, garantida, no mínimo, uma vaga devidamente sinalizada.

§ 1º Além da reserva de vaga prevista no caput deste artigo, salvo por absoluta limitação de espaço físico ou outra devidamente fundamentada, a administração deverá providenciar a reserva prioritária de vaga em estacionamento interno de caráter coletivo, em localidade mais próxima ao respectivo local de trabalho, a veículos, devidamente credenciados por órgão de trânsito, de todas as pessoas do quadro de pessoal e do quadro auxiliar do órgão que possuam deficiência com comprometimento de mobilidade.

§ 2º O caminho existente entre a vaga do estacionamento interno e o local de trabalho não deve conter qualquer tipo de barreira que impossibilite ou mesmo dificulte o seu acesso.

§ 3º Para auxílio no desembarque e no deslocamento até o local de trabalho, a vaga tratada no caput deste artigo também poderá ser utilizada pelo(a) acompanhante da pessoa com deficiência ou mobilidade reduzida integrante dos quadros de pessoal ou auxiliar do órgão.

§ 4º O(a) acompanhante de que trata o § 3º deste artigo deverá observar as normas de segurança do órgão do Poder Judiciário.

Art. 21. Os órgãos do Poder Judiciário devem garantir ambientes de trabalho acessíveis, inclusivos e seguros a todas as pessoas.

Parágrafo único. Devem ser garantidos às pessoas com deficiência recursos de segurança compatíveis com os padrões de acessibilidade e inclusão, e a localização mais adequada de forma a facilitar o livre acesso à área externa em caso de urgência.

CAPÍTULO IV - DA UNIDADE E DA COMISSÃO DE ACESSIBILIDADE E INCLUSÃO E SUAS COMPETÊNCIAS

Seção I - Das Unidades de Acessibilidade e Inclusão

Art. 22. A unidade de acessibilidade e inclusão deve ter **caráter permanente** para assessorar o planejamento, a implementação e o monitoramento de ações que visem ao cumprimento desta Resolução.

§ 1º A unidade de acessibilidade e inclusão deve, preferencialmente, ser subordinada diretamente à Presidência, à Secretaria-Geral, ou à Diretoria-Geral do órgão do Poder Judiciário.

§ 2º A unidade de acessibilidade e inclusão deve contar com integrantes em número compatível com a necessidade de execução e acompanhamento tempestivo das ações pertinentes a sua área de atuação, vedada a composição por servidor(a) único(a).

§ 3º Os(as) servidores(as) incumbidos(as) pela unidade de acessibilidade e inclusão desempenharão as suas atribuições concomitantemente com as de seus respectivos cargos.

§ 4º Os(as) servidores(as) incumbidos(as) pela unidade de acessibilidade e inclusão deverão ser continuamente capacitados(as) com vista à obtenção de conhecimento técnico e habilidades necessárias ao desenvolvimento satisfatório do tema.

Art. 23. São **competências** da unidade de acessibilidade e inclusão:

I – propor, coordenar e, no que couber, implementar planos, programas, projetos e ações voltados à promoção de

ADM. PÚBLICA

acessibilidade e inclusão, e à oferta de suporte biopsicossocial e institucional à pessoa com deficiência;

II – auxiliar no desenvolvimento de ações e no atendimento de demandas oriundas da Comissão de Acessibilidade e Inclusão;

III – propor ações de sensibilização e capacitação do quadro de pessoal e, no que couber, do quadro auxiliar, a fim de promover conscientização e promoção de direitos, e o atendimento adequado às pessoas com deficiência ou mobilidade reduzida;

IV – monitorar as ações das unidades responsáveis pelos indicadores constantes do Anexo desta Resolução;

V – participar do acompanhamento funcional dos servidores com deficiência;

VI – prestar as informações referentes aos indicadores constantes do Anexo desta Resolução; e

VII – elaborar relatório anual acerca das ações desenvolvidas para a promoção da acessibilidade e inclusão no órgão.

Art. 24. A unidade de acessibilidade e inclusão deve buscar, incentivar e promover parcerias eficazes com outros tribunais, conselhos, entidades sem fins lucrativos e com a sociedade civil, com foco na acessibilidade e na inclusão, a fim de compartilhar experiências e estratégias, possibilitando a atualização de assuntos relacionados ao tema.

Seção II - Da Comissão de Acessibilidade e Inclusão

Art. 25. A Comissão de Acessibilidade e Inclusão, de caráter permanente e multidisciplinar, será presidida por magistrado(a) e composta, necessariamente, por servidores(as) das áreas de acessibilidade e inclusão, sustentabilidade, gestão estratégica, engenharia ou arquitetura, gestão de pessoas e tecnologia da informação.

Comissão de Acessibilidade e Inclusão:

- composta por pessoas com e sem deficiência;
- presidida por magistrado(a);
- servidores das áreas: acessibilidade e inclusão, sustentabilidade, gestão estratégica, engenharia ou arquitetura, gestão de pessoas e TI;
- competências mais estratégicas, contato com presidência.

Parágrafo único. A comissão prevista no caput deste artigo deverá ser composta por integrantes com e sem deficiência, garantindo, tanto quanto possível, a representação das múltiplas formas de deficiências existentes.

Art. 26. São competências da Comissão de Acessibilidade e Inclusão:

I – propor, orientar e acompanhar em nível estratégico as ações de acessibilidade e inclusão voltadas à eliminação de quaisquer formas de discriminação e à remoção de barreiras de qualquer natureza que dificultem o acesso autônomo e seguro às instalações e aos serviços do órgão por pessoas com deficiência ou mobilidade reduzida;

II – propor à Presidência do órgão a edição ou alteração de normas e orientações que disponham, parcial ou integralmente, sobre matéria da área de atuação da Comissão; e

III – aprovar relatório anual de atuação da Comissão, acerca da promoção da acessibilidade e inclusão no órgão.

CAPÍTULO V - DISPOSIÇÕES FINAIS

Art. 27. Os órgãos do Poder Judiciário poderão cadastrar ações de sucesso de acessibilidade e inclusão, que resultaram em impacto positivo quanto a aspectos ambientais, econômicos, sociais e culturais, no Portal CNJ de Boas Práticas do Poder Judiciário, conforme regulamento previsto na Portaria CNJ no 140/2019.

Art. 28. O disposto nesta Resolução aplica-se, no que couber, aos órgãos seccionais da Justiça Federal.

Art. 29. Para fins de elaboração do Balanço da Sustentabilidade do Poder Judiciário, os órgãos do Poder Judiciário devem observar os indicadores de desempenho constantes do Anexo desta Resolução.

Art. 30. O CNJ disponibilizará aos órgãos do Poder Judiciário acesso ao PLS-Jud para prestarem as informações referentes aos indicadores constantes do Anexo desta Resolução, com o objetivo de padronizar o envio e o recebimento de dados e facilitar a análise dos indicadores que comporão o Balanço da Sustentabilidade do Poder Judiciário.

Art. 31. Aplicam-se a magistrados(as) e servidores(as) com deficiência as normas sobre condições especiais de trabalho estabelecidas na Resolução CNJ no 343/2020.

Art. 32. O Anexo desta Resolução poderá ser alterado por ato do Presidente do CNJ.

Art. 33. O Departamento de Pesquisas Judiciárias (DPJ) realizará pesquisa aprofundada para o estabelecimento de diagnóstico sobre o nível de acessibilidade e inclusão da pessoa com deficiência nos órgãos do Poder Judiciário, abrangendo, para além dos indicadores previstos no anexo desta Resolução, as seguintes dimensões:

I – gestão de acessibilidade e inclusão;

II – acessibilidade em serviços;

III – acessibilidade comunicacional;

IV – acessibilidade tecnológica; e

V – acessibilidade arquitetônica e urbanística.

Art. 34. Fica revogada a Resolução CNJ no 230/2016.

Art. 35. Esta Resolução entra em vigor na data de sua publicação.

GESTÃO DE PESSOAS

Rafael Ravazolo

Sumário:

GESTÃO DE PESSOAS

Este capítulo introdutório aborda os seguintes temas previstos no edital:

- Conceitos, importância, relação com os outros sistemas de organização.
- Fundamentos, teorias e escolas da administração e o seu impacto na gestão de pessoas.
- Função do órgão de recursos humanos.
- Atribuições básicas e objetivos.
- Políticas e sistemas de informações gerenciais.
- Tendências em gestão de pessoas no setor público.

A GP é a função que permite a colaboração eficaz das pessoas para alcançar os objetivos organizacionais e individuais.

Segundo Chiavenato, Gestão de Pessoas é o conjunto de políticas e práticas necessárias para cuidar do capital humano da organização, capital este que contribui com seus conhecimentos, habilidades e capacidades para o alcance dos objetivos institucionais.

Dutra define a GP como um conjunto de políticas e práticas que permitem a conciliação de expectativas entre a organização e as pessoas para que ambas possam realizá-las ao longo do tempo.

Essas políticas e práticas necessárias para administrar as pessoas referem-se a:

- Agregar talentos à organização – recrutamento e seleção.
- Integrar e orientar em uma cultura participativa, acolhedora e empreendedora.
- Modelar o trabalho – individual ou em equipe – para torná-lo significativo, agradável e motivador.
- Recompensar as pessoas pelo desempenho e pelo alcance de resultados.
- Avaliar o desempenho humano e melhorá-lo continuamente.
- Comunicar, transmitir conhecimento e proporcionar feedback (retroação).
- Treinar e desenvolver para criar uma organização de aprendizagem.
- Proporcionar qualidade de vida no trabalho.
- Manter excelentes relações com funcionários, sindicatos e comunidade.
- Incentivar o desenvolvimento organizacional.
- Aumentar as competências dos talentos para incrementar o capital humano da organização e, consequentemente, o capital intelectual
    - Competência é um conjunto de conhecimentos, habilidades e atitudes que agregam valor econômico à organização e valor social à pessoa que a possui.

1. EVOLUÇÃO DA GESTÃO DE PESSOAS

A Gestão de Pessoas é uma forma moderna de a organização se relacionar com seus profissionais, focada na estratégia, na flexibilidade, na descentralização e na autonomia.

A GP um contraponto às formas tradicionais (conhecidas como administração de recursos humanos ou departamento pessoal), que eram burocratizadas, centralizadas e focadas no controle. O antigo Departamento de Recursos Humanos (ou departamento pessoal) atuava de forma mecanicista e operacional: contratava profissionais com experiência e conhecimento técnico, cuidava da folha de pagamento e pressupunha que bastava o poder hierárquico e o salário no final do mês para se alcançar a obediência dos funcionários e os resultados esperados.

Conforme Chiavenato, os avanços observados nas últimas décadas têm levado as organizações a buscarem novas formas de gestão com o intuito de melhorar o desempenho e alcançar resultados para o pleno atendimento das necessidades dos clientes.

Século XX	Século XXI
•Estabilidade, Previsibilidade, Rigidez	•Dinamismo, Mudança, Flexibilidade
•Forte controle hierárquico - Verticalidade	•Horizontalização, integração
•Informação individual	•Informação compartilhada
•Reatividade	•Proatividade
•Aversão a riscos	•Aceitação de riscos, empreendedorismo
•Foco nos processos, nos meios	•Foco nos resultados, nos fins
•Sociedade industrial	•Sociedade do Conhecimento

Hoje vivemos na sociedade do conhecimento, na qual o talento humano é visto como fator competitivo no mercado globalizado. Nota-se, também, que o sucesso das organizações modernas depende, e muito, do investimento nas pessoas, a partir da identificação, do aproveitamento e do desenvolvimento do capital humano. Devido a isso, o papel das pessoas nas organizações foi revisto: deixaram de ser recursos (ou custos) e assumiram uma posição estratégica de parceiras.

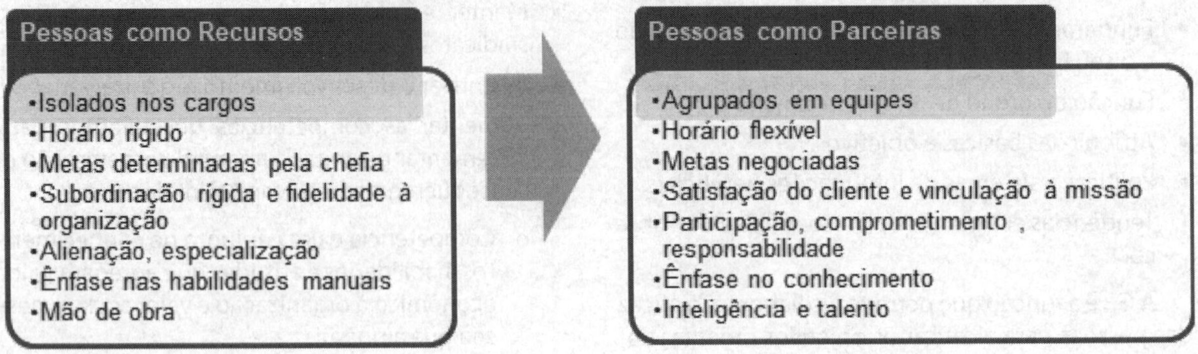

Nesse novo contexto, **as pessoas são vistas no ambiente de trabalho como**:

- Seres humanos: personalidade própria; diferentes entre si; origens e histórias particulares; conhecimentos, habilidades e competências distintas.
- Ativadores de recursos organizacionais: fonte de impulso capaz de dinamizar a organização, de mudá-la, renová-la e torná-la competitiva.
- Parceiros da organização: a partir de uma relação ganha-ganha (reciprocidade), as pessoas são capazes de conduzir a organização ao sucesso e, por conseguinte, serem beneficiadas.
- Talentos fornecedores de competências: portadoras de competências essenciais ao sucesso organizacional.
- Capital humano: consideradas o principal ativo, pois agregam inteligência ao negócio.

1.1 Fases Evolutivas

A Gestão de Pessoas evoluiu ao longo do tempo para acompanhar as mudanças sociais e empresariais. A seguir, a visão de alguns autores sobre essa evolução.

De modo geral, a evolução segue a lógica a seguir.

- Operacional – até a década de 1960 - preocupava-se basicamente com a operacionalização da captação, treinamento, remuneração, informações etc.
- Gerencial – dos anos 1960 até início dos anos 1980 - passa a influir nos diferentes processos da organização, sendo requisitada como parceira nos processos de desenvolvimento organizacional.
- Estratégica – a partir dos anos 1980 - começa a assumir um papel estratégico na absorção de novos conceitos para pensar o papel das pessoas na geração de valor para as organizações.

A tabela a seguir mostra a evolução das responsabilidades da Administração de RH ao longo da história, conforme Marras.

Chefe de pessoal	Gerente de Relações Industriais	Gerente de Recursos Humanos
Até 1950	De 1950 a 1970	De 1970 até hoje
Controles da Frequência	Idem ao Chefe de pessoal, mais...	Idem ao Gerente de Relações Industriais, mais...
Faltas ao Trabalho	Serviços Gerais	Avaliação de Desempenho
Pagamentos	Medicina e Higiene	Qualidade de Vida
Admissões e Demissões	Segurança Patrimonial	Desenvolvimento Gerencial
Cumprimento da CLT	Segurança Industrial	Relações Trabalhistas
	Contencioso Trabalhista	Sindicalismo
	Cargos e Salários	Desenvolvimento Organizacional
	Benefícios	Estrutura Organizacional

Chefe de pessoal	Gerente de Relações Industriais	Gerente de Recursos Humanos
	Recrutamento e Seleção	
	Treinamento	

Oliveira define 5 fases:

1. Administração científica: 1900 – autores como Taylor, Fayol e Ford; proporcionar fundamentação científica às atividades, substituir improvisação pelo empirismo; no Brasil, direitos civis e políticos previstos na Constituição, por iniciativa do Estado.

2. Escola das relações humanas: 1927 – Elton Mayo; demonstrou a influência de fatores sociais e psicológicos no trabalho (comunicação, motivação, liderança, tipos de supervisão, grupos informais). No Brasil (governo Getúlio Vargas), o Departamento Administrativo do Serviço Público também funcionava como Departamento de Pessoal com funções legais.

3. Relações industriais: após 2ª guerra mundial; aumento do poder dos sindicatos; necessidade de negociar com entidades e ampliar benefícios. No Brasil, a descentralização (Adm. Indireta) facilita recrutamento, seleção e remuneração.

4. Administração de Recursos Humanos – abordagem sistêmica: década de 70; introdução de conceitos da Teoria de Sistemas; integração das áreas; no Brasil, avaliação de desempenho e sistema de mérito, novo plano de carreira e estatuto do funcionalismo.

5. Gestão de Pessoas – Gestão Estratégica de Pessoas: década de 80; pessoas não são recursos, são parceiras; têm competências distintas e inteligência; são fundamentais para o sucesso organizacional; Gestão por Competências e políticas de desenvolvimento.

Segundo Fischer, as grandes correntes teóricas sobre gestão de pessoas podem ser agrupadas em quatro categorias principais (modelos articulados de gestão de pessoas):

1. Departamento Pessoal (Administração de Pessoal) – até década de 20 – foco no controle, eficiência e tarefas operacionais (cadastro, folha de pagamento etc.), taylorismo, fordismo.
2. Gestão do Comportamento Humano – a partir da década de 20 – uso da psicologia (teorias comportamentais, liderança, motivação); crença de que as pessoas têm outras necessidades a serem satisfeitas, além das materiais.
3. Gestão Estratégica – a partir da década de 70/80 – vincular GP às estratégias, à visão de futuro; as pessoas colaboram para o alcance dos objetivos organizacionais.
4. Gestão por Competência e Vantagem Competitiva – a partir dos anos 80 - busca por vantagens competitivas a partir de competências essenciais (*core competences*), papel das pessoas na transição entre o estado atual das empresas e onde elas almejam estar no futuro.

1.2 Influências das Teorias de Administração

O entendimento de como gerir as pessoas passou por modificações ao longo do tempo, sendo influenciado pelas teorias de administração vigentes à época.

Teoria é um conjunto de proposições, princípios e doutrinas que procuram explicar os fatos da realidade prática. Cada autor da Administração tende a abordar as variáveis e assuntos típicos da sua orientação teórica. Dessa forma, cada teoria administrativa enfatiza uma ou mais variáveis dentro das empresas: tarefas, estrutura, pessoas, ambiente, tecnologia e competitividade.

Segundo Arellano, o início da área de gestão de pessoas se confunde com o surgimento das grandes corporações durante a revolução industrial, no século XIX. Neste momento, as principais atribuições do RH estavam relacionadas ao desenvolvimento de instrumentos para controle da massa de trabalhadores das linhas de produção.

É nesse contexto que surge, no início dos anos 1900, a **Abordagem Clássica de Administração**, com autores famosos como Taylor, Fayol e Ford. Era necessário selecionar, preparar, controlar e remunerar o operário para que ele se ajustasse ao trabalho nas fábricas e gerasse máxima produtividade.

A essência do trabalho de Taylor, que deu origem à abordagem clássica da administração, envolve:

- Divisão, especialização e racionalização do trabalho – o funcionário faz apenas tarefas simples, padronizadas.
- Hierarquia rígida, forte verticalização – há rígida separação entre o planejamento (quem pensa) e a execução (quem faz).
- Visão de *Homo Economicus* – conceito segundo o qual o homem é um ser racional e materialista,

motivado exclusivamente por recompensas econômicas.

A boa gestão de pessoas, neste contexto, tratava os operários como qualquer outro recurso organizacional, como uma peça de uma máquina.

No final dos anos 1920, um estudo conduzido por Elton Mayo expandiu o entendimento sobre produtividade e relacionamento com o trabalhador. Ele percebeu que os aspectos informais do trabalho poderiam impactar positivamente na produtividade. Era o nascimento da **Teoria das Relações Humanas** (Escola Humanística) - a produtividade não é fruto apenas da divisão, especialização e racionalização do trabalho. Os aspectos subjetivos à interação com colegas e liderança são determinantes para o alcance de resultados - comunicação, motivação, liderança, grupos informais. Segundo o autor, as pessoas têm uma profunda necessidade de reconhecimento, segurança e pertencimento ao grupo de colegas.

Outra teoria de grande impacto, segundo Gil, foi a **Teoria Geral de Sistemas**. Sistema é um conjunto de elementos unidos por alguma forma de interdependência, como um todo organizado. O que acontece com cada parte influencia o todo e as outras partes. Em suma, a adoção de um enfoque sistêmico é uma visão integradora da administração de recursos humanos: interdependência entre as partes, participação, mudança e ajuste contínuo, multidisciplinaridade.

A seguir, um resumo das principais teorias e seus postulados, conforme Chiavenato.

	Teoria Clássica	Relações Humanas	Teoria Neoclássica	Teoria da Burocracia	Teoria Comportamental	Teoria de Sistemas	Teoria da Contingência
Ênfase	Nas tarefas e estrutura organizacional	Nas pessoas	No ecletismo: tarefas, pessoas e estrutura	Na estrutura organizacional	Nas pessoas, na estrutura e no ambiente	No sistema organizacional e no ambiente	No ambiente, tecnologia, estrutura e pessoas
Abordagem da organização	Organização formal – tarefas e cargos	Organização informal – sistema social	Organização formal e informal	Organização formal	Organização formal e informal	Organização como sistema aberto	Variável dependente do ambiente e da tecnologia
Concepção do Homem	Homem econômico	Homem social	Homem organizacional e administrativo	Homem organizacional	Homem administrativo	Homem funcional	Homem complexo
Comportamento humano	Ser isolado que reage como indivíduo (atomismo tayloriano)	Ser social que reage como membro de grupo social	Ser racional e social focado no alcance de objetivos organizacionais e individuais	Ser isolado que reage como ocupante de cargo	Ser racional tomador de decisões quanto à participação nas organizações	Ser social que desempenha papéis	Ser social que desempenha papéis
Sistema de incentivos	Incentivos salariais e materiais	Incentivos sociais e simbólicos	Incentivos mistos, tanto materiais como sociais	Incentivos salariais e materiais	Incentivos mistos	Incentivos mistos	Incentivos mistos
Relação entre objetivos individuais e organizacionais	Identidade de interesses. Não há conflito perceptível	Identidade de interesses. Todo conflito é indesejável e deve ser evitado	Integração entre objetivos organizacionais e individuais	Não há conflito perceptível. Prevalecem os objetivos da organização	Conflitos possíveis e negociáveis	Conflitos de papéis	Conflitos de papéis
Resultados almejados	Máxima eficiência	Satisfação do operário	Eficiência e eficácia	Máxima eficiência	Equilíbrio entre eficiência e eficácia satisfatória	Máxima eficiência	Eficiência e eficácia

1.3 Moderna Gestão de Pessoas

No seu trabalho, cada administrador, de qualquer nível organizacional (diretor, gerente, supervisor etc.) desempenha as quatro funções que constituem o processo administrativo: planejar, organizar, dirigir e controlar.

Segundo Chiavenato, a Administração de Recursos Humanos (ARH) procura ajudar o administrador a desempenhar todas essas funções, porque ele não realiza seu trabalho sozinho, mas em colaboração com as pessoas que formam sua equipe. É com sua equipe de subordinados que o administrador executa as tarefas e alcança metas e objetivos.

Conforme Marras, **todo gerente é um gerente de pessoas**. A missão principal do gestor estratégico de pessoas não é gerir serviços, mas gerir pessoas de forma a contribuir diretamente para os resultados organizacionais. Isso significa focar no diagnóstico das necessidades das pessoas e, em contrapartida, obter o máximo desempenho, comprometimento, produtividade e qualidade dos trabalhadores.

As organizações apresentam uma incrível variedade. Elas podem ser indústrias, comércio, bancos, financeiras, hospitais, universidades, lojas, prestadoras de serviços etc. Podem ser grandes, médias e pequenas quanto ao seu tamanho.

Dessa forma, a **Gestão de Pessoas é contingencial / situacional**, pois depende de vários aspectos, como a cultura que existe em cada organização, da estrutura organizacional adotada, das características do contexto ambiental, do negócio da organização, da tecnologia utilizada, dos processos internos e de uma infinidade de outras variáveis importantes.

A moderna gestão de pessoas deve ter foco estratégico - **Gestão Estratégica de Pessoas**: ter políticas integradas aos planos estratégicos da empresa e às demais áreas da organização (Marketing, Produção, Finanças etc.), enxergar o negócio horizontalmente, ser parceiro de negócios, agregar valor.

Em uma visão estratégica, o conjunto de políticas e práticas de gestão de pessoas deve possuir as seguintes propriedades:

• **Integração mútua (horizontal)**: atuação coordenada das diversas atividades de Gestão de Pessoas, tais como provimento, alocação, remuneração e avaliação, entre outras. Os critérios do Modelo serão uma base comum para apoiar os vários processos de Gestão de Pessoas – a existência de uma mesma base apoia a tomada de decisão nesses processos e traz simplicidade e clareza para sua operação.

• **Integração vertical, com a estratégia organizacional**: é fundamental as políticas e práticas de gestão de pessoas estejam alinhadas com os objetivos da organização, seus valores e missão. Os critérios de Gestão de Pessoas devem transmitir o que a organização espera delas de forma alinhada com a estratégia – serem mais próximos do dia a dia e menos abstratos do que a estratégia.

• **Integração com as expectativas das pessoas**: é fundamental, também, que essas políticas e práticas estejam alinhadas com as expectativas das pessoas para sua legítima efetividade.

Dentre os **objetivos da GP**, pode-se destacar:

- Atuar nesse ambiente moderno complexo, ajudando a organização a realizar sua missão.
- Proporcionar um ambiente com pessoas competentes e motivadas para o alcance dos objetivos organizacionais e individuais.
- Desenvolver a gestão do conhecimento: habilidades, competências e tecnologias aplicadas de forma integrada para concretizar a missão e visão.
- Formar competências essenciais que atendam às demandas dos diferentes stakeholders, gerando vantagem competitiva.
- Desenvolver o capital humano e o capital intelectual – ativos intangíveis da organização;
    - o Capital Humano: composto pelas pessoas (talentos) e pelo contexto (arquitetura, cultura e tipo de gestão).
    - o Capital Intelectual: é a aglutinação do capital humano com os capitais interno e externo.

Ulrich (1998) afirma que, para que o RH possa atuar de forma estratégica, a área deve realizar **4 papéis: parceiro estratégico, especialista administrativo, defensor dos funcionários, agente de mudanças**. Chiavenato descreve esses 4 papéis como:

- Parceiro estratégico = administração de estratégias de recursos humanos: como a GP pode ajudar a impulsionar a estratégia organizacional.
- Especialista administrativo = administração da infraestrutura da empresa: como a GP pode oferecer uma base de serviços à organização para ajudá-la a ser eficiente e eficaz.
- Defensor dos funcionários = administração da contribuição dos funcionários: como a GP pode ajudar no envolvimento e no comprometimento dos funcionários, transformando-os em agentes empreendedores, parceiros e fornecedores para a organização.
- agente de mudanças = administração da transformação e da mudança: como a GP pode ajudar na criação de uma organização criativa, renovadora e inovadora.

2. PAPÉIS DA GESTÃO DE PESSOAS

Conforme Chiavenato, no passado, as decisões de RH eram totalmente centralizadas no órgão de RH e os gerentes de linha tinham pouca ou nenhuma participação. A tendência moderna é descentralizar as decisões e ações de GP rumo aos gerentes, que se tornam os gestores de pessoas.

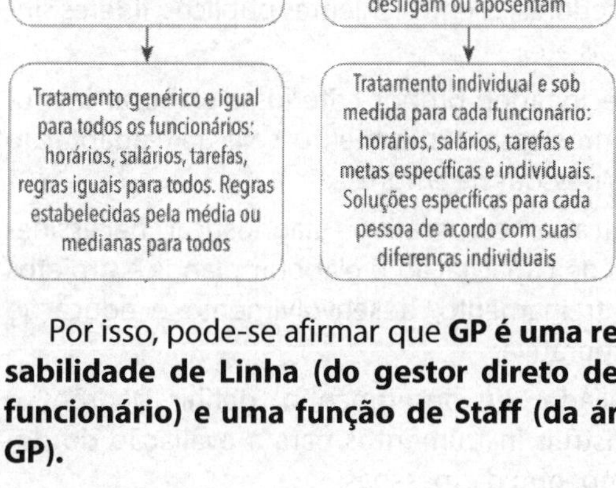

Por isso, pode-se afirmar que **GP é uma responsabilidade de Linha (do gestor direto de cada funcionário) e uma função de Staff (da área de GP).**

Responsabilidade de Linha (do chefe - gestor das pessoas de sua equipe)	• Cuidar da sua equipe de colaboradores • Tomar decisões sobre subordinados • Executar as ações de GP • Cumprir metas e alcançar resultados de GP • Cuidar da tática e das operações

Função de Staff (da área de GP - assessoria especializada)	• Cuidar das políticas de GP • Prestar assessoria e suporte • Dar consultoria interna de GP • Proporcionar serviços de GP • Dar orientação de GP • Cuidar da estratégia de GP

Marras afirma que se esgotou o tempo em que se pensava a gestão de recursos humanos simplesmente como um órgão de linha (operacional e tático) que ocupava mais de 20 subsistemas que prestavam serviços à empresa e aos empregados. Diversamente da gestão de RH tático-operacional, a Administração Estratégica de RH não se posiciona em linha no organograma da empresa, mas, sim, em staff. Esse posicionamento evidencia a real função da administração de RH, qual seja a de assessorar e prestar subsídio cognitivo à cúpula da empresa (diretor-presidente e demais diretores).

Segundo Gil (2019), compete ao profissional de RH desempenho de inúmeros papéis, cuja natureza é determinada por fatores diversos, tais como porte da empresa, natureza de seus produtos, políticas gerenciais etc.

- planejador estratégico: monitorar as mudanças no ambiente externo, identificar as forças e fraquezas da organização e elaborar políticas de seleção, capacitação, promoção e avaliação de pessoas alinhados às estratégias da organização;
- comunicador: comunicar-se de maneira eficaz com a administração superior, com as gerências intermediárias, com os empregados, com os fornecedores, clientes, agentes públicos, líderes sindicais etc.;
- selecionador: propor critérios e elaborar instrumentos para recrutamento, seleção e adaptação das pessoas na empresa;
- educador corporativo: diagnosticar necessidades de capacitação e elaborar planos e projetos de treinamento, desenvolvimento e educação corporativa;
- avaliador de desempenho: definir padrões e construir instrumentos para a avaliação do desempenho das pessoas;
- analista de cargos: avaliar os cargos e as funções da empresa, com vista em identificar os requisitos que devem possuir seus ocupantes e definir seus níveis de remuneração;
- motivador: utilizar estratégias adequadas para aumentar os níveis de interesse, de satisfação e de realização de pessoas;
- líder: conduzir equipes e liderar reuniões de trabalho;
- negociador: negociar diretamente e assessorar nas negociações com funcionários, clientes e organizações sindicais;
- gestor de qualidade: desempenhar papel atuante na implantação, na implementação e no acompanhamento de programas de qualidade;
- coach: apoiar o desenvolvimento pessoal e profissional dos empregados.

3. PROCESSOS DE GESTÃO DE PESSOAS

A Gestão de Pessoas pode ser vista como um macroprocesso composto por diversos processos/subsistemas. Cada subsistema responde individualmente por cada uma das funções RH. Tais processos, por sua vez, são compostos pelas distintas atividades que uma organização realiza para gerenciar as pessoas:

- Análise e descrição de cargos e modelagem do trabalho.
- Recrutamento e seleção de pessoal e admissão de candidatos selecionados.
- Orientação e integração de novos funcionários.
- Administração de cargos e salários.
- Incentivos salariais e benefícios sociais.
- Avaliação de desempenho das pessoas.
- Comunicação aos funcionários.

- Treinamento e desenvolvimento das pessoas.
- Desenvolvimento organizacional.
- Higiene, segurança e qualidade de vida no trabalho.
- Relações com empregados e relações sindicais.

Na literatura, não há consenso sobre o número de processos que compõem a gestão de pessoas. Dependendo do autor, as atividades estarão agrupadas de formas distintas.

3.1 Dutra: três processos

- **Movimentação:** captar, internalizar, transferir, promover, expatriar e recolocar.
- **Desenvolvimento**: capacitar, gerir carreira e desempenho.
- **Valorização**: remunerar e premiar.

3.2 Marras: sete subsistemas

- **Recrutamento e seleção**: captação e triagem de profissionais no mercado; seleção e encaminhamento de profissionais para a empresa.
- **Treinamento e desenvolvimento**: aprendizado e crescimento (pode-se incluir a avaliação de desempenho aqui ou como um subsistema separado).
- **Remuneração ou cargos e salários**: análise e descrição dos cargos, retribuição pelo trabalho prestado e complemento ao sistema de salários por meio de benefícios.
- **Higiene e segurança do trabalho**: estudos e ações que envolvem a saúde do trabalhador e a prevenção e correção de acidentes no trabalho.
- **Departamento de pessoal**: tem por objetivo efetivar todos os registros legais e necessários para a administração burocrática exigida pelas práticas administrativas e pelas legislações. Envolve admissões de novos empregados (cadastro e documentação); demissões (entrevista de saída, quitação – rescisão contratual e baixa na carteira de trabalho); registros legais em controles diversos (absenteísmo – faltas e atrasos, rotatividade etc.); aplicação e manutenção das leis trabalhistas e previdenciárias; folha de pagamento (férias, 13º salário etc.); normas disciplinares (portaria, horas extras, áreas comuns, faltas e atrasos etc.).
- **Relações trabalhistas**: planejamento e execução de programas relacionados à área trabalhista-sindical – cumprimento e interpretação de normas legais (CLT, convenções coletivas de trabalho etc.), negociações com sindicatos, assessoria às demais áreas etc.
- **Serviços gerais**: serviços que, embora política e estrategicamente pouco representem para a cúpula administrativa da empresa, pois são quase sempre vistos como geradores de despesa (e não de lucro), têm uma importância junto aos trabalhadores por prestar-lhes serviços que no dia a dia são essenciais, a exemplo do restaurante, do ambulatório médico, segurança patrimonial etc.

3.3 Chiavenato: seis processos

O modelo original do autor possuía cinco processos (Provisão, Aplicação, Manutenção, Desenvolvimento, Monitoração), entretanto, foi atualizado nos últimos anos e passou a contar com seis processos:

1. **Agregar**: são os processos utilizados para incluir novas pessoas na organização. Podem ser denominados processos de provisão ou de suprimento de pessoas. Tem início com o planejamento de recursos humanos. Incluem recrutamento e seleção de pessoas.

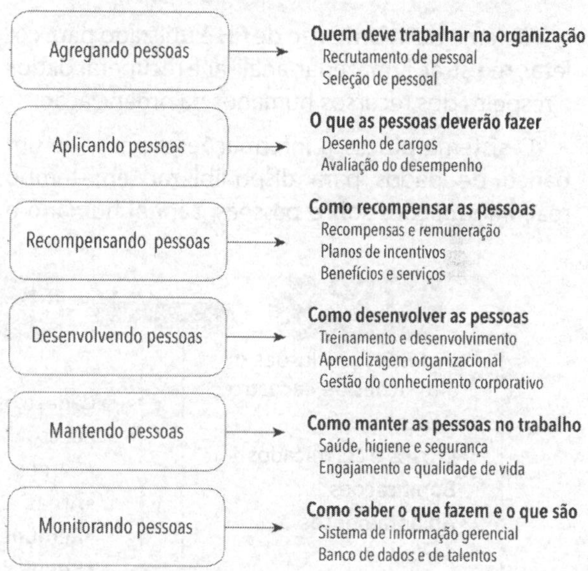

2. **Aplicar**: uma vez recrutadas e selecionadas, as pessoas deverão ser integradas à organização, posicionadas em seus respectivos cargos e tarefas e avaliadas quanto ao seu desempenho. São os processos utilizados para desenhar as atividades que as pessoas irão realizar na empresa, orientar e acompanhar seu desempenho. Incluem desenho organizacional e desenho de cargos, análise e descrição de cargos, orientação às pessoas e avaliação do desempenho.
3. **Recompensar**: são os processos utilizados para incentivar as pessoas e satisfazer suas necessidades individuais mais elevadas. Incluem

recompensas, remuneração e benefícios e serviços sociais.

4. **Desenvolver**: são os processos utilizados para capacitar e incrementar o desenvolvimento profissional e pessoal das pessoas. Incluem seu treinamento e desenvolvimento, gestão do conhecimento e gestão de competências, programas de mudanças e desenvolvimento de carreiras e programas de comunicações e consonância.
5. **Manter**: são os processos utilizados para criar condições ambientais e psicológicas satisfatórias para as atividades das pessoas. Incluem administração da cultura organizacional, clima, disciplina, higiene, segurança e qualidade de vida e manutenção de relações sindicais.
6. **Monitorar**: são os processos utilizados para acompanhar e controlar as atividades das pessoas e verificar resultados. Incluem banco de dados e sistemas de informações gerenciais.

4. SISTEMA DE INFORMAÇÕES DE RH

Sistema de informação de RH é utilizado para coletar, registrar, armazenar, analisar e recuperar dados a respeito dos recursos humanos da organização.

O sistema processa informações a partir de um banco de dados para disponibilizar, em tempo real, informações sobre pessoas, capital humano e capital intelectual da empresa. Isso permite a tomada de decisões eficazes pelos gestores.

Os sistemas de informações gerenciais podem trazer os seguintes benefícios:

- Redução de custos nas operações.
- Melhoria no acesso às informações - relatórios mais rápidos e fáceis.
- Melhoria na produtividade e nos serviços oferecidos.
- Melhoria na tomada de decisões, por meio do fornecimento de informações precisas.
- Estímulo à maior interação entre os tomadores de decisão.
- Fornecimento de melhores projeções dos efeitos das decisões.
- Melhoria na estrutura organizacional, para facilitar o fluxo de informações.
- Melhoria na estrutura de poder, proporcionando maior poder para aqueles que entendem e controlam o sistema.
- Redução do grau de centralização de decisões na empresa.
- Melhoria na adaptação da empresa para enfrentar os acontecimentos não previstos.

A seguir, um exemplo de fluxo de trabalho de um SIG de RH.

5. GESTÃO DE PESSOAS NO SERVIÇO PÚBLICO

Conforme Bergue, a gestão de pessoas é o planejamento, a organização, a direção e o controle das atividades desenvolvidas nas áreas de seleção, orientação, avaliação, capacitação e qualificação do quadro de servidores dos órgãos públicos.

O autor define gestão de pessoas no setor público como o "**esforço orientado para o suprimento, a manutenção e o desenvolvimento de pessoas nas organizações públicas, em conformidade com os ditames constitucionais e legais, observadas as necessidades e condições do ambiente em que se inserem.**"

Os usuários do serviço público têm aumentado o nível de exigência em relação à satisfação de demandas. A qualidade e a adequação dos serviços às necessidades dos usuários são hoje aspectos críticos para o bom desempenho de qualquer órgão ou entidade da administração pública.

Além disso, a exigência de transparência e ética, a crescente escassez de recursos em todas as esferas e a necessidade de aproximação do usuário, em relação aos serviços públicos, reforçam a necessidade de eficácia e de descentralização. Isso exige um aumento da flexibilidade, da prontidão e da capacidade de adaptação dessas organizações, implicando o uso de novas tecnologias, especialmente o da tecnologia da informação, e da modernização da estrutura normativa, organizacional e de pessoal.

Historicamente, o serviço público brasileiro adota um arranjo mecanicista, com barreiras à mobilidade funcional e estruturas organizacionais rígidas, nas quais os funcionários que realizam atividades operacionais pouco são estimulados a pensar formas alternativas de gestão. Atualmente, ainda perduram na administração pública sistemas de avaliação estanques, sem o correspondente conjunto de ações para o aperfeiçoamento de desempenhos. Segundo a ENAP (Escola Nacional de Administração Pública), em seu famoso livro "Gestão de Pessoas: bases teóricas e experiências no setor público", a forma como a gestão dos recursos humanos é realizada hoje se deve a um conjunto de características comuns à maioria das organizações públicas e que podem ser evitadas. Dentre essas características prejudiciais, destacam-se:

- Rigidez imposta pela legislação, tornando difíceis as mudanças;
- Desvinculação da visão do cidadão como destinatário do serviço público – em diversas organizações públicas ainda não é clara a ideia de que o cidadão é a razão de ser da organização;
- Pouca ênfase no desempenho – muitas organizações públicas ainda não vinculam a realização do trabalho com o adequado desempenho. Entenda-se por desempenho a realização do trabalho de forma eficiente, eficaz e efetiva (o trabalho sendo realizado da melhor forma possível, direcionado para o alcance dos objetivos e metas da organização, atingindo os resultados desejados no prazo previsto e satisfazendo aqueles para os quais o trabalho é realizado);
- Mecanismos de remuneração que desvinculam os vencimentos do desempenho – os funcionários sentem-se pouco estimulados a melhorar seu desempenho, uma vez que a remuneração independe desse fator.
- Limites à postura inovativa – além da questão remuneratória, a própria rigidez da legislação estimula a inércia gerencial, uma vez que muitas iniciativas esbarram nas limitações da legislação.
- Poucos mecanismos de planejamento e pouca preocupação com a gestão – a fraca ênfase no desempenho conduz a uma atuação voltada para o cumprimento das tarefas do dia a dia, sem preocupação com um planejamento que contemple uma visão para o curto, médio e longo prazo.
- Rotatividade na ocupação de posições de chefia – por conta da rotatividade, as posições de chefia podem apresentar intensa alternância entre os membros da equipe de trabalho ou do órgão.
- O papel da gratificação – em muitas situações nas organizações públicas a gratificação é utilizada como forma improvisada de compensação à impossibilidade de aumento salarial. Tal fator constitui uma deformação da verdadeira função da gratificação, que foi criada para contemplar funções desempenhadas que apresentam algum risco ou esforço adicional aos previstos na execução da maior parte das tarefas da organização.

Em muitas das organizações públicas brasileiras, as áreas que cuidam da gestão de pessoal ainda se dedicam principalmente às atividades relacionadas à folha de pagamento, benefícios da aposentadoria e afins, proposição de leis, regras e regulamentos, além de desenvolver algumas ações pontuais e emergenciais de treinamento e capacitação. Isso corresponde ao perfil de RH denominado "**Departamento de pessoal**", na qual se destacam características como:

- utilização do tempo de serviço como critério prioritário para a progressão;
- utilização da gratificação como forma improvisada de compensação à impossibilidade de aumento salarial;
- a descrição de cargos, da forma como é realizada, limita o escopo de atuação dos funcionários, desestimulando a multifuncionalidade e a visão sistêmica, e configura com frequência os desvios de função que são muito comuns nos diversos órgãos públicos em todos os âmbitos;
- o recrutamento e a seleção realizados por concursos têm foco baseado em cargos e, não, em competências;
- a forma genérica como os cargos são descritos possibilita a alocação das pessoas em áreas com

características muito diferentes, e não supre as reais necessidades em relação às competências necessárias para a realização de suas atividades típicas.

A forma de atuação da área de "Departamento Pessoal" é geralmente reativa, respondendo quando acionadas pelas demandas das outras áreas da organização e funcionários, indicando que elas não possuem o controle dos assuntos que estariam afetos à sua responsabilidade.

A administração pública brasileira, desde 1995, vem seguindo diretrizes estabelecidas no Plano Diretor da Reforma e Aparelhamento do Estado (PDRAE). A partir da reforma, os gestores públicos precisaram se adaptar aos novos paradigmas organizacionais impostos, sendo necessária uma mudança do modelo conservador que permitia a acomodação dos servidores, sem o envolvimento das suas responsabilidades com os resultados esperados, e cujo único objetivo da Avaliação de Desempenho era a progressão e promoção dos servidores.

Nessas circunstâncias, a área de recursos humanos tem papel fundamental, na medida em que se torna responsável por reelaborar a atuação em relação aos servidores, que se veem incumbidos de assumir postura diferente frente à nova administração pública. A substituição da Administração de Pessoal (modelo antigo) por uma verdadeira Gestão de Pessoas (visão moderna) implica a implementação de mudanças em busca de uma **Gestão Estratégica de Pessoas**.

O conceito de gestão estratégica se refere a um tipo de gestão que se preocupa com os objetivos e metas da organização e com o desempenho e as formas de atuação mais adequados para concretizá-los, considerando-se o curto, o médio e o longo prazos. O foco é a definição dos resultados esperados, o planejamento e o monitoramento das ações para seu alcance.

Conforme a ENAP, os principais mecanismos e instrumentos da gestão estratégica de pessoas são:

- Planejamento de recursos humanos;
- Gestão por competências;
- Capacitação continuada com base em competências; e
- Avaliação de desempenho e de competências.

O modelo de gestão estratégica de pessoas inclui a definição dos perfis profissionais necessários para atuar na organização, além do estabelecimento de uma política que ofereça o respaldo adequado para a sustentabilidade da gestão. Os principais aspectos a serem contemplados por essa política incluem:

- A definição de critérios para o recrutamento de pessoal, baseado nas competências necessárias à organização;
- O estabelecimento de uma estratégia de desenvolvimento profissional e pessoal que possibilite o aprimoramento contínuo do quadro de pessoal;
- A estruturação da avaliação do desempenho que permita, além da vinculação à progressão do funcionário, a identificação das necessidades de capacitação e um sistema de recompensas justo com base em critérios de desempenho.
- A definição de critérios para a criação de carreiras que estimulem o desenvolvimento profissional e o desempenho;
- O estabelecimento de uma estratégia de realocação e de redistribuição de funcionários que seja compatível com os perfis e quantitativos necessários à organização.

Bergue afirma que a gestão estratégica de pessoas pode ser definida a partir dos seguintes elementos:

- Reconhecimento das pessoas como elemento fundamental na produção de valor público e de continuidade para a organização (pessoas como elemento central na organização);
- Adoção de uma perspectiva sistêmica, complexa e de longo prazo para analisar os fenômenos organizacionais;
- Inserção qualificada dos profissionais da área de gestão de pessoas no processo da Estratégia (participação da área de GP no processo de planejamento estratégico);
- Alinhamento da GP com a estratégia da organização;
- Função gestão de pessoas (não necessariamente a área) próxima à alta administração, com legitimidade – a gestão de pessoas deve ser elementos considerada efetivamente nas decisões da administração;
- GP como compromisso de todos os gestores;
- Existência de suporte normativo formal (políticas, regras etc.).

Bergue cita três vetores para a implementação da gestão estratégica de pessoas: a alta administração, a área de gestão de pessoas e os líderes em geral.

- Alta administração: apoiar e patrocinar as ações, dando legitimidade à gestão de pessoas por meio da hierarquia;
- Área de gestão de pessoas: desenvolver um pensamento estratégico em gestão de pessoas, assessorar internamente por meio de ações de educação e desenvolvimento técnico-gerencial;
- Líderes: atores capazes de colocar a estratégia em ação.

A transformação dos órgãos públicos para a configuração de um modelo pautado por resultados pressupõe, portanto, a ruptura com alguns dos padrões gerenciais vigentes e o profundo repensar de outros. Essa mudança vem ocorrendo desde o final da década de 1990 e, mais recentemente, por meio do Decreto 5.707/2006, que instituiu a Política e as Diretrizes para o Desenvolvimento de Pessoal da administração pública federal direta, autárquica e fundacional. O Decreto 5.707/2006 foi revogado em 2019, por meio do Decreto 9.991/19, que estabeleceu nova Política Nacional de Desenvolvimento de Pessoas.

COMPORTAMENTO ORGANIZACIONAL

O Comportamento Organizacional (CO) investiga os impactos que os indivíduos, os grupos e a estrutura têm sobre o comportamento humano dentro de uma organização, com o objetivo de utilizar este conhecimento melhorar o desempenho organizacional.

É a área de conhecimento multidisciplinar cujo principal foco de análise são as ações e os comportamentos das pessoas nas organizações.

Robbins cita quatro principais áreas do conhecimento (quadro a seguir) que influenciam os estudos de CO: Psicologia, Psicologia Social, Sociologia e Antropologia.

Ciência	Unidade de Análise	Principais Contribuições
Psicologia: busca medir, explicar e, algumas vezes, modificar comportamentos.	Indivíduo	Aprendizagem, Motivação, Personalidade, Emoções, Percepção, Treinamento, Eficácia de liderança, Satisfação com o trabalho, Tomada de decisão individual, Avaliação de desempenho, Mensuração de atitudes, Seleção de pessoal, Desenho de cargo, Estresse ocupacional
Psicologia Social: ramo da psicologia que mistura conceitos desta ciência e da sociologia para focar a influência de um indivíduo sobre outros.	Grupo	Mudança comportamental, Mudança de atitude, Comunicação, Processos grupais, Tomadas de decisão em grupo
Sociologia: estuda as pessoas em relação a seus ambientes sociais ou culturais.	Grupo e Sistema Organizacional	Comunicação, Poder, Conflitos, Comportamento intergrupal, Teoria da organização formal, Tecnologia, Mudança, Cultura
Antropologia: estuda as sociedades para compreender os seres humanos e suas atividades.	Grupo e Sistema Organizacional	Cultura, Ambiente organizacional, Análises comparativas: valores/atitudes.

As pesquisas sobre o comportamento organizacional têm suas origens no fim dos anos 1940, quando os pesquisadores de diversas áreas procuraram compreender o que as pessoas fazem nas organizações e como esse comportamento afeta o desempenho organizacional. Para isso, são levados em conta **três determinantes do comportamento nas organizações: indivíduos, grupos e estrutura**. Esses, portanto, são os **três níveis de estudo**:

Micro: o indivíduo – origem na psicologia experimental, clínica e organizacional – características biográficas como idade, sexo e estado civil; personalidade; valores; atitudes; habilidades; percepção; tomada de decisão individual; aprendizagem e motivação.

Meso: o grupo – origem nos estudos de comunicação, psicologia social, sociologia interacionista – dinâmica de grupos; tomada de decisão em grupo; liderança e confiança; comunicação; equipes de trabalho; conflitos; poder; política.

Macro: as organizações (sistema organizacional, estrutura) – origens principais na sociologia, antropologia, ciência política e economia – estrutura formal; quadro funcional (cargos); hierarquia; planejamento; processos de trabalho; políticas de RH; cultura.

Há poucas verdades absolutas em comportamento organizacional: os seres humanos são complexos e poucos princípios simples e universais explicam o comportamento organizacional (exemplo: nem todas as pessoas se motivam pelas mesmas razões), mas isso não significa que não é possível dar explicações razoavelmente precisas sobre o comportamento humano ou fazer previsões válidas.

Robbins apresenta um modelo genérico que define o campo de estudo do comportamento organizacional. O autor utiliza a ideia dos três níveis – 1) indivíduos, 2) grupos e 3) sistemas organizacionais –, estabelece seus parâmetros e identifica suas variáveis dependentes e independentes:

Variáveis Dependentes: fatores-chave que se pretende explicar / prever e que são afetados por outros fatores (as variável independentes). São as consequências de outros fatores. As seis variáveis dependentes básicas são: produtividade, absenteísmo, rotatividade, desvios de comportamento, cidadania organizacional e satisfação no trabalho.

- Produtividade: medida de desempenho que leva em conta o alcance dos objetivos (eficácia) com o menor custo/esforço possível, sem desperdícios (eficiência).
- Absenteísmo: ausências dos funcionários ao trabalho.
- Rotatividade: saída permanente de pessoal da organização (voluntária ou involuntariamente). Um alto índice de rotatividade resulta em aumento de custos para recrutamento, seleção e treinamento. Geralmente é representada pela fórmula

$$\frac{\frac{Admissões + Demissões}{2}}{Número\ inicial\ de\ funcionários}$$

- Desvios de comportamento: violação de regras formais ou sociais, desvios de conduta, comportamento antissocial ou incivilidade.
- Cidadania organizacional: comportamento discricionário que não faz parte das exigências funcionais de um cargo, mas que ajuda a promover o funcionamento eficaz da organização – ultrapassar as expectativas do cargo.
- Satisfação no trabalho: sentimento positivo sobre um trabalho, resultado de uma avaliação sobre suas características. Segundo Robbins, é mais uma atitude do que um comportamento. Funcionários mais satisfeitos e tratados de maneira justa têm mais propensão a desenvolver o comportamento de cidadania organizacional.

Variáveis Independentes: as supostas causas de algumas mudanças nas variáveis dependentes.

- Nível individual: características biográficas, habilidades, valores, atitudes, personalidade, emoções, percepção, tomada de decisão individual, aprendizagem e motivação.
- Nível Grupal: padrões de comunicação, tomada de decisão em grupo, estilos de liderança, confiança, poder, política, níveis de conflito, estrutura do grupo.
- Nível do Sistema Organizacional: desenho da organização formal, cultura organizacional, políticas e práticas de recursos humanos, mudanças e estresse.

Atualmente, alguns desafios e oportunidades no campo do comportamento organizacional são:

- Administrar as pessoas durante épocas de crise;
- Responder à globalização;
- Administrar a diversidade da força de trabalho
  - o Diversidade em nível superficial - diferenças em características facilmente identificáveis, como idade, gênero, etnia, religião e deficiência, que não refletem como as pessoas pensam ou se sentem.
  - o Diversidade em nível profundo - diferenças de valores, personalidades e preferências que se tornam progressivamente mais importantes por determinar similaridades à medida que as pessoas vão se conhecendo.
- Melhorar o atendimento ao cliente;
- Melhorar as habilidades humanas;
- Estimular a inovação e a mudança;
- Lidar com a temporariedade – novas exigências, imprevisibilidade, flexibilidade;
- Trabalhar em organizações interconectadas – trabalho remoto, virtualização;
- Ajudar os funcionários a equilibrar a vida pessoal e a profissional;
- Criar um ambiente de trabalho positivo;
- Estimular o comportamento ético – conforme Newstrom, uma liderança ética deve reconhecer três princípios:
  - o Responsabilidade social - responsabilidade com os outros.
  - o Comunicação aberta - operar em um modelo de mão dupla, com abertura para o recebimento de sugestões das pessoas e transparência total acerca das operações nas quais elas estejam envolvidas.
  - o Análise de custo-benefício - além da análise econômica, considerar os custos e benefícios humanos e sociais das atividades.

1. COMPORTAMENTO EM GRUPO

Um grupo é um conjunto de pessoas que têm um objetivo ou característica comum.

Toda pessoa, em qualquer organização, faz parte de algum grupo, formal ou informal. Em muitos casos, faz parte de diversos grupos ao mesmo tempo.

Grupo **informal** é o grupo que surge naturalmente devido à necessidade de interação social dos membros organizacionais (convívio, amizades, afetos ou interesses).

Grupo **formal** é o grupo de trabalho definido pela estrutura da organização (com base em determinada distribuição de autoridades e responsabilidades) para a realização de tarefas específicas.

Para compreender e gerenciar o comportamento em grupo, os administradores necessitam conhecer algumas de suas características, como:

- Papéis - conjunto de padrões comportamentais esperados, atribuídos a alguém que ocupa determinada posição em um grupo.
- Normas - padrões aceitáveis de comportamento compartilhados pelos membros.
- Status - posição social definida ou atribuída pelas pessoas a um grupo ou a seus membros, podendo ser formal ou informal.
- Coesão - grau de união e compartilhamento de valores e objetivos entre os membros.

A literatura geralmente diferencia um mero grupo (um agrupamento qualquer de pessoas) de uma equipe, que tem características específicas.

Segundo Chiavenato, o grupo não tem condições para se engajar em um trabalho coletivo que requeira esforço conjunto, pois o seu desempenho é meramente a soma das contribuições de cada membro individual (sinergia neutra, ou, por vezes, até negativa).

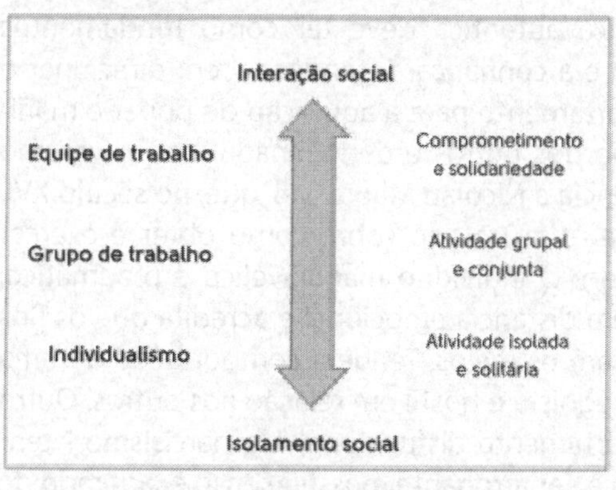

A principal característica de uma equipe eficaz é a sinergia positiva, a capacidade de seus integrantes trabalharem coletivamente, produzindo um resultado maior que a simples soma de suas contribuições individuais.

Daft define equipe como uma unidade de duas ou mais pessoas que interagem e coordenam o trabalho para atingir uma meta na qual estão empenhadas e se mantêm mutuamente responsáveis.

2. COMPORTAMENTO INDIVIDUAL

Quanto ao comportamento individual, os administradores procuram compreender:

- Personalidade - conjunto de características psicológicas estáveis de uma pessoa, que a diferencia de outras e reflete em seu comportamento.
- Percepção - processo cognitivo por meio do qual as pessoas organizam e interpretam suas impressões sensoriais com a finalidade de dar sentido ao meio onde estão inseridas.
- Aprendizagem - processo pelo qual competências, habilidades, conhecimentos, comportamento ou valores são adquiridos ou modificados, como resultado de estudo, experiência, formação, raciocínio e observação.
- Atitudes – predisposições (avaliações favoráveis ou desfavoráveis) perante objetos, pessoas, eventos ou situações. Os tipos de atitude mais analisados são:
    - Satisfação no trabalho: atitude positiva de um funcionário com relação ao trabalho, resultado de uma avaliação do alinhamento entre o trabalho e as necessidades e interesses individuais, existência de bons relacionamentos com colegas, sistema de recompensas, entre outros.
    - Envolvimento no trabalho: grau de identificação de um funcionário com seu trabalho em termos de participação ativa e de sua importância para a realização e valorização individual.
    - Comprometimento organizacional: grau de identificação e lealdade que o trabalhador tem com uma organização e com seus objetivos, representando o desejo do trabalhador em manter-se como parte desta.

Pesquisas recentes têm demonstrado que o foco no comprometimento é mais efetivo que o foco na satisfação, uma vez que pessoas comprometidas com a organização estão dispostas a fazer mais por ela.

Porter e Smith definem o **Comprometimento Organizacional como uma relação forte entre o indivíduo e a organização**, caracterizada por três fatores:

- estar disposto em exercer um esforço considerável em benefício da organização;
- a crença e a aceitação dos valores e objetivos da organização.
- um forte desejo de se manter como membro da organização.

Meyer e Allen conceituam o comprometimento organizacional em três componentes:

Comprometimento Afetivo: envolvimento emocional, identificação com os objetivos, metas e valores da organização (assumindo-os como próprios). Vai além da simples lealdade passiva, pois existe apego/orgulho e contribuição ativa - o indivíduo deseja dar algo de si para contribuir com a organização. Segundo Meyer e Allen, "Empregados com um forte comprometimento afetivo permanecem na organização porque eles querem.".

Comprometimento Instrumental (calculativo): o comprometimento ocorre em função das recompensas e dos custos pessoais relativos a trabalhar na empresa. O empregado analisa/calcula perdas e ganhos relacionados à sua permanência na empresa (salário, status, liberdade, recompensas etc.). Ele permanecerá enquanto perceber benefícios nessa escolha, mas a qualquer momento pode abandoná-la por benefícios maiores em outro lugar. "Empregados com comprometimento instrumental permanecem porque eles precisam.".

Comprometimento Normativo: sentimento de obrigação em permanecer na empresa. O empregado se sente preso à organização porque introjeta pressões normativas e valores culturais que o fazem sentir uma espécie de débito moral - obrigação moral com a empresa e/ou com as pessoas que fazem parte dela. "Empregados com comprometimento normativo permanecem porque eles sentem que são obrigados.".

LIDERANÇA

Liderança é o processo social de dirigir e influenciar o comportamento dos membros da organização, levando-os à realização de determinados objetivos.

Essa definição revela 3 elementos da Liderança: poder, influência e pessoas.

- **Poder** nas mãos de uma ou de poucas pessoas.
- **Influenciar** o comportamento dos seguidores.
- **Pessoas** com a disposição para seguir as orientações de um líder.

Liderança é a capacidade de influenciar o comportamento de outra pessoa através da adesão da mesma a um princípio, a uma meta ou a uma determinada missão. Para isso, são necessárias competências interpessoais, inerentes às relações humanas, e confiança – quando confiança é perdida, o desempenho do grupo pode sofrer efeitos adversos graves.

Líder é diferente de chefe ou gestor: a influência do chefe/administrador/gerente/gestor é baseada na autoridade formal da posição que ocupa na hierarquia, ou seja, no seu cargo de chefia – quando um funcionário obedece ao chefe, ele o faz porque é obrigado.

Líder Capacidade de influência

Chefe Poder do cargo – autoridade formal

Os líderes vão além da autoridade formal. Seu poder advém da capacidade de motivar, entusiasmar e comprometer as pessoas a desempenhar tarefas além daquelas formalmente definidas. Portanto, um administrador que planeja, organiza e controla pessoas e recursos pode não ser um bom líder. Da mesma forma, um líder pode não ter um cargo formal de chefia.

Todo bom chefe deve ser um líder,
porém, nem todo chefe é um líder
e nem todo líder é um chefe.

Para não ser confundida com manipulação, uma liderança autêntica deve ter como fundamentos a ética e a confiança. A tendência em direcionar o comportamento para a aquisição de poder e manipulação dos outros é denominada maquiavelismo (referência a Nicolau Maquiavel, que, no século XVI, escreveu um tratado sobre como obter e exercer o poder). O indivíduo maquiavélico é pragmático, mantém distância emocional e acredita que os fins justificam os meios. Tende a comportar-se de uma forma egoísta e hostil em relação aos outros. Outro comportamento disfuncional é o narcisismo - tendência a ser arrogante, possuir senso exagerado de importância de si mesmo, exigir admiração excessiva e pensar que tem direito a tudo.

A liderança não é uma qualidade singular inata. Algumas vezes o líder emerge naturalmente, outras ele é escolhido devido à necessidade de liderança em um grupo. Ao mesmo tempo, as características que levam uma pessoa a ser aceita como líder em um grupo são limitadas a este grupo.

A liderança, portanto, é um fenômeno tipicamente social, um tipo de influência entre pessoas, realizada por meio de um processo de comunicação, que ocorre em determinada situação e busca alcançar objetivos específicos. Neste contexto, liderança envolve relações, comunicação e metas. Segundo McGregor, a liderança é um processo social complexo, no qual interagem quatro variáveis ou componentes:

- as motivações dos liderados – ela é legitimada pelo atendimento das expectativas do grupo de liderados;
- a tarefa ou missão – o que liga o líder aos seguidores é uma tarefa ou missão. Sem missão, não há liderança; apenas influência ou popularidade;
- o líder – pessoa com certos traços de personalidade, motivações e habilidades;
- a conjuntura – contexto, meio organizacional no qual ocorre a relação líder-liderados. Esse meio influencia o comportamento do líder e dos liderados e define o modelo de liderança a ser seguido (ex: ser líder em uma organização militar X ser líder de uma equipe esportiva).

1. PODERES, HABILIDADES E PAPÉIS DOS LÍDERES

Diversos estudos, conduzidos ao longo do século XX, procuraram identificar distintas habilidades, atividades, papéis e poderes exercidos pelos gestores (administrados, gerentes, líderes) das organizações.

1.1 Poderes - French e Raven

Segundo French e Raven, existem cinco tipos de poder que um líder pode possuir:

- **Legítimo**: autoridade formal, poder do cargo ocupado;
- **Coerção**: poder de punição, temor;
- **Recompensa**: poder de recompensar as atitudes, baseado nas necessidades;
- **Referência**: carisma, identificação com o líder;
- **Perito / Conhecimento / Competência**: baseado na competência técnica, especialidade, aptidão.

1.2 Habilidades Gerenciais - Katz

Robert L. Katz dividiu as habilidades gerenciais em três categorias:

- Habilidade **Técnica** - capacidade de usar ferramentas, procedimentos, técnicas e conhecimentos especializados relativos à sua área de atuação.
- Habilidade **Humana** - a compreensão das pessoas e suas necessidades, interesses e atitudes. Capacidade de se relacionar, comunicar e compreender as atitudes e motivações das pessoas e liderar grupos.
- Habilidade **Conceitual** - a capacidade de compreender e lidar com a complexidade da organização como um todo e de usar o intelecto para formular estratégias. Criatividade, planejamento, raciocínio abstrato e entendimento do contexto são manifestações da habilidade conceitual.

Para um supervisor de primeira linha e para os grupos autogeridos de trabalho, que estão diretamente ligados às tarefas operacionais, a habilidade técnica é muito mais importante. Conforme se sobe na hierarquia, a importância da competência técnica diminui, enquanto a habilidade conceitual torna-se mais necessária.

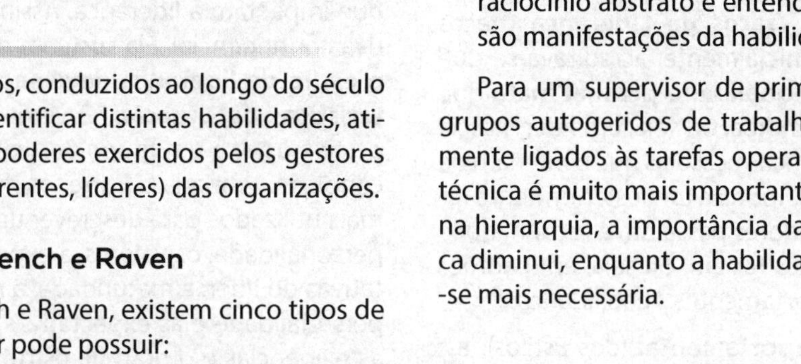

1.3 Papéis - Mintzberg

Henry Mintzberg criou uma classificação dos dez papéis dos gestores, dividindo-os em três categorias: Interpessoais (relacionamento), de Informação e de Decisão.

GESTÃO DE PESSOAS

Decisórios: tomar as decisões

- **Empreendedor:** busca oportunidades e inicia projetos.
- **Solucionador de conflitos / turbulências:** responsável por ações corretivas.
- **Alocador de recursos.**
- **Negociador:** representa a organização em negociações.

Informacionais: processar informações internas e externas

- **Monitor:** recebe e monitora informações internas e externas.
- **Disseminador:** transmite informações internamente.
- **Porta-voz:** transmite informações externamente.

Interpessoais: relacionar-se com pessoas

- **Símbolo:** a figura de frente, o símbolo da liderança.
- **Líder:** motiva, influencia os subordinados.
- **Ligação:** mantém uma rede externa de contatos.

2. EVOLUÇÃO DAS TEORIAS – VISÃO GERAL

Pesquisas sobre liderança fizeram o entendimento sobre o tema evoluir ao longo do tempo. Essa evolução pode ser sintetizada em três perspectivas.

Abordagem dos **Traços de Liderança** (traços de personalidade): inicialmente, acreditava-se que a liderança era uma **qualidade pessoal inata** que não poderia ser aprendida, ou seja, um líder "nascia líder", com características pessoais que o diferiam de outras pessoas. Essa hipótese foi posteriormente refutada e os pesquisadores passaram a focar naquilo que os líderes eficazes faziam, ou seja, em padrões desejáveis de comportamentos / habilidades.

Abordagem **Comportamental** (dos Estilos): esta perspectiva surgiu na década de 1940 e buscava identificar os **comportamentos específicos dos líderes eficazes**. Uma diferença fundamental para a teoria de traços é que comportamentos podem ser aprendidos, ou seja, a liderança não é inata, **um líder não nasce pronto, ele deve desenvolver habilidades**. Os pesquisadores substituíram o foco nas características do indivíduo pelo foco nas funções de liderança, ou seja, no conjunto de atividades realizadas pelo líder para promover o desempenho eficaz do grupo. Algumas funções têm natureza técnica (relacionadas às tarefas) e outras têm natureza social (ligadas a relacionamento, mediação de conflitos, comunicação, motivação).

Abordagem **Contingencial** (Situacional): estudos identificaram que os comportamentos que levam uma pessoa a ser aceita como líder em um grupo podem não ser válidos em outros grupos, ou seja, não há comportamentos universalmente eficazes porque há fatores do contexto de cada grupo que impactam a liderança. Assim surgiu a perspectiva contingencial. Ela sustenta que, para ser eficaz, **o estilo de liderança deve se adequar às características da situação**. O verdadeiro líder é capaz de se ajustar a um grupo particular de pessoas sob condições variadas. Entre os fatores situacionais mais utilizados para descrever um contexto estão: a personalidade, os valores, a experiência e as expectativas do líder; a maturidade, a responsabilidade, a personalidade e as expectativas dos subordinados; as exigências e o grau de estruturação da tarefa; a cultura e as políticas organizacionais; as condições ambientais (turbulência do ambiente externo, pressão do tempo etc.); as expectativas dos superiores hierárquicos e dos pares.

3. TEORIA DOS TRAÇOS DE PERSONALIDADE

Focada nas características pessoais do líder - não considera os liderados, nem o contexto. Essa abordagem teve grande força na década de 30. Segundo ela, o líder "nasce feito" e apresenta características marcantes de personalidade que o distinguem das demais pessoas. Como consequência, ninguém pode ser formado / treinado para liderar, pois certos indivíduos possuem uma combinação especial de traços de personalidade, outros não.

Alguns exemplos de traços de personalidade:

- Físicos: energia, aparência, altura etc.
- Intelectuais: adaptabilidade, iniciativa, entusiasmo e autoconfiança.
- Sociais: cooperação, habilidades interpessoais e administrativas.
- Relacionados com a tarefa: impulso de realização, persistência e iniciativa.

Diversos grupos de pesquisadores tentaram comprovar essa teoria fazendo uso de duas abordagens metodológicas: 1) comparação dos traços de líderes com os de indivíduos comuns; 2) comparação dos traços de líderes eficazes com os de líderes ineficazes. Ambas as abordagens fracassaram em associar traços de personalidade específicos com os líderes eficazes. Estudos mais recentes mostraram que os traços pessoais poderiam prever o surgimento da liderança, mas não indicariam qual tipo de líder é eficaz ou ineficaz.

4. TEORIAS COMPORTAMENTAIS (DOS ESTILOS DE LIDERANÇA)

Esta abordagem surgiu na década de 40 (a partir do enfraquecimento da teoria de traços) e tem foco naquilo que o líder faz, isto é, no estilo de comportamento adotado por líderes eficazes. Tais teorias sugerem que é possível treinar pessoas para serem líderes, ou seja, a liderança não é uma característica inata, mas um conjunto de habilidades e comportamentos que podem ser aprendidos, construídos. Há inúmeros estudos, cada um com suas particularidades.

4.1 Três Estilos – Universidade de Iowa – Lewin, White e Lippitt

Os autores identificaram três estilos diferentes de liderança: autocrática, democrática e *laissez-faire* (liberal).

I – Autocrático: só o líder manda - centralização da autoridade e das decisões; determinação autoritária dos métodos de trabalho; baixa participação dos funcionários.

II – Democrático: participação dos funcionários na tomada de decisões, delegação da autoridade com manutenção da responsabilidade. As diretrizes são debatidas pelo grupo, que é estimulado e assistido pelo líder. O líder procura ser um membro normal do grupo.

III – Liberal (laissez-faire): há liberdade completa para as decisões grupais ou individuais, com participação mínima do líder. A única função do líder é responder às dúvidas e disponibilizar os recursos necessários quando provocado.

A pesquisa verificou que:

- o laissez-faire é ineficaz em todos os casos, quando comparado aos outros dois estilos de liderança.
- líderes autocráticos e democráticos conseguiam volumes semelhantes de trabalho, porém os democráticos obtinham maior qualidade e satisfação por parte dos subordinados.

4.2 Universidade de Michigan – Likert

Rensis Likert participou de estudos realizados na Universidade de Michigan, os quais buscavam comparar a eficácia dos grupos de acordo com o comportamento do líder. Os pesquisadores identificaram dois tipos de comportamento: orientação para o **Empregado** e orientação para a **Produção**.

- **Líder orientado para a Produção**: foco no trabalho, nas tarefas – voltado às atividades rotineiras do trabalho, enfatizando seus aspectos técnicos, metódicos e práticos, caracterizado por forte pressão e supervisão da produção.
- **Líder orientado para o Funcionário**: foco nas pessoas – mais voltado para os aspectos humanos do trabalho, para o relacionamento interpessoal e a criação de um ambiente que proporcione o desenvolvimento da equipe.

Em suma, comportamentos de liderança centrados em tarefas enfocam os aspectos técnicos ou as tarefas de um trabalho. Comportamentos de liderança centrados em pessoas concentram-se nas relações interpessoais com os funcionários.

Os resultados da pesquisa foram favoráveis aos líderes orientados para os funcionários. Este tipo de liderança obteve índices maiores de produtividade e de satisfação com o trabalho.

Likert também analisou quatro fatores da administração (processo de decisão, comunicações, relacionamento interpessoal e sistemas de recompensas e punições) e, com base nos resultados, quatro estilos de liderança: autocrático (coercitivo ou benevolente), consultivo e participativo.

Newstrom afirma que cada estilo tem seus benefícios e limitações e que um líder geralmente usa os três estilos durante um certo período, porém um estilo tende a ser o dominante.

- **Autoritário (autocrático)**: centralizam em si o poder e a tomada de decisões. Os funcionários apenas fazem o que lhe for solicitado, pois não possuem autonomia.
    - o **coercitivo**: tipicamente negativa, baseada na punição e no medo.
    - o **benevolente**: autoritário, porém, em vez de apelar para punições utiliza recompensas.
- **Consultivo**: aborda os funcionários e pede contribuições antes de tomar decisões, mas escolhe se utiliza ou ignora essas informações e conselhos recebidos. Ele procura a opinião e ouve as preocupações e questões de seus seguidores, mas toma a decisão final usando as opiniões reunidas como exercício de coleta de informações.
- **Participativo**: é o mais democrático e descentraliza a autoridade. Há delegação, as decisões participativas não são unilaterais. Os funcionários são estimulados a expressar ideias, apresentar sugestões e agir. As decisões são geralmente tomadas pelo grupo.

4.3 Universidade de Ohio - Fleishman

Na mesma época dos estudos na Universidade de Michigan e com objetivos muito semelhantes, Fleishman e outros pesquisadores da Universidade de Ohio partiram de mais de mil dimensões de liderança para, ao final do estudo, caracterizarem o comportamento dos líderes em somente duas dimensões: **Estrutura de Iniciação** e **Consideração.**

Estrutura de Iniciação: se refere à extensão em que um líder é capaz de definir e estruturar o seu próprio papel e o dos funcionários na busca do alcance dos objetivos. É focada nas tarefas, no estabelecimento de padrões detalhados e de rotinas. Como o próprio nome traduz, o líder define objetivos e trabalha estruturando e organizando as tarefas para que estas sejam alcançadas da melhor forma pelos subordinados

Consideração: descrita como a extensão em que um líder é capaz de manter relacionamentos de trabalho caracterizados por confiança mútua, respeito às ideias dos funcionários e cuidado com os sentimentos deles. Focado nas pessoas, o líder se preocupa mais em estabelecer bons relacionamentos e cooperação, demonstrando apoio, apreço, confiança e consideração pelos seus colaboradores.

- **Estudos escandinavos**: pesquisadores da Finlândia e da Suécia fizeram uma revisão dos dados originais da pesquisa de Ohio e identificaram a existência de uma terceira dimensão: a orientação para o desenvolvimento – envolve buscar novas formas de fazer as coisas e novas abordagens para os problemas, além de encorajar as pessoas a iniciar novas atividades.

4.4 Grade Gerencial – visão bidimensional – Blake e Mouton

Este trabalho teve como base as pesquisas realizadas pelas Universidades de Ohio e Michigan. Verificou-se que tarefas e pessoas não são polos opostos, mas duas dimensões de um mesmo território (uma visão bidimensional) e que o líder pode combinar os dois estilos em seu comportamento.

Blake e Mouton desenvolveram a ideia da Grade Gerencial (*managerial grid*, ou grade da liderança) de acordo com esse modelo.

A grade é um diagrama que apresenta uma variável relacionada à Produção (eixo x), e outra variável relacionada às Pessoas (eixo y), com intervalos ordenados de 1 a 9 (1 é a menor intensidade; 9 a maior; 5 é um grau intermediário).

A matriz bidimensional comporta 81 posições (9 x 9), ao longo da qual estão distribuídos os tipos de gerenciamento identificados pelos pesquisadores.

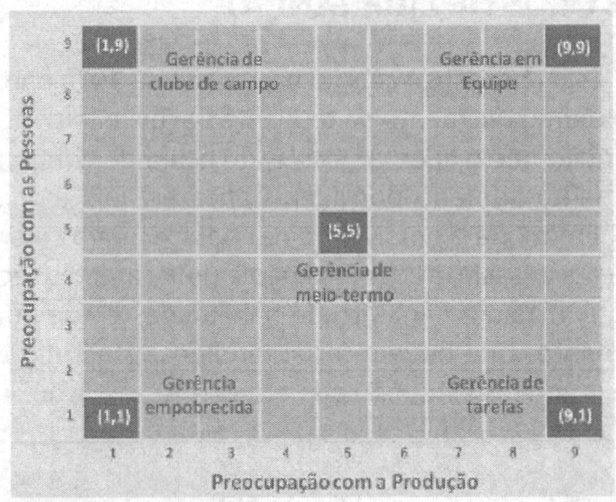

- **Líder negligente – gerência empobrecida** (1,1): abdica de seu papel de liderança, exercendo um esforço mínimo.
- **Líder de tarefa – autoritário** (9,1): orientado para a produção e para a eficiência das operações, com interferência mínima do elemento humano nas atividades.
- **Líder de pessoas – clube de campo** (1,9): orientado para as necessidades dos funcionários, promove um ambiente amigável e um ritmo de trabalho confortável (como em um clube social).
- **Líder meio-termo** (5,5): moderadamente orientado para pessoas e produção, procura um equilíbrio.

- **Líder de equipe** (9,9): simultaneamente e fortemente orientado para as pessoas e a produção. Busca o comprometimento das pessoas com os objetivos organizacionais e desenvolve relações de confiança e respeito.

5. TEORIAS CONTINGENCIAIS

A perspectiva comportamental de liderança possui um grande conjunto de pesquisas que, infelizmente, não conseguiram comprovar sistematicamente a associação entre os padrões de comportamento e a eficácia de desempenho dos líderes. Isso deu lugar a pesquisas que passaram a considerar os fatores situacionais que impactavam no sucesso de diferentes estilos de liderança.

Uma liderança bem-sucedida requer um comportamento que reúna e estimule seguidores na direção de objetivos definidos em situações específicas.

Esses três elementos – **líder, seguidores e situação** – são variáveis que se afetam mutuamente na determinação do comportamento de liderança adequado.

Os principais estudos dessa perspectiva contingencial serão vistos a seguir.

5.1 Teoria Situacional - Hersey & Blanchard

Esse modelo enfatiza as características dos funcionários como critério para determinar o comportamento de liderança apropriado. A principal variável situacional é o nível de prontidão dos subordinados para executar uma tarefa, chamado de grau de **maturidade**.

A maturidade/prontidão é definida como a disposição de aceitar responsabilidade e a capacidade/experiência relacionada ao trabalho. Ela é classificada em 4 níveis:

- M1 = Subordinado incapaz e indisposto
- M2 = Subordinado incapaz e disposto
- M3 = Subordinado capaz e indisposto
- M4 = Subordinado capaz e disposto

Hersey & Blanchard fazem relação entre o nível de maturidade do funcionário e o estilo de ação necessário por parte do líder. Eles definiram 4 estilos ou formas de liderança:

- E1 = determinar (diretivo, comando, dizer o que fazer)
- E2 = vender (persuadir)
- E3 = participar (compartilhar)
- E4 = delegar.

A maturidade baixa (M1) deve ser gerenciada por meio do uso forte da autoridade e do foco nas tarefas, com pouca ênfase no relacionamento (dar ordens, ser diretivo - E1).

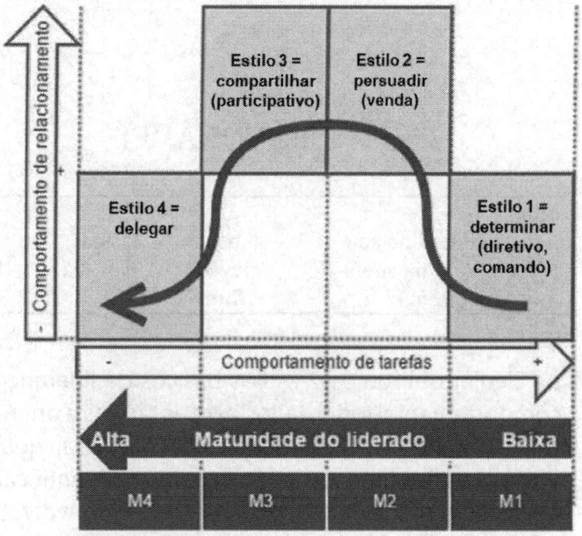

M2 é disposto, mas inexperiente, por isso necessita de um líder persuasivo que ofereça apoio emocional (E2).

M3 tem competência, mas pouco interesse em assumir responsabilidades (geralmente devido a insegurança ou desmotivação), por isso, o líder orienta-se fortemente para o relacionamento e compartilha as decisões (E3).

Um liderado altamente maduro (M4), não necessita de comportamento forte de tarefa, tampouco de relacionamento, pois este tipo de funcionário possui competência e motivação para assumir responsabilidades. Para ele, o ideal é delegar responsabilidades (E4).

5.2 Teoria da Contingência - Fiedler

O desempenho eficaz do grupo depende da combinação apropriada entre o estilo de interagir do líder com seus subordinados e **o grau em que a situação dá controle e poder de influência ao líder.**

Basicamente, o estilo deve combinar com o grau em que uma situação é favorável ou desfavorável ao líder. Para isso, são consideradas 3 variáveis situacionais:

1. **Relações entre líder e liderados**: qualidade da relação - o grau de segurança, confiança e respeito que os subordinados têm por seu líder. Se os sentimentos dos seguidores forem positivos, a situação é favorável; caso contrário, é desfavorável.

GESTÃO DE PESSOAS

2. **Estrutura da tarefa**: grau de estruturação das tarefas, de especificação de procedimentos e normas e de definição de metas.

   Tarefas estruturadas = situação favorável.

3. **Poder da posição**: grau de autoridade formal do líder (poder de punir, recompensar, disciplinar, contratar, demitir qualquer integrante do grupo)

   Grande poder = situação favorável.

Cada variável recebe uma avaliação favorável ou desfavorável, gerando 8 situações.

	FAVORÁVEL		MODERADO			DESFAVORÁVEL		
grau	1	2	3	4	5	6	7	8
relação líder/liderado	boa	boa	boa	boa	pobre	pobre	pobre	pobre
estruturação da tarefa	elevada	elevada	baixa	baixa	elevada	elevada	baixa	baixa
poder de posição	forte	fraco	forte	fraco	forte	fraco	forte	fraco

Fiedler utilizou os 2 estilos básicos de liderança comportamental (orientados para as tarefas e orientados para os relacionamentos) para analisar qual era mais eficaz em cada situação. Para identificar quais eram os estilos de cada líder, ele desenvolveu o teste do "questionário do colega menos preferido", que consistia em pensar na pessoa com a qual o líder menos gostou de trabalhar na vida e associá-la a adjetivos do questionário, como agradável ou desagradável, eficiente ou ineficiente, aberto ou reservado.

A conclusão do estudo foi: líderes orientados para a tarefa têm um melhor desempenho em situações muito favoráveis ou muito desfavoráveis. Líderes orientados para relacionamentos se saem melhor em situações moderadamente favoráveis.

	FAVORÁVEL		MODERADO			DESFAVORÁVEL		
grau	1	2	3	4	5	6	7	8
relação líder/liderado	boa	boa	boa	boa	pobre	pobre	pobre	pobre
estruturação da tarefa	elevada	elevada	baixa	baixa	elevada	elevada	baixa	baixa
poder de posição	forte	fraco	forte	fraco	forte	fraco	forte	fraco

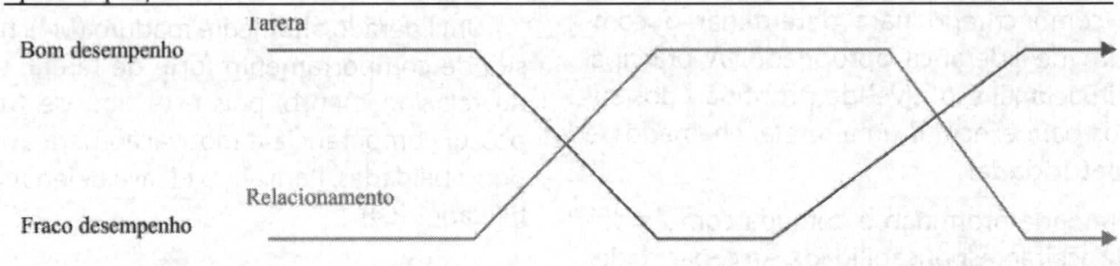

5.3 Teoria do Recurso Cognitivo (TRC)

Fiedler e Joe Garcia revisaram a teoria original pressupondo que, além das variáveis estudadas no modelo (relacionamento entre líder e liderados, grau de estruturação de tarefa e poder de posição), existe outro importante componente que impacta a liderança: o grau de estresse da situação. Colocando o estresse como desvantagem situacional, os autores analisaram como a **inteligência** e a **experiência** de um líder influenciam sua reação.

Estresse é inimigo da racionalidade, logo:

- Em situações de alta tensão indivíduos experientes tem maior desempenho que indivíduos inteligentes.
- Em situações de baixa tensão, os indivíduos inteligentes têm maior sucesso que indivíduos experientes.

5.4 Continuum de Liderança – Tannenbaum e Schmidt

Obs.: alguns autores consideram esta teoria dentro da abordagem Comportamental, outros, dentro da abordagem Contingencial.

Para criar este modelo, os autores se basearam no pressuposto de que a escolha de um estilo de liderança eficaz está intimamente ligada a **três fatores**:

- Forças do **administrador**: escolher o estilo de liderança no qual se sente mais confortável, levando em conta sua experiência, personalidade e conhecimento.
- Forças dos **subordinados**: levar em conta as características da equipe, como maturidade, responsabilidade, experiência e habilidades.
- Forças **situacionais**: características internas e externas, como a cultura organizacional, os prazos e a estruturação das tarefas.

Os líderes de sucesso seriam aqueles que conseguem colocar em evidência as forças que são mais importantes para o seu comportamento no momento adequado, bem como manter uma boa interação com os subordinados, a organização e as pressões do ambiente.

Tannenbaum e Schmidt criaram um continuum de liderança (uma espécie de régua) que consiste em uma faixa composta de <u>sete atitudes</u> possíveis para um gerente.

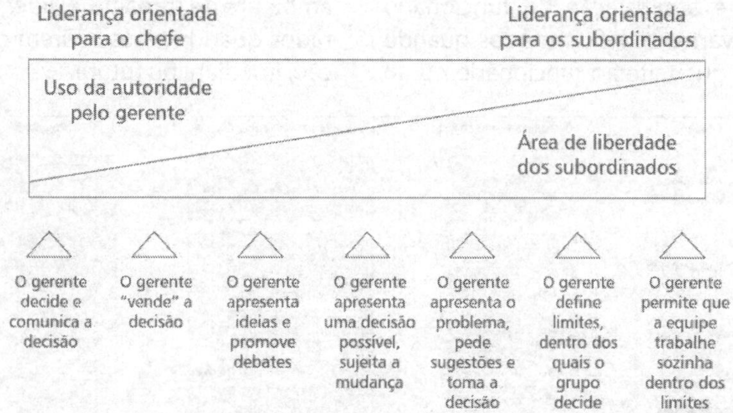

Este *continuum* estabelece sete estilos que a liderança pode seguir, de acordo com o grau de centralização ou descentralização de poder decisório.

5.5 Teoria do Caminho-Meta - House e Evans

Os autores afirmam que o papel do líder é ajudar os subordinados no alcance das metas, fornecendo orientação e apoio (caminho) para assegurar que tais metas sejam compatíveis com os objetivos da organização.

Desse modo, o trabalho de líder consiste em esclarecer o caminho que os subordinados deverão percorrer para atingir elevado nível de desempenho que lhes permita alcançar, simultaneamente, as recompensas individuais e as metas organizacionais.

Segundo a Teoria, há:

- **2 tipos de variáveis situacionais**:
  - Variáveis ambientais: a estrutura da tarefa, o sistema de autoridade formal e o grupo de trabalho
    - Características individuais dos funcionários: lócus de controle (interno – acredita que as realizações advêm de seu próprio esforço; externo – acredita que as realizações dependem de forças exteriores); disposição de aceitar a influência dos outros; capacidade autopercebida para realização das tarefas.
- **4 estilos de liderança**:
  - líder **Diretivo**: dá a direção, especifica as tarefas e define as metas.
  - líder **Compreensivo (apoiador)**: é amigável e preocupado com as necessidades dos funcionários.
  - líder **Participativo**: é democrático, consulta os funcionários e descentraliza a tomada de decisão.
  - líder **Realizador**: desafia os subordinados com objetivos ambiciosos.

A teoria relaciona os quatro tipos de comportamentos dos líderes com dois fatores contingenciais. Antes de adotar uma atitude, o líder deve avaliar qual a realidade da situação.

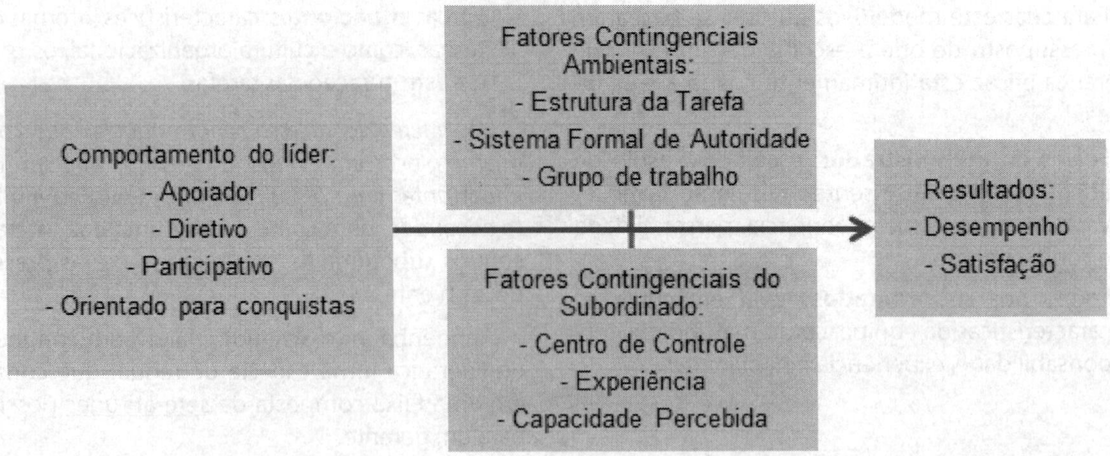

O desempenho e a satisfação do funcionário tendem a ser positivamente influenciados quando o líder oferece algo que falte ao funcionário ou ao ambiente de trabalho. O líder será aceito pelos liderados quando estes o virem como fonte de satisfação, imediata ou futura.

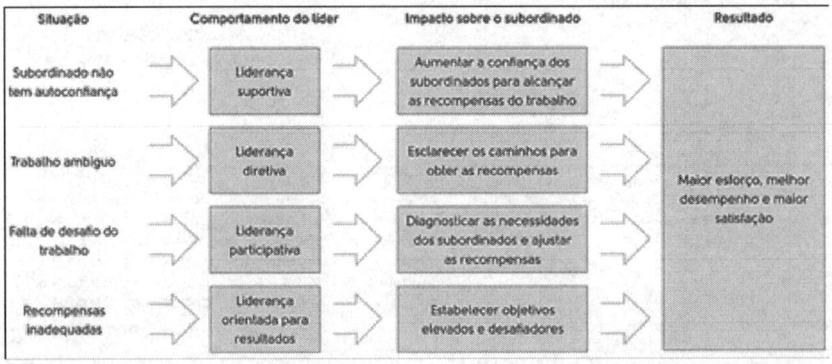

Caso o líder seja redundante em relação às fontes ambientais ou incongruente com as características dos funcionários, esse comportamento errado pode desmotivar o subordinado e tornar o líder ineficaz.

Exemplos:

- Um estilo diretivo de liderança é adequado a pessoas que respeitam a autoridade, mas é desnecessário se as tarefas são bem estruturadas.
- Um estilo compreensivo é adequado se o sistema de autoridade é insatisfatório, mas é pouco relevante se o grupo de trabalho proporciona apoio social a seus membros.
- Um estilo participativo de liderança é mais adequado para pessoas que têm lócus de controle interno e que se acham hábeis e capazes.
- Um estilo realizador é adequado quando existe falta de desafio no trabalho.

5.6 Teoria 3D - Reddin

Os modelos bidimensionais não vinham explicando adequadamente o processo de liderança. Alguns pesquisadores, então, passaram a acrescentar uma terceira dimensão, ou variável de análise do comportamento. A teoria de Reddin, ou da Eficácia Gerencial, tem esse nome justamente por acrescentar uma 3ª dimensão, a Eficácia.

Segundo o autor, a principal função do administrador é ser eficaz (ou seja, atingir os resultados). O administrador deve ser eficaz em uma variedade de situações e a sua eficácia poder ser medida na proporção em que ele é capaz de transformar o seu estilo de maneira apropriada, em situação de mudança.

As **três habilidades gerenciais básicas** são:

- Sensitividade situacional - diagnosticar as situações e as forças que jogam na situação.
- Flexibilidade de estilo - se adequar às forças em jogo, devidamente analisadas e diagnosticadas.
- Destreza de gerência situacional - gestão situacional, ou seja, a capacidade de modificar a situação que deve ser modificada.

O modelo de Reddin parte dos dois elementos (Orientação para Tarefa e Orientação para Relacionamentos) para definir **quatro estilos gerenciais básicos**:

Relacionado: se orienta exclusivamente para as relações que estabelece entre as pessoas;

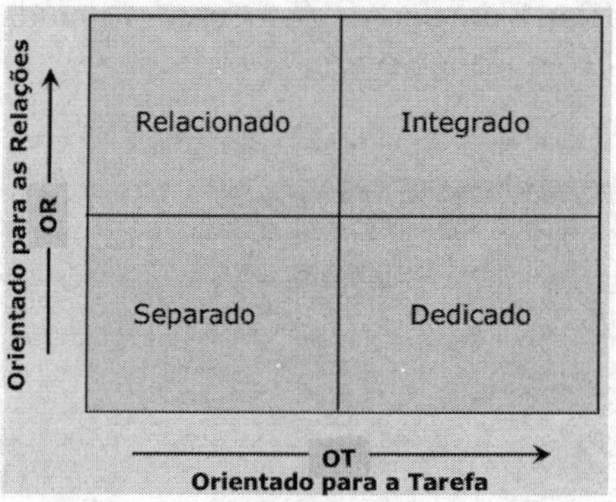

- Dedicado: dá ênfase às tarefas a serem realizadas;
- Separado: tem uma atuação deficitária tanto no que diz respeito às inter-relações, quanto à realização das tarefas.
- Integrado: consegue conjugar, de forma concomitante, uma atuação eficaz tanto voltada para a relação entre as pessoas quanto para a realização das tarefas.

Não há um estilo ideal. Cada situação requer uma estratégia própria. O gerente deve modificar seu estilo em conformidade com a exigência da situação, de forma a ser eficaz. Percebe-se, portanto, que a Teoria 3D não dá uma direção (não propõe um estilo ideal), ela apenas ressalta que o gerente deve buscar a eficácia.

Os quatro estilos básicos têm um equivalente mais eficaz e outro menos eficaz, dando lugar a oito estilos gerenciais.

	Eficaz	**Não Eficaz**
Líder Integrado	Executivo: voltado para resultados e pessoas, é desafiador.	Transigente: tolerante com algumas atitudes ou comportamentos na equipe, correndo riscos de assumir atitudes ambíguas, sem transmitir confiança.
Líder Relacionado	Promotor: enfatiza comunicações livres, desenvolvimento de talentos, trabalho eficaz em equipe e transmissão irrestrita de confiança.	Missionário: tende a evitar conflitos, postura agradável e sociável, dependente dos outros, não tem o foco na produção e nos resultados.
Líder Dedicado	Autocrata Benevolente: age com energia, autoridade, comprometido com qualidade, demonstra iniciativa e atitudes paternalistas.	Autocrata: agressividade, independência, ambição, iniciador - fixa tarefas e cobra resultados.
Líder Separado	Burocrata: segue ordens, é confiável, lógico, com autocontrole, imparcial e justo em suas análises e decisões, eficiente na manutenção de sistemas e rotinas.	Desertor: segue regulamentos, sem envolvimentos, não emite opiniões ou expressa posições, não coopera, não se comunica com a equipe.

6. VISÃO CONTEMPORÂNEA – A NOVA LIDERANÇA

6.1 Liderança Transacional x Transformacional

James M. Burns desenvolveu um novo paradigma, abordando a liderança como uma relação com troca de influências. Esse modelo define 2 tipos de líderes, levando em conta o tipo de recompensa que oferecem aos subordinados: líderes transacionais e transformacionais.

Líder **Transacional**: guia e motiva seus funcionários na direção dos objetivos estabelecidos por meio do esclarecimento de funções e requisitos de tarefas (foco em tarefas). Vê a relação com os subordinados como uma transação, na qual ele define metas em troca de recompensas individuais (materiais ou psicológicas). São bons para situações estáveis, com foco no curto prazo.

Líder Transacional
Recompensa contingente: negocia recompensas pelo desempenho
Administração por exceção (ativa): observa desvios e corrige
Adm. por exceção (passiva): intervém apenas quando resultados não são alcançados
Laissez-faire: abdica de responsabilidade, evita decisões

Líder **Transformacional**: inspira os seguidores a transcenderem seus interesses individuais em prol da organização. Age influenciando, inspirando, estimulando e considerando individualmente as pessoas. Não depende de recompensas materiais e tangíveis para motivar os subordinados, focalizando outras dimensões, como a visão, os valores partilhados e as ideias. É um agente de inovações e mudanças, com foco no longo prazo.

Líder Transformacional
Influência idealizada - carisma: dá visão e sentido da missão, estimula orgulho
Inspiração: comunica altas expectativas e foca esforços
Estímulo intelectual: promove inteligência, racionalidade
Consideração individualizada: dá atenção individual, personalizada

6.2 Liderança Carismática

Carisma é um magnetismo que inspira os funcionários a atingir as metas que são percebidas como difíceis ou improváveis.

Líder Carismático é alguém com uma visão convincente ou forte senso de propósito; com capacidade de comunicar sua visão em termos claros e que os seguidores possam entender; que demonstra consistência e foco na busca da visão, além de entendimento de suas próprias forças.

Líderes carismáticos são caracterizados por elevada autoconfiança, domínio, autogestão e fortes convicções em relação à sua visão de futuro. Também são intelectualmente estimulantes e demonstram sensibilidade ao ambiente e às necessidades dos seguidores.

A Teoria da Liderança Carismática afirma que os seguidores atribuem ao líder capacidades heroicas ou extraordinárias quando observam determinados comportamentos (a exemplo de líderes religiosos).

Robbins cita cinco características desses líderes: têm visão e capacidade de articular essa visão, a disposição para assumir riscos para alcançar essa visão, a sensibilidade tanto para restrições ambientais quanto para as necessidades de seus seguidores e apresentam comportamentos que fora do comum.

Eles influenciam seus seguidores porque:

- declaram uma visão que cria um senso de comunidade, que inspira e garante comprometimento;
- declaram expectativas elevadas em relação aos subordinados, transmitindo confiança em suas habilidades;
- transmitem seus valores e crenças, estabelecendo um modelo comportamental para seus seguidores imitarem;
- estão dispostos a fazer sacrifícios e a correr riscos para demonstrar coragem.

A liderança carismática é eficaz quando a tarefa é caracterizada por um componente ideológico ou quando o ambiente impõe alto grau de estresse e incerteza.

6.3 Liderança Autêntica

Segundo Robbins, embora as teorias permitam entender as bases de uma liderança eficaz, elas não lidam explicitamente com o papel da ética e da confiança, que são essenciais para um líder. Esses dois conceitos são trabalhados na **teoria da liderança autêntica**.

Os líderes autênticos são éticos e confiáveis. Eles compartilham informações, encorajam a comunicação aberta e são fiéis a seus ideais. Como resultado, as pessoas passam a ter fé neles. Dessa forma, a principal qualidade produzida por uma liderança autêntica é a confiança. Seus liderados os consideram pessoas éticas.

Líderes autênticos sabem quem são, no que acreditam e o que valorizam e agem conforme seus valores e crenças, de forma aberta e honesta.

Os líderes transformacionais ou carismáticos podem ter uma visão e comunicá-la, mas essa visão pode estar errada ou o líder pode estar mais preocupado com as próprias necessidades. Um líder carismático sem ética pode utilizar o carisma para aumentar seu poder em proveito próprio.

Os líderes éticos devem utilizar seu carisma de maneira socialmente construtiva, para servir aos outros. Os líderes que tratam seus liderados com imparcialidade, fornecendo informações honestas e regulares, são considerados mais eficazes.

Alguns pesquisadores têm tentado integrar a liderança ética e carismática ao promover a ideia de liderança carismática socializada – a liderança que transmite valores centrados nos outros (em vez de centrados em si mesmos) por líderes que são modelos de conduta ética. Os líderes carismáticos socializados são capazes de transmitir valores aos empregados de acordo com os próprios valores, por meio de suas palavras e ações.

Quais as principais características que levam os liderados a acreditarem que um líder é confiável?

A propensão à confiança refere-se à predisposição que determinado indivíduo tem para confiar em outras pessoas.

Segundo Robbins, confiança é um estado psicológico que existe quando você concorda em se tornar vulnerável ao outro. Os liderados que confiam no líder estão dispostos a se colocarem em vulnerabilidade em relação às ações dele, pois acreditam que seus direitos e interesses não serão prejudicados.

Evidências apontam três características dos líderes que geram confiança: integridade, benevolência e capacidade.

- Integridade - honestidade e à sinceridade.
- Benevolência - atenção, apoio, considera de verdade os interesses dos outros, mesmo que estes não estejam necessariamente alinhados com os seus.
- Capacidade - conhecimentos e habilidades técnicos e interpessoais.

Como consequência, a confiança encoraja a assumir riscos, facilita o compartilhamento de informações e melhora a produtividade. Em suma, grupos confiáveis são mais eficazes.

6.4 Liderança Visionária

Liderança visionária é a capacidade de criar e articular uma visão realista, crível e atraente do futuro para uma organização ou unidade organizacional, uma visão que se desenvolve a partir do presente e o melhora. (Robbins)

Várias competências estão associadas aos líderes visionários, mas três merecem destaque.

- capacidade de explicar sua visão aos outros – por meio de clara comunicação oral e escrita, o líder precisa transformar a visão em metas e ações.
- capacidade de expressar sua visão por meio do comportamento - comportar-se de maneira que continuamente transmita e reforce a visão.
- capacidade de ampliar a visão para diferentes contextos de liderança - ganhar comprometimento de modo que a visão possa ser aplicada em variadas situações, independentemente do departamento ou localização.

6.5 Substitutos e neutralizadores da liderança

A teoria sugere que, em muitas situações, as ações dos líderes são irrelevantes.

Esse conceito pressupõe que algumas variáveis situacionais podem ser tão poderosas que substituem ou neutralizam a necessidade de liderança. Em outras palavras, há atributos que podem substituir a necessidade de liderança ou que impossibilitam que o comportamento do líder faça qualquer diferença para seus subordinados.

- **Substitutos**: atributos que podem substituir a necessidade de liderança – experiência, treinamento, metas formais, regras e procedimentos rígidos, grupos de trabalho coesos etc.
- **Neutralizadores**: atributos que impossibilitam que o comportamento do líder faça qualquer diferença para seus subordinados - indiferença às recompensas organizacionais. Regras inflexíveis, desrespeito etc.

6.6 Teoria da troca entre líderes e liderados

A teoria argumenta que, por causa das pressões do tempo, os líderes estabelecem um relacionamento especial com um pequeno grupo de seus liderados. Esses indivíduos constituem o "grupo de dentro" - têm toda a confiança, recebem uma parcela desproporcional de atenção do líder e costumam ser alvo de privilégios especiais. Os demais membros formam o "grupo de fora" - recebem menos tempo do líder, menos recompensas controladas por ele e seu relacionamento se baseia nas interações formais de autoridade.

Como o líder escolhe quem fica em qual categoria não é muito claro, mas há evidências de que os membros "de dentro" são escolhidos porque têm atitudes e características de personalidade semelhantes às do líder ou por possuírem um nível de competência superior ao dos demais subordinados.

6.7 Autoliderança e Superliderança

Manz e Sims defendem a ideia de **Autoliderança** - o funcionário que influencia a si mesmo, que utiliza a automotivação e o autodirecionamento para obter um bom desempenho. Isso exige habilidades comportamentais de auto-observação, autocrítica, autoestabelecimento de metas, autorrecompensa. Também envolve as atividades mentais de associar recompensas às tarefas e de estabelecer padrões de pensamento efetivos.

Uma pessoa torna-se autolíder com o apoio dos **superlíderes**, que trabalham ativamente para revelar as capacidades de seus subordinados. A superliderança inicia com um conjunto de crenças positivas sobre os trabalhadores, comunicação de expectativas positivas, recompensas pelos progressos em direção à autoliderança e inclusão da autoliderança na cultura organizacional. Além disso, para que ela exista os gestores deverão ceder parte do seu controle direto.

MOTIVAÇÃO

Motivos são forças, conscientes ou inconscientes, que levam o indivíduo a uma ação.

Motivus é "tudo aquilo que pode fazer mover", é o processo pelo qual o comportamento humano é incentivado, estimulado ou energizado por algum tipo de motivo ou razão (desejos, aspirações e necessidades).

Quando analisamos a motivação, devemos considerar o indivíduo e o contexto (ambiente) em que ela ocorre, pois são fatores interdependentes.

No âmbito organizacional, segundo Robbins, a motivação é a vontade de exercer altos níveis de esforço para alcançar os objetivos organizacionais. Sobral e Peci complementam que essa predisposição individual para exercer esforços que busquem o alcance de metas organizacionais é condicionada pela capacidade de esses esforços satisfazerem, simultaneamente, alguma necessidade individual.

Três elementos podem ser destacados nessa definição de motivação – esforço (indivíduos motivados se esforçam mais), metas organizacionais e necessidades pessoais.

Há divergências teóricas sobre motivação, principalmente no que se refere à relação entre recompensas e motivação. Nesse sentido, costuma-se classificar a motivação em Intrínseca (interna) e Extrínseca (externa).

- **Motivação intrínseca** – encontra-se no interior de cada indivíduo e está normalmente associada a um desejo, ao atendimento de objetivos pessoais.
  - o Motivos internos: impulsos interiores, de natureza fisiológica e psicológica - necessidades, aptidões, interesses, valores e habilidades - afetados por fatores sociológicos, como os grupos ou a comunidade de que a pessoa faz parte.
  - o Fazem cada pessoa ser capaz de realizar certas tarefas e não outras; sentir-se atraída por certas coisas e evitar outras; valorizar certos comportamentos e menosprezar outros.
- **Motivação extrínseca** - visão comportamentalista - implica a interação entre o sujeito e o ambiente.
  - o Motivos externos: estímulos ou incentivos que o ambiente oferece, processos de reforço e punição. Ex: trabalho, ambiente, as recompensas, padrões e valores do grupo/meio social.

Todorov e Moreira defendem a motivação extrínseca, a qual baseia-se no pressuposto de que o comportamento vai ocorrer em determinada situação e não em outra. Essa visão comportamentalista implica a interação entre o sujeito e o ambiente. A motivação para o trabalho, nesse contexto, seria resultante de uma interação complexa entre os motivos internos das pessoas e os estímulos da situação ou ambiente.

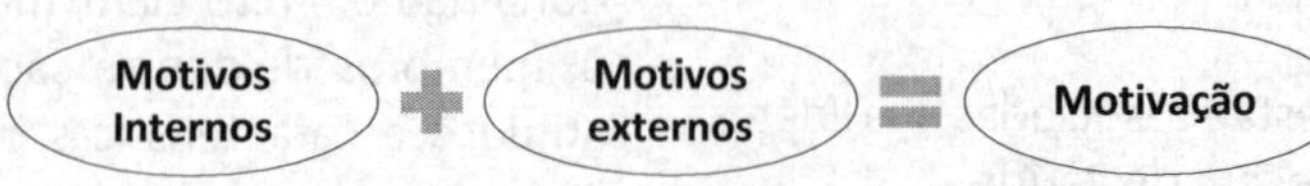

Autores como Bergamini, Gooch e McDowell, entretanto, defendem que a motivação se encontra no interior de cada indivíduo (intrínseca) e que está normalmente associada a um desejo. Este desejo impulsiona o indivíduo à ação. Por este viés, ninguém pode motivar ninguém, o máximo que se consegue fazer é estimular outra pessoa; os desejos são individuais e dificilmente alguém seguirá a orientação de outra pessoa. Essa é a visão majoritária na literatura especializada.

Os motivos intrínsecos podem ter origens distintas: emocionais, cognitivas e biológicas.

- Emocionais: relacionados à necessidade de afeto, estima, raiva, medo, ansiedade etc. Emoções podem ser positivas ou negativas, podem ser externalizadas ou não.

- Cognitivos: baseados em raciocínio, conhecimento, opiniões, crenças, valores pessoais. O comportamento final é resultado de uma reflexão sobre a situação (ex: comportamento ético).
- Biológicos/Hereditários: características físicas capazes de facilitar ou dificultar ações (ex: pessoa alta joga basquete).

Segundo Spector, motivação é a energia ou força que movimenta o comportamento e que tem três propriedades:

- **Direção**: o **objetivo** do comportamento motivado ou a direção para a qual a motivação leva o comportamento. A escolha que o sujeito faz dentre as possibilidades existentes.
- **Intensidade**: o **esforço**, a intensidade da motivação.
- **Permanência** (persistência): a **necessidade**, a duração da motivação ao longo do tempo.

A motivação é específica: não há um estado geral de motivação que leve uma pessoa a sempre ter disposição para tudo. No campo da Administração, uma pessoa motivada é aquela que demonstra alto grau de disposição para realizar uma tarefa.

A figura a seguir representa o ciclo motivacional.

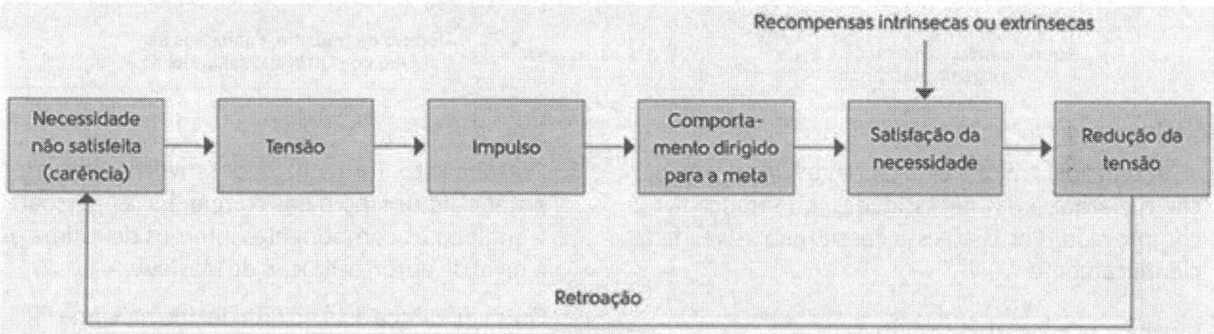

Existem dois grandes grupos de teorias sobre motivação: de processo e de conteúdo.

1. TEORIAS DE CONTEÚDO

As teorias de conteúdo partem do pressuposto de que as pessoas agem para satisfazer suas necessidades. Essas teorias buscam identificar as necessidades internas dos trabalhadores que motivam seu comportamento (o que motiva).

1.1 Hierarquia das Necessidades - Maslow

Abraham Maslow propõe que o comportamento individual é motivado por estímulos internos (necessidades) que se dispõem em uma ordem hierárquica de **cinco níveis: fisiológicas, de segurança, sociais, de estima e de autorrealização**.

Necessidades são estados de carência ou privação. Conforme Maslow, apenas quando uma necessidade inferior é substancialmente satisfeita, o indivíduo pode sentir o estímulo advindo de uma necessidade de ordem superior.

Em outras palavras: seguindo a ordem hierárquica (da base para o topo), enquanto uma necessidade de um nível mais baixo não for satisfeita, as necessidades de um nível acima não terão efeito motivador. Caso uma necessidade seja atendida, ela deixa de se fazer sentir (perde sua força motivadora) e a pessoa passa a ser motivada pelo nível seguinte.

As afirmações acima remetem a dois princípios:

- Princípio da emergência: as necessidades de qualquer nível da hierarquia emergem como motivadores apenas quando as necessidades de níveis inferiores já estiverem razoavelmente satisfeitas.
- Princípio da dominância: na medida em que uma necessidade é substancialmente atendida, a próxima se torna dominante.

As cinco necessidades são separadas em dois grupos:

- Primárias - fisiológicas e de segurança.
- Secundárias - sociais, de estima e de autorrealização.

A hierarquia das necessidades é tradicionalmente representada pelo desenho de uma pirâmide (Pirâmide de Maslow). Na base desta pirâmide estariam as necessidades mais básicas e vitais para os seres humanos (as primárias); a seguir, até se chegar ao topo, estariam as necessidades secundárias.

A principal crítica a essa teoria reside na vinculação hierárquica das necessidades, que nunca ficou comprovada. Por isso, essa teoria não é validada cientificamente.

1.2 Teoria ERC (ERG) - Alderfer

Basicamente, é uma adaptação da teoria da hierarquia das necessidades de Maslow. Alderfer procurou adequar os estudos de Maslow para que a teoria pudesse refletir os dados de suas pesquisas.

A primeira diferença é o fato de que Alderfer reduziu os níveis hierárquicos para três: Existenciais, Relacionais e de Crescimento.

1. **Existência** (existence) – relacionadas ao bem-estar físico – engloba os primeiros níveis de Maslow (fisiológico e segurança).
2. **Relacionamento** (relatedness) – relações interpessoais satisfatórias – engloba o nível social de Maslow e alguns fatores externos do nível de estima.
3. **Crescimento** (growth) – desenvolvimento do potencial humano e das competências pessoais – engloba os componentes internos de estima e o nível de autorrealização de Maslow.

Outra diferença está no fato de que na teoria ERC não existe uma hierarquia tão rígida. Vários níveis de necessidades podem ser estimulados ao mesmo tempo - a satisfação de um nível anterior não seria um pré-requisito para a satisfação do nível seguinte.

Além disso, se um nível de necessidade superior não for atendido, isso pode levar a pessoa a aumentar a necessidade de nível inferior. Ex: falta de reconhecimento no trabalho poderia aumentar a demanda por melhores salários.

1.3 Teoria dos Dois Fatores - Herzberg

Para Herzberg, satisfação e insatisfação possuem origens distintas.

A Teoria dos Dois Fatores aborda os conceitos de motivação a partir de dois grupos de fatores: higiênicos e motivacionais.

Fatores higiênicos: de manutenção; extrínsecos; insatisfacientes	Fatores motivacionais: intrínsecos; satisfacientes
• Contexto do trabalho/cargo = salário, benefícios, tipo de chefia ou supervisão, condições físicas e ambientais de trabalho, políticas e diretrizes, etc.	• O trabalho em si = conteúdo do cargo e natureza das tarefas = sentimentos de crescimento individual, reconhecimento, autorrealização, autonomia, responsabilidade, etc.

Fatores higiênicos – extrínsecos - insatisfacientes

Relacionados com o ambiente / contexto do trabalho.

As empresas buscam atender a essa necessidade oferecendo adequadas condições de trabalho, remuneração correta e equilibrada, padrão claro e estável de supervisão e organização, clareza de informação e comunicação etc.

A presença de fatores higiênicos não traz satisfação / motivação, porém, sua ausência gera grande insatisfação.

Fatores motivacionais – intrínsecos - satisfacientes

Aspectos psicológicos intrinsecamente recompensadores - reconhecimento, crescimento, autoestima, autorrealização etc.

Quando presentes, tais fatores geram satisfação, porém, sua ausência não gera insatisfação.

A conclusão do estudo de Herzberg mostra que os fatores que geram a satisfação e a insatisfação possuem origens distintas.

Fatores higiênicos - extrínsecos - não geram satisfação. Eles apenas geram insatisfação quando ausentes, ou impedem a insatisfação quando presentes.

Fatores motivacionais - intrínsecos - não geram insatisfação. Eles geram satisfação quando presentes, e impedem a satisfação quando ausentes.

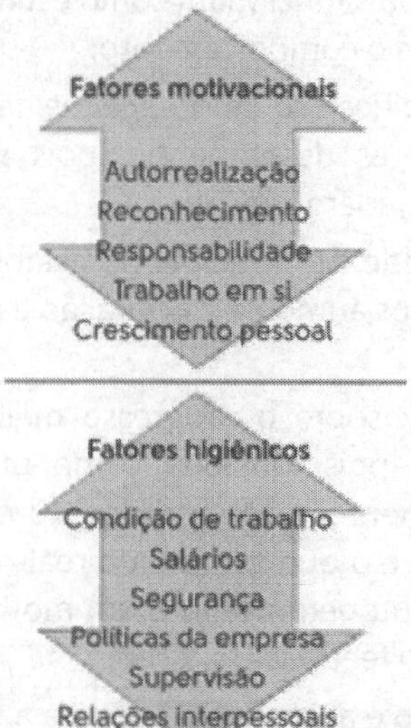

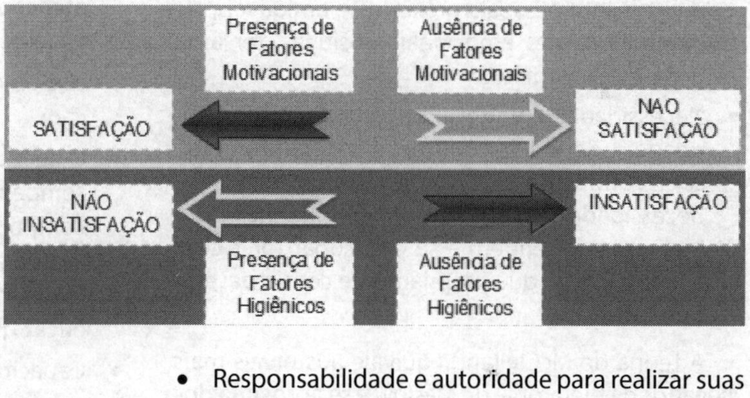

Dessa forma, o contrário de Satisfação não é a Insatisfação, mas a Não Satisfação; e o contrário de Insatisfação é a Não Insatisfação. Devem ser oferecidos níveis apropriados de fatores higiênicos para que não haja insatisfação, ao mesmo tempo em que devem ser oferecidos fatores motivacionais para que haja satisfação.

Os estudos de Herzberg mostram que a principal maneira de motivar uma pessoa no trabalho é oferecer atribuições desafiadoras e pelas qual ela se responsabilize. Isso pode ser feito através de um processo chamado enriquecimento de cargo, permitindo a realização de trabalhos que sejam interessantes, desafiadores e valorizados. Exemplo:

- Oportunidades para que ele possa alcançar seus objetivos pessoais desde que estejam compatíveis com os objetivos da empresa;
- Reconhecimento, pela chefia, dos objetivos atingidos;
- Responsabilidade e autoridade para realizar suas tarefas;
- Desafios para suas habilidades e conhecimentos;
- Oportunidades e promoção quando o empregado demonstrar interesse e domínio para as tarefas pretendidas.

O trabalho de enriquecimento de cargo deve ser uma preocupação contínua dos gerentes para que possam manter um nível de motivação elevado.

1.4 Teoria das Necessidades Adquiridas - McClelland

Também conhecida como Teoria das 3 Necessidades, foi desenvolvida por David McClelland. O autor propõe a explicar a motivação a partir de três necessidades que todas as pessoas possuem com intensidades diferentes: realização, afiliação e poder. Essas necessidades são aprendidas e adquiridas ao longo da vida, como resultado das experiências de cada pessoa, de suas vivências – figura a seguir.

GESTÃO DE PESSOAS

- Necessidade de **Realização** (Competir, Sucesso) – desejo de alcançar metas difíceis, realizar tarefas desafiadoras e complexas e superar os outros; ser excelente, mais eficiente; resolver problemas; ímpeto para alcançar sucesso. As pessoas que possuem muito dessa necessidade costumam ser competitivas, cumprir metas estipuladas e ter alto nível de desempenho.
- Necessidade de **Afiliação** (Relacionamento) – desejo de associação com outros, de relacionamentos interpessoais próximos e amigáveis, de manter relações emocionais positivas, ter amigos e evitar conflitos.
- Necessidade de **Poder** (Exercer influência, autoridade) – desejo de controlar e de ter autoridade sobre outras pessoas. Os indivíduos com essas necessidades em alta gostam de influenciar outras pessoas; tendem a se preocupar mais com a influência do que propriamente com o desempenho eficaz.

A teoria de McClelland equivale aos níveis mais elevados da hierarquia de Maslow e se aproxima dos fatores motivacionais de Herzberg e, a exemplo deles, também não teve seus pressupostos comprovados cientificamente.

2. TEORIAS DE PROCESSO

Procuram explicar como funcionam os processos de pensamento que levam uma pessoa a agir, ou seja, o conjunto de passos/decisões que conduzem à motivação.

2.1 Teoria do Estabelecimento de Objetivos - Locke

Edwin Locke defende que os funcionários precisam ter metas que os estimulem e que dirijam seu comportamento. Trata-se de uma teoria cognitiva que se baseia no pressuposto de que os indivíduos são seres pensantes que lutam para atingir objetivos, por isso a importância da fixação de metas para motivar ações.

Mas não é qualquer tipo de objetivo que funciona como motivador. A teoria sustenta que objetivos específicos, desafiadores (mas alcançáveis), com feedback sobre o desempenho, conduzem a melhores desempenhos.

Também conhecida como Teoria da Fixação de Metas, alguns de postulados são:

- Objetivos específicos são melhores que metas genéricas, pois funcionam como estímulos internos e guiam o comportamento;
- Objetivos difíceis, quando aceitos, também geram melhores desempenho, pois prendem a atenção e ajudam a focar;
- Oportunidade de participar no estabelecimento dos objetivos aumenta a aceitação e a colaboração;
- O feedback sobre o progresso melhora o desempenho, pois funciona como um guia do comportamento, mostrando o gap entre o que é esperado e o que está sendo realizado. Obs: o feedback autogerenciado é um motivador mais eficaz que o feedback externo;
- Capacitação e autoeficácia (crença a respeito do próprio desempenho em uma tarefa) geram melhor desempenho.

Outros fatores influenciam a relação objetivo-desempenho: o comprometimento com o objetivo, as características da tarefa e a cultura nacional.

O ciclo da motivação, conforme a Teoria, funciona da seguinte forma:

2.2 Teoria do Reforço - Behaviorismo

Alguns autores enquadram essa teoria na abordagem de Processo, mas outros a abordam individualmente, como uma abordagem de Reforço. Ela afirma que o reforço condiciona o comportamento, ou seja, que os indivíduos podem ser moldados a se comportarem de certa maneira em decorrência de estímulos aplicados a eles. No ambiente de trabalho, os gestores podem modificar o comportamento dos trabalhadores por meio do uso apropriado de recompensas ou punições.

De acordo com tal teoria, os fatores ambientais influenciam o comportamento (reforços externos) e não eventos cognitivos internos (vontades íntimas do indivíduo). É estabelecida uma relação entre o comportamento e suas consequências, baseada na concepção de uma aprendizagem cíclica e na lei do efeito:

- Estímulos positivos tendem a reforçar um comportamento - comportamentos com consequências positivas (recompensas) tendem a ser repetidos no futuro (ex: pagar um bônus aos que atingem metas);
- Estímulos negativos buscam anular um comportamento - comportamentos com consequências negativas (punições) tendem a não ser repetidos (ex: punição por atrasos frequentes).

Um dos autores mais famosos dessa corrente teórica é Skinner, que popularizou o conceito de condicionamento operante como forma de manipular o comportamento das pessoas. As quatro estratégias mais comuns para modificar o comportamento são:

- **Reforço Positivo** - dar recompensa quando um comportamento desejado ocorre;
- **Reforço Negativo** - retirar consequência negativa quando um comportamento desejado ocorre;
- **Punição** - aplicação de medida negativa quando um comportamento indesejado ocorre;
- **Extinção** - retirada de recompensas positivas quando um comportamento indesejado ocorre.

2.3 Teoria da Equidade

A teoria defende que os funcionários comparam seus esforços e recompensas obtidas com os esforços e recompensas de outros funcionários, reagindo de forma a eliminar injustiças percebidas.

Há dois fatores fundamentais: recompensas e insumos.

- Recompensas referem-se ao que a pessoa recebe no trabalho: reconhecimento, pagamento, benefícios, satisfação, punição etc.
- Insumos correspondem à contribuição que a pessoa oferece à organização: esforço, tempo, talento, desempenho, comprometimento etc.

A equidade pode ser definida como uma relação (proporção) entre os insumos que a pessoa dá em seu trabalho e as recompensas que recebe, comparada com as recompensas que os outros estão recebendo por contribuições semelhantes.

Quando essas proporções são avaliadas como equivalentes, as pessoas acreditam que a relação é equitativa, justa, gerando satisfação. Quando as proporções são avaliadas como desequilibradas, as pessoas acreditam que a relação não é equitativa ou justa, causando insatisfação.

Há quatro pontos de referência que podem ser utilizados como comparação:

- Próprio interno: experiências do funcionário em outra posição na empresa;
- Próprio externo: experiências do funcionário fora da empresa;
- Outro interno: outra pessoa ou grupo na empresa;
- Outro Externo: outra pessoa ou grupo fora da empresa.

Se o funcionário percebe uma inequidade, seria natural tomar algumas providências:

- Modificar os insumos (contribuições) – reduzir o esforço, trabalhar menos;
- Modificar os resultados (recompensas) – manter a quantidade, mas reduzir a qualidade; exigir maior recompensa;
- Rever a autoimagem – mudar a percepção, a ideia sobre si mesmo (ex: considerar-se mais ou menos trabalhador);
- Rever a percepção que tem dos outros – achar que a posição dos outros é que não é satisfatória;
- Mudar o referencial – buscar outro ponto de referência, se comparar com alguém que está pior (ou melhor);
- Desistir – sair do emprego.

2.4 Teoria da Expectância - Vroom

Também chamada de Teoria da Expectativa, seu autor Victor Vroom sustenta que a motivação do indivíduo para alcançar determinado nível de desempenho depende de sua expectativa em relação ao resultado que esse desempenho terá. Expectativa é a crença de que um esforço produzirá resultado.

A teoria parte do princípio de que as pessoas se esforçam para alcançar recompensas que para elas são importantes, ao mesmo tempo em que evitam os resultados indesejáveis: a motivação para agir de determinada maneira depende da força da expectativa de que essa ação trará certo resultado e da atração que esse resultado exerce sobre o indivíduo.

É, atualmente, uma das teorias mais aceitas sobre motivação.

A motivação é função de três fatores, que devem ocorrer simultaneamente: expectância (expectativa), instrumentalidade e valência.

1. **Expectativa** = relação Esforço x Desempenho = a percepção de que um determinado conjunto de esforços o levará ao desempenho desejado. O grau de expectância varia de 0 (zero) a 1. Uma baixa expectativa (perto de zero) significa que a pessoa sente que não pode alcançar o nível necessário de desempenho.
2. **Instrumentalidade** = relação Desempenho x Recompensa = força ou clareza da relação percebida entre a ação a ser empreendida e o resultado esperado = crença de que o alcance do desempenho o levará a receber certas recompensas. O grau de instrumentalidade também varia de 0 (zero) a 1. Uma baixa instrumentalidade significa que a pessoa não está confiante de que o desempenho resultará em boas recompensas (bons resultados).
3. **Valência** = grau de atração, importância = qualidade positiva ou negativa atribuída aos objetivos = Recompensa x Objetivos pessoais. É o valor atribuído pelo indivíduo à recompensa. Representa o quanto as recompensas satisfazem as metas pessoais ou as necessidades do indivíduo. O grau de valência varia de - 1 (algo indesejável) a +1 (muito desejável).

A motivação é o resultado da equação **Expectância X Instrumentalidade X Valência**

3. OUTRAS TEORIAS

3.1 Teoria da Autoeficácia - Bandura

A autoeficácia se refere à convicção individual de que se é capaz de realizar determinada tarefa. Quanto maior a autoeficácia, maior a confiança no sucesso.

Pessoas com baixa autoeficácia teriam tendência de diminuir esforços ou de desistir, enquanto pessoas com alta autoeficácia tenderiam a se esforçar para vencer desafios e a responder com mais determinação a um *feedback* negativo.

Albert Bandura argumenta que há quatro maneiras de se aumentar a autoeficácia:

- Maestria prática: ganho de experiência relevante com o desempenho do trabalho;
- Aprendizagem por observação: ver outras pessoas desempenhando atividades sem consequências adversas pode gerar a expectativa de que também é possível realizá-las;
- Persuasão verbal: tornar-se mais confiante porque alguém o convence de que você possui as habilidades necessárias;
- Excitação emocional: conduz a um estado de energia que leva o indivíduo a terminar a tarefa.

3.2 Autorregulação – Kanfer

O êxito no alcance de objetivos depende de quatro componentes: auto-observação, autoavaliação, autorreação e autoeficácia, os quais são influenciados por fatores contextuais e de personalidade.

O processo, portanto, envolve o perceber, o comparar e o agir.

- Auto-observação - atenção dirigida para a própria pessoa;
- Autoavaliação - comparação entre os objetivos pretendidos e as condições pessoais para atingi-los;
- Autorreação - resposta afetiva à autoavaliação negativa ou positiva e à crença na capacidade de realização.

3.3 Teoria X e Y - McGregor

É considerada por alguns autores como uma teoria de motivação e, por outros, como uma teoria de liderança.

Douglas McGregor pôs em evidência a filosofia do gestor sobre a natureza humana e a sua relação com a motivação dos subordinados. Os gestores tendem a desenvolver um conjunto de crenças ou ideias sobre os empregados, as quais podem ser divididas em dois grupos, com visões antagônicas – a Teoria X e a Teoria Y.

Teoria X - as pessoas: são preguiçosas e indolentes; evitam o trabalho; evitam a responsabilidade; precisam ser controladas e dirigidas; são ingênuas e sem iniciativa. Se o gestor tem esta visão negativa das pessoas, ele tende a ser mais controlador e repressor, a tratar os subordinados de modo mais rígido, a ser autocrático, a não delegar responsabilidades.

Teoria Y - o trabalho é uma atividade tão natural como brincar ou descansar, portanto, as pessoas: são motivadas, esforçadas e obtêm satisfação intrínseca no desempenho das suas atividades; procuram e aceitam responsabilidades e desafios; são criativas e competentes. Como o gestor acredita no potencial dos funcionários, ele incentiva a participação, delega poderes e cria um ambiente democrático.

3.4 Campo de Forças - Lewin

Kurt Lewin definiu o conceito de que todo problema existe em um campo dinâmico de forças mentais, no qual esse problema é afetado por dois grandes conjuntos de forças: de um lado, as forças positivas que tendem a apoiar e a manter o problema atual; de outro lado, as forças negativas que tendem a restringir e a eliminar o problema.

Quando as forças positivas (que apoiam o problema) são maiores do que as forças negativas, a situação tende a permanecer. Mas se as forças negativas são mais fortes (resistência ao problema), a tendência é remover o problema.

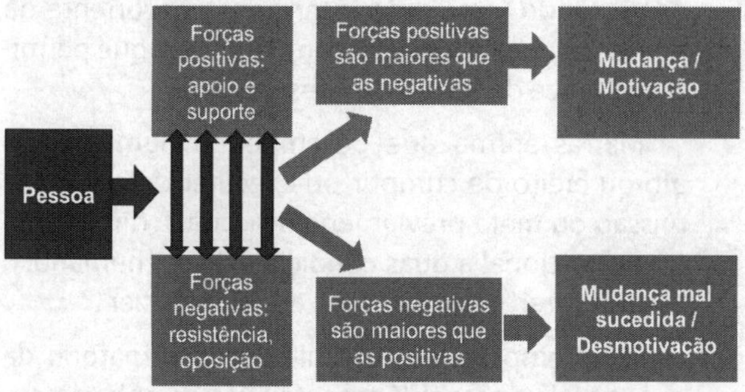

3.5 Visão contemporânea da motivação

Sobral e Peci defendem que técnicas motivacionais contemporâneas podem ser aplicadas ao desenho do trabalho individual, em busca do aumento da produtividade e da satisfação dos trabalhadores.

- Rotatividade de cargo: movimentação sistemática dos funcionários de uma tarefa para outra, fazê-los variar as atividades como forma de reduzir os efeitos alienantes da excessiva simplificação do trabalho.
- Expansão de cargo: expansão horizontal do trabalho por intermédio da adição de tarefas novas e mais abrangentes, de forma a aumentar o desafio e a variedade ao trabalhador.
- Enriquecimento de cargo: adição de responsabilidades de planejamento e avaliação (expansão vertical), de forma a alinhar os motivadores materiais com motivadores psicológicos e emocionais - autonomia, reconhecimento, aprendizagem e oportunidades de carreira.

Robbins afirma que o desenho de cargos – a maneira como os elementos do trabalho estão organizados – pode contribuir para o aumento ou para a diminuição da motivação. Dessa forma, para aumentar a motivação, o trabalho pode ser redesenhado por meio de:

- **Rodízio de tarefas**: transferência periódica dos funcionários de uma tarefa para outra.
- **Enriquecimento do trabalho**: expansão das funções, aumentando o grau em que o trabalhador controla o planejamento, a execução e a avaliação de seu trabalho:
    - o **combinação de tarefas**: mescla atividades já existentes e fracionadas para que formem um módulo de trabalho novo e mais amplo.
    - o **criação de unidades naturais de trabalho**: reúne as tarefas que o funcionário executa de modo a constituir um todo que tenha uma identidade e um sentido.
    - o **estabelecimento de relações com o cliente**: aumenta o relacionamento direto entre os funcionários e seus clientes (internos ou externos).
    - o **expansão vertical de tarefas**: transfere para os funcionários a responsabilidade e o controle anteriormente reservados aos dirigentes.
    - o **abertura de canais de feedback**: implica que os funcionários recebam informações concretas e acompanhem seu desempenho.

O autor propõe que qualquer trabalho pode ser descrito em 5 dimensões essenciais:

- Variedade de habilidades: grau em que uma função exige recurso a diversas habilidades e competências.
- Identidade da tarefa: grau em que o trabalho requer finalização de uma porção inteira e identificável.
- Significância da tarefa: grau em que o trabalho possui um impacto substancial sobre a vida ou sobre o trabalho de outras pessoas.
- Autonomia: grau em que um trabalho proporciona liberdade/independência para que o indivíduo planeje seu trabalho e determine os procedimentos para executá-lo.
- Feedback: grau em que a prática das tarefas exigidas por um trabalho era informação direta e clara sobre a eficácia ou o desempenho do funcionário.

3.6 Dinheiro motiva?

Herzberg considera o dinheiro um fator higiênico, ou seja, incapaz de motivar.

Lawler é um dos poucos autores que consideram o dinheiro um fator motivacional. Para ele, o dinheiro é motivacional desde que a pessoa acredite que: o dinheiro satisfará suas necessidades; para obter o dinheiro é necessário algum tipo de esforço.

Alfie Kohn destaca que o uso de premiações para incentivar o aumento de desempenho parte de uma premissa que, apesar de ser muito aceita, é inadequada, pois desloca o foco do desempenho para a premiação. Isso reforça a motivação extrínseca e, ao mesmo tempo, enfraquece a motivação intrínseca. Kohn ainda ressalta as várias disfunções do uso de um sistema de recompensas: acirramento da competição entre as pessoas em detrimento da cooperação; desincentivo à inovação, uma vez que as pessoas preferem reproduzir comportamentos conhecidos a correr riscos; surgimento de comportamentos antiéticos para o alcance de resultados.

A Teoria da Avaliação Cognitiva, por sua vez, mostra que oferecer recompensas extrínsecas a comportamentos que já foram recompensados intrinsecamente tende a prejudicar a motivação, caso as recompensas sejam vistas como uma forma de controle organizacional.

GESTÃO DE DESEMPENHO

Dutra (2012) define desempenho como o conjunto de entregas e resultados de determinada pessoa para a empresa. Ele afirma que o desempenho de uma pessoa se divide em três dimensões que interagem entre si:

- **Desenvolvimento** - grau de desenvolvimento pessoal, potencial alcançado;
- **Esforço** - vontade de entrega, vinculada à motivação e a condições favoráveis na empresa;
- **Comportamento** - atitudes.

Para Vera Souza, desempenho pode ser definido como sendo "uma ação intencional, decorrente da aplicação de potenciais e competências, que permite o alcance de resultados desejados".

Marras afirma que desempenho humano é o ato ou efeito de cumprir ou executar determinada missão ou meta previamente traçada. É diretamente proporcional a duas condições do ser humano: o "querer fazer" (a motivação), e o "saber fazer".

O desempenho é o resultado do somatório da capacidade pessoal (Competências - Conhecimentos, Habilidades e Atitudes) com a motivação e o suporte organizacional.

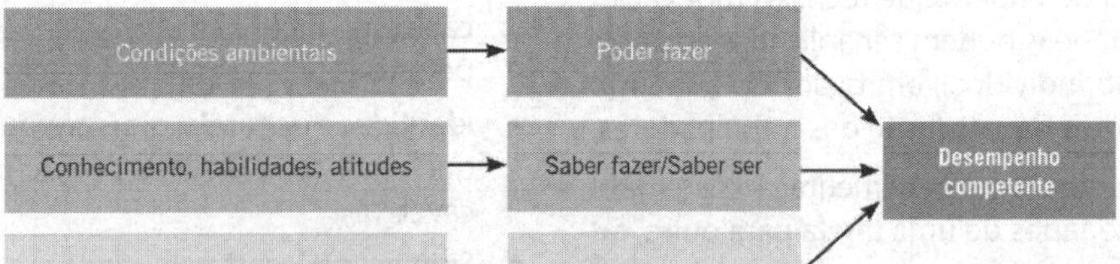

- Não basta a pessoa saber fazer e estar motivada se a organização não fornece uma boa estrutura de trabalho - que vai desde as condições do ambiente de trabalho à adequação das políticas da empresa;
- Também tão adianta a pessoa saber fazer e ter uma boa estrutura de trabalho se ela não está motivada;
- Por fim, não basta a pessoa estar motivada e receber toda estrutura necessária da empresa se ela não souber fazer.

Gestão do desempenho é o processo de criar um ambiente de trabalho no qual as pessoas podem desempenhar o melhor de sua capacidade. (Bohlander & Snell)

Segundo os autores, o processo de gestão do desempenho segue o seguinte ciclo:

1) estabelecer metas e alinhá-las com os objetivos superiores;
2) estabelecer expectativas e padrões de comportamento e alinhar as metas do funcionário com as da organização;
3) feedback contínuo do desempenho durante todo o ciclo;
4) avaliação do desempenho realizada pelo gestor;
5) conduzir reunião formal de avaliação;
6) tomada de decisão por parte do RH (bônus, promoções etc.)

Souza define algumas questões centrais para o delineamento, a implementação e a sustentação de sistemas efetivos de gestão do desempenho:

- Desempenho é o alicerce na tomada de decisão vinculada ao gerenciamento de pessoas – assegura a vinculação entre o desempenho do indivíduo, da equipe e da organização.
- É um processo cíclico e contínuo que agrega valor ao negócio.
- A estratégia do negócio é traduzida em expectativas de desempenho.

- A sustentação do comprometimento com patamares crescentes de desempenho excelente é uma exigência gerencial contemporânea que requer preparação.

1. AVALIAÇÃO DE DESEMPENHO

As avaliações de desempenho são uma parte importante dos sistemas de gestão de desempenho.

Conforme Bohlander & Snell, a avaliação é resultado de um processo trimestral, semestral ou anual, em que um gerente avalia o desempenho de um funcionário de acordo com as exigências do cargo e usa as informações para mostrar à pessoa em que aspectos as melhorias são necessárias e por quê.

A avaliação deve ser vista como uma aliada dos funcionários e não como uma ameaça. É um processo de redução da incerteza do colaborador (por meio do feedback sobre seu desempenho) e de consonância (troca de ideias e concordância com a visão de outras pessoas).

Marras ressalta a possibilidade mensurar três campos organizacionais: dos resultados (alcance de metas), do conhecimento (trajetória da bagagem cognitiva do empregado) e do comportamento (valores, atitudes e comportamentos do empregado, relacionando-os aos padrões culturais predefinidos).

A avaliação também é um excelente meio para se localizar problemas de supervisão, gerência, integração, adequação aos cargos, estrutura etc. Para isso, deve atender às seguintes premissas:

- Abarcar tanto o desempenho dentro do cargo, quanto o alcance de metas e objetivos (individuais, grupais, organizacionais).
- Analisar objetivamente o desempenho (e não subjetivamente os hábitos e características pessoais).
- Ser utilizada para melhorar a produtividade do indivíduo.
- Ser aceita por ambas as partes (avaliador e avaliado), demonstrado seus benefícios mútuos - os critérios de avaliação devem ser amplamente comunicados às partes interessadas e devem ser negociados e aceitos por ambas as partes (avaliador e avaliado), demonstrando seus benefícios mútuos.

A avaliação cumpre objetivos administrativos e de desenvolvimento do funcionário.

Objetivos de Desenvolvimento

- Fornecer feedback sobre o desempenho
- Identificar pontos fortes e fracos dos indivíduos
- Reconhecer as realizações individuais de desempenho
- Ajudar os funcionários a identificar as metas
- Avaliar a conquista de metas por parte dos funcionários
- Identificar as necessidades individuais de treinamento
- Determinar as necessidades de treinamento organizacional
- Reforçar a estrutura de autoridade
- Permitir que os funcionários exponham suas preocupações
- Melhorar a comunicação
- Proporcionar um fórum de líderes para ajudar os funcionários

Objetivos Administrativos

- Documentar as decisões relacionadas aos funcionários
- Promover funcionários
- Determinar transferências e atribuições
- Identificar problemas de desempenho e desenvolver maneiras de corrigi-los
- Tomar decisões sobre retenção e demissão
- Validar os critérios de seleção
- Atender aos requisitos legais
- Avaliar os programas e o progresso do treinamento
- Auxiliar no planejamento de recursos humanos
- Tomar decisões sobre prêmios, remuneração e indenização

Bohlander e Snell ressaltam quatro considerações básicas para estabelecer Padrões de Desempenho de maneira correta.

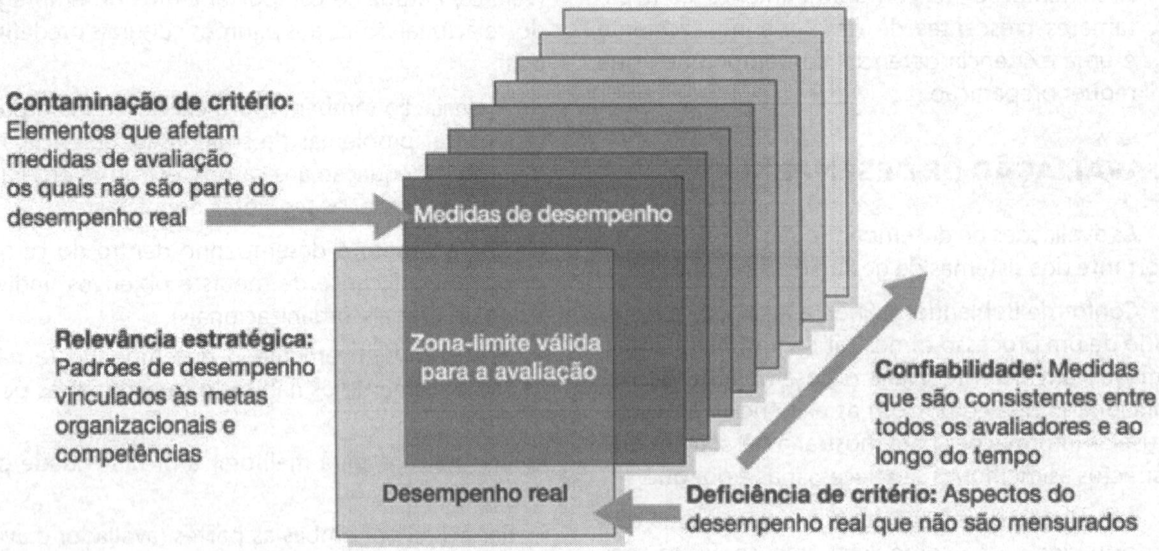

A avaliação é uma forma de feedback (retroalimentação de informações). Ela é valiosa para esclarecer ao funcionário as expectativas quanto ao seu desempenho e o rumo de seus resultados.

Oferecer feedback a alguém significa disponibilizar informações sobre um comportamento passado que pode vir a influenciar um comportamento futuro, com o objetivo de melhorar o desempenho e desenvolver capacidades.

Um feedback possui maior eficácia quando é:

- Descritivo em vez de avaliativo – sem julgamentos, apenas fatos; focar os comentários no comportamento, não na pessoa;
- Dirigido para comportamentos que o receptor possa modificar;
- Específico (com exemplos) em vez de genérico/vago;
- Estruturado para ajudar o funcionário a melhorar;
- Solicitado em vez de imposto;
- Oportuno: logo após o comportamento;
- Usa habilidades de comunicação ativas e confirma se o funcionário está envolvido.
- Limita a quantidade de comentários que o funcionário pode processar.

O resultado da avaliação gera vantagens para o próprio avaliado, que pode melhorar seu desempenho no trabalho, e para a organização, que usa as informações como subsídio para outros subsistemas da Gestão de Pessoas: salário, bonificações, promoções, punições, necessidades de capacitação, planejamento da carreira etc.

Chiavenato também sugere as cinco etapas em um processo de avaliação:

1. Definir objetivos específicos da avaliação do desempenho
2. Estabelecer expectativas para a pessoa (análise do trabalho)
3. Examinar o trabalho desempenhado
4. Avaliar o desempenho
5. Discutir a avaliação com o funcionário

2. QUEM AVALIA O DESEMPENHO?

Autoavaliação: nas organizações mais abertas e democráticas, é o próprio indivíduo o responsável pelo seu desempenho e sua monitoração, com a ajuda do seu superior, que fornece os parâmetros.

Superior: na maior parte das organizações, cabe ao gerente/supervisor a responsabilidade de linha pelo desempenho dos seus subordinados e pela sua constante avaliação e comunicação dos resultados. O órgão de RH entra com a função de *staff* de montar, acompanhar e controlar o sistema, enquanto cada gerente mantém sua autoridade avaliando o trabalho dos subordinados.

Indivíduo e gerência: o superior funciona como um guia, fornece recursos e cobra resultados do funcionário. Este, por sua vez, cobra recursos do gerente e avalia o próprio desempenho em função da retroação recebida.

Equipe de trabalho: a própria equipe avalia o desempenho de cada um de seus membros e programa metas e ações de melhoria.

Para cima: a equipe avalia o superior e a estrutura fornecida.

Comissão: uma comissão (geralmente multifuncional) é designada para realizar as avaliações. É criticada pelo aspecto centralizador e foco no passado.

RH: A área de Recursos Humanos/Gestão de Pessoas faz a avaliação. Também é criticada pelo aspecto centralizador.

Avaliação 180°: além da avaliação pela chefia imediata, há autoavaliação e avaliação pelos pares. Obs.: não há consenso sobre os participantes da avaliação 180°. Alguns autores incluem clientes e equipe de trabalho.

Avaliação 360°: conta com a participação do funcionário (autoavaliação) e de todas as pessoas que fazem parte do seu círculo de atuação – o chefe, os colegas e pares, os subordinados, os clientes internos e externos, os fornecedores, enfim, todas as pessoas ao redor do avaliado – em uma abrangência de 360 graus.

Avaliação Participativa por Objetivos (APPO): participam ativamente o funcionário e o seu gestor.

3. MÉTODOS DE AVALIAÇÃO

Existem vários métodos de avaliação de desempenho. Schermerhorn, Hunt e Osborn dividem os métodos em duas abordagens: Comparativas e Absolutas.

- **Abordagens Comparativas**: procuram identificar um padrão relativo da pessoa em comparação aos outros avaliados. Podem indicar que uma pessoa é melhor que outra numa determinada dimensão, mas não o quanto ela é melhor. Elas também não indicam se a pessoa que tem a melhor pontuação é suficientemente boa para o trabalho num sentido absoluto. Os três métodos comparativos são:
  - o 1) Classificação (listar do melhor até o pior);
  - o 2) Comparação aos pares (comparar cada pessoa com cada colega);
  - o 3) Distribuição forçada (criar um pequeno números de categorias de desempenho – ex: bom, adequado, ruim – e obrigar o avaliador a enquadrar uma proporção de funcionários em cada uma delas – ex: 20% bons, 60% adequados e 20% ruins).
- **Abordagem Absolutas**: especificam padrões exatos (absolutos) de medição. Os quatro tipos mais comuns são:
  - o Escalas gráficas - atribuir notas para uma série de dimensões de avaliação;
  - o Diário de incidentes críticos - os supervisores registram os incidentes de comportamento de cada subordinado que resultaram num sucesso ou fracasso num determinado aspecto do desempenho;
  - o Escalas de classificação com base em comportamentos - uma equipe especializada coleta uma grande amostra de descrições de comportamentos observáveis no trabalho; avalia-se cada comportamento para determinar até que ponto é bom ou mau para o trabalho; desenvolve-se uma escala desses comportamentos; tal escala é utilizada para avaliar os funcionários.
  - o Administração por objetivos - os funcionários definem, juntamente com a chefia, os objetivos, gerando comprometimento mútuo.

Chiavenato divide os métodos de avaliação em **Tradicionais e Modernos**, conforme veremos a seguir.

Métodos Tradicionais (mais subjetivos, pouca participação dos avaliados)

- Relatórios
- Escalas gráficas
- Escolha forçada
- Pesquisa de campo
- Incidentes críticos
- Listas de verificação ou checklists
- Comparação aos pares (comparação binária)

Métodos Modernos (mais objetivos, baseados em resultados)

- Avaliação Participativa por Objetivos
- Avaliação 360º
- *Avaliação por Competências

3.1 Relatórios (ensaios)

São procedimentos simples, nos quais os chefes são solicitados a dar um parecer sobre o desempenho de seus subordinados.

É rápido e favorece a livre expressão, porém são incompletos e subjetivos, tornando difícil compilar os dados e gerar resultados mensuráveis.

3.2 Escalas gráficas

É um formulário que funciona como uma tabela de dupla entrada, na qual as linhas são critérios de avaliação e as colunas os graus (escala).

Fatores	Ótimo	Bom	Regular	Sofrível	Fraco
Produção (quantidade de trabalho realizada)	Sempre ultrapassa os padrões	Às vezes ultrapassa os padrões	Satisfaz os padrões	Às vezes abaixo dos padrões	Sempre abaixo dos padrões
Qualidade (esmero no trabalho)	Excepcional qualidade no trabalho	Superior qualidade no trabalho	Qualidade satisfatória	Qualidade insatisfatória	Péssima qualidade no trabalho
Conhecimento do trabalho (perícia no trabalho)	Conhece todo o trabalho	Conhecimento mais do que necessário	Conhecimento suficiente	Conhecimento de parte do trabalho	Conhece pouco o trabalho
Cooperação (relacionamento interpessoal)	Excelente espírito de colaboração	Bom espírito de colaboração	Colaboração normal	Pouca colaboração	Nenhuma colaboração

É um sistema simples e relativamente fácil de ser construído, razão de sua larga aceitação no mercado durante muitos anos. Baseia-se na avaliação de um grupo de fatores determinantes daquilo que a organização define como "desempenho", cada um deles normalmente dividido em graus, os quais representam uma escala desde um mínimo até um máximo, de acordo com os parâmetros de cada organização.

Vantagens

- Facilidade de planejamento e construção do instrumento de avaliação.
- Simplicidade e facilidade de compreensão e utilização.
- Visão gráfica e global dos fatores de avaliação envolvidos.
- Facilidade na comparação dos resultados de vários funcionários.
- Proporciona fácil retroação de dados ao avaliado.

Desvantagens

- Superficialidade e subjetividade na avaliação do desempenho.
- Produz efeito de generalização (hallo efect): se o avaliado recebe "bom" em um fator, provavelmente receberá "bom" em todos os demais fatores.
- Categorização e homogeneização das características individuais.
- Limitação dos fatores de avaliação: funciona como um sistema fechado.
- Rigidez e reducionismo no processo de avaliação.
- Nenhuma participação ativa do funcionário avaliado.
- Avalia apenas o desempenho passado.

3.3 Escolha forçada

O avaliador recebe formulário organizados em blocos com duas ou quatro frases descritivas, que focalizam determinados aspectos do comportamento. Ele é obrigado a escolher uma ou duas que expliquem o desempenho do avaliado em cada bloco, ou então uma que melhor explique e outra que mais se distancie.

AVALIAÇÃO DE DESEMPENHO

Funcionário____

Cargo ______________________ Seção ______________

Abaixo você encontrará frases de desempenho combinadas em blocos de quatro. Anote um "x" na coluna ao lado sob o sinal "+"para indicar a frase que melhor define o desempenho do empregado e o sinal "-" para a frase que menos define seu desempenho. Não deixe nenhum bloco sem preencher duas vezes.

	Nº	+	-		Nº	+	-
Faz apenas o que mandam	01			Tem medo de pedir ajuda	21		
Comportamento irrepreensível	02			Mantém seu arquivo sempre em ordem	22		
Aceita críticas construtivas	03			Já apresentou queda de produção	23		
Não produz quando está sob pressão	04			É dinâmico	24		
Expressa-se com dificuldade	10			É criterioso ao tomar decisões	31		
Conhece seu trabalho	11			Precisa ser chamado à atenção regularmente	32		
É cuidadoso com as instalações da empresa	12			É rápido	33		
Aguarda sempre por uma recompensa	13			É um pouco hostil por natureza	34		

Vantagens

- Evita o efeito de generalização (hallo efect) na avaliação.
- Tira a influência pessoal do avaliador, isto é, tira a subjetividade.
- Não requer treinamento dos avaliadores para a aplicação.

Desvantagens

- Complexidade no planejamento e na construção do instrumento.
- Não proporciona uma visão global dos resultados da avaliação.
- Não provoca retroação de dados, nem permite comparações.
- Técnica pouco conclusiva a respeito dos resultados.
- Nenhuma participação ativa do avaliado.

3.4 Pesquisa de campo

Um especialista em avaliação (interno ou externo) faz entrevistas padronizadas com a gerência imediata dos avaliados. Nesses contatos obtém-se o máximo de informações sobre o desempenho do empregado avaliado por meio de levantamento das causas, das origens e dos motivos do citado desempenho. Além de possibilitar um diagnóstico seguro do avaliado, o método de pesquisa de campo permite programar o desenvolvimento do funcionário em termos de carreira.

Costuma ser realizada em quatro etapas: 1) entrevista inicial para avaliar o desempenho e os fatores que afetaram positiva ou negativamente o resultado; 2) entrevista de análise complementar para obter novas informações pertinentes; 3) planejamento das providências necessárias e 4) acompanhamento posterior dos resultados.

Vantagens

- Envolve responsabilidade de linha (o gerente avalia) e função de staff (o DRH assessora).
- Permite planejamento de ações para o futuro (como programas de treinamento, orientação etc.).
- Enfatiza a melhora do desempenho e o alcance de resultados.
- Proporciona profundidade.
- Permite relação proveitosa entre linha e staff.

Desvantagens

- Custo operacional elevado por exigir a assessoria de especialista.
- Processo lento.
- Pouca participação do avaliado, tanto na avaliação quanto nas providências.

3.5 Incidentes críticos

O avaliador faz registros dos comportamentos críticos do avaliado, ou seja, das atitudes extremas, que saem daquilo que é mediano. Assim, toda vez que o funcionário realiza um trabalho – ou toma uma atitude – que pode ser considerado muito bom ou muito ruim, o superior faz o registro.

Concentra-se na determinação dos grandes pontos fortes e fracos de quem está sendo avaliado, apontando comportamentos extremos, sem analisar especificamente traços de personalidade.

São três fases de aplicação deste método:

1. Observação sistemática, pelo supervisor imediato, do comportamento funcional do avaliado.
2. Registro dos fatos excepcionais no desempenho do funcionário.
3. Pesquisa de atitudes e do comportamento do funcionário analisado.

Vantagens

- Avalia o desempenho excepcionalmente bom e o excepcionalmente ruim.
- As exceções positivas devem ser realçadas e mais bem aplicadas, enquanto as exceções negativas devem ser eliminadas ou corrigidas.
- Método de fácil montagem e fácil utilização.

Desvantagens

- Não se preocupa com aspectos normais do desempenho.
- Fixa-se em poucos aspectos do desempenho. Daí, sua tendenciosidade e parcialidade.

3.6 Listas de verificação ou checklists

É uma simplificação da escala gráfica. É feita uma listagem de fatores a serem avaliados, aos quais o superior atribui uma nota. É uma forma simples de avaliar, porém burocratizada, trata as pessoas como homogêneas.

Critérios	1	2	3	4	5
Acata ordens			X		
Obedece a regras				X	
Aceita críticas construtivas				X	
Coopera com os colegas				X	
Produtividade					X
Conhecimento técnico					X
Comunicação			X		

3.7 Método de comparação aos pares (binária)

Compara-se os empregados dois a dois, anotando-se na coluna da direita o que é considerado o melhor, conforme exemplo abaixo.

Comparação dos empregados quanto à produtividade:	A	B	C	D
A e B		X		
A e D	X			
C e D			X	
A e C	X			
B e C		X		
B e D		X		
Pontuação	2	3	1	0

3.8 Avaliação 360°

Também conhecido como Mapeamento 360 graus, esse sistema é mais compreensivo e as avaliações provêm de múltiplas perspectivas, melhorando a qualidade da informação. É, portanto, um feedback com múltiplas fontes.

Participam o próprio avaliado (autoavaliação) e todos que o circundam (clientes internos e externos, gerente, outros gerentes, subordinados, colegas de mesmo nível, colegas de outras áreas).

A avaliação 360 graus permite uma visão sistêmica do desempenho individual, pois, baseando-se em diferentes opiniões, o colaborador terá uma visão mais abrangente de suas realizações, a começar pela própria autoavaliação.

Vantagens

- O sistema é mais compreensivo e as avaliações provêm de múltiplas perspectivas.
- A qualidade da informação é melhor.

- Complementa as iniciativas da qualidade total.
- Enfatiza os clientes internos/externos e o espírito de equipe.
- A retroação fornecida pelo entorno permite o autodesenvolvimento do avaliado.
- Como a retroação vem de vários avaliadores, pode haver preconceitos e prejuízos. (este fator consta na lista de vantagens do livro do Chiavenato, mas, claramente, é um fator negativo; logo, é um erro do autor na revisão do livro.)

Desvantagens

- O sistema é administrativamente complexo para combinar todas as avaliações.
- A retroação pode intimidar e provocar ressentimentos no avaliado.
- Pode envolver avaliações conflitivas emitidas sob diferentes pontos de vista.
- O sistema requer treinamento dos avaliadores para funcionar bem.
- As pessoas podem fazer conluio ou jogo para dar avaliação inválida para as outras.

3.9 Avaliação Participativa por Objetivos (APPO)

Participam ativamente o funcionário e o seu gestor. Este método:

- Oferece autonomia para definir metas
- Dá clareza às expectativas e aos critérios
- Melhora comunicação
- Facilita o alinhamento entre os objetivos individuais e os estratégicos da organização.

Ele segue seis etapas:

1. **Formulação de objetivos consensuais**: o desempenho deverá estar focalizado no alcance desses objetivos e sua avaliação dependerá diretamente disso.
2. **Comprometimento pessoal quanto ao alcance dos objetivos conjuntamente formulados**: aceitação plena dos objetivos – se celebra uma espécie de contrato formal ou psicológico.
3. Negociação com o gerente sobre a alocação dos recursos e meios necessários para o alcance dos objetivos: é uma forma de custo para alcançar os objetivos.
4. **Desempenho**: o desempenho constitui a estratégia pessoal escolhida pelo indivíduo para alcançar os objetivos pretendidos.
5. **Constante monitoração dos resultados e comparação com os objetivos formulados**: sempre que possível, o próprio avaliado deverá fazer sua autoavaliação, isto é, saber monitorar os resultados e compará-los com os objetivos traçados.
6. **Retroação intensiva e contínua avaliação conjunta**: muita informação de retroação e, sobretudo, suporte de comunicação para reduzir a dissonância e incrementar a consistência.

4. FALHAS NO PROCESSO DE AVALIAÇÃO

As falhas de avaliação acontecem quando há diferença entre o desempenho real do avaliado e o julgamento feito pelo avaliador.

A avaliação deve ter por objetivo o desempenho da pessoa e não uma análise dos hábitos pessoais, entretanto, o problema da subjetividade do avaliador está presente na maioria dos métodos de avaliação.

Alguns comportamentos que podem levar a erros são resultantes de julgamentos e de observações equivocadas, ou seja, erros de percepção. Podem causar, além de resultados injustos e desconectados da realidade, desmotivação, queda dos níveis de produtividade e fracasso do modelo de avaliação de desempenho.

Na concepção de Pontes (2008), a avaliação é sujeita a certas propensões do avaliador, motivadas pela dificuldade em separar, no momento da avaliação, a pessoa do seu comportamento.

Segundo Marras, são efeitos que, sob o ponto de vista psicológico, podem estar presentes no processo de duas maneiras distintas:

1. Conscientemente: quando o avaliador sob qualquer pretexto "vicia" um resultado, premeditando intencionalmente atender a interesses em jogo ou buscar ajudar ou prejudicar o avaliado (por exemplo, Efeito Halo e Tendência Central).

2. Inconscientemente: quando o avaliador toma as mesmas atitudes anteriores, porém, sem a intenção premeditada, dolosa, de provocar uma alteração no resultado original (por exemplo: julgar sob a impressão de apenas uma qualidade da pessoa, basear-se em acontecimentos recentes, levar em conta características pessoais extracargo e supervalorizar as qualidades potenciais).

As principais distorções das avaliações encontradas na literatura são:

Efeito Halo (generalização): certo atributo da pessoa é usado para formar a impressão geral sobre ela - é uma generalização. O avaliador descreve o desempenho do servidor baseando-se em impressões prévias, sem se deter efetivamente aos fatores da avaliação. O efeito halo é altamente influenciado pela "primeira impressão" sobre alguém (tal impressão "contamina" a avaliação). Por exemplo: numa ocasião, um servidor desempenhou determinada tarefa com excepcional competência, e este desempenho foi tão marcante que, a partir de então, tudo o que o servidor fez foi considerado excelente pelo chefe. Também pode ocorrer de uma característica do avaliado se sobressair sobre as demais, influenciando positiva ou negativamente a análise do avaliador em relação aos demais fatores. Há também o Efeito **Horn**, que é a generalização com viés negativo.

Complacência (indulgência, leniência): o avaliador nivela desempenhos desiguais e caracteriza-os sempre de forma positiva, atribuindo notas máximas indiscriminadamente, ignorando as características, habilidades e dificuldades individuais.

Rigor (severidade): também ignora características individuais, mas credita a todos somente aspectos negativos. Resulta da inabilidade do chefe em observar e identificar diferenças de desempenho, nivelando desempenhos desiguais e caracterizando-os sempre de forma negativa.

Tendência Central: o avaliador prefere dar notas médias para tudo e para todos, por medo de prejudicar os fracos e de assumir responsabilidades pelos avaliados como excelentes. É comum quando o avaliador não quer caracterizar os comportamentos como ótimos ou péssimos e, assim, considera o desempenho sempre nos pontos médios da escala. Deixa, assim, de valorizar as melhores ações.

Recenticidade (imediatismo, novidade): o avaliador é influenciado pelas ações mais recentes do avaliado e não considera as ações ocorridas durante todo o período correspondente à avaliação. Um exemplo é quando o chefe passa a observar a conduta do servidor apenas quando a avaliação já está próxima.

Erro de Falsidade: é a ocultação ou distorção de informações, propositalmente, sobre o julgamento do avaliado, com o objetivo de prejudicá-lo ou beneficiá-lo. Por exemplo, o avaliador distorce a avaliação, por algum interesse político.

Comparação (Contraste): esse efeito tem 2 distintas visões na literatura. 1) as características de uma pessoa são contrastadas com as de outra, em vez de comparadas aos padrões de desempenho estabelecidos. Exemplo: o chefe acaba de fazer a avaliação de um funcionário muito bem-quisto. O próximo a ser avaliado será prejudicado, pois o anterior foi excelente. 2) o chefe usa a percepção que tem de si mesmo como padrão de referência para observar o desempenho dos servidores. Se os funcionários são diferentes dele (contraste), serão mal avaliados; se forem parecidos com ele (semelhança), serão bem avaliados.

Preconceito Pessoal: o preconceito de etnia, sexo, religião etc. É parecido com o uso de estereótipos, no qual o avaliado é "encaixado" em um grupo/categoria e, a partir disso, as características do grupo lhe são atribuídas.

Pressões inflacionistas: pressão pela atribuição de notas progressivamente maiores em relação a avaliações anteriores.

Critério único: avaliar com base, apenas, em um critério.

Lacombe e Heilborn (2003), apresentam a seguinte de erros:

- **Subjetividade/unilateralidade** - avaliar conforme critérios pessoais e não conforme definido pelo instrumento de avaliação;
- Tendência central - atribuir conceito sempre médio;
- Efeito halo - avaliar todos os aspectos da mesma forma, reproduzindo a média da percepção;
- Falta de memória – equivale à recenticidade, é avaliar usando apenas os eventos mais recentes;
- **Supervalorização da avaliação**: acreditar que a avaliação por si só irá corrigir os defeitos das pessoas. Tem-se no outro extremo a **Desvalorização da avaliação** - acreditar que não serve para nada.
- **Falta de técnica**: desconhecimento das técnicas e dos objetivos da avaliação de desempenho. O avaliador emite julgamentos baseados no seu "bom senso" pessoal.
- **Força do hábito** – tendência a repetir notas ao longo dos anos, não considerar mudanças no comportamento desde a última avaliação.
- **Posições contrárias** - assumir uma postura contrária, independente de quaisquer argumentos.

A melhor maneira de evitar esses problemas é submeter os avaliadores a um treinamento prévio, explicando-lhes os critérios a serem utilizados no processo de avaliação e mostrando-lhes as distorções mais comuns.

O uso de uma comissão de avaliação contribui para minorar tais problemas, mediante o monitoramento constante dos especialistas em Recursos Humanos e a troca de experiências entre os avaliadores.

QUALIDADE DE VIDA NO TRABALHO

O trabalho é um dos elementos que mais interferem nas condições e na qualidade de vida humana e, portanto, na sua saúde. A existência de doenças ligadas à atividade produtiva já era reconhecida desde o início do século XX e muitas das lutas travadas por direitos trabalhistas no último século estão ligadas a demandas dos trabalhadores por um ambiente de trabalho saudável.

Saúde/Higiene no trabalho está relacionada com as condições ambientais de trabalho que asseguram a saúde física e mental das pessoas. Os principais itens da higiene do trabalho são:

- Ambiente físico: iluminação, ventilação, temperatura, ruídos.

- Ambiente psicológico: relacionamentos humanos agradáveis, atividade motivadora, gerência democrática e participativa, eliminação de fontes de estresse, envolvimento emocional.

- Princípios de ergonomia: máquinas, equipamentos, móveis, instalações e ferramentas adequados às características humanas; ferramentas que reduzam a necessidade de esforço físico.

Ergonomia é a aplicação das ciências biológicas humanas em conjunto com os recursos e técnicas da engenharia para alcançar o ajustamento mútuo, ideal entre o homem e o seu trabalho, e cujos resultados se medem em termos de eficiência humana e bem-estar no trabalho.

- Saúde ocupacional: é o estado de bem-estar físico, mental e social, e não meramente a ausência de doenças ou enfermidades (Organização Mundial da Saúde - OMS).

A **Qualidade de Vida no Trabalho (QVT) visa aproveitar as habilidades mais exímias dos funcionários, buscando um ajustamento entre tecnologia, tarefas e empregados** e proporcionando a estes um ambiente mais agradável, humanizado e saudável para o desenvolvimento de suas atividades laborais.

Visa também desenvolver um ambiente de trabalho que seja tão bom para as pessoas quanto para saúde econômica da organização.

O termo Qualidade de Vida no Trabalho foi cunhado por Louis Davis, na década de 1970, quando desenvolvia um projeto sobre desenho de cargos. Para ele, o conceito de QVT referia-se à preocupação com o bem-estar geral e a saúde dos trabalhadores no desempenho de suas tarefas.

Atualmente, o conceito de QVT envolve os aspectos físicos, ambientais e psicológicos do local de trabalho. Esses fatores são importantes, pois podem definir a permanência das pessoas na organização e, mais do que isso, a sua motivação para o trabalho e para o alcance dos objetivos organizacionais.

A QVT não é determinada apenas pelas características individuais (necessidades, valores, expectativas) ou situacionais (estrutura organizacional, tecnologia, sistemas de recompensas, políticas internas), mas sobretudo pela atuação sistêmica dessas características individuais e organizacionais.

O conceito de Qualidade de Vida no Trabalho implica um profundo respeito pelas pessoas. Para alcançar níveis elevados de qualidade e produtividade, as organizações precisam de pessoas motivadas, que participem ativamente nos trabalhos que executam e que sejam adequadamente recompensadas pelas suas contribuições.

QVT envolve os aspectos intrínsecos (natureza do trabalho) e extrínsecos (ambiente) do cargo. Ela impacta atitudes e comportamentos relevantes para a produtividade individual e grupal, tais como: motivação para o trabalho, adaptabilidade a mudanças no ambiente de trabalho, criatividade e vontade de inovar ou aceitar mudanças.

A QVT assimila duas posições antagônicas: de um lado as reivindicações dos empregados quanto ao bem-estar e satisfação no trabalho; de outro, o interesse das organizações quanto aos seus efeitos potenciais sobre a produtividade e qualidade.

Outro ponto importante diz respeito a como os programas QVT são vistos pelas organizações. Os programas podem assumir, em geral, três visões diferenciadas no que diz respeito aos objetivos e resultados esperados.

Alguns programas podem ser enquadrados dentro de uma perspectiva **legalista** na medida em que seus objetivos são, simplesmente, seguir as regras impostas pela legislação vigente ou por obrigação em situações específicas, tais como exigências feitas por grandes clientes, exigências de programas de certificação de qualidade. Neste sentido, tais programas de qualidade são vistos como obrigação e as empresas procuram cumprir o mínimo exigido, não crendo que haja, necessariamente, um retorno positivo de tais investimentos.

Outros programas podem ser enquadrados dentro de uma preocupação **paternalista** em relação aos funcionários. Dessa forma, os programas de QVT são realizados no intuito de fazer com que o indivíduo se sinta bem em seu ambiente laboral. A preocupação e o objetivo principal, neste sentido, é exclusivamente o indivíduo e não há, necessariamente, uma interligação destes programas com as estratégias da organização.

A terceira visão sobre os programas de QVT pode ser denominada de **visão estratégica**. Neste tipo, os programas são percebidos como parte integrante da visão estratégica organizacional, atrelados ao resultado planejado pela organização. Em geral, tais programas visam objetivos e resultados específicos bem como estão vinculados a metas e orçamentos dentro da proposta e da estrutura organizacional

A competitividade organizacional passa pela QVT. Para bem atender o cliente externo, a organização não deve esquecer do cliente interno: o trabalhador. Isto significa que, para satisfazer o cliente externo, torna-se relevante satisfazer os seus funcionários responsáveis pelos produtos e/ou serviços oferecidos.

Conforme Ferreira (2009), identificam-se, de maneira geral, duas abordagens para QVT: **Assistencialista** (hegemômica) e **Preventiva** (contra-hegemônica).

A abordagem clássica e predominante é a **assistencialista**, que concentra a maior parte dos estudos sobre QVT. Trata de atividades de natureza compensatória do desgaste que os trabalhadores vivenciam, ênfase na produtividade e responsabilização do trabalhador por sua QVT. O enfoque tem três limites principais: é baseado em atividades do tipo antiestresse (massagens, danças, ginástica laboral, yoga etc.); busca compensar o desgaste sem eliminar a sua fonte (atuas nos efeitos e não nas causas); e trata/ajusta o indivíduo ao ambiente, deixando a responsabilidade institucional em segundo plano.

Ferreira denomina esse enfoque assistencial de "ofurô corporativo" (como a banheira japonesa de tratamento antiestresse), porque após o "banho" de atividades, o trabalhador volta descansado, energizado e com sensação de que o estresse ficou para o passado. Porém, ao voltar para o mesmo contexto produtor de fadiga, basta uma jornada em condições adversas e os sintomas do desgaste reaparecem. Oferecer tais atividades aos funcionários é louvável, positivo. Mas, reduzir QVT a isso é apenas um paliativo.

A implementação de um programa de QVT de natureza **preventiva** precisa atuar nas causas reais dos problemas. A QVT preventiva, portanto, tem foco na remoção de indicadores críticos que geram mal-estar. Para tanto, é necessário atuar em três dimensões interdependentes: nas condições, na organização e nas relações sociais de trabalho. Nessa concepção, a QVT é concebida como uma tarefa de todos na organização, devendo haver uma busca permanente pela harmonia entre o bem-estar, a eficiência e a eficácia nos ambientes organizacionais. Dessa forma, a produtividade deixa de ser o foco exclusivo de QVT e passa a ser consequência.

1. MODELOS DE QVT

A QVT, como vimos anteriormente, é um construto complexo que envolve uma série de fatores: a satisfação com o trabalho executado, as possibilidades de futuro na organização, o reconhecimento pelos resultados alcançados, o salário percebido, os benefícios auferidos, o relacionamento humano dentro do grupo e da organização, o ambiente psicológico e físico de trabalho, a liberdade e responsabilidade de decidir, as possibilidades de participar, etc.

Para demonstrar esses fatores que afetam a QVT, foram desenvolvidos diversos modelos de indicadores de qualidade de vida. Os modelos mais conhecidos são de Nadler e Lawler, Walton, Hackman e Oldhan.

1.1 Modelo de Nadler e Lawler

A QVT está fundamentada em quatro aspectos:

- Participação dos funcionários nas decisões.
- Inovação no sistema de recompensas para influenciar o clima organizacional.
- Reestruturação do trabalho através do enriquecimento das tarefas e de grupos autônomos de trabalho.

- Melhoria no ambiente de trabalho quanto às condições físicas e psicológicas, horário de trabalho etc.

Estes aspectos demonstram que o ser humano passa a ser parte integrante das organizações. Em outras palavras, a tendência de participação nas decisões toma o lugar da ideia predominante até pouco, de que alguns funcionários deviam ser simples executores e outros, com mais capacidades, os planejadores e "pensadores".

1.2 Modelo de Hackman e Oldhan

Para Hackman e Oldhan, as dimensões do cargo são fundamentais na QVT, estes aspectos produzem estados psicológicos críticos que conduzem a resultados pessoais e de trabalho que afetam diretamente a qualidade de vida no trabalho.

Os aspectos baseados nos cargos são:

- Variedades de habilidades: o cargo exercido deve exigir várias e diferentes habilidades e conhecimento.
- Identidade da tarefa: ressalta a importância do indivíduo sobre as suas tarefas, o trabalho deve ser realizado do início ao fim, para que este perceba que produz um resultado palpável.
- Significado da tarefa: a pessoa deve ter uma clara percepção de que forma o seu trabalho produz consequência e impactos sobre o trabalho dos demais.
- Autonomia: defende-se a responsabilidade pessoal para planejar e executar as tarefas e independência para desempenhá-las.
- *Feedback*: a ideia do *feedback* é simples, mas de grande importância para as pessoas no trabalho, pois através desse retorno é que o trabalhador poderá fazer uma autoanálise, visando a melhorias em sua conduta profissional.
- Inter-relacionamento: o contato interpessoal do ocupante com outras pessoas ou clientes deve ser estimulado.

1.3 Modelo de Walton

O modelo proposto por Walton é divido em oito fatores:

- Compensação justa e adequada: a justiça distributiva de compensação depende da adequação da remuneração ao trabalho que a pessoa realiza, da equidade interna (equilibro entre remuneração dentro da organização) e da eqüidade externa (equilíbrio com as remunerações do mercado de trabalho);
- Condição de segurança e saúde no trabalho: envolvendo as dimensões jornada de trabalho e ambiente físico adequado a saúde e bem-estar da pessoa;
- Utilização e desenvolvimento de capacidades: proporcionar oportunidades de satisfazer as necessidades de utilização de habilidades e conhecimentos do trabalhador, desenvolver sua autonomia, autocontrole e obter informações sobre o processo total do trabalho, bem como retroinformação quanto ao seu desempenho;
- Oportunidade de crescimento contínua e segurança: no sentido de proporcionar possibilidades de carreira na organização, crescimento e desenvolvimento pessoal e segurança no emprego de forma duradoura;
- Integração social na organização: eliminação de barreiras hierárquicas marcantes, apoio mútuo, franqueza interpessoal e ausência de preconceito;
- Constitucionalismo: refere-se ao estabelecimento de normas e regras da organização, direita e deveres do trabalhador, recursos contra decisões arbitrárias e um clima democrático dentro da organização;
- Trabalho e espaço total de vida: o trabalho não deve absolver todo o tempo e energia de trabalhador em detrimento de sua vida familiar ou particular, de seu lazer e atividades comunitárias;
- Relevância social da vida no trabalho: o trabalho deve ser uma atividade social que traga orgulho para as pessoas em participar de uma organização. A organização deve ter uma atuação e uma imagem perante a sociedade, responsabilidade social, responsabilidade pelos produtos e serviços oferecidos, pratica de emprego, regras bem definidas de funcionamento e de administração eficiente.

Fatores de QVT	Dimensões
1 - Compensação justa e adequada	• Salário adequado ao trabalhador. • Equidade ou compatibilidade interna. • Equidade e compatibilidade externa.
2 - Condições de segurança e saúde no trabalho	• Jornada de trabalho. • Ambiente físico (seguro e saudável).

Fatores de QVT	Dimensões
3 - Utilização e desenvolvimento de capacidades	• Autonomia. • Significado da tarefa. • Identidade da tarefa. • Variedade de habilidades. • Retroação e retroinformação.
4- Oportunidades de crescimento contínuo e segurança	• Possibilidade de carreira. • Crescimento profissional. • Segurança do emprego.
5 - Integração social na organização	• Igualdade de oportunidades. • Relacionamentos interpessoais e grupais. • Senso comunitário.
6 - Constitucionalismo	• Respeito às leis e direitos trabalhista. • Privacidade pessoal. • Liberdade de expressão. • Normas e rotinas claras da organização.
7 - Trabalho e espaço total de vida	• Papel balanceado do trabalho na vida pessoal
8 - Relevância social da vida no trabalho	• Imagem da empresa. • Responsabilidade social pelos produtos/serviços. • Responsabilidade social pelos empregados.

GESTÃO POR COMPETÊNCIAS

A Gestão por Competências busca compreender quais são as competências organizacionais críticas para o sucesso da organização, desdobrá-las em termos de competências profissionais e desenvolvê-las junto ao quadro de funcionários.

A noção de competência apresenta duas perspectivas conceituais:

- a **perspectiva estratégica** enfatiza a competência como um atributo da organização, que a torna eficaz e permite a consecução de seus objetivos estratégicos. As *competências organizacionais* sustentam de vantagem competitiva, assumindo uma dimensão mais ampla de rotinas ou capacidades organizacionais orientadas às demandas e oportunidades do ambiente externo.
- a **perspectiva da gestão de pessoas** enfatiza as *competências dos funcionários (individuais)* para o alcance dos objetivos. As competências profissionais e/ou humanas assumem uma posição central nas práticas de seleção, treinamento, avaliação e remuneração.

A partir dessas duas perspectivas, o papel da Gestão por Competências é alinhar esforços para que as competências humanas possam gerar e sustentar as competências organizacionais necessárias à consecução dos objetivos estratégicos.

O trabalho deve combinar os conhecimentos, o saber-fazer, a experiência e os comportamentos exercidos em um contexto específico, buscando o desenvolvimento do indivíduo ao longo do tempo. Desenvolvimento é a capacidade de assumir atribuições e responsabilidades de maior complexidade.

Conforme Dutra, as organizações que estão obtendo bons resultados na gestão de pessoas têm aplicado os conceitos de competência, complexidade e espaço ocupacional, de forma a permitir que o gestor avalie os riscos e acompanhe os resultados de suas decisões.

O espaço ocupacional surgiu inicialmente como expressão para designar o conjunto de atribuições e responsabilidades das pessoas. Gradualmente, tornou-se um conceito que procura estabelecer a correlação entre complexidade e entrega.

Se uma pessoa agrega valor à medida que assume responsabilidades e atribuições mais complexas, não é necessário promovê-la para que possa agregar valor. A pessoa pode ampliar o nível de complexidade de suas atribuições e responsabilidades sem mudar de cargo ou de posição na organização. Esse processo de ampliação do espaço ocupacional ocorre em função de duas variáveis: as necessidades das empresas, negócios ou meio e a competência da pessoa em atendê-las.

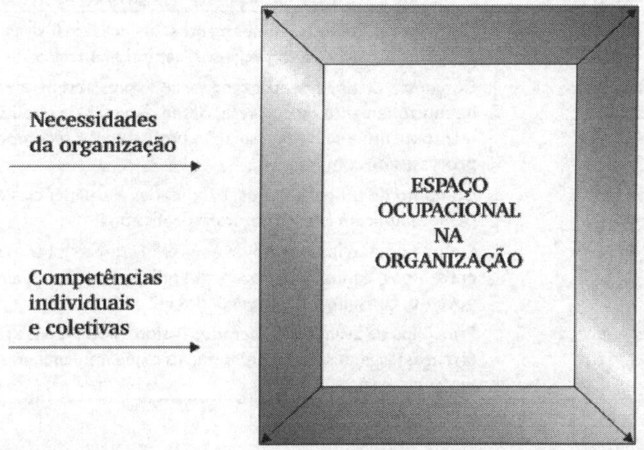

A Gestão por Competência surgiu como resposta a uma série de novas exigências do mercado: superar a concorrência globalizada, inovar e aprender continuamente, integrar estratégias e pessoas (objetivos organizacionais e individuais), flexibilizar, empoderar, etc.

A Gestão por Competências figura como alternativa aos modelos gerenciais tradicionais (focados no controle e nos cargos). É uma metodologia de gestão moderna, focada nos negócios (mercado), nos clientes e no desenvolvimento profissional permanente (carreira de longo prazo). Propõe-se a orientar esforços para planejar, captar, desenvolver e avaliar, nos diferentes níveis da organização (individual, grupal e organizacional), as competências necessárias à consecução dos objetivos.

Competência, portanto, tem relação com entrega, com resultados e com criação de valor ao longo do tempo.

- É a capacidade de assumir iniciativas, ser responsável, ir além das atividades prescritas, compreender e dominar as atuais e as novas situações no trabalho.
- Competências são dinâmicas e flexíveis - se modificam conforme as mudanças (aprendizado).

1. COMPETÊNCIAS ORGANIZACIONAIS

O conceito de competência organizacional está relacionado com a articulação de recursos que geram vantagem competitiva. As competências organizacionais sustentam-se em recursos, entre os quais os mais importantes são as competências das pessoas.

Uma competência organizacional é mais que a soma das competências individuais e mais que simplesmente alguns recursos. Fortes competências sempre resultam da combinação de recursos. Uma competência que dependesse de um só recurso seria frágil, pois poderia ser facilmente imitada ou adquirida pelos concorrentes.

Competência organizacional é a harmonização de múltiplos recursos em rotinas que contribuam para o alcance dos objetivos estratégicos.

- Articulação de recursos (físicos, sistemas e procedimentos, competências individuais, network, valores e crenças) que geram vantagem competitiva.
- Conjunto de recursos articulados que geram valor para a organização são difíceis de imitar, podem ser transferidos a outras áreas, produtos ou serviços da organização, e impactam o desempenho organizacional em um fator chave de sucesso.

Mills (2002) define cinco tipos de recursos: os recursos físicos e os procedimentos e sistemas são de natureza tangível; as competências individuais, o network e os valores e cultura são intangíveis e ligados a pessoas.

Categoria de recursos	Descrição
a. Físicos	Construções, plantas, equipamentos, licenças exclusivas, posição geográfica, patentes, empregados, capital financeiro
b. Procedimentos e sistemas	Conjuntos de documentos tangíveis que prescrevem as regras de funcionamento da empresa, desde sistemas de qualidade, recrutamento e seleção, avaliação profissional e recompensa, processos de compras etc.
c. Competências individuais	Conjunto de conhecimentos, habilidades e experiências que as pessoas aplicam em seu contexto profissional
d. *Network*	Grupos de relacionamento da empresa (*networks*), tanto internos, entre áreas, como externos, envolvendo fornecedores, clientes, governo, consultores, universidades etc.
e. Valores e crenças	Princípios de atuação deliberados (valores) ou inconscientes (crenças) vigentes numa organização e que influenciam seu *modus operandi*

Distintos autores descrevem diferentes tipos de competências organizacionais.

Prahalad e Hamel escreveram, em 1990, o famoso artigo *The Core Competence of the Corporation*, no qual trouxeram a importante definição de **competências essenciais** (*core competences*).

Competências Essenciais (*core competences*): servem para a sobrevivência na empresa e são centrais para sua estratégia.

Há três características que permitem identificar uma *Core Competence*:

- provê acesso a uma grande variedade de mercados;
- contribui significativamente para os benefícios percebidos pelo consumidor;
- é difícil de ser imitada pelos concorrentes.

Bohlander afirma que competências essenciais são "conhecimentos integrados dentro de uma empresa que a distinguem de suas concorrentes e agregam valor para os clientes."

Fernandes (2013) defende que competência organizacional é o conjunto de recursos articulados que geram valor para a organização; são difíceis de imitar; podem ser transferidos a outras áreas, produtos ou serviços da organização; e impactam o desempenho organizacional em um fator-chave de sucesso (FCS).

O autor define outras características do conceito de competências organizacionais:

- as competências organizacionais são a "caixa de ressonância" da estratégia: estratégias alinhadas com as competências instaladas "ecoam" (se espalham, multiplicam, funcionam melhor).
- as competências organizacionais "iluminam" os recursos a serem monitorados e alimentados pela organização: Alguns recursos têm mais forte contribuição à competência do que outros. A organização poderia identificar tais recursos de forte impacto, monitorá-los e desenvolvê-los.
- as competências organizacionais estão relacionadas a processos críticos na cadeia de valor de uma empresa. A cadeia de valor consiste na sequência de atividades que uma empresa executa de forma a gerar valor em seus produtos e serviços.

A partir dos conceitos anteriores, Fernandes (2013) define os passos para se mapear e avaliar as competências organizacionais:

1. Analisar o negócio e os fatores-chave de sucesso no setor.
2. Verificar o nível de desempenho da empresa nesse fator em relação a outros players.
3. Escolher os FCS (Fatores-Chave de Sucesso) que serão tomados como competências e descrevê-los.
4. Avaliar:
   a. Valor: o desempenho viabilizado pela competência oferece uma vantagem competitiva valiosa para o cliente
   b. Sustentabilidade: essa vantagem deve ser sustentável ou durável.
   c. Versatilidade: essa competência deve ser versátil e, portanto, útil para várias áreas de produtos e mesmos mercados.
5. Decompor e avaliar os recursos componentes da competência.

Dutra define os seguintes tipos de competências:

- competências essenciais: fundamentais para a sobrevivência da organização e centrais em sua estratégia;
- competências distintivas: reconhecidas pelos clientes como diferenciais em relação aos

competidores; conferem à organização vantagens competitivas;

- competências de unidades de negócio: pequeno número de atividades-chave (entre três e seis) esperadas das unidades de negócio;
- competências de suporte: atividades que servem de alicerce para outras atividades da organização. Por exemplo: a construção e o trabalho eficientes em equipes podem ter grande influência na velocidade e qualidade de muitas atividades dentro da organização;
- capacidade dinâmica: condição da organização de adaptar continuamente suas competências às exigências do ambiente.

Ruas (2001) distingue três categorias: diferenciadoras, essenciais e básicas

- Diferenciadoras: diferenciam a organização no espaço de competição em que atua, contribuindo para uma posição de liderança nesse mercado.
- Essenciais: diferenciam a organização no espaço de competição internacional, contribuindo para uma posição de pioneirismo nesse mercado.
- Básicas: são as competências coletivas que se desdobram em todo o espaço organizacional e que contribuem decisivamente para a sobrevivência da organização, porém, não para a sua diferenciação

Outras tipologias:

- Funcionais: especializadas - cada unidade, departamento deve construir ou possuir e serve de base para as competências essenciais.
- Transversais: não contextuais, genéricas, comuns e transferíveis para diferentes contextos.
- Gerenciais: cada gestor deve ter para lidar com pessoas.

1.1 Competências Individuais (Humanas, Profissionais, Pessoais)

São as competências que cada pessoa precisa ter, aprender, ou desenvolver para atuar na organização. A seguir, algumas definições encontradas na literatura.

- **Combinações sinérgicas de conhecimentos, habilidades e atitudes, expressas pelo desempenho profissional em determinado contexto ou em determinada estratégia organizacional.** (Carbone)

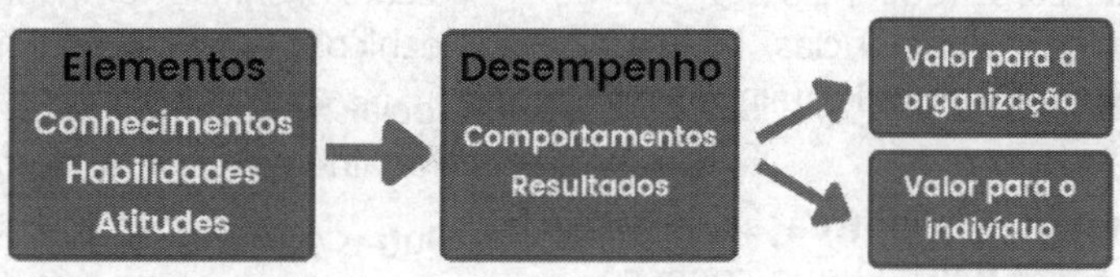

- Capacidade de mobilizar e colocar em ação conhecimentos, habilidades e atitudes, de forma comprometida com os resultados esperados e a missão do órgão. (Política Nacional de Desenvolvimento de Pessoal)
- Conjunto de conhecimentos, habilidades, atitudes e valores que um indivíduo mobiliza e aplica, de forma reiterada, dentro de um contexto profissional, agregando valor à organização e a si mesmo. (Fernandes)
- Capacidade de gerar resultados dentro dos objetivos organizacionais. Essa capacidade advém da atuação conjunta dos conhecimentos, habilidades e atitudes necessários para que possa exercer suas funções (tanto as funções atuais quanto as futuras, ampliando o espaço ocupacional), gerando resultados positivos para a organização. (Dutra)
- Um saber agir responsável e reconhecido, que implica mobilizar, integrar, transferir conhecimentos, recursos, habilidades que agreguem valor econômico à organização e valor social ao indivíduo. (Fleury)

Essas definições esclarecem algumas características importantes das competências individuais:

- Devem agregar valor: entrega é a marca distintiva da competência. Por isso a competência é expressa por verbos de ação. Verbos como "conhecer", "entender" ou mesmo "ser capaz de" não são adequados para traduzir competências segundo essa acepção.
- São contextualizadas: toda competência se expressa numa agregação de valor dentro de um espaço organizacional. Assim, a organização deve, de alguma forma, prover ao profissional o espaço necessário para praticar suas competências – o que Dutra (2013) chama de "espaço ocupacional".

- Níveis de complexidade (work levels): ao longo do tempo, é natural que um profissional adquira novas experiências, aprenda novos conceitos e habilidades, assuma novos desafios, desempenhe trabalhos cada vez mais complexos e agregue mais valor ao negócio. Esse desenvolvimento de um profissional corresponde a um aumento no nível de complexidade em que exerce seu trabalho, indo dos mais simples e rotineiros, nas posições mais iniciais, aos mais sofisticados e complexos, nas posições finais da organização.
- Sinalizam comportamentos reiterados, habituais: alguém que fizesse uma entrega excepcional, porém única, ou muito esporádica, não evidenciaria uma competência. É distintivo da competência estar incorporada ao indivíduo e manifestar-se habitualmente em suas ações e entregas.

No contexto geral apresentado, a Gestão por Competências tem como objetivo detectar, medir e desenvolver **conhecimentos, habilidades e atitudes** necessárias para a realização dos processos e atividades do trabalho e do negócio da Instituição. Trata-se, portanto, de uma importante ferramenta de apoio à Gestão de Pessoas, uma vez que possibilita um melhor direcionamento e planejamento das ações de capacitação e desenvolvimento.

Assim, para avaliar a competência de alguém, temos de examinar:

1. **Capacidades**: o profissional tem os conhecimentos, habilidades, atitudes e valores necessários para agregar valor?
2. **Entregas**: o profissional aplica/ entrega essas capacidades em seu trabalho?

As capacidades, que com frequência são utilizadas como sinônimo de competências, incluem Conhecimentos, Habilidades e Atitudes (alguns autores incluem os Valores).

- **Conhecimentos (saber) – é a formação, o saber que a pessoa acumulou;** "O que conheço ou sei sobre isso?"
- **Habilidades (saber fazer)** – aplicação produtiva do conhecimento**;** proficiência para realizar operações físicas ou mentais; é adquirida pelo exercício e pela prática; "Sou capaz de fazer?"
- **Atitudes (querer fazer)** – uma predisposição em relação a algo**;** "Estou disposto a fazer?"
- **Valores (acreditar):** crenças, concepções conscientes que orientam as escolhas dos indivíduos e que estão na base das atitudes; aquilo em que a pessoa acredita influencia a predisposição a fazer algo; "Eu acredito de fato nisso?"

Fleury e Fleury (2001) propõem a classificação das competências individuais em três categorias: de negócio, técnico-profissionais e sociais.

- de Negócio: ênfase no resultado. Estão relacionadas à interação da empresa em seu ambiente, mercado, competidores, entre outros. Ex: orientação para cliente.
- Técnicas: ênfase nos insumos. Ex: conhecimentos técnicos (logística, pesquisa operacional, etc.).
- Sociais: ênfase na interação com as pessoas. Ex: trabalho em equipe, liderança.

Outras classificações:

- **Técnica**: relaciona-se com a atividade específica, os conhecimentos, métodos e equipamentos necessários para a realização das tarefas dentro do campo de sua especialidade.
- **Humana**: a compreensão das pessoas e suas necessidades, interesses e atitudes. A capacidade de entender, liderar e trabalhar com pessoas.
- **Gerencial**: desejados em cada gestor.
- **Interpessoal**: envolve o relacionamento entre pessoas.
- **Fundamentais**: aqueles comportamentos desejados em todos os servidores.

Importante: como as classificações acima (tanto organizacionais quanto humanas) advêm de distintos autores, elas não são excludentes entre si, pois representam distintas visões sobre um mesmo tema.

Ações que compõem o conceito de competência (Fleury e Fleury):

- Saber agir - significa saber tratar a complexibilidade e a diversidade, antecipar-se e agir em tempo certo, com visão sistêmica.
- Saber comunicar - significa conhecer a linguagem dos negócios e dos mercados, saber ouvir e comunicar-se eficientemente.
- Saber aprender - é criar uma cultura organizacional, os sistemas e mecanismos requeridos para a aprendizagem.
- Saber assumir responsabilidades - significa saber avaliar as consequências das decisões, tanto no plano interno da empresa quanto no nível externo da sociedade.
- Saber mobilizar - é entender e saber utilizar diferentes formas de recursos (financeiros, humanos, informações), buscar parcerias e integrá-las ao negócio.
- Ter visão estratégica - significa conhecer e entender profundamente o negócio da organização e seu ambiente, identificando vantagens competitivas e oportunidades

1.2 Processo de Gestão por Competências

Já vimos que a Gestão por Competências propõe-se a orientar esforços para planejar, captar, desenvolver e avaliar, nos diferentes níveis da organização (individual, grupal e organizacional), as competências necessárias à consecução dos objetivos;

Dessa forma, a pessoa é avaliada para efeitos de admissão, demissão, promoção, aumento salarial etc. em função de sua capacidade de entrega para a empresa

A gestão por competências constitui um processo contínuo, que tem como base a formulação da estratégia organizacional (missão, visão, objetivos, metas, indicadores). A partir da estratégia, identificam-se e desenvolvem-se as competências necessárias para concretizar o desempenho esperado.

O processo pode ser visualizado na figura a seguir.

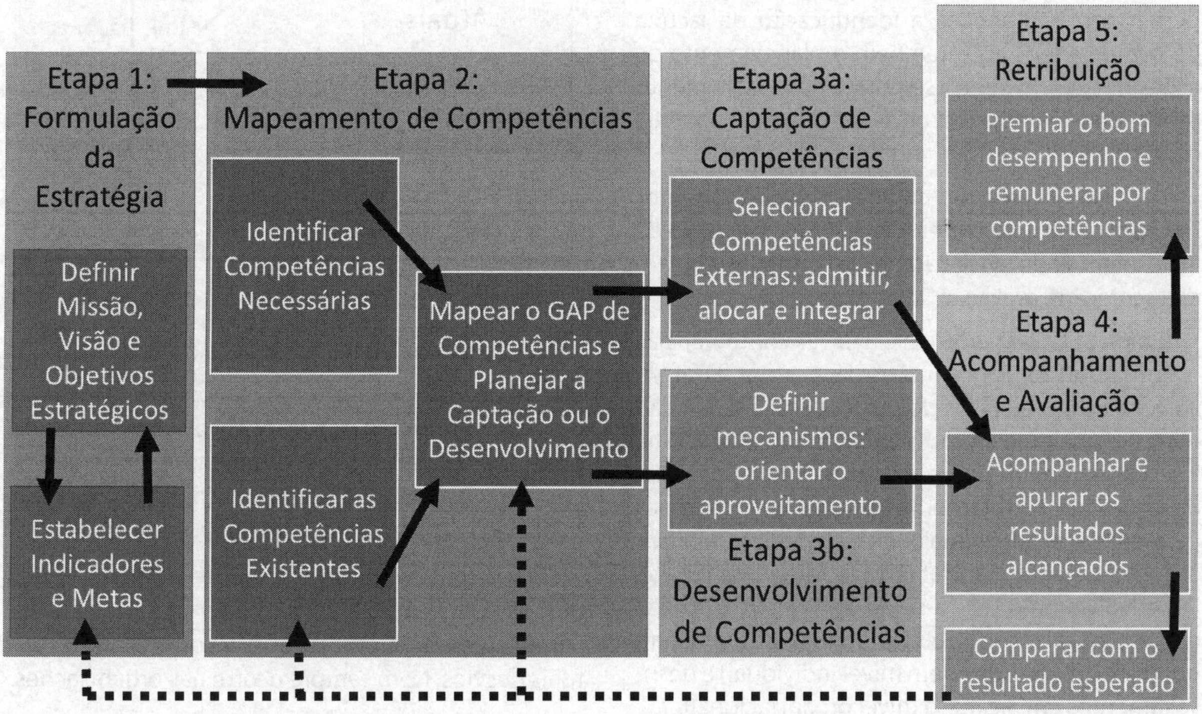

Etapa 1) Formulação da estratégia organizacional – são definidos missão, visão de futuro, objetivos estratégicos, metas e indicadores de desempenho. Obs: alguns autores não consideram a formulação da estratégia uma etapa do processo, pois a estratégia pode já estar definida. Para eles, o mapeamento é o primeiro passo. De qualquer forma, a estratégia é um requisito.

Etapa 2) **Mapeamento de competências** – identificar sua lacuna de competências (gap), isto é, a lacuna entre as competências necessárias para concretizar a estratégia e as competências disponíveis internamente. Em ambientes turbulentos, instáveis e complexos, a realização periódica do mapeamento de competências é de fundamental importância para o planejamento e execução de ações de captação e desenvolvimento.

2.1) Identificar as competências necessárias à consecução dos objetivos organizacionais - geralmente é realizada, primeiro, uma pesquisa documental, que inclui a análise do conteúdo da missão, da visão de futuro, dos objetivos e de outros documentos relativos à estratégia da organização. Depois, realiza-se a coleta de dados com pessoas-chave da organização, para que tais dados sejam comparados com a análise documental. Podem ser utilizados, ainda, outros métodos e técnicas de pesquisa que auxiliam na realização de um diagnóstico, permitindo não apenas a identificação da lacuna de competências, mas também o planejamento de ações de recrutamento, seleção e desenvolvimento profissional (algumas técnicas são descritas adiante, no tópico 3.1).

2.2) Identificação das competências já existentes na organização - geralmente é realizada por meio de instrumentos de avaliação de desempenho (balanced scorecard, avaliação 360º etc.)

Etapa 3) Captar e/ou desenvolver competências – a organização planeja ações para captar e desenvolver as competências de que necessita. Captação refere-se à seleção de competências externas e à sua integração ao ambiente organizacional por meio de ações de recrutamento e seleção de pessoas (competências individuais) e de parcerias ou alianças estratégicas (competências organizacionais). Desenvolvimento refere-se ao aprimoramento das competências disponíveis na organização e ocorre por meio da aprendizagem (nível individual) e de investimentos em pesquisa (nível organizacional).

Um processo seletivo que se orienta pela gestão de competências busca pessoas adequadas para uma carreira de longo prazo dentro da organização, ou seja, seu foco não é no cargo, mas na trajetória profissional.

O desenvolvimento de pessoas ajustado às competências apresenta as seguintes vantagens:

- permite assumir atribuições e responsabilidades em níveis crescentes de complexidade;
- possibilita acoplar os conceitos de competência e complexidade à trajetória profissional;
- cria bases para adequação das expectativas da pessoa às da organização;
- possibilita preparar as pessoas para o processo sucessório conforme suas competências;
- aprimora a forma de avaliação das pessoas na organização, uma vez que distingue aspectos como desenvolvimento, esforço e comportamento.

É importante ressaltar que, na ausência de ações de captação ou desenvolvimento de competências, por parte da organização, a lacuna tende a crescer. Isso porque a complexidade do ambiente no qual as organizações estão inseridas faz com que sejam exigidas cada vez mais e novas competências.

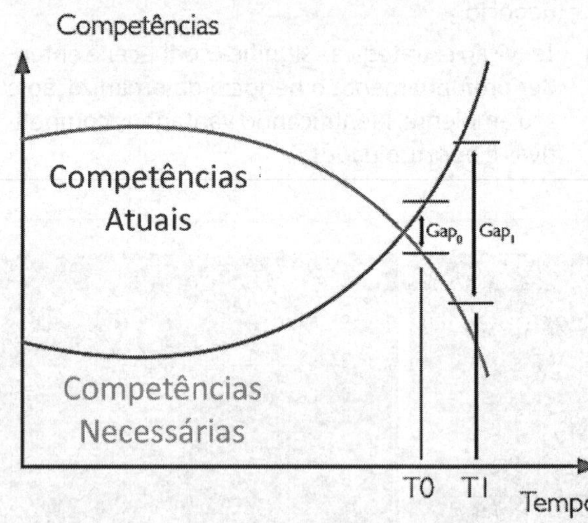

Etapa 4) Acompanhamento e avaliação – monitoramento da execução de planos operacionais e de gestão por meio dos respectivos indicadores de desempenho; apuração dos resultados alcançados e comparação com os resultados esperados, gerando informações para retroalimentar o processo.

Etapa 5) Retribuição – ações de valorização das pessoas para que haja estímulo à manutenção de comportamentos desejados e à correção de eventuais desvios. Nem sempre ocorre nas organizações.

Técnicas para o mapeamento

O mapeamento de competências (Etapa 2) tem como propósito identificar a lacuna de competências - Conhecimento, Habilidades e Atitudes -, ou seja, a discrepância entre o que é necessário para concretizar a estratégia corporativa e o que já existente na organização.

Deve-se, portanto, identificar as competências - organizacionais e profissionais - necessárias à consecução dos objetivos e comparar com as competências internas da organização.

Para essa identificação são utilizadas diversas técnicas:

Pesquisa documental - inclui a análise do conteúdo da missão, da visão de futuro, dos objetivos e de outros documentos relativos à estratégia organizacional.

Entrevista individual - seleciona-se indivíduos de maior conhecimento da organização e faz-se um roteiro de perguntas acerca da percepção quanto às competências de relevância para a organização.

Entrevista coletiva ou grupo focal - o entrevistado é o moderador do grupo de 6 a 12 pessoas e atua na coordenação das discussões com vistas a identificar as competências relevantes. Neste caso o entrevistador deverá montar seu roteiro de questões e registro de dados.

Observação - consiste na análise do trabalho, no registro de seus resultados e daquilo que é preciso para alcançá-los.

Simulações - a partir de análises de tendências do mercado, faz-se suposições sobre o futuro do trabalho e do ambiente de trabalho.

Questionários estruturados - é o mais utilizado no mapeamento de competências nas organizações. Permitem que os respondentes avaliem o grau de importância das competências apresentadas.

1.3 Descrição de Competências

Para Carbone (2006) a competência não é somente o conjunto de conhecimentos, habilidades e atitudes necessários para exercer determinada atividade, mas também o desempenho expresso em comportamentos e realizações decorrentes da aplicação deste conjunto. O desempenho da pessoa representa, portanto, uma expressão de suas competências.

Fernandes (2013) afirma que uma competência expressa um conjunto de capacidades aplicadas e salienta que existe uma grande confusão (teórica e prática) entre competências e conceitos próximos, como conhecimentos, habilidades, atitudes e valores. É comum os autores cometerem o equívoco de chamar de competência a simples "habilidade de apresentação", a "perseverança", a "ética", a "integridade", a "confiança" e o "comprometimento".

Brandão e Bahry (2005) salientam alguns cuidados metodológicos que devem ser considerados para a descrição de competências. O mais indicado, segundo Carbone (2006), é descrever as competências profissionais sob a forma de referenciais de desempenho, ou seja, de comportamentos objetivos e passíveis de observação no ambiente de trabalho. Quando a descrição não é clara, as pessoas tendem a dar a cada competência a interpretação que melhor lhes convém.

A descrição de uma competência, portanto, deve representar um desempenho ou comportamento esperado, indicando o que o profissional deve ser capaz de fazer. Esse comportamento deve ser descrito utilizando-se um verbo e um objetivo de ação. A ele pode ser acrescido, sempre que possível e conveniente, uma condição na qual se espera que o desempenho ocorra. Pode incluir, ainda, um critério que indique um padrão de qualidade considerado satisfatório, conforme exemplos a seguir:

- Realiza análises financeiras (Comportamento) com acurácia (Critério) utilizando diferentes modelos para estimar o retorno de investimentos (Condição).

- Atende aos cidadãos (Comportamento) com presteza e cordialidade (Critério) levando em consideração as suas expectativas e necessidades (Condição).

Na descrição de competências, deve-se evitar:

- a construção de descrições muito longas e a utilização de termos técnicos que dificultem a compreensão das pessoas;
- ambiguidades, como, por exemplo, "implementa modelos de gestão bem sucedidos em outras organizações".
- irrelevâncias e obviedades, como, por exemplo, "coordena reuniões que são marcadas". Nesse caso, bastaria dizer: "coordena reuniões";
- duplicidades, como em "soluciona problemas de forma criativa e original";
- abstrações, como, por exemplo, "pensa o inédito, sugerindo ideias que resolvam divergências".
- a utilização de verbos que não expressem uma ação concreta, ou seja, que não representem comportamentos passíveis de observação no trabalho, como, por exemplo, saber, apreciar, acreditar e pensar, entre outros.

Para obter boas descrições de competências, Bruno-Faria e Brandão (2003) sugerem:

- utilizar verbos que expressem uma ação concreta, ou seja, que representem comportamentos observáveis no trabalho, como, por exemplo, analisar, organizar, selecionar, comunicar, avaliar e formular;
- submeter as descrições à crítica de pessoas-chave da organização, visando identificar possíveis inconsistências e inadequações; e
- realizar a validação semântica das competências descritas, visando garantir que todos os

funcionários compreendam o comportamento descrito. Esse procedimento consiste em entrevistar servidores com diferentes características (gênero, idade, nível de escolaridade, cargo exercido, etc.), objetivando identificar e corrigir eventuais incorreções, falhas, itens sugestivos e ambiguidades, para garantir que as descrições dos comportamentos sejam bem compreendidas pelas pessoas a que se destinam.

1.4 Trilhas de Aprendizagem

A Gestão por Competências propõe-se a integrar e orientar esforços, sobretudo os relacionados à gestão de pessoas, visando desenvolver e sustentar competências consideradas fundamentais à consecução dos objetivos organizacionais.

Nesse contexto, a noção de Trilhas de Aprendizagem surge como estratégia para promover o desenvolvimento de competências, tomando-se como referência não só as expectativas da organização, mas as conveniências, necessidades, desempenhos e aspirações profissionais das pessoas.

Conforme Freitas (2002), "trilhas de aprendizagem são caminhos alternativos e flexíveis para o desenvolvimento pessoal e profissional".

Isso significa dizer que os caminhos são múltiplos e específicos para cada pessoa, pois a trajetória percorrida por um indivíduo pode ser diferente da percorrida por outro, mesmo que eles exerçam o mesmo cargo.

Cada pessoa concebe sua trilha de aprendizagem a partir de suas conveniências, necessidades, ponto de partida e ponto a que deseja chegar, integrando em seu planejamento de carreira as expectativas da organização, o desempenho esperado, suas aspirações, as competências que já possui e aquelas que necessita desenvolver.

Levando em consideração todas essas variáveis, o profissional elege, dentre os recursos educacionais disponíveis, aqueles mais adequados aos seus objetivos e preferências (estágios, reuniões de trabalho, viagens de estudo, seminários, jornais, livros, revistas, sites, grupos de discussão etc.).

GESTÃO DE CONTRATOS ADMINISTRATIVOS

Franciele L. Kühl

Sumário:

Quais assuntos do edital serão estudados neste capítulo:

1. Legislação aplicável à contratação de bens e serviços:

Estudaremos a Lei nº 14.133/2021, conforme indicado do ponto 1.1 do Edital. E o ponto 1.2, da Instrução Normativa nº 5/2017 da Secretaria de Gestão do Ministério do Planejamento, Desenvolvimento e Gestão, será o último tópico deste capítulo.

2. Elaboração e fiscalização de contratos

Esse item do edital será estudado de forma didática ao longo do material, para facilitar sua organização de estudos, vou apresentar cada item do edital e sua ligação com os tópicos do capítulo. A parte de elaboração dos contratos estará dispostas nos tópicos 1 ao 8 do capítulo.

2.1 Cláusulas e indicadores de nível de serviço: esse item é trabalhado nos tópicos 1 e 4;

2.2 Papel do fiscalizador do contrato. 2.3 Papel do preposto da contratada: Esse ponto você estudará nos tópicos 4 e 16 do capítulo;

2.4 Acompanhamento da execução contratual: esse ponto específico do edital será estudado nos tópicos 9 e 10 do capítulo;

2.5 Registro e notificação de irregularidades. 2.6 Definição e aplicação de penalidades e sanções administrativas: esses dois pontos serão estudados nos tópicos 11 ao 14 do capítulo.

Para que um contrato administrativo seja formalizado exige-se, primeiramente, que o processo licitatório seja observado, salvo se o contrato decorrer das regras de dispensa de licitação ou inexigibilidade de licitação, ocasião em que ocorrerá a contratação direta. Considerando a necessidade de processo licitatório prévio, teríamos o seguinte fluxo:

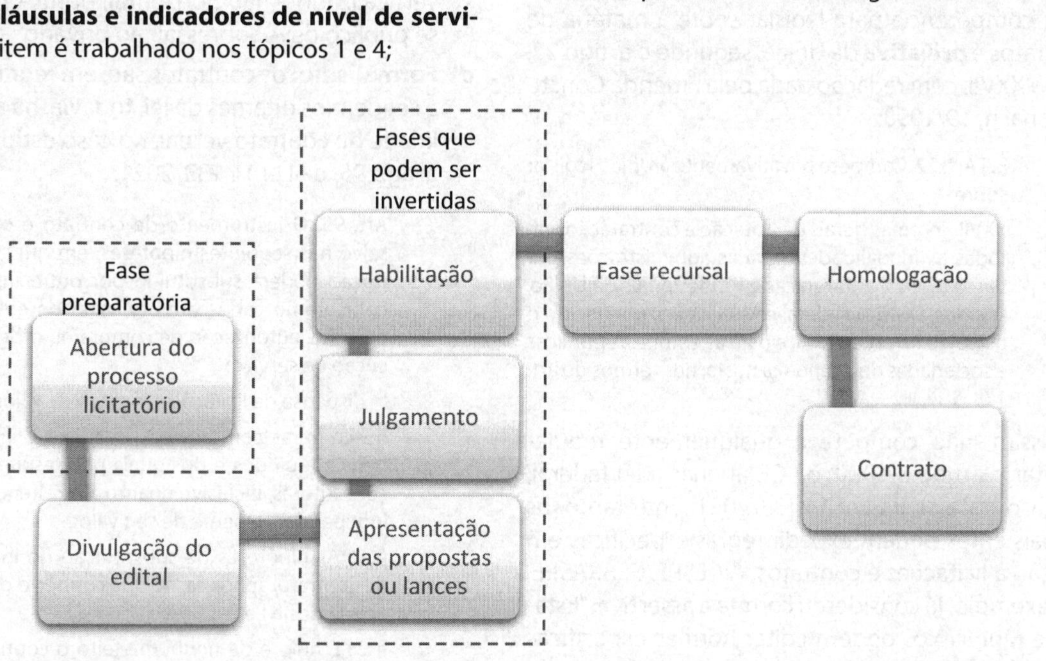

Independente da lei que estivermos aplicando na contratação pública, a regra é que o processo licitatório seja previamente observado para a realização da contratação. Importante destacar aqui que temos diversas leis que tratam sobre contratos administrativos, vejamos:

- Contrato de publicidade: Lei 12.232/2010
- Contrato de concessão ou permissão: Lei 8.987/1995
- Contrato de parceria público-privado: Lei 11.079/2004
- Contratos de estatais: Lei 13.303/2016
- Contratos gerais administrativos: Lei 14.133/2021

Aqui estudaremos os contratos conforme a Lei geral nº 14.133/2021. Seguindo a indicação do edital.

1. FORMALIZAÇÃO DOS CONTRATOS

A expressão "contratos administrativos" é utilizada para abranger quaisquer **contratos celebrado** com a **Administração Pública**, seja para um contrato sob regime de direito público, quanto a um contrato regido pelo direito privado. Já a expressão "contrato administrativo" (no singular) serve para aqueles que são de regime jurídico de direito público (DI PIETRO, 2017, p. 296)[1]. A grande diferença pauta-se na horizontalidade que inexiste nos contratos de direito público, contudo, está presente nos contratos de direito privado, onde a Administração se nivela ao particular. Assim, é correto dizer que a relação entre a Administração Pública e o particular nos contratos administrativo é verticalizada, em razão das prerrogativas que possuí o poder público.

Contrato administrativo é espécie do gênero contrato. A Administração também pode realizar contrato privado: na compra e venda; doação; comodato (contrato gratuito de cessão de uso de bem não fungível). Mas quando uma parte é a Administração Pública e a outra o particular, neste contrato aplicar-se-á **regime jurídico de direito público** e não de direito privado, então estaremos diante de um contrato administrativo.

A competência para legislar sobre a matéria de contratos é **privativa** da União, segundo o artigo 22, inciso XXVII, com redação dada pela Emenda Constitucional n. 19/1998:

> [...] Art. 22. Compete privativamente à União legislar sobre:
>
> XXVII - normas gerais de licitação e contratação, em todas as modalidades, para as administrações públicas diretas, autárquicas e fundacionais da União, Estados, Distrito Federal e Municípios, obedecido o disposto no art. 37, XXI, e para as empresas públicas e sociedades de economia mista, nos termos do art. 173, § 1°, III;

Assim, não compete a qualquer ente regulamentar o artigo 37, XXI, da CF, apenas a lei federal, no caso trata-se da Lei 14.133/2021. Entretanto, os demais entes podem expedir regras específicas em relação a licitações e contratos. A CESPE/CEBRASPE, por exemplo, já considerou correta a assertiva: "Estados e Municípios podem editar normas específicas sobre contratação das administrações públicas diretas, autárquicas e fundacionais no âmbito de suas esferas de atuação".

> ▷ ATENÇÃO!
>
> A Constituição Federal traz que compete privativamente a União criar NORMAS GERAIS, mas normas específicas é competência concorrente entre União, Estados, Distrito Federal e Municípios.

São **características** dos contratos administrativos

a) **Presença da Administração Pública:** a Administração Pública (em sentido amplo) deve aparecer em pelo menos um dos polos relacionais do contrato administrativo, sendo condição necessária para caracterizar como um contrato administrativo.

b) **Submissão ao direito administrativo:** submetido as regras e princípios do direito administrativo, isto é, submetido aos princípios e normas do direito público.

c) **Desigualdade entre as partes:** Neste ponto é possível verificar que nos contratos administrativos existem diversas prerrogativas que garantem a Supremacia do Interesse Público, são as chamadas cláusulas exorbitantes (ou privilégios ou prerrogativas). Podemos afirmar que as partes não estão em posição de igualdade. O contrato é verticalizado e não horizontal, porque o interesse público deve sobressair ao privado.

d) **Formalismo:** os contratos são, em regra, escritos e seguem os ditames da lei, todavia, há a possibilidade de contrato verbal, no caso estipulado no artigo 95, da Lei 14.133/2021:

> Art. 95. O instrumento de contrato é obrigatório, salvo nas seguintes hipóteses, em que a Administração poderá substituí-lo por outro instrumento hábil, como carta-contrato, nota de empenho de despesa, autorização de compra ou ordem de execução de serviço:
>
> I - dispensa de licitação em razão de valor;
>
> II - compras com entrega imediata e integral dos bens adquiridos e dos quais não resultem obrigações futuras, inclusive quanto a assistência técnica, independentemente de seu valor.
>
> § 1º Às hipóteses de substituição do instrumento de contrato, aplica-se, no que couber, o disposto no art. 92 desta Lei.
>
> § 2º É nulo e de nenhum efeito o contrato verbal com a Administração, salvo o de pequenas compras ou o de prestação de serviços de pronto pagamento, assim entendidos aqueles de valor não superior a R$ 10.804,08 (dez mil reais).

> ▷ ATENÇÃO!
>
> O **instrumento de contrato** é obrigatório como regra, entretanto, a própria lei de licitações e contratos estabelece possibilidades em que esse instrumento de contrato poderá ser substituído por outro instrumento hábil, como a carta-contrato, nota de empenho de despesas, autorização de compra ou ordem de execução de serviço.

e) **Finalidade pública:** a finalidade do contrato não pode ter outra finalidade senão o atendimento do interesse público.

1. DI PIETRO, Maria Sylvia Zanella. Direito administrativo. 30. ed. rev. atual e apl. Rio de Janeiro: Forense, 2017.

f) **Contrato por adesão:** quando a Administração Pública celebra um contrato as cláusulas são fixadas por esta de forma unilateral, por exemplo, o instrumento convocatório da licitação, onde a Administração Pública estabelece as condições em que pretende contratar, o vencedor do procedimento fica sujeita ao princípio da vinculação ao edital. Mesmo que o contrato não seja precedido de licitação, é a Administração Pública que estabelece as cláusulas contratuais, vinculadas à lei, regulamentos e ao princípio da indisponibilidade do interesse público (DI PIETRO, 2017, p. 311)[2].

g) **Natureza *intuitu personae* e confiança recíproca:** os contratantes devem respeitar as condições pessoais do contrato, podendo subcontratar nas hipóteses do artigo 122, da Lei 14.133/2021:

> Art. 122. Na execução do contrato e sem prejuízo das responsabilidades contratuais e legais, o contratado poderá subcontratar partes da obra, do serviço ou do fornecimento até o limite autorizado, em cada caso, pela Administração.
>
> § 1º O contratado apresentará à Administração documentação que comprove a capacidade técnica do subcontratado, que será avaliada e juntada aos autos do processo correspondente.
>
> § 2º Regulamento ou edital de licitação poderão vedar, restringir ou estabelecer condições para a subcontratação.
>
> § 3º Será vedada a subcontratação de pessoa física ou jurídica, se aquela ou os dirigentes desta mantiverem vínculo de natureza técnica, comercial, econômica, financeira, trabalhista ou civil com dirigente do órgão ou entidade contratante ou com agente público que desempenhe função na licitação ou atue na fiscalização ou na gestão do contrato, ou se deles forem cônjuge, companheiro ou parente em linha reta, colateral, ou por afinidade, até o terceiro grau, devendo essa proibição constar expressamente do edital de licitação.

h) **Bilateralidade ou comutativo:** o contrato prevê obrigações para as duas partes, o que difere do ato administrativo, pois ele é unilateral.

i) **Mutabilidade:** nos contratos regidos pelo direito privado (direito civil e empresarial) vige o princípio do *pacta sunt servanda*, ou seja, o contrato deve ser cumprido da forma como foi escrito. No direito administrativo não é assim, tanto é que a Administração Pública pode alterar unilateralmente cláusulas do contrato para atender melhor o interesse público.

j) **Oneroso**: porque tem cláusula de preço ou econômica.

> Art. 92. São necessárias em todo contrato cláusulas que estabeleçam:
>
> V - o preço e as condições de pagamento, os critérios, a data-base e a periodicidade do reajustamento de preços e os critérios de atualização monetária entre a data do adimplemento das obrigações e a do efetivo pagamento;

k) **Cláusulas exorbitantes:** conferem à Administração Pública prerrogativas em relação a outra parte do contrato, colocando a Administração Pública em posição de supremacia. São cláusulas exorbitantes:

I. **Exigência de garantia:** de acordo com o artigo 58, da Lei 14.133/2021.
II. **Alteração unilateral:** previsto nos artigos 104, I, e art. 124, I, da Lei 14.133/2021.
III. **Rescisão unilateral:** previsto no artigo 104, II e art. 138, da Lei 14.133/2021.
IV. **Fiscalização:** de acordo com o artigo 25, 104, III, 117 e 171, da Lei 14.133/2021.
V. **Aplicação de penalidades:** art. 104, IV, 155 ao 163, da Lei 14.133/2021.
VI. **Ocupação provisória:** art. 104, V, "a" e "b", da Lei 14.133/2021.
VII. **Retomada do objeto:** essa medida é possível nos casos de rescisão unilateral. Observe que a rescisão unilateral é privilégio somente da Administração Pública!

Divulgação do contrato deve ocorrer no PNCP, nos seguintes prazos:

- 20 dias úteis: no caso de licitação;
- 10 dias úteis: no caso de contratação direta;
- No caso de obras: a Administração divulgará em sítio eletrônico oficial, em até 25 dias úteis após a assinatura do contrato, os quantitativos e os preços unitários e totais que contratar e, em até 45 (quarenta e cinco) dias úteis após a conclusão do contrato, os quantitativos executados e os preços praticados;

Cláusulas necessárias que estabelece o artigo 92:

> Art. 92. São necessárias em todo contrato cláusulas que estabeleçam:
>
> I - o objeto e seus elementos característicos;
>
> II - a vinculação ao edital de licitação e à proposta do licitante vencedor ou ao ato que tiver autorizado a contratação direta e à respectiva proposta;
>
> III - a legislação aplicável à execução do contrato, inclusive quanto aos casos omissos;

2. DI PIETRO, Maria Sylvia Zanella. Direito administrativo. 30. ed. rev. atual e apl. Rio de Janeiro: Forense, 2017.

IV - o regime de execução ou a forma de fornecimento;

V - o preço e as condições de pagamento, os critérios, a data-base e a periodicidade do reajustamento de preços e os critérios de atualização monetária entre a data do adimplemento das obrigações e a do efetivo pagamento;

VI - os critérios e a periodicidade da medição, quando for o caso, e o prazo para liquidação e para pagamento;

VII - os prazos de início das etapas de execução, conclusão, entrega, observação e recebimento definitivo, quando for o caso;

VIII - o crédito pelo qual correrá a despesa, com a indicação da classificação funcional programática e da categoria econômica;

IX - a matriz de risco, quando for o caso;

X - o prazo para resposta ao pedido de repactuação de preços, quando for o caso;

XI - o prazo para resposta ao pedido de restabelecimento do equilíbrio econômico-financeiro, quando for o caso;

XII - as garantias oferecidas para assegurar sua plena execução, quando exigidas, inclusive as que forem oferecidas pelo contratado no caso de antecipação de valores a título de pagamento;

XIII - o prazo de garantia mínima do objeto, observados os prazos mínimos estabelecidos nesta Lei e nas normas técnicas aplicáveis, e as condições de manutenção e assistência técnica, quando for o caso;

XIV - os direitos e as responsabilidades das partes, as penalidades cabíveis e os valores das multas e suas bases de cálculo;

XV - as condições de importação e a data e a taxa de câmbio para conversão, quando for o caso;

XVI - a obrigação do contratado de manter, durante toda a execução do contrato, em compatibilidade com as obrigações por ele assumidas, todas as condições exigidas para a habilitação na licitação, ou para a qualificação, na contratação direta;

XVII - a obrigação de o contratado cumprir as exigências de reserva de cargos prevista em lei, bem como em outras normas específicas, para pessoa com deficiência, para reabilitado da Previdência Social e para aprendiz;

XVIII - o modelo de gestão do contrato, observados os requisitos definidos em regulamento;

XIX - os casos de extinção.

§ 1º Os contratos celebrados pela Administração Pública com pessoas físicas ou jurídicas, inclusive as domiciliadas no exterior, deverão conter cláusula que declare competente o foro da sede da Administração para dirimir qualquer questão contratual, ressalvadas as seguintes hipóteses:

I - licitação internacional para a aquisição de bens e serviços cujo pagamento seja feito com o produto de financiamento concedido por organismo financeiro internacional de que o Brasil faça parte ou por agência estrangeira de cooperação;

II - contratação com empresa estrangeira para a compra de equipamentos fabricados e entregues no exterior precedida de autorização do Chefe do Poder Executivo;

III - aquisição de bens e serviços realizada por unidades administrativas com sede no exterior.

§ 2º De acordo com as peculiaridades de seu objeto e de seu regime de execução, o contrato conterá cláusula que preveja período antecedente à expedição da ordem de serviço para verificação de pendências, liberação de áreas ou adoção de outras providências cabíveis para a regularidade do início de sua execução.

§ 3º Independentemente do prazo de duração, o contrato deverá conter cláusula que estabeleça o índice de reajustamento de preço, com data-base vinculada à data do orçamento estimado, e poderá ser estabelecido mais de um índice específico ou setorial, em conformidade com a realidade de mercado dos respectivos insumos.

§ 4º Nos contratos de serviços contínuos, observado o interregno mínimo de 1 (um) ano, o critério de reajustamento de preços será por:

I - reajustamento em sentido estrito, quando não houver regime de dedicação exclusiva de mão de obra ou predominância de mão de obra, mediante previsão de índices específicos ou setoriais;

II - repactuação, quando houver regime de dedicação exclusiva de mão de obra ou predominância de mão de obra, mediante demonstração analítica da variação dos custos.

§ 5º Nos contratos de obras e serviços de engenharia, sempre que compatível com o regime de execução, a medição será mensal.

§ 6º Nos contratos para serviços contínuos com regime de dedicação exclusiva de mão de obra ou com predominância de mão de obra, o prazo para resposta ao pedido de repactuação de preços será preferencialmente de 1 (um) mês, contado da data do fornecimento da documentação prevista no § 6º do art. 135 desta Lei.

§ 7º Para efeito do disposto nesta Lei, consideram-se como adimplemento da obrigação contratual a prestação do serviço, a realização da obra ou a entrega do bem, ou parcela destes, bem como qualquer outro evento contratual a cuja ocorrência esteja vinculada a emissão de documento de cobrança. (Incluído pela Lei nº 14.770, de 2023)

> ▷ ATENÇÃO!
>
> A recusa injustificada do adjudicatário em assinar o contrato ou em aceitar ou retirar o instrumento equivalente no prazo estabelecido pela Administração caracterizará o descumprimento total da obrigação assumida e o sujeitará às penalidades legalmente estabelecidas e à imediata perda da garantia de proposta em favor do órgão ou entidade licitante (art. 90).

Segundo o artigo 90, §3º, "Decorrido o prazo de validade da proposta indicado no edital sem convocação para a contratação, ficarão os licitantes liberados dos compromissos assumidos", prazo de validade ficou aberto para a Administração definir em edital.

2. GARANTIA DOS CONTRATOS

Essa **garantia do contrato** não se confunde com a **garantia de proposta**, que ocorre durante o processo licitatório, para vincular a parte da proposta apresentada e fazer com que ela cumpra. Como já existia na Lei anterior, a critério da autoridade competente, poderá exigir, mediante previsão no edital, prestação de garantia nas contratações de obras, serviços e fornecimento.

Nas contratações de **obras, serviços e fornecimentos**, a garantia poderá ser de **até 5%** do valor inicial do contrato, autorizada a **majoração** desse percentual para **até 10%,** desde que justificada mediante análise da complexidade técnica e dos riscos envolvidos (art. 98, da NLLC). Já nas **obras** e **serviços** de engenharia de **grande vulto**, a garantia poderá ser cobrada no valor de **até 30%** do valor inicial do contrato (art. 99, da NLLC).

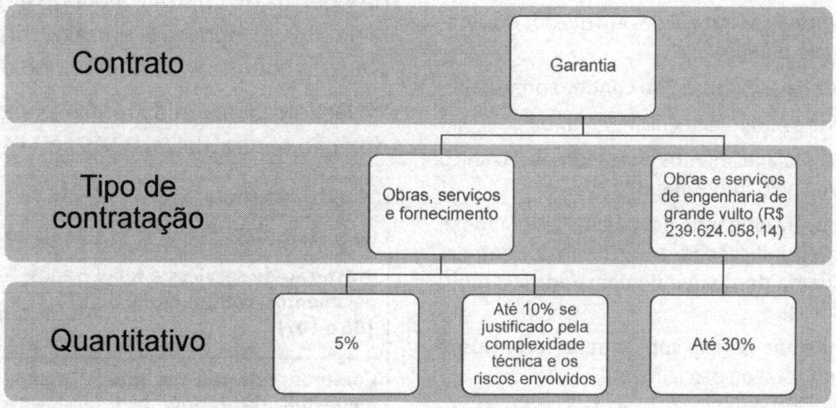

As **modalidades de garantia** são:

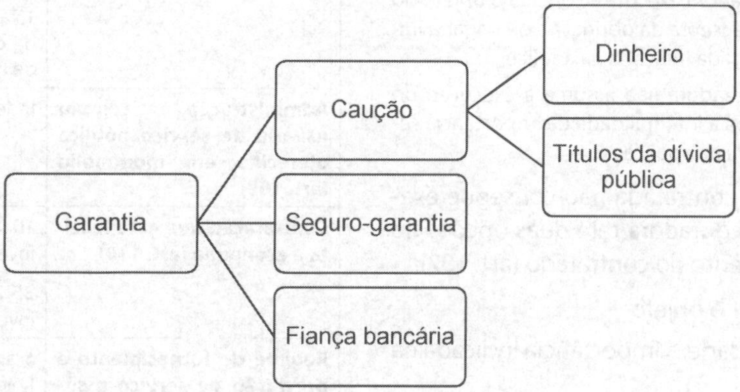

- **Caução em dinheiro** ou em **títulos da dívida pública** emitidos sob a forma escritural, mediante registro em sistema centralizado de liquidação e de custódia autorizado pelo Banco Central do Brasil, e avaliados por seus valores econômicos, conforme definido pelo Ministério da Economia (art. 96);
- **Seguro-garantia**, que é contrato firmado entre particular contratado pela Administração com uma instituição seguradora, a qual compromete-se a arcar com os riscos de eventos danosos relativos à inexecução contratual por parte do particular, inclusive multas, prejuízos ou indenizações decorrentes do inadimplemento. O artigo 97 estabelece o prazo de vigência da apólice, que o seguro-garantia continuará vigente mesmo que o segurado não tenha pagado o prêmio.
- **Fiança bancária** (também entendida como **garantia fidejussória**) emitida por banco ou instituição financeira devidamente autorizada a operar no País pelo Banco Central do Brasil.

Sobre o **seguro garantia** algumas observações são interessantes. O seguro garantia tem por objetivo a garantia do fiel cumprimento das obrigações assumidas pelo contratado, inclusive garantirá o pagamento de multas, prejuízos e indenizações decorrentes de inadimplemento, desde que observadas algumas regras:

> Art. 102. Na contratação de obras e serviços de engenharia, o edital poderá exigir a prestação da garantia na modalidade seguro-garantia e prever a obrigação de a seguradora, em caso de inadimplemento pelo contratado, assumir a execução e concluir o objeto do contrato, hipótese em que:
>
> I - a seguradora deverá firmar o contrato, inclusive os aditivos, como interveniente anuente e poderá:
>
> a) ter livre acesso às instalações em que for executado o contrato principal;
>
> b) acompanhar a execução do contrato principal;
>
> c) ter acesso a auditoria técnica e contábil;
>
> d) requerer esclarecimentos ao responsável técnico pela obra ou pelo fornecimento;
>
> II - a emissão de empenho em nome da seguradora, ou a quem ela indicar para a conclusão do contrato, será autorizada desde que demonstrada sua regularidade fiscal;
>
> III - a seguradora poderá subcontratar a conclusão do contrato, total ou parcialmente.
>
> Parágrafo único. Na hipótese de inadimplemento do contratado, serão observadas as seguintes disposições:
>
> I - caso a seguradora execute e conclua o objeto do contrato, estará isenta da obrigação de pagar a importância segurada indicada na apólice;
>
> II - caso a seguradora não assuma a execução do contrato, pagará a integralidade da importância segurada indicada na apólice.

Assim, quando a contratada não consegue executar o contrato, a seguradora terá duas opções no caso de inadimplemento do contratado (art. 102):

1) Executar e concluir o objeto
2) Pagar, na integralidade, a importância indicada na apólice.

3. DURAÇÃO DOS CONTRATOS

O regime anterior vedava contratos por prazo indeterminado, hoje, no novo ordenamento jurídico é possível nas hipóteses do artigo 109, quando a Administração seja usuária de serviço público prestado em regime de monopólio. Mas nos demais casos segue a regra, contrato com prazo determinado e que tem duração adstrita à vigência dos respectivos créditos orçamentários.

Um contrato pode ser de:

- De obra pública
- De fornecimento
- De prestação de serviço
- De concessão ou permissão – delegação
- Parceria Público Privado
- Contrato de gestão
- Convênio
- Consórcio Público
- De serviços de publicidade

Independente do seu objeto, se for contrato administrativo, deve seguir regras estabelecidas em lei, dentre elas a duração do contrato, ou seja, o tempo de vigência do contrato. Período em que ele produzirá direitos e obrigações entre as partes. Assim, a regra é que os contratos tenham tempo **determinado**.

De forma resumida temos as seguintes regras de duração contratual (art. 105 ao 114):

Quando	Duração
Regra (art. 105)	A cada exercício financeiro.
Prestação de serviços e fornecimentos contínuos (art. 106 e 107)	5 anos
	10 anos: no caso de prorrogações sucessivas
Compras estratégicas que envolvem tecnologia (art. 108 e 114)	10 anos: nas hipóteses previstas nas alíneas "f" e "g" do inciso IV e nos incisos V, VI, XII e XVI do caput do art. 75 desta Lei.
	15 anos: a operação continuada de sistemas estruturantes de tecnologia da informação
Administração comum usuária de serviço pública oferecido em monopólio (art. 109)	Indeterminado
Contratação que gere receita e economia (art. 110)	10 anos: nos contratos sem investimento;
	35 anos: nos contratos com investimento;
Regime de fornecimento e prestação de serviço associado	5 anos: vigência máxima definida pela soma do prazo relativo ao fornecimento inicial ou à entrega da obra com o prazo relativo ao serviço de operação e manutenção.

4. EXECUÇÃO DOS CONTRATOS

O contrato deve ser fielmente executado por ambas as partes, pois cada uma responderá pelas consequências da sua inexecução total ou parcial. Não só o objeto do contrato deve ser respeitado, como também os prazos. Sendo que, em caso de impedimento, ordem de paralisação ou suspensão do contrato, o cronograma de execução deve ser devido e automaticamente prorrogado pelo tempo correspondente a paralisação.

Cabe a Administração Pública divulgar em sítio eletrônico oficial e em placa a ser fixada em local da obra, de fácil acesso ao cidadão, aviso público de obra paralisada, com o motivo e o responsável pela inexecução. Esse texto e publicação deve ser elaborado pela própria Administração, que tem a obrigação de **publicizar a informação** quando verificada a ocorrência de **paralisação** ou **suspensão** por **mais de um mês (art. 115)**.

O contrato é acompanhado por **um** ou **mais fiscais** do **contrato**, representantes da Administração, especialmente designados para tal função. Sendo permitida a contratação de terceiros para assisti-los e subsidiá-los, não substituí-los, na hipótese de contratação de terceiros, devem ser observadas as seguintes regras (art. 117):

- A empresa ou o profissional contratado assumirá a **responsabilidade civil objetiva** pela veracidade e pela precisão das informações prestadas, firmará termo de compromisso de confidencialidade e não poderá exercer atribuição própria e exclusiva de fiscal de contrato;
- A contratação de terceiros **não eximirá** de **responsabilidade** o **fiscal** do contrato, nos limites das informações recebidas do terceiro contratado.

> ▷ ATENÇÃO!
>
> Regras que permanecem iguais:
>
> Art. 118. O contratado deverá manter preposto aceito pela Administração no local da obra ou do serviço para representá-lo na execução do contrato.
>
> Art. 122. Possibilidade de subcontratação de partes da obra, do serviço ou do fornecimento até o limite autorizado, em cada caso, pela Administração.

Quem são os agentes envolvidos no contrato?

1. **Fiscal** – art. 117
   a. Operacionalização
   b. Conhecimento técnico do objeto
   c. Recebimento do objeto – art. 140
   d. Reporta ao gestor, conforme o acompanhamento
2. **Gestor** – art. 8º, §3º
   a. Autoriade legal
   b. Realiza o gerenciamento/organização
   c. Responsável pelos prazos
   d. Responsável pela estruturação orçamentária
3. **Preposto** – art. 118
   a. Representante legal da contratada

E quanto a responsabilidade durante a execução do contrato? A novidade da nova lei é que essa empresa ou profissional contratado assumirá a responsabilidade civil objetiva sob os danos que causa a terceiros ou à Adminsitração, segundo interpretação sob o artigo 120, da Lei 14.133/21.

O contratado será obrigado a reparar, corrigir, remover, reconstruir ou substituir, a suas expensas, no total ou em parte, o objeto do contrato em que se verificarem vícios, defeitos ou incorreções resultantes de sua execução ou de materiais nela empregados. Sua responsabilidade diz respeito aos danos causados a terceiros e à Administração, não excluindo ou reduzindo sua responsabilidade a fiscalização ou o acompanhamento da execução contratual pelo contratante.

Quanto aos **encargos trabalhista**, **previdenciário, fiscais e comerciais** o inadimplemento dos encargos trabalhistas dos empregados do contratado não transfere automaticamente ao Poder Público contratante a responsabilidade pelo seu pagamento. Segundo o artigo 121, da NLLC:

> Art. 121. Somente o contratado será responsável pelos encargos trabalhistas, previdenciários, fiscais e comerciais resultantes da execução do contrato.
>
> § 1º A inadimplência do contratado em relação aos encargos trabalhistas, fiscais e comerciais não transferirá à Administração a responsabilidade pelo seu pagamento e não poderá onerar o objeto do contrato nem restringir a regularização e o uso das obras e das edificações, inclusive perante o registro de imóveis, ressalvada a hipótese prevista no § 2º deste artigo.
>
> § 2º Exclusivamente nas contratações de serviços contínuos com regime de dedicação exclusiva de mão de obra, a Administração responderá solidariamente pelos encargos previdenciários e subsidiariamente pelos encargos trabalhistas se comprovada falha na fiscalização do cumprimento das obrigações do contratado.

Assim, somente nas contratações de serviços contínuos com regime de dedicação exclusiva de mão de obra é que a Administração responderá **solidariamente** pelos encargos **previdenciários** e **subsidiariamente** pelos **encargos trabalhistas** se comprovada falha na fiscalização do cumprimento das obrigações do contratado. Resumindo:

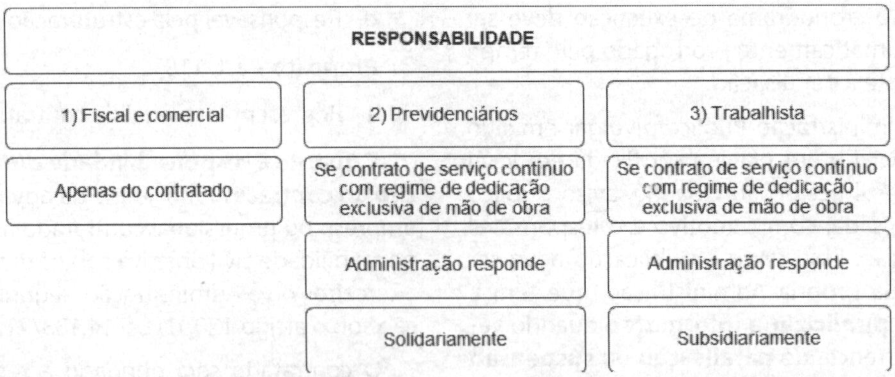

> ▷ ATENÇÃO!
> De acordo com a nova redação do artigo 123, a Administração deve decidir todas solicitações ou reclamações, ressalvados os requerimentos impertinentes, protelatórios ou sem interesse para boa execução do contrato.
>
> **Prazo de resposta**, como regra: Um mês, podendo ser prorrogado por igual período, desde que motivado.

5. ALTERAÇÃO DO CONTRATO E PREÇO

A **alteração do contrato** pode ser unilateral, isto é, parte da Administração Pública, prerrogativa exclusiva do Poder Público. Como também poderá ser por acordo firmado entre as partes.

De forma **unilateral** pela Administração poderá ser:

- Quando houver modificação do projeto ou das especificações, para melhor adequação técnica a seus objetivos;
- Quando for necessária a modificação do valor contratual em decorrência de acréscimo ou diminuição quantitativa de seu objeto, nos limites permitidos por esta Lei (conforme prevê o artigo 125);

Por **acordo** entre as partes (art. 124):

- Quando conveniente a substituição da garantia de execução;
- Quando necessária a modificação do regime de execução da obra ou do serviço, bem como do modo de fornecimento, em face de verificação técnica da inaplicabilidade dos termos contratuais originários;
- Quando necessária a modificação da forma de pagamento por imposição de circunstâncias supervenientes, mantido o valor inicial atualizado e vedada a antecipação do pagamento em relação ao cronograma financeiro fixado sem a correspondente contraprestação de fornecimento de bens ou execução de obra ou serviço;
- Para restabelecer o equilíbrio econômico-financeiro inicial do contrato em caso de força maior, caso fortuito ou fato do príncipe ou em decorrência de fatos imprevisíveis ou previsíveis de consequências incalculáveis, que inviabilizem a execução do contrato tal como pactuado, respeitada, em qualquer caso, a repartição objetiva de risco estabelecida no contrato.

Vamos estudar agora as formas de **recomposição** econômica do contrato: reajustamento em sentido estrito, repactuação e revisão. A própria Constituição Federal, em seu artigo 37, inciso XXI, assegura a possibilidade de ajustes e reajustes no contrato para garantir as condições efetivas da proposta. Na Lei de Concessões e Permissões, Lei n. 8.987/95, o artigo 9º e 35 tratam sobre a tarifa do serviço que é fixada em contrato, mas com possibilidade de revisão. O objetivo é recompor a margem de lucro inicialmente projetada no negócio e que de alguma maneira é ou foi afetada no curso da execução do contrato. De acordo com o artigo 6º, da Lei 14.133/2021:

- **Reajustamento em sentido estrito**: forma de manutenção do equilíbrio econômico-financeiro de contrato consistente na aplicação do índice de correção monetária previsto no contrato, que deve retratar a variação efetiva do custo de produção, admitida a adoção de índices específicos ou setoriais;
- **Repactuação**: forma de manutenção do equilíbrio econômico-financeiro de contrato utilizada para serviços contínuos com regime de dedicação exclusiva de mão de obra ou predominância de mão de obra, por meio da análise da variação dos custos contratuais, devendo estar prevista no edital com data vinculada à apresentação das propostas, para os custos decorrentes do mercado, e com data vinculada ao acordo, à convenção coletiva ou ao dissídio coletivo ao qual o

orçamento esteja vinculado, para os custos decorrentes da mão de obra;

Na doutrina é possível usar a palavra **reajustamento** de forma genérica, referindo-se as duas formas de recomposição:

1) **Reajustamento em sentido estrito**: quando no contrato não predomina mão de obra;

2) **Repactuação**: quando no contrato há predominância de mão de obra ou regime de contração exclusiva de mão de obra.

O reajuste "trata-se do ajuste do valor dos pagamentos atrelado a índice de custos dos insumos publicados com base em dados oficiais ou de instituições idôneas, como a FGV. O reajuste provoca, portanto, o aumento do valor do pagamento, tendo em vista a alteração do custo da prestação ajustada, como, por exemplo, no caso de elevação do valor do cimento em contrato de obras" (NOHARA, 2023, p. 413)[3]. Não se confunde reajuste com correção monetária, que é devida no atraso de pagamento!

Diferencia-se da **revisão**, porque esta, segundo Celso Antônio Bandeira de Mello, tem lugar diante de situações novas, eventos supervenientes e extraordinários, não previstos e imprevisíveis. No caso do **reajuste** não há alteração contratual, podendo, nos termos do artigo 136, I, da NLLC, ser registrado por **simples apostila**.

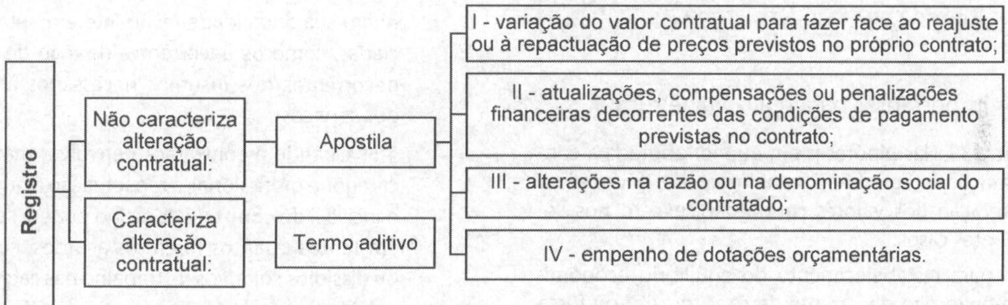

Contudo, quando houver álea extraordinária e **revisão contratual**, implicará em alterações contratuais, situações que provocarão a necessidade de **termo aditivo do contrato**. Assim, a apostila é apenas o registro de uma condição já prevista no contrato, enquanto o termo aditivo é a materialização de uma alteração contratual.

Resumindo:

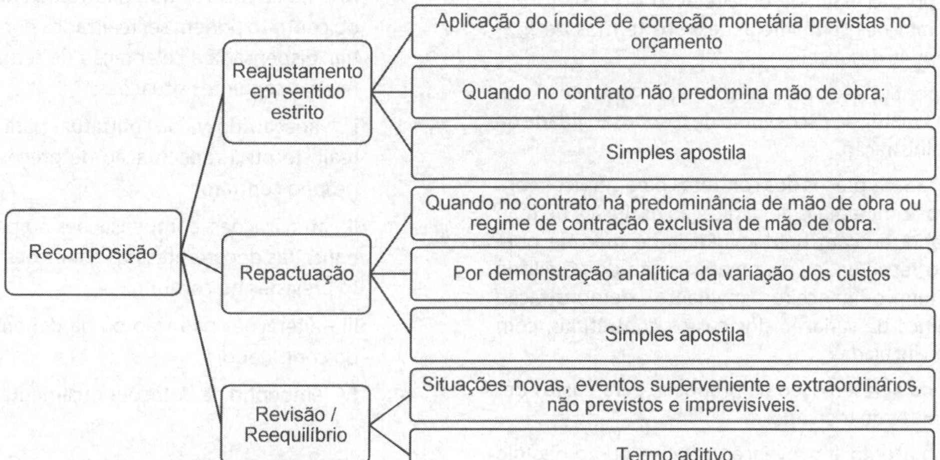

Segundo o artigo 25, §7º, da NLLC, o edital, independentemente do prazo de duração do contrato, deve prever o índice de reajustamento de preço, com data-base vinculada à data do orçamento estimado e possibilidade de ser estabelecido mais de um índice específico ou setorial, em conformidade com a realidade dos respectivos insumos do contrato.

3. NOHARA, Irene Patrícia Diom. Direito Administrativo. 12. ed. rev. Atual. São Paulo: Atlas, 2023.

Nos contratos de serviços contínuos deve ser observado o interregno mínimo de um ano, e o critério de reajustamento será:

- Reajustamento em sentido estrito, quando não houver regime de dedicação exclusiva de mão de obra ou predominância de mão de obra, mediante previsão de índices específicos ou setoriais;
- Repactuação, quando houver regime de dedicação exclusiva de mão de obra ou predominância de mão de obra, mediante demonstração analítica da variação dos custos.

> ▷ ATENÇÃO!
> A extinção do contrato não configurará óbice para o reconhecimento do desequilíbrio econômico-financeiro, hipótese em que será concedida indenização por meio de termo indenizatório.

Artigos importantes para realizar a leitura:

Art. 133. Nas hipóteses em que for adotada a contratação integrada ou semi-integrada, é vedada a alteração dos valores contratuais, exceto nos seguintes casos:

I - para restabelecimento do equilíbrio econômico-financeiro decorrente de caso fortuito ou força maior;

II - por necessidade de alteração do projeto ou das especificações para melhor adequação técnica aos objetivos da contratação, a pedido da Administração, desde que não decorrente de erros ou omissões por parte do contratado, observados os limites estabelecidos no art. 125 desta Lei;

III - por necessidade de alteração do projeto nas contratações semi-integradas, nos termos do § 5º do art. 46 desta Lei;

IV - por ocorrência de evento superveniente alocado na matriz de riscos como de responsabilidade da Administração.

Art. 135. Os preços dos contratos para serviços contínuos com regime de dedicação exclusiva de mão de obra ou com predominância de mão de obra serão repactuados para manutenção do equilíbrio econômico-financeiro, mediante demonstração analítica da variação dos custos contratuais, com data vinculada:

I - à da apresentação da proposta, para custos decorrentes do mercado;

II - ao acordo, à convenção coletiva ou ao dissídio coletivo ao qual a proposta esteja vinculada, para os custos de mão de obra.

§ 1º A Administração não se vinculará às disposições contidas em acordos, convenções ou dissídios coletivos de trabalho que tratem de matéria não trabalhista, de pagamento de participação dos trabalhadores nos lucros ou resultados do contratado, ou que estabeleçam direitos não previstos em lei, como valores ou índices obrigatórios de encargos sociais ou previdenciários, bem como de preços para os insumos relacionados ao exercício da atividade.

§ 2º É vedado a órgão ou entidade contratante vincular-se às disposições previstas nos acordos, convenções ou dissídios coletivos de trabalho que tratem de obrigações e direitos que somente se aplicam aos contratos com a Administração Pública.

§ 3º A repactuação deverá observar o interregno mínimo de 1 (um) ano, contado da data da apresentação da proposta ou da data da última repactuação.

§ 4º A repactuação poderá ser dividida em tantas parcelas quantas forem necessárias, observado o princípio da anualidade do reajuste de preços da contratação, podendo ser realizada em momentos distintos para discutir a variação de custos que tenham sua anualidade resultante em datas diferenciadas, como os decorrentes de mão de obra e os decorrentes dos insumos necessários à execução dos serviços.

§ 5º Quando a contratação envolver mais de uma categoria profissional, a repactuação a que se refere o inciso II do **caput** deste artigo poderá ser dividida em tantos quantos forem os acordos, convenções ou dissídios coletivos de trabalho das categorias envolvidas na contratação.

§ 6º A repactuação será precedida de solicitação do contratado, acompanhada de demonstração analítica da variação dos custos, por meio de apresentação da planilha de custos e formação de preços, ou do novo acordo, convenção ou sentença normativa que fundamenta a repactuação.

Art. 136. Registros que não caracterizam alteração do contrato podem ser realizados por simples apostila, dispensada a celebração de termo aditivo, como nas seguintes situações:

I - variação do valor contratual para fazer face ao reajuste ou à repactuação de preços previstos no próprio contrato;

II - atualizações, compensações ou penalizações financeiras decorrentes das condições de pagamento previstas no contrato;

III - alterações na razão ou na denominação social do contratado;

IV - empenho de dotações orçamentárias.

6. ALOCAÇÃO DE RISCOS

As causas de mutabilidade dos contratos podem variar. Álea significa sorte ou risco, trata-se da sorte ou risco do empresário ao contratar com a Administração. Cada contrato é elaborado sobre álea normal (ordinária) como ensina Cretella Jr. (1998) "acontecimento futuro que influi na economia do contrato"[4]. Já a chamada álea extraordinária diz respeito aos riscos que são imprevisíveis, ou, até previsíveis, mas que com consequências imprevisíveis. Nas situações de álea extraordinária divide-se em duas hipóteses diferentes:

1) Administrativa:

a) Alteração unilateral
b) Fato do príncipe
c) Fato da administração

2) Econômica:

a) Teoria da imprevisão

Alteração unilateral:

As possibilidades de alterações dos contratos estão, principalmente, no artigo 124, inciso I e II, bem como no artigo 125, da Lei 14.133/2021.

No caso de obras, serviços ou compras é possível a alteração de 25%, tanto para acréscimo, quanto supressões contratuais. Já no caso de reforma de edifício ou de equipamento é possível apenas 50% de acréscimo (supressão não há previsão).

> Art. 125. Nas alterações unilaterais a que se refere o inciso I do caput do art. 124 desta Lei, o contratado será obrigado a aceitar, nas mesmas condições contratuais, acréscimos ou supressões de até 25% (vinte e cinco por cento) do valor inicial atualizado do contrato que se fizerem nas obras, nos serviços ou nas compras, e, no caso de reforma de edifício ou de equipamento, o limite para os acréscimos será de 50% (cinquenta por cento).
>
> Art. 129. Nas alterações contratuais para supressão de obras, bens ou serviços, se o contratado já houver adquirido os materiais e os colocado no local dos trabalhos, estes deverão ser pagos pela Administração pelos custos de aquisição regularmente comprovados e monetariamente reajustados, podendo caber indenização por outros danos eventualmente decorrentes da supressão, desde que regularmente comprovados.
>
> Art. 130. Caso haja alteração unilateral do contrato que aumente ou diminua os encargos do contratado, a Administração deverá restabelecer, no mesmo termo aditivo, o equilíbrio econômico-financeiro inicial.

▷ Atenção para as decisões do TCU:

Importante destacar que o Tribunal de Contas da União (Acórdão 1.826/2016) já aceitou alterações superiores a estabelecidas na lei, entretanto, para que haja alteração quantitativa superior deve ser observado os princípios: da finalidade, razoabilidade e proporcionalidade.

Fato do príncipe e fato da administração:

Outra situação é quando uma ação ou omissão do Poder Público, que não se relaciona diretamente com o contrato, mas que repercute sobre o contrato, onerando reflexa e substancialmente sua execução. Nesse caso estamos diante do **fato do príncipe**, onde a Administração responde pelo restabelecimento do equilíbrio rompido. São situações que geram efeitos econômicos indiretos no contrato. O artigo 134 é exemplo:

> Art. 134. Os preços contratados serão alterados, para mais ou para menos, conforme o caso, se houver, após a data da apresentação da proposta, criação, alteração ou extinção de quaisquer tributos ou encargos legais ou a superveniência de disposições legais, com comprovada repercussão sobre os preços contratados.

Exemplos do fato do príncipe: 1) o Estado aumenta significantemente certo imposto que atinge a atividade da sociedade contratada, o que afeta o seu lucro; Essa medida que pode vir de entidade que nem seja a contratante, mas afeta o equilíbrio econômico financeiro do negócio. 2) Medicamente proibido no país. 3) Medida geral do Poder Público que afeta importação de matérias-primas necessárias para o adimplemento contratual.

▷ Atenção para as decisões do STF:

Segundo o STF, deve haver nexo de causalidade entre a medida geral do Estado e sua repercussão sobre o equilíbrio do contrato administrativo (RHC 590, DJ 3/11/1981).

Segundo Irene Nohara[5], "no sistema brasileiro, a teoria é apenas invocada se autoridade que determinou a medida for da mesma esfera de governo daquela que celebrou o contrato, pois, se se tratar de autoridade de outra esfera, aplica-se a teoria da imprevisão", embora o doutrinador José dos Santos Carvalho Filho discorde desse entendimento.

Agora, se uma conduta ou comportamento da Administração torna impossível a execução do contrato, ou seja, incidindo **diretamente** no contrato, neste caso estamos tratando do **fato da administração**. Trata-se de uma situação que retarda ou impede a execução do contrato, afetando-o direta e especificamente, segundo Meirelles.

4 CRETELLA JUNIOR, J. Curso de direito administrativo. Edição revisada e atualizada de acordo com a constituição vigente. Rio de Janeiro: Forense, 1998.

5. NOHARA, Irene Patrícia Diom. Direito Administrativo. 12. ed. rev. Atual. São Paulo: Atlas, 2023.

São exemplos de fato da administração: 1) Administração Pública não providencia a desapropriação para duplicação da rodovia; 2) Atrasos nos pagamentos por mais de dois meses; 3) Licença ambiental não concedida para execução da obra contratada; 4) Suspensão da execução, por ordem da Administração, por mais de três meses, ou repetidas suspensões que totalizem 90 dias úteis; 5) Não liberação do local para obra, serviço ou fornecimento, nos prazos contratuais, bem como, de materiais naturais especificados no projeto.

Teoria da imprevisão:

O evento gerado pelo Poder Público é chamado de álea administrativa. Já a chamada **Álea econômica** (teoria da imprevisão) é uma modificação da realidade que afeta a base contratual. Relaciona-se com a cláusula *rebus sic stantibus,* pressupõe que contratos de execução onde possam ocorrer mudanças imprevistas, o contrato possa ser reajustado para restabelecimento da ordem econômica. *São* situações de:

- Caso fortuito
- Força maior
- Mudanças econômicas

▷ Todo acontecimento externo ao contrato, estranho à vontade das partes, imprevisível e inevitável, que causa um desequilíbrio muito grande, tornando a execução do contrato excessivamente onerosa para o contratado; aplicação da teoria da imprevisão, baseada na cláusula rebus sic stantibus, implícita em todos os contratos de prestações sucessivas; previsão implícita no art. 175, parágrafo único, III, da CF, com a expressão "mantidas as condições efetivas da proposta" (DI PIETRO, 2021)[6]

A teoria da imprevisão se aplica na ocorrência de eventos supervenientes, imprevisíveis e não imputáveis às partes, que repercutam excessivamente sobre a economia ou a execução do contrato, autorizando a sua revisão para recomposição do equilíbrio econômico-financeiro.

Está previsto no artigo 124, inciso II, alínea "d", da NLLC: para restabelecer o equilíbrio econômico-financeiro inicial do contrato em caso de força maior, caso fortuito ou fato do príncipe ou em decorrência de fatos imprevisíveis ou previsíveis de consequências incalculáveis, que inviabilizem a execução do contrato tal como pactuado, respeitada, em qualquer caso, a repartição objetiva de risco estabelecida no contrato.

6. DI PIETRO, Maria Sylvia Zanella. Direito administrativo. 34. ed. Rio de Janeiro: Forense: 2021.

A teoria da imprevisão tem como características:

- Imprevisão, ou previsibilidade de consequência incalculável;
- Anormal, ou seja, risco que não é comum;
- Alheio à vontade das partes;
- Onera excessivamente o contrato.

Neste caso há a necessidade de rever as cláusulas financeiras, para permitir a continuidade do contrato. Exemplo:

1) Maior onerosidade do contrato, cujo preço estava atrelado à moeda estrangeira. Requisitos para o TCU (Acórdão 1.085/15): Imprevisível; Aumento súbito e anormal; Elevação que retarda ou impede a execução do contrato.
2) Casos de guerra.
3) Grave crise econômica.

▷ Atenção para as decisões do STJ:
O STJ (Resp 668.367/06) entendeu que o aumento salarial não é fato imprevisível, sendo evento certo, não podendo ser aplicada a teoria da imprevisão.

A **matriz de risco**, na previsão da Lei 14.133/2021, nada mais é do que a tentativa de o contrato prever riscos de forma objetiva que venham a mitigar o uso indiscriminado das áleas. Pois, por um lado a Administração Pública não pode transformar-se em mantenedora dos lucros do empresário diante das flutuações ordinárias do mercado, bem como, também não é justo que o particular arque com o prejuízo sozinho, se de fato ocorrer uma situação excepcional, não prevista no contrato e alheia à vontade das partes.

A primeira tentativa de falar sobre matriz de risco no Brasil foi através da Lei nº 11.079/2004, Lei das Parcerias Público-Privadas, tida como cláusula contratual, segundo o artigo 5º, III: "a repartição de riscos entre as partes, inclusive os referentes a caso fortuito, força maior, fato do príncipe e álea econômica extraordinária". O que se busca é evitar as constantes revisões contratuais, para trazer mais segurança. O desafio é prever os "fatos imprevisíveis".

A nova Lei de Licitações e Contratos trouxe no seu artigo 6º, inciso XXVII: matriz de riscos: cláusula contratual definidora de riscos e de responsabilidades entre as partes e caracterizadora do equilíbrio econômico-financeiro inicial do contrato, em termos de ônus financeiro decorrente de eventos supervenientes à contratação, contendo, no mínimo, as seguintes informações:

- Listagem de possíveis eventos supervenientes à assinatura do contrato que possam causar impacto em seu equilíbrio econômico-financeiro e previsão de eventual necessidade de prolação de termo aditivo por ocasião de sua ocorrência;
- No caso de obrigações de resultado, estabelecimento das frações do objeto com relação às quais haverá liberdade para os contratados inovarem em soluções metodológicas ou tecnológicas, em termos de modificação das soluções previamente delineadas no anteprojeto ou no projeto básico;
- No caso de obrigações de meio, estabelecimento preciso das frações do objeto com relação às quais não haverá liberdade para os contratados inovarem em soluções metodológicas ou tecnológicas, devendo haver obrigação de aderência entre a execução e a solução predefinida no anteprojeto ou no projeto básico, consideradas as características do regime de execução no caso de obras e serviços de engenharia;

Segundo o artigo 103, §5º, sempre que atendidas as condições do contrato e da matriz de alocação de riscos, será considerado mantido o equilíbrio econômico-financeiro, renunciando as partes aos pedidos de restabelecimento do equilíbrio relacionados aos riscos assumidos, exceto no que se refere:

- Às alterações unilaterais determinadas pela Administração, nas hipóteses do inciso I do caput do art. 124 desta Lei;
- Ao aumento ou à redução, por legislação superveniente, dos tributos diretamente pagos pelo contratado em decorrência do contrato.

Assim, as partes renunciam de pedir reequilíbrio econômico-financeiro do contrato quando tiver previsto e alocado na matriz. Logo, o contrato deverá prever relação de eventos supervenientes e observar a solução de eventuais pleitos das partes. Lembrando que, segundo o artigo 22, o edital já poderá contemplar **matriz de alocação** de riscos, sendo **obrigatório** nos casos de regime de obras e serviços de **grande vulto** ou forem adotados os regimes de contratação **integrada** e **semi-integrada**.

7. PRERROGATIVAS DA ADMINISTRAÇÃO

Prerrogativas da Administração são também chamadas de cláusulas exorbitantes dos contratos, são instrumentais ao cumprimento da finalidade pública. O artigo 104 da NLLC é bem importante para a sua prova:

> Art. 104. O regime jurídico dos contratos instituído por esta Lei confere à Administração, em relação a eles, as prerrogativas de:
>
> I - modificá-los, unilateralmente, para melhor adequação às finalidades de interesse público, respeitados os direitos do contratado;
>
> II - extingui-los, unilateralmente, nos casos especificados nesta Lei;
>
> III - fiscalizar sua execução;
>
> IV - aplicar sanções motivadas pela inexecução total ou parcial do ajuste;
>
> V - ocupar provisoriamente bens móveis e imóveis e utilizar pessoal e serviços vinculados ao objeto do contrato nas hipóteses de:
>
> a) risco à prestação de serviços essenciais;
>
> b) necessidade de acautelar apuração administrativa de faltas contratuais pelo contratado, inclusive após extinção do contrato.
>
> § 1º As cláusulas econômico-financeiras e monetárias dos contratos não poderão ser alteradas sem prévia concordância do contratado.
>
> § 2º Na hipótese prevista no inciso I do **caput** deste artigo, as cláusulas econômico-financeiras do contrato deverão ser revistas para que se mantenha o equilíbrio contratual.

8. EXTINÇÃO DO CONTRATO

O contrato pode ser extinto por diversos fatores elencados no artigo 137:

> Art. 137. Constituirão motivos para extinção do contrato, a qual deverá ser formalmente motivada nos autos do processo, assegurados o contraditório e a ampla defesa, as seguintes situações:
>
> I - não cumprimento ou cumprimento irregular de normas editalícias ou de cláusulas contratuais, de especificações, de projetos ou de prazos;
>
> II - desatendimento das determinações regulares emitidas pela autoridade designada para acompanhar e fiscalizar sua execução ou por autoridade superior;
>
> III - alteração social ou modificação da finalidade ou da estrutura da empresa que restrinja sua capacidade de concluir o contrato;
>
> IV - decretação de falência ou de insolvência civil, dissolução da sociedade ou falecimento do contratado;
>
> V - caso fortuito ou força maior, regularmente comprovados, impeditivos da execução do contrato;
>
> VI - atraso na obtenção da licença ambiental, ou impossibilidade de obtê-la, ou alteração substancial do anteprojeto que dela resultar, ainda que obtida no prazo previsto;
>
> VII - atraso na liberação das áreas sujeitas a desapropriação, a desocupação ou a servidão administrativa, ou impossibilidade de liberação dessas áreas;

VIII - razões de interesse público, justificadas pela autoridade máxima do órgão ou da entidade contratante;

IX - não cumprimento das obrigações relativas à reserva de cargos prevista em lei, bem como em outras normas específicas, para pessoa com deficiência, para reabilitado da Previdência Social ou para aprendiz.

§ 1º Regulamento poderá especificar procedimentos e critérios para verificação da ocorrência dos motivos previstos no caput deste artigo.

§ 2º O contratado terá direito à extinção do contrato nas seguintes hipóteses:

I - supressão, por parte da Administração, de obras, serviços ou compras que acarrete modificação do valor inicial do contrato além do limite permitido no art. 125 desta Lei;

II - suspensão de execução do contrato, por ordem escrita da Administração, por prazo superior a 3 (três) meses;

III - repetidas suspensões que totalizem 90 (noventa) dias úteis, independentemente do pagamento obrigatório de indenização pelas sucessivas e contratualmente imprevistas desmobilizações e mobilizações e outras previstas;

IV - atraso superior a 2 (dois) meses, contado da emissão da nota fiscal, dos pagamentos ou de parcelas de pagamentos devidos pela Administração por despesas de obras, serviços ou fornecimentos;

V - não liberação pela Administração, nos prazos contratuais, de área, local ou objeto, para execução de obra, serviço ou fornecimento, e de fontes de materiais naturais especificadas no projeto, inclusive devido a atraso ou descumprimento das obrigações atribuídas pelo contrato à Administração relacionadas a desapropriação, a desocupação de áreas públicas ou a licenciamento ambiental.

§ 3º As hipóteses de extinção a que se referem os incisos II, III e IV do § 2º deste artigo observarão as seguintes disposições:

I - não serão admitidas em caso de calamidade pública, de grave perturbação da ordem interna ou de guerra, bem como quando decorrerem de ato ou fato que o contratado tenha praticado, do qual tenha participado ou para o qual tenha contribuído;

II - assegurarão ao contratado o direito de optar pela suspensão do cumprimento das obrigações assumidas até a normalização da situação, admitido o restabelecimento do equilíbrio econômico-financeiro do contrato, na forma da alínea "d" do inciso II do caput do art. 124 desta Lei.

§ 4º Os emitentes das garantias previstas no art. 96 desta Lei deverão ser notificados pelo contratante quanto ao início de processo administrativo para apuração de descumprimento de cláusulas contratuais.

Ao que tange a **suspensão do contrato**, incumbe ao contratado suportar até 3 meses de suspensão contínua da execução do contrato, ou, então, repetidas suspensões que somadas totalizam 90 dias úteis, caso em que o contratado terá direito de pedir a extinção do contato, salvo se:

- Não serão admitidas em caso de calamidade pública, de grave perturbação da ordem interna ou de guerra, bem como quando decorrerem de ato ou fato que o contratado tenha praticado, do qual tenha participado ou para o qual tenha contribuído;

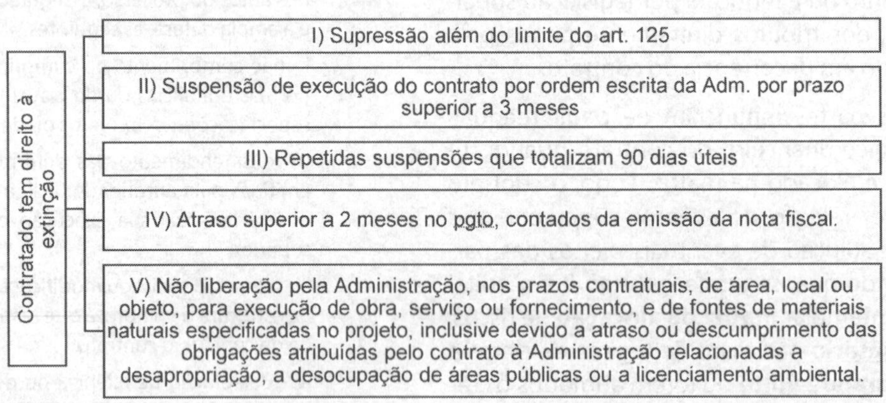

As suspensões do contrato por iniciativa da Administração Pública dão direito ao contratado de optar pela suspensão do cumprimento das obrigações assumidas até a normalização da situação, admitido o restabelecimento do equilíbrio econômico-financeiro do contrato, na forma da alínea "d" do inciso II do caput do art. 124 desta Lei:

Art. 124. Os contratos regidos por esta Lei poderão ser alterados, com as devidas justificativas, nos seguintes casos:

I - unilateralmente pela Administração:

a) quando houver modificação do projeto ou das especificações, para melhor adequação técnica a seus objetivos;

b) quando for necessária a modificação do valor contratual em decorrência de acréscimo ou diminuição quantitativa de seu objeto, nos limites permitidos por esta Lei;

II - por acordo entre as partes:

a) quando conveniente a substituição da garantia de execução;

b) quando necessária a modificação do regime de execução da obra ou do serviço, bem como do modo de fornecimento, em face de verificação técnica da inaplicabilidade dos termos contratuais originários;

c) quando necessária a modificação da forma de pagamento por imposição de circunstâncias supervenientes, mantido o valor inicial atualizado e vedada a antecipação do pagamento em relação ao cronograma financeiro fixado sem a correspondente contraprestação de fornecimento de bens ou execução de obra ou serviço;

d) para restabelecer o equilíbrio econômico-financeiro inicial do contrato em caso de força maior, caso fortuito ou fato do príncipe ou em decorrência de fatos imprevisíveis ou previsíveis de consequências incalculáveis, que inviabilizem a execução do contrato tal como pactuado, respeitada, em qualquer caso, a repartição objetiva de risco estabelecida no contrato.

§ 1º Se forem decorrentes de falhas de projeto, as alterações de contratos de obras e serviços de engenharia ensejarão apuração de responsabilidade do responsável técnico e adoção das providências necessárias para o ressarcimento dos danos causados à Administração.

§ 2º Será aplicado o disposto na alínea "d" do inciso II do *caput* deste artigo às contratações de obras e serviços de engenharia, quando a execução for obstada pelo atraso na conclusão de procedimentos de desapropriação, desocupação, servidão administrativa ou licenciamento ambiental, por circunstâncias alheias ao contratado.

As **formas** de **extinção** são estabelecidas no artigo 138:

- Determinada por ato unilateral e escrito da Administração, exceto no caso de descumprimento decorrente de sua própria conduta;
- Consensual, por acordo entre as partes, por conciliação, por mediação ou por comitê de resolução de disputas, desde que haja interesse da Administração;
- Determinada por decisão arbitral, em decorrência de cláusula compromissória ou compromisso arbitral, ou por decisão judicial.

A extinção determinada por ato unilateral da Administração e a extinção consensual deverão ser precedidas de autorização escrita e fundamentada da autoridade competente e reduzidas a termo no respectivo processo.

E quando a extinção decorrer de culpa exclusiva da Administração, o contratado será ressarcido pelos prejuízos regularmente comprovados que houver sofrido e terá direito a:

- Devolução da garantia;
- Pagamentos devidos pela execução do contrato até a data de extinção;
- Pagamento do custo da desmobilização.

9. RECEBIMENTO DO OBJETO

No que tange ao recebimento do objeto não foram muitas alterações, quando comparado às velhas normas. Ele pode ser recebido provisoriamente ou definitivamente:

Art. 140. O objeto do contrato será recebido:

I - em se tratando de obras e serviços:

a) provisoriamente, pelo responsável por seu acompanhamento e fiscalização, mediante termo detalhado, quando verificado o cumprimento das exigências de caráter técnico;

b) definitivamente, por servidor ou comissão designada pela autoridade competente, mediante termo detalhado que comprove o atendimento das exigências contratuais;

II - em se tratando de compras:

a) provisoriamente, de forma sumária, pelo responsável por seu acompanhamento e fiscalização, com verificação posterior da conformidade do material com as exigências contratuais;

b) definitivamente, por servidor ou comissão designada pela autoridade competente, mediante termo detalhado que comprove o atendimento das exigências contratuais.

§ 1º O objeto do contrato poderá ser rejeitado, no todo ou em parte, quando estiver em desacordo com o contrato.

§ 2º O recebimento provisório ou definitivo não excluirá a responsabilidade civil pela solidez e pela segurança da obra ou serviço nem a responsabilidade ético-profissional pela perfeita execução do contrato, nos limites estabelecidos pela lei ou pelo contrato.

§ 3º Os prazos e os métodos para a realização dos recebimentos provisório e definitivo serão definidos em regulamento ou no contrato.

§ 4º Salvo disposição em contrário constante do edital ou de ato normativo, os ensaios, os testes e as demais provas para aferição da boa execução do objeto do contrato exigidos por normas técnicas oficiais correrão por conta do contratado.

§ 5º Em se tratando de projeto de obra, o recebimento definitivo pela Administração não eximirá o projetista ou o consultor da responsabilidade objetiva por todos os danos causados por falha de projeto.

> § 6º Em se tratando de obra, o recebimento definitivo pela Administração não eximirá o contratado, pelo prazo mínimo de 5 (cinco) anos, admitida a previsão de prazo de garantia superior no edital e no contrato, da responsabilidade objetiva pela solidez e pela segurança dos materiais e dos serviços executados e pela funcionalidade da construção, da reforma, da recuperação ou da ampliação do bem imóvel, e, em caso de vício, defeito ou incorreção identificados, o contratado ficará responsável pela reparação, pela correção, pela reconstrução ou pela substituição necessárias.

▷ ATENÇÃO!

No caso de obra, o recebimento definitivo pela Administração não eximirá o contratado, pelo prazo mínimo de 5 anos, podendo esse prazo ser superior, desde que previsto no edital e no contrato, da responsabilidade objetiva pela solidez e pela segurança dos materiais e dos serviços executados e pela funcionalidade da construção, da reforma, da recuperação ou da ampliação do bem imóvel, e, em caso de vício, defeito ou incorreção identificados, o contratado ficará responsável pela reparação, pela correção, pela reconstrução ou pela substituição necessárias.

10. DOS PAGAMENTOS

O contrato deve estabelecer precisamente o preço e as formas de pagamento, conforme prevê o artigo 92, V, da NLLC. Prevalece no ordenamento brasileiro a orientação de que os pagamentos dos bens e serviços decorrentes de contratos administrativo só podem ser **pagos após o recebimento ou execução**. Todavia, a lei de licitações não chega a proibir o pagamento antecipado de despesas, inclusive trazendo uma situação excepcional.

Conforme o artigo 124, inciso II, alínea C: "Art. 124. Os contratos regidos por esta Lei poderão ser alterados, com as devidas justificativas, nos seguintes casos: II - por acordo entre as partes: c) quando necessária a modificação da forma de pagamento por imposição de circunstâncias supervenientes, mantido o valor inicial atualizado e vedada a antecipação do pagamento em relação ao cronograma financeiro fixado sem a correspondente contraprestação de fornecimento de bens ou execução de obra ou serviço;"

Nas palavras de Fernanda Marinela[7] "A norma dispõe que as alterações não podem promover a 'antecipação do pagamento'. Porém, nesse caso, não se está dizendo que não se pode pagar um serviço antes de sua liquidação, mas apenas que a alteração não poderá antecipar o pagamento para um momento anterior pactuado inicialmente".

As **normas financeiras não permitem a realizam de pagamentos antecipados**, tal disposição decorre dos artigos 60 a 64 da Lei 4.320/1964. Contudo, já se **admitia** a realização de pagamento antecipado em **casos excepcionais**. O tema é abordado pelo TCU nos acórdãos: 3614/2013 e 1565/2015, neste último o plenário trouxe a seguinte ementa "a antecipação de pagamento somente deve ser admitida em situações excepcionais, devidamente justificadas pelo interesse público e observadas as devidas cautelas e garantias". No mesmo sentido foi a decisão do TCU no processo nº 006.543/2016-2 julgado em 02/04/2019. Também há orientação normativa de nº 37, de 13/12/2011, da Advocacia Geral da União (AGU) no mesmo direcionamento.

Na nova lei de licitações e contratos o artigo 145, §1º traz: "A antecipação de pagamento somente será permitida se propiciar sensível economia de recursos ou se representar condição indispensável para a obtenção do bem ou para a prestação do serviço, hipótese que deverá ser previamente justificada no processo licitatório e expressamente prevista no edital de licitação ou instrumento formal de contratação direta". Neste caso a Administração está autorizada a exigir prestação de garantia adicional como condição de pagamento antecipado.

Assim, o pagamento dos contratos deve ser estipulado por ordem cronológica, obedecia a classificação que trata o artigo 141:

> Art. 141. No dever de pagamento pela Administração, será observada a ordem cronológica para cada fonte diferenciada de recursos, subdividida nas seguintes categorias de contratos:
>
> I - fornecimento de bens;
>
> II - locações;
>
> III - prestação de serviços;
>
> IV - realização de obras.

Essa ordem poderá ser alterada, desde que previamente justificado nas seguintes situações (art. 141, §1º):

- Grave perturbação da ordem, situação de emergência ou calamidade pública;
- Pagamento a microempresa, empresa de pequeno porte, agricultor familiar, produtor rural pessoa física, microempreendedor individual e sociedade cooperativa, desde que demonstrado o risco de descontinuidade do cumprimento do objeto do contrato;

7. MARINELA, Fernanda; CUNHA, Rogério Sanches. Manual de Licitações e contratos administrativos. 2. ed. rev. Atual. Salvador: JusPodivm, 2022.

- Pagamento de serviços necessários ao funcionamento dos sistemas estruturantes, desde que demonstrado o risco de descontinuidade do cumprimento do objeto do contrato;
- Pagamento de direitos oriundos de contratos em caso de falência, recuperação judicial ou dissolução da empresa contratada;
- Pagamento de contrato cujo objeto seja imprescindível para assegurar a integridade do patrimônio público ou para manter o funcionamento das atividades finalísticas do órgão ou entidade, quando demonstrado o risco de descontinuidade da prestação de serviço público de relevância ou o cumprimento da missão institucional.

Como regra o pagamento antecipado é proibido, mas poderá ser excepcionado nas hipóteses do artigo 145:

> Art. 145. Não será permitido pagamento antecipado, parcial ou total, relativo a parcelas contratuais vinculadas ao fornecimento de bens, à execução de obras ou à prestação de serviços.
>
> § 1º A antecipação de pagamento somente será permitida se propiciar sensível economia de recursos ou se representar condição indispensável para a obtenção do bem ou para a prestação do serviço, hipótese que deverá ser previamente justificada no processo licitatório e expressamente prevista no edital de licitação ou instrumento formal de contratação direta.
>
> § 2º A Administração poderá exigir a prestação de garantia adicional como condição para o pagamento antecipado.
>
> § 3º Caso o objeto não seja executado no prazo contratual, o valor antecipado deverá ser devolvido.

11. DA NULIDADE DOS CONTRATOS

A antiga lei era modesta ao tratar sobre o tema. Entretanto, a nova lei de licitações e contratos trouxe um capítulo todo (capítulo XI) para tratar sobre nulidades. A nulidade do contrato administrativo deve ser realizada mediante prévia análise de interesse público, sendo que o efeito aplicado, como regra, à nulidade é o efeito ex tunc, ou seja, efeito retroativo, impedindo efeitos jurídicos que o contrato deveria produzir originalmente e desconstituindo os que já tenham sido produzidos (art. 148, caput, da Lei 14.133/2021).

O fato da Administração Pública declarar a nulidade de um contrato não exime, por si só, o dever de indenizar o contratado, pelo que houver executado até a data em que for declarada ou tornada eficaz a nulidade, assim como, deverá indenizar por outros prejuízos, desde que comprovados (art. 149).

Para declarar a nulidade do contrato a Administração deve avaliar os aspectos dispostos no artigo 147. Antes de declarar a nulidade deve dar oportunidade de defesa para segundo dispõe o ordenamento jurídico (art. 71, §3º, da NLLC).

> ▷ ATENÇÃO!
>
> **NULIDADE COM EFICÁCIA SÓ NO FUTURO?**
>
> Sim, se a Administração Pública entender necessário poderá declarar a nulidade do contrato e decidir que a nulidade só terá eficácia no futuro, em tempo suficiente para efetuar nova contratação e assim garantir a continuidade da atividade administrativa. O prazo máximo para isso é de 6 meses, podendo ser prorrogado uma única vez, de acordo com o artigo 148, §2º, da Lei 14.1333/2021.

Vale a leitura dos artigos supracitados:

> Art. 147. Constatada irregularidade no procedimento licitatório ou na execução contratual, caso não seja possível o saneamento, a decisão sobre a suspensão da execução ou sobre a declaração de nulidade do contrato somente será adotada na hipótese em que se revelar medida de interesse público, com avaliação, entre outros, dos seguintes aspectos:
>
> I - impactos econômicos e financeiros decorrentes do atraso na fruição dos benefícios do objeto do contrato;
>
> II - riscos sociais, ambientais e à segurança da população local decorrentes do atraso na fruição dos benefícios do objeto do contrato;
>
> III - motivação social e ambiental do contrato;
>
> IV - custo da deterioração ou da perda das parcelas executadas;
>
> V - despesa necessária à preservação das instalações e dos serviços já executados;
>
> VI - despesa inerente à desmobilização e ao posterior retorno às atividades;
>
> VII - medidas efetivamente adotadas pelo titular do órgão ou entidade para o saneamento dos indícios de irregularidades apontados;
>
> VIII - custo total e estágio de execução física e financeira dos contratos, dos convênios, das obras ou das parcelas envolvidas;
>
> IX - fechamento de postos de trabalho diretos e indiretos em razão da paralisação;
>
> X - custo para realização de nova licitação ou celebração de novo contrato;
>
> XI - custo de oportunidade do capital durante o período de paralisação.
>
> Parágrafo único. Caso a paralisação ou anulação não se revele medida de interesse público, o poder público deverá optar pela continuidade do contrato e pela solução da irregularidade por meio de indenização por perdas e danos, sem prejuízo da

apuração de responsabilidade e da aplicação de penalidades cabíveis.

Art. 148. A declaração de nulidade do contrato administrativo requererá análise prévia do interesse público envolvido, na forma do art. 147 desta Lei, e operará retroativamente, impedindo os efeitos jurídicos que o contrato deveria produzir ordinariamente e desconstituindo os já produzidos.

§ 1º Caso não seja possível o retorno à situação fática anterior, a nulidade será resolvida pela indenização por perdas e danos, sem prejuízo da apuração de responsabilidade e aplicação das penalidades cabíveis.

§ 2º Ao declarar a nulidade do contrato, a autoridade, com vistas à continuidade da atividade administrativa, poderá decidir que ela só tenha eficácia em momento futuro, suficiente para efetuar nova contratação, por prazo de até 6 (seis) meses, prorrogável uma única vez.

Art. 149. A nulidade não exonerará a Administração do dever de indenizar o contratado pelo que houver executado até a data em que for declarada ou tornada eficaz, bem como por outros prejuízos regularmente comprovados, desde que não lhe seja imputável, e será promovida a responsabilização de quem lhe tenha dado causa.

Art. 150. Nenhuma contratação será feita sem a caracterização adequada de seu objeto e sem a indicação dos créditos orçamentários para pagamento das parcelas contratuais vincendas no exercício em que for realizada a contratação, sob pena de nulidade do ato e de responsabilização de quem lhe tiver dado causa.

O fato da Administração Pública declarar a nulidade de um contrato não exime, por si só, o dever de indenizar o contratado, pelo que houver executado até a data em que for declarada ou tornada eficaz a nulidade, assim como, deverá indenizar por outros prejuízos, desde que comprovados (art. 149).

12. DOS MEIOS ALTERNATIVOS DE RESOLUÇÃO DE CONTROVÉRSIAS

A doutrina tradicional rejeitava a validade, seus principais argumentos utilizados eram: Incompatibilidade com o supra princípio da indisponibilidade do interesse público; E violação da legalidade. Todavia o legislador prevê a possibilidade de arbitragem e mediação para solução de conflitos inerentes aos contratos administrativos.

A Lei 9.307/96, lei de arbitragem prevê no artigo 1º, que pessoas capazes de contratar poderão valer-se da arbitragem para dirimir litígios relativos a direitos patrimoniais disponíveis, sendo que, os parágrafos do artigo, tratam justamente sobre a possibilidade de a Administração Pública direta e indireta dirimir conflitos por meio da arbitragem.

Art. 1º As pessoas capazes de contratar poderão valer-se da arbitragem para dirimir litígios relativos a direitos patrimoniais disponíveis.

§ 1º A administração pública direta e indireta poderá utilizar-se da arbitragem para dirimir conflitos relativos a direitos patrimoniais disponíveis. (Incluído pela Lei nº 13.129, de 2015) (Vigência)

§ 2º A autoridade ou o órgão competente da administração pública direta para a celebração de convenção de arbitragem é a mesma para a realização de acordos ou transações. (Incluído pela Lei nº 13.129, de 2015) (Vigência)

> ▷ ATENÇÃO!
>
> É fundamental registrar que o uso da arbitragem pela Administração está restrito a conflitos relativos a direitos patrimoniais disponíveis. Ademais, deve ser sempre respeitado o princípio da publicidade e a decisão arbitral tem o mesmo efeito que sentença judicial.

A lei 13.140/2015, Lei de Mediação também prevê a possibilidade do instituto de resolução consensual de conflitos em seu artigo 32:

Art. 32. A União, os Estados, o Distrito Federal e os Municípios poderão criar câmaras de prevenção e resolução administrativa de conflitos, no âmbito dos respectivos órgãos da Advocacia Pública, onde houver, com competência para:

I - dirimir conflitos entre órgãos e entidades da administração pública;

II - avaliar a admissibilidade dos pedidos de resolução de conflitos, por meio de composição, no caso de controvérsia entre particular e pessoa jurídica de direito público;

III - promover, quando couber, a celebração de termo de ajustamento de conduta.

§ 1º O modo de composição e funcionamento das câmaras de que trata o caput será estabelecido em regulamento de cada ente federado.

§ 2º A submissão do conflito às câmaras de que trata o caput é facultativa e será cabível apenas nos casos previstos no regulamento do respectivo ente federado.

§ 3º Se houver consenso entre as partes, o acordo será reduzido a termo e constituirá título executivo extrajudicial.

§ 4º Não se incluem na competência dos órgãos mencionados no caput deste artigo as controvérsias que somente possam ser resolvidas por atos ou concessão de direitos sujeitos a autorização do Poder Legislativo.

§ 5º Compreendem-se na competência das câmaras de que trata o caput a prevenção e a resolução de conflitos que envolvam equilíbrio econômico-financeiro de contratos celebrados pela administração com particulares.

A nova lei de licitações e contratos trouxe expressamente a possibilidade, terminando com eventuais controvérsias sobre a (im)possibilidade da aplicação de arbitragem e mediação para solução de conflitos. O artigo 138, inciso III, traz a possibilidade da extinção por decisão arbitral. Assim como, há um capítulo todo tratando sobre os meios alternativos de resolução de controvérsias, novidade na nova lei, quando comparada a lei anterior (Lei 8.666/93).

13. DAS IRREGULARIDADES

A nova lei de licitações e contratos é um novo marco normativo que também resultou em algumas mudanças em outras legislações, dentre elas foi a retirada dos crimes da lei de licitações e contratos e a inclusão deles no Código Penal, recebendo capítulo próprio para tratar sobre o tema. Os crimes, agora previstos no CP, são:

- Contratação direta e ilegal (art. 337-E);
- Frustração do caráter competitivo de licitação (art. 337-F);
- Patrocínio de contratação indevida (art. 337-G);
- Modificação ou pagamento irregular em contrato (art. 337-H);
- Perturbação de processo licitatório (art. 337-I);
- Violação de sigilo em licitação (art. 337-J);
- Afastamento de licitante (art. 337-K);
- Fraude em licitação ou contrato (art.337-L);
- Contratação inidônea (art. 337-M);
- Impedimento indevido (art. 337-N);
- Omissão grave de dado ou informação por projetista (art. 337-O e 337-P);

O título IV da Lei 14.133/2021 prevê as **sanções administrativas** que podem ser aplicadas. Especificamente, o artigo 156 prevê as sanções, já o artigo 155 prevê quais condutas ensejam sanções administrativas. Lembrando que a aplicação de sanção administrativa ao contratada está ligada ao poder disciplinar.

São sanções: advertência; multa; impedimento de licitar e contratar; declaração de inidoneidade para licitar ou contratar. Sendo que na sua aplicação devem ser consideradas:

- A natureza e a gravidade da infração cometida;
- As peculiaridades do caso concreto;
- As circunstâncias agravantes ou atenuantes;
- Os danos que dela provierem para a Administração Pública;
- A implantação ou o aperfeiçoamento de programa de integridade, conforme normas e orientações dos órgãos de controle.

Para facilitar o seu estudo, vou apresentar uma tabela que traduz o tipo de sanção administrativa que pode ser aplicada em relação a conduta praticada:

Advertência	dar causa à inexecução parcial do contrato;
Multa	Calculada na forma do edital ou do contrato, não poderá ser inferior a 0,5% nem superior a 30% do valor do contrato licitado ou celebrado com contratação direta e será aplicada ao responsável por **qualquer das infrações** administrativas previstas no art. 155 desta Lei.
Impedimento de licitar e contratar	Será aplicada ao responsável pelas infrações administrativas previstas nos incisos II, III, IV, V, VI e VII do caput do art. 155 desta Lei, quando não se justificar a imposição de penalidade mais grave, e impedirá o responsável de licitar ou contratar no âmbito da Administração Pública direta e indireta do ente federativo que tiver aplicado a sanção, pelo **prazo máximo de 3 anos.** Sanções: → II - dar causa à inexecução parcial do contrato que cause grave dano à Administração, ao funcionamento dos serviços públicos ou ao interesse coletivo; → III - dar causa à inexecução total do contrato; → IV - deixar de entregar a documentação exigida para o certame; → V - não manter a proposta, salvo em decorrência de fato superveniente devidamente justificado; → VI - não celebrar o contrato ou não entregar a documentação exigida para a contratação, quando convocado dentro do prazo de validade de sua proposta; → VII - ensejar o retardamento da execução ou da entrega do objeto da licitação sem motivo justificado;

Declaração de inidoneidade para licitar ou contratar	Será aplicada ao responsável pelas infrações administrativas previstas nos incisos VIII, IX, X, XI e XII do caput do art. 155 desta Lei, bem como pelas infrações administrativas previstas nos incisos II, III, IV, V, VI e VII do caput do referido artigo que justifiquem a imposição de penalidade mais grave que a sanção referida no § 4º, e impedirá o responsável de licitar ou contratar no âmbito da Administração Pública direta e indireta de todos os entes federativos, pelo prazo **mínimo de 3 anos** e **máximo de 6 anos**. → II - dar causa à inexecução parcial do contrato que cause grave dano à Administração, ao funcionamento dos serviços públicos ou ao interesse coletivo; → III - dar causa à inexecução total do contrato; → IV - deixar de entregar a documentação exigida para o certame; → V - não manter a proposta, salvo em decorrência de fato superveniente devidamente justificado; → VI - não celebrar o contrato ou não entregar a documentação exigida para a contratação, quando convocado dentro do prazo de validade de sua proposta; → VII - ensejar o retardamento da execução ou da entrega do objeto da licitação sem motivo justificado; → VIII - apresentar declaração ou documentação falsa exigida para o certame ou prestar declaração falsa durante a licitação ou a execução do contrato; → IX - fraudar a licitação ou praticar ato fraudulento na execução do contrato; → X - comportar-se de modo inidôneo ou cometer fraude de qualquer natureza; → XI - praticar atos ilícitos com vistas a frustrar os objetivos da licitação; → XII - praticar ato lesivo previsto no art. 5º da Lei nº 12.846, de 1º de agosto de 2013.

Na aplicação das sanções administrativas é possível acumular: a advertência, o impedimento de licitar e contratar; a declaração de inidoneidade para licitar ou contratar.

A aplicação das sanções previstas não exclui, em hipótese alguma, a obrigação de reparação integral do dano causado à Administração Pública.

Nos casos de aplicação de sanção, será admitida a reabilitação do licitante ou contratado perante a própria autoridade que aplicou a penalidade, exigidos, cumulativamente:

- Reparação integral do dano causado à Administração Pública;
- Pagamento da multa;
- Transcurso do prazo mínimo de 1 (um) ano da aplicação da penalidade, no caso de impedimento de licitar e contratar, ou de 3 (três) anos da aplicação da penalidade, no caso de declaração de inidoneidade;
- Cumprimento das condições de reabilitação definidas no ato punitivo;
- Análise jurídica prévia, com posicionamento conclusivo quanto ao cumprimento dos requisitos definidos neste artigo.

A lei **não possibilitou defesa** para casos de **advertência**, o que entende-se por inconstitucional, haja vista o direito de ampla defesa e contraditório previsto no artigo 5º, LV, da Constituição Federal, princípio consagrado pela doutrina e pela legislação administrativista.

No caso de **multa** será **facultada** a **defesa** do interessado no prazo de **15 dias úteis**, contados da data de sua intimação.

Já nos casos de **impedimento de licitar/contratar** e **declaração de inidoneidade**, **obrigatoriamente** será instaurado processo administrativo de responsabilização (**PAR**), a ser conduzido por comissão composta por no mínimo dois servidores estáveis, que intimarão o licitante ou contratado para, no prazo de **15 dias úteis**, contadas da data da intimação, apresentar **defesa escrita** e especificar a provas que pretender produzir no PAR.

A **prescrição** da possibilidade sancionatória ocorrerá em **5 anos** contados da data da ciência, contudo, tal prazo é **interrompido** pela instauração do PAR e **suspenso** pelo acordo de leniência que trata a Lei 12.846/2013.

14. DO CONTROLE DAS CONTRATAÇÕES

Os contratos públicos devem submeter-se a práticas contínuas e permanentes de **gestão de riscos** e de **controle preventivo**, inclusive mediante adoção de recursos de tecnologia da informação, e, além de estar subordinadas ao controle social, sujeitar-se-ão às seguintes linhas de defesa:

- I - primeira linha de defesa, integrada por servidores e empregados públicos, agentes de licitação e autoridades que atuam na estrutura de governança do órgão ou entidade;
- II - segunda linha de defesa, integrada pelas unidades de assessoramento jurídico e de controle interno do próprio órgão ou entidade;
- III - terceira linha de defesa, integrada pelo órgão central de controle interno da Administração e pelo tribunal de contas.

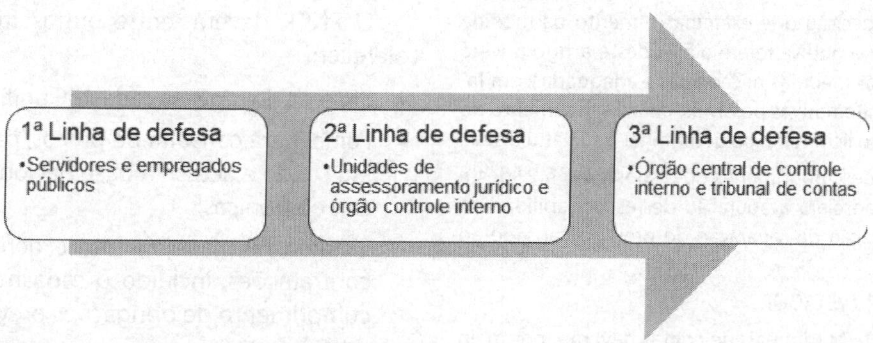

Os integrantes das linhas de defesa a que se referem os incisos I, II e III do caput deste artigo observarão o seguinte:

- I - quando constatarem simples impropriedade formal, adotarão medidas para o seu saneamento e para a mitigação de riscos de sua nova ocorrência, preferencialmente com o aperfeiçoamento dos controles preventivos e com a capacitação dos agentes públicos responsáveis;
- II - quando constatarem irregularidade que configure dano à Administração, sem prejuízo das medidas previstas no inciso I deste § 3º, adotarão as providências necessárias para a apuração das infrações administrativas, observadas a segregação de funções e a necessidade de individualização das condutas, bem como remeterão ao Ministério Público competente cópias dos documentos cabíveis para a apuração dos ilícitos de sua competência.

Outros dispositivos importantes:

> Art. 170. Os órgãos de controle adotarão, na fiscalização dos atos previstos nesta Lei, critérios de oportunidade, materialidade, relevância e risco e considerarão as razões apresentadas pelos órgãos e entidades responsáveis e os resultados obtidos com a contratação, observado o disposto no § 3º do art. 169 desta Lei.
>
> § 1º As razões apresentadas pelos órgãos e entidades responsáveis deverão ser encaminhadas aos órgãos de controle até a conclusão da fase de instrução do processo e não poderão ser desentranhadas dos autos.
>
> § 2º A omissão na prestação das informações não impedirá as deliberações dos órgãos de controle nem retardará a aplicação de qualquer de seus prazos de tramitação e de deliberação.
>
> § 3º Os órgãos de controle desconsiderarão os documentos impertinentes, meramente protelatórios ou de nenhum interesse para o esclarecimento dos fatos.
>
> § 4º Qualquer licitante, contratado ou pessoa física ou jurídica poderá representar aos órgãos de controle interno ou ao tribunal de contas competente contra irregularidades na aplicação desta Lei.
>
> Art. 171. Na fiscalização de controle será observado o seguinte:
>
> I - viabilização de oportunidade de manifestação aos gestores sobre possíveis propostas de encaminhamento que terão impacto significativo nas rotinas de trabalho dos órgãos e entidades fiscalizados, a fim de que eles disponibilizem subsídios para avaliação prévia da relação entre custo e benefício dessas possíveis proposições;
>
> II - adoção de procedimentos objetivos e imparciais e elaboração de relatórios tecnicamente fundamentados, baseados exclusivamente nas evidências obtidas e organizados de acordo com as normas de auditoria do respectivo órgão de controle, de modo a evitar que interesses pessoais e interpretações tendenciosas interfiram na apresentação e no tratamento dos fatos levantados;
>
> III - definição de objetivos, nos regimes de empreitada por preço global, empreitada integral, contratação semi-integrada e contratação integrada, atendidos os requisitos técnicos, legais, orçamentários e financeiros, de acordo com as finalidades da contratação, devendo, ainda, ser perquirida a conformidade do preço global com os parâmetros de mercado para o objeto contratado, considerada inclusive a dimensão geográfica.
>
> § 1º Ao suspender cautelarmente o processo licitatório, o tribunal de contas deverá pronunciar-se definitivamente sobre o mérito da irregularidade que tenha dado causa à suspensão no prazo de 25 (vinte e cinco) dias úteis, contado da data do recebimento das informações a que se refere o § 2º deste artigo, prorrogável por igual período uma única vez, e definirá objetivamente:
>
> I - as causas da ordem de suspensão;
>
> II - o modo como será garantido o atendimento do interesse público obstado pela suspensão da licitação, no caso de objetos essenciais ou de contratação por emergência.
>
> § 2º Ao ser intimado da ordem de suspensão do processo licitatório, o órgão ou entidade deverá, no prazo de 10 (dez) dias úteis, admitida a prorrogação:
>
> I - informar as medidas adotadas para cumprimento da decisão;
>
> II - prestar todas as informações cabíveis;
>
> III - proceder à apuração de responsabilidade, se for o caso.

§ 3º A decisão que examinar o mérito da medida cautelar a que se refere o § 1º deste artigo deverá definir as medidas necessárias e adequadas, em face das alternativas possíveis, para o saneamento do processo licitatório, ou determinar a sua anulação.

§ 4º O descumprimento do disposto no § 2º deste artigo ensejará a apuração de responsabilidade e a obrigação de reparação do prejuízo causado ao erário.

Art. 172. (VETADO).

Art. 173. Os tribunais de contas deverão, por meio de suas escolas de contas, promover eventos de capacitação para os servidores efetivos e empregados públicos designados para o desempenho das funções essenciais à execução desta Lei, incluídos cursos presenciais e a distância, redes de aprendizagem, seminários e congressos sobre contratações públicas.

15. OUTRAS DISPOSIÇÕES IMPORTANTES

A nova Lei criou o **Portal Nacional de Contratações Públicas** (PNCP), sítio eletrônico oficial destinado à (art. 174):

- Divulgação centralizada e obrigatória dos atos exigidos por esta Lei;
- Realização facultativa das contratações pelos órgãos e entidades dos Poderes Executivo, Legislativo e Judiciário de todos os entes federativos.

O PNCP será gerido pelo Comitê Gestor da Rede Nacional de Contratações Públicas, a ser presidido por representante indicado pelo Presidente da República e composto de:

- 3 (três) representantes da União indicados pelo Presidente da República;
- 2 (dois) representantes dos Estados e do Distrito Federal indicados pelo Conselho Nacional de Secretários de Estado da Administração;
- 2 (dois) representantes dos Municípios indicados pela Confederação Nacional de Municípios.

O PNCP conterá, entre outras, as seguintes informações acerca das contratações:

- Planos de contratação anuais;
- Catálogos eletrônicos de padronização;
- Editais de credenciamento e de pré-qualificação, avisos de contratação direta e editais de licitação e respectivos anexos;
- Atas de registro de preços;
- Contratos e termos aditivos;
- Notas fiscais eletrônicas, quando for o caso.

O PNCP deverá, entre outras funcionalidades, oferecer:

- Sistema de registro cadastral unificado;
- Painel para consulta de preços, banco de preços em saúde e acesso à base nacional de notas fiscais eletrônicas;
- Sistema de planejamento e gerenciamento de contratações, incluído o cadastro de atesto de cumprimento de obrigações previsto no § 4º do art. 88 desta Lei;
- Sistema eletrônico para a realização de sessões públicas;
- Acesso ao Cadastro Nacional de Empresas Inidôneas e Suspensas (Ceis) e ao Cadastro Nacional de Empresas Punidas (Cnep);
- Sistema de gestão compartilhada com a sociedade de informações referentes à execução do contrato, que possibilite:
  - envio, registro, armazenamento e divulgação de mensagens de texto ou imagens pelo interessado previamente identificado;
  - acesso ao sistema informatizado de acompanhamento de obras a que se refere o inciso III do caput do art. 19 desta Lei;
  - comunicação entre a população e representantes da Administração e do contratado designados para prestar as informações e esclarecimentos pertinentes, na forma de regulamento;
  - divulgação, na forma de regulamento, de relatório final com informações sobre a consecução dos objetivos que tenham justificado a contratação e eventuais condutas a serem adotadas para o aprimoramento das atividades da Administração.

Por fim, para concluirmos o nosso estudo sobre contratos, estudaremos a forma de contagem dos prazos. Os prazos previstos nesta Lei serão contados com exclusão do dia do começo e inclusão do dia do vencimento e observarão as seguintes disposições (art. 183):

- I - os prazos expressos em dias corridos serão computados de modo contínuo;
- II - os prazos expressos em meses ou anos serão computados de data a data;
- III - nos prazos expressos em dias úteis, serão computados somente os dias em que ocorrer expediente administrativo no órgão ou entidade competente.

Salvo disposição em contrário, considera-se dia do começo do prazo:

- I - o primeiro dia útil seguinte ao da disponibilização da informação na internet;
- II - a data de juntada aos autos do aviso de recebimento, quando a notificação for pelos correios.

Considera-se prorrogado o prazo até o primeiro dia útil seguinte se o vencimento cair em dia em que não houver expediente, se o expediente for encerrado antes da hora normal ou se houver indisponibilidade da comunicação eletrônica. Na hipótese do inciso II (os prazos expressos em meses ou anos serão computados de data a data), se no mês do vencimento não houver o dia equivalente àquele do início do prazo, considera-se como termo o último dia do mês.

16. INSTRUÇÃO NORMATIVA Nº 5/2017 DA SECRETARIA DE GESTÃO DO MINISTÉRIO DO PLANEJAMENTO, DESENVOLVIMENTO E GESTÃO

Conforme dispõe a Instrução Normativa SEGES/ME nº 98 de 26 de dezembro de 2022, continua sendo aplicada a Instrução Normativa nº 5 de 26 de maio de 2017, mesmo após a promulgação da Lei 14.133/21. A instrução, que pode ser acessada pelo Portal de Compras do Governo Federal, dispõe sobre as regras e diretrizes do procedimento de contratação de serviços sob o regime de execução indireta no âmbito da Administração Pública federal direta, autárquica e fundacional.

Em outras palavras, tal documento refere-se as contratações de terceiros que, após a assinatura do contrato administrativo, vão prestar serviço para a Administração, sendo vedada sua aplicação para situação de apenas fornecimento de mão de obra. A prestação de serviços de que trata a Instrução Normativa não gera vínculo empregatício entre os empregados da contratada e a Administração, vedando-se qualquer relação entre estes que caracterize pessoalidade e subordinação direta.

Segundo a instrução, são serviços passíveis de Execução Indireta:

> Art. 7º Nos termos da legislação, serão objeto de execução indireta as atividades previstas em Decreto que regulamenta a matéria.
>
> § 1º A Administração poderá contratar, mediante terceirização, as atividades dos cargos extintos ou em extinção, tais como os elencados na Lei nº 9.632, de 7 de maio de 1998.
>
> § 2º As funções elencadas nas contratações de prestação de serviços deverão observar a nomenclatura estabelecida na Classificação Brasileira de Ocupações (CBO), do Ministério do Trabalho, ou outra que vier a substituí-la.
>
> Art. 8º Poderá ser admitida a contratação de serviço de apoio administrativo, considerando o disposto no inciso IV do art. 9º desta Instrução Normativa, com a descrição no contrato de prestação de serviços para cada função específica das tarefas principais e essenciais a serem executadas, admitindo-se pela Administração, em relação à pessoa encarregada da função, a notificação direta para a execução das tarefas.

Não podem ser objeto de contratação para execução indireta (art. 9º):

- Atividades que envolvam a tomada de decisão ou posicionamento institucional nas áreas de planejamento, coordenação, supervisão e controle;
- As atividades consideradas estratégicas para o órgão ou entidade, cuja terceirização possa colocar em risco o controle de processos e de conhecimentos e tecnologias;
- As funções relacionadas ao poder de polícia, de regulação, de outorga de serviços públicos e de aplicação de sanção; e
- As atividades inerentes às categorias funcionais abrangidas pelo plano de cargos do órgão ou entidade, salvo expressa disposição legal em contrário ou quando se tratar de cargo extinto, total ou parcialmente, no âmbito do quadro geral de pessoal.

Já as atividades auxiliares, instrumentais ou acessórias às funções e atividades definidas nos incisos do caput podem ser executadas de forma indireta, sendo vedada a transferência de responsabilidade para realização de atos administrativos ou a tomada de decisão para o contratado.

Conforme o artigo 19, as contratações de serviços de que tratam esta Instrução Normativa serão realizadas observando-se as seguintes fases:

1. **Planejamento da Contratação:** que deve conter estudos preliminares, gerenciamento de riscos e termo de referência ou projeto básico.
2. **Seleção do Fornecedor:** A fase de Seleção do Fornecedor inicia-se com o encaminhamento do Termo de Referência ou Projeto Básico ao setor de licitações e encerra-se com a publicação do resultado de julgamento após adjudicação e homologação (conforme o artigo 33).
3. **Gestão do Contrato:** As atividades de gestão e fiscalização da execução contratual são o conjunto de ações que tem por objetivo aferir o cumprimento dos resultados previstos pela Administração para os serviços contratados, verificar a regularidade das obrigações previdenciárias, fiscais e trabalhistas, bem como prestar

apoio à instrução processual e o encaminhamento da documentação pertinente ao setor de contratos para a formalização dos procedimentos relativos a repactuação, alteração, reequilíbrio, prorrogação, pagamento, eventual aplicação de sanções, extinção dos contratos, dentre outras, com vista a assegurar o cumprimento das cláusulas avençadas e a solução de problemas relativos ao objeto (conforme o artigo 39).

As atividades de gestão de contrato devem ser gerenciadas pelo responsável pela execução dos contratos, com apoio da fiscalização técnica, administrativa, setorial e do público usuário, conforme apropriado. Essas tarefas devem ser realizadas de acordo com as seguintes diretrizes do artigo 40:

- **Gestão da Execução do Contrato**: é a coordenação das atividades relacionadas à fiscalização técnica, administrativa, setorial e pelo público usuário, bem como dos atos preparatórios à instrução processual e ao encaminhamento da documentação pertinente ao setor de contratos para formalização dos procedimentos quanto aos aspectos que envolvam a prorrogação, alteração, reequilíbrio, pagamento, eventual aplicação de sanções, extinção dos contratos, dentre outros;
- **Fiscalização Técnica**: é o acompanhamento com o objetivo de avaliar a execução do objeto nos moldes contratados e, se for o caso, aferir se a quantidade, qualidade, tempo e modo da prestação dos serviços estão compatíveis com os indicadores de níveis mínimos de desempenho estipulados no ato convocatório, para efeito de pagamento conforme o resultado, podendo ser auxiliado pela fiscalização do usuário;
- **Fiscalização Administrativa:** é o acompanhamento dos aspectos administrativos da execução dos serviços nos contratos com regime de dedicação exclusiva de mão de obra quanto às obrigações previdenciárias, fiscais e trabalhistas, bem como quanto às providências tempestivas nos casos de inadimplemento;
- **Fiscalização Setorial:** é o acompanhamento da execução do contrato nos aspectos técnicos ou administrativos quando a prestação dos serviços ocorrer concomitantemente em setores distintos ou em unidades desconcentradas de um mesmo órgão ou entidade;
- **Fiscalização pelo Público Usuário**: é o acompanhamento da execução contratual por pesquisa de satisfação junto ao usuário, com o objetivo de aferir os resultados da prestação dos serviços, os recursos materiais e os procedimentos utilizados pela contratada, quando for o caso, ou outro fator determinante para a avaliação dos aspectos qualitativos do objeto.

Além da fiscalização por parte da Administração, também deve ser designado preposto da empresa contratada, essa designação deve ser formal, onde constará expressamente os poderes em relação à execução do objeto. Essa indicação pode ser recursada pela Administração, desde que devidamente justificada, devendo a empresa designar outra pessoa (art. 44, §1º).

Por fim, a execução dos contratos deverá ser acompanhada e fiscalizada por meio de instrumentos de controle que compreendam a mensuração dos seguintes aspectos, quando for o caso:

- Os resultados alcançados em relação ao contratado, com a verificação dos prazos de execução e da qualidade demandada;
- Os recursos humanos empregados em função da quantidade e da formação profissional exigidas;
- A qualidade e quantidade dos recursos materiais utilizados;
- A adequação dos serviços prestados à rotina de execução estabelecida;
- A satisfação do público usuário.

▷ ATENÇÃO!

Para uma preparação mais completa, é bem interessante você fazer a leitura de todos os dispositivos da Instrução Normativa nº 5, de 26 de maio de 2017, você pode encontrar o inteiro teor acessando o Portal de Compras do Governo Federal > acesso à informação > legislação > instruções normativas. Bons estudos!

EDITORA JusPODIVM
www.editorajuspodivm.com.br

RENOVA GRAF
www.renovagraf.com.br

JUS3652